Rißmann (Hrsg.)

Die Erbengemeinschaft

Die Erbengemeinschaft

herausgegeben von

Stephan Rißmann
Rechtsanwalt und Fachanwalt für Erbrecht,
Potsdam

3. Auflage

zerb verlag

Hinweis:
Die Formulierungsbeispiele in diesem Buch wurden mit Sorgfalt und nach bestem Wissen erstellt, sie stellen jedoch lediglich Anregungen für die Lösung typischer Fallgestaltungen dar. Autoren und Verlag übernehmen keine Haftung für die Richtigkeit und Vollständigkeit der in dem Buch enthaltenen Ausführungen und Formulierungsmuster.

Bibliografische Information der Deutschen Nationalbibliothek

Die Deutsche Nationalbibliothek verzeichnet diese Publikation in der Deutschen Nationalbibliografie; detaillierte bibliografische Daten sind im Internet über http://dnb.d-nb.de abrufbar.

Rißmann
Die Erbengemeinschaft
3. Auflage 2019
zerb verlag, Bonn

ISBN 978-3-95661-081-3

zerb verlag GmbH
Rochusstr. 2–4
53123 Bonn

Satz: Cicero Computer GmbH, Bonn
Druck: CPI books GmbH, Leck

Das Werk erscheint auch als Lizenzausgabe im
Deutschen Notarverlag, Bonn
ISBN 978-3-95646-161-3

Vorwort

Zu dieser dritten Auflage der „Erbengemeinschaft" gibt es viel Neues zu berichten:

Im Kreise der Autoren freue ich mich, drei weitere hervorragende Spezialisten begrüßen zu dürfen:

- Frau Diplom-Juristin **Jana Schulte** hat das Buch um ein umfassendes Kapitel zum Thema „Vor- und Nacherbschaft" erweitert. Dieses Kapitel wurde insbesondere auch auf Wunsch von Lesern aufgenommen. Sämtliche Fragestellungen bei Zusammentreffen von Vor- und Nacherbschaft mit dem Recht der Erbengemeinschaft werden im neuen Kapitel 5 (ab Seite 133) ausführlich und praxisnah behandelt.
- Frau Rechtsanwältin und Fachanwältin für Familienrecht **Dr. Gudrun Möller** zeichnet ab sofort gemeinsam mit Herrn Professor Dr. Jürgen Damrau verantwortlich für das Kapitel „Minderjährige" (Kapitel 12, ab Seite 423).
- Herr Rechtsanwalt und Fachanwalt für Steuerrecht **Michael Maaß** hat die Kapitel „Mietrecht" (Kapitel 19, ab Seite 635) und „Arbeitsrecht" (Kapitel 21, ab Seite 685) übernommen und auf den aktuellen Stand von Rechtsprechung und Literatur gebracht.

Das ebenfalls neue Kapitel „Bestattungsrecht" wurde von Frau Rechtsanwältin und Fachanwältin für Erbrecht Désirée Goertz verfasst (Kapitel 22, ab Seite 705). Bereits von der ersten Auflage an ist sie auch für das Kapitel Haftung verantwortlich.

Gleichfalls auf Anregung von Lesern und Teilnehmern meiner Vorträge habe ich das Kapitel „Berufsrecht der Rechtsanwälte und Notare" neu aufgenommen (Kapitel 24, Seite 783).

Selbstverständlich sind auch sämtliche bisherigen Kapitel überarbeitet und aktualisiert, das Stichwortverzeichnis wurde erneut deutlich erweitert.

Dem zerb verlag – dort namentlich Frau Rechtsanwältin Andrea Albers und Frau Marita Blaschko – möchte ich im Namen sämtlicher Autoren für ihre gleichermaßen gewissenhafte wie geduldige Begleitung bis zum Erscheinen dieser dritten Auflage herzlich danken.

Anregungen, Fragen und Verbesserungsvorschläge erreichen uns wie auch bisher unter www.Die-Erbengemeinschaft.de oder direkt per E-Mail unter (Nachname)@Die-Erben gemeinschaft.de:

Nutzen Sie die Gelegenheit, auch die kommende Auflage mitzugestalten – wir schreiben für Sie!

Berlin, im Oktober 2018 *Stephan Rißmann*

Aus dem Vorwort zur 1. Auflage

(…)

Unser Ziel ist es, Ihnen mit diesem Buch eine Möglichkeit an die Hand zu geben, *alle* Fragen und Probleme zu lösen, die im Zusammenhang mit einer Erbengemeinschaft auftauchen können. Dabei haben wir neben den „klassischen" Themengebieten (Entstehung, Verwaltung und Beendigung der Erbengemeinschaft) im rein erbrechtlichen Sinne auch zahlreiche andere Rechtsgebiete mit herangezogen und ihr Verhältnis zur Erbengemeinschaft betrachtet. Natürlich ist es nicht möglich, stets eine unmittelbare Antwort zu bieten. Unser Ziel war es, das notwendige Wissen zu bündeln, damit Sie *eigene* Lösungswege finden und *eigene* Strategien sowie taktische Maßnahmen der Interessenvertretung entwickeln und umsetzen können.

Daher haben wir in der „Einführung“ des ersten Teils auch vermeintliche „Randthemen“ wie soziologische Aspekte, einen rechtsgeschichtlichen Überblick und Rechtsvergleichung mit aufgenommen: Eine Erbengemeinschaft muss in vielerlei Hinsicht „verstanden“ werden. Dazu zählen die beteiligten Personen, ihre Interessen und Handlungsmotivation ebenso wie die Entwicklung juristischer Regelungen.

Im zweiten „Allgemeinen Teil“ haben wir die Themenbereiche behandelt, die bei nahezu jeder Erbengemeinschaft unmittelbar von Interesse sind. Im dritten „Besonderen Teil“ werden Rechtsgebiete erörtert, die mittelbar von einer Erbengemeinschaft betroffen sein können.

(...)

Berlin, im April 2009 *Stephan Rißmann*

Inhaltsübersicht

Autorenverzeichnis

Dr. Hubert W. van Bühren
Rechtsanwalt, Fachanwalt für Versicherungsrecht, Köln

Professor Dr. Jürgen Damrau
Richter am Landgericht a.D., Konstanz

Mario Filtzinger
Rechtsanwalt, Fachanwalt für Erbrecht, Frankfurt a.M.

Désirée Goertz, LL.M. (Stockholm)
Rechtsanwältin, Fachanwältin für Erbrecht, Berlin

Monika B. Hähn
Rechtsanwältin und Notarin, Fachanwältin für Erbrecht, Fachanwältin für Familienrecht, Fachanwältin für Handels- und Gesellschaftsrecht, Lübbecke

Dr. Dietmar Kurze
Rechtsanwalt, Fachanwalt für Erbrecht, Berlin

Nina Lenz-Brendel
Rechtsanwältin, Fachanwältin für Erbrecht, Wirtschaftsmediatorin, Mannheim

Professor Dr. Martin Löhnig
Regensburg

Michael Maaß
Rechtsanwalt, Fachanwalt für Steuerrecht, Mediator, Berlin

Dr. Gudrun Möller
Rechtsanwältin, Fachanwältin für Familienrecht, Münster

Stephan Rißmann
Rechtsanwalt, Fachanwalt für Erbrecht, Berlin

Jana Schulte
Diplom-Juristin, Potsdam

Dr. Carsten Tiemer
Rechtsanwalt, Fachanwalt für Strafrecht, Fachanwalt für Steuerrecht, Berlin

Matthias Unger
Rechtsanwalt, Steuerberater, Fachanwalt für Steuerrecht, Berlin

Allgemeines Literaturverzeichnis

Ausführliche Literaturhinweise befinden sich vor den jeweiligen Kapiteln.

A. Kommentare

Andres/Leithaus, Insolvenzordnung: InsO, Kommentar, 3. Auflage 2014

Bamberger/Roth, Kommentar zum Bürgerlichen Gesetzbuch, 3. Auflage 2012

Baumbach/Lauterbach/Albers/Hartmann, ZPO, 76. Auflage 2018

Beuthien, Kurzkommentar Genossenschaftsgesetz, 16. Auflage 2018

Bienwald/Sonnenfeld/Harm, Betreuungsrecht, Kommentar, 6. Auflage 2016

Bumiller/Harders/Schwamb, FamFG Freiwillige Gerichtsbarkeit, 11. Auflage 2015

Damrau/Tanck, Praxiskommentar Erbrecht, 3. Auflage 2014

Damrau/Zimmermann, Betreuungsrecht, 4. Auflage 2010

Daragan/Halaczinsky/Riedel, Praxiskommentar ErbStG und BewG, 3. Auflage 2017

Demharter, Grundbuchordnung, 31. Auflage 2018

Ebenroth/Boujong/Joost/Strohn, Handelsgesetzbuch, 3. Auflage 2015

Erman, Bürgerliches Gesetzbuch, Bd. 2, 15. Auflage 2017

Gadow/Barz, Aktiengesetz Großkommentar, 4. Auflage 1992 ff.

Große-Wilde/Quart, Deutscher Erbrechtskommentar, 2. Auflage 2010

Henssler/Strohn, Gesellschaftsrecht: GesR, 3. Auflage 2016

Jürgens, Betreuungsrecht, 5. Auflage 2014

Kurze, Vorsorgerecht, Kommentar, 2017

Meilicke/Graf von Westphalen/Hoffmann/Lenz/Wolff, Partnerschaftsgesellschaftsgesetz, 3. Auflage 2015

Müller, Genossenschaftsgesetz, Kommentar, 2. Auflage 2000

Münchener Kommentar zum Aktiengesetz, hrsg. v. Goette/Habersack, Band 2, 4. Auflage 2014

Münchener Kommentar zum Bürgerlichen Gesetzbuch, Band 8: Familienrecht II §§ 1589–1921, 7. Auflage 2017; Band 10: Erbrecht §§ 1922–2385, §§ 27–35 BeurkG, 7. Auflage 2017

Münchener Kommentar zur Zivilprozessordnung, 5. Auflage 2016

Nomos-Kommentar, hrsg. von Kroiß/Ann/Mayer, BGB, Band 5: Erbrecht, 5. Auflage 2018

Palandt, Bürgerliches Gesetzbuch, 77. Auflage 2018

Planck, Bürgerliches Gesetzbuch nebst Einführungsgesetz, 5. Band Erbrecht, 1. und 2. Auflage 1902, 3. Auflage 1908

Pöhlmann/Fandrich/Bloehs, Genossenschaftsgesetz, Kommentar, 4. Auflage 2012

Prütting/Wegen/Weinreich, BGB-Kommentar, 12. Auflage 2017

RGRK, Das Bürgerliche Gesetzbuch, 5. Bd. Erbrecht, 12. Auflage 1975–1999

Roth/Altmeppen, GmbHG, 8. Auflage 2015

Schlegelberger, Handelsgesetzbuch, Kommentar, 5. Auflage 1973 ff.

Scholz, Kommentar zum GmbH-Gesetz, 11. Auflage 2015

Soergel, Bürgerliches Gesetzbuch, 13. Auflage 2002 f.

Staub, Handelsgesetzbuch, Großkommentar, 5. Auflage 2014

Staudinger, Bürgerliches Gesetzbuch, 17. Auflage 2017

Stein/Jonas, Kommentar zur Zivilprozessordnung, 22. Auflage 2002 ff.

Thomas/Putzo, Zivilprozessordnung mit Gerichtsverfassungsgesetz, den Einführungsgesetzen und europarechtlichen Vorschriften, 39. Auflage 2018

Troll/Gebel/Jülicher/Gottschalk, Erbschaftsteuer- und Schenkungsteuergesetz, Kommentar, Loseblatt, Stand Mai 2018

Zimmermann, Praxiskommentar Erbrechtliche Nebengesetze, 2. Auflage 2017

Zöller, Zivilprozessordnung, 32. Auflage 2018

B. Lehr- und Handbücher, Monographien

Anders/Gehle/Kunze, Streitwertlexikon: Stichwortkommentar mit systematischer Einführung, 4. Auflage 2002

Ann, Die Erbengemeinschaft (Habil.-Schr.), 2001

Baumgärtel/Laumen/Prütting, Handbuch der Beweislast, 3. Auflage 2010

Bengel/Reimann, Handbuch der Testamentsvollstreckung, 6. Auflage 2017

Bonefeld/Wachter, Der Fachanwalt für Erbrecht, 3. Auflage 2014

Bonefeld/Kroiß/Tanck, Der Erbprozess, 5. Auflage 2017

Brox/Walker, Erbrecht, 28. Auflage 2018

Ebenroth, Erbrecht, 1992

Eberl-Borges, Die Erbauseinandersetzung (Habil.-Schr.), 2000

Damrau, Der Minderjährige im Erbrecht, 2. Auflage 2010

Firsching/Graf, Nachlassrecht, 10. Auflage 2014

Flick/Piltz, Der internationale Erbfall, 2. Auflage 2008

Gernhuber/Coester-Waltjen, Lehrbuch des Familienrechts, 6. Auflage 2010

Hausmann/Hohloch, Handbuch des Erbrechts, 2. Auflage 2010

Herzog, Die Erbenhaftung, 2017

Herzog/Pruns, Der digitale Nachlass in der Vorsorge- und Erbrechtspraxis, 2018

Joachim, Die Haftung des Erben für Nachlassverbindlichkeiten, 3. Auflage 2011

Jochum/Pohl, Nachlasspflegschaft, 5. Auflage 2014

Kerscher/Krug/Spanke, Das erbrechtliche Mandat, 6. Auflage 2019

Kerscher/Riedel/Lenz, Pflichtteilsrecht in der anwaltlichen Praxis, 3. Auflage 2002

Kipp/Coing, Erbrecht. Ein Lehrbuch, 14. Auflage 1990

Krafka/Willer/Kühn, Handbuch der Rechtspraxis, Band 7, Registerrecht, 8. Auflage 2010

Krug/Daragan, Die Immobilie im Erbrecht, 2010

Kurze/Goertz, Bestattungsrecht in der Praxis, 2. Auflage 2016

Lange/Kuchinke, Erbrecht, 5. Auflage 2001

Larenz, Methodenlehre der Rechtswissenschaften, 6. Auflage 1991

Leipold, Erbrecht, 21. Auflage 2016

v. Lübtow, Erbrecht, 2 Bände, 1971

Mayer/Geck, Der Übergabevertrag, 3. Auflage 2013

Mayer/Bonefeld, Testamentsvollstreckung, 4. Auflage 2015

Nieder/Kössinger, Handbuch der Testamentsgestaltung, 5. Auflage 2015

Reimann/Bengel/Mayer, Testament und Erbvertrag, 6. Auflage 2015

Riedel, Immobilien in der Erbrechtspraxis, 2018

Riedel, Praxishandbuch Unternehmensnachfolge, 2. Auflage 2018

Schellhammer, Erbrecht nach Anspruchsgrundlagen, 3. Auflage 2010

Scherer, Münchener Anwaltshandbuch Erbrecht, 5. Auflage 2018

Schiffer, Die Stiftung in der Beraterpraxis, 3. Auflage 2013

Schöner/Stöber, Grundbuchrecht, Handbuch, 15. Auflage 2012

Schlüter/Röthel, Erbrecht, 17. Auflage 2015

Schulz, Handbuch Nachlasspflegschaft, 2. Auflage 2017

Süß, Erbrecht in Europa, 3. Auflage 2015

Süß/Ring, Eherecht in Europa, 3. Auflage 2017

C. Formularbücher

Beck'sches Formularbuch, hrsg. v. Hoffmann-Becking/Rawert, Bürgerliches, Handels- und Wirtschaftsrecht, 12. Auflage 2016

Kroiß, Anwaltformulare Nachlassgerichtliches Verfahren, 2012

Krug/Rudolf/Kroiß/Bittler, Anwaltformulare Erbrecht, 6. Auflage 2019

Tanck/Krug, Anwaltformulare Testamente, 5. Auflage 2015

Uricher, Erbrecht, 3. Auflage 2017

Teil 1 Einführung

§ 1 Rechtsgeschichtliche Einführung

Dr. Dietmar Kurze

Übersicht:

Literatur

Alsdorf, Untersuchungen zur Rechtsgestalt und Teilung deutscher Ganerbenburgen, 1980; *Ann*, Die Erbengemeinschaft, 2001; *Bader/Dilcher*, Deutsche Rechtsgeschichte. Land und Stadt – Bürger und Bauer im Alten Europa, 1999; *Bartholomeyczik*, Die Miterbengemeinschaft in künftigem Recht, Akademie für Deutsches Recht, 1941; *Brunner*, Deutsche Rechtsgeschichte, 2. Auflage 1906; *Conrad*, Deutsche Rechtsgeschichte, Band 1: Frühzeit und Mittelalter, 1954; *Damrau*, Die Abschichtung, ZEV 1996, 361; *Eberl-Borges*, Reformvorschläge zum Recht der Erbauseinandersetzung, ZErb 2010, 255–262; *Erler/Stammler* (Hrsg.), Handwörterbuch zur Deutschen Rechtsgeschichte, Band 1, 1971; *Flaig*, Tacitus, Der neue Pauly, Enzyklopädie der Antike, Band 11, 2001; *Fleischer*, Familiengesellschaften und Familienverfassungen: Eine historisch-vergleichende Standortbestimmung, NZG 2017, 1201–1210; *Fries*, Die erbrechtliche Behandlung von Ausbildungs- und Studienkosten seit dem gemeinen Recht und die Miterbenausgleichung im geltenden Recht, 1993; *Frieser* Vom Beruf unserer Zeit für Gesetzgebung im Erbrecht – Ist unser Erbrecht noch zeitgemäß?, ErbR 2012, 98–112; *Gergen*, Die gesetzliche Erbfolge einschließlich des gesetzlichen Erbrechts des Staates und seine Bezüge zum Römischen Recht, ZErb 2008, 371–374; *Grimm*, Deutsche Rechtsalterthümer, Nachdruck der von Heusler und Hübner besorgten Auflage von 1899 durch Hartwig Freiherrn von Meusebach, Band 1, 1956; *Hagmaier*, Erbauseinandersetzung durch Abschichtung, 2006; *Hay*, US-Amerikanisches Recht, 2. Auflage 2002; *Heilfron*, Deutsche Rechtsgeschichte, 1914; *Heusler*, Institutionen des Deutschen Privatrechts, 1885; *Hübner*, Grundzüge des Deutschen Privatrechts, 1930; *Hoffmann*, Die geschichtliche Entwicklung der Erbengemeinschaft, JURA 1995, 125 f.; *Kaser*, Römisches Privatrecht, 16. Auflage 1992; *Köbler*, Lexikon der europäischen Rechtsgeschichte, 1997; *Kollmeyer*, Ausgleich von Pflegeleistungen unter Abkömmlingen, NJW 2017, 1849; *Kuchinke*, Heinrich Lange, NJW 1978, 309; *Kurze*, Sozialistische Institutionen und Betriebe als Verklagte im DDR-Zivilprozess, 2005; *Lange*, Erbunfähigkeit und Erbunwürdigkeit, Akademie für Deutsches Recht, 4. Denkschrift des Erbrechtsausschusses, 1940; *Larenz*, Über Gegenstand und Methode des Völkischen Rechtsdenkens, 1938, S. 25 f. – zitiert nach: *Kroeschell*, Deutsche Rechtsgeschichte Band 3 (seit 1650), 1989; *Mugdan*, Die gesamten Materialien zum Bürgerlichen Gesetzbuch für das Deutsche Reich, Berlin 1899; *Neitmann*, Die Hohenzollerntestamente, in: Beck/Neitmann (Hrsg.), Brandenburgische Landesgeschichte und Archivwissenschaft – Festschrift für Lieselott Enders, 1997; *Preußische Akademie der Wissenschaften* (Hrsg.), Deutsches Rechtswörterbuch, Band 3, Weimar 1935–1938; *C. Schmidt*, Von der Rechtsfähigkeit der Erbengemeinschaft, 2015; *Schneider*, Brüdergemeine und Schwurfreundschaft, 1964; *R. Schröder*, „... aber im Zivilrecht sind die Richter standhaft geblieben!“: Die Urteile des OLG Celle aus dem Dritten Reich, 1988; *Schröder/Künßberg*, Lehrbuch der deutschen Rechtsgeschichte, 7. Auflage 1932; *Schubert* (Hrsg.), Volksgesetzbuch, Teilentwürfe, Arbeitsberichte und sonstige Materialien, „Entwurf des Volksgesetzbuches. Vorgelegt von J. W. Hedemann, H. Lehmann und W. Siebert, 1942“, 1988; *Schulz*, Zur Rechtsgeschichte der germanischen Brüdergemeinschaft. Ein Beitrag aus dem altnorwegischen und dem altisländischen Recht, Zeitschrift der Savigny-Stiftung für Rechtsgeschichte, Germanische Abteilung, 1936; *Selb*, „Erbrecht“, in: Jahrbuch für Antike und Christentum, 1971, Nachträge zum Reallexikon für Antike und Christentum, S. 170–184; *Siegel*, Mediation in Erbstreitigkeiten, 2010; *Simnacher*, Die Fuggertestamente des 16. Jahrhunderts, 1960; *Tacitus*, Germania, übers. v. Perl, in: Griechische und lateinische Quellen zur Frühgeschichte Mitteleuropas bis zur Mitte des 1. Jahrtausends u.Z., hrsg. v. Herrmann, Band 37, Teil 2, 1990; *Wolf*, Vom alten zum neuen Privatrecht. Das Konzept der normgestützten Kollektivierung in den zivilistischen Arbeiten Heinrich Langes (1900–1977) (= Beiträge zur Rechtsgeschichte des 20. Jahrhunderts 21), 1998.

A. Einleitung

1 Eine Erbengemeinschaft wurde im Mittelalter auch als „Gemeinderschaft" bezeichnet, deren Mitglieder als „Gemeinder". Wollten die Gemeinder ein Rechtsgeschäft vollziehen, mussten sie ihre Hände zusammenschlagen und so mit verbundenen Händen, mit gesamter Hand verfügen.[1] Auf diese Form des Handelns geht der Name einer solchen Personengemeinschaft im Erbrecht zurück. So tief in der Geschichte sind Grundsätze unseres Erbrechtes und insbesondere des Rechtes der Erbengemeinschaft verwurzelt. Die Kenntnis dieser Wurzeln und ihrer Entwicklung bis heute mag zu einem umfassenderen, tieferen Verständnis führen.

B. Germanische und fränkische Zeit

2 *Tacitus* war ein römischer Chronist in der Zeit Kaiser Trajans, etwa 100 Jahre nach Christus. Sein bekanntestes Werk heißt „Germania". Obwohl Tacitus wahrscheinlich nie selbst in Germanien war, ist diese Schilderung für unser Bild vom germanischen Recht grundlegend.[2]

Tacitus berichtete über die Germanen: *„Doch als Erben und Rechtsnachfolger hat jeder nur die eigenen Söhne, und es gibt auch kein Testament."*[3] Diese Feststellung gilt als gesichert.

Die neuere Forschung ergänzt sie nur für den besonderen Fall, dass es bei Erblassern ohne Kinder ein gewisses Bestimmungsrecht gegeben haben mag (der sog. gekorene Erbe). Unter Zustimmung einer öffentlichen Versammlung wurde der gekorene Erbe an Kindes statt angenommen. Es trat sonst ein Heimfallrecht an die Sippe oder den später an deren Stelle tretenden Staat ein.[4]

3 Grundsätzlich erbten die Kinder, der Familienverband, die Sippe. Eine Sondererbfolge gab es für bestimmtes Gut: Dies waren die „Heergewäte" beim Mann – also etwa die Kleider, Waffen und das Streitross – und die „Gerade" bei der Frau – also z.B. Kleidung und Schmuck. Diese Sondergüter fielen jeweils an den nächsten männlichen bzw. weiblichen Verwandten (meist an den ältesten Sohn oder die Tochter), wenn sie nicht als Totengabe mit in das Grab gelegt worden waren.[5]

Für eine Art „Erbengemeinschaft" („Gemeinderschaft") blieb das im Sondereigentum des Hausherrn befindliche unbewegliche und sonstige bewegliche Gut. Unbewegliches Gut war aber teilweise noch Eigentum der Sippe insgesamt.[6] Über sein Gut konnte der Hausherr auch zu Lebzeiten nicht frei verfügen. Er war durch Anwartschaftsrecht der Hausgenossen

1 *Hübner*, S. 154; *v. Lübtow*, S. 796.
2 Vgl. zu Leben und Werk von Tacitus: *Flaig*, in: Der neue Pauly, Spalten 1209–1214.
3 *Tacitus*, Germania c. 20 (Übersetzung von *Perl*), S. 100 f.; vgl. *Conrad*, S. 61; Schröder/*Künßberg*, S. 78; *Hagemann*, HRG (1971), Spalte 974.
4 *Conrad*, S. 61; Schröder/*Künßberg*, S. 357; *Brunner*, S. 90.
5 *Conrad*, S. 61; Schröder/*Künßberg*, S. 77 f.; *Bader/Dilcher*, S. 99.
6 *Conrad*, S. 59; *Hübner*, S. 734 f.

– insbesondere der Söhne – in seiner Verfügungsmacht beschränkt und bedurfte im Einzelfall deren Zustimmung[7] – wenn man so will, ein verschärfter § 2287 BGB.

Verstarb der Hausherr, nahmen die Hausgenossen sein Gut als Gesamthänder.[8] Die Töchter waren ausgeschlossen. Die Söhne bewirtschafteten den Hof oft gemeinschaftlich.[9] Eine ungeteilte Gemeinschaft wurde auch „Brüdergemeinschaft" genannt.[10] Ähnliche „Hausgenossenschaften" oder „Gemeinderschaften" sind in den Volksrechten der Langobarden, Alemannen, Bayern und Franken bezeugt und Sachsen, Friesen, Angelsachsen, Ostgermanen und Skandinavier kannten sie ebenfalls.[11]

Rechtshistoriker haben verschiedene Ansichten über die Stellung des ältesten Bruders vertreten. 4 Sicher ist, dass sie herausgehoben war. Ob der älteste Bruder aber „nur" der „primus inter pares" war oder im Sinne eines „Ältestenrechts" fast eine „Individualsukzession" beanspruchen konnte, bei welchem mit der Teilung die jüngeren Brüder gleichsam „Grundholden" des ältesten wurden, also eine Frühform der Grundherrschaft entstand, war unsicher.[12]

Conrad gibt eine schlüssige Darstellung: Nach ihm nahm der älteste Bruder den Sitz des Hausherrn ein und übte die Hausgewalt aus. Eine Auseinandersetzung erfolgte zu gleichen Teilen. Der älteste Sohn hatte auch hier wieder ein Vorrecht: Ihm konnte der Hof zugeteilt werden.[13]

Auch im fränkischen Königtum lebten der Gedanke der Samtherrschaft und damit die Idee 5 des Gesamtreiches weiter.[14] Zwar konnten „Reich und Schatz" unter mehreren Söhnen geteilt werden. Starb ein Teilkönig, wurden aber seine Söhne wiederholt von der Erbfolge ausgeschlossen, so dass das Reich wieder vereint werden konnte.[15]

C. Mittelalter

Das Verwandtenerbrecht blieb auch nach der fränkischen Zeit bestehen, selbst wenn die 6 alten Bindungen der Hausgemeinschaft und der Sippe zurückgingen.[16] Das germanische Recht kannte keine gewillkürte Erbfolge. Eine „Vergabung von Todes wegen" wurde erst nach und nach möglich, zunächst nur zugunsten der Kirche.[17] Verfügungen von Todes wegen wurden in der Form des „Klerikertestaments" und in den Städten deutlich häufiger, auch wenn es beim Grundsatz des Verwandtenerbrechts blieb („Wer will wohl und selig sterben, der lasse sein Gut den rechten Erben.").[18]

---

7 *Conrad*, S. 59; mit Hinweisen zu lokalen Unterschieden: *Heusler*, S. 228.

8 *Hübner* spricht zunächst weniger von Erbrecht sondern einem „gemeinschaftlichem Nachrücken in das Gesamtgut", vgl. *Hübner*, S. 735.

9 Schröder/*Künßberg*, S. 358.

10 *Conrad*, S. 59; *Schneider*, S. 111 f.

11 *Hübner*, S. 155.

12 Einem Einblick in die Diskussion liefern *Schulz*, S. 264–272, und *Conrad*, S. 60, mit Nachweisen, die für ein modifiziertes Bild des germanischen Erbrechts, insbesondere für eine noch stärkere Stellung des ältesten Sohnes sprechen.

13 *Conrad*, S. 59; anders: *Brunner*, S. 104 f.

14 *Schneider*, S. 82.

15 *Grass*, HRG (1971), Spalten 962 f.

16 *Conrad*, S. 216 f.

17 *Conrad*, S. 218 ff.; vgl. auch *Selb*, S. 170, 181 f.

18 *Conrad*, S. 556, 559 f.

Für bestimmte Güter galt eine Sondererbfolge, die eine Zersplitterung verhindern sollte: Es gab die „Stammgüter" des hohen Adels, die grundsätzlich alleine auf den nächsten männlichen Verwandten übergingen.[19] Die „Familienfideikomisse" waren ähnliche Güter des niederen Adels.[20] Es sind wichtige „Hausfideikomisse" überliefert, welche die Stammgüter adliger Häuser zusammenhielten.[21]

Bei den Bauerngütern wurde – zumindest partiell – die Realteilung durch das Anerbenrecht verdrängt – eine „Keimzelle" des Höferechts. Der älteste oder jüngste Erbe konnte zum Hoferben („Anerben") berufen und die anderen konnten abgefunden werden. Eine Erbengemeinschaft wurde durch diese Sondererbfolgen ausgeschlossen.[22] Noch in der heute gültigen Höfeordnung heißt es entsprechend unter § 6: *„ist als Hoferbe berufen: … 3. in dritter Linie der älteste Miterbe oder, wenn in der Gegend Jüngstenrecht Brauch ist, der jüngste von ihnen"*.

Im Übrigen entstanden regelmäßig Erbengemeinschaften. Sie wurden weiter „Brüdergemeinschaften" oder „Gemeinderschaften" genannt.[23]

7 Für die Erbengemeinschaften galt das Prinzip der „gesamten Hand", der Gesamthandschaft, auf das in der Einleitung schon eingegangen wurde. Es gab Gesamthandvermögen, über das nur gemeinsam verfügt werden konnte. Der Gesamthänder konnte allein weder über das Ganze noch über einen Teil verfügen. Als Gläubiger durfte die Leistung nur an die Gemeinschaft verlangt werden, Schuldner konnten mit befreiender Wirkung nur an alle leisten.[24]

8 Im Lehnswesen war der Herr zunächst nicht verpflichtet, das Lehen im Erbfall zu teilen, so dass nur einer von mehreren Erben die Lehnserneuerung beanspruchen konnte. Ab dem 14. Jahrhundert war die Lehnserneuerung weitgehend zu einem Anspruch geworden, wobei es auch zu Beleihungen zur gesamten Hand und späteren Teilungen kommen konnte.[25]

Für den Übergang der Kurwürde enthielt die Goldene Bulle Regelungen, die auch von den Kurfürsten beachtet wurden. So bestimmten die Hohenzollern in Testamenten aus dem 15. Jahrhundert, dass nur *ein* Sohn sich Kurfürst und Erzkämmerer des Heiligen Römischen Reiches nennen dürfe.[26] Die Fürstenhäuser Württemberg, Lippe, Hanau und Baden führten die Primogeniturfolge ein (Erbfolge des Erstgeborenen). In Österreich etwa blieb aber die „Teilungsunsitte" zunächst bestehen. Auch die Frage, ob die Töchter oder Schwestern des letzten männlichen Erben ein Recht auf die Nachfolge hätten, führte zu Erbfolgekriegen. Bekannt sind die – weitgehend erfolgreichen – Anstrengungen, die noch Maria Theresia zur Behauptung ihres Erbes anstellen musste.[27]

9 Den bäuerlichen Gemeinderschaften stand meist das älteste Mitglied als Vertreter vor.[28] Die vollständige Auflösung der Gemeinderschaft etwa durch Abfindung Einzelner war weitgehend erlaubt.[29]

---

19 *Conrad*, S. 558 f.
20 *Conrad*, S. 558 f.; *Hübner*, S. 803 f.
21 Schröder/*Künßberg*, S. 933 f.
22 *Conrad*, S. 558 f.; *Hübner*, S. 804 ff.
23 *Buchda*, HRG (1971), Spalte 1588; *Schneider*, S. 81 ff.
24 *Buchda*, HRG (1971), Spalte 1589; *Hübner*, S. 154 ff., 749; *Heusler*, S. 236 ff.
25 Schröder/*Künßberg*, S. 444 ff.
26 *Neitmann*, S. 109–126, 112.
27 *Grass*, HRG (1971), Spalte 963.
28 *Hübner*, S. 156.
29 *Hübner*, S. 156 f.

Ein Verfahren der Aufteilung enthält den bekannten Rechtsspruch: „Der Ältere teilt, der Jüngere wählt."[30] *Jacob Grimm* hielt ihn für nachvollziehbar, „weil teilen dem reiferen Verstande zusagt, wählen der Unschuld der Jugend".[31] Daneben waren die Zuordnung durch das Los und die Auszahlung von Erben durch einen anderen, weniger der Verkauf einer Sache zur Teilung üblich.[32]

Ritterliche Gemeinderschaften wurden auch als „Ganerbschaften" bezeichnet, der „Gan- 10
erbe" war ein „Miterbe".[33] Für die Ritterschaft stand neben der Erhaltung des Gutes auch das Ziel im Vordergrund, die an das Gut gebundenen Standesvorrechte zu sichern.[34] Durch einen Ganerbschaftsvertrag sollte eine „ewige" Gesamthandsgemeinschaft errichtet werden. Wurde die gemeinsame Haushalts- und Wirtschaftsführung den Ganerben unangenehm, wurden die Nutzungen und mitunter auch die Substanz geteilt.[35] Noch heute sind sog. „Ganerbenburgen" bekannt. Den Familienteilen wurden einzelne Türme, Häuser oder Bereiche einer Burg zugewiesen. Beispiele sind die Burg Eltz im Moseltal, Burg Münzenberg in der Wetterau und die Schwarzburg in Thüringen.[36] Durch diese Teilungsbestrebungen nahm die ritterliche Gesamthandsgemeinschaft schon früh Elemente der Bruchteilsgemeinschaft auf. Es war die Möglichkeit des Verkaufs von (ideellen) Anteilen gegeben. Als Gegenmaßnahmen wurden in die Ganerbschaftsverträge Veräußerungsverbote, Zustimmungsvorbehalte und Vorkaufsrechte der anderen Ganerben aufgenommen. Eine Kündigungsmöglichkeit der Gemeinschaft blieb dem Institut im Gegensatz zu bäuerlichen Gemeinderschaften fremd.[37]

In den Städten des Mittelalters war den kaufmännischen Bedürfnissen zu entsprechen. Eine 11
starre Bindung des Vermögens mit Anwartschafts- und Zustimmungsrechten der Sippe war hinderlich. Diese Rechte wurden daher „beschnitten und meist ganz gekappt".[38] In den Städten begann auch die Entwicklung, nach der nicht mehr verschiedene Erbfolgen in einzelne Nachlassgegenstände existierten (Grundbesitz, Heergewäte, Gerade etc.). Es kam zur grundsätzlich einheitlichen Vererbung des ganzen Nachlasses.[39]

D. Frühe Neuzeit

Die Zeit des wachsenden Handels und der Ausbildung reicher, städtischer Handelsfamilien 12
erforderte auch angepasste rechtliche Strukturen.[40] Es bildeten sich Gesellschaften, beispielsweise die auf Verträgen beruhende der Fugger.

30 *Hübner*, S. 749 f., mit Verweis auf den Sachsenspiegel; vgl. Schröder/*Künßberg*, S. 823, ähnlich auch schon im § 170 des Codex Hammurabi.

31 *Grimm*, Rechtsalterthümer, S. 60; vgl. auch *Hübner*, S. 750.

32 *Hübner*, S. 750; Schröder/*Künßberg*, S. 823; *Ogris*, HRG (1971), Spalte 954.

33 Deutsches Rechtswörterbuch (1935–1938), Spalte 1150 f.

34 *Ogris*, HRG (1971), Spalte 1381.

35 *Ogris*, HRG (1971), Spalten 1381 f.

36 *Hübner*, S. 157 m.w.N.; *Heusler*, S. 231 f.; url: http://de.wikipedia.org/wiki/Ganerbschaft und www.burg-eltz.de; umfassend auch zu den Ganerbenburgen, die durch einen anderen Anlass als einen Erbfall durch Vertrag entstanden: *Alsdorf*, Ganerbenburgen (1980).

37 *Ogris*, HRG (1971), Spalte 1382.

38 Bader/*Dilcher*, S. 665.

39 *Hagemann*, HRG (1971), Spalte 973.

40 Vgl. auch schon zur Entwicklung in den Städten des Mittelalters: Bader/*Dilcher*, S. 503 f.

Es ist umstritten, ob die offene Handelsgesellschaft der Fugger in ihrer Ursprungsform mit der fortgesetzten Erbengemeinschaft identisch ist. Die OHG wäre nach der befürwortenden Ansicht eine durch mehrere Generationen hindurch fortgesetzte Ganerbschaft gewesen.

Dagegen spricht zum einen der Erbfall der Mutter Barbara, nach dem die fortgesetzte Erbengemeinschaft **neben** der ausschließlich von den Brüdern geführten Handelsgesellschaft bestand. Zum anderen ergeben die unter den Brüdern geschlossenen Verträge für die Regelung der Geschäftstätigkeit insbesondere hinsichtlich Vertretung und Haftung ein anderes Bild. Die Gesellschaft orientierte sich an dem in Italien entwickelten Institut der **„compagnia“**. Die „compagnia“ war eine Handelsgesellschaftsform, die sich aus der Familiengesellschaft gelöst hatte, deren genauer Ursprung aber unsicher ist.[41]

Schon mit dem im Jahre 1502 zwischen den drei Brüdern geschlossenen Gesellschaftsvertrag wurden detaillierte Regelungen für den Fall des Todes eines Gesellschafters vereinbart. Die Funktionsfähigkeit der Gesellschaft sollte durch einen Erbfall und die sich damit unter Umständen ergebene Beteiligung einer Mehrheit von Erben nicht beeinträchtigt werden. Die erbberechtigten Laien-Söhne traten als Gesellschafter ein, hafteten auch unbeschränkt, blieben aber von der Geschäftsführung und Vertretung ausgeschlossen. Der überlebende der drei Brüder wurde alleiniger Geschäftsführer.[42]

Eng abgestimmt mit den Gesellschaftsverträgen wurden die Testamente der Familienmitglieder. In ihnen wurden die Verträge und Testamente von Vorfahren ausgiebig zitiert. Die Einhaltung und der Vollzug der Regelungen wurden den Erben zur Auflage gemacht. Die enge Verzahnung hielt das Familienvermögen trotz der Erbgänge zusammen.[43]

13 Im 16. Jahrhundert entstanden Fideikommissbestimmungen. In umfangreichen „Familienverträgen“ wurden erb- und gesellschaftsrechtliche Regelungen zusammengefasst, um das Vermögen und damit die Machtfülle der Fugger gebündelt zu erhalten. Testamente flankierten die Fideikommissbestimmungen.[44] In anderen (besonders italienischen) Familien wurde ähnlich vorgegangen, um die Handelsgeschäfte besser flächenmäßig auszudehnen, über Generationen zusammenzuhalten und auch das Risiko zu begrenzen.[45] Durch Hausgesetze wurden zudem schon seit dem 14. Jahrhundert familien- und erbrechtliche Regelungen außerhalb der bürgerlichen Normen getroffen, etwa bei den Hohenzollern und den Habsburgern.[46]

Die wachsende wirtschaftliche Dynamik in der deutschen frühen Neuzeit beeinflusste so auch das Erbrecht. Die zum Vermögensaufbau notwendige Kontinuität über Erbfälle hinaus erforderte Anpassungen beim Recht der Erbengemeinschaft. Wie am Beispiel der Fugger gezeigt werden konnte, ging ein Weg hin zur Ausformung von Gesellschaften, um einen Vermögensbestand vom Nachlass zu trennen. Diese waren noch eng an die Familie gebunden und ähnelten Ganerbengemeinschaften. Da das Erbrecht der Familienmitglieder nicht vollständig ausgeschlossen werden konnte, mussten die gesellschaftsrechtlichen Verträge genau mit den Testamenten abgestimmt und durch diese gestützt werden. Daran hat sich bis heute nichts geändert: Die Vermögensnachfolge muss bei unternehmerisch gebundenen Vermögen besonders sorgfältig abgestimmt werden. Insbesondere bei der Nachfolge von

41 Auch zum Meinungsstand: *Simnacher*, S. 62–68; vgl. zudem *Fleischer*, NZG 2017, 1201.

42 *Simnacher*, S. 65.

43 *Simnacher*, S. 65 f.

44 *Simnacher*, S. 68 ff.

45 Vgl. ausführlich: *Fleischer*, NZG 2017, 1201, 1203.

46 *Fleischer*, NZG 2017, 1201, 1205.

Erbengemeinschaften kann es sonst für Unternehmen zu existenzbedrohenden Situationen kommen.

Ein „erbrechtliches Eigenleben“ führte weitgehend die bäuerliche Bevölkerung.[47] In den Kodifikationen des 18. und 19. Jahrhunderts wurden sie vielfach nicht beachtet. Die Erbfolge wurde stattdessen oft durch Verträge geregelt. Höfe blieben nach alter Sitte zugunsten eines Kindes meist ungeteilt. Die anderen Kinder gingen mit einem geringen Abfindungsgeld oft leer aus, „*zumal sie auf dessen Auszahlung nicht selten Jahre, ja Jahrzehnte lang warten*“ mussten.[48] 14

E. Rezeption

Rezeption meint in unserem Zusammenhang die Übernahme des antiken römischen Rechts im mittelalterlich-neuzeitlichen Europa.[49] Wenn vom „römischen Recht“ gesprochen wird, ist dies selbstverständlich eine erhebliche Verkürzung. Es wird auf eine mehrere Jahrhunderte umfassende Periode voller Entwicklungen zurückgeblickt. Den Höhepunkt erreichten die „genialen Schöpfungen der Juristen“[50] im Zeitalter der „klassischen Jurisprudenz“, also in den ersten zweieinhalb Jahrhunderten nach Christi Geburt. In dem Sammelwerk „Corpus Iuris Civilis“ des Kaisers Justinian aus den Jahren 533 und 534 wurden als „Digesten“ (auch: „Pandekten“) und „Institutionen“ wesentliche Elemente aus der Rechtsliteratur des klassischen Zeitalters im ursprünglichen Wortlaut festgehalten und die Gesetze des Justinians (in griechischer Sprache) hinzugefügt.[51] 15

Auf das Corpus Iuris Civilis – kommentiert von den Glossatoren des 11. Jahrhunderts und den Postglossatoren des 14. und 15. Jahrhunderts – griffen schon während des gesamten Mittelalters Richter und Rechtsgelehrte zurück. Mit der sog. „Rezeption“ gelangte das römische Recht im 15. und 16. Jahrhundert verstärkt nach Deutschland. Es wurde als „gemeines Recht“ bezeichnet, im Gegensatz zu den deutschen, zersplitterten Partikularrechten.[52]

Das römisch-gemeine Recht wurde in den Kodifikationen des bürgerlichen Rechts an der Wende vom 18. zum 19. Jahrhundert aufgenommen, etwa im Allgemeinen Landrecht (Preußen, 1794).[53] Über Vorschriften im Preußischen Allgemeinen Landrecht, etwa zur Auseinandersetzung notfalls durch Versteigerung und Erlösverteilung,[54] haben sich römischrechtliche Einflüsse dadurch bis in die heute geltenden Regeln des BGB gehalten. Die sog. „historische Schule“ unter ihrem Begründer Friedrich Carl von Savigny gab seit dem Beginn des 19. Jahrhunderts dem römischen Recht starken Auftrieb.[55] Wesentlich beeinflusst wurde von diesen „Pandektisten“ auch die Kodifikation des Bürgerlichen Gesetzbuches.

Im römischen Recht galt der Grundsatz der Universalsukzession. Sondererbfolgen wie im deutschen Recht (etwa hinsichtlich der Heergewäte und der Geraden) waren dem römischen 16

47 Bader/*Dilcher*, S. 241.
48 Bader/*Dilcher*, S. 240 f.
49 *Köbler*, S. 503 f.
50 *Kaser*, S. 1.
51 *Kaser*, S. 6.
52 *Kaser*, S. 8.
53 *Kaser*, S. 9.
54 Vgl. *Ann*, S. 388 f.
55 *Kaser*, S. 9.

fremd.[56] Dagegen konnten im römischen Recht der Tod und der Erbschaftserwerb auseinanderfallen, zumindest wenn hausfremde Erben berufen wurden.[57] Der Satz „Der Tote erbt den Lebendigen" ist deutschrechtlich.[58] Diese Unterschiede wirkten sich indirekt auch bei Erbengemeinschaften aus.

Für das Recht der Erbengemeinschaft im engeren Sinne stellt *Heilfron* fest: „*Hinsichtlich des Verhältnisses mehrerer Miterben zueinander weicht das römische Recht entschieden vom deutschen Recht ab.*"[59]

Insbesondere durch die Möglichkeit des Erbeinsetzungstestaments wurde die Bildung einer Erbengemeinschaft zugunsten der Alleinerbschaft zurückgedrängt.[60]

17 Im römischen Recht gab es keine Gesamthandschaft.[61] Erbschaftsgegenstände wurden geteilt. Dies betraf auch Geldforderungen und Schulden des Nachlasses, was auf die XII-Tafel-Gesetzgebung zurückgeht.[62] Bei unteilbaren Gegenständen stellte sich der Anteil eines jeden Miterben als ideeller Anteil an jedem einzelnen dar, es galt die „Bruchteilsgemeinschaft".[63]

In der Rezeption wurde das Recht der Erbengemeinschaft in Deutschland insofern nicht geändert: Es behielt die gesamthänderische Bindung des Vermögens bei.[64] Dies galt für das preußische Allgemeine Landrecht und für das Bürgerliche Gesetzbuch.[65]

Die Ausgleichung („Kollation") unter Miterben kannten deutsches und römisches Recht. Nach letzterem galt sie zunächst nur bei der gesetzlichen Erbfolge („Intestarerbfolge") und wurde durch Justinian auf die Testamentserbfolge ausgedehnt.[66]

Eine Regelung für mehrere Erbfälle suchte das römische Recht durch sog. „fideikommissarische Sukzession" zu erreichen. Dem Erben wurde – in Annäherung an die Legate – auferlegt, den Nachlass als Fideikommiss an einen Nachfolger herauszugeben und mit diesem dazu eine Vereinbarung zu treffen. Eine Nacherbfolge im Sinne des Bürgerlichen Gesetzbuches war in Rom ausgeschlossen, da eine Erbenstellung nicht auf Zeit erworben werden konnte.[67]

Schlossen sich nach altrömischem Recht die Erben nach der Nachlassteilung durch Vereinbarung wieder zu einer Gemeinschaft zusammen oder hatten die Erben den Nachlass noch nicht aufgeteilt, wurde dies „consortium" genannt.[68] Heute wird der Begriff immer noch für einen wirtschaftlichen Zusammenschluss gebraucht, wenn auch nicht mehr vor einem erbrechtlichem Hintergrund.

Insgesamt setzte sich der auch für die Erbengemeinschaft wichtige Grundsatz der Universalsukzession durch, brachte die Rezeption für das Recht der Erbengemeinschaft in Deutschland aber nur wenig direkte Änderungen.

56 *Heilfron*, S. 741.
57 *Kaser*, S. 286 ff.
58 *Heilfron*, S. 748 f.
59 *Heilfron*, S. 749; vgl. auch: *Hagemann*, HRG (1971), Spalten 975 f.
60 *Kaser*, S. 292.
61 Wobei es im altrömischen Recht wohl noch einen „gesamthandartigen Verband der Miterben als fortgesetzte Hausgemeinschaft" gab, *v. Lübtow*, S. 796 f.
62 *Kaser*, S. 292, 294.
63 *Köbler*, S. 129; *Kaser*, S. 292 f.; *Kipp/Coing*, S. 609.
64 Ausführlich: *C. Schmidt*, S. 23–33.
65 *Heilfron*, S. 750; *Ogris*, HRG (1971), Spalte 955.
66 *Heilfron*, S. 751; *Kaser*, S. 293 f.
67 *Kaser*, S. 303 ff.
68 *Köbler*, S. 83; *Selb*, S. 170, 171; *Gergen*, ZErb 2008, 371, 372.

In vielem waren römisches und deutsches Erbrecht nicht so verschieden, dass die Rezeption einen völligen Bruch mit der „heimischen Gewohnheit" bedeutete. Es vollzog sich ein Anpassungsprozess, wobei „wichtige deutschrechtliche Institute sich im Kern" behaupteten.[69]

F. Bürgerliches Gesetzbuch

Zentraler Punkt bei der Regelung der Erbengemeinschaft war die Wahl zwischen der deutschrechtlichen Gesamthandschaft und der römisch-gemeinrechtlichen Bruchteilsgemeinschaft. Beide Systeme mussten nicht nur in der Theorie gegeneinander abgewogen werden. Es lagen auch Erfahrungen aus dem künftigen Geltungsbereich des BGB vor: Im preußischen Allgemeinen Landrecht[70] und im Österreichischen Gesetzbuch wurde die gesamthänderische Lösung, in der „Mehrzahl der Rechte" (etwa Bayern, Württemberg, Sachsen) die Bruchteilsgemeinschaft gewählt.[71] 18

Bei der Begründung des 1. Entwurfs des BGB wurden beide Alternativen ausführlich und kritisch einander gegenübergestellt.[72] Es scheint, als sei versucht worden, zwischen zwei Übeln das kleinere ausfindig zu machen. Nachteilig bei der Bruchteilsgemeinschaft sei, dass ein Miterbe, der eine Nachlassschuld voll bezahlt hat, aus dem Nachlass keinen Ersatz erlangen könne.[73] *„Dazu tritt der schon erwähnte Übelstand, daß die Gläubiger des Erblassers ohne ihr Zutun statt eines Schuldners eine große Anzahl von Schuldnern erhalten, wenn eine große Anzahl von Miterben vorhanden ist, und daß dadurch eine Forderung erheblich im Werte verringert werden kann."*[74] Darin liege etwas *„Anormales"*.[75] 19

Bei der Gesamthandschaft[76] sei ein einzelner Miterbe gehindert, über Nachlassgegenstände zu disponieren, wolle er nicht über seinen Erbteil insgesamt verfügen. Seine Verfügungsgewalt sei *„auf kürzere oder längere Zeit gänzlich gelähmt"*.[77] Die gemeinschaftliche Geltendmachung von erbschaftlichen Ansprüchen bereite große Schwierigkeiten. Für die Auseinandersetzung sei *„eine weitgehende Tätigkeit des Nachlaßgerichts sowie ein umständliches und kostspieliges Verfahren notwendig"*.[78]

Schließlich spreche *„für das gemeine Recht, daß es zu einer Vereinfachung der Rechtsverhältnisse und zu einer klaren Rechtslage führt, obschon es für gewisse Fälle nicht alle Schwierigkeiten beseitig"*.[79] Das Ergebnis – womöglich auch auf den Einfluss des Kommissionsmitgliedes und Pandektisten *Windscheid* zurückgehend:[80] *„Der Entwurf folgt dem gemeinen Rechte."*[81]

---

69 *Kaufmann*, HRG (1971), Spalte 961.
70 *Orgis*, HRG (1971), Spalte 955; *Hoffmann*, Jura 1995, 126.
71 *Mugdan*, Motive (1899), S. 281.
72 Vgl. auch *C. Schmidt*, S. 39–72.
73 *Mugdan*, Motive (1899), S. 282.
74 *Mugdan*, Motive (1899), S. 282.
75 *Mugdan*, Motive (1899), S. 281.
76 Vgl. auch *C. Schmidt*, S. 74–174.
77 *Mugdan*, Motive (1899), S. 282.
78 *Mugdan*, Motive (1899), S. 282.
79 *Mugdan*, Motive (1899), S. 282.
80 *Hoffmann*, Jura 1995, 126.
81 *Mugdan*, Motive (1899), S. 281, 2; *v. Lübtow*, S. 798.

20 Der erste Entwurf wurde insbesondere von Rechtgelehrten und von Vertretern der Gebiete kritisiert, in denen das deutschrechtliche Prinzip der Erbengemeinschaft galt. In den Protokollen wurde festgehalten: „*Die Vorteile und Nachteile hielten sich bei der Erbengemeinschaft ungefähr die Waage. ... Das wesentliche Moment für die Erbengemeinschaft liege in dem Interesse der Nachlaßgläubiger.*“[82] Diese seien nach dem römisch-gemeinen Recht weniger geschützt. Inwieweit noch andere als rechtsdogmatische – etwa politische – Gründe für den Wechsel zur gesamthänderischen Erbengemeinschaft verantwortlich waren, ist aus den Protokollen nicht zu entnehmen. Im Ergebnis fiel die Wahl zugunsten des deutschrechtlichen Modells aus.[83]

21 Die weiteren in den Kommissionen beratenen Fragen zur Erbengemeinschaft waren weniger richtungsweisend. So wurde hinsichtlich der Regelung von Verfügungen über Anteile an der Erbengemeinschaft, das Vorkaufsrecht, die Teilung der Früchte, über Nuancen und rechtstechnische Fragen gestritten.[84]

Gegen die Möglichkeit eines einzelnen Miterben, Forderungen für die Gemeinschaft gerichtlich geltend zu machen, wurde – erfolglos – der Einwand erhoben, es bestehe ein „innerer Widerspruch“, wenn die klageweise Geltendmachung möglich sei, das „*weit weniger intensive Recht der Kündigung und Mahnung*“ aber versagt werde.[85]

Aus den Erfahrungen mit dem preußischen Recht erwuchs Kritik an der Erbteilungsklage. Erfolgverheißende Anträge seien schwer zu stellen. Daher solle der Prozessrichter nicht an die Anträge der Parteien gebunden sein und die Teilung „*nach Zweckmäßigkeits- und Billigkeitsrücksichten*“ vornehmen können. Dies wurde abgelehnt: „*Die Richter im Amtsgerichtsprozesse und die Anwälte im Anwaltsprozesse würden dafür sorgen, daß die richtigen Anträge gestellt würden. Neben dem prinzipalen Antrage auf eine gewisse Art der Teilung werde event. stets der Antrag auf Verkauf gestellt werden können, man werde keine Klageänderung darin finden dürfen, wenn die im Antrage begehrte Art der Teilung nachträglich anders bestimmt werde.*“[86]

Eingehend wurden auch der Umfang der Ausgleichungspflicht,[87] die Probleme der Haftung der Miterben sowie die Zwangsvollstreckung bei einer Erbengemeinschaft diskutiert.[88]

22 Eher einer Fußnote der Geschichte gleicht die Auseinandersetzung über die Frage, was mit unteilbaren, da materiell wertlosen und somit unverkäuflichen, aber (familien-)geschichtlich bedeutsamen Nachlassschriftstücken geschehen solle. Der Vorschlag, sie dem Miterben mit dem größten Anteil zuzuordnen, wurde abgelehnt. Solche Schriftstücke sollten gemeinschaftlich bleiben, denn „*es erscheine wenig angemessen, über den Verbleib etwa geschichtlich wichtiger Familienpapiere den zufälligen Umstand entscheiden zu lassen, welcher Erbe den größten Erbteil erhalte, wonach solche Urkunden auch an den Weiberstamm kommen und so leichter der Familie entfremdet werden könnten.*“[89]

---

82 *Mugdan*, Protokolle (1899), S. 495.

83 Vgl. auch *v. Lübtow*, S. 798 f.; *Orgis*, HRG (1971), Spalte 955; *Hoffmann*, Erbengemeinschaft (1995), 126; *Kipp/Coing*, S. 609 f.; MüKo/*Gergen*, Vor § 2032 Rn 4.

84 *Mugdan*, Protokolle (1899), S. 497–501.

85 *Mugdan*, Protokolle (1899), S. 501.

86 *Mugdan*, Protokolle (1899), S. 508 f.

87 *Mugdan*, Protokolle (1899), S. 509 ff.; siehe dazu auch *Fries*.

88 *Mugdan*, Protokolle (1899), S. 515 ff.

89 *Mugdan*, Protokolle (1899), S. 507.

G. Drittes Reich

Wesentliche Änderungen erfuhr das Recht der Erbengemeinschaft im Dritten Reich nicht. In seiner Anwendung wird es im Einzelfall genauso der nationalsozialistischen Ideologie unterworfen worden sein wie andere Rechtsgebiete. Auch das Zivilrecht war im Dritten Reich keine *„Insel der Reinheit"*, was spätestens durch die Untersuchung von Zivilrechtsurteilen durch *Rainer Schröder* belegt ist.[90] Juden und andere Verfolgte wurden entweder durch direkte Eingriffe benachteiligt oder Entscheidungen zu ihren Lasten wurden über das Einfallstor der unbestimmten Rechtsbegriffe begründet, aber auch unter Berufung auf die *„völkische Ordnung"* mit der Aufforderung an Richter, *„als Sachwalter der höchsten Grundsätze unseres Gemeinschaftslebens das Gesetz nicht nur zu ergänzen, sondern zu korrigieren"*.[91] Dogmatisch untermauert wurde solch ein Vorgehen durch Rechtswissenschaftler wie *Karl Larenz* und *Carl Schmitt*. 23

Das Bürgerliche Gesetzbuch sollte im Dritten Reich durch ein „Volksgesetzbuch" ersetzt werden. Durch den Zweiten Weltkrieg rückte dieses Vorhaben aber in den Hintergrund und wurde nicht verwirklicht. Gleichwohl gab es zumindest in den 30er Jahren Diskussionen über die Um- und Neugestaltung des Zivilrechts, auch des Erbrechts und damit des Rechts der Erbengemeinschaft. 24

Eine „Denkschmiede" im Dritten Reich war die „Akademie für Deutsches Recht". Ihr Präsident war der berüchtigte Reichsminister *Hans Frank*. Vorsitzende des Erbrechtsausschusses der Akademie für Deutsches Recht war bis zu seinem Ausscheiden 1939 *Heinrich Lange*. Der Name ist heute noch aufgrund des seit der zweiten Auflage von *Kurt Kuchinke* weitergeführten Erbrechtslehrbuches bekannt. *Lange* war seit dem Jahr 1939 Professor in München.[92] Er legte 1940 die 4. Denkschrift des Erbrechtsausschusses vor, in welcher er den Abschnitt zur „Erbunfähigkeit und Erbunwürdigkeit" selbst bearbeitet hatte.[93] 25

Zur „Miterbengemeinschaft" fasste Landgerichtsrat *Dr. Horst Bartholomeyczik* die Diskussion und Beschlüsse des Erbrechtsausschusses zusammen.[94] Auch er nahm nationalsozialistisches Gedankengut auf. 26

In den *„Grundsätzen des völkischen Gemeinschaftslebens"* zum Entwurf des Volksgesetzbuches hieß es: *„Das Erbrecht wahrt zum Wohl der Familie und des Volkes die von dem Erblasser erarbeiteten und überkommenen Güter. Verfügungen von Todes wegen genießen Schutz, soweit sie mit diesem Ziel vereinbar sind."*[95]

Bartholomeyczik betont die Bedeutung der Erbengemeinschaft zum Erhalt *„wertvollen Familiengutes"*: *„Denn die Volksgemeinschaft ist an der Stärkung des Familiengedankens besonders interessiert, weil die Familie ihr Kern ist."*[96]

90 *R. Schröder*, „... aber im Zivilrecht", 1988.

91 *Larenz*, S. 25 f., zitiert nach *Kroeschell*, S. 268, 276–279.

92 Vgl. – unkritisch – *Kuchinke*, NJW 1978, 309; ausführlich zu Lange: *Wolf*, Vom alten zum neuen Privatrecht. Arbeiten Heinrich Langes, 1998; *R. Schröder*, S. 205 f., unterscheidet zwischen dem „frühen Heinrich Lange und dem ..., der 1941 bereits recht kritisch die Entwicklung im Dritten Reich beobachtet".

93 *Lange*, S. 1 f.

94 Den *Hoffmann*, Jura 1995, 125 f., unkritisch als Sekundärliteratur nutzt.

95 *Schubert* (Hrsg.), S. 45 f.

96 *Bartholomeyczik*, Denkschrift (1940), S. 121.

Zentraler, von *Bartholomeyczik* vorgetragener Vorschlag des Erbrechtsausschusses war die Einführung eines „gestaltenden Teilungsverfahrens“.[97] Aufgegriffen wurde die auch heutzutage vorhandene Kritik an dem Teilungsverfahren nach dem Bürgerlichen Gesetzbuch. Erfahrene Juristen berichten noch heute in Seminaren, eine schon im ersten Hauptantrag begründete Auseinandersetzungsklage hätten sie noch nicht gesehen.

Nach *Bartholomeyczik* war die Neuordnung „*geboten, damit nicht die Wahrung der übergeordneten Interessen der Erbengemeinschaft am Widerspruch des einzigen Querkopfes und an der Unvollkommenheit der Teilungsregeln scheitert.*“[98]

27 Ideologisch weniger problematisch war die vorgeschlagene zentrale Stellung des Nachlassrichters. Ihm sollte regelmäßig die Auseinandersetzung obliegen. Er sollte den Nachlass dazu in Besitz nehmen. Zur Vorbereitung sollte er sich eines „Erbschaftsverwalters“ bedienen können.[99] Soweit sieht das Verfahren nach einer Art staatlichen Testamentsvollstreckung auch für Fälle der gesetzlichen Erbfolge aus. Sie ist mit dem probate-Verfahren der USA zu vergleichen, in dem das Nachlassgericht einen „executor“ oder „administrator“ bestimmt.[100]

Problematisch ist die im Ergebnis aufgehobene Bindung des Nachlassrichters an eine letztwillige Verfügung und sogar an die gesetzlichen Vorgaben. Er hat bei der Verteilung „freies Ermessen“.[101] Zur Erhaltung von Familienbesitz kann der Nachlassrichter gegen den Widerspruch einzelnen Erben bestimmte Gegenstände ganz zuteilen. Die für das nationalsozialistische Rechtsdenken typische Unbestimmtheit sollte mit der ebenso kennzeichnenden Machtfülle des Staates einhergehen: „*Die erweiterte Machtbefugnis des Nachlaßrichters gestattet es, die gesetzliche Erbfolge verhältnismäßig knapp, nur für den Regelfall bestimmt, zu regeln, weil es dem Nachlaßrichter überlassen bleibt, den besonderen Familien- und Erbverhältnissen noch in der Auseinandersetzung gerecht zu werden.*“[102] *Bartholomeyczik* fasste zusammen: „*Mit diesen … Grundsätzen ist die Hauptforderung der nationalsozialistischen Rechtserneuerung auf dem Gebiete des Erbrechts erfüllt.*“[103]

H. DDR

28 In der DDR galt bis zum Inkrafttreten des Zivilgesetzbuches (ZGB) am 1.1.1976 das Bürgerliche Gesetzbuch weitgehend fort.[104] Das Erbrecht blieb also zunächst unverändert. Änderungen insbesondere im Familienrecht (Adoption, uneheliche Kinder etc.) wirkten sich auf das Erbrecht indirekt aus.[105]

Das ZGB von 1976 war insgesamt deutlich einfacher gefasst als das BGB. Ermöglicht wurde dies auch durch die Ausgliederung der Rechtsverhältnisse zwischen Betrieben und die allgemein deutlich geringere wirtschaftliche Dynamik in der DDR. Die Verwaltung einer gemeinsam ererbten, vermieteten Immobilie war in der DDR aufgrund der nicht kostende-

97 *Bartholomeyczik*, Denkschrift (1940), S. 224.
98 *Bartholomeyczik*, Denkschrift (1940), S. 224.
99 *Bartholomeyczik*, Denkschrift (1940), S. 224, 242 ff.
100 *Hay*, Rn 546 ff.
101 *Bartholomeyczik*, Denkschrift (1940), S. 196, 289.
102 *Bartholomeyczik*, Denkschrift (1940), S. 225.
103 *Bartholomeyczik*, Denkschrift (1940), S. 224 mit Verweis auf „*Lange*, Gemeinschaftsgebundenes Erbrecht, im Jahrb. d. Ak. DR. 1935, 18 ff.“.
104 Vgl. *Kurze*, S. 173 m.w.N.
105 MüKo/*Leipold*, Einleitung, Rn 92 sowie 4. Auflage Rn 291 ff. (worauf ab der 5. Auflage „verzichtet“ wurde, vgl. dort Rn 377).

ckenden Mieteinkünfte für gemeinschaftliche Erben weniger „reizvoll" und damit auch weniger konfliktträchtig.

Die Erbengemeinschaft wurde in § 400 Abs. 1 ZGB beschrieben:

> *„Sind mehrere Erben vorhanden, steht ihnen die Erbschaft gemeinschaftlich zu. Bis zur Aufhebung der Erbengemeinschaft können sie über die Erbschaft und die einzelnen Nachlaßgegenstände nur gemeinschaftlich verfügen."*

Auch in der DDR war die Erbengemeinschaft also eine Gesamthandgemeinschaft. Die Miterben hatten Gesamteigentum. Die wesentlichen Regelungen zu Verfügungen, Einziehung von Forderungen sowie Veräußerungen von Erbteilen bei Vorkaufsrecht der anderen Erben entsprachen den hergebrachten Grundsätzen. Nur die gesetzliche Vertretungsbefugnis für die anderen Miterben war nicht auf dringliche Maßnahmen beschränkt.[106] Im Rahmen des Notverwaltungsrechts durften einzelne Miterben gem. § 400 Abs. 2 S. 2 ZGB Kredite für die Erhaltung von Grundstücken und Gebäuden auch alleine aufnehmen.[107] 29

DDR-typisch ist der in § 424 ZGB kodifizierte Vorrang von genossenschaftlichen Bestimmungen und immobilienbezogenen Rechtsvorschriften. Bei unter Umständen für die auferlegte Gesellschaftsordnung wesentlichen Vorgängen behielt der Staat die Möglichkeit, nach seinen Interessen regulierend einzugreifen. 30

Interessant ist die dem Staatlichen Notariat in §§ 425–427 ZGB eingeräumte Befugnis, bei über die Auseinandersetzung uneinigen Erben nicht nur zu vermitteln, sondern selbst „über die Teilung zu entscheiden" (§ 427 Abs. 1 ZGB). Zu ihrer praktischen Relevanz ist nichts bekannt. 31

Nach Artikel 8 des Einigungsvertrages übernahmen die neuen Bundesländer auch das Erbrecht der Bundesrepublik. Für die – indirekte – Fortgeltung von DDR-Recht sind die Artikel 235 f. Einführungsgesetzbuch zum BGB zu beachten, die aber keine spezielle Bedeutung für das Recht der Erbengemeinschaft hatten.[108] Die für in dem Gebiet der ehemaligen DDR gelegenen Grundstücke mögliche Nachlassspaltung tritt nicht ein, wenn eine Miterbenbeteiligung des Erblassers an einem solchen Grundstück in den Nachlass fällt.[109] 32

I. Die Bundesrepublik Deutschland

In der Bundesrepublik Deutschland wurden das Erbrecht und auch das Recht der Erbengemeinschaft wiederholt geändert.[110] Doch waren die Änderungen regelmäßig mehr das Nachvollziehen von Entwicklungen im Familienrecht. Durch die Reformen beim Recht der nichtehelichen und der adoptierten Kinder veränderten sich auch die personalen Zusammensetzungen von Erbengemeinschaften. Die Regelungen zur Erbengemeinschaft blieben insgesamt weitgehend erhalten. 33

Mit dem Gesetz über die rechtliche Stellung der nichtehelichen Kinder vom 19.8.1969 wurde als eine der wenigen „direkten" Veränderungen der § 2057a BGB (Ausgleichungspflicht bei besonderen Leistungen eines Abkömmlings) eingefügt (vgl. § 7 Rdn 67–70). Er modifiziert 34

---

106 MüKo/*Leipold*, 4. Auflage, Einleitung, Rn 363.

107 *Ann*, S. 390.

108 MüKo/*Gergen*, Vor § 2032, Rn 14.

109 MüKo/*Leipold*, 4. Auflage, Einleitung, Rn 380 m.w.N.

110 Eine Zusammenstellung enthält MüKo/*Leipold*, Einleitung, Rn 64–74a.

die ohnehin komplizierten Ausgleichungspflichten.[111] Diese Norm wurde zum 1.1.2010 wieder geändert. Von den ursprünglichen Plänen[112] u.a. hinsichtlich der §§ 2050, 2053 BGB, nach welchen es möglich werden sollte, eine Ausgleichspflicht auch in einer letztwilligen Verfügung anzuordnen, blieb fast nichts übrig. Allein die Ausgleichungspflicht gem. § 2057a Abs. 1 S. 2 BGB n.F. ist jetzt nicht mehr von einem Verzicht auf berufliches Einkommen abhängig.[113]

J. Ausblick

35 Steht das Erbrecht überhaupt im Fokus der gesellschaftlichen Diskussion und der Politik, bezieht dieser sich meist ausschließlich auf das Steuer- und das Pflichtteilsrecht. Dort sind weitere Reformen denkbar.

In absehbarer Zeit sind beim Recht der Erbengemeinschaft höchstens kleine Änderungen – z.B. im Rahmen der europäischen Rechtsvereinheitlichung[114] – zu erwarten, welche die in der Praxis erheblichen Probleme etwa bei der Ausgleichung, der Auseinandersetzung[115] und der Verwaltung innerhalb der Erbengemeinschaft nicht lösen werden. Ein „großer Wurf", welcher auch einen Systemwechsel beinhalten könnte,[116] ist nicht in Aussicht.

36 Es ist eher zu beobachten, dass insbesondere bei der praxisrelevanten Auseinandersetzungsproblematik alternative Konfliktlösungsmechanismen gesucht werden. Dabei stehen sich zwei Ansätze gegenüber: Es kann zum einen die staatliche Ordnungsfunktion gestärkt werden, namentlich durch die Verbesserung des notariellen Auseinandersetzungsverfahrens (§§ 363 ff. FamFG; vgl. auch § 8 Rdn 92–94).[117] Zum anderen können private Konfliktlösungsmechanismen gefördert werden, wie die Mediation.[118]

Zum Teil werden beide Ansätze als ausbaufähig dargestellt.[119] Daraus zu folgern, dass auch beide Alternativen gleichermaßen gefördert werden sollten, erscheint aber nicht sachgerecht. Nach hier vertretener Ansicht schließen sie sich zwar nicht aus, behindern sich aber im Ergebnis gegenseitig. Das notarielle Verfahren hat sich in der Praxis bislang aufgrund fehlender Verbindlichkeit (§ 370 FamFG: Aussetzung bei Streit) sowie mangelhafter Kompetenz und wohl auch Motivation bei den Notaren nicht bewährt. Um zu funktionieren, müsste es zumindest verbindlich und kostendeckend gestaltet werden. Das ist nicht in Sicht.[120] Auch vor dem Gedanken der bürgerlichen Eigenverantwortung ist nach hiesiger Ansicht das private Mediationsverfahren vorzuziehen.[121] Der Rückzug des Staates aus der

111 Ein Berechnungsbeispiel findet sich bei: Damrau/Tanck/*Bothe*, § 2057a Rn 24–28.

112 Vgl. 1. Auflage, Rn 34–36.

113 Zu Möglichkeiten und Problemen in Rechtsprechung und sonstiger Anwendungspraxis siehe *Kollmeyer*, NJW 2017, 1849.

114 MüKo/*Leipold*, Einleitung, Rn 61 f.

115 Staudinger/*Otte*, kritisch zu der Idee, auf (oben erläuterte) Vorschläge der Akademie für Deutsches Recht zurückzugreifen und die Befugnisse des Nachlassgerichtes zu erweitern, Einl zum ErbR Rn 126 m.w.N.

116 Zur Frage einer – dort verneinten – verfassungsrechtlichen Garantie der Gesamtrechtsnachfolge: MüKo/*Leipold*, Einleitung Rn 53 m.w.N.; kritisch zur Gesamthand („ohne innere Wahrheit"): *v. Lübtow*, S. 799 f.

117 Dafür: *Frieser*, ErbR 2012, 98, 104 f. m.w.N.

118 Zu beiden: *Eberl-Borges*, ZErb 2010, 255.

119 *Eberl-Borges*, ZErb 2010, 255.

120 Auch der 68. Deutsche Juristentag lehnte dies ab, vgl. *Frieser*, ErbR 2012, 98, 102.

121 Vgl. ausführlich *Siegel*, bes. S. 57 f., 76 f., 103.

Mediation und dem nachlassgerichtliche Auseinandersetzungsverfahren sowie die gesetzliche Regulierung der Mediation könnten dieser zu Bekanntheit und Akzeptanz verhelfen. Mit der wirtschaftlichen Aufteilung wird so auch die oft begleitende persönliche Auseinandersetzung behandelt. Bei wirtschaftlich dominierten Auseinandersetzungen wird es allerdings meist bei der anwaltlich begleiteten Konfliktregulierung bleiben.

Eine Weiterentwicklung ist im Übrigen eher durch die zunehmende Spezialisierung der Rechtsberater und eine daraus resultierende Dynamisierung der Diskussion zu erhoffen. Aus der Praxis geborene Lösungen wie etwa die sog. „Abschichtung“[122] (siehe auch § 8 Rdn 91) verändern das Recht der Erbengemeinschaft. Durchdachte Nachlassgestaltungen können Konflikten um die Gesetzesanwendung den Boden entziehen. So kann das schwierige Gebiet der Erbengemeinschaft auch ohne wesentliche gesetzgeberische Aktivitäten beherrschbar werden. 37

122 *Damrau*, ZEV 1996, 361; ausführlich: *Hagmaier*.

§ 2 Soziologische Aspekte

Dr. Dietmar Kurze

Übersicht:

Literatur

Bauer, Soziologie und Erbrechtsreform. Die Reform des gesetzlichen Erb- und Pflichtteilsrechts im Spiegel von Demoskopie, Demographie und Rechtstatsachenforschung, 2003; *Beckert*, Unverdientes Vermögen. Soziologie des Erbrechts, 2004; *Beise/Jakobs*, Streit ums Erbe, 2012; *Burandt*, Aktuelle Änderungen im Erbrecht, ZAP Fach 12 (2010), 181 ff.; *Kosmann*, Wie Frauen erben. Geschlechterverhältnis und Erbprozeß, 1998; *Leipold*, Wandlungen in den Grundlagen des Erbrechts?, AcP 180, 1980, 160–241; *Lettke* (Hrsg.), Erben und Vererben. Gestaltung und Regulation von Generationenbeziehungen, 2003; *ders.*, Kommunikation und Erbschaft, in: Erben und Vererben, 2003, 157–188; *ders.*, Desiderata und Perspektiven für eine Soziologie des Erbens und Vererbens, in: Erben und Vererben, 2003, 157–188; *Lüscher*, Widersprüchliche Mannigfaltigkeit: Ehe, Familie und Verwandtschaft im aktuellen gesellschaftlichen und erbrechtlichen Kontext heute, ZEV 2004, 2–8; *ders.*, Erben und Vererben. Ein Schlüsselthema der Generationenforschung, in: Erben und Vererben, 2003, 125–142; *Papantoniou*, Die soziale Funktion des Erbrechts, AcP 173 (1973), 385–401; *Plogstedt*, Abenteuer Erben, 2011; *Raiser*, Das lebende Recht. Rechtssoziologie in Deutschland, 5. Auflage 2009; *Rauscher*, Die erbrechtliche Stellung nicht in einer Ehe geborener Kinder nach Erbrechtsgleichstellungsgesetz und Kindschaftsreformgesetz, ZEV 1998, 41–45; *Rottleuthner*, Einführung in die Rechtssoziologie, 1987; *Schulte*, (Ver-)Erben aus psychologischer Sicht. Einstellungen, Emotionen und Verhaltensabsichten von Erblassern, in: Erben und Vererben, 2003, 205–232; *Schwägler*, Soziologie der Familien, 2. Auflage 1975; *Siegel*, Mediation in Erbstreitigkeiten, 2010; *Stutz/Bauer*, Erben und Vererben in der ökonomischen Theorie, in: Erben und Vererben, 2003, 75–90; *Vollmer*, Verfügungsverhalten von Erblassern und dessen Auswirkungen auf das Ehegattenerbrecht und das Pflichtteilsrecht. Ein Reformvorschlag anhand empirisch gewonnenen Tatsachenmaterials, 2001; *Weber*, Wirtschaft und Gesellschaft. Grundriss der verstehenden Soziologie, Hrsg.: Winckelmann, 5., revidierte Auflage 1976, zuerst: 1922; *Willer/Weigel/Jussen* (Hrsg.), Erbe, Übertragungskonzepte zwischen Natur und Kultur, 2013; *Willutzki*, Generationensolidarität versus Partnersolidarität – quo vadis, Erbrecht?, in: Erben und Vererben, 2003, 59–74.

A. Einleitung

1 Eine facheinheitliche Definition für „Soziologie" besteht nicht. Das Konzept *Max Webers*, eines für dieses Gebiet wegweisenden Wissenschaftlers,[1] legt den Schwerpunkt in der folgenden Definition auf das soziale Handeln (menschliche Verhalten): *„Soziologie soll heißen: eine Wissenschaft, welche soziales Handeln deutend verstehen und dadurch in seinem Ablauf und seinen Wirkungen ursächlich erklären will."*[2]

2 Konkrete Themen, mit denen sich die Soziologie beschäftigt, sind beispielsweise Sozialstrukturen, Arbeit, Geschlechter, soziale Netzwerke, Medien, Migration, Alltag und Lebenswelt. Für viele dieser Themen haben sich spezielle Soziologien etabliert, andere – wie etwa die allgemeine Frage nach den Wechselwirkungen von Handeln und Struktur – sind Themen der allgemeinen Soziologie. Soziologische Fragestellungen überschneiden sich häufig mit solchen der Sozialpsychologie, anderer Sozialwissenschaften und mit denen der Philosophie und anderen Geisteswissenschaften, aber auch mit solchen der Naturwissenschaften, etwa der Neurobiologie.

In der Rechtswissenschaft hat sich die Rechtssoziologie als eigenes Gebiet etabliert.[3] Innerhalb dieser Spezialdisziplin ist das Zivilrecht ein Teilgebiet, worin wiederum das Erbrecht nur einen Aspekt bildet.

Die Rechtssoziologie kann durch die Förderung des Verständnisses von Vererben und Erben insgesamt helfen, Verteilungsauseinandersetzungen und deren Hintergründe sowie die Motivationen des Erblassers zu beleuchten.[4]

3 Die „Soziologie der Erbengemeinschaft" ist ein spezielles und zugleich ein weites Thema. Lediglich eine Personenkonstellation ist Gegenstand der Betrachtung. Sie kann aber mit einer **Vielzahl** von Ansätzen untersucht werden – von der historischen Entwicklung ihrer Zusammensetzung bis zu internationalen Vergleichen, von den inneren Mechanismen bis zu ihrer gesellschaftlichen Relevanz und Rechtfertigung.

Was für den vorliegenden Beitrag nicht geleistet werden konnte, ist eigene Forschung anzustellen. Sie erfordert einen erheblichen zeitlichen und meist auch finanziellen Aufwand.[5]

Dieser Einblick musste sich daher auf veröffentlichte Untersuchungen und Abhandlungen beziehen. Dabei wurden aber nicht nur Publikationen direkt zur Erbengemeinschaft herangezogen – sie sind bestenfalls dünn gesät. Es wurden vielmehr aus Werken zu anderen Themen Versatzstücke und dortige Teilaspekte für die hier interessierenden Fragen genutzt.

Das Kapitel ist ein Versuch, das Thema „Soziologie der Erbengemeinschaft" überhaupt zu erfassen. Dazu wird sogleich der Stand der Forschung dargestellt. Daraus werden im dritten Teil einige Fragestellungen entwickelt und Aspekte behandelt, zu denen schon (Teil-)Antworten gegeben werden können.

---

1 Vgl. zu Max Weber: *Raiser*, S. 86–106; *Rottleuthner*, S. 22 ff.

2 *Weber*, Wirtschaft (1922 [1976]), S. 1.

3 Vgl. *Raiser*, S. 10–18.

4 Vgl. *Lettke*, Kommunikation und Erbschaft, S. 181.

5 Beispielhaft sei hier auf die einleitenden Worte von *Beckert* in seiner Habilitationsschrift verwiesen, die erahnen lassen, welchen Aufwand er für das eingehende Werk betreiben musste, Unverdientes Vermögen, S. 9 f.

B. Stand der Forschung

4 *Raiser* und *Rottleuthner* zeigen, auf welche Themen sich die Rechtssoziologie bis heute konzentrierte: Es sind etwa die Verfahrenssoziologie (z.B. Dauer und Ablauf von Gerichtsverfahren), Richtersoziologie (z.B. soziale Herkunft der Richter) sowie die Effektivität und Selektivität der Strafverfolgung – das Erbrecht wird nicht erwähnt.[6]

Entsprechend stellt *Leipold* zutreffend fest, dass man auf dem Gebiet des Erbrechts bisher nur „in bescheidenem Umfang“ auf rechtssoziologische Untersuchungen zurückgreifen kann.[7] Die rechtstatsächlichen Grundlagen sind sehr beschränkt.[8]

Leipold wertete Nachlassakten zur Frage der Testierhäufigkeit aus und stützt sich sonst auf allgemein zugängliche statistische Quellen, wie Statistische Jahrbücher.[9] Andere Darstellungen, wie die von *Lüscher*, beziehen sich fast ausschließlich auf allgemeine Zahlenwerke.[10]

Auch als Folge der dünnen Datengrundlage gibt es kein umfassendes Werk „Soziologie des Erbrechts“. *Beckert* fasst zusammen: *„Eine Soziologie der Erbschaft besteht in Deutschland allenfalls in Ansätzen.“*[11]

5 In letzter Zeit hat sich etwa *Bauer* mit soziologischen Aspekten des Erbrechts in Bezug auf Reformvorschläge auseinandergesetzt und interessante Ergebnisse geliefert.[12] Aber auch er verweist darauf, dass zumeist nur auf allgemeine Daten der Demographie zurückgegriffen würde und Rechtstatsachenforschung vornehmlich im Hinblick auf das Testierverhalten vorläge.[13]

Weitere soziologische Arbeiten zeigen, dass sich Auseinandersetzungen um Reformen im Erbrecht meist auf Fragen des gesetzlichen Erbrechts, der Erbquoten (insbesondere dem Verhältnis zwischen Ehegatten- und Kindererbrecht) und der Testierfreiheit, aber nicht der Erbengemeinschaft beziehen.[14] *Willutzki* gibt einen Einblick in Reformdiskussionen, etwa bei Juristen- oder Rechtspflegertagen oder in Akademien.[15] *Vollmer* stellt ausführlich Hintergründe für das Ehegatten- und das Pflichtteilsrecht dar, wobei sie eigene Untersuchungen zum Verfügungsverhalten durchführte und auf Ergebnisse anderer Erhebungen zurückgreift.[16]

Beckerts Werk verspricht im Untertitel „Soziologie des Erbrechts“ zwar zu viel, da er (allein mit Blick auf den Titel) „lediglich“ vier Aspekte näher beleuchtet: Die Testierfreiheit, das Erbrecht der Familie, die Auflösung der Fideikommisse und die Besteuerung von Erbschaften. Diese Themen werden aber mit Blick auf die Lösungen und Entwicklungen in Deutschland, Frankreich und den USA behandelt. Die Gegenüberstellung bietet die Möglichkeit,

6 *Raiser*, S. 45 m.w.N.; *Rottleuthner*, S. 100 ff.

7 MüKo/*Leipold*, Einleitung Rn 61.

8 *Leipold*, AcP 180 (1980), 160, 162; vgl. zur Abgrenzung zur Rechtssoziologie: *Rehbinder*, S. 4 f.

9 *Leipold*, AcP 180 (1980), 160, insbes. 162.

10 *Lüscher*, ZEV 2004, 2–8; neuere Daten in der Untersuchung des Institutes für Demoskopie Allensbach für die Deutsche Bank AG von 2015, https://www.deutsche-bank.de/pfb/data/docs/Studie_final.pdf.

11 *Beckert*, S. 9.

12 *Bauer*, Soziologie und Erbrechtsreform.

13 *Bauer*, Soziologie und Erbrechtsreform, S. 228.

14 Wenngleich nicht explizit soziologisch, sondern auch historisch und rechtstatsächlich zu nennen sind die von *Willer/Weigel/Jussen* zusammengestellten Beiträge in: Erbe, Übertragungskonzepte zwischen Natur und Kultur, 2013.

15 *Willutzki*, Quo vadis, Erbrecht?, S. 59–74.

16 *Vollmer*, Verfügungsverhalten.

nationale gesetzgeberische Lösungen auch als Entscheidung für bestimmte Werte bei grundsätzlich gleicher kultureller Ausrichtung der Staaten zu verstehen.[17]

Leipold behandelt mit den Themen Privatheit des Erbrechts, Ehegatten- und Verwandtenerbrecht, Testierfreiheit und Gesamtrechtsnachfolge Grundlagen des Erbrechts.[18]

6 Andere Arbeiten beleuchten eher Teilaspekte. Einen mehr rechtstheoretisch-philosophischen Ansatz im Rahmen der Soziologie wählte *Papantoniou*, der die soziale Funktion des Erbrechts erörterte.[19] Hinsichtlich der Erbengemeinschaft wird die Zersplitterung von Produktionsmöglichkeiten problematisiert. Sie dient den Befürwortern der Testierfreiheit als Argument gegen Bestrebungen, Vermögen durch gesetzliche Vorgaben „gerecht" in der Familie zu verteilen. Das Spannungsfeld zwischen der „sozialen Zweckmäßigkeit des Testaments"[20] und der sozialen Verantwortung zur Versorgung der Familie sei zu beachten.

Soziologische Arbeiten betreffen in dem hier interessierenden Forschungsgebiet immer wieder psychologische Aspekte. Leider fristet *„auch in der Psychologie das Thema Erbschaften ... ein Außenseiterdasein"*, wie *Schulte* feststellt.[21] Einige Ansätze kann er aber darstellen, wenn sie auch für die Fragen der Erbengemeinschaft weniger relevant sind.

Ungleichheit beim Vererben und im Erbrecht wird von *Kosmann* insbesondere mit Blick auf das Geschlechterverhältnis beleuchtet.[22]

Interessante Ansätze bieten Untersuchungen zu der Motivation des Erblassers, welche von *Stutz* und *Bauer* erforscht bzw. dargestellt wurden,[23] und die Typisierung der Erben nach deren Einstellung zum und Verhalten beim Erben, wie sie *Braun* und andere für das Deutsche Institut für Altersvorsorge ermittelten.[24]

7 Reichen die Ergebnisse der Rechtssoziologie nicht, kann auch auf Ergebnisse der Familiensoziologie zurückgegriffen werden,[25] in der – als Teil- oder Randaspekt – auch erbrechtssoziologisch interessante Fragen behandelt werden. Beispielhaft sei hier *Schwägler* genannt, der mit Analysen zur Groß- und Kleinfamilie Material für erbrechtssoziologische Diskussionen gibt.[26] Das Heraussuchen und das Herauslösen dieser Aspekte aus dem eigentlichen Kontext ist aber nicht nur mühsam, sondern bedarf auch hoher methodischer Sorgfalt.

Wenngleich nicht wissenschaftlich fundiert, gibt es inzwischen verschiedene (zum Teil „populärwissenschaftliche") Bücher, in denen Konflikte unter Erben beschrieben werden, meist mit dem Ziel, zugleich Ratgeber zu sein.[27] Sie geben zum einen Hinweise auf die Existenz von soziologischen Komplexen in Erbengemeinschaften (oft werden Konflikte in Familien beschrieben) und belegen zum anderen die Bedeutung der Berücksichtigung rechtssoziologischer Aspekte beim Umgang mit und der Gestaltung von Erbengemeinschaften, um Konflikte zu vermeiden oder besser zu lösen.

---

17 *Beckert*, Unverdientes Vermögen.

18 *Leipold*, AcP 180 (1980), 160–241.

19 *Papantoniou*, AcP 173 (1973), 385–401.

20 *Papantoniou*, AcP 173 (1973), 385, 394.

21 *Schulte*, (Ver-)Erben aus psychologischer Sicht, S. 205.

22 *Kosmann*, S. 19 f.: zum – wohl ein wenig pointiert („In der deutschsprachigen Soziologie ist Erben ein bislang noch weitgehend unerforschtes Thema.", S. 19) dargestellten – Forschungsstand.

23 *Stutz/Bauer*, Erbschaft in der ökonomischen Theorie, S. 78.

24 *Braun*, Erben in Deutschland; Zusammenfassung der Ergebnisse etwa bei *Lüscher*, ZEV 2004, 7.

25 Vgl. MüKo/*Leipold*, Einleitung Rn 61 m.w.N.; grundlegend zur Familiensoziologie: *Schwägler*, Soziologie der Familie (1975).

26 *Schwägler*, S. 136 ff.

27 Z.B. *Plogstedt*, Abenteuer Erben; *Beise/Jakobs*, Streit ums Erbe.

Verdienstvoll ist der Versuch von *Lettke*, durch eine interdisziplinäre Tagung dem „Forschungsdefizit“[28] durch einen Austausch zwischen verschiedenen Disziplinen zu begegnen und Ergebnisse zusammenzufassen.[29] Der Themenbereich wird beleuchtet, seine Vielschichtigkeit gezeigt. *Lüscher* gibt eine Übersicht über Forschungsarbeiten.[30] Charakteristisch ist, dass die Erbengemeinschaft nicht behandelt wird. *Lettke* stellt denn auch *„nicht mit einem resignativen, sondern mit einem euphorischen Unterton“* fest: *„Es gibt noch viel zu entdecken.“*[31]

C. Einzelne Aspekte und Fragestellungen

I. Einleitung

Erb- und Vererbungsgewohnheiten können rechtssoziologisch und rechtstatsächlich untersucht werden. Nicht nur als Grundlage von Auslegungsansätzen bei der Erforschung des Erblasserwillens, sondern auch für Reformvorhaben im Bereich des Erbrechts würde sich eine – weiter- bzw. tiefergehende – wissenschaftliche Auseinandersetzung lohnen.[32] 8

Da es für den Bereich des Rechtes der Erbengemeinschaft noch keine direkten soziologischen Untersuchungen gibt und er in anderen Zusammenhängen höchstens am Rande angesprochen wird, geht es vorliegend zunächst darum, Fragestellungen zu entwickeln. Diese können – je nach Forschungsstand – mehr oder weniger differenziert sein und bei einzelnen Aspekten schon Untersuchungsansätze beinhalten.

Soziologische Fragestellungen können sehr vielfältig sein. Die folgende Auswahl orientiert sich an publizierten Erkenntnissen, ist subjektiv und erhebt keinen Anspruch auf Vollständigkeit. Ein Schwerpunkt liegt auf der für Juristen besonders wichtigen Konfliktforschung. Den möglichen Konflikten innerhalb der Erbengemeinschaft wird dabei deutlich mehr Aufmerksamkeit gewidmet als Konflikten der Erbengemeinschaft mit Dritten, da letztere in geringerem Maß spezifisch für das Recht der Erbengemeinschaft sind.

Aus verschiedenen Gründen können Konflikte in einer Erbengemeinschaft entstehen, sie können unterschiedlich geführt und auch von demographischen Entwicklungen beeinflusst werden. Denkbar sind meist zwei Ansätze: Zum Einen: Wie *ist* eine soziologische Situation? Etwa: Wie verhalten sich heute in einer Erbengemeinschaft verbundene Geschwister? Zum Anderen: Haben **Veränderungen** Einfluss auf ein Rechtsinstitut? Etwa: Hat sich die Zusammensetzung einer Erbengemeinschaft aufgrund demographischer Entwicklungen geändert und ist daher das Recht anzupassen? Eine Auswahl an Forschungsansätzen wird im Folgenden dargestellt. Hinzu treten Spezialprobleme, die eher historisch-soziologische Fragen betreffen. 9

II. Wandel bei der Zusammensetzung von Erbengemeinschaften – Rechtstatsachen und Erklärungen

Kosmann belegt – wenngleich auf relativ kleiner Datengrundlage – die Zunahme der Erbfälle, in denen „der weitere Familienkreis“ oder ein Nicht-Verwandter als Haupterben 10

28 *Lettke*, Erben und Vererben, S. 7.
29 *Lettke*, Erben und Vererben.
30 *Lüscher*, Erben und Vererben, S. 125–142, bes. S. 125 ff.
31 *Lettke*, Desiderata und Perspektiven, S. 263.
32 Ähnlich: MüKo/*Leipold*, Einleitung Rn 61.

bedacht wurden. Von 1960 bis 1985 stieg der Anteil der bedachten „weiteren Familienmitglieder" von 20 % auf 26 %. An nichtverwandte Haupterben wurden 1960 ein Anteil von 4,4 %, 1985 schon 8,9 % der Nachlässe verteilt. Dabei wurde jeweils der Anteil der nichtehelichen Lebensgefährten nicht mitberechnet.[33]

Aus dieser Beobachtung lässt sich auch eine Änderung der personellen Zusammensetzung von Erbengemeinschaften folgern. Die Gründe dafür können nur vermutet werden. Einerseits überrascht die Zunahme des Anteils weiterer Familienmitglieder. So wird an anderer Stelle eher die Konzentration auf die engere Familie betont. Dies sollte eigentlich zur Folge haben, dass die engere Familie mehr und die weitere entsprechend weniger bedacht wird.

11 Andererseits muss die Entwicklung möglicherweise weniger mit dem Familienbild und der Einstellung der Erblasser zur näheren und weiteren Familie begründet werden. Die zunehmende Vererbung an weitere Familienmitglieder oder Nichtverwandte kann eher an der geringeren Verfügbarkeit naher Verwandter liegen. Versterben Personen kinder- und geschwisterlos, erben zwangsläufig weitere Familienmitglieder oder Nichtverwandte.

Eine Änderung in der personalen Zusammensetzung einer Erbengemeinschaft kann daher auch weniger in der Einstellung der Erblasser als mehr in der demographischen Entwicklung gesehen werden. Unterstützt wird diese These durch den Umstand, dass im weit überwiegenden Teil der Erbfälle die gesetzliche statt der gewillkürten Erbfolge eintritt, die Erbfolge daher mehr faktisch als willensgesteuert ist.

Eine umfassende Untersuchung zur Zusammensetzung von Erbengemeinschaften steht indes noch aus.

III. Wandel bei der Zusammensetzung von Erbengemeinschaften und deren Folgen für die Interaktion unter den Miterben

12 Die Folgen eines – nicht statistisch belegten, aber anzunehmenden – Wandels in der Zusammensetzung von Erbengemeinschaften in personeller Hinsicht für die Interaktion innerhalb der Erbengemeinschaft können unterschiedlich sein.

Interessant sind die Folgen für die zwischenmenschliche und wirtschaftliche Auseinandersetzung. Größere verwandtschaftliche Entfernung kann zu einer emotionsloseren, aber auch zu einer wirtschaftlich kompromissloseren Auseinandersetzung führen. Diese These zu verifizieren oder falsifizieren wäre eine sicher lohnende Forschungsaufgabe.

Ein methodisch angemessenes Herangehen erfordert dabei eine mehrdimensionale Sichtweise. Die Art und Weise einer Auseinandersetzung wird nicht nur durch ein Kriterium bestimmt (etwa die persönliche Nähe). Persönlichkeitsstrukturen bei den Miterben bestimmen den Konflikt ebenfalls wesentlich und auch die wirtschaftlichen Positionen, die durch die Gesamtgröße des Nachlasses und die Zahl der Miterben beeinflusst werden sowie andere Faktoren können erheblich sein.

IV. Wandel der Interaktion innerhalb der Erbengemeinschaft aufgrund eines Wandels der familiären Strukturen

13 Neben der rechtstatsächlichen Frage nach einem Wandel der Zusammensetzung der Erbengemeinschaften steht die nach dem Wandel des Charakters der Personengruppe, ohne dass die einzelnen „Typen" von Mitgliedern sich geändert hätten. Es geht besonders um Erbenge-

---

33 *Kosmann*, S. 120 f.

meinschaften, die aus Mitgliedern einer Familie bestehen. Sie entstehen regelmäßig bei Eintritt der gesetzlichen Erbfolge. Aber auch Testierende bedenken oft ihre Verwandten.

So kann die These aufgestellt werden, dass aufgrund eines Wandels des Familienverständnisses und des Verhaltens von Familienmitgliedern untereinander sich auch die Interaktion in einer Erbengemeinschaft, in der Familienmitglieder verbunden sind, geändert hat.

Unter Interaktion soll dabei jede Form der Kommunikation zwischen den Personen und ebenfalls das Handeln einer Person, das auch andere Mitglieder der Erbengemeinschaft, deren Rechtspositionen oder die Gemeinschaft insgesamt betrifft, verstanden werden.

Es geht etwa um folgende Fragen: Wird die Auseinandersetzung pragmatischer und/oder 14
kompromissloser geführt, weil die familiären Bindungen an Enge verloren haben? Werden eher Rechtsanwälte eingeschaltet, mehr Prozesse geführt? Wird schneller auf eine Auseinandersetzung des Nachlasses gedrängt?

Diese Fragen sind nicht nur rein wissenschaftlich, sondern auch in der Praxis interessant, etwa für Rechtsanwälte, welche den Markt an Mandanten und die Konfliktfreudigkeit der beteiligten Personen besser einschätzen könnten. Auch für die Ausrichtung von Mediationsverfahren können Antworten auf die Fragen hilfreich sein. Es könnten die Schwerpunkte der Ausbildung der Mediatoren und der Planung der Verfahren von der Klärung persönlicher zu der wirtschaftlicher Fragen zu verschieben sein.

Die Prüfung der These ist allerdings aufwendig. Zunächst müssten ihre Grundlagen über- 15
prüft werden: Gab es einen Wandel des Familienverständnisses und des Verhaltens von Familienmitgliedern untereinander? Neben einer räumlichen muss auch eine zeitliche Eingrenzung erfolgen. So könnten etwa die Gegebenheiten im Geltungsbereich des BGB zur Zeit seines Inkrafttretens und heute oder in den 1950er Jahren in der Bundesrepublik Deutschland und heute verglichen werden. Zudem sind genaue Definitionen des Begriffes „Familienverständnis“ und dem Untersuchungsgegenstand „Verhalten von Familienmitgliedern untereinander“ notwendig.

Ob dann ein Wandel in der angenommenen Form bestätigt werden kann, ist fraglich. So 16
äußert sich *Schwägler* kritisch zu der „These von der Dichotomie in Groß- und Kleinfamilie“.[34] Sie laute, dass die Geschichte der Menschheit mit einem „Familiengeist“ begonnen und mit dessen Niedergang enden würde. Die Großfamilie entwickle sich zur Kleinfamilie, verwandtschaftliche Beziehungen würden sich lösen.[35] *Schwägler* differenziert zeitlich und hinsichtlich sozialer Gruppen. So habe es „Kernfamilien“ auch schon vor der Industrialisierung gegeben.[36] *Nave-Herz* ergänzt, dass der Umfang an Drei- und sogar Vier-Generationenfamilien auch aufgrund der gestiegenen Lebenserwartung „ein völlig neues soziales Phänomen“ sei.[37]

Die Frage nach einer Entwicklung von der Groß- zur Klein- oder Kernfamilie kann an dieser Stelle nicht beantwortet werden. Es kann nur festgestellt werden, dass schnelle und undifferenzierte Aussagen nicht möglich sind, landläufige „Allgemeinplätze“ wissenschaftlich überprüft werden müssen.[38]

Einen Ansatz können vorhandene allgemeine Daten der Demographie bieten. *Bauer* verneint bei seinen differenzierenden, auf solchen Daten basierenden Untersuchungen die

34 *Schwägler*, S. 136 ff.
35 *Schwägler*, S. 137.
36 *Schwägler*, S. 144 f.
37 *Nave-Herz*, ErbR 2009, 202, 205.
38 Vgl. auch *Leipold*, AcP 180 (1980), 173 ff.

Relevanz einer Entwicklung von der Groß- zur Kleinfamilie.[39] Er bestätigt aber einen Wegfall der Mehr-Kinder-Familie aufgrund des Geburtenrückganges seit Mitte der 1960er Jahre[40] und die spätere Zunahme so genannter „unvollständiger Familien" unterschiedlicher Ausprägung: die kinderlose Ehe, die Ein-Eltern- und die binukleare Familie (in denen die Eltern Kinder trotz Trennung weiter gemeinsam erziehen). Hinzu träten die „äußerlich vollständigen" Stieffamilien.[41]

17 *Lüscher* stellte einige Daten zusammen. So stieg etwa im alten Bundesgebiet die Zahl der nichtehelichen Lebensgemeinschaften insgesamt zwischen 1991 und 2001 um 37 %, die Zahl der nichtehelichen Lebensgemeinschaften mit Kindern um 55 %.[42] Die Zahl der Ehescheidungen steigt kontinuierlich.[43] Auch Prognosen können erstaunliche Ergebnisse liefern: In der Gruppe der 65–79 Jahre alten Personen wird zwischen den Jahren 2000 und 2040 ein großer Anstieg des Anteils der ledigen und geschiedenen Männern erwartet, aber auch ein starker Rückgang bei den Partnerschaften, die ohne Kinder blieben.[44]

Ergänzt und vertieft können solche Erkenntnisse durch speziellere Untersuchungen werden. So lässt sich der Familienzusammenhalt auch durch die Frage ermitteln, wen die befragte Person in den letzten 24 Stunden (oder in der vergangenen Woche) gesehen hat. *Schwägler* referiert Untersuchungen, nach denen etwa in Wien in den 1960er Jahren 40 % der Enkelkinder ihre Großeltern besucht hätten. Ebenfalls in den 1960er Jahren gaben 23 % der Befragten in Hamburg an, in den letzten 24 Stunden die Eltern- bzw. Kinder-Familien und 16 % der Befragten ihre Geschwisterfamilien gesehen zu haben. In der vergangenen Woche hätten 64 % der Befragten die Eltern- bzw. Kinder-Familien und 43 % ihre Geschwisterfamilien gesehen.[45]

18 Ein Spezialproblem ist das Geschlechterverhältnis beim Erbprozess, wozu *Kosmann* Untersuchungen anstellte. Sie zeigte z.B. Ungleichbehandlungen zwischen erbenden Kindern. Während in den Vergleichsgruppen von *Kosmann* 1960 noch in 23,9 % der Fälle Söhne und in nur 5,6 % der Fälle Töchter bevorzugt wurden, waren es 1985 nur noch 6,0 % der Söhne und 4,0 % der Töchter.[46]

Das Geschlechterverhältnis kann aber mit Blick auf die Erbengemeinschaft nicht nur hinsichtlich der Verteilung durch die Erblasser, sondern auch in anderen Zusammenhängen relevant sein, sei es die Art und Weise der Konfliktbewältigung oder Ausgleichsansprüche zwischen Söhnen und Töchtern, etwa aufgrund unterschiedlicher Unterstützung der Kinder bei unterschiedlichen (auch geschlechtsbedingten) Lebenswegen oder einem unterschiedlichen Verhältnis zu den Eltern, was sich auch in unterschiedlichen Pflege- und Versorgungsleistungen im Alter niedergeschlagen haben kann.[47]

Über demographische und auch erste rechtstatsächliche Daten scheint eine Annäherung an oben skizzierte Thesen möglich.

39 *Bauer*, S. 105 ff.
40 *Bauer*, S. 123.
41 *Bauer*, S. 129 ff.
42 *Lüscher*, ZEV 2004, 4, Tabelle 5.
43 *Lüscher*, ZEV 2004, 4, Tabelle 6.
44 *Lüscher*, ZEV 2004, 5, Tabelle 8.
45 *Schwägler*, S. 156 m.w.N.
46 *Kosmann*, S. 146.
47 Vgl. *Kosmann*, S. 203.

V. Zunahme von Erbengemeinschaften mit vielen Miterben und deren Folgen für die Auseinandersetzung

Die demographische Entwicklung kann auch dazu führen, dass mehr Personen an einer Erbengemeinschaft beteiligt sind. Es könnte weniger direkte, gesetzliche Erben geben, die folgende Generationen ausschließen, wenn eine Zunahme der Personen ohne Kinder bzw. Ehegatten angenommen wird. Zudem hinterlassen Erblasser aufgrund der gestiegenen Lebenserwartung regelmäßig mehr Abkömmlinge und damit potentielle Erben.[48] 19

Dadurch können zum einen die wirtschaftlichen Anteile an Wert verlieren, zum anderen die Auseinandersetzung durch die Zahl der beteiligten Personen schwerfälliger werden. Es führt – auch hier, ohne schon verlässliche Daten liefern zu können – regelmäßig zu langwierigen Auseinandersetzungsprozessen, wenn eine zweistellige Zahl von Erben erreicht wird. Die Chance ist groß, einen oder mehrere Erben anzutreffen, die sich einer schnellen und wirtschaftlichen Auseinandersetzung verweigern, vor der Auseinandersetzung versterben und (mehrere) Erben hinterlassen, oder selbst nicht zu ermitteln sind. Einerseits werden die Mühen des Miterben, der die Auseinandersetzung vorantreibt, oft weder materiell noch menschlich gewürdigt, andererseits belasten die Kosten von Nachlasspflegern und Erbenermittlern, die eingeschaltet werden müssen oder sich selbst einschalten, den Nachlass.

Die Frage, ob etwa die gesetzliche Erbfolge begrenzt werden soll, ist auch eine Frage der Werte. So würde eine Änderung die verfassungsmäßig garantierte Privaterbfolge tangieren. Sie kann also nicht allein nach wirtschaftlichen oder soziologischen Wertungen entschieden werden. 20

Als eine Argumentationshilfe wäre aber die Beantwortung der Frage interessant, ab welcher Erbfolge die Verteilung des Nachlasses (volks-)wirtschaftlich nicht mehr sinnvoll ist. Dabei sind auch die soziologischen Fragestellungen zu beachten, wann eine geordnete Abwicklung nicht mehr erwartet werden kann und ob eine bzw. welche Beschränkung der Erbfolge gesellschaftlich akzeptiert oder gar befürwortet würde.

VI. Änderung der Ausgleichungsregelungen hinsichtlich der Berücksichtigung von Pflegeleistungen aufgrund soziologischer Erkenntnisse?

Mit der Änderung des § 2057a BGB sollte die Pflege des Erblassers bei der Verteilung des Nachlasses verstärkt berücksichtigt werden. Pflegende Abkömmlinge sollten bessere Chancen auf einen materiellen Ausgleich haben.[49] 21

Die Änderung kann damit begründet werden, dass der pflegende Abkömmling hilft, den Nachlass zu bewahren. Mit der Stärkung der Ausgleichsansprüche pflegender Nachkommen verfolgt der Gesetzgeber aber nicht nur Gerechtigkeitsziele.

Er kann sich insbesondere auch nicht darauf berufen, dass damit eine allgemeine Motivation der Erblasser aufgegriffen wird. Sicher wird aus Dank für Hilfe im Alter vererbt („Pur durch Tausch motiviertes Vererben“) und Zuwendungen und Hilfe im Alter werden strategisch erkauft durch das in Aussichtstellen einer entsprechenden Berücksichtigung bei der Erbaufteilung („Strategisches Vererben“). *Stutz* und *Bauer* fassen diese Motivationen in der Oberkategorie „Durch Tausch motiviertes Vererben“ zusammen.[50]

48 *Nave-Herz*, ErbR 2009, 202, 205.

49 Vgl. etwa *Burandt*, ZAP Fach 12 (2010), 181, 186; zu Möglichkeiten und Problemen in Rechtsprechung und sonstiger Anwendungspraxis: *Kollmeyer*, NJW 2017, 1849.

50 *Stutz/Bauer*, Erbschaft in der ökonomischen Theorie, S. 78.

22 Daneben existieren aber auch noch andere Motivationen des Vererbens, die als „altruistisch" bezeichnet werden. Beim „Pur altruistischen Vererben" hat die Liebe zu ihren Kindern die Eltern dazu gebracht, die Präferenzen der Kinder in die eigene Nutzenfunktion zu integrieren und deren Bedürfnisse genauso wie die eigenen zu berücksichtigen. Wollen die Eltern an ihre Kinder das weitergeben, was sie selber ererbt haben, wird dies „Retrospektives Vererben" genannt. Schließlich definieren beim „Paternalistischen Vererben" die Eltern, was gut für ihre Kinder ist, und versuchen, ihnen einen entsprechenden Nachlass zu hinterlassen.

Zu beachten ist, dass beim Erblasser selbstverständlich auch mehrere Motive relevant sein können. Einen Sonderfall stellen gemeinschaftliche Testamente dar, für die Ehegatten mitunter einen Kompromiss finden müssen oder ein Ehegatte seine Bedürfnisse gänzlich zurückstellt.

23 Zudem werden Motive vom Erblasser häufig nicht in einer letztwilligen Verfügung oder auch in Gesprächen oder durch das Verhalten zu Lebzeiten offenbart oder sind dem Erblasser selbst nicht gewahr, da eine Auseinandersetzung mit dem Thema nicht akut ist oder vermieden wird.

Von einer Dankbarkeit des gepflegten Erblassers gegenüber dem Pflegenden soll hier ausgegangen werden. Schon die Annahme, dass diese Pflege auch durch einen späteren Ausgleich bei der Erbteilung vergütet werden soll, ist aber nicht zwangsläufig. So kann bei Eltern durchaus der Gedanke vorherrschen, dass der Nachlass unter den Kindern unabhängig von Pflegeleistungen am Lebensende verteilt werden soll. Dies kann damit begründet werden, dass eine Reduzierung auf den letzten Lebensabschnitt unangebracht wäre. So kann ein Abkömmling zwar zuletzt nicht für eine Pflege zur Verfügung gestanden haben, aber zu früheren Zeiten die Eltern durch Mithilfe im Betrieb, direkte, finanzielle oder sonstige tatkräftige Hilfe unterstützt haben. Es kann durch die Pflege im Alter auch „lediglich" ein Ausgleich geschaffen werden, wenn die Eltern wiederum den einem Abkömmling zu früheren Zeiten mehr unterstützt hatten, sei es nun direkt im Erwerbsleben oder indirekt durch die Betreuung der Enkel, die bei einem anderen Kind nicht versorgt werden mussten.

24 Schließlich könnten Eltern trotz Dankbarkeit für die Pflege deren Nichtberücksichtigung bei der Erbteilung wünschen und sogar als selbstverständlich voraussetzen. Von Leistungen der Pflegeversicherung können pflegende Angehörige zudem – selbstverständlich meist nicht leistungsäquivalent – profitieren, wie auch durch Zahlungen der gepflegten Person selbst (Zuschüsse zu Miete und Lebenshaltungskosten, zusätzliche Schenkungen).

Dominiert bei dem Gepflegten die Motivation des retrospektiven Vererbens, will er also selbst Ererbtes weitergeben, kann er eine Ungleichbehandlung der pflegenden und nichtpflegenden Kinder in Kauf nehmen.

Zudem kann für einen Erblasser die Gleichbehandlung der Kinder unabhängig von deren lebzeitigen Leistungen ein Gerechtigkeitsgrundsatz sein. Schließlich könnten auch unterschiedliche Grade an Bedürftigkeit der Kinder (die Verteilung erfolgt unabhängig von dem Wohlstand der Abkömmlinge) und deren tatsächliche Möglichkeit zur Pflege (eigene gesundheitliche Defizite oder berufs- bzw. wohnortbedingte Abwesenheit) berücksichtigt werden.

25 Es erscheint vielmehr, dass der Gesetzgeber auch aus eigenen Interessen in diesem Punkt an der Schließung einer „Gerechtigkeitslücke" interessiert war. Die Pflege älterer Personen belastet den Staat und die Sozialversicherungssysteme zunehmend. Auf verschiedenen Ebenen sollen die Angehörigen motiviert werden, selbst zu pflegen, statt teurere, professionelle Angebote in Anspruch zu nehmen. Neben Maßnahmen im Rahmen der Pflegeversicherung wie Pflegegeld, einer der Elternzeit angelehnten Pflegezeit und steuerlichen wie rentenver-

sicherungsrechtlichen Vorteilen ist die Berücksichtigung von Pflege beim Erbe ein Mittel, ein staatspolitisches Ziel zu erreichen.

Die Überlegungen zeigen, dass in der Diskussion um die Regelung der Verteilung des Nachlasses unter den Erben soziologische Aspekte und Erkenntnisse eine wichtige Rolle spielen können. Daneben treten aber immer auch andere Gesichtspunkte. Hier ist es etwa das staatliche Ziel, der demographischen Entwicklung und ihren Folgen zu begegnen.

VII. Erhöhter Bedarf an Gesetzen wegen größerer sozialer Mannigfaltigkeit?

Lüscher formuliert die These, dass auch aufgrund der sozialen Mannigfaltigkeit der „Bedarf an rechtlichen Regelungen" steige.[51] Für das Recht der Erbengemeinschaft könnte argumentiert werden, dass bei abnehmender sozialer Kontrolle und dem Verlust gesellschaftlich akzeptierter Verteilungsmechanismen genauere gesetzliche Anordnungen erforderlich seien. 26

Ob aber schon diese Grundthesen zutreffen, ist nicht geklärt und kann bezweifelt werden. Es ist dagegen eher wahrscheinlich, dass Konflikte innerhalb von Erbengemeinschaften schon immer bestanden haben und durch eine differenziertere soziale Wirklichkeit nicht erst entstanden und eventuell auch nicht signifikant vermehrt wurden.

Entsprechend können Unzulänglichkeiten etwa bei der Verwaltung in der Erbengemeinschaft vom Gesetzgeber auch in Kauf genommen worden sein. Das Rechtsinstitut der Erbengemeinschaft wurde auf Auseinandersetzung angelegt. Eine dauerhafte Rechtspersönlichkeit wurde gerade nicht gewünscht. Verbesserte Verwaltungsregelungen können diesem Ziel entgegenwirken. Es könnte der Antrieb zur Verteilung verloren gehen. Zudem stand und steht die Sicherung des Nachlasses für Gläubiger im Vordergrund. Eine vereinfachte Verteilung kann die Haftungsmasse mindern und die Gläubiger benachteiligen.

Gezeigt werden soll: Die Konfliktvermeidung an einer Stelle kann an anderer zu neuen Konflikten und insgesamt zur Neugewichtung von Interessen führen.

Es ist zu früh, schon jetzt Konsequenzen aus der Konfliktforschung für die Gesetzgebung hinsichtlich der Erbengemeinschaft zu fordern. Es liegen keine rechtstatsächlichen oder rechtssoziologischen Forschungsergebnisse vor, die überhaupt einen Handlungsbedarf genau bezeichnen können. Noch viel weniger sind Modelle entwickelt und diskutiert worden, die Schwachstellen beheben können, ohne neue zu schaffen.

Ein anderer Ansatz wäre es, bestehende Regelungen beizubehalten, aber das Verfahren zu verbessern. Basieren Konflikte in einer Erbengemeinschaft im Wesentlichen auf persönlichen Animositäten, kann eine (gerichtliche) Mediation ein Weg zur Befriedung und wirtschaftlichen Auseinandersetzung sein. Die gesetzliche Regelung der Mediatorenqualifikation ist ein Schritt in diese Richtung. 27

Folgt aus der persönlichen Distanz unter den Erben ein wirtschaftlicher Druck, kommt eine Professionalisierung der Auseinandersetzung durch die Einschaltung von spezialisierten Rechtsanwälten in Betracht. Ob komplexe persönliche und wirtschaftliche Zusammenhänge durch Gesetzesänderungen entwirrt werden können, erscheint fraglich.

51 *Lüscher*, ZEV 2004, 8.

VIII. Relevanz von Persönlichkeits- und Verhaltensmustern der Miterben

28 Ein Ausgangspunkt für weitergehende Überlegungen können vorliegende Ergebnisse zur „Typologie der Erbenden" sein.[52] Danach gibt es den „pflichtbewussten Bewahrer", der großen Wert auf den Erhalt von Familientraditionen und Familienwerten legt. Der „Selbstverwirklicher" hat oft schwache Bindungen zum Erblasser und verwendet die Erbschaft „ohne Umschweife" für eigene Zwecke. Für den „Manager" ist der Tod der Erblassers und die Erbschaft vor allem ein „Verwaltungsakt", mit dem gewissenhaft umzugehen ist. Wird der Erbe überrascht und muss – eventuell mit professioneller Unterstützung – die Situation erst in den Griff bekommen, kann er ein „Überrumpelter" sein. Für den „Versorgten" ist die Erbschaft zur Aufbesserung oder Erhaltung des Lebensstandards unverzichtbar. Der „autonome Zwischenverwalter" möchte eine emotionale und finanzielle Distanz zu dem Erblasser und dann auch zum Nachlass wahren. Er gibt das Erworbene an Kinder oder Enkel weiter.

Alleine die Kenntnis von diesen Typen der Erben kann dem Rechtsanwalt, Notar oder Richter helfen. Vermag der Rechtsanwalt seinen Mandanten einordnen, kann er dessen – offen formulierten oder nicht direkt kommunizierten – Ziele besser erkennen und an deren Durchsetzung mitwirken.

Bei der Vertretung eines Mitgliedes einer Erbengemeinschaft wäre die Erforschung der Folgen des Zusammentreffens der verschiedenen Erbentypen in einer Erbengemeinschaft von praktischer Relevanz. Aus entsprechenden Erkenntnissen könnten sowohl Taktiken entwickelt als auch Mediationsverfahren verbessert werden.

IX. Geschwister in Erbengemeinschaft

29 Für das Verhalten der Mitglieder einer Erbengemeinschaft untereinander als Teil der Konfliktforschung bilden aus Geschwistern bestehende Gemeinschaften ein relativ großes und soziologisch-psychologisch interessantes Forschungsfeld.

Lettke reißt zentrale Probleme der aus Geschwistern bestehenden Erbengemeinschaft an.[53] Zum einen falle eine elterliche Autorität weg, welche die Geschwisterbeziehung auch nach dem Auszug aus dem Elternhaus zumindest noch teilweise reguliere. Zum anderen entfalle ein gemeinsamer Bezugspunkt, Familienleben werde zu Geschichte. Die Konzentration auf das eigene Leben oder die eigene Kernfamilie verdeutliche die Unterschiede zu den Geschwistern.

Die Verteilung des Nachlasses führe zu einer nicht mehr bekannten Nähe und einem Aufeinanderangewiesensein, welches „geschwisterliche Beziehungsmuster" reaktiviere.[54] Es kann zu heftigen Auseinandersetzungen kommen, bei denen ein elterliches Regulativ fehlt und „Bilanz gezogen" wird. Nicht zu unterschätzen ist auch der Einfluss der Ehegatten der Geschwister bei diesem Konflikt.

30 Es kann davon ausgegangen werden, dass gerade die Konflikte unter Geschwistern ein Grund waren, die (gerichtliche) Mediation für erbrechtliche Auseinandersetzungen zu fördern, was die praktische Relevanz entsprechender Fragestellungen unterstreicht.

---

52 *Braun*, Erben in Deutschland; Zusammenfassung der Ergebnisse etwa bei *Lüscher*, ZEV 2004, 7; vgl. auch *Kosmann*, S. 239.

53 *Lettke*, Kommunikation und Erbschaft, S. 176 f.

54 *Lettke*, Kommunikation und Erbschaft, S. 176.

Die Fragen der Möglichkeit und Formen der Konfliktvorbeugung und -lösung können Gegenstand soziologischer Forschungen sein. Dabei sind psychologische Aspekte mit einzubeziehen. *Siegel* widmet dieser Konstellation in ihrer Arbeit „Mediation in Erbstreitigkeiten" einen eigenen Abschnitt.[55]

X. Gesetzliche Vermeidung von Erbengemeinschaft aufgrund veränderter Funktion des Vererbens?

Die Funktion des Erbrechtes könnte sich geändert haben, weil die Kinder nicht mehr in 31
der „Aufbauphase" erben und das Vermögen daher weniger benötigen. Lebzeitige Transfers nehmen an Bedeutung zu.[56] Dies könnte für ein weitergehendes (Allein-)Erbrecht des Ehegatten sprechen. Allerdings ist dessen Versorgung durch Renten bzw. Pensionen sowie Lebensversicherungen ebenso besser gesichert, als dies früher der Fall war.[57] Ob also der Nachlass in Bezug auf den Kreis der Berechtigten und die Quoten anders verteilt werden sollte, ist fraglich.

Hiermit im Zusammenhang steht ein Problem, welches bei Erbengemeinschaft sehr präsent 32
ist: Oft bildet die von den Ehegatten selbst genutzte Immobilie einen wesentlichen Teil des Nachlasses. In der Erbengemeinschaft mit den Kindern besteht für den überlebenden Ehegatten die Gefahr der Veräußerung der Immobilie in der Teilungsversteigerung.[58] Laut *Nave-Herz* wird mit gemeinschaftlichen „Berliner Testamenten" versucht, den Ehegatten zu schützen und die Kinder auf spätere Zeiten zu verweisen.[59] Daraus folgen dann allerdings meist Probleme bei der Erfüllung des Pflichtteilsanspruches, für den nicht genügend liquide Mittel zur Verfügung stehen.

Einen interessanten Vorschlag formuliert *Bauer*, der die *„Erweiterung des gesetzlichen Vorausvermächtnisses um ein Vindikationslegat mit dem Inhalt eines gesetzlichen Wohnrechts an der ehelichen Wohnung"* vorschlägt.[60] Ein Vorschlag *Vollmers* ist es, den überlebenden Ehegatten als gesetzlichen Vorerben bei gewissen Modifikationen zu berufen.[61] *Willutzkis* zeigt freilich, dass auch andere Lösungen, wie die generelle Erhöhung der gesetzlichen Erbquote, möglich sind und in der Reformdiskussion der letzten Jahre sehr präsent waren.[62]

XI. Erbrechtliche Stellung nichtehelicher Kinder

Erst seit dem Erbrechtsgleichstellungsgesetz vom 16.12.1997[63] mit Wirkung zum 1.4.1998 33
haben nichteheliche Kinder in der Bundesrepublik die gleiche erbrechtliche Stellung erlangt wie eheliche Kinder.[64] Die Sonderregeln über den Erbersatzanspruch nach §§ 1934a–e BGB wurden gestrichen.[65] Sie hatten im Jahr 1969 die Regelung des § 1589 Abs. 2 BGB ersetzt, nach denen das nichteheliche Kind mit dem Vater als nicht verwandt galt.[66]

---

55 *Siegel*, S. 34–36.
56 Vgl. *Nave-Herz*, ErbR 2009, 202, 205 f.
57 *Bauer*, S. 231.
58 Vgl. § 180 ZVG.
59 *Nave-Herz*, ErbR 2009, 202, 207.
60 *Bauer*, S. 232, 213 ff.
61 *Vollmer*, S. 265 f.
62 *Willutzki*, Quo vadis, Erbrecht?, S. 63 ff., insbes. 68 m.w.N.
63 BGBl I, S. 2968.
64 Damrau/Tanck/*Tanck*, § 1924 Rn 5; *Leipold*, Rn 92–94.
65 Mit Darstellung der Vor- und Gesetzgebungsgeschichte: *Rauscher*, ZEV 1998, 41–45.
66 *Beckert*, S. 128 f.

Diese relativ späte Gleichstellung der nichtehelichen Kinder hat tiefgehende historische und soziologische Gründe. Eine mit den Entwicklungen in den USA und Frankreich vergleichende Darstellung und soziologische Erklärung gibt *Beckert*.[67] Paradoxer Weise ist die späte Reaktion in Deutschland auch darauf zurückzuführen, dass die rechtliche Position der nichtehelichen Kinder in Deutschland lange relativ gut war. Während etwa in den USA diese Kinder in Beziehung zum Vater weitgehend rechtlos waren, wurden ihnen in Deutschland insbesondere aufgrund des römischrechtlichen Einflusses etwa im Bereich des Unterhaltes gewisse Ansprüche zuerkannt.[68]

34 Bei der Behandlung der nichtehelichen Kinder handelt es sich um ein eher historisch-soziologisches Thema. Jahre nach der rechtlichen Gleichstellung bietet es aber sowohl kurz- als auch langfristig zurückblickend, wie auch die gegenwärtige Situation analysierend, ein wissenschaftliches Betätigungsgebiet.

XII. Soziologische Begründung des Hoferbrechts

35 Das besondere, noch heute geltende Hoferbrecht hat sowohl familien- und gesellschaftswirtschaftliche Wurzeln als auch soziologische. Es war das wesentliche Ziel des Hoferbrechts, einer Zersplitterung von Hofeigentum entgegenzuwirken. Dies hatte für den Zusammenhalt des Vermögens in der Familie Vorteile und konnte sich durch eine effektive Bewirtschaftung günstig auf die Volkswirtschaft auswirken.[69]

Der Ausformung des Höferechts (Erbrecht des Erstgeborenen oder des Letztgeborenen oder des ersten Sohnes, Art und Umfang des Ausgleiches für die anderen potentiellen Erben) liegen Fragen zu Grunde, die „differenzierten sozialen Regelungen unterworfen sind“.[70]

Sowohl die historische Begründung des Hoferbrechts und seine unterschiedlichen Ausformungen als auch aus möglichen Veränderungen erwachsene Anpassungserfordernisse können Gegenstände soziologischer Betrachtungen sein.

XIII. Weitere Aspekte und Fragestellungen

36 Zu anderen soziologischen Aspekten der Erbengemeinschaft liegen bislang nur wenige Ansätze vor und Fragestellungen können nur skizziert werden.

Sie betreffen beispielsweise die Erbengemeinschaft als soziologische Einheit und ihre Interaktion mit Außenstehenden, die soziologisch-wirtschaftliche Bedeutung der Erbengemeinschaft und Argumentationsmuster bei der internen Auseinandersetzung:

37 – Unter soziologischen Aspekten ist nicht nur die Interaktion der Miterben untereinander interessant. Die **Erbengemeinschaft** bildet auch selbst eine **soziologische Einheit**, die mit Dritten in Kontakt steht. Diese Einheit zu beschreiben, zu charakterisieren und zu untersuchen ist ebenso möglich, wie den Wandel der Zusammensetzung von Erbengemeinschaften in personeller Hinsicht und deren Folgen für die Interaktion der Erbengemeinschaft mit Außenstehenden zu erforschen. Das „Phänomen“ auf lange Zeit einvernehmlich nicht auseinandergesetzter Erbengemeinschaften – die gleichsam freiwillig Familienfideikommisse fortführen – zeigt einen Teil möglicher Forschung. Die damit im

67 *Beckert*, S. 122–133.
68 *Beckert*, S. 122 f.
69 Vgl. *Lüdtke-Handjery/von Jeinsen*, HöfeO, 11. Auflage 2015, Einleitung.
70 *Beckert*, S. 103.

Zusammenhang stehende Diskussion um ein Bedürfnis zur Rechtsfähigkeit kann zwar einen soziologischen Einschlag haben, wird jedoch mehr auf rechtstheoretischer Ebene geführt.

- Ausgangspunkt einer Rechtstatsachenforschung kann der Zusammenhang von Erbengemeinschaft und **Größe des Nachlassvermögens** sein. Dies ist zum einen von praktischer Relevanz für die Berater. Zum anderen können darauf Untersuchungen aufbauen, die etwa der Frage nachgehen: Haben sich Umfang und/oder Zusammensetzung der Nachlässe geändert und hat dies Auswirkungen auf die Interaktion zwischen den Erben?
- Eine These zum Auseinandersetzungsverfahren der Erbengemeinschaft könnte sein, dass **Ausgleichungsfragen** an Bedeutung gewinnen, weil die Lebenserwartung gestiegen ist[71] und die Eltern ihren Kindern und Enkeln schon zu Lebzeiten Vermögen zukommen lassen, wenn diese es noch mehr benötigen, da sie sich in der „Aufbauphase“ des Lebens befinden, und weil mehr Kinder ihre länger lebenden Eltern pflegen. Entsprechend kann der Frage nachgegangen werden, ob nicht ein „Erbausgleich“ unter Abkömmlingen schon zu Lebzeiten ein sinnvolles Vorgehen sein kann.[72]
- Lohnend erscheint – neben anderen soziologisch-psychologischen Ansätzen – die Untersuchung von **Argumentationsmustern**: Konflikte innerhalb einer Erbengemeinschaft entzünden sich auch oft an der Frage „Was hat/hätte der Erblasser gewollt?“ Dabei geht es – ohne dies durch wissenschaftliche Untersuchungen belegen zu können – wohl nicht immer darum, den letzten Willen des Erblassers zur Geltung kommen zu lassen. Oft wird dieses Argument genutzt, um die eigenen Interessen durchzusetzen. Die Untersuchung von Argumentationsstrukturen bei der Auseinandersetzung wäre daher ein Ansatz zur Konfliktforschung.
- Sollte die – oben angeschnittene – These der veränderten Zusammensetzung der Erbengemeinschaft aufgrund demographischer Entwicklungen bestätigt werden, kann sie auch in eine weitere Richtung verfolgt werden. Wird angenommen, dass in letztwilligen Verfügungen mangels (naher) Verwandter vermehrt **gemeinnützige Organisationen** bedacht werden, kann die Frage gestellt werden: Wie wirkt sich die Beteiligung juristischer Personen aus, insbesondere von gemeinnützigen Organisationen?

D. Schluss

Menschliches Verhalten ist vielfältig, selten vollständig rational und stößt bei anderen Menschen immer wieder auf Unverständnis. Das Recht ist ein Instrument, um daraus resultierende Konflikte zu lösen. Das Verstehen von menschlichem Handeln kann helfen, innerhalb einer rechtlichen Ordnung die Konflikte besser zu lösen, das Recht effektiver anzuwenden und in sich zu verbessern. 38

Gerade bei Erbengemeinschaften als eine „erzwungene“ Gesamthand sind Konflikte durch menschliches Handeln häufig. Aufgrund der Unfreiwilligkeit des Zusammenschlusses, der daraus resultierenden oft heterogenen Zusammensetzung und auch des Aufeinandertreffens von unterschiedlichen wirtschaftlichen und (innerfamiliären) persönlichen Interessen sind Konflikte häufig und haben eine eigene Dynamik. 39

Der von *Weber* beschriebene Ansatz der Soziologie, soziales Handeln deutend zu verstehen und dadurch in seinem Ablauf und seinen Wirkungen ursächlich zu erklären, kann bei der Anwendung und Entwicklung des Rechtes hilfreich sein.

71 Vgl. *Lüscher*, ZEV 2004, 1, Tabelle 1.
72 Vgl. *Papantoniou*, AcP 173 (1973), 398.

Im vorliegenden Überblick sollten Probleme, Fragestellungen und Untersuchungsansätzen aufgezeigt werden. Wenn dadurch ein Interesse und eine Sensibilisierung für das Thema erreicht wurden, ist das Ziel des Autors erreicht.

Kurze

§ 3 Rechtsvergleichung

Mario Filtzinger

Übersicht: Rdn

Literatur

Aarnion/Kangas, Suomen Jäämistöoikeus I, Läkimääräinen perintöoikeus (Finnisches Erbrecht I), Gesetzliches Erbrecht), 4. Auflage 2000 Helsinki; *F.S. Azzariti/G. Martinez/G. Azzariti*, Successioni di morte e donazioni, 7. Auflage 1979; *Cian Trabucchi*, Commentario al Codice Civile 2017; *Capozzi*, Successioni e Donazioni, 3. Auflage Mailand 2002; *Druey*, Grundriss des Erbrechts, 5. Auflage Bern 2002; *Druey/Breitschmid*, Praktische Probleme der Erbteilung, Bern 1997; *Eliescu*, Moştenira şi devoluţiunea ei in dreptul Republicii Socialiste România (Die Erbschaft und die Erbfolge im Recht der Sozialistischen Republik Rumänien), Bukarest 1966; *Exner*, Die Auseinandersetzung der Erbengemeinschaft im deutschen und im französischen Recht, Ein Rechtsvergleich, 1994; *Ferid/Firsching/Dörner/Hausmann*, Internationales Erbrecht, Loseblatt, Stand Juni 2018; *Filios*, Klironomiko Dikaio (Erbrecht), 2 Bände, Geniko-Eidiko Meros (Allgemeiner und Besonderer Teil), 3. Auflage Athen-Komdino 1996; *Floßmann*, Österreichische Privatrechtsgeschichte, 6. Auflage, Wien 2008; *Frank*, Internationales Erbrecht Spanien, 2. Auflage, 2014; *Gavella*, Nasljedno pravo, Zagreb 1990; *Hausmann/Hohloch*, Handbuch des Erbrechts, 2. Auflage 2010; *Jayme*, Das Recht der lusophonen Länder, 2000; *Jenderek*, Die Vererbung von Anteilen an einer Private Company Limited by Shares, 2008; *Mikeš/Muzikář*, Dědickě právo, 2. Auflage Prag 2005; *Niezbecka*, Prawo spadkowe w zarysie (Das Erbrecht im Überblick), 2. Auflage Lublin 2000; *Öztan*, Miras Hukuku – Temel Bilgiler (Erbrecht Grundkenntnisse) Ankara 2001; *Reiß*, Internationales Erbrecht Italien, 3. Auflage 2014; *Skowronńska-Bocia*, Der Widerruf des Testaments (poln), in: Banaszczyk (Red), Prace z prawa prywatnego, Księga pamiątkowa ku czci Sędziego J. Pietrzkowskiego (Arbeiten aus dem Privatrecht, Festschrift zu Ehren von Richter J. Pietrzykowskiego), Warschau 1999, S. 265–278.

A. Einleitung

Hinterlässt der Erblasser mehrere Abkömmlinge oder bestimmt er testamentarisch mehrere Personen zu seinen Erben, so bilden diese eine Gemeinschaft. In Deutschland bilden die Mitglieder der Erbengemeinschaft eine Gesamthandgemeinschaft. In vielen anderen Ländern ist der Zusammenschluss der Erben jedoch anders geregelt. In Europa gibt es im Wesentlichen drei Arten von Erbengemeinschaften: die Gesamthandsgemeinschaft, die Bruchteilsgemeinschaft sowie die Gütergemeinschaft. 1

B. Arten der Gemeinschaften im Einzelnen

I. Gesamthandsgemeinschaft

1. Überblick

2 Eine Mehrheit von Erben vereint sich in Form der Gesamthandhandsgemeinschaft in **Bosnien-Herzegowina**, in **Deutschland**, in **Finnland**, in **Norwegen**, in der **Schweiz**, in der **Türkei** sowie in **Ungarn**.

2. Entstehung

3 ■ **Bosnien-Herzegowina**

In Bosnien-Herzegowina geht die Erbschaft mit dem Tod des Erblassers auf die Erben über. Den potenziellen Erben steht jedoch bis zum Abschluss des Nachlassverfahrens, welches von Amts wegen eingeleitet wird, das Recht zur Ausschlagung zu.[1] Mehrere Erben bilden eine Erbengemeinschaft.[2] Die Erbengemeinschaft ist nach herrschender Lehre als Gesamthandsgemeinschaft ausgestaltet.[3]

4 ■ **Deutschland**

In Deutschland entsteht die Erbengemeinschaft automatisch kraft Gesetzes mit dem Tode des Erblassers gemäß § 2032 Abs. 1 BGB.[4] Dabei ist es unerheblich, ob die Erben hiervon Kenntnis haben und ob sie überhaupt Mitglied einer Erbengemeinschaft sein wollen.[5] Die Erbengemeinschaft bildet sich nur mit den Personen, welche auch tatsächlich Erben werden, was bedeutet, dass Personen außer Betracht bleiben, welche die Erbschaft gemäß § 1953 Abs. 1 BGB ausgeschlagen haben, gemäß § 2346 Abs. 1 BGB einen Erbverzicht erklärt haben oder gemäß 2344 BGB erbunwürdig sind.[6] Nur der Vollständigkeit halber sei noch erwähnt, dass sich die Erbengemeinschaft auch nicht aus solchen Personen zusammensetzt, die aufgrund Verfügung von Todes wegen enterbt worden sind.

5 ■ **Finnland**

In Finnland bilden die Erben eine Erbengemeinschaft in Form einer Gesamthandsgemeinschaft. Dabei ist von den Miterben binnen drei Monaten eine Inventarisierung der Nachlassmasse vorzunehmen.[7]

6 ■ **Norwegen**

Nach norwegischem Erbrecht besteht die Möglichkeit der Annahme oder Ausschlagung der Erbschaft, wobei die Annahme nicht ausdrücklich erklärt werden muss.[8] In Norwegen

---

1 Süß/*Povlakić/Softić Kadenić*, Erbrecht in Europa, Bosnien und Herzegowina, S. 312 Rn 83.
2 Süß/*Povlakić/Softić Kadenić*, Erbrecht in Europa, Bosnien und Herzegowina, S. 313 Rn 86.
3 *Gavella/Belaj*, Nasljedno pravo, S. 324.
4 Palandt/*Weidlich*, § 2032 Rn 1.
5 Damrau/Tanck/*Rißmann*, § 2032 Rn 1.
6 Staudinger/*Löhnig*, § 2032 Rn 1.
7 Süß/*v. Knorre/Mincke*, Erbrecht in Europa, Finnland, S. 481 Rn 73.
8 *Ring/Ring*, in: Ferid/Firsching/Dörner/Hausmann, Internationales Erbrecht, Norwegen, Grdz. G Rn 304, 305.

entsteht die Stellung des Erben im Zeitpunkt des Todes des Erblassers.[9] Die Ausschlagung des gesetzlichen oder gewillkürten Erben ist dabei bis zum Abschluss der Nachlassauseinandersetzung gemäß § 74 Abs. 1 AL möglich.[10] Interessant im Rahmen der Ausschlagung ist, dass diese nicht für die gesamte Erbschaft erklärt werden kann, sondern auch nur für einen Teil, einen Bruchteil oder Betrag bzw. über alles, was über diesen Betrag hinausgeht.[11]

■ Schweiz 7

Auch in der Schweiz entsteht die Erbengemeinschaft automatisch mit dem Erbfall. Eines weiteren Zutuns der gesetzlichen oder gewillkürten Erben bedarf es nicht. Das Vermögen des Erblassers verschmilzt mit dem des Erben zu einer Einheit.[12] Es besteht auch in der Schweiz die Möglichkeit, die Erbschaft binnen drei Monaten nach Kenntnis der Berufung zum Erben auszuschlagen. Die Ausschlagungserklärung ist unbedingt und vorbehaltslos zu erklären[13] und wirkt rückwirkend.[14] In der Schweiz besteht jedoch die Möglichkeit, dass Gläubiger des Nachlasses die Ausschlagungserklärung anfechten können (Art. 578 Abs. 1 ZGB), sofern die Ausschlagung aus taktischen Gründen, also einer Gläubigerbenachteiligung, erfolgt. Wird die Anfechtung mit Erfolg durch die Gläubiger betrieben, so hat dies eine „amtliche Liquidation" des Nachlasses zur Folge.[15]

■ Türkei 8

Da die Türkei das schweizerische ZGB in weiten Teilen übernommen hat, ist auch nach türkischem Erbrecht ein Zutun zur Annahme der Erbschaft nicht erforderlich. Die Ausschlagung hat, ebenfalls binnen drei Monaten, zu erfolgen und ist bedingungs- und vorbehaltslos gemäß Art. 609 Abs. 1, 2 ZGB zu erklären. Die Frist beginnt mit der Kenntnis über den Erbfall.[16] Wie auch in der Schweiz (siehe Rdn 7) genießt der Gläubigerschutz einen hohen Stellenwert,[17] sodass eine Anfechtung der Ausschlagungserklärung durch Gläubiger erfolgen kann.

■ Ungarn 9

Letztlich bilden auch mehrere Erben einer Erbengemeinschaft ungarischen Rechts eine Zugewinngemeinschaft. Dabei erfolgt der Erbanfall in Ungarn ipso iure mit dem Erbfall, ohne dass es einer Annahmeerklärung bedarf. Die Ausschlagung der Erbschaft ist in Form einer einseitigen Erklärung sowohl bei testamentarischer als auch gewillkürter Erbfolge möglich.[18]

---

9 Vgl. hierzu Lødrup 283.; *Ring/Ring*, in: Ferid/Firsching/Dörner/Hausmann, Internationales Erbrecht, Norwegen, Grdz G Rn 305.

10 NL/Hambro § 74 AL Note 349.

11 NL/Hambro § 74 AL Note 350, gefunden in Ferid/Firsching/Dörner/Hausmann, Internationales Erbrecht, Norwegen, Grdz G Rn 307.

12 *Lorenz*, in: Ferid/Firsching/Dörner/Hausmann, Internationales Erbrecht, Schweiz, Grdz. DII 108 Rn 44.

13 Süß/*Wolf/Dorjee-Good*, Erbrecht in Europa, Schweiz, S. 1172 Rn 111.

14 Süß/*Wolf/Dorjee-Good*,, Erbrecht in Europa, Schweiz, S. 1173 Rn 112.

15 *Lorenz*, in: Ferid/Firsching/Dörner/Hausmann, Internationales Erbrecht, Schweiz, Grdz. H III Rn 156.

16 Süß/*Kiliç*, Erbrecht in Europa, Türkei, S. 1410, 1411 Rn 91 und 93.

17 *Serozan*, ZEV 1997, 480.

18 Süß/*Tóth*, Erbrecht in Europa, Ungarn, S. 1461 Rn 184.

3. Verwaltung

10 In einer Gesamthandsgemeinschaft bildet das Nachlassvermögen in der Regel Sondervermögen, welches vom Eigenvermögen der Miterben separiert ist. Damit einher geht oftmals auch, dass über die Nachlassgegenstände nur gemeinsam, d.h. mit Zustimmung aller Erben, verfügt werden kann.

11 ■ **Bosnien Herzegowina**

In Bosnien-Herzegowina dürfen die Mitglieder der Erbengemeinschaft nur gemeinschaftlich handeln und über den Nachlass verfügen. Die exakten Erbquoten stehen bei einer Erbengemeinschaft nach bosnisch-herzegowinischem Recht jedoch erst nach dem so genannten „Erbschaftsbeschluss" fest. Bis dahin können die Miterben ihre Erbteile nur an andere Miterben übertragen.[19]

12 ■ **Deutschland**

Die Beschränkung der Übertragung von Erbanteilen nur an Miterben, wie in Bosnien-Herzegowina, ist dem deutschen Recht unbekannt. Jeder Miterbe kann in einer Gesamthandsgemeinschaft deutschen Rechts seinen Erbteil zu jeder Zeit übertragen oder veräußern.[20] In einem solchen Fall steht den verbleibenden Miterben gemäß § 2034 BGB ein Vorkaufsrecht zu (vgl. § 4 Rdn 30 ff.).[21] Unzulässig ist es hingegen, dass ein Miterbe, ohne ausdrückliche Zustimmung der anderen Miterben, einen Nachlassgegenstand veräußert. Weiterhin darf ein Miterbe (in der Regel) die anderen Miterben nicht vollständig von der Nutzung einzelner Nachlassgegenstände ausschließen, ohne eine adäquate Nutzungsentschädigung zu zahlen (vgl. zu den Voraussetzungen § 4 Rdn 86 ff.). Die Verwaltung des Nachlassvermögens hat gemeinschaftlich zu erfolgen.[22] Dieser Grundsatz ist Ausfluss der gesamthänderischen Gemeinschaft der Miterben.[23] Im Rahmen der Verwaltung unterscheidet man zwischen der außerordentlichen,[24] ordnungsgemäßen[25] und notwendigen Verwaltung[26] (eingehend zu den einzelnen Verwaltungsmaßnahmen siehe § 4 Rdn 50 ff.). Sofern die Erbengemeinschaft Inhaberin von Forderungen ist, so kann jeder einzelne Miterbe diese sowohl gerichtlich als auch außergerichtlich geltend machen, wobei er dann freilich nur Zahlung an die Gemeinschaft[27] und niemals an sich selbst verlangen kann. Nur durch Leistung an alle Miterben gemeinsam wird der Schuldner frei.[28]

13 ■ **Finnland**

Hauptaufgabe einer Erbengemeinschaft nach finnischem Recht ist es, zunächst einmal unmittelbar nach dem Erbfall, spätestens jedoch nach drei Monaten, eine Inventarliste zu erstellen.[29] Diese Inventarliste bildet die Grundlage der späteren Auseinandersetzung der Miterben. Sie ist sorgfältig zu erstellen, da mit einer vollständigen Inventarliste eine Haf-

19 Süß/*Povlakić/Softić Kadenić*, Erbrecht in Europa, Bosnien-Herzegowina, S. 313 Rn 86.
20 Palandt/*Weidlich*, § 2033 Rn 1.
21 Staudinger/*Löhnig*, § 2034 Rn 1 zu den Motiven der Einräumung: RGZ 170, 207, BGH NJW 1977, 38.
22 MüKo/*Gergen*, § 2038 Rn 1. (6. Auflage 2013).
23 Soergel/*Wolf*, § 2038 Rn 1.
24 Damrau/Tanck/*Rißmann*, § 2038 Rn 4 ff.
25 Damrau/Tanck/*Rißmann*, § 2038 Rn 14 ff.
26 Staudinger/*Löhnig*, § 2038 Rn 21 ff.
27 Staudinger/*Löhnig*, § 2039 Rn 16.
28 MüKo/*Gergen*, § 2039 Rn 10 (6. Auflage 2013), Staudinger/*Löhnig*, § 2039 Rn 19 ff.
29 Süß/*v. Knorre/Mincke*, Erbrecht in Europa, Finnland, S. 481 Rn 73.

tungsprivilegierung auf die Nachlassmasse verbunden ist.[30] Die Verwaltung des Nachlasses an sich erfolgt auch gemeinschaftlich, wobei es einem einzelnen Erben im Notfall (Maßnahmen, deren Ausführung keinen Aufschub dulden) gestattet ist allein zu handeln, wenn die Zustimmung der anderen Miterben nicht mehr rechtzeitig eingeholt werden kann. Es ist des Weiteren möglich, dass die Miterben die Vertretung der Gesamthandsgemeinschaft vertraglich regeln.[31]

■ Schweiz 14

In der Schweiz werden die Mitglieder der Erbengemeinschaft gemeinsam Eigentümer der in den Nachlass fallenden Gegenstände.[32] Des Weiteren können die Mitglieder der Erbengemeinschaft nur gemeinschaftlich den Nachlass verwalten. Es gilt das Einstimmigkeitsprinzip.[33] Gleiches gilt, sofern über einzelne Nachlassgegenstände verfügt werden soll.[34] In dringenden unaufschiebbaren Fällen ist es jedoch auch dem einzelnen Erben gestattet, Maßnahmen zur Verwaltung des Nachlasses zu treffen. Unabhängig davon besteht ferner die Möglichkeit, dass sich sämtliche Miterben darauf verständigen, einen behördlich bestellten Erbenvertreter einzusetzen, welcher dann im Namen der Erbengemeinschaft tätig wird.[35]

■ Türkei 15

Da die Türkei, wie bereits erwähnt, das Schweizer Zivilgesetzbuch in weiten Teilen übernommen hat, ist es wenig verwunderlich, dass auch in einer Erbengemeinschaft (Erbengesellschaft) türkischen Rechts nur alle Erben gemeinsam den Nachlass verwalten und über ihn verfügen dürfen. Sie werden zur gesamten Hand Eigentümer des Nachlasses. Möglich ist es jedoch, dass ein Erbe seinen Erbteil veräußert. Dabei erwirbt der Käufer jedoch nur einen schuldrechtlichen Anspruch und wird nicht Mitglied der Gesamthandsgemeinschaft.[36]

■ Ungarn 16

Letztlich erwerben auch in **Ungarn** die Miterben gesamthänderisch Eigentum am Nachlass des Erblassers gemäß § 682 Abs. 1 ZGB. Die Miterben können nur gemeinsam über den Nachlass verfügen.[37] Veräußert ein Mitglied der Erbengemeinschaft seinen Erbteil, so kommt den verbleibenden Miterben ein Vorkaufsrecht zu.[38]

4. Auseinandersetzung

17 Die Auseinandersetzung der Gesamthandsgemeinschaft kann als solche in den meisten ausländischen Rechtsordnungen zu jeder Zeit verlangt werden. Im Einzelnen:

30 *Mincke*, in: Ferid/Firsching/Dörner/Hausmann, Internationales Erbrecht, Finnland, Grdz. G Rn 249 ff. 252.
31 *Mincke* in Ferid/Firsching/Dörner/Hausmann, Internationales Erbrecht, Finnland, Grdz. F Rn 226.
32 Süß/*Wolf/Dorjee-Good*, Erbrecht in Europa, Schweiz, S. 1174 Rn 118.
33 NK-BGB/*Süß*, Länderbericht Schweiz, S. 1995 Rn 63.
34 Süß/*Wolf/Dorjee-Good*, Erbrecht in Europa, Schweiz, S. 1174 Rn 118.
35 *Ebenroth*, Erbrecht, § 11 VI Rn 843.
36 Süß/*Kiliç*, Erbrecht in Europa, Türkei, S. 1412 Rn 98.
37 *Lange/Kuchinke*, 8. Abschnitt § 42 I. 2 f.
38 *Ember*, in Ferid/Firsching/Dörner/Hausmann, Internationales Erbrecht, Ungarn, Grdz. F. Rn 109.

18 ■ Deutschland

In Deutschland kann jeder Erbe zu jeder Zeit die Auseinandersetzung des Nachlasses (nicht Teilauseinandersetzung) verlangen.[39] Die Beendigung der Erbengemeinschaft vollzieht sich durch Auseinandersetzung des gesamten Nachlasses. Der Anspruch richtet sich grundsätzlich gegen alle Miterben und Erbteilserwerber.[40] Möglich ist es, mit allen Erben zu verhandeln und bei Einigkeit den Nachlass **außergerichtlich** aufzuteilen und dies vertraglich zu fixieren. Sofern die Nachlassmasse eine gerechte Zuordnung anhand der Erbquoten nicht unbedingt zulässt, kann dies mit der Leistung von Ausgleichszahlungen verbunden werden.[41] Bei Vorhandensein eines Grundstücks kann die Erbauseinandersetzung vertraglich mit der Entlassung des Grundstücks aus der Gesamthand in das Eigentum eines oder mehrerer Miterben verbunden werden. Möglich sind auch Teilauseinandersetzungen, sofern Einigkeit besteht.[42] **Gerichtlich** steht die Möglichkeit einer **Erbteilungsklage** zur Verfügung.[43] Voraussetzung einer solchen Klage ist jedoch, dass Teilungsreife besteht. Dies bedeutet, dass sich kein unbewegliches Vermögen mehr im Nachlass befinden darf.[44] Der Immobilien entledigt sich der klagende Miterbe durch eine vorausgehende Teilungsversteigerung der Immobilien zur Aufhebung der Gemeinschaft gemäß § 180 ZVG.[45]

19 ■ Finnland

Die Auseinandersetzung der Erbengemeinschaft ist im 23. Kapitel des Erbrechtsgesetzes geregelt.[46] Danach kann auch in Finnland jeder Miterbe die Auseinandersetzung verlangen. Sind sich die Miterben einig, so kann die Auseinandersetzung vertraglich erfolgen. Kommt zwischen den beteiligten Miterben keine einvernehmliche Lösung zu Stande, so besteht noch die Möglichkeit, beim zuständigen Nachlassgericht einen Teilungsbeauftragten einsetzen zu lassen. Diese Einsetzung ist dann überflüssig, wenn die Erben den Nachlassverwalter oder Testamentsvollstrecker auffordern, die Auseinandersetzung vorzunehmen.[47] Die Aufgaben des Teilungsbeauftragten sind dabei umfassend. Er inventarisiert und bewertet den Nachlass (jeden Nachlassgegenstand). Darüber hinaus prüft er die Berechtigung der Beteiligten am Nachlass. Danach bestimmt er einen Ort und Termin, an dem die Auseinandersetzung stattfindet. Zwischen den Erben aufkommende Streitigkeiten versucht der Nachlassteiler zu schlichten. Kommt es zu keiner Einigung, so entscheidet der Nachlassteiler. Die Realteilung wird schriftlich festgehalten.[48]

20 ■ Norwegen

Weiterhin kann auch in Norwegen jeder Miterbe die Auseinandersetzung der Gemeinschaft verlangen. Dabei gibt es zwei Formen der Teilung: Zum einen die **private Teilung**, in der sich die Erben einvernehmlich auf eine Auseinandersetzung des Nachlasses verständigen.[49] Bei einer privaten Teilung haben die Erben gegenüber dem Nachlassgericht zu erklären, dass sie die Verantwortung für die Nachlassverbindlichkeiten des Erblassers übernehmen.

39 Staudinger/*Löhnig*, § 2042 Rn 1.
40 Palandt/*Weidlich*, § 2042 Rn 2.
41 Vgl. Palandt/*Weidlich*, § 2042 Rn 13.
42 *Baumann* in Limmer/Hertel/Frenz/Mayer, Würzburger Notarhandbuch, 4. Kapitel Rn 171.
43 Staudinger/*Löhnig*, § 2042 Rn 43 ff.
44 KG NJW 1961, 733; OLG Karlsruhe NJW 1974, 956.
45 NJW-Spezial 09, 561; *Stöber*, Zwangsversteigerungsgesetz, § 180 ZVG Rn 2 ff.
46 Süß/*v. Knorre/Mincke*, Erbrecht in Europa, Finnland, S. 485 Rn 97.
47 Süß/*v. Knorre/Mincke*, Erbrecht in Europa, Finnland, S. 485 Rn 99, 100.
48 Süß/*v. Knorre/Mincke*, Erbrecht in Europa, Finnland, S. 485 Rn 101.
49 Süß/*Sedlmayr*, Erbrecht in Europa, Norwegen, S. 952 Rn 87.

Diese Erklärung muss binnen 60 Tagen erfolgen.[50] Zum anderen gibt es die **öffentliche Teilung** durch das Gericht erster Instanz.[51] Der Teilung geht jedenfalls ein Aufgebotsverfahren zur Vorladung der Gläubiger gemäß §§ 69 ff. TeilG voraus.[52] Hat der Erblasser keinen Testamentsvollstrecker ernannt, so bestellt das Nachlassgericht einen **Nachlassverwalter**, welcher in aller Regel ein Rechtsanwalt (Advokat) ist. Dieser erarbeitet einen Teilungsplan, der vom Gericht zu genehmigen ist.[53]

■ Schweiz 21

Der Miterbe einer Schweizer Erbengemeinschaft hat das Recht seinen Erbteil zu veräußern.[54] Dies hat jedoch nicht die Folge, dass der Erwerber in die Stellung des Veräußerers (Miterbe) eintritt. Vielmehr erhält der Erwerber einen Anspruch auf „Teilungsergebnis". Er wird also nicht neuer Miterbe.[55] Darüber hinaus kann jeder Miterbe gemäß Art. 604 Abs. 1 schweiz. ZGB zu jeder Zeit die Auseinandersetzung des Nachlasses fordern. Eine Teilauseinandersetzung der Erbengemeinschaft ist, ähnlich wie im deutschen Recht, ebenfalls grundsätzlich einvernehmlich möglich.[56] Was die Auseinandersetzung anbelangt, so obliegt es den Erben, dies nach ihren Vorstellungen zu regeln. Hat der Erblasser vom Grundsatz der freien Teilungsvereinbarungen gemäß Art. 608 Abs. 1 schweiz. ZGB Einschränkungen gemacht, so sind diese grundsätzlich beachtlich; jedoch können diese Einschränkungen, bei Einverständnis aller Erben, aufgehoben werden.[57] Kommen die Erben zu keiner Einigung, so steht jedem Erbe die Möglichkeit offen, Teilungsklage zu erheben.[58]

■ Türkei 22

Bei einer türkischen Erbengemeinschaft handelt es sich bereits von Gesetzes wegen um eine Gemeinschaft auf Zeit. Gesetzlicher Regelfall ist die Auseinandersetzung der Gemeinschaft.[59] Im Rahmen der außergerichtlichen Auseinandersetzung besteht prinzipiell Vertragsfreiheit, jedoch haben die Erben gewisse Einschränkungen zu beachten: so sind beispielsweise vom Erblasser testamentarisch getroffene Anordnungen (wie zum Beispiel Vermächtnisse) zu beachten. Darüber hinaus hat der überlebende Ehegatte gemäß Art. 652 ZGB ein sog. Vorzugsrecht an der gemeinsam bewohnten Ehewohnung.[60] Der Auseinandersetzungsvertrag (*taksim sözleşmesi*) nach Art. 676 ZGB bedarf der Schriftform. Eine notarielle Beurkundung ist hingegen nicht erforderlich.[61] Neben der einvernehmlichen vertraglichen Auseinandersetzung des Nachlasses besteht darüber hinaus für den Fall, dass es zwischen den Erben zu keiner gütlichen Einigung kommt, die Möglichkeit, eine Klage auf Auskunft und Auseinandersetzung zu erheben.[62]

---

50 Süß/*Sedlmayr*, Erbrecht in Europa, Norwegen, S. 952 Rn 90.
51 *Süß/Sedlmayer*, Erbrecht in Europa, Norwegen, S. 952 Rn 90.
52 *Ring/Ring*, in: Ferid/Firsching/Dörner/Hausmann, Internationales Erbrecht, Grdz. I Rn 337.
53 Süß/*Sedlmayer*, Erbrecht in Europa, Norwegen, S. 953 Rn 96.
54 Süß/*Wolf/Dorjee-Good*, Erbrecht in Europa, Schweiz, S. 1176 Rn 123.
55 *Lange/Kuchinke*, 8. Abschnitt § 42 I. 2 b.
56 *Lorenz*, in: Ferid/Firsching/Dörner/Hausmann, Internationales Erbrecht, Schweiz, Grdz. H Rn 171.
57 Vgl. *Tuor/Schnyder/Schmid/Rumo-Jungo*, (Fn74) § 82 Rn 5.
58 *Lorenz*, in: Ferid/Firsching/Dörner/Hausmann, Internationales Erbrecht, Schweiz, Grdz. I Rn 178.
59 *Öztan*, S. 103 *Öztan*, Miras Hukuku – Temel Bilgiler (Erbrecht Grundkenntnisse).
60 *Rumpf*, in: Ferid/Firsching/Dörner/Hausmann, Internationales Erbrecht, Türkei, Grdz. K Rn 274.
61 *Rumpf*, in: Ferid/Firsching/Dörner/Hausmann, Internationales Erbrecht, Türkei, Grdz. L276.
62 *Rumpf*, in: Ferid/FirschingDörner/Hausmann, Internationales Erbrecht, Türkei, Grdz. L Rn 277.

23 ■ **Ungarn**

Wie nach deutschem und schweizer Recht besteht auch in Ungarn die Möglichkeit einer außergerichtlichen oder gerichtlichen Auseinandersetzung des Nachlasses.[63] Die gerichtliche Auseinandersetzung erfolgt per Übergabebeschluss.[64]

5. Ausgleich lebzeitiger Zuwendungen

24 ■ **Bosnien-Herzegowina**

In Bosnien-Herzegowina kommt ein Ausgleich lebzeitiger Zuwendungen immer dann in Betracht, wenn die Nachlassmasse nicht zur Befriedigung etwaiger Pflichtteilsansprüche ausreicht. Die Schenkungskürzung erfolgt zeitlich umgekehrt. Daraus folgt, dass die zeitlich späteren Schenkungen zuerst zurückgefordert werden. Wichtig zu beachten ist in diesem Kontext, dass nur diejenigen Schenkungen zurückgefordert werden können, die bei der Bestimmung der Nachlassmasse im Rahmen der Pflichtteilsbestimmung Berücksichtigung gefunden haben.[65] Im Übrigen werden gemachte Geschenke auf den Erbteil des Miterben angerechnet, sofern der Erblasser den Miterben hiervon nicht befreit hat.[66]

25 ■ **Deutschland**

Nach deutschem Erbrecht sind gemäß § 2050 BGB Abkömmlinge als gesetzliche Erben verpflichtet dasjenige auszugleichen, was sie zu Lebzeiten des Erblassers von diesem unentgeltlich erlangt haben. Die Ausgleichungspflicht nach § 2050 BGB trifft in Deutschland nur gesetzliche Erben und dort nur die Abkömmlinge.[67] Die Ausgleichungspflicht tritt bereits ein, wenn durch die unentgeltlichen Zuwendungen nur marginal von der gesetzlichen Erbfolge abgewichen wird.[68] An der Ausgleichung nehmen hingegen weder der Ehegatte noch andere Miterben teil, welche keine gesetzlichen Erben sind. Folgerichtig finden sie auch bei der Ausgleichsberechtigung keine Berücksichtigung.[69] Darüber hinaus *sind* testamentarische Erben zur Ausgleichung gemäß § 2052 BGB verpflichtet, wenn die gewillkürte Erbeinsetzung der gesetzlichen Erbregelung gleicht (Auslegungsregel).[70] Die Ausgleichungspflicht tritt auch ein, wenn ein Vorausvermächtnis angeordnet wurde, der Erblasser sich ansonsten aber an der gesetzlichen Erbfolge orientiert hat.[71] Ist eine Zuwendung an einen entfernten Abkömmling angeordnet worden, so trifft diesen nur eine Ausgleichungspflicht, wenn der Schenker diese bei der Zuwendung angeordnet hat.[72] Die Anrechnung erfolgt in der Weise, dass jedem ausgleichungspflichtigen Erben dasjenige auf den Erbteil angerechnet wird, was er unentgeltlich erlangt hat.[73]

---

63 *Ember*, in: Ferid/Firsching/Dörner/Hausmann, Internationales Erbrecht, Ungarn, Grdz. F Rn 109.

64 *Ember*, in: Ferid/Firsching/Dörner/Hausmann, Internationales Erbrecht, Ungarn, Grdz. G Rn 111, 112.

65 *Jessel-Holst*, in: Ferid/Firsching/Dörner/Hausmann, Internationales Erbrecht, Bosnien und Herzegowina, Grdz. N Rn 195 ff.

66 *Jessel-Holst*, in: Ferid/Firsching/Dörner/Hausmann, Internationales Erbrecht, Bosnien und Herzegowina, Grdz. M Rn 193.

67 *Brox/Walker*, Rn 529, Palandt/*Weidlich*, § 2050 Rn 1.

68 MüKo/*Ann*, § 2050 Rn 2 (6. Auflage 2013).

69 *Ann* in Hausmann/Hohloch, Handbuch des Erbrechts, Kapitel 20 Rn 189.

70 Damrau/Tanck/*Bothe*, Praxiskommentar Erbrecht, § 2052 Rn 1 ff.

71 RGZ 90, 419.

72 Staudinger/*Löhnig*, § 2053 Rn 2.

73 Palandt/*Weidlich*, § 2055 Rn 2.

Finnland 26

In Finnland sind Vorempfänge auszugleichen, wenn die Zuwendung an gesetzliche Erben unentgeltlich erfolgt ist. Das Empfangene müssen sich die gesetzlichen Erben auf den Erb- oder auf den Pflichtteil anrechnen lassen.[74] Dabei gibt es eine juristisch interessante Vermutungsregel: bei gesetzlichen Erben wird stets vermutet, dass ein unentgeltlicher Vorempfang auszugleichen ist, wohingegen bei einem gewillkürten Erben, welcher nicht gesetzlicher Erbe ist, die Vermutung besteht, dass der Vorempfang nicht auszugleichen ist. Unabhängig von dieser Vermutungsregel besteht jedoch die Möglichkeit, dass der Erblasser anordnet, dass ein entsprechender Vorempfang nicht auszugleichen ist. Die Anrechnung erfolgt dabei erst, wenn sämtliche Nachlassverbindlichkeiten gezahlt sind. Erst danach werden die Quoten gebildet und angerechnet.[75]

Norwegen 27

In Norwegen kommt es zu einer Kürzung zwischen dem überlebenden Ehegatten und den Erben. Wenn beispielsweise einem „Leibeserben" zu Lebzeiten ein Vorschuss aus Mitteln des Gemeinschaftsguts der Ehegatten gewährt wurde, begründet dies einen Kürzungsanspruch des überlebenden Ehegatten gegen den „Leibeserben" gemäß § 39 S. 3 AL.[76] Darüber hinaus sind ansehnliche Schenkungen, welche ein „Leibeserbe" zu Lebzeiten erhalten hat, vom Erbteil abzuziehen, wenn der Erblasser die übrigen „Leibeserben" nicht entsprechend in gleicher Weise bedacht hat.[77]

Schweiz 28

Nach Schweizer Recht werden lebzeitige Zuwendungen des Erblassers an die Erben gemäß Art. 626 ff. ZGB ausgeglichen. Unterschieden wird zwischen „Zuwendungen mit Ausstattungscharakter" und „Ausbildungskosten". Die Abgrenzung erfolgt anhand der Vermögensverhältnisse des Erblassers.[78] Anders als im deutschen Recht besteht sogar die Möglichkeit, über den eigentlichen Erbteil hinaus zu viel Empfangenes zurückzufordern, wenn nicht ein nachweisbarer Begünstigungswille des Erblassers vorlag. Bei einer Ausstattung anlässlich einer Hochzeit wird dies jedoch gemäß Art. 629 schweiz. ZGB stets vermutet.

Türkei 29

Auch in der Türkei findet im Rahmen der Auseinandersetzung gemäß Art. 669 ff. ZGB ein Ausgleich von Vorteilen (*denkleştirme*) statt. Diese Vorteile müssen „ungewöhnlich" sein, damit sie zur Ausgleichung gelangen. Ungewöhnlich wiederum wird ein Vorteil, wenn es sich um eine Mitgift, Schuldenerlass, Vermögensabtretung oder Gründungskapital u.Ä. handelt. Dem Erblasser steht es jedoch frei, diese Ausgleichungspflicht zu unterbinden.[79]

---

74 Vgl. *Aarnio/Kangas*, I, S. 536 ff.; Süß/*v. Knorre/Mincke*, Erbrecht in Europa, Finnland, Rn 85.

75 *Mincke*, in: Ferid/Firsching/Dörner/Hausmann, Internationales Erbrecht, Finnland, Grdz. H Rn 259–263.

76 *Ring/Olsen-Ring*, in: Ferid/Firsching/Dörner/Hausmann, Internationales Erbrecht, Norwegen, Grdz. H Rn 129.

77 Vgl. hierzu *Ring/Olsen-Ring*, in: Ferid/Firsching/Dörner/Hausmann, Internationales Erbrecht, Norwegen, Grdz. H Rn 125

78 *Lorenz*, in: Ferid/Firsching/Dörner/Hausmann, Internationales Erbrecht, Schweiz, Grdz. 125 Rn 173.

79 *Rumpf*, in: Ferid/Firsching/Dörner/Hausmann, Internationales Erbrecht, Türkei, Grdz. L Rn 275.

6. Haftung

30 **■ Bosnien-Herzegowina**

Die Haftung der Erben ist in Bosnien-Herzegowina auf den Wert des Nachlasses beschränkt. Die Haftung jedes einzelnen Erben bleibt dabei, unabhängig davon, ob sich die Erben bereits auseinandergesetzt haben oder nicht, auf den jeweiligen Erbteil des Miterben beschränkt. Nachlassgläubiger können nach Art. 144 ErbG binnen drei Monaten eine Trennung des Nachlasses vom Eigenvermögen des Miterben verlangen.[80]

31 **■ Deutschland**

In Deutschland hingegen ist die Haftung, anders als in Bosnien-Herzegowina, nicht auf den Wert des Nachlasses beschränkt. Grundsätzlich haften die Erben in einer Erbengemeinschaft unbeschränkt für etwaige Nachlassverbindlichkeiten (Erblasser- und Erbfallschulden) gemäß § 1967 BGB.[81] Mehrere Erben haften als Gesamtschuldner (§ 2058 BGB). Dem Gläubiger steht es zu jeder Zeit frei, sich gemäß § 2059 Abs. 2 BGB am ungeteilten Nachlass zu befriedigen (zur Haftung nach § 2059 BGB vgl. auch § 6 Rdn 47 ff.). Verfolgt er dieses Anliegen (vor Teilung des Nachlasses), so kann er eine Gesamthandsklage erheben, in der alle Miterben notwendige Streitgenossen sind (§ 6 Rdn 220).[82] Die Haftung kann durch Errichtung eines Inventars gemäß §§ 1993, 1994 BGB auf den Nachlass beschränkt werden; allein die Errichtung des Inventars führt sie jedoch noch nicht herbei.[83]

Aus zivilprozessualer Sicht besteht noch die Möglichkeit gemäß § 780 ZPO, sich den Vorbehalt der beschränkten Erbenhaftung im Urteil austenorieren zu lassen. Voraussetzung ist ein entsprechender Antrag der Partei.[84] Vom Anwendungsbereich des § 780 ZPO wird jede Art von Nachlassverbindlichkeit erfasst.[85]

Nach der Teilung besteht die unbeschränkte Haftung prinzipiell fort.[86] Nur in den Fällen des § 2060 Nr. 1–3 BGB haftet der Erbe nur noch mit seinem Erbteil.[87]

32 **■ Finnland**

In einer Erbengemeinschaft finnischen Erbrechts ist die Haftung für Schulden des Erblassers grundsätzlich auf den Nachlass (das Nachlassvermögen) beschränkt. Eine Ausweitung der Haftung erfolgt nur insoweit, als dass die Erben ein grob fahrlässiges Fehlverhalten zeigen; also beispielsweise ihrer Pflicht zur Inventarisierung des Nachlasses nicht binnen der gesetzlichen Pflicht nachkommen.[88] Sind einzelne Nachlassgegenstände bereits vor Begleichung der Nachlassverbindlichkeiten aus dem Nachlass entnommen bzw. verteilt, so steht dem Nachlassabwickler das Recht zu, diese zurückzufordern, sofern der Nachlassabwickler dies zur Befriedigung der Nachlassgläubiger für notwendig erachtet.[89]

---

80 Süß/*Povlakić/Softić Kadenić*, Erbrecht in Europa, Bosnien und Herzegowina, S. 313 Rn 87.
81 Damrau/Tanck/*Gottwald*, § 1967 Rn 1.
82 Palandt/*Weidlich*, § 2059 Rn 11.
83 Palandt/*Weidlich*, § 1993 Rn 4.
84 Stein/Jonas/*Münzberg*, § 780 ZPO Rn 4.
85 Zöller/*Stöber*, § 780 Rn 2.
86 BGH NJW 1998, 682.
87 Damrau/Tanck/*Syrbe*, § 2060 Rn 1, 4, 10.
88 Süß/*v. Knorre/Mincke*, Erbrecht in Europa, Finnland, S. 484 Rn 95.
89 Süß/*v. Knorre/Mincke*, Erbrecht in Europa, Finnland, S. 484 Rn 96.

■ Norwegen 33

Eine vollständige Beschränkung der Haftung auf die Nachlassmasse kennt das norwegische Erbrecht nicht. In Norwegen ist es aber wiederum keine Voraussetzung für eine Annahme der Erbschaft, dass die Erben die Erblasserschulden übernehmen. Es ist zu unterscheiden zwischen einer privaten und einer öffentlichen Nachlassauseinandersetzung. Bei einer **privaten Auseinandersetzung** ist es zwingend, dass bei einer Mehrheit von Erben mind. ein Erbe für die Verbindlichkeiten des Erblassers einsteht.[90] Bei einer sogenannten **öffentlichen Auseinandersetzung** des Nachlasses erfolgt durch das zuständige Gericht ein Aufgebotsverfahren (proklama) gemäß § 69 SL. In diesem haben die Gläubiger ihre Ansprüche anzumelden. Im Falle der Fristversäumnis erlischt die Nachlassforderung, sofern gesetzlich nichts anderes bestimmt ist.[91]

■ Schweiz 34

In der Schweiz haften die Miterben für die Schulden des Erblassers gemäß Art. 560 Abs. 2 sowie Art. 603 Abs. 1 ZGB persönlich und solidarisch.[92] Auf Seiten der Erben besteht jedoch die Möglichkeit, die Haftung zu beschränken. Hierzu muss ein Miterbe die Anordnung eines **öffentlichen Inventars** gemäß Art. 580 ff. ZGB beantragen. Voraussetzung ist allerdings gemäß Art. 571 Abs. 2 ZGB, dass das Begehren zur Errichtung des öffentlichen Inventars gestellt wird, bevor der „Erbe" die Erbschaft angenommen oder ausgeschlagen hat, oder aber die amtliche Liquidation begehrt wurde.[93] Das Begehren muss binnen Monatsfrist angebracht werden. Zuständig sind gemäß Art. 580 Abs. 2 ZGB die nach kantonalem Recht zu bestimmenden Behörden.[94]

■ Türkei 35

Die Haftung in der Türkei ist weitergehend als in der Schweiz. In der Türkei haften die einzelnen Miterben für etwaige Nachlassschulden nämlich grundsätzlich solidarisch, persönlich und unbeschränkt. Die Haftung erstreckt sich auch auf die Erfüllung von Vermächtnissen. Ist hingegen nur ein Erbe mit einem Vermächtnis beschwert, so haftet freilich nur dieser für die Erfüllung des Vermächtnisses.[95] Der Gläubigerschutz hat in der Türkei einen hohen Stellenwert erhalten.[96] Dies geht sogar so weit, dass ein Gläubiger des Nachlasses die Erbausschlagung eines „Erben" anfechten kann, wenn dies offensichtlich der Gläubigerbenachteiligung dient und die Erbschaft ausgeschlagen wurde, um sie dem Gläubiger zu entziehen.[97]

■ Ungarn 36

In **Ungarn** ist die Haftung der Erben beschränkt. Eine unbeschränkte Haftung ist schlichtweg ausgeschlossen. Die Erben haften bis zur Höhe des Nachlasswerts mit ihrem Erbteil (*cum viribus* Haftung), wobei auch die Zahlung aus dem Privatvermögen bis zur Höhe

---

90 *Ring/Ring*, in: Ferid/Firsching/Dörner/Hausmann, Internationales Erbrecht, Norwegen, Grdz. H Rn 319, 332 ff.

91 *Ring/Ring*, in: Ferid/Firsching/Dörner/Hausmann, Internationales Erbrecht, Norwegen, Grdz. I Rn 341–347, 344.

92 Süß/*Wolf/Dorjee-Good*, Erbrecht in Europa, Schweiz, S. 1174 Rn 118.

93 *Druey*, (Fn 73) § 15 Rn 54.

94 Süß/*Wolf/Dorjee-Good*, Erbrecht in Europa, Schweiz, S. 1174 Rn 113.

95 Süß/*Kiliç*, Erbrecht in Europa, Türkei, S. 1409 Rn 90.

96 *Serozan*, ZEV 1997, 480.

97 Süß/*Kiliç*, Erbrecht in Europa, Türkei, S. 1411 Rn 94.

des Erbteils erfolgen kann.[98] Die Nachlassschulden sind in einer bestimmten Reihenfolge (Rangordnung) gegliedert, beginnend mit den Bestattungskosten, gefolgt von den Kosten für die eigentliche Nachlassabwicklung.[99]

II. Bruchteilsgemeinschaft

37 Die Bruchteilsgemeinschaft als Form der Erbengemeinschaft hat ihren Ursprung im römischen Recht (*communio*).[100] Daher ist sie auch oft in den ehemals römischen Gebieten (Ausnahmen: Spanien, Frankreich und Belgien) noch heute als Organisationsform der Erbengemeinschaft anzutreffen (Miterbengemeinschaft).

1. Entstehung

38 ■ **Griechenland**

In Griechenland erwirbt der Erbe kraft Gesetzes gemäß Art. 1846, 1711 gr. ZBG die Erbschaft mit deren Anfall, ohne dass eine Mitwirkung seinerseits hierzu erforderlich ist.[101] Mehrere Erben bilden eine Bruchteilsgemeinschaft.[102]

39 ■ **Italien**

Bei Vorhandensein mehrerer Erben bildet sich in Italien, ohne Rücksicht auf eine mögliche Verschiedenheit des Berufungsgrundes, eine Bruchteilsgemeinschaft (*communio incendis*) eigener Art.[103] Die Erbengemeinschaft wird als *comunione ereditaria* bezeichnet. Zwischen mehreren Vermächtnisnehmern bildet sich gleichfalls eine Gemeinschaft; freilich jedoch nur dann, wenn der gleiche Vermächtnisgegenstand mehreren Vermächtnisnehmern zugewandt wurde. Der Nachlass geht nicht automatisch auf die Erben über. Erforderlich ist vielmehr, dass die Erbschaft angenommen wird.[104] Das Recht zur Annahme verjährt spätestens nach 10 Jahren ab dem Erbfall[105] und beginnt mit dem Tage zu laufen, an welchem die Erbschaft eröffnet wird.[106] Die Annahme der Erbschaft ist unwiderruflich.[107] Beachtlich ist weiter, dass auch eigentlich enterbte Pflichtteilsberechtigte (Noterben) zur Erbengemeinschaft hinzustoßen können, sofern diese erfolgreich eine Herabsetzungsklage durchgeführt haben. Noterben finden dann auch, anteilig ihrer Quote, in einem deutschen Erbschein Erwähnung.[108]

40 ■ **Kroatien**

Der in Deutschland bekannte Grundsatz der Universalsukzession gilt auch in Kroatien. Vorbehaltlich einer etwaigen Ausschlagung gehen nach kroatischem Erbrecht die Rechte

98 Süß/*Tóth*, Erbrecht in Europa, Ungarn, S. 1460 Rn 179.
99 Süß/*Tóth*, Erbrecht in Europa, Ungarn, S. 1460 Rn 180 ff.
100 *Floßmann*, Österreichische Privatrechtsgeschichte, S. 363 (Das ältere römische Recht kannte hingegen noch eine gütergemeinschaftliche Verwaltung des Nachlasses; lat.: consortium).
101 Süß/*Stamatiadis*, Erbrecht in Europa, Griechenland, S. 568 Rn 54.
102 Süß/*Stamatiadis*, Erbrecht in Europa, Griechenland, S. 569 Rn 56.
103 *Ebenroth*, Erbrecht 1992, Rn 838.
104 *Schömmer/Reiss*, Internationales Erbrecht, Italien, S. 112 Rn 381.
105 *Vascellari* in Cian/Trabucchi, Art. 480 cc Rn II 1.
106 *Vascellari* in Cian/Trabucchi, Art. 480 cc Rn II 2.
107 *Capozzi*, Successioni e Donazioni, S. 157 ff.
108 Süß/*Cubeddu Wiedemann/Wiedemann*, Erbrecht in Europa, Italien, S. 762 Rn 273.

und Pflichten am Nachlass also ipso iure auf die Erben über.[109] Mehrere Erben bilden gemäß Art. 141 ErbG eine Erbengemeinschaft in Form einer Bruchteilsgemeinschaft.

■ Niederlande 41

Auch in den Niederlanden bildet eine Mehrheit von Erben eine Bruchteilsgemeinschaft. Allerdings ist zu beachten, dass sich auch Besonderheiten der Gesamthandsgemeinschaft in der Erbengemeinschaft wiederfinden.[110]

■ Polen 42

In Polen tritt der Erbfall mit dem Tod des Erblassers gemäß Art. 924 ZGB ein.[111] Dabei gehen nach dem Grundsatz der Universalsukzession sämtliche Rechte und Pflichten im Zeitpunkt des Todes auf die Erben über.[112] Eines Zutuns der Erben bedarf es also nicht (sogenannter Vonselbsterwerb der Erbschaft).[113] Sind mehrere Erben berufen, so bilden diese nach polnischem Erbrecht eine sog. **Nachlassgütergemeinschaft** in Form einer Bruchteilsgemeinschaft (Art. 1035 poln. ZGB).[114]

■ Österreich 43

Ein besonderer Fall der Erbengemeinschaft als Bruchteilsgemeinschaft findet sich in Österreich wieder. Dort werden die Erben nicht automatisch Rechtsnachfolger des Verstorbenen. Die Erben dürfen das Nachlassvermögen erst nach Durchführung des Verlassenschaftsverfahrens in Besitz nehmen (§ 797 ABGB).[115]

In diesem Verfahren werden drei Stadien unterschieden: Zunächst einmal der **Anfall** der Erbschaft, der mit dem Tode des Erblassers eintritt. Des Weiteren der **Antritt**, welcher durch die Erben, in der Regel durch eine sogenannte Erbantrittserklärung[116] erfolgt, die nicht widerrufen werden kann,[117] und zuletzt durch den Erwerb der Erbschaft aufgrund der sog. **Einantwortung** durch das zuständige Verlassenschaftsgericht. Im Rahmen der Erbantrittserklärung wird zwischen der **bedingten** und **unbedingten** Erbantrittserklärung unterschieden.[118] Auch in Österreich besteht die Möglichkeit der Ausschlagung.[119]

Mehrere Erben bilden gemäß § 550 ABGB eine Rechtsgemeinschaft (communio incidens) in Form einer Erbengemeinschaft. Für diese Erbengemeinschaft finden die Vorschriften der Bruchteilsgemeinschaft gemäß §§ 825 f. ABGB Anwendung.[120] Die Anteile richten sich nach der jeweiligen Erbquote.[121]

---

109 Süß/*Süß*, Erbrecht in Europa, Kroatien, S. 947 Rn 50.

110 *Weber* in: Ferid/Firsching/Dörner/Hausmann, Internationales Erbrecht, Niederlande, Vorbemerkung Rn 20.

111 *De Vries*, in: Ferid/Firsching/Dörner/Hausmann, Internationales Erbrecht, Polen, Grdz D Rn 72.

112 *De Vries*, in: Ferid/Firsching/Dörner/Hausmann, Internationales Erbrecht, Polen, Grdz H Rn 293.

113 *De Vries*, in: Ferid/Firsching/Dörner/Hausmann, Internationales Erbrecht, Polen, Grdz D Rn 73.

114 *De Vries*, in: Ferid/Firsching/Dörner/Hausmann, Internationales Erbrecht, Polen, Grdz H Rn 294.

115 Süß/*Haunschmidt*, Erbrecht in Europa, Österreich, S. 976 Rn 93.

116 Zu den Mindestanforderungen einer Erbantrittserklärung siehe OGH NZ 1994, 210.

117 OGH RZ 1995, 238; NZ 2001, 176.

118 Süß/*Haunschmidt*, Erbrecht in Europa, Österreich, S. 983 Rn 131, 132.

119 Süß/*Haunschmidt*, Erbrecht in Europa, Österreich, S. 983 Rn 134.

120 Rummel/*Welser*, § 550 ABGB Rn 1.

121 *Firsching*, in: Ferid/Firsching/Dörner/Hausmann, Internationales Erbrecht, Österreich, Grdz. H Rn 420.

44 Ferner entsteht auch in **Bulgarien, Tschechien** und **Rumänien** nach dem Tode des Erblassers eine Bruchteilsgemeinschaft.

2. Verwaltung

45 ■ **Bulgarien**

Jedem Erben steht nach bulgarischem Erbrecht das Recht zu, die in den Nachlass fallenden Gegenstände zu nutzen. Unzulässig ist es hingegen, einen anderen Miterben vollständig von der Nutzung auszuschließen oder aber in seiner Möglichkeit zur Nutzung einzuschränken. Möglich ist jedoch der Gebrauchsentzug gegen Zahlung eines Ausgleichsbetrags an die vom Gebrauch ausgeschlossenen Miterben. Die Verwaltung erfolgt durch die Miterben. Im Rahmen der Entscheidungsfindung ist eine einfache Mehrheit ausreichend.[122]

46 ■ **Griechenland**

Bei einer Erbengemeinschaft nach griechischem Recht hingegen erstrecken sich die Bruchteile jeweils nicht auf das gesamte Nachlassvermögen, sondern nur auf die einzelnen Gegenstände, da alle Nachlassgegenstände und nicht der Nachlass als Gesamtheit Gegenstand der Erbengemeinschaft sind.[123] Insoweit ist es nur konsequent, dass der Miterbe über einzelne Nachlassgegenstände, also auch über seinen Anteil als solchen, zu jeder Zeit frei verfügen kann.[124]

47 ■ **Italien**

In einer Erbengemeinschaft nach italienischem Recht steht die Nutzung und Verwaltung des Nachlasses jedem Miterben gemeinsam zu. Entschieden wird mit einfacher Mehrheit bei gewöhnlichen Verwaltungsmaßnahmen und mit zwei Drittel Mehrheit bei außergewöhnlichen Maßnahmen. Verfügungen über einzelne Nachlassgegenstände haben einstimmig zu erfolgen.[125] Ebenso wie beispielsweise in der Schweiz tritt jedoch ein Erwerber nicht in die Stellung eines Miterben ein.[126] Beachtlich ist noch, dass nicht sämtliche Gegenstände des Erblassers in den Nachlass fallen. Ausgenommen sind:
- Vermächtnisgegenstände, welche aufgrund eines Vindikationslegat gemäß Art. 649 c.c. direkt an die Vermächtnisnehmer zu Eigentum übergehen (vgl. auch § 25);
- Gegenstände, über die der Erblasser im Wege der „Vorausteilung“ gemäß Art. 734 c.c. verfügt hatte;
- sämtliche Forderungen des Erblassers (sind geteilt): Dies gilt auch dann, wenn sie den Miterben gemeinsam zustehen. Handelt es sich um eine unteilbare Forderung, so kann sie jeder Miterbe geltend machen. In solch einem Fall hat der betreibende Miterbe gemäß Art. 1319 c.c. zugunsten der nicht betreibenden Miterben Sicherheit zu leisten.[127]

---

122 *Jessel-Holst*, in: Ferid/Firsching/Dörner/Hausman, Internationales Erbrecht, Bulgarien, Grdz. K Rn 45.

123 *Filios*, Erbrecht, Allgemeiner Teil, Athen-Komotini, S. 90.

124 Süß/*Stamatiadis*, Erbrecht in Europa, Griechenland, S. 569 Rn 56.

125 *Ebenroth*, Erbrecht, § 11 VI Rn 838.

126 *Stadler*, in Ferid/Firsching/Dörner/Hausmann, Internationales Erbrecht, Italien, Grdz. K Rn 623; *Lange/Kuchinke*, 8. Abschnitt § 42 I.2.c.

127 *Hausmann/Trabucchi*, in: Ferid/Firsching/Dörner/Hausmann, Internationales Erbrecht, Italien, Grdz. K Rn 627.

Kroatien 48

Der Nachlass geht nach kroatischem Erbrecht ipso iure auf die Erben über.[128] Die Nachlassabwicklung wird indes von einem Notar eingeleitet, ähnlich wie in Österreich, das ebenfalls einen Gerichtskommissär kennt. Die Einleitung des Nachlassverfahrens erfolgt von Amts wegen, ohne dass es eines Zutuns der Erben bedarf.[129] Die Verwaltung der Erbengemeinschaft erfolgt, ebenso wie die Verfügung über Nachlassgegenstände, gemeinsam.[130] Jeder Erbe kann die Teilung des Nachlasses verlangen. Dieser Anspruch unterliegt nicht der Verjährung.[131]

Niederlande 49

Auch in einer Erbengemeinschaft niederländischen Rechts dürfen die Erben nur gemeinsam über einzelne Nachlassgegenstände verfügen. Allerdings ist es zulässig, dass der Miterbe über seinen Erbteil als Ganzes verfügt (sog. „en bloc" Verfügung). Ein Vorkaufsrecht der Miterben ist dem niederländischen Recht unbekannt.[132]

Polen 50

In der polnischen Nachlassgütergemeinschaft (Bruchteilsgemeinschaft) ist jeder Miterbe berechtigt, Nachlassgegenstände (mit) zu gebrauchen. Freilich müssen dabei die Rechte der anderen Miterben an den Nachlassgegenständen beachtet werden.[133] Diese Befugnis kann durch einen Testamentsvollstrecker oder Kurator beschränkt sein.[134] Im polnischen Zivilrecht herrscht bzgl. der Veräußerung eines Gegenstandes einer Bruchteilsgemeinschaft gemäß Art. 198 ZGB der Grundsatz vor, dass hierüber ohne Zustimmung verfügt werden kann. Dieser Grundsatz ist jedoch erbrechtlich in Art. 1036 poln. ZGB eingeschränkt worden. Danach darf ein Miterbe nur mit Zustimmung aller Miterben über seinen Anteil an der Erbschaft verfügen.[135]

Rumänien 51

In einer Erbengemeinschaft rumänischen Rechts sind die Vermögenswerte eines Nachlasses bei bestehender Erbengemeinschaft nicht getrennt. Die Berechnung in Bruchteilen erfolgt nur ideell. Deshalb üben die Miterben die Verwaltung des Nachlasses gemeinsam aus. Entscheidungen bedürfen der Einstimmigkeit.[136] Allerdings kann ein Miterbe über seinen Gesamtanteil an einer Erbengemeinschaft insgesamt verfügen.[137]

---

128 Süß/*Süß*, Erbrecht in Europa, Kroatien, S. 809 Rn 50.

129 Süß/*Süß*, Erbrecht in Europa, Kroatien, S. 809 Rn 51.

130 Süß/*Süß*, Erbrecht in Europa, Kroatien, S 809 Rn 53.

131 *Jessel-Holst*, in: Ferid/Firsching/Dörner/Hausmann, Internationales Erbrecht, Kroatien, Grdz. L S. 22.

132 Vgl. hierzu *Weber*, in: Ferid/Firsching/Dörner/Hausmann, Internationales Erbrecht, Niederlande, S. 11 Vorbemerkung Rn 20. Strittig ist die Frage, ob eine Verfügung „en bloc" möglich ist oder ob jeder einzelne Anteil veräußert werden muss. Nach h.M. müssen die wesentlichen Nachlassgegenstände im Übertragungsvertrag des Erbteil aufgelistet sein, obwohl nach neuerer Rechtsprechung eine sog. „en bloc" Verfügung möglich ist.

133 *De Vries*, in: Ferid/Firsching/Dörner/Hausmann, Internationales Erbrecht, Polen, Grdz. H Rn 296.

134 *Skowrońska-Bocian*, E.: prawo spadkowe, Das Erbrecht, Fn 11, S. 168.

135 *De Vries*, in: Ferid/Firsching/Dörner/Hausmann, Internationales Erbrecht, Polen, Grdz. H Rn 298.

136 *Munteanu/Leonhardt*, in: Ferid/Firsching/Dörner/Hausmann, Internationales Erbrecht, Rumänien, Grdz. H Rn 207.

137 *Munteanu/Leonhardt*, in: Ferid/Firsching/Dörner/Hausmann, Internationales Erbrecht, Rumänien, Grdz. H Rn 205.

52 ■ **Österreich**

In der Verwaltung ergeben sich in Österreich Besonderheiten, welche sich in den übrigen hier dargestellten Bruchteilsgemeinschaften in dieser Form nicht wiederfinden. Im Rahmen der Verwaltung ist nämlich zwischen zwei Stadien der Erbengemeinschaft zu differenzieren. Zunächst existiert das Stadium vor der Einantwortung: In dieser Zeit steht den Erben das Eigentum gemeinschaftlich zu. Im Zweifel wird angenommen, dass das Eigentum auch zu gleichen Teilen besteht (vgl. § 550 ABGB). Die Vertretung des Nachlasses erfolgt nur gemeinsam gemäß § 810 ABGB i.V.m. § 171 AußStrG.[138] Eine Klageerhebung muss in dieser Zeit im Namen des Nachlasses oder aber entsprechend gegen den Nachlass erhoben werden.[139]

Nach der Einantwortung entsteht Miteigentum an den Nachlassgegenständen in Ansehung der Erbquote. Sofern eine Forderung teilbar ist, entstehen mehrere Teilforderungen. Ist die Forderung hingegen nicht teilbar, so entsteht eine Gesamthandsgläubigerschaft.[140] Diese Entstehung von Teilforderungen hat zur Folge, dass jeder Miterbe seine Teilforderung isoliert geltend machen kann.[141]

3. Auflösung und Beendigung

53 ■ **Bulgarien/Kroatien**

Sowohl in **Bulgarien** als auch in **Kroatien** kann jeder Miterbe zu jeder Zeit die Auseinandersetzung des Nachlasses verlangen. Zu beachten ist jedoch in Kroatien, dass erst die Erbteile durch das Nachlassgericht festgestellt sein müssen.[142] In beiden Ländern besteht zudem der Anspruch, im Falle des Auftretens von Streitigkeiten die ordentlichen Gerichte anzurufen. Dieser Anspruch auf Durchführung eines gerichtlichen Teilungsverfahrens ist in Bulgarien unverjährbar.[143] Das kroatische Erbrecht hingegen stattet das Nachlassgericht mit umfassenden Zuständigkeiten aus. Über den Nachlass wird in einem oder mehreren Terminen mündlich verhandelt und alle relevanten, den Nachlass betreffenden Fragen geklärt. Das Gericht kann sogar Beweis erheben über Tatsachen, welche von den Parteien nicht vorgetragen wurden.[144]

54 ■ **Griechenland**

Das Recht der jederzeitigen Auseinandersetzung existiert auch im griechischen Erbrecht. Allerdings können die Miterben in diesem Recht durch den Erblasser beschnitten werden. Dieser hat nämlich das Recht, in seiner Verfügung von Todes wegen gemäß Art. 1887 S. 2 ZGB ein Verbot der Auseinandersetzung anzuordnen, allerdings kann er dies nur für die Dauer von max. 10 Jahren. Weiterhin haben auch die Miterben das Recht, ebenfalls für eine Dauer von 10 Jahren, den Ausschluss der Auseinandersetzung zu vereinbaren.[145]

---

138 *Firsching*, in: Ferid/Firsching/Dörner/Hausmann, Internationales Erbrecht, Österreich, Grdz. H Rn 421.

139 OGH 28.4.2005, 8 Ob 119/04; *Erkusch*, in: Kletečka/Schauer, ABGB-ON, § 547 Rn 3.

140 *Koziol/Welser*, Bürgerliches Recht, Bd. II, S. 580.

141 *Wekusch*, in: Kletečka/Schauer, ABGB-ON, § 550 ABGB Rn 2.

142 Süß/*Süß*, Erbrecht in Europa, Kroatien, S. 809 Rn 54.

143 *Jessel-Holst*, in: Ferid/Firsching/Dörner/Hausmann, Internationales Erbrecht, Bulgarien, Grdz. K Rn 45.

144 *Jessel-Holst*, in: Ferid/Firsching/Dörner/Hausmann, Internationales Erbrecht, Kroatien, Grdz. N.

145 Süß/*Stamatiadis*, Erbrecht in Europa, Griechenland, S. 569 Rn 56.

Italien 55

Zunächst einmal steht einem Mitglied einer italienischen Erbengemeinschaft zu jeder Zeit das Recht zu, frei über seinen Erbteil zu verfügen.[146] Für diesen Fall steht den anderen Erben ein Vorkaufsrecht zu. Prinzipiell kann jeder Miterbe die Teilung des Nachlasses gemäß Art. 713 c.c. verlangen. Zu beachten ist jedoch, dass dieser Grundsatz in den nachfolgenden Fällen beschränkbar ist: Erstens durch Vereinbarung der Miterben untereinander mit einer Dauer von bis zu 10 Jahren. Zweitens durch gerichtliche Anordnung im Falle einer Teilung zur Unzeit, bis zu fünf Jahren. Drittens, wenn noch nicht alle Erben feststehen. Viertens durch letztwillige Verfügung des Erblassers.[147] Der Testator kann den Ausschluss der Auseinandersetzung allgemein bis zu fünf Jahren ausschließen oder bei Vorhandensein von minderjährigen Erben bis ein Jahr nach Vollendung der Volljährigkeit des jüngsten Miterben gem. Art. 713 cc.

Die Teilung des Nachlasses kann von den Miterben zu jeder Zeit vorgenommen werden.[148] Sofern sich alle Miterben über die Teilung einig sind, kann diese **außergerichtlich** erfolgen. Besondere Formvorschriften bestehen nicht. Es sei denn, es befindet sich ein Grundstück im Nachlass. In solch einem Fall bedarf der Vertrag der Schriftform gemäß Art. 1350 Nr. 11 c.c. sowie der Transkription gemäß Art. 2646, 2685 c.c.[149] Die **gerichtliche** Auseinandersetzung des Nachlasses wird durch eine Teilungsklage eingeleitet, die gegen alle sich widersetzenden Erben erhoben wird. Diese sind dann im Prozess notwendige Streitgenossen.[150] Das Urteil wirkt gegenüber allen Miterben.[151]

Niederlande 56

In einer Erbengemeinschaft niederländischen Rechts kann kein Miterbe ohne Zustimmung der übrigen Miterben über einen einzelnen Nachlassgegenstand verfügen. Des Weiteren können Gläubiger nicht in einen einzelnen Nachlassgegenstand vollstrecken. Diesbezüglich ähnelt die niederländische Erbengemeinschaft also eher einer Gesamthands- als einer Bruchteilsgemeinschaft. Jedoch kann jeder Miterbe zu jeder Zeit die Auseinandersetzung verlangen. Darüber hinaus ist auch eine Verfügung über den Erbteil prinzipiell möglich.[152]

Polen 57

In Polen besteht die Möglichkeit, die Bruchteilsgemeinschaft außergerichtlich oder gerichtlich auseinanderzusetzen. Außergerichtlich vollzieht sich die Teilung durch Vertrag zwischen den Miterben. Dieser Vertrag kann jederzeit geschlossen werden.[153] Wird der Vertrag nicht durch alle Erben geschlossen, so ist der Vertrag nichtig. Fehlt jedoch ein Erbe bei Vertragsschluss, so kann dieser dem Vertrag die nachträgliche Genehmigung erteilen. Des Weiteren ist eine bestimmte Form für den Abschluss dieses Vertrages nicht vorgesehen. Eine Ausnahme bilden jedoch Nachlässe, in denen Grundstücke vorhanden sind. In solchen

---

146 *Ebenroth*, Erbrecht, § 11 VI Rn 838.

147 *Schömmer/Reiß*, Internationales Erbrecht, Italien, S. 125 Rn 432.

148 Süß/*Cubeddu Wiedemann/Wiedemann*, Erbrecht in Europa, Italien, S. 735 Rn 233.

149 *Hausmann/Trabucchi*, in: Ferid/Firsching/Dörner/Hausmann, Internationales Erbrecht, Italien, Grdz. K Rn 654.

150 *Hausmann/Trabucchi*, in: Ferid/Firsching/Dörner/Hausmann, Internationales Erbrecht, Italien, Grdz. K Rn 656.

151 Cass 27.1.1986, Giustizia, Rep 1986 und Cass 15.11.1986 Nr. 6745.

152 *Weber*, in: Ferid/Firsching/Dörner/Hausmann, Internationales Erbrecht, Niederlande, Vorbemerkung Rn 20.

153 *Niezbecka*, E.: Prawo spadkowe w zarysie, Das Erbrecht im Überblick, S. 139.

Fällen bedarf es der notariellen Beurkundung.[154] Das gerichtliche Teilungsverfahren ist in den Art. 680–689 poln. ZVG geregelt. Die gerichtliche Entscheidung erfolgt bereits bei Antrag eines Erben.[155]

58 **■ Tschechien**

Auch in Tschechien besteht die Möglichkeit einer außergerichtlichen oder gerichtlichen Auseinandersetzung des Nachlasses. Die Auseinandersetzung erfolgt außergerichtlich vertraglich, wobei es der gerichtlichen Genehmigung bedarf. Die Prüfung des Gerichts erstreckt sich auf die Ausgewogenheit der getroffenen Vereinbarung. Darüber hinaus prüft das Gericht einen Verstoß gegen die guten Sitten.[156] Scheitert eine außergerichtliche Einigung, so kann das Gericht die Teilung und Auseinandersetzung vornehmen, wenn dies alle Erben beantragen.[157]

59 **■ Rumänien/Österreich**

Letztlich kennen auch das rumänische und österreichische Erbrecht die Möglichkeit der Teilung der Erbschaft. Diese kann außergerichtlich oder gerichtlich erfolgen. In Rumänien besteht daneben noch die Möglichkeit einer vorläufigen Teilung des Nachlasses. In solch einem Fall gehen nur der Besitz und das Nutzungsrecht an einen einzelnen Miterben über.[158] In Österreich wird die außergerichtliche Teilung gemäß § 181 ABGB als Erbteilungsübereinkommen bezeichnet. Die Vereinbarung setzt Einstimmigkeit voraus[159] und kann vor Gericht (§ 181 AußStrG) oder außergerichtlich (§ 841 ABGB) vereinbart werden.[160]

4. Ausgleich von Vorempfängen

60 **■ Bulgarien/Griechenland/Kroatien/Polen**

In Bulgarien, Griechenland, Kroatien und Polen schützt das Gesetz die Pflichtteilsberechtigten für den Fall, dass sich der Erblasser bereits zu Lebzeiten aller wesentlichen Vermögensgegenstände entledigt hat. In **Bulgarien** besteht das Recht zur Kürzung allerdings erst, wenn alle angeordneten Vermächtnisse erschöpfend gekürzt wurden. Die Kürzung der Schenkungen erfolgt nach zeitlicher Reihenfolge. Zuerst wird die zuletzt erfolgte Schenkung gekürzt.[161] Auch in **Griechenland** werden pflichtteilswidrige Schenkungen im Rahmen der Pflichtteilsbezifferung ausgeglichen.[162] In **Kroatien** werden sämtliche Schenkungen dem Nachlass hinzugerechnet. Eine zeitliche Beschränkung existiert nicht. Ist die beschenkte Person nicht Erbe, so wird die Schenkung nur binnen einer Jahresfrist vor dem Erbfall dem Nachlass hinzugerechnet.[163] In **Polen** findet eine Ergänzung des Pflichtteils gemäß Art. 1000

154 *De Vries*, in: Ferid/Firsching/Dörner/Hausmann, Internationales Erbrecht, Polen, Grdz. H Rn 307–310.
155 *De Vries*, in: Ferid/Firsching/Dörner/Hausmann, Internationales Erbrecht, Polen, Grdz. H Rn 314–321.
156 Süß/*Rombach*, Erbrecht in Europa, Tschechien, S. 1378 Rn 126.
157 Süß/*Rombach*, Erbrecht in Europa, Tschechien, S. 1378 Rn 127.
158 *Munteanu/Leonhardt*, in: Ferid/Firsching/Dörner/Hausmann, Internationales Erbrecht, Rumänien, Grdz. H Rn 214.
159 *Koziol/Welser*, Bürgerliches Recht, Bd. II, S. 580.
160 Vgl. hierzu *Bruckner*, Erbteilungsübereinkommen, 2007; *Verschraegen*, in: Ferid/Firsching/Dörner/Hausmann, Internationales Erbrecht, Österreich, Grdz. H Rn 423.
161 Süß/*Ivanova*, Erbrecht in Europa, Bulgarien, S. 333 Rn 65.
162 Süß/*Stamatiadis*, Erbrecht in Europa, Griechenland, S. 566 Rn 44.
163 Süß/*Süß*, Erbrecht in Europa, Kroatien, S. 808 Rn 44.

ZGB immer dann statt, wenn sich der ordentliche Pflichtteil des Enterbten nicht aus dem Nachlass bedienen lässt. Ist der Pflichtteilsberechtigte selbst Empfänger einer unentgeltlichen Zuwendung, so haftet er den anderen Pflichtteilsberechtigten gegenüber nur bis zur Höhe seines, den eigenen Pflichtteils übersteigenden Überschusses.[164]

■ Italien 61

In einer Erbengemeinschaft italienischen Rechts sind die Abkömmlinge und der Ehegatte stets einander zur Ausgleichung (*collazione*) verpflichtet. Dem Erblasser steht jedoch das Recht gemäß Art. 737 c.c. zu, den Zuwendungsempfänger von der Ausgleichungspflicht zu befreien.[165] Die Befreiungsmöglichkeit findet ihre Grenzen in den Noterbenrechten etwaiger Miterben (*quota disponibile*). Ausgleichungspflichtig sind alle vom Erblasser erhaltenen Schenkungen.[166] Maßgeblicher Zeitpunkt für die Wertberechnung der Zuwendungen ist nicht der Zeitpunkt der Schenkung, sondern der des Erbfalls (Eröffnung der Erbfolge).[167]

■ Niederlande 62

Zuwendungen des Erblassers finden nach Niederländischem Erbrecht nur im Rahmen des Pflichtteilsrechts Berücksichtigung. Dabei findet eine Anrechnung nur dann statt, wenn die Zuwendung innerhalb von fünf Jahren vor dem Tode des Erblassers erfolgte.[168]

■ Tschechien 63

Im Tschechischen Erbrecht unterscheidet man im Rahmen der Anrechnung zwischen der Anrechnung auf den Pflichtteil sowie der Anrechnung auf den Erbteil. Grundsätzlich findet in beiden Fällen eine Anrechnung statt, was aber de facto nicht grundsätzlich dazu führt, dass der zur Anrechnung verpflichtete etwas an den Nachlass herausgeben muss.[169] Im Pflichtteilsrecht ist alles anzurechnen, was der Berechtigte in den letzten drei Jahren vor dem Tode des Erblassers von diesem unentgeltlich erlangt hat, wobei dem Testator zusteht, diesen Zeitraum im Rahmen einer letztwilligen Verfügung auszudehnen.[170] Ist der Beschenkte Erbe des Erblassers, so findet eine Anrechnung in all denen Fällen statt, in denen sie angeordnet wurde. Dabei ist auch noch eine nachträgliche Anordnung in einer Verfügung von Todes wegen ausreichend.[171] Die Anrechnung wird dergestalt durchgeführt, dass sich der Erbteil des Beschenkten entsprechend reduziert. Dies kann bei umfangreichen lebzeitigen Zuwendungen dazu führen, dass er aus dem Erbe überhaupt nichts mehr erhält.[172]

■ Rumänien 64

Auch in Rumänien existieren wechselseitige Ausgleichungsansprüche der leiblichen Abkömmlinge sowie des überlebenden Ehegatten untereinander, es sei denn der Erblasser ordnet ausdrücklich eine entsprechende Befreiung von der Ausgleichungspflicht an.[173] Ähn-

164 Süß/*Łakomy*, Erbrecht in Europa, Polen, S. 1006 Rn 53
165 *Ebenroth*, Erbrecht, § 11 VI Rn 838.
166 *Hausmann/Trabucchi*, in: Ferid/Firsching/Dörner/Hausmann, Internationales Erbrecht, Italien, Grdz. H Rn 472.
167 Cass. Urt. v. 18.3.2000, n. 3235.
168 Süß/*van Maas de Bie*, Erbrecht in Europa, S. 928 Rn 95.
169 Süß/*Rombach*, Erbrecht in Europa, Tschechien, S. 1372 Rn 95.
170 Süß/*Rombach*, Erbrecht in Europa, Tschechien,S. 1372 Rn 96.
171 *Mikeš/Muzikář*, Dědickě právo, S. 77.
172 Süß/*Rombach*, Erbrecht in Europa, Tschechien, S. 1504 Rn 95.
173 *Munteanu/Leonhardt*, in: Ferid/Firsching/Dörner/Hausmann, Internationales Erbrecht, Rumänien, Grdz. H Rn 224.

lich wie in Tschechien ist aber zwingende Voraussetzung einer Ausgleichungsverpflichtung, dass der Beschenkte auch Erbe ist. Diese Voraussetzung lässt dem beschenkten Erben Gestaltungsspielraum. Ein Nichterbe ist nämlich nicht zur Ausgleichung verpflichtet.[174] Entscheidet sich also der Erbe, dass er es bei der Schenkung belassen möchte und eine Ausgleichung für ihn nicht in Frage kommt, so kann er die Erbschaft (aus taktischen Gesichtspunkten) zu seinen Gunsten ausschlagen.

65 ■ **Österreich**

Auf Antrag eines leiblichen Abkömmlings oder des Ehegatten hin werden in Österreich alle lebzeitigen Zuwendungen gegeneinander ausgeglichen. Hintergrund dieser Regelung ist die Gleichbehandlung aller Kinder des Erblassers.[175] Im Pflichtteilsrecht werden die zu Lebzeiten empfangenen Zuwendungen dem Nachlass zugerechnet, um die Werte der Erbteile exakt beziffern zu können.[176] Anschließend werden diese vom entsprechenden Erbteil wieder abgezogen. Im Einzelfall kann dies dazu führen, dass ein Abkömmling mit umfangreichem Vorempfang weiter nichts mehr aus dem Nachlass erhält.[177] Unter mehreren Beschenkten haftet in erster Linie der zuletzt Beschenkte.[178]

5. Haftung

66 ■ **Bulgarien**

In Bulgarien haften die Erben gemäß ihren Erbanteilen. Es besteht jedoch eine Möglichkeit der Haftungsbegrenzung, indem der Erbe das „Erbe nach Verzeichnis" annimmt. Damit findet eine (auch in anderen europäischen Ländern sehr verbreitete) Haftungsbeschränkung auf den Nachlass statt. Beachtlicherweise führt die Annahmeerklärung eines „Erben nach Verzeichnis" dazu, dass die Haftungsbeschränkung allen Miterben zu Gute kommt.[179]

67 ■ **Griechenland**

In Griechenland haften die Miterben grundsätzlich unbeschränkt. Der Erbe haftet also mit seinem Eigen- und Erbvermögen. Allerdings besteht, ähnlich wie in Bulgarien und auch Italien die Möglichkeit, die Haftung, durch Errichtung eines Inventars gemäß Art. 1904 ZGB, zu beschränken. Minderjährige oder Geschäftsunfähige nehmen die Erbschaft stets unter Rechtswohltat des Inventars an.[180]

68 ■ **Italien**

Bei vorbehaltsloser Annahme der Erbschaft verschmilzt in Italien das ererbte Vermögen mit dem Eigenvermögen des Erben. Damit kommt es zu einer unbeschränkten Haftung des Erben.[181] Es besteht jedoch die Möglichkeit, die Annahme der Erbschaft unter dem Vorbehalt der Inventarerrichtung anzunehmen, wodurch eine Begrenzung der Haftung

---

174 *Munteanu/Leonhardt*, in: Ferid/Firsching/Dörner/Hausmann, Internationales Erbrecht, Rumänien, Grdz. H Rn 225.

175 *Koziol/Welser*, Bürgerliches Recht, Bd. II, S. 528;

176 Süß/*Haunschmidt*, Erbrecht in Europa, Österreich, S. 967 Rn 41.

177 *Bittner/Hawel*, in: Kletečka/Schauer, ABGB-ON, § 793 ABGB Rn 1.

178 OGH 21.7.2005, 8 Ob 79/04g.

179 Süß/*Ivanova*, Erbrecht in Europa, Bulgarien, S. 406 Rn 80, 81.

180 Süß/*Stamatiadis*, Erbrecht in Europa, Griechenland, S. 569 Rn 57.

181 Süß/*Cubeddu Wiedemann/Wiedemann*, Erbrecht in Europa, Italien, S. 877 Rn 159.

erreicht wird.[182] An die Inventarerrichtung als solche werden jedoch hohe Anforderungen gestellt, was die Genauigkeit des Verzeichnisses anbelangt. Im Rahmen der Nachlasspassiva unterscheidet man zwischen den **Erblasserschulden**[183] (*debiti ereditari*) sowie den **erst mit dem Erbfall zur Entstehung gelangten Schulden** (*pesi ereditari*).[184]

Kroatien 69

Ist man Gläubiger eines Nachlasses in Kroatien, so besteht als Gläubiger zunächst einmal die Möglichkeit, eine Trennung der Massen zu beantragen. Damit wird das Eigenvermögen der Erben von der Nachlassmasse getrennt (*separatio bonorum*). Das Antragsrecht ist binnen drei Monaten, gerechnet ab dem Erbfall, geltend zu machen. Wird dieser Antrag gestellt, so hat dies des Weiteren ein Verfügungsverbot der Erben über den Nachlass zur Folge. Umgekehrt ist es den Gläubigern nach Trennung der Massen untersagt, auf das Eigenvermögen der Miterben zuzugreifen. Dies ist vor Trennung der Massen noch gestattet.[185] Die Grenzen des Zugriffs finden sich jedoch in der jeweiligen Erbquote und dem Wert des Nachlasses.

Niederlande 70

Nehmen die Erben die Erbschaft in den **Niederlanden** vorbehaltslos an, so erben sie auch etwaige Nachlassschulden. Allerdings ist gesetzlich geregelt, welche Schulden tatsächlich auch „Schulden des Nachlasses" sind.[186] Darüber hinaus existiert die Möglichkeit der Inventarerrichtung.[187]

Polen 71

In Polen hängt die Haftung des Erben bzw. der Miterben davon ab, wie sie die Erbschaft annehmen. Anders als in Deutschland existiert in Polen (wie auch Italien) die Möglichkeit, die Erbschaft unter dem Vorbehalt der Inventarerrichtung anzunehmen.[188] Wird dieses Instrument genutzt, so reduziert sich die Haftung des Erben auf die Nachlassmasse. Wird die Erbschaft hingegen ohne Einschränkung angenommen, so haftet der Erbe unbeschränkt, jedoch freilich auch nur in dem Umfang wie der Erblasser selbst gehaftet hätte. Etwas anderes gilt bzgl. der Anordnung von Auflagen und Vermächtnissen. In solchen Fällen findet sich eine Begrenzung in der Höhe der Nachlassmasse.[189]

Tschechien 72

In Tschechien gab es nach alter Rechtslage, spiegelbildlich wie auch in Kroatien, nur eine Begrenzung der Erbenhaftung auf den tatsächlichen Wert des Nachlasses. Eine Haftung oberhalb des tatsächlichen Wertes des Nachlasses war ausgeschlossen. Dies wurde nunmehr geändert. Nach neuer Rechtslage gehen nun alle Verbindlichkeiten auf die Erben über. Eine Reduzierung der Haftung ist nunmehr nur noch in den Fällen möglich, in denen sich die

182 *Reiß*, Internationales Erbrecht Italien, S. 117 Rn 401.
183 Siehe hierzu *Azzariti/Martinez/Azzariti*, S. 713 ff.
184 *Reiß*, Internationales Erbrecht Italien, S. 130 Rn 454–457.
185 Süß/*Süß*, Erbrecht in Europa, Kroatien, S. 809 Rn 53.
186 Vgl. hierzu eingehend, mit Auflistung aller dem niederländischen Erbrecht bekannten Nachlassschulden, Süß/*van Maas de Bie*, Erbrecht in Europa, Niederlande, S. 931 Rn 108.
187 Süß/*van Maas de Bie*, Erbrecht in Europa, Niederlande, S. 930 Rn 107.
188 *De Vries*, in: Ferid/Firsching/Dörner/Hausmann, Internationales Erbrecht, Polen, Grdz. I Rn 330–332.
189 *De Vries*, in: Ferid/Firsching/Dörner/Hausmann, Internationales Erbrecht, Polen, Grdz. I Rn 333.

Erben die Erstellung eines Nachlassverzeichnisses vorbehalten. Eine Mehrheit von Erben haftet als Gesamtschuldner.[190]

73 **■ Rumänien**

Das Haftungssystem in Rumänien im Falle einer Erbschaft ist komplex. Das rumänische Erbrecht unterscheidet zunächst einmal zwischen Nachlassschulden (*datoriile succesiunii*) und den Erbfallschulden (*sarcinile succesiuni*). Daneben ergeben sich aus den Nachlassschulden sog. höchstpersönliche Schulden, wie z.B. die Verpflichtungen aus einem bestehenden Arbeitsverhältnis. Eine Haftung für höchstpersönliche Schulden ist jedoch ausgeschlossen.[191] Die gesetzlichen Erben haften unbeschränkt, Vermächtnisnehmer nur auf den Nachlass beschränkt.[192] Wie in vielen anderen europäischen Ländern, so besteht auch in Rumänien die Möglichkeit, eine Vereinigung der Vermögensmassen zu verhindern, indem die Annahme der Erbschaft mit der Errichtung eines Inventars erfolgt. Der Inventarerbe kann sich seiner Haftung sogar vollständig entledigen, wenn er das Nachlassvermögen den Gläubigern vollständig überlässt.[193] Mehrere Erben haften entsprechend ihrer jeweiligen Quote am Nachlass. Besteht die Erbengemeinschaft noch, so findet diese Regelung keine Anwendung, da die Gläubiger dann in den ungeteilten Nachlass vollstrecken können.[194]

74 **■ Österreich**

Weichenstellend für eine spätere Haftung ist in Österreich die Erbantrittserklärung des Erben. Es wird unterschieden zwischen der bedingten und der unbedingten Erbantrittserklärung. Wählt der Erbe die unbedingte Erbantrittserklärung, so hat dies eine unbeschränkte Haftung des Erben für etwaige Nachlassverbindlichkeiten zur Folge. Mehrere Erben haften solidarisch.[195] Die Abgabe der bedingten Erbantrittserklärung führt zu einer Reduzierung der Haftung des Erben. Wählt der Erbe diese Form, dann reduziert sich die Haftung auf den Wert der ihm zugefallenen Erbschaft. Allerdings haftet er bis zu dieser Höhe mit seinem gesamten Vermögen. Es gibt keine Beschränkung nur auf das Nachlassvermögen. Mehrere Erben haften anteilig gemäß ihrer Quote. Die bedingte Erbantrittserklärung hat zur Folge, dass ein Inventarverzeichnis über sämtliche Nachlassgegenstände zu errichten ist und dass alle wertvollen Nachlassgegenstände zu bewerten sind. Der Erbantritt als solches kann nicht widerrufen werden.[196] Möglich ist letztlich auch die Erbschaft auszuschlagen (negativer Erbantritt).[197]

6. Exkurs: Portugal

75 Eine Besonderheit im portugiesischen Erbrecht ist die **ruhende Erbschaft** (*herança jacente*). Der Nachlass bildet ein **autonomes Sondervermögen.**[198] Erforderlich ist, dass die Erben

190 Süß/*Rombach*, Erbrecht in Europa, Tschechien, S. 1378 Rn 130.

191 *Munteanu/Leonhardt*, in: Ferid/Firsching/Dörner/Hausmann, Internationales Erbrecht, Rumänien, Grdz. H Rn 231, 232.

192 Vgl. *Eliescu*, Fn 90, S. 144.

193 *Munteanu/Leonhardt*, in: Ferid/Firsching/Dörner/Hausmann, Internationales Erbrecht, Rumänien, Grdz. H Rn 235, 236.

194 *Munteanu/Leonhardt*, in: Ferid/Firsching/Dörner/Hausmann, Internationales Erbrecht, Rumänien, Grdz. H Rn 244.

195 Süß/*Haunschmidt*, Erbrecht in Europa, Österreich, S. 983 Rn 131, 132.

196 OGH 25.1.1994, 5 Ob 533/94; OGH 12.4.2000, 4 Ob 80/00v.

197 Süß/*Haunschmidt*, Erbrecht in Europa, Österreich, S. 983 Rn 134.

198 Relação de Évora, 25.3.2010, Processo 6824/05.5TBSTB.E1.

die Erbschaft annehmen. Durch die Annahme bildet sich eine **Bruchteilsgemeinschaft.**[199] Das Recht zur Annahme der Erbschaft erlischt nach zehn Jahren (Art. 2059 CC).[200] Vertreten wird die Erbengemeinschaft in aller Regel[201] durch einen Erbschaftsverwalter gemäß Art. 2091 CC (*cabea de casal*). Der Erbschaftsverwalter verwaltet den Nachlass bis zu seiner Teilung (Art. 2091 CC *Partilha da heranca*). Zum Erbschaftsverwalter ist berufen der überlebende Ehegatte (Art. 2080 Abs. 1 CC), wenn er selbst Erbe geworden ist oder im Güterstand der Errungenschaftsgemeinschaft mit dem Erblasser gelebt hat.[202] Erst danach folgen die übrigen Erben. Die Erbteilung kann einvernehmlich außergerichtlich oder im Wege des Erbteilungsverfahrens erfolgen. Die Teilung kann nur ein Erbe, nicht ein Vermächtnisnehmer verlangen.[203] Die gerichtliche Erbteilung kann freilich auch im Rahmen eines Vergleichsschlusses enden.[204] Die gerichtliche Erbteilung (Anwaltszwang) erfolgt in zwei Verfahrensschritten. Zunächst durch eine Inventarisierung der Nachlassmasse und sodann durch die eigentliche Teilung anhand eines Teilungsplanes des Nachlasses. Das Teilungsverfahren wird durch Urteil abgeschlossen.[205]

III. Gütergemeinschaft

1. Überblick

■ Belgien/Frankreich 76

In Belgien und Frankreich bilden mehrere Erben eine Erbengemeinschaft in Form der Gütergemeinschaft. Zwar wird die Erbengemeinschaft nach französischem Erbrecht gerne oft auch als Gemeinschaft sui generis bezeichnet,[206] jedoch ist sie, aufgrund ihres Gesamtzuschnitts, doch am ehesten innerhalb der Gütergemeinschaft einzuordnen. In Frankreich wird zwischen gesetzlichen (*régime légal ou primare*) und der vertraglichen (*régime conventionnel ou secondaire*) Erbengemeinschaften unterschieden.[207] In beiden Ländern ist eine Annahme der Erbschaft erforderlich. Möglich ist ebenfalls die Ausschlagung.[208]

■ Luxemburg 77

Hinterlässt der Erblasser in Luxemburg mehrere Erben, so entsteht mit dem Erbfall eine ungeteilte Erbengemeinschaft (*indivision ordinaire*).[209] Der Erbe hat die Möglichkeit, die Erbschaft gemäß Art. 774 ff. Cciv anzunehmen, gemäß Art. 784 ff Cciv auszuschlagen sowie unter dem Vorbehalt der Inventarerrichtung nach Art. 793 ff. Cciv anzunehmen.[210] Für einen minderjährigen Erben ist die Annahme unter dem Vorbehalt der Inventarerrichtung obligatorisch.[211]

---

199 *Jayme*, in: Ferid/Firsching/Dörner/Hausmann, Internationales Erbrecht, Portugal, Grdz. H Rn 50.
200 NK-BGB/*Müller-Bromley*, Länderbericht Portugal, S. 1963 Rn 43.
201 Zur notwendigen Streitgenossenschaft der Erben siehe Relação de Lisboa, 3.3.2011, Processo 2184/07. 8TBCLD.L-2.
202 *Jayme*, in: Ferid/Firsching/dörner/Hausmann, Internationales Erbrecht, Portugal, Grdz. H Rn 50.
203 STJ, 4.2.2010, Acordãos 2010/I, 48 ff., 50., Acórdão do Tribunal da Relação de Lisboa.
204 *Jayme*, Das Recht der lusophonen Länder, S. 187.
205 Süß/*Huzel*/*Wollmann*, Erbrecht in Europa, Portugal, S. 1057 Rn 168, 158–169.
206 *Exner*, Die Auseinandersetzung der Erbengemeinschaft im deutschen und im französischen Recht, S. 5.
207 Süß/*Döbereiner*, Erbrecht in Europa, Frankreich, S. 536 Rn 148.
208 Süß/*Schür*, Erbrecht in Europa, Belgien, S. 315 Rn 114, 115; Süß/*Döbereiner*, Erbrecht in Europa, Frankreich, S. 539 Rn 156.
209 Süß/*Frank*, Erbrecht in Europa, Luxemburg, S. 871 Rn 125.
210 *Hustedt*/*Watgen*, in Ferid/Firsching/Dörner/Hausmann, Luxemburg, Grdz H Rn 106–109.
211 Süß/*Frank*, Erbrecht in Europa, Luxemburg, S. 872 Rn 136.

78 ■ **Spanien**

Spanien ist ein Foralrechtsstaat, in dem in den Provinzen Galicien, Navarra, Aragonien, Baskenland, Balearen und Katalonien Foralrechte zur Anwendung kommen, die teilweise vom *codigo civil* abweichen. Diese Abweichungen bestehen insbesondere im materiellen Erbrecht. So ist beispielsweise in einigen Foralrechtsgebieten ausdrücklich die Errichtung von gemeinschaftlichen Testamenten (*testamento mancomunado*) gestattet,[212] die nach dem *codigo civil* jedoch absolut unzulässig sind. Die nachfolgende Rechtsvergleichung bezieht sich ausschließlich auf das allgemeine spanische Zivilrecht. Danach bedarf der Erwerb der Erbschaft, anders als in Deutschland, zunächst einmal der ausdrücklichen Annahme. Mit dem Tode des Erblassers wird das Recht auf Annahme der Erbschaft begründet.[213] Alle Rechte am Nachlass gehen (wirken) jedoch dann, nach erfolgter Annahme, zum Zeitpunkt des Todes unmittelbar auf die Erben über.[214] Mehrere Erben bilden eine **Erbengemeinschaft** in Form einer Gütergemeinschaft.[215]

2. Verwaltung innerhalb der Gemeinschaften

79 ■ **Belgien/Frankreich**

In Belgien und Frankreich befinden sich mehrere Erben in einer sogenannten *indivision* (Erbengemeinschaft).[216] Die Verwaltungsmaßnahmen einer Erbengemeinschaft **belgischen Rechts** haben grundsätzlich einstimmig zu erfolgen. Da in **Frankreich** mehrere Formen der Erbengemeinschaft bestehen, bestehen auch unterschiedliche Rechte und Pflichten in der Verwaltung. So ist bei der gesetzlichen Erbengemeinschaft (*régime légal ou primare*) im Rahmen von diverse Verwaltungs- und Verfügungsgeschäften stets eine Zweidrittelmehrheit erforderlich, wohingegen bei der vertraglichen Erbengemeinschaft (*régime conventionnel ou secondaire*) diese Zweidrittelklausel per Vereinbarung abgeändert werden kann. Es ist auch möglich, eine Art Geschäftsführer der Erbengemeinschaft zu bestellen, der sich dann um die Verwaltung des Nachlasses kümmert.[217]

80 ■ **Luxemburg**

Bei einer Erbengemeinschaft nach luxemburgischem Recht steht die Verwaltung des Nachlasses allen Erben gemeinsam zu. Prinzipiell bedarf es der Zustimmung aller Erben.[218] Des Weiteren dürfen einzelne Erben nicht über Nachlassgegenstände an sich verfügen. Auch hierzu ist die Zustimmung aller Erben erforderlich. Etwas anderes gilt freilich, was den Erbteil des einzelnen Miterben als solches anbelangt. Hierüber darf der Miterbe frei verfügen.[219]

---

212 *Hierneis*, in Ferid/Firsching/Dörner/Hausmann, Spanien, Grdz E Rn 251 ff.
213 Süß/*Steinmetz/Huzel/García Alcazar*, Erbrecht in Europa, Spanien, S. 1315 Rn 137.
214 *Hierneis*, in Ferid/Firsching/Dörner/Hausmann, Spanien, Grdz C Rn 100, 108.
215 Süß/*Steinmetz/Huzel/García Alcazar*, Erbrecht in Europa, Spanien, S. 1318 Rn 152.
216 *Hustedt/Genkin*, in: Ferid/Firsching/Dörner/Hausmann, Internationales Erbrecht, Belgien, Grdz. H Rn 191.
217 Ausführlich hierzu: Süß/*Döbereiner*, Erbrecht in Europa, Frankreich, S. 536 Rn 148.
218 Tribunal Ardt. Luxembourg, 8.12.1983, n. 28448.
219 Süß/*Frank*, Erbrecht in Europa, Luxemburg, S. 870 Rn 125.

■ Spanien 81

Obwohl die spanische Erbengemeinschaft als Gütergemeinschaft ausgestaltet ist,[220] ist sie, was die Verwaltung anbelangt, durchaus mit der deutschen Gesamthandsgemeinschaft vergleichbar. So gilt bei der spanischen Erbengemeinschaft der Grundsatz der gesamten Hand. Keinem Miterben gehört vor der Teilung ein Gegenstand alleine. Des Weiteren können nur alle Miterben gemeinsam über den Nachlass verfügen (*comunidad forzosa*).[221] Der Nachlass wird aufgrund der gesamthänderischen Bindung, zu Sondervermögen (*conjunto unitario*). Letztlich obliegt auch allen Miterben gemeinsam die Verwaltung des Nachlasses.[222]

3. Beendigung der Gemeinschaft

■ Belgien 82

In Belgien kann jeder Miterbe gemäß Art. 815 Abs. 1 c.c. zu jeder Zeit die Auseinandersetzung, also Teilung des Nachlasses verlangen. Dabei sind die Erben in der Auseinandersetzung des Nachlasses grundsätzlich frei. Kommt hingegen keine außergerichtliche Einigung zustande, so kann jeder Miterbe die „gerichtliche Liquidation" beantragen.[223] Das Gericht wiederum beauftragt einen oder zwei Notare mit der Durchführung.

Der mit der Teilung beauftragte Notar muss ein Inventar erstellen und darin auch sämtliche Ausgleichungen und Vorwegentnahmen auflisten. Darüber hinaus hat er einen Teilungsplan zu erarbeiten mit entsprechenden Losen, was jedem Erben „auszuliefern" ist. Der Wert von unbeweglichen Vermögensgegenständen ist durch ein Sachverständigengutachten zu ermitteln. Die Anordnungsbefugnis eines solchen Gutachtens trifft das Gericht erster Instanz. Hat der Notar sodann seinen Teilungsplan gestaltet, wird dieser den Mitgliedern der Erbengemeinschaft unterbreitet. Stimmen diese dem Teilungsplan zu, so erfolgt die Auseinandersetzung auf dieser Grundlage. Kommt hingegen keine Einigung zustande, so wird dies durch den amtierenden Notar vermerkt. Der Notar legt die Angelegenheit sodann dem Gericht zur Entscheidung vor.[224]

■ Frankreich/Luxemburg 83

Auch in Frankreich und Luxemburg besteht die Möglichkeit, den Nachlass einvernehmlich und damit außergerichtlich auseinanderzusetzen. Man bezeichnet dies in den beiden Ländern übereinstimmend als *partage amiable*[225] und ist jeweils in den Art. 815 ff. des jeweiligen nationalen Code Civil geregelt.[226] Eine Ausnahme der gütlichen Einigung findet sich jedoch im französischen Code Civil für den Fall, dass ein Minderjähriger am Nachlass beteiligt ist. In solch einem Fall ist zwingend, trotz des Einvernehmens aller Miterben, eine *partage judicare* vorzunehmen.[227] Dies hat offensichtlich den Hintergrund, dass eine Benachteili-

---

220 *Schömmer/Gebel*, Internationales Erbrecht, Spanien, S. 138 Rn 419 (2003).

221 Vgl. AP Cantabria, Urt. v. 9.1.2000. Nichtigkeit eines Kaufvertrages, welcher ohne Zustimmung der Miterben geschlossen wurde.

222 Süß/*Steinmetz/Huzel/García Alcázar*, Erbrecht in Europa, Spanien, S. 1318 Rn 152.

223 Süß/*Hustedt*, Erbrecht in Europa, Belgien, S. 258 Rn 122.

224 Süß/*Hustedt*, Erbrecht in Europa, Belgien, S. 258 Rn 123.

225 *Cieslar*, in: Ferid/Firsching/Dörner/Hausmann, Internationales Erbrecht, Luxemburg, Grdz. H III Rn 110; Süß/*Döbereiner*, Erbrecht in Europa, Frankreich, S. 537 Rn 149.

226 Süß/*Döbereiner*, Erbrecht in Europa, Frankreich, S. 537 Rn 150.

227 *Ferid*, in Ferid/Firsching/Dörner/Hausmann, Internationales Erbrecht, Frankreich, Grdz. H III Rn 279.

gung minderjähriger Erben verhindert werden soll, da sie sich im Rahmen der Erbengemeinschaft noch nicht behaupten können.

Darüber hinaus besteht, wie bereits angedeutet, in beiden Ländern die Möglichkeit, den Nachlass gerichtlich auseinanderzusetzen (*partage judicare*). Wie in Belgien führt die gerichtliche Auseinandersetzung in Frankreich dazu, dass sich wieder ein Notar mit der Angelegenheit befasst, der einen Teilungsvorschlag zu erarbeiten hat.[228] Eine Besonderheit besteht in Luxemburg, wenn landwirtschaftliche Betriebe in den Nachlass fallen. Hier kann es, vergleichbar mit dem deutschen Hoferben, zu einer bevorzugten Zuweisung des Betriebes an denjenigen Miterben kommen, welcher den Hof fortführt.[229]

84 ■ **Spanien**

In Spanien besteht die Möglichkeit der außergerichtlichen Auseinandersetzung der Gütergemeinschaft (Teilung). Grundsätzlich hat jeder Miterbe zu jeder Zeit das Recht die Auseinandersetzung zu verlangen.[230] Sie soll durch Zuwendung der einzelnen Vermögensgegenstände unter Beachtung der tatsächlichen Erbquoten erfolgen. Ist dies bei größeren Vermögensgegenständen nicht möglich, wie zum Beispiel bei einem Grundstück, so kann ein solcher Gegenstand versteigert werden. Auf Verlangen eines Miterben gemäß Art. 1065 c.c. ist hingegen zwingend die Zwangsversteigerung durchzuführen. Kommt außergerichtlich keine Einigung zustande, so kann eine Teilungsklage erhoben werden. Das Gericht entscheidet dann im streitigen Verfahren.[231] Die gesetzmäßig durchgeführte Teilung führt dazu, dass der Miterbe Alleineigentum an den entsprechenden Gegenständen erwirbt.[232]

4. Ausgleich von Vorempfängen

85 In **Belgien**, **Frankreich** und **Luxemburg** sind Schenkungen grundsätzlich ausgleichungspflichtig. Dabei sind sämtliche lebzeitigen Schenkungen des Erblassers an die Erben zu berücksichtigen. Eine zeitliche Beschränkung existiert nicht. Möglich ist es allerdings nach allen drei Rechtsordnungen, dass der Erblasser anordnet, dass eine Schenkung nicht anzurechnen ist, soweit dadurch nicht die frei disponible Quote überschritten wird.[233] Im französischen Recht findet sich des Weiteren eine Privilegierung für Vermächtnisse. Dieser Privilegierung liegt die Vermutung zugrunde, dass der Erblasser einzelne Gegenstände zuwenden wollte und deshalb eine Ausgleichung gemäß Art. 843 Abs. 1 c.c. nicht stattzufinden hat.[234]

86 Beachtlich ist weiter, dass (wie in den meisten romanischen Rechtsordnungen) das Pflichtteilsrecht sehr streng und zudem als echtes Noterbenrecht ausgestaltet ist. Auch hier droht dem Beschenkten ein Rückgriff durch Erben und Noterben, insbesondere dann, wenn die sogenannte disponible Quote, also die Quote, über die der Erblasser testamentarisch verfügen darf, durch unentgeltliche lebzeitige Zuwendungen überschritten wurde.[235] Es bestehen

---

228 Süß/*Döbereiner*, Erbrecht in Europa, Frankreich, S. 537 Rn 151.

229 *Cieslar*, in Ferid/Firsching/Dörner/Hausmann, Internationales Erbrecht, Luxemburg, Grdz. H III Rn 108.

230 Süß/*Steinmetz/Huzel/García Alcázar*, Erbrecht in Europa, Spanien, S. 1319 Rn 152.

231 Süß/*Steinmetz/Huzel/García Alcázar*, Erbrecht in Europa, Spanien, S. 1319 Rn 154.

232 *Schömmer/Gebel*, Internationales Erbrecht Spanien, S. 139 Rn 424.

233 Süß/*Hustedt*, Erbrecht in Europa, Belgien, S. 243 Rn 65; Süß/*Döbereiner*, Erbrecht in Europa, Frankreich, S. 524 Rn 105 ff; *Cieslar*, in: Ferid/Firsching/Dörner/Hausmann, Internationales Erbrecht, Luxemburg, Grdz. H Rn 114.

234 Süß/*Döbereiner*, Erbrecht in Europa, Frankreich, S. 537 Rn 151.

235 Vgl. hierzu mit Problembeispiel Riedel/*Filtzinger*, Praxishandbuch Unternehmensnachfolge, § 29 Rn 55, 56.

zum Beispiel in Luxemburg ein Rückgaberecht bereits verschenkter Gegenstände und ein Rückzahlungsanspruch von Geldschenkungen.[236]

Einen Ausgleich von Vorempfängen kann der Erblasser in **Spanien** bei der unentgeltlichen Zuwendung eines Vermögenswertes ausschließen. Eine Anrechnung findet nur bei gesetzlicher Erbfolge statt. Des Weiteren ist eine Anrechnung von lebzeitigen Schenkungen vorzunehmen, wenn die Noterbenquote (disponible Quote) durch die Zuwendungen unterschritten wurde. Mehrere Noterben müssen ihre lebzeitigen Zuwendungen in die Erbmasse „einbringen", damit sie bei der Berechnung der Erbteile berücksichtigt werden können (Art. 1035 c.c.).[237] 87

5. Haftung

■ Belgien/Frankreich 88

Das belgische und französische Erbrecht kennt, wie viele andere romanisch geprägte Rechtskreise, auch zwei Formen der Erbschaftsannahme. Zum einen gibt es die Möglichkeit die Erbschaft vorbehaltslos anzunehmen[238] mit dem Ergebnis einer unbeschränkten Haftung. Zum anderen besteht die Möglichkeit, die Erbschaft unter dem Vorbehalt der Inventaraufnahme (Art. 793 ff. belgisches ZGB/Art. 787 französischer c.c.) anzunehmen, was eine Begrenzung der Erbenhaftung auf den Wert des Nachlasses zur Folge hat. Diese Form der Annahme muss ausdrücklich und vor „Gericht" erfolgen.[239] In Belgien wird sie zudem im belgischen Staatsanzeiger veröffentlicht. In Frankreich findet auch eine Veröffentlichung der Annahmeerklärung unter Vorbehalt statt. In Belgien haben Gläubiger nun binnen drei Monaten Zeit, ihre Forderungen gegenüber dem Nachlass anzumelden.[240] In Frankreich besteht hierzu die Gelegenheit innerhalb von 15 Monaten.[241]

■ Luxemburg 89

Vergleichbare Regelungen gibt es auch in Luxemburg. Hier hat der Erbe ebenfalls die Wahl zwischen Ausschlagung (Art. 748 Cciv), vorbehaltsloser Annahme der Erbschaft (Art. 774 Cciv) oder der Annahme der Erbschaft unter dem Vorbehalt der Inventarerrichtung (Art. 793 Cciv). Eine Annahme unter dem Vorbehalt der Inventarerrichtung führt dazu, dass sich das Eigenvermögen nicht mit dem Erbvermögen vermischt. Dies wiederrum hat Privilegierung der ansonsten unbeschränkten Erbenhaftung zur Folge. Der Erbe, welcher wirksam unter dem Vorbehalt der Inventarerrichtung die Erbschaft angenommen hat, haftet nur mit dem Nachlassvermögen. Aus diesem Grund ist diese Form der Erbschaftsannahme für Minderjährige obligatorisch.[242] Mehrere Erben sind Teil- nicht Gesamtschuldner.[243]

236 Süß/*Frank*, Erbrecht in Europa, Luxemburg, S. 868 Rn 108.
237 *Frank*, Internationales Erbrecht Spanien, S. 166 Rn 697.
238 Süß/*Döbereiner*, Erbrecht in Europa, Frankreich, S. 539 Rn 157.
239 Süß/*Döbereiner*, Erbrecht in Europa, Frankreich, S. 539 Rn 158.
240 Süß/*Schür*, Erbrecht in Europa, Belgien, S. 256 Rn 115.
241 Süß/*Döbereiner*, Erbrecht in Europa, Frankreich, S. 539 Rn 158.
242 Süß/*Frank*, Erbrecht in Europa, Luxemburg, S. 872 Rn 135, 136.
243 Zur nicht bestehenden Gesamtschuldnerschaft bestehen jedoch Ausnahmen. So zum Beispiel bei hypothekarisch gesicherten Forderungen. Vgl. hierzu Süß/*Frank*, Erbrecht in Europa, Luxemburg, S. 873 Rn 139.

90 **■ Spanien**

Letztlich kennt auch das spanische Erbrecht (als romanisch geprägter Rechtskreis) zwei Formen der Erbschaftsannahme. Zum einen die vorbehaltslose Annahme der Erbschaft (ohne Haftungsbeschränkung) gemäß Art. 1003 c.c. Wird diese Form der Annahme gewählt, so haftet der Erbe nicht nur mit der Nachlassmasse, sondern mit seinem Gesamtvermögen.[244]

Zum Anderen besteht die Möglichkeit, die Erbschaft unter dem Vorbehalt (Rechtswohltat) der Inventarerrichtung anzunehmen (*a benifico de inventario*) gemäß Art. 998 c.c. Diese Form der Annahme beschränkt die Haftung des Erben auf das Ererbte und hält zudem die Vermögensmassen des Erben mit der des Nachlasses getrennt.[245] Es sind strenge Formerfordernisse zu beachten. Die Annahme unter Vorbehalt unterliegt einer Frist und muss vor einem Notar oder einem Richter erklärt werden.[246]

Der Erbe verliert die Rechtswohltat des Inventars, wenn er wissentlich die Aufnahme von Vermögensgegenständen in die Inventarliste unterlässt oder wenn er Vermögensgegenstände des Nachlasses veräußert, bevor nicht alle Nachlassverbindlichkeiten beglichen wurden bzw. wenn er den aus dem Verkauf von Nachlassgegenständen erzielten Erlös nicht zur Begleichung der Nachlassverbindlichkeiten verwendet hat.[247]

Bis zur Teilung der Erbmasse haftet jeder Miterbe nur bis zur Höhe seiner Erbquote. Nach der durchgeführten Teilung haften die Erben gesamtschuldnerisch gemäß Art. 1084 c.c. Erben, die die Erbschaft unter dem Vorbehalt der Inventarerrichtung angenommen haben, haften freilich nur bis zur Höhe der ihnen zugewandten Erbmasse.[248]

C. Erbengemeinschaften im anglo-amerikanischen Rechtskreis

91 Völlig anders als im übrigen Europa verläuft eine Nachlassabwicklung in den anglo-amerikanischen Staaten. In Europa gehören zu diesem Rechtskreis England und Wales, Schottland und Irland. Der in vielen europäischen Rechtsordnungen bekannte Von-selbst-Erwerb einer Erbschaft (*ipso iure Erwerb*) ist dort schlicht unbekannt. Stattdessen geht im anglo-amerikanischen Rechtskreis die Erbschaft zunächst auf einen Verwalter (*personal representive*) über (Prinzip der gesonderten Nachlassabwicklung).[249] In England und Wales unterscheidet man von der Begrifflichkeit her zwischen einem Administrator, welcher im Falle gesetzlicher Erbfolge bestellt wird, und einem Executer, welcher im Falle testamentarischer Erbfolge seine Tätigkeit aufnimmt.[250] Der Erblasser hat das Recht, in seiner Verfügung von Todes wegen einen Executer zur Durchsetzung seines letzten Willens zu benennen.

92 Eine Gemeinschaft aus Erben, die den Nachlass verwaltet, ist im anglo-amerikanischen Rechtskreis schlicht unbekannt. Die Aufgaben des Verwalters sind vielschichtig. Er verwaltet den Nachlass und begleicht sämtliche Erblasserschulden. Dies wiederum hat den Vorteil, dass es eine Haftung für Nachlassverbindlichkeiten auf Seiten der Erben faktisch nicht gibt. Dementsprechend bedeutungslos ist auch der Problemkreis der Ausschlagung einer

244 Süß/*Steinmetz/Huzel/García Alcázar*, Erbrecht in Europa, Spanien, S. 1315 Rn 137.
245 *Hierneis*, in Ferid/Firsching/Dörner/Hausmann, Spanien, Grdz I Rn 570.
246 Süß/*Steinmetz/Huzel/García Alcazar*, Erbrecht in Europa, Spanien, S. 1316 Rn 144.
247 *Hierneis*, in Ferid/Firsching/Dörner/Hausmann, Spanien, Grdz I Rn 577.
248 *Frank*, Internationales Erbrecht Spanien, S. 155, Rn 635.
249 *Jenderek*, Die Vererbung von Anteilen an einer Private Company Limited by Shares, S. 116.
250 Süß/*Odersky*, Erbrecht in Europa, England und Wales, S. 591 Rn 14.

Erbschaft, welche zwar faktisch möglich ist, aber auf keinen Fall aufgrund von Nachlassverbindlichkeiten erfolgt. Denkbar ist eine Haftung nur auf Seiten des *personal representive* für den Fall einer schuldhaften Pflichtverletzung im Rahmen der Nachlassabwicklung.[251]

Hat der Erblasser alle Erben und Vermächtnisnehmer ermittelt und alle Verbindlichkeiten 93
beglichen, so beginnt der Verwalter (*personal representive*) mit der Auskehrung des Nachlasses an die Erben. Umgekehrt steht den Erben ein Anspruch gegen den Verwalter auf Herausgabe der Nachlassgegenstände zu.

Zu beachten ist abschließend noch, dass die oben dargestellten Modalitäten bei einer Nach- 94
lassabwicklung in England oder Wales (als *lex fori*) obligatorisch sind. Insbesondere sind sie unabhängig vom Erbstatut des Erblassers und unabhängig davon, ob das jeweilige Erbstatut eine Verwaltung des Nachlasses überhaupt kennt.[252]

D. Mehrere Erbengemeinschaften aufgrund von Nachlassspaltung

Trotz des Umstandes, dass sich die Entstehung und Struktur einer Erbengemeinschaft stets 95
streng nach dem Erbstatut des Erblassers richten,[253] kann es auch nach Einführung der Europäischen Erbrechtsverordnung, in ganz bestimmten Konstellationen zu einer Nachlassspaltung kommen. Ein Klassiker in diesem Bereich war früher sicherlich der deutsche Erblasser mit Immobilienvermögen in Frankreich und letztem Wohnsitz in Deutschland. Diese Fälle führten, vor Einführung der EuErbVO, stets zu einer Nachlassspaltung. Wir erinnern uns: Da aus deutscher Sicht die Staatsangehörigkeit zur Bestimmung des Erbstatuts maßgeblich war, fand auf die Rechtsnachfolge von Todes wegen ausschließlich deutsches Erbrecht Anwendung. Aus französischer Sicht wiederum fand auf das bewegliche Vermögen deutsches, auf das unbewegliche Vermögen in Frankreich französisches Erbrecht nach dem Grundsatz lex rei sitae Anwendung. Dieser Grundsatz wiederum fand gemäß Art. 3a EGBGB aus deutscher Sicht Beachtung, sodass es auch aus deutscher Sicht zu einer Nachlassspaltung kam.[254]

Aus erbrechtlicher Sicht entstanden damit von Todes wegen zwei rechtlich selbstständige 96
Nachlassmassen und damit auch zwei rechtlich selbstständige Nachlässe.[255] Diese waren völlig unabhängig voneinander zu behandeln.

Des Weiteren konnte der Erblasser in seiner Verfügung von Todes wegen auch für beide Nachlässe unterschiedliche Erben bestimmen. Er konnte sogar für jeden einzelnen Spaltnachlass eine eigene Verfügung von Todes wegen errichten.[256]

Solche Konstellationen sind und waren solange unproblematisch, solange beide Staaten zu 97
gleichen Ergebnissen in der Bestimmung des Erbstatuts kommen bzw. kamen. Problematisch, aber nicht selten, waren früher die Fälle, in denen die nationalen Erbrechte zu Unterschieden bei der Bestimmung des Erbstatuts gelangen und sich damit Überschneidungen bei den einzelnen Nachlassmassen ergaben.

---

251 Süß/*Odersky*, Erbrecht in Europa, England und Wales, S. 596 Rn 29.

252 *Jenderek*, Die Vererbung von Anteilen an einer Private Company Limited by Shares, S. 108.

253 BGH WM 1968, 1170, 1171; Palandt/*Thorn*, Art 25 EGBGB Rn 10.

254 *Hohloch/Heckel* in Hausmann/Hohloch, Handbuch des Erbrechts, Kapitel 26 Rn 55; zur Anerkennung von Einzelstatuten BGHZ 50, 63.

255 MüKo/*Birk*, Art. 25 EGBGB Rn 127 (6. Auflage 2013).

256 BayObLGZ 1959, 390, 401; Bay ObLG FamRZ 1997, 392; OLG Zweibrücken ZEV 1997, 512.

98 Mit der Einführung der EuErbVO hat man nun den, im Ergebnis wohl in weiten Teilen gelungenen, Versuch einer Harmonisierung der Anknüpfungsmerkmale innerhalb der Erbrechte der Europäischen Union unternommen, ohne die eigentlichen erbrechtlichen Bestimmungen zu verändern. Aus Sicht aller Vertragsparteien der EuErbVO kommt es zur Bestimmung des Erbstatuts gemäß Art. 21 Abs. 1 EuErbVO nur noch auf den letzten gewöhnlichen Aufenthalt an (Ausnahme engere Verbindung zu einem anderen Staat.)[257] Für den oben skizzierten deutsch-französischen Erbfall bedeutet dies, dass auf den Erbfall sowohl aus deutscher als auch französischer Sicht für das gesamte Vermögen nur noch deutsches Erbrecht Anwendung findet.

99 Dennoch sind die Fälle, in denen es zu Überschneidungen oder unauflöslichen Problemen bei der Bestimmung des Erbstatuts kommt, nicht vollständig vom Tisch. Zwar bestimmt die EuErbVO, dass über Art. 21 EuErbVO auch dann das Erbstatut bestimmt werden soll, wenn die Person nicht einem Vertragsstaat der EuErbVO angehörte, jedoch in diesem mit letztem Wohnsitz ansässig war. Allerdings findet umgekehrt, also in nicht EU-Ländern, diese Regel nicht überall „Gehör"; sprich alle Länder außerhalb der Europäischen Union bestimmen ihr Erbstatut, wie vor Einführung der EuErbVO, auch anhand nationaler Gesetze. Dies gilt selbstverständlich auch für IPR und Anknüpfungstatbestände. Wie sollte es auch anders sein. Zu Problemen kommt es damit also, nach wie vor, bei Auslandsberührung mit den USA beispielsweise. Denn dort wird bei der Bestimmung des Erbstatuts nach beweglichem und unbeweglichem Vermögen unterschieden.[258] In aller Regel kann davon ausgegangen werden, dass in den Vereinigten Staaten belegenes unbewegliches Vermögen ausschließlich nach US-Recht vererbt wird (Grundsatz der *lex rei sitae*).[259] Die aus Sicht der EuErbVO einheitliche Behandlung von beweglichem und unbeweglichem Vermögen (Grundsatz der **Nachlasseinheit**) wird in der täglichen Praxis in solchen Konstellationen schlichtweg an deren Durchsetzbarkeit scheitern, sodass im Ergebnis eine Nachlassspaltung trotz Einführung der EuErbVO eintritt.[260]

100 Nimmt man den oben skizzierten Fall einmal für gegeben an, so kommt man zu folgendem Ergebnis: Aus Sicht der EuErbVO liegt ein einheitlicher Nachlass und damit nur eine Erbengemeinschaft vor. Aus US-Sicht hingegen, den letzten Wohnsitz in Deutschland und die deutsche Staatsangehörigkeit des Erblassers einmal unterstellt, unterliegt das Grundstück in den Vereinigten Staaten dem Recht des jeweiligen US-Bundesstaats. Es findet dort eine Nachlassabwicklung nach dem *common law* System statt. De facto kommt es also zu einer Nachlassspaltung mit zwei Vermögensmassen. Die Erbquoten müssen für beide Nachlässe separat bestimmt werden. Die Abwicklung und Auseinandersetzung der Erbengemeinschaft unterliegt dem jeweiligen Recht der Länder (siehe § 25 Auslandsberührung). Bezüglich des beweglichen Vermögens müssen, sofern sich in den USA auch Geldbestände befinden, die jeweiligen Erbrechte der US-Bundesstaaten beachtet werden. Auch diesbezüglich kann es zu einer Nachlassspaltung kommen, wenn US-Recht das bewegliche Vermögen einem anderen Recht als dem des letzten Wohnsitz des Erblassers unterstellt.

257 Riedel/*Filtzinger*, Praxishandbuch Unternehmensnachfolge, § 33 Rn 10.

258 *Salomon/Firsching/Heusler*, in: Ferid/Firsching/Dörner/Hausmann, Internationales Erbrecht, US, Grdz. C I, Rn 38 ff.

259 Riedel/*Filtzinger*, Praxishandbuch Unternehmensnachfolge, § 33 Rn 23.

260 Palandt/*Thorn*, Art. 3a EGBGB Rn 3.

Teil 2 Allgemeiner Teil

§ 4 Rechte und Pflichten der Miterben untereinander und gegenüber Dritten

Stephan Rißmann

Übersicht:

Literatur

Ann, Mitwirkungspflicht eines Miterben bei der Veräußerung eines Nachlassgrundstücks: Anmerkung zum Urteil des BGH vom 28.9.2005 – IV ZR 82/04, MittBayNot 2006, 131; *ders.*, Kündigung eines Pachtvertrags als Verfügung über Nachlassgegenstand: Anmerkung zum Urteil des BGH vom 28.4.2006 – LwZR 10/05, MittBayNot 2007, 133; *ders.*, Ausschluss eines Miterben vom Stimmrecht in der Erbengemeinschaft: Anmerkung zum Beschluss des BGH vom 23.5.2007 – IV ZR 19/06, ZEV 2007, 487; *ders.*, Wirksame Kündigung eines Mietverhältnisses durch Mehrheit von Miterben; Anmerkung zum Urteil des BGH vom 11.11.2009 – XII ZR 210/05, ZEV 2010, 39; *Bayer/Sarakinis*, Der gemeinschaftliche Vertreter der Erbengemeinschaft im Aktienrecht, NZG 2018, 561; *Bengel*, Die Notgeschäftsführung bei der Gesellschaft bürgerlichen Rechts und bei der Erbengemeinschaft, ZEV 2002, 485; *Bonefeld*, Regelungen der Verwaltungs- und Verfügungsbefugnisse in der Erbengemeinschaft – Ein Vorschlag für die Praxis, ZErb 2017, 121; *Bornewasser/Klinger*, Können Miterben untereinander Auskunft über den Nachlassbestand verlangen?, NJW-Spezial 2004, 349; *Cohn*, Das neue deutsche bürgerliche Recht in Sprüchen, Band 4: Erbrecht, Berlin 1900; *Damrau*, Die Fortführung des von einem Minderjährigen ererbten Handelsgeschäfts, NJW 1985, 2236; *ders.*, Erbenmehrheit und Familiengericht, ZEV 2006, 190; *ders.*, Die Wohnung des Erblassers – Herausgabe, Betreten, Nutzungsentschädigung, ZErb 2009, 322; *Daragan*, Anmerkung zum BFH Urt. v. 4.5.2000 – IV R 10/99, ZEV 2000, 375; *Eberl-Borges*, Verfügungsgeschäfte der Erbengemeinschaft im Rahmen der Nachlassverwaltung, NJW 2006, 1313; *dies.*, Der blockierende Miterbe, ErbR 2008, 234; *Gerken*, Der Erbschein ohne Quote, ZErb 2007, 38; *Heil*, Die Erbteilsveräußerung bei Fortführung eines Handelsgeschäfts in ungeteilter Erbengemeinschaft (Anmerkung zu KG, Beschl. v. 29.9.1998 – 1 W 4007/97), MittRhNotK 1999, 148; *Holtmeyer*: Die Verjährung von Ansprüchen im Recht der Erbengemeinschaft, ZEV 2013, 53; *Jünemann*, Gläubigeranfechtung einer Erbteilsübertragung, ZEV 2005, 335; *Kesseler*, Die Vereitelung der Ziele der Testamentsvollstreckung durch Veräußerung des Miterbanteils, NJW 2006, 3672; *Krug*, Die dingliche Surrogation der Miterbengemeinschaft, ZEV 1999, 381; *ders.*, Haftungsfalle: Vollzug der Erbteilung vor Erfüllung aller Nachlassverbindlichkeiten, ZErb 2000, 15; *Lettmaier*, Die Drittwirkung des Miterbenvorkaufsrechts, AcP 217, 205; *Löhnig*, Geschäftsführung und Vertretung bei der Erbengemeinschaft, JA 2007, 262; *ders.*, Stimmrechtsverbote in der Erbengemeinschaft, FamRZ 2007, 1600; *ders.*, Neues zur Geschäftsführung und Vertretung bei der Erbengemeinschaft, ErbR 2007, 50; *Madaus*, Der Widerruf trans- oder postmortaler Vollmachten durch einzelne Miterben, ZEV 2004, 448; *Muscheler*, Umfang der Mitwirkungspflicht eines Miterben an Veräußerung eines Nachlassgegenstandes: Anmerkung zum Urteil des BGH vom 28.9.2005 – IV ZR 82/04, ZEV 2006, 26; *Schürnbrand*, Die Ausübung von Gesellschafterrechten in der GmbH durch Erbengemeinschaften, NZG 2016, 241; *Speckmann*, Der Anspruch des Miterben auf Auskunft über den Bestand des Nachlasses, NJW 1973, 1869; *Steiner*, Nutzung von Nachlassgegenständen durch Miterben, ZEV 2004, 405; *Stützel*: Grenzen von Einzel- und Mehrheitsentscheidungen in der Erbengemeinschaft, NJW 2013, 3543; *Wassermann*, Grenzen des Auskunftsanspruchs aus BGB § 242 des einen Miterben gegen den anderen – Anmerkung zu BGH 1988–12–07, IVa ZR 290/87, JR 1990, 17; *Weber*, Von der Erbengemeinschaft zur Bruchteilsgemeinschaft, ZNotP 2016, 2; *Wendt*, Die Erbengemeinschaft – vom Gesetzgeber zur Handlungsunfähigkeit verdammt?, ErbR 2017, 58.

A. Einführung

I. Erbengemeinschaft als „Konfliktgemeinschaft"

Gehört mehreren Personen eine Sache gemeinschaftlich und gibt es keine ausdrückliche Nutzungsregelung, führt dies zu Spannungen. Das war schon zu Kindertagen so, wenn Geschwister sich über gemeinsames Spielzeug gestritten haben. Ganz ähnliche Konflikte werden von Miterben untereinander ausgetragen – und es sind häufig wieder Geschwister, die untereinander streiten und alte Rivalitäten nun i.R.d. Auseinandersetzung der Erbengemeinschaft wieder aufleben zu lassen. Dies lässt sich verkürzt als „Buddelkastensyndrom" bezeichnen und beschreibt eine der Ursachen, der teilweise ebenso heftigen wie unnötigen Auseinandersetzungen innerhalb einer Erbengemeinschaft: Die **emotionale** Seite der Angst vor Benachteiligung, zu verlieren, die Angst „wie früher wieder zu kurz zu kommen" und der Wunsch „es jetzt endlich allen zu zeigen". 1

Letztlich entsteht die Erbengemeinschaft auch bei gewillkürter Erbfolge als Zufallsgemeinschaft, ohne dass ein Erbe die anderen Miterben auswählen könnte. Persönliche Differenzen zwischen den Erben, die den Ursprung vor dem Erbfall haben und Benachteiligungsängste bei der Auseinandersetzung führen hier häufig zu „Rachegefechten", die mit der eigentlichen Verwaltung und Auseinandersetzung der Erbengemeinschaft nur noch indirekt etwas zu tun haben. Die Ursache kann dabei auch im Zusammenhang mit **Ungleichbehandlungen** durch die Eltern gesucht werden. Dabei ist nicht nur an einen unterschiedlichen Grad an persönlicher Zuwendung und Aufmerksamkeit zu denken, sondern auch an finanzielle Unterstützung: Ob gewollt oder ungewollt verschieben viele Eltern den **Ausgleich** unter ihren Kindern auf den Erbfall der Eltern (siehe hierzu auch § 7). 2

Die zweite Ursache der Auseinandersetzungen ist das Streben nach Sicherung der eigenen **wirtschaftlichen** Position und häufig auch das Erzielen eines objektiv nicht gerechtfertigten wirtschaftlichen Vorteils. Dies betrifft insbesondere die Fälle, in denen der überlebende Ehe- oder Lebenspartner sich anderen Personen (meist Eltern oder Kindern) innerhalb der Erbengemeinschaft gegenüber sieht. Diese Eindringlinge in die Zweisamkeit wollen nun „etwas wegnehmen", was dem Überlebenden die künftige wirtschaftliche Lebensgrundlage entzieht. Ob dies objektiv zutreffend oder nur subjektiv so empfunden wird, ist dabei zunächst nebensächlich. So oder so ist es Antrieb für eigenmächtiges Handeln, den Wunsch „zu retten, was zu retten ist", wobei dann auch vor der objektiven Verwirklichung von Straftaten nicht zurückgeschreckt wird (siehe hierzu § 23 Rdn 5 ff.). **Subjektiv** fehlt den überlebenden Ehe- und Lebenspartnern hier häufig jegliches Unrechtsbewusstsein, was manchmal dann auch durch einzelne Kinder aus den oben genannten Gründen des „Buddelkastensyndroms" unterstützt wird. 3

Die dritte Ursache sind die nicht nur für Erben regelmäßig schwer verständlichen **Regelungen der Verwaltung** der Erbengemeinschaft als Gesamthandsgemeinschaft. Der Gesetzgeber hat in den §§ 2032 ff. BGB insbesondere durch Verweise auf Vorschriften des Gemeinschaftsrechts die Rechte innerhalb der Erbengemeinschaft geregelt. Gleichwohl bereitet generell die Verwaltung der Gemeinschaft neben der Auseinandersetzung häufig die größten praktischen Schwierigkeiten im erbrechtlichen Mandat. Dies hat sicherlich auch seine Ursache darin, dass die Regelungen zur Verwaltung und Auseinandersetzung der Erbengemeinschaft im Wesentlichen seit der Einführung des BGB nicht geändert worden sind. Zum damaligen Zeitpunkt herrschten andere soziale Strukturen (mehrere Generationen „unter einem Dach", die aufeinander angewiesen waren), die Mobilität war geringer (Miterben waren daher „dichter" am Nachlass und „dichter" beieinander) und die Erben waren jünger, da die Lebenserwartung noch nicht so hoch war wie heute. Eine weitere Ursache ist die 4 leider häufig nicht zu übersehende Unkenntnis von den Regelungen, die der Verwaltung (und Auseinandersetzung) der Erbengemeinschaft zugrunde liegen – bei allen Personen, die mit einer Erbengemeinschaft zu tun haben, ob direkt oder indirekt. Verunsicherte Erben versuchen häufig in der Angst, andernfalls „zu kurz zu kommen", durch eigenmächtiges Handeln einen Vorteil zu erlangen, unwissende Berater kompensieren Unkenntnis durch unnötige Drohgebärden.

5 Der Erblasser hat es in der Hand, mit durchdachten Verfügungen unter Lebenden und von Todes wegen die **Nachlassgestaltung** so vorzunehmen, dass Streit unter den Miterben weitgehend vermieden wird (siehe hierzu § 10). Ein „Königsweg" der Nachlassgestaltung ist hier, die Anordnung der **Testamentsvollstreckung** (siehe hierzu § 10 Rdn 102 ff.) und die Berechtigung des Testamentsvollstreckers nach billigem Ermessen zu teilen (§ 2048 S. 2 BGB oder auch durch ein Verteilungsvermächtnis nach § 2151 BGB, wobei das Bestimmungsrecht beim Testamentsvollstrecker liegt, nach Bedarf kombiniert mit einem Anteilsbestimmungsrecht nach § 2153 BGB) sowie – für den „Notfall" – die Anordnung eines **Schiedsgerichtsverfahrens** (siehe hierzu § 8 Rdn 97, § 10 Rdn 100 f.).[1] Nicht ohne Grund erhält bspw. im anglo-amerikanischen Rechtskreis (England, Wales, Schottland, Irland, einzelne Bundesstaaten der USA) regelmäßig zunächst **eine** Person den Nachlass (*personal representive*), deren Aufgaben und Befugnisse im deutschen Recht am ehesten einem Testamentsvollstrecker entsprechen (*executor*, wenn sie vom Erblasser testamentarisch benannt wurde, *administrator*, wenn sie vom Gericht bestellt wird, siehe hier § 3 Rdn 91 ff.).

II. Rechtlicher Überblick

6 Das Vermögen der Erbengemeinschaft ist **gesamthänderisch gebunden** und ein vom Privatvermögen der einzelnen Erben dinglich getrenntes **Sondervermögen**. Die Vermögen der Erben und das Sondervermögen der Erbengemeinschaft sind Vermögen verschiedener Rechtsträger und bleiben getrennt.[2] Rechtsbeziehungen, die der Erblasser mit einem Miterben hatte, bleiben bestehen. **Konfusion** tritt nicht ein, da der Miterbe auf das Sondervermögen nicht allein zugreifen kann.[3] Eine bestehende **Bürgschaft** erlischt auch nicht teilweise, wenn Gläubiger und Bürge den Hauptschuldner als Miterben beerben.[4] Inhaber von Nachlassforderungen und anderen -rechten ist die Gemeinschaft der Erben. Die **Trennung** des Nachlassvermögens vom Privatvermögen der Erben dient in erster Linie der **Sicherung** der Rechte der **Nachlassgläubiger**: Würde der Nachlass sogleich auf eine Mehrheit von Erben übergehen, so stünden die Nachlassgläubiger einer Vielzahl von Schuldnern und einer zersplitterten Nachlassmasse gegenüber.[5]

7 Der einzelne Erbe kann ausschließlich über seinen **gesamten Anteil** am Nachlass **verfügen** (§ 2033 Abs. 1 BGB), **nicht** jedoch über **einzelne Nachlassgegenstände** (§ 2033 Abs. 2 BGB). Durch den Erbfall erlangt der Miterbe daher auch keine unmittelbare gegenständliche Beziehung zu einem Nachlassgegenstand.[6] Dies gilt selbst dann, wenn der Nachlass nur noch aus einer Sache besteht.[7] Auch die „**Zuweisung**" eines Nachlassgegenstandes durch

1 Beispielsweise durch die Deutsche Schiedsgerichtsbarkeit für Erbstreitigkeiten e.V., Hauptstraße 18, 74918 Angelbachtal/Heidelberg (siehe hierzu § 8 Rdn 96).
2 MüKo/*Gergen*, § 2032 Rn 23.
3 BGH, Urt. v. 1.6.1967 – II ZR 150/66, BGHZ 48, 214, 218.
4 RG, Urt. v. 2.3.1911 – VI 56/10, RGZ 76, 57, 58.
5 MüKo/*Gergen*, vor § 2032 Rn 3.
6 Palandt/*Weidlich*, § 2032 Rn 1.
7 BGH, Beschl. v. 24.1.2001 – IV ZB 24/00, NJW 2001, 2396, 2397 unter Hinweis auf BGH, Urt. v. 17.11.2000 – V ZR 487/99, n.v.

Testament des Erblassers führt zu keinem anderen Ergebnis: Der Erbe erlangt hier lediglich einen schuldrechtlichen Anspruch gegen die Miterben auf Erfüllung der Teilungsanordnung (§ 2048 BGB) bzw. des Vorausvermächtnisses (§ 2150 BGB).

Ausnahmen bilden lediglich solche Nachlassgegenstände oder -rechte, die im Rahmen einer **Sondererbfolge** nicht in das Gesamthandsvermögen der Erbengemeinschaft fallen, sondern unmittelbar auf den oder die Begünstigten übergehen (**Singularsukzession**).[8] Die Singularsukzession ist im Erbrecht des BGB die absolute Ausnahme. Es gibt sie beim Eintrittsrecht in den **Mietvertrag** nach Tod des bzw. eines Mieters, §§ 563, 563a BGB (siehe hierzu § 19 Rdn 33 ff.) sowie bei **Gesellschaftsanteilen**, die aufgrund einer Nachfolgeklausel unmittelbar auf die im Gesellschaftsvertrag bestimmten Erben übergehen. Ist die Mitgliedschaft in einer Personengesellschaft durch Gesellschaftsvertrag (**Nachfolgeklausel**) vererblich gestellt, wird sie im Erbfall nicht gemeinschaftliches Vermögen der mehreren Nachfolger-Erben, sondern gelangt durch Singularsukzession unmittelbar und geteilt ohne weiteres Dazutun an die einzelnen Nachfolger[9] (siehe hierzu § 17 Rdn 6 ff.). Dies ist ein nur ausnahmsweise vorkommender Fall der Erbfolge in einzelne Vermögensgegenstände, der so auch im Gesetz nicht geregelt ist, sondern von der Rechtsprechung entwickelt wurde, um den besonderen Anforderungen im Gesellschaftsrecht Rechnung zu tragen.[10] Die so aufgeteilten Gesellschaftsanteile der Nachfolger gehören aber gleichwohl zum Nachlass.[11] 8

Der **Besitz** geht nach § 857 BGB auf den Erben über. Daher wird jeder Erbe gem. § 866 BGB Mitbesitzer. Ergreift ein Miterbe alleinige Sachherrschaft für die Erbengemeinschaft, so werden alle Erben mittelbare Mitbesitzer und er unmittelbarer Fremdbesitzer.[12] Der Miterbe wird Eigenbesitzer, wenn er den Besitz für sich ergreift, § 872 BGB. **Früchte** von Nachlassgegenständen werden Gesamthandsvermögen der Erbengemeinschaft, §§ 953, 2041 BGB (siehe hierzu Rdn 87 ff.). 9

Die Erbengemeinschaft ist als **Gesamthandsgemeinschaft** im Wesentlichen auf **einvernehmliches Handeln** der Miterben angewiesen, was die Verwaltung und Veräußerung von Nachlassgegenständen erheblich erschweren kann. Gelingt es den Erben, sich nachträglich auf eine **dritte**, unbeteiligte **Person** zu einigen und sich deren Maßnahmen wie einem Testamentsvollstrecker zu unterwerfen, wird dies häufig zum Vorteil der Erbengemeinschaft sein, da der Nachlasswert gesichert wird und die Auseinandersetzung zügiger betrieben werden kann. 10

Zum gegenseitigen **Anspruch** der Erben auf Mitwirkung an der Verwaltung nach § 2038 Abs. 1 S. 2 BGB siehe Rdn 68 ff.; zum Anspruch auf Mitwirkung bei der (Vorbereitung) der Auseinandersetzung siehe § 8 Rdn 13 ff.

B. Entstehung der Erbengemeinschaft

Hinterlässt der Erblasser keine letztwillige Verfügung von Todes wegen, ist der Alleinerbe die Ausnahme, eine Mehrheit von Erben hingegen die Regel. Aber auch bei gewillkürter Erbfolge erben meist mehrere Personen. Die Erbengemeinschaft entsteht unabhängig vom 11

8 MüKo/*Gergen*, vor § 2032 Rn 8 ff.

9 BGH, Urt. v. 4.5.1983 – IVa ZR 229/81, LS 1 und Rn 19, juris.

10 BGH, Urt. v. 4.5.1983 – IVa ZR 229/81, Rn 19, juris.

11 BGH, Urt. v. 4.5.1983 – IVa ZR 229/81, LS 2 und Rn 23, juris; BGH, Urt. v. 14.5.1986 – IVa ZR 155/84, NJW 1986, 2431, LS 1 und 2432.

12 Palandt/*Herrler*, § 857 Rn 3.

Willen der Erben kraft Gesetzes als **Zufallsgemeinschaft** mit dem Tod des Erblassers aufgrund gesetzlicher oder testamentarischer Erbfolge. Sie ist von ihrem Wesen her auf Auseinandersetzung[13] und schließlich Auflösung ausgerichtet. Sie kann **nicht vertraglich** begründet werden. Eine einmal auseinandergesetzte Erbengemeinschaft kann somit **nicht „wiederhergestellt"** werden. Dies ist insbesondere mit Blick auf die **Haftungsprivilegien** des § 2059 BGB (vgl. hierzu § 6 Rdn 50 ff.) von praktischer Relevanz: Wurde die Erbengemeinschaft auseinandergesetzt, sind die Vorteile des § 2059 BGB **unwiederbringlich verloren** (vgl. hierzu auch § 8 Rdn 84).

C. Grundsätzliche Rechte und Pflichten der Miterben

12 Zur **Verwaltung** der Erbengemeinschaft siehe Rdn 51 ff. Zum **Prozess** der Erbengemeinschaft und zum Erbscheinsverfahren siehe § 8.

I. Verfügung über Anteil an dem gesamten Nachlass, § 2033 Abs. 1 BGB

13 Miterben können über ihren Anteil an einzelnen Nachlass**gegenständen** nur gemeinsam verfügen, § 2033 Abs. 2 BGB (siehe hierzu auch Rdn 77). Das **Verfügungsrecht** der Miterben über seinen gesamten Erb**teil** regelt demgegenüber § 2033 Abs. 1 BGB. Danach kann jeder Miterbe über seinen gesamten **Anteil** am **Nachlass verfügen**. Das schuldrechtliche **Verpflichtungs**geschäft über den Verkauf eines Erbteils wird hingegen durch die §§ 2371 ff. BGB geregelt. Danach ist vor allen Dingen die zwingend notwendige **notarielle Beurkundung** des Verpflichtungsgeschäftes zu beachten, §§ 1922 Abs. 2, 2371, 2385 BGB.

14 Anders als bei der Gesellschaft bürgerlichen Rechts (dort § 719 Abs. 1 BGB) und der ehelichen Gütergemeinschaft (dort § 1419 Abs. 1 BGB) kann bei der Miterbengemeinschaft aufgrund von § 2033 BGB jeder Miterbe über seinen **Anteil am Nachlass** verfügen. Die Bindung des Anteils zum gesamthänderisch gebundenen Eigenvermögen des Miterben wird so aufgehoben: Der Miterbe kann seinen Anteil veräußern oder auch als **Kreditsicherheit** belasten. Dies ist vor allen Dingen in Fällen der aufgeschobenen oder ausgeschlossenen Auseinandersetzung (§ 2044 BGB) nützlich oder wenn ein Miterbe die Auseinandersetzung verweigert.[14] § 2033 BGB ist **zwingend** und durch den Erblasser **nicht abdingbar**.[15] Die Veräußerung kann auch nicht von der Zustimmung durch einen Testamentsvollstrecker abhängig gemacht werden.[16] Ein rechtsgeschäftliches Verfügungsverbot der Miterben ist gem. § 137 S. 1 BGB **dinglich** unwirksam. Die (lediglich schuldrechtliche) Verpflichtung, über den Erbteil nicht zu verfügen, ist hingegen wirksam, § 137 S. 2 BGB.[17] Eine gleichwohl vorgenommene Verfügung wird bei Verstoß gegen diese schuldrechtliche Verpflichtung **nicht** unwirksam (**Abstraktionsprinzip**), sondern begründet ggf. **Schadensersatzansprüche**. Der Erblasser kann jedoch einen Miterben auflösend bedingt bis zur Vornahme einer Verfügung über den Erbteil als Erben einsetzen und so die Verfügung für den Erben „unattraktiv" machen.[18]

---

13 Im Sinne der **Verteilung** des Nachlasses, wenngleich faktisch häufig auch im Sinne der Konfrontation.
14 MüKo/*Gergen*, § 2033 Rn 1.
15 OLG Düsseldorf, Urt. v. 20.12.1996 – 7 U 56/96, FamRZ 1997, 769, 770.
16 RG, Urt. v. 7.12.1914 – IV 352/14, JW 1915, 245, 246; LG Essen, Urt. v. 17.4.1959 – 7 T 159/59, RPfleger 1960, 58.
17 MüKo/*Gergen*, § 2033 Rn 4.
18 *Lange/Kuchinke*, § 42 II 2 c.

Das **Verfügungsverbot** in § 2033 Abs. 2 an einzelnen Nachlassgegenständen wird ergänzt durch die Vorschrift des **§ 2040 BGB**, wonach die Erben **gemeinschaftlich** über einen Nachlassgegenstand verfügen können.

1. Voraussetzungen

a) Verfügungsberechtigte

15 Nach § 2033 BGB kann **jeder** Miterbe über seinen Nachlassanteil verfügen. „Miterbe" ist auch der lediglich bedingt oder befristet als Miterbe Berufene, egal ob aufgrund gesetzlicher oder testamentarischer Erbfolge. Die Höhe der Beteiligung am Nachlass ist unerheblich, so dass auch die Beteiligung mit einem **geringen Bruchteil** gleiche Rechte gewährt. Der **Nachlasspfleger** für einen unbekannten Miterben ist **nicht** Miterbe i.S.v. § 2033 BGB (und darf daher nicht über den Erbanteil verfügen).[19]

16 Der **Vor-Miterbe** darf aufgrund §§ 2113–2155 BGB nicht zum Nachteil des Nach-Miterben verfügen. Sowohl der Nach-Miterbe als auch der Allein-Nacherbe können zwischen Erbfall und Nacherbfall über ihr Anwartschaftsrecht analog § 2033 Abs. 1 BGB verfügen.[20] Bei Verzicht auf das Nacherbenrecht zugunsten des Vorerben ist § 2033 Abs. 1 BGB daher ebenfalls analog anwendbar, da auch darin eine Verfügung liegt.[21] Zu Einzelheiten vgl. § 5 Rdn 18 ff.

b) Gegenstand und Form der Verfügung

17 Der Anteil am Nachlass wird durch die Erbquote bestimmt, mit der ein Miterbe am Nachlass beteiligt ist. Über diesen Anteil kann der Miterbe verfügen, so lange auch nur noch ein einziger Nachlassgegenstand vorhanden und die Erbengemeinschaft noch nicht auseinandergesetzt ist.[22] Als Minus zur Verfügung über den **gesamten** Anteil kann der Erbe auch über einen Bruchteil seines Miterbenanteils verfügen.[23] Einzelne Gegenstände oder Rechte können **nicht** von der Verfügung ausgenommen werden.[24]

18 „Verfügung" i.S.v. § 2040 BGB entspricht dem allgemeinen Verfügungsbegriff.[25] Verfügung ist demnach ein Rechtsgeschäft, das unmittelbar darauf gerichtet ist, auf das Recht am Miterbenanteil einzuwirken, es also entweder auf einen Dritten zu übertragen, mit einem Recht zu belasten, das Recht aufzuheben oder es sonst wie in seinem Inhalt zu verändern.[26] Unter **Verfügung** i.S.v. § 2033 Abs. 1 BGB ist mithin nur das **dingliche** Rechtsgeschäft, nicht die (bloße) schuldrechtliche Verpflichtung zur Übertragung zu verstehen, da jene noch nicht unmittelbar auf das Recht am Miterbenanteil einwirkt. Auch die **Zwangsvollstreckung** gem. §§ 859 Abs. 2, 857 ZPO ist Verfügung i.S.v. § 2033 BGB, so dass der Nachlassanteil, nicht hingegen der Anteil an einzelnen Nachlassgegenständen gepfändet werden kann.[27]

---

19 LG Aachen, Beschl. v. 11.10.1990 – 3 T 268/90, RPfleger 1991, 314.

20 MüKo/*Gergen*, § 2033 Rn 6.

21 MüKo/*Gergen*, § 2033 Rn 6.

22 BGH, Urt. v. 14.10.1968 – III ZR 73/66, NJW 1969, 92.

23 BayObLG, Beschl. v. 20.3.1991 – BReg 2 Z 169/90, NJW-RR 1991, 1030, 1031; BGH, Urt. v. 28.6.1963 – V 15/62 ZR, NJW 1963, 1610, LS 1 und 1611.

24 *Lange/Kuchinke*, § 44 II 3 Fn 79.

25 BGH, Urt. v. 28.4.2006 – LwZR 10/05, Rn 9, juris.

26 BGH, Urt. v. 4.5.1987 – II ZR 211/86, NJW 1987, 3177.

27 BGH, Urt. v. 26.10.1966 – VIII ZR 283/64, NJW 1967, 200, 201; BGH, Urt. v. 12.5.1969 – VIII ZR 86/67, NJW 1969, 1347, 1348 (im Einzelnen zur Zwangsvollstreckung siehe § 9 Rdn 45).

19 Die Verfügung über einen Erbteil muss gem. § 2033 Abs. 1 S. 2 BGB **notariell beurkundet** werden, § 128 BGB, § 20 BNotO. Ein Verstoß gegen das Erfordernis der notariellen Beurkundung führt gem. § 125 S. 1 BGB zur Nichtigkeit des Verfügungsvertrages. Durch Vollziehung der Übertragung wird ein Mangel in der Form **nicht** geheilt. Das Gesetz sieht eine Heilung nicht vor (anders z.B. bei Grundstücken, § 311b Abs. 1 S. 2 BGB) und der BGH hat eine Analogie abgelehnt, da die gesetzlichen Heilungsmöglichkeiten stets durch besondere Fallgestaltungen bedingt sind.[28]

20 Über einen **Anteil am Nachlassgegenstand** kann ein Miterbe allein nicht verfügen. Möglich ist aber die einvernehmliche Verfügung **aller** Miterben über den gesamten Nachlassgegenstand oder Teile hiervon, § 2040 Abs. 1 BGB (siehe unten Rdn 38). **Jedes dingliche** Rechtsgeschäft ist „Verfügung", da es ohne Weiteres auf das Recht am Nachlassgegenstand einwirkt. Die (bloße) **schuldrechtliche Verpflichtung** ist keine Verfügung, da jene noch nicht unmittelbar auf das Recht am Nachlassgegenstand einwirkt. Es gibt jedoch auch im Bereich des Schuldrechts Erklärungen, die unmittelbar ein Schuldverhältnis umgestalten und daher Verfügungen sind. Zum Beispiel sind

- Erlass (§ 397 BGB)
- Abtretung (§ 398 ff. BGB)
- befreiende Schuldübernahme (§§ 414 ff. BGB)[29] und
- Vertragsübernahme[30]

Verfügungen i.S.v. § 2033 Abs. 2 BGB.

Gestaltungserklärungen wie

- Anfechtung (§§ 119 ff. BGB)[31]
- Rücktritt (§ 349 BGB)
- Aufrechnung (§ 388 BGB) und
- Kündigung[32]

wirken auch unmittelbar auf ein Recht am Nachlassgegenstand ein und sind daher ebenfalls Verfügungen.[33]

21 Unwirksam ist mithin ebenfalls die Verfügung eines Miterben über seinen Anteil an einem **Nachlassgrundstück** sowie die Belastung mit einer **Hypothek** oder **Grundschuld.**[34] Grundsätzlich gilt dieses **Verfügungsverbot** auch, wenn lediglich noch **ein Nachlassgegenstand** vorhanden ist. Dann ist jedoch § 140 BGB (**Umdeutung**) zu beachten (siehe unten Rdn 27). Wegen des Gläubigerschutzes kann ein Miterbe auch nicht über seinen Anspruch auf das künftige **Auseinandersetzungsguthaben** verfügen (zur Möglichkeit der Umdeutung einer Pfändung siehe § 9 Rdn 55).

Möglich ist die vermächtnisweise Zuwendung eines **Nießbrauchs** an einem Miterbenanteil.[35] Gehört in diesem Fall ein Grundstück zum Miterbenanteil, ist die **Eintragung** eines Nießbrauchvermerks im Grundbuch **möglich**, obwohl sich der Nießbrauch lediglich auf

28 BGH, Urt. v. 2.2.1967 – III ZR 193/64, NJW 1967, 1128, 1130 f.
29 Palandt/*Ellenberger*, Überblick vor § 104 Rn 16.
30 Palandt/*Grüneberg*, § 398 Rn 41 ff.
31 Nicht hingegen die Anfechtung nach dem AnfG.
32 BGH, Urt. v. 28.4.2006 – LwZR 10/05, Rn 9, juris für die Kündigung eines Pachtvertrages – entgegen BGH, Beschl. v. 30.1.1951 – V BLw 36/50, NJW 1952, 1111.
33 Palandt/*Ellenberger*, Überblick vor § 104 Rn 17.
34 RG, Urt. v. 12.1.1916 – V 262/15, RGZ 88, 21, 26.
35 Hanseatisches Oberlandesgericht Hamburg, Urt. v. 19.8.2015 – 2 U 16/13, LS 1, Rn 46, Rn 82, juris (Nichtzulassungsbeschwerde zurückgewiesen: BGH, v. 16.11.2016, IV ZR 457/15).

die gesamthänderische Beteiligung an der Erbengemeinschaft und nicht auf einzelne Nachlassgegenstände bezieht.[36]

2. Rechtsfolgen

a) Rechtsstellung des Erben

Der Erbe **bleibt** auch nach Veräußerung seines Erbteils **Erbe**, da diese Position nur in seiner Person durch Erwerb von Todes wegen begründet werden kann und nicht übertragbar ist.[37] Er hat damit **alle Rechte** und **Pflichten**, die ihn auch zuvor trafen. Insbesondere **haftet** er gem. §§ 2382, 2385 BGB weiterhin für die Nachlassverbindlichkeiten und kann noch gem. § 2344 BGB für **erbunwürdig** erklärt werden.[38] Er ist auch künftig im **Erbschein** aufzuführen.[39] Ihm stehen **Pflichtteilsrest**- oder Ergänzungsansprüche zu[40] und er kann weiterhin die **Entlassung** des **Testamentsvollstreckers** beantragen.[41] 22

b) Rechtsstellung des Erwerbers

Der Erwerber tritt – lediglich – in die **vermögensrechtliche** Position des veräußernden Miterben und wird **nicht** anstelle des Veräußernden **Miterbe**,[42] da er keine Rechtsbeziehung zum Erblasser hat. Er übernimmt vom Miterben die Rechte und Pflichten hinsichtlich der Verwaltung und Auseinandersetzung des Nachlasses[43] und ihn treffen auch die **Beschränkungen** und **Beschwerungen** wie Vermächtnisse, Auflagen, Pflichtteilsansprüche, Teilungsanordnungen, Ausgleichsansprüche, Testamentsvollstreckung und Nacherbenrechte.[44] Der Erwerber kann – neben dem Veräußerer – einen **Erbschein**[45] sowie **Nachlassverwaltung** und -insolvenzverfahren **beantragen** (siehe § 6 Rdn 307 ff.). Das **Vorkaufsrecht** eines Miterben nach § 2034 Abs. 1 BGB geht **nicht** auf den **Erwerber** über (zum Vorkaufsrecht vgl. Rdn 30 ff.), auch nicht wenn er selbst Miterbe ist.[46] 23

Im Insolvenzverfahren tritt der Erwerber an die Stelle des Erben, § 330 Abs. 1 InsO. Die von der Erbengemeinschaft getroffenen **Regelungen** hinsichtlich Verwaltung und Nutzung wirken auch gegen den Erwerber, § 2038 Abs. 2 S. 1 i.V.m. § 746 BGB. Der Erwerber **haftet** nun neben dem veräußernden Erben gegenüber den Nachlassgläubigern, § 2382 Abs. 1 S. 1 BGB. 24

Auch wenn Dritte sämtliche Miterbenanteile erwerben, können sie nicht ein von den veräußernden Miterben in ungeteilter Erbengemeinschaft geführtes **Handelsgeschäft** ihrerseits in ungeteilter Erbengemeinschaft weiterführen. Dies gilt selbst dann, wenn die Erwerber 25

---

36 Hanseatisches Oberlandesgericht Hamburg, Urt. v. 19.8.2015 – 2 U 16/13, LS 2, Rn 82, juris (Nichtzulassungsbeschwerde zurückgewiesen: BGH, v. 16.11.2016, IV ZR 457/15).
37 Zuletzt: BGH, Urt. v. 16.12.1992 – IV ZR 222/91, NJW 1993, 726.
38 Palandt/*Weidlich*, § 2033 Rn 7.
39 RG, Urt. v. 11.10.1906 – IV 286/06, RGZ 64, 173, 178.
40 *Lange/Kuchinke*, § 42 II 3.
41 KG, Beschl. v. 21.3.1929 – 1b X 1044/28, DJZ 1929, 1347.
42 BGH, Beschl. v. 8.12.1959 – V BLw 34/59, NJW 1960, 291.
43 RG RGZ 83, 27, 30.
44 MüKo/*Gergen*, § 2033 Rn 26a; BGH, Beschl. v. 8.12.1959 – V BLw 34/59, NJW 1960, 291.
45 KG, Beschl. v. 11.1.1923 – 1 X 370/23, OLGE 44, 106.
46 BGH, Urt. v. 9.2.1983 – IVa ZR 144/81, Rn 11, juris.

Nacherben der Veräußerer sind und die Übertragung im Rahmen sog. **vorweggenommener Erbfolge** geschieht.[47]

Hinweis

Die Formulierung „vorweggenommene Erbfolge" in Übergabeverträgen ist mindestens ungeschickt, weil offen bleibt, was damit gemeint sein soll:
- Bloße Motivationserklärung?
- Ausgleichungsanordnung nach § 2050 Abs. 3 BGB?
- Bestimmung, die Zuwendung auf den Pflichtteil gem. § 2315 Abs. 1 anzurechnen?
- Anordnung, die Zuwendung sowohl auszugleichen als auch anzurechnen?

Der gewissenhafte Berater wählt stattdessen Formulierungen, die keinen Zweifel über die beabsichtigte rechtliche Wirkung aufkommen lassen (vgl. hierzu auch § 7 Rdn 46 ff.).[48]

26 Überträgt ein Miterbe seinen Erbteil an die **übrigen Miterben**, so entsteht keine Bruchteilsgemeinschaft am Erbteil, es sei denn, es liegen abweichende Anhaltspunkte vor (z.B. Angabe von Bruchteilen). Der übertragene Erbteil wächst stattdessen den gesamthänderisch verbundenen Erwerbern ebenfalls zur gesamten Hand an.[49]

Gehört ein **Grundstück** zum Nachlass, ist die Übertragung von Erbteilen im Wege der **Grundbuchberichtigung** einzutragen, weil sich der Rechtsübergang außerhalb des Grundbuchs vollzieht:[50] Das Grundbuch kann nur so berichtigt werden, dass zunächst gleichzeitig **alle Miterben** eingetragen werden, denn es muss den neuen Rechtszustand insgesamt richtig wiedergeben. Da nicht ein einzelner Miterbe, sondern die Erbengemeinschaft als Gesamthandsgemeinschaft Erbe des ursprünglich im Grundbuch eingetragenen Berechtigten ist, kann **§ 40 Abs. 1 GBO** (Ausnahmen von der Voreintragung) bei der Übertragung von Erbteilen **nicht** angewandt werden.[51]

Hinweis

Dem Rechtsanwalt ist es nicht gestattet, beide Vertragspartner eines Verfügungsvertrages zu vertreten. Dies gilt selbstverständlich auch bereits im Stadium der Beratung. Hat der Rechtsanwalt zuvor – in anderen Angelegenheiten – mehrere Erben der Erbengemeinschaft vertreten, so ist er dann gehindert, einen Miterben allein i.R.d. Verfügung über einen Erbteil zu beraten. Die erstaunliche Kritiklosigkeit mit der dies häufig übersehen wird, ist nicht allein mit der – vermeintlichen – Aussicht auf höhere Gebühren zu erklären. Vielmehr lassen sich die anwaltlichen Berater häufig von den Mandanten „überreden" mit dem Argument, man sei sich „im Wesentlichen einig" und es müsse „nur zu Papier gebracht" werden. Der Anwalt, der hier nicht sofort jedes weitere Gespräch ablehnt, verliert nicht nur seinen Vergütungsanspruch wegen Vertretung widerstreitender Interessen, sondern wird auch ein strafrechtliches Verfahren befürchten müssen.

Jeder Anwalt sollte auch nur den Anschein des „Parteiverrats" vermeiden und „im Zweifel" das Mandat ablehnen. Sobald **mehrere** Mandanten beabsichtigen, in einer Angelegenheit **ein** Mandat zu erteilen, muss der Anwalt äußerst kritisch bereits zu Beginn des Gespräches prüfen, ob er nicht sogleich ausdrücklich das Mandatsverhältnis auf eine Person beschränken muss. Dem Mandanten bleibt es dann selbst überlassen, ob er sich

47 KG, Beschl. v. 29.9.1998 – 1 W 400/97, ZEV 1999, 28; a.A. *Heil*, MittRhNotK 1999, 148; *Keller*, ZEV 1999, 174.

48 Zu Einzelheiten siehe auch BeckOGK/*Rißmann*, § 2050 BGB Rn 74.

49 BayObLG, Beschl. v. 20.10.1980 – 2 Z 18/80, NJW 1981, 830.

50 BayObLG, Beschl. v. 9.6.1994 – 2Z BR 52/94, BayObLGR 1994, 61.

51 BayObLG, Beschl. v. 9.6.1994 – 2Z BR 52/94, BayObLGR 1994, 61 m.w.N.

bspw. die Gebühren mit dem oder den Miterben teilt, diese(n) bei Besprechungen mit dem Anwalt weiter hinzuzieht und auch sonst über den Verlauf des Mandats informiert. (Zu Einzelheiten siehe § 26 Berufsrecht der Rechtsanwälte und Notare.)

c) Bei Unwirksamkeit der Verfügung über Nachlassgegenstände

Liegt ein gem. § 2033 Abs. 2 BGB unwirksamer Vertrag vor, so ist zu prüfen, ob der gewünschte Erfolg im Wege einer **Umdeutung** gem. § 140 BGB erreicht werden kann. Dies ist bspw. dann möglich, wenn der Nachlass lediglich nur noch aus einem Gegenstand besteht. In diesem Fall kann in der Verfügung über den Anteil am Nachlassgegenstand eine Verfügung über den Erbteil selbst gesehen werden. Hierzu muss der Erwerber jedoch wissen, dass es sich bei dem übertragenen Gegenstand um den ganzen oder nahezu ganzen Erbteil handelt oder er muss die Verhältnisse kennen aus denen sich dies ergibt.[52] Der BGH wendet hier die zu § 419 BGB a.F. (Vermögensübernahme) entwickelten Grundsätze an. Auch in Grundbuchsachen ist § 140 BGB anwendbar.[53] Daher kann bei Verkauf eines Anteils an einem Grundstück an die Miterben der gem. § 2033 Abs. 2 BGB unwirksame Vertrag in einen – wirksamen – Auseinandersetzungsvertrag umgedeutet werden. Hierzu müssen alle Miterben an der Übertragung mitgewirkt haben.[54] Der **Verpflichtungsvertrag** ist aufgrund des Abstraktionsprinzips regelmäßig nicht gem. § 2033 Abs. 2 BGB unwirksam. 27

d) Steuerrechtliche Folgen

aa) Ertragsteuer

Wird ein Erbteil verschenkt, entstehen weder Anschaffungskosten noch Veräußerungserlöse.[55] Wird der Erbteil verkauft, so hat der Käufer Anschaffungskosten und der veräußernde Miterbe einen Veräußerungserlös.[56] Der Käufer haftet neben dem ursprünglichen Miterben für entstehende Steuern, § 2382 Abs. 1 S. 1 BGB. Vgl. im Übrigen ausführlich hierzu § 18 Rdn 21 ff. 28

bb) Erbschaftsteuer

Der veräußernde Miterbe bleibt auch nach der Veräußerung Schuldner der Erbschaftsteuer, § 20 Abs. 1 S. 1 ErbStG. Der Erwerber haftet daneben gem. § 20 Abs. 3 ErbStG bis zur Auseinandersetzung mit dem erworbenen Erbanteil, selbst wenn im Innenverhältnis zwischen Käufer und Miterbe etwas andere geregelt sein mag. 29

II. Vorkaufsrecht bei Verkauf eines Miterbenanteils, § 2034 BGB

Ein Miterbe darf alleine über seinen Anteil (oder einen Bruchteil davon) am gesamten Nachlass verfügen (§ 2033 Abs. 1 S. 1 BGB), nicht hingegen über einzelne Nachlassgegenstände (§ 2040 Abs. 1 BGB). Das **schuldrechtliche Verpflichtungsgeschäft** ist in §§ 2371 ff. BGB geregelt. Für den Fall des Verkaufes gewährt § 2034 BGB den Miterben ein Vorkaufsrecht. 30

---

52 BGH, Urt. v. 22.2.1965 – III ZR 208/63, FamRZ 1965, 267, 268.

53 Hans. OLG Bremen, Beschl. v. 11.8.1986 – 1 W 9/86, OLGZ 1987, 10, 11.

54 Hans. OLG Bremen, Beschl. v. 11.8.1986 – 1 W 9/86, OLGZ 1987, 10, 12.

55 BMF, Schreiben v. 14.3.2006 – IV B 2 – S 2242 – 7/06 – „Ertragsteuerliche Behandlung der Erbengemeinschaft“, BeckVerw 073206, Rn 37.

56 Einzelheiten im BMF-Schreiben „Erbengemeinschaft“, Rn 37 ff.

1. Überblick zum Vorkaufsrecht

31 Verkauft ein Miterbe seinen Anteil an der Erbengemeinschaft, gewährt § 2034 Abs. 1 BGB den übrigen Miterben ein **Vorkaufsrecht.** Hierdurch können die Miterben den Eintritt Außenstehender in die Gemeinschaft verhindern, um die Zuordnung des Nachlasses an die Erbengemeinschaft zu erhalten und die Auseinandersetzung oder das Fortbestehen der Gemeinschaft zu erleichtern oder zu sichern, worauf sonst der Anteilserwerber Einfluss nehmen könnte.[57] Die **Ausübung** des Vorkaufsrechts steht den Miterben **gemeinschaftlich** zu (siehe hierzu i.E. Rdn 33). Das **Vorkaufsrecht** geht **nicht** auf den **Erbteilserwerber** (§ 2033 BGB, hierzu Rdn 13 ff., 23) über. Dies gilt **auch**, wenn der Erbwerber ebenfalls **Miterbe** ist.[58]

32 § 2034 BGB bezieht sich abschließend nur und ausschließlich auf den freiwilligen **Verkauf** eines Miterbenanteils. Auf **andere Verträge** wird § 2034 BGB nach der ganz h.M.[59] **nicht** entsprechend angewendet, gleich ob Schenkung,[60] gemischte Schenkung,[61] Sicherungsabrede,[62] Tausch,[63] Vergleich, Zwangsvollstreckung[64] (§ 471 BGB) oder Teilungsversteigerung gem. § 180 ZVG[65] vorliegt. Der Wortlaut des § 2034 BGB ist insoweit eindeutig und stellt gerade nicht lediglich auf „Verfügung" ab. Daher ist die Übertragung aufgrund der Erfüllung eines **Vermächtnisses** u.Ä. ebenfalls **kein** Fall des § 2034 BGB. Soweit versucht wird, durch ein **„Umgehungsgeschäft"** die Regelung des § 2034 BGB zu vermeiden, ist die Anwendung von § 2034 BGB auszudehnen: Ein **Umgehungsgeschäft** liegt bei Verträgen vor, die einem Kaufvertrag nahezu gleichkommen und in die der Vorkaufsberechtigte zur Wahrung seiner Erwerbs- und Abwehrinteressen „eintreten" kann, ohne die vom Verpflichteten ausgehandelten Konditionen des Veräußerers zu beeinträchtigen.[66]

Das Vorkaufsrecht gibt den Miterben die Befugnis, den Miterbenanteil zu den vertraglichen **Konditionen** zu erwerben, zu denen der veräußernde Miterbe ihn an den Dritten veräußern wollte. Mit Ausübung (siehe Rdn 33) kommt der Vertrag mit dem gleichen Inhalt zwischen vorkaufsverpflichteten und vorkaufsberechtigten Miterben zustande, § 464 Abs. 2 BGB. Die Miterben haften dem Käufer als Gesamtschuldner.

Ist ein **Miterbe verstorben** und hat seinen Miterbenanteil – zusammen mit seinem Eigenvermögen – **weiter vererbt**, ist danach zu unterscheiden, über welchen Gegenstand verfügt wird und ob eine weitere Erbengemeinschaft entstanden ist.[67]

---

57 BGH, Urt. v. 28.10.1981 – IVa ZR 163/80, NJW 1982, 330.

58 BGH, Urt. v. 9.2.1983 – IVa ZR 144/81 Rn 11, juris.

59 Zustimmend: Palandt/*Weidlich*, § 2034 Rn 5; Staudinger/*Löhnig*, § 2034 Rn 6; Erman/*Bayer*, § 2034 Rn 2a; a.A. *Brox/Walker*, Rn 481.

60 BGH, Urt. v. 15.6.1957 – V ZR 198/55, WM 1957, 1162, 1164 mit Bezug auf RG, Urt. v. 15.12.1920 – V 320/20, RGZ 101, 99, 101.

61 RG, Urt. v. 15.12.1920 – V 320/20, RGZ 101, 99, 101.

62 BGH, Urt. v. 13.7.1957 – IV ZR 93/57, NJW 1957, 1515, 1516.

63 BGH, Urt. v. 11.12.1963 – V ZR 41/62, NJW 1964, 540, 541: Der Vorkaufsberechtigte hätte bei Ausübung des Vorkaufsrechts nicht die Möglichkeit den Tauschgegenstand anstelle des ursprünglichen Vertragspartners zu übereignen.

64 BGH, Urt. v. 22.9.1976 – V ZR 77/76, NJW 1977, 37, 38.

65 Kein Vorkaufsrecht der Miterben gegenüber dem Meistbietenden.

66 BGH, Urt. v. 11.10.1991 – V ZR 127/90, NJW 1992, 236, 237.

67 Zu Einzelheiten siehe Damrau/Tanck/*Rißmann*, § 2034 Rn 4 ff.; siehe dort Rn 8 ff. zu den Voraussetzungen des Vorkaufsrechts im Einzelnen.

2. Ausübung des Vorkaufsrechts

33 Die **Frist** zur Ausübung des Vorkaufsrechts beginnt für jeden Vorkaufsberechtigen individuell mit Zugang der Mitteilung über den Abschluss des Kaufvertrages.[68] Diese Mitteilung hat gem. § 469 Abs. 1 S. 1 BGB unverzüglich (§ 121 Abs. 1 S. 1 BGB) durch den veräußernden Miterben zu erfolgen. Die Frist beginnt jedoch gleichfalls, wenn der Käufer den Miterben von dem Vertrag mitteilt (§ 469 Abs. 1 S. 2 BGB) oder wenn der Miterbe bei der Beurkundung des Vertrages anwesend war.[69] Eine Mitteilung durch Dritte ist hingegen nicht ausreichend.[70] Die **Mitteilung** bedarf keiner **Form**, daher kann sie auch mündlich oder durch einen Beauftragten erfolgen. Es muss sich für den Empfänger jedoch erkennbar um eine rechtlich erhebliche Erklärung und nicht lediglich um eine gesprächsweise Äußerung handeln.[71] Wird der **vereinbarte Kaufpreis nicht angegeben**, liegt keine Mitteilung i.S.v. § 469 Abs. 1 BGB vor. Vielmehr muss der Verpflichtete die Vertragsbedingungen, die für die Entschließung des Vorkaufsberechtigten von Bedeutung sein können, klar, richtig und vollständig eröffnen. Maßgebend für den Beginn der Frist ist nicht die Kenntnis, sondern die Mitteilung vom Inhalt des Kaufvertrages.[72] Dies gilt auch für Vertragsergänzungen und -änderungen.[73]

34 Das **Vorkaufsrecht erlischt** nach Ablauf der Frist von **zwei Monaten** gem. § 2034 Abs. 1 S. 1 BGB. Die Frist ist **Ausschlussfrist**, keine Verjährungsfrist (§ 194 Abs. 1 BGB). Daher kann der Fristlauf auch **nicht gehemmt** werden. Sie läuft nur einmal und beginnt auch nicht von neuem, wenn der Erbteil innerhalb der Frist weiter veräußert wird, da die Voraussetzungen des § 2034 BGB nur beim ersten Verkauf vorliegen.[74] Etwaige Genehmigungen müssen innerhalb der Frist des § 2034 Abs. 2 BGB erfolgen.[75] Die vorkaufsberechtigten Miterben können jedoch – auch schon vor Abschluss des Erbteilskaufvertrages – auf die Ausübung des Vorkaufrechts **verzichten.**[76] Der Verzicht kann formlos durch Vertrag erfolgen.[77]

35 Das Vorkaufsrecht wird durch **formlose** Erklärung gegenüber dem veräußernden Miterben **ausgeübt**, § 464 Abs. 1 BGB. Es ist nicht erforderlich, dass bereits eine Mitteilung gem. § 469 Abs. 1 BGB erfolgt ist.[78] Ist der **Erbanteil** bereits **dinglich** auf den Käufer übertragen, so ist das Vorkaufsrecht ihm gegenüber auszuüben, § 2035 BGB, bzw. gegenüber dem nachfolgenden Empfänger, § 2037 BGB. Wurde das Vorkaufsrecht jedoch bereits gegenüber dem veräußernden Miterben ausgeübt und der Erbanteil erst danach auf den Erwerber übertragen, so ist § 2035 Abs. 1 S. 1 BGB entsprechend anzuwenden.[79] Die Erklärung ist **unwirksam**, wenn sie gegen Treu und Glauben verstößt.[80] Das ist bspw. dann der Fall, wenn der Vorkaufsberechtigte offenbar nicht in der Lage ist, seine Verpflichtungen aus dem Kaufvertrag zu erfüllen oder die Erfüllung des Vertrages ablehnt. Die Höhe der Quote, mit

68 BGH, Urt. v. 31.10.2001 – IV ZR 268/00, ZErb 2002, 75, 76 = NJW 2002, 820, 821 = ZEV 2002, 67.
69 MüKo/*Gergen*, § 2034 Rn 29.
70 BGH, Urt. v. 11.7.1979 – IV ZR 69/77, WM 1979, 1066.
71 MüKo/*Gergen*, § 2034 Rn 29 m.w.N.
72 BGH, Urt. v. 14.3.1962 – V ZR 2/62, WM 1962, 720.
73 Soergel/*Wolf*, § 2034 Rn 14.
74 MüKo/*Gergen*, § 2034 Rn 31.
75 Soergel/*Wolf*, § 2034 Rn 14.
76 Soergel/*Wolf*, § 2034 Rn 15.
77 MüKo/*Gergen*, § 2034 Rn 42.
78 Palandt/*Weidenkaff*, § 469 Rn 2.
79 BGH, Urt. v. 31.10.2001 – IV ZR 268/00, ZErb 2002, 75, 76.
80 Palandt/*Weidenkaff*, § 464 Rn 3.

der ein Miterbe am Nachlass beteiligt ist, hat keinen Einfluss auf die Wirksamkeit der Erklärung: Auch wenn der verkaufende Erbe lediglich noch einen geringen Anteil an der Erbengemeinschaft hat und der Käufer bereits die Anteile der übrigen Miterben erworben hat, bleibt die Ausübung des Vorkaufrechts zulässig.[81]

3. Nach Ausübung des Vorkaufrechts

36 Bei Ausübung des Vorkaufsrechts treten die Miterben in den geschlossenen Erbteilskaufvertrag mit allen Rechten und Pflichten ein, § 464 Abs. 2 BGB. Da das Vorkaufsrecht lediglich schuldrechtlich wirkt, erwerben die Miterben im Rahmen eines **gesetzlichen** Schuldverhältnisses einen Anspruch auf Übertragung des Erbteils.[82] Sie haben dem Käufer einen etwaig bereits bezahlten Kaufpreis zu erstatten und aufgewandte Kosten zu erstatten.[83] Die **Erstattungspflicht** für **Kosten** bezieht sich aber nur auf solche Aufwendungen, die Gegenstand des ursprünglichen Kaufvertrages waren, in den die Miterben eintreten. Nicht hiervon erfasst werden Aufwendungen, die anlässlich der **Akquisition** des Objekts oder der **Finanzierung** des Kaufpreises entstanden sind.[84] Diese Kosten sind nicht Gegenstand des ursprünglichen Kaufvertrages und verbleiben beim ursprünglichen Käufer: Da der Käufer weiß, dass ein Erwerb am Vorkaufsrecht der Miterben scheitern kann, sind Aufwendungen, die über die vertraglichen Pflichten hinausgehen, sein Risiko.[85] Für den Kaufpreis und Kosten haften die Miterben – wie auch sonst – als Gesamtschuldner.[86] Durch die Übertragung erwerben die Miterben den Anteil als Gesamthänder im Verhältnis ihrer Erbteile.[87] Die **Haftung** des Käufers für Nachlassverbindlichkeiten bestimmt sich nach § 2036 BGB.[88]

37 Die das Vorkaufsrecht ausübenden **Miterben** treten an die Stelle des ursprünglichen Erwerbers, § 464 Abs. 2 BGB und **haften** entsprechend seinem – nun höheren – Anteil für entstehende Steuern. Schuldner der **Erbschaftsteuer** ist und bleibt auch nach Veräußerung der ursprüngliche Erbe, § 20 Abs. 1 ErbStG. Auch nach der Veräußerung **haftet** aber der **Nachlass** bis zur Auseinandersetzung der Erbengemeinschaft gem. § 20 Abs. 3 ErbStG für die Steuer aller Miterben, selbst wenn im Innenverhältnis zwischen ursprünglichem Käufer und Miterbe etwas andere geregelt sein mag.

III. Verfügung über Nachlassgegenstände, §§ 2033 Abs. 2, 2040 Abs. 1 BGB

1. Allgemeines

38 § 2033 Abs. 2 BGB regelt, dass ein Erbe nicht über seinen Anteil an einem **Nachlassgegenstand verfügen** darf: Dies dürfen nur alle Erben gemeinschaftlich, § 2040 Abs. 1 BGB (zur **Umdeutung** einer unwirksamen Verfügung siehe oben Rdn 27; zur Situation, wenn der verfügende Miterbe allein über die Mehrheit der Erbquoten innerhalb der Erbengemeinschaft verfügt bzw. die Mehrheit der Erben der Verfügung zustimmt oder/und bei Vorliegen einer Maßnahme der Notverwaltung siehe nachfolgend Rdn 45). § 2040 BGB ist damit

81 BGH, Urt. v. 27.10.1971 – V ZR 223/69, WM 1972, 503, 505.
82 MüKo/*Gergen*, § 2034 Rn 35.
83 BGH, Urt. v. 8.5.1952 – IV ZR 163/51, BGHZ 6, 85, 88; BGH, Urt. v. 28.11.1962 – VIII ZR 236/61, MDR 1963, 303, 304.
84 KG, Urt. v. 5.7.1996 – 7 U 2181/96, KGR 1996, 241.
85 KG, Urt. v. 5.7.1996 – 7 U 2181/96, KGR 1996, 241, 242.
86 Staudinger/*Löhnig*, § 2034 Rn 29.
87 MüKo/*Gergen*, § 2034 Rn 36.
88 Siehe hierzu im Einzelnen Damrau/Tanck/*Rißmann*, § 2036 Rn 1 ff.

ebenso wie § 2033 BGB Ausdruck des Gesamthandprinzips der Erbengemeinschaft. Er hätte systematisch zutreffend als Abs. 3 des § 2033 BGB eingefügt werden müssen,[89] da § 2040 Abs. 1 BGB normiert, unter welchen Voraussetzungen die Miterben über einen Nachlassgegenstand verfügen können: Nicht durch Verfügung über ihren Anteil am Nachlassgegenstand (§ 2033 Abs. 2 BGB), sondern durch **gemeinschaftliche** Verfügung über den Nachlassgegenstand (§ 2040 Abs. 1 BGB). Zur Verfügung über Nachlassgegenstände im Rahmen von Verwaltungsmaßnahmen nach § 2038 BGB vgl. auch Rdn 77 ff.

Im Gegensatz zur Verwaltung (siehe unten Rdn 51) greift eine Verfügung in den „Kernbestand" der Erbengemeinschaft ein und muss i.R.d. Gesamthandsgemeinschaft nicht lediglich mehrheitlich, sondern gemeinschaftlich, also **einstimmig** erfolgen.[90] Andernfalls würde dies dazu führen, dass einzelne Erben „vollendete Tatsachen" schaffen und die übrigen Erben darauf angewiesen wären, „im Nachhinein" ihre Ansprüche geltend zu machen. Abs. 1 entspricht im Wesentlichen § 747 S. 2 BGB (Verfügung über gemeinschaftliche Gegenstände). 39

2. Voraussetzungen

Erforderlich ist die **Zustimmung aller Miterben,** §§ 182 ff. BGB. Diese muss mithin nicht gleichzeitig, sondern kann auch einzeln im Vorfeld (Einwilligung, § 183 S. 1 BGB), nacheinander und auch nachträglich (Genehmigung, § 184 Abs. 1 BGB) erfolgen.[91] 40

Verfügung ist ein Rechtsgeschäft, das unmittelbar darauf gerichtet ist, auf das Recht am Nachlassgegenstand einzuwirken, es also entweder auf einen Dritten zu übertragen, mit einem Recht zu belasten, das Recht aufzuheben oder es sonst wie in seinem Inhalt zu verändern.[92] Jedes dingliche Rechtsgeschäft ist „Verfügung", da es ohne Weiteres auf das Recht am Nachlassgegenstand einwirkt. 41

Die (bloße) schuldrechtliche **Verpflichtung** ist **keine** Verfügung, da jene noch nicht unmittelbar auf das Recht am Nachlassgegenstand einwirkt. Es gibt jedoch auch im Bereich des Schuldrechts **Erklärungen,** die unmittelbar ein Schuldverhältnis umgestalten und daher Verfügungen sind (siehe oben Rdn 20 ff.). Zum Beispiel sind der Erlass (§ 397 BGB), die Abtretung (§§ 398 ff. BGB), die befreiende Schuldübernahme (§§ 414 ff. BGB)[93] und die Vertragsübernahme[94] Verfügungen i.S.v. § 2033 Abs. 2 BGB. **Gestaltungserklärungen** wie Anfechtung (§§ 119 ff. BGB), Rücktritt (§ 349 BGB), Aufrechnung (§ 388 BGB) und Kündigung wirken unmittelbar auf ein Recht am Nachlassgegenstand ein und sind daher ebenfalls Verfügungen.[95] Gleichermaßen ist die **Zwangsvollstreckung** gem. §§ 859 Abs. 2, 857 ZPO Verfügung i.S.v. § 2033 BGB. Aus diesem Grund kann zwar der Nachlass*anteil,* nicht hingegen der Anteil an einzelnen Nachlass*gegenständen* gepfändet werden kann[96] (zur Zwangsvollstreckung siehe § 9 Rdn 45). 42

89 So auch noch Staudinger/*Werner* (2010), § 2040 Rn 1; Staudinger/*Löhnig,* § 2040 Rn 1 „unglücklich platziert"; Planck/*Ritgen* (1902), § 2040 Nr. 1 „steht im Zusammenhang mit dem § 2033 Abs. 2".
90 Staudinger/*Löhnig,* § 2040 Rn 2, 12.
91 Staudinger/*Löhnig,* § 2040 Rn 12.
92 BGH, Urt. v. 4.5.1987 – II ZR 211/86, NJW 1987, 3177.
93 Palandt/*Ellenberger,* Überblick vor § 104 Rn 16.
94 Palandt/*Grüneberg,* § 398 Rn 41 ff.
95 Palandt/*Ellenberger,* Überblick vor § 104 Rn 17.
96 BGH, Urt. v. 26.10.1967 – VIII ZR 283/64, NJW 1967, 200, 201.

3. Rechtsfolgen

a) Verfügung gegenüber der Erbengemeinschaft

43 § 2040 Abs. 1 BGB gilt auch entsprechend für **Verfügungen gegenüber** der Erbengemeinschaft, obgleich diese vom Wortlaut nicht ausdrücklich umfasst sind. Es folgt jedoch aus dem Rechtsgedanken des Abs. 1: Würde bspw. lediglich ein Miterbe auf Auflassung eines Grundstückes durch Klage in Anspruch genommen und verurteilt werden, so nützt dem Gläubiger das rechtskräftige Urteil wegen Abs. 1 nichts, wenn die übrigen Miterben nun ihrerseits die Auflassung verweigern[97] (zum prozessualen Vorgehen siehe § 9 Rdn 39).

44 Bei Verfügungen, die eine Mitwirkung der Erbengemeinschaft nicht erfordern, kann daher nichts anderes gelten. Deswegen sind Gestaltungserklärungen wie **Kündigung** oder **Rücktritt** stets gegenüber **allen** Miterben zu erklären.[98] Bei der **Anfechtung** ist zu unterscheiden, ob eine Erklärung anzufechten ist, die gegenüber dem Erblasser abgegeben worden war (dann Anfechtung gegenüber **allen Miterben** als Rechtsnachfolgern) oder eine Erklärung, die lediglich einem Miterben gegenüber abgegeben worden war (dann Anfechtung gegenüber diesem Miterben, wobei die weitere Wirksamkeit des Vertrages dann nach § 139 BGB zu beurteilen ist).[99]

b) Verfügung ohne Zustimmung aller Erben

45 **Fraglich** bleibt die Rechtsfolge, bei Verfügung eines oder mehrerer Miterben, jedoch ohne Zustimmung *aller* Miterben. Würde man § 2040 BGB als **lex specialis** zu § 2038 BGB verstehen, so wäre die Verfügung bis zur Genehmigung **schwebend unwirksam.**[100] Würde die Genehmigung versagt oder war bereits im Vorfeld die Einwilligung verweigert worden, so ist die Verfügung endgültig unwirksam. Handelt es sich bei der Verfügung um eine **Gestaltungserklärung** (Anfechtung, Kündigung, Rücktritt usw., vgl. auch oben Rdn 42) wirkt eine Genehmigung abweichend von §§ 185 Abs. 2, 184 Abs. 1 BGB **nicht rückwirkend.**[101]

Vertritt man mit dem BGH dagegen die Auffassung, dass § 2038 Abs. 1 S. 2 BGB für Verfügungen lex specialis zu § 2040 BGB ist (bzw. im Einzelfall sein kann), so könnte eine **nicht einstimmig** vorgenommene Verfügung dennoch wirksam sein, wenn es sich um eine Maßnahme der **Notverwaltung** (§ 2038 Abs. 1 S. 2 Hs. 2 BGB)[102] oder der **ordnungsgemäßen Verwaltung** (§ 2038 Abs. 1 S. 2 Hs. 1 BGB)[103] handelt. Zu Einzelheiten zu den hier auftretenden rechtlichen und praktischen Problemen und zu weiteren Nachweisen vgl. Rdn 47, 77 ff. und Rdn 126 ff.

46 Der Verfügungsempfänger, auch ein Miterbe, kann i.R.d. allgemeinen Vorschriften **gutgläubig erwerben,** §§ 932 ff., 892 BGB.[104] Der eigenmächtig verfügende Miterbe haftet dann ggf. der Erbengemeinschaft auf Schadensersatz gem. §§ 816 Abs. 1 S. 1, 823 Abs. 1 BGB.

---

97 BGH, Urt. v. 26.10.1967 – VIII ZR 283/64, NJW 1967, 200, 201.
98 OLG Rostock, Beschl. v. 15.10.1914 – 2 ZS, OLG Rspr 30, 188, LS und 189.
99 RG, Urt. v. 26.3.1907 – II ZS 467/06, RGZ 65, 399, 405 f. (für den Fall der Anfechtung gegenüber einem von zwei Verkäufern); MüKo/*Gergen*, § 2040 Rn 17.
100 BGH, Urt. v. 4.2.1994 – V ZR 277/92,Rn 13, 15, juris.
101 BGH, Urt. v. 22.10.1999 – V ZR 401/98, Rn 11, juris; BGH, Urt. v. 29.5.1991 – VIII ZR 214/90, Rn 11, juris.
102 BGH, Urt. v. 12.6.1989 – II ZR 246/88, Rn 26 (ohne jeglichen Begründung), juris.
103 BGH, Urt. v. 28.4.2006 – LwZR 10/05, Rn 18, juris.
104 MüKo/*K. Schmidt*, § 747 Rn 19 und 30.

Regelmäßig ist dieses Handeln jedoch **nicht** gem. § 266 StGB **strafbar** (zur Untreue siehe § 23 Rdn 46).

Nach der Änderung der Rechtsprechung des BGH[105] und der daran anschließenden neueren Rechtsprechung des BGH[106] zum Verhältnis von § 2038 BGB zu § 2040 BGB bei Verfügungen der Erbengemeinschaft bleiben für die Praxis mehr Fragen offen als gelöst wurden: 47
- Welche Verfügungen werden künftig von dieser Rechtsprechung erfasst?
- Welche Möglichkeiten hat die Mehrheit der Erben (oder im Rahmen der Notverwaltung die Minderheit) Verfügungen mit Wirkung für die gesamte Erbengemeinschaft vorzunehmen?
- Gewährt die Mehrheitsentscheidung nach §§ 2038 Abs. 1 S. 2 Hs. 1, 745 BGB dann beispielsweise auch die Vollmacht, die Auflassung von zum Nachlass gehörenden Immobilien zu erklären (siehe hierzu Rdn 77)?
- Muss beispielsweise das Grundbuchamt aufgrund einer derartigen Mehrheitsentscheidung einen Eigentumswechsel im Grundbuch eintragen?
- Wie soll sich der Rechtspfleger von dem Vorliegen der Voraussetzungen (Mehrheitsentscheidung, Ordnungsmäßigkeit der Maßnahme, möglicherweise noch das „Vorliegen besonderer Umstände“ (vgl. hierzu Rdn 78), daraus folgende Vertretungsmacht) überzeugen können?

Vor der Änderung der Rechtsprechung des BGH war es überwiegende Auffassung in der Literatur und Rechtsprechung, dass auch eine Mehrheitsentscheidung gem. § 2038 Abs. 1 S. 2 Hs. 1 BGB der Erbengemeinschaft nicht die Zustimmung aller Miterben zu einer Verfügung ersetzt, sondern lediglich eine *Verpflichtung* begründet, an der Verfügung *mitzuwirken* oder *einzuwilligen.*[107] Diese Verpflichtung war dann ggf. im Wege der Klage durchzusetzen (siehe hierzu § 9 Rdn 39). Nach § 2040 BGB gibt es kein „Notverfügungsrecht“. Die Rspr. wendet hier jedoch schon seit geraumer Zeit § 2038 Abs. 1 S. 2 Hs. 2 BGB auf Verfügungen als „vorrangige“ Norm an.[108]

4. Prozessführung und Zwangsvollstreckung

Zu Prozessführung und Zwangsvollstreckung für und gegen Miterben sowie die Erbengemeinschaft siehe § 9. 48

IV. Unternehmensbeteiligungen und Abfindungsansprüche

Zu Unternehmensbeteiligungen und gesellschaftsrechtlichen Abfindungsansprüchen, die in den Nachlass gefallen sind, siehe § 17 Rdn 9 ff. 49

---

105 Wobei der BGH selbst es nicht als Änderung seiner Rechtsprechung verstanden wissen will, BGH, Urt. v. 28.9.2005 – IV ZR 82/04, Rn 11, juris.

106 BGH, Urt. v. 11.11.2009 – XII ZR 210/05, juris (Kündigung eines Mietvertrages über ein Nachlassgrundstück durch Stimmenmehrheit); BGH, Beschl. v. 26.4.2010 – II ZR 159/09, juris (zu § 745 Abs. 1 BGB: Kündigung eines Mietverhältnisses durch Mehrheitsbeschluss der Gesellschafter); BGH, Urt. v. 20.10.2010 – XII ZR 25/09, juris (Kündigung eines Pachtverhältnisses durch Stimmenmehrheit); BGH, Urt. v. 19.9.2012 – XII ZR 151/10, juris LS und Rn 11 (Einziehung einer Nachlassforderung als Maßnahme ordnungsgemäßer Verwaltung mit Stimmenmehrheit), anders noch die Vorinstanz des OLG Frankfurt, Urt. v. 12.11.2010 – 2 U 117/10, juris.

107 So bereits Planck/*Strohal* (1908), § 2038 Nr. 1; Staudinger/*Werner* (2010), § 2040 Rn 18; § 2038 Rn 16 und 40 jeweils m.w.N.

108 BGH, Urt. v. 12.6.1989 – II ZR 246/88, Rn 26 (ohne jeglichen Begründung), juris; a.A. mit überzeugenden Argumenten: Staudinger/*Werner* (2010), § 2038 Rn 7 m.w.N. sowie § 2040 Rn 18.

V. Haftung und Haftungsbegrenzung

50 Die Haftung der Miterben und der Erbengemeinschaft einerseits und Möglichkeiten der Haftungsbegrenzung andererseits sind in § 6 dargestellt.

D. Verwaltung des Nachlasses

I. Überblick

51 Die Verwaltung des Nachlasses durch die Erbengemeinschaft stellt eines der großen praktischen Probleme im Recht der Erbengemeinschaft dar. § 2038 BGB unterscheidet drei Arten der Verwaltung:

1. Außerordentliche Verwaltung gem. Abs. 1 S. 1 (siehe unten Rdn 64)
2. Ordnungsgemäße Verwaltung gem. Abs. 1 S. 2 Hs. 1 (siehe unten Rdn 68)
3. Notwendige Verwaltung gem. Abs. 1 S. 2 Hs. 2 (siehe unten Rdn 126).

Zunächst ist zu prüfen, ob eine Handlung **überhaupt** eine Verwaltungsmaßnahme darstellt. Erst danach ist zu unterscheiden, welcher **Art** die Verwaltung war und ob die Miterben einvernehmlich oder mehrheitlich hierüber zu beschließen haben und wie sie hierdurch verpflichtet werden. Der Aufbau des § 2038 BGB enthält insoweit abgestufte Anforderungen: Ausgangspunkt ist der Fall der außerordentlichen Verwaltung, die Erben müssen einstimmig handeln (Abs. 1 S. 1). In Fällen der ordnungsmäßigen Verwaltung genügt ein Mehrheitsbeschluss (Abs. 1 S. 2 Hs. 1) und in Fällen der notwendigen Verwaltung kann ein Miterbe alleine handeln (Abs. 1 S. 2 Hs. 2). Während § 2038 BGB die **Verwaltungs**befugnis regelt, ist die **Verfügungs**befugnis grundsätzlich in §§ 2033, 2040 BGB (vgl. hierzu oben Rdn 38 ff.) geregelt. Die Rechtsprechung und Teile der Literatur durchbrechen mittlerweile diese strikte Trennung stärker als bisher, so dass auch Verfügungen Verwaltungsmaßnahmen sein können (siehe Rdn 45, 47, 77 ff.).

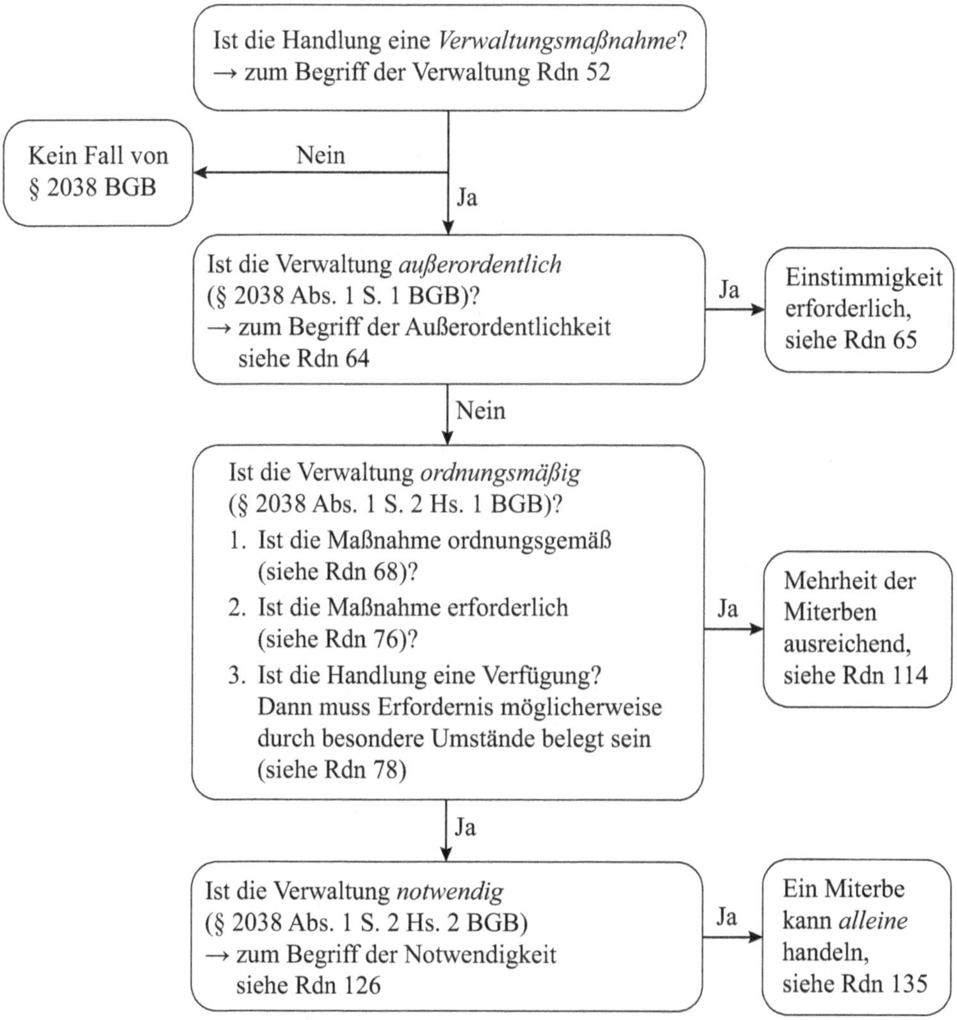

II. Begriff der Verwaltung

Der Begriff der „Verwaltung" (des Nachlasses) ist im BGB nicht definiert. Über die Reich- 52
weite des Begriffes in § 2038 BGB herrscht keine Einigkeit. Insbesondere ist es schwierig zu beurteilen, welche Verfügungen die Rechtsprechung abweichend von § 2040 (gemeinschaftliche Verfügung) im Rahmen der Mehrheits- oder sogar Einzelverwaltung für möglich hält. Einigkeit besteht jedoch darin, dass **„Verwaltung"** i.S.v. § 2038 BGB weit und umfassend zu verstehen ist: Umfasst sind **alle** tatsächlichen und rechtlichen **Maßnahmen**, die zur Verwahrung, Sicherung, Erhaltung und Vermehrung sowie zur Gewinnung der Nutzungen und Bestreitung laufender Verbindlichkeiten des Nachlasses erforderlich oder geeignet sind.[109] Der BGH hat mit einer Entscheidung aus dem Jahr 2005 die Definition erweitert,

109 BGH, Urt. v. 28.9.2005 – IV ZR 82/04, Rn 12, juris unter Hinweis auf BGH, Urt. v. 22.2.1965 – III ZR 208/63, FamRZ 1965, 267, 269; OLG Düsseldorf, Urt. v. 17.2.1995 – 7 U 69/94, OLGR 1995, 301; Staudinger/*Löhnig*, § 2038 Rn 6.

wodurch nunmehr grundsätzlich auch Verfügungen über Nachlassgegenstände eine Maßnahme der Verwaltung sein können[110] (zur Frage, ob eine Verfügung eine Maßnahme der ordnungsgemäßen Verwaltung sein kann, siehe unten Rdn 77).

53 Die Regelung in § 2038 Abs. 1 S. 1 BGB ist im Wesentlichen deckungsgleich mit § 744 Abs. 1 BGB. Auch in **§ 1978** verwendet das BGB den Begriff der „Verwaltung“ (des Nachlasses). Nach den Motiven umfasst die Verwaltung dort die „gesammte thatsächliche und rechtliche Verfügung über das verwaltete Gut, schließt also auch Veräußerungen, zu welchen der Verwalter berechtigt ist, nicht aus“.[111] Der Verwaltungsbegriff in § 2038 BGB soll gleichermaßen zu verstehen sein.[112] Zur **Problematik**, ob aus den Motiven des BGB zu § 1978 der Schluss gezogen werden kann, dass Verfügungen der Erbengemeinschaft auch als Verwaltungsmaßnahme nach § 2038 BGB beurteilt werden können siehe unten Rdn 78.

Ann formuliert plastisch, dass

> *„Verwaltung alles sein soll, was den Status Quo des Erblasservermögens sichert, wie er im Zeitpunkt des Erbfalls bestanden hat. Verwaltungshandeln ist so in erster Linie ‚Bewahrungshandeln‘“.*[113]

Weiter führt er aus, dass

> *„werbendes Handeln der Nachlassverwaltung zumindest nicht wesensfremd sein kann. Nachlassverwaltung ist also auch Bewahrungshandeln, erschöpft sich darin aber nicht.“*[114]

54 Verwaltungsmaßnahmen sind bspw.:[115]
- Anfechtung (auch eines Eigentümerbeschlusses)
- Antragstellung und deren Rücknahme beim Grundbuchamt
- Baumaßnahmen auf einem Grundstück
- Entlassung oder Anstellung von Grundstücksverwaltern oder Bediensteten
- Erlass von Forderungen
- Forderungseinziehung, auch Miet- und Pachtzins (siehe unten Rdn 167)[116]
- Handelsgeschäft fortführen oder einstellen[117]
- Kapitalanlage bis zur Auseinandersetzung[118]
- Klage zum Schutz eines verpfändeten Grundstückes vor ungerechtfertigter Vollstreckung[119]
- Mahnungen
- Nachbarschaftsrechte gegen Baugenehmigung geltend machen[120]
- Nachlassschulden begleichen, insbes. laufende Verbindlichkeiten[121]
- Pflichtteilsansprüche beziffern und auszahlen (auch bei Testamentsvollstreckung)

---

110 BGH, Urt. v. 28.9.2005 – IV ZR 82/04, Rn 12, juris.
111 Motive S. 627 zit. nach *Mugdan*, Die gesamten Materialien zum BGB, Bd. V, S. 337.
112 *Brox*, Erbrecht, Rn 490.
113 *Ann*, S. 14.
114 *Ann*, S. 15.
115 Staudinger/*Löhnig*, § 2038 Rn 6; MüKo/*Gergen*, § 2038 Rn 16; Palandt/*Weidlich*, § 2038 Rn 7.
116 BGH, Urt. v. 18.11.1966 – IV ZR 235/65, NJW 1967, 440.
117 BGH, Urt. v. 24.9.1959 – II ZR 46/59, NJW 1959, 2114, 2115; BGH, Urt. v. 10.2.1960 – V ZR 39/58, NJW 1960, 959, 962.
118 *Lange/Kuchinke*, § 43 I 3 b) unter Bezug auf OLG Posen OLGE 18, 328.
119 MüKo/*Gergen*, § 2038 Rn 32.
120 VG München, Urt. v. 19.9.2007 – M 9 K 06.4395, Rn 13, juris; die Begründung des Urteils ist jedoch fragwürdig und ergebnisorientiert.
121 BGH, Urt. v. 22.2.1965 – III ZR 208/63, FamRZ 1965, 267, 269.

- Rechtsstreitigkeiten einschließlich der Prozessführung[122]
- Regelung der Benutzung von Nachlassgegenständen[123]
- Reparaturen und Instandhaltungsmaßnahmen, soweit sie aus Nachlassmitteln beglichen werden können[124]
- Rücktritt
- Stille Gesellschaft mit Dritten eingehen[125]
- Stimmrechtsausübung aufgrund eines GmbH-Geschäftsanteils vor Ausübung des Stimmrechts gem. § 18 Abs. 1 GmbHG[126]
- Verarbeitung halbfertiger Produkte, auch wenn dadurch neue Produkte entstehen
- Veräußerung von Grundstücken[127]
- Vergleichsabschluss über Forderungen für und gegen den Nachlass[128]
- Vermietung und Verpachtung[129] von Nachlassgegenständen[130]
- Vertragsabschluss
- Verwaltung und Vertretung auf einzelne Miterben oder einen Dritten übertragen[131]
- Vollmachterteilung[132]
- Widerruf einer vom Erblasser erteilten Vollmacht (siehe hierzu § 13 Rdn 57, insbes. Rdn 66)
- Widerspruch gegen Verlängerung eines Mietverhältnisses.[133]

Eine „Übertragung" dieser Beispiele auf den konkreten Fall darf nur mit Vorsicht erfolgen. Es kommt auf die **konkreten** Umstände an, ob eine **Verwaltungsmaßnahme** vorliegt.

Die **Kündigung** von Miet- und Pacht-**Verträgen** sowie auch anderer Verträge ist eine 55
Verfügung i.S.v. § 2040 BGB, da sie als einseitig empfangsbedürftige Willenserklärung unmittelbar auf das Rechtsverhältnis einwirkt. Seine gegenteilige Rechtsprechung von 1951 hat der BGH 2006 aufgegeben.[134] Zu Einzelheiten siehe § 19 Rdn 27 ff.

---

122 OLG Hamm, Urt. v. 1.12.1975 – 8 U 204/75, BB 1976, 671.

123 BGH, Urt. v. 24.6.1968 – III ZR 109/65, WM 1968, 1172, 1173.

124 BGH, Urt. v. 8.5.1952 – IV ZR 208/51, BGHZ 6, 76, 83: Gerade in diesen Fällen verbietet sich jedoch eine generelle Aussage und es kommt maßgebend auf den Einzelfall an, mithin auf die allgemeinen wirtschaftlichen Verhältnisse, die konkreten wirtschaftlichen Verhältnisse des gesamten Nachlasses und den Zustand des Nachlassgegenstandes.

125 BFH, Urt. v. 9.7.1987 – IV R 95/85, NJW 1988, 1343, 1344.

126 BGH, Beschl. v. 6.10.1992 – KVR 24/91, NJW 1993, 1265, 1266.

127 BGH, Urt. v. 22.2.1965 – III ZR 208/63, FamRZ 1965, 267: Sonderfall, da hier andernfalls die Enteignung des Grundstückes bei niedrigerem Erlös erfolgt wäre.

128 BGH, Urt. v. 18.11.1966 – IV ZR 235/65, NJW 1967, 440.

129 BGH, Urt. v. 29.3.1971 – III ZR 255/68, BGHZ 56, 47, 50 = NJW 1971, 1265.

130 Verpachtung eins Grundstücks als Campingplatz ist aber beispielsweise dann keine ordnungsgemäße Verwaltung mehr, wenn bereits die Teilungsversteigerung des Grundstücks beantragt worden ist, BrbOLG, Urt. v. 12.8.1997 – 2 U 188/96, juris.

131 BGH, Urt. v. 29.3.1971 – III ZR 255/68, BGHZ 56, 47, 51 = NJW 1971, 1265; OLG Hamm, Urt. v. 19.10.2010 – I-10 U 79/10, 10 U 79/10, Rn 91, juris (NZB durch BGH am 21.7.2011 – IV ZR 273/10 zurückgewiesen).

132 *Wolf*, AcP 181 (1981), 481, 496.

133 KG, Urt. v. 7.1.2002 – 8 U 7969/00, Rn 5, juris: Im Gegensatz zur Kündigung ist der Widerspruch die Ablehnung eines „Angebots auf Abschluss eines inhaltsgleichen Mietvertrages".

134 BGH, Urt. v. 28.4.2006 – LwZR 10/05, Rn 9 (Änderung der Rspr.), juris; vgl. hierzu die Anmerkung von *Ann*, MittBayNot 2007, 133; a.A. noch BGH, Beschl. v. 30.1.1951 – V BLw 36/50, LS Ziff. 1, NJW 1952, 1111.

Keine Verwaltungsmaßnahmen sind[135]
- Ausübung des Vorkaufsrechts nach § 2034 BGB
- Bestattung des Erblassers (Leiche ist nicht Eigentum der Erben)
- Exhumierung des Erblassers (Leiche ist nicht Eigentum der Erben)
- Obduktion des Erblassers (Leiche ist nicht Eigentum der Erben)
- Handlungen, die auf die Auseinandersetzung oder Auflösung des Nachlasses gerichtet sind (keine Erhaltung oder Nutzung des Nachlasses)
- Mitgliedschaftsrechtliche Organisation der Erbengemeinschaft (z.B. Regelung des Stimmenverhältnisses und der Stimmabgabe)[136]
- Vereinbarung über den Ausschluss der Auseinandersetzung.

56 **Umstritten** ist die Einordnung des **Widerrufs** einer **vom Erblasser erteilten** (widerruflich ausgestalteten) **Vollmacht** als **Verwaltungsmaßnahme.**[137] Dies – so wird argumentiert – sei eine eigene Angelegenheit jedes Miterben und daher läge **keine Verwaltungsmaßnahme** vor.[138] Die Vollmacht des Erblassers „zerfalle" in Einzelvollmachten eines jeden Miterben, die jeder Miterbe – lediglich – mit Wirkung „gegen sich selbst" widerrufen könne. Der Bevollmächtigte soll mithin ausschließlich noch die Miterben vertreten können, die die Vollmacht nicht widerrufen haben.[139] Soweit dies auch mit Hinweis auf eine Entscheidung des BGH aus dem Jahr 1959 argumentiert wird, übersehen die Autoren, dass der BGH dort über eine **Vollmacht der Erbengemeinschaft** zugunsten eines Miterben zu entscheiden hatte – nicht über eine trans- und/oder postmortale Vollmacht des Erblassers.[140]

Die Annahme eines **„Zerfalls"** der vom Erblasser herrührenden Bevollmächtigung in Einzelvollmachten würde zu rechtlichen Konsequenzen führen, die der **Systematik** des Rechts der **Erbengemeinschaft**, insbesondere der Haftung der Miterben, fremd sind.[141] Denn eine vom Erblasser herrührende Vollmacht kann und darf ausschließlich[142] den Miterben als haftungsprivilegiertes Mitglied der Erbengemeinschaft verpflichten – und somit letztlich nur den Nachlass. Würde die Vollmacht hingegen jeden Miterben „persönlich betreffen", würde er zwangsläufig auch „persönlich verpflichtet" werden. Genau davor ist der Miterbe jedoch durch §§ 2059, 2060 BGB geschützt und dieser Schutz kann nicht durch eine dem Miterben womöglich sogar unbekannte Vollmacht des Erblassers „aufgehoben" werden. Zur praktischen Umsetzung eines Vollmachtswiderrufs siehe § 13 Rdn 66 f.

57 Die **Vorbereitung** der **Auseinandersetzung** nach §§ 2042 ff. BGB sowie die Auseinandersetzung selbst sind **keine Verwaltungsmaßnahme.** Begrifflich ist dies angesichts der anerkannten Definition des Begriffes „Verwaltung" eindeutig (vgl. Rdn 52). Gleichwohl wird gerade dies in Literatur und Rechtsprechung häufig gänzlich übersehen oder nicht eindeutig unterschieden. Die Pflicht des Miterben zur Mitwirkung bei der Auseinandersetzung ist **nicht vergleichbar** mit der Pflicht zur Mitwirkung bei Verwaltungsmaßnahmen der **ordentlichen Verwaltung** (hierzu Rdn 68 sowie Rdn 114). Im Rahmen der **Auseinandersetzung** ist **jeder Miterbe verpflichtet**, an der Versilberung der Gegenstände mitzuwirken (vgl. zur

---

135 MüKo/*Gergen*, § 2038 Rn 17; Staudinger/*Löhnig*, § 2038 Rn 7.

136 *Lange/Kuchinke*, § 43 I 3 b).

137 Zum Streitstand *Madaus*, ZEV 2004, 448.

138 MüKo/*Gergen*, § 2038, Rn 17 m.w.N.

139 OLG Dresden SeuffA 65 Nr. 65, 139.

140 BGH, Urt. v. 24.9.1959 – II ZR 46/59, NJW 1959, 2114, 2115; darauf weist mit Recht *Madaus*, ZEV 2004, 448 am Rande hin; ausführlich dazu § 13 Rdn 58 ff.

141 So auch *Madaus*, ZEV 2004, 448, 449; vgl. auch § 13 Rdn 60.

142 Jedenfalls bis die Miterben aus anderen Gründen auch mit ihrem Eigenvermögen haften, z.B. nach der Teilung des Nachlasses, §§ 2059, 2060 BGB, vgl. hierzu auch § 6 Rdn 169 ff.

Reihenfolge der Verwertung § 8 Rdn 41 sowie zur Versilberung der Nachlassgegenstände § 8 Rdn 73). Etwaiger Widerstand der Miterben ist durch Klage (Mobilien, vgl. hierzu § 8 Rdn 75) oder Teilungsversteigerung nach § 180 ZVG (Immobilien, vgl. hierzu § 8 Rdn 78 ff.) zu überwinden.

Ob und inwieweit Miterben **i.R.d. Verwaltung** untereinander zur **Auskunft** verpflichtet 58 sind, wird unterschiedlich beurteilt (zu Auskunftsansprüchen der Miterben und der Erbengemeinschaft generell vgl. unten Rdn 150).

§ 2038 BGB unterscheidet **nicht** danach, ob eine Maßnahme auch außerhalb der Erbenge- 59 meinschaft oder lediglich im Innenverhältnis wirkt. „Verwaltung" umfasst daher sowohl die interne Beschlussfassung (also Maßnahmen im **Innenverhältnis**) als auch Rechtsgeschäfte mit Dritten (also Maßnahmen im **Außenverhältnis**).

Die Verwaltung ist durch die Erben selbst vorzunehmen. Die Verwaltung durch einen 60 außenstehenden **(Fremd-)Verwalter** ist nur dann erforderlich (und damit möglich), wenn die Miterben selbst nicht in der Lage oder nicht bereit sind, den Nachlass ordnungsgemäß zu verwalten.[143] Die Erben können aber nach Auffassung des BGH **mehrheitlich** einen **(Fremd-)Verwalter bestimmen.**[144] Dies ist manchmal ein guter Weg, um die „Patt-Situation" zwischen den Erben zu beenden und den Nachlass in seinem wirtschaftlichen Bestand zu wahren und zu mehren (siehe unten Rdn 98).

In bestimmten Fällen können Erben von der Verwaltung **ausgeschlossen** sein bzw. können 61 ausgeschlossen werden:[145]
- Auflage zu bestimmtem Verwaltungshandeln oder die Verwaltung bestimmten Erben bzw. Dritten zu übertragen, § 1940 BGB
- Erblasserbestimmung (Verwaltungsvollstreckung), § 2209 BGB
- Insolvenzverwaltung, § 80 InsO
- Miterbenregelung, entweder durch Mehrheitsbeschluss[146] oder – erst recht – einverständlich (Übertragung der Verwaltung auf einen Miterben o.ä.)
- Nachlassinsolvenzverfahren, § 80 Abs. 1 InsO
- Nachlassverwaltung, § 1984 Abs. 1 S. 1 BGB
- Pfändung eines Erbteils (Verwaltung durch Pfändungsgläubiger)
- Testamentsvollstreckung in Form der Abwicklungsvollstreckung (soweit die Anordnung reicht), § 2205 BGB
- Verwaltungsvollstreckung, § 2209 BGB.

Beispiel: Keine Maßnahme der Verwaltung 62

Erblasser Max Meier (E) verstarb 2018. Er war verheiratet mit Magda (F) und hinterlässt zwei erwachsene Kinder, Daniel (K1) und Anna (K2). Er hatte keinen Ehevertrag geschlossen und hinterlässt kein Testament. Den Eheleuten gehörte gemeinsam ein selbst bewohntes Einfamilienhaus (EFH).

Kurz vor seinem Tode hatte E im EFH ein Gäste-Bad einbauen lassen. Bei der Auswahl der Ausstattung ließ er sich in erster Linie von Zweckmäßigkeitserwägungen und dem Preis leiten und wählte einfache Objekte aus. F ließ nunmehr ohne Rücksprache mit K1 oder K2 die Sanitär-Objekte gegen neue Designerobjekte austauschen, die ihrem

143 BGH, Urt. v. 9.2.1983 – IVa ZR 144/81, LS und Rn 7, juris.
144 BGH, Urt. v. 29.3.1971 – III ZR 255/68, Rn 22, juris.
145 MüKo/*Gergen*, § 2038 Rn 18 ff.
146 BGH, Urt. v. 29.3.1971 – III ZR 255/68, BGHZ 56, 47, 51 = NJW 1971, 1265.

Geschmack entsprechen. Die neuen Objekte haben inklusive Einbau 23.997 EUR gekostet. Wer muss die Aufwendungen bezahlen?

Lösung

F könnte gegen die Erbengemeinschaft einen Erstattungsanspruch für den Austausch der Sanitär-Objekte in Höhe ihrer Aufwendungen haben. Dann hätte das Austauschen der Objekte eine Maßnahme der Verwaltung sein müssen. Unter Verwaltung sind jedoch nur alle tatsächlichen und rechtlichen Maßnahmen zu verstehen, die zur Verwahrung, Sicherung, Erhaltung und Vermehrung sowie zur Gewinnung der Nutzungen und dem Bestreiten laufender Verbindlichkeiten des Nachlasses erforderlich oder geeignet sind. Der Begriff der Verwaltung ist zwar weit und umfassend zu verstehen, gleichwohl erfasst er jedoch keine Luxusaufwendungen ausschließlich zur Erhöhung des persönlichen Wohlbefindens. Der Austausch von funktionsfähigen Sanitär-Objekten, die lediglich nicht mehr dem ästhetischen Empfinden entsprechen, ist somit bereits **keine Maßnahme der Verwaltung**!

63 **Hinweis**

Vielfach in der anwaltlichen Praxis geführte Auseinandersetzungen, ob ein Beschluss der Erbengemeinschaft einstimmig, mehrheitlich oder gar lediglich allein von einem Miterben gefasst werden kann (oder konnte), lassen sich bereits „im Ansatz" erledigen: Häufig liegt gar keine Verwaltungsmaßnahme i.S.v. § 2038 BGB vor.

III. Außerordentliche Verwaltung, § 2038 Abs. 1 S. 1 BGB

1. Begriff der Außerordentlichkeit

64 Im Rahmen von § 2038 Abs. 1 S. 1 BGB ist die **außerordentliche** Verwaltung (zum Begriff der Verwaltung siehe oben Rdn 52) gemeint. Die **ordentliche** Verwaltung wird von § 2038 Abs. 1 S. 2 Hs. 1 BGB erfasst (siehe Rdn 68). Außerordentliche Verwaltung bezeichnet Maßnahmen, die für den Nachlass eine **erhebliche** wirtschaftliche Bedeutung haben.[147]

Außerordentliche Verwaltungsmaßnahmen sind bspw.:
- Umänderung der Erbengemeinschaft in eine werbende Gesellschaft[148]
- Umwandlung eines Gewerbes in ein Unternehmen einer anderen Branche[149]
- Anregung zur Aufhebung einer Nachlassverwaltung.[150]

2. Begriff des gemeinschaftlichen Handelns

65 Im Rahmen der außerordentlichen Verwaltung ist **Einstimmigkeit** der Miterben erforderlich. Nur wenn alle Miterben übereinstimmend handeln, liegt „gemeinschaftliches" Verwaltungshandeln i.S.v. § 2038 Abs. 1 S. 1 BGB vor. Im **Innenverhältnis** ist ein einstimmiger Beschluss der Erben erforderlich; im **Außenverhältnis** bedarf es einvernehmlichen Auftretens.[151] **Nicht** erforderlich ist es jedoch, dass alle Erben auch **gleichzeitig** handeln. Im Außenverhältnis genügt das Handeln eines Miterben mit Zustimmung der anderen, §§ 182 ff. BGB. Nehmen die übrigen Miterben Verwaltungshandlungen eines Miterben

---

147 *Krug*, in: Krug/Rudolf/Kroiß/Bittler, § 12 Rn 43.
148 *Krug*, in: Krug/Rudolf/Kroiß/Bittler, § 12 Rn 43.
149 MüKo/*Gergen*, § 2038 Rn 33.
150 MüKo/*Gergen*, § 2038 Rn 33 (wegen der daraus resultierenden Haftungsgefahr für die Miterben).
151 MüKo/*Gergen*, § 2038 Rn 24.

hin, so kann darin eine **stillschweigende Bevollmächtigung** liegen.[152] Hierbei müssen die Miterben jedoch erkennen können, dass die Verwaltungshandlungen des Miterben solche für den Nachlass und nicht für ihn selbst sind. Ein Verstoß gegen die Pflicht des gemeinschaftlichen Handelns führt zur Unwirksamkeit der Handlung im Innen- und Außenverhältnis: Bei **internen** Verwaltungshandlungen brauchen sich die nicht handelnden Erben nicht gebunden zu fühlen, da die Handlung für die Miterben untereinander ohne Bedeutung ist.[153] Bei **externem** Verwaltungshandeln richtet sich die Haftung des Miterben nach den §§ 177 ff. BGB, wenn der Erbe ohne die erforderliche Vollmacht sämtlicher Erben handelt.[154] Einseitige Rechtsgeschäfte sind daher nach § 180 BGB zu beurteilen. Die Pflicht zum gemeinschaftlichen Handeln gilt **nur** in Fällen der außerordentlichen Verwaltung.

3. Rechtsfolgen bei außerordentlicher Verwaltung

a) Miterben haben gemeinschaftlich gehandelt

Die gemeinschaftlich und offen erkennbar **für den Nachlass** handelnden Miterben haften nicht mit ihrem Eigenvermögen, sondern ausschließlich mit dem Nachlass.[155] Ist ein **Handeln** für den Nachlass dagegen **nicht erkennbar**, gilt § 164 Abs. 2 BGB und die Miterben haften auch persönlich. Die Miterben sind jedoch einander **nicht verpflichtet**, eine persönliche Haftung einzugehen.[156] 66

b) Miterben haben nicht gemeinschaftlich gehandelt

Ein **Verstoß** gegen den Grundsatz des gemeinschaftlichen Handelns macht die Handlung im Innen- und Außenverhältnis **unwirksam**. Bei Verwaltungshandlungen **innerhalb** der Erbengemeinschaft werden die nicht handelnden Miterben **nicht gebunden**, die Handlung ist für die Miterben ohne Bedeutung.[157] Bei Verwaltungshandlungen **nach außen** tritt **keine Wirkung** der Rechtsgeschäfte ein. Die Handelnden haften ggf. aus § 179 BGB oder aus § 311 Abs. 2 und 3 BGB (*culpa in contrahendo*).[158] 67

IV. Ordnungsmäßige Verwaltung, § 2038 Abs. 1 S. 2 Hs. 1 BGB

Nach § 2038 Abs. 1 S. 2 Hs. 1 BGB sind die Miterben einander verpflichtet bei solchen „Maßregeln“ mitzuwirken, die für eine „ordnungsmäßige Verwaltung erforderlich“ sind. Während also i.R.d. außerordentlichen Verwaltung des Satzes 1 noch ein einstimmiger Beschluss erforderlich ist und jeder Miterbe dort frei entscheiden kann, regelt der Satz 2 für die ordentliche Verwaltung eine **Pflicht** der Erben an erforderlichen ordnungsmäßigen Verwaltungsmaßnahmen **mitzuwirken**. Ein Verstoß gegen diese gesetzlich geregelte Pflicht kann zu **Schadensersatzansprüchen** führen (siehe unten Rdn 123 sowie § 9 Rdn 40 ff.). 68

Drei Voraussetzungen müssen nach dem Wortlaut der Norm **mindestens** (zu möglichen weiteren Voraussetzungen bei **Verfügungen** als Maßnahmen der Verwaltung siehe unten Rdn 77) erfüllt sein, um eine **Mitwirkungspflicht** eines Miterben auszulösen:
1. Maßnahme der „Verwaltung“

152 BGH, Urt. v. 24.9.1959 – II ZR 46/59, NJW 1959, 2114, 2115.
153 Staudinger/*Löhnig*, § 2038 Rn 10.
154 Staudinger/*Löhnig*, § 2038 Rn 10.
155 BGH, Urt. v. 25.3.1968 – II ZR 99/65, BB 1968, 769, 770.
156 MüKo/*Gergen*, § 2038 Rn 27.
157 Staudinger/*Löhnig*, § 2038 Rn 10.
158 Staudinger/*Löhnig*, § 2038 Rn 10.

2. Maßnahme ist „ordnungsmäßig“
3. Maßnahme ist „erforderlich“.

69 § 2038 Abs. 2 S. 1 BGB verweist auf §§ 743, 745, 746 und 748 BGB und somit auf ausgewählte Vorschriften des **Gemeinschaftsrechts** zur Verwaltung, Nutzung und Verteilung von **Früchten** vor der Auseinandersetzung des Nachlasses. § 2038 Abs. 2 S. 2 und 3 BGB regeln die **Fälligkeit** des Anspruches auf Teilung der Früchte (siehe unten Rdn 86).

1. Maßnahme der „Verwaltung“

70 Die Mitwirkungspflicht der Miterben setzt zunächst voraus, dass eine Maßnahme der „Verwaltung“ vorgenommen werden soll. Zu dem Begriff der Verwaltung i.S.v. § 2038 BGB siehe oben Rdn 52.

2. Maßnahme „ordnungsmäßig“

a) Beurteilungsmaßstab und -zeitpunkt

71 Die Mitwirkungspflicht an Verwaltungsmaßnahmen der Erbengemeinschaft besteht ausschließlich bei Maßnahmen, die zur „**ordnungsmäßigen**“ Verwaltung erforderlich sind. Ordnungsmäßige Verwaltung gem. § 2038 Abs. 1 S. 2 i.V.m. § 745 BGB umfasst alle Maßnahmen, die der Beschaffenheit des betreffenden Nachlassgegenstandes und dem Interesse aller Miterben nach billigem Ermessen entsprechen.[159] Die Frage der Ordnungsmäßigkeit ist an dem Verhalten einer verständigen Person in der gleichen Situation zu beurteilen.[160] Maßgebend ist der Standpunkt eines vernünftig und wirtschaftlich denkenden Beurteilers zum **Zeitpunkt**, in dem die Handlung vorgenommen werden soll.[161] „Vernünftig“ und „wirtschaftlich“ ist es, bei mehreren Wegen die zum gleichen Erfolg führen, den einfacheren und leichteren Weg zu wählen.[162] *Ann* formuliert zu diesem Beurteilungsmaßstab plastisch:

> *„Kernproblem dieses Verfahrens ist der Mangel an Rechtssicherheit. Prospektiv ist häufig nicht genau erkennbar, was ein Richter retrospektiv als die prospektive Einschätzung einer verständigen Person ansehen wird. Unsicherheit und daraus folgende Risikoscheu sind so gerade in Grenzfällen kaum vermeidbar.“*[163]

72 Stellt sich im Nachhinein heraus, dass eine Verwaltungsmaßnahme im Außenverhältnis vertragswidrig gewesen ist, so kann es sich gleichwohl noch um eine Maßnahme ordnungsmäßiger Verwaltung gehandelt haben.[164] Dies gilt jedenfalls dann, wenn bei der Beschlussfassung

> *„die Rechtslage auch nach Einholung von Rechtsrat nicht zuverlässig einzuschätzen war. Könnten vernünftige Maßnahmen nur dann mehrheitlich beschlossen werden, wenn ihre Umsetzung rechtlich unzweifelhaft ist, liefe dies auf eine – die Entscheidungsbefugnisse der Mehrheit weitgehend einschränkende – unzulässige Zweckmäßigkeitskontrolle hinaus.“*[165]

---

159 Palandt/*Weidlich*, § 2038 Rn 6.

160 KG, Urt. v. 28.11.1913 – 3 ZS, OLGE 30, 184.

161 BGH, Urt. v. 8.5.1952 – IV ZR 208/51, BGHZ 6, 76, 81.

162 BGH, Urt. v. 22.2.1965 – III ZR 208/63, FamRZ 1965, 267, 269.

163 *Ann*, S. 31 f. in Fn 79, dort allerdings erst bezogen auf die „Erforderlichkeit“ und nicht wie das KG in seinem Urteil (Fn 144) wohl meinte bereits bezogen auf die Frage der „Ordnungsmäßigkeit“.

164 So BGH, Beschl. v. 26.4.2010 – II ZR 159/09, Rn 16, juris zu § 745 Abs. 1 BGB.

165 BGH, Beschl. v. 26.4.2010 – II ZR 159/09, Rn 16, juris zu § 745 Abs. 1 BGB.

b) Keine wesentliche Veränderung

Eine **wesentliche Veränderung** des Nachlassgegenstandes ist **keine ordnungsmäßige Verwaltung** mehr und kann daher **weder mehrheitlich beschlossen noch verlangt** werden, § 2038 Abs. 2 S. 1 i.V.m. § 745 Abs. 3 BGB. „Wesentlich“ ist eine Veränderung, wenn durch die beabsichtigte Verwaltungsmaßnahme die **Zweckbestimmung** oder Gestalt des Nachlasses in einschneidender Weise geändert werden würde.[166] Die einem Miterben zustehende Nutzung und das Vermögen der Erbengemeinschaft darf **weder gefährdet** noch **gemindert** werden.[167] Die **Veräußerung** eines von mehreren Nachlassgrundstücken ist eine bloße **Umstrukturierung** des Gesamtnachlasses, da im Wege der dinglichen Surrogation (§ 2041 S. 1 BGB) anstelle der Immobilie dann der Verkaufserlös tritt.[168] Die **Umwandlung** von einem fast ausschließlich aus Immobilien bestehenden Nachlass in Bar- und Wertpapiervermögen wäre demgegenüber regelmäßig eine wesentliche Veränderung. Der **anlassbezogene Verkauf** einer von vielen Eigentumswohnungen aus dem Nachlass muss hingegen **keine** wesentliche Veränderung darstellen. 73

Der BGH hat im Jahr 2005 die umstrittene Frage, was unter **„Gegenstand“** i.S.v. § 745 Abs. 3 S. 1 BGB zu verstehen ist, dahin entschieden, dass damit der **gesamte Nachlass** gemeint ist: 74

> *„Für die Wesentlichkeit einer Veränderung ist auf den gesamten Nachlass abzustellen, andernfalls läge in jeder Verfügung über einen Nachlassgegenstand eine wesentliche Veränderung; derartige Maßnahmen wären mithin nie ordnungsgemäß. Das wäre indes mit Wortlaut und Entstehungsgeschichte der Mitwirkungsregelungen unvereinbar, die (...) Verfügungen in den Katalog der möglichen Verwaltungsmaßregeln grundsätzlich mit einbeziehen.“*[169]

c) Einzelfallabwägung

Die Beurteilung ob eine Maßnahme ein Fall der „ordnungsmäßigen“ Verwaltung ist, bleibt stets einzelfallabhängig. Fraglich ist es bspw., ob man den Abschluss von **Mietverträgen** als einen Fall der **ordnungsmäßigen** Verwaltung ansehen kann. Die Frage lässt sich nicht generell beantworten: Die Vermietung von Nachlassgegenständen ist fraglos eine Maßnahme der Verwaltung[170] und auf den ersten Blick erscheint es auch dem Interesse der Miterben zu dienen, wenn die Nachlassgegenstände Früchte abwerfen oder wenigstens eine Verschlechterung des Nachlassgegenstandes vermieden wird.[171] Stets muss aber eine Abwägung im Einzelfall vorgenommen werden, generelle Aussagen lassen sich nicht treffen: Wird eine zu geringe Miete vereinbart oder ist ein Leerstand für eine Veräußerung der Immobilie dienlich,[172] so wird die (Neu-)Vermietung nicht dem Interesse aller Miterben dienen. Dieses Beispiel zeigt, dass sich in diesem Bereich generelle Aussagen verbieten: 75

166 BGH, Urt. v. 4.5.1987 – II ZR 211/86, NJW 1987, 3177; BGH, Urt. v. 20.12.1982 – II ZR 13/82, Rn 14, juris.

167 Staudinger/*Löhnig*, § 2038 Rn 29.

168 BGH, Urt. v. 28.9.2005 – IV ZR 82/04, Rn 23, juris.

169 BGH, Urt. v. 28.9.2005 – IV ZR 82/04, Rn 20 m.w.N. zur a.A. in Rn 19, juris.

170 BGH, Urt. v. 29.3.1971 – III ZR 255/68, BGHZ 56, 47, 50 = NJW 1971, 1265.

171 Vgl. hierzu beispielsweise: OLG München, Beschl. v. 6.10.2010 – 7 U 3661/10 (Hinweisbeschluss nach § 522 Abs. 2 S. 2 ZPO), juris, Rn 4 sowie Beschluss v. 23.11.2010 – 7 U 3661/10 (Verwerfungsbeschluss nach § 522 Abs. 2 ZPO), juris, Rn 3.

172 Leerstand kann beispielsweise günstiger sein, wenn die Teilungsversteigerung bereits betrieben wird und anzunehmen ist, dass ein unvermietetes Grundstück sich besser veräußern lässt, KG, Urt. v. 7.1.2002 – 8 U 7969/00, juris Rn 9.

Der Einzelfall muss – freilich unter Berücksichtigung der bisher von Rechtsprechung und Literatur entwickelten Grundsätze – stets individuell gewürdigt werden. Allgemein stets verbindliche Aussagen werden sich nur selten treffen lassen.[173]

3. Erfordernis der Verwaltungsmaßnahme

76 Die Feststellung, dass eine beabsichtigte Maßnahme „ordnungsgemäße Verwaltung" i.S.v. § 2038 Abs. 1 S. 2 Hs. 1 BGB wäre, führt nicht bereits zu einer Mitwirkungspflicht der Miterben. Die Erben sind erst dann zu einer Mitwirkung verpflichtet, wenn die Maßnahme auch „erforderlich" ist, § 2038 Abs. 1 S. 2 Hs. 1 BGB. „Erforderlich" ist eine Maßnahme nur, wenn gerade diese Maßnahme erfolgen muss, um eine ordnungsgemäße Verwaltung zu gewährleisten.[174] Wenn andere, weniger einschneidende Maßnahmen zum gleichen Erfolg führen, war die Maßnahme nicht „erforderlich" und die Mitwirkungspflicht entfällt. Diese Prüfung erinnert an den im öffentlichen Recht bestimmenden „Grundsatz der Verhältnismäßigkeit" und dort die „Verhältnismäßigkeit im engeren Sinne".

Hinweis

Auch hier verbieten sich generelle Aussagen, wann eine Maßnahme (noch) „erforderlich" ist, da es auf eine Betrachtung des Einzelfalles ankommt. Gerade i.R.d. Prüfung der Erforderlichkeit einer Maßnahme ergibt sich jedoch in der Praxis häufig, dass **keine** Mitwirkungspflicht der Erben besteht.

4. Verfügung als mitwirkungspflichtige Verwaltungsmaßnahme

77 Es ist umstritten, ob und wann eine **Verfügung** über einen **Nachlassgegenstand** abweichend von § 2040 BGB durch die **Mehrheit** der **Miterben** wirksam vorgenommen werden kann, wenn sie gleichzeitig eine Maßnahme ordnungsgemäßer Verwaltung ist.[175] Nach einer Entscheidung des III. Senats des **BGH** aus dem Jahr 1965 können unter Umständen zur **Verwaltung auch Verfügungen** erforderlich werden, d.h. solche Handlungen, die die Substanz des Nachlasses durch Veräußerung oder Belastung von Nachlassgegenständen dinglich verändern.[176] In dem der Entscheidung zugrunde liegende Fall wäre ein zum Nachlass gehörendes Grundstück enteignet worden, wenn die Erben es nicht dem Land aufgelassen hätten. Ursprünglich ging der BGH mit der Mehrheit im Schrifttum davon aus, dass § 2040 BGB lex specialis zu § 2038 BGB ist.[177]

---

173 So auch BGH, Beschl. v. 26.4.2010 – II ZR 159/09, zu § 745 Abs. 1 BGB, Rn 4, juris: „Ob diese Voraussetzungen vorliegen, hängt von den Umständen des einzelnen Falles ab und ist einer abstrakt-generellen Klärung nicht zugänglich."

174 Staudinger/*Löhnig*, § 2038 Rn 14.

175 Vgl. zum Streitstand BGH, Urt. v. 28.4.2006 – LwZR 10/05, Rn 12 ff., juris.

176 BGH, Urt. v. 22.2.1965 – III ZR 208/63, FamRZ 1965, 267, 269.

177 BGH, Urt. v. 24.10.1962 – V ZR 1/61, Rn 28, juris.

Im Jahr 2005 hat der IV. Senat des BGH dieses strikte Regel-Ausnahme-Verhältnis deutlich ausgeweitet.[178] Der BGH formuliert im Leitsatz: 78

„1. Zu den mitwirkungspflichtigen Verwaltungsmaßregeln gemäß § 2038 Abs. 1 S. 2 BGB zählen grundsätzlich auch Verfügungen über einzelne Nachlassgegenstände.“[179]

In den Entscheidungsgründen heißt es weiter, dass zur gemeinschaftlichen Verwaltung

„grundsätzlich auch Verfügungen über Nachlassgegenstände (zählen), nur muss neben der Ordnungsmäßigkeit die Erforderlichkeit einer solchen Verwaltungsmaßnahme durch besondere Umstände belegt sein, um eine Mitwirkungspflicht zu begründen.“[180]

Der IV. Senat des BGH stellte hierdurch noch eine weitere Voraussetzung auf (neben den oben unter Ziff. 1–3 bereits genannten), bei deren Erfüllung dann auch (erst) eine Verfügung über einen Nachlassgegenstand eine „erforderliche Maßnahme ordnungsmäßiger Verwaltung“ sein könne: Die Erforderlichkeit müsse zusätzlich **„durch besondere Umstände“** belegt sein. Der BGH führte somit weitere Begriffe ein, die in der Praxis Fragen aufwarfen. Denn der BGH erklärte nicht einmal im Ansatz, was diese „besonderen Umstände“ sein könnten. In den Entscheidungsgründen wird lediglich angemerkt, weshalb Verfügungen „auch“ eine Maßregel der Verwaltung sein könnten. In der Folgezeit hat jedoch **kein Senat** des **BGH** und **kein OLG** dieses **zusätzliche Erfordernis** jemals erörtert und im Rahmen der einschlägigen Entscheidungen zu § 2038 BGB zugrunde gelegt: Es wurde schlichtweg ignoriert (vgl. hierzu sogleich Rdn 81 ff.).

Kritik an der Auffassung des BGH 79

Einzig im Urteil des BGH vom 28.9.2005 setzt sich der BGH mit dem **Widerspruch** seiner Auffassung **zu § 2040 Abs. 1** BGB auseinander, Verfügungen nach § 2038 mehrheitlich durch die Erben vornehmen zu lassen. Der IV. Senat begründete diese fundamentale Abweichung vom Gesetzeswortlaut mit vier Sätzen.[181] Die Argumente sind dabei jedoch alles andere als überzeugend. Zunächst stellt der BGH auf den Verfügungsbegriff des **§ 1978** BGB ab und zitiert aus den **Motiven** zum BGB.[182] Dabei wird vom BGH jedoch nicht problematisiert, dass es eine dem § 2040 BGB vergleichbare Vorschrift im Recht der Nachlassverwaltung gerade nicht gibt. Selbst wenn man aber der Auffassung sein sollte, dass diese Äußerungen des historischen Gesetzgebers ein Hinweis auf das Verständnis des Verwaltungsbegriffes in § 2038 BGB geben könnten, kann der Hinweis auf das Nachlassverwaltungsrecht nicht überzeugen. Denn der Gesetzgeber hat mit § 2040 Abs. 1 BGB eine Norm in das BGB aufgenommen, die den Verwaltungsbegriff – sofern er möglicherweise sonst „weiter“ verstanden werden könnte – jedenfalls für das Recht der Erbengemeinschaft **einschränkt**.

---

178 BGH, Urt. v. 28.9.2005 – IV ZR 82/04, juris, wobei der BGH selbst es **nicht** als Änderung seiner Rechtsprechung verstanden wissen will, vgl. Rn 11; in BGH, Urt. v. 28.4.2006 – LwZR 10/05, Rn 17, juris, heißt es hingegen ausdrücklich: „Deshalb ist es ebenfalls zweifelhaft, ob die von dem überwiegenden Teil des Schrifttums und von dem Bundesgerichtshof vertretene Ansicht zutrifft, auch Verfügungen im Rahmen ordnungsmäßiger Nachlassverwaltung müssten immer von sämtlichen Miterben gemeinschaftlich vorgenommen werden.“

179 BGH, Urt. v. 28.9.2005 – IV ZR 82/04, juris; vgl. hierzu auch die Anm. v. *Ann*, MittBayNot 2006, 131.

180 BGH, Urt. v. 28.9.2005 – IV ZR 82/04, Rn 12, juris.

181 BGH, Urt. v. 28.9.2005 – IV ZR 82/04, Rn 14, juris.

182 BGH, Urt. v. 28.9.2005 – IV ZR 82/04, Rn 14, juris, unter Hinweis auf *Mugdan*, Die gesamten Materialien zum BGB, Bd. V, S. 337.

§ 2040 BGB ist an Deutlichkeit kaum zu überbieten und lässt für Interpretationen keinen Raum.[183]

Demgegenüber findet sich in den Protokollen ein deutlicher Hinweis, dass der Gesetzgeber ohne Weiteres der Meinung war, dass beispielsweise die **Kündigung** einer **Forderung** gemeinschaftlich vorgenommen werden muss: Es sei „ein innerer Widerspruch, wenn man den einzelnen Erben selbständige Klagerechte auf Erfüllung an die sämtlichen Erben gewähre, dagegen ihnen das weit weniger intensive Recht der Kündigung und der Mahnung versagte und diese Rechte nur von Erben gemeinschaftlich ausüben lasse."[184] Wenn der Gesetzgeber ohne Einschränkung davon ausgeht, dass alle Erben bei einer Kündigung immer nur gemeinschaftlich handeln können, so muss die Wirksamkeit der Kündigung als Verfügung durch die Erbengemeinschaft offensichtlich ausschließlich nach § 2040 BGB beurteilt werden, vgl. hierzu auch § 19 Rdn 23 ff. (Kündigung im Mietrecht), § 21 Rdn 62 (Kündigung im Arbeitsrecht).[185]

Als **zweites Argument** führt der BGH dann **§ 180 ZVG** an. Das Recht eines jeden Erben „zur Vorbereitung der Auseinandersetzung der Erbengemeinschaft selbstständig einen Antrag auf Teilungsversteigerung zu stellen, verdeutlicht, dass Verfügungen, die einer Nachlassauseinandersetzung vorangehen und sie evtl. vorbereiten sollen – einschließlich solcher über Nachlassgrundbesitz – Verwaltungsmaßnahmen sein können".[186] Dabei wird jedoch nicht problematisiert, dass nach dem allgemeinen Verständnis- und insbesondere auch nach der vom BGH verwendeten Definition des Verwaltungsbegriffes –, die **Vorbereitung** der **Auseinandersetzung keine Verwaltung** mehr ist (vgl. hierzu auch oben Rdn 55 a.E.). Aus diesem Grund richten sich die **Mitwirkungspflichten** bei der Vorbereitung der Auseinandersetzung gem. § 2042 BGB auch **nicht** nach **§ 2038 BGB**. Die Auseinandersetzung und deren Vorbereitung ist „etwas anderes", daher geht der Hinweis des BGH auf § 180 ZVG – allerdings nicht nur aus diesem Grund – fehl (zu den Mitwirkungspflichten im Rahmen der Auseinandersetzung § 8 Rdn 14).

Der BGH hat mit seiner Entscheidung aus dem Jahr 2005 – und ihm folgend die anderen Senate und Instanzgerichte – die Rolle des Gesetzgebers übernommen – ohne Notwendigkeit und überzeugende Gründe.

80 Die grundsätzliche Entscheidung des BGH, dass Verwaltungsmaßnahmen auch Verfügungen sein können, **widerspricht** dem eindeutigen **Wortlaut** des **§ 2040 BGB**. Sie führt – entgegen mancher Stimmen in der Literatur – zu **keinerlei Vereinfachungen** oder Verbesserungen **in der Praxis** – im Gegenteil. Sie hat sich jedoch – leider – mittlerweile in der Rechtsprechung durchgesetzt (vgl. hierzu sogleich Rdn 81 ff.).

81 Auf die Entscheidung des IV. (Erbrechts-)Senats des BGH aus dem Jahr 2005 folgte zu diesem Problem die Entscheidung des Senats für Landwirtschaftssachen des BGH. In jener Entscheidung setzt sich der Senat mit der Entscheidung des IV. Senats (und der aufgestellten

183 Im Ergebnis ebenso: MüKo/*Gergen*, § 2038 Rn 53; Staudinger/*Werner* (2010), § 2038 Rn 40, 6 (Unterscheidung zwischen der Innenwirkung von nach § 2038 Abs. 1 S. 2 Hs. 1 beschlossenen Verfügungen, die im Außenverhältnis hingegen nach § 2040 zu vollziehen sind).

184 Protokolle S. 8107, zit. nach *Mugdan*, Die gesamten Materialien zum BGB, Bd. V, S. 501.

185 Vgl. dagegen jedoch BGH, Urt. v. 11.11.2009 – XII ZR 210/05, juris (Kündigung eines Mietvertrages über ein Nachlassgrundstück durch Stimmenmehrheit); BGH, Beschl. v. 26.4.2010 – II ZR 159/09, juris (zu § 745 Abs. 1 BGB: Kündigung eines Mietverhältnisses durch Mehrheitsbeschluss der Gesellschafter); BGH, Urt. v. 20.10.2010 – XII ZR 25/09, juris (Kündigung eines Pachtverhältnisses durch Stimmenmehrheit).

186 BGH, Urt. v. 28.9.2005 – IV ZR 82/04, Rn 14, juris.

weiteren Voraussetzung der „besonderen Umstände“[187]) überhaupt nicht auseinander. Zitiert wird diese Entscheidung lediglich zur Beschreibung des Problems als „vgl. dazu“.[188] Man könnte fast sagen, dass die Entscheidung inhaltlich ignoriert wurde.

Stattdessen setzt sich der Senat für Landwirtschaftssachen mit der Entscheidung des V. Senates aus dem Jahre 1962[189] auseinander, worin – ohne jeden Zweifel – § 2040 BGB als lex specialis zu § 2038 BGB angesehen wurde. Auf „Anfrage“ des Senats für Landwirtschaftssachen des BGH hat nunmehr der V. Senat erklärt, dass er an seiner Auffassung **nicht** mehr festhält.[190] Obwohl es für den Rechtsstreit überhaupt nicht darauf ankam,[191] hat der Senat für Landwirtschaftssachen in den Entscheidungsgründen dann ausgeführt, dass

> *„viel (...) für die Auffassung (spricht), dass Verfügungen über einen Nachlassgegenstand als Maßnahmen ordnungsgemäßer Nachlassverwaltung wirksam mit Stimmenmehrheit vorgenommen werden können, wenn dadurch die auf den Erhalt des Nachlassbestandes gerichteten Interessen der anderen Miterben nicht beeinträchtigt werden. Denn sie steht im Einklang mit dem Zweck der Vorschrift des § 2040 Abs. 1 BGB“.*[192]

Weiter heißt es:

> *„Die in der Vorschrift des § 2040 Abs. 1 BGB zum Ausdruck kommende gesamthänderische Bindung der Miterben spricht andererseits nicht zwingend für die Notwendigkeit, Verfügungen über Nachlassgegenstände immer gemeinschaftlich vorzunehmen (anders Staudinger/Werner, a.a.O., § 2040 Rn 1). Die Regelungen in § 2038 Abs. 1 S. 2, Abs. 2 i.V.m. § 745 BGB zeigen, dass der Gesetzgeber das Gesamthandsprinzip nicht strikt durchgehalten, sondern für die Fälle der ordnungsmäßigen und der dringend notwendigen Nachlassverwaltung Ausnahmen davon zugelassen hat. Dass diese nur bei Verpflichtungsgeschäften, nicht aber bei Verfügungen zum Tragen kommen sollen, ist jedenfalls dann nicht einsichtig, wenn sich die Verfügungen nicht nachteilig auf den Nachlassbestand auswirken.“*[193]

Im Nachgang zu dieser Entscheidungen haben neben dem Senat für Landwirtschaftssachen[194] der II. Zivilsenat[195] sowie der XII. Zivilsenat[196] in mehreren Entscheidungen die Auffassung geteilt, dass Verfügungen im Rahmen ordnungsgemäßer (Nachlass-)Verwaltung 82

187 BGH, Urt. v. 28.9.2005 – IV ZR 82/04, Rn 12, juris.

188 BGH, Urt. v. 28.4.2006 – LwZR 10/05, Rn 11, juris.

189 BGH, Urt. v. 24.10.1962 –V ZR 1/61, Rn 28, juris: „(...) bezieht sich § 2038 BGB insgesamt nicht auf Verfügungen, für welche vielmehr die Sonderregelung des § 2040 Abs. 1 BGB gilt“.

190 BGH, Urt. v. 28.4.2006 – LwZR 10/05, Rn 17, juris, was nicht weiter erstaunlich ist, weil sämtliche Berufsrichter des Landwirtschaftssenats Richter des 5. Zivilsenates des BGH sind.

191 Letztlich wurde der Fall über § 2040 BGB gelöst, BGH, Urt. v. 28.4.2006 – LwZR 10/05, Rn 23, juris.

192 BGH, Urt. v. 28.4.2006 – LwZR 10/05, Rn 18, juris.

193 BGH, Urt. v. 28.4.2006 – LwZR 10/05, juris Rn 22.

194 Siehe hierzu auch Rn 74 zu BGH, Urt. v. 28.4.2006 – LwZR 10/05, juris; die Berufsrichter des Senats für Landwirtschaftssachen sind Richter des 5. Zivilsenates des BGH, zuständig für Grundstücksrecht, Nachbarrecht, Wohnungseigentumsrecht u.a.

195 Zuständig für Gesellschaftsrecht.

196 Zuständig für Familienrecht und gewerbliches Mietrecht.

auch mit Stimmenmehrheit beschlossen und durchgeführt werden können.[197] Auch Oberlandesgerichte haben sich dieser Rechtsprechung angeschlossen.[198] Das – weitere – Erfordernis der „besonderen Umstände", die die Erforderlichkeit der Verwaltungsmaßnahme belegen, wird in diesen Entscheidungen hingegen – anders als in der Entscheidung des BGH[199] – nicht erwähnt.[200] Das Schleswig-Holsteinische Oberlandesgericht meint ausdrücklich, ein Erfordernis besonderer Umstände sei vom BGH in seiner Entscheidung aus dem Jahre 2005[201] nicht gefordert worden.[202] Es wird damit begründet, dass der BGH ausschließlich die Mitwirkungspflicht an „besondere Umstände" geknüpft habe, nicht hingegen, „dass nur mitwirkungspflichtige Verfügungen Verwaltungsmaßnahmen i.S.d. § 2038 BGB darstellen könnten".[203] Die einzige Entscheidung des IV. Zivilsenates (der dieses Erfordernis der „besonderen Umstände" postuliert hat[204]) ist der nachfolgende Beschluss zu jener Entscheidung des Schleswig-Holsteinischen Oberlandesgerichtes im Verfahren auf Gewährung von Prozesskostenhilfe aus dem Jahr 2014.[205] Auf die Frage der „besonderen Umständen" kam es dabei jedoch nicht an.

83 Somit bleibt für die Praxis die Frage offen, welchen Maßstab ein erkennendes Gericht im Streitfall anlegen wird, um eine Mitwirkungspflicht zu begründen. Auch die praktischen Rechtsfolgen der Entscheidung sind nicht abschließend geklärt.

Beispiel

Die Erbengemeinschaft beschließt mehrheitlich im Rahmen ordnungsgemäßer Verwaltung die Veräußerung einer **Immobilie**. Es mögen sogar „besondere Umstände" im Sinne der Rechtsprechung des BGH gegeben sein. Der **Mehrheitsbeschluss** gewährt den handelnden **Erben** Vertretungsmacht (vgl. hierzu Rdn 115). Dann müsste konsequenterweise die **Umschreibung** des **Eigentums** im Grundbuch auch ohne die nicht handelnde Minderheit der Erben erfolgen können, denn sie werden durch die Mehrheit wirksam vertreten.[206] Dabei wird natürlich vorausgesetzt, dass der Mehrheitsbeschluss in der

197 BGH, Urt. v. 11.11.2009 – XII ZR 210/05, juris (Kündigung eines Mietvertrages über ein Nachlassgrundstück durch Stimmenmehrheit); BGH, Beschl. v. 26.4.2010 – II ZR 159/09, juris (zu § 745 Abs. 1 BGB: Kündigung eines Mietverhältnisses durch Mehrheitsbeschluss der Gesellschafter); BGH, Urt. v. 20.10.2010 – XII ZR 25/09, juris (Kündigung eines Pachtverhältnisses durch Stimmenmehrheit); BGH, Urt. v. 19.9.2012 – XII ZR 151/10, juris LS und Rn 11 (Einziehung einer Nachlassforderung als Maßnahme ordnungsgemäßer Verwaltung mit Stimmenmehrheit), anders noch die Vorinstanz des OLG Frankfurt, Urt. v. 12.11.2010 – 2 U 117/10, juris.

198 Vgl. z.B. OLG Frankfurt, Urt. v. 29.7.2011 – 2 U 255/10, juris Rn 35 (Kündigung eines Darlehensvertrages); BrbOLG, Urt. v. 24.8.2011 – 13 U 56/10 juris LS 1 und Rn 41 (Kündigung eines Sparkontovertrages); Schleswig-Holsteinisches Oberlandesgericht, Urt. v. 18.9.2014 – 3 U 82/13, Rn 41, juris (Kündigung eines Darlehensvertrages), der Antrag auf Gewährung von PKH für die Durchführung der Nichtzulassungsbeschwerde wurde vom BGH zurückgewiesen, BGH, Beschl. v. 3.12.2014 – IV ZA 22/14, juris.

199 BGH, Urt. v. 28.9.2005 – IV ZR 82/04, juris Rn 12.

200 Ausdrücklich heißt es beispielsweis im Urteil des BGH vom 19.9.2012 – XII ZR 151/10, juris Rn 13: „Die Wirksamkeit des Mehrheitsbeschlusses steht allein unter der Voraussetzung, dass es sich bei der Einziehung oder der nach §§ 362 Abs. 2, 185 BGB erteilten Ermächtigung um eine Maßnahme der ordnungsgemäßen Verwaltung handelt."

201 BGH, Urt. v. 28.9.2005 – IV ZR 82/04, juris.

202 Schleswig-Holsteinisches Oberlandesgericht, Urt. v. 18.9.2014 – 3 U 82/13, Rn 47, juris.

203 Schleswig-Holsteinisches Oberlandesgericht, Urt. v. 18.9.2014 – 3 U 82/13, Rn 47, juris.

204 BGH, Urt. v. 28.9.2005 – IV ZR 82/04, juris Rn 12.

205 BGH, Beschl. vom 3.12.2014 – IV ZA 22/14, juris (Kündigung Darlehensvertrag); Vorinstanz Schleswig-Holsteinisches Oberlandesgericht, Urt. v. 18.9.2014 – 3 U 82/13, Rn 41, juris.

206 *Ann* lehnt diesen Weg ausdrücklich ab: Anm. zu BGH ZEV 2010, 36, 40.

Form des § 29 GBO nachgewiesen ist. Dies ergibt sich jedoch konkludent spätestens ohnedies aus der Beteiligung der Mehrheit der Erben am notariellen Übertragungsvertrag. Oder aber – vergleichbar mit der mittlerweile wohl als gefestigt anzusehenden Rechtsprechung zum Nichteintritt einer Pflichtteilserschwernisklausel[207] – durch eidesstattliche Versicherung der handelnden Miterben.

Ohne sich mit dieser Frage auseinanderzusetzen, hat das OLG Koblenz in einer Entscheidung vom 22.7.2010[208] einen Minderheitserben verurteilt, eine Auflassung zu genehmigen, die die Mehrheit der Erben zuvor notariell beurkunden ließ. Begründet wurde der Anspruch der Erbengemeinschaft auf Genehmigung durch den Minderheitserben u.a. damit, dass die *„Grundstücksveräußerung (...) gemäß § 2040 BGB nicht ohne sein Einverständnis vorgenommen werden kann.“*[209] Nachfolgend wird mit § 2038 Abs. 1 S. 2 BGB argumentiert, weshalb sich eine Pflicht ergäbe, der Verfügung zuzustimmen, die bereits mehrheitlich als Maßnahme der ordnungsgemäßen Verwaltung getroffen wurde. Obwohl die maßgebliche Entscheidung des BGH vom 28.5.2005[210] vom OLG sogar zitiert wurde, fehlt es dann an der Beantwortung der Frage, weshalb die Mehrheit der Erben überhaupt ein **Rechtschutzbedürfnis** hat, wenn doch der Abschluss des Vertrages und die darin erklärte Auflassung der Immobile als eine Maßnahme ordnungsgemäßer Verwaltung mehrheitlich beschlossen wurde.[211] 84

Das OLG Hamm ging in einer Entscheidung vom 5.2.2014[212] einen Schritt weiter und führt aus, dass eine Mehrheitsverfügung im Rahmen einer ordnungsgemäßen Verwaltung „eine Nachprüfung tatsächlicher Verhältnisse voraus(setzt)“, was – jedenfalls im entschiedenen Fall – nicht im Grundbucheintragungsverfahren geprüft werden könne. Dabei wird jedoch nicht problematisiert, dass der **Mehrheitsbeschluss** den handelnden Miterben **Vertretungsmacht** gewährt (vgl. hierzu Rdn 115). Das OLG hätte mithin die Frage problematisieren müssen, *ob überhaupt* und bejahendenfalls *inwieweit* das Grundbuchamt berechtigt ist, die Wirksamkeit dieser Vertretungsmacht zu prüfen. Naheliegend wird es sein, dem Grundbuchamt lediglich ein Prüfungsrecht dahingehend einzuräumen, ob die Mehrheit der Erben verfügt – nicht jedoch, ob es eine Maßnahme ordnungsgemäßer Verwaltung ist. Selbst wenn man der Meinung sein sollte, dass das Grundbuch sogar insoweit ein Prüfungsrecht hätte, so dürften die Anforderungen hier nicht überzogen werden.

Das OLG München hat im Jahr 2018 nunmehr eine Eintragung lediglich noch deswegen abgelehnt, weil durch den Antragsteller *„mit den vorgelegten Urkunden (...) weder ein (wirksamer) Beschluss zur Mehrheitsverwaltung noch die Ordnungsgemäßheit der von den Beteiligten als Verwaltungsmaßnahme gewerteten Verfügung nachgewiesen“* wurde.[213] Wenngleich die Antragsteller in diesem Fall nicht erfolgreich waren, scheint es auf den ersten Blick so, als ob erstmals ein OLG die grundsätzliche Möglichkeit der **Prüfung** der **Ordnungsmäßigkeit** der **Verwaltungsmaßnahme** im **Grundbucheintragungsverfahren** sieht. Denn der Senat legt ausführlich dar, nach welchen Kriterien die Ordnungsgemäßheit zur prüfen wäre und dass den Antragstellern dieser Nachweis nicht gelungen sei. Am Ende 85

207 Vgl. z.B. OLG München, Beschl. v. 11.12.2012 – 34 Wx 433/12, juris; OLG Braunschweig, Beschl. v. 30.8.2012 – 2 W 138/12, juris; KG Berlin, Beschl. v. 6.3.2012 – 1 W 10/12, juris.

208 OLG Koblenz, Urt. v. 22.7.2010 – 5 U 505/10, juris.

209 OLG Koblenz, Urt. v. 22.7.2010 – 5 U 505/10, Rn 9, juris.

210 BGH, Urt. v. 28.9.2005 – IV ZR 82/04, juris.

211 Vgl. hierzu auch *Schindler*, Anmerkung zum Urteil des OLG Koblenz vom 22.7.2010 – 5 U 505/10, ZEV 2011, 321, 323.

212 OLG Hamm, Beschl. v. 5.2.2014 – I-15 W 1/14, juris.

213 OLG München, Beschl. v. 3.8.2018 – 34 Wx 196/18, Rn 22, juris.

dieser Ausführungen findet sich dann allerdings auch der Satz, dass „*(...) das Grundbuchamt in der Regel – und auch hier – die Ordnungsmäßigkeit der Verwaltung nicht nachprüfen (kann)*“:[214] ein Satz, der im Widerspruch zu den vorangegangenen Ausführungen steht.

Für die Praxis ist festzustellen, dass (entgegen der häufig geäußerten Auffassung in der Literatur im Nachgang zur Entscheidung des BGH vom 28.9.2005[215]) die Probleme hinsichtlich der Verfügungsbefugnis von Erben noch lange nicht gelöst sind – sie haben sich lediglich geändert (siehe hierzu auch Rdn 47).

5. Verteilung der Früchte

86 § 2038 Abs. 2 S. 1 BGB regelt über den Verweis auf § 743 Abs. 1 BGB den Anteil eines Miterben an den Früchte der Erbengemeinschaft. Der Anteil an den Früchten entspricht danach der Erbquote des Miterben am Nachlass.

87 Unter „Früchte“ i.S.v. § 743 Abs. 1 BGB sind sowohl „Früchte“ i.S.v. § 99 BGB als auch die „Nutzungen“ i.S.v. § 100 BGB zu verstehen.[216] Früchte von Nachlassgegenständen sind zunächst jedoch **Gesamthandsvermögen** der Erbengemeinschaft, §§ 953, 2041 BGB. Die Formulierung, dass jedem Miterben ein „Anteil“ der Früchte „gebührt“, sagt somit ausschließlich etwas über die **Beteiligung** an vorhandenen Nutzungen für die **spätere** Auseinandersetzung der Erbengemeinschaft aus. Die **Voraussetzungen** der Nutzungen werden demgegenüber durch Entscheidung der Erbengemeinschaft geregelt.[217]

88 § 743 Abs. 1 BGB ist eine Regelung für das **Innen**verhältnis der Erbengemeinschaft, nicht für das Außenverhältnis. Wurde bspw. ein Nachlassgegenstand vermietet, so hat nicht etwa jeder Miterbe nun nach § 743 Abs. 1 BGB gegen den Mieter einen eigenen Anspruch auf Zahlung des Mietzinses entsprechend seiner Erbquote.[218] Der Anspruch des Miterben auf seinen Anteil an den Früchten und Nutzungen kann nicht durch Mehrheitsbeschluss ausgeschlossen werden, § 745 Abs. 3 S. 2 BGB.

89 Die **Teilung** der Früchte unter den Miterben erfolgt gem. § 2038 Abs. 2 S. BGB **grundsätzlich** erst **bei der Auseinandersetzung** der Erbengemeinschaft. Eine Ausnahme regelt § 2038 Abs. 2 S. 3 BGB für den Fall, dass die Auseinandersetzung länger als ein Jahr ausgeschlossen ist (siehe unten Rdn 103). Bis zur Auseinandersetzung der Erbengemeinschaft (§§ 2042 ff. BGB) steht bei jedem Miterben lediglich seine Erbquote am Nachlass fest. Der konkrete Auszahlungsanspruch eines Miterben ergibt sich jedoch erst im Zeitpunkt der Auseinandersetzung, wenn die Schulden der Erbengemeinschaft getilgt und Ausgleichsansprüche der Miterben berücksichtigt worden sind. Aus diesem Grund **verschiebt** § 2038 Abs. 2 S. 2 BGB die Verteilung der Früchte bis zur Auseinandersetzung.[219] So haben bspw. Mieteinnahmen bis zur Auseinandersetzung der Erbengemeinschaft ebenso wie Zinserträge und Einkünfte eines Handelsgeschäftes u.Ä. beim Nachlass zu verbleiben und kein Miterbe hat einen Anspruch auf eine (Vorschuss-/Abschlags-)Zahlung.[220] Die Miterben können sich nur **einvernehmlich (nicht** hingegen durch **Mehrheitsbeschluss)** hierüber hinwegsetzen, § 745 Abs. 3 S. 2 BGB.[221] Ist ein solcher Beschluss gefasst worden, so kann er daher auch nur

214 OLG München, Beschl. v. 3.8.2018 – 34 Wx 196/18, Rn 28, juris.
215 BGH, Urt. v. 28.9.2005 – IV ZR 82/04, juris.
216 BGH, Urt. v. 29.6.1966 – V ZR163/63, NJW 1966, 1707, 1708.
217 MüKo/*K. Schmidt*, § 743 Rn 4.
218 MüKo/*K. Schmidt*, § 743 Rn 5.
219 Protokolle, Bd. 5, S. 861.
220 HansOLG Hamburg, Urt. v. 11.5.1965 – 2 U 94/65, MDR 1965, 665; Staudinger/*Löhnig*, § 2038 Rn 39.
221 HansOLG Hamburg, Urt. v. 11.5.1965 – 2 U 94/65, MDR 1965, 665.

einvernehmlich wieder aufgehoben werden. Einigen sich die Miterben abweichend von §§ 2038 Abs. 2, 743 BGB, dass lediglich **ein** Miterbe das Recht hat, die Früchte zu ziehen, so wird dieser Miterbe Träger der Rechte und Pflichten aus abgeschlossenen Mietverträgen: Er – und nicht die Erbengemeinschaft – muss die erzielten Erträge aus Vermietung und Verpachtung gem. § 21 Abs. 1 EStG versteuern.[222]

6. Recht auf Gebrauch von Nachlassgegenständen und Anspruch auf Benutzungsregelung

a) Recht auf Gebrauch

§§ 2038 Abs. 2, 743 Abs. 2 BGB gewähren **jedem** Miterben ein selbstständiges **Recht zum Gebrauch** der Nachlassgegenstände, soweit der Mitgebrauch der übrigen Miterben hierdurch nicht beeinträchtigt wird. So wie § 743 Abs. 1 BGB sich auf die Regelung des **Anteils** beschränkt, regelt § 743 Abs. 2 BGB lediglich das **Maß** des Gebrauches, nicht jedoch die **Art** und **Weise**.[223] Auch hier gilt: Art und Weise des Gebrauchs werden durch **Mehrheits**beschluss geregelt (zur Beschlussfassung siehe unten Rdn 108). Der Gebrauch hat gem. § 743 Abs. 2 BGB so zu erfolgen, dass der Mitgebrauch der übrigen Miterben nicht beeinträchtigt wird. Die Grenzen dieser Befugnisse bestimmen sich nach Treu und Glauben unter Berücksichtigung der Verkehrssitte, § 242 BGB.[224] 90

Allein der Umstand, dass ein Miterbe von seinem Recht gem. § 743 Abs. 2 BGB keinen Gebrauch macht, gewährt ihm noch keinen **Ersatzanspruch** gegen die übrigen Miterben. Ein Ausgleich für Benachteiligungen (Nutzungsentschädigung u.Ä.) steht dem Miterben somit erst ab dem Zeitpunkt zu, ab dem er gem. § 745 Abs. 2 BGB eine Neuregelung der Verwaltung und Benutzung verlangen kann und auch tatsächlich mit hinreichender Deutlichkeit verlangt[225] (im Einzelnen hierzu vgl. unten Rdn 96 ff.). Die Miterben sind nicht verpflichtet, von sich aus den Mitgebrauch anzubieten. 91

In der Praxis sind häufig Fälle anzutreffen, in denen ein Miterbe – z.B. der überlebende Ehegatte – den Nachlass „allein in Besitz" nimmt. Dies geschieht bspw. indem den übrigen Erben der Zugang zum Wohnhaus u.Ä. des Erblassers (und des überlebenden Ehepartners) verwehrt und hierdurch auch ein Zugang zu sonstigen im Haus befindlichen Nachlassgegenständen verhindert wird (zur strafrechtlichen Relevanz diese Verhaltens vgl. § 23 Rdn 26 ff.). § 2038 Abs. 2 BGB i.V.m. § 743 Abs. 2 BGB gewährt hier jedoch den ausgeschlossenen Erben einen **petitorischen Anspruch**. Die vom Gebrauch ausgeschlossenen Erben sind somit nicht darauf beschränkt, lediglich die possessorischen Ansprüche über § 857 BGB geltend zu machen. Der vom Gebrauch ausgeschlossene Miterbe muss auch etwaigen Widerspruch **nicht** erst **durch Klage** brechen, da jeder Miterbe selbstständig zum Gebrauch der Nachlassgegenstände befugt ist, § 2038 Abs. 2 BGB i.V.m. § 743 Abs. 2 BGB.[226] Dabei ist es unerheblich, ob die gesamte Immobilie oder – wie häufig – lediglich eine ideelle Hälfte in den Nachlass gefallen ist (und die andere Hälfte dem überlebenden Ehegatten gehört). 92

222 BFH, Beschl. v. 5.8.2004 – IX B 60/04, LS und Rn 7, juris.

223 MüKo/*K. Schmidt*, § 743 Rn 9.

224 BGH, Urt. v. 16.6.1978 – V ZR 73/77, WM 1978, 1012, 1013.

225 BGH, Urt. v. 13.1.1993 – XII ZR 212/90, NJW-RR 1993, 386, 387 für Ansprüche auf Nutzungsentschädigung bei getrennt lebenden Eheleuten.

226 BGH, Urt. v. 16.6.1978 – V ZR 73/77, WM 1978, 1012, 1013.

b) Anspruch auf Benutzungsregelung

93 Jeder Miterbe hat **Anspruch auf** eine **Regelung** der Verwaltung und Benutzung, die billigem Ermessen **aller** Miterben entspricht – also auch seinem eigenen, §§ 2038 Abs. 2, 745 Abs. 2 BGB.[227] Eine gerichtliche Entscheidung ist nur dann zulässig, wenn durch die Erbengemeinschaft weder eine Vereinbarung noch ein Beschluss getroffen wurde, die billigem Ermessen entsprechen.[228] Liegt eine solche Regelung vor, kommt ein Anspruch auf (Neu-)Regelung oder eine gerichtliche Änderung nur in Betracht, wenn sich die Umstände seit der Regelung wesentlich geändert haben[229] oder wenn eine getroffene Regelung in einem bestimmten Punkt lückenhaft ist.[230]

94 Auch **Verfügungen** über Eigentumsrechte können eine ordnungsgemäße Verwaltung darstellen und unter § 745 Abs. 2 BGB fallen, wenn die begehrte Regelung nach billigem Ermessen dem Interesse der Miterben entspricht und die Grenze des § 745 Abs. 3 BGB wahrt, insbesondere eine übermäßige finanzielle Belastung des Anspruchsgegners vermieden wird (siehe hierzu auch Rdn 77).[231]

Bei der Abwägung muss das Gericht die konkreten Verhältnisse und die bisherige Bestimmung und Benutzung berücksichtigen und die Interessen der Beteiligten gegeneinander abwägen.[232] Diese Entscheidung ist bereits in der **Berufungsinstanz** lediglich darauf zu überprüfen, ob sie auf grundsätzlich falschen oder offenbar unsachlichen Erwägungen beruht oder ob wesentliche Tatsachen außer Acht gelassen worden sind.[233] Die Feststellungen des Gerichts müssen so umfassend erfolgen, dass eine Überprüfung anhand dieser Maßstäbe durch das Rechtsmittelgericht ermöglicht wird.[234]

95 Ein **Klageantrag** ist auf Einwilligung zu einer bestimmten Verwaltungs- und Benutzungsregelung zu richten.[235] Verklagt werden die widersprechenden Miterben. Das Gericht hat dann zu prüfen, ob die bisherige Regelung nicht billigem Ermessen entspricht und die Neuregelung diesen Anforderungen genügt.[236] Wird eine Regelung begehrt, die (ebenfalls) **nicht** billigem Ermessen und vernünftiger Interessenabwägung i.S.v. § 745 Abs. 2 BGB entspricht, muss die Klage abgewiesen werden, ohne dass auf eine interessengerechte Maßnahme nach dem Ermessen des Richters erkannt werden könnte.[237]

Beispiel: Recht auf Mitgebrauch oder Nutzungsentschädigung?

Erblasser Max Meier (E) verstarb 2017. Er war verheiratet mit Magda (F) und hinterlässt zwei erwachsene Kinder, Daniel (K1) und Anna (K2). Er hatte keinen Ehevertrag geschlossen und hinterlässt kein Testament. Den Eheleuten gehörte gemeinsam ein selbst

227 BGH, Urt. v. 6.7.1983 – IVa ZR 118/82, Rn 13, juris.
228 BGH, Urt. v. 24.6.1991 – II ZR 58/90, FamRZ 1992, 50, 51.
229 BGH, Urt. v. 24.6.1991 – II ZR58/90, FamRZ 1992, 50 (der von der Redaktion dort verfasste „Leitsatz Nr. 2“ dieser Entscheidung ist daher unvollständig); BGH, Urt. v. 29.9.1993 – II ZR 43/92, NJW 1993, 3326, 3327; BGH, Urt. v. 16.3.1961 – II ZR 190/59, NJW 1961, 1299, 1301 (Kündigung der einem Miterben übertragenen Verwaltung bei Vorliegen eines wichtigen Grundes).
230 MüKo/*K. Schmidt*, § 745 Rn 35, beck-online.
231 BGH, Urt. v. 4.5.1987 – II ZR 211/86, NJW 1987, 3177 und LS 1.
232 BGH, Urt. v. 24.6.1991 – II ZR58/90, FamRZ 1992, 50, 51.
233 Vor der ZPO-Reform war der Prüfungsmaßstab erst in der Revisionsinstanz insoweit eingeschränkt: BGH, Urt. v. 24.6.1991 – II ZR58/90, FamRZ 1992, 50, 51.
234 BGH, Urt. v. 24.6.1991 – II ZR58/90, FamRZ 1992, 50, 51.
235 MüKo/*K. Schmidt*, § 745 Rn 38 m.w.N., beck-online.
236 MüKo/*K. Schmidt*, § 745 Rn 39, beck-online.
237 BGH, Urt. v. 29.9.1993 – XII ZR 43/92, juris LS 1 und Rn 14.

bewohntes Einfamilienhaus in Berlin (EFH). Der hälftige Miteigentumsanteil des E ist somit in den Nachlass gefallen. K1 lebt in Hamburg, K2 in München.

Auch über ein Jahr nach dem Tod des E wohnt F weiterhin alleine in dem EFH in Berlin. Sie leistet dafür keine Zahlungen an K1 oder K2.

Lösung

K1 und K2 müssen gegenüber F ihren Anspruch auf Nutzungsentschädigung wegen des von F allein bewohnten EFH ausdrücklich geltend machen. K1 und K2 werden jedoch keinen Anspruch auf **eigene** Nutzung des EFH haben, da dieses Verlangen wohl keine „dem billigen Ermessen entsprechende Verwaltung und Benutzung" darstellt, vgl. § 745 Abs. 2 BGB.[238]

Ein Miterbe kann unter bestimmten Voraussetzungen von den anderen Miterben eine Vergütung für Gebrauchsüberlassung verlangen (**Nutzungsentschädigung**), wenn er selbst den Nachlassgegenstand ohne eigenes Verschulden nicht ebenso wie die anderen Miterben nutzen kann.[239] Für Benachteiligungen bei der Nutzung kann ein Miterbe einen Ausgleich in Geld aber nur dann verlangen wenn 96

a) eine dementsprechende – auch stillschweigende[240] – **Benutzungsvereinbarung** vorliegt oder
b) mit hinreichender Deutlichkeit vergeblich eine Neuregelung der Verwaltung und Benutzung des Miteigentums nach billigem Ermessen gem. § 745 Abs. 2 BGB verlangt wird[241] (dann auch erst Nutzungsentschädigung ab diesem Zeitpunkt[242]), oder
c) die Miterben den Mitgebrauch hartnäckig **verweigern**.[243]

Anspruchsinhaber einer Nutzungsentschädigung ist ausschließlich derjenige **Miterbe persönlich**, der die Neuregelung verlangt. Es ist **kein Anspruch der Erbengemeinschaft**, denn das Nutzungsrecht ist ein höchstpersönliches Recht eines Miterben und nicht ein solches 97

238 Vgl. auch HansOLG Hamburg, Urt. v. 10.2.2006 – 10 U 18/05, juris.

239 Für den Sonderfall des aus einer Miterben-OHG ausscheidenden Miterben: BGH, Urt. v. 6.7.1983 – IVa ZR 118/82, NJW 1984, 45, 46.

240 BGH, Urt. v. 11.12.1985 – IVb ZR 82/84, NJW 1986, 1340, 1341.

241 BGH, Urt. v. 11.12.1985 – IVb ZR 82/84, NJW 1986, 1340, 1341: „Eine bloße Zahlungsaufforderung reicht nicht aus"; ganz anders klingt dies hingegen in der Entscheidung des II. Senats vom 14.11.1988 – II ZR 77/88, Rn 11, juris, wonach ein unbeziffertes „Zahlungsbegehren" ausreichend ist.

242 BGH, Urt. v. 14.11.1988 – II ZR 77/88, Rn 11, juris.

243 BGH, Urt. v. 29.6.1966 – V ZR163/63, NJW 1966, 1707, 1708.

der Erbengemeinschaft; der Ersatz für das höchstpersönliche Recht kann folglich ebenfalls kein Anspruch der Erbengemeinschaft sein.[244]

Jedoch hat der benachteiligte Miterbe auch in den Fällen b) und c) nicht ohne Weiteres einen Anspruch auf Nutzungsentschädigung. Bei der Prüfung ist stets darauf zu achten, ob die begehrte Nutzungsentschädigung billigem Ermessen entspricht. Dies betrifft nicht bloß den Anspruch der Höhe, sondern auch dem Grunde nach.[245] Verweigern einer oder mehrere Miterben ihre Zustimmung zu einer Benutzungsvereinbarung oder Zahlung einer Nutzungsentschädigung, die billigem Ermessen entspricht, so können sie sich dadurch **schadensersatzpflichtig** machen.[246]

Ein etwaiger Anspruch auf Nutzungsentschädigung kann sogleich in Form einer Zahlungsklage verfolgt werden, weil sich der Anspruch auf Neuregelung der Benutzung aus dem Gesetz ergibt und vom Richter nur **festgestellt**, nicht aber erst im Wege der Gestaltungsklage **begründet** wird.[247]

7. Übertragung der Verwaltung auf einen (außenstehenden) Verwalter

98 Gerade bei größeren Erbengemeinschaften bietet es sich an, dass die Verwaltung durch einen „Verwalter" vorgenommen wird. Dies mag ein Miterbe, kann aber auch ein außen stehender Dritter sein. Kein Problem bereitet eine Verwalterbestellung, wenn die Miterben dies **einstimmig** beschließen und dabei auch den Rahmen der Verwaltung festlegen.

99 In einer Entscheidung aus dem Jahr 1971 stellt der II. Zivilsenat des BGH unter Hinweis auf eine Entscheidung aus dem Jahr 1964 zunächst fest, dass

> *„die Pflicht zur Mitwirkung des einzelnen Miterben an der Verwaltung des Nachlasses (...) die Möglichkeit nicht aus(schließt), die Verwaltung einem oder mehreren der Miterben zu übertragen"; die Erben könnten die Verwaltung durch Mehrheitsbeschluss regeln (§§ 2038 Abs. 2, 745 Abs. 1 BGB), also auch die Verwaltung bestimmten Personen übertragen."*

Dies sei

> *„(...) eine Maßnahme, die insbesondere bei länger bestehenden und vielköpfigen Erbengemeinschaften zweckmäßig und geboten sein könne. In der Übertragung der Verwal-*

244 Die von *Sachs* (*Sachs*, Die Klage des Miterben auf Nutzungsentschädigung, ZEV 2011, 512, 513) dagegen vorgebrachten Argumente können nicht überzeugen. Der **Wortlaut** des § 745 Abs. 2 stellt bereits eindeutig auf „die Teilhaber" und nicht etwa „die Gemeinschaft" ab. Es gibt keinerlei Anhaltspunkte, dass dies ein Versehen des Gesetzgebers wäre; es war vielmehr eine Entscheidung. Auch dem Urteil des LG Düsseldorf, Urt. v. 9.6.2005 – 9 O 58/03, juris, ist nicht zu entnehmen, weshalb dem dort – fälschlich – gestellten Antrag auf Zahlung einer Nutzungsentschädigung an die Erbengemeinschaft stattgegeben wurde. Im Gegenteil wird im Urteil sogar – widersprüchlich zum Tenor – ausgeführt, dass „der Kläger (...) gegen die Beklagte eine Anspruch auf Zahlung (hat)" – und nicht etwa „auf Zahlung an die Erbengemeinschaft". Die Entscheidung des OLG Rostock, Beschl. v. 19.3.2018 – 3 U 67/17, juris (Zurückweisung eines Antrages auf Gewährung von Prozesskostenhilfe) meint ebenfalls fälschlich, dass der Anspruch der Erbengemeinschaft zustünde; diese Entscheidung „zeichnet" sich in diesem Zusammenhang – neben fehlenden Argumenten – durch zahlreiche Fehlzitate und unzutreffende Behauptungen aus, vgl. z.B. Rn 5 (Geltendmachung von Nutzungsentschädigung ist keine Verwaltungsmaßnahme; in keiner der vom OLG zitierten Entscheidungen wird die gegenteilige Behauptung des OLG bestätigt).

245 HansOLG Hamburg, Urt. v. 10.2.2006 – 10 U 18/05, Rn 16 ff., juris.

246 KG, Urt. v. 16.6.1953 – 9 U 610/52, beck-online a.E.

247 BGH, Urt. v. 14.11.1988 – II ZR 77/88, Rn 7 a.E. m.w.N., juris.

tung auf einzelne Erben liege auch dann eine Maßnahme, die der Erbengemeinschaft, nicht den einzelnen übertragenden Miterben zuzurechnen sei, wenn die Übertragung nicht von allen, sondern nur von der Mehrheit der Miterben gebilligt worden sei; denn nach der gesetzlichen Regelung gelte hier der Wille der Mehrheit als der der Gesamtheit.“

Zwar erörtert das Urteil (aus dem Jahr 1964) nicht ausdrücklich, ob der Mehrheitsbeschluss 100
nur im Innenverhältnis der Miterben wirke oder die mit der Verwaltung beauftragten Miterben ermächtige, die Erbengemeinschaft gegenüber Dritten zu vertreten, da der Fall hierzu keinen Anlass gab. Es kann indessen kein Zweifel daran bestehen, dass zur Verwaltung auch der für die Erbengemeinschaft verbindliche Abschluss von Rechtsgeschäften mit Dritten gehört. Was hier für die Verwaltung insgesamt gesagt ist, muss folgerichtig auch für einzelne Verwaltungsmaßnahmen gelten.[248]

Gelingt es mithin, dass sich die Mehrheit einer Erbengemeinschaft auf einen Verwalter 101
verständigt – vorzugsweise einen außen stehenden Dritten –, so kann dies ein Weg sein, die Verweigerungshaltung „blockierender“ Miterben zu „umgehen“, ohne für jede einzelne Verwaltungsmaßnahme eine gerichtliche Entscheidung zu benötigen. Gerade für die Verwaltung von Immobilien und Gesellschaftsanteilen u.Ä. kann dies eine erfolgversprechende Möglichkeit sein, die Erbengemeinschaft vor Schaden zu bewahren.[249]

Muster 4.1: Verwaltungsvereinbarung zwischen Miterben über vermietete Immobilie 102

Vereinbarung

zwischen den Erben nach E, nämlich

F,

K1 und

K2:

Wir vereinbaren, dass die Verwaltung des Mehrfamilienhauses in der Steinstraße 7, 01069 Dresden künftig von K1 alleine vorgenommen wird.

Sämtliche Maßnahmen, die einer ordentlichen Verwaltung gem. § 2038 Abs. 1 S. 2 Hs.1 BGB entsprechen, darf K1 veranlassen und damit die Erbengemeinschaft verpflichten, ohne unsere Zustimmung im Einzelfall einzuholen. Er darf insbesondere
- Mietverträge mit Mietern mit Wirkung für und gegen die Erbengemeinschaft abschließen und kündigen,
- Prozesse gegen Mieter und ehemalige Mieter wegen Ansprüchen aus dem Mietvertrag führen,
- Reparaturaufträge mit einem voraussichtlichen Auftragsvolumen im Einzelfall bis zu 2.500 EUR erteilen,
- notwendige Versorgungsverträge abschließen, ändern und kündigen.

Datum	Datum	Datum
F	K1	K2

8. Auseinandersetzung länger als ein Jahr ausgeschlossen

Die **Auseinandersetzung** kann gem. §§ 2042 Abs. 2, 2045 BGB für einen längeren Zeitraum 103
als ein Jahr **ausgeschlossen** sein oder werden. Für diesen Fall gewährt § 2038 Abs. 2 S. 3

248 BGH, Urt. v. 29.3.1971 – III ZR 255/68, BGHZ 56, 47, 51.

249 Vgl. hierzu auch OLG Hamm, Urt. v. 19.10.2010 – I-10 U 79/10, 10 U 79/10, Rn 97, juris (NZB durch BGH am 21.7.2011 – IV ZR 273/10 zurückgewiesen).

BGB jedem Miterben das Recht, „am Schluss jedes Jahres die Teilung der Reinerträge zu verlangen". Nach dem Rechtsgedanken aus § 188 Abs. 2 BGB ist die **Jahresfrist** seit dem Erbfall zu berechnen.

104 Für die Anwendung ist es jedoch nicht ausreichend, dass lediglich ein Jahr seit dem Erbfall vergangen ist: Die bloße **Verzögerung** der Auseinandersetzung über ein Jahr hinaus **genügt nicht**. Dies gilt auch, wenn die Verzögerung durch den leistungspflichtigen Miterben verschuldet wird.[250] Erforderlich ist aufgrund des eindeutigen Wortlauts der Vorschrift, dass die Auseinandersetzung „ausgeschlossen" ist, mithin ein Fall der §§ 2042 Abs. 2, 2043, 2044 oder 2045 BGB vorliegt.

105 Schwierigkeiten bereiten Verfügungen mit einem bei Eintritt des Erbfalls **unbestimmten** Ende des Verbots (z.B. Ausschluss der Auseinandersetzung bis eine bestimmte Person eine Berufsausbildung abgeschlossen hat oder eine bestimmte Person verstorben ist). Hier kann beim Erbfall noch nicht festgestellt werden, ob ein Fall des § 2038 Abs. 2 S. 3 BGB vorliegt. Es kann hier jedoch allein auf eine **nachträgliche** Betrachtungsweise ankommen: Ist seit dem Erbfall mehr als ein Jahr vergangen und konnte die Erbengemeinschaft **aufgrund** eines kalendermäßig nicht bestimmbaren Auseinandersetzungsverbotes nicht auseinandergesetzt werden, so erwächst der Anspruch auf Teilung des Reinertrages. Eine Betrachtung „im Vorhinein" im Sinne einer „ex-ante-Beurteilung" verbietet sich, da es dann auf bloße Mutmaßungen ankäme.

106 Fraglich ist jedoch, ob mit der Formulierung **„am Schluss jedes Jahres"** in § 2038 Abs. 2 S. 3 BGB der Schluss eines **Kalenderjahres**, also jeweils der 31.12. gemeint ist oder ein Zeitraum von **zwölf Monaten.** Für die erste Möglichkeit sprechen praktische Erwägungen, da zum Ende eines Jahres ohnedies regelmäßig Abrechnungen zu erstellen sind und so die fälligen Erträge bei dieser Gelegenheit gewissermaßen „nebenbei" berechnet werden. Für einen Zeitraum von zwölf Monaten spricht zum einen der Rechtsgedanke aus § 188 Abs. 2 BGB. Zum anderen mag es zwar sein, dass grundsätzlich Abrechnungen zum Jahresende erstellt werden. Gerade mit Eintritt des Erbfalls und Begründung der Erbengemeinschaft wird es sich jedoch sowieso anbieten, stichtagsbezogen auf den Erbfall neu abzurechnen, um eine Zuordnung der Einkünfte des Erblassers sowie der Erbengemeinschaft zu ermöglichen. Steuerlich ist dies meist ohnedies notwendig. Die Teilung der Früchte kann mithin erstmals **zwölf Monate nach dem Erbfall** verlangt werden.

107 Der zu verteilende **„Reinertrag"** i.S.v. § 2038 Abs. 2 S. 3 BGB sind die Einkünfte der Erbengemeinschaft abzüglich der Aufwendungen. Nicht entsprechend anwendbar ist die Vorschrift auf **Abschlagszahlungen** auf den Erbteil.[251]

9. Beschlussfassung innerhalb der Erbengemeinschaft

108 Nach § 745 BGB wird die **Verwaltung** und **Benutzung von Nachlassgegenständen** durch **Beschluss** der Erbengemeinschaft geregelt. Bei der Abstimmung ist jeder Miterbe stimmberechtigt. Für minderjährige, abwesende oder sonst an der Stimmabgabe verhinderte Erben bedarf es keines Pflegers, Vertreters u.Ä., wenn auch ohne diese Erben eine Mehrheit zustande kommt (zur Stimmabgabe Minderjähriger siehe im Einzelnen § 12 Rdn 2 ff.).[252]

250 HansOLG Hamburg, Urt. v. 11.5.1965 – 2 U 94/65, MDR 1965, 665.
251 Staudinger/*Löhnig*, § 2038 Rn 39.
252 Staudinger/*Löhnig*, § 2038 Rn 27.

Bei Interessenwiderstreit in eigenen Angelegenheiten hat der Miterbe kein Stimmrecht,[253] bspw. wenn es um Ansprüche gem. **§ 666 BGB** gegen einen Miterben oder um die Entscheidung über die Entnahme von Aktien zum Zweck der Begleichung einer Forderung des Miterben[254] geht. Ebenfalls von der Abstimmung ausgeschlossen ist nach einer Entscheidung des BGH aus dem Jahre 2007 ein Miterbe, wenn ihm selbst der Vorwurf nicht ordnungsgemäßer Verwaltung gemacht wird.[255] In diesem Fall hatte die Erbengemeinschaft zunächst einstimmig der Beklagten Vollmachten, u.a. Bankvollmacht, erteilt. Die Mehrheit der Erbengemeinschaft – ohne Berücksichtigung der Vollmachtsinhaberin – hat diese **Vollmachten** dann **widerrufen**, was der BGH für wirksam hält. Der BGH stellt maßgebend darauf ab, dass im Widerrufsschreiben die Ordnungsmäßigkeit der Verwaltung durch die Beklagte in Frage gestellt worden war. Hierdurch sei sie von der Abstimmung ausgeschlossen, weil sie nicht „in eigener Sache richten könne".[256] 109

Allerdings führt nicht jede Interessenkollision zum Verlust des Stimmrechts: So ist der Gesellschafter einer **GmbH** nicht vom Stimmrecht ausgeschlossen, wenn er zugleich Mitglied einer Erbengemeinschaft ist, die über den Abschluss eines Geschäftes mit der GmbH abstimmt.[257] 110

§ 745 Abs. 1 BGB ergänzt die Regelung des § 2038 Abs. 1 S. 2 Hs. 1 BGB. Erst aufgrund dieser Verweisung ergibt sich das **Prinzip** der Entscheidung **durch Mehrheitsbeschluss bei ordnungsmäßigen Verwaltungsmaßnahmen**. Aus § 745 Abs. 1 S. 2 BGB ergibt sich, dass es nicht auf eine Mehrheit nach Köpfen ankommt, sondern auf die **Höhe** der **Erbquote** an der Gemeinschaft: Auf die „Werthaltigkeit" der Erbquote kommt es nicht an. Stimmberechtigt bleibt daher auch der Miterbe, der aufgrund von Vorempfängen oder Schadensersatzansprüchen bei der Auseinandersetzung nichts mehr zu erwarten hat.[258] In Betracht kommt hier aber eventuell eine rechtsmissbräuchliche Stimmausübung, falls der Miterbe den Interessen der Erbengemeinschaft grob zuwider handelt.[259] 111

Bei Erben, die zu je **1/2-Anteil** an der Erbengemeinschaft beteiligt sind, gibt es **keine Mehrheit**. Wenn ein Erbe einen Anteil von mehr als 50 % an der Erbengemeinschaft hat, beherrscht er vorbehaltlich des Rechtsmissbrauchs die Erbengemeinschaft.[260] Die **Minderheit** in der Erbengemeinschaft wird durch das Recht geschützt, jederzeit die Auseinandersetzung zu verlangen, § 2042 BGB.[261] Der **überstimmte Miterbe** kann **Feststellungsklage** erheben, wenn er der Auffassung ist, dass kein Fall der ordnungsmäßigen Verwaltung vorliegt. Den Vollzug des Mehrheitsbeschlusses kann er ggf. durch eine einstweilige Verfügung blockieren.[262] Jeder Miterbe ist vor der Beschlussfassung **anzuhören**, insbesondere die Minderheiten. Ein Verstoß hiergegen führt zwar **nicht** zur Unwirksamkeit des Beschlusses, begründet aber möglicherweise Schadensersatzansprüche.[263] Für die Beschlussfassung selbst 112

253 BGH, Urt. v. 29.3.1971 – III ZR 255/68, BGHZ 56, 47, 53 = NJW 1971, 1265; OLG Nürnberg, Urt. v. 19.5.2000 – 6 U 4052/99, ZErb 2001, 148, 150; Staudinger/*Löhnig*, § 2038 Rn 31; ausführlich hierzu *Löhnig*, FamRZ 2007, 1600.

254 BGH, Urt. v. 14.2.1973 – IV ZR 90 und 94/71, WM 1973, 360, 361.

255 BGH, Urt. v. 23.5.2007 – IV ZR 19/06, juris Rn 11/12.

256 BGH, Urt. v. 23.5.2007 – IV ZR 19/06,.juris Rn 12 a.E.

257 BGH, Urt. v. 29.3.1971 – III ZR 255/68, BGHZ 56, 47, LS b) und 53 f.

258 MüKo/*Gergen* § 2038 Rn 35.

259 MüKo/*Gergen*, § 2038 Rn 35.

260 BGH, Urt. v. 19.9.2012 – XII ZR 151/10, Rn 10, 15 ff., juris.

261 *Lange/Kuchinke*, § 43 II 2d.

262 OLG Nürnberg, Urt. v. 19.5.2000 – 6 U 4052/99, ZErb 2001, 148, 150.

263 BGH, Urt. v. 29.3.1971 – III ZR 255/68, BGHZ 56, 47, 56; zweifelnd MüKo/*K. Schmidt*, § 745 Rn 19, beck-online.

gibt es keine Form- oder Verfahrensvorschriften. Sie kann daher formlos oder auch im schriftlichen Umlaufverfahren erfolgen.[264]

113 In den nachfolgenden Fällen reicht mehrheitliches Handeln **nicht** aus, sondern es ist **einstimmiges** Handeln der Miterben erforderlich:
- eine für die Miterben einschneidende Veränderung der Gestaltung oder Zweckbestimmung („**wesentliche Veränderung**", § 745 Abs. 3 BGB, siehe hierzu oben Rdn 73)
- Einschränkung des Rechtes auf **Nutzungen** des einzelnen Miterben entsprechend seinem Erbteil am Nachlass, § 745 Abs. 3 S. 2 BGB
- Verteilung der **Früchte** vor der Auseinandersetzung (siehe oben Rdn 86)
- von den Erbquoten abweichende Verteilung der **Früchte,** § 745 Abs. 3 S. 2 BGB.

10. Rechtsfolgen

a) Allgemeines

114 § 2038 Abs. 1 S. 2 Hs. 1 BGB regelt eine **Ausnahme** vom Grundsatz der Einstimmigkeit: Zwar ist auch bei ordnungsgemäßer Verwaltung Einstimmigkeit erforderlich. Hier sind die Erben jedoch **verpflichtet mitzuwirken**, um so das gemeinschaftliche Handeln i.S.v. § 2038 S. 1 BGB zu gewährleisten. Nach § 2038 Abs. 1 S. 2 BGB ist in diesem Fall jeder Miterbe den anderen gegenüber verpflichtet, an den erforderlichen Maßregeln mitzuwirken. Die **Mitwirkungspflicht** besteht nach dem ausdrücklichen Wortlaut **nur** unter den **Miterben.** Ein **Dritter** kann daher weder von einem Miterben die Mitwirkung zu einer Verwaltungshandlung verlangen,[265] noch kann er aus dem Unterlassen Schadensersatzansprüche herleiten.[266] Der Dritte kann sich aber von einem Miterben dessen Anspruch **abtreten** lassen oder im Wege der Prozessstandschaft geltend machen.[267] Zur **Mitwirkungspflicht** i.S.v. Satz 2 gehört **nicht lediglich die Zustimmung** zum Handeln der Gemeinschaft. „Mitwirkung zu Maßregeln" ist hier weiter zu verstehen und umfasst ggf. auch **eigenes** aktives, auch rechtsgeschäftliches **Handeln.**[268] Diese Verpflichtung kann im **Klagewege** erzwungen werden,[269] wobei der Klageantrag ausschließlich gegen die Erben zu richten ist, die eine Mitwirkung entweder in Form ihrer Zustimmung oder einer Handlung verweigern.[270] Die Anträge sind auf eine Maßnahme zu richten, die dem Interesse aller Miterben nach billigem Ermessen entsprechen muss.

b) Maßnahme war Fall ordnungsgemäßer Verwaltung

aa) Mehrheitsbeschluss liegt vor

115 Der **Mehrheitsbeschluss** wirkt nicht lediglich innerhalb der Erbengemeinschaft sondern **gewährt** den handelnden Erben **Vollmacht**, die Erbengemeinschaft als Ganzes auch im Außenverhältnis zu verpflichten (zur **Beschlussfassung** vgl. oben Rdn 108).[271]

---

264 Palandt/*Sprau*, § 745 Rn 1.
265 BGH, Urt. v. 17.9.1958 – V ZR 63/58, NJW 1958, 2061, 2062.
266 Staudinger/*Löhnig*, § 2038 Rn 11.
267 BGH, Urt. v. 22.2.1965 – III ZR 208/63, FamRZ 1965, 267, 270.
268 Soergel/*Wolf*, § 2038 Rn 15.
269 BGH, Urt. v. 8.5.1952 – IV ZR 208/51, BGHZ 6, 76, 85.
270 BGH, Urt. v. 24.6.1991 – II ZR58/90, FamRZ 1992, 50.
271 BGH, Urt. v. 29.3.1971 – III ZR 255/68, Rn 20 (m.w.N. in Rn 18), juris; BGH, Urt. v. 20.10.2010 – XII ZR 25/09, Rn 20, juris; OLG Hamm, Beschl. v. 21.11.2012 – I-15 W 338/12, juris.

Der II. Senat hat im Jahre 1967 Bedenken gegen diese damals bereits in der Literatur vorherrschende Auffassung angemeldet.[272] Denn die Minderheit wäre (im Nachhinein lediglich) auf Schadensersatzansprüche beschränkt, falls gar kein Mehrheitsbeschluss vorläge. Kann die – vermeintliche – Mehrheit den gefassten Beschluss ausführen würde die – vermeintliche – Minderheit mit einer Klage zu spät kommen und vor vollendeten Tatsachen stehen: „Billigt man dem Mehrheitsbeschluß dagegen nur Wirkung im Verhältnis unter den Teilhabern zu, so kann sich die Mehrheit im allgemeinen damit helfen, die Minderheit auf Mitwirkung an der Ausführung des Beschlusses zu verklagen, und muß damit bei Rechtmäßigkeit des gefaßten Beschlusses Erfolg haben, da alle Teilhaber verpflichtet sind, bei wirksam beschlossenen Verwaltungsmaßnahmen mitzuwirken."[273] In jener Entscheidung konnte der BGH diese Frage teilweise auf sich beruhen lassen und hatte lediglich ausgeführt, dass jedenfalls „ein gemäß § 745 Abs. 1 Satz 1 ergangener Mehrheitsbeschluß in **Eil- oder Notfällen von der Mehrheit** ausgeführt werden" kann.[274]

Der III. Senat hat dieses Problem in seiner Entscheidung im Jahr 1971 dann ausdrücklich dahingehend entschieden, „daß die **Mehrheit** einen – ordnungsgemäß gefaßten – Mehrheitsbeschluß mit Wirkung für und gegen die Erbengemeinschaft zumindest dann **auszuführen berechtigt** ist, wenn er Verwaltungsmaßnahmen, nicht Verfügungen betrifft".[275] Diese Beschränkung auf Verwaltungsmaßnahmen hat angesichts der geänderten Rechtsprechung des BGH heute praktisch keinen Bestand mehr (vgl. hierzu oben Rdn 45, 47 und 77 ff., zur Kritik Rdn 82 ff.). 116

bb) Kein Mehrheitsbeschluss

Liegt **kein Mehrheitsbeschluss** vor, so handeln Miterben –auch im Rahmen ordnungsmäßiger Verwaltung – als **Vertreter ohne Vertretungsmacht** (zur **Beschlussfassung** vgl. oben Rdn 108). Die Rechtsfolgen ihres Handelns bestimmen sich nach §§ 177 ff. BGB.[276] Ersatz etwaiger Aufwendungen kann der handelnde Erbe dann über eine **Genehmigung** seiner Maßnahme bzw. **unmittelbare Geltendmachung** seiner Ersatzansprüche gegenüber der Erbengemeinschaft geltend machen (vgl. hierzu nachfolgend Rdn 124)[277] oder nach der wohl vorherrschenden Meinung über die Vorschriften der **Geschäftsführung ohne Auftrag.**[278] 117

Kuchinke meint ohne weitere Begründung, dass der handelnde Miterbe in diesem Fall „nur nach den **§ 1978 Abs. 3**, § 683, § 670 BGB **Ersatz seiner Aufwendungen** verlangen" könne.[279] Weshalb § 1978 Abs. 3 BGB hier – außerhalb einer Nachlassverwaltung oder Nachlassinsolvenz (§ 1978 Abs. 1 BGB) – anwendbar sein sollte, erschließt sich nicht. Immerhin ist dies jedoch der einzige Versuch überhaupt von der spezielleren Vorschrift des § 2038 BGB zu den allgemeinen Vorschriften der **GoA** zu gelangen. Die von *Kuchinke* angeführten weiteren Belegstellen[280] gehen scheinbar sogar von einer unmittelbaren Anwen- 118

272 BGH, Urt. v. 14.12.1967 – II ZR 30/67, Rn 32, juris.
273 BGH, Urt. v. 14.12.1967 – II ZR 30/67, Rn 32, juris.
274 BGH, Urt. v. 14.12.1967 – II ZR 30/67, Rn 32, juris.
275 BGH, Urt. v. 29.3.1971 – III ZR 255/68, Rn 20 (m.w.N. in Rn 18), juris.
276 BGH, Urt. v. 29.3.1971 – III ZR 255/68, Rn 21, juris.
277 So auch *Lange/Kuchinke*, § 43 II 7 b); widersprüchlich dann aber in Fn 87.
278 BGH, Urt. v. 25.6.2003 – IV ZR 285/02, Rn 12, juris (ohne Begründung, sondern lediglich mit Verweis auf die nachfolgend zitierte Entscheidung aus dem Jahr 1987); BGH, Urt. v. 20.5.1987 – IVa ZR 42/86, Rn 7, juris (bei Überschreitung des Notverwaltungsrechts; in der Begründung beschränkt der BGH die Anwendbarkeit der GoA jedoch nicht ausdrücklich auf das Notverwaltungsrecht); *Lange/Kuchinke*, § 43 II 7 b) in Fn 87; Staudinger/*Löhnig*, Rn 9b; MüKo/*Gergen*, § 2038, Rn 50.
279 *Lange/Kuchinke*, § 43 II 7 b) in Fn 87.
280 Z.B. MüKo/*Gergen*, § 2038, Rn 50.

dung der Vorschriften zur GoA aus, jedoch gleichfalls ohne Begründung, weshalb die allgemeinen Vorschriften der GoA angesichts der spezielleren Vorschrift des § 2038 BGB anwendbar sein sollten.

119 Die in diesem Zusammenhang von anderen Autoren zitierte Entscheidung des BGH aus dem Jahr 1987[281] betraf einen Fall der **Überschreitung** des **Notverwaltungsrechts** (vgl. hierzu nachfolgend Rdn 141). Die Entscheidung des BGH aus dem Jahr 2003[282] problematisiert ebenfalls nicht die grundsätzliche Frage, ob und warum überhaupt die Vorschriften der GoA im Bereich des (vermeintlichen) Verwaltungshandelns anwendbar sein könnten.

c) Maßnahme war kein Fall ordnungsgemäßer Verwaltung

120 War eine Maßnahme für die Erhaltung des Nachlasses **ungeeignet**, so ist sie **weder** für die Miterben **verbindlich, noch** nach **außen wirksam.**[283] Es bleibt jedoch zu prüfen, ob die Erbengemeinschaft eventuell nach den Grundsätzen der **Geschäftsführung ohne Auftrag** verpflichtet wird. Es erscheinen aber kaum Maßnahmen denkbar, die zwar die Voraussetzungen des § 683 BGB erfüllen (Geschäftsführung entsprach Interesse und wirklichem oder mutmaßlichem Willen des Geschäftsherrn), jedoch kein Fall der ordnungsmäßigen Verwaltung sind. Daher wird sich meist ein Anspruch der Erbengemeinschaft gegenüber dem Handelnden aus **§ 678 BGB** (Geschäftsführung gegen den Willen des Geschäftsherrn) ergeben.

121 Mit Recht weist *Seiler* daraufhin, dass eine **Anwendung** der **§§ 677 ff. BGB ausscheidet,** soweit eine „spezialgesetzliche Legitimation zur Geschäftsbesorgung vorliegt.[284] Es sollen jedoch bei Maßnahmen, die „den Rahmen des Erhaltungsrechts überschreiten“ nach der h.M. die §§ 677 ff. BGB anwendbar sein.[285] Für die h.M. führt *Seiler* als Argument die Vergleichbarkeit eines Teilhabers zu einem Dritten, der „unzweifelhaft Geschäftsführer i.S.d. §§ 677 ff. zugunsten der Gemeinschaft sein könnte.“.[286] Es bleibt jedoch offen, welche Fälle dies bei der Erbengemeinschaft sein könnten. Überzeugender erscheint das Argument, das es „fragwürdig“ ist, der Erbengemeinschaft „gesetzliche Zuständigkeitsregelungen aufzudrängen“.[287] Eine Notwendigkeit ist dafür nicht ersichtlich. Mehr noch: Es sind kaum Fälle denkbar, die zwar die Voraussetzungen des § 683 BGB erfüllen (Geschäftsführung entsprach Interesse und wirklichem oder mutmaßlichem Willen des Geschäftsherrn), dabei dann jedoch kein Fall der ordnungsgemäßen Verwaltung sind.

Der **Gesetzgeber** hat im übrigen § 748 S. 2 in das BGB aufgenommen, um einen **Rückgriff** auf §§ 683 ff., §§ 812 ff. BGB **entbehrlich** zu machen:[288]

> *„Indem der Satz 2 ausdrücklich bestimmt, daß der betr. Theilhaber wenn der ihm nach Satz 1 zur Last fallende Theil der Lasten und Kosten von einem anderen Theilhaber berichtigt worden ist, dem letzteren Ersatz zu leisten habe, ist außer Zweifel gestellt, daß der andere Theilhaber diesfalls nicht auf die Grundsätze über die Geschäftsführung ohne Auftrag oder über die Kondiktionen angewiesen ist, nach welchen er oft, besonders*

281 BGH, Urt. v. 20.5.1987 – IVa ZR 42/86, juris.
282 BGH, Urt. v. 25.6.2003 – IV ZR 285/02, Rn 12, juris.
283 BGH, Urt. v. 17.9.1958 – V ZR 63/58, NJW 1958, 2061.
284 MüKo/*Seiler*, vor § 677 Rn 19.
285 BGH NJW 1987, 3001; MüKo/*Seiler*, vor § 677 Rn 19.
286 MüKo/*Seiler*, vor § 677 Rn 19.
287 MüKo/*Seiler*, vor § 677 Rn 19.
288 MüKo/*K. Schmidt*, § 748 Rn 1 unter Hinweis auf Motive S. 877/878 (*Mugdan*, Die gesamten Materialien zum BGB, Bd. I, S. 490).

in Ansehung der Aufwendungen zum Zwecke der Erhaltung des gemeinschaftlichen Gegenstandes keinen oder nicht vollen Ersatz erlangte (vgl. besonders §§ 749, 753, 758, 739 ff.), daß er dem Ersatz vielmehr unmittelbar und lediglich aufgrund der Thatsache, daß er die nach dem bestehenden Verhältnisse an sich dem anderen zur Last fallenden Kosten usw. berichtigt hat, fordern kann.“[289]

d) Verletzung der Mitwirkungspflicht

aa) Im Vorfeld der Maßnahme

Im Vorfeld einer Maßnahme, die einen Mehrheitsbeschluss erfordert, kann die Mitwirkung der Miterben im **Klagewege erzwungen** werden. Zu verklagen sind die Erben, die entweder gegen die Maßnahme gestimmt haben oder sich überhaupt nicht an der Verwaltung beteiligt haben. Liegt ein Beschluss der Erbengemeinschaft noch nicht vor, ist ausschließlich die weiter reichende **Klage auf Zustimmung** zu der beabsichtigten Maßnahme zu erheben. Für eine **Feststellungsklage** bestünde **kein Rechtsschutzbedürfnis**. Das obsiegende Urteil gegen einen Miterben, der seine Mitwirkung verweigert hat, ersetzt gem. § 894 ZPO dessen verweigerte Zustimmung. Daher muss die abzugebende Willenserklärung in dem Urteil inhaltlich so bestimmt und eindeutig bezeichnet sein, dass ihre rechtliche Bedeutung feststeht.[290] Notfalls kann hier eine Auslegung durch Heranziehen des Tatbestands und der Entscheidungsgründe erfolgen. Handlungen werden nach §§ 887, 888 ZPO **vollstreckt**. 122

Die sich widersetzenden Erben können sich **schadensersatzpflichtig** machen, wenn sie ihre Mitwirkungspflichten schuldhaft verletzen. Die Anspruchsgrundlage ist § 280 Abs. 1 BGB, positive Forderungsverletzung (siehe hierzu auch § 9 Rdn 42).[291] 123

bb) Im Nachhinein

„Mitwirken“ bedeutet nicht ausschließlich ein Handeln oder Einwilligung (vorherige Zustimmung, § 183 S. 1 BGB) im **Vorfeld** der Verwaltungsmaßnahme. Handelt der Miterbe zunächst ohne einen Mehrheitsbeschluss, so erfolgt dies auf eigenes Risiko. Er läuft dann Gefahr, schlussendlich allein für die Maßnahme mit seinem Vermögen zu haften. Er kann jedoch gleichwohl ggf. noch auf **Genehmigung** (nachträgliche Zustimmung, § 184 Abs. 1 BGB) seiner Maßnahme klagen, um hierdurch eine Haftung auch der übrigen Erben zu erreichen. 124

Geht es ausschließlich um **Aufwendungsersatz** und kommt es dem Miterben nicht darauf an, die übrigen Erben auch sonst in die Haftung zu nehmen, so kann der Miterbe sogleich auf Zahlung klagen. Hierbei muss der klagende Miterbe den auf sich selbst entfallenden Anteil an den Aufwendungen abziehen.[292] 125

V. Notwendige Verwaltung (Notverwaltung), § 2038 Abs. 1 S. 2 Hs. 2 BGB

1. Allgemeines

Die Regelung des § 2038 Abs. 1 S. 2 Hs. 2 BGB ist im Wesentlichen deckungsgleich mit § 744 Abs. 2 S. 1 BGB. Sie soll die Handlungsfähigkeit der Erbengemeinschaft in **besonderen** 126

289 Motive S. 877/878, zit. nach *Mugdan*, Die gesamten Materialien zum BGB, Bd. I, S. 490.
290 MüKo-ZPO/*Gruber*, § 894 Rn 11.
291 BGH, Urt. v. 28.9.2005 – IV ZR 82/04, juris Rn 10.
292 MüKo/*Gergen*, § 2038 Rn 50.

Ausnahmefällen gewährleisten. „Zur Erhaltung notwendig" ist eine Maßregel, wenn ohne sie der Nachlass insgesamt oder Teile hiervon Schaden nehmen würden.[293] Notwendige Maßregeln sind zwangsläufig gleichzeitig Maßnahmen ordnungsgemäßer Verwaltung.[294] Entspricht eine Maßnahme nach billigem Ermessen **schon nicht** der Beschaffenheit des betreffenden Nachlassgegenstandes oder/und nicht dem Interesse aller Miterben (ordentliche Verwaltung), so kann sie **erst recht nicht** ein Fall der notwendigen Verwaltung sein. Daher müssen **zunächst** die **Voraussetzungen** der ordnungsmäßigen Verwaltung vorliegen (siehe oben Rdn 68). Bei der Entscheidung, ob (lediglich) ein Fall der ordnungsmäßigen Verwaltung vorliegt oder ein Fall der Notverwaltung, kommt es nicht allein darauf an, ob die Maßnahme derart dringlich ist, dass sie keinen weiteren Aufschub duldet. Vielmehr ist der **Eingriff** in das Recht der übrigen Miterben zu beurteilen und zu beachten, wie weit sie daran interessiert sein könnten, an der Maßregel mitzuwirken. Ist die Maßregel für die Erhaltung des Nachlasses **erforderlich** und wirkt sich die Maßregel auf den übrigen Nachlass nur **gering** und auf die anderen Miterben nur unbedeutend aus, so ist das Interesse an einer Mitwirkung nur sehr gering. Die Maßnahme kann dann notwendig i.S.v. Abs. 1 S. 2 Hs. 2 sein, obwohl sie ohne Gefahr aufgeschoben und die Zustimmung der Erben eingeholt werden könnte.[295]

127 Ebenso wie bei der ordnungsmäßigen Verwaltung kommt es auch hier auf den **Standpunkt** eines vernünftig und wirtschaftlich denkenden Beurteilers zu dem **Zeitpunkt** an, an dem die Handlung vorgenommen werden soll.[296] Zu beachten bleibt aber unbedingt, dass die Maßnahme zur Erhaltung des Nachlasses erforderlich sein muss. Liegt bereits diese Voraussetzung nicht vor, handelt es sich nicht um einen Fall der Notverwaltung, selbst wenn die Beeinträchtigung des Nachlasses und der Miterben gering ist.

128 Die Vorschrift ist **eng auszulegen**, da sie andernfalls die übrigen Regelungen des Einstimmigkeits- bzw. Mehrheitsprinzips aushöhlen würde. Soweit ohne weitere objektive Gefährdung des Nachlasses oder Teilen davon eine Zustimmung der Erben eingeholt werden kann, liegt kein Fall der Notverwaltung vor (zu den Rechtsfolgen bei einem Verstoß hiergegen siehe unten Rdn 140). Handelt es sich um eine **bedeutsame Maßnahme**, durch die erhebliche Verpflichtungen für den Nachlass oder die anderen Miterben begründet werden, ist die Maßnahme nur dann notwendig, wenn sie so dringend ist, dass die Zustimmung der anderen Miterben nicht eingeholt werden kann, ohne den Nachlass zu gefährden.[297]

129 Wurde ein Beschluss von den Miterben mit **Stimmenmehrheit** gem. §§ 2038 Abs. 2, 745 BGB gefasst, kann dieser Beschluss nicht ohne Änderung der tatsächlichen Voraussetzungen umgangen werden.[298] **Gegen den Willen** der übrigen Erben darf keine Maßnahme erfolgen – auch nicht eine Notverwaltung: Das Recht zur alleinigen Vornahme von Notverwaltungsmaßnahmen ist lediglich eine **Ausnahmeregelung**, um bei dringenden Gefahrenlagen die Handlungsfähigkeit der Erbengemeinschaft beschleunigen und Schaden vom Nachlass abwenden zu können,[299] nicht jedoch ein Mittel, um „im Nachhinein" Mehrheitsbeschlüsse der Erbengemeinschaft „zu kippen".

293 Staudinger/*Löhnig*, § 2038 Rn 22.
294 BGH, Urt. v. 8.5.1952 – IV ZR 208/51, BGHZ 6, 76, LS 2 sowie 81.
295 BGH, Urt. v. 8.5.1952 – IV ZR 208/51, BGHZ 6, 76, 81.
296 BGH, Urt. v. 8.5.1952 – IV ZR 208/51, BGHZ 6, 76, 81.
297 BGH, Urt. v. 8.5.1952 – IV ZR 208/51, BGHZ 6, 76, 81.
298 MüKo/*Gergen*, § 2038 Rn 56.
299 Staudinger/*Löhnig*, § 2038 Rn 24.

Einzelfälle:[300] 130
- Abwehrmaßnahmen gegen (staatliche) Eingriffe in den Nachlass[301]
- Anfechtung eines Eigentümerbeschlusses[302]
- Anfechtung eines die Erbengemeinschaft belastenden Verwaltungsaktes[303]
- Erhebung einer Klage, insbesondere einer gesellschaftsrechtlichen Anfechtungsklage[304]
- Reparaturarbeiten an einem Hausgrundstück, die mit Rücksicht auf die Erhaltung des Bestandes des Gebäudes, seiner Bewohnbarkeit oder Sicherheit so dringend waren, dass sie nicht aufgeschoben werden können, bis die anderen Miterben zustimmen[305]
- Geltendmachung der Unzulässigkeit der Zwangsvollstreckung gem. §§ 747, 766, 771 ZPO.[306]

Keine Notverwaltungsmaßnahmen sind:[307] 131
- Klage auf Rechnungslegung[308]
- Antrag auf Bestimmung einer Inventarfrist gegen den Erben des Schuldners einer Nachlassforderung[309]
- Abschluss eines langjährigen Mietvertrages[310]
- Anfechtung eines vom Erblasser geschlossenen Vertrages[311] (einzelfallabhängig)
- Widerruf einer schwebend unwirksamen Auflassungserklärung[312] (einzelfallabhängig)
- Umfangreiche Instandsetzungsarbeiten an einem Haus, die nicht aus Mitteln des Nachlasses zu finanzieren sind.[313]

Diese Aufzählung ist mit Vorsicht zu betrachten: Wie bereits mehrfach betont, kommt es stets auf eine Abwägung im Einzelfall an. Eine generalisierende Betrachtung verbietet sich. Die Aufzählung von Einzelentscheidungen kann daher lediglich dazu dienen, mögliche **Kriterien** für den eigenen, konkreten Fall zu vermitteln. Eine schlichte „Übertragung" der Einzelfallentscheidung scheidet jedoch aus. So kann bspw. gerade die **Anfechtung** eines vom Erblasser geschlossenen Vertrages[314] ein Fall der Notverwaltung sein, insbesondere dann, wenn die Anfechtungsfristen abzulaufen drohen. 132

Der untätige Miterbe, der die Möglichkeit zur Notverwaltung hat, sieht sich bei Untätigkeit später möglicherweise **Schadensersatzansprüchen** der Erbengemeinschaft ausgesetzt. Die Verwendung des Wortes „kann" in § 2038 Abs. 1 S. 2 Hs. 1 BGB ist missverständlich und lässt auf den ersten Blick annehmen, dass sich der Miterbe aussuchen könne, ob er i.R.d. Notverwaltung tätig wird oder nicht. Die Formulierung ist jedoch im Zusammenschau mit § 2038 Abs. 1 S. 2 Hs. 1 BGB („verpflichtet") und den sich aus der Erbengemeinschaft insgesamt ergebenden Rechtsverhältnissen zu sehen: Danach ist ein Miterbe **verpflichtet**, 133

300 Siehe zu weiteren Einzelfällen auch MüKo/*Gergen*, § 2038 Rn 59.
301 BayVGH, Beschl. v. 16.10.2017 – 8 ZB 16.407 Rn 7, juris; BVerwG, Urt. v. 19.2.2015 – 7 C 11/12, juris; Staudinger/*Löhnig*, § 2038 Rn 22a.
302 BayObLG, Beschl. v. 20.5.1998 – 2 ZBR 25/98, BayObLGZ 1998, 34.
303 BVerwG, Urt. v. 27.11.1981 – 4 C 1/81, NJW 1982, 1113.
304 BGH, Urt. v. 12.6.1989 – II ZR 246/88, Rn 29, juris.
305 BGH, Urt. v. 8.5.1952 – IV ZR 208/51, BGHZ 6, 76, 83 f.
306 Staudinger/*Löhnig*, § 2038 Rn 22a.
307 MüKo/*Gergen*, § 2038 Rn 60.
308 OLG Hamm, Urt. v. 1.12.1975 – 8 U 204/75, BB 1976, 671.
309 KG, Urt. v. 2.8.1917 – 1 FerZS, OLGE 35, 360, 361.
310 BGH, Urt. v. 17.9.1958 – V ZR 63/58, NJW 1958, 2061.
311 OLG Düsseldorf, Urt. v. 4.11.1953 – 7 U 94/52, NJW 1954, 1041.
312 SchlHOLG, Urt. v. 22.1.1965 – 5 U 94/64, SchlHA 1965, 276.
313 BGH, Urt. v. 8.5.1952 – IV ZR 208/51, BGHZ 6, 76, 83 f.
314 OLG Düsseldorf, Urt. v. 4.11.1953 – 7 U 94/52, NJW 1954, 1041.

Maßnahmen durchzuführen, die einerseits keinen Aufschub dulden und andererseits erforderlich sind, um Schaden vom Nachlass abzuwenden.[315]

134 Im Rahmen der Notverwaltung ist es Tatbestandsvoraussetzung, dass eine **Mitwirkung** der übrigen Miterben nicht rechtzeitig möglich ist. Notverwaltungsmaßnahmen können jedoch nicht nur ohne Mitwirkung der anderen, sondern sogar **gegen** die übrigen Miterben vorgenommen werden.[316]

2. Rechtsfolgen

a) Objektiv lag ein Fall der Notverwaltung vor

135 Lagen die Voraussetzungen der Notverwaltung vor, werden im **Innenverhältnis alle** Miterben durch den handelnden **Miterben** zueinander **verpflichtet**. Der handelnde Miterbe kann außerdem im **Außenverhältnis** die **Erbengemeinschaft** verpflichten, ohne dass die Erben die Maßnahme genehmigen müssten.[317] Zur Vermeidung einer **persönlichen** Haftung muss der Erbe entweder im Namen der Erbengemeinschaft handeln oder seine Haftung auf den Nachlass beschränken.[318] Im Streitfall hat der handelnde Erbe zu **beweisen**, dass die Haftung auf den Nachlass beschränkt ist.

136 Der handelnde Miterbe kann von der Erbengemeinschaft **Ersatz seiner Aufwendungen** nach § 2038 Abs. 2 i.V.m. § 748 BGB verlangen (bei Überschreitung des Notverwaltungsrechts siehe unten Rdn 141 f.) und muss damit auch nicht bis zur Auseinandersetzung der Erbengemeinschaft warten.

137 Nach *Krug* kann der handelnde Miterbe i.R.d. Notverwaltung einen **Vorschuss** gem. § 669 BGB von der Erbengemeinschaft fordern.[319] In der Praxis wird man jedoch keinen Vorschuss von den Erben fordern, sondern die **Zustimmung** der Miterben herbeiführen: Jede Notverwaltung ist auch ein Fall der ordnungsmäßigen Verwaltung, bei der durch eine Mehrheitsentscheidung die Erbengemeinschaft verpflichtet und eine Nachlassverbindlichkeit begründet wird (siehe oben Rdn 114). Hätte der Miterbe Zeit einen Vorschuss zu fordern, kann die Maßnahme nicht **dringlich** sein. Es bleibt also lediglich das Kriterium der **Erforderlichkeit** der Maßnahme für die Erhaltung des Nachlasses (siehe oben Rdn 76). Ist die Maßnahme jedoch lediglich erforderlich, hat der Miterbe ausreichend Zeit den „besseren“ Weg zu wählen und kann die Erben auf Zustimmung in Anspruch nehmen.

138 Jeder Miterbe ist nicht nur lediglich berechtigt, sondern auch **verpflichtet**, Maßnahmen der Notverwaltung zu ergreifen. Ein Miterbe der schuldhaft keine Notverwaltungsmaßnahmen ergreift und hierdurch den Nachlass schädigt, ist dem Nachlass **schadenersatzpflichtig** (siehe oben Rdn 133).

139 In Fällen von **Verfügungen** im Rahmen von Notverwaltungsmaßnahmen soll nach dem BGH § 2038 Abs. 1 S. 2 Hs. 2 BGB der Regelung des § 2040 BGB vorgehen.[320]

---

315 BGH, Urt. v. 23.9.1953 – IV ZR 313/52, JZ 1953, 706.
316 MüKo/*Gergen*, § 2038 Rn 57.
317 MüKo/*Gergen*, § 2038 Rn 61.
318 MüKo/*Gergen*, § 2038 Rn 27, 61.
319 *Krug*, in: Krug/Rudolf/Kroiß/Bittler, § 12 Rn 56.
320 BGH, Urt. v. 12.6.1989 – II ZR 246/88, Rn 26, (ohne jegliche Begründung), juris; a.A. mit überzeugenden Argumenten: Staudinger/*Werner* (2010), § 2038 Rn 40; ebenso: Staudinger/*Löhnig*, § 2038 Rn 33 ff.

b) Objektiv lag kein Fall der Notverwaltung vor

Eine Maßnahme der Notverwaltung ist stets auch ein Fall der ordnungsmäßigen Verwaltung. Handelt der Miterbe im Rahmen einer **vermeintlichen** Notverwaltung, lag objektiv jedoch nicht die erforderliche Dringlichkeit vor bzw. war die Maßnahme für die **Erhaltung** des Nachlasses nicht erforderlich, so ist **zunächst** zu **prüfen**, ob (wenigstens) die Voraussetzungen einer **ordnungsmäßigen Verwaltung** vorgelegen haben. 140

Nach einer Entscheidung des BGH[321] kann der handelnde Miterbe bei **Überschreitung des Notverwaltungsrechts** Aufwendungsersatz über die Regelungen der Geschäftsführung ohne Auftrag verlangen. Diese Entscheidung übersieht, dass die Notverwaltung auch ein Fall der ordnungsmäßigen Verwaltung sein muss[322] und die Miterben dann zur Mitwirkung verpflichtet sind. Mitwirkung ist jedoch nicht lediglich im Sinne einer Einwilligung, also der vorhergehenden Zustimmung (§ 183 Abs. 1 S. 1 BGB) zu verstehen. Hat ein Miterbe – zunächst auf eigenes Risiko – für die Erbengemeinschaft gehandelt, so kommt auch eine Genehmigung (nachträgliche Zustimmung, § 184 Abs. 1 BGB) in Betracht. Liegen die Voraussetzungen der ordnungsmäßigen Verwaltung vor, so sind die Miterben bei Überschreitung des Notverwaltungsrechts über Abs. 1 S. 2 Hs. 1 verpflichtet mitzuwirken und ggf. dementsprechend auch zu verurteilen. Für die Folgen der Überschreitung seines Verwaltungsrechtes hat der Miterbe selbst einzustehen.[323] Hinsichtlich des Aufwendungsersatzes des handelnden Miterben bedarf es keines Rückgriffes auf die Regeln der Geschäftsführung ohne Auftrag: Der Maßstab der Prüfung ist und bleibt § 2038 BGB. 141

VI. Tragung der Kosten und Lasten bei laufender Verwaltung, § 2038 Abs. 2 i.V.m. § 748 BGB

Die Miterben haben die Lasten des Gesamthandvermögens, Kosten der Erhaltung und Verwaltung sowie Auslagen für eine **gemeinsame** Benutzung von Erbschaftsgegenständen im Verhältnis ihrer Erbquoten zu tragen. Dies bestimmt § 748 BGB auf den § 2038 Abs. 2 BGB verweist. Die Verpflichtung ist zunächst auf das im Nachlass vorhandene Vermögen beschränkt, wobei auch **keine Vorschusspflicht** der Miterben besteht.[324] Der Aufwendungsersatzanspruch ist **mit** seinem **Entstehen fällig.**[325] Den Ersatz seiner **Aufwendungen** kann der handelnde Miterbe somit **sofort** gegen die Erbengemeinschaft **geltend machen**, er muss damit nicht bis zur Auseinandersetzung warten. Dem Ersatzanspruch von Kosten, die der Verwaltung und Erhaltung des Nachlasses dienen, kann insbesondere **nicht** der **Einwand** der **unzulässigen Teilauseinandersetzung** entgegengehalten werden.[326] 142

Die Kosten einer auch nur für **einen** Miterbenanteil angeordneten **Testamentsvollstreckung** sind gemeinschaftliche Kosten der Verwaltung und von der **gesamten** Erbengemeinschaft zu tragen[327] (siehe § 14 Rdn 55). Klagt der Testamentsvollstrecker eines Miterben gegen einen anderen Miterben und verliert diesen Prozess, so sind die Prozesskosten von der Erbengemeinschaft einschließlich der des Prozessgegners zu tragen.[328] 143

321 BGH, Urt. v. 20.5.1987 – IVa ZR 42/86, NJW 1987, 3001.
322 BGH, Urt. v. 8.5.1952 – IV ZR 208/51, BGHZ 6, 76, LS 2 sowie 81.
323 BGH, Urt. v. 8.5.1952 – IV ZR 208/51, BGHZ 6, 76, 85.
324 Staudinger/*Löhnig*, § 2038 Rn 38.
325 BGH, Urt. v. 28.11.1974 – II ZR 38/73, WM 1975, 196, 197.
326 OLG Köln, Urt. v. 25.1.1996 – 1 U 47/95, OLGR 1996, 153, 155.
327 BGH, Urt. v. 22.1.1997 – IV ZR 283/95, MDR 1997, 502, LS und 503.
328 BGH, Urt. v. 25.6.2003 – IV ZR 285/02, MDR 2003, 1116.

144 § 748 BGB ist auch **anwendbar**, wenn die Erbengemeinschaft **mittlerweile auseinandergesetzt** worden ist, aber ein regressberechtigter Miterbe i.R.d. Auseinandersetzung gem. §§ 2042 Abs. 2, 755 BGB keine Befriedigung erlangt hat.

145 **Nicht** zu den Verwaltungskosten gehören Aufwendungen, die eine – auch wertsteigernde – **Veränderung** eines Nachlassgegenstandes verursachen und eine über der bisher beschlossenen Gebrauchsbestimmung hinausgehende Nutzung ermöglichen sollen.[329] Kosten für Erhaltungsmaßnahmen, die während der Dauer der Erbengemeinschaft erforderlich geworden, aber **nicht ausgeführt** worden sind, fallen nicht unter § 748 BGB. Ein etwaiger **Minderwert** des Nachlassgegenstandes wird dann bei der Teilung berücksichtigt.[330]

146 Ebenfalls **nicht** zu den Verwaltungskosten gehört ein **Tätigkeitsentgelt** oder eine sonstige Vergütung für eigene Tätigkeiten eines Miterben: „§ 2038, § 748 geben keinen Anspruch auf Vergütung eigener Verwaltungstätigkeit eines Miterben",[331] Zeitaufwand und Arbeitskraft sind keine Kosten.[332] Miterben können mithin – entgegen einer häufig gänzlich anderen Erwartungshaltung der Mandanten – grundsätzlich **kein Entgelt** für Tätigkeiten für die Erbengemeinschaft i.R.d. Verwaltungstätigkeit verlangen.[333] Soweit eine entgeltliche Tätigkeit Dritter üblich und nach dem Verhältnis der Miterben zu erwarten gewesen wäre, kann u.U. aus **Geschäftsführung ohne Auftrag** und mithin aus § 683 BGB ein Anspruch auf Ersatz von Aufwendungen hergeleitet werden.[334]

147 Auch wenn die Erbengemeinschaft einem **Ehepartner** eines Miterben eine **Vollmacht** ausstellen sollte, ist damit nicht ohne Weiteres die Vereinbarung einer entgeltlichen Tätigkeit erfolgt. Der Miterbe, der seinem Ehepartner – gleichwohl – ein „Honorar" für seine Tätigkeiten für den Nachlass gezahlt hat, kann dann gleichfalls keinen Ersatz von eigenen Aufwendungen nach § 2038 Abs. 2, § 748 verlangen. Denn der Miterbe wäre nicht verpflichtet gewesen, ein Honorar zu zahlen. Stattdessen hätte der Ehepartner „seine Dienste im Rahmen eines familiär bedingten **Gefälligkeitsverhältnisses**" erbracht.[335]

148 In einer im Zusammenhang mit der Vergütung von Miterben auch zitierten Entscheidung aus dem Jahre 1955 hatte der BGH diese Frage noch nicht entschieden, da dort aufgrund der andauernden Fortführung des zum Nachlass gehörenden Handelsunternehmens, das „Verhältnis zueinander einen mehr gesellschaftsrechtlichen Charakter" angenommen hatte und der BGH daher „die für die oHG geltendenden Rechtssätze (...) entsprechend" anwandte.[336]

In einer nicht veröffentlichen Entscheidung des BGH[337] hatten die Erben die Fortführung eines zum Nachlass gehörenden Unternehmens untereinander aufgeteilt. Während ein Erbe die „technische Verrichtung" selbst vornahm, bediente sich der andere Erbe für die ihm übertragene „Buchhaltung" der Hilfe seiner Ehefrau. In dieser Konstellation hat der BGH

---

329 MüKo/*K. Schmidt*, § 748 Rn 8.

330 MüKo/*K. Schmidt*, § 748 Rn 10.

331 BGH, Urt. v. 4.3.1992 – IV ZR 309/90, Rn 18, juris, jedoch ohne jegliche Begründung hierzu.

332 MüKo/*K. Schmidt*, § 748 Rn 9.

333 KG, Urt. v. 11.3.2004 – 12 U 209/02, Rn 6 ff, juris.

334 MüKo/*K. Schmidt*, § 748 Rn 9; vgl. aber KG, Urt. v. 11.3.2004 – 12 U 209/02, Rn 7, juris: „Dies (kein Anspruch auf Vergütung) muss auch für Tätigkeiten gelten, die üblicherweise entgeltlich übernommen werden. Nahezu alle Tätigkeiten sind heutzutage kommerzialisiert. Ließe man anderes gelten, so könnte der Miterbe für die Entfaltung jedweder Tätigkeit gemäß §§ 2038 II, 748 BGB eine Vergütung verlangen."

335 KG, Urt. v. 11.3.2004 – 12 U 209/02, Rn 12, juris.

336 BGH, Urt. v. 21.5.1955 – IV ZR 7/55, Rn 14, juris.

337 BGH Urt. v. 24./27.1.1975, – IV ZR 33/73, zitiert nach *Johannsen*, WM 1977, 270, 271.

dem Miterben, der für die „technische Verrichtung" zuständig war – also selbst tätig wurde – eine **„angemessene Vergütung"** aus dem Nachlass zugestanden.

Rechnen Miterben ihre **„begleitenden Aufwendungen** wie z.B. Fahrt-, Büro- und Portokosten" im Rahmen der Verwaltung über **längere Zeit** nicht ab, und gibt es auch keine Vereinbarung über den Ersatz dieser Aufwendungen, ist von einem **konkludenten Ausschluss** des § 748 auszugehen.[338] Wurden derartige Aufwendungen über einen Zeitraum von ungefähr zehn Jahren nicht abgerechnet, und ist kaum noch Nachlass vorhanden, so kann darüber hinaus die Geltendmachung gegen das Verbot des widersprüchlichen Verhaltens gem. § 242 verstoßen.[339] 149

Hinweis

Für eine **erfolgreiche Vertretung** eines Miterben bei der Verwaltung und Auseinandersetzung der Erbengemeinschaft kommt es maßgebend darauf an, sowohl auf passive als auch auf „zu aktive" Miterben unverzüglich und konsequent zu reagieren. Nur so kann eine Benachteiligung des Mandanten verhindert werden.

So ist ein Miterbe, der einen Nachlassgegenstand eigenmächtig in Besitz nimmt und nutzt, unverzüglich aufzufordern, dem Mandanten entweder **Mitbesitz** einzuräumen oder aber eine **Nutzungsentschädigung** zu zahlen. Diese Fallkonstellation kommt in der Praxis vor allen Dingen vor, wenn eine zum Nachlass gehörende Immobilie von einem oder einigen Erben genutzt wird, ohne dass sich die Erben hierüber gem. § 2038 Abs. 2 S. 1 i.V.m. § 745 Abs. 2 BGB verständigt haben (siehe oben Rdn 90).

E. Auskunft und Rechenschaftslegung

I. Problemlage

Häufig ist ein Miterbe oder sogar die gesamte Erbengemeinschaft über Umfang und Verbleib des Nachlasses im Unklaren. Dies kann damit zusammenhängen, dass die Erben keinen Kontakt mehr zum Erblasser hatten. Vielfach stehen aber sogar Ehe- und Lebenspartner vor dem Problem, mit dem Erbfall feststellen zu müssen, dass sie kaum Informationen über das Vermögen des Verstorbenen haben. Die Beschaffung von **Informationen** über den Nachlass muss somit einer der ersten Schritte für den Miterben sein, 150

- um entscheiden zu können, ob und ggf. welche Maßnahmen zur Beschränkung der **Haftung** zu ergreifen sind
- um die **Verwaltung** zu regeln
- und letztlich um die **Auseinandersetzung** vorzubereiten und durchzuführen.

Die Auskunftserteilung und Rechenschaftslegung ist häufig ein Punkt von Auseinandersetzungen zwischen Miterbe und Dritten. Das ist im Ansatz auch verständlich: Für jeden Miterben ist es zur Wahrung und Geltendmachung seiner Rechte unbedingt erforderlich, umfassend über den Nachlassbestand informiert zu sein. Nur so ist ihm auch möglich, Schaden vom Nachlass abzuwenden und seiner Mitwirkungspflichten i.R.d. Nachlassverwaltung gerecht zu werden. Weniger verständlich ist es meist, wenn der „informierte Erbe" nicht bereit ist, die ihm vorliegenden Informationen auch den anderen Erben zur Verfügung zu stellen. 151

338 KG, Urt. v. 11.3.2004 – 12 U 209/02, Rn 16 f., juris.
339 KG, Urt. v. 11.3.2004 – 12 U 209/02, Rn 22, juris.

Ungeachtet der streitigen Fragen, ob zwischen den Erben ein „genereller" Auskunftsanspruch besteht (siehe unten Rdn 152), bieten zahlreiche andere Normen den Erben die Möglichkeit, benötigte Informationen zu erlangen. Einige der besonders praxisrelevanten erbrechtlichen Auskunftsansprüche werden nachfolgend kurz dargestellt (siehe unten Rdn 157).

II. Auskunftsanspruch aufgrund Miterbenstellung sowie aus § 242 BGB

152 Es gibt keine **spezielle** Anspruchsgrundlage, wonach Miterben untereinander verpflichtet wären, sich Auskunft über den Nachlassbestand zu erteilen. Umstritten ist die Frage, ob die Erben gleichwohl verpflichtet sind, sich wechselseitig über den Nachlassbestand zu informieren. Eine **allgemeine Auskunftspflicht** der Miterben allein aufgrund der Verbindung in der Erbengemeinschaft wird überwiegend **abgelehnt.**[340]

153 In einer vielfach in diesem Zusammenhang zitierten Entscheidung des **BGH** aus dem Jahr **1988** heißt es im Leitsatz und wird ausgeführt, dass die Miterbenstellung allein nicht die notwendige Sonderbeziehung begründe, die zu einer Auskunftspflicht führt.[341] Der Leitsatz wird jedoch dem besonderen Sachverhalt, zu dem die Entscheidung ergangen ist, nicht gerecht: Im entschiedenen Fall forderte der Bruder von seiner Schwester (beide Miterben zu je ½ nach ihrer Mutter), Zustimmung zur Auskunftserteilung der Krankenkasse der Erblasserin, welche Medikamente die Erblasserin erhalten habe, während sie im Haus der Beklagen gepflegt worden war. Während der Pflege durch die Beklagte errichtete sie ein notarielles Testament, wonach Kläger und Beklagte (Bruder und Schwester) je zu ½ als Erben eingesetzt werden. In einem älteren Testament aus dem Jahre 1959 war der Kläger Alleinerbe. Mit Hilfe der Informationen über die verabreichten Medikamente wollte der Kläger den Beweis führen, dass die Erblasserin bei Abfassung des letzten Testamentes testierunfähig gewesen ist und somit das vorangegangene Testament gültig ist, also der Kläger allein geerbt hat. Wenn in diesem Zusammenhang eine Pflicht der Beklagten abgelehnt wird, sich gewissermaßen selbst „den Ast abzusägen, auf dem sie sitzt", nämlich sie zu verpflichten, dem Kläger Informationen zu verschaffen, die ihre eigene Erbenstellung beeinflussen würden, dann hat das nichts mit der Frage zu tun, ob und inwieweit Erben verpflichtet sind, sich über den **Nachlassbestand** Auskunft zu erteilen.

154 Auch einer älteren Entscheidung des **BGH** aus dem Jahr **1973**, die in diesem Zusammenhang häufig angeführt wird, lag eine besondere Konstellation zugrunde. Dort begehrte der pflichtteilsberechtigte Erbe vom beschenkten Miterben Auskunft über **Schenkungen** der letzten zehn Jahre vor dem Tod des Erblassers.[342] Bei der Prüfung der möglichen Anspruchsgrundlagen des Klägers führt der BGH zu § 2038 aus, dass auch dies keinen Auskunftsanspruch bietet, „weil die gebotene Mitwirkung bei der Verwaltung des Nachlasses die Miterben nicht allgemein zur Auskunfterteilung über den Nachlassbestand verpflichtet."[343] Für den konkreten Fall ist dies auch überzeugend, weil die **Schenkungen** des Erblassers gerade nicht mehr zum Nachlassbestand gehören, sondern lediglich zum fiktiven Nachlass zu zählen und i.R.d. §§ 2325, 2329 zu berücksichtigen sind. Darauf hat der BGH auch zuvor i.R.d. Prüfung zu § 2027 BGB mit Recht hingewiesen.

155 Hinter der Ablehnung eines Auskunftsanspruches der Miterben untereinander über den Nachlassbestand mag häufig die Überlegung stehen, dass grundsätzlich jeder Erbe allein

340 Vgl. hierzu *Lange/Kuchinke*, § 43 II 7 c m.w.N. in Fn 88.
341 BGH, Urt. v. 7.12.1988 – IVa ZR 290/87, LS 1 und Rn 9, juris.
342 BGH, Urt. v. 27.6.1973 – IV ZR 50/72, NJW 1973, 1876.
343 BGH, Urt. v. 27.6.1973 – IV ZR 50/72, NJW 1973, 1876, 1877.

für sich in der Lage sei, die erforderlichen Informationen zu erlangen. In der Praxis sieht dies häufig anders aus: Die Erteilung eines Erbscheins kann sich nicht nur über Wochen, sondern Monate hinziehen und eine Legitimation gegenüber Banken etc. ist nicht möglich. Hat der Miterbe nun keinen unmittelbaren Zugang zu den Kontounterlagen des Erblassers, wird er sich in absehbarer Zeit keinen Überblick über das Konto- und Depotvermögen des Erblassers verschaffen können.

Nach anderer Auffassung rührt die **Auskunftspflicht** – jedenfalls auch – aus **§ 242 BGB** 156
her.[344] Dies wird wohl auch vom BGH nicht in Zweifel gezogen.[345] Die Entscheidung aus dem Jahr 1988 wird oft fälschlich als Beleg dafür herangezogen, dass der BGH einen Auskunftsanspruch der Erben untereinander aus § 242 BGB ablehnt. Der BGH hat indes in seiner zitierten Entscheidung einen Auskunftsanspruch aus § 242 BGB lediglich deswegen abgelehnt, weil der „Rahmen eines Auskunftsrechts gem. § 242 BGB […] auch in gegenständlicher Hinsicht überschritten (wird)“[346] – immerhin wollte der Kläger dort Auskunft über die Testierfähigkeit des Erblassers und nicht über den Nachlassbestand (siehe Rdn 153).

Zuvor führt der BGH aber aus:

> *„Wer Auskunft fordert, muss vielmehr durch das Verhalten desjenigen, von dem er Auskunft will, oder in sonstiger Weise bereits in seinem bestehenden Recht so betroffen sein, dass nachteilige Folgen für ihn ohne die Auskunftserteilung eintreten können […]. Auch im Erbrecht wird ein Auskunftsverlangen nur dem eingeräumt, dessen Position als Pflichtteilsberechtigter oder (Vertrags-)Erbe unzweifelhaft ist, und nur wenn und soweit vom Bestehen des Anspruches ausgegangen werden kann, zu dessen Durchsetzung die Auskunft dienen soll […].“*[347]

Nach einem Urteil des BGH aus dem Jahr 1953 und mittlerweile gefestigter Rechtsprechung wird eine allgemeine Auskunftsverpflichtung aus § 242 BGB dort bejaht,

> *„wo jemand fremde Angelegenheiten oder solche Angelegenheiten besorgt, die zugleich eigene und fremde sind […]. Sie besteht bei jedem Rechtsverhältnis, dessen Wesen es mit sich bringt, dass der Berechtigte entschuldbarerweise über Bestehen und Umfang seines Rechts im Ungewissen, der Verpflichtete hingegen in der Lage ist, unschwer solche Auskünfte zu erteilen […].“*[348]

Letztlich wird jedenfalls dies häufig somit eine Auskunftsverpflichtung des informierten Miterben begründen können.

III. Auskunfts- und Rechenschaftspflicht gem. § 666 BGB

Die Anzahl der Fälle, in denen Erben von vormals vom Erblasser bevollmächtigten Miter- 157
ben Auskunft- und **Rechenschaft** verlangen, ist in den vergangenen Jahren erheblich gestiegen. Dies hängt wohl einerseits damit zusammen, dass die Erteilung von Vorsorge- und sonstigen Vollmachten in den letzten Jahren deutlich zugenommen hat; andererseits sind die Möglichkeiten, die § 666 BGB bietet, in der Vergangenheit auch häufig unterschätzt worden.

---

344 MüKo/*Gergen*, § 2038 Rn 48: „allgemeine Auskunftspflicht“; Staudinger/*Löhnig*, § 2038 Rn 18a: „Auskunftspflicht bei einer besonderen Fallgestaltung“.

345 BGH, Urt. v. 7.12.1988 – IVa ZR 290/87, Rn 11, juris.

346 BGH, Urt. v. 7.12.1988 – IVa ZR 290/87, Rn 12, juris.

347 BGH, Urt. v. 7.12.1988 – IVa ZR 290/87, Rn 11 f., juris.

348 BGH, Urt. v. 28.10.1953 – II ZR 149/52 („Kalkstein“), Rn 23 und ständig, juris.

158 Gerade die Geltendmachung der Rechenschaftspflicht gegen einen vormals vom Erblasser bevollmächtigten Miterben ist ein Fall der **ordnungsgemäßen Verwaltung**. Erst aufgrund der Rechenschaft kann die Erbengemeinschaft das Bestehen möglicher Ansprüche gem. § 667 BGB beurteilen (zum Abstimmungsverbot des betroffenen Erben siehe oben Rdn 109). Darüber hinaus ist der als **Not- oder Alleingeschäftsführer** handelnde Miterbe der Erbengemeinschaft nach §§ 666, 681, 2038 Abs. 1 S. 2 Hs. 2 BGB über den Stand der Geschäfte zur **Auskunft** verpflichtet.[349] Die Ansprüche auf Auskunft und Rechenschaft können von **jedem Miterben** zugunsten der Erbengemeinschaft geltend gemacht werden, § 2039 BGB (siehe unten Rdn 167).

159 Die Pflicht zur Auskunft- oder/und Rechenschaft gem. § 666 BGB setzt jedoch ein Auftragsverhältnis zwischen dem Erblasser und dem – vermeintlich – anspruchsverpflichteten Miterben voraus (zu Einzelheiten siehe § 13 Rdn 70). Am **fehlenden Auftragsverhältnis** wird regelmäßig der Anspruch der Kinder gegen den überlebenden **Ehegatten** scheitern, selbst wenn jener vom Erblasser umfassend mit Vollmachten ausgestattet worden war. Zur Frage der Rechenschaftspflicht und der **Beweislastverteilung** bei Ehegatten ist eine Entscheidung des BGH aus dem Jahr 2000 grundlegend. Dort heißt es u.a:

> *„Regeln Ehegatten während des Zusammenlebens die Aufgabenbereiche innerhalb der ehelichen Lebensgemeinschaft in der Weise, dass einer von ihnen die Wirtschaftsführung im wesentlichen allein übernimmt, so entsteht daraus selbst dann* ***kein Auftragsverhältnis*** *im Sinne der §§ 662 ff. BGB, wenn die verfügbaren Mittel im wesentlichen aus den Einkünften oder dem Vermögen des anderen Ehegatten zufließen. Deshalb kann der andere Ehegatte von dem die Wirtschaftsführung wahrnehmenden Ehegatten – und zwar weder nach Auftragsrecht noch aufgrund eines eigenständigen familienrechtlichen Anspruchs – die Rückzahlung von Geldern verlangen, deren familienbezogene Verwendung dieser Ehegatte nicht belegen kann. Eine unmittelbare oder analoge Anwendung des § 667 BGB kommt, wie der Senat wiederholt klargestellt hat, hier nicht in Betracht (Urteile vom 29.1.1986 – IVb ZR 11/85 – FamRZ 1986, 558, 559 und vom 24.6.1987 – IVb ZR 49/86 – FamRZ 1988, 42, 43). Dieser Grundsatz beruht letztlich auf der Überlegung, dass sich Ehegatten durch derartige Regelungen ihrer Aufgabenbereiche besonderes Vertrauen schenken. Dem wirtschaftenden Ehegatten darf deshalb nicht einseitig das Risiko auferlegt werden, im Nachhinein Ausgaben nicht mit der gleichen Genauigkeit angeben und belegen zu können, wie das in Rechtsverhältnissen ohne Inanspruchnahme von personalem Vertrauen erforderlich oder geboten ist“.*[350]

Weiter heißt es, dass „an die Feststellung eines Verwaltungsvertrages keine geringen Anforderungen gestellt werden“ dürfen.[351] Nach einer Entscheidung des BGH aus dem Jahr 2008 ist diese Rechtsprechung „auf Fallgestaltungen mit sonstigem familiären oder personalen Einschlag **nicht übertragbar**“.[352]

160 Auch der **Auskunfts- und Rechenschaftsanspruch** gegen den **Steuerberater** des Erblassers gehört zu den Ansprüchen i.S.v. § 2039 BGB. Ein Miterbe kann somit allein gem. § 2039 BGB, trotz des Widerspruchs der übrigen Miterben, den Steuerberater des Erblassers auf Auskunft hinsichtlich der Steuererklärungen des Erblassers in Prozessstandschaft für die

---

349 Damrau/Tanck/*Schmalenbach*, § 2027 Rn 8.

350 BGH, Urt. v. 5.7.2000 – XII ZR 26/98, juris Rn 13.

351 BGH, Urt. v. 5.7.2000 – XII ZR 26/98, juris Rn 14.

352 BGH, Beschl. v. 26.6.2008 – III ZR 30/08, juris LS 1 und Rn 2; a.A. vor Veröffentlichung dieses Beschlusses des BGH noch OLG Sachsen-Anhalt, Urt. v. 6.7.2007 – 10 U 27/07, juris Rn 34; zum Umfang der Auskunft- und Rechenschaftspflicht vgl. auch OLG München, Urt. v. 6.12.2017 – 7 U 1519/17, juris Rn 35 ff.

Erbengemeinschaft verklagen. Hat der Erblasser seine Steuererklärung zusammen mit seiner Ehefrau abgegeben, so ist dieser Auskunftsanspruch zwar wegen der fortbestehenden Verschwiegenheitspflicht des Steuerberaters gegenüber der Ehefrau eingeschränkt. Der Anspruch geht dennoch nicht nur auf Ablichtung einer teilweise abgedeckten gemeinsamen Steuererklärung, sondern auf Gewähr der Einsicht in die Unterlagen. Nach OLG Koblenz soll dies durch einen zur Verschwiegenheit verpflichteten anderen Steuerberater erfolgen (sehr fraglich); der verklagte Steuerberater kann den klagenden Erben nicht auf eine Einsicht in die Akten des Finanzamts verweisen.[353]

IV. Auskunftspflicht des Erbschaftsbesitzers und sonstiger Besitzer gem. § 2027 BGB

Weitreichende Möglichkeiten bei einem ebenso weiten Anwendungsbereich bietet der Auskunftsanspruch gegen den **Erbschaftsbesitzer**. Nach der Legaldefinition des § 2018 BGB ist Erbschaftsbesitzer jeder, „der aufgrund eines ihm in Wirklichkeit nicht zustehenden Erbrechts etwas aus der Erbschaft erlangt hat“. Nimmt ein Miterbe für sich eine Alleinerbenstellung oder einen größeren Erbteil in Anspruch und begründet deshalb Alleinbesitz an Nachlassgegenständen ist er hinsichtlich des ihm nicht zustehenden Erbteils somit Erbschaftsbesitzer i.S.d. § 2018 BGB und auskunftspflichtig nach § 2027 Abs. 1.[354] Er hat mithin dem Miterben **Auskunft** über 161

- den **Bestand** der Erbschaft und
- den **Verbleib** der Erbschaftsgegenstände

zu erteilen. Ausreichend ist es dafür auch, wenn ein Miterbe etwas, „das er noch ohne Erbrechtsanmaßung aus dem Nachlass erlangt hat, später als (Allein-)Erbe in Anspruch nimmt.“[355]

Es liegt wohl an der Überschrift des § 2027 BGB („Auskunftspflicht des Erbschaftsbesitzers“), dass in der Praxis die Auskunftspflicht § 2027 Abs. 2 BGB häufig unbeachtet bleibt.[356] Denn auch derjenige ist nach § 2027 Abs. 1 auskunftspflichtig, der eine Sache aus dem Nachlass in Besitz nimmt, **bevor** der **Erbe** den **Besitz tatsächlich** ergriffen hat. Der **Erbschaftsbesitz** i.S.v. § 2018 BGB ist hier **keine Voraussetzung**. Der Besitz muss jedoch erst **nach dem Tod** erlangt werden, damit die Auskunftspflicht besteht: Wer den Besitz bereits zu Lebzeiten des Erblassers erlangt hat, ist nicht nach § 2027 Abs. 2 BGB auskunftspflichtig.[357] 162

Der Anspruch nach § 2027 BGB kann nach **§ 2039 BGB** von jedem **Miterben** allein **für** die **Erbengemeinschaft** geltend gemacht werden.[358] Dieser Anspruch kann vom Erblasser auch **nicht** durch Testament **ausgeschlossen** werden.[359] Wird der Anspruch über einen Zeitraum vom Miterben über neun Jahren nicht geltend gemacht, kann **Verwirkung** eintreten.[360] 163

353 OLG Koblenz, Urt. v. 17.1.1991 – 5 U 899/90, BB 1991, 1663 (LS 2).
354 *Lange/Kuchinke*, § 40 II 3 m.w.N. in Fn 35; Damrau/Tanck/*Schmalenbach*, § 2018 Rn 8.
355 BGH, Urt. v. 12.12.2003 – V ZR 158/03, juris Rn 9 m.w.N.
356 Offenbar auch übersehen z.B. in OLG Köln, Beschl. v. 11.5.2017 – 16 U 99/16, Rn 10, juris.
357 OLG Hamm, Urt. v. 22.7.2014 – I-10 U 17/14, Rn 16, juris.
358 OLG Bremen, Urt. v. 6.12.2001 – 5 U 21/01, 5 U 29/01, 5 U 21/01c, 5 U 29/01c, juris Rn 69.
359 OLG Bremen, Urt. v. 6.12.2001 – 5 U 21/01, 5 U 29/01, 5 U 21/01c, 5 U 29/01c, juris Rn 71.
360 OLG Koblenz, Urt. v. 19.12.2013 – 2 U 1191/11, Rn 20, juris.

V. Auskunftspflicht des Hausgenossen gem. § 2028 BGB

164 Eine ebenso wie § 2027 Abs. 2 BGB häufig übersehene – aber gleichermaßen häufig einschlägige – Auskunftspflicht folgt aus § 2028 BGB. Nach dieser Norm ist jeder, der sich mit dem Erblasser zum Zeitpunkt des Erbfalls in häuslicher Gemeinschaft befunden hat, zur Auskunft darüber verpflichtet, welche erbschaftlichen Geschäfte er geführt hat und was ihm über den Verbleib der Erbschaftsgegenstände bekannt ist. Der Begriff der „häuslichen Gemeinschaft“ ist weit auszulegen.[361] So kann ein Familienmitglied auskunftsverpflichtet sein, das beim Erblasser wegen des Erkrankung eingezogen ist, um ihn zu pflegen.[362] Möglicherweise ist sogar auskunftspflichtig, wer lediglich einen Schlüssel zur Wohnung des Erblassers besessen hat.[363] Auch ein **Miterbe** kann den anderen Miterben nach § 2028 BGB zur Auskunft verpflichtet sein.[364]

VI. Auskunftspflicht der nach §§ 2050 ff. BGB Ausgleichungsverpflichteten gem. § 2057 BGB

165 Zur Auskunftsverpflichtung der nach §§ 2050 ff. BGB ausgleichungspflichtigen Miterben und auch sonst zur Auskunftspflicht nach § 2057 BGB siehe ausführlich § 7 Rdn 77 ff.

F. Pflicht zur Mitwirkung bei der Aufnahme des Nachlassverzeichnisses

166 In Literatur und Rechtsprechung wird unterschiedlich beurteilt, ob und inwieweit die Erben verpflichtet sind, an der Aufstellung eines Nachlassverzeichnisses mitzuwirken.[365]

Anders als durch gegenseitige Information über Tatsachen, die nicht allen Miterben bekannt sind, kann jedoch eine ordnungsgemäße Verwaltung nicht erfolgen. Beispielsweise können weder Forderungen für die Erbengemeinschaft geltend gemacht noch abgewehrt werden, wenn die notwendigen Informationen der Erbengemeinschaft nicht vorliegen. Somit gehört zur **Mitwirkungspflicht** i.R.d. **ordnungsmäßigen Verwaltung** auch die Erteilung von Auskünften über den Nachlassbestand.[366] Häufig wird man die notwendigen Auskünfte jedoch ohnehin – auch – im Rahmen anderer Anspruchsgrundlagen, z.B. §§ 666, 2027, 2028 BGB (siehe oben Rdn 157 ff.), erlangen können, deren grundsätzliche Anwendbarkeit für Miterben untereinander unbestritten ist.

G. Behandlung von Nachlassforderungen, §§ 2039, 2040 Abs. 2 BGB

I. Allgemeines

167 Da das Vermögen der Erbengemeinschaft gesamthänderisch gebunden ist, können **Leistungen** nur an die Erben **gemeinschaftlich** erfolgen, § 2039 BGB. Ebenso können danach die

361 MüKo/*Helms*, § 2028 Rn 3 m.w.N. in Fn 1.

362 MüKo/*Helms*, § 2028 Rn 3.

363 LG Wiesbaden, Urt. v. 3.7.2014 – 9 O 44/14, Rn 11, juris (zweifelhaft, da der Anwendungsbereich der Norm hier über den Wortlaut hinaus erheblich ausgedehnt wird).

364 Staudinger/*Gursky*, § 2028 Rn 6 m.w.N.

365 Vgl. zum Meinungsstand Staudinger/*Löhnig*, § 2038 Rn 18 ff. m.w.N. sowie MüKo/*Gergen*, § 2038 Rn 49 mit Nachweisen in Fn 164.

366 Ebenso: *Lange/Kuchinke*, § 43 II c m.w.N. in Fn 96; *Speckmann*, NJW 1973, 1869, 1870.

Erben **Forderungen** des Nachlasses nur **gemeinschaftlich** geltend machen. Selbst wenn es sich bei der Geltendmachung der Forderung um einen Fall der ordnungsgemäßen Verwaltung handelt (siehe oben Rdn 68), sind die Erben stets gezwungen, einen Mehrheitsbeschluss herbeizuführen. Widerspenstige oder passive Erben müssten dann ggf. im Klagewege zur Mitwirkung gezwungen werden.[367] Um der Erbengemeinschaft hier den Handlungsspielraum zu erweitern, eröffnet § 2039 BGB[368] jedem Erben das Recht, Forderungen für den Nachlass geltend zu machen. § 2039 BGB gilt ausschließlich für Forderungen die **für** den **Nachlass** geltend gemacht werden; Forderungen **gegen** den **Nachlass** sind nach **§§ 2058 ff. BGB** zu beurteilen (siehe § 6 Rdn 50 ff.). Zur Behandlung gemeinschaftlicher Forderungen bei der **Auseinandersetzung** siehe § 8 Rdn 46.

II. Voraussetzungen

Ein Anspruch i.S.d. Legaldefinition des § 194 BGB gehört zum Nachlass, wenn es sich um 168
- einen Anspruch der Erbengemeinschaft handelt, der nach dem Erbfall entstanden ist oder
- einen Anspruch des Erblassers handelt, der mit dem Erbfall auf die Erbengemeinschaft übergegangen ist.

Ansprüche des Erblassers können sowohl schuldrechtlicher als auch dinglicher sowie öffentlich-rechtlicher Natur sein. Im Gegensatz zum sonst ähnlichen § 432 BGB benennt § 2039 BGB nicht lediglich „eine unteilbare Leistung" sondern weitergehend „einen Anspruch", der „zum Nachlass" gehört. Damit sollte ausdrücklich klargestellt sein, dass S. 1 auch gilt, „wenn die der Erbengemeinschaft zustehende Aktivforderung in einer Geldforderung bestehe".[369]

Beispiele für Ansprüche i.S.v. § 2039 BGB: 169
- Auskunftsanspruch gegen eine zum Nachlass gehörende Gesellschaft; die Auskunft ist allen Miterben „gemeinsam und gleichzeitig zu erteilen";[370] erst mit Erteilung der Auskunft an alle Erben ist der Anspruch erfüllt[371]
- Auskunfts- und Rechenschaftsanspruch gegen den Steuerberater des Erblassers (zu Einzelheiten siehe oben Rdn 160)
- Erbschaftsanspruch (§§ 2018 ff.): Obwohl der Anspruch nicht zum Nachlass gehört, wird § 2039 hier (entsprechend)[372] angewandt.[373]
- Erlassanspruch gem. § 227 Abs. 1 AO von Säumniszuschlägen gem. § 240 AO Abs. 1, soweit bereits der Erblasser diesen Anspruch hätte geltend machen können;[374] im Einspruchsverfahren sind die Miterben weder notwendig hinzuzuziehen noch im FG-Prozess notwendig beizuladen[375]
- Feststellungsklage[376]

367 Staudinger/*Löhnig*, § 2039 Rn 1.
368 Entsprechend § 432 Abs. 1 BGB.
369 Protokolle S. 8110, zit. nach *Mugdan*, Die gesamten Materialien zum BGB, Bd. V, S. 502.
370 BGH, Urt. v. 17.12.1964 – III ZR 79/63, Rn 47.
371 BGH, Urt. v. 17.12.1964 – III ZR 79/63, Rn 47.
372 *Lange/Kuchinke*, § 43 III 4 b.
373 Staudinger/*Löhnig*, § 2039 Rn 9; MüKo/*Gergen*, § 2039 Rn 7.
374 BFH, Urt. v. 19.1.1989 – V R 98/83, LS, BFHE 156, 8, BStBl II 1990, 360.
375 BFH, Urt. v. 19.1.1989 – V R 98/83, LS, BFHE 156, 8, BStBl II 1990, 360.
376 BGH, Teilurt. v. 13.7.1954 – V ZR 56/50, Rn 17, juris.

- Fortsetzung eines vom Erblasser begonnenen (und durch dessen Tod unterbrochenen) Prozesses[377]
- Grundbuchberichtigungsanspruch zugunsten der Erbengemeinschaft,[378] auch im Wege der Klage
- Kostenerstattungsanspruch aus Rechtsstreitigkeiten des Erblassers, auch wenn sie von den Erben fortgesetzt werden[379]
- Rechnungslegungsanspruch gegen Testamentsvollstrecker gem. § 2218 BGB, § 666 BGB; dabei muss „die Urteilsformel (...) allerdings die Einschränkung erhalten, daß die Rechnung gegenüber allen Miterben gemeinsam zu legen ist"[380]
- Vollstreckungsgegenklage gem. § 767 ZPO gegen die Zwangsvollstreckung in ein Nachlassgrundstück; hier ist ein Miterbe gem. § 2039 prozessführungsbefugt, wenn damit ein zum Nachlass gehörender Anspruch durchgesetzt werden soll[381]
- Witwerrentenanspruch des Erblassers bis zu dessen Tod.[382]

170 Die Ausübung von **Gestaltungsrechten** fällt **nicht** unter § 2039 BGB, wie sich aus dem weiteren Wortlaut ergibt („an alle Erben [...] leisten"[383]): Gestaltungsrechte schaffen erst die Grundlage für Ansprüche, wohingegen § 2039 deren Durchsetzung („Durchführungsmaßregel"[384]) betrifft. Für Gestaltungsrechte gilt § 2038 BGB, für Verfügungen § 2040 BGB. Dabei ist jedoch auch hier die geänderte Rechtsprechung des BGH zum Verhältnis des § 2040 BGB zu § 2038 BGB und mithin die Möglichkeit der mehrheitlichen Verfügung im Rahmen ordnungsgemäßer Verwaltung (siehe oben Rdn 77) sowie der Einzelverfügung im Rahmen der Notverwaltung zu beachten (siehe oben Rdn 126).

Ebenso wenig gehört der Anspruch aus **§ 2287 BGB** zum Nachlass:[385] Er steht jedem Schluss- oder Vertragserben persönlich zu. Die **Höhe** des **Bruchteils** wird bestimmt durch die Erbquote. Bei einem **Grundstück** richtet sich der Anspruch auf Übereignung eines entsprechenden Miteigentumsanteils an den Schluss- bzw. Vertragserben.[386]

171 **Keine Ansprüche** i.S.v. § 2039 BGB sind mithin:
- Anfechtungsklagen gegen Steuerbescheid; denn das Gericht spricht „im Erfolgsfalle nicht die Verpflichtung aus, den Steuerbescheid aufzuheben, sondern das Gericht hebt ihn selbst auf (§ 100 Absatz 1 Satz 1 FGO)"; in diesem Fall werden nicht die nicht klagenden Erben von den übrigen – klagenden – Erben nach § 62 ZPO vertreten („Vertretungsfiktion") und sind gem. § 59 FGO zum Klageverfahren hinzuzuziehen.[387]
- Ansprüche gegen das Finanzamt auf Überlassung von Kopien der von Kreditinstituten gemäß § 33 ErbStG eingereichten Anzeigen;[388] Schuldner der ErbSt ist jeder einzelne Erbe, weswegen das Besteuerungsverfahren nicht die Rechtsstellung der Erben als

377 BGH, Teilurt. v. 13.7.1954 – V ZR 56/50, Rn 17, juris.
378 BGH, Teilurt. v. 13.7.1954 – V ZR 56/50, Rn 17, juris.
379 LSG Celle Beschl. v. 14.4.1967 – L 7 V – 240/63, NJW 1968, 1743 (nur LS).
380 BGH, Urt. v. 17.12.1964 – III ZR 79/63, LS u. Rn 29, juris.
381 BGH, Urt. v. 5.4.2006 – IV ZR 139/05, Rn 12 ff., juris.
382 LSG Celle, Beschl. v. 14.4.1967 – L 7 V – 240/63, NJW 1968, 1743 (nur LS).
383 BGH, Urt. v. 12.6.1989 – II 246/88 ZR, NJW 1989, 2694, 2696 mit Bezug auf MüKo/*Dütz*, § 2039 Rn 9.
384 *Lange/Kuchinke*, § 43 III 4 b.
385 BGH, Urt. v. 21.6.1989 – IVa ZR 302/87, NJW 1989, 2389, 2391.
386 BGH, Urt. v. 21.6.1989 – IVa ZR 302/87, NJW 1989, 2389, 2391.
387 BFH, Beschl. v. 5.12.2006 – X B 106/06, Rn 16 f., juris; Anm. *Werner*, ZEV 2007, 281, 282.
388 BFH, Urt. v. 23.2.2010 – VII R 19/09, Rn 7, juris.

Rechtsnachfolger des Erblassers betrifft; anders ist dies bei der Einkommensteuerfestsetzung[389]
- Gestaltungsrechte, z.B. Anfechtung eines Gesellschafterbeschlusses[390]
- Ansprüche aus § 2287 BGB auf Herausgabe des Geschenks; der Anspruch gehört nicht zum Nachlass, sondern steht jedem Schluss- oder Vertragserben persönlich zu; die Höhe des Bruchteils wird bestimmt durch die Erbquote; bei einem Grundstück geht der Anspruch auf Übereignung eines entsprechenden Miteigentumsanteils an den Schluss- bzw. Vertragserben[391]
- Rechnungslegungsanspruch gem. § 687 BGB gegen Miterben, der einen vermeintlich auseinandergesetzten Nachlass als vollständig eigenen führt; es handelt sich hierbei „um ein persönliches Recht des einen Miterben gegen die anderen Miterben, gegründet auf das zwischen den Miterben bestehende Rechtsverhältnis“.[392]

Ebenso wie in § 432 Abs. 1 S. 1 BGB leistet der Schuldner („Verpflichtete“) nur dann mit befreiender Wirkung, wenn er an alle Gläubiger („Erben“) leistet. Die Leistung nur an einen oder mehrere Erben führt nicht zum Erlöschen der Forderung der Erbengemeinschaft. Etwas anderes gilt, wenn die übrigen Miterben vertreten werden und Leistung an den oder die Bevollmächtigten erfolgt. Das **Angebot** des Schuldners hat daher auch gegenüber allen Erben zu erfolgen. Da es sich beim Vermögen der Erbengemeinschaft um Sondervermögen der Miterben handelt, kann der Schuldner der Forderung der Erbengemeinschaft keine **Einwendungen** und **Einreden** entgegenhalten, die aus einem Rechtsverhältnis mit einem **einzelnen** Miterben herrühren. Die **Aufrechnung** einer gegen einen einzelnen Miterben bestehenden Forderung ist gem. § 2040 Abs. 2 BGB ausgeschlossen (siehe unten Rdn 180). Konfusion tritt auch nicht zu einem Bruchteil ein,[393] so dass auch der miterbende Nachlassschuldner nur durch Leistung an die Erbengemeinschaft mit befreiender Wirkung leisten kann. 172

Der **Leistungsort** ändert sich durch den Erbfall nicht.[394] Gerät nur einer der Miterben in Annahmeverzug, § 293 BGB, führt dies zum **Annahmeverzug sämtlicher** Miterben.[395] 173

III. Rechtsfolgen

Der einzelne Miterbe kann nur die Leistung des Schuldners an alle Erben fordern (**actio pro socio**). Er kann daher insbesondere nicht etwa lediglich die Forderung in Höhe seiner eigenen Erbquote geltend machen (und Zahlung an sich verlangen). Dies wäre eine eigenmächtige und somit unzulässige Teilauseinandersetzung. Etwas anderes gilt, wenn die übrigen Miterben zustimmen und den fordernden bzw. klagenden Miterben insoweit ermächtigen.[396] **Einvernehmlich** können die Erben jederzeit eine Teilauseinandersetzung vornehmen. 174

389 BFH, Urt. v. 23.2.2010 – VII R 19/09, Rn 7, juris.
390 BGH, Teilurt. v. 13.7.1954 – V ZR 56/50, Rn 17, juris; BGH NJW 1989, 2694, 2696 m. Bezug auf MüKo/*Dütz* (1982), § 2039 Rn 9; jetzt auch MüKo/*Gergen*, § 2039 Rn 4 und 9; BFH ZEV 2007, 281, 282.
391 BGH, Urt. v. 21.6.1989 – IVa ZR 302/87, Rn 32 f., juris.
392 BGH, Urt. v. 17.12.1964 – III ZR 79/63, Rn 22.
393 Staudinger/*Löhnig*, § 2039 Rn 20.
394 Staudinger/*Löhnig*, § 2039 Rn 19.
395 MüKo/*Gergen*, § 2039 Rn 12.
396 Staudinger/*Löhnig*, § 2039 Rn 18.

§ 2039 gewährt dem einzelnen Miterben ein Recht, regelt jedoch **keine Pflicht**, Ansprüche für die Erbengemeinschaft alleine durchzusetzen. Der einzelne Miterbe ist mithin auch nicht verpflichtet,

> *„Prozesse zur Durchsetzung von Ansprüchen des Nachlasses alleine zu führen, sondern kann sich vorher des Einverständnisses seiner Miterben vergewissern. Er darf insbesondere bei Ansprüchen, zu deren Verfolgung es weittragender, zweifelhafter oder kostspieliger Maßnahmen bedarf, vorher die Zustimmung der Miterben einholen."*[397]

Der handelnde Miterbe kann somit auch **im Vorfeld klären**, ob eine beabsichtigte Anspruchsverfolgung noch eine Maßnahme der ordnungsmäßigen Verwaltung (vgl. hierzu auch oben Rdn 68 ff.) darstellt.[398]

175 Auch wenn neben dem fordernden Miterben lediglich noch ein weiterer Miterbe vorhanden ist, muss auf Leistung an die Erbengemeinschaft geklagt werden. Dies gilt auch dann, wenn Schuldner der andere Miterbe ist. Der Miterbe kann **Leistung direkt an sich** verlangen, wenn eine andere Forderung unstreitig nicht mehr besteht: Der fordernde Miterbe müsste dann den Anspruch um den Anteil des anderen Miterben (Schuldners) kürzen. Kann der Schuldner jedoch erfolgreich geltend machen, dass der Nachlass noch nicht teilungsreif ist (weil noch Nachlassverbindlichkeiten oder weitere Nachlassgegenstände vorhanden sind), wird die Klage zur **unzulässigen Teilungsklage**.

176 Macht ein Miterbe **gegen** den **Widerspruch** der **anderen Erben** einen Grundbuchberichtigungsanspruch **missbräuchlich geltend**, liegt ein Rechtsmissbrauch der **Prozessführungsbefugnis** vor und die **Klage** ist als **unzulässig** abzuweisen.[399] Dies gilt jedoch ausdrücklich ausschließlich **nur** für den Fall, dass das **Vorgehen** des **klagenden Erben rechtsmissbräuchlich** ist („persönlich arglistig handelnder Miterbe"[400]) **und** die anderen Erben diesem Vorgehen des klagenden Erben widersprechen.[401] Der Beschluss des OLG Frankfurt aus dem Jahr 2012[402] nimmt **fälschlich** Bezug auf die Entscheidung des BGH aus dem Jahr 1966[403] und – worauf *Schütte* zu Recht hinweist[404] – verkehrt den Sinn des § 2039 ins Gegenteil. Denn gerade die Einziehung auch gegen den Widerspruch eines Miterben wird und soll durch § 2039 ermöglicht; dies sogar, wenn ein Miterbe von zweien gegen den anderen klagt.[405] Wenn hier der bloße Widerspruch – oder gar noch die Behauptung über diesen Widerspruch durch den Prozessgegner – genügen würde, die Rechtsverfolgung zu vereiteln, wäre § 2039 praktisch nahezu bedeutungslos. Die Entscheidung des OLG ist im Rahmen der eigentlich wenigstens summarischen Prüfung eines PKH-Beschwerdeverfahrens ergangen.

177 Als „notwendiges Minus" zum Recht des einzelnen Miterben, die Leistung des Schuldners zu **fordern**, kann auch der einzelne Miterbe den Schuldner **durch Mahnung in Verzug setzen**. Die Realisierung der Forderung gegen den Schuldner durch Erklärung der **Aufrechnung** ist hingegen dem einzelnen Miterben **versagt**, da es sich hierbei um ein Gestaltungsrecht handelt, für das § 2038 BGB gilt (vgl. hierzu oben Rdn 51 ff.).

---

397 BGH, Urt. v. 17.12.1964 – III ZR 79/63, Rn 44.
398 BGH, Urt. v. 17.12.1964 – III ZR 79/63, Rn 44.
399 BGH, Urt. v. 11.1.1966 – V ZR 160/65, Rn 20, juris.
400 *Schütte*, Anm. zu OLG Frankfurt NJW 2012, 2595, 2596.
401 *Schütte*, Anm. zu OLG Frankfurt NJW 2012, 2595, 2596.
402 OLG Frankfurt, Beschl. v. 23.3.2012 – 19 W 2/12, Rn 4, juris.
403 BGH, Urt. v. 11.1.1966 – V ZR 160/65, Rn 20, juris.
404 *Schütte*, Anm. zu OLG Frankfurt NJW 2012, 2595, 2596.
405 *Schütte*, Anm. zu OLG Frankfurt NJW 2012, 2595, 2596.

Nach § 2039 S. 2 BGB kann auch die **Hinterlegung** der zu leistenden **Sache** beansprucht werden. Der Anspruch auf Hinterlegung kann von jedem Miterben allein geltend gemacht werden. Die Hinterlegung richtet sich nach dem Hinterlegungsgesetz der Länder, die teilweise durch Verwaltungsvorschriften ergänzt werden: 178

Hinterlegungsgesetze und die ergänzenden Verwaltungsvorschriften der Länder

Baden-Württemberg: Hinterlegungsgesetz für das Land Baden-Württemberg (HintG BW); Verwaltungsvorschrift des Justizministeriums Baden-Württemberg zum Hinterlegungsgesetz (VVHintG)

Bayern: Bayerisches Hinterlegungsgesetz (BayHintG); Vollzugsvorschriften zum Bayerischen Hinterlegungsgesetz (BayHiVV)

Berlin: Berliner Hinterlegungsgesetz (BerlHintG)

Brandenburg: Brandenburgisches Hinterlegungsgesetz (BbgHintG)

Bremen: Hinterlegungsgesetz Bremen (BremHintG)

Hamburg: Hinterlegungsgesetz (HambHintG)

Hessen: Hessisches Hinterlegungsgesetz (HessHintG)

Mecklenburg-Vorpommern: Hinterlegungsgesetz des Landes Mecklenburg-Vorpommern (HintG M-V)

Niedersachsen: Niedersächsisches Hinterlegungsgesetz (NHintG)

Nordrhein-Westfalen: Hinterlegungsgesetz für das Land Nordrhein-Westfalen (HintG NRW); Ausführungsvorschriften zum Hinterlegungsgesetz (AVHintG NRW)

Rheinland-Pfalz: Landeshinterlegungsgesetz (LHintG)

Saarland: Hinterlegungsgesetz des Saarlandes (SaarlHintG)

Sachsen: Sächsisches Hinterlegungsgesetz (SächsHintG)

Sachsen-Anhalt: Hinterlegungsgesetz des Landes Sachsen-Anhalt (HintG LSA)

Schleswig-Holstein: Hinterlegungsgesetz (HintG SH); Verwaltungsvorschriften zum Hinterlegungsgesetz (VVHintG)

Thüringen: Thüringer Hinterlegungsgesetz (ThürHintG)

Der Hinterleger hat im Antrag die Tatsachen anzugeben, die eine Hinterlegung rechtfertigen.[406] Zur Hinterlegung werden wie bereits unter der Geltung der HintO „Geld, Wertpapiere und sonstige Urkunden sowie Kostbarkeiten“ angenommen, vgl. z.B. § 6 BrbHintG. In Berlin wurde noch die Legaldefinition der „Geldhinterlegung“ und der „Werthinterlegung“ in das Gesetz mit aufgenommen, § 7 BerlHintG, ohne dass sich dadurch eine Erweiterung oder Einschränkung ergeben würde. Aus praktischen Erwägungen sollten „Kostbarkeiten“ eher einem gerichtlich bestellten Verwahrer übergeben werden: „Was man nicht hinterlegen kann/Das bringt man beim Verwahrer an“.[407] Der Verwahrer wird gem. §§ 410 Nr. 3, 411 Abs. 3 FamFG durch das Gericht an dem Ort bestimmt, in dessen Bezirk sich die zu verwahrende Sache befindet. 179

406 So z.B. gem. § 8 Abs. 1 Nr. 2 BrbHintG, § 9 Abs. 3 S. 1 BerlHintG; Der Hinweis auf den ausdrücklichen Wortlaut des § 2039 S. 2 BGB ist dringend zu empfehlen, um unnötige Rückfragen der Hinterlegungsstelle zu vermeiden.

407 *Cohn*, § 2039.

180 Der Schuldner darf gegenüber der Nachlassforderung nicht mit Forderungen aufrechnen, die ihm nur gegen einen einzelnen Miterben zustehen, § 2040 Abs. 2 BGB. Dieses **Aufrechnungsverbot** folgt letztlich bereits aus § 387 BGB: Gläubiger der Forderung ist die Erbengemeinschaft als Gesamthand; die Erbengemeinschaft ist jedoch nicht gleichzeitig Schuldner der (aufzurechnenden) Gegenforderung. Somit liegt **keine Gegenseitigkeit** der Forderung und daher auch keine Aufrechnungslage vor. Würde man abweichend von §§ 387, 2040 Abs. 2 BGB eine Aufrechnung in solchen Fällen zulassen, so würde das Nachlassvermögen ohne Einflussmöglichkeit der übrigen Miterben und zum Nachteil der übrigen Nachlassgläubiger verringert werden.

181 Nach einer Auffassung soll die Aufrechnung dann zulässig sein, wenn ein Nachlassschuldner eine Eigenforderung gegen **alle Miterben** als Gesamtschuldner hat. Zwar fehle es auch hier an der Gegenseitigkeit der Forderungen; da der Nachlassschuldner jedoch die Möglichkeit habe, alle Miterbenanteile pfänden zu lassen und die Auseinandersetzung ohne Mitwirkung aller, Miterben durchzuführen, soll ihm dieser „Umweg" erspart werden, indem die Aufrechnung zugelassen wird.[408] Das Argument kann nicht überzeugen: Denn hierdurch werden die übrigen Nachlassgläubiger ohne erkennbaren Grund benachteiligt, die den – vermeintlichen – „Umweg gehen" müssen, sich einen Titel zu verschaffen und sich dann erst im Wege der Pfändung und Verwertung der Erbanteile befriedigen können.

182 Dem Nachlassschuldner steht auch **kein Zurückbehaltungsrecht** gem. § 273 BGB zur Seite, da hier ebenfalls keine Gegenseitigkeit der Forderungen besteht.

Zur Prozessführung und Zwangsvollstreckung siehe § 9 Rdn 15 ff.

H. Surrogation von Rechten und Gegenständen, § 2041 BGB

I. Allgemeines

183 Die **dingliche Surrogation** ist in § 2041 BGB für die Erbengemeinschaft geregelt. Es handelt sich um eine erbrechtliche Besonderheit, die außerdem noch in § 2019 BGB für den Erbschaftsanspruch und § 2111 BGB für die Vor- und Nacherbfolge normiert ist: Sie führt im Falle des § 2041 BGB zu einer **unmittelbaren Ersetzung** der Nachlassgegenstände durch den Ersatzgegenstand und bewahrt nach der ratio legis die Miterben und Nachlassgläubiger vor einer Verringerung des Nachlassvermögens. Eine Mitwirkung der Erben ist nicht erforderlich: Der Ersatzgegenstand wird vielmehr **ohne Zutun** der Miterben Gegenstand des gesamthänderisch verbundenen Vermögens der Erbengemeinschaft. § 2041 ist die einzige Möglichkeit, wie Miterben zur gesamten Hand für den Nachlass Eigentum – auch Grundeigentum – erwerben können.[409]

184 Die Auswirkungen von § 2041 BGB werden in der Praxis häufig übersehen (ausführlich siehe unten Rdn 200). Die unmittelbare Ersetzung hat den Zweck,
- die realen Werte des Vermögens der Erbengemeinschaft zu **binden**
- den Nachlass im Interesse der Miterben und der Nachlassgläubiger über alle Wechsel der zu ihm gehörenden konkreten Bestandteile hinweg **zusammenzuhalten** und
- für den Zweck des Sondervermögens zu **reservieren**.

---

408 Staudinger/*Löhnig*, § 2040 Rn 28; MüKo/*Gergen*, § 2040 Rn 21.
409 BGH, Urt. v. 30.6.2017 – V ZR 232/16, Rn 10, juris.

Dies wird dadurch erreicht, dass

> *„die im Laufe der wirtschaftlichen Entwicklung des Sondervermögens eintretenden Änderungen im konkreten Bestand seiner Einzelteile unter bestimmten Voraussetzungen in den vom Gesetz geordneten Surrogationsfällen kraft Gesetzes auch zu einer entsprechenden rechtlichen (dinglichen) Zuordnung der Ersatzstücke (Surrogate) zu dem Sondervermögen und seinen Trägern führen".*[410]

Dahinter steht der Gedanke, dass der **Wert** des Sondervermögens und nicht seine konkrete **Erscheinungsform** das Ausschlaggebende ist. Wenn der Wert des Ganzen erhalten bleiben soll, muss daher jeder Umsatz einzelner Bestandteile des Vermögens und der darin liegende Abfluss realer Werte durch die rechtliche Neuzuordnung eben derjenigen konkreten Ersatzgegenstände zum Nachlass ausgeglichen werden, in die die abgeflossenen Werte eingegangen sind.[411] 185

II. Gegenstand der Surrogation

Die möglichen Gegenstände der Surrogation werden durch § 2041 BGB bestimmt. Die Formulierung des § 2041 BGB ist offen („Was ... erworben wird"). Jedenfalls können 186
- verkörperte Gegenstände und
- Forderungen[412]

durch ein Surrogat ersetzt werden.

Um einen umfassenden Schutz der Miterben und Nachlassgläubiger zu gewährleisten, hat der BGH aber auch entschieden, dass 187
- nichtübertragbare Rechte sowie
- nichtübertragbare Rechtsstellungen

ebenfalls Erwerbsgegenstand einer Surrogation sein können. Seine gegenteilige Auffassung hat der BGH ausdrücklich aufgegeben[413] (im Einzelnen siehe unten Rdn 197).

III. Formen der Surrogation

1. Rechtssurrogation

Die erste Alternative von § 2041 BGB regelt den Surrogationserwerb für den Fall der **Rechtssurrogation.** Der Begriff des „Rechts" ist weiter als der des Anspruches i.S.v. § 194 BGB. Neben den unmittelbaren schuldrechtlichen und sachlichen **Ansprüchen** sind die Früchte i.S.v. § 99 Abs. 2 BGB ebenfalls mit umfasst. Aber auch Rechte, die nicht gleichzeitig Ansprüche sind, fallen unter die 1. Alternative. Dies sind namentlich **Gestaltungsrechte** (wie Anfechtung, Kündigung, Rücktritt, Widerruf), **absolute Rechte** (wie Eigentum, Persönlichkeitsrecht und Urheberrecht), und das **Recht zum Besitz** (§ 986 BGB). 188

Es ist gleichgültig, ob die ursprüngliche Rechtsposition dem Zivilrecht oder dem öffentlichen Recht entstammt.[414] Soweit es um einen Erwerb aufgrund eines rechtsgeschäftlich begründeten Anspruches geht, kommt die **Rechts**surrogation nur in Betracht, soweit das Rechtsgeschäft noch vom Erblasser selbst abgeschlossen worden ist und damit der bereits 189

410 BGH, Urt. v. 21.11.1989 – IVa ZR 220/88, NJW 1990, 514, 515.
411 BGH, Urt. v. 21.11.1989 – IVa ZR 220/88, NJW 1990, 514, 515.
412 Folgt ausdrücklich aus § 2041 S. 2 BGB.
413 BGH, Urt. v. 21.11.1989 – IVa ZR 220/88, NJW 1990, 514, 515.
414 Staudinger/*Löhnig*, § 2041 Rn 5.

entstandene Anspruch in den Nachlass gefallen ist. Wird das Rechtsgeschäft hingegen erst von einem oder mehreren Miterben getätigt, können die Voraussetzungen einer **Beziehungs**surrogation erfüllt sein[415] (zur Beziehungssurrogation siehe unten Rdn 191).

2. Ersatzsurrogation

190 Die zweite Alternative von § 2041 BGB regelt den Surrogationserwerb für den Fall der **Ersatzsurrogation.** Hierunter fallen die Leistungen aufgrund von Schadensersatzansprüchen „für Zerstörung, Beschädigung oder Entziehung eines Nachlassgegenstandes" **nach** dem Erbfall (sonst Rechtssurrogation). Dies sind bspw. Ersatzansprüche gegen den **Testamentsvollstrecker**, wenn der Schaden in einer Verminderung des Nachlasswertes besteht.[416] Rührt der Schaden jedoch von Fehlern des Testamentsvollstreckers bei der **Auseinandersetzung** her, so handelt es sich um Ansprüche, die dem oder den betroffenen Miterben einzeln zustehen.[417] Verletzt ein **Notar** bei der Beurkundung eines Rechtsgeschäfts, das sich auf einen Nachlass bezieht, fahrlässig die ihm gegenüber den Miterben obliegende Amtspflicht, gehört der Schadensersatzanspruch gegen den Notar ebenfalls zum Nachlass, wenn die Miterben nicht auf andere Weise Ersatz zu erlangen vermögen.[418]

Beispiel: Ersatzsurrogation

Erblasser Max Meier (E) verstarb 2008. Er war verheiratet mit Magda (F) und hinterlässt zwei erwachsene Kinder, Daniel und Anna. Er hatte keinen Ehevertrag geschlossen und hinterlässt kein Testament. Zum Nachlass des E gehört unter anderem ein Mehrfamilienhaus. Durch einen Sturm wird das Dach des Hauses beschädigt. Die Wohngebäudeversicherung erstattet auf das Konto der F den entstandenen Schaden i.H.v. 16.605 EUR. Muss F das Geld an die Erbengemeinschaft weiterleiten?

Lösung

Die Versicherungsleistung wurde für eine Beschädigung **nach** dem Erbfall bezahlt und fällt durch Ersatzsurrogation in den Nachlass. Die F muss die Ersatzleistung an die Erbengemeinschaft auskehren.

3. Beziehungssurrogation (Mittelsurrogation)

191 Die dritte Alternative von § 2041 BGB regelt den Surrogationserwerb für den Fall der **Beziehungssurrogation.** Anders als §§ 2019, 2111 BGB spricht die 3. Alternative nicht davon, dass der Gegenstand „mit Mitteln des Nachlasses" (Mittelsurrogation) erworben wurde; vielmehr muss sich das Rechtsgeschäft hier auf den Nachlass **beziehen.**

192 Vielfach diskutiert ist die Frage, ob der Unterschied im Wortlaut auch einen Unterschied bei den rechtlichen Voraussetzungen zur Folge hat.[419] Neben der **objektiven Voraussetzung**, dass ein innerer Zusammenhang mit dem Nachlass besteht (was auch aus einer wirtschaftlichen Zweckmäßigkeit folgen kann),[420] ist nach einer Auffassung noch eine **sub-**

415 MüKo/*Gergen*, § 2041 Rn 7.
416 RG, Urt. v. 3.11.1932 – IV ZS 295/32, RGZ 138, 132, 134.
417 RG, Urt. v. 3.11.1932 – IV ZS 295/32, RGZ 138, 132, 134.
418 BGH, Urt. v. 30.10.1986 – IX ZR 126/85, NJW 1987, 434.
419 Zum Meinungsstand ausführlich: MüKo/*Gergen*, § 2041 Rn 13 ff.
420 BGH, Urt. v. 30.6.2017 – V ZR 232/16, Rn 12, juris.

jektive Voraussetzung erforderlich.[421] Es wird dann verschiedentlich weiter differenziert, ob subjektive Kriterien allein ausreichend sein können oder neben objektive Kriterien treten können. Ein **Beispiel** ist der Erwerb von Nachlassgegenständen ohne Einsatz von Mitteln aus dem Nachlass (kein objektives Kriterium) durch einen Miterben mit dem Willen, es für den Nachlass zu erwerben (subjektives Kriterium).

Wie *Dütz* überzeugend darlegte, spricht nichts dafür, dass der Gesetzgeber bewusst zwischen der Beziehungs- und Mittelsurrogation unterschieden hat und der Beziehungssurrogation noch ein subjektives Element hinzufügen wollte.[422] Der Schutzzweck der Norm (Werterhaltung des Nachlasses für Nachlassgläubiger **und** Miterben) erfordert es nicht, dass beim bloßen **Wollen** etwas für den Nachlass zu erwerben der Gegenstand kraft „unmittelbarer Ersetzung" zum Nachlassvermögen gehört. Denn hier wird nichts „ersetzt", selbst wenn ein Miterbe sich das vorstellt: Wenn keine Nachlassmittel eingesetzt werden, brauchen sie auch nicht ersetzt werden oder mit weniger Worten: Wo nichts war, kann nichts ersetzt werden. Würde man subjektive Kriterien genügen lassen, könnte ein Miterbe die Erbengemeinschaft gegen ihren Willen „bereichern", was einem Grundsatz des Privatrechts widerspräche.[423] Könnte ein Miterbe lediglich „kraft seines Willens" (subjektive Seite) für den Nachlass erwerben, würden auch die Vorschriften zur Verwaltung (§ 2038 BGB) ausgehöhlt werden. 193

Etwas anderes gilt erst dann, wenn dem handelnden Erben seine **privat eingesetzten Mittel** aus dem Nachlass **erstattet** werden, denn dann wurden zum Erwerb wieder Mittel des Nachlasses eingesetzt, so dass es auf eine subjektive Seite nicht ankommt.[424] 194

Eine Beziehung i.S.d. 3. Alternative liegt unstreitig aber **jedenfalls** vor, wenn der Gegenstand durch **Mittelsurrogation** erworben worden ist. Es ist dann unerheblich, ob der Miterbe, der Testamentsvollstrecker oder/und der Geschäftspartner einen Erwerb „für" den Nachlass beabsichtigen oder gar ausschließen wollten.[425] 195

Beispiel

Die Verpachtung eines zum Nachlass gehörenden Gewerbebetriebs „beruht auf Nachlassmitteln", so dass der Pachtzins selbst dann zum Nachlass gehört, wenn der handelnde Miterbe die Verpachtung im eigenen Namen vorgenommen hatte, um den Pachtzins für sich zu behalten.[426]

---

421 BGH, Urt. v. 30.6.2017 – V ZR 232/16, Rn 12, juris: *„Daher ist die im Falle der Beziehungsurrogation erforderliche Beziehung zwischen Rechtsgeschäft und Nachlass – ungeachtet des Meinungsstreits um die Tatbestandsvoraussetzungen der Norm im Übrigen (...) – nach allgemeiner Auffassung gegeben, wenn der Erwerb nach der Willensrichtung des rechtsgeschäftlich Handelnden dem Nachlass zu Gute kommen soll (subjektive Komponente) und weiter ein innerer Zusammenhang mit dem Nachlass besteht (objektive Komponente), der auch in einer wirtschaftlichen Zweckmäßigkeit begründet sein kann (...)"*; Palandt/*Weidlich*, § 2041 Rn 2.

422 MüKo/*Dütz*, 3. Aufl. 2002, § 2041 Rn 27 (übernommen von MüKo/*Gergen*, § 2041 Rn 20 ff., beck-online).

423 MüKo/*Dütz*, 3. Aufl. 2002, § 2041 Rn 27 (übernommen von MüKo/*Gergen*, § 2041 Rn 27, beck-online).

424 MüKo/*Dütz*, 3. Aufl. 2002, § 2041 Rn 26 (übernommen von MüKo/*Gergen*, § 2041 Rn 26, beck-online).

425 BGH, Urt. v. 6.5.1968 – III ZR 63/66, NJW 1968, 1824 (der Senat hat ausdrücklich offengelassen, ob in dieser Konstellation nicht bereits ein Fall der 1. Alternative – Erwerb aufgrund eines zum Nachlass gehörenden Rechts – vorliegt); OLG Hamm, Urt. v. 19.2.2001 – 5 U 185/00, ZEV 2001, 275; Staudinger/*Löhnig*, § 2041 Rn 7 f. m.w.N.

426 BGH, Urt. v. 6.5.1968 – III ZR 63/66, NJW 1968, 1824.

IV. Rechtsfolgen

1. Allgemein

196 § 2041 S. 1 BGB bestimmt die **unmittelbare Ersetzung** der ausgegebenen Mittel durch den erworbenen Gegenstand. Es bedarf hierzu weder eines besonderen Übertragungsaktes noch ist ein möglicherweise entgegenstehender Wille der Miterben beachtlich: Der erworbene Gegenstand wird **ohne Durchgangserwerb** beim handelnden Miterben zum Bestandteil des gesamthänderischen Vermögens der Erbengemeinschaft. Die Miterben bzw. Nachlassgläubiger als geschützte Personen des § 2041 BGB sind mithin nicht darauf angewiesen, erst schuldrechtliche Ansprüche durchzusetzen, um den Ersatzgegenstand zum Nachlassvermögen „zu ziehen".

197 Der BGH hat daher auch seine Meinung aufgegeben, wonach ein **nichtübertragbares Recht** oder eine **nichtübertragbare Rechtsstellung** nicht Gegenstand einer Surrogation sein könne, sondern stattdessen ein etwa an die Stelle tretender schuldrechtlicher Ausgleichsanspruch. Diese Auffassung würde den durch § 2041 BGB beabsichtigten Schutz der Miterben und Nachlassgläubiger aushöhlen, da Miterben lediglich Nachlassgegenstände in nichtübertragbares Recht oder eine nichtübertragbare Rechtsstellung zu tauschen bräuchten, um sich der gesetzlichen Folge des § 2041 BGB zu entziehen. Die dingliche Sicherung würde sich ohne zwingende Sachgründe zu einem bloß persönlichen ungesicherten Geldanspruch „verflüchtigen".[427] Darüber hinaus wird das Risiko einer Pfändung des Erworbenen beim handelnden Miterben (wegen dessen Eigenverbindlichkeiten) ausgeschlossen.

198 Die Ersetzung tritt auch ein, wenn jemand eine der Surrogationsalternativen verwirklicht, der **nicht Miterbe** ist. Der Gesetzestext ist hier bewusst offen formuliert worden.[428] § 2041 BGB ist mithin nicht auf Handlungen und Rechtsgeschäfte der Miterben beschränkt.[429]

199 Durch den Verweis auf § 2019 Abs. 2 BGB in § 2041 S. 2 BGB wird der **Schuldner einer Forderung** geschützt: Solange der Schuldner keine Kenntnis von der Ersetzung einer Forderung hat, kann er weiterhin mit befreiender Wirkung an den „alten" Gläubiger leisten.

200 **Hinweis**

§ 2041 BGB ist eine häufig übersehene Vorschrift. Nicht selten wird zwischen den Parteien der Erbengemeinschaft heftig darüber gestritten, ob bspw. ein Miterbe einen Nachlassgegenstand einfach „eigenmächtig" veräußern durfte (soweit verfügt wurde natürlich nicht, § 2040 BGB) und er den Erlös als „vorweggenommene Teilauseinandersetzung" schon einmal „für sich behalten" darf. Es bedarf hier keiner langen Diskussionen, dass der handelnde Miterbe nicht verfügen durfte. Ebenso wenig muss aber darüber diskutiert werden, dass der **Veräußerungserlös Vermögen** der gesamthänderisch gebundenen **Erbengemeinschaft** ist und der handelnde Erbe daher den Erlös auch **der** Gesamthand zur Verfügung stellen muss. Handelt es sich um einen **Gegenstand**, können die Miterben auch **Einräumung des Mitbesitzes** gemäß § 866 BGB verlangen, da der handelnde Miterbe gem. § 872 BGB als Eigenbesitzer besitzt. Es wird auch zu prüfen sein, ob der Geschäftspartner aufgrund § 2039 S. 1 Alt. 1 BGB überhaupt mit befreiender Wirkung geleistet hat. Wurde der „eigenmächtig" handelnde Miterbe – fälschlich – im

---

427 BGH, Urt. v. 21.11.1989 – IVa ZR 220/88, NJW 1990, 514, 515 (Aufgabe der Rechtsprechung aus dem Urteil des IV. Senates des BGH vom 15.12.1979, NJW 1977, 433).

428 Staudinger/*Löhnig*, § 2041 Rn 13 unter Hinweis auf Prot V 867.

429 Staudinger/*Löhnig*, § 2041 Rn 13.

Grundbuch als Alleineigentümer eingetragen, so haben die Miterben einen Grundbuchberichtigungsanspruch gem. § 894 BGB (unverjährbarer Anspruch, § 898 BGB).

2. Kettensurrogation

Die Ersetzung ist nicht auf **einen** Vorgang beschränkt. Vielmehr gilt § 2041 BGB uneingeschränkt auch in Fällen der Doppel- oder Kettensurrogation.[430] Somit kann auch noch nach Jahren ggf. ein Grundbuchberichtigungsanspruch gem. § 894 BGB geltend gemacht werden (keine Verjährung, § 898 BGB). 201

Beispiel

Einer von zwei Erben wurde 1924 als Alleineigentümer eines Grundstückes eingetragen, das mit dem Erlös aus dem Verkauf eines Nachlassgrundstückes erworben worden war. Aufgrund der unmittelbaren Ersetzung durch § 2041 BGB sind **beide** Erben gem. § 47 GBO in Erbengemeinschaft in das Grundbuch einzutragen, auch wenn der Berichtigungsanspruch erst 1992 geltend gemacht wird (keine Verjährung des Berichtigungsanspruches, § 898 BGB).[431]

Dies ist die einzige Möglichkeit, wie ein Grundstück durch eine Erbengemeinschaft in Erbengemeinschaft **erworben** werden kann.

3. Gutgläubiger Erwerb

Auch beim Erwerb durch Surrogation gelten die Vorschriften der §§ 932 ff. BGB über den **gutgläubigen Erwerb** vom Nichtberechtigten.[432] Ist mithin der handelnde **Miterbe bösgläubig**, so ist ein gutgläubiger Erwerb durch die Erbengemeinschaft ausgeschlossen. 202

4. Verhältnis zur dinglichen Surrogation nach § 2019 BGB und § 2111 BGB

Beim Surrogationserwerb des **Erbschaftsbesitzers** gilt § 2019, beim **Vorerben** § 2111 BGB. Ist jedoch der **Vorerbe** Miterbe der Erbengemeinschaft, so gilt im Verhältnis zu den übrigen Miterben § 2041 BGB und im Verhältnis zum Nacherben § 2111 BGB.[433] 203

V. Entsprechende Anwendung von § 2041 BGB

Eine **entsprechende Anwendung** von § 2041 BGB muss dort erfolgen, wo anders ein Schutz des als Sondervermögen vorhandenen Nachlassvermögens zugunsten der Nachlassgläubiger bzw. Erben nicht erreicht werden kann. Dies ist bei der **Testamentsvollstreckung** der Fall, da hier der Nachlass gesondert vom übrigen Vermögen der oder des Erben der Verwaltung durch den Testamentsvollstrecker unterliegt. Unerheblich ist hierbei, ob der Nachlass einem oder mehreren Erben zusteht.[434] 204

Bei **Nachlassverwaltung, Nachlassinsolvenz** und **Nachlasspflegschaft** wird § 2041 BGB **nicht** analog **angewandt**, da durch die amtliche Anordnung und Überwachung der Fremdverwaltung ein ausreichender Schutz der Interessen der Erben und Nachlassgläubiger ge- 205

430 BGH, Urt. v. 29.9.1999 – IV ZR 269/98, ZEV 2000, 62.
431 Nach BGH, Urt. v. 29.9.1999 – IV ZR 269/98, ZEV 2000, 62.
432 Palandt/*Weidlich*, § 2041 Rn 3.
433 MüKo/*Gergen*, § 2041 Rn 2.
434 Staudinger/*Löhnig*, § 2041 Rn 15.

währleistet ist.[435] Im Rahmen der **Nachlassverwaltung** sind die spezielleren Vorschriften der §§ 1985 Abs. 2 S. 2 i.V.m. 1978 Abs. 2 BGB zu beachten. **Ersatzansprüche** gegen den Nachlasspfleger **fallen** aufgrund einer analogen Anwendung des § 2041 BGB in den **Nachlass.**[436]

VI. Steuerrechtliche Behandlung der Surrogation

206 Bis zur Auseinandersetzung wird die Erbengemeinschaft bei Überschusseinkünften als Bruchteilsgemeinschaft gem. § 39 Abs. 2 Nr. 2 AO und bei Gewinneinkünften als Mitunternehmerschaft i.S.v. § 15 Abs. 1 S. 1 Nr. 2 EStG behandelt.[437] Hat die Erbengemeinschaft ein Grundstück veräußert, so **ersetzt** der **Verkaufserlös** gem. § 2041 BGB das Grundstück im Nachlassvermögen. Soweit durch die Veräußerung ein **Einkommenstatbestand** (§ 23 Abs. 1 Nr. 1 EStG) verwirklich worden ist, so ist der Gewinn den Erben entsprechend ihren Anteilen an der Erbengemeinschaft zuzurechnen. Vgl. im Übrigen ausführlich hierzu § 18 Rdn 13 ff.

207 Für die steuerliche (anteilige) Zurechnung der Gewinne oder Verluste eines zum Nachlass gehörenden **Unternehmens** ist es ohne Bedeutung, ob ein Miterbe das Unternehmen nach außen hin im Namen der Erbengemeinschaft oder im eigenen Namen geführt hat. Die im Unternehmen erwirtschafteten Erträge sind der Erbengemeinschaft gem. § 2041 BGB schon dann **zuzurechnen**, wenn sie durch Rechtsgeschäfte erzielt werden, die eine objektive **Beziehung** zum Nachlass haben.[438]

VII. Prozessuale Fragen der Surrogation

1. Feststellungsklage

208 Ist zwischen den Miterben streitig, ob ein Gegenstand als Surrogat zum Sondervermögen der Erbengemeinschaft gehört, so kann diese Frage im Rahmen einer **Feststellungsklage** im Vorfeld der Auseinandersetzung der Erbengemeinschaft geklärt werden. Dies ist nach der Rechtsprechung des BGH zulässig, auch wenn eine Leistungsklage grundsätzlich möglich wäre.[439] Mehrere streitige Punkte können hier auch in einer Klage zusammengefasst werden. Dieser Weg ist im Gegensatz zur Teilungsklage stets der kostengünstigere und weniger risikobehaftete Weg.

2. Beweislast

209 Für den Fall der Surrogation beim Vorerben hat der BGH entschieden, dass die Darlegungs- und Beweislast für die Ersetzung beim Nacherben liegt. Der BGH räumt zwar ein, dass dies für den Nacherben mit großen Schwierigkeiten verbunden sei, insbesondere dann, wenn er sein Recht auf Erstellung eines Verzeichnisses (§ 2121 BGB) nicht wahrgenommen

435 *Lange/Kuchinke*, § 41 VI 2.

436 Str: OLG Dresden, Urt. v. 13.1.1999 – 13 U 2283/98, ZEV 2000, 402 wendet hier wohl § 2041 BGB „stillschweigend" an (so *Damrau* in der Anmerkung zu diesem Urteil, ZEV 2000, 405, 406 m.w.N. zur a.A.).

437 BMF-Schreiben vom 14.3.2006 – IV B 2 – S 2242 – 7/06 – „Ertragsteuerliche Behandlung der Erbengemeinschaft",beck online, Rn 1 f.

438 BFH, Urt. v. 10.2.1987 – VIII R 297/81, BFH NV 1987, 637; BGH, Urt. v. 6.5.1968 – III ZR 63/66, NJW 1968, 1824.

439 BGH, Urt. v. 27.6.1990 – IV ZR 104/89, NJW-RR 1990, 1220.

hat. Im entschiedenen Fall kam noch hinzu, dass der Vorerbe befreit war und sich mit Verbrauch (statt der vom Nacherben behaupteten Ersetzung) verteidigt hatte. Der Fall lässt sich auf die Surrogation gem. § 2041 BGB **nicht übertragen**. Bei § 2111 BGB liegt es einerseits in der Hand des Erblassers durch die Anordnung der befreiten Vorerbschaft den Nachlass der Gefahr des völligen Verbrauchs auszusetzen und andererseits in der Hand des Nacherben wenigstens den Anfangsbestand durch Verzeichnis feststellen zu lassen, § 2121 BGB. Diese Möglichkeiten hat der Miterbe jedoch nicht. Er kann weder von den übrigen Miterben verlangen, ein Nachlassverzeichnis allein zum Zwecke der Feststellung des Anfangsbestandes erstellen zu lassen; noch wäre es dem Erblasser möglich, durch testamentarische Anordnungen, einzelne oder auch alle Miterben indirekt von der Rechtsfolge des § 2041 BGB freizustellen. Hinzu kommt jedoch auch die weiter reichende Schutzrichtung des § 2041 BGB: Während § 2111 BGB lediglich den Nacherben schützen soll, bezweckt § 2041 BGB den **Schutz** der **Miterben** und der **Nachlassgläubiger**. Jene hätten keinerlei Möglichkeiten, die Ersetzung darzulegen und zu beweisen. Die **Darlegungs-** und **Beweislast** liegt daher bei dem oder den **in Anspruch genommenen Miterben**. Ist ein Gegenstand nicht mehr vorhanden, der zum Nachlass gehört hat, so wäre es Sache der Miterben zu beweisen, dass der Gegenstand **nicht** ersetzt wurde. Durch eine andere Beweislastverteilung würde der Schutzzweck der Norm ausgehöhlt werden: Die Miterben könnten gegenüber einem Nachlassgläubiger bspw. die bloße Behauptung aufstellen, dass der ursprüngliche Nachlassgegenstand im weitesten Sinne des Wortes „ersatzlos weggefallen" sei.

§ 5 Vor- und Nacherben in der Erbengemeinschaft

Jana Schulte

Übersicht: Rdn

Literatur

Bengel/Reimann, Handbuch der Testamentsgestaltung, 6. Aufl. 2017; *Böhringer*, Anmerkungen zu OLG Frankfurt a.M., Beschl. v. 10.10.2017 – 20 W 72/16, ZEV 2018, 398; *Bredemeyer/Tews*, Erbteilung durch dingliche Abschichtung, ZEV 2012, 352; *Friederich*, Rechtsgeschäfte zwischen Vorerben und Nacherben, 1999; *Gantzer*, Rechtsgeschäfte zur Aufhebung der Vor- und Nacherbschaft und ihre Form, MittBayNot 1993, 67; *Hartmann*, Nacherbfolge und Grundbuchrecht – insbesondere zur Gestaltung und Abwicklung von Grundstücksverträgen, DNotZ 2016, 899; *ders.* Die Beseitigung der Nacherbschaftsbeschränkung durch Geschäft zwischen Vor- und Nacherben, ZEV 2009, 107; *Henn*, Müssen die Ersatznacherben vor der Löschung des Nacherbenvermerks angehört werden, wenn der Vorerbe das Grundstück mit Zustimmung des Nacherben veräußert? – Zugleich Anmerkungen zum Beschl. des OLG München v. 10.8.2012 – 34 Wx 187/12, DNotZ 2013, 24; *Keim*, Erbauseinandersetzung und Erbteilsübertragung, RNotZ 2003, 375; *ders.*, Die Befreiung einzelner Nachlassgegenstände aus den Fesseln der Nacherbenbindung, DNotZ 2016, 751; *Klinger* (Hrsg.), Münchener Prozessformularbuch, Band 4 Erbrecht, 4. Aufl. 2018; *Kuhn/Trappe*, Der Anspruch auf ein notarielles Nachlassverzeichnis gemäß § 2314 Abs. 1 Satz 3 BGB, ZEV 2011, 347; *Lange*, Einverständliche Überführung von Nachlassgegenständen in das Eigenvermögen des Vorerben, AcP 2012, 334; *Leitzen*, Die Auseinandersetzung unter Mitvorerben und ihre Wirkung gegenüber den Nacherben, RNotZ 2012, 159; *Mayer*, Der verhinderte Nacherbe – Anmerkungen zum Beschluß des Bayerischen Obersten Landesgerichts vom 30.9.1993, MittBayNot 1994, 111; *ders.*, Der superbefreite Vorerbe? – Möglichkeiten und Grenzen der Befreiung des Vorerben, ZEV 2000, 1; *Muscheler*, Erbrecht Bd. 2, 2010; *Neukirchen*, Vereinbarungen zwischen Vor- und Nacherben bzw. Vor- und Nachvermächtnisnehmern, RNotZ 2018, 357; *NomosKommentar BGB*, hrsg. von Kroiß/Ann/Mayer, BGB, Erbrecht, Band 5 §§ 1922–2385, 5. Aufl.

2018; *Roth/Hannes/Mielke*, Vor- und Nacherbschaft, 2010; *Schlitt/Müller*, Handbuch Pflichtteilsrecht, 2. Aufl. 2017; *Stiebitz*, Die Surrogation im Erbrecht, 2006; *Warlich*, Die Auseinandersetzung zwischen Vor- und Nacherben, 2012; *Weidlich*, Rechtsgeschäfte zwischen Vor- und Nacherben zur Aufhebung der Nacherbenbindung, ZErb 2014, 325.

A. Rechtlicher Überblick

1 Nach § 2100 BGB hat der Erblasser die Möglichkeit durch letztwillige Verfügung einen Erben (**Nacherbe**) erst einzusetzen, nachdem ein anderer zuvor Erbe (**Vorerbe**) geworden ist. Die Rechtsnachfolge in seinen Nachlass erfolgt in zeitlicher Aufeinanderfolge der Erben.[1] Der Vorerbe ist dabei „wahrer Erbe“,[2] wenngleich seine Erbenstellung zeitlich begrenzt ist.[3] Er ist solange Inhaber des Nachlasses, bis mit Eintritt des Nacherbfalls der Nacherbe Rechtsnachfolger des Erblassers wird.[4] Die Anordnung der Vor- und Nacherbschaft ermöglicht dem Erblasser daher sein Vermögen über Generationen hinweg zu regeln. Dabei kann er entweder die Versorgung des Vorerben oder die Sicherung der Nacherben bezwecken. Ersichtlich ist dies durch die Befreiungen, die der Erblasser dem Vorerben gewährt (§ 2136 BGB). Nacherben eines vollständig befreiten Vorerben haben mit Eintritt des Nacherbfalls nur einen Anspruch auf den Überrest,[5] solange der befreite Vorerbe den Nachlass nicht ohne Zustimmung des Nacherben verschenkt oder den Nachlass gemindert hat, um den Nacherben zu benachteiligen (§ 2138 Abs. 2 BGB). Der nicht-befreite Vorerbe ist hingegen zur ordnungsgemäßen Verwaltung verpflichtet (§ 2130 BGB), weshalb letztlich dem Nacherben die Wertsubstanz des Nachlasses zu Gute kommt.

2 Die Einsetzung zeitlich aufeinanderfolgender Erben liegt allein in den Händen des Erblassers.[6] Der Erblasser hat sowohl hinsichtlich der Anordnung als auch der Anzahl der Vor- und der Nacherben **Gestaltungsmöglichkeiten**. Er kann eine **gestufte Nacherbfolge** in dem Sinne anordnen, dass mehrere Nacherben hintereinander berufen werden.[7] Tritt der erste Nacherbfall ein, wird der sodann berufene Nacherbe nicht endgültiger Erbe des Erblassers, sondern wiederum aufschiebend bedingt oder befristeter Vorerbe der auf ihn folgenden sog. **Nachnacherben.**[8] Die Anzahl der Nacherbfälle ist dabei nicht begrenzt,[9] § 2109 BGB setzt jedoch eine zeitliche Grenze. Der Erblasser kann innerhalb der Vor- und Nacherbschaft mehrere Personen gleichzeitig als **Mitvorerben** oder **Mitnacherben** einsetzen.[10] Für Vor- und/oder Nacherben kann der Erblasser zudem **Ersatzerben** berufen (§ 2096 BGB).[11] Diese treten an die Stelle des Erben, der vor oder nach Eintritt des Erbfalls wegfällt. Anerkannt ist weiterhin, dass der Erblasser Vor- und Nacherben für die **ganze**

1 MüKo/*Grunsky*, § 2100 Rn 1; Palandt/*Weidlich*, § 2100 Rn 1.
2 *Mugdan*, Materialien, S. 569.
3 Palandt/*Weidlich*, § 2100 Rn 1.
4 *Kössinger* in: Nieder/Kössinger, 2. Teil, § 10 Rn 3.
5 BGH, Urt. v. 29.6.1983 – IVa ZR 57/82, juris Rn 16.
6 Nur in dem Fall des § 2105 BGB beruht die Berufung zum Vorerben auf dem Gesetz; *Lange/Kuchinke*, § 28 II 1; *Kössinger* in: Nieder/Kössinger, 2. Teil, § 10 Rn 3.
7 *Lange/Kuchinke*, § 28 II 3.
8 NK-BGB/*Gierl*, BGB, Erbrecht, § 2100 Rn 13 m.w.N.
9 Erman/*M. Schmidt*, Vor § 2100 Rn 3.
10 NK-BGB/*Gierl*, BGB, Erbrecht, § 2100 Rn 13.
11 NK-BGB/*Gierl*, BGB, Erbrecht, § 2100 Rn 14.

Erbschaft oder als Teilvor- oder Teilnacherben für **Bruchteile der Erbschaft** bestimmen kann.[12] Für den restlichen Teil können sie als Vollerben eingesetzt sein.

Bis heute erfreut sich die Konstruktion der Vor- und Nacherbschaft großer **Beliebtheit** in der erbrechtlichen Praxis. Das Potenzial der Vor- und Nacherbschaft wirkt dabei für Unternehmer mit minderjährigen Kindern genauso attraktiv wie für moderne Patchwork-Familien mit „Problemkindern" aus vorangegangenen Beziehungen.[13] Erscheint die Konstruktion zwar schnell als passend und vielseitig, bereitet sie für die Nachwelt häufig Schwierigkeiten. Neben der Dauer, den Verfügungsbeschränkungen und der langen Wartezeit des Nacherben, bringen auch die gegenläufigen Interessen von Vor- und Nacherben häufig Konflikte mit sich. Ist der Vorerbe vor allem daran interessiert, aus den Erträgen der Vorerbschaft ein möglichst hohes Eigenvermögen zu generieren, hat der Nacherbe Interesse an dem Erhalt und der Wertsteigerung der Vermögenssubstanz, die ihm bei Eintritt des Nacherbfalls zufällt.[14] 3

Hinzu kommt, dass in der Praxis die Mehrheit von Vor-, Nach oder auch Ersatzerben die Regel ist. Die Spannungen, die eine Zufallsgemeinschaft wie die Erbengemeinschaft bereits verursacht, werden durch die Besonderheiten bei Vor- und Nacherbschaft vertieft. Dieses Kapitel wird daher einen Überblick über die Besonderheiten von Erbengemeinschaften unter Beteiligung von Vor- und Nacherben geben. 4

B. Bestehen einer Erbengemeinschaft

In der Praxis nur selten zu finden ist der Fall, dass auf einen Alleinvorerben ein Alleinnacherbe folgt. Regelmäßig ist eine Mehrheit von (potenziellen) Erben beteiligt. 5

Beispiel

„Wir setzen uns gegenseitig zu alleinigen Erben ein. Der Längerlebende von uns ist jedoch nur Vorerbe des Erstversterbenden. Nacherben sind unsere gemeinsamen Kinder. Der Nacherbfall tritt mit dem Tod des Vorerben ein. Weitere Nacherben werden unsere Enkel, derzeit Alina und Jonas. Mit dem Nacherbfall werden unsere Kinder nichtbefreite Vorerben. Als Schlusserben setzen wir die Abkömmlinge unserer Enkel ein."

In dieser gestuften Erbfolge folgt auf den Alleinvorerben eine Mehrheit von Nacherben und weiteren Nacherben. Vorbehaltlich anderweitiger Anhaltspunkte[15] sind die eingesetzten Nacherben zugleich Ersatznacherben (§ 2102 BGB).

Nur die Erben, die gleichzeitig und nebeneinander berufen sind, werden **Mitglieder einer Erbengemeinschaft.** Nach dem Erbfall bilden mehrere Vorerben daher eine **Mitvorerbengemeinschaft.**[16]

---

12 In der Praxis entsteht teilweise Voll- und teilweise Vorerbschaft vor allem bei Wiederverheiratungsklauseln; *Lange/Kuchinke*, § 28 II 4.; NK-BGB/*Gierl*, BGB, Erbrecht, § 2100 Rn 12.

13 Zu den Motiven der Anordnung vgl. Damrau/Tanck/*Bothe*, Vor § 2100 Rn 2.

14 *Warlich*, S. 1; *Lange*, AcP 2012, S. 337.

15 Zu betonen ist, dass es sich bei § 2102 BGB um eine Zweifelsregelung handelt. Die Anwendung der Zweifelsregel setzt voraus, dass die konkrete Testamentsauslegung nicht zu einem anderen Ergebnis geführt hat; vgl. OLG München, Beschl. v. 29.1.2016 – 34 Wx 50/15, juris Rn 35.

16 Soergel/*Harder/Wegmann*, § 2100 Rn 5.

6 Vor- und Nacherben sind nicht gleichzeitig, sondern in zeitlicher Abfolge berufen.[17] Zwar sind sie Rechtsnachfolger desselben Erblassers,[18] sie teilen oder verwalten jedoch kein gemeinsames, nicht einmal gesamthänderisch gebundenes Vermögen. Auch wird die Annahme einer Erbengemeinschaft dem Ziel der Vor- und Nacherbschaft nicht gerecht: Während die Erbengemeinschaft als Liquidationsgemeinschaft auf Auseinandersetzung ausgerichtet ist (vgl. § 2032 Abs. 2 BGB),[19] verfolgt der Erblasser bei der Anordnung von Vor- und Nacherbschaft das Ziel, das Vermögen möglichst lange zu perpetuieren.[20] Das Verhältnis von Vor- und Nacherben ist mit dem von Miterben daher keineswegs vergleichbar. Vor- und Nacherben treten mit dem Erbfall in **keine Erbengemeinschaft.**[21]

7 Mehrere Nacherben bilden untereinander nach Eintritt des Nacherbfalls eine **Mitnacherbengemeinschaft.**[22] Gleiches gilt für **mehrere Ersatznacherben**, falls die primär vorgesehenen Nacherben weggefallen sind.[23]

C. Rechte und Pflichten der Miterben

8 Die Mitvorerbengemeinschaft ist eine **gewöhnliche Erbengemeinschaft**. Das Verhältnis der Mitvorerben untereinander richtet sich nach den gesetzlichen Vorschriften zur Mehrheit von Erben in Buch 5 Abschnitt 2 Titel 4, §§ 2032–2063 des BGB (vgl. dazu ausführlich § 4). Gleiches gilt für die Mitnacherbengemeinschaft nach Eintritt des Nacherbfalls.

9 Bei der Vor- und Nacherbschaft ist die Betrachtung eines weiteren, komplexen[24] Verhältnisses von Interesse: Das Verhältnis der Mitvorerben zu den (Mit-)Nacherben. Da Vor- und Nacherben in keiner Erbengemeinschaft stehen, hat der Gesetzgeber eine Reihe von Sondervorschriften geschaffen.[25] Das Verhältnis von Vor- und Nacherben ergibt sich aus den §§ 2100 ff. BGB.

I. Die Zeit der Vorerbschaft

1. Die Rechtstellung der Vor- und der Nacherben vor Eintritt des Nacherbfalls

a) Echte Erben auf Zeit: Die Mitvorerben

10 Aus § 2100 BGB folgt, dass der **Vorerbe** echter Erbe ist. Mit dem Erbfall geht das gesamte Vermögen (§ 1922 BGB), der Besitz des Erblassers (§ 857 BGB) sowie dessen Verbindlichkeiten (§ 1967 BGB) im Wege der Universalsukzession auf ihn über.[26] Im Unterschied zum Vollerben steht der Erbschaftserwerb des Vorerben unter der Drohung ihres künftigen

---

17 MüKo/*Grunsky*, § 2100 Rn 1; Palandt/*Weidlich*, § 2100 Rn 2.

18 MüKo/*Grunsky*, § 2100 Rn 1; Palandt/*Weidlich*, § 2100 Rn 2.

19 BeckOGK/*Rißmann/Szalai*, BGB, § 2042 Rn 1, Stand 15.3.2018.

20 *Warlich*, S. 82.

21 Damrau/Tanck/*Rißmann*, § 2032 Rn 2; BeckOGK/*Küpper*, BGB, § 2100 Rn 3–4, Stand 1.7.2018; MüKo/*Gergen*, § 2032 Rn 1; für eine vergleichbare Interessenlage argumentiert *Gantzer* in: MittBayNot 1993, 68; *Kössinger* in: Nieder/Kössinger, 2. Teil, § 10 Rn 79.

22 Soergel/*Harder/Wegmann*, § 2100 Rn 5.

23 MüKo/*Gergen*, § 2032 Rn 1.

24 *Kössinger* in: Nieder/Kössinger, 2. Teil, § 10 Rn 6a.

25 Die Notwendigkeit dieser Sondervorschriften widerspricht der Annahme, dass zwischen Vor- und Nacherben ein der Erbengemeinschaft vergleichbares Verhältnis besteht.

26 Damrau/Tanck/*Bothe*, § 2100 Rn 21.

Wegfalls.[27] Die Erbschaft begründet in den Händen des Erblassers daher eine Art **Sondervermögen** mit rechtlich selbstständigem Schicksal.[28] Zu eigenem Recht erwirbt ein Vorerbe nur die **Früchte** im Rahmen ordnungsgemäßer Wirtschaft und die **Nutzungen** der Vorerbschaft, arg. ex §§ 2111 Abs. 1 S. 1 Hs. 2, 2133 BGB.

Sind **mehrere Vorerben** gleichzeitig und nebeneinander berufen, ist das Sondervermögen 11
wiederum gesamthänderisch gebunden. Sie bilden eine gewöhnliche Erbengemeinschaft, auf welche die allgemeinen Vorschriften Anwendung finden (vgl. zu den Rechten und Pflichten der Miterben und gegenüber Dritten § 4).

Der einzelne Vorerbe kann nur über seinen Anteil insgesamt verfügen (§ 2033 BGB) oder 12
unter den Voraussetzungen des §§ 1942, 2306 Abs. 1 BGB die Erbschaft **ausschlagen**. Der Anteil des Vorerben wächst den in der Mitvorerbengemeinschaft verbleibenden Erben nach dem Verhältnis ihrer Anteile gem. § 2094 BGB an, sofern die Anwachsung nicht durch eine Anordnung des Erblassers oder ausdrückliche, konkludente oder vermutete Ersatzerbfolge (§ 2099 BGB) ausgeschlossen ist.

b) Die Nacherben und ihr Nacherbenanwartschaftsrecht

Bereits mit dem Tod des Erblassers hat auch der **Nacherbe** eine eigene erbrechtliche Rechts- 13
stellung. Er ist mit Blick auf seine künftige Erbenstellung Inhaber eines **Anwartschaftsrechts** an der Erbschaft.[29]

Vorbehaltlich anderweitiger Anordnungen des Erblassers ist die Nacherbenanwartschaft 14
vererblich und übertragbar (§ 2108 Abs. 2 BGB).[30] Mitnacherben- und Alleinnacherben können während der Zeit der Vorerbschaft analog § 2033 Abs. 1 BGB über ihr Anwartschaftsrecht verfügen.[31] Das Anwartschaftsrecht erstreckt sich jedoch auf den **Gesamtnachlass oder auf den Erbteil auf den er berufen ist**, nicht auf einzelne Nachlassgegenstände. Eine Übertragung oder ein Verzicht auf ein Anwartschaftsrecht an einzelnen Nachlassgegenständen ist daher ausgeschlossen.[32]

Die **Vererblichkeit der Nacherbenanwartschaft** kann durch eine ausdrückliche **Ersatz-** 15
nacherbenbenennung ausgeschlossen sein. Das Verhältnis zwischen Vererblichkeit und Ersatzerbenbenennung ist durch Auslegung der letztwilligen Verfügung zu klären. Eine allgemein gültige Regel lässt sich jedoch nicht formulieren.[33] Es ist stets eine Einzelfallentscheidung anhand der konkreten Umstände zu treffen.[34] Dem Erblasser ist daher zu raten, die Ersatzerbenbenennung eindeutig zu formulieren. Überzeugend sind folgende Formulierungsempfehlungen von *J. Mayer*[35]

27 *Lange/Kuchinke*, § 28 III 1.

28 Ausführlich zum Sondervermögen vgl. *Warlich*, S. 5–11; *Kössinger* in: Nieder/Kössinger, 2. Teil, § 10 Rn 7.

29 Das Anwartschaftsrecht besteht hingegen nicht an einzelnen Nachlassgegenständen.

30 BGH, Urt. v. 9.6.1983 – IX ZR 41/82, juris Rn 27.

31 MüKo/*Gergen*, § 2033 Rn 6; im Fall der Veräußerung stehen den Mitnacherben und dem Vorerben entsprechend § 2034 BGB ein Vorkaufsrecht zu, vgl. dazu: Erman/*M. Schmidt*, § 2100 Rn 10.

32 Palandt/*Weidlich*, § 2100 Rn 13.

33 Zum Meinungsstand vgl. MüKo/*Grunsky*, § 2102 Rn 9.

34 *Kössinger* in: Nieder/Kössinger, 2. Teil, § 10 Rn 65.

35 *J. Mayer*, MittBayNot 1994, 114.

Formulierungsbeispiel: Ersatzerbenbenennung

Abweichend von anders lautenden gesetzlichen Auslegungs-, Vermutungs- und Ergänzungsregeln und anderen gesetzlichen Bestimmungen wird zum (alleinigen) Ersatz(nach)erben bestimmt (...).

und *Kössinger*:[36]

Formulierungsbeispiel: Vererbung und Übertragung

Die Nacherbenanwartschaft ist weder vererblich noch veräußerlich, ausgenommen die Veräußerung an den Vorerben. In diesem Fall entfällt auch jede ausdrückliche oder stillschweigende Ersatznacherbeinsetzung.

16 Sind **mehrere Nacherben** berufen, bilden diese vor Eintritt des Nacherbfalls keine Erbengemeinschaft. Eine gesamthänderische Bindung kommt nicht in Betracht. Sie können – und müssen – ihre Rechte jeweils selbst geltend machen. Sie sind zu Leistungsforderungen an sich selbst berechtigt. Erbringt ein Vorerbe eine Leistung gegenüber einem Nacherben, erlischt diese nur demjenigen Nacherben gegenüber. Umgekehrt müssen Mitwirkungshandlungen von jedem Nacherben verlangt werden.[37]

17 Eine **Ausnahme** von der Eigenverantwortlichkeit jedes Nacherben wird für die Pflicht zur Erstellung eines **Verzeichnisses über den Bestand des Nachlasses** nach § 2121 Abs. 1 BGB diskutiert. § 2121 Abs. 1 BGB schafft im Interesse von Vor- und Nacherben ein Beweismittel, welches die vermögensrechtliche Abwicklung zwischen Vor- und Nacherben nach Eintritt des Nacherbfalls ermöglichen soll.[38] Den Anspruch können Nacherben während der gesamten Zeit der Vorerbschaft geltend machen, soweit der Anspruch nicht nach § 199 Abs. 3a BGB verjährt ist.[39] Er erlischt erst mit Eintritt des Nacherbfalls.[40] Der Anspruch auf Erstellung des Verzeichnisses ist grundsätzlich einmalig, d.h. ein Nacherbe kann das Verzeichnis nach § 2121 Abs. 1 BGB während der Vorerbzeit nur einmal fordern, der Vorerbe wiederum ist nur zur einmaligen Erstellung des Verzeichnisses verpflichtet.[41] Daraus folgern *Muscheler*[42] und *Grunsky*,[43] dass bei mehreren Nacherben nur einer zur Forderung des Verzeichnisses berechtigt sei. Ansonsten würde der eigentlich einmalige Anspruch vervielfältigt. Diese Ansicht führt jedoch dazu, dass vom zufälligen Zeitpunkt des Verlangens entscheidende Merkmale des Verzeichnisses abhingen. Das Verzeichnis ist auf die Erstellung zu datieren. Durch Kollusion zwischen Vor- und Nacherben könnte die Hinzuziehung von einzelnen Nacherben (§ 2121 Abs. 2 BGB) genauso verhindert werden wie die Erstellung eines notariellen Verzeichnisses (§ 2121 Abs. 3 BGB). Mangels Gesamtgläubigerstellung gibt es keine Ausgleichsvorschriften für die Nacherben untereinander, weshalb es zu erheblichen Benachteiligungen einzelner Nacherben kommen kann. Jeder Nacherbe muss daher zu unterschiedlichen Zeiten die Erstellung eines Verzeichnisses über den Bestand des Nachlasses verlangen können.

---

36 *Kössinger* in: Nieder/Kössinger, 2. Teil, § 10 Rn 81.

37 Beispielsweise müssen sämtliche Nacherben einer Maßnahme ordnungsgemäßer Verwaltung zustimmen. § 2120 BGB verpflichtet daher sämtliche Nacherben zur Zustimmung, vgl. Erman/*M. Schmidt*, § 2120 Rn 4.

38 MüKo/*Grunsky*, § 2121 Rn 1.

39 Damrau/Tanck/*Bothe*, § 2121 Rn 3.

40 Erman/*M. Schmidt*, § 2121 Rn 2.

41 BGH, Urt. v. 9.11.1994 – IV ZR 319/93, juris Rn 18; MüKo/*Grunsky*, § 2121 Rn 3.

42 *Muscheler*, Erbrecht II, Rn 2507.

43 MüKo/*Grunsky*, § 2100 Rn 3.

Der Nacherbe kann bereits mit Eintritt des Erbfalls seine Erbschaft **ausschlagen**, d.h. nicht erst mit Eintritt des Nacherbfalls (§§ 2306 Abs. 1, 2142 Abs. 1 BGB). Die sechswöchige Ausschlagungsfrist beginnt dagegen erst mit **Eintritt des Nacherbfalls**. Der Nacherbe kann daher sofort ausschlagen, muss dies aber nicht, §§ 2139, 1944 Abs. 2 S. 1 BGB. Eine frühe **taktische Ausschlagung** empfiehlt sich vor allem für einen pflichtteilsberechtigten Nacherben, wenn der Erblasser den Vorerben von den Verfügungsbeschränkungen umfassend befreit hat. Nach dem Motto „Besser den Spatz in der Hand als die Taube auf dem Dach" kann der Nacherbe sich so zumindest seine Mindestbeteiligung am Nachlass sichern. 18

Hinweis

Für die Ausschlagung von Vor- und Nacherben zur Geltendmachung des Pflichtteilsanspruchs nach § 2306 BGB ist zu beachten, dass die Verjährungsfrist des Pflichtteilsanspruchs bereits mir Erlangung der „doppelten Kenntnis"[44] von Erbfall und beeinträchtigender Verfügung beginnt, nicht erst mit Verlust der Erbenstellung. Eine taktische Ausschlagung kommt daher mit Ablauf von drei Jahren ab Kenntnis von Erbfall und beeinträchtigender Verfügung nicht mehr in Betracht.

2. Sicherung der Nacherben während der Zeit der Vorerbschaft

Während der Zeit der Vorerbschaft müssen die Nacherben gesichert werden. Das Gesetz nimmt diese Sicherung durch dingliche Verfügungsbeschränkungen und schuldrechtliche Sicherungsmittel im Innenverhältnis vor. 19

a) Dingliche Verfügungsbeschränkungen

aa) Verpflichtungen sind nicht erfasst

Da sich die Beschränkungen aus §§ 2113 bis 2115 BGB lediglich auf Verfügungen beziehen, können sich Vorerben **schuldrechtlich unbeschränkt verpflichten**.[45] Verpflichtungen, die ein Vorerbe eingeht, treffen ihn persönlich. Wurden sie im Rahmen ordnungsgemäßer Verwaltung vorgenommen, handelt es sich zugleich um Nachlassverbindlichkeiten, unabhängig davon, ob ein Handeln für den Nachlass nach außen erkennbar ist.[46] Ob mit Eintritt des Nacherbfalls auch ein Haftungswechsel eintritt, richtet sich nach §§ 2144, 2145 BGB.[47] 20

Mehrere Vorerben haften bis zum Eintritt des Nacherbfalls für Nachlassverbindlichkeiten als Gesamtschuldner, § 2058 BGB.[48] 21

bb) Verfügungen der Mitvorerbengemeinschaft

Als Inhaber aller zum Nachlass gehörenden Rechte können die Vorerben über die Nachlassgegenstände **frei verfügen** (§ 2112 BGB). Der Begriff der Verfügung ist im rechtstechnischen Sinne zu verstehen. Vorerben können daher Nachlassgegenstände dinglich übertragen, belasten, in ihrem Inhalt ändern oder aufgeben.[49] 22

44 Damrau/Tanck/*Riedel*, § 2306 Rn 51.
45 NK-BGB/*Gierl*, BGB, Erbrecht, § 2112 Rn 3.
46 *Lange/Kuchinke*, § 28 IV 10.
47 Vgl. dazu ausführlich NK-BGB/*Gierl*, BGB, Erbrecht, § 2144, 2145; *Kössinger* in: Nieder/Kössinger, 2. Teil, § 10 Rn 104.
48 MüKo/*Grunsky*, § 2145 Rn 2.
49 Damrau/Tanck/*Bothe*, § 2112 Rn 2.

23 **Mehrere Vorerben** können gegenüber Dritten über einen Nachlassgegenstand nur gemeinschaftlich verfügen, § 2040 Abs. 1 BGB. Allein verfügen kann ein Mitvorerbe nach § 2033 BGB nur über seinen Anteil am Nachlass. Die Rechte des Nacherben werden durch eine vom Vorerben über seine Vorerbenstellung getroffene Verfügung nicht beeinträchtigt.[50]

24 **Beschränkt** wird die Verfügungsbefugnis durch die §§ 2113 bis 2215 BGB. Nicht verfügen können Mitvorerben daher grundsätzlich über Grundstücke (§ 2113 Abs. 1 BGB) und unentgeltlich[51] (§ 2313 Abs. 2 BGB). Eigengläubiger des Vorerben dürfen nicht in Erbschaftsgegenstände vollstrecken (§ 2115 BGB). Nehmen Mitvorerben Verfügungen entgegen der gesetzlichen Beschränkungen vor, sind diese zunächst wirksam.[52] Im Zeitpunkt des Nacherbfalls werden sie **absolut unwirksam,** soweit sie die Rechtsstellung des Nacherben verschlechtern.[53]

25 Wirken Vor- und Nacherben bei einer Verfügung nach den §§ 2113 bis 2115 BGB einvernehmlich zusammen, entfällt die Schutzbedürftigkeit der Nacherben und damit der Schutzzweck der Verfügungsbeschränkungen. Nach **Zustimmung der Nacherben** bleibt die Verfügung dauerhaft wirksam.[54]

26 Ist eine Verfügung für eine **ordnungsgemäße Verwaltung** des Nachlasses notwendig, sind alle Nacherben sogar zur Zustimmung verpflichtet (§ 2120 BGB). Die **Zustimmungspflicht der Nacherben** schließt auch Verfügungen über hinterlegte Wertpapiere (§ 2116 BGB) und Verfügungen im Rahmen einer Auseinandersetzung zwischen Mitvorerben gem. § 2042 BGB ein.[55]

27 Wie weit die Verfügungsbeschränkungen reichen bestimmt der Erblasser. Dieser kann die Vorerben von den **Beschränkungen weitreichend befreien** (§ 2136 BGB). Von dem Verbot zur Vornahme unentgeltlicher Verfügungen (§ 2113 Abs. 2 BGB) und dem Gebot der Unwirksamkeit von Zwangsverfügungen gegen den Vorerben (§ 2115 BGB) kann der Erblasser den Vorerben jedoch nicht befreien.[56] Diese Verfügungsbeschränkungen sind zwingend. Über sie hilft nur das Zusammenwirken von Vor- und Nacherben hinweg.

28 Da sich die Befreiung auf **bestimmte Personen** bezieht und nicht auf den Nachlass,[57] kann der Erblasser alle oder auch einzelne Vorerben befreien. Die Mitvorerbengemeinschaft kann daher aus befreiten und nichtbefreiten Vorerben bestehen. Zum Schutz der Nacherben der nichtbefreiten Vorerben muss – bis die Auseinandersetzung der Mitvorerbengemeinschaft vollzogen ist – der Nachlass insgesamt den Beschränkungen der nichtbefreiten Vorerben unterworfen werden.[58] Dies folgt aus der Rechtsnatur der Erbengemeinschaft als Gesamthandsgemeinschaft, deren Vermögen als Ganzes der gesamthänderischen Verbundenheit der Erben unterliegt. Die an dem Nachlass nur teilweise bestehenden Verfügungsbeschränkungen vor der Auseinandersetzung sind ideeller Natur. Sie sind noch nicht auf bestimmte Nachlassgegenstände konkretisiert.[59] Deshalb müssen die Beschränkungen für den gesamten Nachlass und alle Vorerben gelten. Dem stehen auch keine schutzwürdigen Interessen der

50 MüKo/*Grunsky*, § 2100 Rn 21.
51 Zum Begriff der Unentgeltlichkeit: *Kössinger* in: Nieder/Kössinger, 2. Teil, § 10 Rn 10; OLG Stuttgart, Beschl. v. 29.5.2018 – 8 W 146/18, juris Rn 10.
52 Erman/*M. Schmidt*, § 2113 Rn 6.
53 Damrau/Tanck/*Bothe*, § 2100 Rn 1.
54 *Lange/Kuchinke*, § 28 IV 4. c.
55 MüKo/*Grunsky*, § 2100 Rn 22.
56 *Brox/Walker*, Rn 382.
57 Palandt/*Weidlich*, § 2136 Rn 3.
58 *Friederich*, Rn 177.
59 NK-BGB/*Ann*, BGB, Erbrecht, § 2032 Rn 1.

befreiten Vorerben entgegen. Als Mitglieder der Erbengemeinschaft können sie jederzeit die Auseinandersetzung nach § 2042 BGB verlangen.[60] Der Nachlass wird dann entsprechend ihrer Quoten an die Mitvorerben verteilt. Zu erforderlichen Zustimmungen sind die Nacherben nach § 2120 S. 1 BGB verpflichtet, da diese kein Recht haben, die Auseinandersetzung der Mitvorerbengemeinschaft zu verhindern.[61] Da die Differenzierung auch originär dem Erblasserwillen entstammt, sind mögliche Belastungen des befreiten Vorerben zumutbar.

cc) Die dingliche Surrogation nach § 2111 BGB

Verfügungen der Vorerben unterliegen dem **Surrogationsprinzip**. Die dingliche Surrogation ist ein Kernelement der Vor- und Nacherbschaft.[62] Sie bestimmt die Rechtsfolgen von Veränderungen an der Erbschaft nach Eintritt des Erbfalls und vor Eintritt des Nacherbfalls.[63] Nach § 2111 BGB gehört kraft Gesetz zur Vorerbschaft, was ein Mitvorerbe aufgrund eines zur Erbschaft gehörenden Rechts, als Ersatz für einen Erbschaftsgegenstand oder durch Rechtsgeschäft mit Mitteln der Vorerbschaft erlangt. 29

Besteht eine Mitvorerbengemeinschaft, fließt das **Surrogat** in das Gesamthandsvermögen. Die Nacherbenrechte setzen sich am Surrogat fort.[64] 30

§ 2111 BGB ist zwingend und nicht durch den Erblasser abdingbar. Auch ein Zusammenwirken von Vor- und Nacherben verhindert den Eintritt der Surrogation nicht. 31

b) Schuldrechtliche Sicherungsmittel im Innenverhältnis

aa) Ordnungsgemäße Verwaltung

Während der Zeit der Vorerbschaft sind die Vorerben verpflichtet, den Nachlass ordnungsgemäß zu verwalten (arg. ex. § 2130 Abs. 1 S. 1 BGB). 32

Ordnungsgemäße Verwaltung erfordert die Erhaltung des Nachlasses nach seiner Wertsubstanz, nicht nach den konkreten Gegenständen.[65] Die Vorerben müssen bei Maßnahmen nicht nur die Interessen der Miterben nach billigem Ermessen, sondern darüber hinaus die Erbschaftsinteressen der Nacherben stets hinreichend berücksichtigen.[66] Vgl. zu dem Begriff der ordnungsgemäßen Verwaltung auch § 4 Rdn 66.

Mehrere Mitvorerben entscheiden über Maßnahmen im Rahmen der ordnungsgemäßen Verwaltung durch Mehrheitsentscheidung (§§ 2038 Abs. 1 S. 2, Abs. 2, 745 Abs. 1 S. 1 BGB). Die Mitvorerben sind verpflichtet, an den für eine ordentliche Verwaltung notwendigen Maßnahmen mitzuwirken (§ 2038 Abs. 1 S. 2 Hs. 1 BGB). Die Mitwirkungspflicht besteht dabei nur unter den Mitvorerben.[67] 33

Die Mitwirkungspflicht wirkt nicht gegenüber Dritten. Zur dauerhaften Wirksamkeit der Maßnahmen im Rahmen der ordnungsgemäßen Verwaltung kann die Mitwirkung von 34

60 Burandt/Rojahn/*Lang*, § 2112 Rn 7; BeckOGK/*Müller-Christmann*, BGB, § 2112 Rn 12, Stand 15.5.2018; NK-BGB/*Gierl*, BGB, Erbrecht, § 2112 Rn 7.
61 MüKo/*Grunsky*, § 2100 Rn 22.
62 Zur Parallelvorschrift für die Miterbengemeinschaft vgl. § 2041 BGB in § 4 Rdn 157 ff.
63 Erman/*M. Schmidt*, § 2111 Rn 1.
64 MüKo/*Grunsky*, § 2111 Rn 7.
65 Staudinger/*Avenarius*, § 2130 Rn 8.
66 *Lange/Kuchinke*, § 28 V 2.
67 MüKo/*Gergen*, § 2120 Rn 41.

Nacherben erforderlich sein. Da Nacherben bis zum Eintritt des Nacherbfalls „Dritte“ sind, können die Vorerben von ihnen keine Mitwirkung aus § 2038 Abs. 1 S. 2 Hs. 1 BGB verlangen. Diese Lücke schließt § 2120 BGB, wonach die Nacherben zur Mitwirkung verpflichtet sind, wenn die Maßnahme[68] der ordnungsmäßigen Verwaltung entspricht.

35 Das Erfordernis der ordnungsgemäßen Verwaltung **entfällt,** wenn der Erblasser den Vorerben von seiner Verpflichtung befreit hat (§§ 2130, 2136 BGB).

bb) Die Verpflichtungen zur Sicherung der Nacherben im Überblick

36 Vorerben unterliegen während der Zeit der Vorerbschaft diversen Verpflichtungen zur Sicherung des oder der Nacherben. Vor Eintritt des Nacherbfalls sind Vorerben auf Verlangen eines Nacherben verpflichtet

- gewisse Arten von Wertpapieren zu hinterlegen oder Sperrvermerke zu dulden (§§ 2116–2118 BGB)
- Geld mündelsicher anzulegen (§ 2119 BGB)
- ein Inventar zu errichten und den Zustand der Erbschaft feststellen zu lassen (§§ 2121 f. BGB)
- bei einer Gefährdung der Nacherbenrechte dem Nacherben Auskunft zu erteilen (§ 2127 BGB)
- im äußersten Fall Sicherheiten zu leisten (§ 2128 BGB)
- einen Wirtschaftsplan zu erstellen, wenn Wald, ein Bergwerk oder andere zur Gewinnung von Bodenbestandteilen errichtete Anlagen im Nachlass sind (§ 2123 BGB) und
- der werdenden Mutter eines Nacherben Unterhalt zu zahlen (§§ 2141, 1963 BGB).

37 Auch von diesen Verpflichtungen kann der Erblasser einen oder alle Vorerben weitreichend **befreien** (§ 2136 BGB). **Zwingend** und durch den Erblasser nicht abdingbar sind die Pflichten zur Vorlage eines Inventars (§ 2121 BGB) und zur Hinzuziehung eines Sachverständigen (§ 2122 BGB).[69]

> **Hinweis**
>
> Mögen diese Verpflichtungen für die Vorerben zwar zunächst belastend wirken, können sie ihnen auch Schutz bieten. Zum Beispiel wird der Vorerbe durch die Erstellung eines Verzeichnisses nach § 2121 BGB oder die Zustandsfeststellung nach § 2122 BGB vor unbegründeten Ersatzansprüchen der Nacherben geschützt.[70]

38 Bei einer **Mehrheit von Vorerben** sind diese gesamtschuldnerisch verpflichtet. Im Einzelnen:

Für die **Sicherungsrechte** nach §§ 2116 bis 2119, 2128 BGB sind die Vorerben als Gesamtschuldner verpflichtet, da ihnen die Verwaltung des Nachlasses gemeinschaftlich zusteht, §§ 2038 Abs. 1, 2058 BGB.[71] Liegt eine ungünstige Vermögenslage i.S.v. § 2128 BGB nur hinsichtlich eines Mitvorerben vor, kann die Sicherheitsleistung auch von diesem isoliert verlangt werden.[72]

Für die **Auskunftsansprüche** nach §§ 2121, 2127 BGB sind die Vorerben ebenfalls Gesamtschuldner. Da es sich bei der Auskunft nicht um eine Nachlassverbindlichkeit handelt, folgt

68 Im Rahmen des § 2120 BGB bezieht sich die Prüfung der Ordnungsmäßigkeit auf die einzelne Maßnahme: Soergel/*Harder-Wegmann*, § 2120 Rn 4.

69 *Lange/Kuchinke*, § 28 VI 2 a.

70 Damrau/Tanck/*Bothe*, § 2121 Rn 1.

71 *De Leve* in: PFormB ErbR, M. I. 2 Nr. 7.

72 *De Leve* in: PFormB ErbR, M. I. 2 Nr. 7.

dies aus § 421 BGB. Für den Auskunftsanspruch nach § 2314 BGB gehen Stimmen in der Literatur[73] davon aus, dass für den Fall, dass ein Miterbe ein privatschriftliches Verzeichnis im Auftrag der anderen Miterben mangelhaft erstellt, die Miterben nicht gesamtschuldnerisch haften. Durch die Erstellung des mangelhaften Verzeichnisses trete keine Erfüllungswirkung für die verbleibenden Miterben ein. Jeder Miterbe schulde vielmehr seine eigene Auskunft. Dies sei erforderlich, damit Mängel des Verzeichnisses allen Miterben zurechenbar sind, sodass alle auf Abgabe einer eidesstattlichen Versicherung in Anspruch genommen werden können. Dem ist jedoch zu widersprechen und eine Einschränkung der gesamtschuldnerischen Haftung bei Auskunftsansprüchen nicht vorzunehmen. Die gesamtschuldnerische Haftung wird dem Anspruch der Nacherben besser gerecht. Zwar ist die Auskunftserteilung eine höchstpersönliche Wissenserklärung, weshalb man von einer teilbaren Leistung im Sinne von § 420 BGB ausgehen könnte. Jeder Vorerbe würde danach nur eine entsprechende Teilleistung schulden.[74] Die Nacherben müssten wiederum alle Vorerben in Anspruch nehmen, um die gesamte Leistung zu erhalten.[75] Dies widerspricht dem Schutzzweck der Norm und den Grundsätzen der Gesamthandsgemeinschaft. Für den Nacherben ist in der Regel nicht ersichtlich, welcher Vorerbe über welche Informationen verfügt bzw. ist vor Auseinandersetzung nicht ersichtlich, welcher Erbteil tatsächlich auf welchen Vorerben entfällt. Dies ist der Rechtsnatur der Erbengemeinschaft als Gesamthandsgemeinschaft immanent. Es liegt nicht im Verantwortungsbereich des Nacherben, sich die Auskunft selbst zusammenzustellen. Richtigerweise muss der Nacherbe entscheiden können, von welchem Schuldner er ganz oder teilweise die Leistung verlangt. Unerheblich ist, dass nicht jeder Vorerbe vollständig Auskunft erteilen kann, denn sie sind untereinander zur Mitwirkung verpflichtet, § 2038 BGB.[76] Dies wirkt sich daher nicht zu Lasten des Nacherben aus. Zur Durchsetzung der gemeinschaftlichen Verantwortlichkeit der Mitvorerben kann der Nacherbe im Wege der Gesamtschuldklage gegen einzelne oder alle Vorerben in einfacher Streitgenossenschaft nach § 59 ZPO vorgehen.[77]

Den **Wirtschaftsplan** nach § 2123 BGB müssen Vor- und Nacherben gemeinsam aufstellen.[78] 39

Bei dem **Anspruch auf Unterhalt** der werdenden Mutter eines Nacherben gem. §§ 2141, 1963 BGB handelt es sich um eine Nachlassverbindlichkeit,[79] für die die Mitvorerben gesamtschuldnerisch nach § 2058 BGB haften. 40

II. Der Eintritt des Nacherbfalls

1. Die Rechtsstellung der Vorerben nach Eintritt des Nacherbfalls

Mit Eintritt des Nacherbfalls fällt die Erbenstellung des oder der Vorerben weg (§ 2139 BGB). Die Vorerben bleiben so lange zu **Verfügungen** berechtigt, bis sie von dem Wegfall der Rechtsstellung Kenntnis haben oder haben mussten, § 2140 S. 1 BGB. Auf **Verpflichtungen**, die der Vorerbe nach Eintritt des Nacherbfalls eingeht, wird die Vorschrift entspre- 41

73 *Kuhn/Trappe*, ZEV 2011, S. 348; zustimmend auch *Birkenheier* in: Herberger/Martinek/Rüßmann u.a., jurisPK-BGB, § 2314 Rn 24.
74 Erman/*Böttcher*, Vor § 420 Rn 8.
75 Erman/*Böttcher*, Vor § 420 Rn 8.
76 MüKo/*Gergen*, § 2038 Rn 49.
77 Erman/*Böttcher*, § 421 Rn 31.
78 MüKoBGB/*Grunsky*, § 2123 Rn 1.
79 Staudinger/*Avenarius*, § 2141 Rn 3.

chend angewendet.[80] Der Nacherbe ist verpflichtet, den Vorerben von der Verbindlichkeit zu befreien.[81]

42 Tritt der Nacherbfall mit dem Tod des Vorerben ein, fällt seine Berechtigung am Nachlass des ersten Erblassers nicht in seine Nachlassmasse. Die Erben des Vorerben sind nur Rechtsnachfolger hinsichtlich seines Eigenvermögens.

2. Die Rechtsstellung der Nacherben nach Eintritt des Nacherbfalls

43 Mit Eintritt des Nacherbfalls fällt die Erbschaft an den Nacherben (§ 2139 BGB). Er tritt in die Stellung des Vorerben an der Erbschaft **von selbst ein.**[82] Der Nacherbe wird automatisch Eigentümer der Nachlassgegenstände, Gläubiger der Nachlassforderungen und Schuldner der Nachlassverbindlichkeiten.[83]

44 Gem. § 857 BGB geht der **Besitz** nur automatisch auf den Nacherben über, soweit der oder die Vorerben den unmittelbaren Besitz an Nachlassgegenständen **nicht ergriffen** haben.[84] Bereits **tatsächlich ergriffener Besitz** muss vom Vorerben – oder dessen Rechtsnachfolgern – auf den Nacherben übertragen werden.[85]

45 Sind mehrere Nacherben für einen Alleinvorerben berufen, bilden diese eine **Mitnacherbengemeinschaft** unter sich. Sie treten in gesamthänderischer Verbundenheit an die Stelle des Vorerben. Sie bilden eine gewöhnliche Erbengemeinschaft unter Geltung der allgemeinen Vorschriften.

46 War der verstorbene Vorerbe Mitglied einer **ungeteilten Mitvorerbengemeinschaft**, werden die Nacherben Mitglieder dieser Erbengemeinschaft. Die Erbengemeinschaft besteht sodann aus Vorerben und Nacherben.[86] Die Nacherben bilden dabei eine gesamthänderische Untergruppe innerhalb der Mitvorerbengemeinschaft.[87] Diese zusätzliche gesamthänderische Verbundenheit ist gerechtfertigt, weil sich die Belastung der angeordneten Nacherbschaft nur auf den ausscheidenden Vorerben beziehen darf. Als Rechtsnachfolger des ersten Erblassers sind die eintretenden Nacherben zwar **keine Erbeserben** des ausscheidenden Vorerben.[88] Der oder die Nacherben lösen jedoch den Vorerben ab, weshalb ihre Berechtigung derart an seine Rechtsposition geknüpft ist, dass eine zusätzliche gesamthänderische Verbundenheit der eintretenden Nacherben erforderlich ist.

---

80 Erman/*M. Schmidt*, § 2141 Rn 1.
81 MüKo/*Grunsky*, § 2140 Rn 4.
82 *Lange/Kuchinke*, § 28 VIII 1.
83 Damrau/Tanck/*Bothe*, § 2139 Rn 1.
84 *Ebenroth/Frank*, JuS 1996, 794; Palandt/*Herrler*, § 857 Rn 5.
85 Soergel/*Harder-Wegmann*, § 2139 Rn 3 m.w.N.
86 Vgl. dazu: *Leitzen*, RNotZ 2012, 159.
87 MüKo/*Gergen*, § 2032 Rn 1.
88 Es liegt daher auch kein Fall des § 1952 Abs. 3 BGB vor. Als Erben des ersten Erblassers hat jeder Nacherbe ein eigenes Ausschlagungsrecht, dessen Ausübung sich für den Nacherben abweichend nach § 2142 BGB richtet.

47

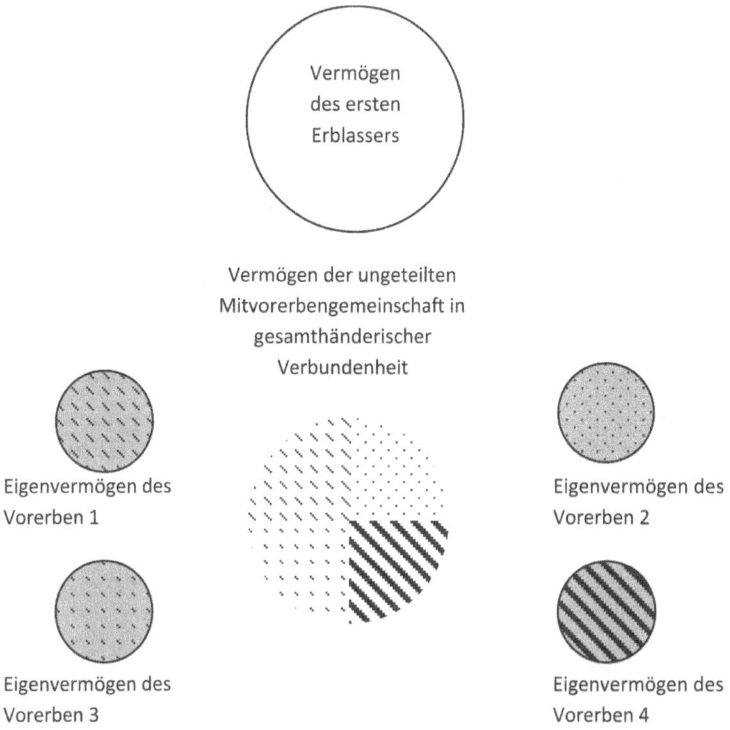

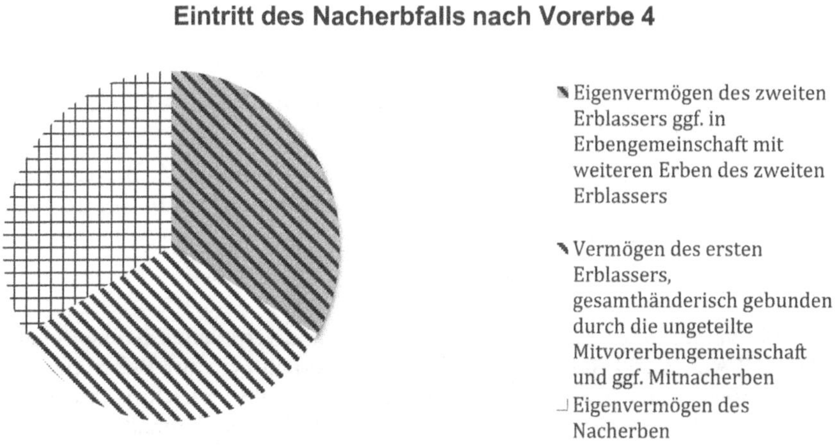

Hat der Erblasser keine gestufte Nacherbfolge angeordnet, sind die eintretenden Nacherben 48 **unbeschränkte Vollerben** des ersten Erblassers. An dem Nachlass des Erblassers besteht dadurch teilweise Vor- und teilweise Vollerbschaft. Zum Schutz der Nacherben gelten die Verfügungsbeschränkungen bis zur Auseinandersetzung der Erbengemeinschaft für den gesamten Nachlass.[89]

89 *Friederich*, Rechtsgeschäfte, Rn 177; vgl. dazu auch Rdn 28 in diesem Kapitel.

49 Tritt der Nacherbfall mit dem Tod des Vorerben ein und sind als Nacherben die Erben des Vorerben eingesetzt, sind die Nacherben unmittelbar an **zwei Erbengemeinschaften** beteiligt: Sie treten in die Erbengemeinschaft nach dem ersten Erblasser ein und bilden mit möglichen weiteren Erben des zweiten Erblassers eine weitere Erbengemeinschaft. Hinsichtlich des Eigenvermögens des zweiten Erblassers sind sie in ihrer Verfügungsfreiheit zu keinem Zeitpunkt durch die Vor- und Nacherbschaft beschränkt.

3. Die Abwicklung zwischen dem Vorerben und dem Nacherben

50 Sind an der Abwicklung mehrere Vorerben und mehrere Nacherben beteiligt, sind die Grundsätze der Gesamtschuld zu beachten: Bei mehreren Nacherben können Vorerben nur an alle gemeinschaftlich leisten, aber jeder Nacherbe kann Leistung an alle verlangen.[90] Die erbrachte Leistung geht in das Gesamthandsvermögen der Mitnacherbengemeinschaft über.

51 Tritt der Nacherbfall – wie in aller Regel – mit dem Tod des Vorerben ein, treten die Erben des Vorerben an seine Stelle. Sie machen die Rechte des Vorerben nach Eintritt des Nacherbfalls gemeinschaftlich geltend.

a) Herausgabeanspruch

52 Mit Eintritt des Nacherbfalls haben Nacherben einen **Anspruch auf Herausgabe der gesamten Erbschaft** – einschließlich hinzugetretener Surrogate – gegen den Vorerben bzw. dessen Nachfolger (§ 2130 BGB). Herauszugeben ist die Erbschaft in dem Zustand, der bei Annahme fortgesetzter ordnungsgemäßer Verwaltung vorläge.[91] Bei Verstoß gegen diesen Grundsatz macht sich der Vorerbe schadensersatzpflichtig. Seine Haftung ist dabei jedoch auf diejenige Sorgfalt beschränkt, die er in eigenen Angelegenheiten anzuwenden pflegt (§§ 2131, 277 BGB). Die Herausgabe einzelner Nachlassgegenstände von Dritten können die Nacherben gem. §§ 985, 894 BGB fordern.

Hinweis

Ist der Vorerbe von dem Erfordernis der ordnungsgemäßen Verwaltung befreit, haben die Nacherben nur einen Anspruch auf den Überrest.[92]

53 Können die Vorerben Ersatzansprüche aus dem Nachlass bestreiten (z.B. Verwendungsersatz nach §§ 2124, 2125 BGB oder für gezogene Früchte nach § 596a BGB), steht ihnen ein Zurückbehaltungsrecht gem. § 273 Abs. 2 BGB zu.

b) Rechenschaftspflicht

54 Nichtbefreite Vorerben bzw. deren Rechtsnachfolger sind verpflichtet **Rechenschaft** abzulegen (§§ 2130 Abs. 2, 259 BGB). Die Verpflichtung entfällt bei einer Befreiung durch den Erblasser. Befreite Vorerben schulden lediglich ein **Bestandsverzeichnis (§§ 2130 Abs. 1, 260 BGB)**. Auch das Bestandsverzeichnis hat Auskunft über den Bestand der Erbschaft bei Eintritt des Erbfalls und des Nacherbfalls zu geben, wobei sämtliche Surrogate einzubeziehen sind. Im Gegensatz zur Rechenschaftslegung nach § 259 BGB ist keine Auskunft über die Verwaltung des Nachlasses für die Dauer der Vorerbschaft durch geordnete Zusammenstellung der Einnahmen und Ausgaben sowie vorhandene Belege zu erteilen.[93]

---

90 MüKo/*Grunsky*, § 2130 Rn 3.
91 *Damrau/Tanck*, § 2130 Rn 3.
92 BGH, Urt. v. 29.6.1983 – IVa ZR 57/82, juris Rn 16.
93 Vgl. zum Auskunftsanspruch OLG Karlsruhe, Urt. v. 18.1.2017 – 7 U 189/15, juris Rn 18 f.

c) Kosten der Verwaltung

Die **Kosten der Verwaltung** während der Zeit der Vorerbschaft verteilen sich wie folgt: 55

Mitvorerben müssen die **gewöhnlichen Erhaltungskosten** tragen, selbst wenn sie den Wert des Nachlasses übersteigen (§ 2124 Abs. 1 BGB). Darunter fallen alle Kosten, die nach rechtlichen und wirtschaftlichen Umständen des Nachlasses regelmäßig aufgewendet werden müssen, um das Vermögen tatsächlich und rechtlich zu erhalten.[94] Zum Beispiel müssen die Mitvorerben die Kosten für Renovierungsarbeiten aufgrund von normalem Verschleiß in Mietwohnungen aus eigenen Mitteln tragen.[95]

Außergewöhnliche Erhaltungskosten und Lasten können hingegen aus dem Nachlass bestritten werden (§§ 2124 Abs. 2 S. 1, 2126 BGB). Es sind diejenigen Kosten, die zwar notwendig sind, aber über das Maß der gewöhnlichen Kosten hinaus reichen. Es handelt sich vor allem um Maßnahmen mit langfristig wertsteigernder Wirkung wie z.B. die Erneuerung eines Daches, der Hausfassade oder der Heizungsanlage.[96]

Verauslagt ein Mitvorerbe **Eigenmittel**, schulden die Nacherben bei Eintritt des Nacherbfalls Ersatz, § 2124 Abs. 2 S. 2 BGB.

Alle weiteren Kosten unterstehen den Vorschriften über die Geschäftsführung ohne Auftrag, §§ 677 ff. BGB (§ 2125 Abs. 1 BGB).

d) Schadens- und Wertersatz

Hat der **nichtbefreite Vorerbe** Erbschaftsgegenstände für sich verwendet, so ist er zum Wertersatz gem. § 2134 S. 1 BGB verpflichtet. Zum Schadensersatz verpflichtet ist er, wenn er das geschuldete Sorgfaltsmaß unterschritten hat (§ 2134 S. 2 BGB). Der Wertersatzanspruch für eine übermäßige Fruchtziehung ergibt sich aus § 2133 BGB. 56

Der vollständig **befreite Vorerbe** ist nur zum Schadensersatz bei Verstoß gegen § 2113 Abs. 2 BGB und Minderung der Erbschaft mit Benachteiligungsabsicht nach § 2138 Abs. 2 BGB verpflichtet.

e) Wegnahmerecht

Die Vorerben sind zur Wegnahme eingebrachter Einrichtungen berechtigt, § 2125 Abs. 2 BGB. 57

4. Ansprüche des Nacherben gegenüber Beschenkten

Unentgeltliche Verfügungen des Vorerben werden mit Eintritt des Vorerbfalls absolut unwirksam, sofern sie keine Anstandsschenkungen sind oder ausnahmsweise der ordnungsgemäßen Verwaltung entsprechen.[97] Als wahrer Eigentümer kann der Nacherbe **Herausgabe** des betreffenden Nachlassgegenstandes (§ 985 BGB) oder **Berichtigung des Grundbuchs** (§ 894 BGB) verlangen.[98] 58

94 BGH, Urt. v. 7.7.1993 – IV ZR 90/92, juris Rn 13; Palandt/*Weidlich*, § 2122 Rn 2.
95 BGH, Urt. v. 7.7.1993 – IV ZR 90/92, juris Rn 17.
96 Vgl. Palandt/*Weidlich*, § 2124 Rn 3 mit weiteren Beispielen.
97 Krug/Daragan/*Krug*, § 11 Rn 142 f.
98 Krug/Daragan/*Krug*, § 11 Rn 142 f.

59 Der Beschenkte kann jedoch durch die Gutglaubensvorschriften gem. § 2113 Abs. 3 BGB i.V.m. § 892 BGB bzw. §§ 932 ff. BGB geschützt sein.[99] Wurde ein Erbschein erteilt, der die Anordnung der Nacherbfolge nicht enthält oder Gegenstände zu Unrecht von dieser ausnimmt, schützen die Gutglaubensregelungen der §§ 2365 bis 2367 BGB den Beschenkten unmittelbar.[100] Liegen die Voraussetzungen eines gutgläubigen Erwerbs vor, ist der Beschenkte den Nacherben **schuldrechtlich zur Herausgabe** nach § 816 Abs. 1 S. 2 BGB verpflichtet.

60 Da der Nacherbfall häufig an den Tod des Vorerben geknüpft ist, sind in der Praxis Durchsetzungsschwierigkeiten entstanden, die die Rechtsprechung letztlich dazu veranlasst haben, den Nacherben subsidiär einen Anspruch gegen den Beschenkten nach § 242 BGB zuzubilligen, wenn hinreichende Anhaltspunkte für einen Herausgabe oder Bereicherungsanspruch bestehen.[101]

D. Beendigung der Erbengemeinschaft

61 Zur Entschärfung von Konflikten sind Vor- und Nacherben häufig an einer Auseinandersetzung der Mitvorerbengemeinschaft vor Eintritt des Nacherbfalls interessiert. Vor- und Nacherben möchten Nachlassgegenstände bereits endgültig in ihr Eigenvermögen überführen und sich von den zuvor aufgezeigten Beschränkungen der Vor- und Nacherbschaft befreien. Sind Nacherben die Abkömmlinge des Vorerben, kann dies nicht zuletzt dem Familienfrieden dienlich sein. Die Vorerbengemeinschaft kann dabei jederzeit auseinandergesetzt werden. Es stellt sich jedoch die Frage, inwieweit dadurch eine nacherbschaftsfreie Eigentumsübertragung erfolgt.

I. Auseinandersetzung der Mitvorerbengemeinschaft

1. Möglichkeit der Auseinandersetzung

62 Mehrere Vorerben bilden eine Erbengemeinschaft. Diese kann sich jederzeit nach § 2042 BGB auseinandersetzen (siehe hierzu auch § 8 Rdn 13 ff.).[102]

63 Der **Mitwirkung von Dritten,** wie Nacherben, weiteren Nacherben oder Ersatznacherben, bedarf es zur **schuldrechtlichen** Vereinbarung des Auseinandersetzungsvertrages nicht.[103] Der Vorerbe ist nicht daran gehindert, die Auseinandersetzung mittels Erbteilsübertragung zu betreiben. Verfügungen über den gesamten Erbteil unterliegen keinen nacherbrechtlichen Beschränkungen.[104]

---

99 Ein solcher kommt bei Unkenntnis über die Nacherbenbindung des Gegenstandes oder bei irrtümlicher Annahme der Befreiung des Vorerben in Betracht. Ausgeschlossen ist ein Gutglaubensschutz bei Grundstücken, wenn ein Nacherbenvermerk nach § 51 GBO eingetragen ist; vgl. Krug/Daragan/*Krug*, § 11 Rn 142 f.

100 Krug/Daragan/*Krug*, § 11 Rn 142 f.

101 Vgl. zu den Voraussetzungen: Krug/Daragan/*Krug*, § 11 Rn 141; BGH, Urt. v. 15.3.1972 – IV ZR 131/70, juris.

102 Burandt/Rojahn/*Lang*, § 2112 Rn 7; BeckOGK/*Müller-Christmann*, BGB, § 2112 Rn 12, Stand 15.5.2018; NK-BGB/*Gierl*, BGB, Erbrecht, § 2112 Rn 7; *Kössinger* in: Nieder/Kössinger, 2. Teil, § 10 Rn 77.

103 Damrau/Tanck/*Bothe*, § 2112 Rn 2.

104 BeckOK BGB/*Litzenburger*, BGB § 2113 Rn 4, Stand 1.5.2018.

Beim **Vollzug** der vorgesehenen Einzelverfügungen kann jedoch die Mitwirkung von Nacherben und Nachnacherben erforderlich sein.[105] Die Mitwirkungserfordernisse der Nacherben ergeben sich aus den Verfügungsbeschränkungen des Vorerben nach §§ 2113 bis 2115 BGB. Die Verfügungsbeschränkungen gelten auch für den Vollzug der Auseinandersetzung zwischen mehreren Mitvorerben getroffenen Verfügungen.[106] Dies schließt auch die Abschichtung ein.[107] Der Mitwirkung von Ersatznacherben bedarf es für einen wirksamen Vollzug hingegen nicht. Ersatznacherben stehen vor Eintritt des Ersatznacherbfalls die Kontroll-, Sicherungs- und Mitwirkungsrechte nicht zu.[108] Eine Zustimmung zu Rechtsgeschäften des Vorerben ist daher nicht erforderlich.[109] 64

Ist der Vorerbe in seiner Verfügungsfreiheit beschränkt, muss er für eine den Nacherbfall überdauernde, wirksame Verfügung die Zustimmung sämtlicher Nacherben einholen. Da ein Recht des Nacherben, die Auseinandersetzung zu verhindern, nicht besteht, wird eine mit der Verfügungsbeschränkung korrespondierende **Zustimmungspflicht** angenommen.[110] Nacherben sind verpflichtet die Auseinandersetzung zu fördern, sofern der Auseinandersetzungsplan der Mitvorerben der ordnungsgemäßen Nachlassverwaltung entspricht.[111] Der Nacherbe ist dadurch nicht schutzlos. Gewahrt werden seine Rechte bei der Auseinandersetzung der Vorerbengemeinschaft durch die nach § 2111 BGB eintretende **Surrogation.** 65

2. Wirkung der Auseinandersetzung

Die Erbauseinandersetzung zwischen den Vorerben stellt einen **Erwerb mit Mitteln der Erbschaft** dar,[112] sofern die Mitvorerben bei der Auseinandersetzung unter Mitwirkung der Nacherben nicht etwas anderes vereinbart haben.[113] 66

Bei der Beantwortung der Frage, was unter den gesetzlichen Tatbestand des „Erwerbs mit Mitteln der Erbschaft"[114] gem. § 2111 BGB fällt, ist ein **wirtschaftlicher Maßstab** anzulegen. Zu den „Mitteln der Erbschaft" zählen auch die Rechte, die der Vorerbe aufgrund seiner Beteiligung an der zwischen ihm und seinen Miterben bestehenden Gemeinschaft zur gesamten Hand mit Bezug auf die einzelnen Gegenstände des Nachlasses hat. Erhält der Mitvorerbe durch den Vollzug des Auseinandersetzungsvertrages daher Gegenstände aus der Erbschaft, fallen diese in den Nachlass. Aufgrund der Surrogation unterliegt der erworbene Gegenstand **weiterhin der Nacherbenbindung.**[115] 67

105 BeckOGK/*Müller-Christmann*, BGB, § 2112 Rn 10, Stand 15.5.2018; Erman/*Schmidt*, § 2112 Rn 2; NK-BGB/*Gierl*, § 2112 Rn 7; Staudinger/*Avenarius*, § 2112 Rn 15; Damrau/Tanck/*Bothe*, § 2112 Rn 3.

106 Damrau/Tanck/*Bothe*, § 2112 Rn 3; Erman/*Schmidt*, § 2112 Rn 2; NK-BGB/*Gierl*, BGB, Erbrecht, § 2112 Rn 7; *Keim*, RNotZ 2003, 375 (379).

107 *Bredemeyer/Tews*, ZEV 2012, 356.

108 BeckOGK/*Müller-Christmann*, BGB § 2102 Rn 41 m.w.N., Stand 15.5.2018.

109 *Kössinger* in: Nieder/Kössinger, 2. Teil, § 8 Rn 76.

110 BeckOGK/*Müller-Christmann*, BGB, § 2112 Rn 10, Stand 15.5.2018; Soergel/*Harder-Wegmann*, § 2112 Rn 6; Damrau/Tanck/*Bothe*, § 2112 Rn 3; Staudinger/*Avenarius*, § 2112 Rn 12.

111 MüKo/*Grunsky*, § 2100 Rn 22.

112 NK-BGB/*Gierl*, BGB, Erbrecht, § 2111 Rn 25; *Keim*, RNotZ 2003, 375, 379.

113 BayObLG, Beschl. v. 6.10.2004 – 2Z BR 087/04, juris; darunter ist auch die Freigabe des Nacherben zu fassen.

114 Vgl. dazu ausführlich Damrau/Tanck/*Bothe*, § 2111 Rn 7 ff.; zum Begriff der Mittelsurrogation vergleiche auch § 4 Rdn 165 ff.

115 BeckOGK/*Müller-Christmann*, BGB, § 2112 Rn 11, Stand 15.5.2018; NK-BGB/*Gierl*, BGB, Erbrecht, § 2111 Rn 25.

68 Vorerben sind daher zwar bereits vor Eintritt des Nacherbfalls zur jederzeitigen Auseinandersetzung befugt. Die Nacherbfolge bleibt von den Verfügungen ohne anderweitige Vereinbarung der Vorerben mit den Nacherben **unberührt**.

II. Einvernehmliche Aufhebung der Nacherbenbindung

69 Die vorzeitige Auseinandersetzung der Mitvorerbengemeinschaft wurzelt in dem Interesse des Vorerben, über den Nachlass ohne Verfügungsbeschränkungen (§§ 2113 ff. BGB) und dingliche Surrogation (§ 2111 BGB) zu verfügen. Um die unbeschränkte Vollerbenstellung zu erlangen, ist er zu **Ausgleichszahlungen** an den Nacherben bereit. Die Ausgleichzahlungen locken wiederum den Nacherben, der eine **schnelle Verwertung** seines Anwartschaftsrechts erhält.

70 Diesem Ziel wird die Auseinandersetzung der Mitvorerbengemeinschaft allein jedoch nicht gerecht. Ihr mangelt es an einem bedeutenden Aspekt: sie beseitigt nicht die Nacherbenbindung. Ein Blick ist daher auf die Gestaltungsmöglichkeiten von Vorerben mit den Nacherben zu werfen, um den Nachlass aus der Nacherbenbindung zu lösen. Zu unterscheiden ist dabei zwischen den Rechtshandlungen des Nacherben, die seine **Nacherbenstellung als Ganzes beseitigen** und den Vorerben zum Vollerben machen, und den Rechtshandlungen, die sich auf **einzelne Nachlassgegenstände** beziehen.

1. Beseitigung der Nacherbenbindung am Gesamtnachlass

71 Zur Überführung des **Gesamtnachlasses** aus dem durch die Nacherbschaft beschränkten Sondervermögen in das Eigenvermögen des Vorerben stehen Vor- und Nacherben grundsätzlich zwei Gestaltungsmöglichkeiten zu – die Ausschlagung (§ 2142 BGB) und die Übertragung des Nacherbenanwartschaftsrechts am Gesamtnachlass auf den Vorerben.

a) Die Gestaltungsrechte

72 Ein **Recht zur Ausschlagung** hat der Nacherbe bereits mit dem Tod des Erblassers, § 2142 Abs. 1 BGB. Der Gesetzgeber wollte dem Nacherben eine Gestaltungsmöglichkeit an die Hand geben, die es dem Nacherben ermöglicht, den Vorerben schon vor Eintritt des Nacherbfalls die Rechtsposition eines Vollerben zu verschaffen.[116] Schlägt ein Nacherbe die Erbschaft aus, so verbleibt die Erbschaft dem Vorerben soweit der Erblasser nichts anderes bestimmt hat, § 2142 Abs. 2 BGB.

73 Bis zum Eintritt des Nacherbfalls hat der Nacherbe zwar noch keine dingliche Berechtigung am Nachlass, er erwirbt jedoch bereits eine unentziehbare und gesicherte Rechtsposition in Form des **Nacherbenanwartschaftsrechts.**[117] Unstreitig ist dieses Recht auch übertragbar. Auf die Übertragung des Anwartschaftsrechts finden die §§ 2033 f., 2371, 2385 BGB entsprechende Anwendung,[118] weshalb es sowohl für das Verpflichtungs- als auch für das Verfügungsgeschäft der notariellen Beurkundung bedarf.[119]

116 Staudinger/*Avenarius*, § 2141 Rn 2.
117 NK-BGB/*Gierl*, BGB, Erbrecht, BGB § 2100 Rn 60.
118 Soergel/*Harder-Wegmann*, § 2100 Rn 14.
119 *Kössinger* in: Nieder/Kössinger, 2. Teil, § 10 Rn 82.

b) Beteiligung mehrerer Nacherben, weiterer Nacherben und Ersatznacherben

Damit die durch die Nacherbschaft belastete Rechtsposition des Vorerben zum Vollerben erstarkt, bedarf es jedoch der Ausschlagung bzw. Übertragung des Anwartschaftsrechts **aller Nacherben, Nachnacherben und Ersatznacherben.** 74

Im Falle der Übertragung des Anwartschaftsrechts kann der Vorerbe das Anwartschaftsrecht nur mit dem Inhalt erwerben, den es vor der Übertragung hatte.[120] Hat der Nacherbe selbst nur eine bedingte oder befristete Rechtsposition inne – sind seine Abkömmlinge z.B. als weitere Nacherben oder als Ersatznacherben eingesetzt – erwirbt der Vorerbe ebenfalls nur ein mit der weiteren Nacherb- oder Ersatzerbfolge belastetes Recht.[121] 75

Für die Ausschlagung bedeutet die Mehrheit von Nacherben, dass das Anwachsungsrecht der Mitnacherben aus § 2094 BGB dem Vorerbenrecht aus § 2142 BGB vorgeht, sofern kein abweichender Erblasserwille durch Auslegung feststellbar ist. 76

Eine **dauerhafte Vollerbenstellung** erlangt der Vorerbe daher durch Ausschlagung bzw. Übertragung des Anwartschaftsrechts nur, wenn keine Ersatznacherben oder Nachnacherben berufen sind oder diese ebenfalls die Erbschaft ausschlagen oder ihr Anwartschaftsrecht übertragen. Da in der Praxis die Mehrheit von Nacherben und Ersatznacherben die Regel ist – nicht zuletzt durch die Auslegungsregel des § 2069 BGB – und aufgrund der häufig bereits festgefahrenen Stimmung unter den Erben, wird eine praktisch haltbare Einigung, die sämtlichen Rechtspositionen der gegenwärtigen und künftigen Erben gerecht wird, nur schwer zu erzielen sein. Jedenfalls sind aufwendige Vertragsgestaltungen erforderlich, bei denen die Rechte sämtlicher gegenwärtiger und künftiger Erben gewahrt werden. In der Praxis handelt es sich daher in der Regel nicht um taugliche Mittel zur rechtssicheren Aufhebung der Nacherbenbindung.[122] 77

c) Beteiligung von unbekannten Nacherben

Sind Nacherben und/oder Ersatznacherben **unbekannt**, wird die Bestellung eines Pflegers nach § 1913 S. 2 BGB erforderlich, dessen Zustimmung wiederum der Bewilligung des Betreuungsgerichts bedarf (§§ 1915 Abs. 1, 1821 Abs. 1 Nr. 1 BGB). Unbekannte Nacherben sind in der Praxis nicht die Ausnahme, sondern die Regel. Um Abkömmlinge nicht auszuschließen und das Vermögen gleichmäßig über Generationen hinweg aufzuteilen, flüchten sich Erblasser in vage Formulierungen, die eine Vielzahl potenzieller Nacherben einschließen. Häufig zu findende Formulierungen sind etwa „Als Nacherben setze ich meine Abkömmlinge ein"[123] oder „Ersatznacherben sind die weiteren Abkömmlinge des Vorerben".[124] Nach den Grundsätzen des BGH[125] sind die bereits existierenden Abkömmlinge bekannt, selbst wenn sie das Testament nicht namentlich ausweist. Alle potenziell künftig hinzutretenden Nacherben – sei es, weil sie noch geboren werden oder ihre Persönlichkeit noch durch ein Ereignis bestimmt werden muss – sind unbekannt.[126] 78

120 *Kössinger* in: Nieder/Kössinger, 2. Teil, § 10 Rn 89.

121 BayObLG, Beschl. v. 27.5.1970 – BReg. 2 Z 16/70, NJW 1970, 1794.

122 So auch *Neukirchen*, RNotZ 2018, 365.

123 *Hartmann*, DNotZ 2016, 901 f.

124 Zu den Auslegungsschwierigkeiten vgl. OLG München, Beschl. v. 24.4.2017 – 31 Wx 463/16, juris Rn 20.

125 BGH, Beschl. v. 19.12.2013 – V ZB 209/12, juris Rn 12.

126 *Hartmann*, DNotZ 2016, 903 f.

79 Bei mehreren unbekannten Nacherben und Ersatznacherben kann ein Pfleger für mehrere Beteiligte bestellt werden.[127] Dieser kann seine Zustimmung nur erteilen, wenn die Rechte der Nacherben gewahrt sind, für die (Ersatz-)Nacherben also ein Vorteil ersichtlich ist.[128] Dieses Ergebnis lässt sich durch eine Abfindungsvereinbarung erreichen, bei der die Interessen sämtlicher Nacherben, auch die der unbekannten, *gleichwertig* mit dem ursprünglichen Nacherbenrecht berücksichtigt werden. Praktisch ist dies kaum umzusetzen.

2. Beseitigung der Nacherbenbindung an einzelnen Nachlassgegenständen

80 Die Schwierigkeiten bei der Beseitigung der Nacherbenbindung durch Vereinbarungen zwischen Vor- und Nacherben über den Gesamtnachlass begründen den Wunsch zumindest **einzelne Gegenstände nacherbschaftsfrei** auf den Vorerben übertragen zu können. Vorbild für diese Idee, ist die Möglichkeit durch **Zusammenwirken** von Vor- und Nacherben Nachlassgegenstände nacherbschaftsfrei auf einen Dritten zu übertragen.

81 Dritter kann auch ein **Nacherbe** sein. Nach den allgemeinen Grundsätzen für Verpflichtungs- und Verfügungsgeschäfte des Vorerben kann der Nacherbe nacherbschaftsfrei Gegenstände aus dem Nachlass bereits vor Eintritt des Nacherbfalls erhalten.[129] Der Wille des Nacherben zum Erwerb des Gegenstandes umfasst ggf. eine von ihm zu erklärende Zustimmung.[130] Häufig verpflichten sich die Nacherben zu Gegenleistungen, wie z.B. der Übertragung ihres Anwartschaftsrechts, Zustimmungen zu anderen Verfügungen des Vorerben zu erteilen oder klassisch, zur Zahlung eines Geldbetrages. Zutreffender Weise ist für die erbrachte Gegenleistung der Grundsatz der dinglichen Surrogation zu beachten, § 2111 Abs. 1 S. 1 Alt. 3 BGB.[131] Es steht den Beteiligten jedoch frei, eine Übertragung unentgeltlich und ohne Gegenleistung zu vereinbaren.[132] Bei einer Mehrheit von Nacherben ist zu betonen: Jeder Nacherbe hat seine eigene Rechtsposition. Es werden daher weitere Zustimmungserklärungen erforderlich. Möchte der Vorerbe einen Gegenstand auf sämtliche Nacherben übertragen, müssen diese sich in einer Bruchteilsgemeinschaft oder GbR zusammenschließen.[133]

82 Gesetzlich nicht geregelt ist die Frage, ob ein sog. **Eigenerwerb des Vorerben** möglich ist.[134] Bei einem Eigenerwerb des Vorerben bleibt zwar die Nacherbfolge an sich bestehen, einzelne Nachlassgegenstände können jedoch in das nicht gebundene freie Vermögen des Vorerben überführt werden. Hält man dies mit der herrschenden Meinung[135] in Rechtsprechung und Literatur für möglich, bleibt zu klären, ob der Eigenerwerb eine praktisch ansprechendere Lösung bietet, dem Vorerben eine unbeschränkte Eigentümerstellung zu verschaffen, als die Gestaltungsmöglichkeiten, die den Gesamtnachlass betreffen.

127 Palandt/*Götz*, § 1913 Rn 5.
128 *Neukirchen*, RNotZ 2018, 362.
129 *Friederich*, Rechtsgeschäfte, Rn 236; zur Vermögensübertragung in Richtung des Nacherben vgl. *Neukirchen*, RNotZ 2018, 369–372.
130 *Friederich*, Rechtsgeschäfte, Rn 236.
131 So auch: *Friederich*, Rechtsgeschäfte, Rn 242; a.A. *Stiebitz*, Surrogation, S. 236 f.
132 *Friederich*, Rechtsgeschäfte, Rn 238.
133 Soergel/*Harder-Wegmann*, Vor § 2100 Rn 279.
134 *Keim*, DNotZ 2016, 751.
135 Zustimmend: *Keim*, DNotZ 2016, 751–766; *Warlich*, S. 84; OLG Hamm, Beschl. v. 13.5.2016 – I-15 W 594/15, juris Rn 15; BayObLG, Beschl. v. 1.3.2005 – 2Z BR 231/04, juris; OLG Frankfurt a.M., Beschl. v. 10.10.2017 – 20 W 72/17, ZEV 2018, 398 mit Anm. *Böhringer*, Rn 45 Ziff. 4; kritisch: *Lange*, AcP 2012, S. 334–363.

a) Der Eigenerwerb des Vorerben

83 Einigkeit in Rechtsprechung und Literatur besteht weitestgehend im Ergebnis: Auch der **Vorerbe** kann **nacherbschaftsfrei** Gegenstände aus dem Nachlass erhalten. Es bedarf dabei stets der **Mitwirkung** aller **Nacherben**. Da es für die Übertragung an Dritte keiner Zustimmung der **Ersatznacherben** bedarf, wird eine solche auch bei der Übertragung von einzelnen Nachlassgegenständen auf den Vorerben **nicht** für erforderlich gehalten. Das Recht der Ersatznacherben darf jedoch nicht vollständig ausgehöhlt werden, weshalb einer Übertragung der Einzelgegenstände Grenzen gesetzt werden müssen.

84 Die Frage nach der dogmatischen Grundlage für dieses Ergebnis hat in der Literatur jedoch einen Meinungsstreit[136] entfacht. In der Literatur und jüngeren Rechtsprechung wird – trotz zuzugestehender Unterschiede – in Anlehnung an das Testamentsvollstreckungs- und Insolvenzrecht zu Recht eine **Freigabeerklärung** der Nacherben für erforderlich gehalten. Mit diesem Erfordernis sympathisierte jüngst auch das OLG Hamm.[137] Für die Praxis ist derzeit daher von dem Erfordernis einer **Freigabeerklärung** auszugehen, welche in Anlehnung an *Keim*[138] und die Entscheidung des OLG Hamm folgende Voraussetzungen erfüllen muss:

85 Die Freigabeerklärung knüpft an die Auseinandersetzung der Mitvorerbengemeinschaft an und löst den im Rahmen der Auseinandersetzung erhaltenen Gegenstand eines Mitvorerben aus dem nacherbschaftlich gebundenen Vermögen des Vorerben und überführt ihn in sein Eigenvermögen. Der Vorerbe, der den Eigenerwerb anstrebt, vereinbart mit seinen Nacherben **zusätzlich**[139] das **Ausscheiden** des Nachlassgegenstandes aus der **Nacherbenbindung**.

86 Notwendig ist ein **Freigabeverlangen** des Vorerben in der Auseinandersetzungsvereinbarung: Zwar erklärt der Nacherbe die Freigabe einseitig. Nach zutreffender Ansicht kann ein Nachlassgegenstand dem Vorerben aber nicht aufgezwängt werden, weshalb es eines Freigabeverlangens des Vorerben bedarf.[140]

87 Für eine wirksame Freigabe ist die **Mitwirkung Dritter** notwendig. Alle Mitnacherben, weitere Nacherben und bedingt eingesetzte Nacherben müssen den Gegenstand aus der Nacherbenbindung freigeben.[141] Eine Freigabe der Ersatznacherben hingegen ist nicht erforderlich.[142] Sind unbekannte Nacherben vorhanden, ist auch für die Freigabeerklärung ein Pfleger i.S.v. § 1913 S. 2 BGB zu bestellen, dessen Zustimmung der vormundschaftlichen Genehmigung bedarf, §§ 1915 Abs. 1, 1821 Abs. 1 Nr. 1 BGB.

88 **Inhaltlich** muss die Freigabeerklärung klar zum Ausdruck bringen, dass sich die Nacherbenrechte an dem Nachlassgegenstand nicht weiter fortsetzen. Dies ist notwendig zur **Abgrenzung** der **Freigabeerklärung** von der **Zustimmungserklärung** der Nacherben, welche die Nacherbfolge unberührt lässt.

---

136 Eine ausführliche Darstellung des Meinungsstreits findet sich bei *Keim*, DNotZ 2016, 751–766; *Warlich*, S. 67–86.

137 OLG Hamm, Beschl. v. 13.5.2016 – I-15 W 594/15, juris Rn 15.

138 *Keim*, DNotZ 2016, 751–768; OLG Hamm, Beschl. v. 13.5.2016 – I-15 W 594/15, juris Rn 21.

139 Überzeugend dazu: *Warlich*, S. 149.

140 So auch *Warlich*, S. 86 ff.; *Neukirchen*, RNotZ 2018, 367; tendenziell auch OLG Hamm, Beschl. v. 13.5.2016 – I-15 W 594/15, juris Rn 22 f.; a.A. *Keim*, DNotZ 2016, 764 f.

141 *Warlich*, S. 96.

142 Wie auch bei der Übertragung eines Nachlassgegenstandes an Dritte ist eine Freigabe durch Ersatznacherben nicht erforderlich. Sie sind an die Freigabeerklärung der Nacherben gebunden; *Keim*, DNotZ 2016, 767.

89 Die Freigabeerklärung darf sich nur auf **einen einzelnen Nachlassgegenstand** beziehen und nicht den wesentlichen Teil der Erbschaft berühren oder diese wertmäßig erschöpfen.[143] Würden sämtliche Nachlassgegenstände durch den Nacherben freigegeben, stünde dies einer Übertragung des Nacherbenanwartschaftsrechts am Gesamtnachlass auf den Vorerben gleich. Dieser müssten jedoch auch die Ersatznacherben zustimmen. Um die Ersatznacherben vor einer Aushöhlung ihrer Rechte zu schützen, muss die Freigabe von Nachlassgegenständen wertmäßig beschränkt werden.

90 Die Freigabeerklärung ist **formfrei** möglich.[144] Ein Formerfordernis kann sich aus grundbuchrechtlichen Aspekten ergeben, § 29 GBO. Bei der Freigabe von Grundstücken an einen Vorerben ist keine Auflassung notwendig, da es an der für eine Auflassung notwendigen Übertragung des Grundstücks auf einen anderen Rechtsträger fehlt. Inhaber des Grundstücks ist und bleibt der Vorerbe. Es findet lediglich ein Übergang des Grundstücks vom Sondervermögen in das Eigenvermögen des Vorerben statt, welches kein Sondervermögen ist.[145]

91 Sind die Voraussetzungen der Auseinandersetzung der Mitvorerbengemeinschaft erfüllt, wird der Nachlassgegenstand auf den Mitvorerben übertragen und fällt als Surrogat in den Nachlass. **Rechtsfolge** der zusätzlichen Freigabevereinbarung zwischen Vor- und Nacherben ist das Ausscheiden des zunächst als Surrogat in den Nachlass gelangten Gegenstandes.[146]

Hinweis

Da ansonsten die Vor- und Nacherbschaft unberührt bleibt, bleiben die auf dem Gegenstand lastenden Verbindlichkeiten Nachlassverbindlichkeiten. Sie werden nicht zu Eigenverbindlichkeiten des Vorerben.[147]

b) Der Nacherbenvermerk im Grundbuch

92 Nicht selten bilden Grundstücke den wesentlichen Teil des Nachlassvermögens. Für Verfügungen des nichtbefreiten Vorerben über Nachlassgrundstücke bietet der von Amts wegen einzutragende Nacherbenvermerk im Grundbuch grundbuchmäßige Sicherung.[148] Er bewirkt jedoch keine Grundbuchsperre.[149] Nach § 51 GBO sind in diesen auch die bedachten Ersatznacherben und Befreiungen des Vorerben nach §§ 2136, 2137 BGB einzutragen. Erwirbt ein Vorerbe nach Auseinandersetzung und Freigabe der Nacherben ein Grundstück zu Eigenvermögen, stellt sich die Frage nach dem Schicksal des Nacherbenvermerks im Grundbuch.

93 **Vor Eintritt** des **Nacherbfalls** kann ein **Nacherbenvermerk** im Grundbuch nur **gelöscht** werden, wenn entweder alle potenziell Betroffenen die Löschung bewilligt haben (§ 19 GBO) oder die Unrichtigkeit des Grundbuchs in der Form des § 29 GBO nachgewiesen ist (§§ 22 Abs. 1, 29 Abs. 1 GBO).[150]

---

143 *Keim*, DNotZ 2016, 767 f.; a.A. *Hartmann*, ZEV 2009, 113; *Weidlich*, ZErb 2014, 329 f.
144 *Warlich* S. 112–116.
145 *Keim*, DNotZ 2016, 765 f.
146 *Warlich*, S. 150.
147 *Keim*, DNotZ 2016, S. 766.
148 *Lange/Kuchinke*, § 28 IV 4 a.
149 *Kössinger* in: Nieder/Kössinger, 2. Teil, § 10 Rn 19.
150 OLG München, Beschl. v. 28.11.2017 – 34 Wx 176/17, juris Rn 10; OLG Frankfurt a.M., Beschl. v. 10.10.2017 – 20 W 72/17, juris Rn 40.

Die **Löschungsbewilligung** hat aufgrund des häufig ausufernden Umfangs der potenziell Betroffenen in der Praxis kaum Relevanz. Die Löschungsbewilligung ist von **allen Nacherben** abzugeben. Hierzu zählen die weiteren Nacherben, bedingte Nacherben, Zessionare einer Nacherbenanwartschaftsübertragung und auch Pfandgläubiger des Nacherbenanwartschaftsrechts.[151] Daneben müssen **alle potenziellen Ersatznacherben** die Löschung bewilligen.[152] Für unbekannte Nacherben und Ersatznacherben muss auch hier ein Pfleger handeln, der zu seiner Bewilligung der vormundschaftlichen Genehmigung bedarf.[153] Neben der Bewilligung bedarf es keiner weiteren Anhörung der Nach- und Ersatznacherben.[154] 94

Dem **Unrichtigkeitsnachweis** kommt demgegenüber praktisch eine durchaus größere Bedeutung zu. Unrichtig ist das Grundbuch dann, wenn sein Inhalt hinsichtlich eines Rechts an einem Grundstück, eines Rechts an einem solchen Recht oder einer Verfügungsbeschränkung der in § 892 Abs. 1 BGB bezeichneten Art mit der wahren (also materiellen) Rechtslage nicht übereinstimmt.[155] Nachträglich unrichtig ist das Grundbuch also auch dann, wenn das vom Nacherbenvermerk erfasste Grundstück oder Grundstücksrecht endgültig, also mit Wirkung gegenüber dem Nacherben, aus dem Nachlass ausgeschieden ist bzw. mit dem Vollzug des Eigentumsübergangs aus diesem ausscheidet.[156] Dies ist bei einem nichtbefreiten Vorerben bei Mitwirkung der Nacherben der Fall. Die Verfügung des befreiten Vorerben ist dauerhaft wirksam, wenn sie entgeltlich erfolgt. 95

Bei der Löschung des Nacherbenvermerks nach §§ 22 Abs. 1, 29 Abs. 1 GBO sind unstreitig die **Nacherben zu beteiligen**. Bei Verfügungen des nichtbefreiten Vorerben sind die Nacherben durch das Zustimmungserfordernis hinreichend beteiligt, sodass eine weitere **Anhörung** nicht erforderlich ist.[157] Umstritten ist, ob es auch der Beteiligung der Ersatznacherben bedarf.[158] Richtigerweise ist dies jedoch mit der h.M. in Rechtsprechung[159] und Literatur[160] abzulehnen. Dem Ersatznacherben stehen keinerlei Kontroll-, Sicherungs- oder Mitwirkungsrechte zu. Er hat vor Eintritt des Ersatzerbfalls keine eigenen Rechte. Seine Position ist daher regelmäßig[161] zu schwach, als dass eine Verfügung des Vorerben seine Rechtsstellung beeinträchtigen könnte.[162] Weder die Mitwirkung bei dem Vollzug der Verfügung des Vorerben noch eine Anhörung der Ersatznacherben im Grundbuchverfahren ist erforderlich.[163] 96

Die bloße Auseinandersetzung der Mitvorerbengemeinschaft führt noch nicht zur Unrichtigkeit, da sie die Nacherbenrechte unberührt lässt. Der Nacherbenvermerk verbleibt im Grundbuch. Hat der Nacherbe auf Verlangen des Vorerben die Freigabe erklärt, verlässt 97

151 Aufzählung aus BeckOK-GBO/*Zeiser*, § 51 GBO Rn 119, Stand 1.2.2018.

152 BeckOK-GBO/*Zeiser*, § 51 GBO Rn 120, Stand 1.5.2018; *Kössinger* in: Nieder/Kössinger, 2. Teil, § 10 Rn 107.

153 BeckOK-GBO/*Zeiser*, § 51 GBO Rn 122, Stand 1.5.2018.

154 OLG München, Beschl. v. 9.2.2015 – 34 Wx 416/14, juris Rn 12.

155 Der materielle Begriff der Unrichtigkeit entspricht dem grundbuchrechtlichen; *Demharter*, § 22 Rn 4.

156 *Demharter*, § 51 Rn 42.

157 OLG München, Beschl. v. 9.2.2015 – 34 Wx 416/14, juris Rn 12.

158 So noch OLG München, Beschl. v. 10.8.2012 – 34 Wx 187/12, juris Rn 11 (obiter dictum).

159 OLG München, Beschl. v. 9.2.2015 – 34 Wx 416/14, juris Rn 20; OLG München, Beschl. v. 25.2.2015 – 34 Wx 3/15, juris Rn 27; BGH, Urt. v. 25.9.1963 – V ZR 130/61, BGHZ 40, 115–126.

160 *Kössinger* in: Nieder/Kössinger, 2. Teil, § 10 Rn 107; *Henn*, DNotZ 2013, 246; BeckOGK/*Müller-Christmann*, BGB, § 2113 Rn 146.1, Stand 15.5.2018.

161 Zu Sonderkonstellationen vgl. MüKo/*Grunsky*, § 2102 Rn 13.

162 OLG München, Beschl. v. 9.2.2015 – 34 Wx 416/14, juris Rn 18; OLG München, Beschl. v. 25.2.2015 – 34 Wx 3/15, juris 27.

163 So auch kürzlich OLG München, Beschl. v. 28.11.2017 – 34 Wx 176/17, juris Rn 21.

der Gegenstand die Nacherbenbindung. Das Grundbuch ist unrichtig. Entspricht die Freigabe der Form des § 29 GBO, ist der Vermerk zu löschen.[164]

III. Problem der Praktikabilität

98 Mittels Freigabeerklärung können Vor- und Nacherben einzelne Nachlassgegenstände in das Eigenvermögen des Vorerben überführen. Im Vergleich zu Gestaltungen über den Gesamtnachlass wird der Umfang der Mitwirkungserfordernisse zumindest um die **Ersatznacherben verkleinert**. Deren Mitwirkung bedarf es weder bei dem Vollzug der Auseinandersetzung im Rahmen der Zustimmung zu Verfügungen des Vorerben noch bei der Freigabe des Nachlassgegenstandes aus der Nacherbenbindung. Da der **Unrichtigkeitsnachweis** nach § 22 GBO geführt werden kann, ist auch eine **Löschungsbewilligung** der Ersatznacherben für die Löschung des Nacherbenvermerks **nicht erforderlich**. Aber auch ohne die Beteiligung von Ersatznacherben ist der Kreis der Mitwirkenden weit und unübersichtlich. Regelmäßig sind unbekannte Nacherben beteiligt. Die Bestellung eines **Pflegers** und eine **vormundschaftliche Genehmigung** sind sowohl im Rahmen des Vollzuges der Auseinandersetzung als auch bei der Freigabeerklärung erforderlich. Da die bloße Freigabe praktisch nie vorteilhaft ist für die Nacherben, wird eine Zustimmung des Pflegers und die vormundschaftliche Genehmigung nur schwer zu erhalten sein.

99 Die Aufhebung der Nacherbenbindung ist daher keineswegs eine einfache Angelegenheit. So unangenehm dies für die Nachwelt sein mag, ist dieses Ergebnis das einzig richtige, denn es findet seine Rechtfertigung in der Anordnung des Erblassers selbst.

E. Gestaltungsempfehlungen

100 Den Erben eine leichtere Abwicklung ermöglichen kann nur der Erblasser selbst, durch eine ausdifferenzierte Anordnung der Vor- und Nacherbschaft.

I. Nacherbentestamentsvollstreckung, § 2222 BGB

101 Um die Bestellung eines Pflegers und die betreuungsgerichtliche Genehmigung für unbekannte und minderjährige Nacherben entbehrlich zu machen, empfiehlt sich die Anordnung eines Testamentsvollstreckers für die Nacherben gem. § 2222 BGB. Der Nacherbentestamentsvollstrecker nimmt die Rechte und Pflichten der Nacherben bis zum Eintritt des Nacherbfalls war.[165] Anders als für den allgemeinen Testamentsvollstrecker, leiten sich seine Rechte und Pflichten aus der Stellung des Nacherben ab.[166] Seine Rechte ergeben sich daher im Wesentlichen aus den §§ 2116 ff. BGB.[167] Da der Nacherbentestamentsvollstrecker aus eigenem Recht handelt, ersetzt er den für unbekannte und minderjährige Nacherben zu bestellenden Pfleger und macht eine Genehmigung durch das Betreuungsgericht entbehrlich. Sind unbekannte oder minderjährige Nacherben zur Zeit der Vorerbschaft zu erwarten, ist die Anordnung der Nacherbentestamentsvollstreckung daher stets angezeigt.[168]

---

164 OLG München, Beschl. v. 28.11.2017 – 34 Wx 176/17, juris Rn 21.
165 Mayer/Bonefeld/*J. Mayer*, § 22 Rn 25.
166 Mayer/Bonefeld/*J. Mayer*, § 22 Rn 25.
167 MüKo/*Zimmermann*, § 2222 Rn 2.
168 *Kanzleiter*, DNotZ 1970, 335; Mayer/Bonefeld/*J. Mayer*, § 22 Rn 25; *Kössinger* in: Nieder/Kössinger, 2. Teil, § 10 Rn 101.

Bei der Anordnung der Testamentsvollstreckung ist besonderes Augenmerk auf die gewünschte **Art der Testamentsvollstreckung** zu legen. Denn die **Befugnisse des Testamentsvollstreckers** leiten sich von dieser ab. Der Umfang hängt davon ab, ob Testamentsvollstreckung nur für die Vorerbschaft, für die Vor- und Nacherbschaft, nur für die Nacherbschaft, für die Vorerbschaft und Nacherbenvollstreckung gemäß § 2222 BGB oder aber nur für die Nacherbenvollstreckung nach § 2222 BGB angeordnet ist.[169] 102

Formulierungsbeispiel: Anordnung einer Nacherbentestamentsvollstreckung im Rahmen eines gemeinschaftlichen Testaments[170]

Der Erstversterbende von uns ernennt Herrn X zu seinem Testamentsvollstrecker mit der Aufgabe, die Rechte und Pflichten der Nacherben gegenüber dem Vorerben bis zum Eintritt des Nacherbfalles wahrzunehmen (§ 2222 BGB). Der Überlebende selbst ist als alleiniger Vorerbe nicht durch die Testamentsvollstreckung beschränkt. Kann oder will der Testamentsvollstrecker das Amt nicht übernehmen, ersucht der Erstversterbende von uns das Nachlassgericht, einen Nacherbentestamentsvollstrecker zu ernennen.

II. Auflösend bedingte Ersatznacherbfolge

Der Erblasser kann die Ersatzerbfolge auflösend bedingt anordnen.[171] Möchte der Erblasser den Eigenerwerb des Vorerben begünstigen, kann er die ausdrückliche und stillschweigende Anordnung der Ersatznacherbfolge mit Übertragung des Anwartschaftsrechts auf den Vorerben entfallen lassen.[172] Zu Recht empfiehlt *Kössinger*[173] folgende Formulierung: 103

Formulierungsbeispiel

Die Nacherbenanwartschaft kann an den Vorerben veräußert werden. In diesem Fall entfällt auch jede ausdrückliche oder stillschweigende Ersatznacherbeinsetzung.

Eine dahingehende **Auslegung des Testaments**, dass im Fall der Übertragung des Nacherbenanwartschaftsrechts auf den Vorerben die Ersatznacherbfolge entfällt, widerspricht grundsätzlich dem Willen des Erblassers. Dieser bezweckt mit der angeordneten Ersatznacherbfolge gerade das Vermögen in der Familie zu halten und eine unbeschränkte Übertragung auf Dritte zu verhindern.[174] Das Gegenteil wäre mit dem Wegfall der Ersatznacherbfolge erreicht. Eine ausdrückliche testamentarische Verfügung ist daher sinnvoll und erforderlich. 104

III. Einschränkung der Nacherbfolge durch Vorausvermächtnis

Einzelne Gegenstände kann der Erblasser von der Nacherbfolge durch die Zuwendung eines **Vorausvermächtnisses** ausschließen. Zwar ist eine „gegenständlich beschränkte Nacherbfolge" nicht möglich.[175] Ein vergleichbares Ergebnis kann jedoch durch die Begünstigung des Vorerben mit Vorausvermächtnissen erzielt werden.[176] Der Vorerbe kann so hinsichtlich bestimmter Gegenstände des Nachlasses vollständig befreit werden. Mit Anfall 105

169 OLG München, Beschl. v. 15.4.2016 – 34 Wx 158/15, juris Rn 41.

170 Nach *Bengel/Dietz* in: Bengel/Reimann, § 5 Rn 338.

171 OLG Schleswig, ZErb 2010, 215; *Lange*, AcP 2012, S. 345.

172 *Schlitt/Müller*, PflichtteilsR, § 10 Rn 232.

173 *Kössinger* in: Nieder/Kössinger, 2. Teil, § 10 Rn 89.

174 OLG München, Beschl. v. 25.2.2015 – 34 Wx 3/15, juris Rn 23.

175 Soergel/*Harder-Wegmann*, Vor § 2100 Rn 7 f.; *Kössinger* in: Nieder/Kössinger, 2. Teil, § 10 Rn 7.

176 *Kössinger* in: Nieder/Kössinger, 2. Teil, § 9 Rn 45.

des Vermächtnisses scheidet in der Regel der im Voraus vermachte Gegenstand aus dem gebundenen Nachlass aus und geht in das freie Eigenvermögen des Vorerben über. Nacherbenrechte werden an dem Gegenstand nicht begründet (§ 2110 Abs. 2 BGB). Der Vorerbe kann so Gegenstände auf Dauer behalten.[177] Da es sich bei § 2110 Abs. 2 BGB jedoch nur um eine Auslegungsregel handelt, ist ausdrücklich anzuordnen, dass sich die Nacherbfolge nicht auch auf das Vorausvermächtnis bezieht. So kann formuliert werden:

Formulierungsbeispiel[178]

„Gegenständliche" Vor- und Nacherbfolge nur in Grundbesitz

Ich setze hiermit meine Ehefrau (...) zu meiner alleinigen Vorerbin ein. Sie erhält jedoch im Wege des nicht der Nacherbfolge unterliegenden Vorausvermächtnisses meinen gesamten Nachlass, ohne Rücksicht auf Veränderungen im Bestand meines Vermögens bis zum Eintritt des Erbfalls, mit Ausnahme sämtlicher Grundstücke und grundstücksgleicher Rechte.

106 Ist der Begünstigte Mitglied einer Mitvorerbengemeinschaft, erwirbt diese den Gegenstand zunächst zur gesamten Hand, aber bereits frei von Nacherbenrechten. Die Mitvorerbengemeinschaft ist sodann verpflichtet, den Gegenstand auf den begünstigten Mitvorerben zu freiem Recht zu übertragen (§ 2174 BGB).[179] Eine **„gegenständliche Nacherbfolge"** wird erreicht, wenn der Erblasser sämtliche Gegenstände durch ein Vorausvermächtnis auf den Vorerben überträgt, mit Ausnahme derjenigen, die der Vor- und Nacherbfolge unterliegen sollen.[180]

177 *Kössinger* in: Nieder/Kössinger, 2. Teil, § 9 Rn 45.
178 Nach: *Mayer*, ZEV 2000, S. 5 m.w.N.
179 *Kössinger* in: Nieder/Kössinger, 2. Teil, § 9 Rn 45.
180 *Kössinger* in: Nieder/Kössinger, 2. Teil, § 9 Rn 45.

§ 6 Haftung

Désirée Goertz, LL.M.

Übersicht:

Literatur

Ahrens, Der Leichnam – rechtlich betrachtet, ErbR 2007, 146; *Behr*, Zwangsvollstreckung in den Nachlass, Rpfleger 2002, 2; *Bergschneider*, Der Tod des Unterhaltsverpflichteten – Praktische Anmerkungen zu § 1586b BGB –, FamRZ 2003, 1049; *Börner*, Das System der Erbenhaftung – Teil 3, JuS 1968, 108; *Böttcher*, Anmerkung zu OLG Düsseldorf, Beschl. v. 22.3.2012 – 3 Wx 24/12, ZEV 2012, 320; *Bonefeld*, Vorsicht Falle: Haftungsbeschränkung nach § 780 ZPO, ZErb 2002, 319; *Buchholz*, Der Miterbe als Nachlassgläubiger – Überlegungen zur Auslegung des § 2063 Abs. 2 BGB, JR 1990, 45; *Busch*, Die Haftung des Erben, 2008; *ders.*, Im Dschungel der Nachlassinsolvenz – Kosten und Nutzen für den Erben (2. Teil), ErbR 2012, 358; *Crezelius*, Aktuelle Steuerfragen in Krise und Insolvenz März/April 2016, NZI 2016, 440; *Damrau*, Grabpflegekosten sind Nachlassverbindlichkeiten, ZEV 2004, 456; *Dieckmann*, Kein nachehelicher Unterhaltsanspruch gegen den Erben nach Erb- oder Pflichtteilsverzicht – Eine Erwiderung, FamRZ 1999, 1029; *Eberl-Borges*, Die Rechtsnatur der Erbengemeinschaft nach dem Urteil des BGH vom 29.1.2001 zur Rechtsfähigkeit der (Außen-)GbR, ZEV 2002, 125; *Floeth*, Finanzierung des Nachlassinsolvenzverfahrens durch Anfechtung der Auszahlung der Testamentsvollstreckervergütung, ZErb 2013, 199; *Fridgen*, Anmerkung, NZI 2016, 414; *Garlichs*, Die Befugnis zur Vollstreckungserinnerung bei Testamentsvollstreckung, Rpfleger 1999, 60; *Graf*, Möglichkeiten der Haftungsbeschränkung für Nachlassverbindlichkeiten, ZEV 2000, 125; *Grziwotz*, Pflichtteilsverzicht und nachehelicher Unterhalt, FamRZ 1991, 1258; *Hartman*, Die Einrede der Dürftigkeit des Nachlasses im Steuerrecht, ZEV 2009, 324; *Heinemann*, Anmerkung zu BGH, Beschl. v. 5.10.2016 – IV ZB 37/15, NJW 2016, 3666; *Herzog*, Die Erbenhaftung, 2016; *dies.*, Anmerkung zu BGH, Urt. v. 5.7.2013 – V ZR 81/12, ErbR 2013, 391; *Holzer*, Das Aufgebot der Nachlassgläubiger nach dem FamFG, ZEV 2014, 583; *Holtz/Stalleiken*, Aktuelle Entwicklungen im Steuerrecht, ErbR 2016, 492; *Joachim*, Anmerkung zu BGH, Urt. v. 5.7.2013 – V ZR 81/12, ZEV 2013, 612; *Isekeit/Weiß*, Das Nachlassinsolvenzverfahren – Grundzüge des Insolvenzrechts für Erbrechtler, ZErb 2016, 249; *Joachim/Janzen*, Gehören Erbschaftsteuerschulden zu den Nachlassverbindlichkeiten iSv § 1967 Abs. 2 BGB?, ZEV 2018, 74; *Joachim/Klinger*, Vorbehalt der beschränkten Erbenhaftung als Regressfalle, NJW-Spezial 2005, 541; *Joachim*, Die Haftung des Erben, ZEV 2005, 99; *Kahlert*, Nachlassinsolvenzverfahren: Aktuelle Entwicklungen in der BFH-Rechtsprechung, DStR 2016, 1325; *Klin-*

gelhöffer, Die erbrechtliche Unterhaltssicherung des ersten und zweiten Ehegatten: Ein ungeklärtes Problem des § 1586b BGB, ZEV 2001, 179; *Klinger/Ruby*, Das Aufgebot der Nachlassgläubiger – eine unbekannte Haftungsfalle!, NJW-Spezial 2005, 61; *Kroiß*, Das neue Nachlassverfahrensrecht, ZErb 2008, 300; *Küpper*, Anmerkung zu OLG Schleswig, Beschl. v. 4.10.2013 – 3 Wx 11/12, ZEV 2014, 35; *Lettmann*, Die Beschränkung der Erbenhaftung, RNotZ 2002, 537; *Loose*, Geltendmachung der ErbSt im Nachlassinsolvenzverfahren – zugleich Anmerkung zum BFH-Urteil vom 20.01.2016 – II R 34/14; DB 2016, 1343; *ders.* Beschränkte Erbenhaftung für von einem Nachlassverwalter verursachte Steuerschulden, Anmerkung zu BFH-Urteil v. 10.11.2016 – VII R 35/13, ErbR 2016, 627; *Luttermann*, Die Erbenhaftung bei Kommanditanteilen, ZErb 2008, 139; *Marotzke,* Anmerkung zu BGH, Urt. v. 8.12.2004 – IV ZR 199/03, ZEV 2005, 111; *Mylich,* Pflichtteilsberechtigte im Konflikt mit Beschenkten und Gläubigern von Schenkungsversprechen bei Nachlassinsolvenz, ZEV 2016, 669; *Nöll*, Nachlassverwaltung vs. Nachlasspflegschaft: das bessere Verfahren bei Erbausschlagung und Erbprätendentenstreit, ZEV 2015, 612; *Neukirchen*, Der Vorbehalt der beschränkten Erbenhaftung in notariellen Vollstreckungstiteln, RNotZ 2016, 228; *Nöll/Flitsch*, Nachlassverwaltung als Sanierungsinstrument bei todesfallbedingten Unternehmenskrisen, ZEV 2017, 247; *Ott*, Schwarzkonten im Erbfall, Erbfolgebesteuerung 2007, 245; *Planck/Strohal*, Plancks Kommentar zum Bürgerlichen Gesetzbuch nebst Einführungsgesetz, Band 5, Erbrecht [§§ 1922–2386], 4. Auflage 1930; *Roth*, Die Eröffnungsgründe im Nachlassinsolvenzverfahren, ZInsO 2009, 2265; *Rott*, Nachlassverwaltung, 1. Teil: Grundsätze, Anordnung und Beendigung, BBEV 2008, 320; *Ruby*, Die Gütergemeinschaft beim Tod eines Ehegatten, ZEV 2017, 72; *ders.*, Die fortgesetzte Gütergemeinschaft bei Tod oder Betreuung des überlebenden Ehegatten, ZEV 2017, 496; *Ruby/Schindler*, ZEV-Report Zivilrecht; ZEV 2016, 26; *Rugullis*, Nachlassverwaltung und Nachlassinsolvenzverfahren – ein verfahrensrechtlicher Vergleich, ZEV 2007, 117; *ders.* Nachlassverwaltung und Nachlassinsolvenzverfahren: ein Rechtsfolgenvergleich, ZEV 2007, 156; *ders.*, Das Konkurrenzverhältnis zwischen Nachlassverwaltung und Nachlassinsolvenz, ZErb 2008, 35; *Scheel*, Zur Umschreibung von Vollstreckungsklauseln, Teil II, NotBZ 2000, 146; *Schindler*, Gesamtschuld- und Gesamthandsklage eines Miterbennachlassgläubigers, ZEV 2011, 295; *Schmid*, Dürftigkeitseinrede beim Tod des Wohnungseigentümers und des Mieters, ZErb 2013, 321; *Schneider*, Beschränkte Erbenhaftung in der Kostenfestsetzung, ErbR 2011, 276; *Schreinert*, Das notarielle Nachlassverzeichnis, RNotZ 2008, 61; *Sick*, Die Haftung des Erben nach § 1967 BGB und das Problem der Haftungsbeschränkung auf den Nachlass, ZErb 2010, 325; *Steiner*, Erwerb von „Schwarzgeld“ Steuerliche Pflichten des Erben – ein Beispielsfall, ErbStB 2008, 152; *Stöber*, Die Haftung für die Bestattungskosten, ZAP Fach 12, 141; *Storz*, Unter welchen Voraussetzungen können Nachlassgläubiger bei Vorhandensein eines verwaltenden Testamentsvollstreckers die Nachlassverwaltung beantragen?, ZEV 2010, 549; *Stritter*, Pfändung von Miterbenanteilen, ZErb 2015, 6; *Strübing*, Haftungsbeschränkung des Erben bei Steuerverbindlichkeiten, ZErb 2005, 177; *Vernekohl*, Steuerhinterziehung durch den Erblasser – Frage nach der Beweislast, Erbfolgebesteuerung 2008, 110; *Waldner*, Anmerkung zu BGH, Urt. v. 5.7.2013 – V ZR 81/12, ZEV 2017, 40; *Wöhrmann*, Das Landwirtschaftserbrecht: Kommentar zur Höfeordnung, zum BGB-Landguterbrecht und zum GrdstVG-Zuweisungsrecht, 10. Auflage 2011; *Zeising*, Gesamtschuldklage und Gesamthandklage gegen Miterben, ZErb 2013, 52; *Zimmermann*, Das private Gläubigeraufgebot durch Miterben (§ 2061 BGB), ZErb 2011, 259.

A. Einleitung

Bei einer Erbengemeinschaft treffen Nachlassgläubiger auf Eigengläubiger einzelner Erben. 1
Dies führt – wenig überraschend – zu Interessenkonflikten.

Beide Gläubigergruppen stehen in Konkurrenz zueinander, wobei die Nachlassgläubiger zusätzlich noch ihren ursprünglichen Schuldner verlieren. Beiden Gläubigergruppen präsentiert sich jeweils aber auch eine neue Vermögensmasse: Den Nachlassgläubigern das Eigenvermögen der Erben, den Eigengläubigern der Erben der Nachlass.

Zudem besteht bei den Erben die Angst zu kurz zu kommen: Niemand möchte über Gebühr von Gläubigern des Erblassers in Anspruch genommen werden.

Die Interessen aller Beteiligten sind auszugleichen. Um dies zu erreichen, enthält das Gesetz 2
in §§ 2058 ff. BGB und den Vorschriften über die Haftung des Alleinerben in §§ 1967 ff.

BGB Regelungen. Danach besteht für die Mitglieder einer Erbengemeinschaft die Möglichkeit, Haftungsbeschränkungen herbeizuführen und Einreden zu erheben. Da es sich bei der Erbengemeinschaft um eine Gesamthandsgemeinschaft handelt, genügen die Bestimmungen für den Alleinerben nicht und es existieren entsprechend ergänzende Normen. Zudem ist die Erbengemeinschaft eine von Beginn an auf Auflösung ausgerichtete Gemeinschaft. Daher ist auch geregelt, was nach der Auseinandersetzung bzw. der Teilung des Nachlasses bezüglich der Haftung gilt.

Da den Gläubigern potentiell mehrere Schuldner zur Verfügung stehen, ist zu klären, ob und wie einzelne Erben in Anspruch genommen werden können. In diesem Zusammenhang taucht dann auch schnell das nächste Problem auf: Welche Vermögensmasse steht zu welchem Zeitpunkt zur Begleichung von Forderungen zur Verfügung?

Damit sind zentrale Dreh- und Angelpunkte:
- Haftungsmasse – Nachlass oder Eigenvermögen und
- Haftungsumfang – gesamtschuldnerische oder anteilige Haftung.

Beide Bereiche sind zu trennen.[1]

B. Überblick

3 Grundsätzlich sind für die Erbengemeinschaft auch die Vorschriften über die Haftung des Alleinerben, §§ 1967 ff. BGB, anzuwenden. Die §§ 2058–2063 BGB enthalten jedoch den §§ 1967–2017 BGB gegenüber spezielle Vorschriften. Soweit die §§ 2058–2063 BGB also keine Regelungen enthalten, sind die allgemeinen Vorschriften betreffend den Alleinerben anzuwenden.[2]

C. Nachlassverbindlichkeiten

4 Sowohl §§ 1967 ff. BGB als auch §§ 2058 ff. BGB beziehen sich auf „Nachlassverbindlichkeiten“, weswegen eine Haftung für diese Verbindlichkeiten zu prüfen ist. Nur für Nachlassverbindlichkeiten ist die in diesen Vorschriften verankerte Begrenzung der Haftung möglich.[3] Ob allerdings Nachlassverbindlichkeiten oder aber eigene Verbindlichkeiten für alle Miterben vorliegen, ist nicht immer leicht festzustellen. Es stehen die folgenden Kategorien zur Verfügung:
- Erblasserschulden
- Erbfallschulden
- Nachlasskosten- und Nachlassverwaltungsschulden
- Nachlasserbenschulden
- Eigenschulden.

5 Gemäß § 1967 BGB haftet der Erbe für Nachlassverbindlichkeiten. Hierbei wird zunächst zwischen Erblasserschulden und Erbfallschulden differenziert. Diese Differenzierung gibt § 1967 Abs. 2 BGB vor. Erblasserschulden sind die vom Erblasser herrührenden Schulden, Erbfallschulden treffen die Miterben als solche (vgl. Rdn 15 f.). Die zusätzlichen Gruppen

1 MüKo/*Ann*, § 2058 Rn 3.
2 BeckOGK-BGB/*S. Otto*, § 2058 Rn 2.
3 *Herzog*, § 2 Rn 23; § 5 Rn 1.

„Nachlasskosten- und Nachlassverwaltungsschulden" und „Nachlasserbenschulden" sind im Gesetz selbst nicht geregelt. Die Unterteilung in die vorgenannten Gruppen, hilft aber bei der Klärung der Frage, ob eine Nachlassverbindlichkeit vorliegt oder nicht.[4]

Der von der Erbengemeinschaft als Sondervermögen gehaltene Nachlass haftet grundsätzlich nur für Nachlassverbindlichkeiten. Die Differenzierung zwischen Nachlassverbindlichkeit und Eigenschuld ist daher ein zentraler Punkt zur Klärung, welcher Gläubiger auf welches Vermögen zugreifen darf – die Einordnung entscheidet über die verfügbare Haftungsmasse.[5] Erblasser[6]- und Erbfallschulden sind gemäß § 1967 BGB in der Regel Nachlassverbindlichkeiten mit der Möglichkeit der Haftungsbeschränkung.[7] Bei der Gruppe der Nachlasskosten- und -verwaltungsschulden ist jeweils eine genaue Prüfung notwendig.[8] Nachlasserbenschulden sind zumindest auch Eigenverbindlichkeiten, damit aber keine reinen Nachlassverbindlichkeiten, was in der Regel eine unbeschränkte Haftung bedeutet.[9] Eigenverbindlichkeiten sind keine Nachlassverbindlichkeiten.[10] 6

Für die Eigenschulden haftet das jeweilige Eigenvermögen jedes Miterben, wobei zum Eigenvermögen aber auch der jeweilige Anteil am Nachlass gehört.

Der Übergang von Nachlassverbindlichkeiten auf die Erben ist natürlich lediglich soweit möglich, wie Verbindlichkeiten vererblich sind. *Ann* interpretiert dies als zusätzliches ungeschriebenes Tatbestandsmerkmal.[11] **Höchstpersönliche Verbindlichkeiten** sind bspw. nicht vererblich. 7

Soweit besteht Übereinstimmung mit der Situation eines Alleinerben. Wegen der Besonderheiten der Erbengemeinschaft ist im Rahmen der §§ 2058 ff. BGB noch zu prüfen, ob eine gemeinschaftliche Nachlassverbindlichkeit besteht.

I. Erblasserschulden

Erblasserschulden sind die vom Erblasser herrührenden Schulden (§ 1967 Abs. 2 BGB), d.h. solche Schulden, die in der Person des Erblassers bereits zu dessen Lebzeiten entstanden waren. Dies sind im Zeitpunkt des Erbfalles bereits begründete gesetzliche, vertragliche und/oder außervertragliche Verpflichtungen, auch wenn die Folgen erst nach dem Erbfall eintreten. Erfasst sind auch Schulden, die aufgrund von Bedingungen erst nach dem Tode des Erblassers wirksam werden.[12] Hierunter fallen auch bedingte und künftige Verbindlichkeiten. 8

II. Erbfallschulden

Erbfallschulden sind die die Erben als solche treffenden Schulden (§ 1967 Abs. 2 BGB), d.h. Schulden, die aus Anlass des Erbfalls in Bezug auf den Nachlass entstehen.[13] Von den 9

4 *Lange/Kuchinke*, § 47 Abs. 2 S. 2, eine Ausnahme ist für Insolvenzverfahren zu machen.
5 *Ann*, S. 129; Beispielsfälle und Erläuterungen (Stand 2010) bei *Sick*, ZErb 2010, 325.
6 *Krug/Heindl*, in: Bonefeld/Kroiß/Tanck, § 9 Rn 91.
7 *Herzog*, § 5 Rn 5.
8 Vgl. einige Bsp. bei *Herzog*, § 5 Rn 8.
9 *Krug/Heindl*, in: Bonefeld/Kroiß/Tanck, § 9 Rn 150; *Herzog*, § 5 Rn 12.
10 BeckOGK-BGB/*Grüner*, § 1967 Rn 26; MüKo/*Küpper*, § 1967 Rn 25.
11 *Ann*, S. 130.
12 BGH, Urt. v. 20.10.1967 – V ZR 130/64, BB 1968, 152; BGH, Urt. v. 9.6.1960 – VII ZR 229/58, BGHZ 32, 367, 369.
13 *Brox/Walker*, Rn 656.

Erblasserschulden unterscheiden sie sich dadurch, dass sie noch nicht in der Person des Erblassers entstanden waren. Von den Nachlassverwaltungs- und Nachlasskostenschulden unterscheiden sie sich durch den Zeitpunkt ihrer Entstehung:
- Erbfallschulden entstehen **mit** dem Erbfall[14]
- Nachlassverwaltungs- und Nachlasskostenschulden entstehen **nach** dem Erbfall.

Zu den Erbfallschulden gehören insbesondere:
- Vermächtnisse (auch der Dreißigste, § 1969 BGB, und der Voraus, § 1932 BGB), Pflichtteilsansprüche, Auflagen
- Kosten für die Beerdigung des Erblassers
- Unterhalt für die werdende Mutter nach § 1963 BGB.

III. Nachlasskosten- und Nachlassverwaltungsschulden

10 Nachlasskosten- und Nachlassverwaltungsschulden entstehen nach dem Erbfall und sind Kosten für Durchführung und Abwicklung des Nachlasses sowie Verbindlichkeiten aus Geschäften für den Nachlass.[15] Häufig werden sie auch als Untergruppe der Erbfallschulden geführt.[16]

1. Nachlasskostenschulden

11 Bei den Nachlasskostenschulden liegt die Entstehungsursache im Erbfall, die Entstehung selbst erst danach. Unter diesen Begriff fallen bspw. Kosten aus Haftungsbeschränkungsmaßnahmen nach §§ 1975 ff. BGB (Nachlassinsolvenz, Nachlassverwaltung), §§ 1993 ff. BGB (Inventarerrichtung), §§ 1970 ff. BGB (Aufgebot von Nachlassgläubigern), §§ 1960, 1961 BGB (Nachlasspflegschaft zu Sicherung des Nachlasses), aber auch die Kosten für die Eröffnung der vorhandenen Verfügungen von Todes wegen.[17]

2. Nachlassverwaltungsschulden

12 Nachlassverwaltungsschulden sind Verbindlichkeiten, die durch den Vorerben oder vorläufige Erben im Rahmen ordnungsgemäßer Handlung begründet werden[18] und Verbindlichkeiten, die durch Amtsträger oder Vertreter des Nachlasses im Rahmen ihrer Verfügungsmacht getroffen werden. Als solche Amtsträger kommen Nachlassverwalter, -pfleger oder Testamentsvollstrecker in Betracht. Auch erfasst sind die Vergütungen dieser Personen.[19]

IV. Nachlasserbenschulden/Nachlasseigenschulden

13 Nachlasserbenschulden (teilweise auch als Nachlasseigenschulden bezeichnet) sind Verbindlichkeiten, die ein Erbe bei der ordnungsgemäßen Verwaltung des Nachlasses eingeht und dabei die Haftung nicht auf den Nachlass beschränkt.[20] Bei diesen Verbindlichkeiten haften

---

14 *Lange/Kuchinke*, § 47 III 1.
15 *Lange/Kuchinke*, § 47 IV 1.
16 *Sick*, ZErb 2010, 325, 329; *Herzog*, § 5 Rn 8.
17 *Joachim*, ZEV 2005, 99, 99.
18 RG, Urt. v. 21.1.1935 – IV 311/34, RGZ 146, 343, 346; BGH, Urt. v. 10.2.1960 – V ZR 39/58, BGHZ 32, 60, 64.
19 OLG Frankfurt, Beschl. v. 1.12.1992 – 20 W 417/92, MDR 1993, 55; Soergel/*Stein*, § 1967 Rn 7.
20 RG, Urt. v. 21.1.1935 – IV 311/34, RGZ 146, 343, 345 f. – auch stillschweigend möglich; RG, Urt. v. 21.11.1915 – V 140/25, RGZ 112, 129, 131.

sowohl der Nachlass als auch der jeweilige Miterbe mit seinem Eigenvermögen. Es kommt nicht darauf an, ob die Verbindlichkeit ausdrücklich für den Nachlass übernommen wurde oder die Beziehung zum Nachlass für den Geschäftsgegner erkennbar ist. Solange der Erbe die Haftung nicht vertraglich auf den Nachlass beschränkt hat, haftet er auch mit seinem Privatvermögen.

Will der Erbe nicht persönlich für die Verbindlichkeit haften, so muss er dies mit dem Gläubiger vereinbaren, wobei eine konkludente Vereinbarung genügt.[21]

V. Eigenschulden

Darüber hinaus gibt es selbstverständlich noch Verbindlichkeiten, die jedes Mitglied der Erbengemeinschaft verursachen kann, ohne dass der Nachlass dafür in Anspruch zu nehmen ist. Das sind vor allem Verbindlichkeiten aus nicht ordnungsgemäßen Verhaltens eines Erben oder Verbindlichkeiten, die der Erbe schon vor dem Erbfall begründet hat. 14

VI. Einzelfragen

Trotz der vorhandenen Einteilung in die verschiedenen Kategorien fällt es im Einzelfall häufig schwer, konkrete Verbindlichkeiten zuzuordnen. Daher im Folgenden einige Einzelfälle: 15

1. Aufwendungen im Vertrauen auf künftigen Eigentumserwerb

Führt ein Dritter an einer im Vermögen des Erblassers befindlichen Immobilie auf seine Kosten Bauarbeiten durch in der berechtigten Erwartung, dieses Grundstück im Erbfall zu erwerben, stellt sich die Frage, ob der tatsächliche Erbe bzw. der Nachlass durch diese Aufwendungen Dritter bereichert werden soll. Die Rechtsprechung billigt dem Dritten einen Rückforderungsanspruch hinsichtlich der Aufwendungen zu, sofern die Voraussetzungen einer Zweckverfehlungskondiktion nach § 812 Abs. 1 S. 2 BGB vorliegen.[22] 16

2. Auskunfts- und Rechenschaftspflichten/Eidesstattliche Versicherung

Auskunftspflichten des Erblassers können als Erblasserschuld auf die Erben übergehen – allerdings nur im Rahmen dessen, was diesen möglich ist.[23] 17

3. Bestattungskosten

§ 1968 BGB bestimmt, dass Bestattungskosten vom Erben zu tragen sind. Dies gilt auch für die Erbengemeinschaft.[24] Die Kostentragungspflicht ist jedoch nicht gleichbedeutend 18

21 BGH, Urt. v. 25.3.1968 – II ZR 99/65, BB 1968, 768, 769, OLG Frankfurt/M., Urt. v. 19.12.1974 – 5 U 81/74, BB 1975, 1319; MüKo/*Küpper*, § 1967 Rn 23.

22 BGH, Urt. v. 12.8.1989 – VIII ZR 286/88, BGHZ 108, 256, 261; OLG Koblenz, Urt. v. 20.12.2002 – 10 U 105/02, ZErb 2003, 259, 260.

23 BGH, Urt. v. 18.11.1986 – IVa ZR 79/85, WM 87, 79, 80. Der Erbin sei es zumutbar, Auskunft über den Verbleib von Wertpapieren zu erteilen. Die nötigen Informationen könne sie sich schließlich aus dem Nachlass besorgen. Für eine Pflicht aus dem Auftragsverhältnis: *Krug/Heindl*, in: Bonefeld/Kroiß/Tanck, § 9 Rn 119.

24 BGH, Urt. v. 5.2.1962 – III ZR 173/60, NJW 1962, 791, 795. Eine Abwälzung der Kosten auf den Verursacher des Todesfalles ist möglich (§ 844 BGB); LG Hechingen, Urt. v. 20.3.2002 – 3 S 100/01, NJW 2002, 1729, 1730 auch für den Drogenhändler des Erblassers.

mit dem Recht, über die Art und Weise der Beerdigung[25] zu bestimmen – die sog. Totenfürsorge.[26] Sofern der Erblasser keine Bestimmung vorgenommen hat, steht die Totenfürsorge in der Regel den nächsten Angehörigen zu.[27] Aber auch, wenn der Erblasser keine ausdrückliche Bestimmung über die Zuordnung der Totenfürsorge getroffen hat, ist sein Wille zu berücksichtigen.[28] Der Totenfürsorgeberechtigte ist in der Regel auch der Inhaber des Anspruchs aus § 1968 BGB.[29]

Von der Totenfürsorge zu unterscheiden ist die öffentlich-rechtliche Bestattungspflicht.[30] Diese ist grundsätzlich in den Bestattungsgesetzen der Länder geregelt.[31]

a) Art der Nachlassverbindlichkeit

19 Nach überwiegender Auffassung sind Bestattungskosten den Erbfallschulden zuzurechnen.[32] Diese entstehen mit dem Erbfall und gem. § 1968 BGB in der Person des Erben. Demgegenüber wird vertreten, dass es sich bei den Bestattungskosten um Nachlasskostenschulden handele.[33] Sie hätten ihre Ursache zwar im Erbfall, entstünden zeitlich aber erst später. Richtigerweise sollten die Bestattungskosten der Gruppe der Erbfallschulden zugerechnet werden, da es Kosten sind, die in Verbindung mit dem Erbfall selbst (nämlich dem Tod des Erblassers) stehen und keine Kosten sind, die aus dem „Nachlass heraus“ entstehen.

b) Umfang erstattungsfähiger Kosten

20 Erstattungsfähig sind die Kosten einer Bestattung, die der Lebensstellung des Erblassers angemessen ist.[34] § 1968 BGB meint nach einhelliger Auffassung damit **mehr** als die bloße Beerdigung. Ob aber im Einzelfall eine Nachlassverbindlichkeit vorliegt, ist umstritten. Kosten, die von § 1968 BGB nicht erfasst sind, können Nachlassverwaltungsschulden oder Nachlasserbenschulden sein.

21 Von § 1968 BGB sind in der Regel umfasst:

- die Kosten des Bestatters und die Kosten für das Grab[35]
- die Kosten einer üblichen Feier[36] inkl. Trauergottesdienst[37]
- der Grabstein[38]

---

25 Zur Anwendung einer in Deutschland nicht zugelassenen Bestattungsform ohne Willen des Erblassers gegen den Willen einzelner Angehöriger – der „Trauerdiamant“: AG Wiesbaden, Urt. v. 3.4.2007 – 91 C 1274/07, ErbR 2007, 162, 163.

26 Vgl. hierzu im einzelnen *Goertz* in Kurze/Goertz, Bestattungsrecht, § 5 Rn 17 ff.

27 AG Wiesbaden, Urt. v. 3.4.2007 – 91 C 1274/07, ErbR 2007, 162, 163.

28 OLG Karlsruhe, Urt. v. 26.7.2001 – 9 U 198/00, NJW 2001, 2980: Hier wurde das Totenfürsorgerecht den Eltern des Verstorbenen ab- und dessen langjährigem Lebensgefährten zugesprochen; siehe hierzu auch *Goertz* in Kurze/Goertz, Bestattungsrecht, § 5 Rn 18 ff.

29 Eine Diskussion zur Erweiterung auf weitere Personengruppen wie den Bestattungsunternehmer und sonstige Dritte, die die Bestattung veranlasst haben: *Stöber*, ZAP, Fach 12, S. 141.

30 *Ahrens*, ErbR 2007, 146, 146; vgl. hierzu auch *Goertz* in Kurze/Goertz, Bestattungsrecht, § 5 Rn 2 ff. sowie *Kurze* in Kurze/Goertz, Bestattungsrecht, § 9 Rn 1 ff.

31 Bspw. § 9 BestG Mecklenburg-Vorpommern; § 15 Abs. 1 S. 1 BestG Berlin; § 8 Abs. 1 S. 1 Niedersächsisches BestG.

32 Palandt/*Weidlich*, § 1968 Rn 1, § 1967 Rn 7.

33 *Lange/Kuchinke*, § 47 III Nr. 2b) – differenziert nach den einzelnen Positionen.

34 *Ahrens*, ErbR 2007, 146, 148.

35 Auch eine Feuerbestattung, *Ann*, S. 131 Fn 8; RG, Urt. v. 5.4.1937 – IV 18/37, RGZ 154, 269, 270.

36 Saarländisches OLG, Urt. v. 29.3.2002 – 1 U 796/01, ZErb 2002, 267.

37 *Ahrens*, ErbR 2007, 146, 148.

38 RG, Urt. v. 9.2.1933 – VI 359/32, RGZ 139, 393, 394.

- die Erstanlage der Grabstätte (zu den Grabpflegekosten vgl. Rdn 24 f.) (nachfolgende Grabpflege allerdings nicht mehr – es sei denn, der Erblasser hatte einen Grabpflegevertrag geschlossen, der als Nachlassverbindlichkeit dann zu erfüllen ist)
- die Kosten für Todesanzeigen[39] und Danksagungen
- die Sterbeurkunde.

Umstritten ist insbesondere, ob die Kosten für Trauerkleidung und der Reise zur Bestattung erfasst sind. Die überwiegende Auffassung lehnt dies ab.[40] Trauerkleidung und eine evtl. Anreise stünden im Ermessen der jeweiligen Person und erfolgen in der Regel zur Bekundung von Verbundenheit mit dem Verstorbenen.[41] 22

Sind die Erben nach öffentlichem Recht bestattungspflichtig, kann bezüglich der entstehenden Kosten nicht die Dürftigkeitseinrede des § 1990 BGB erhoben werden,[42] denn nach den landesrechtlichen Bestattungsgesetzen besteht eine Pflicht zur Bestattung.[43] Somit handelt es sich um eine öffentlich-rechtliche Pflicht, für die der Bestattungspflichtige nicht lediglich dann haftet, wenn er zugleich Erbe geworden ist, sondern in der Regel unabhängig davon.[44] Ist der Bestattungspflichtige **nicht** mit dem Erben identisch, hat er einen Ersatzanspruch gegen den Erben. Weigern sich die zuständigen Personen, die Bestattung zu veranlassen, wird dies durch die zuständige Behörde veranlasst. 23

Können die Erben die Kosten nicht begleichen, besteht noch die Möglichkeit, sich gem. §§ 1615 Abs. 2, 1360a Abs. 3, 1361 Abs. 4 S. 2 BGB an diejenigen zu halten, die dem Erblasser zu Unterhalt verpflichtet waren. Über diese Vorschriften wäre auch ein direkter Zugriff auf das Eigenvermögen eines Erben, der gleichzeitig auch unterhaltsverpflichtet ist, möglich. Da es sich nicht um einen erbrechtlichen Anspruch handelt, haben die Haftungsbeschränkungsmaßnahmen darauf keinen Einfluss.

c) Grabpflegekosten

Die Kosten der Grabpflege sind zivilrechtlich von § 1968 BGB nicht erfasst.[45] Nach der Rechtsprechung handelt es sich bei der Grabpflege um eine moralische bzw. sittliche Pflicht,[46] nicht aber um eine rechtliche. Die Beerdigung finde ihren Abschluss mit der Herrichtung einer zur Dauereinrichtung bestimmten und geeigneten Grabstätte.[47] So weit geht auch die Kostentragungspflicht. Das Verschieben des Zeitpunktes auf das Herrichten der Grabstätte als Dauereinrichtung verhindert auch, dass das Grab gleich nach der Bestattung „kahl" wird oder bleibt. 24

In landesrechtlichen Regelungen ist die Grabpflege geregelt. Dies kann insbesondere für solche Erbfälle von Bedeutung sein, in denen sich keiner der Erben für das Grab interessiert 25

39 Saarländisches OLG, Urt. v. 29.3.2002 – 1 U 796/01, ZErb 2002, 267.

40 *Lange/Kuchinke*, § 47 Fn 37.

41 So auch BGH, Urt. v. 19.2.1960 – VI ZR 30/59, BGHZ 32, 72, 73–74 mit evtl. Ausnahme für Fälle von Bedürftigkeit des Anreisenden; *Goertz* in Kurze/Goertz, Bestattungsrecht, § 6 Rn 9 ff.

42 *Lange/Kuchinke*, § 47 III 2 b).

43 Bspw. § 15 Abs. 1 S. 1 BestG Berlin; § 8 Abs. 1 S. 1 Niedersächsisches BestG.

44 Ausnahme bspw. in Rheinland-Pfalz.

45 BGH, Urt. v. 20.9.1973 – III ZR 148/71, BGHZ 61, 238, 239; Schl.-Holst. OLG, Urt. v. 6.10.2009 – 3 U 98/08, ZErb 2010, 90, 92; a.A. u.a. aufgrund inzwischen geänderter Steuervorschriften: *Damrau*, ZEV 2004, 456; so jetzt auch AG Neuruppin, Urt. v. 17.11.2006 – 42 C 324/05, ZEV 2007, 597.

46 Vgl. m.w.N. jurisPK-BGB/*Ehm*, § 1968 Rn 14; aus der neueren Rspr OLG Köln, Beschl. v. 21.11.2014 – I-20 W 94/13, Rn 5, zit. nach juris.

47 BGH, Urt. v. 20.9.1973 – III ZR 148/71, BGHZ 61, 238, 239; RG, Urt. v. 13.5.1939 – VI 256/38, RGZ 160, 255, 256; OLG Oldenburg, Urt. v. 18.1.1992 – 5 U 96/91, FamRZ 1992, 987.

und keiner es pflegen möchte. Für Berlin bspw. wurde eine Friedhofsordnung auf Grundlage des Friedhofsgesetzes erlassen. Nach § 16 Friedhofsordnung Berlin hat der Nutzungsberechtigte für eine angemessene Grabpflege zu sorgen. Der Nutzungsberechtigte wird nach § 15 Friedhofsordnung Berlin bestimmt. Wird das Grab nicht gepflegt, kann in Berlin sodann zur **Verwaltungsvollstreckung** übergegangen werden, letztlich ist auch eine Einebnung des Grabes möglich, was sicher nicht im Sinne des Erblassers ist. Ein Erblasser, der sich diesbezüglich sorgt, ist demnach gut beraten, schon zu Lebzeiten einen Grabpflegevertrag abzuschließen oder aber die Erben mit einer entsprechenden Auflage zu belasten.[48]

4. Betreuervergütung

26 Die zum Todeszeitpunkt des Betreuten noch offene Vergütungsforderung eines Betreuers ist eine Nachlassverbindlichkeit nach § 1967 BGB.[49] § 1836e BGB enthält für diesen Fall eine besondere Haftungsbegrenzung – der bzw. die Erben haften lediglich mit dem zum Erbfall vorhandenen Nachlass. Der Nachlasswert ist durch Abzug der Verbindlichkeiten vom Aktivnachlass zu ermitteln, wobei gleich- oder nachrangige Nachlassverbindlichkeiten nicht mindernd berücksichtigt werden.[50]

5. Erbensucher

27 Sollte einer der Erben die Dienste eines Erbensuchers in Anspruch genommen haben, können Kosten entstanden sein. Nach der Rechtsprechung des BGHs hat ein Erbensucher, der keine Honorarvereinbarung geschlossen hat keinen Anspruch gegen den Nachlass.[51] Wurde eine Honorarvereinbarung unterzeichnet, handelt es sich um eine Eigenverbindlichkeit des betroffenen Erben. Es besteht zwar ein gewisser Zusammenhang mit der Erbschaft, aber es handelt sich nicht um eine Verwendung auf den Nachlass, sondern um eine Verwendung, um überhaupt Zugang zur Erbenstellung und damit zum Nachlass zu erlangen. Weder die Erbengemeinschaft noch der Nachlass sollen mit diesen Kosten belastet werden. Die Kosten können nicht dem Nachlass entnommen werden, sondern jeder Erbe hat den von ihm beauftragten Erbensucher zu zahlen.

6. Erbschaftsteuer

28 Ob die Erbschaftsteuer eine Nachlassverbindlichkeit nach § 1967 BGB in Form der Erbfallschuld oder eine Eigenschuld des Erben darstellt, war und ist umstritten.[52] Handelt es sich um eine Erbfallschuld, haben die Erben die Möglichkeit, die Haftung für die Steuer auf den Nachlass zu beschränken. Handelt es sich um eine Eigenschuld, ist dies nicht der Fall.

Der Bundesfinanzhof hat sich dafür entschieden, dass es sich um eine Erbfallschuld handelt.[53] In dieser Entscheidung hat sich der Bundesfinanzhof mit den Argumenten der ande-

---

48 Vgl. hierzu auch *Goertz* in Kurze/Goertz, Bestattungsrecht, § 6 Rn 6 ff.

49 BGH, Urt. v. 27.8.2014 – XII ZB 133/12, Rn 12, zit. nach juris.

50 BGH, Urt. v. 27.8.2014 – XII ZB 133/12, Rn 17, zit. nach juris.

51 BGH, Urt. v. 23.9.1999 – III ZR 322/98, NJW 2000, 72, 73; BGH, Beschl. v. 23.2.2006 – III ZR 209/05, ZErb 2006, 141, zit. nach juris.

52 Zahlreiche Nachweise vor allem aus der Rechtsprechung bei MüKo/*Küpper*, § 1967 Rn 16 Fn 79; statt aller: Staudinger/*Dutta*, § 1967 Rn 33; BeckOK-BGB/*Lohmann*, § 1967 Rn 17; BeckOGK-BGB/*Grüner*, § 1967 Rn 187 ff.; jurisPK-BGB/*Ehm*, § 1967 Rn 31; *Joachim, Rn* 113; Damrau/Tanck/*Gottwald*, § 1967 Rn 24.

53 BFH, Urt. v. 20.1.2016 – II R 34/14, Ls., zit. nach juris; Folgen erläuternd: *Holtz/Stalleiken*, ErbR 2016, 493, 495; *Kahlert*; DStR 2016, 1325 ff.

ren Auffassung auseinandergesetzt und hat entsprechend Befürworter gefunden.[54] Dennoch wurde die Entscheidung, insbesondere für den zivilrechtlichen Bereich nicht kritiklos hingenommen[55] Aufgrund dieser Differenzen lässt sich nach hiesiger Ansicht derzeit für den zivilrechtlichen Bereich nicht mit Sicherheit sagen, ob alle Gerichte dem BFH folgen werden.

7. Girokonto des Erblassers

Grundsätzlich sind die Verbindlichkeiten aus dem Girokonto des Erblassers Erblasserschulden. Führt allerdings einer der Erben das Konto fort und nutzt es für seinen Zahlungsverkehr, so sind dann entstehende Verbindlichkeiten keine Erblasserschulden.[56] 29

8. Mietverträge

Verstirbt der Erblasser, sind die von ihm geschlossenen Mietverträge nicht automatisch hinfällig (vgl. zu Mietverträgen § 19). 30

9. Rückzahlung zu viel gezahlter Renten

Nehmen die Erben Renten zugunsten des Erblassers nach dessen Tod entgegen, so haben sie diese nach den Regeln über eine ungerechtfertigte Bereicherung zu erstatten.[57] Bei dieser Verpflichtung handelt es sich um eine Nachlasserbenschuld, wenn die Rente auf einem Konto des Erblassers noch vor der Teilung des Nachlasses entgegengenommen wurde. 31

10. Anspruch nach § 528 BGB – Rückforderung einer Schenkung

Dieser Anspruch steht zu Lebzeiten des Schenkers grundsätzlich zu seiner Disposition.[58] Entscheidet sich der Schenker für einen bescheideneren Lebensstil als gewohnt, um dadurch die Rückforderung der verschenkten Sache zu vermeiden, so ist diese Entscheidung nach der Rechtsprechung des BGHs zu respektieren.[59] Hat der Erblasser allerdings zu Lebzeiten Leistungen Dritter in Anspruch genommen, um seinen (evtl. durch Pflegebedürftigkeit) gesteigerten Lebensunterhalt zu bestreiten, soll darin auch die Entscheidung des Schenkers bzw. Erblassers enthalten sein, nicht auf die Rückforderung zu verzichten.[60] Argumentiert wird mit dem Verbot widersprüchlichen Verhaltens. Damit besteht insbesondere für Sozialhilfeträger die Möglichkeit, sich den Anspruch nach § 93 SGB XII überzuleiten. Ob das Geschenk zum Schonvermögen des Erblassers gezählt hätte oder ob die Bedürftigkeit gerade Folge der Schenkung sei, ist nicht zu berücksichtigen.[61] Trotzdem sind immer noch die Ausschlussregeln des § 529 BGB zu beachten. Danach ist die Rückforderung ausgeschlossen, wenn die Bedürftigkeit grob fahrlässig oder vorsätzlich herbeigeführt wurde bzw. bereits zehn Jahre seit der Schenkung vergangen sind. Um die Rückforderung bean- 32

---

54 *Fridgen*, NZI 2016, 410 ff.; *Loose*, ErbR 2016, 627, 628 f.; *ders.*, DB 2016, 1343, 1345; Meincke/Hannes/Holtz/*Meincke*, § 20 Rn 5 f.; *Crezelius*, NZI 2016, 440; BeckOGK-BGB/*Grüner*, § 1967 Rn 187.

55 MüKo/*Küpper*, § 1967 Rn 16; *Joachim/Janzen*, ZEV 2018, 74 ff.

56 *Krug/Heindl*, in: Bonefeld/Kroiß/Tanck, § 9 Rn 127.

57 BGH, Urt. v. 23.9.1975 – VII ZR 244/76, BGHZ 71, 180, 182 f.

58 BGH, Urt. v. 9.11.1994 – IV ZR 66/94, BGHZ 127, 354, 356.

59 BGH, Urt. v. 28.10.1997 – X ZR 157/96, BGHZ 137, 76, 81 f.

60 BGH, Urt. v. 28.10.1997 – X ZR 157/96, BGHZ 137, 76, 82; BGH, Urt. v. 25.4.2001 – X ZR 229/99, NJW 2001, 2084, 2085.

61 BGH, Urt. v. 19.10.2004 – X ZR 2/03, ZErb 2005, 123, 125.

sprüchen zu können, muss die Erschöpfung des Vermögens des Schenkers innerhalb dieser Frist erfolgt sein.[62] Nach § 529 Abs. 2 BGB darf durch die Rückforderung jedoch nicht die Bedürftigkeit des Beschenkten verursacht werden.

Ist der Schenker eine Erbengemeinschaft, kann ein Anspruch nach § 528 BGB auch dann entstehen, wenn nach der Schenkung einer der Miterben verarmt.[63]

11. Unterhaltspflichten

33 Soweit Unterhaltspflichten über den Tod hinaus bestehen, kann man sie als Nachlassverbindlichkeit qualifizieren,[64] denn sie sind immer bereits zum Zeitpunkt des Todes des Erblassers begründet.

a) Grundsatz §§ 1615 Abs. 1, 1360a Abs. 3 BGB

34 Grundsätzlich erlöschen Unterhaltspflichten jedoch mit dem Tode des Unterhaltsverpflichteten, §§ 1615 Abs. 1, 1360a Abs. 3 BGB.[65] Ausnahmen bestehen nach § 1615 Abs. 1 BGB: Der Unterhaltsanspruch erlischt nicht, soweit Schadensersatz wegen Nichterfüllung für die Vergangenheit oder im Voraus zu bewirkenden Leistungen, die zur Zeit des Todes des Verpflichteten fällig sind, gefordert wird.

b) § 1568b BGB – Unterhalt des geschiedenen Ehegatten

35 Nach § 1586b BGB erlischt der Unterhaltsanspruch des geschiedenen Ehegatten mit dem Tode des Verpflichteten nicht, sondern geht auf dessen Erben über. Nach § 1586b Abs. 1 S. 3 BGB ist die Haftung auf den Betrag begrenzt, der dem fiktiven Pflichtteil des Unterhaltsberechtigten entspricht. Bei der Ermittlung der Quote dieses fiktiven Pflichtteilsanspruches sind nach § 1586b Abs. 2 BGB Besonderheiten des Güterstandes nicht zu berücksichtigen. Das bedeutet vor allem, dass eine Erhöhung des Ehegattenerbteils bei Zugewinngemeinschaft nach §§ 1931 Abs. 3, 1371 Abs. 1 BGB nicht vorgenommen wird, maßgeblich ist allein die Quote nach § 1931 Abs. 1 und Abs. 2 BGB. Da der Zugewinnausgleich im Rahmen der Scheidung bereits berücksichtigt wird, ist dies nachvollziehbar.

36 In diesen fiktiven Pflichtteilsanspruch sind nach der Rechtsprechung des BGHs[66] auch Pflichtteilsergänzungsansprüche einzubeziehen. Für den Erblasser und auch seine Erben eine unschöne Vorstellung. Denn hat der Erblasser bspw. erneut geheiratet und erbt nunmehr u.a. seine zweite Ehefrau, kann sich diese als Miterbin seitens der ersten Ehefrau mit umfangreichen Auskunftsbegehren bezüglich lebzeitiger Schenkungen des Erblassers konfrontiert sehen. Die erste Ehefrau wird vermutlich Auskunft über sämtliche Schenkungen des Erblassers an die zweite Ehefrau verlangen, um so ihren Pflichtteilsergänzungsanspruch nach § 2325 BGB berechnen zu können.

37 Dennoch ist die Entscheidung aus dem Jahr 2001 nicht so zu verstehen, dass das gesamte Pflichtteilsrecht in § 1586b BGB „hineinzulesen" wäre. Grundsätzlich steht dem Erben gegenüber dem **Pflichtteilsberechtigten** die Möglichkeit des § 2328 BGB offen: Die Erfüllung des Pflichtteilsanspruches kann insoweit abgelehnt werden, als der eigene fiktive Pflichtteilsanspruch berührt würde. Diesen Einwand können die Erben gegenüber dem

62 BGH, Urt. v. 26.10.1999 – X ZR 69/97, MittBayNot 2000, 226, 227.
63 OLG Köln, Urt. v. 28.3.2007 – 2 U 36/06, ZEV 2007, 489 Rn 33 zit. nach juris.
64 So auch BeckOGK-BGB/*Grüner*, § 1967 Rn 141.
65 BeckOGK-BGB/*Grüner*, § 1967 Rn 140.
66 BGH, Urt. v. 29.11.2000 – XII ZR 165/98, NJW 2001, 828, 830.

Unterhaltsberechtigten mit dem Anspruch aus § 1586b BGB laut BGH[67] jedoch nicht erheben. Diese Vorschrift regele das Konkurrenzverhältnis von Pflichtteilsberechtigten untereinander – der Inhaber des Anspruchs aus § 1586b BGB sei aber Nachlassgläubiger und nicht Pflichtteilsberechtigter. Als bloßem Nachlassgläubiger ist ihm auch der Anspruch aus § 2329 BGB verwehrt.[68]

Im Jahr 2004 hat der BGH[69] zudem entschieden, dass es sich beim Anspruch aus § 1586b BGB nicht um einen Anspruch mit anderer Rechtsnatur handelt als den aus den §§ 1569 ff. BGB. Demnach ist eine neue Klage des Unterhaltsberechtigten gegen die Erben zur Erlangung eines Titels unnötig: Es genügt die Umschreibung des vorhandenen Titels nach § 120 FamFG i.V.m. § 727 ZPO.[70] 38

Außerdem hat der BGH für eine Klage eines Erben wegen Erreichens der Haftungsgrenze[71] die **Abänderungsklage [Abänderungsantrag]**[72] für zulässig erklärt. Da der BGH Ansprüche aus § 1586b BGB und §§ 1569 ff. BGB als Ansprüche derselben Rechtsnatur qualifiziert hat, ist dies auch schlüssig. Einem Vollstreckungsgegenantrag scheint sich der BGH jedoch auch nicht zu verschließen.[73] Begehrt der Unterhaltsberechtigte eine Anpassung des Titels an veränderte Umstände (in der Regel dann erhöhte Unterhaltssätze) ist der Abänderungsantrag zu stellen.[74] Hierdurch wird jedoch nicht die Haftungshöchstsumme verändert: Es verbleibt bei der Höchstsumme in Höhe des fiktiven Pflichtteilsanspruches. 39

Hat der Erblasser mit dem Unterhaltsberechtigten eine **Vereinbarung** über den Unterhalt getroffen, stellt sich die Frage, ob auch diese Vereinbarung auf die Erben übergeht. Unselbstständige Unterhaltsvereinbarungen, d.h. solche, die den gesetzlichen Unterhaltsanspruch nur ausgestalten, binden die Erben.[75] Selbstständige Unterhaltsvereinbarungen hingegen sind dahingehend auszulegen, ob ein Übergang auf die Erben gewollt ist.[76] 40

Umstritten ist, ob die Pflicht des Erben zur Unterhaltszahlung besteht, wenn der Unterhaltsberechtigte auf sein Pflichtteilsrecht (§ 2346 BGB) verzichtet hat. Eine Auffassung[77] stellt auf Sinn und Zweck der Norm ab: § 1586b BGB soll einen Ausgleich für das durch die Scheidung verlorene Erbe darstellen. Damit fällt bei einem Pflichtteilsverzicht sinngemäß auch der Anspruch aus § 1586b BGB weg. Die Vertreter der anderen Auffassung[78] stellen darauf ab, dass § 1586b BGB unterhaltsrechtlicher Natur ist und ein Pflichtteilsverzicht darauf dementsprechend keinen Einfluss haben kann. Nach hier vertretener Meinung ist der ersten Auffassung zu folgen: Verzichtet der geschiedene Ehegatte auf sein Pflichtteilsrecht, soll ihm „durch die Hintertür" nicht doch ein Äquivalent über § 1586b BGB zustehen. Dass der Anspruch nicht wie alle übrigen Unterhaltsansprüche zu behandeln ist, lässt sich 41

67 BGH, Urt. v. 18.7.2007 – XII ZR 64/05, NJW 2007, 3207, 3209.

68 *Klingelhöffer*, ZEV 2001, 179, 180; MüKo/*Maurer*, § 1586b Rn 4.

69 BGH, Urt. v. 4.8.2004 – XII ZB 38/04, NJW 2004, 2896.

70 BeckOGK-BGB/*Grüner*, § 1967 Rn 147.

71 Der Erbe muss den Unterhalt nur bis zur Höhe des fiktiven Pflichtteilsanspruchs zahlen, § 1586b Abs. 1 S. 3 BGB.

72 Jetzt wohl entsprechend MüKo/*Maurer*, § 1586b Rn 66: Abänderungsantrag nach §§ 238, 239 FamFG.

73 BGH, Urt. v. 4.8.2004 – XII ZB 38/04, Rn 11, zit. nach juris; so auch MüKo/*Maurer*, § 1586b Rn 64.

74 MüKo/*Maurer*, § 1586b Rn 65.

75 OLG Koblenz, Urt. v. 28.8.2002 – 9 UF 745/01, NJW 2003, 439, 440; MüKo/*Maurer*, § 1586b Rn 8.

76 BGH, Urt. v. 4.8.2004 – XII ZB 38/04, NJW 2004, 2896, 2897; *Bergschneider*, FamRZ 2003, 1049, 1056.

77 *Dieckmann*, FamRZ 1999, 1029; MüKo/*Maurer*, § 1586b Rn 13 m.w.N. in Fn 26; Palandt/*Brudermüller*, § 1586b Rn 8.

78 *Bergschneider*, FamRZ 2003, 1049, 1056; *Grziwotz*, FamRZ 1991, 1258.

auch daran erkennen, dass er eben nicht wie diese mit dem Tode des Unterhaltsverpflichteten erlischt.[79]

c) § 1963 BGB – Unterhalt der Mutter des noch zu gebärenden Erben

42 Eine weitere Besonderheit enthält § 1963 BGB. Danach ist der Nachlass verpflichtet, der bedürftigen Mutter eines noch zu gebärenden Erben Unterhalt bis zur Entbindung zu leisten. Liegt eine Erbengemeinschaft aus mehreren Erben vor, ist der Unterhalt aus dem Erbteil des Kindes zu bestreiten, § 1963 S. 1 a.E. BGB. Auch dies stellt eine Nachlassverbindlichkeit in Form der Erblasserschuld dar. Da nach Sinn und Zweck der Norm die Existenzgrundlage der Mutter und des ungeborenen Kindes abgesichert werden soll, ist hier das Erheben der Dreimonatseinrede (§ 2014 BGB) nicht möglich.[80]

12. Wohngeldschulden

43 „Nach dem Erbfall fällig werdende oder durch Beschluss der Wohnungseigentümergemeinschaft begründete Wohngeldschulden sind (jedenfalls auch) Eigenverbindlichkeiten des Erben, wenn ihm das Halten der Wohnung als ein Handeln bei der Verwaltung des Nachlasses zugerechnet werden kann.“[81] So lautet die Antwort des BGH auf die Frage, ob Wohngeldschulden des Eigentümererben gegenüber der Wohnungseigentümergemeinschaft (auch) Nachlassverbindlichkeiten oder (reine) Eigenschulden der Erben sind. Von einem Verwaltungshandeln des Erben sei „spätestens dann auszugehen, wenn er die Erbschaft angenommen hat oder die Ausschlagungsfrist abgelaufen ist und ihm faktisch die Möglichkeit zusteht, die Wohnung zu nutzen.“[82] Der BGH hat also einen recht weiten Begriff des Verwaltungshandelns entwickelt. Für die Erben läge auch keine unbillige Situation vor, da sie sich durch den Verkauf oder die Versteigerung der Wohnung von der Haftung für die Kosten der Wohnung befreien können.[83] Diese Entscheidung ist nicht ohne Kritik geblieben – auch, weil die Frage, ob nun eine Nachlasserbenschuld vorliegt oder nicht, nicht zweifelsfrei geklärt wurde.[84] Das OLG Schleswig hat sich gegen eine Qualifizierung als reine Erbenschuld entschieden,[85] was kritisch bewertet wird.[86]

Die Erben sollen Ausnahmen vortragen können, in denen passives Verhalten nicht als Verwaltungsmaßnahme zu werten ist. Dies sei bspw. der Fall, wenn die Wohnung mit einem Wohnrecht eines Dritten belastet ist und die Erben keine Nutzungen aus dem Objekt ziehen können, es sei denn, die Erben haben an Beschlüssen der Wohnungseigentümerversammlung mitgewirkt.[87] Sofern ein Ausnahmefall vorliegt, ist eine Beschränkung der Haftung auf den Nachlass denkbar.

Gehört zum Nachlass eine Eigentumswohnung, die der Testamentsvollstrecker mit Nachlassmitteln erworben hat, sind die während der Testamentsvollstreckung anfallenden Hausgelder Nachlassverbindlichkeiten in Form der Nachlasserbenschulden.[88]

---

79 Eingehend: *Bergschneider*, FamRZ 2003, 1049.
80 Palandt/*Weidlich*, § 1963 Rn 3.
81 BGH, Urt. v. 5.7.2013 – V ZR 81/12, Ls. 1, ZEV 2013, 609.
82 BGH, Urt. v. 5.7.2013 – V ZR 81/12, ZEV 2013, 609, 611.
83 BGH, Urt. v. 5.7.2013 – V ZR 81/12, ZEV 2013, 609, 611, 612.
84 Vgl. *Herzog*, Anmerkung zu V ZR 81/12, ErbR 2013, 391; *Joachim*, Anmerkung zu V ZR 81/12, ZEV 2013, 612, 613; *Schmid*, ZErb 2013, 321, 322 bzgl. des Zeitpunkts des Haftungsbeginns.
85 OLG Schleswig, Beschl. v. 4.10.2013 – 3 Wx 11/12, Ls., zit. nach juris.
86 *Küpper*, ZEV 2014, 35 ff.
87 BGH, Urt. v. 5.7.2013 – V ZR 81/12, ZEV 2013, 609, 611.
88 BGH, Urt. v. 4.11.2011 – V ZR 82/11, Ls., zit. nach juris.

13. Zugewinnausgleich

In der Regel wird der Zugewinnausgleich durch Inanspruchnahme des pauschalen Viertels nach §§ 1371 Abs. 1, 1931 Abs. 3 BGB abgegolten. Sollte der überlebende Ehegatte aber den tatsächlichen Zugewinnausgleich nach § 1371 Abs. 2 und 3 BGB fordern, handelt es sich um eine Nachlassverbindlichkeit in Form einer Erblasserschuld.[89] Der Zugewinnausgleich wurde in der Ehe des Erblassers begründet. Damit ist er noch dem Erblasser zuzurechnen. Zu dieser Frage wird in der Literatur die Ansicht vertreten, es handele sich um eine Erbfallschuld.[90] Nach dieser Ansicht sei auf das **Entstehen** der Forderung abzustellen, und das wäre nach dem Tode des Erblassers. Der Schwerpunkt der Begründung des Zugewinnausgleichs liegt jedoch in der Zeit der Ehe, also noch vor dem Erbfall, was für die Annahme einer Erblasserschuld spricht. Dem ist nach hier vertretener Ansicht zuzustimmen. 44

Aus der Qualifizierung als Erblasserschuld ergibt sich für das Nachlassinsolvenzverfahren auch, dass dieser Anspruch noch **vor** Vermächtnissen und Pflichtteilsansprüchen (siehe § 327 InsO) zu befriedigen ist. Da es sich dabei um einen Ausgleich der während der Ehe erwirtschafteten Vermögenswerte handelt, ist dies auch gerechtfertigt – in der Regel beruht der Zugewinnüberschuss eines Ehegatten auf der arbeitsteiligen Organisation in der Ehe. Diesen nach Beendigung der Ehe dann in erhöhtem Maße dem Insolvenzrisiko auszusetzen, erscheint nicht angemessen. 45

D. Haftung vor Annahme der Erbschaft

Für die Haftung **vor** Annahme der Erbschaft ist § 1958 BGB die zentrale Norm: Danach muss das Erbe angenommen bzw. die Frist zur Ausschlagung des Erbes abgelaufen sein, damit Ansprüche gegen den Erben geltend gemacht werden können. Hiermit korrespondieren die Vorschriften der ZPO: Gemäß §§ 239 Abs. 5, 778, 779 ZPO sind entsprechende Maßnahmen gegen den Erben bereits **unzulässig**. Dies ist von Amts wegen zu berücksichtigen. 46

Jeder Miterbe entscheidet für sich, ob er die Erbschaft annehmen oder ausschlagen möchte. Die Erbengemeinschaft selbst allerdings besteht bereits ab Anfall der Erbschaft.[91] Damit haftet der Nachlass schon bevor die Erben verklagt werden können, da die Vermögensmasse Nachlass bereits besteht.

Hat es ein Gläubiger eilig oder verzögert sich die Angelegenheit, besteht die Möglichkeit, Pfleger bzw. Vertreter zu bestellen. Auch Gläubigern steht insofern ein Antragsrecht zu, § 1961 BGB. Zuständiges Gericht für die Beantragung der Nachlasspflegschaft ist gem. § 1962 BGB, §§ 342 Abs. 1 Nr. 2, 343 FamFG grundsätzlich das Nachlassgericht im Bezirk des letzten Aufenthaltsortes des Erblassers. Gemäß § 1960 Abs. 3 BGB können gegen den Nachlasspfleger auch vor Erbschaftsannahme Ansprüche geltend gemacht werden. 47

Auch die Eröffnung des Nachlassinsolvenzverfahrens ist bereits vor Annahme der Erbschaft möglich, § 316 Abs. 1 InsO. Der „Erbe“ ist dazu aber noch nicht gemäß § 1980 BGB verpflichtet.[92] Bei bestehender Testamentsvollstreckung ist § 1958 BGB nicht anwendbar, § 2213 Abs. 2 BGB. 48

---

89 BFH, Urt. v. 10.3.1993 – II R 27/89, NJW 1993, 2462; *Ann*, S. 132.

90 *Brox/Walker*, Rn 655; *Lange/Kuchinke*, § 47 III 2. a).

91 *Ann*, S. 134.

92 *Herzog*, ErbR 2013, 70.

E. Haftung nach Annahme der Erbschaft

I. Gründe für die gesamtschuldnerische Haftung

49 Die Anordnung der gesamtschuldnerischen Haftung hat u.a. ihren Grund darin, dass die Nachlassgläubiger durch den Tod ihres Schuldners nicht benachteiligt werden sollen.[93] Die Gläubiger sollen sich weiterhin zur Begleichung ihrer Forderungen nur an eine Person halten können. Der auf den einzelnen Miterben entfallende Haftungsanteil hat daher vor allem Bedeutung für das Innenverhältnis, nach außen haftet aber jeder Miterbe grundsätzlich für die ganze Schuld, §§ 2058, 421 BGB.

In gewisser Weise wird der Nachlassgläubiger sogar günstiger gestellt, als er es zu Lebzeiten des Erblassers war. Aufgrund der Personenmehrheit hat er nun die Qual der Wahl. Diese wird in der Regel auf die solventeste Person fallen. Allerdings ist nicht immer einer der Erben tatsächlich solventer als es der Erblasser war. Dieses Restrisiko ist dem Nachlassgläubiger aber zuzumuten. Zusätzlich verbleibt außerdem noch der Nachlass als Haftungsmasse.

Die gesamtschuldnerische Haftung besteht außerdem über die Teilung des Nachlasses hinaus, um dadurch die Erben anzuhalten, die Nachlassverbindlichkeiten möglichst noch aus dem ungeteilten Nachlass zu befriedigen.[94] Geschieht dies nicht, ist die gesamtschuldnerische Haftung gerechtfertigt. Werden die Nachlassverbindlichkeiten restlos getilgt, stellt sich das Problem der Haftung nach der Teilung nicht.

II. Überblick

50 Nach der Annahme der Erbschaft haften die Erben für die Nachlassverbindlichkeiten sowohl mit ihrem Eigenvermögen als auch mit dem Nachlass und zwar grundsätzlich unbeschränkt, aber dennoch beschränkbar.[95] Das Gesetz unterscheidet für die Haftung nach Annahme der Erbschaft zwischen der Situation vor und nach der Teilung des Nachlasses. Unabhängig vom Zeitpunkt gilt aber § 2058 BGB, d.h. die Erben haften für die gemeinschaftlichen Nachlassverbindlichkeiten sowohl vor als auch nach der Teilung des Nachlasses als Gesamtschuldner.

51 Vor der Teilung des Nachlasses können die Erben Haftungsbeschränkungsmaßnahmen nach Maßgabe der §§ 1967 ff. BGB durchführen. Diese allgemeinen Haftungsbeschränkungsmöglichkeiten sind ergänzt um § 2059 Abs. 1 BGB. § 2059 Abs. 2 BGB eröffnet die Möglichkeit, auch schon vor der Teilung auf den Nachlass selbst zuzugreifen.

52 Nach der Teilung des Nachlasses können auch noch einige Haftungsbeschränkungsmaßnahmen der §§ 1967 ff. BGB ergriffen werden, bzw. diejenigen, die vor der Teilung vorgenommen wurden, wirken fort. Um die gesamtschuldnerische Haftung für Erben, die sich ernsthaft um die Begleichung aller Nachlassverbindlichkeiten bemüht haben, abzuschwächen, können sich die Erben nach §§ 2060, 2061 BGB auf eine anteilige Haftung für bestimmte Nachlassverbindlichkeiten berufen.

93 *Kipp/Coing*, § 121 Nr. 3a).
94 BGH, Urt. v. 23.9.1975 – VII ZR 244/76, BGHZ 71, 180, 188.
95 Damrau/Tanck/*Gottwald*, § 1967 Rn 3.

III. Gemeinschaftliche Nachlassverbindlichkeiten

§ 2058 BGB bestimmt ausdrücklich, dass die gesamtschuldnerische Haftung für gemeinschaftliche Nachlassverbindlichkeiten gilt. Zusätzlich zur Feststellung, ob eine Nachlassverbindlichkeit vorliegt, bedarf es also noch der Prüfung, ob diese auch gemeinschaftlich ist. 53

1. Begriff

Mit gemeinschaftlichen Nachlassverbindlichkeiten sind diejenigen Verbindlichkeiten gemeint, für die alle Miterben im Verhältnis zum Nachlassgläubiger haften.[96] Dies sind unter anderem die vom Erblasser herrührenden Schulden (Erblasserschulden).[97] Auch Erbfallschulden können gemeinschaftliche Nachlassverbindlichkeiten sein, bspw. ein Vermächtnis, das alle Erben belastet. Darunter fällt auch die Gebühr eines **Testamentsvollstreckers**, der nur für einen Miterbenanteil eingesetzt war.[98] 54

2. Abgrenzung zur Erbteilsschuld

Keine gemeinschaftlichen Nachlassverbindlichkeiten sind solche, die nur einzelne oder nicht alle Miterben belasten – sog. Erbteilsschulden.[99] Belastet die Erbteilsschuld mehrere Mitglieder der Erbengemeinschaft, kommt eine entsprechende Anwendung des § 2058 BGB bezüglich dieser Gruppe von Erben in Betracht[100] – für diese liegt dann eine gemeinschaftliche Nachlassverbindlichkeit vor.[101] Erforderlich ist, dass alle aus demselben Grund haften.[102] 55

Beispiel

A, B und C sind Erben zu je 1/3 Anteil aufgrund eines Testaments des Erblassers. In diesem Testament hat er A mit einem Vermächtnis belastet. Er soll aus seinem Erbteil 5.000 EUR an D zahlen. B soll ein Vermächtnis in Höhe von 3.000 EUR an D zahlen.

D muss sich mit seinen Ansprüchen in Höhe von 5.000 EUR an A und in Höhe von 3.000 EUR an B halten. Da es sich um zwei Erbteilsschulden handelt, die nicht in demselben rechtlichen Grund wurzeln, sind A und B nicht Gesamtschuldner nach § 2058 BGB.

Beispiel – Abwandlung 56

Situation wie vor. D soll ein Vermächtnis in Höhe von 8.000 EUR erhalten, das A und B belastet.

Hier hat der Erblasser mit einem Vermächtnis zwei Erben beschwert, beide haften aus demselben Grund. Daher ist hier eine entsprechende Anwendung von § 2058 BGB möglich – D kann seine 8.000 EUR von einem der beiden fordern.

Auch die §§ 2059 ff. BGB können in entsprechender Anwendung gegenüber dem Gläubiger einer Erbteilsschuld geltend gemacht werden.[103] Ist allerdings die Haftung des ganzen Nach- 57

96 MüKo/*Ann*, § 2058 Rn 9.
97 MüKo/*Ann*, § 2058 Rn 10.
98 BGH, Urt. v. 22.1.1997 – IV ZR 283/95, NJW 1997, 1362.
99 MüKo/*Ann*, § 2058 Rn 11; Staudinger/*Marotzke*, § 2058 Rn 24.
100 MüKo/*Ann*, § 2058 Rn 11.
101 Dies steht allerdings zur Disposition des Erblassers: Staudinger/*Marotzke*, § 2058 Rn 27.
102 MüKo/*Ann*, § 2058 Rn 11.
103 MüKo/*Ann*, § 2058 Rn 11.

lasses Voraussetzung, ist dies nicht möglich.[104] Den Erbteilsschuldgläubigern steht daher in der Regel auch kein Antragsrecht für Nachlassinsolvenz oder -verwaltung zu,[105] der Antrag von Gläubigern nur einzelner Erben würde zu einem Entzug der Verfügungs- und Verwaltungsmacht auch der nichtschuldenden Erben führen. Zudem kann der Gläubiger einer Erbteilsschuld grundsätzlich nicht auf den ungeteilten Nachlass nach § 2059 Abs. 2 BGB zugreifen.[106] Bei einer Verbindlichkeit, die in Übereignung eines konkreten **Nachlassgegenstandes** besteht, gilt eine Ausnahme:[107] Dann ist die Erfüllung der Verbindlichkeit wegen §§ 2038 ff. BGB nur durch alle Miterben gemeinsam und nur aus dem Nachlass möglich.

58 Nicht gemeinschaftliche Nachlassverbindlichkeiten sind zudem in § 2046 Abs. 2 BGB erwähnt. Nach § 2046 Abs. 1 BGB sind im Rahmen der Aufteilung des Nachlasses zunächst die Nachlassverbindlichkeiten zu berichtigen. Sofern die Verbindlichkeit allerdings nur einigen Miterben zu Last fällt, muss die Begleichung nicht aus dem gesamten Nachlass erfolgen, sondern kann grundsätzlich aus dem Teil erfolgen, der den belasteten Miterben zusteht.

IV. Teilung des Nachlasses

1. Begriff der Teilung

59 Die Frage, zu welchem Zeitpunkt der Nachlass geteilt ist, ist schwieriger zu beantworten, als es auf den ersten Blick scheint. Die Behandlung des Themenkreises erfolgt vertieft in § 8 – Beendigung der Erbengemeinschaft. Zum besseren Leseverständnis sollen hier nur kurze Hinweise auf zwei wesentliche Auffassungen der Diskussion ohne argumentative Auseinandersetzung dargestellt werden:

Nach der wohl überwiegend vertretenen Auffassung ist ein Nachlass dann geteilt, wenn ein so erheblicher Teil der Nachlassgegenstände aus der Gesamthand in das Eigenvermögen der einzelnen Miterben überführt worden ist, dass die Erbengemeinschaft in ihren wesentlichen Bestandteilen als Ganzes aufgelöst erscheint.[108] Nach einer anderen Auffassung soll eine Teilung solange nicht erfolgt sein, wie noch so viele Nachlassgegenstände vorhanden sind, dass sie zur Begleichung der noch offenen Nachlassverbindlichkeiten ausreichen.[109]

60 Wurden Nachlassgegenstände bereits **vor** der eigentlichen Teilung des Nachlasses an die Erben verteilt, stellt sich die Frage, wie diese Nachlassgegenstände im Rahmen der Haftung und insbesondere bezüglich des § 2059 Abs. 1 S. 1 BGB zu behandeln sind. Hierzu werden verschiedene Lösungsansätze vertreten:

Beispiel

A, B und C sind Miterben zu je 1/3 Anteil. Bei der ersten gemeinsamen Besichtigung der Wohnung des Erblassers (d.h. vor der Teilung des Nachlasses) bittet A die übrigen Erben die Münzsammlung des Erblassers (ca. 20.000 EUR Wert) mitnehmen zu dürfen. Das Münzensammeln habe zu Lebzeiten beide verbunden und er wünscht die Sammlung als Erinnerung an den Erblasser. Er ist dafür selbstverständlich bereit, im Rahmen der

---

104 MüKo/*Ann*, § 2058 Rn 11.

105 Staudinger/*Marotzke*, § 2058 Rn 30.

106 MüKo/*Ann*, § 2058 Rn 11; Staudinger/*Marotzke*, § 2058 Rn 32, 33, siehe auch § 747 ZPO.

107 Staudinger/*Marotzke*, 2058 Rn 34.

108 Vgl. hierzu bspw. Damrau/Tanck/*Syrbe*, § 2059 Rn 4; BeckOGK-BGB/*S. Otto*, § 2059 Rn 6.

109 BeckOGK-BGB/*S. Otto*, § 2059 Rn 6; Damrau/Tanck/*Syrbe*, § 2059 Rn 4.

Auseinandersetzung entsprechend weniger aus dem Nachlass zu erhalten. B und C sind einverstanden, A nimmt die Sammlung mit.

a) Neuinterpretation des Teilungsbegriffs

Eine Neuinterpretation des Teilungsbegriffes dahingehend, dass eine Teilung bereits dann 61
vorliegt, wenn **einzelne** Nachlassgegenstände verteilt wurden, wird überwiegend abgelehnt.[110] Dann käme es schon sehr früh zur Haftung der Erben mit dem jeweiligen Privatvermögen. Diese Bevorzugung der Gläubiger ist durch die Verteilung einzelner Nachlassgegenstände ohne Teilung des Nachlasses nicht gerechtfertigt.[111]

Würde man den Teilungsbegriff neu interpretieren, wäre im Beispielsfall schon bei der ersten Sichtung der Nachlass geteilt. Dies würde die Erben einer unangemessen harten Haftung aussetzen.

b) Rückgewähranspruch für die Gläubiger

Da Nachlassgegenstände nach der Übertragung zum Eigenvermögen des jeweiligen Erben 62
gehören und der Erbe nach dem Wortlaut des § 2059 Abs. 1 S. 1 BGB mit seinem außerhalb seines Anteils am Nachlass vorhandenen Eigenvermögen bis zur Teilung nicht haftet, können – einer Auffassung zufolge – auf diese Weise Nachlassgegenstände der Haftung entzogen werden.[112] Dem Nachlassgläubiger, dem dadurch weniger Haftungsmasse zur Verfügung steht, soll mit einem Anspruch auf Rückgewähr nach §§ 1978 Abs. 2, 1991 Abs. 1 BGB geholfen werden.[113] Ein direkter Zugriff auf übereignete Nachlassgegenstände sei nicht notwendig: Da noch keine vollständige Teilung erfolgt ist, sind noch Gegenstände im Nachlass vorhanden, auf die die Gläubiger zugreifen können.[114] Kritiker bemängeln, dass eine doppelte Beschreitung des Rechtsweges drohe: Im ersten Schritt wird dem Gläubiger die Einrede des § 2059 BGB entgegengehalten. Im zweiten Schritt erfolgt dann das Vorgehen gegen den jeweiligen Miterben, der bereits Gegenstände aus dem Nachlass erlangt hat.[115] Zudem erfasse der Rückgewähranspruch nur Situationen, in denen eine Nachlassabsonderung oder die Tatbestände von §§ 1990 bzw. 1992 BGB vorliegen.[116]

In unserem Beispiel könnte sich A nach dieser Lösung zunächst auf § 2059 Abs. 1 S. 1 BGB berufen und müsste die Sammlung nicht sofort zur Begleichung von Nachlassverbindlichkeiten herausgeben. Nachlassgläubiger könnten A jedoch zwingen, die Sammlung in den Nachlass zurückzuführen, womit Gläubiger Zugriff auf die Sammlung bekämen. Dieses zweistufige Vorgehen ist für den Gläubiger recht kompliziert.

---

110 MüKo/*Ann*, § 2059 Rn 4 (als Regelfall); BeckOGK-BGB/*S. Otto*, § 2059 Rn 6; Damrau/Tanck/*Syrbe*, § 2059 Rn 4.

111 *Ann*, S. 154.

112 Palandt/*Weidlich*, § 2059 Rn 3; RG, Urt. v. 13.2.1917 – Rep. II 464/16, RGZ 89, 403, 408; *Brox/Walker*, Rn 729.

113 RG, Urt. v. 13.2.1917 – Rep. II 464/16, RGZ 89, 403, 408.

114 Soergel/*Wolf*, § 2059 Rn 4.

115 So Damrau/Tanck/*Syrbe*, § 2059 Rn 14.

116 MüKo/*Ann*, § 2059 Rn 10; BeckOK-BGB/*Lohmann*, § 2059 Rn 2, der jedoch darauf verweist, dass in dem Fall, in dem diese Voraussetzungen nicht vorliegen, auch noch Nachlass zur Begleichung der Verbindlichkeiten vorhanden sein muss.

c) Direktzugriff

63 Von Vertretern einer weiteren Auffassung wird eine andere Lösung vorgeschlagen. Die verteilten Gegenstände sollen weiter dem Zugriff der Nachlassgläubiger unterliegen.[117] § 2059 BGB wird damit auf das Eigenvermögen beschränkt, das der Miterbe schon vor der Übertragung des Nachlassgegenstandes hatte.[118] Dafür spricht, dass damit direkt auf den betroffenen Nachlassgegenstand zugegriffen werden kann, auch wenn er schon an einen Erben übertragen worden ist. Kritiker bemängeln an dieser Auffassung, dass mit einem schwierigen Vollstreckungsverfahren zu rechnen ist, da festgestellt werden muss, ob der jeweilige Vollstreckungsgegenstand bereits vor dem maßgeblichen Zeitpunkt vorhanden war.[119] Bedenklich an dieser Lösung ist allerdings, dass sie dazu führt, dass das Vermögen **nicht** von der Haftungsbeschränkung erfasst wäre, das der Erbe **nach** der Übertragung des Nachlassgegenstandes anderweitig erwirbt. Das Vermögen kann sich schließlich auch unabhängig vom Erbfall vermehren. Geschützt werden sollte auch das Vermögen, das der Erbe außer dem Nachlassgegenstand hat – nicht nur dasjenige, welches er vor der Übertragung dieses Gegenstandes hatte.

Für den Direktzugriff spricht der Schutzzweck von § 2059 BGB: Über Nachlassgegenstände kann ein Mitglied der Erbengemeinschaft wegen § 2040 BGB nicht allein verfügen und evtl. Schulden nicht mit Nachlassmitteln begleichen. Daher ist sein Eigenvermögen vor Gläubigern des Nachlasses zu schützen. Dies ist anders bei vorab übertragenen Gegenständen: Diese gehören eigentlich zur Masse, aus der sich die Gläubiger befriedigen können. Nach der Übertragung kann der Erbe über diese allein verfügen und damit auch Schulden begleichen.[120] Der in Anspruch genommene Miterbe kann Rückgriff gem. §§ 2058, 426 Abs. 1 S. 1 BGB nehmen. Ein Zugriff der Gläubiger auf diese Gegenstände ist also nach hier vertretener Ansicht sachgerecht.

Beispiel

Gläubiger könnten von A die Herausgabe der Sammlung fordern.

d) Ergebnis

64 Da sowohl die Rückgriffslösung als auch die Lösung über den Direktzugriff beide zu dem Ergebnis kommen, dass A im Beispiel letztlich die Münzsammlung herausgeben muss, ist der unkompliziertere Vorschlag des Direktzugriffes nach hier vertretener Ansicht vorzugswürdig. Dafür sprechen auch – wie vorstehend gezeigt – die besseren Argumente. Vor allem Sinn und Zweck von § 2059 BGB sind hier ausschlaggebend. Dass A im Beispielsfall die Münzsammlung als Erinnerungsstück verlieren kann, ist aus seiner Sicht möglicherweise bedauerlich. Vorrangig ist jedoch der Schutz der Gläubiger und die Begleichung von vorhandenen Schulden. Ist ausreichend werthaltiger Nachlass vorhanden, lässt sich mit dem Gläubiger unter Umständen noch verhandeln, z.B. kann A zur Abwendung die Zahlung eines entsprechenden Geldbetrages anbieten. In der Regel werden sich Gläubiger darauf einlassen. Die Verwertung von Nachlassgegenständen bedeutet schließlich weiteren Aufwand.

117 MüKo/*Ann*, § 2059 Rn 10.
118 *Lettmann*, RNotZ 2002, 537, 555.
119 Damrau/Tanck/*Syrbe*, § 2059 Rn 14.
120 *Eberl-Borges*, S. 318.

2. Teilauseinandersetzung

Scheiden einzelne Miterben infolge einer Teilauseinandersetzung aus der Erbengemeinschaft aus (§ 2033 BGB), gilt nach hierzu überwiegend vertretener Auffassung der allgemeine Teilungsbegriff.[121] Es muss also infolge einer Teilauseinandersetzung nicht zwingend zu einer Teilung des gesamten Nachlasses kommen. Die Teilauseinandersetzung hat aber dennoch Einfluss auf die Haftung der ausscheidenden Mitglieder. Die in der Erbengemeinschaft verbleibenden Mitglieder können sich weiterhin auf die Haftungsbeschränkung des § 2059 BGB berufen, der Nachlass ist noch nicht geteilt.[122] Die ausscheidenden Mitglieder gehören sodann nicht mehr der Erbengemeinschaft an, und können sich dementsprechend nicht mehr auf diese Beschränkung der Haftung berufen.[123] Einerseits bedeutet dies, dass sie bereits vor der eigentlichen Teilung des gesamten Nachlasses als Gesamtschuldner mit ihrem Eigenvermögen haften.[124] Andererseits ist dann aber auch bereits die Anwendung der §§ 2060, 2061 BGB möglich.[125] Eine unangemessene Benachteiligung der scheidenden Erben entsteht dadurch nicht, denn diese haben ihren Erbteil bereits erhalten. Sie haben zwar keinen Einfluss darauf, ob die verbliebenen Erben die Verbindlichkeiten mit dem Nachlass tilgen. Ihre Haftung rechtfertigt sich aber aus dem vorzeitigen Ausscheiden, zu dem sie nicht verpflichtet waren.[126] 65

Werden sämtliche Erbteile auf **einen** Miterben übertragen, ist die Rechtsfolge umstritten. Nach einer Auffassung liegt noch keine Teilung des Nachlasses vor.[127] Dennoch bedürfe es des Schutzes durch § 2059 Abs. 1 S. 1 BGB nicht mehr: Der verbliebene Erbe kann allein über die Nachlassgegenstände verfügen und bspw. allein die Nachlassverwaltung beantragen.[128] Unbillig anmutende Situationen, die durch die verfrühte Zahlung von Abfindungen entstehen,[129] führen nicht zu einer Anwendung von § 2059 BGB, denn schließlich wurde der Übernehmer nicht gezwungen, alles auf sich zu nehmen.[130] Auch den ausscheidenden Erben ist die Berufung auf § 2059 BGB verwehrt. Sie sind freiwillig vor der endgültigen Auseinandersetzung ausgeschieden, ein Abwarten bis zur Begleichung sämtlicher Nachlassverbindlichkeiten wäre möglich gewesen. Nach einer anderen hierzu vertretenen Auffassung ist der Nachlass durch die Übertragung sämtlicher Anteile auf einen Miterben oder sonstigen Dritten geteilt.[131]

121 MüKo/*Ann*, § 2059 Rn 6; zum Streitstand BeckOGK-BGB/*S. Otto*, § 2059 Rn 8.

122 So MüKo/*Ann*, § 2060 Rn 2.

123 MüKo/*Ann*, § 2060 Rn 2; jurisPK-BGB/*Toussaint*, § 2059 Rn 9; a.A. *Eberl-Borges*, S. 330 – hier ist u.a. nach dem Entstehungszeitpunkt der jeweiligen Nachlassverbindlichkeit entschieden worden.

124 Sofern ihnen nicht sonstige Haftungsbeschränkungsmaßnahmen noch zur Verfügung stehen.

125 MüKo/*Ann*, § 2060 Rn 2.

126 *Eberl-Borges*, S. 328.

127 *Lange/Kuchinke*, § 50 IV 1; Soergel/*Wolf*, § 2059 Rn 3.

128 jurisPK-BGB/*Toussaint*, § 2059 Rn 7 f.

129 Bspw. weil Gläubiger noch unbekannt waren.

130 *Eberl-Borges*, S. 327.

131 Mit einer kurzen Zusammenfassung des Streitstandes BeckOGK-BGB/*S. Otto*, § 2059 Rn 8 sowie MüKo/*Ann*, § 2059 Rn 6 f.

V. Haftung ab Annahme der Erbschaft bis zur Teilung des Nachlasses

1. Haftung als Gesamtschuldner

66 Vor der Teilung des Nachlasses besteht die gesamtschuldnerische Haftung nach § 2058 BGB. Damit kann jeder Erbe einzeln als Gesamtschuldner in Anspruch genommen werden, § 421 BGB. Gläubigern steht die Gesamtschuldklage zu (vgl. Rdn 227 ff.).

67 Jeder Miterbe haftet dabei grundsätzlich mit seinem gesamten Eigenvermögen, wozu auch der jeweilige Anteil an der Erbengemeinschaft gehört. Die Haftung besteht für gemeinschaftliche Nachlassverbindlichkeiten. Darüber hinaus besteht eine gesamtschuldnerische Haftung für Verbindlichkeiten aus demselben Rechtsgrund, bspw. § 840 BGB.[132]

2. Haftung gemäß § 2059 Abs. 2 BGB

68 Bis zur Teilung des Nachlasses ist die Erbengemeinschaft Gesamthandsgemeinschaft. Die Stellung als Gesamthandsgemeinschaft beinhaltet, dass die Erben den Nachlass zusammen als Ganzes halten: Alles gehört allen gemeinschaftlich. Dies zeigt sich auch an den besonderen Verwaltungs- und Auseinandersetzungsvorschriften der §§ 2032 ff. BGB. Die Erbengemeinschaft hält den Nachlass als Sondervermögen. Verfügungen über Nachlassgegenstände sind grundsätzlich gem. § 2040 BGB nur gemeinschaftlich möglich.

69 Den Zugriff auf das Sondervermögen Nachlass ermöglicht § 2059 Abs. 2 BGB. Hierzu sind alle Erben gemeinsam zu verklagen. Trotz der Bezeichnung dieser Klage als Gesamthandsklage ändert sich die Haftung der Erben nicht, es besteht auch bei der Gesamthandsklage gesamtschuldnerische Haftung nach § 2058 BGB (vgl. auch Rdn 234 ff.). Der Unterschied besteht im Klageziel.[133] Die Gesamtschuldklage richtet sich gegen das jeweilige Eigenvermögen der Erben, die Gesamthandsklage gegen den Nachlass selbst.

3. Haftungsbeschränkungsmöglichkeiten

70 Zunächst gelten auch für Miterben die allgemeinen Haftungsbeschränkungsmöglichkeiten des Alleinerben, d.h. die Regelungen der §§ 1967–2017 BGB sind grundsätzlich anwendbar.[134] Die Regelungen der §§ 2058 ff. BGB sind demgegenüber spezielle Regelungen und gehen den allgemeinen vor.

71 Haftungsbeschränkungsmaßnahmen, die ein Miterbe ergreift, sind grundsätzlich ohne Wirkung für die anderen Miterben.[135] Dies liegt an § 425 BGB. Eine Ausnahme gilt nach § 460 Abs. 1 S. 1 FamFG für das Aufgebotsverfahren. Dies kann von jedem Miterben beantragt werden und entfaltet Wirkung für alle.

---

132 BGH, Urt. v. 5.12.1969 – V ZR 159/66, BGHZ 53, 110, 115.
133 MüKo/*Ann*, § 2059 Rn 19, 20.
134 *Busch*, Rn 373.
135 *Joachim*, Rn 529.

a) § 2059 Abs. 1 BGB

§ 2059 Abs. 1 BGB regelt die beschränkte Haftung speziell für die Mitglieder einer Erbengemeinschaft **vor** Teilung des Nachlasses. § 2059 Abs. 1 S. 1 und S. 2 BGB betreffen unterschiedliche Situationen: 72
- S. 1 wendet sich an den beschränkt oder noch beschränkbar haftenden Erben
- S. 2 an den unbeschränkt haftenden Erben.

§ 2059 Abs. 1 BGB verändert den in § 2058 BGB niedergelegten Grundsatz der gesamtschuldnerischen Haftung nicht, sondern führt zu einer Begrenzung der betroffenen Vermögensmasse.[136] 73

aa) § 2059 Abs. 1 S. 1 BGB

Nach § 2059 Abs. 1 S. 1 BGB hat jeder Erbe die Möglichkeit, die Begleichung von Nachlassverbindlichkeiten aus seinem Eigenvermögen zu verweigern, soweit es sich nicht um seinen Anteil an der Erbengemeinschaft handelt. Eine endgültige Haftungsbeschränkung kann hierdurch nicht erzielt werden.[137] Da die Berufung auf § 2059 Abs. 1 S. 1 BGB nur bis zum Zeitpunkt der Teilung des Nachlasses möglich ist, handelt es sich um eine **aufschiebende Einrede.**[138] Als Einrede wird sie nicht von Amts wegen geprüft, der Erbe muss sie erheben. Im Urteil ist dann ein Vorbehalt gem. § 780 ZPO aufzunehmen.[139] Der Vorbehalt ist dann erst im Verfahren der Zwangsvollstreckung zu beachten, wo sich der Schuldner ggf. mit der Vollstreckungsgegenklage gem. §§ 781, 784 Abs. 1, 785, 767 ZPO zur Wehr setzen muss. Die Einrede verhindert nicht den Eintritt des Verzugs.[140] 74

Vor der Teilung des Nachlasses ist die Aufrechnung eines Nachlassgläubigers gegen eine private Forderung eines Miterben gegen den Nachlassgläubiger nach § 390 BGB ausgeschlossen.[141] 75

Die Gewährung der Haftungsbeschränkung nach § 2059 Abs. 1 S. 1 BGB gleicht aus, dass der einzelne Miterbe in dieser Situation anderenfalls mit seinem Privatvermögen für Nachlassverbindlichkeiten haften würde, deren Erfüllung ihm aus dem Nachlass wegen §§ 2038, 2040 BGB nicht möglich ist.[142] Hinzu kommt, dass allein der einzelne Miterbe nicht berechtigt ist, die Nachlassverwaltung nach § 1981 BGB allein zu beantragen, § 2062 BGB. Könnte der Gläubiger bereits dann ohne Beschränkung auf das Eigenvermögen des Erben zugreifen, wäre der Gläubiger unverhältnismäßig stark begünstigt. *Ann* bemerkt hier zutreffend,[143] dass anderenfalls die vom Gesetzgeber beabsichtigte Haftungsbeschränkungsmöglichkeit der Erben entwertet würde. 76

Insofern ist die Ausnahme des § 2059 Abs. 1 S. 2 BGB auch verständlich, wonach dem unbeschränkt haftenden Erben das Recht nach § 2059 Abs. 1 S. 1 BGB bzgl. des seinem 77

---

136 MüKo/*Ann*, § 2059 Rn 1.

137 *Joachim*, Rn 518.

138 MüKo/*Ann*, § 2059 Rn 13; BeckOK-BGB/*Lohmann*, § 2059 Rn 3.

139 Sollte das Gericht den Antrag übergehen, kann allein für die diesbezügliche Rüge ein Rechtsmittel eingelegt werden (BGH, Urt. v. 2.2.10 – VI ZR 82/09, Rn 5, zit. nach juris). Möglich ist auch ein Antrag nach § 321 Abs. 2 ZPO auf Urteilsergänzung (BeckOK-ZPO/*Preuß*, § 780 Rn 17).

140 MüKo/*Ann*, § 2059 Rn 15, Soergel/*Wolf*, § 2059 Rn 6; a.A. Staudinger/*Marotzke*, § 2059 Rn 18 für den Fall, dass der Nachlass nicht ausreichend ist und kein Miterbe unbeschränkt haftet.

141 OLG Celle, Urt. v. 23.7.2015 – 6 U 34/15, Rn 22 ff.; BeckOGK-BGB/*Skamel*, § 390 Rn 11; krit. für Einzelfragen: *Ruby/Schindler*, ZEV 2016, 26, 27.

142 *Börner*, JuS 1968, 108.

143 *Ann*, S. 143.

Erbteil entsprechenden Anteils an der Nachlassverbindlichkeit nicht zusteht. Der unbeschränkt haftende Erbe haftet ohnehin mit seinem Eigenvermögen. Es wäre eine ungerechtfertigte Bevorzugung, auch solchen Erben die Haftungsbeschränkung auf den Erbteil zu gewähren.

78 Der Erbe kann somit sein sonstiges Eigenvermögen vor Nachlassgläubigern schützen. Den Nachlassgläubigern steht aber nach wie vor der Nachlass als Haftungsmasse zur Verfügung, § 2059 Abs. 2 BGB: Bis zur Teilung des Nachlasses wird es von der Erbengemeinschaft als Sondervermögen getrennt vom Eigenvermögen der Erben verwaltet. Ab der Teilung des Nachlasses wiederum halten die Erben nunmehr die ehemaligen Nachlassgegenstände als Eigenvermögen und vermischen es mit ihrem sonstigen Eigenvermögen. Außerdem können die Erben dann jeweils ohne Zustimmung der anderen Erben über die ihnen zugeteilten Nachlassgegenstände verfügen. Daher ist es interessengerecht, diese Haftungsbeschränkungsmaßnahme nur für die Zeit bis zur Teilung des Nachlasses zu gewähren.[144]

bb) § 2059 Abs. 1 S. 2 BGB

79 Nach § 2059 Abs. 1 S. 2 BGB haftet ein Miterbe auch vor Teilung des Nachlasses bereits mit seinem ganzen Eigenvermögen, wenn er sein Recht zur Haftungsbeschränkung verloren hat.[145] Bis zur Teilung des Nachlasses ist die Haftung allerdings der Höhe nach auf die Quote des seinem Erbteil entsprechenden Anteils an den Nachlassverbindlichkeiten beschränkt. Es erfolgt also **keine** Beschränkung hinsichtlich der **Haftungsmasse** (Eigenvermögen des Erben), sondern bezüglich der **Höhe** der zu begleichenden Forderung. Der Gläubiger kann demnach auf das Eigenvermögen des unbeschränkt haftenden Miterben zugreifen, allerdings nur in Höhe des seinem Erbteil entsprechenden Anteils an den Nachlassverbindlichkeiten. Für die Ermittlung der Quote sind **Ausgleichungspflichten** und -rechte nicht zu beachten, da diese lediglich das Innenverhältnis betreffen.[146]

80 Es besteht natürlich die Gefahr, dass der einzelne Erbe letztlich weniger aus dem Nachlass erhält, als er an Gläubiger aus seinem Vermögen abführen muss. Da der Erbe den Verlust der Haftungsbeschränkungsmöglichkeit aber selbst verursacht haben wird, ist ihm dieses Risiko aufzubürden.[147]

Beispiel

A, B und C erben zu je 1/3 Anteil. Der Nachlassgläubiger hat einen Anspruch in Höhe von 120.000 EUR, der Nachlass beläuft sich auf 200.000 EUR.

a) Keiner haftet unbeschränkt und der Nachlass ist noch nicht geteilt: Das Eigenvermögen ist bei allen Erben geschützt. Alle haften als Gesamtschuldner, d.h. jeder für die vollen 120.000 EUR. ABER: Jeder haftet eben bezüglich seines Eigenvermögens nur mit seinem Anteil an der Erbengemeinschaft.
b) A haftet unbeschränkt: Alle haften als Gesamtschuldner, d.h. jeder für die vollen 120.000 EUR. A haftet auch mit seinem Eigenvermögen, aber diesbezüglich nur für 1/3 der Schuld, d.h. 40.000 EUR.

144 MüKo/*Ann*, § 2059 Rn 2.
145 Denkbar ist eine Inventarverfehlung, § 1994 Abs. 1 S. 2 BGB.
146 MüKo/*Ann*, § 2059 Rn 16.
147 Unbeschränkte Haftung entsteht in der Regel durch Inventarvergehen, siehe u.a. § 2005 BGB.

b) Nachlassverwaltung, § 1975 BGB

Gemäß § 1975 BGB beschränkt sich die Haftung aller Miterben für Nachlassverbindlichkeiten auf den Nachlass, wenn Nachlassverwaltung (oder Nachlassinsolvenz) angeordnet wurde. Die Nachlassverwaltung kann von den Erben nur gemeinschaftlich und nur vor der Teilung des Nachlasses beantragt werden, § 2062 BGB. 81

aa) Überblick

Nachlassverwaltung ist in der Regel das richtige Verfahren, wenn ein zureichender, aber unübersichtlicher Nachlass vorliegt.[148] Sie kann das Vorstadium der Nachlassinsolvenz sein, wenn sich später herausstellt, dass der Nachlass notleidend ist. Um eine Ablehnung des Antrages wegen mangelnder Masse zu vermeiden (§ 1982 BGB), rät *Rott*[149] einen die Kosten der Nachlassverwaltung deckenden Vorschuss einzuzahlen, da die Eröffnung dann analog § 26 Abs. InsO nicht abgelehnt werden könne. 82

Das Gesetz betrachtet die Nachlassverwaltung in § 1975 BGB als eine Form der Pflegschaft – das entsprechende Recht ist dann anzuwenden, wenn dies dem Zweck des Verfahrens nicht entgegensteht bzw. nichts anderes ausdrücklich geregelt ist.[150] 83

Da die Einleitung dieser Verfahren nach § 1983 BGB bekannt gemacht werden muss, werden einige Erben möglicherweise davor zurückschrecken, das Verfahren einzuleiten.[151] Schließlich wird so nach dem Tode des Erblassers bekannt, dass es um dessen Finanzen schlecht bestellt war. Reizvoll ist allerdings, dass die Haftungsbeschränkung durch Nachlassverwaltung allen Gläubigern entgegengehalten werden kann. 84

Werden diese Verfahren während eines laufenden **Prozesses** eingeleitet, wird dadurch der laufende Prozess unterbrochen (§ 241 Abs. 3 ZPO, § 1984 Abs. 1 S. 3 BGB), § 246 ZPO ist jedoch zu berücksichtigen (bestellter Prozessbevollmächtigter). 85

Ist Nachlassverwaltung angeordnet, ist den Erben gem. § 1984 Abs. 1 BGB, §§ 81, 82 InsO die Verwaltungs- und Verfügungsbefugnis über den Nachlass entzogen: Sämtliche Entscheidungen werden in die Hände des Verwalters gelegt.[152] Auch die Gläubiger müssen sich an den Verwalter wenden, § 1984 Abs. 1 S. 3 BGB.[153] Jedem Miterben steht jedoch weiterhin die Möglichkeit offen, über den eigenen Erbanteil zu verfügen.[154] 86

bb) Zuständiges Gericht

Die Zuständigkeit des Gerichts richtet sich nach §§ 1962, 1981 BGB, § 23a Abs. 2 Nr. 2 GVG, § 343 FamFG; zuständig ist das Nachlassgericht im Bezirk des letzten gewöhnlichen Aufenthaltsortes des Erblassers. Funktionell zuständig ist grundsätzlich der Rechtspfleger, §§ 3 Nr. 2c, 16 Abs. 1 Nr. 1, 14 RPflG. 87

---

148 Palandt/*Weidlich*, § 1975 Rn 2; kritisch: *Rugullis*, ZEV 2007, 117, 118, der eine trennscharfe Unterscheidung zwischen Nachlassverwaltung und -insolvenz rein nach Solvenzgesichtspunkten häufig für zu kurz gegriffen hält. Ein Plädoyer für die Nachlassverwaltung im Vergleich zur Nachlasspflegschaft bei Ausschlagung und Prätendentenstreit bei *Nöll*, ZEV 2015, 612. Empfehlung der Nachlassverwaltung für todesbedingte Unternehmenskrisen bei *Nöll/Flitsch*, ZEV 2017, 247.

149 *Rott*, BBEV 2008, 320, 321.

150 Damrau/Tanck/*Gottwald*, § 1975 Rn 2; RG, Urt. v. 4.1.1932 – IV 353/31, RGZ 135, 305, 307, wonach der Zweck insbesondere in der Befriedigung der Nachlassgläubiger zu sehen ist.

151 *Lange/Kuchinke*, § 46 IV 3).

152 Damrau/Tanck/*Gottwald*, § 1975 Rn 1.

153 *Joachim*, ZEV 2005, 99, 100.

154 *Rugullis*, ZEV 2007, 156, 157.

cc) Antragsberechtigung und Voraussetzungen

88 Die Anordnung der Nachlassverwaltung erfolgt gem. § 1981 BGB auf Antrag. Möglich ist ein Antrag durch Erben (§ 1981 Abs. 1 BGB),[155] aber auch durch Nachlassgläubiger (§ 1981 Abs. 2 BGB). Antragsberechtigt sind außerdem entsprechend § 317 InsO[156] der Testamentsvollstrecker und gem. § 2383 BGB der Erbschaftskäufer. Der Nachlasspfleger ist nicht antragsberechtigt.[157] Der Nacherbe ist nach Eintritt des Nacherbfalles antragsberechtigt.[158]

(1) Antragsrecht der Erben

89 Das Antragsrecht nach § 1981 Abs. 1 BGB steht gem. § 2062 BGB nur allen Miterben gemeinsam zu. Die Nachlassverwaltung ist anzuordnen, wenn sie beantragt wird, § 1981 Abs. 1 BGB. Indirekte Voraussetzung ist noch, dass eine die Kosten deckende Masse vorhanden bzw. eingezahlt worden ist (§ 1981 BGB).[159]

Die Beantragung kann nur bis zur Teilung des Nachlasses erfolgen, § 2062 BGB.

90 Es ist umstritten, ob die Beantragung der Nachlassverwaltung noch möglich ist, wenn einer der Erben inzwischen unbeschränkt haftet. Für ein Antragsrecht spricht, dass durch die Nachlassverwaltung die Miterben geschützt werden sollen und nicht die Nachlassgläubiger: Der Schutz der übrigen Miterben ist noch möglich.[160]

Mit der h.M. ist das Antragsrecht abzulehnen, denn gegen das Antragsrecht spricht der deutliche Wortlaut des § 2013 Abs. 1 S. 1 BGB.[161] Ein allen Nachlassgläubigern gegenüber unbeschränkt haftender Erbe kann die Nachlassverwaltung nicht mehr beantragen. Dies ist von den übrigen Mitgliedern der Erbengemeinschaft hinzunehmen. Die unbeschränkte Haftung des Miterben wird in der Regel durch ein Inventarvergehen entstanden sein. Jeder der anderen Erben hätte aber seinerseits ein Inventar errichten können, worauf die anderen Erben gem. § 2004 BGB hätten Bezug nehmen können. Geschieht dies nicht, sind die Konsequenzen von allen zu tragen.[162]

91 Ist die Erbenposition be- bzw. umstritten, stellt sich die Frage, ob Erbprätendenten den Antrag auf Nachlassverwaltung stellen dürfen.[163] Soweit ersichtlich, wurde diese Frage noch nicht entschieden. Zur Beantwortung dieser Frage sind jedoch zwei Entscheidungen des BGHs zur Nachlassinsolvenz hilfreich. Nach Annahme der Erbschaft habe der Erbe auch bei laufendem Streit über die Erbenstellung die Pflicht, die Insolvenz zu beantragen – eine Behandlung als bloß „vorläufiger" Erbe gebe das Recht nicht vor.[164] Besteht die Pflicht, beinhaltet diese nach hier vertretener Ansicht auch das Recht, den Antrag zu stellen.[165] Allerdings sieht auch der BGH, dass der Prätendent in der Praxis voraussichtlich Probleme

155 Auch die Erbeserben: Thüringer OLG, Beschl. v. 10.9.2008 – 9 W 395/08, FGPrax 2008, 253, 254.

156 Analog: Nach dem Wortlaut nur für die Eröffnung der Insolvenz, *Rott*, BBEV 2008, 320, 322.

157 BeckOGK-BGB/*Herzog*, § 1981 Rn 21.

158 BeckOGK-BGB/*Herzog*, § 1981 Rn 15.

159 BeckOK/*Lohmann*, § 1981 Rn 2.

160 Staudinger/*Marotzke*, § 2062 Rn 12; *Kipp/Coing*, § 121 II 1; *Börner*, JuS 1968, 108, 110.

161 Vgl. bspw. BeckOGK-BGB/*Herzog*, § 1981 Rn 30.

162 Im Ergebnis so: MüKo/*Ann*, § 2062 Rn 3; Palandt/*Weidlich*, § 2062 Rn 1; Soergel/*Wolf* Vorbemerkungen § 2058 Rn 3, § 2062 Rn 2; Soergel/*Wolf*, § 2063 Rn 2.

163 *Nöll*, ZEV 2015, 612, 615.

164 BGH, Urt. v. 8.12.2004 – IV ZR 199/03, ZEV 2005, 109, 110; so auch *Nöll*, ZEV 2015, 612, 615; kritisch zu dieser Entscheidung: *Marotzke*, ZEV 2005, 111; a.A. BeckOGK-BGB/*Herzog*, § 1975 Rn 137.

165 So im Ergebnis auch *Nöll*, ZEV 2005, 109, 110.

haben wird.[166] Führt man den Gedanken des BGH fort, ist nach hiesigem Verständnis jeder Beteiligte, der das Erbrecht für sich in Anspruch nimmt und die Erbschaft angenommen hat, demnach verpflichtet, den Insolvenzantrag zu stellen, wenn die Voraussetzungen vorliegen. Folgt man der Prämisse, dass man für die Vermögenspositionen, die man für sich in Anspruch nimmt, auch Verantwortung trägt, wäre dies richtig. Folgerichtig müssten dann aber auch alle Erbprätendenten berechtigt sein, einen Antrag auf Einrichtung einer Nachlassverwaltung zu stellen.[167] Hierdurch würden sie sich von der Pflicht befreien, einen Antrag auf Einleitung des Nachlassinsolvenzverfahrens zu stellen.[168] Diese läge dann gemäß § 1985 Abs. 2 BGB beim Verwalter.

Ficht der Betroffene hingegen die Versäumung der Ausschlagungsfrist an, steht ihm nach dem BGH für die Nachlassinsolvenz kein Antragsrecht zu[169] – dies ließe sich auch für die Nachlassverwaltung übernehmen. Als Lösungsweg für den von der Haftung mit dem Eigenvermögen bedrohten „Erben“ rät der BGH zur Beantragung der Nachlasspflegschaft, um auf diesem Weg entweder den wahren Erben zu finden oder letztlich zu einem Insolvenzverfahren zu gelangen.[170] Für die Nachlassverwaltung wäre dies nicht umsetzbar, da der Pfleger nach überwiegender Auffassung kein Antragsrecht für die Nachlassverwaltung hat.[171] Dies könnte gegen eine Übertragung dieser insolvenzrechtlichen Entscheidung auf die Nachlassverwaltung sprechen – es bleibt abzuwarten, wie die Gerichte diese Fälle entscheiden. 92

Die Rücknahme des Antrags auf Nachlassverwaltung ist gesetzlich nicht geregelt. Nach überwiegender Auffassung ist die Rücknahme entsprechend § 13 InsO bis zur Anordnung der Nachlassverwaltung bzw. deren Ablehnung möglich.[172] 93

(2) Antragsrecht der Nachlassgläubiger

Die Voraussetzungen für das Antragsrecht des Gläubigers sind in § 1981 Abs. 2 BGB abschließend genannt. Bei der Antragstellung durch einen Nachlassgläubiger ist der Antrag zu begründen und entsprechend glaubhaft zu machen. Es muss die Gefahr bestehen, dass durch das Verhalten oder die Vermögenslage des Erben die Befriedigung der Nachlassgläubiger gefährdet wird, § 1981 Abs. 2 S. 1 BGB. Hierbei genügt es, wenn sich die Gefahr nur aus dem Verhalten oder der Person eines Miterben ergibt.[173] Nicht ausreichend ist allerdings die fehlende Mitwirkungsbereitschaft einzelner Erben bei der Erbauseinandersetzung, sofern von diesem Verhalten nicht eine **konkrete** Gefährdung für den Nachlass ausgeht.[174] 94

---

166 BGH, Urt. v. 8.12.2004 – IV ZR 199/03, ZEV 2005, 109, 111 – hier setzt u.a. die Kritik von *Marotzke*, ZEV 2005, 111 an.

167 A.A. BeckOGK-BGB/*Herzog*, § 1975 Rn 137.

168 Palandt/*Weidlich*, § 1980 Rn 3.

169 BGH, Urt. v. 19.5.2011 – IX ZB 74/10, ZEV 2011, 544, Ls. 1.

170 BGH, Urt. v. 19.5.2011 – IX ZB 74/10, Rn 12 ff.: Dies sind die dem wahren Erben gegenüber weniger einschneidenden Maßnahmen.

171 BeckOGK-BGB/*Herzog*, § 1981 Rn 21; MüKo/*Küpper*, § 1981 Rn 4.

172 Staudinger/*Dobler*, 1981 Rn 2; Damrau/Tanck/*Gottwald*, § 1981 Rn 2; jurisPK-BGB/*Klinck*, § 1981 Rn 26; MüKo/*Küpper*, § 1981 Rn 7.

173 *Lange/Kuchinke*, § 50 IV 3. d); Damrau/Tanck/*Gottwald*, § 1981 Rn 10.

174 OLG Düsseldorf, Beschl. v. 22.3.2012 – 3 Wx 24/12, Rn 13, zit. nach juris. Alternativen für einen Miterbennachlassgläubiger bei *Böttcher*, ZEV 2012, 320.

95 Eine Gefahr aus dem Verhalten des Miterben ist bspw. bei Verschleuderung von Nachlassgegenständen zu bejahen.[175] Eine schlechte Vermögenslage des Erben liegt vor, wenn zu befürchten ist, dass Eigengläubiger auf den Nachlass zugreifen.[176]

Auch für Nachlassgläubiger ist nach der Teilung des Nachlasses die Beantragung der Nachlassverwaltung nicht mehr möglich.

Bei bestehender verwaltender Testamentsvollstreckung ist das Antragsrecht der Nachlassgläubiger teilweise umstritten. Die schlechte Vermögenslage des Erben kommt als Antragsgrund wohl nur dann in Betracht, wenn die Testamentsvollstreckung beinah beendet ist.[177] Ob das Verhalten des Testamentsvollstreckers dem Verhalten des Erben gleich steht, bzw. diesem zuzurechnen ist, ist umstritten. Nach überwiegender Auffassung kann das Verhalten dem Erben jedoch nur zugerechnet werden, wenn der Erbe nicht alle Schutzmaßnahmen gegen das Verhalten des Testamentsvollstreckers ergreift.[178]

dd) Antragsfrist

96 Nach § 1981 Abs. 2 S. 2 BGB können Nachlassgläubiger den Antrag auf Einleitung des Nachlassverwaltungsverfahrens nicht mehr stellen, wenn seit der Annahme der Erbschaft zwei Jahre verstrichen sind. Die Erben können den Antrag jederzeit stellen.[179] Bestand verwaltende Testamentsvollstreckung, wird vorgeschlagen, dass die Frist erst dann beginnt, wenn die Testamentsvollstreckung abgeschlossen ist.[180]

ee) Weiteres Verfahren

97 Über die Person des Verwalters entscheidet das Gericht nach den Grundsätzen, die für die Pflegschaft gelten, §§ 1779, 1915, 1960 BGB. Es hat dabei sein Ermessen pflichtgemäß auszuüben.[181] Das Gericht kann auch den Testamentsvollstrecker zum Verwalter ernennen. Wegen der drohenden Interessenkonflikte wird es von der Bestellung eines Miterben zum Nachlassverwalter absehen. Gemäß § 1987 BGB ist die Tätigkeit des Verwalters zu vergüten. Festgesetzt wird die Vergütung durch das Nachlassgericht.[182] Zusätzlich besteht noch ein Anspruch gegen die Erbengemeinschaft auf Ersatz von Aufwendungen.[183]

98 Der Nachlassverwalter ist berechtigt und verpflichtet, den Nachlass in Besitz zu nehmen, §§ 1985, 1986 BGB. Hierbei darf er nicht eigenmächtig vorgehen, da dies verbotene Eigenmacht wäre.[184] Wie genau der Nachlassverwalter aber vorgehen darf bzw. muss, ist umstritten. Die wohl herrschende Meinung verweist den Verwalter auf den Klageweg (Herausgabeklage), der Anordnungsbeschluss der Nachlassverwaltung sei kein Vollstreckungstitel nach

---

175 Palandt/*Weidlich*, § 1981 Rn 3; BayObLG, Beschl. v. 13.3.2002 – 1 Z BR 57/01, NJW-RR 2002, 871, 871 (Prüfung bzgl. eines Inventars und ob sich aus der Erstellung des Inventars eine Nachlässigkeit ergibt, wegen der die Anordnung der Nachlassverwaltung angezeigt ist).

176 Damrau/Tanck/*Gottwald*, § 1981 Rn 10.

177 *Storz*, ZEV 2010, 549, 550.

178 Vgl. zu dieser Frage *Storz*, ZEV 2010, 549, 550 m.w.N. und BeckOGK-BGB/*Herzog*, § 1981 Rn 45, 45.1.

179 Staudinger/*Dobler*, § 1981 Rn 10.

180 So *Storz*, ZEV 2010, 549, 551.

181 Palandt/*Weidlich*, § 1981 Rn 5.

182 MüKo/*Küpper*, § 1987 Rn 3.

183 MüKo/*Küpper*, § 1987 Rn 4.

184 BeckOGK-BGB/*Herzog*, § 1985 Rn 7.

§ 794 Abs. 1 Nr. 3 ZPO und lehnt eine Analogie nach § 148 InsO ab.[185] Auch das Nachlassgericht sei nicht befugt, die Herausgabe von Gegenständen an den Verwalter anzuordnen.[186] Im Rahmen der Verwaltung darf er nur Handlungen betreffend den Nachlass vornehmen, womit ihm eine **Nachlassteilung** nicht möglich ist. Ein Zugriff auf das Vermögen der Erben ist ihm verwehrt.[187]

Die Nachlassverwaltung endet gem. § 1988 BGB mit der Eröffnung des Nachlassinsolvenzverfahrens[188] oder durch Aufhebungsbeschluss, § 38 FamFG. Ein Aufhebungsbeschluss ist u.a. dann durch das Nachlassgericht zu erlassen, wenn die Kosten der Verwaltung nicht gedeckt werden, § 1988 Abs. 2 BGB oder wenn alle Nachlassgläubiger befriedigt sind und der Überschuss herausgegeben ist, § 1986 Abs. 1 BGB. 99

Nach § 48 FamFG ist für die Aufhebung eines Antragsverfahrens grundsätzlich wiederum ein Antrag erforderlich. Dies steht im Fall der Zweckerreichung im Widerspruch zur Regelung des § 1919 BGB, wonach eine Pflegschaft aufzuheben ist, wenn der Grund für die Anordnung weggefallen ist. § 1919 BGB ist auf die Nachlassverwaltung anwendbar, da es sich nach § 1975 BGB um einen Fall der Pflegschaft handelt. In Rechtsprechung und Literatur wurde und wird diskutiert, wer den Aufhebungsantrag stellen muss und ob ein solcher in allen Fällen erforderlich ist. 100

Nach divergierenden Entscheidungen von Oberlandesgerichten[189] hat der BGH entschieden, dass es genügt, wenn ein am Ausgangsverfahren materiell Beteiligter den Aufhebungsantrag stellt, so bspw. ein Miterbe.[190] Ausdrücklich nicht entschieden wurde die Frage, ob das Nachlassgericht die Nachlassverwaltung auch von Amts wegen aufheben darf, bspw. wenn verfahrensfremde Zwecke verfolgt werden.[191] Dem steht der Wortlaut des § 48 FamFG entgegen,[192] § 1919 BGB spricht dafür.[193] Es bleibt abzuwarten, wie sich der BGH zu dieser Frage entscheiden wird.

Wird die Nachlassverwaltung mangels Masse aufgehoben, so ist die Erhebung der Einrede nach §§ 1990, 1991 BGB möglich.[194] 101

c) Nachlassinsolvenz

Das Nachlassinsolvenzverfahren kann gem. § 320 InsO durchgeführt werden bei 102
- Zahlungsunfähigkeit
- Überschuldung sowie bei
- Antragstellung durch Erbe, Nachlasspfleger (auch Nachlassverwalter) oder Testamentsvollstrecker auch bei lediglich drohender Zahlungsunfähigkeit, § 320 InsO.

---

185 Vgl. bspw. Palandt/*Weidlich*, § 1985 Rn 5; BeckOGK-BGB/*Herzog*, § 1985 Rn 7; MüKo/*Küpper*, § 1985 Rn 3; Staudinger/*Döbler*, § 1985 Rn 13; a.A. *Nöll/Flitsch*, ZEV 2017, 247, 250.

186 MüKo/*Küpper*, § 1985 Rn 3; Palandt/*Weidlich*, § 1985 Rn 5; BeckOGK-BGB/*Herzog*, §1985 Rn 7.

187 RG, Urt. v. 6.12.1909 – Rep. VI 215/09, RGZ 72, 260, 260.

188 Zu Konkurrenzproblemen zwischen Nachlassverwaltung und -insolvenz: *Rugullis*, ZErb 2008, 35.

189 Vgl. bspw. OLG Celle, Urt. v. 21.7.2016 – 6 W 92/16; OLG Köln, Urt. v. 3.11.2014 – I-2 Wx 315/13.

190 BGH, Urt. v. 5.7.2017 – IV ZB 6/17, Rn 11, zit. nach juris.

191 BGH, Urt. v. 5.7.2017 – IV ZB 6/17, Rn 5, zit. nach juris.

192 So bspw., OLG Köln, Beschl. v. 3.11.2014 – I-2 Wx 315/14 Rn 11, zit. nach juris.

193 So bspw. Damrau/Tanck/*Gottwald*, § 1988 Rn 5; jurisPK-BGB/*Klinck*, § 1988 Rn 5.1 unter Aufgabe bisheriger Auffassung; OLG Hamm, Beschl. v. 12.1.2017 – I-15 W 237/16, Rn 11 f.; wohl auch OLG Düsseldorf, Beschl. v. 8.8.2016 – I-3 Wx 38/16, Rn 13 ff.; zit. nach juris; MüKo/*Küpper*, § 1988 Rn 4 mit Einschränkungen.

194 Palandt/*Weidlich*, § 1988 Rn 2.

Die Verwaltungs- und Verfügungsbefugnis geht nach § 80 InsO auf den Insolvenzverwalter über.

Eine etwa bestehende Nachlassverwaltung endet gemäß § 1988 Abs. 1 BGB mit der Eröffnung des Insolvenzverfahrens. Eine Nachlasspflegschaft wird nicht automatisch beendet.[195] Auch eine Testamentsvollstreckung bleibt bestehen, unterliegt aber Beschränkungen, da die Verwaltungs- und Verfügungsbefugnis beim Insolvenzverwalter liegt.[196] Der Testamentsvollstrecker verwaltet damit im Wesentlichen noch die unpfändbaren Gegenstände, die nach § 35 InsO nicht in die Masse fallen und macht die Rechte der Erben gegen den Insolvenzverwalter geltend.[197]

103 Ein laufender Prozess wird unterbrochen, wenn ein Insolvenzverfahren eingeleitet wird, §§ 240, 241 Abs. 3 ZPO, § 1984 Abs. 1 S. 3 BGB.[198] Die Prozessführungsbefugnis geht gem. § 1984 Abs. 1 S. 1, 3 BGB, § 80 Abs. 1 InsO auf ihn über.

104 War bereits zu Lebzeiten des Erblassers ein Insolvenzverfahren über dessen Vermögen eröffnet, wird es grundsätzlich in der Form der Nachlassinsolvenz fortgeführt.[199]

aa) Zuständiges Gericht

105 Zuständiges Gericht ist **ausschließlich** das Amtsgericht als Insolvenzgericht[200] am allgemeinen Gerichtsstand des Erblassers, § 315 InsO. Eine Ausnahme gilt nach § 315 S. 2 InsO für den Fall, dass der Mittelpunkt der selbstständigen wirtschaftlichen Tätigkeit des Erblassers an einem anderen Ort lag (ausschließlicher Gerichtsstand).

bb) Antragsberechtigung und -form

106 Antragsberechtigt sind nach § 317 Abs. 1 InsO Erben, Nachlasspfleger,[201] Nachlassverwalter, Nachlassgläubiger und Testamentsvollstrecker.

Jeder Miterbe ist zur Beantragung der Nachlassinsolvenz nach § 1980 Abs. 1 S. 1 BGB **verpflichtet**, sobald er von der Zahlungsunfähigkeit oder der Überschuldung des Nachlasses Kenntnis erlangt hat. Die Antragstellung hat unverzüglich (§ 121 BGB) zu erfolgen. Anderenfalls schulden die Erben den Nachlassgläubigern Schadensersatz nach § 1980 Abs. 1 S. 2 BGB. Gleiches gilt nach § 1985 Abs. 2 BGB für den Nachlassverwalter. Anders ist dies für den Nachlasspfleger und den verwaltenden Testamentsvollstrecker – ihnen steht lediglich das Recht nach § 317 InsO zu, allerdings besteht keine Pflicht den Gläubigern gegenüber.[202] Ggf. haften sie jedoch den Erben.[203]

---

195 OLG Stuttgart, Beschl. v. 23.4.2012 – 8 W 136/12, Rn 10, zit. nach juris.

196 Bengel/Reimann/*Reimann/J. Klinger*, § 7 Rn 42.

197 *Isekeit/Weiß*, ZErb 2016, 249, 252; Bengel/Reimann/*Reimann/J. Klinger*, § 7 Rn 42.

198 LG Karlsruhe, Beschl v. 21.2.2014 – 20 T 19/13, Rn 14, zit. nach juris: Bei unbeschränkter Erbenhaftung tritt keine Unterbrechung des Verfahrens ein.

199 BGH, Beschl. v. 21.2.2008 – IX ZB 62/05, ZEV 2008, 350; Andres/*Leithaus-Andres*, § 316 Rn 7; vgl. *Busch*, ErbR 2012, 358, 364 zur Frage, ob eine Restschuldbefreiung für den Erben möglich ist.

200 § 2 InsO – also nicht das Nachlassgericht.

201 Zu den Anforderungen an den Antrag des Nachlasspflegers: BGH, Beschl. v. 12.7.2007 – IX ZB 82/04, ZErb 2007, 385, zit. nach juris.

202 Palandt/*Weidlich*, § 1970 Rn 3.

203 Vgl. m.w.N. BeckOGK-BGB/*Herzog*, § 1980 Rn 32 ebenso für die Zurechnung zum Erben sowie BGH, Urt. v. 8.12.2004 – IV ZR 199/03.

Vor Annahme der Erbschaft besteht keine Antragspflicht des Erben.[204] Hat der Erbe die Erbschaft angenommen, besteht eine Antragspflicht nach Ansicht des BGHs auch dann, wenn um sein Erbrecht gestritten wird.[205] Gleichzeitig führt das Gericht aber aus, dass dieser Erbe dem Insolvenzgericht wie ein bloßer Erbprätendent erscheinen kann, weswegen er „*kaum in der Lage sein* [dürfte[206]], *ein Insolvenzverfahren in Gang zu setzen, weil es nicht Aufgabe des Insolvenzgerichts ist, die Erbenstellung zu klären.*“[207] Auch Kommentierungen, die die Pflicht zur Antragstellung nur dem **endgültigen** Erben aufbürden,[208] helfen nicht weiter, da es zum Zeitpunkt der notwendigen Antragstellung gerade nicht klar ist, wer das nun ist. 107

Scheinbar entläßt der BGH den Erben wieder aus der Pflicht, wenn das Insolvenzgericht den Antrag mangels Antragsbefugnis wegen der bestrittenen Erbenstellung zurückweisen würde.[209] Aber muss der Erbe diesen Antrag tatsächlich stellen, um mit der Zurückweisung sicher der Haftung entgehen zu können? Als Berater wird man sicherheitshalber wohl zu diesem Schritt raten müssen.[210] Das Insolvenzgericht sähe sich sodann Anträgen aller Prätendeten ausgesetzt, die sicherheitshalber einen Antrag stellen. *Marotzke* verweist darauf, den Nachlasspfleger zu informieren[211] – aber nicht immer besteht eine Nachlasspflegschaft.

Durch die Entscheidung vervielfachen sich nach hiesiger Ansicht potentiell die zur Antragstellung verpflichteten Personen. In der Regel wird jeder weitere Erbprätendent die Erbschaft angenommen haben und ist dann nach der Argumentation des BGH zur Antragstellung grundsätzlich verpflichtet und könnte bzw. müsste vorsichtshalber einen Antrag an das Insolvenzgericht stellen. 108

Nach hier vertretener Ansicht ist der Entscheidung des BGH dennoch beizupflichten. Beansprucht eine Person eine Vermögensposition, sollte sie sich auch um diese kümmern. Fehlen dem Betreffenden die notwendigen Kenntnisse über den Nachlass und kann er sich diese bspw. mangels Nachweis der Erbenstellung auch nicht besorgen, könnten diese Fälle über die subjektiven Voraussetzungen bei der Haftung geklärt werden. Zudem besteht die Möglichkeit der Lösung des Problems über eine Nachlassverwaltung. Mit Anordnung der Nachlassverwaltung endet die Antragspflicht des Erben.[212] Entsprechend sollte auch dem Erbprätendenten das Recht auf Beantragung der Nachlassverwaltung zugebilligt werden.

Ficht der Betroffene hingegen die Versäumung der Ausschlagungsfrist an, steht ihm nach dem BGH kein Antragsrecht zu.[213] 109

Im Gegensatz zum Antrag auf Nachlassverwaltung kann der Antrag auf Nachlassinsolvenz von jedem Miterben gestellt werden, § 317 Abs. 2 InsO, wobei dieser den Eröffnungsgrund 110

---

204 BGH, Urt. v. 8.12.2004 – IV ZR 199/03, Rn 14, zit. nach juris.

205 BGH, Urt. v. 8.12.2004 – IV ZR 199/03, Rn 13, zit. nach juris; krit. BeckOGK-BGB/*Herzog*, § 1980 Rn 25.3; *Marotzke*, ZEV 2005, 111 f.

206 Einschub der Autorin.

207 BGH, Urt. v. 8.12.2004 – IV ZR 199/03, Rn 23, zit. nach juris.

208 Burandt/Rojahn/*Neubauer*, InsO, § 317 Rn 3.

209 BGH, Urt. v. 8.12.2004 – IV ZR 199/03, Rn 23, zit. nach juris. Auch für eine Einschränkung der Antragspflicht: *Marotzke*, ZEV 2005, 109, 111 f.; BeckOGK-BGB/*Herzog*, § 1980 Rn 25.3; *Isekeit/Weiß*, ZErb 2016, 249, 250 gehen sogar von fehlendem Antragsrecht aus.

210 So auch BeckOGK-BGB/*Herzog*, § 1980 Rn 25.3.

211 *Marotzke*, ZEV 2005, 109, 111 f.

212 Palandt/*Weidlich*, § 1980 Rn 3.

213 BGH, Urt. v. 19.5.2011 – IX ZB 74/10, ZEV 2011, 544, Ls. 1.

glaubhaft machen muss.[214] Die übrigen Mitglieder der Erbengemeinschaft werden zwar gem. § 317 Abs. 2 S. 2 InsO angehört, ein Zustimmungserfordernis besteht im Interesse einer zügigen Einleitung des Verfahrens jedoch nicht.

111 Das Nachlassgericht kann die Nachlassinsolvenz nicht beantragen.[215]

112 Der Antrag muss nach §§ 13, 317 InsO schriftlich gestellt werden. § 13 InsO enthält zudem weitere Vorgaben für den Inhalt des Antrages. Ein Formular nach § 13 Abs. 4 InsO liegt bislang nach hiesiger Kenntnis nicht vor. Aus der Literatur wird daher auf das Formular der Justizverwaltung NRW verwiesen.[216]

113 Für nur einen überschuldeten Erbteil ist die Durchführung eines Nachlassinsolvenzverfahrens nicht möglich, § 316 Abs. 3 InsO.

cc) Antragsfrist

114 Nachlassgläubiger haben die Zwei-Jahres-Frist des § 319 InsO zu berücksichtigen. Sie beginnt erst zu laufen, wenn sämtliche Erben die Erbschaft angenommen haben.[217] Darüber hinaus ist der Antrag nicht fristgebunden.[218]

dd) Voraussetzungen

115 Erforderlich sind das Vorliegen von Überschuldung (§ 19 InsO) oder Zahlungsunfähigkeit (§ 17 InsO). In der Regel genügt auch die drohende Zahlungsunfähigkeit, § 320 S. 2 InsO (§ 18 InsO). Lediglich bei Antrag eines **Gläubigers** muss feststehen, dass Zahlungsunfähigkeit gegeben ist. Maßgeblicher Zeitpunkt ist die Entscheidung über den Eröffnungsantrag.[219]

Zudem müssen die Kosten des Verfahrens nach § 54 InsO gedeckt sein.[220]

ee) Weiteres Verfahren

116 Für das Nachlassinsolvenzverfahren besteht die folgende Rangfolge zur Begleichung von Verbindlichkeiten.[221]

1. Massegläubiger, §§ 324 Abs. 1, 53, 54, 55 InsO[222]
2. Nachrangige Insolvenzgläubiger nach § 39 Abs. 1 Nr. 1–5 InsO (die Reihenfolge der Befriedigung ist durch die Nummerierung vorgegeben)
3. Nachrangige Gläubiger aufgrund Vereinbarung, § 39 Abs. 2 InsO
4. Nach Durchführung eines Gläubigeraufgebotes ausgeschlossene und von der Verschweigenseinrede betroffene Gläubiger, § 327 Abs. 3 InsO

---

214 Damrau/Tanck/*Gottwald*, § 1975 Rn 6.
215 BGH, Beschl. v. 18.2.2009 – IX ZB 29/09, Rn 3; zit. nach juris.
216 *Isekeit/Weiß*, ZErb 2016, 249 mit Link in Fn 8.
217 Andres/*Leithaus-Andres*, §§ 317–319 Rn 7.
218 *Isekeit/Weiß*, ZErb 2016, 249, 250.
219 BeckOGK-BGB/*Herzog*, § 1980 Rn 16; *Roth*, ZInsO 2009, 2265.
220 *Isekeit/Weiß*, ZErb 2016, 249, 252.
221 Siehe auch *Graf*, ZEV 2000, 125, 127.
222 Dies sind gem. § 54 InsO vor allem Kosten des Nachlassinsolvenzverfahrens, und die Kosten der Verwertung, Verwaltung und Verteilung der Masse.
Von den sonstigen Masseverbindlichkeiten (§ 55 InsO) sind noch nicht abgewickelte zweiseitige Verträge und Bereicherungsschulden zu nennen. § 324 InsO enthält zusätzlich eine Liste von Verbindlichkeiten, die ebenfalls Masseschulden sind. Diese haben bei Unzulänglichkeit des Nachlasses allerdings einen schlechteren Rang, §§ 324 Abs. 2, 203 Abs. 1 Nr. 3 InsO.

5. Pflichtteilsgläubiger, § 327 Abs. 1 InsO
6. Vermächtnisgläubiger und Begünstigte aus Auflagen, § 327 Abs. 1 InsO.

Gemäß § 325 InsO können ausschließlich Nachlassverbindlichkeiten geltend gemacht werden. 117

Das Insolvenzverfahren erstreckt sich gem. § 35 InsO auf das zur Zeit der Eröffnung des Verfahrens vorhandene Vermögen des Nachlasses. Erfasst sind auch durch Surrogation erlangte Vermögensbestandteile. Als Insolvenzgläubiger sind die in § 38 InsO genannten Gläubiger erfasst; eine Erweiterung auf Gläubiger von nach Eröffnung des Insolvenzverfahrens entstandenen Verbindlichkeiten („Neugläubiger") nach § 325 InsO findet nicht statt.[223] 118

Wurden Pflichtteilsansprüche, Vermächtnisse oder Auflagen noch vor Eröffnung der Insolvenz erfüllt, kann dies nach § 322 InsO angefochten werden. Da den Gläubigern dieser Ansprüche insgesamt eine schlechte Position im Insolvenzverfahren zusteht (§ 327 InsO), ist dies konsequent.[224] 119

ff) Gleichzeitige private Insolvenz

Wird einer der Miterben parallel zum Nachlassinsolvenzverfahren auch privat insolvent, laufen diese beiden Verfahren getrennt voneinander.[225] Zu Vermischungen kann es nicht kommen, das Eigenvermögen des Erben ist vom Nachlassvermögen von Beginn an getrennt. Durch die Trennung der beiden Insolvenzverfahren können die Eigengläubiger des Erben nicht auf den Nachlass zugreifen und auch das Eigenvermögen des Erben ist vor dem Zugriff der Nachlassgläubiger geschützt. 120

gg) Beendigung des Verfahrens

Das Insolvenzverfahren wird gem. §§ 196, 200 InsO durch Schlussverteilung oder gem. § 258 InsO nach Bestätigung des Insolvenzplans beendet. Außerdem besteht natürlich die von § 1990 BGB vorausgesetzte Möglichkeit der Einstellung des Verfahrens mangels kostendeckender Masse, § 207 InsO.[226] Schließlich kann gem. § 213 InsO mit Zustimmung aller „angemeldeten" Insolvenzgläubiger das Verfahren eingestellt werden. 121

Haftungsrechtlich ist es den Erben nach der Teilung des Nachlasses möglich, sich auf § 2060 Nr. 3 BGB zu beziehen. Außerdem können die Erben nach der Durchführung des Insolvenzverfahrens den am Nachlassinsolvenzverfahren nicht beteiligten Gläubigern die Einrede nach §§ 1989, 1973 BGB entgegenhalten. Danach haften die Erben diesen Gläubigern wie Gläubigern, die im Rahmen des Aufgebots ausgeschlossen wurden.[227] Wird das Insolvenzverfahren mangels Masse eingestellt bzw. abgewiesen, entfaltet der entsprechende Beschluss Tatbestandswirkung im Hinblick auf die Erhebung der Einrede nach § 1990 Abs. 1 S. 1 BGB.[228] Der Erbe muss sich daher nur auf §§ 1989, 1990 BGB berufen, nicht aber weitergehend vortragen.[229]

---

223 BGH, Urt. v. 26.9.2013 – IX ZR 3/13, ErbR 2014, 227, 228.

224 Überlegungen zum Umgang mit Pflichtteils- und Pflichtteilsergänzungsberechtigten bei *Mylich*, ZEV 2016, 669.

225 Andres/*Leithaus-Andres*, vor §§ 315–331 Rn 12.

226 Mit der Frage, inwiefern eine bereits gezahlte Testamentsvollstreckervergütung zur Finanzierung des Insolvenzverfahrens einberechnet werden kann, beschäftigt sich *Floeth*, ZErb 2013, 199.

227 Palandt/*Weidlich*, § 1989 Rn 1.

228 So die h.M., vgl. MüKo/*Küpper*, § 1990 Rn 3.

229 Andres/*Leithaus-Andres*, vor §§ 315–331 Rn 6.

d) Aufgebotsverfahren, §§ 1970 ff. BGB

122 Gemäß § 1970 BGB können die Erben ein Aufgebotsverfahren bezüglich möglicher Nachlassgläubiger durchführen. Das Aufgebotsverfahren hat zur Folge, dass diejenigen Gläubiger, die durch das Aufgebotsverfahren zur Anmeldung ihrer Forderungen aufgefordert wurden und sich nicht gemeldet haben, gem. § 1973 BGB ausgeschlossen werden. Das bedeutet, dass die Forderungen der ausgeschlossenen Gläubiger nur noch aus dem Nachlass, bzw. dem, was davon übrig ist, beglichen werden müssen.[230] Ist der Nachlass unzureichend, gehen diese Gläubiger leer aus.

123 Ist die Forderung nicht im Ausschließungsbeschluss aufgeführt, führt dies nicht zum Erlöschen der Forderung.[231] Andererseits besagt die Aufnahme einer Forderung in den Ausschließungsbeschluss nichts über das Bestehen der Forderung,[232] da es nicht Aufgabe des Gerichts im Aufgebotsverfahren ist, dies zu prüfen.[233] Im Nachlassinsolvenzverfahren werden die Forderungen der ausgeschlossenen Gläubiger nachrangig bedient, § 327 Abs. 3 InsO.[234]

124 Für die Dauer des Aufgebotsverfahrens steht den Erben außerdem die Einrede des Aufgebotsverfahrens nach § 2015 BGB zu, sofern der Antrag innerhalb eines Jahres nach der Annahme der Erbschaft gestellt und zugelassen wurde. Die Zulassung des Antrages[235] muss nicht binnen Jahresfrist erfolgen.[236]

125 Miterben können den Aufschub der Auseinandersetzung der Erbengemeinschaft bis zur Beendigung des Aufgebotsverfahrens verlangen, § 2045 BGB.

126 Die verfahrensrechtlichen Vorgaben für das Aufgebotsverfahren befinden sich in §§ 433 ff. FamFG und speziell in §§ 454 ff. FamFG. Die Aufforderung an die Gläubiger erfolgt durch öffentliche Bekanntmachung, § 435 FamFG.

aa) Drohende Haftung

127 Um der Haftung nach § 1980 BGB zu entgehen, werden die Erben geradezu gezwungen, das Aufgebotsverfahren durchzuführen. § 1980 Abs. 2 S. 1 BGB stellt die fahrlässige Unkenntnis der Kenntnis von Zahlungsunfähigkeit und Überschuldung gleich. Dabei setzt § 1980 Abs. 2 S. 2 BGB fest, dass es insbesondere dann als fahrlässig zu bewerten ist, wenn das Aufgebotsverfahren nicht eingeleitet wurde, obwohl Grund zur Annahme bestand, dass unbekannte Nachlassverbindlichkeiten bestehen. Vorsichtshalber ist also das Aufgebotsverfahren durchzuführen. Der beratende Rechtsanwalt sollte zur Vermeidung seiner Haftung vor allem auch im Hinblick auf das Haftungsprivileg für Miterben in § 2060 Nr. 1 BGB auf das Aufgebotsverfahren hinweisen.[237]

---

230 *Herzog*, ErbR 70, 74.
231 *Holzer*, ZEV 2014, 583, 584; BeckOGK-BGB/*Herzog*, § 1970 Rn 44.
232 Vgl. OLG Frankfurt, Beschl. v. 26.5.2017 – 21 W 51/17, Rn 19, zit. nach juris.
233 OLG Düsseldorf, Beschl. v. 28.4.2017 – I-3 Wx 75/17, Rn 7; jurisPK-BGB/*Klinck*, § 1970 Rn 30, 32.
234 BeckOK-BGB/*Lohmann*, 1970 Rn 15.
235 BeckOGK-BGB/*Herzog*, § 2015 Rn 26: Zulassung = Erlass des Aufgebotsbeschlusses.
236 MüKo/*Küpper*, § 2015 Rn 2.
237 *Klinger*/*Ruby*, NJW-Spezial 2005, 61.

bb) Zuständiges Gericht

Zuständiges Gericht für die Antragstellung ist das Amtsgericht des für den Erbfall zuständigen Nachlassgerichtes (§ 23a Abs. 2 Nr. 7 GVG; § 454 Abs. 2 FamFG). Ob aber das Nachlassgericht zuständig ist, ist dem Gesetzestext nicht eindeutig zu entnehmen. Teilweise wird das Nachlassgericht,[238] teilweise die Zivilabteilung[239] für zuständig gehalten. Auch nach hier vertretener Ansicht spricht der Wortlaut von § 454 Abs. 2 FamFG für die Zivilabteilung. 128

cc) Antragserfordernis und -berechtigung

Erforderlich ist ein Antrag, § 434 Abs. 1 FamFG. Diesem ist eine Liste der bekannten Gläubiger beizufügen, § 456 FamFG. Das Gericht kann verlangen, dass diese Angaben eidesstattlich versichert werden, § 439 FamFG. 129

Antragsberechtigt ist gem. § 455 Abs. 1 FamFG jeder Miterbe für sich. Der Antrag eines Miterben kommt allen anderen Miterben zustatten, § 460 Abs. 1 FamFG. Haftet der beantragende Miterbe bereits unbeschränkt, so kann er entgegen § 455 FamFG einen Antrag nach § 460 Abs. 2 FamFG stellen („kleines (beschränktes) Aufgebotsverfahren“[240]). Für den unbeschränkt haftenden Erben hat dies Einfluss auf seine Haftung nach der Teilung des Nachlasses nach § 2060 Nr. 1 BGB.[241] Auch mehrere Anträge nebeneinander sind zulässig.[242] 130

Die Antragsbefugnis besteht für Erben – die Erbenstellung muss wahrscheinlich sein.[243] Es genügt, dass der Antragsteller seine Erbenstellung schlüssig darlegt und sich keine durchgreifenden Zweifel an der Erbenstellung ergeben.[244] 131

Ist das Erbe noch nicht angenommen, dürfen Erben und Testamentsvollstrecker den Antrag gem. § 445 Abs. 2 FamFG noch nicht stellen.[245] 132

Ein weiteres Antragsrecht ist dem verwaltenden Nachlasspfleger, entsprechend dem Nachlassverwalter und auch dem verwaltenden Testamentsvollstrecker eingeräumt, § 455 Abs. 2 FamFG. Da das Aufgebotsverfahren auch dazu dienen soll, dem Nachlassverwalter und dem Testamentsvollstrecker die zur Verwaltung erforderlichen Unterlagen zugänglich zu machen, haben sie auch dann ein Antragsrecht, wenn einer der Miterben bereits unbeschränkbar haftet.[246] 133

dd) Weiteres Verfahren

Wird dem Antrag stattgegeben, so wird gem. § 434 Abs. 2 FamFG das Aufgebot erlassen. Die inhaltlichen Anforderungen an das Aufgebot enthält § 434 FamFG.[247] Das Aufgebot ist öffentlich bekannt zu machen, § 435 FamFG.[248] 134

---

238 *Keidel/Zimmermann*, § 454 Rn 7; Damrau/Tanck/*Gottwald*, § 1970 Rn 4.

239 BeckOGK-BGB/*Herzog*, § 1970 Rn 51; Staudinger/*Dutta*, § 1970 Rn 3; wohl auch jurisPK-BGB/*Klinck*, § 1970 BGB Rn 23; OLG Hamm, Beschl. v. 2.12.2011 – I 15 W 384/11, Rn 6, zit. nach juris.

240 BeckOK-FamFG/Hahne/Schlögel/Schlünder-*Schlöger*, 25. Edition, § 460 Rn 3; zustimmend BeckOGK-BGB/*Herzog*, § 1970 Rn 58; MüKo/*Küpper*, § 1970 Rn 3.

241 BeckOK-FamFG/Hahne/Schlögel/Schlünder-*Schlöger*, 25. Edition, § 460 Rn 3.

242 OLG München, Beschl. v 8.6.2015 – 34 Wx 163/15, Rn 10 ff.: Folgen und m.w.N., zit. nach juris.

243 OLG Hamm, Beschl. v. 2.12.2011 – I-15 W 384/11, Rn 8, zit. nach juris.

244 OLG Hamm, Beschl. v. 2.12.2011 – I-15 W 384/11, Rn 8, zit. nach juris.

245 Anders der Nachlasspfleger.

246 Palandt/*Weidlich*, § 1970 Rn 2; MüKo/*Küpper*, § 1970 Rn 3. Der Testamentsvollstrecker hat ein eigenes Recht neben dem Erben: OLG Frankfurt/Main, Beschl. v. 26.5.2017 – 21 W 51/17, Rn 13, zit. nach juris.

247 Siehe hierzu OLG Frankfurt/Main, Beschl. v. 6.3.2018 – 20 W 360/16, Rn 26 f., zit nach juris.

248 Es wird also an der Gerichtstafel ausgehängt und im Bundesanzeiger veröffentlicht.

135 Im Aufgebot ist den Gläubigern gem. § 458 FamFG anzudrohen, dass sie sich nur noch aus einem evtl. Nachlassüberschuss befriedigen können, sofern sie sich nicht melden. Zusätzlich ist nach § 460 Abs. 1 S. 2 FamFG anzudrohen, dass die Miterben nach der Teilung nur für den ihrem Erbteil entsprechenden Anteil der Nachlassverbindlichkeit haften, sofern keine Anmeldung der Forderung erfolgt (siehe hierzu § 2060 Nr. 1 BGB).

136 Die Gläubiger haben sodann die Möglichkeit, ihre Forderungen bis zum im Beschluss genannten Anmeldezeitpunkt anzumelden, spätestens jedoch bis zum Erlass des Ausschließungsbeschlusses, § 438 FamFG. Wann der Beschluss erlassen ist, war umstritten. Der BGH hat sich für die Legaldefinition des § 38 Abs. 3 S. 3 FamFG entschieden, wonach der Beschluss erlassen ist, sobald er in fertig abgefasster und unterschriebener Form an die Geschäftsstelle zur Bekanntgabe übergeben worden ist.[249] Die Anmeldung hat zwingend gegenüber dem Gericht zu erfolgen. Anforderungen an die Anmeldung selbst enthält § 459 FamFG.

In Literatur und Rechtsprechung ist umstritten, ob alle Miterben und damit auch ein evtl. antragstellender Miterbe ihre Forderungen anmelden müssen.[250] Sicherheitshalber sollte nach hier vertretener Auffassung jedem Miterben hierzu geraten werden.

137 Das Aufgebotsverfahren wird beendet durch den Ausschließungsbeschluss, welcher für die Erben im Rahmen der Erschöpfungseinrede des § 1973 BGB wichtig ist.

138 Hat ein Gläubiger den Zeitpunkt zur rechtzeitigen Anmeldung nach § 438 FamFG versäumt, kann er nach einer Entscheidung des BGHs keine Wiedereinsetzung in den vorigen Stand beantragen.[251] Entgegen einer in der Literatur geäußerten Auffassung würde eine Wiedereinsetzung in die versäumte Aufgebotsfrist dem Sinn und Zweck des Verfahrens widersprechen und auch die Gesetzesmaterialien ließen keinen entsprechenden Rückschluss zu.[252]

139 Wird zwischenzeitlich ein Nachlassinsolvenzverfahren eingeleitet, beendet dies gem. § 457 FamFG das Aufgebotsverfahren, nach überwiegender Auffassung ist ein entsprechender Beschluss zu erlassen.[253]

ee) Nicht erfasste Gläubiger

140 Vom Aufgebotsverfahren nicht erfasst[254] sind gem. § 1972 BGB die Gläubiger von Pflichtteilsrechten, Vermächtnissen[255] und Auflagen. Sie können also durch ein Aufgebotsverfahren nicht ausgeschlossen werden.[256] Eine Ausnahme hiervon enthält § 2060 Nr. 1 BGB: **Nach**

249 BGH, Beschl. v. 5.10.2016 – IV ZB 37/15, Rn 16, zit. nach juris.

250 Vgl. bspw. MüKo/*Küpper*, § 1972 Rn 7 (dort m.w.N. für alle vertretenen Auffassungen in Fn 4); OLG Düsseldorf, Urt. v. 24.1.2012 – I-3 Wx 301/11, Rn 26, zit. nach juris.

251 BGH, Beschl. v. 5.10.2016 – IV ZB 37/15, Rn 22, zit. nach juris, hier auch Angaben zum bis dahin bestehenden Streit; OLG Frankfurt/Main, Beschl v. 6.3.2018 – 20 W 360/16, Rn 19, zit nach juris; kritisch zur Entscheidung *Heinemann*, NJW 2016, 3666, 3667; *Waldner*, ZEV 2017, 40.

252 BGH, Beschl v. 5.10.2016 – IV ZB 37/15, Rn 27 ff., zit. nach juris.

253 *Holzer*, ZEV 2014, 583, 587; BeckOK-FamFG/*Schlögel*, § 457 Rn 2.

254 Erstaunlicherweise sind aber auch diejenigen Gläubiger erfasst, die den Erben schon bekannt sind. Dies hat seinen Grund darin, dass das Aufgebotsverfahren nicht nur zur Ermittlung unbekannter Gläubiger dienen soll, sondern zur Festlegung der vollberechtigten Nachlassgläubiger (*Lange/Kuchinke*, § 48 IV 2 a).

255 Damit auch Dreißigster und Voraus.

256 Dies liegt vor allem daran, dass die Erben diese Verbindlichkeiten in der Regel aufgrund der Verfügung von Todes wegen bereits kennen.

der Teilung des Nachlasses haftet jeder Miterbe für diese Verbindlichkeiten ausschließlich noch in Höhe seines Erbteils.

Nicht erfasst sind gem. § 1971 BGB auch die dinglich und durch Vormerkung gesicherten Gläubiger. 141

e) Erschöpfungseinrede, § 1973 BGB

Die Erschöpfungseinrede ist in § 1973 BGB geregelt. Danach können Gläubiger, die im Rahmen des Aufgebotsverfahren nach §§ 1970 ff. BGB ausgeschlossen wurden, auf den sog. „Überschuss" verwiesen werden. Dies ist der nach Befriedigung der nicht ausgeschlossenen Gläubiger noch vorhandene Nachlass. 142

Den Gläubigern von Pflichtteilsrechten, Vermächtnissen und Auflagen gehen die im Aufgebotsverfahren ausgeschlossenen Gläubiger dennoch vor. Waren die Gläubiger von Pflichtteilsrechten, Vermächtnissen und Auflagen allerdings schneller, bleibt es gem. § 1973 Abs. 1 S. 2 BGB bei der Befriedigung dieser Gläubiger: Einmal beglichen, hat der ausgeschlossene Gläubiger diesbezüglich keine Ansprüche mehr. 143

Haftet der Erbe bereits **unbeschränkt**, kann er sich gem. § 2013 Abs. 1 S. 1 BGB nicht auf die Erschöpfungseinrede berufen. 144

f) Verschweigungseinrede, § 1974 BGB

Die Verschweigungseinrede stellt säumige Gläubiger denjenigen Gläubigern gleich, die durch das Aufgebotsverfahren ausgeschlossen wurden. „Säumig" sind Gläubiger, die ihre Forderung nicht innerhalb von fünf Jahren nach dem Erbfall[257] angemeldet haben. 145

Die Anmeldung der Forderung muss nicht zwingend gegenüber den Erben oder der Erbengemeinschaft erfolgen. Eine Anmeldung bspw. beim **Testamentsvollstrecker** genügt.[258] 146

Haftet der Miterbe, der sich auf die Einrede berufen möchte unbeschränkt, steht ihm die Verschweigungseinrede gem. § 2013 Abs. 1 S. 1 BGB nicht zu. 147

g) Dürftigkeitseinrede, § 1990 BGB

Mit der Dürftigkeitseinrede kann die Begleichung von Verbindlichkeiten aus dem Eigenvermögen der Erben verweigert werden. Die Durchführung von Nachlassinsolvenz oder -verwaltung ist in diesem Fall mangels kostendeckender Masse unzweckmäßig, § 1990 Abs. 1 S. 1 BGB. 148

Der Nachlass muss den Gläubigern im Wege der Zwangsvollstreckung zum Zwecke der Befriedigung herausgegeben werden, § 1990 Abs. 1 S. 2 BGB. Miterben haben nach der Teilung des Nachlasses das herauszugeben, was sie bei der Teilung des Nachlasses erhalten haben.[259] Sind einzelne Gegenstände noch nicht verteilt, bezieht sich die Herausgabepflicht zusätzlich auf den Anteil des Miterben am ungeteilten Nachlass (§ 859 Abs. 2 ZPO) sowie

---

257 Ersatzweise Rechtskraft des Beschlusses der Todeserklärung nach Verschollenheitsgesetz bzw. Todeszeitfeststellung, § 1974 Abs. 1 S. 2 BGB.

258 MüKo/*Küpper*, § 1974 Rn 3; BeckOK-BGB/*Lohmann*, § 1974 Rn 3; ausreichend ist auch eine Meldung beim Nachlassverwalter oder Nachlasspfleger: OLG Koblenz, Beschl. v 25.4.2018 – 1 U 115/18, Rn 16, zit nach juris.

259 MüKo/*Küpper*, § 1990 Rn 13.

auf die noch gesamthänderisch gebundenen Nachlassgegenstände (§ 2059 Abs. 2, §§ 747, 779 ZPO).[260]

149 Diese Einrede kann allen Gläubigern gegenüber geltend gemacht werden. Ein Rechtsanwalt ist zur Erhebung dieser Einrede für seinen Mandanten verpflichtet, wenn nicht die Überschuldung des Nachlasses **eindeutig** ausscheidet.[261] Da den Miterben bis zur Teilung des Nachlasses jedoch § 2059 Abs. 1 BGB zur Verfügung steht, wird der eigentliche Anwendungsbereich des § 1990 BGB für die Erbengemeinschaft in der Regel erst nach der Teilung des Nachlasses liegen.[262]

150 Liegen die Voraussetzungen der Dürftigkeitseinrede vor, ist dem Nachlassgläubiger eine Aufrechnung gegen eine private Forderung eines der Miterben nach § 390 BGB versagt.[263]

151 Der BGH hat die Dürftigkeitseinrede auch auf den Anspruch des Pflichtteilsberechtigten gegen den Erben auf Wertermittlung angewendet.[264] Im konkreten Fall hat der BGH festgestellt, dass ein die Kosten der Wertermittlung deckender Nachlass nicht vorhanden war, weswegen die Erhebung der Einrede möglich war.[265] Die Klage wurde entsprechend abgewiesen.[266]

Diese Rechtsprechung wurde auf den Anspruch auf Erstellung eines notariellen Nachlassverzeichnisses übertragen.[267] Eine Berufung auf die Dürftigkeitseinrede soll nach § 242 BGB unzulässig sein, wenn der Anspruchsteller bereit ist, die Kosten zu übernehmen.[268]

152 Für die Begleichung von Pflichtteilsansprüchen, Vermächtnissen und Auflagen verweist § 1991 Abs. 3 und 4 BGB die Erben auf die Insolvenzordnung.

153 § 1991 Abs. 1 BGB enthält einen Verweis auf §§ 1978, 1979 BGB, die bei Erhebung der Dürftigkeitseinrede entsprechend anzuwenden sind. Danach besteht die Möglichkeit, dass Ansprüche für und gegen den Erben entstehen. Entstehen Ansprüche gegen den Erben[269] gehören diese gem. § 1978 Abs. 2 BGB zur Nachlassmasse. Im Fall der entsprechenden Anwendung des § 1978 BGB bei der Dürftigkeitseinrede können die Nachlassgläubiger diese Ansprüche allerdings direkt einklagen – es findet keine Verwaltung statt.[270] Die Ansprüche des Erben auf Aufwendungsersatz gegen den Nachlass nach §§ 1991, 1978 Abs. 2 BGB sind Nachlassverbindlichkeiten.

---

260 Staudinger/*Dobler*, § 1990 Rn 45; a.A. wohl OLG Düsseldorf, Urt. v. 15.9.1995 – 7 U 282/92, BeckRS 1996, 02054.

261 KG Urt. v. 3.2.2005 – 20 U 11/04, ZErb 2006, 61 f.

262 Damrau/Tanck/*Gottwald*, § 1990 Rn 35.

263 BGH, Urt. v. 27.6.1961 – VI ZR 205/60, Rn 19; BGH Urt. v. 25.11.1954 – IV ZR 81/54, Rn 32, zit. nach juris; BeckOGK-BGB/*Skamel*, § 390 Rn 11; ebenso für die Einrede des ungeteilten Nachlasses § 2059 Abs. 1 BGB: OLG Celle, Urt. v. 23.7.2015 – 6 U 34/15, Rn 22, zit. nach juris.

264 BGH, Urt. v. 19.4.1989 – IVa ZR 85/88, zit. nach juris.

265 BGH, Urt. v. 19.4.1989 – IVa ZR 85/88, Rn 8, zit. nach juris.

266 BGH, Urt. v. 19.4.1989 – IVa ZR 85/88, Rn 6; zit. nach juris.

267 Schl-Holst. OLG, Beschl. v. 30.7.2010 – 3 W 48/10, Ls.; OLG München, Urt. v. 1.6.2017 – 23 U 3956/16, Rn 28; zit. nach juris.

268 OLG München, Urt. v. 1.6.2017 – 23 U 3956/16, Rn 29, zit. nach juris.

269 §§ 1991 Abs. 1, 1978, 1979 BGB – Ansprüche wegen Pflichtverletzung bei der Erfüllung der Verbindlichkeiten; BGH, Beschl. v. 13.3.2008 – IX ZR 13/05, ZEV 2008, 237: Nachlassgelder, die zu persönlichen Zwecken entnommen wurden, sind nach § 667 BGB verschuldensunabhängig zu ersetzen, dazu *Klinger/Roth*, NJW-Spezial 2008, 359.

270 BGH, Urt. v. 13.7.1989 – IX ZR 227/87 Ls. 3; Palandt/*Weidlich*, § 1978 Rn 4; mit prozessualen Hinweisen BeckOGK-BGB/*Herzog*, § 1991 Rn 16–18.

Die Einrede steht außerdem dem **Nachlasspfleger** und dem **Testamentsvollstrecker** zu; dem Nachlassverwalter hingegen nicht.[271] 154

h) Überschwerungseinrede, § 1992 BGB

Diese Einrede kann gegenüber Vermächtnisnehmern und Auflagenbegünstigten erhoben werden,[272] wenn die Dürftigkeit des Nachlasses auf den angeordneten Vermächtnissen und Auflagen beruht. Maßgeblicher Zeitpunkt ist nach überwiegender Auffassungder Zeitpunkt, in dem über die Erhebung der Einrede entschieden wird.[273] Für die Vorgehensweise wird auf §§ 1990, 1991 BGB Bezug genommen. Ausdrücklich wird der Anwendungsbereich aber gegenüber § 1990 BGB insoweit erweitert, als dessen sonstige Voraussetzungen nicht vorliegen müssen. Es kann demnach auch dann nach §§ 1990, 1992 BGB vorgegangen werden, wenn eine Nachlassinsolvenz- oder Nachlassverwaltungsverfahren kostendeckende Masse vorliegt.[274] 155

Auch hier darf der jeweilige Erbe noch nicht unbeschränkt haften, da sonst die Regelung des § 2013 Abs. 1 BGB greift, und dem Erben die Einrede nicht zusteht. 156

Die Überschuldung des Nachlasses muss ausschließlich auf Vermächtnissen und Auflagen beruhen, und es bedarf auch tatsächlich einer Überschuldung.[275] Nach Ansicht von *Dobler* soll es ausreichend sein, dass die Hinzurechnung zu sonstigen Verbindlichkeiten zur Überschuldung führt.[276] 157

i) Dreimonatseinrede, § 2014 BGB

Erst ab Annahme der Erbschaft kann der Erbe verklagt werden, § 1958 BGB. Doch auch nach Annahme der Erbschaft soll er Zeit erhalten, um den Nachlass in Ruhe sichten zu können und sich einen Überblick zu verschaffen.[277] Mit einer übereilten Erfüllung einzelner Forderungen wäre schließlich auch der Mehrheit der Gläubiger nicht gedient. Im Hinblick auf die potentielle Haftung nach § 1978 BGB hat das Reichsgericht nicht nur ein Recht, sondern auch die Pflicht der Erben zur Erhebung der Einrede statuiert, sofern der Nachlass werthaltig, dies aber nicht hinreichend ersichtlich sei.[278] 158

§ 2014 BGB gewährt den Erben daher eine Frist von drei Monaten nach Annahme der Erbschaft. Die Frist ist für jeden der Miterben gesondert zu berechnen.[279] Sie steht auch Nachlasspflegern, Nachlassverwaltern und dem Testamentsvollstrecker zu. Sie verhindert jedoch nicht, dass der jeweilige Miterbe in Verzug gerät, sie schützt lediglich vor einer Zwangsbefriedigung von Gläubigern.[280] Die Verjährung hemmt sie nicht.[281] 159

---

271 MüKo/*Küpper*, § 1990 Rn 10.

272 Zu den Betroffenen: BeckOGK-BGB/*Herzog*, § 1992 Rn 9 ff.

273 Statt aller für die überwiegende Auffassung: BeckOGK-BGB/*Herzog*, § 1992 Rn 28, 28.1 mit Darstellung des Streitstandes; Damrau/Tanck/*Gottwald*, § 1992 Rn 7.

274 Damrau/Tanck/*Gottwald*, § 1992 Rn 1.

275 So die h.M.: MüKo/*Küpper*, § 1992 Rn 5; Staudinger/*Dobler*, § 1992 Rn 3; vor allem unter Verweis auf den Wortlaut, a.A. *Kipp/Coing*, § 99 VI 1).

276 Staudinger/*Dobler*, § 1992 Rn 3.

277 Damrau/Tanck/*Gottwald*, § 2014 Rn 1.

278 RG, Urt. v. 3.4.1912 – Rep. III. 259/11, RGZ 79, 201, 206.

279 Damrau/Tanck/*Gottwald*, § 2014 Rn 2. Staudinger/*Dobler*, § 2014 Rn 2.

280 H.M. Damrau/Tanck/*Gottwald*, § 2014 Rn 8.

281 MüKo/*Küpper*, § 2014 Rn 5.

160 Wurde ein Inventar errichtet, endet die Frist zu diesem Zeitpunkt, auch wenn das Inventar vor Ablauf der drei Monate errichtet wurde.[282] Bei der Erbengemeinschaft ist der Fristablauf nach überwiegender Ansicht grundsätzlich für jeden Erben getrennt festzustellen.[283] Hat sich ein Erbe jedoch auf ein Inventar eines anderen Mitgliedes der Erbengemeinschaft bezogen, so gilt das frühere Fristende auch für ihn.[284]

161 Wurde ein **Nachlasspfleger** zur Verwaltung des Nachlasses bestellt, muss sich auch dieser den notwendigen Überblick verschaffen. Für ihn regelt § 2017 BGB, dass die Frist erst mit seiner Bestellung beginnt. Bestellt ist der Nachlasspfleger gem. § 40 Abs. 1 FamFG mit der Bekanntmachung des Beschlusses an ihn. Nimmt der Erbe das Erbe während der Pflegschaft an und entfällt sie sodann, beginnt der Fristablauf der Dreimonatseinrede nicht erneut, sondern läuft weiter.[285]

162 Die Einrede kann nicht gegenüber einem Anspruch aus § 1963 BGB erhoben werden.[286] Weitere Ausnahmen bestehen bspw. bezüglich des sog. „Dreißigsten" nach § 1969 BGB.[287]

163 Für den unbeschränkt haftenden Miterben ist die Erhebung der Einrede nach § 2014 BGB gem. § 2016 Abs. 1 BGB nicht möglich. Ferner greift die Einrede nicht gegenüber Gläubigern, die zum Zeitpunkt des Erbfalles bereits dinglich bzw. durch Vormerkung gesichert sind; diese können jederzeit Befriedigung aus dem zu ihren Gunsten gesicherten Gegenstand suchen.[288]

j) Einrede des Aufgebotsverfahrens, § 2015 BGB

164 Ebenfalls zur Ermöglichung der Sichtung des Nachlasses gewährt das Gesetz den Erben in § 2015 BGB eine weitere „Gnadenfrist". Auch bei der Einrede des Aufgebotsverfahrens soll vermieden werden, dass einzelne Gläubiger vorschnell zu Lasten der Übrigen befriedigt werden. Erforderlich ist ein Antrag auf Einleitung des Aufgebotsverfahrens nach § 1970 BGB und die Zulassung des Antrags.

165 Zu beachten ist der zeitliche Rahmen: Der **Antrag** auf Einleitung des Aufgebotsverfahrens muss **innerhalb eines Jahres** nach Annahme der Erbschaft gestellt worden sein, damit die Einrede für die Dauer des Aufgebotsverfahrens erhoben werden kann, § 2015 Abs. 1 BGB. Die Einrede gilt demnach nicht nur für das erste Jahr nach Annahme der Erbschaft, sondern unter Umständen deutlich länger. Nicht notwendig ist die Zulassung des Antrags innerhalb der Jahresfrist.[289]

166 Im Übrigen gelten die Ausführungen zur Dreimonatseinrede des § 2014 BGB entsprechend, dies gilt insbesondere auch für die Ausführungen zu Verzug und Verjährungshemmung.

---

282 MüKo/*Küpper*, § 2015 Rn 2.
283 BeckOGK-BGB/*Herzog*, § 2014 Rn 38 ff.
284 Damrau/Tanck/*Gottwald*, § 2014 Rn 3.
285 Palandt/*Weidlich*, § 2017 Rn 1.
286 BeckOGK-BGB/*Herzog*, § 2014 Rn 29.
287 Mit weiteren Beispielen: BeckOGK-BGB/*Herzog*, § 2014 Rn 29.
288 *Lange/Kuchinke*, § 48 III 4.
289 MüKo/*Küpper*, § 2015 Rn 2.

k) Einrede nach § 770 Abs. 2 BGB analog

§ 770 Abs. 2 BGB kann analog auf die Situation eines Miterben angewendet werden.[290] Nach einer Entscheidung des BGHs kann ein Miterbe die Erfüllung einer Nachlassverbindlichkeit verweigern, wenn und soweit der Gläubiger aufrechnen könnte.[291] 167

l) Einrede des Verpfänders, § 1211 Abs. 1 S. 2 BGB

Auch im Pfandrecht findet sich eine Regelung zur Haftung im Erbfall. War der Erblasser persönlicher Schuldner einer durch Pfandrecht gesicherten Schuld und der Verpfänder eine dritte Person, ist es dem Verpfänder verwehrt, sich auf die erbrechtliche Haftungsbeschränkung der Erben zu berufen.[292] 168

VI. Haftung nach der Teilung des Nachlasses

1. Überblick

§ 2058 BGB gilt auch nach der Annahme der Erbschaft, denn er greift unabhängig von einer evtl. Teilung des Nachlasses. Die Erben haften als Gesamtschuldner.[293] Nach der Teilung ist das Sondervermögen „Nachlass" allerdings aufgelöst (zumindest größtenteils) – als Haftungsmasse bleibt nunmehr in der Regel nur noch das Eigenvermögen der Erben.[294] 169

§ 2059 BGB hat nach dem ausdrücklichen Wortlaut der Norm Geltung nur für den Zeitraum vor der Teilung. Es besteht also nicht mehr die Möglichkeit, die Haftung auf den Erbteil zu beschränken, jeder Erbe haftet jetzt grundsätzlich mit seinem gesamten Eigenvermögen. Nunmehr hat aber auch jeder Miterbe die Möglichkeit, über die ihm im Rahmen der Teilung des Nachlasses zugefallenen Gegenstände frei zu verfügen.[295] 170

Dadurch wird den Erben das Haftungsrisiko aufgebürdet. Dies ist auch angemessen, denn die Erben sollen die Nachlassverbindlichkeiten aus dem ungeteilten Nachlass befriedigen, § 2046 BGB. Wird der Nachlass dennoch vorher an die Erben verteilt, sollen diese auch voll haften.

Dass es Fälle gibt, in denen sich die Erbengemeinschaft um die Begleichung aller Verbindlichkeiten bemüht hat und dennoch ein Gläubiger seine Forderungen erst später stellt, hat der Gesetzgeber gesehen. Daher gibt es Ausnahmen vom Grundsatz der Haftung mit dem Eigenvermögen. Diese sind in §§ 2060, 2061 BGB normiert. Sind sie einschlägig, haftet jeder Erbe nur anteilig, d.h. er haftet nur noch für einen seinem Erbteil entsprechenden Bruchteil der Schuld. Diese Ausnahmen erfassen – grob gesagt – die Fälle, in denen die Erben das Notwendige getan haben, um unbekannte Gläubiger aufzufinden und deren Forderungen zu begleichen. Diesen Erben will das Gesetz nicht zumuten, auf unbestimmte Zeit an der Erbengemeinschaft festhalten zu müssen.[296] Außerdem sollen die Erben geschützt werden, bei denen der gesamte Nachlass im Nachlassinsolvenzverfahren zur Begleichung von Forderungen aufgebraucht wurde – würden diese Erben darüber hinaus noch den nicht befriedig- 171

---

290 BGH, Urt. v. 24.10.1962 – V ZR 1/61, BGHZ 38, 122, 128.

291 BGH, Urt. v. 24.10.1962 – V ZR 1/61, BGHZ 38, 122, 128; weitere Details bei MüKo/*Ann*, § 2058 Rn 26.

292 Palandt/*Bassenge*, § 1211 Rn 3.

293 BGH, Urt. v. 15.10.1997 – IV ZR 327/96, NJW 1998, 682; *Busch*, Rn 376.

294 BGH, Urt. v. 15.10.1997 – IV ZR 327/96, NJW 1998, 682.

295 *Busch*, Rn 376.

296 MüKo/*Ann*, § 2060 Rn 1.

ten Gläubigern haften, wäre dies für die Erben unbillig und auch systemwidrig.[297] Die Nachlassgläubiger wurden schließlich aus dem Vermögen befriedigt, das ihnen auch zu Lebzeiten ihres eigentlichen Schuldners zustand. Ist dieses Vermögen aufgebraucht, liegt das Risiko der Nichteintreibbarkeit einer Forderung beim Gläubiger. Eine Besserstellung der Gläubiger aufgrund des Todes des Schuldners ist nicht angezeigt.

172 Darüber hinaus können die Erben aber weiterhin allgemeine Haftungsbeschränkungsmaßnahmen vornehmen, soweit sie das Recht dazu noch nicht verloren haben.

2. Haftungsbeschränkungen

173 Die Teilung des Nachlasses hat grundsätzlich keine Auswirkungen auf die Anwendbarkeit der allgemeinen Haftungsbeschränkungsregeln.[298] Die Haftungsbeschränkungen können auch mit der anteiligen Haftung nach §§ 2060, 2061 BGB kombiniert werden.[299]

Insoweit kann also bezüglich der einzelnen Haftungsbeschränkungsmaßnahmen auf Ausführungen zur Situation vor Teilung des Nachlasses verwiesen werden, sofern nicht nachfolgend Abweichendes beschrieben wird.

a) Nachlassverwaltung

174 Die Beantragung der Nachlassverwaltung ist nach der Teilung gem. § 2062 BGB nicht mehr möglich. Dieses Recht steht dann auch keinem Gläubiger mehr zu.

b) Dürftigkeitseinrede, Überschwerungseinrede, §§ 1990, 1992 BGB

175 Jeder Miterbe kann die Einreden der §§ 1990, 1992 BGB erheben. Der Erbe haftet dann nur mit den Gegenständen oder Vermögenswerten, die er aus dem Nachlass erhalten hat.[300] Wichtig ist aber, dass dabei nur solche Gegenstände oder Vermögenswerte erfasst sind, die der Erbe im Zuge der Auseinandersetzung erhalten hat, nicht solche, die ihm im Wege der Ausgleichung nach § 2055 BGB zugefallen sind.[301]

c) Nachlassinsolvenz

176 Nach der Teilung ist die Antragstellung für das Nachlassinsolvenzverfahren nach § 316 Abs. 2 InsO noch möglich. Gemäß § 317 Abs. 1 InsO kann diesen Antrag auch ein unbeschränkt haftender Erbe stellen. Dies bietet für diesen auch einen gewissen Schutz, denn dann kann der Nachlassgläubiger während der Dauer der Nachlassinsolvenz nicht in das Eigenvermögen der Miterben vollstrecken. Dies ist gem. § 89 InsO erst nach Beendigung des Verfahrens wieder möglich.

d) Haftungsbeschränkung nach § 2319 BGB

177 Im Pflichtteilsrecht findet sich eine Haftungsbeschränkung für Miterben, die ausschließlich für die Zeit nach der Teilung des Nachlasses gilt. Begünstigt sind Erben, die gleichzeitig auch Pflichtteilsberechtigte nach § 2303 BGB sind. Verlangt ein Pflichtteilsberechtigter nach der Teilung des Nachlasses von einem pflichtteilsberechtigten Miterben die Zahlung des

---

297 MüKo/*Ann*, § 2060 Rn 1.
298 *Ann*, S. 157.
299 Soergel/*Wolf*, vor § 2058 Rn 5.
300 MüKo/*Küpper*, § 1990 Rn 13.
301 *Lange/Kuchinke*, § 50 V 3c).

Pflichtteils, so hat der in Anspruch genommene Erbe ein Verweigerungsrecht, allerdings nur soweit, als ihm sein eigener Pflichtteil verbleibt (siehe Rdn 291 ff.).

3. Anteilige Haftung nach §§ 2060, 2061 BGB

Nach §§ 2060, 2061 BGB haften Miterben ausnahmsweise lediglich anteilig für Nachlassverbindlichkeiten. Jeder Erbe haftet in Höhe der Quote, die seinem Erbteil entspricht. Es wird also nicht die Haftungsmasse festgelegt, sondern die Verbindlichkeit für jeden Erben reduziert. 178

a) Allgemeines

Die Einwendungen aus §§ 2060, 2061 BGB sind von Amts wegen zu beachten und müssen nicht erhoben werden.[302] 179

Für die Anwendbarkeit der §§ 2060, 2061 BGB ist die sonstige Haftungssituation des Erben irrelevant – vor allem kommt es nicht darauf an, ob der Erbe beschränkt oder unbeschränkt haftet.[303] 180

Die Beweislast für das Vorliegen der Teilung und der Voraussetzungen der § 2060 Nr. 1–3 BGB obliegt grundsätzlich dem jeweiligen Erben.[304] Eine Ausnahme bildet der Nachweis der Kenntnis des Erben von der Schuld für Nr. 2 und die rechtzeitige Anmeldung im Aufgebotsverfahren.[305] 181

Der in §§ 2060 f. BGB angesprochene Erbteil bemisst sich nur nach dem Erbteil des Erben am Nachlass.[306] Evtl. Ansprüche aus der Ausgleichung nach §§ 2050 ff. BGB werden nicht berücksichtigt, da sie lediglich das Innenverhältnis betreffen.[307] Für einen außenstehenden Nachlassgläubiger sind die sich aus der Ausgleichung ergebenden Besonderheiten nicht nachvollziehbar. Die bloße Erbquote kann der Nachlassgläubiger dem Erbschein oder unter Umständen auch dem Testament des Erblassers entnehmen. 182

b) Probleme der Gläubiger bei Zusammentreffen von beschränkter Haftung und anteiliger Haftung

Schwierig wird es für die Gläubiger allerdings, wenn ein Miterbe tatsächlich nichts aus dem Nachlass erhalten hat[308] und er zudem nur beschränkt haftet, so dass auf sein Eigenvermögen nicht zugegriffen werden kann. Die übrigen Miterben haften wegen §§ 2060, 2061 BGB nur entsprechend ihrer Erbquote. Damit kann der Gläubiger grundsätzlich die Anteile der Forderung nicht eintreiben, die auf Miterben entfallen, die beschränkt haften und im Übrigen nichts aus dem Nachlass erhalten.[309] Diese Situation wird in der Literatur teilweise als unbillig empfunden, weswegen zwei Lösungswege entwickelt wurden. Diese werden von der herrschenden Meinung zu Recht abgelehnt. Eine Lösung schlägt vor, der Gläubiger solle den Anspruch des Erben nach § 2046 BGB auf Begleichung der Nachlassverbindlichkeiten 183

302 *Brox/Walker*, Rn 731; *Busch*, Rn 379; BeckOGK-BGB/*Otto*, § 2060 Rn 20.
303 *Joachim*, Rn 537.
304 MüKo/*Ann*, § 2060 Rn 18.
305 MüKo/*Ann*, § 2060 Rn 18.
306 *Ann*, S. 162; MüKo/*Ann*, § 2060 Rn 4.
307 Soergel/*Wolf*, § 2060 Rn 5.
308 Bspw. wegen Ausgleichungspflichten im Rahmen der §§ 2050 ff. BGB.
309 MüKo/*Ann*, § 2060 Rn 4.

pfänden.[310] Dieser Vorschlag ist abzulehnen, da nach der Teilung ein Anspruch auf eine weitere Gläubigerbefriedigung nicht besteht.[311]

Eine andere Lösung versucht, dem Gläubiger den Anspruch zuzubilligen, der dem Erben als Erstattungsanspruch zustünde, würde er den Gläubiger trotz der Teilhaftung nach §§ 2060, 2061 BGB befriedigen.[312] Ein solcher Erstattungsanspruch entsteht jedoch nicht: §§ 2060, 2061 BGB sind Einwendungen, der Erbe wäre zur Leistung nicht verpflichtet und bliebe so nach einer Leistung auf den Kosten sitzen. Die heute herrschende Meinung bürdet also dem Gläubiger das Risiko auf, mit einem Teil seiner Forderungen auszufallen. Dies ist auch angemessen, hatte er doch die Möglichkeit, seine Forderung rechtzeitig anzumelden.[313]

c) § 2060 Nr. 1 BGB

184 Nach § 2060 Nr. 1 BGB besteht eine Teilhaftung den Gläubigern gegenüber, die im Aufgebotsverfahren ausgeschlossen wurden. Gemeint ist damit das Aufgebot der Gläubiger nach §§ 1970 ff. BGB. Ausdrücklich erfasst sind auch die Gläubiger, die nach § 1972 BGB vom Aufgebotsverfahren eigentlich nicht betroffen sind. Es handelt sich um Gläubiger von Pflichtteilsrechten, Vermächtnissen und Auflagen. Gegenüber den in § 1972 BGB genannten Gläubigern kann durch das Aufgebotsverfahren also eine anteilige Haftung eintreten, nicht aber eine beschränkte.

185 § 2060 Nr. 1 BGB erwähnt die in § 1971 BGB[314] genannten Gläubiger nicht. Von § 2060 Nr. 2 BGB werden diese **ausdrücklich** nicht erfasst. Daher wird die Einbeziehung dieser Gläubiger für § 2060 Nr. 1 BGB als selbstverständlich vorausgesetzt.[315]

186 Umstritten ist, ob der Ausschließungsbeschluss noch vor der Teilung ergangen sein muss. Die h.M. bejaht dies zu Recht.[316] Hierfür sprechen zum einen der Wortlaut der Norm und zum anderen auch deren Sinn und Zweck, wonach voreilige Teilungen vermieden werden sollen.[317] Die Nachlassverbindlichkeiten sollen aus dem **ungeteilten** Nachlass beglichen werden. Dann muss nach hier vertretener Auffassung auch Zeit sein, die Rechtskraft des Ausschließungsbeschlusses abzuwarten. Dies führt zu einer klaren Situation – erst dann ist klar, ob tatsächlich alle Gläubiger befriedigt wurden. Die Gegenauffassung vertritt den Standpunkt, dass sich die Notwendigkeit dieser zeitlichen Abfolge aus dem Gesetz nicht ableiten lasse.[318] Der Termin sei irrelevant. Wer sich auf das Aufgebot nach der Teilung nicht meldet, hätte sich auch vorher nicht gemeldet.[319]

Mit „Verlegung" des Aufgebotsverfahrens in das FamFG wurde geregelt, dass die Endentscheidung in Form des Ausschließungsbeschlusses erst mit Rechtskraft wirksam wird, § 439 Abs. 2 FamFG. Der Ausschließungsbeschluss ist gem. § 441 S. 1 FamFG öffentlich zuzustellen. Die (formelle) Rechtskraft tritt nicht vor Ablauf der Rechtsmittelfrist ein, § 45 FamFG. Gegen den Ausschließungsbeschluss ist das Rechtsmittel der befristeten Beschwerde gem. §§ 58 ff. FamFG gegeben. Gem. § 439 Abs. 3 FamFG ist dabei die Mindestbeschwer gem. § 61 Abs. 1 FamFG nicht zu beachten.

---

310 Staudinger/*Lehmann*, 11. Auflage 1954, Rn 4.
311 Staudinger/*Marotzke*, § 2060 Rn 23, 26 – mit Kritik in rechtspolitischer Hinsicht.
312 Planck/*Strohal*, § 2061 Anm. 6.
313 Soergel/*Wolf*, § 2060 Rn 5; MüKo/*Ann*, § 2060 Rn 4.
314 Dinglich bzw. durch Vormerkung gesichert.
315 Palandt/*Weidlich*, § 2060 Rn 2.
316 Palandt/*Weidlich*, § 2060 Rn 2.
317 MüKo/*Ann*, § 2060 Rn 9.
318 Staudinger/*Marotzke*, § 2060 Rn 68.
319 Staudinger/*Marotzke*, § 2060 Rn 68.

Es ist umstritten, ob die **Kenntnis** eines Erben vom Bestand der Forderung der Anwendung von § 2060 Nr. 1 BGB entgegensteht. Denkbar ist schließlich, dass den Erben Gläubiger bekannt sind, die sich im Aufgebotsverfahren nicht melden. *Marotzke*[320] hält es für eine unangemessene Gläubigerbenachteiligung, wenn die Kenntnis eines Miterben von einer Forderung eine anteilige Haftung nicht ausschließe. Dies wird von der überwiegenden Mehrheit allerdings abgelehnt.[321] Auch hier würde ein Abstellen auf die subjektive Kenntnis den Umgang mit der Norm erheblich erschweren. Ferner wird so ein Gleichlauf mit dem Aufgebotsverfahren nach § 1973 BGB gewährleistet, bei dem Kenntnis des Erben auch nicht schadet.[322] Auch die ausdrückliche Regelung in § 2061 Abs. 1 BGB spricht gegen die Berücksichtigung der Kenntnis der Erben.[323] Hätte der Gesetzgeber insofern einen Gleichlauf von § 2060 Nr. 1 BGB und § 2061 Abs. 1 BGB gewollt, so hätte er dies deutlich machen müssen. 187

d) § 2060 Nr. 2 BGB

§ 2060 Nr. 2 BGB regelt einen Fall der anteiligen Haftung parallel zur Verschweigungseinrede des § 1974 BGB. Eine anteilige Haftung ist danach zu bejahen, wenn die Forderung frühestens fünf Jahre nach dem Erbfall[324] geltend gemacht wird. Haftet der Erbe noch nicht unbeschränkt, tritt also gleichzeitig die Möglichkeit der anteiligen Haftung (§ 2060 Nr. 2 BGB) und eine Haftungsbeschränkung (§ 1974 BGB) ein.[325] 188

Als Geltendmachung genügt eine außergerichtliche Geltendmachung.[326] Es reicht auch die Geltendmachung im gerichtlichen oder privaten Aufgebotsverfahren, wenn der Gläubiger nur erkennen lässt, dass er eine Begleichung seiner Forderung erreichen will.[327] 189

Wird einem Erben die Forderung binnen der Fünf-Jahres-Frist bekannt, kann er sich nicht auf § 2060 Nr. 2 BGB berufen.[328] Dabei stellt der Wortlaut der Norm auf die individuelle Kenntnis jedes Miterben ab.[329] Es ist also durchaus möglich, dass ein Erbe sich auf die Teilhaftung berufen kann, ein anderer aber nicht. Ein Irrtum über das Bestehen der Forderung steht der Unkenntnis gleich.[330] Der Kenntnis der Forderung gleichgestellt ist außerdem die Anmeldung im Aufgebotsverfahren, wobei dann wiederum die Kenntnis des Erben von der Anmeldung nicht erforderlich ist. 190

Die anteilige Haftung gilt auch hier wieder gegenüber den in § 1972 BGB genannten Gläubigern.[331] Ausdrücklich ausgeschlossen ist die Geltendmachung gegenüber den Gläubigern nach § 1971 BGB.[332] 191

320 Staudinger/*Marotzke*, § 2060 Rn 67.
321 Soergel/*Wolf*, § 2060 Rn 7.
322 *Ann*, S. 159.
323 BeckOGK-BGB/*S. Otto*, § 2060 Rn 8.
324 Alternativ § 1974 Abs. 1 S. 2 BGB – Rechtskraft des Beschlusses.
325 MüKo/*Ann*, § 2060 Rn 13.
326 Soergel/*Wolf*, § 2060 Rn 8.
327 MüKo/*Ann*, § 2060 Rn 11.
328 A.A. Staudinger/*Marotzke*, § 2060 Rn 71.
329 So auch MüKo/*Ann*, § 2060 Rn 12.
330 KG, Urt. v. 31.12.1966 – 12 U 650/66, NJW 1967, 1137, 1137.
331 Vermächtnisse, Pflichtteilsrechte, Auflagen.
332 Dinglich bzw. durch Vormerkung gesichert.

192 Eine Verwirkung nach § 242 BGB ist trotz dieser Regelung möglich, allerdings nicht vor Ablauf der in § 2060 Nr. 2 BGB bestimmten Frist.[333] Das Zeitmoment ist insoweit gesetzlich geregelt.

e) § 2060 Nr. 3 BGB

193 Wurde ein Nachlassinsolvenzverfahren durchgeführt und durch Verteilung oder Insolvenzplan beendet, kann allen Gläubigern gegenüber die anteilige Haftung geltend gemacht werden. Endet es auf andere Weise, ist § 2060 Nr. 3 BGB grundsätzlich nicht anwendbar. Von der herrschenden Meinung wird allerdings noch eine Erweiterung auf den Fall vertreten, dass das Insolvenzverfahren ohne Masseverteilung beendet wird, weil kein Überschuss mehr bestand.[334] *Ann*[335] bemerkt hier zu Recht, dass die Frage wegen § 1989 BGB wenig praktische Relevanz hat. Im Hinblick auf unbeschränkt haftende Miterben, die sich auf § 1989 BGB nicht mehr berufen können, ist diese Erweiterung aber sinnvoll.

194 Da nach § 317 InsO jeder Erbe antragsberechtigt ist, können auch die unbeschränkt haftenden Erben den Antrag stellen. Ähnlich wie beim Aufgebotsverfahren können diese so keine Haftungsbeschränkung mehr erreichen, aber ihre Haftung in eine anteilige wandeln.[336]

195 Streitig ist auch hier wieder der maßgebliche Zeitpunkt. Nach h.M. ist die Eröffnung des Nachlassinsolvenzverfahrens vor der Teilung des Nachlasses erforderlich; Wortlaut der Norm und ihr Zweck sprechen für diesen Zeitpunkt.[337] Die Vertreter der anderen Auffassung verweisen auf § 316 InsO. Danach könne ein Insolvenzverfahren auch dann noch eröffnet werden, wenn die Teilung schon erfolgt ist.[338] Diese Auffassung ist abzulehnen. Sie führt nur zur Haftungsbeschränkung nach §§ 1989, 1973 BGB, nicht aber zur Anwendbarkeit von § 2060 Nr. 3 BGB.[339] Will man eine schnelle und eindeutige Klärung der Verhältnisse ermöglichen, ist das Hinausschieben des für § 2060 Nr. 3 BGB maßgeblichen Zeitpunktes auf die irgendwann erfolgende Eröffnung des Insolvenzverfahrens weit nach Teilung des Nachlasses wenig angebracht.

196 Für das Nachlassverwaltungsverfahren wird § 2060 Abs. 3 BGB entsprechend angewendet – nach der Beendigung des Verwaltungsverfahrens tritt eine Teilhaftung ein.[340]

f) § 2061 BGB

197 § 2061 BGB eröffnet die Möglichkeit eines privaten Aufgebotes. Auch hierbei werden Gläubiger wie in § 2060 Nr. 1 BGB durch ein Aufgebotsverfahren ausgeschlossen. Den durch das private Aufgebot ausgeschlossenen Gläubigern haften die Erben gem. § 2061 BGB lediglich anteilig. Eine Haftung mit dem Eigenvermögen wird durch dieses Verfahren nicht beseitigt.[341]

198 Ebenso wie das gerichtliche Aufgebot gibt das private Aufgebot den Erben nach § 2045 BGB das Recht, die Auseinandersetzung der Erbengemeinschaft aufzuschieben.

---

333 Etwas undeutlich BGH, Urt. v. 3.12.1981 – VII ZR 282/80, WM 1982, 101, 102. Für Verwirkung vor Ablauf der fünf-Jahres-Frist verbleibe „kaum Raum".

334 Staudinger/*Marotzke*, § 2060 Rn 31; Palandt/*Weidlich*, § 2060 Rn 4.

335 *Ann*, S. 161.

336 MüKo/*Ann*, § 2060 Rn 15.

337 Palandt/*Weidlich*, § 2060 Rn 4; Soergel/*Wolf*, § 2060 Rn 4, 9.

338 Staudinger/*Marotzke*, § 2060 Rn 84.

339 MüKo/*Ann*, § 2060 Rn 16. Dort auch weitere Nachweise und Argumente für die h.M.

340 *Lange/Kuchinke*, § 50 V 4 a Fn 76; MüKo/*Ann*, § 2060 Rn 16; a.A. Staudinger/*Marotzke*, § 2060 Rn 90.

341 *Zimmermann*, ZErb 2011, 259, 263.

aa) Verfahren und Frist

Jeder Miterbe, auch der unbeschränkt haftende Miterbe,[342] kann zur Anmeldung von Forderungen auffordern. Gemäß § 2061 Abs. 2 BGB muss der Miterbe hierzu eine Aufforderung zur Anmeldung von Forderungen gegen den Nachlass durch den Bundesanzeiger **und** das für Bekanntmachungen des Nachlassgerichts bestimmte Blatt veröffentlichen. Für die Anmeldung ihrer Forderungen bleiben den Gläubigern sodann sechs Monate, wobei diese Frist auch durch den Erben in der Aufforderung anzugeben ist. Die Frist beginnt gem. § 2061 Abs. 2 S. 2 BGB mit der letzten Einrückung.[343] Eine Verkürzung oder Verlängerung ist weder dem Gericht noch dem Erben möglich.[344] 199

Gerichte sind für die Veröffentlichung der Aufforderung nicht zuständig, da es sich um ein privates Aufgebotsverfahren handelt.[345]

Die Forderungsanmeldung kann gegenüber dem Erben oder dem Nachlassgericht erfolgen.

Da § 460 FamFG für diese Art des Aufgebots nicht gilt, müssen die nachteiligen Rechtsfolgen nicht angedroht werden.[346] 200

Auch hier besteht ein Streit hinsichtlich des **maßgeblichen Zeitpunktes**. Nach überwiegender Auffassung müssen Aufforderung und Fristablauf vor Teilung des Nachlasses erfolgen, insofern soll § 2061 BGB parallel zu § 2060 Nr. 1 BGB laufen.[347] Andere Auffassungen fordern die Aufforderung vor der Teilung, lassen aber die Teilung vor Fristablauf genügen.[348] Schließlich wird auf die Einhaltung irgendwelcher Termine ganz verzichtet.[349] Um aber den **zeitlichen** Gleichlauf von § 2061 BGB und § 2060 BGB gewährleisten zu können, müssen Aufforderung und Fristablauf nach hier vertretener Auffassung vor der Teilung erfolgen. Der Grund für die anteilige Haftung ist in beiden Fällen ein Aufgebot. Diese unterschiedlichen Fristen zu unterwerfen, erscheint wenig sinnvoll. 201

bb) Folge von § 2061 BGB sowie Einfluss der Kenntnis von der Forderung

Gläubigern, deren Forderungen bis zum Fristablauf nicht angemeldet sind, haften die Erben gem. § 2061 Abs. 1 S. 2 BGB. Das Aufgebot auch nur eines Miterben kommt allen Mitgliedern der Erbengemeinschaft zugute.[350] 202

Kennt einer der Miterben die Forderung, kann dieser Miterbe sich nicht auf die anteilige Haftung berufen, § 2061 Abs. 1 S. 2 BGB. Die unabhängig von der Anmeldung erlangte Kenntnis eines Erben von der Forderung wirkt nur für diesen, so dass eine unterschiedliche Haftung der Erben möglich ist.[351] 203

Es besteht allerdings Einigkeit dahingehend, dass Kenntniserlangung von einer Forderung nach der Teilung grundsätzlich nicht schadet,[352] es bleibt bei der anteiligen Haftung. Kennt- 204

342 *Zimmermann*, ZErb 2011, 259, 260.
343 D.h. der letzten Veröffentlichung in den vorgenannten Blättern.
344 *Zimmermann*, ZErb 2011, 259, 262.
345 OLG Köln, Beschl. v. 5.10.2016 – I-2 WX 380/16, Rn 7, zit. nach juris.
346 *Zimmermann*, ZErb 2011, 259, 261.
347 MüKo/*Ann*, § 2061 Rn 5; *Zimmermann*, ZErb 2011, 259, 262.
348 Palandt/*Edenhofer*, § 2061 Rn 2 (70. Auflage); a.A. Palandt/*Weidlich*, § 2061 Rn 2. Teilung darf erst nach Fristablauf erfolgen.
349 Staudinger/*Marotzke*, § 2061 Rn 10.
350 BeckOGK-BGB/*S. Otto*, § 2061 Rn 9.
351 MüKo/*Ann*, § 2061 Rn 4.
352 *Zimmermann*, ZErb 2011, 259, 263.

niserlangung nach Ablauf der Anmeldefrist, aber vor der Teilung hingegen führt dazu, dass § 2061 BGB nicht greift, weswegen empfohlen wird, dass der Nachlass nach Ablauf der Frist zeitnah geteilt werden sollte.[353]

Die Anmeldung der Forderungen kann gegenüber dem auffordernden Erben selbst[354] oder dem Nachlassgericht erfolgen.[355]

cc) Besondere Gläubigergruppen

205 Umstritten ist die Frage, ob sich das Privataufgebot auch auf die in § 1972 BGB aufgezählten Gläubiger[356] bezieht. In § 2060 Nr. 1 BGB sind diese ausdrücklich aufgenommen. Die h.M. geht zu Recht davon aus, dass die Erwähnung dieser Gläubiger in § 2061 BGB nicht notwendig war, da § 1972 BGB selbst nur das gerichtliche Aufgebot meint. Dementsprechend war die Regelung in § 2060 Nr. 1 BGB notwendig. Die fehlende Erwähnung in § 2061 BGB schadet nicht – § 2061 BGB kann auch den Gläubigern des § 1972 BGB entgegengehalten werden.

206 Gläubiger nach § 1971 BGB[357] sind durch das private Aufgebot nicht erfasst, sofern sie sich auf die Beanspruchung ihrer Sicherheiten beschränken.[358] Dies lässt sich aus der Systematik des Gesetzes herleiten, denn das private Aufgebot soll nicht weitreichendere Folgen haben als das öffentliche.

dd) Beweislast

207 Die Beweislast[359] trägt grundsätzlich der sich auf § 2061 BGB berufende Erbe. Eine Ausnahme besteht für die Anmeldung der Forderung bzw. die Kenntnis des Erben von der Forderung: Hier liegt sie beim Gläubiger.

g) Auswirkung im Prozess

208 Bei der anteiligen Haftung nach den §§ 2060, 2061 BGB handelt es sich um Einwendungen, so dass sie vom Gericht von Amts wegen zu berücksichtigen sind.[360] Bei Vorliegen der Voraussetzungen im Erkenntnisverfahren darf der Miterbe dementsprechend nicht auf volle Leistung an den Nachlassgläubiger verurteilt werden, sondern lediglich entsprechend seiner Erbquote. Auch eine gesamtschuldnerische Verurteilung der Miterben ist grundsätzlich nicht mehr möglich.[361] Damit bedarf es nach der insoweit zuzustimmenden h.M. grundsätzlich nicht des Vorbehalts der beschränkten Haftung nach § 780 ZPO.[362]

353 BeckOGK-BGB/*S. Otto*, § 2061 Rn 6.
354 Nicht gegenüber den anderen Miterben.
355 Soergel/*Wolf*, § 2061 Rn 3.
356 Gläubiger von Pflichtteilsrechten, Vermächtnissen und Auflagen.
357 Dinglich bzw. durch Vormerkung gesicherte Gläubiger.
358 *Zimmermann*, ZErb 2011, 259, 263.
359 MüKo/*Ann*, § 2061 Rn 8.
360 BeckOGK-BGB/*S. Otto*, § 2061 Rn 10.
361 jurisPK-BGB/*Toussaint*, § 2061 Rn 5.
362 MüKo/*Ann*, § 2060 Rn 3; a.A. *Lange/Kuchinke*, § 50 IV 2 e Fn 53.

F. Inventar

Das Inventar ist ein Verzeichnis des Nachlasses. Ein Inventar kann jeder der Erben jederzeit errichten, § 1993 BGB. Da keine Haftungsbeschränkung durch die Inventarerrichtung erreicht wird, werden die Erben den Aufwand und die Kosten häufig scheuen. Zur Inventarerrichtung „gezwungen“ werden sie praktisch allerdings durch einen entsprechenden Antrag eines Nachlassgläubigers. Auf Antrag eines Nachlassgläubigers setzt das Nachlassgericht den Erben eine Frist zur Errichtung des Inventars, § 1994 Abs. 1 S. 1 BGB. Diese Frist ist für jeden der Miterben zu bestimmen, also auch gesondert zu berechnen und kann daher zu unterschiedlichen Zeitpunkten enden. Aus dieser Aufforderung entsteht dann zwar keine Pflicht des Erben das Inventar zu errichten[363] und ist entsprechend auch nicht einklagbar. Dennoch hat es Folgen, wenn der Erbe der Aufforderung nicht nachkommt. Er haftet in der Regel unbeschränkt, allerdings tritt diese Folge immer nur für den betroffenen Miterben ein.[364] 209

In den folgenden Fällen tritt eine unbeschränkte Haftung ein: 210
- Das Inventar wird nicht innerhalb der vom Gericht gesetzten Frist errichtet, § 1994 Abs. 1 S. 2 BGB, auch wenn zuvor ein Nachlassinsolvenzverfahren mangels Masse abgelehnt wurde.[365]
- Es wird absichtlich ein unvollständiges Inventar errichtet, das erhebliche Lücken aufweist, § 2005 Abs. 1 Alt. 1 BGB.
- Nicht bestehende Nachlassverbindlichkeiten werden zur Benachteiligung vorhandener Nachlassgläubiger aufgeführt.
- Der Erbe beantragt die amtliche Aufnahme des Inventars nach § 2003 BGB und verletzt die ihm obliegende Auskunftspflicht nach § 2003 Abs. 2 BGB durch Auskunftsverweigerung oder -verzögerung, § 2005 Abs. 1 S. 2 BGB.

Eine unbeschränkte Haftung nur gegenüber bestimmten Gläubigern entsteht in folgenden Fällen: 211
- Es wird die Abgabe der eidesstattlichen Versicherung nach § 2006 Abs. 1 BGB verweigert. Dann haftet der Erbe dem Gläubiger, der den Antrag auf Abgabe der eidesstattlichen Versicherung gestellt hat, unbeschränkt, § 2006 Abs. 3 S. 1 BGB.
- Diese unbeschränkte Haftung dem beantragenden Gläubiger gegenüber besteht gem. § 2006 Abs. 3 S. 2 BGB auch dann, wenn der Erbe grundlos nicht zum Termin erscheint.

Hält ein Miterbe mehrere Erbteile, so ist nach § 2007 S. 1 BGB jeder Erbteil haftungsrechtlich getrennt von den anderen zu betrachten. Es kann also bei einem Erben gleichzeitig zu unterschiedlichen Haftungssituationen kommen.[366]

Für die Erben ist vorteilhaft, dass gem. § 2009 BGB bei rechtzeitiger Errichtung vermutet wird, dass nur die angegebenen Nachlassgegenstände vorhanden sind. Erhebt er bspw. die Dürftigkeitseinrede nach § 1990 BGB, muss dann zur Befriedigung der Nachlassgläubiger nur der im Inventar verzeichnete Nachlass herausgegeben werden. Allerdings erstreckt sich die Vermutung nicht auf die dort angegebenen Werte.[367] Zudem kommt das von einem Miterben errichtete Inventar gem. § 2063 Abs. 1 BGB allen Miterben zugute, auch ohne 212

363 *Lange/Kuchinke*, § 48 VI 2 b; für eine nicht klagbare Obliegenheit: *Herzog*, § 7 Rn 43.
364 *Herzog*, § 7 Rn 44.
365 OLG Rostock, Urt. v. 26.6.2008 – 1 U 53/08, ErbR 2009, 99, 100.
366 MüKo/*Küpper*, § 2007 Rn 2.
367 MüKo/*Küpper*, § 2009 Rn 3.

Bezugnahme nach § 2004 BGB. Dies gilt allerdings nur, soweit der jeweilige Miterbe noch nicht unbeschränkt haftet.[368]

213 Nachteilig ist allerdings, dass der Gläubiger danach genau weiß, wie sich der Nachlass zusammensetzt. Damit ist es ihm im Rahmen der Zwangsvollstreckung ohne weiteres möglich, Nachlassgegenstände als solche zu definieren und darauf zuzugreifen.

Ist das Inventar errichtet und eingereicht, darf es nach § 2010 BGB jeder einsehen, der ein berechtigtes Interesse hat – also insbesondere alle Nachlassgläubiger.

I. Voraussetzungen

214 Das Inventar ist gem. § 2009 BGB „rechtzeitig“ einzureichen – maßgeblich ist der Eingang bei Gericht.[369] Wird die Inventarfrist nach § 1994 Abs. 1 BGB eingehalten, ist das Inventar rechtzeitig errichtet.

II. Verfahren

215 Für den Antrag muss der Gläubiger seine Forderung glaubhaft machen, § 1994 Abs. 2 S. 1 BGB. Der Antrag muss an das Nachlassgericht gestellt werden.[370] Einer Fristsetzung allen Erben gegenüber bedarf es nicht.[371] Umstritten ist, ob auch diejenigen Gläubiger, die den Einreden der §§ 1973, 1974 BGB ausgesetzt sind, noch ein Antragsrecht haben.[372] Ein Antragsrecht ist diesen Gläubigern zuzugestehen, denn die anderen nicht ausgeschlossenen Gläubiger können von dem Antrag profitieren und auch der von Einreden betroffene Gläubiger hat noch Ansprüche nach § 1973 Abs. 2 BGB.[373] Auch Nachlasserbengläubiger[374] haben ein Antragsrecht, da das Verfahren auch dazu dient, dem Nachlassgläubiger einen Überblick über die Gegenstände zu geben, in die er vollstrecken kann.[375]

Wird der Erbe vom Gläubiger direkt aufgefordert, hat dies keine Auswirkungen.[376]

216 Die vom Nachlassgericht festzusetzende Frist beträgt nach § 1995 BGB mindestens einen Monat, höchstens aber drei Monate. Der Zeitpunkt der Annahme der Erbschaft nach § 1995 Abs. 2 BGB ist für jeden Miterben getrennt zu ermitteln.[377] Das Gericht kann die Frist auf Antrag des Erben verlängern (§ 1995 Abs. 3 BGB). Wird Nachlassverwaltung oder -insolvenz angeordnet, wird die Fristbestimmung nach § 2000 BGB unwirksam. Errichtet der Erbe das Inventar dann nicht, ist dies folgenlos. Sind die Verfahren beendet, wird es in der Regel keines Inventars mehr bedürfen. Eine Ausnahme ist jedenfalls für den Fall zu machen, dass das Insolvenzverfahren mangels Masse nicht durchgeführt wird – dann ist eine Fristsetzung zur Inventarerrichtung möglich.[378]

---

368 Damrau/Tanck/*Gottwald*, § 1993 Rn 3.

369 OLG Hamm, Beschl. v. 27.10.1961 – 15 W 418/61, NJW 1962, 53.

370 Auch, wenn das Nachlassgericht nicht zur Aufnahme des Inventars zuständig ist: OLG München, Beschl. v. 24.7.2008 – 31 Wx 27/08, n.v.

371 Damrau/Tanck/*Gottwald*, § 1994 Rn 6.

372 Soergel/*Stein*, 1994 Rn 3; MüKo/*Küpper*, § 1973 Rn 2; a.A. Staudinger/*Dobler*, § 1994 Rn 8; Palandt/*Weidlich*, § 1994 Rn 3.

373 MüKo/*Küpper*, § 1973 Rn 2.

374 Der Erbe haftet auch mit dem Eigenvermögen und damit unbeschränkt.

375 *Küpper*, ZEV 2014, 35.

376 BeckOGK-BGB/*Leiß*, § 1994 Rn 14.1.

377 Damrau/Tanck/*Gottwald*, § 1995 Rn 3.

378 Vgl. m.w.N. MüKo/*Küpper*, § 2000 Rn 4.

Dem Staat als gesetzlichen Erben kann gem. § 2011 BGB keine Frist gesetzt werden, gleiches gilt für Nachlasspfleger und Nachlassverwalter, § 2012 BGB. Dafür sind diese Personengruppen verpflichtet, Auskunft zu erteilen, §§ 2012 Abs. 1 S. 2, Abs. 2, 2011 S. 2 BGB. 217

Hat der Erbe die Fristversäumnis nicht verschuldet, kann er die Bestimmung einer neuen Frist nach § 1996 beantragen.

III. Form und Inhalt

Will ein Erbe ein Inventar im Sinne der §§ 1993 ff. BGB errichten, genügt es nicht, dieses privat aufzunehmen. §§ 2001 ff. BGB enthalten insofern besondere Vorschriften. 218

Nach § 2001 BGB sind die Nachlassgegenstände mit Beschreibung und Wertangabe aufzuführen. Für Miterben gilt, dass auch bei Errichtung durch nur einen Miterben der gesamte Nachlass aufzunehmen ist, und nicht nur der auf den einzelnen Miterbenanteil entfallende Teil.[379] Maßgeblicher Zeitpunkt ist der Erbfall.[380] Außerdem sind die Nachlassverbindlichkeiten aufzunehmen. Hier ist der maßgebliche Zeitpunkt die Aufnahme des Inventars.[381] Damit können auch nach dem Erbfall aufgelaufene Verbindlichkeiten erfasst werden.[382] 219

Wird das Inventar durch einen Erben errichtet, muss er sich gem. § 2002 BGB der zuständigen Behörde, des zuständigen Beamten oder eines Notars[383] bedienen. Die Zuständigkeit ist nach jeweiligem Landesrecht zu ermitteln.[384] Nimmt der Erbe die Hilfe eines Notars in Anspruch, so muss er das Inventar nach überwiegender Auffassung letztlich selbst unterschreiben.[385] Dies liegt daran, dass die Mitwirkenden die Angaben nicht prüfen müssen und dürfen; haben sie allerdings Zweifel, dürfen sie diese vermerken.[386] Da dies im Hinblick auf § 2005 BGB (unbeschränkte Haftung) doch recht riskant ist, sollte der Erbe mit der mitwirkenden Person zusammenarbeiten. 220

Alternativ kann nach § 2003 BGB die amtliche Aufnahme des Inventars durch einen vom Nachlassgericht beauftragten Notar erfolgen. Hierzu genügt der Antrag eines Miterben.[387] Die beauftragte Person muss das Inventar selbst errichten; kann nach § 2003 Abs. 2 BGB aber Auskunft von den Erben verlangen. Auch hier gilt wieder: Eine Pflicht zur Auskunft besteht nicht; es ist allerdings infolge § 2005 Abs. 1 S. 2 BGB mit der unbeschränkten Haftung zu rechnen. 221

Die Nachlassgläubiger können nach § 2006 BGB die Abgabe einer eidesstattlichen Versicherung verlangen. Hierzu sind keine weiteren Voraussetzungen notwendig, es genügt der Antrag des Gläubigers. Nach § 2006 Abs. 2 BGB bietet das Gesetz dem Erben eine letzte Rettungsmöglichkeit vor der unbeschränkten Haftung für den Fall, dass sich Fehler im Inventar befinden: Vor Abgabe der eidesstattlichen Versicherung kann der Erbe das Inventar noch vervollständigen. 222

379 Damrau/Tanck/*Gottwald*, § 2001 Rn 4.
380 MüKo/*Küpper*, § 2001 Rn 2.
381 *Herzog*, ErbR 2013, 70, 77.
382 BGH, Urt. v. 10.2.1960 – V ZR 39/58, BGHZ 32, 60, 65.
383 Hierzu ausführlich: *Schreinert*, RNotZ 2008, 61 ff.
384 *Lange/Kuchinke*, § 48 VI 4 a Fn 108 enthält eine Aufzählung der landesrechtlichen Vorschriften auf dem Stand 2001.
385 MüKo/*Küpper*, § 2002 Rn 2.
386 MüKo/*Küpper*, § 2002 Fn 2.
387 Staudinger/*Dobler*, § 2003 Rn 3.

223 Umstritten ist die Frage, ob auch ein anderer Miterbe als derjenige, der das Inventar erstellt hat, aufgefordert werden kann, diesbezüglich eine eidesstattliche Versicherung abzugeben. *Wolf*[388] verweist darauf, dass andere Miterben nicht für das Inventar verantwortlich sind[389] und diesbezüglich keine eidesstattliche Versicherung abgeben können. Dies ist jedoch abzulehnen. Der Miterbe profitiert gem. § 2063 BGB von dem Inventar.[390] Zudem hat er gem. § 2006 Abs. 2 BGB nach insoweit vertretener Auffassung die Möglichkeit, das Inventar noch zu ergänzen und es sich damit soweit zuzueignen, dass die Abgabe einer eidesstattlichen Versicherung möglich ist.[391]

G. Klagearten

224 § 2058 BGB und § 2059 Abs. 2 BGB enthalten die Grundlagen für die Klagen, die gegen die Erbengemeinschaft bzw. den einzelnen Miterben möglich sind. Dies sind die sog. Gesamtschuldklage (§ 2058 BGB) und die sog. Gesamthandsklage (§ 2059 Abs. 2 BGB).

225 Parallel zu § 1958 BGB gilt, dass eine **vor Erbschaftsannahme** erhobene Klage unzulässig ist, § 305 ZPO. Soll dennoch geklagt werden, muss der Gläubiger die Bestellung eines Nachlasspflegers nach § 1961 BGB beantragen.[392]

226 Zur Situation des Miterben, der gleichzeitig auch Gläubiger des Nachlasses ist (siehe Rdn 279 ff.).

I. Gesamtschuldklage

1. Allgemeines

227 Nachlassgläubigern steht es unabhängig von der Frage einer erfolgten Teilung des Nachlasses zu, jeden der Miterben als Gesamtschuldner mit der Gesamtschuldklage zu verklagen.[393] Da jeder Erbe Gesamtschuldner ist, kann der Gläubiger die Gesamtschuldklage gegen nur einen Erben, mehrere Erben oder alle Erben gleichzeitig erheben.[394] Das vom Kläger dabei anvisierte Gut ist das Eigenvermögen der Erben, welches dessen Anteil am Nachlass beinhaltet.[395]

228 Gegen die Inanspruchnahme durch die Gesamtschuldklage kann sich der jeweilige Erbe vor allem mit Hilfe von Haftungsbeschränkungsmaßnahmen wehren. Erhebt der Miterbe die Einrede des § 2059 Abs. 1 S. 1 BGB, ergeht nach ganz überwiegender Auffassung *nach entsprechendem Antrag* ein Urteil unter Vorbehalt nach § 780 ZPO.[396] Dem Antrag des Gläubigers wird jedoch stattgegeben.

388 Soergel/*Wolf*, § 2063 Rn 2.
389 So auch RG, Urt. v. 23.6.1930 – IV 59/30, RGZ 129, 239, 246.
390 *Lange*/*Kuchinke*, § 48 VI 7 a Fn 146.
391 So auch Staudinger/*Marotzke*, 2063 Rn 9.
392 MüKo-ZPO/*Musielak*, § 305 Rn 1.
393 *Zeising*, ZErb 2013, 52, 53.
394 *Zeising*, ZErb 2013, 52, 53.
395 BeckOGK-BGB/*S. Otto*, § 2058 Rn 21.
396 Staudinger/*Marotzke*, § 2059 Rn 11, 27 ff.

Notwendige Streitgenossen nach § 62 ZPO sind die Miterben bei der Gesamtschuldklage nicht.[397] Uneinheitliche Entscheidungen sind wegen § 425 Abs. 2 BGB möglich.[398] 229

2. Verfügungen über Nachlassgegenstände

Begehrt ein Nachlassgläubiger eine Verfügung über einen Nachlassgegenstand wie bspw. die Auflassung eines Grundstücks, stellt sich die Frage, wie das erreicht werden kann. Ist der Nachlass noch nicht geteilt, schuldet zwar jeder Miterbe die Erfüllung dieser Verbindlichkeit. Wegen der gesamthänderischen Bindung und den Verwaltungs- und Verfügungsvorschriften in §§ 2038 ff. BGB ist der einzelne Miterbe dazu jedoch nicht in der Lage. Daher wird auch von einem Zwang zur Gesamthandsklage gesprochen.[399] Zur Lösung dieses Problems im Rahmen einer Gesamtschuldklage werden von der überwiegenden Auffassung verschiedene Ansätze diskutiert.[400] 230

a) Rechts- und Parteifähigkeit der Erbengemeinschaft

Der BGH hat sich deutlich gegen eine Rechts- und damit auch Parteifähigkeit der Erbengemeinschaft entschieden.[401] Die Frage, ob die Gesamthandsklage damit hinfällig ist, wird in der Praxis nach hiesiger Ansicht kaum Relevanz haben. 231

b) Klage gegen nur einen der Miterben

Klagt der Gläubiger gegen einen der Miterben, kann diese Klage auf Herbeiführung der Auflassung gerichtet werden (so genannte Herbeiführungsklage).[402] Dieser Lösungsvorschlag ist nicht ohne Kritik geblieben.[403] 232

Der auf Herbeiführung der Auflassung verklagte Miterbe muss dann seinerseits gegen die anderen Miterben vorgehen.[404] Der Anspruch ergibt sich u.a. aus § 2038 Abs. 1 S. 2 BGB bzw. § 426 Abs. 1 S. 1 BGB.[405] Notfalls muss die Auseinandersetzung nach §§ 2042 Abs. 2, 2046 BGB verlangt werden.[406]

c) Klage gegen alle oder mehrere Erben

Widersetzen sich alle Erben der Abgabe der erforderlichen Erklärungen, kann der Gläubiger natürlich auch alle Erben verklagen. Da die Übergabe bzw. die Auflassung gem. § 2040 233

397 OLG Naumburg, Urt. v. 16.1.1996 – 3 U 38/96, NJW-RR 1998, 308, 309; Damrau/Tanck/*Syrbe*, § 2058 Rn 9.

398 RG, Urt. v. 28.3.1908 – Rep. V 348/07, RGZ 68, 221, 223, wonach die notwendige Streitgenossenschaft nur für die Zwangsvollstreckung bestehe.

399 BeckOGK-BGB/*S. Otto*, § 2059 21; *ders.*, § 2058 Rn 23.

400 M.w.N. zur a.A. *Zeising*, ZErb 2013, 52, 56.

401 BGH, Urt. v. 11.9.2002 – XII ZR 187/00, Rn 11, zit. nach juris; zum Streitstand und evtl. Ausnahmetatbestand: BeckOGK-BGB/*S. Otto*, § 2058 Rn 7.

402 BGH, Urt. v. 24.4.1963 – V ZR 16/62, NJW 1963, 1611, 1612; BGH, Urt. v. 15.10.1997 – IV ZR 327/96, NJW 1998, 682; so auch schon RG, Urt. v. 10.7.1909 – Rep. V 43/08, RGZ 71, 366, 370; BeckOK-BGB/*Lohmann*,§ 2059 Rn 6; krit. BeckOGK-BGB/*S. Otto,* § 2059 Rn 21 und 21.2 insbesondere hinsichtlich praktischer Umsetzung bezüglich Formulierung des Antrages und der Vollstreckbarkeit. Lösungsmöglichkeiten bei *Zeising*, ZErb 2013, 52, 56 f.

403 Vgl. BeckOGK-BGB/*S. Otto,* § 2059 Rn 21 und 21.2.

404 BeckOGK-BGB/*S. Otto,* § 2059 Rn 21 und 21.2.

405 MüKo/*Ann*, § 2058 Rn 24.

406 Staudinger/*Marotzke*, § 2058 Rn 61.

BGB gemeinsam erfolgen muss, sind die verklagten Erben dann ausnahmsweise auch im Rahmen der Gesamtschuldklage aus materiell-rechtlichen Gründen notwendige Streitgenossen nach § 62 Abs. 1 ZPO.[407]

Nicht notwendig ist aber eine zeitgleiche Abgabe der erforderlichen Erklärungen.[408] Geben daher einige Miterben ihre Erklärungen freiwillig ab und andere widersetzen sich, kann die Klage auch nur gegen die sich widersetzenden Erben gerichtet werden.[409]

Gleiches gilt für:
- die Klage auf Zustimmung zur Grundbuchberichtigung[410]
- die Klage auf Duldung der Zwangsvollstreckung aus einer Hypothek, wenn diese auf einem Grundstück lastet, welches zum Nachlass gehört.[411]

II. Gesamthandsklage

234 Bis zur Teilung des Nachlasses halten die Erben den Nachlass als Sondervermögen für die Erbengemeinschaft. Will der Nachlassgläubiger vor Teilung des Nachlasses direkt in dieses Sondervermögen vollstrecken, steht ihm die Gesamthandsklage nach § 2059 Abs. 2 BGB zur Verfügung. Hierbei sind die Erben notwendige Streitgenossen, denn ein Urteil kann ihnen gegenüber nur einheitlich ergehen.[412]

235 Auch bei der Gesamthandsklage ändert sich an der Haftung der Erben nichts, es bleibt trotzdem bei der gesamtschuldnerischen Haftung nach § 2058 BGB.[413] Beklagte sind demnach auch die Erben, nicht die Erbengemeinschaft selbst.[414]

236 Die Gesamthandsklage ist nach Teilung des Nachlasses grundsätzlich nicht mehr möglich, es sei denn, dass trotz Teilung des Nachlasses noch Gegenstände von der Erbengemeinschaft gemeinsam gehalten werden.[415]

237 Die Gesamthandsklage hat eine andere Haftungsmasse im Visier als die Gesamtschuldklage: Die Gesamtschuldklage richtet sich häufig gegen das Eigenvermögen der einzelnen Miterben, die Gesamthandsklage zielt auf die Vollstreckungsmasse des ungeteilten Nachlasses ab.[416]

238 Die Gesamthandsklage ist grundsätzlich die richtige Klage, wenn der Gläubiger etwas Bestimmtes aus dem ungeteilten Nachlass erhalten möchte, bspw. Herausgabe eines bestimmten Gegenstandes. Die Erben, die dem Begehren des Gläubigers nachkommen wollen, müssen nicht mit verklagt werden. Es genügt die Verpflichtung der widerstrebenden Erben.

---

407 BGH, Urt. v. 12.1.1996 – V ZR 246/94, NJW 1996, 1060, 1061.

408 MüKo/*Ann*, § 2059 Rn 22.

409 RG, Urt. v. 18.9.1918 – Rep. V 80/18, RGZ 93, 292, 295; RG, Urt. v. 5.10.1925 – V 598/24, RGZ 111, 338, 340; MüKo/*Ann*, § 2059 Rn 22.

410 OLG Naumburg, Urt. v. 10.1.1997 – 3 U 38/96, NJW-RR 1998, 308, 309. OLG Naumburg beschränkt die Klagemöglichkeiten allerdings auf die Gesamthandsklage.

411 RG, Urt. v. 31.1.1938 – V 105/37, RGZ 157, 33, 36; MüKo/*Ann*, § 2059 Rn 22.

412 RG, Urt. v. 10.7.1909 – Rep. V 43/08, RGZ 71, 366, 370; BGH, Urt. v. 24.4.1963 – V ZR 16/62, NJW 1963, 1611, 1612.

413 MüKo/*Ann*, § 2059 Rn 19, der daher den Begriff der „Gesamthandsklage" kritisiert.

414 Entsprechend für eine Erbengemeinschaft als Klägerin, LG Berlin, Urt. v. 8.7.2003 – 64 S 106/03, zit. in: ZEV 2004, 428; a.A. *Eberl-Borges*, ZEV 2002, 125, 130, mit dem Argument, dass der Erbengemeinschaft in entsprechender Anwendung der BGH-Rechtsprechung zur Außen-GbR Rechts- und Parteifähigkeit zuzusprechen sei (vgl. Rdn 231).

415 BeckOGK-BGB/*S. Otto*, § 2059 Rn 23.

416 *Zeising*, ZErb 2013, 52, 54.

Sind diese verurteilt, können sie mit den einsichtigen Erben zusammen – bspw. gemeinsam – über den betreffenden Gegenstand verfügen.

III. Wahlrecht des Klägers

Ob der Nachlassgläubiger nun Gesamthandsklage oder Gesamtschuldklage erhebt, ist ihm überlassen, er hat ein Wahlrecht.[417] Hat sich der Gläubiger für eine der beiden Klagen entschieden, kann er während des Verfahrens noch zur anderen Klage wechseln. Dies ist nach § 264 Nr. 2 ZPO zulässig.[418] 239

Vorzugswürdig erscheint allerdings die Gesamtschuldklage, denn gem. § 2058 BGB haften die Erben vor und nach der Teilung gesamtschuldnerisch.[419] Der Titel aus einem solchen Verfahren ist unabhängig vom Fortgang der Abwicklung der Erbengemeinschaft verwendbar. 240

Auch die gleichzeitige Erhebung beider Klagen ist mit der wohl h.M.[420] möglich. Anderweitige Rechtshängigkeit liegt nicht vor, denn beide Klagen richten sich gegen unterschiedliche Vermögensmassen.[421] Nach anderer Auffassung ist es nicht möglich, die beiden Klagen gleichzeitig zu erheben.[422] Hier wird die Gesamthandsklage als Minus zur Gesamtschuldklage verstanden.[423] 241

Hat sich der Kläger nicht klar ausgedrückt, ist eine Auslegung seines Klagebegehrens notwendig.[424] Wird in der Klage vorgetragen, dass der Nachlass ungeteilt sei, ist dies kein ausreichendes Indiz für die Annahme einer Gesamthandsklage.[425] Hat der Gläubiger alle Miterben verklagt, spricht allein dies weder für eine Gesamthands- noch für eine Gesamtschuldklage.[426] 242

H. Zwangsvollstreckung

Auch hinsichtlich der Zwangsvollstreckung ist sowohl nach der begehrten Vermögensmasse als auch nach dem Zeitpunkt der Vornahme der Vollstreckungsmaßnahme zu differenzieren 243
- Beginn der Vollstreckungshandlung noch vor dem Erbfall
- Beginn der Vollstreckungshandlung vor Erbschaftsannahme
- Beginn der Vollstreckungshandlung nach Erbschaftsannahme aber vor Teilung des Nachlasses
- Beginn der Vollstreckungshandlung nach Erbschaftsannahme aber nach Teilung des Nachlasses.

---

417 So die überwiegende Auffassung, BGH, Urt. v. 20.5.1992 – IV ZR 231/91, FamRZ 1992, 1055, 1056; Palandt/*Weidlich*, § 2059 Rn 13; MüKo/*Ann*, § 2059 Rn 20 (bis zur Teilung).

418 *Zeising*, ZErb 2013, 52, 57.

419 MüKo/*Ann*, § 2059 Rn 19.

420 *Brox/Walker*, Rn 724; *Lange/Kuchinke*, § 50 IV 2c; MüKo/*Ann*, § 2058 Rn 25.

421 Gesamthandsklage gegen den ungeteilten Nachlass, Gesamtschuldklage gegen das Eigenvermögen einzelner Miterben.

422 MüKo/*Heldrich*, § 2058 Rn 24 (4. Auflage); BeckOGK-BGB/*S. Otto*, § 2058 Rn 22.3.

423 BeckOGK-BGB/*S. Otto*, § 2058 Rn 22.3; so auch *Zeising*, ZErb 2013, 52, 54.

424 BGH, Urt. v. 24.4.1963 – V ZR 16/62, NJW 1963, 1611, 1612.

425 RG, Urt. v. 28.3.1908 – Rep. V 348/07, RGZ 68, 221, 222.

426 *Zeising*, ZErb 2013, 52, 55.

244 Außerdem können sich Besonderheiten daraus ergeben, dass
- Testamentsvollstreckung besteht
- ein Nachlassverwaltungs- oder Nachlassinsolvenzverfahren eingeleitet wurde
- der Titel bereits zu Lebzeiten gegen den Erblasser ergangen war.

245 **Übersicht: Vollstreckung in den Nachlass**

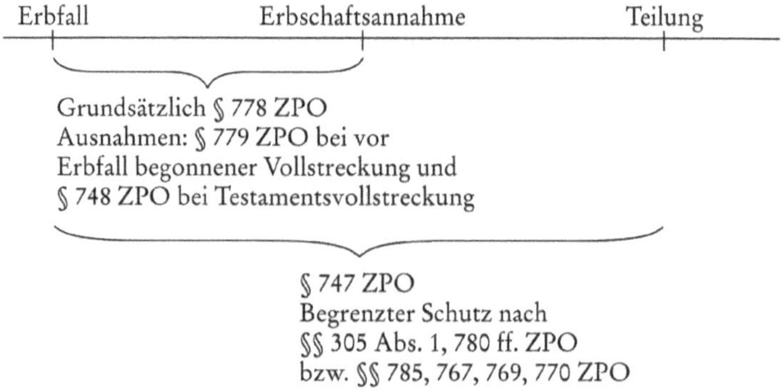

I. Vor Annahme der Erbschaft

246 Vor der Annahme der Erbschaft ist eine Zwangsvollstreckung wegen Nachlassverbindlichkeiten nur in den Nachlass selbst möglich. Gemäß § 778 Abs. 1 ZPO kann nicht in das Eigenvermögen der Erben, die die Erbschaft noch nicht angenommen haben, vollstreckt werden. Dies ist für jeden Erben getrennt zu beurteilen.[427]

Soll dennoch die Zwangsvollstreckung betrieben werden, bedarf es ggf. der Bestellung eines Nachlasspflegers – für eine vor dem Erbfall begonnene Vollstreckung enthält § 779 ZPO eine Sonderregelung.[428]

247 Da der Anteil am Nachlass zum jeweiligen Eigenvermögen der Erben gehört, kann nach § 778 Abs. 1 ZPO auch nicht durch Nachlassgläubiger auf diesen zugegriffen werden.[429] Andererseits ist gem. § 778 Abs. 2 ZPO eine Inanspruchnahme des Nachlasses durch Eigengläubiger der Erben vor der Erbschaftsannahme auch nicht möglich.[430] Bis zur Annahme bleibt es für die Gläubiger demnach bei den ihnen ursprünglich zur Verfügung stehenden Vermögensmassen. Bezüglich des Anteils des jeweiligen Erben an der Erbengemeinschaft gilt: Dieser gehört ab dem Erbfall zum jeweiligen Eigenvermögen des Erben und damit kann in diesen durch Eigengläubiger bereits vor der Annahme vollstreckt werden.[431] Nimmt der Erbe die Erbschaft dann nicht an, ist mit der Pfändung nichts erreicht.[432]

248 Wurde die Zwangsvollstreckung noch zu Lebzeiten des Erblassers begonnen, wird sie nach § 779 ZPO nicht durch den Erbfall unterbrochen oder gehindert. Eine Titelumschreibung ist ebenfalls nicht erforderlich.[433] Ist aber die Mitwirkung der Erben notwendig und diese

427 MüKo-ZPO/*Schmidt/Brinkmann*, § 778 Rn 5.
428 MüKo-ZPO/*Schmidt/Brinkmann*, § 778 Rn 8.
429 So im Ergebnis auch MüKo-ZPO/*Schmidt/Brinkmann*, § 778 Rn 7 ff.
430 *Baumbach/Lauterbach/Albers/Hartmann*, § 778 Rn 7.
431 *Behr*, Rpfleger 2002, 2, 5; MüKo-ZPO/*Schmidt/Brinkmann*, § 778 Rn 7 mit Verweis auf § 859 ZPO.
432 Stein/Jonas/*Brehm*, § 859 Rn 28, § 747 Rn 1.
433 LG Meiningen, Beschl. v. 14.11.2006 – 4 T 278/06, Rpfleger 2007, 217, 217; OLG München, Beschl. v. 20.11.2013 – 31 Wx 413/13, Rn 7, zit. nach juris.

haben die Erbschaft noch nicht angenommen oder sind noch unbekannt, ist für sie nach § 779 Abs. 2 ZPO ein besonderer Vertreter zu bestellen. Verständlicherweise ist dies nach § 779 Abs. 2 S. 2 ZPO nicht notwendig, wenn bereits Nachlasspflegschaft oder Testamentsvollstreckung besteht. Treten diese erst später in Erscheinung, ist die Tätigkeit des besonderen Vertreters nach überwiegender Ansicht ab diesem Zeitpunkt beendet.[434]

Hatte die Zwangsvollstreckung noch nicht zu Lebzeiten des Erblassers begonnen, ist zunächst ein vollstreckbarer Titel zu erwirken. Unter Umständen ist dieser nach § 727 ZPO umzuschreiben. 249

Will sich der Erbe vor unberechtigten oder unzulässigen Vollstreckungsmaßnahmen wehren, steht ihm § 771 ZPO zur Verfügung.[435] Nach überwiegender Auffassung steht ihm auch das Mittel der Erinnerung nach § 766 ZPO zur Verfügung.[436] 250

II. Nach Annahme der Erbschaft

Nach der Annahme der Erbschaft schützt § 778 ZPO nicht mehr. Es kann jetzt grundsätzlich in Nachlass und Eigenvermögen vollstreckt werden. 251

1. Zugriff auf den Nachlass (bis zur Teilung)

Will man allerdings auf den ungeteilten Nachlass selbst zugreifen, ist dies nach § 747 ZPO nur mit Hilfe eines Titels zulässig, der sich gegen alle Erben der Erbengemeinschaft richtet. Der Anwendungsbereich des § 747 ZPO reicht bis zur Teilung des Nachlasses. Zwangsvollstreckungen, die noch zu Lebzeiten des Erblassers begonnen wurden, sind in § 779 ZPO geregelt. Zwangsvollstreckungen bei Bestehen einer unbeschränkten Testamentsvollstreckung richten sich nach § 748 ZPO. 252

Für die Vollstreckung in den ungeteilten Nachlass müssen Titel gegen alle Erben vorliegen, jedoch nicht zwingend ein und derselbe.[437] Zulässig sind auch Titel unterschiedlicher Art.[438] Es genügen sowohl Titel aus Gesamthandsklagen als auch aus Gesamtschuldklagen.[439] Ausreichend sind Urteile aus verschiedenen Prozessen, solange letztendlich Titel gegen alle Erben vorliegen.[440] Ferner ist eine Kombination aus erzwungenen Titeln wie Urteilen und freiwillig gewährten möglich, wie aus Vergleichen oder notariellen Urkunden nach § 794 Abs. 1 Nr. 1 und 5 ZPO.[441] Besteht Nachlassverwaltung, genügt gem. § 1984 BGB ein Titel gegen den Verwalter.[442] Vollstreckt ein Miterbe, der zugleich auch Gläubiger ist, wird er keinen Titel gegen sich selbst haben. Dann genügt das Vorliegen eines Titels gegen die übrigen Erben.[443] 253

434 *Baumbach/Lauterbach/Albers/Hartmann*, § 779 Rn 8.
435 *Behr*, Rpfleger 2002, 2, 5.
436 BeckOGK-BGB/*Heinemann*, § 1958 Rn 39; BeckOK-ZPO/*Vorwerk/Wolf*, § 778 Rn 12, 16, 17; krit. und die Argumente abwägend: MüKo-ZPO/*Schmidt/Brinkmann*, § 778 Rn 12.
437 Thomas/Putzo/*Seiler*, § 747 Rn 3.
438 BGH, Urt. v. 5.12.1969 – V ZR 159/66, NJW 1970, 473.
439 RG, Urt. v. 28.3.1908 – Rep. V 348/07, RGZ 68, 221, 223.
440 *Brox/Walker*, Rn 724; Stein/Jonas/*Münzberg*, § 747 Rn 2.
441 Stein/Jonas/*Münzberg*, § 747 Rn 2.
442 *Baumbach/Lauterbach/Albers/Hartmann*, § 747 Rn 3.
443 BGH, Urt. v. 10.2.1988 – IVa ZR 227/86, NJW-RR, 88, 710, 710; Thomas/Putzo/*Seiler*, § 747 Rn 5.

254 Damit können Eigengläubiger einzelner Miterben mit einem Titel nur gegen diesen Miterben nicht in den ungeteilten Nachlass vollstrecken.[444] In diesem Fall kann gegen das Eigenvermögen des Miterben vorgegangen werden, womit nach der Erbschaftsannahme eine Pfändung seines Nachlassanteils gem. § 859 Abs. 2 ZPO möglich ist.[445]

255 Durch § 747 ZPO ist der ungeteilte Nachlass also vor einem Zugriff durch Eigengläubiger einzelner Erben geschützt. Eine Beschränkung auf Zwangsvollstreckungen nur durch *Nachlass*gläubiger ist aber nicht enthalten. Haften die Erben für eine andere Verbindlichkeit als Gesamtschuldner, ist für Gläubiger solcher Verbindlichkeiten eine Zwangsvollstreckung in den ungeteilten Nachlass möglich.[446]

256 Mit einem Titel aus einer Gesamthandsklage kann der Gläubiger direkt auf Nachlassgegenstände im ungeteilten Nachlass zugreifen – wiederum aber nicht auf das Eigenvermögen des Erben.[447] Auch Titel aus Gesamtschuldklagen genügen den Anforderungen des § 747 ZPO, sofern Titel gegen alle Miterben vorliegen.[448]

2. Zugriff auf das Eigenvermögen der Erben

257 Mit einem Gesamtschuldtitel kann der Gläubiger auch in das Eigenvermögen der Miterben vollstrecken.[449] Zum Eigenvermögen des jeweiligen Erben gehört der jeweilige Erbteil und dieser kann gem. § 859 Abs. 2 ZPO gepfändet werden.[450] Beruft sich ein Miterbe im Rahmen der Gesamtschuldklage auf die Einrede nach § 2059 Abs. 1 S. 1 BGB, so kann der Nachlassgläubiger dementsprechend nur den Miterbenanteil pfänden.

3. Erbteilsschulden

258 Der Gläubiger einer Erbteilsschuld wird auf den Nachlass kaum Zugriff haben, denn dafür wäre gem. § 747 ZPO ein Titel gegen alle Erben erforderlich. Es bleibt ihm in der Regel also lediglich, gegen den ihm haftenden Erben vorzugehen und notfalls in dessen Miterbenanteil zu vollstrecken.[451] Bei der Auseinandersetzung wird seine Forderung dann entsprechend § 2046 Abs. 2 BGB aus dem Überschussanteil des Erben, in dessen Anteil er vollstreckt hat, beglichen.[452]

III. Zwangsvollstreckung bei bestehender Testamentsvollstreckung

259 Besteht Testamentsvollstreckung, muss zur Zwangsvollstreckung in den Nachlass gem. § 748 Abs. 1 ZPO ein Titel gegen den Testamentsvollstrecker vorliegen. Dies lässt das Gesetz aber andererseits auch genügen: Weitere Titel wie bspw. gegen die Erben sind weder erforderlich noch ausreichend.[453] Liegen ein Leistungstitel gegen die Erben und ein

---

444 I.E. so: MüKo/*Ann*, § 2058 Rn 25; Palandt/*Weidlich*, § 2059 Rn 15.
445 Soergel/*Wolf*, § 2058 Rn 15.
446 BGH, Urt. v. 5.12.1969 – V ZR 159/66, NJW 1970, 473, 473; BeckOK-ZPO/*Vorwerk*/*Wolf*, § 747 Rn 7.
447 *Herzog*, § 14 Rn 11.
448 MüKo/*Ann*, § 2058 Rn 25; im Ergebnis so auch *Baumbach*/*Lauterbach*/*Albers*/*Hartmann*, § 747 Rn 2 f.
449 *Herzog*, § 14 Rn 17.
450 MüKo-ZPO/*Schmidt*/*Brinkmann*, § 778 Rn 7 mit Verweis auf § 859 ZPO.
451 *Joachim*, Rn 512.
452 Staudinger/*Marotzke*, § 2058 Rn 33.
453 Stein/Jonas/*Münzberg*, § 748 Rn 2.

Duldungstitel gegen den Testamentsvollstrecker vor, genügt dies ebenfalls.[454] Die Annahme des Testamentsvollstreckeramtes ist nicht erforderlich.[455] Eine Zwangsvollstreckung in das Eigenvermögen des Testamentsvollstreckers ist dadurch selbstverständlich nicht möglich.[456]

Praktisch ist ein Titel sowohl gegen den Testamentsvollstrecker also auch gegen die Erben sinnvoll, denn mit diesem kann man sowohl in den Nachlass also auch das Eigenvermögen der Erben vollstrecken.[457] 260

§ 748 Abs. 2 ZPO regelt den Fall, dass nur einzelne Nachlassgegenstände unter Testamentsvollstreckung stehen. Dann wird ein Titel gegen die Erben auf Leistung benötigt, und zusätzlich ein Titel gegen den Testamentsvollstrecker auf Duldung der Zwangsvollstreckung in den betreffenden Nachlassgegenstand.[458] Eine Geltendmachung in getrennten Prozessen ist möglich.[459] 261

Will ein Pflichtteilsberechtigter in den Nachlass vollstrecken, werden unabhängig von dem Umfang der Testamentsvollstreckung Titel gegen die Erben (auf Leistung) und den Testamentsvollstrecker (auf Duldung) benötigt, § 748 Abs. 3 ZPO.

IV. Titelumschreibung

Möglich ist auch die Titelumschreibung eines Titels gegen den Erblasser nach § 727 ZPO. Liegen die für § 727 ZPO erforderlichen Nachweise nicht vor, ist Klage nach § 732 ZPO zu erheben.[460] Als Nachweis ist ein Teilerbschein für einen der Miterben ausreichend – der Titel kann gegen diesen Erben umgeschrieben werden, denn dieser haftet nach § 2058 BGB ohnehin gesamtschuldnerisch.[461] 262

Bei einer Vollstreckung aus einem umschreibungsfähigen, aber noch nicht umgeschriebenen Titel kann der Erbe gegen die Vollstreckung mit der Erinnerung nach § 766 ZPO vorgehen.[462] Der Titel kann auch dann gegen die Erben umgeschrieben werden, wenn noch Testamentsvollstreckung besteht, § 728 Abs. 2 S. 2 ZPO. Grundsätzlich ist auch bezüglich der Titelumschreibung danach zu differenzieren, ob der Nachlass bereits geteilt ist, oder nicht. Hierbei können sich Unterschiede sowohl bei der Gläubiger- als auch der Schuldnerposition ergeben.[463]

Haftungsbeschränkungsmaßnahmen haben allerdings keinen Einfluss auf die Umschreibung von Vollstreckungstiteln, da diese erst im Vollstreckungsverfahren geltend zu machen sind.[464] Eine Titelumschreibung **vor Annahme der Erbschaft** ist nicht zulässig.[465]

454 BeckOK-ZPO/*Ulrici*, § 748 Rn 3.
455 MüKo-ZPO/*Schmidt/Brinkmann*, § 748 Rn 10.
456 *Garlichs*, RPfleger 1999, 60, 63.
457 *Baumbach/Lauterbach/Albers/Hartmann*, § 748 Rn 2.
458 Stein/Jonas/*Münzberg*, § 748 Rn 4; Baumbach/Lauterbach/Albers/Hartmann, § 784 Rn 4.
459 MüKo-ZPO/*Heßler*, § 748 Rn 21.
460 Thomas/Putzo/*Seiler*, § 727 Rn 1.
461 LG Leipzig, Beschl. v. 14.2.2003 – 1 T 332/03, zit. nach juris.
462 BGH, Urt. v. 7.5.1992 – IX ZR 175/91, NJW 1992, 2159, 2160; BeckOK-ZPO/*Ulrici*, § 727 Rn 1.
463 Hierzu: *Scheel*, NotBZ 2000, 146–148, mit Formulierungsvorschlägen für die umgeschriebenen Klauseln.
464 *Scheel*, NotBZ 2000, 146, 147; so auch Zöller/*Geimer*, § 780 Rn 9.
465 *Brox/Walker*, Rn 315.

V. Vorbehalt der beschränkten Erbenhaftung

263 Für Miterben, die das Recht zur Haftungsbeschränkung noch nicht verloren haben, oder bereits Maßnahmen ergriffen haben, stellt sich die Frage, wie sie sich bei der Zwangsvollstreckung vor einem Nachlassgläubiger schützen bzw. gegen ihn verteidigen können.

1. § 780 ZPO

264 Das Gesetz bietet in § 780 ZPO die Möglichkeit des Vorbehalts der beschränkten Erbenhaftung für **reine Nachlassverbindlichkeiten**, nicht für (auch) Eigenverbindlichkeiten des Erben.[466] Um eine Haftungsbeschränkung während der Zwangsvollstreckung geltend machen zu können, muss die beschränkte Haftung **im Urteil**[467] vorbehalten werden. Dazu muss der Erbe grundsätzlich bis zum Ende der letzten mündlichen Verhandlung[468] die Einrede der beschränkten Haftung geltend machen und sollte die Aufnahme des Vorbehalts in das Urteil beantragen.[469] Erforderlich ist die Aufnahme in den Tenor, eine Aufnahme in die Urteilsgründe genügt nicht.[470] Ein konkreter Bezug auf den Anteil am Nachlass ist nicht notwendig.[471] Eine Aufnahme erst in der Berufungsinstanz ist nach der Rechtsprechung des BGH möglich.[472]

Eine Berufung auf § 780 ZPO im Zwangsvollstreckungsverfahren ohne vorherige Aufnahme des Vorbehalts in das Urteil ist grundsätzlich nicht möglich.[473] Eine Ausnahme gilt nach § 780 Abs. 2 ZPO für den Fiskus als *gesetzlichen* Erben, Testamentsvollstrecker, Nachlassverwalter und Nachlasspfleger: Da diese auf die Haftungsbeschränkungen nicht wirksam verzichten können,[474] und der Schuldner in jedem Fall nur mit dem Nachlass haftet,[475] ist in diesen Fällen kein Vorbehalt notwendig.

265 Der Vorbehalt sollte in jeden vollstreckungsfähigen Titel aufgenommen werden, so bspw. auch in einen Schiedsspruch oder Vollstreckungsbescheid.[476]

Auch bei Abschluss eines **Prozessvergleichs** ist die Aufnahme des Vorbehalts in den Vergleich nach §§ 795, 794, 780 ZPO sinnvoll.[477] Gleiches gilt bei Erlass eines **Grundurteils.**[478] Im anschließenden Verfahren um die konkrete Höhe des Anspruchs kann der jeweilige Erbe mit seinem Einwand gegen die Haftung nicht mehr gehört werden.[479]

266 Der Vorbehalt sollte sich auch auf die **Prozesskosten** erstrecken, sowohl im Urteil als auch im Kostenbeschluss nach § 269 Abs. 4 ZPO, **sofern es sich um Nachlassverbindlichkeiten**

---

466 Hierzu BGH, Urt. v. 5.7.2013 – V ZR 81/12, Rn 6, 7, 13 ff., zit. nach juris; *Herzog*, ErbR 2013, 392.

467 Zu notariellen Vollstreckungstiteln vgl. *Neukirchen,* RNotZ 2016, 228.

468 Also im Erkenntnisverfahren.

469 BGH, Urt. v. 9.3.1983 – IVa ZR 211/81, NJW 1983, 2378, 2379.

470 *Bonefeld*, ZErb 2002, 319.

471 RG, Urt. v. 10.7.1909 – Rep. V 43/08, RGZ 71, 366, 371.

472 BGH, Urt. v. 2.2.2010 – VI ZR 82/09, Rn 7, zit. nach juris; BeckOK-ZPO/*Preuß*, § 780 Rn 12, dort auch Ausführungen zur Aufnahme in der Revisionsinstanz, vgl. auch Zöller/*Geimer*, § 780 Rn 10.

473 RG, Urt. v. 15.12.1904 – Rep. IV 311/04, RGZ 59, 301, 304; Brandenburgisches OLG, Urt. v. 8.11.2006 – 13 U 406/06 – Rn 24, zit. nach juris.

474 *Baumbauch/Lauterbach/Albers/Hartmann*, § 780 Rn 10.

475 Zöller/*Geimer*, § 780 Rn 9.

476 Zöller/*Geimer*, § 780 Rn 6.

477 *Herzog*, § 11 Rn 27; *Baumbauch/Lauterbach/Albers/Hartmann*, § 780 Rn 7; *Krug/Heindl*, in: Bonefeld/Kroiß/Tanck, § 9 Rn 87.

478 Zöller/*Geimer*, § 780 Rn 6.

479 Damrau/Tanck/*Syrbe*, § 2059 Rn 27.

handelt.[480] Da eine Haftungsbeschränkung nur für Nachlassverbindlichkeiten möglich ist, kommt der Vorbehalt der Haftungsbeschränkung in der Regel nicht für eigene Prozesskosten des Erben in Betracht.[481]

Besteht die Verbindlichkeit, wird der Erbe in der Regel zunächst verurteilt werden.[482] Um der Kostentragungspflicht für die Zwangsvollstreckungsgegenklage nach §§ 785, 767 ZPO durch ein sofortiges Anerkenntnis der Gegenseite zu entgehen, sollte man schon im Erkenntnisverfahren deutlich machen, dass man sich im Zwangsvollstreckungsverfahren auf den Vorbehalt berufen wird.[483] 267

Das Gericht kann das tatsächliche Vorliegen der Voraussetzungen einer Haftungsbeschränkung nach überwiegender Ansicht im Hauptsacheverfahren prüfen, kann dies aber auch dem Vollstreckungsverfahren überlassen.[484] Hierüber entscheidet es nach eigenem Ermessen.[485] Vom BGH noch nicht entschieden ist, ob das Prozessgericht ausnahmsweise verpflichtet sein kann, über die Haftungsbeschränkung zu entscheiden, wenn der Rechtsstreit diesbezüglich entscheidungsreif ist.[486] 268

Anders ist dies bei §§ 2060, 2061 BGB. Dann bedarf es des Vorbehalts nicht, denn es handelt sich um Einwendungen, die von Amts wegen zu berücksichtigen sind.[487] Liegen die Voraussetzungen der §§ 2060 und 2061 Abs. 1 BGB erstmals nach Schluss der letzten mündlichen Verhandlung vor, ist Vollstreckungsgegenklage nach § 767 ZPO zu erheben.[488] 269

Mit dem Vorbehalt der beschränkten Erbenhaftung allein ist der Erbe im Rahmen der Zwangsvollstreckung nicht geschützt, denn der Vorbehalt hindert nicht die Zwangsvollstreckung.[489] Nach § 781 ZPO bleibt die unbeschränkte Haftung in der Zwangsvollstreckung unberücksichtigt, bis der betroffene Miterbe entsprechende Einwände erhebt. Dies geschieht über eine Klage nach § 785 ZPO. Erst mit dem Urteil aufgrund dieser Klage wird die Zwangsvollstreckung unzulässig. 270

Wurde die Aufnahme des Vorbehalts der beschränkten Haftung beantragt, aber nicht vorgenommen, kann dies im Wege der Urteilsergänzung nach § 321 ZPO nachgeholt werden.[490] Für das Nachholen des Antrages sind auch sonstige Rechtsmittel möglich.[491] 271

480 Zöller/*Geimer*, § 780 Rn 7; vgl. auch *Schneider*, ErbR 2011, 276; vgl. *Herzog*, § 11 Rn 34 ff.: in der Regel nur dann, wenn dies noch durch eine Prozessführung des Erblassers entstanden ist.

481 BAG, Urt. v. 12.11.2013 – 9 AZR 646/12, Rn 17 f., zit. nach juris; BeckOGK-BGB/*Herzog*, § 1990 Rn 141 ff.

482 RG, Urt. v. 10.7.1909 – Rep. V 43/08, RGZ 71, 366, 371.

483 *Bonefeld*, ZErb 2002, 319, 320; mit Formulierungsvorschlag; *Graf*, ZEV 2000, 125, 127.

484 Zöller/*Geimer*, § 780 Rn 12; BeckOK-ZPO/*Preuß*, § 780 Rn 15 f. mit m.w.N. für a.A.; BGH, Beschl. v. 25.1.2018 – III ZR 561/16, Rn 5; BGH, Urt. v. 17.2.2017 – V ZR 147/16, Rn 12; BGH, Urt. v. 2.2.2010 – V ZR 82/09, Rn 8 f., zit. nach juris.

485 BGH, Urt. v. 17.2.2017 – V ZR 147/16, Rn 12.

486 Ausdrücklich offen gelassen BGH, Urt. v. 17.2.2017 – V ZR 147/16, Rn 12; dafür bspw. *Baumbach/Lauterbach/Albers/Hartmann*, § 780 Rn 5.

487 *Brox/Walker*, Rn 731; Zöller/*Geimer*, § 780 Rn 5: „Haftungsteil kommt in der Urteilsformel zum Ausdruck".

488 Soergel/*Wolf*, § 2060 Rn 6.

489 Thomas/Putzo/*Seiler*, § 747 Rn 3.

490 BeckOK-ZPO/*Preuß*, § 780 Rn 17.

491 Zöller/*Geimer*, § 780 Rn 13; BGH, Urt. v. 2.2.10 – VI ZR 82/09, Rn 5, zit. nach juris.

272 Für den beratenden Rechtsanwalt stellt sich auch hier die Haftungsfrage: Die Beantragung des Vorbehalts der beschränkten Haftung ist anwaltliche Pflicht.[492]

2. §§ 782, 783 ZPO und § 305 ZPO

273 In den §§ 305 Abs. 1, 782, 783 ZPO ist für die Einreden nach §§ 2014, 2015 BGB eine Spezialregelung enthalten. Diese Einreden können nach §§ 305 Abs. 1, 780 ZPO im Urteil vorbehalten werden.[493] Während der Fristen der §§ 2014, 2015 BGB ist gem. § 782 S. 1 ZPO nur die Vollstreckung zulässig, die bei Arrestvollzug möglich wäre, damit §§ 930–932 ZPO. Nach § 782 S. 2 ZPO wird diese Wirkung auf die Zeit verlängert, die noch bis zur Entscheidung über einen zwischenzeitlich gestellten Antrag auf Durchführung eines Nachlassinsolvenzverfahrens benötigt wird. Die Zwangsvollstreckung kann damit also nicht verhindert, sondern nur beschränkt werden.[494] Um diese Beschränkung geltend zu machen, muss wiederum Klage nach § 785 ZPO erhoben werden.[495] Nach § 783 ZPO gilt entsprechendes auch für **Eigengläubiger des Erben**, die auf Nachlassgegenstände zugreifen wollen.

3. § 784 ZPO

274 § 784 ZPO sieht Sonderregeln für die Fälle vor, in denen ein Nachlassinsolvenzverfahren eröffnet oder Nachlassverwaltung angeordnet wurde. Nach Abs. 1 kann der betroffene Miterbe verlangen, dass Zwangsvollstreckungsmaßnahmen eines Nachlassgläubigers gegen das Eigenvermögen aufgehoben werden, sofern der Erbe noch nicht unbeschränkt haftet und einen Vorbehalt nach § 780 ZPO herbeigeführt hat. Nach Abs. 2 darf der Nachlassverwalter entsprechendes für den Nachlass verlangen, wenn dieser von Zwangsvollstreckungsmaßnahmen von anderen als Nachlassgläubigern betroffen ist. Beides ist über eine Klage nach § 785 ZPO geltend zu machen.[496]

Nach herrschender Meinung gilt dies entsprechend für die Erschöpfungseinrede nach §§ 1973, 1974 BGB und die Dürftigkeitseinrede nach §§ 1990, 1992 BGB.[497]

4. § 785 ZPO

275 Für die Durchsetzung der vorbehaltenen Rechte nach §§ 780, 782, 783 ZPO sowie im Falle von § 784 ZPO ist Klage nach §§ 785, 767 ZPO zu erheben. Zusätzlich sind einstweilige Anordnungen nach §§ 785, 769, 770 ZPO möglich. **Zuständig** ist das Prozessgericht des ersten Rechtszuges.[498] **Prozessführungsbefugt** ist der betroffene Miterbe, der Testamentsvollstrecker, ein betroffener Erbschaftskäufer und für § 784 Abs. 2 ZPO der Nachlassverwalter.[499]

276 Überwiegend wird die Klage auch bereits vor Beginn der Zwangsvollstreckung als zulässig erachtet,[500] wobei das Rechtsschutzbedürfnis im Falle eines Titels gegen den Erblasser

---

492 BGH, Urt. v. 2.7.1992 – IX ZR 256/91, NJW 1992, 2694; Brandenburgisches OLG, Urt. v. 8.11.2006 – 13 U 40/06, zit. nach juris Rn 22; *Bonefeld*, ZErb 2002, 319, 319.

493 Thomas/Putzo/*Reichold*, § 305 Rn 2.

494 Zöller/*Geimer*, § 782 Rn 1.

495 Zöller/*Geimer*, § 782 Rn 1.

496 Zöller/*Geimer*, § 780 Rn 3.

497 *Bonefeld*, in: Bonefeld/Kroiß/Tanck, § 11 Rn 43.

498 Zöller/*Geimer*, § 785 Rn 1.

499 Thomas/Putzo/*Seiler*, § 785 Rn 5.

500 M.w.N. Zöller/*Geimer*, § 785 Rn 3.

insbesondere erst zu bejahen sein dürfte, wenn der Titel auf die Erben umgeschrieben wurde.[501] Zusätzlich ist zu einem Antrag auf **einstweilige Einstellung** der Zwangsvollstreckung nach § 769 ZPO zu raten.[502]

VI. Pfändung nach § 859 Abs. 2 ZPO

Die Anteile der Miterben an der Erbengemeinschaft unterliegen gem. § 859 Abs. 2 ZPO der Pfändung. Da der Anteil nur bis zur Auseinandersetzung besteht, ist diese Pfändungsart dementsprechend auf den Zeitraum bis zur Teilung beschränkt. Das Pfandrecht erstreckt sich nach der Teilung kraft dinglicher Surrogation auf die bei der Auseinandersetzung erworbenen Forderungen.[503] Für die Surrogation bezüglich beweglicher Gegenstände wird nach wohl überwiegender Auffassung zusätzlich gefordert, dass der Gläubiger Anordnung und Beschlagnahme für diese Gegenstände erwirkt.[504] Eine Testamentsvollstreckung oder Nachlassverwaltung hat auf das Recht des Gläubigers keinen Einfluss.[505] 277

Die übrigen Miterben sind Drittschuldner, so dass ihnen der Pfändungs- und Überweisungsbeschluss nach § 829 Abs. 2 ZPO zuzustellen ist.[506] Gleiches gilt für ggf. vorhandene Testamentsvollstrecker, Nachlassverwalter und Nachlasspfleger.[507]

Durch die Pfändung erlangt der Gläubiger lediglich ein Pfandrecht am Anteil des Erben am Nachlass, nicht aber an den Gegenständen des Nachlasses selbst.[508] Die Pfändung hat nach § 857 ZPO zu erfolgen.[509] Durch das Pfandrecht bzw. das gepfändete Recht kann der Gläubiger bspw. die Teilungsklage erheben und Auskunftsansprüche geltend machen.[510] Besonders interessant dürfte der Anspruch auf den nach Begleichung von Nachlassverbindlichkeiten verbleibenden Überschuss nach § 2047 Abs. 1 BGB sein.[511] Auch darf das Recht auf Aufhebung der Gemeinschaft ausgeübt werden.[512] Bei der Veräußerung konkreter Nachlassgegenstände muss der Erbe jedoch weiterhin mitwirken.[513] 278

I. Der Miterbe als Nachlassgläubiger

Vom Gesetz ungeregelt ist die Frage, wie ein Miterbe, der gleichzeitig auch Nachlassgläubiger ist, gegen den Nachlass vorgehen kann. Konfusion kann nicht eintreten, denn der Miterbe ist nicht Alleinerbe und nicht alleiniger Rechtsnachfolger des Schuldners.[514] Diese Schuld wird Bestandteil des Sondervermögens und muss im Rahmen der Erbauseinanderset- 279

501 Zöller/*Geimer*, § 785 Rn 3.
502 *Joachim/Klinger*, NJW-Spezial 2005, 541.
503 BGH, Urt. v. 12.5.1969 – VIII ZR 86/67, Rn 15, zit. nach juris; *Stritter*, ZErb 2015, 6, 7.
504 Vgl. zur Diskussion MüKo-ZPO/*Smid*, § 859 Rn 22 f.; *Stritter*, ZErb 2015, 6, 7.
505 Zöller/*Herget*, § 859 Rn 15.
506 *Stritter*, ZErb 15, 6; MüKo-ZPO/*Smid*, § 859 Rn 18.
507 MüKo-ZPO/*Smid*, § 859 Rn 18.
508 BGH, Urt. v. 26.10.1966 –VIII ZR 283, Ls. 2, zit. nach juris.
509 OLG Frankfurt/M., Beschl. v. 7.3.1979 – 20 W 50/79, RPfleger 79, 205; *Baumbach/Lauterbach/Albers/Hartmann*, § 857 Rn 6.
510 *Baumbach/Lauterbach/Albers/Hartmann*, § 859 Rn 8.
511 Zöller/*Herget*, § 859 Rn 17.
512 *Behr*, Rpfleger 2002, 2, 8 – insgesamt zur Verwertungsmöglichkeit bzgl. des Miterbenanteils.
513 *Stritter*, ZErb 2015, 6, 7; BeckOK-ZPO/*Riedel*, § 859 Rn 35.
514 MüKo/*Ann*, § 2058 Rn 29.

zung beglichen werden.[515] Auch für den Miterben-Gläubiger ist zwischen der Situation vor und nach der Teilung des Nachlasses zu unterscheiden.

I. Vor der Teilung des Nachlasses

280 Für die Zeit vor der Teilung des Nachlasses bestehen Unterschiede zwischen der Gesamtschuldklage und der Gesamthandsklage.

1. Gesamtschuldklage

281 Nach der Rechtsprechung des Reichsgerichtes[516] war dem Miterben die Erhebung der Gesamtschuldklage grundsätzlich nicht möglich. Dabei verwies das Reichsgericht vor allem auf das Innenverhältnis der Gesamtschuldner – der Gläubiger sollte zunächst Befriedigung aus den Mitteln des Nachlasses suchen. Alternativ konnte der Gläubiger-Miterbe jeden anderen Miterben entsprechend dem jeweiligen Anteil an der Forderung verklagen, entgegen § 2058 BGB damit eine teilschuldnerische Haftung.[517]

282 Diese Rechtsprechung hat der BGH aufgegeben.[518] Der Miterbe klage eben als Gläubiger und nicht als Miterbe. Daher müsse ihm die Möglichkeit eingeräumt werden, sich mit der Gesamtschuldklage um die Begleichung seiner Forderungen zu bemühen. Er ist damit sonstigen Gläubigern gleichzustellen.[519] Eine Benachteiligung gegenüber anderen Nachlassgläubigern lässt sich aus der Stellung als Miterbe nicht rechtfertigen. Eine Berücksichtigung seiner Position als Miterbe ist schließlich auch im Rahmen des eingeklagten Betrages möglich. Der auf seinen Erbteil entfallende Teil ist vom Betrag abzuziehen.[520]

283 Ob der Gläubiger-Miterbe aber **vorrangig Befriedigung** aus dem Nachlass suchen soll und ihm daher vor der Teilung die Gesamtschuldklage verwehrt ist, ist umstritten. Die wohl herrschende Meinung[521] lehnt dies überzeugend ab: Vor der Teilung haften die Miterben in aller Regel ohnehin lediglich mit dem Anteil am Nachlass, § 2059 Abs. 1 S. 1 BGB.[522] Zudem klage der Miterbennachlassgläubiger nicht als Miterbe, sondern als Gläubiger.[523]

284 Trotz der grundsätzlichen Zulässigkeit der Gesamtschuldklage vor Teilung des Nachlasses wird für Einzelfälle eine Einschränkung vorgenommen. Es ergeben sich Einschränkungen aus Treu und Glauben.[524] Als Beispiel kann die erzwungene vorzeitige Veräußerung von Nachlassgegenständen mit Verlust genannt werden.[525] Oder der Miterbennachlassgläubiger hat schon mehr aus dem Nachlass erhalten, als ihm bei der Auseinandersetzung zustehen würde, und dieser Mehrempfang deckt die Forderung.[526]

---

515 MüKo/*Ann*, § 2058 Rn 26.
516 RG, Urt. v. 13.6.1918 – Rep. IV 386/17, RGZ 93, 196, 197.
517 *Börner*, JuS 1968, 108, 111.
518 BGH, Urt. v. 10.2.1988 – IVa 227/86, NJW-RR 1988, 710, 710; BGH, Urt. v. 24.4.1963 – V ZR 16/62, NJW 1963, 1611, 1612; so auch die Literatur: statt aller *Ann*, S. 165 m.w.N. in Fn 156.
519 BGH, Urt. v. 10.2.1988 – IVa 227/86, NJW-RR 1988, 710; OLG Düsseldorf, Urt. v. 14.5.1970 – 18 U 185/69, MDR 1970, 766.
520 BGH, Urt. v. 10.2.1988 – IVa 227/86, NJW-RR 1988, 710, 711.
521 MüKo/*Ann*, § 2058 Rn 31 m.w.N.
522 MüKo/*Ann*, § 2058 Rn 31.
523 MüKo/*Ann*, § 2058 Rn 31.
524 BGH, Urt. v. 10.2.1988 – IVa 227/86, NJW-RR 1988, 710, 711.
525 RG, Urt. v. 13.6.1918 – Rep. IV 386/17, RGZ 93, 196, 197.
526 BeckOK-BGB/*Lehmann*, § 2058 Rn 5.

2. Gesamthandsklage

Die Erhebung der Gesamthandsklage wurde dem Gläubiger-Miterben auch schon vom Reichsgericht zugestanden. Da er sich aber nicht selbst verklagen kann, ist diese nur gegen die übrigen Miterben zu richten:[527] Eine Vollstreckung ist nach § 747 ZPO trotz Fehlens eines Titels gegen einen der Miterben möglich.[528] 285

Bei der Gesamthandsklage sind Einschränkungen der Klagemöglichkeiten zu beachten. Begründet wird dies mit der Doppelstellung des Gläubiger-Miterben und der Verbundenheit der Erben in der Erbengemeinschaft.[529] Danach ist auf die Teilung des Nachlasses zu warten, wenn es gegen Treu und Glauben verstoßen würde, noch in den ungeteilten Nachlass zu klagen und zu vollstrecken.[530] 286

Der Gläubiger-Miterbe muss die Höhe der Forderung nicht um den Betrag mindern, der seinem Erbteil daran entspricht.[531] Es handelt sich dabei um eine Analogie zu den Vorschriften über die Gesamtschuld. Diese ist jedoch bei der Gesamthandsklage nicht notwendig. Besteht eine gemeinschaftliche Nachlassverbindlichkeit und erhebt der Miterben-Gläubiger die Gesamthandsklage, so ist diese Forderung ausschließlich aus dem Sondervermögen zu begleichen.[532] Schließlich ist dieser Gläubiger ja auch gleichzeitig Miterbe und mindert durch den Zugriff auf den Nachlass dessen Bestand, womit er sich indirekt selbst schädigt.[533] Zudem greifen die Vorschriften der §§ 2046, 2047 BGB.[534] Darüber hinaus kann in bestimmten Extremfällen dem klagenden Miterben auch die **Arglisteinrede** entgegenhalten werden.[535]

II. Nach Teilung des Nachlasses

Nach Teilung des Nachlasses war auch schon nach der Rechtsprechung des Reichsgerichts[536] die Erhebung der Gesamtschuldklage möglich. Auch hier ist der eigene Schuldanteil des Miterben-Gläubigers von der geltend gemachten Forderung abzuziehen.[537] 287

III. Allgemeines

Die Situation des Miterben als Nachlassgläubiger wurde vom Gesetzgeber nicht vollständig übersehen, daher ist in § 2063 Abs. 2 BGB eine besondere Möglichkeit der Haftungsbe- 288

527 BGH, Urt. v. 10.2.1988 – IVa ZR 227/86, Rn 8, zit. nach juris; vgl. auch OLG München, Urt. v. 20.7.2017 – 23 U 3246/16, ErbR 2017, 664, 665.

528 Stein/Jonas/*Münzberg*, § 747 Rn 2; OLG München, Urt. v. 20.7.2017 – 23 U 3246/16, ErbR 2017, 664, 665.

529 MüKo/*Ann*, § 2059 Rn 27.

530 Vorzeitiges Flüssigmachen von Barmitteln mit Verlust; Gläubiger hat aus dem Nachlass mehr empfangen als ihm nach einer Auseinandersetzung zustehen würde und der Mehrempfang deckt die Ansprüche des Gläubigers – RG, Urt. v. 13.6.1918 – Rep. IV 386/ 17, RGZ 93, 196, 197.

531 BeckOGK-BGB/*S. Otto*, § 2058 Rn 17; Damrau/Tanck/*Syrbe*, § 2058 Rn 15; BGH, Urt. v. 10.2.1988 – IVa ZR 227/86, Rn 11 f., zit. nach juris.

532 BGH, Urt. v. 10.2.1988 – IVa 227/86, NJW-RR 1988, 710, 711 (Verlangen muss sich ausdrücklich auf Befriedigung „aus dem Nachlass" richten; vgl. auch OLG München, Urt. v. 20.7.2017 – 23 U 3246/16, ErbR 2017, 664, 665.

533 *Schindler*, ZEV 2011, 295, 296.

534 Soergel/*Wolf*, § 2058 Rn 16.

535 *Brox/Walker*, Rn 732.

536 RG, Urt. v. 5.3.1936 – IV 243/35, RGZ 150, 344, 347.

537 *Schindler*, ZEV 2011, 295, 296; BeckOK-BGB/*Lohmann*, § 2058 Rn 4.

schränkung möglich. Gegenüber den übrigen Miterben kann sich ein Erbe immer auf die Beschränkung seiner Haftung berufen, auch dann, wenn er anderen Nachlassgläubigern gegenüber unbeschränkt haftet. Dies liegt daran, dass der Miterbe jederzeit selbst ein Inventar errichten könnte. Ein Verlust der Haftungsbeschränkungsmöglichkeit wegen fehlenden Inventars[538] kann in diesem Verhältnis daher nicht gerechtfertigt sein.[539]

289 Dieser besondere Nachlassgläubiger kann außerdem als einziger Erbe die Nachlassverwaltung gem. § 1981 Abs. 2 BGB allein beantragen.[540] Umstritten ist ein **Antragsrecht** für die Beantragung der Inventarerrichtung durch die übrigen Miterben. Um den Miterben in seiner Gläubigerposition optimal zu schützen, ist ihm dieses Recht zuzubilligen.[541]

290 Ist der Miterbe Gläubiger eines Vorausvermächtnisses, stehen ihm zur Erfüllung dieses Anspruchs die vorstehend erläuterten Mittel zur Befriedigung zur Verfügung. Die Befriedigung dieses Anspruchs kann auch bereits vor Auseinandersetzung des gesamten Nachlasses verlangt werden.[542] Weigert sich jedoch der Miterbe, an der Vollziehung des Vorausvermächtnisses mitzuwirken, ist fraglich, was zu tun ist. Nach dem Saarländischen Oberlandesgericht[543] ist die Erfüllung des Vorausvermächtnisses schlicht die Erfüllung einer Nachlassverbindlichkeit. Hieran hat auch der begünstigte Miterbe nach §§ 2038 Abs. 1 S. 2, 2049 Abs. 1 S. 1 BGB mitzuwirken, anderenfalls steht den übrigen Erben gem. § 242 BGB der Weg der Klage offen.

J. Sonderfall: Pflichtteilsberechtigter Miterbe und Miterbe anstelle eines Pflichtteilsberechtigten, § 2319 BGB

291 Ist ein Miterbe selbst pflichtteilsberechtigt, so soll ihm nach § 2319 BGB mindestens sein Pflichtteil verbleiben, sofern er mit Forderungen anderer Pflichtteilsberechtigter konfrontiert wird. Er kann die Begleichung von Pflichtteilsforderungen soweit verweigern, dass ihm sein eigener Pflichtteil verbleibt. Da bis zur Teilung § 2059 BGB genügend Schutz bietet, liegt der Anwendungsbereich des § 2319 BGB zeitlich nach der Teilung des Nachlasses.[544] Dieses Recht besteht unabhängig von der Frage, ob der Erbe beschränkt oder unbeschränkt haftet,[545] und kann auch gegen Ansprüche aus § 426 BGB erhoben werden.[546]

292 § 2320 BGB enthält eine Sonderregel für den Fall, dass ein Miterbe Erbe anstelle eines Pflichtteilsberechtigten wird. Dieser Miterbe hat dann die Pflichtteilslast hinsichtlich dieser Person zu tragen, d.h. er zahlt diesen Pflichtteil allein. Die Grenze ist der erlangte Vorteil, d.h. in der Regel der Erbteil.[547] Eine abändernde Verfügung des Erblassers nach § 2324 BGB ist möglich.

538 Dem nahezu einzigen Fall des Verlustes von Haftungsbeschränkungsmöglichkeiten.
539 *Kipp/Coing*, § 122 III 3.
540 Palandt/*Weidlich*, § 2062 Rn 1.
541 Damrau/Tanck/*Gottwald*, § 1994 Rn 5; a.A. Staudinger/*Dobler*, § 1994 Rn 8, der darauf verweist, dass sich der Miterbe die erforderlichen Informationen ohne Weiteres auch selbst beschaffen könne.
542 OLG Frankfurt, Urt. v. 5.2.1999 – 25 U 156/98, Rn 48 – zit. nach juris.
543 Saarländisches OLG, Urt. v. 12.7.2007 – 8 U 515/06, besprochen in NJW Spezial 2007, 427; jurisPK-BGB/*Reymnn*, § 2180 Rn 44.
544 Palandt/*Weidlich*, § 2319 Rn 1.
545 Staudinger/*Otte*, § 2319 Rn 2; Damrau/Tanck/*Lenz-Brendel*, § 2319 Rn 1.
546 MüKo/*Lange*, § 2319 Rn 9.
547 Staudinger/*Otte*, § 2320 Rn 10.

Eine entsprechende Regelung findet sich in § 2328 BGB für den Pflichtteilsergänzungsanspruch. 293

K. Sonderfall: Öffentlich-rechtliche Verbindlichkeiten

Der Übergang von Verpflichtungen aus dem öffentlich-rechtlichen Bereich ist häufig spezialgesetzlich im öffentlichen Recht geregelt. Fehlen solche Vorschriften, ist zu überlegen, wie mit diesen Verpflichtungen umzugehen ist. 294

Überwiegend wird eine analoge Anwendung der Vorschriften des BGB angenommen.[548] 295

Verbindlichkeiten, die höchstpersönlicher Art waren, gehen nicht auf den Erben über.[549] So sind bspw. Geldbußen oder Zwangsgelder in der Regel keine Nachlassverbindlichkeiten.[550] Bestehen andere Geldschulden öffentlich-rechtlicher Art, gehen diese nach allgemeiner Auffassung in der Regel über.[551] Ob aber tatsächlich eine Nachlassverbindlichkeit oder doch eher eine Eigenschuld des Erben vorliegt, muss dennoch geprüft werden.[552] 296

Auch §§ 1967 ff. BGB mit den Haftungsbeschränkungsmöglichkeiten sind grundsätzlich anwendbar, wobei spezialgesetzliche Vorschriften vorrangig sind bzw. modifizierend wirken.[553]

L. Sonderfall: Steuerverbindlichkeiten des Erblassers

Nach § 45 Abs. 1 S. 1 AO gehen die Steuerverbindlichkeiten des Erblassers auf dessen Erben über.[554] Damit besteht für diese die Gefahr, für Steuerverbindlichkeiten des Erblassers unbeschränkt mit dem jeweiligen Privatvermögen zu haften.[555] § 45 Abs. 2 S. 1 AO bezieht sich aber auf die Regeln über die Haftung der Erben für Nachlassverbindlichkeiten, womit auch die allgemeinen Haftungsbeschränkungsregeln des bürgerlichen Rechts anwendbar sind.[556] 297

M. Sonderfall: Gütergemeinschaft

I. Ehegatte einer normalen Gütergemeinschaft ist Erblasser

Wurde Gütergemeinschaft vereinbart und verstirbt einer der Ehegatten, gehört der Anteil des verstorbenen Ehegatten am Gesamtgut gemäß § 1482 BGB zum Nachlass, sofern keine 298

548 Vgl. statt aller: MüKo/*Küpper*, § 1967 Rn 48.

549 BVerwG, Urt. v. 31.8.1966 – V C 162,65, Rn 15 f., zit. nach juris.

550 *Lange/Kuchinke*, II § 47 2 a).

551 MüKo/*Siegmann*, § 1967 Rn 48.

552 Vgl. VG Cottbus, Urt. v. 27.10.2016 – 6 K 667/12, Rn 50 ff.; VG Hannover, Urt. v. 3.9.2015 – 10 A 6190/13, Rn 24 ff. und Hess. Verwaltungsgerichtshof, Urt. v. 27.3.2014 – 8 A 1251/12, Rn 41 ff. (für das Land als „Zwangserbe"), zit. nach juris.

553 MüKo/*Küpper*, § 1967 Rn 48 m.w.N.

554 Zu Problemen bei Steuerhinterziehung/Schwarzkonten durch den Erblasser: *Ott*, Erbfolgebesteuerung 2007, 245; *Steiner*, ErbStB 2008, 152 *Vernekohl*, Erbfolgebesteuerung 2008, 110 – Besprechung von BGH v. 20.6.2007 – II R 66/06, ZEV 2008, 94.

555 *Strübing*, ZErb 2005, 177.

556 Hierzu und zur Frage der Geltendmachung im Besteuerungsverfahren siehe *Strübing*, ZErb 2005, 177 ff.; speziell für die Einrede der Dürftigkeit, §§ 1990, 1991 BGB: *Hartman*, ZEV 2009, 324.

fortgesetzte Gütergemeinschaft vereinbart wurde.[557] Die Erbfolge richtet sich gemäß § 1482 S. 2 BGB nach den allgemeinen Vorschriften. Gleiches gilt für Vorbehalts- und Sondergut, die ebenfalls zum Nachlass gehören.[558]

Nach dem Tod des erstversterbenden Ehegatten entstehen zwei ineinander verzahnte Gesamthandsgemeinschaften.[559] Der Anteil des verstorbenen Ehegatten an der nicht auseinandergesetzten Gütergemeinschaft gehört als Nachlassbestandteil zur Erbengemeinschaft.[560] Die Gütergemeinschaft ist grundsätzlich zunächst nach den Vorgaben der §§ 1471–1481 BGB auseinanderzusetzen, bevor die Erbengemeinschaft auseinandergesetzt werden kann.[561] Die meisten Verbindlichkeiten werden keine Nachlassverbindlichkeiten sein, da in der Regel Verbindlichkeiten des Gesamtgutes vorliegen – diese sind grundsätzlich keine Nachlassverbindlichkeiten.[562] Werden Gesamtgutsverbindlichkeiten bis zur Teilung desselben nicht beglichen, haften die Erben nach § 1480 BGB. Die Haftung ist nach § 1480 S. 2 BGB beschränkt auf die jeweils zugeteilten „Gegenstände". Die Haftungsbeschränkung ist ähnlich wie bei der Erbengemeinschaft über §§ 780, 786 ZPO vorzubehalten.[563]

II. Ehegatte einer fortgesetzten Gütergemeinschaft ist Erblasser

299 Bei der fortgesetzten Gütergemeinschaft wird der Güterstand durch den Tod des Erstversterbenden grundsätzlich nicht beendet, sondern nach § 1483 BGB in der Regel mit den gemeinschaftlichen Abkömmlingen[564] fortgesetzt.[565] Nach § 1483 Abs. 1 S. 3 BGB gehört der Anteil des Verstorbenen am Gesamtgut nicht zum Nachlass, im Übrigen wird der Ehegatte nach den allgemeinen Vorschriften beerbt. In der Folgezeit nutzt und verwaltet der überlebende Ehegatte das Gesamtgut und muss nichts an die Abkömmlinge herausgeben.[566] Die Haftung ist in §§ 1489, 1488 BGB geregelt. Grundsätzlich haftet der überlebende Ehegatte persönlich, hat aber unter bestimmten Voraussetzungen die Möglichkeit der Haftungsbeschränkung.[567] Eine persönliche Haftung der Abkömmlinge tritt nach § 1489 Abs. 3 BGB durch das Entstehen der fortgesetzten Gütergemeinschaft nicht ein. Die Haftung aus anderen Gründen bleibt von dieser Bestimmung unberührt.[568]

Erst mit dem Tod des überlebenden Ehegatten endet die fortgesetzte Gütergemeinschaft, § 1494 BGB. Auch bei der fortgesetzten Gütergemeinschaft ist zunächst diese auseinanderzusetzen, bevor die Erbengemeinschaft auseinandergesetzt werden kann.[569]

III. Ehegatte ist Erbe

300 Erbt ein Ehegatte, der in einer Gütergemeinschaft lebt, und verwaltet er das Gesamtgut nicht, kann er nach § 1432 BGB dennoch entscheiden, ob er die Erbschaft annimmt oder

---

557 Anders bei vor dem 1.7.1958 vereinbarten Gütergemeinschaften.
558 Palandt/*Brudermüller*, § 1482 Rn 1; *Ruby*, ZEV 2017, 72.
559 MüKo/*Kanzleitner*, § 1471 Rn 11.
560 *Ruby*, ZEV 2017, 72, 74.
561 OLG Stuttgart, Urt. v. 19.3.1996 – 17 UF 113/95, Rn 95, zit. nach juris; *Ruby*, ZEV 2017, 72, 74.
562 *Ruby*, ZEV 2017, 72, 74.
563 Siehe auch BeckOGK-BGB/*T. Kappler*, § 1480 Rn 8 ff.
564 Ausnahme bspw. in §§ 1511 ff. BGB – hierzu auch *Ruby*, ZEV 2017, 496, 497.
565 Ausnahme bspw. in § 1484 BGB – hierzu auch *Ruby*, ZEV 2017, 496, 497.
566 *Ruby*, ZEV 2017, 496.
567 Vgl. BeckOGK-BGB/*Papenbreer*, § 1489 Rn 5 ff.
568 Palandt/*Brudermüller*, § 1489 Rn 3.
569 *Ruby*, ZEV 2017, 496, 497.

ausschlägt. Die Zustimmung des anderen Ehegatten benötigt er nicht, § 1432 Abs. 1 S. 1 BGB. Fällt die Erbschaft ins Vorbehalts- oder Sondergut, haftet nach § 1439 BGB das Gesamtgut nicht für die diesbezüglichen Verbindlichkeiten, wenn der nicht verwaltende Ehegatte erbt. Gibt es keinen verwaltenden Ehegatten, regelt § 1461 BGB entsprechend, dass das Gesamtgut nicht für Verbindlichkeiten haftet, die aus einer in das Vorbehalts- oder Sondergut fallenden Erbschaft/Vermächtnis resultieren.

Der erbende, das Gesamtgut nicht verwaltende Ehegatte kann ein Inventar ohne Zustimmung des anderen Ehegatten errichten, § 1432 Abs. 2 BGB. Die Bestimmung der Inventarfrist erfolgt nach Maßgabe des § 2008 BGB.

Erbt ein Ehegatte, kann er das Aufgebot ohne Zustimmung des anderen Ehegatten beantragen, § 462 FamFG. Auch der verwaltende Ehegatte hat ein Antragsrecht, § 462 FamFG. Der Ausschließungsbeschluss kommt auch dem jeweils anderen Ehegatten zugute, § 462 Abs. 2 FamFG. Fällt die Erbschaft allerdings in das Vorbehaltsgut, greift § 462 FamFG nicht.[570] Bei der fortgesetzten Gütergemeinschaft ist u.a. § 462 FamFG nach § 464 FamFG entsprechend anwendbar.

N. Sonderfall: Hof/Landwirtschaftlicher Betrieb

Befindet sich im Nachlass ein Hof i.S.d. Höfeordnung, bestehen hierfür einige Sonderregeln. 301
Landesrechtliche Regelungen werden hier nicht berücksichtigt (vgl. hierzu § 16).

Die Höfeordnung (HöfeO) enthält in § 15 Regelungen für die Haftung des Hoferben. Nach Abs. 1 haftet auch der Hoferbe als Gesamtschuldner im Außenverhältnis und zwar selbst dann, wenn er außer dem Hof nichts aus dem Nachlass erhält. In Abs. 2 wird das Hofvermögen allerdings insoweit geschützt, als für die Nachlassverbindlichkeiten dennoch vorrangig der außer dem Hof vorhandene Nachlass heranzuziehen ist. Abs. 3 schließlich bestimmt, dass der Hoferbe Nachlassverbindlichkeiten allein berichtigen muss, wenn das sonstige Nachlassvermögen dazu nicht reicht.

Die Vorschriften des § 15 Abs. 2 und 3 HöfeO betreffen allerdings nur das **Innenverhältnis** 302
der Miterben,[571] muss von den Gläubigern also nicht berücksichtigt werden. Abs. 5 regelt den Fall, dass mehrere Höfe im Nachlass sind. Für die **Zuweisung** eines landwirtschaftlichen Betriebes nach §§ 1, 13 GrdstVG gilt § 16 Abs. 2 GrdstVG. Auch hier muss die Begleichung von Nachlassverbindlichkeiten zunächst aus dem sonstigen Nachlass erfolgen, soweit dieser reicht.[572]

O. Haftung im Innenverhältnis

Auch für die Haftung im Innenverhältnis kommt es auf die Frage an, ob der Nachlass 303
bereits geteilt ist. Vor der Teilung sind alle Erben verpflichtet, gem. §§ 2038 Abs. 1, 2046 BGB sowie nach §§ 2058, 426 Abs. 1 S. 1 BGB an der Berichtigung von Nachlassverbindlichkeiten mitzuwirken.[573] Leistet ein Erbe allein ohne entsprechende Verpflichtung, so

570 *Holzer*, ZEV 2014, 583, 588.
571 *Wöhrmann*, § 15 HöfO Rn 2.
572 *Wöhrmann*, § 16 GrdstVG Rn 8.
573 MüKo/*Ann*, § 2058 Rn 33.

kann er nicht auf Erstattung durch die Erbengemeinschaft vertrauen; die übrigen Erben können ihm die Einrede des § 2059 Abs. 1 S. 1 BGB entgegenhalten.

304 Nach der Teilung[574] des Nachlasses haften die Erben im Innenverhältnis gem. § 426 Abs. 1 BGB entsprechend ihren Erbteilen.[575] Umstritten ist die Frage, ob auch Abweichungen, die sich aus der Ausgleichung, Teilungsanordnungen o.ä. ergeben, berücksichtigt werden sollen. Mit der h.M. ist dies zu bejahen.[576] Grundsätzlich sind aber die Erbteile zugrunde zu legen.[577]

305 Schwierig wird die Situation für einen im Außenverhältnis unbeschränkt haftenden Erben bei unzureichendem Nachlass. Wird dieser von einem Nachlassgläubiger in Anspruch genommen, kann er im Innenverhältnis nach § 426 Abs. 1 BGB von den anderen Miterben wegen § 2063 Abs. 2 BGB nur das einfordern, was jene ihrerseits aus dem Nachlass erhalten haben.

306 Ob dies auch für den Anspruch nach § 426 Abs. 2 BGB gilt, ist umstritten. Da nach § 426 Abs. 2 BGB der Anspruch des Gläubigers übergeht, kann diesem Anspruch nicht § 2063 Abs. 2 BGB entgegengehalten werden.[578] Diesem Anspruch waren die anderen Miterben in gleicher Weise ausgesetzt und es würde der Zufall entscheiden, wer die Kosten letztendlich tragen muss. Dies wird unter Hinweis auf den Wortlaut und die Entstehungsgeschichte des § 2063 BGB abgelehnt.[579] Die Auslegung der Norm muss aber auch nach Sinn und Zweck erfolgen und es wäre wenig wünschenswert, wenn es zu den vorstehend genannten zufälligen Ergebnissen führen würde. Zudem wird der Anspruch des Gläubigers selbst geltend gemacht, für den § 2063 Abs. 2 BGB nicht gilt.[580]

P. Haftung beim Erbteilskauf bzw. Erbschaftskauf

307 Für jeden Miterben besteht die Möglichkeit, seinen Erbteil zu verkaufen, §§ 2371 ff. BGB. Haftungsrechtlich betrachtet bleibt er jedoch auch dann in seiner Position als Miterbe, denn gem. § 2382 Abs. 1 S. 1 BGB haftet er weiterhin für die Nachlassverbindlichkeiten. Auch der Käufer haftet nach § 2382 BGB den Nachlassgläubigern. Eine wirksame Vereinbarung zwischen Verkäufer und Käufer dahingehend, dass der Käufer den Nachlassgläubigern nicht haften müsse, ist nach § 2382 Abs. 2 BGB nicht möglich. Eine solche Vereinbarung kann aber im Innenverhältnis Wirkung entfalten.[581]

308 Grundsätzlich gilt im Innenverhältnis § 2378 BGB: Der Käufer ist dem Verkäufer gegenüber verpflichtet, die Nachlassverbindlichkeiten zu erfüllen, soweit nicht der Verkäufer nach § 2376 BGB dafür haftet, dass die Verbindlichkeiten nicht bestehen. Nach § 2378 Abs. 2 BGB schuldet ihm der Käufer auch Ersatz für vor dem Verkauf beglichene Nachlassverbindlichkeiten.

---

574 Dies ist auch vor der Teilung des Nachlasses so, wegen § 2059 BGB wird dies jedoch praktisch bedeutungslos sein, Damrau/Tanck/*Syrbe*, § 2058 Rn 11.

575 BayObLG, Beschl. v. 19.5.1970 – 2 Z 32/70, NJW 1970, 1800, 1802.

576 BGH, Urt. v. 9.3.1983 – IVa ZR 211/81, NJW 1983, 2378, 2379; Palandt/*Weidlich*, § 2059 Rn 9: Es sind alle Erben schließlich auf dem gleichen Wissensstand – alle haben denselben Einblick.

577 Palandt/*Weidlich*, § 2059 Rn 9.

578 MüKo/*Ann*, § 2058 Rn 36.

579 Staudinger/*Marotzke*, 2063 Rn 22, 23, so auch *Buchholz*, JR 1990, 45, 46, unter anderem mit eingehender Prüfung des historischen Materials ab S. 47.

580 MüKo/*Ann*, § 2058 Rn 36.

581 Damrau/Tanck/*Redig*, § 2382 Rn 7.

Der Verkauf des Erbteils ist gem. § 2384 BGB dem **Nachlassgericht** durch den Verkäufer **anzuzeigen**, ersatzweise genügt die Anzeige des Käufers. Dies soll der Information der Nachlassgläubiger dienen, die ein berechtigtes Interesse daran haben. 309

Da der Verkäufer seine Erbenstellung nicht vollständig verliert und weiterhin für Nachlassverbindlichkeiten haftet, stehen ihm auch weiterhin die **Haftungsbeschränkungen** und **Einreden** zu. Für das **Nachlassinsolvenzverfahren** wird eine Ausnahme gemacht: Der Verkäufer darf dieses nicht mehr einleiten. Der Käufer ist so vor einem Übergriff geschützt,[582] der Käufer tritt gem. § 330 InsO an die Stelle des Verkäufers. 310

Der Käufer haftet ab Abschluss des Vertrages; ob er Kenntnis von den einzelnen Nachlassverbindlichkeiten hatte, ist für die Haftung irrelevant. Da er haftet wie ein Miterbe, steht ihm auch die Möglichkeit offen, sich auf § 2059 Abs. 1 BGB zu berufen. Er kann aber auch alle anderen Haftungsbeschränkungsmaßnahmen ergreifen.[583] Für die Einleitung eines Nachlassverwaltungsverfahrens bedarf es seiner Zustimmung.[584] 311

Das Aufgebot nach §§ 1970 ff. BGB dürfen gemäß § 463 FamFG sowohl der Käufer als auch der Erbe beantragen. Der Antrag und der Ausschließungsbeschluss kommen grundsätzlich auch dem jeweils anderen Teil zugute. Dies ist nicht der Fall, wenn der Erbe bereits unbeschränkt haftet.[585] 312

Nach § 2383 Abs. 2 BGB kommt die Errichtung eines Inventars durch den Käufer oder den Erben dem jeweils anderen zugute. Die Inventarfrist läuft jedoch für jeden selbständig.[586] 313

Kauft der Erwerber sämtliche Erbteile, kann er sich gem. § 2383 BGB ab dem Verkauf des ersten Erbteils auf § 2059 Abs. 1 S. 1 BGB berufen.[587] Ist auch der letzte Erbteil übertragen, so ist die Situation wie beim Erben, der alle Erbteile übertragen erhält: Er ist wie ein Alleinerbe zu behandeln und kann sämtliche Haftungsbeschränkungsmaßnahmen ergreifen. Den Schutz des § 2059 Abs. 1 S. 1 BGB benötigt er nicht mehr.[588] 314

Auch der Käufer kann sich die beschränkte Haftung nach § 780 ZPO in einem Prozess vorbehalten, sofern ihm noch die Möglichkeit von Haftungsbeschränkungen offensteht.[589] 315

Neben den Haftungsregeln gegenüber den Nachlassgläubigern haftet der Verkäufer des Erbteils nach § 2376 BGB auch für Rechtsmängel. Hier kommen insbesondere das Bestehen von Ausgleichspflichten oder Teilungsanordnungen als Mängel in Betracht.[590] 316

582 *Lange/Kuchinke*, § 51 III 2 a Fn 44.
583 Palandt/*Weidlich*, § 2383 Rn 1.
584 *Joachim*, Rn 591.
585 *Holzer*, ZEV 2014, 583, 588; BeckOK-FamFG/*Schlögel*, § 463 Rn 1.
586 BeckOGK-BGB/*Grigas*, § 2383 Rn 7.
587 Sofern der Veräußerer nicht bereits unbeschränkt haftete, siehe § 2383 Abs. 1 S. 2 BGB.
588 *Eberl-Borges*, S. 339.
589 *Baumbach/Lauterbach/Albers/Hartmann*, § 780 Rn 3.
590 Palandt/*Weidlich*, § 2376 Rn 1.

§ 7 Ausgleichung

Nina Lenz-Brendel

Übersicht: Rdn

Literatur

Everts, Vorweggenommene Erbfolge, Ausgleichung, Anrechnung und der BGH, MittBayNot 2011, 107; *ders.*, Die spätere Ausgleichung von Zuwendungen zu Lebzeiten des Erblassers, notar 2013, 219; *Horn,* Systematik bei Anrechnung und Ausgleichung bei Vorempfängen und der Pflegebonus (§ 2057a BGB), ErbR 2017, 194; *Kerscher/Tanck,* Zuwendungen an Kinder zur Existenzgründung: Die Ausstattung als ausgleichspflichtiger Vorempfang, ZEV 1997, 354; *Knodel,* Die Ausstattung als zeitgemäße Gestaltungsmöglichkeit, ZErb 2006, 225; *J. Mayer,* Anrechnung und Ausgleichung im Erb- und Pflichtteilsrecht, ZErb 2007, 130; *Petersen,* Die Beweislast bei der Ausgleichspflicht unter Miterben nach § 2057a BGB, ZEV 2000, 432; *Siebert,* Erbrechtlicher Ausgleich von Vorempfängen unter Abkömmlingen, FamRZ 2014, 1894; *Teschner,* § 2057a BGB – Pflegeleistungen im Lichte der Rechtsprechung, ZErb 2017, 61 (Teil 1), ZErb 2017, 89 (Teil 2); *Thubauville,* Die Anrechnung lebzeitiger Leistungen auf Erb- und Pflichtteilsrechte, MittRhNotK 1992, 289.

A. Einleitung

1 Im Rahmen der Erbauseinandersetzung sind Zuwendungen des Erblassers an Abkömmlinge zu berücksichtigen, die nach den Vorschriften der §§ 2050 ff. BGB zur Ausgleichung zu bringen sind. Ziel der Ausgleichung ist es, die Abkömmlinge untereinander wirtschaftlich gleichzustellen. Die Lage bei Eintritt des Erbfalls soll so gestaltet werden, als würden die Gegenstände, die als ausgleichungspflichtige Vorempfänge schon zu Lebzeiten des Erblassers zugewandt worden waren, jetzt bei der Erbauseinandersetzung verteilt.[1]

Ausgleichungspflichtige Vorempfänge verändern den Auseinandersetzungsanspruch (**Teilungsquotient**)[2] aller an der Ausgleichung beteiligten Abkömmlinge. Rechnerisch werden neue Teilungsquotienten gebildet, sodass der Anteil der Abkömmlinge am auseinanderzusetzenden Nachlass nicht mehr dem Wert ihrer Erbteile entspricht. Der Teilungsquotient von Abkömmlingen, die Vorempfänge erhalten haben, liegt nach Ausgleichung regelmäßig unter ihrem Erbteil. Der Teilungsquotient der anderen Abkömmlinge dagegen steigt. Im Ergebnis modifizieren demnach ausgleichungspflichtige Vorempfänge den Auseinandersetzungsanspruch eines Miterben. Die Erbquote des Einzelnen verändert sich jedoch nicht.[3] Für die **Erbschaftsteuer** sind ebenfalls die nach Ausgleichung geänderten Teilungsquotienten maßgeblich und nicht der Erbteil.[4]

Wie oben bereits ausgeführt verschafft die Ausgleichung gemäß §§ 2050, 2052 BGB dem Ausgleichsberechtigten keinen Zahlungsanspruch, sondern führt nur zu einer Verschiebung der Teilungsquote nach § 2047 Abs. 1 BGB. Der Ausgleichsberechtigte hat dann aber ausnahmsweise einen Zahlungsanspruch aus ungerechtfertigter Bereicherung, wenn Ausgleichsansprüche bei der Auseinandersetzung (versehentlich) nicht berücksichtigt worden sind.[5]

2 Darüber hinaus können sich ausgleichungspflichtige Vorempfänge im Sinne des § 2050 BGB wegen § 2316 BGB auch auf das **Pflichtteilsrecht** auswirken. Handelt es sich bei einer ausgleichungspflichtigen Zuwendung gleichzeitig auch um eine Schenkung, die innerhalb der Frist des § 2325 Abs. 3 BGB erfolgte, so können neben einer Ausgleichung des Weiteren auch Pflichtteilsergänzungsansprüche in Betracht kommen, wenn der Vorempfang im Rahmen des Ausgleichungsvorgangs nicht vollständig verbraucht wurde.[6]

3 Im Rahmen der Erbauseinandersetzung werden Vorempfänge an Abkömmlinge relevant, wenn die Zuwendung kraft Gesetzes ausgleichungspflichtig ist (§ 2050 Abs. 1 und Abs. 2 BGB) oder der Erblasser bei der Zuwendung des Vorempfangs die Ausgleichungspflicht angeordnet hatte (§ 2050 Abs. 3 BGB). Sieht das Gesetz die Ausgleichung vor, spricht man von den so genannten **geborenen** Ausgleichungstatbeständen. Hierzu zählen die Ausstattung gem. § 1624 BGB sowie Zuschüsse zu Einkünften und Aufwendungen zum Beruf, sofern diese im Übermaß erfolgten. Hat der Erblasser die Ausgleichung eines Vorempfanges angeordnet, so spricht man von den **gekorenen** Ausgleichstatbeständen, da hier die Anordnung des Erblassers maßgeblich ist für die Ausgleichungspflicht des Zuwendungsempfängers. Ausgleichungspflichtige Vorempfänge sind bei der Erbauseinandersetzung immer zu

---

1 MüKo/*Ann*, § 2055 Rn 1.
2 LG Bonn FamRZ 2011, 1900.
3 Palandt/*Weidlich*, § 2055 Rn 1.
4 Vgl. R 5 zu § 3 ErbStG.
5 LG Bonn FamRZ 2011, 1900.
6 Damrau/Tanck/*Lenz-Brendel*, § 2316 Rn 28.

berücksichtigen, unabhängig davon, wann sie erfolgten. Eine 10-Jahres-Frist wie beim Pflichtteilsergänzungsanspruch, nach deren Ablauf sie unbeachtlich würden, gibt es nicht.

B. Wirkung der Ausgleichung von Vorempfängen

Wie oben bereits erwähnt führt die Ausgleichung von Vorempfängen bei der Erbauseinandersetzung zu einer Veränderung des **Teilungsquotienten**. Betroffen sind allerdings nur die an der Ausgleichung teilnehmenden Miterben. Die Ausgleichsverpflichtung ist eine Verrechnungsregel:[7] der zur Ausgleichung verpflichtete Miterbe hat sich den Wert seines Vorempfangs auf seinen Auseinandersetzungsanspruch am Nachlass des Erblassers anrechnen zu lassen. Übersteigt der Vorempfang des Miterben den Wert seines Erbteils, so führt die Ausgleichung nicht zu einer Nachschusspflicht, vgl. § 2056 BGB. Der ausgleichungsverpflichtete Miterbe muss daher den theoretischen Überschuss nicht in den Nachlass zurückzahlen. Vielmehr scheidet der ausgleichungspflichtige Abkömmling mit seinem Vorempfang aus der Erbteilung aus. Der Nachlass wird unter den verbleibenden Miterben verteilt. 4

Die Ausgleichungsvorschriften tragen dem hypothetischen Erblasserwillen Rechnung, sein gesamtlebzeitiges Vermögen gerecht unter seinen Abkömmlingen verteilen zu wollen.[8] Will der Erblasser dieser gesetzlichen Vermutung entkommen, muss er eine abweichende Anordnung treffen. Da die Ausgleichungsvorschriften **nicht zwingender Natur** sind, ist dies grundsätzlich unproblematisch möglich. Lediglich im Rahmen des § 2316 Abs. 3 BGB kann der Erblasser eine kraft Gesetzes ausgleichungspflichtige Ausstattung nicht zu Lasten eines Pflichtteilsberechtigten ausschließen. Eine solche Anordnung des Erblassers entfaltet gegenüber dem Pflichtteilsberechtigten keine Wirkung. 5

Aufgrund des dispositiven Charakters der Ausgleichungsvorschriften können die Miterben grundsätzlich bei der Erbauseinandersetzung einvernehmlich auch eine andere Regelung vereinbaren.[9] 6

Hinweis

Im Rahmen eines notariellen Auseinandersetzungsvertrages trifft den Notar die Pflicht, die Vertragsparteien über die Bedeutung der Ausgleichungsvorschriften aufzuklären.[10]

C. Voraussetzungen der Ausgleichung

I. An der Ausgleichung Beteiligte

Nach §§ 2050 ff. BGB nehmen grundsätzlich nur die **Abkömmlinge** des Erblassers an der Ausgleichung teil.[11] Im Rahmen der Erbauseinandersetzung ist daher ein Ehepartner oder aber auch ein an der Ausgleichung nicht beteiligter Abkömmling mit seinem Erbteil vor Durchführung der Ausgleichung aus dem Auseinandersetzungsvorgang auszugliedern. Insoweit sind im Teilungsplan zwei getrennte Berechnungsvorgänge vorzunehmen. Zunächst ist der Erbteil derjenigen Miterben festzustellen, die nicht an der Ausgleichung teilnehmen. 7

7 Palandt/*Weidlich*, § 2055 Rn 1.
8 BGH, Urt. v. 4.7.1975 – IV ZR 3/74, BGHZ 65, 75.
9 RGZ 149, 131.
10 *Bertolini*, MittBayNot 1995, 109.
11 Soergel/*Wolf*, § 2050 Rn 6.

Sie scheiden mit ihren Erbteilen aus. Im nächsten Schritt sind dann unter Berücksichtigung der Vorempfänge die jeweiligen Auseinandersetzungsguthaben der Abkömmlinge zu ermitteln. Das Recht zur Ausgleichung wird mit dem entsprechenden Erbteil **vererbt**[12] und steht daher auch dem **Erbteilskäufer** und dem **Pfandgläubiger** zu.[13]

II. Anwendbarkeit der Ausgleichungsvorschriften

8 Die Ausgleichungsvorschriften finden Anwendung, wenn Abkömmlinge als **gesetzliche Erben** zur Erbfolge gelangen (§ 2050 BGB), wenn Abkömmlinge testamentarisch auf dasjenige eingesetzt werden, was sie als gesetzliche Erben erhalten würden (§ 2052 Abs. 1 BGB), oder wenn die Erbteile testamentarisch so bestimmt sind, dass sie zueinander in demselben Verhältnis stehen, wie bei der gesetzlichen Erbfolge (§ 2052 Abs. 1 BGB). Sind nur einzelne Abkömmlinge im Verhältnis ihrer gesetzlichen Erbquote bedacht, findet die Ausgleichung nur unter ihnen statt.[14] Keinen Einfluss hingegen haben zusätzliche letztwillige Zuwendungen des Erblassers an einzelne Abkömmlinge. Hat daher ein Abkömmling ein Vorausvermächtnis erhalten oder ist er Begünstigter einer Auflage, führt dies nicht zu einer erhöhten Ausgleichungspflicht.[15] Diese Zuwendungen erhält der Abkömmling als Nachlassverbindlichkeit vor der Erbteilung.

9 Nach § 2053 BGB findet die Ausgleichung nur unter den Abkömmlingen statt, die zum Zeitpunkt des Vorempfangs die nächsten gesetzlichen Erben des Erblassers waren. Danach sind bspw. Zuwendungen der Großeltern an den Enkel nur ausgleichungspflichtig, wenn die Kinder des Erblassers, also die Eltern der Enkel, zum Zeitpunkt der Zuwendung nicht mehr vorhanden waren oder wenn die Ausgleichung ausdrücklich angeordnet wurde (§ 2053 BGB a.E.). Die Anordnung geht ins Leere, wenn der Vormann zum Zeitpunkt des Erbfalles noch lebt. Zuwendungen des Erblassers an den entfernteren Abkömmling/Ersatzerben hat der Vormann trotz der Anordnung gegenüber dem Nachrücker nur auszugleichen, wenn ihm das durch Verfügung von Todes wegen ausdrücklich auferlegt wurde; eine formlose Anordnung genügt hierzu nicht.[16]

Hinweis

§ 2053 BGB darf nicht mit § 2051 BGB verwechselt werden. Nach § 2051 BGB muss sich der Ersatzerbe den Vorempfang des ausscheidenden Abkömmlings anrechnen lassen, während nach § 2053 BGB die selbst erhaltenen Vorempfänge angerechnet werden können. § 2051 BGB macht somit von dem Grundsatz, dass Schenker und Erblasser für die ausgleichsverpflichtete Person identisch sein müssen, eine Ausnahme.[17]

10 Anwendung finden die Ausgleichsregeln nach § 2052 BGB auch dann, wenn die Abkömmlinge zwar nicht auf die gesetzliche Erbquote, wohl aber auf eine der gesetzlichen Erbquote **entsprechende Quote** eingesetzt werden. Voraussetzung ist lediglich, dass die Erbteile zueinander in dem gleichen Verhältnis wie bei der gesetzlichen Erbquote stehen. Sind nur einzelne Abkömmlinge zu quotengleichen Verhältnissen eingesetzt, so findet die Ausgleichung nur unter ihnen statt.[18] Die quotengleich eingesetzten Abkömmlinge bilden die jeweiligen Ausgleichsgruppen. Ein nicht quotengleich eingesetzter Abkömmling scheidet

12 Palandt/*Weidlich*, § 2050 Rn 2.
13 Palandt/*Weidlich*, § 2050 Rn 2.
14 MüKo/*Ann*, § 2052 Rn 2.
15 RGZ 90, 419; MüKo/*Ann*, § 2052 Rn 4.
16 Damrau/Tanck/*Bothe*, § 2053 Rn 4.
17 BGH, Urt. v. 13.7.1983 – IVa ZR 15/82, NJW 1983, 2875.
18 RGZ 90, 419.

für die Ausgleichsberechnung mit seinem Anteil aus. Sein Anteil wird wie der Ehegattenanteil vorab abgezogen. Zu beachten ist, dass es sich bei der Vorschrift des § 2052 BGB um eine gesetzliche Vermutungsregel handelt, die bei einem entgegenstehenden Erblasserwillen nicht zur Anwendung kommt.

III. Ausgleichspflichtige Vorempfänge nach den §§ 2050 ff. BGB

11 Nach den §§ 2050 ff. BGB sind lebzeitige Zuwendungen des Erblassers an Abkömmlinge ausgleichungspflichtig, wenn es sich hierbei um eine Ausstattung, Zuschüsse zu Einkünften im Übermaß, Aufwendungen für die Vorbildung zu einem Beruf im Übermaß oder andere Zuwendungen, die ausdrücklich mit einer Ausgleichsbestimmung versehen wurden, handelt. Des Weiteren sind Eigenleistungen eines Abkömmlings nach § 2057a BGB ausgleichungspflichtig.

1. Begriff der Zuwendung

12 Anders als im Rahmen der Pflichtteilsergänzung setzt der Begriff der Zuwendung in § 2050 BGB keine Schenkung[19] voraus und verlangt auch kein Rechtsgeschäft unter Lebenden (wie bspw. bei § 2315 BGB). Ausreichend ist vielmehr jeder **Vermögensvorteil**, den der Abkömmling aus dem Nachlass des Erblassers erhält.[20] Für das Vorliegen einer Zuwendung muss ein Vermögensgegenstand des Erblassers so in das Vermögen des Abkömmlings gelangt sein, dass dadurch der **Nachlasswert verringert** worden ist.[21] Auch nicht rechtsgeschäftliche Maßnahmen, wie bspw. Aufwendungen zur Lebensführung, sowie wertverschiebende Realakte können Zuwendungen im Sinne von § 2050 BGB sein.[22] Nicht erforderlich ist, dass die Zuwendung unentgeltlich erfolgt, denn die Pflicht zur Ausgleichung wurde bewusst nicht auf unentgeltliche Leistungen beschränkt.[23] Keine Zuwendungen sind allerdings Leistungen, die aufgrund einer gesetzlichen Verpflichtung (z.B. Unterhalt) erfolgen.[24]

2. Ausstattung nach §§ 2050 Abs. 1, 1624 BGB

13 Nach § 2050 Abs. 1 BGB ist eine **Ausstattung**, die der Erblasser einem Abkömmling zu seinen Lebzeiten gewährt hat, kraft Gesetzes ausgleichungspflichtig. Gleiches gilt für das **Ausstattungsversprechen**, welches noch durch die Erben zu erfüllen ist.[25] Was man unter einer Ausstattung versteht, ergibt sich aus § 1624 BGB.[26] Danach handelt es sich bei einer Ausstattung um eine Zuwendung, die der Erblasser einem Abkömmling im Hinblick auf eine Heirat oder die Begründung einer Lebensstellung oder zu anderen Zwecken gemacht hat.

14 Die Ausstattung ist eine Zuwendung, die Eltern an ihr Kind im Hinblick auf die in § 1624 BGB bezeichneten Zwecke tätigen. Daher erfährt sie gegenüber anderen Zuwendungen im Eltern-Kind-Verhältnis eine Sonderbehandlung. Eine Ausstattung erfolgt grundsätzlich ohne Gegenleistung. Von der Schenkung unterscheidet sich die Ausstattung durch ihren

19 RGZ 67, 306.
20 RG JW 1938, 2971.
21 MüKo/*Ann*, § 2050 Rn 9.
22 Damrau/Tanck/*Bothe*, § 2050 Rn 6.
23 MüKo/*Ann*, § 2050 Rn 11.
24 MüKo/*Ann*, § 2050 Rn 8.
25 BGH, Urt. v. 26.5.1965 – IV ZR 139/64, BGHZ 44, 91.
26 BGH, Urt. v. 26.5.1965 – IV ZR 139/64, BGHZ 44, 91.

besonderen Zuwendungszweck, den Kindern eine **Starthilfe** zur Existenzgründung und -sicherung zu gewähren, und vom Unterhalt im Fehlen einer gesetzlichen Verpflichtung. Die Ausstattung ist Ausdruck gesetzlich anerkannter Familiensolidarität und bildet eine familienrechtliche *causa sui generis*.[27] Die Ausstattung wird als Sonderregelung für die Zuwendung von Vermögenswerten zwischen Eltern und Kindern gesehen. Die in der Literatur als Starthilfe in die Selbstständigkeit beschriebene Ausstattung[28] ist daher keine Schenkung, es sei denn sie erfolgt im Übermaß.

15 **Inhalt** einer **Ausstattung** kann grundsätzlich jede Sachleistung, Kapitalleistung, jedes Recht, aber auch eine Naturalleistung sein. Die Ausstattung erfolgt durch Zuwendung des Vermögensgegenstandes oder die Gewährung des Vermögensvorteils, sofern dieser zur Erreichung eines Ausstattungszwecks erfolgt. Insoweit kann Ausstattung jeder Vermögensvorteil und jede Vermögensmehrung sein, die mit einer dem § 1624 BGB entsprechenden Zweckrichtung erbracht wird. Fehlt diese Zweckrichtung, dann kann die Zuwendung nur unter den Voraussetzungen des § 2050 Abs. 3 BGB ausgleichungspflichtig sein.[29]

16 Für die **Einordnung einer Zuwendung als Ausstattung** kommt es allerdings nicht auf die von den Parteien gewählte Bezeichnung der Zuwendung an.[30] Für die Frage, ob eine **Ausstattung** oder eine **Schenkung** vorliegt, sind vielmehr der Ausstattungsanlass und der Ausstattungszweck entscheidend. Eine Ausstattung kommt daher nur in Betracht, wenn ein Ausstattungsanlass, sprich Verheiratung, Existenzgründung, Förderung oder Erhaltung einer selbstständigen Lebensstellung, verfolgt wird. Es kommt also nicht darauf an, ob die Ehe erst geschlossen bzw. die Lebenspartnerschaft eingetragen werden soll oder schon geschlossen ist. Allerdings muss die notwendige Zwecksetzung vorliegen.[31]

17 Der **Ausstattungszweck** liegt in der Begründung oder Erhaltung eines ehelichen bzw. lebenspartnerschaftlichen Haushaltes (Wirtschaft) oder einer selbstständigen Lebensführung. So können Zuwendungen zur Vergrößerung des Geschäfts einer Erhaltung der wirtschaftlichen Selbstständigkeit dienen. Unschädlich ist es, wenn der Ausstattende mit der Zuwendung neben dem gesetzlichen **weitere Zwecke** verfolgt, solange diese jenem untergeordnet sind.[32] Die Absicht, einem Abkömmling eine Ausstattung zu gewähren, muss dabei nicht ausdrücklich erklärt werden, sondern kann sich auch konkludent aus den Umständen des Einzelfalles ergeben.[33] Bei größeren Zuwendungen ist im Zweifel eher eine Ausstattung anzunehmen als eine Schenkung.[34]

18 Auch in der Zuwendung einer Wohnungseinrichtung kann eine Ausstattung liegen. Die Grundausstattung eines neuen Haushalts dient in aller Regel der Begründung einer selbstständigen Wirtschaftsmöglichkeit.[35] Entsprechend der Anrechnungsregel des § 2050 BGB kann davon ausgegangen werden, dass derartige Ausstattungen in das Alleineigentum des Kindes des Zuwendenden fallen, wenn nicht im Einzelfall die Zuwendung auch an den Schwiegersohn als Miteigentümer ausdrücklich verfügt wird.[36] Bei der Beteiligung eines

---

27 MüKo/*v. Sachsen Gessaphe*, § 1624 Rn 1.
28 Palandt/*Götz*, § 1624 Rn 1.
29 MüKo/*Ann*, § 2050 Rn 14.
30 MüKo/*Ann*, § 2050 Rn 15.
31 MüKo/*v. Sachsen Gessaphe*, § 1624 Rn 5.
32 MüKo/*v. Sachsen Gessaphe*, § 1624 Rn 5.
33 AG Stuttgart NJW-RR 1999, 1449.
34 OLG Karlsruhe ZEV 2011, 531.
35 OLG Köln, Beschl. v. 17.4.1986 – 4 UF 64/86, FamRZ 1986, 703.
36 In diesem Sinne bereits KG FamRZ 1963, 451 und RGZ 67, 206.

Abkömmlings am elterlichen **Handelsgeschäft** kann eine Ausstattung liegen,[37] wenn die Stellung des Abkömmlings günstiger ausgestaltet wurde als die eines fremden Dritten.[38]

Eine Ausgleichungspflicht besteht nicht, wenn einem Abkömmling Zuwendungen anstelle der ihm zustehenden Ausbildung (§ 1610 Abs. 2 BGB) gegeben werden, weil sie dann so wie die Ausbildung nur als Erfüllung der gesetzlichen Unterhaltspflicht der Eltern anzusehen sind.[39] Nach Ansicht des BGH ist eine sog. **Aussteuer** nur dann erbrechtlich zur Ausgleichung zu bringen, wenn sie die Kosten einer angemessenen Berufsausbildung übersteigt oder neben einer Berufsausbildung gewährt worden ist.[40] 19

Nur dann, wenn eine Übermaßausstattung erfolgt, die Zuwendung also nicht den Vermögensverhältnissen des Erblassers entspricht, liegt eine Schenkung vor. Lediglich in diesen Fällen unterliegt die Ausstattung auch den Regeln des Schenkungsrechts, soweit es bspw. um die Frage eines Pflichtteilsergänzungsanspruchs geht.[41] 20

3. Zuschüsse zu den Einkünften im Übermaß

Nach § 2050 Abs. 2 BGB sind Zuschüsse, die zu dem Zweck gegeben worden sind, als Einkünfte verwendet zu werden, insoweit zur Ausgleichung zu bringen, als sie im **Übermaß** erfolgten. Das ist dann der Fall, wenn sie bei Gewährung das den Vermögensverhältnissen des Erblassers entsprechende Maß übersteigen. Nicht ausgleichungspflichtig sind damit insbesondere Leistungen in Erfüllung gesetzlicher Unterhaltspflichten.[42] Die Zuschüsse müssen zu dem Zweck gegeben worden sein, als Einkünfte, also zur Erfüllung des laufenden Bedarfs, verwendet zu werden. Sie erfordern daher keine besondere Dauer und Regelmäßigkeit.[43] Eine einmalige Zuwendung zu einem bestimmten Zweck (z.B. eine Reise) ist kein Zuschuss im Sinne des § 2050 Abs. 2 BGB, der im Erbfall auszugleichen ist.[44] 21

Die Frage, ob ein Zuschuss im Übermaß erfolgte, unterliegt im Einzelfall einer richterlichen Ermessensentscheidung. Maßstab ist, ob die Zuschüsse den **Vermögensverhältnissen des Elternteils und Erblassers zum Zeitpunkt der Zuwendung** entsprochen haben. Kann sich der Erblasser nach objektiv verantwortungsvoller Einschätzung die entsprechende Zuwendung gerade auch im Hinblick auf seine übrigen Kinder leisten, dann liegt ein Übermaß nicht vor. Kommt der Erblasser durch die entsprechend hohe Zuwendung an die Grenzen seiner Leistungsfähigkeit, insbesondere auch im Hinblick auf die übrigen Abkömmlinge, dass ihnen eine entsprechende Zuwendung dann nicht mehr gewährleistet werden kann, dann liegt ein sogenanntes Übermaß vor. Unbeachtlich sind dabei das Verhältnis und die Beziehung zwischen dem Erblasser und dem jeweiligen Abkömmling.[45] Ferner ist auch unbeachtlich, inwieweit die Zuwendung zur Zweckerreichung erforderlich war und auch tatsächlich dazu geführt hat.[46] 22

---

37 OLG Celle NdsRpfl 1962, 203.
38 Vgl. hierzu *Schmid*, BWNotZ 1972, 29.
39 MüKo/*Ann*, § 2050 Rn 14.
40 BGH, Urt. v. 30.9.1981 – IVa ZR 127/80, NJW 1982, 575.
41 Zur Anfechtbarkeit einer Ausstattung LG Tübingen, Urt. v. 24.5.2005 – 1 O 2/05, ZInsO 2005, 781.
42 MüKo/*Ann*, § 2050 Rn 23.
43 MüKo/*Ann*, § 2050 Rn 24.
44 RG Recht 1910 Nr. 2578.
45 MüKo/*Ann*, § 2050 Rn 26.
46 MüKo/*Ann*, § 2050 Rn 26.

4. Aufwendungen für die Vorbildung zu einem Beruf im Übermaß

23 Nach § 2050 Abs. 2 BGB sind auch die Kosten der Berufsausbildung nur insoweit ausgleichungspflichtig, als sie im Übermaß erfolgten. Unter Aufwendungen für die Vorbildung zu einem Beruf versteht man solche, die über die Kosten für eine allgemeine Schulausbildung hinausgehen und einen berufsqualifizierten Abschluss vermitteln.[47] Unter dem Begriff „Kosten der Berufsausbildung“ versteht man z.B. Studien- und Berufsschulkosten. Hier gilt es zu berücksichtigen, dass Lernmittel unter die Kosten der Berufsausbildung, Aufwendungen zur Anschaffung von Berufsausübungsmitteln (wie z.B. Büroeinrichtung) aber unter die Kategorie der Ausstattung fallen. Berufsausübungsmittel sind als Ausstattung immer ausgleichungspflichtig, die Anschaffung der Lernmittel nur dann, wenn sie im Übermaß erfolgten.[48]

IV. Ausgleichungspflichtige Leistungen nach § 2057a BGB

1. Allgemeines

24 Als weiteren **gesetzlichen** Ausgleichungstatbestand sieht § 2057a BGB eine Ausgleichungspflicht unter Abkömmlingen vor, wenn Abkömmlinge gegenüber dem Erblasser eine Leistung im Sinne des § 2057a BGB erbracht haben. Diese Leistungen können eine **Mitarbeit** des Abkömmlings, **erhebliche Geldleistungen** oder sonstige Zuwendungen gegenüber dem Erblasser sein, die sich **werterhaltend** auf das Vermögen und somit den künftigen Nachlass des Erblassers ausgewirkt haben. Mit einer Ausgleichsverpflichtung nach § 2057a BGB können daher Leistungen eines Abkömmlings, die zu einer Vermehrung des Erblasservermögens geführt haben, bei der Erbteilung Berücksichtigung finden.

25 Auch bei § 2057a BGB handelt es sich um eine gesetzliche Vermutungsregel, die bei Nachweis eines entgegenstehenden Erblasserwillens widerlegt werden kann.[49]

Voraussetzung für eine Ausgleichung nach § 2057a BGB ist, dass der Abkömmling die Leistung **unentgeltlich** erbracht hat. Der **Ausgleichungsanspruch entfällt**, soweit der Abkömmling seine Leistung **entgeltlich** erbracht hat.[50]

Dem Abkömmling darf zum Ausgleich seiner Leistungen kein Anspruch aufgrund eines anderen Rechtsgrundes zustehen. Ist daher für die Leistung, die der Abkömmling erbracht hat, ein entsprechendes Entgelt gezahlt worden (bspw. Zahlungen aus der Pflegeversicherung), entfällt eine Ausgleichspflicht unter den Abkömmlingen, sofern es sich um eine angemessene Vergütung gehandelt hat. War die Vergütung hingegen nicht angemessen, liegt nur eine teilweise Unentgeltlichkeit vor, so dass der unentgeltliche Teil noch zur Ausgleichung zu bringen ist.[51] Ist der unentgeltliche Teil geringfügig, bleibt er unberücksichtigt, weil er dann nicht in besonderem Maße zur Vermögenserhaltung oder -mehrung beigetragen haben kann.[52]

26 Ist dem Abkömmling seitens des Erblassers für seine Leistung eine Vergütung versprochen worden, kann der Abkömmling die Voraussetzungen für diese Ansprüche nicht nachweisen und daher nicht im Erbfall als Nachlassverbindlichkeit nach § 1967 BGB geltend machen,

47 MüKo/*Ann*, § 2050 Rn 25.
48 MüKo/*Ann*, § 2050 Rn 25.
49 *Damrau*, FamRZ 1969, 581.
50 MüKo/*Ann*, § 2057a Rn 31.
51 MüKo/*Ann*, § 2057a Rn 31.
52 MüKo/*Ann*, § 2057a Rn 31.

wird eine Entgeltlichkeit mangels Durchsetzbarkeit des Anspruchs abgelehnt.[53] Dies soll auch dann gelten, wenn der Anspruch bereits verjährt ist und dem Abkömmling die Einrede der Verjährung entgegengehalten wird.[54] Begründet wird dies grundsätzlich damit, dass durch die Nichtgeltendmachung bzw. die nicht mehr bestehende Möglichkeit der Geltendmachung eine automatische Vermehrung des Erblasservermögens entstanden ist und die übrigen Abkömmlinge durch das Unterlassen der Geltendmachung einen ungerechten Vorteil erhalten.[55] Hat der Abkömmling dagegen auf seinen Anspruch verzichtet, scheidet eine Ausgleichungspflicht aus.[56]

2. Mitarbeit im Haushalt, Geschäft oder Beruf des Erblassers

Hat der Abkömmling im Haushalt, Beruf oder Geschäft des Erblassers mitgearbeitet, kommt eine Ausgleichung nach § 2057a BGB in Betracht, wenn die Mitarbeit über einen längeren Zeitraum hinweg erfolgte und auf diese Weise das Vermögen des Erblassers gemehrt wurde.[57] Bei der Art der Mitarbeit wird nicht unterschieden. Nach dem Wortlaut der Vorschrift ist jede Mitarbeit in einem vom Erblasser ausgeübten Beruf, in seinem Betrieb oder seinem Haushalt umfasst. Die Mitarbeit muss längere Zeit gedauert haben. Welcher Zeitraum konkret ausreicht, ist auch nach Art und Wert der Leistung zu beurteilen. Zusammenhängen muss der Zeitraum nicht unbedingt. Bei der Leistung wertvoller Dienste genügt eine kürzere Zeit. Mehrjährige Dauer ist stets ausreichend.[58] 27

Der Begriff **Haushalt** in § 2057a BGB wird mit dem Begriff des Hausstandes in § 1619 BGB gleichgesetzt. Umfasst sind danach alle Bereiche, die den täglichen Lebensmittelpunkt und Aufenthaltsort des Erblassers darstellen. Von der Ausgleichungspflicht erfasst werden danach alle Tätigkeiten, die für eine ordnungsgemäße Haushaltsführung notwendig sind. Dies können im Einzelnen die Pflege, die Zubereitung von Mahlzeiten und die Durchführung von Reparaturen sein.[59] 28

Unter Beruf des Erblassers ist dessen selbstständige oder unselbstständige Tätigkeit zu verstehen. Die **Mitarbeit im Beruf** des Erblassers bedeutet nicht nur eine unmittelbare Mitarbeit im Betrieb oder der Firma des Erblassers, sondern auch die Unterstützung des Erblassers, die im Zusammenhang mit seiner Berufsausübung erfolgt. Dies können die tägliche Fahrt zur Arbeitsstätte oder die Erledigung der Korrespondenz sein.[60] Ausreichend ist dabei auch, dass der Erblasser lediglich Mitinhaber eines Geschäftes ist, wobei unter dem Begriff „Geschäft" jedes Unternehmen des Erblassers zu verstehen ist. Die Mitarbeit muss aber entsprechend dem Wortlaut des § 2057a BGB im **besonderen Maße** dazu beigetragen haben, das Vermögen des Erblassers zu erhalten oder zu vermehren. 29

Für die Praxis von Bedeutung ist, dass die Mitarbeit nicht notwendigerweise vom Abkömmling persönlich erbracht werden muss. Es reicht aus, wenn sie durch seine Familienangehörigen oder auch durch einen Dritten erbracht wird, sofern dies auf **Veranlassung** des Abkömmlings geschieht.[61] 30

53 Vgl. hierzu Palandt/*Weidlich*, § 2057a Rn 2; *Damrau*, FamRZ 1969, 581.
54 A.A. lediglich *Firsching*, Rpfleger 1970, 53.
55 Soergel/*Wolf*, § 2057a Rn 15.
56 MüKo/*Ann*, § 2057a Rn 33.
57 OLG Oldenburg, Urt. v. 1.12.1998 – 5 U 126/98, FamRZ 1999, 1466.
58 MüKo/*Ann*, § 2057a Rn 18.
59 *Weimar*, MDR 1973, 23.
60 MüKo/*Ann*, § 2057a Rn 17.
61 Palandt/*Weidlich*, § 2057a Rn 7.

31 **Erhebliche Geldleistungen** führen zu einer Ausgleichungspflicht, wenn sie in einem besonderen Maße erfolgten und zu einer Erhaltung und Vermehrung des Erblasservermögens beigetragen haben. Umstritten ist allerdings, ob das Tatbestandsmerkmal der Erheblichkeit unter Zugrundelegung eines objektiven Maßstabes zu bemessen ist,[62] oder ob es auf die Verhältnisse des Erblassers ankommt.[63] Für die letzte Auffassung spricht, dass die Zuwendung den Vermögensbestand des Erblassers beeinflusst haben muss.[64] Nicht ausgleichungspflichtig sind danach Geldleistungen, die lediglich im Rahmen einer gesetzlichen Unterhaltspflicht erfolgten.[65]

32 Leistungen in **sonstiger Weise**, die im besonderen Maße zur Erhaltung und Mehrung des Erblasservermögens geführt haben, werden im Rahmen der Ausgleichung ebenfalls berücksichtigt. Hierzu zählen z.B. Sicherheitsleistungen, wie Bürgschaftsübernahme, die Bestellung einer Grundschuld oder die Bezahlung von Schulden des Erblassers. Auch die Gewährung von vergünstigten oder zinslosen Darlehen[66] sowie die Übernahme von Pflegeleistungen für den Ehepartner des Erblassers, die er ansonsten hätte bezahlen müssen, können ausgleichungspflichtige Leistungen im Sinne des § 2057a BGB sein.[67]

3. Pflegeleistungen nach § 2057a Abs. 1 S. 2 BGB

33 In der Praxis ist die Kategorie der Pflegeleistung nach § 2057a Abs. 1 S. 2 BGB von erheblicher Bedeutung. Aufgrund einer steigenden Pflegebedürftigkeit und einer zunehmend längeren Lebenserwartung kommt es nicht selten vor, dass Abkömmlinge über einen langen Zeitraum hinweg die Pflege ihrer Eltern übernehmen.

34 Voraussetzung für einen Ausgleichungsanspruch ist insoweit, dass die Pflege über einen längeren Zeitraum hinweg erfolgte.[68] Es darf sich nicht lediglich um eine Gefälligkeit handeln.[69] Ausreichend ist, wenn die Pflegeleistung durch den Ehepartner des Abkömmlings oder zusammen mit anderen von ihm beauftragten Personen erbracht wird.[70] Erbringen ausschließlich bezahlte Hilfskräfte die Pflegeleistungen, liegt eine Geldleistung vor, die Abs. 1 S. 1 unterfällt und nur bei Erheblichkeit ausgleichungspflichtig ist.[71]

35 Nach § 2057a BGB ist die Ausgleichung so zu bemessen, dass sie mit Rücksicht auf die Dauer und den Umfang der Leistungen und auf den Wert des Nachlasses der Billigkeit entspricht. Dabei ist zu berücksichtigen, in welchem Umfang der Nachlass erhalten wurde. Andererseits müssen auch die Vermögensinteressen der weiteren Erben sowie die Höhe des gesamten Nachlasses berücksichtigt werden.[72]

---

62 So Palandt/*Weidlich*, § 2057a Rn 6.
63 So MüKo/*Ann*, § 2057a Rn 22.
64 Bamberger/Roth/*Lohmann*, § 2057a Rn 6.
65 Soergel/*Wolf*, § 2057a Rn 6.
66 MüKo/*Ann*, § 2057a Rn 29.
67 Bamberger/Roth/*Lohmann*, § 2057a Rn 7.
68 MüKo/*Ann*, § 2057a Rn 23.
69 Bamberger/Roth/*Lohmann*, § 2057a Rn 8.
70 Palandt/*Weidlich*, § 2057a Rn 7.
71 MüKo/*Ann*, § 2057a Rn 27.
72 LG Konstanz ZErb 2010, 93.

Hinweis

Seit der Erbrechtsreform ist es für die Anwendung des § 2057a BGB nicht mehr erforderlich, dass die Pflegeleistungen unter **Verzicht** auf **berufliches Einkommen** erbracht wurden. Dieses Tatbestandsmerkmal ist mit Inkrafttreten des Gesetzes zur Änderung des Erb- und Verjährungsrechtes weggefallen.

4. Höhe des Ausgleichsanspruchs

Schwierigkeiten bestehen in der Praxis vielfach in der Bestimmung der Höhe des Ausgleichsanspruchs, also bei der Ermittlung des Wertes der erbrachten Leistungen.[73] 36

§ 2057a Abs. 3 BGB sieht hinsichtlich der Höhe des Ausgleichsanspruchs eine **Billigkeitsbewertung** vor. Nach Ansicht des BGH ist daher der Ausgleichungsbetrag für die Tätigkeiten des Abkömmlings unter Billigkeitserwägungen zu schätzen.[74] Maßgebend für die Wertbemessung ist nach § 2057a Abs. 3 BGB die **Dauer** der Leistung, der **Umfang,** die **Auswirkung** auf den **Wert des Vermögens** des Erblassers einerseits und die Vermögensverluste beim Abkömmling andererseits.[75] Aus dem zum Zeitpunkt des Erbfalls vorhandenen Netto-Nachlasswert ist dann der Rückschluss auf die tatsächlichen Auswirkungen der Leistungen vorzunehmen. Hieraus ergibt sich: je werthaltiger der Nachlass, umso großzügiger die Bemessung des Ausgleichsbetrag.[76] Der Betrag darf allerdings nicht so hoch bemessen werden, dass bei Durchführung der Ausgleichung der gesamte Nachlass aufgezehrt werden würde,[77] und zwar auch dann nicht, wenn die Leistung des Abkömmlings ausschließlich für den vorhandenen Nachlass verantwortlich war.[78] Welcher Betrag letztlich der Ausgleichung zugrunde zu legen ist, entscheidet das Gericht. Nach der Rechtsprechung des BGH kann im Rahmen einer Vorfrage der Wert der Leistungen durch Feststellungsantrag geklärt werden.[79] Das LG Ravensburg[80] hat sich in einer Entscheidung, bei der es um eine Mitarbeit eines Abkömmlings im landwirtschaftlichen Betrieb der Eltern ging, an den „Richtsätzen für mithelfende Familienangehörige in der Landwirtschaft",[81] orientiert.

V. Ausgleichspflichtige Zuwendungen bei Anordnung des Erblassers (§ 2050 Abs. 3 BGB)

1. Ausdrückliche Anordnung einer Ausgleichsverpflichtung

Liegt kein Vorempfang im Sinne des § 2050 Abs. 1 oder Abs. 2 BGB vor, kommt eine **Ausgleichungspflicht** nur in Betracht, wenn der Erblasser bei der Zuwendung eine Ausgleichsbestimmung getroffen hat (§ 2050 Abs. 3 BGB). In der Praxis wird dabei oftmals die Formulierung gewählt, wonach der Empfänger sich die Zuwendung auf den „Erbteil anrechnen" lassen muss. Gemeint ist damit in der Regel die Ausgleichsverpflichtung unter Abkömmlingen nach § 2050 Abs. 3 BGB. Eine **Anrechnung** auf den **Erbteil** kennt das 37

73 Vgl. *Damrau*, FamRZ 1969, 579.
74 BGH, Beschl. v. 14.5.1987 – BLw 2/87, BGHZ 101, 57, 64.
75 *Knur*, FamRZ 1970, 269.
76 MüKo/*Ann*, § 2057a Rn 37.
77 *Damrau*, FamRZ 1969, 579; Staudinger/*Werner*, § 2057a Rn 29.
78 MüKo/*Ann*, § 2057a Rn 37; *Damrau*, FamRZ 1969, 579; a.A. Soergel/*Wolf*, § 2057a Rn 17; offen gelassen BGH NJW 1993, 1197.
79 BGH NJW-RR 1990, 1220 zu Grundlagen der Erbauseinandersetzung allgemein.
80 LG Ravensburg, Urt. v. 25.1.1988 – 5 O 944/87, BWNotZ 1989, 147.
81 Hrsg. vom Landwirtschaftsministerium Baden-Württemberg.

Gesetz ansonsten nicht. Vorempfänge spielen daher bei der Erbauseinandersetzung immer nur im Verhältnis der Abkömmlinge untereinander eine Rolle, nicht aber im Verhältnis zu anderen Miterben.

Der Erblasser kann eine Ausgleichung nach § 2050 Abs. 3 BGB auch konkludent anordnen. Dafür reicht es aber nicht aus, dass er vor der strittigen Zuwendung seine Kinder als gesetzliche Erben stets gleichermaßen bedacht hat, insbesondere wenn auch der nunmehr zugewandte strittige Vermögenswert ohne Weiteres teilbar gewesen wäre.[82]

38 Unter § 2050 Abs. 3 BGB fällt jede **Zuwendung, Schenkung** oder **gemischte Schenkung,** nicht aber eine Zuwendung, die aufgrund einer gesetzlichen Pflicht, bspw. einer Unterhaltspflicht, erfolgte. Nicht notwendig ist, dass die Zuwendung durch Rechtsgeschäft mit dem Abkömmling und dem Erblasser erfolgt. Es reicht aus, wenn der Abkömmling durch eine wirtschaftliche Maßnahme des Erblassers einen Vermögensvorteil erhält, allerdings **keine Leistungen,** mit denen einer gesetzlichen Pflicht genügt wird.[83]

39 Maßgeblich für § 2050 Abs. 3 BGB ist, dass die Zuwendung mit einer Ausgleichungsanordnung versehen wurde. Die Ausgleichsanordnung muss dem Abkömmling dabei spätestens **im Zeitpunkt** der **Zuwendung** zugehen und der Empfänger muss bei Annahme der Zuwendung auch erkannt haben, dass es sich um eine ausgleichspflichtige Zuwendung handelt.[84]

40 Erfolgt die Zuwendung an einen **minderjährigen Abkömmling,** bedarf es keiner Zustimmung des gesetzlichen Vertreters.[85]

Hinweis

Eine bestimmte Form ist grundsätzlich für die Anrechnungsbestimmung nicht vorgegeben. Sie kann daher auch konkludent erfolgen.[86]

2. Vorbehalt einer späteren Ausgleichsbestimmung

41 Grundsätzlich muss die Anrechnungsbestimmung im Zeitpunkt der Zuwendung erfolgen. Etwas anderes gilt dann, wenn sich der Erblasser im Zeitpunkt der Zuwendung die Möglichkeit einer späteren Anordnung der Ausgleichungspflicht vorbehalten hat.[87]

3. Nachträgliche Anordnung einer Ausgleichsbestimmung

42 Ist die Zuwendung erfolgt und hat es der Erblasser unterlassen, eine Ausgleichspflicht nach § 2050 Abs. 3 BGB anzuordnen, so kann er hieran im Interesse der Rechtssicherheit einseitig durch formloses Rechtsgeschäft grundsätzlich nichts mehr ändern.[88] Der Erblasser hat für den Zuwendungsempfänger eine Vertrauensgrundlage geschaffen, die auf die fehlende Ausgleichungspflicht gerichtet ist. Er hat jedoch die Möglichkeit, die fehlende Ausgleichungsverpflichtung durch Anordnung eines Vermächtnisses zugunsten seiner nicht bedachten Abkömmlinge in einer Verfügung von Todes wegen zu kompensieren.[89] Ansonsten

82 OLG Koblenz NotBZ 2013, 59, 60.
83 MüKo/*Ann*, § 2050 Rn 30.
84 BGH, Urt. v. 30.9.1981 – IVa ZR 127/80, FamRZ 1982, 54.
85 BGH, Urt. v. 10.11.1954 – II ZR 165/53, BGHZ 15, 168.
86 Soergel/*Wolf*, § 2050 Rn 22.
87 Vgl. MüKo/*Ann*, § 2050 Rn 31.
88 MüKo/*Ann*, § 2050 Rn 31.
89 BGH, Urt. v. 30.9.1981 – IVa ZR 127/80, NJW 1982, 575, 577; MüKo/*Ann*, § 2050 Rn 31, *Thubauville*, MittRhNotK 1992, 289.

würden die für Verfügungen von Todes wegen einzuhaltenden Formvorschriften unterlaufen.[90]

Stimmt der betroffene Abkömmling zu, kann eine Ausgleichungspflicht auch nachträglich vereinbart werden; allerdings lediglich in der für den Erbverzicht geltenden Form. Denn die Parteien treffen eine Vereinbarung, die den gesetzlichen Erbteil unter Berücksichtigung des dann auszugleichenden Vorempfangs modifiziert.[91] 43

Will der Erblasser bei der Auseinandersetzung unter Miterben die Anrechnung von Vorempfängen auf den Erbteil über die dazu bestehenden gesetzlichen Regeln – insbesondere über § 2050 BGB – hinaus erreichen, muss er dies durch letztwillige Verfügung anordnen; für eine Erbauseinandersetzung verbindliche Anordnungen können dagegen nicht durch Rechtsgeschäft unter Lebenden getroffen werden.[92] 44

4. Abänderung einer getroffenen Ausgleichsbestimmung

Eine einmal getroffene Ausgleichungspflicht kann im Nachhinein grundsätzlich auch durch letztwillige Verfügung aufgehoben werden. Die h.M. sieht hierin einen Vermächtnisanspruch zugunsten der übrigen Abkömmlinge. Im Hinblick auf die Tatsache, dass der Erblasser aber auch durch Abweichung von der gesetzlichen Erbquote den Tatbestand des § 2050 BGB außer Kraft setzen kann, muss es sich hierbei nicht zwingend um ein Vermächtnis handeln. Es ist daher vielmehr davon auszugehen, dass es sich von der Rechtsnatur her um ein einseitiges Bestimmungsrecht handelt, welches der Erblasser im Testament anordnen kann. Die Qualifizierung als Vermächtnis würde ansonsten zur Ausschlagungsmöglichkeit nach § 2306 Abs. 1 S. 2 BGB führen, obwohl keine „echte Beschwerung" vorliegt. 45

5. Verwendung des Begriffs „im Wege vorweggenommener Erbfolge"

Ist eine Ausgleichungsbestimmung nicht ausdrücklich getroffen worden, so bestehen in der Praxis hinsichtlich bestimmter Formulierungen Auslegungsschwierigkeiten. Nach Ansicht der Rechtsprechung kann aus der Formulierung **„im Wege der vorweggenommenen Erbfolge"** der Wille des Erblassers entnommen werden, dass der Zuwendungsempfänger den Wert der Zuwendung später im Erbfall zur Ausgleichung zu bringen hat.[93] In seiner Entscheidung vom 23.9.1981,[94] bei der es um die Frage der objektiven Bereicherung im Rahmen eines Anspruches aus § 2287 BGB ging, hat der BGH ausgeführt, dass die Wendung „im Wege der vorweggenommenen Erbfolge" als Ausgleichsanordnung zu verstehen ist. Ebenso hat er in seiner Entscheidung vom 12.10.1988[95] ausgeführt, das eine Zuwendung im Wege vorweggenommener Erbfolge als auf den Erbteil zugewendet anzusehen ist. Das OLG Hamm folgt in seinem Urt. v. 26.5.1998[96] dieser Rechtsprechung, wonach eine „im Wege der vorweggenommenen Erbfolge" erfolgte Grundstücksübertragung an einen Schlusserben eine Ausgleichsbestimmung nach §§ 2052, 2050 Abs. 3 BGB darstellt und keine Teilungsanordnung. Nach dem der Entscheidung zugrunde liegenden Sachverhalt wurde Grundbesitz an einen zum Schlusserben eingesetzten Abkömmling im Wege der vorweggenommenen Erbfolge übertragen. Der BGH hat die Revision des unterliegenden Klägers gegen das 46

90 OLGE 34, 260, 261.
91 So i.E. auch *Damrau*, Der Erbverzicht als Mittel zweckmäßiger Vorsorge für den Todesfall, S. 47, 50.
92 BGH FamRZ 2010, 27–29.
93 BGH, Urt. v. 23.9.1981 – IVa ZR 185/80, BGHZ 82, 274.
94 BGH, Urt. v. 23.9.1981 – IVa ZR 185/80, NJW 1982, 43.
95 BGH, Urt. v. 12.10.1988 – IVa ZR 166/87, NJW-RR 1989, 259.
96 OLG Hamm, Urt. v. 26.5.1998 – 10 U 20/98, ZEV 1999, 313.

Urteil mit Beschl. v. 12.5.1999[97] nicht zur Entscheidung angenommen, wodurch seine Rechtsprechung bestätigt wurde.

47 Demgegenüber vertritt das OLG Celle in seinem Urt. v. 3.7.2003[98] hinsichtlich eines Pflichtteilsanspruchs nach §§ 2050, 2316 BGB die Auffassung, dem Zuwendungsempfänger solle mit dieser Formulierung nur deutlich gemacht werden, dass sich der Zuwendende vorbehalte, die Übertragung bei der späteren Abfassung einer Verfügung von Todes wegen zu berücksichtigen. Nach Auffassung des OLG Celle kann daher allein der Formulierung „im Wege vorweggenommener Erbfolge" nicht unbedingt der Wille des Erblassers entnommen werden, dass die Zuwendung zur Ausgleichung zu bringen ist. Unklar bleibt, inwieweit der Erblasser die Zuwendung bei einer späteren letztwilligen Verfügung berücksichtigen kann. Eine nachträgliche Anrechnungsbestimmung durch letztwillige Verfügung ist grundsätzlich nach derzeitiger Rechtslage nicht möglich.[99] Erfolgt sie dennoch, kann darin lediglich ein Vorausvermächtnis zugunsten der übrigen Miterben gesehen werden, was jedoch keine Auswirkungen auf mögliche Pflichtteilsansprüche hat.[100] Das OLG Stuttgart führt in seiner viel zitierten Entscheidung vom 4.5.1977 lediglich aus, dass der Begriff „vorweggenommene Erbfolge" nicht unbedingt auf den Willen des Erblassers schließen lasse, eine Ausgleichungsbestimmung anzuordnen.[101]

48 Nach neuerer Rechtsprechung des BGH ist dann, wenn eine Zuwendung „im Wege vorweggenommener Erbfolge unentgeltlich" erfolgt, für die Pflichtteilsberechnung im Auslegungsweg zu ermitteln, ob der Erblasser damit eine Ausgleichung gemäß §§ 2316 Abs. 1, 2050 Abs. 3 BGB, eine Anrechnung gemäß § 2315 Abs. 1 BGB oder kumulativ Ausgleichung und Anrechnung gemäß § 2316 Abs. 4 BGB anordnen wollte. Die Ermittlung des Erblasserwillens erfordert eine Gesamtbewertung aller relevanten Umstände, wobei insbesondere auch die zeitlichen Zusammenhänge zwischen Zuwendung und Testamentserrichtung, der Vermögensgegenstand und seine wirtschaftliche Nutzbarkeit durch den Empfänger vor dem Erbfall sowie die Größenordnung der vorgezogenen Vermögenszuwendung zu berücksichtigen sind. Ebenso können Vorstellungen des Erblassers über eine gleichmäßige Behandlung von Abkömmlingen eine Rolle spielen, wobei zu beachten ist, dass ein solcher Erblasserwille bei der Berechnung des Ausgleichspflichtteils i.S.v. § 2316 Abs. 1 BGB an Grenzen stößt, weil enterbte Vorempfänger rechnerisch mit der Hälfte des Vorempfangs begünstigt bleiben, was einer etwa beabsichtigten völligen Gleichstellung entgegensteht.[102]

49 Die steuerliche Rechtsprechung tendiert zu der vom BGH[103] verfolgten Betrachtungsweise. Die h.M. im Schrifttum schließt sich der Ansicht des BGH an, dass bei einer Übertragung des Erblassers an zu Schlusserben eingesetzte Abkömmlinge eine Ausgleichungsanordnung bestimmt wurde, wenn die Übertragung in Vorwegnahme der künftigen Erbfolge erfolgte.[104] Insoweit führt auch *Thubauville*[105] aus, dass der Formulierung „im Wege vorweggenomme-

---

97 BGH, Urt. v. 12.5.1999 – IV ZR 186/98, n.v.

98 OLG Celle OLGR Celle 2003, 429–434.

99 Vgl. zum Entwurf des Gesetzes zur Änderung des Erb- und Verjährungsrechts *Bonefeld/Lange/Tanck*, ZErb 2007, 292 ff.

100 Auf den Pflichtteilsanspruch hat dies aber keinen Einfluss, vgl. BGH, Urt. v. 30.9. 1981 – IVa ZR 127/80, NJW 1982, 575.

101 OLG Stuttgart BWNotZ 1977, 150.

102 BGH ZErb 2010, 144.

103 BGH DStR 1985, 544.

104 Palandt/*Weidlich*, § 2050 Rn 10; *Thubauville*, MittRhNotK 1992, 289. A.A. AK-*Pardey*, § 2050 Rn 26. Offen gelassen von Soergel/*Wolf*, § 2050 Rn 19 unter Bezugnahme auf die Entscheidung des OLG Stuttgart BWNotZ 1977, 150 und die Auffassung von *Weimar*, JR 1967, 97.

105 *Thubauville*, MittRhNotK 1992, 289, 297.

ner Erbfolge“ i.d.R. auch zugleich der Wille des Erblassers zu entnehmen ist, den pflichtteilsberechtigten Zuwendungsempfänger (Abkömmling) zwar zeitlich, nicht aber wertmäßig zu bevorzugen. *Bothe*[106] weist darauf hin, dass eine solche Anordnung im Hinblick auf eine gerechte Verteilung als üblich anzusehen ist. *Weimar*[107] vertritt hingegen die Auffassung, dass die Verwendung des Begriffs „vorweggenommene Erbfolge“ lediglich die Motivlage des Übergebers kennzeichnet.

Wird zu Lebzeiten Vermögen „im Wege der vorweggenommenen Erbfolge“ übertragen, so wird hiermit dem Wortlaut nach regelmäßig eine Ausgleichungsverpflichtung des Zuwendungsempfängers verbunden sein. Der Zuwendungsempfänger erhält als künftiger Erbe bereits zu Lebzeiten Gegenstände bzw. Werte aus dem Vermögen des Erblassers, die er sonst erst im Erbfall erworben hätte. Da die Verwendung des Begriffs früher aus steuerlichen Gesichtspunkten seine Notwendigkeit hatte, ist bei der Auslegung des Begriffs aber auch die Form der Darstellung zu berücksichtigen. Wird der Begriff nur zur reinen Vertragsbezeichnung verwendet, aber in den einzelnen konkreten Vereinbarungen hierauf kein Bezug genommen, so wird man hierin keine Ausgleichungsbestimmung sehen können, da ein konkreter Vertragstypus, der eine Ausgleichung im Erbfall mit sich bringt, nicht existiert.[108] Wird hingegen in den einzelnen Vertragsklauseln und Bedingungen die Bestimmung getroffen, dass die Übertragung „im Wege der vorweggenommenen Erbfolge“ erfolgen soll und erfolgt dies mit rechtsgeschäftlichem Willen, so ist diese Formulierung dem Wortlaut und der Form nach als Ausgleichungsbestimmung i.S.v. § 2050 Abs. 3 BGB zu qualifizieren. 50

Beweispflichtig für eine Ausgleichsanordnung ist immer derjenige, der Rechte daraus herleitet.[109] 51

VI. Zuwendung muss vom Erblasser stammen (der „erweiterte Erblasserbegriff“)

1. Begriff des Erblassers

Der Abkömmling muss den Vorempfang grundsätzlich vom Erblasser erhalten haben. Fällt der Abkömmling vor oder nach dem Erbfall weg, so ist nach § 2051 BGB allerdings der an seine Stelle getretene Abkömmling ausgleichsverpflichtet. Erfolgt eine Zuwendung aus dem Gesamtgut einer Gütergemeinschaft, dann gilt die Zuwendung als von jedem Ehegatten hälftig erbracht, § 2054 Abs. 1 S. 1 BGB, wobei jeder Ehegatte dabei selbst bestimmen kann, ob er eine Ausgleichsanordnung trifft.[110] Allerdings erfolgt die Zuwendung nur dann von einem Ehegatten, wenn der Abkömmling auch von diesem abstammt.[111] Gleiches gilt, wenn der zuwendende Ehegatte aufgrund der Zuwendung ersatzpflichtig wird, § 2054 Abs. 1 S. 2 BGB. 52

2. Der „erweiterte Erblasserbegriff“

Als Erblasser im Sinne der Vorschrift des § 2050 BGB ist grundsätzlich die Person anzusehen, deren Vermögen mit dem Tod auf den bzw. die Erben übergeht bzw. dessen Vermögen durch die Zuwendung geschmälert wurde.[112] Fraglich ist allerdings, ob bei Ehegatten, die 53

106 Damrau/Tanck/*Bothe*, § 2050 Rn 13.
107 *Weimar*, JR 1967, 97.
108 Vgl. *J. Mayer*, DNotZ 1996, 604, 610.
109 OLG Koblenz NotBZ 2013, 59–60.
110 Soergel/*Wolf*, § 2054 Rn 3.
111 Soergel/*Wolf*, § 2054 Rn 4.
112 Damrau/Tanck/*Bothe*, § 2050 Rn 35.

sich in einem gemeinschaftlichen Testament[113] jeweils als Alleinerben nach dem Tod des Erstversterbenden („Vollerbe") und ihre Kinder als Erben des Überlebenden („Schlusserben") eingesetzt haben,[114] tatsächlich nur der zuletzt Versterbende als Erblasser anzusehen ist.[115] In diesem Fall würden Zuwendungen des erstversterbenden Elternteils im 2. Erbfall unberücksichtigt bleiben.

Nach h.M. kann daher Erblasser i.S.d. §§ 2050 ff. BGB auch der zuerst verstorbene Elternteil sein, wenn die Erbfolge durch ein gemeinschaftliches sog. **„Berliner Testament"** oder einen inhaltlich entsprechenden Erbvertrag gestaltet wurde.[116] Begründet wird dies damit, dass bei der **Einheitslösung** die Vermögen beider Elternteile verschmelzen und letztlich eine einheitliche Vermögensmasse auf die zu Schlusserben bestimmten Abkömmlinge übergeht. Diese Einheitlichkeit des Vermögens der Eltern soll die Erweiterung des Erblasserbegriffs rechtfertigen,[117] nach der der Abkömmling auch ausgleichungspflichtige Vorempfänge des erstversterbenden Elternteils berücksichtigen muss. Andernfalls wäre es vom Zufall abhängig, ob ein Abkömmling einen Vorempfang ausgleichen muss, den er nur von einem Elternteil erhalten hat. Die Verpflichtung zur Ausgleichung hängt davon ab, ob der Zuwendende der Erst- oder der Letztversterbende ist.

VII. Wertbemessung des Vorempfangs

54 Nach § 2055 Abs. 2 BGB ist für die Wertbemessung der Zeitpunkt der Zuwendung maßgeblich. Es muss somit der Wert des Gegenstandes zum Zeitpunkt der Zuwendung, gegebenenfalls durch Sachverständigengutachten, festgestellt und dann mittels des Lebenshaltungsindex der um den Kaufkraftschwund erhöhte Geldbetrag in Ansatz gebracht werden.[118] Die Indexierung des Wertes wird nach folgender Formel vorgenommen:

$$\frac{\text{Geldwert zum Zeitpunkt des Empfangs} \times \text{Lebenshaltungsindex zum Zeitpunkt der Auseinandersetzung}}{\text{Lebenshaltungsindex zum Zeitpunkt der Zuwendung}}$$

Hinsichtlich der Indexierung ist auf den Zeitpunkt des **Erbfalls** abzustellen. Nach h.M. ist für die Bewertung des Nachlasses und somit die Ermittlung des Teilungsquotienten ebenfalls auf den Stichtag des Erbfalls abzustellen und nicht auf den Zeitpunkt der Auseinandersetzung des Erbfalls.[119]

VIII. Berechnung der Ausgleichung bei gesetzlicher Erbfolge nach § 2055 BGB

55 Den Berechnungsvorgang bei der Ausgleichung bestimmt § 2055 BGB. Danach sind alle ausgleichspflichtigen Zuwendungen dem Nachlass hinzuzurechnen und jedem Miterben ist

113 Ggf. auch Partner einer eingetragenen Lebenspartnerschaft nach dem LPartG.

114 Sog. Berliner Testament; im Zweifel gilt die Auslegungsregel des § 2269 Abs. 1 BGB.

115 Beispiel: Erblasser E und Ehefrau F setze sich gegenseitig zu Erben des jeweils Erstversterbenden und die gemeinsamen Abkömmlinge als Schlusserben des Überlebenden. E überträgt auf einen Abkömmling Vermögen mit einer Ausgleichungsbestimmung und verstirbt vor F. Die Frage ist nun, ob der Abkömmling die Zuwendung des E im Schlusserbfall zur Ausgleichung bringen muss, weil es an sich um den Nachlass der F und nicht des E geht.

116 Sog. erweiterter Erblasserbegriff, vgl. MüKo/*Ann*, § 2052 Rn 2; Palandt/*Weidlich*, § 2052 Rn 2.

117 RG LZ 1914, 1362 Nr. 19; RG WarnRspr 1938 Nr. 22 S. 52; zust. BGH, Urt. v. 13.7.1983 – IVa ZR 15/82, BGHZ 88, 102 (109).

118 BGH, Urt. v. 4.7.1975 – IV ZR 3/74, BGHZ 65, 75; OLG Frankfurt ZFE 2010, 358.

119 BGH, Urt. v. 30.10.1985 – IVa ZR 26/84, BGHZ 96, 174; *Ebenroth/Bacher/Lorz*, JZ 1991, 277.

seine ausgleichspflichtige Zuwendung auf den ihm gebührenden Erbteil anzurechnen. Es ist somit in einem ersten Schritt der so genannte Ausgleichsnachlass zu bilden. Danach sind die so genannten Ausgleichserbquoten zu ermitteln. Diese ergeben sich aus dem jeweiligen Anteil der an der Ausgleichung beteiligten Personen. Wie bereits dargelegt, nimmt der Ehepartner an der Ausgleichung nicht teil. Er scheidet deshalb vorab mit seinem Erbteil aus.

Beispiel 56

Der Erblasser E hinterlässt seine Ehefrau F und seine Kinder A, B und C. Der Nachlass beträgt 600.000 EUR. Kinder A hat einen ausgleichspflichtigen Vorempfang von indexiert 100.000 EUR und Kind C einen solchen i.H.v. indexiert 80.000 EUR erhalten. Die Eheleute lebten im Güterstand der Gütertrennung. Es tritt gesetzliche Erbfolge ein.

Nachlass	600.000 EUR
abzgl. Erbteil F 1/4	150.000 EUR
verbleibt ein Nachlass von	450.000 EUR
zzgl. Vorempfang A	100.000 EUR
zzgl. Vorempfang C	80.000 EUR
ergibt einen Ausgleichsnachlass von	630.000 EUR
/ 3 Abkömmlinge,	
ergibt einen Erbteil von je	210.000 EUR
A erhält	210.000 EUR
abzgl. Vorempfang	100.000 EUR
verbleibt ein Ausgleichsanspruch von	110.000 EUR
C erhält	210.000 EUR
abzgl. Vorempfang	80.000 EUR
verbleibt ein Ausgleichsanspruch von	130.000 EUR
B erhält einen Ausgleichserbteil von	210.000 EUR

Hat ein Abkömmling eine Zuwendung erhalten, die seinen Ausgleichserbteil übersteigt, ist er nicht verpflichtet, diesen Mehrempfang der Zuwendung in den Nachlass zurückzuzahlen. § 2056 BGB bestimmt insoweit, dass dieser Mehrempfang nicht herauszugeben ist. Hat ein Abkömmling daher einen so großen Vorempfang, dass er aus der Ausgleichungsberechnung nichts mehr erhält, scheidet er mit seinem Erbteil und seinem Vorempfang aus der Berechnung aus. Er erhält dann im Rahmen der Auseinandersetzung des Nachlasses nichts mehr – sein Teilungsquotient beträgt Null. Die Ausgleichsberechnung ist dann erneut unter den verbleibenden Miterben durchzuführen.[120] 57

Hinweis

An der Erbenstellung ändert sich für den ausscheidenden Abkömmling nichts. Ihm steht nach wie vor eine Erbquote entsprechend der gesetzlichen oder testamentarischen Erbfolge zu.

120 Staudinger/*Werner*, § 2056 Rn 4.

Beispiel

Der Erblasser E hat einen Nachlass von 600.000 EUR. Er lebt mit seiner Ehefrau F im Güterstand der Gütertrennung. Die Eheleute haben drei Kinder A, B und C. Es tritt gesetzliche Erbfolge ein. A hat einen ausgleichspflichtigen Vorempfang i.H.v. indexiert 20.000 EUR und C einen solchen i.H.v. indexiert 430.000 EUR erhalten.

Nachlass	600.000 EUR
abzgl. Erbteil F 1/4	150.000 EUR
verbleibt ein Nachlass von	450.000 EUR
zzgl. Vorempfang A	20.000 EUR
zzgl. Vorempfang C	430.000 EUR
ergibt einen Ausgleichsnachlass von	900.000 EUR
/ 3 Abkömmlinge,	
ergibt dies einen Erbteil von	300.000 EUR
C erhält	300.000 EUR
abzgl. Vorempfang	430.000 EUR
verbleibt ein Ausgleichsanspruch von	0 EUR

C scheidet mit seinem Erbteil und seinem Vorempfang aus. Es wird ein neuer Ausgleichsnachlass gebildet:

Nachlass	450.000 EUR
zzgl. Vorempfang A	20.000 EUR
ergibt einen Ausgleichsnachlass von	470.000 EUR
/ 2 Abkömmlinge,	
ergibt dies einen Erbteil von	235.000 EUR
A erhält	235.000 EUR
abzgl. Vorempfang	20.000 EUR
verbleibt ein Ausgleichsanspruch von	215.000 EUR
B erhält einen Ausgleichserbteil von	235.000 EUR

58 Problematischer wird die Berechnung, wenn die gesetzlichen Erbquoten unterschiedlich sind und dennoch ein Fall der Ausgleichung vorliegt. Dann muss bei Ausscheiden des Abkömmlings nach § 2056 BGB die jeweilige Quote der anderen Abkömmlinge entsprechend erhöht werden. D.h., die Anteilsquote des Ausscheidenden muss auf die noch weiterhin an der Ausgleichung Beteiligten, entsprechend deren Quote, aufgeteilt werden. Dies kann zu einem rechenintensiven Vorgang führen. Hierzu folgendes Beispiel:[121]

121 Vgl. Palandt/*Weidlich*, § 2056 Rn 2.

Beispiel

Der Erblasser hinterlässt den Sohn A sowie die Enkel B und C, Söhne seiner vorverstorbenen Tochter T. Der Nachlass beträgt EUR 8.000. C hat einen ausgleichspflichtigen Vorempfang in Höhe von indexiert EUR 4.000 erhalten.

Nachlass	8.000 EUR
zzgl. Vorempfang	4.000 EUR
ergibt einen Ausgleichsnachlass von	12.000 EUR
Hiervon würde C 1/4 erhalten	
und somit einen Erbteil von	3.000 EUR
abzgl. Vorempfang	4.000 EUR
verbleibt ein Ausgleichsanspruch von	0 EUR

C scheidet mit seinem Erbteil und seinem Vorempfang aus. A und B teilen sich den Nachlass im Verhältnis 2/3 zu 1/3.

Nachlass	8.000 EUR
A erhält einen Ausgleichserbteil von gerundet	5.300 EUR
B erhält einen Ausgleichserbteil von gerundet	2.700 EUR

Beispiel 59

Erblasser E hinterlässt einen Nachlass von 28.000 EUR. Es tritt gesetzliche Erbfolge ein. Sohn A wird Erbe zu 1/3, die Enkel T und S, Kinder des bereits vorverstorbenen Sohnes B, erben zu je 1/6 und die Enkel U, V und W, Kinder des vorverstorbenen Sohnes C, werden Erben zu je 1/9. Der Enkel W hat einen ausgleichspflichtigen Vorempfang von indexiert 12.000 EUR, der Enkel T von 8.000 EUR erhalten.

Nachlass	28.000 EUR
zzgl. Vorempfang W	12.000 EUR
zzgl. Vorempfang T	8.000 EUR
ergibt einen Ausgleichsnachlass von	48.000 EUR
Ausgleichserbteil W von 1/9 =	5.333 EUR
abzgl. Vorempfang W	12.000 EUR
verbleibt ein Ausgleichsanspruch von	0 EUR

Neuer Ausgleichsnachlass:

Nachlass	28.000 EUR
zzgl. Vorempfang T	8.000 EUR
ergibt einen Ausgleichsnachlass von	36.000 EUR

Bildung neuer Ausgleichsquoten, da W mit 1/9 entfällt.

Ausgleichserbteil T von 3/16 =	6.750 EUR
abzgl. Vorempfang T	8.000 EUR
verbleibt ein Ausgleichsanspruch von	0 EUR

Es ist ein neuer Ausgleichsnachlass zu bilden:

Nachlass	28.000 EUR

Bildung neuer Ausgleichsquoten, da T mit 3/16 ausgeschieden ist.

Ausgleichsnachlass	28.000 EUR
Erbteil A von 6/13	12.922 EUR
Erbteil S von 3/13	6.461 EUR
Erbteil U von 2/13	4.306 EUR
Erbteil V von 2/13	4.306 EUR

Die Umrechnung des Bruchteils ausscheidender Abkömmlinge entspricht letztlich der Berechnung der Anwachsung. Die Formel lautet:

1 : 1 – Y = Teilungsquotient (Y ist die Quote des ausscheidenden Abkömmlings)

Auf den obigen Fall bezogen, würde die Rechnung im Einzelnen wie folgt lauten:

1 : 1 – 1/9 = 1 : 8/9 = 9/8

Die Erbteile der weiter an der Ausgleichung Teilnehmenden, nachdem W ausgeschieden ist, ist mit 9/8 zu multiplizieren. Für A berechnet sich dies so:

1/9 x 9/8 = 3/8 = 6/16

Für alle anderen an der Ausgleichung beteiligten Abkömmlinge ist in gleicher Weise vorzugehen.

60 Hat sich der Erbteil eines gesetzlichen Erben durch Wegfall eines anderen gesetzlichen Erben erhöht, gilt der Teil, um welchen sich der Erbteil erhöht, *in Ansehung der Ausgleichungspflicht als besonderer Erbteil* (§ 1935 BGB). Ob die Voraussetzungen des § 2056 BGB vorliegen, ist für jeden Erbteil gesondert zu prüfen. Ist ein Erbteil überschwert, bleibt der andere Erbteil davon unberührt. Gleiches gilt bei der Anwachsung gem. § 2095 BGB und bei der Berufung zu mehreren Erbanteilen durch mehrfache Verwandtschaft gem. § 1927 oder durch Testament (§ 2066).[122]

IX. Berechnung der Ausgleichung nach § 2057a BGB

61 Der Unterschied zwischen der Ausgleichung von Vorempfängen nach §§ 2050 ff. BGB und der Ausgleichung von Leistungen nach § 2057a BGB liegt darin, dass nicht Zuwendungen des Erblassers an seine Abkömmlinge zur Ausgleichung zu bringen, sondern Leistungen, die ein Abkömmlings gegenüber dem Erblasser erbracht hat, auszugleichen sind.

Dieser Unterschied macht sich auch beim Berechnungsvorgang bemerkbar: dem ausgleichsberechtigten Abkömmling werden bei der Auseinandersetzung der Erbengemeinschaft seine Leistungen vorab aus dem Nachlass vergütet mit der Folge, dass sich der unter den Abkömmlingen zu verteilende Nachlass um den Wert des Ausgleichungsanspruchs nach § 2057a BGB vermindert. Die Berechnung der Ausgleichung einer Leistung nach § 2057a BGB erfolgt also in umgekehrter Reihenfolge wie die Ausgleichung von Vorempfängen nach §§ 2050 ff. BGB.

122 BeckOK BGB/*Lohmann*, § 2056 Rn 4.

Ausgleichsberechtigt sind nur die Abkömmlinge des Erblassers. Auch bei der Ausgleichung nach § 2057a BGB bleibt der Ehegatte des Erblassers außen vor. Er nimmt nicht an der Ausgleichung teil.[123] 62

In einem ersten Schritt ist somit bei der Bildung des Ausgleichungsnachlasses der Ehegatte mit seinem Erbteil herauszurechnen. Danach ist der Ausgleichungsbetrag vom Wert des Ausgleichungsnachlasses in Abzug zu bringen. Der Wert des Ausgleichungserbteils des einzelnen Abkömmlings wird ermittelt, indem man den verbleibenden Ausgleichungsnachlass durch den jeweiligen Anteil der an der Ausgleichung teilnehmenden Abkömmlinge teilt. Dem nach § 2057a BGB ausgleichungsberechtigten Abkömmling wird zu seinen Ausgleichungserbteil der vorab für die Pflegeleistung abgezogene Ausgleichungsanspruch hinzugerechnet. 63

Beispiel 64

Der Erblasser E hinterlässt einen Nachlass von 120.000 EUR. Zum Zeitpunkt des Erbfalls leben seine Kinder A und B sowie die Ehefrau F, mit der er im gesetzlichen Güterstand verheiratet war. A hat eine Leistung nach § 2057a BGB im Wert von 20.000 EUR erbracht.

Nachlass	120.000 EUR
abzgl. Erbteil F	60.000 EUR
ergibt einen Ausgangsnachlass von	60.000 EUR
abzgl. Leistung des A	20.000 EUR
ergibt einen Ausgleichungsnachlass	40.000 EUR
Erbteil B	**20.000 EUR**
Erbteil A	20.000 EUR
zzgl. Leistung A	20.000 EUR
ergibt einen Erbteil des A von	**40.000 EUR**

X. Zusammentreffen von Leistungen i.S.v. § 2057a BGB und ausgleichungspflichtigen Zuwendungen nach §§ 2050 ff. BGB

Sind bei der Auseinandersetzung der Erbengemeinschaft sowohl Leistungen nach § 2057a BGB als auch ausgleichungspflichtige Vorempfänge im Sinne der §§ 2050 ff. BGB zu berücksichtigen, müssen die nachfolgend dargestellten Berechnungsschritte eingehalten werden: 65

Im ersten Schritt scheiden zunächst wieder diejenigen Erben aus, die nicht an der Ausgleichung teilnehmen. Sodann wird der Ausgleichungsnachlass gebildet, indem die auszugleichenden Vorempfänge dem Ausgangsnachlass hinzugerechnet und die nach § 2057a BGB auszugleichenden Leistungen in Abzug gebracht werden. Anschließend werden die Ausgleichungserbteile gebildet. Hierzu wird der Ausgleichungsnachlass durch die Anteile der an der Ausgleichung teilnehmenden Abkömmlinge geteilt. Zuletzt wird der Vorempfang vom Ausgleichungserbteil des Abkömmlings in Abzug gebracht, der ihn erhalten hat und der Ausgleichungsanspruch nach § 2057a BGB dem Ausgleichungserbteil desjenigen Abkömmlings hinzugerechnet, der die Pflegeleistung erbracht hat.

123 MüKo/*Ann*, § 2057a Rn 10.

Beispiel

Der Erblasser E hinterlässt einen Nachlass von 120.000 EUR. Zum Zeitpunkt des Erbfalls leben seine Kinder A und B sowie die Ehefrau F, mit der er im gesetzlichen Güterstand verheiratet war. A hat eine Leistung nach § 2057a BGB im Wert von 20.000 EUR erbracht. B hat einen ausgleichungspflichtigen Vorempfang i.H.v. 40.000 EUR erhalten.

Nachlass	120.000 EUR
abzgl. Erbteil F	60.000 EUR
ergibt einen Ausgangsnachlass von	60.000 EUR
abzgl. Leistung des A	20.000 EUR
zzgl. Vorempfang des B	40.000 EUR
ergibt einen Ausgleichungsnachlass	80.000 EUR
Erbteil B	40.000 EUR
abzgl. Vorempfang	40.000 EUR
ergibt	**0 EUR**
Erbteil A	40.000 EUR
zzgl. Leistung A	20.000 EUR
ergibt einen Erbteil des A von	**60.000 EUR**

XI. Vergessene Ausgleichung

66 Die Ausgleichung gemäß den §§ 2050, 2052 BGB verschafft dem Ausgleichsberechtigten keinen Zahlungsanspruch, sondern führt nur zur Verschiebung der Teilungsquote nach § 2047 Abs. 1 BGB. Der Ausgleichsberechtigte hat nur dann einen Zahlungsanspruch aus ungerechtfertigter Bereicherung, wenn Ausgleichsansprüche bei der Auseinandersetzung nicht berücksichtigt worden sind. (condictio indebiti).[124] Ein Anspruch aus ungerechtfertigter Bereicherung besteht aber erst dann, wenn die Auseinandersetzung endgültig abgeschlossen ist.[125]

XII. Ausgleichung bei Teilauseinandersetzung

67 Ist nur eine Teilauseinandersetzung des Nachlasses erfolgt, dann kann die Ausgleichung bei der Teilung des Restes nachgeholt werden.[126] Ein insoweit zuvor gestellter Zahlungsantrag wäre unbegründet, er kann aber zugleich einen Feststellungsantrag dahingehend enthalten, dass eine Ausgleichung noch vorzunehmen ist.[127]

XIII. Feststellung der Ausgleichung im Prozess

68 Bei Streit über die Frage, ob ein Vorempfang ausgleichungspflichtig ist, oder auch für den Fall, dass eine Ausgleichung von einem Miterben abgelehnt wird, kann die Frage der Berücksichtigung des Vorempfangs durch Feststellungsklage geklärt werden.[128] Insoweit ist

124 LG Bonn, Urt. v. 13.3.2011 – 7 O 82/10, FamRZ 2011, 1900.
125 BeckOK BGB/*Lohmann*, § 2050 Rn 12.
126 BGH, Urt. v. 4.3.1992 – IV ZR 309/90, NJW-RR 1992, 771.
127 BGH NJW 1984, 1455.
128 MüKo/*Ann*, § 2050 Rn 38.

es h.M., dass die Feststellungsklage bei der Frage über die Erbauseinandersetzung dann zulässig ist, wenn sie zu einer sinnvollen Klärung beiträgt.[129]

Formulierungsbeispiel: Klageantrag Feststellungsklage

Es wird festgestellt, dass es sich bei dem Vorempfang über (...) EUR an den Miterben (...) (*Name*) um eine ausgleichungspflichtige Zuwendung im Sinne des § 2050 BGB handelt, die bei der Auseinandersetzung des Nachlasses des am (...) verstorbenen Erblassers (...) (*Name*) zu berücksichtigen ist.

XIV. Gesellschaftsrechtliche Sondererbfolge und Ausgleichung

Bei der Vererbung von Anteilen an einer Personengesellschaft ist die sog. **Sondererbfolge** 69 zu beachten. War der verstorbene Gesellschafter Kommanditist, geht sein Anteil nach § 177 HGB im Wege der Sondererbfolge auf seine Erben über.[130] Gleiches gilt bei der Beteiligung eines Komplementärs an einer OHG oder BGB-Gesellschaft, wenn der Gesellschaftsvertrag eine **Nachfolgeklausel** vorsieht.[131] Im Rahmen der Sondererbfolge wird der Grundsatz der Gesamtrechtsnachfolge insoweit durchbrochen, als die Erben in die Gesellschafterstellung unmittelbar im Verhältnis ihrer Erbteile eintreten und entsprechende Gesellschaftsanteile erwerben.[132]

Schwierigkeiten können bei der Erbteilung allerdings auftreten, wenn der Gesellschaftsan- 70 teil aufgrund einer **qualifizierten Nachfolgeklausel** nur auf einen Erben übergeht.[133] Der Erbe, der in die Gesellschaftsbeteiligung eintritt, muss sich im Rahmen der Auseinandersetzung die Gewinnansprüche und das künftige Auseinandersetzungsguthaben anrechnen lassen.[134]

Strittig ist allerdings der Vollzug der Anrechnung. Teilweise wird hier die Auffassung 71 vertreten, dass der qualifizierten Nachfolgeklausel die Wirkung einer Teilungsanordnung zukomme.[135] Andere vertreten die Auffassung, dass nach den Grundsätzen der Ausgleichung (§ 2050 BGB) vorzugehen ist, wobei strittig ist, ob hier § 2056 BGB Anwendung findet.[136]

XV. Ausgleichung und Testamentsvollstreckung

Im Rahmen der Auseinandersetzung der Erbgemeinschaft hat der **Testamentsvollstrecker** 72 bei Erstellung des Teilungsplanes die Vorschriften der §§ 2204, 2042–2056 BGB zu beachten. Der Nachlass ist danach unter Beachtung der Ausgleichungsregeln zu verteilen. Hierbei sind entgegen der Verweisung in § 2204 BGB außer den ausgleichungspflichtigen Zuwendungen auch Leistungen eines Abkömmlings nach § 2057a BGB zu berücksichtigen.[137] Die Vorschrift des § 2057a BGB wurde im Zuge des NEhelG vom 19.8.1969 eingeführt. Infolge eines Redaktionsversehens des Gesetzgebers wurde eine Anpassung der Vorschrift des § 2204 BGB versäumt. Dem Testamentsvollstrecker wäre bei anderer Aufteilung der Vor-

129 BGH, Urt. v. 27.6.1990 – IV ZR 104/89, NJW-RR 1990, 1220.
130 BGH, Urt. v. 22.11.1956 – II ZR 222/55, BGHZ 22, 186.
131 MüKo/*Gergen*, § 2032 Rn 55 ff.
132 BGH, Beschl. v. 3.7.1989 – II ZB 1/89, BGHZ 108, 187.
133 Vgl. zur qualifizierten Nachfolgeklausel *Reimann*, ZEV 2002, 487.
134 MüKo/*Gergen*, § 2032 Rn 60b; BGHZ 50, 316.
135 *Ulmer*, ZGR 1972, 195.
136 Dafür Soergel/*Wolf*, § 2032 Rn 25.
137 Palandt/Weidlich, § 2204 Rn 3.

schrift eine endgültige Auseinandersetzung der Erbengemeinschaft nicht möglich. Die Anordnung einer Testamentsvollstreckung mit dem Ziel der Auseinandersetzung der Erbengemeinschaft würde beim Vorliegen von ausgleichungspflichtigen Leistungen nach § 2057a BGB ins Leere laufen. Würde ein Testamentsvollstrecker Leistungen nach § 2057a BGB im Teilungsplan unberücksichtigt lassen, so würde also der Nachlass nicht endgültig auseinandergesetzt mit der Folge, dass der übergangene Abkömmling im Nachhinein weiterhin die Ausgleichung seiner Leistungen verlangen könnte. Dies ist weder pragmatisch noch praxisgerecht und würde zudem dem Sinn und Zweck einer Testamentsvollstreckung widersprechen.

XVI. Ausgleichung im Verhältnis zu § 2287 BGB

73 Nach § 2287 BGB kann der **Vertragserbe** oder der Schlusserbe bei einem bindend gewordenen **gemeinschaftlichen Testament**[138] nach dem Anfall der Erbschaft vom Beschenkten die Herausgabe des Geschenks nach den Vorschriften der §§ 812 ff. BGB verlangen, wenn der Erblasser mit der Schenkung die Stellung des Vertragserben beeinträchtigt hat. Objektiv muss die Schenkung zu einer Minderung des Nachlasses geführt haben. Subjektiv muss die Zuwendung mit Beeinträchtigungsabsicht erfolgen, wobei die h.M. die Beeinträchtigungsabsicht anhand einer **Missbrauchskontrolle** prüft und diese bejaht, wenn der Erblasser kein **lebzeitiges Eigeninteresse** an der Schenkung hatte.[139] An einer Beeinträchtigung des Vertragserben kann es jedoch fehlen, wenn der Erblasser eine Schenkung an einen Abkömmling mit einer Ausgleichsbestimmung nach § 2050 BGB versehen hat.[140]

74 Nach Ansicht des BGH[141] bleibt für die Anwendung der Vorschrift des § 2287 BGB kein Raum, wenn die beeinträchtigende Schenkung aufgrund einer **Ausgleichsbestimmung** (§ 2050 BGB) zu einer entsprechenden Berücksichtigung im Erbfall führt. Wurde die Schenkung daher mit einer Anrechnungsbestimmung (§ 2050 Abs. 3 BGB) versehen und ist ausreichend Nachlass vorhanden, so fehlt es nach Auffassung der Rechtsprechung an einer Beeinträchtigung. Durch die Modifizierung des Teilungsquotienten[142] wird eine Umverteilung korrigiert. Lediglich soweit eine derartige Gleichstellung der Parteien mit Hilfe der Ausgleichung noch nicht erreicht werden kann (weil der Nachlass dafür nicht ausreicht), kommt § 2287 BGB („wegen des Mehrbetrages") überhaupt nur in Betracht.[143] Für § 2287 BGB kommt daher von vorneherein nur der Mehrbetrag in Frage, um den der Wert der dem Abkömmling gemachten Zuwendung (berechnet nach den Wertverhältnissen zur Zeit der Zuwendung unter Berücksichtigung des Kaufkraftschwundes, vgl. BGHZ 65, 75, 77) den ihm zukommenden Anteil am Nachlass übersteigt.[144]

75 Fraglich ist allerdings die konkrete Berechnung des sogenannten „Mehrbetrages" auf den bezogen ein bereicherungsrechtlicher Anspruch nach § 2287 BGB gegeben sein kann. Ist hinreichend Nachlass vorhanden, führt die Ausgleichung zur entsprechenden gerechten Umverteilung. Ist nicht hinreichend Nachlass vorhanden, entspricht der nach § 2056 BGB nicht auszugleichende Betrag dem bereicherungsrechtlichen Anspruch. Erbt neben den

138 BGH, Urt. v. 23.9.1981 – IVa ZR 185/80, BGHZ 82, 274; BGH DNotZ 1951, 344.
139 BGH, Urt. v. 28.9.1983 – IVa ZR 168/82, BGHZ 88, 271; BGH, Urt. v. 23.9.1981 – IVa ZR 185/80, BGHZ 82, 282; BGH, Urt. v. 12.6.1980 – IVa ZR 5/80, BGHZ 77, 266.
140 MüKo/*Musielak*, § 2287 Rn 10.
141 BGH, Urt. v. 12.10.1988 – IVa ZR 166/87, FamRZ 1989, 175; BGH NJW-RR 1989, 159.
142 BGH, Urt. v. 30.10.1985 – IVa ZR 26/84, BGHZ 96, 174.
143 BGH, Urt. v. 12.10.1988 – IVa ZR 166/87, FamRZ 1989, 175.
144 BGH, Urt. v. 23.9.1981 – IVa ZR 185/80, BGHZ 82, 274.

Abkömmlingen ein weiterer Vertragserbe, ist sein bereicherungsrechtlicher Anspruch von dem Ausgleichsbetrag bei der Berechnung des Ausgleichsnachlasses abzuziehen.

Beispiel 1 (Ausreichender Nachlass) 76

Erblasser E hat ein Vermögen mit einem Wert von 800.000 EUR und die zwei Abkömmlinge A und B, die vertragsmäßig zu je 1/2 zu Erben eingesetzt wurden. E schenkt A zu Lebzeiten von seinem Vermögen 200.000 EUR mit Anrechnungsbestimmung nach § 2050 Abs. 3 BGB.

Nachlass	600.000 EUR
Vorempfang	200.000 EUR
Ausgleichsnachlass	800.000 EUR
Erbteil A 400.000 – 200.000	200.000 EUR
Erbteil B	400.000 EUR

Beispiel 2 (Keine Nachschusspflicht nach § 2056 BGB)

Erblasser E schenkt A im obigen Beispiel zu Lebzeiten von seinem Vermögen 600.000 EUR mit Anrechnungsbestimmung nach § 2050 Abs. 3 BGB.

Nachlass	200.000 EUR
Vorempfang	600.000 EUR
Ausgleichsnachlass	800.000 EUR
Erbteil A 400.000–600.000	0 EUR
Erbteil B	200.000 EUR

Den Differenzbetrag von 200.000 EUR, den A aufgrund § 2056 BGB nicht in den Nachlass zahlen muss, kann B nach §§ 2287, 812 BGB von A herausverlangen.

Beispiel 3 (Ehepartner erbt neben Abkömmlingen)

Erblasser E hat ein Vermögen mit einem Wert von 800.000 EUR, den Ehepartner F, den er vertragsmäßig zu 1/2 und die zwei Abkömmlinge A und B, die vertragsmäßig zu je 1/4 zu Erben eingesetzt hat. E schenkt A zu Lebzeiten von seinem Vermögen 200.000 EUR mit Anrechnungsbestimmung nach § 2050 Abs. 3 BGB.

Nachlass	600.000 EUR
Anteil F	300.000 EUR
Ausgleichsnachlass	300.000 EUR
Vorempfang	100.000 EUR
Ausgleichsnachlass	400.000 EUR
Erbteil A 200.000–100.000	100.000 EUR
Erbteil B	200.000 EUR

Da A von seinem Vorempfang an F ebenfalls 100.000 EUR nach §§ 2287, 812 BGB ausgleichen muss, darf die Zuwendung nur in dem Differenzbetrag dem Ausgleichsnachlass hinzugerechnet werden, da A ansonsten weniger erhalten würde, als wenn er den ausgleichspflichtigen Vorempfang nicht erhalten hätte.

XVII. Auskunftsanspruch nach § 2057 BGB

77 Nach § 2057 BGB ist ein Miterbe verpflichtet, den übrigen Miterben Auskunft über diejenigen Vorempfänge zu erteilen, die er nach den §§ 2050 ff. BGB zur Ausgleichung zu bringen hat. Mit dem Auskunftsanspruch aus § 2057 BGB wird sichergestellt, dass der einzelne Miterbe sein Recht auf Ausgleichung auch geltend machen und die Auseinandersetzung der Erbengemeinschaft ordnungsgemäß erfolgen kann. Die Auseinandersetzung der Erbengemeinschaft kann so lange nicht verlangt werden, wie nicht Auskunft über alle ausgleichungspflichtigen Vorempfänge erteilt ist, denn eine korrekte Auseinandersetzung setzt voraus, dass die Vorempfänge bekannt sind.[145]

78 Den Auskunftsanspruch kann jeder Miterbe als Bestandteil seines Eigenvermögens selbstständig geltend machen. Es handelt sich nicht um einen Anspruch *pro socio*, der unter die §§ 2038, 2039 BGB fällt, da der Anspruch nicht zum Nachlass gehört.[146] Voraussetzung für das Bestehen des Anspruchs ist, dass die Ausgleichung einer Zuwendung nach den §§ 2050–2053 BGB möglich ist.[147]

79 Der Anspruch ist grundsätzlich auf eine gegenständlich und zeitlich unbegrenzte Gesamtaufklärung gerichtet.[148] Dennoch findet der Anspruch seine Grenzen dort, wo das Auskunftsverlangen zu „befremdlichen Bilanzposten“[149] führen würde. Dementsprechend kann die Offenbarung von Zuwendungen ab der frühesten Kindheit,[150] bzw. die Mitteilung „jeder Kleinigkeit“,[151] nicht verlangt werden.

80 Von der Auskunftspflicht umfasst sind alle Zuwendungen, die möglicherweise nach den §§ 2050–2053 BGB zur Ausgleichung zu bringen sind. Die Bewertung, ob eine Zuwendung der Ausgleichspflicht unterliegt, ist nicht vom auskunftspflichtigen Miterben vorzunehmen.[152]

Mitzuteilen sind daher alle Daten, die für die Ausgleichung relevant sind. Hierzu gehören die Zuwendung selbst, der Zeitpunkt der Zuwendung sowie alle Umstände die für bzw. gegen eine Ausgleichung sprechen.[153] Selbstverständlich sind auch etwaige Gegenleistungen, die der Zuwendungsempfänger erbracht hat, bekannt zu geben.[154] Ob die Auskunftspflicht auch die Angabe der wertbildenden Faktoren umfasst, ist umstritten. Die wohl herrschende Meinung geht davon aus, dass im Rahmen der Auskunft nach § 2057 BGB wertbildende Faktoren mitzuteilen sind.[155] Nach anderer Auffassung soll das nicht der Fall sein. Begründet wird diese Auffassung damit, dass Auskunft und Wertermittlung voneinander unabhängig seien, die Auskunft der Wertermittlung häufig voraus, jedoch nicht mit ihr einherginge.[156] Zudem bestünde kein praktisches Bedürfnis für eine Ausweitung des Anspruchs aus § 2057 auf „wertbildende Faktoren“.[157]

---

145 OLG Stuttgart BWNotZ 1976, 89.
146 MüKo/*Ann*, § 2057 Rn 2.
147 *Sarres*, ZEV 2000, 349 m.w.N.
148 RGZ 58, 88; RGZ 73, 372; *Sarres*, ZEV 2000, 349.
149 *Sarres*, Rn 151.
150 RGZ 73, 372, 376.
151 Bamberger/Roth/*Lohmann*, § 2057 Rn 4.
152 Damrau/Tanck/*Bothe*, § 2057 Rn 4.
153 Damrau/Tanck/*Bothe*, § 2057 Rn 4 m.w.N.
154 Damrau/Tanck/*Bothe*, § 2057 Rn 4 m.w.N.
155 MüKo/*Ann*, § 2057 Rn 5; Palandt/*Weidlich*, § 2057 Rn 1; Damrau/Tanck/*Bothe*, § 2057 Rn 4.
156 BeckOGK/*Rißmann*, 1.1.2018, § 2057 Rn 26.5.
157 *Ders.*, a.a.O., Rn 26.6.

Ein Anspruch auf Wertermittlung ergibt sich direkt aus § 2057 BGB nicht. Gegebenenfalls kann sich aber ein Anspruch aus § 242 BGB gerichtet auf die Einholung eines Sachverständigengutachtens ergeben, wenn die Wertermittlung auf andere Weise nicht möglich ist.[158] Nach anderer Auffassung ergibt sich aus § 2055 Abs. 2 BGB ein selbständiger Anspruch auf Wertermittlung.[159] Die Kosten eines Sachverständigengutachtens hat der Anspruchsteller zu tragen.[160] 81

Zur Auskunft verpflichtet ist jeder, der nach §§ 2050 ff. BGB zur Ausgleichung verpflichtet ist. Zu diesem Personenkreis gehört in **analoger Anwendung der Vorschrift** ferner ein Pflichtteilsberechtigter gegen einen anderen Pflichtteilsberechtigten.[161] 82

Hierneben kann auch derjenige Erbe, der selbst kein Abkömmling des Erblassers ist, von pflichtteilsberechtigten Abkömmlingen des Erblassers nach § 2057 BGB Auskunft verlangen,[162] denn nur so kann der Erbe als Schuldner des Pflichtteilsanspruchs Kenntnis darüber erhalten, wie sich die Pflichtteilsschuld auf die einzelnen Pflichtteilsberechtigten verteilt.[163] Anders wird das vom OLG München gesehen und ein Auskunftsanspruch abgelehnt.[164] Das OLG München ist der Auffassung, dass sich die wirtschaftliche Situation des Alleinerben durch die Auskunft nicht ändert, da durch die Ausgleichung lediglich die Pflichtteilsquoten verschoben würden, der Pflichtteilsanspruch an sich hierdurch aber nicht beeinflusst werde.[165]

Die Auskunft verlangen kann neben den ausgleichungsberechtigten Miterben, auch der enterbte pflichtteilsberechtigte Abkömmling[166] sowie der Testamentsvollstrecker, in dessen Aufgabenbereich die Auseinandersetzung des Nachlasses fällt.[167]

Die Auskunft kann formlos erteilt werden. Es genügt daher grundsätzlich auch eine mündliche Auskunft. Aus Beweisgründen empfiehlt es sich aber, die Auskunft schriftlich zu erteilen.[168] Ein Bestandsverzeichnis ist gemäß § 260 Abs. 1 BGB nur vorzulegen, wenn der Vorempfang aus einem Inbegriff von Gegenständen bestanden hat.[169] Eine Pflicht zur Vorlage von Belegen besteht nicht.[170] 83

Nach § 2057 S. 2 BGB finden die Vorschriften der §§ 260, 261 BGB über die Verpflichtung zur Abgabe der eidesstattlichen Versicherung entsprechende Anwendung. Voraussetzung für den Anspruch auf Abgabe der eidesstattlichen Versicherung sind Zweifel an der Richtigkeit der erteilten Auskunft[171] bzw. die begründete Vermutung, dass die Auskunft nicht mit der erforderlichen Sorgfalt erteilt wurde, § 260 Abs. 2 BGB. Grundsätzlich kann eine Ergänzung der erteilten Auskunft nicht verlangt werden.[172] 84

---

158 *Schopp*, Anm. zu OLG Hamm, Beschl. v. 14.4.1983 – 10 U 236/83, FamRZ 1983, 1279, 1280.

159 BeckOGK/*Rißmann*, 1.1.2018, § 2055 Rn 24.

160 MüKo/*Ann*, § 2057 Rn 6; vgl. auch BGH NJW 1982 1643, wobei allerdings zu beachten ist, dass sich die Entscheidung auf § 1379 BGB bezieht und nicht auf § 2057 BGB.

161 OLG Nürnberg NJW 1957, 1482, OLG München ZEV 2013, 454.

162 OLG Koblenz ZEV 2016, 206, a.A. OLG München NJW 2013, 2690.

163 BeckOGK/*Rißmann*, 1.1.2018, § 2057 Rn 10.2.

164 OLG München NJW 2013, 2690.

165 OLG München a.a.O.

166 OLG Zweibrücken, Urt. v. 17.9.1986 – 2 U 58/81, FamRZ 1987, 1197.

167 MüKo/*Ann*, § 2057 Rn 3.

168 BeckOGK/*Rißmann*, 1.1.2018, § 2057 Rn 28.

169 MüKo/*Ann*, § 2057 Rn 7.

170 BeckOGK/*Rißmann*, 1.1.2018, § 2057 Rn 30.

171 Damrau/Tanck//*Bothe*, § 2057 Rn 12.

172 Damrau/Tanck/*Bothe*, § 2057 Rn 12; MüKo/*Ann*, § 2057 Rn 10..

85 Da der Anspruch aus § 2057 BGB den Anspruch auf Auseinandersetzung der Erbengemeinschaft nach § 2042 vorbreitet, kann der Auskunftsanspruch nicht zu verjähren beginnen, bevor die Erbengemeinschaft endgültig auseinandergesetzt ist.[173] Auch nach erfolgter Auseinandersetzung kann weiterhin ein Auskunftsbedürfnis bestehen. Das wird beispielsweise der Fall sein, wenn die Ausgleichung im Rahmen der Auseinandersetzung vergessen wurde. Dann nämlich besteht in aller Regel ein Herausgabeanspruch der Miterben aus ungerechtfertigter Bereicherung gegen den Ausgleichspflichtigen.[174]

XVIII. Ausgleichung von Vorempfängen in der Gestaltungspraxis

86 Die Vorschriften über die Ausgleichung sind nach ihrem Sinn und Zweck nicht zwingender Natur und stehen somit zur Disposition der jeweiligen Interessensträger.[175] Der Erblasser hat die Möglichkeit, die gesetzliche Vermutung seines Willens, sein Vermögen gleichmäßig unter seinen Abkömmlingen zu verteilen, zu beseitigen. Dies ergibt sich aus § 2050 Abs. 1 BGB, in dem geregelt ist, dass eine Ausgleichung beim Vorliegen der Voraussetzungen grundsätzlich stattzufinden hat, sofern nicht der Erblasser bei der Zuwendung etwas anderes geregelt hat. Obwohl nicht ausdrücklich geregelt, gilt selbiges nach allgemeiner Meinung auch für die Ausgleichungstatbestände des § 2050 Abs. 2 BGB.[176] Der Erblasser kann die Rechtsfolge der Ausgleichung, die mit der Erfüllung der Tatbestände der Abs. 1 und 2 einhergeht, bedingt oder unbedingt, ganz oder teilweise ausschließen.[177]

87 Seinen der gesetzlichen Rechtsfolge widersprechenden Willen muss der Erblasser nach dem Gesetzeswortlaut des § 2050 Abs. 1 BGB bei der Zuwendung erklärt haben.[178] Eine bestimmte Form muss nicht eingehalten werden, so dass eine konkludente Willensäußerung genügt.[179] Den Ausschluss der gesetzlichen Ausgleichungspflicht kann der Erblasser formlos auch vor der Zuwendung erklären.[180] Nach der Zuwendung ist der Ausschluss der Ausgleichungspflicht formlos nicht mehr möglich, denn zu diesem Zeitpunkt ist die Ausgleichungspflicht bereits begründet. Der nachträgliche Ausschluss der Ausgleichungspflicht kann aber, wie oben ausgeführt, einseitig durch die Anordnung eines Vorausvermächtnisses oder durch formbedürftige Vereinbarung mit dem Zuwendungsempfänger erfolgen.

88 Alternativ kann der Erblasser seinem der gesetzlichen Vermutungswirkung entgegenstehenden Willen durch die Errichtung einer Verfügung von Todes wegen Ausdruck verleihen. Das Ziel, die gesetzliche Ausgleichung nachträglich auszuschließen, erreicht der Erblasser, indem er vor dem Hintergrund der Regelungen in §§ 2050, 2052 BGB, eine Verfügung von Todes wegen errichtet und so den Eintritt der gesetzlichen Erbfolge verhindert oder den Zuwendungsempfänger zu einem anderen Verhältnis einsetzt als seine übrigen Abkömmlinge.[181] In beiden Gestaltungsvarianten ist eine Ausgleichung kraft Gesetzes ausgeschlossen.

89 Gleiches gilt für die Anordnung von Zuwendungen, die nicht vom Tatbestand des § 2050 Abs. 1 und 2 umfasst sind. Solche Zuwendungen sind von Natur aus nicht auszugleichen, sofern nicht der Erblasser bei der Zuwendung etwas anderes angeordnet hat. Will der

173 BeckOGK/*Rißmann*, 1.1.2018, § 2057 Rn 38.
174 *Ders.*, a.a.O., Rn 38.3.
175 MüKo/*Ann*, § 2050 Rn 20 ff.
176 MüKo/*Ann*, § 2050 Rn 28.
177 Soergel/*Wolf*, § 2050 Rn 2 m.w.N.
178 MüKo/*Ann*, § 2050 Rn 20.
179 Palandt/*Weidlich*, § 2050 Rn 3.
180 MüKo/*Ann*, § 2050 Rn 21.
181 *Schmid*, BWNotZ 1971, 29.

Erblasser bei der Auseinandersetzung unter Miterben die Anrechnung von Vorempfängen auf den Erbteil über die dazu bestehenden gesetzlichen Regeln insbesondere in § 2050 BGB hinaus erreichen, muss er dies durch letztwillige Verfügung anordnen.[182]

Formulierungsbeispiel: Ausgleichung 90

Der Übernehmer hat den Wert des unter Ziffer (…) übertragenen Grundbesitzes im Verhältnis zu seinen Geschwistern gem. den §§ 2050 ff. BGB zur Ausgleichung zu bringen. Die Ausgleichung soll im Falle der gesetzlichen oder testamentarischen Erbfolge erfolgen, sofern die Voraussetzungen des § 2052 BGB vorliegen. Für die Bewertung der ausgleichspflichtigen Zuwendung ist auf den Zeitpunkt der Zuwendung, vorliegend auf die Umschreibung im Grundbuch, abzustellen. Der zu diesem Stichtag ermittelte Wert ist mit Hilfe des vom Statistischen Bundesamt ermittelten Lebenshaltungskostenindex eines 4-Personen-Arbeitnehmer-Haushaltes mit mittlerem Einkommen (2.000 EUR = 100 EUR) auf den Zeitpunkt des Erbfalls (alternativ: der Erbauseinandersetzung) anzupassen.

XIX. Ausgleichung und Teilungsanordnung

Hat ein Abkömmling zu Lebzeiten einen ausgleichungspflichtigen Vorempfang erhalten, 91
dann führt dies im Erbfall zu einer Veränderung seines Teilungsquotienten. Ordnet der Erblasser in seiner letztwilligen Verfügung von Todes wegen eine Teilungsanordnung an (§ 2048 BGB), führt dies bei der Auseinandersetzung der Erbengemeinschaft dazu, dass der Berechtigte der Teilungsanordnung sich den Wert des Gegenstandes auf seinen Erbteil anrechnen lassen muss. Hat er einen ausgleichspflichtigen Vorempfang erhalten und steht ihm wertmäßig ein geringerer Erbteil zu, muss er sich den Wert der Teilungsanordnung hierauf anrechnen lassen. Schwierigkeiten können dann auftreten, wenn der Wert der Teilungsanordnung über dem Wert des Erbteils (Teilungsquotienten) liegt. In diesem Fall ist eine Teilungsanordnung nur vollziehbar, wenn der Erbe den Überschuss durch freiwillige Leistung in den Nachlass vorab ausgleicht.[183] Verschiebt sich der Teilungsquotient durch die Ausgleichung, kann es passieren, dass eine an sich auf den Erbteil anrechenbare Teilungsanordnung durch die Berücksichtigung des ausgleichungspflichtigen Vorempfangs nicht mehr vollziehbar wird, wenn der Miterbe nicht bereit ist, den Überschuss in den Nachlass auszugleichen.

Beispiel 1 92

Erblasser E hinterlässt die beiden Abkömmlinge A und B die zu je 1/2 erben. Der Nachlass beträgt 800.000 EUR und setzt sich zusammen aus einem Haus mit 300.000 EUR und Geldvermögen mit 500 EUR. A erhält durch Teilungsanordnung das Haus.

Der Erbteil des A beträgt 400.000 EUR. Hierauf muss er sich den Wert des Hauses mit 300.000 EUR anrechnen lassen, so dass er von dem Geldvermögen 100.000 EUR erhält. B erhält 400.000 EUR Geldvermögen.

182 BGH ZErb 2010, 81.
183 BGH, Beschl. v. 25.10.1995 – IV ZR 362/94, NJW-RR 1996, 577.

Beispiel 2

Erblasser E hinterlässt die beiden Abkömmlinge A und B die zu je 1/2 erben. Der Nachlass beträgt 800.000 EUR und setzt sich zusammen aus einem Haus mit 300.000 EUR und Geldvermögen mit 500.000 EUR. A erhält durch Teilungsanordnung das Haus. A hat einen ausgleichungspflichtigen Vorempfang von 400.000 EUR erhalten.

Nachlass	800.000 EUR
Vorempfang	400.000 EUR
Ausgleichsnachlass	1.200.000 EUR
Erbteil A 600.000 EUR – 400.000 EUR	200.000 EUR
Erbteil B	600.000 EUR

Der Erbteil des A beträgt noch 200.000 EUR. Hierauf müsste er sich den Wert des Hauses mit 300.000 EUR anrechnen lassen, so dass die Teilungsanordnung nur vollziehbar wäre, wenn A freiwillig 100.000 EUR einzahlen würde.

D. Auswirkungen der Ausgleichung auf das Pflichtteilsrecht

I. Ausgleichungspflichtteil nach § 2316 BGB

93 Die Vorschrift regelt die Auswirkungen der §§ 2050–2056 BGB auf das Pflichtteilsrecht bzw. die Berechnung des Pflichtteilsanspruchs.[184] Der Pflichtteil bemisst sich hiernach unter Anwendung von § 2303 BGB in Höhe der Hälfte desjenigen, was dem Pflichtteilsberechtigten nach gesetzlicher Erbfolge und vollzogener Ausgleichung zustehen würde.[185] Bei der Berechnung des Pflichtteils eines Abkömmlings des Erblassers wird also beim Vorhandensein mehrerer Abkömmlinge und erfolgter ausgleichungspflichtiger Zuwendungen eine hypothetische Ausgleichung durchgeführt.

94 Voraussetzung der Anwendung des § 2316 BGB ist, dass der Erblasser mehrere Abkömmlinge hinterlässt, von denen wenigstens einer einen Vorempfang erhalten hat, der nach den §§ 2050 ff. BGB zur Ausgleichung zu bringen ist. Im Rahmen der Ausgleichung nach § 2316 BGB gilt die Besonderheit, dass im Gegensatz zur Ausgleichung bei der Erbauseinandersetzung Anordnungen des Erblassers gem. § 2050 Abs. 3 BGB, wonach eine in § 2050 Abs. 1 BGB genannte Zuwendung nicht zur Ausgleichung zu bringen ist, unbeachtlich ist, § 2316 Abs. 3 BGB. Nach dieser Vorschrift kann ein Erblasser eine Zuwendung nach § 2050 Abs. 1 BGB nicht zum Nachteil eines Pflichtteilsberechtigten von der Berücksichtigung ausschließen.

95 Der Ausgleichungspflicht unterliegen grundsätzlich nur solche Zuwendungen, die Abkömmlinge unmittelbar vom Erblasser erhalten haben. Dieser Grundsatz wird durch § 2316 Abs. 1 BGB in Verbindung mit § 2051 BGB durchbrochen, wenn ein Abkömmling wegfällt und ein anderer an seine Stelle tritt. In diesem Fall hat der eintretende Abkömmling den Vorempfang des Weggefallenen in Bezug auf den Pflichtteil auszugleichen. Nicht zur Ausgleichung zu bringen sind jedoch Vorempfänge, die ein Abkömmling zu einem Zeitpunkt erhalten hat, als er noch durch einen anderen Abkömmling von der gesetzlichen Erbfolge ausgeschlossen, § 2053 Abs. 1 BGB oder zu dem er selbst noch nicht Abkömmling des Erblassers war, § 2053 Abs. 2 BGB.

184 OLG Nürnberg, Urt. v. 25.2.1992 – 12 U 3452/91, NJW 1992, 2303, 2304.

185 Damrau/Tanck/*Lenz-Brendel*, § 2316 Rn 1.

II. Berechnung des Pflichtteils unter Anwendung des § 2316 BGB

1. Ausgleichung bei Zuwendungen des Erblassers

Im ersten Schritt ist der Ausgangsnachlass zu ermitteln. Hierfür ist zunächst ein vorhandener Ehegatte mit seinem gesetzlichen Erbteil auszuscheiden. Im zweiten Schritt ist der Ausgleichungsnachlass zu bilden, indem dem Ausgangsnachlass sämtliche Zuwendungen – um den Kaufkraftschwund bereinigt – hinzuzurechnen sind. Im dritten Schritt sind die Ausgleichungserbteile der an der Ausgleichung teilnehmenden Abkömmlinge zu ermitteln. Dies erfolgt, indem der Wert des Ausgleichungsnachlasses durch die Anzahl der an der Ausgleichung teilnehmenden Abkömmlinge geteilt wird. Von den so ermittelten Ausgleichungserbteilen wird beim jeweiligen Abkömmling der Wert seines Vorempfanges in Abzug gebracht. Der Ausgleichungspflichtteil beträgt die Hälfte des auf diese Weise errechneten Ausgleichungserbteiles.[186] 96

Beispiel 97

Der Erblasser E hinterlässt neben seiner Ehefrau F seine drei Kinder A, B und C. Mit seiner Ehefrau war der Erblasser im gesetzlichen Güterstand verheiratet. A hat zu Lebzeiten einen ausgleichungspflichtigen Vorempfang i.H.v. indexiert 150.000 EUR und B i.H.v. indexiert 200.000 EUR erhalten. C hat zu Lebzeiten nichts bekommen.[187]

E hat seine Ehefrau F zur Alleinerbin eingesetzt. Sein Nachlass hat einen Wert von 500.000 EUR.

Berechnung der Pflichtteilsansprüche von A, B und C:

1. Bildung des Ausgangsnachlasses:

F nimmt an der Ausgleichung nicht teil. Sie scheidet mit ihrer gesetzlichen Erbquote von 1/2 = 250.000 EUR aus.

Ausgangsnachlass: 500.000 EUR – 250.000 EUR = 250.000 EUR

2. Bildung des Ausgleichungsnachlasses:

(Ausgangsnachlass zzgl. aller ausgleichungspflichtiger Zuwendungen)

250.000 EUR + 150.000 EUR + 200.000 EUR = 600.000 EUR

3. Bildung der Ausgleichungserbteile:

Der Ausgleichungserbteil von A, B und C beträgt je 1/3 = 200.000 EUR

Von diesem Ausgleichungserbteil sind die jeweiligen Vorempfänge in Abzug zu bringen:

A: 200.000 EUR – 150.000 EUR = 50.000 EUR.

B: 200.000 EUR – 200.000 EUR = 0 EUR

C: 200.000 EUR – 0 EUR = 200.000 EUR.

Hiervon 1/2 entspricht dem Pflichtteil:

A: 25.000 EUR

B: 0 EUR

C: 100.000 EUR

186 Vgl. auch Rechenschema bei *Kerscher/Riedel/Lenz*, § 8 Rn 28.
187 Nach Damrau/Tanck/*Lenz-Brendel*, § 2316 Rn 14.

2. Ausgleichung bei Leistungen der Abkömmlinge gem. § 2057a BGB

98 Insoweit wird auf die obigen Ausführungen verwiesen. In diesem Fall hat der Abkömmling keine Zuwendung vom Erblasser erhalten, sondern dessen Vermögen durch eigene Leistungen erhalten oder vermehrt bzw. unter Verzicht auf berufliches Einkommen den Erblasser gepflegt. Es ist daher zunächst der Wert der vom Abkömmling erbrachten Leistung zu ermitteln. Sodann ist der Ausgangsnachlass festzustellen unter Herausrechnung eines etwaigen Ehegattenerbteils. Der Wert der ermittelten Leistung des Abkömmlings ist danach vom ermittelten Ausgangsnachlass in Abzug zu bringen und der verbleibende Nachlass durch die Anzahl der an der Ausgleichung teilnehmenden Abkömmlinge zu teilen. Zu dem so ermittelten Ausgleichungserbteil des ausgleichungsberechtigten Abkömmlings wird der Wert der erbrachten Leistung hinzugerechnet. Die Hälfte dieses Betrages entspricht dem Ausgleichungspflichtteil. Hierzu folgendes Beispiel:[188]

99 **Beispiel**

Der verwitwete Erblasser E hinterlässt die Abkömmlinge A und B. E hat seinen Freund F zum Alleinerben eingesetzt. B hat E während einer längeren Krankheit unter Verzicht auf berufliches Einkommen gepflegt. Der Wert seiner Pflegeleistungen beträgt 50.000 EUR. Der Nachlass des E hat einen Wert von 500.000 EUR.

Berechnung der Pflichtteilsansprüche von A und B:

500.000 EUR – 50.0000 EUR = 450.000 EUR

Hiervon 1/2 = 225.000 EUR

B erhält einen gebührenden Erbteil von 225.000 EUR zzgl. dem Wert seiner Pflegeleistungen i.H.v. 50.000 EUR = 275.000 EUR

Hiervon die Hälfte = 137.500 EUR entspricht seinem Pflichtteil.

Pflichtteil des A: 1/2 von 225.000 EUR = 112.500 EUR

III. Zusammentreffen von Ausgleichung und Anrechnung: Zuwendung ist gleichzeitig ausgleichungs- und anrechnungspflichtig (§ 2316 Abs. 4 BGB)

100 Ist die Zuwendung an einen pflichtteilsberechtigten Abkömmling gleichzeitig nach §§ 2050 ff. BGB ausgleichungs- und nach § 2315 BGB anrechnungspflichtig, hätte eine Berechnung seines Pflichtteils zur Folge, dass die Zuwendung eine ihren Wert übersteigende (1 1/2-fache) Berücksichtigung findet.[189] Dieses Ergebnis steht im Widerspruch zum jeweils erklärten Normzweck. Zur Vermeidung einer übermäßigen Berücksichtigung des Vorempfangs, der gleichzeitig anrechnungs- und ausgleichungspflichtig ist, modifiziert das Gesetz den Vorgang zur Berechnung des Pflichtteils: Nach § 2316 Abs. 4 BGB bleibt die Berechnung gem. § 2315 Abs. 2 BGB „außen vor“. Stattdessen ist die Zuwendung nur noch mit der Hälfte ihres Wertes von dem nach § 2316 Abs. 1 BGB errechneten Ausgleichungspflichtteil in Abzug zu bringen, § 2316 Abs. 4 BGB.[190] Die Minderung der Pflichtteilslast, die durch die Kumulation von Ausgleichung und Anrechnung i.S.d. § 2316 Abs. 4 BGB erreicht werden soll, bleibt aber bei bestimmten Fallkonstellationen (zu Lasten der Erben) hinter dem Wert zurück, der bei alleiniger Anrechnung nach § 2315 Abs. 2 BGB erzielt worden wäre.

---

188 Nach Damrau/Tanck/*Lenz-Brendel*, § 2316 Rn 15.
189 *Thubauville*, MittRhNotK 1992, 289 (300).
190 Vgl. *Kerscher/Riedel/Lenz*, § 8 Rn 29 (mit Rechenbsp.).

Beispiel 101

Der Erblasser ist im gesetzlichen Güterstand der Zugewinngemeinschaft verheiratet. Er hat zwei Abkömmlinge, A und B, die seine Ehefrau zur Alleinerbin eingesetzt hat. Der Nachlass hat einen Wert von 700.000 EUR. Das Kind B hat einen Vorempfang, der zugleich ausgleichungs- und anrechnungspflichtig ist, i.H.v. 100.000 EUR erhalten. Die Berechnung ist nun wie folgt vorzunehmen:

Nachlass	700.000 EUR
abzgl. 1/2 Erbteil Ehegatte =	350.000 EUR
zzgl. Vorempfang	100.000 EUR
ergibt	450.000 EUR
/ 2 Abkömmlinge = Ausgleichserbteil von	225.000 EUR
abzgl. dem Vorempfang von B	100.000 EUR
ergibt einen Betrag von	125.000 EUR
hieraus 1/2 Pflichtteil	62.500 EUR
Anrechnung nach § 2316 Abs. 4 BGB	
des hälftigen Vorempfangs von 50.000 EUR =	12.500 EUR

Erfolgt eine Anrechnung nach § 2315 BGB, so käme man zu folgendem Ergebnis:

Nachlass	700.000 EUR
zzgl. Vorempfang	100.000 EUR
ergibt einen Anrechnungsnachlass von	800.000 EUR
hieraus 1/8 Pflichtteil	100.000 EUR
abzgl. Vorempfang nach § 2315 BGB	100.000 EUR
ergibt	0 EUR

Die Tatsache, dass der Erblasser nunmehr eine Ausgleichungs- und Anrechnungspflicht getroffen hat, führt hier dazu, dass der Pflichtteilsanspruch des B höher ist, als er wäre, wenn nur eine Anrechnung nach § 2315 BGB vorgenommen wäre. Zu dem gleichen Ergebnis gelangt man im Übrigen auch dann, wenn die Ehepartner in einem anderen Güterstand verheiratet gewesen waren. Hierzu folgendes Beispiel: 102

103 **Beispiel**

Eheleute M und F waren im Güterstand der Gütertrennung verheiratet. Aus ihrer Ehe sind die beiden Kinder A und B hervorgegangen. Das Kind A hat einen ausgleichungs- und anrechnungspflichtigen Vorempfang i.H.v. 100.000 EUR erhalten. Der Nachlass beträgt 700.000 EUR.

Nachlass	700.000 EUR
abzgl. Anteil[191] des Ehepartners F	233.333 EUR
Ausgleichsnachlass	466.666 EUR
zzgl. Vorempfang	100.000 EUR
ergibt einen Ausgleichsnachlass von	566.666 EUR
hieraus 1/2 Ausgleichserbteil	283.333 EUR
abzgl. des Vorempfangs von	100.000 EUR
ergibt einen Ausgleichserbteil von	183.333 EUR
hieraus 1/2 Pflichtteil	91.666 EUR
abzgl. hälftigen Vorempfang	50.000 EUR
ergibt einen Pflichtteil von	41.666 EUR

Erfolgt eine Anrechnung nach § 2315 BGB, so käme man zu folgendem Ergebnis:

Nachlass	700.000 EUR
zzgl. Vorempfang	100.000 EUR
ergibt einen Anrechnungsnachlass von	800.000 EUR
hieraus 1/6 Pflichtteil, ergibt	133.333 EUR
abzgl. Vorempfang	100.000 EUR
ergibt einen Pflichtteil von	33.333 EUR

104 Dieses Beispiel zeigt, dass das Ergebnis gleichfalls unbillig ist, wenn der Erblasser im Güterstand der Gütertrennung verheiratet war und der Pflichtteilsberechtigte eine ausgleichungs- und anrechnungspflichtige Zuwendung erhalten hat. Die Differenz ist umso größer, je höher die Erbquote des überlebenden Ehepartners ist. Dieses Ergebnis wurzelt in den grundsätzlich unterschiedlichen Rechenvorgängen der Anrechnung und der Ausgleichung im Pflichtteilsrecht,[192] die der Gesetzgeber wohl übersehen hat und denen mit der Vorschrift des § 2316 Abs. 4 BGB jedenfalls nicht Rechnung getragen wird.[193] Soweit der Erblasser primär das Ziel verfolgt, die Pflichtteilsansprüche im Interesse der Erben zu reduzieren und eine durch das Berechnungsverfahren des § 2316 Abs. 4 BGB verminderte Anrechnungswirkung nicht hinnehmen will, wird folgende Formulierung vorgeschlagen:[194]

---

191 Erbteil 1/3 gem. § 1931 Abs. 4 BGB.

192 Während nach § 2315 BGB die *jeweils* anrechnungspflichtige Zuwendung dem Gesamtnachlass hinzugerechnet werden muss, sind nach §§ 2316 Abs. 1, 2055 Abs. 1 S. 2 BGB *sämtliche* ausgleichungspflichtigen Zuwendungen dem Teil des Nachlasses hinzuzurechnen, der auf die Abkömmlinge entfällt.

193 *Thubauville*, MittRhNotK 1992, 289 (300).

194 *Thubauville* empfiehlt eine eingeschränkte Ausgleichungsanordnung, MittRhNotK 1992, 289 (300); *Otta*, Vorausleistungen auf den Pflichtteil, 2000, S. 115 ff. schlägt vor, den Zuwendungsbeitrag als Abfindung für den Pflichtteilsverzicht zu verwenden.

Formulierungsbeispiel

Der Übernehmer/Empfänger hat sich den Wert der heutigen Zuwendung auf seinen Pflichtteil nach § 2315 BGB anrechnen zu lassen. Eine Ausgleichung unter Abkömmlingen soll nicht erfolgen. Die §§ 2050, 2316, 2316 Abs. 4 BGB finden keine Anwendung.

§ 8 Beendigung der Erbengemeinschaft

Stephan Rißmann

Übersicht: Rdn

Literatur

Bengel, Zur Rechtsnatur des vom Erblasser verfügten Erbteilungsverbots, ZEV 1995, 178; *Berolzheimer*, Zuteilung eines nicht zum Nachlaß gehörenden Gegenstandes durch erblasserische Teilungsanordnung (§ 2048 S. 1 BGB), AcP 177 (1919), 404; *Bothe*, Die Teilungsversteigerung, 2016; *Brambring*, Teilungsanordnung – Vorausvermächtnis – Übernahmerecht, ZAP Fach 12, S. 15; *Bredemeyer/Tews*, Erbteilung durch dingliche Abschichtung, ZEV 2012, 352; *Bringer*, Auseinandersetzung einer Miterbengemeinschaft als Nachfolgerin eines einzelkaufmännischen Handelsgeschäfts, ZErb 2006, 39; *Bürger*, Einzelzuwendungen an Erben, MDR 1986, 371; *Damrau*, Die Abschichtung, ZEV 1996, 361; *ders.*, Druck bei der Erbauseinandersetzung durch Pfandverkauf, ZEV 2008, 216; *Eberl-Borges*, Die Erbauseinandersetzung, 2000; *Grothues*, Die Teilungsversteigerung gem. §§ 180 ff. ZVG, ZErb 2000, 69 (Teil 1) und ZErb 2000, 113 (Teil 2); *Hartlich*, Ausgewählte Probleme der Erbauseinandersetzung aus notarieller Sicht, RNotZ 2018, 285; *Jünemann*, Praktische Konsequenzen der Abschichtung von Miterben, ZEV 2012, 65; *Heckschen*, Auswirkungen des MoMiG auf die Übertragung von GmbH-Anteilen von Todes wegen und im Wege der vorweggenommenen Erbfolge, ZErb 2008, 246; *Herzog*, Der digitale Nachlass – ein bisher kaum gesehenes und häufig missverstandenes Problem, NJW 2013, 3745; *dies.*, Facebook und der digitale Nachlass, ZErb 2017, 205; *Herzog/Pruns*, Der digitale Nachlass in der Vorsorge- und Erbrechtspraxis, 2018; *Kanzleiter*, Die Abschichtung eines Miterben, der aus einer Erbengemeinschaft ausscheiden möchte: Lässt sich diese Fehlentwicklung noch stoppen?, ZEV 2012, 447; *Keller*, Ausscheiden eines Miterben aus der Erbengemeinschaft durch „Abschichtung"?, ZEV 1998, 281; *Kiethe*, Ausschluss der Auseinandersetzung der Erbengemeinschaft mit Verfügungsverbot über den Erbteil – Schutz vor unerwünschten Dritten beim Unternehmernachlass?, ZEV 2003, 225; *Kohler*, Gemeinschaften mit Zwangsteilung, AcP 91 (1901), 309, 334 f.; *Krug*, Haftungsfalle: Vollzug der Erbteilung vor Erfüllung aller Nachlassverbindlichkeiten, ZErb 2000, 15; *ders.*, Wertermittlungsanspruch bei „überquotaler" Teilungsanordnung, ZErb 2001, 5; *Lehmann*, Ist eine Teilungsanordnung keine beeinträchtigende Verfügung?, MittBayNot 1988, 157; *Piltz*, Die Teilungsanordnung als Instrument der Nachfolgeplanung, DStR 1991, 1075; *Reimann*, Erbauseinandersetzung durch Abschichtung, ZEV 1998, 213; *Schmidt, K.*, Erbteilsabtretung, Miterbenabfindung und Anwachsung bei der Erbengemeinschaft – Nachdenken über § 2033 und die Struktur der Erbengemeinschaft, AcP 205, 305; *Sorge*, Digitaler Nachlass als Knäuel von Rechtsverhältnissen, MMR 2018, 37; *Storz*, Praxis der Teilungsversteigerung, 6. Auflage 2016; *ders.*, Praxis des Zwangsversteigerungsverfahrens, 13. Auflage 2018; *Tamoj/Schiemann*, Von der (Un-)Möglichkeit des stillschweigenden Wechsels von einer

Erbengemeinschaft in eine Gesellschaft bürgerlichen Rechts (GbR), ErbR 2018, 124; *Winkler*, Verhältnis von Erbteilsübertragung und Erbauseinandersetzung – Möglichkeiten der Beendigung der Erbengemeinschaft, ZEV 2001, 435; *Wolf*, Die Fortführung eines Handelsgeschäfts durch die Erbengemeinschaft, AcP 181, 481.

A. Allgemeines

1 Wenn es nicht bereits „vorher" bei der Verwaltung des Nachlasses zu Problemen und Meinungsverschiedenheiten innerhalb der Erbengemeinschaft gekommen ist, dann bietet „spätestens" die Beendigung der Erbengemeinschaft hierfür eine weitere – nicht unbedingt letzte – „Gelegenheit". Für die Beendigung der Erbengemeinschaft gibt es keinen **„richtigen"** Weg. Wie meist bei Problemen und Fragen im Zusammenhang mit einer Mehrheit von Erben gilt hier umso mehr: Jeder Fall ist anders – kein Fall ist übertragbar – jeder Fall erfordert eine individuelle Herangehensweise nicht nur in juristischer Hinsicht. Manche werden hier in diesem Kapitel vielleicht „Standardlösungen" erwarten, die bei über Jahren zerstrittenen Miterben oder einem einzigen blockierenden Erben u.Ä. endlich zum „Erfolg" führen: zur Beendigung der Erbengemeinschaft. All jene werden enttäuscht werden: Diese Lösung gibt es nicht. Hat nicht der Erblasser in seinem Testament die richtigen Entscheidungen getroffen (siehe hierzu § 10 Gestaltungsmöglichkeiten in letztwilligen Verfügungen von Todes wegen und Gesellschaftsverträgen) gibt es für die Auseinandersetzungen keine allgemeingültigen Hinweise oder Muster.

Das bedeutet jedoch nicht, dass die Auseinandersetzung bei zerstrittenen Erben ein Zufallsergebnis wäre und der Rechtsanwalt hier lediglich „begleitend passiv" und nicht mehr agierend aktiv tätig werden könnte. Im Gegenteil bieten sich hier für den Rechtsanwalt vielfältige Möglichkeiten mit Strategie und Taktik, mit Fingerspitzengefühl und Erfahrung jedenfalls ein für seinen Mandanten optimales Ergebnis zu erzielen. Möglicherweise gelingt es sogar eine Lösung zu finden, die eine Verständigung der Erben – meist Verwandte – in der Zukunft wieder ermöglichen kann.

2 Die Erbengemeinschaft ist von Beginn an auf Auseinandersetzung ausgerichtet. Der Begriff der „Auseinandersetzung" ist weit zu verstehen und umfasst zwangsläufig nicht lediglich die Verteilung des Nachlasses unter den Erben, sondern zuvor auch die **Begleichung der Verbindlichkeiten** des Nachlasses (§ 2046 BGB) und die Ausgleichung von **Vorempfängen** (§§ 2050 ff. BGB, siehe hierzu § 7).

3 Die **Teilung** hat grundsätzlich **in Natur** zu erfolgen, § 2042 Abs. 2 i.V.m. § 752 BGB. Wenn die Teilung in Natur ausgeschlossen ist (was regelmäßig der Fall sein wird), sind die nicht teilbaren Gegenstände durch Verkauf entsprechend den Vorschriften über den Pfandverkauf bzw. bei Immobilien durch Zwangsversteigerung gem. § 180 ZVG zu „versilbern"[1] und der Erlös ist unter den Miterben zu verteilen, § 2042 Abs. 2 i.V.m. § 753 BGB. Es gibt keine gesetzlichen Vorschriften, in welcher **Form** die Auseinandersetzung stattfinden muss. Es gibt daher zahlreiche Wege, die Auseinandersetzung durchzuführen (Auseinandersetzungsvertrag, Vermittlungsverfahren, Teilungsklage usw.; im Einzelnen siehe unten Rdn 85). Die Praxistauglichkeit der verschiedenen Verfahren ist sehr unterschiedlich und die Wahl des richtigen Verfahrens kann über Erfolg und Misserfolg der Auseinandersetzung entscheiden.

4 Auch ein Miterbe, der bei der Auseinandersetzung aufgrund von Vorempfängen nichts mehr zu erwarten hat, kann die Auseinandersetzung verlangen, da er sonst keine Möglich-

1 Vgl. zu diesem Begriff bereits BGH, Urt. v. 16.2.1962 – V ZR 6/61, Rn 22, juris.

keit hätte, aus der Erbengemeinschaft auszuscheiden. Entsprechend anwendbar ist § 2042 BGB über den ausdrücklichen Wortlaut hinaus („Jeder Miterbe“) auf den **Erbteilserwerber** (§ 2033 BGB).[2] Für den **Testamentsvollstrecker** gilt § 2042 BGB über den Verweis des § 2204 Abs. 1 BGB (siehe hierzu auch § 14 Rdn 48 ff.). Auch der **Abwesenheitspfleger** für einen bekannten Erben (§ 1911 BGB) kann die Auseinandersetzung fordern; dies ist ein Minus zu seinem Recht, die Erbschaft anzunehmen oder auszuschlagen.[3] Nach Eintritt der Verkaufsberechtigung kann der **Pfandgläubiger** allein die Aufhebung der Gemeinschaft verlangen, § 1258 Abs. 2 S. 2 BGB. Vor Verkaufsberechtigung kann der Pfandgläubiger gem. § 1258 Abs. 2 S. 1 BGB, ebenso wie der Nießbraucher am Miterbenanteil, gem. § 1066 Abs. 2 BGB die Auseinandersetzung nur gemeinschaftlich mit dem Miterben verlangen. Wurde der Erbteil gepfändet und überwiesen, kann der Miterbe sich nicht mehr an der Auseinandersetzung beteiligen.[4]

Für den **Nachlasspfleger** ist § 2042 BGB nicht entsprechend anwendbar. Der Nachlasspfleger darf jedoch an einer von einem anderen betriebenen Auseinandersetzung mitwirken[5] (zu Einzelheiten vgl. § 15 Rdn 3 ff.). 5

Familiengerichtliche Genehmigungen sind bei **minderjährigen Miterben** nicht erforderlich, wenn lediglich den **gesetzlichen Teilungsregeln** gefolgt wird (§ 2042 Abs. 2 i.V.m. §§ 752 ff. BGB; siehe hierzu § 12 Rdn 37 ff.). Dies gilt auch dann, wenn die Verteilung des Erlöses nicht einfach zu berechnen ist, sondern Fragen der Ausgleichung (§§ 2050 ff. BGB, siehe hierzu § 7) zu berücksichtigen sind. Diese allein dem Gesetz folgende Art der Auseinandersetzung fällt nicht unter §§ 1643, 1822 Nr. 2 BGB, da es sich hierbei nicht um eine vertragliche Regelung i.S.v. § 1822 Nr. 2 BGB handelt (zu Einzelheiten vgl. § 12 Rdn 45 und 53 ff.). Ist der minderjährige Miterbe an einer Auseinandersetzung beteiligt, die **nicht** ausschließlich den gesetzlichen Regelungen folgt und soll ein **Auseinandersetzungsvertrag** geschlossen werden, dann sind die Eltern bei der Vertretung der minderjährigen Erben ausgeschlossen, §§ 181, 1629 Abs. 2, 1795 BGB. In diesem Fall muss ein Ergänzungspfleger bestellt werden, § 1909 BGB. Schließt ein **Ergänzungspfleger** einen **Auseinandersetzungsvertrag** bedarf seine Erklärung der familiengerichtlichen Genehmigung, § 1822 Nr. 2 BGB („Erbteilungsvertrag“; zu Einzelheiten vgl. § 12 Rdn 53 ff., zur Frage einer familiengerichtlichen Genehmigung vgl. § 12 Rdn 56 ff.). Bei Abschluss einer **Abschichtungsvereinbarung** ist § 1822 Nr. 2 BGB entsprechend anzuwenden, denn die Aufgabe der Mitgliedschaft in der Erbengemeinschaft betrifft eine vergleichbare Regelung.[6] Zur Abschichtung – auch Minderjähriger – vgl. unten Rdn 91. 6

B. Auseinandersetzung nach den gesetzlichen Teilungsregeln, § 2042 i.V.m. §§ 752 ff. BGB

I. Allgemeines

Unter Auseinandersetzung ist nicht lediglich die Verteilung des Nachlasses unter den Erben entsprechend den gesetzlichen oder/und testamentarischen Vorschriften zu verstehen: Zur Auseinandersetzung gehört vorrangig die **Berichtigung** der Nachlassverbindlichkeiten, 7

2 KG, Beschl. v. 19.7.1906 – I FerZS, OLGE 14, 154.
3 *Lange/Kuchinke*, § 44 II 1b Fn 38 a.E.
4 Staudinger/*Löhnig*, § 2042 Rn 3.
5 KG, Beschl. v. 13.11.1970 – 1 W 7814/70, NJW 1971, 565.
6 OLG Hamm, Beschl. v. 2.8.2017 – 15 W 263/16, Rn 7, juris.

§ 2046 BGB. Bevor die Nachlassverbindlichkeiten nicht vollständig beglichen sind, kann eine Verteilung des Vermögens nicht erfolgen.[7] Die **Pflicht zur Berichtigung** der Nachlassverbindlichkeiten besteht jedoch nur im Verhältnis der Erben untereinander, nicht im Verhältnis zu den Gläubigern.[8]

8 Durch die Auseinandersetzung müssen **alle Rechtsbeziehungen** der Gesamthand abgewickelt werden. Daher müssen auch Rechtsgeschäfte der Gesamthand mit Dritten – auch mit Miterben – erledigt und Vorempfänge ausgeglichen werden.[9] Die Auseinandersetzung wird durch die Verteilung des Nachlasses vorrangig entsprechend den letztwilligen Anordnungen des Erblassers und im Übrigen entsprechend den gesetzlichen Regelungen vollzogen. **Einvernehmlich** können sich die Erben freilich über die testamentarischen Anordnungen **hinwegsetzen.** Dies wird nur durch die Anordnung einer **Testamentsvollstreckung** verhindert. Ist Testamentsvollstreckung angeordnet, so ist die Auseinandersetzung durch den Testamentsvollstrecker vorzunehmen, § 2204 BGB (vgl. auch § 14 Rdn 45 ff.).

9 Die Auseinandersetzung muss sich stets auf den **gesamten Nachlass** beziehen. Eine gegenständlich beschränkte **Teilauseinandersetzung** wird von der Rechtsprechung zugelassen, wenn *„besondere Gründe dafür sprechen“*.[10] Dies soll beispielsweise der Fall sein, wenn Nachlassverbindlichkeiten nicht mehr bestehen und berechtigte Belange der Erbengemeinschaft und der einzelnen Miterben nicht gefährdet werden.[11] In der Praxis kommen diese Fälle dagegen deutlich seltener vor, als die Formulierung des BGH in seinen Gründen vermuten ließe.

Praxishinweis

Eine Klage auf eine gegenständliche beschränkte Teilauseinandersetzung sollte angesichts des Prozessrisikos die absolute **Ausnahme** sein. Stattdessen empfiehlt sich die Erhebung einer Feststellungsklage zur Klärung der Streitfragen[12] (vgl. zum Risiko selbst einer umfassenden Auseinandersetzungsklage § 9 Rdn 25 und 60; zur Feststellungsklage vgl. § 9 Rdn 34).

Auf eine **persönlich beschränkte** Auseinandersetzung lediglich hinsichtlich eines Miterben hat kein Miterbe einen Anspruch.[13] Somit kann weder ein Miterbe ohne Mitwirkung aller Miterben aus der Erbengemeinschaft „ausgeschlossen“ werden noch ohne Mitwirkung der anderen aus der Erbengemeinschaft „ausscheiden“.

10 **In der Praxis** läuft die Auseinandersetzung einer Erbengemeinschaft hingegen regelmäßig in mehreren Teilauseinandersetzungen ab: Die in Natur zu teilenden Nachlassgegenstände (z.B. Bank- und Depotguthaben) werden „vorab“ verteilt; die Verteilung der übrigen Nachlassgegenstände erfolgt nach Veräußerung bzw. Einigung über Ausgleichszahlungen innerhalb der Erbengemeinschaft. Es muss jedoch noch einmal betont werden, dass die Miterben auf eine solche Teilauseinandersetzung **grundsätzlich keinen Anspruch** haben. Eine Teil-

7 Vgl. hierzu auch *Krug*, ZErb 2000, 15.
8 Staudinger/*Löhnig*, § 2042 Rn 21.
9 *Brox/Walker*, Erbrecht, Rn 512.
10 BGH, Urt. v. 14.3.1984 – IVa ZR 87/82, Rn 20, juris.
11 BGH, Urt. v. 14.3.1984 – IVa ZR 87/82, Rn 20 (obiter dictum), juris; vgl. hierzu auch OLG Dresden, Urt. v. 18.6.2010 – 3 U 1322/09, juris mit einer ebenso launigen wie dogmatisch wenig überzeugenden Begründung.
12 BGH, Urt. v. 27.6.1990 – IV ZR 104/89, Rn 8–10, juris.
13 BGH, Urt. v. 14.3.1984 – IVa ZR 87/82, Rn 20, juris.

auseinandersetzung birgt auch die **Gefahr der unbeschränkten Haftung** für Nachlassverbindlichkeiten[14] (vgl. auch § 6 Rdn 64).

Beispiel 11

Eine Erbengemeinschaft besteht aus der Witwe Frieda und den Kindern Anna und Daniel. Zum Nachlass gehört neben Bar- und Depotvermögen eine Eigentumswohnung (ETW). Daniel möchte von Frieda und Anna die ETW „vorab zum Verkehrswert kaufen". Daniel kann den Erwerb der ETW von Anna und Frieda jedoch **nicht** ohne Weiteres erzwingen. Findet er keine einvernehmliche Regelung mit Anna und Frieda, bleibt ihm lediglich die Möglichkeit, die Teilungsversteigerung gem. § 180 ZVG zu beantragen und dann zu versuchen, die Immobilie selbst zu ersteigern.

Etwas anderes könnte nur dann gelten, wenn ihm die ETW durch letztwillige Verfügung von Todes wegen zugewandt worden wäre. Dann kommt es aber auch wesentlich auf die Regelung an (z.B. Teilungsanordnung oder Vorausvermächtnis der ETW? Zu Einzelheiten siehe § 10 Rdn 90 ff.).

Der Anspruch auf das **Auseinandersetzungsguthaben** kann erst dann isoliert durch einen Miterben **abgetreten** werden, wenn die Erbengemeinschaft aufgelöst ist.[15] Vorher verstößt eine Abtretung gegen § 2040 BGB. Dies gilt auch, wenn ein Nachlassgegenstand zur Vorbereitung der Teilung „versilbert" worden ist: In diesem Fall fällt der Erlös als Surrogat gem. § 2041 BGB in das gesamthänderisch gebundene Vermögen. 12

II. Anspruch der Miterben auf Auseinandersetzung

1. Allgemeines

Nach § 2042 BGB kann **jeder Miterbe** grundsätzlich **jederzeit** ohne Rücksicht auf die Interessen der Miterben die Auseinandersetzung verlangen (zu Ausnahmen siehe unten Rdn 16). Anders also als im Gesellschaftsrecht, auf das das Recht der Erbengemeinschaft verweist, ist **kein „wichtiger Grund"** erforderlich und das Auseinandersetzungsbegehren kann auch zur Unzeit gestellt werden. Die Formulierung in § 2042 BGB steht damit im Gegensatz zur „Parallelregelung" im Gesellschaftsrecht in § 723 Abs. 2 BGB: Während im Gesellschaftsrecht eine Kündigung nur dann zur Unzeit erfolgen darf, wenn wichtige Gründe vorliegen, gibt es bei der Erbengemeinschaft diese Einschränkung nicht. In der Rechtsprechung vor dem Jahr 1956 finden sich einige Entscheidungen, die ein Auseinandersetzungsverlangen aus dem Gesichtspunkt des Rechtsmissbrauchs gem. § 242 BGB einschränken wollen.[16] Es gibt hingegen keine entsprechenden Entscheidungen neueren Datums. Tatsächlich sind kaum Fälle nach neuerer Rechtsprechung denkbar, in denen der „letzte Rettungsanker" des § 242 BGB anzuwenden wäre. 13

Inhaltlich ist das Verlangen auf Auseinandersetzung gem. § 2042 BGB auf Mitwirkung bei **allen** für eine Auseinandersetzung erforderlichen Maßnahmen gerichtet. In Teilen ist diese Pflicht vergleichbar mit der Mitwirkungspflicht bei § 2038 Abs. 1 S. 2 Hs. 1 BGB (siehe hierzu § 4 Rdn 68 ff. und Rdn 114 ff.). Dennoch darf nicht übersehen werden, dass Auseinandersetzung gerade **keine Verwaltung** ist und Maßstab der Handlungspflicht daher auch **nicht** die Kriterien des § 2038 BGB sein können: Maßstab der Pflicht ist und bleibt der 14

14 *Lange/Kuchinke*, § 44 III 2a).
15 OLG Frankfurt, Urt. v. 25.6.1998 – 3 U 163/97, OLGR 1999, 226, 227.
16 Siehe hierzu Staudinger/*Löhnig*, § 2042 Rn 3.

Anspruch aus § 2042 BGB.[17] Denn während Verwaltung auf Verwahrung, Sicherung, Erhaltung und Vermehrung sowie Gewinnung der Nutzungen und Bestreitung laufender Verbindlichkeiten des Nachlasses gerichtet ist (vgl. hierzu § 4 Rdn 52), zielt die Auseinandersetzung letztlich ausschließlich auf die Verteilung des Nachlasses unter den Erben – und das ist keine Verwaltung. Das **Recht** eines jeden Miterben aus § 2042 BGB führt somit zur ungeschriebenen, aber zwangsläufig zwingenden **Pflicht** der übrigen Miterben an der Auseinandersetzung **mitzuwirken.** Dies führt beispielsweise zur Pflicht, bei der „**Versilberung**" der Nachlassgegenstände (siehe hierzu Rdn 3) oder der **Begleichung** von **Nachlassverbindlichkeiten** mitzuwirken.[18] Gerade diese **Verpflichtung** wird von vielen Erben „übersehen". Das Verlangen ist formlos möglich. Ein Miterbe gibt **Anlass zur Klage**, wenn er dem berechtigten Verlangen schuldhaft nicht nachkommt. Der Miterbe, der seine Mitwirkung bei der Auseinandersetzung grundlos verweigert, macht sich schadensersatzpflichtig. Schmälert ein Miterbe durch starrsinniges Verhalten u.Ä. den Nachlass zum Nachteil der übrigen Miterben, kann er hierfür zur (finanziellen) Verantwortung gezogen werden. Kann der die Auseinandersetzung verlangende Miterbe darlegen und beweisen, dass ihm durch ungerechtfertigte Verweigerungshaltung des oder der anderen Miterben ein Schaden entstanden ist, so ist dieser Schaden gem. § 280 BGB zu ersetzen.[19] Da der Auseinandersetzungsanspruch ein Anspruch jedes einzelnen Miterben ist (und nicht der Erbengemeinschaft), ist der Schadensersatzanspruch **nicht** bei der Auseinandersetzung zu berücksichtigen und es handelt sich auch **nicht** um einen Anspruch der Erbengemeinschaft (somit **kein** Fall des § 2039 BGB). Vielmehr ist der Schadensersatzanspruch neben oder nach der Auseinandersetzung zu berücksichtigen. Soweit der Anspruch im Rahmen einer Erbauseinandersetzungsklage noch nicht zu beziffern ist, sollte der Kläger an einen diesbezüglichen **Feststellungsantrag** denken.

2. Aufschub der Auseinandersetzung

15 Durch den Verweis auf **§§ 2043 bis 2045 BGB** in § 2042 Abs. 1 BGB wird klargestellt, dass dem Recht des Miterben, die Auseinandersetzung zu verlangen, die gesetzlichen (§ 2043 BGB) bzw. testamentarischen Anordnungen (§ 2044 BGB) sowie das Recht einen Aufschub gem. § 2044 BGB zu verlangen, vorgehen.

a) Wegen Unbestimmtheit der Erbteile, § 2043 BGB

16 § 2043 BGB enthält ebenso wie §§ 2044 und 2045 BGB **Ausnahmen** von dem Recht der Miterben, jederzeit die Auseinandersetzung verlangen zu können. Durch § 2043 BGB wird verhindert, dass sich nach der erfolgten Auseinandersetzung die Zusammensetzung der Erbengemeinschaft und damit auch die Erbteile ändern. Hierdurch werden die möglichen Erben geschützt.

17 Die Auseinandersetzung ist gem. § 2043 Abs. 1 BGB nur dann aufgeschoben, wenn der potentielle Miterbe beim Erbfall bereits gezeugt ist, § 1923 Abs. 2 BGB (**nasciturus**). Der nasciturus muss lebend geboren werden, um Miterbe zu werden.

18 Ebenfalls ausgeschlossen ist die Auseinandersetzung in den Fällen des § 2043 Abs. 2 BGB: Die **Annahme als Kind** wird durch das Vormundschaftsgericht auf Antrag des Annehmenden ausgesprochen, § 1752 Abs. 1 BGB; bei der Volljährigenadoption kann der Antrag auch vom Anzunehmenden erfolgen, § 1768 Abs. 1 S. 1 BGB. Die **Aufhebung** der Adoption

17 BeckOGK/*Rißmann/Szalai*, BGB, § 2042 Rn 45.
18 MüKo/*Ann*, § 2042 Rn 4.
19 BeckOGK/*Rißmann/Szalai*, BGB, § 2042 Rn 69.

beim Minderjährigen richtet sich nach § 1760 BGB und § 1763 BGB und erfolgt durch das Vormundschaftsgericht. Die Aufhebung bei Volljährigen richtet sich nach § 1771 BGB und kann durch das Vormundschaftsgericht auf Antrag des Annehmenden oder Angenommenen ausgesprochen werden.

Die **Anerkennung einer Stiftung** als rechtsfähig richtet sich nach §§ 80, 84 BGB.

§ 2043 BGB ist **nicht entsprechend** anwendbar auf andere Fälle, bei denen noch nicht 19
feststeht, ob ein weiterer Miterbe an der Erbengemeinschaft beteiligt ist (Verschollenheit, noch bestehende Ausschlagungsmöglichkeit).[20]

Eine entgegen § 2043 BGB vorgenommene Auseinandersetzung führt nicht zur Nichtigkeit, 20
da § 2043 BGB **kein gesetzliches Verbot** i.S.v. § 134 BGB beinhaltet. Die Auseinandersetzung ist jedoch **schwebend unwirksam**, bis der übergangene Miterbe entweder genehmigt (was er wohl kaum machen wird) oder die Zustimmung endgültig verweigert. Die Auseinandersetzung ist nur ausgeschlossen, soweit Erbteile unbestimmt sind. Fällt der Nachlass an mehrere **Stämme** und besteht nur hinsichtlich eines Stammes Ungewissheit, kann die Auseinandersetzung im Übrigen erfolgen.[21]

b) Wegen ungewisser Nachlassverbindlichkeiten, § 2045 BGB

Bei der Ungewissheit über Nachlassverbindlichkeiten bietet § 2045 BGB ebenfalls eine 21
Ausnahme von § 2042 BGB und dem Recht eines Miterben, jederzeit die Auseinandersetzung zu verlangen. Die Berichtigung der **Nachlassverbindlichkeiten** und somit auch die notwendige, abschließende Feststellung der betroffenen Gläubiger finden sinnvollerweise **vor** der Teilung des Nachlasses statt. Um vor einer Teilung des Nachlasses (und den sich ergebenden Haftungskonsequenzen aus §§ 2058, 2059 BGB, vgl. hierzu § 6 Rdn 66 ff.) zunächst allen Miterben die Möglichkeit zu geben, die Nachlassgläubiger im Rahmen eines Aufgebotes festzustellen, gewährt § 2045 BGB **jedem** Miterben eine **aufschiebende Einrede gegen** den geltend gemachten **Auseinandersetzungsanspruch**. Die Vorschrift wird ergänzt durch die Regelung des § 2046 BGB, wonach jeder Miterbe vor der Auseinandersetzung die **Begleichung** der **Nachlassverbindlichkeiten verlangen** kann.

Der Anspruch kann nicht durch Bestimmungen des Erblassers ausgeschlossen werden; der 22
Erbe selbst kann jedoch freilich auf die Geltendmachung verzichten: Der Anspruch ist als **Einrede** durch den Miterben geltend zu machen und nicht etwa von Amts wegen zu beachten. Die Formulierung „kann" stellt klar, dass die Entscheidung einen Aufschub zu verlangen, allein beim Erben liegt. **Voraussetzung** für die Einrede nach § 2045 S. 1 BGB ist es, dass das Aufgebot bereits beantragt oder die öffentliche Aufforderung bereits erlassen ist. Ist dies nicht der Fall, muss der Miterbe dies „unverzüglich", also ohne schuldhaftes Zögern (§ 121 BGB Abs. 1 S. 1 BGB) nachholen, § 2045 S. 2 BGB. Zur Einrede des Aufgebotsverfahrens vgl. auch § 6 Rdn 164.

Eine bereits eingereichte Klage auf Auseinandersetzung wird durch die Erhebung der Ein- 23
rede nicht unbegründet; vielmehr erfolgt eine **Aussetzung analog § 148 ZPO.**[22] Es hängt dann vom vorprozessualen Verhalten des Beklagten ab, ob ein sofortiges Anerkenntnis nach Fortsetzung des Verfahrens die Kostenfolge des § 93 ZPO nach sich ziehen kann. Unter dem Gesichtspunkt der Kostentragungspflicht dürfte es selten sinnvoll sein, gegen eine Auseinandersetzungsklage die Einrede nach § 2045 BGB entgegenzuhalten. Taktisch klüger

20 Staudinger/*Löhnig*, § 2043 Rn 11.
21 *Johannsen*, WM 1970, 738, 739.
22 RGRK/*Kregel*, § 2045 Rn 3.

wird es meist sein, auf eine Entscheidung zu drängen, während noch Nachlassverbindlichkeiten bestehen und dann der Auseinandersetzungsklage den Einwand des **nicht teilungsreifen Nachlasses** entgegenzuhalten. So wird der Prozess für den Kläger verloren und nicht lediglich analog § 148 ZPO ausgesetzt (vgl. zur Auseinandersetzungsklage auch § 9 Rdn 28 ff.). Die praktische Bedeutung des § 2045 BGB ist daher gering.

3. Ausschluss der Auseinandersetzung

a) Ausschluss durch Anordnung des Erblassers, § 2044 BGB

24 Die Möglichkeit eines Erben gem. § 2042 BGB **jederzeit** die Auseinandersetzung verlangen zu können, ist vom Erblasser häufig unerwünscht. Grundsätzlich ist die Erbengemeinschaft zwar auf Auseinandersetzung gerichtet. Durch § 2044 BGB wird dem Erblasser jedoch die Möglichkeit gegeben, hier gestaltend einzugreifen. Das bloße **Teilungsverbot** nach § 2044 BGB ist eine Teilungsanordnung i.S.v. § 2048 BGB mit negativem Inhalt. Es kann aber auch als Vorausvermächtnis i.S.v. § 2150 BGB oder Auflage i.S.v. § 1940 BGB ausgestaltet sein. Die Gestaltungsmöglichkeiten, die § 2044 BGB dem Erblasser bietet, sind vielfältig. Da der Erblasser abweichend von § 2042 BGB den Anspruch auf Auseinandersetzung vollständig ausschließen kann, ist es auch möglich, als „Minus“ hierzu beispielsweise eine **Mehrheitsentscheidung** der Erbengemeinschaft zu verlangen oder die Auseinandersetzung nur hinsichtlich **einzelner Nachlassgegenstände** auszuschließen (gegenständlich beschränktes Teilungsverbot).

25 Der Ausschluss der Auseinandersetzung kann nicht nur im Testament, sondern auch im Erbvertrag und gemeinschaftlichen Testament erfolgen. Es hängt dann von der konkreten Ausgestaltung der Anordnung ab (Form der negativen Teilungsanordnung, des Vermächtnisses oder der Auflage), ob sie entsprechend dem gesetzlichen „Urtyp“ des § 2044 BGB **einseitig** bleibt (§ 2299 BGB) oder **vertragsmäßig** bindend (§ 2278 BGB) bzw. wechselbezüglich (§ 2270 BGB) für die Erben ist. Der **Testamentsvollstrecker** kann nicht „nachträglich“ die Auseinandersetzung ausschließen, wenn der Erblasser dies nicht bereits letztwillig geregelt hat. Die Auseinandersetzung kann aber von den Erben **einvernehmlich ausgeschlossen** werden.[23] Dies ist dann jedoch kein Fall des § 2044 BGB, sondern eine Vereinbarung im Rahmen der Verwaltung des Nachlasses, § 2038 BGB.

26 Die Formulierung des § 2044 BGB lässt dem Erblasser **alle Freiheiten**, die Auseinandersetzung gegenständlich, personell oder zeitlich eingeschränkt auszuschließen. Der Erblasser kann die Auseinandersetzung daher für spezielle einzelne Nachlassgegenstände (z.B. eine bestimmte Vitrine), bestimmte Arten von Nachlassgegenständen (z.B. alle vermieteten Immobilien) aber auch für einzelne Personen (z.B. einen bestimmen Stamm der Familie[24]) verbieten. Der Erblasser kann sowohl die Länge der **Kündigungsfrist** als auch deren **Form** frei regeln. Beschränkt ist er insoweit lediglich durch die Grenzen des Abs. 2.

27 Um zu verhindern, dass der Erblasser „auf ewig“ eine Auseinandersetzung verhindert und letztlich damit eine Regelung träfe, die langfristig zu einer Zersplitterung des Vermögens führen würde (durch Vererbung der Erbteile an Erbeserben), setzt § 2044 Abs. 2 S. 1 BGB eine **zeitliche Grenze** von 30 Jahren. Dies entspricht der auch sonst im Erbrecht zulässigen Höchstgrenze für die Fortwirkung von Anordnungen des Erblassers (z.B. Höchstdauer der Anordnung einer Dauervollstreckung, § 2210 S. 1 BGB). Die Frist ist nach § 188 Abs. 2

23 BGH, Urt. v. 24.6.1968 – III ZR 109/65, WM 1968, 1172, 1173.

24 MüKo/*Ann*, § 2044 Rn 4.

BGB zu berechnen. Diese Höchstdauer gilt jedoch ausschließlich für **juristische Personen** (Umkehrschluss aus § 2044 Abs. 2 S. 3 BGB).

Bei **natürlichen Personen** kann der Erblasser gem. § 2044 Abs. 2 S. 2 BGB den Ausschluss auch über 30 Jahre hinaus anordnen, wenn das Ende der Frist durch 28
- Eintritt eines bestimmten Ereignisses in der Person eines Erben (z.B. Beendigung der Berufsausbildung, Heirat, bestimmtes Alter, Tod)[25] oder
- Eintritt des Nacherbfalls (§ 2139 BGB) oder
- Anfall eines Vermächtnisses (§ 2177 BGB)

bestimmt ist.

Für den **Nacherbfall** findet sich die entsprechende zeitliche Begrenzung in § 2109 BGB und für das bedingte Vermächtnis in §§ 2162, 2163 BGB. 29

Der Ausschluss der Auseinandersetzung hat lediglich **schuldrechtliche Wirkung**, da die Verfügungsbefugnis nicht durch Testament oder Erbvertrag ausgeschlossen werden kann (§ 137 Abs. 1 BGB) und es sich auch nicht um ein gesetzliches Veräußerungsverbot i.S.v. §§ 134, 135 BGB handelt.[26] Verfügungen, die **alle** Erben (auch die Nacherben) entgegen einer Anordnung nach § 2044 BGB vornehmen, bleiben wirksam, so wie sich die Erben generell über die Anordnungen des Erblassers gemeinschaftlich hinwegsetzen können. Dem kann der Erblasser durch Gestaltung in Form der Anordnung einer **Testamentsvollstreckung** sowie mit **Sanktionsklauseln vorbeugen**. Aufgrund der lediglich schuldrechtlichen Wirkung der Anordnung nach § 2044 BGB ist eine Eintragung im **Grundbuch nicht** möglich.[27] 30

Betreibt einer oder betreiben mehrere der Miterben **entgegen** einer **Anordnung** nach § 2044 BGB die Auseinandersetzung, so sind die übrigen Miterben nicht zur Mitwirkung gem. § 2042 BGB verpflichtet. Die Verfügungen über einen Nachlassgegenstand im Rahmen der angestrebten Auseinandersetzung können ausschließlich gemeinschaftlich vorgenommen werden, § 2040 BGB. Wird entgegen einem vom Erblasser verfügten Ausschluss nach § 2044 BGB (oder auch entgegen einer Teilungsanordnung nach § 2048 BGB) die Teilungsversteigerung (§ 180 ZVG) betrieben, so steht den übrigen Miterben die (unechte) **Drittwiderspruchsklage** gem. § 771 ZPO zur Verfügung.[28] Jedoch kann kein Verbot des Erblassers und keine Vereinbarung der Erbengemeinschaft einen Gläubiger eines Miterben hindern, aufgrund eines endgültig vollstreckbaren Titels dessen Anteil am Nachlass zu **pfänden** und die Auseinandersetzung zu betreiben, §§ 2044 Abs. 1 S. 2, 751 S. 2 BGB.[29] Eine (auch) für den gepfändeten Anteil angeordnete **Testamentsvollstreckung schließt** dagegen die Anordnung einer **Teilungsversteigerung** nach § 180 ZVG an dem der Testamentsvollstreckung unterliegenden Grundstück **aus.**[30] 31

b) Durch Vereinbarung der Miterben, § 2042 Abs. 2 i.V.m. § 749 Abs. 2 BGB

Die Miterben können einstimmig formlos **vereinbaren**, dass die Erbengemeinschaft für bestimmte Zeit oder gar **nicht auseinandergesetzt** werden darf, § 2042 Abs. 2 i.V.m. **§ 749 Abs. 2 BGB**. Nach *Löhnig* führt eine Vereinbarung, die Auseinandersetzung auf Dauer oder 32

25 Auch des längstlebenden Miterben, vgl. RGRK/*Kregel*, Rn 8.
26 BGH, Urt. v. 25.9.1963 – V ZR 130/61, NJW 1963, 2320.
27 Palandt/ *Weidlich*, § 2044 Rn 2; *Bengel*, ZEV 1995, 178, 179.
28 OLG Oldenburg, Urt. v. 4.2.2014 – 12 U 144/13, Rn 12 f., juris; OLG Hamburg, Urt. v. 23.8.1960 – 2 U 56/60, NJW 1961, 610, LS a) und 611.
29 *Lange/Kuchinke*, § 44 II 5.
30 BGH, Beschl. v. 14.5.2009 – V ZB 176/08, LS 1 und Rn 11 ff., juris.

Zeit auszuschließen, zum Vollzug der Auseinandersetzung der Erbengemeinschaft.[31] Durch die Vereinbarung sei über die Zuordnung der Nachlassgegenstände entschieden, da die Erben anstelle der vom Erblasser gewollten Regelung eine eigene Vereinbarung gesetzt haben. Dies würde dann u.a. dazu führen, dass die Erben grundsätzlich auch mit ihrem Eigenvermögen haften, § 2059 Abs. 1 BGB. Aus dieser Auffassung können sich in der Praxis Abgrenzungsschwierigkeiten ergeben (Wann wird die Auseinandersetzung lediglich nicht zügig vorangetrieben? Wann liegt eine – stillschweigende – Vereinbarung vor? usw.).

33 Das Recht, die Aufhebung dieser Vereinbarung aus wichtigem Grund zu verlangen, ist nach § 2042 Abs. 2 i.V.m. § 749 Abs. 3 BGB unabdingbar. Die Feststellung des **wichtigen Grundes** ist eine Frage des Einzelfalles.[32] Es können Umstände in der **Person** des Miterben sein, die einen wichtigen Grund darstellen. Jedoch liegt auch in einer tief greifenden **Störung** des gegenseitigen **Vertrauens**, beispielsweise bei **Verfeindung** der Miterben, **nur dann** ein wichtiger Grund für die Aufhebung der Gemeinschaft vor, wenn hierdurch die Erbengemeinschaft unmittelbar berührt wird. Es ist maßgebend, ob die Fortsetzung der Verwaltungs- und Nutzungsgemeinschaft noch **zumutbar** ist.[33] Der Eintritt der **Volljährigkeit** ist ein wichtiger Grund i.S.v. § 749 Abs. 2 S. 1 BGB und berechtigt dazu die Aufhebung zu verlangen.[34]

34 § 2042 BGB verweist auch auf § 750 BGB (Ausschluss der Aufhebung im **Todesfall**). Da es sich bei § 750 BGB lediglich um eine Auslegungsregel für den **Zweifelsfall** handelt, können die Miterben im Rahmen einer Vereinbarung nach § 749 Abs. 2 BGB etwas Abweichendes regeln. Steht fest, dass eine Fortdauer des Aufhebungsausschlusses über den Tod hinaus vereinbart ist, so ist der Tod an sich **kein** wichtiger Kündigungsgrund i.S.v. § 749 Abs. 2 BGB.[35]

35 Eine Vereinbarung der Miterben gem. § 749 Abs. 2 BGB wirkt auch für und gegen den **Erbteilskäufer** gem. § 2033 BGB. Die Vereinbarung eines Auseinandersetzungsverbotes unter Miterben wirkt auch ohne **Grundbucheintragung** gegen den Erbteilserwerber; § 1010 BGB ist erst nach der Umwandlung der Erbengemeinschaft in eine Bruchteilsgemeinschaft anwendbar.[36] Der gute Glaube wird nicht geschützt.[37]

III. Berichtigung der Nachlassverbindlichkeiten, § 2046 BGB

36 In einem ersten Schritt sind bei der Auseinandersetzung der Erbengemeinschaft „zunächst“ die Nachlassverbindlichkeiten zu berichtigen, § 2046 BGB.

1. Allgemeines

37 § 2046 BGB soll zugunsten der Miterben verhindern, dass der Nachlass vor Begleichung der Nachlassverbindlichkeiten verteilt wird. Damit weicht § 2046 BGB von den allgemeinen Vorschrift der §§ 2042 Abs. 2, 755 BGB ab, wonach die Begleichung **bei** der Auseinandersetzung zu erfolgen hätte. Der Grund hierfür liegt in der **Haftungsänderung** nach der Auseinandersetzung des Nachlasses: Die Erben haften zwar immer noch als Gesamtschuldner

31 Staudinger/*Löhnig*, § 2042 Rn 55.
32 OLG Hamburg, Urt. v. 23.8.1960 – 2 U 56/60, NJW 1961, 610, LS b) und 611.
33 BGH, Urt. v. 30.4.1984 – II ZR 202/83, WM 1984, 873; im Einzelnen: MüKo/*K. Schmidt*, § 749 Rn 11.
34 BT-Drucksache 13/5624 S. 10 unter A 3 g).
35 MüKo/*K. Schmidt*, § 749 Rn 12.
36 MüKo/*K. Schmidt*, § 751 Rn 2.
37 Palandt/*Sprau*, § 751 Rn 2.

(§ 2058 BGB), im Innenverhältnis ist jedoch der Nachlass nicht mehr als Haftungsmasse als solche vorhanden, sondern unter den Erben bereits verteilt (und möglicherweise untergegangen), so dass mögliche Ersatzansprüche der Erben untereinander (§ 426 BGB) nicht oder nur schwer zu befriedigen sind. Darüber hinaus haften die Erben nach der Teilung gegenüber den Nachlassgläubigern nicht mehr lediglich mit dem Nachlass, sondern mit ihrem Eigenvermögen, §§ 2059, 2060 BGB.

Eine vor Begleichung der Nachlassverbindlichkeiten erhobene **Teilungsklage** ist unbegründet, weil der Nachlass noch nicht teilungsreif ist.[38] § 2046 BGB entspricht den Regelungen der §§ 733, 1475 BGB. 38

Der Anspruch auf Auseinandersetzung der Erbengemeinschaft gem. § 2042 BGB **verjährt** nicht, § 758 BGB. Mit der Auseinandersetzung im Zusammenhang stehende Ansprüche, wie beispielsweise der Anspruch auf Verwendungsersatz u.Ä., werden von § 758 BGB jedoch nicht erfasst und verjähren daher nach den jeweiligen Vorschriften. 39

2. Voraussetzungen

Was zu den Nachlassverbindlichkeiten i.S.v. § 2046 Abs. 1 S. 1 BGB gehört, ergibt sich aus § 1967 Abs. 2 BGB. **„Streitig"** oder **„nicht fällig"** ist eine Nachlassverbindlichkeit i.S.v. § 2046 Abs. 1 S. 2 BGB bereits dann, wenn nur unter den Miterben Streit über die Verbindlichkeit besteht.[39] Im Rahmen der „Zurückbehaltung" hat **kein** Miterbe **Anspruch auf Hinterlegung.**[40] 40

Zur Berichtigung der Nachlassverbindlichkeiten ist der Nachlass notfalls zu **„versilbern"**, § 2046 Abs. 3 BGB. Dies hat gem. § 2042 Abs. 2 i.V.m. § 753 BGB zu erfolgen. Die Auswahl der Nachlassgegenstände, die zu versilbern sind, ist **keine** Verwaltungsmaßnahme i.S.v. § 2038 Abs. 1 S. 1 BGB und kann daher von den Miterben nur gemeinschaftlich vorgenommen werden.[41] 41

Sind bestimmte **Nachlassverbindlichkeiten** nur von **einigen Miterben** zu **erfüllen**, würde es die anderen Miterben benachteiligen, wenn trotzdem von dem gesamten Nachlass eine „Rückstellung" gebildet werden müsste. Nachlassverbindlichkeiten treffen beispielsweise nur einzelne Miterben, wenn der Erblasser durch **Teilungsanordnung** bestimmt hat, dass Vermächtnisse oder Auflagen ausschließlich von einzelnen Miterben zu tragen sind. Ebenso gilt es jedoch für den Fall, dass die **Pflichtteilslast** im Innenverhältnis aufgrund von **§ 2320 BGB** nur einen oder einige Miterben trifft. Für diesen Fall schränkt § 2046 Abs. 2 BGB den Anspruch aus Abs. 1 ein: Da die übrigen Miterben von der Verbindlichkeit nicht betroffen sind, muss „ihr" Anteil auch nicht für die Begleichung herhalten. Durch diese Regelung erfolgt letztlich eine gewisse „Vorab-Auseinandersetzung", da der Anteil des betroffenen Miterben vorab ermittelt werden muss und ggf. auch Nachlassgegenstände versilbert werden müssen. Weil § 2046 Abs. 2 BGB den Grundsatz § 2046 Abs. 1 BGB lediglich einschränkt, ihn jedoch nicht ausschließt, können die Miterben gleichwohl die Berichtigung auch dieser, nur sie betreffenden Nachlassverbindlichkeiten **vor** der Nachlassteilung verlangen.[42] Dies 42

38 OLG Brandenburg, Beschl. v. 17.3.1998 – 10 W 45/97, FamRZ 1998, 1521, 1522.

39 Staudinger/*Löhnig*, § 2046 Rn 17.

40 MüKo/*Ann*, § 2046 Rn 11 mit Bezug auf Prot. V S. 885 f. in Fn 4.

41 MüKo/*Ann*, § 2046 Rn 15.

42 BGH, Urt. v. 14.1.1953 – II ZR 20/52, NJW 1953, 501 (nur LS): „Die Geltendmachung ist jedoch ausgeschlossen, wenn das Verlangen auf Vorwegbefriedigung nach den besonderen Umständen des Einzelfalles mit Treu und Glauben im Widerspruch steht".

ist vor allen Dingen mit Blick auf § 2046 Abs. 3 BGB und der Pflicht der Miterben bei der **Versilberung mitzuwirken** von erheblicher praktischer Bedeutung.

43 Gehört eine **belastete Immobilie** zum Nachlass und soll diese Immobilie aufgrund einer **Teilungsanordnung** gem. § 2048 BGB einem oder einigen Miterben mit den Verbindlichkeiten zufallen, so brauchen der oder die Erben mit der Ablösung der Verbindlichkeiten nicht abzuwarten, bis der Nachlass insoweit aufgeteilt oder gar die Umschreibung im Grundbuch vollzogen ist. Vielmehr kann er/können sie verlangen, dass die **Verbindlichkeiten vor** der Teilung des Nachlasses vorab – notfalls durch Versilberung von Nachlassgegenständen, § 2046 Abs. 3 BGB – **getilgt** werden. Die Tilgung **vor** Auseinandersetzung ist schon wegen der weitergehenden Haftung **nach** der Auseinandersetzung gem. §§ 2058 ff. BGB für den Miterben wichtig (vgl. hierzu auch § 6 Rdn 66, 169).[43] Soweit die übrigen Miterben für die Nachlassverbindlichkeit im Rahmen von § 2058 BGB haften, können sie den Anspruch ebenfalls gegen den oder die belasteten Miterben geltend machen.[44]

44 Bei Streit über **Ausgleichungspflichten** nach §§ 2050 ff. BGB soll nach einer Auffassung § 2046 Abs. 1 S. 2 BGB entsprechend gelten.[45] Dies kann nicht überzeugen: Der Gesetzgeber hat in § 1967 Abs. 2 BGB die Nachlassverbindlichkeiten u.a. bestimmt als die „den Erben als solchen treffenden Verbindlichkeiten". Die Ausgleichungspflicht ist jedoch gerade keine Verbindlichkeit, sondern (lediglich) eine Berechnungsregel.[46] Es ist nicht zu erkennen, dass der Gesetzgeber einerseits bei § 1967 BGB die Ausgleichungspflicht „versehentlich" nicht als Nachlassverbindlichkeit geregelt und dann auch noch bei § 2046 BGB übersehen haben soll, dass mit der Verwendung dieses Begriffes die Ausgleichungspflicht nicht erfasst wird. Ausgehend von der ratio legis besteht aber auch gar keine Notwendigkeit, § 2046 BGB entsprechend anzuwenden, denn der ausgleichungsberechtigte Miterbe läuft nicht Gefahr, nach der Auseinandersetzung „mit leeren Händen dazustehen": Da die Ausgleichung **bei** der Auseinandersetzung von dem **noch verbliebenen** Nachlass zu berücksichtigen ist, ist der auszukehrende Nachlass begriffsnotwendig **immer** ausreichend. Mag es vielleicht wünschenswert sein, die oft komplizierten und „streitintensiven" Fragen der Ausgleichungspflicht aus der Auseinandersetzung herauszuhalten, so gibt das Gesetz hierfür nichts her, weder direkt noch „entsprechend". Es bleibt den Erben aber natürlich freigestellt, insoweit einvernehmlich eine „Rückstellung" zu bilden; jedoch hat ein Erbe hierauf **keinen** klagbaren **Anspruch** (zur Ausgleichung ausführlich § 7).

45 Jeder Miterbe kann darüber hinaus verlangen, dass Verbindlichkeiten, die zwar solche der Erbengemeinschaft, jedoch keine **Nachlass**verbindlichkeiten i.S.v. § 1967 BGB sind (Problematik der **Nachlasserbenschulden**, vgl. auch § 1967 BGB) vorab aus dem Nachlass beglichen werden, § 2042 Abs. 2 i.V.m. § 754 BGB.

46 Nach § 2042 Abs. 2 i.V.m. § 756 BGB kann ein Miterbe, der **Forderungen gegen** die anderen **Miterben** hat, die aufgrund der Zugehörigkeit zur Erbengemeinschaft entstanden sind, bei der Auseinandersetzung die Berichtigung aus dem Nachlass verlangen. In der Praxis ist hier der Anspruch von Aufwendungsersatz einer **GoA** der häufigste Fall (siehe auch § 4 Rdn 136, 141 f. und Rdn 146).

---

43 Staudinger/*Löhnig*, § 2046 Rn 7.

44 Staudinger/*Löhnig*, § 2046 Rn 7.

45 MüKo/*Ann*, § 2046 Rn 11 und Staudinger/*Löhnig*, § 2046 Rn 17 unter Hinweis auf KG, Urt. v. 14.6.1904 – III ZS, OLGE 9, 389, 391.

46 Palandt/*Weidlich*, § 2050 Rn 2, 4; insoweit dann auch MüKo/*Ann*, § 2050 Rn 17; BeckOGK/*Rißmann*, BGB, § 2050 Rn 83 m.w.N.

3. Rechtsfolgen

§ 2046 BGB gewährt **allein** den **Miterben** einen **Anspruch**. Nachlassgläubiger haben weder auf Berichtigung der Verbindlichkeiten (Abs. 1 S. 1) noch auf Zurückbehaltung (Abs. 1 S. 2) oder Versilberung (Abs. 3) einen Anspruch. Sie können ungeachtet des § 2046 BGB gem. § 2059 Abs. 2 BGB gegen den ungeteilten Nachlass vorgehen. Auch der **Miterbe**, der eine Forderung gegen den Nachlass hat, kann Befriedigung aus dem ungeteilten Nachlass verlangen. Die Klage ist gegen die übrigen Erben auf Befriedigung aus dem Nachlass zu richten.[47] Siehe hierzu auch § 6 Rdn 252 sowie § 9 Rdn 24, 45. 47

IV. Teilung der Nachlassgegenstände

1. Allgemeines

Die Teilung der Nachlassgegenstände erfolgt nach § 2042 Abs. 2 i.V.m. **§§ 752–757 BGB.** 48
Vor einer Verteilung des Nachlasses gem. §§ 752, 753 BGB sind etwaige **Teilungsanordnungen** des Erblassers gem. § 2048 BGB zu berücksichtigen. Über Teilungsanordnungen des Erblassers können sich die Erben einstimmig hinwegsetzen. Wirksam kann dies nur durch einen Testamentsvollstrecker verhindert werden (siehe § 10 Rdn 94 ff. und 102 ff.).

Grundsätzlich hat die Teilung gem. § 752 BGB „in Natur" zu erfolgen. Die **Gewährleistung** 49
der übrigen Miterben richtet sich nach § 757 BGB. § 757 BGB gilt jedoch nur bei einer Zuteilung an einen **Miterben im Rahmen der Auseinandersetzung** der Erbengemeinschaft, **nicht** bei **Veräußerung** an Außenstehende (dort gelten die dem jeweiligen Vertrag zugrunde liegenden Regelungen). Es gelten für die Miterben die Vorschriften der §§ 434 ff. BGB, wobei jeder Miterbe im Verhältnis seines Anteils haftet. § 757 BGB soll nicht gelten, wenn gleichartige gemeinschaftliche Gegenstände an alle Miterben verteilt worden sind, aber nur einer oder wenige einen Schaden erlitten haben, da ungleiche Folgerisiken durch § 757 BGB nicht geschützt werden sollen.[48]

Falls eine Teilung in Natur gem. § 752 BGB nicht möglich ist, sieht § 753 BGB den **Verkauf** 50
des Nachlassgegenstandes vor. Für **bewegliche Sachen** gelten nach § 753 BGB die Vorschriften der §§ 1234–1240 BGB über den Pfandverkauf (siehe unten Rdn 72). Bei **Immobilien**, grundstücksgleichen Rechten wie Erbbaurecht, Schiffen, Schiffsbauwerken und Luftfahrzeugen erfolgt eine Teilungsversteigerung nach § 180 ZVG (Aufhebung einer Gemeinschaft, siehe unten Rdn 78). **Unstatthaft** ist eine Versteigerung an Dritte bei einer Vereinbarung unter den Erben oder Anordnung durch den Erblasser, § 2048 BGB (vgl. hierzu oben Rdn 31.). Mithin **begründet** § 753 BGB **kein Veräußerungsverbot**, sondern setzt es voraus und lässt es unberührt.[49] Ein Recht zur **Teilungsversteigerung** kann ausnahmsweise gleichwohl **trotz** einer **Teilungsanordnung** dann bestehen, wenn die Versteigerung erforderlich ist, um einen schweren Nachteil für den Nachlass abzuwenden und berechtigte Interessen des begünstigten Miterben nicht entgegenstehen.[50]

---

47 Staudinger/*Löhnig*, § 2046 Rn 9.
48 So MüKo/*K. Schmidt*, § 757 Rn 4 m.w.N.
49 MüKo/*K. Schmidt*, § 753 Rn 11.
50 OLG Oldenburg, Urt. v. 4.2.2014 -12 U 144/13, Leitsatz und Rn 12, juris.

2. ABC der Nachlassgegenstände

51 **Aktien** können unter den Miterben entsprechend ihren Erbquoten durch gemeinsame Anweisung an die Bank zu Alleineigentum der Erben in deren Depots übertragen werden. Einzelne Aktien sind nicht teilbar, § 8 Abs. 5 AktG. Etwaige Differenzen, die sich dadurch ergeben, dass die Aktien nicht vollständig „ohne Rest" zu verteilen sind, werden entweder durch Zahlungen zwischen den Erben ausgeglichen oder die verbleibenden Aktien werden verkauft und der Erlös wird verteilt, § 753 BGB. Wegen der Gebühren für den Verkauf wird diese Alternative regelmäßig jedoch wirtschaftlich nicht sinnvoll sein, weil der Verkaufserlös häufig hierzu nicht im angemessenen Verhältnis steht.

52 **Barvermögen**: Bargeld wird unter Erben entsprechend ihren Erbquoten aufgeteilt. Hier ergeben sich keine Besonderheiten bei der Verteilung

53 **Besitz- und Nutzungsverhältnisse** sind grundsätzlich unteilbar, aber auch nicht veräußerlich (also auch kein Fall des § 753 BGB). Die Verteilung kann – wenn überhaupt – nur durch Zustimmung des Vertragspartners zur „Teilung" erfolgen.[51] Bei Mietverträgen über Wohnraum sollte die Erbengemeinschaft innerhalb der Frist des § 564 S. 2 BGB den Mietvertrag kündigen (hierzu im Einzelnen siehe § 19 Rdn 23). Wurde dies versäumt oder will die Erbengemeinschaft gemeinschaftlich das Vertragsverhältnis weiterführen, so wird durch eine einvernehmliche Regelung der Erben mit dem Vertragspartner ebenfalls eine Teilung vollzogen. Ist eine gemeinschaftliche Nutzung nicht beabsichtigt, so hat die Erbengemeinschaft das Vertragsverhältnis zu kündigen, § 2040 BGB. Da eine Auseinandersetzung sonst nicht erfolgen kann, sind die Erben verpflichtet, hieran mitzuwirken. Einzelheiten zum Mietrecht in § 19.

54 **Bruchteile** einer Gemeinschaft sind teilbar, so dass durch die Teilung die Miterbenanteile in der Bruchteilsgemeinschaft aufgehen.[52] Zum Anteil an einer (anderen) Erbengemeinschaft als Teil des Vermögens der Erbengemeinschaft siehe unter „Erbteile" (siehe Rdn 55).

55 **Digitaler Nachlass** ist danach zu unterscheiden, ob es sich um Zugang zu sozialen Netzwerken, E-Mail-Konten u.Ä. handelt, oder um Anbieter, die werthaltige Daten verwalten (z.B. über iTunes Store, Amazon Prime oder Audible erworbene Musik, Bücher oder Filme sowie Bitcoin).

Bei Zugang zu **sozialen Netzwerken** (aber vergleichbar auch „erst recht" bei E-Mail-Konten) ist nach der Entscheidung des BGH vom 12.7.2018 („Facebook")[53] höchstrichterlich geklärt, dass der Anspruch auf Zugang nach § 1922 BGB vererblich ist. Gleichzeitig zieht der BGH völlig zu Recht die naheliegende Parallele zu § 2047 Abs. 2 BGB (und § 2373 S. 2 BGB),[54] so dass hier auf die nachfolgenden Ausführungen zu **Schriftstücken** (Rdn 69) Bezug genommen werden kann.

Hinsichtlich **werthaltiger Daten** des Erblassers muss unterschieden werden, welche vertraglichen Rechte der Erblasser erworben hatte (Miete? Möglicherweise personengebunden? Keine Möglichkeit der Veräußerung? Keine Übertragbarkeit bei Tod?) und ob etwaige von § 1922 BGB abweichende Regelungen nach § 307 Abs. 1, Abs. 2 Nr. 1 und 2 BGB unwirksam sind.[55] So erwirbt beispielsweise der „Käufer" eines **eBooks** (lediglich) ein **Nutzungsrecht**. Anders als bei einem Buch gilt insoweit **nicht** der sog. **Erschöpfungsgrundsatz**,

51 MüKo/*K. Schmidt*, § 752 Rn 15.
52 MüKo/*K. Schmidt*, § 752 Rn 16.
53 BGH, Urt. v. 12.72018 – III ZR 183/17, juris.
54 BGH, Urt. v. 12.72018 – III ZR 183/17,Rn 49, juris.
55 Vgl. hierzu auch BGH, Urt. v. 12.72018 – III ZR 183/17,Rn 28, juris.

§ 17 Abs. 2 UrhG, weil kein Werkstück verbreitet wird; stattdessen wird eine unkörperliche Datei öffentlich zugänglich gemacht, § 19a UrhG. Die **Unwirksamkeit** abweichender Regelungen zur **Vererblichkeit** vermögenswerter digitaler Güter ist nicht erst nach der Entscheidung des BGH („Facebook“[56]) anzunehmen. Bis auch hier jedoch eine höchstrichterliche Klärung erfolgt ist, sollte bereits im Rahmen der **Gestaltung** durch Hinterlegung der Zugangsdaten **vorgebeugt** werden.[57]

Erbteile an anderen Erbengemeinschaften sind nicht in Natur teilbar, sondern lediglich in Bruchteile zerlegbar.[58] Bei der Auseinandersetzung kann somit der gesamthänderisch gehaltene Erbteil an einer anderen Erbengemeinschaft in eine Bruchteilsgemeinschaft umgewandelt werden, § 741 BGB. Die Auseinandersetzung ist damit insoweit ebenfalls vollzogen. Der Erbteil des vormals gesamthänderisch gehaltenen Erbteils „spaltet“ sich jedoch nicht entsprechend den Erbquoten auf: Die Teilung findet nur ideell statt und die Anzahl der Erbteile ändert sich nicht.[59] 56

Erfindungen sind nicht teilbar, sondern müssen nach § 753 BGB veräußert werden.[60]

Festverzinsliche Wertpapiere oder ähnliche Anlageformen, die auf bestimmte Dauer vom Erblasser abgeschlossen worden sind und daher nicht ohne Weiteres „taggleich“ aufgelöst werden können: Hier muss eine Abwägung im Einzelfall vorgenommen werden hinsichtlich der Verpflichtung zur Mitwirkung bei der Auseinandersetzung (und somit der vorzeitigen und kostenintensiven Kündigung) und der Restlaufzeit der Papiere. Handelt es sich jedoch um Forderungen gegen den Emittenten der Wertpapiere, die **teilbar** sind (Bundesschatzbriefe u.Ä.), so lassen sich die Papiere in Depots der Miterben zu Alleineigentum übertragen. Etwaige Differenzen, die sich durch Überschüsse bei der Teilung ergeben, sind von den jeweils anderen Erben auszugleichen. 57

Forderungen sollen unter bestimmten Voraussetzungen teilbar sein.[61] In der Praxis der Auseinandersetzung der Erbengemeinschaft wird jedoch regelmäßig die Forderung gem. § 754 BGB bzw. § 2039 BGB eingezogen werden oder worden sein. § 754 BGB bestimmt die **Reihenfolge**, in der die Auseinandersetzung hinsichtlich einer Forderung stattzufinden hat: Vorrangig (gemeinschaftliche) Einziehung der Forderung (vgl. auch § 2039 BGB) und erst nachrangig Verkauf der Forderung gem. § 753 BGB. Abweichende Vereinbarungen der Erben oder Teilungsanordnungen des Erblassers gem. § 2048 BGB haben Vorrang. Ist die Forderung noch nicht fällig oder kann aus anderen Gründen noch nicht eingezogen werden, so wird eine Teilabtretung der Forderung – wenn sie überhaupt zulässig ist – im Rahmen der Auseinandersetzung häufig wirtschaftlich nicht sinnvoll sein. Letztlich wird es dann auf eine Veräußerung der Forderung entsprechend § 753 BGB hinauslaufen, was auch eine praktikable Lösung darstellt. (Zu Steuererstattungsansprüchen siehe Rdn 71). 58

Fotos: Siehe hierzu unter Schriftstücke (vgl. Rdn 69). 59

Gesellschaftsanteil: Siehe hierzu unter Personengesellschaften (vgl. Rdn 67) bzw. GmbH-Anteil (vgl. Rdn 61). 60

GmbH-Anteil: Ein zum Nachlass gehörender GmbH-Anteil muss in Teilgeschäftsanteile aufgeteilt werden, sofern dies nicht durch die Satzung der GmbH ausgeschlossen ist.[62] Die 61

56 Vgl. hierzu auch BGH, Urt. v. 12.72018 – III ZR 183/17,Rn 28, juris.

57 Zur „digitalen Vorsorge“ vgl. BeckOGK/*Preuß*, BGB, § 1922 Rn 384.

58 BGH, Urt. v. 28.6.1963 – V ZR 15/62, NJW 1963, 1610, 1611; MüKo/*K. Schmidt*, § 752 Rn 17.

59 BGH, Urt. v. 28.6.1963 – V ZR 15/62, NJW 1963, 1610, 1611.

60 MüKo/*K. Schmidt*, § 752 Rn 18.

61 Zu Einzelheiten vgl. MüKo/*K. Schmidt*, § 752 Rn 19.

62 Palandt/ *Weidlich*, § 2042 Rn 17.

Teilung der Geschäftsanteile muss durch Bestimmung der Gesellschafter erfolgen, § 46 Nr. 4 GmbHG. Bei der Teilung ist die Mindeststückelung nach § 5 Abs. 2 S. 1 GmbHG[63] zu beachten.

62 **Grabstelle/Grabrecht**: Kein real teilbares Recht, regelmäßig ist aufgrund der jeweiligen Friedhofsordnung auch keine Teilungsversteigerung gem. § 753 Abs. 1 S. 1 BGB möglich; daher bleibt lediglich Versteigerung unter den Miterben, § 753 Abs. 1 S. 2 BGB.[64]

63 **Immobilien** können nur bei – praktisch kaum vorkommender – Gleichartigkeit der Teile nach § 752 BGB verteilt werden.[65] Regelmäßig wird daher Teilung durch Verkauf (§ 753 BGB) oder Teilungsversteigerung (§ 180 ZVG) erfolgen.

64 **Kunstwerke** sind unteilbar, auch wenn sie aus mehreren Stücken bestehen. Bei einer Kunst**sammlung** ist es eine Frage des Einzelfalls, ob eine wirtschaftlich notwendige Zusammengehörigkeit besteht. Allein die Tatsache, dass die vollständige Sammlung mehr Wert hat als die Einzelteile, ist nach *K. Schmidt* noch kein ausreichender Anhaltspunkt.[66] Dies erscheint widersprüchlich. Vielmehr steht wohl bei einer Sammlung von Kunstgegenständen, Münzen, Büchern u.Ä. der **tatsächliche** Zusammenhang, den der Erblasser durch das Sammeln geschaffen hat, derart im Vordergrund, dass sich eine Teilung nach § 752 BGB verbietet. Eine Veräußerung der **gesamten** Sammlung nach § 753 BGB ist dann der einzige Weg der Auseinandersetzung, wenn sich die Erben nicht anderweitig verständigen wollen.

65 **Mietverträge**: Siehe hierzu unter Besitz- und Nutzungsverhältnisse (vgl. Rdn 53).

66 **Pachtverträge**: Siehe hierzu unter Besitz- und Nutzungsverhältnisse (vgl. Rdn 53).

67 **Personengesellschaften**: Anteile an einer Personengesellschaft können nur mit Zustimmung aller Gesellschafter oder aufgrund des Gesellschaftsvertrages geteilt werden. Zu prüfen ist vorab, ob der Gesellschaftsanteil überhaupt in das Gesamthandsvermögen der Erbengemeinschaft gefallen ist oder durch vorrangige gesellschaftsvertragliche Regelungen anderweitig übergegangen ist.

68 **Sammlung**: Siehe hierzu unter Kunstwerke (vgl. Rdn 64).

69 **Schriftstücke**: Beziehen sich Schriftstücke auf die persönlichen Verhältnisse des Erblassers, dessen Familie oder auf den ganzen Nachlass, bleiben sie Eigentum der Gesamthand der Miterben, wodurch ein Vollzug der Teilung i.S.v. §§ 2059 ff. BGB freilich nicht verhindert wird. Jeder Miterbe hat ein Recht auf Einsicht und sachgemäßen Gebrauch an den Papieren.[67] Im Umkehrschluss zu § 2373 S. 2 BGB ist anzunehmen, dass **Familienfotos** nicht unter Abs. 2 fallen,[68] was der – häufig sicherlich unbefriedigenden – Lage nach dem Gesetz entspricht. Praktikabel wird hier eine Einigung der Erben sein, die Schriftstücke und Fotos (ggf. auf Kosten des Nachlasses) zu digitalisieren. Alsdann könnte ausgelost werden – falls keine Einigung möglich ist –, wer die Originale erhält. Derjenige hat jedenfalls die Schriftstücke dann aber auch für die Erbengemeinschaft zu verwahren.

70 **Sparbücher** (mit gesetzlicher Kündigungsfrist): Das Kündigungsrecht steht den Erben nur gemeinschaftlich zu, § 2040 BGB (siehe auch § 4 Rdn 39 ff.). Zur Ausübung des Kündigungsrechts sind die Erben im Rahmen ihrer Mitwirkungspflicht bei der Auseinanderset-

63 § 5 Abs. 2 S. 1 GmbHG: „Der Nennbetrag jedes Geschäftsanteils muss auf volle EUR lauten."
64 OLG Oldenburg, Urt. v. 22.8.1995 – 5 U 32/95, OLGR 1996, 8, 9.
65 MüKo/*K. Schmidt*, § 752 Rn 21.
66 MüKo/*K. Schmidt*, § 752 Rn 13, 23.
67 MüKo/*Ann*, § 2047 Rn 7.
68 Staudinger/*Löhnig*, § 2047 Rn 6.

zung verpflichtet. Fraglich ist allein, ob die übrigen Erben im Rahmen ihrer Mitwirkungspflicht auch verpflichtet sind, einer **vorzeitigen** Kündigung zuzustimmen (was mit der Verpflichtung einherginge, Vorfälligkeitszinsen zahlen zu müssen). Da bei Sparbüchern regelmäßig eine dreimonatige Kündigungsfrist besteht, wird sich das Problem in der Praxis jedoch selten stellen: Kein vernünftig und wirtschaftlich denkender Erbe wird angesichts dieses kurzen Zeitraumes im Verhältnis zu teilweise erheblichen Vorfälligkeitsentschädigungen auf eine vorzeitige Auszahlung bestehen. Andernfalls wird der betreibende Miterbe sich wohl den Einwand aus § 242 BGB entgegenhalten lassen müssen, da er ein Recht ausüben möchte, „um des Rechts willen", jedoch ohne schutzwürdiges Eigeninteresse.

Steuererstattungsansprüche: Die Behandlung der Einkommensteuererstattungsansprüche 71
wirft dann Probleme auf, wenn die Steuer aufgrund gemeinsamer Veranlagung gezahlt worden ist und ein Ehegatte überlebt: Der Erstattungsanspruch des überlebenden Ehegatten fällt **nicht** in den Nachlass. Im Steuerbescheid ist der Betrag jedoch nicht gesondert ausgewiesen. Maßgebend ist daher der durch den **Erblasser gezahlte** Anteil an der Einkommensteuer. Dies wird regelmäßig mehr oder weniger als die Hälfte des Erstattungsanspruches sein, so gut wie nie aber **genau** die Hälfte. Der genaue Betrag ist schwierig zu berechnen. Zu denken ist daran, einen Antrag auf getrennte Veranlagung zu stellen, so dass sich ein isolierter Erstattungsanspruch des Erblassers ergibt, der dann vollständig in den Nachlass fällt und geteilt werden kann. Dadurch wird jedoch der Vorteil der Splitting-Tabelle nicht nur zum Nachteil des überlebenden Ehegatten, sondern auch zum Nachteil der gesamten Erbengemeinschaft aufgegeben. Praktikabel[69] wird es daher sein, den Erstattungsanspruch im Verhältnis zu dem Einkommen der Eheleute sowie der gezahlten Einkommensteuer zu setzen und so den genauen Erstattungsanspruch zu ermitteln, der in den Nachlass gefallen ist. Dieser Betrag ist dann nach Erstattung zwischen den Erben aufzuteilen. Hatte der überlebende Ehegatte keine zu versteuernden Einkünfte, fällt der gesamte Erstattungsanspruch in den Nachlass und ist zwischen den Erben entsprechend ihrer Erbquoten aufzuteilen.

3. Teilungsverkauf (Pfandverkauf)

a) Allgemeines

Bei der Auseinandersetzung der Erbengemeinschaft sind Nachlassgegenstände in erster 72
Linie in Natur zu teilen, §§ 2042, 752 BGB. In der Praxis ist es allerdings die Ausnahme, dass sich Nachlassgegenstände in gleichartige, den Anteilen der Miterben entsprechende Teile zerlegen lassen, ohne dass sie an Wert verlieren. Regelmäßig ist daher der Verkauf der Nachlassgegenstände („Versilberung") notwendig. Wie auch sonst grundsätzlich Verfügungen über Nachlassgegenstände von **allen** Erben vorgenommen werden müssen (vgl. zu Ausnahmen aber § 4 Rdn 47, 77 ff. und 126 ff.), ist auch die Versilberung von Nachlassgegenständen zur Vorbereitung der Auseinandersetzung nur einstimmig durch alle Miterben möglich, § 2040 Abs. 1 BGB. Sind sich die Erben **einig** kann der Nachlassgegenstand öffentlich versteigert werden, §§ 1235 Abs. 1, 383 Abs. 3 BGB oder freihändig verkauft werden, wenn die Sache einen Börsen- oder Marktpreis hat, § 1235 Abs. 2 BGB.

Ein sich widersetzender Miterbe kann **nicht** nach §§ 2038 Abs. 2, 745 BGB von der Mehr- 73
heit der übrigen Miterben überstimmt werden. Es handelt sich bei der Versilberung der Nachlassgegenstände nicht um eine Maßnahme der Verwaltung (für die § 2038 BGB gelten würde). Vielmehr ist die Versilberung Vorstufe zur **Auseinandersetzung** nach § 2042 BGB.

69 Aber aufgrund der Steuerprogression nicht ganz präzise.

Die „Auseinandersetzung" nach § 2042 BGB ist jedoch keine „Verwaltung" i.S.v. § 2038 BGB. Die Auseinandersetzung nach § 2042 BGB kann grundsätzlich jeder Erbe jederzeit[70] von den übrigen Erben verlangen.[71] Der vom Gesetz vorgegebene, in der Praxis aber selten genutzte Weg ist der **Pfandverkauf**, §§ 2042, 753 BGB, der – im Gegensatz zur ansonsten ähnlichen Situation der Teilungsversteigerung (siehe unten Rdn 78) – gleichfalls einen Titel gegen sich widersetzende Erben erfordert.[72]

74 Wie *Damrau*[73] eindrucksvoll darlegt, ist der Pfandverkauf als taktische Maßnahme der Teilungsversteigerung häufig vorzuziehen:

- Der Gegenstandswert einer Klage zur Durchsetzung des Pfandverkaufs richtet sich nach dem zu verwertenden Gegenstand, so dass hier deutlich geringere Werte angesetzt werden können als bei einer Teilungsversteigerung.
- Der entscheidende Richter wird versuchen können, eine abschließende Auseinandersetzung zwischen den Parteien zu vermitteln, wodurch die Nachlassangelegenheit abschließend erledigt werden kann.[74]
- Außerdem wird das Klageverfahren regelmäßig jedenfalls in einer Instanz schneller abgeschlossen werden können als die Teilungsversteigerung.

Wenn ein Pfandverkauf droht, kann ein Miterbe gem. § 1246 Abs. 2 BGB beim Amtsgericht eine **abweichende Art des Pfandverkaufs** beantragen, wenn dies nach billigem Ermessen den Interessen der Beteiligten entspricht (siehe hierzu auch § 12 Rdn 47).[75] Zuständig ist das Amtsgericht am Ort der Pfandsache, § 411 Abs. 4 FamFG i.V.m. § 23a Abs. 1 Nr. 2, Abs. 2 Nr. 5 GVG.[76] Entschieden wird im Verfahren der freiwilligen Gerichtsbarkeit.[77]

b) Bewegliche Gegenstände

75 Können sich die Erben nicht einvernehmlich auf eine Verwertung des Nachlassgegenstandes einigen, muss der Widerstand der sich widersetzenden Erben durch Klage überwunden werden.[78] Die Klage ist entweder gerichtet auf **Einwilligung in den Pfandverkauf** oder auf **Duldung der Pfandverwertung**:

- Nach einer erfolgreichen Klage auf **Einwilligung** zum Pfandverkauf richtet sich das weitere Vorgehen nach den §§ 1235 ff. BGB.
- Nach einer erfolgreichen Klage auf **Duldung** der Pfandverwertung hat der Kläger hingegen die Wahl, den Nachlassgegenstand nach §§ 1235 ff. BGB versteigern oder veräußern zu lassen **oder** über § 1233 Abs. 2 BGB nach den Vorschriften der ZPO zu verkaufen.[79]

76 Wie auch bei der Auseinandersetzungsklage (siehe auch § 9 Rdn 25) ist für eine erfolgreiche Klage die **Teilungsreife** des Nachlasses erforderlich. So verhindern beispielsweise fällige

70 Ausnahmen in §§ 2043–2045 BGB.
71 *Damrau*, ZEV 2008, 216, 218.
72 Ausführlich zum Pfandverkauf: *Damrau*, ZEV 2008, 216.
73 *Damrau*, ZEV 2008, 216.
74 Dem Rechtspfleger des Teilungsversteigerungsverfahrens ist es hingegen sowohl im Rahmen der Teilungsversteigerung als auch im Verteilungstermin nicht möglich, eine Einigung der Parteien herbeizuführen und zu protokollieren.
75 *Damrau*, ZEV 2008, 216, 220.
76 BeckOGK/*Förster*, BGB, § 1246 Rn 9.
77 BeckOGK/*Förster*, BGB, § 1246 Rn 9.
78 Kritisch dazu (keine Einstimmigkeit erforderlich): BeckOGK/*Rißmann/Szalai*, BGB, § 2042 Rn 56.1. ff.
79 *Damrau*, ZEV 2008, 216, 218.

und unstreitige Nachlassverbindlichkeiten (§ 2046 Abs. 1 BGB) die Teilungsreife.[80] Erhebt der Beklagte dann erfolgreich den Einwand der fehlenden Teilungsreife, würde die Klage abgewiesen werden.

c) Rechte im Nachlass

Für die Verwertung **unteilbarer Rechte** ist ein Duldungstitel erforderlich, § 1277 S. 1 BGB. 77
Der Titel muss entweder auf Duldung der Zwangsvollstreckung in das Recht oder auf Gestattung der Befriedigung aus dem Recht nach den Vorschriften der Zwangsvollstreckung lauten. Die Zwangsvollstreckung richtet sich nach §§ 828 ff., 857 BGB.[81]

4. Teilungsversteigerung

Gehören **Immobilien,** grundstücksgleiche Rechte wie Erbbaurecht, Schiffe, Schiffsbau- 78
werke oder Luftfahrzeuge zum gesamthänderisch gebundenen Vermögen der Erbengemeinschaft, werden diese nicht im Rahmen einer Auseinandersetzungsklage, sondern durch Teilungsversteigerung gem. § 180 ZVG auseinandergesetzt. Würde mit einer Auseinandersetzungsklage die Aufteilung von Immobilien begehrt, ist die Klage mangels Teilungsreife ohne weiteres als unbegründet abzuweisen.[82] Etwas anderes könnte ausnahmsweise nur dann gelten, wenn die Verteilung der Immobilien einer testamentarischen Anordnung für die Auseinandersetzung gem. § 2048 BGB entspricht.

Antragsberechtigt ist jeder Miterbe als Bruchteilseigentümer grundsätzlich zu jeder Zeit, 79
§ 2042 BGB. Ausnahmen können sich beispielsweise durch testamentarische Anordnungen (Teilungsverbot, § 2044 BGB) oder Vereinbarungen zwischen **allen** Miterben ergeben.[83] Teilungsreife des Nachlasses ist hier – anders als bei der Duldungsklage auf Pfandverkauf (siehe oben Rdn 75) – **nicht** erforderlich. Jedoch muss mit der Versteigerung auch **tatsächlich** die **Auseinandersetzung** der Erbengemeinschaft **bezweckt werden**: Geht es dem betreibenden Erben lediglich darum, den Erlös zu teilen (unzulässige Teilauseinandersetzung) oder diesen ungeteilt in fortbestehender Erbengemeinschaft zu belassen, kann dies gegen den Willen der übrigen Erben nicht verlangt werden.[84]

Zu den Möglichkeiten bei Vorliegen eines (gegenständlich beschränkten) Auseinanderset- 80
zungsverbotes (§ 2044 BGB) oder einer Teilungsanordnung (§ 2048 BGB) gegen eine Teilungsversteigerung rechtlich vorzugehen siehe oben Rdn 31.

Ein **Vollstreckungstitel** i.S.v. § 16 Abs. 1 ZVG ist im Rahmen der Teilungsversteigerung 81
nach § 180 ZVG nicht erforderlich, vgl. § 181 Abs. 1 ZVG. „Anspruch" i.S.v. § 16 Abs. 1 ZVG ist der Anspruch auf Aufhebung der Gemeinschaft.[85] Dies muss der Antragssteller nicht nachweisen, sondern kann auf das Grundbuch verweisen, § 17 Abs. 2 ZVG.

Zuständig ist das Gericht, in dessen Gerichtsbezirk die versteigernde Immobilie belegen 82
ist, § 1 ZVG. Das Vollstreckungsgericht verteilt den Erlös der Zwangsversteigerung nur dann unter den Miterben, wenn spätestens im Verteilungstermin eine Erklärung aller Erben

80 *Damrau*, ZEV 2008, 216, 218.
81 Palandt/*Wicke*, § 1277 Rn 2.
82 BGH, Urt. v. 13.4.1988 – IVb ZR 48/87, NJW 1998, 1156, 1157 (im rechtlich vergleichbaren Fall einer Gütergemeinschaft); KG, Urt. v. 20.10.1960 – 12 U 255/60, NJW 1961, 733; OLG Frankfurt, Urt. v. 19.10.1994 – 17 U 207/93, OLGR 1995, 31, 33.
83 Vgl. hierzu i.E. Bonefeld/Wachter/*Rißmann*, § 5 Rn 268 ff.
84 KG, Urt. v. 1.8.2012 – 21 U 169/10, LS und Rn 14, juris.
85 *Grothues*, ZErb 2000, 69, 71.

vorliegt. Andernfalls wird der Erlös nach Abzug der Kosten für das Verfahren bei der **Hinterlegungsstelle** des Amtsgerichts hinterlegt. Für die Freigabe des hinterlegten Geldes ist dann wiederum eine gemeinsame Erklärung aller Erben oder ein diese Erklärung ersetzendes Urteil erforderlich.

83 **Muster 8.1: Antrag auf Teilungsversteigerung gem. § 180 ZVG**

(nach Uricher/*Rißmann*, Erbrecht, § 3 Rn 167)

Amtsgericht Potsdam
- Vollstreckungsgericht -
Postfach 600951

14409 Potsdam

Antrag auf Anordnung der Teilungsversteigerung

In der Zwangsvollstreckungssache

des Bauingenieurs Daniel Meier, Goethestraße 16, 20348 Hamburg

- Antragsteller -

Prozessbevollmächtigte:

Rechtsanwälte Clever und Smart,

Schlossstraße 13, 14467 Potsdam

gegen

1. Frau Magda Meier, Schillerstraße 15, 10179 Berlin,

2. Frau Anna Lessing-Meier, Pacellistraße 5, 80333 München

- Antragsgegner -

beantragen wir namens und in Vollmacht des Antragstellers

die Zwangsversteigerung zum Zwecke der Aufhebung der Gemeinschaft des im Grundbuch zu Groß Glienicke, Blatt 24, Flur 12, Flurstück 340, Gemarkung Groß Glienicke, eingetragenen Grundstückes anzuordnen.

Begründung:

Der Antragsteller und die Antragsgegner bilden eine Erbengemeinschaft nach dem am 11.4.2016 verstorbenen Erblasser Max Meier. Er wurde von der Antragsgegnerin zu 1/2 und vom Antragsteller sowie der Antragsgegnerin zu 2 zu jeweils 1/4 beerbt. Das Amtsgericht Tempelhof-Kreuzberg erteilte den Erben unter dem 19.11.2016 einen gemeinschaftlichen Erbschein.

Glaubhaftmachung: Fotokopie der 1. Ausfertigung des Erbscheins vom 19.11.2016, **Anlage ASt 1**

Herr Max Meier war Alleinerbe nach seiner am 8.2.1971 verstorbenen Mutter Elsa Meier, geb. Lehmann. Ein entsprechender Erbschein wurde durch das Amtsgericht Tempelhof-Kreuzberg unter dem 27.1.1978 erteilt.

Glaubhaftmachung: Fotokopie der 1. Ausfertigung des Erbscheins vom 27.1.1978, **Anlage Ast 2**

Aufgrund dieser Erbscheine wurde die Erbengemeinschaft in das vorgenannte Grundbuch eingetragen, auf das wir Bezug nehmen, § 17 Abs. 2 ZVG.

Nahezu seit Beginn des Bestehens der Erbengemeinschaft wurden erhebliche Diskrepanzen hinsichtlich der Zuständigkeit für erforderliche Formalitäten und Uneinigkeit zum Umgang mit den Behörden deutlich. Die Antragstellerin versuchte daher bereits frühzeitig, im Wege eines Verkaufs des Grundstücks, die Erbengemeinschaft gütlich und ohne größere Verluste aufzulösen. Die Antragsgegner lassen jedoch sämtliche unternommenen Verkaufsversuche des Antragstellers ohne nachvollziehbare Gründe „ins Leere laufen".

Auch wies der Antragsteller bereits im Jahre 2017 darauf hin, dass eine Zwangsversteigerung des Grundstückes erforderlich werden würde, wenn ein Verkauf des Grundstückes nicht ermöglicht werden sollte. Sämtliche Versuche einer gütlichen Einigung mit dem Antragsgegner blieben ergebnislos.[86]

Der Antragsteller begehrt mit dem vorliegenden Antrag nunmehr als Miteigentümer zu 1/4 die Aufhebung der Bruchteilsgemeinschaft gem. § 180 ZVG.

Clever

Rechtsanwalt

V. Rechtsfolgen der Auseinandersetzung

Mit Beendigung der Erbengemeinschaft ist die **Gesamthandsgemeinschaft beendet** und kann auch nicht durch Vertrag wieder begründet werden. **Rücktritt** vom Auseinandersetzungsvertrag ist möglich, führt jedoch nicht zum „Wiederaufleben" der Erbengemeinschaft, da jene nur durch Erbfall entstehen kann.[87] Allein die **Anfechtung** des Vollzuges der Auseinandersetzung führt gem. § 142 BGB dazu, dass die Erbengemeinschaft nicht beendet ist (siehe hierzu auch Rdn 87).[88] 84

Nach der Auseinandersetzung **haften** die Erben unbeschränkt auch mit ihrem Eigenvermögen als Gesamtschuldner, §§ 2058 ff. BGB (vgl. auch § 6 Rdn 169).

C. Auseinandersetzungsvertrag (Teilungsvertrag)

Neben der Auseinandersetzung nach den gesetzlichen Teilungsregeln (siehe oben Rdn 7 ff.) bleibt es den Erben im Rahmen der Vertragsfreiheit unbenommen, sich einvernehmlich im Rahmen eines Auseinandersetzungsvertrages abschließend über die Verteilung der Nachlassgegenstände u.Ä. zu einigen. Der Vertrag, mit dem sich die Miterben auf eine Auseinandersetzung einigen, ist grundsätzlich an keine Form gebunden. Zu beachten sind gegebenenfalls Formvorschriften, die sich bei der Übertragung einzelner Nachlassgegenstände im Rahmen der Auseinandersetzung ergeben.[89] Es liegt jedoch auf der Hand, dass in der Praxis schon aus Beweisgründen mindestens die Schriftform vorzuziehen ist. (Zur Beteiligung **minderjähriger Miterben** an einem Auseinandersetzungsvertrag siehe § 12 Rdn 53 ff.). 85

Grundsätzlich ist der Auseinandersetzungsvertrag zwischen allen Miterben eine **abschließende Regelung** über die **endgültige** Verteilung des Nachlasses. Selbst wenn ein Miterbe danach mehr erhalten haben sollte, als ihm nach Testament und Gesetz zustünde, ist er den anderen Erben nicht zum Ausgleich verpflichtet: Im Rahmen des Auseinandersetzungsvertrages können „einzelne bevorzugt, andere benachteiligt" werden.[90] In dem Auseinandersetzungsvertrag liegt dann zugleich der Verzicht der übrigen Miterben auf eine bessere Berücksichtigung. Mangels Einigung über die Unentgeltlichkeit wird das „Mehr" jedoch regelmäßig **nicht** im Wege der Schenkung übertragen, so dass es nicht der Form des § 518 BGB 86

86 Diese weitere Begründung ist für einen Antrag nach § 180 ZVG nicht erforderlich, aber auch nicht schädlich.
87 Staudinger/*Löhnig*, § 2042 Rn 66.
88 Staudinger/*Löhnig*, § 2042 Rn 66.
89 Z.B. bei Übertragung von Grundstücken, § 311b Abs. 1 BGB oder Geschäftsanteilen einer GmbH, § 15 Abs. 1 Nr. 3 GmbHG.
90 *Lange/Kuchinke*, § 44 III 3.

bedarf.[91] Liegt in dem Auseinandersetzungsvertrag eine vergleichsweise Regelung, so ist ein **Irrtum** über die geregelten Zweifelsfragen zwar bedeutungslos, ein Irrtum über die Vergleichs**grundlage** jedoch in den engen Grenzen des § 779 Abs. 1 BGB beachtlich.[92]

87 Daher ist bei Abschluss des Auseinandersetzungsvertrages durch den Rechtsanwalt sorgfältig zu prüfen, ob die Interessen des Mandanten bestmöglich durchgesetzt worden sind oder aber der Mandant bestätigt hat, dass er mit einem (Teil-)Verzicht einverstanden ist. Außerdem wird der Anwalt auf **eindeutige** und zweifelsfreie Formulierungen zu achten haben, die spätere Differenzen über Wirkung und Reichweite des Vertrages verhindern.[93] Verschweigt ein – vermeintlicher – Miterbe, dass er mit dem Erblasser einen Erb- und Pflichtteilsverzicht geschlossen hatte, so berechtigt dies die übrigen –tatsächlichen – Miterben zur Anfechtung des Auseinandersetzungsvertrages wegen arglistiger Täuschung. Denn

> *„hier bestand hinsichtlich des Erbverzichts (§ 2346 BGB) auch ungefragt eine Aufklärungspflicht durch den (vermeintlichen Miterben), da insoweit gegenüber seinen Geschwistern ein Informationsgefälle bestand. Für die Frage, zwischen wem und in welcher Weise eine Erbengemeinschaft auseinandergesetzt wird, ist es von ausschlaggebender Bedeutung, dass einer der im Erbschein genannten Erben in Wahrheit gar nicht Miterbe ist; mithin er also an einer Auseinandersetzung gar nicht teilhaben darf. Zudem besteht auch im Hinblick auf die familiäre Verbundenheit ein Vertrauensverhältnis, welches eine Aufklärungspflicht begründet.“*[94]

88 **Muster 8.2: Auseinandersetzungsvertrag (Teilungsvertrag)**

(nach Uricher/*Rißmann*, Erbrecht, § 3 Rn 144)

Teilungsvertrag[95]

zwischen

den gesetzlichen Erben des am 13.8.1930 geborenen und 11.4.2016 verstorbenen Max Meier, wohnhaft zuletzt in Berlin-Mitte, Schillerstraße 15, 10179 Berlin nach E, nämlich

F mit einer Quote von 1/2

K1 mit einer Quote von 1/4

K2 mit einer Quote von 1/4

§ 1 Gegenstand des Vertrages

Um die Erbengemeinschaft nach E endgültig und umfassend auseinanderzusetzen, schließen F, K1 und K2 den nachfolgenden Vertrag.

---

91 *Lange/Kuchinke*, § 44 III 3; selbst die Übertragung des gesamten Nachlasses auf einen von zwei Miterben ohne Gegenleistung soll eine formlos mögliche Auseinandersetzungsvereinbarung sein: LG Stuttgart, Urt. v. 26.1.2000 – 13 S 155/99, FamRZ 2000, 1251 (nur redaktioneller Leitsatz; im Übrigen unveröffentlicht).

92 *Lange/Kuchinke*, § 44 III 3.

93 Zur Schadensersatzpflicht eines Notars bei **missverständlicher** Formulierung des Parteiwillens in einem Erbauseinandersetzungsvertrag vgl. BGH, Urt. v. 19.3.1992 – IX ZR 120/91, NJW-RR 1992, 772.

94 OLG München, Urt. v. 24.6.2009 – 20 U 4882/08, juris, Rn 48 mit Hinweis auf BGH, Urt. v. 7.10.1991 – II ZR 194/90 wegen der Aufklärungspflicht.

95 Der Vertrag muss wegen der Verfügung über die Immobilien **notariell beurkundet** werden. Auf die Darstellung notarieller Urkundsformalien (Feststellung der Personalien, Mitwirkungsverbot, Belehrung und Hinweise z.B. Unbedenklichkeitsbescheinigung des Finanzamtes als Voraussetzung zur Antragstellung auf Eigentumsumschreibung oder das Genehmigungserfordernis nach der Grundstücksverkehrsordnung etc.) wurde verzichtet.

§ 2 Nachlassbestand

Die Erben sind sich einig darüber, dass der Nachlass noch aus folgenden Gegenständen besteht:

1. hälftiger Miteigentumsanteil an dem Einfamilienhaus in 10179 Berlin, Schillerstraße 15, eingetragen im Grundbuch vom Berlin-Mitte, Blatt 3942, Flur 2, Flurstück 4914/32
2. Mehrfamilienhaus in 01069 Dresden, Steinstraße 7, eingetragen im Grundbuch von Dresden, Blatt 2412, Flur 18, Flurstück 349/21
3. Bar- und Depotvermögen in Höhe von rund 160.000 EUR, wobei hiervon rund 60.000 EUR auf Aktien der Heureka AG entfallen.
4. diverser Hausrat im Einfamilienhaus in Berlin.

Es bestehen keine Forderungen und keine Verbindlichkeiten.

Hinsichtlich beider Grundbücher ist die Erbengemeinschaft als Eigentümerin eingetragen. Abteilungen II und III der Grundbücher sind jeweils lastenfrei.

§ 3 Verteilung

Der Nachlass wird wie folgt zwischen den Erben aufgeteilt:

1. F erhält den hälftigen Miteigentumsanteil des Einfamilienhauses in 10179 Berlin, Schillerstraße 15, eingetragen im Grundbuch vom Berlin-Mitte, Blatt 3942, Flur 2, Flurstück 4914/32 zu Alleineigentum übertragen.
   Die Erben sind sich einig, dass das Eigentum auf F als Alleineigentümerin übergeht.
   Sie bewilligen und beantragen, den Eigentumswechsel im Grundbuch einzutragen. Auf die Eintragung einer Auflassungsvormerkung wird allseits verzichtet.
   Besitz, Nutzungen und Lasten gehen auf F mit dem 1.10.2018 über.
2. F erhält den gesamten im Einfamilienhaus in Berlin befindlichen Hausrat sowie alle sonstigen im Einfamilienhaus befindlichen Gegenstände zu Alleineigentum.
3. K1 erhält das Mehrfamilienhaus in 01069 Dresden, Steinstraße 7, eingetragen im Grundbuch von Dresden, Blatt 2412, Flur 18, Flurstück 349/21 zu Alleineigentum übertragen.
   Die Erben sind sich einig, dass das Eigentum auf K1 als Alleineigentümer übergeht.
   Sie bewilligen und beantragen, den Eigentumswechsel im Grundbuch einzutragen. Auf die Eintragung einer Auflassungsvormerkung wird allseits verzichtet.
   Besitz, Nutzungen und Lasten gehen auf K1 mit dem 1.10.2018 über.
4. K2 erhält das bei der All Finanz-Kasse in Hamburg, BLZ 230 90 97, Kontonummer 160 620 05 befindliche Guthaben sowie die auf dem Depotkonto gebuchten Wertpapiere der Heureka AG zu Alleineigentum.
   Die Erben treten ihre Auszahlungsansprüche gegenüber der All Finanz-Kasse dazu an K2 ab. Darüber hinaus weisen sie die All Finanz-Kasse übereinstimmend an, das Guthaben sowie die Wertpapiere auf ein von K2 zu benennendes Konto und Depotkonto zu überweisen bzw. zu übertragen.

§ 4 Mängelhaftung

Die Parteien des Vertrages verzichten wechselseitig auf jegliche Sach- oder Rechtsmangelhaftung hinsichtlich der erhaltenen Gegenstände und nehmen den Verzicht an.

§ 5 Nachträgliche Verbindlichkeiten

1. Sollten nachträglich Nachlassverbindlichkeiten gegen die Erbengemeinschaft oder gegen einzelne Erben als Gesamtschuldner erhoben werden, verpflichten sich die Erben, sich gegenseitig unverzüglich darüber umfassend zu unterrichten.
2. Wird die Verbindlichkeit von der Mehrheit der Erben anerkannt oder rechtskräftig festgestellt, verpflichten sich sämtliche Erben den oder die in Anspruch genommenen Miterben unverzüglich von der Verbindlichkeit in der Höhe freizustellen, der ihrer eigenen Erbquote entspricht.

§ 6 Nachträgliche Forderungen[96]

1. Sollten nachträglich Nachlassforderungen der Erbengemeinschaft bekannt werden, verpflichten sich die Erben, sich gegenseitig vor einer Geltendmachung unverzüglich darüber umfassend zu unterrichten.
2. Sollten Kosten für die Geltendmachung der Forderung anfallen, so sind die Erben nur verpflichtet einen ihrer Erbquote entsprechenden Anteil an den Kosten zu tragen, wenn sie der Geltendmachung ausdrücklich zugestimmt haben. Ansonsten sind die Kosten von dem oder den betreibenden Erben zu tragen.
3. Nach schriftlicher Aufforderung durch einen Erben haben die übrigen Erben abschließend innerhalb von zwei Wochen zu erklären, ob sie der Geltendmachung einer Forderung zustimmen. Diese Aufforderung kann nicht vor einer Information nach Ziffer 1 erfolgen.
4. Wird ein Erbe entgegen Ziff. 1 nicht informiert und nicht nach Ziff. 3 aufgefordert, so kann sein Recht auf Genehmigung der Geltendmachung nicht erlöschen.
5. Nachträglich realisierte Forderungen werden im Verhältnis der o.a. Erbquoten zwischen den Erben verteilt, es sei denn, ein Erbe hat sich nicht an den Kosten der Geltendmachung beteiligt. In diesem Fall wächst sein Anteil den anderen Erben an.
6. Diejenigen Erben, die der Geltendmachung nicht zustimmen, erhalten

§ 7 Kosten

Die Kosten des Vollzuges der Verteilung unter § 3 trägt jeder Erbe selbst soweit er begünstigt ist. Jeder Erbe trägt die Kosten seiner anwaltlichen Vertretung selbst.

§ 8 Schlusserklärungen

1. Die Erben sind sich einig, dass mit diesem Vertrag sämtliche bis heute bekannten Nachlasswerte verteilt sind.
2. Ungeachtet der Werte, die möglicherweise nicht den Erbquoten der Erben entsprechen, sind die Erben weiter einig, dass zwischen ihnen keine weiteren Verpflichtungen aufgrund des Erbfalls nach Max Meier bestehen, die über diesen Vertrag hinausgehen.
3. Sollte eine Vereinbarung dieses Vertrages unwirksam sein oder werden, verpflichten sich die Erben bereits jetzt, eine neue Regelung zu treffen, die der unwirksamen Regelung wirtschaftlich am nächsten kommt.

(Datum)	(Datum)	(Datum)
(Unterschrift F)	(Unterschrift K2)	(Unterschrift K1)

96 Um zu verhindern, dass die Auseinandersetzung an ungewissen Nachlassforderungen scheitert oder später Streit über die Geltendmachung entsteht, sollte eine Regelung wie hier stets aufgenommen werden; eine alternative Formulierung ist im nachfolgenden Muster enthalten.

Muster 8.3: Auseinandersetzungsvertrag (Teilungsvertrag) mit Teilungsanordnung 89

(nach Uricher/*Rißmann*, Erbrecht, § 3 Rn 147)

Teilungsvertrag[97]

zwischen

den Erben des am 13.8.1930 geborenen und 11.4.2016 verstorbenen Max Meier, wohnhaft zuletzt in Berlin-Mitte, Schillerstraße 15, 10179 Berlin nach E, nämlich

F,

K1 und

K2.

§ 1 Gegenstand des Vertrages

Um die Erbengemeinschaft nach E endgültig und umfassend auseinanderzusetzen, schließen F, K1 und K2 den nachfolgenden Vertrag.

§ 2 Inhalt des Testamentes

E hinterließ ein Testament mit folgendem Inhalt:

„*Testament*

Zu meinen Erben bestimme ich meine Ehefrau F zu 1/2 und meinen Sohn K1 und meine Tochter K2 zu jeweils ¼.

Im Wege der Teilungsanordnung und somit in Anrechnung auf den jeweiligen Erbteil und ohne Verschiebung der eben genannten Erbquoten erhält meine geliebte Ehefrau unser Einfamilienhaus und das Bar- und Depotvermögen.

Ebenfalls im Wege der Teilungsanordnung erhalten mein Sohn das Mehrfamilienhaus und meine Tochter die von ihr bewohnte Eigentumswohnung.

Max Meier

1.5.2014"

§ 3 Erbquoten

Die Erben sind sich einig, dass sie entsprechend den im Testament genannten Quoten Erben nach E geworden sind, mithin

F mit einer Quote von ½

K1 mit einer Quote von ¼

K2 mit einer Quote von ¼

97 Der Vertrag muss wegen der Verfügung über die Immobilien **notariell beurkundet** werden. Auf die Darstellung notarieller Urkundsformalien (Feststellung der Personalien, Mitwirkungsverbot, Belehrung und Hinweise z.B. Unbedenklichkeitsbescheinigung des Finanzamtes als Voraussetzung zur Antragstellung auf Eigentumsumschreibung oder das Genehmigungserfordernis nach der Grundstücksverkehrsordnung etc.) wurde verzichtet.

§ 4 Nachlassbestand

Die Erben sind sich einig darüber, dass der Nachlass noch aus folgenden Gegenständen besteht:

1. hälftiger Miteigentumsanteil an dem Einfamilienhaus in 10179 Berlin, Schillerstraße 15, eingetragen im Grundbuch von Berlin-Mitte, Blatt 3942, Flur 2, Flurstück 4914/32
2. Mehrfamilienhaus in 01069 Dresden, Steinstraße 7, eingetragen im Grundbuch von Dresden, Blatt 2412, Flur 18, Flurstück 349/21
3. Eigentumswohnung in München, eingetragen im Wohnungsgrundbuch von München-Milbertshofen, Blatt 21
4. Bar- und Depotvermögen bei der All Finanz-Kasse in Hamburg, BLZ 230 90 97, Kontonummer 160 620 05
5. diverser Hausrat im Einfamilienhaus in Berlin.

Hinsichtlich aller Grundbücher ist die Erbengemeinschaft als Eigentümerin eingetragen. Abteilungen II und III der Grundbücher sind jeweils lastenfrei.

§ 5 Nachlasswerte

Die Erben sind sich u.a. aufgrund der vorliegenden Sachverständigengutachten über folgende Nachlasswerte zum heutigen Tag einig:

1. hälftiger Miteigentumsanteil an dem EFH:	450.000 EUR
2. MFH	250.000 EUR
3. ETW	350.000 EUR
4. Hausrat	ohne Wert
5. BDV	150.000 EUR
Gesamt	1.200.000 EUR

Wertveränderungen nach dem heutigen Tag sind unbeachtlich.

§ 6 Verteilung

Der Nachlass wird entsprechend der Teilungsanordnung wie folgt zwischen den Erben aufgeteilt:

1. F erhält den hälftigen Miteigentumsanteil des Einfamilienhauses in 10179 Berlin, Schillerstraße 15, eingetragen im Grundbuch von Berlin-Mitte, Blatt 3942, Flur 2, Flurstück 4914/32 zu Alleineigentum übertragen.
   Die Parteien des Vertrages sind sich einig, dass das Eigentum auf F als Alleineigentümerin übergeht.
   Sie bewilligen und beantragen, den Eigentumswechsel im Grundbuch einzutragen. Auf die Eintragung einer Auflassungsvormerkung wird allseits verzichtet.
   Besitz, Nutzungen und Lasten gehen auf F mit dem 1.10.2018 über.
2. F erhält den gesamten im Einfamilienhaus in Berlin befindlichen Hausrat sowie alle sonstigen im Einfamilienhaus befindlichen Gegenstände zu Alleineigentum.
3. F erhält das bei der All Finanz-Kasse in Hamburg, BLZ 230 90 97, Kontonummer 160 620 05 befindliche Guthaben sowie die auf dem Depotkonto gebuchten Wertpapiere der Heureka AG zu Alleineigentum.
   Die Erben treten ihre Auszahlungsansprüche gegenüber der All Finanz-Kasse dazu an F ab. Darüber hinaus weisen sie die All Finanz-Kasse daher übereinstimmend an, das Guthaben sowie die Wertpapiere auf ein von F zu benennendes Konto und Depotkonto zu überweisen bzw. zu übertragen.
4. K1 erhält das Mehrfamilienhaus in 01069 Dresden, Steinstraße 7, eingetragen im Grundbuch von Dresden, Blatt 2412, Flur 18, Flurstück 349/21 zu Alleineigentum übertragen.
   Die Erben sind sich einig, dass das Eigentum auf K1 als Alleineigentümer übergeht.
   Sie bewilligen und beantragen, den Eigentumswechsel im Grundbuch einzutragen. Auf die Eintragung einer Auflassungsvormerkung wird allseits verzichtet.
   Besitz, Nutzungen und Lasten gehen auf F mit dem 1.10.2018 über.
5. K2 erhält die Eigentumswohnung in München, eingetragen im Wohnungsgrundbuch von München-Milbertshofen, Blatt 21 zu Alleineigentum übertragen.

Die Erben sind sich einig, dass das Eigentum auf K2 als Alleineigentümerin übergeht.
Sie bewilligen und beantragen, den Eigentumswechsel im Grundbuch einzutragen. Auf die Eintragung einer Auflassungsvormerkung wird allseits verzichtet.
Besitz, Nutzungen und Lasten gehen auf F mit dem 1.10.2018 über.

6. Da K1 damit wertmäßig 50.000 EUR mehr erhält als seiner Erbquote entspricht, verpflichtet er sich, an K2 einen Ausgleich in dieser Höhe zu zahlen. Der Betrag ist zu zahlen in zehn monatlichen Raten zu 5.000 EUR, jeweils am ersten eines Monats, erstmals am 1.2.2019.
7. Zur Sicherung der Forderung der K2 aus Ziff. 6 bewilligen und beantragen die Erben die Eintragung einer Hypothek im Grundbuch von Dresden, Blatt 2412, Flur 18, Flurstück 349/21 in Höhe von 50.000 EUR nebst 10 % Zinsen zugunsten von K2. K1 unterwirft sich außerdem hinsichtlich der vorstehend übernommenen Zahlungsverpflichtungen K2 gegenüber der sofortigen Zwangsvollstreckung aus dieser Urkunde. Es wird beantragt, die Eintragung der Zwangsvollstreckungsunterwerfung ebenfalls in das Grundbuch einzutragen.

§ 7 Mängelhaftung

Die Parteien des Vertrages verzichten wechselseitig auf jegliche Sach- oder Rechtsmangelhaftung hinsichtlich der erhaltenen Gegenstände und nehmen den Verzicht an.

§ 8 Nachträgliche Verbindlichkeiten

1. Sollten nachträglich Nachlassverbindlichkeiten gegen die Erbengemeinschaft oder gegen einzelne Erben als Gesamtschuldner erhoben werden, verpflichten sich die Erben, sich gegenseitig unverzüglich darüber umfassend zu unterrichten.
2. Wird die Verbindlichkeit von der Mehrheit der Erben anerkannt oder rechtskräftig festgestellt, verpflichten sich sämtliche Erben den oder die in Anspruch genommenen Miterben unverzüglich von der Verbindlichkeit in der Höhe freizustellen, die ihrer eigenen Erbquote entspricht.

§ 9 Nachträgliche Forderungen[98]

1. Sollten nachträglich Nachlassforderungen der Erbengemeinschaft bekannt werden, verpflichten sich die Erben, sich gegenseitig vor einer Geltendmachung unverzüglich darüber umfassend zu unterrichten.
2. Die Erben entscheiden mit einfacher Mehrheit, ob die Forderung für alle Erben geltend gemacht wird. Kommt eine Mehrheit für die Geltendmachung der Forderung nicht zu Stande, sind die ablehnenden Erben verpflichtet, ihren Anteil auf die zustimmenden Erben zu übertragen, die dann die Forderung auf eigenes Risiko im eigenen Namen geltend machen können.
3. Nachträglich realisierte Forderungen werden im Verhältnis der o.a. Erbquoten zwischen den Erben verteilt, es sei denn, ein Erbe hat sich nicht an den Kosten der Geltendmachung beteiligt. In diesem Fall wächst sein Anteil den anderen Erben an.
4. Wird ein Erbe entgegen Ziff. 1 nicht informiert, so ist er nicht verpflichtet, Kosten der Geltendmachung zu tragen. Er behält in diesem Fall seinen Anspruch auf seinen Anteil an der Forderung.

§ 10 Kosten

Die Kosten des Vollzuges der Verteilung unter § 3 trägt jeder Erbe selbst soweit er begünstigt ist. Jeder Erbe trägt die Kosten seiner anwaltlichen Vertretung selbst.

§ 11 Schlusserklärungen

1. Die Erben sind sich einig, dass mit diesem Vertrag sämtliche bis heute bekannten Nachlasswerte verteilt sind.
2. Die Erben sind sich weiter einig, dass zwischen ihnen keine weiteren Verpflichtungen aufgrund des Erbfalls nach Max Meier bestehen, die über diesen Vertrag hinausgehen.

---

98 Um zu verhindern, dass die Auseinandersetzung an ungewissen Nachlassforderungen scheitert oder später Streit über die Geltendmachung entsteht, sollte eine Regelung wie hier stets aufgenommen werden; eine alternative Formulierung ist im vorstehenden Muster enthalten.

3. Sollte eine Vereinbarung dieses Vertrages unwirksam sein oder werden, verpflichten sich die Erben bereits jetzt, eine neue Regelung zu treffen, die der unwirksamen Regelung wirtschaftlich am nächsten kommt.

Datum	Datum	Datum
(Unterschrift F)	(Unterschrift K1)	(Unterschrift K2)

D. Übertragung der Erbteile auf einen Miterben

90 Die Auseinandersetzung kann auch durch Übertragung **sämtlicher** Miterbenanteile gem. § 2033 BGB auf **einen** Miterben vollzogen werden. Sobald sich sämtliche Miterbenanteile der Erbengemeinschaft in einer Person vereinigen, erlischt die Erbengemeinschaft. Der Vertrag, mit dem sich die Erben zur Übertragung **verpflichten**, ist formfrei möglich, da es sich um einen Auseinandersetzungsvertrag handelt. Bei der **Verfügung** muss jedoch die Form des § 2033 Abs. 2 BGB (notarielle Beurkundung) gewahrt werden.[99] Bei **Verkauf** an einen Miterben entsteht **kein Vorkaufsrecht** der anderen Miterben, da § 2034 BGB ausschließlich den Verkauf an einen „Dritten" erfasst.[100] Bei Übertragung aller Erbteile zu gleichen Bruchteilen auf mehrere Erwerber besteht die Erbengemeinschaft fort.[101]

E. Abschichtung

91 Seit 1998 ist auch durch den BGH[102] neben dem Auseinandersetzungsvertrag (siehe oben Rdn 85) und der Erbteilsübertragung (siehe oben Rdn 90) ein „dritter Weg" der Auseinandersetzung anerkannt, der zu einer Teilauseinandersetzung führt:[103] Miterben scheiden einverständlich gegen Abfindung aus der Erbengemeinschaft aus. Dies wird allgemein als „Abschichtung" bezeichnet, ein Begriff, den der BGH übernommen hat.[104] Bei der Abschichtung gibt ein Miterbe seine Mitgliedschaftsrechte an der Erbengemeinschaft auf, insbesondere sein Recht auf ein Auseinandersetzungsguthaben. Der Erbteil des Ausgeschiedenen wächst den verbleibenden Miterben „kraft Gesetzes" an.[105] Bleibt lediglich ein Miterbe übrig, führt die Anwachsung zum Alleineigentum am Nachlass und die Erbengemeinschaft ist beendet.[106] Der durch Abschichtung ausgeschiedene Miterbe bleibt jedoch formal weiterhin Erbe und ist daher auch im Erbschein aufzuführen.[107] Nachlassgläubigern kann die Abschichtung nicht entgegengehalten werden, sie können sich weiterhin an den abgeschichteten Erben halten, der ihnen gegenüber weiterhin haftet.

---

99 *Brox/Walker*, Erbrecht, Rn 519.
100 BGH, Urt. v. 16.12.1992 – IV ZR 222/91, NJW 1993, 726.
101 BGH, Beschl. v. 22.10.2015 – V ZB 126/14, Rn 11, juris; a.A. *Wolf*, Anm. zum Beschl. des OLG Jena v. 16.6.2014 – 3 W 184/14, ZEV 2014, 604.
102 BGH, Urt. v. 21.1.1998 – IV ZR 346/96, NJW 1998, 1557.
103 Kritisch – mit beachtlichen Argumenten: *Kanzleiter*, ZEV 2012, 447.
104 BGH, Urt. v. 21.1.1998 – IV ZR 346/96, NJW 1998, 1557.
105 „Entsprechende Anwendung von §§ 1935, 2094, 2095", BGH, Urt. v. 21.1.1998 – IV ZR 346/96, NJW 1998, 1557, 1558.
106 BGH, Urt. v. 21.1.1998 – IV ZR 346/96, NJW 1998, 1557.
107 BeckOGK/*Rißmann/Szalai*, BGB, § 2042 Rn 22, beck-online m.wN.; a.A. *Jünemann*, ZEV 2012, 65, 68.

Da der Ausscheidende lediglich auf seine Mitgliedschaftsrechte verzichtet, sie jedoch nicht auf einen bestimmten Rechtsnachfolger überträgt, liegt hierin **keine Verfügung** über einen Erbteil gem. **§ 2033 Abs. 1 S. 1 BGB**. Der Abschichtungsvertrag ist aus diesem Grund selbst dann **formfrei** möglich, wenn zur Erbengemeinschaft ein **Grundstück** gehört.[108] In der Form des **§ 29 GBO** muss gegenüber dem Grundbuchamt jedoch die **Erbfolge** nachgewiesen werden, § 35 GBO. Nur so kann das Grundbuchamt prüfen, ob tatsächlich alle Erben der Erbengemeinschaft die Vereinbarung zur Abschichtung getroffen haben.[109] **Nicht erforderlich** ist dagegen eine **Voreintragung** der Erbengemeinschaft im Grundbuch gem. § 39 Abs. 1 GBO: Durch entsprechende Anwendung von § 40 Abs. 1 GBO gewährt die wohl mittlerweile allgemeine Meinung eine Ausnahme vom Grundsatz der Voreintragung.[110] Ist der Erbe minderjährig, so bedarf eine Abschichtung auch dann **keiner Genehmigung** nach §§ 1643 Abs. 1, 1821 Abs. 1 Nr. 1 BGB, wenn zum Nachlass ein **Grundstück** gehört.[111] Die Eltern verfügen insoweit auch **nicht** über eine dem Minderjährigen **angefallene Erbschaft**, so dass auch **kein** nach §§ 1643 Abs. 1, 1822 Nr. 1 BGB **genehmigungsbedürftiges Rechtsgeschäft** vorliegt.[112] Zur Abschichtung bei Beteiligung Minderjähriger vgl. auch § 12 Rdn 77 sowie (zugleich auch zu **betreuten Erben**) § 13 Rdn 41.

Ob die **Abfindung** aus dem Nachlass oder dem Privatvermögen der oder des anderen Erben geleistet wird ist unerheblich. **Formbedürftig** bleibt es jedoch, wenn **als Abfindung** ein Gegenstand übertragen werden soll, der nur durch formbedürftiges Rechtsgeschäft übertragen werden darf.[113]

F. Vermittlungsverfahren

In §§ 363–372 FamFG ist das Vermittlungsverfahren des Notars geregelt. Der Raum, der dem Vermittlungsverfahren in der Literatur eingeräumt wird, steht im umgekehrten Verhältnis zur praktischen Relevanz: Das Verfahren hat **kaum praktische Bedeutung,**[114] was vor allen Dingen an § 370 S. 1 FamFG liegt: Danach ist das Verfahren auszusetzen, wenn sich „Streitpunkte ergeben". Ist es möglich, die unstreitigen Punkte gesondert in einer Urkunde zu erfassen, so hat der Notar dies zu veranlassen, § 370 S. 2 FamFG. Gerade die „streitigen" Punkte sind es jedoch, die regelmäßig die Entscheidung durch einen Dritten erfordern. Durch § 370 S. 1 FamFG hat aber jeder Miterbe zu jeder Zeit die Möglichkeit, das Vermittlungsverfahren zu „sabotieren". Dem Notar stehen im Vermittlungsverfahren keine verfahrensrechtlichen „Sanktionen" zur Verfügung. 92

108 BGH, Urt. v. 21.1.1998 – IV ZR 346/96, NJW 1998, 1557, LS 1 und 1558; dagegen mit beachtlichen Argumenten: *Keller*, ZEV 1998, 281.

109 OLG Köln, Beschl. v. 22.11.2017 – I-2 Wx 246/17, Rn 7, juris; OLG München, Beschl. v. 9.4.2018 – 34 Wx 13/18, Rn 25, juris jeweils m.N. zur wohl überholten a.A.; BeckOK-GBO/*Zeiser*, § 40 Rn 6, beck-online.

110 OLG Köln, Beschl. v. 22.11.2017 – I-2 Wx 246/17, Rn 8, juris; OLG München, Beschl. v. 9.4.2018 – 34 Wx 13/18, Rn 28, juris.

111 KG Berlin, Beschl. v. 23.6.2018 – 13 UF 105/18, Rn 15, juris.

112 KG Berlin, Beschl. v. 23.6.2018 – 13 UF 105/18, Rn 15, juris.

113 BGH, Urt. v. 21.1.1998 – IV ZR 346/96, NJW 1998, 1557, LS 1 und 1558; z.B. Übertragung von Grundstücken, § 311b Abs. 1 BGB oder Geschäftsanteilen einer GmbH, § 15 Abs. 1 Nr. 3 GmbHG; vgl. hierzu sowie auch zur gerichtlichen Feststellung, ob eine Vereinbarung über eine Abschichtung wirksam getroffen wurde: OLG Rostock, Urt. v. 26.2.2009 – 3 U 212/08, Rn 4 und 6 ff, juris.

114 Ebenso: *Krug/Roglmeier*, in: Bonefeld/Kroiß/Tanck, Der Erbprozess, § 3 Rn 480.

93 Einzig gegenüber dem gem. § 365 FamFG geladenen, aber nicht erschienenen Miterben kann unter den Voraussetzungen des § 366 Abs. 3 FamFG die Zustimmung zur Teilungsvereinbarung ersetzt werden. Selbst wenn anzunehmen wäre, dass ein Miterbe nicht erscheint und trotz Belehrung gem. § 366 Abs. 3 FamFG nicht die Anberaumung eines neuen Termins beantragen wird, bietet das Verfahren gegenüber dem ordentlichen Zivilprozess mit der Möglichkeit des Versäumnisurteils keine Vorteile. Dies vor allen Dingen auch aufgrund der Möglichkeit im Zivilverfahren durch öffentliche Zustellung zu laden (im Gegensatz hierzu § 365 Abs. 1 S. 2 FamFG) sowie der regelmäßig deutlich kürzeren Fristen im Zivilprozess.

94 Das Vermittlungsverfahren bietet daher keinerlei Vorzüge: Die bloße „Beurkundung" der unstreitigen Punkte hingegen bedarf nicht der Durchführung des Vermittlungsverfahrens.

G. Teilungsklage (Auseinandersetzungsklage)

95 Die Auseinandersetzungsklage wird ausführlich im § 9 Erbscheinsverfahren, Prozessführung und Zwangsvollstreckung (siehe § 9 Rdn 25) behandelt.

H. Gerichtliche Zuweisung eines landwirtschaftlichen Betriebes

96 Gehört ein landwirtschaftlicher Betrieb zum Nachlass der Erbengemeinschaft, so kann gem. § 13 Abs. 1 des Grundstücksverkehrsgesetzes (GrdstVG) das Gericht auf Antrag eines Miterben den Betrieb einem oder – falls der Betrieb teilbar ist – mehreren Erben zuweisen. **Voraussetzung** ist u.a., dass die Erbengemeinschaft durch **gesetzliche** Erbfolge entstanden ist. Die weiteren Voraussetzungen und Rechtsfolgen ergeben sich aus § 14 GrdstVG. Zu Einzelheiten der gerichtlichen Zuweisung eines landwirtschaftlichen Betriebes vgl. § 16 Rdn 48 ff.

I. Schiedsverfahren der DSE

97 Eine der zeitsparenden und kostengünstigen Möglichkeiten ist die Vereinbarung eines Schiedsverfahrens vor der Deutschen Schiedsgerichtsbarkeit für Erbstreitigkeiten e.V., Hauptstraße 18, 74918 Angelbachtal/Heidelberg.[115] Dies kann auch nach dem Tod des Erblassers durch übereinstimmende Erklärung aller Beteiligten geschehen (§ 1029 Abs. 2 ZPO), andernfalls durch Anordnung im Testament (§ 1066 ZPO). Ein Schiedsverfahren vor der DSE bietet neben dem Zeit- und Kostenvorteil auch die Gewähr, dass erbrechtlich versierte und erfahrene Juristen eine rechtlich verbindliche Entscheidung treffen können. Die Vereinbarung des Schiedsverfahrens kann sich sowohl auf den gesamten Teilungsplan als auch auf einzelne Streitpunkte (Feststellungsklage) beziehen. Die aktuelle Schiedsordnung der DSE und eine Schiedsvereinbarung kann im Internet unter www.DSE-Erbrecht.de/downloads.htm abgerufen werden.

115 Siehe www.DSE-Erbrecht.de; Telefon: 072 65/49 37 44/45; Telefax: 072 65/49 37 46; die DSE e.V. hat Geschäftsstellen in ganz Deutschland.

§ 9 Prozessführung, Erbscheinsverfahren und Zwangsvollstreckung

Stephan Rißmann

Übersicht:

Literatur

Gerken, Der Erbschein ohne Quote, ZErb 2007, 38; *Notthoff*, Zur Frage der Erteilung eines gemeinschaftlichen Erbscheins bei nicht zahlenmäßig bestimmter Angabe der Erbquoten, ZEV 1996, 458; *Schilken*, Miterbenklage nach rechtskräftigem Unterliegen einer einzelnen Miterbin, NJW 1991, 281; *Schindler*, Gesamtschuld- und Gesamthandsklage eines Miterbennachlassgläubigers, ZEV 2011, 295; *Zimmermann*, Der Erlass der eidesstattlichen Versicherung im Erbscheinsverfahren, ZErb 2008, 151; *ders.*, Das Verhältnis des Erbscheinsverfahrens zur Erbenfeststellungsklage, ZEV 2010, 457; *ders.*, Der gemeinschaftliche Erbschein ohne Erbquoten, ZEV 2015, 520; *ders.*, Erbschein, Erbscheinsverfahren und Europäisches Nachlasszeugnis, 3. Auflage 2016

A. Erbscheinsverfahren

I. Überblick

Der Erbschein ist für die Erben der „Ausweis" ihrer Erbenstellung. Es gilt die Vermutung, 1
dass dem im Erbschein genannten Erben das Erbrecht in dem bezeichneten Umfang zusteht (**Vermutung der Richtigkeit**, § 2365 BGB). Wer von einem Erbscheinserben erwirbt (§ 2366 BGB) oder an einen Erbscheinserben leistet (§ 2367 BGB), darf auf die Richtigkeit des Erbscheins vertrauen, soweit die Vermutung der Richtigkeit (§ 2365 BGB) reicht (**öffentlicher Glaube des Erbscheins**). Ungeachtet der somit weitreichenden und enormen Bedeutung des Erbscheins in der Praxis darf nicht übersehen werden, dass der Erbschein **keine rechtskräftige Feststellung** des Erbrechts enthält: Auch nach Ablauf der Rechtsmittelfristen (§§ 63 Abs. 1, 71 Abs. 1 FamFG), tritt lediglich eine formelle, jedoch **keine materielle Rechtskraft** ein: Auch nach Jahren[1] genauso aber bereits einen Tag nach Verstreichen der Rechtsmittelfrist, kann erneut ein Antrag auf Erteilung eines Erbscheins gestellt werden, der von dem bereits erteilten Erbschein abweicht. Dabei müssen keine neuen Tatsachen

1 BGH, Beschl. v. 3.2.1967 – III ZB 15/66, LS und Rn 37 ff.

aufgetaucht sein; der neuerliche Antrag kann mithin allein deswegen erfolgreich sein, weil eine andere Rechtsauffassung oder abweichende Auslegung des Testamentes zu einem anderen Ergebnis führt.[2]

2 Der Erbschein ist zwar eine öffentliche Urkunde i.S.v. **§ 417 ZPO**;[3] es besteht jedoch im **Zivilprozess keine Bindung** des Prozessgerichts an den Inhalt.[4] Die **Vermutung** der Richtigkeit nach § 2365 BGB gilt über § 292 ZPO analog zwar bis zum – möglichen – Beweis des Gegenteils. In einem Streit **zwischen Erbprätendenten** hat der Erbschein jedoch keine bindende Wirkung.[5]

Das Erbscheinsverfahren wird zwar vom Amtsermittlungsgrundsatz beherrscht, setzt jedoch gleichwohl zunächst einen **Antrag** auf Erteilung eines Erbscheins voraus (§ 2353 BGB, gleichzeitig Legaldefinition „Erbschein"). Für Miterben wird auf Antrag ein **gemeinschaftlicher Erbschein** ausgestellt, § 352a Abs. 1 S. 1 FamFG.[6] Neben dem gemeinschaftlichen Erbschein, der Erbnachweis für alle Miterben der Erbengemeinschaft ist, gibt es die Möglichkeit

- des **Teilerbscheins** (für einen einzelnen Miterben, vgl. hierzu nachfolgend Rdn 5)
- des **Gruppenteilerbscheins** (Zusammenfassung mehrerer Teilerbscheine, vgl. hierzu nachfolgend Rdn 6)
- des **gemeinschaftlichen Teilerbscheins** (im Gegensatz zum Gruppenerbschein kann der gemeinschaftlichen Teilerbschein von **einem** Miterben beantragt werden)[7]
- des **Mindestteilerbscheins** (bei Unbestimmtheit von Erbteilen).[8]

  Bei gemeinschaftlichen Erbenscheinen aller Erben ist die Angabe der Erbquoten entbehrlich, wenn alle Antragsteller (nicht alle Miterben) im Antrag auf die Angabe der Quoten verzichten (§ 352a Abs. 2 S. 2 FamFG),[9] vgl. hierzu nachfolgend Rdn 3 und Rdn 7 f. Die Angabe von **Quoten** ist jedoch weiterhin **notwendig** beim **Teilerbschein** sowie **gemeinschaftlichen Teilerbschein.**[10]

II. Antragsberechtigung

3 **Antragsberechtigt** ist nach § 352a Abs. 1 S. 2 FamFG (für Erbfälle bis 16.8.2015: § 2357 Abs. 1 S. 2 BGB, Art. 229 § 36 EGBGB) jeder Miterbe aufgrund „einer Art" Verfahrens-

2 BGH, Beschl. v. 3.2.1967 – III ZB 15/66, Rn 44.

3 MüKo/*Grziwotz*, § 2353 Rn 6.

4 MüKo/*Grziwotz*, § 2353 Rn 6.

5 BGH, Urt. v. 4.2.1987 – IVa ZR 229/85, LS 5 und Rn 21, juris; Urt. v. 22.9.1982 – IVa ZR 26/81, Rn 16, juris; Beschl. v. 3.2.1967 – III ZB 15/66, Rn 43; *Baumgärtel/Laumen/Prütting*, § 2365 Rn 8 mit Darstellung der a.A. sowie m.w.N.; MüKo/*Grziwotz*, § 2353 Rn 22 f.

6 Bis 17.8.2015 war dies in 2357 BGB geregelt; die Norm wurde nahezu wortgleich in § 352a FamFG übernommen; lediglich Abs. 2 S. 2 (quotenloser Erbschein) wurde ergänzt sowie in Abs. 4 das Wort „erachtet" durch „hält" ersetzt.

7 MüKo/*J. Mayer* (2013), § 2357 Rn 2.

8 *Zimmermann*, Rn 347 f.; MüKo/*Grziwotz*, § 2353 Rn 10 m.w.N.

9 Eingeführt mit Wirkung zum 17.8.2015 (durch das „Gesetz zum Internationalen Erbrecht und zur Änderung von Vorschriften zum Erbschein sowie zur Änderung sonstiger Vorschriften" vom 29.6.2015, BGBl I, 2015, 1042, 1054), um die zügige Erteilung eines Erbscheins zu ermöglichen, wenn „die Ermittlung der Erbquoten nur mit unverhältnismäßigem Aufwand möglich ist", BT-Drucks 18/4201, 60; *Bumiller/Harders*, Nachtrag FamFG, § 352a FamFG Rn N 1, beck-online.

10 BT-Drucks 18/4201, 60.

standschaftsrecht.[11] Der Miterbe benötigt weder eine Vollmacht[12] noch einen Beschluss der Erbengemeinschaft. Der Antrag kann auch **gegen** den **Willen** anderer Miterben gestellt werden.

Auch der Erbschein **ohne** Angabe der **Erbquoten** kann von lediglich **einem Miterben** beantragt werden. Im Antrag müssen alle **Antragsteller** auf die Angabe der Erbteile im Erbschein **verzichten,** § 352a Abs. 2 S. 2 FamFG.[13] Beantragt lediglich ein Miterbe die Erteilung des Erbscheins, besteht in der Literatur keine Einigkeit, ob allein sein Verzicht ausreicht.[14] Der Wortlaut des § 352a Abs. 2 S. 1 FamFG ist insoweit jedoch klar, dass **lediglich** der Verzicht der **Antragsteller erforderlich** ist. Es ist nicht ersichtlich, dass der Gesetzgeber hier irrtümlich die Begriffe „Miterbe" und „Antragsteller" verwechselt hat, so dass von einer bewussten Entscheidung des Gesetzgebers auszugehen ist.[15] Da ein quotenloser Erbschein für Teil- oder gemeinschaftliche Teilerbscheine nicht zulässig ist,[16] betrifft dies ausschließlich Fälle der Beantragung eines gemeinschaftlichen Erbscheins. Möchte einer der am Antrag nicht beteiligten Miterben die Angabe von Quoten im Erbschein erreichen, so kann (und muss) er einen eigenen Antrag stellen.[17]

Von dem **Antrags**recht jedes einzelnen Miterben ist die Frage zu unterscheiden, ob der antragstellende Miterbe im **Innen**verhältnis einen **Erstattungsanspruch** gegen die übrigen Miterben wegen der **Kosten** des Antrages und der Erteilung hat: Nach § 22 Abs. 1 GNotKG haften für die Kosten ausschließlich diejenigen Miterben, die den Antrag gestellt haben. Mehrere Miterben haften als Gesamtschuldner lediglich dann, wenn sie einen gemeinschaftlichen Erbschein beantragen, § 22 Abs. 1 GNotKG. Die Haftung jedes antragstellenden Miterben ist jedoch auf die Höhe seines Anteils beschränkt, § 30 Abs. 2GNotKG.[18] 4

Jeder Miterbe kann nicht nur die Erteilung eines gemeinschaftlichen Erbscheins für alle Miterben der Erbengemeinschaft beantragen, sondern auch lediglich einen **Teilerbschein** über seine Quote, § 2353, 2. Alt. BGB. In einem Teilerbschein werden die Erbteile der anderen Miterben **nicht** genannt. Ebenso kann ein Miterbe die Erteilung eines Teilerbscheins über das Erbrecht eines **anderen** Miterben beantragen, ohne dass hierfür ein besonderes Bedürfnis darzutun wäre, denn dieser Antrag auf Erteilung eines Teilerbscheins ist ein „Minus" zum ausdrücklich zulässigen Antrag auf Erteilung eines **gemeinschaftlichen** Erbscheins.[19] Das Recht einen Teilerbschein oder gemeinschaftlichen Erbschein zu beantragen steht nebeneinander und wird nicht durch die Erteilung eines Erbscheins der jeweils anderen Art ausgeschlossen.[20] 5

---

11 *Zimmermann*, Rn 35; kein Fall der **gesetzlichen** Verfahrensstandschaft, worauf MüKo/*J. Mayer* (2013), § 2357 in Fn 2 hinweist.

12 *Zimmermann*, Rn 339.

13 *Bumiller/Harders*, Nachtrag FamFG, § 352a FamFG Rn N 1, beck-online.

14 Verzicht ausschließlich des antragstellenden Miterben genügt: *Bumiller/Harders*, Nachtrag FamFG, § 352a FamFG Rn N 1, beck-online; ablehnend *Zimmermann*, ZEV 2015, 520, 522 mit Hinweis auf die Notwendigkeit der Versicherung der übrigen „Angaben" an Eides Statt, § 352a Abs. 3 FamFG.

15 BT-Drucks 18/4201, 71 verwendet unmittelbar nacheinander die Begriffe „Antragsteller" und „Miterbe"; für den Verzicht auf Aufnahme der Erbquoten wird ausschließlich auf die Antragsteller Bezug genommen.

16 BT-Drucks 18/4201, 60.

17 *Bumiller/Harders*, Nachtrag FamFG, § 352a FamFG Rn N 1, beck-online.

18 *Zimmermann*, Rn 654.

19 *Zimmermann*, Rn 35 und Rn 338 ff.

20 MüKo/*J. Mayer* (2013), § 2353 Rn 78.

6 Beantragen mehrere Miterben für sich einen Teilerbschein können diese in einer Urkunde zusammengefasst werden, sog. **Gruppenteilerbschein**[21] (auch „Gruppenerbschein").[22] Er weist somit das Erbrecht mehrerer, aber **nicht aller** Miterben der Erbengemeinschaft aus.[23] Da die Rechtsprechung den **gemeinschaftlichen Teilerbschein** anerkannt hat, ist die Bedeutung des Gruppenteilerbscheins gering:[24] Der gemeinschaftliche Teilerbschein kann von einem **einzelnen** für mehrere Miterben beantragt werden; beim Gruppenteilerbschein ist hingegen der Antrag **aller** Miterben erforderlich, die im Erbschein genannt werden (zum vorläufigen gemeinschaftlichen Erbschein siehe Rdn 8).

III. Antrag

7 Nach § 352a Abs. 2 S. 1 FamFG (für Erbfälle bis 16.8.2015: § 2357 Abs. 2 S. 1 BGB, Art. 229 § 36 EGBGB) sind bei der Antragstellung die **Erbteile** anzugeben. Diese Angabe muss in Quoten und nicht in Werten erfolgen.[25] Die Feststellung der Quoten kann Schwierigkeiten bereiten. Beispiele:[26]

- Der Ehegattenerbteil steht nicht fest und der Erbteil der Witwe und der Kinder kann nicht ermittelt werden.[27]
- Im Testament sind zahlreiche Gegenstände an verschiedene Personen zugewandt worden, ohne ausdrückliche Erbeinsetzung nach Quoten. Müssen nun die Werte dieser Gegenstände ermittelt werden, um die Quoten zu errechnen, kann dies nicht nur erhebliche Kosten verursachen, sondern auch sehr zeitaufwendig sein.[28]

8 Die Rechtsprechung hatte deswegen in diesen Fällen einen vorläufigen gemeinschaftlichen Erbschein zugelassen,[29] ebenso zahlreiche Stimmen in der Literatur.[30] Als Voraussetzung wurde hierfür stellenweise formuliert, dass die Berechnung der Quoten „unüberwindliche Schwierigkeiten" bereite.[31] Diese Formulierung war zu eng, denn auch wenn die Schwierigkeiten überwindlich sind, aber jedenfalls derzeit erhebliche Schwierigkeiten bereiten, konnte die dringende Notwendigkeit für die Erteilung eines vorläufigen Erbscheins bestehen, um beispielsweise kurzfristig über Wertpapiere zu verfügen, die andernfalls an Wert verlieren.[32]

Der Gesetzgeber hat das Problem für Erbfälle ab dem 17.8.2015 durch die Einfügung des quotenlosen Erbscheins in § 352a Abs. 2 S. 2 FamFG gelöst.[33] Ausdrücklich geschah dies, um die Erteilung eines Erbscheins zu ermöglichen, wenn *„die Ermittlung der Erbquoten nur mit unverhältnismäßigem Aufwand möglich ist"*.[34] Nachfolgend heißt es in der Geset-

---

21 *Zimmermann*, Rn 345.
22 So MüKo/*J. Mayer* (2013), § 2357 Rn 2; Damrau/Tanck/*Uricher*, Vor. §§ 2353 ff. Rn 2.
23 Damrau/Tanck/*Uricher*, Vor. §§ 2353 ff. Rn 2.
24 Damrau/Tanck/*Uricher*, Vor. §§ 2353 ff. Rn 2.
25 Damrau/Tanck/*Uricher*, Vor. §§ 2353 ff. Rn 2.
26 Vgl. hierzu auch i.E. *Gerken*, ZErb 2007, 38.
27 *Lange/Kuchinke*, § 39 IV 2; MüKo/*J. Mayer* (2013), § 2357 Rn 16.
28 *Zimmermann*, Rn 341.
29 OLG Düsseldorf, Beschl. v. 9.11.1977 – 3 W 178/77, DNotZ 1978, 683; vgl. auch *Gerken*, ZErb 2007, 38 m.w.N.
30 *Lange/Kuchinke*, § 39 IV 2; *Zimmermann*, Rn 341; Damrau/Tanck/*Uricher*, § 2357, Rn 1; zweifelnd Palandt/*Weidlich*, § 2357 Rn 6.
31 Nach *Lange/Kuchinke*, § 39 IV 2 m.w.N.
32 Damrau/Tanck/*Uricher*, § 2357 Rn 2.
33 Eingeführt mit Wirkung zum 17.8.2015 (durch das „Gesetz zum Internationalen Erbrecht und zur Änderung von Vorschriften zum Erbschein sowie zur Änderung sonstiger Vorschriften" vom 29.6.2015, BGBl I, 2015, 1042, 1054).
34 BT-Drucks 18/4201, 60.

zesbegründung sodann jedoch sogleich weiter gefasst, dass *„diese Regelung (...) die in der Praxis bekannt gewordenen Fälle, in denen die Ermittlung der Erbquoten tatsächlich schwer und nur mit großem Aufwand durchführbar ist, lösen und die dazu ergangene Rechtsprechung abbilden (will), ohne generell auf die Angabe der Erbquoten zu verzichten"*.[35] In der Praxis bietet sich die Erteilung auch für andere Fälle an.[36] Gerade der Streit über die quotenmäßige Verteilung des Nachlasses wird häufig über Einigungsverträge zwischen den Erben gelöst. Verträge zwischen Erben – und darin möglicherweise enthaltene Einigungen über Erbquoten– sind jedoch für das Nachlassgericht nicht bindend (Gebot der Amtsermittlung, § 26 FamFG).[37] Nunmehr bedarf es – gegenüber dem Nachlassgericht – lediglich einer Einigung auf einen quotenlosen Erbschein.

IV. Eidesstattliche Versicherung

Nach § 352a Abs. 4 FamFG (für Erbfälle bis 16.8.2015: § 2357 Abs. 4 BGB, Art. 229 § 36 EGBGB) müssen **alle Erben**, die in dem beantragten Erbschein aufgeführt werden sollen, die eidesstattliche Versicherung nach § 352 Abs. 3 S. 3 FamFG (vormals § 2356 Abs. 2 BGB) abgeben. Das alleinige Antragsrecht eines Miterben wird dabei auf den ersten Blick „aufgehoben": Es hilft nur wenig weiter, wenn zwar lediglich ein Miterbe den Erbscheinsantrag stellen darf, jedoch alle Erben die Angaben nach § 352 Abs. 3 S. 3 FamFG versichern müssten. §§ 352 Abs. 3 S. 4, 352a Abs. 4 FamFG bieten jedoch dem Nachlassgericht Möglichkeiten, von der Versicherung ganz oder teilweise abzusehen: 9

Nach § 352 Abs. 3 S. 4 FamFG (vormals § 2356 Abs. 2 S. 2 BGB) steht es im **Ermessen** („kann") des Nachlassgerichts, die eidesstattliche Versicherung zu erlassen, *„wenn es sie nicht für erforderlich erachtet"*. Dies können Fälle sein, in denen das Vorhandensein näherer oder anderer gleich naher gesetzlicher Erben nicht möglich ist und auch das Vorhandensein einer Verfügung von Todes wegen ausgeschlossen ist, beispielsweise wenn der Erblasser im Kindesalter verstirbt und beide Eltern am Leben sind.[38] Während in § 2356 Abs. 3 BGB überdies noch geregelt war, dass Tatsachen, die bei dem Nachlassgericht „offenkundig" sind, keines Nachweises bedürfen (weder durch Urkunden noch durch eidesstattliche Versicherung), wurde diese Regelung nicht in § 352 FamFG übernommen, da in Verfahren nach dem FamFG § 291 ZPO entsprechend anzuwenden ist.[39] 10

Die Handhabung der Ermessensvorschrift des § 352 Abs. 3 S. 4 FamFG ist von Nachlassgericht zu Nachlassgericht, teilweise sogar von Abteilung zu Abteilung innerhalb eines Nachlassgerichts höchst unterschiedlich und somit kaum abzusehen.[40] Mündliche Erläuterungen, dass man *„hier immer eine eidesstattliche Versicherung verlangen"* würde, sind nicht selten – und zeigen nicht nur Unkenntnis des Gesetzes, sondern belegen auch einen Ermessenausfall. Während unter Geltung des FGG die Forderung des Nachlassgerichts nach einer eidesstattlichen Versicherung als Zwischenverfügung isoliert mit der Beschwerde angegrif- 11

---

35 BT-Drucks 18/4201, 60.

36 Ebenso: *Zimmermann*, ZEV 2015, 520, 521.

37 Str.; wie hier: Damrau/Tanck/*Seiler-Schopp/Rudolf*, § 2084 Rn 100 m.w.N.; BeckOGK/*Gierl*, § 2084 Rn 158–166, beck-online; a.A. beispielsweise MüKo/*Leipold*, § 2084 Rn 156, *„Bindung des Gerichts* (...ist dann zu) *bejahen wenn alle Beteiligten zugestimmt haben und sich die im Vertrag festgelegte Auslegung innerhalb des auch nach Ansicht des Gerichts möglichen Auslegungsspielraums bewegt"*

38 So zur wortgleichen Vorschrift des § 2356 BGB bereits Planck/*Ritgen*, § 2356, Ziff. 2e).

39 BT-Drucks 18/4201, 60.

40 Ebenso: *Zimmermann*, Rn 118 mit Einzelfällen für Erlass der eidesstattlichen Versicherung bei Rn 120 sowie *Zimmermann*, ZErb 2008, 151.

fen werden konnte,[41] bietet das FamFG keine entsprechende Möglichkeit mehr, vgl. § 58 Abs. 1 FamFG: Die **Zwischenverfügung** zur Vorlage einer Versicherung an Eides Statt ist **nicht** isoliert **beschwerdefähig.**[42] Ein etwaiger Ermessensausfall des Nachlassgerichts kann mithin ausschließlich noch zusammen mit der Ablehnung des Erbscheinsantrages geltend gemacht werden.

Eine eidesstattliche Versicherung wird im Rahmen der Ermessensausübung beispielsweise nicht gefordert werden dürfen, wenn bereits der Erbscheinsantrag eines Miterben vorliegt, dessen Angaben an Eides Statt versichert wurden und nunmehr ein anderer Antrag (eines anderen Miterben) eingereicht wird, der lediglich einen Erbschein mit anderen Erbquoten zum Ziel hat, im Übrigen jedoch ebenfalls auf den bereits an Eides Statt versicherten Angaben beruht.

§ 352 Abs. 3 S. 4 FamFG ist auch bei einem Antrag von **Miterben** anwendbar, so dass auch hier auf die Abgabe der eidesstattlichen Versicherung verzichtet werden kann.

12 Es ist fraglich, ob § 352a Abs. 4 FamFG (vormals § 2357 Abs. 4 BGB) dem Nachlassgericht gleichfalls – neben § 352 Abs. 3 S. 4 FamFG – ein weiteres – und somit letztlich ein „doppeltes Ermessen" eröffnet, von der Versicherung teilweise abzusehen. Dabei geht es hier nicht mehr um die grundsätzliche Frage, ob überhaupt eine Versicherung abzugeben ist, sondern ob die Versicherung eines oder mehrerer Erben „für ausreichend" gehalten werden kann. Im Rahmen des inhaltsgleichen § 2357 Abs. 4 BGB wurde vertreten, dass es hier nicht auf das Ermessen des Nachlassgerichts, sondern auf das objektive Erfordernis ankäme: Haben eine oder mehrere Versicherungen dem Nachlassgericht ausreichenden Aufschluss erbracht, können weitere Versicherungen **nicht** gefordert werden:[43] Das Nachlassgericht habe insoweit kein Ermessen. Der Wortlaut („für ausreichend hält") spricht gegen diese Auffassung: Wenn das Nachlassgericht beurteilen darf, ob es mehr Aufschluss durch Versicherungen weiterer Miterben erwarten kann, liegt darin die Ausübung von Ermessen.[44]

13 Bei **Weigerung eines Miterben**, die eidesstattliche Versicherung abzugeben, wird der **Antrag nicht unzulässig**; vielmehr muss das Nachlassgericht aufgrund der Amtsermittlungspflicht nach §§ 26, 29, 352d FamFG (für Erbfälle bis 16.8.2015: §§ 2358, 2359 BGB, Art. 229 § 36 EGBGB) selbst ermitteln.[45] In der Literatur wird die Auffassung vertreten, dass der sich weigernde Erbe über § 2038 Abs. 1 S. 2 BGB zur Mitwirkung bei der Beantragung des Erbscheins und damit zur Abgabe der eidesstattlichen Versicherung verpflichtet werden könnte.[46] Der Anspruch soll vor dem Prozessgericht durchsetzbar sein, wenn der Erbschein zur Verwaltung des Nachlasses erforderlich ist.[47] Die Rechtsprechung musste sich mit dieser Frage noch nicht befassen. In der Praxis wird man diesen Weg wohl auch kaum wählen: Gerade wenn der sich weigernde Erbe einen Erbschein **ablehnt**, wie er beantragt worden

41 OLG München, Beschl. v. 28.11.2006 – 31 Wx 80/06, Rn 8, juris.
42 Schleswig-Holsteinisches OLG, Beschl. v. 24.3.2014 – 3 Wx 17/14, Rn 8, juris.
43 MüKo/*J. Mayer* (2013), § 2357 Rn 13 m.w.N.; str., a.A. *Zimmermann*, Rn 121 m.w.N.: Ermessensentscheidung.
44 Im Ergebnis ebenso bereits Planck/*Ritgen*, § 2357, Ziff. 2d).
45 MüKo/*J. Mayer* (2013), § 2357 Rn 13.
46 *Zimmermann*, Rn 121; MüKo/*J. Mayer* (2013), § 2357 Rn 14 m.w.N. in Fn 26.
47 *Zimmermann*, Rn 121; MüKo/*J. Mayer* (2013), § 2357 Rn 14: „Beitrag zur Nachlassfürsorge".

ist (weil er z.B. andere Quoten für zutreffend hält), wird eine **Feststellungsklage** der bessere Weg sein, um schließlich den begehrten Erbschein zu erlangen.[48]

V. Beschwerderecht

14 Wird ein beantragter Erbschein nicht erteilt, steht – über den reinen Wortlaut des § 59 Abs. 2 FamFG hinaus – **allen Miterben** ein **Beschwerderecht** zu, nicht bloß denjenigen Miterben, die den (zurückgewiesenen) Antrag gestellt haben. Obgleich nach § 59 Abs. 2 FamFG die allgemeine Beschwerdeberechtigung bei Antragsverfahren „nur dem Antragsteller zu(steht)“, bestand schon unter Geltung des insoweit wortgleichen § 20 Abs. 2 FGG Einigkeit, dass auch derjenige beschwerdeberechtigt ist, der einen identischen Antrag hätte stellen können („potentieller Antragsberechtigter“[49]).[50] Denn wenn beispielsweise ein Miterbe gerade mit Blick auf den bereits vorliegenden Erbscheinsantrag eines anderen Miterben keinen eigenen Antrag gestellt hat, wäre es Formalismus, ihm die Beschwerdeberechtigung zu versagen (und ihn dann zur Stellung eines identischen Antrages zu zwingen, der dann ebenfalls abgelehnt würde, ausschließlich mit dem Ziel, die Beschwerdeberechtigung zu erlangen).[51]

B. Prozessführung

I. Allgemeines

1. Die Erbengemeinschaft/der Miterbe als Mandant

15 Der Anwalt, der eine gegen die Erbengemeinschaft geltend gemachte Forderung abwehren soll, wird zunächst zu prüfen haben, ob er tatsächlich **alle** Miterben vertreten darf oder ob hier nicht **Interessenkollision** droht (siehe hierzu im Einzelnen § 24).

16 Nach der Entscheidung des II. Senats BGH zur Rechtsfähigkeit der GbR[52] wurde (erneut) diskutiert, ob diese Rechtsprechung auf die Erbengemeinschaft zu übertragen sei. Die Diskussion ist nach mehreren Entscheidungen des BGH zugunsten der bisherigen Rechtsauffassung praktisch beendet:[53] Zwar ist auch bei der Erbengemeinschaft ein durch die Gesamthand gebundenes Sondervermögen vorhanden. Im Gegensatz zur GbR ist die Erbengemeinschaft aber dadurch gekennzeichnet, dass sie gesetzlich und nicht rechtsgeschäftlich begründet wird. Zudem ist die Erbengemeinschaft auf Auseinandersetzung gerichtet und keine werbende Gesellschaft. Die Erbengemeinschaft ist folglich auch **nicht parteifä-**

48 Entgegen *Zimmermann*, Rn 8 ist die Feststellungsklage auf Bestehen des Erbrechts oder einer bestimmten Erbquote von erheblicher praktischer Relevanz, wenngleich diesbezügliche Urteile – bislang – kaum veröffentlicht werden; gleichwohl kommen sie in der Praxis häufig vor und sind oftmals aus taktischen Gründen der „bessere“ Weg anstelle eines Erbscheinsverfahrens.

49 MüKo/*Grziwotz*, § 2353 Rn 133.

50 BGH, Beschl. v. 19.6.1959 – V ZB 19/58, NJW 1959, 1729, 1730 (Beschwerdeberechtigung gegen die Einziehung eines Erbscheins); Brandenburgisches OLG, Beschl. v. 25.11.1997 – 10 Wx 33/96, Rn 2, juris; KG, Beschl. v. 10.4.1990 – 1 W 5405/87 LS, Rn 5, juris unter Aufgabe der bisherigen Rechtsprechung in KG, Beschl. v. 15.8.1966 – 1 W 1870/66; MüKo/*Grziwotz*, § 2353 Rn 133 m.w.N. in Fn 533.

51 BGH, Beschl. v. 19.6.1959, – V ZB 19/58, NJW 1959, 1729, 1730 (Beschwerdeberechtigung gegen die Einziehung eines Erbscheins); KG, Beschl. v. 10.4.1990 – 1 W 5405/87, Rn 5, juris.

52 BGH, Urt. v. 29.1.2001 – II ZR 331/00, NJW 2001, 1056.

53 BGH, Urt. v. 11.9.2002 – XII ZR 187/00, Rn 11, juris; Beschl. v. 16.3.2004 – VIII ZB 114/03, Rn 7; juris; BGH, Beschl. v. 17.10.2006 – VIII ZB 94/05, Rn 7, juris.

hig.[54] sein. Im **sozialgerichtlichen Verfahren** ist eine Erbengemeinschaft als nicht-rechtsfähige Personenvereinigung i.S.v. § 70 Nr. 2 SGG zwar fähig, am Verfahren **beteiligt** zu sein. Sie ist jedoch **nicht** derart nach § 75 Abs. 2 SGG an dem streitigen Rechtsverhältnis beteiligt, dass die **Entscheidung** ihr gegenüber **nur einheitlich** ergehen kann.[55]

17 Selbst wenn sämtliche Miterben der **Erbengemeinschaft** an einem Prozess beteilig sind, bleiben dennoch die einzelnen Miterben selbst Partei.[56] Daher ist jeder einzelne Miterbe den prozessualen oder materiell-rechtlichen Einwendungen ausgesetzt, kann sie aber auch gleichermaßen allein geltend machen.[57] Die weitere Konsequenz ist die **Rechtskraftwirkung** von Urteilen, die gegen einzelne Miterben ergangen sind: Auch ein möglicherweise unrichtiges, aber rechtskräftiges Urteil, das im Einzelprozess gegen **einen Miterben** ergangen ist, hat die gleiche Rechtskraftwirkung **wie** ein inhaltlich gleiches Urteil, das in einem Prozess **gegen alle Miterben** ergangen wäre.[58]

18 Bei der **Gesamtschuldklage** sind die Miterben **keine notwendigen Streitgenossen.**[59] Werden die Miterben dagegen im Wege der **Gesamthandklage** in Anspruch genommen, besteht zwischen ihnen **notwendige Streitgenossenschaft.**[60] Zur Gesamtschuld- sowie Gesamthandklage vgl. unten Rdn 26 sowie ausführlich § 6 Rdn 227 ff. und 234 ff.

Im **Sozialrecht** kann eine **notwendige Streitgenossenschaft** der Miterben nach § 74 SGG, § 62 Abs. 1 ZPO bestehen.[61]

19 Bei einer Klage der Erbengemeinschaft sollte bereits aus prozesstaktischen Gründen lediglich ein Miterbe klagen, damit die übrigen Erben ggf. als **Zeugen** zur Verfügung stehen. Einer oder mehrere Miterben können **Forderungen der Erbengemeinschaft** im Aktivprozess geltend machen. Wegen § 2039 BGB ist auf **Leistung an sämtliche Miterben** zu klagen (actio pro socio; siehe auch § 4 Rdn 167 ff.), **nicht** aber auf Leistung an die Erbengemeinschaft als solche, die keine eigene Rechts- und Parteifähigkeit hat (siehe hierzu oben Rdn 16). Zur Antragsformulierung vgl. unten Rdn 23 und Rdn 42.

20 Auch wenn ein Erbe Nachlassforderungen **gegen einen Miterben** geltend macht, muss der Antrag auf Leistung an **sämtliche** Miterben lauten, unabhängig davon, ob alle Miterben am Prozess beteiligt sind (hierzu das nachfolgende Formulierungsbeispiel, siehe Rdn 23).[62] Der klagende Miterbe kann insbesondere nicht etwa lediglich die Forderung in Höhe seiner eigenen Erbquote geltend machen und Zahlung an sich verlangen. Zwar bleibt es ihm unbenommen, eine Teilklage zu erheben; auch dann muss der Klageantrag jedoch auf Leistung an sämtliche Miterben gemeinsam gestellt werden.[63] Andernfalls würde es sich um eine eigenmächtige und **unzulässige Teilauseinandersetzung** des Nachlasses handeln, die wegen fehlender Teilungsreife unbegründet wäre (siehe auch Rdn 30 ff.). Auch wenn neben

---

54 BGH, Urt. v. 21.12.1988 – VIII ZR 277/87, Rn 13, juris.
55 BSG, Urt. v. 25.2.2010 – B 10 LW 2/09 R, Rn 10, juris.
56 BGH, Urt. v. 21.12.1988 – VIII ZR 277/87, Rn 13, juris.
57 BGH, Urt. v. 21.12.1988 – VIII ZR 277/87, Rn 13, juris.
58 BGH, Urt. v. 21.12.1988 – VIII ZR 277/87, Rn 15, juris.
59 Brandenburgisches OLG, Urt. v. 21.10.1997 – 2 U 200/96, OLGR 1998, 421, 422 m.N. zum Meinungsstand; OLG Naumburg, Urt. v. 16.1.1996 – 3 U 38,96, NJW-RR 1998, 308, 309; unentschieden von BGH, Urt. v. 21.12.1988 – VIII ZR 277/87, Rn 14 (zweifelnd für notwendige Streitgenossenschaft von Miterben auf Klägerseite), Rn 15 (ausdrücklich offen gelassen für notwendige Streitgenossenschaft von Miterben auf Beklagtenseite), juris.
60 BGH, Urt. v. 4.6.2014 – IV ZR 348/13, Rn 29, juris.
61 So ohne weitere Begründung: BSG, Beschl. v. 8.2.2018 – B 11 SF 1/18 S, Rn 3, juris.
62 BGH, Urt. v. 17.12.1964 – III ZR 79/63, Rn 29, juris.
63 BGH, Urt. v. 17.12.1964 – III ZR 79/63, Rn 29, juris.

dem fordernden Miterben lediglich noch ein weiterer Miterbe vorhanden ist, muss auf Leistung an die in Erbengemeinschaft verbundenen Miterben geklagt werden.

Etwas anderes gilt, wenn es sich um den letzten Aktivposten des Nachlasses handelt und durch die Erfüllung die Auseinandersetzung letztlich vollzogen wird.[64] Daneben können die übrigen Miterben im Rahmen ordnungsgemäßer Verwaltung mehrheitlich der Einziehung eines Anspruches zustimmen[65] sowie einstimmig den fordernden bzw. klagenden Miterben **ermächtigen.**[66] Der so ermächtigte Erbe macht dann eine Leistung im eigenen Namen geltend und fordert Leistung an sich.[67] 21

Der einzelne Miterbe klagt in eigenem Namen in **gesetzlicher Prozessstandschaft** und nicht als Vertreter der anderen Erben. § 2039 BGB gewährt **kein** Vertretungsrecht.[68] 22

Formulierungsbeispiel: Antrag eines Miterben zugunsten der Erbengemeinschaft (§ 2039 BGB) 23

(...) die Beklagte zu verurteilen, an die Erbengemeinschaft nach Max Meier bestehend aus der Klägerin und Michael Meier, wohnhaft Pariser Platz 4a, 10117 Berlin, 13.000 EUR nebst Zinsen in Höhe von 5 Prozentpunkten über dem Basiszinssatz seit dem 19.11.2018 zu zahlen.

Durch Klageerhebung eines Miterben wird die **Verjährung** zugunsten aller Miterben gehemmt, § 204 Abs. 1 Nr. 1 BGB.[69] 24

Der Anwalt, der Erben im Prozess vertritt, hat stets an die Aufnahme des Vorbehalts der **Haftungsbeschränkung** gem. § 780 ZPO zu denken, die **ausdrücklich beantragt** werden muss (vgl. hierzu auch Rdn 45). Dies gilt auch, wenn ein Miterbe klagt. Für den Fall des Unterliegens ist ausdrücklich Haftungsbeschränkung auch hinsichtlich der Kostentragungspflicht zu beantragen.[70] Dabei müssen die Kosten jedoch bereits durch den Erblasser veranlasst gewesen sein; für durch den Erben selbst verursachte Kosten haftet der Erbe ohne Möglichkeit der Haftungsbeschränkung.[71] Versäumt der Anwalt den Antrag auf Aufnahme eines Haftungsbeschränkungsvorbehalts zu stellen, hat er für den sich hieraus ergebenden Schaden einzustehen.[72] 25

2. Die Erbengemeinschaft/Miterbe als Gegner

Da die Miterben gem. § 2058 BGB als Gesamtschuldner haften, kann jeder einzelne Miterbe auf die Gesamtforderung verklagt werden und nicht lediglich auf den Anteil, der seiner Erbquote entspricht. Der Gläubiger kann es sich aussuchen, ob er **Gesamtschuldklage** 26

64 Staudinger/*Löhnig*, § 2039 Rn 18 „durch die Erfüllung des Anspruchs die Auseinandersetzung zulässigerweise vorweggenommen wird".

65 BGH, Urt. v. 19.9.2012 – XII ZR 151/10, LS und Rn 11 ff., juris; Staudinger/*Löhnig*, § 2039 Rn 33.

66 Staudinger/*Löhnig*, § 2039 Rn 338.

67 Staudinger/Löhnig, § 2039 Rn 33.

68 Palandt/*Weidlich*, § 2039 Rn 6.

69 MüKo/*Gergen*, § 2039 Rn 20 m.w.N. auch zur a.A.; mittlerweile auch für Hemmung: Palandt/*Weidlich*, § 2039 Rn 6.

70 *Krug/Heindl*, in: Bonefeld/Kroiß/Tanck, Der Erbprozess, § 9 Rn 49, 265 ff. m.w.N. und Formulierungsbeispielen.

71 BeckOK ZPO/*Preuß*, 28. Ed. 1.3.2018, ZPO § 780 Rn 19 m.w.N., beck-online.

72 Zur Schadensberechnung: BGH, Urt. v. 2.7.1992 – IX ZR 256/91, NJW 1992, 2694 m.w.N.: „Ein Rechtsanwalt, dessen Mandant als Erbe wegen einer Nachlaßverbindlichkeit in Anspruch genommen wird, (ist) grundsätzlich verpflichtet ist, den Vorbehalt der beschränkten Erbenhaftung in den Titel aufnehmen zu lassen".

(also auf Haftung eines oder einiger Miterben für die gesamte Schuld, § 2058 BGB, siehe hierzu § 6 Rdn 227 ff.) oder **Gesamthandklage** (also Klage auf Befriedigung aus dem ungeteilten Nachlass, § 2059 Abs. 2 BGB, siehe hierzu § 6 Rdn 234 ff.) erhebt.[73] Auch wenn die Gesamthandklage in der Praxis die Ausnahme ist, sollte der Gläubiger stets individuell prüfen, ob sie im konkreten Fall einen taktischen Vorteil bieten kann.

Zu den Unterschieden zwischen der Gesamtschuldklage und der Gesamthandklage siehe die nachfolgende **Übersicht** (sowie im Übrigen § 6 Rdn 227 ff):

	Gesamtschuldklage[74]	**Gesamthandklage**[75]
Voraussetzung	Klage gegen einen oder mehrere Miterben Vor oder nach der Nachlassteilung möglich	Klage gegen alle sich widersetzenden Miterben nur bis zur Teilung möglich, § 2059 Abs. 2 BGB
Streitgenossenschaft	Keine notwendige, sondern lediglich einfache Streitgenossenschaft:[76] Die Erben können einzeln verklagt werden	Notwendige Streitgenossenschaft (§ 62 ZPO)[77] zwischen den sich widersetzenden Miterben, da Verfügung über Nachlassgegenstände nur gemeinschaftlich möglich, § 2040 Abs. 1 BGB[78]
Verteidigungsmöglichkeit der Erben im Prozess	Haftungsbeschränkungsvorbehalt gem. § 780 ZPO[79] Aufschiebende Einreden gem. §§ 2014–2017 BGB	Haftungsbeschränkungsvorbehalt gem. § 780 ZPO überflüssig, da Urteil nur auf Duldung der Zwangsvollstreckung in den Nachlass lautet; Vorbehalt aber – insbesondere in Zweifelsfällen – möglich[80] Aufschiebende Einreden gem. §§ 2014–2017 BGB

73 BGH, Urt. v. 24.4.1963 – V ZR 16/62, NJW 1963, 1611, 1612; OLG Düsseldorf, Urt. v. 20.12.1996 – 7 U 56/96, FamRZ 1997, 769, 770.
74 Formulierungsbeispiele bei *Krug/Heindl*, in: Bonefeld/Kroiß/Tanck, Der Erbprozess, § 9 Rn 341 ff.
75 Formulierungsbeispiele bei *Krug/Heindl*, in: Bonefeld/Kroiß/Tanck, Der Erbprozess, § 9 Rn 333 ff.
76 BGH, Urt. v. 24.4.1963 – V ZR 16/62, NJW 1963, 1611, LS und 1612.
77 Streitig, jedoch im Ergebnis nicht entscheidend, ob dies ein Fall von § 62 Abs. 1 Alt. 1 oder Alt. 2 ZPO ist; vgl. zum Meinungsstand MüKo/*Ann*, § 2059 Rn 24 m.N. in Fn 88.
78 BGH, Urt. v. 2.12.1981 – IVa ZR 252/80, NJW 1982, 441 442; *Johannsen*, WM 1970, 573, 580.
79 Um Vollstreckung in das Eigenvermögen des Erben und Pfändung des Erbteils zu verhindern.
80 *Krug/Heindl*, in: Bonefeld/Kroiß/Tanck, Der Erbprozess, § 9 Rn 338 ff.

	Gesamtschuldklage[74]	Gesamthandklage[75]
Zwangsvollstreckung	Vollstreckung in das Eigenvermögen des Erben[81] Pfändung des Erbteils (als Teil des Eigenvermögens), §§ 859 Abs. 2, 857 Abs. 1, 829 ZPO Vollstreckung in Einzelnachlassgegenstände (§ 747 ZPO) **nur** möglich, wenn Urteil gegen alle Miterben Vollstreckung in den geteilten Nachlass	Vollstreckung in den ungeteilten Nachlass, § 2059 Abs. 2 ZPO Vollstreckung in Einzelnachlassgegenstände (§ 747 ZPO)
Verteidigungsmöglichkeit in der Zwangsvollstreckung	Vollstreckungsabwehrklage gem. §§ 781, 785 i.V.m. § 767 ZPO	Bei Vollstreckung in das Eigenvermögen des Miterben: Erinnerung gem. § 766 ZPO

Urteile gegen einzelne Miterben kann der Gläubiger nur gem. § 859 Abs. 2 ZPO vollstrecken (siehe auch Rdn 48 und Rdn 51 ff.).

II. Teilungsklage (Auseinandersetzungsklage)

1. Prozesstaktik

Vor der übereilten Erhebung einer **Teilungsklage** muss nachdrücklich gewarnt werden 27
(siehe auch Rdn 62). Prozesstaktisch klüger wird es regelmäßig sein, streitige Einzelfragen durch eine **Feststellungsklage** vorab zu klären. Dies ist nach der Rechtsprechung des BGH ausdrücklich zulässig, auch wenn eine Leistungsklage grundsätzlich möglich wäre.[82] Mehrere streitige Punkte können hier auch in einer Klage zusammengefasst werden. Die Auseinandersetzungsklage wird in der Praxis häufiger erhoben, als es sinnvoll und erfolgversprechend wäre. Allein weil in vielen Verfahren sich die Parteien unter dem Druck des Verfahrens vergleichen, scheitern nicht noch mehr der regelmäßig unbegründeten Teilungsklagen (was zu Haftungsproblemen der Klägervertreter führen würde).

Kaum ein anderer Bereich des Erbrechts ist so auf eine vernünftige Prozesstaktik angewie- 28
sen, wie die gerichtliche (aber natürlich auch außergerichtliche) Auseinandersetzung der Erbengemeinschaft. Zwar ist es unbedingt sinnvoll, streitige Einzelfragen im Vorfeld durch eine Feststellungsklage zu klären. Andererseits zieht sich dadurch jedoch die vollständige Auseinandersetzung der Erben möglicherweise in die Länge. Es gibt in diesem Bereich mithin keinerlei allgemeingültige Hinweise, „wie man es richtig macht". Der Anwalt muss jederzeit flexibel bleiben und seine Taktik immer wieder überprüfen. Die „Klage einreichen und auf den Termin warten" kann manchmal der einzig mögliche Weg sein, in anderen

81 Unter der Voraussetzung, dass der Erbe versäumt hat, den Vorbehalt nach § 780 ZPO aufnehmen zu lassen.

82 BGH, Urt. v. 27.6.1990 – IV ZR 104/89, NJW-RR 1990, 1220.

Fällen sind jedoch parallel dazu weitere Maßnahmen zu ergreifen (Teilungsversteigerung, Klageerweiterung auf sich neuerlich ergebende Streitpunkte, Klageänderung[83] u.Ä.).

2. Gerichtsstand

29 Gerichtsstand für eine Teilungsklage ist **neben** dem allgemeinen Gerichtsstand des Beklagten der **besondere Gerichtsstand** gem. § 27 ZPO. Hiernach kann die Teilungsklage vor dem Gericht erhoben werden, bei dem der Erblasser zur Zeit seines Todes den allgemeinen Gerichtsstand (§ 13 ZPO) gehabt hat. Hatte der Erblasser zum Zeitpunkt seines Todes keinen allgemeinen Gerichtsstand im Inland, kann die Teilungsklage vor dem Gericht erhoben werden, in dessen Bezirk der Erblasser seinen **letzten** inländischen Wohnsitz hatte (§ 27 Abs. 2 ZPO). Hatte der Erblasser keinen solchen Wohnsitz, ist gem. § 27 Abs. 2 Hs. 2 i.V.m. § 15 Abs. 1 S. 2 ZPO das Amtsgericht Berlin-Schöneberg[84] bzw. das Landgericht Berlin (§§ 23 Nr. 1, 71 Abs. 1 GVG)[85] zuständig.

3. Klageantrag

30 Die Klage ist gerichtet auf die Zustimmung zu einem bestimmten, vorzulegenden Teilungsplan. Von diesem Plan darf das Gericht nicht abweichen: Es darf nicht mehr oder weniger zusprechen als in dem Teilungsplan zur Zustimmung genannt ist.[86] Es wird vertreten, dass das Gericht im Rahmen des § 139 Abs. 1 ZPO „wegen der Schwierigkeiten" verpflichtet sein soll, auf sachgemäße Antragstellung hinzuwirken.[87] Kann es aber – jedenfalls im Anwaltsprozess – richtig sein, dass das Gericht im Rahmen der richterlichen Hinweispflicht für eine **begründete** Klage sorgt? **Jede** Abweichung vom Teilungsplan ist kein Minus zum bisherigen Teilungsplan, sondern ein Aliud und muss eine Abweisung der Klage als unbegründet nach sich ziehen.[88] Ist mithin nach Auffassung des Gerichts nicht der vorgelegte, sondern ein anderer Teilungsplan begründet, geht es nicht lediglich um die Formulierung eines sachdienlichen Antrags (§ 139 Abs. 1 S. 2 ZPO), sondern um die Erreichung eines anderen – vom Kläger bislang nicht verfolgten – Klageziels. Daher kann das Gericht nicht verpflichtet sein, gewissermaßen als Gehilfe des Klägers für die Begründetheit der Klage zu sorgen: Das Gericht hat keine Gestaltungsbefugnis.[89] Zum Erfordernis der Stellung von Hilfsanträgen siehe nachfolgend Rdn 32.

---

83 Dies wird wohl stets dann sachdienlich i.S.v. § 533 Nr. 1 ZPO (Berufungsinstanz) sein, wenn die Änderung gleichfalls auf eine Auseinandersetzung der Erbengemeinschaft gerichtet ist. Größere Schwierigkeiten bereitet in diesem Zusammenhang hingegen § 533 Nr. 2 ZPO, wonach insoweit nur Tatsachen berücksichtigt werden können, die das Berufungsgericht nach § 529 ZPO ohnehin zugrunde zu legen hat; dieses zweite Erfordernis wird vielfach übersehen und führt regelmäßig zur Abweisung der Klageänderung (aber auch einer Widerklage oder Aufrechnung) als unzulässig.

84 Amtsgericht Berlin-Schöneberg, Grunewaldstraße 66–67, 10823 Berlin (Briefanschrift: Amtsgericht Berlin-Schöneberg, 10820 Berlin), Telefax: 030/90159–429 (Stand: 1.9.2018).

85 Landgericht Berlin, Dienststelle Tegeler Weg, Tegeler Weg 17–21, 10589 Berlin (Briefanschrift: Landgericht Berlin, 10617 Berlin), Fax: 030/90188–518 (Stand 1.9.2018).

86 So bereits Planck/*Ritgen*, Vorbem. §§ 2042–2049 Nr. 3.

87 Palandt/*Weidlich*, § 2042 Rn 21; MüKo/*Ann*, § 2042 Rn 68; auch (ohne Begründung): Thüringesches OLG, Urt. v. 18.6.2008 – 4 U 726/06, juris Rn 21.

88 BGH, Urt. v. 13.4.1988 – IVb ZR 48/87, Rn 67 f., juris (im rechtlich vergleichbaren Fall einer Gütergemeinschaft); nach a.A. Abweisung als unzulässig: KG, Urt. v. 20.10.1960 – 12 U 255/60, NJW 1961, 733; OLG Frankfurt, Urt. v. 19.10.1994 – 17 U 207/93, OLGR 1995, 31, 33.

89 Staudinger/*Löhnig*, § 2042 Rn 47.

Eine Teilungsklage wird nur da überhaupt Aussicht auf Erfolg haben, wo der Nachlass **teilungsreif** ist:

- sämtliche Nachlassverbindlichkeiten müssen beglichen (§ 2046 BGB) worden sein[90]
- der Nachlass muss „versilbert" worden sein bzw. die verbleibenden Nachlassgegenstände werden von Teilungsanordnungen gem. § 2048 BGB „erfasst" und müssen einem bestimmten Miterben zugewandt werden
- der gesamte Nachlass muss bekannt sein
- der gesamte Nachlass muss von der Teilungsklage erfasst werden.

Teilungsreife liegt auch dann noch **nicht** vor, wenn eine erforderliche **Teilungsversteigerung** einer **Immobilie** noch nicht durchgeführt ist.[91] Immobilien werden nicht im Rahmen einer Auseinandersetzungsklage, sondern durch Teilungsversteigerung gem. § 180 ZVG auseinandergesetzt. Wird mit der Auseinandersetzungsklage die Aufteilung von Immobilien begehrt, ist die Klage mangels Teilungsreife ohne weiteres als unbegründet abzuweisen.[92] Etwas anderes könnte nur dann gelten, wenn die Verteilung der Immobilien einer testamentarischen Anordnung für die Auseinandersetzung gem. § 2048 BGB entspricht.

Ein **Teilurteil** über die Auseinandersetzungsklage darf grundsätzlich **nicht** ergehen. 31

Hinweis

Nach einer Entscheidung des OLG Koblenz[93] soll „eine Teilentscheidung (über die Auseinandersetzungsklage schon) statthaft sein, wenn zugleich durch Grundurteil festgeschrieben wird, wie die Teilung des Restes zu erfolgen hat, der nur seinem Umfang nach noch durch Sachverständigengutachten ermittelt werden muss". Diese im Leitsatz des Urteils aufgestellte Aussage ist in den Gründen nicht zu finden: Die einzig mögliche Stelle des Urteils[94] beschäftigt sich mit der Zahlung einer Nutzungsentschädigung durch die Beklagte. Gerade jedoch, wenn ein Miterbe noch Leistungen an die Erbengemeinschaft zu erbringen hat, deren Umfang noch nicht feststeht, darf nicht durch Teilurteil der Nachlass im übrigen verteilt werden: Die Erbengemeinschaft wäre dann gezwungen, ohne ersichtlichen Grund das Risiko zu tragen, dass der Miterbe nicht mehr zahlungsfähig ist, wenn die **Höhe** seiner zu erbringenden Leistung feststeht. War vor der Teilung noch eine Verrechnung mit seinem Auseinandersetzungsguthaben möglich, so muss die Erbengemeinschaft nun den Erben direkt und womöglich **vergeblich** in Anspruch nehmen. Der lediglich im Leitsatz des Urteils ausgedrückten Rechtsauffassung kann daher nicht gefolgt werden.

---

90 Brandenburgisches OLG, Beschl. v. 17.3.1998 – 10 W 45/97, FamRZ 1998, 1521, 1522.

91 BGH, Urt. v. 13.4.1988 – IVb ZR 48/87, Rn 67, juris (im rechtlich vergleichbaren Fall einer Gütergemeinschaft); a.A. OLG Köln, Beschl. v. 24.6.1996 – 19 W 28/96, OLGR 1996, 215: Teilungsreife liegt dann vor, wenn im Rahmen der Erbauseinandersetzungsklage auch die Zustimmung zur Auskehr des Erlöses des Versteigerungsverfahrens nach § 180 ZVG nach bestimmten Quoten erreicht werden soll.

92 BGH, Urt. v. 13.4.1988 – IVb ZR 48/87, Rn 67 f., juris (im rechtlich vergleichbaren Fall einer Gütergemeinschaft); KG, Urt. v. 20.10.1960 – 12 U 255/60, NJW 1961, 733; OLG Frankfurt, Urt. v. 19.10.1994 – 17 U 207/93, OLGR 1995, 31, 33.

93 OLG Koblenz, Urt. v. 21.3.2002 – 5 U 291/01, FamRZ 2002, 1513, LS 1.

94 OLG Koblenz, Urt. v. 21.3.2002 – 5 U 291/01, FamRZ 2002, 1513, 1516 (lit. e); auch die für sich gesehenen und im Tatbestand genannten erheblichen Einwände der Beklagten, dass ein zum Nachlass gehörendes Grundstück noch nicht versteigert worden ist, werden nicht erörtert.

Eine Ausnahme von der Voraussetzung der Totalerledigung durch die Auseinandersetzungsklage gilt, wenn **besondere** Gründe für eine gegenständlich beschränkte **Teilauseinandersetzung** sprechen. Dies kann dann der Fall sein, wenn

- Nachlassverbindlichkeiten nicht mehr bestehen und
- berechtigte Belange der Erbengemeinschaft und der einzelnen Miterben nicht gefährdet werden.[95]

Beispiel

Es handelt sich um eine Geldsumme, die Erbengemeinschaft besteht schon jahrzehntelang, es lässt sich nicht übersehen, ob überhaupt und wann noch weitere Nachlassgegenstände für eine weitere Auseinandersetzung zur Verfügung stehen werden und Passiva des Nachlasses bestehen nicht.[96]

32 Bei der Auseinandersetzungsklage unterlaufen häufig **Fehler**. Bestrebt von dem Gedanken, die Angelegenheit „nun endlich vor Gericht zu bringen", wird vielfach übersehen, dass der Nachlass noch nicht teilungsreif ist. Der Beklagte muss zur Verteidigung nun lediglich auf noch unbezahlte Nachlassverbindlichkeiten verweisen und gewinnt den Prozess.

Der Kläger muss daher einer Abweisung seiner Teilungsklage durch eine Staffelung von **Hilfsanträgen** vorbeugen, mit denen Alternativ-Teilungspläne vorgelegt werden. Riskant wäre es, sich stattdessen allein auf die vermeintliche Hinweispflicht des Gerichts zu verlassen (vgl. hierzu oben Rdn 30).

Der Beklagte seinerseits muss mit Vorliegen der **Hilfsanträge** sofort entscheiden, ob er möglicherweise bereit ist, einen der Hilfsanträge sofort anzuerkennen, damit er in den Genuss der Kostenfolge des § 93 ZPO gelangen kann.[97]

33 Durch das Urteil gilt die Zustimmung des verklagten Erben als erteilt, **§ 894 ZPO**. Der Kläger sollte gegebenenfalls auch gleich beantragen, dass die sich widersetzenden Erben zur Zustimmung zu den **dinglichen Erklärungen** verurteilt werden,[98] denn der Teilungsplan und die durch Urteil ersetzte Zustimmung allein haben lediglich **schuldrechtliche** Wirkung. Die unmittelbare Klage auf Zustimmung zu den dinglichen Erklärungen oder die Leistungsklage ist **isoliert** möglich, falls konkrete Auseinandersetzungsvereinbarungen oder Teilungsanordnungen vorliegen, die lediglich noch vollzogen werden müssen und andere regelungsbedürftige Punkte wie Vorempfänge, Nachlassverbindlichkeiten nicht vorhanden sind.[99]

---

95 BGH, Urt. v. 22.2.1965 – III ZR 208/63, Rn 38, juris; BGH, Urt. v. 14.3.1984 – IVa ZR 87/82, NJW 1985, 51, 52.

96 BGH, Urt. v. 22.2.1965 – III ZR 208/63, Rn 38, juris.

97 Zum Anerkenntnis eines – prozessual nicht durchsetzbaren – Teilungsplanes im Rahmen eines Vergleiches und der Kostentragungspflicht des Klägers vgl. OLG Düsseldorf, Beschl. v. 18.6.1999 – 7 W 39/99, OLGR 2000, 105.

98 MüKo/*Ann*, § 2042 Rn 67 und 42 ff.

99 MüKo/*Ann*, § 2042 Rn 67.

Muster 9.1: Teilungsklage 34

(nach Uricher/*Rißmann*, Erbrecht, § 3 Rn 174)

Landgericht Berlin
10617 Berlin

Klage

des Bauingenieurs Daniel Meier,
Goethestraße 16, 20348 Hamburg

– Kläger –

Prozessbevollmächtigte:

Rechtsanwälte Clever und Smart,
Schlossstraße 13, 14467 Potsdam

gegen

Frau Magda Meier,
Schillerstraße 15, 10179 Berlin

– Beklagte[100] –

wegen: Zustimmung zum Teilungsplan zur Auseinandersetzung einer Erbengemeinschaft,

vorläufiger Streitwert: 44.500 EUR.[101]

Namens und in Vollmacht des Klägers erheben wir Klage und werden im Termin zur mündlichen Verhandlung beantragen, die Beklagte zu verurteilen,

dem folgenden Teilungsplan zuzustimmen:

„Das auf dem Konto der All Finanz-Kasse in Hamburg, BLZ 230 90 97, Kontonummer 50 580 400, lautend auf Max Meier – Nachlass – befindliche Guthaben wird an den Kläger und Frau Anna Lessing-Meier, Pacellistraße 5, 80333 München zu je 1/4 und an die Beklagte zu 1/2 ausgezahlt. Das Konto soll nach der Auszahlung aufgelöst werden."

Für den Fall der Säumnis beantragen wir den Erlass eines Versäumnisurteils.

Wir bitten um Erteilung einer weiteren kostenfreien Abschrift jeder gerichtlichen Entscheidung.

Begründung:[102]

A. Sachverhalt

I. Die Parteien des Rechtstreites sind Erben aufgrund gesetzlicher Erbfolge nach dem am 11.4.2016 verstorbenen Max Meier. Der Kläger ist der Sohn des Erblassers, die Beklagte war seine Ehefrau. Der Erblasser hatte außerdem eine Tochter, Frau Anna Lessing-Meier, Pacellistraße 5, 80333 München. Die Eheleute hatten keine ehevertraglichen Regelungen getroffen. Die Beklagte ist daher Erbin aufgrund gesetzlicher Erbfolge zu ½ und der Kläger neben seiner Schwester Erbe zu je ¼ geworden.

100 Verklagt werden müssen lediglich die Miterben, die ihre Zustimmung zu dem Teilungsplan verweigern. Um sich nicht hinterher einem Miterben gegenüber zu sehen, der nach einem obsiegenden Urteil gegen den anderen Miterben es „sich anders überlegt" hat, ist mit den zustimmenden Erben im Vorfeld eine Vereinbarung beweiskräftig abzuschließen.

101 Siehe hierzu im Muster die Erläuterungen unter lit. C.

102 In diesem Muster sind absichtlich keine Beweise angeboten und auch keine Urkunden beigefügt. Es ist nicht notwendig, die Gerichtsakte mit Urkunden zu belasten, wenn es entweder auf deren Inhalt nicht ankommt (hier der vorangegangene Teilauseinandersetzungsvertrag) oder aber der Sachverhalt unstreitig bleibt (hier die Erbquote).

Der Erblasser hinterließ umfangreiches Vermögen und zwar neben dem hier in Rede stehenden Kontoguthaben mehrere Immobilien. Hinsichtlich der Immobilien haben sich die Miterben vorprozessual zu notarieller Urkunde auf eine Übertragung gegen Ausgleichszahlung geeinigt. Die Übertragungen sind vollzogen, die Ausgleichszahlungen sind geleistet.
Zum Nachlass gehört mithin ausschließlich noch das Guthaben auf dem streitbefangenen Konto.

II. Die Beklagte ist nicht bereit, einer Aufteilung des Kontoguthabens, wie hier beantragt, zuzustimmen, da sie der Meinung ist, dass sie bei den vorangegangen Immobilienübertragungen „zu wenig" erhalten habe und ihr jetzt mehr als die Hälfte des Kontoguthabens zustünde. Außerdem gehe es ihr gesundheitlich im Augenblick so schlecht, dass sie sich „mit diesem Thema nicht beschäftigen" wolle und könne.

B. Rechtliche Würdigung

I. Die Parteien dieses Rechtsstreits sowie Frau Anna Lessing-Meier bilden eine Erbengemeinschaft gemäß § 2032 BGB aufgrund gesetzlicher Erbfolge.
Jeder Miterbe kann gemäß § 2042 BGB jederzeit die Auseinandersetzung verlangen.

II. Der Nachlass ist teilungsreif. Sämtliche Nachlassverbindlichkeiten sind beglichen (§ 2046 Abs. 1 S. 1 BGB). Immobilien gehören nicht mehr zum Nachlass, nachdem sich die Miterben über deren Verteilung geeinigt haben und die Verteilung vollzogen ist.

III. Die Beklagte kann mit ihrem Einwand nicht gehört werden, dass sie bei der Verteilung der Immobilien „zu wenig" erhalten habe. Der hierzu geschlossene Vertrag ist insoweit abschließend. Nur am Rande sei erwähnt, dass die Bemessung der Ausgleichszahlungen aufgrund von Gutachten öffentlich bestellter und vereidigter Sachverständiger über die Verkehrswerte der jeweiligen Immobilien beziffert worden ist.
Die Verteilung des Kontoguthabens wurde zum damaligen Zeitpunkt lediglich deswegen noch nicht vollzogen, da noch eine mögliche Einkommenssteuernachzahlung des E von diesem Konto als Nachlassverbindlichkeit beglichen werden sollte. Das Finanzamt hat jedoch mittlerweile erklärt, dass soweit keine weiteren Forderungen mehr geltend gemacht werden.

C. Streitwert

Der Streitwert einer Teilungsklage richtet sich nach dem Wert des Erbanteils, den der Kläger mit der Auseinandersetzung begehrt

(BGH, Urt. v. 24.4.1975 – III ZR 173/72, NJW 1975, 1415, 1416),

wobei aufgelaufene Zinsen streitwerterhöhend zu berücksichtigen sind. Es handelt sich nicht um eine Nebenforderung i.S.v. § 4 Abs. 1 2. HS ZPO

(BGH, Urt. v. 3.4.1998 – V ZR 143/97, NJW-RR 1998, 1284).

Das Guthaben auf dem im Teilungsplan genannten Konto beläuft sich inklusive Zinsen auf 178.000 EUR (Stand 1.11.2018). Hiervon kann der Kläger 1/4, mithin 44.500 EUR beanspruchen. Dies ist somit der Streitwert der vorliegenden Klage.

Beglaubigte und einfache Abschrift anbei.

Clever

Rechtsanwalt

4. Zwangsvollstreckung

35 Der Anspruch des Klägers aus einer erfolgreichen **Auseinandersetzungsklage** bedarf keiner Vollstreckung, da das Urteil die Zustimmung ersetzt, § 894 ZPO (siehe oben Rdn 33).

III. Feststellungsklage

Die Feststellungsklage hat ihren Platz im Bereich des Erbrechts vor allem in Dingen, wenn es um die Klärung einzelner Streitpunkte geht, die **nicht** ohne Weiteres mit einer Leistungsklage erfolgen kann. Die Auseinandersetzung einer Erbengemeinschaft scheitert häufig an unterschiedlichen Auffassungen, ob und in welchem Umfang Forderungen im Rahmen der Auseinandersetzung der Erbengemeinschaft zu berücksichtigen oder welche Zuwendungen wie auszugleichen sind (vgl. hierzu § 7). Im Rahmen einer Auseinandersetzungsklage müsste diesen unterschiedlichen Auffassungen mit zahlreichen Hilfsanträgen Rechnung getragen werden (siehe oben Rdn 32): Denn im Rahmen der Formulierung der Hilfsanträge müsste **jegliche** Kombination von unterschiedlichen Auffassungen berücksichtigt werden. Das mag vertretbar sein, wenn lediglich **eine** Forderung u.Ä. streitig ist. Je mehr Streitpunkte hinzukommen, umso unübersichtlicher würde diese Vorgehensweise. 36

Der BGH hält daher eine Feststellungsklage zur Klärung einzelner Streitpunkte für zulässig: Dies ist nach der Rechtsprechung des BGH ausdrücklich auch dann zulässig, wenn eine Leistungsklage grundsätzlich möglich wäre.[103] Mehrere streitige Punkte können hier auch in einer Klage zusammengefasst werden. 37

Muster 9.2: Feststellungsklage 38

(nach Uricher/*Rißmann*, Erbrecht, § 3 Rn 165)

Landgericht Berlin
10617 Berlin

Klage

des Bauingenieurs Daniel Meier,
Goethestraße 16, 20348 Hamburg

– Kläger –

Prozessbevollmächtigte:

Rechtsanwälte Clever und Smart,
Königstraße 10C, 70173 Stuttgart

gegen

Frau Magda Meier,
Schillerstraße 15, 10179 Berlin

– Beklagte[104] –

wegen: Feststellung,

vorläufiger Streitwert: 98.000 EUR.

Namens und in Vollmacht des Klägers erheben wir Klage und werden im Termin zur mündlichen Verhandlung beantragen,

1. festzustellen, dass die Beklagte im Rahmen der Erbauseinandersetzung mit dem Kläger und Frau Anna Lessing-Meier, Pacellistraße 5, 80333 München in der Nachlasssache nach Herrn Max Meier verpflichtet

103 BGH, Urt. v. 27.6.1990 – IV ZR 104/89, NJW-RR 1990, 1220.

104 Jedenfalls hinsichtlich des Feststellungsantrages ist zu prüfen, ob ansonsten von sämtlichen anderen Miterben – hier also auch der miterbenden Schwester Anna Lessing-Meier – eine verbindlichen Erklärung im Sinne des Feststellungsantrages vorliegt; ist dies nicht der Fall sollten die sich widersetzenden Miterben ebenfalls verklagt werden.

ist, das für die Erbengemeinschaft geführte Darlehen bei der Finanz-Bank Berlin zur dortigen Darlehens-Nr. 2309 1606 sich hälftig auf ihren Anteil am Nachlass anrechnen zu lassen

sowie

2. festzustellen, dass die Beklagte verpflichtet ist, sich im Rahmen der Erbauseinandersetzung mit dem Kläger in der Nachlasssache nach Herrn Max Meier die im Rahmen der Aufnahme des Darlehens bei der Finanz-Bank Berlin zur dortigen Darlehens-Nr. 2309 1606 entstandenen Aufwendungen hälftig anrechnen zu lassen sind, insbesondere also die Kosten für den Abschluss des Darlehensvertrages sowie die Zinszahlungen.

Für den Fall der Säumnis beantragen wir den Erlass eines Versäumnisurteils.

Wir bitten darum,

gemäß Nr. 9000 Abs. 3 Kostenverzeichnis GKG eine weitere kostenfreie Ausfertigung bzw. Abschrift jeder gerichtlichen Entscheidung oder eines geschlossenen Vergleichs und aller künftigen Sitzungs- und Verkündungsprotokolle zu übersenden.

Begründung

A. Sachverhalt

I. Die Parteien des Rechtsstreites sind Erben aufgrund gesetzlicher Erbfolge nach dem am 11.4.2016 verstorbenen Max Meier. Der Kläger ist der Sohn des Erblassers, die Beklagte war seine Ehefrau. Der Erblasser hatte außerdem eine Tochter, Frau Anna Lessing-Meier, Pacellistraße 5, 80333 München. Die Eheleute hatten keine ehevertraglichen Regelungen getroffen, so dass die Beklagte Erbin aufgrund gesetzlicher Erbfolge zu 1/2 geworden ist. Der Kläger ist neben seiner Schwester Erbe zu je 1/4.

II. Der Erblasser hatte im Dezember 2012 ein Darlehen in Höhe von 1 Mio. DM aufgenommen. Mit den Mitteln aus diesem Darlehen erwarb er eine Immobilie in Dresden. Zur Sicherung dieses Darlehens wurde unter anderem eine Grundschuld in die damals dem Erblasser gehörende Immobilie in der Annastraße 16, 12247 Berlin eingetragen. Diese Immobilie übertrug der Erblasser dem Kläger im Dezember 2016.
Die mit dem Darlehen angeschaffte Immobilie in Dresden wurde im Dezember 2015 veräußert. Der Veräußerungserlös wurde angelegt, um aus diesen Mitteln einerseits die laufenden Zins- und Tilgungsleistungen des Darlehens zu bedienen und andererseits bei Fälligkeit im Juni 2018 die Rückzahlung der Darlehensvaluta zu gewährleisten.
Vor Fälligkeit des Darlehens im Juni 2018 hat die Beklagte auf diverse Schreiben des Klägers mit der Bitte um Rücksprache hinsichtlich der Darlehensrückzahlung nicht reagiert. Um Zwangsvollstreckungsmaßnahmen der darlehensgebenden Bank zu verhindern und somit letztlich auch Schaden vom Beklagten und der Erbengemeinschaft als ganzes abzuwenden, hat der Kläger eine kurzfristige Finanzierung des noch offenen Darlehensbetrages zu günstigen Konditionen bei einem anderen Kreditinstitut erreicht und konnte somit das ursprüngliche Darlehen zunächst zurückführen. Die Beklagte wurde vom Kläger hierüber im Vorfeld mehrfach informiert. Sie wurde um Mithilfe gebeten. Die Beklagte lehnte ab.
Vorprozessual hat die Beklagte die Auffassung vertreten, dass sie im Rahmen der Nachlassauseinandersetzung nicht verpflichtet sei, die hälftige Darlehensschuld mitzutragen.

B. Rechtliche Würdigung

I. **Zum Antrag zu Ziff. 1:**
Der Feststellungsantrag ist **zulässig**, denn die Beklagte vertritt die Auffassung, dass sie im Rahmen der Erbauseinandersetzung sich das Darlehen auf ihren Erbteil nicht anrechnen lassen muss.
Beweis: Schreiben des Rechtsanwaltes Schwafel vom 10.7.2016
Zur Klärung einzelner Streitfragen im Rahmen der Erbauseinandersetzung hält der BGH in solchen Fällen eine Feststellungsklage für **zulässig**:
„Erhebt ein Miterbe zum Zwecke der Auseinandersetzung Klage auf Feststellung einzelner Streitpunkte und dient eine solche Feststellung einer sinnvollen Klärung der Grundlage der Erbauseinandersetzung, dann ist die Klage zulässig. (...)"
(BGH, Urt. v. 27.6.1990 – IV ZR 104/89, NJW-RR 1990, 1220):

Der Antrag ist auch **begründet**, denn es ist unstreitig, dass der Erblasser alleiniger Darlehensnehmer gewesen ist. Nach dem Tode sind die Parteien im Wege der Universalsukzession gem. § 1922 BGB in die Rechtsposition des Erblassers eingetreten. Sie haben daher entsprechend ihrem Anteil am Nachlass auch für die von dem Erblasser herrührenden Verbindlichkeiten einzustehen.

II. **Zum Antrag zu Ziff. 2:**

Um Schaden von der Erbengemeinschaft abzuwenden und eine Zwangsvollstreckung der darlehensgebenden Bank zu verhindern, hat der Kläger ein bis Juni 2019 befristetes Darlehen bei der Finanz-Bank Berlin für die Erbengemeinschaft aufgenommen. Da die Beklagte sich im Vorfeld jeglicher Mitwirkung und einvernehmlichen Regelung verschlossen hat, musste der Kläger handeln, um Schaden von der Erbengemeinschaft abzuwenden.

Der Kläger handelte somit im Rahmen der sogenannten **„notwendigen Verwaltung"** gem. § 2038 Abs. 1 S. 2 Hs. 2 BGB. „Zur Erhaltung notwendig" ist eine Maßnahme für den Nachlass stets dann, wenn ohne sie der Nachlass insgesamt oder Teile hiervon Schaden nehmen würden. Derartige Maßnahmen kann bzw. muss jeder Miterbe ohne Mitwirkung der anderen Miterben vornehmen. Bei Maßnahmen der Notverwaltung für die Erbengemeinschaft wird die **gesamte** Erbengemeinschaft **verpflichtet.** Der Beklagte ist somit auch verpflichtet, sich die Aufwendungen für das Darlehen im Rahmen der Nachlassauseinandersetzung anrechnen zu lassen. Im Übrigen gilt hier das eben bereits zum Klageantrag zu Ziff. 1 gesagte.

C. Ermittlung des vorläufigen Streitwertes

Der vorläufige Streitwert berechnet sich wie folgt:

Hinsichtlich des Klageantrages zu Ziff. 1 ist zur Bemessung des vorläufigen Streitwertes vom Interesse des Klägers auszugehen. Dieser ist i. H. des hälftigen Darlehensbetrages anzunehmen (rund 117.500 EUR). Da es sich um eine Feststellungsklage handelt, ist ein Abschlag von 20 % vorzunehmen, so dass sich für den Klageantrag zu Ziff. 1 ein vorläufiger Streitwert von 94.000 EUR ergibt.

Hinsichtlich des Klageantrages zu Ziff. 2 ist ebenso vom Interesse des Klägers der vorläufige Streitwert herzuleiten. Dieser wird zunächst in Höhe des Regelstreitwertes gem. § 48 Abs. 1 GKG i.V.m. § 3 ZPO, § 23 Abs. 3 S. 2 RVG abzüglich eines Abschlages von 20 % vorläufig pauschal mit 4.000 EUR angenommen.

Insgesamt ergibt sich danach ein vorläufiger Streitwert von 98.000 EUR.

Beglaubigte und einfache Abschrift anbei.

Clever

Rechtsanwalt

IV. Klage gegen nicht zustimmende Miterben im Rahmen der ordnungsgemäßen Verwaltung

Im **Vorfeld** einer Maßnahme, die einen Mehrheitsbeschluss erfordert, kann die Mitwirkung der Miterben im **Klagewege erzwungen** werden. Zu verklagen sind die Erben, die entweder gegen die Maßnahme gestimmt haben oder sich überhaupt nicht an der Verwaltung beteiligt haben. Liegt ein Beschluss der Erbengemeinschaft noch nicht vor, ist ausschließlich die weiter reichende **Klage auf Zustimmung** zu der beabsichtigten Maßnahme zu erheben. Für eine Feststellungsklage bestünde kein Rechtsschutzbedürfnis. Das obsiegende Urteil gegen einen Miterben, der seine Mitwirkung verweigert hat, ersetzt gem. § 894 ZPO dessen verweigerte Zustimmung. Daher muss die abzugebende **Willenserklärung** in dem Urteil inhaltlich so bestimmt und eindeutig bezeichnet sein, dass ihre rechtliche Bedeutung feststeht.[105] Notfalls kann hier eine Auslegung durch Heranziehen des Tatbestands und der Entscheidungsgründe erfolgen. **Handlungen** werden nach §§ 887, 888 ZPO vollstreckt. 39

105 MüKo-ZPO/*Gruber*, § 894 Rn 11.

Muss eine Forderung gegen den Nachlass, die auf eine **Verfügung** gerichtet ist, im Wege der Klage durchgesetzt werden, so sind ebenfalls **lediglich** die **nicht zustimmenden Erben** zu verklagen. Der Klageantrag lautet auf **Mitwirkung** des nicht zustimmenden Erben bei der von den übrigen Miterben vorzunehmenden Verfügung.[106] Im **Vorfeld** des Prozesses sollte der Gläubigervertreter sich jedoch der Zustimmung der übrigen Miterben sicher sein. Allein die „erklärte Bereitschaft" nutzt später wenig, wenn sie nicht in der erforderlichen Form[107] rechtlich bindend erfolgt ist (siehe auch Rdn 63). Ebenso müssen die Miterben vorgehen, wenn eine im Rahmen von § 2038 Abs. 1 S. 2 Hs. 1. BGB getroffene **Mehrheitsentscheidung** eine Verfügung über einen Nachlassgegenstand erfordert oder eine **frühere Vereinbarung** über die Verfügung eines Nachlassgegenstandes besteht und gegen einen nicht zustimmenden Miterben durchgesetzt werden soll (vgl. zur Durchsetzung von Verfügungen durch Mehrheitsentscheidungen § 4 Rdn 77).[108] Ein rechtskräftiges Urteil ersetzt gem. § 894 Abs. 1 ZPO dann die Zustimmung des bzw. der nicht zustimmenden Miterben.

V. Klage auf Schadensersatz gegen Miterben wegen fehlender Mitwirkung bei der Verwaltung

40 Nach § 2038 Abs. 1 S. 2 Hs. 1 BGB sind die Erben verpflichtet, bei Maßnahmen ordnungsgemäßer Verwaltung mitzuwirken, um so die Durchführung der Maßnahmen zu ermöglichen. Der Widerstand von Erben oder auch die bloße Passivität kann nicht nur zu einer Verurteilung zur Zustimmung zur Verwaltungsmaßnahme führen (siehe oben Rdn 39), sondern auch zu einer **Schadensersatzpflicht** nach § 280 Abs. 1 BGB[109] (siehe auch § 4 Rdn 123). Im Rahmen der Klage auf Schadensersatz wird inzident die Zustimmungspflicht des sich widersetzenden oder passiven Miterben geprüft.

41 Solange die Erben noch als Gesamtschuldner haften, kann der Kläger neben dem allgemeinen Gerichtsstand der §§ 12 ff. ZPO den besonderen (erweiterten) Gerichtsstand der Erbschaft des **§ 28 ZPO** wählen. Die Gesamthaftung der Miterben endet nach §§ 2060, 2061 BGB (siehe hierzu auch § 6 Rdn 178).

42 **Muster 9.3: Klage auf Schadensersatz gegen Miterben**

(Uricher/*Rißmann*, Erbrecht, § 3 Rn 166; Fall nach BGH, Urt. v. 28.9.2005 – IV ZR 82/04, ZErb 2006, 95)

Landgericht Berlin
10617 Berlin

Klage

des Bauingenieurs Daniel Meier,
Goethestraße 16, 20348 Hamburg

– Kläger –

Prozessbevollmächtigte:

Rechtsanwälte Clever und Smart,
Schlossstraße 13, 14467 Potsdam

---

106 MüKo/*Gergen*, § 2040 Rn 18 und § 2059 Rn 21 f.
107 Vgl. z.B. § 925 BGB (Auflassung).
108 Staudinger/*Löhnig, § 2040 Rn 20.*
109 Siehe hierzu bereits Damrau/Tanck/*Rißmann*, § 2038 Rn 63; BGH, Urt. v. 28.9.2005 – IV ZR 82/04, ZErb 2006, 95.

gegen

Frau Magda Meier,
Schillerstraße 15, 10179 Berlin

– Beklagte –

wegen: Zahlung,

vorläufiger Streitwert: 75.000 EUR.

Namens und in Vollmacht des Klägers erheben wir Klage und werden im Termin zur mündlichen Verhandlung beantragen, die Beklagte zu verurteilen,

an die Erbengemeinschaft nach Max Meier, bestehend aus dem Kläger, der Beklagten und Frau Anna Lessing-Meier, Pacellistraße 5, 80333 München, 75.000 EUR nebst Zinsen in Höhe von 5 Prozentpunkten über dem Basiszinssatz seit dem 14.1.2018 zu zahlen.

Für den Fall der Säumnis beantragen wir den Erlass eines Versäumnisurteils.

Wir bitten darum,

gemäß Nr. 9000 Abs. 3 Kostenverzeichnis GKG eine weitere kostenfreie Ausfertigung bzw. Abschrift jeder gerichtlichen Entscheidung oder eines geschlossenen Vergleichs und aller künftigen Sitzungs- und Verkündungsprotokolle zu übersenden

Begründung

A. Sachverhalt

I. Die Parteien des Rechtsstreites sind Erben aufgrund gesetzlicher Erbfolge nach dem am 11.4.2016 verstorbenen Max Meier. Der Kläger ist der Sohn des Erblassers, die Beklagte war seine Ehefrau. Der Erblasser hatte außerdem eine Tochter, Frau Anna Lessing-Meier, Pacellistraße 5, 80333 München. Die Eheleute hatten keine ehevertraglichen Regelungen getroffen, so dass die Beklagte Erbin aufgrund gesetzlicher Erbfolge zu ½ geworden ist. Der Kläger ist neben seiner Schwester Erbe zu je ¼.

II. Zum Nachlass des E gehörte auch eine Darlehensforderung der All-Kredit Bank mit einer Restforderung von 450.000 EUR zum 31.12.2017. Das Darlehen war u.a. durch eine Grundschuld über 500.000 EUR zu Lasten eines ebenfalls der Erbengemeinschaft gehörenden Mehrfamilienhauses gesichert. Da der Wert des Mehrfamilienhauses allein nicht mehr ausreichen würde, die Darlehensforderung zu sichern, war die Bank zu einer Verlängerung des Darlehens nicht bereit, so dass sämtliche Mitglieder der Erbengemeinschaft bereits Ende August 2017 wussten, dass die Restforderung der Bank zum 31.12.2017 fällig wird.
Der Nachlass verfügte jedoch nicht über ausreichend liquide Mittel, um die Darlehensforderung zu bedienen. Es bestand lediglich ein Bar- und Depotvermögen im Wert von 150.000 EUR. Eigenes Kapital wollte keiner der Erben zur Rückzahlung des Darlehens aufwenden.

III. Die Miterbin Anna Lessing-Meier bot daher Mitte August der Erbengemeinschaft an, eine gleichfalls zum Nachlass gehörende Eigentumswohnung zum Preis von 350.000 EUR zu kaufen.
Beweis: Zeugnis der Frau Anna Lessing-Meier, Pacellistraße 5, 80333 München
Dies entsprach dem Verkehrswert, den ein Sachverständiger für die Bewertung bebauter und unbebauter Grundstücke für die Immobilie zum Todestag festgestellt hat.
Diesem Angebot waren Verkaufsbemühungen aller Miterben vorausgegangen. Ernsthafte Kaufinteressenten boten jedoch maximal einen Kaufpreis von 275.000 EUR.
Beweis:
1. Zeugnis des Immobilienmaklers Markus Mittler, Goethestraße 74, 80336 München
2. Angebot der Eheleute Stieler, in Fotokopie als **Anlage K1**
3. Angebot der Luise Schubert, in Fotokopie als **Anlage K2**

IV. Der Kläger war einverstanden, dass die Eigentumswohnung an seine Schwester, die Zeugin Lessing-Meier, verkauft werden würde. Die Beklagte verweigerte jedoch ihre Zustimmung zu der Veräußerung.

Zuletzt wurde sie mit Anwaltsschreiben vom 25.8.2017 vergeblich aufgefordert, bei dem Verkauf mitzuwirken.

Beweis: Schreiben der Rechtsanwälte Clever und Smart vom 25.8.2012, in Fotokopie als **Anlage K3**

V. Nachdem ein kurzfristiger Verkauf an die Zeugin Lessing-Meier nicht möglich gewesen ist, zog sie ihr Angebot im Dezember 2017 zurück. Erst zu jenem Zeitpunkt unter dem Eindruck der drohenden Darlehensrückzahlung erklärte sich die Beklagte bereit, die Eigentumswohnung zu veräußern. Nunmehr waren jedoch lediglich noch Interessenten zu gewinnen, die bereit waren, einen Kaufpreis von maximal 275.000 EUR zu zahlen.

Beweis: Zeugnis des Immobilienmaklers Markus Mittler, b. b.

VI. Die Immobile konnte dann schließlich am 28.12.2017 an die Eheleute Stieler verkauft werden, wobei ein Kaufpreis von 275.000 EUR vereinbart und auch gezahlt worden ist.

VII. Durch die grundlose Weigerung der Beklagten, an dem Verkauf an die Zeugin Lessing-Meier mitzuwirken, ist der Erbengemeinschaft ein Schaden in Höhe von 75.000 EUR zzgl. Zinsen entstanden. Hätte die Beklagte Mitte August 2017 dem Verkauf an die Zeugin Lessing-Meier zugestimmt, hätte die Erbengemeinschaft einen Kaufpreis von 350.000 EUR statt im Dezember 2017 von 275.000 EUR erzielt. Die Beklagte war mit Schreiben vom 13.1.2018 aufgefordert worden, der Erbengemeinschaft den Schaden i.H.v. 50.000 EUR zu ersetzen.

Beweis: Schreiben der Rechtsanwälte Clever und Smart vom 13.1.2018, in Fotokopie **als Anlage K4**

Die Beklagte reagierte auf dieses Schreiben mit Fax vom darauffolgenden Tag, in dem sie erklärte, dass sie keinerlei Zahlungen leisten werde.

Beweis: Schreiben der Beklagten vom 14.1.2018, in Fotokopie als **Anlage K5**

B. Rechtliche Würdigung

I. Schadenersatzpflicht dem Grunde nach

1. Fehlende Mitwirkung, Verstoß gegen § 2038 Abs. 1 S. 2 Hs. 1 BGB

Die Beklagte schuldet der Erbengemeinschaft nach Max Meier Schadensersatz in Höhe der Klageforderung gem. § 280 BGB, da sie schuldhaft ihrer Mitwirkungspflicht aus § 2038 Abs. 1 S. 2 Hs. 1 BGB nicht nachgekommen ist:

a) Zwischen den Parteien des Rechtstreits und der Zeugin Lessing-Meier besteht eine **Erbengemeinschaft** aufgrund gesetzlicher Erbfolge nach Max Meier. Der Nachlass ist somit ungeachtet der Erbquoten der einzelnen Miterben gemeinschaftliches Vermögen der Miterben geworden, § 2032 Abs. 1 BGB.

Die Verwaltung des Nachlassvermögens richtet somit nach § 2038 BGB. Nach Abs. 1 S. 2 Hs. 1. dieser Norm ist jeder Miterbe

„den anderen gegenüber verpflichtet, zu Maßregeln mitzuwirken, die zur ordnungsgemäßen Verwaltung erforderlich sind."

b) Der beabsichtigte Verkauf an die Zeugin Lessing-Meier war eine Maßnahme der **ordnungsgemäßen Verwaltung**:

aa) Der Begriff der „**Verwaltung**" ist danach weit und umfassend zu verstehen: Er umfasst alle tatsächlichen und rechtlichen Maßnahmen, die zur Verwahrung, Sicherung, Erhaltung und Vermehrung sowie zur Gewinnung der Nutzungen und Bestreitung laufender Verbindlichkeiten des Nachlasses erforderlich oder geeignet sind

(BGH, Urt. v. 22.2.1965 – III ZR 208/63, Rn 33, juris).

Dazu zählen grundsätzlich auch Verfügungen über Nachlassgegenstände

(BGH, Urt. v. 28.9.2005 – IV ZR 82/04, ZErb 2006, 95, 96 unter II 2 a)).

Die Veräußerung an die Zeugin Lessing-Meier wäre somit eine Maßnahme der Verwaltung gewesen, weil durch die „Versilberung" der Eigentumswohnung sich der Wert des Nachlassvermögens nicht verringert hätte: Aufgrund der dinglichen Surrogation gem. § 2041 BGB wäre der Veräußerungserlös an die Stelle der Immobilie getreten. Dadurch hätte sich lediglich die Zusammensetzung des Nachlasses verändert, nicht jedoch der Substanzwert verringert. Der Erbengemeinschaft hätte dann die notwendige Liquidität zur Verfügung gestanden, um das Darlehen bei Fälligkeit zurückzuzahlen.

bb) „**Ordnungsgemäße**" Verwaltung umfasst gem. §§ 2038 Abs. 2 S. 1 i.V.m. 745 BGB alle Maßnahmen, die der Beschaffenheit des betreffenden Nachlassgegenstandes und dem Interesse aller Miterben nach billigem Ermessen entsprechen. Maßgebend ist der Standpunkt eines vernünftig und wirtschaftlich denkenden Beurteilers zum Zeitpunkt, in dem die Handlung vorgenommen werden soll (BGH, Urt. v. 8.5.1952 - IV ZR 208/51, BGHZ 6, 76, 81).

Die Veräußerung der Eigentumswohnung im August/September 2017 an die Zeugin Lessing-Meier wäre danach „ordnungsgemäß" gewesen, weil schon zum damaligen Zeitpunkt keine höheren Kaufpreisangebote als 275.000 EUR vorlagen und die Zeugin Lessing-Meier somit ein um 75.000 EUR über dem Höchstgebot liegendes Kaufpreisangebot unterbreitet hat.

cc) Der Verkauf an die Zeugin Lessing-Meier war auch „**erforderlich**", da ohne den Verkauf der Nachlasswert beeinträchtigt worden ist. Bereits zum damaligen Zeitpunkt war deutlich, dass das Kaufpreisangebot der Zeugin Lessing-Meier das höchste sein würde, dass in absehbarer Zeit - nämlich bis zum Rückzahlungstermin des Darlehens - erzielt werden könnte.

c) Verletzt ein Miterbe **schuldhaft** gegenüber den anderen Miterben seine Pflicht, bei derartigen Maßregeln mitzuwirken, so hat er den daraus entstehenden Schaden zu ersetzen, § 280 Abs. 1 BGB (vgl. hierzu BGH, Urt. v. 28.9.2005 - IV ZR 82/04, ZErb 2006, 95).

Die Beklagte war mehrfach aufgefordert worden, an dem Verkauf der Eigentumswohnung an die Zeugin Lessing-Meier mitzuwirken. Zuletzt geschah dies mit Schreiben vom 25.8.2017 (**Anlage K 3**). In diesem Schreiben wurde die Beklagte auch auf die drohenden Schadensersatzforderungen hingewiesen. Sie blieb jedoch bei ihrer ablehnenden Haltung.

II. **Schadenersatzpflicht der Höhe nach**

1. Die Beklagte hat im Rahmen des Schadensersatzanspruches das positive Interesse der Erbengemeinschaft zu ersetzen, § 249 Abs. 1 BGB. Der Schaden besteht danach in Höhe der Kaufpreisdifferenz, der sich aus dem Angebot der Zeugin Lessing-Meier in Höhe von 350.000 EUR und dem dann vollzogenen Kaufvertrag mit den Eheleuten Stieler (Kaufpreis 275.000 EUR) ergibt.
2. Die Beklagte schuldet Zinsen in gesetzlicher Höhe, § 288 Abs. 1 S. 2 BGB, von dem Tag der endgültigen Erfüllungsverweigerung, dem 14.1.2018, an, § 286 Abs. 2 Nr. 3 BGB.

III. **Aktivlegitimation des Klägers**

Bei der hier geltend gemachten Schadensersatzforderung handelt es sich um eine Nachlassforderung gem. § 2039 BGB. Der Kläger ist daher berechtigt, den Anspruch alleine für die Erbengemeinschaft geltend zu machen.

Beglaubigte und einfache Abschrift anbei

Clever

Rechtsanwalt

VI. Klage auf Benutzungsregelung und Nutzungsentschädigung

43 Begehrt ein Erbe eine (Neu-)Regelung der Benutzung der Nachlassgegenstände (§ 2038 Abs. 2 i.V.m. § 745 BGB) ist der **Klageantrag** auf Einwilligung zu einer **bestimmten** Verwaltungs- und Benutzungsregelung (siehe § 4 Rdn 95) zu richten.[110] Verklagt werden die widersprechenden Miterben. Das Gericht hat dann zu prüfen, ob die bisherige Regelung billigem Ermessen nicht entspricht und die Neuregelung diesen Anforderungen genügt.[111] Wird eine Regelung begehrt, die **nicht** billigem Ermessen und vernünftiger Interessenabwägung i.S.v. § 745 Abs. 2 BGB entspricht, muss die Klage abgewiesen werden, ohne dass auf eine interessengerechte Maßnahme nach dem Ermessen des Richters erkannt werden könnte.[112]

110 MüKo/*K. Schmidt*, § 745 Rn 38 m.w.N., beck-online.
111 MüKo/*K. Schmidt*, § 745 Rn 39, beck-online.
112 BGH, Urt. v. 29.9.1993 – II ZR 43/92, NJW 1993, 3326, 3327.

44 Ein etwaiger Anspruch auf **Nutzungsentschädigung** (anstelle einer Neuregelung der Benutzung, siehe § 4 Rdn 93) kann sogleich in Form einer Zahlungsklage verfolgt werden. Der Anspruch auf Neuregelung der Benutzung ergibt sich aus dem Gesetz und wird vom Richter nur **festgestellt**, nicht aber erst im Wege der Gestaltungsklage **begründet**.[113] Der „Ersatzanspruch" auf Nutzungsentschädigung wiederum folgt aus dem Anspruch auf eine Benutzungsregelung.

C. Zwangsvollstreckung

I. Mandant ist Schuldner aufgrund Miterbenstellung

45 Wenn der Mandant aufgrund des Erbfalls und seiner Stellung als Miterbe Schuldner einer Forderung ist, so muss das Ziel der anwaltlichen Tätigkeit einerseits der Schutz des Nachlasses andererseits aber auf jeden Fall der **Schutz des Eigenvermögens** des Miterben sein (zu Einzelheiten siehe auch § 6 Rdn 50 ff.). Der Miterbe kann die Zwangsvollstreckung in das nicht zum Nachlass gehörende Vermögen nur dann verhindern, wenn die **Beschränkung** seiner **Haftung** im Urteil vorbehalten ist, **§ 780 ZPO** (vgl. hierzu auch Rdn 25). Der Miterbe muss gem. § 785 ZPO die Beschränkung der Erbenhaftung in der **Zwangsvollstreckung** als Einwendung mit einer Zwangsvollstreckungsgegenklage gem. § 767 ZPO geltend machen, andernfalls ist sie unbeachtlich, § 781 ZPO. Etwas anderes gilt nur dann, wenn im Urteil bereits in der Sache selbst über den Vorbehalt abschließend entschieden worden ist.[114] Hatte der Gläubiger bereits gegen den **Erblasser** ein Urteil erwirkt, so ist der **Titel** gem. § 727 ZPO auf die Miterben **umzuschreiben**. Dann ist bereits auf dem Titel vermerkt, dass sich die Zwangsvollstreckung gegen einen Erben richtet. Eines Haftungsbeschränkungsvorbehaltes gem. § 780 ZPO bedarf es daher nicht, um den Weg der Zwangsvollstreckungsgegenklage gem. §§ 781, 785, 767 ZPO zu eröffnen.[115] Wird durch den Gläubiger der **Erbteil gepfändet** kann die Erbengemeinschaft durch **Herbeiführung** der **Nachlassverwaltung** die Aufhebung der Pfändung bewirken, § 1975 BGB, §§ 780 Abs. 2, 781, 784, 785, 767 ZPO.[116]

II. Mandant ist Gläubiger einer Erbengemeinschaft oder eines Miterben

1. Überblick

46 Ist der Mandant Gläubiger einer gegen eine Erbengemeinschaft gerichteten Forderung, muss das Ziel der anwaltlichen Tätigkeit sein, einerseits Zugriff auf den gesamten Nachlass zu erhalten, andererseits aber auch auf das Eigenvermögen der Miterben (zu Einzelheiten siehe auch § 6 Rdn 229 ff.).

47 Für eine Zwangsvollstreckung in den **ungeteilten Nachlass** sind gem. § 747 ZPO alle Miterben gleichlautend zu verurteilen. Es muss ein Titel gegen alle Erben vorliegen. Über den Wortlaut des § 747 ZPO hinaus („Urteil") sind auch sonstige Titel (Vollstreckungsbe-

---

113 BGH, Urt. v. 14.11.1988 – II ZR 77/88, juris Rn 7 a.E. m.w.N.

114 Das Prozessgericht kann sachlich entscheiden statt einen bloßen Vorbehalt aufzunehmen: BGH, Urt. v. 29.5.1964 – V ZR 47/62, NJW 1964, 2298, 2300 (obiter dictum).

115 *Krug*, in: Krug/Rudolf/Kroiß/Bittler, Af Erbrecht, § 11 Rn 485; gleichwohl ist ein Vorbehalt möglich; Formulierungsbeispiel für Vollstreckungsgegenklage: *Krug/Heindl*, in: Bonefeld/Kroiß/Tanck, Der Erbprozess, § 9 Rn 274.

116 *Krug/Heindl*, in: Bonefeld/Kroiß/Tanck, Der Erbprozess, § 9 Rn 304.

scheid, vollstreckbare Urkunde) ausreichend.[117] Es ist – weiter als § 747 ZPO normiert – nicht erforderlich, dass tatsächlich nur „ein“ Titel vorliegt: Die Verurteilung muss nicht notwendig in einem Prozess erfolgen, sie kann auch in **mehreren getrennten Verfahren** erwirkt werden.[118] Es können auch mehrere **Titel unterschiedlicher Art** vorliegen.[119] Die übrigen **Zwangsvollstreckungsvoraussetzungen** (Klausel, Zustellung) müssen zum Zeitpunkt der Pfändung **gegen** alle **Erben** vorliegen.[120] Die Zwangsvollstreckung erfolgt durch Pfändung von Nachlassgegenständen oder Pfändung sämtlicher Miterbenanteile (**Gesamthandvollstreckung**).[121]

Sind nur einzelne Miterben bekannt oder/und liegen nur Titel gegen einzelne Miterben vor, 48
kann der Gläubiger nur gem. § 859 Abs. 2 ZPO vollstrecken (**Gesamtschuldvollstreckung**). Gegenstand der Pfändung ist der **Erbteil** als Inbegriff der Rechte und Pflichten des einzelnen Miterben am gesamten Nachlass[122] (im Einzelnen siehe Rdn 51; zur Pfändung des Anspruches auf Auskehr des Reinertrages siehe Rdn 59).

Jeder Miterbe – auch der verurteilte –, der sich gegen eine Vollstreckung wehren will, da 49
kein Titel **gegen alle** Miterben vorliegt, kann im Wege der **Vollstreckungserinnerung** gem. § 766 ZPO oder der **sofortigen Beschwerde** gem. § 793 ZPO vorgehen.[123] Der nicht verurteilte Miterbe, gegen den vollstreckt wird, kann sich auch im Rahmen der **Drittwiderspruchsklage** gem. § 771 ZPO wehren.[124]

Sobald der **Nachlass geteilt** ist, sind Nachlassvermögen und Eigenvermögen der Erben 50
grundsätzlich keine getrennten Vermögensmassen mehr und die Vollstreckung ist **uneingeschränkt** möglich. Haben die Miterben jedoch die Haftung auf den Nachlass beschränkt, bleibt es bei der Trennung der Vermögensmassen und den eben dargestellten Vollstreckungsmöglichkeiten.

2. Anteil eines Miterben/Anspruch auf Auseinandersetzung

Der Anspruch eins Miterben auf Auseinandersetzung ist für sich gesehen nicht **pfändbar,** 51
würde aber ohnedies keinen Vermögenswert besitzen. Pfändbar ist jedoch gem. § 859 Abs. 2 ZPO der **Anteil des Miterben** an der Erbengemeinschaft. Der Anteil am einzelnen **Nachlassgegenstand** ist hingegen nicht pfändbar, § 859 Abs. 1 S. 2, Abs. 2, 2. Fall ZPO. **Testamentsvollstreckung** oder **Nachlassverwaltung** hindern eine Pfändung nicht.[125]

Nach Pfändung und Überweisung (hierzu das nachfolgende Muster eines Antrages auf 52
Erlass eines Pfändungs- und Überweisungsbeschlusses, siehe Rdn 56) kann der **Pfändungsgläubiger** dann seinerseits die Rechte des Miterben auf **Auseinandersetzung** der Gemeinschaft gem. § 2042 Abs. 1 BGB geltend machen sowie die Teilungsversteigerung gem. §§ 180, 181 Abs. 2 S. 1, letzte Alt. ZVG beantragen[126] und somit den Anteil verwerten.[127] Zu pfänden

117 BGH, Urt. v. 5.12.1969 – V ZR 159/66, NJW 1970, 473 (obiter dictum); Zöller/*Seibel*, § 747 Rn 5.
118 RG, Urt. v. 28.3.1908 – V 348/07, RGZ 68, 221, 222 f; OLG Hamm, Urt. v. 27.10.2016 – I-10 U 61/07, Rn 127, juris.
119 BGH, Urt. v. 5.12.1969 – V ZR 159/66, Rn 24, juris.
120 Zöller/*Seibel*, § 747 Rn 5.
121 *Behr*, ZAP Fach 14, S. 44.
122 So bereits RG, Urt. v. 28.3.1908 – V 348/07, RGZ 68, 221, 222 f.
123 Zöller/*Seibel*, § 747 Rn 8.
124 Zöller/*Seibel*, § 747 Rn 8.
125 Zöller/*Herget*, § 859 Rn 15.
126 Zöller/*Herget*, § 859 Rn 19.
127 *Stöber*, Forderungspfändung, Rn 1676.

ist der Miterbenanteil als Vermögensrecht nach § 857 Abs. 1 ZPO (mit § 829 ZPO), auch wenn zum Nachlass Grundstücke gehören.[128]

53 **Trotz Pfändung** des Miterbenanteils kann der Miterbe weiterhin die Erbschaft **ausschlagen.**[129] Der Gläubiger ist dann nicht zur Anfechtung berechtigt. Eine vor der Ausschlagung erfolgte Pfändung wird unwirksam, denn der an die Stelle des Ausschlagenden tretende Erbe ist nicht Rechtsnachfolger des Schuldners, sondern (Ersatz-)Erbe des Erblassers.[130]

54 **Drittschuldner** der Pfändung sind die **übrigen Miterben.**[131] Unbekannte Miterben werden durch den Nachlasspfleger vertreten.[132] Der Testamentsvollstrecker, dem die Nachlassverwaltung obliegt,[133] sowie der Nachlassverwalter oder -pfleger sind ebenfalls Drittschuldner. Ihnen ist somit auch der Pfändungs- und Überweisungsbeschluss zuzustellen. Sind mehrere Miterben vorhanden, wird die Pfändung mit der Zustellung an alle bewirkt und – erst – mit der **Zustellung an** den **letzten wirksam.**[134]

55 Neben dem Miterbenanteil besteht kein selbstständiger Anspruch auf ein künftiges **Auseinandersetzungsguthaben** als pfändbares Recht.[135] Wird der Anspruch auf das Auseinandersetzungsguthaben gleichwohl durch Pfändungsbeschluss gepfändet, ist dies im Zweifel als Pfändung des Erbteils und der damit enthaltenen Ansprüche auf das Auseinandersetzungsguthaben auszulegen.[136]

56 **Muster 9.4: Antrag auf Erlass eines Pfändungs- und Überweisungsbeschlusses**

(nach Uricher/*Rißmann*, Erbrecht, § 3 Rn 177; siehe hierzu auch *Stöber*, Forderungspfändung, Rn 1664)

Amtsgericht Berlin-Mitte[137]

10174 Berlin

23.9.2018

In der Zwangsvollstreckungssache

des Herrn Hans Band,
Zahlweg 7, 66687 Wadern

– Gläubiger –

Prozessbevollmächtigter:

Rechtsanwalt Peter Listig, Pariser Platz 4a, 10117 Berlin

---

128 Zöller/*Herget*, § 859 Rn 16; BGH, Urt. v. 12.5.1969 – VIII ZR 86/67, NJW 1969, 1347, 1348.

129 Zöller/*Herget*, § 859 Rn 17.

130 Zöller/*Herget*, § 859 Rn 17.

131 RG, Urteil 2.3.1915 – VII ZS 459/14, RGZ 86, 294, 295; BayObLG, Beschl. v. 13.2.1959 – 2 Z 203/1958, BayObLGZ 59, 50, 60; Zöller/*Herget*, § 859 Rn 16; *Stöber*, Forderungspfändung, Rn 1670.

132 Zöller/*Herget*, § 859 Rn 16.

133 RG, Urteil 2.3.1915 – VII ZS 459/14, RGZ 86, 294, 295 f.; KG, Urt. v. 1.7.1911 – X ZS, OLGE 23, 221; MüKo-ZPO/*Smid*, § 859 Rn 18.

134 BayObLG, Beschl. v. 13.2.1959 – 2 Z 203/1958, BayObLGZ 59, 50, 60; OLG Frankfurt, Urt. v. 7.3.1979 – 20 W 50/79, Rpfleger 1979, 205; BGH, Urt. v. 18.5.1998 – II ZR 380/96, NJW 1998, 2904.

135 RG, Urt. v. 9.2.1905 – IV 423/04, RGZ 60, 127, 132; KG, Urt. v. 20.1.1906 – III ZS, OLGE 12, 373, 374; Zöller/*Herget*, § 859 Rn 15.

136 *Stöber*, Forderungspfändung, Rn 1666.

137 Zuständig für den Erlass des Pfändungs- und Überweisungsbeschlusses ist als Vollstreckungsgericht das AG am Wohnsitz des Schuldners, § 764 Abs. 2 ZPO.

gegen

Frau Magda Meier,
Schillerstraße 15, 10179 Berlin

- Schuldnerin -

wird beantragt, den nachstehend entworfenen Beschluss zu erlassen und die Zustellung zu vermitteln, an den Drittschuldner mit der Aufforderung nach § 840 ZPO.

Vollstreckungsunterlagen und Gerichtskosten (Gebühr Nr. 2111 KV GKG) in Höhe von 20 EUR als Verrechnungsscheck anbei.

Listig

Rechtsanwalt

AMTSGERICHT

Geschäfts.-Nr.:

PFÄNDUNGS- und ÜBERWEISUNGSBESCHLUSS

In der Zwangsvollstreckungssache

des Herrn Hans Band,
Zahlweg 7, 66687 Wadern

- Gläubiger -

Prozessbevollmächtigter:

Rechtsanwalt Peter Listig, Pariser Platz 4a, 10117 Berlin

gegen

Frau Magda Meier,
Schillerstraße 15, 10179 Berlin

- Schuldnerin -

wird wegen der in nachstehendem Forderungskonto näher bezeichneten und berechneten Forderung(en) in Höhe von insgesamt **28.051,89 EUR zuzüglich**
1. etwaiger weiterer Zinsen gemäß nachstehendem Forderungskonto
2. der Rechtsanwaltskosten gemäß nachstehender Vergütungsberechnung
3. der Zustellkosten dieses Beschlusses

die Forderung der Schuldnerin, nämlich
1. der angebliche Nachlassmiterbenanteil der Schuldnerin am Nachlass in Höhe von 1/2 nach dem am 13.8.1930 geborenen und 11.4.2015 verstorbenen Max Meier, wohnhaft zuletzt in Berlin-Mitte, Schillerstraße 15, 10179 Berlin,
2. die Ansprüche der Schuldnerin auf Auseinandersetzung des vorbezeichneten Nachlasses und Teilung der Nachlassmasse sowie auf Auskunft über den Bestand des Nachlasses

gegen die anderen Miterben als Drittschuldner, nämlich

die Drittschuldnerin: (1)

Frau Anna Lessing-Meier, Pacellistraße 5, 80333 München

den Drittschuldner: (2)

Herrn Daniel Meier, Goethestraße 16, 20348 Hamburg

gepfändet.

Den Drittschuldnern wird verboten, an die Schuldnerin zu leisten. Dem Schuldner wird geboten, sich jeder Verfügung über den Erbteil, insbesondere seiner Einziehung und Auseinandersetzung, zu enthalten.

Zugleich werden die gepfändeten Ansprüche und Rechte sowie der gepfändete Erbteil in Höhe des Pfandbetrages den Gläubigern zur Einziehung

überwiesen.

Ferner wird angeordnet, dass die dem Schuldner bei der Auseinandersetzung des Nachlasses zukommenden Sachen an eine vom Gläubiger zu beauftragenden Gerichtsvollzieher/in zum Zwecke der Verwertung herauszugeben sind.

FORDERUNGSKONTO 123/17 **Stand: 23.9.2018**

Gläubiger:

Herr Hans Band, Zahlweg 7, 66687 Wadern

Prozessbevollmächtigte:

Rechtsanwalt Peter Listig, Kurfürstendamm 103–104, 10711 Berlin

(Konto: Allgemeine Kredit Kasse (BLZ 10034000), Kto-Nr.: 784512)

Schuldnerin:

Frau Magda Meier, Schillerstraße 15, 10179 Berlin

Forderung/Titel:

Urteil des Landgerichts Berlin vom 16.9.2018

zum gerichtlichen Aktenzeichen: 41 O 31/17

Hauptforderung: 25.000 EUR nebst Zinsen in Höhe von fünf Prozentpunkten über dem Basiszinsatz seit dem4.2.2016

Zeitraum	Tage	Zinssatz	Zinsertrag
4.2.2016 - 30.6.2016	148	4.17 %	421,56 EUR
1.7.2016 - 31.12.2016	184	4.12 %	517,81 EUR
1.1.2017 - 30.6.2017	181	4.12 %	510,77 EUR
1.7.2017 - 31.12.2017	184	4.12 %	519,23 EUR
1.1.2018 - 30.6.2018	181	4.12 %	510,77 EUR
1.7.2018 - 23.9.2018	85	4.12 %	239,86 EUR

Total:

4.2.2016 - 23.9.2018:	963	Zinsen:	2.720,00 EUR
Ausgangsforderung:			+ 25.000,00 EUR
Gesamtforderung:			= 27.720,00 EUR
Jeder Tag ab 24.9.2018:	1	4.12 %	2,82 EUR

Rechtsanwaltsvergütungsberechnung

Gegenstandswert: 27.720,00 EUR

Verfahrensgebühr Zwangsvollstreckung

§ 13, Nr. 3309 VV RVG	0,3	258,90 EUR
Post- und Telekommunikation, Nr. 7002 VV RVG		20,00 EUR
Zwischensumme netto		278,90 EUR
19 % Umsatzsteuer, Nr. 7008 VV RVG		52,99 EUR
zu zahlender Betrag		331,89 EUR

(Rechtspfleger/in)

Gehört zum Nachlass eine **Immobilie,** ist die **Eintragung** der Zwangsvollstreckung im **Grundbuch** als Verfügungsbeschränkung des Miterben hinsichtlich seines Erbteils zulässig, § 859 Abs. 2 i.V.m. §§ 857 Abs. 1, 848 ZPO.[138] Die Eintragung der Pfändung erfolgt im Rahmen eines Antrages des Pfändungsgläubigers auf **Grundbuchberichtigung**, § 894 BGB; § 22 Abs. 1 GBO[139] (siehe hierzu auch das nachfolgende Muster eines Antrages auf Eintragung einer Vormerkung, vgl. Rdn 58). **Voraussetzung** für eine Berichtigung des Grundbuches ist die Voreintragung des Miterben in Erbengemeinschaft[140] und der Nachweis der Pfändung, § 22 GBO. Für die Voreintragung der Miterben gilt § 35 GBO (Nachweis der Erbfolge durch Erbschein oder notariell beurkundetes Testament). Besteht ein Miterbenanteil praktisch nur aus einem Grundstück und wurde der Anteil gem. §§ 857 Abs. 1, 829 ZPO gepfändet, ohne dass die Pfändung im Grundbuch eingetragen worden ist, so erwirbt ein **gutgläubiger Käufer** des Miterbenanteils dennoch nur ein mit dem Pfandrecht belastetes Recht: Die **§§ 891, 892 BGB** sind **nicht anwendbar**, da der Erwerb des Miterbenanteils außerhalb des Grundbuchs erfolgt.[141] 57

Muster 9.5: Antrag auf Eintragung einer Vormerkung 58

(nach Uricher/*Rißmann*, Erbrecht, § 3 Rn 179)

Amtsgericht Hohenschönhausen
Grundbuchamt
Wartenberger Str. 40

13053 Berlin

Antrag gem. § 22 GBO

Wir zeigen an, dass wir Herr Hans Band, Zahlweg 7, 66687 Wadern vertreten. Namens und in Vollmacht unseres Mandanten beantragen wir,

zum Grundstück Schillerstraße 15, 10179 Berlin;

Grundbuch von Berlin-Mitte, Blatt 3942;

Flur 2, Flurstück 4914/32

138 *Stöber*, Forderungspfändung, Rn 1682 ff.
139 BayObLG, Beschl. v. 13.2.1959 – 2 Z 203/1958, BayObLGZ 59, 50, LS 1 und 56; Zöller/*Herget*, § 859 Rn 18.
140 *Stöber*, Forderungspfändung, Rn 1685.
141 OLG Köln, Urt. v. 16.9.1996 – 16 U 26/96, OLGR 1997, 37.

in das Grundbuch die Pfändung gem. Beschluss des Amtsgerichts Berlin-Mitte vom 10.10.2018 zum gerichtlichen Aktenzeichen 40 M 3140/18 vorzumerken und das Grundbuch insoweit hinsichtlich der Verfügungsberechtigung der Eigentümer zu berichtigen.

Begründung:

Im Grundbuch zur Schillerstraße 15, 10179 Berlin, Grundbuch von Berlin-Mitte, Blatt 3942, Flur 2, Flurstück 4914/32, sind Frau Magda Meier, Herr Daniel Meier und Frau Anna Lessing-Meier aufgrund gemeinschaftlichen Erbscheins vom 19.11.2017 im Nachlassverfahren nach Max Meier als Erbengemeinschaft zu 1/2 neben Frau Magda Meier eingetragen worden.

Mit Pfändungsbeschluss des Amtsgerichts Schöneberg vom 10.10.2018 – 40 M 3140/18 – wurde aufgrund des vorläufig vollstreckbaren Anspruchs der Antragsteller (Urteil des Landgerichts Berlin vom 16.9.2018 – 41 O 31/17) die folgende angebliche Forderung der Schuldnerin Magda Meier gepfändet wie folgt:

1. der angebliche Nachlassmiterbenanteil der Schuldnerin am Nachlass in Höhe von 1/2 nach dem am 13.8.1930 geborenen und 11.4.2015 verstorbenen Max Meier, wohnhaft zuletzt in Berlin-Mitte, Schillerstraße 15, 10179 Berlin,
2. die Ansprüche der Schuldnerin auf Auseinandersetzung des vorbezeichneten Nachlasses und Teilung der Nachlassmasse sowie auf Auskunft über den Bestand des Nachlasses.

Die Pfändung erfolgte wirksam gegenüber den Miterben Daniel Meier und Anna Lessing-Meier.

Zum Nachweis ist diesem Antrag
- der Pfändungsbeschluss des Amtsgerichts Berlin-Mitte im Original sowie
- eine beglaubigte Abschrift der vollstreckbaren Ausfertigung des Urteils des Landgerichts Berlin

beigefügt.

Gemäß § 894 i.V.m. 859 Abs. 2 ZPO ist die Erbteilspfändung durch die Gläubiger im Grundbuch auf Antrag einzutragen.

(vgl. hierzu Zöller/*Herget*, ZPO-Kommentar, § 859 ZPO Rn 18).

Ferner wird **beantragt**, den Antragstellern einen unbeglaubigten Grundbuchauszug **nach** Eintragung der Berichtigung zu erteilen.

Listig

Rechtsanwalt

III. Anspruch auf Verteilung des Reinertrags, § 2038 Abs. 2 S. 3 BGB

59 Der Anspruch des Miterben gem. § 2038 Abs. 2 S. 3 BGB auf **Teilung des Reinertrags**, wenn die Auseinandersetzung länger als ein Jahr ausgeschlossen ist, ist selbstständig **pfändbar** und abtretbar. Dieser Anspruch zählt **nicht** zu den **Nachlassgegenständen** i.S.v. § 2033 Abs. 2 BGB und daher gelten die Beschränkung des § 859 Abs. 1 S. 2, Abs. 2 ZPO nicht. Da der Anspruch sich gegen die Erbengemeinschaft richtet, sind die **Miterben Drittschuldner**.

IV. Titel zugunsten aller Miterben, § 2039 BGB

60 Ist ein Titel zugunsten aller Miterben ergangen, kann jeder einzelne eine vollstreckbare Ausfertigung verlangen. Jeder einzelne kann auch Vollstreckungsmaßnahmen aus einem zugunsten aller oder einzelner Miterben ergangenen Titel durchführen.[142]

142 Staudinger/*Löhnig*, § 2039 Rn 28.

V. Vorkaufsrecht, § 2034 BGB

Das Vorkaufsrecht ist gem. § 473 BGB nicht übertragbar und daher auch nicht pfändbar, §§ 857, 851 ZPO. 61

D. Haftungsfallen

I. Teilungsklage

Die Erhebung einer **Teilungsklage** (Auseinandersetzungsklage) birgt regelmäßig in sich bereits den Fehler: In der Praxis ist eine Teilungsklage regelmäßig nicht erfolgreich (im Einzelnen oben Rdn 27 ff.). Die **Feststellungsklage** dürfte demgegenüber stets der „sicherere" und somit **bessere Weg** für den Mandanten sein (im Einzelnen oben Rdn 36 ff.). 62

II. Zustimmung zur Verfügung

Soll die Zustimmung zu einer Verfügung gegen passive oder sich widersetzende Miterben durchgesetzt werden, so sind lediglich diese Miterben zu verklagen. Häufig wird jedoch übersehen, die Zustimmung in **Form** der Einwilligung durch die anderen Miterben derart zu „**sichern**", dass nicht nach erfolgreichem Prozess nun plötzlich die ursprünglich zustimmenden Erben es „sich anders überlegt haben" oder möglicherweise ein Personen- und damit auch Meinungswechsel bei den Miterben stattgefunden hat (durch Vererbung oder Verkauf des Miterbenanteils). Nur wenn die Zustimmung unwiderruflich in der ggf. notwendigen Form[143] beweiskräftig vorliegt, können die Miterben bzw. ihre Rechtsnachfolger hieran später ohne weiteren Prozess festgehalten werden. Zur Frage, inwieweit ein Mehrheitsbeschluss der Erbengemeinschaft im Rahmen ordnungsgemäßer Verwaltung zur Vertretung und damit auch zur Verfügung bevollmächtigt und daher für eine Zustimmungsklage möglicherweise **kein Rechtsschutzbedürfnis** vorliegt, vgl. § 4 Rdn 77 ff. 63

III. Interessenkollision

Zur möglichen Interessenkollision des Rechtsanwalts bei der Vertretung von Miterben oder einer Erbengemeinschaft siehe § 24. 64

143 Wegen § 29 Abs. 1 S. 1 GBO sollte daher trotz § 182 Abs. 2 BGB bei Verfügungen über Immobilien die Zustimmung in öffentlich beglaubigter Urkunde vorliegen.

§ 10 Gestaltungsmöglichkeiten

Dr. Dietmar Kurze

Übersicht: Rdn

Literatur

Bonefeld, Betreuer oder gesetzlicher Vertreter und Testamentsvollstreckung, ZErb 2007, 2; *Bonefeld/Bittler*, Haftungsfallen im Erbrecht, 2. Auflage 2012; *Brandmüller/Klinger*, Unternehmensverbundene Stiftungen, 4. Auflage 2014; *Carlé*, Testamentsgestaltung durch Vermächtnisse, ErbStB 2011, 84; *Cornelius*, Der Pflichtteilsergänzungsanspruch, 2004; *Damrau*, Der Minderjährige im Erbrecht, 2. Auflage, 2010; *ders.*, Der Testamentsvollstrecker, JA 1984, 130; *ders.*, Auswirkungen des Testamentsvollstreckeramtes auf elterliche Sorge, Vormundschaft und Betreuung, ZEV 1994, 1; *Esch/Baumann/Schulze zur Wiesche*, Handbuch der Vermögensnachfolge, 7. Auflage 2009; *Eulberg/Ott-Eulberg/Halaczinsky*, Die Lebensversicherung im Erb- und Erbschaftsteuerrecht, 2. Auflage 2010; *Frenz*, Familienrechtliche Anordnungen, DNotZ 1995, 908–919; *Habersack*, Das neue Gesetz zur Beschränkung der Haftung Minderjähriger, FamRZ 1999, 1; *Ivens*, Überlegungen zur Rechtsformwahl bei Gründung eines Familienpools (Teil 1), ZErb 2012, 65; *Jahn*, Haftungsfalle. Steuerrechtliche Haftungsrisiken in der erbrechtlichen Beratung, ErbR 2008, 51; *Keim*, „Super“ oder „(super) falsch“? – Das „Supervermächtnis“ zur Erbschaftsteuerersparnis beim Berliner Testament, ZEV 2016, 6; *Keller*, Die Problematik des § 2306 BGB bei der Sondererbfolge in Anteile an Personengesellschaften, ZEV 2001, 297; *Kirchner*, Vormundschaft und Testamentsvollstreckung im Elterntestament, MittBayNot 1997, 203; *Koblenzer*, Begünstigungstransfer, ErbStB 2011, 227; *Kollmeyer*, Ausgleich von Pflegeleistungen unter Abkömmlingen, NJW 2017, 1849; *Kornexl*, Nachlassplanung bei Problemkindern, 2006; *ders.*, Geld-, Immobilien- und Hausratsvermächtnisse: Risiken für den Verteilungsplan des Erblassers und gestalterische Vorsorge – Teil 1: Allgemeine Gefahrenquellen, ZEV 2000, 142, Teil 2: Spezifische Gefahrenquellen, ZEV 2002, 173; *Krug*, Die Erbteilungsklage, ErbR 2008, 62; *Kurze*, Die Kontrollbetreuung, NJW 2007, 2220; *ders.*, Die Vollmacht nach dem Erbfall, ZErb 2008, 399; *ders.*, Testamente und Unternehmensnachfolge für jüngere Menschen, ZErb 2015, 139; *Krauß*, Vermögensnachfolge in der Praxis, 5. Auflage 2018; *Landsittel*, Gestaltungsmöglichkeiten von Erbfällen und Schenkungen, 3. Auflage 2006; *ders.*, Der Stichtag bei Erwerben durch Vermächtnis und Erbfall, ZEV 2003, 221; *Langenfeld/Günther*, Grundstückszuwendungen zur lebzeitigen Vermögensnachfolge, 6. Auflage 2010; *Langenfeld*, Testamentsgestaltung und Steuerrecht: Das Berliner Testament mit Supervermächtnis, JuS 2002, 351; *J. Mayer*, Nachträgliche Änderung von erbrechtlichen Anrechnungs- und Ausgleichungsbestimmungen, ZEV 1996, 441; *ders.*, Der beschränkte Pflichtteilsverzicht, ZEV 2000, 263; *ders.*, Ausgewählte Probleme des Vermächtnisses, ErbR 2011, 322; *Mellmann*, Pflichtteilsergänzung und Pflichtteilsanrechnung – Einheits- oder Trennungsdenken beim Berliner Testament?, 1996; *Muscheler*, Teilungsanordnung und Vorausvermächtnis, ErbR 2008, 105; *Ott-Eulberg/Schebesta/Bartsch*, Erbrecht und Banken, 2. Auflage 2008; *Pentz*, Anfechtung eines Erbverzichts, MDR 1999, 785; *Riedel*, Unternehmensnachfolge regeln, 3. Auflage 2000; *Rißmann*, Darf es ein bißchen mehr sein? – Der Wertermittlungsanspruch des § 2314 Abs. 1 Satz 2 BGB im Rahmen des ordentlichen Pflichtteilsanspruches, in: Reimann/Tanck/Uricher, FS für Jürgen Damrau, 2007, S. 235–247; *Rudy*, Totengräber des Pflichtteilsrechts oder doch Rächer der Enterbten? – Pflichtteilsergänzung bei Lebensversicherungen nach dem Urteil des Bundesgerichtshofes vom 28.4.2010, ZErb 2010, 351; *Schiffer*, „Stiftung für jedermann“, ErbR 2006, 94; *K. Schmidt*, Der Einzelunternehmer – Herausforderung des Handels- und Wirtschaftsrechts, JuS 2017, 809; *Schwenck*, Probleme der rechtlichen und wirtschaftlichen Ausgestaltung des Quotenvermächtnisses, MDR 1988, 545; *Siegmann*, „Überquotale“ Teilungsanordnung und Teilungsversteigerung, ZEV 1996, 47; *Sudhoff*, Unternehmensnachfolge, 5. Auflage 2005; *Wachter*, Stiftungen, 2001; *Tschernoster*, Der Minderjährige als Erbe und Vermächtnisnehmer – unter Berücksichtigung der Besonderheiten bei Testamentsvollstreckung, RNotZ 2017, 125; *Weber*, Erb- und Pflichtteilsverzichtsverträge im Spiegel der EuErbVO, ZEV 2015, 503; *von Proff*, Die Erbfolge in Beteiligungen an Personengesellschaften – Funktionsweise und Gestaltungsmöglichkeiten, DStR 2017, 2555; *Wehage*, Familien-Kapitalgesellschaften und Poolverträge, ErbStB 2009, 148; *Zimmermann*, Zur Höhe der Testamentsvollstreckervergütung: BGH-Rechtsprechung und Neue Rheinische Tabelle, in: Reimann/Tanck/Uricher, FS für Jürgen Damrau, 2007, S. 37–61.

A. Einleitung

I. Allgemeines

Werden erbrechtlich gestaltende Praktiker gefragt, wie am besten mehrere Personen in einer letztwilligen Verfügung bedacht werden sollen, kommen regelmäßig zwei Antworten. Die häufigste: „Vermeiden Sie eine Erbengemeinschaft." Etwas abgeschlagen auf dem zweiten Platz folgt der Vorschlag, einen Testamentsvollstrecker zu ernennen. 1

Die rechtlichen und praktischen Probleme der Erbengemeinschaft – sei es nun bei der Ausgleichung, der Verwaltung oder der Auseinandersetzung – scheinen vielfach die Vermeidung als den sichersten Weg erscheinen zu lassen. Aber hydragleich ergeben sich beim Abschlagen von Problemen gleich wieder neue: Wie gestalte ich eine solche **Vermeidung**? Gebe ich nicht etwa dem hervorgehobenen Bedachten eher Steine als Brot, wenn ich ihn mit den Pflichten des Alleinerben belaste und den Vermächtnisnehmern die komfortable Position der Anspruchsteller zuweise?

Auch die Vermeidung einer Erbengemeinschaft muss daher genau und abgewogen gestaltet werden. Als zusätzliche oder weitgehend ersetzende Gestaltungsmittel kommen insbesondere lebzeitige Verfügungen, Lebensversicherungsverträge und Gesellschaftsgründungen in Betracht. Unter Einbeziehung der Erben können auch Stiftungen ein modernes und langlebiges Instrument zur Verwirklichung des Willens des zukünftigen Erblassers sein.

Oft wünscht der Mandant aber doch eine Erbengemeinschaft. Meist soll nicht ein zu Bedenkender bevorzugt bzw. zurückgesetzt werden. Insbesondere möchten Eltern ihre Kinder trotz deren Unterschiedlichkeit grundsätzlich gleich behandeln. Aufgabe des beratenden Rechtsanwalts oder Notars ist dann die Fertigung eines möglichst konfliktvermeidenden Regelungswerkes. Die Ernennung eines **Testamentsvollstreckers** ist dabei sicher ein erster, wesentlicher Schritt. Ohne das passende „Handwerkszeug" und umsetzbare Vorgaben – „Baupläne" – durch den Erblasser, wird aber auch ein Testamentsvollstrecker an seiner Aufgabe scheitern oder an ihr zumindest schwer zu tragen haben. 2

Zudem werden neben den Problemen bei einer Erbengemeinschaft meist auch zwei andere Gegebenheiten bei der Gestaltung wesentlichen Einfluss haben: das Pflichtteilsrecht und das Steuerrecht. Sie werden hier nicht ausgeklammert, aber auch nicht im Fokus der Betrachtung stehen. Insbesondere für **steuerrechtliche** Fragen sollte auf die dafür einschlägige Literatur[1] und im Einzelfall die Kompetenz eines Steuerberaters zurückgegriffen werden. 3

Im Folgenden werden also allgemeine Anregungen und konkrete Vorschläge zusammengefasst, wobei von der Warte des den zukünftigen Erblasser beratenden Rechtsanwalts oder Notars ausgegangen wird. Einen allgemeingültigen „Königsweg" gibt es nicht, so dass er auch hier nicht dargestellt werden kann. Jeder Fall ist anders. Daraus ergibt sich, dass Vorschläge nicht einfach unbesehen übernommen werden können, sie vielmehr anzupassen und zu kombinieren sind. Auch bei der Nachlassgestaltung muss das Rad nicht neu erfunden werden. Viele Ideen und Formulierungen wurden schon „erbrechtliches Allgemeingut". Dazu gibt es einige gute bis exzellente Werke zur Gestaltung letztwilliger Verfügungen.[2] 4

---

1 Siehe hierzu § 17 Steuerrecht; eingehend zu vielen steuerrechtlichen Aspekten lebzeitiger und letztwilliger Verfügungen: *Landsittel*, Gestaltungsmöglichkeiten; zu lebzeitigen Verfügungen: *Mayer/Geck*, Übergabevertrag, sowie *Krauß*, Vermögensnachfolge; Überblicke bei: Nieder/Kössinger/*R. Kössinger*, § 6; vgl. auch *Jahn*, ErbR 2008, 51 f.

2 Etwa: *Nieder/Kössinger*, Handbuch der Testamentsgestaltung; *Tanck/Krug*, Anwaltformulare Testamente; *Landsittel*, Gestaltungsmöglichkeiten.

Die Besonderheit der Zusammenfassung hier ist der **spezielle Blick** auf eine Mehrzahl von zu bedenkenden Personen.

II. Informationen

5 Die Grundlage jeder fachgerechten Nachlassgestaltung ist die Zusammenstellung der relevanten Informationen.[3] Sie lassen sich in **drei Bereiche** aufteilen:
1. familiäre Situation
2. wirtschaftliche Verhältnisse sowie
3. bisherige Übertragungen, Vereinbarungen und letztwillige Verfügungen.

Für eine Nachlassgestaltung, bei der mehrere Personen bedacht werden sollen, ist die Sachverhaltserforschung besonders wichtig, sind doch persönliche Verhältnisse etwa bei der Anordnung einer Testamentsvollstreckung (vgl. § 14) und wirtschaftliche mit Blick auf Ausgleichungsanordnungen (vgl. § 7) zu beachten.

1. Familiäre Verhältnisse

6 Die familiären Verhältnisse zeigen den Rahmen auf, in dem eine Nachlassgestaltung erfolgen kann. Es werden Probleme (Pflichtteilsberechtigte) und Lösungsansätze (Minderung der Steuerlast durch Verteilung auf mehrere Personen/Generationen) offenbar. Der „vergessene" Pflichtteilsberechtigte oder die unbeachtete Unterhaltspflicht für einen früheren Ehegatten können das schönste Testament zur Makulatur werden lassen. Gerade im Regelfall des juristisch nicht vorgebildeten Mandanten ist genau und verständlich nachzufragen. Angesichts der teilweise praktisch nicht erfüllbaren Anforderungen, welche durch die Rechtsprechung des Bundesgerichtshofes an Rechtsberater gestellt werden, sollte auf die Einsicht in die entsprechenden Unterlagen (Eheverträge, Scheidungsurteile, Adoptionsunterlagen etc.) grundsätzlich nicht verzichtet werden. Verweigert sich der Mandant, kann er selbstverständlich nicht gezwungen werden. Er ist jedoch ausführlich und schriftlich auf die möglichen Folgen hinzuweisen.

Relevant ist für die Beratung die Herkunft des zu Beratenden, insbesondere mit Blick auf die Beziehung zu den Eltern und Geschwistern. Die Ehe ermöglicht das Testieren in der Form des gemeinschaftlichen Testaments. Der eheliche Güterstand verändert unter Umständen den gesetzlichen Erbteil des Ehegatten.[4] Obgleich die Fragen des Güterstandes und anderer, ehevertraglich zu regelnder Rechtsverhältnisse systematisch zum dritten Punkt gehören (es werden keine Verwandtschaftsbeziehungen modifiziert, sondern vermögensrechtliche Aspekte geregelt), soll auch hier auf sie hingewiesen werden, da sie im Beratungsgespräch oft bei der Erörterung der familiären Verhältnisse angeschnitten werden. Abkömmlinge müssen schon aufgrund der Pflichtteilsansprüche beachtet werden. Minderjährige oder betreute potentielle Miterben und Pflichtteilsberechtigte bedürfen ebenso der besonderen Beachtung, wie Personen, bei denen sich aufgrund des Wohnsitzes oder der Staatsangehörigkeit Besonderheiten ergeben können.

Schon bei der ersten Beratung sollten wesentliche Informationen eingeholt werden.

---

3 *Bonefeld/Bittler*, Haftungsfallen, § 5 Rn 92; vgl. auch Kerscher/Krug/Spanke/*Spanke*, § 1 Rn 18 ff.; Bonefeld/Wachter/*Heindl*, § 1 Rn 9–37.

4 Bonefeld/Wachter/*Roth*, § 2 Rn 44.

Checkliste: Fragen zu den familiären Verhältnissen 7

- Eigene Herkunft (eheliches, nicht eheliches oder adoptiertes[5] Kind)
- Familienstand (ledig, verheiratet, geschieden, verwitwet)
- Ggf. Güterstand
- Frühere Ehen
- Kinder (eheliche, nicht eheliche, adoptierte), mit Altersangabe
- Weitere Abkömmlinge (Enkel etc.), mit Altersangabe
- Eltern, ggf. Großeltern
- Geschwister
- Gesetzliche Betreuung für einen oder mehreren der Genannten
- Staatsangehörigkeit sowie gewöhnlicher Aufenthalt der Genannten
- Entsprechende Informationen über den Ehegatten.

Spätestens im Nachgang zur Beratung sollten die einschlägigen Unterlagen erbeten werden.

Checkliste: Unterlagen zu den familiären Verhältnissen 8

- Eheverträge
- Scheidungsurteil, -vereinbarungen
- Eigene Adoptionspapiere
- Adoptionspapiere für angenommene Kinder

2. Wirtschaftliche Verhältnisse

Ohne zuverlässige Kenntnis über die wirtschaftlichen Verhältnisse des Mandanten – und unter Umständen auch des Ehegatten und der zu Bedenkenden – ist eine sinnvolle Nachlassgestaltung nicht möglich. 9

Es soll Mandanten geben, die aus Eitelkeit einen zu großen oder aus Bescheidenheit einen zu kleinen Vermögenswert angeben. Häufig befürchten Mandanten, dass die Vergütung des beratenden Rechtsanwalts automatisch und proportional mit der Höhe des Vermögenswertes steigt. Dies ist in Zeiten der Vergütungsvereinbarungen zwar nicht zwangsläufig, aber aufgrund des bei größerem Vermögen regelmäßig komplexeren Regelungsbedarfs und des höheren Haftungsrisikos oft zutreffend. Es gilt also, den Mandanten die Notwendigkeit der zuverlässigen Informationen einsichtig zu machen. Durch die frühzeitige Vereinbarung einer Pauschale oder einer vom Zeitaufwand abhängigen Vergütung kann eventuelles Misstrauen zudem gemindert werden.

Die wirtschaftlichen Verhältnisse können in vier Kategorien geordnet werden:

1. Immobilienvermögen
2. Unternehmensgebundenes Vermögen
3. Bar- und Depotvermögen, Versicherungen
4. Sonstiges (Schmuck, Gemälde, andere Sammlungen).

Hauptfälle des Immobilieneigentums sind die selbst genutzte Wohnimmobilie, die vermietete Eigentumswohnung, der Hof nach der **Höfeordnung** sowie das bewirtschaftete Miethaus. Es sind insbesondere die Eigentumssituation und Belastungen zu ermitteln. Oft ergeben sich selbst für die Mandanten Überraschungen, weshalb regelmäßig ein Grundbuchauszug einzuholen ist. Besondere Aufmerksamkeit ist erforderlich, wenn sich die Miteigentümer als Gesellschaft bürgerlichen Rechts darstellen. Es liegt dann kein immobilien- sondern unternehmensgebundenes Vermögen vor. 10

---

5 Eine Übersicht findet sich bei: Bonefeld/Wachter/*Roth*, § 2 Rn 11 f.

11 **Unternehmensgebundenes Vermögen** kann sich in vielfältiger Form darstellen (vgl. § 17), ob nun bei Einzelunternehmern, GmbH-Beteiligungen oder Beteiligungen an einem geschlossenen Immobilienfonds. Bei der Gestaltung muss von Beginn an das Gesellschaftsrecht beachtet werden. Eine sinnvolle Planung ist ohne Einsicht in die Gesellschaftsverträge etc. nicht möglich.

Bar- und Depotvermögen stellt regelmäßig das relativ geringste Problem dar. Es ist meist gut zu erfassen und im Erbfall leicht zu teilen. Allerdings verändert sich der Wert solchen Vermögens auch schneller, was etwa bei einer Teilungsanordnung oder Vermächtnissen zu beachten ist. Bei wertpapierlastiger Vermögensverteilung sollte die Möglichkeit eines Kursverfalls zwischen Erbfall und Verfügungsmöglichkeit der Erben bedacht werden.

12 **Ausländischem Vermögen** ist besondere Aufmerksamkeit zu widmen (vgl. § 25). Die Einbeziehung eines ortskundigen Kollegen ist zu erwägen. Spricht der Mandant in diesem – oder auch einem anderen – Zusammenhang steuerstrafrechtlich relevante Umstände an, wird die beste Lösung für die Nachlassgestaltung eine Regelung zu Lebzeiten des Erblassers sein. Auf eine Verjährung zu hoffen, ist insbesondere wegen der langen Festsetzungsfristen (u.U. 10 Jahre) und der Ablaufhemmung (§ 171 AO) riskant (vgl. hierzu auch § 23 Rdn 47–83). Der beratende Rechtsanwalt sollte dabei nie die eigene Gefährdung durch eine Mitwirkung an strafrechtlich relevanten Vorgängen vergessen.

Oft ergibt sich im Zusammenhang mit dem Erfassen des Vermögens die Notwendigkeit einer Neuordnung oder Umschichtung. Einzelheiten werden unten behandelt (siehe Rdn 48–50). Schon anlässlich der Vereinbarung der Vergütung zu Beginn der Beratung sollte dies aber berücksichtigt werden, indem die einzelnen Maßnahmen genau beschrieben und entweder Auftragsinhalt werden oder einer weiteren Vereinbarung – auch über die Vergütung – vorbehalten bleiben.

13 Insbesondere **Lebensversicherungen** spielen bei der Nachlassplanung eine erhebliche Rolle (vgl. § 20 Rdn 25–37).[6] Die Auszahlung im Todesfall erfolgt regelmäßig an den im Vertrag genannten Begünstigten und fällt dann unter Umständen nicht in den Nachlass. Dies kann zu Vermögensverschiebungen beim Erbfall führen, deren sich viele Mandanten nicht bewusst sind, die aber zur Gestaltung auch gezielt genutzt werden können.

14 Schließlich ist den Mandanten oft viel an einer bestimmten Verteilung von Schmuck oder Sammlungen gelegen. Selten handelt es sich um wirtschaftlich wirklich erhebliche Vermögensbestandteile, was den Mandanten teilweise nur schwer zu vermitteln sein kann. Bei einer Gemäldesammlung kann es aber sinnvoll sein, die einzelnen Werte sowie die Werte thematisch zusammengehörender Teilsammlungen zusammenzustellen, um eine sinnvolle Teilungsanordnung oder zumindest ein handhabbares Bewertungsverfahren festzulegen. Zur Vorbereitung einer Verteilungsregelung lohnt auch die Erfassung geringwertiger Gegenstände, damit später keine den Wert übersteigenden Kosten für ein Gutachten entstehen.

15 **Checkliste: Fragen zu den wirtschaftlichen Verhältnissen**

Immobilienvermögen:
- Welches?
- Eigentumssituation?
- Belastungen?
- Welcher Wert?
- Art der Bewirtschaftung?

6 Vgl. *Eulberg/Ott-Eulberg/Halaczinsky*, Lebensversicherung.

Unternehmensgebundenes Vermögen:
- Welches?
- Eigentumssituation?
- Welcher Wert?

Bar- und Depotvermögen, Versicherungen:
- Welches?
- Versicherungen (insbesondere Lebensversicherungen)?

Sonstiges Vermögen:
- Wertvolle Sammlungen (Gemälde)?
- Vermeintlich wertvolle Gegenstände (Schmuck, andere Sammlungen)?
- Gegenstände mit immateriellem Wert?

Das Beschaffen der Unterlagen kann dem Mandanten auch abgenommen werden, was aber bei der Vergütung beachtet werden sollte.

Checkliste: Unterlagen zu den wirtschaftlichen Verhältnissen 16

Immobilien:
- Grundbuchauszüge
- Darlehensverträge und Valutenstände
- Kaufverträge, Bewertungen

Unternehmensgebundenes Vermögen:
- Gesellschaftsverträge
- Unterlagen zur Wertermittlung und steuerlichen Begutachtung

Bar- und Depotvermögen, Versicherungen:
- Depotauszüge
- Versicherungsverträge

Sonstiges Vermögen:
- Aufstellung der Mandanten
- Wertgutachten

3. Bisherige Übertragungen, Vereinbarungen und letztwillige Verfügungen, Vorsorgeregelungen

Ob das bei der Testamentserrichtung angestrebte Ziel des Mandanten erreicht werden kann, hängt auch von seiner Verfügungsfreiheit ab. Ein erhebliches Problem können bindende, gemeinschaftliche Testamente oder Erbverträge sein. Helfen können Pflichtteilsverzichtserklärungen und lebzeitige Zuwendungen, bei denen die Anrechnung auf den Pflichtteil bestimmt wurde. 17

Andere lebzeitige Übertragungen können für Ausgleichspflichten oder Pflichtteilsergänzungsansprüche relevant sein oder – etwa wenn den Kindern Darlehen gewährt wurden – als Argument für die Mitwirkung an einem Erbvertrag oder einer Pflichtteilsverzichtsvereinbarung genutzt werden.

Auch hier gilt es, den Angaben der Mandanten nicht blind zu vertrauen, sondern Übertragungsverträge, Pflichtteilsverzichtsvereinbarungen, Eheverträge, Unterhaltsvereinbarungen mit ehemaligen Ehegatten, Erbverträge, Testamente u.a. selbst einzusehen und zu prüfen.[7]

7 *Bonefeld/Bittler*, Haftungsfallen, § 5 Rn 4.

18 Ein wichtiges Thema sind auch die Vorsorgeregelungen. Ohne umfassende, detaillierte und professionell abgesicherte Vorsorgeregelungen kann die beste Nachlassgestaltung ins Leere laufen, da das Vermögen schon während der Zeit der Pflege von einem Bevollmächtigten oder einem Betreuer „verteilt“ wurde.

19 **Checkliste: Fragen und Unterlagen zu Rechtsgeschäften**

- Testamente (alleine, gemeinsam mit jetzigem Ehegatte, gemeinsam mit früherem Ehegatten)
- Erbverträge
- Regelungen im Ausland (z.B. letztwillige Verfügungen, Trusts)
- Pflichtteilsverzichtsvereinbarungen
- Eheverträge
- Unterhalts- und andere (Scheidungsfolgen-)Vereinbarungen mit früherem Ehegatten
- Übertragungsverträge (Schenkungen, „vorweggenommene Erbfolge“, Vorempfänge von Abkömmlingen, Übertragungen insbesondere unter Nießbrauchsvorbehalt)
- Darlehen u.Ä. an Abkömmlinge etc.
- (Vorsorge-)Vollmachten
- Bestattungsverfügungen

III. Wünsche des Mandanten

20 Möchte ein Mandant mehrere Personen bedenken, spielen für die Art der Verteilung des Nachlasses oft verschiedene Überlegungen und Motivationen eine Rolle.

Gegenüber **Kindern** soll es entweder zu einer „gerechten“ – meist in einer bestimmten Weise gleichmäßigen – Verteilung kommen oder es soll personenbedingten Besonderheiten Rechnung getragen werden. Eine ungleiche Begünstigung wird mit den unterschiedlichen familiären und wirtschaftlichen Verhältnissen der Kinder und mit unterschiedlicher Nähe zum Mandanten begründet. Mitunter soll auch ein bestimmtes, besonders kompetentes Kind die Verteilung später in die Hand nehmen.

Ist der Mandant verheiratet, ist ihm die Absicherung des **Ehegatten** meist besonders wichtig. Wegen der Pflichtteilsansprüche oder aus anderen Gründen sollen aber die Kinder oft nicht völlig ausgeschlossen werden. Dies gilt besonders auch bei jungen Mandanten.[8] Womöglich sollen auch die Ansprüche der Kinder aus einer anderen Verbindung geschützt werden.

Ein dringendes Anliegen von Mandanten ist es insbesondere bei schon über Generationen in **Familienbesitz** befindlichen aber auch bei „selbst erarbeitetem“ Vermögen, diesen Wohlstand möglichst lang zu bewahren und eine Auseinandersetzung zu vermeiden.

Für einen Unternehmer gilt es, den Betrieb auch über einen Erbfall hinweg zu erhalten und ihn nicht durch Erbstreitigkeiten und liquiditätsentziehende Ausgleichsforderungen im Bestand zu bedrohen.

21 Von den Wünschen zur Verteilung des Vermögens weichen die zur Bestattung mitunter ab. So kann beispielsweise eine Vermögensübertragung an die Kinder aus erster Ehe einerseits aber eine Zuordnung des Totenfürsorgerechts auf den neuen Ehegatten andererseits gewünscht sein. Auch die Zuordnung der Grabpflegebefugnis oder -pflicht kann zu klären sein. Die Bestattung sollte aber nicht nur bei problematischen Testamentsgestaltungen the-

8 Vgl. dazu ausführlich: *Kurze*, ZErb 2015, 139.

matisiert werden. Durch Anordnungen wie eine Bestattungsverfügung (siehe § 22) können Konflikte vermieden werden, die eine Erbengemeinschaft belasten können, noch bevor das Testament eröffnet wurde.[9]

Die Nachlassgestaltung ist dabei auch immer als ein Prozess zu begreifen. Dabei müssen die Ziele des Mandanten mitunter erst gemeinsam gefunden, unrealistische Vorstellungen korrigiert und ein einmal artikuliertes Ziel sollte immer wieder überprüft werden. Die oberste Richtschnur ist das Wohl des Mandanten. Dessen moralische Wertungen sind grundsätzlich zu akzeptieren. Ob die vom Mandanten formulierten Wege und Ziele aber immer seinen Interessen entsprechen, ist von einem guten Berater stets zu überprüfen, ohne dabei bevormundend zu sein. 22

Wichtig sowohl für den Mandanten als auch für den Berater ist es zu bedenken, dass sich Lebensumstände und Vermögenszusammensetzung ändern können. Bei der Erforschung der Wünsche des Mandanten sollte daher nicht nur der Ist-Zustand betrachtet werden, sondern auch überlegt werden, wie die Regelung aussehen soll, wenn beispielsweise eine Immobilie verkauft oder belastet wird oder in der familiären Konstellation eine Änderung eintritt, etwa weil ein Bedachter wegfällt. 23

Es ist empfehlenswert, die vom Mandanten erfragten Ziele und Wünsche schriftlich zusammenzufassen und sie sich bestätigen zu lassen. Der Nachweis, insbesondere bei unter allein wirtschaftlichen Gesichtspunkten nicht optimalen Regelungen, den Mandantenwünschen entsprechend gestaltet zu haben, ist sonst schwer zu führen. 24

IV. Mandatsbearbeitung

Auch wenn der zukünftige Erblasser gemeinsam mit den zu bedenkenden Personen zu den Beratungsgesprächen erscheint, darf der Rechtsanwalt nur **eine** Person vertreten. Meist wird dies der zukünftige Erblasser sein. Die Interessen sind oft unterschiedlich: Der zukünftig zu Bedenkende wird sich eine persönlich und wirtschaftlich hervorgehobene Stellung und möglichst weitgehende Übertragungen schon zu Lebzeiten des Erblassers wünschen. Für den zukünftigen Erblasser bedeuten lebzeitige Übertragungen aber eine Beeinträchtigung, nicht selten in zentralen Elementen der Altersvorsorge. 25

Werden Ehegatten für ein Ehegattentestament beraten, sollte bei gleichlaufenden Wünschen kein Interessenkonflikt bestehen.[10] Der Rechtsanwalt sollte dies sorgfältig prüfen, etwa wenn noch Kinder aus früheren Beziehungen existieren oder die ursprünglichen Vermögensverhältnisse sehr unterschiedlich waren. Trotzdem bleiben die Mandanten mündig und ein Rechtsanwalt sollte nach hier vertretener Ansicht auf die – nach einer entsprechenden Beratung – geäußerten Wünsche eines Ehegatten abstellen können, auch wenn dadurch etwa dessen Stamm benachteiligt wird.

Die Vertretungssituation ist also frühzeitig klarzustellen und offen zu legen. Sollen andere Personen in die Planung einbezogen werden, sollte an schriftliche Schweigepflichtentbindungserklärungen gedacht werden.

Im Übrigen gelten für die Nachlassgestaltung bei mehreren zu bedenkenden Personen keine anderen Grundsätze als sonst auch: Eine **Vergütungsvereinbarung** sollte selbstverständlich sein, ob nun in der Form einer Pauschal- oder Zeitvergütung. Ebenso sollte auf eine 26

9 Vgl. im Einzelnen *Kurze/Goertz*, §§ 5, 12, 15.

10 Vgl. Kerscher/Krug/Spanke/*Müller*, § 4 Rn 27–30; Bonefeld/Wachter/*Heindl*, § 1 Rn 72.

Haftungsbegrenzungsvereinbarung nicht verzichtet werden.[11] Der Auftrag ist klar zu definieren, die Notwendigkeit der Hinzuziehung eines Steuerberaters oder anderer Spezialisten gegebenenfalls frühzeitig anzusprechen.

B. Lebzeitige Übertragungen

I. Einleitung

1. Problemlage

27 Lebzeitige Übertragungen können ein Teil der Nachlassgestaltung sein oder auch unabhängig davon erbrechtliche Bedeutung haben. Grundsätzlich darf jedermann über sein Vermögen beliebig verfügen. Diese Freiheit kann aber auf zwei Arten beschränkt werden: Der potentielle Erblasser kann sich zum einen selbst durch ein gemeinschaftliches Testament oder einen Erbvertrag **binden** (vgl. § 2287 BGB). Zum anderen können bei mehr als einem Abkömmling **Ausgleichspflichten** entstehen (§§ 2050 ff., 2316 BGB, vgl. § 7)[12] und die Existenz von **Pflichtteilsberechtigten** kann zur Beachtung von Pflichtteilsergänzungsansprüchen zwingen (§§ 2325 ff. BGB).[13] Dabei ist die Beschränkung des zukünftigen Erblassers indirekt. Er kann durchaus trotz eines bindend gewordenen gemeinschaftlichen Testaments unentgeltlich über sein Vermögen verfügen[14] und etwa von mehreren Abkömmlingen einen bevorzugen. Erst nach dem Erbfall können sich Berechtigte und Bedachte über einen Ausgleich streiten. Der Mandant, der sich im Rahmen der Nachlassgestaltung oder für eine lebzeitige Verfügung beraten lässt, wird aber solche Konflikte gerade vermeiden wollen. Die Aufgabe des Rechtsanwalts oder Notars ist es dann, vorausschauend zu beraten.

Problematisch sind dabei regelmäßig teilweise und vollständig **unentgeltliche Übertragungen**. Sobald der Erblasser eine adäquate Gegenleistung erhält, scheiden Ausgleichs- und Pflichtteilsergänzungsansprüche aus.

Von den verschiedenen bei lebzeitigen Verfügungen erbrechtlich bedeutsamen Fragen sind mit Blick auf die Erbengemeinschaft typischerweise die Ausgleichsansprüche relevant (siehe § 7). Aber auch Pflichtteilsansprüche können für eine Erbengemeinschaft erheblich belastend sein. Auf die Möglichkeiten lebzeitiger Regelungen etwa durch einen Verzicht soll hier eingegangen werden, da mit ihnen weite Gestaltungsspielräume geschaffen werden, um eine Erbengemeinschaft zu vermeiden oder zumindest dem Entstehen von Konflikten vorzubeugen.

2. Motivationen für lebzeitige Übertragungen

28 Ein vorausschauender Unternehmer wird schon früh an den Fortbestand seiner Firma in der Zeit denken, in der er sie nicht mehr leiten kann oder möchte. Ihm werden die eigene und die Versorgung des Ehegatten, die Erhaltung des Betriebes und die Einbindung seiner Abkömmlinge, wie auch ein möglichst steuersparender Betriebsübergang wichtig sein. Auf diese besondere, komplexe Konstellation wird später eingegangen (siehe Rdn 130–132).

---

11 *Bonefeld/Bittler*, Haftungsfallen, § 9; Bonefeld/Wachter/*Heindl*, § 1 Rn 61–67.
12 *Bonefeld/Bittler*, Haftungsfallen, § 9 Rn 7–15.
13 Vgl. *Cornelius*, Pflichtteilsergänzungsanspruch.
14 Für den Erblasser beim Erbvertrag oder gemeinschaftlichen Testament ergibt sich das direkt aus § 2286 BGB; vgl. zudem Damrau/Tanck/*Krüger*, § 2287 Rn 1 f.

Auch eine Stiftung zur Versorgung der Familie kann zu Lebzeiten gegründet werden, wobei dann eine Übertragung von Vermögen auf die Stiftung erfolgt. Auf diese Form der Gestaltung und die spezifischen Probleme im Zusammenhang mit der Erbengemeinschaft wird ebenfalls später näher eingegangen (siehe Rdn 133 f.). 29

Bei im Wesentlichen „privates"[15] Vermögen haltenden Mandanten stehen immer wieder **steuerrechtliche Fragen** im Vordergrund (siehe § 18). Aus Angst vor der Erbschaftsteuer soll etwa das in dem selbstgenutzten Eigenheim gebundene Vermögen auf die erwartungsfrohen Kinder übertragen werden. Die interessengerechte und damit richtige Vertretung besteht dann regelmäßig im Abraten von diesem Plan, denn bereits der Ausgangspunkt ist meist falsch: Eine erbschaftsteuerliche Belastung naher Angehöriger wird normalerweise schon durch die Freibeträge ausgeschlossen. Eine etwaig doch verbleibende Steuerforderung ist häufig gering und belastet schließlich die Erben und nicht die Mandanten. 30

Die Folgen einer Übertragung zu Lebzeiten widersprechen zudem den **Interessen der Mandanten**. Das zur Schenkung vorgesehene Vermögensgut bildet oft deren Versorgungsgrundlage oder zumindest einen Teil der Altersvorsorge. Dies sollte auch nicht in – augenblicklich – vertrauenswürdige Hände gegeben werden. Die oft ins Spiel gebrachten Vorbehaltsrechte wie der Nießbrauch ändern nichts an dem Übergang des Eigentums auf Dritte. Eine Veräußerung der Immobilie, um sich eine andere Versorgung zu ermöglichen, ist nur noch mit Zustimmung des „neuen" Eigentümers möglich. Die vertragliche Ausgestaltung ist aufwendig, die Umsetzung verursacht Kosten. Schließlich werden die steuerlichen Vorteile durch die aufwendige Gestaltung und andere Folgekosten (Abrechnungen, Steuererklärungen) oft stark gemindert oder sogar gänzlich aufgezehrt und führen zu einer negativen Bilanz des Übertragungsvorganges.

Zusätzliche Gefahren bilden die Weiterübertragung durch den Beschenkten, sein Vorversterben und seine Insolvenz einerseits[16] und die Abhängigkeit des Schenkers von Sozialleistungen aufgrund von Pflegekosten andererseits, was zu – etwa von dem Betreuer des Schenkers durchgesetzten – Rückforderungsansprüchen führt. Selbstverständlich sind auch hier vertragliche Rückfall- bzw. -forderungsrechte denkbar. Sie erfordern allerdings eine aufwendige und genaue Gestaltung, können das Erreichen der angestrebten Ziele erschweren oder gar verhindern und Folgeprobleme aufwerfen.

Schließlich sollte das Argument, das ersparte Vermögen solle nicht für die mögliche, spätere, eigene Pflege verbraucht werden müssen, kritisch überprüft werden. Zunächst drohen ohnehin wegen einer mutwillig herbeigeführten Verarmung des Schenkers Rückforderungen durch einen Betreuer oder einen Sozialleistungsträger, der Pflegekosten übernehmen musste und dafür Ansprüche auf sich übergeleitet hat bzw. auf den sie Kraft Gesetz übergingen. Durch eine solche „Aufopferung" begibt sich der Mandant der Möglichkeit, zumindest vorübergehend in den Genuss einer Pflege zu kommen, die mehr bietet als nur „satt und sauber". Sie entspricht daher regelmäßig nicht den Interessen des Mandanten. Als Alternative kommen insbesondere vergütete Pflegeverpflichtungen in Betracht.[17]

Die lebzeitige Übertragung ist – abgesehen von der Unternehmensproblematik – also meist nur bei größeren Vermögen sinnvoll, wenn das betroffene Gut mit Sicherheit nicht zur eigenen Versorgung benötigt wird. Dann können durchaus Steuern gespart und Probleme einer Erbengemeinschaft vermieden oder zumindest gemindert werden, indem die Vertei-

15 Hier als Gegensatz zum unternehmerischen Vermögen verstanden.
16 Ebenso *Esch/Baumann/Schulze zur Wiesche*, Rn 87 f.
17 Vgl. *Langenfeld/Günther*, 4. Kap., Rn 8–21.

lung schon zu Lebzeiten erfolgt.[18] Eine weitere, nachvollziehbare Motivation kann zudem noch die Unterstützung eines bedürftigen Kindes oder einer sonst nahestehenden Person sein.

3. Ausgangsfragen

31 Bei solchen Verfügungen sind für die Gestaltung bei späterer Beteiligung von mehreren Personen regelmäßig folgende Fragen zu beachten:

1. Kann durch die lebzeitige Verfügung „der Weg frei gemacht" werden für die weitere Gestaltung?
2. Ergeben sich Probleme durch Pflichtteilsergänzungsansprüche oder nach § 2287 BGB?
3. Welche Auswirkungen hat die Übertragung auf spätere Ausgleichungspflichten?

Diesen Fragen wird im Folgenden nachgegangen, da sie spezifisch für Probleme bei der Erbengemeinschaft sind. Es sind die für eine später konfliktfreie Auseinandersetzung einer Erbengemeinschaft wesentlichen, flankierenden Maßnahmen. Für die vielen weiteren Fragen im Zusammenhang mit lebzeitigen Übertragungen – etwa der Vorbehalte, Rückfallrechte und Steuerfolgen – liegt einige Spezialliteratur vor, auf die hier verwiesen wird.[19]

II. Pflichtteilsverzicht

32 Durch einen Pflichtteilsverzicht wird dem Erblasser ermöglicht, sein Vermögen frei zu verteilen.[20] Ein **Erbverzicht** ist **nicht notwendig**. Der auf sein **Erb**recht Verzichtende wird bezüglich anderer – ggf. erst später hinzutretender – Pflichtteilsberechtigter nicht mehr mitgezählt, so dass sich deren Quoten erhöhen und der Erbverzicht schädlich war.[21]

1. Grundformel

33 Der den Pflichtteilsanspruch und Pflichtteilsergänzungsansprüche umfassende Verzicht ist unschwer zu formulieren. Die Erklärung muss gemäß § 2348 BGB notariell beurkundet werden. Der Notar sollte darauf hinweisen, dass allein durch die Vereinbarung das gesetzliche Erbrecht nicht beeinträchtigt wird. Bei internationalen Bezügen können die Auswirkungen der EuErbVO zu beachten sein.[22]

34 **Muster 10.1: Pflichtteilsverzichtsvereinbarung**

Pflichtteilsverzichtsvereinbarung (notariell)

Urkunde-Nr. ____ /2018

Verhandelt zu ____, am ____

Vor mir, dem/der unterzeichnenden Notar/Notarin mit dem Amtssitz zu ____

erschienen heute

---

18 Vgl. auch Kerscher/Krug/Spanke/*Spanke*, § 7 Rn 633.

19 Beispielsweise: *J. Mayer/Geck*, Der Übergabevertrag; *Landsittel*, Gestaltungsmöglichkeiten; *Krauß*, Vermögensnachfolge; *Langenfeld/Günther*, Grundstückszuwendungen; Kerscher/Krug/Spanke/*Spanke*, § 7 Rn 643 ff.

20 Vgl. zu Einzelheiten des Pflichtteilsverzichtes etwa Bonefeld/Wachter/*Kurze*, § 19.

21 Ebenso: *Krauß*, Rn 66; vgl. auch Damrau/Tanck/*Kurze*, § 2346 Rn 22.

22 Dazu: *Weber*, ZEV 2015, 503.

Herr (*Vorname Name*), geboren am (*Geburtsdatum*), wohnhaft in (*Adresse*), ausgewiesen durch Personalausweis-Nr. , ausgestellt am , durch /mir von Person bekannt;

- Erschienener zu 1) -

Frau (*Vorname Name*), geboren am (*Geburtsdatum, Geburtsname*), wohnhaft in (*Adresse*), ausgewiesen durch Personalausweis-Nr. , ausgestellt am , durch /mir von Person bekannt.

- Erschienene zu 2) -

Frau ist geboren als Tochter der Eheleute (*Vornamen, Namen).*

Der Notar ist aufgrund eines der Beurkundung vorangegangenen Gespräches mit den Erschienenen von deren Geschäftsfähigkeit überzeugt.

Die Erschienenen verneinten die Frage des Notars nach einer Vorbefassung im Sinne von § 3 Abs. 1 Nr. 7 BeurkG.

Dies vorausgeschickt erklärten die Erschienenen nachfolgenden

Pflichtteilsverzichtsvertrag.

I. Kausalgeschäft

Ich, die Erschienene zu 2), verpflichte mich, ohne Bedingungen, Gegenleistung oder Auflagen auf mein gesetzliches Pflichtteilsrecht gegenüber dem Erschienenen zu 1) zu verzichten. Ich, der Erschienene zu 1), nehme diese Verpflichtung an.

II. Pflichtteilsverzicht der Erschienenen zu 2)

Ich, die Erschienene zu 2), verzichte ohne Bedingungen oder Auflagen auf mein gesetzliches Pflichtteilsrecht gegenüber dem Erschienenen zu 1).

III. Annahme des Verzichts

Ich, der Erschienene zu 1), nehme den Verzicht an.

IV. Entbindung von der ärztlichen Schweigepflicht

V. Schiedsklausel

VI. Salvatorische Klausel

VII. Belehrung

Der Notar wies die Erschienenen insbesondere darauf hin, dass das gesetzliche Erbrecht des Verzichtenden trotz des Verzichtes bestehen bleibt, wenn der Erblasser keine entsprechend abweichende letztwillige Verfügung trifft.

Wird auf das Pflichtteilsrecht als solches verzichtet, umfasst der Verzicht auch Pflichtteiler- 35
gänzungsansprüche, den Pflichtteilsrestanspruch etc.[23] Eine Formulierung wie *„verzichtet auf sein Pflichtteilsrecht und Pflichtteilsergänzungsansprüche"* kann irritieren. Die Aufzäh-

23 Damrau/Tanck/*Kurze*, § 2346 Rn 27; MüKo/*Wegerhoff*, § 2346 Rn 32; vgl. *Krauß*, Rn 3825.

lung kann als abschließend angesehen werden, womit etwa der Ausgleichspflichtteil nicht mehr umfasst sein kann.

Denkbar ist noch folgende Formulierung:

„(...) auf sein Pflichtteilsrecht (Pflichtteilsanspruch, Pflichtteilsergänzungsansprüche, Ausgleichsansprüche etc.)“

Die Ergänzung

„(...) für mich und meine Abkömmlinge (...)“

ist wegen § 2349 BGB überflüssig,[24] aber wohl nicht schädlich.

2. Ohne Gegenleistung

36 Viele Pflichtteilsverzichte wurden ohne (konkrete) Gegenleistung erklärt. Problematisch kann dann eine spätere Angreifbarkeit der Vereinbarung sein. Verzichtende Kinder oder Ehegatten mögen sich unter Druck gesetzt empfinden. Kannten sie die Vermögensverhältnisse des Verzichtsempfängers nicht oder haben sich diese später geändert, können sich die Verzichtenden getäuscht fühlen.

Bei einem Irrtum kommen zunächst die allgemeinen Anfechtungsgründe gemäß §§ 119–123 BGB in Betracht.[25]

37 Zu einer weitergehenden **Inhaltskontrolle** liegt bislang noch recht wenig Rechtsprechung vor. Die möglichen Argumente erinnern aber an die zur Wirksamkeit von Eheverträgen entwickelten Grundsätze. Es erscheint nicht fernliegend, dass Verzichtende in Zukunft häufiger versuchen werden, spätestens nach dem Erbfall den Verzicht anzugreifen.[26]

Einige „Gegenmaßnahmen“ zählt *Krauß* auf.[27] Schwierig zu entscheiden ist die Frage, ob eine Darstellung zu den Vermögensverhältnissen des Annehmenden zum Zeitpunkt des Vertragsschlusses und/oder eine Erklärung zur zukünftigen Entwicklung aufgenommen werden sollte oder nicht. Wird dies in dem Vertrag thematisiert und stellen sich später Fehler heraus, gefährdet dies den Verzicht. Ohne eine Darstellung kann sich der Verzichtende später auf eine Unkenntnis und eine Täuschung wegen nicht in der Urkunde erwähnter Umstände berufen. Da er diese aber wohl darlegen und beweisen müsste, hat diese zweite Variante Vorteile. Wenn aber Angaben zu den Vermögensverhältnissen aufgenommen werden, müssen sie korrekt und ausführlich sein.

38 Hat etwa ein Elternteil das verzichtende Kind schon lange Zeit unterstützt, ist es denkbar, die Unterstützung als Gegenleistung zu deklarieren:

Formulierungsbeispiel

III. Gegenleistung

Eine Gegenleistung soll für diese Pflichtteilsverzichte nicht geleistet werden. Vielmehr erfolgt dieser Verzicht als Gegenleistung für die dem Erschienenen zu 2) durch den Erschienenen zu 1) in den letzten Jahren erbrachten Zuwendungen. Diese Zuwendungen

---

24 Vgl. Damrau/Tanck/*Kurze*, § 2349 Rn 8.

25 Vgl. zur Frage des Wegfalles der Geschäftsgrundlage Urteil des BGH v, 4.11.1998 – IV ZR 327/97, MDR 1999, 363 m.w.N.; zudem: OLG Karlsruhe, Urt. v. 13.6.2002 – 9 U 177/01, ZEV 2003, 107.

26 Vgl. *Krauß*, Rn 3861–3864; *Pentz*, MDR 1999, 785–787; Bonefeld/Wachter/*Kurze*, § 19 Rn 66–77.

27 *Krauß*, Rn 3863.

entsprechen in etwa dem Betrag, der heute als Pflichtteil aus dem Vermögen des Erschienenen zu 1) gezahlt werden würde.

Klarstellend wird von den Erschienenen erklärt, dass künftige Entwicklungen – insbesondere im Vermögen des Erschienenen zu 1) – keine Nach- oder Rückforderungsansprüche auslösen können.

Diese Erklärung ist aber nicht ganz unproblematisch. Ob die „Zuwendungen" wirklich als Gegenleistungen anzusehen sind, ist fraglich. Es kann sich auch um Unterhaltszahlungen gehandelt haben, die zwar freiwillig erfolgten, zu denen der Elternteil aber auch rechtlich verpflichtet gewesen sein kann. Waren die „Zuwendungen" damals Schenkungen, ist es dogmatisch problematisch, diesen Charakter im Nachhinein zu verändern: Die entsprechenden Willenserklärungen sind erfolgt und das Geschäft wurde vollzogen.

3. Mit Gegenleistung

Eine Gegenleistung kann in dem Vertrag aufgenommen werden. 39

Muster 10.2: Pflichtteilsverzichtsvereinbarung mit Gegenleistung

Pflichtteilsverzichtsvereinbarung mit Gegenleistung (notariell)

Urkunde-Nr. /2018

I. Kausalgeschäft

Ich, die Erschienene zu 2), verpflichte mich, gegen die Zahlung der unten genannten Abfindung auf mein gesetzliches Pflichtteilsrecht gegenüber dem Erschienenen zu 1) zu verzichten. Ich, der Erschienene zu 1), verpflichte mich zur Zahlung der unten genannten Abfindung.

II. Pflichtteilsverzicht

Die Erschienene zu 2) verzichtet unter der Bedingung der Zahlung des nachstehend vereinbarten Abfindungsbetrags für sich und ihre Abkömmlinge auf ihr gesetzliches Pflichtteilsrecht am Nachlass ihres Vaters, dem Erschienenen zu 1).

III. Annahme des Verzichts

Der Erschienene zu 1) nimmt den Verzicht an.

IV. Abfindung

Der Erschienene zu 1) zahlt der Erschienenen zu 2) für den vorstehend erklärten Pflichtteilsverzicht eine einmalige Abfindung in Höhe von

20.000 EUR

(in Worten: zwanzigtausend EUR).

Dieser Betrag ist auf das Konto Nr. der Erschienenen zu 2) bei der zu zahlen, und zwar zinslos bis zum . Ab diesem Zeitpunkt ist der Betrag mit einem Zinssatz in Höhe von % zu verzinsen.

Klarstellend wird erklärt, dass künftige Entwicklungen – insbesondere im Vermögen des Erschienenen zu 1) – keine Nach- oder Rückforderungsansprüche auslösen können.

Sollte der Erschienene zu 1) auf den vorgenannten Betrag nur Teilleistungen erbringen, sind die geleisteten Teilzahlungen der Erschienenen zu 2) zumindest auf spätere Pflichtteilsansprüche nach den Vorschriften der §§ 2315 ff. BGB anzurechnen.

V. Weitere Erklärungen

Weitere Bedingungen, außer der Zahlung des vorgenannten Abfindungsbetrages, bestehen für die Wirksamkeit der Verzichts- und der Annahmeerklärung nicht.

VI.

40 Ein Spezialproblem ist die Frage der Pflichtteilsergänzungspflicht bei einer Zuwendung gegen Pflichtteilsverzicht. Wendet der zukünftige Erblasser beispielsweise einem Abkömmling ein Grundstück zu und verzichtet der Abkömmling dafür auf seinen Pflichtteilsanspruch, könnte die Übertragung als (teilweise) entgeltlich angesehen werden. Pflichtteilsergänzungsansprüche für die anderen Abkömmlinge könnten entfallen.

Diese Frage ist streitig. Eine Umgehung der §§ 2325 ff. BGB soll ebenso vermieden werden wie eine Besserstellung der anderen Pflichtteilsberechtigten gegenüber einer sonstigen Schenkung.[28] Für die Gestaltung ist zunächst eine gewisse Unsicherheit zu erkennen. Es spricht einiges dafür, dem Pflichtteil, auf den verzichtet wird, einen gewissen wirtschaftlichen Wert zuzumessen. Demnach sollte er grundsätzlich eine Gegenleistung darstellen können. Ob die Gegenleistung adäquat ist, muss im Einzelfall entschieden werden. Der Wert des übertragenen Gegenstandes kann meist objektiv bemessen werden. Der Pflichtteilsanspruch kann für den Tag des Verzichtes berechnet werden. Dabei bleibt freilich eine Unsicherheit, denn der Pflichtteilsanspruch ist ein zukünftiges Recht und als solches mit Risiken behaftet, die den Wert beeinflussen können. Vorsicht ist für den Gestalter jedenfalls geboten, wenn der Wert des übertragenen Vermögensteils den zu dieser Zeit möglichen Pflichtteilsanspruch des Zuwendungsempfängers wesentlich übersteigt. Es ist dann später zumindest eine teilweise Pflichtteilsergänzung zu erwarten.

III. Verzicht auf Teile des Pflichtteilsanspruches

41 Es ist möglich, nur auf Teile des Pflichtteilsanspruches zu verzichten.[29] Dies betrifft etwa den Pflichtteilsergänzungsanspruch, wobei nach *Mayer* eine gewisse Unsicherheit hinsichtlich des Verzichts auf zukünftige Ansprüche besteht.[30] Denkbar ist auch der Verzicht auf den Zusatzpflichtteil oder einen Anteil am Pflichtteil.[31] Zu beachten ist, dass ein Verzicht nur auf Pflichtteilsergänzungsansprüche Ausgleichsansprüche nicht umfassen würde.[32]

IV. Verzicht auf Ausgleichsansprüche

42 Im Rahmen der Nachlassgestaltung kann ein Mandant Vermögen schon zu Lebzeiten übertragen, etwa Anteile an seinem Unternehmen oder eine Immobilie. Mitunter wird dabei auch ein besonderes Engagement belohnt.

Überträgt der zukünftige Erblasser Vermögen auf einen Abkömmling, sollen oft später andere Kinder Ausgleichsansprüche nicht geltend machen können. In Betracht kommen insbesondere Pflichtteilsergänzungsansprüche und der Ausgleichspflichtteil sowie Ausgleichsansprüche nach §§ 2050 ff. BGB, wenn die Abkömmlingen in der letztwilligen Verfügung hinsichtlich des Nachlasses gleichmäßig bedacht werden sollen (vgl. dazu § 7).

28 Vgl. ausführlich *Cornelius*, S. 19–29.

29 Vgl. auch Formulierungen bei *J. Mayer*, ZEV 2000, 263–268; zudem: Damrau/Tanck/*Kurze*, § 2346 Rn 17–19.

30 *J. Mayer*, ZEV 1996, 441, 445 m.w.N.

31 Ausführlich: *Krauß*, Rn 3865–3894.

32 Vgl. Damrau/Tanck/*Kurze*, § 2346 Rn 27; *Mayer*, ZEV 2000, 263.

Soll der zu Lebzeiten begünstige Abkömmling einen Ausgleich etwa an seine Geschwister 43
leisten, kann und sollte dies unter Beteiligung aller Betroffener schon in dem Übertragungsvertrag genau geregelt werden. Die tatsächlichen, insbesondere wirtschaftlichen Möglichkeiten und Risiken sollten ausführlich besprochen werden. In Vorfreude auf das, was ihm scheinbar unentgeltlich zugewandt wird, sieht der zu Lebzeiten begünstigte Abkömmling oft die Pflichten bzw. seine Risiken nicht klar. Werden die Ausgleichsleistungen für die anderen Abkömmlinge etwa durch die zu übertragende Immobilie abgesichert (Wohnungsrechte, Grundschulden), beeinträchtigt dies unter Umständen erheblich den Wert der Immobilie und die Möglichkeiten des Erwerbers, die Immobilie zu belasten oder weiter zu veräußern. Soll der zu Lebzeiten mit einem Unternehmen oder Unternehmensanteil begünstigte Abkömmling an die weichenden Geschwister einen dauernden Ausgleich zahlen, müssen möglichst auch nicht berechenbare Entwicklungen beachtet werden: Was geschieht bei einer Änderung des Betriebsertrages? Wer beurteilt ggf., ob eine Verschlechterung durch den Erwerber verschuldet wurde? Was hat eine Arbeitsunfähigkeit des Erwerbers zur Folge?

Das Konfliktpotential wird am besten verringert, wenn schon in den Übertragungsvertrag alle (zukünftigen) **Beteiligten einbezogen** und entsprechende Einverständnis- und Verzichtserklärungen abgeben werden. Ausgleichsleistungen des Erwerbers oder des Veräußerers sollten möglichst sofort oder in fest definiertem Umfang sowie zu einem genauen Zeitpunkt an die weichenden Abkömmlinge geleistet werden (vgl. auch § 7 Rdn 86–90).[33]

Muster 10.3: Pflichtteils- und Ausgleichungsausschluss in einem Übertragungsvertrag 44

Übertragungs- und Pflichtteilsverzichtsvertrag (notariell)

Der Erschienene zu 1) hat drei Kinder, die Erschienenen zu 2) bis 4).

I. Übertragung

Der Erschienene zu 1) überträgt auf den Erschienenen zu 2) die Immobilie (*Bezeichnung*).

II. Pflichtteils- und Ausgleichsanspruchsverzicht

Die Erschienenen zu 3) und 4) verpflichten sich und ihre Abkömmlinge insoweit gegenseitig, nach dem Tode des Erschienenen zu 1) hinsichtlich der heutigen Übertragung keinerlei Ansprüche irgendwelcher Art gegen den Erschienenen zu 1) geltend zu machen. Sie verzichten insoweit auf ihr Pflichtteilsrecht, insbesondere auf Pflichtteilsergänzungs- und Ausgleichungspflichtteilsansprüche. Die heute übertragene Immobilie bleibt also bei der Berechnung eines späteren Pflichtteilsanspruches außer Betracht.

Der Erschienene zu 1) nimmt diese Verzichte an.

In einem Erbvertrag zwischen Eltern und Abkömmlingen kann aufgenommen werden, dass 45
schon Vermögen auf einen Abkömmling übertragen wurde. Verzichten die Abkömmlinge vollständig auf Pflichtteilsansprüche, sollte bei einer entsprechenden Anordnung des Erblassers auch ein Verzicht auf Ausgleichungsansprüche anzunehmen sein. Eine Klarstellung erscheint aber sinnvoll, damit die Vermutung des § 2052 BGB entkräftet wird (vgl. auch § 7 Rdn 10).

33 Alternative Formulierung: *J. Mayer*, ZEV 1996, 441, 443.

46 **Muster 10.4: Pflichtteils- und Ausgleichungsausschluss in einem Erbvertrag**

Erbvertrag (notariell)

Der Erschienene zu 1) hat drei Kinder, die Erschienenen zu 2) bis 4).

I. Erbeinsetzung

Der Erschienene zu 1) setzt seine Kinder, die Erschienenen zu 2) bis 4), zu seinen Alleinerben zu gleichen Teilen ein. Ersatzerben:

II. Ausgleichungsausschluss

Zur Klarstellung im Hinblick auf § 2052 BGB bestimmt der Erschienene zu 1), dass seine Abkömmlinge wegen aller eventuellen Vorempfänge nicht zur Ausgleichung verpflichtet sind.

III. Pflichtteils- und Ausgleichsanspruchsverzicht

Den Erschienenen zu 2) bis 4) ist bekannt, dass der Erschienene zu 1) lebzeitige Zuwendungen auch an seine Kinder vorgenommen hat. Insbesondere handelt es sich um folgende Zuwendungen:

Die Erschienenen zu 2) und 4) verpflichten sich und ihre Abkömmlinge insoweit gegenseitig, nach dem Tode des Erschienenen zu 1) keinerlei Ansprüche irgendwelcher Art gegeneinander geltend zu machen. Sie erkennen den Ausgleichungsausschluss an und verzichten insoweit auf ihr Pflichtteilsrecht, insbesondere auf Pflichtteilsergänzungs- und Ausgleichungspflichtteilsansprüche.

Der Erschienene zu 1) nimmt diese Verzichte an.

47 Soll ein Ehegatte, z.B. bei einer Patchworkkonstellation, bei welcher jeder Ehegatte ausschließlich seine einseitigen Kinder aus früherer Verbindung bedenken möchte, auf seinen Pflichtteilsanspruch verzichten, ist das entsprechend möglich. Allerdings sollte unbedingt darauf geachtet werden, dass auch auf einen etwaigen Zugewinnausgleichsanspruch verzichtet wird, da sonst der Anspruch nach § 1371 Abs. 2 BGB und damit eine eventuelle Teilhabe am Nachlass des zuerst versterbenden Ehegatten fortbesteht. Dazu ist eine ehevertragliche, güterrechtliche Regelung erforderlich, die der notariellen Form bedarf.

C. Vorbereitung durch Vermögensordnung

48 Bei der **Unternehmensnachfolge** hat sich weitgehend die Erkenntnis durchgesetzt, dass zu einer ordnungsgemäßen Unternehmensführung auch die frühzeitige Nachfolgeplanung gehört (siehe Rdn 130–132).

Ein bislang vernachlässigter Aspekt der Nachfolgeplanung im nicht-unternehmerischen Bereich ist die Möglichkeit, die spätere Auseinandersetzung eines Nachlasses unter Miterben schon zu Lebzeiten vorzubereiten.

49 Für **Privatpersonen** mit größerem Vermögen hat sich ein eigener Berufszweig ausgebildet: der von Certified Estate Planern (CEP) und Certified Financial Planern (CFP). CFP haben den Anspruch, das Vermögen des Kunden zu erfassen, zu analysieren und zu optimieren. Dafür stellen sie Informationen zusammen und formulieren einen Finanzplan. Die Umsetzung des Finanzplanes ist dann eine separate Angelegenheit. Beim CEP ist der gesamte Vorgang auf die Vermögensnachfolge ausgerichtet. Bei beiden wird für die Umsetzung des Planes regelmäßig externe Unterstützung herangezogen.

In der Praxis bereiten bei der Auseinandersetzung speziell von Nachlässen mittlerer Größe die Unübersichtlichkeit und die schwierige Teilbarkeit einzelner Vermögenspositionen besondere Probleme. Die Ordnung des Vermögens ist nicht unbedingt Aufgabe (alleine) des beratenden Rechtsanwalts, insbesondere wenn es um komplexe wirtschaftliche und steuerliche Fragen geht. Die Umsetzung kann mit anwaltlicher Unterstützung erfolgen. Nicht immer kann eine Teilbarkeit bei allen wesentlichen Vermögensgütern erreicht werden. Gehört einem Mandanten etwa eine einzige, selbstbewohnte Immobilie, ist die Teilbarkeit grundsätzlich nicht gegeben und ohne den – zu Lebzeiten fast nie sinnvollen – Verkauf der Immobilie auch nicht zu erreichen. Eine Umwandlung in teilbares Gesellschaftsvermögen ist allein schon aufgrund des erheblichen Gestaltungsaufwandes selten wirtschaftlich sinnvoll.

Dankbar sind Mandanten regelmäßig für einen generellen Hinweis, der auch Anstöße zu einer weiteren Beratung zu bestimmten Fragen geben kann.

Muster 10.5: Ergänzende Erläuterungen für den Mandanten zur Vermögensordnung 50

Sie möchten mehrere Personen als Erben bedenken. Diese Miterben müssen sich später über die Verteilung des Nachlasses einigen. Der Nachlass umfasst dabei *Ihr* gesamtes Eigentum, wie Bar- und Bankvermögen, Immobilien, Pkw, Hausrat, Kleidung, Sammlungen usw.

Einzelne Gegenstände können Sie in der von uns zu entwerfenden letztwilligen Verfügung bestimmten Personen zuordnen (sog. „*Vermächtnisse*"). Sie können auch Vorgaben für die Art und Weise der späteren Verteilung machen. Dies kommt in Betracht, wenn etwa ein Miterbe einen Gegenstand erhalten soll und diese besondere Zuwendung unter den Erben ausgeglichen werden muss.

Der sonstige Nachlass muss von den Miterben gemeinsam verteilt werden. Dabei sind zunächst die Verbindlichkeiten zu begleichen (Beerdigungskosten, restliche Mietzahlungen, Schulden etc.) und danach ist das Vermögen zu verteilen. Können sich die Miterben nicht einstimmig über die Zuordnung eines Gegenstandes einigen, muss er verkauft oder sogar versteigert werden. Das erlöste Geld kann dann geteilt und verteilt werden.

Damit Ihren Miterben die Auseinandersetzung erleichtert und ihnen möglichst wenig Gelegenheit zum Streit gegeben wird, können Sie schon jetzt vorsorgen. Die wichtigste Maßnahme ist die Niederlegung Ihres letzten Willens in einer rechtlich einwandfreien Form, wobei wir Sie unterstützen.

Dazu können Sie aber außerdem Ihr Vermögen derart ordnen, dass die Erben es später leichter haben. Im Folgenden möchten wir Ihnen einige Anregungen geben.

Manche Geldanlagen sind sehr schwer zu veräußern. Vielleicht gibt es Alternativen, die später besser zu teilen sind, aber den gleichen Ertrag erbringen. Problematisch können beispielsweise sog. „geschlossene Immobilienfonds" oder andere Geldanlagen sein, die nicht allgemein gehandelt werden. Im Zweifel sollten Sie sich diesbezüglich von Spezialisten beraten lassen.

Die Verteilung des Vermögens auf viele verschiedene Banken kann später langwierige Ermittlungen erfordern. Den Erben hilft eine Konzentration des Vermögens oder zumindest eine geordnete Zusammenstellung der Konten. Dies gilt besonders für Konten im Ausland.

Größere Mengen von Bargeld sollten vermieden werden, da deren Verbleib später schwer nachzuvollziehen sein und zu Misstrauen unter den Erben führen kann.

Schulden erschweren die Auseinandersetzung. Dies gilt sowohl für Schulden von Dritten bei Ihnen als auch von Ihnen selbst. Die Darlehen müssen ggf. gekündigt und eventuelle Fristen eingehalten werden. Sollten Sie private Darlehen vergeben haben, halten Sie diese schriftlich fest, wie auch spätere Rückzahlungen, Stundungen oder Schuldenerlasse. Besonders, wenn einem späteren Miterben Geld geliehen wurde, kommt es immer wieder zu Auseinandersetzungen um die Rückzahlungspflicht.

Sind Sie selbst an einer Erbengemeinschaft oder einer Gesellschaft bürgerlichen Rechts beteiligt, sollten die Folgen eines weiteren Erbfalls geprüft werden. Sind Sie Mitglied einer Erbengemeinschaft, ist regelmäßig eine Auflösung (juristisch „Auseinandersetzung" genannt) sinnvoll. Bei der Gesellschaft bürgerlichen Rechts ist der Vertrag wichtig und sollte geprüft werden.

Diesen Anregungen nachzugehen, hilft später Ihren Erben. Im Zweifel gehen aber immer *Ihre* persönlichen Interessen vor! Sie sind zu keiner vorbeugenden Maßnahme verpflichtet und sollten sie auch immer nur durchführen, wenn sich für Sie keine Nachteile ergeben.

D. Verträge zugunsten Dritter und Lebensversicherungen

51 Verträge zugunsten Dritter und Lebensversicherungen sind Möglichkeiten, Vermögen für die Zeit nach dem Tod einer bestimmten Person zuzuweisen, ohne dass es in den Nachlass fällt.

I. Vertrag zugunsten Dritter

52 Der Vertrag zugunsten eines Dritten gemäß § 328 BGB wird bei der Nachlassgestaltung relevant, wenn die Leistung gemäß § 331 BGB auf nach dem Todesfall bestimmt wird. Oft schließt der zukünftige Erblasser einen Vertrag zugunsten eines Dritten mit einer Bank oder einer Versicherungsgesellschaft. Mit dem Tod des Erblassers entsteht ein **unmittelbarer schuldrechtlicher Anspruch** bei dem Begünstigten.[34] Der Charme dieses Instrumentes für die Nachlassgestaltung, bei der sonst die Entstehung einer Erbengemeinschaft droht, ist, dass die Forderung gegen die Bank oder Versicherung nicht in den Nachlass fällt.[35] Es kann also an einer Erbengemeinschaft „vorbei verfügt" werden.

Unbestimmt bleibt allerdings oft das Valutaverhältnis.[36] Schenkte der Erblasser dem Dritten durch den Vertrag den Vermögensvorteil, kommen Pflichtteilsergänzungsansprüche in Betracht. Es könnte aber auch eine Ausstattung oder eine unter Umständen pflichtteilsfeste ehebezogene Zuwendung vorliegen.[37]

Für den zukünftigen Erblasser bedeutet der Vertrag zugunsten eines Dritten auch, dass er Vermögen ausgliedern und in einer vorgegebenen Form (Geld) anlegen muss. Es stehen also nicht alle Vermögensgüter für eine solche Regelung zur Verfügung und der zukünftige Erblasser kann zumindest nicht mehr ohne weiteres über das Angelegte disponieren. Der Vertrag zugunsten Dritter kommt daher insbesondere dann in Betracht, wenn der zukünftige Erblasser über Geldvermögen verfügen möchte und dieses voraussichtlich nicht mehr selbst benötigt.

II. Lebensversicherung

53 Bei einer Lebensversicherung (vgl. § 20 Rdn 24–37) ist genau zu **differenzieren**, da es eine Vielzahl unterschiedlicher Ausformungen gibt.[38] Von den Mandanten sollten im Zweifel die Versicherungsunterlagen zur Einsicht erbeten werden, da die Mandanten den Inhalt oft nicht oder zumindest nicht umfassend und juristisch zutreffend wiedergeben können.

---

34 Damrau/Tanck/*Riedel*, § 2325 Rn 67; Nieder/Kössinger/*Nieder/W. Kössinger*, § 4 Rn 35–43.

35 BGH, Urt. v. 20.9.1995 – XII ZR 16/94, BGHZ 130, 377.

36 Vgl. auch ein Einzelnen *Ott-Eulberg/Schebesta/Bartsch*, § 5 Rn 17–24.

37 Damrau/Tanck/*Riedel*, § 2325 Rn 55.

38 Grundlegend: *Eulberg/Ott-Eulberg/Halaczinsky*, Lebensversicherung; Damrau/Tanck/*Riedel*, § 2325 Rn 67.

Hat der zukünftige Erblasser als Versicherungsnehmer keinen Bezugsberechtigten oder sich selbst oder „meine Erben“[39] als Bezugsberechtigte genannt, fällt die Versicherungssumme in den Nachlass. Ein zur (teilweisen) Vermeidung der Erbengemeinschaft interessantes Gestaltungsmittel wird die Lebensversicherung, wenn der Versicherungsnehmer einen anderen Bezugsberechtigten benennt. Auf die Besonderheit von zur Kreditsicherung abgetretenen Lebensversicherungen soll hier nur hingewiesen werden.[40]

Der zukünftige Erblasser kann also einen Lebensversicherungsvertrag abschließen, in dem er einen Dritten als Bezugsberechtigten bedenkt. Die Versicherungsleistung fällt nicht in den Nachlass und wird damit nicht Gegenstand einer Erbengemeinschaft. Im Gegensatz zum Vermächtnis ist der Begünstigte auch nicht auf die Mitwirkung der Erben bei der Erfüllung angewiesen. Er hat einen direkten Anspruch gegenüber der Versicherungsgesellschaft. Pflichtteilsrechtlich ist grundsätzlich der Verkaufswert der Versicherung in der juristischen Sekunde vor dem Ableben des Erblassers als Gegenstand einer Pflichtteilsergänzung relevant.[41]

Aber auch bei der Lebensversicherung wird regelmäßig das rechtliche Verhältnis zwischen Versicherungsnehmer und Begünstigten nicht ausdrücklich geklärt. Nach dem Erbfall geht das Recht des Versicherungsnehmers, die Begünstigungsbestimmung zu ändern, regelmäßig auf die Erben über. Grundsätzlich sollte ein Begünstigter daher von dem Vertrag wissen und über den Versicherungsschein verfügen, um nach dem Erbfall kurzfristig handeln und einem Widerruf der Erben zuvorkommen zu können.[42]

Die Lebensversicherung eignet sich im Gegensatz zum Vertrag zugunsten Dritter besonders als Gestaltungsmittel, wenn der zukünftige Erblasser nicht **einmalig** einen bestimmten Betrag anlegen, sondern **kontinuierliche** Zahlungen leisten oder weitere Besonderheiten einer Lebensversicherung nutzen möchte.

E. Ausschluss der Erbengemeinschaft durch Gestaltung – die Vermächtnislösung

I. Einleitung

1. Problemlage

Möchte ein Mandant letztwillig mehrere Personen bedenken, kann ihm die Benennung mehrerer Erben vorgeschlagen werden. Die resultierende Erbengemeinschaft führt aber oft zu Schwierigkeiten. Die größten Probleme bereiten die Verwaltung und die Auseinandersetzung. Beides setzt ein Zusammenwirken der Erben voraus, was bei verschiedenen wirtschaftlichen Interessen und persönlichen Befindlichkeiten regelmäßig schwierig ist. Ein professioneller Testamentsvollstrecker kann helfen. Bei kleineren Vermögen werden aber mitunter die Kosten oder wird der Einblick in die persönlichen Angelegenheiten durch einen Außenstehenden gescheut. Ein sinnvoller Umgang mit der Erbengemeinschaft bei der Gestaltung letztwilliger Verfügungen kann daher die **Vermeidung** der Entstehung einer Erbengemeinschaft sein. 54

39 Damrau/Tanck/*Riedel*, § 2325 Rn 68 m.w.N.

40 Damrau/Tanck/*Riedel*, § 2325 Rn 68 m.w.N.

41 BGH, Urt. v. 28.4.2010 – IV ZR 73/08, BGHZ 185, 252; im Einzelnen: *Rudy*, ZErb 2010, 351; Damrau/Tanck/*Riedel*, § 2325 Rn 123 m.w.N.

42 BGH, Urt. v. 30.11.1994 – IV ZR 190/93, BGHZ 125, 116.

2. Lösungsansatz

55 Ziel einer Beratung sollte eine klar strukturierte, praktikable Gestaltung sein. Sie wird erreicht, indem **eine** Person hervorgehoben wird, die im Zweifel **alleine** entscheiden kann, „den Hut auf hat".

Umgesetzt wird dies durch eine **Differenzierung zwischen Erben und Vermächtnisnehmern**: Es gibt **einen** Erben. Die anderen Bedachten erhalten Vermächtnisse.[43] Eine solche Regelung ist grundsätzlich einfach, verlangt aber eine genaue Detailarbeit.[44]

Bei dem Mandanten sind mitunter Vorbehalte abzubauen, da die Stellung eines Bedachten zwar nicht unbedingt wirtschaftlich aber formal hervorgehoben ist. Insbesondere bei mehreren zu bedenkenden Kindern möchten Eltern oft eines nicht gegenüber den anderen bevorzugen, sei es auch nur subjektiv. Die „Vermächtnislösung" eignet sich daher besonders, wenn mehrere Personen bedacht werden sollen, die nicht gleichrangig mit dem zukünftigen Erblasser verwandt sind, also bei Freunden oder entfernten Verwandten.

In einer Bestattungsverfügung sollte daneben die Person des Totenfürsorgeberechtigten festgelegt werden, da diese nicht mit dem Erben identisch sein muss (vgl. § 22). Eine separate Bestimmung ist insbesondere wichtig, wenn eine andere Person als der Erbe später als Totenfürsorgeberechtigter über die Bestattung bestimmen können soll.[45]

Die Vermächtnislösung ist zudem günstig, wenn ein einfach gelagerter Nachlass (im wesentlichen Geldvermögen) zu erwarten ist, was im Folgenden erläutert wird.

II. Die Alleinerbeneinsetzung

1. Letztwillige Verfügung

56 Die Einsetzung eines Alleinerben ist relativ unproblematisch.[46]

Formulierungsbeispiel: Erbeinsetzung

Ich setze Herrn/Frau (…) (*Vorname Nachname*), geborene (…) (*Geburtsname*), geboren am (…) (*Datum*), zurzeit wohnhaft (…) (*Wohnadresse*), zu meinem alleinigen Vollerben meines gesamten Vermögens ein. D.h. mein Vermögen geht in das Vermögen des Erben über und vereinigt sich mit seinem Vermögen zu einer Vermögensmasse. Eine Nacherbfolge wünsche ich somit ausdrücklich nicht.

57 Wird der Alleinerbe wirtschaftlich nicht besser gestellt als ein Vermächtnisnehmer, ist die Auslegungsregel des § 2087 BGB zu beachten.[47] Sie kommt allerdings nur zum Zuge, wenn Zweifel an dem tatsächlichen Willen des Erblassers bestehen (§ 2084 BGB).[48] Einem nach anwaltlicher Beratung erstellten oder einem notariellen Testament sollte anzusehen sein,

43 Dieser Weg wird entsprechend empfohlen, um einzelne Personen zugunsten „der auf Harmonie angewiesenen Erbengemeinschaft" (so noch *Nieder* in der 3. Auflage, S. 462) auszuschließen, Nieder/Kössinger/*R. Kössinger*, § 9 Rn 86; sich anschließend: Tanck/Krug/*Krug/Riedel*, § 14 Rn 3; ähnlich: *Mayer*, Ausgewählte Probleme des Vermächtnisses, ErbR 2011, 322, 322.

44 Vorschläge zu der etwas komplexeren Variante mit minderjährigen Kindern: *Kurze*, ZErb 2015, 139.

45 Ausführlich: *Kurze/Goertz*, § 15.

46 Vgl. auch Tanck/Krug/*Tanck*, § 10 Rn 7; Nieder/Kössinger/*R. Kössinger*, § 8 Rn 1–14.

47 Vgl. auch Tanck/Uricher/*Bartsch*, Erbrecht, § 2 Rn 4; BayObLG, Beschluss v. 17.1.1996 – 1Z BR 84/95, NJW-RR 1996, 1478; HansOLG, Urt. v. 21.12.2001 – 5 U 35/2001c; OLGR Bremen 2002, 215, alle zitiert nach juris.

48 Damrau/Tanck/*Sticherling*, § 2087 Rn 1.

dass die juristischen Begriffe mit Bedacht gewählt wurden und eine Auslegung entgegen dem Wortlaut daher nicht zulässig ist.

Im Zweifel kann eine Klarstellung in die letztwillige Verfügung aufgenommen werden.

Formulierungsbeispiel: Auslegungsausschluss hinsichtlich § 2087 BGB

Entgegen jeder gesetzlichen und richterlichen Auslegungsregel (insbesondere § 2087 BGB) soll der Bedachte unabhängig von dem ihm Zugewiesenen alleiniger Erbe sein.

2. Erläuterung für den Mandanten

Für den Mandanten ist die Unterscheidung in Erben und Vermächtnisnehmer meist neu. 58
Sie sehen zunächst eine Ungleichbehandlung der Bedachten. Um Unverständnis und Vorbehalten zu begegnen, sollten ihnen die Anordnung und deren Vorteile erläutert werden.

Formulierungsbeispiel: Erläuterung für den Mandanten zur Alleinerbenlösung

Sie möchten mehrere Personen bedenken. Nach dem beiliegenden Testamentsentwurf wird eine Person Ihr „Erbe“, die anderen werden „Vermächtnisnehmer“.

Die Begriffe „erben“ und „vermachen“ werden oft gleichgesetzt. Juristisch besteht zwischen ihnen aber ein erheblicher Unterschied.

Der Erbe wird Rechtsnachfolger mit dem Tod des Erblassers, ohne dass er dazu irgendetwas tun muss. Dem Erben gehört „automatisch“ alles, was bis dahin dem Verstorbenen gehörte.

Der Vermächtnisnehmer steht insoweit „außen“. Das ihm Zugewandte gehört ihm nicht sofort. Der Erbe muss es ihm herausgeben.

Es ist in Ihrem Fall günstig, **einen** Erben und **mehrere** Vermächtnisnehmer zu bestimmen. Werden mehr als eine Person zu Erben ernannt, gibt es oft nach außen Probleme und unter den Erben Streit. Mehrere Erben können nur gemeinschaftlich über den Nachlass verfügen. Soll also ein Gegenstand verkauft oder auch nur entsorgt werden, müssen dies alle Erben gemeinsam tun. Hat ein Erbe eine andere Vorstellung von dem Verkauf oder ist er nicht zu erreichen, blockiert er alles. Für Außenstehende (Vermieter, Käufer etc.) ist es daher umständlich, mit einer Erbengemeinschaft Geschäfte zu machen.

Viele Konflikte unter den Erben entstehen auch, wenn der Nachlass aufgeteilt werden soll. Hat auch nur **ein** Erbe andere Vorstellungen als die anderen, kann es zu langen, teuren und emotionalen Auseinandersetzungen und Gerichtsprozessen kommen. Nicht selten spielen dabei auch die Ehe- oder Lebenspartner der Bedachten eine wesentliche Rolle.

Wird nur **eine** Person Erbe, sind die Probleme einer Erbengemeinschaft ausgeschlossen. Der Erbe regelt den Nachlass. Die anderen Personen erhalten die Vermächtnisse von ihm. **Wirtschaftlich** können im Ergebnis alle gleich behandelt werden. Der Erbe hat den Nachlass und die Verteilung also in der Hand, er „hat den Hut auf“. Von Ihnen zugewandt erhalten aber alle weitgehend das gleiche, wenn Sie es wünschen.

Wichtig für den Mandanten ist es, unter den Bedachten einen zum Erben auszuwählen. Ist der Mandant unsicher, können ihm Hinweise zu einer Auswahl gegeben werden.

Formulierungsbeispiel: Erläuterung für den Mandanten 59

Die Bestimmung des Erben ist wichtig. Er soll später den Nachlass regeln. Bei der Auswahl können Ihnen daher folgende Fragen helfen: Wer wird später auch wirklich

Ihren Willen umsetzen? Wer wird sich von seiner Persönlichkeit her am besten mit den Vermächtnisnehmern und auch mit den anderen Beteiligten (Vermieter, Behörden usw.) auseinandersetzen können? Wer wohnt in Ihrer Nähe und hat auch die notwendige Zeit für die Aufgabe?

Selbstverständlich kann sich der Erbe immer von anderen Personen helfen lassen. Gerade die Vermächtnisnehmer sind auch an einer unkomplizierten Aufteilung interessiert und unterstützen oft.

Sollte Sie keinem der Bedachten diese Aufgabe zumuten mögen, ist die Einsetzung eines professionellen Testamentsvollstreckers empfehlenswert. Er steht „außen vor" und verteilt das Zugewandte professionell und ohne eigene Interessen. Bitte sprechen Sie mich an, wenn doch ein Testamentsvollstrecker benannt werden soll. Wir werden den Entwurf entsprechend anpassen.

3. Steuerrechtliche Folgen

60 Gemäß § 10 Abs. 5 Nr. 2 ErbStG ist das einem Vermächtnisnehmer Zugewandte für den Erben als Nachlassverbindlichkeit abzugsfähig. Sein steuerpflichtiger Erwerb ist also um das Vermächtnis gemindert. Steuerschuldner ist gemäß § 20 Abs. 1 ErbStG der Erwerber.

Problematisch kann es für Erben sein, wenn das Vermächtnis ausgekehrt wird, der Vermächtnisnehmer die Steuer aber nicht zahlt. Erben können dann unter Umständen gemäß § 20 Abs. 3 ErbStG haften.

Es ist umstritten, ob Erben und Vermächtnisnehmer gegenseitig oder zumindest Erben gegenüber den Vermächtnisnehmern für die Steuer haften. *Meincke* verneint dies mit guten Gründen und einem Verweis auf die Gesetzesmaterialien.[49] Er steht damit allerdings gegen die sonst herrschende Meinung.[50]

Trotzdem sollte die mögliche Belastung des oder der Erben beachtet werden. Bei größeren Vermächtnissen könnte die Fälligkeit soweit hinausgeschoben werden, dass die Erben und Vermächtnisnehmer die Möglichkeit zu Steuererklärungen haben. Damit kann die Erfüllung der Erbschaftsteuerschuld berücksichtigt werden.

Wie *Carlé* ausführt, erfolgt der Erwerb des Vermögensgegenstandes durch den Vermächtnisnehmer mit dem Zeitpunkt des Todes des Erblassers, nicht bei der Erfüllung durch den Erben.[51] Diese Abweichung von der Zivilrechtslage erscheint nicht sachgerecht, bedeutet aber für den Gestalter, eine gewisse Vorsicht walten zu lassen: Bei Erfüllung erst einige Zeit nach dem Erbfall kann der Vermächtnisnehmer einen geringeren Betrag erhalten, als er sich steuerlich anrechnen lassen muss.

III. Die Vermächtnisse

1. Einleitung

61 Erben sind regelmäßig mit Quoten beteiligt.[52] **Veränderungen des Vermögens** zu Lebzeiten des Erblassers setzen sich bei den Erben fort. Wird ein bestimmter Gegenstand oder Geldbetrag vermacht, ist dies nicht der Fall.[53] Die Gestaltung ist entsprechend anzupassen.

49 *Meinecke*, § 20 Rn 11.
50 Daragan/Halaczinsky/Riedel/*Gohlisch*, § 20 ErbStG Rn 58.
51 *Carlé*, ErbStB 2011, 84, 85.
52 Vgl. Nieder/Kössinger/*R. Kössinger*, § 8 Rn 1.
53 Worauf auch *Mayer* hinweist: ErbR 2011, 322, 324.

Ebenfalls zu beachten sind die unterschiedlichen Informations- und Wertermittlungsmöglichkeiten von Erben und Vermächtnisnehmern. Erben können regelmäßig selbst nachforschen. Vermächtnisnehmer sind auf den Erben angewiesen, können ihn aber unter Umständen auch mit Auskunfts- und Wertermittlungsansprüche „traktieren".

Im Folgenden soll es ausschließlich um diese besonderen Probleme gehen, die bei der hier vorgeschlagenen Lösung auftreten können. Für weitere Einzelheiten der Vermächtnisgestaltung einschließlich steuerlicher Fragen wird auf die einschlägige Speziallliteratur verwiesen.[54] Interessant kann bei intakten, familiären Verhältnissen insbesondere die Lösung durch das so genannte **„Supervermächtnis"** sein. Dabei erbt der überlebende Ehegatte zwar alleine. Die Abkömmlinge erhalten aus steuerlichen Gründen Vermächtnisse. Deren Höhe und auch ihre Fälligkeit sind aber ganz weitgehend in das Belieben des erbenden Ehegatten gestellt.[55]

2. Quotale Beteiligung des Vermächtnisnehmers

Die zukünftigen Vermächtnisnehmer sollten an Veränderungen des Vermögens des Erblas- 62
sers beteiligt werden. Daher sollten sie regelmäßig nicht auf starre Beträge verwiesen werden („100.000 EUR"). Das Vermächtnis sollte aus einer Quote bestehen („20 Prozent des Vermögens"), ein sog. **Quotenvermächtnis** sein.[56] Wertsicherungsklauseln helfen hier nicht und werden zudem, da sie genehmigungspflichtig sein können, oft als zu aufwendig nicht gewünscht.

3. Gegenstand des Vermächtnisses

Die besten Regelungen sind die einfachen. Sie sind aber auch oft am schwierigsten zu 63
entwerfen. Dies liegt nicht nur an der juristischen Umsetzung, sondern auch an der Vermittlung gegenüber dem Mandanten.

a) Quotenvermächtnis hinsichtlich des gesamten Nachlasswertes

Selbstverständlich kann ein Vermächtnis in etwa wie folgt lauten: *„Herr X erhält vermächt-* 64
nisweise einen Anteil von 50 Prozent am Wert des Nachlasses." Diese Aufteilung zwischen Erben und Vermächtnisnehmer erscheint „gerecht".

Die „Grundformel" ist einfach zu fassen:[57]

Muster 10.6: Quotenvermächtnis hinsichtlich des gesamten Nachlasswertes

Herr/Frau ______ (*Vorname Nachname*), geborene/r ______ (*Geburtsname*), geboren am ______ (*Datum*), zurzeit wohnhaft ______ (*Wohnadresse*), erhält vermächtnisweise einen Geldbetrag in Höhe von 50 Prozent des Nachlasswertes.

Für den Alleinerben ergeben sich bei einem Quotenvermächtnis hinsichtlich des gesamten Nachlasses aber Probleme:[58] Auskunfts- und Wertermittlungsansprüche der Vermächtnis-

54 U.a. zu steuerlichen Fragen: *Carlé*, ErbStB 2011, 84, 85.

55 Vgl. dazu im Einzelnen z.B.: *Keim*, ZEV 2016, 6; *Langenfeld*, JuS 2002, 351.

56 Vgl. Nieder/Kössinger/*R. Kössinger*, § 9 Rn 51; zur Zulässigkeit des Quotenvermächtnisses und auch des sog. „Universalvermächtnisses" vgl. *Kornexl*, ZEV 2000, 173; Tanck/Krug/*Krug/Riedel*, § 14 Rn 93 f.

57 Vgl. auch Tanck/Krug/*Krug/Riedel*, § 14 Rn 95.

58 Ähnlich problematisierend: *Kornexl*, Nachlassplanung, Rn 17–21.

nehmer sowie Liquiditätsfragen. Kein Nachlass besteht ausschließlich aus Geld. Sollen die Vermächtnisnehmer aber am Wert des gesamten Nachlasses beteiligt werden, muss der Alleinerbe den Vermächtnisnehmern den anteiligen Wert in Geld ersetzen. Dafür kann er zur Wertermittlung verpflichtet sein (vgl. Rdn 79 f.), also etwa den Hausrat und den Pkw durch Sachverständige begutachten lassen müssen. Zudem wird regelmäßig dem Vermächtnisnehmer ein Auskunftsanspruch mit vermacht worden sein (vgl. Rdn 76–78).[59] Er kann sonst seine Forderung nicht beziffern. Der Alleinerbe muss also mindestens ein detailliertes Nachlassverzeichnis erstellen.

Neben diesem Aufwand für den Alleinerben können Probleme bei der Auszahlung der Vermächtnisse entstehen. Insbesondere bei Immobilien im Nachlass reichen die Barmittel für einen Ausgleich oft nicht aus, so dass der Alleinerbe zu einem übereilten, meist unwirtschaftlichen Verkauf gezwungen sein kann.

b) Differenzierte Quotenvermächtnisse

65 Soll daher von einem umfassenden Quotenvermächtnis abgesehen werden, sind folgende Überlegungen hilfreich: Für schwer zu bewertende und zu veräußernde Vermögenswerte – wie etwa Unternehmensbeteiligungen oder Gemäldesammlungen – sollten alternative Regelungen gesucht werden. Im Weiteren ist der zukünftige Nachlass zu betrachten: Statistisch soll sich ein Nachlass zu 42 % aus Geldvermögen, zu 39 % aus Grundvermögen, zu 2 % aus Lebensversicherungen und zu 18 % aus Gebrauchsvermögen zusammensetzen.[60] Geldvermögen lässt sich relativ einfach verteilen. Auch für Grundvermögen kann eine Regelung gefunden werden (vgl. Rdn 95, 98). Lebensversicherungen sollten ohnehin gesondert berücksichtigt werden, haben einen relativ geringen Anteil am Nachlass und fallen oft gar nicht in diesen.

66 Probleme bereitet eher das Gebrauchsvermögen. Der sog. **Hausrat** hat regelmäßig nur einen geringen Wert. Die Verwertung ist schwierig. Oft wird nicht der im Gutachten festgestellte Wert erzielt und Entsorgungskosten an anderer Stelle zehren Erlöse auf. Ein Pkw stellt meist das einzig werthaltige – und damit zu beachtende – Gebrauchsvermögen dar. Über im Einzelfall vorhandene wertvolle (Kunst-)Gegenstände sollte separat verfügt werden (Vorausvermächtnis). Dies gilt auch für den Pkw, der entweder ausdrücklich zum Gebrauchsvermögen hinzugezählt oder von ihm ausgenommen werden sollte.

Es ist daher regelmäßig sinnvoll, dem Alleinerben das Gebrauchsvermögen (weitgehend) zu belassen. Hierfür stehen zwei Wege zur Verfügung: Entweder das Gebrauchsvermögen wird detailliert definiert und von einem Quotenvermächtnis hinsichtlich des (sonst) gesamten Nachlasses ausgenommen oder es werden die sonstigen Vermögensgruppen (Geld- und Immobilienvermögen) detailliert definiert und zu alleinigen Gegenständen des Quotenvermächtnisses gemacht.

Eine positive Definition von Gebrauchsvermögen ist indes schwierig. Der sog. Hausrat mag noch umschrieben werden können – etwa als *„Inventar der zum Zeitpunkt des Erbfalls bewohnten Wohnung, also alle Möbel, Küchen- und technische Geräte“*[61] oder *„Gegenstände des Haushaltes, insbesondere das Mobiliar, technische Geräte, Hausrat und dergleichen“*.[62] Für bewegliche Gegenstände aber, die sich zum Zeitpunkt des Erbfalls nicht in der Wohnung befanden oder sonst zu Streit Anlass geben können, sollten gesonderte Anordnungen getrof-

---

59 Vgl. dazu Damrau/Tanck/*Linnartz*, § 2174 Rn 36.
60 Scherer/*Schlitt*, S. 249, mit Verweis auf den Bundesverband Deutscher Banken.
61 Tanck/Krug/*Krug/Riedel*, § 14 Rn 85–87.
62 *Kornexl*, ZEV 2002, 175.

fen werden, also etwa dem Pkw, Fahrrad, Gartengerät, Sammlungen, Sparbücher, Bargeld, Hausrat in einer Ferienwohnung, persönliche Unterlagen wie Briefe, Versicherungsunterlagen etc.

Es spricht daher einiges dafür, die **Vermächtnis**gegenstände selbst zu definieren. Für den übrigen Nachlass tritt die Gesamtrechtsnachfolge zugunsten des Alleinerben ein. Besonderes Gebrauchsvermögen (Pkw, Sammlungen) sollten vorab zugewiesen oder bewusst und ausdrücklich dem Alleinerben belassen werden. Es verbleibt regelmäßig noch das Geld- und Immobilienvermögen.

c) Quotales Geldvermächtnis

Das Geldvermögen kann klar definiert werden.[63] 67

Muster 10.7: Quotales Geldvermächtnis

I. Im Wege des Vermächtnisses erhält Herr/Frau ___ (*Vorname Nachname*), geborene/r ___ (*Geburtsname*), geboren am ___ (*Datum*), zurzeit wohnhaft ___ (*Wohnadresse*), von meinem ___ Geldvermögen ___ einen Anteil von ___ Prozent ___.[64]

II. Unter Geldvermögen fallen hierbei (*optional:* das gesamte Bargeld,) sämtliche Guthaben bei Kreditinstituten einschließlich Girokonten und Sparbüchern, sämtliche Sparbriefe und alle Wertpapiere und Aktien, in den Nachlass fallende Versicherungsleistungen, insbesondere von Lebensversicherungen, sonstige Geldforderungen sowie Edelmetalle. Nicht hierzu zählen Schmuck, Münz- und sonstige Sammlungen (*ggf.:* Bargeld) u.Ä.

Gerade **Bargeld** führt oft zu Misstrauensbekundungen und Streit. Über das, was beim Tod eigentlich vorhanden gewesen sein sollte, wird spekuliert und Aufklärung ist aufgrund der „Spurenarmut" von Bargeld schwer. Hat der zukünftige Erblasser regelmäßig nur geringe Bargeldbestände, kann dieser Streitpunkt auch ausgeklammert werden.

Für den Mandanten ist eine Erläuterung des ungewohnten Quotenvermächtnisses wichtig. 68
Gleichzeitig wird er darauf hingewiesen, was **nicht** erfasst wurde und dem Alleinerben zukommt. Sollen auch Immobilien erfasst werden, muss die Erklärung entsprechend angepasst werden.

Muster 10.8: Erläuterung für den Mandanten zum quotalen Geldvermächtnis

Die anderen Personen sollen absprachegemäß jeweils einen Anteil an Ihrem Vermögen erhalten.

Sollen diese Personen wirklich an „allem" teilhaben, kann dies zu Problemen führen. Der Alleinerbe müsste jeden Hausratsgegenstand verkaufen oder bewerten lassen und sehr umfangreiche Auskünfte erteilen. Dabei stehen der Aufwand und die Streitigkeiten für den Alleinerben zu dem Wert des Hausrates etc. in keinem sinnvollen Verhältnis.

Daher sollten die Vermächtnisnehmer ausschließlich an dem Geldvermögen beteiligt werden. Es ist gut zu definieren und später aufzuteilen.

Alles, was nicht genannt wird, erhält dann der Alleinerbe. Dies muss nicht ausdrücklich angeordnet werden.

Bargeld spielt vom Wert her regelmäßig eine geringe Rolle, da die meisten Menschen nur wenig davon zu Hause aufbewahren. Es führt später aber oft zu Misstrauen und Spekulationen, da es wenig „Spuren hinterlässt". Um hier Unstimmigkeiten zu vermeiden, kann das Bargeld von dem Geldvermögen ausgenom-

63 Andere – teilweise ähnliche – Varianten: Tanck/Krug/*Krug/Riedel*, § 14 Rn 88–98; *Kornexl*, Rn 604; *Kornexl*, ZEV 2002, 173.

64 Vergleiche hierzu noch die folgenden Ausführungen.

men werden. Markieren Sie es bitte auf dem Entwurf, wenn sie es doch in die Berechnung aufnehmen möchten.

Auch Immobilien werden von dieser Regelung nicht umfasst. Für sie müsste eine weitere Anordnung getroffen werden. Sie gehen sonst an den Alleinerben.

Schließlich wird der Begriff „Geldvermögen" genau beschrieben, um keine Auseinandersetzung über seine Definition aufkommen zu lassen.

d) Quotales Immobilienvermächtnis

69 Beim Immobilienvermögen kommen zwei Wege in Betracht: Die Vermächtnisnehmer werden mit einer Quote am Eigentum beteiligt oder sie erhalten einen Anteil an dem Immobilienwert als Geldvermächtnis.

aa) Quotales Immobilienvermächtnis

70 **Muster 10.9: Quotales Immobilienvermächtnis**

I. Im Wege des Vermächtnisses erhält Herr/Frau (*Vorname Nachname*), geborene/r (*Geburtsname*), geboren am (*Datum*), zurzeit wohnhaft (*Wohnadresse*), Miteigentum an meinen beim Erbfall vorhandenen Immobilien zu einem Anteil von Prozent.

II. Als Immobilien gelten auch die mir nur zum Teil gehörenden Immobilien, nicht aber mir nur indirekt gehörende Immobilien, wie etwa Beteiligungen an Immobiliengesellschaften.

Bei einem allein auf Immobilien beschränkten Quotenvermächtnis sind differenzierte Lösungen notwendig.[65]

bb) Quotales Immobilienwertvermächtnis

71 **Muster 10.10: Quotales Immobilienwertvermächtnis**

I. Im Wege des Vermächtnisses erhält Herr/Frau (*Vorname Nachname*), geborene/r (*Geburtsname*), geboren am (*Datum*), zurzeit wohnhaft (*Wohnadresse*), von dem Wert der beim Erbfall vorhandenen Immobilien in Geld einen Anteil von Prozent.

II. Als Immobilien gelten auch die mir nur zum Teil gehörenden Immobilien, nicht aber mir nur indirekt gehörende Immobilien, wie etwa Beteiligungen an Immobiliengesellschaften.

Der Alleinerbe behält hier die Immobilien. Den Vermächtnisnehmern muss er einen Teil des Wertes in Geld auszahlen. Die Variante ist nur sinnvoll, wenn der Alleinerbe über genügend eigenes Kapital verfügt, um die Vermächtnisnehmer auszuzahlen, oder ihm eine angemessene Zeit zum Verkauf gegeben wird.[66] Der Alleinerbe kann sonst in erhebliche **Liquiditätsschwierigkeiten** kommen.

Zudem ist genau festzulegen, wie und auf wessen Auftrag und Kosten die Immobilien **bewertet** werden sollen (vgl. Rdn 95, 98).

---

65 Es erfüllt regelmäßig nicht den hier verfolgten Zweck und ersetzt eine Erbengemeinschaft, so dass auf *Kornexl*, ZEV 2002, 174 f., verwiesen wird.

66 Vgl. auch *Kurze*, ZErb 2015, 139, 144.

4. Verbindlichkeiten

Der Vermächtnisnehmer ist nach dem Wortlaut einer Anordnung – „erhält einen Anteil von 50 Prozent" – nicht an den Lasten des Nachlasses beteiligt. Dies kann zur ungewollten Benachteiligung des Erben führen. *Schwenck* vertritt zwar die Auffassung, dass eine Nachrangigkeit von Vermächtnissen aus dem Gesetzeskontext zu entnehmen sei.[67] Zum einen meint er damit aber wohl nur Erblasserschulden. Zum anderen sollte ein professionell gestaltetes Testament ein Bedürfnis zur Auslegung möglichst gar nicht aufkommen lassen. Es sind daher die Verbindlichkeiten zu erwähnen, die bei der Berechnung des Vermächtnisses vom Nachlass abzuziehen sind. 72

Als Nachlassverbindlichkeiten werden in § 1967 Abs. 2 BGB lediglich die Erblasserschulden und die Erbfallschulden genannt.[68] Erblasserschulden sind die „von dem Erblasser herrührenden Schulden", etwa vererbliche Schulden. Erbfallschulden sind insbesondere Verbindlichkeiten aus Pflichtteilsrechten, Vermächtnissen und Auflagen. Hinzu treten die Nachlasserbenschulden. Sie sind Verbindlichkeiten, die der Erbe bei der Verwaltung des Nachlasses eingeht, etwa bei der Fortführung eines Handelsunternehmens.[69]

Als Abzugsposten kommen regelmäßig die Erblasser- und Erbfallschulden in Betracht. Die Nachlasserbenschulden sind variabel, insbesondere vom Erben zu beeinflussen, und daher kein tauglicher Berechnungsposten.

Bei den Erbfallschulden können **Pflichtteilsansprüche** Probleme bereiten: Sollen sie vor der Berechnung des Vermächtnisses abgezogen werden? Soll ein Abzug unabhängig von der Geltendmachung zulässig sein? Wie wird ein vom enterbten Ehegatten geforderter konkreter Zugewinnausgleich behandelt? 73

Eine durchdachte – hier nur sprachlich und im Aufbau abgewandelte – Lösung **für ein Quotenvermächtnis am gesamten Nachlasswert** unter **Berücksichtigung von Pflichtteilsansprüchen** boten *Tanck/Krug/Daragan*:[70]

Formulierungsbeispiel

Von dem Nachlasswert werden die Erblasserschulden und die Erbfallschulden abgezogen, einschließlich eines konkret geltend gemachten Zugewinnausgleichsanspruches.

Abzuziehen sind konkret geltend gemachte und ausgezahlte Pflichtteilsansprüche.

oder

Formulierungsbeispiel

Nicht abzuziehen sind konkret geltend gemachte Pflichtteilsansprüche. Der Vermächtnisnehmer ist aber an der Tragung der Pflichtteilslasten zu beteiligen.

Es erscheint aber fraglich, ob die Vermächtnislösung zur Vermeidung einer Erbengemeinschaft überhaupt sinnvoll ist, wenn der Alleinerbe Pflichtteilsansprüchen ausgesetzt wird.[71] Die Erfüllung und Abwehr der Pflichtteilsforderungen kann erheblichen zeitlichen und finanziellen Aufwand bedeuten. Die Belastung des Alleinerben ist hoch. Es sollte überlegt werden, ob in diesen Fällen nicht doch die Personenmehrheit als Erbengemeinschaft belassen und durch einen Testamentsvollstrecker entlastet wird. 74

67 *Schwenk*, MDR 1988, 545, 546.
68 Damrau/Tanck/*Gottwald*, § 1967 Rn 5.
69 Damrau/Tanck/*Gottwald*, § 1967, Rn 26–30.
70 *Tanck/Krug/Daragan*, Anwaltformulare Testamente, 3. Auflage 2006, S. 244.
71 Weitere Überlegungen zu Anordnungen zur Verteilung der Vermächtnislast: *Kornexl*, Rn 572–580.

Bei einem **quotalen Geldvermächtnis** wird, wenn Pflichtteilsforderungen nicht zu befürchten sind, die Ergänzung um die Worte *„nach Abzug der Erlasserschulden und der Erbfallschulden“* ausreichen.

Muster 10.11: Quotales Geldvermächtnis

I. Im Wege des Vermächtnisses erhält Herr/Frau (*Vorname Nachname*), geborene/r (*Geburtsname)*, geboren am (*Datum*), zurzeit wohnhaft (*Wohnadresse*), von meinem Geldvermögen nach Abzug der Erlasserschulden und der Erbfallschulden einen Anteil von Prozent .[72]

Für den Mandanten kann eine Erläuterung hilfreich sein.

Muster 10.12: Erläuterung für den Mandanten zu den Verbindlichkeiten beim quotalen Geldvermächtnis

Die Vermächtnisnehmer sollen Teile des Geldvermögens erhalten. Zunächst sind aber die vorhandenen Verbindlichkeiten zu begleichen (offene Rechnungen, Beerdigungskosten, Kosten der Trauerfeier etc.).

75 §§ 2165 ff. BGB enthalten Auslegungsregeln für belastete **Immobilien**. Klarstellungen sind aber dringend anzuraten,[73] da sonst immer mit einem behaupteten, entgegenstehenden Willen des Erblassers argumentiert werden kann.

Sollen die Vermächtnisnehmer – wie im vorliegenden Fall – weitgehend quotal an dem gesamten Nachlass beteiligt werden, steht das Immobilien- neben dem Geldvermächtnis. Daher wurde die Verpflichtung zur Beteiligung an Verbindlichkeiten dort schon festgehalten. Es könnte daher an dieser Stelle noch eine Klarstellung aufgenommen werden.[74]

Formulierungsbeispiel: Klarstellung für Verbindlichkeiten

Verbindlichkeiten, die beim Erbfall durch an den Immobilien eingetragene Grundpfandrechte abgesichert sind, sind als Erblasserschulden von dem Vermächtnisnehmer mitzutragen. Dies gilt unabhängig davon, ob die Aufwendungen für die Immobilie getätigt wurden.

5. Auskunfts- und Wertermittlungsansprüche

76 Die Vermächtnisnehmer können regelmäßig den Nachlassbestand nicht selbst ermitteln. Wird ihnen ein unbestimmter Vermögenswert zugewandt (etwa: *„X Prozent von dem beim Erbfall vorhandenen Geldvermögen nach Abzug der Erbfallschulden und der Erblasserschulden“*), können daher Auskunftsrechte als mitvermacht gelten. Weniger beim Bestand eines Girokontos als mehr bei Immobilien oder Edelmetallen kommen zudem Wertermittlungsansprüche in Betracht.

72 Beachte hierzu noch die folgenden Ausführungen.
73 *Kornexl*, ZEV 2002, 174.
74 *Kornexl*, ZEV 2002, 175; Tanck/Krug/*Krug/Riedel*, § 14 Rn 79.

a) Auskunftsansprüche

Ein Auskunftsanspruch des Vermächtnisnehmers wird **anzunehmen** sein.[75] 77

Die Frage, ob der Erblasser ihn ausschließen kann, ist nach hiesiger Kenntnis noch nicht eingehend behandelt worden. Dafür spricht, dass der Vermächtnisnehmer auch gar nicht bedacht werden muss. Soweit er nicht pflichtteilsberechtigt ist, muss er sich mit dem begnügen, was er zugewiesen erhält. Dagegen spricht, dass der Vermächtnisnehmer dann keine Möglichkeit der Überprüfung hätte und sich vollständig auf den Alleinerben verlassen müsste. Dieser hätte es wiederum in der Hand – selbstverständlich bei Begehung eines (ihm wiederum aber regelmäßig nicht nachweisbaren) Rechtsverstoßes – den Umfang des Vermächtnisses festzulegen, was aufgrund der Bestimmungsbefugnis des Erblassers unzulässig wäre. Da der Alleinerbe schon den Vorteil der Verfügungsbefugnis hat, erscheint es auch nicht sinnvoll und notwendig, den ausgleichenden Auskunftsanspruch auszuschließen.

Bei einem Geldvermächtnis in der oben vorgeschlagenen Form ist der Aufwand für den Alleinerben sehr überschaubar. Er hat Auskunft insbesondere über die Kontostände und die Verbindlichkeiten zu geben. Bei einem umfassenden Quotenvermächtnis wird die Pflicht für den Alleinerben allerdings sehr umfangreich, wenn die zu § 260 BGB entwickelten Grundsätze herangezogen werden.[76]

Da die Pflicht zur Auskunft grundsätzlich anerkannt wird, ist eine Klarstellung in der letztwilligen Verfügung nicht unbedingt notwendig. Wird die Pflicht im Sinne des § 260 BGB gesehen, wäre eine Belegvorlage (etwa: Kontoauszüge) nicht erforderlich.[77] Um Streitigkeiten zu vermeiden, kann daher folgende Formulierung aufgenommen werden:

Formulierungsbeispiel: Auskunftsrechte des Vermächtnisnehmers 78

Der Alleinerbe ist – soweit er nicht den Höchstbetrag auskehrt – gemäß § 260 BGB zur Auskunft über das Geldvermögen und die Erblasser- sowie Erbfallschulden verpflichtet und hat Belege in Kopie vorzulegen, soweit Belege erteilt zu werden pflegen (Kontoauszüge etc.).

b) Wertermittlungsansprüche

Ob der Vermächtnisnehmer einen Anspruch auf Wertermittlung hat, wird bislang anscheinend wenig diskutiert. 79 Aus den Ausführungen zum Auskunftsanspruch könnte gefolgert werden, dass auch Wertermittlungsansprüche mit vermacht sein können.[78] Das Vermächtnis könnte sonst nicht adäquat beziffert werden. Im Einzelfall könnte sich aber – zumindest im Nachhinein – herausstellen, dass die Durchsetzung des Anspruches unangemessen war, da der ermittelte Wert unter den aufgewandten Kosten liegt.

Bei einem Geldvermächtnis spielen Wertermittlungsansprüche grundsätzlich keine Rolle. Ob es – etwa bei einem umfassenden Quotenvermächtnis – vom zukünftigen Erblasser ausgeschlossen werden kann, ist wiederum fraglich. Insgesamt zeigen die möglichen Probleme durch den Wertermittlungsanspruch Nachteile eines umfassenden Quotenvermächtnisses.

---

75 Damrau/Tanck/*Linnartz*, § 2174 Rn 36; MüKo/*Rudy*, § 2174 Rn 6, 8 m.w.N.; RG, Urt. v. 23.6.1930 – IV 59/30, RGZ 129, 239, 242.

76 Vgl. Palandt/*Grüneberg*, § 260 Rn 14–18 m.w.N.

77 Vgl. Palandt/*Grüneberg*, § 260 Rn 15 m.w.N.

78 Vgl. insoweit und zu den resultierenden Problemen: BGH, Urt. v. 18.1.1978 – IV ZR 181/76, LM § 2084 BGB, Nr. 14 = MDR 1978, 649.

Im Zweifel sollte die Art und Weise der Wertermittlung genau geregelt werden (vgl. Rdn 99 f.).

c) Ausschluss der Auskunftsrechte durch Höchstbetrag

80 Für den Alleinerben kann es eine Erleichterung sein, im Zweifel etwas mehr auszahlen, als es seine Pflicht wäre und sich dafür die Mühe und Kosten der Auskunft (und ggf. Wertermittlung) zu ersparen.

Daher können in den Formulierungsvorschlag für ein quotales Geldvermächtnis die Worte *„… höchstens jedoch (…) EUR“* eingefügt werden

Muster 10.13: Quotales Geldvermächtnis

I. Im Wege des Vermächtnisses erhält Herr/Frau (*Vorname Nachname*), geborene/r (*Geburtsname*), geboren am (*Datum*), zur Zeit wohnhaft (*Wohnadresse*), von meinem Geldvermögen nach Abzug der Erblasserschulden und der Erbfallschulden einen Anteil von Prozent, höchstens jedoch EUR.[79]

Der Alleinerbe kann also die Auskunft verweigern und schlicht den angegebenen Höchstbetrag auszahlen.

Der Betrag sollte etwas über dem zu erwartenden Auszahlungsbetrag bei der Quotenberechnung liegen, damit es grundsätzlich bei der gewünschten Quote bleibt. Problematisch sind wesentliche Wertveränderungen nach der Testamentserrichtung. Steigt das Geldvermögen unerwartet stark, profitiert im Zweifel nur der Alleinerbe. Der Zusatz sollte also mit Bedacht und nach Aufklärung des Mandanten verwandt werden.

Zulässig sollte die Nennung der Höchstsumme sein. Zwar hat der Alleinerbe es in der Hand, das Vermächtnis in seiner Höhe später unter Umständen zu beeinflussen. Zu Lasten des Vermächtnisnehmers kann er es aber nicht beschränken: Der Höchstbetrag wurde vom Erblasser festgelegt. Lediglich, wenn die Quote **unter** dem Höchstbetrag liegt, kann der Alleinerbe den Willen des Erblassers näher ausformen. Dabei bewegt er sich aber im Rahmen der Vorgaben des Erblassers. Zudem geht eine nähere Ausformung durch die Zahlung des Höchstbetrages in diesen Fällen allein zu seinen Lasten, so dass ein Kläger nur schwer zu finden sein wird.

Der Höchstbetrag sollte bei der Beratung mit dem Mandanten besprochen werden.

Muster 10.14: Erläuterung für den Mandanten zum Höchstbetrag beim quotalen Geldvermächtnis

Mit den Worten „höchstens jedoch EUR" wird das Vermächtnis begrenzt. Der Alleinerbe kann also die angegebene Summe statt des prozentualen Anteiles auszahlen. Er erspart sich damit im Zweifel die Mühe, dem Vermächtnisnehmer umfangreiche Auskünfte über den Wert und den Umfang des Nachlasses zu geben.

Ungünstig wird diese Anordnung nur, wenn Ihr Vermögen noch stark wächst. Der Alleinerbe kann dann einen Betrag auszahlen, der unter der prozentualen Quote liegt. Möchten Sie dieses Risiko ausschließen, sollten Sie keinen Höchstbetrag nennen. Um es zu vermindern, sollte der Höchstbetrag einiges über dem Betrag liegen, den der Vermächtnisnehmer jetzt bekommen würden.

79 Beachte hierzu noch die folgenden Ausführungen.

6. Fälligkeit

Der Anspruch des Vermächtnisnehmers ist sofort fällig, wenn nichts anderes bestimmt wurde.[80] Muss der Alleinerbe die Vermächtnisse sofort erfüllen, kann ihm dies erhebliche Probleme bereiten.[81] Zum einen kann er die Höhe des Vermächtnisses noch nicht genau bestimmen, wenn ihm Informationen über die Aktiva und Passiva fehlen. Zum anderen kann er oft über Vermögen mangels Erbschein noch nicht verfügen. Bis ein Erbschein vorliegt und der Alleinerbe die Vermächtnisse berechnen und auszahlen kann, können – je nach Lage des Einzelfalls und dem Arbeitstempo des Nachlassgerichtes – Wochen und auch Monate vergehen. Wird von einem Vermächtnisnehmer trotzdem kurz nach dem Erbfall die Auszahlung verlangt, gerät der Alleinerbe zumindest in Verzug und hat Verzugszinsen zu zahlen. 81

Die Informations- und Verfügungsmöglichkeiten des Alleinerben können durch eine ab dem Tode oder über den Tod hinaus wirksame Vorsorgevollmacht erweitert werden.[82] Auch ein notarielles Testament zusammen mit der Eröffnungsniederschrift muss im Regelfall etwa von Banken akzeptiert werden.[83]

Grundsätzlich sollte die Fälligkeit des Vermächtnisses nicht beim Erbfall, sondern zu einem späteren Zeitpunkt eintreten. Wie lange der Alleinerbe benötigen wird, ist im Einzelfall zu schätzen: Ist er auch Vorsorgebevollmächtigter, der Nachlass einfach gelagert, liegt ein notarielles Testament vor oder arbeitet das Nachlassgericht am Wohnort des zukünftigen Erblassers regelmäßig zügig, kann die Frist kürzer werden, ist eine umfangreichere Tätigkeit des Alleinerben zu erwarten, sollte sie länger bemessen werden. In Betracht kommen beispielsweise Zeiträume von vier Wochen bis zu sechs Monaten nach dem Erbfall.

Formulierungsbeispiel: Fälligkeitsbestimmung

Das Vermächtnis ist fällig und zahlbar innerhalb von 6 (sechs) Monaten nach meinem Tode.

Dem Mandanten sollte die Anordnung erläutert werden.

Formulierungsbeispiel: Erläuterung für den Mandanten zur Fälligkeit

Grundsätzlich ist ein Vermächtnis fällig und zahlbar mit dem Tode des Erblassers. Da der Erbe das Vermögen aber zunächst sichten muss, um das Vermächtnis erfüllen zu können, kann einige Zeit vergehen. Für diese Zeit stehen dem Vermächtnisnehmer dann grundsätzlich Verzugszinsen zu, die vom Erben zu zahlen ist. Diese Belastung des Erben wird durch den vorstehenden Satz vermieden.

Es besteht selbstverständlich ein gewisses Risiko der Veruntreuung durch den Erblasser. Dieses wird aber auch durch eine sofortige Fälligkeit nicht ausgeräumt, sondern nur etwas erschwert. Bei Immobilienvermächtnissen ist der Anspruch auf dingliche Rechtsänderung zudem vormerkungsfähig.[84]

---

80 Damrau/Tanck/*Linnartz*, § 2174 Rn 21; MüKo/*Rudy*, § 2174 Rn 4.

81 Zu steuerrechtlichen Problemen: *Landsittel*, ZEV 2003, 221–225.

82 Ausführlich: *Kurze*, ZErb 2008, 399.

83 *Ott-Eulberg/Schebesta/Bartsch*, § 2 Rn 51–61.

84 Damrau/Tanck/*Linnartz*, § 2174 Rn 59; Formulierungsbeispiel zur Eintragung einer Vormerkung durch einstweilige Verfügung bei *Tanck*, in: Bonefeld/Kroiß/Tanck, § 6 Rn 137.

7. Zeitpunkt der Wertberechnung

82 Da das Quotenvermächtnis den Wert eines Erbanteils sichern soll, ist nach wohl herrschender Ansicht in der Regel der Wert zum Zeitpunkt der Auszahlung und nicht beim Erbfall maßgebend.[85]

Wird – wie vorgeschlagen – der Zeitpunkt der Fälligkeit und – faktisch auch in der Fällen, in denen auf eine solche Regelung verzichtet wurde – die Auszahlung auf eine Zeit nach dem Erbfall verschoben, sind Wertveränderungen zu erwarten. Soll aber der Wert am Tag der Auszahlung entscheidend sein, drohen eine Vielzahl von Problemen: Muss der Alleinerbe in der Zwischenzeit für eine Wertsicherung sorgen, etwa bei Aktiendepots? Haftet er für seine Verwaltung und/oder profitiert er auch von ihr? Ist er rechenschaftspflichtig? Was sind die Folgen, wenn das Vermächtnis in Teilen erfüllt wird?

Auch wenn der Zeitpunkt des Erbfalls relevant sein soll, können Nachteile für den Alleinerben entstehen, wenn etwa die Kurse der Aktien im Nachlass in den Wochen nach dem Erbfall drastisch fallen.

Soweit der Alleinerbe über die entsprechende Legitimation (Vollmacht, [notarielles] Testament mit Eröffnungsniederschrift) verfügt, kann er negative Folgen durch eine schnelle – ggf. teilweise – Erfüllung der Vermächtnisse versuchen zu verhindern. Auch die Formulierung der Höchstbetragsgrenze („höchstens jedoch") kann ihm helfen.

Es spricht daher im Sinne einer klaren Stichtagsregelung einiges für die Festsetzung des Bewertungszeitpunktes auf den **Erbfall.**[86]

Formulierungsbeispiel: Quotales Geldvermächtnis

I. Im Wege des Vermächtnisses erhält Herr/Frau (…) (*Vorname Nachname*), geborene/r (…) (*Geburtsname*), geboren am (…) (*Datum*), zurzeit wohnhaft (…) (*Wohnadresse*), von meinem beim Erbfall vorhanden Geldvermögen nach Abzug der Erblasserschulden und der Erbfallschulden einen Anteil von (…) Prozent, höchstens jedoch (…) EUR.

Zeigt die Analyse des Vermögens des Mandanten und zukünftigen Erblassers, dass hier ein erhebliches Risiko besteht (etwa bei fast ausschließlichem Aktienvermögen), sollte eine Vorsorge durch eine Umstrukturierung des Vermögens oder eine Vorsorgevollmacht erwogen werden.

8. Kosten

83 Die Kosten der Erfüllung des Vermächtnisses sind ohne ausdrückliche Anordnung weitgehend vom Erben zu tragen.[87] Er hat etwa die grundbuchrechtlichen Umschreibungskosten zu bezahlen.[88] Bei den Transportkosten wird differenziert.[89] Auch die Kosten der Erfüllung eines Geldvermächtnisses gehen grundsätzlich zu Lasten des **beschwerten Erben,** § 270 BGB.[90]

85 BGH, Urt. v. 25.5.1960 – V ZR 57/59, NJW 1960, 1759.

86 So auch Tanck/Krug/*Krug*/*Riedel*, § 14 Rn 97: „des im Zeitpunkt des Erbfalls im Nachlass vorhandenen Geldvermögens".

87 Damrau/Tanck/*Linnartz*, § 2174 Rn 37; *Kornexl*, ZEV 2002, 144; MüKo/*Rudy*, § 2174 Rn 9.

88 BGH, Urt. v. 20.3.1963 – V ZR 89/62, NJW 1963, 1602; MüKo/*Rudy*, § 2174 Rn 9.

89 Palandt/*Weidlich*, § 2174 Rn 9.

90 Damrau/Tanck/*Linnartz*, § 2174 Rn 37.

Entweder wird es bei dieser Lastenverteilung belassen. Dann sollte dem Alleinerben eine entsprechend erhöhte Quote am Nachlass zukommen. Oder die Kosten der Erfüllung werden den Vermächtnisnehmern auferlegt.

Formulierungsbeispiel: Kosten

Die Kosten der Erfüllung der Vermächtnisse (etwa für Überweisungen, grundbuchrechtliche Umschreibungskosten) tragen die Vermächtnisnehmer.

Es besteht dann im Einzelfall aber die Gefahr, dass nicht ausdrücklich erfasste Kosten entstehen, über die gestritten werden kann. Bei einem reinen Geldvermächtnis erscheint eine Anordnung nicht notwendig. Soweit sich die Bedachten im Inland aufhalten, verursachen die Überweisungen keine (erheblichen) Kosten. Bei Immobilien sollte die Kostentragungslast geregelt werden. Eine genaue Anordnung ist zu treffen, wenn dem Alleinerben bei der Versilberung des Nachlasses zur Erfüllung der Vermächtnisansprüche (etwa beim umfassenden Nachlassquotenvermächtnis) Kosten entstehen, da diese (relativ) hoch sein können (etwa Maklergebühren, Provisionen und Transportkosten sowie Kosten einer Wertermittlung).

IV. Zusammenfassendes Beispiel

Die Gestaltung ist jeweils auf den Einzelfall bezogen anzupassen. Dabei ist auch immer 84
wieder zu überprüfen, ob der gewählte Ansatz noch den Interessen des Mandanten entspricht. Im Folgenden wird ein Beispiel für das hier favorisierte quotale Geldvermächtnis gegeben, in dem die erläuterten Punkte zusammengefasst werden.

Hinzu treten allgemeine Anordnungen. Es sind Ersatzerben zu nennen.[91] Die Vermächtnisnehmer sollten das Vermächtnis insgesamt annehmen oder ausschlagen. Die Frage der **Ersatzvermächtnisnehmer** ist zu klären. Es erscheint nicht notwendig, bei einem reinen Geldvermächtnis die Surrogation ausdrücklich auszuschließen.

Muster 10.15: Quotales Geldvermächtnis 85

I. Erbeinsetzung

1. Ich setze Herrn/Frau ___ (*Vorname Nachname*), geborene/r ___ (*Geburtsname*), geboren am ___ (*Datum*), zurzeit wohnhaft ___ (*Wohnadresse*), zu meinem alleinigen Vollerben meines gesamten Vermögens ein, d.h. mein Vermögen geht in das Vermögen des Erben über und vereinigt sich mit seinem Vermögen zu einer Vermögensmasse. Eine Nacherbfolge wünsche ich somit ausdrücklich nicht.

Entgegen jeder gesetzlichen und richterlichen Auslegungsregel (insbesondere § 2087 BGB) soll der Bedachte unabhängig von dem ihm Zugewiesenen alleiniger Erbe sein.

2. *Ersatzerbenbestimmung*

II. Quotales Geldvermächtnis

1. Im Wege des Vermächtnisses erhalten von meinem beim Erbfall vorhandenen Geldvermögen nach Abzug der Erblasserschulden und der Erbfallschulden
   1) Herr/Frau ___ (*Vorname Nachname*), geborene/r ___ (*Geburtsname*), geboren am ___ (*Datum*), zurzeit wohnhaft ___ (*Wohnadresse*), einen Anteil von ___ Prozent, höchstens jedoch ___ EUR,
   2) Herr/Frau ___ (*Vorname Nachname*), geborene/r ___ (*Geburtsname*), geboren am ___ (*Datum*), zurzeit wohnhaft ___ (*Wohnadresse*), einen Anteil von ___ Prozent, höchstens jedoch ___ EUR,

91 *Bonefeld/Bittler*, Haftungsfallen, § 5 Rn 97.

3) Herr/Frau … (*Vorname Nachname*), geborene/r … (*Geburtsname*), geboren am … (*Datum*), zurzeit wohnhaft … (*Wohnadresse*), einen Anteil von … Prozent, höchstens jedoch … EUR sowie

4) die Gesellschaft … (*Name*), geschäftsansässig … (*Geschäftsanschrift*), einen Anteil von … Prozent, höchstens jedoch … EUR.

2. Unter Geldvermögen fallen hierbei (*optional:* das gesamte Bargeld,) sämtliche Guthaben bei Kreditinstituten einschließlich Girokonten und Sparbüchern, sämtliche Sparbriefe und alle Wertpapiere und Aktien, in den Nachlass fallende Versicherungsleistungen, insbesondere von Lebensversicherungen, sonstige Geldforderungen sowie Edelmetalle. Nicht hierzu zählen Schmuck, Münz- und sonstige Sammlungen (*ggf.:* Bargeld) u.Ä.
3. Der Alleinerbe ist – soweit er nicht den Höchstbetrag auskehrt – gemäß § 260 BGB zur Auskunft über das Geldvermögen und die Erblasser- sowie Erbfallschulden verpflichtet und hat Belege in Kopie vorzulegen, soweit Belege erteilt zu werden pflegen (Kontoauszüge etc.).
4. Das Vermächtnis ist fällig und zahlbar innerhalb von 6 (sechs) Monaten nach meinem Tode.
5. Das Vermächtnis kann nur insgesamt angenommen bzw. ausgeschlagen werden.
6. Fällt ein Bedachter vor oder nach dem Erbfall weg, bestimme ich entgegen jeder anders lautenden gesetzlichen oder richterlichen Auslegungs- und Vermutungsregel keinen Ersatzvermächtnisnehmer.

F. Ausgleichung und deren Ausschluss in der letztwilligen Verfügung

86 Die Ausgleichung unter Abkömmlingen kann erhebliche tatsächliche und rechtliche Probleme nach sich ziehen (vgl. § 6).[92] Gemäß § 2052 BGB kommt die Ausgleichungspflicht auch bei der gewillkürten Erbfolge in Betracht.[93]

Die Verpflichtung zum Ausgleich kann vom Erblasser ausgeschlossen werden. Zwar ist dies schon durch eine von § 2052 BGB abweichende Erbeinsetzung möglich, sollte aber trotzdem klargestellt werden.[94] Schranken bestehen durch das **Pflichtteilsrecht.**[95]

87 **Formulierungsbeispiel: Ausgleichungsausschluss**

Zur Klarstellung im Hinblick auf § 2052 BGB bestimmen wir, dass unsere Abkömmlinge wegen aller eventuellen Vorempfänge nicht zur Ausgleichung verpflichtet sind.

Alternativ kann ein Abkömmling hinsichtlich einer bestimmten lebzeitigen Übertragung von der Ausgleichungspflicht durch ein **Vorausvermächtnis** befreit werden.[96]

Dem Mandanten sollte diese Anordnung erläutert werden, da sie für Nicht-Juristen sonst nicht nachzuvollziehen ist.

Formulierungsbeispiel: Erläuterung für den Mandanten

§ 2052 BGB (Bürgerliches Gesetzbuch) enthält eine Auslegungsregel. Danach sind Abkömmlinge als Erben „im Zweifel" zum Ausgleich einiger lebzeitiger Zuwendungen untereinander verpflichtet.

92 Zur Frage der Ausgleichung und der Pflichtteilsergänzung hinsichtlich Verfügungen des Erstverstorbenen vgl. *Mellmann*, Pflichtteilsergänzung.
93 Damrau/Tanck/*Bothe*, § 2052 Rn 1 m.w.N; *Landsittel*, Rn 1451 m.w.N.
94 Ähnlich: *J. Mayer*, ZEV 1996, 441, 444.
95 MüKo/*Ann*, § 2050 Rn 21; *Landsittel*, Rn 1452.
96 *J. Mayer*, ZEV 1996, 441, 444.

Häufig wünschen Eltern jedoch, dass ihre Kinder Vorteile aus der Vergangenheit gerade nicht gegeneinander aufrechnen sollen. Daher haben wir eine Bestimmung aufgenommen, nach der die Abkömmlinge **nicht** zum Ausgleich verpflichtet sind.

Begrenzt wird dieser Ausschluss durch das Pflichtteilsrecht. Hat ein Abkömmling zu Lebzeiten erheblich mehr erhalten, kann der andere unter Umständen trotz der Anordnung einen Ausgleich verlangen.

(Ggf.: Von solchen Zuwendungen hatten Sie uns aber nicht berichtet.)

Unter Umständen sollen Vorempfänge auch ausgeglichen werden. Eine Klarstellung in der letztwilligen Verfügung ist sinnvoll.

Formulierungsbeispiel: Ausgleichungspflicht 88

Die Abkömmlinge sind untereinander zum Ausgleich von Vorempfängen verpflichtet, soweit diese nach den §§ 2050 ff. BGB ausgleichungspflichtig sind.

Zur Vereinfachung ist es grundsätzlich denkbar, die Ausgleichung auf höhere oder bestimmte Zuwendungen zu beschränken. Problematisch können dann aber Veränderungen zwischen der Testamentserrichtung und dem Erbfall sein. Der nach § 2057a BGB vorzunehmende Ausgleich unter Abkömmlingen für Pflegeleistungen sollte nicht vergessen werden. Stattdessen zu Lebzeiten eine klare – und ggf. auch großzügige – Vergütungsregelung zu vereinbaren, kann vereinfachend und streitvermeidend sein.[97]

Formulierungsbeispiel: Beschränkte Ausgleichungspflicht 89

Die Abkömmlinge sind untereinander zum Ausgleich von Vorempfängen verpflichtet, soweit diese nach den §§ 2050 ff. BGB ausgleichungspflichtig sind und jeweils einen Betrag von (…) EUR übersteigen.

Schon bei laufenden, unterhaltsähnlichen Zuwendungen sind Probleme zu befürchten, da der **einzelne** Betrag unter der Grenze, die Summe aber darüber liegen kann. Eine Vereinfachung kann für vergangene Zuwendungen erfolgen, die beziffert werden können.

Formulierungsbeispiel: Beschränkte Ausgleichungspflicht

Die Abkömmlinge sind untereinander zum Ausgleich von Vorempfängen verpflichtet, soweit diese nach den §§ 2050 ff. BGB ausgleichungspflichtig sind. Für die Zeit bis zur Errichtung dieser letztwilligen Verfügung sind – unabhängig von der Wertung der §§ 2050 ff. BGB – ausschließlich folgende Zuwendungen auszugleichen: Der Erbe (…) (*Vorname Name*) erhielt am (…) (*Datum*) einen Betrag von (…) EUR, der Erbe (…) erhielt (…). Zuwendungen nach Errichtung dieser letztwilligen Verfügung sind nach den gesetzlichen Vorschriften auszugleichen.

G. Anordnungen für die Auseinandersetzung

I. Einleitung

In einer letztwilligen Verfügung kann der Erblasser auf verschiedene Arten auf die Verteilung des Nachlasses Einfluss nehmen. Ziel des Mandanten kann es zunächst sein, dass einzelne persönliche Gegenstände an bestimmte Erben übergehen, also etwa der Schmuck an die Tochter, der Siegelring an den ältesten Sohn oder der Weihnachtsbaumschmuck an 90

97 So auch *Kollmeyer*, NJW 2017, 1849.

den Abkömmling mit den meisten Kindern. Durch gezielte Zuordnungen werden insbesondere in diesem sensiblen Bereich unwirtschaftliche und persönlich verletzende Konflikte vermieden. Der Mandant kann auch beabsichtigen, einen Abkömmling wirtschaftlich besser zu stellen oder ihn durch die Zuwendung einer Immobilie in dem elementaren Bedürfnis des Wohnens abzusichern, etwa weil er besonders bedürftig oder ein anderer es gerade nicht ist.

Befinden sich Immobilien im Nachlass, kann durch eine entsprechende Anordnung zur Verteilung vermieden werden, dass die Immobilien zur Teilung versteigert werden müssen (§ 180 ZVG). Ein solches Vorhaben funktioniert aber nicht immer und sollte auch von dem beratenden Rechtsanwalt oder Notar gegebenenfalls überprüft werden. Mit der selbst bewohnten, mitunter selbst erbauten Familienimmobilie sind meist viele Emotionen verbunden. Nach dem Willen der Eltern soll sie dann oft am besten „nie mehr" aus dem Familienbesitz ausscheiden. Sollen außerdem die Abkömmlinge aber alle gleich behandelt werden, ergibt sich ein Problem, wenn außer der Immobilie fast kein Vermögen vorhanden oder die Immobilie sogar noch belastet ist. Der Abkömmling, der die Immobilie erhalten soll, wird oft seine Geschwister gar nicht auszahlen **können**. Es sollte in solchen Fällen auch mit Blick auf die tatsächlichen Möglichkeiten der Abkömmlinge beraten werde. Flexible Anordnungen, wie ein Übernahmerecht oder eine reine Teilungsanordnung können hilfreicher sein als paternalistische Verfügungen. Nicht selten ist die Nachlassberatung auch ein Prozess, in dem die Mandanten von idealisierten, unrealistischen Plänen bei entsprechender Beratung von selbst abkommen. So benötigen die meisten erbenden Kinder beim Tod der Eltern gar keine Immobilie mehr zu Wohnzwecken, da sie ihre eigene Existenz schon aufgebaut haben: Mit einer **eigenen** Immobilie und an einem ganz **anderen Ort** als den des Elternhauses.

Ohne Zweifel ist der Wille des Mandanten immer entscheidend. Eine gute Beratung bei der Nachlassgestaltung zeichnet sich aber dadurch aus, dass einmal artikulierte Wünsche nicht gedankenlos in eine juristische Form gebracht werden, sondern der wahre Wille des Mandanten durch Aufklärung über die Folgen der Gestaltung nach den zunächst artikulierten Wünschen und Prüfung der Wünsche herausgearbeitet und erst dann das passende Gestaltungsmittel gewählt wird.

91 Ein zentrales Element ist dabei die **Festlegung, wie viel Freiraum** die Erben erhalten sollen. Das Ergebnis kann von unverbindlichen über verbindliche Vorgaben, über die sich die Erben aber gemeinsam hinwegsetzen können, bis zu verbindlichen Vorgaben, deren Umsetzung durch Überwachungs- und Strafklauseln abgesichert wird, reichen. Die rechtliche Formulierung sollte klar und eindeutig sein, was leider gerade in diesem Bereich nicht selbstverständlich ist.

Bei allen Alternativen ist immer an die Anordnung einer Testamentsvollstreckung zu denken. Gerade bei der Umsetzung von Anordnungen zur Auseinandersetzung ist eine neutrale, professionelle Autorität hilfreich.

Im Folgenden werden vier Anordnungen für die Auseinandersetzung zunächst gegeneinander abgegrenzt und dann mit Formulierungsbeispielen dargestellt.

II. Abgrenzung

92 Soll ein Nachlasswert (Schmuck, eine besondere Geldzuwendung, eine Immobilie) in einer bestimmten Art und Weise zugeordnet werden, ist dem Mandanten die zentrale Frage zu

stellen: Soll einem Miterben durch die Anordnung ein wirtschaftlicher Vorteil gewährt werden?[98]

Wird diese Frage ohne Einschränkungen bejaht, wird ein **Vorausvermächtnis** das angebrachte Gestaltungsmittel sein. Der mit einem Vorausvermächtnis bedachte Miterbe erhält die Zuwendung „vorab", ohne dass sie auf seinen Erbanteil angerechnet wird.

Verneint der Mandant die Frage, kommt eine **Teilungsanordnung** in Betracht. Der Miterbe muss sich die Zuwendung voll auf seinen Erbteil anrechnen lassen. Besteht ein an vier Miterben zu verteilender Nachlass beispielsweise aus einem Bankvermögen von 950.000 EUR und einer Immobilie mit einem Wert von 250.000 EUR, erhält der Miterbe, der nach der Teilungsanordnung die Immobilie übertragen bekommt, vom Bankvermögen nur noch 50.000 EUR ([950.000 EUR + 250.000 EUR] / 4 – 250.000 EUR).

Problematisch ist, wenn ein Miterbe durch die Teilungsanordnung einen Vermögensvorteil erhält, der über seinen Erbteil hinausgeht. Besteht etwa in Abwandlung des obigen Beispiels der an vier Miterben zu verteilende Nachlass aus einem Bankvermögen von lediglich 550.000 EUR und einer Immobilie mit einem Wert von 250.000 EUR, würde der Miterbe, der nach der Teilungsanordnung die Immobilie übertragen bekommt, 50.000 EUR mehr erhalten, als seiner Quote entspricht ([550.000 EUR + 250.000 EUR] / 4 = 200.000 EUR wäre sein Anteil nach der Quote).

Mit dem Mandanten ist zu klären: Wie soll hinsichtlich der Differenz verfahren werden? Soll der Miterbe, der nach der Teilungsanordnung die Immobilie übertragen bekommt, aus seinem eigenen Vermögen an die Miterben ausgleichen („**reine, nicht wertverschiebende Teilungsanordnung**") oder erhält er diesen Vorteil zusätzlich als Vorausvermächtnis („**überquotale Teilungsanordnung**")? Die Frage ist auch zu klären, wenn sie zur Zeit der Testamentserrichtung nicht akut scheint. Nur dann bleibt die letztwillige Verfügung für den Mandanten nützlich, auch wenn tatsächliche Änderungen bei der Größe (z.B. Bankguthaben) oder der Bewertung (z.B. Immobilien) des Vermögens des Mandanten eintreten.

Schließlich kann einem oder mehreren Miterben auch in flexibler Art und Weise lediglich die Möglichkeit eingeräumt werden, einen Vermögensgegenstand zu übernehmen (so genanntes „Übernahmerech*t*").

Soweit ein Miterbe an die anderen voraussichtlich einen Ausgleich aus dem eigenen Vermögen wird zahlen müssen, sollten die Modalitäten (Fristen etc.) genau geregelt werden. Durch eine längere Zahlungsfrist wird dem Miterben oft erst ermöglicht, eine solide Finanzierung zu organisieren.

III. Vorausvermächtnis

Insbesondere hinsichtlich persönlicher Gegenstände ist es sinnvoll, sie den Miterben im Einzelnen zuzuordnen (beispielsweise beim Pkw, Schmuck, Hausrat).[99] Die gesetzlichen Regelungen (etwa weiter bestehendes gemeinsames Eigentum an persönlichen, unteilbaren Unterlagen) sind unzureichend. Die Teilung durch Versteigerung ist unwirtschaftlich. 93

98 Vgl. auch *Muscheler*, ErbR 2008, 105–110.

99 Zu Vorteilen des Vorausvermächtnisses vgl. auch *Muscheler*, ErbR 2008, 105, 107; Einzelheiten: Kerscher/Krug/Spanke//*Spanke*, § 7 Rn 94–105; *Mayer*, ErbR 2011, 322, 327.

Bei größeren Vorausvermächtnissen ist zu beachten, dass Miterben möglicherweise aus dem Restnachlass weniger als den Pflichtteil erhalten würden. Aufgrund der daraus resultierenden Probleme ist diese Gestaltung nur bei flankierenden Verzichtserklärungen sinnvoll.[100]

Die Zuweisung einer Immobilie[101] an einen bestimmten Erben kann auch aus steuerlichen Gründen sinnvoll sein, um die Begünstigung des § 13 ErbStG zu nutzen („Familienheim“), wenn die Voraussetzungen dafür nur bei diesem Erben vorliegen.[102]

Muster 10.16: Vorausvermächtnis für einen Miterben im Testament

I. Erbeinsetzung

1. Ich setze meine Abkömmlinge

(*Vorname Nachname*), geborene/r (*Geburtsname*), geboren am (*Datum*), zurzeit wohnhaft (*Wohnadresse*),

(*Vorname Nachname*), geborene/r (*Geburtsname*), geboren am (*Datum*), zurzeit wohnhaft (*Wohnadresse*),

(*Vorname Nachname*), geborene/r (*Geburtsname*), geboren am (*Datum*), zurzeit wohnhaft (*Wohnadresse*),

zu gleichen Teilen zu Vollerben meines gesamten Vermögens ein. D.h. mein Vermögen geht in das Vermögen der Erben über und vereinigt sich mit deren Vermögen zu einer Vermögensmasse. Eine Nacherbfolge wünsche ich somit ausdrücklich nicht.

2. *Ersatzerbenbestimmung*

II. Vorausvermächtnisse

Im Wege des Vorausvermächtnisses erhält (*Vorname Nachname des Miterben*) ohne Anrechnung auf seinen Erbteil meinen gesamten Schmuck/den oder die beim Erbfall in meinem Eigentum stehenden Pkw/meinen gesamten Hausrat /das Bild (*genaue Bezeichnung*).

Fällt ein Vorausvermächtnisnehmer vor oder nach dem Erbfall weg, bestimme ich entgegen jeder anders lautenden gesetzlichen oder richterlichen Vermutungs- und Auslegungsregel keinen Ersatzvermächtnisnehmer. Das Vorausvermächtnis entfällt, wenn der Bedachte die Erbschaft ausschlägt. Es entfällt zudem, wenn der Gegenstand beim Erbfall nicht mehr in meinem Eigentum steht.

IV. Reine (nicht wertverschiebende) Teilungsanordnung

94 Bei der (nicht wertverschiebenden) Teilungsanordnung gemäß § 2048 BGB wird dem Miterben der besonders zugewandte Vermögensteil auf den Erbteil angerechnet. Problematisch wird es, wenn die Wertberechnung ergibt, dass ein Miterbe aus seinem eigenen Vermögen noch einen Ausgleich leisten muss.[103]

Eine Schiedsklausel ist sehr empfehlenswert, wie auch eine Testamentsvollstreckung (vgl. Rdn 98).

---

100 Alternative Formulierung: Tanck/Krug/*Tanck*, § 12 Rn 11.

101 Vgl. dazu auch *Krug/Daragan*, § 7.

102 Vgl. bspw. *Koblenzer*, ErbStB 2011, 227.

103 BGH, Beschluss v. 25.10.1999 – IV ZR 362/94, ZEV 1996, 70 f. mit Anm. *Kummer*, zum OLG Braunschweig, Urt. v. 11.11.1994 – 5 U 13/94, ZEV 1996, 69 f.; *Siegmann*, ZEV 1996, 46, 48; Nieder/Kössinger/*R. Kössinger*, § 15 Rn 233; Tanck/Krug/*Tanck*, § 12 Rn 2.

Muster 10.17: Reine Teilungsanordnung

I. Erbeinsetzung

1. Ich setze meine Abkömmlinge

(*Vorname Nachname*), geborene/r (*Geburtsname*), geboren am (*Datum*), zurzeit wohnhaft (*Wohnadresse*),

(*Vorname Nachname*), geborene/r (*Geburtsname*), geboren am (*Datum*), zurzeit wohnhaft (*Wohnadresse*),

(*Vorname Nachname*), geborene/r (*Geburtsname*), geboren am (*Datum*), zurzeit wohnhaft (*Wohnadresse*),

zu gleichen Teilen zu Vollerben meines gesamten Vermögens ein. D. h. mein Vermögen geht in das Vermögen der Erben über und vereinigt sich mit deren Vermögen zu einer Vermögensmasse. Eine Nacherbfolge wünsche ich somit ausdrücklich nicht.

2. *Ersatzerbenbestimmung*

II. Teilungsanordnung

Für die Teilung des Nachlasses treffe ich folgende Regelungen als reine Teilungsanordnung, also unter Anrechnung auf den jeweiligen Erbteil:

1. Der Miterbe (*Vorname Nachname*) erhält meine Immobilie (*Bezeichnung*), wenn diese beim Erbfall noch in meinem Eigentum steht.
2. Der Miterbe (*Vorname Nachname*) erhält meine Immobilie (*Bezeichnung*), wenn diese beim Erbfall noch in meinem Eigentum steht.
3.

Befindet sich eine der genannten Immobilien beim Erbfall nicht mehr in meinem Eigentum, entfällt die Teilungsanordnung insoweit. Im Übrigen bleibt sie bestehen.

Sollte der Wert einer der Immobilien den Wert des Erbanteils übersteigen, ist der jeweils Bedachte zum Ausgleich aus seinem eigenen Vermögen verpflichtet.

III. Schiedsgutachtenklausel zur Bewertung

(s.u.)

IV. Testamentsvollstreckung

(s.u.)

V. Überquotale Teilungsanordnung

Bei der überquotalen Teilungsanordnung erhält der Bedachte eine etwaig über seinen Erbteil 95
hinausgehende Zuwendung als Vorausvermächtnis.[104] Er muss also keinen Ausgleich leisten. Soweit diese Anordnung keine pflichtteilsrechtlichen Probleme aufwirft, kann sie effektiv sein.

Sind sich die Miterben einig, dass der Wert des zugewiesenen Nachlassgegenstandes den Erbteil übersteigt, wird eine Wertermittlung überflüssig. Im Übrigen ist wiederum eine Schiedsgutachterklausel neben der ohnehin sinnvollen Testamentsvollstreckung anzuordnen.

Denkbar ist auch, durch einen Eingriff in die Bewertung einen Vorteil zu gewähren. So kann der Erblasser bestimmen, dass eine Immobilie mit einem bestimmten Wert anzusetzen

104 Nieder/Kössinger/*R. Kössinger*, § 15 Rn 232–234.

oder von der Bewertung ein Abschlag zu machen sei. Eine etwaige Begünstigung würde wiederum ein Vorausvermächtnis sein. Soll zugunsten des Bedachten ein niedriger Wert schon in der letztwilligen Verfügung festgeschrieben werden, sollte zur Absicherung von unerwarteten Wertänderungen klargestellt werden, dass der begünstigte Miterbe durch ein Schiedsgutachten einen niedrigeren tatsächlichen Wert nachweisen kann.

Muster 10.18: Überquotale Teilungsanordnung

I. Erbeinsetzung

1. Ich setze meine Abkömmlinge

(*Vorname Nachname*), geborene/r (*Geburtsname*), geboren am (*Datum*), zurzeit wohnhaft (*Wohnadresse*),

(*Vorname Nachname*), geborene/r (*Geburtsname*), geboren am (*Datum*), zurzeit wohnhaft (*Wohnadresse*),

(*Vorname Nachname*), geborene/r (*Geburtsname*), geboren am (*Datum*), zurzeit wohnhaft (*Wohnadresse*),

zu gleichen Teilen zu Vollerben meines gesamten Vermögens ein. D. h. mein Vermögen geht in das Vermögen der Erben über und vereinigt sich mit deren Vermögen zu einer Vermögensmasse. Eine Nacherbfolge wünsche ich somit ausdrücklich nicht.

2. *Ersatzerbenbestimmung*

II. Teilungsanordnung und Vorausvermächtnis

Mir gehört zurzeit folgende Immobilie: (*Bezeichnung*). Für den Fall, dass diese Immobilie beim Erbfall sich noch in meinem Eigentum befindet, treffe ich die nachfolgende Anordnung. Sollte die Immobilie nicht mehr in meinem Eigentum stehen, entfällt die Anordnung. Sie ist auch nicht sinngemäß oder auf Surrogate anzuwenden (etwa auf eine ersatzweise angeschaffte Immobilie).

Für die Teilung des Nachlasses unter den Erben wird in der Form einer Teilungsanordnung und bezüglich des über den Erbteil hinausgehenden Wertes als Vorausvermächtnis bestimmt:

Der Erbe (*Vorname Name*) erhält im Wege der Teilungsanordnung die Immobilie (*Bezeichnung*). Der Wert der Immobilie ist also auf seinen Erbteil anzurechnen.

Für den Fall, dass er vor oder nach dem Erbfall entfällt, bestimme ich entgegen jeder anders lautenden gesetzlichen oder gerichtlichen Vermutungs- oder Auslegungsregel seine Abkömmlinge nach den Regeln der gesetzlichen Erbfolgeordnung zu Ersatzbegünstigten. Fallen auch diese weg, entfällt die Teilungsanordnung.

Den Anteil am Nachlass, den der Erbe (*Vorname Name*) durch die Teilungsanordnung mehr erhält, als seiner Erbquote entspricht, ist als Vorausvermächtnis angeordnet, so dass ein Ausgleich insofern nicht stattfindet. Dieses erhält der Bedachte aber nur, wenn er Erbe wird, also nicht ausschlägt.

III. Schiedsgutachtenklausel zur Bewertung

Sollten sich die Erben nicht innerhalb von sechs Wochen nach dem Erbfall auf einen Wert für die Immobilie einigen, hat jeder der Erben das Recht, ein verbindliches Schiedsgutachten durch einen vom Bundesverband Deutscher Sachverständiger benannten Sachverständigen für die Bewertung bebauter und unbebauter Grundstücke in Auftrag zu geben. Maßgeblich soll der Verkehrswert zum Zeitpunkt des Erbfalles sein. Die Kosten des Gutachtens gehen zu Lasten des Nachlasses.

IV. Testamentsvollstreckung

(s.u.)

VI. Übernahmerecht

Um zumindest die Möglichkeit zu schaffen, dass ein Miterbe beispielsweise eine Immobilie 96
alleine erhalten kann, kommt ein Übernahmerecht in Betracht.[105] Dem oder den Miterben wird die unverbindliche Möglichkeit eröffnet, den Nachlassgegenstand zu übernehmen. Er muss sich die Zuwendung anrechnen lassen und gegebenenfalls einen Ausgleich an die Miterben zahlen.

Dogmatisch ist ein solches Übernahmerecht schwer einzuordnen. Das begünstigende Vorrecht kann als Vermächtnis gesehen werden. Um die Ausgleichungspflicht deutlich zu machen, ist die Formulierung als Teilungsanordnung sinnvoll.[106]

Muster 10.19: Übernahmerecht

Nicht verbindliche Teilungsanordnung (Übernahmerecht)

Für die Teilung des Nachlasses unter den Miterben ordne ich folgende Auseinandersetzung in Form einer Teilungsanordnung an (Übernahmerecht):

Wenn sich meine Immobilie (*Bezeichnung*) beim Erbfall noch in meinem Eigentum befindet, soll sie mein Sohn (*Vorname Name*) erhalten. Erklärt er den anderen Erben gegenüber nicht innerhalb von drei Monaten nach dem Erbfall, dass er die Immobilie übernehmen will, so können meine anderen Kinder (*Vornamen Namen)* innerhalb eines weiteren Monats erklären, dass sie die Immobilie übernehmen. Sollten mehrere der anderen Kinder die Immobilie übernehmen wollen, entscheidet zwischen ihnen das Los.

Mit dieser reinen Teilungsanordnung ist keine Besserstellung eines meiner Kinder gewollt. Diesen Nachlassgegenstand erhält der Miterbe also unter Anrechnung auf seinen Erbteil bzw. Ausgleichung aus seinem Privatvermögen. Ein solcher Ausgleich aus dem Privatvermögen ist erst sechs Monate nach der Übertragung des Eigentums fällig.

Sollte zwischen den Miterben Uneinigkeit über den Wert der Immobilie bestehen, so ist dieser durch einen vom Bundesverband Deutscher Sachverständiger benannten Sachverständigen für die Bewertung bebauter und unbebauter Grundstücke verbindlich zu ermitteln. Die Kosten des Gutachtens gehen zu Lasten des Nachlasses.

Sollte kein Miterbe die Immobilie übernehmen wollen, entfällt diese Teilungsanordnung.

H. Schiedsklauseln und -vereinbarungen

I. Einleitung

Selbst mit der besten Gestaltung sind Meinungsverschiedenheiten und Auseinandersetzun- 97
gen unter den Miterben nie mit absoluter Sicherheit auszuschließen. Eine wichtige Voraussetzung zur Vermeidung von Konflikten ist eine möglichst nicht auslegungsbedürftige letztwillige Verfügung. Bei der Vorbereitung und Abwicklung der Auseinandersetzung kann den Miterben zudem ein Verfahren vorgegeben werden, um auch den Weg abzusichern, der zur Umsetzung der Regelungen führt. Die Miterben können etwa zu einer bestimmten Art und Weise der Bewertung von Gegenständen verpflichtet werden.

Für den Fall, dass ein Konflikt nicht zu vermeiden ist, sollte durch eine Schiedsklausel vorgesorgt werden, die eine Schiedsgerichtsbarkeit für Erbrecht vorschreibt.

---

105 Vgl. auch Nieder/Kössinger/*R. Kössinger*, § 15 Rn 243–246.

106 Vgl. Kerscher/Krug/Spanke/*Spanke*, § 7 Rn 102–105.

II. Schiedsgutachten

1. Einleitung

98 Insbesondere bei Bewertungsfragen sind die Vorgabe der **Person** des Sachverständigen[107] sowie eine Klarstellung über die **Kostentragungslast** wichtig. Auseinandersetzungen unter Miterben dauern oft lange Zeit, da sich die Beteiligten über diese Vorfragen nicht einigen können.

Eine Vereinbarung über einen Schiedsgutachter kann auch noch nach dem Erbfall geschlossen werden. Ist aber eine Situation absehbar, in der eine Bewertung erfolgen muss, sollte der Weg in der letztwilligen Verfügung vorgegeben werden. Relevant sind regelmäßig Fälle, in denen einem oder mehreren Miterben ein Übernahmerecht für ein bestimmtes Objekt (Immobilie) eingeräumt oder eine „*echte*" Teilungsanordnung (mit Wertausgleich) angeordnet wurde.

2. Anordnung

99 Die Schiedsgutachteranordnung in einem Testament könnte als Auflage, als (Teil eines) Vermächtnis(ses) zugunsten des in der Folge profitierenden Erben oder eigenes Gestaltungsmittel gesehen werden.[108] Wichtig ist, im Einzelfall auf die Durchsetzbarkeit zu achten. Ideal ist regelmäßig die Kombination mit einer Testamentsvollstreckung.

Muster 10.20: Schiedsgutachteranordnung in letztwilliger Verfügung

I. Ich ordne an, dass die Bewertung der Immobilie (*Bezeichnung*) endgültig und abschließend durch einen öffentlich bestellten und vereidigten Sachverständigen für die Bewertung bebauter und unbebauter Grundstücke geschehen soll. Das Ergebnis ist für die Bedachten verbindlich (*ggf.:* insbesondere für den zu zahlenden Wertausgleich).
II. Der Sachverständige soll durch den Bundesverband öffentlich bestellter und vereidigter sowie qualifizierter Sachverständiger e.V., Lindenstraße 76, 10969 Berlin, ausgewählt werden.
III. Die Kosten für die Bewertung der Immobilie sind vom Nachlass zu tragen.

Ein Sachverständigengutachten ist zwar nicht völlig unangreifbar. Soweit der Sachverständige aber lege artis gearbeitet hat, wird sein Gutachten regelmäßig Bewertungsgrundlage bleiben. Die Beteiligten können auf der Grundlage zumindest wirtschaftliche Risiken deutlich besser abschätzen.

III. Schiedsgerichtsbarkeit

1. Einleitung

100 Für Streitigkeiten nach dem Erbfall unter den Miterben kann der Erblasser gemäß **§ 1066 ZPO** ein Verfahren vor einem Schiedsgericht vorschreiben, durch welches die ordentlichen Gerichte weitgehend ausgeschlossen werden.[109]

Ein Schiedsverfahren ist eine zeitsparende und kostengünstige Möglichkeit, welche – etwa bei der DSE (Deutsche Schiedsgerichtsbarkeit für Erbstreitigkeiten e.V., vgl. § 8 Rdn 97) – die Gewähr bietet, dass erbrechtlich versierte und erfahrene Juristen sich mit der Auseinan-

---

107 Zum Begriff des „Sachverständigen" vgl. *Rißmann*, in: FS Damrau, S. 241–243.
108 Zur Schiedsgerichtsklausel vgl. Damrau/Tanck/*Seiler-Schopp*, § 1937 Rn 31–36.
109 Damrau/Tanck/*Seiler-Schopp*, § 1937 Rn 31–35; Tanck/Krug/*Krug*, § 18.

dersetzung befassen.[110] Da Spezialzuständigkeiten für Erbrecht bei den Gerichten selten sind, können sich Richter oft den besonderen erbrechtlichen Problemen nicht mit der eigentlich erforderlichen Intensität widmen, was für die Parteien zu unbefriedigenden Ergebnissen führen kann. Das Verfahren des Schiedsgerichts richtet sich nach der jeweiligen Schiedsordnung.[111] Es ist regelmäßig einstufig und dadurch kostengünstiger als ein Rechtsstreit über zwei Instanzen der ordentlichen Gerichtsbarkeit. Die Entscheidung des Schiedsgerichts ist verbindlich.

2. Anordnung und Vereinbarung

Eine Schiedsklausel sollte in jeder letztwilligen Verfügung standardmäßig aufgenommen werden. 101

Während vor relativ kurzer Zeit die Schiedsklausel noch als Auflage eingeordnet und formuliert wurde,[112] wird sie heute als eigenes Gestaltungsmittel gesehen[113] und gefasst.

Formulierungsbeispiel: Schiedsklausel im Testament

Wir ordnen an, dass alle Streitigkeiten, die durch unsere Erbfälle hervorgerufen werden, unter Ausschluss der ordentlichen Gerichte der Deutschen Schiedsgerichtsbarkeit für Erbstreitigkeiten e.V. (www.DSE-Erbrecht.de) und ihrer jeweils gültigen Schiedsordnung unterworfen sind.

Auch in einem Erbvertrag kann eine Schiedsvereinbarung für die Zeit nach dem Erbfall getroffen werden.[114]

Formulierungsbeispiel: Schiedsvereinbarung im Erbvertrag

Die Vertragschließenden vereinbaren hiermit und der Erblasser ordnet an, dass alle Streitigkeiten, die diesen Vertrag betreffen und/oder durch den hier geregelten Erbfall hervorgerufen werden, nach der Schiedsgerichtsordnung der Deutschen Schiedsgerichtsbarkeit für Erbstreitigkeiten e.V. (www.DSE-Erbrecht.de), Hauptstraße 18, 74918 Angelbachtal/Heidelberg, und nach ihrer jeweils gültigen Schiedsordnung unter Ausschluss des ordentlichen Rechtsweges endgültig entschieden werden.

Dem Mandanten sollte die oft noch ungewohnte Klausel erläutert werden. Es kann dem Entwurf auch eine Informationsbroschüre des jeweiligen Schiedsgerichts beigelegt werden.

Formulierungsbeispiel: Erläuterung der Schiedsklausel für den Mandanten

Durch die Schiedsklausel soll ein aufwendiges, kostspieliges und vor allem langwieriges Verfahren vor den ordentlichen Gerichten vermieden werden. Lange Prozesse ggf. über mehrere Instanzen belasten nicht nur die Erben, sondern ziehen regelmäßig auch den Nachlass in Mitleidenschaft.

Mit der Deutschen Schiedsgerichtsbarkeit für Erbstreitigkeiten e.V. (DSE) wird zudem eine im Erbrecht kompetente Organisation eingesetzt. Richter an den „normalen" Gerichten können mitunter komplexen, erbrechtlichen Fragestellungen nicht gerecht werden. Sachlich und rechtlich fundierte Schiedssprüche werden dagegen von den Beteiligten in der Regel besser akzeptiert.

110 Tanck/Krug/*Krug*, § 18 Rn 66–68.
111 Für die DSE ist sie zu finden unter www.DSE-Erbrecht.de.
112 Vgl. die Formulierung als Auflage: Tanck/Krug/*Krug*, § 18 Rn 68.
113 Damrau/Tanck/*Seiler-Schopp*, § 1937 Rn 32.
114 Damrau/Tanck/*Seiler-Schopp*, § 1937 Rn 31.

I. Testamentsvollstreckung

I. Einleitung

102 Streitigkeiten unter Miterben können erhebliche Kosten verursachen. Sie können zu persönlichen, innerfamiliären Zerwürfnissen zwischen den Miterben führen, die mitunter auf lange Zeit nicht mehr zu befrieden sind. Die Gründe für die Konflikte mögen dabei vielfältig sein, von persönlichen Animositäten über unterschiedliche wirtschaftliche Interessen bis hin zu fehlender Sachkompetenz der Miterben.

Der gestaltende Rechtsanwalt und Notar sollten darauf hinwirken, dass Streitpotentiale zumindest bei gewillkürten Erbfolgen, die auf professioneller Beratung beruhen, niedrig gehalten werden. Sowohl die Verwaltung als auch die Auseinandersetzung des Nachlasses können Ausgangspunkte für Konflikte sein.[115] Zu den Folgen einer unzureichenden Gestaltung vgl. das Kapitel „Testamentsvollstreckung" (siehe § 14). Ein Weg zur Streitvermeidung ist es, diese Angelegenheiten den Erben „aus der Hand zu nehmen".

In der Nachlassgestaltung ist bei mehreren Erben die Anordnung einer Testamentsvollstreckung oft der „Königsweg".[116] Die **Vorteile** eines unabhängigen und fachkundigen Testamentsvollstreckers werden in der erbrechtlichen Literatur durchgängig betont.[117]

Als Nachteile werden von Mandanten mitunter eine Bevormundung der Erben und zusätzliche Kosten empfunden. Sie sind wegen der Gefahr des Streits unter den Miterben mit den daraus resultierenden wirtschaftlichen Nachteilen für den Nachlass und das Vermögen der Erben sowie mit den eventuellen sozialen Zerwürfnissen abzuwägen.

Grundsätzlich kommt eine Testamentsvollstreckung bei jeder Gestaltung in Betracht. Bei kleinen oder gar überschuldeten Nachlässen besteht jedoch die Gefahr, dass der Testamentsvollstrecker das Amt nicht annimmt. Selten wird ein Testamentsvollstrecker rein altruistisch tätig. Es besteht dann die Möglichkeit, einen der Erben zum Testamentsvollstrecker zu benennen.[118] Die Miterbentestamentsvollstreckung kann auch eingesetzt werden, um einen Erben besonders hervorzuheben. Oft soll dies der überlebende Ehegatte sein.[119]

Der gestaltenden Rechtsberater sollte, wenn eine Erbengemeinschaft nicht vermieden werden kann, eine Testamentsvollstreckung geradezu „pawlovsch" vorschlagen.

103 **Formulierungsbeispiel: Vorschlag einer Testamentsvollstreckung an den Mandanten**

Sie möchten mehrere Personen als Erben bedenken. Diese Miterben werden später eine so genannte „Erbengemeinschaft" bilden.

Die Erben folgen Ihnen **insgesamt** als Erbengemeinschaft nach. Dies bedeutet, dass den Miterben später sofort alles gehört, was bis dahin Ihnen gehört hatte.

Die Miterben verfügen über alles gemeinschaftlich. Daraus ergeben sich regelmäßig Probleme. Fast alles dürfen die Miterben nur gemeinsam tun, eine Mehrheit reicht meist nicht aus. Die Miterben müssen zusammen Mietverträge kündigen, mit den Banken und

115 Zu den Problemen einer Erbteilungsklage vgl. *Krug*, ErbR 2008, 62–66.

116 Damrau/Tanck/*Rißmann*, Vorbem zu §§ 2032 ff. Rn 4.

117 Vgl. etwa: Damrau/Tanck/*Rißmann*, § 2032 Rn 33; Staudinger/*Reimann*, Vorbem zu §§ 2197 ff. Rn 13 f.; MüKo/*Zimmermann*, Vor § 2197 Rn 2; Nieder/Kössinger/*R. Kössinger*, § 15 Rn 3 f.; *Landsittel*, Rn 16, 1445, 1484.

118 Zur Zulässigkeit vgl. *Mayer/Bonefeld/J. Mayer*, § 5 Rn 37 m.w.N.

119 Nieder/Kössinger/*R. Kössinger*, § 15 Rn 4; *Damrau*, ZEV 1994, 1; kritisch: Damrau/Tanck/*Rißmann*, § 2032 Rn 33.

Versicherungen verhandeln. Außerdem müssen sie sich über die Verteilung des Nachlasses einigen.

Die Verwaltung des Nachlasses wird somit sehr schwerfällig. Auch die Verteilung ist oft zeit- und nervenraubend. Es genügt schon, wenn nur **ein** Miterbe sich „querstellt". Er kann die Erbengemeinschaft auf lange Zeit blockieren. Nicht selten sind dabei die Ehegatten der Miterben treibende Kräfte. Schließlich werden nach einem Erbfall oft vorher unterdrückte Konflikte ausgetragen. Lebzeitige Zuwendungen werden gegeneinander aufgerechnet, wobei die komplizierten gesetzlichen Regelungen zum Entstehen von Streitigkeiten beitragen.

Zur Lösung dieser Probleme ist es sehr empfehlenswert, einen Testamentsvollstrecker einzusetzen. Der Testamentsvollstrecker ist **Ihnen** und **Ihrer** letztwilligen Verfügung verpflichtet. Er nimmt nach dem Erbfall den Nachlass in Besitz und sichert ihn. Der Testamentsvollstrecker fertigt eine genaue Aufstellung vom Nachlass an, damit alles nachprüfbar und nachvollziehbar ist. Er verwaltet den Nachlass, bis alle Verbindlichkeiten und anderen Fragen geklärt sind. Er ist für die Zahlung der Erbschaftsteuer verantwortlich. Schließlich ist es der Testamentsvollstrecker, der Vermächtnisse erfüllt und den Erben deren Anteile auszahlt.

Durch den Testamentsvollstrecker werden viele Konflikte unter den Erben vermieden und die Erbengemeinschaft bleibt handlungsfähig. Zudem wird das persönliche Verhältnis der Erben untereinander nicht belastet. Schließlich können Sie davon ausgehen, dass **Ihr** letzter Wille wirklich geachtet wird. Ohne einen Testamentsvollstrecker könnten die Begünstigten den Nachlass unter sich ohne Zustimmung eines Dritten abweichend von Ihrem Willen verteilen.

Ich schlage Ihnen daher vor, auch in Ihrer letztwilligen Verfügung eine Testamentsvollstreckung anzuordnen.

Im Folgenden wird zunächst kurz grundsätzlich auf das Instrument der Testamentsvollstreckung eingegangen, um dann einen Vorschlag für eine allgemeine Anordnungsklausel zu machen und zu erläutern und schließlich auf den speziellen Fall der Testamentsvollstreckung durch einen Miterben einzugehen.

II. Allgemeine Grundsätze

Die Testamentsvollstreckung wird in den §§ 2197–2228 BGB geregelt.[120] Enthält das Testament allerdings lediglich die Formulierung „Es ist Testamentsvollstreckung angeordnet", bleiben Fragen etwa nach der Berechnung der Vergütung offen. In vielen anderen Punkten sind Klarstellungen ebenfalls sinnvoll. 104

Eine besondere Konstellation ist es, wenn nicht für alle Miterben Testamentsvollstreckung angeordnet wird. Selbstverständlich muss dies klar formuliert werden.

Formulierungsbeispiel: Testamentsvollstreckung nur für einen Miterben

Ich ordne Testamentsvollstreckung ausschließlich für den Erbteil des Erben (...) (*Vorname Name*) (*ggf.:* und dessen Ersatzerben) an.

Eine Testamentsvollstreckung nur für einen Teil der Erben kommt vor allem bei voraussichtlich minderjährigen und bei behinderten Erben in Betracht. Die Beschränkung der Testamentsvollstreckung für den Fall der Minderjährigkeit ist als Bedingung zu formulieren. 105

120 Einführend: *Damrau*, JA 1984, 130–135.

Bei Minderjährigen (entsprechend bei Betreuten) können Besonderheiten zu beachten sein, etwa bei Interessenkollisionen, auf die unten näher eingegangen wird.[121]

Zu den Fragen eines Testamentes für behinderte Menschen liegt eine Vielzahl von Abhandlungen vor, auf die für Einzelheiten verwiesen wird, da sie für die Erbengemeinschaft nicht spezifisch sind.[122]

Empfehlenswert ist die Testamentsvollstreckung schließlich für einzelne Miterben, die beim Erbfall voraussichtlich im Ausland leben werden.

Neben der Frage, für *wen* eine Testamentsvollstreckung angeordnet werden soll, ist die **Wirksamkeit** der Anordnung immer wieder zu prüfen. Ist sie für alle Miterben wirksam oder hat bei Einzelnen beispielsweise das Pflichtteilsrecht durch § 2306 BGB Vorrang?[123] Weitere „Stolpersteine“ bei der Gestaltung können sich aus dem Einzelfall ergeben.[124]

Zu bedenken ist immer, ob der Testamentsvollstrecker auch die Regelung der Bestattung übernehmen soll. Aus der Benennung als Testamentsvollstrecker folgt diese Kompetenz nicht unbedingt. Eine Klarstellung kann hilfreich sein.[125]

III. Testamentsvollstreckung durch einen Dritten

1. Einleitung

106 Im Regelfall ist es sinnvoll, einen Außenstehenden als Testamentsvollstrecker einzusetzen. Die Hervorhebung eines Miterben kann Misstrauen bei den anderen Erben hervorrufen, mitunter zu Recht.

2. Anordnung

107 Die Anordnung sollte eindeutig geschehen und den Begriff der „Testamentsvollstreckung“ enthalten. Bei einer Formulierung wie etwa *„Herr X soll den Nachlass auflösen“* bleibt unklar, wie weit die Aufgabe und die Befugnis gehen und ob auch eine Abwicklung erfolgen soll, wenn „Herr X“ wegfällt.[126]

Formulierungsbeispiel: Testamentsvollstreckung

I. Anordnung

Ich ordne Testamentsvollstreckung an.

Setzten sich **Ehegatten** in einem gemeinschaftlichen („Berliner“) Testament für den ersten Erbfall gegenseitig zu Alleinerben ein, soll die Testamentsvollstreckung regelmäßig erst für den **zweiten** Erbfall angeordnet werden. Der überlebende Ehegatte soll nicht durch einen Außenstehenden in seiner Verfügungsgewalt eingeschränkt sein. Eine Ausnahme von diesem Grundsatz ist denkbar, wenn eine Hilfsbedürftigkeit des überlebenden Ehegatten bei der Abwicklung schon abzusehen ist, etwa aus gesundheitlichen Gründen (wobei dann ohnehin ein Bevollmächtigter oder Betreuer unterstützen könnte) oder weil der Nachlass umfang-

121 Zudem: *Tschernoster*, RNotZ 2017, 125, 130 f.; *Kurze*, ZErb 2015, 139, 145.

122 Exemplarisch jeweils mit weiteren Nachweisen seien hier genannt: *Kornexl*, Nachlassplanung; Nieder/Kössinger/*R. Kössinger*, § 21 Rn 63–115; Tanck/Krug/*Horn*, § 21.

123 Vgl. Damrau/Tanck/*Riedel*, § 2306 Rn 6, 9; Staudinger/*Reimann*, § 2197 Rn 57.

124 Vgl. *Bonefeld/Bittler*, Haftungsfallen, S. 200 f.

125 Vgl. *Kurze/Goertz*, § 13 Rn 2–7.

126 Staudinger/*Reimann*, § 2197 Rn 67.

reich oder komplex ist (etwa bei Unternehmern, wobei aber auch hier die Vorsorge durch eine externe Bevollmächtigung sinnvoll ist).

Formulierungsbeispiel: Testamentsvollstreckung für den zweiten Erbfall

I. Anordnung

Wir ordnen ausschließlich für den zweiten Erbfall Testamentsvollstreckung an.

3. Person des Testamentsvollstreckers

Der Testator kann die Person des Testamentsvollstreckers selbst bestimmen. Er kann die Auswahl einem Dritten oder einer Institution überlassen. Zumindest als Vorsorgemaßnahme für die Möglichkeit des Wegfalls des ersten Testamentsvollstreckers ist dies sinnvoll. Die Benennung durch eine Institution hat den Vorteil, dass diese regelmäßig in ihrem Bestand von den natürlichen – und vergänglichen – Personen unabhängig ist. Es ist anzunehmen, dass sie den Testator überdauern wird. 108

Die Auswahl des Testamentsvollstreckers ist gerade bei einer Erbengemeinschaft wichtig. Er muss die persönlichen Voraussetzungen mitbringen, um Konflikte auszuhalten, den Willen des Erblassers durchzusetzen und gegenüber den Erben unparteiisch zu sein.

Banken bringen sich gerne als Testamentsvollstrecker ins Spiel, schon um den Verbleib des Vermögens im eigenen Haus zu sichern. Damit ist bereits ein Interessenkonflikt gegeben. Zudem ist für die persönlichen Angelegenheiten von einer weniger einfühlsamen Abwicklung auszugehen. Rechtsanwälte, Notare und Steuerberater betätigen sich meist gerne als Testamentsvollstrecker.[127] Notare müssen aber das Mitwirkungsverbot in §§ 27, 7 Nr. 1 BeurkG beachten. Soll ein Notar in einer notariellen letztwilligen Verfügung zum Testamentsvollstrecker ernannt werden, darf er an der Beurkundung nicht mitwirken.[128] Zulässig soll es allerdings sein, wenn die privatschriftliche Ernennung des Notars zum Testamentsvollstrecker in einem Umschlag mit der notariellen Urkunde desselben Notars verwahrt wird.[129]

Eine bestimmte Ausbildung ist zur Annahme des Amtes nicht vorgeschrieben. Eine gewisse Aussage über die Qualifikation können sog. „Zertifizierungen“ geben. Die zertifizierte Person hat sich meist in einem Lehrgang intensiv mit der Materie befasst.[130]

Auch das Nachlassgericht kann den Testamentsvollstrecker auswählen (§ 2200 BGB).[131] Es ist unabhängig und kann aus der eigenen Erfahrung eine Person auswählen, die für eine reibungslose Abwicklung sorgen sollte.

Im folgenden Beispiel steht die Person des Testamentsvollstreckers fest. Ein Ersatz wird durch eine Institution bestimmt, nämlich der Deutschen Vereinigung für Erbrecht und Vermögensnachfolge e.V. (DVEV).[132]

---

127 Staudinger/*Reimann*, § 2197 Rn 76–100; MüKo/*Zimmermann*, § 2197 Rn 9.

128 Vgl. Bengel/Reimann/*Reimann*, § 2 Rn 152; Staudinger/*Reimann*, § 2197 Rn 90.

129 OLG Bremen, Beschl. v. 10.3.2016, 5 W 40/15, ZEV 2016, 273 mit Anm. *Litzenburger*,

130 Vgl. beispielsweise die Zertifizierung durch die Arbeitsgemeinschaft Testamentsvollstreckung und Vermögenssorge, www.agt-ev.de sowie zu den Anforderungen an die Führung der Bezeichnung: Urteil des BGH v. 9.6.2011 – I ZR 113/10, zit. nach juris.

131 Bengel/Reimann/*Reimann*,§ 2 Rn 185–199.

132 Vgl. www.erbrecht.de.

109 **Formulierungsbeispiel**

I. Anordnung

... Zum Testamentsvollstrecker bestimme ich Herrn/Frau (...) (*Vorname Name, Anschrift*).

Sollte diese/r vor oder nach Annahme des Amtes wegfallen und nicht selbst einen Ersatz- bzw. Nachfolge-Testamentsvollstrecker bestimmt haben, so soll die Person des Ersatztestamentsvollstreckers durch den Vorstand der Deutschen Vereinigung für Erbrecht und Vermögensnachfolge e.V. mit Sitz in Angelbachtal bestimmt werden.

Dem Mandanten sollte die Bedeutung der Auswahl der Person erläutert werden.

Formulierungsbeispiel: Erläuterung für den Mandanten zur Funktion und Auswahl Person des Testamentsvollstreckers

Der Testamentsvollstrecker hat später die Aufgabe, Ihren Willen umzusetzen. Er ist dabei Ihnen und Ihren testamentarischen Anordnungen verpflichtet.

Er nimmt den Nachlass später an sich, sichert ihn und begleicht Verbindlichkeiten, wie restliche Mieten, Beerdigungskosten, Steuern. Schließlich verteilt er den Nachlass an die Erben. Der Testamentsvollstrecker sollte daher persönlich und fachlich geeignet sein, die Aufgabe zu erfüllen. Er muss sich im Zweifel gegen Außenstehende und die Erben durchsetzen können, wenn diese eigene Interessen bevorzugt sehen möchten.

Gerne kann ich Ihnen für die Übernahme der anspruchsvollen Aufgabe einen professionellen, zertifizierten Testamentsvollstrecker vorschlagen.

ODER

Wie ich Ihnen mitgeteilt habe, könnte auch ich als professioneller, zertifizierter Testamentsvollstrecker die anspruchsvolle Aufgabe übernehmen.

ODER

Gerne übernehme ich wie besprochen als professioneller, zertifizierter Testamentsvollstrecker diese anspruchsvolle Aufgabe. Für diesen zusätzlichen Vertrauensbeweis danke ich Ihnen.

4. Abwicklungs- und Dauertestamentsvollstreckung

110 Es gibt verschiedene Arten der Testamentsvollstreckung. Die wesentlichen sind die Abwicklungs- und Dauervollstreckung. Die Vermächtnis-, Vor- und Nacherbenvollstreckung sind hier weniger von Bedeutung.[133] Der Regelfall ist die Abwicklungsvollstreckung. Der Testamentsvollstrecker nimmt den Nachlass in Besitz, verwaltet ihn (Begleichung von Verbindlichkeiten) und wickelt ihn ab (Verteilung).

Die Art und Weise der Testamentsvollstreckung sollte genau benannt, die Aufgaben können kurz beschrieben werden.[134]

---

133 Dazu: Nieder/Kössinger/*R. Kössinger*, § 15 Rn 13–17; Mayer/Bonefeld/*J. Mayer*, § 3 Rn 5 f.

134 Eine inhaltlich entsprechende, aber von der Wortwahl abweichende Definition der Abwicklungsvollstreckung schlägt *J. Mayer* vor, Mayer/Bonefeld/*J. Mayer*, § 3 Rn 2.

Formulierungsbeispiel

II. Abwicklungsvollstreckung

Der Testamentsvollstrecker hat die Aufgabe, für die Abwicklung des Nachlasses zu sorgen (Abwicklungstestamentsvollstreckung), insbesondere die angeordneten Vermächtnisse zu erfüllen und die Erfüllung der Auflagen zu überwachen.

Einzelheiten der Aufgaben ergeben sich aus dem Gesetz oder der dazu entwickelten Rechtsprechung. Eine ausführlichere Beschreibung ist notwendig, wenn vom „Normalfall" abgewichen werden soll.

Der Gang der Abwicklung ergibt sich ebenso aus dem Gesetz. Als Leitfaden für den Testamentsvollstrecker und Rechtfertigungshilfe des Testamentsvollstreckers nach außen kann die Reihenfolge der Aufgabenerledigung ihm noch einmal ausdrücklich vorgegeben werden. Dies schlägt *Tanck* vor. Allerdings kann diese Anordnung für den Testamentsvollstrecker belastend wirken, wenn er aus unvorhersehbarem Grund von der vorgegebenen Reihenfolge abweichen muss. Im Übrigen erscheint eine Wiederholung unstreitiger, gesetzlicher Vorgaben nicht notwendig.

Soll durch die Testamentsvollstreckung als **Dauervollstreckung** der Zusammenhalt des Nachlasses auf längere Zeit erreicht werden, sollte die Dauertestamentsvollstreckung mit einem Auseinandersetzungsverbot für die Erben flankiert werden. Die Dauertestamentsvollstreckung sollte bis zu einem bestimmten Ereignis begrenzt werden. Sie kann etwa auf Lebenszeit des als Testamentsvollstrecker eingesetzten miterbenden Ehegatten angeordnet sein. 111

Neben der Dauertestamentsvollstreckung für behinderte Menschen kommt sie insbesondere bei (voraussichtlich) Minderjährigen in Betracht.[135]

Formulierungsbeispiel: Dauertestamentsvollstreckung für minderjährige Miterben

Für die zum Zeitpunkt des Erbfalls minderjährigen Erben wird Dauertestamentsvollstreckung angeordnet. Sie endet für jeden Erben jeweils mit Vollendung des 18. Lebensjahres.

Der Testamentsvollstrecker ist von den Beschränkungen des § 181 BGB befreit.

Der Testamentsvollstrecker hat die Erbteile der minderjährigen Erben einschließlich der Erträge und Nutzungen zu verwalten, Geldbeträge gewinnbringend anzulegen und Grundstücke in ordnungsgemäßen Zustand zu halten und zu vermieten. Nach der Erbauseinandersetzung setzt sich die Testamentsvollstreckung an den minderjährigen Erben zugewiesenen Nachlassgegenständen und Vermögenswerten fort.

Die Formulierung ähnelt zum Teil der eines Behindertentestamentes. Ob eine unbeschränkte Befreiung von den Beschränkungen des § 181 BGB aufgrund des damit verbundenen Risikos sinnvoll ist, muss im Einzelfall abgewogen werden.[136]

5. Vollmacht

Das Amt des Testamentsvollstreckers beginnt mit der Annahme. Die Annahme wird gegen- 112
über dem Nachlassgericht erklärt, § 2202 Abs. 2 BGB. Naturgemäß kann dies erst nach dem Erbfall geschehen. Bis allerdings das Testamentsvollstreckerzeugnis vorliegt, kann es

135 Vgl. *Damrau*, Minderjährige, §§ 30–32; *Kirchner*, MittBayNot 1997, 203, 203 f.; *Kurze*, ZErb 2015, 139, 145.

136 Vgl. Nieder/Kössinger/*R. Kössinger*, § 15 Rn 100.

je nach Arbeitsweise des Nachlassgerichtes einige Zeit dauern. In der Zeit unmittelbar nach dem Erbfall sind allerdings regelmäßig schon wichtige Angelegenheiten zu regeln, seien es die Bestattung oder die Wohnungsauflösung. Es ist deshalb allgemein anerkannt, dass für die Zeit zwischen dem Erbfall und der Amtsannahme bzw. der Erteilung des Testamentsvollstreckerzeugnisses vorgesorgt werden sollte.[137]

Sinnvoll ist es, den **Testamentsvollstrecker** zu bevollmächtigen.[138] Dies kann auch in der letztwilligen Verfügung geschehen. Ist die Verfügung nicht notariell, kann es im Einzelfall zu Akzeptanzproblemen kommen. Allerdings müssen etwa Verfügungen über Immobilien – bei denen die Vollmacht zumindest notariell beglaubigt sein müsste[139] – regelmäßig nicht in den ersten Tagen nach dem Erbfall erfolgen und können daher bis zur Erteilung des Testamentsvollstreckerzeugnisses warten.

Zu beachten ist, dass die Vollmacht erst ab dem Erbfall gültig sein sollte, da sonst Verfügungen des Testamentsvollstreckers zu Lebzeiten ebenfalls wirksam wären.

Mit dem Mandanten ist die Existenz von Vorsorgevollmachten zu klären und deren Verhältnis zur Testamentsvollstreckung. Sind Vorsorgebevollmächtigter und Testamentsvollstrecker identisch, ergeben sich weniger Probleme. Vielmehr kann der Testamentsvollstrecker bei entsprechender Vollmacht nach dem Tod sofort handeln, zunächst weiter auf der Grundlage der Vorsorgevollmacht. Soll der Vorsorgebevollmächtigte nach dem Tod des Vollmachtgebers **nicht** mehr handeln können, könnte dies ausdrücklich in die Vollmacht aufgenommen zu werden.[140] Da ein „Lebensnachweis“ (fast) nicht möglich ist, wird die Vorsorgevollmacht damit aber unbrauchbar.

113 **Formulierungsbeispiel**

III. Vollmacht

Für die Besorgung sämtlicher meinen Nachlass betreffenden rechtsgeschäftlichen Angelegenheiten erteile ich meinem Testamentsvollstrecker eine ab meinem Tode gültige Vollmacht.

Zum Nachweis der Gültigkeit der Vollmacht genügt die Vorlage meiner Sterbeurkunde verbunden mit einer Kopie dieses Testamentes oder das eröffnete Testament mit Eröffnungsniederschrift.

Die Vollmacht endet mit der Beendigung der Testamentsvollstreckung.

Meine Erben beschwere ich mit der Auflage, die meinem Testamentsvollstrecker erteilte postmortale Vollmacht nicht zu widerrufen. Der Erbe, der gegen diese Auflage verstößt, wird mit seinem gesamten Stamm von der Erbfolge ausgeschlossen.

Durch die Befristung im vorletzten Absatz wird ein späterer Widerruf überflüssig.

Problematisch ist, dass die Erben als Rechtsnachfolger eine durch den Erblasser erteilte Vollmacht widerrufen können. Die Auflage im letzten Absatz ist ein Versuch, den Widerruf zu verhindern. Sie würde aber wohl einen Widerruf nicht unwirksam werden lassen. Als Konsequenz droht hiernach der Ausschluss des Erben. Denkbar wäre auch eine „strafende“, bedingte Vermächtnisanordnung.[141]

137 Nieder/Kössinger/*R. Kössinger*, § 15 Rn 93; MüKo/*Zimmermann*, Vor § 2197 Rn 9–20; *Kurze*, § 164 BGB Rn 96; ausführlich: *Kurze*, ZErb 2008, 399, 399.

138 Ausführlich: *Kurze*, ZErb 2008, 399, 408 f.

139 *Kurze*, § 167 BGB Rn 31.

140 Vgl. §§ 672 S. 1, 675 BGB; Palandt/*Ellenberger*, § 168 Rn 4 m.w.N.

141 Kerscher/Krug/Spanke/*Spanke*, § 7 Rn 672.

Dem Mandanten kann diese Vollmacht erklärt werden.

Formulierungsbeispiel: Erläuterung an den Mandanten zur Vollmacht an den Testamentsvollstrecker

Hierdurch wird gewährleistet, dass der Testamentsvollstrecker nicht möglicherweise wochenlang auf ein Testamentsvollstreckerzeugnis (eine Art Ausweis für den Testamentsvollstrecker) warten muss und nicht die dringend notwendigen Rechtsgeschäfte vornehmen könnte, um den Nachlass vor Schaden zu bewahren.

6. Vergütung

Geregelt werden sollte die Frage der Vergütung.[142] Ohne eine Anordnung in der letztwilligen Verfügung gilt § 2221 BGB: Der Testamentsvollstrecker hat einen Anspruch auf eine „angemessene Vergütung". Da durch diesen unbestimmten Rechtsbegriff später Auseinandersetzungen fast zu erwarten sind, sollte in der letztwilligen Verfügung die Vergütung bestimmt werden. 114

Eine **feste Summe** kann später einfach abzurechnen sein. Tritt der Erbfall erst später ein, kann sie aufgrund der Geldentwertung niedriger als beabsichtigt sein oder sie ist angesichts von Änderungen im Vermögen nicht mehr angemessen. Wertsicherungsklauseln können genehmigungspflichtig sein. Möglich ist eine **prozentuale Beteiligung** am Nachlass, etwa *„Als Vergütung erhält der Testamentsvollstrecker einen Anteil von 4 (vier) Prozent des Nettonachlasswertes."* Der Aufwand wird dabei relativ pauschal und ohne Rücksicht auf spätere Änderungen bemessen. Wird eine Erbengemeinschaft auseinanderzusetzen sein, können folgende Kriterien einen höheren Prozentsatz, deren Fehlen einen niedrigeren rechtfertigen:

- Eine Vielzahl von Erben („Faustregel": mehr als drei)
- Erben oder Nachlass im Ausland
- Erhöhtes Streitpotential aufgrund der Persönlichkeiten der Erben
- Ausgleichungsbedürfnisse unter den Erben (Abkömmlinge)
- „Echte" Teilungsanordnungen (mit Wertausgleich)
- Gesellschaftsbeteiligungen im Nachlass
- Sonst komplizierte Vermögensstruktur.

Möglich ist es auch, auf eine der entwickelten **Tabellen** zur Berechnung der Vergütung zu verweisen. Dort werden (zum Teil) Nachlasswert und Aufwand der Auseinandersetzung berücksichtigt, was oft zu angemessenen und zukunftssicheren Ergebnissen führt. Beispiele sind die **„Rheinische Tabelle"**, die als **„Neue Rheinische Tabelle"** bezeichnete Empfehlung des Deutschen Notarvereins und die **„Möhring'sche Tabelle"**.[143] Obwohl eine weitere Differenzierung der „Neuen Rheinischen Tabelle" sinnvoll wäre,[144] wird für die Testamentsvollstreckung bei einer Erbengemeinschaft hier auf sie verwiesen, da sie am besten den Aufwand in die Berechnung einbezieht. Denkbar ist es aber auch, eine Zeitvergütung zu vereinbaren. Da insofern wegen der Geldentwertung Unsicherheiten bestehen können, kann als Mindestvergütung zudem ein Prozentsatz oder eine Tabellenabrechnung festgeschrieben werden.

---

142 Ausführlich: *Schiffer/Rott/Pruns*, Die Vergütung des Testamentsvollstreckers, 2013.

143 Bengel/Reimann/*Eckelskemper*, Kap. 10 Rn 34–111; Mayer/Bonefeld/*J. Mayer*, § 21; kritisch: *Zimmermann*, Testamentsvollstreckervergütung, S. 37–61.

144 *Zimmermann*, Testamentsvollstreckervergütung, S. 37–61.

Soll der Testamentsvollstrecker **keine** Vergütung erhalten, ist dies ebenfalls zu verfügen. Das Amt muss aber selbstverständlich nicht übernommen werden.

115 **Formulierungsbeispiel**

IV. Vergütung

Für die Vergütung des Testamentsvollstreckers soll die sogenannte „Neue Rheinische Tabelle" (Empfehlung des Deutschen Notarvereins) zuzüglich Umsatzsteuer und etwaiger Auslagen maßgebend sein.

Dem Mandanten sollte dieser Verweis auf eine für ihn grundsätzlich unbekannte und damit in den Folgen nicht absehbare Vergütungsregelung zumindest kurz erläutert werden. Die Abrechnungstabelle kann bei Bedarf dem Testamentsentwurf beigelegt werden.

Formulierungsbeispiel: Erläuterung für den Mandanten zur Vergütung

Die Testamentsvollstreckung soll nach dieser Tabelle vergütet werden. Sie berücksichtigt den Aufwand der Tätigkeit und die Größe des Vermögens.

7. Zusammenfassung

116 Die Anordnung einer Testamentsvollstreckung kann so erfolgen:

Muster 10.21: Testamentsvollstreckung

I. Anordnung

Ich ordne Testamentsvollstreckung an.

Zum Testamentsvollstrecker bestimme ich Herrn/Frau (*Vorname Name, Anschrift*).

Sollte dieser vor oder nach Annahme des Amtes wegfallen und nicht selbst einen Ersatz- bzw. Nachfolge-Testamentsvollstrecker bestimmt haben, so soll die Person des Ersatz- bzw. Nachfolge-Testamentsvollstreckers durch den Vorstand der Deutschen Vereinigung für Erbrecht und Vermögensnachfolge e.V. mit Sitz in Angelbachtal bestimmt werden.

II. Abwicklungsvollstreckung

Der Testamentsvollstrecker hat die Aufgabe, für die Abwicklung des Nachlasses zu sorgen (Abwicklungstestamentsvollstreckung), insbesondere die angeordneten Vermächtnisse zu erfüllen und die Erfüllung der Auflagen zu überwachen.

III. Vollmacht

Für die Besorgung sämtlicher meinen Nachlass betreffenden rechtsgeschäftlichen Angelegenheiten erteile ich meinem Testamentsvollstrecker eine ab meinem Tode gültige Vollmacht.

Zum Nachweis der Gültigkeit der Vollmacht genügt die Vorlage meiner Sterbeurkunde verbunden mit einer Kopie dieses Testamentes oder das eröffnete Testament mit Eröffnungsniederschrift.

Die Vollmacht endet mit der Beendigung der Testamentsvollstreckung.

Meine Erben beschwere ich mit der Auflage, die meinem Testamentsvollstrecker erteilte postmortale Vollmacht nicht zu widerrufen. Der Erbe, der gegen diese Auflage verstößt, wird mit seinem gesamten Stamm von der Erbfolge ausgeschlossen.

IV. Vergütung

Für die Vergütung des Testamentsvollstreckers soll die so genannte „Neue Rheinische Tabelle" (Empfehlung des Deutschen Notarvereins) maßgebend sein.

IV. Testamentsvollstreckung durch einen Miterben

1. Einleitung

Soll einer der Miterben zum Testamentsvollstrecker bestimmt werden,[145] sind verschiedene **Probleme** zu beachten. Wird etwa eines von mehreren Geschwistern derart hervorgehoben, kann es innerhalb der Familie zu Differenzen kommen, die eigentlich durch eine Testamentsvollstreckung ausgeschlossen werden sollen.[146] Bei der Gestaltung einer entsprechenden Auseinandersetzungsvollstreckung treten weniger Probleme auf, so dass auf die vorangegangenen Ausführungen verwiesen werden kann. 117

Für den gestaltenden Rechtsanwalt und Notar ist besonders das Aufeinandertreffen von Familien- und Erbrecht problematisch, wenn etwa der überlebende Ehegatte auch Testamentsvollstrecker für ein eigenes, minderjähriges Kind ist.[147] Daneben soll bei Ehegatten die Auseinandersetzung mitunter bis zum Tod des Überlebenden ausgeschlossen werden.

Die Benennung des überlebenden Ehegatten zum Testamentsvollstrecker wird daher und weil sie in der Praxis häufiger erwogen wird, im Folgenden näher beleuchtet. Es ist aber vor der Wahl dieses Gestaltungsmittels zu prüfen, ob das Ziel wirklich erreicht wird oder nicht auf andere Art und Weise besser verfolgt werden kann. Sollen etwa pflichtteilsberechtigte Abkömmlinge nicht mehr als den Pflichtteil als Erbteil erhalten, würde eine Testamentsvollstreckung gemäß § 2306 Abs. 1 S. 1 BGB wegfallen.[148] **Alternativen** zur Bevorzugung eines Miterben durch die Ernennung zum Testamentsvollstrecker können die Vor- und Nacherbschaft oder die Aussetzung eines Vorausvermächtnisses[149] sein. Die Alleinerbeneinsetzung verbunden mit einer Pflichtteilsstrafklausel setzt den überlebenden Ehegatten dem Risiko von Pflichtteilsansprüchen aus und kann steuerlich nachteilig sein, da unter Umständen **zwei** Vermögensübergänge zu veranlagen sind. 118

2. Minderjährigenproblematik

Wird ein miterbender Elternteil für seine eigenen Kinder Testamentsvollstrecker, kann die Minderjährigkeit (dazu auch § 12) Probleme bereiten: Es geht um die Vereinbarkeit von elterlicher Sorge (§ 1681 BGB) und dem Testamentsvollstreckeramt.[150] 119

Schon der Standpunkt, nach dem **zum Teil** keine Ergänzungspflegschaft[151] notwendig wäre, ist umstritten.[152] Spätestens bei der Auseinandersetzung gilt dies nicht mehr. So kann es bei dieser Konstellation zu zulässigen Maßnahmen des Familiengerichts und zu unberechtigten

---

145 Zur Zulässigkeit: Staudinger/*Reimann*, § 2197 Rn 82 m.w.N.; MüKo/*Zimmermann*, § 2197 Rn 11 m.w.N.

146 Vgl. Damrau/Tanck/*Rißmann*, § 2032 Rn 33.

147 *Kurze*, ZErb 2015, 139, 145.

148 Damrau/Tanck/*Riedel*, § 2306 Rn 6, 9; MüKo/*Zimmermann*, § 2197 Rn 16.

149 Damrau/Tanck/*Rißmann*, § 2032 Rn 33.

150 *Damrau*, ZEV 1994, 1; *Tschernoster*, RNotZ 2017, 125, 130 f.

151 *Damrau*, Minderjährige, Rn 213, 216.; zustimmend: *Kirchner*, MittBayNot 1997, 203, 205; ebenso: *Reimann*, MittBayNot 1994, 55.

152 Vgl. etwa OLG Hamm, Beschluss v. 13.1.1993 – 15 W 216/92 – mit kritischer Besprechung von *Reimann*, MittBayNot 1994, 53–56 und Anmerkungen in Staudinger/*Reimann*, § 2197 Rn 56 f.; zur Frage der Ergänzungspflegschaft für die Prüfung des Nachlassverzeichnisses, *Damrau*, ZEV 1994, 1, 2; OLG Nürnberg, Beschluss v. 29.6.2001 – 11 UF 1441/01, MDR 2001, 316 (Leitsatz und Gründe), ZErb 2001, 219 (nur Leitsatz), ZEV 2002, 158–160 mit krit. Anmerkung *Schlüter*, zit. nach juris; *Bonefeld*, ZErb 2007, 2, 3.

Versuchen des Eingriffs kommen. Die Einbeziehung des Familiengerichts kann als Kontrollinstanz von den Mandanten gewollt sein. Regelmäßig soll aber eine „staatliche Einmischung" durch eine umfassende rechtliche Beratung bei der Nachlassgestaltung gerade vermieden werden.

Das Nachlassverzeichnis hat der überlebende Elternteil dem Familiengericht mitzuteilen.[153] Allerdings ist zur Überprüfung des Verzeichnisses wohl kein Pfleger zu bestellen.[154]

Die Nachlassauseinandersetzung durch einen Elternteil als Testamentsvollstrecker erfordert allerdings – nach bestrittener Ansicht – keine Ergänzungspflegerbestellung.[155] Eine gerichtliche Genehmigung ist nicht notwendig.[156] Bei Abweichungen des Teilungsplanes von den gesetzlichen Regelungen oder den Anordnungen des Erblassers kann zu differenzieren sein.[157]

Die Bestellung eines Ergänzungspflegers kann vollständig wohl nur durch die Ernennung einer weiteren Person zum Nebenvollstrecker gemäß § 2224 Abs. 1 S. 3 BGB ausgeschlossen werden, wie sie *Reimann* angedacht,[158] *Kirchner* empfohlen und formuliert[159] sowie *Bonefeld* variiert und formuliert hat.[160]

3. Vorüberlegung zur Gestaltung

120 Mit der Einsetzung des überlebenden Ehegatten zum Testamentsvollstrecker können zwei Ziele verfolgt werden: Entweder soll dem überlebenden Ehegatten die – möglicherweise auf minderjährige Kinder beschränkte – Auseinandersetzungsbefugnis für den Nachlass gegeben werden: ein Fall der Auseinandersetzungsvollstreckung. Oder der überlebende Ehegatte soll möglichst weitgehend und unbehelligt durch die Kinder bis zum eigenen Ableben – oder einer Wiederheirat – über den gesamten Nachlass verfügen können: ein Fall der Dauertestamentsvollstreckung.

4. Auseinandersetzungsvollstreckung bei minderjährigen Abkömmlingen

121 Die Anordnung für die erste Variante ist relativ einfach, wenn die Ergänzungspflegschaft für die Auseinandersetzung in Kauf genommen wird. Die Testamentsvollstreckung kann dabei ausschließlich für den Fall angeordnet werden, dass ein Ehegatte den anderen überlebt.

Muster 10.22: Testamentsvollstreckung für den ersten Erbfall

I. Anordnung

Für die beim Erbfall minderjährigen Abkömmlinge ordnen wir Testamentsvollstreckung an.

Als Testamentsvollstrecker bestimmen wir den jeweilig überlebenden Ehegatten.

Die Testamentsvollstreckung gilt nur für den ersten Erbfall, nicht aber für den Katastrophenfall (siehe oben).

---

153 Allgemeine Ansicht: *Damrau*, Minderjährige, Rn 212 m.w.N.
154 *Damrau*, Minderjährige, Rn 213 f. mit Nachweisen auch zu anderen Ansichten.
155 *Damrau*, Minderjährige, Rn 223; Staudinger/*Reimann*, § 2197 Rn 86 f.; *Damrau*, ZEV 1994, 1, 4.
156 *Damrau*, Minderjährige, Rn 223.
157 *Damrau*, Minderjährige, Rn 225–230.
158 *Reimann*, MittBayNot 1994, 55; Staudinger/*Reimann*, § 2197 Rn 88.
159 *Kirchner*, MittBayNot 1997, 203, 205, 207.
160 *Bonefeld*, ZErb 2007, 2, 3 f.

II. Abwicklungsvollstreckung

Der Testamentsvollstrecker hat die Aufgabe, für die Abwicklung des Nachlasses zu sorgen (Abwicklungstestamentsvollstreckung), insbesondere die angeordneten Vermächtnisse zu erfüllen und die Erfüllung der Auflagen zu überwachen. Er ist von den Beschränkungen des § 181 BGB befreit.

III. Vollmacht

IV. Vergütung

Der Testamentsvollstrecker erhält keine Vergütung. Er kann sich aber seine Auslagen, einschließlich der Kosten für eine entsprechende Versicherung, aus dem Nachlass entnehmen.

Manche Ehegatten möchten für den Fall vorsorgen, dass sie **beide** vor der Volljährigkeit der Kinder versterben. Ergänzend sollte dann über eine Vormundbestimmung gemäß §§ 1776 f. BGB nachgedacht werden.[161] Soll die Person, die das Sorgerecht erhalten soll, ebenfalls Testamentsvollstrecker werden, ergeben sich die angesprochenen Probleme (Ergänzungspflegschaft).

Muster 10.23: Testamentsvollstreckung für minderjährige Abkömmlinge zur Auseinandersetzung durch Ehegatten 122

I. Anordnung

Für die beim Erbfall minderjährigen Abkömmlinge ordnen wir Testamentsvollstreckung an. Als Testamentsvollstrecker bestimmen wir den jeweilig überlebenden Ehegatten.

Die Testamentsvollstreckung gilt für den ersten und zweiten Erbfall, wie auch im Katastrophenfall.

Testamentsvollstrecker beim zweiten Erbfall, im Katastrophenfall und Ersatztestamentsvollstrecker, falls der überlebende Ehegatte vor oder nach Annahmen des Amtes wegfällt, soll sein Herr/Frau (*Name, Adresse*). Weiter ersatzweise soll die Person des Testamentsvollstreckers durch den Vorstand der Deutschen Vereinigung für Erbrecht und Vermögensnachfolge e.V. mit Sitz in Angelbachtal bestimmt werden.

II. Abwicklungsvollstreckung

Der Testamentsvollstrecker hat die Aufgabe, für die Abwicklung des Nachlasses zu sorgen (Abwicklungstestamentsvollstreckung), insbesondere die angeordneten Vermächtnisse zu erfüllen und die Erfüllung der Auflagen zu überwachen. Er ist von den Beschränkungen des § 181 BGB befreit.

III. Vollmacht

IV. Vergütung

Der überlebende Ehegatte erhält keine Vergütung als Testamentsvollstrecker. Er kann sich aber seine Auslagen, einschließlich der Kosten für eine entsprechende Versicherung, aus dem Nachlass entnehmen. Für die Vergütung eines anderen Testamentsvollstreckers soll die so genannte „Neue Rheinische Tabelle" (Empfehlung des Deutschen Notarvereins) maßgebend sein.

Das Ende der Testamentsvollstreckung kann klargestellt werden, insbesondere wenn eine aufwendige Auseinandersetzung zu erwarten ist und/oder die Testamentsvollstreckung auch bei zwischenzeitlich eintretender Volljährigkeit des Kindes andauern soll.

161 Vgl. *Damrau*, Minderjährige, § 14; *Frenz*, DNotZ 1995, 908–919.

Formulierungsbeispiel

I. (…)

Die Testamentsvollstreckung endet erst mit der Auseinandersetzung, auch wenn ein Kind zwischenzeitlich volljährig wird.

Soll eine Ergänzungspflegschaft möglichst vermieden werden, sollte für minderjährige Kinder eine Person zum Testamentsvollstrecker eingesetzt werden, die nicht gleichzeitig Vormund ist.

123 **Muster 10.24: Testamentsvollstreckung für minderjährige Abkömmlinge durch Außenstehenden zur Auseinandersetzung**

I. Anordnung

Für die beim Erbfall minderjährigen Abkömmlinge ordnen wir Testamentsvollstreckung an. Als Testamentsvollstrecker bestimmen wir Herrn/Frau (*Name, Adresse*).

Die Testamentsvollstreckung gilt für den ersten und zweiten Erbfall wie auch im Katastrophenfall.

Ersatzbestimmung

II. Abwicklungsvollstreckung

Der Testamentsvollstrecker hat die Aufgabe, für die Abwicklung des Nachlasses zu sorgen (Abwicklungstestamentsvollstreckung), insbesondere die angeordneten Vermächtnisse zu erfüllen und die Erfüllung der Auflagen zu überwachen. Er ist von den Beschränkungen des § 181 BGB befreit.

III. Vollmacht

IV. Vergütung

5. Dauervollstreckung bei minderjährigen Abkömmlingen

124 Ist eine **Dauertestamentsvollstreckung** gewünscht, muss diese mit einem **Auseinandersetzungsverbot** und einem **Nutzungsrecht** für den überlebenden Ehegatten verbunden werden. Die Anordnung ist komplizierter und streitanfälliger. Es ist *Reimanns*[162] Vorschlag zu folgen und eine **Nebentestamentsvollstreckung** gemäß § 2224 BGB oder *Bonefeld*[163] folgend eine **Mittestamentsvollstreckung** gemäß § 2199 BGB anzuordnen. Zu dieser Gestaltung ist hier noch keine Rechtsprechung bekannt, so dass der Mandant auf ein gewisses **Risiko** hingewiesen werden sollte.

Volljährige Kinder werden sich jedenfalls genau überlegen, ob sie diese unter Umständen langfristige Beschränkung akzeptieren. § 2306 BGB sollte unbedingt beachtet werden. Die gesamte Konstruktion kann zusammenstürzen, wenn ein pflichtteilsberechtigter Erbe gemäß § 2306 Abs. 1 S. 2 BGB ausschlägt.[164] Der überlebende Ehegatte ist dann Pflichtteilsansprüchen ausgesetzt.

Zu beachten sind zudem die Auswirkungen auf eine spätere Vertretung des überlebenden Ehegatten im Vorsorgefall. Es erscheint nicht möglich, dass eines der unter Testamentsvoll-

162 *Reimann*, MittBayNot 1994, 55.
163 *Bonefeld*, ZErb 2007, 2, 3 f.
164 Damrau/Tanck/*Riedel*, § 2306 Rn 25; MüKo/*Lange*, § 2306 Rn 17–25.

streckung des überlebenden Ehegatten stehenden Kinder aufgrund der Interessenkollision noch umfassend zum Betreuer des überlebenden Ehegatten bestellt werden kann. Eine Bevollmächtigung des Kindes müsste die Beschränkungen des § 181 BGB ausschließen und ist daher aufgrund der Missbrauchsgefahr nicht ratsam. Zudem ist dann eine Kontrollbetreuung möglich.[165]

Es können Alternativgestaltungen gewählt werden. Bei mittleren Vermögen ist regelmäßig der Erhalt der Wohnimmobilie das Bedürfnis der Mandanten. Es kann dann etwa ein auf die selbst genutzte Immobilie beschränktes Vorausvermächtnis oder Vorvermächtnis oder ein Vermächtnis bei gleichzeitiger Einsetzung nur der Abkömmlinge zu Erben angeordnet werden.

a) Nutzungsrecht

Soll der Ehegatte durch die Regelung möglichst gut versorgt werden, hilft ihm ein **Nutzungsrecht**. Dies kann ein Nießbrauch an den Erbteilen sein. Etwaige steuerliche Folgen sind zu beachten. 125

Formulierungsbeispiel: Nießbrauchsvorausvermächtnis

Dem überlebenden Ehegatten wird der lebenslange, unentgeltliche Nießbrauch an den Erbteilen unserer Abkömmlinge als Vermächtnis eingeräumt.

Damit der überlebende Ehegatte aber flexibel verwalten kann, sollte ihm die Möglichkeit gegeben werden, Teile des Nachlasses freizugeben bzw. freigeben zu können.[166]

Formulierungsbeispiel

Der überlebende Ehegatte kann einzelne Nachlassgegenstände aus seiner Verwaltung freigeben.

b) Auseinandersetzungsausschluss

Die **Auseinandersetzung** muss zum Schutz des überlebenden Ehegatten **ausgeschlossen** werden. Eine hilfreich flexible Formulierung für den Auseinandersetzungsausschluss schlug *Tanck* in Tanck/Krug vor.[167] 126

Formulierungsbeispiel: Auseinandersetzungsausschluss

Solange die Testamentsvollstreckung und Nießbrauch bestehen, ist die Auseinandersetzung des Nachlasses nur mit Zustimmung des überlebenden Ehegatten zulässig. Der überlebende Ehegatte kann die Nachlassauseinandersetzung – als Abwicklungstestamentsvollstrecker – jederzeit vornehmen.

c) Testamentsvollstreckung

Für die minderjährigen Kinder kann eine aufschiebend bedingte oder eine gestaffelte **Testamentsvollstreckung** angeordnet werden. 127

Kirchner hat ein Modell entwickelt, nach dem Vormundschaft und Testamentsvollstreckung „hintereinander geschaltet" werden.[168] Für die minderjährigen Kinder beginnt die Testa-

---

165 Vgl. *Kurze*, NJW 2007, 2220, 2223.

166 Bengel/Reimann/*Klumpp*, Kap. 6 Rn 160 f.; mit detaillierten Vorgaben unter Hinnahme von Unsicherheiten durch auslegungsfähige Begriffe: *Kirchner*, MittBayNot 1997, 207 unter Punkt d).

167 Tanck/Krug/*Tanck*, § 12 Rn 33–44.

168 *Kirchner*, MittBayNot 1997, 203, 206–208.

mentsvollstreckung durch den überlebenden Elternteil aufschiebend bedingt erst mit dem Ende der Vormundschaft des Elternteils, also regelmäßig mit Eintritt in die Volljährigkeit. *Kirchner* problematisiert die Frage, ob sich die Testamentsvollstreckung bei ihrem Eintritt auch auf die Nachlasssurrogate bezieht und bejaht sie zutreffend.[169]

Der überlebende Ehegatte kann zwar wohl weitgehend unbeschränkt für den miterbenden Minderjährigen handeln.[170] Einige Detailfragen sind aber umstritten.[171] Ein Grundproblem ist zudem offensichtlich: Zunächst soll der überlebende Ehegatte als Vormund weitgehend unbehelligt den Nachlass für die Kinder verwaltet. Danach wird er Testamentsvollstrecker und übernimmt die Wahrung der Rechte auch für die eigenen Erbteile. Eine Kontrolle des überlebenden Elternteils ist praktisch nicht gegeben. Den Kindern stehen später eventuell Ersatzansprüche zu, wenn über Nachlassvermögen vom überlebenden Elternteil unzulässig verfügt wurde. Sind die Kinder zudem Schlusserben, erlöschen diese Ersatzansprüche aber schon durch Konfusion. Ob sonst „verschwundenes" Vermögen wiederzufinden und erfolgreich von Dritten zurückzufordern ist, bleibt fraglich.

Werden diese Bedenken zurückgestellt, kann die Testamentsvollstreckung angeordnet werden.

Formulierungsbeispiel: Testamentsvollstreckung

1. Es ist Dauertestamentsvollstreckung für den gesamten Nachlass angeordnet.
2. Testamentsvollstrecker ist der überlebende Ehegatte. Die Testamentsvollstreckung endet mit dem zweiten Erbfall. Er ist von den Beschränkungen des § 181 BGB befreit.
3. Nebentestamentsvollstrecker für die Erbteile minderjähriger Abkömmlinge gemäß § 2224 BGB bis zum Erreichen der jeweiligen Volljährigkeit wird Herr/Frau (...) (*Name, Adresse*).

Der Nebentestamentsvollstrecker ist nur für die Aufgaben zuständig, bei denen der überlebende Ehegatte von der Vertretung ausgeschlossen ist und/oder sonst ein Ergänzungspfleger bestellt werden müsste.

Ersatzregelung

Ein Vorschlag von *Kirchner* bezieht sich wohl eher auf eine Konstellation, in der ein *außenstehender* Vormund und Testamentsvollstrecker werden soll.[172] Ansonsten erscheint es bedenklich, einem Elternteil, dem die Vormundschaft – sicher nicht grundlos – entzogen wird, ab diesem Ereignis zum interessenwaltenden Testamentsvollstrecker zu ernennen.

Nach der von *Bonefeld* vorgeschlagenen Alternative wird der überlebende Ehegatte ermächtigt, einen Mittestamentsvollstrecker zu ernennen.[173]

Alternative: Mittestamentsvollstreckung

3. Der überlebende Ehegatte wird gemäß § 2199 Abs. 1 BGB ermächtigt, einen oder mehrere Mittestamentsvollstrecker zu ernennen.

---

169 *Kirchner*, MittBayNot 1997, 203, 206.

170 Vgl. *Damrau*, Minderjährige, Rn 184.

171 Vgl. etwa *Damrau*, Minderjährige, Rn 24 u.a. zur Auflassung; zu grundsätzlichen Interessenkonflikten: *Bonefeld*, ZErb 2007, 2, 3.

172 *Kirchner*, MittBayNot 1997, 203, 207.

173 *Bonefeld*, ZErb 2007, 2, 4.

Die Testamentsvollstreckung kann zusätzlich für den Fall der Wiederverheiratung begrenzt werden. Dann sollten auch Nießbrauchsrecht und Auseinandersetzungsausschluss auflösend bedingt sein.

Formulierungsbeispiel

Die Testamentsvollstreckung und auch das Nießbrauchsrecht und der Auseinandersetzungsausschluss enden mit der Wiederverheiratung des überlebenden Ehegatten oder der Eingehung einer eingetragenen Lebenspartnerschaft, spätestens aber mit dem zweiten Erbfall.

d) Zusammenfassung

Eine vollständige Begünstigung des überlebenden Ehegatten ohne Enterbung der Abkömm- 128
linge könnte so aussehen:[174]

Muster 10.25: Nießbrauchsvorausvermächtnis für Ehegatten

I. Nießbrauchsvorausvermächtnis

Dem überlebenden Ehegatten wird der lebenslange, unentgeltliche Nießbrauch an den Erbteilen unserer Abkömmlinge als Vermächtnis eingeräumt.

Der überlebende Ehegatte kann einzelne Nachlassgegenstände aus dem Nießbrauch und seiner Verwaltung freigeben.

II. Auseinandersetzungsausschluss

Solange die Testamentsvollstreckung und Nießbrauch bestehen, ist die Auseinandersetzung des Nachlasses nur mit Zustimmung des überlebenden Ehegatten zulässig. Der überlebende Ehegatte kann die Nachlassauseinandersetzung – als Abwicklungstestamentsvollstrecker – jederzeit vornehmen.

III. Testamentsvollstreckung

1. Es ist Dauertestamentsvollstreckung für den gesamten Nachlass angeordnet.

2. Testamentsvollstrecker ist der überlebende Ehegatte. Er ist von den Beschränkungen des § 181 BGB befreit.

Die Testamentsvollstreckung endet mit dem zweiten Erbfall.

ODER

2. Testamentsvollstrecker ist der überlebende Ehegatte. Er ist von den Beschränkungen des § 181 BGB befreit.

Die Testamentsvollstreckung und auch das Nießbrauchsrecht und der Auseinandersetzungsausschluss enden mit der Wiederverheiratung des überlebenden Ehegatten oder der Eingehung einer eingetragenen Lebenspartnerschaft, spätestens aber mit dem zweiten Erbfall.

3. Nebentestamentsvollstrecker für die Erbteile minderjähriger Abkömmlinge gemäß § 2224 BGB bis zum Erreichen der jeweiligen Volljährigkeit wird Herr/Frau (*Name, Adresse*).

Der Nebentestamentsvollstrecker ist nur für die Aufgaben zuständig, bei denen der überlebende Ehegatte von der Vertretung ausgeschlossen ist und/oder sonst ein Ergänzungspfleger bestellt werden müsste.

ODER

---

174 Andere – auch hier berücksichtigte – Vorschläge: *Bonefeld*, ZErb 2007, 2, 3–4; *Kirchner*, MittBayNot 1997, 207 f.; *Haegele*, S. 347 f.

3. Der überlebende Ehegatte wird gemäß § 2199 Abs. 1 BGB ermächtigt, einen oder mehrere Mittestamentsvollstrecker zu ernennen.

4. Ersatzregelung

J. Gesellschaftsrechtliche Lösungen und Stiftungen

I. Einleitung

129 Die Gestaltung von letztwilligen Verfügungen von Unternehmerinnen und Unternehmern ist ein **Spezialgebiet** innerhalb der Nachlassgestaltung, ob nun für den Einzelunternehmer oder den Unternehmer, der an einer Vielzahl von GmbH beteiligt ist.[175] Die Nachfolge von mehreren Personen macht die Gestaltung meist noch komplexer (vgl. § 17). Sie kann daher im vorliegenden Werk nicht umfassend dargestellt werden. Es wird im Wesentlichen auf einschlägige Spezialliteratur verwiesen.[176]

Mit dieser kann auch eine entsprechende Gestaltung erfolgen – oder erkannt werden, dass weiterer Rat heranzuziehen ist. Für jeden erbrechtlichen Gestalter sollte die Frage nach unternehmensgebundenen Vermögen aber selbstverständlich sein. Gibt es dafür Anzeichen – und sei es nur die Angabe, man habe „zusammen mit den Kindern" (GbR?) eine Immobilie erworben –, sollte gezielt nachgeforscht und sollten die entsprechenden Unterlagen eingesehen werden. Die Gestaltungsbemühungen können sonst von vornherein zum Scheitern verurteilt sein.[177]

Im Folgenden soll zunächst kurz auf den wesentlichen Ansatz bei der Unternehmensnachfolge eingegangen werden, auf dem weitere Überlegungen aufbauen müssen, dem Verhältnis von Erb- und Gesellschaftsrecht. Sodann wird ein Modell dargestellt, bei dem der Bezug zum Gesellschaftsrecht erst geschaffen wird und seine Besonderheiten zur Gestaltung genutzt werden sollen, der „Familienpool".

II. Ansatz bei der Unternehmensnachfolge

130 Von erheblicher Bedeutung ist es, zwischen der Nachfolge in eine Kapitalgesellschaft und eine Personengesellschaft zu differenzieren.[178] Bei der **Kapitalgesellschaft** (vgl. § 17 Rdn 156–246) fällt der Anteil den Miterben zu gesamter Hand an.[179]

Die Rechtsnachfolge in Gesellschaftsanteile bei **Personengesellschaften** (vgl. § 17 Rdn 3–155) durch eine Erbengemeinschaft kann dogmatisch erheblich problematisiert werden.[180] Für die Gestaltungspraxis kann von der seit Jahren gesicherten Rechtsprechung ausgegangen werden.[181] Mit der Struktur eine Personengesellschaft ist danach eine gesamthänderische Nachfolge in einen Gesellschaftsanteil durch eine Erbenmehrheit nicht vereinbar. Die Erbengemeinschaft folgt also – hier ausdrücklich vereinfacht dargestellt – nicht als ganze in

175 Ebenso: *Esch/Baumann/Schulze zur Wiesche*, Rn 1009.

176 *Sudhoff*, Unternehmensnachfolge; Bonefeld/*Wachter*, § 18; *Riedel*, Unternehmensnachfolge; guter Überblick zudem bei *Von Proff*, DStR 2017, 2555; ein weiterer bei *Kurze*, ZErb 2015139, 147–149.

177 Vgl. entsprechend: Kerscher/Krug/Spanke/*Spanke*, § 7 Rn 748.

178 Sudhoff/*Froning*, § 87 Rn 1 f.

179 Sudhoff/*Froning*, § 87 Rn 2; Kerscher/Krug/Spanke/*Spanke*, § 7 Rn 345, 350–354.

180 Sudhoff/*Froning*, § 87 Rn 1; bei *Von Proff*, DStR 2017, 2555.

181 Vgl. grundlegend: BGH, Urt. v. 4.5.1983 – IVa ZR 229/81, NJW 1983, 2376 m.w.N.

den ererbten Gesellschaftsanteil nach, sondern in einer Art „Teil-Auseinandersetzung“ zerfällt der Anteil in so viele Teile, wie es Miterben gibt.[182]

Diese Nachfolge kann wiederum durch den Gesellschaftsvertrag reguliert werden. Es gilt der schlagwortartig zusammengefasste „Vorrang des Gesellschafts- vor dem Erbrecht“.[183]

Im **Gesellschaftsvertrag** können verschiedene Arten von Ausschluss- und Nachfolgeklauseln enthalten sein, in denen der Fall des Ablebens eines Gesellschafters geregelt wird (vgl. § 17 Rdn 55 f.).[184] Unterschiede zwischen den einzelnen Gesellschaftsarten sind genau zu beachten. Gerade bei der Regelung einer Unternehmensnachfolge ist die Anordnung einer Testamentsvollstreckung wichtig.[185] Streiten sich die Miterben oder ist die Erbengemeinschaft aus einem anderen Grund handlungsunfähig, kann das Unternehmen dadurch in seinem Bestand bedroht sein (*Schmidt*[186] formuliert es so: „Die unternehmenstragende Erbengemeinschaft ist aber ein unerquicklicher Fall.“). Die Zulässigkeit einer **Testamentsvollstreckung** an einem Gesellschaftsanteil kann wiederum von dem Gesellschaftsstatut abhängen,[187] so dass auch hier wieder eine Abstimmung mit den Regelungen im Gesellschaftsvertrag unerlässlich ist.[188] Die Formulierung der Testamentsvollstreckungsklausel hängt neben der Gesellschaftsform auch davon ab, ob sie nur für eine Übergangsphase oder – etwa bei Einräumung eines Nießbrauchsrechtes für einen Begünstigten – für eine längere Zeit geplant ist. 131

III. Familienpool

Für den so genannten Familienpool gibt es keine feste Definition. Einvernehmlich wird darunter grob eine Zusammenfassung von Vermögen zugunsten von Familienmitgliedern verstanden, regelmäßig in einer Gesellschaft.[189] 132

Die wesentlichen Ziele des Familienpools sind der möglichst weitgehende **Ausschluss der Verteilung** von Vermögen bei einem Erbfall unter Vermeidung einer auf Auseinandersetzung angelegten Erbengemeinschaft und der Ausschluss der Geltendmachung von Pflichtteilsansprüchen.[190]

Der Familienpool nutzt den grundsätzlichen Vorrang des Gesellschafts- vor dem Erbrecht.[191] Im Gesellschaftsrecht sind Regelungen möglich, die das Erbrecht so nicht erlauben würde. Kündigungsrechte können auf Gesellschaftsebene zumindest weit beschränkt werden.[192] Das Ausscheiden kann durch relativ geringe Abfindungen weiter unattraktiv gemacht werden. Viele entsprechende Beeinträchtigungen durch das Erbrecht würden entweder nach **§ 2306 BGB** unwirksam seien oder sind durch die Möglichkeit der Auseinandersetzung zu umgehen.

---

182 *Von Proff*, DStR 2017, 2555, 259 f.; Bengel/Reimann/*Pauli*, § 5 Rn 153.,
183 Vgl. auch Kerscher/Krug/Spanke/*Spanke*, § 7 Rn 748.
184 Kerscher/Krug/Spanke/*Spanke*, § 7 Rn 359; *Von Proff*, DStR 2017, 2555, 2560 f.
185 *Schmidt*, JuS 2017, 809, 814.
186 JuS 2017, 809, 813.
187 Bengel/Reimann/*Pauli*,§ 5 Rn 159.
188 Vgl. *Mayer/Bonefeld/Weidlich*, § 19 Rn 1.
189 Vgl. *Ivens*, ZErb 2012, 65.
190 *Langenfeld/Günther*, 10. Kap. Rn 1.
191 Vgl. zu dem Grundsatz: BGH, Urt. v. 4.5.1983 – IVa ZR 229/81, NJW 1983, 2376.
192 Zum besonderen Kündigungsrecht von zunächst Minderjährigen: *Habersack*, FamRZ 1999, 1–7.

Beim Familienpool wird schon zu Lebzeiten wesentliches Vermögen auf eine Gesellschaft übertragen.[193] Der Gesellschaftsvertrag enthält eine Nachfolgeklausel, auf die wiederum die letztwillige Verfügung abgestimmt ist. Weitere Einschränkungen und Belastungen (Vermächtnisse) sollten vermieden werden, damit nicht doch § 2306 BGB greift. Durch die letztwillige Verfügung folgen die Bedachten dem Erblasser nach, in Kombination mit der (einfachen) Nachfolgeklausel auch in die Gesellschaft.

Denkbare Gesellschaftsformen sind die GbR, eine KG und eine GmbH & Co. KG. Eine so genannte „Einheits-GmbH & Co. KG" hat den Vorteil, dass der Mandant sie auch alleine gründen kann. Die Anteile der GmbH gehören dabei der KG. Im Gesellschaftsvertrag können die Kündigungsmöglichkeiten und die Abfindung geregelt werden. Scheidet trotzdem ein Gesellschafter (Erbe) später aus, bleibt das übrige Vermögen zusammen.

Noch nicht geklärt scheint, ob die Gewichtung von **Stimmrechten** differenziert ausgestaltet werden kann, um einzelnen Erben dadurch eine beherrschende Stellung zu geben. Eine Stimmenmehrheit kann etwa dem Ehegatten im Güterstand der Zugewinngemeinschaft aber immer schon durch eine erbrechtliche Zuwendung von mehr als 50 % des Nachlasses gesichert werden. Pflichtteilsrechte der Abkömmlinge müssen dabei nicht berührt werden. Wichtige Entscheidungen, wie Entnahmen, können dann von Mehrheitsentscheidungen abhängig gemacht werden.

Das – hier nur in Grundzügen dargestellte – Modell des Familienpools hat einen Charme, wie ihn Fideikommisse für Adlige gehabt haben müssen: Der Traum, Vermögen ewig an und für die Familie zu binden, rückt näher an die Realität. Nicht übersehen werden sollte aber, dass aufgrund der aufwendigen und kostspieligen Gestaltung das Instrument nur bei größeren Vermögen sinnvoll ist. Diese sind wiederum häufig ohnehin in Unternehmensbeteiligungen gebunden. Bei differenzierten Wünschen des Mandanten zur Verteilung des Vermögens ergeben sich Folgeprobleme. Auch steuerrechtlich ist das Modell genau zu prüfen.[194] Schließlich liegt insbesondere zu der pflichtteilsrechtlichen Problematik um § 2306 BGB noch keine gesicherte Rechtsprechung vor.[195] Wer diese Herausforderungen nicht scheut, kann im Familienpool für den Einzelfall eine elegante Lösung finden.

IV. Stiftung

133 Mandanten mit größerem Vermögen, die dieses später an mehrere Familienmitglieder weitergeben möchten, wünschen sich häufig einen möglichst **langfristigen Zusammenhalt des Vermögens.** Dies betrifft insbesondere Inhaber von Unternehmen. Ein Weg, diese beiden Ziele zu verfolgen, ist die Gründung einer so genannten „Familienstiftung".[196] *Langenfeld/Günther* fassen deren Ziel zutreffend als „langfristige Vermögensperpetuierung bei gesicherter Versorgung der Familie des Stifters" zusammen.[197]

Eine gesetzliche Definition der Familienstiftung gibt es nicht. Der Begriff wurde im Wesentlichen aus dem Steuerrecht abgeleitet.[198] Stiftungen sind auch in einer Vielzahl von anderen

---

193 Formulierung etwa bei *Langenfeld/Günther*, 10. Kap. Rn 10, 34.

194 Vgl. etwa *Langenfeld/Günther*, 10. Kap. Rn 23; *Wehage*, ErbStB 2009, 148–154.

195 Vgl. OLG Hamm, Beschluss v. 17.1.1991 – 15 W 428/90, NJW-RR 1991, 837; Besprechung von *Reimann*, FamRZ 1992, 117 f.; *Keller*, ZEV 2001, 297–302.

196 Vgl. auch Bonefeld/Wachter/*Richter/Gollan*, § 24 Rn 122–228.

197 *Langenfeld/Günther*, 11. Kap. Rn 1.

198 *Schiffer*, ErbR 2008, 94, 97; *Wachter*, S. 142.

Formen möglich.[199] Als eine Alternative zur Erbengemeinschaft interessiert vorliegend aber im Wesentlichen die Familienstiftung.[200]

Steuerrechtliche Aspekte sind hinsichtlich der Erbersatzsteuer gemäß § 1 Abs. 1 Nr. 4 ErbStG von besonderer Bedeutung.[201]

Zentrales Element auch der Familienstiftung ist die Stiftungssatzung.[202] Der Stiftungszweck 134
wird von der Familienförderung dominiert. Ist die Stiftung von der Stiftungsaufsicht befreit, sollte ein Kontrollgremium geschaffen werden.[203] Das Stiftungsvermögen ermöglicht das Erreichen des Stiftungszwecks. Vertreten wird die Stiftung durch den Vorstand.

Als Stiftungsvermögen bringt der zukünftige Erblasser im Stiftungsgeschäft[204] sein Unternehmen ein. In den Stiftungsvorstand können Familienmitglieder und auch externe Spezialisten berufen werden. Eine Stiftung kann auch erst von Todes wegen gegründet werden. Dies wirft aber in der Praxis eine Vielzahl von Problemen auf. Es ist daher sinnvoll, die Stiftung schon zu Lebzeiten zu gründen. Dabei muss der Stifter nicht sofort sein gesamtes Vermögen einbringen. Er kann auch die Leitung der Stiftung und der Unternehmen noch weiter alleine innehaben („Vorratsstiftung").[205] Es besteht aber zum einen die Möglichkeit, unerwarteten Problemen bei der Gründung flexibel zu begegnen. Zum anderen kann das Stiftungsleben „geübt" werden und der Stifter hat die Möglichkeit, die zukünftigen Entscheidungsträger – in begrenztem Umfang –schrittweise einzubinden.

Bei der Stiftungsgründung sollten die betroffenen Familienmitglieder nach Möglichkeit einbezogen werden, da sie später mit der Stiftung leben müssen. Außerdem sind eventuelle Pflichtteilsrechte zu beachten, da auch die Übertragung von Vermögen auf eine Stiftung regelmäßig eine Schenkung ist und Pflichtteilsergänzungsansprüche auslösen kann.

Eine besondere Ausgestaltung der Familienstiftung ist die so genannte **Doppelstiftung**. Es 135
werden zwei miteinander verbundene Stiftungen gegründet: eine gemeinnützige, welche das wesentliche Unternehmensvermögen trägt aber wenige oder keine Stimmrechte hat, und eine Familienstiftung fast ohne Kapital, aber mit den Stimmrechten. Es sollen so einerseits die steuerlichen Vorteile der Gemeinnützigkeit genutzt werden und andererseits soll die Familie weiter das Unternehmen – indirekt – beherrschen.[206]

199 Vgl. etwa die Übersichten bei *Schiffer*, ErbR 2008, 94–105; *Wachter*, Stiftungen.

200 Vgl. auch *Brandmüller*, S. 126–140.

201 *Schiffer*, ErbR 2008, 94, 97 m.w.N.; *Langenfeld/Günther*, 11. Kap. Rn 52 m.w.N.; *Wachter*, S. 150–167.

202 Beispiele bei: *Wachter*, S. 172–175; *Langenfeld/Günther*, 11. Kap. Rn 6–40.

203 *Langenfeld/Günther*, 11. Kap. Rn 1.

204 Bonefeld/Wachter/*Richter/Hemmen*, § 23 Rn 232.

205 Bonefeld/Wachter/*Richter/Hemmen*, § 23 Rn 41.

206 Vgl. auch *Wachter*, S. 171; *Langenfeld/Günther*, 11. Kap. Rn 41–51 m.w.N.

§ 11 Gebühren und Kosten

Monika Hähn

Übersicht:

Literatur

Bischof/Jungbauer/Bräuer/Klipstein/Klüsener/Kerber, RVG, 8. Aufl. 2017; *Bonefeld/Hähn/Otto*, Gebührenabrechnung erbrechtlicher Mandate, 2. Aufl. 2011; *Bredemeyer*, Erbrechtliche Geschäftsgebühr von 1,8, ZErb 2012, 180–182; *Enders*, RVG für Anfänger, 14. Aufl. 2008; *Enzensberger*, Nord-Süd-Gefälle bei der Anwendung der 1,6 Verfahrensgebühr nach Nr. 3200 VV-RVG für Beschwerde in Nachlasssachen?, ZErb 2006, 264–265; *Gerold/Schmidt*, RVG, 23. Aufl. 2017; *Göttlich/Mümmler/Rehberg/Xanke*, RVG, 3. Aufl. 2010; *Rehberg/Asperger/Vogt/Feller/Hellstab/Jungbauer/Bestelmeyer/Frankenberg*, 6.A. 2015; *Hartmann*, Kostengesetze, 47. Aufl. 2017; *Hartung/Schons/Enders*, RVG, 3. Aufl. 2017; *Keidel*, FamFG, 19. Aufl. 2016; *Kuther*, 1,6 Verfahrensgebühr nach Nr. 3200 VV-RVG auch für Beschwerden in Nachlasssachen, oder: wie auch der RVG-Gesetzgeber den Gedanken an das eigene Ende verdrängt, ZErb 2006, 37–38; *Madert*, Probleme bei den Bestimmungen des Vergütungsverzeichnisses zum Teil 2, AGS 2005, 2, 5; *Nieder*, Arbeitshilfen im Erbrecht, 3. Aufl. 2010; *Onderka*, Anmerkung zum Beschluss des BGH vom 16.3.2004 – VIII ZB 114/03, AGS 2004, 278; *Schneider*, Gebührenabrechnung bei Vertretung mehrerer Auftraggeber in erbrechtlichen Mandaten, ErbR 2008, S. 40; *Schneider*, Der Streitwert der Miterbenklagen, Rpfleger 1982, 268, 269; *Schneider*, Anwaltliche Vergütung für das Entwerfen von Testamenten, ErbR 2018, 193 ff.; *Schneider*, Welche Vergütung erhält der Anwalt für den Entwurf eines Testaments?, AGS 2006, 60; *Schneider*, Der Geschäftswert im Erbscheinsverfahren, ErbR 2017, 354; *Schneider*, Kosten im Erbscheinsverfahren, ErbR 2017, 134; *Schneider/Thiel*, Das neue Gebührenrecht für Rechtsanwälte – Änderungen durch das 2. Kostenrechtsmodernisierungsgesetz (2. KostRMoG), 2. Aufl. 2014; *Wudy*, Das neue Gebührenrecht für Notare, 2013.

A. Erhöhung der Gebühren nach Nr. 1008 VV RVG bei Auftraggebermehrheit

I. Allgemeines

1 Gerade in erbrechtlichen Angelegenheiten und insbesondere bei der Beteiligung von Erbengemeinschaften sind Konstellationen häufig, in denen der Rechtsanwalt mehrere Auftraggeber zu vertreten hat. Voraussetzung ist eine Tätigkeit für mehrere Auftraggeber in derselben Angelegenheit. Davon zu unterscheiden ist die Tätigkeit in mehreren Angelegenheiten.

Wird der Rechtsanwalt in derselben Angelegenheit für mehrere Auftraggeber tätig, erhält er gemäß § 7 Abs. 1 RVG seine Gebühren und Auslagen nur einmal. Jeder Auftraggeber schuldet dabei nur die Vergütung, die er dem Rechtsanwalt bei alleinigem Auftrag schulden würde. Lediglich die Auslagen, die zur **Unterrichtung** der anderen Auftraggeber entstanden sind, schuldet auch jeder einzelne Auftraggeber. Insgesamt kann der Rechtsanwalt jedoch nicht mehr an Vergütung fordern. Die Mehrarbeit, die durch die Vertretung mehrerer Auftraggeber entsteht, soll durch die sog. Erhöhungsgebühr gemäß Nr. 1008 VV RVG ausgeglichen werden.

II. Dieselbe Angelegenheit mehrerer Auftraggeber

2 Ob und inwieweit **dieselbe gebührenrechtliche Angelegenheit oder verschiedene Angelegenheiten** vorliegen, ist nach den §§ 15, 16, 17 RVG zu bestimmen.

Auftraggeber ist der, dessen Rechte und Pflichten Gegenstand der anwaltlichen Tätigkeit sind. Nicht entscheidend ist also, ob der Rechtsanwalt von mehreren Personen beauftragt worden ist, sondern wen der Rechtsanwalt **vertritt**. Bei Auftragserteilung durch einen oder mehrere Vertreter, bspw. Eltern als gesetzliche Vertreter oder mehrere Geschäftsführer einer GmbH, ist Auftraggeber im Sinne des RVG der eine Vertretene (Kind oder GmbH), so dass mithin keine Auftraggebermehrheit bei mehreren gesetzlichen Vertretern anzunehmen ist.

3 Der Auftrag von mehreren Auftraggebern muss nicht zeitgleich erfolgen. Entscheidend ist ein **gemeinschaftlicher Auftrag**, was sich im Einzelfall nach dem Willen der Auftraggeber richtet. Denkbar ist es, dass mehrere Auftraggeber jeweils einen eigenen Auftrag erteilen, weil sie nicht möchten, dass der jeweils andere erfährt, welche Ansprüche der andere in welcher Höhe geltend macht:

> **Beispiel**
>
> Rechtsanwalt R wird von A beauftragt, gegen die Erbengemeinschaft Pflichtteils- und Pflichtteilsergänzungsansprüche durchzusetzen. Später erscheint ein weiterer Pflichtteilsberechtigter B bei R und beauftragt ihn ebenfalls mit der Durchsetzung seiner Ansprüche gegen dieselbe Erbengemeinschaft.

4 Ungeachtet der Frage, ob der Rechtsanwalt den zweiten Pflichtteilsberechtigten B im Einzelfall mit Blick auf eine etwaige Interessenkollision vertreten kann und sollte, läge hier **kein** gemeinschaftlicher Auftrag oder gar die Erweiterung des ersten Auftrages vor. Es handelt sich um zwei Angelegenheiten, die der Rechtsanwalt gesondert für die jeweiligen Auftraggeber gegen die Erbengemeinschaft verfolgt. Die Vergütung entsteht jeweils gesondert. Wird der Rechtsanwalt hingegen von beiden Pflichtteilsberechtigten wegen jeweils eigener Ansprüche **gemeinschaftlich** gegen die Erbengemeinschaft **beauftragt**, läge ein Fall des **§ 7 RVG** vor: Die Vergütung entsteht nur einmal, sie erhöht sich nicht nach Nr. 1008

VV RVG, aber die Werte der Einzelgegenstände sind gemäß § 22 Abs. 1 RVG zu addieren.[1] Maßgeblich ist bei dieser Konstellation, dass jeder der beiden Pflichtteilsberechtigten einen eigenen Anspruch hat, den er unabhängig vom anderen Pflichtteilsberechtigten allein zu fordern berechtigt ist.

Dies gilt selbst dann, wenn die Miterben ihrerseits in einer Erbengemeinschaft verbunden sind.[2] Denn Voraussetzung für eine Erhöhung der Geschäfts- und Verfahrensgebühr nach Nr. 1008 VV RVG um 0,3 je weiterem Auftraggeber ist die Tätigkeit des Anwalts *„in derselben Angelegenheit"*. Daran würde es in diesem Fall fehlen, weil jeder Auftraggeber einen **eigenen** Anspruch auf Zahlung des Pflichtteils geltend macht.

Beispiele

(Die Beispiele berücksichtigen nicht, ob eine Vertretung mit Blick auf eine mögliche Interessenkollision überhaupt straf- und berufsrechtlich zulässig wäre.)

- Wird der Rechtsanwalt von der Erbengemeinschaft bestehend aus sechs Miterben beauftragt, Nachlassansprüche gegen einen Dritten durchzusetzen, vertritt der Rechtsanwalt die Erbengemeinschaft, bestehend aus sechs Auftraggebern.
- Beauftragt ein Miterbe der Erbengemeinschaft bestehend aus sechs Erben den Rechtsanwalt, Ansprüche der Erbengemeinschaft gegen einen Erbschaftsbesitzer geltend zu machen, vertritt der Rechtsanwalt die Erbengemeinschaft (sechs Auftraggeber); gleiches gilt bei einer Räumungsklage der Erbengemeinschaft, wenn der Mietvertrag mit der Erbengemeinschaft bzw. dem Erblasser abgeschlossen worden war.[3]
- Erteilen die Eltern als gesetzliche Vertreter des minderjährigen Miterben dem Rechtsanwalt den Auftrag zur Auseinandersetzung der Erbengemeinschaft, vertritt der Rechtsanwalt den einen minderjährigen Miterben, also einen Auftraggeber.
- Beauftragt die alleinsorgeberechtigte Mutter zweier minderjähriger Miterben einen Rechtsanwalt, deren Ansprüche gegen die Erbengemeinschaft auf Auseinandersetzung durchzusetzen, vertritt der Rechtsanwalt zwei Auftraggeber.
- Erhält der Rechtsanwalt den Auftrag von einem Bevollmächtigten der Erbengemeinschaft, der nicht Miterbe ist, vertritt er dennoch die Erbengemeinschaft und die Anzahl der Mitglieder derselben entsprich der Anzahl der Auftraggeber.

Ausschlaggebend ist mithin, in wessen Namen, also „für wen" der Rechtsanwalt Ansprüche 5 geltend machen soll. *„Für die Frage der Gebührenerhöhung (...) ist auch nicht entscheidend, ob die mehreren Auftraggeber an den Rechtsanwalt aufgrund einheitlicher Willensbildung herantreten oder im Prozess als Einheit auftreten. Angesichts der typisierenden und generalisierenden gesetzlichen Regelung kommt es allein darauf an, ob an der betreffenden Angelegenheit, in der der Rechtsanwalt tätig wird, mehrere rechtsfähige oder doch im Rechtsverkehr so behandelte natürliche oder juristische Personen beteiligt sind. Das ist bei einer Klage von Miterben auch dann der Fall, wenn nur ein Vertreter mitwirkt und im Prozess der Begriff der Erbengemeinschaft – fehlerhaft, aber durch Ergänzung des Rubrums behebbar – als Kurzbezeichnung für die Erben als handelnde Rechtssubjekte benutzt wird."*[4]

---

1 KG, Beschl. v. 6.1.2006 – 1 W 494/05, juris.
2 KG, Beschl. v. 6.1.2006 – 1 W 494/05, juris.
3 BGH, Beschl. v. 16.3.2004 – VIII ZB 114/03, juris Rn 7; *Onderka*, AGS 2004, 278.
4 BGH, Beschl. v. 16.3.2004 – VIII ZB 114/03, juris.

Das gilt aber auch dann, wenn die Erbengemeinschaft den Rechtsstreit vom Erblasser übernommen hat.[5] Es liegt eine „nachträgliche" Auftraggebermehrheit vor.[6] Wenn der Rechtsanwalt bereits den Erblasser in dem Prozess vertreten hatte, so wird nunmehr die Verfahrensgebühr erhöht für jeden Miterben.

Streitig ist die Anwendung von § 7 RVG bei Beauftragung durch einen Miterben, der nach § 2039 BGB Klage einreicht hat und Leistung an alle Miterben verlangt.[7]

III. Ausgleich des Mehraufwands

6 Zum Ausgleich des Mehraufwands im Rahmen anwaltlicher Tätigkeit für mehrere Auftraggeber sieht das RVG zweierlei vor: die Erhöhung der Betriebsgebühr, also der Geschäfts- oder Verfahrensgebühr gemäß Nr. 1008 VV RVG und der Dokumentenpauschale gemäß Nr. 7000 Nr. 1 lit. a–d VV RVG etc., z.B. hinsichtlich der Kopierkosten, die zur Unterrichtung der Auftraggeber erforderlich sind und mehr als 100 Stück betragen.

Nach Nr. 1008 VV RVG erhöhen sich die Verfahrens- oder Geschäftsgebühr für jeden weiteren Auftraggeber um 0,3 oder 30 % bei Festgebühren.

Die **Erhöhungsgebühr** wird in Anmerkung 3 auf **2,0** bzw. bei Festgebühren auf das Doppelte der Festgebühr **begrenzt**. Bei Betragsrahmengebühren beträgt die Erhöhung maximal das Doppelte der Mindest- und der Höchstgebühr. Damit ist die **Erhöhungsgebühr** mit **sieben weiteren Auftraggebern** ausgeschöpft. Die Verfahrensgebühr von 1,3 (Nr. 3100 VV RVG) beträgt somit bei

2 Auftraggebern (1 weiterer)	+ 0,3 Erhöhungsgebühr	= 1,6 Verfahrensgebühr
3 Auftraggebern (2 weitere)	+ 0,6 Erhöhungsgebühr	= 1,9 Verfahrensgebühr
4 Auftraggebern (3 weitere)	+ 0,9 Erhöhungsgebühr	= 2,2 Verfahrensgebühr
5 Auftraggebern (4 weitere)	+ 1,2 Erhöhungsgebühr	= 2,5 Verfahrensgebühr
6 Auftraggebern (5 weitere)	+ 1,5 Erhöhungsgebühr	= 2,8 Verfahrensgebühr
7 Auftraggebern (6 weitere)	+ 1,8 Erhöhungsgebühr	= 3,1 Verfahrensgebühr
ab 8 Auftraggebern (7 weitere)	+ 2,0 Erhöhungsgebühr	= 3,3 Verfahrensgebühr

Die Erhöhungsgebühr ist **keine gesonderte Gebühr**, sondern erhöht die Verfahrens- und Geschäftsgebühr. Die Berechnung erfolgt nach dem Betrag, an dem die mehreren Auftraggeber gemeinschaftlich beteiligt sind. Die Haftung eines jeden Auftraggebers ist aber beschränkt auf die für ihn entstehende Gebühr bei alleiniger Auftragserteilung, bei Zugrundelegung des Gebührenrahmens von 1,3 also auf eine 1,3-Gebühr.

Beachte

Die Vertretung mehrerer oder auch aller Miterben löst die Erhöhungsgebühr § 13 RVG, Nr. 1008 VV RVG aus.[8]

---

5 A.A. OLG Koblenz JurBüro 1988, 1162; OLG Frankfurt JurBüro 1982, 858.

6 OLG Stuttgart, Beschl. v. 5.9.1990 – 8 W 419/90, MDR 1990, 1126; OLG Düsseldorf, Beschl. v. 2.7.1996 – 10 W 58/96, MDR 1996, 1300 (Aufgabe der bisherigen gegenteiligen Rechtsprechung).

7 BGH, Beschl. v. 16.3.2004 VIII ZB 114/03, juris.

8 BGH, Beschl. v. 16.3.2004 – VIII ZB 114/03, juris; OLG Düsseldorf, Beschl. v. 28.2.1995 – 10 W 19/95, NJW-RR 1996, 191 zur vergleichbaren Vorschrift des § 6 BRAGO; anders bei der Beratung.

IV. Unterscheidung zur selben Angelegenheit bei mehreren Gegenständen

Handelt es sich nicht um dieselbe Angelegenheiten, aber sind verschiedene Personen mit verschiedenen Gegenständen beteiligt, so wird der Wert der einzelnen Gegenstände, also beispielsweise der verschiedenen Pflichtteilsansprüche der einzelnen Auftraggeber, zusammengerechnet. 7

Seit Inkrafttreten des 2. KostRMOG ist die bisherige Rechtsprechung des BGH[9] umgesetzt worden, der im Anwendungsbereich von § 22 Abs. 2 S. 2 RVG bereits davon ausgegangen war, dass eine Anhebung der Höchstgebühr nur bei mehreren Auftraggebern und verschiedenen Gegenständen in Betracht kommen könne. Vereinzelt war vor der Gesetzesänderung die Auffassung vertreten worden, auch bei demselben Gegenstand werde der Gegenstandswert je Person zwar begrenzt, aber die Begrenzung werde sodann wieder addiert und damit werde bei 3 Auftraggebern der Höchstwert von 30 Millionen trotz desselben Gegenstandes auf 90 Millionen erhöht und der Rechtsanwalt erhalte zugleich die Erhöhung der Verfahrens- und Geschäftsgebühr um je 0,3.[10] 8

Nach der Klarstellung im Wortlaut kommt § 22 Abs. 2 S. 2 RVG jedenfalls nur noch bei unterschiedlichen Gegenständen zur Anwendung.

Auch die Schwellengebühr unterliegt nach Nr. 1008 VV RVG der Erhöhung um 0,3 für jeden weiteren Auftraggeber.[11]

B. Beratung

I. Allgemeines

Zum 1.7.2006 ist die Neufassung des § 34 RVG in Kraft getreten. Grundlage dieser einschneidenden **Änderung des § 34 RVG** ist das Gesetz zur Modernisierung des Kostenrechts vom 5.5.2004, Artikel 5, 8.[12] Seit dem 1.7.2006 lautet die Fassung der Vorschrift des § 34 RVG wie folgt: 9

> ***§ 34 RVG Beratung, Gutachten und Mediation***
> *(1) [1]Für einen mündlichen oder schriftlichen Rat oder eine Auskunft (Beratung), die nicht mit einer anderen gebührenpflichtigen Tätigkeit zusammenhängen, für die Ausarbeitung eines schriftlichen Gutachtens und für die Tätigkeit als Mediator soll der Rechtsanwalt auf eine Gebührenvereinbarung hinwirken, soweit in Teil 2 Abschnitt 1 des Vergütungsverzeichnisses keine Gebühren bestimmt sind. [2]Wenn keine Vereinbarung getroffen worden ist, erhält der Rechtsanwalt Gebühren nach den Vorschriften des bürgerlichen Rechts. [3]Ist im Fall des Satzes 2 der Auftraggeber Verbraucher, beträgt die Gebühr für die Beratung oder für die Ausarbeitung eines schriftlichen Gutachtens jeweils höchstens 250 EUR; § 14 Abs. 1 gilt entsprechend; für ein erstes Beratungsgespräch beträgt die Gebühr jedoch höchstens 190 EUR.*
> *(2) Wenn nichts anderes vereinbart ist, ist die Gebühr für die Beratung auf eine Gebühr für eine sonstige Tätigkeit, die mit der Beratung zusammenhängt, anzurechnen.*

Somit entfielen die Gebührentatbestände der Nr. 2100–2103 VV RVG. Selbstverständlich ist damit nicht der Vergütungsanspruch für die Beratungsleistung entfallen, sondern mit der 10

9 BGH, Beschl. v. 13.12.2011 – II ZR 141/09, juris.
10 OLG Köln, Beschl. v. 26.6.2009 –18 U 108/07, juris; *Schneider/Thiel*, § 3 Rn 149.
11 *Schneider/Thiel*, § 3 Rn 458 ff., 568.
12 BGBl I 2004, S. 718 ff.

Änderung wurde die **Anspruchsgrundlage** für die Vergütung novelliert. Der Rechtsanwalt erhält nach § 612 Abs. 2 BGB die „übliche" Vergütung. Trifft der Anwalt jedoch keine Vereinbarung und ist der Mandant Verbraucher (was im Erbrecht der Regelfall ist), sieht § 34 RVG eine Kappungsgrenze auf maximal 250 EUR netto vor. Gerade im Bereich des Erbrechts ist bereits die Beratung einerseits verhältnismäßig aufwendig, andererseits haftungsträchtig, besonders, wenn sie die Gestaltung einer letztwilligen Verfügung zum Gegenstand hat und umso mehr, wenn später Erbengemeinschaften entstehen. Es ist daher dringend anzuraten, eine Vergütungsvereinbarung zu treffen, die eine angemessene Bezahlung sichert. Gerade in Streit geratene Erbengemeinschaften haben eine geringe Hemmschwelle, auch den zuvor gestalterisch oder in sonstiger Weise beratenden Rechtsanwalt in Streitigkeiten einzubeziehen und den vermeintlich falsch verteilten Nachlass dank der Haftung des Rechtsanwaltes zu vervielfachen.

11 **Beispiel**

Die Geschwister S und T lassen sich vom Rechtsanwalt in der Nachlasssache nach ihrer Mutter beraten, die sowohl Vermögen von 370 TEUR als auch eine Vielzahl von Verbindlichkeiten von insgesamt ca. 35 TEUR hinterlassen hat. Sie sind Erben aufgrund gesetzlicher Erbfolge. Die Beratung erfolgt durch den Rechtsanwalt in Form mehrerer Besprechungen in der Kanzlei des Rechtsanwalts.

Die Geschwister haben sich mehrfach die Empfehlungen des Rechtsanwalts eingeholt, wie sie sich in einer bestimmten Lage verhalten sollen, sie wurden beraten.

Soweit keine Vereinbarung zwischen den Mandaten und dem Rechtsanwalt über die Vergütung im Sinne des § 4 RVG geschlossen worden ist, wird der Rechtsanwalt gemäß § 34 RVG höchstens einen Betrag von 250 EUR als Gebühr abrechnen können. Gemäß § 34 S. 3 RVG greift im vorliegenden Fall die vorgesehene Kappungsgrenze, da die Auftraggeber Verbraucher im Sinne des § 13 BGB sind. Verbraucher im Sinne des Gesetzes ist, wer als natürliche Person einen Beratungsauftrag erteilt, wenn der Auftrag weder einer gewerblichen noch einer selbstständigen beruflichen Tätigkeit zugerechnet werden kann. Eine **Erbengemeinschaft** wird im Regelfall als Verbraucher zu betrachten sein.

12 Es sind nur wenige Konstellationen denkbar, in denen eine Erbengemeinschaft nicht als Verbraucher einzustufen wäre und somit die Kappungsgrenze des § 34 S. 3 RVG nicht greift. Selbst wenn in den Nachlass Gesellschaftsanteile u.Ä. gefallen sein sollten, wird regelmäßig ein einheitlicher Beratungsauftrag vorliegen und die Verbrauchereigenschaft der Erbengemeinschaft im Vordergrund stehen. Auf Art, Umfang, Dauer, Schwierigkeit der anwaltlichen Beratungsleistung kommt es dann nicht mehr an: Die Vergütung ist begrenzt – die Haftung des Anwalts hingegen nicht!

II. Erstes Beratungsgespräch

13 § 34 RVG beschränkt die Höhe der Gebühr auf 190 EUR soweit lediglich ein **erstes Beratungsgespräch** erfolgt ist. Damit wird nicht nur die Vergütung im Rahmen eines **ersten** Beratungsgesprächs gekappt, sondern auch festgelegt, dass es sich um ein **Gespräch** handeln muss. Eine schriftliche erste Auskunft ist von § 34 Abs. 1 S. 3 RVG somit nicht umfasst.

III. Erhöhung gemäß Nr. 1008 VV RVG

14 Nachdem es im RVG nunmehr an einer Beratungsgebühr fehlt und die Beratungsvergütung individuell vereinbart werden soll, entfällt auch die bislang nach herrschender Ansicht für die Beratung mehrerer Auftraggeber entstandene Erhöhung um jeden weiteren Auftragge-

ber. Der von der Erhöhungsgebühr abgegoltene Mehraufwand ist somit bei der zu treffenden Vereinbarung zu berücksichtigen.

IV. Entstehung einer Einigungsgebühr bei der Beratung

Die Gebühren des Teil 1 entstehen entsprechend der Vorbemerkung 1 „**neben** *den in anderen Teilen bestimmten Gebühren*“: 15

Soweit der Rechtsanwalt im Rahmen seiner Beratungstätigkeit am Abschluss eines Vergleichs mitwirkt oder eine andere, die Entstehung einer Einigungsgebühr gemäß Nr. 1000 VV RVG rechtfertigende Tätigkeit vornimmt, entsteht eine Einigungsgebühr. Das ist allerdings umstritten. Es wird vertreten, dass Voraussetzung für eine Einigungsgebühr der Anfall von Betriebsgebühren sei. Hergeleitet wird das aus der Vorbemerkung 1 zu den Gebühren im Teil 1000 VV RVG. Der Anfall einer Betriebsgebühr in Form einer Geschäfts- oder Verfahrensgebühr ist aber nach dem Wortlaut von Nr. 1000 VV RVG nicht Voraussetzung für die Entstehung der Einigungsgebühr.[13]

Vielmehr stellt sich die Frage, ob nicht die notwendige Mitwirkung an einem Vergleich eine Tätigkeit darstellt, die eine Geschäftsgebühr entstehen lässt, denn sie entsteht nach Vorb. 2.3. VV RVG für die Mitwirkung des Rechtsanwaltes an der Gestaltung eines Vertrages. Der Vergleich ist ein Vertrag, durch den der Streit oder die Ungewissheit über ein Rechtsverhältnis beseitigt wird.

Seit dem Inkrafttreten der Änderungen des RVG zum 1.8.2013 durch das 2. KostRMoG ist vorgesehen, dass der Rechtsanwalt im Falle einer Beratung eine Einigungsgebühr in Höhe der Hälfte des in Nr. 2304 VV RVG genannten Betrages erhält.[14] Nr. 2304 VV RVG enthält eine Schwellengebühr. Zu beachten ist, dass der hälftige Betrag der Schwellengebühr wiederum auch dann zu beachten ist, wenn der Rechtsanwalt eine Vereinbarung über die Vergütung im Sinne von § 34 RVG mit seinem Mandanten geschlossen hat.[15] 16

V. Post- und Telekommunikationsentgelte

Die Post- und Telekommunikationsentgelt**pauschale** gemäß Nr. 7002 VV RVG entsteht grundsätzlich dann, wenn dem beratenden Rechtsanwalt bei Ausführung des (bereits erteilten) Auftrags mindestens ein Entgelt entstanden ist.[16] 17

Jedenfalls als entstanden zu betrachten ist die Pauschale im Falle der mündlichen Beratung im Rahmen einer Besprechung, wenn

- der Rechtsanwalt zur Durchführung der Beratung fernmündliche Auskünfte einholt (Anruf beim Nachlassgericht, Anruf beim Testamentsvollstrecker etc.)
- der Rechtsanwalt die Beratung fernmündlich durchführt und hierbei die Anrufe durchführt
- der Rechtsanwalt die erfolgte Beratung – auch unaufgefordert – schriftlich für die Auftraggeber zusammenfasst
- sonstige Erklärungen für den Auftraggeber im Rahmen der Beratung vorbereitet und ihm übersendet

---

13 Einigungsgebühr bejahend: ab 23. Aufl. Gerold/Schmidt, RVG, VV 1000, Rn 10; a.A. OLG München, Beschl. v. 18.3.2009 – 11 WF 812/09 = FamRZ 2009, 1779 = NJW-RR 2009, 1367.

14 *Schneider/Thiel*, § 3 Rn 448.

15 *Schneider/Thiel*, § 3 Rn 450.

16 OLG München JurBüo 1970, 242; LG Berlin JurBüro 1985, 1343.

- dem Auftraggeber nach Beendigung der Beratung seine Unterlagen zurückgesandt werden (Herausgabeverpflichtung im Rahmen des Anwaltsvertrages)
- der Rechtsanwalt den Auftraggeber zur Organisation anruft oder anschreibt, entweder um einen Beratungstermin zu verlegen, Unterlagen oder Informationen erbittet.

Dies entspricht der bislang herrschenden Ansicht. Jedoch kommt eine Pauschale i.H.v. **„20 % der Gebühren“** ohne Vorliegen einer Gebühr ebenfalls nicht mehr in Betracht. Sie ist im Beratungsmandat **nicht berechenbar**, es sei denn, eine Gebühr oder gar Pauschale wurde vereinbart.

Insoweit ist der Rechtsanwalt im Beratungsmandat auf die **Erstattung** von Entgelten für Post- und Telekommunikationsdienstleistungen **in voller** – also in tatsächlich entstandener – **Höhe** gemäß Nr. 7001 VV RVG verwiesen. Sie sind detailliert darzulegen, damit die Entgelte vom Auftraggeber zu erstatten sind.

18 Gemäß § 2 Abs. 2 S. 2 RVG werden die Auslagen weder bei Berechnung in tatsächlicher Höhe noch bei Berechnung der Postpauschale gerundet. Die Auslagen sind dem Mandanten **zuzüglich Umsatzsteuer** zu berechnen.

VI. Gutachten und Mediation

19 Die Einschränkungen des § 34 RVG regeln gleichzeitig die Tätigkeit des Rechtsanwalts als Mediator und für die Erstellung eines Gutachtens. Auch hier ist die Vergütung durch eine Vereinbarung mit dem Auftraggeber oder bei der Mediation mit den Auftraggebern zu regeln.

C. Bestimmung der Höhe der Rahmengebühren

20 Soweit die gesetzlichen Gebühren in einem Rahmen bestimmt sind, ist auf § 14 RVG zur Bemessung der Gebühr zurückzugreifen:

> ***§ 14 RVG Rahmengebühren***
> *(1) [1]Bei Rahmengebühren bestimmt der Rechtsanwalt die Gebühr im Einzelfall unter Berücksichtigung aller Umstände, vor allem des Umfangs und der Schwierigkeit der anwaltlichen Tätigkeit, der Bedeutung der Angelegenheit sowie der Einkommens- und Vermögensverhältnisse des Auftraggebers, nach billigem Ermessen. [2]Ein besonderes Haftungsrisiko des Rechtsanwalts kann bei der Bemessung herangezogen werden. [3]Bei Rahmengebühren, die sich nicht nach dem Gegenstandswert richten, ist das Haftungsrisiko zu berücksichtigen. [4]Ist die Gebühr von einem Dritten zu ersetzen, ist die von dem Rechtsanwalt getroffene Bestimmung nicht verbindlich, wenn sie unbillig ist.*
> *(2) [1]Im Rechtsstreit hat das Gericht ein Gutachten des Vorstands der Rechtsanwaltskammer einzuholen, soweit die Höhe der Gebühr streitig ist; dies gilt auch im Verfahren nach § 495a der Zivilprozessordnung. [2]Das Gutachten ist kostenlos zu erstatten.*

I. Ermessensausübung

21 Welche Höhe die vom Rechtsanwalt zu berechnende Gebühr hat, muss er innerhalb des gesetzlich vorgegebenen Rahmens der einzelnen Gebühren durch Ausübung seines Ermessens bestimmen.

Grundsätzlich ist für diese Ermessensausübung auf die Vorschriften des § 315 BGB zurückzugreifen.

§ 315 BGB Bestimmung der Leistung durch eine Partei
(1) Soll die Leistung durch einen der Vertragsschließenden bestimmt werden, so ist im Zweifel anzunehmen, dass die Bestimmung nach billigem Ermessen zu treffen ist.
(2) Die Bestimmung erfolgt durch Erklärung gegenüber dem anderen Teil.
(3) [1]Soll die Bestimmung nach billigem Ermessen erfolgen, so ist die getroffene Bestimmung für den anderen Teil nur verbindlich, wenn sie der Billigkeit entspricht. [2]Entspricht sie nicht der Billigkeit, so wird die Bestimmung durch Urteil getroffen; das Gleiche gilt, wenn die Bestimmung verzögert wird.

Aus § 315 Abs. 2 BGB ergibt sich, dass der Rechtsanwalt das ausgeübte Ermessen dem Auftraggeber gegenüber erklären muss.

Das ausgeübte Ermessen ist – ohne Erklärung eines Vorbehalts – verbindlich und der Rechtsanwalt ist an die Ermessensausübung gebunden.[17] Danach ist nicht von einer verbindlichen Ermessensausübung auszugehen, wenn sich der Rechtsanwalt eine Änderung der Bestimmung des Rahmens ausdrücklich vorbehält.

Bei der Ermessensausübung muss der Rechtsanwalt alle in § 14 RVG genannten Kriterien für die Bestimmung jeweils im Einzelfall berücksichtigen.

II. Billigkeit und Unbilligkeit

Gemäß § 14 Abs. 1 S. 4 RVG soll die vom Rechtsanwalt getroffene Gebührenbestimmung 22
Dritten gegenüber nicht verbindlich sein, soweit sie unbillig ist. Diese Regelung betrifft den materiell-rechtlichen Erstattungsanspruch gegenüber Dritten (z.B. Gegner oder Rechtschutzversicherung). Die Bestimmung dem Auftraggeber gegenüber ist damit nicht eingeschränkt.

Zur Frage, wann eine Unbilligkeit angenommen wird, gibt es verschiedene, sehr widersprüchliche Theorien. Festgehalten werden kann, dass Unbilligkeit angenommen wird, wenn die Gebührenbestimmung des Rechtsanwalts die als billig zugestandene Gebühr um mehr als 20 % übersteigt.[18] Für die Bestimmung kommt es auf den Einzelfall an, und darauf, dass die Kriterien des § 14 RVG detailliert abgewogen und bestimmt worden sind.

Der Rechtsanwalt trägt die Darlegungs- und Beweislast für die zutreffende Ausübung 23
des Ermessens. Im Falle des Erstattungsanspruchs trifft die Beweislast für die unbillige Ermessensausübung den erstattungspflichtigen Dritten.

Im Streitfall zwischen dem Auftraggeber und dem Rechtsanwalt ist gemäß § 14 Abs. 2 RVG ein Gutachten der Rechtsanwaltskammer über die Gebührenbestimmung und deren Angemessenheit einzuholen. Dies gilt jedoch nur im ordentlichen Gerichtsverfahren. Das Gericht ist jedoch nicht an das Gutachten bei der Entscheidungsfindung gebunden. Beabsichtigt das Gericht die Kürzung der Gebühren, ist die Einholung eines Gutachtens zwingend. Unterbleibt dies entgegen § 14 RVG, kann das einen Verfahrensfehler darstellen, der nach entsprechendem erstinstanzlichen Hinweis des Rechtsanwaltes zu einer Zurückverweisung im Berufungsverfahren führen kann.[19]

---

17 KG JurBüro 2004, 484; OLG Koblenz AGS 2000, 88; BGH NJW 1987, 489; OLG Köln AGS 1993, 34.
18 In Anbetracht der Änderungen bei der Toleranzgrenze kann es insoweit zu Änderungen kommen.
19 RMOLK RVG/*Baumgärtel*, § 14 Rn 16.

III. Bestimmung des Rahmens

1. Allgemeines

24 Gerade in erbrechtlichen Mandaten, die besonders im Zusammenhang mit Erbengemeinschaften umfangreich und nicht selten überdurchschnittlich komplex und kompliziert sein können, muss der Rechtsanwalt die Kriterien für die Bestimmung des Gebührenrahmens kennen, um sie sachgerecht anwenden und seine Tätigkeit angemessen vergüten zu lassen.

Ferner findet sich in den Vorschriften des RVG eine Änderung der ursprünglichen Mittelwerttheorie (Mindestgebühr + Höchstgebühr / 2), z.B. wurde in Nr. 2300 VV RVG bei der Geschäftsgebühr der Mittelwert mit einem Satzrahmen von 1,3 (sog. Schwellengebühr) festgelegt, statt der sich errechnenden 1,5. In der Anmerkung ist weiter festgelegt, dass ein Überschreiten dieses Satzrahmens nur im Falle einer umfangreichen oder schwierigen Tätigkeit zulässig ist.

Im erbrechtlichen Mandat sind dabei die folgenden Kriterien von maßgeblicher Bedeutung für die Bestimmung des Gebührenrahmens nach § 14 RVG:
- Umfang und die Schwierigkeit der anwaltlichen Tätigkeit
- Bedeutung der Angelegenheit
- Einkommens- und Vermögensverhältnisse des Auftraggebers
- besonderes Haftungsrisiko des Rechtsanwalts.

Grundsätzlich sind die Kriterien **konkret im Einzelfall abzuwägen**. Ausgehend von einer durchschnittlichen Tätigkeit ist dann zu prüfen, ob eine Erhöhung oder eine Verringerung der Gebühr im Verhältnis zur Mittelgebühr vorzunehmen ist.

Jedoch müssen für die Erhöhung bis hin zur Höchstgebühr nicht sämtliche Kriterien für eine Überdurchschnittlichkeit der Tätigkeit sprechen.

Für den Ansatz der Höchstgebühr ist es ausreichend, wenn zwei der Bewertungsmerkmale in überdurchschnittlichem Maße vorliegen. So kann trotz unterdurchschnittlicher Vermögensverhältnissen des Auftraggebers bei Vorliegen einer überdurchschnittlich hohen Bedeutung der Angelegenheit die Höchstgebühr angemessen sein.[20]

2. Umfang der anwaltlichen Tätigkeit

25 Dieses Kriterium stellt auf die für die Bearbeitung durch den Rechtsanwalt aufzuwendende Zeit ab. Im Einzelnen ist zu klären, ob überdurchschnittlich viel Zeit im Vergleich zu anderen, nicht nur erbrechtlichen, Mandaten erforderlich war. Der überwiegend im Erbrecht tätige Rechtsanwalt muss also nicht diese zweifelsohne im Vergleich zu anderen Rechtsgebieten aufwendige Materie nur mit dieser vergleichen, sondern darf sein Mandat, da das RVG für alle Rechtsgebiete Anwendung findet, natürlich auch mit weniger arbeitsintensiven Rechtsgebieten, wie beispielsweise dem Arbeitsrecht oder dem schlichten Forderungseinzug vergleichen. Hierbei kann berücksichtigt werden, dass
- eine **umfangreiche Vorarbeit** durch den beauftragten Rechtsanwalt, z.B. für das Studium einer umfangreichen Nachlassakte oder von umfangreichem Schriftverkehr bzw. Vorkorrespondenz oder von umfangreichen, mehrseitigen Verfügungen von Todes wegen, Erbverträgen etc. zur Einarbeitung in die Angelegenheit erforderlich gewesen ist (nicht aber der Aufwand, der erforderlich ist, um sich selbst fortzubilden, weil der Rechtsanwalt

20 OLG Hamm JurBüro 1999, 525.

sonst nicht im Erbrecht tätig ist und daher zunächst Grundlagen erarbeitet werden müssen)
- Umfang zu prüfender Beiakten (mehrere gerichtliche Nachlassakten von involvierten Nachlässen, Vor- und Nacherbschaftsangelegenheiten)
- eine überdurchschnittliche **Vielzahl und/oder langandauernde Besprechungen** (wie Besprechungstermine, telefonische Besprechungen, Besichtigungen vor Ort, Verhandlungsgespräche) im Rahmen der Bearbeitung des Mandats erforderlich gewesen sind
- ein **Verfahren über mehrere Jahre** andauert, insbesondere dann, wenn die Dauer des Verfahrens auf das Verhalten der Beteiligten zurückzuführen ist und z.B. die Aufklärung des Sachverhalts erschwert worden ist
- ein **überdurchschnittlicher zeitlicher Aufwand** innerhalb des Mandatsverhältnis erforderlich gewesen ist, um z.B. einen „intellektuell minderbegabten" Auftraggeber vollumfänglich zu unterrichten, von diesem informiert zu werden und Besprechungen über die Vorgehensweise durchzuführen.

Aus dem Vorstehenden wird ersichtlich, dass die Bestimmung des Umfangs der anwaltlichen Tätigkeit im Einzelfall nur möglich ist, wenn detaillierte Aktenaufzeichnungen ein vollständiges Bild darstellen. Insbesondere bei der Vertretung einer Erbengemeinschaft oder einzelner Miterben ist es sehr wahrscheinlich, dass der Umfang der anwaltlichen Tätigkeit überdurchschnittlich ist. In der Regel werden mehrere Gespräche mit dem Auftraggeber oder Besprechungen mit der Erbengemeinschaft erforderlich sein, und diese sollten möglichst genau, insbesondere auch mit Blick auf den Zeitaufwand, dokumentiert werden.

3. Schwierigkeit der anwaltlichen Tätigkeit

Zu unterscheiden ist hier die rechtliche und die tatsächliche Schwierigkeit der Tätigkeit. 26

Von einer **rechtlich schwierigen Tätigkeit** ist auszugehen, wenn eine besondere Einarbeitung in seltene Rechtsgebiete erforderlich gewesen ist oder besondere rechtliche Problemstellungen zu klären sind. Die Anforderungen an die anwaltliche Tätigkeit sollen hier überdurchschnittlich sein, wobei eine Spezialisierung auf einem Rechtsgebiet nichts daran ändert, dass es sich um ein überdurchschnittlich schwieriges Rechtsgebiet handelt. Bei Vorliegen von besonderen Qualifikationen ist umso mehr bei der Bewertung der rechtlichen Schwierigkeit eine durchschnittliche Anwaltstätigkeit zum Vergleich herauszuziehen, so dass bereits eine besondere Qualifikation des Rechtsanwalts (Fachanwalt für Erbrecht) die Erhöhung der Gebühr rechtfertigen kann.

Eine **tatsächlich schwierige Tätigkeit,** also eine fachlich intensive Tätigkeit, ist bspw. in den Fällen zu bejahen, wenn sprachliche Verständigungsschwierigkeiten zwischen dem Rechtsanwalt und seinem Auftraggeber oder weiteren Beteiligten vorliegen. Insbesondere auch wenn z.B. Besprechungen mit ausländischen Miterben oder Beteiligten oder gar Verfahren im Ausland (Grundstücksveräußerungen im Ausland, erforderliche Gerichtsverfahren im Ausland etc.) vom Rechtsanwalt durchzuführen sind, die Hinzuziehung von Dolmetschern oder eigene Fremdsprachenkenntnisse erforderlich werden. Häufig sind auch Fachgutachten auf Spezialgebieten vom Rechtsanwalt zu würdigen, z.B. Grundstücksbewertungsgutachten mit Blick auf die verschiedenen möglichen Bewertungsverfahren, Verkehrswertgutachten von Nachlassinventar (Numismatikern, Philatelisten, Kunstfachleuten),auch medizinische oder psychologische/psychiatrische Sachverständigengutachten über die Testierfähigkeit des Erblassers, graphologische Gutachten von Schriftsachverständigen, Unternehmensbewertungen, die Kenntnisse in Bilanzierung und Steuerrecht voraussetzen, etc. 27

4. Bedeutung der Angelegenheit für den Auftraggeber

28 Bei der Bestimmung der Bedeutung der Angelegenheit kommt es in jedem Einzelfall auf das subjektive Empfinden des Auftraggebers an. Somit ist die tatsächliche Bedeutung der Nachlassangelegenheit ebenso ausschlaggebend, wie die wirtschaftliche und ideelle Bedeutung maßgeblich ist. In Nachlassangelegenheiten ist davon auszugehen, dass häufig eine hohe wirtschaftliche Bedeutung der Angelegenheit für den Auftraggeber vorliegt, häufig aber ist auch von einer hohen ideellen Bedeutung auszugehen. Jedoch kommt es auf die Einzelfallprüfung an.

Erhöht sich die Bedeutung für den Auftraggeber durch die Bedeutung der Nachlasssache für Dritte, so wirkt auch dies bewertungserhöhend.

Verfahrensfolgen, die sich aus dem Ausgang der Angelegenheit für den Auftraggeber ergeben, sind dann zu berücksichtigen, soweit sie **nur** den subjektiven Lebensbereich des Auftraggebers betreffen. Von einer überdurchschnittlichen Bedeutung ist auszugehen, soweit Auswirkungen auf die wirtschaftlichen Verhältnisse oder die gesellschaftliche Stellung des Auftraggebers vorliegen.[21] Zu beachten sind also auch die Stellung des Auftraggebers im öffentlichen Leben, das Ansehen bzw. der Name und die Auswirkungen wirtschaftlicher Art auf ein Unternehmen oder auf Angehörige.[22]

Ferner sind in der Rechtsprechung Streitigkeiten über Dauerrenten und die Führung eines Musterverfahrens zur Klärung von Vorfragen als bewertungserhöhend anerkannt. Beides kann auf Nachlasssachen übertragen werden, etwa wenn ein Anspruch auf eine monatliche Rente aufgrund entsprechender testamentarischer Verfügung streitig gegen den Erben oder eine Erbengemeinschaft durchgesetzt werden soll.

5. Einkommens- und Vermögensverhältnisse des Auftraggebers

29 Bei der Bewertung der Einkommens- und Vermögensverhältnisse des Auftraggebers gilt ein einfacher Grundgedanke: Der (sehr) vermögende Auftraggeber soll eine höhere Vergütung schulden, als der Auftraggeber mit durchschnittlichen Einkommens- und Vermögensverhältnissen. Zeitpunkt der Beurteilung eines etwaigen Einflusses auf den Gebührenrahmen bei der Gebührenbestimmung ist die Fälligkeit der Vergütung. Jedoch ist natürlich nicht davon auszugehen, dass ein Auftraggeber mit durchschnittlichen finanziellen Verhältnissen aufgrund eines durchgesetzten Nachlassanspruches mit dann hohen oder höheren Vermögensverhältnisses nun auch eine hohe Vergütung schuldet. Dieser Umstand kann lediglich im Rahmen der Bedeutung der Angelegenheit berücksichtigt werden. Grundsätzlich soll daher auf den Zeitpunkt der Auftragserteilung abzustellen sein, insbesondere auch, wenn sich bis Ende des Mandats die Vermögensverhältnisse verbessern.[23]

Anders sieht dies jedoch das LG Bayreuth, nach dem auf die Entwicklung der Vermögensverhältnisse während der gesamten Angelegenheit abzustellen sei.[24] Auch hier dürfte aber die oben genannte Einschränkung gelten, dass die Verbesserung nicht aus dem Mandat selbst resultieren darf.

---

21 RMOLK RVG/*Baumgärtel*, § 14 Rn 9 m.w.N.

22 *Hartmann*, Kostengesetze, § 12 Rn 4.

23 OLG Düsseldorf, Beschl. v. 4.6.2009 – I-24 U 111/08, juris; LG Krefeld JurBüro 1976, 64.

24 LG Bayreuth JurBüro 1985, 1187.

6. Besonderes Haftungsrisiko des Rechtsanwalts

In Nachlassangelegenheiten mit einem hohen Gegenstandswert ist nahezu grundsätzlich von einem erhöhten Haftungsrisiko auszugehen. Ebenso liegt bei besonderen rechtlichen Schwierigkeiten für den Rechtsanwalt ein erhöhtes Haftungsrisiko vor. Soweit eine Haftungsbegrenzungsvereinbarung mit dem Auftraggeber geschlossen worden ist, sollte das verbleibende Haftungsrisiko trotzdem im Einzelfall geprüft werden. Eine solche Vereinbarung wird regelmäßig dann geschlossen werden, wenn von einem außerordentlich hohen Risiko für den Rechtsanwalt auszugehen ist. Denn selbst hier wird die Begrenzung regelmäßig auf einen verhältnismäßig hohen Betrag abgeschlossen, der wiederum verglichen mit durchschnittlichen Angelegenheiten als hoch anzusehen sein wird. 30

Die Berücksichtigung dieses Kriteriums ist hinsichtlich Satzrahmengebühren als Kann-Bestimmung formuliert. Bei Betragsrahmengebühren soll es unbedingt berücksichtigt werden, vgl. § 14 Abs. 1 S. 2 und 3 RVG.

Das Haftungsrisiko ist jedoch nicht nur dann hoch, wenn der Gegenstandswert der Angelegenheit dies auch ist. Ein hohes Risiko kann sich insbesondere auch aus dem Umfang und der Schwierigkeit der Angelegenheit ergeben, so dass das Haftungsrisiko immer auch mit Blick auf die anderen Kriterien zu betrachten ist.[25]

7. Toleranzgrenze?

Streitig diskutiert wird weiterhin die Anwendung einer Toleranzgrenze von 20 %, die der gerichtlichen Überprüfung entzogen sein soll. 31

Hierzu haben die Gerichte in den vergangenen Jahren höchst widersprüchlich entschieden. Zunächst wurde die Toleranzgrenze teilweise abgelehnt, dann durch den BGH[26] anerkannt. Die Instanzgerichte lehnten die Toleranzgrenze hingegen weiterhin ab. Letztlich entschied der BGH aber, dass auch die 20 % Toleranz der gerichtlichen Überprüfung nicht entzogen seien.[27] Mit Blick auf die höchst streitige Rechtsprechung und die hieran geäußerte Kritik, ist an der Toleranzgrenze festzuhalten.[28]

Für die erbrechtliche Tätigkeit, besonders im Zusammenhang mit Erbengemeinschaften, dürfte es hierauf hingegen kaum ankommen, denn diese Tätigkeit ist in der Regel sowohl umfangreich als auch schwierig. Es verbleibt auch hier bei der Schwellengebühr von 1,3. Der Rechtsanwalt hat bei Überschreiten von 1,3 darzulegen und zu beweisen, dass die Angelegenheit überdurchschnittlich schwierig oder umfangreich war. Hingegen trifft den Auftraggeber die Darlegungs- und Beweislast für die Unterdurchschnittlichkeit, die eine geringere Gebühr als 1,3 zur Folge haben könnte.

IV. Höhe der Geschäftsgebühr im erbrechtlichen Mandat

Gemäß Nr. 2300 VV RVG beträgt die Geschäftsgebühr 0,5 bis 2,5. In der Anmerkung zu Nr. 2300 VV RVG findet sich die Einschränkung: *„Eine Gebühr von mehr als 1,3 kann nur gefordert werden, wenn die Tätigkeit umfangreich oder schwierig war.“* Damit hat der Gesetzgeber vorgegeben, welche der in § 14 RVG genannten Kriterien **einzig** zur Erhöhung der Geschäftsgebühr über den vorgegebenen Wert von 1,3 führen können. 32

25 RMOLK RVG/*Baumgärtel*, § 14 Rn 12.
26 BGH AnwBl 2011, 402; 2012, 220 ff.
27 BGH, Urt. v. 11.7.2012, VIII ZR 323/11, juris.
28 *Bredemeyer*, ZErb 2012, 180 ff.

33 Im Rahmen der Abwicklung eines erbrechtlichen Mandats wird unter Berücksichtigung der Kriterien des § 14 Abs. 1 RVG lediglich ausnahmsweise eine geringere Gebühr als eine 2,5-fache Gebühr anzusetzen sein: Die Tätigkeit des Rechtsanwalts für oder gegen eine Erbengemeinschaft oder gar die Tätigkeit im Rahmen der Auseinandersetzung ist rechtlich regelmäßig **schwierig und umfangreich**. Erbrecht ist grundsätzlich ohnedies ein Gebiet, das intensive Kenntnis der Spezialmaterie verlangt und bereits aus diesem Grunde eine höhere Gebühr innerhalb des Gebührenrahmens rechtfertigt. Die Bedeutung der Angelegenheit wird für den Auftraggeber regelmäßig ebenfalls überdurchschnittlich sein: Es ist für ihn keine „Angelegenheit des täglichen Lebens“, vielmehr geht es für ihn um eine rechtliche und tatsächliche Ausnahmesituation. Meist wird – ungeachtet der Einkommens- und Vermögensverhältnisse des Auftraggebers, § 14 Abs. 1 RVG – allein bereits der Umfang der Sache eine Erhöhung der Gebühren bis zur 2,5-fachen Gebühr rechtfertigen. Denn Auseinandersetzungen mit einer Erbengemeinschaft erfordern aufgrund der unterschiedlichen Zielvorstellungen einen erheblichen Aufwand des Rechtsanwalts.[29]

D. Gestaltung

I. Erbvertrag, Testament und Erbauseinandersetzungsvertrag

34 Bei Vertretung des Erblassers oder eines oder mehrerer Erben einer Erbengemeinschaft ist die Gestaltung eines **Erbvertrages** oder eines **Erbauseinandersetzungsvertrages** häufig Gegenstand des anwaltlichen Auftrages.

1. Erbvertrag

35 Anders als bei der umstrittenen Vergütung bei der Erstellung eines Testaments, die nach dem Wortlaut von Vorbem. 2.3 Abs. 3 nicht zu einer Geschäftsgebühr führen soll,[30] ist für die **Erstellung bzw. Mitwirkung am Abschluss eines Erbvertrags** regelmäßig von der Entstehung der Geschäftsgebühr gemäß Vorbem. 2.3 Abs. 3 entsprechend den Vorschriften der Nr. 2300 VV RVG auszugehen. Somit entsteht für diese Tätigkeit eine Gebühr von 0,5 bis 2,5. Zur Bestimmung der Gebühr in dem gesetzlich vorgegebenen Rahmen ist § 14 RVG ausschlaggebend.

2. Testament

36 Die Vergütung der anwaltlichen Tätigkeit bei der Errichtung von Testamenten ist umstritten,[31] denn es soll mangels Außenwirkung keine Geschäftsgebühr ausgelöst werden. Vielmehr soll es sich bei dieser Tätigkeit um eine reine Beratung handeln, mit der Folge, dass die Abrechnung einer über eine Erstberatungsgebühr hinausgehenden Tätigkeit einer Vergütungsvereinbarung bedarf.[32] Überzeugend erscheint diese Auffassung nicht, denn – wenn auch verzögert – entfaltet auch oder gerade ein Testament Wirkungen gegenüber Außenstehenden. Anders soll die Situation bei der Errichtung von zwei aufeinander abge-

29 Damrau/Tanck//*Rißmann*, § 2032 Rn 27; vgl. hierzu auch *Bredemeyer*, ZErb 2012, 180 ff.

30 Vgl. zum Streitstand AG Hamburg-Altona, Urt. v. 6.11.2007 – 316 C 85/07, juris; *Enders*, Rn 558, 560; *Schneider*, AGS 2006, 60 f.

31 *Bischof/Jungbauer*, Vorbem 2.3 Rn 40 ff.; Hartung/Schons/Enders/*Schons*, RVG, Vorb. 2.3 VV Rn 21 f; Gerold/Schmidt/*Mayer*, RVG, § 34 Rn 14 und Nr. 2300 VV Rn 17; *Hartmann*, Nr. 2300 VV RVG Rn 1; *Madert*, AGS 2005, 2, 5; *Schneider*, AGS 2006, 60.

32 *Schneider*, ErbR 2018, 193.

stimmten Testamenten sein, die so gestaltet sind, dass der Widerruf des einen auch den des anderen zur Folge hat. Das soll eine Geschäftsgebühr entstehen lassen.[33] Der BGH[34] hat die Frage, ob Beratungs- oder Geschäftsgebühren entstehen, zwischenzeitlich entschieden. Danach soll weder der Entwurf eines Testaments noch die Gestaltung zweier aufeinander abgestimmter Testamente die Abrechnung einer Geschäftsgebühr rechtfertigen. Der BGH führt dazu in den Urteilsgründen aus: *„Eine Geschäftsgebühr nach Nr. 2300 VV RVG wird in diesem Fall jedoch nur ausgelöst, wenn sich die Mitwirkung auf einen Vertrag bezieht. Dessen Ausrichtung auf eine andere Vertragspartei rechtfertigt die gebührenrechtliche Gleichbehandlung mit dem Fall, dass der Rechtsanwalt selbst nach außen tätig werden soll.“* Das sei bei einem Testament nicht der Fall. Dabei bleibt unberücksichtigt, dass Testamente regelmäßig zwar nicht sofort, aber langfristig eine Außenwirkung entfalten und gerade mit dieser Zielrichtung errichtet werden und Rechtsverhältnisse am Nachlass des Erbblassers im Verhältnis zu Dritten, den Erben, Pflichtteilsberechtigten oder Gläubigern, (unabänderlich) regeln.

3. Erbauseinandersetzungsvertrag

Der Erbauseinandersetzungsvertrag ist im außergerichtlichen Tätigkeitsbereich bei der Vertretung eines oder mehrerer Miterben ein sehr häufiger Mandatsgegenstand: Entweder lautet der dem Rechtsanwalt erteilte Auftrag, den/die Auftraggeber als Miterben bei der Auseinandersetzung der Erbengemeinschaft zu vertreten und einen Auseinandersetzungsvertrag zu entwerfen oder den/die Auftraggeber beim Abschluss des Vertrages zu vertreten. 37

Die üblichen Tätigkeiten sind
- die Informationsbeschaffung und
- die Prüfung der rechtlichen Voraussetzungen (Ermittlung der der Erbengemeinschaft zugrunde liegenden Erblasserverfügung(en) in tatsächlicher und rechtlicher Hinsicht oder der zugrunde gelegten gesetzlichen Erbfolge)
- die Vertretung des/der Auftraggeber nach außen gegenüber den weiteren Miterben und
- die Besprechung der Rechtslage und der Möglichkeiten einer außergerichtlichen Auseinandersetzung der Erbengemeinschaft mit den Miterben. Hinzu kommt regelmäßig
- die Vertretung/Begleitung des/der Auftraggeber beim Vertragsschluss z.B. vor einem Notar oder dem Gericht.

Die Geschäftsgebühr stellt hierbei die sog. Betriebsgebühr dar. Daneben können „die Allgemeinen Gebühren“ des ersten Teils des VV RVG entstehen:
- die Einigungsgebühr, Nr. 1000 VV RVG
- die Erhöhungsgebühr, Nr. 1008 VV RVG
- die Hebegebühr, Nr. 1009 VV RVG
- die Terminsgebühr, Nr. 3104 VV RVG, soweit ein Klageauftrag vorlag.

a) Vertretung

Beispiel 38

Der Rechtsanwalt wird beauftragt, Auftraggeber M als Miterben bei der Teilung einer Erbengemeinschaft bestehend aus fünf Personen zu vertreten. Die Vermögensverhältnisse des Auftraggebers sind durchschnittlich. Das Testament ist lückenhaft und auslegungsbedürftig formuliert. Im Nachlass befindet sich eine Immobilie und Bar- und

33 LG Wiesbaden, Urt. v. 12.4.2017, 5 S 33/16, juris.
34 BGH, Urt. v. 22.2.2018 – IX ZR 115/17, juris.

Depotvermögen. Im Testament des Erblassers sind verschiedene Auflagen und Vermächtnisse sowohl zugunsten von Miterben als auch anderer Dritter ausgesetzt. Der auf den Auftraggeber entfallende Wert des Nachlasses wird auf rd. 2 Mio. EUR geschätzt.

Unterstellt, dass Umfang und Schwierigkeit eine Erhöhung der Gebühren über den Mittelwert von 1,5 rechtfertigen, wäre die gesetzliche Vergütung wie folgt zu berechnen:

Vergütungsrechnung:

Gegenstandswert: 2.000.000 EUR	
2,0 Geschäftsgebühr §§ 13, 14 RVG, Nr. 2300 VV RVG	14.992,00 EUR
Pauschale für Post und Telekommunikation Nr. 7002 VV RVG	20,00 EUR
19 % Umsatzsteuer Nr. 7008 VV RVG	2.852,28 EUR
Summe	**17.864,28 EUR**

Der Ansatz der 2,0-Geschäftsgebühr sollte hier jedenfalls angenommen werden. Mit Blick auf den Umfang und die Schwierigkeit wird regelmäßig – und auch wegen des seinerzeitigen Entfallens der Besprechungsgebühr nach der früheren BRAGO-Vorschrift § 118 Abs. 1 Nr. 2 BRAGO – eine höhere Gebühr bis hin zur Höchstgebühr gerechtfertigt sein.

39 **Beispiel**

Der Auftrag des Rechtsanwalts endet, bevor die Erbauseinandersetzung abschlossen worden ist.

Es ist hier zu prüfen, ob Umfang und Schwierigkeit die Gebührenbemessung noch rechtfertigen. Ist der Rechtsanwalt nur sehr kurze Zeit mit dem Mandat betraut, wird sich die Gebühr i.H.v. 2,0 nicht rechtfertigen lassen, so dass von einer 1,3–1,5 Gebühr auszugehen wäre.

Vergütungsrechnung:

Gegenstandswert: 2.000.000 EUR	
1,3 Geschäftsgebühr §§ 13, 14 RVG, Nr. 2300 VV RVG	9.744,80 EUR
Pauschale für Post und Telekommunikation Nr. 7002 VV RVG	20,00 EUR
19 % Umsatzsteuer Nr. 7008 VV RVG	1.855,31 EUR
Summe	**11.620,11 EUR**

b) Vertretung und Vergleichsabschluss

40 **Beispiel**

Die Miterben einigen sich durch Abschluss eines notariellen Erbauseinandersetzungsvertrages auf bestimmte Erbenstellungen und die vollständige Veräußerung des Nachlasses (Immobilie, Münzsammlung, Depotvermögen) und legen vertraglich die Veräußerung bzw. Wertermittlung zur Veräußerung fest. Der Rechtsanwalt nimmt nach Abschluss des Vertrages den auf den Auftraggeber entfallende Miterbenanteil entgegen.

Soweit der Rechtsanwalt an der Erarbeitung des Vertrages mitgewirkt hat und dieser später geschlossen wird, ist eine Einigungsgebühr gemäß Nr. 1000 VV RVG entstanden.

Gemäß Nr. 1000 Abs. 3 VV RVG entsteht die Einigungsgebühr jedoch grundsätzlich auch dann, wenn der **Vergleich** bei Auftragserteilung **bereits geschlossen** worden ist, dieser jedoch noch widerrufen werden kann oder gar unter einer **aufschiebenden Bedingung** geschlossen worden ist. Die Gebühr entsteht in dem Augenblick, *„wenn die Bedingung eingetreten oder der Vergleich nicht mehr widerrufen werden kann"*.

Vergütungsrechnung:	
Gegenstandswert: 2.000.000 EUR	
2,0 Geschäftsgebühr §§ 13, 14 RVG, Nr. 2300 VV RVG	14.992,00 EUR
1,5 Einigungsgebühr § 13 RVG, Nr. 1000 VV RVG	11.244,00 EUR
Pauschale für Post und Telekommunikation Nr. 7002 VV RVG	20,00 EUR
19 % Umsatzsteuer Nr. 7008 VV RVG	4.988,64 EUR
zu zahlender Betrag	**31.244,64 EUR**

Die Terminsgebühr kann bei Einschaltung eines Terminsvertreters im gerichtlichen Verfahren zweimal anfallen, wenn dieser einen Verhandlungstermin wahrnimmt und danach im schriftlichen Verfahren nach § 278 Abs. 6 ZPO unter Mitwirkung des (Haupt-)Prozessbevollmächtigten ein Vergleich geschlossen wird. Für den Terminsvertreter entsteht die Terminsgebühr nach Nr. 3402 VV RVG und für den Hauptbevollmächtigten gesondert nach Nr. 3104 Abs. 1 Nr. 1 VV RVG.[35]

c) Terminsgebühr im außergerichtlichen Mandat

Sind die außergerichtlichen Bemühungen zur Auseinandersetzung der Erbengemeinschaft gescheitert und erhält der Rechtsanwalt einen Auftrag, den Anspruch auf Auseinandersetzung gerichtlich durchzusetzen, entstehen für die weitere Tätigkeit die Gebühren des 3. Teils. Soweit eine Besprechung zur Vermeidung einer solchen gerichtlichen Auseinandersetzung stattfindet, entsteht damit auch die Terminsgebühr entsprechend der Vorbem. 3 Abs. 3 RVG *„(...) Die Terminsgebühr entsteht für (...) die Mitwirkung an auf die Vermeidung oder Erledigung des Verfahrens gerichteten Besprechungen auch ohne Beteiligung des Gerichts; dies gilt nicht für Besprechungen mit dem Auftraggeber. (...)"*. Erfolgt im Rahmen dieser Besprechungen mit den Miterben eine Einigung hinsichtlich der Auseinandersetzung der Erbengemeinschaft, wäre folgende Berechnung der Vergütung vorzunehmen (vgl. Beispiel): 41

Vergütungsrechnung:	
Gegenstandswert: 2.000.000 EUR	
2,0 Geschäftsgebühr §§ 13, 14 RVG, Nr. 2300 VV RVG	14.992,00 EUR
0,8 Vorzeitige Beendigung des Auftrags § 13 RVG, Nr. 3101 Nr. 1, Nr. 3100 VV RVG	5.996,80 EUR
0,75 Anrechnung gem. Vorbem. 3 Abs. 4 VV RVG aus Wert 2.000.000 EUR	– 5.622,00 EUR
– Pauschale Nr. 7002 VV RVG in Höhe von 20 EUR bleibt bestehen –	
1,2 Terminsgebühr § 13 RVG, Nr. 3104 VV RVG	8.995,20 EUR
1,5 Einigungsgebühr § 13 RVG, Nr. 1000 VV RVG	11.244,00 EUR
Pauschale für Post und Telekommunikation Nr. 7002 VV RVG	40,00 EUR
19 % Umsatzsteuer Nr. 7008 VV RVG	6.772,74 EUR
Summe	**42.418,74 EUR**

35 OLG Celle, Beschl. v. 4.7.2018 – 21 WF 163/17, juris.

Es ist daher erforderlich, dass der – nach erfolgloser außergerichtlicher Tätigkeit – erteilte Klageauftrag dokumentiert ist. Es bietet sich also ein klärendes Schreiben oder eine deutliche Formulierung im Rahmen eines Auftragsbestätigungsschreibens oder der erteilten Vollmachtsurkunde an.

d) Hebegebühr

42 Der Rechtsanwalt nimmt nach Abschluss des Vertrages den auf den Auftraggeber entfallende Miterbenanteil entgegen und leitet ihn ohne Abzug an den Auftraggeber weiter.

Das Entstehen der Hebegebühr setzt einen gesonderten Auftrag voraus. Abgegolten werden die Entgegennahme und Verwahrung bis hin zur Auszahlung des verwahrten Betrages. Die Gebühr entsteht jedoch erst bei Aus- oder Rückzahlung des Betrages und wird erst hier fällig. Es handelt sich um eine gesonderte Angelegenheit, so dass auch für diese Gebühr eine Post- und Telekommunikationspauschale gesondert entsteht. Dem Rechtsanwalt entstehende Kosten und Gebühren, z.B. bei der Bank, sind nicht gesondert zu erstatten.

Vergütungsrechnung:

Gegenstandswert: 2.000.000 EUR	
Hebegebühr Nr. 1009 VV RVG	5.037,50 EUR
Pauschale für Post und Telekommunikation Nr. 7002 VV RVG	20,00 EUR
19 % Umsatzsteuer Nr. 7008 VV RVG	960,93 EUR
Summe	**6.018,43 EUR**

II. Entwurf eines Verfügungsvertrages über einen Erbteil, § 2033 BGB

43 Ist der Rechtsanwalt mit dem Entwurf des Verfügungsvertrages oder dessen Prüfung beauftragt, so fällt eine Geschäftsgebühr gemäß § 13 RVG, Nr. 2300 VV RVG und keine Ratsgebühr gemäß § 13 RVG, Nr. 2100 VV RVG an.

E. Beschwerdeverfahren nach dem FamFG

44 Regelmäßig umfasst die anwaltliche Tätigkeit auch die Vertretung der Erbengemeinschaft oder einzelner Mitglieder bei der Feststellung der Erbenstellung. Dazu kann es erforderlich sein, Feststellungsklage zu erheben. Zunächst wird allerdings, wenn nicht ein notarielles Testament vorliegt, das zum Tragen kommt, ein Erbscheinsantrag zu stellen und die Erbenstellung gegebenenfalls in diesem Verfahren streitig zu ermitteln sein. Für das erstinstanzliche Verfahren fallen dabei die übliche Verfahrens- und Terminsgebühr an. Sie sollen hier nicht genauer erörtert werden, weil sich keine Besonderheiten ergeben.

45 Eine Besonderheit ergab sich hingegen nach Inkrafttreten des RVG und des FamFG.

Durch die Neuregelungen des FamFG ist für Beschwerden in Nachlasssachen nicht mehr das Landgericht, sondern nunmehr das Oberlandesgericht zuständig. Nach der herrschenden Rechtsprechung seit Inkrafttreten des RVG erhält der Rechtsanwalt im Beschwerdeverfahren in Nachlasssachen seine Gebühren nach den Nrn. 3500 ff. VV RVG und nicht nach den Nrn. 3100, 3200 VV RVG.[36] Die Diskussion wurde durch die Neueinführung des

36 LG Bamberg AGS 2006, 595.

FamFG wiederbelebt, allerdings änderte sich hierdurch an der Gebührenhöhe nichts. Der Rechtsanwalt erhält im Beschwerdeverfahren nur eine 0,5 Verfahrensgebühr. Zuletzt hat das OLG Köln[37] die bisherige Rechtsprechung bestätigt, wonach der Rechtsanwalt nicht eine 1,6-Gebühr, sondern nur eine 0,5 Verfahrensgebühr nach Nr. 3500 VV RVG verlangen kann. Seit Inkrafttreten des RVG wurde immer wieder diskutiert, ob es sich möglicherweise bei der fehlenden Nennung der Beschwerde in Erbscheinverfahren um eine planwidrige Lücke von Nr. 3200 VV RVG handele und deshalb die Nrn. 3200 ff. VV RVG analog anzuwenden seien.[38] Das wird allerdings in Literatur und Rechtsprechung abgelehnt. Der Gesetzgeber habe vielmehr die Problematik gesehen und es nicht für erforderlich gehalten, das Nachlassverfahren höher zu bewerten, trotz der oft schwierigen Materie.[39] Das OLG Köln hat jetzt nochmals klargestellt, das aus Nr. 3200 VV RVG in Verbindung mit der Vorbemerkung 3.2.1. nicht zu entnehmen sei, dass das Beschwerdeverfahren gemäß § 58 FamFG eine Verfahrensgebühr von 1,6 verursache. Eine entsprechende Anwendung der Vorschrift kommt nicht in Betracht. Das wäre nur dann sachgerecht, wenn es sich bei dem Erbscheinverfahren um ein Verfahren handeln würde, dass mit den in der Vorschrift enumerativ genannten vergleichbar wäre. Den genannten Verfahren ist gemeinsam, dass sie in der Hauptsache ein streitiges Verfahren betreffen, das vergleichbar ist mit einem Berufungsverfahren. Das hatte das OLG hier abgelehnt mit Verweis auf die Entscheidung des BGH.[40] Der BGH hatte in Bezug auf ein Notarbeschwerdeverfahren die Gleichbehandlung mit streitigen Verfahren und eine Anwendbarkeit von Nr. 3200 VV RVG auf die nicht ausdrücklich genannten Verfahren abgelehnt. Er hatte dies im Ergebnis damit begründet, dass eine abschließende Klärung des Rechtsverhältnisses der Parteien in diesen Verfahren nicht erfolge. In seiner Begründung hatte der BGH auch darauf abgestellt, dass nicht notwendigerweise an dem dortigen Verfahren Parteien mit widerstreitenden Interessen beteiligt wären. Diese Begründung hat das OLG Köln für das Erbscheinverfahren angewandt. Es hat damit die Rechtsprechung zur 0,5-Verfahrensgebühr im Erbscheinverfahren, entgegen den Stimmen aus der Anwaltschaft, wonach auch eine Beschwerde im Erbscheinverfahren mit einem streitigen Verfahren hinsichtlich Arbeitsaufwand und Interessenlage vergleichbar sei, aktualisiert. Im Beschwerdeverfahren fällt also nur die 0,5-Verfahrensgebühr an.[41] Nach Nr. 2 Buchst. b ist der Unterabschnitt nicht nur anzuwenden auf FamFG-Sachen aus dem Bereich des Familienrechts oder in Landwirtschaftssachen, sondern auf alle Endentscheidungen in Angelegenheiten der freiwilligen Gerichtsbarkeit.[42] Damit erhält der Rechtsanwalt im Erbscheinsverfahren in 2. Instanz die gleichen Gebühren wie im Berufungsverfahren.

Die Kostentragungspflicht richtet sich nach § 81 FamFG. Danach kann das Gericht den Beteiligten die Kosten nach billigem Ermessen auferlegen oder auch von der Erhebung von (Gerichts-)kosten absehen. Das Gericht entscheidet hierüber von Amts wegen. Eines Antrages bedarf es nicht. Enthält die Entscheidung keinen Kostenausspruch, soll hierin eine stillschweigende Entscheidung dazu enthalten sein, dass Kosten nicht erstattet werden und jeder seine Anwaltskosten sowie derjenige die Gerichtskosten zu tragen hat, der nach dem GNotKG bzw. FamGKG Kostenschuldner ist.[43] 46

37 OLG Köln, Beschl. v. 19.1.2011 – I-2 Wx 6/11, juris.
38 *Kuther*, ZErb 2006, 37.
39 OLG München ErbR 2010, 387 mit Anm. *Schneider*.
40 BGH, Beschl. v. 7.10.2010, V VB 147/09, juris.
41 So auch OLG Karlsruhe, Beschl. v. 3.6.2008, 11 Wx143/06, juris; *Schneider*, ErbR 2011, 113.
42 2. KostRMoG, BGBl 42, 2586; *Schneider/Thiel*, § 3 Rn 410, 865, 876 ff.
43 *Keidel/Zimmermann*, FamFG, § 81 Rn 5 m.w.N.

47 Das 2. KostRMoG sieht die Aufwertung der Beschwerdeverfahren in der neu gefassten und erweiterten Vorbem. 3.2.1 VV RVG vor.

F. Gegenstandswerte im Überblick

48

Gegenstand	Gegenstandswert
Abgabe der eidesstattlichen Versicherung in Stufenklagen	Interesse des Klägers an der Abgabe der eidesstattlichen Versicherung nach Teilwert seines Anteils zzgl. Aufwand für Prüfung Vollständigkeit und Richtigkeit entsprechend § 22 S. 1 JVEG;[44] Wert des Beschwerdegegenstandes bemisst sich auch im Falle der Einlegung eines Rechtsmittels gegen die Verurteilung zur Abgabe einer eidesstattlichen Versicherung (hier: im Rahmen der Geltendmachung von Pflichtteilsansprüchen im Wege der Stufenklage) nach dem Aufwand an Zeit und Kosten, den die Abgabe der eidesstattlichen Versicherung erfordert sowie nach einem Geheimhaltungsinteresse des Verurteilten; der eigene Zeitaufwand des Verpflichteten kann hierbei entsprechend den Regelungen für Zeugen im JVEG bewertet werden, woraus sich maximal 21 EUR pro Stunde ergeben (§ 22 S. 1 JVEG)[45]
Ausschlagung der Erbschaft	Interesse des Auftraggebers an der Ausschlagung, also in der Regel Höhe der Überschuldung, unabhängig, ob Allein- oder Miterbe, da gesamtschuldnerische Haftung mit vollem Privatvermögen drohen kann;[46] Wert nach § 103 Abs. 1 GNotKG,[47] der nach § 103 Abs. 2 GNotKG auch für einen Hof Anwendung findet
Eidesstattliche Versicherung	Wert richtet sich nach dem Aufwand, also Zeit und Kosten für die eidesstattliche Versicherung[48]
Erbscheinsantrag	Bestand des Nachlasses[49] (alle Aktiva und Passiva, wobei nur Erblasserschulden, nicht also Vermächtnisse,[50] Auflagen,[51] Pflichtteilsansprüche,[52] Erbschaftsteuer[53] und nunmehr auch nicht, anders als nach § 107 Abs. 2 KostO, Bestattungskosten[54] abzuziehen sind) zum Zeitpunkt des Erbfalls, § 40 Abs. 1 GNotKG; auf Grundstück für Grundbuchzwecke beschränkter Erbschein, der nach dem Grundstückswert zu bemessen ist, ist

44 BGH, Urt. v. 27.2.2013 – IV ZR 42/11, juris.

45 BGH, Beschl. v. 13.9.2017 – IV ZB 21/14; BGH, Beschl. v. 10.3.2010 – IV ZR 255/08, FamRZ 2010, 891; Festhaltung BGH, Beschl. v. 26.10.2016 – XII ZB 560/15, FamRZ 2017, 225.

46 Bonefeld/Hähn/Otto/*Hähn*, § 2 Rn 40.

47 *Schneider*, ErbR 2013, 313.

48 BGH, Beschl. v. 9.5.2018 – IV ZR 264/17, ErbR 2018, 442.

49 *Schneider*, ErbR 2017, 654 m.w.N.; *Schneider*, ErbR 2017, 135.

50 OLG Hamm, Beschl. v. 5.8.2015 – 15 W 341/14, ZErb 2015, 325.

51 OLG Hamm, Beschl. v. 25.6.2015 – 15 W 212/15 und 274/15, ZErb 2015, 354.

52 OLG Schleswig, Beschl. v. 16.10.2014 – 3 x 104/13, ErbR 2015, 112.

53 OLG Hamm, Beschl. v. 25.6.2015 – 15 W 212/15 und 274/15, ZErb 2015, 354.

54 *Schneider*, ErbR 2017, 654; OLG Schleswig, Beschl. v. 16.10.2014 – 3 x 104/13, ErbR 2015, 112.

Gegenstand	**Gegenstandswert**
	nach § 40 GNotKG nicht mehr zulässig, da § 107 Abs. 3 KostO ersatzlos gestrichen wurde[55] Wert der anwaltlichen Tätigkeit bemisst sich dabei nach § 32 Abs. 1 RVG nach dem Anteil des/der vertretenen Miterben[56]
Erbschein: Teilerbschein	bei Teilerbschein Anteil des jeweiligen Miterben nach § 40 Abs. 2 S. 1 GNotKG[57] am bereinigten Nachlasswert
Erbschein: beschränkter (z.B. Inlandsvermögen)	Teil des betreffenden Nachlasses, also z.B. im Inland belegenes Nachlassvermögen, § 40 Abs. 3 S. 1 Hs. 1 GNotKG ohne Abzug der Nachlassverbindlichkeiten, § 40 Abs. 3 S. 1 Hs. 2 GNotKG; soweit der Geschäftswert, z.B. wegen Schulden, nach § 40 Abs. 1 und 2 GNotKG niedriger, ist dieser nach § 40 Abs. 3 S. 2 GNotKG anzunehmen[58]
Erbschein: Vorerbe	voller Nachlasswert zum Zeitpunkt des Erbfalls ohne Berücksichtigung von Beschränkungen aufgrund der Vorerbenstellung[59]
Erbschein: Nacherbe	Wert des bei Eintritt des Nacherbfalles vorhandenen Vermögens[60]
Erbschein: Hoferbfolge	Wert des Hofes nach Abzug der nur auf diesem lastenden Verbindlichkeiten, § 40 Abs. 1 S. 3 GNotKG, § 15 Abs. 2 HöfeO[61]
Erbschein: Beschwerdeverfahren	nach freien Ermessen des Gerichts, unter Berücksichtigung des wirtschaftlichen Interesses des Beschwerdeführers am Nachlass[62] und entsprechend der Grundsätze der erstinstanzlichen Wertbemessung; verfolgt Beschwerdeführer seinen Antrag auf Erteilung eines gemeinschaftlichen Erbscheins mit der Beschwerde weiter, richtet sich der Geschäftswert für die Gerichtsgebühren des Beschwerdeverfahrens nach dem Wert des Nachlasses gem. § 40 Abs. 1 GNotKG, auch wenn der Beschwerdeführer lediglich eine höhere Quote anstrebt, als vom Nachlassgericht bereits festgestellt; für Gebühren der anwaltlichen Vertretung des Beschwerdegegners ist der für die Gerichtsgebühren festgesetzte Geschäftswert nicht maßgeblich, wenn der Beschwerdegegner nur eine Erbquote beansprucht, sondern richtet sich nach dem Wert des vom Beschwerdegegner beanspruchten Erbteils,[63] wobei richtiger ein Abstellen auf die Quote wäre, da der Wert des Anteils im Erbscheinsverfahren häufig noch nicht feststehen wird

55 *Schneider*, ErbR 2017, 655; OLG Hamm, Beschl. v. 8.7.2014 – 15 W 208/14, ZErb 2014, 289.
56 *Schneider*, ErbR 2016, 657; OLG Karlsruhe, Beschl. v. 16.6.2016 – 11 Wx 103/15, ErbR 2016, 538.
57 BGH NJW 1968, 2234; *Schneider*, ErbR 2017, 655.
58 *Schneider*, ErbR 2017, 656.
59 OLG Hamm, Beschl. v. 25.6.2015 – 15 W 212/15 und 274/15, ZErb 2015, 354; *Schneider*, ErbR 2017, 655.
60 OLG Hamm, Beschl. v. 25.6.2015 – 15 W 212/15 und 274/15, ZErb 2015, 354; *Schneider*, ErbR 2017, 655.
61 *Schneider*, ErbR 2017, 656.
62 LG Berlin, Beschl. v. 7.2.2011 – 87 T 146/10, n.v.; FamRZ 1994, 169.
63 OLG Karlsruhe, Beschl. v. 30.12.2015, 14 Wx 54/15, ZEV 2016, 458.

Gegenstand	Gegenstandswert
Erbengemeinschaft: Aufteilung nur einzelner Vermögensgegenstände streitig (einschließlich Beendigung durch Vergleich)	Wert der einzelnen Gegenstände unter Berücksichtigung des Anteils des Miterben;[64] bei Vergleich i.d.R. Wert des Anteils des Miterben am Nachlass, da dies seinem wirtschaftlichen Interesse entspricht[65]
Erbengemeinschaft: Ausgleichung	§ 3 ZPO; Interesse des Klägers an der Ausgleichung, also Wert um den sich sein Erbteil durch Ausgleichungsbetrag erhöht[66]
Erbengemeinschaft: Auseinandersetzung	§ 3 ZPO, ist das Interesse des Klägers und somit sein Anteil am Nachlass maßgebend; Ermittlung des wirtschaftlichen Wertes des Streitgegenstandes erforderlich,[67] aufgelaufene **Zinsen** auf einem zu teilenden Konto sind dabei **streitwerterhöhend** zu berücksichtigen (es handelt sich nicht um Nebenforderungen i.S.v. § 4 Abs. 1 Hs. 2 ZPO, sondern sie sind Teil der Berechnung des Hauptanspruches);[68] Streitwert für die Erbteilungsklage (Zustimmung zu einem Erbauseinandersetzungsplan) bestimmt sich gemäß § 48 Abs. 1 S. 1 GKG, § 3 ZPO nach dem Interesse des Klägers an dem Auseinandersetzungsplan;[69] anders als in der notariellen Tätigkeit sollen Verbindlichkeiten nicht abzuziehen sein, da der Rechtsanwalt auch insoweit in der Regel tätig wird;[70] zu beachten ist, dass allerdings z.B. für die Abwehr von Pflichtteilsansprüchen, die Geltendmachung von Forderungen für den Nachlass u.ä. gesonderte Gebühren anfallen, da es sich um eigenständige Sachen im gebührenrechtlichen Sinn handelt, die nicht die Erbauseinandersetzung darstellen und auch nicht zwingend deren Vorbereitung dienen
Erbengemeinschaft: Feststellung der Unwirksamkeit eines Vertrages der Erbengemeinschaft, der Miterben zum Ankauf eines Nachlassgegenstandes berechtigt	Interesse des Miterben an der Befreiung von der mit dem Vertrag eingegangenen Verbindlichkeit;[71] entspricht dem Wert einer negativen Feststellungsklage ohne Abzüge[72]
Erbengemeinschaft: Klage auf Feststellung der Unzulässigkeit der Erbauseinandersetzung	Interesse des Klägers am Fortbestehen der Erbengemeinschaft,[73] wobei die wirtschaftlichen Vorteile ggf. zu schätzen sind (dauerhafte Einnahmen; zu erwartende Werterhöhungen bei Immobilien, Wertpapieren etc.)

64 BGH NJW 1969, 1350; Kerscher/Krug/Spanke/*Seiler-Schopp*, § 5 Rn 47.
65 BGH NJW 1969, 1350, wobei zu beachten ist, dass der jeweilige Anteil des Miterben am Nachlass zu berücksichtigen ist, vgl. hierzu Kerscher/Krug/Spanke/*Seiler-Schopp*, § 5 Rn 47.
66 BGH, Beschl. v. 3.10.1956 – IV ZR 208/56, BeckRS 1956, 31384416, beck-online; Bonefeld/Hähn/Otto/*Hähn*, § 2 Rn 40.
67 BGH, Urt. v. 24.4.1975 – III ZR 173/72, NJW 1975, 1415, 1416.
68 BGH, Beschl. v. 3.12.1997 – IV ZR 133/97, NJW-RR 1998, 1284.
69 BGH, Beschl. v. 6.7.2016 – 4 ZR 430/15, ZEV 2016, 573; BGH, Beschl. v. 3.2.1993 – IV ZR 246/92; BGH, Urt. v. 17.10.1996 – IX ZR 37/96, NJW 1997, 188 m.w.N.
70 Damrau/Tanck/*Rißmann*, § 2032 Rn 30.
71 Bonefeld/Hähn/Otto/*Hähn*, § 2 Rn 40 m.w.N.
72 BGH, Beschl. v. 13.12.2007 – V ZR 64/07, juris.
73 OLG Hamm JurBüro 1977, 1616.

Gegenstand	Gegenstandswert
Erbengemeinschaft: Klage eines Miterben gegen anderen Miterben auf Erklärung der Auflassung eines Nachlassgrundstücks an Dritten	früher: voller Wert des Grundstücks;[74] jetzt: wirtschaftliche Betrachtungsweise und deshalb Anteil des Miterben am Nachlass, der zur Auflassung gezwungen werden soll[75]
Erbengemeinschaft: Klage eines Miterben auf Zahlung eines bestimmten Geldbetrages an Dritten	Wert des Geldbetrages[76]
Erbengemeinschaft: Klage von Nachlassgläubigern oder gegen Nachlassschuldner	§ 6 ZPO; Wert der Forderung oder des betroffenen Nachlassgegenstandes
Erbengemeinschaft: Klage gegen Miterben auf Leistung an Erbengemeinschaft	Wert der Forderung unter Abzug des Anteils des Beklagten und zwar auch dann, wenn ein Miterbe klagt und gemäß § 2039 BGB Leistung an die Erbengemeinschaft verlangt[77]
Erbengemeinschaft: Klage gegen Miterben auf Leistung an Kläger	voller Wert der Forderung, wobei unstreitiger Anteil abzuziehen ist, wenn Klage gegen Erbengemeinschaft erhoben wird[78]
Erbengemeinschaft: Klage gegen Miterben auf Zustimmung zur Veräußerung eines Nachlassgrundstücks	Gegenstandswert bestimmt sich nach dem Wert des Grundstücks und sodann nach der Erbquote des Klägers am Nachlass[79]
Erbengemeinschaft: Klage gegen Miterben auf Zustimmung zum Teilungsplan	wirtschaftliches Interesse des klagenden Miterben, wobei bei Streit über Zugehörigkeit bestimmter Gegenstände deren voller Wert abzüglich des Anteils des Miterben, der Gegenstand für sich beansprucht, anzusetzen ist[80]
Erbengemeinschaft: Klage zwischen Miterben und Dritten	voller Wert des Gegenstandes oder der Forderung, unabhängig davon, ob auf Kläger- oder Beklagtenseite nur ein Miterbe vertreten wird[81]
Erbengemeinschaft: Feststellungsklage zwischen Miterben wegen Nichtbestehen einer Nachlassverbindlichkeit	Streitwert ist voller Wert der Nachlassverbindlichkeit, da die Feststellung der gesamten Erbengemeinschaft zu Gute kommt;[82] ist beklagter Miterbe zugleich Nachlassschuldner, so wird der Streitwert um den Anteil des beklagten Miterben gekürzt[83]

74 BGH NJW 1956, 1071.
75 BGH NJW 1972, 909; BGH NJW 1975, 1415.
76 Nieder/*Bonefeld*, S. 109, Tabellen-Fn 28.
77 BGH NJW 1972, 904.
78 BGH NJW 1972, 904.
79 *Schneider*, ErbR 2011, 17.
80 BGH, Beschl. v. 28.4.1993 – IV ZR 23/92, juris.
81 *Schneider*, Rpfleger 1982, 268, 269; *Anders/Gehle/Kunze*, Stichwort „Erbrechtliche Streitigkeiten", Rn 10; Zöller/*Herget*, § 3 Rn 16 Stichwort „Erbrechtliche Ansprüche".
82 *Anders/Gehle/Kunze*, Stichwort „Erbrechtliche Streitigkeiten", Rn 10; Zöller/*Herget*, § 3 Rn 16 Stichwort „Erbrechtliche Ansprüche".
83 BGH, Beschl. v. 7.11.1966 – III ZR 48/66, NJW 1967, 443–443 (LS 1); OLG Köln, Beschl. v. 17.5.1995 – 11 W 32/95, OLGR 1995, 246 (LS 2); Zöller/*Herget*, § 3 Rn 16 Stichwort „Erbrechtliche Ansprüche".

Gegenstand	Gegenstandswert
Erbengemeinschaft: Streit mit Pflichtteilsberechtigten	Höhe des Anspruchs, ggf. Schätzung nach Vorbringen des Klägers; bei streitigem Nachlasswert Differenzbetrag der behaupteten Ansprüche[84]
Feststellung, dass ein bestimmtes Bankguthaben zum Nachlass gehört	Wert des Guthabens, abzüglich des Anteils eines Miterben, wenn dieser auf Beklagtenseite abzüglich 20 % Abschlag,[85] wegen Feststellung[86]
Feststellung der Nichtigkeit einer bestimmten Testamentsauslegung	Wert der Besserstellung des Klägers[87]
Geltendmachung Vorkaufsrecht	Wert des verkauften Erbteils[88]
Haftungsbeschränkung	Erbenvertreter: Interesse des Erben oder Miterben an Haftungsbeschränkung[89] Schuldnervertreter: voller Wert der Forderung[90]
Rechnungslegung	Streitwert einer auf Auskunft und Rechnungslegung gerichteten Klage ist gemäß § 3 ZPO nach einem Bruchteil des Werts des Anspruchs zu bemessen, der aufgrund der Auskunft und Rechnungslegung durchgesetzt werden soll; für Angriffsinteresse des Klägers auf Auskunft und Rechnungslegung kommt es nicht auf den Aufwand, Zeit und Kosten an, die mit der Auskunftserteilung oder Rechnungslegung verbunden sind, sie betreffen lediglich das Abwehrinteresse des zur Auskunftserteilung verurteilten Beklagten;[91] Streitwert ist Bruchteil des Hauptsacheanspruchs;[92] Streitwert für Rechtsmittel, bemisst sich nach dem erforderlichen Zeit- und Kostenaufwand[93]
Stufenklage und sog. steckengebliebene Stufenklage	höchster Einzelanspruch nach § 44 GKG wertbestimmend,[94] also Wert des Leistungsanspruchs, wobei auf die Zahlungserwartungen des Klägers bei Einreichung der Stufenklage abzustellen ist;[95] das gilt auch dann, wenn über den Leistungsanspruch in der zweiten Stufe nicht verhandelt oder der Leistungsanspruch aus sonstigen Gründen nicht beziffert wird[96]
Vermächtnis: Klage Vermächtnisnehmer auf Erfüllung Vermächtnis	Wert des Vermächtnisses bzw. Verkehrswert des Vermächtnisgegenstandes;[97] bei wiederkehrenden Leistungen § 9 ZPO: 3,5-facher Jahreswert

84 BGH JurBüro 1990, 602.
85 OLG Köln JurBüro 1979, 1704.
86 OLG Bamberg Jur Büro 1974, 1433; BGH NJW 1997, 1241.
87 BGH LM 1954 Nr. 11 zu § 3 ZPO.
88 *Anders/Gehle/Kunze*, Stichwort „Erbrechtliche Streitigkeiten", Rn 20; LG Bayreuth, Beschl. v. 8.4.1980 – 3 O 58/80, JurBüro 1980, 1248.
89 Bonefeld/Hähn/Otto/*Hähn*, § 2 Rn 40.
90 Bonefeld/Hähn/Otto/*Hähn*, § 2 Rn 40.
91 BGH, Beschl. v. 13.10.2014 – IV ZR 332/13, ZEV 2015, 413.
92 BGHZ 128, 85, 92.
93 BGH FamRZ 1993, 1189; OLG Sachsen-Anhalt, Urt. v. 6.7.2007 – 10 U 27/07, juris.
94 OLG Koblenz, Beschl. v. 2.4.2015 – 10 W 171/15, NJW-RR 2015, 832.
95 OLG Karlsruhe FamRZ 2008, 1205.
96 OLG Karlsruhe Beschl. v. 22.10.2008 – 12 W 72/08, juris; OLG Karlsruhe FamRZ 2008, 1205; KG Berlin FamRZ 2007, 69 f.
97 OLG Bamberg JurBüro 1988, 517.

Gegenstand	Gegenstandswert
Vor-/Nacherbschaft: Feststellung der Vorerbenstellung an bestimmtem Nachlass bzw. der Vorerbschaft	Nachlasswert mit Abschlag für Feststellungsklage und weiterem Abschlag, da Vorerbenstellung schwächer, als Vollerbenstellung[98]
Vor-/Nacherbschaft: Klage auf Zustimmung zur Veräußerung eines Nachlassgrundstücks	gemäß § 3 ZPO Schätzung[99]
Vor-/Nacherbschaft: Löschung Nacherbenvermerk	gemäß § 3 ZPO Schätzung unter Berücksichtigung des Interesses des Vorerben, ggf. gesamter Grundstückswert, bei beabsichtigtem lastenfreien Verkauf[100]
Vor-/Nacherbschaft: Widerspruchsklage des Nacherben nach § 773 ZPO gegen Veräußerung eines zur Vorerbschaft gehörenden Nachlassgegenstandes	Anteil des Klägers am Gegenstand[101]

G. Notarielle Tätigkeit und Änderungen im Grundbuch

Die Erbengemeinschaft kann sowohl bei ihrer Entstehung nach dem Erbfall, bei der Auseinandersetzung und der Übertragung/Auseinandersetzung von Immobilien im Nachlass neben dem RVG auch mit dem GNotKG bzw. der Kostenordnung konfrontiert sein. 49

I. Notarkosten – Überblick zu den Neuregelungen

Dem Notar ist es verboten, eine Vergütungsvereinbarung zu schließen. Als Ausnahme hiervon ist die Tätigkeit als Mediator vorgesehen. Ansonsten sind alle Gebührentatbestände gesetzlich und im Vergütungsverzeichnis abschließend geregelt. Bei Beurkundung von Verträgen fällt eine 2,0-Gebühr an, die bei vorzeitiger Beendigung des Auftrags nach den Vorgaben des Kostenverzeichnisses zu ermäßigen ist. Für die Beurkundung einseitiger Willenserklärungen, z.B. eines Einzeltestamentes, entsteht eine 1,0-Gebühr, KV Nr. 21200, mindestens 60 EUR. Der Erbvertrag löst hingegen eine 2,0-Gebühr nach KV 21100 aus, die mindestens 120 EUR beträgt. Der Geschäftswert richtet sich nach § 102 GNotKG. Bei einem Testament über das gesamte Vermögen ist der Wert dieses Vermögens, bei einem Testament über einen einzelnen Gegenstand der Wert des Gegenstandes zugrunde zu legen. 50

1. Erbschein

Bei der Erteilung oder Einziehung eines Erbscheins richtet sich der Wert nach dem Wert des Nachlasses bei Eintritt des Erbfalles. Vom Erblasser herrührende Verbindlichkeiten sind abziehen. Bei einer Hofnachfolge ist für das Verfahren auf Erteilung eines Hoffolgezeugnisses der Geschäftswert des Hofes maßgeblich (§ 48 GNotKG). 51

98 BGH FamRZ 1989, 958 (1/5 des Wertes).
99 OLG Schleswig Rpfleger 1968, 325.
100 OLG Celle OLG-Rspr Celle 1995, 109.
101 Bonefeld/Hähn/Otto/*Hähn*, § 2 Rn 40.

2. Kaufvertrag

52 Für Kaufverträge, insbesondere Immobilienkaufverträge, entsteht nach KV 21100 eine 2,0-Gebühr, mindestens 120 EUR. Sodann entsteht für die Fälligkeitsmitteilung und Umschreibungsüberwachung nach KV 22200 Nr. 2 und 3, § 97 Abs. 1 S. 1 GNotKG eine Betreuungsgebühr von 0,5. Die Betreuungsgebühr fällt für alle darunter fallenden Tätigkeiten nur einmal an.

Der Geschäftswert entspricht dem Wert des Kaufgegenstandes und ist der Wert sowohl für die Beurkundungsgebühr (§ 47 GNotKG) als auch für die Betreuungsgebühr (§ 113 Abs. 1, § 47 GNotKG).[102]

Lediglich die Treuhandgebühr nach KV 22201 kann bei einem Vertrag noch mehrfach, nämlich für jeden einzelnen Treuhandauftrag nach dem Wert des Sicherungsinteresses, in der Regel also nach dem Wert des Ablösebetrages, anfallen.

3. Erbauseinandersetzung

53 Auch hier fallen eine Beurkundungsgebühr und ggf. eine Betreuungsgebühr oder auch Treuhandgebühren an.

Zu beachten ist, dass die Gebührenermäßigung nach KV 21101 nicht zum Tragen kommt, wenn der Notar bereits das Testament beurkundet hatte. Es gilt nicht als zugrunde liegendes Rechtsgeschäft der Erbauseinandersetzung im Sinne des Ermäßigungstatbestandes.

4. Sonstige Erklärungen gegenüber dem Nachlassgericht

54 Für weitere Erklärungen gegenüber dem Nachlassgericht, insbesondere auch die Anfechtung einer letztwilligen Verfügung, enthält KV 21201 die Festlegung einer 0,5-Gebühr, die jedoch mindestens 30 EUR beträgt.

II. Gebühren beim Grundbuchamt

55 Setzt sich die Erbengemeinschaft auseinander oder wird eine Nachlassimmobilie auf den Ehegatten oder Abkömmlinge übertragen, so kam die Kostenprivilegierung nach § 60 Abs. 2 KostO zum Tragen. Danach ermäßigte sich die Gebühr auf die Hälfte.

§ 70 Abs. 2 GNotKG enthält nun für die Gesamthandsgemeinschaft eine vergleichbare Ermäßigung auf die Hälfte. Für die Eintragung des Erben entfällt die Gebühr bei Eintragung innerhalb von zwei Jahren nach Eintritt des Erbfalles nach KV 14110 (1).

H. Haftung für Kosten und Gebühren

56 Im Verhältnis des fordernden Miterben zu seinem Anwalt, zum Gericht oder Gegner haftet der Miterbe zunächst persönlich und alleine für die angefallenen Kosten und Gebühren. Unter den Voraussetzungen des § 2038 BGB kann jedoch die Erbengemeinschaft ebenfalls verpflichtet sein. Nach den Grundsätzen des § 2038 BGB richtet sich auch die Frage eines etwaigen Erstattungsanspruches gegen die Erbengemeinschaft.

---

102 *Wudy*, § 4 Rn 2.

Im Übrigen richtet sich die Kostenhaftung nach den Vorschriften des GNotKG. Eine Sonderregelung für die Kostenhaftung der Erben enthält § 24 GNotKG. Danach sind die Erben die alleinigen Kostenschuldner für die dort genannten gerichtlichen Angelegenheiten im Zusammenhang mit dem Nachlass, solange das Gericht nichts anderes bestimmt. Die Vorschrift verweist auf die Regelungen des Bürgerlichen Gesetzbuches.

Für die beim Notar entstandenen Kosten haftet nach den §§ 29 ff. GNotKG der Auftraggeber, derjenige, der die Schuld übernommen hat oder kraft Gesetzes haftet, ferner derjenige, dessen Erklärungen beurkundet sind. Bei mehreren Beteiligten beschränkt sich nach § 30 Abs. 2 GNotKG die Haftung auf die Kosten, die bei Beurkundung nur seiner Erklärungen angefallen wären. Mehrere Kostenschuldner haften als Gesamtschuldner nach § 31 Abs. 1 GNotKG.

Für die Erben enthält § 31 Abs. 2 und 3 GNotKG spezielle Regelungen unter Verweis auf die Haftungsregelungen des BGB. Die Mitglieder der Erbengemeinschaft haften nach § 31 Abs. 3 GNotKG für die Kosten der Auseinandersetzung anteilig.

Teil 3 Besonderer Teil

§ 12 Der Minderjährige in der Erbengemeinschaft

Dr. Gudrun Möller/Prof. Dr. Jürgen Damrau

Übersicht: Rdn

A. Willensbildung in der Erbengemeinschaft und Handeln der Gemeinschaft bei Vorhandensein minderjähriger Miterben

Die Verwaltung des Nachlasses obliegt der Miterbengemeinschaft (§ 2038 Abs. 1 S. 1 BGB). 1
Die Verwaltung umfasst alle Handlungen – Rechtsgeschäfte, aber auch tatsächliche Handlungen – die von den Miterben mit Wirkung für den Nachlass vorgenommen werden, um diesen zu erhalten, zu nutzen oder zu mehren.[1]

I. Die Vertretung von Minderjährigen bei der Abstimmung

Die Willensbildung innerhalb der Miterbengemeinschaft geschieht durch **Abstimmung.** 2
Maßgeblich für die Mehrheitsbildung ist nicht die Zahl der Miterben; die Stimmenmehrheit

1 Damrau/Tanck/*Rißmann* § 2038 Rn 5; Motive 5, S. 627.

ist gem. §§ 2038 Abs. 2 S. 1, 745 Abs. 1 S. 2 BGB nach der Größe der Erbteile zu berechnen. Der Minderjährige wird bei der Abstimmung von seinem gesetzlichen Vertreter vertreten (§ 1629 BGB).

Beispiel

Drei Minderjährige sind Miterben nach ihrem Großvater. Zum Nachlass gehört ein großes Mietshaus. Der Großvater hat die Auseinandersetzung des Nachlasses hinsichtlich des Hauses bis zum Erreichen der Volljährigkeit des letzten Enkels untersagt. Nun steht die Frage an, ob ein Neuanstrich des Hauses vonnöten ist. Die Eltern eines Enkels sind dafür; die des anderen dagegen. Die Eltern des dritten Enkels sind geschieden, ohne dass einem Elternteil gemäß § 1671 BGB die elterliche Sorge allein übertragen worden wäre.

Würde nun die Mutter des dritten Enkels – sie ist die Tochter des Erblassers – allein über die Frage der Renovierung in der Erbengemeinschaft abstimmen, wäre eventuell ein auf solcher Abstimmung beruhender Beschluss der Erbengemeinschaft unwirksam oder gar nichtig. Das Kind wird auch in der Erbengemeinschaft von beiden Elternteilen vertreten,[2] so dass der Vater des Enkels, der Ex-Ehemann der Mutter, zugleich mit seiner Ex-Frau abstimmen muss. Natürlich kann er sich vertreten lassen (§§ 164 ff. BGB).

Die geschiedenen Eheleute sind uneinig: Nun kann nicht ein Elternteil für die Renovierung abstimmen, der andere dagegen. Das Stimmrecht des Enkels beläuft sich auf 1/3 und nicht auf 2 mal 1/6. Die Eltern müssen sich also einigen, wie sie gemeinsam für ihr Kind abstimmen.

Sie müssen notfalls das Familiengericht anrufen, das das Entscheidungs- und Vertretungsrecht über die Frage der Renovierung einem Elternteil überträgt (§ 1628 BGB).[3]

3 Die Problematik unterschiedlicher Meinungen der beiden Elternteile tritt – wie im Beispiel – vor allem bei getrennt lebenden oder geschiedenen Eltern auf. Der Erblasser – aber auch ein Schenkender –, der einem Minderjährigen etwas zuwendet, wäre gut beraten gewesen, wenn er in der Verfügung von Todes wegen – oder bei der Schenkung – § 1638 BGB angewandt hätte.

Beispiel

Es gibt fünf Enkel: zwei davon stammen jeweils von einem Sohn des Erblassers ab. Die anderen drei minderjährigen Enkel sind die Kinder der Tochter des Erblassers aus deren ersten, zweiten und dritten Ehe. In der Erbenversammlung werden die drei letztgenannten Kinder jeweils von der Mutter nebst dem ersten Ex-Ehemann, dem zweiten Ex-Ehemann und dem dritten Ehemann vertreten.

4 Der Erblasser hätte nach § 1638 Abs. 3 BGB bestimmen sollen, dass alle Enkel nur von seinen Kindern vertreten werden. Er hätte nach § 1638 Abs. 1 BGB die Vertretung auch beiden Eltern entziehen und sie einem Vermögenspfleger gem. § 1909 Abs. 1 S. 2 BGB übertragen können.

5 Können die Eltern für mehrere Kinder und zugleich auch noch für sich selbst abstimmen? Inwieweit steht dem § 181 BGB, das Verbot des In-sich-Geschäfts und das Verbot der Mehrfachvertretung, entgegen?

2 *Damrau*, EE (Erbrecht effektiv) 2014, 101, 103; zur Gesamtvertretung Palandt/*Götz*, 77. Aufl., § 1629 Rn 6.

3 Es sind wenige Entscheidungen bekannt geworden; dies beruht aber anscheinend darauf, dass es den Gerichten gelingt, die Eltern dazu zu bringen sich zu einigen.

Beispiel

Der Großvater hat sein Vermögen, das im Wesentlichen aus Mietshäusern besteht, auf seine zwei Kinder zu je ¼ und (mit auf Rücksicht auf die Erbschaftsteuer und die Freibeträge) auf seine vier minderjährigen Enkel – je zwei von jedem Kind abstammend – zu je 1/8 vererbt. Nun sitzen die beiden Kinder des Erblassers in der Versammlung der Erben; zugleich nehmen diese und ihre Ehegatten als gesetzliche Vertreter der Enkel an der Abstimmung teil.

Sind **Elternteile selbst auch Miterben**, steht ihrer Stimmabgabe für sich und zugleich auch für ihre minderjährigen Kinder § 181 BGB grundsätzlich nicht entgegen; die Rechtsprechung zur Personengesellschaft, wonach §§ 181, 1795 BGB bei Beschlussfassungen in der Gesellschafterversammlung hinsichtlich laufender Geschäfte in der Regel nicht anwendbar sind, wird hier sinngemäß herangezogen.[4] 6

Dabei ist unerheblich, dass jeder Enkel ja nicht nur durch den Elternteil, der Miterbe ist, z.B. den Vater, vertreten wird, sondern auch durch den anderen Elternteil, im Bsp. die Mutter. Wäre ein Elternteil von der Vertretung ausgeschlossen, wäre dies auch der andere nach dem Prinzip der Gesamtvertretung.[5]

Man begründet die Nicht-Anwendung von § 181 BGB bei der Abstimmung durch Eltern als gesetzliche Vertreter ihrer Kinder vielmehr mit einer teleologischen Reduktion des Wortlautes der Vorschrift: Diese soll nur bei einem Interessengegensatz eingreifen. Solcher Gegensatz fehle aber bei laufenden Angelegenheiten der Verwaltung innerhalb einer bürgerlich-rechtlichen Gesellschaft, da alle Beteiligten – trotz unterschiedlicher Auffassungen über das zweckmäßige und richtige Vorgehen bei einer Maßnahme der ordentlichen Verwaltung – nur das Wohl der Gesellschaft verfolgen. Diese Rechtsprechung wird auf die Miterbengemeinschaft übertragen. Die unterschiedlichen Meinungen der Miterben über die umstrittene Maßnahme der Verwaltung, die natürlich dem Wohl der Gemeinschaft dienlich sein soll, würden keinen wirklichen Interessengegensatz darstellen. Eines der Motive für solche Auslegung ist: Man will Dauerpflegschaften mit Rücksicht auf §§ 181, 1795 BGB vermeiden; anderenfalls wären andauernd Ergänzungspfleger (§ 1909 Abs. 1 S. 1 BGB) in Familiengesellschaften und Erbengemeinschaften tätig. Anzumerken bleibt, dass die Parallelität von Gesellschaft und Erbengemeinschaft zweifelhaft ist: Jene ist auf Abwicklung, diese auf weitere Zusammenarbeit ausgelegt. Umso mehr kann man daran zweifeln, dass sich die Miterben am Wohl der Erbengemeinschaft und nicht am eigenen Wohl orientieren.[6]

Ist der Minderjährige selbst von der zur Abstimmung anstehenden Maßnahme **unmittelbar betroffen**, soll z.B. zwischen der Erbengemeinschaft und einem 17-jährigen Miterben ein Pachtvertrag abgeschlossen werden, sind seine gesetzlichen Vertreter, und zwar wegen der Gesamtvertretung beide Elternteile gemäß § 181 BGB, von der Abstimmung ausgeschlossen, als wären sie selbst betroffen.[7] 7

Ist umgekehrt ein Elternteil als Miterbe selbst unmittelbar betroffen, kann er nicht mitstimmen. Dieser und der andere Elternteil können als gesetzliche Vertreter auch nicht gemeinsam für ihr Kind mitstimmen, wenn die Eltern oder auch nur ein Elternteil selbst betroffen ist.[8] 8

4 BGHZ 56, 47, 55 = BGB LM § 2038 Rn 1 verweist auf die Rspr. zum Gesellschaftsrecht BGHZ 52, 316, 318; *Damrau*, Der Minderjährige im Erbrecht, Rn 184; so auch *Zimmermann*, ZEV 2013, 315, 318 für den betreuten Miterben.

5 BGH NJW 1972, 1708; *Bengsohn/Ostheimer*, Rpfleger 1990, 189, 190.

6 Vgl. *Eberl-Borges*, Erbauseinandersetzung, S. 132 f.

7 Vgl. *Muscheler*, ZEV 1997, 169, 175; BGH NJW 1983, 449, 450; *Damrau*, EE 2014, 101, 103.

8 *Damrau*, EE 2014, 101, 103; *ders.*, Der Minderjährige im Erbrecht, Rn 188.

II. Familiengerichtliche Genehmigung des Abstimmungsverhaltens

9 Bedürfen die Eltern des minderjährigen Erben zur Abstimmung oder erst zur Umsetzung des Abstimmungsergebnisses der Miterbengemeinschaft in Gestalt eines Verpflichtungsgeschäfts, z.B. eines Verkaufs eines Nachlassgrundstücks, oder einer Verfügung, z.B. der Auflassung des Grundstücks, der familiengerichtlichen Genehmigung nach §§ 1643, 1821, 1822 BGB? Bedarf ein Vormund oder Pfleger, wenn er den Minderjährigen vertritt, solcher Genehmigung?

10 **Beispiel**

Die Erbengemeinschaft besteht aus dem minderjährigen Erben mit einer Quote von 1/4 sowie aus drei anderen Miterben, die auch je 1/4 des Nachlasses innehaben. Gegen die Stimme des Minderjährigen, vertreten durch seine Eltern, wird beschlossen, ein Grundstück, und nicht ein kostbares Gemälde, aus dem Nachlass zu verkaufen, um mit dem Erlös Schulden zu begleichen. Auch soll ein Kredit aufgenommen werden unter vertraglicher Beschränkung der Haftung auf den Nachlass.

11 Die Stimmabgabe der Eltern als gesetzliche Vertreter des Kindes bei der Abstimmung in der Erbengemeinschaft ist in keinem Fall genehmigungsbedürftig oder auch nur genehmigungsfähig, weil eine Stimmabgabe in §§ 1812, 1821, 1822 BGB nicht erwähnt wird. Man folgt gemäß der neueren Rechtsprechung zu den genannten Vorschriften dem Grundsatz der formalen Auslegung.[9]

III. Verpflichtungs- und Verfügungsgeschäfte hinsichtlich des Nachlasses

12 Die Beschlüsse der Erbengemeinschaft müssen umgesetzt werden. Für das Außenverhältnis, also gegenüber den Geschäftspartnern, ist danach zu unterscheiden, ob es sich bei der Durchführung der ordnungsgemäßen Verwaltung des Nachlasses um ein Verpflichtungs- oder um ein Verfügungsgeschäft handelt.

1. Verpflichtungsgeschäfte der Erbengemeinschaft

13 **Beispiel**

Im Beispiel (siehe Rdn 10) beschließt die Erbenmehrheit zwei Verpflichtungsgeschäfte: den Verkauf des Gemäldes, mit dessen Erlös Schulden getilgt werden sollen,[10] und die Aufnahme eines Kredits, eines nach § 1822 Nr. 8 BGB hinsichtlich des Minderjährigen durch das Familiengericht zu genehmigenden Geschäfts.

14 Nach außen kann die Mehrheit der Miterben im Namen aller Miterben die beschlossenen Verpflichtungsverträge abschließen; die Mehrheit vertritt bei Geschäften der ordnungsgemäßen (= laufenden) Verwaltung die überstimmte Minderheit. Dieses Vertretungsrecht besteht ungeachtet der Pflicht der überstimmten Minderheit, bei den Verträgen – also nach außen gegenüber den Geschäftspartnern – mitzuwirken (§ 2038 Abs. 1 S. 2 Hs. 1 BGB). Sind die überstimmten Miterben nicht dazu bereit mitzuwirken, machen sie sich schadenser-

9 BGHZ 92, 259; BGHZ 52, 316; *Damrau*, Der Minderjährige im Erbrecht, Rn 192.

10 Ob der Verkauf eines Nachlassgegenstandes zum Zwecke der Schuldentilgung mehrheitlich beschlossen werden kann, ist streitig (vgl. auch Rdn 58 ff.). Die wohl h.M. (vgl. nur Damrau/Tanck/*Rißmann*, § 2042 Rn 36) subsumiert jeden Verkauf als zur Nachlassteilung gehörig (vgl. § 2046 BGB) und fordert Einstimmigkeit. Hier wird der Gegenansicht gefolgt, weil es sich um eine Verwaltungsmaßnahme handelt (BGH WM 1965, 343, 345; *Lange/Kuchinke*, § 44 III 7 a S. 1158).

satzpflichtig. Nach heutiger Ansicht muss man sie aber nicht auf Mitwirkung verklagen. Vielmehr kann die Mehrheit der Miterben auch ohne die überstimmten Miterben nach außen handeln und die beschlossenen Geschäfte abschließen. Man legt §§ 2038, 745 BGB dahin aus, dass hier die Mehrheit ein gesetzlich verordnetes **Vertretungsrecht** bzgl. der überstimmten Minderheit hat.[11] Wird also z.B. ein schriftlicher Pachtvertrag abgeschlossen, unterschreiben diesen die mehrheitlichen Miterben (die Eltern für den Minderjährigen) und weisen ausdrücklich darauf hin, dass nicht alle Miterben unterschreiben, wohl aber diejenigen, die die Mehrheit der Erbteile haben. Sie werden dies durch den Erbschein nachweisen. Es können natürlich auch die mehrheitlichen Miterben einem von Ihnen Vollmacht erteilen; auch diese Bevollmächtigung ist offenzulegen.[12]

Bei der Willensbildung in der Erbengemeinschaft können Eltern mehrere Kinder vertreten 15
(Rdn 6). Ebenso können sie für diese auch rechtsgeschäftlich handeln und brauchen dafür grundsätzlich keine Ergänzungspfleger, wenn sie diese Rechtsgeschäfte mit Außenstehenden tätigen. Es handelt sich bei ihren rechtsgeschäftlichen Erklärungen um gleichgerichtete Erklärungen jedes Miterben, auch des Minderjährigen, an den Geschäftsgegner, sodass § 181 BGB unanwendbar ist.[13]

Handelt es sich bei dem Rechtsgeschäft, das die Mehrheit der Miterben beschlossen hat, 16
um eines, für das Eltern, Vormund und Pfleger der familiengerichtlichen Genehmigung bedürfen bzw. bedarf, ist fraglich, ob dieses Rechtsgeschäft aufgrund der Minderjährigkeit des Miterben nach §§ 1812, 1821, 1822 BGB zu genehmigen ist.

Ist der Minderjährige Miterbe und ist ohne ihn eine beschlussfähige Mehrheit vorhanden, ist nach h.M. eine Genehmigung des Familiengerichts nicht erforderlich.[14] Dem ist zuzustimmen. Dies zeigt auch folgende Überlegung:

Wenn der gesetzliche Vertreter des Minderjährigen, z.B. die Eltern, gegen den Beschluss gestimmt hat, den die Mehrheit der Miterben getroffen hat, wenn er also zur überstimmten Minderheit gehört, wendet der gesetzliche Vertreter sich (verständlicherweise) gar nicht an das Familiengericht mit dem Ersuchen um Genehmigung; daran hat er kein Interesse. Es müsste sich also die Mehrheit der Miterben an das Gericht mit der Bitte um Genehmigung wenden. Nach der Rechtsprechung des BGH setzt das **Genehmigungsverfahren** „regelmäßig" einen Antrag des gesetzlichen Vertreters voraus;[15] dies wird in der Praxis weitgehend dahin (missverstanden), dass das Gericht **nur** auf einen Antrag des gesetzlichen Vertreters tätig werden könne. Folgt man aber mit Rücksicht auf § 26 FamFG der gegenteiligen Auffassung,[16] kann die familiengerichtliche Genehmigung auch von Amts wegen, also insbesondere auch auf Anregung des Geschäftsgegners (vgl. § 24 FamFG), erteilt werden. Das Familiengericht muss aber den gesetzlichen Vertreter des Minderjährigen anhören. Soll nun das Gericht eine Genehmigung erteilen, wenn der gesetzliche Vertreter des minderjährigen Miterben dies letztlich nicht will? Soll das Gericht überprüfen, ob der Beschluss der Erbengemeinschaft den Rahmen ordnungsgemäßer Verwaltung (§ 2038 BGB) eingehalten hat?

---

11 *Muscheler*, ZEV 1997, 222, 229; BGH LM BGB § 2038 Nr. 1 = BGHZ 56, 47, 50 = NJW 1971, 1265 = LM § 2038 Nr. 10 m. Anm. *Johannsen*; Staudinger/*Löhnig* § 2038 Rn 27, 33; Erman/*W. Bayer*, § 2038 Rn 12; Damrau/Tanck/*Rißmann* § 2038 Rn 61; a.A. *v. Lübtow*, S. 803, 806; OLG Königsberg OLGE 18 (1909), 3412; *Bartholomeyczik*, in: Festschr. für Reinhardt, 1972, S. 13, 27, 34; *Jülicher*, AcP 175 (1975), 143, 147.

12 *Damrau*, Der Minderjährige im Erbrecht, Rn 189.

13 Ausführlich dazu *Damrau*, EE 2014, 101, 104.

14 LG Köln WuM 1959, 54; Palandt/*Weidlich*, § 2038 Rn 9.

15 BGH DNotZ 1967, 320.

16 Vgl. Soergel/*Zimmermann*, § 1828 Rn 21.

Natürlich kann das Gericht den gesetzlichen Vertreter auf seine Mitwirkungspflicht nach § 2038 BGB hinweisen;[17] aber erstreckt sich diese Mitwirkungspflicht auch auf das Einholen der ungeliebten Genehmigung und deren Mitteilung an den Geschäftsgegner?

17 Erteilt das Gericht die Genehmigung, ist diese von Seiten des Gerichts dem gesetzlichen Vertreter des Minderjährigen, also dem Vormund, Pfleger oder den Eltern mitzuteilen, niemals aber dem Geschäftsgegner oder einem anderen Gericht, z.B. dem Nachlassgericht oder dem Grundbuchamt; dies ergibt der eindeutige Wortlaut des § 1828 BGB.

18 Mit dem Zugang der Genehmigung beim gesetzlichen Vertreter des Minderjährigen ist aber das Rechtsgeschäft noch nicht wirksam abgeschlossen, denn es muss nun der gesetzliche Vertreter **von der Genehmigung Gebrauch** machen; er muss sie dem Geschäftsgegner zustimmend mitteilen (vgl. § 1829 Abs. 1 S. 2 BGB), erst damit wird das Rechtsgeschäft wirksam. Diese Mitteilung kann der gesetzliche Vertreter unterlassen. Er soll die Mitteilung nach den Motiven des Gesetzes unterlassen, wenn er (nun) meint, besser im Interesse des Minderjährigen von ihr keinen Gebrauch machen zu sollen.[18] Dem steht aber der Beschluss der Erbenmehrheit entgegen.

19 Dann müsste der überstimmte Minderjährige, vertreten durch seinen gesetzlichen Vertreter, auf Mitwirkung bei der Verwaltung, hier der Abgabe der Zustimmungserklärung zu dem Vertrag, verklagt werden: Anspruchsgrundlagen sind §§ 2038, 745 BGB. Die Erklärung des Minderjährigen gilt gemäß § 894 ZPO mit Rechtskraft des Urteils als abgegeben. Für das prozessuale Verfahren bedarf es nach h.M. keiner Genehmigung des Familiengerichts.[19] Folgt man der Gegenansicht,[20] die für die Klage eine vorherige Zustimmung des Familiengerichts verlangt, dann wäre die Klage unbegründet, solange nicht die Genehmigung beigebracht wird.[21] Anders ausgedrückt: dann könnte der Minderjährige, vertreten durch seinen gesetzlichen Vertreter, der einfach keine Genehmigung einholt, praktisch nicht mit Erfolg verklagt werden.[22] Die hier abgelehnte Ansicht erklärt im Übrigen auch nicht, wie man den gesetzlichen Vertreter zwingt, von der Genehmigung Gebrauch zu machen: Verzichtet sie auf dieses nach dem materiellen Recht auch erforderliche Tun oder will sie nach § 888 ZPO vorgehen und die unvertretbare Handlung mit Zwangsmitteln durchsetzen?

20 Wenn der Prozess auf Abgabe der auf Abschluss des schuldrechtlichen Vertrags gerichteten Willenserklärung von der Erbenmehrheit gegen den überstimmten Minderjährigen oder vom Prozessgegner gegen den Minderjährigen geführt werden muss, ist die von der h.M. angenommene Vertretung der Mehrheit durch die Minderheit schon ab absurdum geführt.

Man könnte einwenden, der gesetzliche Vertreter habe seine Mitwirkungspflicht nach § 2038 Abs. 1 S. 2 Hs. 1 BGB verletzt; dies führe zum Schadensersatz;[23] eine Schädigung des Minderjährigen müsse unbedingt vermieden werden. Grundsätzlich ist diese Aussage richtig, aber wohl kaum bei einem gesetzlichen Vertreter, der für den Abschluss des Rechtsgeschäfts der Genehmigung des Familiengerichts bedarf. Solange der gesetzliche Vertreter von einer

---

17 Vgl. BGH EE 2006, 37 = ZEV 2006, 24 m. zust. Anm. *Muscheler.*

18 Vgl. MüKo/*Kroll-Ludwigs*, BGB, § 1829 Rn 3; Palandt/*Götz*, § 1829 Rn 3.

19 KGJ 45 (1914), 264; BayObLGZ 1953, 111; Soergel/*Zimmermann*, vor §§ 1821, 1822 Rn 5.

20 Stein/Jonas/*Brehm*, ZPO, § 894 Rn 24; *Dölle*, FamilienR, Bd. 2, S. 784; *Müller*, FamRZ 1956, 44.

21 Vgl. KG NJW 1961, 733.

22 Man stelle sich vor, es bestünde ein Anspruch gegen den Minderjährigen auf Übereignung eines Grundstücks aus § 812 BGB. Der gesetzliche Vertreter ist anderer Ansicht und holt deshalb die nach § 1821 Abs. 1 Nr. 1 BGB zur Verfügung notwendige Genehmigung nicht ein; dann bliebe nur der gleich zu erörternde Anspruch auf Schadensersatz, der bei Vermögenslosigkeit des gesetzlichen Vertreters auch ins Leere ging.

23 Vgl. BGH ZEV 2006, 24.

erteilten Genehmigung im Interesse des Mündels keinen Gebrauch macht, folgt daraus keine Schadensersatzpflicht gegenüber Dritten.[24] Wollte man aber hier ausnahmsweise die Gegenansicht vertreten, dann müsste der Minderjährige auf Schadensersatz verklagt werden, weil dieser ja für seinen gesetzlichen Vertreter gemäß § 278 BGB haftet.[25]

Es zeigt sich also, dass die familiengerichtliche Genehmigung bei Beschlüssen der Erbenmehrheit nur ein Hemmnis bei der Durchführung des Beschlusses ist, wenn der minderjährige Miterbe aufseiten der überstimmten Minderheit ist. 21

Hält man aber – wie hier – die gerichtliche Genehmigung für nicht erforderlich, wenn der minderjährige Erbe auf dieser Seite steht, kann man nicht anders befinden, wenn er auf der Seite der Mehrheit steht; dies ungeachtet der Tatsache, dass voraussichtlich der gesetzliche Vertreter nicht die aufgezeigten Schwierigkeiten bei der Einholung der gerichtlichen Genehmigung machen wird.[26]

2. Verfügungsgeschäfte

Beschließt die Erbenmehrheit in Ausübung der ordnungsgemäßen Verwaltung ein Verfügungsgeschäft,[27] z.B. die Übereignung des verkauften Bildes, ist es umstritten, ob auch hier die Mehrheit der Miterben die überstimmte Minderheit der Miterben nach außen vertreten kann. 22

Beispiel 23

Ein in einem zum Nachlass gehörigen Haus wohnender Mieter zahlt einige Zeit seine Mietschulden nicht. Die Mehrheit der Miterben beschließt, diesem Mieter fristlos zu kündigen; der Minderjährige, vertreten durch seine Eltern, ist dagegen.

Das Verhältnis von § 2038 zu § 2040 BGB ist umstritten.[28] Eine Meinung lehnt ein gesetzliches Vertretungsrecht der Mehrheit bezüglich der Minderheit, das für Verpflichtungsgeschäfte im Rahmen des § 2038 BGB anerkannt ist, für Verfügungsgeschäfte ab;[29] es müssen nach dieser Ansicht gemäß § 2040 BGB alle Miterben an der Verfügung mitwirken, also im Beispiel gemeinsam die Kündigung aussprechen. Die überstimmten Miterben, die dies nicht freiwillig tun, müssen notfalls auf Zustimmung verklagt werden, wobei das Urteil gemäß § 894 ZPO deren Zustimmung nach außen ersetzt, also bei der Kündigung dem Mieter mitgeteilt wird. 24

Demgegenüber befürwortet die hier vertretene neuere Gegenansicht eine gesetzliche Vertretungsmacht der Mehrheit der Miterben (ebenso wie bei Verpflichtungsgeschäften; siehe

24 Vgl. Soergel/*Zimmermann*, § 1829 Rn 13; BGHZ 54, 71, 73 = NJW 1970, 1414; MüKo/*Kroll-Ludwigs*, § 1829 Rn 10.

25 Daran würde sich wieder der Rückgriff gegen die Eltern (§ 1664 BGB), den Vormund, Pfleger oder Betreuer (§ 1833 BGB) anschließen.

26 *Damrau*, ZEV 2006,190, 191; Palandt/*Weidlich*, § 2038 Rn 9; a.A. *Zimmermann*, ZEV 2013, 315, 319 für den betreuten Miterben.

27 Eine Verfügung ist die unmittelbare Einwirkung auf ein bestehendes Recht; anders ausgedrückt: die Übertragung, Belastung, Veränderung, Herbeiführung der Beendigung des Rechts (vgl. BGHZ 1, 294, 304).

28 Zum Streitstand BGHZ 183, 131 = EE 2010, 19 = ZEV 2010, 36.

29 Nachw. auch bei *Muscheler*, ZEV 1997, 222, 230; dazu auch Staudinger/*Löhnig*, § 2040 Rn 17 f.; Damrau/Tanck/*Rißmann*, § 2040 Rn 8; § 2038 Rn 17, 69.

Rdn 14) für die überstimmte Minderheit, soweit es um Maßnahmen der ordnungsgemäßen Verwaltung des Nachlasses geht, auch bei Verfügungsgeschäften,[30] wie hier der Kündigung.

25 Der BGH hat die neuere Auffassung der Lehre zwischenzeitlich gebilligt.[31]

Ob man nun der erstgenannten Meinung folgt oder der weitaus praktikableren hier vertretenen Ansicht: Wenn sich ein Minderjähriger unter den Miterben befindet, tauchen bei den Verfügungsgeschäften dieselben Probleme auf wie bei Verpflichtungsgeschäften, soweit es um familiengerichtliche Genehmigungen geht. Es wird auf Rdn 13 ff. verwiesen.

Handelt es sich um Beschlüsse einer Erbenmehrheit im Rahmen der ordnungsgemäßen (= laufenden) Verwaltung des Nachlasses, bedarf es weder bei Verpflichtungs- noch bei Verfügungsgeschäften einer familiengerichtlichen Genehmigung, wenn sich unter den Miterben ein minderjähriger Miterbe befindet (siehe Rdn 12 ff.).[32] Dieses Ergebnis wird auch durch die genehmigungsfreie Notgeschäftsführung unterstrichen (siehe Rdn 27 ff.)

26 **Beispiel**

Ein Minderjähriger ist Mitglied einer Erbengemeinschaft. Der Minderjährige wird durch einen Vormund vertreten. Die Mehrheit der Miterben will im Nachlass befindliche Wertpapiere veräußern, um mit dem Erlös Nachlassschulden zu bezahlen. Der Vormund stimmt bei der Beschlussfassung in der Erbengemeinschaft dem nicht zu.

Hinsichtlich des (schuldrechtlichen) Kaufvertrages und der Übertragung der Wertpapiere als einem Verfügungsgeschäft vertritt die Erbenmehrheit die Erbenminderheit kraft Gesetzes. Es erübrigt sich also die für beide Rechtsgeschäfte nach § 1812 Abs. 1 und 2 BGB erforderliche Zustimmung des Familiengerichts.

3. Die seltenen Notverwaltungsgeschäfte

27 Anerkannt ist, dass jeder Miterbe die zur Erhaltung des Nachlasses notwendigen Maßregeln ohne Mitwirkung der anderen Miterben treffen kann (§ 2038 Abs. 1 S. 2 Hs. 2 BGB). Es wird zwar zwar vertreten, dass § 2038 Abs. 2 BGB hinter § 2040 Abs. 1 BGB zurücktritt, also Verfügungen, die im Rahmen der ordnungsgemäßen Nachlassverwaltung einen Nachlassgegenstand betreffen, nur von allen Miterben gemeinsam vorgenommen werden können, dass aber § 2038 Abs. 1 S. 2 Hs. 2 BGB dem § 2040 BGB vorgeht: Notverfügungen kann jeder Miterbe allein treffen, er handelt dabei für alle Miterben.[33]

Das Notverwaltungsrecht kann der Minderjährige durch seinen gesetzlichen Vertreter ausüben. Er handelt zugleich als gesetzlicher Vertreter für die anderen Miterben. Handelt ein anderer Miterbe im Rahmen der Notverwaltung, wird der Minderjährige aufgrund der gesetzlichen Vertretungsmacht des Handelnden[34] vertreten. Diese gesetzliche Vertretungsmacht erstreckt sich sowohl auf Verpflichtungs- als auch auf Verfügungsgeschäfte.[35]

---

30 *Muscheler*, ZEV 1997, 222, 230 m.w.N.; Staudinger/*Löhnig*, § 2040 Rn 18; Palandt/*Weidlich*, § 2040 Rn 1; *Damrau*, Der Minderjährige im Erbrecht, Rn 190.

31 BGH EE 2006, 37 = ZEV 2006, 24; BGHZ 183, 131 = EE 2010, 19 = ZEV 2010, 36; ZEV 2010, 639; dazu auch Damrau/Tanck/*Rißmann*, § 2040 Rn 8.

32 LG Köln WuM 1959, 54; vgl. zum Ganzen und zur Abgleichung mit der bisherigen Rechtsprechung *Damrau*, ZEV 2006, 190.

33 Staudinger/*Löhnig*, § 2038 Rn 21; *Muscheler*, ZEV 1997, 222, 231 m.w.N.; BGHZ 108, 21, 30: gesetzliche Prozessführungsbefugnis; a.A. OLG Neustadt MDR 1962, 574.

34 Soregel/*Wolff*, § 2038 Rn 12.

35 *Damrau*, Der Minderjährige im Erbrecht, Rn 197.

28 Wenn nun der Minderjährige, vertreten durch seinen gesetzlichen Vertreter, eine Notmaßnahme vornimmt, die eine Verfügung darstellt, z.B. die Anfechtung eines Kaufvertrags und der dazugehörigen Auflassung betreffend den Grundstückserwerb des Minderjährigen wegen Täuschung (§ 123 BGB), bedarf er der Genehmigung nach § 1821 Abs. 1 Nr. 1 BGB? Die Anfechtungserklärung des Kaufvertrags und eventuell der Auflassung ist eine Verfügung betreffend den schuldrechtlichen Kaufvertrag und betreffend das Grundstücksrecht, hier das Eigentum, weil auf diese Rechte durch die Anfechtungserklärung unmittelbar eingewirkt wird;[36] der Kaufvertrag wie Eigentumserwerb sind aufgrund der Anfechtung von Anfang an nichtig.

Wenn nicht der Minderjährige die Notmaßnahme vornimmt, sondern ein anderer (volljähriger) Miterbe aus dem Kreis der Miterben, zu denen auch der Minderjährige zählt, muss auch der handelnde Miterbe die familiengerichtliche Genehmigung einholen, ungeachtet des Umstandes, dass er dazu nach h.M. gar nicht befugt ist (siehe Rdn 16), weil den Antrag nur der gesetzliche Vertreter des Minderjährigen stellen kann?

29 Bei Verträgen sind Genehmigungen gemäß § 1829 BGB nach Vertragsschluss möglich. Bei einseitigen Rechtsgeschäften bedarf es gemäß § 1831 S. 1 BGB der vorherigen Genehmigung; sie muss notfalls auch schriftlich dem Geschäftsgegner vorgelegt werden (vgl. § 1831 S. 2 BGB). Wenn Notmaßnahmen, die nur vorliegen, wenn es brandeilig ist und die Zustimmung im Rahmen ordentlicher Verwaltung nicht eingeholt werden kann, der familiengerichtlichen Genehmigung nach §§ 1812 ff., 1821, 1822 BGB bedürften, wären sie praktisch nicht mehr durchführbar, weil sie fast immer zu spät kämen. Dann müssten Notmaßnahmen eben unterbleiben und die Miterben müssten den Schaden daraus tragen. Ein unbilliges Ergebnis. Daher: Auch bei minderjährigen Miterben können Notmaßnahmen auch durchgeführt werden, wenn zu den Miterben Minderjährige zählen.

30 Wie ist dieses praktikable Ergebnis zu erklären? Kommt es wirklich darauf an, dass eine beschlussfähige Mehrheit der Erben vorhanden ist? Den Ansatz für die Lösung bietet *Muscheler*, der die Vertretungsmacht der Mehrheit der Miterben hinsichtlich der Minderheit näher dargestellt hat.[37] Während *Johannsen*[38] noch von „Ermächtigung“ sprach und man im Übrigen die Frage offenließ, warum die Mehrheit auch für die Minderheit nach außen handeln kann, führt *Muscheler* aus, dass es sich um eine aus § 745 Abs. 1 BGB folgende gesetzliche Vertretungsmacht handelt, und nicht um eine rechtsgeschäftliche Vollmacht, Ermächtigung oder Ähnliches.

31 §§ 1643, 1812 ff., 1821, 1822, 1908i, 1915 BGB sprechen jeweils von Eltern oder Elternteilen, Vormund, Betreuer oder Pfleger. Diese Vorschriften sprechen niemals abstrakt vom **gesetzlichen Vertreter**, erfassen also nicht alle Fälle gesetzlicher Vertretung. Für die Vorschriften, die betreuungs- oder familiengerichtliche Genehmigung fordern, ist heute anerkannt, dass man dem Grundsatz der formalen Auslegung folgen muss.[39] Wenn man also die aufgeführten Genehmigungsvorschriften formal auslegt, stellt man fest, dass sie allesamt nicht den Fall der hier aufgezeigten gesetzlichen Vertretung nach § 745 BGB erfassen.

32 **Ergebnis:** Auch bei Notverwaltungsgeschäften braucht der Handelnde weder bei Verpflichtungsgeschäften noch bei Verfügungsgeschäften, mag der Handelnde der Minderjährige, vertreten durch seinen gesetzlichen Vertreter, oder ein anderer Miterbe sein, der familienge-

36 BGHZ 1, 294, 304.
37 *Muscheler*, ZEV 1997, 222, 229.
38 *Johannsen*, Anm. zu BGB LM § 2038 Nr. 1 = BGHZ 56, 47.
39 Vgl. Soergel/*Zimmermann*, vor § 1821 Rn 9; BGHZ 92, 259, 266.

richtlichen Genehmigung, wenn sich die Maßnahmen im Rahmen der ordnungsgemäßen Verwaltung bewegen.

33 Dieses Ergebnis befindet sich überdies in Übereinstimmung mit folgender, bisher unwidersprochener Rechtsansicht: Der Erblasser, der einen Minderjährigen zum Erben einsetzt, hätte das Erfordernis einer gerichtlicher Genehmigung in jedem Fall vermeiden können, wenn er eine **Vollmacht über den Tod hinaus** erteilt hätte.[40] Dann kann der Bevollmächtigte – soweit es den Nachlass des Minderjährigen betrifft – für diesen alle vom Umfang der Vollmacht gedeckten Rechtsgeschäfte auch zusammen mit eventuellen Miterben – tätigen und bedarf dazu keiner Zustimmung des Familiengerichts, weder nach §§ 1812 ff. BGB noch nach §§ 1821 ff. BGB.

34 Früher sah man überwiegend den Bevollmächtigten auch nach dem Tode des Vollmachtgebers noch als dessen Bevollmächtigten an. Nach heutiger Auffassung hingegen vertritt der Bevollmächtigte nicht den Erblasser, sondern die Erben, beschränkt auf den Nachlass;[41] von daher müsste er bei einem minderjährigen Erben als Vollmachtgeber der Genehmigungspflicht durch das Familiengericht unterliegen. Da aber die Vollmacht noch vom Erblasser erteilt wurde, sieht man von der Genehmigungspflicht ab;[42] man hat insoweit den Wandel der Auffassung, wen der Bevollmächtigte vertritt, noch nicht auf die Genehmigungspflicht übertragen. Es kann also der Bevollmächtigte, ohne der gerichtlichen Genehmigung zu bedürfen, für die Miterbengemeinschaft handeln, der ein minderjähriger Miterbe angehört.

4. Erfüllung von Vermächtnissen und sonstigen Verbindlichkeiten

35 Zu den Aufgaben, die der Erbengemeinschaft obliegen, gehört auch die Erfüllung aller Vermächtnisse, wenn sie – und nicht ein einzelner Erbe – mit einem solchen belastet ist (vgl. § 2147 BGB).

Sofern die Erbengemeinschaft Inhaber des Gegenstandes ist, der in Erfüllung des Vermächtnisses auf den Vermächtnisnehmer zu übertragen ist, müssen grundsätzlich alle Miterben gemäß § 2040 BGB als Gesamthandsberechtigte mitwirken; unbenommen bleibt es diesen, sich wechselseitig zu vertreten (§§ 164 ff. BGB) oder zu ermächtigen (§ 185 BGB) oder später das Geschäft zu genehmigen (§§ 182 ff. BGB).

36 Der gesetzliche Vertreter kann bei der Erfüllung von Vermächtnissen zugleich **mehrere minderjährige Miterben** vertreten, weil alle Minderjährigen auf der „gleichen Seite" stehen, also parallel gerichtete Erklärungen an den Vermächtnisnehmer abgeben, der den Vermächtnisgegenstand entgegennimmt.[43] Es kann der gesetzliche Vertreter auch zugleich noch für sich selbst als Miterbe handeln, denn in beiden Fällen wird § 181 BGB nicht angewandt, weil kein Interessengegensatz zwischen den Minderjährigen bzw. dem gesetzlichen Vertreter und dem Minderjährigen besteht.

Die Übertragung der Gegenstände muss – obgleich aufgrund des Vermächtnisses ein Anspruch darauf besteht – dennoch gegebenenfalls gem. §§ 1643 Abs. 1, 1821, 1822 BGB vom Familiengericht genehmigt werden.[44]

---

40 RGZ 106, 185; Soergel/*Zimmermann*, vor § 1821 Rn 8; MüKo/*Kroll-Ludwigs*, § 1821 Rn 13.
41 BGH FamRZ 1983, 477.
42 MüKo/*Kroll-Ludwigs*, § 1821 Rn 13.
43 Staudinger/*Schilken*, § 181 Rn 8; BGHZ 50, 8, 10 = FamRZ 1968, 245.
44 Palandt/*Weidlich*, § 2174 Rn 4; BayObLG FamRZ 1977, 141.

Ist der **Vermächtnisnehmer der gesetzliche Vertreter** eines minderjährigen Miterben, steht der Erfüllung des Vermächtnisses § 181 BGB ebenfalls nicht entgegen, da in Erfüllung einer Verbindlichkeit, nämlich des Anspruchs auf das Vermächtnis, gehandelt wird.[45] Das Gleiche gilt, wenn §§ 1629 Abs. 2, 1915, 1795 BGB eigentlich nach deren Wortlaut anwendbar wären, weil ein Großelternteil oder der Ehegatte des gesetzlichen Vertreters Vermächtnisnehmer ist.

Ist der **Minderjährige nur Vorerbe** oder Mit-Vorerbe und fällt der Vermächtnisgegenstand unter §§ 2113, 2114 BGB, handelt es sich also insbesondere um ein Grundstück, bedarf die Erfüllung des Vermächtnisses nicht zusätzlich zur familienrechtlichen Genehmigung der Genehmigung des **Nacherben**; die Erfüllung des Vermächtnisses beeinträchtigt nicht die Rechte des Nacherben.[46] Auch handelt es sich um keine unentgeltliche Verfügung des Vorerben (vgl. § 2113 Abs. 2 BGB), sondern um eine unentgeltliche Zuwendung des Erblassers, der Erbeinsetzung. Grundbuchmäßig kann deshalb der Nachweis der Unentgeltlichkeit durch Einsicht in die Nachlassakten bzw. durch öffentlich beglaubigte Kopie der Verfügung von Todes wegen nebst Eröffnungsprotokoll erbracht werden.[47] 37

B. Auseinandersetzung der Erbengemeinschaft bei Vorhandensein minderjähriger Miterben

I. Auseinandersetzung nach der gesetzlichen Regelung

1. Vertretung der Minderjährigen

Die Teilung des Nachlasses findet gemäß §§ 2042 Abs. 2, 752 BGB durch Teilung in Natur statt; z.B. ein Geldbetrag, der bar im Nachlass vorhanden ist, wird in gleiche Beträge aufgeteilt. Oft ist eine solche Teilung nicht möglich, weil die einzelnen Teile nicht gleich sind. So kann man ein Mietshaus mit drei Stockwerken nicht gleich aufteilen, indem man drei Eigentumswohnungen bildet; denn die Wohnungen sind baulich und wertmäßig unterschiedlich. Deshalb findet solche Naturalteilung selten hinsichtlich des gesamten Nachlasses, sondern in der Praxis oftmals nur bezüglich von Teilen des Nachlasses statt, insbesondere das vom Erblasser hinterlassene Bargeld wird unter den Miterben aufgeteilt. 38

Soweit also eine Teilung in gleiche Teile nicht möglich ist, weil sich der Gegenstand nicht in gleichartige Anteile teilen lässt, greifen §§ 2042 Abs. 2, 753 BGB ein: Der Gegenstand ist nach den Regeln des Pfandverkaufs (§§ 1228 ff. BGB), bei Grundstücken durch Zwangsversteigerung gemäß §§ 180 ff. ZVG, zu versilbern; sodann erfolgt die Teilung des Verkaufserlöses, der kraft Gesetzes Teil des Nachlasses wird (§ 2041 BGB), durch Naturalteilung nach §§ 2042 Abs. 2, 752 BGB (dazu unten Rdn 46).

Soweit so verfahren wird (es werden z.B. 99 gleiche Aktien oder eine Forderung gegen die Bank als Verwahrer derselben, die sich im Nachlass befinden, unter den Miterben aufgeteilt), wird dem Gesetz entsprochen; es bedarf keines Auseinandersetzungsvertrages unter den Miterben; es genügt die Zustimmung aller Miterben zur Durchführung solcher Teilung.

45 Palandt/*Ellenberger*, § 181 Rn 22.

46 Staudinger/*Avenarius*, § 2113 BGB Rn 53; Palandt/*Weidlich*, § 2113 Rn 5; Damrau/Tanck/*Bothe*, § 2113 Rn 7.

47 OLG Hamm NJW-RR 1996, 1230 = Rpfleger 1996, 504; *Schöner/Stöber*, Grundbuchrecht, 15. Aufl., Rn 3520 a.E.

Wenn nicht der gesamte Nachlass einer Teilung nach dem Gesetz unterzogen wird, handelt es sich um eine sachliche Teilauseinandersetzung (vgl. Rdn 58 f.).

39 Der Minderjährige wird bei solcher Teilung des Nachlasses durch seinen gesetzlichen Vertreter vertreten, seien dies beide Eltern, sei es ausnahmsweise ein Elternteil, ein Vormund oder ein Pfleger. Die Übereignung eines Teiles des im Nachlass befindlichen Geldes von allen Miterben auf den Minderjährigen als Miterben – sein Anteil am Geld also – erfolgt in Erfüllung einer gesetzlich geregelten Pflicht, so dass das Verbot des In-sich-Geschäfts nach dem Wortlaut des § 181 BGB, dem Verbot der Vertretung auf beiden Seiten (Übereignung durch alle Miterben an den minderjährigen Miterben), nicht entgegensteht.[48]

Z.B. Eltern, die **mehrere minderjährige Kinder** als Miterben vertreten, geben bei den Willenserklärungen zur Vornahme der Teilung nach dem Gesetz gleichgerichtete Willenserklärungen ab; ebenso wie die anderen Miterben machen sie für ihre Kinder z.B. ein Verkaufsangebot bei der öffentlichen Versteigerung beweglicher Sachen durch Pfandverkauf (§§ 1233 ff. BGB). Die Eltern geben also gleichgerichtete Willenserklärungen (vgl. Rdn 36) gegenüber dem Käufer ab. Obgleich also die Eltern mehrere Minderjährige vertreten, wird § 181 BGB mit seinem Verbot der Mehrfach-Vertretung nicht angewandt. Nach ihrem Zweck will § 181 BGB nur bei Interessenkonflikten eingreifen; ein solcher liegt wegen der Gleichgerichtetheit der Erklärungen aller Miterben bei einem Verkaufsangebot nicht vor. Deshalb wird § 181 BGB nicht angewandt.[49] Zugleich aber erfüllen die Eltern als gesetzliche Vertreter auch eine gesetzliche Verbindlichkeit mit der Auseinandersetzung (§ 2042 BGB),[50] so dass auch von daher § 181 BGB unanwendbar ist.[51] Der gesetzliche Vertreter kann also nicht nur mehrere minderjährige Kinder vertreten, sondern kann auch zugleich für sich selbst handeln, wenn er z.B. ebenfalls Miterbe ist. Es bedarf keiner Pflegerbestellung für die Kinder nach § 1909 BGB.

Das Vorstehende gilt auch, wenn die Verteilung des Erlöses aus den Verkäufen unter den Miterben nicht nur ein einfaches Rechenexempel ist (Beispiel: 1/4 aus 1.000 EUR), sondern auch, wenn Fragen der Ausgleichung (§§ 2050 ff. BGB) dem Grunde und der Höhe nach anstehen; hier schließen die minderjährigen Kinder nicht gleich Auseinandersetzungsverträge ab.[52]

40 Wählen die Eltern aber zu solchem Vorgehen die **Form eines Vertrags** (Teilungs- oder Auseinandersetzungsvertrag), obgleich dieser nicht nötig ist, weil er nur das festschreibt, was das Gesetz sagt, muss bedacht werden, ob nicht bei Vorhandensein von mehreren minderjährigen Kindern als Miterben oder von Kindern und deren Eltern als Miterben für die Kinder **Ergänzungspfleger** zu bestellen sind, weil § 181 BGB eingreifen könnte und eine Mehrfachvertretung ausschlösse.

Ein solcher Vertrag wird entweder in Unkenntnis dessen, dass er überflüssig ist, oder nur (deklaratorisch) zur Klarstellung geschlossen. Aber solange mit solchem Vertrag nicht von den gesetzlichen Teilungsregeln abgewichen wird, so lange wird auch mit einem solchen Vertrag nur eine gesetzliche Verbindlichkeit erfüllt; es ist kein wirklicher Erbteilungsvertrag,

48 Palandt/*Weidlich*, § 2042 Rn 14; BGHZ 21, 229, 232.
49 BGHZ 50, 8, 10 = FamRZ 1968, 245; RGZ 127, 103, 105.
50 BGHZ 21, 229, 232.
51 *Damrau*, ZEV 1994, 1, 3.
52 Damrau/Tanck/*Rißmann*, § 2042 Rn 55.

so dass es auch kein Verbot nach § 181 BGB, insbesondere der Vertretung mehrerer Kinder durch ihre Eltern, gibt.[53]

2. Familiengerichtliche Genehmigungspflichten bei einer Auseinandersetzung nach dem Gesetz

Wird nach §§ 2042, 752 BGB verfahren, also z.B. das Bargeld „einfach" geteilt, so bedürfen die **Eltern** keiner familiengerichtlichen Genehmigung; es fällt diese Art der Erbteilung nicht unter §§ 1643, 1822 Nr. 2 BGB, zum einen, weil gar kein Erbteilungsvertrag – so der Wortlaut des § 1822 Nr. 2 BGB – vorliegt.[54] Zum anderen ist die Vorschrift auf Eltern auch nicht anwendbar (§ 1643 BGB). 41

Es kann aber die Naturalteilung nach §§ 2042, 752 BGB der familiengerichtlichen Genehmigung bedürfen, wenn die **Rechtsübertragung** auf den Minderjährigen gem. §§ 1643, 1821 ff. BGB genehmigungspflichtig ist. Beispiel mag ein riesiger Acker sein, der in zwei Hälften teilbar ist; auf der Seite der Miterben verfügt der Minderjährige über seine gesamthänderische Beteiligung am Grundstück, so dass § 1821 Abs. 1 Nr. 1 und Nr. 4 BGB gegeben ist. 42

Eine familiengerichtliche Genehmigung kommt bei Eltern als gesetzlicher Vertreter auch bei einem **überflüssigen Auseinandersetzungsvertrag**, der nur die Verpflichtung zur Teilung nach dem Gesetz wiederholt, nicht in Betracht. Das beruht bereits auf § 1643 BGB, der § 1822 Nr. 2 BGB nicht nennt. 43

Vertreten Vormund oder Pfleger einen Minderjährigen bei der Naturalteilung nach § 752 BGB, so brauchen diese – wie Eltern – dafür keine familiengerichtliche Genehmigung nach §§ 1915, 1822 Nr. 2 BGB, weil die Naturalteilung in diesen Vorschriften nicht genannt ist. 44

In Betracht kommt hier aber die Anwendung der §§ 1915, 1812 BGB, wenn der Minderjährige eine Forderung gegen die Miterbengemeinschaft auf Auszahlung seines Anteils am Erlös hat. Über diese Forderung[55] wird durch ihre Einziehung verfügt.[56] Es hängt von den Umständen ab, insbesondere von der Höhe des Geldbetrags, ob hier die Ausnahmevorschrift des § 1813 BGB eingreift.

Wird nur die Verpflichtung zur Naturalteilung (§ 752 BGB) durch die Miterben in einem **Auseinandersetzungsvertrag** wiederholt, und werden die Minderjährigen durch einen Vormund oder Pfleger bei diesem (überflüssigen) Vertrag vertreten, könnten §§ 1915, 1822 Nr. 2 BGB nach h.M. eingreifen.[57] Das ist aber abzulehnen, weil man dadurch, dass man gesetzliche Vorschriften in Vertragsform fasst, keine Genehmigungsbedürftigkeit herbeiführen kann.[58] 45

Kann ein Grundstück – wie in aller Regel – nicht nach § 752 BGB in gleiche Teile aufgeteilt werden, muss es versilbert werden, damit leicht teilbares Geld gemäß § 2041 BGB als Surrogat an seine Stelle tritt. Wo ein Verkauf durch die Miterben wegen mangelnden Einvernehmens nicht in Betracht kommt, bleibt als gesetzliche Notlösung nur die Teilungsversteigerung und die anschließende Naturalteilung des Erlöses. 46

Den Antrag auf Teilungsversteigerung kann jeder Miterbe stellen. Wird er von den Eltern des minderjährigen Miterben gestellt, können sie mehrere Kinder zugleich vertreten, weil

---

53 *Mahlmann*, ZEV 2009, 320, 321; BGHZ 21, 229; a.A. *Eberl-Borges*, Erbauseinandersetzung, S. 141; Palandt/*Götz*, § 1822 Rn 4.

54 BayObLGZ 1901, 419, 422; *Brüggemann*, FamRZ 1990, 124, 128; a.A. Staudinger/*Veit*, § 1822 Rn 26.

55 Vgl. RG JW 1938, 3167; KG JFG 6, 267, 268.

56 Vgl. Damrau/Tanck/*Rißmann*, § 2042 Rn 34.

57 So Staudinger/*Veit*, § 1822 Rn 26; MüKo/*Kroll-Ludwigs*,§ 1822 Rn 10; Palandt/*Götz*, § 1822 Rn 4.

58 *Brüggemann*, FamRZ 1990, 124, 128; BayObLGZ 1 (1901), 419, 422.

es sich um gleichgerichtete Erklärungen handelt, so dass § 181 BGB nicht anwendbar ist (siehe Rdn 39). Einer familiengerichtlichen Genehmigung zur Antragstellung bedürfen sie nicht. §§ 1643, 1821 Abs. 1 Nr. 1 und 4 BGB greifen nicht ein, weil die Vorschriften den Antrag auf freiwillige Versteigerung (§§ 180 ff. ZVG) nicht erwähnen.

Auch Vormund und Pfleger können aus dem gleichen Grund wie Eltern zugleich mehrere Mündel vertreten. Der Antrag von Vormund und Pfleger unterliegt aber einer familiengerichtlichen Genehmigungspflicht (§ 181 Abs. 2 ZVG).

Der Erlös aus der Teilungsversteigerung fällt nicht direkt an die Miterben entsprechend ihrer Beteiligung am Nachlass, sondern wird kraft Gesetzes Teil des Nachlasses (§ 2041 BGB). Seine Aufteilung erfolgt seitens der Miterben entweder im Rahmen einer freien Vereinbarung (siehe Rdn 53 ff.) oder nach den gesetzlichen Regeln (siehe Rdn 38 ff.)

47 Ein Pfandverkauf ergibt in aller Regel keinen so hohen Erlös wie ein freihändiger Verkauf, hinzu treten auch noch relativ hohe Kosten. Wenn also unter den Miterben keine Einigung über den freihändigen Verkauf einer beweglichen Sache zu erzielen ist, greift die gesetzliche Regelung des Pfandverkaufs ein.

Das vom Gesetz vorgesehene Verfahren für den Pfandverkauf (§§ 1228 ff. BGB) erfolgt in der Weise, dass die Sache an einen Gerichtsvollzieher (hier privatrechtlich handelnd) oder einen öffentlich bestellten Versteigerer übergeben wird. Unter Beachtung einer Reihe von Förmlichkeiten, z.B. öffentliche Bekanntmachung (§ 1237 BGB) wird die Sache öffentlich an den Meistbietenden versteigert. Die Miterben können mitbieten.

Wenn schon also nur noch der Weg über den Pfandverkauf offen bleibt, sollte einer der Miterben den Weg nach § 1246 BGB beschreiten und beim Amtsgericht beantragen, dass die Sache durch eine neutrale Person verkauft wird, weil dies im finanziellen Interesse aller Miterben liegt.[59] Diesen Antrag kann der gesetzliche Vertreter des Minderjährigen stellen, denn einer familiengerichtlichen Genehmigung für diese Art des „Pfandverkaufs" bedarf es ebenso wenig wie für die Beauftragung eines Versteigerers.

Der Erlös aus dem Pfandverkauf fällt nicht direkt an die Miterben entsprechend ihrer Beteiligung am Nachlass, sondern wird kraft Gesetzes ein Teil des Nachlasses (§ 2041 BGB). Seine Aufteilung erfolgt seitens der Miterben entweder im Rahmen einer freien Vereinbarung (siehe Rdn 53 ff.) oder nach den gesetzlichen Regeln (siehe Rdn 38 ff.)

48 Für die Pfandverwertung von **Rechten** ordnet § 1277 BGB an, dass diese nur aufgrund eines vollstreckbaren Titels nach den für die Zwangsvollstreckung geltenden Vorschriften erfolgen muss.

Minderjährige werden dabei durch ihren gesetzlichen Vertreter vertreten. Einer familiengerichtlichen Genehmigung bedarf es nicht.

Forderungen sind zwar zuweilen teilbar im Sinne von § 752 BGB; Beispiel: Forderung über Geld oder 300 Zentner Weizen. So kommt eine Auseinandersetzung nach den gesetzlichen Regeln (§§ 2042, 752 BGB; siehe Rdn 38 ff.) in Betracht. Es kann aber auch so verfahren werden, dass die Forderung von der Erbengemeinschaft eingezogen wird, wobei jeder Miterbe ein Klagerecht nach § 2039 BGB hat. Ist die Forderung nicht teilbar, muss so verfahren werden. Ein Minderjähriger als Kläger wird durch seinen gesetzlichen Vertreter vertreten. Daran schließt sich entweder die Auseinandersetzung aufgrund freier Vereinbarung der Miterben (siehe Rdn 53 ff.) oder nach den gesetzlichen Regeln (siehe Rdn 38 ff.) an.

59 Näheres: *Damrau*, ZEV 2008, 218 ff.

II. Erbteilung nach Teilungsanordnungen des Erblassers

Gemäß § 2048 BGB kann der Erblasser schuldrechtlich verbindlich regeln, wie die Auseinandersetzung des Nachlasses erfolgen muss. Meist werden für die Nachlassteilung nur einzelne Gegenstände bestimmten Erben zugewiesen. Hinsichtlich solcher Gegenstände bedarf es im Allgemeinen keines Auseinandersetzungsvertrags; aber häufig werden diese Teilungsanordnungen in einem Gesamtvertrag über die Erbteilung der Vollständigkeit wegen mit aufgeführt. 49

Für die Aufteilung des Nachlasses **ausschließlich gemäß solchen Anordnungen** gilt dasselbe wie für die Aufteilung nach dem Gesetz: ein Erbteilungsvertrag ist überflüssig.

Wenn nicht anlässlich der Aufteilung nach den Teilungsanordnungen des Erblassers der gesamte Nachlass aufgeteilt wird – sei es auch nach den gesetzlichen Vorschriften (siehe Rdn 38 ff.) oder nach einer freien Vereinbarung der Miterben (siehe Rdn 53 ff.) – handelt es sich um eine sachliche **Teilauseinandersetzung** (siehe Rdn 58 ff.).

Werden nun entsprechend den Teilungsanordnungen die Nachlassgegenstände von der Erbengemeinschaft an die bedachten Miterben verteilt, z.B. das Faltboot des Erblassers an den 17-Jährigen gemäß § 929 BGB übereignet, wird in Erfüllung einer testamentarischen (§ 2048 BGB) Verbindlichkeit gehandelt. Der gesetzliche Vertreter kann deshalb auch mehrere Minderjährige vertreten, es bedarf keiner Bestellung eines Ergänzungspflegers (§ 1909 BGB). Auch wenn der gesetzliche Vertreter zu den Miterben zählt, ist aus demselben Grund der gesetzliche Vertreter nicht durch § 181 BGB beschränkt.[60] 50

Schreiben die Miterben die Teilungsanordnungen des Erblassers wiederholend in einen Auseinandersetzungsvertrag, ist ein solcher Vertrag eine Erfüllung der testamentarischen Verbindlichkeit und deshalb nicht anders zu behandeln als die direkte Erfüllung.

Übertragen die Miterben die Nachlassgegenstände gemäß der Teilungsanordnung des Erblassers direkt auf den minderjährigen Miterben, unterliegen die Übertragungen den Genehmigungspflichten nach §§ 1812 ff., 1821 ff. BGB, eine Auflassung ist also z.B. nach § 1821 Abs. 1 Nr. 1 BGB genehmigungspflichtig. 51

Werden die Teilungsanordnungen des Erblassers in einem Auseinandersetzungsvertrag wiederholt, und vertreten Eltern dabei den Minderjährigen, so bedürfen sie grundsätzlich keiner Genehmigung zu einem solchen Vertrag (vgl. §§ 1643, 1822 Nr. 2 BGB). Erst der Vollzug des Vertrags unterfällt – ebenso wie der direkte Vollzug der Anordnungen – der Genehmigungspflicht nach §§ 1643, 1821 ff. BGB.

Wird der Minderjährige bei solchem wiederholenden Auseinandersetzungsvertrag durch einen **Vormund oder Pfleger** vertreten, so könnte man auch argumentieren, dass ein Auseinandersetzungsvertrag, der nur das wiedergibt, was der Erblasser verbindlich angeordnet hat, als Wiederholung ebenso genehmigungsfrei ist wie ein Vertrag, der nur die gesetzliche Regelung wiederholt (siehe Rdn 45). Die überwiegende Meinung[61] befürwortet aber eine Genehmigungspflicht nach §§ 1915, 1822 Nr. 2 BGB, letztlich allein deshalb, weil eben die Form des Auseinandersetzungsvertrags vom Vormund oder Pfleger gewählt ist und er auch dazu zum Pfleger bestellt ist. 52

Einer Genehmigungspflicht durch das Familiengericht unterliegt indes nach den allgemeinen Regeln der Vollzug des Vertrags, wenn §§ 1821, 1822 BGB eingreifen, z.B. die Auflas-

60 *Damrau*, ZEV 1994, 1, 3; so auch *Mahlmann*, ZEV 2009, 320, 321; *Pawlytta* in: Münch. Anwaltshdb. ErbR, § 42 Rn 65.

61 Vgl. Staudinger/*Veit*, § 1822 Rn 26.

sung des vom Erblasser dem Minderjährigen durch Teilungsanordnung zugewiesenen Grundstücks (§§ 1915, 1821 Nr. 1 BGB). Auch ist bei einem Vormund oder Pfleger eine eventuelle Genehmigungspflicht für die Entgegennahme von Geld nach §§ 1812 ff. BGB zu berücksichtigen.

III. Erbteilung aufgrund freier Vereinbarung der Miterben

53 Die Auseinandersetzung einer Miterbengemeinschaft, die ausschließlich nach den Regeln des Gesetzes (§§ 2038, 752 ff. BGB) erfolgt, ist selten, weil man die Versteigerung von Grundstücken und den Pfandverkauf von beweglichen Sachen zu Recht scheut. Die Erbteilung nach den gesetzlichen Regeln (siehe Rdn 38 ff.) kommt – eventuell in Verbindung mit Teilungsanordnungen des Erblassers (§ 2048 BGB; siehe Rdn 49 ff.) – allerdings häufig vor, wenn es gilt, nach den gesetzlichen Regeln Konten und Depots aufzuteilen, also eine **(erste) Teilauseinandersetzung** vorzunehmen (siehe Rdn 58 f.).

In den weitaus meisten Fällen der Nachlassauseinandersetzung – auch bei denen Teilungsanordnungen vorhanden sind – einigen sich die Miterben auf der Grundlage der **Vertragsfreiheit**: Der eine Miterbe bekommt das Haus, der andere Miterbe die Gemäldesammlung, der dritte Miterbe erhält das Barvermögen.

1. Vertretung der Minderjährigen

54 Grundsätzlich wird bei solcher Erbauseinandersetzung der Minderjährige von seinem gesetzlichen Vertreter vertreten. Bei einem Erbteilungsvertrag können **Eltern** aber dann nicht für ihre minderjährigen Kinder handeln, wenn sie selbst oder wenn mehrere ihrer minderjährigen Kinder Miterben sind. Gleiches gilt, wenn der Ehegatte des vertretungsberechtigten Elternteils oder ein Verwandter in gerader Linie, ein Großelternteil des Kindes, Miterbe sind. Ihrer Mitwirkung stehen §§ 181, 1629 Abs. 2, 1795 BGB entgegen: Jedes Kind muss durch einen besonderen Ergänzungspfleger (§ 1909 Abs. 1 S. 1 BGB) vertreten werden. **Zuständig** für die Bestellung des Ergänzungspflegers ist das Familiengericht (§ 151 Nr. 5 FamFG).

55 Der **Vollzug des Auseinandersetzungsvertrages** geschieht nach den allgemeinen Regeln, also z.B. bei Grundstücken durch Auflassung (§§ 873, 925 BGB) des im Gesamthandseigentum der Miterben stehenden Grundstücks an einen bestimmten Miterben. Hier können Eltern zugleich für sich wie auch für ihre Kinder handeln oder auch mehrere minderjährige Kinder zugleich vertreten, weil § 181 BGB In-Sich-Geschäfte und § 1795 Abs. 1 Nr. 1 BGB Verwandtengeschäfte nicht verbieten, wenn es sich nur um die Erfüllung von Verbindlichkeiten handelt. Das ist hier der Fall, soweit es um die Erfüllung einer gültigen Auseinandersetzungsvereinbarung geht, also eines gerichtlich genehmigten Auseinandersetzungsvertrages.

In der **Praxis** wird indes oftmals zugleich mit einem (insbesondere im Hinblick auf § 311b Abs. 1 BGB) notariell beurkundeten Auseinandersetzungsvertrag der Vollzug dieses Vertrags ganz oder teilweise vorgenommen. Es werden Forderungen gegen Banken abgetreten oder die Auflassung vorgenommen, wobei die Ergänzungspfleger auch die Minderjährigen vertreten. Auch erfolgt selten die gerichtliche Genehmigung nur hinsichtlich des Grundgeschäfts, so dass bei Erfüllungsgeschäft noch kein gültiges (weil genehmigtes) Grundgeschäft gegeben ist.

Sofern nicht bereits anlässlich des Abschlusses der Auseinandersetzungsvereinbarung die Pfleger auch schon die Vollzugsgeschäfte vorgenommen haben (wenn die Anordnung der

Pflegschaft diese Tätigkeit – wie regelmäßig – mit umfasst), bedarf es keiner weiteren Hinzuziehung der Ergänzungspfleger.

2. Familiengerichtliche Genehmigungen

Der (frei vereinbarte) Auseinandersetzungsvertrag bedarf keiner familiengerichtlichen Genehmigung, wenn **Eltern** ihre Kinder vertreten (§§ 1643, 1822 Nr. 2 BGB). 56

Gehört aber zum Nachlass ein Gegenstand, hinsichtlich dessen auch Eltern als gesetzliche Vertreter sich nicht ohne gerichtliche Genehmigung nach §§ 1643 Abs. 1, 1821, 1822 BGB verpflichten können, z.B. ein **Grundstück** (§ 1821 Nr. 1 und Nr. 4 BGB) oder ein einzelkaufmännisches Erwerbsgeschäft (§ 1822 Nr. 3 BGB), das einem Miterben zugeteilt ist, bedürfen auch Eltern zum Auseinandersetzungsvertrag der gerichtlichen Genehmigung.

Eine gerichtliche Genehmigung einer (schuldrechtlichen) Auseinandersetzungsvereinbarung umfasst regelmäßig – zumindest schlüssig – auch die Genehmigung der Vollzugsgeschäfte, wo diese einer besonderen Genehmigungspflicht unterliegen, wie z.B. gemäß § 1821 Abs. 1 Nr. 1 BGB.[62]

Wird ein Minderjähriger durch einen **Pfleger** vertreten, bedarf der Auseinandersetzungsvertrag der gerichtlichen Genehmigung gemäß §§ 1915, 1822 Nr. 2 BGB. Die Genehmigung wird regelmäßig umfassend erteilt; wenn also auch ein Grundstück von der Auseinandersetzungsvereinbarung erfasst ist, erstreckt sich die familiengerichtliche Genehmigung auch auf die nach § 1821 Abs. 1 Nr. 1 BGB erforderliche Genehmigung und auch auf die Genehmigungserfordernisse nach §§ 1915, 1812 ff. BGB. 57

3. Besonderheiten bei einer sachlichen Teilauseinandersetzung aufgrund einer Vereinbarung

Es sind seltene Fälle, bei denen ein nennenswerter Nachlass von den Miterben auf einmal – früher oder später – vollständig auseinandergesetzt wird. Auch ohne dass ein Aufschub der Auseinandersetzung ausdrücklich oder stillschweigend vereinbart würde, erfolgen häufig sachliche Teilauseinandersetzungen: Erst verteilt man das vorhandene Bargeld. Dann wird die Wohnung des Erblassers aufgelöst und das Mobiliar verteilt. Nach Begleichung der offensichtlichen Schulden verkaufen die Miterben das Aktienpaket und verteilen den Erlös untereinander. Sodann wird in gleicher Weise mit einem Haus, das keiner der Miterben haben will, verfahren. 58

Erfolgt z.B. erst einmal eine Teilauseinandersetzung hinsichtlich des vorgefundenen Bargeldes und der Sparkonten und ist man sich z.B. noch nicht einig, welcher der Miterben welches Grundstück erhält, taucht folgende Frage auf: Können Eltern mehrere minderjährige Kinder bei dieser **sachlichen Teilauseinandersetzung** vertreten, weil diese **nach den Regeln des Gesetzes** (§§ 2038, 752 BGB) erfolgt (siehe Rdn 38 ff.), oder stehen dem §§ 181, 1629, 1795 BGB, also das Verbot der Mehrfachvertretung, entgegen, weil ja die nächste Teilauseinandersetzung bezüglich der Grundstücke und hinsichtlich des Restnachlasses nicht mehr nach den gesetzlichen Regeln erfolgen soll? 59

Die Rechtsprechung greift hier den Rechtsgedanken des § 139 BGB auf,[63] und fragt, ob es sich um ein wirtschaftlich einheitliches Geschäft oder um mehrere selbstständige Geschäfte 60

62 Unstreitig; vgl. Soergel/*Zimmermann*, § 1828 Rn 18; MüKo/*Kroll-Ludwigs*, § 1828 Rn 8; *Damrau*, ZEV 1994, 1, 3; KGJ 28, 7.

63 BGHZ 50, 8 = FamRZ 1968, 245 m. abl. Anm. *Häsemeyer*, S. 502; *Jena*, NJW 1995, 3126; ebenso MüKo/*Schubert*, § 181 Rn 17; Soergel/*Leptien*, § 181 Rn 14; Staudinger/*Schilken*, § 181 Rn 12.

handelt. Ob das eine oder das andere vorliegt, dafür ist nach ständiger Rechtsprechung der Wille der Beteiligten maßgeblich. Im vorgenannten Beispiel wollen die Miterben die **Erbteilung in mehreren Schritten** vornehmen, ihnen fehlt der Einheitlichkeitswille, es handelt sich daher um verschiedene Verträge, die unterschiedlichen Anforderungen genügen müssen. § 181 BGB ist daher auf einen Teilauseinandersetzungsvertrag, der die gesetzlichen Teilungsregeln (siehe Rdn 38 ff.) oder die Teilungsanordnungen (siehe Rdn 49 ff.) des Erblassers befolgt, nicht anwendbar.

61 Ein nächster Teilauseinandersetzungsvertrag, der nach dem obigen Beispiel auf dem Vertragswillen der Miterben beruht, der z.B. die Grundstücke auf die einzelnen Miterben verteilt, unterliegt den Regeln, wie sie oben für vertragliche Auseinandersetzungsvereinbarungen (siehe Rdn 53 ff.) geschildert wurden.

62 Umstritten sind die Fälle, in denen man beschließt, **Nachlassgegenstände zu verkaufen**. Hier kann man davon ausgehen, dass man den Erlös zur Bezahlung von Nachlassverbindlichkeiten braucht oder dass man ihn unter den Miterben aufteilt oder dass man nur erst einmal die Gelegenheit zu einem günstigen Verkauf wahrnimmt, um später darüber nachzudenken, wann was mit dem Erlös geschehen soll.

Ist **von vornherein die Aufteilung des Verkaufserlöses** geplant, wird er z.B. im notariellen Vertrag bereits auf die Miterben verteilt, soll es sich nach einer Meinung um einen Teil-Auseinandersetzungsvertrag handeln, bei dem gegebenenfalls § 181 BGB eingreifen würde.[64] Das RG prüfte in diesem Zusammenhang § 181 BGB nur unter dem Gesichtspunkt der Erfüllung einer Verbindlichkeit und meinte von daher zu Recht, dass der Kaufvertrag bis zur gerichtlichen Genehmigung noch nicht rechtswirksam sei und daher die Aufteilung der Kaufpreisforderung noch nicht in Erfüllung einer Verbindlichkeit geschehe. Der Stand der Rechtsprechung war im Zeitpunkt der Entscheidung des RG (Oktober 1918) noch nicht der, dass eine Nachlassauseinandersetzung nicht § 181 BGB verletzt, wenn sie nach den Regeln des Gesetzes erfolgt; dies ist erst seit der Entscheidung des BGH von 1956 vollumfänglich anerkannt.[65]

Heute muss man sagen: Beim Verkauf wie bei der Übereignung von Nachlassgegenständen stehen Elternteile und deren Kinder als Miterben auf derselben Seite, der Verkäufer- bzw. Veräußererseite, so dass § 181 BGB nicht anwendbar ist; die Verträge werden ja nicht zwischen Eltern und Kind geschlossen, sondern die Erklärungen der Minderjährigen richten sich gleichgerichtet gegen die Käuferseite. Die Absprache unter den Miterben, dass man den Verkaufserlös aufteilen will, ist Motiv für den Verkauf, ist kein selbstständiger Teil-Erbauseinandersetzungsvertrag;[66] keinesfalls sind die Absprache der Miterben zur Aufteilung des Erlöses und der Verkauf ein einheitlicher Vertrag, da schon ganz verschiedene Personen (hier: auch der Käufer) beteiligt sind.[67]

---

64 RGZ 93, 334, 336 f.; BGHZ 21, 229, 232; *Lange/Kuchinke*, § 44 III 4 b, S. 1149/1150; *Eberl-Borges*, Erbauseinandersetzung, S. 138.

65 BGHZ 21, 229; auch das RG hat das Prinzip in eben dieser Entscheidung (RGZ 93, 334, 336) betont, hat es aber nicht angewandt, weil nur der Verkauf durch Zwangsversteigerung, Berichtigung der Nachlassverbindlichkeiten und die Teilung des Erlöses den gesetzlichen Regeln entspreche. Das RG hat deshalb nur die Erfüllung des Kaufvertrags unter dem Gesichtspunkt des § 181 BGB untersucht.

66 A.A. *Eberl-Borges*, Erbauseinandersetzung, S. 138; *Eberl-Borges* scheint sich an dieser Stelle zu widersprechen: Denn würde es sich um den Verkauf eines Grundstücks handeln, müsste sie für solche Absprache die Form des § 311b Abs. 1 BGB fordern.

67 *Eberl-Borges*, Erbauseinandersetzung, S. 138 Fn 235 gegen *Wesche*, Rpfleger 1996, 198, 199.

Die Aufteilung der künftigen Kaufpreisforderung entspricht aber den Regeln des Gesetzes. Von daher ist es belanglos, ob von vornherein die Aufteilung des Kaufpreises erfolgt oder ob sie nachträglich beschlossen und vorgenommen wird.

Es handelt sich also um den Verkauf eines Nachlassgegenstandes nebst Teilauseinanderset- 63
zung (des Erlöses) nach den gesetzlichen Regeln,[68] weil Geld – ebenso wie eine Geldforderung – naturaliter teilbar ist.

Wenn man der (überholten) engeren Auslegung folgt, bleibt nur folgender Weg, um das Verbot des § 181 BGB zu umgehen: beim Verkauf des Nachlassgegenstandes wird noch keine Aufteilung der Kaufpreisforderung vorgenommen, so dass diese der Erbengemeinschaft zusteht; die beabsichtigte Auseinandersetzung ist nur Motiv für den Verkauf.[69] Ist der Kaufvertrag wirksam abgeschlossen, z.B. bei einem Grundstücksverkauf aus dem Nachlass, bei dem die Eltern mehrere Minderjährige vertreten haben, die familiengerichtliche Genehmigung erteilt (§§ 1643, 1821 Nr. 1 und 4 BGB), nehmen (erst jetzt) nun die Miterben eine Teilauseinandersetzung nach den gesetzlichen Regeln vor und teilen die Nachlassforderung entsprechend ihren Erbquoten auf. Bei dieser Aufteilung steht § 181 BGB der Vertretung minderjähriger Kinder durch ihre Eltern, selbst wenn auch einer von ihnen ebenfalls Miterbe ist, nicht entgegen, denn diese Teilauseinandersetzung entspricht den gesetzlichen Regeln (vgl. Rdn 38 ff.) und erfolgt sonach in Erfüllung einer Verbindlichkeit (vgl. § 181 BGB).[70] Ebenso sollte auch der Fall behandelt werden, dass ein Nachlassgegenstand einem Miterben übertragen wird, der Zahlungen an die minderjährigen Miterben entsprechend deren Erbquoten leistet.[71]

IV. Erbteilungsklage

Jede Erbteilungsklage nach § 2042 BGB ist nur begründet, wenn der Nachlass teilungsreif 64
ist. Es wird dann auf **Zustimmung zum einem Teilungsplan** geklagt, z.B. zur Teilung des Geldes oder der Forderungen gegen Banken. Der Teilungsplan muss den gesetzlichen Teilungsregeln (§§ 2042 Abs. 2, 752, 753 BGB; siehe oben Rdn 38 ff.), den Teilungsanordnungen des Erblassers (§ 2048 BGB; siehe Rdn 49 ff.) oder den Vereinbarungen der Miterben (siehe Rdn 53 ff.) entsprechen.

Ist der **Minderjährige der Beklagte**, prüft das Prozessgericht, ob das Verlangen berechtigt 65
ist, weil es den gesetzlichen Vorschriften oder den Teilungsanordnungen des Erblassers entspricht oder ob es aufgrund einer Auseinandersetzungsvereinbarung der Miterben begründet ist. Das Gericht wird auch prüfen, wenn sich die Klage gegen den Minderjährigen auf einen Auseinandersetzungsvertrag der Miterben stützt, ob der Minderjährige bei diesem richtig vertreten war, ob eine etwa erforderliche Form (z.B. nach § 311b BGB) eingehalten und ob eine notwendige familiengerichtliche Genehmigung erteilt und vom Vertreter des Minderjährigen den anderen Miterben bekannt gegeben worden ist (§ 1829 BGB).

Weder die Klageerhebung gegen den Minderjährigen noch ein Urteil gegen ihn bedürfen einer gesonderten familiengerichtlichen Genehmigung.[72]

---

68 *Lange/Kuchinke*, § 44 III 4 b, S. 1150 Fn 119 bezeichnet von daher zu Recht OLG Jena, NJW 1995, 3126 als nicht haltbar.

69 OLG Stuttgart Rpfleger 2003, 501.

70 Deutsches Notar-Institut DNotI-Report 2002, 107.

71 MüKo/*Ann*, § 2042 Rn 38; a.A. *Lange/Kuchinke*, § 44 III 4 b, S. 1149.

72 KGJ 45 (1914), 264; BayObLGZ 1953, 111; Soergel/*Zimmermann*, vor §§ 1821, 1822 Rn 5; MüKo/*Kroll-Ludwigs*, § 1821 Rn 14; aber umstritten, zum Streitstand Staudinger/*Veit*, vor § 1821 Rn 31.

66 Der prozessuale Akt der Klageerhebung durch den Minderjährigen bedarf keiner familiengerichtlichen Genehmigung.[73] Die Begründetheit der Klage setzt aber ggf. eine familiengerichtliche Genehmigung voraus. Durch das rechtskräftige Urteil gelten die Willenserklärungen der Miterben, also die Zustimmungen zum Teilungsplan als abgegeben (§ 894 ZPO). Das Gericht prüft, ob die Regeln der gesetzlichen Erbauseinandersetzung, die Teilungsanordnungen des Erblassers und/oder die Regeln für die Erbauseinandersetzung aufgrund freier Vereinbarung eingehalten sind bezüglich der Vertretung des Minderjährigen und der eventuell notwendigen gerichtlichen Genehmigung. Stützt sich die Klage z.B. auf eine Vereinbarung der Miterben, mögen sie den gesamten Nachlass umfassen oder auch nur Teile desselben, ist die Klage nur begründet, wenn eine etwa erforderliche familiengerichtliche Genehmigung dafür vorliegt.[74]

V. Erbteilserwerb durch einen Minderjährigen

1. Vertretung des Minderjährigen beim Erbteilserwerb

67 Erwirbt ein minderjähriger Miterbe einen Erbteil von einem Miterben derselben Erbengemeinschaft, der er selbst auch angehört, können die Eltern ihr Kind vertreten.

Wenn aber ein anderes minderjähriges Kind oder ein Elternteil der Veräußerer des Erbteils ist, kann er und der andere Elternteil das Kind, das den Erbteil erwerben will, nicht vertreten; dem steht das Verbot des In-Sich-Geschäfts und das der Doppelvertretung (§ 181 BGB) entgegen. Es muss für jedes beteiligte minderjährige Kind ein Ergänzungspfleger gemäß § 1909 Abs. 1 S. 1 BGB bestellt werden.

Ist der veräußernde Miterbe ein Elternteil des Kindes, das den Erbteil erwerben will, oder der Ehegatte eines vertretungsberechtigten Elternteils, können die Eltern des Kindes dieses nach §§ 1629 Abs. 2, 1795 BGB nicht vertreten. Es bedarf ebenfalls der Bestellung eines Ergänzungspflegers gemäß § 1909 Abs. 1 S. 1 BGB.[75]

Erwirbt ein Minderjähriger einen Erbteil von einem Dritten, wird das Kind von seinem gesetzlichen Vertreter vertreten.

2. Erfordernis gerichtlicher Genehmigung des Erwerbs eines Erbteils durch den Minderjährigen

68 Das (dingliche) **Erwerbsgeschäft** (§ 2033 BGB) bedarf auf der Erwerberseite weder, wenn der Minderjährige durch seine Eltern vertreten wird, noch, wenn er durch einen Pfleger vertreten wird, der gerichtlichen Genehmigung, da §§ 1915, 1643, 1822 Nr. 1 BGB unanwendbar sind; § 1822 BGB erwähnt den Erwerb eines Erbanteils nicht. Der Erwerber, der Minderjährige, ist nicht der Veräußernde und damit nicht der verfügende Teil, und auch nicht der Teil, der sich zu einer Verfügung verpflichtet.[76]

---

73 Soergel/*Zimmermann*, vor § 1821 Rn 5

74 Soergel/*Zimmermann*, vor § 1821 Rn 5.

75 So auch OLG Frankfurt a.M. ZEV 2015, 342.

76 Staudinger/*Veit*, § 1821 Rn 33; a.A. OLG Frankfurt a.M. ZEV 2015, 342, das § 1643 Abs. 1, § 1822 Nr. 10 BGB für einschlägig hält; so auch Damrau/Tanck/*Redig*, § 2371 Rn 10: Es bestehe eine Genehmigungsbedürftigkeit nach § 1822 Nr. 10 BGB wegen § 2382 BGB. Dagegen spricht Folgendes: Auch im Hinblick auf die Schulden bedarf es keiner Genehmigung für den Erbanteilserwerb. Die Nachlassschulden sind mangels Erfüllungsübernahme als zur Erbschaft gehörig anzusehen und sind dementsprechend Schulden des Minderjährigen, auf die § 1822 Nr. 10 BGB nicht anwendbar ist, siehe unten Rdn 72.

Der **schuldrechtliche Vertrag**, der auf den entgeltlichen Erwerb eines Erbanteils gerichtet ist (§§ 2371 ff. BGB), z.B. der Erbschaftskauf, ist genehmigungsfrei, da der geschlossene Katalog der §§ 1812 ff., 1821 ff. BGB diesen Fall nicht erwähnt. 69

Der Kauf ist auch genehmigungsfrei, wenn zum **Nachlass ein Grundstück** gehört, dessen entgeltlicher Erwerb – für sich allein genommen – der Genehmigung nach § 1821 Abs. 1 Nr. 5 BGB bedarf.[77] Dies gilt sogar, wenn das Grundstück praktisch nur noch der einzige Gegenstand im Nachlass ist, weil der gesamte restliche Nachlass bereits aufgeteilt ist. Nichts anderes gilt für das dingliche Vollzugsgeschäft gemäß § 2033 BGB, wenn sich ein Grundstück im Nachlass befindet.[78] Es handelt sich rechtlich um den Erwerb eines Erbanteils, nicht um den eines Grundstücks, wie auch das formelle Recht beweist: Es erfolgt keine Auflassung, sondern eine Berichtigung des Grundbuchs wegen des Wechsels der vermögensmäßigen Beteiligung am Nachlass durch den Erbteilserwerber. Die auch hier vorhandene Gegenmeinung[79] achtet zu gering, dass heute der Grundsatz der formalen Auslegung für die §§ 1821, 1822 BGB gilt.[80]

Die vorstehende Beurteilung stützt sich zusätzlich insbesondere auf vergleichbare Fälle bei den anderen Gesamthandgemeinschaften, wie OHG und KG. 70

Beispiel

Die OHG, an der ein Minderjähriger beteiligt ist, veräußert ein Grundstück; eine gerichtliche Genehmigung nach § 1821 BGB kommt nicht in Betracht.[81]

Im Widerspruch dazu steht allerdings eine Ansicht, die den Erwerb eines Erbteils durch einen Minderjährigen als genehmigungsbedürftig nach §§ 1643, 1915, 1822 Nr. 3 BGB ansieht, wenn zum **Nachlass ein Erwerbsgeschäft** gehört.[82] Dieser Ansicht ist deshalb nicht zu folgen, weil Gegenstand des Erwerbs nicht das Erwerbsgeschäft oder ein Teil davon ist, sondern der Erbteil. Auch zeigt der Vergleich mit dem Nachlass-Grundstück (siehe Rdn 70), dass diese Ansicht unlogisch ist: Man kann nicht bei einem Grundstück im Nachlass die Anwendbarkeit von §§ 1821, 1822 BGB verneinen und bei einem Erwerbsgeschäft im Nachlass die §§ 1821, 1822 BGB anwenden. Vor allen Dingen aber ist die hier abgelehnte Ansicht auch überholt. Es ist heute anerkannt, dass §§ 1821, 1822 BGB formal auszulegen sind, und dass eine Analogie nicht statthaft ist.[83] Die danach veraltete Rechtsprechung zum Erwerbsgeschäft erklärt sich aus der allzu weiten Auslegung der §§ 1821, 1822 BGB mit dem Ziel des Schutzes des Minderjährigen. 71

Wer einen Erbteil erwirbt, erwirbt notgedrungen (nach außen, den Nachlassgläubigern haftend) auch die **Nachlassverbindlichkeiten** (§ 2382 BGB). Beim Erwerb von Verbindlichkeiten durch einen Minderjährigen muss ein Genehmigungserfordernis nach § 1822 Nr. 10 BGB beachtet werden. Dennoch bedürfen Eltern wie Pfleger in den hier relevanten Fällen nicht der gerichtlichen Genehmigung nach § 1822 Nr. 10 BGB,[84] denn die Nachlassschulden 72

77 Staudinger/*Veit*, § 1821 Rn 13 ff., 33, 74; Soergel/*Zimmermann*, § 1821 Rn 16; *Brüggemann*, FamRZ 1990, 5, 6.

78 *Brüggemann*, FamRZ 1990, 5, 6, allerdings zweifelnd, wenn der Nachlass nur noch aus einem Grundstück besteht; Soergel/*Zimmermann*, § 1821 Rn 16.

79 OLG Köln Rpfleger 1996, 446; MüKo/*Kroll-Ludwigs*, § 1821 Rn 45.

80 Vgl. BGH NJW 1985, 136.

81 RGZ 122, 370, 372; RGZ 137, 324, 344; BGHZ 71, 375, 376; vgl. auch RGZ 125, 380.

82 Soergel/*Zimmermann*, § 1822 Rn 16.

83 BGHZ 92, 259, 267; BGHZ 107, 24, 30 anders noch RGZ 137, 324, 344.

84 Soergel/*Zimmermann*, § 1822 Rn 44; a.A. MüKo/*Kroll-Ludwigs*, § 1822 Rn 64; AG Stuttgart MDR 1971, 182.

sind mangels Erfüllungsübernahme als zur Erbschaft gehörig anzusehen und sind damit eigene Schulden des Minderjährigen, auf die § 1822 Nr. 10 BGB nicht anwendbar ist.

VI. Erbteilsveräußerung durch einen Minderjährigen

73 Man kann in der Weise eine **Erbengemeinschaft auflösen**, dass alle Miterben ihre Erbteile auf einen Miterben – umsonst oder für eine Gegenleistung – übertragen.

Man kann auch durch eine Erbteilsübertragung die Zahl der vermögensmäßig noch am Nachlass beteiligten Miterben verringern; dann handelt es sich um eine **personelle Teilauseinandersetzung**.

Ein Minderjähriger kann sowohl als Erbteilserwerber (siehe Rdn 67) als auch als Erbteilsveräußerer an solchen Erbteilsübertragungen beteiligt sein.

1. Vertretung des Minderjährigen als Erbteilsveräußerer

74 Soll ein oder sollen mehrere minderjährige Miterben aus der Erbengemeinschaft ausscheiden, können sie grundsätzlich beim **Verkauf des Erbteils** (§ 2371 BGB) und der **Übertragung** desselben (§ 2033 BGB) auf den Erwerber durch ihren gesetzlichen Vertreter, z.B. ihre Eltern, vertreten werden, auch wenn diese selbst Miterben sind. Eltern können auch mehrere minderjährige Kinder als Veräußerer vertreten, ohne das Verbot der Doppelvertretung des § 181 BGB zu verletzen. Denn jeder Miterbe schließt für sich einen Vertrag ab, auch wenn die Verträge in einer Urkunde zusammengefasst sind.[85] Die Eltern z.B. geben also parallel gerichtete Willenserklärungen an den Erwerber ab. Es liegt also weder ein Vertrag zwischen Eltern und Minderjährigem noch zwischen den Minderjährigen vor.

Einer Pflegerbestellung bedarf es erst, wenn der **Erwerber des Erbteils selbst ein Elternteil** ist, oder wenn er als Elternteil einen anderen minderjährigen Miterben vertritt oder §§ 1629, 1795 BGB gegeben sind, also ein Verwandter in gerader Linie des gesetzlichen Vertreters, z.B. der Vater eines Elternteils, oder ein Gatte des Elternteils, z.B. der Stiefvater des Kindes, den Erbteil erwerben will.

Erwirbt ein **Elternteil** von zwei oder mehreren seiner minderjährigen Kinder als Miterben jeweils deren Erbanteile, kann auf der Veräußerer-Seite ein Pfleger die verschiedenen Kinder vertreten, denn es handelt sich jeweils um rechtlich selbstständige Verträge nach §§ 2371, 2033 Abs. 1 BGB, die lediglich gleichgerichtet sind.[86] Nichts desto trotz werden in der Praxis vorsichtshalber – der sicherste Weg – meist mehrere Pfleger bestellt.

2. Besonderheiten der Erbteilsübertragung aufgrund einer Vereinbarung unter den Miterben

75 Eine gewichtige Gegenstimme[87] zu den vorherigen Ausführungen meint, wenn der Erbteilsübertragung eine Verabredung aller Miterben oder auch nur mehrerer Miterben darüber zugrunde liegt, dass eben der minderjährige Miterbe (z.B. gegen eine Abfindung) aus der Erbengemeinschaft ausscheiden soll, dann müsse § 181 BGB beachtet werden; für jedes Kind müsse ein Pfleger nach § 1909 BGB bestellt werden. Dem ist entgegenzuhalten: Wenn eine solche Absprache getroffen ist – z.B. wer den Erbteil erwirbt, alle Miterben, eine Gruppe von Miterben oder ein einzelner Miterbe – oder ob ein Verkauf an eine außenste-

---

85 BGHZ 50, 8, 10= FamRZ 68, 245.

86 RGZ 93, 334; KGJ 40, 1.

87 *Eberl-Borges*, Erbauseinandersetzung, S. 136.

hende Person erfolgen soll, ist diese Absprache regelmäßig nicht rechtlich verbindlich, sie kann nicht eingeklagt werden; es fehlt an einem vertraglichen Bindungswillen und es mag auch an der richtigen Vertretung des Minderjährigen oder an einer gerichtlichen Genehmigung fehlen. So ist das rechtlich relevante Grundgeschäft für die Veräußerung des Erbteils nicht eine solche Absprache, sondern es ist (erst) ein Erbschaftskauf (§ 2371 BGB). Das ist auch wegen des Erfordernisses der gerichtlichen Genehmigung (§§ 1915, 1643, 1822 Nr. 1 BGB) wichtig: Würde man in der vorausgehenden Absprache einen (Teil-)Auseinandersetzungsvertrag (vgl. § 1822 Nr. 2 BGB) sehen, würden zwar Eltern dafür keine solche Genehmigung brauchen, wohl aber ein Pfleger. Es müssten dann also praktisch solche Absprachen neben dem eigentlich Erbteilskauf (§ 2371 ff. BGB) und der Erbteilsübertragung (§ 2033 BGB) von mehreren Pflegern schriftlich oder gar notariell beurkundet abgefasst werden, auch wenn später dann die Eltern das Kind vertreten können. Diese Folgerung zieht auch *Erberl-Borges* nicht.

3. Erfordernis von gerichtlichen Genehmigungen bei Minderjährigen als Erbteilsveräußerer

Wegen der Minderjährigkeit der Kinder auf der Veräußerer-Seite bedarf jeder Verpflich- 76
tungs- und Verfügungsvertrag über den Erbteil der familiengerichtlichen Genehmigung gemäß §§ 1643 Abs. 1, 1822 Nr. 1 BGB, wenn Eltern ein Kind vertreten. Wird ein Kind durch einen Pfleger vertreten, sind §§ 1915, 1822 Nr. 1 BGB für das Genehmigungserfordernis maßgeblich.

VII. Persönliche Teilauseinandersetzung durch Abschichtung

Die persönliche Teilauseinandersetzung der Erbengemeinschaft, also die Entfernung eines 77
Miterben aus der Gemeinschaft, wird entweder durch Verkauf des Erbteils des ausscheidenden Miterben an andere Miterben (siehe Rdn 65 ff., 73 ff.) oder – neuerdings – auf der Grundlage der Rechtsprechung des BGH,[88] durch formlosen Abschichtungsvertrag des ausscheidenden, des abzuschichtenden Miterben mit allen andere Miterben vorgenommen. § 738 Abs. 1 S. 1 BGB ist analog anwendbar. Die praktische Anerkennung besteht trotz einiger zweifelhafter Punkte.[89]

Minderjährige Miterben können diejenigen sein, die in der Erbengemeinschaft verbleiben. Ein Minderjähriger kann aber auch derjenige sein, der abgeschichtet wird, der also aus der Erbengemeinschaft ausscheidet.

1. Der Abschichtungsvertrag, seine Durchführung, seine Folgen

Es gibt ein **Grundgeschäft** zwischen dem ausscheidungswilligen Miterben einerseits und 78
den in der Erbengemeinschaft verbleibenden Miterben andererseits. Der Ausscheidende verspricht, sofort oder zu einem bestimmten Zeitpunkt oder nach Leistung einer Abfindung auszuscheiden; die verbleibenden Miterben versprechen, eine Abfindungsleistung aus dem Nachlass oder aus ihrem Privatvermögen zu leisten. Erforderlich ist die Zustimmung aller Miterben.[90] Dieser Vertrag ist nach der Interessenlage ein **gegenseitiger Vertrag**: Es stehen sich der **abzuschichtende Miterbe** auf der einen Seite und die in der Erbengemeinschaft verbleibenden Miterben auf der anderen Seite gegenüber. Etwas anderes ergibt sich auch

88 BGH ZEV 1998, 141.
89 Siehe dazu *Reimann*, ZEV 1998, 213.
90 BGH ZEV 1998, 141, 142.

nicht daraus, dass der BGH von einer *„formfrei zugelassenen vertraglichen Erbauseinandersetzung“* spricht.[91]

79 Der **Vollzug des Grundgeschäfts** geschieht einerseits durch Leistung der Abfindung an den Abgeschichteten, also z.B. die Übereignung eines Gemäldes. Die zum Vollzug der versprochenen Leistung erforderlichen Erklärungen (hier: Übereignungserklärungen gem. §§ 929 ff. BGB) erbringt jeder einzelne verbleibende Miterbe an den Ausscheidenden. Es handelt sich also um parallele Erklärungen der Miterben, im Beispiel nach § 929 BGB, gerichtet auf Übertragung des Gesamthandeigentums am Nachlass-Gemälde[92] auf den ausscheidenden Miterben. Dass es sich um gesamthänderisch gebundenes gemeinschaftliches Eigentum handelt, macht die Erklärungen weder zu einer einheitlichen Erklärung der Gemeinschaft, noch gibt es deshalb irgendwelche Willenserklärungen der abschichtenden Miterben untereinander. Es bedarf nicht einmal rechtlich bindender stillschweigender Einigungen untereinander.[93] Diese Erklärungen werden in Erfüllung der Verpflichtungen aus dem Grundvertrag vorgenommen.

Das (vermögensmäßige) Ausscheiden des Miterben aus der Erbengemeinschaft geschieht nach § 738 Abs. 1 S. 1 BGB analog **kraft Gesetzes** zu dem von den Beteiligten festgesetzten Termin. Es bedarf also insoweit keines Vollzugsgeschäfts.

80 Es handelt sich beim Ausscheiden aus der Erbengemeinschaft um eine gesetzliche Folge der Erklärung, auszuscheiden, also um keine rechtsgeschäftliche Übertragung des Erbteils, so dass § 2033 BGB nicht anwendbar ist.[94] Kraft Gesetzes wächst die Beteiligung des Ausscheidenden am Nachlass den verbleibenden Miterben an. Die Folge des **vermögensmäßigen Ausscheidens** aus der Erbengemeinschaft durch den Abgeschichteten ist, dass alle Nachlassgegenstände nun einer kleiner gewordenen Zahl der Beteiligten Miterben gehören. Z.B. bei den zum Nachlass gehörenden Grundstücken wächst den verbleibenden Miterben der Anteil des Abgeschichteten am Grundstück kraft Gesetzes analog § 738 BGB zu. Es löst das Versprechen auszuscheiden, also die gesetzliche Anwachsung zugunsten der verbleibenden Miterben in die Wege zu leiten, nach der Rechtsprechung des BGH auch keine Beurkundungspflicht nach § 311b Abs. 1 BGB für das Grundgeschäft aus. Das Grundbuch ist entsprechend zu berichtigen; Grundlage dafür ist eine beglaubigte Berichtigungsbewilligung.

2. Ausscheiden eines Miterben; Verbleib des Minderjährigen in der Erbengemeinschaft

81 Die Willenserklärungen der in der Erbengemeinschaft verbleibenden Miterben richten sich an den Abzuschichtenden, nicht wie bei einer normalen Erbauseinandersetzung gegeneinander, also eines jeden Miterben gegen alle anderen Miterben. Es handelt sich daher aus der Sicht der verbleibenden Miterben um parallel gerichtete Willenserklärungen gegenüber dem Abzuschichtenden. Auf solche gleichgerichteten Willenserklärungen werden die §§ 1629 Abs. 2, 1795, 181 BGB nicht angewandt;[95] es bedarf also für den Abschluss des **Grundgeschäfts** keiner Bestellung eines Ergänzungspflegers für den minderjährigen Miterben (§ 1909

91 BGH ZEV 1998, 141.

92 *Eberl-Borges*, Erbauseinandersetzung, S. 136 f. nimmt auch hier eine Einigung der Miterben untereinander an.

93 Vgl. RGZ 93, 334, 335.

94 BGH ZEV 1998, 141; eingehend *Wesser*, AcP 2004, 208 ff.; Staudinger/*Veit*, § 1822 Rn 27, a.A. *Reimann*, ZEV 1998, 213, 214; *Eberl-Borges*, Erbauseinandersetzung, S. 271; *Ann*, Erbengemeinschaft, S. 215.

95 *Damrau*, Der Minderjährige im Erbrecht, Rn 260.

BGB),[96] auch wenn noch andere minderjährige Kinder oder auch neben diesen ein Elternteil auf dieser Seite stehen, also in der Erbengemeinschaft verbleiben. Hier unterscheidet sich die Abschichtung von der vertraglichen Erbauseinandersetzung.[97]

Etwas anderes gilt, wenn **der ausscheidende Miterbe ein Elternteil** ist oder wenn er ein ausscheidendes anderes minderjähriges Kind vertritt. Dann greift § 181 BGB ein; es ist für jedes Kind ein Ergänzungspfleger zu bestellen (§ 1909 Abs. 1 S. 1 BGB). Das Gleiche gilt, wenn der als Miterbe Ausscheidende mit dem Elternteil in gerader Linie verwandt ist (Großelternteil) oder wenn es sich um den Ehegatten (Stiefelternteil) des vertretungsberechtigten Elternteils handelt (§§ 1629 Abs. 2, 1795 BGB).

Soweit es um den **Vollzug des Grundgeschäfts** durch Leistung der Abfindung an den 82
ausscheidenden Miterben geht, handeln Eltern für das Kind in Erfüllung der Verbindlichkeit aus dem Grundgeschäft; § 181 BGB ist insoweit nicht anwendbar. Es bedarf zu diesem Vertrag keines Ergänzungspflegers.

Aber in der **Praxis** wird der Pfleger nicht nur für den Grundvertrag bestellt, sondern für „die Abschichtung eines anderen Miterben". Der Pfleger wird also auch für das Vollzugsgeschäft bestellt.

Das (vermögensmäßige) Ausscheiden des Miterben aus der Erbengemeinschaft geschieht nach § 738 Abs. 1 S. 1 BGB analog kraft Gesetzes zu dem von den Beteiligten festgesetzten Termin. Es bedarf also keines weiteren Vollzugsgeschäfts.

Beispiel

Es gibt vier Miterben: ein minderjähriges Kind, ein volljähriges Kind, deren Vater und den Bruder des Vaters (Onkel der Kinder). Der Bruder des Vaters soll aus der Erbengemeinschaft ausscheiden, er soll abgeschichtet werden. Auf der einen Seite der Vereinbarung treten als Vertragspartner der Vater und die beiden Kinder auf, eines von diesen vertreten durch seine Mutter sowie durch seinen Vater, der zugleich für sich handelt. Auf der anderen Seite des Abschichtungsvertrages tritt der Bruder des Vaters auf. §§ 181, 1643, 1795 Abs. 1 Nr. 1 BGB sind unanwendbar, es bedarf keiner Bestellung eines Pflegers. Es gibt auch keine Genehmigungspflicht nach §§ 1643 Abs. 2, 1822 Nr. 2 BGB.

Wird als Gegenleistung für das Ausscheiden seitens der Erbengemeinschaft die Leistung eines Nachlass-Grundstücks an den Bruder/Onkel versprochen, dann greifen §§ 1643, 1821 Abs. 1 Nr. 1 und 4 BGB ein, es bedürfen Grundvertrag wie Auflassung der familiengerichtlichen Genehmigung. Der Abgefundene scheidet z.B. mit der Eintragung seines Eigentums am Grundstück kraft Gesetzes aus, weil dieser Zeitpunkt im Abschichtungsvertrag festgelegt ist.

Trotz des Ausdrucks „Abschichtungsvertrag" handelt es sich doch der Sache nach um einen 83
(Teil-)Erbauseinandersetzungsvertrag.[98] Ist es aber so, dass minderjährige Miterben von ihren Eltern vertreten werden, ist eine Genehmigung nach §§ 1643, 1822 BGB nicht nötig, weil § 1643 BGB nicht auf § 1822 Nr. 2 BGB verweist. Eine analoge Anwendung dieser

96 *Damrau*, Der Minderjährige im Erbrecht, Rn 260; BGHZ 50, 8, 10 = FamRZ 68, 245; OLG Jena, NJW 1995, 3126; a.A. *Eberl-Borges*, Erbauseinandersetzung, S. 136, die eine vertragliche Vereinbarung der Miterben untereinander annimmt. Nach hiesiger Ansicht sind dies Vorgespräche, die das Motiv für den Abschichtungsvertrag bilden.

97 Kritisch *Pawlytta* in: Münch. Anwaltshdb. ErbR, § 42 Rn 70, wenn für das Ausscheiden eines Miterben eine Abfindung gezahlt wird. In diesem Fall sei die Vereinbarung wie eine Auseinandersetzungsvereinbarung zu qualifizieren.

98 BGH ZEV 1998, 141: *„formfrei zugelassene vertragliche Erbauseinandersetzung"*.

Vorschrift scheidet aus, weil die Vorschriften über gerichtliche Genehmigungserfordernisse nach heute herrschender Meinung formal auszulegen und daher nicht der Analogie fähig sind.[99] Auch §§ 1643, 1822 Nr. 1 BGB greifen nicht ein, weil sich der Minderjährige nicht zu einer Verfügung über seinen Erbanteil verpflichtet, er bleibt ja in der Erbengemeinschaft. Deshalb bedarf der schuldrechtliche Vertrag, der zur Abschichtung eines anderen Miterben verpflichtet, also nur der Genehmigung nach §§ 1915, 1822 Nr. 2 BGB, wenn der minderjährige Miterbe durch einen Pfleger vertreten wird.

Eine Genehmigungspflicht kann sich stets – also auch für Eltern als Vertreter – ergeben, wenn die Verpflichtung zu Abfindungsleistung bzw. deren Erfüllung einer familiengerichtlichen Genehmigung bedarf, so im obigen Beispiel. Da der Minderjährige als Miterbe gesamthänderischer Miteigentümer des Grundstücks ist, bedarf der Verpflichtungsvertrag und die Auflassung des Grundstücks als Abfindung der Genehmigungen nach §§ 1643 Abs. 1, 1915, 1821 Abs. 1 Nr. 1 und 4 BGB.

3. Ausscheiden des Minderjährigen aus der Erbengemeinschaft aufgrund Abschichtungsvertrags

84 Der Minderjährige wird bei dem **Grundvertrag** durch seinen gesetzlichen Vertreter, sei es ein Elternteil, beide Eltern oder einen Vormund, vertreten.

Der Bestellung eines Ergänzungspflegers bedarf es, wenn der gesetzliche Vertreter selbst zu den in der Erbengemeinschaft verbleibenden Miterben gehört oder wenn er zugleich einen anderen minderjährigen Miterben vertritt. Dann greift § 181 BGB ein. Der Bestellung eines Ergänzungspflegers bedarf es auch, wenn zu den in der Erbengemeinschaft verbleibenden Miterben ein gerader Verwandter des Minderjährigen oder der Ehegatte des gesetzlichen Vertreters gehört (§§ 1629 Abs. 2, 1915, 1795 BGB).

Soweit es um den **Vollzug des Grundgeschäfts** durch Leistung der Abfindung an den ausscheidenden, abzuschichtenden Minderjährigen geht, vertritt den Minderjährigen sein gesetzlicher Vertreter.

Andere minderjährige Kinder, die in der Erbengemeinschaft verbleiben, können beim Vollzugsgeschäft von demselben gesetzlichen Vertreter vertreten werden, denn er handelt in Erfüllung der Verbindlichkeit aus dem Grundgeschäft; § 181 BGB ist nicht anwendbar. Es bedarf zu diesem Vertrag keines Ergänzungspflegers.

Aber in der Praxis wird der Pfleger nicht allein für den Grundvertrag bestellt, sondern für „die Abschichtung des Minderjährigen". Der Pfleger wird also auch für das Vollzugsgeschäft bestellt.

Das (vermögensmäßige) Ausscheiden des Minderjährigen aus der Erbengemeinschaft geschieht nach § 738 Abs. 1 S. 1 BGB analog kraft Gesetzes zu dem von den Beteiligten festgesetzten Termin. Es bedarf also keines weiteren Vollzugsgeschäfts und insoweit keiner weiteren Vertretung.

85 Trotz des Ausdrucks „Abschichtungsvertrag" handelt es sich der Sache nach um einen (Teil-)Erbauseinandersetzungsvertrag (§ 2042 BGB).[100] Dieser schuldrechtliche Vertrag bedarf der **familiengerichtlichen Genehmigung** nach § 1822 Nr. 2 BGB, wenn auch nur auf einer Seite des Vertrages ein Pfleger handelt (§ 1915 BGB).[101] Auf Eltern als Vertreter minderjähriger Miterben ist § 1822 Nr. 2 BGB gemäß § 1643 nicht anwendbar. Zwar könnte

99 BGHZ 92, 259, 267.
100 BGH ZEV 1998, 141: „*formfrei zugelassene vertragliche Erbauseinandersetzung*".
101 OLG Hamm ZErb 2017, 317 = FamRZ 2018, 114.

man auch an § 1822 Nr. 1 letzte Alt. BGB (Versprechen der Verfügung über einen Erbteil) denken, der auch für Eltern anwendbar wäre.[102] Da aber die Abschichtung gerade die Verpflichtung, den Erbteil zu übertragen, vermeiden will (es werden nur die Mitgliedschaftsrechte an der Erbengemeinschaft aufgegeben[103]) und die §§ 1821, 1822 BGB wortgetreu anzuwenden sind, ist § 1822 Nr. 1 BGB nicht einschlägig.

Einen **Vollzug des (schuldrechtlichen) Abschichtungsvertrages hinsichtlich des Ausscheidens** gibt es nicht. Entsprechend § 738 Abs. 1 S. 1 BGB – also kraft Gesetzes – scheidet der Abgeschichtete vermögensmäßig zu dem festgelegten Zeitpunkt aus der Gemeinschaft aus. Kraft Gesetzes wächst die vermögensmäßige Beteiligung am Nachlass den verbleibenden Miterben an. Da es sich beim Ausscheiden aus der Erbengemeinschaft durch Abschichtung um keine rechtsgeschäftliche Übertragung des Erbteils handelt, ist § 2033 BGB nicht anwendbar.[104] Eine familiengerichtliche Genehmigung für den Vollzug der Verpflichtung auszuscheiden, ist nicht möglich.[105] Der BGH hat die Verpflichtung zum Ausscheiden, also den Abschichtungsvertrag, dem „Erbteilungsvertrag" gleichgestellt und sie gerade nicht als eine Verpflichtung qualifiziert, den Erbteil zu übertragen.[106] Da das Ausscheiden selbst analog § 738 Abs. 2 BGB kraft Gesetzes geschieht, ist auch § 1822 Nr. 1 letzte Alt. BGB unanwendbar. 86

Mit der erfolgten Abschichtung teilen sich die verbliebenen Miterben den Nachlass. Sie bleiben vermögensmäßig eine **Gesamthandgemeinschaft**, aber mit weniger Mitgliedern, so dass sich wirtschaftlich die Quote eines jeden Mitglieds erhöht. 87

Beispiel

Es gibt vier Miterben zu je 1/4: Zwei minderjährige Kinder, deren Vater und den Bruder des Vaters, den Onkel. Beide Kinder sollen aus der Erbengemeinschaft ausscheiden, sie sollen abgeschichtet werden. Sie sollen dafür Bargeld aus dem Nachlass erhalten. Beide Kinder erklären, dass sie am Tag der Gutschrift der ihnen zustehenden Beträge ausscheiden. Zum Nachlass gehört ein Grundstück.

Die Kinder, vertreten durch ihre Pfleger, sind im Zeitpunkt des Abschlusses des Abschichtungsvertrags noch Miterben. Sie geben die Versprechen ab, das Nachlass-Geld, das auch ihnen als Teil des Nachlasses zur gesamten Hand gehört, „auf sich selbst zu übertragen", genauer: Gesamthandseigentum in Eigentum jedes einzelnen, zu übertragen.

Da jedes Kind für sich eine eigene Erklärung abgibt, handelt es sich um parallel gerichtete Erklärungen, so dass die Vertretung durch einen einzigen Pfleger, der für beide Kinder handelt, genügen würde.

Der schuldrechtliche Vertrag, der die Minderjährigen dazu verpflichtet auszuscheiden, bedarf der **familiengerichtlichen Genehmigung** nach § 1822 Nr. 2 BGB, da ein Pfleger handelt (§ 1915 BGB).[107]

102 Wie noch die Vorauflage *Schöner/Stöber*, Grundbuchrecht, 15. Auflage, Rn 976b.
103 BGH ZEV 1998, 141.
104 BGH ZEV 1998, 141 = NJW 1998, 1557; eingehend *Wesser*, AcP 2004, 208 ff.; a.A. *Reimann*, ZEV 1998, 213, 214; *Eberl-Borges*, Die Erbauseinandersetzung, 2000, S. 271; *Ann*, Die Erbengemeinschaft, 2001, S. 215.
105 Anders noch die Vorauflage.
106 Ebenso eingehend *Wesser*, AcP 2004, 208.
107 OLG Hamm ZErb 2017, 317.

Die Minderjährgigen scheiden kraft Gesetzes entsprechend § 738 Abs. 1 S. 1 BGB vermögensmäßig zu dem festgelegten Zeitpunkt aus der Gemeinschaft aus. Kraft Gesetzes wächst ihre Beteiligung am Nachlass den verbleibenden Miterben an. In dem Moment, in dem der der jeweilige Geldbetrag an den Pfleger des Minderjährigen ausbezahlt wird (§ 929 BGB), bewirkt die Erklärung, dass er aus der Erbengemeinschaft ausscheiden werde, sein Ausscheiden. Die Erklärung im Abschichtungsvertrag, „dass er ... ausscheide" ist dahin zu verstehen, dass er aufschiebend bedingt schon diese Erklärung abgibt, sie nicht nochmals nach Gelderhalt zu wiederholen braucht, zumal sie nicht formbedürftig ist.

Da zum Nachlass ein Grundstück gehört, das auf die Miterben in ihrer Verbundenheit als Erbengemeinschaft eingetragen ist, wird das Grundbuch im Moment des Ausscheidens unrichtig. Das Grundbuch wird berichtigt, indem die Kinder als Miterben gestrichen werden.

Der Vollzug des schuldrechtlichen Abschichtungsvertrags hinsichtlich der Leistungen an den jeweiligen Abzuschichtenden, also die Übereignung des jeweiligen Geldbetrags an die Pfleger, geschieht gleichermaßen seitens jeden einzelnen Miterben als Mitglied der Erbengemeinschaft, also durch gleichgerichtete, parallele Erklärungen. Alle Miterben, auch der Pfleger für jeden der beiden Minderjährigen, „übertragen" das den minderjährigen Miterben zur gesamten Hand gehörende Bargeld gemäß § 929 BGB, also durch Einigung und Übergabe, auf dieselben Minderjährigen mit Ziel des Erwerbs des jeweiligen Alleineigentums. Die Kinder erwerben jeweils Alleineigentum.[108] Dass es sich um Gesamthandseigentum der Miterben handelt, bewirkt nicht, dass sich die Erklärungen aller Miterben oder auch nur der beiden minderjährigen Miterben gegen einander richten; sie richten sich vielmehr an jeden der beiden ausscheidenden Miterben. Eine stillschweigende rechtlich relevante Einigung untereinander[109] gibt es nicht.

Mit der erfolgten Abschichtung teilen sich die verbliebenen Miterben den Nachlass. Sie bleiben vermögensmäßig eine **Gesamthandgemeinschaft**, aber mit weniger Mitgliedern, so dass wirtschaftlich sich die Quote eines jeden Mitglieds erhöht. Das Eigentum der aus der Erbengemeinschaft ausgeschiedenen, also abgeschichteten Minderjährigen an einem im Nachlass befindlichen Grundstück wächst den anderen, den verbleibenden Miterben, an. Zum Zwecke der **Grundbuchberichtigung**, dem Wegfall der minderjährigen Erben, wird der gesetzliche Vertreter des Minderjährigen entweder eine (öffentlich beglaubigte) Löschungsbewilligung erteilen oder man wird eine Grundbuchberichtigung durchführen. Im erstgenannten Fall ist – wie beim Ausscheiden eines Gesellschafters aus einer BGB-Gesellschaft – nur die Berichtigungsbewilligung des Ausscheidenden nach § 19 GBO erforderlich, weil nur er der verlierende Teil ist.[110] Im letztgenannten Fall ist der Nachweis des Ausscheidens gemäß § 22 Abs. 2 GBO durch den Vertrag – entsprechend hier den Abschichtungsvertrag – in der Form des § 29 GBO (öffentlich beglaubigt) erforderlich.[111]

Familiengerichtliche Genehmigungen nach § 1822 Nr. 2 BGB (Pfleger vertritt das Kind beim Abschichtungsvertrag), und/oder nach § 1821 Nr. 4 und Nr. 1 BGB (Grundstück ist Gegenleistung für das Ausscheiden) werden zusammengefasst.

108 *Eberl-Borges*, Die Erbauseinandersetzung, 2000, S. 136 f. nimmt auch hier eine Einigung der Miterben untereinander an.

109 Vgl. RGZ 93, 334, 335.

110 Meikel/*Böttcher*, Grundbuchrecht, 11. Aufl. 2015, § 22 Rn 107; a.A. *Schöner/Stöber*, Rn 976d.

111 *Schöner/Stöber*, Grundbuchrecht, Rn 976d; vgl. *Wesser/Saalfrank*, NJW 2003, 2937, 2940.

VIII. Aufschub der Auseinandersetzung

Häufig vereinbaren die Miterben durch formlos möglichen Vertrag,[112] die Erbengemeinschaft auf bestimmte Zeit nicht auseinanderzusetzen (§§ 2042 Abs. 2, 749 Abs. 2 und 3, 750 BGB). Die Vereinbarung muss einstimmig erfolgen, weil der Auseinandersetzungsanspruch dadurch nach § 2042 Abs. 1 BGB vertagt wird und es sich um keine Verwaltungsmaßnahme im Sinne von § 2038 BGB handelt.[113] Grundsätzlich vertritt dabei der gesetzliche Vertreter den Minderjährigen. Die Interessen der Miterben sind aber nicht notwendigerweise gleichgerichtet, weshalb Eltern bei Vorhandensein mehrerer minderjähriger Kinder, oder wenn sie selbst auch Miterben sind, kein Kind vertreten können (§§ 1629, 1795, 181 BGB). Für jedes der Kinder muss ein **Ergänzungspfleger gemäß § 1909 BGB** bestellt werden. Auch dann, wenn neben dem Minderjährigen sich noch ein Verwandter des gesetzlichen Vertreters in gerader Linie unter den Miterben befindet, z.B. die Mutter des gesetzlichen Vertreters, oder auch der Ehegatte des gesetzlichen Vertreters, z.B. die Stiefmutter des Kindes, bedarf es nach §§ 1629 Abs. 2, 1915, 1795 BGB der Bestellung eines Ergänzungspflegers (§ 1909 BGB). 88

Das Erfordernis einer Pflegerbestellung gilt selbst dann, wenn sich der Aufschub der Auseinandersetzung nur auf einzelne Nachlassgegenstände erstreckt.

Eltern, die ihr Kind vertreten, bedürfen keiner **familiengerichtlichen Genehmigung** für die Vereinbarung, den Nachlass zunächst – ganz oder teilweise – nicht auseinanderzusetzen. Auch wenn ein Pfleger ein Kind vertritt, bedarf ein solcher Vertrag keiner gerichtlichen Genehmigung gemäß § 1822 Nr. 2 BGB. Denn heute gilt der Grundsatz der formalen Auslegung der §§ 1821,1822 BGB, und der Aufschub der Auseinandersetzung ist nun gerade das Gegenteil des in § 1822 Nr. 2 BGB geregelten „Erbteilungsvertrages".[114] 89

112 MüKo/*Ann*, § 2042 Rn 10.

113 MüKo/*Ann*, § 2042 Rn 10.

114 Staudinger/*Veit*, § 1822 Rn 29; a.A. Erman/*Saar*, § 1822 Rn 4; Soergel/*Zimmermann*, § 1822 Rn 9.

§ 13 Betreuung und Vorsorgevollmacht

Dr. Dietmar Kurze

Übersicht:

Literatur

Brüggemann, Der sperrige Katalog. §§ 1821, 1822: Anwendungskriterien – Grenzfälle, FamRZ 1990, 124 ff.; *Busch*, Kein Erfordernis der gerichtlichen Genehmigung bei Schenkungen von Gesellschaftsbeteiligungen an Minderjährige, ZEV 2000, 209–214; *Eule*, Die über den Tod des Machtgebers erteilte Vollmacht unter besonderer Berücksichtigung der Generalvollmacht, 1933; *Flume*, Allgemeiner Teil des Bürgerlichen Rechts, Zweiter Band: Das Rechtsgeschäft, 3. Auflage 1979; *Häsemeyer*, Selbstkontrahieren des gesetzlichen Vertreters bei zusammengesetzten Rechtsgeschäften. Zum Urteil des BGH, FamRZ 1968, 245, FamRZ 1968, 502–505; *Ivo*, Die Legitimation des Erben ohne Erbschein, ZErb 2006, 7–11; *Knittel*, Auf dem Weg zur FGG-Reform, BtPrax 2008, 99–103; *Kurze*, Vorsorgerecht. Vollmacht, Patientenverfügung, lebzeitige Verfügungen, 2017; *ders.*, Die Vollmacht nach dem Erbfall, ZErb 2008, 399–411; *Madaus*, Der Widerruf trans- oder postmortaler Vollmachten durch einzelne Miterben, ZEV 2004, 448 f.; *Mahlmann*, Die Vertretung Minderjähriger in einer Erbengemeinschaft bei der Veräußerung von Nachlassgegenständen, ZEV 2009, 320–324; *Muscheler*, Der Mehrheitsbeschluss in der Erbengemeinschaft. Grundlagen, Gegenstände, Verfahren, ZEV 1997, S. 169–175; *Ott*, Die Problematik der „versteckten Erbauseinandersetzung" beim Verkauf erbengemeinschaftlicher Grundstücke, DNotZ 2017, 646–650; *Ruby*, Die fortgesetzte Gütergemeinschaft bei Tod oder Betreuung des überlebenden Ehegatten, ZEV 2017, 496–499; *Skauradszun*, Einberufung der Versammlung und Bezeichnung der Beschlussgegenstände, ZWE 2016, 61–67; *Tschauner*, Die postmortale Vollmacht, 2000; *Trapp*, Die post- und transmortale Vollmacht zum Vollzug lebzeitiger Zuwendungen, ZEV 1995, 314–319; *Walter*, Die Vorsorgevollmacht, Bielefeld 1997.

A. Einleitung

Das Betreuungsgesetz[1] trat am 1.1.1992 in Kraft. Der Begriff der „Vorsorgevollmacht" hat 1
es gerade erst geschafft, anerkannt und seit dem 1.7.2005 das erste Mal im BGB genannt zu

1 Gesetz zur Reform der Vormundschaft und Pflegschaft für Volljährige (Betreuungsgesetz – BtG), BGBl I 1991, S. 2002.

werden.[2] Von der Warte des Erbrechtlers aus steckt das, was man unter dem Begriff des „Vorsorgerechts" zusammenfassen kann, vielleicht nicht mehr in den Kinderschuhen, aber noch in einem frühen Entwicklungsstadium. Allerdings ist die Relevanz des damit umschriebenen Rechtsgebietes sowohl quantitativ als auch qualitativ erheblich. Erblasser stehen vor dem Tod oft unter Betreuung oder werden durch einen Vorsorgebevollmächtigten vertreten. Miterben werden immer öfter durch einen Betreuer oder Vorsorgebevollmächtigten vertreten, etwa weil sie als Ehegatten oder Geschwister des Erblassers derselben, gehobenen Altersgruppe angehören.

2 Soweit noch wenig Rechtsprechung und juristische Literatur vorliegen, kann beim Betreuungsrecht auf Ausführungen zum Recht der Minderjährigen zurückgegriffen werden (siehe auch § 12),[3] teilweise sind Fragen als ungeklärt zur Kenntnis zu nehmen. Im Folgenden werden grundsätzliche Berührungspunkte zwischen dem Betreuungsrecht und dem Recht der Erbengemeinschaft sowie letzterem und Vorsorgevollmachten beleuchtet.

B. Betreuung

I. Einleitung

3 Die gestiegene Lebenserwartung verlängert grundsätzlich auch die Zeitspanne, in der ein Mensch auf die Unterstützung anderer zur Besorgung von Geschäften angewiesen sein kann. Es ist allgemein mehr Vermögen zu verwalten. Die Organisation des täglichen Lebens wird durch Verrechtlichung schwieriger. Ältere Menschen werden weniger von Verwandten unterstützt, da die Kinderzahl gesunken und die Mobilität gestiegen ist. Diese und andere Gründe führen zu immer mehr Betreuungsverfahren. Es steigt die Wahrscheinlichkeit, dass der **Erblasser** vor dem Tod betreut wurde und – vorliegend vom besonderen Interesse – dass für einen **Miterben** ein Betreuer bestellt ist.

II. Betreuung und Geschäftsfähigkeit

1. Abgrenzung

4 Das BGB setzt die Geschäftsfähigkeit eines Volljährigen voraus[4] und regelt nur die Geschäftsunfähigkeit (§ 104 BGB) sowie die beschränkte Geschäftsfähigkeit Minderjähriger (§§ 106–113 BGB).[5] Ein Erwachsener kann gem. § 104 Nr. 2 BGB aufgrund „krankhafter Störung der Geistestätigkeit" geschäftsunfähig sein.[6] Die Anordnung einer rechtlichen Betreuung gem. §§ 1896 ff. BGB für einen Volljährigen setzt dessen Unfähigkeit zur Besorgung eigener Angelegenheiten voraus. Die Bedingungen für die **Geschäftsunfähigkeit** und die Betreuungsanordnung **können simultan** vorliegen – **müssen es aber nicht**.

5 In einem Betreuungsverfahren wird (wenn nicht ausnahmsweise ein Attest oder ein Gutachten des Medizinischen Dienstes der Krankenkassen ausreichend sind, §§ 281 f. FamFG) ein medizinisches Gutachten über die Betreuungsbedürftigkeit eingeholt, § 280 FamFG. Die Geschäftsfähigkeit wird regelmäßig im Beweisbeschluss nicht genannt, so dass zu ihr auch

2 Überschrift des § 1901a (jetzt „c") BGB: „Schriftliche Betreuungswünsche, Vorsorgevollmacht", geändert durch Art. 1 des 2. BtÄnG v. 21.4.2005, BGBl I 2005, S. 1073.

3 Grundlegend hierzu die Veröffentlichungen von *Damrau*, etwa: Der Minderjährige im Erbrecht.

4 MüKo/*Schmitt*, § 104 Rn 2.

5 Vgl. dazu umfassend Kurze/*Lang*, § 104 BGB.

6 Vgl. etwa: BGH, Urt. v. 19.6.1970 – IV ZR 83/69, NJW 1970, 1680, 1681.

keine Feststellungen getroffen werden. Nur wenn sich der Volljährige gegen die Betreuerbestellung wehrt, wird gem. § 1896 Abs. 1a BGB der freie Wille geprüft, dessen Voraussetzungen weitgehend mit der Geschäftsfähigkeit deckungsgleich sind. Im Übrigen kann eine Betreuung auch bei geschäftsfähigen Volljährigen angeordnet worden sein.[7]

2. Betreuungsbedürftiger Miterbe

Aus der Möglichkeit, dass Geschäftsfähigkeit und Betreuung auseinanderfallen, ergibt sich 6
beim Umgang mit Betreuten oder betreuungsbedürftigen Menschen für andere Personen – wie Miterben – ein zentrales Problem. Auch ein Betreuter kann, wenn er geschäftsfähig ist, einen Auseinandersetzungsvertrag wirksam schließen. Allerdings kann ein Geschäftsunfähiger unbetreut sein, etwa wenn die Betreuung nicht erforderlich ist. Beides führt zu Unsicherheiten und für den Geschäftspartner (etwa den Miterben) ist der unerkannt **Geschäftsunfähige** ein Debakel.

In der anwaltlichen Vertretung eines Erben sollten Anzeichen der Geschäftsunfähigkeit 7
eines Miterben alarmierend sein. Ein Zeugnis über die Geschäftsfähigkeit kann von einem Miterben nicht verlangt werden. Im Zweifel sollte daher für den Miterben eine Betreuung beim Betreuungsgericht[8] angeregt werden;[9] örtlich zuständig ist gem. § 272 Abs. 1 Nr. 2 FamFG das Gericht, in dessen Bezirk der Betroffene seinen gewöhnlichen Aufenthalt hat. Sie kann auch ein Versuch sein, einen verlässlichen Ansprechpartner zu erhalten, wenn der Miterbe selbst etwa aus gesundheitlichen Gründen mit der Auseinandersetzung überfordert ist.

Der Aufgabenkreis kann die „Vertretung bei der Auseinandersetzung der Erbengemeinschaft nach Herrn X" sein. Umfassend ist der Aufgabenkreis der „Vermögenssorge", wobei deren konkreter Umfang in dem Beschluss beschrieben werden sollte. Für eine fachgerechte Bearbeitung kann die Bestellung eines Rechtsanwaltes angeregt werden.

Muster 13.1: Anregung einer Betreuung für einen Miterben 8

An das Betreuungsgericht

Wir zeigen die Vertretung von Frau Z an und regen die Einrichtung einer Betreuung für

Herrn B, wohnhaft *Adresse* ,

für den Aufgabenkreis der Vermögenssorge, insbesondere Vertretung bei der Auseinandersetzung der Erbengemeinschaft nach Herrn , an.

Begründung

Herr B ist mit unserer Mandantin in einer Erbengemeinschaft nach Herrn verbunden. Gegenstand der Gemeinschaft sind eine Immobilie, Bankguthaben von etwa 20.000 EUR sowie Hausrat.

Seit kurz nach dem Erbfall am 14.2.2017 bemüht sich unsere Mandantin, die Erbengemeinschaft auseinanderzusetzen. Dies scheitert jedoch an der fehlenden Mitwirkung des Herrn B. So wurde etwa . Bis zur Verwertung der Immobilie sind zumindest die laufenden Kosten zu begleichen, wofür auch die Mitwirkung von Herrn B notwendig ist.

Herr B ist 85 Jahre alt und scheint mit dem Sachverhalt erheblich überfordert. Briefe werden gar nicht oder nur unverständlich beantwortet. Im persönlichen Gespräch erscheint er meist kooperativ, hält aber

---

7 *Jürgens*, § 1896 Rn 13 m.w.N.; Kurze/*Kurze*, § 1896 BGB Rn 9.

8 Bis zum Inkrafttreten der FamFG-Reform zum 1.9.2009 „Vormundschaftsgericht", vgl. *Knittel*, BtPrax 2008, 99.

9 Einen „Antrag" kann gem. § 1896 Abs. 1 BGB nur der Betroffene stellen.

Zusagen nicht ein. Herr B vermochte es auch nicht, einen Rechtsanwalt oder eine andere Person zu bevollmächtigen, obwohl unsere Mandantin dies mehrfach anregte. Es ist hier eine – wohl altersbedingte – krankhafte Störung zu vermuten, eventuell eine Demenz.

Die Geschäftsfähigkeit scheint nicht mehr gegeben.

Da es sich bei der Auseinandersetzung der Erbengemeinschaft um eine juristisch anspruchsvolle Tätigkeit handelt, regen wir die Benennung eines Rechtsanwaltes zum Betreuer an.

3. An wen wenden: Betreuer oder Betreuten?

9 Der Betreute wird gem. § 1902 BGB vom Betreuer vertreten. Wird mit dem Betreuer verhandelt, sind später keine Diskussionen um die Geschäftsfähigkeit des betreuten Miterben zu befürchten. Genau geprüft werden sollte aber, dass der Betreuer auch für den relevanten Sachverhalt vertretungsberechtigt ist (Aufgabenkreis) und die Betreuung auch noch besteht. Allein auf den Betreuerausweis sollte nicht vertraut werden. Im Zweifel sollte die Berechtigung des Betreuers beim Gericht geklärt werden.

Skauradszun[10] vertritt die Ansicht, dass zu einer WEG-Versammlung bei einer geschäftsfähigen Betreuten ohne Einwilligungsvorbehalt beide zu laden sind, Betreuer und Betreuter. Weshalb das so sein soll, kann hier nicht nachvollzogen werden, da (bei entsprechendem Aufgabenkreis des Betreuers) jeder einzeln und nicht beide zusammen aktiv und passiv erklärungsbefugt sind. Aufgrund der unklaren Meinungslage kann die Ladung beider aber als sicherster Weg angesehen werden.

10 Im Einzelfall kann es aus taktischen Gründen sinnvoll sein, wenn ein Miterbe sich direkt an den Betreuten wendet. Liegt eine Zustimmung des Betreuten zu einer erwünschten Maßnahme vor, kann dies den zögerlichen Betreuer unter Druck setzen. Besteht die Geschäftsfähigkeit des Betreuten noch oder ist sie ungeklärt, muss der Betreuer die Unwirksamkeit der Erklärung darlegen und beweisen. Versteht der Betreute den Vorgang, ist seine – ohne Druck, Zwang oder Täuschung zustande gekommene – Zustimmung zumindest als Wunsch gem. § 1901 Abs. 3 S. 1 BGB zu werten. Der Betreuer muss ihn beachten und ihm grundsätzlich nachkommen.

III. Annahme und Ausschlagung

1. Einleitung

11 Der geschäftsfähige Betreute kann eine Erbschaft selbst annehmen und ausschlagen. Problematisch sind die Befugnisse des mit einem entsprechenden Aufgabenkreis ausgestatteten Betreuers, insbesondere wenn dieser ein Miterbe des Betreuten ist.

2. Annahme

12 Die Annahmeerklärung ist eine „formfreie Willenserklärung des vorläufigen Erben, mit der er zum Ausdruck bringt, endgültiger Erbe sein zu wollen“.[11] Sie ist nicht empfangsbedürftig. Eine konkludente Annahme ist möglich.[12]

10 *Skauradszun*, ZWE 2016, 61, 64.
11 Damrau/Tanck/*Masloff*, § 1943 Rn 2 m.w.N.
12 Vgl. mit Beispielen: Damrau/Tanck/*Masloff*, § 1943 Rn 3.

Ein Betreuer kann die Erbschaft für den Betreuten annehmen, eine Stellvertretung ist möglich. Der Betreuer kann auch ein Miterbe sein. Die Beschränkung nach § 181 BGB steht nicht entgegen, da diese Norm hier nicht anwendbar ist.[13] Die Erklärung ist nicht empfangsbedürftig, der Miterbe ist also nicht Erklärungsempfänger. Er vertritt damit nicht beide Seiten.

Ein Interessenkonflikt ist praktisch schwer vorstellbar, würde aber auch keine (analoge) Anwendung von § 181 BGB ermöglichen.[14] Ob die Annahme bei einem nicht vertretenen Geschäftsunfähigen durch Fristablauf eintritt, ist umstritten.[15] Als Vertreter des Miterben sollte im Zweifel eine Betreuung angeregt werden. Eine Genehmigung ist nicht erforderlich.[16]

3. Ausschlagung

Im Gegensatz zur Annahme ist die Ausschlagung eine „form- und amtsempfangsbedürftige Willenserklärung".[17] Der geschäftsunfähige Betreute muss durch den Betreuer vertreten werden. Die Erklärung des Betreuers bedarf der Genehmigung des Betreuungsgerichts, §§ 1908i, 1822 Nr. 2 BGB.[18] Daher tritt die umstrittene[19] Frage der Anwendbarkeit des § 181 BGB in den Hintergrund. 13

Problematisch ist der Fristlauf. Er beginnt gem. § 1944 BGB mit Kenntnis von Anfall und Grund der Erbschaft. Bei Geschäftsunfähigen beginnt die Frist mit Kenntnis des Vertreters,[20] auch wenn dieser erst zu bestellen ist (§ 210 BGB). 14

Bei einem geschäftsfähigen Betreuten kann auch dessen Kenntnis entscheidend sein. Dies gilt wohl selbst, wenn gem. § 1903 BGB ein Einwilligungsvorbehalt angeordnet ist. Die Kenntniserlangung wird nicht erfasst, da sie keine Willenserklärung ist. Es genügt jedenfalls gem. § 166 Abs. 1 BGB die Kenntnis des Betreuers.

In der Zeit zwischen Antrag auf Genehmigung der Ausschlagungserklärung und der Entscheidung durch das Betreuungsgericht wird die Ausschlagungsfrist gem. §§ 206, 209, 1944 Abs. 2 BGB als gehemmt angesehen.[21]

4. Unklare Situationen

Für die Miterben ergeben sich insbesondere unklare Situationen, wenn Betreuter und Betreuer unterschiedlich handeln oder keiner von beiden handelt. 15

Bei einem betreuten, geschäftsfähigen Erben könnte es zum „Wettlauf" zwischen Betreuer und Betreuten kommen, wenn der eine ausschlagen und der andere annehmen möchte. Da die eine Erklärung die andere ausschließt, kommt es auf die frühere an. Es bleibt ggf. nur die Anfechtung. Allerdings ist der Betreuer gem. § 1901 Abs. 3 S. 1 Hs. 1 BGB grundsätzlich den Wünschen des Betreuten verpflichtet, so dass eine Annahme oder Ausschlagung gegen

13 Damrau/Tanck/*Masloff*, § 1943 Rn 10 m.w.N.
14 BGH, Urt. v. 13.6.1984 – VIII ZR 125/83, BGHZ 91, 334, 336.
15 Damrau/Tanck/*Masloff*, § 1943 Rn 11 m.w.N.
16 Staudinger/*Veit*, § 1822 Rn 14.
17 Damrau/Tanck/*Masloff*, § 1945 Rn 1 m.w.N.
18 Soergel/*Zimmermann*, § 1822 Rn 6; Damrau/Tanck/*Masloff*, § 1945 Rn 11.
19 Vgl. Damrau/Tanck/*Masloff*, § 1945 Rn 9 m.w.N.
20 BayObLG, Beschl. v. 14.5.1984 – 1 Z 25/84, LS: Rpfleger 1984, 403.
21 Staudinger/*Veit*, § 1822 Rn 15.

dessen Willen ohnehin problematisch und nur im Rahmen von § 1901 Abs. 3 S. 1 Hs. 2 BGB pflichtgemäß ist.

Sind der betreuungsbedürftige bzw. betreute Miterbe und der Betreuer untätig, sollte der Lauf der Ausschlagungsfrist sichergestellt werden, indem beiden die notwendigen Kenntnisse verschafft werden. Ist die Geschäftsfähigkeit zweifelhaft und kein Betreuer bestellt, ist eine Betreuung anzuregen.

16 Auskunftsrechte der Miterben gegenüber dem Betreuungsgericht über den Stand eines Genehmigungsverfahrens sollten nicht bestehen. Erklärungen können ggf. beim Nachlassgericht eingesehen werden. Zudem könnten der Betreute und dadurch der Betreuer gem. § 242 BGB zu einer Auskunft gegenüber den Miterben verpflichtet sein.

Schließlich hat das Nachlassgericht selbst das Verfahren voranzutreiben, wenn etwa durch einen Erbscheinsantrag dazu Anlass besteht.

IV. Veräußerung des Erbteils

17 Eine der wenigen Bezugnahmen auf das Erbrecht bei den Regelungen zur Vormundschaft befindet sich in § 1822 Nr. 2 BGB, anwendbar für Betreuungen wegen § 1911 Abs. 1 BGB. Für eine Verfügung des Betreuers über den Anteil an einer Erbschaft bedarf er der Genehmigung des Betreuungsgerichts.[22]

Möchte der Betreuer den Erbteil erwerben, muss ein Ergänzungsbetreuer bestellt werden. Es handelt sich nicht lediglich um die Erfüllung einer Verbindlichkeit, so dass § 181 BGB greift. Auch die Übertragung auf eine Person nach § 1795 Abs. 1 Nr. 1 BGB ist dem Betreuer untersagt.

V. Erwerb des Erbteils

18 Den Erwerb einer Erbschaft oder eines Anteils (vgl. § 4 Rdn 13–28) erwähnen die einschlägigen Normen über Genehmigungspflichten nicht. Daher sollen diese Geschäfte auch nicht genehmigungsbedürftig sein.

Dagegen kann angebracht werden, dass der Betreute mit dem Erbteil auch einen Anteil an einer Immobilie, einem Erwerbsgeschäft oder Verbindlichkeiten großen Ausmaßes erwerben kann. Für entsprechende Einzelerwerbungen wären Genehmigungen notwendig (§§ 1821 Nr. 5, 1822 Nr. 3 u. 8 BGB). Angesichts der Parallelproblematik bei Minderjährigen wird daher zum Teil eine Genehmigungspflicht bejaht.[23]

Dogmatisch kommt zumindest eine direkte Anwendung der §§ 1821 f. BGB nicht in Betracht. Gegenstand des Geschäfts sind nicht die Immobilie oder das Erwerbsgeschäft, sondern der Erbteil.[24]

19 Eine Analogie könnte mit Hinweis auf den Grundsatz der formalen, engen Auslegung der Normen[25] abgelehnt werden. Der Schutz des Betreuten (wie des Minderjährigen) gehe „keineswegs dahin, alle wirtschaftlich bedeutenden Geschäfte dem Genehmigungszwang

---

22 Soergel/*Zimmermann*, § 1822 Rn 5.

23 Soergel/*Zimmermann*, § 1822 Rn 16; Staudinger/*Veit*, § 1822 Rn 40.

24 Zur Übertragung eines Gesellschaftsanteils an einen Minderjährigen: *Damrau*, ZEV 2000, 209, 211.

25 BGH, Urt. v. 8.1.1984 – II ZR 223/83, BGHZ 92, 259 = NJW 1985, 136; BGH, Urt. v. 20.2.1989 – II ZR 148/88, BGHZ 107, 24–37 = NJW 1989, 1926–1928.

zu unterwerfen".[26] Bei dem Sachverhalt, der dem BGH zur Entscheidung vorlag, war dem Minderjährigen ein Anteil an einer GmbH übertragen worden, welche ein Erwerbsgeschäft betrieb. Es wurde zutreffend darauf verwiesen, dass dabei keine solchen Haftungsrisiken entstehen, wie etwa bei einer GmbH-Gründung, bei der es auch zur persönlichen Haftung des Minderjährigen kommen könnte. Dem kann für einen Erwerb eines Erbteils zumindest insoweit gefolgt werden, wie die Haftung des Erwerbers auf den Erbteil beschränkt ist. Mit Blick auf die streng formale Rechtsprechung des BGH zu den Genehmigungstatbeständen scheint auch sonst die Annahme einer Genehmigungsfreiheit vertretbar, wenngleich aus Gründen des Schutzes des Betreuten nicht zwangsläufig.

VI. Vorkaufsrecht

Zur Ausübung des Vorkaufsrechts nach § 2034 BGB (vgl. § 4 Rdn 29–36) gilt das zum Erwerb eines Erbteils Ausgeführte: nach einer streng formalen Sichtweise würden nie Genehmigungserfordernisse bestehen. Sonst müsste auf den Inhalt des übertragenen Anteiles abgestellt werden. 20

VII. Verwaltung der Erbengemeinschaft

1. Einleitung

Problematisch sind wiederum die Fälle, in denen der Betreute (möglicherweise) geschäftsfähig ist und auch selbst handelt. Insoweit wird auf die obigen Ausführungen verwiesen. Im Folgenden werden die Vertretungsbefugnisse eines mit einem entsprechenden Aufgabenkreis ausgestatteten Betreuers und insbesondere die Frage des Genehmigungsbedürfnisses erörtert. 21

Literatur und Rechtsprechung zur Vertretung des Betreuten durch seinen Betreuer in einer Miterbengemeinschaft sind nur in beschränktem Umfang vorhanden. Es wird daher auch auf Beiträge zu Parallelproblematiken zurückzugegriffen, wie zu der Vertretung Minderjähriger und die Grenzen der gegenseitigen Vertretung von Mitgesellschaftern.

2. Miterbe als Betreuer: Ausschluss der Vertretung?

a) Einleitung

Die Regelungen der §§ 1795 f. BGB sind gem. § 1908i Abs. 1 S. 1 BGB sinngemäß auf die Betreuung anzuwenden. Die Vertretungsmacht des Betreuers kann nach §§ 1795 Abs. 2, 181 BGB und nach § 1795 Abs. 1 BGB eingeschränkt sein. 22

§ 1795 Abs. 1 BGB erweitert das in § 181 BGB enthaltene Verbot. Bei betreuten Miterben ist oft die Alternative des § 1795 Abs. 1 Nr. 1 BGB erheblich, da Miterben häufig nah miteinander verwandt sind. Sie gilt für Rechtsgeschäfte zwischen dem Betreuten und Ehegatten, Lebenspartnern und Verwandtschaft in gerade Linie (§ 1589 Abs. 1 S. 1 BGB), also Eltern und Abkömmlingen, des Betreuers. Bei einem Interessengegensatz soll eine Vertretung des Betreuten durch den Betreuer nicht möglich sein.

26 BGH, Urt. v. 20.2.1989 – II ZR 148/88, BGHZ 107, 24–37 = NJW 1989, 1926–1928.

b) „Parallele" Erklärungen nach außen

23 Kein Interessengegensatz wird bei sog. „parallelen Erklärungen" angenommen.[27] Steht der Betreuer „neben" dem Betreuten und ihm nicht gegenüber, sollen Erklärungen zulässig sein. Dies betrifft etwa solche gegenüber Außenstehenden, wie den Abschluss eines Mietvertrages durch die Erbengemeinschaft mit einem Dritten.[28]

c) Abstimmungen

24 Einer Erklärung nach außen gehen allerdings regelmäßig Abstimmungen innerhalb der Erbengemeinschaft voraus. Ein Gleichlauf der Interessen der Miterben wird mit einem Bezug zum Gesellschaftsrecht zumindest bei der **laufenden Verwaltung** grundsätzlich angenommen,[29] so dass ein Ausschluss nach §§ 1795, 181 BGB nicht greifen soll. Bei *„einem gewöhnlichen Gesellschafterbeschluss [ist] das Ziel der verbandsinternen Willensbildung nach dem gesetzlichen Leitbild des § 705 BGB nicht in der Austragung individueller Interessengegensätze zu sehen, deren Zusammentreffen in derselben Person § 181 BGB verhindern will, sondern in der Verfolgung des gemeinsamen Gesellschaftszwecks auf dem Boden der bestehenden Vertragsordnung"*.[30]

Dies wurde durch die frühere „formale Betrachtungsweise"[31] des BGH gestützt. Nach einer Entscheidung vom 23.2.1968 sollte noch *„davon auszugehen [sein], dass das Verbot des In-Sich-Geschäfts sowohl in der Grundform des § 181 BGB als auch in der familienrechtlichen Erweiterung des § 1795 BGB eine formale Ordnungsvorschrift darstellt, bei der ein Interessengegensatz zwischen den mehreren von dem Vertreter repräsentierten Personen zwar gesetzgeberisches Motiv, aber zur Tatbestandserfüllung grundsätzlich weder erforderlich noch ausreichend ist."*[32] Ausschlüsse vom Stimmrecht wurden nur zurückhaltend bejaht. Der BGH verwies auf die wenigen Fälle, für die das BGB einen Ausschluss vorsieht.[33]

Der Vorteil einer zurückhaltenden Anwendung der §§ 1795, 181 BGB liegt in der daraus folgenden Leichtigkeit des Rechtsverkehrs.[34] Für den Betreuten zeigen sich Schwächen in seinem Schutz.

25 Zwangsläufig erscheint die Übernahme der Gedanken aus dem Gesellschaftsrecht für die Erbengemeinschaft aber auch an dieser Stelle nicht. Im Gegensatz zu einer Gesellschaft ist das Ziel der Erbengemeinschaft die eigene Auflösung. Die Miterben können daher bei der Verwaltung verschiedene Interessen haben. Wesentlich ist oft der Gegensatz zwischen den Miterben, die eine schnelle Auseinandersetzung wünschen, und den anderen Miterben, die

---

27 Zustimmend für „die innere Ordnung von Verein oder GmbH" betreffende Beschlüsse: *Muscheler*, ZEV 1997, 168, 175.

28 BGH, Urt. v. 23.2.1968 – V ZR 188/64, BGHZ 50, 8–14.

29 Zu gesellschaftsrechtlichen Fragen: BGH, Urt. v. 14.12.1967 – II ZR 30/67, BGHZ 49, 183–197; zur Differenzierung von ordentlichen und außerordentlichen Verwaltungsmaßnahmen: Damrau/Tanck/*Rißmann*, § 2038 Rn 14–19.

30 BGH, Urt. v. 18.9.1975 – II ZB 6/74, BGHZ 65, 93–100 = NJW 1976, 49–51.

31 OLG Düsseldorf, Beschl. v. 22.8.1984 – 3 W 256/84, NJW 1985, 390.

32 BGH, Urt. v. 23.2.1968 – V ZR 188/64, BGHZ 50, 8–14 m.w.N.; teilw. krit. Besprechung *Häsemeyer*, FamRZ 1968, 502–505; weiter differenzierend: BGH, Urt. v. 18.9.1975 – II ZB 6/74, BGHZ 65, 93–10 = NJW 1976, 49–51.

33 Kein Ausschluss, wenn Mitglieder der Erbengemeinschaft auch Gesellschafter einer GmbH sind, mit der ein Rechtsgeschäft geschlossen werden soll, BGH, Urt. v. 29.3.1971 – III ZR 255/68, BGHZ 56, 47–56 m.w.N.

34 OLG Düsseldorf, Beschl. v. 22.8.1984 – 3 W 256/84, NJW 1985, 390; entsprechend: *Häsemeyer*, FamRZ 1968, 502, 505.

sich eine langsame Auseinandersetzung leisten können und für wirtschaftlich sinnvoll halten. Über die Zustimmung oder Ablehnung einer Verwaltungsmaßnahme entscheidet ein Miterbe regelmäßig vor diesem Hintergrund. Ein „Interessengleichlauf" unter den Miterben ist daher nicht als Grundsatz anzunehmen.

Zudem hat sich der Betreute regelmäßig nicht selbst in die Hände des Betreuers begeben, wie etwa ein Vollmachtgeber, und kann den Betreuer selbst meist nicht mehr laufend oder nachträglich kontrollieren, wie es etwa Eltern als Vormünder ihrer Kinder erwarten müssen, bei denen grundsätzlich zudem noch eher von einem Interessengleichlauf ausgegangen werden kann. 26

Schließlich sieht auch der BGH den § 181 BGB inzwischen „nicht mehr ohne Einschränkungen als formale Ordnungsvorschrift" an.[35] Eine Differenzierung ist also möglich.

Nach hier vertretener Ansicht sollte der Schutz des Betreuten im Vordergrund stehen und ein betreuender Miterbe von der Vertretung des Betreuten in der Erbengemeinschaft **ausgeschlossen** sein. 27

In der praktischen Umsetzung sind keine unüberwindbaren Hindernisse zu erwarten. Bei einer Betreuung ist das Betreuungsgericht ohnehin schon involviert. Eine Differenzierung und Aufteilung der Aufgabenkreise durch eine Ergänzungsbetreuung ist unschwer möglich (etwa Aufgabenkreis „Wahrnehmung der Rechte in der Erbengemeinschaft/bei der Abstimmung der Erbengemeinschaft über die Frage [...]").

d) Abstimmen bei eigenen Angelegenheiten

Ein Miterbe kann von einer Abstimmung ausgeschlossen sein, wenn eine eigene Angelegenheit betroffen ist.[36] Auch der Betreuer kann dann nicht für ihn abstimmen. 28

Beachtenswert ist, dass bei **Mehrheitsbeschlüssen** für einen geschäftsunfähigen Miterben kein Vertreter vorhanden sein muss, wenn die Mehrheit auch ohne seine Stimme erreicht wird. Dies ist folgerichtig, denn auch bei Abwesenheit eines Miterben kann abgestimmt werden. Allerdings sollte sichergestellt sein, dass dem insofern als „abwesend" behandelten, geschäftsunfähigen Miterben keine Minderheitenrechte[37] zustanden. Diese müsste er sonst im Zweifel noch dann geltend machen können, wenn er einen Vertreter erhält, auch wenn sie normalerweise aufgrund von Zeitablauf nicht mehr in Anspruch genommen werden könnten. Es kann also zu einer Rechtsunsicherheit kommen.

Problematisch ist, ob der Betreuer für den Betreuten abstimmen darf, wenn seine – des Betreuers – Interessen betroffen sind, er also für sich selbst nicht abstimmen dürfte. So gibt es etwa für die Abstimmungen von Gesellschaftern einer GmbH in § 47 Abs. 4 S. 1 Hs. 2 GmbHG einen ausdrücklichen Ausschluss des selbst betroffenen Vertreters. Bei einer Personengesellschaft soll § 181 BGB der Vertretung entgegenstehen, wenn sich der Bevollmächtigte zum Alleinverwalter bestellen möchte.[38] Nach *Muscheler* soll dies auch bei der Erbengemeinschaft gelten.[39] Wohl eine Mindermeinung widerspricht und lehnt für die Gesamthandsgemeinschaft die Anwendung von § 181 BGB ab, wie *Reuter* im Zusammenhang mit 29

35 BGH, Urt. v. 13.6.1984 – VIII ZR 125/83, BGHZ 91, 334–337, 336 m.w.N.

36 Damrau/Tanck/*Rißmann*, § 2038 Rn 38; OLG Nürnberg, Urt. v. 19.5.2000 – 6 U 4052/99, ZErb 2001, 148.

37 Zum Anspruch der Minderheit auf Gehör: *Muscheler*, ZEV 1997, 168, 173 f.

38 BGH, Urt. v. 24.9.1990 – II ZR 167/89, BGHZ 112, 339–345, 341.

39 *Muscheler*, ZEV 1997, 168, 172; entsprechend: BGH, Urt. v. 16.3.1961 – II ZR 190/59, BGHZ 34, 367, 371.

dem Vereinsrecht ausführt.[40] Die mögliche persönliche Verbundenheit in der Gemeinschaft soll nicht entscheidend sein.

30 Gegen ein Stimmverbot spricht, dass der Betreuer dem Betreuten verpflichtet ist. Besteht die begründete Befürchtung, er werde eigene Interessen nicht von denen des Betreuten trennen können, wäre er zumindest in soweit als Betreuer ungeeignet. Für diese Entscheidungen wäre also ein anderer Betreuer zu bestellen (Ergänzungsbetreuer). Regelmäßig wird schon früher zu prüfen gewesen sein, ob der Betreuer überhaupt mit der Vertretung in dem Aufgabenkreis „Wahrnehmung der Miterbenrechte" geeignet ist. Wurde dies bejaht und trat in der Zwischenzeit keine wesentliche Änderung ein, spricht mehr gegen ein Stimmverbot des Betreuers.

3. Genehmigungspflichten

31 Für die Umsetzung der Maßnahmen im Außenverhältnis gelten die allgemeinen Grundsätze, bei denen zwischen Verpflichtungs- und Verfügungsgeschäften unterschieden wird.[41]

a) Abstimmungen

32 Die Stimmabgabe wird in §§ 1821 f. BGB nicht erwähnt, weshalb sie auch nicht genehmigungsbedürftig ist.[42]

b) Umsetzung

33 Für die Umsetzung der Beschlüsse der Erbengemeinschaft können dagegen Genehmigungen notwendig sein. In einem ersten Schritt ist zu prüfen, ob das Geschäft für einen Betreuer grundsätzlich genehmigungsbedürftig wäre (etwa §§ 1908i, 1820 ff. BGB). Nur bei einer grundsätzlichen Genehmigungsbedürftigkeit kommt es auf die Besonderheiten der Erbengemeinschaft an.

34 Bei Maßnahmen der **ordnungsgemäßen Verwaltung** gewährt eine Mehrheitsentscheidung den handelnden Erben eine Vollmacht, soweit es sich um eine Verwaltungsmaßnahme und nicht um eine Verfügung handelt.[43] Wurde der betreute Miterbe überstimmt und/oder kam es auf seine Stimme nicht an, sollte eine Genehmigung für die Umsetzung ebenfalls nicht notwendig sein.

35 Bei Maßnahmen der **nicht ordnungsgemäßen Verwaltung** kommt eine Vertretung der Miterben nicht in Betracht.[44] Es kommt dann auf die Stimme des betreuten Miterben und ggf. auch auf eine Genehmigung an.

Verfügungen über Nachlassgegenstände müssen gem. § 2040 BGB gemeinschaftlich vorgenommen werden.[45] Eine Genehmigung ist dann notwendig.

36 Wurde der betreute Miterbe von einer Mehrheit zur Vornahme einer Verfügung überstimmt, muss gegen ihn geklagt werden, wenn nicht von einer Vollmacht durch einen Mehrheitsbe-

40 MüKo/*Reuter*, § 34 Rn 10 m.w.N.; für eine Analogie: *Muscheler*, ZEV 1997, 168, 174 f. m.w.N.
41 Vgl. Bonefeld/Wachter/*Rißmann*, § 5 Rn 97; Damrau/Tanck/*Rißmann*, § 2038 Rn 61 f.
42 Zu dieser formalen Betrachtungsweise bei Minderjährigen: BGH, Urt. v. 8.1.1984 – II ZR 223/83, BGHZ 92, 259 = NJW 1985, 136.
43 Damrau/Tanck/*Rißmann*, § 2038 Rn 61.
44 Damrau/Tanck/*Rißmann*, § 2038 Rn 62.
45 Damrau/Tanck/*Rißmann*, § 2038 Rn 69, § 2040 Rn 8.

schluss ausgegangen wird.[46] Das Urteil ersetzt seine Willenserklärung gem. § 894 Abs. 1 ZPO.[47] Die Genehmigung muss dann für die Außenwirkung beim Betreuungsgericht nicht mehr eingeholt werden.[48] Schließlich könnte das Betreuungsgericht nicht eine rechtskräftige Entscheidung des Prozessgerichts aufheben. Dies soll auch für Versäumnis- und Anerkenntnisurteile gelten.[49]

Selbstverständlich darf der Betreuer den Betreuten aber nicht mutwillig verurteilen lassen. Gegenüber dem Betreuten wäre das Urteil zwar wirksam. Aber auch Prozesshandlungen des Betreuers können genehmigungspflichtig sein. Da eine Genehmigung für die Außenwirkung nicht notwendig ist, wird von einer „Innengenehmigung" gesprochen.[50] Der Betreute hat ohne eine solche Genehmigung wegen pflichtwidrigem Handeln Schadensersatzansprüche gegen den Betreuer.

Entsprechend kann gegen einen Betreuten eine Klage erhoben werden, wenn der Betreuer die Forderung erfüllen möchte, das Betreuungsgericht eine Genehmigung aber versagt.

Die Möglichkeit von **Notverwaltungsmaßnahmen** gem. § 2038 Abs. 1 S. 2 Hs. 2 BGB soll „die Handlungsfähigkeit der Erbengemeinschaft in besonderen Ausnahmefällen gewährleisten."[51] Bei einer genehmigungspflichtigen Maßnahme ist die Genehmigung weiter notwendig. Es wird aber nur selten vorkommen, dass die Miterben nicht informiert werden können, also die Notverwaltung insoweit zulässig, aber eine betreuungsgerichtliche Genehmigung vorab möglich ist. Im Ergebnis handelt der Betreuer zuerst und muss die Genehmigung danach unverzüglich beantragen, § 1829 BGB. 37

VIII. Einziehung von Forderungen

Nach §§ 1908i, 1813 Abs. 1 Nr. 2 BGB darf eine Leistung von mehr als 3.000 EUR von dem Betreuer nur mit Genehmigung des Betreuungsgerichts angenommen werden. Dies sollte für den betreuten Miterben auf dessen Anteil bezogen werden.[52] 38

Daraus kann sich eine erhebliche Belastung für die Verwaltung der Erbengemeinschaft ergeben. Gemäß § 1817 BGB kann das Betreuungsgericht den Betreuer aber von den Beschränkungen befreien. Dies sollte – zumindest für die Geschäfte der Erbengemeinschaft – versucht werden.

IX. Erfüllung von Verbindlichkeiten, insbesondere Vermächtniserfüllung

Die Erfüllung von Verbindlichkeiten der Erbengemeinschaft unterliegt denselben Genehmigungsbedürfnissen wie andere Rechtsgeschäfte des Betreuten. 39

Soll ein Vermächtnis gegenüber dem Betreuer eines Miterben erfüllt werden, stehen dem §§ 1795 Abs. 1 Nr. 1, 181 BGB nicht entgegen. Diese Normen sind nicht anzuwenden, da eine Verbindlichkeit erfüllt wird. Dies gilt auch sonst bei der Erfüllung einer Nachlassverbindlichkeit.[53]

46 Vgl. Damrau/Tanck/*Rißmann*, § 2038 Rn 5.
47 Damrau/Tanck /*Rißmann*, § 2040 Rn 9.
48 Soergel/*Zimmermann*, Vor § 1821 Rn 5 m.w.N.; BayObLG, Beschl. v. 7.4.1953 – 2 Z 242/52, MDR 1953, 561.
49 BayObLG, Beschl. v. 7.4.1953 – 2 Z 242/52, MDR 1953, 561.
50 Soergel/*Zimmermann*, Vor § 1821 Rn 5.
51 Bonefeld/Wachter/*Rißmann*, § 5 Rn 105; vgl. auch Damrau/Tanck/*Rißmann*, § 2038 Rn 69.
52 Für den Minderjährigen: KG JFG 6, S. 267.
53 BayObLG, Beschl. v. 10.11.1999 – 3Z BR 185/99, FamRZ 2001, 51 f.

X. Auseinandersetzung

40 Die Vertretung des Betreuten durch einen Miterben als Betreuer ist meist nach **§§ 1795, 181 BGB** ausgeschlossen.[54] Erfolgt die Auseinandersetzung „genau nach Maßgabe der gesetzlichen Vorschriften“ (vgl. § 8 Rdn 7–12) soll lediglich eine gesetzliche Pflicht (zur Auseinandersetzung) erfüllt werden, so dass §§ 1795, 181 BGB nicht anwendbar sein sollen.[55] Dies kann im Ergebnis wohl nur bei sehr klaren, nur noch aus Geldvermögen bestehenden Nachlässen angenommen werden,[56] und auch nicht bei der Veräußerung einer Immobilie mit direkter Aufteilung des Erlöses an die Miterben nach den Quoten, da gesetzliche Vorgabe der Weg der Teilungsversteigerung wäre, worauf *Ott* zutreffend hinweist.[57] Dass §§ 1795, 181 BGB nicht greifen, ist auch bei einer genauen Umsetzung einer Teilungsanordnung des Erblassers denkbar.[58]

Das OLG München entschied, dass ein Miterbe nicht auch als Betreuer eines anderen Miterben die Auseinandersetzung vornehmen kann.[59] Eine Immobilie sollte dabei auf einen Miterben bei finanziellem Ausgleich für die anderen übertragen werden. Zutreffend führt das OLG München an, dass eine solche Teilung notwendigerweise eine Vereinbarung unter den Beteiligten voraussetze. Damit liegt aber ein Insichgeschäft und in der Folge die Notwendigkeit der Einsetzung eines (externen Ergänzungs-)Betreuers[60] vor.

41 Für das Ausscheiden eines minderjährigen Miterben aus einer Erbengemeinschaft durch **Abschichtung** (vgl. § 8 Rdn 91) sah das OLG Hamm[61] eine Vertretung der Eltern ausgeschlossen und eine Ergänzungspflegschaft sowie Genehmigung des Familiengerichts gem. § 1822 BGB analog als erforderlich an, was auf die Betreuung übertragen werden kann.

42 Im Vorfeld der Auseinandersetzung werden regelmäßig Nachlassgegenstände veräußert, um die Teilung zu ermöglichen. Bei der Umsetzung dieser Maßnahmen sollen Vertreter nicht nach §§ 1795, 181 BGB beschränkt sein, wenn sie bei der Veräußerung an einen Dritten Betreuer eines Miterben und selbst Miterbe sind. Schließlich stehen Betreuer und Betreuter auf derselben Seite des Veräußerungsgeschäfts.[62]

Ist der betreute Miterbe an einer fortgesetzten Gütergemeinschaft beteiligt, ist zunächst diese zu liquidieren, dann erst die Erbengemeinschaft.[63]

43 Entsprechend soll zur Auseinandersetzung streng nach den gesetzlichen Vorgaben auch keine **Genehmigung** des Betreuungsgerichts notwendig sein,[64] was aber im Ergebnis nur

54 Jürgens/*von Crailsheim*, § 1795 Rn 8; *Mahlmann*, ZEV 2009, 320, 321.
55 MüKo/*Spikhoff*, § 1795 Rn 9.
56 *Mahlmann*, ZEV 2009, 320, 321.
57 *Ott*, DNotZ 2017, 646, 648.
58 OLG München, Beschl. v. 17.7.2015 – 34 Wx 179/15, ZEV 2015, 530, Rn 13; *Mahlmann*, ZEV 2009, 320, 321.
59 OLG München, Beschl. v. 17.7.2015 – 34 Wx 179/15, ZEV 2015, 530.
60 Zum Begriff vgl. BGH, Beschl, v. 11.1.2017 – XII ZB 305/16, NJW-RR 2017, 451 (Rn 11 bei Beck-Online).
61 OLG Hamm, Beschl. v. 2.8.2017 – 15 W 263/16, ZEV 2018, 32.
62 MüKo/*Spikhoff*, § 1795 Rn 9 m.w.N.; BGH, Urt. v. 22.9.1969 – II ZR 144/68, BGHZ 52, 316–321 (zum Gesellschaftsrecht); OLG Düsseldorf, Beschl. v. 14.10.2015 – I-3 Wx 168/15, FGPrax 2016, 49 mit Anm. *Milzer*; ausdrücklich offen gelassen von OLG München, Beschl. v. 17.7.2015 – 34 Wx 179/15, ZEV 2015, 530, Rn 17, mit Bezug zu der eine Beschränkung verneinenden Entscheidung des OLG Jena, Beschl. v. 26.7.1995 – 6 W 219/95, NJW-RR 1995, 3126; Jürgens/*von Crailsheim*, § 1795 Rn 9 m.w.N.
63 Ausführlich: *Ruby*, ZEV 2017, 496.
64 So auch *Brüggemann*, FamRZ 1990, 124, 128.

bei Geldnachlässen der Fall sein wird. Bei einem Erbteilungsvertrag greifen aber §§ 1908i, 1822 Nr. 2 BGB. Wird also von den gesetzlichen Vorgaben abgewichen, ist eine Genehmigung notwendig. Dies müsste nach strenger Ansicht schon geschehen, wenn lediglich der Hausrat „frei Hand" unter den Miterben verteilt wird. Eine genehmigungspflichtige Teilauseinandersetzung bei der Veräußerung einer Immobilie liegt zudem nicht vor, wenn der Erlös nicht an die einzelnen Miterben ausgezahlt, sondern auf ein Konto der Erbengemeinschaft überwiesen wird.[65]

Ein Betreuer darf ohne Genehmigung des Betreuungsgerichts ein vermittelndes Teilungsver- 44
fahren nach §§ 363 ff. FamFG (vgl. § 8 Rdn 92–94) beantragen,[66] denn alleine durch das Verfahren finden keine Verfügungen statt. Für die Auseinandersetzung durch Einverständniserklärung zum vom Notar vorgelegten Plan gem. § 368 FamFG gelten dann aber wieder die allgemeinen Regeln.

C. Vorsorgevollmacht

I. Einleitung

Die Möglichkeit der **Konflikt**entstehung in einer Erbengemeinschaft wird heute durch die 45
Existenz von Vorsorgevollmachten vergrößert. Die zunehmende Zahl von pflegebedürftigen Personen und die längere Dauer der Pflegebedürftigkeit erhöhen den Bedarf an Unterstützung für ältere Personen. Um Betreuungen zu vermeiden, werden Vorsorgevollmachten gefördert und auch in steigender Zahl erteilt.

Bei mehreren Kindern bevollmächtigt ein Elternteil zum Teil alle oder zumindest mehrere. 46
Das kann schon zu Konflikten um die letztliche Entscheidungsbefugnis bei Meinungsverschiedenheiten zu Lebzeiten des vollmachtgebenden Elternteils führen. Wenn **nur ein Kind bevollmächtigt** wird, ist dies grundsätzlich sinnvoll, um ein Gegeneinander der Bevollmächtigten zu vermeiden. Die Auswahl kann auf einer engen persönlichen Beziehung oder schlicht räumlicher Nähe beruhen. Dies weckt aber nicht selten das Misstrauen der nicht bevollmächtigten Geschwister. Sie fühlen sich ausgeschlossen. Ohne (ausreichende) Informationen vermuten sie häufig Unregelmäßigkeiten.

Durch den Erbfall werden die nicht bevollmächtigten oder trotz Mitbevollmächtigung nicht tätigen Kinder Mitberechtigte gegenüber dem bevollmächtigten Geschwisterkind, was zu Konflikten in der Erbengemeinschaft führen kann. Hat der Bevollmächtigte – unter Umständen mit Hilfe der Vollmacht – zudem Teile des **Nachlasses aufgelöst** (z.B. die Wohnung geräumt), fühlen sich die anderen Erben „ihrer Rechte beraubt".

Noch problematischer sind Fälle, in denen die Vollmacht **einem** Kind bewusst erteilt wurde, 47
um nach dem Erbfall Vermögen in dessen Richtung zu lenken. Unter Umständen wird damit auch versucht, eine bindend gewordene letztwillige Verfügung zu umgehen. Einem Kind soll mehr zukommen, da es dem letztversterbenden Elternteil persönlich näher steht und/oder es unterstützt und gepflegt hat. Die sich daraus ergebenen Probleme werden oft übersehen, da die Vollmacht allein entgegen verbreiteter Annahme die Verfügungen im Innenverhältnis nicht legitimiert und obwohl eine sinnvolle Gestaltung **zu Lebzeiten** meist möglich ist.

65 *Ott*, DNotZ 2017, 646, 649.
66 OLG Frankfurt, Beschl. v. 20.7.1993 – 20 W 232/93, Rpfleger 1993, 505 (noch zu § 86 FGG).

II. Geltung einer Vollmacht über den Tod hinaus

48 Eine Vollmacht, die zu Lebzeiten des Vollmachtgebers und auch danach wirken soll, wird „transmortale Vollmacht" („Vollmacht über den Tod hinaus")[67] genannt.[68] In der Praxis sind regelmäßig Vorsorge- oder Bankvollmachten relevant.[69] Die **Zulässigkeit** der trans- und der postmortalen Vollmacht ist inzwischen unbestritten.

49 Stattdessen kann der Erblasser auch eine Vollmacht mit Wirkung ab dem Todesfall erteilen.[70] Diese wird „postmortale Vollmacht" („Vollmacht auf den Todesfall")[71] genannt.[72] Eine Vollmacht kann für die Erben in vielerlei Hinsicht nützlich sein. Regelmäßig muss kein Erbschein beantragt und bezahlt werden.[73] Die (Not-)Verwaltung und Abwicklung des Nachlasses werden wesentlich beschleunigt bzw. sogar erst ermöglicht.[74] Sogar Immobilien können mit (beglaubigten oder beurkundeten) Vollmachten übertragen werden.[75]

50 Die Vollmacht birgt aber erhebliche Gefahren, wenn sie unbedacht erteilt und verwandt wird. Die Gestaltung sollte zumindest mit der letztwilligen Verfügung abgestimmt sein. Sind die potentiellen Erben informiert, können sie kurzfristig nach dem Erbfall tätig werden und einen eventuellen Missbrauch der Vollmacht durch den Bevollmächtigten zu verhindern versuchen.

Daraus ergibt sich auch die Gefahr der Vollmacht für die Erben: Das Vermögen des vollmachtgebenden Erblassers kann bei unsachgemäßer Gestaltung der Vorsorgeregelungen schon vor oder auch nach dem Erbfall vom Bevollmächtigten veruntreut werden. Ersatzansprüche gegen den Bevollmächtigten sind regelmäßig nur sehr mühsam zu realisieren.

Die Vorsorgevollmacht kann schließlich für den Bevollmächtigten die so genannte „Vollmachtsfalle" eröffnen: Unter Umständen ist er für einen langen Zeitraum rechenschafts- und im Einzelfall auch schadensersatzpflichtig gegenüber den (Mit-)Erben.[76]

51 Der Tod des Vollmachtgebers soll „in der Regel"[77] **nicht** zum **Erlöschen** der Vollmacht führen.[78] Angeknüpft wird an § 168 S. 1 BGB, durch den i.d.R. §§ 672, 675 BGB anzuwenden sind. Dies kann als einheitliche Meinung für die Fälle angesehen werden, bei denen der Bevollmächtigte kein (Mit-)Erbe ist (dazu unten Rdn 54 f.).

52 **Vertreten** werden die **Erben**,[79] aber beschränkt auf den Nachlass.[80] Der Bevollmächtigte darf handeln, wie er es für den Erblasser durfte: Dies ist eine Folge der Gesamtrechtsnachfolge (§ 1922 BGB). Die Vertretungsmacht kann sich aber nicht auf das Privatvermögen des

67 *Tschauner*, S. 1.
68 *Trapp*, ZEV 1995, 314, 315, vgl. auch *Kurze*, ZErb 2008, 399, 399.
69 *Ivo*, ZErb 2006, 7, 9.
70 RG, Urt. v. 6.10.1926 – V 108/26, RGZ 114, 351–354, 354; *Trapp*, ZEV 1995, 314–319.
71 *Tschauner*, S. 1.
72 MüKo/*Schubert*, § 168 Rn 39.
73 *Ivo*, ZErb 2006, 7, 9.
74 *Madaus*, ZEV 2004, 448 f.; besonders auch für ausländisches Vermögen: *Tschauner*, S. 3.
75 Kurze/*Kurze*, § 167 BGB Rn 31.
76 Vgl. Kurze/*Kurze*, § 662 Rn 14.
77 Palandt/*Ellenberger*, § 168 Rn 4; Palandt/*Weidlich*, § 1922 Rn 33; entsprechend: OLG Frankfurt, Beschl. v. 9.10.2013 – 20 W 258/13, ZEV 2014, 313; OLG Zweibrücken, Beschl. v. 1.3.1982 – 3 W 12/82, DNotZ 1983, 104, 105.
78 Ausführlich: *Kurze*, ZErb 2008, 399, 400; Kurze/*Kurze*, § 168 BGB Rn 4.
79 BGH, Urt. v. 23.2.1983 – IVa ZR 186/81, BGHZ 87, 19–26 = NJW 1983, 1487–1489; Staudinger/*Schilken*, § 168 Rn 31.
80 Palandt/*Weidlich*, § 1922 Rn 33; *Ivo*, ZErb 2006, 7, 9.

Erben erstrecken.[81] Der Erbe kann nicht mit seinem Eigenvermögen verpflichtet werden, es sei denn, er stimmt dem zu.[82] Dann liegt allerdings kein Handeln aufgrund der Vollmacht sondern eine Vertretung ohne Vertretungsmacht vor, die vom Erben genehmigt wird.

Eine Vertretung ist wie schon zu Lebzeiten des Vollmachtgebers ausgeschlossen, wenn der Bevollmächtigte die Vollmacht offensichtlich missbraucht, etwa durch kollusives Zusammenwirken mit dem Erklärungsempfänger.[83] Umstritten ist, ob auch ein Missbrauch vorliegt, wenn der Bevollmächtigte bei seinem Handeln nicht auf die Interessen der Erben, sondern auf die des Erblassers (ursprünglicher) Vollmachtgeber abstellt. Die h.M. stellt jedenfalls maßgeblich auf die Interessen des Erblassers ab.[84] Sonst sei die Funktion der Vollmacht, eine kontinuierliche Verwaltung sicherzustellen und Verzögerungen durch Unsicherheiten über die Erbenstellung zu vermeiden, gefährdet. Nach hier vertretener Ansicht muss sich der Bevollmächtigte nach dem Erbfall nach den Interessen der Erben richten, zumindest bei deren Kenntnis. Wenn also Bevollmächtigter und Geschäftsgegner bewusst zum Nachteil der Erben zusammenwirken, liegt danach ein unwirksames Geschäft vor.[85] 53

III. Miterbe als Bevollmächtigter

Wenn der Erbe auch Bevollmächtigter war, soll nach der einen Meinung die Vollmacht – wie auch der Auftrag – durch **Konfusion** erlöschen. Niemand könne Schuldner seiner eigenen Forderung sein. „Konfusion“ bezeichnet die Vereinigung von Schuld und Forderung. Die Vertretungsmacht als „Rechtsmacht“ passt nicht direkt unter diese Beschreibungen, was auch schon die dogmatischen Probleme andeutet. Nach anderer Ansicht könne die Vollmacht aber auch im Interesse des Rechtsverkehrs als weitergeltend angesehen werden.[86] 54

Wird der ersten Meinung gefolgt, müsste auch die Vollmacht für den bevollmächtigten Miterben mit dem Erbfall durch Konfusion erlöschen. Dagegen spricht aber, dass Rechtsnachfolger des Erblassers die Erbengemeinschaft ist. Vollmachtgeber müsste nach dem Erbfall die Erbengemeinschaft sein. Ein Zerfallen der Vollmacht in Einzelvollmachten würde dem Grundsatz der Universalsukzession widersprechen. 55

Das Zugrundelegen dieser Meinung hat insbesondere für die **Haftung** erhebliche Folgen: Für den bevollmächtigten Miterben müsste dies bedeuten, dass die von ihm auf der Grundlage der Vollmacht abgegebenen Erklärungen für seine Miterben eine Nachlassverbindlichkeit und für ihn eine Eigenverbindlichkeit entstehen lassen würden.

Allerdings würde ein Miterbe die anderen auch durch eine nach dem Erbfall von den einzelnen Miterben erteilte Vollmacht zwar vertreten, aber dadurch keine Verbindlichkeiten für die Erbengemeinschaft begründen können. Der Rechtsprechung des BGH folgend[87] wäre der Miterbe daran gehindert, in diesem Sinne für die Erbengemeinschaft zu handeln.

81 MüKo/*Zimmermann*, vor § 2197 Rn 14.

82 MüKo/*Zimmermann*, vor § 2197 Rn 14 m.w.N.

83 Vgl. Palandt/*Ellenberger*, § 164 Rn 13 f.; MüKo/*Schubert*, § 164 Rn 212–229 m.w.N.; vgl. auch Kurze/*Kurze*, § 164 BGB Rn 74–77.

84 BGH, Urt. v. 18.4.1969 – V ZR 179 NJW 1969, 1246; *Walter*, S. 126; nicht eindeutig: „auch die – fortwirkenden – Interessen des Erblassers“, BGH, Urt. v. 11.1.1984 – VIa ZR 30/82, FamRZ 1985, 693.

85 Vgl. auch Kurze/*Kurze*, § 164 BGB Rn 90, § 662 BGB Rn 62–64.

86 LG Bremen, Beschl. v. 18.12.1992 – 5 T 829/92, Rpfleger 1993, 235 f., m. zust. Anm. v. *Meyer-Stolte*; im Ergebnis auch: Staudinger/*Reimann*, Vorbem zu §§ 2197 ff. Rn 87; weitere Nachweise bei Kurze/*Kurze*, § 164 BGB Rn 91.

87 BGH, Urt. v. 24.9.1959 – II ZR 46/59, BGHZ 30, 391–399.

56 Nach der zweiten und hier vertretenen Ansicht ist bei Handlungen eines Erben für die Erbengemeinschaft zu differenzieren: Wenn die Miterben nach außen handeln – etwa um einen Handwerker zu beauftragen –, ist regelmäßig die Frage wichtig, ob sie auch mit ihrem Privatvermögen haften. Das Auftreten nach außen ist wesentlich: Handeln Miterben nach außen gemeinschaftlich und offen erkennbar für den Nachlass, haften sie nicht mit ihrem Eigenvermögen sondern ausschließlich mit dem Nachlass. Bei Maßnahmen der ordnungsgemäßen Verwaltung (vgl. § 4 Rdn 63–108) gewährt ein Mehrheitsbeschluss den handelnden Miterben eine Vollmacht, die Erbengemeinschaft zu vertreten.[88] Dem entspricht, dass eine Vollmacht als für die Erbengemeinschaft fortbestehend angesehen werden kann. Der mit der Vollmacht des Erblassers handelnde Miterbe vertritt also die Erbengemeinschaft und nicht einerseits die Miterben und andererseits sich selbst persönlich, wenn es vom Geschäftsgegner nicht anders zu verstehen ist.

Ist das Handeln für die Erbengemeinschaft (auch aufgrund einer z.B. nicht vorgelegten Vollmacht des Erblassers) nach außen nicht erkennbar, haften die Erben persönlich. Durften die handelnden Erben die anderen nicht vertreten – etwa weil eine außerordentliche Verwaltungsmaßnahme gem. § 2038 Abs. 1 S. 1 BGB (vgl. § 4 Rdn 59–62) vorlag oder die Vollmacht zum Teil widerrufen worden war – werden die Erbengemeinschaft und die anderen Erben auch nicht vertreten. Die handelnden Erben können aus schuldrechtlichen Gründen haften.[89]

IV. Widerruf der Vollmacht

1. Einleitung

57 Grundsätzlich ist der Widerruf der Vollmacht jederzeit möglich.[90] Das Recht zum Widerruf geht auf den oder die Erben über.[91] Dies ist inzwischen allgemein anerkannt, was es aber nicht immer war. Umstritten waren besonders Sachverhalte, bei denen der Bevollmächtigte nach dem Erbfall eine Schenkung an sich selbst vornehmen wollte.

Anlässlich eines Falles, in dem es um den Vollzug einer Schenkung nach dem Tod des Erblassers ging, befasste sich der BGH mit der Frage, ob ein zugrunde liegender Auftrag und die damit verbundene Vollmacht von dem Erben widerrufen werden könne. Der BGH setzte sich mit der Literatur zu diesem Thema auseinander und bejahte das Widerrufsrecht des Erben. Aus Gründen der Rechtssicherheit müsse es hingenommen werden, wenn es „zu zufälligen Ergebnissen“ komme, je nachdem, ob der Widerruf vor dem Vollzug erklärt wurde oder nicht.[92]

2. Widerruf gegenüber Dritten

58 Nach der – zumindest in der Kommentarliteratur – überwiegenden Meinung hat jeder Miterbe das Recht zum Widerruf. Die Vertretungsmacht des Bevollmächtigten für die anderen Miterben wird dadurch aber nicht berührt und bleibt daher bestehen.[93] Eine wirk-

---

88 Damrau/Tanck/*Rißmann*, § 2038 Rn 59–62.

89 Damrau/Tanck/*Rißmann*, § 2038 Rn 59–62.

90 Damrau/Tanck/*Bonefeld*, § 2197 Rn 10; Kurze/*Kurze*, § 168 BGB Rn 14.

91 MüKo/*Schubert*, § 168 Rn 53 m.w.N.; Kurze/*Kurze*, § 168 BGB Rn 35–39.

92 BGH, Urt. v. 30.10.1974 – IV ZR 172/73, NJW 1975, 382.

93 Damrau//Tanck/*Bonefeld*, § 2197 Rn 10; RG, Urt. v. 4.4.1938 – IV 231/37, JW 1938, 1892 f. (ohne Begründung der Ansicht); Palandt/*Weidlich*, Einf v § 2197 Rn 13; vgl. Kurze/*Kurze*, § 168 BGB Rn 36–39 m.w.N.

same Vertretung ist insoweit weiter möglich. Der Bevollmächtigte kann nach dem Widerruf eines Miterben folglich nicht mehr über einzelne Nachlassgegenstände verfügen.[94] Er muss dann mit den entsprechenden Miterben zusammen handeln.[95]

Die schon von *Eule* vertretene Gegenmeinung hat *Madaus* weiter unterstützt:[96] Danach ist der Widerruf eine Verwaltungsmaßnahme, die der Erbengemeinschaft gem. § 2038 Abs. 1 S. 1 BGB „grundsätzlich nur gemeinschaftlich" zusteht. Zunächst würde durch die Vollmacht nicht jeder Erbe direkt und einzeln verpflichtet, sondern der Nachlass. Da der Bevollmächtigte zur Verfügung allein über den Nachlass als „gesamthänderisches Sondervermögen der Miterben" berechtigt sei, komme eine Repräsentation der einzelnen Miterben nicht in Betracht. Mit diesem Argument könne das Widerrufsrecht jedes einzelnen Erben für sich nicht begründet werden. 59

Die von der Kommentarliteratur aufgenommene andere Ansicht bezieht sich zum Teil auf ein Urteil des BGH vom 24.9.1959. Nach *Madaus* sei die „Bemerkung" des BGH in dem Urteil „missverständlich". 60

Der BGH machte – folgt man der zutreffenden Ansicht von *Eule* und *Madaus* „leider" – allerdings keine „Bemerkung" sondern stellte seine Ansicht klar und ausführlich dar:

> *„Entscheidend für die Richtigkeit der vom Kammergericht vertretenen Ansicht ist vielmehr die rechtliche Eigenart der Erbengemeinschaft, die lediglich die gesamthänderische Zusammenfassung der einzelnen Erben darstellt und im Rechtsverkehr nicht wie die Personalgesellschaft als ein geschlossenes Ganzes auftritt. Das hat zur Folge, dass ein Vertreter nicht die Erbengemeinschaft als solche, sondern immer nur die einzelnen Erben vertreten kann. Die Vollmacht, die Erben einem Miterben erteilen, ist also im Rechtssinn nicht eine einheitliche Vollmacht, sondern eine Vielzahl von Vollmachten. Dieser Beurteilung entspricht es, dass in einem Fall dieser Art der Widerruf der Vollmacht nicht eine Verwaltungsmaßnahme im Sinne von § 2038 BGB ist, die nur von allen Erben gemeinschaftlich vorgenommen werden könnte, sondern dass der Widerruf eine Angelegenheit eines jeden einzelnen Miterben ist, den jeder jeweils mit Wirkung für sich aussprechen kann."*[97]

Wichtiger scheint eine andere Differenzierung zu sein, auf die *Madaus* lediglich in einer Fußnote hinweist: In dem vom BGH entschiedenen Fall ging es nicht um eine vom Erblasser erteilte trans- oder postmortale Vollmacht. Dort hatten Miterben einem von ihnen nach dem Erbfall Vollmachten erteilt. Dass dies jeweils Einzelvollmachten sind, ist schon aufgrund der auf den eigenen Erbanteil begrenzten Verfügungsmacht richtig.

Bei der hier interessierenden Konstellation wird aber in der Vollmacht eine **Ermächtigung des Erblassers** fortgeführt. Dieser konnte nur den Nachlass und damit die **Erbengemeinschaft insgesamt** verpflichten. Die Entscheidung des BGH sagt nichts Gegenteiliges. Sie wird teilweise missverstanden, wenn sie auch auf transmortale Vollmachten bezogen wird. Eine Aussage zu solchen enthält das Urteil aber nicht. 61

Es bleibt eine Entscheidung des Reichsgerichts aus dem Jahr 1925.[98] Dort wird ausgeführt, dass der Miterbe entscheiden können müsse, ob er selbst verwaltend mitwirken oder sich vertreten lassen wolle. Dagegen bringen *Eule* und *Madaus* zutreffend vor, dass der Bevoll- 62

94 Damrau/Tanck/*Bonefeld*, § 2197 BGB Rn 10; Palandt/*Weidlich*, Einf v § 2197 Rn 13.
95 MüKo/*Schubert*, § 168 Rn 54.
96 *Eule*, S. 102–105; *Madaus*, ZEV 2004, 448 f.
97 BGH, Urt. v. 24.9.1959 – II ZR 46/59, BGHZ 30, 391, 397 f.
98 RG, Urt. v. 1.7.1925 – V 513/24, *Seufferts*, Archiv Bd. 79 (1925), Nr. 221.

mächtigte seine Rechtsposition vom **Erblasser** erhielt. Seine Befugnis gilt nach dem Tod gegenüber der Erbengemeinschaft. Diese muss sie gegen sich gelten lassen – was allgemein anerkannt ist – und kann sie nur als solche widerrufen, „weil der Bevollmächtigte ja überhaupt nicht den einzelnen Erben, sondern die Erbengemeinschaft vertritt; denn nur diese ist Trägerin der vom Erblasser geknüpften Rechtsbeziehungen."[99]

Zwar sind die Bedenken des Reichsgerichts nachzuvollziehen, dass die Miterben weitgehend verpflichtet würden und ihnen viel ihrer Macht entzogen würde. Dies ist aber auch nicht anders, wenn der Erblasser einen nachteiligen Vertrag geschlossen hat, durch den die Erbengemeinschaft etwa einen erheblichen wirtschaftlichen Verlust erleidet. Bei beiden gilt, dass aber nur der Nachlass verpflichtet bzw. belastet werden kann.

Außerdem ist der Bevollmächtigte im Innenverhältnis nicht unbeschränkt berechtigt. Er ist an den Auftrag des Erblassers und später an einen Auftrag der Erbengemeinschaft gebunden. Handelt er mit der Vollmacht ohne einen Auftrag zum Schaden der Erbengemeinschaft, kann seine Handlung wirksam sein: Er macht sich aber schadensersatzpflichtig. Auch dies ist – wie ausgeführt – hinzunehmen.

Die in der Kommentarliteratur vertretene Meinung beruht zumindest teilweise auf einem missverstandenen BGH-Urteil und ist im Ergebnis abzulehnen. Die Erbengemeinschaft muss eine Vollmacht des Erblassers widerrufen, nicht jeder einzelne Miterbe.

63 Geht man von einer Widerrufsbefugnis der Erbengemeinschaft aus, ist die **Einordnung** eines Widerrufs zu prüfen. In Betracht kommen eine Verwaltungsmaßnahme nach § 2038 BGB und eine Verfügung nach § 2040 BGB (vgl. § 4 Rdn 63–108, 37–47).

Als Verwaltung werden alle tatsächlichen und rechtlichen Maßnahmen verstanden, die zur Wahrung des Nachlasses sowie zur Gewinnung der Nutzungen und Bestreitung laufender Verbindlichkeiten des Nachlasses erforderlich und geeignet sind.[100] Durch eine Verfügung gem. § 2040 BGB soll auf einen Nachlassgegenstand unmittelbar eingewirkt werden, ihn etwa übertragen. Auch Erklärungen wie die Abtretung und die Kündigung werden insofern als Verfügungen angesehen.[101]

64 Dem würde entsprechen, die Vollmacht – hier besser: die Vertretungsmacht – nicht als Nachlassgegenstand anzusehen. Im Einzelfall kann der Widerruf eines Auftrages eine Verfügung sein, die auch die Vollmacht erlöschen lässt. Gegenstand der Verfügung ist aber nicht die Vollmacht. Der Widerruf sollte daher als eine **Verwaltungsmaßnahme** gem. § 2038 BGB angesehen werden.[102]

Wie schon *Eule* ausführte, kann der Vollmachtswiderruf eine Maßnahme der **notwendigen Verwaltung** gem. § 2038 Abs. 1 S. 2 BGB sein (vgl. § 4 Rdn 109–124).[103] Den Widerruf kann dann jeder Erbe mit Wirkung für die Erbengemeinschaft aber ohne Mitwirkung der anderen Erben erklären.

Voraussetzung ist die begründete Besorgnis, dass die Erhaltung des Nachlasses durch den Fortbestand der Vollmacht gefährdet ist.[104] Für welche Fälle dies anzunehmen ist, wurde

99 *Eule*, S. 103 f.
100 Vgl. BGH, Urt. v. 22.2.1965 – III ZR 208/63, FamRZ 1965, 267–270, 269; Damrau/Tanck/*Rißmann*, § 2038 Rn 5 m.w.N.
101 Damrau/Tanck/*Rißmann*, § 2040 Rn 2 f.
102 So auch: *Madaus*, ZEV 2004, 448, 448 f.
103 *Eule*, S. 104 f.; ähnlich: *Madaus*, ZEV 2004, 448, 448 f.; zur Notverwaltung: Damrau/Tanck/*Rißmann*, § 2038 Rn 23–31.
104 *Eule*, S. 104; allgemein: Damrau/Tanck/*Rißmann*, § 2038 Rn 25.

noch nicht näher erörtert. *Madaus* nimmt an, es würde sich um „wenige Fälle“ handeln, „in denen dem Nachlass durch die unmittelbar bevorstehende Betätigung der Vollmacht ein Schaden droht.“[105] Angesichts der Verbreitung von Vorsorgevollmachten und deren regelmäßigen Unbegrenztheit ist aber eher von einer Vielzahl von Fällen auszugehen.

Es kann differenziert werden: Hat der Erblasser eine auf einen Einzelfall beschränkte, konkrete Vollmacht erteilt (also keine Vorsorgevollmacht), liegt dem auch ein bestimmtes Rechtsgeschäft des Erblassers zu Grunde. Ist der „Widerruf“ des Rechtsgeschäfts eine Notverwaltungsmaßnahme, ist es der Widerruf der Vollmacht auch. 65

Vorsorgevollmachten sind dagegen regelmäßig abstrakte Generalvollmachten. Ihr Sinn ist die allgemeine Vertretung des Vollmachtgebers, wenn dieser insbesondere aufgrund altersbedingter Gebrechen nicht für sich selbst sorgen kann. Daraus ergibt sich ein grundsätzlich anzunehmender Auftragsumfang. Liegt keine (ausdrückliche) Regelung des Innenverhältnisses vor, in der von diesem Auftragsumfang abgewichen wird, sind für die Zeit nach dem Erbfall keine Anweisungen des Erblassers an den Bevollmächtigten mehr anzunehmen. Dies gilt zumindest ab dem Zeitpunkt, seit dem ein (Mit-)Erbe bekannt ist, der Notverwaltungsmaßnahmen ergreifen kann. Der Bevollmächtigte müsste also nach den Interessen der Erbengemeinschaft handeln. Durch die Vorsorgevollmacht hat er aber ein Werkzeug zur Hand, mit dem er auch abweichend von den Interessen der Erbengemeinschaft tätig werden kann. Eine umfassende Verpflichtung und damit Schädigung der Erbengemeinschaft ist möglich. Die Gefahr des Missbrauches ist der Vorsorgevollmacht immanent. Der Widerruf einer Vorsorgevollmacht ist daher eine **Notverwaltungsmaßnahme** gem. § 2038 Abs. 1 S. 2 Hs. 2 BGB, die von einem Miterben für die Erbengemeinschaft erklärt werden kann.[106]

3. Widerruf gegenüber bevollmächtigtem Miterben

Hier gilt – wenn der von der Kommentarliteratur wiedergegebenen Meinung gefolgt wird – das gleiche wie beim Widerruf des Miterben gegenüber Dritten: Jeder Miterbe ist allein für sich zum Vollmachtswiderruf berechtigt. Die Vollmacht bleibt im Übrigen bestehen. 66

Anderes gilt dagegen, wenn man der Meinung folgt, nach welcher grundsätzlich nur ein gemeinsamer Widerruf der Vollmacht durch die Miterben als Verwaltungsmaßnahme nach § 2038 BGB möglich ist. Von dieser Maßnahme wäre der bevollmächtigte Miterbe direkt selbst betroffen. Abstimmen über den Widerrufsbeschluss dürfte er also nicht. Sein Anteil zählt in diesem Fall nicht mit.[107] 67

4. Praktische Umsetzung des Widerrufs

Der Widerruf der Vollmacht durch einen Miterben sollte auf der Vollmachtsurkunde vermerkt werden.[108] Es ist nicht ersichtlich, warum dies nur durch einen Notar erfolgen sollte. Dies können auch der Miterbe bzw. sein anwaltlicher Vertreter in angemessener Form, also ohne die Urkunde über Gebühr zu beinträchtigen. Eine Hinterlegung kommt bei Ausschluss des Rücknahmerechts grundsätzlich in Betracht, aber kein Zurückbehaltungsrecht des Bevollmächtigten.[109] 68

105 *Madaus*, ZEV 2004, 448, 448 f.
106 Kurze/*Kurze*, § 168 BGB Rn 39.
107 Vgl. *Muscheler*, ZEV 1997, 169.
108 BGH, Urt. v. 29.9.1989 – V ZR 198/87, zit. nach juris, dort Rn 9.
109 Kurze/*Kurze*, § 175 BGB Rn 13 f.

69 Als Vertreter des Widerrufenden sollte von dem Bevollmächtigten erfragt werden, wie viele Originale, Ausfertigungen und Kopien der Vollmacht existieren. Nach einem Widerruf müssen nach bestrittener Ansicht Kopien der Urkunde nicht herausgegeben werden, damit die Missbrauchsgefahr gebannt wird.[110] Jedenfalls sollte der Bevollmächtigte eine Möglichkeit haben, später seine ehemalige Bevollmächtigung zu belegen. Eine Fotokopie, die etwa durch einen Vermerk („Kopie, nicht zum Nachweis der Vollmacht bestimmt, Vollmacht ist erloschen") unbrauchbar gemacht wurde, sollte er daher immer behalten dürfen. Lediglich mit einer Quittung, die er gem. § 368 BGB ebenfalls verlangen kann, wird ein Nachweis des Inhalts der Urkunde problematisch.

Bei notariell beurkundeten Vollmachten ist beim Notar die Zahl der Ausfertigungen zu erfragen. Ihm sollte auch mitgeteilt werden, dass keine weiteren Ausfertigungen – zumindest nicht ohne den Vermerk des Widerrufs durch den Miterben – erteilt werden sollen, da die Vollmacht (teilweise) widerrufen wurde.

V. Auskunft und Rechenschaft

70 Handelte der bevollmächtigte Dritte oder Erbe auf der Grundlage der Vollmacht, lag dem grundsätzlich ein Auftrags- bzw. Geschäftsbesorgungsvertrag gem. §§ 662, 675 BGB zu Grunde. Der Bevollmächtigte ist dann mit dem Erbfall – nach hier vertretener, aber bestrittener Ansicht – den Erben gegenüber verpflichtet.[111]

Relevant sind regelmäßig Auskunfts- und Rechenschaftsforderungen; gegebenenfalls kommen – wurde ohne Auftrag gehandelt – Ansprüche nach § 812 BGB in Betracht.[112] Die Auskunft nach §§ 666, 259, 260 BGB hat den Zweck, es dem Auftraggeber – also bei den hier interessierenden Fällen: dem Vollmachtgeber oder dessen Erben – zu ermöglichen, den Stand des Geschäftes zu erkennen, eigene Maßnahmen vorzunehmen und seine Rechte bei mangelhafter Geschäftsführung zu wahren, insbesondere Herausgabe- und Schadensersatzansprüche durchzusetzen. Grundsätzlich wird die Auskunftspflicht nach §§ 666, 260 BGB durch die Vorlage eines Bestandsverzeichnisses – also durch eine Zustandsbeschreibung – erfüllt, die Rechnungslegung nach §§ 660, 259, 260 BGB durch eine Rechnung mit Ein- und Ausgaben – also eine Verlaufsbeschreibung.[113]

Diese Ansprüche können von der Erbengemeinschaft gegen einen Dritten und unter Miterben geltend gemacht werden. Es kann insofern auf die Ausführungen zu den Nachlassforderungen verwiesen werden.

71 Eine umfassende und sinnvolle Gestaltung der Vorsorgeregelungen, bei der das Innenverhältnis geregelt sowie für Kontrolle des Bevollmächtigten und für seine Unterstützung gesorgt wird, kann Konflikten nach dem Erbfall vorbeugen. Dabei sind zum einen der Einsatz eines zweiten Bevollmächtigten, der unterstützt und kontrolliert, und zum anderen eine Regelung der Rechenschaftspflicht in der Art und Weise, das sie ohne zu hohe Anforderungen erfüllt wird, sinnvoll.

---

110 Kurze/*Kurze*, § 175 BGB Rn 6 m.w.N.

111 Ausführlich: *Kurze*, § 662 BGB Rn 61–64.

112 Vgl. Kurze/*Papenmeier*, § 812 BGB.

113 Kurze/*Papenmeier*, § 259 BGB Rn 5 f.; Kurze/*Kurze*, § 666 BGB Rn 8 f.

§ 14 Testamentvollstreckung

Prof. Dr. Martin Löhnig

Übersicht:

Literatur

Bengel/Reimann, Handbuch der Testamentsvollstreckung, 6. Auflage 2017; *Haas/Lieb*, Die Angemessenheit der Testamentsvollstreckervergütung nach § 2221 BGB, ZErb 2002, 202; *Kesseler*, Die Vereitelung der Ziele der Testamentsvollstreckung durch Veräußerung des Miterbanteils, NJW 2006, 3673; *Löhnig*, Treuhand. Interessenwahrnehmung und Interessenkonflikt, 2006; *Mayer/Bonefeld* (Hrsg.), Testamentsvollstreckung, 4. Auflage 2015; *Muscheler*, Testamentsvollstreckung über Erbteile, AcP 195 (1995), 35, 58; *ders.*, Die Freigabe von Nachlaßgegenständen durch den Testamentsvollstrecker, ZEV 1996, 401, 403; *v. Preuschen*, Testamentsvollstreckung für Erbteile (Teilvollstreckung), FamRZ 1993, 1390, 1393; *Reimann*, Zur Beweislast im Testamentsvollstreckerhaftpflichtverfahren, ZEV 2006, 186; *Schmucker*, Testamentsvollstrecker und Erbe (Diss.), 2002; *Tiling*, Die Vergütung des Testamentsvollstreckers, ZEV 1998, 335; *Winkler*, Der Testamentsvollstrecker, 22. Auflage 2016; *Zimmermann*, Die Testamentsvollstreckung, 4. Auflage. 2014.

A. Allgemeines

I. Testamentsvollstrecker als Treuhänder

Die Anordnung der Testamentsvollstreckung ermöglicht dem Erblasser eine **weitreichende** 1
Einflussnahme über den Tod hinaus. Aufgrund immer umfangreicherer Nachlässe und

komplexerer Familienstrukturen gewinnt sie immer mehr an Bedeutung. Der Testamentsvollstrecker ist nicht gesetzlicher Vertreter der Erben, weil er „für den Nachlass“ handelt, aber auch nicht gesetzlicher Vertreter des Nachlasses, weil dieser kein Rechtssubjekt ist. Er ist vielmehr **„Treuhänder und Inhaber eines privaten Amtes“**,[1] das ihm der Erblasser verliehen hat.

II. Erblasser als Treuhandbegründer

2 Die Treugeberposition ist mehrfach gespalten, zunächst qualitativ in die Rollen des Treuhandbegründers und des Treuhandbegünstigten.[2] Begründer des Treuhandverhältnisses ist der **Erblasser**,[3] an dessen **Anordnungen und Interessen** sich der Testamentsvollstrecker bei der Ausübung seines Amtes zu orientieren hat. Er ist mit einem die Erben verdrängenden Verwaltungsrecht eigener Art ausgestattet; dieses Recht erlangt er mit Annahme seines Vollstreckeramtes[4] und verliert es ohne Weiteres mit Beendigung seines Amtes.

3 Auf **Antrag jedes einzelnen Miterben**[5] kann jedoch eine konkrete **Verwaltungsanordnung** des Erblassers **außer Kraft gesetzt** werden, wenn ihre Befolgung den Nachlass erheblich gefährden würde, § 2216 Abs. 2 S. 2 BGB.[6] Nach gängiger Auffassung kann eine Verwaltungsanordnung überdies auch dann außer Kraft gesetzt werden, wenn sie einen oder mehrere **Miterben wirtschaftlich gefährdet**. Wollte der Erblasser durch die Verwaltungsanordnung die wirtschaftliche Grundlage des Erben sicherstellen, so kann sie außer Kraft gesetzt werden, wenn durch ihre Befolgung die wirtschaftliche Lage des Erben und damit die Zweckbestimmung des Nachlasses erheblich gefährdet werden würde. Zum Schutz des Erben ist das Nachlassgericht nicht dazu befugt, Anordnungen im Nachhinein, also nach erfolgter Abweichung seitens des Testamentsvollstreckers, außer Kraft zu setzen, weil der Testamentsvollstrecker ansonsten allzu leicht vollendete Tatsachen schaffen könnte.[7] In dringenden Fällen ist vielmehr eine **einstweilige Anordnung** im Außerkraftsetzungsverfahren vor dem Nachlassgericht zu beantragen.

III. Miterben als Treuhandbegünstigte

4 Treuhandbegünstigte sind die mit der Testamentsvollstreckung belasteten **Miterben**, denen der Nachlass vom Erblasser zugewendet wurde; die Treugeberposition ist also gleichsam auch quantitativ gespalten.[8] Sie sind zwar **Rechtsträger des Nachlasses** und sollen die Vorteile aus der Testamentsvollstreckung genießen, haben jedoch keine Befugnis zur Verwaltung des Nachlasses, §§ 2205, 2212 BGB. Testamentsvollstreckung ist somit also ein Verwaltungsrecht an fremdem Vermögen. Der Testamentsvollstrecker hat gegenüber den mit der Testamentsvollstreckung belasteten Miterben eine sehr starke Position, weil er **keiner gerichtlichen Kontrolle** unterliegt:[9] Das Nachlassgericht ist nur zur Auflösung von Meinungsverschiedenheiten zwischen mehreren Vollstreckern berufen, § 2224 BGB. Auch das Familien- oder Betreuungsgericht kontrolliert den Testamentsvollstrecker, der den

---

1 BGH, Urt. v. 5.10.2000 – III ZR 240/99, BGHZ 25, 275, 279; Damrau/Tanck/*Bonefeld*, § 2197 Rn 1.
2 Eingehend dazu *Löhnig*, § 14 II 2.
3 Damrau/Tanck/*Bonefeld*, § 2197 Rn 44.
4 Damrau/Tanck/*Bonefeld*, § 2197 Rn 14.
5 Vgl. Soergel/*Damrau*, § 2216 Rn 15.
6 Damrau/Tanck/*Bonefeld*, § 2216 Rn 19.
7 Staudinger/*Reimann*, § 2216 Rn 40; a.A. Palandt/*Weidlich*, § 2216 Rn 5; Soergel/*Damrau*, § 2216 Rn 13.
8 Eingehend dazu *Löhnig*, § 12.
9 Damrau/Tanck/*Bonefeld*, § 2197 Rn 2.

Nachlass für einen minderjährigen Erben verwaltet, nicht, denn der Vollstrecker handelt aus eigenem Recht und bedarf deshalb nicht der gängigen familiengerichtlichen oder vormundschaftsgerichtlichen Genehmigungen.

B. Miterben als Testamentsvollstrecker

I. Einzelner Miterbe als Testamentsvollstrecker

Nach gängiger Auffassung kann ein Alleinerbe nicht alleiniger Testamentsvollstrecker sein.[10] 5
Etwas anderes gilt für Miterben: Der Erblasser kann einen **Miterben zum Testamentsvollstrecker ernennen.** Dann stellt sich die Frage nach **dem Umfang der Testamentsvollstreckung:** Ist sie als Erbteilstestamentsvollstreckung nur für die Erbteile der anderen Miterben angeordnet oder ist auch der Erbteil des Testamentsvollstreckermiterben mit der Testamentsvollstreckung belastet? Hier ist (wie stets) vorrangig der **Wille des Erblassers** maßgeblich. Bei einer Erbengemeinschaft aus überlebendem Ehegatten und Kindern mit dem Ehegatten als Testamentsvollstrecker wird bspw. eine Erbteiltestamentsvollstreckung für die Erbteile der Kinder angeordnet sein. Ansonsten wird wegen der möglichen Konflikte zwischen der Rolle als Erbe und Testamentsvollstrecker im Zweifel die Testamentsvollstreckung nur für die Erbteile der anderen Miterben angeordnet sein.

II. Mehrere Miterben als Testamentsvollstrecker

Der Erblasser kann mehrere Testamentsvollstrecker ernennen[11] und dabei auch mehrere 6
oder alle **Miterben als Vollstrecker vorsehen,** alleine oder zusammen mit Nichterben. Dabei sollte er die Aufgabenverteilung zwischen den Vollstreckern festlegen. Im Zweifel, § 2224 Abs. 1 S. 1 BGB, führen die Miterben als Testamentsvollstrecker ihr Amt als Kollegium gemeinsam. Sie sind zur gegenseitigen Überwachung verpflichtet.[12] Der Erblasser kann für diese **„Mittestamentsvollstrecker"** eine Geschäftsverteilung vornehmen und weitere Elemente einer Geschäftsordnung festsetzen, etwa Mechanismen der Beschlussfassung der Testamentsvollstrecker; dabei ist auch die **Anordnung von Mehrheitsbeschlüssen** möglich.[13] Mangels entsprechender Anordnung entscheidet das Nachlassgericht über Meinungsverschiedenheiten mehrerer Mittestamentsvollstrecker, § 2224 Abs. 1 S. 1 Hs. 2 BGB.

Der Erblasser kann jedoch auch unterschiedliche Vollstrecker mit unterschiedlichen Aufga- 7
benbereichen betrauen, innerhalb derer sie völlig unabhängig voneinander ihr Amt führen. Diese **„Nebentestamentsvollstrecker"** stehen unverbunden und ohne gegenseitige Kontrolle nebeneinander. So kann der Erblasser einen Nichterben als Testamentsvollstrecker mit der Verwaltung des Nachlasses und einen oder mehrere Miterben als Nebenvollstrecker mit einer **kontrollierenden Vollstreckung**[14] betrauen, unterliegt der Testamentsvollstrecker doch ansonsten keiner Kontrolle.

---

10 RGZ 77, 177; BayObLG, Beschl. v. 8.6.2001 – 1Z BR 74/00, ZEV 2002, 24, 25; Staudinger/*Reimann*, § 2197 Rn 82. Damrau/Tanck/*Bonefeld*, § 2197 Rn 52.

11 Damrau/Tanck/*Bonefeld*, § 2197 Rn 48, § 2224 Rn 1.

12 Dazu eingehend *Löhnig*, § 10 IV 3.

13 BayObLG, Beschl. v. 8.6.2001 – 1Z BR 74/00, NJWE-FER 2001, 317.

14 Damrau/Tanck/*Bonefeld*, § 2197 Rn 62.

III. Bestimmung des Testamentsvollstreckers durch die Erben

8 Anders als die Anordnung der Testamentsvollstreckung selbst kann das Recht zur Bestimmung der Person des Testamentsvollstreckers vom Erblasser auf einen Dritten übertragen werden, § 2198 BGB, der den Testamentsvollstrecker durch amtsempfangsbedürftige Willenserklärung in öffentlich beglaubigter Form gegenüber dem zuständigen (§ 343 FamFG) Nachlassgericht bestimmt.[15] Bei diesem **Dritten** kann es sich auch um einen oder mehrere **Miterben** handeln.[16]

C. Erbteilstestamentsvollstreckung

I. Anordnung der Testamentsvollstreckung durch den Erblasser

9 Der Erblasser kann nicht nur **Testamentsvollstreckung** für alle Miterben, sondern auch **beschränkt auf den Erbteil eines oder die Erbteile mehrerer Miterben** anordnen (Erbteilsvollstreckung).[17] So kann ein Erblasser, der mehrere Kinder zu Erben einsetzt, bspw. lediglich für sein jüngstes, noch minderjähriges Kind oder ein behindertes Kind Testamentsvollstreckung anordnen und den übrigen Miterben die Verwaltung ihres Erbteils selbst überlassen. Die **Kosten** einer Erbteilsvollstreckung sind von allen Miterben in der ungeteilten Erbengemeinschaft **gemeinschaftlich zu tragen.**[18] Die Entscheidung, durch die ein Erbteilsvollstrecker ernannt wird, kann von einem Miterben, dessen Erbanteil nicht von der Anordnung einer Testamentsvollstreckung betroffen ist, **nicht** mit dem Ziel der Abänderung der Auswahlentscheidung zur Person des Testamentsvollstreckers **angefochten werden**[19] (zur Entlassung des Erbteilsvollstreckers siehe unten Rdn 62).

10 Bei der Erbteilsvollstreckung handelt es sich nicht um eine gegenständlich oder inhaltlich beschränkte Testamentsvollstreckung i.S.d. § 2208 Abs. 1 S. 2 BGB, sondern um eine **Testamentsvollstreckung über den Gesamtnachlass**; bei dem einzelnen Erbteil handelt es sich nämlich nicht um einen Nachlassgegenstand, sondern einen Anteil am gesamthänderisch gebundenen Nachlass. Grenzen ergeben sich allerdings aus den Vorschriften über die Erbengemeinschaft, §§ 2033 ff. BGB: Die sich auf den Gesamtnachlass beziehende Verwaltungskompetenz des Erbteilstestamentsvollstreckers ist beschränkt durch die sich ebenfalls auf den gesamten Nachlass beziehenden Mitverwaltungsrechte der unbeschwerten Erben. Der Erbteilstestamentsvollstrecker kann deshalb nur anstelle des betroffenen Miterben dessen Rechte aus §§ 2038 ff. BGB ausüben.

II. Teilannahme des Amtes durch den Testamentsvollstrecker

11 Eine Erbteilstestamentsvollstreckung kann nicht nur durch den Erblasser, sondern auch durch den Testamentsvollstrecker herbeigeführt werden. Er kann sein **Amt** nämlich auch **nur zum Teil annehmen**, soweit dies mit dem Willen des Erblassers im Einklang steht.[20] In einem solchen Fall kann der vom Erblasser vorgesehene Testamentsvollstrecker bspw.

---

15 Damrau/Tanck/*Bonefeld*, § 2198 Rn 4.
16 Damrau/Tanck/*Bonefeld*, § 2198 Rn 2.
17 Staudinger/*Reimann*, § 2208 Rn 13 und § 2205 Rn 36; Palandt/*Weidlich*, Einf. v. § 2197 Rn 3; Bamberger/Roth/*Mayer*, § 2208 Rn 10, Damrau/Tanck/*Bonefeld*, § 2198 Rn 2, § 2205 Rn 2.
18 BGH, Urt. vom 22.1.1997 – IV ZR 283/95, ZEV 1997, 116 = NJW 1997, 1362.
19 OLG Hamm ZEV 2008, 334.
20 Vgl. *Grunsky/Hohmann*, ZEV 2005, 41.

bei einer Erbengemeinschaft aus drei Kindern des Erblassers das Amt lediglich als Erbteilstestamentsvollstrecker für die Erbteile zweier Kinder annehmen.

Im Zweifel wird man davon ausgehen können, dass der **Erblasser** mit einer teilweisen Annahme **einverstanden** ist. Denn andernfalls erlischt das Amt, wenn der Erblasser nicht eine Ersatzperson ernannt hat, oder es kommt die Ersatzperson zum Zuge, die vom Erblasser jedoch nur subsidiär vorgesehen war. Gestattet man hingegen die Teilannahme, so erlischt das Amt nur teilweise bzw. kommt der Ersatzvollstrecker nur teilweise zum Zuge und wird insoweit unabhängiger Nebenvollstrecker.[21] Hat der Erblasser durch die **Ernennung von Ersatzpersonen vorgesorgt**, so ist allerdings genau zu prüfen, ob er aus Gründen der Vereinfachung und Kostenersparnis nicht jedenfalls nur einen Alleinvollstrecker ernennen und die Teilannahme versagen wollte. 12

III. Andere Gründe für das Entstehen einer Erbteilsvollstreckung

Eine Erbteilstestamentsvollstreckung kann schließlich auch dadurch entstehen, dass die für alle Miterben angeordnete **Testamentsvollstreckung hinsichtlich einzelner Miterben unwirksam** ist. 13

Das kann zum einen wegen eines Verstoßes gegen die Bindungswirkung eines **Erbvertrags** oder **Ehegattentestaments** der Fall sein. Hat der Erblasser einen Vertragserben oder seinen Ehegatten bindend als vollstreckungsfreien Erben eingesetzt, so ist es ihm verwehrt, später die Testamentsvollstreckung als Belastung dieses Erben letztwillig anzuordnen. In diesen Fällen ist die Anordnung der Testamentsvollstreckung gegenüber den anderen Miterben gültig, wenn dies dem Erblasserwillen entspricht, § 2084 BGB.[22] 14

Ist ein als Erbe berufener **Pflichtteilsberechtigter** durch die Ernennung eines Testamentsvollstreckers beschwert, so kann er ausschlagen und den Pflichtteil verlangen, § 2306 Abs. 1 BGB. Anders als nach der bis zum 31.12.2009 geltenden Fassung des § 2306 BGB fällt die Testamentsvollstreckung also nicht mehr einfach weg, soweit der Erbteil die Hälfte des gesetzlichen Erbteils nicht übersteigt;[23] dafür besteht nun ein **Wahlrecht** unabhängig von der Höhe des Erbteils. Schlägt ein Miterbe aus, so bleibt hinsichtlich der übrigen Miterben die Testamentsvollstreckung als Erbteilstestamentsvollstreckung bestehen.[24] Zweifelhaft ist, ob die Erbteilsvollstreckung auch eine Beschwerung i.S.d. § 2306 Abs. 1 BGB für die vollstreckungsfreien Miterben darstellt und deshalb auch diese das geschilderte Wahlrecht haben; eine Einzelfallprüfung[25] kann nach zutreffender Ansicht zu diesem Ergebnis führen. 15

D. Eintragung der Testamentsvollstreckung im Erbschein

Im Erbschein ist die Anordnung der Testamentsvollstreckung anzugeben, § 2364 BGB, weil sich daraus eine Verfügungsbeschränkung des Erben ergibt, § 2211 BGB. Ist **Erbteilstestamentsvollstreckung** angeordnet, ist dies in dem für den belasteten Miterben ausgestellten 16

21 Hausmann/Hohloch/*Löhnig*, Rn 19, 42.
22 BGH, Urt. v. 14.2.1962 – V ZR 92/60, NJW 1962, 912; BayObLG, Beschl. v. 31.8.1990 – BReg 1a Z 60/89, NJW-RR 1991, 6, 8.
23 Damrau/Tanck/*Riedel*, § 2306 Rn 4.
24 Staudinger/*Otte*, § 2306 Rn 29.
25 *Klühs*, RNotZ 2010, 43.

Teilerbschein angegeben. In einem gemeinschaftlichen Erbschein ist anzugeben, für wessen Erbteil Testamentsvollstreckung angeordnet ist.[26]

E. Testamentsvollstrecker und Miterben

I. Testamentsvollstreckung bzgl. aller Miterben

1. Gesetzliches Schuldverhältnis

17 Der Testamentsvollstrecker **verdrängt die Miterben aus der Verwaltung** des ihnen gehörenden Nachlasses und nimmt die Nachlassgegenstände in Besitz. Zwischen den Erben und dem Testamentsvollstrecker besteht ein **gesetzliches Schuldverhältnis,**[27] auf das weitgehend die Auftragsregeln anwendbar sind, § 2218 Abs. 1 BGB. Aus diesem Schuldverhältnis ergeben sich folgende Rechte der Erben gegenüber dem Testamentsvollstrecker: Mitteilung eines Nachlassverzeichnisses, § 2215 BGB, ordnungsgemäße Nachlassverwaltung, § 2216 BGB, und damit auch ein Anspruch auf Unterlassung ordnungswidriger Amtshandlungen, Überlassung von Gegenständen, die der Testamentsvollstrecker für seine Aufgaben nicht mehr benötigt, § 2217 BGB, Information und Auskunft, §§ 2218 Abs. 1, 666, 2218 Abs. 2 BGB sowie Schadensersatz bei Pflichtverletzung, § 2219 BGB.

18 Der Umstand, dass die Miterben als Treuhandbegünstigte zu einer Erbengemeinschaft in Form der Gesamthandsgemeinschaft verbunden sind, führt in ihrem Verhältnis zum **Testamentsvollstrecker** als Treuhänder dazu, dass dieser die **Miterben gleichbehandeln** muss. Die gesamthänderische und damit gleichstufige und gleichberechtigte Verbundenheit der einzelnen Miterben wirkt also insofern in deren jeweiliges Rechtsverhältnis zum Testamentsvollstrecker hinein, als die Interessenwahrnehmungspflicht des Treuhänders dahingehend verändert wird, dass er nicht den Interessen des jeweiligen Treugebers optimal zu dienen hat, sondern vielmehr den Interessen der verbundenen Treugeber insgesamt optimal dienen muss,[28] auch wenn dies den Einzelinteressen der miteinander verbundenen Treugeber zuwiderlaufen sollte.

19 Grund hierfür ist, dass der Treuhänder lediglich an die Stelle der Miterben als Treugeber tritt (**Substitution**) und deswegen bzgl. des Verhältnisses der einzelnen Treugeber zueinander den gleichen Maßregeln unterworfen ist, wie es die Treugeber bei Selbstverwaltung des Nachlasses wären. In diesem Fall könnten sich auch nicht ohne weiteres Einzelinteressen gegen die Interessen der anderen Gesamthänder durchsetzen, denn es ist vielfach gemeinschaftliche Verwaltung angeordnet, vgl. etwa §§ 709 Abs. 1, 1421 Abs. 1, 2038 Abs. 1 S. 1 BGB.

Umgekehrt sind auch die **Miterben** bei der Ausübung ihrer **Rechte gegenüber dem Testamentsvollstrecker** an die **Beschränkungen** aus der zwischen ihnen bestehenden Gesamthandsgemeinschaft gebunden und können nicht isoliert handeln.[29]

26 OLG Köln, Beschl. v 3.4.2017 – 2 Wx 72/17, FamRZ 2017, 1721; *Muscheler*, AcP 195 (1995), 35, 58.
27 Damrau/Tanck/*Bonefeld*, § 2218 Rn 1.
28 Damrau/Tanck/*Bonefeld*, § 2218 Rn 2.
29 *Löhnig*, § 12 II.

2. Freigabeanspruch der Erben

Der Testamentsvollstrecker hat **Nachlassgegenstände**, die er zur Erfüllung seiner ihm vom Erblasser übertragenen Aufgaben nicht benötigt, auf Verlangen **den Erben zu überlassen**, § 2217 Abs. 1 S. 1 BGB. Die Freigabe ist eine Verfügung[30] über den Nachlassgegenstand und erfolgt durch empfangsbedürftige Willenserklärung des Testamentsvollstreckers gegenüber dem Erben.[31] 20

Wirksamkeitsvoraussetzung dieser Erklärung ist das vorherige **Verlangen** der Erben. Dabei handelt es sich nach überwiegender Auffassung[32] um eine Verfügung über den betreffenden Nachlassgegenstand. Deshalb kann nicht jeder einzelne Miterbe Freigabe verlangen, sondern nur alle Miterben gemeinsam, § 2040 Abs. 1 BGB.[33] Kommt der Testamentsvollstrecker dem Verlangen nicht nach, so kann er vor dem **allgemeinen Zivilgericht** verklagt werden; hier gilt § 2039 BGB, so dass ein Miterbe allein diesen Anspruch geltend machen kann. Infolge der Freigabe erlöschen Verwaltungs- und Verfügungsrecht des Testamentsvollstreckers hinsichtlich der freigegebenen Gegenstände. Diese Rechte stehen vielmehr den Erben gemeinschaftlich zu. 21

3. Einwilligungspflicht der Erben

Die Erben sind verpflichtet, in die **Eingehung von Verbindlichkeiten durch den Testamentsvollstrecker** nach § 2206 Abs. 1 BGB einzuwilligen, § 2206 Abs. 2 BGB. Diese Einwilligung schützt den Testamentsvollstrecker gegen spätere Schadenersatzforderungen der Erben nach § 2219 BGB.[34] Geschäftspartner eines Testamentsvollstreckers werden zu ihrer Sicherheit von ihm verlangen, dass er die Einwilligung der Erben beibringt. Die **Einwilligung** kann nicht durch einen einzelnen Miterben erteilt werden, sondern nur durch **alle Miterben** gemeinschaftlich erfolgen. 22

Verweigert ein Miterbe die Einwilligung, so kann der Testamentsvollstrecker vor dem **allgemeinen Zivilgericht** Klage auf Einwilligung erheben; obsiegt der Testamentsvollstrecker, so ersetzt das rechtskräftige Urteil die Einwilligung, § 894 ZPO.[35] Umgekehrt kann übrigens **jeder Miterbe** den Testamentsvollstrecker auf Unterlassung der Eingehung einer Verbindlichkeit verklagen, die nicht den Maßstäben ordnungsgemäßer Verwaltung genügt. 23

4. Nachlassverzeichnis

Der Testamentsvollstrecker hat den **Nachlassbestand zu ermitteln** und unverzüglich[36] ein **schriftliches Verzeichnis** zu erstellen, das er mit Datum versehen und unterschrieben jedem Miterben mitzuteilen hat, § 2215 Abs. 1, 2 BGB. Es enthält eine geordnete und vollständige[37] Aufstellung der Aktiva und Passiva und ist Grundlage für die weitere Tätigkeit des Vollstre- 24

30 BayObLG, Beschl. v. 21.5.1992 – 2Z BR 6/92, DNotZ 1993, 339; a.A. *Muscheler*, ZEV 1996, 401, 403.

31 Damrau/Tanck/*Bonefeld*, § 2217 Rn 5.

32 Palandt/*Weidlich*, § 2217 Rn 3; Erman/*Schmidt*, § 2217 Rn 2; Bengel/Reimann/*Pauli*, § 6 Rn 176; Staudinger/*Reimann*, § 2217 Rn 8; a.A. *Muscheler*, ZEV 1996, 401, 410.

33 *Zimmermann*, Rn 445; Damrau/Tanck/*Bonefeld*, § 2217 Rn 4.

34 BGH, Urt. v. 24.10.1990 – IV ZR 296/89, NJW 1991, 842, 843; Damrau/Tanck/*Bonefeld*, § 2206 Rn 6.

35 Damrau/Tanck/*Bonefeld*, § 2206 Rn 9.

36 BayObLG, Beschl. v. 18.7.1997 – 1Z BR 83/97, ZEV 1997, 381, 383; Damrau/Tanck/*Bonefeld*, § 2215 Rn 2.

37 BayObLG, Beschl. v. 11.7.2001 – 1Z BR 131/00, FamRZ 2002, 272.

ckers und die Ausübung der Kontrollrechte der Erben.[38] Die Erben, § 2215 Abs. 3 BGB, und zwar **jeder einzelne Miterbe**, können die Erstellung des Nachlassverzeichnisses verlangen.[39]

5. Rechte aus § 2218 BGB

25 § 2218 BGB räumt den Erben insbesondere Informationsrechte und Herausgabeansprüche aus §§ 666, 667 BGB ein. Zum Teil wird gesagt, wegen § 2039 BGB sei, wenn ein Miterbe Rechte aus § 2218 BGB gegen den Testamentsvollstrecker gerichtlich geltend macht, die Klage auf Leistung an alle Erben zu richten.[40] Die Gegenauffassung[41] wendet zu Recht stets § 432 Abs. 1 BGB an, weil diese Ansprüche **nicht zum Nachlass** gehören. Eben deswegen bestehen derartige Ansprüche auch dann, wenn die Erben zugleich Mitvollstrecker sind.[42] Somit kann **jeder einzelne Miterbe** Leistung an alle Erben fordern.

6. Haftung des Testamentsvollstreckers

26 § 2219 BGB enthält eine eigenständige Haftungsgrundlage für das gesetzliche Schuldverhältnis zwischen Erben und Testamentsvollstrecker. Voraussetzung einer Haftung des Testamentsvollstreckers ist eine schuldhafte (§§ 276, 280 Abs. 1 S. 2[43] BGB) Verletzung seiner Pflichten. Rechtsfolge ist Schadenersatz nach §§ 249 ff. BGB. Bei dem Schadenersatzanspruch nach § 2219 BGB handelt es sich um einen Anspruch, der **zum Nachlass** gehört, § 2041 BGB. Anspruchsgläubiger sind die Miterben als Gesamtgläubiger, für die gerichtliche Geltendmachung gilt § 2039 BGB, so dass **jeder einzelne Miterbe** den Testamentsvollstrecker **auf Zahlung von Schadenersatz an alle Miterben** verklagen kann.

II. Besonderheiten bei der Erbteilsvollstreckung

1. Vor Auseinandersetzung des Nachlasses

a) Bindung an die Kompetenzordnung der Erbengemeinschaft

27 Bei der Erbteilstestamentsvollstreckung nimmt der Testamentsvollstrecker **nur die Rechte der betroffenen Erben** i.R.d. Erbengemeinschaft aus §§ 2034 ff. BGB wahr; der Testamentsvollstrecker hat lediglich die Befugnisse, die der mit der Testamentsvollstreckung belastete Miterbe selbst hätte, also dessen Mitverwaltungsrechte.[44] Er begründet zusammen mit den nicht belasteten Miterben den gesamthänderischen **Mitbesitz** an den Nachlassgegenständen.[45]

28 Der Erbteilstestamentsvollstrecker **handelt an Stelle** des belasteten Miterben[46] und ist dabei also insbesondere an die Kompetenzordnung innerhalb der Erbengemeinschaft nach §§ 2038 ff. BGB gebunden und kann keine weitergehenden Kompetenzen ausüben, als sie dem einzelnen Miterben selbst innerhalb der Erbengemeinschaft zustünden; ihm steht also

38 Damrau/Tanck/*Bonefeld*, § 2215 Rn 5.
39 Staudinger/*Reimann*, § 2215 Rn 17.
40 BGH, Urt. v. 17.12.1964 – III ZR 79/63, NJW 1965, 396; Staudinger/ *Reimann*, § 2218 Rn 4.
41 RG, Urt. v. 27.11.1914 – II 305/14, RGZ 86, 68; Bamberger/Roth/*Mayer*, § 2218 Rn 3; MüKo/*Zimmermann*, § 2218 Rn 3; Soergel/*Damrau*, § 2218 Rn 9.
42 BayObLG, Beschl. v. 8.6.2001 – 1Z BR 74/00, Rpfleger 2001, 548, 550.
43 *Löhnig*, § 28 II 2 c; *Reimann*, ZEV 2006, 186.
44 OLG Hamm, Beschl. v. 15.2.2011 – I-15 W 461/10, FamRZ 2011, 1621.
45 Staudinger/*Reimann*, § 2205 Rn 50.
46 BGH, Urt. v. 22.1.1997 – IV ZR 283/95, ZEV 1997, 116 m. Anm. *v. Morgen*.

vor allem nicht stets, sondern nur in Notfällen eine **Alleinverpflichtungsbefugnis** zu, § 2038 Abs. 1 S. 2 BGB.

29 Damit kann der Erbteiltestamentsvollstrecker **Nachlassverbindlichkeiten**, für die alle Miterben als Gesamtschuldner haften, § 2058 BGB, i.d.R. nur begründen, wenn er mit sämtlichen unbelasteten Miterben oder der Mehrheit der Miterben, §§ 2038 Abs. 2, 745 Abs. 1 BGB, handelt und die Eingehung der Verbindlichkeit ordnungsgemäßer Nachlassverwaltung entspricht; auch eine abweichende Anordnung des Erblassers kann dem Erbteilstestamentsvollstrecker keine weiterreichenden Befugnisse geben.[47] Folge ist eine unbeschränkbare und persönliche Haftung der unbelasteten Miterben (Nachlasserbenschuld) und eine beschränkbare Haftung des belasteten Miterben.[48]

30 Genauso kann der Erbteilstestamentsvollstrecker nicht eigenständig über Nachlassgegenstände verfügen, wie dies § 2205 S. 2 BGB dem Testamentsvollstrecker zubilligt. Vielmehr ist einstimmiger Beschluss der Erbengemeinschaft erforderlich, § 2040 BGB.[49]

b) Ausübung des Vorkaufsrechts aus § 2034 BGB

31 Das Vorkaufsrecht des Miterben nach § 2034 BGB kann nur der Erbteilstestamentsvollstrecker ausüben,[50] denn auch dieses **Recht fließt aus dem Nachlass** und unterliegt deshalb der umfassenden Verwaltung durch den Testamentsvollstrecker. Der belastete **Miterbe** kann jedoch seine **Haftung** für die Kaufpreisschuld auf den Nachlass **beschränken**, § 2206 Abs. 2 BGB. Bei Fehlentscheidungen haftet der Testamentsvollstrecker persönlich, § 2219 BGB;[51] deshalb wird er im Regelfall sein Vorgehen mit dem belasteten Erben abstimmen, um dieser Haftung zu entgehen.

c) Verfügung über den Erbteil

32 Zur **Verfügung über** den **Erbteil** selbst, also dessen **Veräußerung oder Verpfändung**, ist der Erbteilstestamentsvollstrecker nicht berechtigt.[52] Diese Befugnis steht allein dem Miterben zu, § 2033 Abs. 1 BGB.

d) Erstellung eines Nachlassverzeichnisses

33 Der Erbteilstestamentsvollstrecker hat, wie jeder Testamentsvollstrecker, § 2215 BGB, unverzüglich ein Nachlassverzeichnis zu erstellen,[53] das sich, weil die Auseinandersetzung noch nicht stattgefunden hat, auf den **gesamten Nachlass erstreckt**. Jeder Miterbe ist nämlich gesamthänderisch am gesamten Nachlass beteiligt.[54]

---

47 OLG Hamm, Beschl. v. 15.2.2011 – I-15 W 461/10, FamRZ 2011, 1621.

48 Mayer/Bonefeld/*Mayer*, § 16 Rn 3.

49 Staudinger/*Reimann*, § 2205 Rn 50.

50 MüKo/*Zimmermann*, § 2208 Rn 11; Staudinger/*Reimann*, § 2208 Rn 13; Palandt/*Weidlich*, § 2204 Rn 6; a.A. *Muscheler*, AcP 195 (1995), 35, 58.

51 Bengel/Reimann/*Niemöller*, § 12 Rn 71.

52 BGH, Urt. v. 9.5.1984 – IVa ZR 234/82, NJW 1984, 2464 m. Anm. *Damrau*; MüKo/*Zimmermann*, § 2208 Rn 11; Bamberger/Roth/*Mayer*, § 2208 Rn 10; Soergel/*Damrau*, § 2208 Rn 6.

53 OLG München ZEV 2009, 293.

54 Damrau/Tanck/*Rißmann*, § 2032 Rn 1.

2. Auseinandersetzung des Nachlasses

34 Auch bei der Auseinandersetzung des Nachlasses hat der **Erbteilstestamentsvollstrecker** nur **eingeschränkte Befugnisse**. Er kann also nicht wie üblich, § 2204 BGB, die Auseinandersetzung selbst bewirken, indem er einen verbindlichen Auseinandersetzungsplan aufstellt.[55] Vielmehr kann er nur **anstelle des belasteten Miterben die Auseinandersetzung betreiben,**[56] § 2042 Abs. 1 BGB, wenn dies einer ordnungsgemäßen Verwaltung, § 2216 Abs. 1 BGB, entspricht. Auch kann er, anders als sonst, einen Antrag auf **amtliche Nachlassauseinandersetzung**, § 363 FamFG, stellen, weil er selbst ja die Auseinandersetzung nicht bewirken kann.[57]

35 Der mit der Erbteilstestamentsvollstreckung **belastete Erbe** selbst hingegen kann die Auseinandersetzung des Nachlasses von seinen Miterben nicht verlangen. Er kann also auch keine Erbteilungsklage erheben, weil ihm die Verfügung über diesen Anspruch zugunsten des Testamentsvollstreckers entzogen ist. Er kann lediglich im Innenverhältnis zum Testamentsvollstrecker darauf hinwirken, dass der Testamentsvollstrecker den Anspruch aus § 2042 Abs. 1 BGB gegen die anderen Miterben geltend macht.

3. Nach Auseinandersetzung des Nachlasses

36 Nach Auseinandersetzung des Nachlasses stellt sich die Frage, ob sich das **Verwaltungsrecht des Erbteiltestamentsvollstreckers** an den dem belasteten Miterben bei der Auseinandersetzung zugeteilten Gegenständen **fortsetzt**. Davon ist auszugehen, soweit nicht ein entgegenstehender **Wille des Erblassers** erkennbar ist.[58]

37 Infolgedessen hat der Erbteilstestamentsvollstrecker im Hinblick auf den belasteten Miterben die **Regelbefugnisse** eines Testamentsvollstreckers.[59] Die **Bindung** des Erbteilstestamentsvollstreckers an die Kompetenzordnung der Erbengemeinschaft **endet mit Auseinandersetzung des Nachlasses.** Der belastete Miterbe und dessen Gläubiger sind hinsichtlich der dem belasteten Miterben bei der Auseinandersetzung zugeteilten Gegenstände den Wirkungen der §§ 2211, 2214 BGB ausgesetzt.

38 Der Testamentsvollstrecker kann insbesondere **Verpflichtungen nach §§ 2206, 2207 BGB** eingehen, die freilich nicht den gesamten Nachlass betreffen, sondern nur den belasteten Miterben. Der betroffene **Miterbe haftet** für diese Nachlassverwaltungsschulden persönlich, aber **beschränkbar** auf die Vermögensgegenstände, die er bei der Erbauseinandersetzung erhalten hat, § 2206 Abs. 2 BGB.[60]

---

55 Damrau/Tanck/*Bonefeld*, § 2204 Rn 1.

56 RG, Urt. v. 14.10.1905 – V 90/05, RGZ 61, 358; *v. Preuschen*, FamRZ 1993, 1390, 1393; Bamberger/Roth/*Mayer*, § 2204 Rn 21.

57 NK-BGB *Kroiß*, § 2204 Rn 24; *Bork/Jacoby/Schwab/Löhnig*, § 363 FamFG Rn 8.

58 NK-BGB/*Kroiß*, § 2208 Rn 13; Bamberger/Roth/*Mayer*, § 2208 Rn 10; Staudinger/*Reimann*, § 2208 Rn 12; Soergel/*Damrau*, § 2208 Rn 5; MüKo/*Zimmermann*, § 2208 Rn 11.

59 Bamberger/Roth/*Mayer*, § 2206 Rn 9.

60 Bamberger/Roth/*Mayer*, § 2206 Rn 9; Staudinger/*Reimann*, § 2208 Rn 13; Bengel/Reimann/*Klumpp*, § 3 Rn 48; a.A. Soergel/*Damrau*, § 2206 Rn 6, der eine Haftungsbeschränkung nur zulässt, wenn der Testamentsvollstrecker bei Eingehung der Verbindlichkeit seine beschränkten Verwaltungsbefugnisse offengelegt hat; Damrau/Tanck/*Bonefeld*, § 2206 Rn 4.

F. Prozessführungsbefugnis des Testamentsvollstreckers

I. Regel- und Erbteiltestamentsvollstreckung

Der **Regeltestamentsvollstrecker** hat auch prozessuale Befugnisse. § 2212 BGB regelt seine Prozessführungsbefugnis für Aktivprozesse, § 2213 BGB für Passivprozesse. Zu beachten sind auf prozessualer Ebene außerdem § 327 ZPO, der die Reichweite der Rechtskraft eines vom Testamentsvollstrecker erstrittenen Urteils regelt, und §§ 748, 749, 779, 780 ZPO im Bereich des Zwangsvollstreckungsrechts. Bei der **Erbteilstestamentsvollstreckung** hingegen tritt der Erbteilstestamentsvollstrecker lediglich an die Stelle des mit der Testamentsvollstreckung belasteten Miterben und ist an die Regeln der §§ 2038 ff. BGB gebunden. 39

Macht ein Erbteilstestamentsvollstrecker eine Nachlassforderung gegenüber einem anderen Miterben ohne Erfolg gerichtlich geltend und werden ihm deshalb die Prozesskosten auferlegt, so kann er grundsätzlich deren Erstattung von den Miterben einschließlich des Prozessgegners verlangen.[61] 40

II. Aktivprozesse

Allein der Testamentsvollstrecker ist befugt, ein seiner Verwaltung unterliegendes Recht gerichtlich geltend zu machen; eine Klage eines oder aller Miterben ist unzulässig. Der Testamentsvollstrecker ist **Partei kraft Amtes**, nicht Vertreter der Miterben.[62] Er klagt deshalb in eigenem Namen und auf Leistung an sich. Die **Prozesskosten** trägt der Nachlass.[63] **Prozesskostenhilfe** ist zu gewähren, wenn die Kosten aus dem Nachlass nicht aufgebracht werden können; auf die wirtschaftliche Lage der Miterben kommt es nicht an. Die Erben können im Aktivprozess des Testamentsvollstreckers als **Nebenintervenienten** auftreten, § 68 ZPO; außerdem kann ihnen der **Streit verkündet** werden, §§ 72 ff. ZPO.[64] 41

III. Passivprozesse

Werden Ansprüche gegen den Nachlass wegen einer Nachlassverbindlichkeit gerichtlich geltend gemacht oder wird deren Feststellung beantragt, so sind die Erben prozessführungsbefugt, denn sie haften für Nachlassverbindlichkeiten, wenngleich die Beschränkung der Haftung auf den Nachlass vorbehalten werden kann, §§ 780 Abs. 1, 781, 785 ZPO. Daneben ist auch der Testamentsvollstrecker passiv prozessführungsbefugt, § 2213 BGB. In der Regel wird ein Gläubiger Erben und Testamentsvollstrecker gemeinsam verklagen, weil er zur Zwangsvollstreckung in den Nachlass auch einen Titel gegen den Testamentsvollstrecker benötigt, § 2213 Abs. 3 BGB, § 748 ZPO. Die Kosten der Prozessführung des Testamentsvollstreckers trägt der Nachlass. 42

IV. Rechtskraft und Zwangsvollstreckung

Die Rechtskraft eines obsiegenden **Urteils gegen den Testamentsvollstrecker** wirkt auch gegen die Erben, § 327 Abs. 1 u. 2 ZPO. Die Rechtskraft eines obsiegenden **Urteils des Testamentsvollstreckers** wirkt auch für den Erben, § 327 Abs. 1 u. 2 ZPO.[65] Ein für den 43

61 BGH, Urt. v. 25.6.2003 – IV ZR 285/02, ZEV 2003, 413.
62 BGH, Urt. v. 16.3.1988 – IVa ZR 163/87, NJW 1988, 1390; Damrau/Tanck/*Bonefeld*, § 2212 Rn 2.
63 Ausführlich Soergel/*Damrau*, § 2212 Rn 12.
64 Damrau/Tanck/*Bonefeld*, § 2212 Rn 2.
65 Damrau/Tanck/*Bonefeld*, § 2213 Rn 22.

Testamentsvollstrecker lautender Titel ist nach § 728 Abs. 2 ZPO umzuschreiben, wenn der Erbe selbst die Zwangsvollstreckung aus dem Titel betreiben möchte.

44 Ein obsiegendes **Urteil gegen die Erben** wirkt nicht gegen den Testamentsvollstrecker,[66] so dass ohne zusätzlichen Duldungstitel nicht in den Nachlass vollstreckt werden kann. In das Eigenvermögen des Erben hingegen kann vollstreckt werden, wenn der Erbe sich nicht die beschränkte Haftung hat vorbehalten lassen, § 780 Abs. 1 ZPO, und Maßnahmen zur Haftungsbeschränkung ergriffen hat. **Obsiegt der Erbe** hingegen, so wirkt das Urteil auch für den Testamentsvollstrecker.[67] Könnte gegen den Testamentsvollstrecker nämlich wegen der gleichen Nachlassverbindlichkeiten ein abweichendes Urteil erstritten werden, so würde dieses neue Urteil wegen § 327 Abs. 2 ZPO in Widerspruch zu dem obsiegenden Urteil des Erben stehen.

G. Auseinandersetzung des Nachlasses durch den Testamentsvollstrecker

45 **Regelaufgabe des Testamentsvollstreckers** ist die Auseinandersetzung des Nachlasses, § 2204 BGB; dazu ist er nicht nur verpflichtet, sondern den Erben gegenüber auch berechtigt, es sei denn, alle Erben hätten den teilweisen oder völligen Ausschluss der Auseinandersetzung untereinander vereinbart.[68] Bei Erbteilstestamentsvollstreckung handelt der Testamentsvollstrecker hingegen nur an Stelle des belasteten Miterben, hat also in Bezug auf die Auseinandersetzung (wie stets) nicht mehr Rechte als der von der Testamentsvollstreckung betroffene Miterbe.

I. Erbauseinandersetzungsvertrag

46 Der Testamentsvollstrecker wird zunächst versuchen, eine **gütliche Regelung** über die Auseinandersetzung in Form eines Erbauseinandersetzungsvertrags mit den Erben zu erreichen. Dabei handelt es sich um einen mehrseitigen schuldrechtlichen Vertrag, der grundsätzlich formfrei ist, soweit er nicht die Verpflichtung zur Übertragung eines Grundstücks, § 311b Abs. 1 BGB, oder eines GmbH-Anteils, § 15 Abs. 4 GmbHG, enthält.[69]

47 Dieser Vertrag bildet den Rechtsgrund für die **Übertragung von Nachlassgegenständen** auf die einzelnen Miterben nach §§ 929 ff., 873 ff., 398 ff. BGB. Dabei sind die Erben nicht an Teilungsanordnungen des Erblassers, § 2048 BGB, gebunden, da diese zu keiner dinglichen Zuordnung von Nachlassgegenständen an einzelne Miterben führen.

II. Auseinandersetzungsplan

48 Scheitert der Testamentsvollstrecker mit seinem Versuch einer gütlichen Einigung, so muss er unter **Berücksichtigung der Anordnungen** des Erblassers einen Auseinandersetzungsplan erstellen, §§ 2042 ff., 749 ff. BGB. Dabei handelt es sich um eine empfangsbedürftige Willenserklärung des Testamentsvollstreckers darüber, wie er bei der Auseinandersetzung vorgehen wird; sie wird mit Zugang bei den Erben wirksam, § 130 Abs. 1 BGB.[70] Der

66 RG, Urt. v. 25.10.1924 – IV 897/23, RGZ 109, 166.
67 *Zimmermann*, Rn 602.
68 Soergel/*Damrau*, § 2204 Rn 5; NK-BGB/*Kroiß*, § 2204 Rn 23; *Zimmermann*, Rn 649; Mayer/Bonefeld/*Mayer*, § 18 Rn 1.
69 Damrau/Tanck/*Bonefeld*, § 2204 Rn 17.
70 Damrau/Tanck/*Bonefeld*, § 2204 Rn 24.

Testamentsvollstrecker sollte vor Absendung des Auseinandersetzungsplans die **Erben anhören**, was am besten durch Übersendung eines vorläufigen Plans mit der Bitte um Stellungnahme innerhalb einer gewissen Frist geschehen wird. Vor dem Vollzug ist der Testamentsvollstrecker zur Anhörung verpflichtet, § 2204 Abs. 2 BGB. Die unterlassene Anhörung berührt die Wirksamkeit des Planes nicht, kann aber zu Schadensersatzansprüchen führen, § 2219 BGB.

Jeder Miterbe, der mit dem Plan nicht einverstanden ist, kann vor den **allgemeinen Zivilgerichten klagen.**[71] Richtiger Beklagter ist der Testamentsvollstrecker.[72] Nach gängiger Auffassung muss er die **Feststellung der Unwirksamkeit** des Teilungsplans beantragen.[73] Ist die Klage erfolgreich, entfällt der Plan und der Testamentsvollstrecker muss unter Beachtung der Urteilsgründe einen anderen Plan erstellen. Er gelangt dabei aber freilich nicht zwingend zu einem zutreffenden Ergebnis, weil das Gericht lediglich die Gründe für die Unwirksamkeit des ersten Plans, nicht aber das richtige Ergebnis mitteilen wird. 49

Eine andere Auffassung hält deshalb eine **Gestaltungsklage auf Aufstellung eines korrekten Teilungsplans** durch das Gericht für zutreffend.[74] Dann allerdings träte das Gericht an die Stelle des vom Erblasser ausgewählten Testamentsvollstreckers. Nach zutreffender dritter Auffassung muss der klagende Miterbe wie bei der Erbauseinandersetzung ohne Testamentsvollstrecker einen eigenen Teilungsplan aufstellen und **Leistungsklage auf Zustimmung zu diesem Plan** erheben;[75] gegebenenfalls kann er mit Hilfsanträgen arbeiten, deren Letzter die bloße Feststellung der Nichtigkeit sein kann. 50

Bei Eilbedürftigkeit kann dem Testamentsvollstrecker im Wege der **einstweiligen Verfügung**, §§ 935, 940 ZPO, der Vollzug des Auseinandersetzungsplans untersagt werden.[76] 51

Beim Vollzug des Auseinandersetzungsplans hat der Testamentsvollstrecker zunächst sämtliche **Nachlassverbindlichkeiten** zu **befriedigen** und zur Sicherheit die zur Befriedigung streitiger Verbindlichkeiten erforderlichen Mittel zurückzuhalten, § 2046 Abs. 1 BGB. Reichen die flüssigen Mittel zur Befriedigung der Nachlassverbindlichkeiten nicht aus, so sind gegebenenfalls einzelne Nachlassgegenstände zu versilbern, § 2049 Abs. 3 BGB; bei der Auswahl der Gegenstände wird der Testamentsvollstrecker zur Vermeidung von Streitereien und Schadenersatzansprüchen in Abstimmung mit den Erben handeln, kann aber bei Uneinigkeit eigenmächtig die zu versilbernden Gegenstände unter Beachtung des § 2216 BGB auswählen.[77] 52

Nach Befriedigung der Nachlassverbindlichkeiten verteilt der Testamentsvollstrecker den Nachlass unter den Erben; Maßstab ist das Verhältnis ihrer Erbteile. **Teilbare Gegenstände** teilt er in Natur, bei **unteilbaren Gegenständen** müssen sich die Erben einigen oder der Testamentsvollstrecker muss sie versilbern und damit teilbar machen; im Zweifel ist dem Testamentsvollstrecker zu einer Versteigerung zu raten, um dem Vorwurf einer Veräußerung unter Wert zu entgehen. 53

---

71 Damrau/Tanck/*Bonefeld*, § 2204 Rn 23.

72 OLG Karlsruhe, Urt. v. 12.1.1994 – 1 U 92/93, NJW-RR 1994, 905; Soergel/*Damrau*, § 2204 Rn 25.

73 OLG Karlsruhe, Urt. v. 12.1.1994 – 1 U 92/93, NJW-RR 1994, 905; Soergel/*Damrau*, § 2204 Rn 25; Bamberger/Roth/*Mayer*, § 2204 Rn 23.

74 *Winkler*, Rn 533.

75 *Zimmermann*, Rn 678.

76 Damrau/Tanck/*Bonefeld*, § 2204 Rn 23.

77 MüKo/*Zimmermann*, § 2204 Rn 11.

H. Aufwendungsersatz und Vergütung des Testamentsvollstreckers

I. Regeltestamentsvollstreckung

54 Der Testamentsvollstrecker hat gegen den Erben einen Anspruch auf Ersatz seiner erforderlichen **Aufwendungen,** §§ 2218 Abs. 1, 670 BGB, und auf angemessene **Vergütung,**[78] § 2221 BGB, die er jeweils dem **Nachlass entnehmen** darf. Fehlt es an einer Vergütungsregelung des Erblassers, so stellt der BGH[79] für die Angemessenheit[80] insbesondere auf Kriterien wie Reichweite des Pflichtenkreises, Höhe des Nachlassaktivbestandes, Umfang der geleisteten Arbeit, Schwierigkeit der Aufgaben nach Zusammensetzung des Nachlasses, Dauer der Tätigkeit und Verwertung von Fachkenntnissen ab.

II. Erbteilstestamentsvollstreckung

55 Die Kosten einer nur für einen Miterbenanteil angeordneten Testamentsvollstreckung (**Erbteilstestamentsvollstreckung**) sind von allen Miterben in der ungeteilten Erbengemeinschaft zu tragen.[81] Die nicht von der Tätigkeit des Testamentsvollstreckers betroffenen Miterben haben keinen Ersatzanspruch.[82] Bei der Erbteilstestamentsvollstreckung ist für die Berechnung der Gebühren des Testamentsvollstreckers dessen Pflichtenkreis maßgebend.[83] Bei einer Erbteilstestamentsvollstreckung bei einem noch nicht auseinandergesetzten Nachlass ist Abschlag von 1/3 vom Gesamtwert des Nachlasses nicht zu beanstanden.[84]

III. Gebührentabellen

56 Verschiedentlich sind für die Abwicklungsvollstreckung private **Gebührentabellen** aufgestellt worden:

Nachlasswert bis EUR	1[85]	2[86]	3[87]	4[88]	5[89]	6[90]	7[91]	8[92]
2.500	4 %	5 %	6 %	7,5 %	7,5 %	4 %	10 %	4 %
10.000	4 %	5 %	6 %	7,5 %	7,5 %	4 %	6 %	4 %
12.500	3 %	3,75 %	4,5 %	5,4 %	7,5 %	4 %	4 %	4 %
25.000	3 %	3,75 %	4,5 %	5,4 %	7 %	4 %	4 %	4 %
50.000	3 %	3,75 %	4,5 %	5,4 %	6 %	4 %	3 %	4 %

78 Eingehend dazu jetzt *Zimmermann*, in: FS Damrau, S. 37 ff.
79 BGH, Urt. v. 26.6.1967 – III ZR 95/65, NJW 1967, 2400.
80 Dazu auch *Haas/Lieb*, ZErb 2002, 202.
81 BGH, Urt. v. 22.1.1997 – IV ZR 283/95 (Hamburg), NJW 1997, 1362.
82 Staudinger/*Reimann*, § 2221 Rn 5.
83 BGH, Beschl. v. 27.10.2004 – IV ZR 243/03, NJOZ 2005, 1052.
84 BGH, Beschl. v. 27.10.2004 – IV ZR 243/03, ZEV 2005, 22, 23 m. Anm. *Haas*.
85 Rheinische Tabelle, abgedr. bei: Mayer/Bonefeld/*Mayer*, § 21 Rn 25.
86 Tabelle von *Tschischgale* für den Regelfall, abgedr. in: JurBüro 1965, 92 ff.
87 Tabelle von *Tschischgale* für schwierige Fälle, abgedr. in: JurBüro 1965, 92 ff.
88 Tabelle von *Möhring*, abgedr. bei: *Möhring/Beiswinger/Klingelhöffer*, Vermögensverwaltung, S. 224 ff.
89 Tabelle von *Klingelhöffer*, abgedr. bei: *Klingelhöffer*, Vermögensverwaltung, Rn 323.
90 Tabelle von *Eckelskemper*, abgedr. bei: Bengel/Reimann/*Eckelskemper*, § 10 Rn. 39.
91 Berliner Praxis, abgedr. bei: *Tiling*, ZEV 1998, 335.
92 Empfehlungen des *Deutschen Notarvereins*, abgedr. in: ZEV 2000, 181.

Nachlasswert bis EUR	1[85]	2[86]	3[87]	4[88]	5[89]	6[90]	7[91]	8[92]
100.000	2 %	2,5 %	3 %	3,6 %	5 %	3 %	2,4 %	4 %
200.000	2 %	2,5 %	3 %	3,6 %	4,5 %	3 %	2,4 %	4 %
250.000	2 %	2,5 %	3 %	3,6 %	4 %	3 %	2,4 %	3 %
500.000	2 %	2,5 %	3 %	3,6 %	4 %	2,5 %	2,4 %	3 %
1.000.000	1 %	1,25 %	1,5 %	1,8 %	3 %	2,5 %	1,2 %	2,5 %
1.250.000	1 %	1,25 %	1,5 %	1 %	1 %	2,5 %	1 %	2,5 %
2.500.000	1 %	1,25 %	1,5 %	1 %	1 %	2 %	1 %	2,5 %
5.000.000	1 %	1,25 %	1,5 %	1 %	1 %	1 %	1 %	2,0 %
Mehr	1 %	1,25 %	1,5 %	1 %	1 %	1 %	1 %	1,5 %

Bei den Tabellen 1–7 ist der Gebührensatz für jede Wertstufe gesondert zu errechnen und dann zu addieren, während bei Tabelle 8 einfach die jeweilige Gebührenstufe, mindestens jedoch der höchste Betrag der Vorstufe, anzusetzen ist. Bei **Verwaltungsvollstreckung** wird i.d.R. nicht eine einmalige Vergütung, sondern eine jährlich wiederkehrende Vergütungszahlung gewährt. Sie kann sich entweder am Wert der Nachlassaktiva (Bruttonachlasswert) oder am Bruttonachlassertrag orientieren, wobei entweder 1/3 %–1/2 % des Wertes[93] oder 2 %–4 % des Ertrags[94] anzusetzen sein werden. Bei niedrigerem Wert oder Ertrag des Nachlasses ist der jeweilige Prozentsatz höher. 57

I. Beendigung der Testamentsvollstreckung

Bei der Beendigung der Testamentsvollstreckung ist zwischen der **Beendigung des Amtes** insgesamt und der **Beendigung der Vollstreckung durch eine bestimmte Person** zu unterscheiden; das Ende der Vollstreckung durch eine bestimmte Person muss nicht zwangsläufig zur Beendigung des Amtes insgesamt führen.[95] 58

I. Abschütteln des Testamentsvollstreckers durch Veräußerung des Erbteils

Jeder Miterbe kann seinen **Anteil am Nachlass** ganz oder teilweise an einen Dritten **veräußern**, ohne dass die Testamentsvollstreckung oder eine Erbteilstestamentsvollstreckung daran etwas ändern würde, § 2033 BGB. Auf diese Weise kann er – anders als bei einer Ausschlagung, § 2306 Abs. 1 BGB – den wirtschaftlichen Wert seines Erbteils der Erbteilstestamentsvollstreckung entziehen, denn der **Erlös aus der Veräußerung** unterliegt nicht der Verwaltung des Testamentsvollstreckers. Vielmehr hat der Erwerber einen mit Testamentsvollstreckung belasteten Anteil erworben. Die Testamentsvollstreckung gestattet es dem Erblasser nämlich, das Schicksal der Gegenstände seines Nachlasses in weitem Umfang 59

93 OLG Köln, Urt. v. 8.7.1993 – 1 U 50/92, ZEV 1994, 118, 120; *Deutscher Notarverein*, ZEV 2000, 181, 183; Bamberger/Roth/*Mayer*, § 2221 Rn 13; NK-BGB/*Kroiß*, § 2221 Rn 21; MüKo/*Zimmermann*, § 2221 Rn 14.

94 *Tiling*, ZEV 1998, 331, 334; *Deutscher Notarverein*, ZEV 2000, 181, 183; zu Unterschieden Mayer/Bonefeld/*Mayer*, § 21 Rn 39.

95 Damrau/Tanck/*Bonefeld*, § 2225 Rn 1.

über seinen Tod hinaus zu bestimmen, er hat jedoch nicht die Möglichkeit, die Stellung des Erben selbst zu beeinflussen.[96]

Ist der veräußernde Miterbe der einzige mit der Testamentsvollstreckung belastete Miterbe (Erbteilstestamentsvollstreckung), **endet das Amt insgesamt.**[97]

II. Entlassung des Testamentsvollstreckers

60 Schließlich kann der Testamentsvollstrecker vom **Nachlassgericht** bei Vorliegen eines **wichtigen Grundes** entlassen werden. § 2227 BGB ist eine zwingende Norm zum Schutz der Erben, die nicht an den Willen des Erblassers anknüpft, sondern objektiv an das Vorliegen eines wichtigen Grundes; der Erblasser kann nicht in die Entlassungskompetenz des Nachlassgerichts eingreifen.[98] Wichtiger Grund sind etwa die erhebliche und unbegründete Verzögerung der Abwicklungsvollstreckung,[99] ein erheblicher Verstoß gegen das Gebot ordnungsgemäßer Verwaltung,[100] die Nichtmitteilung des Nachlassverzeichnisses entgegen § 2215 BGB,[101] das stetige Verweigern von Auskünften entgegen §§ 2218 Abs. 1, 666 BGB,[102] und insbesondere die **Bevorzugung einzelner Miterben entgegen dem Gleichbehandlungsgrundsatz.**[103] Berechtigtes Misstrauen der Erben gegenüber dem Testamentsvollstrecker kann ebenfalls einen wichtigen Grund darstellen. Allerdings ist hier ein enger Maßstab anzulegen, damit die Erben nicht einen lästigen Testamentsvollstrecker aus dem Amt drängen können.[104]

61 Einen **Entlassungsantrag** kann grundsätzlich **jeder belastete Miterbe** ohne Mitwirkung der anderen Miterben und nur im eigenen Namen stellen.[105] Erforderlich ist also nicht der Antrag sämtlicher Miterben oder einer Miterbenmehrheit, weil die §§ 2038–2040 BGB hier nicht gelten. Ein einzelner Miterbe soll unter Berufung auf persönliche Auseinandersetzungen zwischen dem Testamentsvollstrecker und einem anderen Miterben nicht antragsberechtigt sein, wenn durch die Auseinandersetzungen die Beziehung zu den übrigen Miterben nicht berührt und die sachliche Amtsführung insgesamt nicht belastet wird.[106] Das erscheint jedoch unzutreffend; diese Fragen sind erst im Rahmen der sachlichen Prüfung zu berücksichtigen.

62 Ein Miterbe jedoch, dessen Anteil **nicht der Testamentsvollstreckung unterliegt**, kann keinen Antrag auf Entlassung eines Testamentsvollstreckers stellen. Seine Rechte und Pflichten richten sich allein nach §§ 2032 ff. BGB. Für etwaige Streitigkeiten, die die Verwaltung der Erbengemeinschaft betreffen, ist der Zivilrechtsweg eröffnet.[107] Etwas anderes gilt jedoch, wenn der Testamentsvollstrecker durch konkrete Pflichtwidrigkeiten bei der Verwal-

---

96 Eingehend hierzu *Kesseler*, NJW 2006, 3673; *Werner*, ZEV 2010, 126, 127.
97 Staudinger/*Reimann*, § 2210 Rn 5.
98 MüKo/*Zimmermann*, § 2227 Rn 7; *Muscheler*, AcP 197 (1997), 226, 281 f.; *Schmucker*, Testamentsvollstrecker und Erbe, S. 285.
99 OLG Köln, Urt. v. 27.10.2004 – 2 Wx 29/04, ZEV 2005, 207.
100 BayObLG, Beschl. v. 10.1.1997 – 1Z BR 65/95, FamRZ 1997, 905.
101 BayObLG, Beschl. v. 11.7.2001 – 1Z BR 131/00, FamRZ 2002, 272.
102 BayObLG, Beschl. v. 5.11.1987 – BReg 1 Z 43/87, FamRZ 1988, 436.
103 BayObLG, Beschl. v. 16.2.2000 – 1Z BR 32/99, ZEV 2000, 315.
104 BayObLG, Beschl. v. 15.9.2004 – 1Z BR 61/04, ZEV 2005, 207.
105 *Zimmermann*, Rn 805; *Muscheler*, AcP 197 (1997), 226, 238; Damrau/Tanck/*Bonefeld*, § 2227 Rn 2.
106 Staudinger/*Reimann*, § 2227 Rn 27.
107 OLG München, Beschl. v. 22.9.2005 – 31 Wx 46/05, ZEV 2006, 31.

tung oder Auseinandersetzung des Nachlasses die Rechte des **vollstreckungsfreien Miterben gefährdet.**[108]

Der einzelne Miterbe ist insbesondere auch **gegen den ausdrücklichen Willen** der übrigen antragsberechtigt. Weil aber auf der Rechtsfolgenseite ein Ermessensspielraum des Nachlassgerichts besteht,[109] findet in einem solchen Fall eine **Abwägung** aller für eine Entlassung und aller für eine Beibehaltung sprechenden Gründe statt. Das findet unter Berücksichtigung des wirklichen oder mutmaßlichen Erblasserwillens sowie der Interessen aller Beteiligten – also insbesondere auch aller Miterben – statt. Den nichtbeantragenden Miterben ist **rechtliches Gehör** zu gewähren.[110] Spricht sich also die Mehrheit der Miterben gegen eine Entlassung aus, kann der Antrag des einzelnen Miterben gegebenenfalls zurückgewiesen werden. 63

Pflichtverletzungen gegenüber einem einzelnen Miterben können jedoch dann zur Entlassung führen, wenn sie sich auf die ordnungsgemäße Ausführung des Amtes und somit auf die Interessen der gesamten Erbengemeinschaft negativ auswirken. Andernfalls kommt eine Teilentlassung in Betracht. 64

III. Teilentlassung

Das Testamentsvollstreckeramt ist **teilbar,** § 2224 BGB, so dass etwa der Erblasser jedem Testamentsvollstrecker einen bestimmten Wirkungskreis zuweisen kann, innerhalb dessen er selbstständig handeln oder eine Erbteilsvollstreckung anordnen kann, bei der verschiedene Testamentsvollstrecker für verschiedene Erbteile zuständig sind. Gleichwohl wird die Möglichkeit einer **Teilentlassung** des Testamentsvollstreckers vielfach ohne weitere Begründung abgelehnt.[111] Die Abwägung des Nachlassgerichts könne als Ergebnis nur die vollständige Entlassung oder die Nichtentlassung ergeben. 65

Das erscheint jedoch fragwürdig,[112] weil durch Zulassung der Teilentlassung dem Erblasserwillen besser Rechnung getragen werden kann, als bei ihrer Ablehnung. Hat der Erblasser etwa in seinem Testament die Ernennung einer bestimmten Person zum Testamentsvollstrecker angeordnet und tritt in dieser Person ein **wichtiger Grund** i.S.d. § 2227 BGB ein, der sich lediglich auf einen der Miterben bezieht, so müsste der Testamentsvollstrecker dennoch insgesamt entlassen werden, möglicherweise sogar mit der Folge, dass die Testamentsvollstreckung damit ganz endet. Bei einer Teilentlassung hingegen würde der auf Testamentsvollstreckung gerichtete **Erblasserwille** nicht weiter als erforderlich beschränkt und könnte außerhalb der Reichweite des wichtigen Grundes weiterhin zur Geltung gebracht werden.[113] Überdies sind auch vergleichbare Ämter wie die des Vormunds oder des Betreuers teilbar. 66

Eine Teilentlassung kann bspw. in Betracht kommen, wenn der Testamentsvollstrecker einen Miterben **wiederholt gleichheitswidrig zurücksetzt,** etwa aus persönlicher Antipathie, sein Amt aber im Hinblick auf die anderen Miterben pflichtgemäß führt. 67

108 OLG Hamm Beschluss vom 11. 8. 2009 – 15 Wx 115/09, ZEV 2009, 565. Damrau/Tanck/*Bonefeld*, § 2227 Rn 4.

109 Soergel/*Damrau*, § 2227 Rn 2, 20; Staudinger/*Reimann*, § 2227 Rn 32.

110 *Zimmermann*, Rn 808.

111 MüKo/*Zimmermann*, § 2227 Rn 13; Soergel/*Damrau*, § 2227 Rn 20; Staudinger/*Reimann*, § 2227 Rn 34; RGRK/*Kregel*, § 2227 Rn 3; *Winkler*, Rn 804.

112 *Löhnig*, § 20 III 3.

113 Zutreffend *Zimmermann*, Rn 812.

J. Pfändung eines Erbteils durch Eigengläubiger eines Miterben

I. Regelvollstreckung

68 Der Erbteil als solcher gehört zum Eigenvermögen des betreffenden Miterben, und der Miterbe ist trotz Testamentsvollstreckung nicht daran gehindert, über seinen Erbteil zu verfügen. **Eigengläubiger des Miterben** können ihn deshalb pfänden, §§ 859 Abs. 2, 857 ZPO, obwohl Testamentsvollstreckung angeordnet ist.[114] Der Pfändungsbeschluss ist dem **Testamentsvollstrecker zuzustellen.**[115] § 2214 BGB verbietet nur die Zwangsvollstreckung in einzelne Nachlassgegenstände.

69 Der Pfändungsgläubiger kann anschließend auch die Auseinandersetzung des Nachlasses betreiben. Ein **Auseinandersetzungsverbot** des Erblassers, § 2044 BGB, **bindet den Pfändungsgläubiger nicht,** §§ 2044 Abs. 1 S. 2, 751 S. 2 BGB. Allerdings kann der Erblasser durch Anordnung von Dauervollstreckung das Erbteilungsverbot auch gegenüber Pfändungsgläubigern der Erben durchsetzen.[116]

70 Der Testamentsvollstrecker kann trotz wirksamer Pfändung **weiterhin** über die einzelnen Nachlassgegenstände **verfügen,** denn der Pfandgläubiger hat hier (wie stets) nicht mehr Rechte gegenüber dem Testamentsvollstrecker als der von der Pfändung betroffene Miterbe.[117]

II. Erbteilstestamentsvollstreckung

71 Das gilt auch für die Erbteilstestamentsvollstreckung. Hier sind **Drittschuldner,** denen der Beschluss zuzustellen ist, sowohl der Erbteilstestamentsvollstrecker als auch die unbelasteten Miterben, weil diese mit dem Einzelvollstrecker den Nachlass gemeinsam verwalten.[118] Gehört ein Grundstück zum Nachlass, so kann die Pfändung ohne Zustimmung des Testamentsvollstreckers im Grundbuch eingetragen werden.[119]

72 Soll ein Nachlassgegenstand veräußert werden, so hat der Erbteilstestamentsvollstrecker, ebenso wie die übrigen vollstreckungsfreien Miterben, vorher die **Zustimmung des Pfändungspfandgläubigers einzuholen** und ihn zum Veräußerungsvorgang hinzuzuziehen. Diese aus der Besonderheit der Erbteilsvollstreckung herrührende Beschränkung seiner Befugnisse wird oftmals nicht beachtet.[120]

73 Verwaltet der Erbteilstestamentsvollstrecker nach der Auseinandersetzung die einem Miterben zugeteilten Vermögensgegenstände weiterhin (vgl. oben Rdn 36 ff.), so **geht das Pfändungspfandrecht am Erbteil ersatzlos unter,** weil jetzt kein Erbteil mehr, sondern nur noch einzelne Nachlassgegenstände vorhanden sind.[121] Das Pfandrecht setzt sich also insbesondere nicht etwa an den Gegenständen fort.

---

114 Damrau/Tanck/*Bonefeld*, § 2214 Rn 9.
115 RG, Urt. v. 2.3.1915 – VII 459/14, RGZ 86, 294.
116 *Muscheler*, AcP 195 (1995), 35, 69.
117 Staudinger/*Reimann*, § 2214 Rn 14, Damrau/Tanck/*Bonefeld*, § 2214 Rn 9.
118 *Muscheler*, AcP 195 (1995), 35, 66.
119 Damrau/Tanck/*Bonefeld*, § 2214 Rn 9.
120 OLG Koblenz, Urt. v. 21.7.2005 – 2 U 1000/04, BeckRS 2005 09589.
121 *Muscheler*, AcP 195 (1995), 35, 67.

§ 15 Nachlasspflegschaft

Prof. Dr. Martin Löhnig

Übersicht: Rdn

Literatur

Nöll, Nachlassverwaltung vs. Nachlasspflegschaft: das bessere Verfahren bei Erbausschlagung und Erbprätendentenstreit, ZEV 2015, 612; *Schulz* (Hrsg.), Handbuch Nachlasspflegschaft, 2. Auflage 2017; *Zimmermann*, Die Nachlasspflegschaft, 4. Auflage 2017; *ders.*, Probleme der Teil-Nachlasspflegschaft, FGPrax 2004, 198, 199; *ders.*, Der Nachlasspfleger im Zivilprozess, ZEV 2011, 631; *ders.*, Vermögensverwaltung nach Nachlasspfleger und Betreuer, ZEV 2014, 76.

A. Allgemeines

I. Sicherungspflegschaft

Grundsätzlich ist es Aufgabe der Erben, für den Nachlass zu sorgen, der mit dem Erbfall auf sie übergegangen ist. Im Zeitraum zwischen Erbfall und Annahme der Erbschaft, bei Unbekanntheit eines oder mehrerer Miterben oder Ungewissheit darüber, ob ein oder mehrere Miterben die Erbschaft angenommen haben, sorgt das Nachlassgericht für die Sicherung des Nachlasses, soweit ein Sicherungsbedürfnis besteht, § 1960 Abs. 1 BGB; dazu gehört die Bestellung eines Pflegers für denjenigen, der Erbe oder Miterbe wird, § 1960 Abs. 2 BGB. Hingegen ist es grundsätzlich nicht Aufgabe des Nachlasspflegers, Ansprüche der Nachlassgläubiger, damit auch eines Vermächtnisnehmers, zu befriedigen.[1] 1

II. Klagepflegschaft

Ein Nachlasspfleger kann außerdem auf Antrag eines Nachlassgläubigers bestellt werden, der gegen den Nachlass einen Anspruch gerichtlich geltend machen oder in den Nachlass vollstrecken will, § 1961 BGB. Diese Pflegschaft dient dem Schutz des Nachlassgläubigers, indem sie entgegen § 1958 BGB eine gerichtliche Geltendmachung von Nachlassverbindlichkeiten bereits vor Annahme der Erbschaft ermöglicht.[2] Auch zum Zwecke einer Zwangsvollstreckung in den Nachlass kann ein Nachlasspfleger nach § 1961 BGB bestellt werden, § 779 Abs. 1 ZPO, denn vor Annahme der Erbschaft scheidet auch eine Zwangsvollstreckung gegen die Erben aus. Für die Anordnung einer Nachlasspflegschaft auf Antrag eines Gläubigers, z.B. eines Vermieters, bedarf es keiner Werthaltigkeit des Erbes.[3] 2

---

1 OLG Nürnberg, Endurt. v. 29.11.2016 – 6 U 2145/15, ZEV 2017, 418.
2 Damrau/Tanck/*Boecken*, § 1961 Rn 1.
3 KG, Beschl. v. 2.8.2017 – 19 W 102/17, ZEV 2017, 594.

III. Teilnachlasspflegschaft

1. Anfängliche Teilnachlasspflegschaft

3 Bei mehreren Miterben kommt eine Beschränkung des Wirkungskreises auf die den Nachlass betreffenden Interessen eines Miterben in Betracht, wenn bspw. die anderen Miterben die Erbschaft bereits angenommen haben (Teilnachlasspflegschaft).[4] Der Teilnachlasspfleger ist im Verhältnis zu den anderen Miterben an die Kompetenzordnung der §§ 2033 ff. BGB gebunden und tritt innerhalb dieser Kompetenzordnung lediglich an die Stelle des/der unbekannten Miterben.[5] Er muss deshalb auch an der Auseinandersetzung (§ 2042 BGB) mitwirken.[6]

2. Nachträgliche Teilnachlasspflegschaft

4 Eine umfassende Nachlasspflegschaft endet nicht teilweise mit dem Auftauchen von Miterben und der Erbschaftsannahme durch sie, schrumpft also nicht von sich aus auf die restlichen Erbanteile;[7] § 1918 Abs. 3 BGB greift nicht. Allerdings ist die Nachlasspflegschaft vom Nachlassgericht teilweise aufzuheben, wenn der Grund für die Anordnung teilweise weggefallen ist.[8]

5 Die Teilaufhebung entspricht allerdings oft nicht dem Willen der bereits ermittelten Miterben, die lieber den ganzen Nachlass von einem neutralen Nachlasspfleger allein verwalten lassen wollen, als zusammen mit völlig unbekannten, oft entfernt wohnenden Personen und dem Teilnachlasspfleger. Außerdem werden oftmals zahlreiche Miterben in kurzen Abständen bekannt, so dass das Nachlassgericht innerhalb kürzester Zeit eine Vielzahl von Teilaufhebungsbeschlüssen erlassen müsste.

6 Deshalb sollte eine Teilaufhebung nur dann erfolgen, wenn ein Miterbe dies verlangt und §§ 1960, 1962, 1919 BGB für diesen Fall insoweit restriktiv angewendet werden, als die ermessenslose Aufhebungsverpflichtung des Nachlassgerichts von Amts wegen sich nicht auf die Fälle bezieht, in denen eine Aufhebung „Stück für Stück" erfolgen müsste. Ohne auf diese Frage einzugehen, scheint auch der BGH[9] dieser Meinung zu sein, wenn er nicht beanstandet, dass ein Nachlasspfleger als Vertreter der unbekannten und der bekannten Miterben klagt.

B. Verfahren

I. Anordnung und Bestellung

7 Das Verfahren zur Bestellung eines Nachlasspflegers ist ein FamFG-Verfahren. Das Nachlassgericht ordnet die Nachlasspflegschaft an (§§ 1960, 1915 Abs. 1, 1774 BGB), wählt einen geeigneten Nachlasspfleger aus (§§ 1915 Abs. 1, 1779 Abs. 2 BGB) und bestellt ihn (§§ 1915 Abs. 1, 1789 BGB). Zuständig für die Anordnung der Nachlasspflegschaft ist das Nachlass-

---

4 OLG Frankfurt/Main, Beschl. v. 27.10.2015 – 20 W 244/15, FamRZ 2016, 1502; MüKo/*Leipold*, § 1960 Rn 15; Schulz/*Hamberger*, § 1 Rn 7, Damrau/Tanck/*Boecken*, § 1960 Rn 16.

5 OLG Schleswig, Beschl. v. 6.6.2014 – 3 Wx 27/14, FamRZ 2015, 80.

6 Damrau/Tanck/*Boecken*, § 1960 Rn 69.

7 *Zimmermann*, FGPrax 2004, 198, 199.

8 *Zimmermann*, FGPrax 2004, 198, 200.

9 BGH, Urt. v. 21.7.2000 – V ZR 393/99, ZEV 2001, 32.

gericht, § 1962 BGB, am letzten Wohnsitz des Erblassers (§ 343 FamFG), außerdem jedes Amtsgericht, in dessen Bezirk ein Fürsorgebedürfnis auftritt (§ 344 Abs. 4 FamFG). Funktionell zuständig ist der Rechtspfleger, § 3 Nr. 2c RPflG. Das Verfahren zur Sicherung des Nachlasses, § 1960 BGB, wird von Amts wegen eingeleitet, ein Nachlasspfleger nach § 1961 BGB wird auf Gläubigerantrag bestellt.[10]

Ein Miterbe kann nicht als Nachlasspfleger für unbekannte Miterben bestellt werden, weil 8
es hier zu einem Interessenkonflikt in der Person dieses Miterben kommt; der Miterbe wird versucht sein, diesen Konflikt unter Verletzung seiner Amtspflichten zu seinen eigenen Gunsten aufzulösen: Die Erbenermittlung gehört zur Aufgabe des Nachlasspflegers. Findet er keine weiteren Miterben, so erbt er alleine. Auch ansonsten mag er der Versuchung erliegen, sich auf Kosten seiner noch unbekannten Miterben zu bereichern, indem er Vermögensgegenstände „auf die Seite bringt". Auch ein vorläufiger Erbe oder potentieller gesetzlicher Erbe ist nicht geeignet, soweit zu den Aufgaben des Nachlasspflegers auch die Ermittlung der Erben gehört: Findet er nämlich keine Erben, so erbt er.[11]

Eine Ausnahme mag allenfalls dann gelten, wenn die Erbenermittlung ausnahmsweise nicht 9
Aufgabe des Pflegers ist (das Gericht kann den Wirkungskreis des Pflegers beschränken[12]) und der Nachlass so übersichtlich strukturiert ist, dass Pflichtverletzungen leicht nachgewiesen werden können.[13] Auch bei Vorliegen anderer Interessenkonflikte fehlt es an der Eignung.[14]

II. Rechtsbehelfe

Gegen die Entscheidungen des Nachlassgerichts ist die Rechtspflegererinnerung zulässig, 10
wenn gegen eine entsprechende Entscheidung des Nachlassrichters die Beschwerde zulässig wäre. Für die Beschwerdeberechtigung kommt es deshalb auf § 59 FamFG an. Der Lauf der Beschwerdefrist von einem Monat, § 63 FamFG, wird durch Bekanntgabe an den jeweiligen Beteiligten ausgelöst, beginnt jedoch spätestens fünf Monate nach Erlass des Beschlusses zu laufen; dies gilt jedoch nicht für Personen, die am erstinstanzlichen Verfahren nicht beteiligt waren.[15]

Gegen die **Anordnung** der Pflegschaft kann sich deshalb jeder Miterbe beschweren, soweit 11
sein Erbteil von der Pflegschaft betroffen ist,[16] nicht hingegen ein postmortal Bevollmächtigter des Erblassers.[17] Er kann dann allerdings nicht Aufhebung der gesamten Pflegschaft verlangen, sondern lediglich eine Beschränkung des Aufgabenkreises des Pflegers in Form der Teilpflegschaft über einen Miterbenanteil. Wird hingegen von vorneherein nur eine Teilnachlasspflegschaft angeordnet, haben die bekannten Miterben der anderen Erbteile kein Beschwerderecht.[18]

Gegen die **Auswahl** des Pflegers ist jeder Miterbe beschwerdeberechtigt.[19] Er muss sich 12
dabei nicht mit den anderen Miterben abstimmen, weil das Beschwerderecht kein Nachlass-

10 Damrau/Tanck/*Boecken*, § 1961 Rn 9.
11 *Zimmermann*, Rn 140; Damrau/Tanck/*Boecken*, § 1960 Rn 44.
12 Vgl. Schulz/*Hamberger*, § 1 Rn 96.
13 *Zimmermann*, Rn 140.
14 Schulz/*Hamberger*, § 1 Rn 80.
15 So wohl auch BGH, Beschl. v. 5.12.2012 – I ZB 48/12, NJW-RR 2013, 751.
16 *Fröhler*, BWNotZ 2011, 1, 7; Damrau/Tanck/*Boecken*, § 1960 Rn 110 f.
17 OLG Hamm, Beschl. v. 19.12.2013 – I-15 W 122/13, ZErb 2014, 143.
18 OLG Frankfurt, Beschl. v. 30.11.1978 – 20 W 879/78, Rpfleger 1979, 105.
19 *Zimmermann*, Rn 200.

gegenstand ist und §§ 2038–2040 BGB deshalb nicht gelten. Bei Ablehnung der Anordnung oder Bestimmung eines lediglich begrenzten Wirkungskreises des Nachlasspflegers kann jeder Beschwerde erheben, der ein Interesse an einer Abänderung der Verfügung hat. Das ist bei der Pflegschaft nach § 1961 BGB der jeweilige Nachlassgläubiger, aber auch jeder Miterbe, der darauf angewiesen ist, dass unbekannte Miterben eine Handlungsorganisation in Form des Nachlasspflegers erhalten,[20] etwa weil er die Auseinandersetzung betreiben will.

C. Rechtsstellung des Nachlasspflegers

I. Allgemeines

13 Die Nachlasspflegschaft ist eine Sonderform der Pflegschaft nach § 1913 BGB, sodass für sie die Regeln der §§ 1915 Abs. 1, 1897, 1773 ff. BGB gelten. Der Nachlasspfleger führt sein treuhänderisches Amt also selbstständig und in eigener Verantwortung, steht aber unter der Aufsicht des Nachlassgerichts, §§ 1915 Abs. 1, 1837 ff. BGB. Der Nachlasspfleger wird mit seiner Bestellung im Rahmen seines Wirkungskreises gesetzlicher Vertreter der Miterben,[21] bei Teilnachlasspflegschaft der betroffenen Miterben.

14 Der Nachlasspfleger ist ab Wirksamwerden seiner Bestellung (§ 40 FamFG) in seinem Aufgabenkreis und in den Grenzen des § 1915 BGB für den Nachlass aktiv und passiv prozessführungsbefugt,[22] bei Teilnachlasspflegschaft kann er Ansprüche nach Maßgabe des § 2039 BGB geltend machen. Urteile, die der Nachlasspfleger erstritten hat, wirken für und gegen die Erben, weil dieser vom Nachlasspfleger vertretene Partei ist, § 53 ZPO.[23] Um aus einem vom Nachlasspfleger erstrittenen Urteil die Zwangsvollstreckung betreiben zu können, müssen die Erben die Klausel umschreiben lassen, §§ 727, 730 ZPO analog.[24]

II. Gesetzliches Schuldverhältnis Nachlasspfleger – Erben

15 Zwischen dem Nachlasspfleger und den Erben entsteht mit Bestellung des Nachlasspflegers ein gesetzliches Schuldverhältnis.[25] Der Nachlasspfleger ermittelt in der Regel den Nachlassbestand, nimmt Nachlassgegenstände in Besitz und verwaltet den Nachlass; bei einer Teilnachlasspflegschaft begründet der Pfleger zusammen mit den anderen Miterben Mitbesitz und handelt nach Maßgabe der §§ 2033 ff. BGB für die unbekannten Miterben. Er errichtet ein Nachlassverzeichnis, §§ 1915, 1802 BGB, in das er sämtliche Aktiva und Passiva aufnimmt, und reicht es beim Nachlassgericht ein. In der Regel muss er auch die Erben ermitteln. Dazu kann er einen gewerblichen Erbenermittler einschalten.[26]

16 Aus dem gesetzlichen Schuldverhältnis zwischen Pfleger und Miterben ergibt sich insbesondere die Haftung des Nachlasspflegers für Schäden aus einer schuldhaften Pflichtverletzung.[27] Dieser Schadensersatzanspruch fällt in den Nachlass, § 2041 BGB, und kann von

---

20 KG, Beschl. v. 13.11.1970 – 1 W 7814/70, NJW 1971, 565; *Jochum/Pohl*, Rn 23.
21 Damrau/Tanck/*Boecken*, § 1960 Rn 133; Zu den Grenzen der Vertretungsmacht eingehend Hausmann/Hohloch/*Löhnig*, Rn 18, 52 ff.
22 Eingehend dazu *Zimmermann*, ZEV 2011, 631 ff.
23 FA-Komm-ErbR/*Löhnig*, § 1960 BGB Rn 14.
24 Vgl. auch *Soutier*, MittBayNot 2001, 181, 187.
25 Damrau/Tanck/*Boecken*, § 1960 Rn 49.
26 OLG Frankfurt am Main, Beschl. v. 3.12.1999 – 20 W 445/97, NJW-RR 2000, 960.
27 Damrau/Tanck/*Boecken*, § 1960 Rn 115.

jedem Miterben gegen den Nachlasspfleger außergerichtlich und gerichtlich geltend gemacht werden, § 2039 BGB.[28]

III. Anspruch des Nachlasspflegers auf Vergütung und Aufwendungsersatz

Dem berufsmäßigen Nachlasspfleger steht eine angemessene Vergütung zu, §§ 1915, 1836 Abs. 1 S. 2 BGB, dem ehrenamtlichen Nachlasspfleger kann eine Vergütung nach §§ 1915, 1836 Abs. 3 BGB bewilligt werden, soweit der Umfang oder die Schwierigkeit der dem Nachlasspfleger übertragenen Geschäfte dies rechtfertigen. Bei der Vergütung handelt es sich um Erbfallschulden, für die die Erben gegenüber dem Nachlasspfleger in ihrer Gesamtheit haften;[29] das gilt auch für die Teilnachlasspflegschaft. Bei der Bemessung der Vergütung durch das Nachlassgericht sind der Wert des Nachlasses,[30] Umfang und Bedeutung der Geschäfte, die Dauer der Verwaltung und das Maß der mit den Verwaltergeschäften verbundenen Verantwortung zu berücksichtigen.[31] Neuerdings wird die Festsetzung von Stundensätzen befürwortet,[32] was zutreffend erscheint. 17

Außerdem steht dem Nachlasspfleger ein Anspruch auf Aufwendungsersatz aus §§ 1915 Abs. 1, 1835, 669, 670 BGB zu. Auch hierbei handelt es sich um Nachlassverbindlichkeiten.[33] 18

D. Beendigung der Pflegschaft

I. Aufhebung

Die Pflegschaft muss aufgehoben werden, wenn der Grund für ihre Anordnung weggefallen ist, § 1919 BGB. Bei mehreren Miterben kann auch eine Teilaufhebung in Betracht kommen, wenn etwa der Anordnungsgrund nur in der Person eines Miterben weggefallen ist. 19

II. Entlassung

Von der Beendigung der Pflegschaft insgesamt ist die Entlassung eines einzelnen Nachlasspflegers zu unterscheiden, § 1886 BGB. Ein Nachlasspfleger muss entlassen werden, wenn die Fortführung des Amtes, insbesondere wegen pflichtwidrigen Verhaltens des Nachlasspflegers, das Interesse der Erben gefährden würde, § 1886 Alt. 1 BGB. Eine solche Gefahr liegt vor, wenn eine Schädigung der Erbeninteressen mir einer gewissen Wahrscheinlichkeit zu erwarten ist.[34] Er kann auch dann entlassen werden, wenn in Angelegenheiten von besonderer Bedeutung[35] für die Erben insgesamt oder einen einzelnen Miterben Interessen- 20

28 OLG Dresden, Urt. v. 13.1.1999 – 13 U 2283/98, ZEV 2000, 402.
29 OLG Naumburg, Beschl. v. 22.11.2013 – 2 Wx 64/13, FamRZ 2014, 1404.
30 OLG Hamm, Beschl. v. 31.5.2002 – 15 W 146/02, ZEV 2002, 466.
31 OLG Zweibrücken, Beschl. v. 13.2.1997 – 3 W 11/97, OLGR 1997, 205, 206; OLG Hamm, Beschl. v. 31.5.2002 – 15 W 146/02, ZEV 2002, 466.
32 OLG Dresden, Beschl. v. 19.3.2002 – 7 W 1944/01, NJW 2002, 3480; eingehend *Zimmermann*, FGPrax 2004, 198, 200.
33 Damrau/Tanck/*Boecken*, § 1960 Rn 83.
34 Staudinger/*Veit*, § 1886 BGB Rn 10; BayObLG, Beschl. v. 22.12.1987 – BReg 3 Z 176/87, FamRZ 1988, 874; Damrau/Tanck/*Boecken*, § 1960 Rn 85.
35 BayObLG, Beschl. v. 26.2.1981 – BReg 3 Z 5/81, BayObLGZ 1981, 44, 48.

gegensätze mit dem Nachlasspfleger bestehen oder sonst ein erheblicher dauerhafter Interessenwiderstreit[36] besteht, §§ 1915 Abs. 1, 1886 BGB.[37]

III. Herausgabe- und Rechenschaftspflicht

21 Die Pflicht des Nachlasspflegers zur Herausgabe des Nachlasses und Ablegung der Rechenschaft gegenüber den Erben nach Beendigung der Pflegschaft oder Entlassung bestimmt sich nach §§ 1915, 1890 ff. BGB. Gläubigerin ist die Erbengemeinschaft,[38] bei Teilnachlasspflegschaft der betroffene Miterbe. Jeder Miterbe, § 2039 BGB, kann Rechenschaftsablegung über die gesamte Amtsführung und Herausgabe sämtlicher Nachlassgegenstände an die Erbengemeinschaft durch Klage vor den allgemeinen Zivilgerichten erzwingen.

22 Ist für den Nachlasspfleger trotz Nachfrage unklar, wie er die Herausgabe an die Erbengemeinschaft vornehmen soll, weil bspw. unter den Miterben Uneinigkeit besteht, kann er hinterlegen, §§ 372 ff. BGB. Hingegen darf er den Nachlass nicht auf die Miterben aufteilen, weil er damit eine Auseinandersetzung vornehmen würde, die nicht in seinem Aufgabenfeld liegt. Allerdings kann eine Mitwirkung des Nachlasspflegers an einer Auseinandersetzung zulässig sein, wenn eine Teilnachlasspflegschaft an denjenigen Erbteilen, deren Erben noch nicht bekannt sind, besteht und die durch den Teilnachlasspfleger vertretenen unbekannten Miterben auch weiterhin gesamthänderisch in Erbengemeinschaft verbunden bleiben.[39]

IV. Entlastung des Pflegers

23 §§ 1915 Abs. 1, 1892 Abs. 2 BGB sehen für den Nachlasspfleger eine Entlastung vor: Das Nachlassgericht prüft die Rechnung des Nachlasspflegers rechtlich und sachlich[40] und vermittelt ihre Abnahme durch die Erben. Abnahme bedeutet die Entgegennahme als formal ordnungsgemäß durch die Erben.[41] Erkennen die Erben die Rechnung darüber hinaus als inhaltlich richtig an, so beurkundet das Nachlassgericht das Anerkenntnis. Dabei handelt es sich um ein negatives kausales Schuldanerkenntnis (§ 397 Abs. 2 BGB),[42] eine formfreie Vereinbarung also, die das Schuldverhältnis zwischen Nachlasspfleger und Erben dem Streit entziehen und es endgültig feststellen soll.[43]

24 Ein derartiges Anerkenntnis können nur sämtliche Miterben gemeinschaftlich abgeben, § 2040 Abs. 1 BGB; bei Teilnachlasspflegschaft ist entsprechend ein Anerkenntnis durch alle betroffenen Miterben zu fordern. Der Nachlasspfleger hat keinen Anspruch auf Abgabe eines Anerkenntnisses,[44] kann aber im Wege der Feststellungsklage, § 256 ZPO, feststellen lassen, dass das Rechtverhältnis so beschaffen ist, wie die Schlussrechnung es ausweist.[45]

---

36 BGH, Beschl. v. 22.11.1954 – IV ZB 80/54, NJW 1955, 217.
37 Staudinger/*Bienwald*, § vor 1909 ff BGB Rn 89.
38 OLG Brandenburg, Urt. v. 8.8.2007 – 13 U 81/06, NJW-RR 2008, 95.
39 *Fröhler*, BWNotZ 2011, 1, 8.
40 Damrau/Tanck/*Boecken*, § 1960 Rn 92.
41 Erman/*Schulte-Bunert*, § 1892 BGB Rn 3.
42 OLG Köln, Urt. v. 21.6.1995 – 16 Wx 100/95, FamRZ 1996, 249; Erman/*Schulte-Bunert*, § 1892 BGB Rn 3a); Soergel/*Zimmermann*, § 1892 BGB Rn 4.
43 BGH, Urt. v. 3.4.2001 – XI ZR 120/00, NJW 2001, 2096, 2099; Staudinger/*Rieble*, § 397 BGB Rn 252 f.
44 Staudinger/*Veit*, § 1892 BGB Rn 20.
45 Palandt/*Götz*, § 1892 BGB Rn 5; Soergel/*Zimmermann*, § 1892 BGB Rn 6.

V. Rechtsmittel

Bei Aufhebung der Pflegschaft kann jeder Beschwerde erheben, der ein Interesse an einer Abänderung der Verfügung hat. Das ist insbesondere auch ein Miterbe, der darauf angewiesen ist, dass sein unbekannter Miterbe eine Handlungsorganisation in Form des Nachlasspflegers beibehält.[46] 25

46 KG, Beschl. v. 13.11.1970 – 1 W 7814/70, NJW 1971, 565.

§ 16 Landwirtschaftserbrecht

Monika Hähn

Übersicht: Rdn

Literatur

Dombert/Witt (Hrsg.), Münchner Anwaltshandbuch Agrarrecht, 2. Aufl. 2016; *Gerold/Schmidt*, RVG, 23. Aufl. 2017; *Köhne*, Landwirtschaftliche Taxationslehre, 2007; *Kuckenburg*, Landwirtschaftlicher Betrieb: Bewertung im Zugewinn, Erbfall, Schenkung, unbenannte Zuwendung und Ehegatteninnengesellschaft, FuR 2016, 495; *Lange/Wulff/Lüdtke-Handjery*, Höfeordnung, 10. Aufl. 2001; *Lüdtke-Handjery/von Jeinsen*, Höfeordnung, 11. Aufl. 2015; *Planck*, Bürgerliches Gesetzbuch, 1./2. Aufl. 1902; *Piltz*, Recht und Bewertung landwirtschaftlicher Betriebe, 2. Aufl. 2015; *Steffen/Ernst*, Höfeordnung mit Höfeverfahrensordnung, 4. Aufl. 2015; *Sticherling*, in Zimmermann, Praxiskommentar Erbrechtliche Nebengesetze, 2. Aufl. 2017; *Weirich*, Erben und Vererben, 6. Aufl. 2010; *Wöhrmann*, Das Landwirtschaftserbrecht, Kommentar zur Höfeordnung, zum BGB-Landguterbrecht und zum GrdstVG-Zuweisungsverfahren, 10. Aufl. 2012; Verhandlungen des 68. Deutschen Juristentages, Gutachten Bd. I, Beschlüsse.

A. Grundlagen

Befindet sich im Nachlass ein landwirtschaftlicher Betrieb, hat dies nachhaltigen Einfluss auf die Auseinandersetzung einer Erbengemeinschaft. Landwirtschaftliche Betriebe unterliegen 1 sowohl im allgemeinen Erbrecht des BGB, als auch aufgrund von Landesrecht Sonderregelungen, die sie von sonstigem Nachlassvermögen unterscheiden.

2 Aufgrund der Bedeutung landwirtschaftlicher Betriebe für die Volkswirtschaft besteht ein besonderes Interesse der Allgemeinheit an ihrer Erhaltung. Die Entstehung einer Erbengemeinschaft, die auf die Auseinandersetzung und Aufteilung des Nachlasses gerichtet ist, wird diesem allgemeinen Interesse nicht gerecht. Vielmehr kann der Bestand von Betrieben in ihrer ursprünglichen und für ihre Wirtschaftlichkeit oft unentbehrlichen Größe erheblich gefährdet werden, würden sie ausschließlich nach den allgemeinen Regeln auseinandergesetzt. Der Gesetzgeber hat daher **agrarpolitisch geprägte Sonderregelungen** geschaffen, die Rechte von Miterben einschränken und vermeiden sollen, dass Betriebe aufgesplittert werden. Es soll verhindert werden, dass der den landwirtschaftlichen Betrieb bewirtschaftende bzw. übernehmende Erbe bei der Auseinandersetzung der Erbengemeinschaft sowie beim Ausgleich von Pflichtteilsansprüchen gezwungen ist, Teile des Betriebes, insbesondere einzelne landwirtschaftliche Flächen zu veräußern bzw. bei der Verteilung des Nachlasses abzugeben oder mit hohen Zahlungsverpflichtungen belastet wird, die eine Betriebsfortführung unwirtschaftlich machen.

3 Zur Erreichung dieses Zwecks hat der Gesetzgeber im Bürgerlichen Gesetzbuch Vergünstigungen bei der Bewertung eines Landguts sowohl im Erbrecht (§§ 2049, 2312 BGB) wie auch im Familienrecht, dort bei der Wertermittlung des Zugewinns (§ 1376 Abs. 4 BGB) und der Ermittlung des Wertersatzes beim Übernahmerecht in der fortgesetzten Gütergemeinschaft (§ 1515 Abs. 2 BGB), jeweils mit Verweis auf § 2049 BGB vorgesehen. Verfassungsrechtliche Bedenken gegen die **privilegierte Bewertung** wurden durch das Bundesverfassungsgericht[1] lediglich in einer Entscheidung zur Bewertung beim Zugewinnausgleich aufgegriffen und eine Einschränkung dahingehend vorgenommen, dass es sich um einen leistungsfähigen Betrieb handeln soll.

4 Neben Sonderregelungen für die Bewertung eines Landguts im Erbrecht des BGB wird die Nachfolge in einen „Hof" durch spezialgesetzliche Vorschriften in einzelnen Bundesländern geregelt, die die allgemeinen Vorschriften des BGB überlagern und im Anwendungsbereich der Höfeordnung einschließlich der Testierfreiheit einschränken.[2] Die mit der Privilegierung von Hoferben einhergehende Ungleichbehandlung, die einen Verstoß gegen Art. 3 Abs. 1 GG darstellen könnte, rechtfertigte das Bundesverfassungsgericht auch hier mit dem öffentlichen Interesse, leistungsfähige, die Volksernährung sicherstellende Betriebe zu erhalten.[3] Umfassende Reformüberlegungen wurden auf dem 68. Deutschen Juristentag letztlich ohne konkretes Ergebnis diskutiert.[4] In Bayern, dem Saarland und den neuen Bundesländern fehlen spezialgesetzliche Regelungen, sodass der Rechtsübergang ausschließlich nach den Vorschriften der §§ 2049, 2312 BGB und den §§ 13 ff. GrdstVG vollzogen wird.

B. Landguterbrecht des BGB

5 Wird ein Landgut außerhalb der Geltung landesgesetzlicher Sonderregelungen, wie der Höfeordnung, vererbt, finden die subsidiären Vorschriften des § 2049 BGB für die Auseinandersetzung der Erbengemeinschaft, ergänzt durch § 2312 BGB für die Bewertung

1 BVerfG, Beschl. v. 16.10.1984 – 1 BvL 17/80, NJW 1985, 1329, 1330.
2 *Wöhrmann*, Teil A Einleitung, Rn 28; *Krug*, in: Kerscher/Krug/Spanke, § 8 Rn 63.
3 *Wöhrmann*, Teil A Einleitung, Rn 15.
4 Verhandlungen des 68. Deutschen Juristentages, Gutachten Band I, A 32 ff., Sitzungsberichte Bd. II/2 L 273 ff., Beschlüsse Bd. II/2 L 302.

des Pflichtteilsanspruchs Anwendung. Beide Vorschriften greifen frühere Regelungen zu Anerbenrechten auf und übernehmen das dort zur Erhaltung des landwirtschaftlichen Betriebes angewandte Instrument der **Kürzung des Miterbenanteils.**[5] Sie verfolgen die Zielrichtung, die übermäßige, den Ertrag des Betriebes übersteigende finanzielle Belastung desjenigen zu verhindern, der als Erbe den Betrieb fortführt.[6]

§ 2049 Abs. 1 BGB enthält eine Auslegungsregel. Danach ist die Anordnung des Erblassers, dass ein Miterbe das Recht haben soll, ein Landgut zu übernehmen, im Zweifel zugleich dahingehend zu verstehen, dass das Gut bei Übernahme mit dem Ertragswert auf den Erbteil anzurechnen ist.[7] Dieser Fall tritt also nur dann ein, wenn kein anderer Wille des Erblassers in der letztwilligen Verfügung oder aus sonstigen Umständen feststellbar ist. Der Erblasser kann mithin von dieser Regel abweichen. Andernfalls greift die Auslegungsregel, und die Bewertung des Landguts für die Berechnung von Ausgleichsansprüchen erfolgt nicht unter Zugrundelegung des Verkehrswertes, sondern es wird lediglich der, in der Regel niedrigere, **Ertragswert** angesetzt.[8] Dabei handelt es sich um einen Ertragswert der besonderen Art, der nichts mit dem Ertragswertverfahren im Zusammenhang mit der Ermittlung von Verkehrswerten zu tun hat. Die Auslegungsregel kann entkräftet werden, durch den Nachweis eines anders lautenden Willen des Erblassers.[9] 6

I. Definition des Landguts

Nach der ständigen Rechtsprechung des BGH ist unter einem „**Landgut**“ im Sinne von § 2049 eine Besitzung zu verstehen, 7

> *„die eine zum selbstständigen und dauerhaften Betrieb der Landwirtschaft einschließlich der Viehzucht oder der Forstwirtschaft geeignete und bestimmte Wirtschaftseinheit darstellt und mit den notwendigen Wohn- und Wirtschaftsgebäuden versehen ist. Sie muss eine gewisse Größe erreichen und für den Inhaber eine selbstständige Nahrungsquelle darstellen; dass eine Ackernahrung vorliegt, ist jedoch nicht erforderlich; eine Besitzung kann auch dann ein Landgut sein, wenn der Inhaber neben der Landwirtschaft einen anderen Beruf ausübt“.*[10]

Das OLG München[11] führt zu den Privilegierungsvoraussetzungen aus:

> *„Damit kann sogar eine landwirtschaftliche Nebenerwerbsstelle Landgut sein. Zur Vermeidung verfassungswidriger Ergebnisse ist der Begriff des Landgutes im Sinne von §§ 2312, 2049 BGB und damit der Anwendungsbereich dieser Vorschriften allerdings dahin einzuschränken, dass der Gesetzeszweck, nämlich die Erhaltung eines im obigen Sinne noch leistungsfähigen, landwirtschaftlichen Betriebes in der Hand einer vom Gesetz begünstigten Person, erreicht werden wird.“*

Maßgeblicher Zeitpunkt für die Feststellung der Landguteigenschaft ist der Eintritt des Erbfalles.[12]

---

5 *Wöhrmann*, § 2049 Rn 1.

6 BGH, Urt. v. 22.10.1986 – IV ZR 76/85, BGHZ 98, 375; BGH, Urt. v. 21.3.1973 – IV ZR 157/71, NJW 1973, 995, 996.

7 *Planck*, Bd. V, § 2049 Anm. 2; Staudinger/*Werner*, § 2049 Rn 1.

8 *Wöhrmann*, § 2049 Rn 71.

9 BGH, Urt. v. 15.4.1964 – V ZR 105/62, NJW 1964, 1323; Erman/*Schlüter*, § 2049 Rn 2.

10 BGH, Urt. v. 4.10.1964 – III ZR 359/63, NJW 1964, 1414, 1416; BGH, Urt. v. 12.1.1972 – IV ZR 124/70, MDR 1972, 496.

11 OLG München, Urt. v. 18.3.2009 – 20 U 2160/06, juris.

12 OLG München, Urt. v. 18.3.2009 – 20 U 2160/06, juris.

8 Der Begriff der Landwirtschaft entspricht dem in § 585 BGB. Einer bestimmten Größe des Landguts bedarf es historisch betrachtet nicht, jedoch stößt eine Privilegierung von Kleinstbetrieben, zu Lasten der Gleichbehandlung der Erben, auf verfassungsmäßige Bedenken.[13]

9 Das Landgut muss dabei Eigentum, nicht zwingend **Alleineigentum** des Erblassers sein.[14] Vom Erfordernis des Alleineigentums ist insbesondere eine Abweichung dann zuzulassen, wenn der Übernehmer im Ergebnis Alleineigentümer wird und damit der Gesetzeszweck der Fortführung des Betriebes in einer Hand erreicht wird.[15]

10 Es ist unerheblich, ob das Landgut zuvor in der Höferolle gelöscht wurde. Die weitergehenden Voraussetzungen für einen Hof im Sinne der Höfeordnung, insbesondere eine Mindestertragskraft, ist bei einem Landgut i.S.d. BGB nicht erforderlich.[16]

11 Landgut sind, insbesondere auch unter Anknüpfung an § 585 Abs. 1 S. 2 BGB:[17]
- Gartenbaubetriebe und zwar unabhängig davon, ob die Erzeugung im Boden, in Behältnissen oder unter Glas erfolgt (§ 585 Abs. 1 S. 2 BGB)
- Tierzuchtbetriebe, allerdings nur solche, die mit der Bodennutzung verbunden sind (§ 585 Abs. 1 S. 2 BGB)
- Weinbaubetriebe
- Weidewirtschaftsbetriebe
- Erwerbsobstbaubetriebe
- Imkereibetriebe
- Binnenfischereien, soweit sie private Teichwirtschaftsbetriebe sind.

12 Ob reine Forstgüter als privilegierte Landgüter im Sinne des § 2049 Abs. 1 BGB anzusehen sind, ist streitig,[18] wenngleich sie von den Privilegierungen der Höfeordnung und einiger Anerbengesetze erfasst werden (HöfeO, HessLandgüterO, WürttAnerbenG). Mit ihnen wird keine Landwirtschaft im engeren Sinn betrieben. Auch rein wirtschaftlich findet sich keine mit dem landwirtschaftlichen Betrieb vergleichbare Situation, die eine Erhaltung großer Flächen zur wirtschaftlichen Bewirtschaftung zwingend macht. Eine Privilegierung zu Lasten von Erben und Pflichtteilsberechtigten ist daher abzulehnen und nicht in den Kontext zu bringen mit dem ursprünglichen Zweck der Privilegierung, nämlich, wie das Bundesverfassungsgericht[19] in seiner Entscheidung vom 20.3.1963 ausführt, „die Volksernährung sicherzustellen“, also ein überragendes Grundbedürfnis der Allgemeinheit.

13 **Keine Landgüter** im Sinne der Vorschrift sind all jene Betriebe, die nicht auf der wesentlichen Betriebsgrundlage Grund und Boden bewirtschaftet werden, bspw. Tierzuchtbetriebe, in Form von Agrarfabriken, die Massentierhaltung betreiben und Futter weit überwiegend zukaufen. Sie stellen reine Gewerbebetriebe dar und unterliegen als solche den erbrechtlichen Vorschriften. Für eine Privilegierung ist kein Raum, denn sie soll nur den für die Landwirtschaft typischen Eigenheiten, insbesondere der starken Bindung an das Bodeneigentum, Rechnung tragen.[20] Über den engen Anwendungsbereich der Vorschrift

13 *Wöhrmann*, § 2049 Rn 10.
14 *Wöhrmann*, § 2049 Rn 8; anders Staudinger/*Werner*, § 2049 Rn 3.
15 BGH, Urt. v. 22.10.1986 – IVa ZR 76/85, MDR 1987, 212.
16 BGH, Urt. v. 22.10.1986 – IVa ZR 76/85, BGHZ 98, 375, 378.
17 Ausführlich *Wöhrmann*, § 2049 Rn 12 ff.
18 Bejahend: BGH, Urt. v. 22.10.1986 – IVa ZR 76/85, BGHZ 98, 375, 377 f.; *Lange/Kuchinke*, S. 906 Fn 253; ablehnend: *Wöhrmann*, § 2049 Rn 14.
19 BVerfG, Urt. v. 20.3.1963 – BvR 505/59, NJW 1963, 947.
20 BVerfG, Urt. v. 1.5.1970 – 1 BvL 17/67, NJW 1970, 1539, 1540.

hinausgehende Einschränkungen der Rechte von Miterben lassen sich hingegen nicht begründen. Das dürfte insbesondere auch bei nichtlandwirtschaftlicher Nutzung im Rahmen von Energiegewinnung (Biogas-, Photovoltaik-, Windkraftanlagen) zumindest dann eine Rolle spielen, wenn längerfristig eine landwirtschaftliche Nutzung ausgeschlossen ist.

Mischbetriebe unterliegen zwar, soweit dies durch Auslegung der letztwilligen Verfügung zu ermitteln ist, dem Übernahmerecht des Miterben, der das Landgut übernehmen soll. Eine auch nicht landwirtschaftlich genutzte Betriebsteile erfassende Privilegierung bei der Bewertung lässt sich hingegen nicht rechtfertigen. Mithin erfolgt für den landwirtschaftlichen Betriebsteil die Bewertung mit dem Ertragswert, während für den nichtlandwirtschaftlichen Betriebsteil die Bewertungsgrundsätze für gewerbliche Betriebe anzuwenden sind.[21] 14

Verpachtete Betriebe behalten in der Regel ihre Landguteigenschaft.[22] Erst wenn feststellbar ist, dass ein Weiterbetrieb oder eine einheitliche Verpachtung der Wirtschaftseinheit durch den Erben dauerhaft nicht beabsichtigt ist, sondern vielmehr eine Zersplitterung durch eine Verpachtung an verschiedene Pächter bereits vollzogen wurde, entfällt die Privilegierung.[23] 15

Kein Landgut im Sinne der Vorschrift sind einzelne landwirtschaftliche Grundstücke ohne Verbund mit einer Hofstelle.[24] Hingegen schadet der Landguteigenschaft nicht das Vorhandensein von im Landgut enthaltenen **Baugrundstücken** oder **Bauerwartungsland**. Eine privilegierte Bewertung ist jedoch abzulehnen, soweit ohne Beeinträchtigung der dauernden Lebensfähigkeit des landwirtschaftlichen Betriebes eine Herauslösung dieser Grundstücke erfolgen kann.[25] 16

Maßgeblicher Zeitpunkt für die Feststellung der Landguteigenschaft ist der Eintritt des Erbfalls.[26] 17

Zum Landgut gehört das ihm dienende Zubehör nach den §§ 97, 98 BGB, wobei die Definition als Zubehör im Einzelfall streitig sein kann.[27] 18

II. Anordnung der Übernahme durch einen Erben

1. Übernahme

Es muss eine Übernahme des Landguts durch einen Erben erfolgen. Unerheblich ist, ob zum Zeitpunkt der Übernahme tatsächlich eine Bewirtschaftung stattfindet, denn es ist ausreichend, dass **zu Zwecken der Landwirtschaft** übernommen wird.[28] Dabei genügt es auch, wenn der übernehmende Erbe das Landgut für einen pflichtteilsberechtigten Abkömmling übernimmt, der es später bewirtschaften soll, aber jetzt, z.B. wegen Minderjährigkeit, als Übernehmer ausscheidet.[29] Ausgeschlossen ist daher eine Übernahme im Sinne der Vorschrift, wenn der Betrieb vollständig eingestellt wurde und eine Wiederaufnahme nicht 19

21 *Wöhrmann*, § 2049 Rn 22, 23; nicht jedoch für nichtlandwirtschaftliche Räumlichkeiten ohne besonderes Ertragspotential: *Piltz*, S. 2015.
22 BGH, Urt. v. 4.5.1964 – III ZR 159/63, NJW 1964, 1414, 1416; Staudinger/*Herzog*, § 2312 Rn 27.
23 BGH, Urt. v. 22.10.1986 – IVa ZR 76/85, BGHZ 98, 375, 378.
24 Staudinger/*Herzog*, § 2312 Rn 20.
25 *Lange/Kuchinke*, S. 906; *Wöhrmann*, § 2049 Rn 108, 31; Staudinger/*Herzog*, § 2312 Rn 34.
26 BGH, Urt. v. 22.10.1986 – IVa ZR 76/85, BGHZ 98, 375, 378; OLG Celle, Beschl. v. 21.3.2011 – 7 W 126/10 (L), juris; OLG München, Urt. v. 18.3.2009 – 20 U 2160/06, juris.
27 LG Münster, Urt. v. 14.10.1988 – 10 O 308/88, juris.
28 BGH, Urt. v. 11.3.1992 – IV ZR 62/91, NJW-RR 1992, 770 f.
29 BayObLG, Beschl. v. 7.12.1988 – 1a Z 8/88, FamRZ 1989, 540, 541 f.

ernsthaft in Aussicht steht.[30] Es ist dabei für die Anwendung von § 2049 BGB auch nicht ausreichend, wenn die abstrakte Möglichkeit besteht, dass zu irgendeinem späteren Zeitpunkt wieder eine Bewirtschaftung erfolgt.[31] Gleiches gilt, wenn der Erbe in absehbarer Zeit die Veräußerung des ganzen Betriebes oder eines wesentlichen Teils beabsichtigt oder die Landwirtschaft endgültig aufgeben will.[32] Gleiches dürfte gelten, bei längerfristiger anderweitiger Nutzung, wie z.B. Energiegewinnung (Biogas, Windkraftanlagen, Photovoltaik).

2. Übernehmer

20 § 2049 BGB schreibt im Gegensatz zu § 2312 Abs. 3 BGB nach seinem Wortlaut nicht vor, dass der übernehmende Erbe zum Kreis der **pflichtteilsberechtigten Personen** nach § 2303 BGB gehören muss. Dennoch ist eine Anwendung auf andere Übernehmer abzulehnen. Bereits in der Kommentierung von *Planck* wird darauf hingewiesen, dass die Übernahme eines Landguts ausnahmsweise eine Ungleichbehandlung der Abkömmlinge rechtfertigen kann.[33] Eine Benachteiligung der engsten, pflichtteilsberechtigten Familienangehörigen des Erblassers gegenüber außenstehenden Dritten, ist hingegen nicht zu rechtfertigen, denn die Vorschrift des § 2049 BGB will zugleich sichern, dass das Landgut in der Familie bleiben soll und hierfür Erleichterungen gewährleisten. Demnach ist die Vererbung zu Vorzugsbedingungen nur anzunehmen, wenn der Übernehmer ein Abkömmling, auch Enkel oder Urenkel, Elternteil oder der Ehegatte des Erblassers ist.[34]

21 Diskutiert wird bei unverheirateten, kinderlosen Erblassern, ob eine Vorzugsvererbung an Nichten und Neffen erfolgen kann.[35] Die wohl herrschende Meinung lehnt das hingegen ab. Eine derartige Ausnahmevorschrift kann nur auf einen besonders begrenzten Personenkreis erstreckt werden.[36] Dafür spricht die einheitliche Betrachtung der Vorschrift mit § 2312 BGB. Gegen diese Auffassung könnte hingegen die Entstehungsgeschichte der Vorschrift sprechen. § 2049 BGB wurde von der 2. Kommission in der Revisionslesung in das Gesetz aufgenommen, ebenso wie § 2312 Abs. 1 S. 1 BGB. § 2312 Abs. 3 BGB, der die Beschränkung auf Personen nach § 2303 BGB enthält, wurde erst durch den Bundesrat eingefügt. Ziel beider Vorschriften war die Erhaltung und Kräftigung des ländlichen Grundbesitzerstandes. Eine Einschränkung der im Gesetz angedachten Gleichbehandlung der Abkömmlinge und im Einzelfall eine erhebliche Beeinträchtigung einzelner Abkömmlinge schien für diesen Zweck hinnehmbar.[37]

22 Greift man auf diesen Ausgangspunkt zurück, lässt sich bei Fehlen eines pflichtteilsberechtigten Übernehmers eine Einschränkung von Wertausgleichsansprüchen innerhalb der Erbengemeinschaft zugunsten der Allgemeinheit durchaus rechtfertigen. Der Pflichtteilsanspruch soll eine Mindestteilhabe der nahen Verwandten am Erblasservermögen sicherstellen. Der Erbanspruch, der zu einer Auseinandersetzung der Erbengemeinschaft führt, ist ein darüber hinausgehender Anspruch. Er ist nicht in gleicher Weise wie der Pflichtteilsanspruch gesetzlich geschützt, sondern unterliegt bis an die Grenzen der Pflichtteilsansprüche

30 BGH, Urt. v. 22.10.1986 – IVa ZR 76/85, BGHZ 98, 375, 378; Staudinger/*Herzog*, § 2312 Rn 27, 28.
31 OLG München, Urt. v. 14.1.2003 – 23 U 1830/02, NJW-RR 2003, 1518, 1519.
32 BayObLG, Beschl. v. 7.12.1988 – 1a Z 8/88, FamRZ 1989, 540, 541 f.
33 *Planck*, Bd. V, § 2049 Anm. 1.
34 *Wöhrmann*, § 2049 Rn 56 f.; *Krug*, Anm. zu OLG München – 20 U 2160/06, jurisPR-FamR 13/2009 Anm. 2.
35 Dombert/Witt/*von Garmissen*, § 11 Rn 141.
36 OLG München, Urt. v. 18.3.2009 – 20 U 2160/06, juris; BGH Urt. v. 22.10.1986 – IV ZR 76/85, juris.
37 *Planck*, Bd. V, § 2049 Anm. 3, § 2312 Anm. 1.

der Disposition des Erblassers. Zwar kann das im Einzelfall zur Folge haben, dass die besondere Bewertung bei der Auseinandersetzung der Erbengemeinschaft zu einem Ergebnis führt, dass einen pflichtteilsberechtigten Abkömmling schlechter stellt, als er im Falle der Berechnung des Pflichtteilsanspruches ohne Privilegierung stehen würde. Ein solches – in der Tat unerwünschtes – Ergebnis, lässt sich jedoch ohne weiteres korrigieren, indem dem betroffenen Miterben über § 2305 BGB im Rahmen einer Korrekturberechnung ohne Privilegierung des Landgutes, die Differenz als Zusatzpflichtteil gezahlt werden muss. Damit wären beide Vorschriften ihrem Wortlaut entsprechend anwendbar. Im Ergebnis wäre der vom Gesetzgeber beabsichtigte Schutz des landwirtschaftlichen Betriebes durch die Möglichkeit der Übergabe an einen geeigneten Nachfolger auch außerhalb des Personenkreises nach § 2303 BGB möglich und damit kann eine sehr viel effektivere Umsetzung des Schutzgedankens der Vorschriften, auch unter Berücksichtigung der heute veränderten Lebenswirklichkeit, in der Abkömmlinge nicht immer vorhersehbar und zwangsläufig auf dem landwirtschaftlichen Betrieb bleiben, erfolgen. Es könnte dabei ein gesetzliches Vorausvermächtnis vorliegen. Problematisch ist die Einzelfallgerechtigkeit nur dann, wenn keine dauerhafte Fortführung durch den Übernehmer erfolgt.

Hat der Erblasser das Landgut mehreren Miterben zugewandt, wird der vom Gesetz ver- 23
folgte Zweck, es durch einen Übernehmer fortführen zu lassen und eine **Zersplitterung** auszuschließen, nicht erreicht, sodass die Privilegierung bei der Bewertung entfällt.[38] Gleiches gilt, wenn ein Erbe lediglich den Bruchteil des Eigentums an einem Landgut übernimmt.[39] Zum Teil wird die Übergabe an Ehegatten für möglich gehalten.[40] Einen Anknüpfungspunkt hierfür bietet die gesetzliche Formulierung (Einzahl) nicht. Betrachtet man auch insoweit die Lebenswirklichkeit und die Unsicherheit des Bestandes einer Ehe, scheint die Übergabe an zwei Ehegatten verfehlt, berücksichtigt man den Schutzzweck der Norm.

3. Form der Anordnung

Die Übernahme durch nur einen Erben bedarf der Anordnung durch den Erblasser. Die 24
Anordnung ist, anders als im Geltungsbereich von Höfeordnung und Anerbengesetzen, formbedürftig. Die dort geltenden Erleichterungen können, wegen der im Anwendungsbereich des BGB-Erbrechts geltenden strengen **Formvorschriften**, nicht über den Geltungsbereich der Höfeordnung hinaus auf Landgüter i.S.v. § 2049 BGB übertragen werden.[41] Die Übernahme kann mithin nur in Form einer testamentarischen Regelung angeordnet und ebenso auch wieder aufgehoben werden. Eine anderweitige Äußerung des Erblassers oder eine lebzeitige dauerhafte Überlassung zur Bewirtschaftung an einen Miterben sind mithin nicht ausreichend. In diesem Fall fällt das Landgut als Nachlassgegenstand den Erben, mithin der Erbengemeinschaft an, unabhängig davon, ob diese aufgrund gesetzlicher Erbfolge oder durch eine letztwillige Verfügung, die keine Anordnung nach § 2049 BGB trifft, entsteht.[42]

Der Miterbe, der das Landgut übernehmen soll, hat dann keine Möglichkeit aufgrund 25
der **formnichtigen Anordnung** sein Übernahmerecht einzuklagen. Allerdings kann eine formnichtige oder **formlose** Übernahmeanordnung aufgrund von § 15 Abs. 1 S. 1 GrdstVG zu einer Zuweisung an den angedachten Übernehmer führen. Nach dieser Vorschrift soll

38 *Wöhrmann*, § 2049 Rn 53.
39 BGH, Urt. v. 21.3.1973 – IV ZR 157/71, NJW 1973, 995, 996.
40 Dombert/Witt/*von Garmissen*, § 11 Rn 141.
41 BGH, Urt. v. 15.3.1967 – V ZR 127/65, BGHZ 47, 184, 187.
42 Anders *Wöhrmann*, § 2049 Rn 40, der diese Folge nur für die gesetzl. Erbfolge beschreibt.

dem Miterben der Betrieb gerichtlich zugewiesen werden, dem der Erblasser ihn nach seinem wirklichen oder mutmaßlichen Willen zugewiesen hätte.[43]

4. Rechtsnatur und Wirkung der Anordnung

26 Der Erblasser hat, wenn er mehrere Erben in Erbengemeinschaft hinterlässt, einerseits die Möglichkeit anzuordnen, dass ein bestimmter Erbe das Recht haben soll, das Landgut zum Ertragswert zu übernehmen. Er kann aber auch nur anordnen, dass bei Übernahme durch einen der Miterben (ohne dass er diesen bestimmt) für das Landgut bei der Auseinandersetzung der Erbengemeinschaft der Ertragswert anzusetzen ist.

27 Die Anordnung nach § 2049 Abs. 1 BGB kann Teilungsanordnung, Vorausvermächtnis oder auch Erbeinsetzung[44] sein, Letzteres, wenn das Landgut der wesentliche Nachlassgegenstand ist. Ein reines Vermächtnis ist hingegen nicht ausreichend, denn der Vermächtnisnehmer ist kein Miterbe. § 2049 ist indes eine Vorschrift, die die Erbauseinandersetzung unter Miterben betrifft. Der Wortlaut von § 2049 BGB ist insoweit eindeutig, als er von der Übernahme durch einen Miterben spricht. Der Übernehmer muss also zumindest auch Erbe und nicht nur Vermächtnisnehmer sein. Die Formulierung, ein Abkömmling habe „Anspruch auf das Anwesen“, ist nach der Rechtsprechung keine Alleinerbeinsetzung, sondern die Anordnung eines Übernahmerechtes.[45] Umstritten ist auch, ob der vom Gesetz vorgesehene Ansatz des Landgutes mit dem Ertragswert bei der Auseinandersetzung der Miterben nicht gänzlich gegen die Annahme eines Vorausvermächtnisses spricht, denn das **Vorausvermächtnis** soll gerade keinen Wertausgleich zur Folge haben.[46] Das ist zu bejahen für die Anwendung der gesetzlichen Regelung, also wenn zum Ausgleich keine Regelung getroffen wurde und die Vermutungsregelung zur Anwendung kommt. Allerdings kann der Erblasser davon abweichen und eine Übernahme ohne Ausgleichung anordnen, mit der Folge, dass die Übernahme als Vorausvermächtnis anzusehen wäre. Die Zuweisung über ein Vorausvermächtnis ist jedenfalls zulässig, aber kein Anwendungsfall der Vermutungsregelung des § 2049 BGB. Bei § 2049 BGB ist das Vorliegen einer gesetzlich geregelten **wertverschiebenden Teilungsanordnung** anzunehmen,[47] zumindest wenn der Erblasser keine weiteren Vorgaben zur Auseinandersetzung der Miterben gemacht hat.

28 In der Regel handelt es sich um eine Teilungsanordnung.[48] Beim Wertausgleich zwischen den Miterben, wird für das Landgut der Ertragswert in Ansatz gebracht. Das Landgut fällt mithin zunächst, anders als bei der Hoferbfolge, der Erbengemeinschaft an. Der übernahmeberechtigte Miterbe kann sodann von der Erbengemeinschaft die Einräumung des Alleineigentums am Landgut verlangen. Da in der Regel der Erblasser das Recht zur Übernahme einräumt, entsteht der Auflassungsanspruch nicht mit dem Erbfall, sondern erst zu dem Zeitpunkt, zu dem der Übernehmer von seinem Recht Gebrauch macht.[49] Macht der Übernahmeberechtigte seinen Anspruch nicht geltend, so kann er auf diese Weise auf das Recht verzichten. Er ist bei der Ausübung des Rechts nicht an eine Frist gebunden. Allerdings wird ihm regelmäßig der **Verwirkungseinwand** entgegengehalten werden können, wenn er nicht binnen der Ausschlagungsfrist von sechs Wochen nach § 1944 Abs. 1 BGB seinen Anspruch geltend macht, sofern nicht die Erbengemeinschaft einvernehmlich zunächst auf

43 *Wöhrmann*, § 2049 Rn 40.
44 RG, Urt. v. 13.11.1942 – VII 60/42, RGZ 170, 163, 169 ff. juris.
45 OLG München, Beschl. v. 8.6.2010 – 31 Wx 48/10, juris.
46 BECK-OGK/ *Rißmann*, § 2049 Rn 7.
47 BGH, Urt. v. 27.6.1990 – IV ZR 104/89, MDR 1991, 135.
48 *Wöhrmann*, § 2049 Rn 35.
49 *Wöhrmann*, § 2049 Rn 46.

eine Auseinandersetzung verzichtet und der Übernahmeberechtigte das Landgut in dieser Zeit verwaltet.[50]

Die Erbengemeinschaft hat die sich aus den allgemeinen Vorschriften ergebenden Rechte. Liegt eine Teilungsanordnung vor, erfolgt unter Berücksichtigung des Wertes ggf. ein Wertausgleich. Ist ein Vorausvermächtnis gegeben, findet ein Wertausgleich nicht statt, das Landgut wird dem Übernehmer jedoch mit dem angesetzten Wert bei der Auseinandersetzung angerechnet. 29

III. Bestimmung des Landgutwertes

Für die Berechnung der Abfindung der Miterben und die Bewertung des Erbteils des Übernehmers ist nach § 2049 BGB der Ertragswert zugrunde zu legen. Da die Vorschrift eine Begünstigung des Übernehmers erreichen will, gilt dies nicht, wenn der Verkehrswert ausnahmsweise niedriger als der Ertragswert ist.[51] 30

1. Ertragswertberechnung

§ 2049 Abs. 2 BGB orientiert den Ertragswert am **bei ordnungsgemäßer Bewirtschaftung nachhaltig erzielbaren Reinertrag.** Der Reinertrag ist nicht gesetzlich definiert. Er bedarf der gutachterlichen Bestimmung. Grundlage sollen die wirtschaftlichen Möglichkeiten des Betriebes sein. Es haben sich hierzu zwei Meinungen verfestigt. Die eine will an den, immerhin nachvollziehbar ermittelbaren, steuerlichen Ertragswert nach den §§ 36 ff. BewG anknüpfen. Die Gegenmeinung stellt auf einen landwirtschaftlich-betriebswirtschaftlichen Wert ab, mit der Folge, dass sich negative Werte ergeben können, die aber vom Gesetzgeber nicht angedacht waren.[52] Ursprünglich sollte der Ertragswert nur dazu dienen, eine Abgrenzung von den damals überhöhten Verkaufs-(Verkehrs-)werten für landwirtschaftliche Grundstücke zu ermöglichen.[53] Der Gesetzgeber hatte im Sinn, dass die nähere Bestimmung durch die Landesgesetzgebung erfolgen sollte. Er hatte aber auch gesehen, dass die Werte durch Sachverständige zu ermitteln sein werden.[54] Vorgaben zur Berechnung enthält die Vorschrift daher nicht. Art. 137 EGBGB sieht aber bis heute die Möglichkeit einer näheren Bestimmung durch die Landesgesetzgebung vor. Das OLG Celle hat deutlich gemacht, dass auf den Rohertrag abzustellen ist, von dem betriebliche, auch fiktive Lohnkosten für den Inhaber nebst mitarbeitender Familienangehöriger, abzuziehen sind.[55] Der in der Vorschrift genannte Ertragswert entspricht nicht dem Ertragswert im Sinne der Ertragswertmethode bei der Ermittlung von Verkehrswerten in Abgrenzung zur Sachwertmethode. Er ist auch abzugrenzen von der Ermittlung eines Liquidationswertes, der in diesem Fall nicht die Bewertungsuntergrenze darstellt. Vielmehr handelt es sich um einen an den Reinertrag anknüpfenden unter Anwendung von Multiplikatoren ermittelten Wert, der gerade nicht einen Verkehrswert darstellt. 31

§ 2049 Abs. 2 BGB orientiert den Ertragswert am bei ordnungsgemäßer Bewirtschaftung nachhaltig erzielbaren Reinertrag. Vorgaben zur Berechnung sind nicht genannt. Art. 137 EGBGB sieht die Möglichkeit einer näheren Bestimmung durch die Landesgesetzgebung 32

50 *Wöhrmann*, § 2049 Rn 46.
51 Staudinger/*Werner*, § 2049 Rn 1.
52 Dombert/Witt/*von Garmissen*, § 11 Rn 147.
53 *Planck*, Bd. V, § 2049 Anm. 2.
54 *Planck*, Bd. V, § 2049 Anm. 3.
55 OLG Celle Urt. v. 10.10.2007 – 7 U 62/06, juris.

vor. Der Reinertrag ist nicht gesetzlich definiert, sondern bedarf der gutachterlichen Bestimmung. Die Grundlage dieser Bestimmung sollen die wirtschaftlichen Möglichkeiten des Betriebes sein, sodass die Bewertung insbesondere auch im Einzelfall von der Bindung an einen bestimmten Betriebsinhaber, z.B. wegen dessen besonderer Fähigkeiten oder eines besonderen Bekanntheitsgrades in den angesprochenen Verkehrskreisen anknüpft. Andererseits soll eine Objektivierung erfolgen, also nicht von einem außergewöhnlichen Betriebsleiter ausgegangen werden.[56] Es haben sich hierzu zwei Meinungen verfestigt. Die eine will auf den nachvollziehbar ermittelbaren steuerlichen Ertragswert nach den §§ 36 ff. BewG abstellen. Die Gegenmeinung stellt auf einen landwirtschaftlich-betriebswirtschaftlichen Wertbegriff ab. Letzteres hat zur Folge, dass sich negative Werte ergeben können, die aber vom Gesetzgeber nicht angedacht waren.[57] Ursprünglicher Ansatz des Gesetzgebers war es nur, den Ertragswert abzugrenzen von den seinerzeit überhöhten Verkaufswerten für landwirtschaftliche Grundstücke.[58]

33 Die einzelnen Bundesländer sehen zur Berechnung des Ertragswertes danach unterschiedliche **Multiplikatoren** für den Reinertrag vor, aus denen sich der für die Bewertung zugrunde zu legende Ertragswert berechnet. Teilweise wird dabei mangels landesrechtlicher Vorschriften an das subsidiär anwendbare Bewertungsgesetz angeknüpft. Danach ergeben sich für die einzelnen Länder die folgenden Multiplikatoren:
- das 17-fache des jährlichen Reinertrags: Niedersachsen (§ 28 AGBGB)
- das 18-fache des jährlichen Reinertrags: Baden-Württemberg (§ 48 AGBGB); Bayern (§ 68 AGBGB); Thüringen (§ 28 ThürAGBGB); Hamburg, Mecklenburg-Vorpommern, Sachsen, Sachsen-Anhalt (§ 36 Abs. 2 S. 3 BewG); Schleswig-Holstein (§ 26 Abs. 2 S. 3 BewG, nachdem das BVerfG § 23 AGBGB-SchlH für verfassungswidrig erklärt hat)[59]
- das 25-fache des jährlichen Reinertrags: Berlin (Art. 83 Preuß. AGBGB); Brandenburg (Art. 31 BbgAGBGB); Bremen (§ 14 Bremisches HöfeG analog); Hessen (§ 39 HessAGBGB); Nordrhein-Westfalen (Land Lippe = Regierungsbezirk Detmold: § 46 AGBGB; übrige Landesteile: Art. 83 Preuß. AGBGB); Rheinland-Pfalz (§ 24 AGBGB); Saarland (Art. I § 32 des Gesetzes zur Vereinheitlichung und Bereinigung landesrechtlicher Vorschriften).

34 Fraglich ist, ob bei der Ermittlung des Ertragswertes für den Erbfall, abweichend von der neuen Handhabung im Zugewinnausgleich,[60] ein Abzug der vollen **betrieblichen Schulden** angezeigt ist. Dafür könnte sprechen, dass es sich um Nachlassverbindlichkeiten handelt, die anders als die betrieblichen Schulden bei einem Betrieb im Zugewinnausgleich nicht vom Übernehmer verursacht wurden. Andererseits spricht überzeugender für die Übertragung der familienrechtlichen Rechtsprechung auf die erbrechtliche Situation, dass der Übernehmer zwar durch die Privilegierung vor hohen Ausgleichzahlungen an Miterben verschont werden soll, aber andererseits eine regelmäßig werthaltigere Substanz erhält, die aufgrund der besonderen Bewertungsmethode unberücksichtigt bleibt. Folgerichtig können auch die mit diesem Wert korrespondierenden Schulden nicht von einem anderen, begünstigenden Wert in Abzug gebracht werden, besonders weil Verkehr- und Ertragswert landwirt-

56 *Köhne*, S. 861.

57 Dombert/Witt/*von Garmissen*, § 11 Rn 147.

58 *Planck*, § 2049 Ziff. 2 f. (wobei der Gesetzgeber durchaus beabsichtigte, die nähere Bestimmung durch die Landesgesetzgebung regeln zu lassen und gesehen hatte, dass die Werte ggf. durch einen Sachverständigen zu bestimmen sein würden).

59 BVerfG, Beschl. v. 26.4.1988 – 2 BvL 13/86, 2 BvL 14/86, juris.

60 BGH, Beschl. v. 13.4.2016 – XII ZB 578/14, FamRZ 2016, 1044; OLG Stuttgart, Beschl. v. 15.10.2014 – 15 UF 120/14, juris.

schaftlicher Betriebe sich sehr deutlich unterscheiden.[61] Es kann also auch hier nur die Zinsbelastung berücksichtigt werden. Wirken sich die Schulden so aus, dass bei Abzug vom Verkehrswert ein niedriger Wert errechnet wird, ist anstelle der Ertragswertmethode mit Abzug nur der Zinsen, eine Verkehrswertermittlung mit Abzug der vollen Verbindlichkeit (Zins und Tilgung) durchzuführen. Letztere begünstigt dann den Landgutübernehmer mehr als die Ertragswertermittlung, vorausgesetzt er übernimmt die Verbindlichkeiten. Bei teilweiser Übernahme ist eine Anwendung dieser Grundsätze hinsichtlich seines Anteils anzudenken.

Anders als bei Verkehrswertermittlungen wird bei der Ertragswertbewertung nach § 2049 BGB keine latente Ertragsteuer als Veräußerungsgewinnbesteuerung in Abzug gebracht, da die Multiplikatoren landwirtschaftliche Erträge vor Einkommensteuer unterstellen.[62]

2. Zubehör

Für die weitere Berechnung des Abfindungs- bzw. Ausgleichsbetrages, der an die Miterben vom Übernehmer zu zahlen ist, sind die mit dem Landgut zwingend verbundenen Vermögenspositionen hinzuzurechnen, soweit sie bei der Berechnung des Ertragswertes unberücksichtigt geblieben sind. Das sind zunächst alle Sachen, die nicht nach den §§ 97, 98 Nr. 2 BGB Zubehör des Landguts sind. 35

Der Begriff des **Zubehörs** nach § 98 Nr. 2 BGB entspricht § 33 Abs. 2 BewG. Demnach gehören zum land- und forstwirtschaftlichen Vermögen die landwirtschaftlichen Maschinen, Viehbestände,[63] landwirtschaftliche Erzeugnisse, soweit sie zur Fortführung des Betriebs bis zur nächsten Ernte erforderlich sind und sonstige umlaufende Betriebsmittel, wie Saatgut, Viehfutter, Kraftstoffe, also ein normaler Bestand an umlaufenden Betriebsmitteln. Den definiert § 33 Abs. 2 Hs. 2 BewG als denjenigen Bestand, der „zur gesicherten Fortführung des Betriebes erforderliche ist". 36

3. Wohnungswert

Die frühere Rechtsprechung ließ Haus- und Küchengerät soweit als Landgutzubehör gelten, als es zur guteigenen Ausstattung von Gutspersonal diente. Für die Auseinandersetzung von Miterben kann dies jedoch nicht gelten. Hausrat und Wohnungseinrichtung gehören zum privaten Lebensbereich des Erblassers und sind daher nach den allgemeinen Vorschriften bei der Auseinandersetzung der Erbengemeinschaft zu berücksichtigen. Eine anderweitige Vorgehensweise und die privilegierte Überlassung an den Übernehmer des Landguts lassen sich aus dem Zweck der Vorschrift, insbesondere unter Berücksichtigung der geänderten Lebensverhältnisses und heute üblichen Ausstattung, nicht mehr rechtfertigen, zumal eine Abgrenzung zu darüber hinausgehendem Hausrat praktisch nicht durchführbar ist. 37

Nach § 33 Abs. 2 i.V.m. § 47 BewG, umfasst der steuerliche Ertragswert zwar neben dem Wirtschaftswert auch den **Wohnungswert**. Soweit hierauf die Einbeziehung von **Hausrat** in das Landgut und die Bewertung mit dem Ertragswert gestützt wird,[64] ist dieser Auffassung nicht zu folgen. § 47 BewG greift die Vorschriften zur Bewertung von Mietwohngrundstücken auf. Diese werden aber in den einschlägigen Vorschriften des Bewertungsge- 38

61 *Piltz*, S. 37.
62 *Kuckenburg*, FuR 2016, 497.
63 LG Münster, Urt. v. 14.10.1988 – 10 O 308/88, juris.
64 *Wöhrmann*, §§ 97, 98 Rn 15.

setzes, auf die § 47 BewG verweist, gerade nicht möbliert oder einschließlich Hausrat bewertet.

4. Sonstiges Vermögen

39 Nicht nach dem Ertragswert zu berechnen sind **Baugrundstücke**, die ohne Gefährdung der Betriebsgrundlage herausgelöst werden können.[65]

40 Nach § 33 Abs. 3 BewG gehören nicht zum landwirtschaftlichen Vermögen Zahlungsmittel, Geldforderungen u.Ä., Geldschulden, Überbestände an umlaufenden Betriebsmitteln, Tierbestände, die nicht oder nicht mehr, weil zum Verkauf bestimmt, dem landwirtschaftlichen Betrieb dienen.[66] Auch sie unterliegen nicht der privilegierten Bewertung. Eventuelle **Überbestände** sind dabei durch Betriebsvergleiche zu schätzen.[67]

41 Nicht einzurechnen sind **zugepachtete Flächen**.[68] An ihnen erwirbt der Übernehmer kein Eigentum und sie gehören auch nicht bei langfristigen Pachtverträgen zur „rechtlichen Einheit" Landgut.[69]

42 In Abzug zu bringen sind bei der Berechnung der Ausgleichszahlung an die anderen Miterben diejenigen **Nachlassverbindlichkeiten**, die den Landgutübernehmer belasten.[70]

43 In Ausnahmefällen können zur Erreichung des Zwecks, den Betrieb zu einem Wert zu übernehmen, der die Fortführung sicherstellt, **Abschläge** vorgenommen werden. Andererseits sind **Zuschläge** möglich, falls die Bewertung zu einem unangemessenen Ergebnis für die ausgleichsberechtigten Miterben führen würde.[71]

44 **Hinweise zur Gestaltung bei der Erbauseinandersetzung und lebzeitigen Übergabe:**

Wird ein Landgut vererbt, sind die Beteiligten nicht selten bemüht, wenn schon keine lebzeitige Regelung zur Absicherung der Familienmitglieder gelungen ist, doch zumindest bei der Erbauseinandersetzung eine umfassende Vereinbarung zu treffen. Auch dabei sind Bewertungsfragen von erheblicher Bedeutung, denn sie entscheiden über die in diesem Zusammenhang zu vereinbarenden Leistungen und Gegenleistungen. Außerdem sind unbedingt familienrechtliche Wechselwirkungen zum Unterhaltsrecht und zum Zugewinnausgleich zu bedenken, auf die hier nur kurz hingewiesen werden soll, weil sie sich auch auf die Scheidungsfolgen der nächsten Genreration auswirken können.

Bei der Einräumung von Nießbrauchsrechten sind die nunmehr vom BGH für die Bewertung bei einer Übertragung unter Nießbrauchsvorbehalt aufgestellten Grundsätze zu beachten.[72] Zudem wird häufig von den weichenden Erben, die aufgrund der niedrigen Abfindung zumindest sicherstellen wollen, nicht auch noch für die Pflege überlebender Elternteile aufkommen zu müssen, ein Unterhaltsverzicht gefordert. Es ist zu beachten, dass zwischen Eltern und Kindern kein Unterhaltsverzicht vereinbart werden kann, weichende Erben also Gefahr laufen, auf Unterhalt in Anspruch genommen zu werden. Freistellungsvereinbarun-

---

65 Staudinger/*Herzog*, § 2312 Rn 34.

66 RG, Urt. v. 12.12.1933 – III 186/33, RGZ 142, 379, 381, 382; RG, Urt. v. 21.3.1940 – V 4/40, RGZ 163, 104, 106 f.

67 *Köhne*, S. 863.

68 Staudinger/*Herzog*, § 2312 Rn 34.

69 Staudinger/*Herzog*, § 2312 Rn 34.

70 Staudinger/*Herzog*, § 2312 Rn 38.

71 *Wöhrmann*, § 2049 Rn 110.

72 BGH, Beschl. v. 6.5.2015 – XII ZB 306/14, NJW 2015, 2334 = FamRZ 2015, 1268.

gen sind im Außenverhältnis unwirksam,[73] weil gesetzlich verboten. Sie können einen Vertrag zu Lasten Dritter darstellen. Im Innenverhältnis ist darauf zu achten, dass nicht aufgrund der unplanbaren Lebenserwartung und Pflegesituation des Elternteils eine Überforderung des Übernehmers entstehen kann, oder er mehr zahlen muss, als er erhalten hat. Bei letzterem droht zudem eine schenkungsteuerliche Problematik, da zwischen Geschwistern und von Kindern zu Eltern nur 20.000 EUR steuerfrei sind. Es sind in der Gestaltung der Übergabe Begrenzungen im Innenverhältnis zumindest in Höhe des Wertes am Auseinandersetzungsanteil vorzusehen.

IV. Nachabfindungsanspruch

Einen Nachabfindungsanspruch kennt das BGB im Gegensatz zur Höfeordnung nicht. 45
Eine Nachabfindung kann aber, ähnlich wie **Mehrerlösklauseln** in Erbauseinandersetzungs- oder Trennungs-/Scheidungsvereinbarungen vertraglich gestaltet werden. Andernfalls besteht ein Anspruch nicht ohne weiteres. Unter Berücksichtigung der auf den Zeitpunkt des Erbfalls abstellenden, stichtagsgenauen Betrachtungsweise erscheint eine Korrektur der Ausgleichzahlung an die Miterben nach Aufgabe der Landwirtschaft durch den Übernehmer systemwidrig. Auch alle sonstigen Vermögenswerte werden stichtagsgenau bewertet, so dass auch für das Landgut nichts anderes sinnvoll erscheint. Sieht man § 2049 BGB jedoch als Sondervorschrift, die nur unter dem Gesichtspunkt der Erhaltung des Betriebes eine Benachteiligung der Miterben zulässt, so könnte man eine Nachabfindung auch im Geltungsbereich der allgemeinen erbrechtlichen Vorschriften für sachgerecht erachten. Als mögliche Anspruchsgrundlagen kommen der **Wegfall der Geschäftsgrundlage**, die **Vertragsauslegung**, Anfechtung wegen Irrtums oder arglistiger **Täuschung**, das Vorliegen einer auflösenden oder aufschiebenden **Bedingung** oder auch bereicherungsrechtliche Ansprüche in Betracht. In der Gestaltungspraxis ist daher aber unbedingt die Vereinbarung einer Abgeltungsklausel zu vermeiden.[74]

Im Pflichtteilsrecht wird dies im Anwendungsbereich von § 2312 BGB höchst streitig bejaht.[75] Die dortigen Grundsätze dürften wegen der ähnlichen Ausgangslage („Sonderopfer" der Miterben) auf den Anwendungsbereich von § 2049 übertragbar sein. Soweit nicht bereits im Wege der Testamentsanfechtung oder seiner ergänzenden Auslegung der veränderten Situation Rechnung getragen werden kann, wird für § 2312 BGB allgemein ein Nachabfindungsanspruch auf § 242 BGB gestützt.[76] Zu folgen ist dem wohl nur, wenn zum Zeitpunkt der Übernahme seitens des Übernehmers bereits der Entschluss gefasst war, den Betrieb nicht dauerhaft fortzuführen. Andernfalls kollidiert die Nachabfindung mit der **stichtagsgenauen Bewertung** zum Zeitpunkt des Erbfalls. 46

V. Der landwirtschaftliche Zugewinn im Nachlass

Befindet sich im Nachlass der Erbengemeinschaft ein Zugewinnausgleichsanspruch bzw. 47
eine Zugewinnausgleichsforderung, die konkret geltend gemacht werden, weil das Scheidungsverfahren entweder zu Lebzeiten eigeleitet wurde oder ausnahmsweise der Zugewinnanspruch konkret und nicht über § 1371 BGB ausgeglichen wird, sind abweichende Besonderheiten zu beachten.

73 BGH, Beschl. v. 29.1.2014 – XII ZB 303/13, NJW 2014, 1101 = FamRZ 2014, 629.

74 Burandt/Rojahn/*Flechtner*, § 2049 Rn 7.

75 *Stöcker*, FamRZ 1993, 1261, 1263; *Wöhrmann*, § 2312 Rn 2 ff.; a.A. *Lange/Kuchinke*, § 37 VII 4 b, 906; *Haas*, ZNotP 2001, 370 ff.

76 Staudinger/*Herzog*, § 2312 Rn 42; *Lange/Kuchinke*, § 37 VII 4b Fn 262.

§ 1376 Abs. 4 BGB privilegiert, mit Verweis auf § 2049 BGB, das Landgut auch beim Zugewinnausgleich. Es müssen aber weitere Voraussetzungen hinzukommen. Das Landgut muss sich im **Anfangs- und im Endvermögen** befinden. Es kann also entweder bereits bei Eintritt in den Güterstand (§ 1374 Abs. 1, § 1376 Abs. 1 BGB) im Vermögen vorhanden sein oder später nach § 1374 Abs. 2 BGB geschenkt, ererbt, als Ausstattung erworben sein. Das Landgut muss außerdem durch den Ehegatten oder Abkömmlinge weitergeführt oder wieder aufgenommen werden. Es muss sich im Vermögen des ausgleichspflichtigen Ehegatten befinden. Dann kommt es zu einer Privilegierung unter Zugrundelegung des Ertragswertes, wobei der **Ertragswert** nur anzuwenden ist, wenn er niedriger als der **Verkehrswert** ist.[77] Der Verkehrswert stellt dann nicht die unterste Grenze der Bewertung dar. Sind der Verkehrswert oder der **Liquidationswert** niedriger, ist die Ertragswertbewertung unter Zugrundelegung des Reinertrags und der landesspezifischen Multiplikatoren keine Privilegierung und mithin unanwendbar. Ebenfalls wird der Ertragswert nicht angewendet, wenn der Landguteigentümer der Ausgleichsberechtigte ist, denn ihm soll hierdurch kein höherer Zugewinn zustehen. Es sollen vielmehr nur unzumutbare Betriebszerschlagungen/-verkleinerungen vermieden werden.

Weiterhin ist zu beachten, dass nach der neuen Rechtsprechung des BGH[78] die betrieblichen Verbindlichkeiten nicht mehr in voller Höhe nach der Bewertung des Betriebes mit dem Ertragswert als Passivposition berücksichtigt werden können. Die Entscheidung ist folgerichtig, denn wird die Substanzmehrung, der die Schulden zugrunde liegen nicht beachtet und eine Privilegierung zum Verkehrswert vorgenommen, kann es auch die Schuldensubstanz nicht. Vielmehr sind nur die Zinsen in Abzug zu bringen. Etwas anderes gilt, wenn der Verkehrswert zum Ansatz kommt. Ist der Verkehrswert abzüglich Schulden der niedrigere Wert, ist er anzuwenden. Erweiterungserwerbe, die regelmäßig zum Verkehrswert erfolgen, sind nur ausnahmsweise, wenn sie zur Erhaltung des Betriebes unbedingt notwendig sind, in die Privilegierung einzubeziehen.[79]

Die Voraussetzungen für die Privilegierung des Zugewinns sind im Ergebnis umfangreicher, als im Erbfall. Hinsichtlich des Schuldenabzugs dürfte allerdings eine Gleichbehandlung angezeigt sein.

C. Hofzuweisung nach dem Grundstücksverkehrsgesetz

48 Erbt eine Erbengemeinschaft aufgrund gesetzlicher Erbfolge (§ 13 Abs. 1 S. 1 GrdstVG) außerhalb des Geltungsbereichs landesgesetzlicher Sonderregelungen wie der Höfeordnung einen landwirtschaftlichen Betrieb, so kann die Zuweisung an einen Miterben aufgrund der Vorschriften des Grundstücksverkehrsgesetzes erfolgen. Danach ist eine Zuweisung im Wege eines gesetzlichen Übernahmerechts vorgesehen.

49 Nach § 13 Abs. 1 GrdstVG erfolgt die Zuweisung ungeteilt einschließlich sämtlicher für den Betrieb erforderlicher Grundstücke an einen Miterben. Kann der Betrieb in mehrere Betriebe geteilt werden, kann die Zuweisung einzelner Betriebe an verschiedene Miterben erfolgen. Ausgenommen werden sollen Grundstücke, die auf absehbare Zeit nicht dem Betrieb dienen.

77 BGH, Beschl. v. 13.4.2016 – XII ZB 578/14, FamRZ 2016, 1044.
78 BGH, Beschl. v. 13.4.2016 – XII ZB 578/14, FamRZ 2016, 1044; OLG Stuttgart, Beschl. v. 15.10.2014 – XII ZB 120/14, juris.
79 OLG Stuttgart, Beschl. v. 15.10.2014, 15 UF 120/14, juris.

I. Voraussetzungen für die Zuweisung

Voraussetzung hierfür ist der Antrag eines Miterben beim zuständigen Amtsgericht, dort dem Landwirtschaftsgericht. 50

Der Betrieb bedarf einer für die Bewirtschaftung geeigneten **Hofstelle**. Sie muss mit ihren Erträgen, also nachhaltig erzielbaren Überschüssen, den Unterhalt einer bäuerlichen Familie,[80] ggf. unter Berücksichtigung zugepachteten Landes sicherstellen können. 51

Weitere Voraussetzung ist eine fehlende oder nicht durchführbare Einigung zwischen den Miterben. Die Zuweisung darf nicht erfolgen, solange die Auseinandersetzung ausgeschlossen oder Testamentsvollstreckung mit dem Aufgabenbereich Auseinandersetzung der Erbengemeinschaft angeordnet und ein Testamentsvollstrecker vorhanden ist. 52

II. Person des Zuweisungsempfängers

Die Zuweisung soll an den Miterben erfolgen, der nach dem wirklichen oder mutmaßlichen Willen des Erblassers, den Betrieb übernehmen sollte. Hierbei ist insbesondere auf unwirksame letztwillige Verfügungen oder die Übergabe zur Bewirtschaftung zu Lebzeiten des Erblassers abzustellen. Nach § 15 Abs. 1 GrdstVG muss der bedachte Miterbe zur Bewirtschaftung bereit und in der Lage sein. Soweit es sich beim Zuweisungsempfänger nicht um einen Abkömmling oder den Ehegatten des Erblassers handelt, ist ihm der Betrieb nur zuzuweisen, wenn er den Betrieb bewohnt und bewirtschaftet oder mit bewirtschaftet. 53

III. Rechtsfolgen der Zuweisung

Nach § 13 Abs. 2 GrdstVG geht das Eigentum an dem Betrieb mit der Rechtskraft der Entscheidung des Landwirtschaftsgerichts auf den Zuweisungsempfänger (Erwerber) über. Es kann auch ein späterer Zeitpunkt für den Übergang bestimmt werden. 54

Zugleich entsteht für die Miterben ein **Abfindungsanspruch** in Geld, der dem Wert ihres Anteils am Betrieb entspricht. Zur Höhe verweist § 16 Abs. 1 GrdstVG auf den Ertragswert nach § 2049 Abs. 2 BGB. 55

IV. Haftung für Nachlassverbindlichkeiten

Nachlassverbindlichkeiten sind aus dem sonstigen Nachlassvermögen zu erfüllen. Nach § 16 Abs. 2 GrdstVG kann das Gericht auf Antrag und mit Zustimmung des Gläubigers, dessen Forderung dinglich auf einem Betriebsgrundstück gesichert ist, bestimmen, dass für diese Forderung in Abweichung von § 2046 BGB, der Erwerber des Betriebs allein haftet. 56

V. Nachabfindungsansprüche

Das Grundstücksverkehrsgesetz regelt Nachabfindungsansprüche in § 17 GrdstVG für den Fall, dass der Erwerber binnen **fünfzehn Jahren** nach der Zuweisung aus einer dem Zweck der Zuweisung zuwiderlaufenden Veräußerung des Betriebs oder zugewiesener Gegenstände einen erheblichen Gewinn erzielt. Soweit es der Billigkeit entspricht, hat der Erwerber die übrigen Miterben auf Verlangen so zu stellen, als hätte die Veräußerung bereits zum Zeitpunkt der Zuweisung stattgefunden. Die Miterben erhalten also als Nachabfindung 57

80 Brdbg. OLG, Beschl. v. 7.5.2015, 5 W (Lw) 7/14, juris.

nicht etwa die Differenz zwischen der seinerzeitigen Abfindung und dem jetzigen Erlös berechnet auf ihren Anteil, sondern lediglich die Differenz zwischen ihrer Abfindung und einem hypothetischen seinerzeitigen Erlös. Im Ergebnis ist dies folgerichtig, denn Werterhöhungen nach dem Eintritt des Erbfalls und der Aufteilung der Nachlassgegenstände unter den Miterben werden auch bei sonstigen Vermögensgegenständen nicht berücksichtigt. In Betracht ziehen könnte man allenfalls eine Indexierung, da das Vermögen innerhalb der Zeit bis zur Zahlung der Nachabfindung dem Zuweisungsempfänger zur Verfügung stand. Unter dem gleichen Gesichtspunkt kommt eine Verzinsung in Betracht. Nach der Rechtsprechung ist der Wert zum Zeitpunkt der Zuweisung zu berechnen. Sowohl Wertsteigerungen als auch Wertverringerungen bleiben außer Betracht.[81]

VI. Genehmigungspflicht

58 Soweit die Miterben keine Landwirte sind, bedarf die Erbauseinandersetzung der Genehmigung nach dem Grundstücksverkehrsgesetz. Bei der Auseinandersetzung sind agrarstrukturelle Gegebenheiten zu berücksichtigen. Jede widersprechende Aufteilung soll untersagt werden.[82] Die Einschränkungen von § 9 Abs. 3 GrdstVG sind zu beachten.

D. Sondererbfolge nach Landesrecht

59 In den Ländern Nordrhein-Westfalen, Hamburg, Niedersachsen und Schleswig-Holstein gilt die Höfeordnung. Außerdem gibt es gesetzliche Regelungen zum Landwirtschaftserbrecht in Form von Anerbenrechten, Landgütergesetz oder Höfegesetzen in den Ländern Baden-Württemberg, Bremen, Hessen und Rheinland-Pfalz, ähnlich den höferechtlichen Vorschriften. In Hessen ist nur ein Übernahmerecht geregelt (§ 11 Abs. 1 HessLGO). In Baden-Württemberg und Rheinland-Pfalz besteht die gesetzliche Hofvorerbschaft des Ehegatten (§ 7a Abs. 3 BadHofgüterG, Art. 8a Abs. 3 WürttAnerbenG, § 16 Abs. 2 HO-Rhpf).

60 Anders als die allgemeinen Vorschriften des BGB und des Grundstücksverkehrsgesetzes sieht die Höfeordnung eine gesetzliche Sondererbfolge vor, wenn sich im Nachlass ein Hof befindet. Sie hat Einfluss auf die Auseinandersetzung der Erbengemeinschaft und das ihr zufallende Nachlassvermögen. Es findet eine Nachlassspaltung in Hofesvermögen und hoffreies Vermögen statt.

I. Voraussetzungen für die Anwendung der Höfeordnung

61 Die Höfeordnung findet ausschließlich Anwendung auf **„Höfe"** im Sinne des Gesetzes. Ein Hof ist nach § 1 Abs. 1 HöfeO „eine im Gebiet der Länder Hamburg, Niedersachsen, Nordrhein-Westfalen und Schleswig-Holstein belegene land- oder forstwirtschaftliche Besitzung mit einer zu ihrer Bewirtschaftung geeigneten Hofstelle, die im Alleineigentum einer natürlichen Person oder im gemeinschaftlichen Eigentum von Ehegatten (Ehegattenhof) steht oder zum Gesamtgut einer Gütergemeinschaft gehört, sofern sie einen Wirtschaftswert von mindestens 10.000 EUR hat. (…) Eine Besitzung, die einen Wirtschaftswert von weniger als 10.000 EUR, mindestens jedoch von 5.000 EUR hat, wird Hof, wenn der Eigentümer erklärt, dass sie Hof sein soll, und wenn der Hofvermerk im Grundbuch eingetragen wird." Die HöfeO gilt gemäß § 12 Abs. 10 HöfeO außerdem für die Berechnung

81 BGH, Beschl. v. 25.11.2011 – BLw 2/11, FamRZ 2012, 362.
82 OLG Stuttgart, Beschl. v. 13.4.1999 – 10 WLw 20/98, juris.

des Zugewinnausgleichsanspruchs im Todesfall bei Tod des Hofeigentümers. Eine ähnliche gesetzliche Regelung gibt es für Rheinland-Pfalz. Für das Land Brandenburg, aber auch für Sachsen-Anhalt wird die Einführung der Höfeordnung erwogen, um Übernehmern landwirtschaftlicher Betriebe auch in Ansehung der gestiegenen Bodenpreise die Weiterführung der Betriebe im Erbfall zu erleichtern.

Nach § 1 Abs. 3 HöfeO verliert der Hof die **Hofeigenschaft** bei Wegfall der oben genannten Voraussetzungen. Die Hofeigenschaft entfällt jedoch erst bei Löschung des Hofvermerks, sofern lediglich der Wirtschaftswert unter 5.000 EUR sinkt oder keine zur Bewirtschaftung geeignete Hofstelle mehr besteht. Ob die Hofeigenschaft bereits ohne Löschung des Hofvermerks entfällt, weil keine zur Bewirtschaftung geeignete landwirtschaftliche Besitzung mehr vorhanden ist, bleibt der Einzelfallentscheidung der Gerichte vorbehalten.[83] Das OLG Hamm hat hierzu ausgeführt: 62

> *„Die Hofeigenschaft gemäß § 1 Abs. 3 S. 1 i.V.m § 1 Abs. 1 HöfeO entfällt unabhängig von der Löschung des Hofvermerks, wenn keine landwirtschaftliche Besitzung mehr vorhanden ist. Eine landwirtschaftliche Besitzung setzt über den bloßen Besitz einzelner landwirtschaftlicher Grundstücke eine wirtschaftliche Betriebseinheit voraus, bei der die landwirtschaftlichen Grundstücke nebst Hofstelle durch die organisierende Tätigkeit eines Betriebsleiters zusammengefasst sind und zu der in der Regel auch eine Hofstelle hinzukommen muss.“*[84]

Die HöfeO kommt auch nicht zur Anwendung, wenn der Hofvermerk im Grundbuch gelöscht wurde. Das Vorliegen der Voraussetzungen, dass es sich um einen Hof handeln könnte, reicht allein für die höferechtliche Privilegierung nicht aus. Die Anwendung der Höfeordnung ist nicht zwingend, sondern wird vielmehr vom Erblasser durch die Hoferklärung bestimmt.[85] 63

1. Land- und forstwirtschaftliche Besitzung

Die Höfeordnung umfasst Betriebe zur Bodenbewirtschaftung und die mit ihr verbundene Tierhaltung, einschließlich der Pferdezucht, soweit sie der Gewinnung tierischer und pflanzlicher Erzeugnisse dienen. Damit sind insbesondere der Ackerbau, die Wiesen- und Weidewirtschaft, der Gartenbau, der Obst- und Weinbau erfasst, wobei die Bodennutzung jeweils die wesentliche und nicht nur untergeordnete Wirtschaftsgrundlage sein muss.[86] Diese allgemein für die Bestimmung des Begriffs der **Landwirtschaft** in § 1 HöfeO anerkannte Definition[87] entspricht derjenigen in § 1 Abs. 2 GrdstVG. 64

Unter den Begriff fallen auch **Gartenbaubetriebe**, und zwar nach der Rechtsprechung des BGH nunmehr auch solche, bei denen der Anbau von Blumen überwiegend in Gewächshäusern und Behältern erfolgt.[88] 65

Auch **Fischereibetriebe** können § 1 Abs. 1 HöfeO unterliegen, sofern die Bodennutzung in Form von Teichwirtschaft im Vordergrund steht, der Fischbesatz also im Wesentlichen aus dem Gewässergrundstück ernährt wird.[89] 66

---

83 BGH, Beschl. v. 26.10.1999 – BLw 2/99, juris.
84 OLG Hamm, Beschl. v. 5.12.2006 – 10 W 97/05, juris.
85 *Wöhrmann*, § 1 Rn 1.
86 *Lüdtke-Handjery/von Jeinsen*, § 1 Rn 9.
87 *Steffen/Ernst*, § 1 Rn 5 f.; *Lüdtke-Handjery/von Jeinsen*, § 1 Rn 9; *Wöhrmann*, § 1 Rn 11.
88 BGH, Beschl. v. 29.11.1996 – BLw 12/96, NJW 1997, 664, 665.
89 *Lüdtke-Handjery/von Jeinsen*, § 1 Rn 14.

67 Ob die **Bienenzucht** und Imkerei trotz Ermangelung einer Bodennutzung als Landwirtschaft i.S.d. Höfeordnung anzusehen ist, bleibt streitig.[90]

68 Ausgenommen sind in der Regel diejenigen Betriebe, die nicht durch die Bodenbewirtschaftung eigener Flächen ihre Erzeugnisse produzieren, sondern entweder mit Pflanzen lediglich handeln, diese also aufkaufen und weiterverkaufen, oder Tierzucht ausschließlich auf der Basis des Zukaufs von Futter betreiben.[91]

2. Hofstelle

69 Die Besitzung muss eine zur Bewirtschaftung geeignete **Hofstelle** haben. Das ist regelmäßig nur eine Hofstelle, von der aus die Landwirtschaft regelmäßig betrieben wird, wenngleich hieran wegen der gewandelten Verhältnisse und der Durchführung von Arbeiten durch Lohnunternehmen keine allzu hohen Anforderungen zu stellen sind.[92]

3. Alleineigentum oder gemeinschaftliches Eigentum

70 Die Vorschrift setzt zwingend **Alleineigentum** einer **natürlichen Person** oder allenfalls gemeinschaftliches Eigentum der **Ehegatten** voraus. Der Hof kann mithin nicht Eigentum einer Gesellschaft sein. Abzustellen ist auf die Eintragung im Grundbuch. Miteigentum an allen Hofgrundstücken hindert die Entstehung und den Fortbestand der Hofeigenschaft.[93] Vorerbschaftseigentum genügt, sofern nicht bei Eintritt des Nacherbfalls die bezweckte geschlossene Vererbung des Hofes unmöglich würde.[94]

4. Wirtschaftswert

71 Der Wirtschaftswert ist unter Zugrundelegung der Vorschriften §§ 46 bis 48 BewG zu bestimmen. Es ist auf den Einheitswert abzustellen.

5. Hofvermerk

72 Ist ein Hofvermerk eingetragen, begründet § 5 HöfeVfO die Vermutung, dass die Besitzung die Hofeigenschaft hat. Aus Tatsachen außerhalb des Grundbuches kann sich aber ergeben, dass ein Hof nicht mehr gegeben ist. Dieser setzt neben dem bloßen Besitz land- und forstwirtschaftlicher Grundstücke eine Betriebseinheit voraus, wobei die folgenden Indizien gegen einen Hof und für eine dauerhafte Auflösung sprechen:

- Aufgabe der Bewirtschaftung durch den Erblasser
- das Fehlen einer für den land- bzw. forstwirtschaftlichen Betrieb geeigneten Hofstelle
- der schlechte Zustand der Wirtschaftsgebäude
- das Fehlen von lebenden und totem Inventar
- eine langfristige parzellierte Verpachtung von Flächen sowie
- die Vermietung von Gebäuden zu nicht land- bzw. forstwirtschaftlichen Zwecken.

73 Für einen rein forstwirtschaftlichen Betrieb ist als Wirtschaftsgebäude und Hofstelle eine einfache Jagdhütte ausreichend.[95] Eine **Löschung** (negativer Hofvermerk) des Hofvermerks

90 *Lüdtke-Handjery/von Jeinsen*, § 1 Rn 15 (differenzierend); *Wöhrmann*, § 1 Rn 17 (bejahend).
91 *Steffen/Ernst*, § 1 Rn 6; *Lüdtke-Handjery/von Jeinsen*, § 1 Rn 13, 16.
92 *Steffen/Ernst*, § 1 Rn 9.
93 *Lüdtke-Handjery/von Jeinsen*, § 1 Rn 43 ff..
94 *Lüdtke-Handjery/von Jeinsen*, § 1 Rn 49 f.
95 OLG Hamm, Beschl. v. 22.7.2010 – 10 W 11/10, juris.

kann nicht teilweise und auch nicht durch den **Vorerben** ohne Zustimmung des Nacherben erfolgen.[96] Die Löschung kann durch Erklärung gegenüber dem Grundbuchamt beantragt werden. Sie wirkt nicht für den Rechtsnachfolger. Die Hofeigenschaft kann entfallen, wenn ein Wiederanspannen nicht zu erwarten ist, weil es dann an einer landwirtschaftlichen Besitzung fehle. Nach der Rechtsprechung des BGH ist *„maßgeblich für die Beurteilung, ob eine landwirtschaftliche Besitzung ein Hof im Sinne der Höfeordnung ist, (...) der von dem Finanzamt ermittelte Wirtschaftswert, auch wenn er sich nicht aus einem förmlichen Bescheid ergibt"*.[97]

II. Allgemeine Rechtsfolgen der Hofeigenschaft

1. Allgemeine Folgen

Ist eine landwirtschaftliche Besitzung zum Zeitpunkt des Erbfalles Hof i.S.v. § 1 HöfeO, richtet sich ihre Vererbung ausschließlich nach den Sondervorschriften der Höfeordnung. Es erfolgt zwingend ein direkter Übergang auf nur einen Erben gemäß § 4 S. 1 HöfeO. Der Hof gelangt nicht, wie bei einer Vererbung nach § 2049 BGB und im Anwendungsbereich des Grundstückverkehrsgesetzes, zunächst in das Eigentum der Erbengemeinschaft. Die Höfeordnung hat vielmehr eine gesetzliche **Sonderrechtsnachfolge** zur Folge, die die Gesamtrechtsnachfolge der Erbengemeinschaft nach § 1922 Abs. 1 BGB ausschließt. Zugleich wird hierdurch auch die Testierfreiheit des Erblassers insoweit eingeschränkt, als er über einen Hof nur im Sinne der Höfeordnung verfügen kann. Verfügt der Erblasser in einer den gesetzlichen Vorschriften widersprechenden Weise, so ist die letztwillige Verfügung insoweit nichtig. 74

Streitig ist, ob der Hof direkt dem Hoferben zufällt[98] oder die Vorschrift bewirkt, dass sich die **Erbengemeinschaft** im Zeitpunkt des Erbfalls kraft Gesetzes auseinandersetzt, soweit der Hof betroffen ist.[99] Letztlich führen beide Auffassungen zu demselben Ergebnis, wobei die Begründung der „gesetzlichen Erbauseinandersetzung" bei *Lange/Wulff/Lütke-Handjery* ohne zugleich einen Durchgangserwerb bei der Erbengemeinschaft anzunehmen, nicht zu überzeugen vermag. Begründen ließe sich diese Auffassung u.U. mit der gesetzlich geregelten gesamtschuldnerischen Haftung auch des Hoferben für alle Nachlassverbindlichkeiten, selbst wenn er kein Miterbe geworden ist. Aus § 15 Abs. 1 HöfeO jedoch derart weitgehende Konsequenzen für den Erwerb des Hofeigentums herleiten zu wollen, wäre verfehlt. Vielmehr ist davon auszugehen, dass die Miterben lediglich einen am Hofeswert zu bemessenden Abfindungsanspruch erben und § 4 S. 1 HöfeO einen Ausnahmetatbestand zur Universalsukzession des § 1922 Abs. 1 BGB darstellt. Ebenso wird der Vorgang auch steuerrechtlich bewertet.[100] 75

2. Besonderheiten bei Vor- und Nacherbschaft am Hof

Bei Vor- und Nacherbschaft in den Hof entstehen der Abfindungsanspruch und damit auch der Pflichtteilsanspruch nur einmal, nämlich bei Eintritt des Erbfalls, also nicht erst bei Eintritt der Nacherbfolge.[101] Ab dann läuft auch die **Verjährungsfrist**. 76

---

96 BGH, Beschl. v. 11.10.2012 – BLw 14/11, FamRZ 2013, 131.
97 BGH, Beschl. v. 15.4.2011 – BLw 9/10, juris.
98 *Weirich*, § 1 Rn 14; *Wöhrmann*, § 4 Rn 7.
99 So noch *Lange/Wulff/Lüdtke-Handjery*, § 4 Rn 8 (10. Aufl. 2001).
100 *Wöhrmann*, § 4 Rn 8.
101 *Wöhrmann*, § 12 Rn 125.

Problematisch ist das tatsächliche Entfallen der Hofeigenschaft im Zeitraum zwischen Eintritt des Erbfalls und Eintritt der Nacherbfolge. Der Hofvorerbe kann die Hofeigenschaft nicht ohne Zustimmung des Hofnacherben durch Löschung des Hofvermerks herbeiführen.[102] Die Hofeigenschaft kann aber durch Aufgabe der Bewirtschaftung faktisch entfallen. Die Hofeigenschaft entfällt zudem, wenn der Wirtschaftswert unter die in § 1 Abs. 1 und 3 HöfeO genannten Grenzen fällt, jedoch erst wenn die Löschung des Hofvermerks erfolgt.[103] Der BGH vertritt dazu die Auffassung, dass sich die Erbfolge nur nach dem Zeitpunkt des Erbfalls richten kann,[104] nachträgliche Veränderungen also unerheblich für den späteren Übergang auf den Nacherben sind. Das ist dogmatisch richtig, führt aber zu widersinnigen Ergebnissen und einer Benachteiligung von Abkömmlingen, die sich mit Sinn und Zweck der Höfeordnung nicht rechtfertigen lässt.

3. Besonderheiten beim Ehegattenhof

77 Der Ehegattenhof ist die einzige Variante **gemeinschaftlichen Eigentums** beim Hof. Ehegattenhöfe können durch die Aufnahme des Hofes in das Gesamtgut entstehen, wenn die Ehegatten in Gütergemeinschaft leben. Der Hof kann aber auch durch Erklärung der Ehegatten nach § 1 Abs. 2 HöfeO Ehegattenhof werden, wenn die Ehegatten erklären, dass es ein Ehegattenhof sein soll und der Hofvermerk im Grundbuch eingetragen wird.

78 Die Erbfolge in einen Ehegattenhof ist in § 8 HöfeO geregelt. Gesetzlicher Hoferbe ist bei einem Ehegattenhof immer der überlebende Ehegatte. Ein Hoferbe kann gemäß § 8 Abs. 2 HöfeO nur gemeinsam bestimmt werden, eine solche Bestimmung nur gemeinsam aufgehoben werden. Haben die Ehegatten keine gemeinsame Bestimmung getroffen, kann derLetztversterbende nach § 8 Abs. 2 S. 2 HöfeO den Hoferben allein bestimmen.

Die Vorschriften zum Ehegattenhof wurden durch die Neufassung der HöfeO im Jahr 1976 geändert. Bis dahin war der überlebende Ehegatte, aus dessen Familie der Hof nicht stammte, nach dem Tod des anderen Ehegatten, aus dessen Familie der Hof stammte, nur insgesamt Hofvorerbe, § 8 Abs. 1 HöfeO a.F., er verlor also sein Eigentum. Der Hofnacherbe konnte nur von dem Ehegatten bestimmt werden, aus dessen Familie der Hof herrührte. Diese Regelung ist als verfassungswidrig anzusehen, denn der überlebende Hoferbe wurde „lebendig beerbt"[105] Das stellt zweifelsohne einen Verstoß gegen Art. 14 GG dar. Die Konstellation führt allerdings zu problematischen Ergebnissen in Fällen, in denen der erste Ehegatte vor 1976 verstorben ist und vom Überlebenden nur als Hofvorerbe beerbt wurde. Dieser kann nach der Neuregelung der Höheordnung nur Vollerbe sein, ist im Grundbuch aber als Hofvorerbe insgesamt (in verfassungswidriger Weise) oder hinsichtlich des ererbten Anteils eingetragen. Es ist höchst streitig, was insbesondere in Fällen geschieht, in denen sodann zwischen Vor- und Nacherbfall die Hofeigenschaft entfällt. Für den Anteil des überlebenden Ehegatten ist das möglich. Für den des Vorverstorbenen gelten die für die Vor- und Nacherbschaft aufgestellten Grundsätze. Das führt zu bislang nicht geklärten Streitfragen. Es besteht in derartigen Konstellationen dringender lebzeitiger Gestaltungsbedarf.

---

102 BGH, Beschl. v. 11.10.2012 – BLw 14/11, FamRZ 2013, 131.
103 OLG Hamm, Beschl. v. 19.1.1981 – 15 W 124/80, RPfleger 1981, 234.
104 BGH, Beschl. v. 23.11.2012 – BLw 12/11, DNotZ 2013, 446 = FamRZ 2013, 622.
105 *Wöhrmann*, § 8 Rn 2.

III. Folgen für die Erbengemeinschaft

Die Erbengemeinschaft erlangt nach dem Vorstehenden kein Eigentum am Hof. Nach § 4 S. 2 HöfeO tritt an die Stelle des Hofes bei der Auseinandersetzung der Erbengemeinschaft für die Miterben sein Wert. Umfasst sind hiervon auch die Bestandteile gemäß § 2 HöfeO. Das sind u.a. die Grundstücke des Hofeigentümers, die regelmäßig von der Hofstelle bewirtschaftet werden und zwar auch dann, wenn sie vorübergehend verpachtet sind. Sowie Mitgliedschafts-, Nutzungs- und ähnliche Rechte, die entweder mit dem Hofeigentum oder dem Hofeigentümer verbunden sind. 79

Der Begriff des Zubehörs in § 4 HöfeO unterscheidet sich von dem in den §§ 97, 98 BGB.[106] Über **Zubehör** kann der Erblasser zu Lebzeiten oder durch Verfügung von Todes wegen frei verfügen, soweit hierdurch nicht die weitere Bewirtschaftung des Hofes gefährdet wird,[107] was wiederum zu einer Gefährdung der Hofeigenschaft führen kann. Es fällt ohne Verfügung in den hofgebundenen Nachlass. 80

Alle Gegenstände im Eigentum des Erblasser, die nicht Bestandteil oder Zubehör des Hofes sind, unterliegen den allgemeinen erbrechtlichen Vorschriften und werden daher Eigentum der Erbengemeinschaft. Es findet eine **Nachlassspaltung** statt. 81

Die Erbengemeinschaft hat sich mit dem Hof als solches nur dann näher zu befassen, wenn nicht feststeht, wer Hoferbe geworden ist. Andernfalls kommt es für die Auseinandersetzung der Erbengemeinschaft lediglich auf den Hofeswert an. 82

1. Hoferbe

a) Bestimmung des Hoferben durch den Erblasser

Nur der Hofeigentümer kann den Hoferben bestimmen.[108] Der Erblasser kann jedoch einen Dritten bestimmen, der aus einem Personenkreis den am besten geeigneten Hoferben auswählt.[109] Insoweit sind die Voraussetzungen der Bestimmung durch einen Dritten weniger eng als nach den Vorschriften des BGB. Bestimmt er keinen Hoferben, so greift die gesetzliche Erbfolge nach § 5 HöfeO. Hoferbe ist nur derjenige, der entweder aufgrund Bestimmung des Erblassers oder aufgrund gesetzlicher Erbfolge den Hof erhält und einer der höferechtlichen Erbordnungen angehört. Das familienfremde Personen zwar Hofnachfolger, nicht jedoch „Hoferbe", verbunden mit den sich aus der Höfeordnung ergebenden Privilegien sein können,[110] vermag nicht zu überzeugen, denn auch in der Person des familienfremden Übernehmers können die Privilegierungsvoraussetzungen zugunsten der Erhaltung des Betriebes vorliegen. Hoferbe kann nur eine Person sein. Der Hoferbe muss nicht zwingend aus der Ebene der Kinder stammen. Es kann auch ein geeigneter Enkel alle Kinder verdrängen. Diese Fälle profitieren insbesondere auch von dem bei Minderjährigen entbehrlichen Kriterium der Wirtschaftsfähigkeit, wobei letzteres nicht zur Folge haben kann, dass ein beliebiger Minderjähriger ohne jedwede Vorqualifikation bzw. ohne jedes Interesse an der Landwirtschaft, die Kinder des Erben verdrängt. Es muss auch hier der Zweck der Privilegierung – Erhaltung eines leistungsfähigen Betriebes – beachtet werden. Es muss sich zumindest eine überwiegende Wahrscheinlichkeit für einen Fortbestand des Betriebes abzeichnen. 83

---

106 Erman/*Michalski*, § 98 Rn 9.

107 *Steffen/Ernst*, § 4 Rn 10; so noch *Lange/Wulff/Lüdtke-Handjery*, § 3 Rn 21 (10. Aufl. 2001).

108 OLG Celle, Beschl. v. 21.1.2008 – 7 W 93/07 (L) – OLGR Celle 2008, 207, 208, juris.

109 RG, Urt. v. 6.2.1939 – IV 188/38 – RGZ 159, 296, 299.

110 *Lüdtke-Handjery/von Jeinsen*, § 4 Rn 6.

84 Die Bestimmung des Hoferben hat entweder in Form einer letztwilligen Verfügung unter Beachtung der dazugehörigen allgemeinen Formvorschriften zu erfolgen. Abweichend hiervon kann der Erblasser den Hof auch zur Bewirtschaftung auf einen Abkömmling übertragen und auf diese Weise den Hoferben festlegen. Die Übertragung zur Bewirtschaftung ist als bindende Hoferbenbestimmung anzusehen, wenn der Erblasser durch Art und Umfang der Beschäftigung eines Abkömmlings zu erkennen gibt, dass dieser Hoferbe sein soll. Dieser ursprünglich von der ständigen Rechtsprechung des BGH entwickelte Grundsatz,[111] der auch andere Verwandte umfasste, ist in § 7 Abs. 2 HöfeO seit dem 1.7.1976 gesetzlich geregelt. Der hiervon ausgehende Schutz ist allerdings eher eingeschränkt, denn der Erblasser kann jederzeit den Hoferbenvermerk im fakultativen Höferecht löschen lassen und den Hof damit der Hoferbfolge entziehen.[112] Dem formlos bestimmten Hoferben bleibt dann nur der Weg über § 2049 BGB und eine Zuweisung nach § 13 GrdstVG. Zu Altfällen vor Inkrafttreten des § 7 Abs. 2 HöfeO hat das OLG Oldenburg entschieden:

> *„In Altfällen, in denen der Erblasser vor Inkrafttreten des Zweiten Gesetzes zur Änderung der Höfeordnung (vor Inkrafttreten des § 7 Abs. 2 HöfeO) eine formlose Hoferbenbestimmung vorgenommen und der zum Hoferben Bestimmte nach den damaligen Grundsätzen der Rechtsprechung eine gesicherte Rechtsposition erlangt hatte, ist eine vom Erblasser durch letztwillige Verfügung vorgenommene Herabstufung des formlos eingesetzten bzw. bestimmten Hoferben zum Hofvorerben nicht wirksam. In solchen Fällen ist die Unwirksamkeit der Herabstufung des formlos eingesetzten bzw. bestimmten Hoferben zum Hofvorerben auch dann zu berücksichtigen, wenn der formlos bestimmte Hoferbe seine volle Hoferbenstellung zu seinen Lebzeiten nicht geltend und nicht durchgesetzt hatte."*[113]

85 Nicht geklärt ist, ob der Erblasser, der nach **Herausnahme des Hofes aus der Höfeordnung** und Abschluss eines Erbvertrages, z.B. mit einer GbR, bestehend aus mehreren seiner Kinder, die erbvertraglichen Bindungen dadurch beseitigen kann, dass er den Hof wieder in die Höferolle eintragen lässt. Das hätte zur Folge, dass ein Übergang auf eine GbR wegen der zwingenden Vorschriften ausgeschlossen ist. Die Höfeordnung mit ihrer zwingenden Erbfolge, insbesondere im Hinblick auf die ausschließliche Möglichkeit einen Hoferben zu berufen, überlagert die allgemeinen Vorschriften und ist nicht erbvertraglich abänderbar. Möglicherweise bestünde ein Anspruch des ausgeschlossenen Erben auf Löschung des Hofvermerks und Übertragung des hälftigen Miteigentumsanteils. Hält man das für zu weitgehend, so besteht allenfalls ein Schadensersatzanspruch des ausgeschlossenen Erben gegen den Erblasser, der den Nachlass als Verbindlichkeit belastet. Den Verkauf eines Hofes entgegen einer erbvertraglichen Bindung hat das OLG Hamm nicht zwingend als sittenwidrig angesehen.[114]

86 Nach § 11 HöfeO kann der Hoferbe den Anfall des Hofes **ausschlagen**, ohne dass hierdurch der Anfall der Erbschaft im Übrigen berührt wird. Die allgemeinen Vorschriften gelten entsprechend.

---

111 *Wöhrmann*, § 7 Rn 37.

112 BGH, Beschl. v. 14.5.1987 – BLw 2/87, NJW 1988, 710, 711; *Wöhrmann*, § 7 Rn 38; *Lüdtke-Handjery/von Jeinsen*, § 7 Rn 13, 14.

113 OLG Oldenburg, Beschl. v. 25.3.2010 – 10 W 33/09, juris.

114 OLG Hamm, Urt. v. 27.2.1997 – 22 U 51/96, juris.

b) Gesetzliche Hoferbenordnung

Nach § 5 HöfeO sind zu Hoferbfolge berufen in erster **Ordnung** die Kinder und deren Abkömmlinge, in zweiter Ordnung der Ehegatte des Erblassers, in dritter Ordnung seine Eltern, wenn der Hof aus ihren Familien stammt oder mit ihren Mitteln erworben wurde und in vierter Ordnung die Geschwister des Erblassers und deren Abkömmlinge. § 6 HöfeO differenziert die Auswahl unter den verschiedenen in Betracht kommenden Hoferben. Sie kommen in folgender Reihenfolge zur Hoferbfolge: 87

- Übertragung des Hofes zur Bewirtschaftung zu Lebzeiten des Erblassers, falls sich dieser nicht ausdrücklich eine anderweitige Bestimmung vorbehalten hatte (§ 6 Abs. 1 Nr. 1 HöfeO), wobei die Vorbehaltserklärung klar und eindeutig und bei Bewirtschaftungsübertragung erfolgen muss[115]
- Ausbildung oder Art und Umfang der Beschäftigung auf dem Hof (§ 6 Abs. 1 Nr. 2 HöfeO)
- Ältesten- oder Jüngstenerbrecht, je nach gegendspezifischem Erbbrauch.

Eine **Differenzierung** nach einer besseren Eignung, bei mehreren wirtschaftsfähigen Hoferben, kennt die Höfeordnung nicht. Es findet dann ausschließlich eine Bestimmung nach dem **Ältesten- bzw. Jüngstenerbrecht** statt.[116] 88

c) Besonderheit beim Ehegattenhof

Bei Ehegattenhöfen erbt gemäß § 8 HöfeO der überlebende Ehegatte. Ein Dritter kann als Erbe nur durch beide Ehegatten gemeinsam bestimmt werden. Nur der überlebende Ehegatte kann bei Fehlen einer gemeinsamen Bestimmung einen Hoferben allein bestimmen. 89

d) Wirtschaftsfähigkeit des Hoferben

Der Hoferbe muss nach § 6 Abs. 6 HöfeO wirtschaftsfähig sein. Das ist nach § 6 Abs. 7 HöfeO der Fall, wenn der Erbe „nach seinen körperlichen und geistigen Fähigkeiten, nach seinen Kenntnissen und seiner Persönlichkeit geeignet ist, den von ihm zu übernehmenden Hof selbstständig ordnungsgemäß zu bewirtschaften". Das OLG Hamm sieht einen Erbanwärter als wirtschaftsfähig an, 90

> *„wenn er nach seinen körperlichen und geistigen Fähigkeiten, nach seinen Kenntnissen und nach seiner Persönlichkeit in der Lage ist, den zu übernehmenden Hof ordnungsgemäß selbst zu bewirtschaften, und zwar so, dass keine größeren Ausfälle bei den Erträgen des Hofes eintreten als diejenigen, die auch bei der Wirtschaftsführung eines anderen, den Anforderungen einer ordnungsgemäßen Wirtschaft gewachsenen Landwirts eintreten würden".*[117]

Das OLG Oldenburg hat die Wirtschaftsfähigkeit eines Hoferben als nicht gegeben angesehen und dazu Folgendes in seiner Beschlussbegründung dargestellt:

> *„An die Wirtschaftsfähigkeit i.S.d. § 6 Abs. 7 HöfeO ist unter Berücksichtigung des Zwecks des Landwirtschaftserbrechts der HöfeO ein strenger, objektiver Maßstab anzulegen, wobei die Anforderungen von der Art, der Größe und der in Betracht kommenden Bewirtschaftung des Hofes abhängen. Ein Grundtatbestand landwirtschaftlicher Kenntnisse und Fähigkeiten ist allerdings stets erforderlich; der Standard dieser Kenntnisse und Fähigkeiten muss den aktuellen, heutigen Anforderungen und selbstständigen landwirt-*

115 *Lüdtke-Handjery/von Jeinsen*, § 6 Rn 27, 28.
116 OLG Celle, Beschl. v. 21.1.2008 – 7 W 93/07 (L), OLGR Celle 2008, 207, 210, juris.
117 OLG Hamm, Beschl. v. 5.12.2006 – 10 W 97/05, juris.

schaftlichen Betriebsführung entsprechen. (...) Ihm fehlen und fehlten aber im Zeitpunkt des Erbfalls die erforderlichen Kenntnisse, berufsbezogenen Fähigkeiten und Erfahrungen, um einen Hof unter den heutigen Bedingungen der Landwirtschaft führen zu können. (...) Fragen zur Düngung und zum Pflanzenschutz beim Maisanbau wurden vom Beteiligten zu 2 ebenfalls nur unzureichend oder nicht richtig beantwortet."[118]

Die Wirtschaftsfähigkeit knüpft allein an die objektive Eignung des Hoferben, nicht jedoch an die subjektive Bewirtschaftbarkeit des jeweiligen Hofes.[119]

91 Die Wirtschaftsfähigkeit muss im **Zeitpunkt des Erbfalles** vorliegen.[120] Ist sie zu diesem Zeitpunkt bei einem vormals als Hoferbe in Betracht kommenden Erben entfallen, weil er z.B. aufgrund Krankheit zwischenzeitlich unter Betreuung steht oder körperlich nicht mehr in der Lage ist, den Hof zu bewirtschaften, tritt an seine Stelle der nächste als Hoferbe in Betracht kommende Abkömmling oder sonst nach § 5 HöfeO berufene Hoferbe.

92 Die an die Wirtschaftsfähigkeit zu setzenden Anforderungen sind streng, besonders, wenn Erben gleicher Ordnungen um die Hoferbfolge streiten.[121]

93 Die Wirtschaftsfähigkeit muss in der Regel auch bei dem durch den Erblasser bestimmten Hoferben vorliegen, da nur bei Absicherung des Fortbestandes des Hofes und seiner dauerhaften Bewirtschaftung die Einschränkungen der Rechte der weichenden Erben zu rechtfertigen ist.[122] Ausnahmsweise wird hiervon abgesehen hinsichtlich des Ehegatten, außerdem wenn Abkömmlinge ausschließlich wegen ihres jungen Alters von der Erbfolge ausgeschlossen würden oder wenn nur wirtschaftsunfähige Abkömmlinge (Kinder und Enkel) und ein wirtschaftsunfähiger Ehegatte vorhanden sind. Dann kann der Erblasser einen Hoferben nach § 7 Abs. 1 S. 2 Hs. 2 HöfeO aus dem Kreise der wirtschaftsunfähigen Abkömmlinge bestimmen. Bei der Hoferbfolge ist zu beachten, dass minderjährige Hoferben an die Stelle ihres eigentlich zunächst berufenen Elternteils treten können. Insbesondere können damit Probleme der fehlenden Wirtschaftsfähigkeit des Elternteils umgangen werden, da das Kriterium beim Minderjährigen nicht zwingend gegeben sein muss. Sind Minderjährige am Hoffolgezeugnis-Verfahren neben einem Elternteil beteiligt, so ist dieser ebenso wie sein Ehegatte von der Vertretung des Kindes ausgeschlossen, mit der Folge, dass für das Kind ein Ergänzungspfleger zu bestellen ist.[123] Kommt z.B. das mittlere oder bei Ältestenerbrecht, das jüngere Kind als Hoferbe in Betracht, besteht zudem ein Interessenkonflikt zwischen den Interessen der Geschwister, mit der Folge, dass für jedes der minderjährigen Kinder ein eigener Ergänzungspfleger zu bestellen ist.

118 OLG Oldenburg, Beschl. v. 21.12.2010 – 10 W 37/09, juris.
119 OLG Oldenburg, Beschl. v. 21.12.2010 – 10 W 37/09, juris.
120 OLG Celle, Beschl. v. 21.3.2011 – 7 W 126/10 (L), juris; OLG München, Urt. v. 18.3.2009 – 20 U 2160/06, juris.
121 *Wöhrmann*, § 6 Rn 109–112.
122 *Wöhrmann*, § 6 Rn 124.
123 OLG Celle, Beschl. v. 20.2.2017 – 6 W16/17, juris.

Wirtschaftsfähigkeit gegeben	Wirtschaftsfähigkeit nicht gegeben
Ausbildung als Koch; keine landwirtschaftliche Ausbildung; über 12 Jahre Verpachtung des Hofs vor Tod des Erblassers an Hofprätendenten; Erwirtschaftung von Gewinnen neben Pachtzahlung von 40.800 DM pro Jahr; unrentable Wirtschaftsführung nach Auffassung des weichenden Erben – nach Auffassung des Gerichts: Wertungsfrage, die für Verneinung nicht ausreicht[124]	Kein landwirtschaftlicher Beruf, sondern Handwerk erlernt; Mithilfe (Gehilfentätigkeiten) auf dem Hof; gelegentliches Lesen des „Landwirtschaftlichen Wochenblatts"; Interesse an Gesprächen über Landwirtschaft; keine grobe Darstellung des Wirtschaftsplanes auf Befragen des Gerichts; keine Kenntnisse über möglichen Ertrag pro Hektar (Schätzung); keine Kenntnisse über Erzeugnispreise; keine Kenntnisse über Prämienzahlungen; unzureichende Kenntnisse über Düngung und Pflanzenschutz[125]
Tischlerlehre, Ausbildung zum Groß- und Außenhandelskaufmann; bereits in der Jugend Erledigung auch schwerer Arbeiten auf dem Hof: Bestellung der Äcker, Pflügen; Traktorführerschein; Betriebsüberlassung (Ackerbau und Kälberzucht) ab Renteneintritt Eltern; Buchführung, Flächeneinträge, Antragstellungen; Nebentätigkeit im elterlichen Betrieb trotz anderem Hauptberuf; bemerkenswert: der gleichrangig als Hoferbe in Betracht kommende Bruder hatte eine landwirtschaftliche Ausbildung[126]	Betriebswirtschaftliche Kalkulation durch Aufstellung von Zahlen, die dem „Landwirtschaftlichen Wochenblatt" entnommen wurden; Erwirtschaftung eines jährlichen Gewinns von 20.000 EUR; keine Aussage zu den zu erwartenden Investitionskosten bei Stallumbau; Rückfrage bei Unklarheiten bei Neffe oder Landwirtschaftskammer[127]
	Keine landwirtschaftliche Ausbildung; körperliche und geistige Fitness; erfolgreich geführtes Internetunternehmen; keine selbstständige Mitarbeit auf elterlichem Hof; Angebot eines Fachgesprächs bei Gericht zur Feststellung der Sachkunde[128]
	Mitarbeit auf großelterlichem Hof in Polen während der Kindheit und Jugend; keine Erfahrungen mit heutigen Anforderungen im landwirtschaftlichen Betrieb; Tätigkeit in Gärtnerei; Wohnen auf dem Hof; Gedanken über Hofnachfolge und deshalb aufmerksames Verfolgen der Aktivitäten; Mithilfe bei der Bewirtschaftung von 1,8 ha nicht verpachteter Restfläche (Aufstallen von bis zu 15 Mutterschafen)[129]

94

124 OLG Hamm, Beschl. v. 5.12.2006 – 10 W 97/05, juris.
125 OLG Oldenburg, Beschl. v. 21.12.2010 – 10 W 37/09, juris.
126 OLG Hamm, Beschl. v. 9.3.2012 – 10 W 126/11 und v. 10.2.2012 – 10 W 106/11, juris.
127 OLG Hamm Beschl. v. 17.6.2011 – 10 W 41/11, juris.
128 OLG Celle, Beschl. v. 21.3.2011 – 7 W 126/10 (L), juris.
129 OLG Hamm, Beschl. v. 28.9.2012 – 10 W 39/10, juris.

Wirtschaftsfähigkeit gegeben	Wirtschaftsfähigkeit nicht gegeben
	36 Jahre alter Abkömmling des Erblassers ohne jede Berufsausbildung mit grundlegenden charakterliche Defiziten (hier: Fehlen eines grundsätzlichen und nachhaltigen Interesses am Erwerb landwirtschaftlich fachspezifischer Kenntnisse; Einleitung der faktischen Entwidmung der Hofstelle durch Ablagerung landwirtschaftsfremder Handelsware in großem Stil vor dem Erbfall); Neigung zu wirtschaftlich unausgewogenen Entscheidungen steht einer für die Wirtschaftsfähigkeit erforderlichen Eignung zur selbstverantwortlichen Leitung eines landwirtschaftlichen Betriebes – gerade bei gänzlich fehlender beruflicher Vorbildung – entgegen[130]
	Wirtschaftsfähigkeit gemäß § 6 Abs. 7 HöfeO orientiert sich nicht an einem allgemeinen Maßstab, sondern an den Eigenheiten gerade des zu übernehmenden Hofs, weshalb an die Erben kleinerer Höfe oder von Nebenerwerbshöfen nicht schon grundsätzlich geringere Anforderungen hinsichtlich der Wirtschaftsfähigkeit zu stellen sind; sie setzt sowohl theoretische als auch praktische Kenntnisse und Fähigkeiten voraus, die beide im Rahmen einer sachverständigen Begutachtung zur Überzeugung des Gerichts festgestellt werden müssen. Fehlt es an den notwendigen organisatorisch-kalkulatorischen Fähigkeiten zur Fortführung des Hofs, so kommt es auf praktische Fähigkeiten und Kenntnisse nicht mehr an[131]

e) Vererbung mehrerer Höfe

95 Ist der Erblasser Eigentümer mehrerer Höfe, so können gemäß § 9 Abs. 1 HöfeO die Abkömmlinge einen Hof wählen. Es wird nicht etwa nur ein Abkömmling Hoferbe, dem die Bewirtschaftung mehrerer Höfe übertragen wurde. Es ist dabei ausgeschlossen, dass ein Abkömmling einen Hof wählt, für den nach den höferechtlichen Vorschriften vorrangig ein anderer Abkömmling als Hoferbe in Betracht kommt, solange dieser sein Wahlrecht noch nicht ausgeübt hat. Sind mehr Höfe als Abkömmlinge vorhanden, ist die Wahl zu wiederholen.

f) Fehlender Hoferbe

96 Ist kein Hoferbe nach den Vorschriften der Höfeordnung vorhanden, vererbt sich der Hof nach den allgemeinen Vorschriften. § 10 HöfeO ist anwendbar, wenn entweder kein Hoferbe der gesetzlichen Hoferbenordnungen lebt oder keiner von ihnen wirtschaftsfähig ist. Der Ehegatte, für den die Wirtschaftsfähigkeit nicht gegeben sein muss, scheidet als Hoferbe bei Vorliegen der in § 6 Abs. 2 HöfeO genannten Voraussetzungen aus. Er scheidet nach

130 OLG Hamm, Beschl. v. 22.7.2014 – 10 W 49/14, juris.
131 OLG Hamm, Beschl. v. 15.11.2013 – 10 W 38/13, juris.

§ 6 Abs. 4 HöfeO aus, wenn die Ehe anders als durch Tod aufgelöst, also geschieden oder aufgehoben wurde.

Der Hof fällt dann der Erbengemeinschaft an. Es kann sodann wiederum nur eine Zuwei- 97
sung an einen Miterben nach § 13 GrdstVG erfolgen. Für die Auseinandersetzung der Erbengemeinschaft gilt dann § 2049 BGB.

2. Abfindung der Miterben

§ 4 HöfeO lässt bei der Auseinandersetzung der Erbengemeinschaft für die Miterben des 98
Hoferben an die Stelle des Hofes seinen Wert treten. § 12 HöfeO regelt die Abfindung der Miterben. Sie erhalten anstelle des Hofes einen **Abfindungsanspruch** in Geld gegen den Hoferben.

a) Rechtsnatur des Abfindungsanspruchs

Es ist umstritten, wie der Abfindungsanspruch rechtlich einzuordnen ist. Ursprünglich 99
ordnete der BGH den Abfindungsanspruch als **gesetzliches Vermächtnis** ein,[132] wenngleich es gesetzliche Vermächtnisse nicht gibt. Damit wurde den Miterben zugleich ein Erbrecht am Hof abgesprochen.[133] Dies ist mit der Umformulierung im Jahr 1976, die für die Miterben den Abfindungsanspruch an die Stelle des Hofes treten lässt, nicht mehr vereinbar. Danach scheint der BGH jetzt wohl eher eine Teilungsanordnung zu bejahen.[134]

Zum Teil wird vertreten, sofern der Erblasser selbst die Abfindung der Miterben bestimme, 100
liege ein Vermächtnis vor, auf das jedoch nicht die allgemeinen Vorschriften, sondern die der Höfeordnung anzuwenden seien.[135] Diese Auffassung scheint ohne weiteres nicht haltbar. Andererseits wird das Vorliegen eines Vermächtnisses abgelehnt, ohne jedoch eine rechtliche Bestimmung vorzunehmen.[136] Im Ergebnis ist durch Auslegung der letztwilligen Verfügung wiederum zu bestimmen, ob ein Vermächtnis, ein Vorausvermächtnis oder eine Teilungsanordnung vorliegt.

Nach den gesetzlichen Reglungen haben die Abfindungszahlungen eher den Charakter 101
einer Teilungsanordnung. Sie bezwecken nach Zuweisung eines bestimmten Nachlassgegenstandes an einen Erben einen Wertausgleich zwischen den Mitgliedern der Erbengemeinschaft. Der Abfindungsanspruch kann nach seiner Entstehung auch auf eine Erbengemeinschaft übergehen.[137]

b) Hofeswert

Der Hofeswert wird zum Stichtag des Erbfalls festgestellt. Er beträgt nach § 12 Abs. 2 102
HöfeO das **Eineinhalbfache des zuletzt festgestellten Einheitswertes**. Auf Verlangen können Zu- und Abschläge nach billigem Ermessen vorgenommen werden.

Für **gemischte Betriebe**, die sich aus Gewerbebetrieb und landwirtschaftlichem Betrieb 103
zusammensetzen, die nicht getrennt werden können und bei denen ein Teil nicht dem landwirtschaftlichen Betrieb zu dienen bestimmt ist, können die Einheitswerte getrennt

---

132 BGH, Beschl. v. 7.10.1958 – V BLw 27/58, BGHZ 28, 194, 200.
133 *Wöhrmann*, § 12 Rn 5.
134 *Wöhrmann*, § 12 Rn 5.
135 *Wöhrmann*, § 12 Rn 6.
136 So noch *Lange/Wulff/Lüdtke-Handjery*, § 12 Rn 7 (10. Aufl. 2001).
137 OLG Koblenz, Urt. v. 27.10.2005 – 2 U 1415/04, juris.

festgesetzt und zusammengerechnet werden, wenn der landwirtschaftliche Betriebsteil überwiegt.[138] Davon abzugrenzen sind **Doppelbetriebe**, bei denen eine Verselbständigung beider Teile möglich ist. Bei ihnen erfolgt eine gesonderte Vererbung, nämlich nach HöfeO und BGB, und gesonderte Bewertung für den landwirtschaftlichen und den gewerblichen Betrieb.[139]

104 Da der Hofeswert sich am Einheitswert orientiert und dieser entgegen den Erwartungen nicht im Rhythmus von sechs Jahren angepasst wird, hat der BGH mit Entscheidung vom 17.11.2000 eine Anpassung des Hofwertes durch eine Korrekturrechnung und die dann erfolgende Wertkorrektur durch Zu- und Abschläge vorgesehen.[140] Zuvor ist zu überprüfen, ob der Wert, der sich nach der gesetzlichen Berechnung ergibt, wesentlich abweicht vom am tatsächlichen Ertrag orientierten Wert. Hierzu wird die folgende Berechnung vorgenommen:[141]

$$\text{Hofeswert neu} = \frac{\text{Hofeswert 1976 x Ertragswert neu}}{\text{Ertragswert 1976}}$$

105 Die Entscheidung des BGH trifft allgemein auf Kritik.[142] Sie ist im Ergebnis zu unklar und nicht praktikabel, denn die für die Berechnung zugrunde gelegten Beträge sind wiederum nur formale, auf steuerlichen Bewertungsgrundsätzen basierende, fiktive Werte. Im Zweifel bedarf es daher der Einholung eines Sachverständigengutachtens.

106 Korrekturen sind vorzunehmen, soweit sich besondere Umstände ergeben. **Bauland** im Hofvermögen zum Zeitpunkt des Erbfalls wird mit dem Verkehrswert hinzugerechnet, Bauerwartungsland mit 1/3 des Verkehrswertes.[143] Streitig ist dies auch für Bauerwartungsland, das aber bei überwiegender landwirtschaftlicher Nutzung hofzugehörig bleibt.[144] Eine Photovoltaikanlage, die nicht fest in den Dachaufbau integriert ist, soll dabei der Bewertung nach dem Verkehrswert unterliegen, da sie der Energieerzeugung und nicht dem Hof dient.[145] Differenziert hat die Betrachtung bei Standorten für Windkraftanlagen zu erfolgen. Es ist streitig, ob das betreffende Grundstück noch der Landwirtschaft dient. Werden die Flächen jedoch landwirtschaftlich genutzt, ist das Flurstück insgesamt hofzugehörig.

107 **Zuschläge** kommen in Betracht,[146] bei
- Vorhandensein von Bau- oder Bauerwartungsland, jedoch nicht, wenn eine ausschließlich landwirtschaftliche Nutzung erfolgt und eine Verkaufsabsicht nicht ersichtlich ist
- Erwartung einer Enteignung zum Verkehrswert
- Erwartung des Abbaus von Bodenschätzen oder Bodenbestandteilen
- unverhältnismäßig hohen Gebäudewerten
- Verpachtung oder Nutzung für Windenergie oder Solarenergiezwecke
- besonders hoher Subventionierung.

138 *Lüdtke-Handjery/von Jeinsen*, § 1 Rn 93.
139 *Lüdtke-Handjery/von Jeinsen*, § 1 Rn 95.
140 *Steffen/Ernst*, § 12 Rn 16.
141 *Steffen/Ernst*, § 12 Rn 16.
142 *Wöhrmann*, § 12 Rn 25 ff.; *Steffen/Ernst*, § 12 Rn 16.
143 *Steffen/Ernst*, § 12 Rn 25.
144 OLG Köln RNotZ 2008, 100.
145 *Schmitte*, LwWochenblatt Westf.-Lippe 46/2011, S. 5, wobei hiergegen Bedenken bestehen, wenn die Anlage Strom für die landwirtschaftliche Produktion erzeugt.
146 *Piltz*, S. 205, m.w.N.

Abschläge können hingegen zum Tragen kommen,[147] bei

- Erhöhung des Einheitswertes durch Leistungen des (späteren) Erben, einschließlich Bestandserhöhungen
- erheblichen Gebäudeschäden.

Oft mühevoll, aber im Ergebnis das einzig effiziente Mittel, um Ansprüche der weichenden Erben zu erhöhen, ist die Geltendmachung von Zuschlägen. Um das vorzubereiten, stehen dem Pflichtteilsberechtigten umfangreiche Auskunfts- und Beleganspruche zur Verfügung. Letztere beseitigen jedoch ein kleines prozessuales Problem nicht hinreichend, nämlich dass die Höhe der Zuschläge durch Sachverständigengutachten zu ermitteln sind und im Ermessen des Gerichts stehen. Damit steht der anwaltliche Vertreter vor dem Problem, eine möglichst hohe Maximalforderung geltend machen zu müssen, um den Ablauf der Verjährung für den Mandanten in Höhe dieser zu verhindern. Das birgt aber ein Kostenrisiko, wenn das Gericht sich der eigenen Auffassung zu Zuschlägen nicht anschließt. Um letzteres zu verringern, kann man hinter der Maximalforderung zurückbleiben, riskiert dann aber den Verlust von Ansprüchen, falls das Gericht höhere Zuschläge ansetzt, aber die Verjährung eingetreten ist. Das kann haftungsträchtig für den Anwalt sein. Das Problem lässt sich hingegen umgehen, wenn man auf eine Antragstellung zurückgreift, wie sie im Bereich der Bezifferung von Schmerzensgeldansprüchen üblich, also prozessual zweifelsohne zulässig, im Höferecht jedoch gänzlich unüblich ist. 108

Formulierungsbeispiel: Bezifferung unter Berücksichtigung des gerichtlichen Ermessens

Der Antragsgegner wird verpflichtet, an die Antragstellerin eine in das Ermessen des Gerichts gestellte Hofabfindung in Höhe eines Betrages von mindestens 30.800 EUR nebst Zinsen in Höhe von 5 Prozentpunkten über dem Basiszinssatz gemäß § 247 Abs. 1 BGB seit dem 1.1.2018 zu zahlen.

c) Nachlassverbindlichkeiten

§ 15 HöfeO legt die Haftung für Nachlassverbindlichkeiten fest. Nach § 15 Abs. 1 HöfeO haftet der Hoferbe, auch wenn er am hoffreien Vermögen nicht beteiligt sein sollte, neben den übrigen Mitgliedern der Erbengemeinschaft als **Gesamtschuldner**. Er wird also nur durch die Zuweisung eines bestimmten Nachlassgegenstandes nicht besser gestellt in seiner Erbenhaftung gegenüber den Gläubigern. Zugleich soll eine Benachteiligung der Gläubiger unterbleiben, die oft nur den Hof als wesentliche Haftungsmasse haben. Es gelten im Übrigen die allgemeinen Grundsätze des BGB, einschließlich der Möglichkeiten zur Haftungsbeschränkung.[148] 109

Zugleich enthält § 15 Abs. 2 HöfeO eine Begünstigung, die die Bewirtschaftung des Hofes sichern soll. Nach § 15 Abs. 2 Höfe O haftet für die Begleichung von Verbindlichkeiten des Hofes zunächst das hoffreie Nachlassvermögen. Hiervon ausgenommen sind Altenteillasten und Nießbrauchrechte, die auf dem Hof eingetragen sind. Das kann im Ergebnis zur Folge haben, dass zunächst das gesamte hoffreie Vermögen aufgebraucht wird. Verbleiben Verbindlichkeiten, sind diese aus dem hofgebundenen Vermögen durch den Hoferben zu begleichen und bei der Bewertung des Hofes für die Berechnung der Abfindungszahlung an die Miterben, in Abzug zu bringen.[149] 110

147 *Piltz*, S. 205.
148 *Lüdtke-Handjery/von Jeinsen*, § 15 Rn 8.
149 *Lüdtke-Handjery/von Jeinsen*, § 15 Rn 12.

Beispiel

Der Erblasser hinterlässt 3 Kinder, A, B und C. Sie erben zu je 1/3. Hoferbe wird A. Der Hof hat einen Wirtschaftswert von 400.000 EUR. Der hoffreie Nachlass beträgt 50.000 EUR. Die Nachlassverbindlichkeiten betragen 150.000 EUR.

Nach § 15 Abs. 2 HöfeO errechnet sich die Abfindungszahlung der weichenden Erben wie folgt:

Die Verbindlichkeiten von 150.000 EUR werden zunächst mit den 50.000 EUR hoffreiem Vermögen beglichen. Danach verbleiben noch 100.000 EUR, die vom Hoferben zu tragen sind. Nach § 12 Abs. 3 S. 1 HöfeO sind die 100.000 EUR dann wiederum vom Hofeswert abzuziehen. Es verbleiben 300.000 EUR, von denen A je 100.000 EUR an B und C zahlen muss.

d) Berechnung der Abfindungsansprüche

111 Für die Berechnung der Abfindung sind nach § 12 Abs. 3 S. 2 HöfeO vom **Hofeswert** die Nachlassverbindlichkeiten abzuziehen, die von den Erben im Verhältnis untereinander und vom Hoferben allein zu tragen sind. Der Begriff der Nachlassverbindlichkeiten ist in § 1967 Abs. 2 BGB bestimmt. Vom Hofeswert sind Vermächtnisse und Pflichtteilsansprüche nicht abzuziehen. Sie unterliegen § 12 Abs. 10 i.V.m. § 12 Abs. 3 S. 2 HöfeO. Abziehbar sind aber Altenteilrechte und sonstige lebenslängliche Nutzungsrechte. Letztere sind zu kapitalisieren. Stirbt der Berechtigte, ist anstelle der statistischen Lebenserwartung die tatsächliche für die Kapitalisierung anzusetzen.[150] Abzuziehen sind auch Lastenausgleichsabgaben.

112 Für die Berechnung des Abfindungsanspruchs beschränkt § 12 Abs. 3 S. 2 HöfeO den Abzug der **Nachlassverbindlichkeiten** auf ein **Drittel** des Hofwertes. Mindestens ein Drittel des Hofwertes steht den Erben des Erblassers zu. Da Abschläge in § 12 Abs. 3 HöfeO nicht erwähnt sind, gebührt ihnen damit mindestens die Hälfte des Einheitswertes.[151] Ist der Hoferbe selbst kein gesetzlicher Erbe des Erblassers, hat er mindestens ein Drittel des Hofeswertes als Abfindung zu zahlen. Ist der Hoferbe selbst gesetzlicher Erbe, kann er das Drittel, dass er auszahlen muss, um seinen Anteil am Nachlass kürzen.

113 Ergibt sich für einen Miterben nach der vorstehenden Berechnung ein Anteil, der unterhalb seines Pflichtteils liegt, weil bei der Pflichtteilsberechnung Altenteilrechte nicht abziehbar sind, kann er den Unterschiedsbetrag als Zusatzpflichtteil nach § 2305 BGB geltend machen.

114 Nach § 12 Abs. 4 HöfeO ist auf die Abfindung dasjenige anzurechnen, was der Erbe oder sein vor dem Erbfall weggefallener Eltern- oder Großelternteil bereits als Abfindung erhalten haben. Die §§ 2050 ff. BGB sind daneben anwendbar.[152] Fraglich ist, ob das Erhaltene ohne ausdrückliche Bestimmung des Erblassers bei Hingabe, dass es anzurechnen ist, zu einer **Anrechnung** kommt, so teilweise die Praxis der erstinstanzlichen Landwirtschaftsgerichte. Die Abgrenzung hat in der Weise zu erfolgen, dass geprüft wird, ob das Erhaltene direkt oder indirekt aus der Substanz des Hofes herrührt. Zu bejahen ist das für Grundstücke, Erzeugnisse des Hofes oder wenn die Abfindung auf Erträgen des Hofes oder seine Belastung beschafft wurden.[153] Streitig ist auch, wie die Ausgleichung sodann zu erfolgen hat. Eine Meinung vertritt, es werde der Hofeswert zugrunde gelegt und die erhaltene

150 *Wöhrmann*, § 12 Rn 37; *Lüdtke-Handjery/von Jeinsen*, § 12 Rn 33.
151 *Steffen/Ernst*, § 18 Rn 36, 38.
152 *Wöhrmann*, § 12 Rn 78, 101; *Lüdtke-Handjery/von Jeinsen*, § 12 Rn 53.
153 *Steffen/Ernst*, § 12 Rn 43.

Abfindung wird vom zu zahlenden Abfindungsbetrag abgezogen.[154] Richtigerweise ist aber die Berechnung in der Weise vorzunehmen, das zuvor der Vorempfang zum Hofeswert hinzugerechnet wird und sodann der Abfindungsanspruch ermittelt und hiervon der Vorempfang abgezogen wird, da andernfalls der Hoferbe über die vorhandene Privilegierung hinaus bevorzugt würde.[155] Der Umfang der Abfindung kann vom Erblasser im Ergebnis frei geregelt werden, darf aber den Pflichtteil nicht einschränken.[156]

§ 12 Abs. 10 HöfeO stellt für die Berechnung der **Abfindung** Vermächtnisnehmer, Pflichtteilsberechtigte und den überlebenden Ehegatten hinsichtlich seines Zugewinnausgleichsanspruchs mit den Miterben gleich, um eine relative Gleichbehandlung zu erreichen, soweit es auf die Berechnung des Hofwertes ankommt.[157] 115

Eine Besonderheit bei der Ausgleichung von Vorempfängen i.S.v. § 2050 BGB enthält § 12 Abs. 9 HöfeO. Danach ist der Hofübernehmer – anders als nach § 2056 BGB – zur Herausgabe des Mehrbetrages verpflichtet.

e) Verjährung

Zur **Verjährung** werden unterschiedliche Auffassungen vertreten. Einerseits soll § 13 Abs. 9 S. 2 HöfeO analog anwendbar sein, andererseits wird vertreten, es gelte für die Ansprüche der Miterben § 197 Abs. 1 Nr. 2 BGB.[158] Letzterer Auffassung ist zuzustimmen. Für eine analoge Anwendung der Höfeordnung ist kein Raum. Es sind die allgemeinen Vorschriften anwendbar. Zu folgen ist *Steffen/Ernst* auch, soweit der Ausschluss der Verjährung nach den §§ 2042, 758 BGB abgelehnt wird, weil § 4 HöfeO bereits eine Auseinandersetzung regelt.[159] 116

3. Nachabfindungsansprüche

Veräußert der Hoferbe innerhalb von 20 Jahren nach dem Erbfall den Hof, einzelne Grundstücke oder sonstiges Hofzubehör oder bringt er den Hof oder die Gegenstände in eine Gesellschaft ein, so haben die Miterben Anspruch auf Zahlung des erzielten Erlöses in Höhe ihres Anteils und unter Anrechnung der bereits erhaltenen Abfindung nach Maßgabe des § 13 HöfeO. Bei der Einbringung in eine Gesellschaft ist der Verkehrswert des Hofes als Berechnungsgrundlage der **Nachabfindung** zugrunde zu legen. Die Errichtung einer Biogasanlage löst keine Nachabfindungsansprüche aus, solange der Hof im Übrigen landwirtschaftliche Urproduktion betreibt und die Anlage der Verwertung landwirtschaftlicher Erzeugnisse dient. Etwas anderes gilt für eine in einer gewerblichen Gesellschaft betriebene Anlage ohne eigene landwirtschaftliche Produktion. 117

Für die Berechnung der **Abfindungsergänzungsansprüche** ist auf den tatsächlich erzielten Erlös, also in der Regel den Kaufpreis einschließlich aller Bestandteile[160] zum Zeitpunkt des Verkaufs, und nicht auf den zum Zeitpunkt des Erbfalls erzielbaren Erlös abzustellen. An entstandenen Wertsteigerungen soll der Hoferbe nicht allein teilhaben. Zugleich müssen die Miterben eine Verringerung des Wertes ebenfalls hinnehmen.[161] Liegt die Zahlung des 118

---

154 *Steffen/Ernst*, § 12 Rn 50 (ablehnend, mit Verweis auf *Wöhrmann*, 2. Aufl., § 12 Rn 24.
155 *Steffen/Ernst*, § 12 Rn 50 f.
156 BGH, Beschl. v. 24.4.1986 – BLw 9/85, juris.
157 *Wöhrmann*, § 12 Rn 43, 53, 65.
158 *Steffen/Ernst*, § 12 Rn 98; *Wöhrmann*, § 12 Rn 77 ff.
159 *Steffen/Ernst*, § 12 Rn 99.
160 BGH, Beschl. v. 24.4.1986 – BLw 9/85, juris.
161 *Steffen/Ernst*, § 13 Rn 13 f.

Abfindungsanspruchs bereits längere Zeit zurück, „ist der anzurechnende Prozentsatz von dem nach Maßgabe des vom Statistischen Bundesamt berechneten Lebenskostenindex angepassten (erhöhten) Grundabfindungswert (vorliegend dann von dessen Nutzung) zu errechnen".[162] Mit in die Abfindungszahlung einzubeziehen sind auch Leistungen, die der Hoferbe für eine landwirtschaftsfremde Nutzung erhält, im Entscheidungsfall die Nutzungsentschädigung für eine Fläche mit Windkraftanlage,[163] Zahlungen für Ausgleichsflächen im Straßenbau[164] oder bei der Vermietung von Gebäudeteilen zu Wohnzwecken.[165] Ein übernommenes Altenteilsrecht ist ebenso wie auf den Veräußerungserlös zu zahlende Steuern zu Lasten der Nachabfindungsberechtigten zu berücksichtigen.[166] Nicht abzugsfähig ist hingegen ein vom Hofübernehmer selbst abgeschlossener Betriebsmittelkredit.[167] Nachabfindungsansprüche können auch entstehen, wenn bei vorweggenommener Erbfolge die Beteiligten irrig davon ausgegangen sind, dass der Hof noch die Voraussetzungen im Sinne der Höfeordnung erfüllt. In diesem Fall kann die Geschäftsgrundlage für die Privilegierung als Hof der Vereinbarung entfallen mit der Folge, dass Nachabfindungsansprüche ausgelöst werden.[168]

119 Anspruchsberechtigt sind diejenigen, die einen Abfindungsanspruch nach § 12 HöfeO haben. **Vermächtnisnehmer** können einen Anspruch haben, wenn für das Vermächtnis der Hofeswert ausschlaggebend ist.

120 Bei der Anschaffung eines Ersatzbetriebes, von Ersatzgrundstücken oder -zubehör innerhalb von zwei Jahren nach der Veräußerung sind die hierfür notwendigen angemessenen Aufwendungen gemäß § 13 Abs. 2 HöfeO abzuziehen. Gleiches gilt für die **Veräußerung und Neuanschaffung** von Grundstücken.

121 § 13 Abs. 4 HöfeO löst die Folge von § 13 Abs. 1 S. 1 HöfeO auch bei der Veräußerung von Hofeszubehör aus, wenn hierdurch erhebliche **Gewinne** erzielt werden. Was im Sinne dieser Vorschrift erheblich ist, wird unterschiedlich gesehen. Teilweise wurde von mindestens 1.000 DM (nunmehr also 500 EUR) oder 3 % des bei der Zuweisung zugrunde gelegten Wertes ausgegangen, zum Teil werden aber auch 50 % des Ertragswertes bei Zuweisung angenommen.[169] Gegenstand der Nachabfindungsansprüche ist jedenfalls nur der Betrag, der tatsächlich innerhalb der 20-Jahresfrist realisiert werden konnte.[170] Die Nachabfindungsfrist beginnt mit dem Eintritt des Erbfalls.

4. Gerichtliches Verfahren

a) Feststellung des Hoferben

122 Die Feststellung des Hoferben kann entweder im **Erbscheinsverfahren**, dort nach den Vorschriften des BGB, oder im **Feststellungsverfahren** nach den §§ 11, 12 HöfeO erfolgen.[171]

---

162 OLG Celle, Beschl. v. 14.11.2011 – 7 W 58/11 (L), juris; OLG Hamm, Beschl. v. 6.12.2005 – 10 W 21/05, juris.
163 OLG Celle, Beschl. v. 14.11.2011 – 7 W 58/11 (L), juris.
164 OLG Hamm, Beschl. v. 9.3.2010 – 10 W 50/07, juris.
165 OLG Hamm, Beschl. v. 18.6.2009 – 10 W 90/03, juris.
166 OLG Hamm, Beschl. v. 9.3.2012 – 10 W 127/09, juris; BGH, Beschl. v. 13.10.2010 – BLw 4/10, juris.
167 OLG Hamm, Beschl. v. 15.12.2009 – 10 W 97/07, juris.
168 OLG Braunschweig, Beschl. v. 31.10.2011 – 2 W 4/11 (Lw), juris.
169 *Wöhrmann*, § 13 Rn 93.
170 *Wöhrmann*, § 13 Rn 93.
171 *Steffen/Ernst*, § 18 Rn 14.

Das Ergebnis der beiden Verfahren weicht voneinander ab. Während der Erbschein gemäß § 2365 BGB lediglich die widerlegbare Vermutung der Hoferbfolge enthält, wird im Feststellungsverfahren die Hoferbfolge gemäß § 11 Abs. 1 Buchst. g HöfeVfO rechtskräftig festgestellt. Eine Abweichung von der rechtskräftigen Feststellung und Erteilung eines anders lautenden **Hoffolgezeugnisses** ist später ausnahmsweise möglich, wenn sich Tatsachen ergeben, die bei der Feststellung durch das Gericht aufgrund falscher Sachverhaltsannahme nicht berücksichtigt wurden und einem Beteiligten hierdurch die Einrede der arglistigen Ausnutzung der Rechtskraft gewährt würde.[172] 123

b) Erbschein und Hoffolgezeugnis

Befindet sich im Nachlass ein Hof, ist gemäß § 18 Abs. 2 HöfeO über die Nachfolge in den Hof ein gesonderter Erbschein zu erteilen, das „**Hoffolgezeugnis**". Es ist der Nachweis, wer Hoferbe geworden ist.[173] 124

Der Antrag kann entsprechend den allgemeinen Vorschriften durch jeden Miterben, aber auch durch die Nachlassgläubiger gestellt werden. 125

Das Hoffolgezeugnis hat als wesentlichen Inhalt die genaue Grundbuchbezeichnung des Hofes anzugeben, denn als Nachweis über die Hoffolge ist es ebenso wie der Erbschein Voraussetzung für die Eintragung des Hoferben im Grundbuch. Für die Eintragung im Grundbuch gelten die allgemeinen Vorschriften. Ein notarielles Testament oder ein Erbvertrag reichen für den Nachweis der Hoferbfolge regelmäßig nicht aus. Aus ihnen ergeben sich die Voraussetzungen der Hoferbfolge nicht. Sie lassen nicht erkennen, ob der dort genannte Hoferbe zum Zeitpunkt des Erbfalls wirtschaftsfähig war oder ob der Erblasser an der Bestimmung des Hoferben gehindert war. 126

Muster 16.1: Antrag auf Erteilung eines Hoffolgezeugnisses und Erbscheins 127

Die Erschienenen, die unbedenklich geschäfts- und verfügungsfähig sind, baten um Beurkundung des nachstehenden

Antrages auf Erteilung eines Erbscheins und eines Hoffolgezeugnisses

und erklärten:

Der zuletzt in wohnhaft gewesen Landwirt ist am in verstorben (Sterbeurkunde, Sterbebuch-Nr.).

Der Erblasser war zur Zeit des Todes deutscher Staatsangehöriger.

Er hat nicht adoptiert, keine Ehelicherklärung vornehmen lassen und kein nichteheliches Kind.

Der Erblasser war nur einmal verheiratet, und zwar mit der Erschienenen zu 2). Aus der Ehe ist nur ein Kind, der Erschienene zu 1), hervorgegangen.

Der Erblasser war Eigentümer des Hofes in -Dorf, eines landwirtschaftlichen Betriebes, der Hof i.S.d. Höfeordnung ist. Ein Hofvermerk ist eingetragen. Der zum Hof gehörende Grundbesitz ist verzeichnet im Grundbuch von Blatt .

Der Wirtschaftswert des Hofes beträgt EUR. Der Einheitswert der landwirtschaftlichen Besitzung ist durch Bescheid des Finanzamtes in vom (Aktenzeichen) auf EUR festgesetzt worden.

---

172 *Steffen/Ernst*, § 18 Rn 16.
173 BGH, Urt. v. 27.8.1963 – 5 StR 260/63, NJW 1964, 558.

Nach § 5 Nr. 1 HöfeO ist der Erschienene zu 1) Hoferbe. Er ist wirtschaftsfähig i.S.v. § 6 Abs. 7 HöfeO, wie sich daraus ergibt, dass er auf dem Hof aufgewachsen ist, seine Prüfung als landwirtschaftlicher abgelegt hat und den Hof seit dem aufgrund eines Pachtvertrages mit Erfolg bewirtschaftet.

Gesetzliche Erben des hoffreien Vermögens des Erblassers sind die Erschienenen zu 1) und 2) je zu ein halb (§§ 1922, 1924, 1931, 1371 Abs. 1 BGB).

Der Erblasser hat zur Zeit seines Todes im Güterstand der Zugewinngemeinschaft gelebt.

Andere Personen, durch welche der Erschienene zu 1) als Hoferbe oder beide Erschienenen von der Erbfolge in das hoffreie Vermögen ausgeschlossen oder durch die ihre Erbteile gemindert würden, sind und waren nicht vorhanden.

Der Erblasser hat eine Verfügung von Todes wegen nicht hinterlassen und keine formlose Hoferbenbestimmung (§ 6 Abs. 1 HöfeO) getroffen.

Ein Rechtsstreit über die Hoffolge und das Erbrecht der Erben hinsichtlich des hoffreien Vermögens ist nicht anhängig.

Der Erschienene zu 1) hat den Anfall des Hofes, beide Erschienenen haben als gesetzliche Erben des hoffreien Vermögens die Erbschaft angenommen.

Sodann erklärten die Erschienenen nach Belehrung über die Bedeutung einer Versicherung an Eides Statt und nach Hinweis auf die strafrechtlichen Folgen einer wissentlich oder fahrlässig falsch abgegebenen Versicherung an Eides Statt:

Wir versichern an Eides Statt:

Uns ist nichts bekannt, was der Richtigkeit unserer vorstehenden Angaben entgegensteht.

Wir beantragen ein Hoffolgezeugnis und einen Erbschein dahin zu erteilen, dass der Erschienene zu 1) Hoferbe des vorbezeichneten Hofes in -Dorf ist und die Erschienenen zu 1) und 2) gesetzliche Erben zu je ½ des hoffreien Nachlasses des Erblassers geworden sind.

Die erforderlichen Personenstandsurkunden werden dem Gericht gleichzeitig vorgelegt.

Wir bitten, eine Ausfertigung des Hoffolgezeugnisses/Erbscheins an den unterzeichnenden Notar zu übersenden.

c) Gerichtliche Zuständigkeit und Verfahrensvorschriften

128 Für sämtliche Streitigkeiten im Zusammenhang mit dem Hof und seiner Auseinandersetzung ist gemäß § 18 Abs. 1 HöfeO unter Verweis auf die Vorschriften des Gesetzes über das gerichtliche Verfahren in Landwirtschaftssachen, das **Landwirtschaftsgericht** beim Amtsgericht erstinstanzlich, in zweiter Instanz das OLG und in dritter Instanz der BGH zuständig. Die örtliche Zuständigkeit ergibt sich aus § 10 S. 1 LwVG. Danach ist das Landwirtschaftsgericht zuständig, in dessen Bezirk sich die Hofstelle im Ganzen oder überwiegend befindet. Liegen Hof und hoffreies Vermögen in unterschiedlichen Amtsgerichtsbezirken, ist das Gericht zuständig, in dessen Bezirk sich der Hof befindet.[174]

129 Das Verfahren in Höfesachen richtet sich nach der **Höfeverfahrensordnung**. Es sind gemäß § 1 HöfeVfO die Vorschriften über das gerichtliche Verfahren in Landwirtschaftssachen anzuwenden.

130 Das Landwirtschaftsgericht ist nach herrschender und im Ergebnis einzig praktikabler Ansicht auch ausschließlich zuständig für die Erteilung eines Erbscheins über das hoffreie

174 *Lüdtke-Handjery/von Jeinsen*, § 18 Rn 1.

Vermögen, wenn sich im Nachlass ein Hof befindet.[175] Auf die Wertverhältnisse von hofgebundenem und hoffreiem Vermögen kommt es dabei nicht an.[176] Er muss zum Zeitpunkt des Erbfalls Hof i.S.d. Höfeordnung sein. Die Zuständigkeit umfasst die Erteilung des Erbscheins und die Feststellung des Hoferben. Für alle sonstigen Geschäfte bleibt das Nachlassgericht zuständig.[177] Es ist außerdem zuständig für die Einziehung und Kraftloserklärung des Erbscheins, wenn zum Nachlass ein Hof gehört.[178]

Erteilt das sachlich unzuständige Gericht den **Erbschein** oder das Hoffolgezeugnis, so sind 131
diese unwirksam, während die örtliche Zuständigkeit die Wirksamkeit nicht berührt.[179] Ein vom unzuständigen Gericht erteilter Erbschein ist unrichtig und nach § 2361 BGB einzuziehen.[180]

Die allgemeine Zuständigkeit des Landwirtschaftsgerichts besteht ausschließlich im Anwen- 132
dungsbereich der Höfeordnung nach § 18 HöfeO. Die sonstigen Anerbengesetze kennen diese allgemeine Zuständigkeit nicht. Sie kennen zum Teil keine (BadHofgüterG) oder nur eine eingeschränkte Zuständigkeit des Landwirtschaftsgerichts.[181]

d) Kosten nach dem Gesetz über Verfahren in Landwirtschaftssachen

Für Verfahren in Landwirtschaftssachen gilt Teil 3 des VV RVG.[182] Es fallen also Verfah- 133
rens-, Termins- und Einigungsgebühr wie im ZPO-Verfahren an. Für die Terminsgebühr fehlt im RVG eine gesonderte Bestimmung. Sie entsteht also nach den allgemeinen Regeln.[183] Sie entsteht nicht, wenn nicht mündlich verhandelt wird und auch keine mündliche Verhandlung vorgesehen ist. Dabei ist zu beachten, dass gemäß § 15 Abs. 1 LwVG nur auf Antrag eines Beteiligten mündlich verhandelt wird. Wird ein solcher Antrag nicht gestellt oder wird vom Gericht nicht von Amts wegen die mündliche Verhandlung angeordnet, entsteht bei der Entscheidung im schriftlichen Verfahren keine Terminsgebühr.[184] Nach § 15 Abs. 5 LwVG ist stets über das Ergebnis einer Beweisaufnahme mündlich zu verhandeln, wenn die Parteien nicht übereinstimmend verzichten. Mit einem solchen Verzicht erklären die Parteien zugleich ihr Einverständnis mit einer schriftlichen Entscheidung, mit der Folge, dass dann die Terminsgebühr nach Anm. 1 Nr. 1 zu 3104 VV RVG entsteht.[185]

Für das Beschwerdeverfahren ergibt sich aus Nr. 2c) der Vorbem. 3.2.1. zu Nr. 3200 ff. VV 134
RVG die Anwendbarkeit der Nr. 3200 ff. VV RVG und damit entsteht eine 1,6 Verfahrensgebühr.

Für die Bestimmung des Wertes in Landwirtschaftssachen ist die Kostenordnung heranzu- 135
ziehen, soweit sich nicht aus den Wertvorschriften des LwVG etwas anderes ergibt.

---

175 BGH, Beschl. v. 8.6.1988 – 1 ARZ 388/88, NJW 1988, 2739, 2740; *Lüdtke-Handjery/von Jeinsen*, § 18 Rn 9; *Wöhrmann*, § 18 Rn 53; *Weirich*, § 7 Rn 228; *Förster*, § 8 Rn 30.

176 *Wöhrmann*, § 18 Rn 53.

177 *Steffen/Ernst*, § 18 Rn 14.

178 *Lüdtke-Handjery/von Jeinsen*, § 18 Rn 11.

179 *Lüdtke-Handjery/von Jeinsen*, § 18 Rn 14.

180 BGH, Beschl. v. 3.12.1975 – IV ZB 20/75, NJW 1976, 480, 481; BGH, Beschl. v. 16.1.1976 – IV ZB 26/74, NJW 1976, 1032.

181 Ausführlich *Steffen/Ernst*, § 18 Rn 42 ff.

182 Gerold/Schmidt/*Müller-Rabe*, VV Vorb. 3 Rn 4.

183 Gerold/Schmidt/*Müller-Rabe*, VV 3104 Rn 32.

184 OLG Oldenburg, Beschl. v. 7.5.2008 – 10 W 9/08, juris; vgl. hierzu OLG München, Beschl. v. 27.8.2010 – 11 W 331/10 Entstehung der Terminsgebühr bei Besprechung in einem einstweiligen Anordnungsverfahren, in dem die mündl. Verhandlung nicht vorgeschrieben ist.

185 Gerold/Schmidt/*Müller-Rabe*, VV 3104 Rn 32.

§ 17 Gesellschaftsrecht

Matthias Unger

Übersicht:

Literatur

Adel, Kommanditistenwechsel und Haftung, DStR 1994, 1580 ff.; *Baumbach/Hopt*, Handelsgesetzbuch, 37. Auflage 2016; *Baumbach/Hueck*, GmbH-Gesetz, 21. Auflage 2017; *Bommert*, Neue Entwicklungen zur Frage der Testamentsvollstreckung in Personengesellschaften, BB 1984, 178; *Bonefeld*, Regelungen der Verwaltungs- und Verfügungsbefugnisse in der Erbengemeinschaft – Ein Vorschlag für die Praxis, ZErb 2017, 121; *Buchner*, Die Kommanditistenhaftung bei Rechtsnachfolge in Gesellschaftsanteile, DNotZ 1988, 467; *Demuth*, Unternehmensnachfolge: Folgen des Ausscheidens eines Gesellschafters und Anwachsung bei Kommanditgesellschaften, BB 2007, 1569; *Dörrie*, Reichweite der Kompetenzen des Testamentsvollsteckers an Gesellschaftsbeteiligungen, ZEV 1996, 370; *ders.*, Erbrecht und Gesellschaftsrecht bei Verschmelzung, Spaltung und Formwechsel, GmbHR 1996, 245; *Ebenroth/Boujong/Joost/Strohn*, Handelsgesetzbuch, 3. Auflage 2014; *Everts*, Die Testamentsvollstreckung an Personengesellschaftsbeteiligungen in der notariellen Praxis, MittBayNot 2003, 427; *Eberl-Borges*, Die Rechtsnatur der Erbengemeinschaft nach dem Urteil des BGH vom 29.1.2001 zur Rechtsfähigkeit der (Außen-)GbR, ZEV 2002, 125; *Flume*, Allgemeiner Teil des Bürgerlichen Rechts, 1. Band, 1. Teil: Die Personengesellschaft, 4. Auflage 1992; *Frank*, Die Testamentsvollstreckung über Aktien, ZEV 2002, 389; *Goette*, Anmerkung zum BGH-Urt. v. 19.6.1995 (IIZR 112/94), DStR 1995, 1395; *Geck*, Die Auflösung der stillen Gesellschaft unter besonderer Berücksichtigung der Auseinandersetzung, DStR 1994, 657; *Göz*, Die Nachfolgeregelung bei der GmbH & Co. KG, NZG 2004, 245; *Hachenburg*, GmbHG, Großkommentar, 8. Auflage 1992/1997; *Heckelmann*, Abfindungsklauseln in Gesellschaftsverträgen, 2. Auflage 1973; *Heil*, Ist die Erbengemeinschaft rechtsfähig? Ein Zwischenruf aus der Praxis, ZEV 2002, 296; *Heinz/Hartung*, Die englische Limited, 3. Auflage 2011; *Hoppe*, Haftungsfalle für Erben von GbR-Anteilen, ZEV 2004, 226; *Huber*, Eintragungsfehler bei der Abtretung von Kommanditanteilen, ZGR 1984, 146; *Hurst*, Die Vertreterklausel bei der offenen Handelsgesellschaft, DNotZ 1967, 6; *Ivo*, Erbteilsverfügung bei Sondererbfolge in Anteile von Personengesellschaften, ZEV 2004, 499; *ders.*, Die Vererbung von GmbH-Geschäftsanteilen, ZEV 2006, 252; *Just*, Die englische Limited in der Praxis, 3. Auflage 2008; *Keller*, Die Problematik des § 2306 BGB bei der Sonderrebfolge in Anteile an Personengesellschaften, ZEV 2001, 297; *Kolmann*, Stock Options im Erbfall – Ausgewählte zivil- und steuerrechtliche Fragen, ZEV 2002, 216; *Kraft/Kreutz*, Gesellschaftsrecht, 12. Auflage 2007; *Krug*, Unternehmenserbrecht und Handelsregister, ZEV 2001, 51; *Lergon*, Die Haftung des Gesellschafters einer GmbH, RNotZ 2003, 214; *Langner/Heydel*, Vererbung von GmbH-Geschäftsanteilen – Sicherstellung einer familieninternen Nachfolge, GmbHR 2005, 377;

Lutter/Hommelhoff, GmbH-Gesetz Kommentar, 19. Auflage 2016; *Mayer*, Die Testamentsvollstreckung über GmbH-Anteile, ZEV 2002, 209; *Mayr*, Partnerschaft oder GmbH? – Überlegungen zur Wahl der Rechtsform bei Zusammenschlüssen von Angehörigen freier Berufe, MittBayNot 1996, 61; *Mock*, Anwendbarkeit des § 139 HGB auf die GbR, NZG 2004, 118; *Münchener Vertragshandbuch*, 7. Auflage 2011; *Pentz*, Anmerkung zum Urteil des LG Mannheim vom 10.11.1998 (2 O 193/98), NZG 1999, 824; *Priester*, Aktuelle Gestaltungsfragen bei GmbH-Verträgen, DStR 1992, 254; *ders.*, Vertragsgestaltung bei der GmbH & Co., 4. Auflage 2010; *ders.*, Testamentsvollstreckung am GmbH-Anteil, Festschrift für Walter Stimpel 1985, 463; *Reimann*, Die qualifizierte Nachfolgeklausel – Gestaltungsmittel und Störfaktor, ZEV 2002, 487; *Reymann*, Das Vermächtnis des Kommanditisten, ZEV 2006, 307; *Roth/Altmeppen*, GmbH-Gesetz Kommentar, 8. Auflage 2015; *Saßenrath*, Die Kommanditistenhaftung des ehemaligen Komplementärs und seiner Rechtsnachfolger, BB 1990, 1209; *Schäfer*, Das bedingte Austrittsrecht nach § 139 HGB in der GbR, NJW 2005, 3665; *Schilling*, Gesellschafterwechsel von Todes wegen bei der Personengesellschaft, BWNotZ 1995, 4; *Jessica Schmidt*, Die gemeinschaftliche Ausübung von Rechten aus einem GmbH-Anteil, NZG 2015, 1049; *Karsten Schmidt*, Gesellschaftsrecht, 4. Auflage 2002; *ders.*, Die obligatorische Gruppenvertretung, ZHR 146 (1989), 530; *ders.*, Kommanditisteneinlage und Haftsumme des Gesellschaftererben, ZGR 1989, 445; *ders.*, Die Erbengemeinschaft nach einem Einzelkaufmann – Verfassung, Haftung, Umwandlung und Minderjährigenschutz, NJW 1985, 2785; *ders.*, Minderjährigenhaftungsbeschränkung im Unternehmensrecht: Funktioniert das? – Eine Analyse des § 1629a BGB mit Rückblick auf BGHZ 92, 259 = NJW 1985, 136, JUS 2004, 361; *Schörnig*, Die gesellschaftsrechtliche Zulässigkeit einer obligatorischen Gruppenvertretung bei Personen- und Kapitalgesellschaften durch eine sog. Vertreterklausel, ZEV 2002, 343; *ders.*, Die Bedeutung des § 139 HGB in der Gesellschafternachfolge, ZEV 2001, 129; *ders.*, Die obligatorische Gruppenvertretung: ein gesellschaftsrechtliches und erbrechtliches Gestaltungsmittel, 1. Auflage 2001; *Schürnbrand*, Die Ausübung von Gesellschafterrechten in der GmbH durch Erbengemeinschaften, NZG, 2016, 241; *Siegmann*, Zur Fortbildung des Rechts der Anteilsvererbung, NJW 1995, 481; *ders.*, Personengesellschaftsanteil und Erbrecht: ein Beitrag zu Grundlagen und Einzelfragen des Rechts der Anteilsvererbung,: Schriften zum Bürgerlichen Recht Band 155, 1992; *Semler/Stengel*, Umwandlungsgesetz, Kommentar, 4. Auflage 2017; *Spiegelberger*, Nachfolge von Todes wegen bei Einzelunternehmen und Gesellschaftsanteilen (Teil II), DStR 1992, 618; *Süß*, Erbrecht in Europa, 2. Auflage 2008; *Tiedau*, Die Abfindungs- und Ausgleichsansprüche der von der gesellschaftlichen Nachfolge ausgeschlossen Erben, NJW 1980, 2446; *Ulmer*, Gesellschaftsfolge und Erbrecht, ZGR 1972, 329; *ders.*, Testamentsvollstreckung am Kommanditanteil – Voraussetzungen und Rechtsfolgen, NJW 1990, 73; *ders.*, Fehlerhafte Unternehmensverträge im GmbH-Recht, Tragweite und Folgen des BGH-Beschlusses vom 24.10.1988, BB 1989, 10; *von Hoyenberg, Frhr.*, Ausgewählte Fragen zum Unternehmenstestament, RNotZ 2007, 377; *von Oertzen*, Behandlung von Anteilen an einer englischen Limited im Nachlassvermögen eines deutschen Erblassers, ZEV 2006, 106; *Wachter*, Internationale Erbfälle und Anteile an Gesellschaften mit beschränkter Haftung – Ausgewählte Probleme des internationalen Erbrechts sowie Erbschaftsteuerrechts anhand praktischer Beispielsfälle, GmbHR 2005, 407; *Weidlich*, Beteiligung des Testamentsvollstreckers und des Erben bei der formwechselnden Umwandlung von Personengesellschaften und Gesellschaften mit beschränkter Haftung, MittBayNot 1996, 1; *Weipert*, Die Erbengemeinschaft als Mitglied einer Personengesellschaft, ZEV 2002, 300; *Wenniger*, Anmerkung zum Urteil des LG Mannheim vom 10.11.1998 (2 O 193/ 98), ZEV 1999, 443; *Westermann*, Vertragsfreiheit und Typengesetzlichkeit im Recht der Personengesellschaften, 1970; *ders.*, Reformüberlegungen zum BGB-Gesellschafts- und Vereinsrecht, NZG 2017, 921; *Wicke*, GmbHG 3. Auflage, 2016; *Zeidler*, Aktienoptionspläne – nicht nur für Führungskräfte – im Lichte neuster Rechtsprechung – Zugleich eine Besprechung der Urteile OLG Stuttgart, NZG 1998, 822 und LG Stuttgart, NZG 1998, 233 (Wenger/Daimler-Benz) sowie OLG Braunschweig, NZG 1998, 814 und LG Braunschweig, NZG 1998, 387 (Wenger/VW), NZG 1998, 789; *Ziemons/Jaeger*, BeckOK GmbHG, 32. Edition, Stand: 1.8.2017; *Zöller*, Nachfolge von Todes wegen bei Beteiligungen an Personengesellschaften, MittRhNotK 1999, 122.

A. Einführung

Die Erbengemeinschaft ist gem. § 2032 Abs. 2 BGB auf Auseinandersetzung angelegt. Befindet sich im Vermögen des Erblassers ein Gesellschaftsanteil und will er diesen einer Erben- 1 mehrheit zukommen lassen, so steht der Auseinandersetzungsgedanke der Erbengemeinschaft regelmäßig im Gegensatz zum Charakter der werbenden Gesellschaft.

2 Diese Ausgangslage wirft für alle Gesellschaften die folgenden Fragen auf:
- Wie ist die Stellung der Erben untereinander, insbesondere wenn einzelne Erben nicht an dem Anteil der Gesellschaft teilhaben oder teilhaben dürfen?
- Wie ist die Stellung der Erben gegenüber den übrigen Gesellschaftern bzw. der Gesellschaft?
- Wie ist die Stellung der Erben gegenüber Dritten, z.B. Gläubigern der Gesellschaft oder dem Testamentsvollstrecker?
- Keine ausdrücklich gesellschaftsrechtliche Frage ist die nach der inneren Organisation der Erbengemeinschaft, soweit dies keine Auswirkung auf zum Nachlass gehörende Gesellschaftsanteile hat. Zusammenfassende Ausführungen hierzu macht *Bonefeld.*[1]

B. Personengesellschaften

3 Angesichts der Bedeutung der Personengesellschaften in der deutschen Wirtschaft ist die Regelungstiefe zur Wirkung des Todes eines Gesellschafters auf die Gesellschaft und den Umgang mit seinem Gesellschaftsanteil nach BGB und HGB nur gering, obwohl bereits das Preußische Allgemeine Landrecht die Nachfolge in den Geschäftsanteil des verstorbenen Gesellschafters umfangreich regelte.[2] In der Folge hat sich, so *Siegmann*, die Zivilrechtsprechung und Zivilrechtswissenschaft seit mehr als hundert Jahren mit dieser Problematik beschäftigt.[3]

I. BGB-Gesellschaft

4 Grundsätzlich sind Anteile an einer BGB-Gesellschaft nicht vererblich, denn die Gesellschaft wird mit dem Tod eines Gesellschafters gem. § 727 Abs. 1 BGB aufgelöst.

5 Diese gesetzliche Regelung ist allerdings nicht zwingend, so dass der Gesellschaftsvertrag eine Fortsetzung bei Tod eines Gesellschafters vorsehen kann.[4]

Die Gesellschaft wird fortgesetzt, wenn der Gesellschaftsvertrag die Vererblichkeit der Anteile bestimmt. Der Vertrag kann die Fortsetzung unter den verbleibenden Gesellschaftern vorsehen,[5] dann steht den Erben Abfindung gem. § 738 Abs. 1 S. 2 BGB zu.

Sieht der Gesellschaftsvertrag die Vererblichkeit des Anteils vor, sind unterschiedliche Varianten denkbar. Die einzelnen Klauseln sind im „Exkurs: Nachfolgeklauseln" (siehe Rdn 144) beschrieben. Die möglichen Nachfolgeklauseln sind für alle Personengesellschaften gleich.

1. Sondererbfolge

6 Führt eine Nachfolgeklausel dazu, dass eine Erbenmehrheit Nachfolger eines Gesellschaftsanteils ist, wird nicht diese Inhaber des Gesellschaftsanteils, sondern jeder Miterbe entspre-

---

1 *Bonefeld*, ZErb 2017, 121.
2 §§ 278–290, 17. Titel ALR.
3 *Siegmann*, NJW 1995, 481.
4 Palandt/*Sprau*, § 727 Rn 2.
5 Palandt/*Sprau*, § 727 Rn 2.

chend seinem Erbteil[6] (Sondererbfolge), denn die Erbengemeinschaft kann nicht Mitglied einer Personengesellschaft sein.[7] Diese Auffassung ist gefestigte Rechtsprechung des BGH und wird von diesem nicht mehr in Frage gestellt.[8]

Auch nach der Entscheidung des BGH vom 29.1.2001 zur Rechtsfähigkeit der BGB-Gesellschaft[9] hat die Rechtsprechung diese Auffassung nicht geändert und insbesondere die Rechtsfähigkeit der Erbengemeinschaft erneut ausdrücklich verneint,[10] obwohl der Wunsch nach Abkehr von der Sondererbfolge u.a. von *Eberl-Borges*,[11] *Weipert*,[12] *Heil*[13] und *Ivo*[14] damals kontrovers diskutiert wurde. 7

Der BGH hat nach der zitierten Entscheidung von 2007 zuletzt mit dem Beschluss vom 28.4.2014[15] und Urteil vom 30.6.2017[16] bestätigt, dass er der Erbengemeinschaft keine Rechtsfähigkeit zubilligt.

Die Sondererbfolge ist daher weiterhin für die Gesellschaftsanteile aller Personengesellschaften anzuwenden.

Von der Frage der dinglichen Zuordnung des Gesellschaftsanteils zum Eigenvermögen des jeweiligen Erben zu unterscheiden ist die Frage der Zugehörigkeit des Gesellschaftsanteils zum Nachlass. Diese Frage wird später (siehe Rdn 26) im Zusammenhang mit der Testamentsvollstreckung über Gesellschaftsanteile näher erörtert. 8

2. Stellung der Erben untereinander

Soweit das Vermögen des Erblassers keinen Gesellschaftsanteil einer Personengesellschaft enthält, geht es als ungeteilter Nachlass im Wege der Universalsukzession auf den oder die Erben über. 9

a) Auseinandersetzung bei einfacher Nachfolgeklausel

Wie bereits oben (siehe Rdn 6) erörtert, nehmen Gesellschaftsanteile an Personengesellschaften an der Universalsukzession nicht teil, vielmehr gehen sie im Wege einer Sondererbfolge in Höhe der jeweiligen Erbquote direkt auf die Erben über. 10

Die Folge ist eine Teilauseinandersetzung der Erbengemeinschaft.[17]

Erfolgt die Sondererbfolge aufgrund einfacher Nachfolgeklausel (vgl. Rdn 147), ergeben sich für die Auseinandersetzung keine schwerwiegenden Probleme, denn jeder Miterbe erwirbt auch einen seiner Erbquote entsprechenden Gesellschaftsanteil. 11

---

6 BGH, Urt. v. 22.11.1956 – II ZR 222/55, NJW 1957, 180; BGH, Urt. v. 10.2.1977 – II ZR 120/75, NJW 1977, 1339.
7 BGH, Urt. v. 22.11.1956 – II ZR 222/55, NJW 1957, 180.
8 BGH, Urt. v. 4.5.1983 – IVa ZR 229/81, NJW 1983, 2376, 2377.
9 BGH, Urt. v. 29.1.2001 – II ZR 331/00, NJW 2001, 1056.
10 BGH, Urt. v. 11.9.2002 – XII ZR 187/00, DStR 2002, 1958; BGH Beschl. v. 17.10.2006 – VIII ZB 94/0, NJW 2006, 3715.
11 *Eberl-Borges*, ZEV 2002, 125.
12 *Weipert*, ZEV 2002, 300.
13 *Heil*, ZEV 2002, 296.
14 *Ivo*, ZEV 2004, 499.
15 BGH, Beschl. v. 28.4.2014 – BLw 2/13, ZEV 2014, 554.
16 BGH, Urt. v. 30.6.2017 – V ZR 232/16, ZEV 2017, 627.
17 *K. Schmidt*, Gesellschaftsrecht, § 45 V 3 a; *Keller*, ZEV 2001, 297.

Beispiel

Der Erblasser ist Gesellschafter einer BGB-Gesellschaft. Die Gesellschaft hat zwei Gesellschafter, die gleichmäßig beteiligt sind. Nach dem Gesellschaftsvertrag wird die Gesellschaft mit den Erben des verstorbenen Gesellschafters fortgeführt. Daneben besitzt der Erblasser noch ein Barvermögen über 100.000 EUR.

Der Erblasser hat zwei Töchter, seine Ehefrau ist verstorben. Es tritt gesetzliche Erbfolge ein.

Die Töchter erben in Erbengemeinschaft mit einer Quote von jeweils 1/2 das Barvermögen.

Der Geschäftsanteil der BGB-Gesellschaft fällt jeder Tochter zu jeweils 1/2 zu, so dass die Gesellschaft nach dem Erbfall drei Gesellschafter hat. Die Töchter halten jeweils 1/4 und der verbleibende Gesellschafter 1/2.

Die Auseinandersetzung dieser Erben kann durch Verteilung des Barvermögens auf die beiden Töchter zu je 1/2 erfolgen.

b) Auseinandersetzung bei qualifizierter Nachfolgeklausel

12 Erfolgt die Sondererbfolge aufgrund qualifizierter Nachfolgeklausel (vgl. Rdn 150) kann sich die Auseinandersetzung schwieriger gestalten.

Beispiel (wie oben, siehe Rdn 11)

Der Gesellschaftsvertrag sieht jedoch vor, dass die Gesellschaft jeweils nur mit dem ältesten Abkömmling des verstorbenen Gesellschafters fortgeführt wird.

Im Rahmen der Sondererbfolge geht damit der Geschäftsanteil des Erblassers vollständig auf die älteste Tochter über.

Das Barvermögen fällt wie gehabt der Erbengemeinschaft, bestehend aus beiden Töchtern an. Die Quote in der Erbengemeinschaft beträgt aufgrund der gesetzlichen Erbfolge weiterhin 1/2.

Der Fall zeigt, dass die Auseinandersetzung hier nicht durch hälftige Teilung des Barvermögens betrieben werden kann, da die älteste Tochter wertmäßig einen höheren Anteil am Nachlass erhalten würde, als die mit gleicher Quote erbberechtigte jüngere Tochter.

Abfindungsansprüche gegenüber der Gesellschaft zugunsten der jüngeren Tochter entstehen nach h.M. nicht, da die Mitgliedschaft ungeschmälert vererbt wird.[18]

Vielmehr ist der bereits erhaltene Gesellschaftsanteil bei der ältesten Tochter anzurechnen und sie schuldet einen Wertausgleich.[19] Folglich wird eine Bewertung des Gesellschaftsanteils notwendig.

13 Die Verpflichtung zum Wertausgleich ist mit unterschiedlicher Begründung weitgehend unstreitig.[20]

---

18 Ebenroth/Boujong/Joost/Strohn/*Lorz*, HGB, § 139 Rn 23; *Tiedau*, NJW 1980, 2446, 2447; *Heckelmann*, S. 271.

19 Damrau/Tanck/*Tanck*, Erbrecht, § 1922 Rn 65.

20 Ebenroth/Boujong/Joost/Strohn/*Lorz*, HGB, § 139 Rn 23; BGH, Urt. v. 22.11.1956 – II ZR 222/55, NJW 1957, 180; BGH, Urt. v. 10.2.1977 – II ZR 120/75, NJW 1977, 1339, 1342; *Ulmer*, ZGR 1972, 324, 326.

Nach einer Auffassung ergibt sich aus der qualifizierten Nachfolgeklausel eine mit dem Erbfall vollzogenen Teilungsanordnung,[21] für die eine wertmäßige Verschiebung der Erbquoten durch die Rechtsprechung nicht zugelassen wird.[22]

Nach der anderen Auffassung erfolgt eine analoge Anwendung von § 2050 BGB, als wären die Geschäftsanteile bereits zu Lebzeiten übertragen worden.[23]

Will der Erblasser die Auseinandersetzung der Erben nicht durch die Wertermittlung des Gesellschaftsanteils belasten und ggf. höhere Zahlungsverpflichtungen des Nachfolger-Erben vermeiden, muss er die qualifizierte Nachfolgeklausel durch Regelungen im Rahmen der letztwilligen Verfügung unterstützen.

Hierzu könnte zur Vermeidung einer Auseinandersetzung der Erben überhaupt die Alleinerbeneinsetzung des qualifizierten Nachfolgers gehören. Die weichenden Erben wären nach *Reimann*, der das Alleinerbenmodell als einzigen, wirklich logischen, kostensparenden und einwandfreien Weg bezeichnet,[24] dann lediglich mit Vermächtnissen zu bedenken.[25]

3. Stellung der Erben gegenüber den übrigen Gesellschaftern

Soweit Miterben durch den Erbfall zu Gesellschaftern werden, unterscheiden sie sich in der Verwaltung nicht von den übrigen Gesellschaftern. Zum Verhältnis gegenüber dem Testamentsvollstrecker (siehe Rdn 26). 14

Durch den anteiligen Übergang auf jeden einzelnen Gesellschaftererben ergibt sich lediglich eine andere Zusammensetzung der Gesellschafterversammlung. Abhängig von der jeweiligen Nachfolgeklausel haben die verbleibenden Gesellschafter unterschiedlichen Einfluss auf die Zusammensetzung der Gesellschafter-Erben (siehe unten Rdn 144). 15

Sind die Erben erst einmal Gesellschafter geworden, besteht vorbehaltlich besonderer Regelungen im Gesellschaftsvertrag kein Unterschied zwischen den Gesellschafter-Erben und den bisherigen Gesellschaftern.

Da die Erben nicht mehr als den Gesellschaftsanteil des verstorbenen Gesellschafters erwerben können, verändern sich die Beteiligungsverhältnisse in der Gesellschaft für die verbleibenden Gesellschafter nicht. Allerdings erfolgt eine Zerstückelung der Beteiligung und eine Vervielfachung der Anzahl der Gesellschafter, verbunden mit einer jeweils nur geringen Kapitalbeteiligung der neu hinzugetretenen Gesellschafter-Erben.[26] Die Entscheidungsprozesse in der Gesellschaft werden schwieriger. 16

Um einerseits dem Gesellschafter eine Vererbung seines Gesellschaftsanteils an alle Nachkommen zu ermöglichen, andererseits aber die schädlichen Auswirkungen einer Vervielfachung der Gesellschafter und damit verbundenen Interessen auf das Unternehmen zu verhindern, können durch Aufnahme einer entsprechenden Klausel in den Gesellschaftsvertrag die Einzelinteressen gebündelt und damit die Entscheidungsfindung in der Gesellschaft mit einer Vielzahl von Gesellschaftern erleichtert werden. 17

21 Damrau/Tanck/*Tanck*, Erbrecht, § 1922 Rn 65; *Tiedau*, NJW 1980, 2446, 2449; *K. Schmidt*, Gesellschaftsrecht, 4. Aufl. 2002, § 45 V 5c; Soergel/*Wolf*, § 1922 Rn 25; *Ulmer*, ZGR 1972, 324, 327.
22 BGH, Urt. v. 23.9.1981 – IVa ZR 185/80, NJW 1982, 43, 44.
23 *Flume*, S. 404.
24 *Reimann*, ZEV 2002, 487, 492.
25 *Reimann*, ZEV 2002, 487, 489.
26 *Schörnig*, ZEV 2002, 343, 344.

Prinzipiell wird die Bündelung von mehreren Gesellschaftsanteilen mittels einer solchen Klausel in der Personengesellschaft als zulässig angesehen.[27]

Es handelt sich um eine Vertreterklausel zur obligatorischen Gruppenvertretung. Ihr Inhalt besteht darin, dass mehrere von den übrigen Gesellschaftern abgrenzbare Gesellschafter zu einer Gruppe zusammengefasst werden, die ihre Stimm- und sonstigen Mitgliedschaftsrechte nur einheitlich durch einen von ihr bestellten gemeinsamen Vertreter ausüben kann.[28]

18 Für die BGB-Gesellschaft könnte eine solche Klausel wie folgt lauten:

Formulierungsbeispiel

Werden mehrere Erben oder Vermächtnisnehmer eines Gesellschafters Gesellschafter, die bislang noch nicht an der Gesellschaft beteiligt waren, können sie ihre Stimmrechte nur einheitlich durch einen gemeinsamen Vertreter ausüben, sofern es sich nicht um Beschlüsse über die Änderung oder Ergänzung des Gesellschaftsvertrages handelt. Gemeinsamer Vertreter kann nur ein Gesellschafter oder ein kraft Gesetzes zur Verschwiegenheit verpflichtetes Mitglied der rechts- oder steuerberatenden Berufe sein. Solange ein gemeinsamer Vertreter nicht bestellt ist, ruhen die Stimmrechte der Gesellschafter dieser Gesellschaftergruppe in den Angelegenheiten, in denen sie nur durch einen gemeinsamen Vertreter wahrgenommen werden können.[29]

Trotz grundsätzlicher Anerkennung einer Vertreterklausel zur obligatorischen Gruppenvertretung können sich im einzelnen Zulässigkeitsfragen aus der Einschränkung der Geschäftsführungsrechte, der Vertretungsmacht, der Selbstorganschaft und der Selbstbestimmung der mit der Vertreterklausel belegten Gruppenmitglieder ergeben. Darüber hinaus ist nach wie vor die Frage zur Binnenverfassung der Gruppe streitig.

a) Einzelne Zulässigkeitsfragen zur obligatorischen Gruppenvertretung

19 Da es gem. § 710 S. 1 BGB möglich ist, einen Gesellschafter vollständig von der Geschäftsführung auszuschließen, ist die Beschränkung des Gesellschafters in seinem Geschäftsführungsrecht durch eine Vertreterklausel als Minus hierzu jedenfalls möglich.[30]

Gleiches gilt für die Verpflichtungsseite der Gesellschaft, also die Vertretungsrechte des Gesellschafters, denn gem. § 714 BGB kann einem Gesellschafter über den Entzug der Geschäftsführung auch die Vertretungsmacht und damit die Möglichkeit der Verpflichtung der Gesellschaft entzogen werden.

20 Auch die Grundsätze zur Selbstorganschaft und Selbstbestimmung werden durch die Einführung einer Vertreterklausel zur obligatorischen Gruppenvertretung im Gesellschaftsvertrag der BGB-Gesellschaft nicht verletzt, da die Vertreterklausel keine Gesellschafterrechte entzieht und auf den Vertreter überträgt, sondern der Vertreter nur mit der Ausübung der Rechte durch die Gruppenmitglieder beauftragt wird.[31]

---

27 BGH, Beschl. v. 6.10.1992 – IVR 24/91, GRUR 1993, 141, 143; *Weipert*, HGB, § 163, 19; *K. Schmidt*, ZHR 146 (1982), 532.

28 BeckOK/*Timm*/*Schöne*, BGB, § 717 Rn 17a.

29 Münchener Vertragshandbuch, III.3.

30 *Schörnig*, ZEV 2002, 343, 348.

31 *Schörnig*, ZEV 2002, 343, 348.

b) Binnenverfassung der durch obligatorische Gruppenvertretung zusammengefassten Gruppe

Hinsichtlich der Binnenverfassung der Gruppe, d.h. der Frage wie sich die Gruppe der durch obligatorische Gruppenvertretung zusammengefassten Gesellschafter in ihrem Innenverhältnis organisiert, besteht Streit. 21

Der BGH geht in seiner Entscheidung vom 12.12.1966 von einer gesellschaftsähnlichen Strukturierung der Gruppe aus, die sich nach den Regeln der bürgerlich-rechtlichen Gesellschaft richtet.[32]

Schörnig hingegen unterstellt die Gruppe dem Recht der Gemeinschaft gem. §§ 741 ff. BGB.[33] Dieser Auffassung ist auch *Karsten Schmidt*.[34]

Maßgeblich ist diese Frage dort, wo die Vertreterklausel selbst über die Willensbildung innerhalb der Gruppe keine Aussage trifft und die Gruppe sich nicht ausdrücklich, z.B. durch die Schaffung eines Stimmrechtskonsortiums als BGB-Gesellschaft konstituiert.[35] 22

Die Annahme einer BGB-Gesellschaft führt zum Einstimmigkeitsprinzip bei Bestellung und Anweisung des Vertreters, die Annahme einer Gemeinschaft zum Mehrheitsprinzip analog § 745 Abs. 1 BGB.[36] § 745 BGB ist lediglich analog anwendbar, da nicht ein gemeinschaftlicher Gegenstand verwaltet wird, denn durch die Sondererbfolge zerfällt der einheitliche Gesellschaftsanteil des Erblassers ja gerade in der Erbquote entsprechende Anteile der Erben. Vielmehr stellt das Mehrheitsprinzip eine Folge der Notwendigkeit dar, um auch ohne eine gesellschaftsvertragliche Verbindung unter den Inhabern gemeinschaftlicher Rechte zu sachgerechten Verwaltungsregelungen zu gelangen.[37]

Die Entscheidung über die Frage der Willensbildung innerhalb der Gruppe ist wichtig, denn der Gruppenvertreter soll an den Beschlüssen der Gesellschaft mitwirken. Die Wirksamkeit dieser Beschlüsse steht aber in Frage, wenn der Gruppenvertreter nicht ausreichend legitimiert ist. Sowohl bezogen auf seine Bestellung als auch die Vertretungsmacht für einzelne Beschlussthemen, denn nach allgemeiner Auffassung führt jede relevante Fehlerhaftigkeit bei der Beschlussfassung zur Nichtigkeit des Beschlusses der Gesellschaft.[38] 23

Zu unterscheiden sind insoweit allerdings zwischen Außen- und Innenverhältnis. 24

Richtig führt *Karsten Schmidt* aus, dass in erster Linie die Gruppenmitglieder verpflichtet sind, für Rechtsklarheit zu sorgen.[39]

Unterlassen die Gruppenmitglieder jedoch eine solche Klarstellung, ist es jeweils Sache der Gesellschaft zu entscheiden, ob die Stimme des Gruppenvertreters bei Beschlussfassungen mitzuzählen ist oder nicht. Ist der Gruppenvertreter nach Kenntnis der Gesellschaft einstimmig bestellt, so muss sie ihn bei der Beschlussfassung zulassen und seine Stimme mitzählen.[40] Problematisch wird die Zulassung bei einer nur mehrheitlichen Bestellung des Gruppenvertreters.

---

32 BGH, Urt. v. 12.12.1966 – II ZR 41/65, NJW 1967, 826, 827.
33 *Schörnig*, ZEV 2002, 343, 346.
34 *K. Schmidt*, ZHR 146 (1982) 529, 545.
35 *K. Schmidt*, ZHR 146 (1982) 529, 541.
36 *K. Schmidt*, ZHR 146 (1982) 529, 546.
37 *K. Schmidt*, ZHR 146 (1982) 529, 546.
38 *K. Schmidt*, ZHR 146 (1982) 529, 552; Baumbach/Hopt/*Roth*, HGB, § 119 Rn 31; Ebenroth/Boujong/Joost/Strohn/*Goette*, HGB, § 119 Rn 71.
39 *K. Schmidt*, ZHR 146 (1982) 529, 552.
40 *K. Schmidt*, ZHR 146 (1982) 529, 553.

25 Zwar kann der Gesellschaftsvertrag nach allgemeiner Auffassung den Gruppenmitgliedern nicht vorschreiben, wie sie ihre Binnenverfassung zu organisieren haben,[41] es bietet sich jedoch an, die Art und Weise der Legitimation des Vertreters gegenüber der Gesellschaft zu regeln und klar zu stellen, dass die Beteiligung eines ordnungsgemäß legitimierten Vertreters bei Beschlüssen der Gesellschaft für die Wirksamkeit der gefassten Beschlüsse ausreicht. Statt der im Münchener Vertragshandbuch[42] vorgeschlagenen Formulierung zur Binnenverwaltung der Gruppe sollte daher folgende Formulierung verwendet werden:

Formulierungsbeispiel

Der Vertreter ist zur Teilnahme an Gesellschafterversammlungen ausreichend befugt, wenn er von der Mehrheit der vertretenen Gruppe bevollmächtigt ist. Die Vollmacht erstreckt sich auf sämtliche Beschlussgegenstände, für die dieser Gesellschaftsvertrag eine Gruppenvertretung vorsieht. Die Vollmacht ist gültig, bis sie wiederum von der Mehrheit der vertretenen Gruppe widerrufen wird.

4. Stellung der Erben gegenüber Dritten

a) Stellung gegenüber dem Testamentsvollstrecker

26 Die Stellung des Gesellschafter-Erben gegenüber dem Testamentsvollstrecker ist direkt mit der Frage der Zugehörigkeit des ererbten Geschäftsanteils zum Nachlass verbunden.

Die erste Frage ist hinsichtlich der Verwaltungsvollstreckung nach wie vor nicht abschließend geklärt,[43] allerdings vom Streit zwischen Erb- und Gesellschaftsrecht weitgehend auf den Streit über den Umfang des Kernbereichs der Mitgliedschaft in einer Gesellschaft verlagert.

27 Zur Abwicklungsvollstreckung führt *Damrau* hingegen richtig aus, dass diese wegen zum Vermögen des Erblassers gehörender Gesellschaftsanteile keine Probleme aufwerfe, denn aufgrund der Sondererbfolge für diese Geschäftsanteile ist der Nachlass bereits abgewickelt und es besteht keine Notwendigkeit für die Tätigkeit des Testamentsvollstreckers.[44]

28 Die Rechtsprechung des BGH zur Verwaltungsvollstreckung ist geprägt von abweichenden Entscheidungen des II. Senates (Gesellschaftsrecht) und des IVa. bzw. IV. Senates (Erbrecht).

29 Ausdrücklich für die BGB-Gesellschaft hat der für das Gesellschaftsrecht zuständige II. Senat des BGH ausgeführt, dass sich auf die Mitgliedschaftsrechte der Erben die Testamentsvollstreckung nicht erstrecke.[45] So habe der Senat wiederholt entschieden, dass der Machtbereich eines Testamentsvollstreckers auch nicht die Verwaltung des Anteils des persönlich haftenden Gesellschafters einer OHG umfasst.[46] Dem Testamentsvollstrecker stehe insoweit bei der Auflösung einer BGB-Gesellschaft zwar der Anspruch auf das Auseinandersetzungsguthaben zu, weil es sich insoweit um einen rein vermögensrechtlichen Anspruch handelt, aber die Abwicklung der Gesellschaft selbst sei Sache der Erben, zumal es auch in diesem Stadium noch um unternehmerische Entscheidungen und nicht selten auch um Vermögenswerte gehen kann, die der Gesellschafter-Erbe nach dem Tod des Erblassers mitgeschaffen hat.[47]

---

41 Staub/*Schilling*, § 163 Rn 17.
42 Münchener Vertragshandbuch, III.3.
43 *Everts*, MittBayNot 2003, 427, 437.
44 *Damrau*, NJW 1984, 2785, 2786.
45 BGH, Urt. v. 24.11.1980 – II ZR 194/79, NJW 1981, 749, 750.
46 BGH, Urt. v. 10.2.1977 – II ZR 120/75, NJW 1977, 1339.
47 BGH, Urt. v. 24.11.1980 – II ZR 194/79, NJW 1981, 749, 750.

1986 erklärte der für das Erbrecht zuständige IVa. Senat wiederum für die OHG, dass der auf den Erben übergegangene Geschäftsanteil zum Nachlass gehöre, so dass der Testamentsvollstrecker im Rahmen seiner Verwaltung einen Anspruch auf Einblick in die Bilanz der Gesellschaft erhalten müsse.[48] Allerdings habe die Zuordnung des Gesellschaftsanteils zum Nachlass nicht die Folge, dass der Testamentsvollstrecker in die inneren Angelegenheiten der Gesellschaft eingreifen dürfe.[49] 30

Mit dieser Entscheidung, so der BGH, befände er sich in Übereinstimmung mit der ständigen Rechtsprechung des BGH und der ganz überwiegenden Meinung des Schrifttums. Die Verweise hierzu beziehen sich im Wesentlichen auf die Formulierung, der Gesellschaftsanteil gehöre zum Nachlass, ohne inhaltlich z.B. die Fragestellung des Umfanges der Verwaltungsmacht des Testamentsvollstreckers zu klären. Tatsächlich war auch zu diesem Zeitpunkt keine Übereinstimmung der beiden Senate erreicht.

Erst mit der Entscheidung des II. Senates über die Dauertestamentsvollstreckung hinsichtlich eines Kommanditanteils[50] vom 3.7.1989 erfolgte eine Annäherung der Rechtsprechung beider Senate. 31

Erstmals gestand der II. Senat dem Testamentsvollstrecker auch eine Verwaltungsmacht über die Mitgliedschaftsrechte zu. Ausdrücklich kann der Testamentsvollstrecker hiernach die mit der Beteiligung verbundenen Mitgliedschaftsrechte ausüben und den durch die Vererbung eingetretenen Gesellschafterwechsel zum Handelsregister anmelden.

Nach einheitlicher Rechtsprechung des BGH gehört nunmehr der ererbte Gesellschaftsanteil auch dann zum Nachlass, wenn er im Wege der Sondererbfolge direkt in das Eigenvermögen des jeweiligen Erben übergegangen ist, da er Teil des vom Erblasser hinterlassenen Vermögens ist.[51] Allerdings ist die Beteiligung mit Ausnahme der aus ihr abzuleitenden übertragbaren Vermögensrechte, insbesondere des Anspruchs auf das künftige Auseinandersetzungsguthaben, aus dem gesamthänderisch gebundenen übrigen Nachlass ausgegliedert.[52] Die Sondererbfolge stellt insoweit nur eine dingliche Zuordnung dar und besagt nichts darüber, ob der Gesellschaftsanteil den erbrechtlichen Sonderregelungen entzogen ist.[53] Diese Sonderregelungen können sich auf das Nachlassvermögen verschiedener Rechtsträger (Erbengemeinschaft und Sondernachfolger) beziehen.[54] 32

Die Testamentsvollstreckung ist damit allgemein zulässig, wenn sie mit der Ausgestaltung der Rechtsstellung des Gesellschafters vereinbar ist[55] und die übrigen Gesellschafter entweder bereits im Gesellschaftsvertrag oder später der Testamentsvollstreckung zugestimmt haben.[56]

Neben der Möglichkeit der Dauertestamentsvollstreckung in den Gesellschaftsanteil eines Kommanditisten ist nach dem Beschluss des BGH nunmehr auch gefestigt, dass die Gesellschaftsanteile persönlich haftender Gesellschafter in Bezug auf die mit dem Gesellschaftsan- 33

48 BGH, Urt. v. 14.5.1986 – IVa ZR 155/84, NJW 1986, 2431, 2432.
49 BGH, Urt. v. 14.5.1986 – IVa ZR 155/84, NJW 1986, 2431, 2433.
50 BGH, Beschl. v. 3.7.1989 – II ZB 1/89, NJW 1989, 3152.
51 BGH, Beschl. v. 3.7.1989 – II ZB 1/89, NJW 1989, 3152, 3153.
52 BGH, Beschl. v. 3.7.1989 – II ZB 1/89, NJW 1989, 3152, 3154.
53 BGH, Beschl. v. 3.7.1989 – II ZB 1/89, NJW 1989, 3152, 3154.
54 BGH, Beschl. v. 3.7.1989 – II ZB 1/89, NJW 1989, 3152, 3154.
55 BGH, Beschl. v. 3.7.1989 – II ZB 1/89, NJW 1989, 3152, 3154.
56 BGH, Beschl. v. 3.7.1989 – II ZB 1/89, NJW 1989, 3152, 3153.

teil verbundenen personenrechtlichen Elemente nicht der Testamentsvollstreckung unterliegen.[57]

34 Für die in diesem Abschnitt erörterten Fragen der BGB-Gesellschaft ist damit festzuhalten, dass eine Testamentsvollstreckung derzeit nicht zulässig ist, soweit sie sich nicht ausschließlich auf die aus dem Anteil folgenden übertragbaren Vermögensrechte bezieht.

35 Die Zuordnung des Gesellschaftsanteils zum Nachlass bietet im Fall der Testamentsvollstreckung zusätzlich den Schutz des § 2214 BGB vor den Eigengläubigern des Erben.[58]

b) Stellung der Erben gegenüber Gesellschaftsgläubigern

aa) Haftung aus gesellschaftsrechtlicher Sicht

36 Zunächst stellt sich für die Haftung des Gesellschafter-Erben die Frage nach einer möglichen Haftung für Gesellschaftsschulden, also Verbindlichkeiten der BGB-Gesellschaft, die bereits vor seinem Eintritt als Gesellschafter begründet wurden.

37 Nach seiner Entscheidung vom 29.1.2001[59] führt der BGH in mehreren Entscheidungen[60] aus, dass soweit der Gesellschafter für die Verbindlichkeiten der BGB-Gesellschaft persönlich haftet, das Verhältnis zwischen der Verbindlichkeit der Gesellschaft und der Haftung des Gesellschafters derjenigen bei der OHG entspricht.[61]

Damit haftet der Gesellschafter der BGB-Gesellschaft und in der Folge auch der eintretende Gesellschafter-Erbe gem. §§ 128, 130 HGB für alle Verbindlichkeiten der Gesellschaft als Gesamtschuldner mit den übrigen Gesellschaftern persönlich und zwar auch für solche Verbindlichkeiten, die bereits vor seinem Eintritt begründet waren.[62] Die Haftung des Gesellschafters folgt der Haftung der Gesellschaft und entspricht dem Akzessorietätsprinzip im Gegensatz zu der zuvor verfolgten Doppelverpflichtungslehre.[63]

38 Für den in die Gesellschaft eintretenden Erben befindet sich das Haftungsrisiko damit auf der gleichen Stufe, als würde er in eine OHG eintreten. Um dieser Haftung zu entgehen, könnte er, abgesehen von den nachfolgend beschriebenen erbrechtlichen Haftungsbeschränkungen, nur gem. §§ 1942 ff. BGB die gesamte Erbschaft ausschlagen.

39 Es stellt sich daher die Frage, ob der Erbe auch hinsichtlich eines Gesellschaftsanteils an einer BGB-Gesellschaft ein Austrittsrecht wie der Erbe des Gesellschaftsanteils einer Handelsgesellschaft gem. § 139 HGB.

40 Grundsätzlich sieht das BGB eine entsprechende Regelung nicht vor.

41 Zwar ermöglicht § 723 Abs. 1 S. 1 BGB die jederzeitige Kündigung der Gesellschaft, jedoch erreicht der kündigende Gesellschafter-Erbe hierdurch nicht die Haftungsbeschränkung des § 139 Abs. 4 HGB. Er haftet vielmehr gem. § 736 Abs. 2 BGB i.V.m. § 160 HGB für die schon bestehenden Verbindlichkeiten nach.

---

57 BGH, Beschl. v. 3.7.1989 – II ZB 1/89, NJW 1989, 3152, 3154; so nun auch LG Leipzig, Beschl. v. 13.5.2008 – 6 T 212/08, ZEV 2009, 96, 98.

58 Anm. *Reimann* zum BGH-Beschl. v. 3.7.1989, DNotZ 1990, 190, 194.

59 BGH, Urt. v. 29.1.2001 – II ZR 331/00, NJW 2001, 1056.

60 BGH, Urt. v. 24.2.2003 – II ZR 385/99, NJW 2003, 1445; BGH, Urt. v. 7.4.2003 – II ZR 56/02, NJW 2003, 1803.

61 BGH, Beschl. v. 17.12.2013 – II ZR 121/12, NZG 2014, 696.

62 BGH, Versäumnisurteil v. 7.4.2003 – II ZR 56/02, NJW 2003, 1803.

63 BGH, Versäumnisurteil v. 7.4.2003 – II ZR 56/02, NJW 2003, 1803, 1804.

Auch ist ihm gem. § 723 Abs. 2 BGB die Kündigung zur Unzeit nicht ohne wichtigen Grund gestattet, bzw. bedarf es eines wichtigen Grunds, wenn die Gesellschaft nicht auf unbestimmte Zeit geschlossen ist. Letzteres liegt bereits dann vor, wenn der Gesellschaftsvertrag Kündigungsfristen vorsieht. Zudem schließt § 723 Abs. 3 BGB die weitere zeitliche Beschränkungen der Kündigung nicht aus,[64] so dass der Gesellschaftererbe nur eine sehr begrenzte Möglichkeit erhält, eine Haftung aus dem Erwerb des Gesellschaftsanteils auszuschließen.

Es gibt somit keine aus Sicht des Gesellschaftererben dem § 139 HGB vergleichbare Norm, 42
die aber nach der Entscheidung des BGH vom 29.1.2001 dringend notwendig wäre, denn mit der Änderung zur Rechtsfähigkeit der BGB-Gesellschaft hat der BGH auch die Haftungssystematik der BGB-Gesellschaft grundsätzlich verändert.

Schäfer folgert hieraus, entgegen der bisher h.L., dass das Austrittsrecht des § 139 HGB 43
grundsätzlich auch in der BGB-Gesellschaft gelten muss.[65] Im Hinblick auf die Handelsrechtsreform des Jahres 1998 sei § 139 HGB auch vollständig, d.h. mit Abs. 1, anwendbar. Die BGB-Gesellschaft könne hiernach leicht in eine KG umgewandelt werden und der entsprechende Antrag des Erben gem. § 139 Abs. 1 HGB bewirkt, dass die übrigen Gesellschafter eine solche Umwandlung in die Wege leiten müssen, wollen sie ein Ausscheiden des Erben gem. § 139 Abs. 2 HGB verhindern.[66] Allein bei Gesellschaften, die ein Kleingewerbe oder reine Vermögensverwaltung betreiben, ist eine Umwandlung in eine KG nicht möglich, so dass analog zu § 9 Abs. 3 PartGG dem Erben ein unbedingtes Austrittsrecht einzuräumen ist.[67]

Auch *Mock* sieht nach Änderung der Rechtsprechung des BGH zur Haftung der Gesellschafter einer BGB-Gesellschaft eine regelwidrige Lücke des Gesetzes, die die analoge Anwendung des § 139 HGB im Recht der BGB-Gesellschaft notwendig macht.[68]

Die Regelungslücke bestehe dort, wo das Wahlrecht des Erben eines BGB-Geschäftsanteils begrenzt sei auf die Entscheidung über den Eintritt in die Gesellschaft mit allen Haftungsfolgen oder die Ausschlagung der Erbschaft mit allen Nachlassgegenständen, also auch solchen, die neben dem Geschäftsanteil bestehen.

Eine Regelung, die mit dem Recht der OHG vergleichbar sei, existiere nicht im Recht der BGB-Gesellschaft. Die vergleichbare Interessenlage ergäbe sich eben gerade aus der neuen Rechtsprechung des BGH zur Haftungssystematik der BGB-Gesellschaft, wonach die Haftungsregelungen der OHG gem. §§ 128 bis 130 HGB auch dort Anwendung finden.

§ 139 HGB fände seine Berechtigung gerade in der Haftung des eintretenden Gesellschafters für Altverbindlichkeiten der Gesellschaft.[69] Deshalb sei § 139 HGB im Zusammenhang mit § 130 HGB zu sehen und müsse dementsprechend auch auf die BGB-Gesellschaft angewendet werden.

Nach Ansicht von *Mock* wird die analoge Anwendung des § 139 HGB allerdings auf das Wahlrecht des eintretenden Gesellschafters zum Ausscheiden aus der Gesellschaft gegen Abfindung begrenzt. Die Haftung für die Altverbindlichkeiten der Gesellschaft könne der

64 BGH, Urt. v. 17.6.1953 – II ZR 205/52, NJW 1953, 1217 LS c).
65 *Schäfer*, NJW 2005, 3665, 3669.
66 *Schäfer*, NJW 2005, 3665, 3668.
67 *Schäfer*, NJW 2005, 3665, 3668.
68 *Mock*, NZG 2004, 118.
69 *Mock*, NZG 2004, 118, 120.

Gesellschafter-Erbe dabei nach erbrechtlichen Grundsätzen durch eine analoge Anwendung von § 139 Abs. 4 HGB beschränken.

Schäfer[70] spricht sich ebenfalls für eine analoge Anwendung des § 139 HGB aus.

Die von § 139 HGB vorausgesetzte haftungsrechtliche Situation des Gesellschafter-Erben würde seit 2001 grundsätzlich derjenigen in der BGB-Gesellschaft entsprechen. Ein außerordentliches Austrittsrecht nach Art des § 139 HGB füge sich in das System der Ausscheidungsgründe in der BGB-Gesellschaft ein, so dass das BGB insoweit lückenhaft sei.

Aufgrund dieser Regelungslücke und der Tatsache, dass der Normzweck des § 139 HGB mit Rücksicht auf die entsprechende Anwendbarkeit der §§ 128, 130 HGB auch auf die Vererbung eines BGB-Anteils passt, würde nach *Schäfer* im Grundsatz alles für die Analogie zu § 139 HGB sprechen.[71]

44 Unter Hinweis auf diese Diskussion führt *Roth* in der Kommentierung zu § 139 HGB[72] weiterhin aus, dass § 139 HGB für die BGB-Gesellschaft nicht gilt und verweist auf die bisher herrschende Lehre. Die Diskussion in dieser Fragen ist weiterhin nicht abgeschlossen, wie der Beschluss des Deutschen Juristentages 2016 Nr. 22 zeigt, der die Austrittsmöglichkeit des Erben aus der BGB-Gesellschaft analog zu § 139 HGB befürwortet.[73] Der BGH lässt die Frage in seiner Entscheidung vom 17.12.2013[74] ausdrücklich offen.

45 Die Begründung für eine analoge Lösung scheint schlüssig und überzeugend zu sein. Da die überwiegende juristische Methodenlehre eine Gesetzeslücke als Voraussetzung legitimer gesetzesergänzender Rechtsfortbildung betrachtet,[75] ist zunächst festzustellen, ob eine Regelungslücke in Bezug auf die BGB-Gesellschaft vorliegt. Das Vorliegen einer Regelungslücke ist vom Standpunkt des Gesetzes aus zu beurteilen, von der ihm zugrunde liegenden Regelungsabsicht, also folglich von dem mit ihm verfolgten gesetzgeberischen Zweck.[76]

Dabei ist nach Ansicht von *Larenz* der dem Gesetz zugrunde liegende Regelungsplan aus ihm selbst im Wege der historischen und teleologischen Auslegung zu erschließen.

Primärer Gesetzeszweck des § 139 HGB ist der Erbenschutz.[77] § 139 Abs. 1 HGB erfüllt diesen Zweck durch das Wahlrecht des Erben, seine Mitgliedschaft in der Gesellschaft davon abhängig zu machen, ob ihm die übrigen Gesellschafter die Stellung eines Kommanditisten einräumen oder nicht.[78]

Schäfer bezeichnet dieses Wahlrecht zutreffend als „außerordentliches Austrittsrecht“, da gem. § 139 Abs. 2 HGB der Erbe fristlos aus der Gesellschaft austreten kann, sollten seine Mitgesellschafter der Kommanditistenstellung nicht zustimmen. Im Falle der BGB-Gesellschaft besteht diese Möglichkeit nicht, obwohl auch der BGB-Gesellschafter ein Schutzbedürfnis hinsichtlich des unbeschränkten Haftungsrisikos hat.

Somit kann eine Regelungslücke des Gesetzes seit dem Grundsatzurteil vom BGH im Jahr 2001 zur Rechtsfähigkeit der BGB-Gesellschaft angenommen werden.

---

70 *Schäfer*, NJW 2005, 3665 ff.
71 *Schäfer*, NJW 2005, 3665, 3668.
72 Baumbach/Hopt/*Roth*, HGB, § 139 Rn 8.
73 *Westermann*, NZG 2017, 921, 929.
74 BGH, Beschl. v. 17.12.2013 – II ZR 121/12, NZG 2014, 696.
75 *Bydlinsky*, S. 472.
76 *Larenz*, S. 373.
77 *Schörnig*, ZEV 2001,129, 132.
78 *Schäfer*, NJW 2005, 3665, 3666.

Da nicht ersichtlich ist, aus welchem Grund der Erbe einer BGB-Gesellschaft hinsichtlich der Vermeidung einer Haftung schlechter gestellt werden soll, als der Erbe einer OHG, der nach den dargestellten Auffassungen das gleiche Haftungsrisiko trägt, könnte diese Regelungslücke tatsächlich im Wege einer Analogie zu schließen sein. Dies gründet nach den Regeln der Methodenlehre auf der Forderung der Gerechtigkeit, Gleichartiges gleich zu behandeln.[79]

Hoppe und *Siegmann* führen gegen eine Analogie allerdings folgende Argumente ins Feld. 46

Zunächst ist nach beider Auffassung noch nicht endgültig geklärt, ob nach der neuen Rechtsprechung des BGH zur BGB-Gesellschaft überhaupt der Erbe gem. § 130 HGB haftet.[80] Zwar wird inzwischen § 130 HGB beim rechtsgeschäftlichen Eintritt des Nachfolgers analog auch auf die BGB-Gesellschaft angewendet,[81] jedoch ergibt sich hieraus nicht zwingend die Anwendung auf den Eintritt des Gesellschafter-Erben. Im Gegensatz zum willentlichen Gesellschafterwechsel bei dem den Gläubigern das Haftungssubstrat des austretenden Gesellschafters in den Grenzen des § 160 HGB entzogen wird, haftet bei dem Gesellschafterwechsel durch Erbfolge der Gesellschafter-Erbe jedenfalls mit dem Anteil an der Gesellschaft, sowie dem übrigen Nachlass. Dieses Vermögen entspricht dem Vermögen des durch Tod ausgeschiedenen Gesellschafters, so dass der Gläubiger durch den Gesellschafterwechsel nicht schlechter gestellt wird. Eine Besserstellung durch eine zusätzliche Haftung mit dem Eigenvermögen des Gesellschafter-Erben, die *Siegmann*[82] richtig als „Zufallsgeschenk" bezeichnet, ist nicht erforderlich. Dies gilt jedenfalls soweit der Gesellschafter-Erbe nicht aufgrund einer Eintrittsklausel die Gesellschafterposition des verstorbenen Gesellschafters übernimmt, denn in diesem Fall würde die Rechtsprechung des BGH zum freiwilligen Eintritt eines Gesellschafters in die damit verbundenen Haftungsfolgen analog § 130 HGB Anwendung finden.

Auch die Entscheidung des BGH vom 12.12.2005[83] macht deutlich, dass die analoge Anwendung des § 130 HGB auf die BGB-Gesellschaft wesentlich von der Willentlichkeit des Beitrittes des Gesellschafters beeinflusst ist. Nur wenn er freiwillig der Gesellschaft beitritt, kann die Frage nach Kenntnis oder Kennen können der Altschulden gestellt werden.

Hoppe zeigt auf, welche tatsächlichen Möglichkeiten zur Anwendung des § 139 HGB bestehen, und macht dies an den unterschiedlichen Erscheinungsformen der BGB-Gesellschaft deutlich.[84] Nach Prüfung der Argumentation des BGH kommt er zu dem Schluss, dass im Falle der erbrechtlichen Nachfolge der Gesellschafter-Erbe eines BGB-Gesellschafters nicht analog § 130 HGB haftet.[85] Die analoge Anwendung des § 139 HGB erübrigt sich damit ebenfalls.

Auch in der dritten Kommentarauflage von *Ebenroth/Boujong/Joost/Strohn* zum HGB spricht sich *Lorz* dafür aus, § 139 HGB in bestimmten Konstellationen bei der BGB-Gesellschaft analog anzuwenden.[86] Die Analogie sollte nach seiner Auffassung zum Tragen kommen, wenn in Abweichung von § 727 BGB die Gesellschaft nicht durch den Tod des Gesellschafters aufgelöst wird und der Erbe aufgrund Nachfolgeklausel in die Gesellschaft

79 *Larenz*, S. 381.
80 *Hoppe*, ZEV 2004, 226, 228; Scherer/*Siegmann*, § 23 Rn 100.
81 BGH, Beschl. v. 17.12.2013 – II ZR 121/12, NZG 2014, 696.
82 Scherer/*Siegmann*, § 23 Rn 100.
83 BGH, Urt. v. 12.12.2005 – II ZR 283/03, BWNotZ 2007, 13.
84 *Hoppe*, ZEV 2004, 226, 228.
85 *Hoppe*, ZEV 2004, 226, 231.
86 Ebenroth/Boujong/Joost/Strohn/*Lorz*, HGB, § 139 Rn 98.

einrückt. Dies ist allerdings auch der einzige Fall bei dem überhaupt über eine Anwendung des § 139 HGB nachzudenken ist, denn bei Auflösung der Gesellschaft oder Fortsetzung mit den verbleibenden Gesellschaftern stellt sich die Frage der Haftungserleichterung für den Gesellschafter-Erben erst gar nicht.

Nach der Änderung der Rechtsprechung zur Rechtspersönlichkeit der BGB-Gesellschaft und damit verbundener Veränderung der Haftung eintretender Gesellschafter führt wohl nur noch ein Festhalten an alten Auffassungen dazu, die analoge Anwendung des § 139 HGB auf die BGB-Gesellschaft abzulehnen. *Lorz* und *K. Schmidt* formulieren insoweit richtig, wenn sie von der noch oder bisher h.M. sprechen.[87]

47 In der anwaltlichen Beratung sollte der Erbe auf die aktuelle Rechtsprechung des BGH zur BGB-Gesellschaft hingewiesen und die möglicherweise bestehende unbeschränkbare Haftung analog § 130 HGB erörtert werden. Falls entgegen der noch h.M. ein Antrag gem. § 139 HGB analog an die übrigen Gesellschafter gestellt wird und erhebliche Gesellschaftsverbindlichkeiten bestehen, ist zur Sicherheit weiter die Frage der Ausschlagung zu thematisieren.[88]

Soweit Gesellschafter-Erben nicht analog § 139 Abs. 2 HGB aus der Gesellschaft durch Kündigung ausscheiden können, stellt sich weiter die Frage nach möglichen erbrechtlichen Haftungsbeschränkungen.

bb) Haftung aus erbrechtlicher Sicht

48 Bestehen Verbindlichkeiten des Erblassers stellt sich weiter die Frage, inwieweit der Gesellschafter-Erbe hierfür nach erbrechtlichen Grundsätzen einzustehen hat.

49 Grundsätzlich stellt die Teilung des Nachlasses gem. §§ 2059, 2060 BGB den wesentlichen Einschnitt in den Haftungsumfang des Erben dar.

50 Vor der Teilung des Nachlasses kann er seine Haftung gem. § 2059 Abs. 1 BGB auf den Nachlass beschränken. Zudem können die Erben gemeinsam gem. § 2062 BGB die Nachlassverwaltung beantragen. Nach Teilung entfällt sowohl die Einrede nach § 2059 Abs. 1 BGB als auch die Möglichkeit der Beantragung der Nachlassverwaltung.

51 Weiterhin kann der Miterbe nach Teilung seine Haftung nicht mehr gem. § 2061 Abs. 1 S. 1 BGB auf den seinem Erbteil entsprechenden Anteil der Gläubigerforderung beschränken.

52 Das Problem der Sondererbfolge für Geschäftsanteile an Personengesellschaften liegt in der rechtlichen Einordnung dieses Vorganges.

Stellt die Sondererbfolge, also der Übergang des Geschäftsanteils in das Eigenvermögen des Erben, eine Teilung des Nachlasses dar, könnte den Erben die Möglichkeit der Haftungsbeschränkung ohne ihr Zutun genommen sein.

53 *Westermann*[89] führt hierzu anschaulich aus, dass die Lösung dieser Frage nicht gesellschaftsrechtlicher Natur sein kann, da das Gesellschaftsrecht insoweit nicht nachgiebig ist. Für die Beantwortung der Frage, ob die Aufspaltung des Anteils des Erblassers eine Teilung i.S.d. §§ 2059, 2060 BGB darstelle, sei zunächst Voraussetzung, dass die Beteiligung des Erblassers an der Gesellschaft dem Nachlass zuzuordnen sei.[90] Diese Frage ist wie bereits ausgeführt

---

87 Ebenroth/Boujong/Joost/Strohn/*Lorz*, HGB, § 139 Rn 98; MüKo-HGB/*K. Schmidt*, § 139 Rn 60.
88 Scherer/*Siegmann*, § 23 Rn 100.
89 *Westermann*, AcP 173, 24, 36.
90 *Westermann*, AcP 173, 24, 27.

als inzwischen im Wesentlichen geklärt anzusehen (vgl. Rdn 32). Auch *Westermann* ist dieser Ansicht, da der Gesellschaftsanteil bereits zu Lebzeiten des Erblassers dessen Gläubigern als Zugriffsobjekt zur Verfügung stand. Er müsse auch im Verhältnis zu den Nachlassgläubigern zum Nachlass zählen. Maßgebend seien insoweit die erbrechtlichen Vorschriften.

Stattdessen wird man die Lösung in der Anpassung der erbrechtlichen Regeln suchen müssen.

54 Zunächst ist es richtig, dass der Verlust der Haftungsbeschränkungsmöglichkeiten des Gesellschafter-Miterben unangemessen ist, wenn der Nachlass wie bei Eintritt der Sondererbfolge ohne Zutun der Erben geteilt wird und ihnen damit keine Möglichkeit bleibt, eine willentliche Entscheidung über die Inanspruchnahme der Haftungsbeschränkungen zu treffen. Den Gesellschafter-Miterben allerdings die Haftungsbeschränkungen vollständig zu belassen, führt auf der anderen Seite zu deren unangemessener Bevorzugung.

55 Deutlich wird die Notwendigkeit nach weiterer Differenzierung, wenn der Gesellschaftsanteil den einzigen oder wesentlichen Vermögensgegenstand des Erblassers ausmacht, so dass bei Beschränkung der Haftung auf den Nachlass gem. § 2059 Abs. 1 BGB dem Gläubiger gar kein Haftungsvolumen mehr verbleibt.

Westermann schlägt im Ergebnis die Möglichkeit vor, auch nach der Teilung des Nachlasses durch die Sondererbfolge zwar nicht die Haftung gem. § 2059 Abs. 1 BGB auf den Nachlass zu beschränken, aber wenigstens die Nachlassverwaltung gem. § 2062 BGB beantragen und hierdurch die Erbenhaftung beschränken zu können. In der Folge stellt sich dann die Frage zum Umfang der Rechte des Nachlassverwalters in Bezug auf den Gesellschaftsanteil,[91] die allerdings deutlich geringere Probleme aufwirft, als die Frage der Befugnisse des Testamentsvollstreckers, da die Aufgabe des Nachlassverwalters ausschließlich in der Befriedigung der Nachlassgläubiger besteht.

56 Insoweit hat der Nachlassverwalter jedenfalls nicht das Recht, das Wahlrecht des Erben gem. § 139 HGB auszuüben, da es sich insoweit um eigene Rechte des Erben handelt, die nicht vom Erblasser auf ihn übergegangen sind.[92]

57 Aus dem Zweck seiner Tätigkeit heraus wird der Nachlassverwalter aber die Möglichkeit haben müssen, auf Gewinnanteile der Gesellschafter-Erben oder sogar den Substanzwert der Gesellschaftsanteile zugreifen zu können. Nach *Westermann* bietet sich hier eine entsprechende Anwendung des § 135 HGB an:[93] Vor dem Tod des Erblassers sei die Kündigung der Gesellschaft das einzige Mittel der Gläubiger, an den Gesellschaftsanteil zu gelangen. Voraussetzung dafür sei jedoch nach § 135 HGB, dass bereits eine erfolglose Pfändung in das bewegliche Vermögen des Gesellschafters durch die privaten Gläubiger erfolgt ist.

Dieses Kündigungsrecht steht auch dem Nachlassverwalter zu.[94] Im Hinblick auf § 2059 Abs. 1 BGB muss der Nachlassverwalter allerdings, versuchen, die Gläubiger aus dem gesellschaftsfreien Nachlass zu befriedigen, bevor er sein selbstständiges Kündigungsrecht wahrnehmen kann. Dies gilt aber nur dann, wenn bei dem Erbfall außer der Teilhaberschaft an der Gesellschaft noch weiteres Vermögen vorhanden gewesen ist. Stellt hingegen die Gesellschaftsbeteiligung das wesentliche Element des Nachlasses dar, so muss der Nachlassverwalter ungehindert auf den Geschäftsanteil zugreifen können.[95]

91 *Westermann*, AcP 173, 24, 40.
92 *Westermann*, AcP 173, 24, 39.
93 *Westermann*, AcP 173, 24, 41.
94 KG DR 1942, 973, 974.
95 *Westermann*, AcP 173, 24, 42.

Dieser Zugriff erfolgt durch Pfändung des Auseinandersetzungsanspruchs oder des Geschäftsanteils gem. §§ 828 ff., 857 ZPO und durch darauf folgende entsprechende Anwendung von § 135 HGB.

58 Für die Frage der Möglichkeit der erbrechtlichen Haftungsbeschränkung muss zunächst geprüft werden, ob durch Sondererbfolge überhaupt eine Teilung des Nachlasses eingetreten ist: Grundsätzlich stellt die unmittelbar verfügend wirkende Aufteilung von Nachlassgegenständen auf die einzelnen Miterben die Teilung des Nachlasses dar.[96]

Allerdings kommt es zusätzlich darauf an, welchen wertmäßigen Umfang der Gesellschaftsanteil am Nachlass hatte, denn eine Verteilung nur einzelner, auch wertvoller Gegenstände aus dem Nachlass auf einen Miterben führt nicht zwangsläufig zur Teilung des Nachlasses i.S.d. § 2059 BGB.[97] Sind neben dem Gesellschaftsanteil noch andere bedeutende Nachlassgegenstände vorhanden, liegt keine Teilung i.S.d. § 2059 BGB vor.

Die Gesellschaftsanteile sind, wie bereits vorzeitig verteilte Nachlassgegenstände zu behandeln und unterliegen nach Auffassung von *Ann* dem unmittelbaren Zugriff der Nachlassgläubiger, ohne dass sich der Erbe auf sein Eigentum berufen kann.[98] Diese Auffassung ist nicht unbestritten: Bereits das Reichsgericht ging davon aus, dass schon verteilte Gegenstände der Vollstreckung wegen Nachlassverbindlichkeiten entzogen seien, da sie nicht zum „Anteil an dem Nachlass" gehören.[99] Zum Schutz der Gläubigerinteressen wird auf einen Anspruch auf Rückgewähr des Empfangenen aus §§ 1978 Abs. 2, 1991 Abs. 1 BGB i.V.m. § 2059 Abs. 2 BGB verwiesen,[100] was aber voraussetzt, dass Nachlassverwaltung oder -insolvenz angeordnet oder die Dürftigkeitseinrede erhoben wurde. Gerade diese weitere Voraussetzung führt *Ann* dazu, der Einfachheit halber, den Zugriff auf die im Eigenvermögen befindlichen Gesellschaftsanteile direkt zuzulassen, indem das Eigenvermögen auf den Teil beschränkt wird, der dem Miterben bereits vor dem Erbfall zur Verfügung stand.[101]

Wie *Lohmann*[102] allerdings richtig ausführt, können die Gläubiger entgegen der Auffassung von *Ann* ohne Weiteres auf die Rückgewähransprüche gem. § 1978 BGB verwiesen werden, denn wenn die Tatbestandsmerkmale des Rückgewähranspruchs sämtlich nicht erfüllt sind, ist der noch vorhandene Nachlass wohl für die Befriedigung der Gläubiger ausreichend.

59 Führt die Sondererbfolge aber auch in Ansehung des wertmäßigen Umfanges des Gesellschaftsanteils zur Teilung des Nachlasses, verliert der Miterbe seine Einrede aus § 2059 Abs. 1 BGB.

60 Den Gesellschafter-Erben ist aber – und zwar entgegen § 2062 BGB – jedem einzeln der Antrag auf Nachlassverwaltung zu gestatten, obwohl der Nachlass aufgrund der Sondererbfolge bereits geteilt ist.[103] Wie *Westermann* richtig einleitet, stellt diese Anpassung der erbrechtlichen Vorschriften im Widerstreit zwischen Gesellschafts- und Erbrecht den Weg des geringsten Widerstandes dar.[104] Durch diese Lösung werden die gesellschaftsrechtlich notwendigen Vorschriften nicht beeinträchtigt und die Gesellschafter-Miterben gegenüber

96 MüKo/*Ann*, § 2059 Rn 4.

97 Damrau/Tanck/*Syrbe*, Erbrecht, § 2059 Rn 4; MüKo/*Ann*, § 2059 Rn 4; RG, Urt. v. 13.2.1917 – II 464/16, RGZ 89, 403, 408.

98 MüKo/*Ann*, § 2059 Rn 10.

99 RG, Urt. v. 13.2.1917 – II 464/16, RGZ 89, 403, 408; ebenso *Westermann*, AcP 1973, 24, 31.

100 RG, Urt. v. 13.2.1917 – II 464/16, RGZ 89, 403, 408.

101 MüKo/*Ann*, § 2059 Rn 10.

102 BeckOK/*Lohmann*, BGB, § 2059 Rn 2.

103 So auch MüKo/*Ann*, § 2062 Rn 10; Palandt/*Weidlich*, § 2062 Rn 2; *Westermann*, AcP 1973, 24, 37.

104 *Westermann*, AcP 1973, 24, 36.

Erben anderer Vermögensstrukturen nicht benachteiligt. Die Ausdehnung des Antragsrechts für jeden einzelnen Miterben ist erforderlich, da § 2062 BGB in seiner gesetzlichen Ausgestaltung nur ein gemeinsames Antragsrecht vorsieht. Die Gemeinschaftlichkeit stellt im gesetzlichen Anwendungsbereich des § 2062 BGB auch kein Problem dar, da die Miterben schon über die Verwaltung des Nachlasses gem. § 2038 BGB nur gemeinsam entscheiden können und vor der willentlichen Teilung die Regulierung der Nachlassverbindlichkeiten gem. § 2046 BGB zu erfolgen hat. Auch die Verfügung über Nachlassgegenstände kann gem. § 2040 Abs. 1 BGB nur gemeinschaftlich erfolgen. Der einzelne Miterbe ist daher gegen die Haftung für Nachlassverbindlichkeiten wirksam durch § 2059 Abs. 1 BGB geschützt, solange er selbst im Rahmen der gemeinschaftlichen Willensbildung in der Erbengemeinschaft diesen Schutz nicht aufgibt.

Entfällt dieser Schutz aufgrund der Sondererbfolge, die möglicherweise aufgrund qualifizierter Nachfolge auch nur für einen Teil der Erben eingreift, kann sich der Miterbe nicht darauf verlassen, dass die anderen Miterben gemeinsam mit ihm die Nachlassverwaltung beantragen. Er bedarf somit eines eigenen Antragsrechtes.[105]

Der BGH schließt die Beschränkung der Haftung auf den Nachlass auf Grundlage der 61
direkten Anwendung von erbrechtlichen Vorschriften jedenfalls aus, wenn er erst über die Anwendung von § 139 Abs. 4 HGB zur der Frage kommt, ob im Falle des Eintritts des Gesellschafter-Erben in die werbende Gesellschaft eine Haftungsbeschränkung nach erbrechtlichen Gesichtspunkten möglich ist.[106]

II. OHG

Wie bei der BGB-Gesellschaft wurde die OHG bis zum Handelsrechtsreformgesetz 1998 62
bei Tod eines Gesellschafters gem. § 131 Nr. 4 HGB a.F. aufgelöst.

Nach aktueller Rechtslage sieht das Gesetz das Ausscheiden des verstorbenen Gesellschaf- 63
ters gem. § 131 Abs. 3 Nr. 1 HGB vor. Die Gesellschaft wird somit ohne abweichende gesellschaftsvertragliche Regelung von den verbleibenden Gesellschaftern ohne die Erben fortgeführt. Der Gesellschaftsanteil des verstorbenen Gesellschafters wächst ihnen gem. § 738 Abs. 1 S. 1 BGB zu und in den Nachlass fällt ein ggf. im Gesellschaftsvertrag geregeltes Abfindungsguthaben.[107]

Das Abfindungsguthaben kann im Gesellschaftsvertrag vollständig ausgeschlossen wer- 64
den.[108] Es gelten nicht die Regelungen zur (Un-)Zulässigkeit der Abfindungsbeschränkung, denn diese wurden zum Schutz vor einer unzulässigen Beschränkung des Kündigungsrechts des Gesellschafters entwickelt.

Aus § 139 Abs. 1 HGB ergibt sich, dass auch bei der OHG durch gesellschaftsvertragliche 65
Vereinbarung der Gesellschaftsanteil vererblich gestellt werden kann, so dass die Folge des § 131 Abs. 3 Nr. 1 HGB (Ausscheiden eines Gesellschafters) nicht eintritt.

Hinsichtlich der möglichen gesellschaftsvertraglichen Klauseln wird auf den Exkurs zu den Nachfolgeklauseln verwiesen (vgl. Rdn 144 ff.).

---

105 *Westermann*, AcP 1973, 24, 38; MüKo/*Ann*, § 2062 Rn 10.

106 BGH, Urt. v. 6.7.1981 – II ZR 38/81, NJW 1982, 45.

107 *Freiherr v. Hoyenberg*, RNotZ 2007, 377, 382.

108 Baumbach/Hopt/*Roth*, HGB, § 131 Rn 62; BGH, Urt. v. 22.11.1956 – II ZR 222/55, NJW 1957, 180, 181.

66 Wird aufgrund einer gesellschaftsvertraglichen Nachfolgeklausel ein Erbe Nachfolger des verstorbenen Gesellschafters, erhält er die Möglichkeit durch Antrag gem. § 139 Abs. 2 HGB an die übrigen Gesellschafter unter Belassung des bisherigen Gewinnanteils die Stellung eines Kommanditisten zu erhalten. Nehmen die übrigen Gesellschafter diesen Antrag nicht an, kann der Nachfolger ohne Einhaltung einer Kündigungsfrist sein Ausscheiden aus der Gesellschaft erklären.

67 Der Antrag des Nachfolgers hat gem. § 139 Abs. 3 HGB innerhalb von drei Monaten ab Kenntnis vom Anfall der Erbschaft zu erfolgen.

68 Die Gesellschaftsanteile der OHG werden, wie die Anteile aller Personengesellschaften, im Wege der bereits erörterten Sondererbfolge vererbt (siehe oben Rdn 6). Jeder Miterbe erhält somit einen seiner Erbquote entsprechenden Anteil am Gesellschaftsanteil des Erblassers persönlich zu Eigenvermögen.

69 Sobald sich die OHG in Liquidation befindet, erfolgt keine Sondererbfolge mehr. Die Vererbung von Geschäftsanteilen von Liquidationsgesellschaften vollzieht sich nach rein erbrechtlichen Regeln. Mehrere Erben werden nicht einzeln, sondern zur gesamten Hand Erben.[109]

70 War einer der Gesellschafter-Erben bereits Gesellschafter der OHG, vereinigt sich der im Rahmen der Sondererbfolge ererbte Gesellschaftsanteil mit dem bisherigen zu einer einheitlichen Beteiligung. Eine Aufspaltung in mehrere selbstständige Teile ist nicht möglich.[110] Ein Recht auf Einräumung der Stellung eines Kommanditisten gem. § 139 Abs. 1 HGB steht ihm dann nicht zu.

1. Stellung der Erben gegenüber den übrigen Gesellschaftern

a) Obligatorische Gruppenvertretung

71 Obwohl der Geschäftsanteil des Erblassers an der OHG im Rahmen einer Sondererbfolge aufgeteilt nach der Erbquote an jeden einzelnen Erben übergeht, fällt er in den Nachlass, so dass die Testamentsvollstreckung nicht schlechthin ausgeschlossen ist. Der Testamentsvollstrecker hat jedoch keine Befugnisse, die unmittelbar die Mitgliedschaftsrechte der Erben berühren. Er ist daher in einem Rechtsstreit über die Aufnahme eines weiteren Mitgesellschafters innerhalb der Gesellschaft nicht zur Verwaltung befugt.[111]

72 Wie bei der BGB-Gesellschaft ändert sich für die verbleibenden Gesellschafter die Beteiligungshöhe nicht, allerdings wird der Gesellschaftsanteil des verstorbenen Gesellschafters auf die zur Sondererbfolge berufenen Erben aufgeteilt. Es kommt zu einer Zerstückelung der Beteiligung und Vervielfachung der Anzahl der Gesellschafter. Die Entscheidungsfindung wird erschwert, da die hinzutretenden Gesellschafter-Erben kapitalmäßig nur gering beteiligt sind und oftmals dem Unternehmen fremd gegenüberstehen.[112]

Auch bei der OHG bietet sich daher an, die Einzelinteressen der Gesellschaftererben durch die Einführung einer Vertreterklausel zur obligatorischen Gruppenvertretung im Gesellschaftsvertrag zu bündeln, um die Unternehmensführung, insbesondere Entscheidungsfindung, zu erleichtern.

---

109 BGH, Urt. v. 21.9.1995 – II ZR 273/93, DNotZ 1996, 809.
110 BGH, Urt. v. 11.4.1957 – II ZR 185/55, NJW 1957, 1026, 1027.
111 BGH, Beschl. v. 12.1.1998 – II ZR 23/97, NZG 1998, 221.
112 *Schörnig*, ZEV 2002, 343, 344.

Eine Klausel zur obligatorischen Gruppenvertretung im Gesellschaftsvertrag könnte wie folgt lauten:

Formulierungsbeispiel

Werden mehrere Erben oder Vermächtnisnehmer eines Gesellschafters Gesellschafter, die bislang noch nicht an der Gesellschaft beteiligt waren, können sie ihre Stimmrechte nur einheitlich durch einen gemeinsamen Vertreter ausüben, sofern es sich nicht um Beschlüsse über die Änderung oder Ergänzung des Gesellschaftsvertrages handelt. Gemeinsamer Vertreter kann nur ein Gesellschafter oder ein kraft Gesetzes zur Verschwiegenheit verpflichtetes Mitglied der rechts- oder steuerberatenden Berufe sein. Solange ein gemeinsamer Vertreter nicht bestellt ist, ruhen die Stimmrechte der Gesellschafter dieser Gesellschaftergruppe in den Angelegenheiten, in denen sie nur durch einen gemeinsamen Vertreter wahrgenommen werden können.[113]

Ebenfalls wie bei der BGB-Gesellschaft darf die obligatorische Gruppenvertretung den 73
Grundsatz von Herrschaft und Haftung nicht verletzen. Hiernach sollten einer umfassenden Haftung des Gesellschafters, wie sie § 128 HGB regelt, ebenso umfassende Rechte des Gesellschafters, insbesondere bei der Geschäftsführung, gegenüberstehen.[114]

Die beiden Grundsätze „unbeschränkte persönliche Haftung für alle Gesellschaftsschulden" und „unbeschränkte alleinige Geschäftsführung und Vertretung jedes Gesellschafters" verdeutlichen den groben Umriss der Struktur eines Gesellschafteranteils an einer OHG.[115] Nur wenn unter anderem diese beiden Prinzipien in der jeweiligen Gesellschafterstellung gewährleistet sind, könne von einer Gesellschaftsbeteiligung an einer OHG gesprochen werden.[116]

Die obligatorische Gruppenvertretung schränkt die umfassenden Rechte der betroffenen Gesellschafter zwar ein, greift aber nicht weiter als die gesetzlich möglichen Einschränkungen der Rechte des Gesellschafters aus § 114 Abs. 2 HGB, der die Geschäftsführung gänzlich ausschließt.

Die obligatorische Gruppenvertretung muss als Minus zum vollständigen Ausschluss der Geschäftsführung daher zulässig sein.[117] Sie entzieht den betroffenen Gesellschaftern die Rechte zur Geschäftsführung nicht vollständig, sie werden lediglich mediatisiert.[118]

Weiter wird durch eine obligatorische Gruppenvertretung der Grundsatz der Selbstbestim- 74
mung betroffen.

Hiernach gilt, dass „*die Willensbildung in der Gesellschaft durch die Gesellschafter erfolgt. Geschäftsführung und Vertretung sind Sache der Gesellschafter und die Beschlüsse in den Angelegenheiten der Gesellschaft werden durch die Gesellschafter gefasst*".[119]

Auch das Selbstbestimmungsrecht wird durch die obligatorische Gruppenvertretung nicht 75
unzulässig eingeschränkt, denn der Vertreter tritt nicht an die Stelle der in der Gruppe zusammengeschlossenen Gesellschafter-Erben, sondern handelt nur im Namen und kraft Weisung der Gruppenmitglieder.[120]

---

113 Münchener Vertragshandbuch, III.3.
114 *Schörnig*, ZEV 2002, 343, 345.
115 *Schörnig*, Die obligatorische Gruppenvertretung, S. 173.
116 *Schörnig*, Die obligatorische Gruppenvertretung, S. 173.
117 *Schörnig*, ZEV 2002, 343, 346; *Hurst*, DNotZ 1967, 6, 17.
118 *Hurst*, DNotZ 1967, 6, 17.
119 *Schörnig*, ZEV 2002, 343, 346; *Flume*, S. 235.
120 *Schörnig*, ZEV 2002, 343, 346.

76 Auch das Prinzip der Selbstorganschaft führt nicht zur Unzulässigkeit der obligatorischen Gruppenvertretung.

Nach dem Grundsatz der Selbstorganschaft müssen bei einer Personengesellschaft die Organe der Gesellschaft nicht erst gewählt oder bestellt werden, sondern gem. §§ 125 ff. HGB sind die organschaftlichen Vertreter einer OHG *ipso iure* die Gesellschafter.[121] In der Regel können auch nur die Gesellschafter Organe der OHG sein und diese höchstpersönliche Stellung kann nicht auf Dritte übertragen werden.[122] Allerdings ist es den Gesellschaftern dadurch nicht versagt, einen Nichtgesellschafter an der Geschäftsführung oder der Vertretung der Gesellschaft zu beteiligen.[123]

Zwar werden die organschaftlichen Rechte der Gruppenmitglieder eingeschränkt, aber die Selbstorganschaft verlangt nicht, dass jeder Gesellschafter Organrechte hat, sondern nur, dass wenigstens ein persönlich haftender Gesellschafter Organ der Gesellschaft ist.[124] Diesen Anforderungen wird auch die obligatorische Gruppenvertretung gerecht.

77 Neuere Kommentierungen halten die Vertreterklausel bei persönlich haftenden Gesellschaftern wegen des Widerspruchs zwischen unbeschränkter Haftung einerseits und Beschränkung oder Ausschließung der persönlichen und unmittelbaren Ausübung der Gesellschafterrechte andererseits für unzulässig.[125]

b) Umwandlungswahlrecht des § 139 HGB

78 Eine weitere Rechtsbeziehung der Gesellschafter-Erben gegenüber den verbleibenden Gesellschaftern ergibt sich aus § 139 HGB.

Hiernach kann der Gesellschafter-Erbe von den verbleibenden Gesellschaftern verlangen, dass ihm die Stellung eines Kommanditisten unter Beibehaltung des bisherigen Gewinnanteils eingeräumt wird.

79 Diesen Antrag an die übrigen Gesellschafter kann nur der Erbe stellen, nicht jedoch Vermächtnisnehmer, Erbschaftskäufer oder Erwerber von Miterbenanteilen.[126]

80 Bei mehreren Erben kann jeder für sich einen Antrag nach § 139 HGB an die verbleibenden Gesellschafter stellen.[127] Diese wiederum können einem Antrag stattgeben und einen anderen Antrag zurückweisen, müssen also nicht für alle Erben einheitlich entscheiden.[128]

81 Der Antrag nach § 139 HGB ist höchstpersönlich und kann weder vom Testamentsvollstrecker,[129] noch vom Nachlassverwalter[130] oder Nachlassinsolvenzverwalter[131] gestellt werden.

82 Stimmen die übrigen Gesellschafter dem Antrag des Gesellschaftererben zu, wird dieser Kommanditist und die Gesellschaft damit automatisch in eine Kommanditgesellschaft umgewandelt.

---

121 Heymann/*Emmerich*, HGB, § 125 Rn 5.
122 Baumbach/Hopt/*Roth*, HGB, § 125 Rn 5,6.
123 *Schörnig*, Die obligatorische Gruppenvertretung, S. 180.
124 *Schörnig*, ZEV 2002, 343, 346.
125 MüKo/*Gergen*, § 2032 Rn 59; Nieder/Kössinger/*Kössinger*, § 20 Rn 26.
126 Ebenroth/Boujong/Joost/Strohn/*Lorz*, HGB, § 139 Rn 103.
127 BGH, Urt. v. 21.12.1970 – II ZR 258/67, NJW 1971, 1268.
128 BGH, Urt. v. 21.12.1970 – II ZR 258/67, NJW 1971, 1268, 1269.
129 RG, Urt. v. 4.3.1943 – II 113/42, RGZ 170, 392, 395.
130 BGH, Urt. v. 30.3.1967 – II ZR 102/65, NJW 1967, 1961, 1962.
131 BGH, Urt. v. 30.4.1984 – II ZR 293/83, NJW 1984, 2104, 2105.

Der Gesellschaftsvertrag kann das Wahlrecht des § 139 HGB auch vorwegnehmen und anordnen, dass die Erben die Nachfolge in den Gesellschaftsanteil des verstorbenen Gesellschafters als Kommanditisten antreten. Die Umwandlung des Gesellschaftsanteils erfolgt zum Zeitpunkt des Erbfalles und die Erben werden im Rahmen der Sondererbfolge zum selben Zeitpunkt Kommanditisten der Gesellschaft. Einer besonderen Erklärung der Erben bedarf es hierzu nicht.[132] 83

2. Stellung der Erben gegenüber Dritten

a) Stellung gegenüber Gläubigern der Gesellschaft

aa) Haftung für Altschulden und Zwischenneuschulden

(1) Haftung gem. §§ 128, 130 HGB

Die in die Gesellschaft eintretenden Erben haften für die vor ihrem Eintritt begründeten Gesellschaftsverbindlichkeiten gem. §§ 128, 130 HGB persönlich. Eine Beschränkung auf den Nachlass gem. §§ 1967, 1975 BGB ist für diese Verbindlichkeiten nicht möglich.[133] 84

Um der unbeschränkten Haftung zu entgehen, können die Gesellschafter-Erben gem. § 139 HGB innerhalb von drei Monaten seit Kenntnis vom Anfall der Erbschaft beantragen, dass ihnen die Stellung eines Kommanditisten eingeräumt wird. 85

Lehnen die übrigen Gesellschafter diesen Antrag ab, kann der Gesellschafter-Erbe gem. § 139 Abs. 2 HGB ohne Einhaltung einer Kündigungsfrist aus der Gesellschaft ausscheiden. Er haftet dann gem. § 139 Abs. 4 HGB für bis dahin entstandene Gesellschaftsschulden, also die vor dem Erbfall entstandenen Verbindlichkeiten (Altschulden) und solchen, die in der Zeit zwischen Erbfall und Ausscheiden des Gesellschafter-Erben entstanden sind (Zwischenneuschulden), nur nach Maßgabe der Haftung des Erben für die Nachlassverbindlichkeiten.[134] Insoweit wird auf den Abschnitt zur Haftung in der Erbengemeinschaft verwiesen. 86

Das Gleiche gilt, wenn dem Gesellschafter-Erben die Stellung eines Kommanditisten eingeräumt oder die Gesellschaft in der Frist des § 139 Abs. 3 HGB aufgelöst wird.[135]

Solange der Gesellschafter-Erbe sein Wahlrecht nach § 139 HGB noch ausüben kann (Schwebezeit), also die Frist des § 139 Abs. 3 HGB noch läuft, ist er vor der unbeschränkten Haftung als persönlich haftender Gesellschafter geschützt.[136] 87

Gleichzeitig erweitert § 139 Abs. 4 HGB die Haftung des Nachlasses auf die Schulden, die gem. § 1967 BGB keine Nachlassverbindlichkeiten sind. Nämlich solche, die nach dem Erbfall bis zum Schluss der Schwebezeit entstanden sind und stellt die Gesellschaftsgläubiger während der Frist des § 139 Abs. 3 HGB so, als ob der Erblasser noch lebte.[137] 88

Die Schwebezeit des § 139 Abs. 3 HGB ist nicht in das Handelsregister einzutragen. Daher ist der Gesellschafter-Erbe nicht durch § 15 Abs. 1 HGB daran gehindert, dies einem Gläubiger zur Haftungsbeschränkung entgegenzusetzen.[138] Eintragungspflichtig ist allerdings 89

132 BGH, Urt. v. 1.6.1987 – II ZR 259/86, NJW 1987, 3184, 3185.
133 BGH, Urt. v. 6.7.1981 – II ZR 38/81, NJW 1982, 45, 46.
134 BGH, Urt. v. 21.12.1970 – II ZR 258/67, NJW 1971, 1268, 1269.
135 BGH, Urt. v. 6.7.1981 – II ZR 38/81, NJW 1982, 45, 46; *Schörnig*, ZEV 2001, 129, 132.
136 Baumbach/Hopt/*Roth*, HGB, § 139 Rn 45.
137 BGH, Urt. v. 21.12.1970 – II ZR 258/67, NJW 1971, 1268, 1270.
138 BGH, Urt. v. 21.12.1970 – II ZR 258/67, NJW 1971, 1268, 1270.

der nach der Schwebezeit erfolgte Wechsel von der Stellung des persönlich haftenden Gesellschafters zur Stellung des Kommanditisten. Der Gesellschafter-Erbe ist bei der Eintragung mitwirkungspflichtig.[139]

Erfolgt diese Eintragung nicht, haftet der Gesellschafter-Erbe gem. § 1967 BGB, 15 Abs. 1, § 128 HGB für die Ansprüche von Gesellschaftsgläubigern gegenüber dem Erblasser auch über dessen Tod hinaus, da er die gem. § 143 Abs. 2 HGB eintragungspflichtige Tatsache dem Gläubiger nicht entgegenhalten kann.[140]

(2) Haftung gem. § 173 HGB

90 Tritt der Gesellschafter-Erbe durch erfolgreichen Antrag gem. § 139 HGB als Kommanditist in die OHG ein, wird diese automatisch in eine KG umgewandelt.[141] Auf diesen Eintritt ist nach h.M. § 173 Abs. 1 HGB anzuwenden, der nicht erbrechtlich beschränkbar ist, da es sich nicht um eine Haftung aus der erbrechtlichen Nachfolge, sondern aus dem Eintrittsvorgang handelt.[142] Es wird insoweit auf die weiteren Ausführungen verwiesen (siehe Rdn 118).

bb) Haftung für Neuschulden

91 Stimmen die verbleibenden Gesellschafter dem Antrag des Gesellschafter-Erben zu, als Kommanditist in die Gesellschaft einzutreten, haftet er für Verbindlichkeiten ab dem Zeitpunkt der Einräumung der Stellung eines Kommanditisten (Neuschulden) jedenfalls gem. §§ 171, 172 HGB. Um den Umfang dieser Haftung zu ermitteln, stellt sich die Frage nach der Erbringung der Einlage durch den Gesellschafter-Erben. Hierbei sind Pflichteinlage, also die Einlage, die der Gesellschafter aufgrund des Gesellschaftsvertrages zu leisten hat, und Hafteinlage, also die Summe, bis zu der er unabhängig von der bedungenen Pflichteinlage aufgrund Eintragung im Handelsregister gem. § 172 Abs. 1 HGB haften will, zu unterscheiden.

Nicht mehr streitig ist nach der Entscheidung des BGH vom 1.6.1987[143] insbesondere, ob in der Gesellschaft vorhandene stille Reserven dem eintretenden Gesellschafter-Erben auf die Erbringung seiner Einlage angerechnet werden, wenn alle Gesellschafter einverstanden sind.

(1) Art und Weise des Erwerbs des Gesellschaftsanteils bei Umwandlung des Gesellschaftsanteils gem. § 139 Abs. 1 HGB

92 Der BGH geht, wie es *Buchner* formuliert,[144] offensichtlich wie selbstverständlich davon aus, dass der Gesellschafter-Erbe die geschuldete Pflichteinlage durch Einbringung des ererbten Gesellschaftsanteils zu leisten habe.[145]

93 Fraglich bleibt, warum ein Erbe nach Erwerb des Gesellschaftsanteils gem. § 1922 BGB, zwar in Sondererbfolge, aber im Rahmen einer Gesamtrechtsnachfolge, überhaupt persön-

139 Baumbach/Hopt/*Roth*, HGB, § 139 Rn 47.
140 BGH, Urt. v. 4.3.1976 – II ZR 145/75, NJW 1976, 848, 849.
141 *Schörnig*, ZEV 2001, 129, 131.
142 OLG Hamburg, Urt. v. 5.11.1993 – 11 U 39/93, NJW-RR 1994, 809, 810; Ebenroth/Boujong/Joost/Strohn/*Lorz*, HGB § 139 Rn 124; *K. Schmidt*, ZGR 1989, 445, 448; nicht eindeutig *Buchner*, DNotZ 1988, 467, 483.
143 BGH, Urt. v. 1.6.1987 – II ZR 259/86, NJW 1987, 3184.
144 *Buchner*, DNotZ 1988, 467, 469.
145 BGH, Urt. v. 1.6.1987 – II ZR 259/86, NJW 1987, 3184, 3185.

lich eine Pflichteinlage zu erbringen hat. Tatsächlich tritt der Erbe in die gesellschaftsvertragliche Position des Erblassers ein und übernimmt diese so, wie sie ihm vom Erblasser hinterlassen worden ist.[146] Seine Rechtsposition entspricht damit derjenigen, die der Erblasser zuvor innehatte. Dies formuliert im Grunde bereits § 139 Abs. 1 HGB, denn der Gesellschafter-Erbe kann mit seinem Antrag verlangen, dass der auf ihn entfallende Teil der Einlage des Erblassers als seine Kommanditeinlage anerkannt wird.

(2) Folgen der Art und Weise des Erwerbs des Gesellschaftsanteils

Wie sich die Hafteinlage bemisst, ist umstritten. Probleme treten insbesondere dann auf, wenn das Kapitalkonto des Erblassers negativ ist. Für den Gesellschafter-Erben der nach erfolgreichem Antrag gem. § 139 Abs. 2 HGB die Gesellschafterstellung des Erblassers als Kommanditist fortführt, ergibt sich nach Beantwortung dieser Frage nicht die Problematik der Bewertung des Gesellschaftsanteils. Vielmehr hat der Erbe seine Pflichteinlage in der Weise erbracht, wie sie der Erblasser vor ihm erbracht hatte, denn er tritt in seine Rechtsstellung ein.[147] 94

Es stellt sich allerdings die Frage nach der Höhe der Hafteinlage für die Kommanditbeteiligung des Gesellschafter-Erben, denn dies wird im Gesellschaftsvertrag nur in seltenen Fällen festgelegt sein, noch war für den Erblasser eine Hafteinlage im Handelsregister einzutragen, da dieser bis zum Erbfall persönlich und unbeschränkt haftete. Soweit der Erblasser sich gesellschaftsvertraglich zu einer Einlage verpflichtet hatte und diese vollständig erbracht wurde, ist nach *Buchner* diese Einlage gleichzeitig Pflicht- und Hafteinlage des Gesellschafter-Erben als Kommanditist.[148] Der Gesellschafter-Erbe hat dann seine Einlage erbracht und seine Haftung für die Verbindlichkeiten der Gesellschaft ab der Umwandlung seiner Gesellschafterposition (Neuschulden) ist gem. § 171 Abs. 1 Hs. 2 HGB ausgeschlossen. Nur wenn der Erblasser seine Einlage nicht geleistet habe,[149] solle dies auch zu Lasten des Erben gehen, nicht jedoch eine Reduzierung der ursprünglichen Einlage durch aufgelaufene Verluste.[150] Insbesondere gäbe es im Recht der KG, im Gegensatz zum GmbH-Recht, keine Kapitalerhaltungsvorschriften.[151] 95

Saßenrath[152] will diesem „Gleichklang"[153] von Haft- und Pflichteinlage nicht folgen, da hierdurch dem Registereintrag der Hafteinlage jeder Informationswert genommen würde, wenn tatsächlich die Pflichteinlage durch Verluste oder Rückzahlung an den Gesellschafter nicht mehr vollständig im Vermögen der Gesellschaft vorhanden sei.[154]

Der BGH stellt in seinem Urt. v. 1.6.1987 zur Bestimmung der Einlage sogar auf den objektiven Wert des Gesellschaftsanteils des Erblassers ab, ohne dass stille Reserven, die dem Gesellschafter-Erben zugute kommen, aufgedeckt werden müssten.[155] Die Notwendigkeit zu Ausführungen des BGH zum objektiven Wert des Gesellschaftsanteils der Gesellschafter-Erben, der in der vorstehenden Erörterung keine Bedeutung hatte, ergab sich aus der eigenen Anmeldung der Gesellschafter-Erben zum Handelsregister. Aus für Außenste-

146 *Buchner*, DNotZ 1988, 467, 471.
147 *Buchner*, DNotZ 1988, 467, 477; a.A. *Saßenrath*, BB 1990, 1209, 1210.
148 *Buchner*, DNotZ 1988, 467, 477.
149 *Buchner*, DNotZ 1988, 467, 479.
150 *Buchner*, DNotZ 1988, 467, 474.
151 *Buchner*, DNotZ 1988, 467, 475.
152 *Saßenrath*, BB 1990, 1209.
153 So *Buchner*, DNotZ 1988, 467, 477.
154 *Saßenrath*, BB 1990, 1209, 1210.
155 BGH, Urt. v. 1.6.1987 – II ZR 259/86, NJW 1987, 3184, 1385.

hende nicht ersichtlichen Gründen hatten die Gesellschafter-Erben Hafteinlagen i.H.v. 100.000 DM angemeldet, obwohl dieser Betrag weder der Pflichteinlage des Erblassers entsprach noch dem aktuellen Saldo seines Kapitalkontos. Die Gesellschafter-Erben wurden an dieser Anmeldung festgehalten, so dass die Feststellung der Höhe der tatsächlich geleisteten Einlage notwendig wurde, um die Haftung gem. § 171 Abs. 1 Hs. 2 HGB zu bestimmen.

Richtig erscheint hier der Ansatz von *Buchner*,[156] der zunächst die Nachfolge in die Gesellschafterstellung betrachtet. Der Gesellschafter-Erbe rückt in die Position des Erblassers ein und muss diese so übernehmen, wie sie ihm vom Erblasser hinterlassen worden ist. Rückt der Erbe in die Position des Erblassers ein, so gilt als Leistung der Einlage im Sinne von § 171 Abs. 1 Hs. 2 HGB die ursprünglich übernommene Einlage, unabhängig davon, ob diese zum Zeitpunkt des Eintritts des Gesellschaftererben noch vorhanden ist.

96 War der Erblasser zu keiner bestimmten Einlageleistung verpflichtet, entspricht es dem haftungsreduzierenden Sinn und Zweck des § 139 HGB, dass den Gesellschafter-Erben ebenfalls keine weitergehende Einlageverpflichtung trifft.[157] Seine Hafteinlage dürfte dann dem Betrag des Kapitalkontos des Erblassers im Zeitpunkt des Erbfalles entsprechen.

97 Ist das Kapitalkonto zu diesem Zeitpunkt negativ, kann ein solcher Betrag nicht als Hafteinlage in das Handelsregister eingetragen werden. Das negative Kapitalkonto hindert jedoch nicht an der Ausübung des Wahlrechtes gem. § 139 Abs. 1 HGB.[158] Nach h.M. ist dann eine Hafteinlage i.H.v. 1 EUR in das Handelsregister einzutragen.[159]

b) Stellung gegenüber Testamentsvollstrecker

98 Für die Zulässigkeit der Testamentsvollstreckung über den Gesellschaftsanteil an einer OHG gilt die zu der BGB-Gesellschaft durchgeführte Erörterung (siehe oben Rdn 26).

Grundsätzlich dürfte die Testamentsvollstreckung danach nicht schlechthin ausgeschlossen sein, sich aber nur auf die aus der Gesellschaftsbeteiligung resultierenden Vermögensrechte erstrecken, insbesondere den Anspruch auf das künftige Auseinandersetzungsguthaben.[160]

99 Der Testamentsvollstreckervermerk hat folglich bei Eintragung des Gesellschafter-Erben in das Handelsregister zu unterbleiben.[161] Auch kann der Testamentsvollstrecker den Eintritt des Erben als Gesellschafter nicht zum Handelsregister anmelden.[162]

III. KG

100 Gemäß § 161 Abs. 2 HGB gelten beim Tod des persönlich haftenden Gesellschafters einer KG die Regelungen zur OHG entsprechend.

101 Damit scheidet gem. §§ 161 Abs. 2, 131 Abs. 3 Nr. 1 HGB der verstorbene persönlich haftende Gesellschafter aus. Die KG wird somit von den verbleibenden persönlich haftenden Gesellschaftern nebst den Kommanditisten ohne die Erben fortgeführt, wenn der Gesellschaftsvertrag keine abweichende Regelung getroffen hat. Hinsichtlich der möglichen Nachfolgeklauseln wird auf den Exkurs weiter unten verwiesen (vgl. Rdn 144 ff.). Der

156 *Buchner*, DNotZ 1988, 467, 471.
157 *Buchner*, DNotZ 1988, 467, 477.
158 BGH, Urt. v. 21.12.1970 – II ZR 258/67, NJW 1971, 1268, 1269.
159 Ebenroth/Boujong/Joost/Strohn/*Lorz*, HGB, § 139 Rn 110.
160 BGH, Beschl. v. 12.1.1998 – II ZR 23/97, NJW 1998, 1313, 1314.
161 *Krafka/Willer*, Registerrecht, Rn 642.
162 OLG Hamburg, Beschl. v. 9.12.1965 – 2 W 182/65, NJW 1966, 986.

Gesellschaftsanteil des verstorbenen persönlich haftenden Gesellschafters wächst den übrigen Gesellschaftern, also auch den Kommanditisten, gem. § 738 Abs. 1 S. 1 BGB zu und in den Nachlass fällt ein ggf. im Gesellschaftsvertrag geregeltes Abfindungsguthaben.[163]

Das Gesetz hat allerdings nicht die Frage gelöst, was mit dem Anteil des bisherigen Kommanditisten geschieht, dem ein Anteil des persönlich haftenden Gesellschafters zuwächst. 102 *Demuth* hat sich mit dieser Frage auseinandergesetzt und ist richtig zu dem Schluss gelangt, dass der Gesellschaftsanteil des Kommanditisten durch das Zuwachsen des Anteils des persönlich haftenden Gesellschafters nicht etwa in einen Vollhafter-Anteil umgewandelt wird, denn die Gesellschaft hat noch mindestens einen weiteren persönlich haftenden Gesellschafter, sonst hätte sie nicht als KG fortgeführt werden können.[164] Der verbleibende persönlich haftende Gesellschafter haftet den Gläubigern weiterhin mit seinem gesamten Vermögen und ebenso der Nachlass des ausgeschiedenen persönlich haftenden Gesellschafters mit der darin ggf. enthaltenen Abfindung gem. §§ 161 Abs. 2, 160 HGB für mindestens fünf Jahre. Es besteht daher keine Notwendigkeit, den bisherigen Kommanditisten unter dem Gesichtspunkt des Gläubigerschutzes in eine unbeschränkte Haftung zu ziehen.

Scheidet der letzte persönlich haftende Gesellschafter aus, wird die KG aufgelöst.[165] Führen 103 die verbleibenden Kommanditisten die Gesellschaft ohne Auflösung fort, erfolgt dies in Form der OHG mit unbeschränkter persönlicher Haftung.[166]

Abweichend zur allgemeinen Vorschrift des §§ 161 Abs. 2, 131 Abs. 3 Nr. 1 HGB wird 104 die KG gem. § 177 HGB bei Tod des Kommanditisten nicht unter den verbleibenden Gesellschaftern, sondern mit den Erben des verstorbenen Kommanditisten fortgesetzt. Einer Nachfolgeklausel bedarf es daher zur Erreichung der Vererblichkeit des Gesellschaftsanteils nicht.

Kommt es gem. § 177 HGB oder aufgrund gesellschaftsvertraglicher Nachfolgeklausel zur 105 Erbfolge, erhalten die Gesellschafter-Erben, wie bei allen Personengesellschaftsanteilen, den Gesellschaftsanteil des Erblassers im Rahmen der unter Rdn 6 erörterten Sondererbfolge. Dies gilt sowohl für die Gesellschaftsanteile des persönlich haftenden Gesellschafters, als auch für die Gesellschaftsanteile der Kommanditisten.

Ergibt sich aus dem Gesellschaftsvertrag aufgrund Nachfolgeklausel die Vererblichkeit des Anteils des persönlich haftenden Gesellschafters, gilt gem. § 161 Abs. 2 HGB auch § 139 HGB entsprechend. War allerdings der Gesellschafter-Erbe schon vor dem Erbfall persönlich haftender Gesellschafter, stehen ihm die Rechte des § 139 HGB nicht zu.[167] Er haftet dann unbeschränkt und persönlich, unabhängig davon, ob die Verbindlichkeiten vor oder nach dem Erbfall entstanden sind.

Auch der Kommanditist, der den Gesellschaftsanteil des persönlich haftenden Gesellschaf- 106 ters erbt, wird für die Schwebezeit des § 139 Abs. 3 HGB zunächst persönlich haftender Gesellschafter mit dem aus seinem Kommanditistenanteil und dem ererbten Anteil gebildeten einheitlichen Gesellschaftsanteil, da die Stellung des persönlich haftenden Gesellschafters prägend für die gesamte Beteiligung ist und diese nicht auseinanderfallen kann.[168]

---

163 *V. Hoyenberg*, RNotZ 2007, 377, 382.
164 *Demuth*, BB 2007, 1569, 1571.
165 Ebenroth/Boujong/Joost/Strohn/*Weipert*, HGB, § 161 Rn 24.
166 BGH, Urt. v. 23.11.1978 – II ZR 20/78, NJW 1979, 1705, 1706.
167 Ebenroth/Boujong/Joost/Strohn/*Lorz*, HGB, § 139 Rn 100.
168 BayObLG, Beschl. v. 29.1.2003 – 3Z BR 5/03, ZEV 2003, 379.

107 Der Nachfolger des Kommanditisten-Erblassers, der bereits Kommanditist der Gesellschaft war, erwirbt den Gesellschaftsanteil in Höhe seiner Erbquote durch Sondererbfolge zu seinem Gesellschaftsanteil hinzu und es entsteht eine neue einheitliche Beteiligung.[169]

108 Ebenfalls eine einheitliche Beteiligung entsteht, wenn der persönlich haftende Gesellschafter einen Gesellschaftsanteil eines Kommanditisten erwirbt. Beide Anteile vereinigen sich zu einem Anteil des persönlich haftenden Gesellschafters.[170]

109 Sobald sich die KG in Liquidation befindet, erfolgt keine Sondererbfolge mehr. Die Vererbung der Geschäftsanteile von Liquidationsgesellschaften vollzieht sich nach rein erbrechtlichen Regeln. Mehrere Erben werden nicht einzeln, sondern zur gesamten Hand Erben.[171]

1. Stellung gegenüber dem Testamentsvollstrecker

110 Bereits oben (siehe Rdn 26 ff.) wurde beschrieben, wie die Auffassungen der einzelnen Senate des BGH hinsichtlich der Zugehörigkeit des vererbten Geschäftsanteils zum Nachlass und damit verbunden die Frage der Testamentsvollstreckung divergieren. Die Folgerungen zur Testamentsvollstreckung über den Gesellschaftsanteil an der BGB-Gesellschaft gelten entsprechend für den Gesellschaftsanteil des persönlich haftenden Gesellschafters.

111 Für den Gesellschaftsanteil des Kommanditisten existiert die umfangreichste Rechtsprechung auf diesem Gebiet Nach dem Beschluss des BGH vom 3.7.1989[172] zur Testamentsvollstreckung am Kommanditanteil steht auch fest, dass hier die Befugnisse des Testamentsvollstreckers wesentlich weiter reichen, als bei der Verwaltung von Gesellschaftsanteilen persönlich haftender Gesellschafter.

Der II. Senat des BGH führte 1989 in seinem Beschluss, der zur Annäherung an die Auffassung des IVa. Senat führte, zunächst aus, dass er die Ansicht nicht teile: Der Testamentsvollstrecker sei weder Gesellschafter noch Rechtsnachfolger und demzufolge treffe den Erben die Anmeldepflicht bei Veränderungen im Gesellschafterbestand immer persönlich. Gemäß § 2205 BGB habe der Testamentsvollstrecker anstelle und unter Ausschluss des Erben den Nachlass zu verwalten. Die Anmeldepflicht zum Handelsregister hinsichtlich eintragungspflichtiger Sachverhalte gehöre demnach auch in seinen Aufgabenbereich, sofern der Testamentsvollstrecker die Verwaltungsbefugnis über Kommanditanteile besitze. In seiner Entscheidung maß der Bundesgerichtshof zwei Gesichtspunkten besondere Bedeutung bei:[173]

Zum einen warf er die Frage auf, ob nach erbrechtlichen Grundsätzen der Anteil einer Personengesellschaft in den Machtbereich des Testamentsvollstreckers fallen könne, insbesondere bei Erbenmehrheit. Zum anderen untersuchte der BGH, ob sich die Testamentsvollstreckung mit den gesellschaftlichen Gegebenheiten einer Personengesellschaft vereinbaren lasse und ob es diesbezüglich Unterschiede gäbe zwischen Kommanditanteilen und dem Anteil eines persönlich haftenden Gesellschafters.

Gemäß § 2205 BGB habe der Testamentsvollstrecker den Nachlass zu verwalten; die Beteiligung an einer Gesellschaft gehöre zu dem Nachlass. Die Beteiligung sei allerdings aus dem gesamthänderischen übrigen Nachlass ausgegliedert, wenn die Beteiligung bei mehreren Erben im Wege der Sondererbfolge auf die Erben übergehe. Ist ein Gesellschaftsanteil auf

169 BGH, Urt. v. 11.4.1957 – II ZR 182/55, NJW 1957, 1026, 1027; *Göz*, NZG 2004, 345, 346.
170 BGH, Urt. v. 10.6.1963 – II ZR 88/61, BB 1963, 1076, 1077.
171 BGH, Urt. v. 21.9.1995 – II ZR 273/93, DNotZ 1996, 809.
172 BGH, Beschl. v. 3.7.1989 – II ZB 1/89, DNotZ 1990, 183.
173 BGH, Beschl. v. 3.7.1989 – II ZB 1/89, DNotZ 1990, 183, 185.

einen oder mehrere Erben zu Eigenvermögen im Rahmen der Sondererbfolge übergegangen, so regele das Gesetz nicht, ob sich auf diesen Fall die Testamentsvollstreckung erstrecken könne. Der BGH stellte nochmals fest, dass nach ständiger Rechtsprechung der Testamentsvollstrecker den Anteil eines persönlich haftenden Gesellschafters nicht verwalten kann,[174] da der Testamentsvollstrecker den Erben ohne dessen Einverständnis nur im Rahmen des Nachlassvermögens verpflichten kann, ein persönlich haftender Gesellschafter aber notwendigerweise unbeschränkt haftet. Der Kommanditist hafte jedoch grundsätzlich nur mit seiner erbrachten Einlage. Deshalb spreche nichts gegen die grundsätzliche Zulässigkeit der Testamentsvollstreckung jedenfalls bei Kommanditanteilen. Allerdings erfordere der höchstpersönliche Charakter der Gesellschaft, dass die übrigen Gesellschafter der Wahrnehmung der Gesellschaftsrechte durch einen Testamentsvollstrecker zugestimmt haben.[175] Diese Zustimmung kann auch bereits im Gesellschaftsvertrag erfolgt sein.[176]

Zulässig sind nach dem Beschl. v. 3.7.1989 jedenfalls die Ausübung des Stimmrechts,[177] der Antrags- und Rederechte in der Gesellschafterversammlung, der Informations- und Kontrollrechte, sowie die Verfügung über die Beteiligung und die actio pro socio.[178] Die Anmeldung des durch die Vererbung herbeigeführten Gesellschafterwechsels zum Handelsregister hat mit den übrigen Gesellschaftern der Testamentsvollstrecker vorzunehmen.[179] Inzwischen vom BGH geklärt ist, dass jedenfalls bei Dauertestamentsvollstreckung auch ein Testamentsvollstreckervermerk über die Kommanditbeteiligung in das Handelsregister eingetragen werden kann,[180] wie es u.a. von *Reimann* und *Everts* gefordert wurde.[181]

Einige Beschränkungen der Befugnisse des Testamentsvollstreckers werden vom BGH allerdings ausdrücklich genannt: 112

Es handelt sich um Maßnahmen, die zu einer persönlichen Haftung des Kommanditisten führen können.

Hierzu gehört die ganze oder teilweise Rückzahlung der Einlage ohne Zustimmung des Erben, da dadurch seine persönliche Haftung gem. § 172 Abs. 4 HGB entsteht, die sich nicht auf das Nachlassvermögen beschränken lässt.[182]

Gleiches gilt für die Mitwirkung des Testamentsvollstreckers an einer Einlagenerhöhung ohne Zustimmung des Erben.[183]

Ob es neben den Befugnissen des Testamentsvollstreckers an einem Gesellschaftsanteil eines Kommanditisten noch bei einem sog. Kernbereich verbleibt, in den der Testamentsvollstrecker nicht eingreifen darf, lässt der BGH in seiner Entscheidung vom 3.7.1989 noch ausdrücklich offen.[184]

174 BGH, Beschl. v. 3.7.1989 – II ZB 1/89, NJW 1989, 3152, 3154.
175 BGH, Beschl. v. 3.7.1989 – II ZB 1/89, DNotZ 1990, 183 = NJW 1989, 3152, 3153.
176 So auch erneut der BGH II. Senat: BGH, Beschl. v. 14.2.2012 – II ZB 15/11, DNotI-Report 2012, 64.
177 BGH, Beschl. v. 3.7.1989 – II ZB 1/89, NJW 1989, 3152, 3155.
178 *Dörrie*, ZEV 1996, 370, 371.
179 BGH, Beschl. v. 3.7.1989 – II ZB 1/89, NJW 1989, 3152.
180 BGH, Beschl. vom 14.2.2012 – II ZB 15/11, DStR 2012, 866.
181 *Reimann*, DNotZ 1990, 190, 194; *Everts*, MittBayNot 2003, 427, 430.
182 BGH, Beschl. v. 3.7.1989 – II ZB 1/89, NJW 1989, 3152, 3155.
183 BGH, Beschl. v. 3.7.1989 – II ZB 1/89, NJW 1989, 3152, 3155.
184 BGH, Beschl. v. 3.7.1989 – II ZB 1/89, NJW 1989, 3152, 3155.

Mit der Entscheidung vom 13.5.2014[185] weist der BGH die Ausübung der Gesellschafterbefugnisse einschließlich des Stimmrechtes dann allerdings vollständig dem Testamentsvollstrecker zu.

113 Auch nach der Rechtsprechung des Erbrechts-Senates führt allerdings die Zuordnung des Gesellschaftsanteils zum Nachlass nicht dazu, dass der Testamentsvollstrecker in die inneren Angelegenheiten der Gesellschaft eingreifen dürfte oder könnte.[186]

Ursprünglich von *Westermann* eingeführt,[187] definiert *Dörrie* den Kernbereich als mitgliedschaftliche Individualsphäre, die vor Mehrheitsentscheidungen zu schützen sei, die seine rechtliche und vermögensmäßige Stellung in der Gesellschaft beeinträchtigen.[188] Hintergrund der Kernbereichslehre ist damit insbesondere der Schutz des einzelnen Gesellschafters vor übermäßigen Eingriffen seiner Mitgesellschafter, also vor einer dort begründeten Fremdherrschaft über seinen Anteil.[189] Die Anwendung dieser sog. Kernbereichslehre ist umstritten,[190] wird aber vom BGH nicht ausdrücklich aufgegeben.[191] Allerdings dürfte die Entscheidung vom 13.5.2014[192] nun eine deutliche Abkehr von der Kernbereichslehre bedeuten.

114 **Praxistipp**

Um in der praktischen Anwendung den sichersten Weg zu wählen, ist allerdings weiterhin anzuraten, die Kernbereichslehre zu berücksichtigen und den Erben durch vertragliche Gestaltung oder im konkreten Einzelfall durch den Testamentsvollstrecker in kernbereichsrelevante Entscheidungen einzubeziehen.

115 Sollte entgegen der gesetzlichen Regelung der §§ 164, 179 HGB der Erblasser-Kommanditist zur Vertretung- und Geschäftsführung befugt gewesen sein, kann die Testamentsvollstreckung über dessen Gesellschaftsanteil ggf. unzulässig sein.[193] Wie *Ulmer* allerdings richtig einwendet, stellt die Übertragung der Geschäftsführung an einen Kommanditisten eine persönlich Befugnis dar, die nicht der Vererbung unterliegt, so dass diese Frage in aller Regel nicht erörtert werden muss.[194]

116 Auch für den Fall, dass der Erbe bereits vor dem Erbfall Gesellschafter war und eine Kommanditbeteiligung im Erbgang hinzu erwirbt, besteht keine Einigkeit zwischen dem erbrechtlichen und dem gesellschaftsrechtlichen Senat des BGH.

Nach Auffassung des für das Gesellschaftsrecht zuständigen II. Senats ist die Testamentsvollstreckung ausgeschlossen, denn aufgrund des im Recht der Personengesellschaft geltenden Grundsatzes der Einheitlichkeit der Mitgliedschaft[195] ist eine Aufspaltung des Gesellschaftsanteils in einen Teil, der der Testamentsvollstreckung unterliegt und einen Teil, der vom Erben selbst verwaltet werden kann, aus Rechtsgründen nicht möglich.[196]

---

185 BGH, Urt. v. 13.5.2014 – II ZR 250/12, NZG 2014, 945.
186 BGH, Urt. v. 14.5.1986 – IVa ZR 155/84, NJW 1986, 2431, 2433.
187 *Westermann*, S. 351.
188 *Dörrie*, ZEV 1996, 370, 374.
189 *Dörrie*, ZEV 1996, 370, 374.
190 Dagegen *Everts*, MittBayNot 2003, 427, 430 m.w.N.
191 BGH, Beschl. v. 12.1.1998 – II ZR 23/97, NJW 1998, 1313, 1314.
192 BGH, Urt. v. 13.5.2014 – II ZR 250/12, NZG 2014, 945.
193 BGH, Beschl. v. 3.7.1989 – II ZB 1/89, NJW 1989, 3152, 3154.
194 *Ulmer*, NJW 1990, 73, 76.
195 BGH, Urt. v. 11.4.1957 – II ZR 182/55, NJW 1957, 1027, st. Rspr.
196 BGH, Beschl. v. 3.7.1989 – II ZB 1/89, NJW 1989, 3152, 3155.

Der für das Erbrecht zuständige IV. Senat sieht sich an der Zulassung der Testamentsvollstreckung nicht durch die Einheitlichkeit der Mitgliedschaft in der Gesellschaft gehindert. Nach seiner Auffassung kann Testamentsvollstreckung auch den durch Erbfall hinzuerworbenen Gesellschaftsanteil jedenfalls insoweit erfassen, als die Vermögensrechte, also z.B. der Anspruch auf das Auseinandersetzungsguthaben umfasst sind.[197] Diese Auffassung hatte *Ulmer* in seiner Anmerkung zum Beschluss des II. Senates vom 3.7.1989 bereits vorhergesagt.[198]

Angesichts des weiteren Beschlusses des II. Senates vom 12.1.1998[199] dürfte der Unterschied zwischen den Senaten allerdings nicht mehr unüberwindbar sein, denn auch der II. Senat hält die Testamentsvollstreckung hinsichtlich der Vermögensrechte des Gesellschaftsanteils, regelmäßig für möglich. Dies dürfte dann auch für die isolierten Vermögensrechte des hinzuerworbenen Gesellschaftsanteils gelten.

2. Stellung gegenüber Gesellschaftsgläubigern

Hinsichtlich des persönlich haftenden Gesellschafters unterscheidet sich die Stellung des Gesellschaftererben bei der KG nicht von der bei der OHG. Es wird daher auf die obigen Ausführungen verwiesen (siehe oben Rdn 84 ff.). 117

Für den Kommanditisten ist die Situation anders. Der Kommanditisten-Erbe haftet nicht gem. § 171 Abs. 1 Hs. 2 HGB soweit der Erblasser seine Einlage als Kommanditist geleistet hatte und diese weder an ihn, noch an die Erben zurückbezahlt wurde oder Entnahmen auf ein durch Verluste herabgemindertes Kapitalkonto erfolgten. 118

a) Haftung für Altschulden

Liegt die Haftungsbefreiung gem. § 171 Abs. 1 Hs. 2 HGB nicht vor, weil die Einlage an den Erblasser oder die Gesellschafter-Erben zurückbezahlt wurde oder Entnahmen auf ein durch Verluste herabgemindertes Kapitalkonto erfolgten, haftet der Kommanditist gem. § 173 i.V.m. §§ 171, 172 HGB bis zur Höhe der Einlage für Altschulden, also solche, die zum Zeitpunkt des Erbfalles bereits bestanden. Fraglich ist, ob § 173 HGB für den im Erbgang erwerbenden Gesellschafter überhaupt anwendbar ist, denn diese Haftung ist persönlich und nicht nach erbrechtlichen Regelungen beschränkbar.[200] 119

Nach h.M.[201] ist § 173 HGB neben § 1967 BGB, §§ 171, 172 HGB bei Übertragung von Kommanditanteilen im Erbgang anzuwenden, da die Haftung als solche von der Haftung des Erben als neuem Kommanditisten zu unterscheiden ist. Dies gilt auch für den Eintritt des Kommanditisten aufgrund Umwandlung eines Gesellschaftsanteils eines persönlich haftenden oder OHG-Gesellschafters aufgrund rechtzeitigen Antrages gem. § 139 Abs. 2 HGB.[202]

Für die OHG gilt die entsprechende, erbrechtlich unbeschränkbare Haftung gem. § 130 HGB. Dieser Haftung kann sich der Gesellschafter-Erbe aber durch Anwendung des § 139 HGB entziehen.

---

197 BGH, Beschl. v. 10.1.1996 – IV ZB 21/94, NJW 1996, 1284, 1286.
198 *Ulmer*, NJW 1990, 73, 77.
199 BGH, Beschl. v. 12.1.1998 – II ZR 23/97, NJW 1998, 1313, 1314.
200 OLG Hamburg, Urt. v. 5.11.1993 – 11 U 39/93, NJW-RR 1994, 809, 810.
201 Baumbach/Hopt/*Roth*, HGB, § 173 Rn 15.
202 Ebenroth/Boujong/Joost/Strohn/*Lorz*, HGB § 139 Rn 124; unentschieden *Buchner*, DNotZ 1988, 467, 483.

120 Der Kommanditisten-Erbe bedarf zunächst nicht des Schutzes des § 139 Abs. 1 HGB, da er bereits vom Erblasser lediglich die Stellung eines Kommanditisten erwirbt. Er hat aber auch nicht die Möglichkeit gem. § 139 Abs. 2 HGB ohne Einhaltung einer Kündigungsfrist aus der Gesellschaft auszuscheiden. Ob für den Kommanditisten-Erben wenigstens die Regelung des § 139 Abs. 4 HGB für den Fall gilt, dass die Gesellschaft in der Frist des § 139 Abs. 3 HGB aufgelöst wird, oder vor dem Erbfall bereits aufgelöst war, ist umstritten.[203] Jedenfalls für die Auflösung der Gesellschaft bereits vor dem Erbfall bedarf es keiner Klärung dieses Streits, denn bei einer bereits aufgelösten Gesellschaft findet auch § 173 HGB keine Anwendung.[204]

Für den Fall, dass die Gesellschaft zum Zeitpunkt des Erbfalles noch bestand, aber in der Frist des § 139 Abs. 3 HGB aufgelöst wurde, sprechen gute Gründe dafür, § 173 HGB ebenfalls nicht anzuwenden und § 139 Abs. 4 HGB den Vorrang zu gewähren. Andernfalls würde der Kommanditisten-Erbe ohne ersichtlichen Grund schlechter gestellt werden als der Erbe des persönlich haftenden Gesellschafters.[205]

Wird die Gesellschaft innerhalb der 3-Monats-Frist des § 139 Abs. 3 HGB nicht aufgelöst, sondern dem Antrag des Gesellschafter-Erben gem. § 139 Abs. 1 stattgegeben, stehen sich Kommanditisten-Erbe und der Erbe des persönlich haftenden Gesellschafters gleich. Das Haftungssystem der §§ 130, 139 Abs. 1 HGB führt letztlich dazu, dass auch der Erbe des persönlich haftenden Gesellschafters Kommanditist wird. Wendet man auf diesen Vorgang mit der h.M.[206] ebenfalls § 173 HGB an, verbleibt es im Erbgang nach einem Gesellschafter einer Handelsgesellschaft letztlich wenigstens bei einer persönlichen, erbrechtlich nicht beschränkbaren Haftung gem. §§ 173, 171, 172 HGB, soweit nicht durch Einlage des Erblassers oder eigene Einlage die Haftung gem. § 171 Abs. 1 Hs. 2 HGB gänzlich ausgeschlossen ist. Dabei ist es unerheblich, ob der Gesellschafter persönlich oder als Kommanditist beschränkt haftete. Daneben haftet der Kommanditisten-Erbe erbrechtlich beschränkbar gem. §§ 1967 BGB, 171, 172 HGB.

121 Ist die KG bereits vor dem Erbfall aufgelöst worden, fällt der Anteil an der Liquidationsgesellschaft ohne Sondererbfolge in den Nachlass und die Erben haften nicht nach § 173 HGB, so dass die Haftung erbrechtlich beschränkbar ist.[207]

b) Haftung für Neuschulden

aa) Haftung gem. §§ 171, 172 HGB

122 Für Neuschulden, also Schulden, die erst nach dem Erbfall entstanden sind, haften die Kommanditisten-Erben gem. §§ 171, 172 HGB persönlich und unbeschränkbar, soweit nicht gem. § 171 Abs. 1 Hs. 2 HGB die Haftung ausgeschlossen ist. Die vollständige Einzahlung der Einlage durch den Erblasser wirkt insoweit auch für den Kommanditisten-Erben.[208]

123 Die Kommanditisten-Erben sollten allerdings kurzfristig ihre Eintragung im Handelsregister mit Rechtsfolgevermerk hinsichtlich des Erblassers betreiben, da ohne Rechtsfolgever-

203 *Adel*, DStR 1994, 1580, 1583; a.A. Ebenroth/Boujong/Joost/Strohn/*Strohn*, HGB, § 173 Rn 26 m.w.N.
204 Ebenroth/Boujong/Joost/Strohn/*Strohn*, HGB, § 173 Rn 26; BGH, Urt. v. 21.9.1995 – II ZR 273/93, NJW 1995, 3314.
205 *Adel*, DStR 1994, 1580, 1583; *Reymann*, ZEV 2006, 307, 309.
206 Ebenroth/Boujong/Joost/Strohn/*Lorz*, HGB, § 139 Rn 124; unentschieden *Buchner*, DNotZ 1988, 467, 483.
207 BGH, Urt. v. 21.9.1995 – II ZR 273/93, DStR 1995, 1884.
208 BGH, Urt. v. 29.6.1981 – II ZR 142/80, NJW 1981, 2747.

merk eine Rechtsscheinshaftung für Verpflichtungen des Erblassers droht.[209] Die Anmeldung hat auch zu enthalten, dass dem ausscheidenden Gesellschafter keine Abfindung aus dem Gesellschaftsvermögen gewährt wurde.[210]

Die Rechtsscheinshaftung ergibt sich gem. § 15 Abs. 1 HGB daraus, dass der Erblasser noch als Kommanditist eingetragen ist und, obwohl inzwischen verstorben, diese Tatsache mangels Eintragung dem Gläubiger nicht entgegengehalten werden kann. Der Gläubiger wird daher so gestellt, als ob der Erblasser noch lebt. Da aber inzwischen der Erbe die Zahlung der Einlage dem Gläubiger gem. § 171 Abs. 1 Hs. 2 HGB entgegenhalten kann, wirkt die Zahlung der Einlage nicht mehr für den Erblasser, der somit bis zu seiner Einlage gem. § 171 Abs. 1 Hs. 1 HGB haftet.[211] In diese Haftung tritt der Erbe gem. §§ 1922, 1967 BGB ein.

bb) Haftung gem. § 176 Abs. 2 HGB

Ob bis zur Eintragung als Kommanditist im Handelsregister noch eine vollständige Haftung 124
der Gesellschafter-Erben für die Schulden zwischen Erbfall und Eintragung gem. § 176 Abs. 2 HGB besteht, dürfte inzwischen geklärt sein.

Sowohl der BGH als auch die überwiegende Lehre nehmen an, dass für die in die Gesellschaft eintretenden Erben die Haftung aus § 176 Abs. 2 HGB nicht gilt.[212]

Noch 1976 ging der BGH allerdings von einer Anwendbarkeit des § 176 Abs. 2 HGB auf den eintretenden Gesellschafter-Erben aus[213] und erwähnte die Nichtanwendbarkeit in seinem Beschl. v. 3.7.1989[214] lediglich beiläufig. Tatsächlich ist die Anwendung des § 176 Abs. 2 HGB abzulehnen, da sie eine unangemessene Besserstellung der Gläubiger darstellt.

Durch die Rechtsnachfolge tritt der Gesellschafter-Erbe in die Position des Erblassers ein. Da § 176 HGB das abstrakte Vertrauen[215] des Geschäftsverkehrs in die Haftungsverhältnisse der Personenhandelsgesellschaft schützen soll, ergibt sich keine Notwendigkeit der Eintragung des Erben, denn für den Gläubiger verändert sich das zur Verfügung stehende Haftungsvolumen nicht. Die Höhe der einzelnen Hafteinlagen wird durch das Handelsregister weiterhin richtig mitgeteilt, lediglich der Name des Kommanditisten ist falsch.[216] Wird der Gesellschafter-Erbe ohne Rechtsnachfolgevermerk zusätzlich zum Erblasser eingetragen, kommt es zu einer Rechtsscheinshaftung aus § 15 Abs. 1, 2 S. 1 HGB.[217] Die Gesellschaftsgläubiger stehen dadurch bei fehlender Eintragung bereits besser als im Fall der unverzüglichen richtigen Eintragung. Des „Schatzfundes" durch Anwendung des § 176 Abs. 2 HGB bedarf es darüber hinaus nicht.[218]

209 BGH, Urt. v. 29.6.1981 – II ZR 142/80, NJW 1981, 2747, 2748.
210 OLG Hamm, Beschl. v. 16.9.2004 – 15 W 304/04, DNotZ 2005, 230.
211 BGH, Urt. v. 29.6.1981 – II ZR 142/80, NJW 1981, 2747, 2748.
212 BGH, Beschl. v. 3.7.1989 – II ZB 1/89, DNotZ 1990, 183, 188; Ebenroth/Boujong/Joost/Strohn/*Strohn*, HGB, § 176 Rn 27 m.w.N.
213 BGH, Urt. v. 4.3.1976 – II ZR 145/75, NJW 1976, 848, 849.
214 BGH, Beschl. v. 3.7.1989 – II ZB 1/89, DNotZ 1990, 183, 188.
215 Ebenroth/Boujong/Joost/Strohn/*Strohn*, HGB, § 176 Rn 1.
216 *Huber*, ZGR 1984, 146, 161.
217 BGH, Urt. v. 4.3.1976 – II ZR 145/75, NJW 1976, 848, 849; Ebenroth/Boujong/Joost/Strohn/*Strohn*, HGB, § 176 Rn 27.
218 *Huber*, ZGR 1984, 146, 161.

3. Obligatorische Gruppenvertretung

125 Hinsichtlich der Zulässigkeit einer obligatorischen Gruppenvertretung an einem Gesellschaftsanteil des persönlich haftenden Gesellschafters in der KG kann auf die Darstellung bei der OHG verwiesen werden.[219] Enthält der Gesellschaftsvertrag keine abweichenden Regelungen, so entspricht die Rechtsstellung des persönlich haftenden Gesellschafters im Innenverhältnis der Gesellschafter der KG und im Außenverhältnis zu Dritten grundsätzlich der Rechtsstellung eines Gesellschafters in der OHG.[220]

Zulässig ist somit eine obligatorische Gruppenvertretungsklausel im Hinblick auf den Anteil eines persönlich haftenden Gesellschafters der KG.[221]

Es stellt sich aber die Frage der Zulässigkeit der obligatorischen Gruppenvertretung hinsichtlich der Anteile **mehrerer** Kommanditisten einer KG. Wie auch bei der OHG darf die Vertreterklausel weder gegen den Grundsatz der Einheit von Herrschaft und Haftung, noch gegen den Grundsatz der Selbstorganschaft verstoßen, und sie darf ebenfalls nicht das Recht des Kommanditisten zur Selbstbestimmung verletzen. Gemäß § 164 S. 1 HGB sind Kommanditisten von der Geschäftsführung ausgeschlossen; gem. § 170 HGB ist ihnen eine organschaftliche Vertretung der Gesellschaft nach außen nicht möglich. Insoweit kann durch eine obligatorische Gruppenvertretung gegen keines der oben genannten Prinzipien verstoßen werden.[222] Die Rechtsprechung[223] kommt daher auch zu dem Schluss, dass obligatorische Gruppenvertretungsklauseln zur Bündelung von mehreren Gesellschaftsbeteiligungen hinsichtlich der Beteiligung eines Kommanditisten als zulässig zu erachten sind.[224]

IV. GmbH & Co KG

126 Bei der GmbH & Co. KG handelt es sich zivilrechtlich und damit auch für die Verbindung zum Erbrecht um eine Personengesellschaft, trotz Anwendung der Vorschriften über die Handelsbücher der Kapitalgesellschaften auf die GmbH & Co. KG gem. § 264a HGB.[225] Es ist somit aus Sicht der Erben auf die GmbH & Co. KG das Recht der KG (siehe Rdn 100 ff.) anzuwenden, soweit der Erblasser Kommanditist der Gesellschaft war.

Hielt der Erblasser, evtl. zusätzlich, auch einen Geschäftsanteil der persönlich haftenden GmbH, findet aus Sicht der Erben insoweit das Recht der GmbH (siehe Rdn 156) Anwendung.

Für die Kommanditistenstellung kommt es damit (siehe oben Rdn 6) zur Sondererbfolge und direktem Übergang des Gesellschaftsanteils in das Eigenvermögen des Erben.

Der Geschäftsanteil der GmbH (siehe unten Rdn 156) geht jedoch auf die Erbengemeinschaft über.

---

219 *Schörnig*, Die obligatorische Gruppenvertretung, S. 197.
220 *Kraft/Kreutz*, S. 237, 240.
221 *Schörnig*, Die obligatorische Gruppenvertretung, S. 198.
222 *Schörnig*, Die obligatorische Gruppenvertretung, S. 199, 201.
223 BGHZ 46, 291; OLG München OLGR 1993, 7 ff.; OLG Hamm NJW-RR 1998, 1045 ff.
224 So auch *Schörnig*, Die obligatorische Gruppenvertretung, S. 203.
225 Eingeführt durch das KapCoRiLiG 2000 i.R.d. Umsetzung der GmbH- & Co.-Richtlinie vom 8.11.1990; ABlEG v. 16.11.1990, Nr. L 317/60.

1. Folgen des Erbfalles bei Gesellschafteridentität zwischen GmbH und KG

Erkennbar ist damit bei dem häufig auftretenden Fall der Gesellschafteridentität zwischen GmbH und KG die Erbfolge uneinheitlich und es stellt sich die Frage nach Möglichkeit einen Gleichlauf des erbrechtlichen Schicksals beider Gesellschaftsanteile zu erreichen. 127

Erfreulich in diesem Zusammenhang ist die Vererblichkeit des Gesellschaftsanteils des Kommanditisten gem. § 177 HGB und des Geschäftsanteils des GmbH-Gesellschafters gem. § 15 Abs. 1 GmbHG, so dass jedenfalls im Regelfall beide Gesellschaftsanteile an die Erben des Gesellschafters und damit an dieselben Personen fallen, falls nicht einer der beiden Gesellschaftsverträge (GmbH oder KG) eine abweichende qualifizierte Nachfolge vorsieht.

Die Frage des Gleichlaufes zwischen beiden Gesellschaften bezieht sich insbesondere auf die Vermeidung der Aufsplittung der Stimmrechte und damit auf die unterschiedliche Willensbildung im bisher einheitlichen Erblasser-Gesellschaftsanteil in GmbH und KG.

Bei der GmbH sind die Erben gem. § 18 Abs. 1 GmbHG nur gemeinschaftlich zur Ausübung der Gesellschafterrechte berechtigt.

Bei der KG kann jeder Gesellschafter-Erbe im Hinblick auf seinen im Rahmen der Sondererbfolge erworbenen Anteil selbst und abweichend von den anderen Gesellschafter-Erben entscheiden.

2. Gestaltungsmöglichkeiten zur Nachfolge in der GmbH & Co. KG

a) Vertreterklausel zur obligatorischen Gruppenvertretung

Es bietet sich daher an, durch die Einführung einer Vertreterklausel zur obligatorischen Gruppenvertretung der Kommanditistenerben den Gleichlauf zur Entscheidungsfindung bei der GmbH wieder herzustellen. Wie bereits oben dargestellt (vgl. Rdn 17), dient eine solche Vertreterklausel dazu, dass die Gesellschafterrechte des auf die Nachfolger übergegangenen Erblasseranteils nur einheitlich durch einen von den Gesellschaftererben bestellten Vertreter ausgeübt werden können.[226] 128

b) Einheits-GmbH & Co. KG

Eine weitere Möglichkeit, den Gleichlauf zwischen GmbH und KG herzustellen, ist die Schaffung einer Einheits-GmbH & Co. KG. 129

Bei dieser Gestaltung ist die KG einzige Gesellschafterin der Komplementär-GmbH, die ihrerseits alleinige persönlich haftende Gesellschafterin der KG ist.[227]

Mit Einführung des § 172 Abs. 6 HGB durch die GmbH-Novelle 1980[228] ist die Errichtung der Einheits-GmbH & Co. KG durch den Gesetzgeber anerkannt, denn die Einlage der Anteile des persönlich haftenden Gesellschafters (Komplementär-GmbH) als Kommanditeinlage führt zur Einheits-GmbH & Co. KG. Natürliche Personen in der Einheits-GmbH & Co. KG sind nur noch die Kommanditisten. Es reicht daher aus, wenn nur der Gesellschaftsvertrag der KG eine Nachfolgeregelung für den Fall des Versterbens eines Gesellschafters trifft. Die notwendigen Klauseln werden unten erörtert (siehe Rdn 144 ff.).

---

226 *Göz*, NZG 2004, 345, 349.

227 *Göz*, NZG 2004, 345, 352.

228 Baumbach/Hopt/*Roth*, HGB, § 172 Rn 13.

Zur Vermeidung des Zusammenfallens der Organstellung des Geschäftsführers und der Gesellschafterversammlung in einer Person beim Geschäftsführer der Komplementär-GmbH werden in der Einheits-GmbH & Co. KG regelmäßig die Gesellschafterrechte der Komplementär-GmbH auf die Kommanditisten übertragen. Diese üben die Rechte als Bevollmächtigte aus. Die Vollmacht sollte bereits in Satzung und Gesellschaftsvertrag enthalten sein.[229]

c) Qualifizierte Nachfolge

130 Soll innerhalb der GmbH & Co. KG nicht nur die Nachfolge aller Erben des verstorbenen Gesellschafter zu einem Gleichlauf zwischen GmbH und KG gebracht werden, sondern darüber hinaus die Stellung des Erblassers in der Gesellschaft nur bestimmten Erben zukommen, sind unterschiedlich Regelungen im Gesellschaftsvertrag der GmbH und der KG vorzusehen.

In der KG führt eine qualifizierte Nachfolgeklausel (siehe unten Rdn 150) ohne Weiteres zu dem gewünschten Erwerb der Gesellschaftsanteile im Rahmen der Sondererbfolge ausschließlich durch die qualifizierten Erben.

In der GmbH verhindert § 15 Abs. 1 GmbH jedoch den Ausschluss des nicht qualifizierten Erben. Es müssen somit weitere Regelungen, wie z.B. Abtretungs- oder Einziehungsregelungen hinzutreten (siehe Rdn 238 ff.), um die gewünschte Verteilung der Geschäftsanteile auf die qualifizierten Erben zu erreichen.[230]

V. Partnerschaftsgesellschaft

131 Obwohl die Personenhandelsgesellschaften grundsätzlich nicht für den Zusammenschluss von Freiberuflern geeignet sind, stellt das Recht der OHG in weiten Bereichen ein auch für die Partnerschaft tragfähiges Regelungskonzept zur Verfügung,[231] so dass die Vorschriften der §§ 105 ff. HGB ausdrücklich für anwendbar erklärt werden, soweit sie im Einklang mit den Besonderheiten des gesellschaftsrechtlichen Zusammenschlusses von Freiberuflern stehen.[232] Damit dürften auch für die Nachfolge in die Mitgliedschaft einer Partnerschaftsgesellschaft zunächst die Regeln gelten, wie sie vorstehend für die OHG entwickelt wurden. Es ergeben sich aus der besonderen Eigenschaft des Partners einer Partnerschaftsgesellschaft als Freiberufler aber Abweichungen gegenüber der OHG.

132 Ebenso wie bei der OHG ist zunächst eine Vererblichkeit des Geschäftsanteils gem. § 9 Abs. 4 S. 1 PartGG ausgeschlossen. Die Vererblichkeit kann allerdings durch entsprechende Klauseln des Gesellschaftsvertrages hergestellt werden. Allerdings kann gem. § 1 Abs. 1 S. 1 PartGG nur ein Mitglied eines Freien Berufes Partner werden. Bereits dadurch ist die erbrechtliche Nachfolge eingeschränkt.

133 Weiterhin kann gem. § 1 Abs. 1 S. 3 PartGG nur eine natürliche Person Partner werden, so dass schon aufgrund gesetzlicher Regelung die Erbengemeinschaft nicht Nachfolger in den Gesellschaftsanteil des verstorbenen Partners sein kann, selbst wenn alle Erben Mitglied eines Freien Berufes und damit partnerschaftsfähig sein sollten. Die für alle Personengesell-

229 *Göz*, NZG 2004, 345, 352; *Scholz/K. Schmidt*, GmbHG, Anh. § 45 Rn 59; *Priester*, Vertragsgestaltung bei der GmbH & Co., S. 107.
230 *Göz*, NZG 2004, 345, 353.
231 BT-Drucks 12/6152, S. 8.
232 Meilicke/*Lenz*, PartGG, § 1 Rn 6.

schaften anzuwendende Sondererbfolge erhält bei der Partnerschaftsgesellschaft somit weitere Unterstützung.

Bestimmt der Erblasser mehrere Erben als Nachfolger in die Partnerschaft und erfüllen alle Nachfolger die berufsrechtlichen Voraussetzungen, so werden sie Partner mit einem ihrem Erbteil entsprechenden Anteil am Geschäftsanteil des verstorbenen Partners.[233] Dies betrifft die Mitgliedschaft in der Partnerschaftsgesellschaft. Der Geschäftsanteil als Vermögensgegenstand gehört trotz dieser Einzelnachfolge nach heute einhelliger Auffassung zum Nachlass.[234] 134

Ist nur ein Erbe von mehreren tauglicher Nachfolger, so erhält er den Partnerschaftsanteil allein. Die übrigen Erben erhalten nichts, auch keinen Abfindungsanspruch gegenüber der Gesellschaft.[235] Ein Wertausgleich hat nur unter den Erben, also im Rahmen der Auseinandersetzung der Erbengemeinschaft, zu erfolgen.[236] 135

Das Ausscheiden eines Partners durch Tod ist gem. § 9 Abs. 1 PartGG i.V.m. § 143 Abs. 1 HGB zum Partnerschaftsregister anzumelden. 136

1. Besondere Nachfolgeklauseln für die Partnerschaftsgesellschaft

Wie bereits beschrieben, können gem. § 9 Abs. 4 S. 2 PartGG nur partnerschaftsfähige Erben gem. § 1 Abs. 1 PartGG Nachfolger in der Partnerschaftsgesellschaft werden. Es sind bei der Nachfolge jedoch auch berufsrechtliche Vorschriften zu beachten. 137

Gemäß § 59a BRAO ist Rechtsanwälten nur die Zusammenarbeit mit den dort genannten Berufsgruppen gestattet. Eine Zusammenarbeit z.B. mit Ingenieuren oder Ärzten sieht das Gesetz nicht vor. Wird daher in einem Partnerschaftsgesellschaftsvertrag einer Partnerschaft von Rechtsanwälten die Nachfolge ausschließlich i.S.d. § 9 Abs. 4 S. 2 PartGG formuliert, kann ein danach tauglicher Erbe auch ein Ingenieur sein, der aber berufsrechtlich nicht Partner werden kann. Im Hinblick auf Ärzte und Apotheker ist die Regelung des § 59a BRAO durch Beschluss des BVerfG vom 12.01.2016[237] allerdings als verfassungswidrig angesehen worden. Ein Eintreten eines Arztes in die Partnerschaftsgesellschaft von Rechtsanwälten, könnte danach somit möglich sein.

Trotz dieser Rechtsentwicklung sollte für eine Partnerschaftsgesellschaft nur eine qualifizierte Nachfolgeklausel gewählt werden, die wie folgt formuliert sein könnte: 138

Formulierunsbeispiel

Beim Tod eines Partners wird die Gesellschaft nicht aufgelöst, sondern mit den Erben fortgesetzt, die gem. § 1 Abs. 1 PartGG partnerschaftsfähig sind und gleichzeitig einer bereits in der Partnerschaft vertretenen Berufsgruppe angehören.

Den übrigen Erben des verstorbenen Partners stehen gegen die Partnerschaft keinerlei Abfindungsansprüche zu.

233 Meilicke/*Hoffmann*, PartGG, § 9 Rn 42.

234 BGH, Beschl. v. 10.1.1996 – IV ZB 21/94, NJW 1996, 1284.

235 Meilicke/*Hoffmann*, PartGG, § 9 Rn 42.

236 BT-Drucks 12/6152, S. 21.

237 BVerfG, Beschl. v. 12.1.2016 – 1 BvL 6/13, DStR 2016, 990.

2. Haftung der Erben des Partners

139 Gemäß § 8 Abs. 2 PartGG haften die Partner akzessorisch für die Verbindlichkeiten der Partnerschaftsgesellschaft. Die Haftung für Schäden, die sich aus einer fehlerhaften Berufsausübung ergeben, ist allerdings auf denjenigen Partner beschränkt, der sich innerhalb der Partnerschaftsgesellschaft mit der jeweiligen Aufgabenbearbeitung befasst hat.

140 Für Altschulden der Gesellschaft sind gem. § 8 Abs. 1 S. 2 PartGG die §§ 129, 130 HGB entsprechend anzuwenden. Dies bedeutet, dass der in die Gesellschaft eintretende Partner die Einreden und Einwendungen geltend machen kann, die auch der Gesellschaft zustehen, und dass er für Altschulden haftet, die vor seinem Eintritt begründet wurden.

141 Mit der grundsätzlichen Geltung der handelsgesellschaftsrechtlichen Vorschriften der §§ 105 ff. HGB ist auch die Anwendung des § 139 HGB verbunden und zur Vermeidung der unbeschränkbaren Haftung des § 130 HGB geboten.

Letzterer gilt für die Partnerschaftsgesellschaft gem. § 9 Abs. 4 S. 3 PartGG allerdings nur als Austrittsmöglichkeit, da die Umwandlung der Partnerschaftsgesellschaft in eine KG gem. § 139 Abs. 1 HGB zwar grundsätzlich möglich, nicht aber gewollt sein kann.

Der Gesellschaftererbe kann somit gem. § 139 Abs. 2 HGB innerhalb einer Frist von drei Monaten austreten und dadurch seine persönliche Haftung entsprechend § 139 Abs. 4 HGB auf den erbrechtlichen Umfang beschränken.

3. Testamentsvollstreckung über Gesellschaftsanteile einer Partnerschaftsgesellschaft

142 Die Verwaltungsvollstreckung über Gesellschaftsanteile einer Partnerschaftsgesellschaft richtet sich nach der oben durchgeführten Erörterung zur Testamentsvollstreckung (vgl. Rdn 26) am Gesellschaftsanteil der BGB-Gesellschaft.

143 Durch die Anordnung der Testamentsvollstreckung lässt sich nicht das Ausscheiden eines nicht partnerschaftsfähigen Erben verhindern, über dessen Gesellschaftsanteil die Testamentsvollstreckung durch einen partnerschaftsfähigen Testamentsvollstrecker angeordnet wird, denn dies entspricht nicht der Vorstellung des Gesetzgebers, nach der die Zugehörigkeit in der Partnerschaftsgesellschaft auf natürliche Personen beschränkt ist, die einem freien Beruf angehören und diesen aktiv in der Partnerschaftsgesellschaft ausüben.[238]

Die auf die vermögensrechtlichen Ansprüche aus der Beteiligung begrenzte Testamentsvollstreckung ist daher nur für den partnerschaftsfähigen Erben zulässig.[239]

VI. Exkurs: Nachfolgeklauseln in Personengesellschaftsverträgen

1. Fortsetzungsklausel

144 Bei einer Fortsetzungsklausel wird die Gesellschaft nach dem Tod eines Gesellschafters mit den übrigen Erben fortgeführt. Den Erben des Gesellschafters stehen nur die verbleibenden Vermögensrechte gem. §§ 738 Abs. 1 S. 2, 740 Abs. 1 u. 2 BGB, jeweils i.V.m. §§ 105 Abs. 3 oder 161 Abs. 2 HGB zu, insbesondere der Anspruch auf Abfindung. Den verbleibenden Gesellschaftern wächst der Geschäftsanteil des verstorbenen Gesellschafters gem. § 738 Abs. 1 S. 1 BGB zu.

---

238 *Mayr*, MittBayNot 1996, 61, 65.
239 Bengel/Reimann/*Mayer*, 5. Kap., Rn 228.

Die Formulierung einer solchen Klausel lautet:

Formulierungsbeispiel

Die Gesellschaft wird beim Tode eines Gesellschafters zwischen den verbleibenden Gesellschaftern fortgeführt. Die Erben des verstorbenen Gesellschafters erhalten die in diesem Vertrag unter (…) geregelte Abfindung.

2. Rechtsgeschäftliche Nachfolgeklausel

Soweit eine rechtsgeschäftliche Nachfolgeklausel bewirken soll, dass mit Hilfe des Gesellschaftsvertrages die Mitgliedschaft beim Tode eines Gesellschafters auf einen am Gesellschaftsvertrag nicht beteiligten Dritten automatisch übergeht und diesem daraus ein unentziehbares Recht erwächst,[240] wird sie durch die Rechtsprechung als unwirksam angesehen.[241] Dies resultiert insbesondere aus dem Gedanken, dass solche Verträge wegen der mit der Gesellschafterstellung verbundenen Pflichten regelmäßig auch Verträge zu Lasten Dritter seien.[242] Möglich ist eine solche Vereinbarung unter den Parteien des Gesellschaftsvertrages, denn insoweit liegt kein Vertrag zu Lasten Dritter vor.[243] Eine unwirksame rechtsgeschäftliche Nachfolgeklausel kann allerdings regelmäßig in eine wirksame Eintrittsklausel umgedeutet werden.[244] 145

3. Erbrechtliche Nachfolgeklausel

Die erbrechtliche Nachfolgeklausel im Gesellschaftsvertrag der BGB-Gesellschaft stellt den Geschäftsanteil entgegen § 727 Abs. 1 BGB vererblich, überlässt die Entscheidung über die Person des Nachfolgers dem Erbrecht.[245] Für die OHG erfüllt die Klausel die gleiche Funktion gem. § 131 Abs. 3 Nr. 1 HGB. Dies gilt auch für den Geschäftsanteil des persönlich haftenden Gesellschafters der KG gem. §§ 161 Abs. 2, 131 Abs. 3 Nr. 1 HGB. 146

a) Einfache erbrechtliche Nachfolgeklausel

Durch die einfache Nachfolgeklausel wird der Erbe des verstorbenen Gesellschafters Nachfolger in der Gesellschaft. Bei mehreren Erben sind alle Erben des Gesellschafters im Rahmen der Sondererbfolge zum Nachfolger berufen. 147

Die Formulierung einer solchen Klausel könnte wie folgt lauten:

Formulierungsbeispiel

Stirbt ein Gesellschafter, wird die Gesellschaft mit seinen Erben fortgesetzt. Die Erben erhalten alle Rechte und Pflichten des verstorbenen Gesellschafters in der Gesellschaft, jedoch nicht jene, die dem Gesellschafter aufgrund seiner persönlichen Eigenschaften übertragen oder auferlegt waren.

Gleiches gilt für diejenigen, die der Gesellschafter als Vermächtnisnehmer des Geschäftsanteils eingesetzt hat.

---

240 BayOblG, Beschl. v. 21.6.2000 – 3 ZBR 108/00, NZG 2000, 1026.
241 BGH, Urt. v. 10.2.1977 – II ZR 120/75, NJW 1977, 1339, 1341.
242 BGH, Urt. v. 10.2.1977 – II ZR 120/75, NJW 1977, 1339, 1341.
243 BGH, Urt. v. 10.2.1977 – II ZR 120/75, NJW 1977, 1339, 1341.
244 BGH, Urt. v. 10.2.1977 – II ZR 120/75, NJW 1977, 1339, 1341.
245 BGH, Urt. v. 10.2.1977 – II ZR 120/75, NJW 1977, 1339, 1340.

148 Für den Geschäftsanteil des Kommanditisten stellt die Klausel nur die gesetzliche Folge gem. § 177 HGB klar.

149 Soll die Möglichkeit der Übertragung des Gesellschaftsanteils an nur einen Teil der Erben eröffnet werden, ist der Weg der qualifizierten Nachfolgeklausel zu wählen. Unverständlich ist insoweit der Hinweis von *v. Hoyenberg*, wonach bei Vorliegen einer einfachen Nachfolgeklausel bisher ungeklärt sei, ob eine unmittelbar dingliche Zuordnung des Erbteils auch erfolgt, wenn der Erblasser den Geschäftsanteil nur einem Erben oder einem Teil der Erben zukommen lassen will.[246]

Grundsätzlich führt die Erbeinsetzung zur Globalsukzession. Die erbrechtliche Zuwendung einzelner Nachlassgegenstände ist daher nur über den Weg des Vermächtnisses oder durch Teilungsanordnung möglich.[247] Da das Vermächtnis nur einen schuldrechtlichen Anspruch auf Übertragung des zugewandten Gegenstandes gegen die Erben eröffnet, ist eine dinglich wirkende Sondernachfolge hinsichtlich des Gesellschaftsanteils wie bei der Sondererbfolge nicht möglich. Vielmehr wird bis zur Vermächtniserfüllung der Gesellschaftsanteil von den Miterben gehalten, die ihn im Wege der Sondererbfolge zunächst quotal zu Eigenvermögen erhalten haben.[248]

b) Qualifizierte erbrechtliche Nachfolgeklausel

150 Von einer qualifizierten Nachfolgeklausel spricht man, wenn aufgrund der gesellschaftsvertraglichen Regelung von einer Mehrzahl von Erben nicht alle in die Mitgliedschaft des Erblassers einrücken sollen. Eine solche Regelung ist grundsätzlich anerkannt. Sie wurde durch den BGH zunächst in der Weise umgesetzt, dass der eintretende Erbe einen seinem Erbteil entsprechenden Bruchteil am Geschäftsanteil unmittelbar erwarb und der verbleibende Rest des Geschäftsanteils den überlebenden Gesellschaftern als Treuhändern des Nachfolgers anwuchs.[249] Diese Rechtsprechung ist zwischenzeitlich aufgegeben und der BGH lässt den unmittelbaren Erwerb der Mitgliedschaft durch den Gesellschafter-Erben unabhängig von der Höhe seiner Erbquote zu,[250] denn die Erbquote ist keine gegenständliche Begrenzung des Erbteils sondern ausschließlich eine wertmäßige.

Die Formulierung einer qualifizierten Nachfolgeklausel könnte wie folgt lauten:

> **Formulierungsbeispiel**
>
> Beim Tode des Gesellschafters A wird die Gesellschaft nicht aufgelöst, sondern mit dessen Erben X fortgesetzt.
>
> Beim Tode der Gesellschafterin B wird die Gesellschaft nicht aufgelöst, sondern mit deren Erben Y fortgesetzt.
>
> Den übrigen Erben der verstorbenen Gesellschafter A und B stehen gegen die Gesellschaft keinerlei Abfindungsansprüche zu. Auf X und Y gehen alle Rechte und Pflichten des verstorbenen Gesellschafters über mit Ausnahme solcher, die ihm wegen seiner persönlichen Eigenschaften übertragen oder auferlegt waren.
>
> Beim Tode des Gesellschafters C wird die Gesellschaft unter Ausschluss der Erben zwischen den überlebenden Gesellschaftern fortgesetzt.[251]

246 *V. Hoyenberg*, RNotZ 2007, 377, 383.
247 *V. Hoyenberg*, RNotZ 2007, 377, 383.
248 *Spiegelberger*, DStR 1992, 618, 619, der die quotale Sondererbfolge wohl noch in Frage stellte.
249 BGH, Urt. v. 22.11.1956 – II ZR 222/55, NJW 1957, 180.
250 BGH, Urt. v. 10.2.1977 – II ZR 120/75, NJW 1977, 1339, 1342.
251 *Bambring/Mutter*, in: Beck'sches Formularbuch ErbR, G.I. 4.

Die qualifizierte Nachfolgeklausel muss durch Regelungen in der letztwilligen Verfügung des Erblassers unterstützt werden, damit sie zum gewünschten Ergebnis gelangt. Folgende Fehlerquellen bestehen:

aa) Missglückte Nachfolge

Von einer missglückten Nachfolge spricht man, wenn der durch die qualifizierte Nachfolge- 151
klausel bestimmte Nachfolger nicht Erbe des verstorbenen Gesellschafters wird. Einen solchen Fall hatte der BGH am 25.5.1987[252] zu entscheiden.

Beispiel

Der Erblasser hatte mit seiner Ehefrau ein gemeinschaftliches Testament errichtet, in dem sich die Ehegatten gegenseitig zu Erben einsetzten. Die Kinder sollten Schlusserben des Letztversterbenden sein.

Der Erblasser war Komplementär und der Gesellschaftsvertrag sah vor, dass die Gesellschaft nach dem Tod des Gesellschafters mit seinen Erben fortgeführt wird, wenn diese seine Abkömmlinge sind.

Durch die Erbeinsetzung der Ehefrau waren die Kinder nicht Erben geworden und die Ehefrau nicht qualifiziert im Hinblick auf die gesellschaftsvertragliche Nachfolgeklausel, denn sie war nicht Abkömmling des Erblassers.

Die Nachfolge in die Gesellschaft scheitert hier und der Zugang der Abkömmlinge zum Gesellschaftsanteil des Erblassers konnte, wie *Reimann*[253] richtig anmerkt, nur durch eine eher abenteuerlich anmutende Konstruktion des BGH erreicht werden.

Um sich nicht auf gerichtliche Rettungsakte verlassen zu müssen, ist daher neben der qualifizierten Nachfolgeklausel regelmäßig eine letztwillige Verfügung notwendig, die tatsächlich einen Personenkreis als Erben einsetzt, der gesellschaftsrechtlich Nachfolger werden kann.

Hierauf ist sowohl bei Gestaltung von Gesellschaftsverträgen, als auch von letztwilligen Verfügungen zu achten und regelmäßig darauf hinzuweisen, dass nahe liegende Gefahren bestehen, wenn keine Übereinstimmung beider Rechtsakte erreicht wird.[254]

bb) Erbauseinandersetzung

Die Problematik der Erbauseinandersetzung bei qualifizierter Nachfolgeklausel wurde be- 152
reits oben (vgl. Rdn 12) besprochen.

cc) Steuerrecht

Hatte der Erblasser neben seinem Gesellschaftsanteil auch Sonderbetriebsvermögen, so fällt 153
bei qualifizierter Nachfolgeklausel der Erwerb von Gesellschaftsanteil und Sonderbetriebsvermögen auseinander.

Der qualifizierte Erbe erwirbt den Gesellschaftsanteil mit dem Erbfall in Eigenvermögen. Das Sonderbetriebsvermögen fällt der Erbengemeinschaft zur gesamten Hand an.

Wegen der ertragsteuerlich nachteiligen Folgen (Entnahme) wird auf § 18 – Steuerrecht dieses Buches verwiesen (vgl. § 18 Rdn 79).

---

252 BGH, Urt. v. 25.5.1987 – II ZR 195/86, DNotZ 1988, 46.

253 *Reimann*, ZEV 2002, 487, 488.

254 BGH, Urt. v. 18.4.2002 – IX ZR 72/99, ZEV 2002, 322, 323.

4. Eintrittsklausel

154 Im Gegensatz zu den Nachfolgeklauseln, die zu einem automatischen Eintritt der (qualifizierten) Erben in die Gesellschaft führen, eröffnet die Eintrittsklausel dem Nachfolger oder den verbleibenden Gesellschaftern ein Wahlrecht.

Zunächst erfolgt die Fortsetzung der Gesellschaft durch die verbleibenden Gesellschafter, jedoch räumt die Klausel dem Nachfolger, ggf. unter Zustimmung der verbleibenden Gesellschafter, einen schuldrechtlichen Anspruch auf Eintritt in die Gesellschaft ein. Nach Auffassung von *Ivo* hat der Nachfolger für den Eintritt in die Gesellschaft im Zweifel die notwendige Einlage zu erbringen, jedenfalls aber wenn es sich um einen Dritten (Nichterben) handelt.[255]

Der BGH bezeichnet es allerdings als Ausnahmefall, dass der Nachfolger diese Einlage tatsächlich aus eigenen Mitteln erbringen soll.[256] In der Regel wird nach seiner Auffassung der Erblasser dem Nachfolger den Vermögenswert des Geschäftsanteils ebenfalls zur Verfügung stellen. Dies kann durch Zuwendung eines Vermächtnisses in Höhe des Abfindungsanspruches oder dadurch geschehen, dass bei gleichzeitigem Ausschluss des Abfindungsanspruches die übrigen Gesellschafter den Geschäftsanteil zunächst treuhänderisch für den Eintrittsberechtigten halten und bei dessen Eintritt an ihn übertragen.[257] Begleitregelungen zur eigentlichen Eintrittsklausel sind daher zwingend erforderlich.

155 Es muss weiterhin geregelt werden, was geschieht, wenn der Eintrittsberechtigte nicht in die Gesellschaft eintritt. Er kann nicht zum Eintritt gezwungen werden, da dies einen unzulässigen Vertrag zu Lasten Dritter darstellen würde.[258] Hierzu bietet sich eine zeitliche Begrenzung der Eintrittsmöglichkeit an, um für die verbleibenden Gesellschafter keine unnötig lange Schwebezeit entstehen zu lassen.

Eine weitere Möglichkeit wäre die lebzeitige Vereinbarung unter Mitwirkung des Eintrittsberechtigten, denn aufgrund seiner Mitwirkung wird kein Vertrag zu Lasten Dritter errichtet.

Die Formulierung einer Eintrittsklausel könnte wie folgt lauten:

Formulierungsbeispiel

Beim Tode des Gesellschafters A erhält Herr/Frau (...) das Recht, in die Gesellschaft in einem der Beteiligung des verstorbenen Gesellschafters entsprechenden Umfang einzutreten.

Beim Tode der Gesellschafterin B erhält Herr/Frau (...) das Recht, in die Gesellschaft in einem der Beteiligung der verstorbenen Gesellschafterin entsprechenden Umfang einzutreten.

Der oder die Eintretende hat seinen/ihren Eintritt innerhalb von zwei Monaten nach dem Tode des Gesellschafters zu erklären. Bis zu diesem Zeitpunkt halten die übrigen Gesellschafter den Kapitalanteil des Verstorbenen treuhänderisch. Nach fruchtlosem Ablauf dieser Frist wird die Gesellschaft endgültig von den übrigen Gesellschaftern unter Abfindung der Erben des Verstorbenen fortgesetzt.

255 *Ivo*, ZEV 2006, 302, 305.
256 BGH, Urt. v. 29.9.1977 – II ZR 214/75, NJW 1978, 264, 265.
257 BGH, Urt. v. 29.9.1977 – II ZR 214/75, NJW 1978, 264, 265.
258 *Schilling*, BWNotZ 1995, 4, 11.

Macht der/die Eintrittsberechtigte von seinem/ihrem Eintrittsrecht Gebrauch, so sind die übrigen Gesellschafter verpflichtet, den Anteil unentgeltlich auf ihn/sie zu übertragen; ein Abfindungsanspruch der Erben des verstorbenen Gesellschafters gegen die Gesellschaft oder die übrigen Gesellschafter ist in diesem Fall ausgeschlossen.[259]

C. Kapitalgesellschaften

I. GmbH

Geschäftsanteile an der GmbH sind gem. § 15 Abs. 1 GmbHG vererblich. Ein Ausschluss 156
der Vererblichkeit ist nach h.M. nicht möglich.[260] Zwar kann der Gesellschaftsvertrag gem. § 15 Abs. 5 GmbHG weitere Voraussetzungen für die Abtretung der Gesellschaftsanteile vorsehen, jedoch ist nach h.M. die automatische Einziehung des Gesellschaftsanteils mit dem Tod des Gesellschafters unzulässig.[261]

Anders als bei den Personengesellschaften geht der Geschäftsanteil bei der GmbH bei Tod 157
eines Gesellschafters nicht im Rahmen einer Sondererbfolge direkt auf den einzelnen Erben über. Vielmehr wird die Erbengemeinschaft zum Inhaber des Geschäftsanteils und somit Gesellschafter der GmbH. Der Geschäftsanteil steht den Erben damit gem. § 2032 Abs. 1 BGB in Gesamthand zu. Die Erbengemeinschaft erhält den Geschäftsanteil allerdings in seiner gesellschaftsvertraglichen Ausgestaltung. Der Umfang des Rechtes insbesondere im Erbfall bestimmt sich somit nach dem Gesellschaftsvertrag.

Priester formuliert hierzu treffend: *„Anders als bei der Personengesellschaft lässt sich durch den Gesellschaftsvertrag nicht steuern, wer den Anteil bekommt. Die Satzung kann vielmehr nur bestimmen, wer ihn behalten darf."*[262] Die einzelnen Klauseln hierzu werden unten näher beschrieben (siehe Rdn 238 ff.).

Besagt diese Ausgestaltung, dass einzelne Mitglieder der Erbengemeinschaft nicht Gesell- 158
schafter werden können, so wird der Erwerb durch die Erbengemeinschaft hierdurch nicht beeinträchtigt und dieser Widerspruch zwischen Gesellschaftsvertrag und tatsächlicher Erbfolge ist für eine kurze Übergangszeit hinzunehmen.[263] Die Regelung ist aber beachtlich, soweit im Rahmen der Auseinandersetzung der Geschäftsanteil einem Erben zugewandt wird.

Die Gesellschafter der GmbH können durch Gesellschaftsvertrag allerdings nicht regeln, 159
wie ein Mitgesellschafter bezüglich seines Gesellschaftsanteils zu testieren hat. Gemäß § 2302 BGB ist ein Vertrag nichtig, durch den sich jemand verpflichtet, eine Verfügung von Todes wegen zu errichten oder nicht zu errichten, aufzuheben oder nicht aufzuheben. Die Errichtung einer bestimmten Verfügung von Todes wegen würde aber gerade der Gesellschaftsvertrag verlangen, wenn er einem Mitgesellschafter vorschreiben will, an wen sein Gesellschaftsanteil zu vererben ist. Folgende Klausel ist daher **unwirksam:**[264]

---

259 *Bambring/Mutter*, in: Beck'sches Formularbuch ErbR, G.I.5.

260 Baumbach/Hueck/*Fastrich*, GmbHG, § 15 Rn 9 m.w.N.; Roth/Altmeppen/*Altmeppen*, GmbHG, § 15 Rn 28; *Ivo*, ZEV 2006, 252.

261 Baumbach/Hueck/*Fastrich*, GmbHG, § 15 Rn 12.

262 *Priester*, DStR 1992, 254, 259.

263 BGH, Urt. v. 5.11.1984 – II ZR 147/83, NJW 1985, 2592, 2593.

264 *Ivo*, ZEV 2006, 252, 253.

Formulierungsbeispiel: Unwirksame Klausel

Jeder Gesellschafter ist verpflichtet, seinen Geschäftsanteil von Todes wegen lediglich dem eigenen erstgeborenen Abkömmling zuzuwenden.[265]

160 Die Erbengemeinschaft wird auch dann Gesellschafter der GmbH, wenn der Anteil aus Mitteln des ungeteilten Nachlasses gem. § 2041 BGB erworben wird.

Ihr ist insoweit auch die Beteiligung an der Gründung einer zu gründenden GmbH[266] oder Kapitalerhöhung bei einer bestehenden GmbH möglich, jedenfalls soweit sich die Übernahme der weiteren Geschäftsanteile als Surrogation gem. § 2041 BGB darstellt.[267]

1. Auseinandersetzung

161 Die Miterben können über den Geschäftsanteil nur gemeinsam und im Rahmen der gesellschaftsvertraglichen Vorschriften verfügen. Setzen sie sich gem. § 2042 BGB auseinander, ist der Geschäftsanteil gem. § 752 BGB zu teilen, wobei § 17 GmbHG zu beachten ist.[268] Die Teilbarkeit des Geschäftsanteils kann gem. § 17 Abs. 6 S. 2 GmbHG durch die Satzung ausgeschlossen sein. In diesem Fall muss die Auseinandersetzung der Erbengemeinschaft durch Zuweisung des gesamten Geschäftsanteils an einen Erben und Wertausgleich an die anderen Erben oder Veräußerung des Geschäftsanteils und Teilung des Veräußerungserlöses erfolgen.

162 Das Recht des Erben über seinen Erbteil zu verfügen, wird durch § 17 GmbHG nicht berührt.[269] Der Erbe kann somit auch ohne Genehmigung der Gesellschaft gem. § 17 Abs. 1 GmbHG über seinen Erbteil gem. § 2033 Abs. 1 BGB verfügen.

163 Neben § 17 GmbHG muss bei der Erbauseinandersetzung auch der Gesellschaftsvertrag beachtet werden, soweit im Rahmen der Auseinandersetzung im Nachlass befindliche Geschäftsanteile von der Erbengemeinschaft auf einen einzelnen Erben oder Dritte übertragen werden sollen. Dies gilt insbesondere in Bezug auf die übrigen Gesellschafter, z.B. bei der Regelung von Erwerbsrechten. Sieht der Gesellschaftsvertrag gem. § 15 Abs. 5 GmbHG vor, dass bestimmte Personen nicht Gesellschafter werden können, ist auch diese Vorschrift im Rahmen der Erbauseinandersetzung zu berücksichtigen.[270]

164 Trotz wirksamer Übertragung des Erbteils gem. § 2033 Abs. 1 BGB kann der Erwerber bei einer sich hieraus ergebenden Abweichung zwischen der gesellschaftsvertraglich gewünschten Anteilsverteilung und der Verteilung nach Erbquoten schuldrechtlich verpflichtet sein, bei der Auseinandersetzung der Erbengemeinschaft die gesellschaftsvertraglich gewünschte Verteilung herbei zu führen.[271]

---

265 Anders *Langner/Heydel*, GmbHR 2005, 377, 380, die diese Klausel zur Vermeidung „fehlerhafter" Verfügungen von Todes wegen vorsehen.

266 Grundlegend zur Gesamthand BGH, Beschl. v. 6.11.1980 – II ZB 1/79, NJW 1981, 682; *Wicke*, GmbHG, § 1 Rn 11.

267 OLG Hamm, Beschl. v. 18.11.1974 – 15 Wx 111/74, BB 1975, 292, 293.

268 *Schörnig*, ZEV 2002, 343, 344.

269 BGH, Urt. v. 5.11.1984 – II ZR 147/83, NJW 1985, 2592, 2594.

270 Roth/Altmeppen/*Altmeppen*, GmbHG, § 15 Rn 36.

271 BGH, Urt. v. 5.11.1984 – II ZR 147/83, NJW 1985, 2592, 2594.

2. Stellung der Erben untereinander

Hält die Erbengemeinschaft einen Geschäftsanteil der GmbH zur gesamten Hand, unterliegt dieser, wie der Rest des Nachlasses, der gemeinschaftlichen Verwaltung gem. § 2038 BGB. 165

Bei der Frage der Stellung der Erben untereinander geht es um die „Geschäftsführung" hinsichtlich dieses gemeinsam verwalteten Anteils, also die Willensbildung innerhalb der Erbengemeinschaft, die gem. § 18 Abs. 1 GmbHG gemeinschaftlich zu artikulieren ist. 166

Die Willensbildung erfolgt innerhalb von drei Fallgruppen mit unterschiedlichen Mehrheitsverhältnissen.[272]
- Maßnahmen, die gemeinschaftlich zu treffen sind (Einstimmigkeit)
- Maßnahmen, die die Miterbenmehrheit treffen kann
- Maßnahmen, die jeder einzelne Miterbe allein vornehmen darf.

a) Gemeinschaftlich zu treffende Maßnahmen

Gemeinschaftlich haben die Miterben gem. § 2038 Abs. 1 BGB Maßnahmen im Rahmen der außerordentlichen Verwaltung zu treffen.[273] Eine gemeinschaftliche Verwaltung erfolgt einstimmig. 167

Eine außerordentliche Verwaltung liegt gem. § 745 Abs. 3 S. 1 BGB nach inzwischen wohl h.M. und Entscheidung des BGH vom 28.9.2005[274] jedenfalls bei einer wesentlicher Veränderung des gesamten Nachlasses vor. Soweit eine Maßnahme daher weder den gesamten Nachlass noch einen einzelnen Nachlassgegenstand derart betrifft, dass dadurch der Nachlass als Ganzes wesentlich verändert wird, kann keine Maßnahme der außerordentlichen Verwaltung vorliegen.[275]

Die wesentliche Veränderung nur eines einzelnen Nachlassgegenstandes stellt hiernach keine außerordentliche Verwaltung dar und bedarf somit keiner Einstimmigkeit, es sein denn der Nachlassgegenstand stellt (nahezu) den gesamten Nachlass dar.

Trotz der höchstrichterlichen Entscheidung dürfte in Bezug auf Geschäftsanteile, die von der Erbengemeinschaft gehalten werden, die jeweilige Einzelrechtsprechung interessant sein, da eine Abgrenzung oftmals schwierig ist. Folgende Maßnahmen wurden z.B. auf das Vorliegen einer außerordentlichen Verwaltung untersucht:
- Befreiung des Geschäftsführers vom Verbot des Selbstkontrahierens (Einstimmigkeit)[276]
- Abberufung eines GmbH-Geschäftsführers (Mehrheitsbeschluss).[277]

b) Maßnahmen aufgrund Mehrheitsbeschluss

Im Gegensatz zur außerordentlichen Verwaltung kann die ordnungsgemäße Verwaltung gem. §§ 2038 Abs. 2, 745 Abs. 1 BGB auf Basis von mehrheitlichen Entscheidungen erfolgen. 168

---

272 MüKo/*Gergen*, § 2038, 8.

273 MüKo/*Gergen*, § 2038 Rn 23.

274 BGH, Urt. v. 28.9.2005 – IV ZR 82/04, NJW 2006, 439.

275 MüKo/*Gergen*, § 2038 Rn 30; Palandt/*Weidlich*, § 2038 Rn 6; BGH, Urt. v. 28.9.2005 – IV ZR 82/04, NJW 2006, 439, 440.

276 OLG Karlsruhe, Urt. v. 15.4.1994 – 15 U 143/93, NJW-RR 1995, 1189, 1190; Anm. *Goette* zu BGH, Beschl. v. 19.6.1995 – II ZR 112/94, DStR 1995, 1395, 1397 (Nichtzulassung der Revision zum Urteil des OLG Karlsruhe).

277 OLG Stuttgart, Hinweisbeschl. v. 9.9.2014 – 14 U 9/14, BeckRS 2015, 01833.

Eine ordentliche Verwaltung eines Nachlassgegenstandes liegt vor, wenn sie der Beschaffenheit des Gegenstandes und dem Interesse aller Miterben nach billigem Ermessen entspricht.[278] Es handelt sich um die laufende Verwaltung.

Beispiele für eine ordnungsgemäße Verwaltung, für die ein Mehrheitsbeschluss der Miterben ausreichend ist:

- Instandsetzung eines Nachlassgegenstandes aus Nachlassmitteln[279]
- die Anschluss-Verpachtung eines Nachlassgrundstückes[280] oder
- die Kapitalanlage bis zur Auseinandersetzung.[281]

In Bezug auf Geschäftsanteile, die von der Erbengemeinschaft gehalten werden, stellt die Verlegung des Sitzes der GmbH laufende und damit ordnungsgemäße, durch Mehrheitsbeschluss zu treffende Verwaltung dar.[282]

c) Maßnahmen, die ein Miterbe allein treffen darf

169 Jeder Miterbe darf gem. § 2038 Abs. 1 S. 2 Hs. 2 BGB die zur Erhaltung notwendigen Maßregeln ohne Mitwirkung der anderen treffen. Es handelt sich um Notverwaltungsmaßnahmen, die ein Handeln unaufschiebbar machen.

Im Rahmen eines zum Nachlass gehörenden Geschäftsanteils stellt die Möglichkeit zur Anfechtungsklage nur eines der Miterben gegen einen Gesellschafterbeschluss[283] eine solche notwendige Maßregel dar. Es kommt insoweit auch nicht darauf an, ob andere Miterben bis zum Ablauf der Anfechtungsfrist ggf. daran gehindert waren, sich an der Anfechtungsklage zu beteiligen, denn die Notwendigkeit der Maßnahme ergibt sich aus der Eilbedürftigkeit.[284]

3. Stellung der Erben gegenüber den übrigen Gesellschaftern und der Gesellschaft

a) § 18 GmbHG

170 Die Frage der Stellung gegenüber den Gesellschaftern und der Gesellschaft beschreibt die „Vertretung" des gemeinsam verwalteten Geschäftsanteils. Grundsätzlich ist diese Frage zunächst aus § 2038 BGB zu beantworten. Insoweit gelten auch für die Vertretung die oben dargestellten Fallgruppen (vgl. Rdn 166–169). Allerdings regelt § 18 GmbHG zusätzlich die Rechtsverhältnisse für Geschäftsanteile, die mehreren Mitberechtigten ungeteilt zustehen. Die Erbengemeinschaft ist ein Unterfall der ungeteilten Berechtigung an einem Recht.[285]

Die Miterben können im Rahmen der Vertretung gem. § 18 Abs. 1 GmbHG ihre Rechte am Gesellschaftsanteil nur gemeinschaftlich ausüben. Rechtshandlung der Gesellschaft gegenüber dem Inhaber des Anteils, also einseitige Rechtsgeschäfte oder geschäftsähnliche Handlungen, wie z.B. Einladung zur Gesellschafterversammlung,[286] sind, solange kein Ver-

---

278 *Brox/Walker*, Rn 492.
279 BeckOK/*Lohmann*, BGB, § 2038 Rn 5.
280 BGH, Urt. v. 29.3.1971 – III ZR 255/68, NJW 1971, 1265.
281 Damrau/Tanck/*Rißmann*, Erbrecht, § 2038 Rn 15.
282 OLG Karlsruhe, Urt. v. 15.4.1994 – 15 U 143/93, NJW-RR 1995, 1189, 1190; Anm. *Goette* zu BGH, Beschl. v. 19.6.1995 – II ZR 112/94, DStR 1995, 1395, 1397 (Nichtzulassung der Revision zum Urteil des OLG Karlsruhe).
283 BGH, Urt. v. 12.6.1989 – II ZR 246/88, NJW 1989, 2694.
284 BGH, Urt. v. 12.6.1989 – II ZR 246/88, NJW 1989, 2694, 2697.
285 Roth/Altmeppen/*Altmeppen*, GmbHG, § 18 Rn 2.
286 BeckOK GmbHG/*Schindler*, GmbHG, § 51 Rn 12.

treter der Mitberechtigten bestellt ist, bereits dann wirksam, wenn sie einem der Mitberechtigten gegenüber vorgenommen werden. Für die Erbengemeinschaft gilt dies gem. § 18 Abs. 3 S. 2 GmbHG allerdings erst nach Ablauf eines Monats nach dem Erbanfall oder Nacherbanfall. Diese Frist wird durch die Ausschlagung nicht verändert.[287] Ein Miterbe kann allerdings allein einheitlich für die Erbengemeinschaft gesellschaftliche Rechte ausüben.[288]

Weitere Voraussetzung gem. § 16 Abs. 1 S. 1 GmbHG ist allerdings, dass die Erben auch in die Gesellschafterliste gem. § 40 GmbHG eingetragen sind.[289] Nach inzwischen h.M. können die Erben vor Aufnahme in die Gesellschafterliste ihre mitgliedschaftlichen Rechte nicht gegenüber der Gesellschaft ausüben.[290] Es sind alle Miterben in die Gesellschafterliste aufzunehmen.[291] Allerdings sind wegen der gesamthänderischen Bindung der Geschäftsanteile im Gegensatz zur Bruchteilsgemeinschaft nicht die Quoten in der Gesellschafterliste aufzunehmen[292]

b) Obligatorische Gruppenvertretung

Gemäß § 18 Abs. 1 GmbHG können alle Erben die Gesellschafterrechte aus dem noch ungeteilten Anteil nur gemeinschaftlich ausüben. Die Beschränkung der Ausübung der Gesellschafterrechte durch § 18 Abs. 1 GmbHG ist allerdings im Vergleich zu den Wirkungen der obligatorischen Gruppenvertretung umfangreicher und aus diesem Grund kann die gesetzliche Regelung des § 18 Abs. 1 GmbHG als Indiz für die Zulässigkeit einer Vertreterklausel zur Bündelung von Gesellschaftsanteilen einer GmbH angesehen werden.[293] 17

Die Zulässigkeit einer obligatorischen Gruppenvertretung bei einer GmbH lässt sich ferner durch einen Vergleich mit andern Rechtsinstituten absichern.[294] Zunächst kann ein Vergleich mit einem Stimmrechtskonsortium gezogen werden. Weiter lassen sich Parallelen zwischen Gruppenvertretung bei der GmbH und Testamentsvollstreckung an einer GmbH-Beteiligung ziehen. Schließlich ist auch ein Vergleich mit einer Legitimationsübertragung von GmbH-Anteilen möglich.[295] Die obligatorische Gruppenvertretung ist somit auch bei der GmbH zulässig, inwieweit sie neben § 18 Abs. 1 GmbHG benötigt wird, ist durch den Gestalter des Gesellschaftsvertrages zu klären.

4. Stellung der Erben gegenüber Gläubigern

a) Beteiligung der Erbengemeinschaft an Gründung oder Kapitalerhöhung

Wie bereits oben dargestellt (siehe Rdn 156), ist die Beteiligung einer Erbengemeinschaft an der Gründung einer GmbH grundsätzlich möglich. 17

Allerdings trifft die Erben dann die unbeschränkte persönliche Haftung für die Einlagepflicht gem. § 18 Abs. 2 GmbHG trifft.[296] Eine Beschränkung der Haftung, etwa auf den

287 § 1959 Abs. 3 BGB.

288 BGH, Urt. v. 12.6.1989 – II ZR 246/88, NJW 1989, 2694, 2697.

289 Baumbach/Hueck/*Fastrich*, GmbHG, § 16 Rn 17.

290 *Wicke*, GmbHG, § 16 Rn 6; Baumbach/Hueck/*Fastrich*, GmbHG, § 16 Rn 17; a.A. Roth/Altmeppen/*Altmeppen*, GmbHG, § 16 Rn 21.

291 *J. Schmidt*, S. 1050.

292 *Schürnbrand*, S. 242.

293 *Schörnig*, Die obligatorische Gruppenvertretung, S. 210.

294 *Schörnig*, Die obligatorische Gruppenvertretung, S. 223.

295 *Schörnig*, Die obligatorische Gruppenvertretung, S. 226.

296 Baumbach/Hueck/*Fastrich*, GmbHG, § 1 Rn 36; Roth/Altmeppen/*Roth*, GmbHG, § 1 Rn 32.

ungeteilten Nachlass gem. § 2059 BGB ist allenfalls möglich, wenn bereits der Erblasser als Gründer Geschäftsanteile übernommen hat und diese Stellung vor Handelsregistereintragung auf die Erben übergegangen ist; doch wird dann zumindest bei aktiver Teilnahme am weiteren Gründungsvorgang, aber wohl auch schon bei unwidersprochenem Fortgang desselben die Haftung unbeschränkbar.[297]

Auch nach Auffassung des BGH[298] und der Instanzgerichte[299] zur Möglichkeit der Haftungsbeschränkung von BGB-Gesellschaften, die sich an der Gründung einer GmbH beteiligen, dürfte davon auszugehen sein, dass für die Erbengemeinschaft eine Haftungsbeschränkung gem. § 2059 BGB ausscheidet.

Nach allg. Auffassung finden §§ 2060, 2061 BGB ebenfalls keine Anwendung.[300]

b) Erwerb von Geschäftsanteilen vor Eintragung

173 Ist die Gesellschaft bereits errichtet,[301] der Gesellschaftsvertrag also abgeschlossen, die Gesellschaft aber noch nicht in das Handelsregister eingetragen worden, haften die Gesellschafter nach der geänderten Rechtsprechung des BGH zur Vorgesellschaft vom 27.1.1997 im Rahmen der einheitlichen Gründerhaftung in Form der bis zur Eintragung andauernden Verlustdeckungs- und Vorbelastungshaftung.[302] In diese Haftung des Erblassers treten die Erben gem. §§ 1922, 1967 BGB ein.

Da sie selbst weder die Gründung veranlasst haben, noch für die Verluste verantwortlich sind, die innerhalb der Vorgesellschaft, ggf. bereits unter Mitwirkung des Erblassers, erwirtschaftet wurden, könnte an eine Beschränkung der Haftung der Erben zu denken sein. Immerhin tritt die Verlustdeckungshaftung nur und soweit ein, wie der Gesellschafter mit der vorzeitigen, verlustbringenden Geschäftsaufnahme einverstanden war.[303]

174 Beim Erwerb der Erbengemeinschaft ist daher während des Bestehens der Vorgesellschaft zwischen der Haftung des Erblassers aus Verlustdeckung oder Handelndenhaftung gem. § 11 Abs. 2 GmbHG und der eigenen Haftung der Erbengemeinschaft zu differenzieren. Bei Eintritt in die Haftung des Erblassers ist der Erbengemeinschaft die Haftungsbeschränkung des § 2059 BGB zuzubilligen, zumal das haftende Vermögen für die Gesellschaft auch nicht geringer ausfällt, als wenn der Erblasser noch leben würde. Geraten die Erben selbst durch Genehmigung der Geschäftstätigkeit vor Eintragung der Gesellschaft oder durch eigenes Handeln in Haftung, ist diese wie bei der Gründung durch die Erbengemeinschaft persönlich und unbeschränkt.

c) Erwerb von Geschäftsanteilen nach Eintragung

175 Nach Eintragung der Gesellschaft haften die Erben gem. §§ 1922, 1967 BGB, § 18 Abs. 2 GmbHG solidarisch auf die auf den Geschäftsanteil zu bewirkenden Leistungen.

---

297 Baumbach/Hueck/*Fastrich*, GmbHG, § 1 Rn 36.
298 BGH, Beschl. v. 3.11.1980 – II ZB 1/79, NJW 1981, 682, 684.
299 OLG Hamm, Beschl. v. 18.12.1995 – 15 W 413/95, NJW-RR 1996, 482, 483.
300 Baumbach/Hueck/*Fastrich*, GmbHG, § 18 Rn 8.
301 Baumbach/Hueck/*Fastrich*, GmbHG, § 11 Rn 3.
302 BGH, Urt. v. 27.1.1997 – II ZR 123/94, NJW 1997, 1507.
303 *Lergon*, RNotZ 2003, 214, 217.

Hierunter sind nicht nur die Einzahlung des Stammkapitals, sondern alle Ansprüche der Gesellschaft zu verstehen, die auf der Gesellschafterstellung beruhen.[304] Solidarisch bedeutet in diesem Zusammenhang gesamtschuldnerische Haftung.[305]

Es handelt sich insbesondere um die Differenzhaftung gem. § 9 GmbHG, Verlustdeckungspflicht gem. § 11 GmbHG sowie die Ausfallhaftung für die übrigen Gesellschafter gem. § 24 GmbHG.[306]

Nach h.M. ist in diesem Stadium der Gesellschaft die Beschränkung der Haftung der Erben auf den Nachlass gem. § 2059 BGB möglich.[307] §§ 2060, 2061 BGB finden nach allg. Meinung weiterhin keine Anwendung.[308]

5. Stellung der Erben gegenüber dem Testamentsvollstrecker

Grundsätzlich ist die Testamentsvollstreckung an Geschäftsanteilen der GmbH zulässig.[309] 176

Dies gilt nach allgemeiner Auffassung nicht nur für die Abwicklungs-, sondern auch für die Verwaltungsvollstreckung, ohne dass es einer Zustimmung der Erben[310] oder der übrigen Gesellschafter bedarf.[311]

Die Testamentsvollstreckung kann durch den Gesellschaftsvertrag ausgeschlossen oder eingeschränkt werden.[312] Wird die Testamentsvollstreckung durch den Gesellschaftsvertrag ausgeschlossen, stehen die Verwaltungsrechte den Erben zu. Ergibt sich anhand des Erblasserwillens, dass der Testamentsvollstreckung jedenfalls die Vermögensrechte unterliegen sollen, kann sich trotz Ausschluss die Testamentsvollstreckung hierauf beziehen.[313] 177

Ist ein Testamentsvollstrecker bestellt, hat er die Rechte der Gesellschafter kraft Gesetzes geltend zu machen.[314] Hierzu können nach der zitierten Entscheidung des BGH auch Kontrollmaßnahmen innerhalb der Gesellschaft bis hin zur Durchsicht von Kontoauszügen und Journalen gehören. Kommt der Testamentsvollstrecker diesen Pflichten nicht nach, macht er sich ggf. schadensersatzpflichtig. 178

Gegenüber den Erben sind die Verwaltungsrechte des Testamentsvollstreckers allerdings begrenzt, soweit sie hierdurch persönlich verpflichtet werden[315] oder der Kernbereich der Mitgliedschaft betroffen ist.[316] Weiterhin darf der Testamentsvollstrecker gem. § 2205 S. 3 BGB keine unentgeltlichen Verfügungen vornehmen. Problematisch ist die Tätigkeit des Testamentsvollstreckers daher bei nachfolgenden Fallgestaltungen. 179

---

304 Baumbach/Hueck/*Fastrich*, GmbHG, § 18 Rn 7.
305 Roth/Altmeppen/*Altmeppen*, GmbHG, § 18 Rn 15.
306 Baumbach/Hueck/*Fastrich*, GmbHG, § 18 Rn 7.
307 Baumbach/Hueck/*Fastrich*, GmbHG, § 18 Rn 8; Roth/Altmeppen/*Altmeppen*, GmbHG, § 18 Rn 15.
308 Baumbach/Hueck/*Fastrich*, GmbHG, § 18 Rn 8; Scholz/*Winter*, GmbHG, § 18 Rn 26.
309 BGH, Urt. v. 10.6.1959 – V ZR 25/58, NJW 1959, 1820.
310 *Mayer*, ZEV 2002, 209, 210.
311 *Priester*, S. 470.
312 Baumbach/Hueck/*Fastrich*, GmbHG, § 15 Rn 17; Müko/*Zimmermann*, § 2205 Rn 52.
313 Baumbach/Hueck/*Fastrich*, GmbHG, § 15 Rn 17.
314 BGH, Urt. v. 10.6.1959 – V ZR 25/58, NJW 1959, 1820, 1821.
315 *Priester*, S. 477.
316 *Priester*, S. 482.

a) Kapitalerhöhung (persönliche Verpflichtung der Erben)

180 Mit der Kapitalerhöhung werden die Gesellschafter zur Leistung des Erhöhungsbetrages verpflichtet. Es sind zwei Varianten zu unterscheiden:

aa) Erblasser hatte bereits die erhöhte Stammeinlage übernommen

181 Hatte bereits der Erblasser die Erhöhung der Stammeinlage übernommen und ist verstorben, bevor diese in das Handelsregister eingetragen wurde, treten die Erben in genau diese Rechtsposition ein.[317] Der Testamentsvollstrecker kann dieses Kapitalerhöhungsverfahren oder die Gründung einer neuen GmbH zu Ende führen und hierzu den Nachlass verwenden. Die Haftung der Erben bleibt in diesem Fall auf den Nachlass beschränkt.[318]

bb) Kapitalerhöhung wird erst nach dem Erbfall betrieben

182 Wird die Kapitalerhöhung erst nach dem Erbfall betrieben, haftet der Gesellschafter für den Betrag der Kapitalerhöhung unbeschränkt mit seinem gesamten Vermögen. Zugleich haftet er für den Ausfall der übrigen Gesellschafter gem. § 24 GmbHG.

Gehört ein Geschäftsanteil zum Nachlass einer Erbengemeinschaft und wollen die übrigen Gesellschafter eine Kapitalerhöhung beschließen, stellt sich angesichts der drohenden Haftung die Frage, ob der Testamentsvollstrecker gem. § 55 Abs. 1 GmbHG zustimmen darf. Darf er nicht zustimmen, stellt sich weiter die Frage nach den Folgen für die Erben, wenn der Testamentsvollstrecker unberechtigt zustimmt.

183 Soweit die Kapitalerhöhung gem. §§ 57c ff. GmbHG aus Gesellschaftsmitteln erfolgen soll, ist diese Fragestellung unproblematisch,[319] da ein Haftungsrisiko des Gesellschafters gering ist. Insoweit werden die Erben ggf. auch zur Zustimmung zu dieser Maßnahme analog § 2206 Abs. 2 BGB verpflichtet sein.[320]

184 Soll die Kapitalerhöhung jedoch durch Einlage erfolgen, kann der Testamentsvollstrecker im Rahmen der ordnungsgemäßen Nachlassverwaltung gem. § 2216 Abs. 1 BGB zur Erklärung der Übernahme gem. § 55 Abs. 1 GmbHG ermächtigt sein, wenn der Erbe gem. § 2206 Abs. 2 BGB zustimmt und die Einlage aus dem vorhandenen Nachlass vollständig eingezahlt werden kann.[321]

Ist die zu erbringende Einlage nicht aus dem Nachlass gedeckt oder erteilen die Erben keine Zustimmung zur Abgabe der Übernahmeerklärung gem. § 55 Abs. 1 GmbHG ist der Testamentsvollstrecker zur Abgabe dieser Erklärung nicht berechtigt, da ein Verstoß gegen die Grundsätze der ordnungsgemäßen Verwaltung vorliegt.[322]

185 Ungeklärt scheint, ob eine trotz allem erfolgte Erklärung des Testamentsvollstreckers wirksam ist. *Mayer* führt hierzu aus, dass sich die Erklärung als Verfügung gem. § 2206 Abs. 1 S. 2 BGB darstelle und aus diesem Grund wirksam sei. Darüber hinaus greifen im Regelfall auch die erweiterten Verpflichtungsbefugnisse des § 2207 BGB ein.[323]

---

317 Baumbach/Hueck/*Fastrich*, GmbHG, § 1 Rn 47.
318 Baumbach/Hueck/*Fastrich*, GmbHG, § 1 Rn 47.
319 *Priester*, S. 477.
320 *Dörrie*, GmbHR 1996, S. 245, 246.
321 *Mayer*, ZEV 2002, 209, 211.
322 *Mayer*, ZEV 2002, 209, 211.
323 *Mayer*, ZEV 2002, 209, 211.

Dörrie meint hingegen, dass die Abgabe der Übernahmeerklärung zur Kapitalerhöhung unwirksam ist, wenn die Nachlassmittel zur Erbringung der Leistung nicht ausreichen und keine Zustimmung der Erben vorliegt.[324] Er begründet diese Auffassung mit der vergleichbaren Situation der Abgabe der Übernahmeerklärung durch einen vollmachtlosen Vertreter. Auch der Testamentsvollstrecker überschreite mit der Abgabe der Übernahmeerklärung in diesem Fall seine Verpflichtungsmacht.

Nach *Zimmermann* werde bei Abgabe der Übernahmeerklärung durch den Testamentsvollstrecker nach § 55 Abs. 1 GmbHG nur der Nachlass verpflichtet,[325] ohne dies jedoch näher zu begründen. Insoweit ist aus Sicht der Erben die Unwirksamkeit der Erklärung des Testamentsvollstreckers ohne Belang. Sie wird jedoch wieder relevant, sollte ein Mitgesellschafter ausfallen, denn dann könnten die Erben gem. § 24 GmbHG für dessen Ausfall persönlich haften. Ob auch insoweit die Haftung auf den Nachlass beschränkt sein soll erörtert *Zimmermann* nicht.

Priester schließlich stellt dar, dass die Verpflichtungsbefugnis des Testamentsvollstreckers eine strikte Eingrenzung seiner Rechtsmacht darstellt und daher der Testamentsvollstrecker in solchen Fällen, nämlich der möglichen persönlichen Verpflichtung des Erben durch die Haftungstatbestände bei einer Kapitalerhöhung,[326] vollends unzuständig sei.[327] Es liegt insoweit auch keine etwa unzulässige Aufspaltung einheitlicher Mitgliedsbefugnisse, sondern eine Abmarkung der Rechtssphären zwischen Erben und Testamentsvollstrecker vor.

Aufgrund der zwingenden Kapitalaufbringungsvorschriften des GmbH-Rechts ist der Auffassung zuzustimmen, dass eine Übernahmeerklärung zur Kapitalerhöhung durch den Testamentsvollstrecker unwirksam ist, wenn die Erhöhung durch Einlage geleistet werden soll, diese nicht durch Nachlassmittel gedeckt ist und auch keine Zustimmung der Erben vorliegt. Wäre die Übernahmeerklärung wirksam, müssten entweder die Kapitalaufbringungsvorschriften durchbrochen werden, indem mangels persönlicher Verpflichtung der Gesellschafter-Erben die Leistung auf den Nachlass beschränkt ist oder die Gesellschafter-Erben müssten entgegen § 2206 Abs. 1 S. 1 BGB auch mit ihrem persönlichen Vermögen zur Leistung verpflichtet sein. Beide Folgen sind unbefriedigend. Die Unwirksamkeit der Übernahmeerklärung vermeidet diese Folgen und ist angesichts einer möglichen Schadensersatzpflicht des Testamentsvollstreckers analog § 179 BGB auch für die übrigen Gesellschafter hinzunehmen.[328] 186

Die vorstehenden Ausführen treffen in gleichem Maße auch auf die Neugründung einer GmbH durch den Testamentsvollstrecker zu. 187

In jedem Falle unbefriedigend für die Erben ist die Situation der Beteiligung unterhalb einer Sperrminorität. Betreiben die übrigen Gesellschafter in einer solchen Situation die Kapitalerhöhung gegen Einlage und stimmt der Testamentsvollstrecker pflichtgemäß gegen diese Kapitalerhöhung, kann der Erhöhungsbeschluss trotzdem zustande kommen und die Miterben haften persönlich gem. § 24 GmbHG.[329] 188

324 *Dörrie*, ZEV 1996, 370, 373.
325 MüKo/*Zimmermann*, § 2205 Rn 52.
326 Anm. des Verfassers.
327 *Priester*, S. 480.
328 *Dörrie*, ZEV 1996, 370, 373.
329 *Mayer*, ZEV 2002, 209, 211; *Priester*, S. 479.

b) Andere Ausübung des Stimmrechts in Gesellschafterversammlungen (unentgeltliche Verfügung)

189 Die Verwaltungsbefugnis des Testamentsvollstreckers kann auch bei anderen Stimmrechtsausübungen im Rahmen von Gesellschafterversammlungen beschränkt sein.

Gemäß § 2205 S. 3 BGB ist der Testamentsvollstrecker zu unentgeltlichen Verfügungen nur eingeschränkt berechtigt. Eine unentgeltliche Verfügung kann aber bereits in der Veränderung der Mitgliedschaftsrechte der Erben aufgrund von Gesellschafterbeschlüssen bestehen, wenn diesen Veränderungen keine gleichwertigen Gegenleistungen gegenüber stehen. Zulässig dürfte daher wohl eine Veränderung der Mitgliedschaftsrechte sein, wenn alle Gesellschafter gleichmäßig belastet werden.[330] Unzulässig ist aber z.B. die einseitige und nachteilige Änderung des Gewinnverteilungsschlüssels oder Aufnahme einer Kündigungsregelung ohne Abfindung in den Gesellschaftsvertrag.[331]

c) Satzungsänderungen (Kernbereich der Mitgliedschaft)

190 Aufgrund der personenrechtlichen Elemente der Mitgliedschaftsrechte des Gesellschafters entspricht es nicht nur bei den Personengesellschaften, sondern auch bei der GmbH einem gefestigten gesellschaftsrechtlichen Grundsatz, dass Eingriffe in den Kernbereich der Mitgliedschaft nur mit Billigung des betreffenden Gesellschafters vorgenommen werden können. Hierdurch wird auch die Rechtsmacht des Testamentsvollstreckers beschränkt.[332]

191 Was von diesem Kernbereich umfasst wird, stellt oftmals lediglich eine Aufzählung dar. So sollen hierzu Eingriffe in mitgliedschaftliche Sonderrechte oder unentziehbare Mitgliedschaftsrechte, Einführung neuer Leistungspflichten (arg. § 53 Abs. 3 GmbHG), Wettbewerbsverbote, Nachschusspflichten, Wiederanlagepflichten, Informationsrechte (§ 51a GmbHG), Abtretungsbeschränkungen, nachträgliche Zulassung der Einziehung von Geschäftsanteilen, Zustimmung zu Unternehmensverträgen,[333] Modifizierung oder Einführung von Abfindungsregelungen, Einräumung von Erwerbs- und Vorkaufsrechten, Schaffung von Vorzugsrechten, sonstige Satzungsänderungen, für die die normale ¾-Mehrheit nicht genügt, jede Satzungsänderung der Vor-GmbH und die Abweichungen vom Gleichbehandlungsgrundsatz gehören.[334]

Priester allerdings definiert den Umfang mit gutem Grund anhand des Zustimmungserfordernisses eines durch einen Satzungsänderungsbeschluss betroffenen Gesellschafters.[335] Zwar können mangels abweichender Satzungsbestimmung Satzungsänderungen gem. § 53 Abs. 2 S. 1 GmbHG mit ¾ Mehrheit beschlossen werden, jedoch bedarf es in einigen Fällen der Zustimmung des betroffenen Gesellschafters zu ihrer Wirksamkeit. Dies ist insbesondere bei Eingriffen in mitgliedschaftliche Sonderrechte oder unentziehbare Mitgliedschaftsrechte, die Einführung neuer Leistungspflichten[336] oder Abweichungen vom Gleichbehandlungsgrundsatz der Fall. Somit überschreitet ein Gesellschafterbeschluss, der die Zustimmung des betroffenen Gesellschafters erfordert, den Machtbereich des Testamentsvollstreckers.[337] Er kann in Fällen des Beschlusses zusätzlicher Leistungen für die

---

330 *Mayer*, ZEV 2002, 209, 212; BGH Urt. v. 6.10.1980 – II ZR 268/79, NJW 1981, 115, zur gleichgelagerten Frage beim Vorerben gem. § 2113 Abs. 2 BGB.

331 *Mayer*, ZEV 2002, 209, 212.

332 *Priester*, S. 482.

333 BGH, Beschl. v. 24.10.1988 – II ZB 7/88, DNotZ 1989, 102; *Ulmer*, BB 1989, 10, 14.

334 *Mayer*, ZEV 2002, 209, 213.

335 *Priester*, S. 482.

336 Roth/Altmeppen/*Roth*, GmbHG, § 53 Rn 45.

337 *Priester*, S. 483.

Gesellschafter-Erben ausnahmsweise nur dann zustimmen, wenn die Leistungen aus Mitteln des Nachlasses erbracht, die Erben somit nicht betroffen werden.[338]

II. AG

1. Aktien

192 Der Gesellschaftsanteil einer Aktiengesellschaft, die Aktie, ist grundsätzlich vererblich. Dies ergibt sich im Umkehrschluss aus § 69 Abs. 3 S. 2 AktG, der von der Möglichkeit der Inhaberschaft von mehreren Erben an einer Aktie ausgeht.

193 Wie bei allen Kapitalgesellschaften erfolgt auch im Zusammenhang mit der Vererbung von Aktien keine Sondererbfolge. Hier ergibt sich dies bereits aus dem Gesetz. Gemäß § 8 Abs. 5 AktG ist eine Aktie nicht teilbar. Die Sondererbfolge im Recht der Personengesellschaften setzte aber eine Teilung voraus, auch soweit Aktien in einer Menge vorhanden wären, die nicht durch die Anzahl der Erben zu teilen ist.

194 Rechte aus der Aktie kann eine Erbenmehrheit gem. § 69 Abs. 1 AktG nur durch einen gemeinsamen Vertreter ausüben. Soweit ein Testamentsvollstrecker bestellt ist, wird dieser kraft Amtes gemeinsamer Vertreter gem. § 69 Abs. 1 AktG und die Bestellung eines abweichenden Vertreters ist nicht möglich.[339]

195 Wie bei § 18 Abs. 3 GmbH können Willenserklärungen der Aktiengesellschaft gegenüber den Erben an einen der Erben erfolgen und wirken gegen die gesamte Erbengemeinschaft. Allerdings hat auch bei der Zugehörigkeit von Aktien zum Nachlass die Erbengemeinschaft gem. § 69 Abs. 3 S. 2 AktG eine Schonfrist von einem Monat seit Anfall der Erbschaft, bis diese Regelung eingreift.

196 Handelt es sich um Namensaktien gem. § 10 Abs. 1 AktG, sind alle Erben gem. § 67 Abs. 1 AktG in das Aktienregister einzutragen.[340] Bei Inhaberaktien entfällt eine besondere Verfahrensweise.

a) Stellung der Erben gegenüber Dritten

aa) Stellung gegenüber dem Testamentsvollstrecker

197 Die Dauertestamentsvollstreckung an Aktien ist zulässig.[341] Die Rechtslage entspricht der Testamentsvollstreckung an GmbH-Anteilen.[342]

198 Der Testamentsvollstrecker trägt in Bezug auf die Aktien alle Rechte und Pflichten der Erben, wird dadurch jedoch nicht selbst Aktionär, sondern macht diese Rechte vielmehr für die Erben geltend. Im Einzelnen sind es folgende Rechte, die der Testamentsvollstrecker ausübt:

Teilnahme an der Hauptversammlung, Auskunftsrecht, Stimmrecht und das Recht auf Anfechtung der Hauptversammlungsbeschlüsse. In der Hauptversammlung gibt es daneben noch weitere Rechte, die insbesondere aus dem Stimmrecht im Rahmen der Hauptversammlung resultieren.[343]

338 *Priester*, S. 483.
339 Hüffer/*Hüffer*, AktG, § 69 Rn 3; MüKo-AktG/*Bayer*, § 69 Rn 16.
340 MüKo-AktG/*Bayer*, § 69 Rn 4.
341 MüKo/*Zimmermann*, § 2205 Rn 53; *Frank*, ZEV 2002, 389, 390.
342 *Frank*, ZEV 2002, 389, 390.
343 Aufstellung bei *Frank*, ZEV 2002, 389, 390.

Wie bereits bei der Verwaltung von GmbH-Anteilen sind die Rechte des Testamentsvollstreckers durch den Kernbereich der Mitgliedschaftsrechte der Aktionärs-Erben[344] und dadurch beschränkt, dass er die Erben nicht persönlich verpflichten kann. Ist für eine Maßnahme im Rahmen der Aktiengesellschaft eine persönliche Verpflichtung der Erben erforderlich, bedarf der Testamentsvollstrecker der Zustimmung der Erben.[345] Der Testamentsvollstrecker ist aber der Beteiligte im Beschlussverfahren der Hauptversammlung, so dass er z.B. auch bei einem Umwandlungsbeschluss der Hauptversammlung zustimmen kann.[346]

199 Die Erbengemeinschaft kann auch Gründungsgesellschafter einer Aktiengesellschaft sein, allerdings haften die Erben, wie bei der GmbH in diesem Fall persönlich und unbeschränkt.[347]

bb) Stellung gegenüber Gesellschaftsgläubigern

200 Grundsätzlich haften Aktionäre gem. § 1 Abs. 1 S. 2 AktG nicht für Verbindlichkeiten der Gesellschaft.

201 Befindet sich die Aktiengesellschaft zum Zeitpunkt des Erbfalles noch in der Gründungsphase oder wurde eine Kapitalerhöhung beschlossen, ist der Aktionär gegenüber der Gesellschaft gem. § 54 AktG zur Leistung der Einlage verpflichtet. Diese Verbindlichkeit geht gem. §§ 1922, 1967 BGB auf die Erbengemeinschaft über, wenn der Erblasser seine Einlage noch nicht erbracht hatte.

202 Die Leistung der Einlage ist gem. § 54 AktG darüber hinaus eine mitgliedschaftliche Pflicht, so dass die Erben bereits durch Erwerb der Aktie aus der erworbenen Mitgliedschaft zu Leistung verpflichtet sind.[348]

Nach h.M. haften die Erben von Inhaberaktien mit der Möglichkeit der erbrechtlichen Haftungsbeschränkung,[349] da § 69 Abs. 2 AktG, anders als z.B. § 173 HGB, nicht selbst haftungsbegründend wirkt.[350] Für Namensaktien ist umstritten, ob eine unbeschränkte persönliche Haftung eintritt, wenn die Miterben im Aktienbuch eingetragen sind, weil sich mit der Eintragung die Einlageschuld von ihrer erbrechtlichen Grundlage löst.[351]

b) Stellung der Erben gegenüber den übrigen Aktionären

aa) § 69 Abs. 1 AktG

203 Gemäß § 69 Abs. 1 AktG ist die Aktie nicht teilbar. Steht sie mehreren Berechtigten zu, sind die Rechte aus der Aktie durch einen gemeinschaftlichen Vertreter auszuüben. Die Erbengemeinschaft ist Personenmehrheit i.S.d. § 69 Abs. 1 AktG.[352]

---

344 *Priester*, S. 482.
345 *Frank*, ZEV 2002, 389, 394.
346 BGH, Urt. v. 11.4.1957 – II ZR 182/55, NJW 1957, 1026, 1027.
347 BGH, Urt. v. 13.4.1992 – II ZR 277/90, NJW 1992, 2222, 2226.
348 MüKo-AktG/*Bungeroth*, § 54 Rn 12.
349 MüKo-AktG/*Bayer*, § 69 Rn 32.
350 Hüffer/*Hüffer*, AktG, § 69 Rn 7.
351 Hüffer/*Hüffer*, AktG, § 69 Rn 7, § 67 Rn 11.
352 MüKo-AktG/*Bayer*, § 69 Rn 5; Hüffer/*Hüffer*, AktG § 69 Rn 3.

Ist Testamentsvollstreckung über den Nachlass oder hinsichtlich der Aktie angeordnet, ist die Bestellung eines eigenen Vertreters gem. § 69 Abs. 1 AktG nicht möglich, da diese Funktion vom Testamentsvollstrecker wahrgenommen wird.[353] 204

Der Vertreter ist wegen § 134 Abs. 3 S. 2 AktG schriftlich zu bevollmächtigen, da er sonst das Stimmrecht in der Hauptversammlung nicht ausüben kann.[354] 205

bb) Obligatorische Gruppenvertretung

Anknüpfungspunkt für die Frage der Zulässigkeit einer obligatorischen Gruppenvertretung bei der Aktiengesellschaft ist § 69 Abs. 1 AktG. Danach können mehrere Berechtigte an einer Aktie ihre Rechte aus der Aktie nur durch einen gemeinschaftlichen Vertreter ausüben. 206

Schörnig ist der Ansicht, aus der Regelung des § 69 AktG lasse sich erkennen, dass der Gesetzgeber auch im Aktienrecht die Schutzbedürftigkeit der AG erkannt habe, soweit die Rechte aus einer Aktie mehreren Personen zustehen.[355] Folglich könne die Vorschrift des § 69 AktG als ein gesetzlich normierter Fall einer obligatorischen Gruppenvertretung bezeichnet werden.

Voraussetzung für eine generelle Zulässigkeit der obligatorischen Gruppenvertretung bei einer Aktiengesellschaft ist zunächst die Zulässigkeit einer gewillkürten rechtsgeschäftlichen Vertretung im Aktienrecht.[356] Dies kann aufgrund § 134 Abs. 3 S. 1 AktG bejaht werden. Allerdings ist weiterhin erforderlich, dass es mit dem Aktienrecht vereinbar ist, wenn in der Satzung ein Zwang zur gemeinschaftlichen Bevollmächtigung eines Vertreters begründet wird.[357] Das AktG trifft hierzu keine Regelung, so dass die Satzung gem. § 23 Abs. 5 S. 1 AktG hiervon auch nicht durch Regelung einer obligatorischen Gruppenvertretung abweichen darf.[358] Da jedoch § 134 Abs. 3 S. 1 AktG die Bevollmächtigung bei Stimmrechtsausübung abschließend regeln[359] und § 23 Abs. 5 S. 2 AktG Satzungsabweichungen grundsätzlich nur dann zulässt, wenn das AktG keine abschließenden Regelungen enthält, wäre die Vereinbarung einer obligatorischen Gruppenvertretung bei der AG aufgrund § 23 Abs. 5 S. 2 AktG ebenfalls nicht möglich.[360] Im Gegensatz zur GmbH kann daher bei der AG eine obligatorische Gruppenvertretung in der Satzung nicht wirksam vereinbart werden.[361] 207

2. Aktienderivat

Neben dem eigentlichen Gesellschaftsanteil können auch Aktienderivate, z.B. stock options oder Anlagezertifikate, Bestandteil eines Nachlasses sein. 208

Grundsätzlich verbrieft ein Aktienderivat ein Recht bezüglich eines (Aktien-)Basiswertes. Dieses Recht gehört gem. § 1922 BGB im Rahmen der Gesamtrechtsnachfolge unproblematisch zum Nachlass.

Insbesondere im Hinblick auf so genannte *stock options* als Anreizinstrumentarien für Mitarbeiter kann jedoch das Vorliegen eines Rechtes bereits fraglich sein. 209

---

353 MüKo-AktG/*Bayer*, § 69 Rn 10.
354 Hüffer/*Hüffer*, AktG, § 69 Rn 4.
355 *Schörnig*, Die obligatorische Gruppenvertretung, S. 230.
356 So auch *Schörnig*, Die obligatorische Gruppenvertretung, S. 231.
357 *Schörnig*, Die obligatorische Gruppenvertretung, S. 235.
358 *Schörnig*, ZEV 2002, 343, 350.
359 *Gadow/Barz*, AktG, § 134 Rn 35.
360 *Schörnig*, Die obligatorische Gruppenvertretung, S. 239.
361 *Schörnig*, Die obligatorische Gruppenvertretung, S. 240.

Stock options gem. § 192 Abs. 2 Nr. 3 AktG werden im Rahmen von Aktienoptionsplänen durch Unternehmen an ihre Mitarbeiter ausgegeben und ermöglichen diesen, zu festgelegten Konditionen Aktien des Unternehmens zu erwerben. Es handelt sich rechtlich regelmäßig um Wandelanleihen, für die das Bezugsrecht durch die bisherigen Aktionäre ausgeschlossen wird. Gleichzeitig führt die Aktiengesellschaft eine bedingte Kapitalerhöhung durch, um die durch die Wandelanleihen auszugebenden Aktien zur Verfügung zu haben.[362]

In den meisten Fällen sieht der Aktienoptionsplan vor, dass nach einer Wartezeit und soweit die Voraussetzungen des Aktienoptionsplans vorliegen, der Mitarbeiter berechtigt ist, seinen Anspruch auf den Erwerb der Aktien des Arbeitgebers geltend zu machen (Bezugsrecht). Er erwirbt dann diese Aktien und kann sie nach Ablauf einer Haltefrist frei veräußern.

Innerhalb der Wartezeit steht noch nicht fest, ob der Mitarbeiter tatsächlich ein Bezugsrecht hat, denn die im Aktienoptionsplan zur Ausübung des Bezugsrechts geregelten Bedingungen, z.B. Erreichung eines bestimmten Gewinns pro Aktie, müssen nicht eintreten. Der Mitarbeiter hat bis zum Eintritt dieser Bedingungen daher lediglich ein Anwartschaftsrecht.[363]

210 Übt er nach Eintritt der Bedingungen seine Option (Gestaltungsrecht) aus, wird der Zeichnungsvertrag mit der Aktiengesellschaft abgeschlossen und der Mitarbeiter erwirbt gegen Zahlung des im Aktienoptionsplan festgelegten Basispreises die ihm zustehende Anzahl von Aktien. Für den Erbfall ist daher jedenfalls zwischen zwei Zeitpunkten zu differenzieren:

a) Bedingungen zum Erwerb der Aktien sind noch nicht eingetreten

211 Sind die Bedingungen zum Erwerb der Aktien nach dem Aktienoptionsplan noch nicht eingetreten oder die Wartezeit zur Ausübung der Option noch nicht abgelaufen, bestand beim Erblasser lediglich ein Anwartschaftsrecht.

Zwar kann grundsätzlich auch ein Anwartschaftsrecht vererbt werden,[364] jedoch führt nach Auffassung von *Kolmann* die gesetzliche Wertung des § 193 Abs. 2 Nr. 4 AktG dazu, dass die Option vor Eintritt der Bedingung als nicht vererblich anzusehen ist.[365] Hiernach sind für die Schaffung des bedingten Kapitals, das später durch Aktienoptionsplane ausgegeben wird, im Beschluss der Hauptversammlung die Bedingungen für die Ausgabe, Verteilung auf Geschäftsführung und Arbeitnehmer des Unternehmens sowie die Wartezeit für die erstmalige Ausübung anzugeben.

Die Angaben im Beschluss spiegeln die engen Formalien wieder, unter denen überhaupt bedingtes Kapital unter Beseitigung der Bezugsrechte der Altaktionäre vom Gesetzgeber zugelassen wurde. *Kolmann* ist deshalb der Auffassung, dass die Schaffung bedingten Kapitals derart eng mit der Person des Mitarbeiters (und nicht eines Dritten) und den vom ihm geleisteten Diensten verbunden ist, dass er die Anwartschaft als nicht vererblich ansieht, solange die Bedingungen zum Bezug der Option, z.B. Ablauf der Wartefrist, nicht erfüllt sind.[366]

Hierzu ist jedoch nicht einmal auf die aktienrechtlichen Vorschriften abzustellen. Bereits aus dem Anwartschaftsrecht selbst ergibt sich bereits die mangelnde Vererblichkeit. Die nach § 193 Abs. 2 Nr. 4 AktG notwendige Wartezeit ist wegen der Bindung an die Arbeit-

362 *Zeidler*, NZG 1998, 789, 791.
363 *Kolmann*, ZEV 2002, 216, 217.
364 MüKo/*Leipold*, § 1922 Rn 41.
365 *Kolmann*, ZEV 2002, 216, 217.
366 *Kolmann*, ZEV 2002, 216, 217.

nehmereigenschaft des Beziehers vom Anwartschaftsberechtigten zwingend als Arbeitnehmer zu beenden. Durch den Tod des Mitarbeiters treten seine Erben zwar in das Anwartschaftsrecht ein, sie können die höchstpersönlichen Dienste des Erblassers bis zum Ende der Wartezeit aber nicht erbringen, so dass das Anwartschaftsrecht nicht zum Vollrecht erstarken kann und ein Zugriff der Erben auf die Aktien damit ausscheidet.

b) Bedingungen zum Erwerb der Aktien sind eingetreten

Sind bereits in der Person des Erblassers alle Bedingungen zum Erwerb des Vollrechts 212
eingetreten, müssen die Erben nur noch das Gestaltungsrecht ausüben. Dann überwiegt das Vergütungselement im Aktienoptionsplan und die *stock options* fallen in den Nachlass.[367]

Im Hinblick auf die Erbengemeinschaft kann in dieser Situation die Ausübung des Gestaltungsrechts problematisch sein.

Sind sich nicht alle Miterben über die Ausübung des Gestaltungsrechts einig, sind die bereits erörterten Fragen (vgl. oben Rdn 166) zur Entscheidungsfindung innerhalb der Erbengemeinschaft zu klären.

Kolmann führt hierzu aus, dass die Ausübung des Gestaltungsrechts eine Maßnahme der ordnungsgemäßen Verwaltung darstellt und das Gestaltungsrecht daher aufgrund einer Mehrheitsentscheidung der Miterben auszuüben ist. Allerdings hätte die mit der Ausübung verbundene Umgestaltung des Gestaltungsrechts Verfügungscharakter, so dass trotz ausreichender Mehrheitsentscheidung im Innenverhältnis nach außen die Miterben gemeinschaftlich und damit einstimmig auftreten müssten.[368]

Aufgrund der Spezialität des § 2040 BGB geht dieser nach h.M. § 2038 BGB vor[369] und das Auseinanderfallen der Entscheidungsarten im Innenverhältnis und Außenverhältnis kann nicht korrigiert werden.[370] Zur Vermeidung dieser Problematik schlägt *Kolmann* die Anordnung der Testamentsvollstreckung oder der Vergabe einer postmortalen Vollmacht zur Ausübung des Gestaltungsrechts vor.[371]

Wird das Gestaltungsrecht schließlich ausgeübt, kommt der Zeichnungsvertrag mit dem Unternehmen zustande und der vereinbarte Basispreis für die Aktien ist zu entrichten. Die insoweit entstehende Zahlungsverpflichtung ist Nachlassverbindlichkeit mit der Möglichkeit der Haftungsbeschränkung und kann im Rahmen der ordnungsgemäßen Verwaltung aus dem Nachlass entrichtet werden.[372]

III. Genossenschaft

Nach der Änderung des Genossenschaftsgesetzes durch Gesetz vom 9.10.1973 geht bei Tod 213
eines Mitglieds der Genossenschaft die Mitgliedschaft gem. § 77 Abs. 1 GenG auf die Erben über. Sie endet allerdings gem. § 77 Abs. 1 S. 2 GenG mit Schluss des Geschäftsjahres.

Der Untergang der Mitgliedschaft zum Schluss des Geschäftsjahres ist gem. § 77 Abs. 2 214
S. 1 GenG dispositiv. Die Satzung kann vorsehen, dass bei Tod eines Mitgliedes dessen Mitgliedschaft durch die Erben fortgesetzt wird. Vor der Änderung des Genossenschaftsge-

367 *Kolmann*, ZEV 2002, 216, 218.
368 *Kolmann*, ZEV 2002, 216, 219.
369 MüKo/*Gergen*, § 2038 Rn 53.
370 A.A. Soergel/*Wolf*, § 2038 Rn 5.
371 *Kolmann*, ZEV 2002, 216, 219.
372 *Kolmann*, ZEV 2002, 216, 219.

setzes war die Auseinandersetzung der Genossenschaft bei Tod eines Mitgliedes obligatorisch.

215 Mit der Mitgliedschaft nur mittelbar zusammenhängender Organstellungen, wie die Zugehörigkeit zum Vorstand, Aufsichtsrat oder der Vertreterversammlung gehen nicht auf die Erben über.[373]

216 Gemäß § 77 Abs. 2 S. 2 GenG kann die Satzung die Fortsetzung von persönlichen Voraussetzungen der Erben abhängig machen. Unter die persönlichen Voraussetzungen eines Erben fallen alle Eigenschaften des Erben, die nach dem wirtschaftlichen Zweck der jeweiligen Genossenschaft nicht sachfremd oder willkürlich sind.[374] Nicht zu den persönlichen Voraussetzungen gehören jedenfalls das Interesse der Genossenschaft sowie ein Antrag des Erben auf Fortsetzung der Mitgliedschaft, über den der Vorstand der Genossenschaft mit Zustimmung des Aufsichtsrates zu entscheiden hätte.[375]

Hinweis

Diese Satzungsbestimmung enthielt die „Bäko-Mustersatzung Ausgabe 1974" um die Rechtslage vor Änderung des Genossenschaftsgesetzes wiederherzustellen und der Genossenschaft zu ermöglichen, nur ihr genehme Nachfolger aufnehmen zu können.

217 Grundsätzlich kann gem. § 77 Abs. 1 S. 3 GenG auch eine Erbenmehrheit Nachfolger sein. Die Genossenschaftsanteile gehen wie bei Kapitalgesellschaften nicht im Rahmen der für die Personengesellschaften geltenden Sondererbfolge auf jeden Erben zu Eigenvermögen über, sondern fallen der Erbengemeinschaft zu gesamten Hand an.[376]

Jedoch muss die Erbengemeinschaft das Stimmrecht in der Generalversammlung gem. § 77 Abs. 1 S. 3 GenG durch einen gemeinschaftlichen Vertreter ausüben. Dieser Vertreter kann auch ein Dritter sein und muss nicht aus dem Kreis der Miterben stammen.[377] Allerdings kann jeder Miterbe an der Generalversammlung teilnehmen und dort z.B. auch einen evtl. Widerspruch gem. § 51 Abs. 2 GenG zu Protokoll erklären.[378] Wird ein Vertreter durch die Miterben bestellt, gelten für ihn die allgemeinen Vertretungsregelungen, so dass er gem. § 43 Abs. 5 S. 2 GenG einer schriftlichen Vollmacht bedarf.[379]

218 Gemäß § 77 Abs. 2 S. 3 GenG kann die Satzung weiter bestimmen, dass die Mitgliedschaft endet, wenn bei mehreren Erben die Mitgliedschaft innerhalb einer zu bestimmenden Frist nicht auf einen der Miterben allein übertragen wird. Geben die Miterben in diesem Fall die Einigungserklärung nicht innerhalb der Frist gegenüber dem Vorstand der Genossenschaft ab, scheiden alle Erben zum Schluss des Geschäftsjahres aus der Genossenschaft aus.[380]

219 Endet die Mitgliedschaft, so erhalten die Erben gem. §§ 77 Abs. 4, 73 GenG das Geschäftsguthaben ausgezahlt.

220 Durch die Erbfolge kann es für das Sterbejahr, oder wenn die Satzung die Fortsetzung der Mitgliedschaft vorsieht, auch auf Dauer zu einer Doppelmitgliedschaft kommen, wenn der

373 *Beuthien*, GenG, § 77 Rn 2.
374 OLG Frankfurt, Urt. v. 14.3.1977 – 20 W 178/77, Rpfleger 1977, 316.
375 OLG Frankfurt, Urt. v. 14.3.1977 – 20 W 178/77, Rpfleger 1977, 316.
376 Pöhlmann/Fandrich/Bloehs/*Fandrich*, GenG, § 77 Rn 5.
377 *Beuthien*, GenG, § 77 Rn 3.
378 *Beuthien*, GenG, § 77 Rn 3.
379 *Müller*, GenG, § 77 Rn 4.
380 Pöhlmann/Fandrich/Bloehs/*Fandrich*, GenG, § 77 Rn 9.

Erbe bereits vor dem Erbfall Mitglied war. Eine solche Mehrfachmitgliedschaft widerspricht dem Wesen der Genossenschaft und ist unzulässig.[381]

Für die auslaufende Mitgliedschaft im Sterbejahr ist zur angemessenen Beendigung der Mitgliedschaft dieser Widerspruch hinzunehmen.[382] Streitig ist, wie mit den Stimmrechten in dieser Zeit zu verfahren ist.

Müller will die Stimmrechte aus der gem. § 77 Abs. 1 GenG übergegangenen Mitgliedschaft ruhen lassen, so dass es im Hinblick auf die demokratische Struktur der Genossenschaft bei nur einer Stimme pro Person verbleibt.[383]

Fandrich lässt im laufenden (Sterbe-)Geschäftsjahr das erworbene Stimmrecht neben das Stimmrecht des Erben treten, so dass der Erbe zwei Stimmrechte ausüben kann, selbst wenn die Satzung kein Mehrstimmrecht vorsieht.[384]

Bei dem Erwerb der Mitgliedschaft durch eine Erbengemeinschaft stellt sich dieses Problem nicht, da die Mitgliedschaft zur gesamten Hand verwaltet wird und selbst dann keine Doppelmitgliedschaft vorliegt, wenn ein oder mehrere Miterben eine eigene Mitgliedschaft in der Genossenschaft besitzen.[385]

1. Verhältnis zum Testamentsvollstrecker

Testamentsvollstreckung ist auch hinsichtlich des Genossenschaftsanteils grundsätzlich möglich.[386] 221

Wird Testamentsvollstreckung angeordnet, besteht keine Möglichkeit der Miterben einen gemeinsamen Vertreter zur Wahrnehmung ihres Stimmrechts in der Generalversammlung gem. § 77 Abs. 1 S. 3 GenG zu bestimmen. Diese Position ist zwingend vom Testamentsvollstrecker wahrzunehmen.[387] 222

Die Satzung kann die Testamentsvollstreckung ausschließen. Allerdings bezieht sich dieser Ausschluss lediglich auf die Geltendmachung der untrennbar mit der Mitgliedschaft verbundenen Rechtspositionen und nicht auf die aus der Mitgliedschaft fließenden Ansprüche.[388]

Der Ausschluss der Erteilung einer Stimmrechtsvollmacht gem. § 43 Abs. 5 GenG ist als Ausschluss der Testamentsvollstreckung auszulegen.[389]

2. Verhältnis zum Gläubiger

Soweit die Erben lediglich gem. § 77 Abs. 1 GenG bis zum Ende des Geschäftsjahres in die Stellung des Erblassers eintreten, richtet sich eine mögliche Haftung ausschließlich nach erbrechtlichen Vorschriften, auf die hier verwiesen wird.[390] 223

381 *Müller*, GenG, § 77 Rn 10.
382 *Müller*, GenG, § 77 Rn 10.
383 *Müller*, GenG, § 77 Rn 10.
384 Pöhlmann/Fandrich/Bloehs/*Fandrich*, GenG, § 77 Rn 4.
385 *Beuthien*, GenG, § 77 Rn 8.
386 *Müller*, GenG, § 77 Rn 5.
387 *Müller*, GenG, § 77 Rn 4; Pöhlmann/Fandrich/Bloehs/*Fandrich*, GenG, § 77 Rn 5.
388 *Müller*, GenG, § 77 Rn 5.
389 *Müller*, GenG, § 77 Rn 5.
390 *Müller*, GenG, § 77 Rn 6.

224 Führen die Erben den Genossenschaftsanteil des verstorbenen Mitglieds jedoch aufgrund einer entsprechenden Satzungsregelung gem. § 77 Abs. 2 S. 1 GenG fort, entfallen für die Miterben die erbrechtlichen Haftungsbeschränkung, insbesondere gem. §§ 2059 ff. BGB.

Nur wenn die Miterben aufgrund einer genossenschaftsvertraglichen Klausel gem. § 77 Abs. 2 S. 3 GenG einem Miterben die Mitgliedschaft allein überlassen, greifen für die übrigen Miterben wieder die erbrechtlichen Haftungsbeschränkungen ein.[391]

IV. KGaA

225 Die Kommanditgesellschaft auf Aktien ist in §§ 278 ff. AktG geregelt. Sie besitzt gem. § 278 Abs. 1 AktG mindestens einen persönlich haftenden Gesellschafter, der die Gesellschaft gem. § 278 Abs. 2 AktG, §§ 161 Abs. 2, 114 Abs. 1 HGB führt und gem. § 278 Abs. 2 AktG, §§ 161 Abs. 2, 125 HGB vertritt.

Die weiteren Gesellschafter bilden die Kommanditaktionäre für die gem. § 278 Abs. 3 AktG die Vorschriften des Ersten Buches des AktG gelten.

226 Hinsichtlich der Regeln zur Vererbung sind aufgrund der unterschiedlichen gesetzlichen Verweisungen auch unterschiedliche Regelungen anzuwenden. Für die persönlich haftenden Gesellschafter gilt gem. § 278 Abs. 2 AktG das Recht der Komplementäre, welches wiederum gem. § 161 Abs. 2 HGB auf das Recht der OHG verweist. Damit sind für die persönlich haftenden Gesellschafter die Regelungen der Sondererbfolge bei Personengesellschaften anzuwenden, wie sie unter Rdn 68 dargestellt wurden. Da für die Kommanditaktionäre auf das Erste Buch des AktG verwiesen wird, gilt insoweit auch die freie Vererblichkeit wie bei den Aktionären einer Aktiengesellschaft.

V. Limited (nach englischem Recht)

227 Die englische Limited (*private company limited by shares*), wie sie nach den Entscheidungen des EuGH zu „Centros“,[392] „Überseering“[393] und „Inspire Art“[394] immer häufiger auch in Deutschland anzutreffen ist, basiert auf den Regelungen des Companies Act 1985.

Sie weist als Kapitalgesellschaft englischen Rechts deutlich mehr Ähnlichkeiten mit der deutschen Aktiengesellschaft als mit der GmbH auf,[395] an deren Stelle sie in Deutschland aber häufig gegründet wird.

228 Da es sich bei der Limited trotz aller Ähnlichkeiten mit deutschen Gesellschaftsformen um eine englische Gesellschaft handelt, ist nach den Regeln des IPR zu entscheiden, wessen Recht auf die Fragen der Erbfolge anzuwenden ist.

Grundsätzlich muss zwischen den Fragen der Vererbbarkeit, der Anwendung des materiellen Erbrechts und des Nachlassverfahrensrechts unterschieden werden.

---

391 *Müller*, GenG, § 77 Rn 17.

392 EuGH, Urt. v. 9.3.1999 – C-212/97, EuZW 1999, 216.

393 EuGH, Urt. v. 5.11.2002 – C-208/00, NZG 2002, 1164.

394 EuGH, Urt. v. 30.9.2003 – C-167/01, EuZW 2003, 687.

395 *Just*, Rn 14.

1. Vererbbarkeit von Gesellschaftsrechten

Die Vererbbarkeit beschreibt, ob und in welchem Umfang Gesellschafterrechte der Limited vererbt werden können. 229

Nach welchem nationalen Recht diese Entscheidung zu treffen ist, ist umstritten.[396] Das englische IPR knüpft bezüglich dieser Frage an das Gründungsrecht an, so dass englisches Recht anzuwenden wäre.[397] Zumindest hinsichtlich Gesellschaften der EU-Staaten geht eine im Vordringen befindliche Auffassung ebenfalls von der Anwendbarkeit des Gründungsrechts aus.

Nach *Wachter* entscheidet das Gesellschaftsstatut, also das Recht, nach dem die Gesellschaft gegründet wurde, darüber, was in den Nachlass fällt. Aus dem Erbstatut ergibt sich sodann, wem die in den Nachlass fallenden Vermögensgegenstände zustehen.[398] Damit kämen deutsches und englisches IPR jeweils zu dem Ergebnis, dass sich die Vererbbarkeit nach englischem Recht richtet.[399]

2. Anwendbares materielles Erbrecht

Im IPR richtet sich die Erbfolge aus deutscher Sicht nach Art. 25 Abs. 1 EGBGB. 230

In Großbritannien ist das IPR nicht gesetzlich geregelt. Es folgt dem Prinzip der territorialen Nachlassspaltung.[400] Die Erbfolge in den beweglichen Nachlass folgt dem Recht des letzten „Domizils" des Erblassers,[401] wobei zu beachten ist, dass der Domizilbegriff des englischen Rechts sich vom Wohnsitzbegriff des deutschen Rechts unterscheidet.[402] Geschäftsanteile an einer Gesellschaft gelten selbst dann als bewegliches Vermögen, wenn das Vermögen der Gesellschaft ausschließlich aus Immobilien besteht.[403] 231

Für einen in Deutschland ansässigen Gesellschafter einer englischen Limited greift somit deutsches materielles Erbrecht ein.

3. Nachlassverfahrensrecht

Aus englischer Sicht richtet sich die Nachlassabwicklung nach dem Belegenheitsprinzip. Für dort belegene Nachlassgegenstände wird englisches Nachlassverfahren angewendet.[404] Letzteres richtet sich für Geschäftsanteile an einer Limited nach dem Ort, an dem wirksam über den Anteil verfügt werden kann. Ob bei Eintragung der Limited in das deutsche Handelsregister auch in Deutschland wirksam über den Anteil verfügt werden kann, ist nicht sicher. *Von Oertzen* führt hierzu aus, dass soweit ersichtlich weder in der englischen Literatur Entsprechendes zu finden sei, noch Entscheidungen hierzu vorliegen. Man dürfe aber davon ausgehen, dass das Companies House keine andere als die englische Nachlassabwicklung akzeptieren werde, solange die Limited in England registriert ist.[405] 232

396 *V. Oertzen*, ZEV 2006, 106, 107.
397 *V. Oertzen*, ZEV 2006, 106, 107.
398 *Wachter*, GmbHR 2005, 407, 409.
399 *V. Oertzen*, ZEV 2006, 106, 107.
400 *V. Oertzen*, ZEV 2006, 106, 107.
401 *Odersky*, in: Süß, Erbrecht in Europa, Großbritannien: England und Wales, Rn 19.
402 *V. Oertzen*, ZEV 2006, 106, 107.
403 *Wachter*, GmbHR 2005, 407, 408.
404 *V. Oertzen*, ZEV 2006, 106, 107.
405 *V. Oertzen*, ZEV 2006, 106, 107.

233 Aus deutscher Sicht ist gem. Art. 25 EGBGB sowohl das deutsche materielle Erbrecht, als auch das Nachlassverfahrensrecht anzuwenden.[406] Damit würden im Nachlassverfahren die beiden Rechtsordnungen konkurrieren. Jedoch ergibt sich aus Art. 3 Abs. 3 EGBGB oder dem Prinzip des numerus clausus der dinglichen Rechte, dass der Katalog der Sachenrechte nicht durch die Anordnung eines Gesamtstatuts erweitert werden kann.[407] Ist aber nach deutschem Recht eine solche Erweiterung nicht möglich, muss dies auch für das englische Recht gelten, so dass letztlich auf die Frage des Nachlassverfahrens englisches Recht anzuwenden ist.[408] Dies ist auch unbestritten.[409]

234 Bei Tod eines in Deutschland ansässigen Gesellschafters einer Limited geht der Geschäftsanteil nach vorstehender Ermittlung aufgrund englischen Rechts auf die Erben über (*transmission on death*), deren Person und Anteil am Nachlass nach deutschem Recht bestimmt werden.

Allerdings sieht das englische Recht vor, dass dem Nachfolger zunächst nur das Gewinnbezugsrecht zusteht, nicht jedoch das Stimmrecht, da er mit dem Übergang noch nicht als Gesellschafter registriert ist.[410] Der Nachlass wird vielmehr zunächst über einen *personal representative* abgewickelt.[411] Dieser kann entweder als *administrator* vom Gericht bestellt werden oder muss lediglich vom Gericht als *executor* bestätigt werden, wenn er bereits im Testament benannt war.[412] Erst wenn der Erbe als *personal representative* anerkannt wurde, kann er den englischen Nachlass, also die Geschäftsanteile an der Limited, in Besitz nehmen.

235 Voraussetzung ist jedenfalls der Nachweis seiner Erbenstellung.[413] Der Nachweis dürfte bei Anwendung des deutschen materiellen Erbrechts durch den Erbschein zu führen sein.[414] Gesetzlich geregelt ist die Anerkennung des deutschen Erbscheins allerdings nur in der Schweiz,[415] so dass im Hinblick auf die Anwendbarkeit des englischen Abwicklungsrechts bei der Limited bezüglich der Nachweisbarkeit der Erbenstellung keine Rechtssicherheit besteht.

Zu empfehlen ist daher dem deutschen Gesellschafter einer Limited die Errichtung einer Vollmacht, die über den Tod hinaus gilt, um seinen Erben selbst eine Legitimation zu verschaffen.[416]

236 Ist der Nachweis erbracht, kann der Erbe auf Antrag in die Stellung des Erblassers einrücken[417] oder, ohne selbst Gesellschafter zu werden, den Anteil verkaufen.[418]

237 Für die Erbengemeinschaft ergeben sich insgesamt keine Besonderheiten gegenüber dem Einzelerben. Grundsätzlich kann ein Geschäftsanteil auch von mehreren Personen gemeinschaftlich gehalten werden, so dass auch eine Erbenmehrheit nach den o.g. Regeln in den Geschäftsanteil nachfolgen kann.

406 *V. Oertzen*, ZEV 2006, 106, 108.
407 BGH, Urt. v. 28.9.1994 – IV ZR 95/93, NJW 1995, 58, 59; *v. Oertzen*, ZEV 2006, 106, 107.
408 *V. Oertzen*, ZEV 2006, 106, 108.
409 *V. Oertzen*, ZEV 2006, 106, 107; *Süß*, GmbHR 2005, 673, 674.
410 *Just*, Rn 247.
411 *Odersky*, in: Süß, Erbrecht in Europa, Großbritannien: England und Wales, Rn 12.
412 *Odersky*, in: Süß, Erbrecht in Europa, Großbritannien: England und Wales, Rn 12.
413 *Heinz*, 9.4(e) Rn 99.
414 *Odersky*, in: Süß, Erbrecht in Europa, Großbritannien; England und Wales, Rn 108.
415 *Wachter*, GmbHR, 2005, 407, 414.
416 *Wachter*, GmbHR, 2005, 407, 414.
417 *Heinz*, 9.4(e) Rn 101.
418 *Just*, Rn 247.

VI. Exkurs: Nachfolgeklauseln bei Kapitalgesellschaften

Vor Darstellung einzelner Nachfolgeklauseln in Gesellschaftsverträgen von Kapitalgesellschaften ist zunächst zu klären, warum für diese Gesellschaften überhaupt solche Regelungen erforderlich sind. 238

Da die Gesellschaftsanteile grundsätzlich vererblich sind, bedarf es eigentlich keiner Regelung über die Nachfolge im Gesellschaftsvertrag. Sollen allerdings nicht alle Erben des verstorbenen Gesellschafters Nachfolger werden oder den verbleibenden Gesellschaftern ein Mitspracherecht hinsichtlich der zukünftigen Zusammensetzung der Gesellschaft eingeräumt werden, sind Regelungen im Gesellschaftsvertrag erforderlich, denn u.a. § 15 Abs. 1 GmbHG, verhindert zunächst, dass einzelne Erben oder gar Nichterben Nachfolger werden.

Eine solche gesellschaftsvertragliche Regelung kann nicht die Vererblichkeit als solche verändern und auch nicht die automatische Einziehung des Geschäftsanteils ermöglichen.

Die qualifizierte Nachfolge muss vielmehr durch die nachfolgenden Klauseln unterstützt werden, um zum gewünschten Ziel der Zuordnung des Geschäftsanteils auf einzelne Erben zu gelangen.

1. Einziehung

Eine Möglichkeit zum Eingriff in die Nachfolge an einem Gesellschaftsanteil stellt die Regelung der Einziehung dar. 239

In diesem Fall regelt der Gesellschaftsvertrag, dass beim Tod eines Gesellschafters dessen Gesellschaftsanteil eingezogen werden kann. Wie bereits dargestellt (siehe oben Rdn 156), ist die „automatische“ Einziehung unzulässig,[419] denn bei einer solchen Klausel wäre nicht sichergestellt, dass das Kapital des Gesellschaftsanteils vollständig eingezahlt ist und die für die Einziehung zu zahlende Abfindung aus ungebundenem Gesellschaftsvermögen gezahlt werden kann.[420] Beide Sachverhalte sind aber zwingende Voraussetzung zur Einziehung eines Gesellschaftsanteils.

Bei einer zulässigen Einziehungsklausel muss daher die Einziehung in die Disposition der verbleibenden Gesellschafter gestellt sein, die durch Beschluss gem. § 46 Nr. 4 GmbHG entscheiden. Zusätzlich bedarf es einer Regelung zur Befristung der Einziehung. Der BGH führt hierzu aus, dass eine Regelung in einem Gesellschaftsvertrag, die einer Gesellschaftergruppe das Recht einräumt, einen Mitgesellschafter ohne Vorliegen eines sachlichen Grundes aus der Gesellschaft auszuschließen, grundsätzlich über den Rahmen des rechtlich und sittlich Erlaubten hinausgeht.[421] Erfolgt jedoch die Einziehung in kurzer Frist nach dem Eintritt des Erben in die Gesellschaft, liegt ein festes Tatbestandsmerkmal vor, das die Sittenwidrigkeit beseitigt.[422] 240

Außerdem bedarf die Klausel einer Regelung zum Stimmrecht der Erben bei der Beschlussfassung über die Einziehung, zur Abfindung bei Einziehung und zum Wirksamkeitszeitpunkt der Einziehung.[423] 241

419 Baumbach/Hueck/*Fastrich*, § 15 Rn 12; *Ivo*, ZEV 2006, 525.
420 *Langner/Heydel*, GmbHR 2005, 377, 379.
421 BGH, Urt. v. 19.9.1988 – II ZR 329/87, DNotZ, 1989, 512.
422 BGH, Urt. v. 19.9.1988 – II ZR 329/87, DNotZ, 1989, 512, 513.
423 *Ivo*, ZEV 2006, 252, 254.

Die Klausel könnte damit wie folgt lauten:

Formulierungsbeispiel

Geht ein Geschäftsanteil von Todes wegen auf einen oder mehrere Erwerber über, kann dieser Geschäftsanteil auch gegen den Willen der Erwerber eingezogen werden. Über die Einziehung entscheidet die Gesellschafterversammlung mit einfacher Mehrheit. Den Erwerbern des Geschäftsanteils steht bei dieser Beschlussfassung kein Stimmrecht zu. Die Gesellschafterversammlung hat über die Einziehung innerhalb von 3 Monaten seit Kenntnis vom Erbfall zu entscheiden. Den Erwerbern steht im Falle der Einziehung eine Abfindung gem. § (...) des Gesellschaftsvertrages zu, ein Gewinnbezugsrecht bis zur Entscheidung über die Einziehung haben sie nicht. Bis zur Entscheidung über die Einziehung ruht auch ihr Stimmrecht.

2. Abtretung

242 Eine weitere Möglichkeit zur Steuerung der Nachfolge in der Kapitalgesellschaft besteht durch Einführung einer Abtretungsklausel.

Mit der Abtretungsklausel werden die Erben verpflichtet, ihren Gesellschaftsanteil an einen Mitgesellschafter, Dritten oder die Gesellschaft selbst abzutreten. Die Abtretung muss gem. § 15 Abs. 3 GmbHG notariell beurkundet werden und bedarf als Vertrag der Mitwirkung des scheidenden Erwerbers.

Eine Abtretungsklausel könnte folgenden Inhalt haben:

Formulierungsbeispiel

Geht ein Geschäftsanteil von Todes wegen auf einen oder mehrere Erwerber über, kann die Gesellschaft von den Erwerbern verlangen, den Geschäftsanteil an einen oder mehrere Mitgesellschafter, Dritte, oder die Gesellschaft selbst zu übertragen. Über das Abtretungsverlangen entscheidet die Gesellschafterversammlung mit 3/4 Mehrheit. Den Erwerbern des Gesellschaftsanteils steht bei dieser Beschlussfassung kein Stimmrecht zu. Die Gesellschafterversammlung hat über das Abtretungsverlangen innerhalb von 6 Monaten seit Kenntnis vom Erbfall zu entscheiden. Wird die Abtretung verlangt, erfolgt sie gegen Entgelt gem. § (...) des Gesellschaftsvertrages. Gewinnbezugsrecht und Stimmrecht der Erwerber ruhen bis zur Abtretung.

3. Kombination aus Einziehungs- und Abtretungsklausel

243 Beide Klauseln haben Vor- und Nachteile.

Bei der Einziehungsklausel wird der Gesellschafterbestand reduziert und die verbleibenden Gesellschafter erwerben, möglicherweise unerwünscht, mehr Rechte und Pflichten. Die Abtretungsklausel hält den Gesellschafterbestand gleich, ist aber möglicherweise nicht ohne Schwierigkeiten umsetzbar, da der Erwerber an der Abtretung mitwirken muss. Gleichzeitig verhindert sie einen Vermögensabfluss bei der Gesellschaft, wenn die Abtretung nicht an sie, sondern an Mitgesellschafter oder Dritte erfolgt. Letztlich ist die Abtretungsklausel deutlich flexibler als die Einziehungsklausel.[424]

Eine Kombination beider Klauseln kann die jeweiligen Nachteile überwinden. Insbesondere kann die Einziehung mit ggf. niedrigerer Abfindung als Druckmittel gegenüber dem Erwerber eingesetzt werden, um ihn zur Mitwirkung bei der Abtretung zu bewegen.

---

424 *Ivo*, ZEV 2006, 252, 255.

Eine kombinierte Klausel könnte folgenden Inhalt haben:

Formulierungsbeispiel

Geht ein Geschäftsanteil von Todes wegen auf einen oder mehrere Erwerber über, kann die Gesellschaft von den Erwerbern verlangen, den Geschäftsanteil an einen oder mehrere Mitgesellschafter, Dritte, oder die Gesellschaft selbst zu übertragen. Über das Abtretungsverlangen entscheidet die Gesellschafterversammlung mit 3/4 Mehrheit. Den Erwerbern des Gesellschaftsanteils steht bei dieser Beschlussfassung kein Stimmrecht zu. Die Gesellschafterversammlung hat über das Abtretungsverlangen innerhalb von 6 Monaten seit Kenntnis vom Erbfall zu entscheiden. Wird die Abtretung verlangt, erfolgt sie gegen Entgelt gem. § (...) des Gesellschaftsvertrages. Gewinnbezugsrecht und Stimmrecht der Erwerber ruhen bis zur Abtretung.

Erfolgt die Abtretung nicht innerhalb von 2 Monaten nach der Beschlussfassung, kann die Gesellschaft den Geschäftsanteil der Erwerber einziehen. Die Einziehung erfolgt durch Beschluss. Der Erwerber erhält bei Einziehung des Geschäftsanteils keine Abfindung.

VII. Verein

Gemäß § 38 S. 1 BGB ist die Mitgliedschaft im Verein nicht vererblich. Gemäß § 40 BGB kann die Vereinssatzung hiervon abweichend eine Vererblichkeit regeln. Wird die Mitgliedschaft vererblich gestellt, stellt sich die Frage, ob die Erbengemeinschaft Mitglied sein kann. 244

Nach übereinstimmender Auffassung der Landgerichte Köln und Bonn[425] aus dem Jahr 1988 kann einem BGB-Gesellschaft und damit auch eine Erbengemeinschaft nicht Mitglied eines BGB-Vereins sein. Die Auffassung steht im Widerspruch zu Teilen des Schrifttums, welches im Hinblick auf Art. 9 GG eine Mitgliedschaft für notwendig erachtet, da eine große Zahl von Unternehmen in Form der BGB-Gesellschaft betrieben werden und in ihrer Eigenschaft als Arbeitgeber nicht den Arbeitgeberverbänden, die überwiegend BGB-Vereine sind, beitreten könnten. 245

Diese gerichtlichen Entscheidungen basierten auf der Annahme der fehlenden Fähigkeit der BGB-Gesellschaft, Rechte und Pflichten zu tragen.[426] Diese Auffassung ist nach der Entscheidung des BGH v. 29.1.2001[427] überholt.

Es ist somit davon auszugehen dass nach der Entscheidung des BGH aus 2001 zumindest die BGB-Gesellschaft Mitglied eines BGB-Vereins werden kann.[428] Dies gilt dann entsprechend der Verfahrensweise bei den Kapitalgesellschaften auch für die Erbengemeinschaft. 246

D. Erbengemeinschaft und Handelsgesellschaft

I. Rechtsfähigkeit der Erbengemeinschaft

Die Erbengemeinschaft hat keine eigene Rechtsfähigkeit. In ständiger Rechtsprechung führt der BGH aus, dass ihr eine solche nicht zukommt.[429] Hieran ändert nach Auffassung des 247

425 LG Bonn, Beschl. v. 12.1.1988 – 5 T 224/87, NJW 1988, 1596.
426 LG Bonn, Beschl. v. 12.1.1988 – 5 T 224/87, NJW 1988, 1596, 1597.
427 BGH, Urt. v. 29.1.2001 – II ZR 331/00, NJW 2001, 1056.
428 Palandt/*Heinrichs/Ellenberger*, § 38 Rn 4.
429 BGH, Urt. v. 11.9.2002 – XII ZR 187/00, DStR 2002, 1958.

BGH auch die Entscheidung des II. Senates vom 29.1.2001 zur BGB-Gesellschaft[430] nichts, obwohl in der Literatur auch gegenteilige Stimmen existieren (siehe oben Rdn 7).[431]

Das Bedürfnis an der Rechtsfähigkeit der Gesamthand existiert für die Erbengemeinschaft nicht. Die Entscheidung zur BGB-Gesellschaft lässt sich nach Auffassung des BGH nicht auf die Erbengemeinschaft übertragen, da die Entscheidung allein den besonderen Bedürfnissen des Rechtsverkehrs im Bereich des Gesellschaftsrechts Rechnung getragen hat.[432]

II. Erbengemeinschaft als Unternehmensträger

248 Die Erbengemeinschaft kann aber Träger eines im Nachlass befindlichen Handelsgeschäfts sein und dieses Unternehmen auch dauerhaft fortführen.[433] Dies ist notwendige Folgerung aus §§ 1922, 2032 BGB, denn es gibt kein Unternehmen ohne Unternehmensträger.[434] Die Miterben bilden durch Fortführung des Handelsgeschäftes aber nicht notwendig selbst eine Handelsgesellschaft, vielmehr wird das Einzelunternehmen als solches fortgeführt.[435]

249 Im Handelsregister sind die Miterben als Inhaber des Handelsgeschäfts „in Erbengemeinschaft" einzutragen, um klarzustellen, dass das Unternehmen nicht in der Rechtsform einer Personenhandelsgesellschaft betrieben wird. Die Anmeldung erfolgt durch sämtliche Miterben.[436] Die Miterben dürfen gem. § 22 Abs. 1 HGB das Handelsgeschäft unter der bisherigen Firma mit oder ohne Nachfolgezusatz fortführen. Eine ausdrückliche Einwilligung des bisherigen Geschäftsinhabers ist für Erben nicht erforderlich.[437] Dies beschreibt das Außenverhältnis.

250 Im Innenverhältnis, also auf die Rechtsbeziehungen der Miterben zueinander hinsichtlich eines zum Nachlass gehörenden Handelsgeschäfts, kann das Recht der OHG anzuwenden sein, wenn die Miterben das Unternehmen zum Lebensunterhalt dauernd fortführen.[438]

251 Wesentlicher Streit um die rechtliche Einordnung der unternehmenstragenden Erbengemeinschaft machte sich am Minderjährigenschutz fest. Hier löste die Entscheidung des BGH v. 8.10.1984[439] die Tätigkeit des Gesetzgebers aus, der den Streit schließlich durch Einführung des § 1629a BGB am 1.1.1999 durch das Minderjährigenhaftungsbeschränkungsgesetz auf der Rechtsfolgenseite entschärfte. Es stellten sich insbesondere Fragen nach der Notwendigkeit vormundschaftsgerichtlicher Genehmigungen (seit 1.9.2009: familiengerichtlicher Genehmigungen) gem. §§ 1645, 1823 BGB sowie der Verpflichtung des Minderjährigen aus dem Betrieb des fortgeführten Handelsgeschäfts.

430 BGH, Urt. v. 29.1.2001 – II ZR 331/00, NJW 2001, 1056.
431 U.a. *Weipert*, ZEV 2002, 300.
432 BGH, Urt. v. 11.9.2002 – XII ZR 187/00, DStR 2002, 1958, 1959.
433 BGH, Urt. v. 8.10.1984 – II ZR 223/83, NJW 1985, 136 st. Rspr.
434 So *K. Schmidt*, NJW 1985, 2785, 2786, jedenfalls für die vorläufige Fortführung in der Frist des § 27 Abs. 2 HGB.
435 BGH, Urt. v. 8.10.1984 – II ZR 223/83, NJW 1985, 136, 137.
436 *Krug*, ZEV 2001, 51, 52; *v. Hoyenberg*, RNotZ 2007, 377, 380; Baumbach/Hopt/*Hopt*, HGB, § 31 Rn 6.
437 Baumbach/Hopt/*Hopt*, HGB, § 22 Rn 8.
438 BGH, Urt. v. 21.5.1955 – IV ZR 7/55, NJW 1955, 1227.
439 BGH, Urt. v. 8.10.1984 – II ZR 223/83, NJW 1985, 136.

1. Entscheidung des BGH vom 8.10.1984 und Entwicklung

In seiner Entscheidung vom 8.10.1984 führte der BGH zunächst aus, dass ein Handelsgeschäft in ungeteilter Erbengemeinschaft fortgeführt werden könne, ohne dass hierin notwendig ein gesellschaftlicher Zusammenschluss zu sehen sei.[440] 252

Eltern können im Rahmen der Erbengemeinschaft ihre Kinder vertreten und es bedürfe keiner familiengerichtlicher Genehmigung gem. §§ 1643, 1822 Nr. 3 BGB zur Fortführung des ererbten Handelsgeschäftes über den Zeitpunkt des § 27 Abs. 2 HGB hinaus.

Im zu entscheidenden Sachverhalt hatte die Mutter im Rahmen der Fortführung des vom Vater ererbten Landmaschinenhandels ihre minderjährigen Kinder durch die Vertretung bei Abgabe von Schuldanerkenntnissen mit erheblichen Verbindlichkeiten belastet, um das marode Geschäft zu retten. Die Entscheidung des BGH führte zur Verurteilung der Kinder. Diese erhoben gegen die Entscheidung des BGH Verfassungsbeschwerde und obsiegten. Das BVerfG stellt weder die Ausführungen des BGH zur Fortführung des ererbten Handelsgeschäftes in ungeteilter Erbengemeinschaft in Frage, noch verlangt es nach einer anderen Auslegung der §§ 1643, 1822 Nr. 3 BGB.[441] Vielmehr stellt das BVerfG klar, dass § 1629 Abs. 1 BGB i.V.m. § 1643 Abs. 1 BGB insoweit mit Art. 2 Abs. 1 GG i.V.m. Art. 1 Abs. 1 GG nicht vereinbar sei, als danach Eltern im Zusammenhang mit der Fortführung eines zu einem Nachlass gehörenden Handelsgeschäfts ohne familiengerichtliche Genehmigung Verbindlichkeiten zu Lasten ihrer minderjährigen Kinder eingehen können, die über deren Haftung mit dem ererbten Vermögen hinausgehen.[442] Der Gesetzgeber wurde aufgerufen, die bestehende Lücke zu schließen.

Dies erfolgte durch Einführung des § 1629a BGB zum 1.1.1999 durch das Minderjährigenhaftungsbeschränkungsgesetz vom 25.8.1998.

2. Haftung bei Fortführung des Handelsunternehmens

Bei Fortführung des Handelsgeschäfts unter der Firma des Erblassers haften die Erben nach h.M. gem. §§ 27 Abs. 1, 25 HGB ohne die Möglichkeit zur Beschränkung nach erbrechtlichen Vorschriften. Wird das Handelsgeschäft nicht oder nicht unter der Firma des Erblassers fortgeführt, haften die Erben nur nach den erbrechtlichen Vorschriften gem. § 1967 BGB.[443] 253

Sind die Minderjährigen mit ihren gesetzlichen Vertretern zusammen Mitglieder der Erbengemeinschaft, werden sie von diesen vertreten. Die gesetzlichen Vertreter benötigen wie oben beschrieben (vgl. Rdn 251) auch nach der Entscheidung des BVerfG keine familiengerichtliche Genehmigung. Die Minderjährigen werden durch die gesetzlichen Vertreter in der Erbengemeinschaft aus den unter der Firma des fortgeführten Handelsgeschäfts abgeschlossenen Verträgen mitverpflichtet.[444] 254

Um nach Fortführung des Handelsgeschäfts unter der Firma des Erblassers ihre Haftung zu beschränken, können die Erben von der Regelung des § 27 Abs. 2 HGB Gebrauch machen, der sinngemäß auch auf die Erbengemeinschaft angewendet werden kann.[445] 255

---

440 BGH, Urt. v. 8.10.1984 – II ZR 223/83, NJW 1985, 136, 137.

441 BVerfG, Beschl. v. 13.5.1986 – 1 BvR 1542/84, NJW 1986, 1859, 1860.

442 BVerfG, Beschl. v. 13.5.1986 – 1 BvR 1542/84, NJW 1986, 1859.

443 Baumbach/Hopt/*Hopt*, HGB, § 27 Rn 1; a.A. *K. Schmidt*, NJW 1985, 2785, 2790, der § 27 Abs. 1 HGB als Rechtsfolgenverweisung ansieht, so dass es nur auf die Fortführung des Handelsgeschäfts ankommt.

444 BGH, Urt. v. 8.10.1984 – II ZR 223/83, NJW 1985, 136, 137.

445 BGH, Urt. v. 8.10.1984 – II ZR 223/83, NJW 1985, 136, 137.

256 Erforderlich ist, dass sie innerhalb von drei Monaten nach Kenntnis vom Anfall der Erbschaft das Handelsgeschäft einstellen. Erfolgt die Einstellung rechtzeitig, erstreckt sich die Haftung der Erben auf die Altschulden des Erblassers aus dem Handelsgeschäft auf die erbrechtlichen Vorschriften gem. § 1967 BGB.[446]

Erfolgt die Einstellung des Handelsgeschäfts nicht oder nicht rechtzeitig, haften die Erben gem. §§ 27 Abs. 1, 25 HGB persönlich und ohne Möglichkeit der erbrechtlichen Beschränkung.[447] Voraussetzung ist allerdings, dass die Miterben das Geschäft entweder gemeinsam fortführten, oder der einzeln fortführende Miterbe von den übrigen ausdrücklich oder auch nur stillschweigend bevollmächtigt wurde.[448]

257 Auch die Einstellung des Handelsgeschäfts ist allerdings gem. § 2038 BGB wenigstens als ordentliche Verwaltung mehrheitlich zu beschließen, so dass der einzelne Miterbe die Haftungsreduzierung mit Hilfe des § 27 Abs. 2 S. 1 HGB nicht allein auslösen kann.[449] Dies bedeutet, dass weder ein Erbe allein das Handelsgeschäft nach dem Erbfall fortführen, noch dessen Einstellung herbeiführen kann, sollte das Handelsgeschäft zuvor von den Erben gemeinsam fortgeführt worden sein. Die Weigerung nur eines Miterben, direkt nach dem Erbfall das Handelsgeschäft fortzuführen, dürfte daher aber ausreichen, um in den Genuss des § 27 Abs. 2 S. 1 HGB zu gelangen.[450] Im Übrigen ist dem nicht fortführungswilligen Erben anzuraten, bzgl. des Handelsgeschäftes die Teilauseinandersetzung der Erbengemeinschaft zu betreiben, die in der Frist des § 27 Abs. 2 HGB vollzogen sein sollte.[451]

258 Die Einstellung der Fortführung des Handelsgeschäfts bedeutet die vollständige Aufgabe der werbenden Tätigkeit.[452] Streitig ist, was unter Einstellung zu verstehen ist:

Nach h.M. stellt jedenfalls die Liquidation des Handelsgewerbes eine Einstellung der Fortführung des Geschäfts gem. § 27 Abs. 2 S. 1 HGB dar, wobei wohl die Einstellung der werbenden Tätigkeit zum Beginn der Liquidation im 3-Monats-Zeitraum ausreicht und die Liquidation nicht vollständig abgeschlossen sein muss,[453] wogegen allein die spätere Änderung der Firma wohl nicht ausreicht.[454] Umstritten bleibt, ob die Veräußerung des Handelsgeschäfts,[455] Umwandlung oder Übertragung auf einen anderen Rechtsträger oder Verpachtung[456] zur Einstellung der Fortführung des Geschäfts gem. § 27 Abs. 2 S. 1 HGB ausreichen.[457]

259 Für die Neuschulden aus dem weiter geführten Geschäft haften die Miterben, auch die minderjährigen, als Gesamtschuldner gem. § 427 BGB, persönlich und nicht auf den Nach-

446 *K. Schmidt*, NJW 1985, 2785, 2790.
447 Ebenroth/Boujong/Joost/Strohn/*Zimmer*, HGB, § 27 Rn 17.
448 BGH, Urt. v. 24.9.1959 – II ZR 46/59, NJW 1959, 2114, 2115.
449 Staub/*Hüffer* HGB (4.Aufl.1987), § 27 Rn 39; Staub/*Burgard*, HGB, § 27 Rn 97.
450 BGH, Urt. v. 24.9.1959 – II ZR 46/59, NJW 1959, 2114, 2115.
451 MüKo-HGB/*Thiessen*, § 27 Rn 65.
452 RG, Urt. v. 2.12.1903 – I 293/03, RGZ 56, 196, 199; Staub/*Hüffer* (4.Aufl.1987), HGB, § 27 Rn 26.
453 MüKo-HGB/*Thiessen*, § 27 Rn 53.
454 Staub/*Hüffer* (4.Aufl.1987), HGB, § 27 Rn 26; Baumbach/Hopt/*Hopt*, HGB, § 27 Rn 5b.
455 Dagegen Staub/*Hüffer* (4.Aufl.1987), HGB, § 27 Rn 29; Baumbach/Hopt/*Hopt*, HGB, § 27 Rn 5b; dafür Ebenroth/Boujong/Joost/Strohn/*Zimmer*, HGB, § 27 Rn 30; *K. Schmidt*, NJW 1985, 2785, 2790; MüKo-HGB/*Thiessen*, § 27 Rn 50.
456 Dagegen Ebenroth/Boujong/Joost/Strohn/*Zimmer*, HGB, § 27 Rn 31 m.w.N.; dafür MüKo-HGB/*Thiessen*, § 27 Rn 51.
457 Insgesamt dafür *K. Schmidt*, NJW 1985, 2785, 2790.

lass beschränkt,[458] da es sich nach herrschender Meinung um Nachlasserbenschulden handelt.[459]

Das Minderjährigenhaftungsbeschränkungsgesetz verändert die Entstehung der Haftung des minderjährigen Miterben nicht, denn der Gesetzgeber wählte zur Lösung der durch das BVerfG gestellten Aufgabe nicht die „Genehmigungslösung", sondern die „Haftungsbeschränkungslösung".[460] Seit Einführung des § 1629a BGB ist die Haftung des zunächst minderjährigen Miterben gem. § 1629a Abs. 1 BGB daher auf die Höhe seines Vermögens bei Eintritt der Volljährigkeit beschränkt. Allerdings wird gem. § 1629a Abs. 4 BGB vermutet, dass Verbindlichkeiten, die aus einer Erbengemeinschaft herrühren, erst nach dem Eintritt der Volljährigkeit entstanden sind, wenn der volljährig gewordene nicht innerhalb von 3 Monaten nach der Volljährigkeit die Auseinandersetzung des Nachlasses verlangt. Da es sich um eine gesetzliche Vermutung handelt, kann der nunmehr volljährige Miterbe den Nachweis des Entstehens der Verbindlichkeit führen, und so ebenfalls in den Genuss der Haftungsbeschränkung gelangen.[461] 260

Ob eine Umwandlung der Erbengemeinschaft in eine Handelsgesellschaft möglich ist, wird unten näher erörtert (siehe unten Rdn 267).

III. Erbengemeinschaft und stille Gesellschaft

Die stille Gesellschaft ist eine Innengesellschaft.[462] Ihr Wesen besteht darin, dass sie am Geschäftsverkehr nicht teilnimmt, sondern gem. § 230 Abs. 2 HGB der Inhaber des Handelsgeschäfts, an dessen Vermögen sich der stille Gesellschafter beteiligt hat. 261

Aus der Überschrift zum zweiten Buch des HGB ergibt sich, dass der Gesetzgeber die stille Gesellschaft offensichtlich nicht als Handelsgesellschaft angesehen hat.[463] Da der Gesetzgeber in §§ 234, 235 HGB aber ausdrücklich auf die Anwendbarkeit der Regelungen der §§ 705 ff. BGB verweist, ist sie trotzdem Gesellschaft im Rechtssinne.[464] 262

Die Gesellschaft wird abweichend von § 727 Abs. 1 BGB gem. § 234 Abs. 2 HGB durch den Tod des stillen Gesellschafters nicht aufgelöst. Inhaber und stiller Beteiligter können allerdings hiervon abweichende Regelungen treffen.[465] 263

Für den Inhaber dürfte aber § 727 Abs. 1 BGB Anwendung finden, so dass die Gesellschaft mit dessen Tod endet,[466] sollte der Gesellschaftsvertrag keine abweichenden Regelungen getroffen haben. Es wird insoweit auf die obigen Ausführungen verwiesen (siehe oben Rdn 6) und hier nur das Verfahren bei Tod des stillen Gesellschafters dargestellt werden. 264

458 *Strothmann*, ZIP 1985, 969, 975.

459 Staub/*Hüffer* (4. Aufl.1987), HGB, § 27 Rn 18; *K. Schmidt*, NJW 1985, 2785, 2790; BGH, Urt. v. 30.3.1978 – VII ZR 244/76, NJW 1978, 1385, 1386; BGH, Urt. v. 10.2.1960 – V ZR 39/58, NJW 1960, 959, 961.

460 Hierzu näher *K. Schmidt*, JuS 2004, 361, 362.

461 Palandt/*Diederichsen*, § 1629a Rn 16.

462 Ebenroth/Boujong/Joost/Strohn/*Gehrlein*, HGB, § 230 Rn 2; Baumbach/Hopt/*Roth*, HGB, § 230 Rn 2.

463 Staub/*Zutt*, HGB, § 230 Rn 7.

464 Staub/*Zutt*, HGB, § 230 Rn 7; Baumbach/Hopt/*Roth*, HGB, § 230 Rn 2; Ebenroth/Boujong/Joost/Strohn/*Gehrlein*, HGB, § 230 Rn 3.

465 Ebenroth/Boujong/Joost/Strohn/*Gehrlein*, HGB, § 234 Rn 35; MüKo-HGB/*K. Schmidt*, § 234 Rn 58.

466 *Siegmann*, Personengesellschaftsanteil und Erbrecht, 1992, S. 162; *Geck*, DStR 1994, 657, 660; Baumbach/Hopt/*Roth*, HGB, § 234 Rn 4.

265 Die Beteiligung des stillen Gesellschafters gehört zum Nachlass.[467] Mehrere Erben erhalten die Beteiligung zur gesamten Hand,[468] die Regelungen der Sondererbfolge bei Personengesellschaften finden auf die Nachfolge in die stille Beteiligung nach h.M. keine Anwendung.[469]

Lediglich für den Fall der atypisch stillen Beteiligung, die die Rechte und Pflichten des stillen Beteiligten in die Nähe der Kommanditistenstellung rückt oder den stillen Beteiligten mit Geschäftsführungsrechten ausstattet, wird die Anwendung der Sondererbfolge, wie sie oben beschrieben wurde (vgl. Rdn 6), teilweise befürwortet.[470]

266 Wenn der Inhaber zustimmt oder bereits im Gesellschaftsvertrag eine Zustimmung erklärt wurde, ist die Testamentsvollstreckung über die stille Beteiligung unproblematisch möglich, da bei einer Innengesellschaft Haftungsfragen mit Außenwirkung nicht auftreten.[471]

E. Umwandlungsrecht

I. Umwandlung der Erbengemeinschaft

267 Eine „Umwandlung" aus der Erbengemeinschaft in eine Gesellschaftsform kann sinnvoll sein, wenn der Nachlass über längere Zeit zusammengehalten werden soll. Da die Erbengemeinschaft selbst keine Organisationsstrukturen zur Führung eines werbenden Unternehmens bereitstellt, bietet sich die „Umwandlung" an. Tatsächlich wird es aber keine Umwandlung i.S.d. Umwandlungsgesetzes sein können, da die Erbengemeinschaft keine dort genannte Ausgangsgesellschaft zur Umwandlung darstellt und der Katalog des Umwandlungsgesetzes abgeschlossen ist.[472]

Die „Umwandlung" kann daher nur in der Form der Errichtung der gewünschten Kapital- oder Handelsgesellschaft mit Hilfe der Nachlassgegenstände erfolgen. Soweit die Regelungen der Sondererbfolge bei den Personengesellschaften angewendet werden, kann die Erbengemeinschaft nicht Gründerin einer solchen Gesellschaft sein.

Für die Kapitalgesellschaften wurde die Gründereigenschaft der Erbengemeinschaft bereits jeweils für die GmbH (siehe Rdn 160) und für die Aktiengesellschaft (siehe Rdn 201) ausgeführt.

Für den Fall, dass die Erben selbst Gründer der Gesellschaft sein sollen, bedarf es einer Teilauseinandersetzung der Erbengemeinschaft, um das unternehmerische Vermögen vom Privatvermögen des Erblassers zu trennen. Entweder setzen sich die Erben über das Privatvermögen des Erblassers auseinander und bringen ihre Erbteile in die zu gründende Gesellschaft ein, oder die Auseinandersetzung erfolgt über das unternehmerische Vermögen und die jeweiligen Einzelgegenstände werden eingebracht.[473]

---

467 *Horn*, HGB, 2. Aufl. 1996, § 234 Rn 14.
468 RG, Urt. v. 20.12.1929 – II 66/29, RGZ 126, 386, 391; Schlegelberger/*K. Schmidt*, HGB, § 234 Rn 5.
469 Staub/*Zutt* HGB, § 234 Rn 39; Ebenroth/Boujong/Joost/Strohn/*Gehrlein* HGB, § 234 Rn 36.
470 Schlegelberger/*K. Schmidt*, HGB § 234 Rn 6.
471 Staub/*Zutt*, HGB, § 234 Rn 39; *Geck*, DStR 1994, 657, 660; *Bommert*, BB 1984, 178, 183.
472 *K. Schmidt*, NJW 1985, 2785, 2786.
473 *K. Schmidt*, NJW 1985, 2785, 2786.

II. Umwandlung von zum Nachlass gehörenden Beteiligungen

1. Umwandlungsbeschluss durch die Erben

Unproblematisch kann eine Umwandlung von zum Nachlass gehörenden Beteiligungen 268 erfolgen, soweit keine Testamentsvollstreckung angeordnet wurde, da insoweit die Gesellschafter-Erben selbst über ggf. vorhandene Haftungsrisiken aus dieser Umwandlung entscheiden können.

Gehörte zum Vermögen des Erblassers ein Anteil an einer Personengesellschaft, geht dieser Gesellschaftsanteil im Rahmen der Sondererbfolge direkt auf die berechtigten Erben über, die dann ihrerseits bei den notwendigen Handlungen zur Umwandlung des Unternehmens mitwirken können. Soweit eine Umwandlung auf eine Kapitalgesellschaft erfolgt, ist allerdings fraglich, wer Inhaber der entstehenden Geschäftsanteile oder Aktien wird.

Da der Personengesellschaftsanteil weiterhin als zum Nachlass gehörig angesehen wird,[474] 269 obwohl er aufgrund der Sondererbfolge direkt dem einzelnen Miterben anfällt, könnte der durch Umwandlung entstandene Geschäftsanteil oder die Aktie wieder in die Gesamthand der Erbengemeinschaft „zurück" fallen. Andererseits könnte die Sondererbfolge auch als endgültige Rechtszuweisung angesehen werden, so dass ein „Rückfall" des neu entstandenen Geschäftsanteils oder der Aktie an die Erbengemeinschaft ausscheidet. Der durch Umwandlung aus einem Personengesellschaftsanteil entstandene Geschäftsanteil oder die so entstandene Aktie fällt nicht an die Gesamthand der Erbengemeinschaft zurück, denn die Sondererbfolge bei Anteilen an Personengesellschaften führt lediglich hinsichtlich der Inhaberschaft des Anteils zu einer Ausgliederung aus der Gesamthand der Erbengemeinschaft. Der Wert des Gesellschaftsanteils bleibt weiter Teil des Nachlasses.[475] Bei dieser Verteilung von Inhaberschaft und Wert des Anteils kann es auch nach der Umwandlung verbleiben. Es bedarf somit keines Rückfalls des umgewandelten Geschäftsanteils in die Inhaberschaft der Gesamthand der Miterben.

Gehört zum Nachlass der Geschäftsanteil einer GmbH oder Aktien, können die Erben mit 270 den Einschränkungen des § 18 GmbHG, also nur durch einheitliche Stimmrechtsausübung, an der Umwandlung mitwirken. Die jeweils entstehenden Geschäftsanteile fallen anschließend unproblematisch in die Gesamthand der Erben, soweit es sich wiederum um Geschäftsanteile oder Aktien handelt.

Da aber Gesellschaftsanteile an Personengesellschaften nicht zur Gesamthand der Erbengemeinschaft gehören können, wird bei Umwandlung einer Kapitalgesellschaft in eine Personengesellschaft eine Aufspaltung des zum Nachlass gehörenden Kapitalanteils eintreten und der jeweilige Anteil entsprechend der Erbquoten den Gesellschaftererben direkt zufallen.[476] Da sich der einheitliche Kapitalanteil aufteilt, ist für diesen Fall den Erben, entgegen § 18 GmbHG, auch einzeln das Recht zuzubilligen, dem Umwandlungsbeschluss zu widersprechen und gem. § 207 UmwG die Barabfindung zu wählen.[477] Zumal die Barabfindung gem. § 207 UmwG für das Angebot des widersprechenden Gesellschafters auf Übertragung der umgewandelten Anteile oder Mitgliedschaften an den formwechselnden Rechtsträger erfolgt. In diesem Stadium ist der einheitliche Kapitalanteil, wie er der Erbengemeinschaft zustand, bereits aufgespalten, so dass sich die Frage der Anwendung des § 18 GmbHG nicht mehr stellt.

---

474 *Zöller*, MittRhNotK 1999, 122, 131.
475 *Zöller*, MittRhNotK 1999, 122, 131.
476 *Weidlich*, MittBayNot 1996, 1, 4.
477 *Weidlich*, MittBayNot 1996, 1, 4.

2. Umwandlungsbeschluss durch den Testamentsvollstrecker

271 Die Frage, ob ein Testamentsvollstrecker bei der Umwandlung des zum Nachlass gehörenden Unternehmens mitwirken kann, hängt zunächst davon ab, ob überhaupt an dem maßgeblichen Geschäftsanteil Testamentsvollstreckung zulässig ist. Ist dies wie z.B. bei der KG[478] der Fall, stellt sich weiter die Frage nach dem Umfang der Verwaltungsbefugnis des Testamentsvollstreckers (Kernbereichslehre). Diese Fragen wurden bereits oben näher erörtert (vgl. Rdn 112). Ohne die noch nicht entschiedene Diskussion hier erneut aufzugreifen, dürfte insoweit das Verbot der persönlichen Verpflichtung des Erben durch den Testamentsvollstrecker maßgeblich sein.[479]

Auch bei der Beteiligung des Testamentsvollstreckers an Umwandlungsvorgängen hat der Testamentsvollstrecker gem. § 2206 BGB alles zu unterlassen, was den Erben persönlich verpflichten könnte. Wird der Erbe durch die Umwandlungsmaßnahme nicht persönlich verpflichtet, muss danach die Mitwirkung des Testamentsvollstreckers an der Umwandlung zulässig sein.[480]

Im Detail sind aber folgende Einzelfälle zu unterscheiden:

a) Umwandlung auf eine Kapitalgesellschaft

272 Bei der Umwandlung durch Verschmelzung oder Spaltung auf eine bestehende GmbH müssen gem. § 51 Abs. 1 S. 1 UmwG sämtliche anwesenden Gesellschafter dem Verschmelzungsbeschluss zustimmen, wenn nicht alle zu leistenden Einlagen der übernehmenden Gesellschaft in voller Höhe bewirkt wurden. Ist der übertragende Rechtsträger eine Personenhandelsgesellschaft, haben gem. § 51 Abs. 1 S. 2 UmwG auch die nicht anwesenden Gesellschafter zuzustimmen. Gemäß § 125 UmwG gelten die Regelungen zur Verschmelzung, wie sie nachfolgend genannt werden auch für die Spaltung, so dass jeweils nur von Umwandlung gesprochen wird.

Bei Gesellschaftsanteilen, die der Testamentsvollstreckung unterliegen, gehörte es zu den Aufgaben des Testamentsvollstreckers, diese Zustimmung zu erteilen. Das Zustimmungserfordernis besteht, weil die Gesellschafter gem. § 24 GmbHG für die nicht geleisteten Einlagen der anderen Gesellschafter haften.[481] Die Zustimmung des Testamentsvollstreckers führt damit allerdings zu einer potentiellen Haftung gem. § 24 GmbHG für die Gesellschaftererben. Diese Haftung ist erbrechtlich nicht beschränkbar,[482] so dass der Testamentsvollstrecker wiederum nicht ohne Zustimmung der Gesellschafter-Erben die Zustimmungserklärung zur Umwandlung abgeben darf.

Eine gleichwohl abgegebene Erklärung führt erbrechtlich wie auch gesellschaftsrechtlich zu schwebend unwirksamen Maßnahmen.[483] Anderer Ansicht ist auch nicht das LG Mannheim in seiner Entscheidung vom 10.11.1998,[484] das die Umwandlung einer Kommanditbeteiligung in die Beteiligung an einer GmbH durch den Testamentsvollstrecker für zulässig erachtet, insbesondere weil zwar der Kernbereich der Mitgliedschaft durch die Umwandlung tangiert sei, nach Auffassung des Gerichts aber bei der Beteiligung des Kommanditisten der Testamentsvollstrecker auch in den Kernbereich der Mitgliedschaft eingreifen könne.

478 BGH, Beschl. v. 3.7.1989 – II ZB 1/89, DNotZ 1990, 183.
479 *Dörrie*, GmbHR 1996, 245.
480 LG Mannheim, Urt. v. 10.11.1998 – 2 O 193/98, MittBayNot 2000, 570.
481 Semler/Stengel/*Reichert*, UmwG, § 51 Rn 8.
482 *Dörrie*, GmbHR 1996, 245, 246; *Priester*, in: FS Stimpel, S. 463, 478.
483 *Dörrie*, GmbHR 1996, 245, 246.
484 LG Mannheim, Urt. v. 10.11.1998 – 2 O 193/98, NZG 1999, 824.

Die Befugnisse des Testamentsvollstreckers seien erst dort begrenzt, wo für den Erben weitergehende persönliche Verpflichtungen begründet würden. Und eben gerade Haftungsrisiken für die Erben hätten im zu entscheidenden Fall nicht bestanden.[485]

Ist man der Auffassung, dass die Zustimmung des Testamentsvollstreckers unwirksam ist, kann die Unwirksamkeit durch Zustimmung der Gesellschafter-Erben, oder ggf. Sicherheitsleistung analog § 2128 Abs. 1 BGB beseitigt werden. Wird sie nicht beseitigt, können die Gesellschafter-Erben selbst gem. § 14 Abs. 1 UmwG gegen den Umwandlungsbeschluss klagen. Durch rechtzeitige Klage wird die Eintragung der Umwandlung gem. § 16 Abs. 2 UmwG verhindert, da die anmeldenden Vertretungsorgane das Negativattest zur Frage einer Klage gegen den Umwandlungsbeschluss nicht erbringen können. Klagen die Gesellschaftererben nicht, oder verspätet, lassen sich die Folgen einer eingetragenen Umwandlung gem. § 20 Abs. 2 UmwG nicht mehr beseitigen.[486]

Jedenfalls die Testamentsvollstreckung an Kommanditanteilen setzt sich nach der Umwandlung an den durch die Umwandlung entstandenen Geschäftsanteilen oder Aktien fort.[487] Dies gilt auch für die Abfindung, die die Erben erhalten, wenn sie an der Umwandlung nicht teilnehmen.[488] 273

Anders stellt sich die Situation bei der Testamentsvollstreckung an Gesellschaftsanteilen persönlich haftender Gesellschafter dar. Da die Testamentsvollstreckung sich dort, wie oben dargestellt (siehe Rdn 26), nur auf die Vermögensrechte an den Gesellschaftsanteilen bezieht und die durch Umwandlung entstandenen Anteile an Kapitalgesellschaften (vgl. oben Rdn 17 ff.) weitergehende Befugnisse des Testamentsvollstreckers gewähren, ist nach Auffassung von *Weidlich* auch nach Umwandlung nur die Testamentsvollstreckung hinsichtlich der Vermögensrechte, also an der „Außenseite" des Geschäftsanteils möglich.[489] 274

b) Umwandlung auf eine Personengesellschaft

Auch die Umwandlung auf eine Personengesellschaft ist für Gesellschaftsanteile denkbar, die der Testamentsvollstreckung unterliegen. Dies gilt z.B. für GmbH-Anteile oder Aktien. 275

Sei es durch Formwechsel in eine Personengesellschaft oder durch Verschmelzung oder Spaltung auf eine Personengesellschaft.

Gänzlich ausgeschlossen dürfte es in einem solchen Fall sein, dass der Testamentsvollstrecker eine Zustimmung erteilt, die zu einer Umwandlung führt, nach der der Gesellschafter-Erbe persönlich haftender Gesellschafter einer Personengesellschaft wird. Eine solche Maßnahme des Testamentsvollstreckers ist ein unzulässiger Eingriff in die Privatsphäre des Gesellschaftererben.[490] Möglich ist allerdings die Umwandlung auf eine KG, bei der der Gesellschafter-Erbe die Stellung eines Kommanditisten erhält. Durch diese Umwandlung entstehen für die Gesellschafter-Erben regelmäßig keine Haftungsrisiken. Die Haftung gem. § 171 Abs. 1 S. 1 HGB entfällt unter der Voraussetzung, dass das im Rahmen der Umwandlung übertragene Vermögen die Hafteinlage deckt.[491] Insoweit kommt es auf den tatsächlichen Wert der Vermögenswerte und nicht dessen bilanzierten Wert an, denn der Kommanditist hat den Nachweis zu erbringen, dass die von ihm geleistete Einlage dem 276

485 LG Mannheim, Urt. v. 10.11.1998 – 2 O 193/98, NZG 1999, 824, 825.
486 *Dörrie*, GmbHR 1996, 245, 246.
487 *Mayer*, ZEV 2002, 209, 214; *Weidlich*, MittBayNot 1996, 1, 2.
488 *Pentz*, NZG 1999, 825, 826.
489 *Weidlich*, MittBayNot 1996, 1, 2.
490 *Dörrie*, GmbHR 1996, 245, 248.
491 *Dörrie*, GmbHR 1996, 245, 248.

Wert der bedungenen Hafteinlage entspricht.[492] Da dieser Nachweis aber beim Kommanditisten liegt, hat der Testamentsvollstrecker im Rahmen seiner ordnungsgemäßen Verwaltung dafür Sorge zu tragen, dass das übertragene Vermögen mit seinem wahren Wert angesetzt und nicht etwa überbewertet wird, damit für den Gesellschaftererben nicht doch Haftungsfolgen aus § 171 Abs. 1 S. 1 HGB entstehen, weil er letztlich nicht die vollständige Erbringung seiner Hafteinlage nachweisen kann.[493]

Entsteht für einen Gesellschafter-Erben durch eine Zustimmung des Testamentsvollstreckers zur Umwandlung eine Haftung mit seinem Privatvermögen, dürfte der Testamentsvollstrecker ihm gem. § 2219 BGB zu Schadensersatz verpflichtet sein.[494]

Zwar wird die Testamentsvollstreckung an Kommanditanteilen inzwischen für zulässig erachtet, diese erstreckt sich bei dem beschriebenen Umwandlungsvorgang aber nicht automatisch auf die umgewandelten Gesellschaftsanteile.

Der BGH war 1957 der Auffassung, dass durch die Umwandlung das Verwaltungsrecht des Testamentsvollstreckers untergeht. Allerdings erwirbt der Testamentsvollstrecker einen Anspruch auf Wiederherstellung seines Verwaltungsrechts, der durch die Erben im Wege der treuhänderischen Übertragung der umgewandelten Kommanditanteile zu befriedigen ist.[495] Ausgangspunkt dieses Urteils war allerdings das Problem der mangelnden Möglichkeit zur Aufspaltung einer einheitlichen Beteiligung an einer Personengesellschaft. Der Testamentsvollstreckung unterlagen Aktien eines Unternehmens. Der Erbe hielt daneben noch Aktien, die nicht der Testamentsvollstreckung unterlagen. Nach der Umwandlung der Aktiengesellschaft in eine KG erhielt der Erbe einen Kommanditanteil, der sowohl aus den Aktien gebildet wurde, die der Testamentsvollstreckung unterlagen, als auch aus den Aktien, die verwaltungsfrei waren. Nach allgemeiner Auffassung ist dieser Kommanditanteil nicht teilbar. Da die Testamentsvollstreckung sich jedoch nur auf Nachlassvermögen erstrecken kann, scheiterte die Testamentsvollstreckung am einheitlichen Kommanditanteil aus Rechtsgründen.[496]

277 Die Einheitlichkeit der Beteiligung an einer Personengesellschaft wird inzwischen allerdings gerade im Hinblick auf die Testamentsvollstreckung bestritten.

So führt der Erbrechtssenat des BGH in seiner Entscheidung vom 10.1.1996[497] aus, dass eine Testamentsvollstreckung isoliert an vom Erben hinzuerworbenen Gesellschaftsanteilen nicht ausgeschlossen ist.[498] Es hindere ausdrücklich die Anordnung der Testamentsvollstreckung z.B. auch das Erlöschen der Gesellschaft, wenn durch Erbgang sämtliche Gesellschaftsanteile in einer Hand zusammenfallen.[499]

Nicht entschieden hat der für das Gesellschaftsrecht zuständige Senat diese Frage in seiner Entscheidung vom 3.7.1989, aber ausdrücklich auf seine bisher gegenteiligen Auffassung hingewiesen und ausgeführt, dass dann (also für den Fall, dass der Erbe bereits vor dem Erbfall Gesellschaftsanteile gehalten hatte) eine Testamentsvollstreckung nicht zu verwirklichen sei.[500] Zur Vermeidung von Wiederholungen wird auf Rdn 116 verwiesen.

---

492 BGH, Urt. v. 1.6.1987 – II ZR 259/86, NJW 1987, 3184, 3185.
493 *Dörrie*, GmbHR 1996, 245, 249.
494 *Dörrie*, GmbHR 1996, 245, 249.
495 BGH, Urt. v. 11.4.1957 – II ZR 182/55, NJW 1957, 1026.
496 BGH, Urt. v. 11.4.1957 – II ZR 182/55, NJW 1957, 1026, 1027.
497 BGH, Urt. v. 10.1.1996 – IV ZB 21/94, NJW 1996, 1284.
498 BGH, Urt. v. 10.1.1996 – IV ZB 21/94, NJW 1996, 1284, 1286.
499 BGH, Urt. v. 10.1.1996 – IV ZB 21/94, NJW 1996, 1284, 1286; BGH, Urt. v. 14.5.1986 – IVa ZR 155/84, NJW 1986, 2431, 2433.
500 BGH, Beschl. v. 3.7.1989 – II ZB 1/89, NJW 1989, 3152, 3155.

§ 18 Steuerrecht

Matthias Unger

Übersicht: Rdn

Literatur

Blümich, EStG, KStG, GewStG, 138. Auflage 2017; *BMF* Schreiben betr. Ertragsteuerliche Behandlung der Erbengemeinschaft und ihrer Auseinandersetzung v. 14.3.2006, BStBl I 2006, S. 253; Erbschaftsteuerrichtlinien 2011 v. 19.12.2011, BStBl I 2011 Sondernummer 1,2; *Daragan/Halaczinsky/Riedel*, Praxiskommentar ErbStG und BewG, 3. Auflage 2017; *Halaczinsky*, Ist eine Doppelbelastung mit Erbschaft- und Grunderwerbsteuer möglich?, ZEV 2003, 97; *Sölch/Ringleb*, Umsatzsteuergesetz Kommentar, 80. Ergänzungslieferung, Juni 2017; *Tiedtke/Peterek*, Zurechnung von Einkünften, die zwischen Erbfall und Vermächtniserfüllung anfallen, ZEV 2007, 349; *Troll/Gebel/Jülicher/Gottschalk*, Erbschaftsteuer- und Schenkungssteuergesetz Kommentar, 53. Ergänzungslieferung Juni 2017.

A. Erbschaftsteuerrecht

I. Rechtslage bis zum 31.12.2008

1 Für die Erbschaftsteuer ergeben sich im Zusammenhang mit der Erbengemeinschaft keine Besonderheiten, denn die persönliche Steuerpflicht richtet sich gem. § 2 ErbStG gegen die natürliche Person des Erben und nicht gegen die Erbengemeinschaft.

2 Sind mehrere Erben vorhanden und befindet sich im Nachlass Betriebsvermögen, kann der Erblassers gem. § 13a Abs. 1 S. 1 Nr. 1 ErbStG a.F. die Aufteilung des Betriebsvermögensfreibetrages auf die Erben bestimmen. Nimmt er keine Bestimmung vor, wird der Freibetrag nach den jeweiligen Erbquoten verteilt, wenn nur Erben Betriebsvermögen erhalten. Sind auch andere Personen, z.B. Vermächtnisnehmer, Erwerber von Betriebsvermögen, erfolgt die Verteilung zu gleichen Teilen. Hierbei ist die Verteilung allerdings nicht auf eine Freibetragsaufteilung „nach Köpfen" begrenzt, sondern auf den ganzen Freibetrag gerichtet. Die Aufteilungsregelung hat keine freibetragseinschränkende Wirkung.[1] Die Aufteilung bezieht sich aber ausschließlich auf den Freibetrag und nicht auf die aus dem Erwerb resultierende Steuer, sodass der Freibetrag auch auf Betriebsvermögen zu verteilen ist, das mangels inländischer Steuerpflicht des Erwerbers gar nicht zu besteuern war.[2]

Die Erben können eine fehlende Aufteilungserklärung des Erblassers als dessen Rechtsnachfolger nicht nachholen, da § 13a Abs. 1 S. 1 Nr. 1 ErbStG a.F. verlangt, dass diese Erklärung zwingend schriftlich durch den Erblasser selbst verfügt wird.[3] Anders als bei § 13a Abs. 1 S. 1 Nr. 2 ErbStG a.F. liegt beim Erbfall eine gesetzliche Verteilungsregelung vor, sodass es einer Nachholung der Erklärung des Erblassers auch nicht bedarf.[4]

II. Rechtslage ab dem 1.1.2009

3 Nach der Neufassung des ErbStG durch das **Gesetz zur Reform des Erbschaftsteuer- und Bewertungsrechts (Erbschaftsteuerreformgesetz – ErbStRG)**[5] **sowie der Neuregelung des Erbschaftsteuergesetzes vom 4.11.2016**[6] **aufgrund der Entscheidung des BVerfG v. 17.12.2014**[7] ergeben sich Fragestellungen für die Steuerfreistellung des Betriebsvermögens in § 13a ErbStG und des Erwerbes des Familienheims in § 13 Abs. 1 Nr. 4b, 4c ErbStG.

1. Betriebsvermögen

4 Die Aufteilung eines Freibetrages unter den Erwerbern durch den Erblasser ist nicht mehr geregelt, da das Gesetz einen Abschlag auf das erworbene Vermögens selbst vorsieht. Die Steuerbefreiung hängt somit am Betrieb und nicht am Erwerber. Bei mehreren Erwerbern reduziert sich deren Erwerb damit jeweils anteilig.

5 Soweit im Rahmen der Auseinandersetzung der Erbengemeinschaft ein Erwerber das gesamte Betriebsvermögen erhält, steht ihm auch die gesamte Steuerbefreiung zu.[8] Im Gegenzug treffen ihn auch vollständig die Pflichten aus der Lohnsummen- und Behaltensregelung.

---

1 BFH, Urt. v. 15.12.2004 – II R 75/01, DStR 2005, 471, 472.
2 BFH, Urt. v. 25.1.2006 – II R 56/04, DStrE 2006, 727, 728.
3 BFH, Urt. v. 15.12.2004 – II R 75/01, DStR 2005, 471.
4 BFH, Urt. v. 20.3.2002 – II R 53/99, DStR 2002, 903, 904.
5 Vom 24.12.2008, BGBl I, 3018, in Kraft getreten am 1.1.2009.
6 ErbStG 2016, BGBl I, 2016, 2464.
7 1 BvL 21/12 BStBl II, 2015, 50.
8 AEErbSt Abschn. 7 Abs. 1.

Da die Steuerbefreiung für Betriebsvermögen an die langfristige Erfüllung von Bedingungen (Lohnsummenregelung § 13a Abs. 3 ErbStG: mind. 5 Jahre/Behaltensregel § 13a Abs. 6 ErbStG: 5 Jahre) geknüpft ist, stellt sich bei der Fortführung von Betrieben durch Erbengemeinschaften die Frage, ob diese Bedingungen betriebs- oder erwerberbezogen anzuwenden sind. Nach Auffassung der Finanzverwaltung ist die Behaltensfrist für jeden Erwerber gesondert zu prüfen.[9] Die Lohnsumme kann aber nur betriebsweit ermittelt werden, so dass insoweit eine Einigkeit der fortführenden Erbengemeinschaft hinsichtlich der Einhaltung dieser Regelung erzielt werden sollte. Sobald sich Erbengemeinschaften einig sind, die Steuerbefreiung in Anspruch nehmen zu wollen, müssen sie sich für die vom Gesetzgeber vorgesehene Überwachungszeit auch einig bleiben. Entsprechende Regelungen zur Binnenverfassung der Erbengemeinschaft sollten daher dringend getroffen werden. Im Zweifel sollte die Auseinandersetzung des Nachlasses so erfolgen, dass nicht mehrere Erben gemeinsam das Betriebsvermögen erhalten, um die beschriebenen Abstimmungsschwierigkeiten zu vermeiden. Bezüglich der „Behaltensfrist" des § 13a Abs. 6 ErbStG wird die nicht differenzierende Auffassung der Vorauflage nicht fortgeführt. Hier ist jeder Erwerber gesondert zu betrachten. 6

2. Familienheim

Gemäß § 13 Abs. 1 Nr. 4c ErbStG n.F. bleibt der Erwerb eines Grundstückes von Todes wegen steuerfrei, soweit der Erblasser in dem Grundstück eine Wohnung zu eigenen Wohnzwecken genutzt hat und Erwerber Kinder oder Enkel der Steuerklasse I Nr. 2 sind und soweit die Wohnung 200 m² nicht übersteigt. Die Steuerfreiheit gilt nicht nur für den Erwerb des Eigentums, sondern auch für den Erwerb des Miteigentums, was möglicherweise den Fall der Erbengemeinschaft regeln soll, tatsächlich aber nicht regelt. Weitere Voraussetzung der Steuerbefreiung ist die unverzügliche Selbstnutzung der Wohnung zu eigenen Wohnzwecken durch den Erben. Der Erwerb durch den Ehegatten ist gem. § 13 Abs. 1 Nr. 4b ErbStG n.F. ebenfalls befreit, enthält allerdings nicht die Größenbeschränkung auf 200 m². 7

Gegenüber der Vorauflage sind folgende Fragen inzwischen geklärt:

a) Wie wird die Steuerbefreiung auf heterogene Erbengemeinschaften angewendet?

Eine heterogene Erbengemeinschaft im Sinne der Regelung des § 13 ErbStG n.F. liegt vor, wenn nicht nur Erben der Steuerklasse I Nr. 2, also Kinder oder Kinder verstorbener Kinder, Miterben sind, sondern auch Dritte. Weitere Probleme dürften sich ergeben, wenn neben den Kindern auch der Ehegatte Miterbe ist, auf den der eigene Tatbestand der Steuerbefreiung gem. § 13 Abs. 1 Nr. 4b ErbStG n.F. Anwendung findet. Der Sachverhalt wird weiter erschwert, wenn das Familienheim auch noch größer als 200 m² ist. Durch Erlass der Erbschaftsteuerrichtlinien 2011 dürfte dieser Sachverhalt inzwischen geklärt sein. Nach Beispiel 2 der Erbschaftsteuerrichtlinien 2011[10] werden die jeweiligen Tatbestandsmerkmale personenbezogen auf jeden Erwerber individuell angewendet. Soweit die Wohnfläche des Familienheims somit 200 m² überschreitet und ein Kind Miterbe wird sowie die sonstigen Tatbestandsmerkmale zur Steuerbefreiung erfüllt, wird die Steuerberfreiung für das Kind nur anteilig im Verhältnis zur tatsächlichen Wohnfläche gewährt. 8

In seiner Pressemitteilung vom 7.11.2008 teilt das BMF mit, dass die Kernfamilie begünstigt werden solle und daher Witwen, Witwer **und** Kinder des Erblassers keine Erbschaftsteuer 9

---

9 R E 13a.11 Abs. 1 S. 3 ErbStR 2011.

10 H E 13.4 ErbStR 2011.

auf ein vererbtes Haus oder eine Wohnung zahlen müssen, solange sie diese mindestens 10 Jahre lang selbst nutzen.

Nach dem Wortlaut der Regelung dürfte jedoch eine heterogene Erbengemeinschaft die Steuerbefreiung grundsätzlich ausschließen, denn Erwerber des Grundstückes ist nicht der einzelne Miterbe, sondern die Gesamthand. Auch die im Gesetzestext enthaltene Regelung zum Erwerb von Miteigentumsanteilen führt nicht zu einer Erstreckung der Steuerbefreiung auf die einzelnen Miterben, denn die Miterben werden erst dann zu Miteigentümern des Grundstückes, wenn die Erbabwicklung in diese Richtung betrieben wurde. *Geck* ist für den Fall des Ehegatten als Miterben allerdings der Auffassung, dass eine Freistellung in Höhe der Erbquote erfolgt.[11] Vorstehende Fragen sind durch die Erbschaftsteuerrichtlinien 2011 mittlerweile geklärt. Die Miterben erhalten die Steuerbefreiung bezogen auf ihren Anteil an dem begünstigten Objekt, wenn sie die sonstigen Voraussetzungen, wie z.B. Einhaltung der Haltefrist oder Nutzung zu eigenen Wohnzwecken, erfüllen.[12]

10 Tatsächlich eröffnet die Finanzverwaltung eine Rückwirkung durch freie Teilungsanordnung[13] oder freie Erbauseinandersetzung,[14] um dem tatsächlichen Nutzer des Familienheims die vollständige Steuerbefreiung zukommen zu lassen.

Entgegen der Auffassung der Finanzverwaltung spielt der Zeitpunkt der Erbauseinandersetzung jedoch keine Rolle, insbesondere muss diese nicht zeitnah innerhalb von 6 Monaten nach dem Erbfall erfolgt sein.[15]

b) Welche Auswirkung hat ein unterschiedliches Nutzungsverhalten einzelner Mitglieder der Erbengemeinschaft?

11 Da die Steuerbefreiung des § 13 Abs. 1 Nr. 4c ErbStG n.F. nur eingreift, wenn der Erwerber unverzüglich die erworbene Wohnung zu eigenen Wohnzwecken nutzt, stellt sich die Frage, wie sich eine Erbengemeinschaft verhalten muss, um in den Genuss der Steuerbefreiung zu kommen.

Wie bereits zuvor ausgeführt, fasst die Finanzverwaltung die Tatbestandsmerkmale der Steuerbegünstigung erwerberbezogen auf, so dass die mangelnde Nutzung des Familienheims durch einen Miterben zu seinem Verlust der Begünstigung führt, nicht jedoch zu einem Verlust für die übrigen Miterben.[16]

B. Ertragsteuern

I. Einkommensteuer

12 Soweit der Erblasser am Erwerbsleben teilgenommen hatte, stellt sich die Frage, wie sich unter einkommensteuerlicher Sicht die Gesamtrechtsnachfolge des § 1922 BGB auswirkt. Besonderes Augenmerk richtet sich hierbei auf die Zeit des Bestehens der Erbengemeinschaft und deren Auseinandersetzung. Die Auffassung der Finanzverwaltung zu diesen

11 *Geck*, ZEV 2008, 557, 559.
12 H E 13.4 ErbStR 2011.
13 R E 13.4 Abs. 2 S. 5 ErbStR 2011.
14 H E 13.4 ErbStR 2011.
15 BFH v. 23.6.2015, Az. II R 39/13, DStR 2015, 2066.
16 RE 13.4 Abs. 5 S. 5 ErbStR.

Positionen ist wiedergegeben in den BMF-Schreiben vom 14.3.2006[17] und 30.3.2006[18] sowie der Ergänzung durch die OFD Karlsruhe vom 13.11.2006.[19] Die Auffassung der Finanzverwaltung hat sich seit der 1. Auflage nicht verändert. Die Schreiben sind unter Pos. 757 und 758 in der Positivliste der noch zu verwendenden BMF-Schreiben v. 21.3.2017 enthalten.[20] Die Auffassung der Finanzverwaltung basiert weitgehend auf der Entscheidung des Großen Senats des BFH v. 5.7.1990[21] und damit auf dem Grundsatz, dass Erbfall und Erbauseinandersetzung keine rechtliche Einheit bilden und daher steuerlich getrennt zu würdigen sind.

1. Vor der Erbauseinandersetzung

a) Zusammensetzung der Erbengemeinschaft ändert sich nicht

Bis zur Erbauseinandersetzung des Nachlasses steht dieser der Erbengemeinschaft zur gesamten Hand zu, bis auf die Ausnahmen bei der Zugehörigkeit von Anteilen an Personengesellschaften zum Nachlass. 13

Gemäß §§ 179 Abs. 1, 180 Abs. 1 Nr. 2a AO sind aus diesem Vermögen resultierende Einkünfte einheitlich und gesondert festzustellen. Die Erbengemeinschaft wird damit zwar nicht zum Steuersubjekt, denn die Besteuerung der Einkünfte erfolgt über die Erben, aber die Erbengemeinschaft wird zum Beteiligten im Besteuerungsverfahren mit Auswirkung auf die Einkommensteuer der Gesamthänder (Miterben).

aa) Gewinneinkünfte

Die Erben werden Mitunternehmer gem. § 15 Abs. 1 S. 1 Nr. 2 EStG, soweit zum Nachlass ein gewerbliches, freiberufliches oder land- und fortwirtschaftliches Einzel-Unternehmen gehört.[22] 14

Gehören zum Nachlass freiberufliche und gewerbliche Unternehmen, findet § 15 Abs. 3 Nr. 1 EStG (Abfärberegelung) keine Anwendung.[23]

Gehört zum Nachlass ein freiberufliches Unternehmen und sind nicht alle Miterben Angehörige dieses freien Berufes, setzt die Erbengemeinschaft das freiberufliche Unternehmen als Gewerbebetrieb fort.[24] Diese negative Folge kann durch die unten beschriebene rückwirkende Zurechnung der Einkünfte auf den bei der Auseinandersetzung übernehmenden Miterben vermieden werden (siehe Rdn 17). 15

bb) Überschusseinkünfte

Soweit zum Nachlass Ertrag bringendes Privatvermögen, wie z.B. Kapital- oder Immobilienvermögen, gehört, fließen nach dem Erbfall die aus diesem Vermögen resultierenden Erträge den Erben gemeinsam zu. Es ergeben sich gemeinschaftliche Einkünfte gem. §§ 20 oder 21 EStG, die wie bei den Gewinneinkünften gem. §§ 179 Abs. 1, 180 Abs. 1 Nr. 2a AO gesondert festzustellen sind. Die Einkünfte stehen den Erben nach ihrem Erbteil zu.[25] 16

---

17 IV B 2 – S 2242 – 7/06, BStBl I 2006, 253.
18 IV B 2 – S 2242 – 15/06, DStR 2006, 652.
19 S 2242/4 – St 111, Lexinform DokNr. 5230885.
20 BMF v. 21.3.2017 – IV A2 – O 2000/16/10001, BStBl I, 486.
21 BFH, Beschluss v. 5.7.1990 – GrS 2/89, NJW 1991, 249.
22 BMF v. 14.3.2006 – IV B 2 – S-2242 – 7/06 Rn 3.
23 BMF v. 14.3.2006 – IV B 2 – S-2242 – 7/06 Rn 4.
24 BMF v. 14.3.2006 – IV B 2 – S-2242 – 7/06 Rn 5.
25 BMF v. 14.3.2006 – IV B 2 – S-2242 –– 7/06 Rn 6.

cc) Abweichende Zurechnung der Einkünfte

(1) Durch Vereinbarung der Miterben

17 Erfolgt eine Auseinandersetzung der Erbengemeinschaft innerhalb von 6 Monaten nach dem Erbfall, müssen die Einkünfte nicht einheitlich und gesondert festgestellt werden, sondern können direkt einem Miterben zugeordnet werden, wenn die Einkunftsquelle von diesem Miterben übernommen wird und die Miterben bei der Auseinandersetzung vereinbaren, dass die Einkünfte aus der übernommenen Einkunftsquelle dem Miterben von Anfang an zuzurechnen sind.[26] Die Vereinbarung muss eine klare und rechtlich bindende Regelung über die Auseinandersetzung und ihre Modalitäten enthalten und den Übergang von Nutzungen und Lasten für die von ihr betroffenen Wirtschaftsgüter auf den Zeitpunkt des Erbfalls festlegen. Die Vereinbarung muss auch tatsächlich durchgeführt werden. Wertfindungen können auch noch nach der Sechs-Monatsfrist erfolgen.[27]

(2) Bei Teilungsanordnung

18 Bei Vorliegen einer Teilungsanordnung kann die Auseinandersetzung auch später erfolgen, wenn die Miterben sich bereits vor der Erbauseinandersetzung entsprechend verhalten, d.h. dem begünstigten Miterben die Einkunftsquelle aus dem Nachlass intern zuordnen.[28]

(3) Bei Vermächtnissen

19 Soweit eine Einkunftsquelle durch Sachvermächtnis übertragen wird, bleibt die Erbengemeinschaft nach Auffassung der Finanzverwaltung Bezieher der Erträge aus der Einkunftsquelle, bis die Übertragung tatsächlich durchgeführt ist. Eine Rückwirkung lässt die Finanzverwaltung nicht zu.[29] Der im BMF-Schreiben vom 14.3.2006 genannte Ausnahmefall[30] ist ein Sonderfall, der in der Praxis regelmäßig nicht vorkommen wird. Denn der Vermächtnisnehmer muss bereits vor Erfüllung des Vermächtnisses die wirtschaftliche Sachherrschaft über die Einkunftsquelle erhalten haben und tatsächlich in der Weise ausüben, dass er die Erbengemeinschaft auf Dauer von der Einwirkung auf die Einkunftsquelle wirtschaftlich ausschließen kann.

Die Rechtsprechung lässt eine rückwirkende Zurechnung der Einkünfte aus einer durch Sachvermächtnis zu übertragenden Einkunftsquelle jedenfalls dann zu, wenn sich die Erfüllung des Vermächtnisses aufgrund von Unklarheiten der erbrechtlichen Fragen verzögert hat.[31]

b) Zusammensetzung der Erbengemeinschaft ändert sich durch Übertragung eines Erbteils

20 Ohne Auseinandersetzung der Erbengemeinschaft können Miterben die Erbengemeinschaft verlassen, indem sie ihren Erbteil gem. § 2033 Abs. 1 BGB auf einen Dritten übertragen. Der Dritte kann auch ein anderer Miterbe sein.

26 BMF v. 14.3.2006 – IV B 2 – S-2242 – 7/06 Rn 8.
27 BMF v. 14.3.2006 – IV B 2 – S-2242 – 7/06 Rn 9.
28 BMF v. 14.3.2006 – IV B 2 – S-2242 – 7/06 Rn 67.
29 BMF v. 14.3.2006 – IV B 2 – S-2242 – 7/06 Rn 61.
30 BFH, Urt. v. 24.9.1991 – VIII R 349/83, DStR 1992, 495.
31 BFH, Urt. v. 23.9.2003 – IX R 26/99, DStRE 2004, 381.

aa) Unentgeltliche Übertragung eines Erbteils

(1) Nachlass besteht aus Betriebsvermögen

Die unentgeltliche Übertragung eines Erbteils, z.B. durch Schenkung, löst keine Veräußerung aus und führt beim Erwerber auch nicht zu Anschaffungskosten. Vielmehr muss der Erwerber gem. § 6 Abs. 3 EStG die Buchwerte des Betriebsvermögens fortführen.[32] 21

(2) Nachlass besteht aus Privatvermögen

Da für Wirtschaftsgüter im Privatvermögen keine Buchwerte geführt werden, stellt sich bei der Schenkung eines Erbteils bestehend aus Privatvermögen die Frage nach der vom Beschenkten fortzuführenden AfA-Bemessungsgrundlage. Diese bestimmt sich nach § 11d Abs. 1 EStDV, mit der Folge, dass der Beschenkte das zum Vermögensübergang bestehende Rest-AfA-Volumen des Schenkers noch abschreiben darf. Er tritt dabei in die Rechtsstellung des Schenkers ein.[33] 22

bb) Entgeltliche Übertragung eines Erbteils

Bei der entgeltlichen Übertragung eines Erbteils kommt es grundsätzlich zu Anschaffungskosten beim Erwerber und Veräußerungserlösen beim Veräußerer. Da die Erbengemeinschaft noch nicht auseinandergesetzt ist, hat der Erwerber seine Anschaffungskosten im Rahmen der durch die Erbengemeinschaft fortzuführenden Einkunftsquelle anzusetzen (vgl. nachfolgendes Beispiel 19 des BMF-Schreibens v. 14.3.2006). 23

(1) Nachlass mit Betriebsvermögen

Bei der entgeltlichen Übertragung eines Erbteils liegt ein Veräußerungsvorgang vor, der auf Seiten des Veräußerers zu einem Veräußerungserlös gem. § 16 Abs. 1 S. 1 Nr. 2 EStG und auf Seiten des Erwerbers zu Anschaffungskosten führt.[34] 24

Beispiel 19 des BMF-Schreibens vom 14.3.2006

Der Nachlass besteht allein aus einem Einzelunternehmen. Das Kapitalkonto betrug 600.000 EUR. Erben sind A, B und C zu je 1/3, so dass auf jeden Miterben ein Kapitalkonto von 200.000 EUR entfällt. C verkauft seinen Erbteil und damit gleichzeitig seinen Mitunternehmeranteil an D für 320.000 EUR.

In diesem Fall liegt ein entgeltliches Veräußerungsgeschäft vor. Für C entsteht nach § 16 Abs. 2 EStG ein Veräußerungsgewinn i.H.v. 120.000 EUR (320.000 EUR Veräußerungserlös ./. 200.000 EUR Buchwert), der nach §§ 16, 34 EStG begünstigt ist. D hat Anschaffungskosten von 320.000 EUR, mit denen er seinen Anteil in der Bilanz der Erbengemeinschaft ausweisen muss. Das geschieht i.H.v. 200.000 EUR in der Hauptbilanz (Fortführung des Kapitalkontos des C) und i.H.v. 120.000 EUR in einer für D aufzustellenden positiven Ergänzungsbilanz.

32 BMF v. 14.3.2006 – IV B 2 – S-2242 – 7/06 Rn 38.
33 BMF v. 14.3.2006 – IV B 2 – S-2242 – 7/06 Rn 40.
34 BMF v. 14.3.2006 – IV B 2 – S-2242 – 7/06 Rn 39.

(2) Nachlass mit Privatvermögen

25 Die entgeltliche Veräußerung eines Erbteils mit Privatvermögen führt beim Erwerber zu Anschaffungskosten, nach denen sich die AfA gem § 7 EStG bemisst.[35] Die übrigen Miterben führen hingegen die AfA des Erblassers gem. § 11d Abs. 1 EStDV fort.

Beispiel 20 des BMF-Schreibens vom 14.3.2006

E wird von seinen Söhnen A, B und C zu je 1/3 beerbt. Zum Nachlass gehört nur ein privates Mietwohnhaus, das E für 2,5 Mio. EUR (Anteil Gebäude 2 Mio. EUR) erworben und jährlich mit 2 % abgeschrieben hatte. C veräußert seinen Erbteil zum 1.1.2004 für 700.000 EUR an D. Hiervon entfallen 560.000 EUR auf das Gebäude und 140.000 EUR auf den Grund und Boden. Im Zeitpunkt der Veräußerung hatte das Gebäude einen Restwert von 1,2 Mio. EUR.

Die AfA für das immer noch zum Nachlass gehörende Gebäude kann nicht mehr einheitlich vorgenommen werden. A und B haben als Miterben ihre Anteile am Nachlass und damit an dem Grundstück, aus dem der Nachlass besteht, unentgeltlich erworben. Sie müssen demzufolge nach § 11d Abs. 1 EStDV die AfA der Erbengemeinschaft – anteilig – fortführen. A und B können also jährlich je 13.334 EUR (je 1/3 von 40.000 EUR) absetzen. Für D hingegen ist, da er entgeltlich erworben hat, seine anteilige AfA nach seinen Anschaffungskosten zu bemessen. Er muss seinen Gebäudeteil mit 2 % von 560.000 EUR = 11.200 EUR abschreiben. Zu einem anderen Ergebnis kann D nur dann kommen, wenn er nachweist, dass die Nutzungsdauer kürzer ist.

26 Gehören zum Erbteil mehrere Wirtschaftsgüter können die Erben eine Aufteilung des Entgelts auf die einzelnen Wirtschaftsgüter vornehmen. Lediglich eine unangemessene wertmäßige Berücksichtigung einzelner Wirtschaftsgüter wird nicht akzeptiert.[36]

27 Beim Veräußerer entsteht ein steuerpflichtiger Veräußerungsgewinn nur unter den Voraussetzungen der §§ 17, 23 EStG, § 21 UmwStG.[37]

(3) Nachlass mit Mischvermögen

28 Bei der entgeltlichen Übertragung eines Mischnachlass enthaltenden Erbteils liegt die Schwierigkeit in der Aufteilung des Entgelts. Der Verkaufserlös ist in diesem Fall nach dem Verhältnis der Verkehrswerte der einzelnen Wirtschaftsgüter aufzuteilen, allerdings folgt die Finanzverwaltung auch einer von den Parteien vorgenommenen Aufteilung, soweit keine unangemessene Berücksichtigung eines Wirtschaftsgutes erfolgt.[38]

c) Zusammensetzung der Erbengemeinschaft ändert sich durch Ausscheiden eines Miterben

29 Grundsätzlich stellt das Ausscheiden eines Miterben aus der Erbengemeinschaft die Übertragung seines Erbteils auf die verbleibenden Erben dar. Daher finden beim Ausscheiden ohne Abfindung die Grundsätze zur unentgeltlichen Übertragung eines Erbteils[39] (siehe Rdn 21) und beim Ausscheiden gegen Abfindung die Grundsätze über die entgeltliche Übertragung eines Erbteils Anwendung (siehe Rdn 23).[40]

35 BMF v. 14.3.2006 – IV B 2 – S-2242 – 7/06 Rn 41.
36 BFH, Urt. v. 27.7.2004 – IX R 54/02, DStRE 2005, 1379.
37 BMF v. 14.3.2006 – IV B 2 – S-2242 – 7/06 Rn 43.
38 BMF v. 14.3.2006 – IV B 2 – S-2242 – 7/06 Rn 46.
39 BMF v. 14.3.2006 – IV B 2 – S-2242 – 7/06 Rn 49.
40 BMF v. 14.3.2006 – IV B 2 – S-2242 – 7/06 Rn 50.

Wird die Abfindung für den ausscheidenden Miterben aus Sachmitteln des Nachlasses geleistet, können sich auch für (den) verbleibende(n) Miterben Auswirkungen ergeben, denn die Übertragung des Vermögensgegenstandes auf den scheidenden Miterben stellt dessen Veräußerung dar. 30

Beispiel 21 des BMF-Erlasses vom 14.3.2006

A, B und C sind Miterben zu je 1/3. Der Nachlass besteht nur aus einem Betriebsvermögen. Der Wert des Betriebsvermögens beträgt 3 Mio. EUR, der Buchwert 300.000 EUR. Die Bilanz des Unternehmens sieht wie folgt aus:

Aktiva		Passiva	
Wirtschaftsgut 1	100.000 EUR (Teilwert 1 Mio. EUR)	KapitalKto A	100.000 EUR
		KapitalKto B	100.000 EUR
Wirtschaftsgut 2	200.000 EUR (Teilwert 2 Mio. EUR)	KapitalKto C	100.000 EUR
	300.000 EUR		300.000 EUR

C scheidet gegen eine Abfindung von 1 Mio. EUR aus dem Unternehmen aus. Nach dem Ausscheiden des C hat die Bilanz folgendes Bild:

Aktiva		Passiva	
Wirtschaftsgut 1	100.000 EUR + 300.000 EUR = 400.000 EUR	KapitalKto A KapitalKto B	100.000 EUR 100.000 EUR
Wirtschaftsgut 2	200.000 EUR + 600.000 EUR = 800.000 EUR	Anspruch C	1.000.000 EUR
	1.200.000 EUR		1.200.000 EUR

Für C ist ein tarifbegünstigter Veräußerungsgewinn von 900.000 EUR (1.000.000 EUR ./. 100.000 EUR) entstanden. A und B müssen die Buchwerte der Wirtschaftsgüter 1 und 2 entsprechend aufstocken. Da die Wirtschaftsgüter zu 1/3 entgeltlich erworben wurden, erhöht sich die AfA-Bemessungsgrundlage um 900.000 EUR (Anschaffungskosten 1 Mio. EUR ./. Buchwert 100.000 EUR). Wenn C das Wirtschaftsgut 1 (Buchwert nunmehr 400.000 EUR) zur Tilgung seiner Ausgleichsforderung von 1 Mio. EUR erhält, müssen A und B dieses Wirtschaftsgut aus dem Betrieb nehmen. Da das Wirtschaftsgut 1 Mio. EUR wert ist, entsteht dadurch ein Veräußerungsgewinn i.H.v. 600.000 EUR, den A und B je zur Hälfte als laufenden Gewinn versteuern müssen. Ein Veräußerungsgewinn – und kein Entnahmegewinn – entsteht deshalb, weil die Hingabe des Sachwerts zum Wegfall der Schuld führt. Darin ist keine Entnahme, sondern eine Veräußerung verbunden mit einer Gewinnrealisierung hinsichtlich des den Buchwert des Wirtschaftsguts übersteigenden Schuldenteils (Ausgleichsanspruch des C) zu sehen.

Keine Auswirkung ergibt sich nur dann, wenn der Vermögensgegenstand beim scheidenden Miterben in ein Betriebsvermögen gelangt und dort zum Buchwert weiter geführt wird.[41] 31

41 BMF v. 14.3.2006 – IV B 2 – S-2242 – 7/06 Rn 52.

Beispiel

Betreibt im vorstehenden Beispiel der C einen eigenen Betrieb und wird das zur Abfindung übereignete Wirtschaftsgut 1 in das dortige Betriebsvermögen gem. § 6 Abs. 5 EStG zum Buchwert überführt, entsteht kein Veräußerungsgewinn und auch keine Aufstockung der Buchwerte bei A und B.

2. Nach der Erbauseinandersetzung

32 Sobald der Nachlass geteilt ist, besteht keine Notwendigkeit mehr, die Einkünfte einheitlich und gesondert festzustellen, denn die Vermögensgegenstände und die daraus resultierenden Einkünfte werden den Erben direkt zugeordnet.

3. Erbauseinandersetzung selbst

33 Treten die Erben als Erbengemeinschaft gem. § 1922 BGB noch direkt in die Rechtsposition des Erblassers ein, so dass lediglich die weitere Zurechnung der Einkünfte ertragsteuerlich interessant ist, führt die Auseinandersetzung zur einer Veränderung der Einkunftsquellen, die unterschiedlichste steuerliche Folgen auslösen können.

a) Auseinandersetzung ohne Abfindung

34 Da ertragsteuerlich regelmäßig unterschiedliche Folgen an eine entgeltliche oder unentgeltliche Vermögensübertragung geknüpft werden und die Auseinandersetzung des Nachlasses nach neuerer Rechtsprechung des Großen Senats des BFH v. 5.7.1990[42] zu einer Vermögensübertragung von der Gesamthand auf den einzelnen Miterben führt, ist die Unterscheidung nach dem Vorliegen oder Nichtvorliegen einer Abfindung sinnvoll. Je nach Art des im Nachlass befindlichen Vermögens ergeben sich unterschiedliche Rechtsfolgen.

aa) Betriebsvermögen

35 Besteht der Nachlass nur aus Betriebsvermögen, stellt die Auseinandersetzung durch Aufteilung des Betriebsvermögens unter den Miterben und Fortführung des Betriebes ohne Abfindung eine Realteilung und damit einen unentgeltlichen Vorgang dar. Mangels Entgeltlichkeit entstehen weder Anschaffungskosten noch Veräußerungserlöse.[43]

36 Setzen sich die Erben derart auseinander, dass das Betriebsvermögen veräußert wird, und teilen die Erben anschließend den Kaufpreis untereinander auf, liegt eine durch §§ 16, 34 EStG begünstigte Betriebsveräußerung der Erbengemeinschaft vor.

37 Teilen die Miterben das Betriebsvermögen auf, ohne den Betrieb des Erblassers fortzuführen, liegt eine Betriebsaufgabe vor, die ebenfalls zur einer Gewinnrealisierung führt und wiederum durch §§ 16, 34 EStG begünstigt ist.[44]

38 Soweit die Erben bei der vorstehenden Variante das aufgeteilte Betriebsvermögen in einen eigenen Betrieb einbringen, kann gem. § 16 Abs. 3 S. 2 EStG die Gewinnrealisierung vermieden werden. Die Wirtschaftsgüter sind dann im Betrieb des Miterben zu Buchwerten fortzuführen.[45] Voraussetzung ist, dass mindestens eine wesentliche Betriebsgrundlage weiterhin

---

42 BFH, Beschluss v. 5.7.1990 – GrS 2/89, BStBl II 1990, 837.
43 BMF v. 14.3.2006 – IV B 2 – S-2242 – 7/06 Rn 10.
44 BMF v. 14.3.2006 – IV B 2 – S-2242 – 7/06 Rn 11.
45 BMF v. 14.3.2006 – IV B 2 – S-2242 – 7/06 Rn 12.

Betriebsvermögen bei zumindest einem Miterben bleibt. Die einheitliche Ausübung eines Wahlrechts ist nicht erforderlich.[46]

bb) Privatvermögen

Wie schon bei aus Betriebsvermögen bestehendem Nachlass führt auch die Auseinandersetzung über einen Nachlass, der aus Privatvermögen besteht, ohne Abfindungszahlung nicht zu Anschaffungskosten oder Veräußerungserlös. Erst recht stellt es keinen steuerlich relevanten Vorgang dar, wenn im Wege der Erbauseinandersetzung Gesamthandeigentum entsprechend der Erbquote in Bruchteilseigentum umgewandelt wird.[47] Hier sind aber ggf. ungünstige grunderwerbsteuerliche Folgen zu beachten (siehe Rdn 87). 39

Die Übernahme von Nachlassverbindlichkeiten über die Erbquote hinaus zum Ausgleich unterschiedlicher Werte der zu teilenden Nachlassgegenstände stellt einen unentgeltlichen Vorgang dar und wird wie die Erbauseinandersetzung ohne Abfindung behandelt.[48] (zur teilweise abweichenden Rechtsprechung hierzu vgl. Rdn 48). 40

Zwar können Nachlassverbindlichkeiten in diesem Zusammenhang auch solche sein, die erst im Zuge der Verwaltung des Nachlasses entstanden sind, jedoch nimmt die Finanzverwaltung Gestaltungsmissbrauch (§ 42 AO) an, wenn die Verbindlichkeiten nur zum Zwecke der Auseinandersetzung aufgenommen wurden.[49] 41

cc) Mischnachlass

Setzt sich die Erbengemeinschaft über einen Mischnachlass auseinander, ohne dass eine Abfindungszahlung an einen der Miterben erfolgt, entstehen weder Anschaffungskosten noch Veräußerungserlöse. Die Auseinandersetzung erfolgt ohne ertragsteuerliche Auswirkung.[50] 42

Sollte bei der Auseinandersetzung allerdings alles wesentliche Betriebsvermögen in das Privatvermögen übernommen worden sein, liegt eine Betriebsaufgabe vor und es entsteht ggf. ein Aufgabegewinn.[51] Schafft die Erbengemeinschaft durch Entnahmen aus dem Betriebsvermögen erst einen Mischnachlass, um hierdurch die steuerneutrale Auseinandersetzung zu ermöglichen, kann Gestaltungsmissbrauch gem. § 42 AO vorliegen.[52] 43

Ob bei der Teilung eines Mischnachlasses übernommene Schulden zum Schuldzinsenabzug berechtigen, hängt von der jeweils übernommenen Vermögensart ab. Übernimmt ein Miterbe Betriebsvermögen und zum Ausgleich Privatschulden des Erblassers, werden diese bei ihm zu Betriebsschulden und er kann die Schuldzinsen abziehen.[53] 44

Entstehen Aufwendungen aus der Finanzierung von Pflichtteilen, Erbersatzansprüchen[54] oder Vermächtnissen,[55] sind diese grundsätzlich nicht als Betriebsausgaben oder Werbungskosten abzugsfähig. Werden die Ansprüche dieser Nicht-Erben durch Übertragung von 45

46 OFD Karlsruhe v. 13.11.2006 – S. 5 Tz. 3.2.
47 BMF v. 14.3.2006 – IV B 2 – S-2242 – 7/06 Rn 22.
48 BMF v. 14.3.2006 – IV B 2 – S-2242 – 7/06 Rn 23.
49 BMF v. 14.3.2006 – IV B 2 – S-2242 – 7/06 Rn 25.
50 BMF v. 4.3.2006 – IV B 2 – S-2242 – 7/06 Rn 32.
51 BMF v. 14.3.2006 – IV B 2 – S-2242 – 7/06 Rn 33.
52 BMF v. 14.3.2006 – IV B 2 – S-2242 – 7/06 Rn 33.
53 BMF v. 14.3.2006 – IV B 2 – S-2242 – 7/06 Rn 34.
54 BFH, Urt. v. 2.3.1993 – VIII-R-47/90, BStBl II 1994, 619.
55 BFH, Urt. v. 13.9.1994 – IX-R-104/90, BFH/NV 1995, 384.

Nachlassgegenständen befriedigt, liegt regelmäßig ein entgeltlicher Vorgang vor. Die Erbengemeinschaft veräußert den Gegenstand und der Berechtigte erwirbt den Gegenstand zu Anschaffungskosten in Höhe seines Pflichtteils-, Erbersatz- oder Vermächtnisanspruches.[56]

46 Um die Entgeltlichkeit der Befriedigung von Pflichtteilsberechtigten mittels Nachlassgegenständen zu vermeiden, können die Erben sich mit dem Pflichtteilsberechtigten auch darauf einigen, dass er Miterbe ist. Möglich ist hier allerdings nur die Einigung in Form eines Erbvergleichs, der die Ungewissheit der erbrechtlichen Verhältnisse im Wege gegenseitigen Nachgebens beseitigt.[57]

b) Auseinandersetzung mit Abfindung

47 Die Erbauseinandersetzung mit Abfindung, d.h. mit einem durch einen Miterben gezahlten Spitzen- oder Wertausgleich, stellt insoweit einen entgeltlichen Vorgang dar. Keine Abfindung ist die Übernahme von Verbindlichkeiten eines Miterben über seine Erbquote hinaus.[58]

48 Hinsichtlich der Übernahme von Verbindlichkeiten über die Erbquote hinaus ist die Rechtsprechung teilweise anderer Auffassung. Der IX. Senat des BFH führt in seinem Urt. v. 14.12.2004 aus, dass auch übernommene Verbindlichkeiten des Erben Anschaffungskosten darstellen, soweit sie die Erbquote übersteigen.[59] Diese Auffassung steht im Gegensatz zur Saldothese des Großen Senats vom 5.7.1990,[60] wonach solange kein entgeltliches Geschäft vorliegt, wie der Erbe bei der Auseinandersetzung nicht mehr erhält, als seine Erbquote, angewendet auf den Saldo aus Aktiv- und Passivvermögen des Nachlasses, ergibt. Die Finanzverwaltung wendet das Urteil des IX. Senats über den entschiedenen Einzelfall hinaus nicht an.[61]

aa) Betriebsvermögen

49 Betrifft die Erbauseinandersetzung Betriebsvermögen, entstehen dem zahlenden Miterben Anschaffungskosten und dem Miterben, der die Zahlung erhält, ein Verkaufserlös. Gelangen die bei der Erbauseinandersetzung erworbenen Wirtschaftsgüter in ein anderes Betriebsvermögen des Miterben, ist der Verkaufserlös nicht gem. §§ 16, 34 EStG begünstigt, sondern laufender Gewinn.[62] Bei Übertragung der Wirtschaftsgüter in das Privatvermögen und Aufdeckung sämtlicher stiller Reserven ergibt sich ein begünstigter Aufgabegewinn gem. §§ 16, 34 EStG.[63]

50 Die gezahlte Abfindung führt regelmäßig nur anteilig zu Anschaffungskosten, denn den seiner Erbquote entsprechenden Teil des Betriebsvermögens erhält der Miterbe aus dem Nachlass unentgeltlich. Der Anteil des entgeltlichen Erwerbs ergibt sich aus dem Verhältnis von Abfindungszahlung zum Teilwert des übernommenen Betriebsvermögens.[64]

Beispiel 5 aus dem BMF-Schreiben vom 14.3.2006

S und T sind Miterben zu je 1/2. Zum Nachlass gehört ein Betriebsvermögen, das aus dem Grundstück 1 (Teilwert 2 Mio. EUR, Buchwert 200.000 EUR) und dem Grundstück 2

56 BFH, Urt. v. 16.12.2004 – III R 38/00, DStRE 2005, 449.
57 Troll/Gebel/Jülicher/Gottschalk/*Gottschalk*, § 3 Rn 80.
58 BMF v. 14.3.2006 – IV B 2 – S-2242 – 7/06 Rn 18.
59 BFH, Urt. v. 14.12.2004 – IX R 23/02, DStRE 2005, 383, 384.
60 BFH, Beschluss v. 5.7.1990 – GrS 2/89, NJW 1991, 249.
61 BMF v. 30.3.2006, DStR 2006, 652.
62 BMF v. 14.3.2006 – IV B 2 – S-2242 – 7/06 Rn 14.
63 OFD Karlsruhe v. 13.11.2006 – S. 4 Tz. 3.
64 BMF v. 14.3.2006 – IV B 2 – S-2242 – 7/06 Rn 17.

(Teilwert 1,6 Mio. EUR, Buchwert 160.000 EUR) besteht. S erhält das Grundstück 1 und zahlt an T 200.000 EUR Abfindung. T erhält Grundstück 2 und die Abfindung. Beide bringen die Grundstücke in ein ihnen gehörendes Betriebsvermögen ein.

S stehen an dem Nachlass wertmäßig 1,8 Mio. EUR zu. Da er aber das Grundstück 1 im Wert von 2 Mio. EUR erhält, also 200.000 EUR mehr, zahlt er diesen Betrag für 1/10 (200.000 EUR / 2 Mio. EUR = 1/10) des Grundstückes 1, das er erhält. S erwirbt also 9/10 des Grundstückes 1 unentgeltlich und 1/10 entgeltlich. Auf diese 1/10 entfällt ein Buchwert von 20.000 EUR, so dass S den Grundstücksbuchwert in seiner Bilanz um 180.000 EUR aufstocken muss und T einen Gewinn von 180.000 EUR (200.000 EUR Abfindung ./. 20.000 EUR anteiliger Buchwert) als laufenden Gewinn zu versteuern hat. Im Übrigen (für 9/10 des Nachlasses) liegt eine steuerneutrale Realteilung vor.

bb) Privatvermögen

Wie bereits beim Vorliegen von Betriebsvermögen stellt die Erbauseinandersetzung unter Zahlung einer Abfindung als Spitzenausgleich insoweit einen entgeltlichen Vorgang dar. Der zahlende Miterbe hat in Höhe der Anzahlung Anschaffungskosten[65] und der Zahlungsempfänger einen Veräußerungserlös. Führt der Veräußerungserlös zu einem Gewinn, ist dieser abweichend von der Regelung beim Betriebsvermögen allerdings nur dann steuerbar, wenn die Voraussetzungen der §§ 17, 23 EStG oder § 21 UmwStG vorliegen.[66] 51

(1) § 17 EStG

Hiernach kann ein Veräußerungsgewinn steuerbar sein, wenn es sich um die Veräußerung von Anteilen an Kapitalgesellschaften handelt, an denen der Veräußerer innerhalb der letzten fünf Jahre zu mindestens 1 % beteiligt war. 52

Beispiel 11 des BMF-Schreibens vom 14.3.2006

Erblasser E, zu dessen Privatvermögen eine 50 %ige Beteiligung an einer GmbH gehörte, wird von A und B beerbt. Im Zuge der Erbauseinandersetzung erhält A die gesamte Beteiligung gegen Ausgleichung an B für dessen hälftigen Anteil.

A erlangt – auf der Grundlage getrennter Rechtsgeschäfte – die Beteiligung zum einen i.H.v. 1/2 (25 %) in Erfüllung seines erbrechtlichen Auseinandersetzungsanspruchs entsprechend § 11d EStDV und zum anderen bezüglich des Mehrempfangs entgeltlich von B. B erzielt in Höhe der Ausgleichszahlung einen Veräußerungserlös, der im Rahmen des § 17 EStG anzusetzen ist.

A führt die Anschaffungskosten des Erblassers zur Hälfte, nämlich für die auf ihn entfallende 25 %ige Beteiligung fort; im Übrigen ist die Zahlung des A für die von B erhaltene 25 %ige Beteiligung als Anschaffungskosten anzusehen.

(2) § 23 EStG

Eine Steuerbarkeit gem. § 23 EStG (Besteuerung der sog. Spekulationsgewinne) tritt ein, wenn der Veräußerer den Gegenstand bei Grundstücken noch nicht zehn Jahre und bei anderen Wirtschaftsgütern nicht mehr als zwei Jahre gehalten hatte. Maßgeblich ist der Zeitraum seit Anschaffung des Wirtschaftsguts, wobei bei unentgeltlicher Übertragung die 53

65 BMF v. 14.3.2006 – IV B 2 – S-2242 – 7/06 Rn 26.
66 BMF v. 14.3.2006 – IV B 2 – S-2242 – 7/06 Rn 27.

Haltezeit des Rechtsvorgängers zu berücksichtigen ist. Bei der Erbauseinandersetzung wird es daher regelmäßig auf die Haltezeit des Erblassers ankommen.

(3) § 21 UmwStG

54 Bei § 21 UmwStG kommt es zu einer Besteuerung von Veräußerungsgewinnen an Anteilen von Kapitalgesellschaften, die steuerverhaftet sind. Diese Verhaftung resultiert aus der Entstehung des Anteils. Regelmäßig werden solche Anteile im Wege der Sachgründung oder Sachkapitalerhöhung mittels eingebrachten Betriebsvermögens ohne Aufdeckung der stillen Reserven geschaffen (einbringungsgeborene Anteile). Zur Sicherstellung der Besteuerung der bei der Einbringung nicht aufgedeckten stillen Reserven ist die spätere Besteuerung des Veräußerungsgewinns aus solchen Anteilen erforderlich. Nach Reduzierung der Wesentlichkeitsgrenze des § 17 EStG von ursprünglich 25 % auf nunmehr 1 % wird allerdings bei den meisten einbringungsgeborenen Anteilen auch eine Besteuerung gem. § 17 EStG (ein)greifen.

cc) Mischnachlass

55 Abfindungszahlungen bei der Auseinandersetzung von Mischnachlässen führen zu Anschaffungskosten bei zahlenden Miterben und ggf. steuerpflichtigen Veräußerungserlösen beim übertragenden Miterben. Am besten verdeutlicht Beispiel 18 des BMF-Erlasses die Folgen des Zusammenfallens beider Vermögensarten:

Beispiel 18 des BMF-Schreibens vom 14.3.2006

Erben sind A und B zu je 1/2. Zum Nachlass gehören ein Betrieb (Wert 1 Mio. EUR, Buchwert 200.000 EUR) und ein Privatgrundstück (Wert 500.000 EUR). A erhält den Betrieb, B das Grundstück und eine Abfindung von A i.H.v. 250.000 EUR.

Die Abfindung stellt bei A Anschaffungskosten, bei B Veräußerungserlös für die Übertragung eines Mitunternehmeranteils dar. Da A und B jeweils im Wert von 750.000 EUR am Gesamtnachlass beteiligt sind (= 1/2 von 1,5 Mio. EUR), erwirbt A 3/4 (= 750.000 EUR/ 1 Mio. EUR, *Anm.d.Verf.*) des Betriebs unentgeltlich und führt insoweit die Buchwerte (3/4 v. 200.000 EUR *(Anm.d.Verf.)* = 150.000 EUR) fort. B erzielt durch die Übertragung eines Mitunternehmeranteils von 1/4 einen – wegen § 16 Abs. 1 S. 2 EStG (*Anm.d.Verf*) als nicht nach §§ 16, 34 EStG begünstigten – Veräußerungsgewinn von 200.000 EUR (= 250.000 EUR (Verkaufserlös (*Anm.d.Verf.*) ./. 50.000 EUR (Anteiliger Buchwert – *Anm.d.Verf.*). A stockt die Buchwerte des erhaltenen Betriebs um 200.000 EUR auf, da B 1/4 des Betriebs entgeltlich an A übertragen hat. Das restliche 1/4, das dem B als Mitunternehmer zuzurechnen war, ist unentgeltlich auf A übergegangen.

56 Da durch den Spitzenausgleich nur Teile des Nachlasses entgeltlich erworben werden, kommt es für die in Privatvermögen befindlichen Wirtschaftsgüter zur späteren Anwendung von zwei AfA-Reihen, weil sich unterschiedliche Abschreibungsdauern für den entgeltlich und den unentgeltlich erworbenen Teil des Wirtschaftsguts ergeben können.[67]

Beispiel 6 der OFD Karlsruhe vom 13.11.2006

U und V sind Miterben zu je 1/2. Zum Nachlass gehören ein bebautes Grundstück (Verkehrswert Grund und Boden = 1 Mio. EUR und Gebäude = 3 Mio. EUR) sowie Kapitalvermögen (= 2 Mio. EUR). Die ursprünglichen Anschaffungskosten des 30 Jahre alten Gebäudes (= 2 Mio. EUR) sind zum Zeitpunkt der Realteilung zum 1.1.2006 bereits

67 OFD Karlsruhe v. 13.11.2006 – S. 7 Tz. 5.

auf 800.000 EUR abgeschrieben (lineare AfA mit 2 % jährlich). U erhält das Grundstück und zahlt an V, der im Übrigen das Kapitalvermögen erhält, eine Abfindung von 1 Mio. EUR.

U hat das Grundstück zu 25 % entgeltlich und im Übrigen unentgeltlich erworben, (da er es bei einem Gesamtwert i.H.v. 4 Mio. EUR für 1 Mio. EUR erhält (*Anm.d.Verf.*)). Von dessen Anschaffungskosten (= Abfindung i.H.v. 1 Mio. EUR) entfallen auf den Grund und Boden 250.000 EUR und auf das Gebäude 750.000 EUR. U führt demzufolge die AfA der Erbengemeinschaft (2 % von 2 Mio. EUR = 40.000 EUR) zu 75 % (= 30.000 EUR) fort. Hinsichtlich des entgeltlichen Erwerbs steht U eine AfA i.H.v. 15.000 EUR (= 2 % aus 750.000 EUR) über einen Zeitraum von weiteren 50 Jahren zu, es sei denn das Gebäude hat eine tatsächliche Nutzungsdauer die kürzer als 50 Jahre ist (§ 7 Abs. 4 S. 2 EStG).

c) Erbauseinandersetzung durch Veräußerung des Nachlasses

Durch die Veräußerung des gesamten Nachlasses reduzieren die Miterben das aufzuteilende Vermögen auf jederzeit teilbare liquide Mittel. Hinsichtlich der Berichtigung der Nachlassschulden wird die Liquidation des Nachlasses durch § 2046 Abs. 3 BGB vorgesehen. 57

aa) Nachlass enthält nur Betriebsvermögen

Die Veräußerung des Betriebes stellt eine Veräußerung gem. § 16 Abs. 1 Nr. 1 EStG dar, die gem. §§ 16, 34 EStG begünstigt ist. 58

bb) Nachlass enthält nur Privatvermögen

Gehört zum Nachlass nur Privatvermögen, ist dessen Veräußerung einkommensteuerrechtlich nur dann relevant, wenn die besonderen Sachverhalte der §§ 17, 23 EStG oder § 21 UmwStG vorliegen. Diese sind oben näher erläutert (siehe Rdn 51). 59

cc) Nachlass enthält Mischvermögen

Soweit der Nachlass sowohl Betriebsvermögen als auch Privatvermögen enthält, sind für jede Vermögensart gesondert die Voraussetzungen von aa) (vgl. Rdn 58) oder bb) (vgl. Rdn 59) zu prüfen. 60

4. Teilerbauseinandersetzung

Grundsätzlich ist die teilweise Erbauseinandersetzung bei Fortbestehen der Erbengemeinschaft entsprechend der Regeln zur vollständigen Erbauseinandersetzung zu behandeln.[68] 61

a) Entnahmen

Zusätzlich kann es aber zu Entnahmegewinnen kommen, wenn Wirtschaftsgüter aus einem zum Nachlass gehörenden und von der Erbengemeinschaft weiter betriebenen Betriebsvermögen an einen Miterben in dessen Privatvermögen übertragen werden. Der Entnahmegewinn entsteht als Teil des Gesamtgewinns der Mitunternehmerschaft und ist daher den Miterben nach ihrem Anteil am Nachlass zuzurechnen. Durch schriftliche Vereinbarung, die in einem sachlichen und zeitlichen Zusammenhang mit der Auseinandersetzung stehen 62

68 BMF v. 14.3.2006 – IV B 2 – S-2242 – 7/06 Rn 56.

muss, können die Miterben den Entnahmegewinn auch dem entnehmenden Miterben allein zuweisen.[69] Überführt der Miterbe das entnommene Wirtschaftsgut in ein anderes Betriebsvermögen, ist gem. § 6 Abs. 5 EStG der Buchwert fortzuführen und es entsteht kein Entnahmegewinn.[70]

b) Umgekehrte Abfindung

63 Zu umgekehrten Abfindung im Zusammenhang mit einer zunächst teilweisen Auseinandersetzung kommt es, wenn im Rahmen der endgültigen Auseinandersetzung vom Empfänger der Abfindung aus der Teilauseinandersetzung seinerseits eine Abfindung gezahlt wird. Nach Auffassung der Finanzverwaltung wirkt sich diese zweite oder umgekehrte Abfindung wie eine Kürzung der ursprünglichen Abfindung aus, wenn seit der Teilauseinandersetzung nicht mehr als fünf Jahre vergangen sind. Nach Ablauf dieses Zeitraums sind die Abfindungen jeweils isoliert zu betrachten.[71]

Am besten verdeutlicht wird diese Auffassung wiederum durch ein Beispiel der Finanzverwaltung:

Beispiel 23 des BMF-Schreibens vom 14.3.2006 (sinngemäß und mit Anm. des Verfassers)

Erben sind A und B zu je 1/2. Zum Nachlass gehören ein Betrieb (Wert 1 Mio. EUR, Buchwert 200.000 EUR) und ein Privatgrundstück. Bei einer Teilauseinandersetzung erhält A den Betrieb und muss an B eine Abfindung i.H.v. 500.000 EUR (= 1/2 v. Betriebswert) zahlen. Im Rahmen der vier Jahre später erfolgenden Endauseinandersetzung erhält B das Grundstück, dessen Wert auf 500.000 EUR festgestellt wurde, und zahlt an A eine Abfindung i.H.v. 250.000 EUR (= 1/2 des Grundstückswerts).

Die von B bei der Endauseinandersetzung an A zu zahlende umgekehrte Abfindung i.H.v. 250.000 EUR bewirkt, dass der Veräußerungsgewinn des B von ursprünglich 400.000 EUR (= 500.000 EUR (Abfindung) ./. 100.000 EUR (hälftiger Buchwert)) nunmehr nur noch 200.000 EUR beträgt, denn A hat bei einer Zahlung i.H.v. 250.000 EUR den Betrieb zu 3/4 unentgeltlich und 1/4 entgeltlich erworben. Der vom Verkaufserlös abzusetzende Buchwert beträgt damit 1/4 v. 200.000 EUR = 50.000 EUR. Der Veräußerungsgewinn ist nicht mehr nach §§ 16, 34 EStG begünstigt, denn es erfolgte nicht die Veräußerung eines gesamten Anteils eines Gesellschafters gem. § 16 Abs. 1 Nr. 2 EStG. Die bisherige Aufstockung der Buchwerte bei A um 400.000 EUR muss auf einen Aufstockungsbetrag von 200.000 EUR gemindert werden.

Würde die Endauseinandersetzung erst nach sechs Jahren erfolgen, bliebe es bei dem Ergebnis der Teilauseinandersetzung.

Aus der Veräußerung des Mitunternehmeranteils hat B einen nach den §§ 16 und 34 EStG begünstigten Veräußerungsgewinn i.H.v. 400.000 EUR zu versteuern; A hat die Buchwerte entsprechend aufzustocken. Der sich aus der sechs Jahre späteren Teilerbauseinandersetzung über das Grundstück ergebende Veräußerungsgewinn ist nur steuerpflichtig, wenn die Voraussetzungen des § 23 EStG vorliegen.

69 OFD Karlsruhe v. 13.11.2006 – S. 4 Tz.3.1.
70 BMF v. 14.3.2006 – IV B 2 – S-2242 – 7/06 Rn 57.
71 BMF v. 14.3.2006 – IV B 2 – S-2242 – 7/06 Rn 58.

5. Besonderheiten

a) Vermächtnis

Ein Vermächtnisnehmer ist nicht Mitglied der Erbengemeinschaft. Er erhält, soweit es sich um ein Sachvermächtnis handelt, den Vermögensgegenstand nicht vom Erblasser, sondern von den Erben, denen der Gegenstand zunächst steuerlich zuzurechnen ist. 64

Erhalten die Erben vom Erblasser einen Betrieb und werden sie verpflichtet einen Gegenstand des Betriebsvermögens als Sachvermächtnis herauszugeben, stellt die Erfüllung des Vermächtnisses eine Entnahme dieses Gegenstandes aus dem Betriebsvermögen dar. Der Entnahmegewinn ist ein Gewinn der Erbengemeinschaft und damit allen Miterben anteilig zuzurechnen. Ein Entnahmegewinn entsteht selbst dann, wenn der Vermächtnisnehmer den Gegenstand des Sachvermächtnisses in ein eigenes Betriebsvermögen einbringt.[72] 65

Die Leistung des Vermächtnisses stellt für die beschwerten Erben keine Leistung für den Erwerb des Nachlasses dar und führt daher nicht als Entgelt zu Anschaffungskosten des Nachlasses.[73] 66

Besteht das Sachvermächtnis in der Übertragung eines ganzen Betriebs, erzielt die Erbengemeinschaft keinen Veräußerungs- oder Aufgabegewinn. Der Vermächtnisnehmer hat gem. § 6 Abs. 3 EStG die Buchwerte der Erbengemeinschaft fortzuführen.[74] 67

In der Zeit bis zur Übertragung des Betriebes auf den Vermächtnisnehmer sind die laufenden Einkünfte nach Auffassung der Finanzverwaltung grundsätzlich den Miterben zuzurechnen.[75] Nur im Ausnahmefall[76] können dem Vermächtnisnehmer auch bereits vor Erfüllung des Vermächtnisses die Einkünfte zugerechnet werden, wenn er als Inhaber des Betriebes anzusehen ist. Dies ist jedenfalls dann der Fall, wenn er die wirtschaftliche Sachherrschaft über das zum Nachlass gehörende Einzelunternehmen in der Weise ausübt, dass er die Erbengemeinschaft auf Dauer von der Einwirkung auf den Betrieb wirtschaftlich ausschließen kann.[77] 68

Zu beachten ist des Weiteren die Rechtsprechung, die zumindest für die Fälle, bei denen sich die Auseinandersetzung oder Erfüllung des Vermächtnisses aufgrund unklarer erbrechtlicher Fragen verzögert, eine Rückwirkung Zurechnung der Einkünfte auf den Begünstigten zulässt.[78]

Für die Behandlung von Vermächtnissen ist es unerheblich, ob es sich bei dem Vermächtnisnehmer um einen Dritten oder um einen Miterben (Vorausvermächtnis) handelt.[79] 69

b) Teilungsanordnung

Die Teilungsanordnung ändert grundsätzlich nicht die Erwerbsreihenfolge der Nachlassgegenstände aus steuerlicher Sicht. Die Gegenstände gelangen auch bei Vorliegen einer Teilungsanordnung zunächst in das Gesamthandeigentum der Erbengemeinschaft und bei Ausführung der Teilungsanordnung in das Eigentum des jeweils begünstigten Miterben. Aller- 70

72 BMF v. 14.3.2006 – IV B 2 – S-2242 – 7/06 Rn 60.
73 BFH, Urt. v. 17.10.1991 – IV R 97/89, DStR 1992, 320.
74 BMF v. 14.3.2006 – IV B 2 – S-2242 – 7/06 Rn 61.
75 BMF v. 14.3.2006 – IV B 2 – S-2242 – 7/06 Rn 61.
76 *Geck*, ZEV 2004, 279, 281.
77 BFH, Urt. v. 24.9.1991 – VIII R 349/83, DStR 1992, 495.
78 BFH, Urt. v. 23.9.2003 – IX R 26/99, DStRE 2004, 381.
79 BMF v. 14.3.2006 – IV B 2 – S-2242 – 7/06 Rn 64, 65.

dings kann das Ergebnis der Teilungsanordnung von vornherein steuerlich berücksichtigt werden, wenn sich die Erben bereits vor der Erbauseinandersetzung entsprechend der Teilungsanordnung verhalten und die tatsächliche Auseinandersetzung innerhalb einer sich an den Umständen des Einzelfalls orientierenden Frist vorgenommen wird.[80] Diese Frist kann im Einzelfall auch länger als sechs Monate betragen.[81]

Beispiel

A und B sind Erben nach C. C hinterlässt einen Betrieb und mehrere Grundstücke. In seiner Teilungsanordnung verfügt C, dass A den Betrieb erhalten und fortführen soll. Die Grundstücke werden daneben unterschiedlich auf A und B verteilt.

Führt A den Betrieb direkt nach dem Tod des C fort und gehen beide Erben davon aus, dass die dort erzielten Einkünfte allein A zustehen sollen, sind die Einkünfte sofort, ohne Zwischenzurechnung bei der Erbengemeinschaft, A zuzurechnen.

Hinsichtlich der Gegenstände des Betriebsvermögens bleibt es allerdings bei einem Durchgangserwerb der Erbengemeinschaft zum Zeitpunkt des Erbfalles.

71 Hinsichtlich der möglichen rückwirkenden Zurechnung der Einkünfte unterscheidet sich damit die Auffassung der Finanzverwaltung bei Vorliegen einer Teilungsanordnung grundsätzlich von derjenigen bei Vorliegen eines Sachvermächtnisses. Hier kann eine Vereinbarung der Erben zur rückwirkenden Zurechnung der Einkünfte auf den begünstigten Erben erfolgen, dort wird nur in Ausnahmefällen eine Zurechnung möglich sein, so dass der durch Sachvermächtnis belastete Erbe ggf. mit Einkommensteuer belastet wird, obwohl er den im Nachlass befindlichen Betrieb, nebst gezogenen Früchten, also den Erträgen, an den Vermächtnisnehmer herausgeben muss.[82]

c) Beteiligung des Erblassers an einer Personengesellschaft

aa) Fortsetzungsklausel

72 Wie im Kapitel zum Gesellschaftsrecht beschrieben, wird die Personengesellschaft nach dem Tod eines Gesellschafters entweder mit den verbleibenden Gesellschaftern fortgesetzt (siehe § 17 Rdn 63) oder im Falle der BGB-Gesellschaft aufgelöst (siehe § 17 Rdn 4). Soweit die Fortsetzung sich nicht bereits aus der gesetzlichen Regelung ergibt, kann sie durch den Gesellschaftsvertrag auch angeordnet werden. Diese Klausel heißt Fortsetzungsklausel.

Das Gesellschaftsvermögen, welches auf den Geschäftsanteil des Erblassers entfällt, wächst den übrigen Gesellschaftern an und die Erben erhalten lediglich einen Abfindungsanspruch gegen die Gesellschaft (siehe § 17 Rdn 63).

Steuerlich wird dieses zivilrechtliche Ergebnis nachvollzogen, indem die Übertragung des Geschäftsanteils an der Gesellschaft bereits dem Erblasser zugerechnet wird, der dadurch einen begünstigten Veräußerungsgewinn gem. §§ 16, 34 EStG erzielt.[83]

---

80 BMF v. 14.3.2006 – IV B 2 – S-2242 – 7/06 Rn 67.
81 BMF v. 14.3.2006 – IV B 2 – S-2242 – 7/06 Rn 8.
82 *Tiedtke/Peterek*, ZEV 2007, 349, 355.
83 BFH, Urt. v. 15.4.1993 – IV R 66/92, DStR 1993, 1362.

bb) Auflösungsklausel

Verbleibt es bei der gesetzlichen Regelung zur BGB-Gesellschaft (siehe § 17 Rdn 4), wird die Gesellschaft mit dem Tode eines Gesellschafters aufgelöst. 73

Für den Erblasser und die verbleibenden Gesellschafter ergibt sich eine gem. §§ 16, 34 EStG begünstigte Betriebsaufgabe.[84]

cc) Eintrittsklausel

Auch hinsichtlich der Eintrittsklausel wird zunächst auf das Kapitel zum Gesellschaftsrecht verwiesen (siehe § 17 Rdn 154). 74

Wesen der Eintrittsklausel ist der fehlende Automatismus des Erwerbs des Gesellschaftsanteils durch den Erben.

Steuerlich wird dieser Sachverhalt nachvollzogen. Der Geschäftsanteil, der erst aufgrund Eintrittsklausel auf die Erben übergeht, bewirkt zunächst einen Durchgangserwerb des Geschäftsanteils bei den übrigen Gesellschaftern, denn solange die Erben ihr Eintrittsrecht nicht ausüben, wird die Gesellschaft von den übrigen Gesellschaftern fortgesetzt. Wie bei der Fortsetzungsklausel kommt es somit zur Anwachsung bei den verbleibenden Gesellschaftern und einem begünstigten Veräußerungsgewinn beim Erblasser.[85]

Erfolgt der Eintritt der Erben innerhalb von sechs Monaten nach dem Erbfall, ermöglicht die Finanzverwaltung, abweichend von dem tatsächlichen zivilrechtlichen Vorgang, die Anwendung der Regelungen zur einfachen Nachfolgeklausel beim Eintritt aller Erben und der Regelungen zur qualifizierten Nachfolgeklausel beim Eintritt nur eines Teils der Erben.[86] 75

dd) Einfache Nachfolgeklausel

Zur zivilrechtlichen Definition der einfachen Nachfolgeklausel wird auf das Kapitel zum Gesellschaftsrecht verwiesen (siehe § 17 Rdn 146). 76

Die Finanzverwaltung folgt der zivilrechtlichen Ausgestaltung der Nachfolge in den Geschäftsanteil einer Personengesellschaft nicht, denn die Geschäftsanteile werden steuerlich so behandelt, als stünden sie, wie die übrigen Nachlassgegenstände, der Gesamthand zu.

Es ist daher auch dann die steuerneutrale Realteilung eines Nachlasses möglich, wenn Geschäftsanteile im Nachlass vorhanden sind, die beim Erbfall direkt auf die Erben übergehen.

Die Übertragung des durch einen Erben erworbenen Geschäftsanteils auf einen anderen Erben im Rahmen der Erbauseinandersetzung führt damit weder zu einem Veräußerungsgewinn auf der Seite des übertragenden Erben noch zu Anschaffungskosten auf Seiten des erwerbenden Erben.[87]

Beispiel 27 des BMF-Schreibens v. 14.3.2006

Gesellschafter einer OHG sind A, B und C. A stirbt. Erben sind D und E je zur Hälfte. Zum Nachlass gehören der OHG-Anteil (Wert 2 Mio. EUR) sowie ein Privatgrundstück

84 BMF v. 14.3.2006 – IV B 2 – S-2242 – 7/06 Rn 69.
85 BMF v. 14.3.2006 – IV B 2 – S-2242 – 7/06 Rn 70.
86 BMF v. 14.3.2006 – IV B 2 – S-2242 – 7/06 Rn 70.
87 BMF v. 14.3.2006 – IV B 2 – S-2242 – 7/06 Rn 71.

(Wert 2 Mio. EUR). D und E treten aufgrund der im Gesellschaftsvertrag verbrieften einfachen Nachfolgeklausel in die OHG ein. Das Grundstück wird zunächst in Erbengemeinschaft verwaltet. Nach einiger Zeit setzen sich D und E dergestalt auseinander, dass E dem D seinen Gesellschaftsanteil überlässt und dafür aus der Erbengemeinschaft das Privatgrundstück erhält. Ausgleichszahlungen erfolgen nicht.

Es ist von einer gewinnneutralen Teilung eines Mischnachlasses auszugehen, bei der D den Gesellschaftsanteil und E das Grundstück erhalten hat. Anschaffungskosten und Veräußerungsgewinne entstehen mangels Ausgleichszahlungen nicht. (...)

77 Die Situation ändert sich, sobald bei der Erbauseinandersetzung Ausgleichszahlungen erfolgen.[88]

ee) Qualifizierte Nachfolgeklausel

78 Die qualifizierte Nachfolgeklausel wird aus zivilrechtlicher Sicht im Kapitel zum Gesellschaftsrecht dargestellt (siehe § 17 Rdn 150).

Aufgrund der auf den qualifizierten Erben beschränkten Sondererbfolge an dem Gesellschaftsanteil werden die übrigen Erben nicht Mitunternehmer. Die qualifizierte Nachfolgeklausel ist als eine mit dem Erbfall vollzogene Teilungsanordnung mit unmittelbarer dinglicher Wirkung anzusehen.[89]

Von dem qualifizierten Erben an die übrigen Erben geleistete Abfindungen führen weder zu Veräußerungsgewinn noch Anschaffungskosten.[90] Folglich sind für die Abfindung aufgewendete Schuldzinsen nicht als Sonderbetriebsausgaben abzugsfähig.[91]

79 Schwierigkeiten mit der qualifizierten Nachfolgeklausel entstehen im Wesentlichen bei Vorhandensein von Sonderbetriebsvermögen. Wie oben beschrieben, geht der Gesellschaftsanteil nur auf den qualifizierten Erben und nicht auf alle Erben zur gesamten Hand über. Sonderbetriebsvermögen des Erblassers wird von der gesellschaftsvertraglichen Regelung allerdings nicht erfasst, sodass insoweit keine Sondererbfolge eingreift und Eigentümer dieser Gegenstände alle Erben zu gesamter Hand werden.[92]

Damit wird die Verbindung des Sonderbetriebsvermögens zur Gesellschaft gelöst, denn dieses ist wie folgt definiert:

Sonderbetriebsvermögen bilden alle Wirtschaftsgüter, die nicht zum Gesamthandvermögen der Personengesellschaft gehören, sondern rechtlich oder wirtschaftlich im bürgerlich rechtlichen oder wirtschaftlichen Eigentum eines oder mehrerer Gesellschafter stehen. Werden die Wirtschaftsgüter der Personengesellschaft zur unmittelbaren Nutzung für den Betrieb der Gesellschaft überlassen, gehören sie zum Sonderbetriebsvermögen I; sind sie unmittelbar zur Begründung oder Stärkung der Beteiligung des Gesellschafters bestimmt, gehören sie zum Sonderbetriebsvermögen II.[93]

Gehört aber das Vermögen nicht mehr dem Gesellschafter, sondern allen Erben zur gesamten Hand, verliert es seine Eigenschaft als Sonderbetriebsvermögen – soweit es auf die nicht qualifizierten Erben entfällt – und es liegt eine Entnahme vor. Durch die Bewertung der

88 BFH, Urt. v. 13.12.1990 – IV R 107/89, DStR 1991, 455.
89 BFH, Urt. v. 29.10.1991 – VIII R 51/84, DStR 1992, 610.
90 BMF v. 14.3.2006 – IV B 2 – S-2242 – 7/06 Rn 72.
91 BMF-Schreiben v. 11.8.1994, DStR 1994, 1348.
92 BMF v. 14.3.2006 – IV B 2 – S-2242 – 7/06 Rn 73.
93 Blümich/*Bode*, EStG, § 15 Rn 458.

Entnahme mit dem Teilwert gem. § 6 Abs. 1 Nr. 4 EStG entsteht ein Gewinn, wenn das Wirtschaftsgut zum Zeitpunkt der Entnahme mit einem Wert unterhalb des Teilwertes bilanziert wurde, was bei abnutzbaren Wirtschaftsgütern regelmäßig der Fall sein dürfte. Die Wirkungen der Entnahme, also die Besteuerung dieses Gewinns, treten noch beim Erblasser ein[94] und belasten damit nicht nur den qualifizierten Erben, sondern alle Erben gemeinsam, denn die aus der Besteuerung resultierende Steuerschuld ist Nachlassverbindlichkeit, selbst wenn sie zum Zeitpunkt des Erbfalls noch nicht veranlagt war.

II. Gewerbesteuer

Grundsätzlich führt die Erbengemeinschaft die im Nachlass befindlichen Einkunftsquellen 80
fort. Die Erben werden Mitunternehmer, soweit es sich um eine Gewinneinkunftsquelle (Gewerbebetrieb, selbstständige Tätigkeit oder Land- und Forstwirtschaft) handelt.[95]

Konnte der Erblasser jedoch mehrere Gewerbebetriebe oder Gewerbebetrieb und selbst- 81
ständige Tätigkeit nebeneinander betreiben, ist dies im Rahmen einer Mitunternehmerschaft gem. § 15 Abs. 3 Nr. 1 EStG nicht möglich, denn jede, auch noch so geringe gewerbliche Tätigkeit der Mitunternehmerschaft führt zur Gewerblichkeit der gesamten Einkünfte der Mitunternehmerschaft.

Diese Regelung würde bei der Erbengemeinschaft dazu führen, dass ohne Einfluss der Erben oder des Erblassers in vielen Fällen eine Umqualifizierung von z.B. freiberuflichen Einkünften zu gewerblichen Einkünften erfolgen müsste.

Die Finanzverwaltung verzichtet allerdings auf die Anwendung dieser sog. Abfärbetheorie.[96]

Aus gewerbesteuerlicher Sicht kann sich trotzdem durch den Erbfall ein negativer Effekt 82
ergeben, wenn ein freiberufliches Unternehmen vererbt wird und die Erben nicht alle die notwendige Qualifikation zur Ausübung dieser freiberuflichen Tätigkeit besitzen. In diesem Fall erzielt die Erbengemeinschaft Einkünfte aus Gewerbebetrieb, die gem. § 2 Abs. 1 S. 1 GewStG der Gewerbesteuer unterliegen.[97]

Lediglich durch die rückwirkende Zurechnung der Einkünfte ab Erbfall auf nur einen Erben[98] oder bei Vorliegen einer Teilungsanordnung kann dieses nachteilige Ergebnis vermieden werden, wenn der letztlich erwerbende oder durch Teilungsanordnung begünstigte Erbe die notwendige Qualifikation besitzt. Die Rückwirkung ändert allerdings nichts am Durchgangserwerb der Erbengemeinschaft in Bezug auf das Betriebsvermögen. Die Auseinandersetzung ist steuerlich so zu behandeln, als ob sich die Erbengemeinschaft unmittelbar nach dem Erbfall auseinandergesetzt hätte.[99]

III. Umsatzsteuer

Im Rahmen der Umsatzsteuer kommt es nicht zu einer Fortführung des umsatzsteuerlichen 83
Unternehmens durch die Erbengemeinschaft.[100] Unternehmer gem. § 2 UStG ist, wer eine

94 BMF v. 14.3.2006 – IV B 2 – S-2242 – 7/06 Rn 74.
95 BMF v. 14.3.2006 – IV B 2 – S-2242 – 7/06 Rn 1.
96 BMF v. 14.3.2006 – IV B 2 – S-2242 – 7/06 Rn 4.
97 BFH, Urt. v. 12.3.1992 – IV R 29/91, DStR 1992, 1470.
98 BMF v. 14.3.2006 – IV B 2 – S-2242 – 7/06 Rn 8.
99 BMF v. 14.3.2006 – IV B 2 – S-2242 – 7/06 Rn 8.
100 FG Rheinland-Pfalz, Urt. v. 11.1.2007 – 6 K 1423/05, DStRE 2007, 563 (nicht rkr. Rev. V R 24/07).

gewerbliche oder berufliche Tätigkeit selbstständig ausübt. Die Erbengemeinschaft tut dies erst dann, wenn sie tatsächlich das Unternehmen des Erblassers fortführt.[101] Führt nur ein Erbe das Unternehmen fort, wird dieser auch dann zum umsatzsteuerlichen Unternehmer, wenn die Erbengemeinschaft sich noch nicht auseinandergesetzt hat.[102]

84 Unabhängig von der Unternehmereigenschaft gehen die Rechten und Pflichten aus dem umsatzsteuerlichen Rechtsverhältnis auf die Erbengemeinschaft über. Hierzu gehört insbesondere die Verpflichtung zur Vorsteuerberichtigung gem. § 15a UStG.[103] Führen die Erben das Unternehmen nicht oder in anderer Qualität fort, z.B. als Kleinunternehmer gem. § 19 UStG, können sie hiernach zur Vorsteuerberichtigung verpflichtet sein. Die Folge ist die Belastung der Erbengemeinschaft mit einem Vorsteuerrückzahlungsanspruch der Finanzverwaltung.

85 Ebenfalls ohne Übergang der Unternehmereigenschaft auf die Erbengemeinschaft tritt diese in die Position des Steuerschuldners der Umsatzsteuer gem. § 9 UStG (1951) ein.[104] Insoweit wird die Erbengemeinschaft verpflichtet, die aus vereinnahmtem Entgelt resultierende Umsatzsteuer abzuführen, obwohl sie selbst keine Leistung im Sinne des Umsatzsteuerrechts erbracht hat.

IV. Grunderwerbsteuer

86 Die Erbengemeinschaft ist grunderwerbsteuerlich eine selbstständige Rechtsperson.[105] Dies ergibt sich bereits aus § 6 GrEStG, denn nur wenn die Gesamthand als Rechtsperson angesehen wird, kann ein grunderwerbsteuerlich relevanter Vorgang zwischen ihr und ihren Mitgliedern überhaupt entstehen. Die Erbengemeinschaft ist Gesamthand.

87 Grundstücksübertragungen zur Teilung des Nachlasses sind gem. § 3 Nr. 3 GrEStG steuerfrei. Voraussetzung hierfür ist, dass das Grundstück noch Bestandteil des Nachlasses ist. An dieser Voraussetzung fehlt es, wenn sich die Miterben bereits teilweise dadurch über das Grundstück auseinandergesetzt haben, dass das Gesamthandeigentum in Bruchteilseigentum umgewandelt wurde.[106] Die vollständige Teilung des Nachlasses durch die Grundstücksübertragung ist hingegen nicht erforderlich. Es reicht aus, wenn die Grundstücksübertragung eine Maßnahme im Hinblick auf die (spätere) vollständige Teilung des Nachlasses darstellt.[107] Auch die Übertragung eines Grundstückes auf die Kinder eines Miterben im Rahmen der Teilung des Nachlasses bleibt gem. § 3 Nr. 2 S. 1 bzw. Nr. 6 S. 1 GrEStG steuerfrei, weil insoweit nur ein abgekürzter Übertragungsweg vorliegt, dessen einzelne Übertragungsschritte jeweils ebenfalls steuerfrei wären.[108]

88 Keine Maßnahme zur Teilung des Nachlasses in diesem Sinne stellt die Übertragung eines Grundstückes an Erfüllung statt zur Befriedigung von Pflichtteils- oder Pflichtteilsergänzungsansprüchen dar,[109] so dass insoweit die Steuerbefreiung ausscheidet. Wird jedoch

---

101 Sölch/Ringleb/*Treiber*, § 2 Rn 22; BFH, Urt. v. 13.1.2010 – V R 24/07, DStR 2010, 1180, 1182.
102 BFH, Urt. v. 22.11.1962 – V 164/60, BeckRS 1962, 21008242.
103 FG Rheinland-Pfalz, Urt. v. 18.3.2003 – 2 K 2550/00, DStRE 2003, 1467, 1468.
104 BFH, Urt. v. 19.11.1970 – V R 14/67, BStBl II 1971, 121; BeckRS 1970 22000802.
105 FG München, Urt. v. 11.10.2000 – 4 K 5059/99, BeckRS 2000 21011693.
106 BFH, Urt. v. 28.4.1954 – II 186/53 U, BStBl III 1954, 176, Lexinform DokNr. 0009464.
107 BFH, Urt. v. 27.6.1967 – II 50/64, BFHE 89, 573, Lexinform DokNr. 0010066.
108 Erlass betr. Grunderwerbsteuer; Befreiung bei Übertragung eines zum Nachlass gehörenden Grundstücks auf den Abkömmling eines Miterben im Rahmen einer Erbauseinandersetzung v. 10.7.2017, DStR 2017, S. 1998.
109 BFH, Urt. v. 10.7.2002 – II R 11/01, DStR 2002, 1527, 1528.

statt den Pflichtteilsanspruch zu erfüllen, der Pflichtteilsberechtigte durch Zahlung einer Abfindung davon überzeugt, auf seinen Pflichtteilsanspruch zu verzichten, ist der wirtschaftlich gleiche Vorgang, Hingabe eines Grundstücks aus dem Nachlass an den Pflichtteilsberechtigten, von der Grunderwerbsteuer befreit, denn es handelt sich nun um einen Erwerb von Todes wegen gem. § 3 Abs. 2 Nr. 4 ErbStG, der gem. § 3 Nr. 2 GrEStG, der von der Grunderwerbsteuer ausgenommen ist.[110]

Unerheblich für die Steuerbefreiung ist es hingegen, ob das übertragene Grundstück bereits ursprünglich zum Nachlass gehörte oder erst durch Surrogation in den Nachlass gelangt ist.[111] 89

Die Umwandlung des Gesamthandeigentums der Miterben an einem Grundstück in quotengleiches Bruchteilseigentum ist gem. § 6 Abs. 1 GrEStG unabhängig von der Auseinandersetzung der Erbengemeinschaft steuerfrei. 90

Durch § 22 Abs. 1 GrEStG wird die Eintragung des Erwerbers im Grundbuch solange verhindert, bis er eine steuerliche Unbedenklichkeitsbescheinigung vorlegt (Grundbuchsperre). Die Finanzverwaltung hält, u.a. in Fällen der Eintragung der Miterben in das Grundbuch, diese Sperre für unverhältnismäßig, so dass es der Vorlage der Unbedenklichkeitsbescheinigung nur dann bedarf, und deshalb von der Finanzverwaltung eine solche nur dann ausgestellt wird, wenn das Grundbuchamt die Bescheinigung (ausnahmsweise) verlangt.[112] 91

V. Verfahrensrecht

1. Bestimmtheit von Steuerbescheiden an die Erbengemeinschaft

Gemäß § 119 Abs. 1 AO muss ein Steuerbescheid inhaltlich hinreichend bestimmt sein. Ein nicht ausreichend bestimmter Steuerbescheid ist unwirksam. 92

Probleme im Zusammenhang mit Erbengemeinschaften ergeben sich insbesondere bei der Angabe des Bescheidadressaten. Ein Bescheid an die Erben ist nur dann inhaltlich hinreichend bestimmt und damit wirksam, wenn er sich an die Erben richtet und diese namentlich als Inhaltsadressaten aufgeführt oder sich durch Auslegung des Bescheides ergibt, um wen es sich bei den Erben handelt. Im Rahmen der Auslegung kann eine Bezugnahme auf einen den Betroffenen bekannten Betriebsprüfungsbericht ausreichen, in dem die Adressaten namentlich benannt sind.[113] Etwas anderes gilt für den Fall der Nachlasspflegschaft. Hier kann ein Bescheid auch an die unbekannten Erben zu Händen des Nachlasspflegers wirksam erlassen werden, weil der Nachlasspfleger gesetzlicher Vertreter der unbekannten Erben ist.[114]

2. Zusammenveranlagung nach dem Tod des Ehegatten

Die Einkommensteuerbescheide der Ehegatten bei Zusammenveranlagung werden gem. § 155 Abs. 3 S. 1 AO zusammengefasst, sodass nur ein Bescheidschriftstück für beide Bescheide ergeht. Es handelt sich inhaltlich weiterhin um zwei einzelne Steuerbescheide.[115] 93

110 *Halaczinsky*, ZEV 2003, 97, 98.
111 BFH, Urt. v. 18.7.1973 – II 165/65, BStBl II 1973, 829, Lexinform DokNr. 0007523.
112 Einführungserlass zum GrEStG 1983 Tz. 13, BStBl I 1992, 968.
113 BFH, Urt. v. 17.11.2005 – III R 8/03, NJW-RR 2006, 589, 590.
114 FG Düsseldorf, Urt.v. 9.8.2017 – 4 K 442/16, EFG 2017, 1525.
115 BFH, Urt. v. 17.11.2005 – III R 8/03, NJW-RR 2006, 589, 590.

Verstirbt ein Ehegatte, richtet sich der zusammengefasste Bescheid zum einen an den überlebenden Ehegatten und zum anderen an die Erbengemeinschaft, in der der überlebende Ehegatte wiederum Miterbe sein kann und es ergehen zwei einzelne Bescheide mit den jeweiligen Adressierungen.

94 Die gezahlten Vorauszahlungen zur Einkommensteuer werden den Ehegatten als Gesamtschuldner der Einkommensteuer jeweils hälftig zugerechnet. Dies gilt selbst dann, wenn ein Ehegatte nach dem Tod des anderen die Vorauszahlungen weiterhin leistet. Auch aus diesen Vorauszahlungen resultierende Erstattungsansprüche werden je zur Hälfte auf den überlebenden Ehegatten und die Erben verteilt.[116][117]

3. Grundlagenbescheide

95 Grundlagenbescheide sind nach der Legaldefinition des § 171 Abs. 10 AO Feststellungsbescheide, Steuermessbescheide oder andere Verwaltungsakte, die für die Festsetzung einer Steuer bindend sind. Die Einkünfte der Erbengemeinschaft sind durch Bescheide zur gesonderten und einheitlichen Feststellung der Besteuerungsgrundlagen gem. §§ 179 Abs. 1, 180 Abs. 1 Nr. 2a AO festzustellen. Sie sind u.a. bindend für die Festsetzung der Einkommensteuer der Miterben und damit Grundlagenbescheide. Folge der Bindungswirkung ist, dass bei Fehlerhaftigkeit jeweils nur der Grundlagenbescheid angegriffen werden kann und der auf ihn aufbauende Bescheid (Folgebescheid) bei Änderung des Grundlagenbescheides von Amts wegen zu ändern ist, ohne dass es eines eigenen Rechtsbehelfs bedarf.

96 Mitunter bauen mehrere Grundlagenbescheide aufeinander auf. So wurde die Erbengemeinschaft bei Tod des Komplementärs einer Kommanditgesellschaft und Fehlen einer Nachfolgeklausel im Gesellschaftsvertrag vor dem 1.7.1998 (Inkrafttreten des HRefG) persönlich haftende Gesellschafterin der Liquidationsgesellschaft (vgl. § 17 Rdn 109). Zur Feststellung der Einkünfte der Miterben sind in diesem Fall zwei Feststellungsbescheide erforderlich. Zunächst werden die Einkünfte der Liquidationsgesellschaft festgestellt und anschließend die Einkünfte der Erbengemeinschaft. Hierbei ist der Gewinnfeststellungsbescheid der Kommanditgesellschaft Grundlagenbescheid für den Feststellungsbescheid der Erbengemeinschaft und dieser wiederum Grundlagenbescheid für die Einkommenssteuerfestsetzung der einzelnen Miterben.[118]

116 FG München, Urt. v. 21.7.1998 – 13 K 3907/93, DStRE 1999, 242.
117 BFH, Beschluss v. 10.7.2008 – VII B 194/07, BFH/NV 2008, 1802.
118 FG München, Urt. v. 16.5.2002 – 9 V 410/02, BeckRS 2002 21012148.

§ 19 Mietrecht

Michael Maaß

Übersicht: Rdn

Literatur

Beierlein/Kinne/Koch/Stackmann/Zimmermann, Der Mietprozess 2006; *Börstinghaus*, Vertragspartner beim Wohnraummietvertrag – Personenmehrheiten und Gesellschaften, MDR 2002, 929; *Bub/Treier*, Handbuch der Geschäfts- und Wohnraummiete, 4. Auflage 2014; *Derleder*, Die Neuregelung der Mietsicherheiten und ihre Rechtsfolgen, WuM 2002, 239; *Emmerich/Sonnenschein*, Miete, Handkommentar, 11. Auflage 2014; *Hinkelmann*, Problemfälle zum Sonderkündigungsrecht gegenüber Erben, NZM 2002, 380; *Hinz*, Wechsel des Vertragspartners auf der Mieterseite, ZMR 2002, 640; *Horst*, Gewerbemietverträge – Schriftformverstöße bei langfristigen Verträgen, MDR 2008, 365; *Jünemann*, Das Mietverhältnis über Wohnraum im Todesfall – Sonderproblem Testamentsvollstreckung, ZErb 2007, 394; *Kandelhard*, Das Schicksal der Mietsicherheiten bei Vertragsübernahme, NZM 2001, 696; *Kurze*, Die Vollmacht nach dem Erbfall, ZErb 2008, 399; *Kinne/Schach/Bieber*, Miet- und Mietprozessrecht, 7. Auflage 2013; *Kraemer*, Die Gesellschaft bürgerlichen Rechts als Partei gewerblicher Mietverträge, NZM 2002, 465; *Lammel*, AnwaltKommentar Wohnraummietrecht, 2007; *Möller*, Aktuelle Rechtsprechung zur Schriftform langfristiger Mietverträge, ZfIR 2008, 87; *Muscheler*, Der Mehrheitsbeschluss in der Erbengemeinschaft, ZEV 1997,169; *ders.*, Der Mehrheitsbeschluss in der Erbengemeinschaft – Schranken, Änderungen der Mehrheitskompetenz, Rechtsfolgen, Verwalterbestellung –, ZEV 1997, 222; *Schmidt-Futterer*, Mietrecht, 13. Auflage 2017; *Sonnenschein*, Kündigung und Rechtsnachfolge, ZMR 1992, 417; *Sternel*, Mietrecht aktuell, 4. Auflage 2009; *ders.*, Minderung und Zurückbehaltung der Miete – Durchsetzung und Ausschluss im bestehenden Mietverhältnis, WuM 2002, 244; *ders.*, Der Tod des Mieters, ZMR 2004, 714; *Wenzel*, Die Sondererbfolge in das Mietverhältnis gemäß § 569a BGB, ZMR 1993, 489.

A. Einführung

1 Sobald mehr als ein Erbe einen Nachlass antritt, bilden die Miterben eine Erbengemeinschaft. In der täglichen Beratungspraxis ergeben sich Fragestellungen für Erbengemeinschaften mit bestehenden Mietverhältnissen über Wohn- oder Gewerberaum daher sowohl aus Vermieter- als auch aus Mietersicht. Die Rechtsfolgen dieser Verträge regeln sich nicht alleine nach den §§ 1922 ff. BGB. Vielmehr gehen die speziellen Regeln des Mietrechts vor. Dem Wunsch derjenigen, die mit dem Tod einer Partei das Ende des Vertragsverhältnisses herbeiführen möchten, wird das Gesetz nicht entsprechen, denn das Mietverhältnis endet nicht automatisch mit dem Tod einer der Vertragsparteien. So hat bereits das BVerfG herausgearbeitet, dass der Mietbesitz eine Eigentumsposition darstellt, die es zu schützen gilt.[1]

2 Stirbt ein Mieter, so wird das Mietverhältnis mit den Erben fortgesetzt. Gleich, ob es sich um die gesetzlichen, testamentarischen oder die Erben aufgrund eines Erbvertrags handelt. Dort, wo die Position des Erben und jene der Mitbewohner auseinander fallen, können soziale Härten auftreten, die es erforderlich gemacht haben, ein Regelungswerk aufzustellen, welches auf diese Interessen Rücksicht nimmt. So wurde durch den Gesetzgeber der erbrechtliche Grundsatz der Universalsukzession in einzelnen Punkten durchbrochen, mit der Folge, dass Erben und zukünftige Mietvertragspartner auseinander fallen können. Nachfolgend wird auch diese Sonderrechtsnachfolge erläutert.

Hat der Vermieter jedoch eine Wohnung aufgrund des ihm zustehenden Nießbrauchsrechts vermietet, so werden seine Erben nach seinem Tod nach den Grundsätzen der Universalsukzession verpflichtet.[2]

Dasselbe gilt dort, wo die Erbengemeinschaft das Mietverhältnis nach dem Tod des Erblassers nicht weiterführt. Dort kann die Erbengemeinschaft den Kautionsrückzahlungsanspruch und die Auszahlung des Nebenkostenguthabens direkt an die Erbengemeinschaft verlangen.[3]

1 BVerfG, Beschl. v. 26.5.1993, BVerfGE 89, 1.
2 AG Düren, Beschl. v. 19.1.2012 – 47 C 455/11.
3 AG Düsseldorf, Urt. v. 18.8.2010, WuM 2011, 624 ff.

Besteht eine Erbengemeinschaft, ergibt sich aus der Natur der Sache, dass die Mieter- oder Vermieterposition von einer Mehrheit von Personen ausgefüllt wird. Die Verwaltung von Nachlassgegenständen durch eine Mehrheit von Personen ist in der Praxis nicht unproblematisch. Ursächlich hierfür ist nicht nur die knappe Verwaltungsregelung im BGB Für Streit sorgen die oft sehr unterschiedlichen Interessen der Erben, die in der Erbengemeinschaft aufeinander treffen. Präferiert beispielsweise einer der Erben die Reinvestition des Mieterertrags in die Immobilie, um diese stets in tadellosem Zustand zu wissen, während ein Miterbe die Priorität auf die Ausschüttung des Mietertrags legt, liegt der Interessenswiderstreit schon deutlich auf der Hand. 3

Ausgehend von § 2038 BGB ist festzuhalten, dass ein abgestuftes System der Verwaltung des Nachlasses vom Gesetzgeber vorgegeben wird. Danach erfordert die **außerordentliche Verwaltung** nach § 2038 Abs. 1 S. 1 BGB einstimmiges Handeln der Miterben. § 2038 Abs. 1 S. 2 BGB regelt die **ordnungsgemäße Verwaltung**, wofür ein Mehrheitsbeschluss genügt und § 2038 Abs. 1 S. 2 Hs. 2 BGB regelt die **notwendige Verwaltung** und gibt hier einem Miterben allein die Möglichkeit zum Handeln (zu Einzelheiten der Verwaltung der Erbengemeinschaft siehe § 4 Rdn 50 ff. 4

Der Begriff der Verwaltung ist weit und erfasst damit sowohl das Innen- als auch das Außenverhältnis.[4] Gemeinschaftliches Handeln erfordert einstimmiges Verhalten im Innenverhältnis und einvernehmliches (deutlich erkennbares) Auftreten aller Miterben im Außenverhältnis. 5

Unter dem Begriff der **außerordentlichen** Verwaltung sind Maßnahmen zu verstehen, die für den Nachlass eine erhebliche Bedeutung haben. Die ordnungsgemäße Verwaltung erfasst alle Maßnahmen, die der Beschaffenheit des Nachlassgegenstandes und dem Interesse aller Miterben dienen.[5] 6

Auch bei der **ordnungsgemäßen** Verwaltung ist vom Grundsatz her Einstimmigkeit erforderlich. Doch trifft § 2038 Abs. 2 BGB eine Ausnahmeregelung. Hier kommen über § 2038 Abs. 2 BGB die Regeln der Gemeinschaft gem. §§ 743, 745, 746, 748 BGB zur Anwendung und über die Verweisung in § 2042 Abs. 2 BGB jene der §§ 749 Abs. 2, 3 und 750–758 BGB. Dies gilt freilich nur dort, wo die Vermieter keine Gesellschaft bilden. Bei der Verwaltung der gemeinsam vermieteten Sache finden somit die §§ 745, 749 und 754 BGB Anwendung. Dies bedeutet, dass die ordnungsgemäße Verwaltung der Mietsache durch Stimmenmehrheit entschieden werden kann, wodurch zugleich die gesetzliche Befugnis der Mehrheit zur Vertretung der Minderheit begründet wird.[6] Wird nämlich ein wirksamer Beschluss innerhalb der Erbengemeinschaft gefasst, so erhält die Mehrheit der Erben über §§ 2038 Abs. 2 S. 1, 745 Abs. 1 BGB eine gesetzliche Vertretungsmacht zur Vertretung der übrigen Erben beim Abschluss von Rechtsgeschäften, die keine Verfügungen darstellen.[7] Für die äußere Form der Beschlussfassung gibt es keine Vorgaben.[8] 7

Liegt ein Mehrheitsbeschluss vor, so sind auch die Erben, die diesen Beschluss nicht gestützt haben, zur Mitwirkung bei dessen Ausführung verpflichtet.[9] Verweigern sie sich, können sie klageweise in Anspruch genommen werden. Ob die Beschlüsse dabei fehlerhaft gefasst 8

4 Staudinger/*Löhnig*, § 2038 Rn 6 ff.
5 Palandt/*Weidlich*, § 2038 Rn 6.
6 Emmerich/Sonnenschein/*Emmerich*, Vor. § 535 Rn 33; BGH, Urt. v. 11.11.2009, NZM 2010, 161, 162; *Muscheler*, ZEV 1997, 229 m.w.N.
7 Palandt/*Sprau*, § 745 Rn 4.
8 *Muscheler*, ZEV 1997, 173.
9 MüKo/*Schmitt*, § 745 Rn 30; Palandt/*Sprau*, § 745 Rn 4; *Muscheler*, ZEV 1997, 228.

sind, spielt für die Außenwirkung keine Rolle.[10] Lässt sich ein Handelnder nun darauf ein, auf der Basis eines Mehrheitsbeschlusses zu agieren, so wird er sein Handeln im Namen der Erbengemeinschaft vornehmen, da nur so sichergestellt werden kann, dass alle Miterben verpflichtet werden. Stellt sich allerdings später heraus, dass der Beschluss unwirksam war, so läuft er Gefahr für einen etwaigen Schaden in Anspruch genommen zu werden. Deshalb wird der Berater bei anstehenden Fragen immer darauf drängen, eine einmütige Entscheidung zu finden, um eben diese Risiken auszuschließen.

9 Auf diesem Weg der Mehrheitsverwaltung ist die laufende Verwaltung auch der ererbten Mietobjekte möglich. Insoweit kann die der Erbengemeinschaft manchmal innewohnende Schwerfälligkeit überwunden werden[11] und die wirtschaftliche Verwaltung des Erbes ist auch gegen widerspenstige oder quertreibende Miterben möglich. So kann die Erbengemeinschaft mit Stimmenmehrheit einen der Teilhaber zur Einziehung einer Nachlassforderung ermächtigen.[12] Allerdings ist stets im Einzelfall zu prüfen, ob eine Maßnahme tatsächlich zur ordnungsgemäßen Verwaltung gehört und durch einen Mehrheitsbeschluss umgesetzt werden kann. Die Stimmenmehrheit richtet sich hierbei nicht nach Köpfen sondern gem. § 745 Abs. 3 S. 1 BGB nach der durch Erbfall begründeten Erbteilgröße.[13] Haben zwei Miterben gleich große Erbteile, so sind sie auf einmütiges Handeln angewiesen.

10 Diese Ausführungen dürfen jedoch nicht darüber täuschen, dass im Außenverhältnis im Rahmen des Mietrechts sehr häufig einmütiges Handeln erforderlich ist, wobei insbesondere § 2040 BGB als Sondervorschrift zu beachten ist. § 2040 BGB wird hierbei von § 2038 nicht dominiert,[14] denn nur so kann verhindert werden, dass von einigen Miterben vollendete Tatsachen geschaffen werden.

B. Hauptpflichten des Mietvertrags, § 535 BGB

11 Verstirbt der Vermieter und hinterlässt er mehrere Erben, so gehört das Grundstück und damit auch der Mietvertrag zum gemeinschaftlichen Vermögen der Erbengemeinschaft nach § 2032 BGB.

I. Gegenstand des Mietvertrags

12 Gegenstand des Mietvertrags können nur Sachen i.S.d. § 90 BGB und deren Teile sein. Dem gleich stehen Tiere gem. § 90a BGB. Der Mietvertrag erstreckt sich, sofern die Parteien nichts anderes vereinbart haben, auf die wesentlichen Bestandteile der Sache und auf das Mietzubehör.

II. Überlassungspflicht

13 Die Erbengemeinschaft hat dem Mieter das Mietobjekt zu überlassen. Hierbei handelt es sich um eine Hauptleistungspflicht des Mietvertrags. Hinsichtlich der Pflichten aus dem Mietvertrag sind die Mitglieder der Erbengemeinschaft Gesamtschuldner nach §§ 2038, 427

10 Umstritten: vgl. *Muscheler*, ZEV 1997, 171.
11 Staudinger/*Werner*, § 2038 Rn 33.
12 BGH, Urt. v. 19.9.2012, ZErb 2013, 46–48.
13 MüKo/*Gergen*, § 2038 Rn 35.
14 Staudinger/*Löhnig*, § 2038 Rn 33 ff..

BGB.[15] Kommt die Erbengemeinschaft ihrer Überlassungspflicht nicht oder nicht rechtzeitig nach, so haftet sie als Vermieter für etwaig hieraus entstehende Schadensersatzansprüche dem Mieter als Gesamtschuldner.

III. Mietzins

Hauptleistungspflicht des Mieters ist die Zahlung der Miete. In der Vereinbarung von Art und Höhe der Miete sind die Parteien grundsätzlich gem. § 311 BGB frei. Schranken werden allenfalls durch die Wuchertatbestände gezogen gem. § 5 WiStG, § 291 StGB, durch § 138 BGB sowie durch das Regelwerk über den preisgebundenen Wohnungsbau. 14

1. Zahlung an die Erbengemeinschaft

Zur ordnungsgemäßen Verwaltung einer Immobilie gehört selbstverständlich auch die Einziehung von Mietzinsforderungen.[16] Für die Einziehung der Miete gilt § 2038 i.V.m. § 754 S. 2 BGB. Somit kann jeder Teilhaber der Erbengemeinschaft die gemeinschaftliche Einziehung der Miete verlangen.[17] Jedoch kann sich der einzelne Erbe nun nicht direkt an den Mieter wenden, um von ihm die Zahlung des Mietzinses entsprechend seines Erbanteils zu verlangen. Vielmehr muss der Erbe die Zahlung der ungeteilten Miete an die Gemeinschaft verlangen.[18] Im Gegenzug wird der Mieter nun leistungsfrei, wenn er seinerseits an die Erbengemeinschaft leistet. 15

2. Ungewissheit über Gläubigerstellung der Mietzinsforderung

Möchte die Erbengemeinschaft nach dem Tod des Vermieters den uneingeschränkten Mietzinsfluss sicherstellen, so ist zu empfehlen, den Mietern die Erbenstellung nachzuweisen. 16

Kommt es zu einem Wechsel des Vertragspartners auf Seiten des Mietzinsgläubigers, ist es grundsätzlich nicht Aufgabe des Schuldners, die Erben als Rechtsnachfolger zu ermitteln, um dann an die Erbengemeinschaft die Zahlung des Mietzinses leisten zu können.[19] Der Mieter darf hier durchaus abwarten, bis die Erbengemeinschaft unter Bezeichnung ihrer Rechtsstellung an ihn herantreten. Solange dies nicht geschieht und der Mieter auch nicht auf anderem Weg sicher Kenntnis darüber gewinnt, wer der wahre Gläubiger ist, kann der Mieter den Mietzins zurückhalten.[20] Unterbleibt die Mietzinsleistung dann infolge eines Umstands, den der Mieter nicht zu vertreten hat, gerät er auch nicht in Zahlungsverzug.

Die Erbengemeinschaft vermag dann noch nicht einmal eine wirksame Kündigung wegen Zahlungsverzugs auszusprechen.

Die notwendige Sicherheit für den Mieter bietet in diesen Fällen ein Grundbucheintrag bzw. die Vorlage eines Erbscheins, § 2367 BGB.

Haben mehrere Personen geerbt, so muss der Mieter die Mietzahlungen an sämtliche Erben sicherstellen. Ist dies dem Mieter nicht möglich, da sich die Erben uneins sind, so ist zu empfehlen, dass der Mieter den monatlichen Mietzins hinterlegt.

---

15 Emmerich/Sonnenschein/*Emmerich*, Vor. § 535 Rn 34.
16 MüKo/*Gergen*, 4. Auflage, § 2038 Rn 16.
17 BGH, Urt. v. 11.9.2000 – II ZR 324/98, NZM 2001, 45.
18 BGH, Urt. v. 28.9.2005 – VIII ZR 399/03, NZM 2005, 941.
19 Palandt/*Grüneberg*, § 286 BGB Rn 33; BGH, Urt. v. 7.9.2005, NZM 2006, 11.
20 BGH, Urt. v. 7.9.2005 – VIII ZR 24/05, NZM 2006, 11.

C. Abschluss eines Mietvertrags, Schriftform, § 550 BGB

17 Wird ein Mietvertrag für längere Zeit als ein Jahr geschlossen, so ist dieser gem. § 550 BGB in schriftlicher Form abzuschließen. Wird dieses Schriftformerfordernis nicht eingehalten, so gilt der Vertrag auf unbestimmte Zeit geschlossen. Die Kündigung ist jedoch frühestens zum Ablauf eines Jahres nach Überlassung des Wohnraums zulässig. Diese Regelung gilt im Wohnungsmietrecht wie bei der Vermietung von Gewerberäumen gleichermaßen.

§ 550 BGB regelt die Form langfristiger Mietverträge. Die Vorschrift hat erhebliche praktische Bedeutung, zumal in der Praxis Bestrebungen festzustellen sind, wonach einzelne Mieter versuchen sich lästig gewordener Mietverträge zu entledigen unter Berufung auf etwaig bestehende Formmängel. Hiervon bleiben auch Erbengemeinschaften nicht verschont. Im Rechtsstreit ist § 550 BGB von Amts wegen zu berücksichtigen, auch wenn sich keine der Parteien auf den Formmangel beruft.[21]

Zum Teil wird im Schrifttum die Auffassung vertreten, dass zur Wahrung der Schriftform die Einhaltung der Formvorschrift des § 127 BGB genügt.[22] Dem ist nicht zu folgen, denn der Gesetzgeber hat eindeutig formuliert, dass die Voraussetzungen von § 126 BGB eingehalten sein müssen, um der Vorschrift des § 550 BGB zu genügen.[23]

I. Anwendungsbereich

18 Der Anwendungsbereich der §§ 550, 578 BGB beschränkt sich auf Miet- und Pachtverträge über Grundstücke, Teile von Grundstücken, Wohnräume und sonstige Räume. Eine vergleichbare Vorschrift enthält § 585a BGB für Landpachtverträge.

II. Abschluss über längere Zeit als ein Jahr

19 Die Anwendung von § 550 BGB setzt voraus, dass der Grundstücksmietvertrag über längere Zeit als ein Jahr abgeschlossen wird. Die Jahresfrist wird berechnet ab dem Vertragsbeginn.[24] Dasselbe gilt, wenn die Kündigungsfrist so lange gefasst ist, dass der Vertrag erstmals nach Ablauf des ersten Mietjahres gekündigt werden darf.

III. Schriftliche Form

20 Der Gesetzgeber verweist zur Einhaltung der Form auf § 126 BGB. Dies bedeutet, dass der Mietvertrag von beiden Seiten eigenhändig auf derselben Urkunde unterschrieben werden muss, § 126 Abs. 1 BGB. Die so umschriebene Form kann durch die elektronische Form des § 126a BGB ersetzt werden oder durch notarielle Beurkundung, § 126 Abs. 4 BGB. Auch eine gerichtliche Protokollierung hilft weiter, § 127a BGB. Nicht jedoch durch die Einhaltung der einfachen Textform gem. § 126b BGB. Die Formerfordernisse des § 126 BGB sind nur dann gewahrt, wenn sämtliche Vertragsparteien unterzeichnet haben.[25]

---

21 Emmerich/Sonnenschein/*Emmerich*, § 550 Rn 1.

22 *Eckert*, NZM 2001, 409 ff.; *Ormanschick/Rieke*, MDR 2002, 247.

23 Emmerich/Sonnenschein/*Emmerich*, § 550 Rn 1; *Heile*, NZM 2002, 505; Palandt/*Weidenkaff*, § 550 Rn 1.

24 Palandt/*Weidenkaff*, § 550 Rn 6.

25 BGH, Urt. v. 25.7.2007 – XII ZR 153/05, NJW 2007, 3202; BGH, Urt. v. 9.4.2008 – XII ZR 89/06, NZM 2008, 484; BGH, Urt. v. 7.5.2008 – XII ZR 69/06, NZM 2008, 482 = ZMR 2008, 704.

Ist die Schriftform nicht gewahrt, so ist beiden Vertragspartnern die Berufung hierauf nicht grundsätzlich verwehrt. Treuwidrig ist dieses Verhalten jedenfalls nach Ansicht des BGH nicht.[26]

Bei einer Erbengemeinschaft ist zu berücksichtigen, dass diese keine eigene Rechtspersönlichkeit besitzt und auch sonst nicht rechtsfähig ist.[27] Deshalb kann die Empfehlung an den Praktiker nur lauten, sämtliche Mitglieder der Erbengemeinschaft in den Vertrag aufzunehmen und den Vertrag auch von diesen eigenhändig unterzeichnen zu lassen, um das Schriftformerfordernis des § 550 BGB zu wahren.[28] Der Bundesgerichtshof hat dies deutlich herausgestellt.[29] In dem dieser Entscheidung zugrunde liegenden Sachverhalt wurde über die Formwirksamkeit eines langfristigen Gewerbemietvertrags entschieden, in dessen Vertragsrubrum die Erbengemeinschaft nicht mit ihren einzelnen Personen benannt wurde, sondern als Vertragspartner nur „Erbengemeinschaft Sa." aufgenommen wurde. Diese Bezeichnung sah der Bundesgerichtshof als unzureichend an[30] und hat nochmals herausgestellt, dass ein Mietvertrag nur dann der Schriftform genügt, wenn sich alle wesentlichen Vertragsbedingungen, insbesondere der Mietgegenstand, der Mietzins, die Dauer des Vertrags und die Parteien aus der Urkunde ergeben. Hierbei sind die Vertragsparteien genau zu bezeichnen.[31] Dies gilt insbesondere dann, wenn eine Seite eine Personenmehrheit darstellt.[32] In der Konsequenz führt ein entsprechender Mangel in der Schriftform zur ordentlichen Kündbarkeit des Mietvertrags für beide Seiten. Der Vertrag kann dann nur noch gerettet werden, wenn im Mietvertrag eine wirksame Nachholklausel verankert ist, die die Vertragsparteien anhält, bei später erkannten Schriftformmängeln daran mitzuwirken, einen wirksamen Vertrag abzuschließen.[33] 21

Wer dieses Prozedere für zu umständlich erachtet oder besorgt ist, nicht alle Miterben zeitgleich an „einen Tisch" zu bekommen, der sollte für die Erbengemeinschaft einen Vertreter bestellen und mit entsprechenden Vollmachten arbeiten.[34] In diesen Fällen wird die Erbengemeinschaft mit ihrer konkreten Besetzung in das Rubrum des Vertrags aufgenommen und der Vertreter in der Vertragsurkunde benannt. Jener unterzeichnet eigenhändig den Vertrag, um die Formvorschriften zu wahren. Unterzeichnet ein Vertreter, so hat dieser durch einen das Vertretungsverhältnis anzeigenden Zusatz zu unterzeichnen.[35] Zum Teil wird hierin ein bloßer Formalismus gesehen und es nicht für zwingend erforderlich gehalten, dass der Vertreter mit einem Vertreterzusatz unterzeichnet. Ausreichend sei, dass sich aus den gesamten Umständen des Vertrags die Vertreterposition ergibt.[36] Für die Einhal- 22

26 BGH, Urt. v. 25.7.2007 – XII ZR 143/05, NZM 2007, 730.

27 BGH, Urt. v. 21.12.1988 – VIII ZR 277/87, ZMR 1989, 173; BGH, Urt. v. 11.9.2002 – XII ZR 187/00, NJW 2002, 3389, 3391.

28 *Sternel*, I, Rn 111.

29 BGH, Urt. v. 11.9.2002 – XII ZR 187/00, NJW 2002, 3389, 3391.

30 A.A. *Börstinghaus*, MDR 2002, 929, 931.

31 BGH, Urt. v. 7.7.1999 – XII ZR 15/97, NJW 1999, 3257, 3258; bestätigend in: BGH, Urt. v. 7.5.2008 – XII ZR 69/06, NZM 2008, 482 = ZMR 2008, 704.

32 Emmerich/Sonnenschein/*Emmerich*, § 550 Rn 10; BGH, Urt. v. 7.5.2008 – XII ZR 69/06, NZM 2008, 482 = ZMR 2008, 704; *Horst*, MDR 2008, 369.

33 BGH, Urt. v. 6.4.2005 – XII ZR 308/02, NZM 2005, 502, 503; KG, Urt. v. 5.7.2007 – 8 U 182/06, NZM 2007, 731, 732; *Möller*, ZfIR 2008, 87 ff.; a.A. OLG Rostock, Urt. v. 10.7.2008 – 3 U 108/07, ZfIR 2008, 627 ff. m. Anm. *Gerber*.

34 Ausführlich *Kurze*, ZErb 2008, 399 ff.

35 BGH, Urt. v. 11.9.2002 – XII ZR 187/00, NZM 2002, 950; Bub/Treier/*Emmerich*, II Rn 470.

36 NZM 2005, 502, 503; NJW 2007, 288, 290; BGH, Urt. v. 7.5.2008 – XII ZR 69/06, NZM 2008, 482 = ZMR 2008, 704; BGH, Urt. v. 19.9.2007 – XII ZR 121/05, NJW 2007, 3346.

tung der Schriftform spielt es dann überdies keine Rolle, ob der Vertreter Vertretungsmacht besitzt, da diese Frage lediglich das Innenverhältnis zur Erbengemeinschaft hin tangiert. Die Form jedenfalls ist gewahrt. Die dann erforderliche Genehmigung durch die Erbengemeinschaft kann formlos erfolgen gem. §§ 177, 182 BGB.

Mit Blick auf diese Rechtsprechung ist es zwingend erforderlich, das Rubrum der Mietvertragsurkunde präzise zu benennen, um das Schriftformerfordernis zu erfüllen.

D. Kündigung des Mietverhältnisses und seine Form

23 Die Kündigung wirft in der Praxis für die Erbengemeinschaft oft erhebliche Schwierigkeiten auf. Sie resultieren meist aus den formalen Anforderungen, die der Gesetzgeber dem Kündigenden generell auferlegt. Diese Anforderungen sollten nicht auf die „leichte Schulter" genommen werden, denn ein (unerkannt) nicht wirksam gekündigtes Mietverhältnis kann zu empfindlichen Schadensersatzansprüchen führen, wenn bspw. bereits die Weitervermietung des Mietobjekts wirksam in die Wege geleitet wurde, im Vertrauen darauf, das ursprüngliche Mietverhältnis sei beendet.

I. Allgemeine Regeln

24 In den allgemeinen Bestimmungen ist für die Kündigung eines Mietverhältnisses keine bestimmte Form vorgeschrieben. Demzufolge kann die Kündigung auch mündlich erklärt werden. Freilich können die Parteien auch vertraglich eine bestimmte Form für die Kündigung vereinbaren. Sonderregelungen gelten jedoch für die Wohnraummiete (§ 568 BGB), Mietverhältnisse über Grundstücke und Räume (§ 578 BGB) und die Landpacht (§§ 594 f. BGB). Hier schreibt das Gesetz die Form der Kündigung vor.

II. Schriftform der Kündigung, § 126 BGB

25 Die Kündigung bedarf der Schriftform, § 126 BGB. Die gesetzliche Form gilt für beide Seiten des Vertrags und jede Art der Kündigung. Wird gegen den gesetzlichen Formzwang verstoßen, ist die Kündigung nach § 125 S. 1 BGB nichtig. Sie kann nach § 141 Abs. 1 BGB nur durch Neuvornahme unter Beachtung der gesetzlichen Form und ohne Rückwirkung bestätigt werden.[37]

Die schriftliche Form ist nach § 126 Abs. 1 BGB gewahrt, wenn die Kündigungserklärung in einer Urkunde enthalten ist, die von dem Kündigenden eigenhändig durch Namensunterschrift oder mittels notariell beglaubigtem Handzeichen unterzeichnet ist. Hieraus folgt, der Kündigende selbst muss die Unterschrift eigenhändig leisten. Eine mechanisch erstellte oder eine bloß ausgedruckte Unterschrift genügt nicht.[38] Auch das Telefax, das Telegramm oder eine bloße Kopie genügt nach herrschender Meinung in Rechtsprechung und Literatur diesen Anforderungen nicht.[39] Unzureichend sind ferner Kündigungen per E-Mail oder auf

37 Emmerich/Sonnenschein/*Emmerich*, § 542 BGB Rn 39.

38 *Flatow*, NZM 2004, 281, 283.

39 Emmerich/Sonnenschein/*Haug*, § 568 BGB Rn 6; BGHZ 121, 224, 229 ff.; Schmidt-Futterer/*Blank*, § 568 BGB Rn 13; Kinne/Schach/Bieber/*Schach*, § 568 BGB Rn 2; a.A. AG Köln WuM 1992, 194 ohne weitere Begründung; AG Hannover WuM 2000, 412.

einem Notepad geleistete und dem Empfänger per Datenleitung übermittelte Unterschriften.[40]

III. Kündigung durch die Erbengemeinschaft

Nach der Vorstellung des Gesetzgebers haben sämtliche Mitglieder der Erbengemeinschaft die Kündigung eigenhändig auf einer Urkunde zu unterschreiben. Fehlt die eigenhändige Unterschrift auch nur eines Mitglieds der Erbengemeinschaft, so ist die Kündigung bereits formell unwirksam nach § 125 S. 1 BGB. 26

Diesem Erfordernis kann die Erbengemeinschaft nur begegnen, indem sie einen Vertreter bestellt oder einen der Miterben bevollmächtigt, für die Erbengemeinschaft tätig zu werden.

Der BGH hat die Auffassung vertreten, dass die wirksame Kündigung eines Miet- oder Pachtverhältnisses voraussetzt, dass alle Miterben der Kündigung zustimmen, notfalls müsse diese durch gerichtliche Entscheidung erzwungen werden.[41]

1. Kündigung als Verfügung i.S.d. § 2040 BGB

In der Kündigung durch die Erbengemeinschaft wurde vom BGH materiell-rechtlich eine Verfügung nach § 2040 Abs. 1 BGB gesehen und nicht eine mehrheitsfähige Maßnahme der Nachlassverwaltung gemäß § 2038 Abs. 2 BGB. Diese sollte auch für Verfügungen über Nachlassgegenstände gelten, die zugleich Maßnahmen der ordnungsgemäßen Verwaltung sind. Diese Rechtsprechung wurde ab dem Jahr 2005 aufgeweicht. Der BGH sieht in einer Entscheidung die Kündigung eines landwirtschaftlichen Pachtvertrags als Verfügung i.S.d. § 2040 BGB an, ergänzt allerdings, dass viel dafür spreche, dass solche Verfügungen als Maßnahmen ordnungsgemäßer Verwaltung wirksam mit Stimmenmehrheit der Erbengemeinschaft beschlossen werden könnten, wenn dadurch die auf den Erhalt des Nachlassbestandes gerichteten Interessen der anderen Miterben nicht beeinträchtigt werden. Weiter führt der Senat des BGH für Landwirtschaftssachen in dieser Entscheidung aus, dass der Grundgedanke des § 2040 Abs. 1 BGB bezüglich der gesamthänderischen Bindung der Miterben nicht zwingend erfordere, dass Verfügungen über Nachlassgegenstände immer gemeinschaftlich vorzunehmen seien. In der Folge hat der BGH in mehreren Entscheidungen ausdrücklich diese Auffassung geteilt und entschieden, dass (jedenfalls) bei einer Kündigung von Mietverhältnissen über eine zum Nachlass gehörende Sache wirksam mit Stimmenmehrheit entschieden werden kann, wenn sich die Kündigung als Maßnahme ordnungsgemäßer Nachlassverwaltung darstellt.[42] In der Konsequenz führt dies dazu, dass die Kündigung eines Mietvertrags nicht nur durch gemeinschaftliches Handeln der Erben erfolgen kann. 27

Zur Begründung fügt der Bundesgerichtshof in seinen Urteilen ab 2005 (unter Aufgabe der früheren Rechtsprechung)[43] aus, dass der allgemeine Verfügungsbegriff, nach welchem Verfügungen Rechtsgeschäfte sind, durch die bestehende Rechte mit unmittelbarer Wirkung aufgehoben, übertragen, belastet oder inhaltlich verändert werden, auch im Rahmen des § 2040 BGB gilt.[44] Ausgehend von dieser Prämisse ist die Ausübung von Gestaltungsrechten 28

40 Schmidt-Futterer/*Blank*, § 568 BGB Rn 13.

41 *Sonnenschein*, ZMR 1992, 417.

42 BGH, Urt. v. 28.4.2006 – LwZR 10/05, ZEV 2006, 358, BGH, Urt. v. 11.11.2009 – XII ZR 210/05, NJW 2010, 765 f., BGH, Urt. v. 20.10.2010 – XII ZR 25/09, NJW 2011, 61 f.

43 BGH, Urt. v. 30.1.1951 – V BLw 36/50, LM BGB 2038 Nr. 1.

44 MüKo/*Gergen*, § 2040 Rn 4 ff.

wie die Kündigung eines Dauerschuldverhältnisses als Verfügung zu betrachten,[45] denn durch die Kündigung des Mietvertrags wird das Recht der Erbengemeinschaft aufgehoben, den Mietzins zu verlangen. Allerdings verneinte der BGH nun, dass § 2040 Abs. 1 BGB ausnahmslos für Verfügungen über einen Nachlassgegenstand für den Fall von mehrheitlich beschlossenen Maßnahmen der ordnungsgemäßen Verwaltung anwendbar ist. Zu dieser Auffassung gelangt man, wenn man bei der Kündigung eines Mietvertrags von einem Vorrang des § 2038 Abs. 1 S. 2 BGB im Verhältnis zu § 2040 BGB ausgeht und mehrheitlich beschlossene Maßnahmen der ordnungsgemäßen Nachlassverwaltung auch Verfügungsgeschäfte umfassen. Eine Einstimmigkeit ist dann nicht mehr erforderlich. Maßgebend für die rechtliche Bewertung ist das Verhältnis von § 2038 BGB und § 2040 BGB. Zu den Einzelheiten der unterschiedlichen vertretenen Meinungen wird auf die Darstellungen in den zitierten neuen BGH-Urteilen sowie auf die Ausführungen in diesem Buch in § 4 Rn 46 und 72 ff. verwiesen.

29 Im Ergebnis sind die Entscheidungen des BGH, eine solche Kündigung eines Mietverhältnisses als Verfügung zu betrachten und Mehrheitsentscheidungen der Erbengemeinschaft für möglich zu halten, kritisch zu sehen. Sie dienen nicht der Rechtssicherheit der Beteiligten. Diese Auffassung führt zu einer Einengung des Anwendungsbereichs des § 2040 Abs. 1 BGB auf wenige Fälle einer nicht ordnungsgemäßen Nachlassverwaltung, deren Prüfung dem Rechtsverkehr auferlegt wird. Ein Empfänger der Kündigung (Mieter) muss somit für die Wirksamkeit der Kündigung prüfen, ob ein Fall ordnungsgemäßer Verwaltung vorliegt. Dies führt in der Praxis zu erheblichen Abgrenzungsschwierigkeiten. Möglicherweise räumt der Mieter ein Grundstück, trotz Unwirksamkeit der Kündigung. Die Unwägbarkeiten der BGH Rechtsprechung in der praktischen Außenwirkung werden beispielhaft auch anhand eines Urteils des LG Berlin deutlich. Das LG Berlin hielt im Ergebnis die ausgesprochene Kündigung einer ungeteilten Erbengemeinschaft mit Stimmmehrheit wegen Zahlungsverzuges für keine Maßnahme der ordnungsgemäßen Verwaltung gemäß § 2038 Abs. 1 S. 2 BGB, wenn die Anschlussvermietung zum Zeitpunkt der Kündigung ungewiss ist. Der Erbengemeinschaft ist in der Praxis deshalb anzuraten, sich trotzdem aus Sicherheitsgründen die Zustimmung aller Miterben einzuholen, auch um eine mögliche Haftung der handelnden Miterben zu vermeiden. Der Kündigungsempfänger kann die Kündigung bei einem Mehrheitshandeln gemäß § 174 BGB zurückweisen. Fraglich ist, ob unnötige Zeitverluste tatsächlich vermieden werden. Unsicher bleibt auch, welche Verfügungen von dieser Rechtsprechung erfasst werden. Deshalb sprechen im Ergebnis nach diesseitiger Auffassung die besseren Argumente für die Notwendigkeit einer Einstimmigkeitsentscheidung bei Verfügungen der Erbengemeinschaft und am Festhalten an dem ursprünglichen Verfügungsbegriff. Dieser vermeidet auch mögliche sich anschließende Rechtsstreitigkeiten.

2. Kündigung durch Stellvertretung

30 Diesem Risiko, sämtliche Unterschriften zur rechten Zeit zu erhalten, kann sich die Erbengemeinschaft entziehen, indem sie sich eines Stellvertreters bedient. Zwar muss die Schriftform auch bei der Kündigung durch einen Stellvertreter gewahrt sein. Dieses Erfordernis ist erfüllt, wenn der Stellvertreter mit seinem Namen unterzeichnet. Aus dem Kündigungsschreiben muss sich jedoch ergeben, dass der Unterzeichnende als Vertreter der Kündigenden tätig wird.[46] Eine Kündigung in verdeckter Stellvertretung ist nicht zulässig. Die Erteilung einer entsprechenden Vollmacht ist nach § 167 Abs. 2 BGB nicht formbedürftig. Aller-

45 MüKo/*Gergen*, § 2040 Rn 4 ff.

46 Schmidt-Futterer/*Blank*, § 568 Rn 14.

dings ist zu berücksichtigen, dass der Kündigungsempfänger einer solchen Kündigung auf dem Weg des § 174 S. 1 BGB entgegentreten kann, indem er die Kündigung unverzüglich zurückweist, wenn ihr keine Vollmacht beigefügt wurde.[47]

Deshalb empfiehlt es sich in der Praxis, den Stellvertreter bereits im Vorfeld mit einer 31
entsprechenden Originalvollmacht[48] auszustatten, die er dann im Bedarfsfall der Kündigung im Original beifügt. Diese Vollmacht braucht sich nicht ausdrücklich auf die Kündigung zu beziehen. Ausreichend ist eine sich auf das gesamte Mietverhältnis beziehende Vollmacht.[49]

Kann sich die Erbengemeinschaft auf eine einmütige Handlungsweise oder eine wirksame Vertreterbestellung nicht einigen, droht in der Praxis die Handlungsunfähigkeit.

3. Testamentsvollstrecker

Für die Erbengemeinschaften, in deren Nachlass sich Mietshäuser befinden, kann die Situa- 32
tion durch die Einsetzung eines Testamentsvollstreckers deutlich vereinfacht werden. Hieran sollte der beratende Jurist denken und bei der Beratung zum jeweiligen Testament aufmerksam machen. Der Testamentsvollstrecker kann nach § 2205 BGB allein verfügen und entsprechende Willenserklärungen abgeben.

E. Eintrittsrecht bei Tod des Mieters, § 563 BGB

Der Tod des Mieters bei Wohnraummietverhältnissen beendet nicht automatisch den Miet- 33
vertrag. Die Konzeption des § 563 BGB schützt den Bestand von Mietverhältnissen zugunsten der Personen, die mit dem Verstorbenen als „Hausgenossen" zusammenwohnen. Diese gesetzliche Regelung durchbricht die Systematik des Erbrechts und statuiert unter bestimmten Voraussetzungen eine Sonderrechtsnachfolge.

Der Gesetzgeber stellt folgende Fallkonstellationen zur Verfügung:
- Eintrittsrecht, § 563 BGB
- Fortsetzungsrecht, § 563a BGB
- Fortsetzung mit den Erben, § 564 BGB.

I. Allgemeines

Nach den allgemeinen erbrechtlichen Regeln geht ein Mietverhältnis nach den §§ 1922, 34
1967 BGB auf den oder die Erben über. Die Regeln der §§ 563, 563a BGB legen ein hiervon abweichende Sonderrechtsnachfolge kraft Gesetzes[50] fest. Dieses Konzept genießt somit Vorrang vor der gesetzlichen Erbfolge.[51] Eine hiervon abweichende Regelung zum Nachteil des Mieters ist unzulässig, § 563 Abs. 5 BGB. Ein bereits beendetes Mietverhältnis, aus dem nur noch Abwicklungspflichten abgeleitet werden, begründet kein Eintrittsrecht.[52]

---

47 Palandt/*Ellenberger*, § 174 Rn 4 ff.; KG Berlin, Urt. v. 21.2.2002 – 8 U 9783/00, KGR Berlin 2004, 182.

48 Vorzulegen ist das Original der Vollmachtsurkunde. Eine Kopie, ein Fax oder eine beglaubigte Abschrift genügt nicht; Emmerich/Sonnenschein/*Haug*, § 568 Rn 9.

49 Emmerich/Sonnenschein/*Emmerich*, § 542 Rn 7.

50 Palandt/*Weidenkaff*, § 563 Rn 1 u. 19; Emmerich/Sonnenschein/*Rolfs*, § 563 Rn 1.

51 Schmidt-Futterer/*Streyl*, § 563 Rn 1.

52 *Gather*, GE 2000, 310.

35 Mit dieser gesetzlichen Regelung werden die eintretenden Personen in die Lage versetzt, das Mietverhältnis fortzusetzen und dennoch eine überschuldete Erbschaft auszuschlagen,[53] womit die soziale Komponente der Regelung deutlich wird.

Hier wird dem überlebenden Ehegatten, dem Lebenspartner, den Kindern und anderen Familienangehörigen sowie sonstigen Personen, die mit dem verstorbenen Mieter einen „auf Dauer angelegten Haushalt" geführt haben, ein Eintrittsrecht in das Mietverhältnis des Verstorbenen gewährt, unabhängig davon, ob der Eintretende Erbe wurde oder nicht. Dieses Ergebnis tritt nach dem Willen des Gesetzgebers automatisch ein, ohne Mitwirkung des Vermieters und mit allen Rechten und Pflichten aus dem Mietverhältnis. Folglich muss derjenige, der dieses Recht nicht nutzen möchte, sich hierzu erklären und seinen entgegenstehenden Willen kundtun.

36 Insoweit wird deutlich, dass das Eintrittsrecht nach §§ 563, 563a BGB unabhängig davon besteht, ob der Verstorbene eine Erbengemeinschaft hinterlässt und aus wie vielen Personen diese besteht. Nur dann, wenn von diesem Eintrittsrecht kein Gebrauch gemacht wird, kommen die gesetzlichen Regeln des Erbrechts zur Anwendung, § 564 BGB.

37 Die Vorschrift geht davon aus, dass der verstorbene Mieter Alleinmieter gewesen ist. Haben mehrere Mieter den Vertrag geschlossen, aber stirbt nur eine Person, so gilt § 563a BGB.[54] Ist eine beliebige andere Person, die nicht unter § 563 BGB fällt, Mitmieter, steht dennoch dem Ehegatten oder sonstigen Personen, die dem Mieter im Sinne des § 563 Abs. 1, 2 BGB nahe standen, ein Eintrittsrecht zu.[55]

II. Anwendungsbereich

38 Entsprechend der systematischen Stellung der Norm findet § 563 BGB ausschließlich Anwendung auf Mietverhältnisse über Wohnraum. Das Mietverhältnis darf sich jedoch noch nicht in der Abwicklung befinden.

III. Eintritt in das Mietverhältnis

39 Wer in das Rechtsverhältnis eintritt, regelt das Gesetz. Gemeinsam ist dem Kreis der Eintrittsberechtigten Personen, dass sie mit dem Verstorbenen einen gemeinsamen Haushalt gebildet haben müssen. Dieser muss dem Willen des Gesetzgebers nach zudem „auf Dauer angelegt" gewesen sein. Dies wird immer dann angenommen, wenn die Wohnung der Lebensmittelpunkt des gemeinsamen Lebens war. Eine Mindestdauer ist hierbei nicht erforderlich, so dass bereits mehrere Monate des Zusammenlebens genügen.

1. Tod des Mieters

40 Voraussetzung für das Eintrittsrecht ist der Tod des Mieters. Gleichbedeutend mit dem Tod ist die Todeserklärung nach dem Verschollenheitsgesetz.[56]

53 MüKo/*Häublein*, § 563 Rn 1; Kinne/Schach/Bieber/*Kinne*, § 563 Rn 14.
54 Emmerich/Sonnenschein/*Rolfs*, § 563 Rn 4.
55 MüKo/*Häublein*, § 563 Rn 8.
56 Schmidt-Futterer/*Streyl*, § 563 Rn 20.

2. Eintritt des Ehegatten, § 563 Abs. 1 S. 1 BGB

Das Eintrittsrecht des Ehegatten regelt § 563 Abs. 1 BGB. Diese Eigenschaft beginnt mit der standesamtlichen Eheschließung nach den §§ 1310 ff. BGB und endet mit der Scheidung nach den §§ 1564 ff. BGB, §§ 606 ff., 622 ff. ZPO oder der Aufhebung nach §§ 1313 ff. BGB. Voraussetzung ist, dass der Ehegatte mit dem Verstorbenen einen gemeinsamen Haushalt geführt hat. Lebt das Ehepaar getrennt, so führt es keinen gemeinsamen Haushalt mehr und der Überlebende kann sich auf die Regen des § 563 BGB nicht berufen. Dies gilt bereits dann, wenn das Ehepaar innerhalb der Wohnung getrennt lebt.[57] 41

3. Eintritt des Lebenspartners, § 563 Abs. 1 S. 2 BGB

Nach § 563 Abs. 1 S. 2 BGB ist auch der Lebenspartner zum Eintritt in das Mietverhältnis berechtigt. Die Voraussetzungen ergeben sich aus §§ 1, 15 LPartG. 42

4. Eintritt der Kinder, § 563 Abs. 2 S. 1 BGB

Eintrittsberechtigt sind ferner die leiblichen Kinder des Mieters. Auch die angenommenen Kinder nach §§ 1741 ff., 1767 ff. BGB gehören dazu.[58] 43

5. Eintritt anderer Familienangehöriger, § 563 Abs. 2 S. 3 BGB

Das Eintrittsrecht erstreckt sich auch auf Familienangehörige, mit denen der verstorbene Mieter einen gemeinsamen Haushalt führte. Der Begriff wird sehr weit interpretiert. Hierunter können fallen: der/die Verlobte, Verwandte und Verschwägerte.[59] Dies kann unter bestimmten Voraussetzungen zugunsten der Personen gelten, die den Verstorbenen über einen längeren Zeitpunkt hinweg gepflegt haben oder mit ihm zusammen wohnten als Alternative zum Alters- oder Pflegeheim.[60] 44

6. Eintritt sonstiger Personen, § 563 Abs. 2 S. 4 BGB

Durch das Gesetz zur Beendigung der Diskriminierung gleichgeschlechtlicher Gemeinschaften: Lebenspartnerschaften vom 16.2.2001[61] hat der Gesetzgeber den Kreis der Eintrittsberechtigten deutlich erweitert. Erfasst werden nichteheliche Lebensgemeinschaften, gleichgeschlechtliche Lebenspartnerschaften und auf Dauer zusammenlebende Menschen. 45

Voraussetzung ist hierbei lediglich, dass der Überlebende mit dem Verstorbenen einen auf Dauer angelegten gemeinsamen Haushalt, welcher anhand von objektiv nachprüfbaren Kriterien (z.B. Lebensmittelpunkt) ermittelt wird, geführt hat. Somit werden sämtliche Beziehungen erfasst.[62]

---

57 Emmerich/Sonnenschein/*Rolfs*, § 563 Rn 6.
58 Emmerich/Sonnenschein/*Rolfs*, § 563 Rn 8.
59 Palandt/*Weidenkaff*, § 563 Rn 13, 14.
60 AG Görlitz WuM2012, 505, 506.
61 BGBl I 2001 S. 266.
62 Erman/*Lützenkirchen*, § 563 Rn 6.

IV. Rangfolge der eintretenden Personen

46 § 563 Abs. 2 BGB legt ein Stufenverhältnis der Eintrittsberechtigten für den Fall, dass es mehrere Eintrittsberechtigte gibt, fest:[63]

(1) Der Ehegatte bzw. der Lebenspartner i.S.d. LPartG
(2) die Kinder des Mieters, untereinander gleichrangig
(3) andere Familienangehörige gemeinsam mit den Kindern des Mieters
(4) Personen, die mit dem Mieter einen auf Dauer angelegten Haushalt führen gemeinsam mit den Kindern.

47 Wegen des verfassungsrechtlich gesicherten Schutzes der Ehe zwischen zwei Personen verschiedenen oder gleiches Geschlechts gemäß § 1353 BGB, auch nach Umwandlung einer Lebenspartnerschaft in eine Ehe gemäß § 20a S. 1 LPartG und seit Inkrafttreten von Art. 18 Nr. 1 des Gesetzes zur Bereinigung des Rechts der Lebenspartner schließt der Eintritt des Ehegatten oder Lebenspartners alle anderen Personen, die beim Tode des Mieters mit ihm einen gemeinsamen Haushalt führen, von der Sonderrechtsnachfolge aus.[64] Diese Sonderrechtsnachfolge schließt zugleich auch die Gesamtrechtsnachfolge eines Erben aus.[65] Kinder des Mieters treten untereinander gleichrangig, aber nachrangig gegenüber dessen Ehegatten und dessen Lebenspartner ein. Die Familienangehörigen treten nach dem Ehegatten und dem Lebenspartner sowie – falls der Ehegatte bzw. Lebenspartner nicht in das Mietverhältnis eintritt – gleichrangig zusammen mit den Kindern in das Mietverhältnis ein. Für andere Personen, die mit dem Mieter einen auf Dauer angelegten Haushalt geführt haben, gilt gemäß § 563 Abs. 2 S. 3 BGB das Gleiche wie für Familienangehörige.

48 Der Eintritt erfolgt rückwirkend auf den Tod des Mieters auch dann, wenn zunächst der Ehegatte bzw. Lebenspartner eingetreten war und erst später binnen Monatsfrist die Fortsetzung wirksam abgelehnt hat.[66] Die anderen Familien- und Haushaltsangehörigen treten nur subsidiär ein, wenn nicht der Ehegatte oder der Lebenspartner eintritt.

Erst wenn keine Personen nach § 563 BGB in das Mietverhältnis eintreten und keine Fortsetzung nach § 563a BGB erfolgt, wird das Mietverhältnis mit den Erben fortgesetzt, § 564 BGB.

Diese Rangfolge ist gesetzlich vorgeschrieben und vertraglich nicht abänderbar. Auch nicht durch vertragliche Regelung der Eintrittsberechtigten untereinander.

V. Ablehnungsrecht

49 Das Ablehnungsrecht steht den Eintrittsberechtigten Personen zu. Oft wird jedoch vergessen, dass der Eintritt in das Mietverhältnis grundsätzlich automatisch und somit ohne eigenes Zutun erfolgt. Verhindern können Ehegatte, Lebenspartner, das Kind, der Familien- oder Haushaltsangehörige diese Rechtsfolge nur, wenn dem Vermieter rechtzeitig erklärt

63 Schmidt-Futterer/*Streyl*, § 563 BGB Rn 22 ff.; *Hinz*, ZMR 2002, 643.
64 Palandt/*Weidenkaff*, § 563 Rn 17, 18; Schmidt-Futterer/*Streyl*, § 563 Rn 24; Palandt/*Brudermüller*, § 1353 BGB Rn 1und 2; BT-Drucks 18/5901.
65 Emmerich/Sonnenschein/*Rolfs*, § 563 Rn 14.
66 Kinne/Schach/Bieber/*Kinne*, § 563 Rn 14.

wird, dass das Mietverhältnis nicht fortgesetzt werden soll, § 563 Abs. 3 BGB. D.h. es ist Eigeninitiative gefragt. Diese Erklärung muss
- dem Vermieter
- innerhalb eines Monats
- gerechnet ab der positiven Kenntnis vom Tod des Mieters

zugegangen sein.

1. Erklärung gegenüber dem Vermieter

Schriftform ist für die Ablehnungserklärung nicht erforderlich, aber sowohl den Zugang als auch die entsprechende Abgabe der Erklärung muss der Eintretende beweisen.[67] Demzufolge empfiehlt sich die Schriftform allein schon zur Beweissicherung. Hilfreich ist es auch, einen Zugangsnachweis aufzubewahren. 50

Die Erklärung muss allen Vermietern zugehen. Besteht der Vermieter aus einer Erbengemeinschaft, so muss die Erklärung allen Mitgliedern der Erbengemeinschaft zugehen, sofern nicht ein Verwalter amtiert.

2. Berechnung der Monatsfrist

Die Berechnung der Monatsfrist erfolgt nach den §§ 187 bis 193 BGB. Auf eines sei in diesem Zusammenhang deutlich hingewiesen: Die Monatsfrist gilt nach dem Willen des Gesetzgebers für alle eintretende Personen, wobei es auf die jeweilige Kenntnis vom Tod des Mieters ankommt und der Fristenlauf somit sehr individuell verlaufen kann.[68] Problematisch ist ohne Frage, dass diese Monatsfrist auch für die Fälle gilt, in denen beispielsweise der Ehegatte erst kurz vor Fristablauf die ablehnende Erklärung abgibt und hierdurch andere Personen „nachrücken". Auch für diese „Nachrücker" gilt nach dem Wortlaut des Gesetzes die Monatsfrist, wenn sie das Mietverhältnis nicht fortführen möchten, und zwar gerechnet ab der positiven Kenntnis vom Tod des Mieters. Hierdurch verkürzt sich deren Überlegungsfrist in der Praxis deutlich und wird auch oft übersehen. Um einen angemessenen Ausgleich zu schaffen, möchte daher die herrschende Meinung in der Literatur[69] richtigerweise den Fristlauf ab dem Tag beginnen lassen, ab dem der „Nachrücker" Kenntnis von der Ablehnung erhielt. Das Gesetz ist demnach dahingehend auszulegen, dass die Ablehnungsfrist erst zu laufen beginnt, wenn der Eintrittsberechtigte Kenntnis vom Tod des Mieters und von der Ablehnungserklärung des Bevorrechtigten hat und diese Erklärung durch Zugang gegenüber dem Vermieter wirksam geworden ist. Dies entspricht auch der vergleichbaren Regelung in § 1944 Abs. 2 BGB für die Ausschlagung der Erbschaft. Diese Auffassung ist vorzugswürdig. 51

Wird die Frist versäumt, so führt dies zum Eintritt in das Mietverhältnis. Die eintretende Person kann diese Rechtsfolge nicht wegen Unkenntnis der gesetzlichen Lage anfechten, da ein Irrtum über die Rechtsfolge kein Anfechtungsgrund i.S.d. §§ 119 ff. BGB ist. Eine Wiedereinsetzung in den vorigen Stand kommt nicht in Betracht und eine analoge Anwendung des § 1956 BGB für diese Fälle[70] scheidet gleichfalls aus, da der Gesetzgeber eine Regelungslücke nicht hinterlassen hat und § 1956 BGB eine sehr eng auszulegende erbrecht- 52

67 Kinne/Schach/Bieber/*Kinne*, § 563 Rn 15.

68 Vgl. hierzu Emmerich/Sonnenschein/*Rolfs*, § 563 Rn 19.

69 Vgl. hierzu Kinne/Schach/Bieber/*Kinne*, § 563 Rn 15; Palandt/*Weidenkaff*, § 563 Rn 20; Schmidt-Futterer/*Streyl*, § 563 Rn 59; MüKo/*Häublein*, § 563 BGB Rn 24.

70 Vgl. hierzu *Lammel*, ZMR 1/2004, S. VII, VIII; *Sternel*, ZMR 2004, 717.

liche Sondervorschrift darstellt. Der Gesetzgeber wollte bewusst mit der Monatsfrist in überschaubarer zeitlicher Abfolge eine rechtssichere Position für die Vertragsparteien schaffen. Demzufolge ist der Wortlaut des Gesetzes hier eindeutig.[71]

Für die sichere Beratungspraxis und zur Vermeidung von Auseinandersetzungen über den Zeitpunkt der Kenntnis von der Ablehnungserklärung eines Bevorrechtigten, empfiehlt sich daher trotzdem der Hinweis, dass derjenige, der in den Mietvertrag nicht eintreten möchte, aber zum privilegierten Personenkreis gehört, rein vorsorglich seine Ablehnungserklärung an den Vermieter absenden sollte. Die fristgerechte Ablehnung hat die Konsequenz, dass der Eintritt in das Mietverhältnis als nicht erfolgt gilt. Damit wird die bereits vollzogene Sonderrechtsnachfolge rückwirkend beseitigt.

VI. Kündigungsrecht des Vermieters

53 Der Vermieter muss nun nicht jeden Eintretenden akzeptieren. Die Grenzen werden dort gezogen, wo die Person des Eintretenden für den Vermieter eine Unzumutbarkeit darstellt.[72]

1. Form und Frist der Kündigung

54 Steht der Eintretende fest, hat der Vermieter die Möglichkeit, hierauf nach § 563 Abs. 4 BGB zu reagieren. Er kann seinerseits binnen Monatsfrist erklären, dass er das Mietverhältnis nicht fortsetzen möchte, so dass er das Mietverhältnis kündigt. Es gilt sodann die gesetzliche Kündigungsfrist nach § 573d Abs. 2 BGB.

Treten mehrere Personen in das Mietverhältnis ein, so muss die Kündigung allen zugehen.[73] Die Kündigungserklärung muss sich an die Voraussetzungen der §§ 573d Abs. 1, 573 BGB halten und ist demzufolge schriftlich und mit einer individualisierbaren Kündigungsbegründung versehen abzugeben und soll ferner die Belehrung über das Widerspruchsrecht nach § 568 BGB enthalten.[74]

2. Kündigungsgrund

55 Die Kündigung darf nicht grundlos erfolgen. Vielmehr muss in der Person des Eintretenden ein wichtiger Grund für die Kündigung liegen. Entscheidend hierfür ist, ob es dem Vermieter zugemutet werden kann, das Mietverhältnis mit dem Eingetretenen oder den Eingetretenen fortzusetzen.[75] Treten mehrere Personen in das Mietverhältnis ein, so genügt das Vorliegen eines wichtigen Grundes bei einer der eintretenden Personen, um die Kündigung auszusprechen.[76] Die Kündigung kann dann wegen der Einheit des Mietverhältnisses allen gegenüber erklärt werden. Umstände aus der Vergangenheit können hierbei mitberücksichtigt werden.[77]

---

71 Schmidt-Futterer/*Streyl*, § 563 Rn 61; Emmerich/Sonnenschein/*Rolfs*, § 563 Rn 19; MüKo/*Häublein*, § 563 Rn 25.

72 *Hinz*, ZMR 2002, 643.

73 Schmidt-Futterer/*Streyl*, § 563 Rn 72; Emmerich/Sonnenschein/*Rolfs*, § 563 Rn 23.

74 Kinne/Schach/Bieber/*Kinne*, § 563 Rn 24; *Sternel*, ZMR 2004, 717.

75 Schmidt-Futterer/*Streyl*, § 563 Rn 69.

76 Emmerich/Sonnenschein/*Rolfs*, § 563 Rn 22; Bub/Treier/*Landwehr*, II Rn 2618; *Hinz*, ZMR 2002, 644; a.A. *Sternel*, ZMR 2004, 818.

77 *Sternel*, ZMR 2004, 718.

Als wichtiger Grund gelten bspw. persönliche Feindschaft zum Vermieter, Zahlungsunfähigkeit und ein unsittlicher Lebenswandel.[78] Ebenso kann das Fehlen eines Wohnberechtigungsscheins Grund der Kündigung sein, wenn es sich um eine öffentlich geförderte Wohnung handelt sowie die fehlende Mitgliedschaft in einer Genossenschaft bei Genossenschaftswohnungen. Ausländereigenschaft oder Zugehörigkeit zu einer gesellschaftlichen Randgruppe reichen für sich allein nicht aus.[79] 56

VII. Rechtsfolgen des Eintritts

Mit dem Eintritt geht das Mietverhältnis mit allen Rechten und Pflichten auf den Eintretenden über.[80] Treten mehrere Personen ein, so haften sie als Gesamtschuldner.[81] Dem Eintretenden stehen somit auch die Guthaben aus der Betriebskostenabrechnung zu, ebenso etwaige Schadensersatz- oder Minderungsansprüche.[82] 57

Im Fall des Eintritts über § 563 BGB haften die Eintretenden neben den Erben auch für Altverbindlichkeiten und damit als Gesamtschuldner. Hiervon erfasst sind dann auch die Verbindlichkeiten, die entstanden sind für die Ansprüche nicht erledigter Schönheitsreparaturen.[83] Hierzu gehören jedoch nicht die Verbindlichkeiten der Versorger (Energie, Gas, Wasser, Strom sofern direkte Versorgungsverträge bestehen). Hier handelt es sich um Nachlassverbindlichkeiten nach § 1967 BGB.

Für Verbindlichkeiten, die nach dem Tod des Mieters entstehen haften, die Eintretenden allein.

VIII. Besonderheit: Vorkaufsrecht

Nach § 577 Abs. 4 BGB geht das Vorkaufsrecht, das dem Mieter nach der Umwandlung einer Mietwohnung in eine Eigentumswohnung zusteht, auf die Personen über, die nach § 563 BGB in das Mietverhältnis eintreten. Anknüpfungspunkt für die Regelung ist der Mietvertrag. 58

Im Umkehrschluss führt dies dazu, dass der Erbe oder die Erbengemeinschaft dieses Vorkaufsrecht nicht ausüben kann, wenn die eintrittsberechtigten Mieter von diesem Vorkaufsrecht keinen Gebrauch gemacht haben und vertraglich nichts anderes geregelt wurde, § 473 S. 1 BGB.

IX. Zwischenablesung

In der Praxis wird oft vergessen, dass die Sonderrechtsnachfolge für den Vermieter so wirkt wie ein Mieterwechsel. Demzufolge hat der Vermieter in diesem Fall eine Zwischenablesung vorzunehmen, um eine periodengenaue Abrechnung der Nebenkosten durchzuführen. 59

Diese Zwischenablesung kann sich der Vermieter jedoch sparen, wenn der Mieterwechsel auf dem Weg des § 564 BGB erfolgt.

78 Vgl. hierzu m.w.N. Kinne/Schach/Bieber/*Kinne*, § 563 Rn 23; Schmitt/Futterer/*Streyl*, § 563 Rn 69.
79 *Sternel*, ZMR 2004, 718.
80 MüKo/*Häublein*, § 563 Rn 18.
81 Schmidt-Futterer/*Streyl*, § 563b Rn 1.
82 Kinne/Schach/Bieber/*Kinne*, § 563 Rn 14.
83 *Sternel*, ZMR 2004, 720.

F. Fortsetzung mit überlebenden Mietern, § 563a BGB

60 Auch § 563a BGB trifft eine Sonderregelung im Verhältnis zu den sonst bekannten erbrechtlichen Grundsätzen für den Fall, dass es mehrere Mieter gibt und einer hiervon verstirbt.

I. Allgemeines

61 § 563a BGB ist eine Form der Sonderrechtsnachfolge. Hierbei soll eine dem verstorbenen Mieter nahe stehende Person die Wohnung alleine erhalten bleiben, unabhängig davon, ob sie Erbe geworden ist oder nicht. Die wahren Erben werden durch diese gesetzliche Regelung verdrängt. Zugleich wird die Sonderrechtsnachfolge etwaiger anderer Familienangehöriger aus § 563 BGB ausgeschlossen, da § 563a BGB als Sonderregelung dem § 563 BGB vorgeht. Nach § 563a Abs. 3 BGB ist diese Regelung zum Nachteil der Mieter nicht abänderbar. Hierbei sind zwei Konstellationen zu unterscheiden:

II. Regelungsinhalt, § 563a Abs. 1 BGB

62 Die Sonderrechtsnachfolge des § 563a BGB knüpft daran an, dass Personen Mitmieter von Wohnraum geworden sind. Verstirbt eine dieser Personen, so steht der überlebenden Person ein Eintrittsrecht in den Anteil des Verstorbenen zu.[84]

Nur wenn beide den Mietvertrag auf Mieterseite abgeschlossen haben, kommt § 563a BGB zur Anwendung.[85] Und genau hier liegt das praktische Problem: Der Mietvertrag ist oft wenig sorgfältig abgefasst. Die bloße Aufnahme einer Person in die Wohnung führt nicht automatisch dazu, dass sie Vertragspartei geworden ist. Vielmehr notwendig ist, dass beide den Mietvertrag unterzeichnet haben und beide auch im Vertragsrubrum genannt sind. Dies gilt auch für Ehegatten. Nur wenn beide unterzeichnen werden üblicherweise beide Mitmieter.[86]

Stirbt nun der Mitmieter, wird das Mietverhältnis ohne weiteres mit dem überlebenden Mitmieter fortgesetzt. Das Mietverhältnis erfährt keine Veränderung und der Überlebende wird alleiniger Mieter. Der überlebende Mieter wird unabhängig von vorhandenen weiteren Personen nach § 563 BGB alleiniger Mieter. Bei mehreren überlebenden Mietern, die auch zugleich Haushaltsangehörige i.S.d. § 563 BGB sind, werden diese gemeinsam Mieter.[87]

Ist ausschließlich eine nicht in § 563 Abs. 1 BGB genannte Person Mitmieter und ist kein Haushaltsangehöriger i.S.d. § 563 Abs. 1, Abs. 2 BGB vorhanden, setzt der Erbe das Mietverhältnis des Erblassers für den auf den Verstorbenen Anteil fort, § 564 BGB.[88]

III. Regelungsinhalt, § 563a Abs. 2 BGB

63 Den überlebenden Mietern steht nach § 563a Abs. 2 BGB ein Recht zur außerordentlichen Kündigung mit der gesetzlichen Frist gem. § 573d Abs. 1 BGB zu, ohne dass die Kündigung weiter begründet werden muss. Sie muss jedoch der Form – Schriftform – des § 568 BGB genügen.

---

84 Emmerich/Sonnenschein/*Rolfs*, § 563a Rn 2.
85 Schmidt-Futterer/*Streyl*, § 563a Rn 5.
86 LG Berlin, Urt. v. 15.6.2004 – 63 S 237/03, GE 2004, 1096.
87 Emmerich/Sonnenschein/*Rolfs*, § 563a Rn 3.
88 Emmerich/Sonnenschein/*Rolfs*, § 563a Rn 3.

Die Kündigung kann auch bei einem Mietverhältnis ausgesprochen werden, das für eine bestimmte Zeit eingegangen war, sogar dann, wenn ein Kündigungsausschluss vereinbart worden war.[89]

Die Kündigung hat jedoch innerhalb eines Monats zu erfolgen nach Kenntnis vom Tod des Mieters.

IV. Abweichende Regelung

Eine abweichende Regelung zum Nachteil des Mieters ist unwirksam. 64

G. Haftung bei Eintritt oder Fortsetzung, § 563b BGB

I. Allgemeines

Die Privilegierung nach den §§ 563, 563a BGB bleibt freilich nicht ohne haftungsrechtliche 65
Konsequenz. Diese normiert § 563b BGB, wobei durch diese Haftungsregel die Erben wieder in die Verantwortung genommen werden.

II. Regelungsinhalt, § 563b Abs. 1 BGB

Für die ab Eintritt in das Mietverhältnis entstehenden Mietforderungen haftet der Eintre- 66
tende allein. Für die bis zum Tod entstandenen Verbindlichkeiten aus dem Mietverhältnis haften die Erben und die Eintretenden im Außenverhältnis gemeinsam als Gesamtschuldner. Im Innenverhältnis haften nach § 563b Abs. 1 S. 2 BGB jedoch die Erben allein für Verbindlichkeiten, die bis zum Tod des Mieters entstanden sind[90] sofern nichts anderes bestimmt ist.

Mit dieser Einschränkung im Hinblick auf die alleinige Haftung der Erben im Innenverhältnis macht der Gesetzgeber deutlich, dass die Haftungsregelung im Innenverhältnis gestaltet werden kann. Diese ist sicherlich auch trefflich, denn schließlich können etwaig hier privilegierte Personen auch (mit-)verantwortlich dafür sein, dass Verbindlichkeiten überhaupt entstanden sind. Deshalb ist hier der Berater gefragt, der diese mietrechtliche Problematik aufzugreifen hat, wenn er eine letztwillige Verfügung für seinen Mandanten abfasst in Kenntnis der Existenz etwaig aufgelaufener Mietschulden. Diese Thematik lässt sich unproblematisch im Testament gestalten.

III. Regelungsinhalt, § 563b Abs. 2 BGB

Der Erbe kann aufgrund der Regelung des § 563b Abs. 2 BGB direkt die das Mietverhältnis 67
übernehmenden Personen in Anspruch nehmen, wenn der verstorbene Mieter eine Mietvorauszahlung geleistet hat, die bislang noch nicht abgewohnt wurde. Sind mehrere Personen eingetreten, so haften sie dem Erben als Gesamtschuldner.[91]

Als Mietvorauszahlung gilt gem. § 547 BGB jede Mieterleistung, die nach dem Vertrag in Beziehung zur Miete steht und mit ihr innerlich verbunden ist.[92] Hier können tatsächlich

89 Emmerich/Sonnenschein/*Rolfs*, § 563a Rn 4.
90 Emmerich/Sonnenschein/*Rolfs*, § 563b Rn 2.
91 Schmidt-Futterer/*Streyl*, § 563b Rn 21.
92 Schmidt-Futterer/Streyl, § 547 Rn 6.

für die Erben hohe Werte zu finden sein, wie beispielsweise ein Kaufpreisnachlass auf ein Grundstück, noch nicht abgewohnte Baukostenzuschüsse oder Darlehen.

IV. Regelungsinhalt, § 563b Abs. 3 BGB

68 Der Vermieter kann nach dem Tod des Mieters die Leistung einer Sicherheit verlangen, sofern der Verstorbene eine solche nicht geleistet hat. Beachtlich ist hierbei jedoch, dass er dieses Verlangen nicht durchsetzen kann, wenn der Vermieter das Mietverhältnis mit den Erben fortführt.[93]

Da der Gesetzgeber dem Vermieter keine zeitlichen Vorgaben gemacht hat, kann dieser die Sicherheit sofort nach Eintritt verlangen. Teilleistung der Sicherheit ist nach § 551 BGB zulässig.

H. Mietverhältnis mit den Erben, § 564 BGB

I. Allgemeines

69 Treten beim Tod eines Mieters keine Mieter in das Mietverhältnis ein oder wird das Mietverhältnis nicht nach den Vorschriften des §§ 563, 563a BGB fortgesetzt, so wird das Mietverhältnis mit den Erben fortgesetzt. Insoweit greift der Grundsatz der Universalsukzession ein und die Gesamtrechtsnachfolge nach §§ 1922 Abs. 1, 1967 Abs. 1 schließt sich an. Die Erben treten in die Rechte und Pflichten des Mieters ein.

§ 564 S. 2 BGB räumt sodann sowohl den Mietern als auch dem Vermieter ein außerordentliches Kündigungsrecht ein mit der gesetzlichen Frist des § 573d BGB. Danach ist die Kündigung binnen einer Frist von einem Monat – gerechnet ab Kenntnis vom Tod des Mieters – zu erklären. In der Systematik der §§ 563, 563a BGB haben diese Regeln Vorrang vor der Norm des § 564 BGB.

Schlägt der Erbe das Erbe aus (§ 1942 BGB), so gilt der Eintritt in den Mietvertrag als nicht erfolgt. Als Rechtsnachfolger gilt dann der Fiskus.

II. Regelungsinhalt, § 564 S. 1 BGB

70 Nach § 564 S. 1 BGB wird das Mietverhältnis mit den Erben fortgesetzt. Diese Regelung wurde vom Gesetzgeber ausschließlich für Mietverhältnisse über Wohnraum geschaffen. Die Vermietung andere Sachen wird über § 580 BGB abgewickelt. Im Pachtrecht gilt § 584a Abs. 2 BGB und für die Landpacht § 594 BGB.

1. Anwendungsbereich

71 Damit § 564 BGB überhaupt angewandt werden kann, ist zuvor sicherzustellen, dass in das Mietverhältnis keine natürliche Person nach den Regeln der §§ 563, 563a BGB eingetreten ist, um insoweit die systematische Rangfolge des Gesetzes zu beachten. Voraussetzung für die Anwendung des § 564 S. 1 BGB ist weiter, dass der **Mieter** gestorben ist. Der Tod des Vermieters schließt den Anwendungsbereich von § 564 BGB aus.

---

93 *Hinz*, ZMR 2002, 640.

Liegen diese Voraussetzungen vor, wird das Mietverhältnis mit den Erben und somit auch mit der Erbengemeinschaft fortgesetzt. D.h. die Erben treten in alle Rechte und Pflichten ein.[94] Die Fortsetzung beginnt mit dem Tod des Mieters und der Vermieter kann seine Ansprüche direkt gegenüber den Erben geltend machen.

2. Haftung der Erbengemeinschaft

Treten die Erben nun in das Mietverhältnis ein, so wird das Mietverhältnis rückwirkend mit dem Tod des Mieters mit den Erben im Wege der Gesamtrechtsnachfolge fortgesetzt.[95] Die Erbengemeinschaft tritt in alle Rechte und Pflichten ein. Die Erbengemeinschaft kann Gestaltungsrechte wahrnehmen, ist einstandspflichtig für Mietzinszahlungen, auch rückständige, hat Betriebskostennachzahlungen auszugleichen und ist Adressat für Mieterhöhungserklärungen. 72

Die Haftung der Erben lässt sich auf den Nachlass beschränken soweit es sich um Mietrückstände handelt, die schon vor dem Tod des Mieters bestanden haben.

Für die laufende Miete haftet der Erbe mit seinem Eigenvermögen, direkt aus dem Mietverhältnis, denn Verbindlichkeiten, die nach dem Erbfall entstanden sind, sind keine Nachlassverbindlichkeiten.[96]

III. Regelungsinhalt, § 564 S. 2 BGB

Der Wortlaut des Gesetzes gibt sowohl dem Vermieter als auch dem Erben ein Kündigungsrecht in die Hand. Die Kündigung ist binnen Monatsfrist und schriftlich (§ 568 BGB) zu erklären. Es handelt sich um eine außerordentliche Kündigung unabhängig davon, ob ein befristeter oder unbefristeter Mietvertrag abgeschlossen wurde.[97] Die Kündigungsfrist richtet sich nach § 573d Abs. 1, 2 BGB und beträgt drei Monate. Lediglich für Wohnraum nach § 549 Abs. 2 Nr. 2 BGB gilt die kürzere Kündigungsfrist des § 573d Abs. 2 S. 1 Hs. 2 BGB. 73

Da es sich um ein außerordentliches Kündigungsrecht handelt, können auch Mietverhältnisse vorzeitig gekündigt werden, bei denen eine längere Kündigungsfrist vereinbart ist.

Der Vermieter kann auch dann kündigen, wenn er kein berechtigtes Interesse an der Beendigung des Mietverhältnisses hat.[98] Die Sozialklauseln nach §§ 574, 574c, 575a Abs. 2 BGB sind jedoch zu beachten.

Hat der Mieter mehrere Erben hinterlassen, so muss das Kündigungsrecht von allen Erben gemeinsam ausgeübt werden.[99] Es genügt jedoch, wenn sie einen Miterben bevollmächtigen eine solche Kündigung auszusprechen und die Bevollmächtigung offen gelegt ist. Außerdem können die Erben eine Mietsache, die zum Nachlass gehört, mit Stimmenmehrheit nach § 2038 Abs. 1 S. 2 BGB kündigen, wenn sich die Kündigung als Maßnahme der ordnungsgemäßen Verwaltung herausstellt.[100]

---

94 Emmerich/Sonnenschein/*Rolfs*, § 564 Rn 2.
95 Palandt/*Weidenkaff*, § 564 Rn 4.
96 MüKo/*Häublein*, § 564 Rn 6.
97 Schmidt-Futterer/*Streyl*, § 564 Rn 6.
98 Kinne/Schach/Bieber/*Kinne*, § 564 Rn 2; a.A. *Hinkelmann*, Problemfälle zum Sonderkündigungsrecht gegenüber den Erben, NZM 2002, 378.
99 Emmerich/Sonnenschein/*Rolfs*, § 564 Rn 5.
100 Emmerich/Sonnenschein/*Rolfs*, § 564 Rn 5; BGH NZM 2010, 741, 742.

Das Kündigungsrecht steht dem Erben auch dann zu, wenn er zuvor als Haushaltsangehöriger in das Mietverhältnis eingetreten war, den Eintritt aber fristgerecht abgelehnt hatte, da er eine Doppelstellung als Erbe und Eintrittsberechtigter innehat.[101]

IV. Besondere Fragen

74 Bei der Anwendung von § 564 BGB stellen sich in der Praxis regelmäßig nachfolgende Fragen.

1. Mehrere Mitmieter

75 Denkbar ist die Konstellation, wonach mehrere Mieter einen Mietvertrag abgeschlossen haben, die nicht unter §§ 563, 563a BGB fallen und einer diese Mieter verstirbt. Eine ausdrückliche Bestimmung, wie in diesem Fall zu verfahren ist, gibt es nicht. Die Diskussion, wie mit diesen Fällen zu verfahren ist, bleibt nach wie vor kontrovers,[102] wobei eine Lösung immer unter dem Aspekt betrachtet werden muss, dass ein einheitliches Mietverhältnis nur insgesamt gekündigt werden kann.[103]

76 Zum Teil wird in der Rechtsprechung[104] die Auffassung vertreten, dass bei dieser Konstellation keiner der Parteien ein Kündigungsrecht zustehen soll, denn der Wortlaut des Gesetzes gibt den übrig gebliebenen Mitmietern gerade kein Kündigungsrecht.[105] Das Reichsgericht hat in einer Entscheidung[106] nur den Erben ein Kündigungsrecht zugestanden, nicht aber den übrigen Mitmietern. Andere wiederum meinen sowohl dem Vermieter als auch den Mietern in diesen Fällen ein Sonderkündigungsrecht einräumen zu müssen, weil es sich hier um einen Fall des Wegfalls der Geschäftsgrundlage handele, mit der Folge, dass sowohl den Erben als auch den Mitmietern ein Sonderkündigungsrecht zustehen muss, da ein Festhalten am Vertrag unzumutbar sei.[107] Der Tod eines Mitmieters sei eine einschneidende Veränderung, auf die beide Seiten angemessen reagieren können müssen.

77 Zu beachten ist in diesem Zusammenhang Folgendes: Jede Ansicht, die per se von einer Kündigungsmöglichkeit zugunsten der Mitmieter ausgeht, findet keine Stütze im Wortlaut des Gesetzes. Auch die Interessenslage gibt diese Kündigungsmöglichkeit nicht her, denn alle Mitmieter haben sich als Gesamtschuldner von vornherein verpflichtet und waren sich darüber bewusst, möglicherweise in Anspruch genommen zu werden für den Fall, dass ein Mitmieter ausfällt. Würde man demzufolge den Mitmietern ein gesondertes Kündigungsrecht zusprechen, würde man zugleich das Interesse des Vermieters an der Langlebigkeit seines Mietvertrags unberücksichtigt lassen. Aus diesem Grund wird hier die Auffassung vertreten, dass die Mitmieter kein Sonderkündigungsrecht nach § 564 BGB besitzen.

Im Umkehrschluss führt dies auch dazu, dass dem Vermieter nicht von vornherein ein Sonderkündigungsrecht zustehen kann, denn auch die Mitmieter haben ein berechtigtes Interesse daran, den Bestand ihres Mietverhältnisses zu sichern.[108]

---

101 Emmerich/Sonnenschein/*Rolfs*, § 564 Rn 5.
102 Vgl. hierzu ausführlich *Eckert*, GS Sonnenschein, 2003, S. 313 ff.
103 OLG Naumburg, Urt. v. 19.4.2002 – 6U 202/99, n.v.; Emmerich/Sonneschein/*Rolfs*, § 564 Rn 2.
104 OLG Naumburg, Urt. v. 19.4.2002 – 6U 202/99, n.v.
105 So auch Schmidt-Futterer/*Streyl*, § 564 Rn 8; Emmerich/Sonnenschein/*Rolfs*, § 564 Rn 2.
106 RGZ 90, 328, 330 ff.
107 Bub/Treier/*Grapentin*, IV Rn 448.
108 MüKo/*Häublein*, § 564 Rn 17; a.A. *Lammel*, AnwK WohnraummietR, § 564 Rn 19.

Das Mietverhältnis wird zunächst mit den Mitmietern fortgesetzt. An die Stelle des Verstorbenen tritt der Erbe oder die Erbengemeinschaft in das Mietverhältnis ein.

Somit bleibt die Frage offen, ob die Erben ein eigenständiges unbedingtes Kündigungsrecht besitzen. Auch hier ist zu berücksichtigen, dass ein Mietverhältnis nur einheitlich gekündigt werden kann und Teilkündigungen nicht möglich sind[109] und ferner das Interesse des Vermieters besteht, einen möglicherweise langfristigen Mietvertrag zu behalten. Zum Teil wird deshalb auch die Ansicht vertreten, dass ein Sonderkündigungsrecht für die Erben nicht bestehen soll.[110] Anders wiederum sieht es ein Teil des Schrifttums und spricht den Erben ein Sonderkündigungsrecht zu. Nach dieser Auffassung habe der Gesetzgeber diese Interessen bei § 564 BGB sehr wohl berücksichtigt und die Interessen der Erben in den Vordergrund gerückt.[111] Dies führt in der Konsequenz dazu, dass den Erben ein Kündigungsrecht (Sonderkündigungsrecht) zusteht, auch dann, wenn sie als Erbengemeinschaft in den Mietvertrag eintreten.[112] Ein gesonderter Kündigungsgrund sei in diesen Fällen nicht notwendig, denn der Gesetzgeber habe insoweit eine ausreichend formale Hürde aufgebaut für die Mitmieter, denn diese Kündigung könne nur einheitlich durch alle Mieter (und somit auch die Mitmieter) erklärt werden kann.[113] 78

Diese Auffassung ist vorzugswürdig, denn sie berücksichtigt sehr wohl die Interessen der Mitmieter und trägt der grundsätzlichen Konzeption von § 564 BGB Rechnung, den Erben ein Sonderkündigungsrecht an die Hand zu geben. Einigen sich Erben und Mitmieter nun innerhalb der gesetzlichen Frist darauf, das Mietverhältnis zu beenden, so kann die Kündigung – als einheitliche für und gegen alle wirkende Erklärung – erfolgen. Gelingt dies nicht, so bleiben die Mieter untereinander durch das Mietverhältnis miteinander verbunden.

Hinweis

Wer als Mitmieter sicherstellen möchte, dass im Todesfall eines Vertragspartners das Mietverhältnis mit allen Parteien aufgelöst wird muss dies individuell im Mietvertrag vereinbaren. Wird diese Problematik frühzeitig angesprochen zeigt sich, dass beide Seiten an einer konkreten Regelung dieser Problematik ein Interesse besitzen und es regelmäßig zu konsensfähigen Lösungen kommt.

2. Überlassung der Wohnung innerhalb der Familie

Fraglich ist, ob mit den Regelungen der §§ 563 ff. BGB tatsächlich sämtliche familiäre Härten abgefangen werden. Verneinend hierzu wird ausgeführt, dass insbesondere dort die Interessensgerechtigkeit leidet, wo Eltern für ihre Kinder eine Wohnung anmieten, weil diese auswärts studieren. 79

Beispiel

Der in Berlin lebende Mieter M mietet für seine in München studierende Tochter SC eine Wohnung an. Dies wird auch seitens des Vermieters so gewünscht, da er den M als solventer betrachtet als SC. Die Tochter zieht allein in das Mietobjekt ein, beginnt ihre Studien und ein Jahr später verstirbt der M. Beerbt wird er von der Erbengemeinschaft bestehend aus SC, der Ehefrau und dem Bruder B.

109 MüKo/*Häublein*,§ 564 Rn 20.
110 Kinne/Schach/Bieber/*Kinne*, § 564 Rn 2; Emmerich/Sonnenschein/*Rolfs*, § 564 Rn 2; Palandt/*Weidenkaff*, § 563 Rn 4.
111 MüKo/*Häublein*, § 564 Rn 20.
112 Vgl. hierzu MüKo/*Häublein*, § 564 Rn 20.
113 A.A. Palandt/*Weidenkaff*, § 564 Rn 6; Emmerich/Sonnenschein/*Rolfs*, § 564 Rn 2.

Da die übrigen Mitglieder der Erbengemeinschaft mit M keinen gemeinsamen Haushalt in München gebildet haben, fehlt es an einer Eintrittsmöglichkeit für die in München studierende Tochter.

80 Stimmen, die in diesen Fällen ein Eintrittsrecht fordern und für die Fälle eine analoge Anwendung des § 563 Abs. 2 BGB fordern, liegen falsch. Kennzeichnend für diese Fälle ist gerade der Umstand, dass die Tochter den Mietvertrag aufgrund fehlender Solvenz nicht erhalten hätte. Würde man ihr nun ein Eintrittsrecht zugestehen, dann könnte sich der Vermieter hiervon über § 563 Abs. 4 BGB lösen, da es an der erforderlichen Solvenz des Eintretenden fehlt.

Demzufolge kann nur die Erbengemeinschaft das Mietverhältnis fortführen nach § 564 BGB. Hier aber sehen sich die Erben mit der Kündigungsmöglichkeit des Vermieters nach § 564 S. 2 BGB konfrontiert. Der Vermieter kann ohne Angaben von Gründen das Mietverhältnis beenden, indem er der Erbengemeinschaft die Kündigung erklärt. Auf ein vertragstreues Verhalten des Mieters kommt es in diesem Fall nicht an. Daher möchte eine in der Literatur vertretene Auffassung[114] in diesen Fällen dem Vermieter das Sonderkündigungsrecht nur unter der Prämisse zugestehen, dass er ein berechtigtes Interesse an der Kündigung darlegt und beweist. Schließlich sei von vornherein bekannt gewesen, dass alleine die Tochter das Mietobjekt nutzen werde und dass nur sie dort ihren Lebensmittelpunkt findet. Dieser Ansicht wird hier nicht gefolgt, denn zum einen ist diese Lösung aus dem Gesetzeswortlaut nicht abzuleiten und Änderungsmöglichkeiten ließ der Gesetzgeber seit 2002 verstreichen. Zum anderen muss beachtet werden, dass in dieser konkreten Fallvariante sämtliche Erben ein Eintrittsrecht genießen würden, folglich auch diejenigen, welche die Wohnung zuvor nicht genutzt haben. Das aber muss der Vermieter nicht akzeptieren.

Der hinreichende Schutz der Erben ergibt sich aus der Sozialklausel des § 574 BGB, die zweifelsohne bei der Sachverhaltskonstellation Anwendung findet.[115] Ob dann tatsächlich ein Härtefall vorliegt ist für jeden Einzelfall gesondert zu prüfen.

3. Legitimation der Erben

81 Benötigen die Erben für die Kündigung eine gesonderte Legitimation? Diese Frage wird häufig gestellt, insbesondere auf Seiten des Vermieters, denn dieser fordert regelmäßig eine solche, um sich zu vergewissern, dass er es auch tatsächlich mit den Erben zu tun hat. Er stellt sich dabei vor, dass die Erben die Kündigung nur dann aussprechen können, wenn sie sich auch durch Erbschein ausweisen können. Diese Auffassung ist rechtsirrig. Die Erben müssen sich für den Ausspruch der Kündigung nicht gesondert legitimieren. Ausschlaggebend ist nur, dass sie die wahren Erben sind.[116] Weist der Vermieter eine Kündigung der Erbengemeinschaft mangels Vorlage eines Erbscheins zurück, so ist diese Zurückweisung wirkungslos. Es steht dem Vermieter jedoch frei, die Erbberechtigung anzuzweifeln.[117]

Dennoch ist das Verlangen nach der Vorlage des Erbscheins verständlich. Kündigen die Erben nun unter Vorlage des Erbscheins und stellt sich später heraus, dass der Erbschein unrichtig war, so ist die Kündigung dennoch wirksam, wenn der Erklärungsempfänger

---

114 *Hinkelmann*, Problemfälle zum Sonderkündigungsrecht gegenüber Erben, NZM 2002, 380.

115 Schmidt-Futterer/*Streyl*, § 564 Rn 18; Emmerich/Sonnenschein/*Rolfs*, § 564 Rn 6; Palandt/*Weidenkaff*, § 564 Rn 9.

116 Emmerich/Sonneschein/*Rolfs*, § 564 Rn 5.

117 Schmidt-Futterer/*Streyl*, § 564 Rn 9.

hinsichtlich der Unrichtigkeit des Erbscheins nicht bösgläubig war (vgl. hierzu § 2367 BGB).[118] Somit beendet die Kündigungserklärung der Scheinerben das Mietverhältnis.[119]

4. Wem gegenüber ist die Kündigung zu erklären?

Handelt es sich um eine Erbengemeinschaft, so hat der Vermieter die Kündigung allen 82
Miterben zu erklären. Dies gilt selbst dann, wenn nur einer der Miterben die Sache in Gebrauch hat.[120] Von diesem Grundsatz ist nur dann abzuweichen, wenn ein Empfangsbevollmächtigter, Nachlasspfleger, Nachlassinsolvenzverwalter oder Testamentsvollstrecker bestellt ist. Dann ist diesen gegenüber die Kündigung zu erklären. Mehrere Miterben können die Kündigung nur gemeinsam erklären.[121]

5. Verhältnis zwischen Kündigung und Ausschlagung

Häufig kommt es vor, dass die Erbengemeinschaft das Mietverhältnis zunächst zeitnah und 83
fristgerecht kündigt, dann jedoch das Erbe ausschlägt. In diesen Fällen bleibt die Kündigung dennoch wirksam.[122] Dies ergibt sich aus § 1959 Abs. 2, 3 BGB.

6. Mietverhältnisse auf Lebenszeit

Haben Mietparteien ein Mietverhältnis auf Lebenszeit geschlossen, so erlischt das Mietver- 84
hältnis mit dem Tod des Mieters. Die Ausübung eines gesonderten Kündigungsrechts ist für die Erbengemeinschaft nicht erforderlich.[123] In diesen Fällen tritt die Erbengemeinschaft lediglich in das Abwicklungsverhältnis ein und haftet dann für mietvertragliche Verbindlichkeiten, wie etwaige Schönheitsreparaturen bzw. Nebenkosten. Im Gegenzug steht ihr das Guthaben aus der Sicherheitsleistung zu.

7. Unbekannter Erbe

Die Fälle häufen sich, in denen der Erbe unbekannt bleibt. Immer mehr Menschen leben 85
allein, so dass im Fall des Todes eines Menschen meist ein langer Zeitraum verstreicht, innerhalb der dem Vermieter die Erzielung von Mieteinnahmen unmöglich gemacht wird.

Verfügt der Vermieter über eine Mietkaution, so ist lediglich ein Übergangszeitraum gesichert. Sind jedoch die Schönheitsreparaturen unerledigt geblieben, so deckt die Kaution den Schadensersatz und den entgangenen Mietzins oft nicht.

Mit ein wenig Glück ist der Mietzins über Daueraufträge gesichert. Aber auch hier lauern für den Vermieter Widrigkeiten: Ist der Verstorbene Rentner, stehen dem Rentenversicherer vielleicht sogar Rückforderungsansprüche zu, die der Rentenversicherungsträger dann möglicherweise direkt gegenüber dem Vermieter nach § 118 Abs. 4 SGB VI geltend machen kann, womit sich der ausgelöste Dauerauftrag beim finanziell „am Limit" lebenden Mieter als Bumerang erweist.

118 MüKo/*Häublein*, § 564 Rn 10.
119 Kinne/Schach/Bieber/*Kinne*, § 564 Rn 4.
120 Emmerich/Sonnenschein/*Rolfs*, § 564 Rn 6; Kinne/Schach/Bieber/*Kinne*, § 564 BGB Rn 4.
121 Palandt/*Weidenkaff*, § 564 BGB Rn 7.
122 Schmidt-Futterer/*Streyl*, § 564 Rn 10.
123 Schmidt-Futtere/*Streyl*, § 564 Rn 2; BayObLG v. 2.7.1993 – RE-Miet 5/92, GE 1993, 855.

a) Erbenermittlung

86 Dem Vermieter bleibt oft nichts anderes übrig, als alle zumutbaren Wege zu beschreiten, um die Erben selbst zu ermitteln. Kümmern sich vielleicht Nachbarn um die Abwicklung des Nachlasses, so ist zu empfehlen, sich mit diesen auf eine Kündigung des Mietverhältnisses zu verständigen. Erhält der Vermieter auf diesem Weg eine Kündigung, besteht zumindest die Chance, dass dieses Rechtsgeschäft später von den Erben genehmigt wird. Bedenklich ist diese Konstruktion durchaus, denn die Kündigung verträgt einen Schwebezustand nicht,[124] womit hiermit freilich der „sicherste Weg“ nicht beschritten ist.

b) Nachlassgericht

87 Empfehlenswert ist daher, das Nachlassgericht zu informieren und eine Nachlasspflegschaft nach § 1961 BGB zugunsten der unbekannten Erben zu beantragen.[125] Das Nachlassgericht hat ihm Einsicht in die Nachlassakten zu gewähren, da er ein berechtigtes Interesse vorweisen kann. Zur Glaubhaftmachung reicht üblicherweise die Vorlage des Mietvertrags aus.

Die Nachlasspflegschaft wird üblicherweise nicht angeordnet, wenn die Kosten aus dem Nachlass nicht gedeckt werden können. Daher werden regelmäßig Informationen abgefordert, um zu ermitteln, ob der Nachlass dürftig ist. Kann der Vermieter mit diesen Informationen nicht dienen, sollte er sich überlegen, ob er sich notfalls gegenüber dem Nachlassgericht für die entstehenden Kosten einstandspflichtig zeigt, wenn er nur so seine Kündigung erklären kann. Die Kosten bestimmen sich nach den §§ 8 GNotKG i.V.m. 12311 KV GNotKG (Kostenverzeichnis). Dieser Schritt ist manchmal günstiger, als über Monate bezüglich des Mietobjekts handlungsunfähig zu sein.

Ist ein Nachlasspfleger bestellt, so kann der Vermieter gegenüber diesem die Kündigung des Mietverhältnisses erklären, das Vermieterpfandrecht geltend machen oder gar einen Mietaufhebungsvertrag schließen.

c) Anfrage Standesamt

88 Zudem könnte eine Nachfrage beim Standesamt hilfreich sein, um mögliche Abkömmlinge zu ermitteln. Auch dort muss ein berechtigtes Interesse glaubhaft gemacht werden.

d) Nachlassgegenstände

89 Besonders problematisch ist in diesen Fällen die Verwahrung der Nachlassgegenstände des Verstorbenen. Soweit der Vermieter wirksam sein Vermieterpfandrecht geltend gemacht hat, steht der Verwertung nichts entgegen. Vorsicht ist jedoch dennoch geboten: eine sorgfältige Dokumentation ist zu empfehlen. Ohne weiteres darf der Vermieter die Gegenstände nicht entsorgen, so dass dem Vermieter oft nichts anderes übrig bleibt als diese Gegenstände zu verwahren. Zeitliche Grenzen für die Verwahrung sind unbekannt und sind von den jeweiligen Umständen des Einzelfalls abhängig. Sind die Gegenstände, die zurückgelassen werden wertlos, so kann auch mit der Aufgabe des Eigentums argumentiert werden nach § 959 BGB und die Entsorgung der Gegenstände in die Wege geleitet werden. Üblicherweise wird die Entsorgung jedoch erst dann erfolgen können, wenn den Erben bzw. dem Nachlasspfleger eine angemessene Frist zur Beseitigung gesetzt wurde.

Freilich können die hierfür entstehenden Kosten von den Erben einverlangt werden. Ist der Nachlass werthaltig, kann mit dem Ausgleich der Forderung auch gerechnet werden.

124 *Sternel*, ZMR 2004, S. 723; Schmidt-Futterer/*Blank*, § 542 Rn 56.

125 *Jünemann*, ZErb 2007, 394.

Üblicherweise ist in diesen Fällen der Nachlass dürftig, so dass der Vermieter neben dem zeitlichen Aufwand auch auf den Kosten sitzenbleibt.

Weder das Mietrecht noch das Erbrecht schützen den Mietern in dieser konkreten Situation ausreichend. Es bleibt dem Vermieter deshalb nichts anderes übrig, als alles daran zu setzen, den Schaden durch eigenes Engagement – aber in den gesetzlich zulässigen Grenzen des § 858 BGB – zu minimieren.

I. Eigenbedarfskündigung der Erbengemeinschaft

Erbt die Erbengemeinschaft ein Mietshaus, regt sich bei einzelnen Erben oft der Wunsch eine dieser Wohnungen nun für sich zu nutzen. Da liegt die Frage nach den Möglichkeiten einer Eigenbedarfskündigung für die Erbengemeinschaft nicht fern. 90

Eine ordentliche Kündigung eines Wohnraummietverhältnisses mit der Begründung bestehenden Eigenbedarfs ist nach § 573 Abs. 2 Nr. 2 BGB möglich, wenn der Vermieter die Räume als Wohnung für sich, seine Familienangehörige oder Angehörige seines Haushalts benötigt.

Der rechtliche Berater wird demnach oft mit der Frage konfrontiert, ob nun ein Mitglied einer Erbengemeinschaft auf dem Weg des Eigenbedarfs in eine Wohnung eines ererbten Mietshauses einziehen kann. Um diese Frage zu beantworten ist zu berücksichtigen, dass die Erbengemeinschaft eine Gesamthandgemeinschaft darstellt, ohne eigene Rechtspersönlichkeit nach § 2032 BGB.

Juristische Personen, wie die GmbH oder die AG, oder auch Vereine besitzen kein Kündigungsrecht nach § 573 Abs. 2 Nr. 2 BGB, denn die Räumlichkeiten können von einer juristischen Person nicht als „Wohnung" genutzt werden.[126] Dasselbe gilt für die Personengesellschaften der OHG und KG. Nach der Rechtsprechung des BGH kommt eine Kündigung zugunsten eines Gesellschafters nicht in Frage, weil die Gründung einer KG oder OHG regelmäßig eine umfangreiche organisatorische und rechtsgeschäftliche Tätigkeit bis hin zur Eintragung in das Handelsregister voraussetzt. Die Vermietung einer Wohnung beruhe regelmäßig „auf einer bewussten Entscheidung aufgrund wirtschaftlicher, steuerrechtlicher und/oder haftungsrechtlicher Überlegungen".[127] Die GbR (bzw. einzelne Gesellschafter) sollte nach der Rechtsprechung des BGH hingegen die Möglichkeit besitzen, Eigenbedarf geltend machen zu können, wenn die Gesellschafter schon bei Abschluss des Mietvertrags bekannt waren. Diese Rechtsprechung wurde vom BGH weiterentwickelt. Eine Kündigung wegen des Bedarfs der BGB-Gesellschaft ist – wie bei der OHG und KG – ausgeschlossen. Möglich ist jedoch eine Kündigung wegen Eigenbedarfs in analoger Anwendung des § 573 Abs. 2 Nr. 2 BGB. Der BGH verweist zur Begründung auf seine Entscheidung vom 29.1.2001. Bis zu dieser Entscheidung wurde die GbR als normale Vermietermehrheit (ohne eigene Rechtspersönlichkeit) behandelt, bei der jedes Mitglied der BGB-Gesellschaft zur Kündigung berechtigt gewesen ist. Mit der neuen Entscheidung im Jahre 2001 wurde die eigene Rechtspersönlichkeit der am Rechtsverkehr teilnehmenden (Außen-)Gesellschaft bürgerlichen Rechts nunmehr anerkannt. Damit nimmt die Gesellschaft als Vermieter am 91

126 Bub/Treier/*Grapentin*, IV Rn 121; Schmidt-Futterer/*Blank*, § 573 BGB Rn 47; Kinne/Schach/*Bieber*, § 573 Rn 20; BGH, Urt. v. 27.6.2007 – VIII ZR 271/06, NZM 2007, 679.

127 BGH, Urt. v. 27.6.2007 – VIII ZR 271/06, NZM 2007, 679; BGH, Urt. v. 23.5.2007 – VIII ZR 122/06, NZM 2007, 639; BGH, Urt. v. 15.12.2010 – VIII ZR 210/10, NJW 2011, 993; BGH, Urt. v. 14.12.2016 – VIII ZR 232/15, NJW 2017, 547; Palandt/*Weidenkaff*, § 573 Rn 26.

Rechtsverkehr teil und nicht mehr die einzelnen Gesellschafter. Dadurch ist eine vom Gesetzgeber nicht gewollte Lücke entstanden – eine unmittelbare Kündigung gemäß § 573 Abs. 2 Nr. 2 BGB durch die einzelnen Gesellschafter war nicht mehr möglich – sodass eine entsprechende Anwendung geboten ist. Demnach kann eine Gesellschaft bürgerlichen Rechts eine Eigenbedarfskündigung aussprechen, sofern ein Gesellschafter oder dessen Angehörige einen zur Eigenbedarfskündigung berechtigenden Nutzungswillen haben.[128] Bei einer Mehrheit von Vermietern reicht es jedoch aus, wenn der Eigenbedarf nur für einen Vermieter besteht.[129]

Für die Erbengemeinschaft bedeutet dies im Ergebnis, dass bei Vorliegen der gesetzlichen Voraussetzungen des § 573 Abs. 2 Nr. 2 BGB für ein Mitglied oder mehrere Mitglieder der Erbengemeinschaft eine Eigenbedarfskündigung erfolgreich durchgeführt werden kann.[130]

Die notwendigen Formalia und allgemeinen Grundsätze sind zu beachten: Hierzu gehört insbesondere die Notwendigkeit, dass die Kündigung von sämtlichen Mitgliedern der Erbengemeinschaft unterzeichnet werden muss, die Wohnung exakt zu bezeichnen ist und weiter, dass die Kündigung in Bezug auf den Eigenbedarf zu begründen ist.

J. Verwertungskündigung, § 573 Abs. 2 Nr. 3 BGB

92 Oft spielen Erbengemeinschaften mit dem Gedanken, ein Mietverhältnis durch eine Verwertungskündigung gem. § 573 Abs. 2 Nr. 3 BGB zu beenden. Auf dem Weg der Universalsukzession haben sie beispielsweise eine vermietete Eigentumswohnung erhalten. Nun möchte sich die Erbengemeinschaft jedoch zeitnah auseinandersetzen und plant folglich, die Eigentumswohnung zu verkaufen. Dabei stellt sie fest, dass sie im freihändigen Verkauf für eine vermietete Wohnung einen Preisabschlag hinnehmen muss. Daraufhin entschließt man sich das Mietverhältnis zu kündigen. Als Grund für die Kündigung wird angegeben, dass sich die Erbengemeinschaft auseinandersetzen wolle und eine bestmögliche Verwertung der Immobilie anstrebt, womit die Verfahrensweise nach § 573 Abs. 2 Nr. 3 BGB gewählt wird. Es stellt sich hier die Frage, ob eine Verwertungskündigung alleine schon deshalb vorgenommen werden darf, weil sich die Erbengemeinschaft auseinandersetzen möchte.

I. Allgemeines

93 Damit der Erbengemeinschaft ein Kündigungsgrund gem. § 573 Abs. 2 Nr. 3 BGB zur Seite steht, müsste sie ein berechtigtes Interesse zur Kündigung besitzen. Dieses liegt für den Vermieter üblicherweise dann vor, wenn er an der angemessenen Verwertung der Immobilie durch die Fortsetzung des Mietverhältnisses gehindert wird und hierdurch erhebliche Nachteile erleidet.[131]

---

128 BGH, Urt. v. 27.6.2007 – VIII ZR 271/06, NZM 2007, 679; ausführlich Schmidt-Futterer/*Blank*, § 573 Rn 49; BGH, Urt. v. 14.12.2016 – VIII ZR 232/15, NJW 2017, 547; BGH, Urt. vom 15.3.2017 – VIII ZR 92/16, NJW-RR 2017, 583.

129 Kinne/Schach/Bieber/*Schach*, § 573 Rn 20; OLG Karlsruhe v. 22.5.1990 – 9 ReMiet 1/90, NJW 1990, 3278; Emmerich/Sonnenschein/*Haug*, § 573 Rn 37; Palandt/*Weidenkaff*, § 573 Rn 26; Schmidt-Futterer/*Blank*, § 573 Rn 45.

130 Palandt/*Weidenkaff*, § 573 Rn 26; BGH, Urt. v. 23.11.2011 – VIII ZR 74/11, NJW-RR 2012, 237; BGH, Urt. vom 15.3.2017 – VIII ZR 92/16, NJW-RR 2017, 583.

131 Emmerich/Sonnenschein/*Haug*, § 573 Rn 60; Schmidt-Futterer/*Blank*, § 573 Rn 150.

Hierbei wird gerade die Frage nach einem Mindererlös im Verkaufsfall kontrovers diskutiert.[132] Hinsichtlich der Ermittlung jener Einbußen gibt es keine gesetzlichen Vorgaben. Es ist der Rechtsprechung überlassen, dieses Tatbestandsmerkmal mit „Leben" zu füllen. So wird zum Teil mit wechselnden prozentualen Abschlägen gearbeitet und zum anderen Teil werden absolute Zahlen zur Ermittlung der Nachteile herangezogen.[133] Der Bundesgerichtshof hat sich in einer Entscheidung zu den Voraussetzungen einer Verwertungskündigung geäußert.[134] Danach wird die Verwertungskündigung bejaht, wenn der Mieterschutz ansonsten zu einem faktischen Verkaufshindernis wird. Zugleich stellt der BGH in seiner Entscheidung heraus, dass kein Eigentümer es dauerhaft hinnehmen muss, mit der Immobilie Verluste zu erwirtschaften, da dies mit dem Eigentumsgrundrecht nach Art 14 GG nicht vereinbar sei.

Üblicherweise wird ein Vermögensvergleich vorgenommen und bei vermieteten Objekten 94
wird der Preis im vermieteten Zustand dem im nicht vermieteten Zustand gegenübergestellt. Hierbei wird sicherlich regelmäßig das Ergebnis erzielt, dass der Verkaufspreis im nicht vermieteten Zustand höher sein wird. Dies alleine ist jedoch noch nicht ausreichend, um eine entsprechende Kündigung auszusprechen. Hat der Eigentümer seinerseits die Immobilie vermietet erworben, so ist der Einkaufspreis mit dem Verkaufspreis jeweils im vermieteten Zustand zu betrachten. Deshalb ist die Einbuße im Einzelfall zu ermitteln. Entscheidend ist der Preisvergleich jeweils im vermieteten Zustand.[135]

II. Erwerb der Immobilie im Erbgang

Diese Kriterien werden auch herangezogen, wenn die Erbengemeinschaft die Immobilie im 95
Erbgang erworben hat.[136] Hier kommt es nicht darauf an, ob für die Immobilie in mietfreiem Zustand ein höherer Preis erzielt werden kann.[137] Ein Nachteil liegt nur dann vor, wenn die Erbengemeinschaft im Verkaufsfall wegen der Vermietung den für vermietete Immobilien üblichen Preis nicht erzielen kann.[138] Bei unentgeltlichem Erwerb, sei es durch Schenkung oder in Folge Erbgangs, ist entsprechend der Verkehrswert im Zeitpunkt des unentgeltlichen Erwerbs anzusetzen, denn der Immobilie haftet der durch die Vermietung hervorgerufene Minderwert schon an und die Erbengemeinschaft tritt genau in diese Rechtsposition ein. Würde man den (regelmäßig höheren) Verkehrswert der Immobilie im unvermieteten Zustand zugrunde legen, hätte die Erbengengemeinschaft bereits auf diesem Weg einen Wertzuwachs erreicht, der tatsächlich bei Tod des Erblassers noch nicht vorhanden war.

III. Zulässigkeit der Verwertungskündigung

Angesichts dieser Ausführungen wird deutlich, dass alleine das Bestreben, die Erbauseinan- 96
dersetzung zu vollziehen, kein ausreichendes Kriterium ist, um eine Verwertungskündigung zu rechtfertigen.

Die Konzeption der Erbengemeinschaft und deren konkrete Zusammensetzung mögen im Einzelfall die Verwaltung einer solchen Immobilie erschweren. Dies gilt insbesondere dann,

132 Vgl. hierzu: MüKo/*Häublein*, § 573 Rn 83 ff.
133 Emmerich/Sonnenschein/*Haug*, § 573 Rn 70.
134 BGH, Urt. v. 8.6.2011 –VIII ZR 226/09, NJW-RR 2011, 1517, 1518.
135 Schmitt/Futterer/*Blank*, § 573 Rn 171.
136 Schmitt/Futterer/*Blank*, § 573 Rn 171.
137 BVerfG ZMR 1992, 50.
138 OLG Stuttgart, Urt. v. 26.9.2005 – 5 U 73/05, ZMR 2006, 42.

wenn die Erbengemeinschaft aus einer Vielzahl von Personen besteht und die Erben möglicherweise auch weltweit „verstreut“ sind. Allerdings wird alleine die Existenz der Erbengemeinschaft nicht ausreichend sein, um über diesen Weg ein Kündigungsrecht zu konstruieren. Vielmehr muss auch die Erbengemeinschaft sämtliche Kriterien und Voraussetzungen erfüllen, die auch andere Vermieter bewältigen müssen, um eine Verwertungskündigung zu realisieren.[139] Eine Privilegierung der Erbengemeinschaft findet im Wortlaut des Gesetzes keine Grundlage.

Demzufolge muss die Erbengemeinschaft zunächst versuchen, die Immobilie mit dem Mietverhältnis zu verkaufen. Dabei wird man erkennen, ob der Verkauf zu wirtschaftlich zumutbaren Bedingungen möglich ist. Jeder Einzelfall ist gesondert zu prüfen: subjektive Elemente wie Einstandspreis, erzielbare Rendite, Verwaltungskosten und die Verantwortlichkeit für die fehlende Rentabilität sind zu berücksichtigen.[140]

Vor diesem Hintergrund ist aus Beratersicht der konkrete Sachverhalt sehr genau zu prüfen und tatsächlich zu recherchieren, ob finanzielle Nachteile bei der Verwertung auftreten, in welcher Größenordnung diese entstehen und aus welchem Grund diese realisiert werden müssen.[141]

K. Mietkaution, § 551 BGB

I. Allgemeines

97 Der Mieter hat nach § 551 BGB eine Sicherheitsleistung zu erbringen. Für Wohnraummietverhältnisse gilt eine Begrenzung[142] auf das dreifache der monatlichen Grundmiete. Diese Obergrenze darf nicht überschritten werden, auch dann nicht, wenn mehrere Sicherheiten existieren, denn diese werden zusammengerechnet.[143] Die hinterlegte Sicherheitsleistung ist zu verzinsen, § 551 Abs. 3 BGB.[144] Die Sicherheitsleistung kann der Mieter nach § 551 Abs. 2 S. 1 BGB in drei gleichen Monatsraten erbringen.[145]

Der Gesetzgeber hat verschiedene Arten der Sicherheitsleistung zugelassen: häufig verwandt werden die Barkaution, die Verpfändung eines Sparbuchs, Sicherungsabtretung, Bankbürgschaft, Bürgschaft von Privatpersonen oder die Verpfändung von Wertpapieren.[146]

Nach dem Ende des Mietverhältnisses ist über die geleistete Kaution abzurechnen. Nach erfolgter Abrechnung hat der Vermieter den Kautionsbetrag (Verrechnung etwaiger Forderungen auszubezahlen) oder die Sicherheit freizugeben.

---

139 OLG Stuttgart, Urt. v. 26.9.2005 – 5 U 73/05, ZMR 2006, 42.

140 MüKo/*Häublein*, § 573 Rn 91.

141 Exemplarisch sei hier auf eine Entscheidung des AG Eschweiler (WuM 2000, 191) verwiesen. Danach ist der Erbengemeinschaft eines Vermieters, die für den Verkauf des Hauses mit Mietvertrag 430.000 DM erzielt, hingegen ohne Mietvertrag einen Kaufpreis i.H.v. 450.000 DM erhalten hätte, kein wesentlicher Nachteil entstanden.

142 Für Geschäftsräume gilt § 551 BGB nicht. Mithin gilt auch diese Begrenzung nicht, allerdings wird eine vertragliche Vereinbarung der Kaution vorausgesetzt.

143 Schmidt-Futterer/*Blank*, § 551 BGB Rn 54.

144 Vgl. hierzu Kinne/Schach/Bieber/*Bieber/Kinne*, § 551 BGB Rn 1 ff. m.w.N. und Hinweisen zu den Ausnahmen nach § 9 WoBindG und Regelungen zu Mietverträgen, die vor dem 1.1.1983 abgeschlossen wurden.

145 Für eine Sicherheitsleistung mittels Bürgschaft gilt diese Regelung aus praktischen Erwägungen hingegen nicht.

146 Schmidt-Futterer/*Blank*, § 551 BGB Rn 12 ff.

Für Gewerberaummiete gilt nach § 578 BGB § 551 BGB nicht entsprechend, so dass es dort konkreter Vereinbarungen bedarf.

II. Anlage der Sicherheitsleistung

Der Gesetzgeber fordert in § 551 Abs. 3 BGB, die Barkaution bei einem Kreditinstitut zu dem für Spareinlagen mit dreimonatiger Kündigungsfrist üblichen Zinssatz anzulegen. Das Vermögen ist getrennt vom übrigen Vermögen des Vermieters zu verwahren, um so die Kaution vor Zugriffen Dritter in das Vermögen des Vermieters zu schützen.[147] Dem Mieter steht nach § 771 ZPO die Drittwiderspruchsklage zur Verfügung, wenn in das Vermögen des Vermieters eine Zwangsvollstreckungsmaßnahme erfolgt, und ferner im Insolvenzverfahren ein Aussonderungsrecht nach § 47 InsO. 98

III. Haftung für die Sicherheitsleistung

Die Erbengemeinschaft haftet für die eingezahlten Barkautionen nach § 2058 BGB als Gesamtschuldner. Es handelt sich um eine Nachlassverbindlichkeit nach § 1967 BGB. 99

1. Aussonderungspflicht

Für die Erbengemeinschaft bedeutet diese mietvertragliche Verpflichtung zur Anlage der Sicherheitsleistung in der Regel Folgendes: Tritt die Erbengemeinschaft in das Mietverhältnis ein, muss sie zunächst zwingend prüfen, ob die Kautionen erbracht sind. Ist dies der Fall, muss sichergestellt sein, dass die Kautionen getrennt vom übrigen Vermögen des vormaligen Vermieters bzw. nun von der Erbengemeinschaft auf Treuhandkonten verwahrt werden. Die Erbengemeinschaft fungiert als Treuhänder. Da der Mieter die getrennte Anlage auch während des laufenden Mietvertrags verlangen und nach § 887 ZPO vollstrecken kann, ist die getrennte Anlage „oberstes Gebot". 100

Ein Verstoß gegen diese Verpflichtung kann zur Schadensersatzverpflichtung der Erbengemeinschaft nach § 280 BGB führen, zum einen direkt aus dem Mietvertrag heraus und zum anderen aus Delikt nach § 823 Abs. 2 BGB i.V.m. § 551 BGB, weil § 551 BGB ein Schutzgesetz zugunsten des Mieters darstellt.[148]

Handelt der Vermieter bzw. die Erbengemeinschaft vorsätzlich, so kann sie je nach Lage des Einzelfalls den Untreuetatbestand nach § 266 StGB verwirklichen.[149]

Zudem steht dem Mieter solange ein Zurückbehaltungsrecht am Mietzins zu, bis die Erbengemeinschaft den Nachweis erbracht hat, dass die Kaution getrennt vom übrigen Vermögen angelegt wird.[150]

2. Nachforderung

Hat der Erblasser in einem Mietverhältnis zwar im Mietvertrag eine Kaution vereinbart, sie bislang noch nicht abgerufen, so regeln sich die Ansprüche der Erbengemeinschaft nach den allgemeinen Regeln. Der Anspruch des Vermieters verjährt in drei Jahren nach den 101

147 *Derleder*, WuM 2002, 239 ff.
148 LG Hamburg, Urt. v. 30.8.2001 – 327 S 79/01, ZMR 2002, 598, 599.
149 BGHSt 41, 224, 228 f.; OLG Frankfurt am Main, Urt. v. 18.1.1989 – 9 U 161/87, ZMR 1990, 9.
150 AG Königswinter, Urt. v. 2.2.2007 – 9 C 434/05, WuM 2007, 347.

§§ 195, 199 BGB.[151] Ist demzufolge der Nachforderungsanspruch bereits verjährt, wenn die Erbengemeinschaft in das Mietverhältnis eintritt, so ist auch der Nachforderungsanspruch einredebehaftet.

3. Abrechnung und Rückzahlung

102 Nach Ende des Mietverhältnisses hat die Erbengemeinschaft über die Kaution nach § 259 BGB abzurechnen und für den Fall, dass keine Ansprüche zugunsten der Erbengemeinschaft bestehen, die Kaution auszubezahlen. Die Erbengemeinschaft haftet dem Mieter direkt für die Zahlung.

4. Aufrechnungserklärung

103 Für die Erbengemeinschaft gilt, dass sie nur gemeinsam mit dem Anspruch auf Rückzahlung der Kaution aufrechnen können. Möchte die Erbengemeinschaft die Auszahlung einer Kaution verhindern und mit Schadensersatzansprüchen aufrechnen, so muss sie diese Erklärung gemeinschaftlich abgeben. Dies ergibt sich zwingend für die Erbengemeinschaft aus § 2040 BGB[152] und der Tatsache, dass eine zu erklärende Aufrechnung eine Verfügung im Sinne des § 2040 BGB ist. In der Praxis führt dies mitunter zu formalen Problemen, die oft nur zu beheben sind, wenn sich die Erbengemeinschaft eines Verwalters bedient und diesen mit entsprechenden Vollmachten ausstattet oder innerhalb der Erbengemeinschaft einen handlungsbefugten Vertreter bestimmt.

5. Haftung für die Kaution bei Veräußerung der Immobilie, §§ 551, 566a BGB

104 Mit Vorsicht hat die Erbengemeinschaft zu agieren, wenn sie ein Mietshaus, welches sich im Nachlass befindet, veräußert und zugleich sicherstellen möchte, später nicht für die Rückgewähr von Sicherheitsleistungen in Anspruch genommen zu werden.

Nach § 566a BGB gehen die Rechte und Pflichten aus einer Sicherheitsleistung des Mieters auf den Erwerber über, doch bleibt eine subsidiäre Haftung beim Veräußerer zurück. Nach dem Gesetz haftet der Erwerber für die Rückzahlung oder Rückgewährung der Sicherheiten nach Beendigung des Mietverhältnisses. Demzufolge hat der Veräußerer bereits bei Abschluss des Mietvertrags alles Notwendige zu tun, um dem Erwerber die weitere Ausreichung der Sicherheitsleistungen zu ermöglichen.[153] § 566a BGB statuiert jedoch zugleich eine Haftung des Vermieters für den Fall, dass bei Beendigung des Mietverhältnisses vom Erwerber die Sicherheit nicht erlangt werden kann.[154] Um diese subsidiäre Haftung eintreten zu lassen, genügt es, dass der Mieter die Inanspruchnahme des Erwerbers in zumutbarem Umfang – aber erfolglos – versucht, wobei ein Vorausklageerfordernis nicht besteht.[155] Demzufolge genügen die außergerichtliche Klagedrohung und eine fehlende Zahlungsbereitschaft des Erwerbers. Dies gilt nur dann nicht, wenn der (ehemalige) Mieter vor dem Eigentumsübergang gekündigt hat und ausgezogen ist.[156]

---

151 LG Duisburg, Urt. v. 28.3.1996 – 13 S 334/05, ZMR 2006, 533, 534.

152 Palandt/*Grüneberg*, § 387 Rn 5; LG Berlin, Urt. v. 2.7.1999 – 64 S 49/99, GE 1999, 1129; Staudinger/*Löhnig*, § 2040 Rn 9.

153 *Derleder*, WuM 2002, 239, 243; *Kraemer*, NZM 2001, 737, 742.

154 Vgl. AG Braunschweig vom 16.7.1996 – 115 C 692/96, WM 1996, 703.

155 *Derleder*, WuM 2002, 239, 243.

156 BGH, Urt. v. 4.4.2007 – VIII ZR 219/06, ZMR 2007, 529.

Die Erbengemeinschaft sollte daher darauf drängen, dass der Erwerber im Wege einer Vertragsübernahme nach den §§ 566 ff. BGB in die Rechte und Pflichten aus der Mietsicherheitenvereinbarung eintritt und zugleich sicherstellen, dass sie Mietsicherheiten separiert übergeben werden. Hierzu ist zwar eine dreiseitige Vereinbarung[157] notwendig, diese bringt jedoch der Erbengemeinschaft eine erhebliche Sicherheit. Die Praxis zeigt zudem, dass die Mieter hieran mitwirken, da diese eine einheitliche Vertragsbeziehung zum neuen Vermieter präferieren und demzufolge hieran gerne mitwirken.

L. Mieterhöhungsverlangen, § 558 BGB

Auch im Themenbereich des Mieterhöhungsverlangens ist für die Erbengemeinschaft ein kleiner Fallstrick versteckt. Das Mieterhöhungsverlangen muss nach §§ 558, 558a BGB in Textform abgegeben werden. Das Mieterhöhungsverlangen ist ein Antrag des Vermieters auf Abschluss eines veränderten Mietvertrags i.S.d. § 145 BGB, so dass die Zustimmung des Mieters als Annahmeerklärung dieses Antrags zu werten ist. Wird nun die Mieterhöhung durch eine Erbengemeinschaft als Vermieter gefordert, so muss das Erhöhungsverlangen von allen Erben ausgehen, soweit keine wirksame Vertretung vorliegt.[158] 105

Da § 558a BGB lediglich Textform erfordert, ist es ausreichend, wenn im Briefkopf die Namen der Erben genannt sind. Einer Unterschrift bedarf es nicht und Eigenhändigkeit ist gleichfalls nicht erforderlich.[159] Aber in dieser Einfachheit lauert auch eine Gefahr, die bei der Erbengemeinschaft oft nicht bedacht wird. Möchte die Erbengemeinschaft bei einem befristeten Mietvertrag diese Vertragsänderung herbeiführen, so muss diese in Schriftform des § 550 BGB erfolgen. Erklärt nun die Erbengemeinschaft, weil es so einfach ist, das Mieterhöhungsverlangen per Fax oder E-Mail, ist dies zwar im Sinne des § 558a BGB wirksam. Die Erbengemeinschaft hat jedoch nach der Annahme des Mieterhöhungsverlangens nun aus ihrem Zeitmietvertrag einen Mietvertrag auf unbestimmte Zeit gemacht, der mit ordentlicher Kündigungsfrist beendet werden kann.[160]

Häufig ist dies aber gerade nicht gewollt, so dass sich Schriftform für das Erhöhungsverlangen nach § 126 BGB zur Sicherheit empfiehlt. In der Konsequenz bedeutet dies nach hiesiger Auffassung, dass die Erben nur gemeinschaftlich agieren können.

M. Kündigung bei Tod des Mieters, § 580 BGB

I. Allgemeines

§ 580 BGB gleicht in weiten Teilen den Regeln des § 564 BGB. Insoweit wird auf die dortigen Ausführungen verwiesen (siehe Rdn 69 ff.). § 580 BGB ist eine Regelung, die kein zwingendes Recht enthält und demzufolge dispositiv ist.[161] Davon wird in Leasingverträgen gerne Gebrauch gemacht, um so die Debatte, ob § 580 BGB für Leasingverträge überhaupt anzuwenden ist,[162] im Keim zu ersticken. 106

157 *Kandelhard*, NZM 2001, 697.
158 Emmerich/Sonnenschein/ *Emmerich*, § 558a Rn 4.
159 Palandt/*Ellenberger*, § 126bRn 5.
160 Schmidt-Futterer/*Börstinghaus*, § 558a BGB Rn 10.
161 Schmidt-Futterer/*Blank*, § 580 Rn 1; MüKo/*Artz*, § 580 Rn 3.
162 Vgl. zum Meinungsstand Staudinger/*Rolfs*, § 580 Rn 5 und Staudinger/*Stoffels* (2004), Leasing Rn 349 ff.; Palandt/*Weidenkaff*, § 580 Rn 3.

II. Regelungsinhalt

107 Der Anwendungsbereich ist dort eröffnet, wo Mietverhältnisse betroffen sind, bei denen es nicht um Wohnraum geht (Grundstücke, bewegliche Sachen, Schiffe, Geschäftsräume). Das gilt insbesondere für Mietverhältnisse, die auf bestimmte Zeit eingegangen wurden oder bei denen die gesetzliche Kündigungsfrist verlängert wurde.[163] Bei der Miete über Sachen besteht die Möglichkeit eines Eintritts nach den §§ 563, 563a BGB nicht, so dass das Mietverhältnis mit der Erbengemeinschaft fortgesetzt wird. Der Erbe tritt nach den §§ 1922, 1967 Abs. 1 BGB in das Mietverhältnis ein.

Der Gesetzgeber gibt den Parteien ein außerordentliches Kündigungsrecht in die Hand. Dieses ist binnen Monatsfrist auszuüben ab dem Zeitpunkt der Todeskenntnis. Die Kündigungsfrist ist die gesetzliche. Auch hier gilt: Mehrere Erben müssen die Kündigung gemeinsam erklären.[164] Die Kündigungsfrist bestimmt sich für beide Vertragsteile nach § 580a Abs. 4 BGB. Die Kündigung muss binnen eines Monats erklärt werden ab Kenntnis vom Tod des Vertragspartners und Kenntnis von der Erbenstellung.

§ 580 BGB trägt dem Umstand Rechnung, dass wegen der veränderten Verhältnisse sowohl beim Vermieter als auch beim Erben das Interesse bestehen kann, das Mietverhältnis zu beenden, sei es, weil dem Vermieter der Erbe nicht vertrauenswürdig genug ist, sei es, weil der Erbe persönlich der Sache nicht bedarf. Das Kündigungsrecht wird über § 580 BGB beiden Seiten eingeräumt.

III. Fortführung eines Handelsgeschäfts

108 Fraglich in diesen Fällen ist, ob die Erbengemeinschaft ein fristloses Kündigungsrecht besitzt, wenn sie dort in dem gemieteten Objekt ein Handelsgeschäft fortführt. Auch hier steht den Betreibern des Handelsgeschäfts ein außerordentliches Kündigungsrecht zu,[165] denn Anknüpfungspunkt für die Kündigung ist nicht das Handelsgeschäft, sondern der Mietvertrag, den eine natürliche Person geschlossen hat und hierauf sind die Regeln des § 580 BGB anzuwenden, wenn eine hiervon abweichende Vereinbarung nicht getroffen ist.[166] Dies kann aber nur dort gelten, wo das Mietverhältnis von einer natürlichen Person abgeschlossen wurde. Wird der Mietvertrag durch eine GbR abgeschlossen, so gibt § 580 BGB der Erbengemeinschaft kein außerordentliches Kündigungsrecht an die Hand, selbst dann nicht wenn die GbR nach dem Tod eines ihrer Gesellschafter aufgelöst wird.[167] Die GbR besteht nämlich bis zu ihrer Abwicklung fort und die Erbengemeinschaft tritt mit allen Rechten und Pflichten an die Stelle des Erblassers in die Abwicklungsgesellschaft ein, § 727 BGB.[168]

Hinweis

Wer sicherstellen möchte, dass auch bei Betrieb eines Handelsgeschäfts oder bei Abschluss des Mietvertrags durch eine GbR oder GmbH das Mietverhältnis nicht weiterläuft und innerhalb einer Überlegungsfrist beendet werden kann, wenn einer der Gesellschafter stirbt, der muss dies individuell im Mietvertrag vereinbaren.

---

163 Palandt/*Weidenkaff*, § 580 Rn 4.
164 Emmerich/Sonnenschein/*Rolfs*, § 580 Rn 5; Palandt/*Weidenkaff*, § 580 Rn 7.
165 A.A. Bub/Treier/*Grapentin*, IV Rn 449.
166 Emmerich/Sonnenschein/*Rolfs*, § 580 Rn 5.
167 OLG Brandenburg, Beschl. v. 2.4.2008 – 3 U 103/07, ZMR 2008, 780.
168 *Krämer*, NZM 2002, 465, 472.

N. Prozessuale Besonderheiten

Wird auf Vermieterseite eine Erbengemeinschaft tätig, so müssen die Ansprüche z.B. auf Mietzinszahlung, Schadensersatz oder Zahlung offener Betriebskosten von allen Gläubigern gemeinsam geltend gemacht werden. Somit sind in einem Mietprozess alle Mitglieder dieser Gemeinschaft aktiv- und passivlegitimiert.[169] 109

Die Erbengemeinschaft hat keine eigene Rechtspersönlichkeit, so dass die von der Rechtsprechung entwickelten Grundsätze zur BGB-Gesellschaft zur Rechtsfähigkeit nicht angewandt werden. Die Erbengemeinschaft ist somit weder rechts- noch parteifähig, denn sie ist gerade nicht auf Dauer angelegt, sondern darauf ausgerichtet auseinandergesetzt zu werden.[170]

Handelt es sich um eine ungeteilte Erbengemeinschaft, so kann mit Blick auf § 2039 S. 2 BGB jeder einzelne Miterbe nur Leistung an die Erbengemeinschaft verlangen. Demzufolge liegt ein Fall der gesetzlichen Prozessstandschaft vor.[171]

Hierbei ist zu beachten, dass jeder einzelne Miterbe auch prozessführungsbefugt ist für eine Vollstreckungsgegenklage.[172] Gestaltungsrechte können die Erben jedoch nur gemeinsam ausüben. Somit können sie bspw. auch nur gemeinsam eine Klage auf Zustimmung zur Mieterhöhung erheben.[173]

Wird die Erbengemeinschaft auseinandergesetzt, so kann jeder einzelne Erbe seine Rechte geltend machen bezogen auf die ihm zugeordneten Gegenstände. Ausschlaggebend ist hierbei der dingliche Vollzug dieser Vereinbarung. D.h. möchte der Miterbe, dem das vermietete Grundstück zugeordnet wurde, Ansprüche aus dem Mietvertrag alleine geltend machen, muss er warten, bis seine Eintragung im Grundbuch erfolgt ist.

169 *Zimmermann*, in: Beierlein/Kinne/Koch/Stackmann/Zimmermann, Mietprozess, 1. Kap. Rn 87.

170 BGH, Urt. v. 11.9.2002 – XII ZR 187/00, NZM 2002, 950, 951; BGH, Beschl. v. 17.10.2006 – VIII ZB 94/05, ZfIR 2007, 108.

171 Kinne/Schach/Bieber/*Kinne*, Teil II Mietprozessrecht, Rn 22.

172 BGH, Urt. v. 5.4.2006 – IV ZR 139/05, ZErb 2006, 239.

173 Kinne/Schach/Bieber/*Kinne*, Teil II Mietprozessrecht, Rn 22; *Zimmermann*, in: Beierlein/Kinne/Koch/Stackmann/Zimmermann, Mietprozess, 1. Kap. Rn 90.

§ 20 Versicherungsrecht

Dr. Hubert W. van Bühren

Übersicht:

Literatur

Beckmann/Matusche-Beckmann, Versicherungsrechts-Handbuch, 3. Aufl. 2015; *van Bühren*, Handbuch Versicherungsrecht, 7. Aufl. 2017; *van Bühren*, Das versicherungsrechtliche Mandat, 5. Aufl. 2015; *Hasse*, Das Valutaverhältnis bei der Todesfallversicherung zugunsten Dritter, VersR 2009, 41 ff.; *Prölss/Martin*, Versicherungsvertragsgesetz, 30. Aufl. 2018; *Langheid/Rixecker*, Versicherungsvertragsgesetz, 5. Aufl. 2016

A. Einleitung

Statistisch gesehen entfallen auf jeden Bundesbürger etwa sechs Versicherungsverträge. Die Rechte und Pflichten aus den Versicherungsverträgen eines Erblassers gehen im Wege der Universalsukzession gemäß § 1922 BGB **unverändert** auf den oder die Erben über. Weder im BGB noch im VVG gibt es besondere Bestimmungen über die Vererblichkeit von Versicherungsverträgen. 1

Die Versicherungsverträge werden somit inhaltlich unverändert mit den Erben fortgesetzt, es gibt auch **kein außerordentliches Kündigungsrecht** aufgrund des Todes des Versicherungsnehmers. Eine vorzeitige Beendigung des Versicherungsvertrages ist allerdings gemäß § 80 VVG möglich, wenn das versicherte **Risiko** durch den Tod des Versicherungsnehmers endgültig **wegfällt**. Der Versicherer kann dann nur die Prämie beanspruchen, die vereinbart worden wäre, wenn die Laufzeit des Versicherungsvertrages auf den Todeszeitpunkt des Versicherungsnehmers beschränkt worden wäre. Es erfolgt dann Abrechnung „**pro rata temporis**“ zuzüglich eines Kostenzuschlags „Kurztarif“.[1] Der vollständige Wegfall des ver- 2

1 Prölss/Martin/*Armbrüster*, § 80 VVG Rn 23a m.w.N.

sicherten Interesses dürfte nur in seltenen Ausnahmefällen gegeben sein, wie z.B. in der Unfallversicherung.

3 Wenn der Erblasser Halter eines Kraftfahrzeuges war, besteht, das Risiko ebenso fort wie in den Fällen, in denen Versicherungsschutz nicht nur für den Erblasser persönlich besteht, sondern auch für **mitversicherte Personen und Familienangehörige**, wie beispielsweise in der Haftpflichtversicherung und der Rechtsschutzversicherung. Grundsätzlich sollte daher die Erbengemeinschaft an den bestehenden Versicherungsverträgen des Erblassers **festhalten**, bis endgültig geklärt ist, ob noch ein versichertes Risiko besteht. Einige Versicherungsbedingungen, beispielsweise die Hausratversicherungsbedingungen (VHB) und die Rechtsschutzversicherungsbedingungen (ARB), enthalten gesonderte Regelungen bei Tod des Versicherungsnehmers.

B. Versicherungsvertragsrecht

4 Das Privatversicherungsrecht ist Spezialgebiet des Zivilrechts, im Gegensatz zu den gesetzlichen Versicherungen. Gegenstand des Privatversicherungsrechts sind somit die Rechte und Pflichten der Versicherer einerseits und der Versicherungsnehmer sowie der mitversicherten Personen andererseits. Grundlage des Privatversicherungsrechts ist daher zunächst das Bürgerliche Gesetzbuch (**BGB**), das durch das Versicherungsvertragsgesetz (**VVG**) in den Bereichen abgeändert wird, die einer besonderen Regelung bedürfen. Das Versicherungsvertragsgesetz (VVG 2008) ist umfassend reformierte worden und an die Stelle des VVG 1908 getreten.

I. Allgemeine Versicherungsbedingungen (AVB)

5 Die Allgemeinen Versicherungsbedingungen sind die Allgemeinen Geschäftsbedingungen der Versicherer und unterliegen der Inhaltskontrolle der **§§ 305 ff. BGB**. Diese AVB werden Bestandteil des Versicherungsvertrages in der bei Vertragsschluss vereinbarten Fassung. Die Einbeziehung neuer Bedingungen muss gesondert und ausdrücklich vereinbart werden.

Die Bearbeitung von versicherungsrechtlichen Mandaten beginnt daher mit den jeweiligen AVB. Wenn diese keine Sonderregelung enthalten, gilt das VVG; findet man hier keine Regelung, ist auf das BGB zurückzugreifen. Versicherungsbedingungen sind nicht gesetzesähnlich, sondern nach dem Verständnis des durchschnittlichen **Versicherungsnehmers** auszulegen.[2]

II. Versicherungsschein

6 Nach § 3 Abs. 1 S. 1 VVG ist der Versicherer verpflichtet, dem Versicherungsnehmer einen Versicherungsschein auszuhändigen. § 3 Abs. 3 VVG verpflichtet den Versicherer, dem Versicherungsnehmer jederzeit Abschriften über die Erklärung zu erteilen, „die er mit Bezug auf den Vertrag abgegeben hat". Daraus resultiert, dass der Versicherer im Streitfall verpflichtet ist, Abschriften der **Antragsunterlagen** ebenso zu übersenden wie ein Exemplar der AVB, die Gegenstand des Versicherungsvertrags sind. Der Versicherungsschein ist eine **Beweisurkunde** über den zustande gekommenen Vertrag.[3]

2 BGH, IV ZR 292/13, VersR 2015, 1020, 1022; Langheid/Rixecker, § 1 VVG Rn 37.

3 Prölss/Martin/*Rudy*, § 3 VVG Rn 1 m.w.N.

III. Beteiligte

Versicherer und **Versicherungsnehmer** sind die Vertragsparteien, es können aber auch Dritte in Rechte und Pflichten des Vertrages einbezogen werden. 7

Bei der Versicherung für **fremde Rechnung** (§ 43 VVG) handelt es sich um einen Vertrag zugunsten eines Dritten (**§ 328 BGB**).

Die in den Schutzbereich des Versicherungsvertrages einbezogenen Dritten sind **Versicherte**, die zwar einen Leistungsanspruch gegen den Versicherer gemäß § 44 Abs. 1 VVG haben; sie können über die Rechte aus dem Vertrag jedoch nur verfügen, wenn sie den **Versicherungsschein** oder die **Zustimmung** des Versicherungsnehmers haben (§ 44 Abs. 2 VVG). 8

Begünstigte sind diejenigen, die durch vertragliche Vereinbarung in den Genuss der Versicherungssumme gelangen sollen, wie beispielsweise in der Lebens- und Unfallversicherung. 9

IV. Mehrfachversicherung (§ 78 VVG)

Eine Mehrfachversicherung besteht, wenn **dasselbe Risiko** mehrfach versichert ist. Wird eine Mehrfachversicherung aus Bereicherungsabsicht abgeschlossen, ist jeder Versicherungsvertrag nichtig, die Versicherer dürfen die gezahlten Prämien behalten (§ 78 Abs. 3 VVG). Das Verbot der Mehrfachversicherung gilt für die **gesamte Schadenversicherung, nicht** jedoch für die **Summenversicherung**, also nicht für die **Lebensversicherung**, die **Unfallversicherung** und die **Krankentagegeldversicherung**. 10

Eine Mehrfachversicherung besteht nur dann, wenn das versicherte Risiko in allen Versicherungsverträgen **völlig deckungsgleich** ist. 11

Beispiel

Wenn der bereits aufgeteilte Hausrat in der Wohnung des Erblassers verbleibt und dort durch einen Wasserschaden beschädigt wird, ist sowohl die Hausratversicherung des Erblassers als auch die der jeweiligen Miterben eintrittspflichtig.

V. Gefahrerhöhung (§ 23 VVG)

Eine Gefahrerhöhung liegt vor, wenn sich die Umstände der Risikobeschreibung **ungünstig verändern** und hierdurch der Eintritt des Versicherungsfalles wahrscheinlicher wird.[4] 12

Beispiel

Das Haus des Erblassers steht längere Zeit leer, so dass die Gefahr von Brandstiftung oder Vandalismus vergrößert wird.

Rechtsfolgen der Gefahrerhöhung treten nur dann ein, wenn der Versicherungsnehmer (oder dessen Erbengemeinschaft) vorsätzlich oder grob fahrlässig gehandelt hat (§ 26 Abs. 1 VVG). Bei **grober Fahrlässigkeit** ist der Versicherer berechtigt, „seine Leistung in einem der Schwere des Verschuldens des Versicherungsnehmers entsprechenden Verhältnis zu kürzen"; die Beweislast für das **Nichtvorliegen** einer groben Fahrlässigkeit trägt der **Versicherungsnehmer** (§ 26 Abs. 1 S. 2 VVG). Bei einer **vorsätzlich** herbeigeführten Gefahrer-

4 Prölss/Martin/*Armbrüster*, § 23 VVG Rn 7 m.w.N.; BGH, IV ZR 183/03, r+s 2004, 328 = VersR 2004, 895.

höhung, die sich auch kausal auf den Eintritt des Versicherungsfalles auswirkt, ist der Versicherer in vollem Umfange **leistungsfrei** (§ 26 VVG). Bei **einfacher Fahrlässigkeit** kann der Versicherer lediglich unter Einhaltung einer Frist von einem Monat **kündigen** (§ 24 Abs. 1 S. 2 VVG), bleibt aber für eingetretene Versicherungsfälle leistungspflichtig.

VI. Obliegenheiten

13 Obliegenheiten sind Verhaltensnormen, aus denen sich ergibt, was der Versicherungsnehmer zu tun oder zu lassen hat, um Versicherungsschutz zu erhalten.[5] Obliegenheiten sind somit keine unmittelbar erzwingbaren Verbindlichkeiten, sondern bloße Verhaltensnormen (**Voraussetzungen**), die der Versicherungsnehmer zu erfüllen hat, wenn er seinen Leistungsanspruch behalten will.

1. Gesetzliche Obliegenheiten

14 Zu den gesetzlichen Obliegenheiten gehören
- die Anzeigepflicht des Versicherungsnehmers (§ 30 VVG)
- die Auskunftspflicht des Versicherungsnehmers (§ 31 VVG)
- die Schadenminderungspflicht (§ 82 VVG)
- das Aufgabeverbot (§ 86 Abs. 2 VVG).

2. Vertragliche Obliegenheiten (§ 28 VVG)

15 Die vertraglichen Obliegenheiten ergeben sich aus den AVB der Versicherer. Rechtsfolgen der Verletzung von vertraglichen Obliegenheiten treten nur dann ein, wenn der Versicherungsnehmer **grob fahrlässig** oder **vorsätzlich** gehandelt hat. Schuldlos oder leicht fahrlässig begangene Obliegenheitsverletzungen sind folgenlos. Vorsätzliche oder grob fahrlässige Obliegenheitsverletzungen sind schließlich nur dann von Bedeutung, wenn sie **ursächlich** für den Eintritt oder den Umfang des Schadens waren. Bei grob fahrlässiger Obliegenheitsverletzung kann der Versicherer die Leistung „in einem der Schwere des Verschuldens des Versicherungsnehmers entsprechenden Verhältnis kürzen" (§ 28 Abs. 2 S. 2 VVG).

VII. Vorsatz (§§ 81, 103 VVG)

16 Wenn der Versicherungsnehmer den Versicherungsfall vorsätzlich herbeiführt, ist der Versicherer sowohl in der Schadenversicherung (§ 81 VVG) als auch in der Haftpflichtversicherung (§ 103 VVG) leistungsfrei.

In der Haftpflichtversicherung besteht Versicherungsschutz auch bei grober Fahrlässigkeit.

VIII. Grobe Fahrlässigkeit

17 Hat der Versicherungsnehmer den Versicherungsfall grob fahrlässig herbeigeführt, „ist der Versicherer berechtigt, seine Leistung in einem der Schwere des Verschuldens des Versicherungsnehmers entsprechenden Verhältnis zu kürzen" (§ 81 Abs. 2 VVG). **Die Quotelung erfolgt auf einer Skala von 0 bis 100.**[6]

---

5 Prölss/Martin/*Armbrüster*, § 28 VVG Rn 68 m.w.N.
6 Prölss/Martin/*Armbrüster*, § 81 VVG Rn 62 ff. m.w.N.

IX. Repräsentanten

Da Obliegenheiten keine vertraglichen Pflichten, sondern nur Voraussetzungen für den Leistungsanspruch des Versicherungsnehmers gegen seinen Versicherer sind, ist § 278 BGB bei Obliegenheitsverletzungen nicht anwendbar. Wenn der Versicherungsnehmer das **versicherte Risiko vollständig auf einen Dritten übertragen** hat, wird dieser als Repräsentant des Versicherungsnehmers diesem gleichgesetzt. 18

Definition

Repräsentant ist derjenige, der von dem Versicherungsnehmer mit der tatsächlichen Risikoverwaltung betraut und an die Stelle des Versicherungsnehmers getreten ist.[7] Die Erbengemeinschaft ist nicht Repräsentantin, sondern unmittelbar dem Versicherungsnehmer gleichgesetzt.

Bei mehreren Miterben kann einer der Erben zum Repräsentanten werden, wenn diesem durch Beschluss der Erbengemeinschaft die **vollständige und eigenverantwortliche Abwicklung des Nachlasses** übertragen worden ist. Diese Grundsätze gelten auch für einen eventuellen **Testamentsvollstrecker**.

X. Verjährung

Das VVG 2008 enthält keine gesonderten Verjährungsvorschriften, so dass die §§ 194 ff. BGB gelten. Lediglich in **§ 15 VVG** ist bestimmt, dass die Verjährung bis zu dem Zeitpunkt **gehemmt** ist, zu dem die Entscheidung des Versicherers dem Anspruchsteller in Textform zugeht. 19

XI. Gerichtsstand

Nach § 215 VVG ist neben den allgemeinen Gerichtsständen auch das Gericht zuständig, in dessen Bezirk der Versicherungsnehmer **zur Zeit der Klageerhebung** seinen Wohnsitz hat. § 215 VVG gilt auch für den **Rechtsnachfolger**, der nach einem Vertragsübergang in die Stellung des Versicherungsnehmers eingetreten ist.[8] 20

§ 215 VVG begründet einen **Wahlgerichtsstand**. Neben diesem Gerichtsstand kommt auch der **Sitz** des Versicherers (§ 17 Abs. 1 ZPO) ebenso in Betracht wie die **Niederlassung** des Versicherers, über die der Versicherungsvertrag geschlossen bzw. abgewickelt wurde (§ 21 Abs. 1 ZPO). 21

§ 215 VVG stellt auf die **„Zeit der Klageerhebung"** ab, so dass sich ein weiterer Gerichtsstand ergeben kann, wenn die Erbengemeinschaft oder der für die Erbengemeinschaft klagende Miterbe in einem anderen Gerichtsbezirk wohnhaft ist. 22

XII. Prämie

Durch die Gesamt-Rechtsnachfolge gemäß § 1922 BGB gehen sämtliche Rechte und Pflichten aus dem Versicherungsvertrag auf den Erben bzw. die Erbengemeinschaft über. Besteht zum Zeitpunkt des Erbfalls ein **Prämienrückstand** oder tritt ein solcher später ein, kann der Versicherer den Vertrag durch eine qualifizierte Mahnung gemäß § 38 VVG **kündigen**. Diese Kündigung muss gegenüber **allen Mitgliedern der Erbengemeinschaft** erfolgen, da 23

---

7 BGH, IV ZR 219/03, r+s 2004, 376; Prölss/Martin/*Armbrüster*, § 28 VVG Rn 99.

8 Prölss/Martin/*Klimke*, § 215 VVG Rn 13 m.w.N.

jeder Miterbe die Möglichkeit haben soll, den Versicherungsvertrag durch Zahlung der rückständigen Prämie aufrechtzuerhalten.

C. Die wichtigsten Versicherungszweige

24 In den meisten Fällen dürfte es sinnvoll sein, bestehende Versicherungsverträge zunächst bis zur Beendigung der Erbengemeinschaft **fortzusetzen**. Etwas anderes gilt nur für diejenigen Versicherungszweige, die für die Erbengemeinschaft und die Nachlassverwaltung völlig sinnlos sind oder für solche Verträge, bei denen das versicherte **Risiko** mit dem Tod des Erblassers sofort **wegfällt**. Dies ist beispielsweise in der Unfallversicherung und in der Krankenversicherung der Fall, wenn keine weiteren Personen mitversichert sind.

I. Lebensversicherung

25 Lebensversicherungen sind gerade im Erbrecht von besonderer Bedeutung, da der **Tod** des Versicherungsnehmers im Regelfall auch zum Eintritt des Versicherungsfalles mit der Folge führt, dass die Lebensversicherungssumme **fällig** wird.

Lebensversicherungen gibt es in unterschiedlichen Gestaltungen; in vielen Fällen handelt es sich um eine **Todesfallversicherung**, bei der die Versicherungsleistung nur bei Ableben der versicherten Person fällig wird. Weit verbreitet ist auch eine **Todes- und Erlebensfallversicherung**, auch „gemischte Versicherung" genannt. Hierbei handelt es sich um einen Versicherungsvertrag mit unbedingter Leistungspflicht bei Ableben der versicherten Person, spätestens bei Ablauf der vereinbarten Versicherungsdauer.[9] Für die Feststellung der Leistungspflicht ist es unbedingt erforderlich, sich mit dem **Versicherungsschein** und den diesem Versicherungsschein zugrunde liegenden **AVB** (ALB) vertraut zu machen.

1. Obliegenheiten

26 Gemäß § 30 Abs. 1 VVG hat der Versicherungsnehmer den Eintritt des Versicherungsfalles, also den **Tod** der versicherten Person, **unverzüglich** nach Kenntniserlangung dem Versicherer **mitzuteilen**. Bei ungewöhnlichen Todesumständen muss dem Versicherer die Möglichkeit gegeben werden, durch eine **Obduktion** die näheren Umstände des Todes zu klären, insbesondere dann, wenn der Verdacht auf **Selbsttötung** besteht, oder wenn zu klären ist, ob möglicherweise ein **Unfalltod** vorliegt, der in vielen Fällen zur **Verdoppelung** der Versicherungsleistung führen kann.

2. Bezugsberechtigte

27 In den meisten Fällen hat der Versicherungsnehmer im Versicherungsvertrag bestimmt, welche dritte Person die Begünstigte, also zum Empfang der Versicherungsleistung berechtigt ist. Der **Begünstigte** erwirbt einen unmittelbaren Leistungsanspruch gegen den Versicherer. Die Versicherungssumme fällt **nicht** in den **Nachlass** und bleibt somit dem Zugriff der Erben oder eines Nachlassgläubigers entzogen.[10]

---

9 Van Bühren/*Prang*, Handbuch Versicherungsrecht, § 14 Rn 11.

10 BGH, IV ZR 245/09, r+s 2010, 338; Langheid/Rixecker/*Langheid*, § 159 VVG Rn 5; Prölss/Martin/*Schneider*, § 159 VVG Rn 17 m.w.N.

In vielen Versicherungsverträgen sind Versicherungsnehmer und versicherte Person („**Gefahrsperson**") nicht identisch.

Gerade bei der Finanzierung von Immobilien kommt es häufig vor, dass ein Versicherungsnehmer eines seiner Kinder als Risikoperson in den Vertrag aufnimmt, da der Tod einer jüngeren Person unwahrscheinlicher ist, so dass auch die **Versicherungsprämien** entsprechend **niedriger** sind. In derartigen Fällen hat der Tod des Versicherungsnehmers **keinen Einfluss** auf den **Fortbestand** des Versicherungsvertrages.

a) Unwiderrufliche Bezugsberechtigung

Wenn im Versicherungsvertrag bestimmt ist, dass der Dritte unwiderruflich bezugsberechtigt ist, können weder der Versicherungsnehmer noch die Erben diese Bezugsberechtigung ohne Zustimmung des unwiderruflich Berechtigten ändern. Die **Auszahlung** der Versicherungssumme an den unwiderruflich Bezugsberechtigten kann daher **nicht verhindert** werden, sie fällt auch **nicht** in den **Nachlass** und ist auch bei der Wertbemessung des Nachlasses nicht zu berücksichtigen. 28

b) Widerrufliche Bezugsberechtigung

Ganz anders liegt der Fall bei einer widerruflichen Bezugsberechtigung. Ebenso wie ein Testamentserbe hat der Berechtigte nur eine **unsichere Position**, die jederzeit vom Versicherungsnehmer und möglicherweise auch später von seinen Erben noch **geändert** werden kann. 29

Die Einräumung eines widerruflichen Bezugsrechtes ist eine **Schenkung** auf den Todesfall.[11]

Dieses **Schenkungsversprechen** gemäß § 518 Abs. 1 BGB wird in Ermangelung einer notariellen Beurkundung erst durch den Vollzug der Schenkung wirksam (§ 518 Abs. 2 BGB). Es kann daher zu einem „**Wettlauf**" zwischen den Bezugsberechtigten und der Erbengemeinschaft kommen: Ebenso wie der Erblasser kann die Erbengemeinschaft die Bezugsberechtigung des widerruflich Begünstigten **widerrufen**, bevor der Versicherer seine Leistung erbracht hat. 30

> **Hinweis**
>
> Befindet sich im Nachlass eine Lebensversicherung mit einer widerruflichen Bezugsberechtigung, sollten die Erben in jedem Fall diese Bezugsberechtigung widerrufen.
>
> Diese Widerrufserklärung geht allerdings ins Leere, wenn der Versicherer bereits seine Leistung erbracht hat.

Die Einsetzung eines Begünstigten beinhaltet regelmäßig den konkludenten Auftrag an den **Versicherer**, dem Dritten nach Eintritt des Versicherungsfalles das **Zuwendungsangebot** des Versicherungsnehmers zu **überbringen**.[12] 31

Auch bei der Einsetzung einer Begünstigung ist zu unterscheiden zwischen dem **Deckungsverhältnis** (Begünstigung) und dem **Valutaverhältnis**, also dem Rechtsgrund, aufgrund dessen die Begünstigung erfolgt ist. Nur das Valutaverhältnis entscheidet darüber, ob der Bezugsberechtigte die Versicherungsleistung **behalten** darf. § 2301 BGB findet keine Anwendung.[13] 32

---

11 BGH, IV ZR 238/06, VersR 2008, 1054.

12 BGH, IV ZR 238/06, VersR 2008, 1054; BGH, IV ZR 219/12, NJW-RR 2013, 404.

13 BGH, IV ZR 238/06, VersR 2008, 1054, 1055.

Wenn daher der Rechtsgrund für die Einräumung der Bezugsberechtigung **weggefallen** ist, können die Erben die Versicherungsleistung auch vom Bezugsberechtigten **zurückverlangen**.

c) Mehrere Bezugsberechtigte

33 Wenn der Versicherungsnehmer mehrere Bezugsberechtigte benannt hat und einer der Bezugsberechtigten vor oder gleichzeitig mit dem Versicherungsnehmer stirbt, so fällt der **Anteil** des verstorbenen Bezugsberechtigten den **anderen Bezugsberechtigten** zu. Dieser Anteil fällt also nicht in den Nachlass. § 160 Abs. 1 VVG enthält daher eine gesetzliche Auslegungsregel:

> *„Sind mehrere Personen ohne Bestimmung ihrer Anteile als Bezugsberechtigte bezeichnet, sind sie zu gleichen Teilen bezugsberechtigt. Der von einem Bezugsberechtigten nicht erworbene Anteil wächst den übrigen Bezugsberechtigten zu."*

Wenn ein Bezugsberechtigter **zugleich** mit dem Erblasser **verstirbt**, so wächst dessen Anteil **den anderen Bezugsberechtigten** an.[14]

d) Unbestimmte Bezugsberechtigte

34 Wenn der Versicherungsnehmer bei Abschluss des Vertrages als Bezugsberechtigte **„die Ehefrau"** genannt hat, bleibt diese zunächst Bezugsberechtigte, selbst wenn die Ehe später geschieden wurde. Daran ändert sich auch nichts, wenn der Versicherungsnehmer nach der Scheidung wieder geheiratet hat. § 2077 BGB findet auch keine analoge Anwendung.[15]

Damit ist jedoch noch **nicht entschieden**, ob der Ehegatte im Verhältnis zu den Erben die Versicherungsleistung **behalten** darf.[16] Auch hier entscheidet das Valutaverhältnis. Wenn der Erblasser mit der Zuwendung des Bezugsrechts seine Ehefrau gerade für den Fall des Scheiterns der Ehe sichern wollte, war dies Geschäftsgrundlage für die Einräumung des Bezugsrechts, die auch nicht durch das Scheitern der Ehe weggefallen ist.

e) Wegfall der Geschäftsgrundlage

35 Aber selbst bei geschiedenen Eheleuten ist nicht von einem Wegfall der Geschäftsgrundlage auszugehen, wenn das Bezugsrecht nach Scheidung der Ehe über **längere Zeit nicht widerrufen** worden ist.[17]

3. Selbsttötung (§ 161 VVG)

36 Die vorsätzliche Herbeiführung des Versicherungsfalles durch Selbsttötung führt zur **Leistungsfreiheit** des Versicherers, wenn der Versicherungsfall innerhalb von **drei Jahren** nach Abschluss des Versicherungsvertrages eintritt. In derartigen Fällen ist der Versicherer lediglich verpflichtet, den Rückkaufwert einschließlich der Überschussanteile nach § 169 VVG zu zahlen (§ 161 Abs. 3 VVG).

---

14 OLG Saarbrücken, 5 U 581/06, VersR 2007, 1638; Langheid/Rixecker/*Langheid*, § 160 VVG Nr. 11.
15 BGH, VI ZR 437/14, r+s 2015, 455 = MDR 2015, 1134.
16 BGH, IV ZR 280/93, NJW 1995, 1082 = VersR 1995, 282 = ZfS 1995, 143.
17 BGH, IV ZR 437/14, r+s 2015, 455 = MDR 2015, 1134.

§ 161 VVG bestimmt:

> *„Bei einer Versicherung für den Todesfall ist der Versicherer nicht zur Leistung verpflichtet, wenn die versicherte Person sich vor Ablauf von drei Jahren nach Abschluss des Versicherungsvertrages vorsätzlich selbst getötet hat. Dies gilt nicht, wenn die Tat in einem die freie Willensbestimmung ausschließenden Zustand krankhafter Störung der Geistestätigkeit begangen worden ist."*

Eine Selbsttötung liegt nur vor, wenn die Gefahrperson sich **vorsätzlich** das Leben nimmt. 37
Ob bedingter Vorsatz genügt, ist umstritten.[18]

Die Selbsttötung ohne Willensfreiheit setzt voraus, dass eine Beeinträchtigung der voluntativen Funktionen vorliegt, die ein Ausmaß erreicht, bei dem von einem Ausschluss der **freien Willensbildung** auszugehen ist.[19] Die Störung ist krankhaft i.S.v. § 161 Abs. 1 S. 2 VVG, wenn der Handelnde nicht mehr in der Lage ist, eine freie Entscheidung aufgrund einer Abwägung von Für und Wider zu treffen.[20] Eine BAK von ca. 3 Promille führt regelmäßig zur Annahme einer krankhaften Störung.[21]

II. Gebäudeversicherung

Im Einzelfall ist zu prüfen, welche VGB dem Vertrag zugrunde liegen. Sind die Vertragsun- 38
terlagen unvollständig oder nicht auffindbar, ist der Versicherer gemäß § 3 VVG verpflichtet, Abschriften des Versicherungsscheins und der Versicherungsbedingungen zu übersenden.

Den Versicherungen über den Versicherungsschutz von Wohngebäuden liegen im Regelfall die „Allgemeinen Bedingungen für die Neuwertversicherung von Wohngebäuden gegen Feuer-, Leistungswasser- und Sturmschäden" zugrunde. Diese Bedingungen sind durch Musterbedingungen des Gesamtverbandes der Versicherungswirtschaft (GDV) verändert worden. Entsprechend der Jahreszahl, in der diese Bedingungen veröffentlicht worden sind, gibt es die **VGB 62, VGB 88, VGB 2000, VGB 2008 und VGB 2010.**

1. Obliegenheiten vor Eintritt des Versicherungsfalles (B § 8 Nr. 1 VGB 2008/2010)

Zu den vertraglichen Obliegenheiten gehört insbesondere die **Einhaltung** aller gesetzlichen, 39
behördlichen sowie vertraglich vereinbarten **Sicherheitsvorschriften**. Diese Sicherheitsvorschriften werden in A § 16 VGB 2008/2010 definiert:

> *„Die versicherten Sachen müssen in einem ordnungsgemäßen Zustand erhalten werden. Wasserführende Anlagen und Einrichtungen sind zu überprüfen und bei Leerstand des Gebäudes abzusperren. Bei vorsätzlicher und für den Schadeneintritt ursächlicher Obliegenheitsverletzung wird der Versicherer vollständig leistungsfrei. Bei grob fahrlässiger und für den Schadeneintritt ursächlicher Obliegenheitsverletzung kann der Versicherer seine Leistung entsprechend der Schwere des Verschuldens des Versicherungsnehmers kürzen. Das Nichtvorliegen der groben Fahrlässigkeit hat der Versicherungsnehmer zu beweisen."*

---

18 Langheid/Rixecker/*Langheid*, § 161 VVG Rn 5 m.w.N.
19 Langheid/Rixecker/*Langheid*, § 161 VVG Rn 61.
20 Prölss/Martin/*Schneider*, § 161 VVG Rn 11.
21 OLG Düsseldorf r+s 2001, 520 = VersR 2000, 833; Prölss/Martin/*Schneider*, § 161 VVG Rn 13 m.w.N.

2. Gefahrerhöhung (B § 9 VGB 2008/2010)

40 Eine Gefahrerhöhung liegt vor, wenn die tatsächlichen Umstände sich so **verändern**, dass der Eintritt des Versicherungsfalles **wahrscheinlicher** wird.

Beispiel

Eine Gefahrerhöhung liegt dann vor, wenn ein Gebäude leer steht oder wenn in einem Wohngebäude ein Gewerbebetrieb eingerichtet wird.

Eine Gefahrerhöhung berechtigt den Versicherer zur **Kündigung** oder **Vertragsanpassung** (B § 9 Nr. 3 VGB 2008/1010). Bei **vorsätzlicher** und für den Eintritt des Versicherungsfalles **ursächlicher** Gefahrerhöhung wird der Versicherer **leistungsfrei**, bei **grober Fahrlässigkeit** kann seine Leistung **gekürzt** werden (B § 9 Nr. 5 VGB 2008/2010).

III. Hausratversicherung

41 Etwa 80 % aller privaten Haushalte in der Bundesrepublik verfügen über eine Hausratversicherung, so dass im Zweifel davon auszugehen ist, dass ein solcher Vertrag auch von dem Erblasser abgeschlossen worden ist. Die Hausratversicherung ist eine typische Massensparte und bietet in einem einheitlichen Vertrag Versicherungsschutz gegen unterschiedliche Gefahren, im Regelfall gegen **Feuer, Leitungswasser, Sturm** und **Glasbruch**. Viele Versicherungsverträge sehen auch einen erweiterten Versicherungsschutz für Hagel, Vandalismus oder einfachen Diebstahl vor. Auch hier ist es unbedingt erforderlich, die Versicherungsbedingungen zu überprüfen und, wenn sie nicht im Nachlass vorhanden sind, beim Hausratversicherer anzufordern.

42 Es gelten die bei Vertragsbeginn oder durch Änderung vereinbarten AVB, so dass in Betracht kommen:
- VHB 42
- VHB 66
- VHB 74
- VHB 84
- VHB 92
- VHB 2000
- VHB 2008 und
- VHB 2010.

43 Die Hausratversicherung ist eine Sachversicherung, die gemäß § 1922 BGB mit den Erben **fortgesetzt** wird. Die aktuellen VHB enthalten eine gesonderte Regelung für den Tod des Erblassers. B § 1 Nr. 6 VHB 2010 bestimmt Folgendes:

> *„Das Versicherungsverhältnis endet bei Tod des Versicherungsnehmers zum Zeitpunkt der Kenntniserlangung des Versicherers über die vollständige und dauerhafte Haushaltsauflösung, spätestens jedoch zwei Monate nach dem Tod des Versicherungsnehmers, wenn nicht bis zu diesem Zeitpunkt ein Erbe die Wohnung in derselben Weise nutzt wie der verstorbene Versicherungsnehmer."*

Nach **zwei Monaten** erlischt somit der Versicherungsvertrag, und zwar unabhängig davon, ob die Erben Kenntnis vom Erbfall erhalten haben. Etwas anderes gilt nur dann, wenn die Erbengemeinschaft oder ein Erbe die Wohnung in derselben Weise nutzt, wie der verstorbene Versicherungsnehmer.

Wird die Wohnung vor Ablauf der zwei Monate geräumt, endet der Versicherungsschutz mit Räumung wegen **Interessenwegfalls.**[22]

Wenn ein Erbe oder mehrere Erben in die Wohnung einziehen, geht der Versicherungsvertrag auf den oder die Erben über, wenn zu diesem Zeitpunkt der Vertrag nicht bereits wegen des Ablaufs der Zweimonatsfrist erloschen ist. 44

Zu beachten ist eine möglicherweise bestehende **Außenversicherung**.

§ 7 Nr. 1 VHB 2010 lautet:

> *„Begriff und Geltungsdauer der Außenversicherung*
> *Versicherte Sachen, die Eigentum des Versicherungsnehmers oder einer mit ihm in häuslicher Gemeinschaft lebenden Person sind oder die deren Gebrauch dienen, sind weltweit auch versichert, solange sie sich vorübergehend außerhalb des Versicherungsortes befinden. Zeiträume von mehr als drei Monaten gelten nicht als vorübergehend."*

Die Mitglieder der Erbengemeinschaft können daher bezüglich der Hausratgegenstände, die sich noch in der Wohnung des Erblassers befinden, ihre eigene Hausratversicherung – auch – in Anspruch nehmen. Hier gelten dann die Grundsätze der **Mehrfachversicherung** (§ 78 VVG). 45

IV. Kraftfahrzeughaftpflichtversicherung

Die Kraftfahrzeughaftpflichtversicherung endet nicht mit dem Tod des Erblassers, vielmehr wird der Vertrag mit der Erbengemeinschaft fortgesetzt. Die Erbengemeinschaft tritt im Wege der Gesamtrechtsnachfolge gemäß § 1922 BGB in den bestehenden Versicherungsvertrag ein. 46

Ist das versicherte Fahrzeug an einem Unfall beteiligt, sind die Mitglieder der Erbengemeinschaft **verpflichtet**, den Haftpflichtversicherer unverzüglich und wahrheitsgemäß über den Schadenfall zu **informieren**.

V. Kaskoversicherung

Auch in der Kaskoversicherung wird der Vertrag mit den Erben fortgesetzt. 47

1. Obliegenheitsverletzungen

In der Kaskoversicherung bewirkt die **Leistungsfreiheit** gegenüber **einem Miterben** den Wegfall des Versicherungsschutzes für die **anderen Miterben** nur dann, wenn dieser Miterbe Repräsentant der Erbengemeinschaft war. Diese Grundsätze gelten auch dann, wenn einer der Miterben einen Versicherungsfall grob fahrlässig oder vorsätzlich herbeigeführt hat. Das OLG Karlsruhe hat durch Urt. v. 18.1.2013[23] ausgeführt, dass bei Obliegenheitsverletzungen oder grober Fahrlässigkeit der Versicherer in Höhe des **Miteigentumsanteils** der anderen Miteigentümer **leistungspflichtig** bleibt. 48

22 van Bühren/*Höra*, Handbuch Versicherungsrecht, § 3 Rn 274.
23 OLG Karlsruhe, 12 U 117/12, r+s 2013, 121.

2. Forderungsübergang (§ 86 VVG)

49 Wenn ein Kaskoschaden durch einen Dritten verursacht worden ist, der nicht Mitglied der Erbengemeinschaft ist, gehen die Schadenersatzansprüche der Erbengemeinschaft, soweit der Versicherer geleistet hat, auf den Kaskoversicherer über (§ 86 VVG). Dieser Forderungsübergang findet jedoch **nicht** statt, wenn sich die Regressforderung gegen eine Person richtet, mit der der Versicherungsnehmer bei Eintritt des Schadens in **häuslicher Gemeinschaft** lebt.

Beispiel

Die Lebensgefährtin eines Miterben verursacht grob fahrlässig einen Verkehrsunfall mit einem zum Nachlass gehörenden Kraftfahrzeug. Der Kaskoversicherer ist zur Leistung an die Erbengemeinschaft verpflichtet, die Regresssperre gemäß § 86 Abs. 3 VVG führt jedoch dazu, dass auch gegen die Lebensgefährtin des Miterben keine Regressansprüche geltend gemacht werden können.

3. Übertragung des Schadenfreiheitsrabattes

50 Die Erbengemeinschaft tritt als Gesamthandsgemeinschaft in den Versicherungsvertrag ein.[24] In den meisten Fällen übernimmt einer der Erben das Kraftfahrzeug im Rahmen der Erbauseinandersetzung. Mit Übertragung des **Eigentums** auf den Erben geht auch der Schadenfreiheitsrabatt des Erblassers auf den Erben über.[25]

VI. Rechtsschutzversicherung

51 Auch in der Rechtsschutzversicherung gibt es unterschiedliche Bedingungen. Es gelten die bei Vertragsschluss oder durch eine spätere Vereinbarung einbezogenen Versicherungsbedingungen. Es gibt die **ARB 75, ARB 95, ARB 2010 und ARB 2012.**

1. Mitversicherte Personen

52 In den meisten Fällen sind neben dem Versicherungsnehmer auch dessen **Ehefrau** und **Kinder** mitversichert. Oft ist es daher sinnvoll, den Versicherungsvertrag **fortzusetzen.**

2. § 12 ARB 2008/2010

53 In § 12 ARB 2008/2010 ist der „Wegfall des versicherten Interesses" versichert. § 12 Abs. 2 ARB 2008/2010 hat folgenden Wortlaut:

> *„Im Falle des Todes des Versicherungsnehmers besteht der Versicherungsschutz bis zum Ende der laufenden Beitragsperiode fort, soweit der Beitrag am Todestag gezahlt war und nicht aus sonstigen Gründen ein Wegfall des Gegenstandes der Versicherung vorliegt. Wird der nach dem Todestag nächst fällige Beitrag bezahlt, bleibt der Versicherungsschutz in dem am Todestag bestehenden Umfang aufrechterhalten. Derjenige, der den Beitrag gezahlt hat oder für den gezahlt wurde, tritt an die Stelle des verstorbenen Versicherungsnehmers. Er kann innerhalb eines Jahres nach dem Todestag die Aufhebung des Versicherungsvertrages mit Wirkung ab Todestag verlangen."*

24 BGH, IV ZR 89/07, VersR 2008, 634.
25 AG Kassel, 434 C 3884/99, NVersZ 2001, 240.

Die Erben treten somit vollständig an die Stelle des Versicherungsnehmers und können wie dieser **Deckungsansprüche** geltend machen.

Hinweis

Im Erbrecht besteht nur Beratungsrechtsschutz gemäß § 2k ARB 2008/2010. Voraussetzung für den Anspruch auf Beratungsrechtsschutz ist gemäß § 4 Abs. 1b ARB 2008/ 2010 „die Änderung der Rechtslage des Versicherungsnehmers oder einer mitversicherten Person". Der Tod des Versicherungsnehmers ist eine elementare Änderung der Rechtslage, so dass insoweit die Erbengemeinschaft **Beratungsrechtsschutz in Anspruch** nehmen kann. Dieser Beratungsrechtsschutz besteht auch für die **einzelnen Mitglieder** der Erbengemeinschaft, soweit diese über eine **eigene Rechtsschutzversicherung** verfügen.

Allerdings können die Regeln der **Mehrfachversicherung** (§ 78 VVG) zur Anwendung kommen, wenn die Beratungen durch verschiedene Rechtsschutzversicherer inhaltlich identisch sind. Diese Identität dürfte in den meisten Fällen nicht gegeben sein, insbesondere dann, wenn ein Miterbe sich dahingehend beraten lässt, wie er sich gegenüber den anderen Miterben zu verhalten hat.

VII. Haftpflichtversicherung

Die Rechtsgrundlagen der Haftpflichtversicherung ergeben sich aus den **§§ 100–112 VVG** 54
sowie den Allgemeinen Geschäftsbedingungen für die Haftpflichtversicherung (AHB). Auch hier gibt es unterschiedliche Bedingungen (**AHB 1984, AHB 1986, AHB 1989, AHB 1992, AHB 1993, AHB 1994, AHB 1997, AHB 1999, AHB 2007, AHB 2008 und AHB 2010**).

Die Haftpflichtversicherung deckt das Risiko ab, für das der Versicherungsnehmer von einem Dritten – zu Recht oder zu Unrecht – aufgrund gesetzlicher Haftpflichtbestimmungen privatrechtlichen Inhalts auf **Schadenersatz in Anspruch genommen** wird.

Neben dem Versicherungsnehmer können auch **Familienmitglieder** oder **Betriebsangehö-** 55
rige (§ 102 VVG) mitversichert werden.

Nur dann, wenn es weder **Familienangehörige** noch Betriebsangehörige gibt, tritt ein **endgültiger Wagniswegfall** ein, so dass der Haftpflichtversicherungsvertrag erlischt. Aber auch dann ist Vorsicht geboten.

Hinweis

Gehört zum Nachlass ein versicherter Hund oder ein anderes Tier, so ist es für die Erben sinnvoll, den Haftpflichtversicherungsvertrag fortzusetzen, da ansonsten die Erbengemeinschaft als Gesamtrechtsnachfolgerin für Haftpflichtschäden einzustehen hat, die das Tier des Erblassers verursacht.

VIII. Krankenversicherung

56 Mit dem Tod des Versicherungsnehmers entfällt dessen Risiko der Erkrankung, so dass insoweit der Versicherungsvertrag **beendet** wird. § 207 BGB, der inhaltlich mit § 15 Abs. 1 MB/KK übereinstimmt, enthält folgende Regelung:

> *„Endet das Versicherungsverhältnis durch den Tod des Versicherungsnehmers, sind die versicherten Personen berechtigt, binnen zwei Monaten nach dem Tod des Versicherungsnehmers die Fortsetzung des Versicherungsverhältnisses unter Benennung des künftigen Versicherungsnehmers zu erklären."*

Diese gesetzliche Regelung dient dazu, den Versicherten, die nicht Versicherungsnehmer sind, den Versicherungsvertrag unter Beibehaltung der erworbenen Rechte und der Alterungsrückstände zu ermöglichen. Dieses **Fortführungsrecht** gilt für alle Formen der Krankenversicherung, also auch für die Krankentagegeldversicherung und die Pflegeversicherung.[26]

IX. Unfallversicherung

57 Rechtsgrundlagen sind die §§ 178 und 191 VVG sowie die Allgemeinen Unfallversicherungsbedingungen (AUB 94, AUB 99, AUB 2008 und AUB 2010). Bei der Unfallversicherung handelt es sich, ebenso wie bei der Lebensversicherung, um eine **Summenversicherung**. Mit dem Tod des Versicherungsnehmers erlischt die Unfallversicherung, der Unfallversicherer ist jedoch eintrittspflichtig, wenn der Tod durch einen Unfall eingetreten ist. Der Unfallbegriff wird in 1.3 AUB 2008/2010 wie folgt definiert:

> *„Ein Unfall liegt vor, wenn der Versicherte durch ein plötzlich von außen auf seinen Körper wirkendes Ereignis (Unfallereignis) unfreiwillig eine Gesundheitsbeschädigung erleidet."*

Jeder **Verkehrsunfall** löst somit einen Anspruch gegen die Unfallversicherung aus. Auch der **Tod durch Ertrinken** ist ein Unfall i.S.d. AUB.[27]

Hinweis

Viele Kreditkarten oder andere Mitgliedskarten beinhalten eine Unfallversicherung, so dass diese Versicherungen in Anspruch genommen werden können, wenn der Tod des Erblassers durch einen Unfall eingetreten ist.

26 Prölss/Martin/*Voit*, § 207 VVG Rn 1 m.w.N.
27 OLG Stuttgart, 7 U 208/05, VersR 2007, 136.

§ 21 Arbeitsrecht

Michael Maaß

Übersicht:

Literatur

Ascheid/Preis/Schmidt, Kündigungsrecht, 5. Auflage 2017; *Bader*, Das Gesetz zu Reformen am Arbeitsmarkt: Neues im Kündigungsschutzrecht und im Befristungsrecht, NZA 2004, 64; *Bayreuther*, Der gesetzliche Mindestlohn, NZA 2014, 865; *Bernsau/Dreher/Hauck*, Betriebsübergang, Kommentar zu § 613a BGB, 3. Auflage 2010; *Boecken*, Entstehung und Fälligkeit eines Anspruchs auf Abfindung bei Frühpensionierung, NZA 2002, 421; *Boemke*, Vererblichkeit von Abfindungsansprüchen, DB 2006, 2461; *Däubler*, Neues zur betriebsbedingten Kündigung, NZA 2004, 177; *Däubler/Kittner/Klebe/Wedde*, BetrVG Betriebsverfassungsgesetz, 16. Auflage 2018; *Erfurter Kommentar* zum Arbeitsrecht, 18. Auflage 2018 (zit.: ErfK/*Bearbeiter*); *Fitting/Engels/Schmidt/Trebinger/Linsenmaier*, Handkommentar Betriebsverfassungsgesetz, 29. Auflage 2018; *Ivo*, Die Legitimation des Erben ohne Erbschein, ZErb 2006, 7; *Gallner/Mestwerdt/Nägele*, Kündigungsschutzrecht, 6. Auflage 2018; *Hansen*, Der Entstehungszeitpunkt des Anspruchs auf eine Sozialplanabfindung, NZA 1985, 609; *Henssler/Willemsen/Kalb*, Arbeitsrecht Kommentar, 7. Auflage 2016; *Kümmerle/Buttler/Keller*, Betriebliche Zeitwertkonten, 2009; *Müller-Glöge/Preis/Schmidt*, Erfurter Kommentar zum Arbeitsrecht, 18. Auflage 2018; *Münchener Handbuch zum Arbeitsrecht*, Band 1, 4. Auflage 2018; *Neumann/Fenski/Kühn*, Bundesurlaubsgesetz, 11. Auflage 2016; *Reiter*, Vererbung arbeitsvertraglicher Ansprüche, BB 2006, 42; *Richardi*, Betriebsverfassungsgesetz, 16. Auflage 2018; *Schaub*, Arbeitsrechts-Handbuch, 17. Auflage 2017; *Tschöpe*, Arbeitsrecht Handbuch, 10. Auflage 2017; *von Hoyningen-Huene/Linck*, Kündigungsschutzgesetz, 4. Auflage 2013.

A. Einleitung

Das Arbeitsrecht spielt eine nicht unerhebliche Rolle, wenn der Erblasser selbst Arbeitgeber war und die Erbengemeinschaft seine Aufgaben übernimmt. Das Arbeitsrecht spielt umgekehrt aber auch dann eine Rolle, wenn ein Arbeitnehmer verstirbt. In diesem Fall kann die Erbengemeinschaft Ansprüche aus dem Arbeitsverhältnis (z.B. Lohn, Abfindungen oder auch Urlaubsabgeltungsansprüche) geltend machen, die bis zum Tod entstanden sind. 1

In der Beratungspraxis treten somit immer wieder Erbengemeinschaften auf, die sich mit der Abwicklung oder Ausgestaltung von Arbeitsverhältnissen beschäftigen müssen: Dies gilt insbesondere für die Erbengemeinschaften, in deren Nachlass sich ein Unternehmen befindet, welches als Einzelhandelsgeschäft und nicht als Gesellschaft nach den Strukturen einer GmbH, AG, KG, GmbH & Co. KG, Genossenschaft oder OHG geführt wird. Während dort die gesellschaftsrechtlichen Strukturen Vorrang genießen und folglich auch der die Rechtsbeziehung regelnde Vertrag mit der Gesellschaft geschlossen ist, tritt im Rahmen eines Einzelhandelsgeschäfts die Erbengemeinschaft mit dem Arbeitnehmer direkt in vertraglichen Kontakt.

Die Erbengemeinschaft entsteht kraft Gesetz mit dem Erbfall. Sie endet mit dem Vollzug der Auseinandersetzung hinsichtlich sämtlicher zum Nachlass gehörender Gegenstände. Insofern sind materiell-rechtliche Schnittmengen zwischen Arbeitsrecht und Erbrecht selten.

Das Arbeitsrecht ist bis zum heutigen Tag nicht einheitlich kodifiziert. Die das Arbeitsverhältnis bestimmenden Regeln sind über eine Vielzahl von Gesetzen verstreut. Maßgebliche Rechtsquelle des Individualarbeitsrechts ist nach wie vor das Bürgerliche Gesetzbuch. Danach stellt der Dienstvertrag (geregelt in §§ 611 ff. BGB) den Grundtyp der Vertragsbeziehung zwischen den Arbeitsvertragsparteien dar. Daneben finden neben den Rechtsquellen des europäischen Rechts auch die kollektivrechtlichen Regelungen (bspw. Tarifrecht, Betriebsverfassungsgesetz, Recht der Unternehmensmitbestimmung etc.) Anwendung.

I. Arbeitsverhältnis

2 Ausgangspunkt für die weiteren Überlegungen ist der Umstand, dass Arbeitgeber und Arbeitnehmer durch einen Arbeitsvertrag miteinander verbunden sind, der die Rechte und Pflichten der Parteien weitgehend bestimmt.[1] Der Arbeitsvertrag ist Dienstvertrag i.S.d. §§ 611 ff. BGB. Als Dauerschuldverhältnis angelegt, erfordert er ein vertrauensvolles Zusammenwirken, besondere gegenseitige Rücksichtnahme und Sorgfalt bei der Wahrnehmung der gegenseitigen Interessen.

II. Persönliche Leistungsverpflichtung

3 § 613 BGB hebt deutlich die persönliche Leistungsverpflichtung des Arbeitnehmers hervor. Hieraus wird abgeleitet, dass der Arbeitnehmer seine Leistung selbst und **höchstpersönlich** zu erfüllen hat. Er kann sie in der Regel nicht an einen „Ersatzmann" oder „Gehilfen" delegieren.[2] Aus dieser Betrachtungsweise leiten sich auch die Rechtsfolgen ab für den Fall, dass einer der Vertragspartner stirbt: Stirbt der Arbeitnehmer, so wird das Arbeitsverhältnis immer beendet.[3] Dies gilt so auch für Leiharbeitsverhältnisse. Tritt der Erbe dennoch in das Arbeitsverhältnis des Erblassers ein und arbeitet weiter, so wird ein neues Arbeitsverhältnis begründet.[4] Von dieser Regel können Ausnahmen gemacht werden, wenn diese vertraglich vereinbart sind.

4 Der Tod des **Arbeitgebers** berührt den Bestand des Arbeitsverhältnisses grundsätzlich nicht,[5] es sei denn es wurden konkrete, diese Situation regelnde andere vertragliche Vereinbarungen getroffen. Somit geht das Arbeitsverhältnis auf die Erben – zur gesamten Hand –

1 *Schaub/Linck*, § 29 Rn 1 ff.

2 Tschöpe/*Heiden/Rinck*, 2A Rn 8; Schaub/*Linck*, § 45 Rn 1 und 2.

3 ErfK/*Müller-Glöge*, § 620 Rn 35; Tschöpe/*Heiden/Rinck*, 2A Rn 8; Palandt/*Weidenkaff*, Vorb. § 620 Rn 2; Henssler/Willemsen/Kalb/*Thüsing*, § 613 BGB Rn 9.

4 Schaub/*Linck*, § 45 Rn 2.

5 ErfK/*Müller-Glöge*, § 620 Rn 36.

über nach den Regeln der §§ 1922 ff. BGB. Soll es beendet werden, so muss es gekündigt bzw. aufgehoben werden.

Dort, wo ausdrücklich oder konkludent vereinbart worden ist, dass die Arbeitsleistung **ausschließlich** für eine konkrete Person, den Arbeitgeber, erbracht werden soll, endet das Arbeitsverhältnis mit dem Tod des Arbeitgebers.[6]

B. Tod des Arbeitnehmers

Der Tod des **Arbeitnehmers** beendet das Dienstverhältnis, auch jenes bei Arbeitnehmerüberlassung (§ 613 S. 1. BGB).[7] Die Erben sind nicht verpflichtet die **persönliche Dienstpflicht** des Verstorbenen zu übernehmen.[8] Diese geht nicht auf die Erben über. Die Arbeitspflicht erlischt mit dem Tod des Arbeitnehmers.[9] Die Erbenhaftung des § 1967 BGB führt jedoch dazu, dass die Erbengemeinschaft dort in Anspruch genommen werden kann, wo das Arbeitsverhältnis keine persönliche Arbeitspflicht statuiert. Im Umkehrschluss bedeutet dies, dass sich die Erbengemeinschaft dort mit Ansprüchen auch des Arbeitgebers auseinandersetzen muss, wo die persönliche Leistungsverpflichtung eben nicht im Vordergrund steht. Forderungen des Arbeitnehmers gegen den Arbeitgeber gehen dagegen prinzipiell auf die Erben und somit auch auf die Erbengemeinschaft über.[10] 5

I. Lohnzahlungen und besondere Zahlungen

Unter dem Gesichtspunkt der Universalsukzession, § 1922 BGB, gehen die Ansprüche auf Lohnzahlung[11] auf die Erben über. Die Erbengemeinschaft kann vom Arbeitgeber die Zahlung der bis zum Tode des Arbeitnehmers entstandenen Lohnansprüche verlangen, ein Miterbe freilich nur die Leistung an die Erbengemeinschaft. 6

Der Arbeitgeber erfüllt seine Verpflichtung nur durch Leistung an die Erbengemeinschaft. Sinnvollerweise lässt der Arbeitgeber sich hierbei einen Erbschein vorlegen, damit er tatsächlich auch den Gutglaubensschutz des § 2367 BGB für sich beanspruchen kann. Die Erfüllung des Anspruchs darf jedoch nicht von der Vorlage eines Erbscheins abhängig gemacht werden, wenn nicht etwas anderes vereinbart wurde (was im Arbeitsrecht selten der Fall ist) oder das Erbrecht auf andere Weise nachgewiesen wird.[12] Insoweit trägt der Arbeitgeber das Risiko, nochmals in Anspruch genommen zu werden, wenn er nicht an die „richtigen Erben" leistet. Dies bedeutet zugunsten der Erben auch, dass der Arbeitgeber auch weiter für eine **Versorgungszusage** haftet, wenn die übrigen Voraussetzungen aus der Versorgungsordnung erfüllt sind.[13]

Zahlreiche Tarifverträge sehen darüber hinaus zusätzliche Zahlungen bei Tod des Arbeitnehmers an die Erben vor. So ist in dem Manteltarifvertrag West der Industriegewerkschaft Bergbau, Chemie, Energie (IG BCE) z.B. die „Entgeltfortzahlung im Todesfall" geregelt. Nach einer mindestens einjährigen ununterbrochenen Betriebszugehörigkeit werden danach 7

6 LAG Hamm, Urt. v. 7.10.2002 – 8 Sa 1758/01.
7 BAG, Urt. v. 16.05.200 – 9 AZR 277/99.
8 ErfK/*Müller-Glöge*, § 620 Rn 35; ErfK/*Preis*,§ 613 Rn 5.
9 Palandt/*Weidenkaff*, § 613 Rn 2.
10 ErfK/*Preis*, § 613 Rn 5.
11 LAG Köln, Urt. v. 16.9.2010 – 7 Sa 385/09.
12 *Ivo*, ZErb 2006, 7.
13 LAG Hamm, Urt. v. 19.6.2001 – 6 Sa 1858/98, n.v.

„die bisherigen laufenden Monatsbezüge“ für einen Monat weitergewährt. Nach einer mindestens fünfjährigen ununterbrochenen Betriebszugehörigkeit oder wenn der Tod auf einen Arbeitsunfall ... zurückzuführen ist sogar für zwei Monate. Zum Teil finden sich entsprechende Leistungen auch unter dem Begriff „Sterbegeld“ oder „Besondere Zahlungen“. So gewährt § 23 Abs. 3 des Tarifvertrags für den öffentlichen Dienst (TVöD) dem Ehegatten, dem Lebenspartner nach dem Lebenspartnerschaftsgesetz oder den Kindern des verstorbenen Arbeitnehmers ein Sterbegeld „für die restlichen Tage des Sterbemonats und für zwei weitere Monate“. Die Zahlung an einen der Berechtigten – also an nur einen Erben bei einer Erbengemeinschaft – bringt den Anspruch der Übrigen gegenüber dem Arbeitgeber zum Erlöschen; die Zahlung auf das Gehaltskonto hat nach den Regelungen des TvöD befreiende Wirkung. Diese besonderen zusätzlichen Zahlungen können in der Praxis einfach durch Rücksprache der Erben mit dem Betriebsrat oder der Gewerkschaft in Erfahrung gebracht werden und müssen sodann, da regelmäßig Ausschlussfristen laufen, innerhalb der sich ebenfalls aus dem Tarifvertrag ergebenden Frist(en) von den Erben geltend gemacht werden.

II. Abfindungen

8 Ein gesetzlicher Anspruch auf eine Abfindung steht dem Arbeitnehmer bei Beendigung seines Arbeitsverhältnisses nicht ohne Weiteres zu. Der Abfindungsanspruch setzt immer eine entsprechende Anspruchsgrundlage voraus. Diese kann individualvertraglicher Natur sein oder sich aus den §§ 1a, 9, 10 KSchG ergeben. Im Übrigen können sich Abfindungsansprüche auch aus speziellen Regelungen in Sozialplänen oder Tarifverträgen ergeben.

9 Die Abfindungsregelungen haben in der Praxis große Bedeutung, da eine Vielzahl von Verfahren vor dem Arbeitsgericht mit einem Vergleich und entsprechender Abfindungszahlung enden. Der außergerichtliche Abschluss von Aufhebungsvereinbarungen ist oft ebenso mit Abfindungszahlungen verbunden. Dabei machen sich die Betroffenen über die Problematik der Vererbung einer solchen Abfindung häufig keine Gedanken. Der Fokus dieser Personen liegt meist darauf, einen neuen Arbeitsplatz zu finden, so dass für Gedanken an den Tod kein Raum bleibt. Dabei sollte bereits in diesem Zeitpunkt an die Absicherung der Hinterbliebenen gedacht werden. Dies ist durch klare Vertragsgestaltung zweifelsfrei möglich.

1. Grundsatz

10 Ob „im Ernstfall“ die Erbengemeinschaft von dem Arbeitgeber einen Abfindungsanspruch fordern kann, hängt im Wesentlichen davon ab, wann der Anspruch entstanden ist. Grundsätzlich gilt, dass Abfindungsansprüche aus Vergleichen oder Aufhebungsverträgen vererblich sein können.[14] Dies gilt unstreitig für den Fall, dass das Arbeitsverhältnis beendet ist, der Abfindungsanspruch besteht und der Arbeitnehmer vor Auszahlung verstirbt.[15]

2. Übergang auf die Erben

11 Umstritten ist die Vererblichkeit eines Abfindungsanspruchs, wenn der Arbeitnehmer vor dem vereinbarten Ende des Arbeitsverhältnisses, aber nach dem Abschluss der Vereinbarung verstirbt.

---

14 ErfK/*Preis*, § 613 Rn 7.

15 *Boemke*, DB 2006, 2461; MüKo/*Müller-Glöge*, § 613 Rn 12.

a) Vertragliche Ansprüche

Im Vordergrund steht die Frage, wann der Anspruch auf Abfindung entsteht oder entstanden ist. Jeder Fall ist gesondert zu betrachten und genau zu berücksichtigen, wie die Vertragsformulierungen im Vergleich lauten.[16] Die Parteien können frei entscheiden, ab welchem Zeitpunkt sie den Anspruch als entstanden qualifizieren wollen.[17] 12

Im Umgang mit diesen Abfindungsregelungen wurden in den letzten Jahren teilweise gleiche Formulierungen in den Vergleichen unterschiedliche bewertet: Das LAG Köln meint, ein vererblicher Abfindungsanspruch könne generell nur dann entstehen, wenn der Arbeitnehmer das Ende des Arbeitsverhältnisses überlebe.[18] Eine andere Auffassung sieht die Vererblichkeit nur dann als möglich an, wenn nur noch die Auszahlung erfolgen muss.[19] Das LAG Düsseldorf urteilte, dass eine vornehmlich der Absicherung des Arbeitnehmers dienende ratierliche Abfindungsregelung nicht auf die Erben übergeht.[20] 13

Auch das BAG hat in einigen älteren Entscheidungen im Wortlaut vergleichbare Vereinbarungen unterschiedlich beurteilt. So ging auch das BAG in einer Entscheidung davon aus, dass es Voraussetzung für die Übertragbarkeit der Abfindung sei, dass der Arbeitnehmer bei Beendigung des Arbeitsverhältnisses noch lebe.[21] Dies gelte insbesondere dann, wenn die Abfindung für den Verlust des Arbeitsplatzes und zur sozialen Absicherung gezahlt werde. Endet das Arbeitsverhältnis demzufolge vor dem angedachten Termin durch Tod des Arbeitnehmers, entsteht der Anspruch nicht und der Abfindungsanspruch ist demzufolge auch nicht vererblich.[22] Hiermit wurde eine frühere Entscheidung des BAG revidiert, wonach gerade das Erleben des Vertragsendes nicht gefordert wurde. 14

Nachfolgend hat die Rechtsprechung des BAG – auch unter Beachtung zutreffender Kritik in der Literatur[23] – eine klare Linie herausgearbeitet: Entscheidend für die Übertragbarkeit des Anspruchs ist, zu welchem Zeitpunkt der Anspruch auf die Abfindung entstanden ist. Dies hat das BAG in einer Entscheidung deutlich gemacht.[24] Hier hatte ein Arbeitgeber seinem Arbeitnehmer das Arbeitsverhältnis zum 31.12.2000 gekündigt. Während des Kündigungsschutzprozesses einigten sich die Parteien auf eine Abfindung von 24.000 EUR und einem Beendigungszeitpunkt zum 31.12.2000. Kurz nach Abschluss des Vergleichs und vor Ende des Beschäftigungsverhältnisses verstarb der Arbeitnehmer. Das BAG urteilte, dass die Erben einen Anspruch auf Auszahlung der Abfindung haben, denn entscheidend sei, dass der Anspruch entstanden ist. Schuldrechtliche Ansprüche dieser Art entstehen i.d.R. bereits mit Abschluss des Vertrages,[25] so dass es auch nicht entscheidend sei, ob der Arbeitnehmer die Leistung bereits jetzt verlangen kann. Besonderheiten gelten nur dort, wo eine aufschiebende Bedingung vereinbart ist. Demzufolge kann es grundsätzlich nicht entscheidend sein, ob der Arbeitnehmer das Ende des Arbeitsverhältnisses noch erlebt, es sei denn eine aufschiebende Bedingung wurde vereinbart. 15

16 BAG, Urt. v. 22.5.2003 – 2 AZR 250/02, DB 2004, 2816.
17 *Boecken*, NZA 2002, 421.
18 LAG Köln v. 11.12.1990, LAGE BGB § 611 Aufhebungsvertrag Nr. 2.
19 LAG BW, Urt. v. 26.2.1996 – 15 Sa 149/95, n.v.
20 LAG Düsseldorf, Urt. v. 2.5.2007 – 7 Sa 1122/06.
21 BAG, Urt. v. 16.5.2000 – 9 AZR 277/99, DB 2001, 50.
22 BAG, Urt. v. 26.8.1997 – 9 AZR 227/96, NZA 1998, 643; BAG, Urt. v. 16.5.2000 – 9 AZR 277/99, NZA 2000, 1236.
23 *Boecken*, NZA 2002, 421 ff.
24 BAG, Urt. v. 22.5.2003 – 2 AZR 250/02, ZEV 2004, 248.
25 BAG, Urt. v. 26.8.1997 – 9 AZR 227/96, NZA 1998, 643.

16 Für den Berater des Arbeitnehmers gilt es folglich den Abfindungsanspruch zu sichern und Zweifel in den Vergleichsformulierungen zu vermeiden. Vorsorglich sollte daher der Zeitpunkt für das Entstehen des Anspruchs klar definiert und unmissverständlich vor den Beendigungszeitpunkt des Arbeitsverhältnisses gezogen werden. Ausreichend hierfür ist schon die Formulierung im Vergleichstext:

„Der Anspruch auf Zahlung der Abfindung ist mit Abschluss des Vergleichs entstanden und vererblich."

b) Abfindung nach § 1a KSchG

17 Im Einklang mit dieser Rechtsprechung steht auch das Urteil des BAG[26] aus dem Jahr 2007, wobei Grundlage dieser Entscheidung eine Kündigung nach § 1a KSchG war. § 1a KSchG gibt dem Arbeitgeber die Möglichkeit, durch ordentliche betriebsbedingte Kündigung das Arbeitsverhältnis unter Zahlung einer Abfindung zu beenden. Im Gegenzug verzichtet der Arbeitnehmer auf die Erhebung der Kündigungsschutzklage.

18 In dem vom Bundesarbeitsgericht zu entscheidenden Fall hatte der Arbeitgeber dem Arbeitnehmer am 13.10.2004 nach den Vorschriften des § 1a KSchG betriebsbedingt zum 30.4.2005 gekündigt. Zugleich wurde in dem Kündigungsschreiben eine Abfindungszahlung von 30.000 EUR angeboten, die gezahlt werden sollte, wenn auf eine Kündigungsschutzklage verzichtet würde. Der Arbeitnehmer hat diese Kündigung vor dem Arbeitsgericht nicht angegriffen. Am 22.4.2005 verstarb der Arbeitnehmer.

19 Auch hier stellte das BAG darauf ab, wann der Abfindungsanspruch entstanden ist. In der Konsequenz fiel die Entscheidung für die Erben jedoch negativ aus, denn ein Abfindungsanspruch entsteht nach der Regelung des § 1a KSchG erst mit der Beendigung des Arbeitsverhältnisses[27] und somit mit Ablauf der Kündigungsfrist. Insoweit ist der Gesetzeswortlaut des § 1a KSchG auch eindeutig.

Somit wird deutlich, dass das Entstehen des Anspruchs maßgeblich dafür ist, ob die Erben tatsächlich die Abfindung zur Erbmasse ziehen können.

c) Abfindung nach §§ 9, 10 KSchG

20 Unter Berücksichtigung dieser Rechtsprechung bleibt fraglich, wann der Abfindungsanspruch nach den §§ 9, 10 KSchG entsteht und unter welchen Umständen dieser für vererblich angesehen wird.

21 Im Falle der §§ 9, 10 KSchG wird ein gerichtlicher Antrag auf Auflösung des Arbeitsverhältnisses und Zahlung einer vom Gericht festzusetzenden Abfindung gestellt, weil eine Fortsetzung des Arbeitsverhältnisses für die Vertragsparteien unzumutbar ist. Der Auflösungszeitpunkt ist in § 9 Abs. 2 KSchG geregelt. Es ist der Zeitpunkt, zu dem das Arbeitsverhältnis bei sozial gerechtfertigter Kündigung ordnungsgemäß nach Ablauf der geltenden Kündigungsfrist geendet hätte.

22 Nach der h.M. entsteht der Abfindungsanspruch mit der Festsetzung der Abfindungssumme durch das gerichtliche Urteil. Demzufolge ist bei rechtskräftigem Urteil der Anspruch auch vererblich.[28] Was aber geschieht, wenn zwar nach der ersten Instanz eine

---

26 BAG, Urt. v. 10.5.2007 – 2 AZR 45/06, NZA 2007, 1043; ArbG Siegen, Urt. v. 9.6.2005 – 1 Ca 843/05, NZA 2005, 935.

27 Vgl. hierzu *Boemke*, DB 2006, 2465 m.w.N.; *Bader*, NZA 2004, 71; *Däubler*, NZA 2004, 178.

28 BAG, Urt. v. 25.6.1987 – 2 AZR 504/86, NZA 1988, 466.

Abfindungssumme festgestellt wird, dieses Urteil nicht akzeptiert, über die Berufung angegriffen wurde und der Arbeitnehmer im Prozessverlauf verstirbt oder der Arbeitnehmer verstirbt nach dem nach § 9 Abs. 2 KSchG festzusetzenden Auflösungszeitpunkt, aber vor Erlass des Auflösungsurteils? Die herrschende Meinung geht davon aus, dass der Abfindungsanspruch dann dennoch übertragbar und zu bezahlen sei, denn durch die Einreichung der Klage sei ein Prozessverlauf in Gang gesetzt, in den die Erben eintreten können. Zeigt sich dann, dass der Anspruch begründet ist, so steht den Erben auch die Abfindung zu. Nach der BGH Rechtsprechung steht der gerichtlichen Auflösung mit Verurteilung zu einer Abfindungszahlung auch nicht entgegen, dass das Arbeitsverhältnis zwar erst nach dem in § 9 Abs. 2 KSchG zu bestimmenden Zeitpunkt, aber schon vor Erlass des Auflösungsurteils geendet hat (z.B. durch Tod des Arbeitnehmers). In diesem Fall hängt die Begründetheit des Auflösungsantrags nicht von den bei Erlass des Urteils vorliegenden Umständen ab, sondern es ist bei der anzustellenden Prognose über die zukünftige Entwicklung des Arbeitsverhältnisses auf den Zeitraum zwischen dem Termin zu dem die Kündigung erfolgt wäre und dem Beendigungstermin (hier Tod) abzustellen. Ist der Auflösungsantrag zu diesem Zeitraum begründet, entsteht der Abfindungsanspruch.[29]

Die Gegenansicht argumentiert mit dem Wortlaut der §§ 9, 10 KSchG. Diese setzen für die 23
Abfindungszahlung voraus, dass im Zeitpunkt der letzten mündlichen Verhandlung noch ein Arbeitsverhältnis bestanden hat,[30] welches zugleich mit dem Urteilsspruch unter Nennung eines Beendigungsdatums aufgehoben wird. Verstirbt der Arbeitnehmer jedoch vorher, könne diese Voraussetzung gerade nicht mehr erfüllt werden und ein Abfindungsanspruch sei tatsächlich noch nicht – rechtskräftig – entstanden. Ferner sei zu berücksichtigen, dass die Auflösungsgründe zukunftsbezogen seien. Ob aber nun eine gedeihliche Zusammenarbeit in Zukunft zu erwarten sei oder nicht, lasse sich beim Tod des Arbeitnehmers nicht mehr ermitteln. Die Übertragbarkeit auf die Erben liege daher erst dann vor, wenn das Urteil rechtskräftig geworden sei.[31]

Die besseren Gründe sprechen nach hiesiger Auffassung bei dieser Fallkonstellation für eine vom Wortlaut losgelöste Prüfung, ob in dem Zeitraum zwischen dem Ablauf der Kündigungsfrist und dem Tod des Arbeitnehmers – allerdings nur bei Vorliegen einer begründeten sozial gerechtfertigten Kündigung – eine Fortsetzung des Arbeitsverhältnisses unzumutbar bzw. eine gedeihliche betriebliche Zusammenarbeit zwischen den Parteien nicht mehr zu erwarten war. Auch im Falle des Eintritts der Erben in den laufenden Prozess nach der Antragstellung auf Auflösung des Arbeitsverhältnisses, aber vor Rechtskraft bzw. Auflösungsurteil, kann das Arbeitsverhältnis bei Beendigung aus anderen Gründen (z.B. Tod) nach dem gemäß § 9 Abs. 2 KSchG zu ermittelnden Zeitpunkt mit Zahlung einer Abfindung zugunsten der Erben aufgelöst werden.

d) Sozialplanabfindung

Sozialplanabfindungen sind grundsätzlich vererblich. Doch sind die Normgeber in der 24
Ausgestaltung des Sozialplans und der Abfindungsregelung frei. Gewährt der Sozialplan Arbeitnehmern eine Abfindung für die Beendigung ihres Arbeitsverhältnisses, so sollen auf diesem Weg Nachteile ausgeglichen werden, die durch das beendete Arbeitsverhältnis entstehen. Gedanklich wird hierbei vorausgesetzt, dass der Arbeitnehmer diese Nachteile

---

29 Henssler/Willemsen/Kalb/*Thüsing*, § 613 Rn 12 m.w.N.; Ascheid/Preis/Schmid/*Biebl*, § 9 KSchG Rn 87 f., BAG, Urt. v. 23.2.2010 – 2 AZR 554/08, AP KSchG 1969 § 9 Nr. 61.

30 BAG, Urt. v. 20.3.1997 – 8 AZR 769/05, BB 1997, 1745.

31 MüKo/*Müller-Glöge*, § 613 Rn 12.

auch erlebt.[32] Sozialplanabfindungen stellen nicht ohne Weiteres eine Kompensation für die Hinterbliebenen dar.[33]

25 Der Abfindungsanspruch ist folglich dann vererblich, wenn er entstanden ist.[34] Hier kommt es auf den Wortlaut und die jeweiligen tatbestandlichen Voraussetzungen im Sozialplan an. Fehlt es an einer deutlichen Regelung, hilft die Auslegung weiter.[35] Es ist folglich zu prüfen, ob die Voraussetzungen des Sozialplans erfüllt sind und der Anspruch auf Abfindung danach bereits entstanden ist. Bejaht wird der Anspruch, wenn bei Tod des Arbeitnehmers der Sozialplan bereits aufgestellt war, der Arbeitnehmer bei seinem Tod die Tatbestandsvoraussetzungen erfüllt hat und das Arbeitsverhältnis bereits beendet war.[36] Verstirbt der Arbeitnehmer vorher, dann entsteht der Abfindungsanspruch nicht und ist demzufolge auch nicht vererblich.[37]

3. Zusammenfassung

26
- Abfindungsansprüche sind vererblich, wenn das Arbeitsverhältnis beendet war und der Arbeitnehmer das Ende des Arbeitsverhältnisses erlebt hat.
- War das Arbeitsverhältnis nicht beendet und verstirbt der Arbeitnehmer vorher, kommt es darauf an, ob der Abfindungsanspruch schon entstanden war.
- Zu empfehlen ist daher, klare und unmissverständliche Formulierungen aufzunehmen, die den Zeitpunkt des Entstehen des Anspruchs erkennen lassen.
- Sozialplanabfindungen sind vererblich, wenn der Abfindungsanspruch entstanden ist, wobei üblicherweise der Arbeitnehmer das Ende des Arbeitsverhältnisses erlebt haben muss.

III. Urlaubsansprüche

27 Verstirbt der Arbeitnehmer, so wird das Schicksal des Urlaubsanspruchs diskutiert.

28 Der Anspruch auf Erteilung von Urlaub ist höchstpersönlicher Natur und geht mit dem Tod des Arbeitnehmers unter.[38] Dies ist einhellige Meinung in Rechtsprechung und Literatur.[39]

29 Hieran anknüpfend wurde zum Teil der Schluss gezogen, dass ein Urlaubsabgeltungsanspruch nach § 7 Abs. 4 BUrlG nicht vererblich sei, denn er stelle nur das Surrogat des – untergegangenen – Urlaubsanspruchs dar.[40] Verstirbt der Arbeitnehmer nun, so war die Behandlung der Urlaubsansprüche umstritten. Nach der Rechtsprechung des BAG konnte sich der unvererbliche Urlaubsanspruch jedoch in einen Schadensersatzanspruch wandeln,

---

32 *Boemke*, DB 2006, 2465; Henssler/Willemsen/Kalb/*Thüsing*, § 613 Rn 13.

33 BAG, Urt. v. 25.9.1996 – 10 AZR 311/96, NZA 1997, 163.

34 Richardi/*Annuß*, BetrVG, § 112 Rn 199; Däubler/Kittner/Klebe/Wedde/*Däubler*, BetrVG, §§ 112, 112a Rn 221; *Fitting*, BetrVG, §§ 112, 112a Rn 193.

35 BAG, Urt. v. 27.6.2006 – 1 AZR 322/05.

36 Richardi/*Annuß*, BetrVG, § 112 Rn 199; a.A Däubler/Kittner/Klebe/Wedde/*Däubler*, BetrVG, §§ 112 112a Rn 221; *Hansen*, NZA 1985, 610.

37 BAG, Urt. v. 22.5.1996 – 10 AZR 907/95, DB 1997, 280; *Reiter*, BB 2006, 42,44; *Fitting*, BetrVG, § 112, 112a Rn 193; LAG Mecklenburg-Vorpommern, Urt. v. 5.4.2005 – 3 Sa 463/04, n.v.

38 BAG, Urt. v. 20.1.1998 – 9 AZR 601/96, n.v.; BAG, Urt. v. 23.6.1992 – 9 AZR 111/91, BB 1992, 2004–2005; Henssler/Willemsen/Kalb/*Thüsing*, § 613 Rn 11; MüKo/*Müller-Glöge*, § 613 Rn 11.

39 ErfK/*Preis*, § 613 Rn 5;

40 BAG, Urt. v. 20.1.1998 – 9 AZR 601/96, n.v.; BAG, Urt. v. 23.6.1992 – 9 AZR 111/91, BB 1992, 2004–2005.

der dann wiederum vererblich wurde.[41] Dies setzte voraus, dass der Arbeitnehmer nach seinem Ausscheiden aus dem Arbeitsverhältnis noch gelebt hat, womit der Urlaub ja dann auch erfüllbar gewesen wäre. Hat der Arbeitnehmer weiter zusätzlich den Anspruch gegen den Arbeitgeber geltend gemacht, so habe der Arbeitnehmer einen Schadensersatzanspruch aus Verzugsgesichtspunkten heraus geschaffen §§ 280, 286, 287 S. 2 BGB, der dann auch von den Erben geltend gemacht werden konnte.[42]

Mit der Entscheidung des Bundesarbeitsgerichts vom 24.3.2009[43] wurde die bisherige Recht- 30
sprechung aufgegeben, wonach der gesetzliche Urlaubsabgeltungsanspruch erlischt, wenn der Arbeitnehmer wegen Arbeitsunfähigkeit seinen Urlaub während des Jahres nicht nehmen konnte. Vielmehr ist nun anzuerkennen, dass der Urlaubsabgeltungsanspruch nach § 7 BUrlG ein Geldanspruch ist.[44] Demzufolge sind Urlaubsabgeltungsansprüche auch vererblich nach § 1922 BGB. Die Voraussetzungen des § 7 Abs. 4 BUrlG müssen erfüllt sein, d.h. der Abgeltungsanspruch muss **entstanden** sein.

Im Juni 2014 hat der EuGH in Fortsetzung seiner Rechtsprechung zur „Schultz-Hoff"- 31
Entscheidung den Fall „Bollacke" bei Beendigung durch Tod des Arbeitnehmers entschieden. Im Fall „Schultz-Hoff" stellte der EuGH bereits fest, dass der Anspruch auf bezahlten Jahresurlaub ein besonders bedeutender Grundsatz des Sozialrechts ist und dass die Ansprüche auf Jahresurlaub und auf Bezahlung während des Urlaubs zwei Aspekte eines einzigen Anspruchs sind. Folglich stand dem Arbeitnehmer, wenn das Arbeitsverhältnis geendet hat, ein Anspruch auf eine Vergütung zu, um zu verhindern, dass ihm jeder Genuss des Anspruchs auf Urlaub vorenthalten wird. In der Entscheidung „Bollacke" wird nunmehr vom EuGH klargestellt, dass das Unionsrecht (Art. 7 der Richtlinie 2003/88/EG des Europäischen Parlaments und des Rates vom 4.11.2003) einzelstaatlichen Rechtsvorschriften (§ 7 Abs. 4 BurlG) oder Gepflogenheiten entgegensteht, wonach der Anspruch auf bezahlten Jahresurlaub ohne Begründung eines Abgeltungsanspruchs für nicht genommenen Urlaub untergeht, wenn das Arbeitsverhältnis durch den Tod des Arbeitnehmers endet. Die Abgeltung hängt auch nicht davon ab, dass der Verstorbene zuvor einen diesbezüglichen Antrag beim Arbeitgeber gestellt hat. Mithin entsteht ein Abgeltungsanspruch der Erben aus Sicht des EuGH auch dann, wenn das Arbeitsverhältnis durch den Tod des Arbeitnehmers endet. Lebt der Arbeitnehmer bei Beendigung des Arbeitsverhältnisses noch, so geht der Anspruch auf Urlaubsabgeltung gemäß § 1922 Abs. 1 BGB auf die Erben über. Wird der Urlaubsabgeltungsanspruch – wie nach der o.g. neuen BAG-Rechtsprechung – als reiner Geldanspruch anerkannt, folgt daraus, dass auch der beim verstorbenen Arbeitnehmer entstandene Urlaubsabgeltungsanspruch nach § 1922 Abs. 1 BGB vererblich ist.[45] Verstirbt der Arbeitnehmer, wandelt sich der noch nicht erfüllte Urlaubsanspruch mit der Beendigung des Arbeitsverhältnisses bzw. dem Tod in den Abgeltungsanspruch um, ohne dass es eines vorherigen Antrags des Arbeitnehmers bedarf.[46]

---

41 BAG, Urt. v. 27.5.2003, NJOZ 2004, 3021.

42 BAG, Urt. v. 19.11.1996 – 9 AZR 376/95, NZA 1997, 879; BAG, Urt. v. 22.10.1991 – 9 AZR 433/90, NZA 1993, 28.

43 BAG, Urt. v. 24.3.2009 – 9 AZR 983/07; BAG Urt. v. 23.3.2010 – 9 AZR 128/09.

44 BAG, Urt. v. 19.6.2012 – 9 AZR 652/10, *Klose*, in: Münchener Handbuch zum Arbeitsrecht Band 1, § 86 Rn 87; BAG, Urt. v. 24.5.2010 – 9 AZR 183/09.

45 EuGH „Bollacke", Urt. v. 12.6.2014 – C – 118/13, NZA 2014, 651; EuGH „Schultz-Hoff", Urt. v. 20.1.2009, NZA 2009, 135; BAG, Urt. v. 20.10.2015 – 9 AZR 224/14; a.A. noch BAG, Urt. v. 20.9.2011 – 9 AZR 416/10; BAG, Urt. v. 20.1.1998 – 9 AZR 601/96.

46 ErfK/*Gallner*, § 7 BurlG Rn 81, MüKo/*Müller-Glöge*, § 611 Rn 958 f.

32 Diese Auffassung vertrat bereits das Arbeitsgericht Potsdam.[47] Das Arbeitsgericht geht grundsätzlich von der Vererblichkeit des Abgeltungsanspruchs aus. Es stellt auf die konkrete Norm des § 7 Abs. 4 BUrlG ab und stellt fest, dass neben dem noch bestehenden Urlaubsanspruch die einzig weitere Voraussetzung für das Entstehen des vererblichen Anspruchs ist, dass das Arbeitsverhältnis beendet wird. Wie dies zu erfolgen hat, sei gesetzlich nicht geregelt. Folglich könne nicht nur die Beendigung durch Aufhebungsvertrag oder Kündigung als Beendigung in diesem Sinne heranzuziehen sein, sondern auch die Beendigung des Arbeitsverhältnisses durch den Tod des Arbeitnehmers. Folglich können nach Auffassung des Arbeitsgerichts die Erben nach dem Tod des Arbeitnehmers zumindest den gesetzlichen Mindesturlaub unter den Voraussetzungen des § 7 Abs. 4 BUrlG durchsetzen.[48]

33 Nach hiesiger Auffassung ist der Rechtsprechung des EuGH im Lichte der Auslegung der Unionsregelungen zu folgen. Der vom Unionsgesetzgeber in Art. 7 der Richtlinie 2003/88 verwendete Begriff des bezahlten Jahresurlaubs bedeutet, dass für die Dauer des Jahresurlaubs im Sinne dieser Vorschrift das Entgelt für den Arbeitnehmer beizubehalten ist. Sofern das Arbeitsverhältnis durch Tod des Arbeitnehmers endet, erweist sich der finanzielle Ausgleich durch den Abgeltungsanspruch als zwingend erforderlich, um die praktische Wirksamkeit der Richtlinie sicherzustellen.[49]

IV. Wettbewerbsverbote und Karenzentschädigung

34 In so manchem Arbeitsvertrag sind schriftlich wirksame nachvertragliche Wettbewerbsverbote verankert. Danach erhält der Arbeitnehmer von seinem Arbeitgeber eine monatliche Karenzentschädigung in Höhe des hälftigen zuvor erzielten Bruttogehaltes und enthält sich dafür einer Wettbewerbstätigkeit. Das Wettbewerbsverbot richtet sich im Wesentlichen nach den §§ 74 ff. HGB.[50]

35 Die Rechte aus der Vereinbarung gehen ohne Weiteres auf die Erben über.[51] Das Wettbewerbsverbot und die damit verbundene Karenzentschädigung enden, wenn es einmal in Kraft getreten ist, üblicherweise durch Zeitablauf, es sei denn die Parteien heben es einvernehmlich auf.

36 Stirbt der Arbeitnehmer, so erlischt das Wettbewerbsverbot mit dem Tod des Arbeitnehmers. Die Erben sind folglich an das Wettbewerbsverbot nicht gebunden, können im Gegenzug ab dem Tod des Arbeitnehmers auch keine Karenzentschädigung verlangen. Es bleiben den Erben die Ansprüche, die bis zum Tod des Arbeitnehmers entstanden sind und noch nicht erfüllt wurden.

V. Herausgabe von Unterlagen

37 Auch wenn das Arbeitsverhältnis mit dem Tod des Arbeitnehmers in der Regel erlischt, haben die Erben dennoch die dem Arbeitnehmer überlassenen Unterlagen und Betriebsmittel herauszugeben. Dies ergibt sich aus der Erbenhaftung nach § 1967 BGB und dem Umstand, dass die Erbengemeinschaft die Ansprüche zu erfüllen hat, die nicht die persönli-

47 ArbG Potsdam, Urt. v. 15.2.2011 – 3 CA 1512/10.
48 ArbG Potsdam, Urt. v. 15.2.2011 – 3 CA 1512/10.
49 ErfK/*Gallner*, § 7 BurlG Rn 81, EuGH „Bollacke", Urt. v. 12.6.2014 - C – 118/13, NZA 2014, 651.
50 Tschöpe/*Hiekel*, 2 F Rn 1 ff.
51 BAG, Urt. v. 28.1.1966 – 3 AZR 374/65, AP 18 zu § 74 HGB.

che Arbeitsleistung des Arbeitnehmers betreffen, § 613 BGB.[52] Die Erben haften als persönliche Schuldner[53] und treten als Verpflichtete voll an die Stelle des Verstorbenen.

Vor der Annahme der Erbschaft kann der Arbeitgeber den Anspruch nicht **gerichtlich** geltend machen. Allerdings hat die Erbengemeinschaft nur das herauszugeben, was im Nachlass vorhanden ist, und kann insofern die Haftung auf den Nachlass beschränken. 38

VI. Gratifikationen

Gratifikationen sind Sonderzahlungen, die zusätzlich zum Arbeitsentgelt geleistet werden. Die Bezeichnungen sind sehr unterschiedlich: Weihnachtsgeld, 13. Monatsgehalt, Jahresprämie, Anwesenheitsprämie.[54] Gleich wie diese Zahlung nun benannt wird, so setzt ihre Auszahlung voraus, dass es hierzu eine Vereinbarung gibt. Diese Voraussetzungen kann der Arbeitgeber in den Grenzen des rechtlich Zulässigen frei bestimmen. Hat der Arbeitnehmer die vereinbarten Voraussetzungen erfüllt, so haben die Erben auch einen entsprechenden Auszahlungsanspruch, denn die Gratifikation ist als solche keine höchstpersönliche Leistung und demzufolge vererblich. 39

VII. Kündigungsschutzklage

Die Erben treten in die Rechte und Pflichten des verstorbenen Arbeitgebers ein, § 1922 BGB. Dies bedeutet auch, dass sie Prozesse des Verstorbenen weiterführen können. Im Kündigungsrechtsstreit sind hierbei zwei Situationen zu unterscheiden: 40

1. Kündigung vor Tod des Arbeitnehmers

Stirbt der Arbeitnehmer nach Ablauf der Kündigungsfrist oder im Fall einer fristlosen Kündigung nach Zugang der schriftlichen Kündigung, aber vor Ablauf der dreiwöchigen Klagefrist für die Kündigungsschutzklage, § 4 KSchG, so können die Erben auch die Kündigungsschutzklage einreichen, um die Wirkungen des § 7 Hs. 1 KSchG zu verhindern und um die Leistungsklage auf Verzugslohn vorzubereiten[55] Der Arbeitgeber soll durch den Tod des Arbeitnehmers keinen Vorteil ziehen, so dass die Kündigung voll zur Prüfung durch das Arbeitsgericht gestellt werden kann. 41

Die Erbengemeinschaft ist demzufolge auch berechtigt, Lohnansprüche einzufordern, die in Rückstand geraten sind, jedoch nur bis zum Tod des Arbeitnehmers, da danach Lohnansprüche nicht bestehen können.[56] 42

2. Tod des Arbeitnehmers nach Einreichung der Kündigungsschutzklage

Stirbt der Arbeitnehmer, nachdem er die Kündigungsschutzklage eingereicht hat, so können die Erben den Prozess weiterverfolgen,[57] sofern Vergütungsansprüche bis zum Tod des Arbeitnehmers sichergestellt werden sollen. Sofern der Arbeitnehmer vor Ablauf der Kün- 43

52 ErfK/*Preis*,§ 613 BGB Rn 5.
53 Staudinger/*Dutta*, Vorbem. zu § 1967 Rn 7.
54 Palandt/*Weidenkaff*, § 611 Rn 81.
55 *Reiter*, BB 2006, 47; v. Hoyningen-Huene/*Linck*, § 4 KSchG Rn 63, Gallner/Mestwerdt/Nägele/*Gallner*,§ 4 KSchG Rn 97.
56 *Reiter*, BB 2006, 47.
57 Ascheid/Preis/Schmid/*Hesse*, § 4 KSchG Rn 36.

digungsfrist (oder einer sozialen Auslauffrist) verstirbt, kann die Wirkung der Kündigung wegen des vorherigen Todes vor dem Auflösungsdatum nicht mehr eintreten, so dass eine Kündigungsschutzklage, die in der Regel einen erweiterten punktuellen Streitgegenstand umfasst, nach § 4 S. 1 KSchG zur Vermeidung der Klageabweisung in der Hauptsache gemäß § 91a ZPO für erledigt erklärt werden muss.[58]

VIII. Arbeitszeitkonten

44 Zugriff hat die Erbengemeinschaft auch auf die vererblichen Arbeitszeitkonten, soweit sie Rechtsnachfolgerin des Arbeitnehmers geworden ist, § 1922 BGB.[59]

1. Flexible Arbeitszeit

45 Die Forderung nach flexiblen Arbeitszeiten führt zur Errichtung von Arbeitszeitmodellen. Die Ausgestaltung unterliegt dem individuellen Arbeitsrecht. Sie wird durch tarifvertragliche Regelungen und durch Betriebsvereinbarungen flankiert.[60]

46 Unter dem Oberbegriff der Arbeitszeitkonten werden verschiedene Modelle zur Flexibilisierung der Arbeitszeit geführt,[61] die sich im Wesentlichen auf zwei Grundtypen reduzieren lassen: **Jahresarbeitszeitmodelle** oder **Ansparkonten.**

47 Bei dauerhaften Arbeitsverhältnissen kann ein im Arbeitsvertrag festgelegtes Arbeitsvolumen auf das Kalenderjahr verteilt werden. Somit wird über ein Jahreszeitarbeitsmodell der Arbeitsbedarf flexibel geregelt, wobei hier auch Saisonarbeit angemessen geplant werden kann.

Bei der Anlegung von Ansparkonten kann der Arbeitnehmer Stunden, die über die vertraglich geregelte regelmäßige Arbeitszeit hinausgehen, sammeln. Sie dienen häufig dazu, trotz fortwährendem Bestand des Arbeitsverhältnisses für einen Übergangszeitraum aus dem Berufsleben „auszusteigen“ oder frühzeitig in Ruhestand zu gehen. Auf diesem Weg können nun Plus- oder Minusstunden erwirtschaftet werden, je nachdem, wie der Arbeitnehmer eingesetzt wird.

2. Vererblichkeit des Arbeitszeitguthabens

48 Verstirbt der Arbeitnehmer und es war individuell oder durch Tarifvertrag ein Arbeitszeitkontenmodell vereinbart, so ergeben sich mit Blick auf das Arbeitsverhältnis im Todesfall eines Arbeitnehmers regelmäßig zwei Situationen, die Fragen aufwerfen: Entweder hat der Arbeitnehmer in seinem Stundenkonto ein „Minus“ erwirtschaftet, so dass zu fragen ist, ob eine Nacharbeit dieser Stunden erfolgen muss, oder das Stundenkonto weist „Plusstunden“ auf, so dass sich die Frage ergibt, ob diese auszubezahlen sind.

49 Beide Situationen werden wie folgt abgewickelt: Der Vergütungsanspruch ist kein höchstpersönlicher Anspruch, sondern ein Anspruch auf Geldzahlung bis zum Tod des Arbeitnehmers, der in den Nachlass fällt. D.h. die Erbengemeinschaft kann diesen Auszahlungsan-

---

58 *Reiter*, BB 2006, 47, Gallner/Mestwerdt/Nägele/*Gallner*, § 4 KSchG Rn 97; BAG, Urt. v. 18.12.2014 – 2 AZR 163/14.

59 Schaub/*Vogelsang*, § 160 Rn 48.

60 LAG Düsseldorf, Urt. v. 17.9.2004 – 18 Sa 224/04, LAGE § 315 BGB 2002 Nr. 1; LAG Nürnberg, Urt. v. 17.2.2004 – 6 Sa 325/02, ArbuR 2004, 354.

61 ErfK/*Wank*, § 3 ArbZG Rn 19 f.

spruch geltend machen. Dies gilt für den verstetigten monatlichen Lohnanspruch.[62] Demzufolge kann sich die Erbengemeinschaft auch das über die regelmäßige Arbeitszeit hinaus erwirtschaftete Kontingent an Arbeitszeit auszahlen lassen, denn dieser Mehrwert ist angefallen und „verbucht".[63] Beachtlich hierbei sind die steuerrechtlichen Aspekte, denn neben der Erbschaftsteuer ist dann auch Lohnsteuer zu bezahlen.[64]

Umgekehrt kann der Arbeitgeber jedoch die erwirtschafteten „Minusstunden" nicht von der Erbengemeinschaft einfordern, denn die Arbeitszeit ist eine höchstpersönliche Leistung nach § 613 BGB, deren Ableistung von der Erbengemeinschaft nicht „in natura" verlangt werden kann. 50

Arbeitszeitmodelle dieser Art finden ihre Grundlage meist in tarifvertraglichen Regelungen oder in Betriebsvereinbarungen. Dort finden sich Verrechnungsregelungen für den Fall, dass die Stundenkontingente nicht rechtzeitig abgebaut wurden, der Mitarbeiter verstirbt oder der Arbeitnehmer vorzeitig das Unternehmen verlässt. Lassen diese kollektivrechtlichen Regeln eine Verrechnung der Minusstunden zu, dann kann der Arbeitgeber vor Auszahlung der monatlichen Vergütung (bis zum Tod des Arbeitnehmers) die Minusstunden verrechnen und den saldierten Betrag ausbezahlen.[65] 51

IX. Direktversicherung als betriebliche Altersversorgung

Wird zugunsten des Arbeitnehmers eine Direktversicherung abgeschlossen, die der Arbeitgeber monatlich bedient, indem er Abzüge vom Arbeitsentgelt vornimmt, und sehen die Bedingungen des Vertrages es vor, dass die Auszahlung der Versicherungssumme an die Ehefrau oder die Erben direkt nach dem Tod zu erfolgen hat, so stehen jene Ansprüche auch direkt dem Erben oder der Erbengemeinschaft zu. 52

Streitig bleibt in diesem Zusammenhang oftmals, ob diese Versicherungsleistungen der Erbschaftsteuer nach § 1 Abs. 1 Nr. 1 i.V.m. § 3 Abs. 1 Nr. 4 ErbStG unterfallen. Den Erwerb von Hinterbliebenenbezügen, die auf einem Arbeitsverhältnis – oder Dienstverhältnis beruhen, hat der Bundesfinanzhof jedoch in ständiger Rechtsprechung von der Steuerpflicht ausgenommen.[66] Insofern muss dies auch für solche Versicherungsleistungen gelten, die aufgrund einer vom Arbeitgeber abgeschlossenen Direktversicherung ausbezahlt werden.[67] Allein entscheidend hierbei ist, dass bei wirtschaftlicher Betrachtungsweise die Versorgungsleistung aus dem Vermögen des Arbeitgebers erbracht wird und als Basis ein Arbeits- oder Dienstvertrag existierte. Dabei ist es nach Rechtsprechung des Bundesfinanzhofs unschädlich, dass eine Entgeltumwandlung stattfindet.[68] Unerheblich ist, dass die betriebliche Altersvorsorgeleistung unvererblich ist, solange die Leistung nicht aufgrund Erbrechts bezahlt wird.

X. Ausschlussfristen

Die Inhalte der Arbeitsverhältnisse sind durch formularmäßige Arbeitsverträge (ohne individuelles Aushandeln von Klauseln vor Vertragsschluss) oder oft auch durch Tarifverträge 53

62 LAG Baden-Württemberg, Urt. v. 8.12.2005 – 11 Sa 44/04, ArbuR 2006, 211.
63 *Kümmerle/Buttler/Keller*, Rn 49.
64 *Kümmerle/Buttler/Keller*, Rn 71 ff.
65 *Reiter*, BB 2006, 45.
66 BFH, Urt. v. 16.1.2008 – II R 30/06; BFH, Urt. v. 20.5.1981 – II R 11/81.
67 FG Hamburg, Urt. v. 31.10.2012 – 3 K 24/12.
68 BFH, Urt. v. 29.7.2010 – VI R 39/09.

ausgestaltet. In diesen Arbeits- oder Tarifverträgen sind in der überwiegenden Zahl Ausschlussfristen verankert. Jene Ausschlussfristen verfolgen das Ziel – im wohlverstandenen Interesse beider Vertragsparteien – in kurzer Zeit sämtliche Ansprüche aus dem Arbeitsverhältnis abzuwickeln. Werden die Ansprüche nun nicht innerhalb der vereinbarten arbeitsvertraglichen oder tarifvertraglichen Ausschlussfristen geltend gemacht, so verfällt der Anspruch. Nach der Rechtsprechung des Bundesarbeitsgerichts muss auf jeder Stufe der Ausschlussfrist bei Formulararbeitsverträgen eine Zeit von mindestens 3 Monaten bestehen, sonst ist die Ausschlussfrist unangemessen gemäß § 307 Abs. 2 Nr. 1 BGB und somit unwirksam. Für tarifliche Ausschlussfristen gelten andere Regeln. Deshalb können sie auch kürzere Fristen enthalten, da sie keiner über § 138 BGB hinausgehenden, insbesondere keiner AGB-Kontrolle, unterliegen. Die Ausschlussfristen reichen in Tarifverträgen von einem Monat bis zu sechs Monaten. Die Rechtsprechung des BAG hat z.B. eine sechswöchige Frist zur schriftlichen Geltendmachung gebilligt. Lediglich extrem kurze Fristen, die eine gerichtliche Geltendmachung faktisch ausschließen, sind unwirksam.

Es stellt sich so immer wieder die Frage, ob diese – für die konkrete Erbsituation sicherlich kurz bemessene Frist – auch für die Erben oder die Erbengemeinschaft gilt.

54 Das BAG vertritt hier eine klare Ansicht: Die Ausschlussfristen gelten auch für die Erben.[69] Sie treten in die Rechte und Pflichten des Arbeitnehmers ein. Ist der Arbeitnehmer an diese Fristen gebunden, so ist nicht zu erkennen, weshalb für die Erben ein Sonderrecht bestehen soll. Eine entsprechende gesetzliche Grundlage fehlt. Eine direkte oder analoge Anwendung von § 211 BGB wird in der Literatur diskutiert.[70] Danach wird die Verjährung im Ablauf gehemmt, so dass zugunsten des Nachlasses und der Erbengemeinschaft eine zusätzliche Bedenkzeit von sechs Monaten besteht. Käme § 211 BGB zur Anwendung, dann würde die Berechnung der **Verjährungs- oder Ausschlussfrist** erst ab dem Tag laufen, an dem die Erbschaft angenommen wurde. Im Ergebnis wird ein Hinausschieben der Ausschlussfrist jedoch mit Recht verneint, da die Ausschlussfrist primär das Ziel verfolgt, in überschaubarer Zeit Rechtssicherheit und -klarheit zu schaffen. Mit diesem arbeitsrechtlichen Bedürfnis sind die erbrechtlichen Normen nicht kompatibel. Zwar gibt es in § 1944 BGB eine relativ kurze Frist zur Ausschlagung der Erbschaft (sechs Wochen), doch beginnt diese erst mit der positiven Kenntnis des Erben vom Erbfall. Verzögerungen und Rechtsunsicherheiten sind so vorprogrammiert und für das Arbeitsrecht unverträglich.

Vor diesem Hintergrund scheidet auch eine analoge Anwendung von § 211 BGB aus. Die Erben sind in der Konsequenz an die im Arbeitsvertrag vereinbarten oder tariflichen Ausschlussfristen gebunden.

55 Auch diese Punkte sollten Erben im Zusammenhang mit der Wirksamkeit von Ausschlussklauseln und der Geltendmachung von Ansprüchen beachten.

Nach § 3 S. 1 MiLoG sind Vereinbarungen, die den Anspruch auf Mindestlohn unterschreiten oder seine Geltendmachung beschränken oder ausschließen, insoweit unwirksam. Dies gilt sowohl für Individualvereinbarungen als auch für Regelungen in Dienst- oder Betriebsvereinbarungen und in Tarifverträgen. Ausschlussfristen stellen Vereinbarungen dar, welche die Geltendmachung des Mindestlohns beschränken. Sie sind nach der BAG-Rechtsprechung daher, soweit die Ausschlussklausel Ansprüche auf Mindestlohn nicht eindeutig und teilbar ausnimmt, insgesamt unwirksam.

69 BAG, Urt. v. 25.5.2005 – 5 AZR 572/04, NZA 2005, 1111 f.; BAG, Urt. v. 18.9.2012 – 9 AZR 1/11; BAG, Urt. v. 25.6.1987 – 2 AZR 504/86, NZA 1988, 466; BAG, Urt. v. 28.4.1998 – 9 AZR 297/96, NZA 1998, 1126.

70 *Reiter*, BB 2006, 46.

Durch eine Gesetzesänderung sind in allen ab dem 1.10.2016 neu abgeschlossenen Arbeitsverträgen (alte Verträge genießen Bestandsschutz) auch solche Ausschlussklauseln unwirksam, die verlangen, dass ein Anspruch schriftlich geltend gemacht wird. Nach einer Neuregelung in § 309 Nr. 13 BGB darf ab diesem Zeitpunkt nur noch die Textform verlangt werden. Ausgenommen sind auch tarifvertragliche Ausschlussklauseln, da Ausschlussfristen in Tarifverträgen nicht der AGB-Kontrolle unterliegen.[71]

C. Tod des Arbeitgebers

Mit dem Tod des Arbeitgebers endet das Arbeitsverhältnis nicht automatisch.[72] Das Arbeits- 56
verhältnis geht im Wege der Universalsukzession auf den oder die Erben über.

Mit dem Tod des Einzelfirmeninhabers werden die Miterben zur gesamten Hand Träger der Arbeitgeberrechte und -pflichten.[73]

I. Fortführung des Arbeitsverhältnisses

Wird das Arbeitsverhältnis fortgeführt, so geht das Arbeitsverhältnis, so wie es „steht und 57
liegt", auf die Erbengemeinschaft über. Der Abschluss eines neuen Vertrages ist nicht erforderlich, da die Erbengemeinschaft zur gesamten Hand der Rechtsnachfolger des Verstorbenen ist, § 1922 Abs. 1 BGB. Das bedeutet, dass nicht die Erbengemeinschaft selbst Vertragspartner werden wird, sondern die einzelnen Mitglieder der Erbengemeinschaft – allerdings nur zur gesamten Hand – Träger von Rechten und Pflichten.[74] Es liegt ein Fall der gesetzlichen Gesamtrechtsnachfolge vor. Dabei geht das Vermögen einschließlich aller Aktiva und Passiva auf den neuen Rechtsträger über, ohne dass es eines gesonderten Übertragungsaktes bedarf. Gehört zu dem zu übertragenden Vermögen ein Betrieb, so geht dieser ohne Weiteres einschließlich der Arbeitsverhältnisse auf den neuen Rechtsträger über.[75]

Ein Arbeitnehmer, der durch den Erbfall zum Miterben wird, erhält somit einen Status als Arbeitgeber.

Da es sich im Fall einer Vermögensübertragung nach einer Erbschaft um eine Gesamtrechts- 58
nachfolge handelt, findet § 613a BGB keine Anwendung.[76] Um den Schutzzweck von § 613a BGB zu erreichen, muss ein **Rechtsgeschäft** abgeschlossen werden, um die Vermögensübertragung herbeizuführen. Bei der Übertragung auf den Gesamtrechtsnachfolger besteht für § 613a BGB kein Bedürfnis. In der Konsequenz führt dies dazu, dass den Arbeitnehmern kein Widerspruchsrecht zusteht und kein Kündigungsschutz nach § 613a Abs. 4 BGB. Sind die Arbeitnehmer mit dem Wechsel in der Führung des Unternehmens nicht einverstanden, müssen sie von sich aus das Arbeitsverhältnis beenden und kündigen.

71 *Reiter*, BB 2006, 47; Hessisches LAG, Urt. v. 14.7.2011 – 5 Sa 67/11, BAG, Urt. v. 24.8.2016 – 5 AZR 703/15, *Bayreuther, NZA 2014, 865 f.*

72 *Schaub/Linck*, § 121 Rn 15.

73 LAG Hamm, Urt. v. 4.1.2012 – 2 Ta 337/11.

74 BGH, Beschluss v. 17.10.2006 – VIII ZB 94/05.

75 ErfK/*Preis*, § 613a BGB Rn 58; MüKo/*Müller-Glöge*, § 613a BGB Rn 62.

76 ErfK/*Preis*, § 613a BGB Rn 58; MüKo/*Müller-Glöge*, § 613a BGB Rn 63.

II. Haftung für Arbeitsentgelt

59 Führt eine Erbengemeinschaft ein Unternehmen fort, so haftet sie für die entsprechenden Nachlassverbindlichkeiten, § 1967 BGB. Nach § 1967 Abs. 2 BGB haften die Erben u.a. für die vom Erblasser herrührenden und die den Erben treffenden Verbindlichkeiten.

60 Rückständige Lohnzahlungsverpflichtungen sind vererblich, womit die Erbengemeinschaft auf Seiten des Arbeitgebers für diese einzustehen hat. Dasselbe gilt für entsprechende Versorgungszusagen, die der Erblasser abgegeben hat.[77]

61 Beachtlich ist, dass immer öfter im privaten Bereich Pflegeleistungen erbracht werden in der Erwartung, später im Testament bedacht zu sein. Die Absprache, dass der Dienstleistende für seine Dienstleistung später im Testament bedacht wird, ist gem. § 2302 BGB nichtig. Hat er seine Dienste angeboten, ausgeführt und wurde diese dann nicht oder vielleicht nicht ausreichend vergütet, so stellt sich die Frage der Bewertung dieser Arbeiten. Dies gilt aber nur für die eine Leistung, die über die „familienhafte Mitarbeit" hinausgeht.[78] Lässt sich aus Tarifrecht, Eingruppierungsrichtlinien oder sonstigen Umständen eine übliche Vergütung nicht bestimmen, so sind die §§ 315, 316 BGB heranzuziehen.[79] Dies kann bisweilen dazu führen, dass die Erben sich mit Vergütungsansprüchen konfrontiert sehen,[80] deren Begründetheit detailliert überprüft werden muss.

III. Kündigung des Arbeitsverhältnisses

62 Gelangt die Erbengemeinschaft in die Position eines Arbeitgebers, so wird sie zwangsläufig mit der Thematik der Kündigung von Arbeitsverhältnissen konfrontiert. Die Beendigung der Arbeitsverhältnisse von Haushaltshilfen, Pflegekräften und Privatsekretären können in der Praxis schon Probleme bereiten, da die Erben meist ein gesteigertes Interesse haben, diese Arbeitsverhältnisse schnell zu beenden. Die Rechtsprechung orientiert sich jedoch an den gesetzlichen Kündigungsfristen.

Haben beispielsweise Eheleute, ob nun mit oder ohne schriftlichen Vertrag, eine Haushaltshilfe **gemeinsam** beschäftigt, so bleibt das Vertragsverhältnis weiter bestehen, wenn nur einer der Ehegatten verstirbt.[81] Der Überlebende hat sodann das Arbeitsverhältnis ordentlich zu kündigen, wenn er es nicht mehr fortführen möchte. Ein Grund für eine fristlose Kündigung ist im Todesfall nicht zu sehen. Dasselbe Ergebnis erzielte ein Testamentsvollstrecker, der anlässlich des Todes eines Ingenieurs dessen einzige Angestellte fristlos, hilfsweise ordentlich gekündigt hat.[82] Das Arbeitsgericht stellte fest, dass die individuelle Kündigungsfrist für das jeweilige Arbeitsverhältnis einzuhalten sei und der Tod des Arbeitgebers keinen wichtigen Grund i.S.d. § 626 BGB darstellt, allenfalls ist eine ordentliche Kündigung durchsetzbar.

1. Form der Kündigung

63 Bringt die Erbengemeinschaft keinen Geschäftsführer in Position und sind die Miterben die „Unternehmensträger", dann sollten sie auf einige Stolpersteine achten, die das Arbeitsrecht im Bereich der Kündigung bereithält.

---

77 LAG Hamm, Urt. v. 19.6.2001 – 6 Sa 1858/98, n.v.
78 ErfK/*Preis*, § 612 BGB Rn 30.
79 ErfK/*Preis*, § 612 Rn 38 ff.
80 LAG Berlin, Urt. v. 18.12.2008 – 14 Sa 1098/08.
81 LAG Hamm, Urt. v. 7.10.2003 – 8 Sa 1758/01.
82 ArbG Berlin, Urt. v. 13.12.2012 – 63 Ca 4500/12.

Entscheidet sich die Erbengemeinschaft Kündigungen auszusprechen, so hat sie diese in der Form des § 623 BGB abzugeben. Kündigungen bedürfen zu ihrer Wirksamkeit der Schriftform. Erfasst werden hiervon alle Arbeitsverhältnisse, auch jene von Aushilfskräften.[83] 64

Die Kündigung muss zunächst die Voraussetzungen von § 126 BGB erfüllen. D.h. über die Kündigungserklärung muss eine schriftlich abgefasste Erklärung vorliegen. Die Urkunde muss vom Aussteller eigenhändig unterzeichnet sein.[84] Die Unterschrift ist durch Nennung des ausgeschriebenen Namens zu leisten.[85] Für die Wahrung der Schriftform des § 623 BGB ist es nach der BAG-Rechtsprechung für die wirksame Kündigung eines Arbeitsverhältnisses erforderlich, dass **alle Erklärenden** die schriftliche Willenserklärung unterzeichnen. Unterzeichnet für eine Vertragspartei ein Vertreter die Erklärung, muss dies in der Urkunde durch einen das Vertretungsverhältnis anzeigenden Zusatz hinreichend deutlich zum Ausdruck kommen. Sind bei einer GbR alle Gesellschafter im Briefkopf und in der Unterschriftenzeile aufgeführt, reicht es nach der Rechtsprechung des BAG für die Einhaltung der Schriftform nicht aus, wenn lediglich ein Teil der GbR-Gesellschafter ohne klarstellenden Vertretungszusatz die Kündigung unterzeichnen. Fehlt eine Unterschrift, ist die Kündigung allein deshalb formunwirksam. 65

Weiterhin stellt die Kündigung des Arbeitsverhältnisses materiell-rechtlich eine Verfügung der Erbengemeinschaft im Sinne des § 2040 BGB dar. Nach der älteren Rechtsprechung des BGH galt hier das Einstimmigkeitsprinzip für Verfügungen über den Nachlass wie die Kündigung. Also mussten – sofern keine Bevollmächtigung vorlag – alle Erben die Kündigung erklären und die Kündigung unterzeichnen. Nach der neueren Rechtsprechung des BGH[86] kann es aber auch ausreichen, dass abweichend von § 2040 BGB die Mehrheit der Erben die Verfügung wirksam im Rahmen ordnungsgemäßer Nachlassverwaltung vornehmen können. Zu dieser Problematik, dem Verhältnis zwischen § 2040 BGB und § 2038 BGB und der Rechtsprechung nebst ergänzenden Nachweisen wird auf die ausführlichen Ausführungen in § 4 Rdn 72 ff. und § 19 Rdn 26 ff. verwiesen. Es fragt sich, welche Folgerungen sich für den Fall der Kündigung eines Arbeitsverhältnisses durch eine Erbengemeinschaft ergeben. Nach der ständigen für die anwaltliche Praxis zu beachtenden BGH-Rechtsprechung ist – anders als die GbR seit der Rechtsprechung zur Anerkennung der Rechtsfähigkeit der GbR im Jahre 2001 – die Erbengemeinschaft weder rechtsfähig noch parteifähig. Diese Grundsätze sind nach dieser Rechtsprechung auch nicht auf die Erbengemeinschaft übertragbar. Die Erbengemeinschaft verfügt danach, anders als die GbR, nicht über Organe, durch die sie bei z.B. gesellschaftsvertraglicher Regelung auch einzeln im Rechtsverkehr unmittelbar für die Gesellschaft handeln könnte und ist kein eigenständiges Rechtssubjekt. Sie kann auch nicht Partei sein, sondern nur die einzelnen Erben. Für die Erbengemeinschaft bedeutet dies im Fall der Kündigung, dass – neben der Beachtung der Formwirksamkeit der Kündigung (alle Gesellschafter müssen unterzeichnen oder die unterzeichnenden Gesellschafter erklären durch entsprechenden Zusatz, zugleich auch in rechtsgeschäftlich erteilter Vollmacht der übrigen zu handeln) – auch beachtet werden muss, dass die Kündigung materiell-rechtlich als Verfügung über den Nachlass wirksam im Sinne der erbrechtlichen Vorschriften vorgenommen wurde. Zur Vermeidung von Unsicherheiten sollten – sofern 66

83 ErfK/*Müller-Glöge*, § 623 BGB Rn 2.
84 ErfK/*Müller-Glöge*, § 623 BGB Rn 12 und 13; Palandt/*Weidenkaff*, § 623 Rn 7.
85 BAG, Urt. v. 24.1.2008 – 6 AZR 519/07, NZA 2008, 521.
86 Vgl. u.a. Urt. v. 28.4.2006 – LwZR 10/05, Urt. v. 11.11.2009 – XII ZR 210/05.

kein gemeinsamer Bevollmächtigter handelt – **sämtliche** Erben die Unterschrift eigenhändig leisten.[87]

67 Fax, Telegramm oder E-Mail sind nicht ausreichend. Dies verbietet die Warnfunktion, die im Schriftformerfordernis steckt. Ein Kündigungsgrund muss nicht genannt sein, es sei denn Arbeitsvertrag, Tarifvertrag oder Betriebsvereinbarung schreiben dies vor. Im Fall einer Änderungskündigung bedarf auch das Änderungsangebot der Schriftform.

68 Wird die Schriftform nicht beachtet, so ist die Kündigung nichtig, § 125 BGB. Eine Heilung ist nicht möglich. Dies bedeutet für das Arbeitsverhältnis, dass es unverändert fortbesteht. Für eine neue Kündigung muss das Prozedere wiederholt werden und es gelten neue Fristen. Dies kann gerade im Fall der außerordentlichen Kündigung Probleme bereiten, denn diese muss innerhalb der kurzen Frist des § 622 BGB nachgeholt werden.

69 Die Erbengemeinschaft kann sich zur Abgabe der Kündigung eines Stellvertreters bedienen. Jener hat, wenn er mit seinem Namen unterzeichnet, einen Vertretungszusatz aufzunehmen und ferner eine Originalvollmacht beizufügen. Fehlt diese, so hat der Kündigungsempfänger die Möglichkeit, die Kündigung unverzüglich nach § 174 BGB zurückzuweisen. Die Kündigung ist dann gleichfalls unwirksam und neu vorzunehmen.

2. Kündigungsfrist des § 626 BGB

70 Nach § 626 Abs. 1 BGB kann die Kündigung durch die Erbengemeinschaft auch aus wichtigem Grund erfolgen. Allerdings muss auch hier die Erbengemeinschaft die Ausschlussfrist des § 626 Abs. 2 BGB beachten. Demzufolge kann die Kündigung aus wichtigem Grund nur binnen zwei Wochen ausgesprochen werden. Die Frist beginnt nach § 626 Abs. 2 BGB mit dem Zeitpunkt, in dem der Kündigungsberechtigte von den für die Kündigung maßgebenden Tatsachen Kenntnis erlangt. Die Kündigung muss innerhalb der genannten Frist dem Arbeitnehmer dann auch zugegangen sein. In diesen Fällen müssen sich die Erben die Kenntnis des Verstorbenen zurechnen lassen, wenn dieser vor seinem Tod bereits von einem fristlosen Kündigungsgrund Kenntnis hatte.

IV. Aufhebungsvertrag

71 Möchte die Erbengemeinschaft Arbeitsverhältnisse nicht weiterführen, so steht es ihr frei, den Arbeitnehmern den Abschluss von Aufhebungsvereinbarungen anzubieten. Diese kommen nur wirksam zustande, wenn auch die Arbeitnehmer zu einem solchen Abschluss bereit sind und dieser der Schriftform des § 623 BGB genügt. Der gesamte Vertragsinhalt muss folglich durch die Unterschrift beider Parteien gedeckt sein. Auch hier gilt, dass sämtliche Miterben unterschreiben müssen.

72 Sind sich die Miterben untereinander uneins, so regelt sich das Innenverhältnis nach den Vorschriften der §§ 2038–2040 BGB.

V. Arbeitszeugnis

73 Der Anspruch des Arbeitnehmers auf Erteilung oder Berichtigung eines Arbeitszeugnisses ergibt sich aus § 630 BGB, § 109 GewO. Er entsteht „bei“ Beendigung des Arbeitsverhältnisses und setzt ein Verlangen des Arbeitnehmers voraus.[88]

87 BAG, Urt. v. 21.4.2005 – 2 AZR 162/04, NZA 2005, 865; BGH, Beschl. v. 17.10.2006 – VIII ZB 94/05, NJW 2006, 3715; Ascheid/Preis/Schmidt/*Greiner*, § 623 Rn 16.

88 MüKo/*Henssler*, § 630 Rn 12.

Der entstandene Anspruch geht nach § 1922 BGB auf die Erben über, mit der Folge, dass die Erbengemeinschaft auch dann ein Arbeitszeugnis erteilen muss, wenn die Miterben den Arbeitnehmer und seine Arbeitsleistung über die letzten Jahre hinweg nicht verfolgen konnten.[89] 74

89 Damrau/Tanck/*Tanck*, § 1922 Rn 37; ErfK/*Preis* § 613 Rn 5.

§ 22 Bestattungsrecht

Désirée Goertz, LL.M.

Übersicht: Rdn

Literatur

Gaedke, Handbuch des Friedhofs- und Bestattungsrechts, 11. Auflage; *Gutzeit/Vrban*, Bestattung ohne Auftrag, NJW 2012, 1630; *Karczewski*, Die Totenfürsorge: ein unbekanntes Rechtsinstitut?, ZEV 2017, 129; *Kurze*, Totenfürsorge und Kostentragung im Bestattungsrecht, ErbR 2016, 299; *Kurze*, Diamant, Weltraum, Wiese – zulässige und unzulässige Bestattungsformen, ZErb 2012, 103; *Kurze/Goertz*, Bestattungsrecht in der Praxis, 2. Auflage; *Sperling*, Kirchliche Friedhöfe zwischen Bekenntnisfreiheit und Schrankenvorbehalt, DöV 1993, 197; *Spranger*, Bestattungspflicht für Diamanten?, NJW 2017, 3622; *Stahmer*, Anmerkung zum BGH-Beschluss v. 14.12.2011 (IV ZR 132/11), ErbR 2012, 188; *Stelkens/Cohrs*, Bestattungspflicht und Bestattungskostenpflicht, NVwZ 2002, 917; *Stelkens/Seifert*, Die Bestattungspflicht und ihre Durchsetzung: Neue und alte Probleme, DVBl 2008, 1537; *Zimmermann*, Rechtsfragen zum Thema „Friedhof und Bestattung“, ZEV 1997, 440

A. Einführung

Nach einem Erbfall stellen sich nicht nur erbrechtliche Fragen, sondern auch solche aus dem Bestattungsrecht. Das Bestattungsrecht gehört sicher nicht zum „Standard-Programm“ an den Universitäten und auch in der späteren anwaltlichen Aus- und Fortbildung des Erbrechtlers ist es eher ein Randthema. Dies ändert aber nichts an der Situation des Mandanten – es handelt sich um ein hochemotionales Thema, mit dem er seinen Rechtsanwalt entsprechend beschäftigen wird. 1

Die Probleme sind sehr unterschiedlicher Natur. Wer muss wie viel bezahlen? Wer darf über die Art und Weise oder den Ort der Bestattung bestimmen? Wer sorgt für die Bestattung, wenn es sonst keiner übernimmt? Welche Auswirkungen haben zerrüttete Familienverhältnisse? Warum genehmigt die Friedhofsverwaltung den Grabstein nicht?

Auch vor dem Erbfall, bei der Gestaltung von Testamenten und Erbverträgen, tauchen erfahrungsgemäß bestattungsrechtliche Fragen auf: Welche Bestattungsformen sind zulässig und darf die Urne mit der Asche auch in Deutschland auf dem Kaminsims stehen? Dies sind nur einige Beispiele, mit denen der Mandant und sein Berater konfrontiert werden können.

Da das Bestattungsrecht sowohl zivil- als auch öffentlich-rechtliche Materie ist, erschließt sich die Systematik nicht auf den ersten Blick. Daher beginnt dieses Kapitel mit einer Darstellung der Gesetzesquellen.

B. Gesetzessystematik und Begriffsbestimmung

I. Gesetzessystematik

2 Das kodifizierte Bestattungsrecht ist überwiegend Landesrecht. Dies liegt an der grundgesetzlichen Kompetenzverteilung – die Materie ist nicht ausdrücklich dem Bund zugewiesen. Eine Ausnahme enthält in Art. 74 Abs. 1 Nr. 10 GG (konkurrierende Gesetzgebung). Aufgrund dieser Bestimmung hat der Bund das „Gräbergesetz“[1] und zugehörige Verwaltungsvorschriften erlassen.

Bundesrechtliche Gesetze enthalten außerdem vereinzelt Bestimmungen, so bspw. das Infektionsschutzgesetz, die Strafprozessordnung oder das Personenstandsgesetz. Das BGB enthält in § 1968 eine dem Erbrechtler sicher bekannte Vorschrift für Beerdigungskosten.

3 **International** kann vor allem auf das Internationale Abkommen über Leichenbeförderung von 1937 („Berliner Abkommen“) zurückgegriffen werden. Dort ist auch der so genannte „Leichenpass“ geregelt. Für **Europa** gibt es speziell das Europäische Übereinkommen über die Leichenbeförderung („Straßburger Abkommen“), was jedoch von Deutschland nicht ratifiziert wurde.[2]

4 Alle **Bundesländer** haben eigene Regelungen zu den bestattungsrechtlichen Themen erlassen. Friedhöfe regeln ihre Nutzung häufig durch Satzungen; Ermächtigungen hierzu sind in den landesrechtlichen Regelungen enthalten.

II. Begriffsbestimmungen

5 Im Bestattungsrecht gibt es diverse Rechtspositionen, die unterschiedlichen Personen Kompetenzen verleihen. Sie können aber auch bei einer Person konzentriert sein. Nachfolgend werden der Nutzungsberechtigte, der Totenfürsorgeberechtigte und der Bestattungspflichtige vorgestellt.

1. Nutzungsrecht, Nutzungsberechtigter

6 Der Nutzungsberechtigte ist in der Regel diejenige Person, die den Nutzungsvertrag mit der Friedhofsverwaltung abschließt und damit für die ordnungsgemäße Grabpflege u.Ä. haftet.[3] Das Nutzungsrecht wird einer lebenden Person verliehen – war diese der Erblasser, geht dessen Nutzungsrecht auf den Nachfolger über. Regelungen bezüglich der Nachfolge sind zumeist in der örtlichen Friedhofssatzung enthalten.[4]

---

1 Gesetz über die Erhaltung der Gräber der Opfer von Krieg und Gewaltherrschaft.
2 Kurze/Goertz/*Kurze*, § 15 Rn 3.
3 Vgl. § 15 Abs. 10f Friedhofsmustersatzung des Deutschen Städtetages.
4 Vgl. bspw. § 15 Abs. 6 bis 9 Friedhofsmustersatzung des Deutschen Städtetages.

2. Totenfürsorge

Unter Totenfürsorge wird gemeinhin das Recht und die Pflicht[5] verstanden, über den Leichnam und die Bestattung zu bestimmen sowie die letzte Ruhestätte auszuwählen.[6] Bedauerlicherweise ist dieses Recht nicht gesetzlich geregelt. Nach überwiegend und auch hier vertretener Auffassung handelt es sich um ein privates Recht.[7] 7

Auch im Bestattungsrecht ist der **Wille des Verstorbenen** zu beachten.[8] Daher kann der Erblasser für seine Bestattung Bestimmungen hinterlassen und den Totenfürsorgeberechtigten auswählen. Formvorgaben existieren in der Regel[9] nicht – zu Beweiszwecken ist aber natürlich zur Schriftform zu raten.[10] Bestimmungen im Testament sind unpraktisch, da dieses häufig erst nach der Bestattung und damit zu spät eröffnet wird. Hat der Verstorbene aber keine Bestimmungen getroffen, sind in der Regel die nächsten Angehörigen die Totenfürsorgeberechtigten.[11] 8

Der Erbe ist nicht automatisch der Totenfürsorgeberechtigte, häufig wird es sich aber um ein und dieselbe Person handeln. 9

Rechtsprechung und Literatur zählen die Totenfürsorge zu den sonstigen Rechten nach § 823 Abs. 1 BGB.[12] Damit besteht grundsätzlich das Recht, **Schadensersatz-**[13] **und Unterlassungsansprüche oder Schmerzensgeld**[14] zu fordern. 10

Auch über die **Umbettung** entscheidet grundsätzlich der Totenfürsorgeberechtigte.[15] Doch dessen Zustimmung allein genügt nicht. Die einschlägigen Satzungsbestimmungen bzw. sonstige regionale Bestimmung müssen geprüft und in der Regel eine Zustimmung des Friedhofsträgers eingeholt werden.[16] Dieser berücksichtigt bei seiner Entscheidung auch das **Recht auf Totenruhe.**[17] Dem Recht auf Totenruhe kommt dabei erhebliche Bedeutung zu, eine Umbettung soll daher nur in Ausnahmefällen genehmigt werden.[18] Ausnahmen können bspw. dann zugelassen werden, wenn ein ausdrücklicher oder mutmaßlicher Wille 11

5 Ob es eine Pflicht zur Übernahme der Totenfürsorge gibt, ist nach hier vertretener Ansicht noch nicht eindeutig geklärt und sollte abgelehnt werden. So auch *Gutzeit/Vrban*, NJW 2012, 1630, 1631; a.A. vermutlich, aber nicht deutlich erkennbar, da nicht diskutiert BGH, Beschl. v. 14.12.2011 – IV ZR 132/10 ff.; für eine Pflicht *Karczewski*, ZEV 2017, 129, 130.

6 Vgl. bspw. RGZ 154, 269, 270 f.

7 Statt aller MüKo/*Küpper*, § 1968 Rn 7.

8 Statt aller Kurze/Goertz/*Goertz*, § 5 Rn 20.

9 In Brandenburg soll nach einem Entwurf für eine Überarbeitung des Bestattungsrechts für die Entnahme einer kleinen Menge Asche für die Befüllung eines Schmuckstücks oder Ähnliches eine schriftliche Einwilligung des Verstorbenen erforderlich werden: Landtag Brandenburg, Drucks. 6/7368, S. 10; vgl. bspw. § 17 Abs. 2 BayBestV.

10 Auch mit Blick auf die zahlreichen Entscheidungen der Gerichte zu Umbettungen, bei denen die Beteiligten den Willen des Verstorbenen selten ausreichend nachweisen können, ist dringend zur Schriftform zu raten.

11 *Gaedke*, Kap 5 Rn 5 f.

12 MüKo/*Küpper*, § 1968 Fn 51 m.w.N.; BeckOGK-BGB/*Spindler*, § 823 Rn 181.

13 Bonefeld/Wachter/*Schmalenbach*, § 10 Rn 93. Zu Ansprüchen nach § 839 BGB: KG Berlin, Urt. v. 5.4.2016 – 9 U 41/15, Ls. zit. nach juris.

14 LG Ulm, Urt. v. 20.1.2012 – 2 O 356/11, Rn 40 ff.; AG Rinteln, Urt. v. 23.12.2015 – 2 C 183/14; LG Krefeld, Urt. v. 24.2.2017 – 1 S 68/16, Rn 10 ff.; zit. nach juris.

15 BGH, Urt. v. 26.2.1992 – XII ZR 58/91, zit. nach juris.

16 Kurze/Goertz/*Goertz*, § 5 Rn 35.

17 BGH, Urt. v. 26.2.1992 – XII ZR 58/91, Rn 20 ff., zit. nach juris und Kurze/Goertz/*Goertz*, § 5 Rn 35 m.w.N.

18 So bspw. OVG NRW, Urt. v. 30.7.2009 – 19 A 957/09, Rn 32, zit. nach juris.

des Verstorbenen vorhanden war oder nach Abwägung aller Umstände die Achtung der Totenruhe hinter die Interessen des Totenfürsorgeberechtigten an der Umbettung zurücktreten muss.[19]

12 Möglich ist auch, dass mehrere Personen Totenfürsorgeberechtigte sind. Wichtige Entscheidungen sollten nach hier vertretener Ansicht einstimmig erfolgen; Ausnahmen für weniger wichtige Fragen sollten möglich sein.[20] Für Streitigkeiten der Totenfürsorgeberechtigten untereinander steht in der Regel der Weg vor die Zivilgerichte offen,[21] ggf. im Wege des einstweiligen Rechtsschutzes.

3. Bestattungspflicht und -pflichtiger

13 In Deutschland sind Verstorbene zu bestatten, es gilt eine Bestattungspflicht.[22] Es ist die Pflicht des Bestattungspflichtigen, für die Bestattung zu sorgen. Dies berechtigt ihn aber nicht auch automatisch, über Art und Weise der Bestattung zu bestimmen, da dies dem Totenfürsorgeberechtigten zusteht.[23] Auch die schlussendliche Kostenlast ist nicht mit der Bestattungspflicht verbunden, da es Regressmöglichkeiten wie bspw. in § 1968 BGB gibt. Allerdings wird er häufig zuerst für die Kosten herangezogen.

14 Der Bestattungspflichtige wird mithilfe der landesrechtlichen Bestattungsgesetze ermittelt. Zumeist findet sich dort eine **Liste mit Angehörigen**. Der **Erbe** ist nicht zwingend bestattungspflichtig – eine Ausnahme besteht bislang für Rheinland-Pfalz, da dort § 9 Abs. 1 BestattG Rheinland-Pfalz dies ausdrücklich anordnet.

15 Die Bestattungspflicht ist öffentlich-rechtlicher Natur.[24] Durch das **Ausschlagen der Erbschaft** kann sich der Bestattungspflichtige damit dieser Pflicht nicht entledigen.[25]

16 Häufiger Gegenstand gerichtlicher Entscheidungen ist, ob bei **zerrütteten Familienverhältnissen** die Bestattungspflicht oder zumindest die Kostenlast entfällt. Regelmäßig liegt folgender – natürlich hier stark vereinfachter – Sachverhalt vor: Der Bestattungspflichtige übernimmt die Bestattung nicht. Daher lässt die öffentliche Hand bestatten und verlangt im Anschluss vom Bestattungspflichtigen die Erstattung der Kosten. Der Bestattungspflichtige will wegen zerrütteter Familienverhältnisse nicht zahlen (bspw. hat sich der Verstorbene nicht um seine Kinder gekümmert, keinen Unterhalt gezahlt, sie misshandelt o.Ä.).

Die Entscheidungen der Gerichte für diese Fälle sind leider uneinheitlich – es ist dem Berater daher zu empfehlen, auch die lokale Rechtsprechung und die landesrechtlichen Regelungen zu prüfen. Teilweise wird angenommen, die Bestattungspflicht bleibe bestehen, da nach dem Tod des Erblassers der Bestattungspflichtige schnell und möglichst klar zu

---

19 Bspw. Sächs. OVG, Urt. v. 5.6.2014 – 3 A 585/13, Ls. 1; OVG NRW, Urt. v. 12.12.2012 – 19 A 2207/11, Ls. 1, zit. nach juris. Zu grundrechtlichen Beeinträchtigungen durch Versagen der Umbettung: VerfGH Brandenburg, Beschl. v. 24.3.2017 – VfGBbg 68/15 – das Gericht zeigt sich den Einwänden gegenüber ausdrücklich offen (Rn 16), kann aber in der Sache letztlich nicht darauf eingehen.

20 So auch: Bonefeld/Wachter/*Schmalenbach*, § 10 Rn 81 ff.

21 OVG NRW, Beschl. v. 1.6.2007 – 19 B 675/07, Rn 6; VG Karlsruhe, Beschl. v. 12.7.2017 – 7 K 6544/16, Rn 5; zit. nach juris.

22 Regelungen finden sich in den landesrechtlichen Bestattungsgesetzen wie bspw. § 30 BestattG BW.

23 *Gaedke*, Kap 5 Rn 4.

24 *Gaedke*, Kap 5 Rn 2.

25 *Stelkens/Seifert*, DVBl 2008, 1537, 1539; OVG Saarland, Urt. v. 27.12.2007 – 1 A 40/07, Rn 4, zit. nach juris.

bestimmen sein sollte.[26] Manche Gerichte scheinen einem Entfallen der Pflicht gegenüber offen zu sein, wenn ein extremer Ausnahmefall vorliegt.[27]

Bejaht ein Gericht die Bestattungspflicht, eröffnet es die Diskussion oft nochmals in der Prüfung, ob es angemessen ist, die Kosten auf den Bestattungspflichtigen „abzuwälzen" (vgl. hierzu Rdn 48).

C. Bestattungszwang, Friedhofszwang, zulässige Bestattungsformen

I. Bestattungszwang

In Deutschland herrscht Bestattungszwang, d.h. eine Leiche ist nach den vorhandenen Vorschriften zu bestatten.[28] Der Bestattungszwang ist öffentlich-rechtlicher Natur.[29] 17

II. Friedhofszwang

Da die Bestattung meist nur auf einem besonders ausgewiesenen und gewidmeten Grundstück erfolgen darf, gilt praktisch ein Friedhofszwang.[30] Dieser ist nach Auffassung des BVerfG, des BVerwG und der h.L. verfassungsgemäß.[31] Ausnahmen sind allerdings möglich, bspw. bei der Seebestattung.[32] 18

Insbesondere der Friedhofszwang wird in der Bevölkerung nicht durchgehend akzeptiert. Das Ausstreuen der Asche oder das private Aufbewahren einer Urne scheint einigen Menschen ein Bedürfnis zu sein, weswegen eine Reform bzw. Überarbeitung diskutiert wird.[33]

III. Zulässige Bestattungsformen

Die klassischen Bestattungsformen[34] sind auch heute noch die Erdbestattung und die Feuerbestattung. 19

1. Erdbestattung

Eine Erdbestattung kann in der Regel in einem **Reihen- oder einem Wahlgrab** erfolgen.[35] Bei einem **Reihengrab** erfolgt die konkrete Zuteilung durch den Friedhofsträger und eine Verlängerung der Ruhezeit ist in der Regel nicht möglich.[36] Ein **Wahlgrab** wird zu Lebzeiten 20

26 OVG Saarland, Urt. v. 27.12.2007 – 1 A 40/07, Rn 48; OVG Schleswig-Holstein, Urt. v. 27.4.2015 – 2 LB 28/14, Rn 35 ff.; Sächs. OVG, Beschl. v. 9.3.2018 – 3 A 1057/17, Ls. 1, zit. nach juris.

27 OVG Lüneburg, Beschl. v. 19.12.2012 – 8 LA 150/12, Rn 5 ff., im Beschl. v. 9.7.2013 – 8 ME 86/13 offengelassen.

28 Bspw. § 30 BestattG BaWü.

29 Kurze/Goertz/*Kurze*, § 9 Rn 1.

30 Kurze/Goertz/*Kurze*, § 9 Rn 1.

31 BVerfG, Beschl. v. 28.2.1979 – 1 BvR 317/74, Ls. 1; BVerwG, Urt. v. 26.6.1974 – VII C 36.72, Ls.; zit. nach juris; Bonefeld/Wachter/*Schmalenbach*, § 10 Rn 96, Kurze/Goertz/*Kurze*, § 9 Rn 3 m.w.N. in Fn 7.

32 Kurze/Goertz/*Kurze*, § 9 Rn 2.

33 Ausführliche Darstellung bei Kurze/Goertz/*Kurze*, § 9 Rn 4 ff.; vorhandene Ausnahmen bspw. schon in § 4 BestG Bremen.

34 Vgl. hierzu und zu anderen Bestattungsformen: *Kurze*, ZErb 2012, 103.

35 Kurze/Goertz/*Kurze*, § 11 Rn 8.

36 Kurze/Goertz/*Kurze*, § 11 Rn 8.

durch den Erblasser oder nach dessen Tod konkret von den Beteiligten ausgewählt – die Ruhezeit kann in der Regel verlängert werden.[37]

2. Feuerbestattung/Seebestattung

21 Bei der Feuerbestattung kann sich an die Verbrennung auch eine **Seebestattung** anschließen. Hierbei wird die Asche an einer bestimmten Stelle auf See in einer Urne, die sich im Wasser auflöst, versenkt.[38] Unbestreitbarer Vorteil einer Seebestattung ist, dass die Kosten für die Grabpflege gespart werden. Nachteilig wirkt sich allerdings häufig aus, dass es keinen konkreten Ort zum Trauern gibt.

Auch bei einer Feuerbestattung gilt das zur Erdbestattung Gesagte, die **Urne** kann sowohl in einem Wahl- als auch einem Reihengrab beigesetzt werden. Möglich ist bspw. auch ein so genanntes Kolumbarium.[39]

3. Anonyme Beisetzung

22 Eine anonyme Beisetzung erfolgt häufig, um Kosten zu sparen. Eine Namensnennung erfolgt nicht, die genaue Lage des Grabes des einzelnen Verstorbenen ist nicht bekannt, da es sich meist um so genannte Gemeinschaftsgrabanlagen handelt.[40]

4. Gemeinschaftsgrabstellen

23 Gemeinschaftsgrabanlagen sind nicht zwingend anonym. Es gibt Gemeinschaftsgrabanlagen, die eine Namensnennung vorsehen. Derartige Anlagen werden häufig gewählt, wenn eine individuelle Grabpflege vermieden werden soll. Es gibt die unterschiedlichsten Erscheinungsformen, wie bspw. die Einzahlung eines Betrages in eine Stiftung.[41]

5. Friedwald

24 Auf einem Friedwald (auch „Baumbestattung") wird der Verstorbene unter bzw. bei einem Baum beigesetzt.

6. Gruft

25 Bei einer Bestattung in einer Gruft wird der Sarg bzw. die Urne nicht in einem Erdgrab vergraben, sondern in eine Kammer gestellt.[42] Die Regelungen der Bundesländer sind uneinheitlich – nicht überall ist diese Bestattungsform zulässig.[43]

---

37 Bonefeld/Wachter/*Schmalenbach*, § 10 Rn 193.
38 Kurze/Goertz/*Kurze*, § 11 Rn 27.
39 Kurze/Goertz/*Kurze*, § 11 Rn 17 f. mit weiteren Details.
40 Kurze/Goertz/*Kurze*, § 11 Rn 21.
41 Vgl. das Modell der Stiftung Gedenken und Frieden, Informationen unter http://www.gemeinschafts-grabstaette.de/index.html (Stand 18.5.2018).
42 Kurze/Goertz/*Kurze*, § 11 Rn 40.
43 Eine Reform ist bspw. in Brandenburg geplant, Drucks. 6/7368 dort Rn 20.

7. Alternative Bestattungsformen

Viele der sonst angebotenen Bestattungsformen sollten auf ihre Zulässigkeit geprüft werden. Nicht alle Varianten sind in allen Bundesländern verboten. Die **Weltraumbestattung** ist allerdings nach hiesiger Kenntnis keine zulässige Bestattungsform – gleiches gilt bislang noch für die **Diamantenbestattung**.[44] 26

Das **Verstreuen der Asche** ist bislang nur vereinzelt gestattet und auch für das Verstreuen sind nur bestimmte Orte vorgesehen.[45]

D. Friedhöfe

I. Satzungsermächtigung

In den Landesgesetzen zu Bestattungen und Friedhöfen ist in der Regel eine Satzungsermächtigung enthalten.[46] Gebühren können in der Satzung geregelt sein, finden sich aber häufig in einer gesonderten Gebührensatzung.[47] Sollte der Mandant sich noch nicht für einen konkreten Friedhof entschieden haben, lohnt ein Preisvergleich. Die Preise der Friedhöfe unterscheiden sich teilweise erheblich. 27

II. Anspruch auf Bestattung

Es besteht auch ein Anspruch auf eine Bestattung auf einem Friedhof. Relevant wird dieser Anspruch vor allem, wenn in einer Gemeinde lediglich ein kirchlicher und kein kommunaler Friedhof vorhanden ist. Dann handelt es sich um einen so genannten **Monopolfriedhof**. Auf einem solchen Monopolfriedhof können nach hier vertretener Ansicht auch Mitglieder anderer Glaubensgemeinschaften, für die kein anderer regional erreichbarer Friedhof vorhanden ist, eine Bestattung beanspruchen.[48][49] 28

III. „Zweifelderwirtschaft"

Die Satzung regelt außerdem das **Erscheinungsbild des Friedhofes** – wie dürfen Gräber und Grabsteine aussehen. Besondere Anforderungen an die Regelungen in der Satzung sind zu stellen, wenn es sich um einen so genannten Monopolfriedhof handelt. Hintergrund ist, dass dem Nutzungsberechtigten ein Ausweichen auf einen anderen Friedhof in der Region nicht möglich ist. Um die Interessen zu einem Ausgleich zu bringen, hat das Bundesverwaltungsgericht die so genannte Zweifelderwirtschaft entwickelt.[50] Mit den „zwei Feldern" meint das Gericht zum einen Flächen, für die strenge Vorgaben hinsichtlich der Gestaltung gelten und zum anderen Flächen, für die weniger strenge Vorgaben vorhanden sind.[51] Sollte 29

44 Kritisch zur Bestattungspflicht für dennoch erstellte Erinnerungsdiamanten: Spranger, NJW 2017, 3622.
45 Vgl. bspw § 25 Abs. 2 S. 2 BestattG Brandenburg, § 4 Abs. 1a BestattG Bremen.
46 Bspw § 15 BestattG BW.
47 Vgl. § 36 der Friedhofsmustersatzung des Deutschen Städtetages.
48 *Gaedke*, Kap 11 Rn 1.
49 Bonefeld/Wachter/*Schmalenbach*, § 10 Rn 137; *Zimmermann*, ZEV 1997, 440, 442; setzt sich mit Kritik auseinander: *Sperling*, DöV 1993, 197.
50 BVerwG, Beschl. v. 20.11.2007 – 7 BN 5/07, zit. nach juris.
51 BVerwG, Beschl. v. 20.11.2007 – 7 BN 5/07, Rn 7, zit. nach juris.

ein Mandant also ungewöhnliche Wünsche für die Grabgestaltung haben, sollte dies bei der Auswahl des konkreten Grabes berücksichtigt werden.

30 Insbesondere beim Grabdenkmal zeigt sich, wie schnell eine Grabgestaltung schon als ungewöhnlich gilt. Auf vielen Friedhöfen sind polierte Grabsteine auf Feldern mit besonderen Gestaltungsvorgaben verboten.[52] Aber auch Abmessungen, Steinart und Schriftzeichen können festgelegt sein. Um Streitigkeiten im Vorfeld aus dem Weg zu gehen, behalten sich viele Friedhofsträger vor, Grabmäler vorab zu genehmigen.[53]

IV. Verkehrssicherungspflichten

31 Da die meisten Friedhöfe der Öffentlichkeit zugänglich sind, müssen nach überwiegender Auffassung auch Verkehrssicherungspflichten beachtet werden.[54] Dies betrifft sowohl das eigentliche **Friedhofsgelände**[55] als auch die Gräber mit den aufstehenden **Grabsteinen.** Bei den Anforderungen an den Zustand des Friedhofs und seiner Wege ist nach hier vertretener Ansicht ein am Zweck ausgerichteter Maßstab zu wählen.[56] Der Friedhof muss keine Naherholungszwecke erfüllen. Für eine Glatteiskontrolle hielt das OLG München eine Sichtkontrolle für ausreichend.[57]

32 Bei den Grabsteinen muss verhindert werden, dass diese umstürzen und Besucher verletzen. Die Friedhofsträger führen daher in der Regel nach der Frostperiode eine so genannte **Druckprobe** durch.[58] Ist der Grabstein gefährdet umzustürzen, ist der Nutzungsberechtigte aufzufordern, die Gefahrenquelle zu beseitigen und das Grab ggf. vorübergehend zu sichern.[59]

33 Pflichtige sind sowohl der Friedhofsträger als auch der Nutzungsberechtigte. Der Nutzungsberechtigte hat eine Verkehrssicherungspflicht für „sein" Grabmal.[60] Sicherheitshalber sollte daher auch der Nutzungsberechtigte regelmäßig die Standfestigkeit des Grabmals prüfen.[61]

34 Werden Verkehrssicherungspflichten nicht erfüllt, bestehen ggf. **Schadensersatzansprüche** je nach Anspruch gegen den Friedhofsträger (§§ 823, 831, 839 BGB) und gegen den Nutzungsberechtigten nach §§ 823, 836, 837 BGB.[62]

Eine Haftung als Gesamtschuldner ist möglich.[63]

---

52 Vgl. BVerwG, Urt. v. 13.5.2004 – 3 C 26/03, zit. nach juris.

53 § 22 Leitfassung des Deutschen Städtetages für eine Friedhofssatzung.

54 So die wohl h.M. Kurze/Goertz/*Goertz*, § 10 Rn 16, *Gaedke*, Kap 3 Rn 71; OLG Stuttgart, Urt. v. 31.7.1991 – 1 U 22/91, Rn 5 f.; OLG München, Urt. v. 31.10.2007 – 1 U 3776/07, Rn 19; einschränkend LG Hechingen, Urt. v. 20.7.2000 – 1 O 108/00 und LG Ravensburg, Urt. v. 2.12.1996 – 6 O 1798/96, zit. nach juris.

55 Bspw. auch dortige Bäume („Risikobäume"): OLG Thüringen, Urt. v. 20.9.1994 – 3 U 163/94, Ls. 1, zit. nach juris.

56 So auch *Gaedke*, Kap 13 Rn 72.

57 OLG München, Beschl. v. 22.9.2008 – 1 U 3329/08, Rn 6, zit. nach juris.

58 *Gaedke*, Kap 3 Rn 95 unter Verweis auf die Unfallverhütungsvorschrift „Friedhöfe und Krematorien" der Gartenbau-Berufsgenossenschaft (VSG 4.7).

59 VG Darmstadt, Beschl. v. 18.3.1998 – 3 G 1976/97; OVG Schleswig-Holstein, Beschl. v. 26.3.2015 – 2 LA 54/14, zit. nach juris.

60 OVG Schleswig-Holstein, Beschl. v. 26.3.2015 – 2 LA 54/14, Rn 13, zit. nach juris.

61 BGH, Urt. v. 5.10.1971 – VI ZR 268/69, Rn 14, zit. nach juris; *Gaedke*, Kap 3 Rn 101.

62 BGH, Urt. v. 5.10.1971 – VI ZR 268/69, zit. nach juris; Bonefeld/Wachter/*Schmalenbach*, § 10 Rn 232.

63 BGH, Urt. v. 29.3.1977 – VI ZR 64/76, Rn 15, zit. nach juris.

E. Kostentragung

Spätestens nach der Beisetzung sind Rechnungen für dieselbe zu bezahlen. Wer die Kosten letztlich tragen muss, also darauf „sitzenbleibt“, ist oft unklar. Hierfür sind zahlreiche Normen vorhanden. 35

I. § 1968 BGB

Die sicher jedem Erbrechtler geläufige Erstattungsnorm findet sich in § 1968 BGB: „Der Erbe trägt die Kosten der Beerdigung des Erblassers.“[64] 36

Der Anspruch richtet sich gegen den Erben. Schlägt er das Erbe aus, befreit er sich von diesem Anspruch.[65] Der beratende Rechtsanwalt sollte aber darauf hinweisen, dass dies bspw. nicht für eine unterhaltsrechtliche Kostentragungspflicht oder eine aus dem öffentlichen Recht gilt.[66]

Es handelt sich um eine **Nachlassverbindlichkeit**, weswegen die Mitglieder einer Erbengemeinschaft gesamtschuldnerisch haften.[67] Die Begleichung hat grundsätzlich nach § 2046 BGB bei bzw. zur Auseinandersetzung zu erfolgen. 37

Die Vorschrift gibt nicht „jedermann“, der Bestattungskosten verauslagt hat, einen Anspruch gegen den Erben – Anspruchsinhaber sind der Bestattungspflichtige oder der Totenfürsorgeberechtigte.[68] 38

Was konkret zu erstatten ist, ist Gegenstand zahlreicher Streitigkeiten. Der Wortlaut der Norm ist diesbezüglich wenig ergiebig. Zwar wurde vom Gesetzgeber das früher enthaltene Attribut „standesgemäße“ entfernt, dies soll den Gesetzesmaterialien zufolge jedoch ohne inhaltliche Bedeutung sein.[69] Grundsätzlich muss der Erbe die Kosten für dasjenige tragen, was nach den in den Kreisen des Erblassers herrschenden Auffassungen und Gebräuchen sowie nach dem Herkommen zu einer würdigen und angemessenen Bestattung gehört.[70] 39

Erstattungsfähig sind bspw. die Kosten für den Bestatter und den Friedhof/das Grab,[71] den Grabstein,[72] Todesanzeigen[73] und die Erstanlage des Grabes.[74][75]

II. Weitere spezialgesetzliche Ansprüche

Weitere Anspruchsgrundlagen finden sich im **Unterhaltsrecht**. Zentrale Norm ist § 1615 Abs. 2 BGB. Auf diesen wird von anderen Unterhaltsvorschriften verwiesen. Außerdem können bspw. § 844 BGB, § 10 Abs. 2 S. 2 StVG, § 528 i.V.m. § 1615 Abs. 2 BGB oder § 28 Abs. 1 S. 2 AtomG, § 35 LuftverkehrsG oder § 7 ProdukthaftG einschlägig sein. 40

---

64 Stand 27.5.2018.
65 BeckOGK-BGB/*Grüner*, § 1968 Rn 28.
66 BeckOGK-BGB/*Grüner*, § 1968 Rn 28.
67 MüKo/*Küpper*, § 1968 Rn 2; BeckOGK-BGB/*Grüner*, § 1968 Rn 29.
68 So h.M. und Rspr. – BeckOGK-BGB/*Grüner*, § 1968 Rn 6 – siehe dort auch eine andere Auffassung.
69 BT Drs 12/3802, S. 79.
70 MüKo/*Küpper*, § 1968 Rn 4.
71 MüKo/*Küpper*, § 1968 Rn 4.
72 OLG Düsseldorf, Urt. v. 23.6.1994 – 18 U 10/94, Rn 4, zit. nach juris.
73 Saarl. OLG, Urt. v. 29.3.2002 – 1 U 796/01, ZErb 2002, 267.
74 BGH, Urt. v. 20.9.1973 – III ZR 148/71, NJW 1973, 2103, 2104.
75 Liste bei Kurze/Goertz/*Goertz*, § 6 Rn 12.

III. GoA

41 Auch Ansprüche aus Geschäftsführung ohne Auftrag bestehen grundsätzlich. Zu diesen Ansprüchen äußerte sich der BGH im Jahr 2011 gleich zweimal – in einem Beschluss des vierten Senats wurde ein Anspruch gegen den Totenfürsorgeberechtigten bejaht[76] und in einer Entscheidung des dritten Senats mangels eines handlungsbereiten Totenfürsorgeberechtigten ein Anspruch gegen den nach öffentlichem Recht zu bestimmenden Bestattungspflichtigen.[77] In den Entscheidungen ist ein Widerspruch angelegt – ist der Totenfürsorgeberechtigte verpflichtet, dieses Recht auszuüben? Entsprechend hat es für diese Entscheidungen kritische und auch zustimmende Reaktionen gegeben.[78]

IV. Bestattung durch die öffentliche Hand

42 In den Bestattungsgesetzen sind **Bestattungsfristen** enthalten, die überwiegend nur wenige Tage lang sind. Kümmert sich nach dem Tode des Erblassers niemand um dessen Bestattung und kann auch von der Behörde keine bestattungspflichtige Person ermittelt werden, übernimmt die öffentliche Hand die Bestattung.

1. Rechtsgrundlage

43 Die Rechtsgrundlage für die **Kostenerstattung** findet sich im jeweiligen Landesrecht. Da die Bundesländer unterschiedliche Regelungen getroffen haben, ist das einschlägige Recht jeweils zu prüfen.[79] Manche Bundesländer haben eine Erstattungsnorm in ihre Bestattungsgesetze aufgenommen, andere greifen auf die Vorschriften der Kostenerstattung einer Ersatzvornahme, öffentlich-rechtliche GoA oder den öffentlich-rechtlichen Erstattungsanspruch zurück.[80]

2. Anspruchsgegner

44 Die entstandenen Kosten fordert die öffentliche Hand beim Bestattungspflichtigen zurück. Wie unter Rdn 9 ff. geschildert, ist dies nicht automatisch der Erbe oder der Totenfürsorgeberechtigte, er kann aber personenidentisch sein. Der Bestattungspflichtige wird nach den Vorgaben des öffentlichen Rechts ermittelt – zumeist enthalten die Bestattungsgesetze der Länder eine Liste der bestattungspflichtigen Personen. Gibt es mehrere – gleichrangige – Bestattungspflichtige, kann die Behörde wählen, ob sie nur gegen einzelne oder gegen alle vorgeht.[81] Natürlich hat sie pflichtgemäß ihr Ermessen auszuüben.[82]

---

76 BGH, Beschl. v. 14.12.2011 – IV ZR 132/11, Ls., zit. nach juris.

77 BGH, Urt. v. 17.11.2011 – III ZR 53/11, Ls. 1, zit. nach juris.

78 Vgl. hierzu Kurze/Goertz/*Goertz*, § 6 Rn 20 ff.; *Gutzeit/Vrbahn*, NJW 2012, 1630; vgl. auch *Stahmer*, Anm. ErbR 2012, 188; *Karczewski*, ZEV 2017, 129, 130.

79 Vgl. hierzu den Aufsatz von *Stelkens/Seifert*, DVBl 2008, 1537, die die unterschiedlichen Modelle besprechen – aufgrund des Alters des Beitrages sollte aber vorsichtshalber das einschlägige Recht geprüft werden – einige Bestattungsgesetze sind in den vergangenen Jahren überarbeitet worden.

80 OVG Saarland, Urt. v. 27.12.2007 – 1 A 40/07, Rn 54–56, zit. nach juris.

81 VG Gelsenkirchen, Urt. v. 16.12.2014 – 14 K 4511/12, Ls. 1; VG München, Urt. v. 28.8.2014 – M 12 K 13.5589, Rn 36 f., zit. nach juris.

82 VG Wiesbaden, Urt. v. 16.7.2014 – 1 K 1227/12.WI, Rn 37; VG Saarland, Urt. v. 14.1.2014 – 3 K 956/13, Rn 24; OVG Saarland, Urt. v. 1.12.2015 – 1 A 393/14, Ls., zit. nach juris.

3. Kostenumfang

45 Es wird viel darüber gestritten, wie viel die öffentliche Hand für eine Bestattung ausgeben darf. Entsprechend viele Einzelentscheidungen sind vorhanden – der Berater sollte die Rechtsprechung der Obergerichte für seinen Fall prüfen. Eine Entscheidung des VG München gibt den Behörden als Maßstab vor, dass die Bestattung würdevoll sein soll, die Religion des Erblassers und die örtlichen Bräuche zu berücksichtigen seien.[83] Andere gestatten lediglich ein einfaches Begräbnis ohne Beerdigungsfeierlichkeiten.[84] Einem Mandanten, dessen Familie sich voraussichtlich nicht kümmern wird und der Wert auf ein würdiges Begräbnis legt, sollte also zur **Vorsorge** geraten werden.[85]

46 In einigen Gerichtsentscheidungen wird thematisiert, ob die öffentliche Hand nach einer Einäscherung überhaupt unmittelbar eine Beisetzung durchführen lassen darf. Ein verbrannter Leichnam stellt keine Gefährdung für die allgemeine Gesundheit mehr dar. Fehlt es aber an einer Gefahr, hat die Beisetzung Zeit und die Behörde kann gegen den Bestattungspflichtigen im **gestreckten Vollzug** vorgehen. Manche Gerichte entscheiden an dieser Stelle, dass die öffentliche Hand dann die Kosten der Einäscherung verlangen kann, nicht aber die Kosten der tatsächlichen Beisetzung.[86]

47 Außerdem wird vorgeschlagen, dass die Behörden verpflichtet sein sollen, eine Feuerbestattung vornehmen zu lassen, sofern diese billiger ist.[87] Nach hier vertretener Auffassung ist entschieden abzulehnen, dass die öffentliche Hand verpflichtet sein soll, den Leichnam der Anatomie zu spenden, da dann die Kosten für die Bestattung entfallen.[88]

4. Zerrüttete Familienverhältnisse

48 Gerichte (und Anwälte) sehen sich vielfach mit Fällen konfrontiert, in denen der Bestattungspflichtige nicht bereit ist, die Kosten zu tragen, da die **Familienverhältnisse zerrüttet** sind. Die Gerichte, die die Bestattungspflicht bejahen, suchen häufig Lösungen im Kostenbereich. Manche Gerichte lehnen eine Berücksichtigung vollständig ab,[89] andere berücksichtigen diese bei einer **Billigkeits- oder Verhältnismäßigkeitsprüfung** – allerdings nur für extreme Ausnahmefälle.[90]

83 VG München, Urt. v. 28.8.2014 – M 12 K 13.5589, Rn 52, zit. nach juris.

84 VG Gießen, Urt. v. 5.4.2000 – 8 E 1777/98, Rn 38, zit. nach juris.

85 Vgl. hierzu Kurze/Goertz/*Kurze*, § 16 (Gestaltung) und § 7, Teil C (Bestattungsvorsorgevertrag).

86 OVG NRW, Beschl. v. 8.4.2013 – 19 A 2635/11, Rn 23; OVG Lüneburg, Beschl. v. 21.11.2006 – 8 PA 118/06, Ls. 1 und 2; VG Magdeburg, Beschl. v. 26.9.2013 – 9 B 269/13, Rn 11; offen gelassen VG Würzburg, Urt. v. 8.11.2017 – W 2 K 17.128, Rn 36, zit. nach juris.

87 Dafür: VG Gießen, Urt. v. 5.4.2000 – 8 E 1777/98, Rn 39; OVG Münster, NWVBl 1998, 347; VG Düsseldorf, Urt. v. 23.5.2013 – 23 K 4592/12; dagegen: OVG Lüneburg; Beschl. v. 13.7.2005 – 8 PA 37/05, Ls. 2; zit. nach juris.

88 Vgl. hierzu *Stelkens/Cohrs*, NVwZ 2002, 917; Kurze/Goertz/*Goertz*, § 6 Rn 41.

89 Thür. OVG, Urt. v. 23.4.2015 – 3 KO 341/11, Rn 52 ff.; Hamb. OVG, Urt. v. 26.5.2010 – 5 Bf 34/10, Rn 23; zit. nach juris.

90 OVG Schleswig-Holstein, Urt. v. 27.4.2015 – 2 LB 28/14, Rn 38 ff.; OVG Mecklenburg-Vorpommern, Urt. v. 18.3.2014 – 1 L 120/12, Rn 34 ff.; Hess VGH, Urt. v. 26.10.2011 – 5 A 1245/11, Rn 31, zit. nach juris.

5. § 74 SGB XII

49 Im Rahmen der Diskussion um gestörte Familienverhältnisse findet sich häufig ein Verweis auf Ansprüche nach § 74 SGB XII: „Die erforderlichen Kosten einer Bestattung werden übernommen, soweit den hierzu Verpflichteten nicht zugemutet werden kann, die Kosten zu tragen."

Unter **Zumutbarkeit** werden bei dieser Vorschrift wirtschaftliche[91] und auch nichtwirtschaftliche Umstände berücksichtigt, wobei letztere im Sozialrecht sonst grundsätzlich nicht berücksichtigungsfähig sind.[92]

50 **Anspruchsinhaber** ist nach der überwiegenden und hier vertretenen Auffassung nicht nur der Bestattungspflichtige, sondern jeder, den eine rechtliche Verpflichtung trifft, der er nicht ausweichen kann.[93] Das SG Gießen hat einen Anspruch auch für juristische Personen bejaht.[94]

51 Für die Erforderlichkeit der Kosten lehnt das BSG das Arbeiten mit Pauschalen ab, es sollen individuelle Prüfungen durchgeführt werden.[95] Das Begräbnis soll angemessen sein, d.h. gezahlt werden soll, was ortsüblicherweise zu den Bestattungskosten gehört, wobei sich das Merkmal der Ortsüblichkeit nicht an der Situation aller Verstorbenen orientieren dürfe, sondern nur an der Situation von Beziehern unterer bzw. mittlerer Einkommen anhand eines regelmäßig objektiven Maßstabs.[96]

52 Eine klassische **Frist** für die Beantragung gibt es nicht, dennoch sollte der Antrag nicht auf die lange Bank geschoben werden. Einige Gerichte prüfen bereits nach Ablauf von 1 bis 2 Monaten nach dem Tod Verwirkung.[97]

F. Rechtsschutz – Rechtswegeröffnung

53 Ist eine gerichtliche Klärung bestattungsrechtlicher Fragen nötig, muss der richtige Rechtsweg beschritten werden.[98] Handelt es sich nach § 40 VwGO um eine öffentlich-echtliche Streitigkeit oder um eine zivilrechtliche?[99] Bei sozialrechtlichen Streitigkeiten ist das SGG zu berücksichtigen. Für einstweiligen Rechtsschutz gilt Entsprechendes.

---

91 LSG Sachsen-Anhalt, Beschl. v. 24.7.2017 – 8 SO 26/17 B ER; LSG Baden-Württemberg, Urt. v. 14.4.2016 – L 7 SO 81/15, zit. nach juris: Entscheidungen zur Frage, ob Ersatzansprüche gegen Dritte zu einer Ablehnung des Antrags führen können. LSG NRW, Beschl. v. 7.10.2016 – L 9 SO 414/16 B, Rn 7: Bei einer Erbengemeinschaft sind Ausgleichsansprüche gegen Miterben nach § 426 BGB durchzusetzen.

92 BSG, Urt. v. 29.9.2009 – B 8 SO 23/08 R, Rn 16 ff., zit. nach juris.

93 LSG Baden-Württemberg, Urt. v. 25.3.2010 – L 7 SO 4476/08, Rn 22; LSG Berlin-Brandenburg, Urt. v. 25.3.2010 – L 15 SO 305/08, Rn 26, zit. nach juris; *Kurze*, ErbR 2016, 299, 304 (erforderlich sei eine zivilrechtliche oder öffentlich-rechtliche Kostentragungspflicht).

94 SG Gießen, Urt. v. 17.1.2017 – S 18 SO 183/14, Rn 25; zit. nach juris.

95 BSG, Urt. v. 25.8.2011 – B 8 SO 20/10, Rn 18, zit. nach juris.

96 BSG, Urt. v. 25.8.2011 – B 8 SO 20/10, Rn 18 ff. (wobei ein Verweis auf Ausnahmen vom Grundsatz in Rn 21 ausdrücklich erwähnt ist), zit. nach juris; ausführlich zu § 74 SGB XII Kurze/Goertz/*Goertz*, § 6 Rn 42 ff.

97 Schlesw-Holst Landessozialgericht, Beschl. v. 21.8.2008 – L 9 SO 10/07 PKH, Rn 10, 11, zit. nach juris.

98 Ausführlich Kurze/Goertz/*Goertz*, § 17.

99 Vgl. bspw BGH, Beschl. v. 26.11.2015 – III ZB 62/14, Rn 8 ff. (Abgrenzung für eine GoA); zit. nach juris.

G. Bestattungsverfügung

Mittels einer Bestattungsverfügung können Anordnungen für die Bestattung und auch die Bestimmung des Totenfürsorgeberechtigten getroffen werden.[100] Dieses Gestaltungsmittel ist gesetzlich nicht geregelt und kann in der Regel formfrei errichtet werden.[101] Zu Beweiszwecken ist zur Schriftform zu raten. Die Bestattungsverfügung sollte nicht in eine letztwillige Verfügung aufgenommen werden, da letztere in der Regel erst einige Zeit nach dem Tode des Erblassers eröffnet wird – die Bestattung ist dann oft schon erfolgt.[102] 54

100 Vgl. Kurze/Goertz/*Kurze*, § 16 Rn 5; VG Ansbach, Beschl. v. 17.8.2000 – AN 4 E 00.01198, Rn 30 ff.; zit. nach juris.

101 VG Ansbach, Beschl. v. 17.8.2000 – AN 4 E 00.01198, Rn 31, zit. nach juris. In Brandenburg soll nach einem Entwurf für eine Überarbeitung des Bestattungsrechts für die Entnahme einer kleinen Menge Asche für die Befüllung eines Schmuckstücks oder ähnliches eine schriftliche Einwilligung des Verstorbenen erforderlich werden: Landtag Brandenburg Drucks. 6/7368, S. 10; vgl. bspw. auch § 17 Abs. 2 BayBestV.

102 Details zur Gestaltung bei Kurze/Goertz/*Kurze*, § 16.

§ 23 Strafrecht

Dr. Carsten Tiemer

Übersicht:

Literatur

Arzt/Weber/Heinrich/Hilgendorf, Strafrecht, Besonderer Teil, 2009; Beck´scher Onlinekommentar zum Strafrecht, *v. Heitschel-Heinegg*, 31. Edition 2016; *Brauns*, Materiell-strafrechtliche Wertaspekte der Selbstanzeige (§ 371 AO), wistra 1987, 233; *Buhnert*, Ordnungswidrigkeitengesetz – Kommentar, 2. Auflage 2007; *Burandt/Jensen*, Schwarzgeld im Nachlass – Was sollte der Erbe tun?,NWB 2012, 1433; *Cramer*, Die Beteiligung an einer Zuwiderhandlung nach § 9 OwiG, NJW 1969, 1929; *Dreher*, Plädoyer für den Einheitstäter im Owi-Recht NJW 1970, 217 ff.; *Durst*, Der verstorbene Steuerstraftäter – Pflichten und Risiken des Erben, Erbfolgebesteuerung 2012, 227; *Fischer*, Strafgesetzbuch, Kommentar, 65. Auflage 2018; *Göhler/Gürtler/Seitz*, Gesetz über Ordnungswidrigkeiten, 17. Auflage 2017; *Gotzens/Schneider*, Geldwäsche durch Annahme von Strafverteidigerhonoraren?, wistra 2002, 121; *Grötsch/Seipl*, Das Vollständigkeitsgebot einer Selbstanzeige nach der Neuregelung zum 1.1.2015, NStZ 2015, 498; *Halaczinsky/Füllsack*, Verletzung der Anzeige- und Berichtigungspflicht nach § 153 AO im Erbschaftssteuerrecht, Betriebsberater 2011, 2839; *Hunsmann*, Neuregelung der Selbstanzeige im Steuerstrafrecht, NJW 2015, 113; *Hunsmann*, Die Tatbestandsmerkmale des § 370a AO, DStR 2004, 1154; *Joecks/Jäger/Randt*, Steuerstrafrecht, 8. Auflage 2015; *Kohlmann*, Steuerstrafrecht, Loseblatt, Stand: August 2008; *Kuhn/Weigell*, Steuerstrafrecht, 2005; *Kühn/Wedelstädt*, Kommentar zur Abgabenordnung und Finanzgerichtsordnung, 20. Auflage 2011; *Lackner/Kühl*, Kommentar zum Strafgesetzbuch, 28. Auflage 2014; *Leipziger Kommentar*, Band 3, Band 9, 12. Auflage 2009; *Leibold*, Steuersünder unter Druck – Strafbefreiende Selbstanzeige wurde verschärft – Spielräume bei der Strafzumessung werden enger, NZWiSt 2015, 74; *Leitner/Rosenau*, Kommentar zum Wirtschafts- und Steuerstrafrecht, 2016; *Madauß*, Steuerstrafrechtliche Einzelaspekte der Berichtigung nach § 153 AO, NZWiSt 2016, 343; *Maiwald*, Auslegungsprobleme im Tatbestand der Geldwäsche, Festschrift für Hans Joachim Hirsch zum 70. Geburtstag, 1999, S. 631 ff.; *Meyer/Hetzer*, Neue Gesetze gegen die Organisierte Kriminalität, NJW 1998, 1017; Karlsruher Kommentar, Ordnungswidrigkeitengesetz,

4. Auflage 2014; *Meyer-Goßner/Schmitt*, Kommentar zur Strafprozessordnung, 60. Auflage 2017; *Mintas*, Die Novellierung der strafbefreienden Selbstanzeige, Der Betrieb 2011, 2344; *Mohrbotter*, Anmerkungen zu OLG Düsseldorf, Urt. v. 23.12.1965, NJW 1966, 1421 ff.; *Müller*, AO-Steuerberater, 2006, S. 239; *Müller, Arnold*, Erblasser, Erbe und Steuerstraftat. Die steuerliche und strafrechtliche Problematik, AO-StB 2006, 239 ff.; *Müller-Gugenberger/Bieneck*, Wirtschaftsstrafrecht, 6. Auflage 2015; *Park*, Die Vereinbarkeit des § 370a AO n.F. mit dem Bestimmtheitsgebot des Art. 103 Abs. 2 GG, wistra 2003, 328; *Rettke*, Einziehung und Vermögensarrest im Steuerstrafverfahren, wistra 2017, 417; *Rieß*, Die Behandlung von Regelbeispielen im Strafverfahren, GA 2007, 377; *Rönnau*, Die Vermögensabschöpfung in der Praxis, 2003; *Sarres*, Erbrechtliche Auskunftsansprüche aus Treu und Glauben (§ 242 BGB), ZEV 2001, 225; *Samson*, Fremdanzeige und Berichtigungspflicht, wistra 1990, 245 ff.; *Schaefer*, Das Erbenprivileg im Waffenrecht, NJW-Spezial 2008, 24; *Schaub*, Schwarzgeld im Nachlass: Zivilrechtliche Gestaltungsüberlegungen des Erblassers, ZEV 2011, 501; *Schneider*, Geldwäsche durch Annahme von Strafverteidigerhonoraren?, wistra 2002, 121 ff.; *Schönke/Schröder*, Kommentar zum Strafgesetzbuch, 29. Auflage 2014; *Schröder*, Die Herbeiführung einer Unterschrift durch Täuschung oder Zwang, GA 1974, 225; *Schuhmann*, Berichtigung und Erklärungen zur Selbstanzeige, wistra 1994, S. 45; *Sommer/Kauffmann*, Verklammerung der Steuerhinterziehung (durch aktives Tun) des Erblassers und der Steuerhinterziehung (durch Unterlassen) des Erben – ein rein fiskalisches Konstrukt contra legem?, NZWiSt 2015, 63; *Tiedemann*, Examensklausur Strafrecht, Jura 1981, 26; *Wannemacher*, Steuerstrafrecht, 2004; *Weigell/Görlich*, Steuerliche Korrekturerklärungen als Widerruf der Selbstanzeige? DStR 2016, 197; *Wegner/Himmelreich*, Die Neuregelung der strafbefreienden Selbstanzeige, SteuK 2015, 89; *Werner*, Rechtsprobleme bei der Vererbung von Schwarzgeld, Erben und Vermögen, 2002, 191 ff.; *Wulf/Kamps*, Berichtigung von Steuererklärungen und strafbefreiende Selbstanzeige im Unternehmen nach der Reform des § 371 AO, Der Betrieb 2011, 1711.

A. Einleitung

1 Die Praxis zeigt, dass in vielen erbrechtlichen Beratungen der Verdacht strafrechtlich relevanten Verhaltens von einer Partei erhoben wird. Nicht eben selten sind Fälle, in denen noch am Tag des Erbfalles Angehörige dabei ertappt werden, wie sie Vermögensgegenstände aus der Wohnung des Erblassers zu sichern suchen; auch scheint es angesichts der immer älter werdenden Erblasser nicht mehr ungewöhnlich zu sein, Testamente gewissermaßen auf Vorrat aufsetzen zu lassen, um bei Erblassern, deren Testierfähigkeit in Frage steht, mit den (nota bene gleichlautenden und ihn gleichermaßen begünstigenden) „Vorratstestamenten" einerseits diesen Einwand zeitlich auszuhebeln und andererseits möglichst das jüngste Testament in den Händen zu halten.

Derartig auffälliges Verhalten wirft regelmäßig im Rahmen der Beratung die Frage nach einer „flankierenden" **Strafanzeige** auf, wobei die Neigung, insbesondere Angehörige anzuzeigen, regelmäßig zunächst gering ausgeprägt ist und sich oft erst im Laufe des Verfahrens steigert. Da im Strafverfahren jedoch der Amtsermittlungsgrundsatz gilt und im Ermittlungsverfahren mittels Durchsuchung und Beschlagnahme(kostenfrei) Beweise und auch Vermögen gesichert werden können, wird die Strafanzeige nicht nur als ultima ratio in Betracht gezogen.

Um den gewünschten Erfolg zu erreichen, muss die Strafanzeige deshalb möglichst plausibel den **Anfangsverdacht** einer Straftat darlegen. Dieser ist für die Einleitung des Strafverfahrens und insbesondere auch für Durchsuchungsbeschlüsse und anschließende Beschlagnahme conditio sine. Der Anzeigenerstatter hat somit darzulegen, dass aufgrund kriminalistischer Erfahrung die Möglichkeit besteht, dass der Angezeigte eine Straftat begangen haben kann.[1]

1 Vgl. hierzu statt aller *Meyer-Goßner/Schmitt*, § 152 Rn 4.

Versucht der Miterbe somit in derartigen Fallkonstellationen Straftaten anderer Mitglieder der Erbengemeinschaft aufzudecken, ist bei der steuerstrafrechtlichen Beratung innerhalb der Erbengemeinschaft regelmäßig ein ganz anderer Ausgangspunkt maßgebend: Hier gilt es gerade zu verhindern, dass steuerstrafrechtliche Verfehlungen des Erblassers auf die Erben und deren (strafrechtliche) Verantwortlichkeit durchschlagen. Die Mitglieder der Erbengemeinschaft sind grundsätzlich gesetzlich verpflichtet, unrichtige Steuererklärungen des Erblassers zu berichtigen. Wird dies (vorsätzlich) versäumt, ist die Grenze zur Strafbarkeit für die Miterben überschritten und es bleibt nur noch der Weg über die (strafbefreiende) **Selbstanzeige**. Hier kommt es regelmäßig zu strukturellen Problemen innerhalb der Erbengemeinschaft; die erheblichen Risiken sind im Rahmen der Beratung aufzuzeigen, gerade wenn einzelne Mitglieder der Erbengemeinschaft es nicht für notwendig erachten, den straffreien Weg einzuschlagen. Besonders pikant wird die Beratung, wenn sich angesichts des kontaminierten Erbes Mitglieder der Erbengemeinschaft oder sonstige Angehörige an den Taten des Erblassers beteiligt hatten.[2] Der ohnehin vielfach bei komplexen Vermögensstrukturen oder persönlichen Animositäten streitanfälligen[3] Erbengemeinschaft wohnt in solchen Konstellationen eine besondere Sprengkraft inne. 2

Im Übrigen gilt es Folgendes zu bedenken:

Auch die einfache gewerbsmäßig begangene Steuerhinterziehung ist seit 10 Jahren[4] als Vortat im Katalog des Geldwäschetatbestandes § 261 Abs. 1 S. 3 StGB erfasst.[5] Gleichermaßen muss bei einer Bewertung der Risiken innerhalb der Erbengemeinschaft als potentieller „Hinterziehungsgemeinschaft"auch die Leitentscheidung des Bundesgerichtshofs vom 2.5.2010[6] mit ihren ersten Einschränkungen der strafbefreienden Selbstanzeige einbezogen werden; diese wurden nicht zuletzt aufgrund zahlreicher prominenter – auch gescheiterter – Selbstanzeigefälle[7] durch den Gesetzgeber aufgenommen und führten zu einer noch stärkeren Beschränkung des Instituts der Selbstanzeige. So wurde mit dem sog. Schwarzgeldbekämpfungsgesetz[8] im Jahre 2011 die vom Bundesgerichtshof begonnene Einschränkung durch den Gesetzgeber kurzfristig umgesetzt. Mit dem Gesetz zur Änderung der Abgabenordnung vom 22.12.2014[9] wurden die Voraussetzungen der strafbefreienden Selbstanzeige in der Folge weiter beschränkt. Mit diesen gesetzgeberischen Maßnahmen korrespondieren die Versuche, mit möglichst vielen Staaten Informationsaustausch zu betreiben, um den immer zahlreicher werdenden Ankauf von Datenmengen über zwielichtige Datenhändler zukünftig zu vermeiden. Die in der Vorauflage befürchtete Entwicklung, dass dieses seit sechs Jahrzehnten in die Abgabenordnung implimentierte Rechtsinstitut weiter abgeschmolzen werden könnte – letztlich in Verkennung des gesetzgeberischen Motivs dieses Rechtsinstituts (vgl. Rdn 109) – ist damit eingetreten. Deshalb müssen auch insoweit die erhöhten strafrechtlichen Risiken der Erben und die jeweiligen Verantwortlichkeiten ausgelotet werden. 3

2 Vgl. zu den Verklammerungsproblematiken der Tat des Erblassers mit dem Verhalten der Miterben *Sommer/Kauffmann*, NZWiSt 2015, 74.

3 *Schaub*, ZEV 2011, 501, 503; vgl. auch *Burandt/Jensen*, NWB 2012, 1433.

4 BGBl I 2007, 3198, Art. 3 des Gesetzes zur Neuregelung der Telekommunikationsüberwachung u.a. verdeckter Ermittlungsmaßnahmen sowie zur Umsetzung der Richtlinie 2006/24/EG v. 21.12.2007.

5 Der bis zuletzt höchst umstrittene Verbrechenstatbestand des § 370a AO (sog. schwere Steuerhinterziehung) wurde mit Wirkung zum 31.12.2007 im gleichen Zuge aufgehoben.

6 BGH 1 StR 577/09.

7 *Wegner/Himmelreich*, SteuK 2015, 89.

8 BT-Drs 17/5067.

9 BGBl I 2014, 2415.

4 Bei der Beratung der Erbengemeinschaft ist zwischen den möglichen strafrechtlich relevanten Verhaltensweisen im Verhältnis der Mitglieder untereinander (siehe Rdn 43 ff.) und den strafrechtlichen Risiken sämtlicher Mitglieder der Erbengemeinschaft zu unterscheiden, die darin liegen, dass noch zu seinen Lebzeiten vom Erblasser Straftaten begangen wurden. Hierbei ist zwischen allgemeinem Strafrecht (siehe Rdn 5 ff.) und Steuerstrafdelikten (siehe Rdn 109 ff.) zu differenzieren. Die gerade im Rahmen der Beratung wichtige Selbstanzeige und ihre Wirksamkeitsvoraussetzungen sind darzustellen, da die Erbengemeinschaft zusätzlich destabilisiert wird und erhebliche Risiken entstehen, wenn es sich de facto um eine Gemeinschaft von Steuerhinterziehern handelt. Die insofern durchaus schwierigen Beratungssituationen und Beraterpflichten sind darzustellen (siehe Rdn 111 ff.). Sodann sind die Auswirkungen des um § 370 AO in gewerbsmäßiger Begehungsform erweiterten Vortatenkatalogs des § 261 StGB (Geldwäsche) zu umreißen. Diese Regelung führt zu einer Erweiterung der strafrechtlichen Risiken für die Mitglieder der Erbengemeinschaft (siehe Rdn 127 f.). Zuletzt ist auf das Ordnungswidrigkeitsrecht und die dort typischerweise in Frage stehenden Übertragungen von Pflichten auf andere Mitglieder der Erbengemeinschaft einzugehen. Hierbei ist insbesondere das Erbenprivileg im Waffenrecht zu behandeln (siehe Rdn 134 f.).

B. Allgemeines Strafrecht und die Erbengemeinschaft

I. Straftaten innerhalb der Erbengemeinschaft

1. Einleitung

5 Die mit strafrechtlichen Risiken bedrohten Verhaltensweisen vor und nach dem Entstehen von Erbengemeinschaften sind vielfältig. Allerdings ist in der Beratung festzustellen, dass bestimmte Fallkonstellationen gehäuft auftreten. Die hierbei regelmäßig wiederkehrenden und damit besonders praxisrelevanten Fragen sollen – ergänzt um Fallbeispiele – dargestellt werden, um die besondere Pflichtenkonstellation der Mitglieder der Erbengemeinschaften und ihre Einbindung in die Gemeinschaft zur gesamten Hand zu erfassen.

2. Deliktstypik

a) Urkundsdelikte, §§ 267 ff. StGB

6 **Übersicht**

Urkundenfälschung, § 267 StGB

Tathandlungen:

- Herstellen oder Gebrauchen einer unechten Urkunde
- Verfälschen einer echten Urkunde und/oder gebrauchen derselben Urkunde:
- jede verkörperte menschliche Gedankenerklärung mit Beweisbestimmung und Eignung, die ihren Aussteller erkennen lässt
- Unechtheit liegt vor, wenn sie nicht von demjenigen herrührt, der aus ihr als Aussteller hervorgeht.
- Aussteller ist derjenige, der geistig hinter der Erklärung steht (sog. Erklärungsgarant).

Mittelbare Falschbeurkundung, § 271 StGB

- Jedermanndelikt (im Gegensatz zu § 348 StGB – Falschbeurkundung als Amtsträgerdelikt)

Tathandlung:

- Bewirken der Beurkundung mit der Folge, dass öffentliche Urkunde entsteht, die inhaltlich unrichtig ist

Tatobjekt:

- Öffentliche Urkunde: Jede Urkunde i.S.d. § 415 ZPO, in der eine „schriftliche Lüge“ beurkundet ist, auf deren Richtigkeit sich die erhöhte Beweiskraft der öffentlichen Urkunde erstrecken muss

Urkundenunterdrückung, § 274 StGB

Tathandlungen:

Vernichtung/Beschädigung/Unterdrückung einer echten Urkunde, die dem Täter nicht oder nicht ausschließlich gehört (Beweisführungsberechtigung)

Subjektiv: Vorsatz sowie Nachteilszufügungsabsicht als Folge des Vorenthaltens der Urkunde.

Urkundsdelikte spielen in erbrechtlichen Sachverhaltsgestaltungen schon deshalb eine besondere Rolle, weil aufgrund des Erbfalles regelmäßig Urkunden das zentrale prozessuale Beweismittel darstellen. Der **Urkundenfälschung** und -unterdrückung ist deshalb breiterer Raum zu geben, weil diese eine erhebliche Rolle in der Beratung von Erbengemeinschaften spielen. Zum Beispiel bei Fällen, in denen die in einem privatschriftlichen Testament vorgesehene Erbengemeinschaft leicht dadurch unterminiert werden kann, dass der vor Ort wohnende gesetzliche Erbe Zugriff auf das Testament hat und das errichtete Testament beiseite schafft oder sogar vernichtet. Die Auswirkungen derartigen Verhaltens – bis hin zu der Frage, ob die spätere Erteilung eines Erbscheins sogar mittelbare Falschbeurkundung durch den Urkundenunterdrücker ist – sind darzustellen. 7

Die genannten Delikte verfolgen unterschiedliche Schutzrichtungen:

Schutzgut der **Urkundenfälschung** gem. § 267 StGB ist die Echtheit und Unverfälschtheit einer verkörperten menschlichen Gedankenerklärung mit Garantiefunktion (Urkunde) und nicht die inhaltliche Richtigkeit der Urkunde. Letztere wird nur bei öffentlichen Urkunden i.S.d. § 271 StGB (**mittelbare Falschbeurkundung**) geschützt. Schutzrichtung der **Urkundenunterdrückung** ist die Möglichkeit der Beweisführung mit Urkunden (§ 274 StGB). Mit der vorausgesetzten Nachteilszufügungsabsicht steht diese Norm im unmittelbaren Zusammenhang zu den Vermögensdelikten.

aa) Urkundenfälschung

§ 267 StGB unterscheidet zwischen drei Modalitäten der **Urkundenfälschung**. Dem Herstellen einer unechten Urkunde (Vollfälschung) werden das Verfälschen einer echten Urkunde und das Gebrauchen einer unechten oder verfälschten Urkunde gleich gestellt. Im erbrechtlichen Zusammenhang wird regelmäßig die Urkundseigenschaft des Testaments nicht in Frage stehen. Zu problematisieren sind hinsichtlich der Urkundsqualität im vorliegenden Zusammenhang nur zwei Fallkonstellationen: 8

Beispiel 1

Der Erblasser hat seinen letzten Willen auf mehreren losen Blättern handschriftlich niedergelegt, die Unterschrift befindet sich allerdings nicht hierauf, sondern auf dem die Blätter enthaltenden Umschlag.

Anders als im Zivilrecht[10] ist die (strafrechtliche) Urkundseigenschaft einer solchen Erklärung zu bejahen. Das Strafrecht verlangt lediglich die hinreichende Verkörperung einer menschlichen Gedankenerklärung, die ihren Aussteller, d.h. den Erklärenden, erkennen lässt.[11]

Unter diesen *weiten strafrechtlichen Urkundsbegriff* fallen mithin auch die losen Blätter einer **Urkunde**, die in dem die Unterschrift tragenden Umschlag verwahrt werden; sie reichen als verkörperte, d.h. mit einer Sache fest verbundene, und auch verständliche Gedankenerklärung durch den Aussteller aus. Etwas anderes würde nur dann gelten, wenn es an der Beweisbestimmung oder Beweiseignung fehlen würde.

9 **Beispiel 2**

Der Erblasser hat im Beispiel 1 zum Ausdruck gebracht, dass die im Briefumschlag enthaltene Verfügung deshalb noch nicht unterschrieben ist, weil es sich um einen Entwurf handelt.

Bloße **Entwürfe** einer Urkunde unterfallen auch nicht dem weiten strafrechtlichen Urkundsbegriff.[12] Da Urkunden bestimmt und geeignet sein müssen, Beweis zu erbringen und es sich bei letztwilligen Verfügungen von Todes wegen um eine sogenannte originäre Urkunde oder Absichtsurkunde handelt, ist entscheidend, ob der Verfügende will, dass seine Erklärung Beweis erbringen kann.[13] Der bloße Entwurf einer Urkunde unterfällt § 267 StGB nicht. In diesen Fällen hat der Aussteller eine Erklärung gerade noch nicht abgegeben. Der Erklärende hat im Rahmen eines Entwurfs nach dem objektiven Empfängerhorizont nicht den Willen, sich rechtserheblich zu äußern. Mangels Rechtsbindungswillen fehlt es also an einer Erklärung, diese soll gerade erst zukünftig abgeben werden.[14]

§ 267 StGB erfasst *verschiedene Tathandlungen*, die zu einer **unechten Urkunde** führen müssen. Unecht ist eine Urkunde, wenn sie nicht von demjenigen herrührt, der aus ihr als Aussteller hervorgeht. Aussteller ist danach der geistig hinter der Gedankenerklärung Stehende, wobei er sie als seine Erklärung gelten lassen will und sie ihm als eigene zurechenbar ist.[15] Grundsätzlich nicht entscheidend ist, wer die Urkunde körperlich hergestellt hat. Etwas anderes gilt allerdings, wenn das Gesetz die **höchstpersönliche Erstellung** fordert. Hierbei ist von Fall zu Fall zu unterscheiden, ob eine **unechte Urkunde** vorliegt. Unproblematisch ist zunächst die Totalfälschung eines Testaments, bei der der „Erbe" die Handschrift des Erblassers nachahmt und mit seinem Namen unterzeichnet.

---

10 BGHZ 113, 48.

11 BGHSt 3, 85; Schönke/Schröder/*Heine/Schuster*, § 267 Rn 2.

12 *Fischer*, § 267 Rn 15.

13 *Fischer*, § 267 Rn 13.

14 RGSt 11, 259.

15 LK-*Zieschang*, § 267 Rn 28 f. m.w.N.

In diesem Fall der Totalfälschung ist der vermeintliche Aussteller gerade nicht Erklärungsgarant, so dass die Unechtheit problemlos gegeben ist.[16]

In derartigen Fällen ist im Strafverfahren über die Abteilungen der polizeitechnischen Untersuchung (PTU) der Landeskriminalämter ein **Schriftsachverständigengutachten** einzuholen.[17]

Schwieriger wird die rechtliche Beurteilung, wenn die „Totalfälschung" im *Auftrag des Erblassers* erfolgt. 10

Beispiel 3

Der aufgrund einer schweren Nervenerkrankung am Schreiben gehinderte Erblasser fordert den (zukünftigen) Erben E auf, für ihn das Testament handschriftlich zu verfassen und zu unterzeichnen.

Nach der ganz herrschenden Meinung[18] kann strafrechtlich eine Urkunde trotz Auseinanderfallens von beurkundetem Erklärungsgaranten und körperlichem Hersteller echt sein. Entscheidend ist strafrechtlich, wem die Urkunde geistig zuzurechnen ist (Geistigkeitstheorie). Voraussetzung hierfür ist *zulässiges Handeln in oder unter fremden Namen.*[19] Die Befugnis zur rechtlichen Vertretung des Namensträgers kann sich aus Rechtsgeschäft oder Gesetz ergeben. Die rechtliche Zulässigkeit der Vertretung fehlt hingegen immer dann, wenn das Gesetz die höchstpersönliche Errichtung der Urkunde voraussetzt. Eben aus diesem Grund begeht derjenige (im Beispiel 3 der E), der ein Testament (§ 2247 Abs. 1 BGB) für einen anderen schreibt und unterschreibt, trotz dessen Zustimmung eine Urkundenfälschung.[20]

Beispiel 4 11

E will sein Einfamilienhaus nicht an die gesetzlichen Erben S und B, sondern an Neffen N vererben und lässt diesen handschriftlich in seiner Gegenwart und mit seiner Billigung den Text seiner letztwilligen Verfügung schreiben, wonach N als Alleinerbe eingesetzt wird. Sodann unterzeichnet er diesen eigenhändig. Beiden Beteiligten war klar, dass durch diese Verfahrensweise ein formgültiges Testament nicht errichtet worden war und beim Tod des E dessen Nachlass mehreren gesetzlichen Erben zustünde.[21]

Ob es sich hierbei um eine unechte Urkunde im Sinne des § 267 StGB handelt, ist umstritten. 12
Das OLG Düsseldorf[22] gelangt trotz Eigenhändigkeit der Unterschrift aufgrund der gesetz-

---

16 Die in diesem Zusammenhang häufig auftretende Problematik der Aussagekraft eines **Sachverständigengutachtens** hinsichtlich der Urheberschaft der Urkunde, der späteren Veränderung der Urkunde und des Zeitpunkts des Entstehens der Urkunde können im vorliegenden Zusammenhang nicht behandelt werden. Die Problematik ist dafür zu vielschichtig Es sei allerdings der generelle Hinweis dahingehend gemacht, dass beim Nachlassgericht darauf hingewirkt werden sollte, dass die eingereichte(n) Urkunde(n) z.B. nicht in einer Klarsichthülle aufbewahrt wird (werden), da Klarsichthüllen regelmäßig die Eigenschaft haben, eine Differenzierung verschiedener Schriftzüge nach ihrer zeitlichen Entstehung auszuschließen. Ansonsten kommt es sehr auf die benutzten Schreibmittel an, so dass es eine Frage des Einzelfalles ist, ob ein Sachverständigengutachten aussichtsreich ist. Je nach Art des Schreibmittels können die Erstellungsdaten der Urkunden jahres-/monatsgenau nachvollzogen werden.

17 Die Erfahrungen in Berlin zeigen, dass derartige Gutachten nicht kurzfristig zu erwarten sind. Der erwartbare Zeithorizont sollte bei Mandanten nicht unter 6–12 Monaten liegen.

18 OLG Düsseldorf wistra 1999, 234.

19 RGSt 75, 46, 47.

20 Vgl. OLG Oldenburg JR 1952, 410; RGSt 69, 117 (entsprechend für die eidesstattliche Versicherung).

21 Nach OLG Düsseldorf NJW 1966, 749.

22 OLG Düsseldorf NJW 1966, 749.

lichen Vorgabe, dass auch der Inhalt der letztwilligen Verfügung eigenhändig, d.h. höchstpersönlich handschriftlich abgefasst sein muss, zu einer Urkundenfälschung:

Durch § 267 StGB werde „nicht nur die Urkunde im Interesse ihres geistigen Urhebers, sondern auch im Interesse der Sicherheit des Rechtsverkehrs geschützt".[23] Die Gegenstimmen in der Literatur gehen von einer Straflosigkeit dieses Verhaltens aus.[24] Die Echtheit oder Unechtheit einer Urkunde sei nach der Unterschrift zu bestimmen. Der von N geschriebene Text sei lediglich ein Urkundenentwurf, diese fremde Gedankenerklärung machte sich der Erblasser E durch seine Unterschrift zueigen. An der Echtheit dieser Urkunde ändert es nichts, dass diese rechtlich unverbindlich und wirkungslos ist. Für die Echtheit der Urkunde soll es danach nur darauf ankommen, ob die dem „Testament" zu entnehmende Gedankenerklärung die des Unterzeichners (= Erblassers) ist.[25]

13 Im Rahmen der Beratung kann somit in derartigen Fällen auf der Basis der o.g. Rechtsprechung mit guten Gründen Strafanzeige erstattet werden. Aufgrund des Tatverdachts können Ermittlungen durchgeführt werden, wenn auch im Ergebnis vieles für die Echtheit der Urkunde in strafrechtlicher Hinsicht spricht. Die zivilrechtlich gegebene Formnichtigkeit des Testaments ist für die strafrechtliche Bewertung bedeutungslos.

Etwas anderes soll allerdings auch nach dieser Gegenmeinung in Fällen gelten, in denen das gesamte Testament ursprünglich eigenhändig vom Erblasser verfasst und unterzeichnet wurde, aber hernach – mit seinem Einverständnis – Veränderungen durch einen Dritten erfuhr. Das OLG Hamburg[26] hatte einen Fall zu entscheiden, in dem der Ehemann nach dem Tod der Erblasserin (seiner Ehefrau) deren Testament durch Einfügen des Wortes „nicht" in den Text der Testamentsurkunde verfälschte und dadurch dem Letzten Willen der Erblasserin einen ganz anderen Sinn gab. Das von der Erblasserin insoweit vor ihrem Tod ausgesprochene Einverständnis ist strafrechtlich unbeachtlich, da der Eingriff in die echte Urkunde durch die „Vollmacht" der Erblasserin nicht gedeckt war. Diese konnte durch den Ehemann rechtlich nicht vertreten werden.[27]

14 **Beispiel 5**

Der Testierende hat aufgrund einer Nervenerkrankung Schreibschwierigkeiten und lässt sich von einem Dritten bei der Errichtung des Testaments die Hand führen.

Hier gibt es eine Grauzone, in der das *noch straflose Verhalten* von einer tatbestandlich verwirklichten Urkundenfälschung faktisch schwer abzugrenzen ist. Die Grenze zur strafbaren Urkundenfälschung ist jedenfalls dort überschritten, wo beim Führen des Armes des Testierwilligen die entscheidende Schreibleistung durch den Dritten erfolgt. Drückt sich in dem geschriebenen Text nach Schreibtempo, Schwingung und Druck nicht der Wille des Testierenden, sondern des Dritten aus, ist mangels Eigenhändigkeit auf der Basis der Rechtsprechung[28] von einer (möglichen) Urkundenfälschung auszugehen. Dass dies freilich auch dann gelten muss, wenn die zwar faktisch eigenhändige Erstellung des Textes durch einen Dritten mit Mitteln der vis absoluta (gewaltsames Führen der Hand, Vorhalten einer scharfen Schusswaffe) erzwungen wurde, ist offenkundig. Es fehlt am im Strafrecht entscheidenden *aktuellen Erklärungswillen* des Unterzeichners, der die Erklärung sich gerade nicht zurechnen lassen will. Hierbei handelt es sich – trotz der Eigenhändigkeit der Schriftzüge –

23 RGSt 5, 151; OLG Oldenburg JR 1952, 410.
24 Vgl. Schönke/Schröder/*Heine/Schuster*, § 267 Rn 59; Lackner/*Kühl*, § 267 Rn 18; *Fischer*, § 267 Rn 31.
25 Ausführlich insoweit *Mohrbotter*, NJW 1966, 1421.
26 OLG Hamburg NJW 1938, 582.
27 Ebenso *Mohrbotter*, NJW 1966, 1421.
28 Vgl. OLG Hamm NJW 1957, 638.

um das Herstellen einer unechten Urkunde durch den Veranlasser.[29] Etwas anderes gilt allerdings dann, wenn „lediglich“ Drohung oder einfacher Zwang ausgeübt wird. Hier dürfte der **Erklärungswille** regelmäßig vorhanden sein, so dass es sich grundsätzlich um eine zwar anfechtbare,[30] aber echte Urkunde handelt.

Ebenfalls fraglich ist der Erklärungswille in folgender Fallkonstellation: 15

> **Beispiel 6**
>
> Der Erblasser leidet unter erheblicher Demenz und vermag die Bedeutung der ihm von Dritten angesagten letztwilligen Verfügung, die er eigenhändig niederschreibt und unterzeichnet, nicht zu erfassen.

Wie dargestellt, spielt für die Einleitung eines Strafverfahrens keine Rolle, ob es sich zivilprozessual um eine wirksame oder nichtige Urkunde handelt: der strafrechtliche Echtheitsschutz gilt für alle Erklärungen urkundlichen Charakters. Die Testier(-un-)fähigkeit kann ein durchaus wesentliches Indiz im Strafprozess darstellen, allerdings bleibt es doch bei einer umfassenden und eigenständigen Würdigung des Sachverhalts im Ermittlungsverfahren.

Grundsätzlich handelt es sich auch in Fällen mit an **Demenz** erkrankten Testierenden dann um eine echte Urkunde, wenn sich der Erklärende darüber bewusst ist, irgendetwas Rechtserhebliches unterzeichnet zu haben. Solange der an Demenz erkrankte Testierende somit noch weiß, dass er rechtserheblich handeln kann, fehlt es an einer Unechtheit der Urkunde. Allein das fehlende Verständnis über die Bedeutung des Inhalts der konkreten Erklärung lässt den Erklärungswillen nicht entfallen.[31] Eine Urkundenfälschung scheidet in diesen Fällen aus; sie ist dann anzunehmen, wenn der Demenzerkrankte gar nicht mehr erfasst, etwas Rechtserhebliches zu erklären. Während die rechtliche Bewertung in Beispiel 6 für einen Anfangsverdacht genügen würde, resultiert die Schwierigkeit in praxi vor allem aus den Problemen, den Sachverhalt mit belastbaren Indizien zu untermauern. Der Anzeigeerstatter muss möglichst dezidierte Informationen über den Zustand des Testierenden sammeln, um über den Zustand zum möglichen Tatzeitpunkt Aufklärungen zu ermöglichen. Ob in einer ex-post Betrachtung nach dem Tod des Erblassers eine konsistente Sachaufklärung noch möglich ist, wird allerdings regelmäßig fraglich sein. Hier helfen Gutachten von behandelnden Ärzten, die möglichst einen Querschnitt über den in Frage stehenden Zeitraum bieten sollten, denn es wird üblicherweise in einer solchen Beweissituation vom „Täter“ eingewendet werden können, dass der Erblasser einen „lichten Moment“ hatte, in der er den sonst fehlenden Erklärungswillen bilden und niederlegen konnte. Wird dies mit weiteren Informationen unterfüttert, dürfte der „Beweis des Gegenteils“ ohne zeitgerechte Gutachten oder ärztliche Stellungnahmen kaum geführt werden können; eine Überführung scheitert in diesen Fällen regelmäßig. Ggf. kann nicht einmal ein Anfangsverdacht angenommen werden, so dass Ermittlungen gar nicht aufgenommen werden (können). Wenn es also in (potentiellen) Erbengemeinschaften erwartbar ist, dass derartige Probleme auftreten könnten, sollten sich die (potentiellen) Miterben nicht scheuen, die spätere, für die Zeit nach dem Erbfall zu befürchtende Beweisnot durch frühzeitig eingeholte ärztliche Stellungnahmen noch zu Lebzeiten des Erblassers zu verhindern. Erfahrungsgemäß kommt es hierzu häufiger, wenn einer der gesetzlichen Erben in engem Kontakt oder einer örtlichen Nähebeziehung zum Erblasser steht. Wenn ein Betreuungsfall gegeben ist, sind derartige Gutachten regelmäßig von Amts wegen einzuholen, wenn auch die (potentiellen) Miterben kein eigenständiges Akteneinsichtsrecht in die Betreuungsakte des Gerichts haben. Jeden-

29 Vgl. Schönke/Schröder/*Heine/Schuster*, § 267 Rn 55; RG 50, 179.
30 Vgl. nur *Schröder*, GA 1974, 225, 229.
31 Schönke/Schröder/*Heine/Schuster*, § 267 Rn 55.

falls die Staatsanwaltschaft kann diese Akten selbstverständlich beiziehen und dann dem Miterben Akteneinsicht gewähren soweit dieser ein berechtigtes Interesse darzulegen vermag.

bb) Urkundenunterdrückung

16 Die Unterdrückung von Urkunden gem. § 274 StGB kommt vorliegend in zwei Konstellationen in Betracht: Die Entstehung von Erbengemeinschaften kann hierdurch verhindert oder umgekehrt – wenn die gesetzliche Erbfolge eine solche nicht vorsieht, wohl aber das errichtete Testament – erst begründet werden.

17 **Beispiel 7**

a) Der Erblasser hat zwei Söhne, von denen A als Alleinerbe in einem formgültigen privatschriftlichen Testament eingesetzt wurde. Der enterbte Sohn B geht nach dem Tod des Erblassers in das Altersheim und verbrennt in einem unbeobachteten Moment das Testament.
b) Der verwitwete Erblasser hat seine drei Söhne A, B, C zu gleichen Teilen als Erben eingesetzt entsprechend der gesetzlichen Erbfolge. Das abweichende und zeitlich frühere Testament zugunsten des A ist formungültig. B hat das letzte Testament in Unkenntnis der Formungültigkeit des älteren Testaments zerrissen.
c) Der Erblasser hat seine Ehefrau als Vorerbin eingesetzt und seine drei Kinder als Nacherben zu gleichen Teilen wobei alle ein Vorab von 10.000 EUR bekommen sollen. B ist Mitglied der Nacherbengemeinschaft und zerstört das Testament.

Während in diesen Fällen ein Diebstahl schon mangels Zueignungsabsicht ausscheidet, kommt hingegen – neben der verwirklichten Sachbeschädigung (§ 303 StGB) – **Urkundenunterdrückung,** § 274 Abs. 1 Nr. 1 StGB, in Betracht. Durch die Zerstörung des Testaments hat der B eine ihm nicht ausschließlich gehörende Urkunde vernichtet.[32] Hierbei kommt es nicht entscheidend darauf an, wer Eigentümer der Urkunde ist. Selbst wenn der Vater das Testament auf einem Schreibblock des B geschrieben und ihm zur Aufbewahrung gegeben hätte, würde die Urkunde ihm *nicht ausschließlich* gehören; denn entscheidend im Sinne des § 274 StGB ist, ob ein Dritter in Bezug auf die Urkunde *beweisführungsberechtigt* ist.[33] Dies ist bei Sohn A der Fall, was sich auch darin dokumentiert, dass der B gem. § 2259 BGB nicht nur auskunfts-, sondern auch herausgabeverpflichtet ist.

Subjektiv handelt B in allen drei Varianten des Fallbeispiels 7a–c auch mit der notwendigen Nachteilszufügungsabsicht, denn unter Nachteil ist jede Beeinträchtigung fremder, nicht zwingend vermögensbezogener Rechte zu verstehen.[34] Es muss somit nicht „saldiert" werden, ob der B vermögensrechtlich mit oder ohne das Testament besser gestellt gewesen wäre; hierauf kommt es für die Bejahung eines Nachteils i.S.v. § 274 StGB nicht an. Also ist auch im Beispiel 7c eine Nachteilszufügungsabsicht zu bejahen, denn es kommt nicht darauf an, dass die Mit(nach)erben später die 10.000 EUR gegebenenfalls ohnehin bekommen. Im Beispiel 7b ist ebenso unerheblich, dass im zerstörten Testament nur die gesetzliche Erbfolge sich widerspiegelte, die letztlich durch die Formunwirksamkeit des ersten Testaments auch ohne das Testament eintrat. Unabhängig hiervon wird regelmäßig im erbrechtli-

32 *Fischer*, § 274 Rn 3.
33 Schönke/Schröder/*Heine/Schuster*, § 274 Rn 5.
34 Lackner/*Kühl*, § 274 Rn 7.

chen Zusammenhang aber auch ein Vermögensbezug vorliegen.[35] (Zur Frage, ob in solchen Fällen ein Betrug durch Unterlassen möglich ist, vgl. Rdn 43).

cc) Mittelbare Falschbeurkundung

Schutzgut des § 271 StGB ist die inhaltliche Richtigkeit einer öffentlichen Urkunde. Legaldefiniert von § 415 ZPO werden damit nur Urkunden erfasst, die von einer öffentlichen Behörde/Amtsperson (z.B. Notar) in den Grenzen ihrer Amtsbefugnisse errichtet wurden.[36] 18

Da die öffentliche Urkunde vor allem **öffentliche Beweiswirkung** haben muss, ist ein Erbschein taugliches Tatobjekt des § 271 StGB;[37] denn dieser hat den Zweck, im allgemeinen Rechtsverkehr für und gegen jedermann (öffentlicher Glaube des Erbscheins gem. § 2366 BGB) zu bescheinigen, wer als Erbe verfügungsberechtigt ist.

In den oben dargestellten Fällen der Urkundenfälschung/-unterdrückung wäre somit folgerichtig durch Beantragung und antragsgemäßen Erlass eines Erbscheins der Tatbestand des § 271 Abs. 1 StGB verwirklicht, da hierdurch vorsätzlich die unrichtige Beurkundung der Erbberechtigung bewirkt wird. Als Qualifikationstatbestand kommt ferner § 271 Abs. 3 StGB in Betracht, soweit der Antragsteller zugleich in **Bereicherungsabsicht** handelte. Hierzu muss er bei Erbscheinsantrag mit direktem Vorsatz als unmittelbare oder mittelbare Folge der mittelbaren Falschbeurkundung sich oder einem Dritten einen Vermögensvorteil verschaffen wollen. Die Verwirklichung dieser Absichtsqualifikation dürfte in Erbscheinsfällen regelmäßig ebenso nahe liegen wie die gleichermaßen zum Qualifikationstatbestand erhobene Schädigungsabsicht. Letztere besteht in jedem rechtswidrigen (nicht notwendig vermögensrechtlichen) Nachteil eines Dritten.[38] 19

Damit riskieren Erben, die im Vorfeld die Erteilung eines Erbscheines manipulieren, regelmäßig die Verhängung einer Freiheitsstrafe, denn die Qualifikation des § 271 Abs. 3 StGB sieht einen erhöhten Strafrahmen zwischen drei Monaten und fünf Jahren vor. (Zum Betrugstatbestand im Übrigen siehe Rdn 42).

b) Vermögensdelikte

Gerade Vermögensdelikte (Unterschlagung, Diebstahl, aber auch Betrug und Untreue) spielen innerhalb der Auseinandersetzung einer Erbengemeinschaft eine besondere Rolle. Hierbei führt einerseits die Berechtigung der Erben am Nachlass zur gesamten Hand und – andererseits – die von der zivilrechtlichen Besitzfiktion (§ 857 BGB) zu unterscheidende, strafrechtlich entscheidende Gewahrsamslage nach Eintritt des Erbfalls zu Besonderheiten in der strafrechtlichen Beurteilung. 20

35 Vgl. aber den Ausnahmefall fehlender Nachteilszufügungsabsicht in BGHR StGB § 274 Nachteil 1, Urt. v. 28.9.1988.

36 LK-*Zieschang*, § 271 Rn 54.

37 Vgl. nur LK-*Zieschang*, § 271 Rn 54; BGHSt 19, 87.

38 Schönke/Schröder/*Heine/Schuster*, § 271 Rn 44; vgl. auch LK-*Zieschang*, Rn 93, 100 f.; der abweichend auch Schäden genügen lassen will, die nicht rechtswidrig verwirklicht wurden (RGSt 34, 137, 139).

aa) Diebstahl, Unterschlagung

21 **Übersicht**

Diebstahl, § 242 StGB

Tatobjekt: fremde bewegliche Sache; Fremdheit ist zu bejahen, wenn die Sache nicht im Alleineigentum des Täters steht

Tathandlung: Bruch fremden und Begründung neuen Gewahrsams (faktischer Begriff mit normativer Komponente), Besitzfiktion des § 857 gilt nicht. Mitgewahrsamsbruch genügt.

Subjektiv muss Vorsatz vorliegen und Absicht rechtswidriger Zueignung (Vorsatz bezüglich endgültiger Verdrängung des Eigentümers – Enteignung; Absicht bezüglich Anmaßung der Eigentümerstellung – Aneignung).

Unterschlagung, § 246 StGB

Tatobjekt: fremde bewegliche Sache

Tathandlung: Rechtswidrige Zueignung mittels (eindeutiger) Manifestation des Zueignungswillens oder An-/Enteignung des Eigentümers.

Subjektiver Tatbestand: Vorsatz

Qualifikation:

veruntreuende Unterschlagung, § 246 Abs. 2 StGB

Privilegierung von Angehörigen, § 247 StGB

22 **Diebstahl** und **Unterschlagung** schützen beide das Eigentum und setzen somit die Fremdheit der Sache voraus. Dabei ist § 246 StGB (Unterschlagung) als Auffangtatbestand konstruiert.[39] Er greift damit immer ein, wenn es an einer Wegnahme im Sinne von § 242 StGB fehlt.

Beispiel 8

E hat zwei Söhne S und P. Während P auf einer Geschäftsreise ist, erkrankt E und verstirbt. S durchsucht nach dem Ableben seines Vaters dessen Schreibtisch und findet einen Stapel Inhaberaktien, den S an sich nimmt, um sie für sich zu behalten.

Die Inhaberaktien standen nach dem Ableben des Erblassers im (Gesamtshand-)Eigentum der Miterben (§ 1922 BGB).[40] Damit handelte es sich für S um fremde Sachen, § 242 StGB scheidet mangels Fremdheit der Sache nur dann aus, wenn diese herrenlos ist oder im Alleineigentum des Täters steht.[41] Maßgebend für das strafrechtlich geschützte Eigentum sind insoweit die zivilrechtlichen Vorschriften über den Erwerb/Verlust von Eigentum.[42]

Anders gestaltet sich dies bei dem für das Merkmal der Wegnahme bedeutsamen Begriffs des Gewahrsams. *Wegnahme* bedeutet den Bruch fremden und die Begründung neuen, nicht notwendig eigenen Gewahrsams. Der zivilrechtliche Besitzbegriff im Sinne der §§ 854 ff. BGB deckt sich hiermit nicht vollständig, denn Gewahrsam bedeutet tatsächliche

39 *Fischer*, § 246 Rn 2.
40 Vgl. BGH NJW 1992, 250.
41 Wessels/*Hillenkamp*, BT/II Rn 79.
42 OLG Düsseldorf NJW 1983, 2153; OLG Düsseldorf NJW 1988, 1335.

Sachherrschaft auf der Grundlage eines sogenannten Sachherrschaftswillens; diese kann beim Besitzdiener vorliegen, ohne dass dieser dadurch zum Besitzer würde. Umgekehrt wird ein mittelbarer Besitzer regelmäßig keine tatsächliche Sachbeherrschung haben und somit auch keinen Gewahrsam. Angesichts dieser unterschiedlichen Begrifflichkeit gilt die *Besitzfiktion* des § 857 BGB für den strafrechtlichen Gewahrsamsbegriff *nicht.*[43] Damit werden die Sachen des Erblassers (Inhaberaktien) zunächst gewahrsamslos bis jemand (zum Beispiel ein Miterbe zugunsten der Erbengemeinschaft) durch Verbringung der Sachen in die eigene Gewahrsamssphäre neuen Gewahrsam begründet.[44] Bis zu diesem Zeitpunkt der Begründung neuen Gewahrsams scheidet ein Diebstahl aus.

In Beispiel 8 (siehe Rdn 22) fehlt es mangels Bruchs fremden Gewahrsams an einer Wegnahme, so dass der Auffangtatbestand der Unterschlagung greift. Dieser erfordert beim Täter weder (vorherigen) Besitz noch Gewahrsam, sondern stellt allein darauf ab, dass der Täter seinen Zueignungswillen nach außen dokumentiert hat. S hat diesen Willen durch das Beiseiteschaffen der und die damit einhergehende Begründung Eigengewahrsams an den Aktien objektiviert erkennen lassen, denn hierdurch sollte offenkundig die Position der Gesamthandeigentümer verschlechtert werden.[45] S hat somit die fremden Inhaberaktien unterschlagen, da er auch vorsätzlich und mit Zueignungsabsicht handelte. 23

Etwas anderes gilt hinsichtlich der Gewahrsamsverhältnisse allerdings regelmäßig dann, wenn sich die Sachen des Verstorbenen in einer „generell beherrschten Gewahrsamssphäre“ eines Dritten befinden; wenn also (in Beispiel 8, siehe Rdn 22) der Erblasser zum Beispiel im Seniorenheim lebte, wird nach der Verkehrsanschauung von einer Gewahrsamsbegründung beim Inhaber des Heimes auszugehen sein. Ein genereller bzw. potenzieller Gewahrsamswille wird ganz überwiegend für ausreichend gehalten,[46] so dass dem S ein Gewahrsamsbruch und damit ein Diebstahl vorzuwerfen wäre.[47]

Beispiel 9 24

Die aus den zu gleichen Teilen bedachten Miterben S, V und T bestehende Erbengemeinschaft trifft sich im Einfamilienhaus des Erblassers, um sich einen Überblick über das Inventar zu machen. Eine Verteilung erfolgt nicht. Noch am selben Abend geht S allein und ohne Absprache zurück und nimmt einen Teil der dort belassenen Münzsammlung an sich.

An einer Wegnahme von Teilen der fremden Sachgesamtheit bestehen hier keine Bedenken, denn der (Mit-)Gewahrsam der Miterben ist nach Kenntnis von der Erbenstellung und nach Besichtigung des Inventars anzunehmen. Da spätestens ab diesem Zeitpunkt auch ein (genereller) Gewahrsamswille der Miterben gegeben ist, liegt eine Wegnahme durch S vor. Dieser handelte auch vorsätzlich und mit Zueignungsabsicht, so dass ein Diebstahl gegeben ist.

Beispiel 10 25

Wie Beispiel 9 (vgl. Rdn 24), allerdings hat der S „nur“ entsprechend seinem Erbanteil von 1/3 (2.000 EUR) der insgesamt im Haus befindlichen 6.000 EUR an sich genommen, um diese für sich zu behalten.

43 Schönke/Schröder/*Eser/Bosch*, § 242 Rn 31; *Fischer*, § 242 Rn 11 a.E.
44 Lackner/*Kühl*, § 242 Rn 15, 10; *Fischer*, § 242 Rn 10, 16.
45 RGSt 65, 145, 147.
46 Schönke/Schröder/*Eser/Bosch*, § 242 Rn 23, 24.
47 Vgl. hierzu *Wessels/Hillenkamp*, Rn 82, 83.

Auch in diesem Fall liegt der objektive Tatbestand des Diebstahls vor. Bei der vorliegenden Gesamthandsgemeinschaft (§ 2032 BGB) hat der Einzelne keine unmittelbare gegenständliche Beziehung zu Teilen des Nachlasses; damit sind die 2.000 EUR unabhängig von einer Quote im Falle der Auseinandersetzung für den S fremd. Auch ist die Zueignung des Geldbetrages objektiv rechtswidrig, da gar nicht klar ist, wie die Auseinandersetzung des Nachlasses im Einzelnen durchgeführt wird. Allerdings wird jedenfalls bei einem offensichtlich nicht überschuldeten Nachlass der S vortragen können, dass er hinsichtlich der Rechtswidrigkeit der Zueignung unvorsätzlich[48] gehandelt hat; denn er ging ggf. davon aus, dass ihm ohnehin dieser Anteil im Rahmen der Auseinandersetzung zustehen würde. Zwingend ist diese Argumentation allerdings nicht.

26 **Beispiel 11**

Wie Beispiel 9, allerdings tauscht der S noch am selben Abend die Schlösser des Einfamilienhauses aus ohne dies mit den weiteren Erben abgesprochen zu haben.

Neben dem hier grundsätzlich in Betracht kommenden Straftatbestand der Sachbeschädigung (§ 303 StGB, siehe Rdn 21) mit entsprechendem Antragserfordernis (§ 303c StGB) kommt Nötigung in Betracht (§ 240 StGB, siehe Rdn 31). Mit dem Aussperren durch das Austauschen der Schlösser und das Verschließen der Tür erzwingt der Handelnde ein Unterlassen der Miterben. Dieses Unterlassen beruht auf einer unmittelbaren physischen Zwangswirkung und ist damit als Gewalt im Sinne des § 240 StGB einzustufen.[49] Ein derartiges Verhalten ist auch grundsätzlich rechtswidrig, wenn auch im Rahmen der Verwerflichkeitsprüfung des § 240 StGB die „Mittelzweckrelation" regelmäßig besonders zu prüfen ist. Der Einsatz des Nötigungsmittels muss zu dem angestrebten Zweck verwerflich sein. Hierbei ist regelmäßig Tatfrage, ob Vorverhaltensweisen der anderen Miterben die Verwerflichkeit der Zwangswirkung durch Austauschen der Schlösser ausschließen kann.

Im Bereich der Vermögensdelikte kommt Diebstahl an den im Haus befindlichen Gegenständen in Betracht. Diese sind für das Mitglied der Erbengemeinschaft fremd, auch liegt eine Wegnahme durch das Aussperren der übrigen Miterben vor, da deren (Mit-)Gewahrsam aufgehoben ist. Die zuvor generell beherrschte Gewahrsamsphäre des Hauses wird nach Austauschen der Schlösser nunmehr auf der Grundlage der Anschauung des täglichen Lebens[50] nicht mehr von den ausgeschlossenen Miterben ausgeübt. Allerdings dürfte in derartigen Fällen die Zueignungsabsicht problematisch sein. Da sich diese auf die dauerhafte Enteignung der Mitberechtigten und eine Aneignung durch den Wegnehmenden bezieht, wird eine solche regelmäßig bei Belassen der Gegenstände im Haus abzulehnen sein.

27 Wenn in der Folgezeit Gegenstände aus dem Haus entfernt werden, kommt eine Strafbarkeit wegen Unterschlagung (§ 246 StGB) in Betracht.

Beispiel 12

Die Erbengemeinschaft, bestehend aus A, S und T, beerbt den E. E hatte vor seinem Versterben dem A seinen Computer gegeben, damit dieser Schreibarbeiten erledigen konnte. A hat innerhalb der Auseinandersetzung der Erbengemeinschaft die Existenz des Computers selbst vergessen. Als er geraume Zeit nach dem Erbfall von T, der Unterlagen über den Computer gefunden hatte, aufgefordert wird, diesen herauszugeben, reagiert er einfach nicht. Er lässt sämtliche Anwaltsschreiben unbeantwortet. T erstattet Strafanzeige und stellt Strafantrag.

48 Siehe hierzu BGHSt 17, 90 f.; *Fischer*, § 242 Rn 49, 50 m.w.N.

49 So OLG Celle OLGSt StGB, § 313 Nr. 8, BGHSt 18, 133 ff.; *Fischer*, § 240 Rn 22.

50 BGHSt 16, 271.

Als Tathandlung setzt § 246 StGB voraus, dass der Täter die fremde bewegliche Sache sich oder einem Dritten rechtwidrig zueignet. Danach bedarf es – in Abgrenzung zu § 242 StGB – einer nach außen erkennbaren Zueignungshandlung. Die überwiegende Meinung begnügt sich insoweit mit einer objektiv erkennbaren Betätigung (Manifestation) des Zueignungswillens. Hierfür genügt nicht jedes beliebige Verhalten, dass als Zueignungswillensbetätigung deutbar ist. Vielmehr muss eine dritte Person aus den objektiven Umständen folgern können, dass der Gegenstand in das Vermögen des Täters einverleibt werden soll.

Allein in dem Unterlassen der unstreitig geschuldeten Rückgabe einer fremden Sache will die überwiegende Rechtsprechung eine solche *Manifestation des Zueignungswillens* nicht sehen: Da der Unterlassende den Gegenstand ebenso gut aus Nachlässigkeit nicht zurückgegeben haben könnte, fehlt es an einer eindeutigen Betätigung des Zueignungswillens aus Sicht eines Dritten. Damit hätte sich A in Beispiel 12 nicht wegen Unterschlagung strafbar gemacht.[51] Anderes würde nur dann gelten, wenn er den Besitz/den Gewahrsam an der Sache gegenüber den Miterben leugnen würde.[52] Wenn also im Falle des Leugnens des Gewahrsams eine Unterschlagung anzunehmen ist, so wird in Beispiel 12 zugleich eine veruntreuende Unterschlagung anzunehmen sein. § 246 StGB spricht insoweit von anvertrauten Sachen. Dies sind solche, die der Täter vom Eigentümer oder von einem Dritten mit der Verpflichtung erlangt hat, diese zu einem bestimmten Zweck zu verwenden, aufzubewahren oder auch nur zurückzugeben.[53] Damit wird in vielen Fällen der erweiterte Strafrahmen des § 246 Abs. 2 StGB in Betracht kommen können.

bb) Hausfriedensbruch, Sachbeschädigung, Nötigung

Übersicht 28

Hausfriedensbruch – § 123 StGB

Rechtsgut: Hausrecht i.S. eines Freiheitsrechts zu entscheiden, wer sich innerhalb geschützter Räume aufhalten darf

Tatbestand: Widerrechtliches Eindringen oder Verweilen in Wohnung/Geschäftsraum/befriedeten Besitztum eines anderen

Subjektiv: Vorsatz

§ 123 Abs. 2 StGB: Strafantragserfordernis

Sachbeschädigung – § 303 StGB

Beschädigung oder Zerstörung einer fremden Sache: Für Fremdheit genügt, dass dies im Miteigentum Dritter steht.

Nötigung – § 240 StGB

Tathandlung: Gewalt/Drohung mit einem empfindlichen Übel

Hierdurch Taterfolg: Handlung/Duldung/Unterlassung

Rechtswidrigkeit muss positiv festgestellt werden: Verwerflichkeitsprüfung

51 Vgl. BayObLG JR 1993, 253; BGHSt 34, 309, 312.

52 Vgl. *Wessels/Hillenkamp*, Rn 311 unter Hinweis auf die Geltung des Preußischen StGB v. 1851 und den dort beschriebenen Handlungen des „Veräußerns, Verpfändens, Verbrauchens, Beiseiteschaffens und Ableugnens des Gewahrsams als objektivierte Ausprägungen des Zueignungsunrechts".

53 Vgl. *Wessels/Hillenkamp*, Rn 321 unter Bezugnahme auf BGHSt 9, 90, 91.

29 **Beispiel 13**

Im Nachlass des Erblassers befindet sich ein Einfamilienhaus, das dieser bis zu seinem Tod allein bewohnt hat. Er wird beerbt von seinen drei Söhnen, von denen der S ohne Absprache mit seinen beiden Brüdern das Haustürschloss aufbohrt und sodann ein neues Sicherheitsschloss einbauen lässt. S zieht sodann in das Wohnhaus des Erblassers und verweigert den weiteren Erben den Zugang und gibt diesen keinen Schlüssel.

Beispiel 14

Erblasser E bewohnte vor seinem Tod gemeinsam mit seiner Ehefrau das Wohnhaus, das in beider hälftigem Miteigentum steht. Nach dem Erbfall verweigert die Ehefrau den beiden miterbenden Söhnen den Zugang und nutzt das Haus allein weiter.

Variante: Die Ehefrau des Erblassers hatte das in ihrem hälftigen Miteigentum stehende Haus nach Trennung vom Erblasser allein genutzt aufgrund einer schriftlichen Nutzungsvereinbarung. Im Gegenzug hatte sie sich verpflichtet, die Betriebskosten des Hauses allein zu tragen. Nach dem Erbfall verweigert sie den Miterben den Zugang.

Rechtsgut des **Hausfriedensbruchs** ist nicht die öffentliche Ordnung, sondern das sogenannte Hausrecht im Sinne einer Bestimmungsfreiheit des Hausrechtsinhabers und sein Interesse an einer ungestörten Ausübung des Besitzes.[54] Das Hausrecht als einem „Stück lokalisierter Freiheitssphäre"[55] schützt nicht umfassend im Sinne eines freien Schaltens und Waltens im Haus, sondern nur unter dem Aspekt, in der Freiheitssphäre ungestört von anderen zu sein.[56]

Tatbestandlich ist vorausgesetzt, dass es sich um die Wohnung und damit das Hausrecht eines anderen handeln muss. In der Konstellation einer Erbengemeinschaft kann grundsätzlich jeder Miterbe Mitinhaber des Hausrechts sein. Das Hausrecht der Miterben leitet sich vom Hausrecht des Erblassers ab. Steht aber das Hausrecht aufgrund der (abgeleiteten) Berechtigung mehreren Personen gemeinsam zu, so gilt im *Innenverhältnis* zwischen den Miterben uneingeschränkt, dass die verschiedenen Mitberechtigten das Hausrecht nicht gegeneinander einsetzen, sich also nicht den Aufenthalt in den fraglichen Räumen gegenseitig verbieten können.[57] Aus diesem Grund scheidet eine Tatbestandsmäßigkeit des Verhaltens der jeweiligen Miterben in den Fallbeispielen 13 und 14 nach § 123 StGB aus. Weder kann durch das Ausschließen Mitberechtigter noch durch deren Zutritt zu den gemeinsam innegehaltenen Räumen ein Hausfriedensbruch begangen werden. Etwas anders gilt nur dann, wenn in der Abwandlung zu Beispiel 14 allein die Ehefrau und Miterbin vor dem Erbfall aufgrund einer Nutzungsvereinbarung mit dem Erblasser das Hausrecht innehatte. Damit hatte sie kraft ihrer Verfügungsgewalt das alleinige Bestimmungsrecht innerhalb des geschützten Bereichs, so dass die Miterben kein eigenes Hausrecht innehatten. Ihnen ist damit ein Eindringen in das Haus gegen den Willen der Ehefrau des Erblassers nicht erlaubt. Insoweit bestünde eine Strafbarkeitsmöglichkeit gemäß § 123 Abs. 1 StGB. Da es sich um ein absolutes Antragsdelikt handelt, wird ein derartiger Vorwurf nur verfolgt, wenn innerhalb von drei Monaten ab Kenntnis von Tat und Täter die Hausrechtsinhaberin Strafantrag erstattet.

54 Schönke/Schröder/*Sternberg-Lieben*, § 123 Rn 1; *Wessels/Hättinger*, BT 1 Rn 573, 574.
55 *Welzel*, S. 332.
56 Schönke/Schröder/*Sternberg-Lieben*, § 123 Rn 1.
57 Schönke/Schröder/*Sternberg-Lieben*, § 123 Rn 18.

Soweit in Beispiel 13 (vgl. Rdn 29) ein Ausbohren des Schlosses durch einen Miterben erfolgte, liegt hierin eine **Sachbeschädigung**. Die Beschädigung von Gegenständen, die im Miteigentum mehrerer Personen stehen, erfolgt aus strafrechtlicher Hinsicht nur an dem (ideellen) Anteil, der im Eigentum des Dritten steht.[58] Da durch das Aufbohren des Schlosses auch eine Substanzverletzung eingetreten ist, hat auf Strafantrag eines Miterben (§ 303c StGB) oder bei Bejahung des besonderen öffentlichen Interesses durch die Staatsanwaltschaft eine Strafverfolgung zu erfolgen. 30

Zuletzt ist in derartigen Fallkonstellationen das Verhalten der Miterben unter dem Aspekt der **Nötigung**, § 240 StGB, zu problematisieren. Hierbei ist trotz der Einschränkungen des Gewaltbegriffs durch das Bundesverfassungsgerichts[59] von einer Gewalteinwirkung auszugehen, wenn, wie im Beispiel 13, durch das Austauschen von Schlössern die Miterben ausgesperrt werden sollen.[60] Die Miterben werden insoweit zu einem Unterlassen genötigt. Im Rahmen Nötigungstatbestand ist eine Verwerflichkeitsfeststellung notwendig, damit von einem rechtswidrigen Verhalten ausgegangen werden kann. 31

Der Einsatz des Nötigungsmittels muss zu dem angestrebten Zweck verwerflich sein. Dies dürfte in Beispiel 13 (vgl. Rdn 29)gegeben sein, da der S die Miterben allein zwecks eigener Nutzung des Hauses von deren berechtigten Zugang abhält.

Beratungsrelevant ist in derartigen Fällen auch die strafrechtliche Relevanz etwaiger *Reaktionen der Miterben*, die ausgesperrt wurden. Es liegt zum Beispiel nahe, durch erneutes Austauschen der Schlösser den rechtwidrigen Zustand zu beenden. Da die Miterben als Gesamtrechtsnachfolger auch Hausrechtsinhaber sind, kann ein derartiges Verhalten den Straftatbestand des Hausfriedensbruchs (§ 123 StGB) nicht erfüllen.[61] Wie bereits dargelegt, handelt es sich aber um grundsätzlich nötigendes Verhalten gegenüber den Miterben, das allerdings dann gerechtfertigt ist, wenn etwa das Verbringen von Gegenständen aus dem Haus zu besorgen steht. Gleiches gilt, wenn es sich um eine Reaktion auf die Nötigungshandlung des Miterben handelt. Allerdings dürfte der Weg zur Zivilgerichtsbarkeit risikoloser und damit vorzugswürdig sein. Auch im Übrigen dürfte es an einer Verwerflichkeit fehlen, da Ziel der Handlung die Beendigung der (rechtswidrigen) Nötigung durch den anderen Miterben ist. Es bietet sich insoweit an, die Schlösser auszutauschen unter gleichzeitiger Sicherstellung des jederzeitigen Zugangs auch für den weiteren Miterben zu den Räumen des Erblassers.

cc) Hehlerei/Geldwäsche – Auswirkung der Vortat des Erblassers

Übersicht 32

Hehlerei – § 259 StGB

Vortaterfordernis: Diebstahl oder sonstige gegen fremdes Vermögen gerichtete Tat

Vortat muss von einem anderen begangen worden sein

Tathandlung: Sich oder einem anderen verschaffen (z.B. ankaufen), absetzen, absetzen helfen

Subjektiv: Vorsatz und Bereicherungsabsicht

58 RGSt 12, 377; *Fischer*, § 303 Rn 4, 5, 6.
59 BVerfG NJW 2002, 1031 m.w.N.
60 Vgl. hierzu bereits RGSt 41, 82; BGHSt 18, 134.
61 Schönke/Schröder/*Sternberg-Lieben*, § 123 Rn 18; *Arzt/Weber/Hilgendorf*, S. 218, 219.

Geldwäsche – § 261 StGB

Objektiver Tatbestand:

Rechtswidrige Tat, Verbrechen oder Vergehen nach § 261 Abs. 1 Satz 2 Nr. 2–5 StGB, z.B. gewerbsmäßiger Diebstahl/Unterschlagung/Erpressung/Hehleri/Betrug/Untreue/Urkundenfälschung etc.

Aus der Vortat herrührender Gegenstand, nicht lediglich Geld oder Sache i.S.d. § 90 BGB

Tathandlungen sind das Verbergen, Verschleiern, Verschaffen, Verwahren, Verwenden

Subjektiv ist mindestens bedingter Vorsatz erforderlich, wobei hinsichtlich der Frage des Herrührens aus der Frage der Vortat auch Leichtfertigkeit genügt (§ 261 Abs. 5 StGB)

33 **Beispiel 15**

Der Erblasser hatte eine wertvolle Uhr gestohlen.

Variante A: Er hatte sie seinem Sohn S noch zu Lebzeiten geliehen mit dem Bemerken, dieser könne sie im Falle seines Versterbens für sich behalten und müsse dessen Miterben (Ehefrau und Tochter des Erblassers) „hierüber nichts sagen". S wusste vom Erblasser, dass die Uhr gestohlen war.

Variante B: Die gestohlene Uhr befand sich im Nachlass. Die Erbengemeinschaft erfährt von S die wahre Herkunft der Uhr und entscheidet sich, die Uhr zu behalten. Im Rahmen eines Auseinandersetzungsvertrages der Erbengemeinschaft wird dann vereinbart, dass die Uhr dem S übereignet werden soll, was sodann geschieht.

Beispiel 16

Der Erblasser, der ein Schrotthandelsgeschäft betrieb, hat gewerbsmäßig gestohlene Gegenstände angekauft und weiterveräußert. Die ihn beerbende Erbengemeinschaft findet in einem Schließfach entsprechende Aufzeichnungen des Erblassers und aus den Verkäufen wahrscheinlich herrührende Bargeldbeträge. Die drei Miterben entscheiden sich gegen eine Information der Ermittlungsbehörden und teilen das Bargeld untereinander auf und verbringen es ins Ausland, wo sie das Bargeld auf ein hierfür eingerichtetes Konto einzahlen.

Wie in § 259 StGB heute klargestellt, ist die **Hehlerei** ein Vermögensdelikt.[62] Inhaltlich geht es um die Aufrechterhaltung der durch die Vortat geschaffenen rechtswidrigen Vermögenslagen durch einverständliches Zusammenwirken zwischen dem Vortäter und dessen Besitznachfolger.[63] Klarzustellen ist zunächst, dass Tatobjekt der Hehlerei eine Sache sein muss, die *unter Verletzung fremder Vermögensinteressen* in den Besitz des Vortäters gelangt sein muss. Regelmäßig handelt es sich um Diebstahl, Unterschlagung u.a. Da es somit auf die Identität des (bemakelten) Tatobjekts ankommt, ist die sogenannte **Ersatzhehlerei** straflos. Hat also beispielsweise der Erblasser Geld gestohlen, das er sodann für Käufe von weiteren Gegenständen verwandt hat, so greift § 259 StGB bezüglich dieser (Ersatz-)Gegenstände nicht ein, da diese im Eigentum des Erblassers stehen. Eine Hehlerei der Miterben hieran ist damit ausgeschlossen.

34 Das im Gesetz als zentrale Tathandlung erwähnte „*Verschaffen*" der bemakelten Sache, dessen wichtigster Unterfall das Ankaufen ist, kommt in erbrechtlichen Gestaltungen nur

62 Lackner/*Kühl*, § 259 Rn 1 m.w.N.
63 Wessels/*Hillenkamp*, BT Teil 2 Rn 823 f.

dann in Betracht, wenn es zu einem einverständlichen, wenn auch nicht zwingend kollusiven Zusammenwirken zwischen dem Erblasser und einem Erben kommt. „*Verschaffen*" bedeutet insoweit die bewusste und gewollte Übernahme der tatsächlichen Verfügungsgewalt zu eigenen Zwecken auf der Basis eines einverständlichen Zusammenwirkens mit dem Erblasser als Vortäter.[64] Allein das Übergeben zur Miete oder im Rahmen einer Leihe genügt insoweit nicht, da es hier an einer zur Tatbestandserfüllung notwendigen eigentümerähnlichen Stellung mangelt. In Beispiel 15, Variante A, ist somit in der bloßen Leihe des Gegenstandes keine Hehlerei zu sehen, wohl aber in der Abrede, dass nach dem Tod des Erblassers die bemakelte Uhr dem S gehören soll. Damit verschaffte er sich zum Zeitpunkt des Todes die Uhr, da er sie wie ein Eigentümer erhalten soll. Die gestohlene Uhr war ein geeignetes Tatobjekt. Der S handelte auch vorsätzlich und in Bereicherungsabsicht. Soweit der S im Rahmen der Auseinandersetzung der Erbengemeinschaft die Miterben über den möglichen Nachlassgegenstand getäuscht haben sollte, kommt ein vollendeter Betrug schon deshalb nicht in Betracht, weil der bemakelte Gegenstand nicht im Eigentum des Erblassers stand. Ein Vermögensschaden ist damit für die Miterben ausgeschlossen. Allenfalls käme je nach Vorstellungsbild des S ein untauglicher Betrugsversuch in Betracht.

In der Variante B hingegen scheidet eine Strafbarkeit gem. § 259 StGB der Miterben aus. Es fehlt an dem notwendigen Zusammenwirken zwischen Erblasser und Miterben i.S.e. Verschaffens. Die Miterben erlangten aufgrund Gesetzes Besitz an den „Nachlassgegenstände". Dies genügt für eine Hehlereihandlung nicht, da § 259 StGB gerade das Zusammenwirken von Vortäter und einer dritten Person unter Strafe stellen will. Hieran fehlt es aber bei einer schlichten gesetzlichen Gesamtsrechtsnachfolge. Es fehlt insoweit an einem eigenständigen zweiten Angriff auf das Vermögen des ursprünglich Geschädigten, durch den die rechtwidrige Vermögenslage perpetuiert wird.

§ 259 StGB dürfte damit grundsätzlich bei gesetzlicher Erbfolge ausscheiden. Freilich greift 35
auch hier der Auffangtatbestand der **Unterschlagung** gem. § 246 StGB:

Wenn also Erben bei Durchsicht des Nachlasses Gegenstände finden, die nicht im Eigentum des Erblassers standen und ggf. aus einer strafbaren Vortat herrühren, können sie sich ihrerseits wegen Unterschlagung strafbar machen. Hierfür ist allerdings notwendig, dass sich der Zueignungswille der Erben nach außen dokumentiert. Dies kann z.B. darin liegen, dass eine Auseinandersetzungsvereinbarung geschlossen wird, mit der über den bemakelten Nachlassgegenstand „verfügt" wird, indem er einem der Erben zugewiesen und übertragen werden soll. In der Beratung ist daher darauf hinzuweisen, dass in fremdem Eigentum stehende Gegenstände tunlichst an den Eigentümer zurückgelangen sollten.

Dies gilt nur für die Sachen, die unmittelbar von Dritten stammen. Unstreitig ist heute, dass die sogenannte **Ersatzhehlerei** nicht unter den Tatbestand des § 259 StGB fällt. In solchen Fällen fehlt es dann aber auch an der Fremdheit der Sache. Handelt es sich um Gegenstände, die aufgrund von „Einnahmen aus strafbaren Handlungen" erworben wurden, kommt weder Hehlerei noch Unterschlagung in Betracht. Diese Normen gebieten es also auch nicht, dass der Erbe, der zum Beispiel vom Erblasser entworfene Erpresserschreiben im Nachlass findet, diesen Umstand sofort der Staatsanwaltschaft respektive etwaigen Erpressten anzeigt. Eine derartige strafbewehrte Verpflichtung existiert nicht.

Allerdings wird diese mögliche Strafbarkeitslücke auch für die Erben durch § 261 StGB, Geldwäsche, begrenzt.

64 BGH NStZ 1995, 544.

36 Im Einzelnen:

Diese im öffentlichen Bewusstsein häufig aufgrund ihrer Bezeichnung nur reduziert wahrgenommene Norm hat einen weiten Anwendungsbereich. Gegenstand der **Geldwäsche** können alle Vermögenswerte, bewegliche und unbewegliche Sachen sowie Rechte sein, die aus einem Verbrechen oder einem der in § 261 Abs. 1 S. 2 Nr. 2–5 enumerativ aufgezählten Vergehen herrühren. Dieser Begriff ist im weitesten Sinne zu verstehen und wirtschaftlich zu interpretieren.[65]

37 Der **Vortatenkatalog** der Geldwäsche ist lang; Diebstahl, Unterschlagung, Erpressung, Hehlerei, Betrug, Untreue, Urkundenfälschung u.Ä. sind Vortaten, soweit sie gewerbsmäßig oder von dem Mitglied einer Bande begangen wurden. Erben, denen sich die Begehung derartiger Straftaten durch den Erblasser aufdrängt, müssen ihrerseits mit einer Strafbarkeit gem. § 261 StGB rechnen. Insbesondere der Begriff der *Gewerbsmäßigkeit* ist nach dem Grundsatzurteil des BGH aus dem Jahr 1951 nicht eben selten anzunehmen; danach besteht die Gewerbsmäßigkeit in der

> *„Absicht, sich durch die wiederholte Begehung von Straftaten der fraglichen Art eine fortlaufende Einnahmequelle von einigem Gewicht zu verschaffen“.*[66]

Nicht erforderlich ist, dass es die Haupteinnahmequelle des Täters ist oder es bereits zu mehreren Taten gekommen sein muss.[67] Besteht eine solche Absicht, so genügt also gegebenenfalls die Begehung *nur einer Straftat*, um die Gewerbsmäßigkeit zu begründen. In diesen Fällen wären die Vermögensgegenstände des Erblassers i.S.v. § 261 StGB bemakelt, so dass im Beispiel 16 die Miterben durch das Verbringen des Geldes ins Ausland das Auffinden desselben gefährden und damit tatbestandsmäßig i.S.v. § 261 Abs. 1 S. 1 StGB[68] handeln. Da sie dies auch vorsätzlich getan haben, käme in einem solchen Fall der Regelstrafrahmen zwischen drei Monaten und fünf Jahren Freiheitsstrafe in Betracht.

38 § 261 Abs. 2 StGB weitet die Strafbarkeit sogar noch aus, indem auch das Verschaffen (Nr. 1) von bemakelten Gegenständen oder (Nr. 2) das Verwahren und Verwenden solcher Gegenstände unter Strafe gestellt wird. Damit ist der Anwendungsbereich der Norm erheblich, was offenbar auch dem Gesetzgeber nicht verborgen geblieben ist. Dieser hat mit § 261 Abs. 6 StGB eine Beschränkung des Anwendungsbereichs des § 261 Abs. 2 StGB zum Schutz des allgemeinen Rechtsverkehr[69] bezweckt.

Wenn nämlich ein Dritter den bemakelten Gegenstand zuvor erlangt hat, ohne hierdurch eine Straftat zu begehen, soll § 261 Abs. 2 StGB nicht greifen. Gesetzgeberische Intention war, der Entstehung unangemessen langer Strafbarkeitsketten Einhalt zu gebieten.[70] Wer also einen in § 261 Abs. 1 StGB bezeichneten Gegenstand ohne strafbaren Verstoß gegen § 261 StGB erlangt, unterbricht die Kette in jedem Fall.[71]

Ungeklärt und bislang wenig diskutiert erscheint allerdings die Frage, ob der Erwerb von Todes wegen einen solchen *straflosen Vorerwerb* i.S.d. § 261 Abs. 6 StGB darstellt. Die Regelung des § 261 Abs. 6 StGB knüpft daran an, dass die Strafbarkeit nach § 261 Abs. 2 StGB bedenklich weit gefasst ist und Einschränkungen vom Gesetzgeber für notwendig

---

65 Wessels/*Hillenkamp*, BT Teil 2 Rn 892, 894.
66 BGHSt 1, 383.
67 BGH GA 1955, 212.
68 *Fischer*, § 261 Rn 20 f.
69 BT Drucks 12/989, S. 28.
70 Lackner/*Kühl*, § 261 Rn 6.
71 *Maiwald*, in: FS Hirsch, S. 631, 645.

erachtet wurden.[72] Der Anwendungsbereich des § 261 Abs. 2 StGB wurde deshalb in objektiver Hinsicht bei Handlungen eingeschränkt, die sich auf Gegenstände erstrecken, die zuvor ein Dritter erlangt hat, ohne hierdurch eine Straftat zu begehen. Wie sich aus dem Wortlaut ergibt, ist hierbei nicht vorausgesetzt, dass der Erwerb durch einen Dritten zivilrechtlich wirksam gewesen ist;[73] vielmehr greift § 261 Abs. 6 StGB auch dann, wenn der betreffende Dritte trotz Gutgläubigkeit etwa beim Erwerb geraubter Gegenstände *kein Eigentum* erlangt hat.[74] Soweit also die Erbengemeinschaft durch den Erbfall Gegenstände, die unter § 261 Abs. 2 StGB fallen, erlangt und die Miterben zu diesem Zeitpunkt gutgläubig sind, stellt sich dies als strafloser Erwerbsvorgang dar. War umgekehrt einer der Miterben zum Zeitpunkt des Erlangens des Gegenstandes durch den Erbfall bösgläubig, greift für diesen die Beschränkung nach § 261 Abs. 6 StGB nicht. Im Hintergrund steht das zentrale gesetzgeberische Motiv, Strafbarkeitsketten ad infinitum zu vermeiden. Mit guten Gründen kann man den Erwerb von Todes wegen aufgrund dieser gesetzgeberischen Zielsetzung unter § 261 Abs. 6 StGB subsumieren, so dass die in § 261 Abs. 2 StGB festzustellenden Tathandlungen für die Miterben straffrei wären.

Zweifelhaft ist allerdings die Weite des Anwendungsbereichs des § 261 Abs. 6 StGB. So 39
verweist der Wortlaut dieser Vorschrift lediglich auf § 261 Abs. 2 StGB, bei dessen weitem Anwendungsbereich die dargelegte Einschränkung für erforderlich gehalten wurde. Ein Hinweis auf § 261 Abs. 1 StGB fehlt hingegen, so dass umstritten bleibt, ob § 261 Abs. 1 StGB gleichwohl trotz eines straflosen Vorerwerbs gem. § 261 Abs. 6 StGB anwendbar bleibt. Dies ist für Erwerb von Todes wegen deshalb von erheblicher Bedeutung, weil trotz des gutgläubigen Erwerbes leicht eine Strafbarkeit gem. § 261 Abs. 1 StGB in Betracht kommen kann. Hierzu müsste nur den Mitgliedern der Erbengemeinschaft bei der späteren Durchsicht der Unterlagen des Erblassers auffallen, dass die Gegenstände aus einer Katalogstraftat herstammen. Die Miterben würden hierdurch bösgläubig mit erheblichen Auswirkungen:

So ist § 261 Abs. 1 StGB zwar grundsätzlich als Vorsatztat konstruiert, § 261 Abs. 5 StGB verlangt hinsichtlich der wahren Herkunft des Tatobjekts aber gerade keinen Vorsatz, sondern lässt Leichtfertigkeit genügen. Damit entstünde ein erhebliches Strafbarkeitsrisiko der Mitglieder der Erbengemeinschaft. Der Regelungsbereich des § 261 Abs. 6 StGB liefe weitgehend leer. Dies hat in der Literatur zu unterschiedlichen Lösungsansätzen geführt.

So wird vertreten, dass Gegenstände, die einmal gutgläubig erworben wurden, insgesamt von § 261 StGB auszunehmen seien.[75] Eine Gegenansicht[76] vertritt, dass eine Tathandlung i.S.d. § 261 Abs. 1 StGB gegenüber dem (bei straflosem Vorerwerb gem. Abs. 6) straflosen „sich Verschaffen" keinen eigenständigen Unrechtsverhalt aufweise und damit ihrerseits straflos bleiben müsse. Wie *Fischer* zutreffend darlegt, ist eine derartige Lösung mit dem Wortlaut der Vorschrift kaum zu vereinbaren und widerspricht der ausdrücklichen gesetzgeberischen Zielsetzung.[77] Vieles spricht dafür, dass auch Miterben sich gem. § 261 Abs. 1 StGB strafbar machen können, wenn sie den bemakelten Gegenstand von Todes wegen erworben und sodann seine Herkunft verschleiern, ihn verbergen oder sonst sein Auffinden vereiteln oder gefährden (§ 261 Abs. 1 StGB).[78] Jedenfalls muss im Rahmen von Beratungen

72 BT Drucks 12/989, S. 27.
73 Lackner/*Kühl*, § 261 Rn 6.
74 Schönke/Schröder/*Stree/Hecker*, § 261 Rn 21.
75 Lackner/*Kühl*, § 261 Rn 6.
76 *Maiwald*, in: FS Hirsch, S. 639.
77 *Fischer*, § 261 Rn 28.
78 Vgl. zum Ganzen auch *Gotzens/Schneider*, wistra 2002, 121 ff.

auf diese noch nicht abschließend geklärte Frage und die damit verbundenen durchaus erheblichen Strafbarkeitsrisiken hingewiesen werden.

40 Anders als das „benachbarte“ Delikt der Hehlerei verzichtet § 261 StGB auf das sogenannte *Identitätserfordernis*. Wie dargestellt, fällt die Hehlerei an Ersatzgegenständen nicht unter den Tatbestand des § 259 StGB; wie sich dagegen aus dem Wort „herrühren“ in § 261 StGB ergibt, hat der Gesetzgeber mit diesem Schlüsselbegriff einen weiten, in seinen Grenzen schwer bestimmbaren Anwendungsbereich geschaffen.[79] Auch dem Gesetzgebungsverfahren ist zu entnehmen, dass das Tatobjekt in § 261 StGB nicht identisch sein muss mit dem Gegenstand, der aus der Vortat stammte. Die Auswirkungen sind vielschichtig:

41 Der weite Anwendungsbereich des § 261 StGB kommt zum Beispiel darin deutlich zum Ausdruck, dass sogar Geldbeträge, die bei Banken eingezahlt werden, nichts an einer möglichen Strafbarkeit ändern. Zwar mag der konkrete Geldschein nicht mehr aus der Tat „herrühren“, allerdings erwirbt der Vortäter (hier der Erblasser) aber zugleich mit der Einzahlung des Geldscheins einen Auszahlungsanspruch gegen die Bank; dieser rührt aus dem Tatgegenstand her und diese Forderung erwirbt sodann der Miterbe.[80] Auch hier kommt jeweils eine Strafbarkeit gem. § 261 Abs. 1 StGB für die Miterben in Betracht, weil § 261 StGB auch für *Surrogate* des eigentlichen Tatobjekts gilt, wenn ein konkreter Zusammenhang zum bemakelten Gegenstand besteht.[81]

Da sich für derartige Fallkonstellationen auch eine Anwendung des § 261 Abs. 6 StGB verbietet (Letzterer bezieht sich nur auf erlangte Gegenstände), ist für die Mitglieder der Erbengemeinschaft ein weiter Anwendungsbereich gegeben. § 261 Abs. 1 und 2 StGB gelten insoweit unbeschränkt bei zunächst vorhandener Gutgläubigkeit im Erbfall. Wenn also die Mitglieder der Erbengemeinschaft zu diesem Zeitpunkt gutgläubig waren hinsichtlich etwaiger Bankguthaben, diese nach Durchsicht der Unterlagen des Erblassers aber bösgläubig wurden, kann eine Strafbarkeit gem. § 261 Abs. 2 StGB schon durch Zuweisung von Guthabensbeträgen (Übertragung von Forderungen)an den einen oder anderen Miterben gegeben sein. Hierin kann ein Verschaffen im Sinne des § 261 Abs. 2 StGB liegen. Damit ist im Hinblick auf Bankguthaben eine sehr weite Strafbarkeit auch der Mitglieder der Erbengemeinschaft denkbar. Im Katalog der Vortaten, die den Tatbestand des § 261 StGB eröffnen, ist auch die gewerbsmäßige Steuerhinterziehung erfasst, wodurch eine deutliche Erweiterung des Anwendungsbereiches der Geldwäsche auch für Erbengemeinschaften festzustellen ist (vgl. hierzu Rdn 128 ff.).

dd) Betrug

42 **Beispiel 17**

Sohn S des Erblassers E vernichtet dessen einziges Testament, in dem er S enterbt und dessen Bruder B als Alleinerben eingesetzt hat. S erwirkt anschließend die Erteilung eines gemeinschaftlichen Erbscheins.

Dass es sich hierbei um eine **mittelbare Falschbeurkundung** handelt, ist bereits oben festgestellt worden (siehe Rdn 19 f.). Zurückgehend auf eine Entscheidung des Reichsgerichts geht die Rechtsprechung bis heute davon aus, dass schon bei Erteilung des (falschen) *Erbscheins* ein vollendeter (Dreiecks)Betrug gegeben ist. Das Nachlassgericht wird über die Berechtigung des Miterben getäuscht und ein entsprechender Irrtum erregt. Die Erteilung

79 *Maiwald*, in: FS Hirsch, S. 636.
80 Vgl. Schönke/Schröder/*Stree/Hecker*, § 261 Rn 18; *Fischer*, § 261 Rn 29.
81 OLG Frankfurt NJW 2005, 1727, 1732.

des Erbscheins hat vermögensverfügenden Charakter; sie führt isoliert zwar noch nicht zu einem Schaden, aber eben zu einer schadensgleichen konkreten Vermögensgefährdung.[82] Dies gründet sich auf die Vermutungswirkung des Erbscheins: Für den im Erbschein als Erbe Genannten spricht die Vermutung des ihm zustehenden Erbrechts und die nach §§ 2366, 2367 BGB mit öffentlichem Glauben ausgestattete Befugnis zur Verfügung über Erbschaftsgegenstände und -rechte sowie zur Entgegennahme von Leistungen. Dies gilt im Rahmen der Erbengemeinschaft allerdings nur eingeschränkt, denn bei dem in Frage stehenden Gesamthandsvermögen dürfen Verfügungen nur gemeinsam getätigt und Leistungen nur gemeinsam angenommen werden.

Dass die späteren **Nutzungen** des (unrichtigen) Erbscheins gegenüber Dritten ihrerseits eigenständige Betrugshandlungen darstellen, erscheint regelmäßig problematisch. Während die Vertragspartner als Getäuschte wegen des umfassenden Gutglaubensschutzes der §§ 2366, 2367 BGB weder einen Vermögensschaden noch eine schadensgleiche konkrete Vermögensgefährdung erleiden, fehlt es für einen Dreiecksbetrug zu Lasten der wirklichen Erben an der erforderlichen Nähebeziehung zwischen dem Dritten und dem wirklichen Erben.[83] Eine solche normative Nähebezeichnung kommt nur dann in Betracht, wenn der Getäuschte vor der Tat in einer engeren, ihn legitimierten Beziehung zum Vermögen des Geschädigten stand.[84] Bei den Vertragsparteien fehlt ein solches Obhutsmoment, sie erscheinen letztlich als außenstehende Dritte. Daher stehen die Vertragspartner der Erbengemeinschaft dieser regelmäßig nicht so nahe, dass deren irrtumsbedingte Verfügung zu einem (mittelbaren) Betrug gegenüber den Miterben führen müsste.

Beispiel 18

E wird zu gleichen Teilen von seinen Söhnen S und B beerbt. Nach seinem Tod geht S in die Wohnung des E und zerreißt einen von ihm unterzeichneten Schuldschein. Diesem lag ein Darlehen zugrunde, dass E dem S noch zu Lebzeiten gewährt hatte. Im Rahmen der Auseinandersetzung der Erbengemeinschaft verschweigt S diese Darlehensforderung. B geht davon aus, dass der ganze Nachlass aufgedeckt ist, fordert aber S nicht zu einer Erklärung auf.

Soweit bei der Auseinandersetzung der Erbengemeinschaft ein unter § 263 StGB fallendes Verhalten in Frage steht, ist zu differenzieren: 43

Wichtig ist, ob es sich um ein aktives, täuschendes Verhalten des Miterben mit entsprechender Irrtumserregung beim anderen Miterben handelt; denn die hiervon zu unterscheidende **Täuschung durch Unterlassung** führt nur bei Entstehen einer Garantenpflicht zur Strafbarkeit. Allein aus der bloßen Miterbenstellung resultiert regelmäßig keine Handlungspflicht. Eine solche kann sich aus Gesetz, Vertrag oder vorangegangenen Tun ergeben.[85] Soweit z.B. § 2057 BGB eine Auskunftspflicht durch den Miterben konstituiert, besteht sie nicht per se, sondern nur auf Verlangen eines Miterben. Wer nach Aufforderung eines Miterben falsche Angaben macht, täuscht aktiv, so dass es auf die Frage der Garantenpflicht gar nicht mehr ankommt.[86]

In Beispiel 18 wäre strafrechtlich zu fragen, ob im Rahmen der Auseinandersetzung der Erbengemeinschaft die Miterben B und S gemeinsam ein Inventarverzeichnis des Nachlasses aufstellten, Forderungen gegen Dritte zusammentrugen usw.; in einem solchen Verhalten 44

82 RGSt 53, S. 260 ff.; OLG Stuttgart MDR 1985, 781, 782.

83 Vgl. BGHSt 18, 221.

84 Instruktiv Schönke/Schröder/*Perron*, § 263 Rn 66.

85 *Fischer*, § 263 Rn 38 ff.

86 Vgl. zum Ganzen *Tiedemann*, Jura 1981, S. 26.

wäre zwar keine ausdrückliche, allerdings eine **konkludente Täuschung** zu sehen. Es ist anerkannt, dass auch in schlüssigen Handlungen ein irreführendes Verhalten liegen und dadurch ein Irrtum erregt werden kann. Wer als Miterbe an einer Inventarliste respektiv einer Forderungsliste der Erbengemeinschaft mitwirkt, dürfte konkludent erklären, dass ihm über diese Liste hinaus keine weiteren Forderungen zugunsten der Erbengemeinschaft bekannt sind. Damit dürfte S den B über den Umstand des noch nicht zurückgezahlten Darlehens, das der Erbengemeinschaft gegen ihn selbst zustand, getäuscht haben und einen entsprechenden Irrtum bei B erregt haben. Die weiteren Voraussetzungen des Betruges, insbesondere die notwendige Bereicherungsabsicht, liegen offenkundig vor.

Wenn vorliegend eine solche Täuschung durch aktives Tun nicht gegeben wäre, ergäbe sich eine Garantenpflicht aus **Ingerenz**. Im Zerreißen des Schuldscheines liegt eine Urkundenunterdrückung; derartiges strafbares und vermögensgefährdendes Vorverhalten begründet eine Aufklärungspflicht des Handelnden.[87] Miterbe S hätte also gleichermaßen einen Betrug durch Unterlassen begangen.

Anders ist dies in den sonst üblichen Fällen der Auseinandersetzung der Erbengemeinschaft, ohne dass derartige ingerente Verhaltensweisen festzustellen wären:

45 Hier wird eine *Garantenpflicht* regelmäßig zu verneinen sein. Eine **allgemeine Auskunftspflicht** der Miterben über den Nachlass besteht grundsätzlich nicht.

Etwas anderes gilt immer dann, wenn einer der Miterben **beauftragt** wurde. In diesen Fällen gelten die Auskunfts- und Rechenschaftspflichten des § 666 BGB, so dass eine Garantenpflicht entsteht.[88] Soweit die im Recht der Erbengemeinschaft fixierten Auskunftspflichten sich auf ein Verlangen des Miterben gründen, kommt in diesen Fällen ohnehin kein Unterlassen in Betracht. Wer auf ein Verlangen hin unwahre Angaben macht und hierdurch einen Irrtum erregt, täuscht aktiv.[89]

Praxishinweis

Auch ohne spezielle Verdachtslage sollten die jeweiligen Miterben deshalb ausdrücklich zur Auskunft aufgefordert werden. Wenn diese (unabhängig von einer gesetzlich fixierten entsprechenden Verpflichtung hierzu) aktiv Auskunft erteilen, ist ihr Verhalten unabhängig von einer bestehenden Garantenpflicht strafbewehrt, wenn sich später herausstellt, dass die Angaben (bewusst) falsch waren.

ee) Untreue

46 **Beispiel 19**

Die Erbengemeinschaft besteht aus S, B und K. In ihrem Gesamtvermögen stehen drei neuwertige Kfz. Da S weit entfernt vom Wohnort des Erblassers wohnt, kümmert er sich um den Nachlass wenig. B und K veräußern zwei Fahrzeuge ohne Rücksprache mit S an einen Autohändler ganz erheblich unter dem Listenpreis. S wird um seine Zustimmung ersucht. Er genehmigt die Rechtsgeschäfte. Einige Zeit später erfährt S durch Zufall, dass die beiden Fahrzeuge von B und K zwischenzeitlich erworben wurden.

87 LK-*Tiedemann*, § 263 Rn 68.
88 Vgl. hierzu LK-*Tiedemann*, § 263 Rn 59.
89 Vgl. *Tiedemann*, Jura 1981, 26 m.w.N.

Variante: S und K leben im Ausland und beauftragen B mit der Verwaltung des Nachlasses. Im Rahmen dieser Verwaltung schließt er wirksam Rechtgeschäfte mit einem Autohändler über zwei Fahrzeuge, die er weit unter Listenpreis veräußert und die sodann (mit einem Aufschlag von 10 %) von seiner Ehefrau erworben werden.

Untreue gem. § 266 StGB setzt eine Vermögensbetreuungspflicht voraussetzt. Diese muss nicht nur fremdnützig sein, sondern auch eigenständigen Charakter haben. Angesichts dieser klaren Voraussetzungen scheidet Untreue in der Erbengemeinschaft regelmäßig aus, denn die Verfügungsbefugnis über Gegenstände des Nachlasses steht grds. nur sämtlichen Erben gemeinsam zu. Hieraus ergibt sich aber keine *Vermögensbetreuungspflicht* der Miterben. Eine solche kann nur entstehen, soweit einem Mitglied der Erbengemeinschaft die Verwaltung oder sonstige Vertretung der übrigen Miterben übertragen wird. Soweit in Beispiel 19 zwar der Verdacht besteht, die Fahrzeuge wären deshalb so günstig verkauft worden, weil sie sodann wieder von den beiden Miterben rückerworben werden sollten, führt dies nicht zu einer Strafbarkeit gem. § 266 StGB. Weder B noch K traf eine Vermögensbetreuungspflicht, sie konnten nach außen ohnedies gar nicht rechtswirksam handeln, ihr Verhalten musste seitens des S noch genehmigt werden. Damit fehlte es an der für den Untreuetatbestand notwendigen Eigenständigkeit der Pflichtenstellung des Handelnden.

Anders sind die sogenannten Verwalterfällen zu beurteilen, in denen – ähnlich wie bei einem Testamentsvollstrecker – einem Miterben die *Verwaltung des Nachlasses* oder Teilen hiervon übertragen wurde. In diesen Fällen kann der Verwalter in dem ihm übertragenen Aufgabenkreis rechtswirksam nach außen handeln und damit auf das Gesamthandvermögen unmittelbar einwirken. Der in der Abwandlung des Falles nahe liegende Verzicht auf einen Vertragsschluss mit günstigeren Bedingungen kann einen Nachteil zu Lasten des zu betreuenden Vermögens darstellen.[90]

Beispiel 20 47

Gesetzliche Erben des Erblasser E sind S, V und K zu gleichen Teilen. Im Nachlass befindet sich ein Grundstück im Wert von 200.000 EUR, das E eigentlich der Ehefrau des K versprochen hatte. K verfügte noch über eine Vollmacht des Erblassers, die über den Tod hinaus galt. Kurz nach dem Tod des E geht K zu einem Notar und überträgt auf der Grundlage der widerrufenen Vollmacht das Grundstück auf seine Ehefrau. Der Notar beurkundet die Auflassung und beantragt Eigentumsumschreibung. Im Nachlass findet sich eine Kopie eines Widerrufsschreibens des E, das dieser per Einschreiben/ Rückschein an K gesandt hatte. S erstattet Strafanzeige und Strafantrag gegen K.

Dieses einer Entscheidung des OLG Stuttgart[91] nachgebildete Beispiel illustriert die Bandbreite strafrechtlich relevanten Verhaltens bei erteilter **postmortaler Vollmacht**. Eine Strafbarkeit des Bevollmächtigten kommt hier in mehrerlei Hinsicht in Betracht.

So ist zunächst anerkannt, dass das Grundbuch ein öffentliches Buch i.S.d. § 271 StGB ist, soweit es ein dingliches Recht an einem Grundstück bezeugt. Damit wird die inhaltliche Richtigkeit des Grundbuchs geschützt. Bei Vorlage einer erloschenen Vollmachtsurkunde und der daraufhin erfolgten notariellen Beurkundung des Verpflichtungs- und Auflassungsvertrages, wird eine mittelbare Falschbeurkundung bewirkt.[92] Inhaltlich unrichtig ist es aufgrund des neu eingetragenen „falschen" Eigentümers. Zwar ist der K wirksam bevollmächtigt worden; diese Vollmacht ist jedoch durch Widerruf erloschen. Tatfrage wäre allen-

90 LK-*Schünemann*, § 266 Rn 157.
91 OLGSt StGB § 263 Nr. 4.
92 Vgl. *Fischer*, § 271 Rn 16; OLG Stuttgart OLGSt StGB § 263 Nr. 4.

falls, ob der Nachweis der Kenntnis von dem Widerruf durch die Einschreiben/Rückschein-Karte geführt werden kann. Es liegt ferner der Qualifikationstatbestand der schweren **mittelbaren Falschbeurkundung** (§ 271 Abs. 3 StGB) nahe, da der K in (Dritt-)Bereicherungsabsicht zugunsten seiner Ehefrau handelte.

48 In derartigen Vollmachtsmissbrauchsfällen liegt ferner ein **Dreiecksbetrug**: Der handelnde Notar wird über das Bestehen der Vollmacht getäuscht, da diese bereits zuvor widerrufen worden war und ein entsprechender Irrtum bei ihm erregt. Zwar wird es in aller Regel nicht Pflicht des Notars sein, die ihm vorgelegte Vollmachtsurkunde auf ihre materiellrechtliche Gültigkeit zu überprüfen; allerdings ist der Notar gesetzlich verpflichtet, eine Beurkundung dann abzulehnen, *„wenn seine Mitwirkung bei Handlungen verlangt wird, mit denen erkennbar unerlaubte oder unredliche Zwecke verfolgt werden“* (§ 4 BeurkG). Damit wird der Notar vor der erbetenen Beurkundung die Vorstellung in sein Bewusstsein aufnehmen, die vorgelegte Vollmacht decke inhaltlich die zu beurkundende Erklärung. Aufgrund des Irrtums hat der Notar auch den Antrag auf Eintragung beim Grundbuchamt gestellt, mithin eine Vermögensverfügung veranlasst, die sodann vom Grundbuchbeamten vorgenommen wurde. In der Eintragung als Eigentümerin liegt auch eine *konkrete Vermögensgefährdung*, da die Ehefrau des K mit ihrer Eintragung nunmehr zugunsten eines gutgläubigen Dritten wirksam über das Grundstück verfügen konnte.[93]

49 Zuletzt kommt in derartigen Vollmachtsmissbrauchsfällen eine **Untreue** in Betracht. Der trotz Widerrufs der Vollmacht weiter sich hierauf berufende Dritte missbraucht die ihm ursprünglich erteilte Befugnis. Die Vollmacht hatte auch zum Inhalt, K möge die Vermögensinteressen des Erblassers wahrnehmen. Diese Verpflichtung zur Wahrnehmung fremder Vermögensinteressen hatte auch eigenständigen Charakter, so dass angesichts des in der konkreten Vermögensgefährdung liegenden Nachteils der objektive Tatbestand der Untreue gegeben ist.

Hätte K **vor** dem Erbfall gehandelt, so wäre S als gesetzliche Erbin nicht Verletzte gewesen. Denn die *Erwerbsaussicht* der gesetzlichen oder testamentarisch eingesetzten Erbengemeinschaft stellt zu Lebzeiten des Erblassers keinen Anspruch auf das Erbe und auch kein Anwartschaftsrecht dar. Vielmehr stellen die Erbaussichten bis zum Tod des Erblassers lediglich eine Chance dar, die durch § 263 StGB und § 266 StGB nicht geschützt wird.[94] Solange der Erblasser jederzeit bis zu seinem Tod nach seinem Gutdünken Nachlassgegenstände verbrauchen, verschenken oder anderweitig darüber verfügen kann, besteht keine gesicherte Erwerbsposition der Erben.[95] Etwas anderes dürfte nur dann gelten, wenn ein Erbvertrag geschlossen wurde.

II. Strafprozessuale Aspekte und Zielsetzungen

1. Strafanzeige als Grundlage für die Einleitung von Ermittlungen

50 Die Strafanzeige als Mittel der erbrechtlichen Auseinandersetzung erscheint nicht nur wegen des im Strafverfahren geltenden Amtsermittlungsgrundsatzes, sondern auch deshalb reizvoll, weil im Ermittlungsverfahren Beweise und auch Vermögen gesichert werden können. Die Einbeziehung der Strafverfolgungsbehörden in erbrechtlich geprägte Sachverhalte folgt dabei regelmäßig verschiedenen Zielsetzungen seitens der Mandanten:

---

93 Vgl. RGSt 60, 371.
94 Instruktiv BGH NJW 1982, 1807, 1808.
95 RGSt 42, 171, 174.

So steht erfahrungsgemäß das eigentliche Hauptziel eines Strafverfahrens, nämlich die Durchsetzung des staatlichen Strafanspruchs gegenüber dem erbrechtlichen Kontrahenten häufig nicht im Vordergrund der Zielsetzungen der den Strafantrag stellenden Mandanten. Diesen geht es meist nicht um das Ergebnis, sondern den Weg, den das Strafverfahren bis zur Anklage bzw. Bestrafung beschreitet. Dort geht es um:
- Informationsgewinnung
- Beweisermittlung/-sicherung
- Sicherstellung von Vermögen/Gegenständen.

Dies sind typische Zielsetzungen der erbrechtlichen Auseinandersetzung. Sie sind hingegen nur „Abfallprodukt" eines strafrechtlichen Ermittlungsverfahrens, bei dem der staatliche Strafanspruch im Vordergrund steht (Offizialprinzip – § 152 Abs. 1 StPO „zur Erhebung der öffentlichen Klage ist die Staatsanwaltschaft berufen"). Die Staatsanwaltschaft ist verpflichtet, wegen aller verfolgbaren Straftaten einzuschreiten, sofern zureichende tatsächliche Anhaltspunkte vorliegen. § 152 StPO ist insoweit als Kompetenznorm zu verstehen, die der Staatsanwaltschaft und den dieser nachgeordneten Ermittlungsbehörden die ausschließliche Kompetenz zur Ermittlung von strafrechtlichen Sachverhalten zuspricht. Diese übertragene Berechtigung führt zugleich aber auch zu der Verpflichtung, Anklage zu erheben, wenn die Voraussetzungen dazu bestehen (sogenannter Anklagezwang).[96] Dies ist das notwendige Korrelat zum Anklagemonopol der Staatsanwaltschaft.[97] Dazu gehört ausdrücklich auch die Verpflichtung für die Staatsanwaltschaft, von denen ihr zu Gebote stehenden Zwangsbefugnissen Gebrauch zu machen.[98] Diese gesetzlich normierte Verpflichtung der Staatsanwaltschaft zu ermitteln, d.h. Informationen zu beschaffen, Beweise zu sichern, Tatmittel sicherzustellen und zu beschlagnahmen, muss man sich in den hier interessierenden Fallkonstellationen nutzbar machen. Voraussetzung hierfür ist allerdings, dass sich aus dem Vorbringen des Anzeigenden ein Anfangsverdacht ergibt. 51

Dieser setzt voraus, dass für eine verfolgbare Straftat (a) zureichende tatsächliche Anhaltspunkte (b, Rdn 66 ff.) gegeben sind:

a) Verfolgbare Straftat

Im vorliegenden Zusammenhang ist bei der Frage der verfolgbaren Straftat als Voraussetzung für die Aufnahme von Ermittlungen vor allem auf Verjährungsproblematiken und Strafantragserfordernisse einzugehen. Beide Aspekte (fehlender Strafantrag und eingetretene Verfolgungsverjährung) stellen nach der Terminologie des Gesetzes sogenannte Verfahrenshindernisse dar (vgl. §§ 206a Abs. 1, 260 Abs. 3 StGB). Dieser Begriff bezeichnet das Fehlen von Prozessvoraussetzungen, wobei üblicherweise zwischen sogenannten Befassungsverboten und Bestrafungsverboten unterschieden wird. Befassungsverbote (z.B. fehlende wirksame Anklage, fehlende örtliche oder sachliche Zuständigkeit u.Ä.) führen dazu, dass ein Verfahren gar nicht durchgeführt werden darf. Jedoch hindern die sogenannten Bestrafungsverbote, zu denen ein fehlender oder zurückgenommener Strafantrag ebenso gehört wie eine eingetretene Verjährung grundsätzlich nicht die Durchführung eines Verfahrens, sondern nur die Bestrafung wegen des Tatvorwurfs. Dass ein Verfahren – insbesondere ein Ermittlungsverfahren – sogar ohne Strafantrag möglich ist, ergibt sich im Umkehrschluss 52

96 BGHSt 15, 155.
97 *Meyer-Goßner/Schmitt*, § 152 Rn 2.
98 *Schroeder*, JZ 1985, Seite 1033.

aus § 130 StPO. Dort wird festgelegt, dass sogar Haftbefehl ergehen kann bei Straftaten, die nur auf Antrag verfolgbar sind, bevor ein solcher Strafantrag gestellt wurde.[99]

Nichts anderes gilt bei einer Verjährungsfrage, da dort zunächst im Ermittlungsverfahren die Voraussetzungen einer möglichen Verjährung in tatsächlicher Hinsicht geprüft werden müssen.

aa) Verjährung

53 Die Strafverfolgungsverjährung richtet sich nach § 78 Abs. 3 StGB. Relevant sind im erbrechtlichen Zusammenhang die Regelverjährungen nach § 78 Abs. 3 Nr. 4 und 5 StGB. Danach verjähren Straftaten, die im Höchstmaß mit Freiheitsstrafen von mehr als einem Jahr bis zu 5 Jahren bedroht sind, in 5 Jahren. Taten mit geringerer Straferwartung verjähren nach 3 Jahren. Der Fristbeginn richtet sich nicht nach der Tatvollendung, sondern nach § 78a S. 1 StGB danach, wann das auf Verwirklichung des Tatbestandes gerichtet Täterverhalten beendet ist. Aus § 78a S. 2 ergibt sich die Ergänzung, dass die Verjährung nicht eintreten kann vor Eintritt des tatbestandsmäßigen Erfolges. Damit verschiebt sich bei Erfolgsdelikten regelmäßig der Verjährungsfristbeginn.

Beispiel 21

Miterbe M hat Miterbin A (seine leibliche Schwester), die zusammen eine Erbengemeinschaft bilden, befragt, welche Beträge der Erblasser in der Schweiz auf einem Nummernkonto hatte. Die A behauptet 2011 dies nicht zu wissen. Der M klagt gegen die A, die das auf einem schweizerischen Bankkonto liegende Vermögen des Erblassers, für das sie schon frühzeitig eine Vollmacht erhalten hatte, verschwieg. Durch seine Zeugeneinvernahme im Steuerstrafverfahren gegen A wird dem M 2016 – kurz vor der mündlichen Verhandlung im Zivilprozess – nunmehr bekannt, dass es tatsächlich Vermögen im Ausland gab. Er erstattet Strafanzeige und weist auf die vor 5 ½ Jahren abgegebene unrichtige Auskunft hin. Verjährt?

54 Die Verjährung läuft ab Beendigung der Tat, das heißt mit der letzten auf Verwirklichung des tatbestandlichen Erfolges gerichteten Handlung des Täters.[100] Der (versuchte) Betrug, der in der unvollständigen Auskunft liegen kann, setzte sich im Rahmen des Prozesses in Form des sogenannten Dreiecksbetruges fort. Diese Tat ist somit frühestens beendet, wenn der Täter in der mündlichen Verhandlung seinen Klage(abweisungs)antrag gestellt hat, denn hierin liegt die mutmaßlich letzte Handlung im Hinblick auf den Erfolg (Täuschung des Gerichts und kausale Herbeiführung eines Schadens). Damit kam es nicht auf die „Tat" vor 5 ½ Jahren an im Rahmen der Auskunft – diese wäre mangels Verjährungsunterbrechung wohl verjährt gewesen –, da im laufenden Prozess noch gar keine Beendigung (§ 78a S. 2 StGB) eingetreten war. Die A war im Prozess wahrheitsverpflichtet (§ 138 ZPO); die ggfs. strafbare Vortat ändert hieran nichts (Rechtsfigur der mitbestraften Nachtat). Verjährung ist daher nicht eingetreten; allerdings ist in den Blick zu nehmen, dass es angesichts des Angehörigenverhältnisses zwischen den beiden einzigen Mitgliedern der Erbengemeinschaft eines Strafantrags bedarf (hierzu unter Rdn 55).

---

99 § 130 S. 1 legt fest, dass der Strafantragsberechtigte über den Haftbefehl zu informieren und innerhalb einer Einwochenfrist aufzufordern ist, den Strafantrag zu stellen. Wird ein Strafantrag nicht gestellt, ist der Haftbefehl aufzuheben. (§ 130 S. 2 StPO).

100 *Fischer*, § 78a Rn 3 m.w.N.

bb) Strafantrag

Im Rahmen der Beratung ist darauf hinzuweisen, dass bei Schädigung eines Angehörigen (Legaldefintion in § 11 Abs. 1Nr. 1a, 1b StGB) die Privilegierungsvorschrift des § 247 StGB greift. Danach werden die genannten Delikte Diebstahl und Unterschlagung, aber auch Betrug (über die Verweisungsnorm des § 263 Abs. 4 StGB) und Untreue (vgl. § 266 Abs. 2 StGB) nur auf Antrag des Verletzten verfolgt. Privilegiert sind nicht nur Verwandte und Verschwägerte in gerader Linie, sondern auch Ehegatten, Verlobte sowie Lebenspartner nach dem Lebenspartnerschaftsgesetz ferner Pflegeeltern und -kinder. Nicht erforderlich ist, dass die Verlobung, Ehe usw. zum Zeitpunkt der Tat noch besteht. 55

Beispiel 22

Die Erbengemeinschaft besteht aus drei Brüdern: Aus dem Miterben M, der als einziges Mitglied der Erbengemeinschaft in B lebt und den Miterben X und Y, die im Ausland wohnen. Um den Nachlass einschätzen zu können, fordern sie M Anfang 2017 auf, ein entsprechendes Nachlassverzeichnis zu erstellen, was dieser auch bereitwillig macht. Er teilt jedoch nicht mit, dass der Erblasser E im Ausland Vermögen in Form eines Sparbuchs hatte, für das M schon zu Lebzeiten des E eine Vollmacht besaß. X und Y geht am 15.11.2017 das Verzeichnis zu, bereits Ende September 2007 wussten sie von der früheren Haushälterin, dass es ein Auslandskonto mit erheblichem Guthaben gab und der M davon gewusst haben soll. Nachdem M den Kontakt zu ihnen abbricht und Fragen nach der Höhe des Guthabens unbeantwortet bleiben, erstattet X am 30.4.2018 Strafanzeige per Fax. Aus der im Juni eingesehenen Ermittlungsakte ersehen beide, dass M von vorneherein vom Auslandsvermögen gewusst hatte und unterzeichnen beide ein Strafantragsformular der Polizei. Rechtzeitig?

§ 158 StPO unterscheidet zwischen Strafanzeige und Strafantrag. Während eine Strafanzeige auch mündlich erstattet und sodann von den Ermittlungsbehörden beurkundet werden kann, gilt für den Strafantrag das Schriftlichkeitsgebot. Es bedarf somit einer schriftlichen Antragstellung, das heißt der Antrag muss unterschrieben sein.[101] Dafür genügt eine Unterzeichnung eines polizeilichen Protokolls genauso wie eines Fax-Schreibens.[102] Es soll auch eine Faksimilie-Unterschrift genügen.[103] Ein Strafantrag liegt in jeder ausdrücklichen oder durch Auslegung zu ermittelnden Erklärung des Berechtigten, aus der sich sein Wille ergibt, dass die Tat strafrechtlich verfolgt wird.[104] Ob also im Beispiel 22 im Fax des X, mit dem er den Sachverhalt anzeigt, ein Strafantrag liegt, müsste im Wege der Auslegung ermittelt werden. Entscheidend ist, ob in der Erklärung über die bloße Anzeige – im Sinne eines Hinweises auf etwaig strafrechtlich zu ahndendes Verhaltens – hinaus der Verfolgungswille des Erklärenden unmissverständlich zum Ausdruck gelangt.[105] Hierauf käme es im Fall 22 dann nicht an, wenn zum Zeitpunkt der Anzeige die Frist von drei Monaten gemäß § 77b StGB ohnehin abgelaufen wäre. 56

Da ein Irrtum über die Voraussetzungen des Antragserfordernisses als bloßer Irrtum über die Verfolgbarkeit der Tat bedeutungslos[106] ist, kommt der Antragsfrist in § 77b StGB besondere Bedeutung zu. Nach § 77b Abs. 2 S. 1 StGB beginnt die dreimonatige Strafantragsfrist mit dem Ablauf desjenigen Tages, an dem der Berechtigte **von der Tat und der** 57

101 BeckOK-StGB/*Dallmeyer*, § 77 Rn 6.
102 BeckOK-StGB/*Dallmeyer*, § 77 Rn 6.
103 OLG Hamm, Beschl. v. 18.12.2014, 1 RVs 115/14.
104 BeckOK-StGB/*Dallmeyer*, § 77 Rn 7.
105 BGH NStZ 1995, 353 ff.
106 BGHSt 18, S. 123.

Person des Täters Kenntnis erlangt.[107] Bei einer versuchten Straftat ist insofern die Kenntnis der letzten auf den Taterfolg gerichteten Tathandlung maßgebend.[108] Dies lag im Fall 22 in der Mitteilung der Haushälterin, die genaue Angaben zum Verbleib des Geldes mitteilte. Zu diesem Zeitpunkt war die Tat aber noch gar nicht begonnen worden, da erst am 15.11.2017 das lückenhafte Verzeichnis zuging. Es ist anerkannt, dass erst zu diesem Zeitpunkt die Frist beginnen kann.

58 Da die Kenntnis von Tat und Täter **keine Gewissheit** über sämtliche Einzelheiten des strafrechtlichen Geschehens erfordert, sondern lediglich das Wissen von Tatsachen, die einen Schluss auf die wesentlichen Tatumstände und den Täter zulassen, bedarf es regelmäßig für den Beginn der Strafantragsfrist keiner Einsicht in die amtliche Ermittlungsakte.[109] Vielmehr bestimmt sich das notwendige Maß der erforderlichen Tatsachenkenntnis danach, ob dem Strafantragsberechtigten **aus Sicht eines besonnenen Dritten** der Entschluss zugemutet werden kann, gegen den anderen mit dem Vorwurf einer strafbaren Handlung hervorzutreten und die Strafverfolgung herbeizuführen.[110] Diese Frist begann in Fall 2 mit Zugang der falschen Aufstellung zu laufen, denn zu diesem Zeitpunkt war der versuchte Betrug des M fehlgeschlagen. Ausgehend von diesen Maßstäben hat die Strafantragsfrist mit der letzten Täuschungshandlung begonnen; die letzte Täuschungshandlung war die Übersendung des falschen Nachlassverzeichnisses am 15.11.2017. Hier kannten die Strafantragsberechtigten bei wertender Betrachtung die wesentlichen Tatsachen für die Strafbarkeit wegen versuchten Betruges. Damit lief die Antragsfrist am 15.2.2018 ab. Der erst im April 2018 gestellte Strafantrag war verspätet. Fehlt ein Strafantrag oder ist dieser verspätet, so besteht ein Verfahrenshindernis. Das Verfahren ist einzustellen. Hierbei ist im Rahmen der Beratung zu beachten:

59 Die erst durch die gewährte Akteneinsicht erhaltene Gewissheit über die Tat ist nicht entscheidend und steht der Annahme einer früheren, für einen Strafantrag ausreichenden Kenntnis nicht entgegen.[111]

Beispiel 23

Die Miterbe Sohn S klagt gegen seine zuvor vermögenslose Mutter und Miterbin A. diese bestreitet wahrheitswidrig das Vorhandensein von Bargeld des Erblassers von 225.000EUR, die sie wenige Wochen zuvor von diesem bar zur Aufbewahrung erhalten hatte. S wusste vom hohen Bargeldbestand des Erblassers und bezweifelt im Prozess den Wahrheitsgehalt des Vortrags der A bereits in der Klage vom 4.2.2014. A obsiegt erstinstanzlich am 2.5.2016. Wenige Wochen nach diesem Urteil wird dem P eine Kopie eines Kontoauszuges der A zugespielt mit einer Einzahlung von 225.000 EUR. P stellt Strafantrag gegen seine Mutter. Rechtzeitig?

Anders als im Beispiel 22 ist diese Tat beendet durch das obsiegende erstinstanzliche Urteil. Da der S möglicherweise bereits frühzeitig – nämlich in seiner Klageschrift – zum Ausdruck bringt, dass er von einer Straftat der M ausgeht, könnte die Strafantragsfrist bereits 2014 abgelaufen sein. Allerdings richtet sich der Fristbeginn bei nur versuchter Tatbegehung auch nur auf die Versuchstat. Die Frist hinsichtlich der vollendeten Tat läuft hiervon eigenständig.[112] Es sind verschiedene Kenntnisstände zwischen Versuch und Vollendung maßgeb-

107 Schönke/Schröder/*Stree/Sternberg-Lieben*, § 77b Rn 10 m.w.N.
108 LG Konstanz NJW 1984, S. 1767, 1768.
109 BGHSt 44, 209, 212; BGH wistra 2008, S. 22, 26.
110 BGH wistra 2008, S. 22, 26, LK/*Jähnke*, § 77b Rn 6.
111 Vgl. hierzu BGH wistra 2008, S. 22, 26.
112 OLG Koblenz, Beschl. v. 2.9.2003, 1 Ws 497/03.

lich, weil die Motivationslagen bei der Entschlussfassung über einen möglichen Strafantrag unterschiedlich sein können.[113] Ein wirksamer Strafantrag ist somit noch möglich.

Beispiel 24 60

E und M sind verheiratet. Der deutlich ältere E hat seiner Ehefrau M eine transmortale Vollmacht erteilt. Kurz vor dem Versterben des E und ohne dessen Wissen verfügt die M in mehreren Einzelüberweisungen über das gesamte Bankguthaben des E. Dieser findet dies kurz vor seinem Tode heraus und beauftragt ein Anwaltsbüro mit einem Mahnbescheid. Sodann verstirbt E noch vor Zustellung des Mahnbescheides. Ferner hat M seine Haushälterin H und seine Ehefrau M als Erben zu je 1/2 eingesetzt. Die H erstattet Strafanzeige wegen Untreue gegen die M. Der beauftragte Rechtsanwalt R kümmert sich für die M um die Zivil- wie auch um die Strafsache, so dass ihm der angezeigte Sachverhalt umfassend bekannt ist. Er schreibt in der Strafsache nur, dass diese mangels Strafantrages einzustellen ist. Das Verfahren wird eingestellt. Zu Recht?[114]

E hat vor seinem Tod lediglich den Mahnbescheid beantragt, aber keine Strafanzeige samt Strafantrag erstattet. Die Tat ist gemäß § 266 Abs. 2 i.V.m.§ 247 StGB als Familiendelikt unbeschadet der Höhe des Schadens absolutes Antragsdelikt. Die (primäre) Strafantragsberechtigung ist nicht vererblich, das heißt die H könnte nur über § 77 Abs. 2 StGB eine (sekundäre) Antragsberechtigung erhalten, wenn ausnahmsweise ein Übergang des Antragsrechts gesetzlich vorgesehen wäre. Dies ist ausschließlich für Angehörige und auch nur in einigen wenigen Fällen gesetzlich festgelegt, so in §§ 165 Abs. 1, 194 Abs. 1, 205 Abs. 2 und 120 Abs. 5 BetrVG. Da die H schon keine Angehörige (§ 11 Abs. 1 Nr. 1a und 1b StGB) ist, kommt eine Antragsbefugnis für sie ohnehin nicht in Betracht; in § 247 StGB ist ein gesetzlicher Übergang der Antragsbefugnis nicht vorgesehen. Der Gesetzgeber wollte dem (fremden) Dritten die Entscheidung, ob nach dem Tod des Verletzten gegen einen Familienangehörigen Ermittlungen eingeleitet werden dürfen, nicht überlassen. Hat aber der Verletzte vor seinem Tod noch den Strafantrag gestellt, bleibt dieser wirksam.

Im Beispiel 24 lag somit mangels Befugnis der H kein wirksamer Strafantrag vor, so dass das Verfahren wegen des Prozesshindernissen einzustellen war. Die kurz vor dem Tod des E begangene Untreue ist nicht mehr verfolgbar.[115]

Strafantragsberechtigt sind grds. die Verletzten, also die Inhaber des durch die Tat unmittelbar verletzten Rechtsguts.[116] Dies ist im Wege der Auslegung zu klären; so ist Verletzter einer Unterschlagung regelmäßig ausschließlich der Eigentümer; im Falle einer Erbengemeinschaft alle Mitglieder derselben.[117] Gemäß § 77 Abs. 4 StGB genügt der Antrag eines Berechtigten, um die Verfolgbarkeit der Tat herbeizuführen; auf die Zustimmung der übrigen kommt es nicht an. Steht z.B. im Rahmen des § 247 StGB ein Tatopfer in keiner Nähebeziehung zum Täter, entfällt das Strafantragserfordernis insgesamt; die Tat ist von Amts wegen zu verfolgen. Da beim Diebstahl nicht nur das Eigentum, sondern auch der Besitz geschützt wird, kommen hier – wenn Eigentum und Gewahrsamsinhaberschaft auseinanderfallen – beide als Antragsberechtigte in Betracht. Beim Betrug und der Untreue ist Verletzter der unmittelbar Geschädigte; auch wenn durch einen Betrug mittelbar das später 61

113 BeckOK-StGB/*Kargl*, § 77b Rn 9.

114 Nachgebildet LG Kiel, Urt. v. 12.2.2007, 6. O. 267/00.

115 Vgl. auch BGH StraFo 2017, 120–122, wo für einen Fall des Wohnungseinbruchs (für den § 247 StGB auch gilt) kurz vor dem Tod des Erblassers die Strafantragsbefugnis der Erbengemeinschaft verneint wird

116 BeckOK-StGB/*v. Heintschel-Heinegg*, § 77 Rn 12.

117 *Fischer*, § 247 Rn 3.

vererbte Vermögen geschädigt wird, macht dies den späteren Erben nicht zum Verletzten. Die Erbschaft ist bis zum Eintritt des Erbfalls bloße Expektanz.

62 Eine Besonderheit zur Strafantragsfrist enthält **§ 77c StGB**. Dieser sieht ggf. eine Verlängerung der Frist zum Strafantrag vor bei wechselseitig begangenen Straftaten.

Beispiel 25

Die Geschwister A und B erben eine wertvolle Briefmarkensammlung und Bargeld. Nachdem A festgestellt hat, dass ihr Bruder eine wertvolle Briefmarke entwendet hat, entnimmt sie ihrerseits dem Tresor eine größere Menge Bargeld, etwa dem geschätzten Wert der Briefmarke entsprechend. B stellt Strafantrag gegen A, die ein Jahr später angeklagt wird. Nun will sie ihrerseits Strafantrag gegen B stellen. Rechtzeitig?

Die auf dreimonatige Antragsfrist kann sich durch § 77c StGB verlängern. Handelt es sich um wechselseitig begangene Straftaten mit Antragserfordernis (hier: § 247 StGB) kann der Strafantrag der zuerst Angezeigten noch bis zum letzten Wort seines Hauptverfahrens gestellt werden. Unter § 77c StGB fallen sogenannte Revanche-Straftaten; dass die erste Tat auf der Stelle erwidert wird, ist dabei allerdings nicht notwendig, wenn auch die beiden Taten miteinander zusammenhängen müssen.[118] Der Antrag im Beispiel **25** war somit noch rechtzeitig.

63 Der einmal gestellte Strafantrag kann in jeder Phase des Verfahrens zurückgenommen werden, was zur unmittelbaren Beendigung des Strafverfahrens wegen des Vorliegens eines Verfahrenshindernisses führt. Selbst wenn bereits ein Urteil verkündet wurde, ist das Verfahren durch Beschluss gem. § 206a StPO einzustellen und das Urteil verliert seine Wirkung.[119] Entscheidend ist, dass im Rahmen der Beratung und **vor der Erstattung einer Strafanzeige** geklärt werden muss, dass der Mandant die Verfolgung seiner Angehörigen auch wirklich bezweckt.

64 In diesem Zusammenhang ist auf die zwingende **Kostenregelung in § 470 StPO** bei **Rücknahme des Strafantrages** hinzuweisen:

Nimmt nämlich der Erstatter einer Anzeige im Falle eines nur auf Antrag verfolgbaren Delikts (§ 247 StGB) den Strafantrag zurück, gilt grundsätzlich, dass **er** die Kosten des Verfahrens einschließlich der notwendigen Auslagen des Beschuldigten zu tragen hat. Dies gilt sogar bereits im Ermittlungsverfahren; nur im Hauptverfahren nach Anklageerhebung kann das Gericht aus Billigkeitsgründen beschließen, dass der Angeklagte seine notwendigen Auslagen selbst zu tragen hat.[120] Da im Falle einer Anzeigeerstattung ohne ausdrücklich gestellten Strafantrag dennoch im Rahmen der Auslegung[121] von einer Strafantragstellung ausgegangen werden kann, ist schon bei der Anzeigeerstattung in der Beratung darauf hinzuweisen, dass eine spätere „Rücknahme" der Strafanzeige und des darin ggf. zu sehenden Strafantrags zu der Kostentragung führen kann.[122] Eine Ausnahme von der Kostentragungspflicht des Antragstellers gemäß § 470 StPO ist in den Fällen anerkannt, in denen die Ermittlungen nicht allein wegen eines absoluten Antragsdelikts durchgeführt wurden, sondern auch der Verdacht der Begehung eines Offizialdelikts bestand.

---

118 *Kindhäuser/Neumann/Paeffgen*, § 77c Rn 4.

119 *Meyer-Goßner/Schmitt*, § 206a Rn 6.

120 Vgl. ausführlich *Meyer-Goßner/Schmitt*, § 470 Rn 2 und 4.

121 Vgl. OLG Hamm MDR 1967, S. 852 und *Lackner/Kühl*, § 77 Rn 14.

122 Regelmäßig dürften sich die Kosten des Verfahrens und notwendigen Auslagen auch in einfach gelagerten Fällen allein im Ermittlungsverfahren leicht auf 1.000 EUR belaufen. Wird der Strafantrag erst zu einem späteren Zeitpunkt zurückgenommen, steigt das Kostenrisiko erheblich an.

Beispiel 26

Der verheiratete Erblasser E hat mit seinem Sohn S und dessen Stiefmutter M gemeinsam in seinem Haus gelebt. Kurz vor seinem Tod hat E dem S ein Testament gezeigt, in dem S und M zu Miterben zu je 1/2 bestimmt werden. Ferner hat er ihm das Versteck seines „Notgroschens" (50 Scheine zu je 500 EUR) gezeigt. Nach dem Tod des E ist beides nicht mehr aufzufinden. Stattdessen legt M ein älteres Testament vor, in dem sie als Alleinerbin eingesetzt wurde. S stellt Strafantrag gegen M wegen Entwendung des Geldes und des Testaments. Im Zuge der Ermittlungen einigt sich S mit M zivilrechtlich und verpflichtet sich im Vergleich, den Strafantrag zurückzunehmen. Kostenfolge?

Unabhängig von der Frage, ob M und S Angehörige i.S.v. § 11 Abs. 1Nr. 1 a) StGB sind, 65
handelt es sich um einen sogenannten Hausdiebstahl, der wegen der häuslichen Lebensgemeinschaft Antragsdelikt ist (§ 247 StGB). Zugleich besteht allerdings der Verdacht einer Urkundenunterdrückung durch M gemäß § 274 StGB, da sie das Testament vernichtet oder jedenfalls dem S entzogen und damit unterdrückt haben könnte. Da es sich hierbei um ein von Amts wegen zu verfolgendes Delikt handelt (Offizialdelikt), führt die Verpflichtung zur Rücknahme des Strafantrages im Vergleich nicht zur Kostentragungspflicht des S. Weder die Verfahrenskosten noch die notwendigen Auslagen werden ihm auferlegt.[123]

b) Zureichende tatsächliche Anhaltspunkte für den Tatverdacht ausreichend

Nach § 152 Abs. 2 StPO ist die Staatsanwaltschaft verpflichtet, wegen aller verfolgbaren 66
Straftaten einzuschreiten, soweit zureichende tatsächliche Anhaltspunkte hierfür vorliegen. Dies ist die Kernvoraussetzung des sogenannten Anfangsverdachts. Der Begriff des Anfangsverdachts ist deshalb der Zentralbegriff des Ermittlungsverfahrens, weil in der Strafprozessordnung zahlreiche der Aufklärung dienende Zwangsmaßnahmen normiert sind, deren tatbestandliche Voraussetzungen eben an diesen Verdachtsgrad anknüpfen. Dies gilt zum Beispiel für die Durchsuchung beim Verdächtigen oder auch anderen Personen nach §§ 102, 103 StPO, die Beschlagnahme gem. §§ 98, 100 StPO sowie die körperlichen und erkennungsdienstlichen Untersuchungen nach §§ 81a–81e StPO. Der die Durchsuchung anordnende Richter muss den Wahrheitsgehalt der ihm von der Polizei übermittelten Tatsachen nicht überprüfen, wenn er keine Anhaltspunkte für deren Unrichtigkeit hat. Vielmehr genügt aufgrund des festgestellten Anfangsverdachts die Annahme, dass die Durchsuchung ihren Zweck erreichen werde.[124]

Damit kommt der erstmaligen Prüfung des Anfangsverdachts große Bedeutung zu, da bei 67
seiner Bejahung die hohe Wahrscheinlichkeit der Anordnung von Zwangsmitteln besteht. Mit dem Anfangsverdacht schlägt das Recht zum Einleiten (von Ermittlungen) um in das Recht zum Einschreiten und damit dem Eingriff in Grundrechte des Beschuldigten (Art. 2 Abs. 1, 13, 14 und zumindest mittelbar in Art. 12 GG), aber auch Dritter (etwa die Durchsuchung gemäß § 103 StPO bei einem Dritten, bei dem Beweismittel vermutet werden).

Der vom Anzeigeerstatter geltend gemachte Anfangsverdacht gegen den Beschuldigten 68
muss in konkreten Tatsachen bestehen, welche es als möglich erscheinen lassen, dass nach allgemeiner kriminalistischer Erfahrung eine verfolgbare Straftat vorliegt.[125] Damit scheiden bloße Vermutungen oder kriminalistische Hypothesen zur Begründung eines Anfangsverdachtes aus. Die Ermittlungsbehörde prüft zunächst, ob das zu beurteilende Geschehen – als wahr unterstellt – rechtlich unter einen Straftatbestand subsumierbar ist. Wird dies

123 Vgl. hierzu LG Berlin, Beschl. v. 4.4.2011, 510 Qs 39/11.
124 Vgl. KK, § 102 Rn 3, *Eisenberg/Conen*, NJW 1998, 2241.
125 Statt aller *Meyer-Goßner/Schmitt*, § 152 Rn 4.

bejaht, ist zu prüfen, ob es sich auch um eine **verfolgbare** Straftat handelt, da die Ermittlungsbehörden keine abstrakten Rechtsprüfungen durchführen, sondern den staatlichen Strafanspruch durchsetzen sollen; ist die Tat aber aus Sicht der Ermittlungsbehörden nicht mehr verfolgbar, etwa wegen eingetretener Verjährung oder wegen verspäteten Stellens des Strafantrages, verbietet sich die Einleitung von Ermittlungen.[126] Umstritten ist, wie auf eine solche Entscheidung der Strafverfolgungsbehörde, keine Ermittlungen aufzunehmen, zu reagieren ist, wenn sie als falsch beurteilt wird.

Beispiel 27 (Die gescheiterte Strafanzeige)

Der verheiratete Erblasser E hat mit seinem Sohn S und dessen Mutter M gemeinsam in seinem Haus gelebt. Kurz vor seinem Tod hat E dem S das Versteck seines „Notgroschens“ (50 Scheine zu je 500 EUR) gezeigt. Nach dem Tod des E, der von S und M beerbt wird, ist beides nicht mehr aufzufinden. S geht davon aus, dass allein M Zugang zu dem Versteck hatte. Er klagt gegen M auf Herausgabe des hälftigen Betrages, diese bestreitet, das Geld weggenommen zu haben. Im Laufe des langjährigen Prozesses meldet sich eine Freundin der M bei S und teilt ihm mit, dass M ihr die Wegnahme des Geldes gestanden hat. S stellt 10 Tage nach dieser Information Strafantrag wegen aller in Betracht kommenden Delikte. Die Staatsanwaltschaft lehnt die Aufnahme von Ermittlungen unter Hinweis auf § 152 Abs. 2 StPO ab, da die gemäß § 247 StGB laufende Strafantragsfrist bei Diebstahl von drei Monaten bereits abgelaufen sei. Auch die hiergegen angerufene Generalstaatsanwaltschaft hilft der Beschwerde aus den Gründen der angefochtenen Entscheidung nicht ab.

69 Gegen die Entscheidung der Generalstaatsanwaltschaft gibt es für den Verletzten normalerweise nur das sog. Klageerzwingungsverfahren nach § 172 StPO. In diesem sehr formalisierten Verfahren muss der Antragssteller eine aus sich heraus verständliche und in sich geschlossene Schilderung des Sachverhalts vornehmen einschließlich aller objektiven und subjektiven Tatbestandsmerkmale des Straftatbestandes.[127] Hierdurch soll es dem OLG ermöglicht werden zu prüfen, ob ein hinreichender Tatverdacht vorliegt. Die Zulässigkeitsvoraussetzungen sind hoch, da hierzu sämtliche Beweismittel angegeben und der Gang des Ermittlungsverfahrens einschließlich des Inhalts der Bescheide ebenso umfassend dargelegt werden müssen wie zum Beispiel die Einhaltung der Strafantragsfrist, die Gründe, warum die Tat nicht verjährt ist usw. Angesichts dieser Anforderungen erscheint es gänzlich unmöglich im **Fall 27** die obigen Zulässigkeitsvoraussetzungen zu erfüllen, da die Staatsanwaltschaft gar keine Ermittlungen eingeleitet hat und ohne jegliches Ermittlungssubstrat allein aufgrund der Anzeige eine Begründung des für eine Anklage erforderlichen hinreichenden Tatverdachts unmöglich erscheint. Da das Ziel des Mandanten in solchen Fällen gerade erst die Aufnahme von Ermittlungen ist, stellt sich die Frage nach der Zulässigkeit eines solchen „Ermittlungserzwingungsantrags“ im Rahmen des § 172 StPO.

70 Danach ist in Ausnahmefällen statt der Klageerzwingung i.S.d. § 172 StPO eine bloße **Ermittlungserzwingung** anerkannt, damit der Schutzzweck des § 172 StPO, die Einhaltung des Legalitätsprinzips durch die Staatsanwaltschaft gerichtlich überprüfen zu lassen, nicht leer läuft.[128]

---

126 LR-*Rieß*, StPO, § 160 Rn 15.

127 BVerfG NJW 2000, 1027; BeckOK-StGB/*Gorf*, § 172 Rn 2.

128 OLG Koblenz, Beschl. v. 2.9.2003, 1 Ws 497/03; OLG Rostock, Beschl. v. 12.3.2004, I Ws 120/03; OLG Stuttgart, Beschl. v. 6.7.2015, 6 Ws 2/15; abweichend OLG München, Beschl. v. 4.6.2014, 3 Ws 657/13.

Dieser Antrag kommt in Betracht bei
- rechtsirriger Verneinung des Anfangsverdachtes einer strafbaren Handlung
- völlig unzureichende Ermittlungen
- grobe, den Kernbereich der zu ermittelnden Tatbestände betreffende Ermittlungsfehler
- abwegige **Schlussfolgerungen** aus den ermittelten Tatsachen und deshalb eingestellten Ermittlungen.

Im **Beispiel 27** kommt somit gegen die Entscheidung der Generalstaatsanwaltschaft dieses sog. Ermittlungserzwingungsverfahren in Betracht, in dem darzulegen ist, dass es auf das Verstreichen der Frist (§ 247 i.V.m. § 77b StGB) im Hinblick auf den ursprünglichen Diebstahlsverdacht schon deshalb nicht ankommt, weil es den weiteren Verdacht des versuchten Prozessbetruges gibt. Es handelt sich hierbei zwar ggfs. um eine normalerweise als mitbestrafte Nachtat hinter das vorausgegangene Vermögensdelikt (§ 242 StGB) zurücktretende Straftat, da die Zielrichtung des Betruges auf den Erhalt desselben Vermögensgegenstandes gerichtet sein dürfte; ist aber das erste Delikt nicht mehr verfolgbar (mangels Strafantrages oder wegen eingetretener Verjährung), so kommt der Nachtat eigenständige Bedeutung zu. Der angezeigte versuchte Prozessbetrug unter Angehörigen ist zwar auch nur auf Antrag verfolgbar (§ 263 Abs. 4 i.V.m. § 247 StGB). Im Hinblick darauf ist der Strafantrag in jedem Fall rechtzeitig gestellt (§ 77b StGB). Dies ist im Ermittlungserzwingungsverfahren darzulegen mit der Folge, dass das OLG gegenüber der Staatsanwaltschaft die Anordnung erteilt, die Ermittlungen wieder aufzunehmen bzw. erstmals in Ermittlungen einzutreten. 71

Beispiel 28 72

Der Erblasser E verstirbt bei einem Verkehrsunfall; die von der Staatsanwaltschaft wegen des Vorwurfs der fahrlässigen Tötung eingeleiteten Ermittlungen – ohne Anzeige seitens der Erben – werden eingestellt und – weil die Erbengemeinschaft bestehend aus den zwei Nichten und der Lebensgefährtin über ihren Prozessbevollmächtigten Akteneinsicht beantragt hatte – ein Bescheid an den Prozessbevollmächtigten versandt. Nachdem dessen Beschwerde von der Generalstaatsanwaltschaft zurückgewiesen wurde, stellt Rechtsanwalt R Klageerzwingungsantrag im Namen der Erbengemeinschaft und begründet diesen u.a. mit der Fragwürdigkeit des Unfallrekonstruktionsgutachtens.[129]

Der Antrag „im Namen der Erbengemeinschaft" ist aus zweierlei Gründen bereits unzulässig.

Zum Einen ist als zur Antragstellung berechtigter „Verletzter" im Sinne von§ 172 Abs. 1 S. 1 StPO nur derjenige anzusehen, der durch die schädigende Handlung (könnte ihre Begehung nachgewiesen werden) unmittelbar in seinen Rechten, Rechtsgütern oder anerkannten Interessen beeinträchtigt wäre. Im Rahmen der Klageerzwingung müsste somit dargelegt werden, warum „die Erbengemeinschaft" durch die (angeblich) übertretene Norm – in diesem Fall fahrlässige Tötung des Erblassers – jedenfalls auch geschützt werden soll. Ersichtlich ist dies bei „Erben" oder einer „Erbengemeinschaft" nicht zwingend der Fall, so dass im Rahmen des Klageerzwingungsantrages darzulegen gewesen wäre, ob es sich bei den Erben um nebenklageberechtigte (§ 395 Abs. 2 Nr. 1 StGB) und damit antragsberechtigte (nahe) Angehörige handelte. Daran ändert sich auch nichts, wenn sich ein gegenüber dem Erblasser angerichteter Vermögensverlust beim Erbfall nachteilig für die Erben(-gemeinschaft) ausgewirkt hätte. Selbst der Erbe eines durch ein Vermögensdelikt Geschädigten ist kein Verletzter im Sinne des § 172 Abs. 1 StGB; auch steht ihm die Befugnis des Verstorbenen, das Klageerzwingungsverfahren zu betreiben, nicht zu. Dieses höchstper-

129 Fall nachgebildet OLG Bamberg, Beschl. v. 7.10.2008, 3 Ws 60/2008 und OLG Koblenz, Beschl. v. 13.6.2012, 1 Ws 271/12.

sönliche Recht des Erblassers erlischt mit dessen Tode und geht nicht auf die Erben oder sonstige Forderungsberechtigte über.[130]

73 Zum Anderen ist der Antrag der Ebengemeinschaft auf Erzwingung der Klage ferner unzulässig, weil diese Befugnis nur derjenige hat, der sich schon mit dem Antrag auf Erhebung der öffentlichen Klage (§ 171 StPO) unmittelbar (oder mittelbar über die Polizei) an die Staatsanwaltschaft gewandt hat. Mit dem „Antragssteller" in § 172 StPO ist nicht derjenige gemeint, der nunmehr den Antrag auf Klageerzwingung stellt, sondern derjenige, der den Antrag auf Erhebung der Klage gestellt **hat.**[131] Da die Erbengemeinschaft nur Akteneinsicht begehrt hat und das Verfahren von Amts wegen eingeleitet wurde, hätte ein rechtsmittelfähiger Bescheid an die Erbengemeinschaft nicht erteilt werden müssen. Da diese keine Anzeige erstattet hatte, musste auch aus diesem Grund der Klageerzwingungsantrag scheitern.

74 Deshalb gilt es im Rahmen erbrechtlicher Fallgestaltungen Folgendes zu bedenken: Der (Mit-)Erbe, der sich zunächst zurückhält und sich einer Strafanzeige nicht anschließt, kann sich auch gegen die spätere Einstellung des Verfahrens nicht wehren, selbst wenn er von den Miterben oder durch eine Akteneinsicht Kenntnis von dem Einstellungsbescheid erhält. Er ist schlicht nicht beschwerdeberechtigt; die sogenannte Vorschaltbeschwerde gemäß § 172 Abs. 1 StPO setzt eben diese Anzeige ebenso voraus wie das Klageerzwingungsverfahren.

Bei der Bewertung des Vorliegens eines Anfangsverdachtes besteht kein Ermessen für die Staatsanwaltschaft; aus den Definitionsansätzen eines Anfangsverdachts wird jedoch deutlich, dass die Staatsanwaltschaft einen gewissen Beurteilungsspielraum hat.[132] Die Bejahung eines Anfangsverdachtes setzt also voraus, dass überhaupt Tatsachen vorgetragen werden können. Hierbei kommt es, soweit diese **Tatsachen** nicht durch zum Beispiel Urkunden unterlegt werden können, auch auf die Glaubwürdigkeit des Anzeigeerstatters an.

2. Zielsetzung im Ermittlungsverfahren

75 Um die Zielsetzungen insbesondere der Beweissicherung und Vermögensabschöpfung zu erreichen, kann der Berater (auch wenn er keinen unmittelbaren Einfluss auf die Art und Weise der Durchführung der Ermittlungen hat) durch Anregungen versuchen, Einfluss auf die Ermittlungen zu nehmen. Hierbei wird regelmäßig die Erwirkung eines **Durchsuchungsbeschlusses** dem Interesse des Mandanten entsprechen, da hierdurch Beweismittel auch für das zivilrechtliche Verfahren zum Vorschein gebracht werden können. Insbesondere sind auch Bankauskünfte nur auf diesem Weg oft zu erlangen. Die Risiken eines Zivilprozesses lassen sich so regelmäßig besser einschätzen.

Voraussetzung für den Erlass eines Durchsuchungsbeschlusses ist ein *einfacher Tatverdacht*. Dies ist deshalb für Mandanten oft überraschend, weil es sich regelmäßig um einen erheblichen Grundrechtseingriff handelt. Auch vor diesem Hintergrund sind die neuerdings festzustellenden Begrenzungsversuche des Bundesverfassungsgerichts zu sehen, das zur Frage der Verhältnismäßigkeit und zum notwendigen Tatsachensubstrat zur Begründung des Tatverdachts zuletzt mehrfach öffentlichkeitswirksam Stellung nehmen musste. Hierbei rügt das Gericht die Ermittlungsgerichte, die allzu schnell von *Vermutungen* auf einen Anfangs-

130 OLG Schleswig, Beschl. v. 16.5.2006, 2 Ws 155/06; KG, Beschl. v. 26.3.1999, 3 Ws 21/99.
131 OLG Koblenz, Beschl. v. 13.6.2012, 1 Ws 271/12; *Meyer-Goßner/Schmitt*, § 172 Rn 5a.
132 OLG München, NSTZ 1985, S. 549, anderer Ansicht *Eisenberg/Conen*, NJW 1998, 2241.

verdacht schließen.[133] Allerdings ist ebenfalls anerkannt, dass aufgrund der geringen Anforderungen an den Verdacht, beispielsweise in § 102 StPO (Durchsuchung), anzunehmen ist, dass der anordnende Richter nicht den Wahrheitsgehalt der ihm von der Polizei übermittelten Tatsachen überprüfen muss, wenn er keine Anhaltspunkte für eine Unrichtigkeit hat. Vielmehr genüge aufgrund des festgestellten Anfangsverdachts die Annahme, dass die Durchsuchung ihren Zweck erreichen werde.[134]

Entscheidend ist, ob im Rahmen der Durchsuchung zu erwarten steht, neue verfahrensrelevante Beweismittel zu finden. Hierbei wird eine ausführliche (Vor-)Korrespondenz zwischen den Parteien eher hinderlich sein. Je eher der spätere Beschuldigte die Vorwürfe mit strafrechtlichem Gehalt kannte und je länger der Anzeigenerstatter mit der Strafanzeige gewartet hat, desto unwahrscheinlicher wird der Erfolg einer Durchsuchung. Die Neigung der Ermittlungsbehörden wird in einem solchen Fall deutlich geringer sein, einen Durchsuchungsbeschluss zu erwirken. Aufgabe des Beraters ist in einem solchen Fall, die Gründe für die Annahme, dass Beweismittel beim beschuldigten Miterben zu finden sein werden, möglichst genau darzulegen.

Muster 23.1: Anregung auf Erlass eines Durchsuchungsbeschlusses 76

Staatsanwaltschaft Berlin

10548 Berlin

In der Strafsache

gegen

Az.

rege ich an, gem. §§ 102, 103, 105 StPO

einen Durchsuchungsbeschluss gegen den Beschuldigten X und seine Lebensgefährtin[135] Y zu erwirken.

Begründung:

Die Durchsuchung in den Wohn- und Geschäftsräumen des Beschuldigten wird zum Auffinden von Beweismitteln, insbesondere handschriftlichem Schriftmaterial, führen. Letzteres ist für die Durchführung eines Schriftsachverständigengutachtens zwingend erforderlich, da nur so eine unverstellte und typische Handschrift des Beschuldigten ermittelbar ist. Der Beschuldigte kennt bislang die von dem Anzeigeerstatter erhobenen Vorwürfe nicht, so dass im Übrigen von einer Vernichtung von tatrelevanten Unterlagen (wie Schriftübungen und Ähnlichem) nicht auszugehen ist. Die Angelegenheit ist eilbedürftig, weil der Beschuldigte bereits einen Erbschein beantragt hat, der ihm noch nicht erteilt wurde. In Kürze müssen deshalb im Erbscheinsverfahren die im hiesigen Verfahren erhobenen Vorwürfe mitgeteilt werden, so dass der Beschuldigte sonach reagieren könnte.

Rechtsanwalt

Während vor dem 1.7.2017 die sogenannte **Rückgewinnungshilfe** (Vermögensabschöpfung bei den Tätern zur Sicherung einer Entschädigung der Opfer) zwar zum Ziel von Ermittlungsverfahren erklärt wurde, aber relativ unhandlich gestaltet war, ist der Gesetzgeber 77

133 BVerfG, Beschluss v. 3.7.2006 – 2 BvR 2030/04, n.v.
134 KK/*Nack*, § 102 Rn 3.
135 In diesem Zusammenhang ist darauf hinzuweisen, dass Unterlagen bei z.B. Ehegatten, die sich in deren Gewahrsam befinden, gem. § 98 StPO beschlagnahmefrei sind.

nunmehr (mit Wirkung zum 1.7.2017) zu einer deutlich einfacheren Regelung gelangt.[136] Dieses Ziel der Gesetzesnovelle wurde sicherlich erreicht,[137] so dass Strafanzeigen in der Auseinandersetzung der Erbengemeinschaft auch wegen der ggfs. im Wege des Arrestes erfolgten vorläufigen Vermögensabschöpfung beim Täter im Interesse eines geschädigten Miterben liegen können. Denn nach den §§ 111b ff. StPO n.F. und den §§ 73 ff. StGB n.F. sind die auch zugunsten des geschädigten Miterben möglichen Beschlagnahmen von Gegenständen oder Forderungen einfacher möglich. Bedeutsam ist insofern insbesondere § 111b StPO, wonach dann, wenn dringende Gründe für die Annahme vorliegen, dass später eine Einziehung erfolgen kann, die Beschlagnahme angeordnet werden soll. Die Staatsanwaltschaft soll somit dann, wenn eine hohe Wahrscheinlichkeit für die spätere Einziehung besteht, Gegenstände und Vermögenswerte beschlagnahmen und damit mittelbar die spätere Rückgewinnungshilfe ermöglichen. Um die Staatsanwaltschaft zu einem Eingreifen zu bringen, sind somit möglichst viele Indizien darzulegen, so dass seitens der Staatsanwaltschaft dringende Gründe für eine spätere Einziehung zugrunde gelegt werden; hierdurch wir die Ermessensentscheidung („kann") zu einer gebundenen Ermessensentscheidung („soll"), so dass auch in einem bereits sehr frühen Stadium Gegenstände und Forderungen dauerhaft gesichert werden können. Gleiches gilt für den nunmehr in § 111e Abs. 1 StPO n.F. geregelten Vermögensarrest, der nicht mehr – wie noch § 111d StPO a.F. bis zum 30.6.2017 auf § 917 ZPO und den dort geregelten Arrestgrund verwies. Auch insoweit erscheint die Rechtsposition des Betroffenen (Täters) durch die Neuregelung geschwächt.[138] Damit korreliert allerdings die Chance des Anzeigenden im Wege der Strafanzeige gegen den Miterben deutlich schneller Gegenstände, Vermögen oder Wertersatz für Vermögen durch die Ermittlungsbehörden sicherstellen zu lassen.

78 Nach alledem kommt der Durchschlagskraft der Strafanzeige erhebliche Bedeutung zu. Wird ein Verfahren mangels Anfangsverdacht von vornherein nicht eingeleitet und die Aufnahme von Ermittlungen abgelehnt, fehlt dem Verfahren meist – trotz ggf. erfolgreicher Beschwerde gegen die Entscheidung der Staatsanwaltschaft – die notwendige Durchschlagskraft und Dynamik. Ein solcher Verfahrensablauf sollte möglichst vermieden werden. Nachfolgende **Checkliste** über zu berücksichtigende Aspekte für die Strafanzeige sollte einbezogen werden:

Checkliste

1. Sachverhalte einfach und kurz schildern
2. Genaue Sachverhaltsermittlung im Vorfeld der Anzeige, ggf. eigene Ermittlungen anstellen
3. Klare Ermittlungsanhalte für die Polizei/Staatsanwaltschaft angeben
4. Keine Vorwegnahme zentraler Ermittlungen
5. Angabe von Gründen, aus denen sich die Wahrscheinlichkeit eines Durchsuchungserfolges ergibt
6. Zeugenschaftliche Erklärungen der Mandanten/Dritter können der Strafanzeige befügt werden
7. Unklare Sachverhalte zu Beginn des Verfahrens für späteren Schriftsatz zurückhalten
8. Zivilrechtliche Überfrachtung des Schriftsatzes vermeiden

---

136 Gesetz zur Reform der strafrechtlichen Vermögensabschöpfung vom 13.4.2017 BGBl I, S. 872.
137 BT-Drucks 18/11640.
138 Vgl. hierzu *Rettke*, wistra 2017, 417, 419 m.w.N.

9. Denkbare Behauptungen des möglichen Täters nicht vortragen, da diese den eigenen Sachverhaltsvortrag unnötig entwerten können. Es ist Sache des Täters, Angaben im Strafverfahren zu machen
10. Anwaltliche Korrespondenzen nur beifügen, wenn dies zwingend erforderlich ist.

Ebenfalls zu überlegen ist, ob als Adressat der Strafanzeige die Staatsanwaltschaft, Amtsanwaltschaft oder die Polizei vorzugswürdig sind. Während sich die Zuständigkeiten der Amtsanwaltschaft als sog. „kleinere Staatsanwaltschaft" aus den internen Zuständigkeitsverteilungen ergeben, bleibt es zunächst im Ermessen des Anzeigenerstatters, ob er unmittelbar zur Staatsanwaltschaft oder zur Polizei die Strafanzeige erhebt. Vorteil einer unmittelbaren Einschaltung der Staatsanwaltschaft ist, dass diese die Dauer des Verfahrens unter ihre Kontrolle nimmt und für die Akteneinsicht zuständig ist. Zwangsmaßnahmen können von der Staatsanwaltschaft unmittelbar beantragt werden. 79

C. Steuerdelikte vor und nach dem Erbfall

I. Einleitung

Übersicht 80

Deliktsstruktur – § 370 AO

Objektiv: Täuschung – dadurch irrtümliche Steuerfestsetzung – dadurch Steuerverkürzung

Subjektiv: Vorsatz; bei bloßer Leichtfertigkeit greift § 378 AO (Ordnungswidrigkeit)

Vergehenstatbestand – § 370 AO

Abs. 1:

Tathandlung:

- Nr. 1: positives Tun
- Nr. 2/3: Pflichtwidriges Unterlassen

Kausale Verursachung des Taterfolges:

- Steuerverkürzung
- Erlangen nicht gerechtfertigter Steuervorteile

Vorsatz

Abs. 2: Versuchsstrafbarkeit, § 22 StGB

Abs. 3: Besonders schwere Fälle (Regelbeispiele):

- Steuerverkürzung oder Erlangung nicht gerechtfertigter Steuervorteile in großem Ausmaß
- Missbrauch durch Amtsträger
- Ausnutzen des Missbrauchs durch Amtsträger
- Fortgesetzte Steuerverkürzungen/Steuervorteilserlangung durch nachgemachte oder verfälschte Belege
- Fortgesetzte Umsatzsteuer-/Verbrauchsteuerverkürzung als Mitglied einer Bande

Abs. 4:

- Legaldefinition des Verkürzungserfolges
- Anordnung des Kompensationsverbotes (keine Saldierung von (beispielsweise vergessenen) tatsächlichen Aufwendungen mit Verkürzungsbeträgen

81 Nicht erst seit dem Ankauf von CDs mit gestohlenen Daten liechtensteinischer Bankkunden und den weiteren Ankäufen von Datensammlungen etwa aus der Schweiz ist die „Vertreibung aus dem („Steuer“-)Paradies“[139] in vollem Gange. Auch im Übrigen ist im digitalen Zeitalter das Risiko der Entdeckung deutlich gestiegen. Dennoch sind nicht selten Fälle anzutreffen, in denen Steuerpflichtige namhaftes Vermögen beiseite geschafft haben, das bis zum Eintritt des Erbfalls nicht legalisiert wurde. Aus den fehlenden Mitteilungspflichten ausländischer Banken und der mit **Steuerhinterziehung** regelmäßig verbundenen Heimlichkeit der Anlage resultiert zunächst das Problem für die Erben, das fragliche Vermögen überhaupt zu finden. Ist dies gelungen, so wird die Erbengemeinschaft auf eine harte Probe gestellt; einerseits wird von dem üppigen Schwarzgeldkonto nunmehr wenig übrig bleiben, nachdem die noch nicht festsetzungsverjährten Jahre berichtigt, die anfallenden Steuern nachgezahlt und die Hinterziehungszinsen getilgt wurden. Ist der Weg der Berichtigung deshalb innerhalb der Erbengemeinschaft nicht mehrheitsfähig und entscheidet man sich gegen eine Steuerberichtigung, so ist dies angesichts zahlreicher Anzeige- und Informationspflichten gerade in Erbfällen ein äußerst riskantes Unterfangen.

82 Wie sich aus der **Erbschaftsteuerdurchführungsverordnung** (ErbStDV) ergibt, richten sich diese Anzeige-/Mitteilungspflichten beispielsweise an Notare und Gerichte bei Schenkungen und Zuwendungen unter Lebenden (§ 8 ErbStDV). Noch wichtiger sind die Anzeigepflichten im Todesfall für Vermögensverwahrer. Unter diesen Begriff in § 1 ErbStDV fallen insbesondere Banken, so dass das ohnehin heute nur noch rudimentäre **Bankgeheimnis** im Fall des Versterbens des Kontoinhabers endgültig in Gänze fällt. Dies soll nicht nur bei deutschen Banken gelten, sondern auch bei Banken ausländischer Herkunft, die in Deutschland eine Niederlassung unterhalten.

Gerade die in steuerstrafrechtlichen Fällen häufig festzustellenden Tresore und **Schließfächer** bei Banken, in denen wertvolle Gegenstände respektive Bargeld gelagert werden, bergen insoweit besondere Probleme. Die Banken sind verpflichtet, über derartige Schließfächer zu berichten (§ 1 Abs. 3 ErbStDV). Als weiterer Indikator für die Bedeutung dieser Schließfächer ist die gegenüber der Bank erklärte **Versicherungssumme** zu nennen, woraus sich im Kontext anderer Indizien später durchaus relevante Schlussfolgerungen ergeben können. Im Übrigen richten sich die Anzeigepflichten auch gegen sonstige **Vermögensverwalter**, die ausdrücklich auch in § 1 ErbStDV genannt sind. Daher ist bei der Beratung der Erbengemeinschaft deutlich zu machen:

83 Das Risiko der Tatentdeckung hinsichtlich der Steuerdelikte des Erblassers steigt durch den Erbfall erheblich an. Die ermittelnden Erbschaftsteuerfinanzämter sind gehalten, Kontrollmitteilungen an die Wohnsitzfinanzämter des Erblassers und der Erben zu senden, wenn besondere Umstände dies sachgerecht erscheinen lassen. Der erste Schritt in Richtung eines Steuerstrafverfahrens ist regelmäßig bereits gemacht, wenn beispielsweise die Erben erhebliche Eurosummen angeben, der Erblasser aber im Jahr seines Todes keinerlei Kapitaleinkünfte hatte; oder wenn der Erblasser über einen Banksafe verfügte, der kurz vor seinem Tod mit einer Versicherungssumme von 900.000 EUR ausgestattet wurde (Anzeigepflicht gem. § 1 Abs. 5 ErbStDV), die Erben allerdings nur einen Bruchteil an Inhalt angeben.

139 *Schaub*, ZEV 2011, 501.

§ 370 Abs. 1 AO stellt sowohl die Tatbegehung durch aktives Tun (Nr. 1) wie auch durch Unterlassen (Nr. 2 und 3) unter Strafe, wenn hierdurch ein Verkürzungserfolg oder ein (unberechtigter) Steuervorteil eintritt; obwohl beide Begehungsmodalitäten dem Wortlaut nach sich an Jedermann richten und das Landgericht Mannheim hier nur ein von jedem Mitwirkenden als Täter begehbares Allgemeindelikt schlussfolgern wollte, hat der BGH jüngst an seiner eingeschränkten Auffassung festgehalten.[140] Anders als bei § 370 Abs. Nr. 1, bei dem neben dem Steuerpflichtigen jeder als Täter in Betracht kommt, ist möglicher Unterlassenstäter allein derjenige, der selbst zur Aufklärung steuerlich erheblicher Tatsachen besonders verpflichtet ist. Der BGH hat dabei klargestellt, dass der Tatbestand der Steuerhinterziehung (§ 370 Abs. 1 Nr. 1 AO) **keine gelungene Täuschung** der Finanzbehörden[141] voraussetzt. Das Erkennen der „Täuschung" oder die Kenntnis der Finanzbehörden von entscheidungserheblichen Tatsachen kann eine Tatvollendung daher gerade nicht verhindern.[142] Für die Steuerhinterziehung genügt Eventualvorsatz und § 370 Abs. 2 AO begründet die Strafbarkeit des Versuchs.[143] 84

Nach Abschaffung des § 370a AO wurden Regelbeispiele für mit einem erhöhten Strafrahmen belegte „besonders schwere Fälle" ergänzt, von denen § 370 Abs. 3 Nr. 1 AO besonders praxisrelevant erscheint.

Das Merkmal der Steuerhinterziehung „in großem Ausmaß" in diesem Regelbeispiel bestimmt sich nach objektiven Maßstäben; es liegt grundsätzlich vor, wenn der Hinterziehungsbetrag über 50.000 EUR liegt.[144] Neuerdings soll diese Grenze auch für Taten gelten, bei denen sich das Verhalten des Täters darauf beschränkt hat, die Aufklärung der Finanzbehörden pflichtwidrig zu unterlassen.[145] Ob dieser Schwellenwert von 50.000 EUR überschritten ist, ist für jede einzelne Tat im materiellen Sinne gesondert zu bestimmen. Bei mehrfacher tateinheitlicher Verwirklichung des § 370 Abs. 1 AO ist das Ausmaß zu addieren,[146] da dann eine Handlungseinheit im Sinne von § 52 StGB gegeben ist. Dies führt zu einer deutlich erhöhten Strafbarkeit in den sog. Berichtigungsfällen nach § 153 AO (siehe unter Rdn 96 f.).

Bei der Behandlung der hier interessierenden steuerstrafrechtlichen Sachverhalte und ihrer steuerlichen Auswirkungen muss unterschieden werden: 85

Ist gegen den verstorbenen Steuerpflichtigen ein Steuerstrafverfahren eingeleitet worden, so kommt es zu Folgeproblemen, wenn die Nacherklärungsnotwendigkeit zwischen den Mitgliedern der Erbengemeinschaft streitig ist.

Andererseits sind die Fallkonstellationen zu klären, in denen die Erben, ohne dass gegen den Erblasser ein Steuerstrafverfahren eingeleitet worden wäre, aufgerufen sind, versäumte Steuererklärungen des Steuerpflichtigen nachzuholen oder unzutreffenden Erklärungen zu berichtigen.

---

140 BGH, Beschl. v. 9.4.2013, 1 StR 586/12 unter Hinweis auf LG Mannheim, 25 Kls 616 Js 1616/12.

141 Nach OLG München NStZ-RR 2013, 15 f. soll auch eine Klageerhebung ausreichend sein für eine (versuchte) Steuerhinterziehung.

142 BGH StRR 2013, S. 154 unter Fortführung von BGH StRR 2011, 523.

143 Instruktiv OLG München NStZ 2011, 248 zur Abgrenzung von Eventualvorsatz und Fahrlässigkeit.

144 BGHSt 53, 71, 81.

145 So nun BGHSt 61, S. 28; anders noch BGH, Beschl. v. 15.12.2011, 1 StR 579/11, BGH NStZ 2011, 643, 644.

146 BGH, 15.12.2011, 1 StR 579/11; BGHSt 53, 71, 85.

II. Steuerberichtigungspflicht und steuerliche Auswirkungen eines Steuerdelikts

86 **Übersicht**

Steuerberichtigung – § 153 AO

Normvoraussetzungen:

- Erklärungsfehler
- kausal verursachte Steuerverkürzung
- nachträgliche Kenntnis der Unrichtigkeit/Unvollständigkeit
- unverzügliche (§ 121 BGB) Anzeige des Erklärungsfehlers

Normadressaten:

- einfach-fahrlässig/schuldlos handelnder Steuerpflichtiger (bei Leichtfertigkeit: § 378 AO – Handlungspflicht suspendiert)
- Gesamtrechtsnachfolger (auch wenn Rechtsvorgänger vorsätzlich verkürzt hat)
- Sonstige Verfügungsberechtigte

Sanktion:

Bei Verstoß gegen Handlungspflicht können §§ 370, 378 AO erfüllt sein (pflichtwidriges Unterlassen)

1. Situation der Erbengemeinschaft angesichts laufender Ermittlungen vor dem Erbfall

87 **Beispiel 29**

Der Erblasser hat ausländische Kapitaleinkünfte in den Jahren 2011, 2012 und 2013 hinterzogen. Steuererklärungen für diese Jahre hat er abgegeben. Durch eine anonyme Anzeige war gegen den Erblasser ein Ermittlungsverfahren eingeleitet worden, in dessen Folge er ein umfassendes Geständnis gemacht und die Umfänge der nicht erklärten Kapitaleinkünfte offen gelegt hat. Gegen den Erblasser wurde daraufhin ein Strafbefehl vom zuständigen Amtsgericht erlassen, in dem der Erblasser zu einer erheblichen Geldstrafe verurteilt wurde. Hiergegen legte der Erblasser Einspruch ein, sodann verstarb er 2016. Gesetzliche Erben sind seine Töchter C und D.

Da die strafrechtliche Schuld etwas Höchstpersönliches ist, rücken die Erben insoweit nicht in die Rechtsstellung des Erblassers ein. Zwingende Folge des Todes des angeklagten Erblassers ist damit, dass das Strafverfahren eingestellt wird. Damit entfallen auch Belastungen des Nachlasses durch eine **Geldstrafe**. Diese stellt, selbst wenn der Strafbefehl im obigen Fall 29 rechtskräftig geworden wäre, keine Verbindlichkeit dar, die den Nachlass belastet (§ 459c Abs. 3 StPO). Da der Tod eines Angeklagten formal ein Verfahrenshindernis darstellt, ist das Verfahren gem. § 206a StPO endgültig einzustellen. Die mittlerweile ganz herrschende Meinung geht davon aus, dass über die Kosten des Verfahrens und die notwendigen Auslagen des früheren Angeklagten in entsprechender Anwendung des § 467 Abs. 1 StPO eine Entscheidung zu ergehen hat. Grundsätzlich sind daher in einem solchen Fall die Verfahrenskosten und auch die notwendigen Auslagen des früheren Angeklagten der Staatskasse aufzuerlegen.[147] Da § 467 Abs. 3 StPO als einzige Ausnahme vorsieht, dass (unter bestimmten Voraussetzungen) die notwendigen Auslagen des Angeklagten der Staatskasse

147 Vgl. OLG Hamm NJW 1978, 177; OLG Celle NJW 2002, 3720.

auferlegt werden, gilt diese Regelung für Verfahrenskosten nicht. Der Nachlass bleibt von Verfahrenskosten verschont.[148]

Lediglich bei der Frage der **Überbürdung der notwendigen Auslagen** des früheren Angeklagten (insbesondere das Verteidigerhonorar fällt hierunter) kann auf der Basis einer *Verurteilungswahrscheinlichkeitsprognose* von einer Erstattung der notwendigen Auslagen abgesehen werden. Hierbei ist allerdings zu berücksichtigen, dass die Unschuldsvermutung verletzt ist, wenn in einem Einstellungsbeschluss eine strafrechtliche Schuld zugewiesen wird, ohne dass diese zuvor prozessordungsgemäß festgestellt wurde.[149] 88

Nicht ausgeschlossen erscheint allerdings analog § 467 Abs. 3 S. 2 Nr. 2 StPO, dass in einer Einstellungsentscheidung ohne förmlichen Schuldspruch die Verdachtslage beschrieben und daraus Schuldwahrscheinlichkeitserwägungen abgeleitet werden. Ganz überwiegend wird deshalb hinsichtlich der notwendigen Auslagen geprüft, ob die vorliegenden Verdachtsgründe die Überzeugung vermitteln, dass ohne das Eintreten des Verfahrenshindernisses eine Verurteilung erfolgt wäre. Nach Aktenlage muss annähernd sicher darzustellen sein, dass der frühere Angeklagte verurteilt worden wäre. Dies wird regelmäßig nur im Falle eines Geständnisses des Erblassers anzunehmen sein.[150] Da in Beispiel 29 der Erblasser ein Geständnis abgelegt hat, würden ihm die notwendigen Auslagen selbst aufgebürdet. Diese fallen damit dem Nachlass zur Last. 89

In steuerlicher Hinsicht ist von der Regelung auszugehen, dass gem. § 1922 BGB und § 45 AO Forderungen und Schulden in dem Zustand auf den Erben übergehen, in dem sie im Zeitpunkt des Todes des Erblassers bestanden. Soweit im Fall 29 noch keine Bescheide für die fraglichen Jahre ergangen sind und das Besteuerungsverfahren im Hinblick auf das laufende Strafverfahren ausgesetzt war, können nach dem Tod des Erblassers nunmehr unter Auswertung des Steuerstrafverfahrens die Besteuerungsgrundlagen realisiert werden. Es kann damit auch nach dem Tod eines Steuerpflichtigen festgestellt werden, ob die objektiven und subjektiven Tatbestandsmerkmale der Steuerhinterziehung vorliegen, die für die Entscheidung über die Rechtmäßigkeit etwaiger nachgeforderter Steuern von Bedeutung sind. Die Prüfung erfolgt allerdings nicht mehr im Steuerstrafverfahren, sondern im Besteuerungsverfahren und richtet sich nach den Vorschriften der Abgabenordnung.[151]

Im Rahmen dieser Feststellungen ist die Erbengemeinschaft mitwirkungsverpflichtet. Allerdings sind den Steuerbehörden durch die geständige Einlassung des Verstorbenen die tatsächlichen Grundlagen für eine Nachfestsetzung bekannt, so dass es weitergehende Handlungspflichten der Erbengemeinschaft nicht geben dürfte.

2. Exkurs: Akteneinsichtsrecht der Erben in die Steuerfahndungsakte des Erblassers

Beispiel 30 90

A, B und C sind Miterben nach ihrem verstorbenen Vater. Erbschaftssteuerbescheide sind nicht ergangen, obwohl es Anzeigen gemäß § 33 ErbStG gegeben hat. Das Finanzamt ging davon aus, dass die Freibeträge nicht ausgeschöpft waren. Im Rahmen der Auseinandersetzung der Erbengemeinschaft kommt es zur Klage, in der die A beweisen

148 Nicht ganz eindeutig insoweit noch *Müller*, AO-StB 2006, 239 unter Hinweis auf OLG Hamburg NJW 1971, 2183; vgl. OLG Hamburg wistra 2004, 39.

149 Vgl. BVerfG NJW 1990, S. 2741.

150 Ebenso OLG Köln StV 1991, 115.

151 Vgl. FG Rheinland-Pfalz, Urt. v. 12.12.1988 – 5 K 185/88, n.v. und BFH DB 1991, 2639.

will, dass die beiden Brüder und Miterben Gelder auf Konten unterschlagen haben. Das Finanzamt verweigert die Akteneinsicht.[152]

Die Abgabenordnung enthält keine Regelung über die **Akteneinsicht**, so dass ein allgemeines Akteneinsichtsrecht nicht besteht.[153] Die **Akteneinsicht der Erben** steht vielmehr im Ermessen der Finanzbehörde[154] und wird aber regelmäßig nicht durch § 30 AO begrenzt. Den Gesamtrechtsnachfolgern stehen grundsätzlich dieselben Rechte zu wie dem Erblasser; eine Einschränkung dergestalt, dass Akteneinsichten nur für steuerliche Zwecke zulässig seien, findet im Gesetz keine Grundlage.[155] Grundsätzlich gilt: Selbst wenn nur ein Miterbe die begehrte Akteneinsicht für die Erbengemeinschaft gelten macht, besteht in entsprechender Anwendung des § 2039 BGB ein solcher Anspruch.[156] Dennoch wurde im Fallbeispiel 30 die Ablehnung des Akteneinsichtgesuchs im Klageverfahren bestätigt. Bei der Überlassung von Kopien der von Kreditinstituten gemäß § 33 ErbStG eingereichten Anzeigen handelt es sich danach nicht um einen zum Nachlass gehörenden Anspruch; selbst ein Anspruch auf eine ermessensfehlerfreie Entscheidung gebe es nach Abschluss des Verwaltungsverfahrens nicht mehr. Da dieses mit „steuerfrei" abgeschlossen wurde, bestünde keinerlei Anspruch (mehr).[157]

3. Steuerliche Berichtigungspflicht der Erben ohne laufendes Ermittlungsverfahren

91 **Beispiel 31**

Der Erblasser E hat im Jahre 2007 einen Betrag von umgerechnet 100.000 EUR in der Schweiz angelegt und die darauf entfallenden Kapitaleinkünfte von jährlich 5.000 EUR bis zu seinem Tod am 3.1.2017 nicht angegeben. Der Erblasser hat für sämtliche Jahre keine Einkommensteuererklärung abgegeben und wurde hierzu auch nie aufgefordert. In den Jahren 2012 bis 2015 wurde der Erblasser geschätzt, allerdings war diese Schätzung deutlich zu niedrig (lediglich 50 %). E verstirbt 2017. Die aus seinen Söhnen S und B bestehende Erbengemeinschaft findet in einem Geheimfach des Schreibtisches sämtliche Kontounterlagen des Schweizer Bankkontos mit den jährlichen Zinsgutschriften.

§ 153 Abs. 1 AO begründet eine Erklärungsberichtigungspflicht. Danach ist der Steuerpflichtige zur Berichtigung von Erklärungsfehlern verpflichtet, die ihm in seinem Besteuerungsfall unterlaufen sind. Diese *Berichtigungspflicht* trifft ihn allerdings dann *nicht*, wenn er vorsätzlich oder leichtfertig gehandelt hat. Eine derartige Pflicht würde sonst zur Selbstbelastung des Steuerpflichtigen führen und damit dem Grundsatz widerstreiten, dass niemand sich selbst belasten muss (nemo tenetur se ipsum accusare).

In Beispiel 31 wäre also der Erblasser aufgrund seiner vorsätzlichen Hinterziehung nicht gezwungen gewesen, eine **Nacherklärung** nach § 153 Abs. 1 AO abzugeben. Anders stellt sich dies allerdings für seine Gesamtrechtsnachfolger dar. Da diese in § 153 Abs. 1 S. 2 AO auch als Normadressaten genannt sind, wird der Anwendungsbereich insoweit auf Fälle erstreckt, in denen der verstorbene Steuerpflichtige vorsätzlich gehandelt hat.[158] Da die

152 BFHE 228, 139.
153 BFH BStBl II 1985, S. 571.
154 FG München EFG 2016, 1045–1048.
155 So aber BMF-Schreiben v. 17.12.2008 BStBl I 2009, 6; offen gelassen in FG München EFG 2016, 1045.
156 Vgl. FG Düsseldorf, Urt. v. 17.3.1997 – 12 K 2926/95, n.v.
157 BFH, Urt. v.23.2.1010, BFHE 228, 139.
158 *Kohlmann*, § 370 Rn 339.

Mitglieder der Erbengemeinschaft von den strafrechtlichen Vorwürfen nicht betroffen sind, entbindet sie der Nemo-Tenetur-Grundsatz auch nicht von der Berichtigungspflicht.

Allerdings wurden gar keine Angaben gegenüber den Finanzbehörden vom verstorbenen Steuerpflichtigen gemacht. Da Voraussetzung der *Berichtigungspflicht* eine *unrichtige oder unvollständige Erklärung* ist, findet nach überwiegender Meinung § 153 AO insoweit keine Anwendung.[159] Damit trifft die Mitglieder der Erbengemeinschaft die Pflicht gem. § 149 AO zur Abgabe der Steuererklärung. Diese Verpflichtung besteht ihrerseits nur solange *keine Festsetzungsverjährung* eingetreten ist. Da mangels Steuererklärung die dreijährige Anlaufhemmung greift, sind die Mitglieder der Erbengemeinschaft zur Abgabe der Steuererklärung bis zum Jahre 2007 verpflichtet. 92

Soweit in den Jahren 2012–2015 Schätzungen erfolgt sind, in denen die Steuern zu niedrig festgesetzt wurden, gilt ebenfalls § 149 AO und die Pflicht zur Abgabe der Steuererklärung. Dies ist durch § 149 Abs. 1 S. 4 AO klargestellt.[160]

In Beispiel 31 hat der verstorbene Steuerpflichtige für die Jahre 2012, 2013, 2014 und 2015 unrichtige Steuererklärungen hinsichtlich seiner Kapitaleinkünfte abgegeben. Da dies auch zu einer Steuerverkürzung führte und die Miterben S und B erst nachträglich, d.h. nach dem Erbfall, Kenntnis erlangten und damit weder Teilnehmer noch Täter der Steuerhinterziehung waren, sind sie vor Ablauf der Festsetzungsverjährungsfrist berichtigungsverpflichtet.

Die Mitglieder der Erbengemeinschaft sind zur unverzüglichen **Nacherklärung** verpflichtet, d.h., sie haben ohne schuldhaftes Zögern i.S.v. § 121 Abs. 1 S. 1 BGB der zuständigen Behörde die Unrichtigkeit der Erklärung anzuzeigen. Hierbei wird lediglich verlangt, dass die Anzeige auf eine konkrete Steuererklärung bezogen ist. In einem zweiten Schritt ist die notwendige Richtigstellung vorzunehmen; dies muss nicht zwingend unverzüglich erfolgen, die Richtigstellung muss aber inhaltlich dem Finanzamt die Möglichkeit geben, die zu niedrig festgestellte Steuer nunmehr zutreffend festzusetzen. Damit sind die Mitglieder der Erbengemeinschaft verpflichtet, die bislang nicht erklärten Jahre gem. § 149 AO zu erklären und die Jahre 2012 bis 2015zu berichtigen gem. § 153 Abs. 1 AO. 93

Die *Auswirkungen der Nacherklärungspflicht* gem. § 153 Abs. 1 AO auf die Erbengemeinschaft sind vielfältig.

Beispiel 32

E hat im Jahre 2012 mit Aktien spekuliert und Spekulationsgewinne i.H.v. 150.000 EUR erwirtschaftet. In seiner Steuererklärung hat er diese Gewinne nicht angegeben. Nach Bescheidung aufgrund seiner unrichtigen Angaben verstirbt E. Ihn beerbt die Erbengemeinschaft bestehend aus seinen drei Söhnen S, B und G am 5.1.2015. Bei Durchsicht der Unterlagen des Erblassers unmittelbar danach stellen die drei Miterben den Sachverhalt fest. Während G die Angelegenheit den Finanzbehörden mitteilen will, plädieren S und B gegen eine Meldung.

Variante A: G zeigt die Spekulationsgewinne Mitte Januar an.

Variante B: G entschließt sich erst Ende Februar zur Anzeige der Spekulationsgewinne bei den Finanzbehörden. Mit S und B spricht er hierüber nicht.

159 Vgl. hierzu *Schuhmann*, wistra 1994, 45; Wannemacher/*Kürzinger*, Steuerstrafrecht, Rn 205 m.w.N.; a.A. OLG Hamburg wistra 1993, 274.

160 Vgl. hierzu auch *Samson*, wistra 1990, 245, 246; a.A. OLG Karlsruhe BB 1966, 1379.

94 Da die Miterben in keiner Weise bei der Begehung der Hinterziehung durch den Erblasser mitgewirkt haben, sind sie an dessen Straftat nicht beteiligt. Den Mitgliedern der Erbengemeinschaft drohen aber dann strafrechtliche Konsequenzen, wenn sie positive Kenntnis (bloßes Kennenmüssen genügt insoweit nicht) von dem steuerverkürzenden Sachverhalt haben.

§ 153 Abs. 1 AO begründet – wie oben dargestellt – die *Nacherklärungspflicht* der (Mit-)Erben.[161] Es handelt sich um eine steuerliche Handlungspflicht, deren Verletzung die betroffenen Miterben zum Täter eines unechten Unterlassungsdeliktes machen kann. Damit führt das bloße Untätigsein angesichts der gesetzlichen Handlungspflicht zu einer Strafbarkeit.[162] Unstreitig ist dies in Fällen, in denen der unrichtige Steuerbescheid noch nicht ergangen ist. Problematischer erscheint der Fall, in dem der unrichtige Steuerbescheid, mit dem die Steuerverkürzung einhergeht, bereits ergangen ist. Dieser beruht dann nämlich nicht auf der fehlenden Nacherklärung, sondern auf der unrichtigen Steuererklärung. Deshalb soll die unterlassene Nacherklärung nicht kausal für den Steuerverkürzungserfolg sein,[163] weil sie den bereits eingetretenen Hinterziehungserfolg lediglich perpetuiert.[164] Für eine mögliche Strafbarkeit spricht allerdings, dass der Erfolg der zu niedrigen Steuerfestsetzung auch darin bestehen kann, dass die Festsetzung in voller Höhe nicht erfolgt ist bzw. durch das pflichtwidrige Nichterklären kausal verhindert wird.[165] Die h.M. sieht das Erfolgsunrecht zutreffend nicht allein in der bereits erfolgten Steuerverkürzung, sondern auch in der auf der fehlenden Berichtigung fußenden Nichtfestsetzung eines höheren Steuerbetrages.[166] Die Miterben sind in Fall 32 verpflichtet, gem. § 153 Abs. 1 AO zu berichtigen. Diese Verpflichtung trifft *jeden für sich*, so dass S und B grundsätzlich durch das Verhalten des G nicht von ihrer eigenen Handlungspflicht entbunden sind. § 371 Abs. 4 AO enthält eine Spezialregelung dieser Fälle der **Fremdberichtigung**. Er stellt für derartige Fälle der Berichtigung gem. § 153 AO fest, dass diese Erklärung – soweit sie rechtzeitig und ordnungsgemäß erstattet wird – auch für einen Dritten gilt, der es unterlassen hat, die in § 153 AO bezeichnete Erklärung abzugeben. Voraussetzung ist allerdings, dass den Dritten vorher die Einleitung eines Straf- oder Bußgeldverfahrens wegen dieser Tat nicht bekannt war (§ 371 Abs. 4 S. 1 AO) und diese – für den Fall der Selbstbegünstigung – den Verkürzungsbetrag ausgleichen (§ 371 Abs. 4 S. 2 AO). Unter Verjährungsgesichtspunkten wichtig ist, dass der BGH den Anwendungsbereich des § 153 Abs. 1 AO selbst dann für eröffnet ansehen will, wenn die vorherigen Angaben bedingt vorsätzlich falsch waren;[167] damit muss auch derjenige, der zunächst eine Steuerhinterziehung nur billigend in Kauf nahm, im Falle des späteren sicheren Wissens der Handlungspflicht nach § 153 Abs. 1 AO entsprechen, da er sonst eine erneute Strafbarkeit riskiert.[168]

95 In der *Variante A* kommt somit das Handeln des G auch den beiden Miterben zugute. Sie bleiben straffrei soweit die Steuerverkürzung ausgeglichen wird, denn § 371 Abs. 4 AO begründet ein *Verfahrenshindernis* für die nicht handelnden Miterben.

161 Instruktiv auch Anwendungserlass zu § 153 AO vom 23.5.2016, DB 2016, S. 1228.
162 BGH wistra 2008, 24.
163 *Wannemacher*, Steuerstrafrecht, S. 224 m.w.N.
164 Vgl. *Werner*, EuV 2012, 191, 195; *Stahl*, ZEV 1999, 223.
165 Vgl. *Samson*, wistra 1990, 245, 247.
166 *Werner*, a.a.O., 195; *Schaub*, ZEV 2011, 625, u.a. BGH, Beschl. v.2.5.2010, 1 StR 577/09.
167 BGHSt 53, 210 unter Hinweis auf den nicht entgegenstehenden Wortlaut des § 153 AO.
168 Zum Ganzen auch: *Leitner/Rosenau/Pelz*, § 370 Rn 96.

In der *Variante B* ist dies keineswegs sicher. Der Wortlaut des § 371 Abs. 4 AO bezieht sich ausschließlich auf die in § 153 AO vorgesehene Anzeige, die *„rechtzeitig und ordnungsgemäß“* gemacht worden sein muss, um die Wirkung des § 371 Abs. 4 AO zu erreichen.

Im Einzelnen:

Dem Wortlaut nach ist die Variante B aber von § 371 Abs. 4 AO nicht erfasst, denn hier hat es auch der G versäumt, unverzüglich, d.h. ohne schuldhaftes Zögern, die Anzeige zu tätigen. Ein Zuwarten von sechs Wochen ab dem Zeitpunkt der Kenntniserlangung ist nicht mehr unverzüglich.[169] Damit hat auch G gegen die Pflicht zur unverzüglichen Anzeige verstoßen; soweit diese Pflichtverletzung kausal zu einer Steuerverkürzung geführt hat, wäre auch G gem. § 370 AO zu bestrafen gewesen.[170] Angesichts der nicht unverzüglich erfolgten Berichtigung ergibt sich aus dem Ausbleiben eines Berichtigungsbescheides bis Ende Februar der Taterfolg, denn es unterbleibt die Steuerfestsetzung in der vollen Höhe.[171] Es handelt sich bei der Erklärung des G nicht mehr um eine wirksame Berichtigung gem. § 153 Abs. 1 AO, sondern um eine Selbstanzeige (zu den Voraussetzungen siehe Rdn 107).

Zum Teil wird in diesen Fällen gleichwohl von einer Anwendbarkeit des § 371 Abs. 4 AO 96 (*Fremdanzeige*) ausgegangen. Danach sollen die Formulierungen *„in § 153 bezeichneten Erklärungen“* fehlerhafte Ursprungserklärungen im Allgemeinen betreffen, also auch solche, die bewusst unrichtig abgegeben wurden.[172] Angesichts des klaren Wortlauts der Norm erscheint diese sehr weite Auslegung des § 371 Abs. 4 AO (teilweise wird sogar von einer Analogie gesprochen) wenig überzeugend. Wenn § 371 Abs. 4 AO das Ziel verfolgt hätte, auch bewusste Falscherklärer durch Berichtigungserklärungen Dritter strafbar werden zu lassen, so hätte schlicht von *„berichtigenden Erklärungen“* gesprochen werden können.[173] Dies spricht *gegen* die Wirkung einer Fremdanzeige auch zugunsten eines Falscherklärers. Im Übrigen würde eine Auslegung zu einem Wertungswiderspruch mit den Voraussetzungen der Selbstanzeige gehören. Wesen dieses persönlichen Strafaufhebungsgrundes ist, dass der Falscherklärer *selbst* unrichtige und unvollständige Angaben berichtigt, ergänzt oder nachholt. Das sich aus § 371 Abs. 4 AO ergebende Verfahrenshindernis würde somit bei weiter Auslegung zu einer Entwertung der Selbstanzeige führen. Überdies stellt das Verfahrenshindernis zumindest einen Fremdkörper in der Abgabenordnung dar.[174] Damit kann G zwar selbst Strafbefreiung erlangen, hat damit aber gleichzeitig die Miterben in die direkte Gefahr der Strafverfolgung gebracht.

Beispiel 33

Erblasser E hat 2010 und 2011 im Ausland erwirtschaftete Erträge nicht in seiner Steuererklärung angegeben und hierdurch bewirkt, dass im jeweils folgenden Jahr festgesetzten Steuern pro Jahr um 30.000 EUR verkürzt wurden. Am 2.1.2013 verstirbt E. Seine beiden Söhne S und T beerben ihn und erklären die ihnen aus den Unterlagen des E zufällig bekannt gewordenen Beträge nicht nach.

Grundsätzlich gilt trotz der Berichtigungspflicht des § 153 AO, dass die Erben nicht ver- 97 pflichtet sind, nach Unrichtigkeiten zu suchen.[175] In Fall 33 haben die Erben allerdings sogar positive Kenntnis vom Verkürzungserfolg. Die fehlende Berichtigung für die Jahre

169 Vgl. hierzu auch *Müller*, AO-StB 2006, 242.
170 OLG Hamm NJW 1959, 1504.
171 Vgl. *Samson*, wistra 1990, 245, 247; a.A. *Wannemacher*, Steuerstrafrecht, Rn 224 ff.
172 *Samson*, wistra 1990, 245; LG Bremen wistra 1998, 317.
173 Vgl. weiterführend *Leitner/Rosenau/Habetha*, AO, § 371 Rn 223.
174 Vgl. *Kohlmann*, § 371 Rn 278 m.N. auch zur Gegenmeinung; vgl. auch *Schuhmann*, wistra 1994, 45.
175 Vgl. *Werner* a.a.O. 194, m.w.N.

2011–2012 ist strafrechtlich eine (Unterlassens-)Tat, denn die Berichtigung unterbleibt zeitgleich für beide Hinterziehungsjahre. Damit kommen die Mitglieder der Erbengemeinschaft durch schlichtes Unterlassen zu einem Hinterziehungserfolg von über 50.000 EUR, mithin zu einer Steuerhinterziehung gem. § 370 Abs. 3 Nr. 1 AO. Die Tat der Erben verjährt strafrechtlich somit erst in 10 Jahren ab Beendigung der Tat (§ 376 AO), im Fall 33 mithin frühestens 2023! Eine ungeheure Belastung der Beteiligten und eine Verlängerung der eigentlich auf Abwicklung und Auseinandersetzung gerichteten Erbengemeinschaft.

Beispiel 34

Erblasserin E hat in ihrem Vermögen ein Mehrfamilienhaus in Deutschland (Wert ca. 700.000 EUR und ein Aktiendepot in der Schweiz (Depotwert 1,5 Mio. EUR). Das Aktiendepot in der Schweiz besteht seit gut 10 Jahren und hat erhebliche Renditen abgeworfen, die nie in die Steuererklärung der Erblasserin E Eingang gefunden haben. Kurz vor ihrem Tod überträgt die Erblasserin das Depot auf ihre drei Neffen. Kurz danach stirbt E und wird von ihren beiden Töchtern A und D beerbt. Um ihren drei Kindern die Schenkung zu erhalten, sehen sie von einer Berichtigung ab.

98 Die Berichtigungspflicht des § 153 AO gilt auch dann, wenn das Vermögen gar nicht mehr im Nachlass zum Zeitpunkt des Erbfalls vorhanden ist. § 153 Abs. 1 S. 1 Nr. 1 AO verpflichtet zur Anzeige und Berichtigung einer unrichtigen und/oder unvollständigen Erklärung.[176] Da die Erblasserin vorsätzlich diese Angaben unterlassen hat, liegt eine Steuerhinterziehung vor mit der Folge, dass die zehnjährige Festsetzungsverjährungsfrist läuft. Damit haben die Erbinnen innerhalb dieser Festsetzungsfrist erkannt, dass die Erklärung unrichtig war. Indem die Erbengemeinschaft zugunsten der drei bedachten Neffen keine Nacherklärung abgegeben hat, wurde letztlich eine drittbegünstigende Steuerhinterziehung begangen. Die Erbengemeinschaft haftet somit im Umfang der Steuerhinterziehung für Erträge, die dem Nachlass nie zugeflossen sind und sieht sich noch zusätzlich einem strafrechtlichen Vorwurf ausgesetzt. Eine erhebliche Hypothek für die Erbengemeinschaft.[177]

99 Dies alles zeigt, dass die **Verständigung** zwischen den Mitgliedern der Erbengemeinschaft von enormer Bedeutung ist. Im Übrigen wird deutlich, wie wichtig es im Rahmen der Beratung und Vertretung ist, auf die Nacherklärungsmöglichkeit hinzuweisen. Auch wenn die Fristen zur Nacherklärung möglicherweise abgelaufen sind, sollte ausnahmslos bei der Berichtigung von Steuersachverhalten von **Nacherklärung** gesprochen werden. Eine vorschnell gewählte Bezeichnung der Erklärung als „Selbstanzeige" führt zwingend zur Prüfung, ob der persönliche Strafaufhebungsgrund (hierzu und den Voraussetzungen der wirksamen Selbstanzeige siehe unten Rdn 107 ff.) vorliegt.

100 Festzustellen ist zwar grundsätzlich, dass eine wirksame Selbstanzeige es der Finanzbehörde ermöglichen muss, den Sachverhalt ohne langwierige Nachforschungen soweit aufzuklären, dass die unrichtige oder gar nicht festgesetzte Steuer richtig berechnet und festgesetzt werden kann.[178] Dies kann aber auch durch eine neutral als *„Nacherklärung"* bezeichnete Berichtigung erfolgen.[179] Insofern wird von einer „verdeckten Selbstanzeige" gesprochen. Selbstverständlich müssen in einem solchen Fall die *notwendigen Informationen* in dieser Berichtigungserklärung enthalten sein. Insoweit wäre es falsch und fatal, den gestuften Aufbau des § 153 Abs. 1 AO zugrunde zu legen, wonach zunächst eine Anzeige „dem

176 *Halaczinsky/Füllsack*, Betriebsberater 2011, 2839.

177 Krit. hierzu *Sommer/Kauffmann*, NZWiSt 2015, 63 ff.; hierzu auch instruktiv *Madauß*, NZWiSt 2016, 343.

178 BGH NJW 1974, 223.

179 *Leitner/Rosenau/Habetha*, AO, § 371 Rn 34 unter Hinweis auf BGH wistra 2009, 189, 190.

Grunde nach“ und sodann zu einem späteren Zeitpunkt die inhaltliche Berichtigung erfolgt. Dies würde nicht zur Strafbefreiung führen, da die Entdeckung der Tat vor der eigentlichen Berichtigung einen Ausschlussgrund darstellt. Es bedarf, um in den Genuss der Strafbefreiung zu kommen, der Berichtigung „uno actu“; ist diese mit genauen Zahlen nicht möglich, bleibt nur die tatsachenbasierte Schätzung der Höhe nach.[180]

Zusammenfassend ist festzustellen: Bezeichnet der Steuerpflichtige seine Berichtigung als 101
Nacherklärung, mag es sich um eine Tarnung der Selbstanzeige handeln, die allerdings faktisch nur die Erklärung zur subjektiven Tatseite betrifft. Es ist aber nicht Wirksamkeitsvoraussetzung für eine Selbstanzeige, dass der Steuerpflichtige Angaben zur Frage der Vorsätzlichkeit/Fahrlässigkeit seines Handelns macht.

Deshalb kann es nach wie vor sinnvoll sein, eine Selbstanzeige nicht als solche zu betiteln, sondern neutral die falschen Informationen zu berichtigen. Allerdings führen die heute geltenden deutlich erweiterten Wirksamkeitsvoraussetzungen der Selbstanzeige, bei der die letzten zehn Jahre nachzuerklären sind, dazu, dass die Steuerbehörden regelmäßig schlussfolgern können, dass es sich – trotz anderer Bezeichnung – tatsächlich um eine Selbstanzeige handelt.

4. Steuerliche Auswirkungen der Steuerstraftat für die Erbengemeinschaft

Übersicht 102

§ 173 Abs. 2 AO, Durchbrechung der Änderungssperre trotz Außenprüfung

§ 169 Abs. 2 S. 2 AO, Verminderung der Festsetzungsfrist auf 10 Jahre

§ 235 AO, Festsetzung von Hinterziehungszinsen

Neben der Strafandrohung enthält die Abgabenordnung gegen den Steuerhinterzieher nachteilige Sanktionen, die sich unmittelbar für die Erbengemeinschaft auswirken, aber keinen Strafcharakter im eigentlichen Sinne haben. Deshalb treffen sie auch den Gesamtrechtsnachfolger.

Voraussetzung hierfür ist die Feststellung, dass der Erblasser eine (vorsätzliche) Steuerhinterziehung begangen hat. An die als Ordnungswidrigkeit zu ahnende leichtfertige Steuerverkürzung gem. § 378 AO knüpfen sich ähnliche, wenn auch partiell abgemilderte Nachteile.

a) Durchbrechung der Änderungssperre, § 173 Abs. 2 AO

Wenn bei einem Steuerpflichtigen eine Außenprüfung durchgeführt wurde, greift grund- 103
sätzlich eine **Änderungssperre** für zurückliegende Zeiträume. Ausnahmen hiervon sind aber das Vorliegen einer Steuerhinterziehung oder leichtfertigen Steuerverkürzung im fraglichen Zeitraum. Selbst wenn gem. § 202 Abs. 1 S. 3 AO nach Beendigung der Außenprüfung dem Steuerpflichtigen schriftlich mitgeteilt wurde, dass es zu keiner Änderung der Besteuerungsgrundlagen gekommen sei, ergibt sich daraus *keine* Änderungssperre.

b) Verlängerung der Festsetzungsfrist, § 169 Abs. 2 S. 2 AO

Der Gesetzgeber geht davon aus, dass es in Fällen von Steuerhinterziehung (§ 370 AO) 104
eines längeren Zeitraums zur Ermittlung der Besteuerungsgrundlagen bedarf. § 169 Abs. 2 S. 2 AO legt fest, dass die **Festsetzungsfrist** bei Steuerhinterziehung zehn, bei leichtfertiger Steuerhinterziehung fünf Jahre beträgt. Diese Fristen beginnen gem. § 170 Abs. 1 AO

180 *Leitner/Rosenau/Habetha*, AO, § 371 Rn 53.

grundsätzlich mit Ablauf des Kalenderjahres, in dem die Steuer entstanden ist, mithin der Steuerbescheid ergangen ist.

In Fällen, in denen mangels Steuererklärung/Steueranmeldung kein Steuerbescheid ergangen ist, greift die sogenannte Anlaufhemmung der Festsetzungsverjährung gem. § 170 Abs. 2 Nr. 1 AO: Diese beträgt drei Jahre, so dass mit Ablauf des dritten Kalenderjahres nach Entstehung der Steuer erst die zehnjährige Festsetzungsverjährungsfrist beginnt. Dies führt in Fällen der Steuerhinterziehung zu einer maximalen Festsetzungsverjährungsfrist von dreizehn Jahren. Für die verlängerte Festsetzungsfrist ist es unerheblich, ob die Erbengemeinschaft etwas von der Straftat des Erblassers wusste oder nicht.[181]

c) Hinterziehungszinsen, § 235 AO

105 Eine weitere Folge einer vom Finanzamt festgestellten Steuerhinterziehung des Erblassers ist es, dass **Hinterziehungszinsen** gem. § 235 AO geschuldet werden und festgesetzt werden können. Voraussetzung hierfür ist aber die Feststellung einer vorsätzlichen, rechtswidrigen und schuldhaften Hinterziehung, wobei § 235 AO allerdings keine strafgerichtliche Verurteilung erfordert. Im oben genannten Beispiel 32 (vgl. Rdn 93) könnten somit trotz des Einstellungsbeschlusses des Strafgerichts Zinsen festgesetzt werden. Der Zinslauf beginnt mit der fiktiven Fälligkeit des hinterzogenen Betrages ohne Steuerhinterziehung, er dauert bis zum Tag der Zahlung, wobei je voller Monat 0,5 % Zins geschuldet sind.

106 **Beispiel 35**

Erblasser E hat noch zu Lebzeiten in einem gegen ihn durchgeführten Strafverfahren eine Verfahrenseinstellung gem. § 153a StPO zugestimmt. Hiernach sollte er eine Geldauflage von 10.000 EUR zahlen. A hat hiervon erst 5.000 EUR beglichen als er verstirbt und seine Söhne S und B ihn zu gleichen Teilen beerben. Das Finanzamt setzt Hinterziehungszinsen für den maßgeblichen Zeitraum gegenüber der Erbengemeinschaft fest.

Da gem. § 235 AO die Steuerhinterziehung als Straftat feststehen muss, kann sich das Finanzamt hierbei nicht darauf berufen, dass das gegen den Erblasser eingeleitete Strafverfahren gegen Zahlung einer Geldauflage gem. § 153a StPO (sogenannte Einstellung nach Erfüllung von Auflagen) eingestellt wurde. Eine Schlussfolgerung, der Erblasser habe eine Straftat begangen, rechtfertigt die Einstellung gem. § 153a StPO nicht, denn sie setzt keinen Nachweis der Tat des Erblassers voraus. Dies gilt obwohl der Erblasser der Einstellung (wie in Fall 35 geschehen) zustimmen muss. Eine entsprechende Annahme würde gegen die Unschuldsvermutung (Art. 6 Abs. 2 MRK) verstoßen.[182]

Danach wird es in der Praxis für die Erbengemeinschaft regelmäßig sinnvoll sein, trotz einer Einstellung gem. § 153a StPO gegen den Zinsbescheid vorzutragen, der Erblasser habe nicht vorsätzlich gehandelt und dies näher zu begründen. Das Finanzamt muss derartigem Vortrag nachgehen und diesen aufklären.[183] Dieses Nebeneinander von Steuerrecht und Strafrecht führt dazu, dass umgekehrt die Erbengemeinschaft durchaus einen Hinterziehungsbescheid erhalten kann, selbst wenn der Erblasser im Strafverfahren freigesprochen wurde oder ein solches gegen ihn gar nicht durchgeführt wurde. Hierbei ist darauf hinzuweisen, dass der Zinsbescheid ein eigenständiger Verwaltungsakt ist und deshalb eigenständig anfechtbar ist, auch wenn er zusammen mit dem Steuerbescheid ergeht.

---

181 Nds. FG EFG 1991, S. 107.
182 Vgl. BFH/NV 2006, 1866 unter Hinweis auf BVerfG NJW 1991, 1530.
183 Vgl. BFH/NV 2006, 1866.

D. Selbstanzeige

I. Einleitung

Übersicht 107

Selbstanzeige – § 371 AO

Möglichkeit der Selbstanzeige bei Täterschaft/Teilnahme bzgl. § 370 AO

Anforderungen an Selbstanzeige Vollständigkeitsgebot für vergangene 10 Jahre

Sperrgründe

Ausschluss der Selbstanzeige bei §§ 372–374 AO sowie Begünstigung § 369 Abs. 1 S. 4 i.V.m. § 257 AO

Erstattung der Selbstanzeige persönlich oder durch einen bevollmächtigten Vertreter möglich

Selbstanzeige ohne Auftrag wird erst bei nachträglicher Genehmigung ex nunc wirksam

Inhalt: Grundsätze der Vollständigkeit/wahrheitsgemäßen Angabe/Materiallieferung

Wirkung: Persönliche Wirkung für den Selbstanzeigeerstatter im Umfang der inhaltlich erfolgten Erstattung

Adressat: Finanzbehörde gem. § 6 AO

Pflicht zur Nachzahlung auch der Zinsen als objektive Straffreiheitsvoraussetzungen

Zuschläge gemäß § 398a AO

Ausschlussgründe: Bekanntgabe einer Prüfungsanordnung/Erscheinen eines Amtsträgers/Bekanntgabe der Einleitung eines Ermittlungsverfahrens/Überschreitung der Wertgrenze von 25.000 EUR je Tat/Tatentdeckung (objektiv) und Wissenmüssen des Täters (subjektiv)

Beispiel 36 108

K und B sind hälftige Miterben ihres am 2.1.2015 verstorbenen Vaters aufgrund seines notariellen Testaments, das vom Nachlassgericht eröffnet wurde (§ 2260 BGB) Das zuständige Finanzamt erfährt von Amts wegen vom Nachlassgericht, dass für die dortige Gebührenfestsetzung ein Gegenstandwert von 100.000 EUR festgesetzt wurde. Aufgrund dieser Information werden K und B nicht zur Abgabe einer Erbschaftsteuererklärung aufgefordert. Beide geben auch keine Erklärung ab. Am 30.1.2018 geht eine Selbstanzeige der K ein, indem diese mitteilt, Mitte 2016 hätten sie und B völlig überraschend im Nachlass Bargeld und festverzinsliche Anlagen im Gesamtwert von 1,6 Mio. EUR gefunden, sie habe ihre Hälfte von 800.000 EUR unmittelbar in die Schweiz verbracht und sodann in den Jahren 2016, 2017 jährliche Zinseinkünfte von 40.000 EUR nicht erklärt. B wird von K am Tag der Abgabe der Selbstanzeige über ihr Vorgehen informiert.[184]

Sieht man einmal von der Ausnahme in § 266a Abs. 6 StGB (Vorenthalten und Veruntreuen von Arbeitsentgelt) ab, so kann ein Täter oder Teilnehmer bei keiner anderen vollendeten Straftat so schnell Straffreiheit erlangen, wie bei der (einfachen) Steuerhinterziehung gem. § 370 AO. § 371 AO konstituiert einen persönlichen Strafaufhebungsgrund, der dazu führt, 109

184 Nach BFH/NV 2002, 917.

dass bei Vorliegen der Voraussetzungen der **Selbstanzeige** sich der Täter Straffreiheit gewissermaßen erkaufen kann.[185] Zentrales gesetzgeberisches Motiv ist denn auch durch die Selbstanzeige unbekannte Steuerquellen zu erschließen.[186] Aufgrund dieser rein fiskalischen Erwägungen ist bei § 371 AO die Freiwilligkeit der Selbstanzeige keine Voraussetzung für die Straffreiheit.[187] Anders ist dies z.B. beim ebenfalls als Strafaufhebungsgrund konzipierten Rücktritt vom Versuch (§ 24 StGB). Deshalb wird die heute geführte politische Diskussion über die Abschaffung der Selbstanzeige dem gesetzgeberischen Motiv nicht ansatzweise gerecht und es ist zu begrüßen, dass trotz der erneuten Einschränkungen mit dem Gesetz zur Änderung der Abgabenordnung und des Einführungsgesetzes zur Abgabenordnung vom 22.12.2014, das Institut formal erhalten geblieben ist.[188]

Gibt also ein Miterbe seine Selbstanzeige nur deshalb ab, weil er von den anderen Mitgliedern der Erbengemeinschaft, die einen entsprechenden Nacherklärungswillen haben, faktisch gezwungen wird, so ändert dies nichts an seiner möglichen Strafbefreiung. Ein Rücktritt wäre in einer solchen Situation ausgeschlossen. Die Wertungswidersprüchlichkeit ist vom Gesetzgeber gesehen und bewusst in Kauf genommen.

110 Die Selbstanzeige im Steuerstrafrecht ist strafbefreiender Tatausgleich; mit der Nachholung der Mitwirkung wird das Handlungsrecht und mit der Nachzahlung das Erfolgsunrecht kompensiert.[189] In diese seit 1949 bestehende Konzeption der Wiedereingliederung wurde durch den zentralen Beschluss des BGH vom 20.5.2010 versucht einzugreifen, indem eine „Rückkehr in die Steuerehrlichkeit" als zusätzliche Voraussetzung postuliert wurde.[190] Die gesetzgeberischen Initiativen des Jahres 2011 mit dem sog. Schwarzgeldbekämpfungsgesetz[191] und die bereits erwähnten Restriktionen des Jahres 2015 liegen in derselben Linie, denn es wird nunmehr als Wirksamkeitsvoraussetzung der Selbstanzeige eine vollständige Berichtigung der letzten 10 Jahre, mithin für den gesamten Zeitraum der noch nicht festsetzungsverjährt ist, festgeschrieben. Dies macht die Selbstanzeige in Fällen der versäumten Berichtigung nach § 153 AO für die Gesamtrechtsnachfolger schwer handhabbar. Denn im Zeitpunkt des Erkennens eines Fehlers des Erblassers müssen sämtliche Jahre berichtigt werden, die noch nicht festsetzungsverjährt sind. Dies sind mindestens 10 Jahre. Wenn nun die Erbengemeinschaft sich nicht zu einer Berichtigung entschließen kann und zu lange wartet, wird sie angesichts der regelmäßig nur 10-jährigen Aufbewahrungspflicht nur noch (hoch) schätzen können im Hinblick auf die Altjahre. Dies stellt ein erhebliches strafrechtliches und auch wirtschaftliches Risiko dar.

111 Die **Beratung** stellt sich in diesen Fällen regelmäßig als Spagat zwischen den Interessen des Mandanten, der Abwägung der Risiken der *Tatentdeckung* und der möglichen Strafbarkeit des Beraters dar. In dieser Grauzone zwischen bereits begangener Steuerhinterziehung und möglicher Strafbefreiung durch Selbstanzeige hat der Berater über die Möglichkeit der Selbstanzeige aufzuklären, ohne allerdings verpflichtet zu sein, auf eine solche Selbstanzeige hinzuwirken oder diese als einzige sinnvolle Möglichkeit darzustellen.[192] Da die Steuerhin-

185 Vgl. *Braun*, wistra 1987, L 33.

186 Vgl. insoweit BGH NJW 1974, 2293.

187 Anders ist dies bei den Rücktrittsvorschriften des Strafgesetzbuchs (§ 24 StGB), bei denen sich Täter des im Versuchsstadium befindlichen Delikts freiwillig gegen die Vollendung derselben entscheiden muss.

188 *Wegner/Himmelreich*, SteuK 2015, 89, 90.

189 *Rüping*, AO 371 Rn 25.

190 BGH 1 StR 577/09.

191 BT-Drs 17/5067 vom 16.3.2011.

192 Vgl. BGH wistra 1996, 184 ff.

terziehung als Haupttat regelmäßig bereits beendet war (sonst wäre eine Selbstanzeige nicht notwendig), kommt eine Förderung nicht mehr in Betracht. Insoweit kann sich der Berater in dieser Situation nur dann der Teilnahme an der Steuerhinterziehung strafbar machen, wenn eine Tat noch im Versuchsstadium steckt. Es sollte in derartigen Fällen – schon zu Beweiszwecken – möglichst ein **zweiter Berater** hinzugezogen werden, der über den Inhalt der Beratung einen Vermerk niederlegt. Eine Verschriftlichung der Beratung und Versendung etwa per E-Mail sollte nur ausnahmsweise erfolgen.

Unabhängig von diesen Risiken ist der Berater allerdings aufgrund der Kenntnis von einer 11[illegible]
Steuerhinterziehung weder verpflichtet noch berechtigt, über diese Umstände zu berichten. Seine **Schweigepflicht** gilt selbstverständlich fort. Problematisch wird bei positiver Kenntnis von der Steuerhinterziehung allerdings die weitere Beratung in der Folgezeit und die Mitwirkung an Steuererklärungen sein, da sich regelmäßig Folgesachverhalte ergeben, die sodann ihrerseits als Steuerhinterziehung zu gewichten sein werden (zum Problem der Geldwäsche bei gewerbsmäßiger Steuerhinterziehung als Vortat, vgl. unten Rdn 130).

Die Schweigepflicht gilt übrigens selbstverständlich auch, wenn **Durchsuchungen beim Berater** durchgeführt werden. Dies erfolgt regelmäßig dann, wenn zu erwarten ist, dass bei ihm Beweismittel sicherzustellen seien. Auskünfte dürfen vom Berater insoweit nicht getätigt werden. Allerdings ist anzuraten, den Steuerfahndern zumindest mitzuteilen, ob und gegebenenfalls wo sich Unterlagen des Mandanten befinden, da hierdurch die Einsichtnahme in Drittunterlagen vermieden wird. Ansonsten sollte Widerspruch gegen die Sicherstellung/Beschlagnahme eingelegt werden und gem. § 107 StPO beantragt werden, ein Verzeichnis über die in Verwahrung genommenen Gegenstände auszustellen. Letzteres wird allerdings regelmäßig von Amts wegen erfolgen. Zuletzt ist anzuraten, der Steuerfahndung respektive den Polizeibeamten die Durchsicht der aufgefundenen Papiere zu verweigern (§ 110 Abs. 2 StPO). Seit die Betroffenen allerdings nicht mehr zum Entsiegelungstermin geladen werden müssen und die Zustimmung der Staatsanwaltschaft zur Entsiegelung und Durchsicht der Papiere durch die Ermittlungsbeamten auch fernmündlich erfolgen kann, hat die Versiegelung erheblich an Bedeutung eingebüßt.[193]

II. Anwendungsbereich

Gemäß § 371 Abs. 1 AO ist eine Selbstanzeige bei Vorliegen einer einfachen Steuerhinterzie- 11[illegible]
hung im Sinne von § 370 AO möglich. Eine *begrenzende* Wirkung ergibt sich allerdings aus der Rechtsnatur der Selbstanzeige als **persönlichem Strafaufhebungsgrund**. Damit wird deutlich, dass die Selbstanzeige des einen dem anderen nicht zugerechnet wird, sondern eine von dritter Seite erklärte Selbstanzeige nur bei zuvor erteilter (möglichst schriftlicher) Bevollmächtigung für den an der Steuerstraftat Beteiligten erfolgen kann. Die Selbstanzeige eines Miterben kommt damit den übrigen Miterben nicht zugute; es sei denn sie haben eine ausdrückliche Vollmacht erteilt.

Dies führt regelmäßig zu Koordinationsschwierigkeiten, die allerdings dann in den Griff zu bekommen sind, wenn **ein Bevollmächtigter sämtliche Beteiligte** vertritt. Da es sich bei der Selbstanzeige noch nicht um originäre Verteidigungstätigkeit handelt (das Verbot der Mehrfachverteidigung des § 146 StPO gilt insoweit nicht), kann ein bevollmächtigter Rechtsanwalt grundsätzlich mehrere Selbstanzeigende vertreten. Freilich ist im Falle der Unwirksamkeit der Selbstanzeige die weitere Verteidigung des einen oder anderen proble-

193 *Meyer-Goßner/Schmitt*, § 110 Rn 3.

matisch; sie kann durchaus zu einem Interessenkonflikt führen. Regelmäßig sollte die Selbstanzeige beim örtlich und sachlich zuständigen Finanzamt erklärt werden.[194]

114 Aus der Formulierung der Selbstanzeige muss sich allerdings ergeben, dass unrichtige oder unvollständige Angaben nachgeholt oder ergänzt werden. Wichtig ist in diesem Zusammenhang, dass keine Hinweise zu Vorsatz oder Leichtfertigkeit geben werden. Diese bergen das Risiko, dass im Falle einer Unwirksamkeit der Selbstanzeige eine auch subjektiv geständige Einlassung des Mandanten bereits abgegeben wurde. Die Frage, inwieweit es sich auf eine Selbstanzeige bezieht, richtet sich nach dem Ansatzpunkt.

In Beispiel 36 (siehe Rdn 108) ist zu differenzieren zwischen:
- der Nichtabgabe einer Erbschaftsteuererklärung
- einer möglicherweise fehlenden Erklärung gem. § 153 AO und
- den nicht erklärten Kapitaleinkünften 2015–2016.

115 Wie der BFH[195] ausgeführt hat, besteht für denjenigen keine **Anzeigepflicht** nach § 30 Abs. 1 und Abs. 3 ErbStG, dessen Erwerb auf einem vom Nachlassgericht eröffneten notariellen Testament des Erblassers beruht und dieses Testament das Finanzamt in die Lage versetzt hat zu prüfen, ob ein erbschaftsteuerbarer Vorgang vorliegt und in ein Besteuerungsverfahren einzutreten ist.[196] Da dies offenkundig der Fall war, bestand für die Mitglieder der Erbengemeinschaft mangels Aufforderung durch das Finanzamt keine Anzeige- oder Mitteilungspflicht. Ohne eine solche gesetzliche Verpflichtung kommt dann aber ihrem Unterlassen auch kein Erklärungswert zu. Eine Angabe des Gegenstandswertes gegenüber dem Nachlassgericht stellt im Übrigen keine Erklärung gegenüber einer anderen Behörde im Sinne des § 370 Abs. 1 Nr. 1 AO dar; denn „andere Behörden" sind in diesem Sinne nur solche, die steuerlich erhebliche Entscheidungen treffen.[197] Dies ist beim Nachlassgericht gerade nicht der Fall, denn es ist nach § 7 ErbStDVO nur zur Anzeige, zur Übersendung der eröffneten Verfügung von Todes wegen und – soweit bekannt – zur Ermittlung der Höhe und der Zusammensetzung des Nachlasses verpflichtet. Das Gericht trifft aber insoweit keine eigene Entscheidung von steuerlicher Erheblichkeit.

116 Damit gab es in Beispiel 36 (siehe Rdn 108) keinen steuerlich erheblichen Sachverhalt, den die Miterben unrichtig erklärt oder verschwiegen hätten. Dann muss aber auch eine Nacherklärungspflicht nach § 153 Abs. 1 AO ausscheiden, die in Frage steht für den Zeitpunkt des späteren Auffindens neuer/weiterer Nachlassgegenstände. Da dieses Auffinden *keinen zusätzlichen Erwerb* im Sinne von § 1 ErbStG darstellt, sondern auf dem ursprünglichen Erwerb von Todes wegen beruht, scheidet auch insoweit im Hinblick auf die Ausnahmeregelung im § 30 Abs. 3 ErbStG eine Anzeigepflicht aus. Derjenige aber, der weder anzeige- oder erklärungspflichtig ist, ist auch nicht gehalten gem. § 153 Abs. 1 S. 1 Nr. 1 AO eine Berichtigungserklärung abzugeben.[198]

Es ist festzustellen, dass die (vorschnell) als „Selbstanzeige" bezeichnete Erklärung jedenfalls hinsichtlich etwaiger erbschaftsteuerbarer Vorgänge weder eine Selbstanzeige noch überhaupt eine notwendige Anzeige darstellt. Anderes gilt jedoch hinsichtlich der in Variante A nichterklärten Kapitalerträge, die die Jahre 2016–2017 betreffen.

---

194 Zwar wird in der Literatur vertreten, dass auch Selbstanzeigen gegenüber Außenprüfern oder Steuerfahndungsbeamten Wirksamkeit entfalten sollen, allerdings sollte im Rahmen von Beratungsverhältnissen immer zugleich auch das sachlich und örtlich zuständige Finanzamt eingeschaltet werden.

195 BFH/NV 2002, 917 zu § 30 Abs. 1 ErbStG 1974.

196 Vgl. auch BFHE 181, 351.

197 BFH/NV 2002, 917.

198 BFH/NV 2002, 917.

Häufig ist die Folge von im Ausland bestehenden Schwarzgeldkonten, dass die Erbengemeinschaft nicht nur vor der Frage steht, was mit den Jahren vor dem Erbfall zu geschehen hat. Ist erst einmal eine Nacherklärung nicht erfolgt, bleibt den Mitgliedern der Erbengemeinschaft oft nichts übrig, als auch die Kapitalerträge der auf den Erbfall folgenden Jahre nicht zu erklären. Eine fatale Risikospirale, die der Erblasser den Erben unbedingt ersparen sollte. In Variante A sind die Voraussetzungen einer strafbefreienden Selbstanzeige zu prüfen.

Im Einzelnen: 117

III. Anwendungsvoraussetzungen

1. Grundsatz der Materiallieferung

Nach dem sog. *Grundsatz der Materiallieferung* muss es der Steuerpflichtige im Rahmen einer Selbstanzeige dem Finanzamt ermöglichen, ohne langwierige Nachforschungen den *wahren Sachverhalt* aufzuklären und den *richtigen Steuerbetrag* festzusetzen.[199] Dies sollte möglichst in einem Schritt erfolgen. Oft wird es allerdings an aussagekräftigen Unterlagen fehlen; nicht eben selten sind Mandanten, die bewusst alle ausländischen Kontoauszüge vernichtet oder nie erhalten haben, weil sie postlagernd in der Bank verblieben. Wenn nun allerdings keine Unterlagen oder Aufzeichnungen hinsichtlich der nachzuerklärenden Umsätze bestehen, wird regelmäßig zu empfehlen sein, möglichst sorgfältig begründet und mit erheblichen Sicherheitszuschlägen zu schätzen.[200] Besonders prekär wird dies allerdings dann, wenn im sich anschließenden Besteuerungsverfahren ebenfalls keine Unterlagen überreicht werden können, da die Aufbewahrungsfristen abgelaufen sind. Dann wird der Mandant regelmäßig an den (ggfs. viel zu hohen) Sicherheitsschätzungen festgehalten werden. 118

2. Ausschlussgründe

Die Ausschlussgründe für die Strafbefreiung werden in § 371 Abs. 2 AO enumerativ aufgeführt: 119

- § 371 Abs. 2 Nr. 1a AO Bekanntgabe der Prüfungsanordnung
- § 371 Abs. 2 Nr. 1b AO Bekanntgabe eines Straf- oder Bußgeldverfahrens
- § 371 Abs. 2 Nr. 1c AO Erscheinen eines Amtsträgers zur steuerlichen Prüfung
- § 371 Abs. 2 Nr. 1d AO Erscheinen eines Amtsträgers wegen Steuerstraftat/-ordnungswidrigkeit
- § 371 Abs. 2Nr. 1e AO Erscheinen eines Amtsträgers zur Umsatzsteuernachschau
- § 371 Abs. 2 Nr. 2 AO Tatendeckung
- § 371 Abs. 2 Nr. 3 AO Überschreitung der Wertgrenze von 25.000 EUR je Tat
- § 371 Abs. 2 Nr. 4 AO Vorliegen eines besonders schweren Falles nach § 370 Abs. 3 S. 2Nr. 2–5.

Gemäß § 371 Abs. 2 Nr. 1a AO führt die Bekanntgabe der Prüfungsanordnung bereits zur Sperrwirkung. Damit ist die frühere Rechtslage, nach der das Erscheinen eines Prüfers erforderlich war, auf den Zeitpunkt der Bekanntgabe der Prüfungsanordnung nach § 122 AO vorverlagert. Der Wortlaut des § 371 Abs. 2 Nr. 1a AO lässt pauschal die Bekanntgabe „einer" Prüfungsanordnung ausreichen. Die Bekanntgabe kann auch einem anderen an der Tat Beteiligten gegenüber erfolgen, was in Fällen mit mehreren Ansprechpartnern – wie etwa 120

199 *Grötsch/Seipl*, NStZ 2015, 498.
200 Vgl. BGH NJW 1974, 2293.

bei mehreren Mitgliedern der Erbengemeinschaft – die Bewertung der Situation deutlich erschwert.[201] Angesichts der gesetzgeberischen Gründe für den Ausschluss der Selbstanzeige dürfte allerdings die Prüfungsanordnung die Selbstanzeige grundsätzlich nur für die Taten sperren, auf die sich die Prüfungsanordnung (inhaltlich und zeitlich) bezieht (§ 371 Abs. 2 S. 2 AO).[202] Die Ausschlussgründe für die Strafbefreiungswirkung einer Selbstanzeige sind nach der hier vertretenen Auffassung daran gekoppelt, dass der Täter aufgrund der ohnehin durch die Finanzbehörden intendierten Sachaufklärung im Rahmen der Prüfung sein Handlungsunrecht durch die Selbstanzeige nicht mehr kompensieren können soll.[203]

121 Gemäß § 371 Abs. 2 Nr. 1c AO tritt die **Sperrwirkung** dann ein, wenn vor einer Berichtigung, Ergänzung oder Nachholung der Erklärung ein Amtsträger zur Steuerprüfung oder zur Ermittlung einer Steuerstraftat oder -ordnungswidrigkeit erscheint. Gleiches soll bei einem Amtsträger nach § 371 Abs. 2Nr. 1c und 1d erfolgen, der zur Ermittlung einer Steuerstraftat oder Steuerordnungswidrigkeit respektive einer Umsatzsteuernachschau erschienen ist. „*Erscheinen*" bedeutet insoweit mehr als bloße Ankündigung der steuerlichen Prüfung, z.B. durch Übersendung der Prüfungsanordnung oder der Ankündigung durch die Steuerfahndung in telefonischer oder schriftlicher Form durch ein sogenanntes Erörterungsschreiben. Allerdings sollte es genügen, wenn ein Amtsträger der Finanzbehörde an Ort und Stelle einzelne Maßnahmen einer Prüfung (z.B. Einsichtnahmen in Unterlagen über ein bestimmtes Bankkonto) zur Aufklärung eines Sachverhalts durchführen will.[204] Die Sperrwirkung begrenzt sich allerdings auf denjenigen, bei dem der Amtsträger erscheint. Miterben, bei denen dies nicht der Fall ist, können selbstverständlich ihrerseits noch eine strafbefreiende Selbstanzeige wirksam erklären.[205]

122 Bei der Bekanntgabe der Einleitung des Straf- oder Bußgeldverfahrens ist allein der **Tatbegriff** zu diskutieren. Es wird von einem weiten Tatbegriff ausgegangen. Betrifft die Bekanntgabe des eingeleiteten Verfahrens z.B. eine Einkommensteuerhinterziehung des Jahres 2015, so ist eine Selbstanzeige hinsichtlich sämtlicher einkommensteuerrechtlicher Sachverhalte ausgeschlossen. Es gilt der weite strafprozessuale Tatbegriff des § 264 StPO.[206] Hingegen kann derjenige, demgegenüber die Bekanntgabe der Einleitung eines Strafverfahrens wegen Einkommensteuerhinterziehung 2015 erfolgt, wegen einer im selben Jahr stattgefundenen Umsatzsteuerhinterziehung durchaus noch eine Selbstanzeige wirksam erklären. Derartige Ausschlussgründe lagen in Beispiel 36 (siehe Rdn 108) nicht vor: K hat ihre Erklärung hinsichtlich der bislang nicht erklärten Kapitaleinkünfte nachgeholt.

123 Weitere seit dem 1.1.2015 zusätzlich verschärfte Voraussetzung für eine wirksame strafbefreiende Selbstanzeige ist, dass der Steuerpflichtige die zu seinen Gunsten hinterzogene Steuer sowie die Hinterziehungszinsen (§ 235 AO) innerhalb einer angemessenen Frist nachentrichtet. Immerhin handelt es sich angesichts der verlängerten Frist auf 10 Jahre um bis zu 60 % des Hinterziehungsbetrages. Die K im Fall 36 würde also im Falle der fristgerechten **Nachzahlung** straffrei ausgehen.[207]

Fraglich ist dies für den Miterben B durch die Angaben von K, die diese nicht im Namen oder mit Vollmacht des B abgegeben hat. Möglicherweise könnte darin eine Sperrwirkung für eine wirksame Selbstanzeige des B resultieren. In Betracht kommt insoweit die Tatende-

201 *Wegner/Himmelreich*, SteuK 2015, 89, 91.
202 *Leitner/Rosenau/Habetha*, AO,§ 371 Rn 99m.w.N.
203 Vgl. hierzu insbesondere *Kühn/Blesinger*, AO, § 371 Rn 14 ff.
204 BayOLG wistra 1987, 77, vgl. auch OLG Stuttgart StZ 1989, 436.
205 Vgl. LG Stuttgart wistra 1990, 72.
206 LG Stuttgart wistra 1986, 210; vgl. auch LG Stuttgart wistra 1988, S. 317 und *Schehl*, wistra 1989, 343.
207 Zu den Auswirkungen *Leibold*, NZWiSt 2015, 74 ff.

ckung gemäß § 371 Abs. 1 Nr. 2 AO. Liegt einer der in § 371 Abs. 2 AO genannten Tatbestände vor, so spricht man von einer Sperrwirkung. Der Sinn dieser Regelung liegt darin, dass der Steuerpflichtige nicht zunächst das Erscheinen eines Prüfers oder Fahndungsbeamten, die Einleitung eines Strafverfahrens oder sogar die Tatendeckung abwarten können soll, um sich dann in aller Ruhe zur Selbstanzeige zu entschließen. Ein solches Verhalten mit Straffreiheit zu prämieren, verstieße gerade gegen das Ziel des § 371 AO, dem Staat noch *unbekannte* Steuerquellen zu erschließen.

Gem. § 371 Abs. 2 Nr. 2 AO ist die **Entdeckung der Tat** objektive Voraussetzung für den 124
Ausschlussgrund. Es genügen insoweit Kontrollmitteilungen eines Finanzamtes nicht, da es einer Konkretisierung des Tatverdachts bedarf.[208] Da die Entdeckung der Tat nicht auf Finanzbeamte beschränkt ist, sondern auch z.B. andere Behörden umfasst, ist zu fragen, ob nach der Lebenserfahrung damit zu rechnen ist, dass diese Personen ihre Kenntnisse an die zuständige Finanzbehörde weitergeben werden.[209] Hierbei ist auf § 116 AO hinzuweisen, wonach Behörden, Gerichte u.Ä. grundsätzlich zur Mitteilung derartiger Tatverdachtslagen verpflichtet sind.

Um den Ausschlussgrund des § 371 Abs. 2 Nr. 2 AO zu begründen, muss der Täter allerdings subjektiv davon ausgehen, dass die Tat entdeckt ist. Hierfür ist der Zeitpunkt der Selbstanzeigeerklärung maßgeblich. Voraussetzung ist, dass die Tat im Zeitpunkt der Berichtigungserklärung ganz oder zum Teil entdeckt sein muss (objektive Voraussetzung) und der Täter diese Entdeckung kennen oder bei verständiger Würdigung der Sachlage mit ihr rechnen muss (subjektive Voraussetzung). Beide Voraussetzungen müssen kumulativ vorliegen. Nach neuerer Rechtsprechung ist die Tat erst dann entdeckt, wenn die Finanzbehörde davon soviel weiß, dass sie nach ihrem pflichtgemäßen Ermessen die Strafverfolgung beginnen muss. Ein vager Verdacht unterhalb der Schwelle eines Anfangsverdachts reicht insoweit nicht. Da vorliegend zum Zeitpunkt des Eingangs der „Selbstanzeige“ der K auch nicht klar ist, ob B in den Jahren 2016, 2017 Kapitaleinkünfte (auch die Höhe) erklärt hat, kann B derzeit noch wirksam eine Selbstanzeige erstatten. Selbst eine Kontrollmitteilung an das für den Wohnsitz zuständige Finanzamt führt erst zu einer Sperrwirkung, wenn der Sachverhalt durch das Wohnfinanzamt überprüft wurde. Denn angesichts des Wortlautes des § 371 Abs. 2 Nr. 2 AO, der ausdrücklich von Steuerstraftaten spricht, muss für die Entdeckung der Tat der Schluss auf eine vorsätzliche Begehung gegeben sein.[210]

Gem. § 371 Abs. 2 Nr. 3 AO ist ein weiterer Sperrgrund aufgenommen worden: Die Selbst- 125
anzeige soll ausgeschlossen sein, wenn der Taterfolg der Steuerhinterziehung einen Betrag von 25.000 EUR je Tat überschreitet. Eine Addition der einzelnen Taten findet insoweit nicht statt. Prima vista scheint der Ausschluss ausnahmslos zu gelten, allerdings wurde eigens in Ergänzung dieser Vorschrift § 398a AO geschaffen, der seinerseits eine Ausnahme zu dem Sperrgrund des § 371 Abs. 2 Nr. 3 AO n.F. bildet. § 398a AO, der offenbar § 153a StPO nachgebildet werden sollte,[211] lässt die Selbstanzeigemöglichkeit zwar nicht wieder aufleben, die Zahlung eines zusätzlichen Betrages führt aber zu einem zwingenden Absehen von der Strafverfolgung der fraglichen Steuerstraftat. Voraussetzung bleibt natürlich, dass die hinterzogenen Steuern nachgezahlt und ein Geldbetrag in Höhe von 10 % der hinterzogenen Steuern zugunsten der Staatskasse zusätzlich geleistet wurden bei einem Hinterziehungsbetrag zwischen 25.000 und 100.000EUR sowie 15 % bei einem Hinterziehungsbetrag von 100.000 bis 1.000.000 EUR. Über einem Betrag von 1 Mio. EUR hinterzogener Steuer

---

208 OLG Celle wistra 1984, 116.

209 Vgl. BGH wistra 1983, 341.

210 *Leitner/Rosenau/Habetha*, AO, § 371, Rn 171.

211 Vgl. BT-Drs 17/5067 vom 16.3.2011, S. 20; *Wegner/Himmelreich*, SteuK 2015, 89, 90.

sind es sogar 20 % (§ 398a Abs. 1Nr. 2c AO). Letztlich handelt es sich bei § 398a AO um eine Einstellungsvorschrift, wie sich insbesondere aus der systematischen Stellung hinter § 398 AO (Einstellung wegen Geringfügigkeit) ergibt.[212]

E. Besonders schwere Fälle der Steuerhinterziehung, § 370 Abs. 3 AO als Geldwäschevortat

126 **Übersicht**

§ 261 Abs. 1 S. 2 StGB:

Vortat: Gewerbsmäßige oder bandenmäßige Steuerhinterziehung gem. § 370 AO

§ 261 Abs. 1 S. 3 StGB:

Erweiterung des Anwendungsbereichs des § 261 Abs. 1 S. 1 StGB auch auf Steuererstattungen oder ersparte Aufwendungen bei gewerbsmäßigen oder bandenmäßiger Steuerhinterziehung nach § 370 AO

127 **Beispiel 37**

Erblasser V wird von seiner Ehefrau E sowie seinen beiden Söhnen S und B beerbt. Im Zuge der Ordnung des Nachlasses stellt B fest, dass V in den fünf Jahren vor dem Erbfall erhebliche Provisionseinkünfte aus Immobiliengeschäften in seiner Steuererklärung nicht angegeben hat. Während es sich regelmäßig um Hinterziehungsbeträge von 50.000 EUR handelte, war er in einem besonders guten Jahr ein Hinterziehungsbetrag von 300.000 EUR festzustellen. Die Mutter und Miterbin räumt auf Nachfrage ein, dass sie von diesen Steuerhinterziehungen gewusst habe und dem V bei dem Schweizer Bankkonto und bei den Steuererklärungen geholfen habe.

128 Im Zusammenhang mit der Abschaffung des § 370a AO (schwere Steuerhinterziehung) stand die weitere Zielrichtung, derartige Vortaten effektiv zu verfolgen, zum Zwecke der Bekämpfung der **Geldwäsche**. Eine Bevorzugung von Schwarzgeld aus Steuerhinterziehungen wäre sonst gegenüber bemakeltem Geld aus anderen Vortaten bevorzugt worden.[213] Der Gesetzgeber hat nunmehr die Hochstufung zum Verbrechen wieder zurückgenommen und ist zur von der Literatur ohnehin bevorzugten Strafzumessungslösung zurückgekehrt. In § 370 Abs. 3 AO sind benannte besonders schwere Fälle aufgezählt, bei denen das Gesetz selbst durch die aufgezählten *Regelbeispiele* für die Gesamtwürdigung der Tat nähere Anhaltspunkte gibt.[214] Diese Regelbeispiele führen zu einem Strafrahmen von 6 Monaten bis zu 10 Jahren. In § 370 Abs. 3 Nr. 1 AO ist nunmehr nur noch von der Steuerverkürzung ohne der Erlangung nicht gerechtfertigter Steuervorteile „in großem Ausmaß" die Rede.

Die besonders schweren Fälle des § 370 Abs. 3 Nr. 1 AO sind als bloße Strafzumessungsnormen konzipiert, die keinen eigenständigen Qualifikationstatbestand bilden. Sie machen ohnehin eine Gesamtwürdigung erforderlich. Diese Regelungstechnik wird von der modernen Strafgesetzgebung bevorzugt,[215] da sie in verfassungskonform[216] die Möglichkeit flexib-

212 *Mintas*, DB 2011, 2344, 2346; vgl. auch *Wulff/Kanz*, DB 2011, 1711 ff.; *Leibold*, NZWiSt 2015 76 f.
213 Vgl. statt aller *Hetzer/Meyer*, NJW 1998, 1017.
214 Vgl. *Rieß*, GA 2007, 377 ff.
215 Vgl. BT-Drs 13/7164, S. 36.
216 Vgl. BVerfGE 45, 363.

ler Handhabung und einer Präzisierung von Gesetzeszwecken in der staatsanwaltschaftlichen und gerichtlichen Praxis bietet.

Die Regelbeispiele ergeben eine **Vermutung** dafür, dass der Fall insgesamt als besonders schwer anzusehen ist; allerdings ist die indizielle Wirkung des Regelbeispiels **widerlegbar** durch andere Strafzumessungsfaktoren, die freilich jeweils für sich oder in ihrer Gesamtheit gewichtig sein müssen, um die Indizwirkung zu entkräften.[217] Eigentlich würde die Verjährungsfrist von 5 Jahren ab Beendigung der Tat greifen, da der erhöhte Strafrahmen des besonders schweren Falles im § 370 Abs. 3 AO nicht zu einer Verlängerung der Verjährungsfrist führt (vgl. § 78 Abs. 4 StGB). Durch die Regelung in § 376 Abs. 1 AO hat der Gesetzgeber systemwidrig für die Fälle der Steuerhinterziehung in großem Ausmaß die Verjährungsfrist auf 10 Jahre verlängert. 129

Auf die Verzahnung dieser Normen mit § 261 StGB ist hinzuweisen: Als *Vortat für Geldwäsche* ist die gewerbsmäßige oder bandenmäßige (einfache) Steuerhinterziehung aufgeführt, die so von § 261 StGB selbst der organisierten Kriminalität zugerechnet wird.[218]

Die **Gewerbsmäßigkeit** der Tatbegehung wird dann angenommen, wenn der Täter in der Absicht handelt, sich durch wiederholte Tatbegehung eine fortlaufende Einnahmequelle von einiger Dauer und einigem Umfang zu verschaffen.[219] Ein *kriminelles* Gewerbe ist nicht erforderlich.[220] Im Rahmen der Blankettnorm des § 370 AO ist aufgrund der steuerrechtlich vorgegebenen regelmäßigen Erklärungspflichten das Steuerstrafrecht geprägt durch eine serielle Begehungsweise; steuerunehrliches Verhalten zieht sich regelmäßig über längere Zeiträume hin. Auf der Grundlage der ständigen Rechtsprechung des Bundesgerichtshofs ist das Tatbestandsmerkmal der Gewerbsmäßigkeit[221] festgeschrieben. Die weitere Alternative der bandenmäßigen Begehung dürfte im Vergleich zu der gewerbsmäßigen Begehungsvariante damit deutlich in den Hintergrund treten,[222] wenn auch bei einmal begonnenem steuerunehrlichen Verhalten regelmäßig mehrere Personen in komplexe Hinterziehungsgeschehen eingebunden sind, so dass nicht eben selten auch die bandenmäßige Begehung nahe liegen kann,[223] denn für die bandenmäßige Begehung genügt auch die Mitwirkung eines Gehilfen, wenn insgesamt mindestens 3 Personen mitwirken.[224] 130

Dies hat folgende Auswirkungen für die Mitglieder der **Erbengemeinschaft**: Hat der Erblasser gewerbs- oder bandenmäßige Steuerhinterziehung begangen, so steht mit Auseinandersetzung des Nachlasses hinsichtlich *sämtlicher Vermögensgegenstände* zumindest eine Strafbarkeit gem. § 261 Abs. 1 S. 1 StGB in Rede. Zwar mag der Erwerb von Todes wegen bei *bemakelten Gegenständen* und entsprechender Gutgläubigkeit der Erben nicht zu einer Strafbarkeit gem. § 261 Abs. 2 StGB führen. Dies gilt aber schon dann nicht, wenn einer der Miterben zum Zeitpunkt des gemeinsamen Erwerbs bösgläubig war; dieser kann sich trotz der Gutgläubigkeit der übrigen Miterben nicht auf deren Gutgläubigkeit berufen. Im Übrigen verbleibt es nach überwiegender Ansicht bei der möglichen Strafbarkeit nach § 261 Abs. 1 S. 1 StGB durch die verschiedenen Tathandlungen des Verbergens, Verschleierns der Herkunft oder Vereitelns oder Gefährdens des Verfalls. 131

---

217 Vgl. *Fischer*, § 46 Rn 91.

218 Krit. insoweit *Fischer*, § 261 Rn 16a.

219 Vgl. *Wannemacher/Gotzens*, Rn 1803, BGH, Beschl. v.26.6.2012, 1 StR 289/12.

220 Vgl. BGHSt 1, 383; BGHSt 26, 4, 8.

221 Vgl. nur BGH wistra 1994, 230, 232.

222 Vgl. *Wannemacher/Gotzens*, Rn 1801.

223 Vgl. hierzu BGHSt 46, 321 und BGH wistra 2004, 393.

224 Die Regelung des § 371 Abs. 4 AO, wonach bei einer Berichtigung auch für Dritte die strafrechtliche Verfolgung gehindert ist, gilt insoweit nicht.

Da nunmehr § 261 Abs. 1 S. 3 StGB klarstellt, dass § 261 Abs. 1 S. 1 StGB auch für solche Fälle gilt, in denen gewerbsmäßige oder bandenmäßige Steuerhinterziehung nach § 370 AO zu ersparten Aufwendungen oder unrechtmäßig erlangten Steuererstattungen/Steuervergütungen geführt hat, ist die Geldwäscheproblematik für Erbengemeinschaften deutlich verstärkt. Denn § 261 Abs. 6 StGB gilt für solcherlei Tatobjekte nicht, da dieser sich allein mit Gegenständen befasst, zu denen ersparte Aufwendungen und erlangte Steuererstattungen gerade nicht gehören. § 261 Abs. 6 StGB ist damit nicht anwendbar zugunsten der Erbengemeinschaft.

132 Festzuhalten ist damit Folgendes: Bei *gewerbsmäßiger oder bandenmäßiger Steuerhinterziehung* (von der erstere häufig anzunehmen sein wird) durch den Erblasser, werden die Mitglieder der Erbengemeinschaft häufiger als bisher in den Verdacht der **Geldwäsche** geraten. Da der Anwendungsbereich der Geldwäsche in subjektiver Hinsicht hinsichtlich der Herkunft des Tatobjekts nur Leichtfertigkeit voraussetzt, ist ein breiter Anwendungsbereich festzustellen. Damit wird aber auch die grundsätzliche Anreizfunktion der Selbstanzeige in solchen Fällen zumindest reduziert. Im vorliegenden Beispiel 37 (siehe Rdn 127) führte dies z.B. dazu, dass die Söhne als Miterben gem. § 153 Abs. 1 Nr. 1 AO verpflichtet wären, die Tat anzuzeigen. Unmittelbare Folge wäre gegebenenfalls, dass sie ihre Mutter als Angehörige im Sinne von § 52 StPO belasteten, ohne dass dies zu deren Straffreiheit führen würde. Da diese zum Zeitpunkt des Erwerbs bösgläubig gewesen ist, käme jedenfalls eine Strafbarkeit gem. § 261 Abs. 2 StGB in Betracht.

Es erscheint in dieser Konstellation allerdings fraglich, ob die Miterben S und B tatsächlich zur Nacherklärung verpflichtet sind, wenn hierdurch eine jedenfalls mittelbare Belastung ihrer Angehörigen erzwungen wird. Dieser Interessenkonflikt kann m.E. nur in der Weise gelöst werden, dass entweder von einer Suspendierung der Nacherklärungspflicht ausgegangen wird (dann würden sich die Miterben auch bei Unterlassen der Berichtigung nicht strafbar machen mangels Erklärungspflicht). Alternativ hierzu käme ein **Beweisverwertungsverbot** zugunsten der Ehefrau in Betracht, wobei sich hierbei die Frage der Fernwirkung des Verwertungsverbotes stellen würde. Haben nämlich die Finanzbehörden ohne unmittelbare Verwertung der Angaben der Miterben entsprechende Ermittlungsansätze, so dürfen sie diese normalerweise mangels Fernwirkung von Beweisverwertungsverboten dennoch auswerten und diesen nachgehen. Damit würde die Nacherklärung zumindest mittelbar der Überführung einer Angehörigen dienen, was gem. § 52 StGB gerade vermieden werden soll.

133 **Beispiel 38**

Erblasser E hat in den letzten beiden Jahren vor seinem Versterben durch Scheinrechnungen Umsatzsteuer in Höhe von 1 Mio. EUR hinterzogen und dadurch – wie von Anfang an beabsichtigt – seinen Lebensunterhalt bestritten. Von diesem Geld liegt ein Teilbetrag von 150.000 EUR in bar in einem Safe bei einer Privatbank. Den Miterben S und B sind diese Hintergründe nicht positiv bekannt, allerdings haben sie so viele Informationen, dass sie leichtfertig den wahren Sachverhalt nicht ermitteln und „vorsorglich" den Geldbetrag auf ein von ihnen eingerichtetes Schweizer Bankkonto einzahlen.

In Beispiel 38 führt die Bezugnahme des § 261 Abs. 1 S. 3 auf gewerbsmäßige Steuerhinterziehung (§ 370 AO) dazu, dass nunmehr auch Miterben ihrerseits in den Verdacht der Geldwäsche geraten können. Hier ist die Umsatzsteuerforderung konkretisierbar und errechenbar, die der Erblasser verkürzt hat. Die Miterben haben durch das Verbringen des Bargeldes ins Ausland auch die Sicherstellung eines Gegenstandes i.S.d. § 261 Abs. 1 S. 3 i.V.m. S. 1 StGB vereitelt oder jedenfalls gefährdet. Über § 261 Abs. 5 StGB wird auch leichtfertiges Handeln unter Strafe gestellt; hierbei handelt es sich um grob fahrlässiges

Verhalten, etwa wenn der Täter in grober Achtlosigkeit sich keine Gedanken über die Herkunft des Geldes macht, obwohl sich dies nach den Umständen des Falles geradezu aufdrängt.[225] Die Nacherklärungspflicht des § 153 Abs. 1 Nr. 1 AO greift insoweit nicht, so dass eine Steuerhinterziehung der Erben durch Unterlassen der Berichtigungserklärung nicht in Betracht kommt. Vom Wortlaut her ist es unstreitig, dass § 153 Abs. 1 Nr. 1 AO nur bei positiver Kenntnis und nicht bei einem Kennenmüssen greift. § 261 StGB schließt damit eine Strafbarkeitslücke mit entsprechenden Risiken für die Erbengemeinschaft.

In derartigen Konstellationen ist der Mandant deshalb auf die Selbstanzeigemöglichkeit des § 261 Abs. 9 StGB hinzuweisen. Danach wird derjenige *nicht* bestraft, der selbst den Sachverhalt bei einer Behörde anzeigt oder eine solche Anzeige veranlasst. Ähnlich wie die Selbstanzeige des § 371 AO entfaltet hier aber auch die Tatentdeckung und eine tatsächliche oder jedenfalls mögliche Kenntnis des Selbstanzeigenden hiervon eine Sperrwirkung. In Anlehnung an die Nachzahlungspflicht in § 371 AO ist es gem. § 261 Abs. 9 StGB zur Erlangung von Straffreiheit kumulativ erforderlich, die Sicherstellung des Gegenstandes zu bewirken.

F. Ordnungswidrigkeitenrecht

I. Einleitung

Der Rechtszweig des Ordnungswidrigkeitenrechts hat sich erst nach 1945 in Deutschland 134
herausgebildet und verfolgt den Zweck, nicht als nicht strafwürdig erachtete Zuwiderhandlungen aus dem Strafrecht heraus zu lösen, um diese unter Verzicht auf das Reaktionsmittel „Strafe" anderweitig zu sanktionieren.[226] Das Mittel zur Sanktionierung einer **Ordnungswidrigkeit** ist die *Geldbuße*. In Anlehnung an das Strafrecht ist für diese eine tatbestandsmäßige, rechtswidrige und vorwerfbare Handlung Voraussetzung. Für die Geldbuße als strafähnliche Sanktion gilt damit nichts anderes als für strafrechtliche Unrechtsfolgen: Es bedarf einer gesetzlichen Fixierung und Feststellung von Schuld. § 10 OWiG schreibt fest, dass als Ordnungswidrigkeit nur vorsätzliches Verhalten verfolgbar ist, es sei denn das Gesetz stelle dies ausdrücklich auch für fahrlässiges Verhalten in Aussicht.

Ausgehend von diesen Grundsätzen kann vorliegend nur die Problematik der Delegation von ordnungswidrigkeitbewehrten Pflichten innerhalb der Erbengemeinschaft (siehe Rdn 140) und der Sonderfall des sogenannten Erbenprivilegs im Waffenrecht (siehe Rdn 135) behandelt werden.

II. Erbenprivileg im Waffenrecht

Beispiel 39 135

Der Erblasser verstarb am 17.1.2008 und wurde von seinen beiden Söhnen S und B sowie seiner Ehefrau E beerbt. S einigte sich am 25.1.2008 mit seinen beiden Miterben dahingehend, dass ihm die im Keller der väterlichen Wohnung aufbewahrten beweglichen Gegenstände allein gehören sollten. Am 25.2.2008 entdeckte S allein im Nachlass des Vaters drei Selbstladepistolen und einen Akku Munition, die in einer Sicherheitskassette im Keller verwahrt wurden. S ließ die Waffen und die Munition im Keller liegen, die zwei Monate später sichergestellt wurden.

225 BGHSt 43, 168; Schönke/Schröder/*Stree/Hecker*, § 261 Rn 23.

226 *Göhler/Gürtler/Seitz*, Einleitung, Rn 1 ff.

Beispiel 40

Variante: Miterbe B wusste von den Waffen und bestärkt S darin, keinen Erlaubnisantrag zu stellen, da ihm diese Erlaubnis sowieso nicht erteilt würde aufgrund seiner früheren Vorstrafe wegen unerlaubten Waffenbesitzes.

Im Rahmen des vor dem 1.4.2003 geltenden Waffengesetzes (WaffG a.F.) bedurfte grundsätzlich jeder im Umgang mit Waffen oder Munition einer waffenrechtlichen Erlaubnis. Besaß demgegenüber jemand ohne eine derartige Erlaubnis eine Waffe oder Munition, machte er sich grundsätzlich gem. § 53 Abs. 1 Nr. 3 WaffG (in seiner Geltung bis 31.3.2002) strafbar.[227] Schon im WaffG a.F. gab es allerdings ein sogenanntes **Erbenprivileg**. Dies ist in dem heute geltenden Waffengesetz erhalten geblieben.

Gemäß § 20Abs. 2 WaffG ist den Erben der Erwerb und der Besitz von Schusswaffen durch einen Erbfall ohne die bei sonstigen Personen geforderte Sachkunde und das an sich erforderliche besondere Bedürfnis gestattet. Allerdings bedarf auch der Erbe gem. § 20 WaffG einer **waffenrechtlichen Erlaubnis**. Diese sogenannte Waffenbesitzkarte haben die Erben spätestens binnen eines Monats nach der Annahme der Erbschaft oder dem Ablauf der für die Ausschlagung der Erbschaft vorgeschriebenen Frist für die zum Nachlass gehörenden erlaubnispflichtigen Schusswaffen zu beantragen (§ 20 Abs. 1 S. 2 WaffG). Unterlassen dies die Erben, so machen sie sich gleichwohl nicht strafbar, denn § 53 Abs. 1 Nr. 7 WaffG (in der Fassung vom 4.3.2013) geht als lex specialis vor: Danach handelt *ordnungswidrig*, wer entgegen § 20 WaffG die Ausstellung einer Waffenbesitzkarte nicht binnen Monatsfrist beantragt. Dieser Privilegierungstatbestand stuft seinem Regelungsgehalt nach die an sich vorliegende Straftat zu einer Ordnungswidrigkeit herab.[228] Damit schließt die Ordnungswidrigkeit des § 53 Abs. 1 Nr. 7 WaffG den Straftatbestand nach § 52 Abs. 3 Nr. 2 lit. a WaffG als lex specialis aus.[229] Dieses Erbenprivileg gilt unstreitig für den Besitz geerbter Schusswaffen. Damit hat S in Beispiel 37 eine mit Geldbuße zu ahndende Ordnungswidrigkeit begangen.

136 Umstritten ist, ob die Regelung des § 53 Abs. 1 Nr. 7 WaffG auch auf den Besitz von Munition auszuweiten ist. Letzterer ist neuerdings gem. § 52 Abs. 3 Nr. 2 lit. d WaffG unter Strafe gestellt. Allerdings findet sich in § 53 Abs. 1 Nr. 7 WaffG kein Hinweis darauf, dass diese Ordnungswidrigkeit auch für den unberechtigten Munitionsbesitz greifen soll. Es wird deshalb erwogen, § 20 WaffG analog auf den Munitionsbesitz anzuwenden. Eine solche „Analogie zugunsten des Täters" wäre zulässig und würde dann über die Privilegierung des § 53 Abs. 1 Nr. 7 WaffG zu einer bloßen Ordnungswidrigkeit führen und nicht zur Strafbarkeit des Verhaltens des S.[230]

137 Die **Verjährung** einer derartigen Ordnungswidrigkeit richtet sich nach dem Ordnungswidrigkeitengesetz. § 31 Abs. 2 Nr. 2 OWiG benennt eine zweijährige Verjährungsfrist, die mit Ablauf der Frist zur Anzeige nach Annahme der Erbschaft beginnt. Die Miterben, die nie die tatsächliche Gewalt über die Waffen und Munition ausgeübt haben, handeln nicht ordnungswidrig. Sie traf keine Anzeigepflicht.

138 Anders stellt sich die Rechtslage allerdings in Beispiel 40 (siehe Rdn 135) dar, soweit B Kenntnis von den Waffen hatte und er S in seinem Entschluss bestärkte. Wie § 14 OWiG klarstellt, ist im Ordnungswidrigkeitenrecht keine Unterscheidung von Täterschaft und

227 Vgl. hierzu BayOLG NSTZ-RR 1996, 184.
228 Vgl. *Schäfer*, NJW spezial 2008, 24.
229 Vgl. grundsätzlich BGH NSZ 1993, 192.
230 Vgl. hierzu auch *Schäfer*, NJW spezial 2008, 24 unter Hinweis auf *Fischer*, § 1 Rn 10 a.

Teilnahme getroffen. Es gilt vielmehr der sogenannte **Einheitstäterbegriff**: *„Beteiligen sich mehrere an einer Ordnungswidrigkeit, so handelt jeder von ihnen ordnungswidrig.“* (§ 14 Abs. 1 S. 1 OWiG). Dadurch wird im Ordnungswidrigkeitenrecht die Rechtsanwendung erleichtert und vereinfacht, denn es muss nicht bei jedem Tatbeitrag zwischen Mittäterschaft und Teilnahme differenziert werden.[231]

Eine Beteiligung im Sinne dieser Vorschrift liegt vor, wenn jemand an einer nicht nur von ihm allein begangenen Handlung bewusst und gewollt mitwirkt.[232] Die Mitwirkungshandlung kann auch durch Unterlassen erfolgen, allerdings ist – ebenso wie im Strafrecht – erforderlich, dass das Verhalten für die Tatbestandsverwirklichung ursächlich (förderlich) geworden ist.[233]

B hat im Beispielsfall 40 S im Sinne einer psychischen Beihilfe in seinem Entschluss bestärkt, entgegen § 53 Abs. 7 WaffG keinen Erlaubnisantrag innerhalb eines Monats nach Annahme der Erbschaft zu stellen. Dies ist – obwohl B nie die tatsächliche Gewalt über die Waffe ausübte – als täterschaftliches Verhalten ordnungswidrigkeitenbewehrt. Dies gilt selbst dann, wenn besondere persönliche Merkmale bei einem Tatbestand vorliegen müssen. Aufgrund des Einheitstäterbegriffs genügt es zur Verhängung einer Geldbuße, wenn einer der Beteiligten das besondere persönliche Merkmal, das täter- und nicht tatbezogen sein muss,[234] erfüllt.

Da jeder Beteiligte ordnungswidrig handelt, verwirklicht auch jeder den Bußgeldtatbestand. 139
Hierfür ist grundsätzlich unerheblich, ob er die Tat als eigene oder fremde wollte, Tatherrschaft hatte oder den Tatbestand in seiner Person vollständig erfüllte. Bedeutung gewinnt dies allerdings im Rahmen der **Zumessung der Geldbuße**: Gemäß § 17 Abs. 3 S. 1 OWiG bemisst sich die Geldbußenhöhe nach der Bedeutung der Ordnungswidrigkeit und dem Vorwurf, der den Täter trifft. Dabei ist die konkrete Beteiligungsform wichtig,[235] ohne dass es einer ausdrücklichen Subsumtion unter solchen Täterschafts-/Teilnahmekriterien bedarf, die aus dem Strafrecht entlehnt sind.[236]

III. Erbengemeinschaft und Pflichtenübertragung – Exkulpationsgrenzen im Ordnungswidrigkeitenrecht

Aufgrund des Einheitstäterbegriffs des Ordnungswidrigkeitenrechts können Miterben Tä- 140
ter eines Bußgeldtatbestandes begangen durch Unterlassen sein, auch wenn zugleich ein anderer Miterbe aktiv gehandelt hat. Entscheidend ist bei ihrer Verantwortlichkeit allerdings, dass ihr Verhalten kausal für die Tatbestandserfüllung geworden ist. Dies setzt die Feststellung eines (hypothetischen) Kausalverlaufes zwischen der pflichtwidrigen Unterlassung und den aktiv begangenen Zuwiderhandlungen der anderen Erben voraus.[237]

Aufgrund der Weite einer solchen bußgeldbewehrten Haftung liegt eine Begrenzung durch gewillkürte Übertragung von Handlungspflichten nahe. Diese stößt allerdings ihrerseits an Grenzen: Gemäß § 9 Abs. OWiG wird durch eine solche gewillkürte Vertretung nur festgestellt, dass der Vertreter seinerseits verantwortlich ist. Diese allein auf Betriebe bezo-

231 *Göhler/Gürtler/Seitz*, § 14, Rn 2.
232 Hierzu OLG Köln GewArch 1993, 168.
233 *Göhler/Gürtler/Seitz*, § 14 Rn 5/6; OLG Köln wistra 1990, 116.
234 Beispiel: „Führer eines Kfz“ – OLG Köln VRS 1963, 283, 285.
235 *Cramer*, NJW 1969, 1929 ff.
236 *Dreher*, NJW 1970, 217 ff.
237 Vgl. etwa OLG Köln wistra 1994, 315 f.

gene Vorschrift macht klar, dass der Gesetzgeber mithin bewusst darauf verzichtet hat, die Regelung auf alle gewillkürten Vertreter zu erstrecken, um damit nicht dem ursprünglich Verpflichteten die Möglichkeit zu eröffnen, die Verantwortung von sich auf einen anderen abzuwälzen.

Festzuhalten ist somit, dass ordnungswidrigkeitsbewehrte Pflichtenstellungen der Miterben **nicht** durch **Pflichtendelegation** übertragen werden können, in deren Folge eine Verantwortlichkeit des Übertragenden fortan ausscheidet. Auch weit entfernt wohnende Erben treffen somit naturschutzrechtliche, bauordnungsrechtliche und ähnliche Pflichten. Selbst bei im Nachlass befindlichen Betrieben, bei denen hinsichtlich der Geschäftsleitung innerhalb der Erbengemeinschaft eine Aufteilung erfolgte, bleibt es bei der (möglichen) Verantwortlichkeit sämtlicher Miterben.[238] Sie bleiben grundsätzlich alle Normadressaten des Bußgeldtatbestandes. Allein bei Unterlassungsvorwürfen kann im Ordnungswidrigkeitenrecht die interne Geschäftsverteilung unter den Miterben bedeutsam werden. Nur wenn dem intern „unzuständigen" Erben die Verhinderung der Pflichtverletzung möglich und zumutbar war, kommt regelmäßig eine *Garantenstellung* in Betracht.

238 *Göhler/Gürtler/Seitz*, OWiG, § 9 Rn 32.

§ 24 Berufsrecht der Rechtsanwälte und Notare

Stephan Rißmann

Übersicht:

Literatur

Arndt/Lerch/Sandkühler, Kommentar zur Bundesnotarordnung, 8. Auflage 2016; *Chab*, Honoraranspruch und Haftung bei Interessenkonflikten, AnwBl 2018, 164; *Deckenbrock*, Die ungewisse Zukunft der Tätigkeitsverbote bei nicht-anwaltlicher Vorbefassung, AnwBl 2017, 1186; *ders.*, Anmerkung zum Urteil des BGH vom 12.5.2016 – IX ZR 241/13, Die Folgen eines Verstoßes gegen das Verbot der Interessenkollision, AnwBl 2016, 595; *ders.*, Tätigkeitsverbote wegen nichtanwaltlicher Vorbefassung und ihre Sozietätserstreckung, NJW 2015, 522; *ders.*, Tätigkeitsverbote des Anwalts: Rechtsfolgen beim Verstoß, AnwBl 2010, 221; *Eylmann/Vaasen*, Kommentar zur Bundesnotarordnung und Beurkundungsgesetz, 4. Auflage 2016; *Feuerich/Weyland*, Kommentar zur Bundesrechtsanwaltsordnung, 9. Auflage 2016; *Fischer*, Kommentar zum Strafgesetzbuch, 65. Auflage 2018; *Gaier/Wolf/Göcken*, Anwaltliches Berufsrecht, 2. Auflage 2014; *Grunewald*, Die Vertretung mehrerer Miterben durch einen Rechtsanwalt bzw. eine Sozietät, ZEV 2006, 386; *Henssler*, Interessenkonflikte – der Dauerbrenner des Berufsrechts, AnwBl 2013, 668; *ders.*, Rechtsunsicherheiten beim Verbot der Vertretung widerstreitender Interessen, AnwBl 2018, 342; *Henssler/Deckenbrock*, Neue anwaltliche Betätigungsverbote bei Interessenkonflikten, NJW 2008, 1275; *Henssler/Prütting*, Kommentar zur Bundesrechtsanwaltsordnung, 4. Auflage 2014; *Kindhäuser/Neumann/Paeffgen*, Kommentar zum Strafgesetzbuch, Band 3, 5. Auflage 2017; *Kleine-Cosack*, Sozietätserstreckung des Verbots der Interessenkollision, AnwBl 2006, 13; *ders.*, Kommentar zur Bundesrechtsanwaltsordnung, 7. Auflage 2015; *Münchener Kommentar zum Strafgesetzbuch*, 5. Band §§ 263–358 StGB, 2. Auflage 2014; *Musielak/Voit*, Zivilprozessordnung: ZPO, 15. Auflage 2018; *Offermann-Burckart*, Interessenkollision –russisches Roulette oder beherrschbares Risiko?, AnwBl Online 2018, 200; Interessenkollision und Kanzleiwechsel, NJW 2012, 2553; *dies.*, Interessenkollision –Es bleibt dabei: Jeder Fall ist anders, AnwBl 2011, 809; *dies.*, Interessenkollision, NJW 2010, 2489; *dies.*, Interessenkollision – Jeder Fall ist anders, AnwBl 2009, 729; *dies.*, Interessenkollision – Was jeder Anwalt wissen sollten, AnwBl 2008, 446; *dies.*, Interessenlage und Interessenwiderstreit in erbrechtlichen Mandaten, ZEV 2007, 151; *Satzger/Schluckebier/Widmaier*, Kommentar zum Strafgesetzbuch, 3. Auflage 2016; *Schippel/Bracker*, Kommentar zur Bundesnotarordnung, 9. Auflage 2011; *Schlosser*, Anwaltsrechtliches Verbot der Vertretung widerstreitender Interessen, NJW 2002, 1376; *Schönke/Schröder*, Kommentar zum Strafgesetzbuch, 29. Auflage 2014; *Statistisches Bundesamt*, Fachserie 10, Reihe 3, 2016; erschienen am 4.12.2017; *ders.*, Fachserie 10, Reihe 3, 2015; erschienen am 9.2.2017; *ders.*, Fachserie 10, Reihe 3, 2014, erschienen am 7.3.2016; *ders.*, Fachserie 10, Reihe 3, 2013, erschienen am 14.1.2015; *v. Briel*, Strafbarkeitsrisiko des beratenden

Rechtsanwalts, StraFo 1997, 71; *Wolter*, SK-StGB – Systematischer Kommentar zum Strafgesetzbuch, Band VI §§ 303–358 StGB, 9. Auflage 2016.

A. Interessenkollision und Parteiverrat des Rechtsanwalts bei Vertretung von Miterben

1 Was nutzt das schönste, mühsam akquirierte Erbrechtsmandat, wenn der Rechtsanwalt im Laufe der Bearbeitung gezwungen ist, das Mandat niederzulegen und außerdem seinen Vergütungsanspruch verliert?

Gerade in erbrechtlichen Mandaten ist die Gefahr der Interessenkollision und dem daraus möglicherweise resultierenden strafbewehrten Parteiverrat erheblich. Gleichwohl ist in der Praxis eine erstaunliche Sorglosigkeit – oder auch Gedankenlosigkeit – zu erkennen, mit der zwei oder mehr Beteiligte einer erbrechtlichen Angelegenheit durch einen Anwalt beraten und vertreten werden.

2 Der häufige Fall der Interessenkollision ist dabei nicht etwa der vermeintlich „klassische“: Der vormalige Gegner wird gleichzeitig – möglicherweise von einem Sozius der Kanzlei – als Mandant vertreten. Diese Fälle sind in der anwaltlichen Praxis die Ausnahme. Häufig sind hingegen die Fälle „schleichender“ Änderung der Interessen der Mandanten bis hin zum deutlichen Interessengegensatz der vormals „einigen“ Miterben, Geschwister u.a.

Das Risiko ist hier nicht allein die Gefahr des Verlustes des Anspruches auf Zahlung der Vergütung (sowie der Verpflichtung der Rückzahlung bereits erhaltener Leistungen, vgl. hierzu nachfolgend Rdn 29), sondern gleichermaßen berufs- und strafrechtliche Konsequenzen (siehe hierzu Rdn 33).

3 Nachfolgend wird die ausführliche Auseinandersetzung in Literatur und Rechtsprechung zur Reichweite des Verbots der Wahrnehmung widerstreitender Interessen ausschließlich aus der Sicht des Rechtsanwalts wiedergegeben betrachtet, der sich dem **Ansinnen** nach der **Vertretung mehrerer Mitererben** gegenübersieht. Manche hier erörterten Gesichtspunkte werden bei der Vertretung in anderen Rechtsgebieten anders, möglicherweise sogar entgegengesetzt zu beurteilen sein. Dies mag dort für den Einzelfall beurteilt werden, wird hier jedoch nicht erörtert.

I. Gesetzliche Grundlagen

4 Um zu prüfen, ob ein Fall der Wahrnehmung widerstreitender Interessen vorliegt, wird der geneigte Rechtsanwalt mutmaßlich zunächst die BRAO und ergänzend die BORA heranziehen. Er wird fündig werden bei § 43a BRAO („*Grundpflichten*“), dort im Abs. 4[1] sowie § 3 BORA („*Widerstreitende Interessen, Versagung der Berufstätigkeit*“). Viel bedeutsamer ist aber – worauf *Kleine-Cosack* völlig zu Recht hinweist[2] – das Verbot des **Parteiverrats** aus **§ 356 StGB**. *Kleine-Cosack* geht sogar so weit zu behaupten, dass § 43a Abs. 4 BRAO „*völlig überflüssig*“ sei.[3] Dem lässt sich wenig entgegenhalten: Einzig die Möglich-

1 Es ist nicht gerade ein Zeichen durchdachter Gestaltungsarbeit des Verordnungsgebers, wenn eine derart zentrale Norm („*Grund*pflichten“) bei weitreichenden Ergänzungen und Änderungen (aufgrund des RPNeuOG vom 2.9.1994) einer Verordnung mit einem Ordnungsbuchstaben versehen werden muss.

2 *Kleine-Cosack*, BRAO, § 43a Rn 138.

3 *Kleine-Cosack*, BRAO, § 43a Rn 138; *Henssler* spricht von der „Identität“ objektiven Tatbestands, AnwBl 2013, 668, 669.

keit, den berufsrechtlichen Verstoß nach § 43a Abs. 4 BRAO auch **fahrlässig** zu begehen, während der Parteiverrat nach § 356 StGB **Vorsatz** erfordert, unterscheidet die Regelungsbedeutung.[4] Auch die **Wiederholung** in **§ 3 BORA** erweitert oder begrenzt die Pflichten für den Rechtsanwalt **nicht**. Lediglich die Erstreckung auf die **Sozietät** geht über die Regelung des § 43a Abs. 4 BRAO hinaus und erweitert so die berufsrechtliche Möglichkeit eines Verstoßes, nicht hingegen die strafrechtliche.[5] *Henssler* hält die Normen der §§ 43a Abs. 4, 45 BRAO, § 3 BORA und § 356 StGB für *„intransparent, inkohärent, lückenhaft und missverständlich"*.[6]

Nach der Rechtsprechung des BVerfG dient das Verbot der Vertretung widerstreitender Interessen neben dem **Schutz** des individuellen **Vertrauensverhältnisses** zwischen Anwalt und Mandant, der **Wahrung** der **Unabhängigkeit** des Rechtsanwalts und dem **Gemeinwohl** in Gestalt der **Rechtspflege**, 5

> *„die auf eine Geradlinigkeit der anwaltlichen Berufsausübung angewiesen ist, also darauf, dass ein Anwalt nur einer Seite dient. All diese Belange treten nebeneinander und bedingen einander.*
> *(...) Als unabhängige Organe der Rechtspflege und als berufene Berater und Vertreter der Rechtsuchenden haben Anwälte die Aufgabe, sachgerechte Konfliktlösungen herbeizuführen, vor Gericht zugunsten ihrer Mandanten den Kampf um das Recht zu führen und dabei zugleich staatliche Stellen möglichst vor Fehlentscheidungen zu Lasten ihrer Mandanten zu bewahren (vgl. BVerfGE 76, 171, 192). Die Wahrnehmung anwaltlicher Aufgaben setzt den unabhängigen, verschwiegenen und nur den Interessen des eigenen Mandanten verpflichteten Rechtsanwalt voraus. Diese Eigenschaften stehen nicht zur Disposition der Mandanten. Der Rechtsverkehr muss sich darauf verlassen können, dass der Pflichtenkanon des § 43a BRAO befolgt wird, damit die angestrebte Chancen- und Waffengleichheit der Bürger untereinander und gegenüber dem Staat gewahrt wird und die Rechtspflege funktionsfähig bleibt (vgl. BVerfGE 63, 266, 284; 93, 213, 236)."*[7]

So vermeintlich klar und eindeutig die Entscheidung des BVerfG und der Gesetzeswortlaut[8] 6
klingen mag, so schwierig ist es gleichwohl die Sachverhalte und deren Rechtsfolgen in der Praxis klar voneinander abzugrenzen. Die Diskussion über die Auslegung der Normen bewegt sich dabei im Spannungsfeld zwischen den eben genannten Belangen des Mandanten und der Allgemeinheit einerseits und eines rechtswidrigen Eingriffes in die durch Art. 12 Abs. 1 GG geschützte Berufsfreiheit des Rechtsanwalts andererseits.

1. „Dieselbe Rechtssache"

Anknüpfungspunkt in berufsrechtlicher Hinsicht ist zunächst die Formulierung des § 3 7
Abs. 1 BORA, worin das Verbot der Wahrnehmung widerstreitender Interessen aus § 43a Abs. 4 BRAO näher bezeichnet wird. Danach kommt es zunächst darauf an, ob der Anwalt mit *„derselben Rechtssache"* bereits befasst war. Die Satzungsversammlung hat damit die Formulierung des § 356 StGB übernommen. Nach der Rechtsprechung des Senates des BGH für Anwaltssachen umfasst dieselbe Rechtssache

4 *Kleine-Cosack*, BRAO, § 43a Rn 138; *Henssler*, AnwBl 2013, 668, 669.
5 *Kleine-Cosack*, BRAO, § 43a Rn 138.
6 *Henssler*, AnwBl 2013, 668, 669.
7 BVerfG, Beschl. v. 3.7.2009 – 1 BvR 238/01, Rn 43, juris.
8 § 3 Abs. 2 BORA ist nach der o.a. Entscheidung des BVerfG, das diese Norm für nichtig erklärt hatte, umformuliert worden.

„alle Rechtsangelegenheiten, in denen mehrere ein entgegengesetztes rechtliches Interesse verfolgende Beteiligte vorkommen können (…). Maßgebend ist dabei der sachlich-rechtliche Inhalt der anvertrauten Interessen, also das anvertraute materielle Rechtsverhältnis, das bei natürlicher Betrachtungsweise auf ein innerlich zusammengehöriges, einheitliches Lebensverhältnis zurückzuführen ist (…)“.[9]

8 Dabei kommt es – das legt der Begriff „Lebensverhältnis“ auch nahe – nicht etwa auf eine Identität der geltend gemachten Ansprüche an.[10] Ein zugrundeliegendes einheitliches Lebensverhältnis ist somit insbesondere eine Erbengemeinschaft. Denn es kommt

- weder auf die beteiligten Personen
- noch den zeitlichen Ablauf (parallel oder nacheinander) an.[11]

9 Während also in vielen anderen Rechtsgebieten umfangreich darüber gestritten werden mag, ob „dieselbe Rechtssache“ vorliegt, so ist dies im Erbrecht einfach auf die Gleichung

derselbe Erbfall = dieselbe Rechtssache

zu bringen. Der BGH sieht es als die

„Klammerwirkung des vom Erbfall bestimmten Nachlassbestandes“.[12]

10 **Praxistipp**

In erbrechtlichen Angelegenheiten sollte die **Kollisionskontrolle** immer über den **Namen des Erblassers** erfolgen: Um diesen „drehen“ sich alle Auseinandersetzungen, so dass jeder mögliche Anspruchsinhaber oder Gegner denselben Namen nennen wird.

Bei der Aktenanlage sind deswegen nicht ausschließlich mögliche Anspruchsteller und sonstige Beteiligte namentlich in der Adressverwaltung (ggf. als „Gegner“) zu erfassen, sondern gleichermaßen der Erblasser.[13]

11 Auch die **vorhergehende Beratung** des **Erblassers** bei der Errichtung einer letztwilligen Verfügung von Todes wegen und ein sich daran anschließendes Mandat im Rahmen der Auseinandersetzung der Erbengemeinschaft oder auch der Abwehr bzw. Geltendmachung von Ansprüchen aus dem Pflichtteilsrecht u.Ä. betrifft *„dieselbe Rechtssache“* (vgl. zu den Tätigkeitsverboten des § 45 Abs. 1 BRAO unten Rdn 50). Somit bezeichnet „Erbfall“ in der oben genannten Gleichung (siehe Rdn 9) auch den *künftigen* Erbfall: Nur so wird dem Schutz des Mandanten umfassend und damit ausreichend Rechnung getragen.

Beispiel

Erblasser Erwin (E) hat sich von Rechtsanwalt Richtig (R) bei der Errichtung seines Testamentes beraten lassen. Ein Ziel seiner Gestaltung war es, die Pflichtteilsansprüche seiner Tochter Thea (T) bestmöglich zu reduzieren. Im Rahmen der Beratung hat E seine Vermögensverhältnisse R umfassend mitgeteilt, da nur so eine optimale Gestaltung der letztwilligen Verfügung möglich ist.

9 BGH, Urt. v. 26.11.2007 – AnwSt (R) 10/06, Rn 8, juris.
10 Gaier/Wolf/Göcken/*Zuck*, § 43a BRAO/§ 3 BORA, Rn 5.
11 Gaier/Wolf/Göcken/*Zuck*, § 43a BRAO/§ 3 BORA, Rn 5.
12 BGH, Beschl. v. 16.1.2013 – IV ZB 32/12, Rn 9, juris.
13 Zweckmäßigerweise mit einem gesonderten Adresskennzeichen; nahezu alle Adressverwaltungen von Anwaltsprogrammen bieten die Möglichkeit, neben der Unterscheidung „Mandant-Gegner-Gericht“ eigene Adresskennzeichen zu vergeben.

Nach dem Tod des E bittet T den ihr durch ihren Vater bekannten R um die Vertretung im Rahmen der Geltendmachung ihrer Pflichtteilsansprüche gegenüber dem Alleinerben des E.

Wer denkt, dass dieses Beispiel eindeutig und R „selbstverständlich“ gehindert sei, T zu vertreten, wird sich wundern, mit welcher Nonchalance nicht nur Teile der Literatur, sondern auch mit dieser Frage befasste Rechtsanwaltskammern umgehen und keine berufsrechtlichen Probleme sehen – von strafrechtlichen ganz zu schweigen.[14] Führt man sich dabei vor Augen, dass *„der sachlich-rechtliche Inhalt der anvertrauten Interessen“*[15] prägend für die Definition „derselben Rechtssache“ ist, wird es schlechterdings unverständlich, weshalb im vorgenannten Beispiel ernsthaft vertreten wird, dass weder ein Parteiverrat noch ein Tätigkeitsverbot (hierzu unten Rdn 50) vorliegt. Denn der Alleinerbe tritt als **Gesamtrechtsnachfolger** gem. § 1922 BGB in sämtliche Rechte und Pflichten des E ein – auch in die Rechte aus dem mit R geschlossenen Vertrag. Er soll sich gleichwohl als gegnerischem Anwalt der Person gegenübersehen müssen, die zuvor nicht nur das Testament entworfen hat, sondern auch **umfassende Kenntnisse** über die **wirtschaftlichen Verhältnisse** des E hat, womöglich bessere als er selbst? 12

„Dieselbe Rechtssache“ liegt insbesondere auch dann vor, wenn das, was dem Rechtsanwalt **„anvertraut“** wurde, in einem anderen Auftragsverhältnis Bedeutung erlangen *könnte*.[16] Anvertrauen bedeutet **nicht** die Offenbarung eines **Geheimnisses** oder die Mitteilung einer **Tatsache**, die dem Rechtsanwalt auf andere Weise nicht bekannt geworden wäre. Vielmehr ist auch „anvertraut“, was er aus **anderen Quellen**, insbesondere dem **Vorbringen** des **Gegners** entnehmen konnte.[17] Genügend ist bereits das Anvertrauen gegenüber einem **Angestellten** des Rechtsanwalts.[18] Auch die (bloße) Mandatierung[19] oder **Mitteilung** eines **Sachverhalts**, um den Rechtsanwalt zur Übernahme des Mandats zu veranlassen, ist jedenfalls dann ausreichend, wenn die Übernahme des Mandats nicht **unverzüglich abgelehnt** wird.[20] Die sofortige Ablehnung des Mandats ist mithin die einzige Möglichkeit für den Anwalt, um nicht durch eine lediglich **taktisch veranlasste Beratung** für die Vertretung eines anderen Miterben „verbrannt“ zu werden: Die Partei lässt sich von einem Rechtsanwalt beraten, einzig mit dem Ziel zu verhindern, dass der Rechtsanwalt die Gegenseite vertritt. Ein ähnliches – jedoch kaum vermeidbares – Problem stellt sich bei Kanzlei-Pitches (**„Beauty-Contests“**/„Schaulaufen“), die im Rahmen von größeren erbrechtlichen Mandaten vorkommen. Dabei wird die Erteilung des erbrechtlichen Mandats – es handelt sich regelmäßig um komplexe und streitige Nachlassauseinandersetzungen – vom Mandanten in Aussicht gestellt, jedoch wird zuvor um ein Angebot für die Vergütung und Ideen für die Vorgehensweise gebeten. Wer sich hieran beteiligen möchte, benötigt umfassende Informationen, um ein sachgerechtes Angebot erstellen zu können – und ist damit gehindert, 13

14 OLG Karlsruhe, Beschl. v. 3.7.2013 – 3 (5) Ss 67/13, ZEV 2014, 378, 379; zustimmend *Grunewald*, ZEV 2014, 380, 381.

15 BGH, Urt. v. 26.11.2007 – AnwSt (R) 10/06, Rn 8, juris.

16 BGH, Urt. v. 7.10.1986 – 1 StR 519/86, Rn 4, juris.

17 BGH, Urt. v. 16.11.1962 – 4 StR 344/62, Rn 19, juris; zur Problematik und zum Streitstand bei der Tätigkeit des Rechtsanwalts innerhalb einer Sozietät sowie Bürogemeinschaft vgl. Satzger/Schluckebier/Widmaier/*Kudlich*, StGB, § 356 Rn 17 m.w.N.

18 Satzger/Schluckebier/Widmaier/*Kudlich*, StGB, § 356 Rn 15; Kindhäuser/Neumann/Paeffgen/*Kuhlen*, StGB, § 356 Rn 15 m.w.N.

19 *Fischer*, StGB, § 356 Rn 3a „Übertragung der Interessenwahrnehmung“.

20 Kindhäuser/Neumann/Paeffgen/*Kuhlen*, StGB, § 356 Rn 15 m.w.N.

ein anderes Mitglied der Erbengemeinschaft zu vertreten. Dies muss der Anwalt im Vorfeld bedenken und abwägen.[21]

14 Etwas anders könnte dann möglicherweise gelten, wenn ein Anwalt gegen einen Mandanten in einer Nachlassauseinandersetzung tätig wird, den er sonst beispielsweise **ausschließlich** hinsichtlich dessen **beruflicher Tätigkeit** – auch laufend und andauernd – **beraten** hat.[22] Aber auch hier wird zu prüfen sein, ob der Mandant dem Rechtsanwalt Tatsachen anvertraut hat (**Vermögensverhältnisse** u.Ä.), die der Rechtsanwalt nunmehr **gegen** seinen vormaligen **Mandanten** verwenden könnte.

15 Die **Beendigung des Mandats** – auch und gerade durch den Tod des Erblassers – **ändert nichts** am **Anvertrautsein**:

> *„Das Anvertrautsein endet nicht mit dem Ende des Mandats. Was dem Rechtsanwalt einmal anvertraut ist, bleibt dies für die Zukunft. Sobald der anvertraute Verfahrensstoff bei einem anderen Auftragsverhältnis wieder rechtliche Bedeutung erlangen kann, darf der Rechtsanwalt nicht in eben dieser – in „derselben" – Rechtssache dem nunmehrigen Gegner seines früheren Auftraggebers seinen Rat oder Beistand gewähren."*[23]

2. Widerstreitende Interessen/Pflichtwidriges Dienen

a) Überblick

16 Die eigentliche Auseinandersetzung bei der Prüfung eines Parteiverrats findet – soweit es erbrechtliche Mandate angeht – somit selten bei der Frage statt, ob es sich um „dieselbe Rechtssache" handelt (vgl. hierzu oben Rdn 5 ff.). Gerungen wird vielmehr um die Bedeutung der ***„widerstreitenden Interessen"*** (§ 43a Abs. 4 bzw. § 3 Abs. 1 BORA) bzw. des ***„pflichtwidrigen Dienens"*** (§ 356 StGB). Insbesondere bei der strafrechtlichen Beurteilung handelt es sich regelmäßig um *das* **zentrale Tatbestandsmerkmal**, dass über die Frage der Strafbarkeit des anwaltlichen Handelns den Ausschlag gibt.[24] Letztlich ist dies der „Dreh- und Angelpunkt" der Diskussion zur Frage des Bestehens einer Interessenkollision und des Parteiverrats. Dabei sind die Fragen zu beantworten, wie einerseits das **Interesse** des Mandanten und andererseits der **Widerstreit** zu ermitteln ist.[25] Der Streit über die Beantwortung dieser Fragen, wurde bis in das Jahr 2010 kontrovers geführt. In seinem Beschluss v. 4.2.2010 führt der 9. Zivilsenat dann wörtlich aus:

> *„Der in der Vergangenheit zum Tatbestand des Parteiverrats geführte **Meinungsstreit**, ob die maßgeblichen Interessen mehrerer von einem einzelnen Rechtsanwalt vertretener Mandanten objektiv zu bestimmen sind oder nach deren subjektiv verfolgten Zielen, ist **überholt**. Es besteht im Grundsatz **Einigkeit**, dass den **subjektiven** Vorstellungen der Mandanten **entscheidende** Bedeutung zukommt."*[26]

17 Der Senat nimmt dabei auf die Entscheidung des BVerfG vom 3.7.2003 („Sozietätswechsel")[27] Bezug und sieht sich auch hierdurch darin bestätigt, dass zu dieser Frage kein Streit bestünde und daher die Nichtzulassungsbeschwerde gerade keine klärungsbedürftigen

---

21 Vgl. hierzu auch *Offermann-Burckart*, AnwBl 2011, 809, 814.
22 Beispiel ähnlich Gaier/Wolf/Göcken/*Zuck*, § 43a BRAO/§ 3 BORA Rn 5.
23 BGH, Urt. v. 7.10.1986 – 1 StR 519/86, Rn 4, juris.
24 SK-StGB/*Rogall*, § 356 Rn 31.
25 *Henssler*, AnwBl 2013, 668, 669.
26 BGH, Beschl. v. 4.2.2010 – IX ZR 190/07, Rn 4, juris (Hervorhebung nicht im Original).
27 BVerfG, Beschl. v. 3.7.2003 – 1 BvR 238/01, juris.

Fragen aufweise. Durch die Entscheidungen des Anwaltssenats des BGH vom 23.4.2012[28] sowie des IV. Zivilsenats vom 16.1.2013[29] scheint die Streitfrage jedoch nunmehr auch vom BGH wieder aufgeworfen worden zu sein – freilich ohne dies anzusprechen oder gar den Streit näher zu erörtern.[30]

Es lassen sich im Wesentlichen die drei nachfolgend dargestellten Auffassungen feststellen, wie die Frage nach Pflichtwidrigkeit bzw. des Widerstreits der Interessen zu beantworten ist. Dieser Theorienstreit hat Auswirkungen auf den Zeitpunkt der Nichtigkeit des Anwaltsvertrages (siehe hierzu unten Rdn 25) sowie das Schicksal des Vergütungsanspruches (siehe hierzu unten Rdn 29).

b) „Objektive Theorie"

Die Vertreter der **objektiven** Theorie fragen ausschließlich nach dem objektiv ermittelten **Interesse** des **Mandanten.**[31] Es kommt danach **nicht** darauf an, ob im Augenblick ein Widerstreit **besteht**, sondern vielmehr darauf, ob es für den kundigen Beurteiler absehbar ist, dass ein derartiger **Interessenwiderstreit auftreten *könnte*.** Dabei sind **sämtliche Entwicklungsmöglichkeiten** sowohl in rechtlicher als auch persönlicher Hinsicht beim Auftraggeber in Betracht zu ziehen. **Unerheblich** ist es auch, ob der **Mandant** von der Möglichkeit des **Interessenwiderstreits Kenntnis** hat und er möglicherweise das Mandat des Rechtsanwalts insoweit ausdrücklich einschränkt. Mit anderen Worten: Ist es grundsätzlich möglich, dass es künftig innerhalb des vorliegenden Lebenssachverhaltes zu einem Interessengegensatz der Auftraggeber kommen kann? Dabei ist es auch hier **nicht** maßgebend, ob der Gegensatz **zeitlich** parallel oder nacheinander auftritt. Ebenso kommt es **nicht** darauf an, ob die **rechtlichen** oder **wirtschaftlichen Interessen** des Mandanten **verletzt** werden.[32] 18

Der Rechtsanwalt, der als kundiger Berater über das **überlegene Wissen möglicher** künftiger **Konflikte** im Rahmen des ihm angetragenen Mandats verfügt, muss den Mandanten vor einer **möglichen Entwicklung** des Mandats **schützen**, die zu einer **Niederlegung** der Mandate **sämtlicher Mandanten** führen muss (hierzu Rdn 23). Der Rechtsanwalt hat den möglichen **Interessengegensatz** zu **antizipieren** – nicht der Mandant.

c) „Subjektive Theorie"

Nach einer anderen Auffassung wird das „Interesse" allein durch den Mandanten bestimmt: Es komme jedenfalls dort, wo der Streitstoff der Parteidisposition unterliege, allein auf die vom Mandanten mitgeteilte Interessenlage an. Der Auftrag des Mandanten bestimme den Umfang der Interessenwahrnehmung durch den Anwalt und einzig daran müsse sich auch die Frage des Interessenwiderstreits orientieren.[33] Der Anwalt dürfe sich auch ohne Weiteres darauf verlassen, was der Mandant ihm als Interesse mitteile. Ändere sich später die Interes- 19

28 BGH, Urt. v. 23.4.2012 – AnwZ (Brfg) 35/11, juris.

29 BGH, Urt. v. 16.1.2013 – IV ZR 232/12, juris.

30 Sehr kritisch hierzu: *Henssler*, AnwBl 2013, 668, 670.

31 Vgl. hierzu BGH, Urt. v. 23.4.2012 – AnwZ (Brfg) 35/11, Rn 10 m.w.N. in Rn 12, juris.

32 BVerfG, Nichtannahmebeschluss vom 24.5.2001 – 2 BvR 1373/00, Rn 4, juris; BGH, Urt. v. 2.12.1954 – 4 StR 500/54, BGHSt 7, 17, Rn 15, juris; Bayerisches Oberstes Landesgericht, Urt. v. 26.7.1989 – RReg 3 St 50/89, juris Rn 7 m.w.N.; vgl. zu dieser Entscheidung auch unten Rdn 40.

33 BGH, Urt. v. 4.2.1954 – 4 StR 724/53, BGHSt 5, 301, juris Rn 10; BGH, Beschl. v. 4.2.2010 – IX ZR 190/07, juris Rn 4; *Kleine-Cosack*, BRAO, § 43a Rn 161 f.; OLG Karlsruhe, Beschl. v. 3.7.2013 – 3 (5) Ss 67/13, ZEV 2014, 378, 379; zustimmend *Grunewald*, ZEV 2014, 380, 381; Henssler/Prütting/*Henssler*, § 43a Rn 172 ff. m.w.N.; vgl. auch *Offermann-Burckart*, AnwBl 2008, 446, 448 sowie Schönke/Schröder/*Heine/Weißer*, StGB, § 356 Rn 17 jeweils m.w.N.

senlage des Mandaten – sei es durch eine Änderung des Lebenssacherhalts oder seiner Motive u.Ä. – gehen die Folgen zu Lasten des Mandanten: Zwar müsse der Anwalt die betroffenen Mandate niederlegen (§ 3 Abs. 4 BORA),[34] er behalte aber seinen Anspruch auf die Vergütung.[35]

d) „Objektiv-subjektive Theorie"

20 Nach der objektiv-subjektiven Theorie können die Mandanten auch bei einem objektiv bestehenden und ihnen bekannten Interessengegensatz ihr Einverständnis mit der gleichzeitigen Wahrnehmung durch den Rechtsanwalt erklären. Wohl unterschiedlich wird dabei beurteilt, ob der Rechtsanwalt über den objektiv bereits bestehenden oder möglicherweise später auftretenden Interessengegensatz zuvor umfassend aufklären oder er lediglich darauf hinweisen muss, dass er unterschiedliche Auffassungen der Parteien nicht durchsetzen wird.[36]

21 Das BVerfG hat im Rahmen der „Sozietätswechsel"-Entscheidung[37] dem ausdrücklich erklärten Einverständnis des Mandanten eine entscheidende Bedeutung beigemessen. In dieser Entscheidung ging es darum, dass ein nicht mit der Angelegenheit befasster Rechtsanwalt einer Sozietät in eine Sozietät wechselte, deren Gegner von der Sozietät des „Wechslers" vertreten wird. Der „Wechsler" selbst hatte das Mandat nicht betreut und auch keine Kenntnisse aus dem Mandatsverhältnis. Hier sah es das BVerfG als einen zu weitreichenden Eingriff in Art. 12 GG an, wenn in derartigen Konstellationen einerseits dem Anwalt ein Wechsel und andererseits der „aufnehmenden" Sozietät das Hinzugewinnen neuer, spezialisierter Rechtsanwälte unmöglich gemacht würde. Mit dieser Entscheidung wurde § 3 Abs. 2 BORA in der damaligen Fassung für nichtig erklärt.

22 Die Bedeutung des Einverständnisses des Mandanten wird durch die Formulierung des § 3 Abs. 2 S. 2 BORA gestützt (der nach der „Sozietätswechsel"-Entscheidung[38] geändert werden musste) und ausdrücklich die Möglichkeit einer Einverständniserklärung bei widerstreitenden Mandaten neu normiert. Jene – an weitere Voraussetzungen geknüpfte – Möglichkeit des Einverständnisses betrifft jedoch die Wahrnehmung unterschiedlicher Interessen durch ***unterschiedliche* Rechtsanwälte** in einer Sozietät/Bürogemeinschaft, nicht hingegen die eines Einzelanwalts. Aber auch wenn man die Vertretung von Miterben durch mehrere Anwälte einer Sozietät in Erwägung zieht, sollte sich jeder Anwalt fragen, ob in einer solchen Konstellation nicht *„Belange der Rechtspflege"* (§ 3 Abs. 2 S. 2 BORA) der Interessenwahrnehmung entgegenstehen – und zwar zu Beginn der Mandatsannahme.

II. Rechtsfolgen eines Verstoßes

1. Mandatsbeendigung

23 Auch bei erklärtem Einverständnis des Mandanten (vgl. hierzu oben Rdn 20) muss der Rechtsanwalt unverzüglich die einzig mögliche Konsequenz ziehen, wenn sich im Laufe des Mandats ein Interessengegensatz herausstellt:

34 Feurich/Weyland/*Träger*, BRAO, § 43a Rn 71.
35 BGH, Urt. v. 23.4.2009 – IX ZR 167/07, juris Rn 32; zum Schicksal der Vergütung vgl. nachfolgend Rdn 28 ff.
36 *Grunewald*, ZEV 2006, 386, 389.
37 BVerfG, Beschl. v. 3.7.2003 – 1 BvR 238/01 („Sozietätswechsler"), juris.
38 BVerfG, Beschl. v. 3.7.2003 – 1 BvR 238/01 („Sozietätswechsler"), juris.

Die Beratung und Vertretung sämtlicher Mandanten in dieser Angelegenheit muss durch den Anwalt beendet werden, § 3 Abs. 4 BORA.

Der Anwalt ist für **jede weitere Tätigkeit** mindestens in dieser Nachlasssache **ausgeschlossen**, unter Umständen aber auch für darauffolgende Auseinandersetzungen oder Erbfälle: Der Rechtsanwalt hat **Wissen** im Rahmen eines Mandatsverhältnisses mitgeteilt bekommen, was er nun möglicherweise gegen seinen ehemaligen Mandanten einsetzen würde/könnte/müsste. Genau dies soll – auch – durch das Verbot der Wahrnehmung widerstreitender Interessen verhindert werden. 24

2. Nichtigkeit des Anwaltsvertrages

Der BGH hat über Jahrzehnte die umstrittene Frage offen gelassen, ob ein Verstoß gegen § 43a Abs. 4 BRAO zur Nichtigkeit des Anwaltsvertrages führt.[39] Mit Urteil v. 12.5.2016 hat sich der BGH für die Nichtigkeit des Anwaltsvertrages nach § 134 BGB entschieden.[40] Man kann es durchaus als „überraschend" bezeichnen,[41] dass der BGH nun gerade in diesem Fall die Streitfrage entschieden hat, denn dort kam es auf die Frage *nicht* an, weil der BGH einen Verstoß gegen § 43a Abs. 4 BRAO *ablehnte*.[42] In vergleichbaren Fällen hatte der BGH zuvor daher stets die Streitfrage der Nichtigkeit dahingestellt sein lassen. Die Entscheidung des BGH für die Nichtigkeit ist an sich dagegen nicht überraschend, sie folgt konsequent der bisherigen Rechtsprechung des BGH zu anderen Tätigkeitsverboten, wie z.B. beim Tätigwerden entgegen dem Verbot des § 45 Abs. 1 Nr. 1 BRAO (vgl. hierzu unten Rdn 56): Dort hatte sich der BGH bereits Jahre zuvor ausdrücklich für eine Nichtigkeit des Anwaltsvertrages entschieden.[43] 25

Fraglich bleibt jedoch, ab welchem **Zeitpunkt** der Anwaltsvertrag **nichtig** ist. Mit Urteil v. 23.4.2009 hatte der IX. Senat des BGH zuvor festgestellt (in teilweise anderer personeller Besetzung), dass ein Verstoß des Anwalts gegen das Verbot der Wahrnehmung widerstreitender Interessen grundsätzlich **nicht** zur **rückwirkenden Nichtigkeit** des Anwaltsvertrages führt.[44] In jenem Urteil führt der BGH aus, dass es im Interesse des Mandanten sei, dass 26

> *„diese **vertragliche** Grundlage – etwa im Hinblick auf Schadensersatzansprüche wegen Schlechtleistung – **erhalten** bleibt"*[45]

Dagegen führt der BGH in seiner Entscheidung vom 16.5.2016 aus, dass

> *„der Mandant (...) trotz Nichtigkeit des Anwaltsvertrages nicht schutzlos bleibt. Hat ihm der Anwalt im Rahmen des nichtigen Vertrages Schaden zugefügt, kann er nach § 311 Abs. 2 Nr. 1 BGB Ersatz dieses Schadens verlangen".*[46]

Zum „Beleg" seiner Auffassung bezieht sich der Senat („vgl.") auf eine Veröffentlichung *Vills* – einem der Richter, der dieses Urteil mit verfasst hat. Mit den Ausführungen in dem

39 Zuletzt BGH, Urt. v. 14.5.2009 – IX ZR 60/08, juris Rn 7.
40 BGH, Urt. v. 12.5.2016 – IX ZR 241/14, juris Rn 7 mit Nachweisen zum Streitstand in Rn 8; Anmerkung *Deckenbrock*, AnwBl 2016, 595.
41 So auch *Deckenbrock*, AnwBl 2016, 594, 596.
42 BGH, Urt. v. 12.5.2016 – IX ZR 241/14, juris Rn 14.
43 BGH, Urt. v. 21.10.2010 – IX ZR 48/10, juris Rn 16.
44 BGH, Urt. v. 23.4.2009 – IX ZR 167/07, juris Rn 32.
45 BGH, Urt. v. 23.4.2009 – IX ZR 167/07, juris Rn 32 (Hervorhebung nicht im Original).
46 BGH, Urt. v. 12.5.2016 – IX ZR 241/14, juris Rn 13.

Urteil v. 23.4.2009 setzt sich der Senat leider gar nicht auseinander und erwähnt jenes vorhergehende Urteil lediglich am Rand und in einem anderen Zusammenhang.[47]

27 Die Beantwortung dieser Frage nach dem Zeitpunkt der Nichtigkeit steht in Zusammenhang – man möchte fast sagen „kollidiert" – mit der Frage nach dem Beurteilungsmaßstab des Begriffes „widerstreitende Interessen" bzw. des „pflichtwidrigen Dienens" (vgl. hierzu oben Rdn 16). Wählt man einen **objektiven** Maßstab (vgl. hierzu oben Rdn 18), so ist der Vertrag bereits bei einem objektiven Verstoß nichtig,[48] namentlich bei der **Vertretung** mehrerer **Miterben** im Rahmen einer **Erbauseinandersetzung von Anbeginn an** (vgl. hierzu auch unten Rdn 36 ff.).

Betrachtet man das Problem dagegen mit einem **subjektiven** Maßstab (vgl. hierzu oben Rdn 19), so würde der Vertrag erst ab dem Augenblick nichtig sein, wenn die vertretenen Miterben sich gegenüber dem Anwalt nicht mehr auf ein einheitliches Vorgehen verständigen können.

Ähnliches gilt für die Vertreter der **objektiv-subjektiven** Betrachtung, nur dass hier die Aufklärung durch den Rechtsanwalt hinzutreten muss (vgl. hierzu oben Rdn 20). Der Zeitpunkt der Nichtigkeit gewinnt auch Bedeutung für das Schicksal des **Gebührenanspruches** des Rechtsanwalts (vgl. hier nachfolgend Rdn 29).

28 Die Wirksamkeit der dem Anwalt erteilten (**Prozess-)Vollmacht** ist unabhängig von dem zugrundliegenden Geschäftsbesorgungsvertrag.[49] Somit wird auch die Wirksamkeit vorgenommener **Prozesshandlungen** *nicht* berührt. Die Argumentation orientiert sich dabei weniger am Gesetz und der juristischen Logik, sondern an dem Bestreben *„die Beteiligten im Interesse der Rechtssicherheit zu schützen"*.[50]

3. Schicksal der Vergütung

a) Interessenkollision im Laufe des Mandats

29 Bei der Frage nach dem Schicksal des anwaltlichen Gebührenanspruchs im Falle der Vertretung widerstreitender Interessen vertrat der IX. Senat des BGH im Jahr 2009 eine äußerst „anwaltfreundliche" Linie. Man durfte sich aber schon damals fragen, ob es tatsächlich im Sinne der Anwaltschaft sein konnte, dass auch der Anwalt, der widerstreitende Interessen vertritt, seinen Gebührenanspruch nicht verliert. Wörtlich hieß es in der Entscheidung vom 23.4.2009, dass der

> *„Verstoß des Rechtsanwalts gegen die Regelung des § 43a Abs. 4 BRAO grundsätzlich* ***weder*** *zur* ***rückwirkenden Nichtigkeit*** *des* ***Anwaltsvertrags*** *(führt)* ***noch*** *läßt er den* ***Anspruch*** *auf* ***gesetzliche Gebühren entfallen****, wenn der Verstoß zu einem Zeitpunkt geschieht, in dem der Rechtsanwalt die Gebühren* ***bereits verdient*** *hat. In diesem Fall hat der Rechtsanwalt die das Mandatsverhältnis prägenden Dienstleistungen bereits erbracht. (…) Durch das Verbot des § 43a Abs. 4 BRAO soll das Vertrauensverhältnis des Anwalts zum Mandanten, die Wahrung der Unabhängigkeit des Anwalts und das*

47 BGH, Urt. v. 12.5.2016 – IX ZR 241/14, juris Rn 27.

48 So auch *Deckebrock*, AnwBl 2016, 595, 596; *ders.*, AnwBl 2015, 522, 524 m.w.N.

49 BGH, Urt. v. 14.5.2009 – IX ZR 60/08, Rn 6 sowie 8 m.w.N., juris; KG Berlin, Urt. v. 29.11.2017 – 25 U 32/15, Rn 18, juris.

50 BGH, Urt. v. 14.5.2009 – IX ZR 60/08, juris Rn 9; die Prozesshandlungen bleiben nicht nur in Fällen des nichtigen Anwaltsvertrages wirksam, sondern sogar bei umfassenden und generellen Tätigkeitsverboten eines Rechtsanwalts, vgl. BGH, Urt. v. 19.3.1993 – V ZR 36/92, Rn 9, juris; etwas anderes gilt dagegen, wenn die Anwaltszulassung erloschen ist, vgl. BGH, Urt. v. 22.4.2008 – X ZB 18/07, juris.

*Interesse des Gemeinwohls in Gestalt der in der Rechtspflege gebotenen Geradlinigkeit der anwaltlichen Berufsausübung geschützt werden. (...) Für die Vergangenheit bleiben (alle Mandate in derselben Rechtssache) bestehen. Damit wäre es nicht zu vereinbaren, wenn der Rechtsanwalt auch solche Honoraransprüche verlieren würde, die er erlangt hat, bevor ein Verstoß gegen widerstreitende Interessen vorlag. Eine entsprechende **Sanktion** kann § 43a Abs. 4 BRAO **nicht entnommen** werden. Die gegenteilige Auffassung der Revisionsbegründung verkennt, dass die Vorschrift **nicht** die **Bestrafung** eines „**Überläufers**" durch die rückwirkende Entziehung des gesamten Honoraranspruchs bezweckt, sondern vielmehr den Anwalt **zukunftsgerichtet** dazu **anhalten** soll, widerstreitende Interessen nicht zu vertreten. Die Nichtigkeitsfolge des § 134 BGB – wollte man sie auf den Verstoß gegen § 43a BRAO anwenden ist deshalb jedenfalls nicht rückwirkend anwendbar.*[51]

Die Anwaltschaft steht sicherlich nicht im Verdacht, vom BGH unsachgemäß bevorzugt zu werden. Einige Formulierungen dieser Entscheidung lassen sich danach nur mit Verwunderung oder sogar Unverständnis zur Kenntnis nehmen: Der Anwalt soll lediglich „*zukunftsgerichtet dazu angehalten (werden), widerstreitende Interessen nicht zu vertreten*"[52]? Wie oft darf denn ein Anwalt sich derart „*zukunftsgerichtet anhalten*" lassen, ehe auch nach Auffassung der damaligen Senatsmitglieder die Rechtsfolge und das –äußerst milde – „Sanktionsmittel" des Gebührenverlustes angezeigt wäre? Der BGH musste sich dabei nicht entscheiden, welchen Beurteilungsmaßstab er anlegt (objektiv, subjektiv oder objektiv-subjektiv; vgl. hierzu bereits oben Rdn 18 ff.), da der Interessenwiderstreit hier durch die *spätere* Annahme eines Mandats auftrat: Der Rechtsanwalt hatte *nacheinander* eine GmbH & Co. KG vertreten und – ohne dass dieses Mandat beendet war – *später* ehemalige Gesellschafter der GmbH & Co. KG mit gegenläufigen Interessen.[53] Bis zu dem Zeitpunkt der Vertretung der Gesellschafter verdiente Gebühren durfte der Rechtsanwalt berechnen. Ergänzend bemerkt der BGH noch, dass „*die bloß fahrlässige oder auch grob fahrlässige Verletzung anwaltlicher Pflichten (...) die Voraussetzungen für einen Verlust des Vergütungsanspruchs nicht aus(füllt).*"[54] Die Frage einer möglichen Aufklärungspflichtverletzung des Anwalts (Risiko der Notwendigkeit der Mandatsniederlegung und daraus resultierender Schadensersatz in Höhe der Vergütung eines neu zu beauftragenden Rechtsanwalts)[55] wurde hier nicht diskutiert. 30

b) Interessenkollision bei Beginn des Mandats

Verstößt der Anwalt bereits bei Annahme des Mandats gegen das Verbot der Wahrnehmung widerstreitender Interessen, ist der Anwaltsvertrag von Anbeginn an **nichtig** und es entsteht **kein Vergütungsanspruch des Rechtsanwalts.**[56] **Selbst** wenn die **Beratung nützlich** gewesen sein sollte, der oder die Mandanten außerdem *keinen* neuen Anwalt beauftragen und daher *keine* neuerliche Vergütung für eine Wiederholung der Beratung zahlen müssen, kann ein Anwalt **keine Vergütung** fordern, dessen Anwaltsvertrag aufgrund eines Verstoßes gegen § 43a Abs. 4 BRAO nichtig ist: „*Berufs- und strafrechtliche Sanktionen (§§ 113 ff. BRAO, § 356 StGB) reichen insoweit nicht aus*".[57] Diese Formulierung klingt schon deutlich 31

51 BGH, Urt. v. 23.4.2009 – IX ZR 167/07, Rn 32 (Hervorhebung nicht im Original), juris.
52 BGH, Urt. v. 23.4.2009 – IX ZR 167/07, Rn 32, juris.
53 BGH, Urt. v. 23.4.2009 – IX ZR 167/07, Rn 33, juris.
54 BGH, Urt. v. 23.4.2009 – IX ZR 167/07, Rn 39, juris.
55 BGH, Urt. v. 19.9.2013 – IX ZR 322/12, Rn 13, juris.
56 BGH, Urt. v. 12.5.2016 – IX ZR 241/14, Rn 11, juris.
57 BGH, Urt. v. 12.5.2016 – IX ZR 241/14, Rn 11, juris.

anders als die milden Worte des IX. Senats in seiner Entscheidung aus dem Jahre 2009 (vgl. hierzu oben Rdn 29).[58] Der Unterschied der Entscheidungen lag jedoch vor allen Dingen darin, dass der Entscheidung aus 2009 der Interessengegensatz erst **im Laufe des Mandats** aufgetreten war und zuvor – zu einem Zeitpunkt als der Anwalt (noch) *keine* widerstreitende Interessen vertreten hatte – bereits Gebühren entstanden waren.

c) Interessenkollision und Prozesskostenhilfe

32 Vier Jahre nach der o.g. Entscheidung des BGH von 2009[59] hatte der IV. Senat die Frage einer Interessenkollision bei einem erbrechtlichen Sachverhalt zu beurteilen.[60] Der Rechtsanwalt vertrat die Kinder des Erblassers bei der Geltendmachung ihrer Pflichtteilsansprüche gegen die Alleinerbin. Das Verfahren wurde rechtskräftig abgeschlossen. Nunmehr vertrat der Rechtsanwalt die Mutter der Kinder bei der Abwehr einer Nachlassforderung, die die Alleinerbin gegen die Mutter der Kinder geltend macht. Nach Hinweis des Gegners auf die vormalige Vertretung der Kinder im Rahmen der Geltendmachung der Pflichtteilsansprüche, wurde vom LG die Beiordnung des Rechtsanwalts ausnahmsweise *rückwirkend* aufgehoben.[61] Dabei sah es das LG auch als unerheblich an, ob die Mandanten des Rechtsanwalts mit der Vertretung in beiden Verfahren einverstanden gewesen seien:

> *„Unerheblich ist auch, ob die Parteien über die Vertretung durch den Beigeordneten informiert und damit einverstanden sind. Das Verbot der Doppelverteidigung unterliegt grundsätzlich nicht der Dispositionsbefugnis der Parteien, weil dieses Verbot gerade nicht nur ihrem Schutz, sondern auch dem Schutz des Vertrauens der Allgemeinheit in die Anwaltschaft und in die Funktion der Rechtspflege dient, so dass eine Einwilligung der Parteien nicht geeignet ist, den Interessenkonflikt auszuräumen“*.[62]

Das OLG teilte ausdrücklich auch dieses Argument im Rahmen seiner Nichtabhilfeentscheidung.[63] Die zugelassene Rechtsbeschwerde wurde vom BGH zurückgewiesen: Der BGH sah gleichfalls einen Fall der Interessenkollision, der eine rückwirkende Aufhebung der Beiordnung rechtfertigt und hielt die Feststellung des OLG, dass *„keine Anhaltspunkte für eine den Interessenwiderstreit etwa entschärfende oder gar ausschließende Beschränkung bei der Erteilung des Erstmandats vorgetragen oder sonst ersichtlich“* seien, für zutreffend.[64] Der **rückwirkende Wegfall** des entstandenen **Gebührenanspruches** des **beigeordneten Rechtsanwalts** ist vom Gesetz nicht vorgesehen und grundsätzlich **nicht zulässig**.[65] Das OLG half sich hier mit einem Rückgriff auf **§ 48 Abs. 2 VwVfG**, um dem Rechtsanwalt rückwirkend seinen Erstattungsanspruch gegen die Staatskasse zu versagen.[66] Der BGH trat dieser Argumentation nicht entgegen. Die Entscheidung des IX. Senats vom 23.4.2009[67] war dem IV. Zivilsenat dagegen nicht einmal ein Halbsatz, geschweige denn eine Erörterung

---

58 BGH, Urt. v. 23.4.2009 – IX ZR 167/07, juris Rn 32.
59 BGH, Urt. v. 23.4.2009 – IX ZR 167/07, juris, vgl. hierzu oben Rdn 25.
60 BGH, Beschl. v. 16.1.2013 – IV ZB 32/12, juris.
61 LG Bielefeld, Beschl. v. 26.3.2012 – 6 O 504/11, juris.
62 LG Bielefeld, Beschl. v. 26.3.2012 – 6 O 504/11, juris Rn 11 unter Hinweis auf Anwaltsgerichtshof Hamm, Urt. v. 9.10.2009 – 2 AGH 10/09, juris (vgl. zu jener Entscheidung auch oben Rdn 44).
63 OLG Hamm, Beschl. v. 8.8.2012 – 11 W 47/12, juris Rn 24.
64 BGH, Beschl. v. 16.1.2013 – IV ZB 32/12, juris Rn 7.
65 Brandenburgisches Oberlandesgericht, Beschl. v. 20.1.2003 – 15 WF 361/02, juris Ls. 3 sowie Rn 4; OLG Köln, Beschl. v. 7.4.1995 – 27 WF 38/94, juris Ls. 2 sowie Rn 4; OLG Zweibrücken, Beschl. v. 3.11.1983 – 2 WF 163/83, juris Ls. 2 und 3; OLG Düsseldorf, Beschl. v. 4.5.1982 – 10 W 50/82, juris.
66 OLG Hamm, Beschl. v. 8.8.2012 – 11 W 47/12, juris Rn 36.
67 BGH, Urt. v. 23.4.2009 – IX ZR 167/07, juris Rn 32.

Wert gewesen. Die Argumentation des OLG über § 48 Abs. 2 VwVfG mag nicht nur auf den ersten Blick kühn wirken (das LG hatte mit der Nichtigkeit nach § 134 BGB argumentiert[68]), genau betrachtet war dafür gar kein Raum. Ersichtlich haben LG, OLG und ihnen folgend der BGH das Ziel verfolgt, den Rechtsanwalt für sein Verhalten rückwirkend den Gebührenanspruch zu nehmen – oder um es mit den Worten des IX. Senats zu formulieren *„den Überläufer durch rückwirkende Entziehung des gesamten Honoraranspruches"* zu bestrafen.[69] Diese rückwirkende Versagung des Anspruches gegen die Staatskasse wäre jedoch gleichermaßen über **§ 124 Abs. 1 Nr. 2 ZPO** möglich gewesen, da der Anwalt die Interessenkollision und die daraus resultierende Nichtigkeit des Anwaltsvertrages von Anbeginn an erkennen konnte – und auch musste: Die Aufhebung hat er folglich **schuldhaft** (mit) herbeigeführt.[70]

4. Strafrechtliche Konsequenzen

Die Bereitschaft der Staatsanwaltschaften, Anklage wegen Parteiverrats nach § 356 StGB zu erheben, ist offensichtlich gering, was an der gesetzlich normierten Mindeststrafe von drei Monaten Freiheitsstrafe[71] liegen mag.[72] Die Gefahr einer Verurteilung ist noch geringer wie der nachfolgende statistische Überblick zeigt:[73] 33

Statistischer Überblick 34

Das Statistische Bundesamt nennt für **2015** bundesweit 24 Fälle, in denen wegen Parteiverrats ein Strafbefehl erlassen oder Anklage erhoben wurde.[74] In lediglich 8 Fällen kam es 2015 auch zu einer Verurteilung des Angeklagten, davon in 4 Fällen zu einer Freiheitsstrafe, in den übrigen 4 Fällen zu einer Geldstrafe.[75]

2014 werden 28 Fälle genannt.[76] Hiervon waren 10 Verurteilungen und 18 „andere Entscheidungen" (Freispruch, Einstellung, Absehen von Strafe[77]).[78] Zwei Urteile endeten im Jahr 2014 mit einer Verurteilung zu einer Geldstrafe zwischen 10 bis 25 Tagessätzen, eine Verurteilung lag zwischen 25 und 50 Tagessätzen, die übrigen Verurteilungen lauteten auf Geldstrafen mit mehr als 50 Tagessätzen,[79] davon wurden zwei Personen mit Strafvorbehalt gem. § 59 StGB zu Geldstrafen zwischen 31 und 90 Tagessätzen verurteilt.[80]

---

68 LG Bielefeld, Beschl. v. 26.3.2012 – 6 O 504/11, juris Rn 13.

69 BGH, Urt. v. 23.4.2009 – IX ZR 167/07, juris Rn 32 (Hervorhebung nicht im Original).

70 Vgl. zum rückwirkenden Wegfall des Vergütungsanspruches gegen die Staatskasse: LAG Düsseldorf, Beschl. v. 8.2.1990 – 7 Ta 421/89, juris; Musielak/Voit/*Fischer*, ZPO, § 124 Rn 10.

71 Milderungsmöglichkeit u.a. nach § 46 Abs. 2 StGB.

72 So *Grunewald*, ZEV 2006, 386 mit Bezug auf „Hinweise aus der Praxis".

73 Weiter zurückreichende Zahlen finden sich bei Kindhäuser/Neumann/Paeffgen/*Kuhlen*, StGB, § 356 in Fn 9.

74 Statistisches Bundesamt, Fachserie 10, Reihe 3, 2015, 44; in der aktuellsten Statistik für das Jahr 2016 (Statistisches Bundesamt, Fachserie 10, Reihe 3, 2016) werden für § 356 StGB keinerlei statistische Werte genannt.

75 Statistisches Bundesamt, Fachserie 10, Reihe 3, 2015, 112.

76 Statistisches Bundesamt, Fachserie 10, Reihe 3, 2014, 44.

77 Statistisches Bundesamt, Fachserie 10, Reihe 3, 2013, 14.

78 Statistisches Bundesamt, Fachserie 10, Reihe 3, 2014, 78.

79 Statistisches Bundesamt, Fachserie 10, Reihe 3, 2014, 226.

80 Statistisches Bundesamt, Fachserie 10, Reihe 3, 2014, 262.

2013 werden 22 Fälle ausgewiesen.[81] Es werden keinerlei Verurteilungen zu Freiheitsstrafen genannt,[82] sondern lediglich insgesamt 6 Verurteilungen,[83] davon in einem Fall mit mehr als 50 Tagessätzen, die übrigen zwischen 25 und 50 Tagesätzen.[84]

35 **Statistisch** betrachtet ist es für einen Rechtsanwalt somit äußerst **unwahrscheinlich** wegen Parteiverrats in tieferen Kontakt mit der **Strafjustiz** zu gelangen, angeklagt oder gar verurteilt zu werden. Die vorgenannten Zahlen werden die tatsächlichen Taten allerdings kaum realistisch wiedergeben, die **Dunkelziffer** wird um einen vielfaches darüber liegen.[85] Daneben dürfen aber auch die **Belastungen** eines **Strafverfahrens** nicht übersehen werden, selbst wenn das Ermittlungsverfahren eingestellt wird. Beispielsweise war in München die Staatsanwaltschaft schnell bereit, für die Kanzlei eines Rechtsanwalts einen Durchsuchungsbeschluss zu beantragen (den das Amtsgericht ebenso kritiklos erteilt hat). Die Durchsuchung der Kanzlei sowie die Beschlagnahme zahlreicher Dokumente, des gesamten E-Mail-Verkehrs und *„sämtlicher Speichermedien"* wurden vom Landgericht nicht beanstandet,[86] obgleich schon der vom anzeigenden Vormundschaftsrichter mitgeteilte Sachverhalt[87] objektiv keinerlei Verdachtsmoment für eine Interessenkollision offenbarte.[88]

III. Folgerungen für die Praxis bei der Vertretung von Miterben

1. Auswirkungen der Meinungen zur Bestimmung des Interessenwiderstreits in der Praxis

36 Während es in der erbrechtlichen Praxis meist weniger Schwierigkeiten bereitet festzustellen, ob „dieselbe Rechtssache" vorliegt (vgl. hierzu oben Rdn 7 sowie Rdn 50), gehen die Meinungen weit auseinander, wenn es darum geht zu entscheiden, ob ein Interessenwiderstreit vorliegt.

Beispiel

Zwei Abkömmlinge sind gemeinsam mit der Witwe des Erblassers Mitglied einer Erbengemeinschaft. Ihr Ziel ist die Auseinandersetzung der Erbengemeinschaft, wobei die Geschwister sich *„über alle Frage einig"* sind, lediglich die Witwe *„stellt sich quer"*. Die Abkömmlinge suchen Rechtsanwalt R auf.

Darf er sie beide vertreten?

37 In dieser typischen Situation wird niemand bezweifeln, dass dieselbe Rechtssache vorliegt. Fraglich ist es jedoch, welche Bedeutung der Einigung unter den Geschwistern beizumessen ist. Nach der **subjektiven** Theorie (vgl. oben Rdn 18) bestimmen die Mandanten den Umfang der Tätigkeit des Rechtsanwalts. Danach bestünden keine berufs- und mithin erst

81 Statistisches Bundesamt, Fachserie 10, Reihe 3, 2013, 44.

82 Statistisches Bundesamt, Fachserie 10, Reihe 3, 2013, 110 sowie 176.

83 Statistisches Bundesamt, Fachserie 10, Reihe 3, 2013, 110.

84 Statistisches Bundesamt, Fachserie 10, Reihe 3, 2013, 228; die Summe der dargestellten Tagessatzhöhen (4 Verurteilungen) entspricht *nicht* der Anzahl der Verurteilungen (6 Verurteilungen), ohne dass der Widerspruch erläutert wird.

85 Ebenso MüKo/*Dahs*, StGB, § 356 in Fn 26.

86 LG München I, Beschl. v. 25.8.2009 – 2 Qs 37/09, zit. nach Bayerischer Verfassungsgerichtshof, Entscheidung vom 26.1.2011 – Vf. 129-VI-09, juris Rn 39.

87 Beschluss, zit. nach Bayerischer Verfassungsgerichtshof, Entscheidung vom 26.1.2011 – Vf. 129-VI-09, juris Rn 2 ff.

88 A.A. Bayerischer Verfassungsgerichtshof, Entscheidung vom 26.1.2011 – Vf. 129-VI-09, juris Rn 49; der Anwalt wurde letztlich vom AG München vom Vorwurf des Parteiverrats freigesprochen, vgl. Bayerischer Verfassungsgerichtshof, Entscheidung vom 26.1.2011 – Vf. 129-VI-09, juris Rn 25.

Recht keine strafrechtlichen Bedenken, die Abkömmlinge bei diesem einheitlich erklärten Auftrag zu vertreten.

Nach der **objektiv-subjektiven** Theorie wäre der Rechtsanwalt zunächst gehalten, die Abkömmlinge über mögliche Interessenkonflikte aufzuklären. Dies kann zu folgenden Situationen führen:

Fortsetzung des Beispiels

Die Abkömmlinge teilen dem Rechtsanwalt sogleich im ersten Gespräch ungefragt mit, dass sie vom Erblasser lebzeitige Zuwendungen in unterschiedlicher Höhe erhalten haben.

a) Das sei zwischen ihnen aber *„kein Thema"*, denn sie hätten sich informiert und *„die Zehn-Jahres-Frist, auf die es ja ankommt"* ist bereits abgelaufen.
b) Einer der Abkömmlinge erfährt in der Folgezeit, dass sein Bruder deutlich mehr erhalten hat, als er ursprünglich angenommen hat. Nunmehr wünscht er doch *„eine gerechte Lösung"* und möchte seinen Ausgleich durchsetzen.
c) Einer der Abkömmlinge stirbt nach Erteilung des Mandats. Seine Erben sehen keine Veranlassung, auf die Ausgleichung zu verzichten.

In der Praxis ist kaum je einem Abkömmlinge bewusst, dass Zuwendungen nach 38
§ 2050 BGB unabhängig von etwaigen Fristen auszugleichen sind (vgl. hierzu auch § 7 Rdn 3 und Rdn 11 ff.).[89] Klärt der Rechtsanwalt nun seine beiden Mandanten auf, so läuft er Gefahr auch beide Mandate zu verlieren. Denn selbstverständlich muss er ***beide*** **Mandate niederlegen**, wenn – nach Aufklärung über die unterschiedlichen Interessen – ein Mandant von der ursprünglichen „Einigung" zur gemeinsamen Vertretung abrückt, § 3 Abs. 4 BORA.

Der seine beiden Mandanten aufklärende Rechtsanwalt läuft somit Gefahr, beide Mandate zu verlieren – und zwar in *jeder* der im Beispiel genannten Varianten. Einig sind sich die Vertreter der „objektiv-subjektiven Aufklärungstheorie" immerhin insoweit, dass der Rechtsanwalt auf die möglichen Folgen eines auch **später auftretenden Interessenwiderstreits** (Varianten b und c) vor Mandatierung hinzuweisen hat. Versäumt er dies, so schuldet er seinen Mandanten Schadensersatz in Höhe der Vergütungsforderung des neu zu beauftragenden Rechtsanwalts.[90]

2. Rechtsprechung zur Interessenkollision bei der Vertretung von Miterben

Die nachfolgend skizzierten drei Entscheidungen verdeutlichen, dass die Rechtsprechung 39
bei der **Vertretung** von **Miterben grundsätzlich** einen **Interessengegensatz** erkennt. Ob hier wie in anderen Fällen der Interessengegensatz durch das Einverständnis des Mandanten aufgehoben werden kann, ist fraglich: Die **Rechtsprechung** hat in der Vergangenheit bei der Beurteilung, ob ein Interessenwiderstreit vorliegt, im Allgemeinen dem Einverständnis des Mandanten und dessen Weisungen ein erhebliches Gewicht eingeräumt. Es scheint mit den Entscheidungen des BGH vom 23.4.2012[91] sowie vom 16.1.2013[92] eine Wende hin zu einem objektiven Verständnis des Verbots des Parteiverrats eingeleitet worden zu sein. Dies

---

89 BeckOGK/*Rißmann*, BGB, § 2050 Rn 104.
90 BGH, Urt. v. 19.9.2013 – IX ZR 322/12, Rn 13, juris.
91 BGH, Urt. v. 23.4.2012 – AnwZ (Brfg) 35/11, juris.
92 BGH, Urt. v. 16.1.2013 – IV ZR 232/12, juris.

mag man ablehnen[93] oder jedenfalls als im Erbrecht tätiger Rechtsanwalt ausdrücklich befürworten (vgl. hierzu nachfolgend Rdn 43 ff.).

40 **BayObLG, Urt. v. 26.7.1989:[94] Miterben haben auch ohne Meinungsverschiedenheiten einen Interessengegensatz**

Leitsatz

„1. Die Interessen bei einer Auseinandersetzung zwischen mehreren ***Miterben*** *stellen sich ihrer Natur nach als* ***gegenläufig*** *dar.*

2. Ein Rechtsanwalt, der zwei Miterben wegen der Teilauseinandersetzung mit einem Dritten beraten hat, handelt ***pflichtwidrig****, wenn er bei der dann beschlossenen vollständigen Auseinandersetzung der Erbengemeinschaft* ***einen*** *dieser* ***Miterben*** *auch* ***gegenüber*** *dem früheren* ***zweiten Mandanten vertritt****.“*[95]

Das AG hatte den angeklagten Rechtsanwalt wegen Parteiverrats zu einer Geldstrafe von 180 Tagessätzen von 100 DM verurteilt, das LG sprach ihn frei. Mit Revisionsurteil hob das BayObLG den Freispruch auf und tenorierte zugleich dass *„die Feststellungen zum äußeren Tatgeschehen (...) jedoch aufrechterhalten (bleiben)“*.[96]

41 Der angeklagte Rechtsanwalt vertrat zwei Miterbinnen einer aus drei Miterben bestehenden Erbengemeinschaft gegenüber dem dritten Miterben. Auftragsgemäß bemühte er sich um das Ausscheiden des dritten Miterben aus der Erbengemeinschaft.

Nachdem zur Vorbereitung des Ausscheidens des dritten Miterben Wertgutachten eingeholt worden waren, änderte eine Mandantin ihre Meinung und wünschte nunmehr eine vollständige Auseinandersetzung der Erbengemeinschaft (anstelle des bloßen Ausscheidens des dritten Erben). Sie kündigte das Mandat. Der Rechtsanwalt vertrat die andere Miterbin weiter. Unter seiner „Mithilfe“ wurde schließlich eine *„einvernehmliche Regelung der Erbauseinandersetzung“* getroffen und notariell beurkundet.

42 Offensichtlich lag hier „dieselbe Rechtssache“ i.S.v. § 356 StGB vor (vgl. zu diesem Begriff oben Rdn 7 ff.). Unterschiedlich haben LG und BayObLG dagegen die Frage beurteilt, ob der Rechtsanwalt ***„pflichtwidrig diente“***. Das LG war der Auffassung, dass der Parteiverrat (auch) die Verletzung der rechtlichen oder wirtschaftlichen Interessen einer Partei voraussetzt. Das BayObLG meint dagegen, dass dies – ausschließlich – im Rahmen des nach § 356 Abs. 2 StGB zu prüfenden, straferhöhenden Merkmals des „Nachteils“ beachtlich sein könne.[97] Wesentliches Tatbestandsmerkmal der „Pflichtwidrigkeit“ sei dagegen das Handeln im gegensätzlichen Interesse, da **§ 356 StGB** ein **Gefährdungsdelikt** sei.[98] Die Beurteilung hat danach **losgelöst** von der Frage zu erfolgen, welche **Folgen** aus dem Handeln des Rechtsanwalts für den (bisherigen oder aktuellen) Mandanten erwachsen. Der Interessengegensatz könne „erst im Laufe der Zeit zutage treten“. Soweit es sich immer noch um „dieselbe Rechtssache“ handelt – wie hier – *„darf der Rechtsanwalt einem Beteiligten nicht*

93 So *Henssler*, AnwBl 2013, 668, 671 („gewaltiger Rückschritt“) mit Hinweis auf *Maier-Reimer*, NJW-Editorial 17/2013, „berufsrechtliche Bevormundung des Mandanten“.

94 Bayerisches Oberstes Landesgericht, Urt. v. 26.7.1989 – RReg 3 St 50/89, juris.

95 Bayerisches Oberstes Landesgericht, Urt. v. 26.7.1989 – RReg 3 St 50/89, juris LS 1 und 2 (Hervorhebung nicht im Original).

96 Bayerisches Oberstes Landesgericht, Urt. v. 26.7.1989 – RReg 3 St 50/89, juris Tenor Ziff. 1.

97 Bayerisches Oberstes Landesgericht, Urt. v. 26.7.1989 – RReg 3 St 50/89, juris Rn 7.

98 Bayerisches Oberstes Landesgericht, Urt. v. 26.7.1989 – RReg 3 St 50/89, juris Rn 8; noch weitergehender BVerfG, Nichtannahmebeschluss vom 24.5.2001 – 2 BvR 1373/00, juris Rn 4: „(...) tatbestandlich ist nicht einmal die Gefährdung der Interessen der Partei erforderlich“.

mehr dienen, wenn er dem nunmehrigen Gegner dieses Beteiligten zuvor seinen anwaltlichen Beistand geleistet hatte. Denn der früher von einer Seite anvertraute Verfahrensstoff könnte bei einem Auftragsverhältnis durch einen anderen rechtliche Bedeutung erlangen".[99]

Bezogen auf die Vertretung von Miterben durch einen Rechtsanwalt findet der Senat deutliche Worte:

„*Die* ***Interessen*** *bei einer Auseinandersetzung zwischen* ***mehreren Miterben*** *stellen sich ihrer* ***Natur*** *nach als* ***gegenläufig*** *dar. Der Rechtsbeziehung wohnt insoweit* ***Interessengegensatz*** *von* ***vornherein inne****, ohne daß es zu Meinungsverschiedenheiten über die Art der Auseinandersetzung kommen müßte.*"[100]

BVerfG, Nichtannahmebeschluss vom 20.6.2006:[101] Erstreckung des Vertretungsverbots auf Sozietät bei Vertretung von Miterben 43

Die Entscheidung befasst sich im Wesentlichen mit der Frage, ob das Verbot nach § 43a Abs. 4 BRAO sich auf den Sozius des nicht vertretungsberechtigten Rechtsanwalts bezieht.

Der Beschwerdeführer betreibt mit einem Sozius eine Rechtsanwaltskanzlei. Er vertrat zwei Miterben gegen der dritten Miterbin. Die dritte Miterbin wurde ausgezahlt und die verbliebenen Miterben setzten die Erbengemeinschaft zunächst fort. Später kam es zu Auseinandersetzungen innerhalb der Erbengemeinschaft und der Sozius vertrat einen der Miterben gegen den anderen. Auf die Beschwerde des anderen Miterben bei der RAK legte der Sozius das Mandat nieder und der Beschwerdeführer führte das Mandat weiter. Auch hierüber beschwerte sich der andere Miterbe bei der RAK, was den Beschwerdeführer hingegen nicht hinderte, das Mandat weiterzuführen.

Der Beschwerdeführer wurde von der RAK wegen der **Vertretung widerstreitender Interessen gerügt**. Einspruch und Antrag auf gerichtliche Entscheidung vor dem Anwaltsgericht führte zu keiner Änderung für den Beschwerdeführer.

Der Beschwerdeführer sah sich in seinen Rechten aus Art. 12 GG verletzt und meinte, dass der Wortlaut des § 43a Abs. 4 BRAO keine Erstreckung des Vertretungsverbots auf sich als Sozius des ursprünglich tätigen Rechtsanwalts decken würde.

Das **BVerfG** sah **keine** Verletzung der **Grundrechte** und hielt die vorgenommene **Auslegung** des § 43a Abs. 4 BRAO durch die Fachgerichte sogar für **geboten**, um den Schutzzweck der Norm zu verwirklichen:

„*Entscheidend ist vielmehr, welcher Informationsfluss zwischen den Rechtsanwälten stattfindet, was von der Organisation und der Ausgestaltung der Rechtsbeziehungen zwischen den Anwälten abhängt (…). § 43a Abs. 4 BRAO gebietet eine dem Einzelfall gerecht werdende Abwägung aller Belange unter besonderer Berücksichtigung der konkreten Mandanteninteressen (…)*".[102]

---

99 Bayerisches Oberstes Landesgericht, Urt. v. 26.7.1989 – RReg 3 St 50/89, juris Rn 9 unter Verweis auf BGH, Urt. v. 16.11.1962 – 4 StR 344/62, BGHSt 18, 192, juris; gerade der letzte Satz ist auf der einen Seite so klar, eindeutig und letztlich auch selbstverständlich, dass man sich nur ungläubig die Augen reiben kann, wenn man manche Würdigungen und Stellungnahmen von Rechtsanwaltskammern liest, die im Rahmen der Beurteilung einer möglichen Interessenkollision bzw. eines Tätigkeitsverbots erfolgen.

100 Bayerisches Oberstes Landesgericht, Urt. v. 26.7.1989 – RReg 3 St 50/89, juris Rn 11 (Hervorhebung nicht im Orginal).

101 BVerfG, Nichtannahmebeschluss vom 20.6.2006 – 1 BvR 594/06 („Anwaltssozietät"), juris.

102 BVerfG, Nichtannahmebeschluss vom 20.6.2006 – 1 BvR 594/06 („Anwaltssozietät"), juris Rn 14 f.

In diesem Fall hat nicht nur der vormalige Mandant einer Vertretung durch den Beschwerdeführer widersprochen, sondern es gab innerhalb der Sozietät auch **keinerlei** ***„räumliche*** oder ***organisatorische*** Arbeitsteilung", die einen **Informationsfluss** zwischen Sozius und Beschwerdeführer **verhindern** würde.[103]

44 **AGH Hamm, Urt. v. 9.10.2009:[104] Bei Übergang des Mandats auf Erbengemeinschaft keine konfliktvermeidende Einwilligung möglich**

Die Erblasserin E beauftragte den Rechtsanwalt R, zwischen ihren acht Kindern „Einvernehmen herbeizuführen; insbesondere sollte er dabei Sorge tragen, dass die Interessen der einzigen Tochter (T), gegenüber ihren Geschwistern gewahrt würden".[105] Außerdem sollte R die Interessen der E als Mehrheitsgesellschafterin in den Firmen C und T GmbH vertreten. E erteilte R eine über den Tod hinaus gültige Vollmacht.

E verstarb und wurde von ihren acht Kindern beerbt.

Nach dem Tod der E wandte sich R an die Firmen C und T GmbH und teilte mit, dass er aufgrund der über den Tod hinaus gültigen Vollmacht der E deren Gesellschafterrechte vertrete und außerdem nunmehr auch T – die Tochter der E – vertrete. Er bat um Mitteilung, *„welche Ansprüche und/oder Verbindlichkeiten (E) gegenüber den vorgenannten Gesellschaften hat"* und widerrief einen Stimmrechtsbindungsvertrag.[106]

Aufgrund dieses Sachverhalts wurde er vom Anwaltsgericht zu einer Geldstrafe vom 2.500 EUR verurteilt und ein Verweis verhängt.[107] Der AGH hob lediglich den Verweis auf, bestätige jedoch die Verurteilung dem Grunde und die Geldstrafe der Höhe nach.[108]

Zur Begründung führte der AGH im Wesentlichen aus, dass aufgrund des Todes der E nunmehr das Mandatsverhältnis auf die Erbengemeinschaft nach E übergegangen ist, (§ 1922 BGB), wodurch *„ein Wandel der Interessen stattgefunden (*hat*), der den Widerstreit – aus subjektiver wie aus objektiver Sicht – strukturell impliziert. Die* ***Interessen*** *von* ***Miterben*** *– auch im Verhältnis der ungeteilten Erbengemeinschaft – zu den einzelnen Miterben, stellen sich im Hinblick auf die (nunmehr anstehende) Umsetzung bzw. Abwicklung der Erbschaft ihrer* ***Natur nach*** *als* ***gegenläufig*** *dar; der* ***Rechtsbeziehung*** *wohnt insoweit ein* ***Interessengegensatz*** *von* ***vornherein inne, ohne*** *dass es zu* ***Meinungsverschiedenheiten*** *über die Art der Auseinandersetzung kommen müsste.(…) Dass das Verhalten des Rechtsanwalts für einen seiner Mandanten* ***tatsächlich schädlich*** *oder für eine andere Partei nützlich ist, ist dabei* ***nicht erforderlich****"*.[109]

Der AGH sieht eine Interessenkollision hier als *„offenkundig gegeben"* an. Eine die Interessenkollision ausschließende **Einwilligung** hätte durch die Erbengemeinschaft als Rechtsnachfolger der E erklärt werden müssen, was – natürlich – nicht geschehen war. Im Übrigen aber wäre – so der AGH – *„eine* ***Einwilligung*** *(…) auch* ***nicht geeignet****, den Interessenkonflikt auszuräumen"*, da das *„Verbot der Doppelverteidigung (…) grundsätzlich nicht der Dispositionsbefugnis der Parteien (unterliegt), weil dieses Verbot gerade nicht nur ihrem*

103 BVerfG, Nichtannahmebeschluss vom 20.6.2006 – 1 BvR 594/06 („Anwaltssozietät"), juris Rn 15 (Hervorhebung nicht im Original).
104 AGH Hamm, Urt. v. 9.10.2009 – 2 AGH 10/09, juris.
105 AGH Hamm, Urt. v. 9.10.2009 – 2 AGH 10/09, juris Rn 9.
106 AGH Hamm, Urt. v. 9.10.2009 – 2 AGH 10/09, juris Rn 9.
107 Vgl. AGH Hamm, Urt. v. 9.10.2009 – 2 AGH 10/09, juris Rn 1.
108 AGH Hamm, Urt. v. 9.10.2009 – 2 AGH 10/09, juris Rn 3 und Rn 27 ff.
109 AGH Hamm, Urt. v. 9.10.2009 – 2 AGH 10/09, juris Rn 20 (Hervorhebung nicht im Original).

Schutz, sondern auch dem Schutz des Vertrauens der Allgemeinheit in die Anwaltschaft und in die Funktion der Rechtspflege dient".[110]

3. Abwägung eines Interessenkonflikts bei der Vertretung von Miterben

Jeder Rechtsanwalt mag sich bei seiner Abwägung zwischen den oben genannten Theorien zur Bestimmung des widerstreitenden Interesses fragen (vgl. hierzu oben Rdn 16 ff.), welche Auffassung dem Ansehen der **Anwaltschaft** insgesamt mehr **Schaden** als dem einzelnen Anwalt – möglicherweise aufgrund des höheren Gebührensaufkommens – kurzfristigen Nutzen bringt. Können wir Anwälte wollen – wie es teilweise in der Literatur tatsächlich formuliert wird –, dass wir im Rahmen der Auseinandersetzung einer Erbengemeinschaft widerstreitende Interessen vertreten dürfen, soweit wir *„keine gegensätzlichen rechtlichen oder tatsächlichen Standpunkte (einnehmen)"*?[111] Sollten wir ein Interesse daran haben, nicht die *„gegensätzlichen Standpunkte (unserer Mandanten) zur Geltung (zu) bringen, (wenn) diese sich ausdrücklich mit der gemeinsamen Vertretung einverstanden erklärt haben"*? 45

Warum sollten wir?

Es gibt in der erbrechtlichen Praxis – auch und gerade bei der **Vertretung von Miterben – keinen Grund**, der es rechtfertigen könnte, unter diesen Voraussetzungen als Rechtsanwalt tätig zu sein. Man muss sogar die Frage aufwerfen, ob man hier überhaupt noch als Rechtsanwalt tätig ist oder nicht eines der obersten Prinzipien der anwaltlichen Tätigkeit opfert: die absolute Parteilichkeit zugunsten des von uns vertretenen Mandanten.[112] Neben dem Gebot der Verschwiegenheit und der Unabhängigkeit gehört die Parteilichkeit zu den „drei Säulen" des anwaltlichen Berufes und unterscheidet die Anwaltschaft von jedem anderen Beruf, insbesondere auch anderen nach dem RDG zulässigen sonstigen Rechtsdienstleistern. 46

Als unabhängige Berater und Vertreter des Mandanten sind dessen **Interessen** durch den Rechtsanwalt bestmöglich einseitig **zu wahren** und **durchzusetzen**. Damit nimmt die Anwaltschaft eine der wichtigsten und in einem Rechtsstaat unentbehrlichen Aufgaben in der **Rechtspflege** wahr. Allein der begründete **Verdacht**, dass ein Anwalt möglicherweise in einen Interessengegensatz geraten könnte, muss zur Sicherung dieses Grundsatzes, aber auch zur Wahrung des Ansehens der Anwaltschaft verhindert werden.[113] 47

Es kann daher nicht im Interesse der Anwaltschaft sein, dass der Rechtsanwalt im ersten Beratungsgespräch über einen möglichen Interessengegensatz aufklärt, nachdem ihm die Mandanten ihre Situation geschildert haben – und er dann womöglich *beide* Mandanten nicht mehr vertreten darf, weil sie an *diesen* Interessengegensatz im Vorfeld nicht gedacht haben (objektiv-subjektive Theorie, siehe oben Rdn 20). Noch weniger darf man den Mandanten hier jedoch „sich selbst überlassen" und allein auf sein Einverständnis vertrauen (subjektive Theorie, siehe oben Rdn 19): Tatsächlich kann der Mandant doch nur ein beachtliches Einverständnis erteilen, wenn ihm die gesamte (erb-)rechtliche Situation bewusst ist. 48

Jeder andere als eine objektive Betrachtungsweise des Interessengegensatzes (objektive Theorie, oben Rdn 18) schadet letztlich dem Mandant. Er erhält auf der einen Seite **keine optimale Vertretung** seiner rechtlichen Interessen. Auf der anderen Seite läuft er Gefahr, 49

---

110 AGH Hamm, Urt. v. 9.10.2009 – 2 AGH 10/09, juris Rn 22 (Hervorhebung nicht im Original).

111 So wörtlich *Grunewald*, ZEV 2006, 386, 389.

112 BVerfG, Beschl. v. 3.7.2009 – 1 BvR 238/01, juris Rn 43; vgl. hierzu auch bereits oben Rdn 5.

113 Im Ergebnis ebenso: Bayerisches Oberstes Landesgericht, Urt. v. 26.7.1989 – RReg 3 St 50/89, juris Rn 8.

erneut Anwaltsvergütung zahlen zu müssen, wenn er sein ursprünglich erklärtes Einverständnis zurücknehmen und sich einen neuen Anwalt suchen muss.

Für die erbrechtliche Praxis gelten auch nicht die in anderen Rechtsgebieten möglicherweise beachtlichen Eingriffe in die Berufsfreiheit des Rechtsanwalts, wenn bereits die bloß theoretische Möglichkeit eines Interessenwiderstreits zum Verbot der Annahme bzw. Fortsetzung des Mandats führen würde. Denn im Rahmen der **Vertretung von Miterben** kann der Anwalt dies sogleich **ausschließen**, in dem er **noch vor Beginn** der eigentlichen **Beratung** und noch bevor ihm etwas anvertraut wurde (vgl. oben Rdn 11) deutlich macht, dass er ausschließlich einen der erschienen Miterben vertreten kann. Eine Einschränkung der Berufsfreiheit folgt daraus nicht.

B. Tätigkeitsverbot des Anwaltsnotars aufgrund Vorbefassung

I. Gesetzliche Grundlagen

50 Der **Rechtsanwalt** darf nach § 45 Abs. 1 Nr. 1 BRAO **nicht tätig** werden, wenn er in „derselben Rechtssache" (vgl. hierzu oben Rdn 7) bereits als Richter, Schiedsrichter, Staatsanwalt, Angehöriger des öffentlichen Dienstes, Notar, Notarvertreter oder Notariatsverwalter tätig geworden ist (**Vorbefassung**). Das Verbot geht *„**über** die „**Gewährleistung** des ungeteilten **Einsatzes** des Anwalts für die Belange des Mandanten und den **Schutz** sensibler **Informationen** hinaus (...) und umfasst **zusätzlich** die **Sicherung** des **Vertrauens** der Öffentlichkeit in die neutrale und objektive Amtsführung der dort genannten Berufsgruppen"*.[114]

Soweit § 45 Abs. 1 Nr. 2 BRAO ausdrücklich ein Tätigkeitverbot normiert, wenn der Rechtsanwalt als Notar, Notarvertreter oder Notariatsverwalter eine **Urkunde** aufgenommen hat und deren Rechtsbestand oder Auslegung streitig ist, ist die Norm überflüssig:[115] Der Notar kann keine Urkunde i.S.v. Nr. 2 aufnehmen, ohne i.S.v. Nr. 1 „tätig" geworden zu sein.

51 Der **Notar** „soll" nach § 3 Abs. 1 Nr. 7 BeurKG nicht an Beurkundungen mitwirken, wenn er in dieser Angelegenheit bereits außerhalb seiner Amtstätigkeit als Notar **vorbefasst** gewesen ist. Nach § 16 Abs. 1 BNotO wird § 3 Abs. 1 Nr. 7 BeurKG über Beurkundungen entsprechend angewandt und der Anwendungsbereich auf **sämtliche Amtstätigkeiten** des Notars erweitert. Diese Vorschriften sind die Ergänzung zu § 45 Abs. 1 Nr. 1 BRAO.[116]

II. „Dieselbe Rechtssache"

52 Der Begriff „derselben Rechtssache" i.S.v. § 45 BRAO ist derselbe wie in § 43a Abs. 4 BRAO, § 356 StGB,[117] vgl. hierzu ausführlich oben Rdn 7.

III. Vorhergehende Tätigkeit

53 Das Tätigkeitsverbot nach § 45 Abs. 1 Nr. 1 BRAO, § 16 Abs. 1 BNotO wird durch **jede notarielle Amtstätigkeit** i.S.v. §§ 20–24 BNotO ausgelöst,[118] also auch beispielsweise durch

114 BGH, Urt. v. 3.11.2014 – AnwSt (R) 4/14, Rn 15, juris (Hervorhebung nicht im Original).
115 *Kleine-Cosack*, BRAO, § 45 Rn 17.
116 Feurich/Weyland/*Träger*, BRAO, § 45 Rn 9.
117 BGH, Urt. v. 3.11.2014 – AnwSt (R) 4/14, Rn 11 m.w.N., juris.
118 Feurich/Weyland/*Träger*, BRAO, § 45 Rn 9.

die bloße Beglaubigung einer Unterschrift.[119] Es kommt dabei auch **nicht** darauf an, ob eine **Interessenkollision** besteht.[120] Daher ist der **Anwaltsnotar** –„selbstverständlich" möchte man hinzufügen – **gehindert**, als Rechtsanwalt die Interessen eines Erben bei der **Erbauseinandersetzung** zu vertreten, wenn er die **letztwillige Verfügung** beurkundet hat.[121] Ebenso wenig ist dem Anwaltsnotar erlaubt, ein **pflichtteilsrechtliches** Mandat – **weder für** noch **gegen** die **Erben** – anzunehmen, wenn er zuvor in dieser Nachlasssache als Notar in irgendeiner Weise tätig geworden ist.[122]

Nur auf den ersten Blick nicht ganz offensichtlich ist die Situation, wenn das angetragene Mandat nicht auf der konkreten Amtstätigkeit des Notars beruht (beispielsweise hat der Erblasser später ein **neues Testament** verfasst, aufgrund dessen nunmehr die Miterben untereinander oder mit einem Pflichtteilsberechtigten in Streit geraten). Aber auch in dieser Konstellation darf der Anwaltsnotar **nicht** als Anwalt **tätig** werden. Denn aufgrund der **früheren Amtstätigkeit** sind ihm – möglicherweise – **Informationen anvertraut** worden (vgl. hierzu auch ausführlich oben Rdn 11): Beispielsweise sind zur sachgerechten Testamentsgestaltung Informationen über Vermögensverhältnisse nach Art und Zusammensetzung zwingend notwendig. Diese Informationen würde er nunmehr gegen die Rechtsnachfolger seines verstorbenen Mandanten einsetzen können, wenn er Miterben oder Pflichtteilsberechtigte vertritt. In der Praxis ist zu beobachten, dass einerseits dieses Verbot ignoriert wird und andererseits die zuständigen Rechtsanwaltskammern darin keinen Verstoß sehen – obgleich die Rechtslage eindeutig ist. 54

IV. Rechtsfolgen

1. Sozietätserstreckung

§ 45 Abs. 3 BRAO **erstreckt** das **Tätigkeitsverbot** des konkret mit dem Mandat befassten Rechtsanwalts auf sämtliche Mitglieder einer **Sozietät** sowie auf in sonstiger Weise zur gemeinsamen Berufsausübung verbundene Rechtsanwälte (z.B. auch **Bürogemeinschaften**). **Erforderlich** ist jedoch, dass die übrigen Rechtsanwälte (Sozien, Bürogemeinschafter usw.) **Kenntnis** der *„tatsächlichen Umstände (haben), die das Tätigkeitsverbot begründen* ***oder*** *sich trotz evidenter Anhaltspunkte der* ***Kenntnisnahme*** *solcher Umstände (****verschließen****)"*.[123] Der Verstoß gegen § 45 Abs. 3 BRAO kann fahrlässig begangen werden.[124] 55

2. Nichtigkeit des Anwaltsvertrages

Ein **Verstoß** gegen das Tätigkeitsverbot aus § 45 Abs. 1 Nr. 1 BRAO führt zur **Nichtigkeit** des **Anwaltsvertrages** nach § 134 BGB.[125] Ebenso wie einem Verstoß gegen das Verbot der Wahrnehmung widerstreitender Interessen (vgl. dazu oben Rdn 28) bleiben **Prozessvollmacht** sowie **Prozesshandlungen** des Rechtsanwalts jedoch **wirksam.**[126] Nach § 156 Abs. 2 BRAO sollen Gerichte und Behörden, einen Rechtsanwalt der entgegen einem Berufs- oder 56

119 *Kleine-Cosack*, BRAO, 45 Rn 17.
120 BVerfG, Nichtannahmebeschluss vom 30.6.2009 – 1 BvR 893/09, Rn 24, juris; BGH, Urt. v. 3.11.2014 – AnwSt (R) 4/14, Rn 12 m.w.N., juris.
121 Feurich/Weyland/*Träger*, BRAO, § 45 Rn 9.
122 Feurich/Weyland/*Träger*, BRAO, § 45 Rn 9.
123 BGH, Urt. v. 3.11.2014 – AnwSt (R) 4/14, Rn 14 m.w.N., juris (Hervorhebung nicht im Original).
124 BGH, Urt. v. 3.11.2014 – AnwSt (R) 4/14, Rn 14 m.w.N., juris.
125 BGH, Urt. v. 21.10.2010 – IX ZR 48/10, Rn 16 m.w.N., juris.
126 BGH, Urt. v. 19.3.1993 – V ZR 36/92,Rn 9, juris.

Vertretungsverbot auftritt, zurückweisen. Es ist umstritten, ob dieses **Recht zur Zurückweisung** sich – analog – auch auf ein Tätigkeitsverbot nach § 45 Abs. 1 Nr. 1 BRAO erstreckt.[127] Da die Überwachung der Einhaltung ausschließlich der Berufsaufsicht der Rechtsanwaltskammern und der Anwaltsgerichtsbarkeit unterliegt, wird man eine entsprechende Anwendung **ablehnen** müssen.[128]

3. Vergütungsverlust

57 Der Rechtsanwalt kann **keine Vergütung** aus **GoA** (§§ 683, 670 BGB) aus dem nach § 134 BGB nichtigen Anwaltsvertrag (vgl. hierzu oben Rdn 56) fordern. Einem grundsätzlich möglichen Wertersatz nach §§ 812 Abs. 1 S. 1, 818 Abs. 2 BGB kann § 817 S. 2 BGB entgegenstehen. Danach kann der Rechtsanwalt **keinen Wertersatz** verlangen, wenn er **vorsätzlich verbotswidrig** gehandelt oder sich der **Einsicht** in das Verbotswidrige seines Handelns **leichtfertig verschlossen** hat.[129]

4. Wettbewerbsrecht

58 **Wettbewerbsrechtlich** ist ein **Verstoß** gegen das Tätigkeitsverbot nach § 45 Abs. 1 Nr. 1 BRAO **ohne Bedeutung**.[130]

5. Wirksamkeit der Beurkundung

59 Ein Verstoß gegen das **Beurkundungsverbot** aus § 3 Abs. 1 Nr. 7 BeurKG führt **nicht** zur **zivilrechtlichen** Unwirksamkeit der Beurkundung.[131] Eine gleichwohl erteilte **Vollstreckungsklausel** bleibt **wirksam**, soll aber nach §§ 797 Abs. 3, 732 ZPO **anfechtbar** sein.[132] **Beurkundet** der Notar wissentlich **falsch** eine fehlende **Vorbefassung** könnte dies als **Falschbeurkundung** im Amt gem. § 348 StGB strafbar sein.[133]

---

127 Bejahend: Feurich/Weyland/*Träger*, BRAO, § 45 Rn 43; ablehnend: KG, Beschl. v. 4.10.1994 – 4 W 6060/94, NJW-RR 1995, 762, beck-online; OLG Koblenz, Beschl. v. 11.1.2002 – 2 W 767/01, Rn 6, juris; *Kleine-Cosack*, BRAO, § 45 Rn 50.

128 OLG Koblenz, Beschl. v. 11.1.2002 – 2 W 767/01, Rn 6, juris.

129 BGH, Urt. v. 21.10.2010 – IX ZR 48/10, Rn 20 m.w.N., juris.

130 BGH, Urt. v. 5.10.2000 – I ZR 224/98, Rn 30, juris.

131 Eylmann/Vaasen/*Miermeister/de Buhr*, BeurKG, § 3 Rn 67.

132 Eylmann/Vaasen/*Miermeister/de Buhr*, BeurKG, § 3 Rn 67.

133 Eylmann/Vaasen/*Miermeister/de Buhr*, BeurKG, § 3 Rn 66.

§ 25 Auslandsberührung

Mario Filtzinger

Übersicht: Rdn

Literatur

Bergmann/Ferid/Henrich, Internationales Ehe- und Kindschaftsrecht, Loseblatt, Stand Mai 2018; *Böhmer*, Das deutsche Internationale Privatrecht des timesharing, 1993; *Dicey/Morris & Collins*, The Conflict of laws, 15 Auflage 2012; *Dutta/Weber*, Internationales Erbrecht, Kommentar, 2016; *Ferid/Firsching/Dörner/Haussmann*, Internationales Erbrecht, Loseblatt, Stand Mai 2018 (zit.: Ferid/Firsching); *Flick/Piltz*, Der Internationale Erbfall, 2. Auflage 2008; *Jenderek*, Die Vererbung von Anteilen an einer Private Company Limited by Shares, 2008; *Kroiß*, Das neue Nachlassverfahrensrecht, 2009; *Limmer/Hertel/Frenz/Mayer*, Würzburger Notarhandbuch, 5. Auflage 2017; *Lipp/Münch*, Die neue Europäische Erbrechtsverordnung, 2016; *Rauscher*, Internationales Privatrecht, 4. Auflage 2012; *Reiß*, Internationales Erbrecht Italien, 3. Auflage 2014; *Riedel*, Praxishandbuch Unternehmensnachfolge, 2. Auflage 2017; *Süß*, Erbrecht in Europa, 3. Auflage 2016; *Tiedemann*, Internationales Erbrecht in Deutschland und Lateinamerika, 1993; *von Hoffmann/Thorn*, Internationales Privatrecht, 9. Auflage 2007; *Zimmermann*, Praxiskommentar Erbrechtliche Nebengesetze, 2. Auflage 2017.

A. Einleitung

1 Die Zeiten, in denen Unternehmen nur landesweit agierten, sind bereits seit Langem vorbei. Bereits viele kleine- und mittelständische Unternehmen unterhalten Auslandsvertretungen und operieren europa- oder weltweit. Nicht selten werden die Vertriebsmitarbeiter des

Unternehmens im europäischen Absatzland heimisch, heiraten und gründen eine Familie. Damit ist der Grundstein für eine Auswanderung gelegt.

Des Weiteren haben sich viele Deutsche in den 70ern und 80ern des vorigen Jahrhunderts Alterswohnsitze im südeuropäischen Ausland gekauft oder gebaut und sind mit Eintritt in das Rentenalter dorthin ausgewandert.

Letztlich ist auch noch an die Einwanderungswelle im Zeitraum von 1950 bis 1979 zu erinnern, in denen viele Süd- und Südosteuropäer eine neue Heimat in Deutschland gefunden haben.

Auch nach der nunmehrigen Einführung der Europäischen Erbrechtsverordnung kommt der mit dem Erbrecht befasste Anwalt regelmäßig mit ausländischem Erbrecht in Berührung. Sei es, dass er im Inland mit der Abwicklung eines Erbfalls befasst ist, in welchem der Erblasser seinen letzten Wohnsitz im Ausland hatte, oder aber, dass sich im Außereuropäischen Ausland Nachlassvermögen befindet, welches es, nach wie vor, unter Anwendung fremden Erbrechts abzuwickeln gilt.

Hinterlässt der Erblasser schließlich mehrere Erben, so bilden diese in aller Regel eine **Erbengemeinschaft.** Im Inland entsteht diese als Gesamthandsgemeinschaft. Das europäische Ausland kennt jedoch noch weitere Organisationsformen, wie eine Erbengemeinschaft strukturiert sein kann.

B. Europäische Harmonisierungen

Das deutsche Internationale Erbrecht war bis zum 17.8.2015 im Wesentlichen in den Art. 25, 26 sowie in Art. 3 EGBGB kodifiziert. Daneben existierten (und existieren noch) staatsvertragliche Regelungen, welche den nationalen Rechtsvorschriften vorgehen.[1] Am 17.8.2018 trat die **Europäische Erbrechtsverordnung** (Verordnung des Europäischen Parlaments und des Rates über die Zuständigkeit, das anzuwendende Recht, die Anerkennung und Vollstreckung von Entscheidungen und die Annahme und Vollstreckung öffentlicher Urkunden in Erbsachen sowie zur Einführung eines Europäischen Nachlasszeugnisses/ **EuErbVO**) in Kraft. Die Verordnung gilt im gesamten Bereich der Europäischen Union(Ausnahme: Vereinigtes Königreich, Irland und Dänemark).[2] Mit der Umsetzung dieser Verordnung hat sich das deutsche internationale Erbrecht stark verändert. Aus deutscher Perspektive kam es nach Einführung der EuErbVO unter anderem zu einer vollständigen Aufgabe des Staatsangehörigkeitsprinzips bei Bestimmung (Anknüpfung) des Erbstatuts gemäß Art. 25 Abs. 1 EGBGB a.F. Seit der Einführung wird es das Erbstatut nunmehr gemäß Art. 21 Abs. 1 EuErbVO nach dem letzten gewöhnlichen Aufenthalt bestimmt.[3]

Mit großer Spannung darf jetzt auf die künftigen Veränderungen im internationalen Familienrecht geblickt werden. 2 Bereits im Jahre 2011 hatte die EU-Kommission einen Vorschlag für eine Verordnung auf dem Gebiet des Güterrechts vorgelegt (EuGüVO).[4] Diese Verordnung wurde zum 24.6.2016 beschlossen, EU 2016/1103. Sie tritt zum 29.1.2019 in Kraft. Darin enthalten sind unter anderem Regelungen über die Zuständigkeiten der Gerichte im

1 *Kroiß*, in: Bonefeld/Kroiß/Tanck, Erbprozess, § 14 Rn 3.
2 DNotI-Report 15/2012, S. 121.
3 AblEU L 201/120.
4 Verordnung über die Zuständigkeit, das anzuwendende Recht, die Anerkennung und die Vollstreckung von Entscheidungen im Bereich des Ehegüterrechts (KOM (2011) 126 endg.

Falle der Ehescheidung (Art. 5 Abs. 1 f. EuGüVO) oder aber Möglichkeiten der Wahl des Güterstandes der Ehegatten (Art. 22 EuGüVO).

C. Bestimmung des Erbstatuts

I. Vorrang staatsvertraglicher Regelungen

3 Welches Erbrecht zur Anwendung gelangt, bestimmt sich anhand der Kollisionsnormen. Diese sind für Deutschland nunmehr in der EuErbVO geregelt, soweit der Erbfall nach dem 17.8.2015 lag. Für alle Erbfälle vor dem 17.8.2015 finden die Regelungen des EGBGB, insbesondere in den Art. 3, 3a, 25 a.F. und 26 a.F. EGBGB Anwendung. Unabhängig von diesen Regelungen des internationalen Privatrechts existieren zwischen der Bundesrepublik Deutschland und einigen Staaten Konsularverträge oder Niederlassungsabkommen. Diese bilateralen Übereinkommen genießen gemäß Art. 75 Abs. 1 EuErbVO zunächst einmal Vorrang vor den nationalen Rechtsvorschriften.[5] Voraussetzung für den Vorrang ist jedoch, dass das bilaterale Abkommen völkerrechtlich in Kraft getreten ist und in innerstaatliches Recht transformiert wurde.[6] Weiterhin werden die Vorschriften des EGBGB a.F. sowie des Art. 75 Abs. 1 EuErbVO nur insoweit verdrängt, als der räumliche, sachliche und zeitliche Anwendungsbereich des bilateralen Abkommens eröffnet ist.[7]

II. Bestimmung erbrechtlicher Begrifflichkeiten

4 Im Nachfolgenden werden drei Grundbegriffe des internationalen Erbrechts gebraucht, welche es wie folgt zu unterscheiden gilt:

Vom **Erbstatut** ist die Rede, soweit es um die erbrechtliche Nachfolge geht, welche sich gemäß Art. 25 EGBGB a.F. oder Art. 21 Abs. 1 EuErbVO bestimmt und sodann grundsätzlich die erbrechtlichen Regelungen vorgibt. Deutschland folgte und folgt auch weiterhin dabei dem Prinzip (Grundsatz) der Nachlasseinheit.

Das **Formstatut** bestimmt die Form erbrechtlichen Handelns und den Anwendungsbereich.

Die letzte Begrifflichkeit ist das **Errichtungsstatut**. Darunter versteht man das so genannte hypothetische Erbstatut im Zeitpunkt der Errichtung eines erbrechtlichen Geschäfts (Testament, Erbvertrag, Erbverzichtsvertrag).[8] Relevant wird es, wenn nach der Vornahme des erbrechtlichen Geschäfts eine Änderung des Statuts (Wechsel der Staatsangehörigkeit) stattfindet.

III. Vorrangige das Erbstatut betreffende Staatsverträge

5 Vorrangig vor der EuErbVO oder dem EGBGB a.F. finden, wie bereits erwähnt, etwaige zwischen den einzelnen Staaten geschlossenen bilaterale Konsular- oder Staatsverträge Anwendung. Die Bundesrepublik Deutschland bzw. deren Vorgängerstaaten haben mit einzelnen Ländern kollisionsrechtliche Regelungen getroffen, welche bis heute wirken. Im Einzelnen bestehen die nachfolgenden Verträge:

---

5 *Kroiß*, in: Bonefeld/Kroiß/Tanck, Erbprozess, § 14 Rn 3.

6 Palandt/*Thorn*, Art. 3 EGBGB Rn 10.

7 MüKo/*Dutta*, Art. 75 EuErbVO Rn 2.

8 *Hohloch/Heckel*, in: Hausmann/Hohloch, Handbuch des Erbrechts, Kapitel 26 Rn 14.

1. Deutsch-türkischer Konsularvertrag vom 28.5.1929

6 Dieser Konsularvertrag wurde zwischen der Türkischen Republik und dem Deutschen Reich geschlossen.[9] Nach dem Eintritt der Türkei in den Krieg wurde er aufgehoben, ist jedoch seit dem 26.2.1952 wieder in Kraft. Die relevanten erbrechtlichen Regelungen des Konsularvertrags finden sich in den §§ 12 ff. des Anhangs zu Art. 20. In § 14 des Konsularvertrags wird das auf die Erbfolge anzuwendende Recht bestimmt.[10] Die Anwendung des Konsularvertrags führt zu einer Nachlassspaltung. Nach § 14 Abs. 1 des Konsularvertrags wird bewegliches Vermögen stets nach dem Heimatrecht des Erblassers vererbt, wohingegen gemäß § 14 Abs. 2 des Konsularvertrags unbewegliches Vermögen stets nach den Regeln des Belegenheitsort der Sache vererbt wird, „und zwar in der gleichen Weise, wie wenn der Erblasser, zum Zeitpunkt seines Todes Angehöriger dieses Landes gewesen wäre".[11]

2. Deutsch-sowjetischer Konsularvertrag vom 25.4.1958

7 Nach der Auflösung der UDSSR gilt der Konsularvertrag mit den meisten Nachfolgestaaten der UDSSR fort.[12] Art. 28 Abs. 3 des Konsularvertrags enthält eine Kollisionsnorm, welche zu einer Nachlassspaltung führt. Danach findet hinsichtlich des unbeweglichen Vermögens das Recht des Landes Anwendung, in dem es belegen ist (Grundsatz: lex rei sitae). Durch die Berücksichtigung der lex rei sitae kann es in der Praxis also zu einer Nachlassspaltung zwischen beweglichem und unbeweglichem Vermögen kommen. Keine Anwendung findet der deutsch-sowjetische Konsularvertrag bei den drei baltischen Staaten (Litauen, Lettland und Estland). Da diese sich nicht als Nachfolgestaaten der Sowjetunion sehen, haben sie keine Weiteranwendung des Vertrages mit Deutschland vereinbart. Die baltischen Staaten sind jedoch Vertragsstaaten der EuErbVO, sodass ohnehin die EuErbVO vorrangig zur Anwendung gelangt, da diese gemäß Art. 75 Abs. 2 EuErbVO, bei bestehenden bilateralen Staatsverträgen, von Vertragsstaaten der EuErbVO Vorrang genießt.[13] De facto wird so verhindert, dass durch Staatsverträge die Anwendung der EuErbVO umgangen werden kann.

3. Niederlassungsabkommen zwischen dem Deutschen Reich und dem Kaiserreich Persien vom 17.2.1929

8 Anders als das deutsch-türkische Konsularabkommen war das deutsch-persische Abkommen in der Zeit des Zweiten Weltkrieges lediglich suspendiert worden. Seine Weitergeltung wurde durch Protokoll vom 4.10.1954 bestätigt. Ob es in der Zeit von 1945 bis 1954 galt, ist zweifelhaft.[14] Das Abkommen enthält in Art. 8 Abs. 3 eine Kollisionsnorm für das gesamte Familien- und Erbrecht. Erbrechtlich gehen die Bestimmungen denen des Art. 25 Abs. 1 EGBGB vor. Dies war in der Vergangenheit jedoch insoweit unerheblich, als dass sowohl Art. 25 Abs. 1 EGBGB a.F., als auch das Abkommen auf die Staatsangehörigkeit des Erblassers abstellen.[15] Problematisch erscheint, ob iranischen Staatsbürgern eine Rechtswahl gemäß Art. 25 Abs. 2 EGBGB gestattet ist. Hierzu ist zu sagen, dass das Abkommen nur sicherstellen soll, dass sich sowohl Deutsche als auch Iraner nicht dem Recht des jeweils

9 Veröffentlicht im RGBl 1930 II S. 747; 1931 II S. 538.
10 Süß/*Süß*, Erbrecht in Europa, § 1 Rn 4.
11 MüKo/*Birk*, Art. 25 EGBGB Rn 299, 300 (2015).
12 MüKo/*Birk*, Art. 25 EGBGB Rn 302, 302 (inkl. Auflistung der Nachfolgestaaten) (2015).
13 Süß/*Süß*, Erbrecht in Europa, § 1 Rn 8.
14 Staudinger/*Dörner*, Vorbem. zu Art. 25 f. EGBGB Rn 149 (2007).
15 Staudinger/*Dörner*, Vorbem. zu Art. 25 f. EGBGB Rn 150 (2007).

anderen Landes unterwerfen müssen. Art. 25 Abs. 2 EGBGB gewährt jedoch die Möglichkeit, nicht die Pflicht, einer Rechtswahl. Insoweit widerspricht Art. 8 Abs. 1 und 2 des Konsularvertrags nicht dem EGBGB a.F. Dennoch steht nach herrschender,[16] aber nicht unumstrittener Meinung einem iranischen Staatsbürger die Rechtswahl gemäß Art. 25 Abs. 2 EGBGB für inländisches unbewegliches Vermögen nicht offen.

4. Staatsvertrag zwischen der Schweizerischen Eidgenossenschaft und dem Großherzogtum Baden

9 Das Abkommen enthielt in Art. 6 eine erbrechtliche Kollisionsnorm. Das Abkommen ist am 28.2.1979 außer Kraft getreten. Es herrschte lange darüber Streit, ob dieses Abkommen denn überhaupt noch von badischen Gerichten zu beachten ist.[17] Insgesamt genießt dieses Abkommen daher aus deutscher Sicht keinerlei Praxisrelevanz mehr und ist deshalb nur noch der Vollständigkeit halber und in Bezug auf Altfälle zu erwähnen.

IV. Anwendungsbereich des Art. 21 EuErbVO

10 Kommt keine der zuvor dargestellten Konsularverträge oder Niederlassungsabkommen vorrangig bei der Bestimmung des Erbstatuts zur Anwendung, so ist aus deutscher Sicht das Erbstatut wie folgt zu bestimmen:

1. Zeitlicher Anwendungsbereich der Europäischen Erbrechtsverordnung

11 Hat der Erbfall vor dem 17.8.2015 stattgefunden, so findet als Kollisionsnorm Art. 25 Abs. 1 EGBGB a.F. Anwendung (ab Rdn 53), wohingegen für alle Neufälle, also Erbfälle ab dem 17.8.2015, die EuErbVO Anwendung findet.

2. Anknüpfungssubjekte nach der Europäischen Erbrechtsverordnung

a) Anknüpfung nach Art. 21 Abs. 1 EuErbVO (Allgemeine Kollisionsnorm)

12 Aus deutscher Sicht (und aller ratifizierenden Vertragsstaaten der EuErbVO) wird gemäß Art. 21 Abs. 1 EuErbVO für die gesamte Rechtsnachfolge von Todes wegen auf den letzten gewöhnlichen Aufenthaltsort des Erblassers im Zeitpunkt seines Todes abgestellt.[18] Der Begriff des gewöhnlichen Aufenthalts ist dabei einheitlich für das europäische Kollisionsrecht zu bilden und nicht etwa national anhand des Rechtsverständnisses eines jeden Vertragsstaates.[19] Unter dem gewöhnlichen Aufenthalt versteht man den Daseinsmittelpunkt einer Person als Schwerpunkt seiner familiären, beruflichen und sozialen Beziehungen.[20] Dieser Daseinsmittelpunkt wird nicht durch eine kurzfristige Abwesenheit, wie beispielsweise einem Urlaub, unterbrochen, solange nur der nach außen manifestierte Wille zur Rückkehr ersichtlich und erkennbar ist.[21]

13 Entscheidend zur Bestimmung ist also der tatsächliche Wille der Person. Anhaltspunkte, dass der Erblasser seinen Wohnsitz (dauerhaft) verlegen wollte, können also in seinem

16 Staudinger/*Mankowski*, Art. 15 EGBGB Rn 4; *Hertel*, in Würzburger Notarhandbuch, Teil 7 Kap. 4 Rn 1328; *Schotten/Wittkowski*, FamRZ 1995, 269; wohl auch Zimmermann/*Spelsberg-Korspeter*, Praxiskommentar Erbrechtliche Nebengesetze, Dt.-Iran. Niederlassungsabkommen, Rn 9.

17 MüKo/*Birk*, Art. 25 EGBGB Rn 292 (2015).

18 Palandt/*Thorn*, Art. 21 EuErbVO Rn 1.

19 *Dörner*, ZEV 16, 117.

20 *Dörner*, ZEV 12, 505, 510; *Dutta*, FamRZ 13, 4, 5.

21 Palandt/*Thorn*, Art. 21 EuErbVO Rn 5.

tatsächlichen Handeln, also seinem nach außen manifestierten Willen, liegen. So ist als Indiz beispielsweise das Anmieten oder der Erwerb einer Wohnung am „neuen“ Ort zu sehen.[22] Untauglich sind hingegen Auslandsaufenthalte, welche zeitlich begrenzt sind, gleich ob aus beruflichen oder aber privaten Gründen (Studienreisen, Weltreisen oder ausgedehnte Urlaube). Ebenfalls ausgeschlossen ist es, dass eine Person mehrere gewöhnliche Aufenthalte im Sinne der EuErbVO hat.[23]

Exkurs: Berufspendler 14

Der Fall, dass der Wohnort des Erblassers mit seinem Arbeitsort grenzübergreifend auseinanderfällt, ist in der EU nicht selten. Ballungsräume machen an Grenzen immer seltener halt, und nicht selten hat das Verbleiben des Wohnorts im Herkunftsland auch steuerliche oder familiäre Gründe. Dass Berufspendler also über Staatsgrenzen hinweg pendeln, ist inzwischen de facto in allen Grenzballungsgebieten die Regel ist (zum Beispiel: Saarbrücken/Lothringen; Aachen/Belgien Niederlande). Diesem Umstand wurde in den Erwägungsgründen 24 S. 1–3 Rechnung getragen. Der Fall des Berufspendlers, zwischen zwei Staaten, wurde im Erwägungsgrund 24 S. 2 aufgegriffen. Aus Erwägungsgrund 24 S. 3 lässt sich hierzu entnehmen, dass in einem Fall, in welchem ein Arbeitnehmer täglich in ein anderes Land fährt, um zu arbeiten, seine familiären Beziehungen jedoch in seinem Herkunftsland hat, diese Vorrang bei der Bestimmung des Erbstatuts haben. Abzustellen sei insoweit auf familiäre und soziale Beziehungen und nicht auf den Arbeitsort.[24] Etwas problematischer dürfte die Abgrenzung jedoch dann werden, wenn der Berufspendler die ganze Woche am Arbeitsort in einer zweiten Wohnung verbringt, nur noch am Wochenende nach Hause in sein Herkunftsland fährt und zudem an seinem Arbeitsort in einigem Umfang soziale Kontakte unterhält. Ob für diesen Fall dann noch streng auf den Wohnort der Familie abzustellen ist, sollte im Einzelfall abgegrenzt und bestimmt werden.

b) Anknüpfung gemäß Art. 21 Abs. 2 EGBGB

Neben der Anknüpfung an den letzten gewöhnlichen Aufenthalt gemäß Art. 21 Abs. 1 EGBGB sieht Art. 21 Abs. 2 EuErbVO die Anknüpfung an eine mögliche engere Verbindung einer Person zu einem anderen Staat als den des letzten gewöhnlichen Aufenthaltes vor. Dabei ist unbedingt zu beachten, dass es sich hierbei um eine Ausweichklausel handelt, welche nur subsidiär anzuwenden ist.[25] Zu unterstreichen ist dabei die Subsidiarität und die maßvolle, lediglich im Einzelfall gebotene Anwendung des Art. 21 Abs. 2 EGBGB. De facto stellt er nämlich eine Öffnungsklausel aus Art. 21 Abs. 1 EGBGB dar, welcher, freilich gut begründet und belegt, jedes andere Erbstatut möglich macht. Dies war und ist von keinem der Vertragsparteien der EuErbVO gewünscht und führt auch bei nicht restriktiver und subsidiärer Anwendung zu einer Beliebigkeit bei der Bestimmung des Erbstatuts. Richtigerweise wird Art. 21 Abs. 2 EuErbVO also lediglich als Instrument zur Lösung atypischer Einzelfälle angewandt und dient im Ergebnis nur der Wahrung von Stabilitätsinteressen des Erblassers trotz Verlagerung des gewöhnlichen Aufenthaltsortes.[26] Als einen möglichen Anwendungsfall wird in den Erwägungsgründen 25 S. 1 aufgeführt, dass eine Person bei 15

22 EuGH IPRax 12, 340.
23 *Dörner*, ZEV 12, 505, 510.
24 Vgl. hierzu eingehend: *Müller-Lukoschek*, Die neue EU-Erbrechtsverordnung, S. 144, 145.
25 Palandt/*Thorn*, Art. 21 EuErbVO Rn 7.
26 *Dutta*, FamRZ 13, 4,8.

fortbestehender starker Bindungen zum vorherigen Aufenthalt ins Ausland zieht und kurzfristig verstirbt.[27]

c) Umfang der in Art. 21 EuErbVO angeordneten Verweisungen

16 Sowohl die in Abs. 1 als auch die in Abs. 2 des Art. 22 EuErbVO angeordnete Verweisung folgt dem Grundsatz der Nachlasseinheit. Dabei ist es de facto unbeachtlich, dass Abs. 2 der Norm nicht von der gesamten, sondern nur von der Rechtsnachfolge von Todes wegen spricht. Erfasst werden soll also stets der gesamte Nachlass, wo auch immer sich einzelne Nachlassteile befinden.[28] Handelt es sich bei dem Staat des letzten gewöhnlichen Aufenthaltsorts des Erblassers um einen Vertragsstaat der EuErbVO, so sind dessen Sachvorschriften entsprechend anzuwenden. Handelt es sich jedoch indes um einen Drittstaat, so sind Rück- und Weiterverweisung nach Art. 34 Abs. 1 EuErbVO beachtlich.[29]

17 **Exkurs: Zuständiges Gericht gemäß Art. 4 EuErbVO**

Sofern sich das Erbstatut anhand des Art. 21 EuErbVO bestimmt, so geht damit gleichzeitig die Zuständigkeit des Gerichts gemäß Art. 4 EuErbVO einher. Dieser regelt, dass für Entscheidungen in Erbsachen für den gesamten Nachlass die Gerichte des Mitgliedstaats zuständig sind, in dessen Hoheitsgebiet der Erblasser, freilich im Zeitpunkt seines Todes, seinen gewöhnlichen Aufenthalt innehatte. Mit Art. 4 EuErbVO wird dem Prinzip der Nachlasseinheit ausdrücklich Rechnung getragen.[30] Dabei wird in Art. 4 EuErbVO ausdrücklich nicht von streitigen und nichtstreitigen Erbsachen unterscheiden. Gewünscht ist eine Zuständigkeitskonzentration für sämtliche Erbsachen.[31] Wie weit diese Konzentration der Zuständigkeit geht, ist aktuell in der deutschen Rechtsprechung und Literatur umstritten. Insbesondere umkämpft ist die Rechtsmeinung, ob Art. 4 EuErbVO die §§ 343 und 105 FamFG sperrt.[32] Das Kammergericht hat diese Rechtsfrage nunmehr dem EuGH zur Entscheidung vorgelegt.[33]

3. Doppelstaatler

18 Da zur Bestimmung des Erbstatuts gemäß Art. 21 Abs. 1 EuErbVO auf den letzten gewöhnlichen Aufenthalt abzustellen ist, ist die Staatsangehörigkeit, gar der Besitz mehrerer effektiver Staatsangehörigkeiten des Erblassers prima Vista erst einmal unbeachtlich und für die Bestimmung des anwendbaren Rechts ohne Belang. Interessant wird es jedoch, wenn der Doppelstaatler eine letztwillige Verfügung von Todes wegen hinterlassen und der Testator als Doppelstaatler darin eine Rechtswahl getroffen hat. Besitzt der Testator nämlich seriell mehrere Staatsangehörigkeiten, so gestattet ihm Art. 22 Abs. 1 EuErbVO zugunsten einer der seriell vorhandenen Staatsangehörigkeiten von Todes wegen zu optieren.[34] Eine Beschränkung auf eine effektive oder gar die inländische Staatsangehörigkeit findet nicht statt.[35] Unbedingt zu beachten im Rahmen der Rechtswahl eines Mehrstaatlers ist jedoch,

27 Palandt/*Thorn*, Art. 21 EuErbVO Rn 7.
28 MüKo/*Dutta*, Art. 21 EuErbVO Rn 9.
29 Zimmermann/*Grau*, Praxiskommentar Erbrechtliche Nebengesetze, EuErbVO Rn 172.
30 *Lagarde*, Rev. crit. dr. int. Pr. 101 (2012), 691 (696).
31 Ratsdokument Nr. 8228/10 S. 7 Fn. 2.
32 Pro: *Jauernig/Stürner*, Art. 62–73 Rn 7 und OLG Hamburg FamRZ 2017, 568; Contra: KG FamRZ 2017, 564, Streitstand umfangreich dargestellt in: MüKo/*Dutta*, Vor Art. 4 EuErbVO Rn 5.
33 Rechtssache Oberle (Rs. C-20/17).
34 MüKo/*Dutta*, Art. 22 EuErbVO Rn 3.
35 Palandt/*Thorn*, Art. 22 EuErbVO Rn 4.

dass dieser gemäß Art. 22 Abs. 1 S. 2 EuErbVO bei der Wahl des Rechts auf zwei Zeitpunkte reduziert ist. Es sind dies gemäß Satz 2 entweder eine der bestehenden Staatsangehörigkeiten **zum Zeitpunkt der Rechtswahl** oder aber **zum Zeitpunkt des Todes**. Die Wahl des Rechtes einer Staatsangehörigkeit, der der Erblasser zu einem anderen Zeitpunkt angehörte, geht ins Leere.[36]

4. Rechtswahl nach Art. 22 EuErbVO

Mit der Einführung der EuErbVO können nun grundsätzlich auch Deutsche eine Rechts- 19
wahl treffen. Insoweit kann von einer echten Erweiterung in den Möglichkeiten bei der Gestaltung und Abfassung einer letztwilliger Verfügungen von Todes wegen gesprochen werden. Kurz zur Erinnerung: Vor Einführung der EuErbVO war eine Rechtswahl, zumindest aus deutschen Gesetzen heraus, nur Ausländern gestattet, welche Grundvermögen in Deutschland besaßen – und auch nur gemäß Art. 25 Abs. 2 EGBGB a.F. bezüglich des sich im Inland befindlichen Vermögens. Optierten in Deutschland lebende Ausländer insgesamt zugunsten deutschen Erbrechts, so war dies nur über die IPR-Vorschriften des Heimatlandes des Testators möglich (Beispiel: Art. 146 ital. IPRG a.F., welches es dauerhaft im Ausland lebenden Italienern gestattete, zugunsten des Rechts zu optieren, in dessen Land sie leben; eine doch insgesamt sehr fortschrittliche IPR-rechtliche Regelung).

Die Neuregelung des Art. 22 Abs. 1 EuErbVO gestattet einer Person, in Form einer Rechts- 20
wahl zugunsten des Staates zu optieren, welchem sie im Zeitpunkt seines Todes angehört. An die Form der Rechtswahl werden, zu Recht, keine allzu großen Hürden gestellt. Ausreichend ist es bereits, wenn der Erblasser die betreffende Rechtsordnung entsprechend benennt bzw. wenn er im Rahmen seiner Rechtswahl lediglich das Anknüpfungsmoment der Staatsangehörigkeit abstrakt bezeichnet.[37]

a) Bedingte und befrjstete Rechtswahl

Sowohl eine bedingte als auch eine befristete Rechtswahl ist gemäß Art. 22 EuErbVO 21
zulässig.[38] Denkbar ist also als möglicher praktischer Anwendungsbereich einer bedingten bzw. befristeten Rechtswahl, dass in einer wechselseitigen Verfügung von Todes wegen die getroffene Rechtswahl der Ehegatten nur für den ersten Erbfall (Todesfall) gelten soll. Auf den Erbfall des Letztversterbenden soll dann eine andere Rechtswahl bzw. aber auch keine Rechtswahl gelten, also Art. 21 Abs. 1 EuErbVO zur Anwendung gelangen.[39] So lassen sich unter Ausnutzung verschiedener Erbrechte verschiedene Gestaltungsinstrumente optimal nutzen. Aus der Erbrechtsverordnung lässt sich effektiv kein Anhaltspunkt entnehmen, welcher einer befristeten oder gar bedingten Rechtswahl entgegensteht.[40]

b) Unbedingte und konkludente Rechtswahl

Freilich kann eine Rechtswahl nach Art. 22 EuErbVO sowohl ausdrücklich als auch konklu- 22
dent in einer Verfügung von Todes wegen erfolgen. Da sich die konkludente Rechtswahl jedoch nur durch Auslegung der letztwilligen Verfügung von Todes wegen ergibt, kann

36 *Leitzen*, ZEV 2013, 128.
37 MüKo/*Dutta*, Art. 22 EuErbVO Rn 11.
38 MüKo/*Dutta*, Art. 22 EuErbVO Rn 12.
39 *Ludwig*, DNotZ 2014, 12.
40 *Ludwig*, DNotz 2014, 12, 14; *Kroll-Ludwigs*, in: Lipp/Münch, Die neue Europäische Erbrechtsverordnung, 65, 89 f.

im Umkehrschluss eine isolierte Rechtswahl nur ausdrücklich, mithin expressis verbis, erfolgen.[41]

c) Staatsangehörigkeit mit mehreren Teilrechtsordnungen

23 Verstirbt eine Person, welche eine Staatsangehörigkeit besitzt, in welcher es mehrere Teilrechtsordnungen gibt, so ist die Bestimmung des Erbstatuts nicht ganz einfach. Ganz grundsätzlich wird in einem solchen Fall jedoch zunächst einmal zu prüfen sein, ob dieser Staat, zu dessen Recht von Todes wegen optiert wird, über ein interlokales Kollisionsrecht verfügt oder nicht. Existiert in dem Land **kein interlokales Kollisionsrechts,** so ist gemäß Art. 36 Abs. 2 lit. b EuErbVO nur die Teilrechtsordnung wählbar, zu dem der Testator die engste Verbindung hatte.[42] Besitzt das Land indes ein **interlokales Kollisionsrecht,** so wirkt sich dieses Recht ganz erheblich auf den Kreis der effektiv wählbaren Rechte aus.[43] So ist zum einen, abweichend von Art. 22 EuErbVO, nur das Recht zum Zeitpunkt des Todes, nicht hingegen das Recht zum Zeitpunkt der Errichtung wählbar.[44] Zum anderen ist akribisch zu prüfen, ob das interlokale Kollisionsrecht eine Rechtswahl überhaupt gestattet. Ist dies der Fall, ergeben sich keine Probleme. Ist dies jedoch nicht der Fall, so ist lediglich die Teilrechtsordnung wählbar, welche das interlokale Kollisionsrecht zulässt.[45]

d) Form der Rechtswahlerklärung

24 Die zu treffende Rechtswahl kann gemäß Art. 22 Abs. 2 EuErbVO entweder ausdrücklich oder konkludent in einer letztwilligen Verfügung von Todes wegen erfolgen. Dabei muss die Rechtswahl nicht zwingend mit einer letztwilligen Verfügung von Todes wegen verbunden sein. Bei einer konkludent erfolgten Rechtswahl ist das gewählte Recht durch Auslegung des Testaments bzw. der letztwilligen Verfügung zu ermitteln.[46]

e) Rechtsfolgen einer Rechtswahl

25 Bei einer **wirksam angeordneten Rechtswahl** ist die Rechtsfolge, dass in kollisionsrechtlicher Wirkung die Rechtsnachfolge von Todes wegen, abweichend von Art. 21 Abs. 1 EuErbVO, nicht dem Rechts des gewöhnlichen letzten Aufenthaltes unterstellt wird, sondern dem vom Erblasser gewählten Recht.[47] Bei einer **unwirksam angeordneten Rechtswahl** entfaltet diese schlichtweg keinerlei rechtliche Wirkung, sodass das Erbstatut anhand Art. 21 Abs. 1 EuErbVO bestimmt werden muss.[48]

f) Widerruf der Rechtswahl

26 Der Widerruf oder aber gar die Abänderung einer bereits getroffenen Rechtswahl sind in Art. 22 Abs. 4 EuErbVO nur unvollständig geregelt. Jedenfalls muss sie sich im Hinblick auf die materielle Wirksamkeit an den Voraussetzungen der Abs. 1–3 orientieren.[49]

---

41 *Mansel*, in: Leible/Unberath, Rom 0-VO 241, 276.

42 Palandt/*Thorn*, Art. 22 EuErbVO Rn 3.

43 *Bonomi/Wautelet/Bonomi*, Le droit européen des successions, Art. 36–38 EuErbVO Rn 11.

44 MüKo/*Dutta*, Art. 22 EuErbVO Rn 6.

45 *Steinmetz/Löber/García Alcázar*, ZEV 2013, 535, 537.

46 Palandt/*Thorn*, Art. 22 EuErbVO Rn 6.

47 MüKo/*Dutta*, Art. 22 EuErbVO Rn 29.

48 Zu den Möglichkeiten einer materiellrechtlichen Verweisung bei bestehender Unwirksamkeit der getroffenen Rechtswahl bzw. der Einzelfallhonorierung nach drittstaatlichem Kollisionsrecht eingehend MüKo/*Dutta*, Art. 22 EuErbVO Rn 30.

49 *Leitzen*, ZEV 2013, 128, 129; *Weber*, notar 15, 296, 300.

g) Staatsangehörigkeit

Die Frage, welche Staatsangehörigkeit eine Person besitzt, richtet sich auch nach Einführung der EuErbVO nach wie vor ausschließlich nach innerstaatlichem, also nationalem Recht.[50] Die einzelnen Vertragsstaaten bleiben also Herren über das Anknüpfungsmoment zur Bestimmungen der Staatsangehörigkeit,[51] wobei in Erwägungsgrund Nr. 41 S. 2 konstatiert wird, dass die Anwendung des nationalen Staatsangehörigkeitsrecht nunmehr auch unionsrechtlichen Schranken unterworfen ist.[52] Das deutsche Recht wiederum kennt einen sogenannten Oberbegriff des „Deutschen". Er umfasst sämtliche Personen, die die deutsche Staatsbürgerschaft besitzen, sämtliche deutsche Bürger, welche auf dem Gebiet der ehemaligen DDR geboren sind, Personen, welche vom NS-Unrechtsregime (zwangs)ausgebürgert wurden sowie Deutsche im Sinne von Art. 116 Abs. 1 GG.[53] 27

h) Exkurs: Zuständiges Gericht gemäß Art. 5 EuErbVO

Hat der Erblasser in seiner Verfügung von Todes wegen eine zulässige Rechtswahl ausgeübt, so können die Erben im Rahmen einer Vereinbarung vom zuständigen Gericht am letzten Wohnort des Erblassers abweichen. Dies ist in Form einer sogenannten Gerichtsstandsvereinbarung aller Erben möglich. Stimmt ein Erbe nicht zu, so ist die Vereinbarung nicht wirksam getroffen. Die Gerichtsstandsvereinbarung muss schriftlich formuliert, datiert und unterschrieben sein.[54] Elektronische Übermittlungen, welche dauerhaft aufzeichenbar sind, kommen einer schriftlichen Fixierung gleich.[55] Die Gerichtsstandsvereinbarung darf erst nach dem Erbfall getroffen worden sein. Nach Erhebung einer Klage ist sie nur noch in Form einer Anerkennung des Gerichtsstandes gemäß Art. 7 lit. c EuErbVO zulässig.[56] 28

i) Exkurs: Getroffene Rechtswahl vor dem 17.8.2015

Um letztwillige Verfügungen von Todes wegen, welche eine Rechtswahl enthalten, jedoch vor Inkrafttreten der EuErbVO errichtet wurden, in ihrer Wirksamkeit zu erhalten, sind in Art. 83 EuErbVO eine Vielzahl von Fallkonstellationen kodifiziert worden, unter welchen die getroffene Rechtswahl auch nach Einführung der EuErbVO wirksam bleibt. Im Wesentlichen muss die Rechtswahl nach dem Heimatrecht des Erblassers oder dem gewöhnlichen Aufenthalt des Erblassers zum Zeitpunkt der Errichtung des Testamentes formell und materiell wirksam gewesen sein.[57] 29

5. Letztwillige Verfügungen gemäß Art. 24 EuErbVO

Nach Einführung der EuErbVO ist die Zulässigkeit sowie materielle Wirksamkeit einer letztwilligen Verfügung nunmehr in Art. 24 EuErbVO geregelt. Dabei ist zu beachten, dass Art. 24 EuErbVO explizit den Erbvertrag ausnimmt, welcher in Art. 25 EuErbVO geregelt ist. Danach bestimmt sich die Zulässigkeit und Wirksamkeit eines Testaments, also die objektive Anknüpfung, an den Ort, an welchem es errichtet wurde (**Errichtungsstatut** 30

---

50 MüKo/*Dutta*, Art. 22 EuErbVO Rn 4.
51 *Dutta*, RabelsZ 73 (2009), 547 (566 f.).
52 Vgl. auch EuGH Slg. 2010, I-1449 Rn 41 ff.
53 Vergleiche hierzu eingehend: MüKo/*Birk*, Art. 25 EGBGB (a.F.) Rn 11, 12 (6. Auflage).
54 MüKo/*Dutta*, Art. 5 EuErbVO Rn 17.
55 AblEU v. 27.7.2912 L 201/118.
56 Vgl. hierzu *Bonomi/Wautlet/Bonomi*, Rn 18.
57 Zu den Einzelheiten und den einzelnen Fallgruppen des Art. 83 Abs. 1–4 EuErbVO siehe Palandt/*Thorn*, Art. 83 EuErbVO Rn 1–7.

– hypothetisches Erbstatut).[58] Über Art. 24 Abs. 2 EuErbVO wird dem Testator gestattet, eine Rechtswahl zugunsten des Rechts seines Heimatlandes vorzunehmen. Zu den Einzelheiten der Rechtswahl und dessen Möglichkeiten siehe Rdn 19. Nicht zulässig, auch nicht hilfsweise, ist eine Anknüpfung nach dem Erbstatut, also zum Beispiel in Fällen, in welchen ein Testament nach dem Errichtungsstatut unzulässig oder materiell unwirksam wäre.[59]

a) Gemeinschaftliches Testament

31 Ob im gesamteuropäischen Kontext, also nicht nur aus rein deutscher Sicht und der Sicht der deutschen Stimmen in Literatur und Rechtsprechung, ein **gemeinschaftliches Testament**, welches eine Bindungswirkung beinhaltet, unter Art. 24 oder 25 EuErbVO zu subsumieren ist und ob diese Bindungswirkung als Sonderanknüpfung nach Art. 24 Abs. 1 oder Abs. 2 EuErbVO Berücksichtigung findet, ist nicht geklärt. Das Gegenteil ist der Fall. Die Einordnung gemeinschaftlicher Testamente ist heftig umstritten.[60] Jedenfalls findet die Bindungswirkung als Gestaltungsinstrument im gesamteuropäischen Kontext bestenfalls im Erbvertrag nach Art. 25 EuErbVO statt. Auch stellt sich der Unionsgesetzgeber die Frage von Bindungswirkungen außerhalb des Erbvertrages überhaupt nicht (vgl. Erwägungsgründe 49, 50).[61] Es kann in diesem Zusammenhang nur immer wieder wiederholt werden, dass die Mehrzahl der Südeuropäischen Juristen ein gemeinschaftliches Testament immer noch unter einen ordre public Verstoß subsumieren.[62]

32 Für die Praxis bedeutet dies letztlich, dass das gemeinschaftliche Testament, abgefasst im Berliner Modell, bei grenzüberschreitenden Fragestellungen nach wie vor nicht das Mittel der Wahl darstellen sollte. Der Erbvertrag hingehen ist nunmehr in der EuErbVO gesamteuropäisch kodifiziert worden, sodass er (nur) in Rechtsordnungen, welche den Erbvertrag als Form eines letztwilligen Vertrages kennen, durchaus auch in grenzüberschreitenden Fragestellungen als Gestaltungsinstrument verwandt werden kann.

b) Exkurs: Haager Testamentsformabkommen

33 Das Haager Testamentsformabkommen gilt auch nach Einführung der EuErbVO unverändert fort. Die Regelungen des Haager Testamentsformabkommens gehen den Regelungen des Art. 27 EuErbVO gemäß Art. 75 Abs. 1 EuErbVO vor. Einzige Ausnahme ist die Anknüpfung der Form von schriftlichen Erbverträgen. Diese erfolgt stets nach Art. 27 EuErbVO, welcher jedoch weitestgehend identisch mit den Regelungen des Haager Testamentsformabkommens ist.[63]

---

58 Palandt/*Thorn*, Art. 24 EuErbVO Rn 3.

59 *Schaub*, Hereditaire 3 (2013), 91 (117); *Dutta*, RabelsZ 73 (2009), 547 (588, 591); Max Planck Institute, RabelsZ 74 (2010), 522 (614, 619); DNotI-Studie S. 263, 264; *Rauscher/Rauscher*, Einf. EG-ErbVO-E Rn 64, 3. Aufl. 2010.

60 Pro Art. 25 EuErbVO: *Looschelders*, IPRax 16, 75/79; *Leipold*, ZEV 2014, 139/141; *Wilke*, RIW 2012, 601, 606; *Heinig*, RNotZ 2014, 197, 200; *Lechner*, NJW 2013, 26, 27. Pro Art. 24 EuErbVO: *Simon/Buschbaum*, NJW 2012, 2393, 2396; *Hilbig/Lugani*, IPRAX 2014, 480, 485; *Soutier*, EuErbVO (2015) 158, *Nordmeier*, ZEV 2012, 513, 514 f. und ZEV 2013, 117, 120.

61 MüKo/*Dutta*, Art. 24 EuErbVO Rn 5.

62 Ausführlich zum Problemkreis des gemeinschaftlichen Testaments sowie dessen rechtlicher Einordnung innerhalb der EuErbVO Süß/*Süß*, Erbrecht in Europa, § 4 Rn 46–68.

63 Palandt/*Thorn*, Art. 27 EuErbVO Rn 2.

6. Erbverträge gemäß Art. 25 EuErbVO

Unter Erbvertrag im Sinne der EuErbVO versteht man im weiten Sinne nicht nur Erbverträge im klassischen Sinne. Von Art. 25 EuErbVO mit umfasst sind ferner Erb- und Pflichtteilsverzichte, Schenkungen auf den Todesfall und auch (höchst strittig) Testamente mit wechselbezüglichen Verfügungen.[64] Der Begriff Erbvertrag ist also unionsrechtlich gefasst und nicht auf das deutsche Rechtsverständnis reduziert. Was die Formgültigkeit sowie die materielle Wirksamkeit anbelangt, so wird in Art. 25 Abs. 2 EuErbVO auf das Recht verwiesen, in welchem der Erblasser zum Zeitpunkt der Errichtung (**hypothetisches Erbstatut**) des Erbvertrages seinen gewöhnlichen Aufenthalt hatte. Dabei ist zu unterstreichen, dass vom hypothetischen Erbstatut nicht nur die Formgültigkeit und materielle Wirksamkeit erfasst wird, sondern auch die Frage der Bindungswirkung.[65] De facto bedeutet dies, dass auch die Erbstatute der am Vertrag beteiligten Personen unterschiedlich sein können.[66] Maßgeblich sind aber freilich nur die hypothetischen Erbstatute derer, deren Nachlass in der Verfügung von Todes wegen berührt wird.[67] Wie auch bei der Errichtung eines Testamentes haben die Errichter des Erbvertrages gemäß Art. 25 Abs. 3 EuErbVO die Möglichkeit eine Rechtswahl zugunsten des Rechts zu treffen, welches die Errichter gemäß Art. 22 EuErbVO (also die Staatsangehörigkeit) hätte wählen können.[68] 34

An dieser Stelle muss einmal mit der landauf, landab vernommenen Meinung aufgeräumt werden, jedermann innerhalb der Europäischen Union können nun einen Erbvertrag errichten. Dem ist mitnichten so. Ein Erbvertrag, welcher von einem Spanier (Ausnahmen in Foralrechten möglich) und einer Italienerin in Mailand errichtet wird, ist von Beginn an nichtig, da er dort nach wie vor und auch nach Einführung der EuErbVO sowohl aus Sicht des Codice Civile als auch aus Sicht des Codigo Civil gegen den ordre public verstößt. Die Erbrechte beider Länder gestatten die Errichtung eines Erbvertrages (pacta mortis causam) nicht. Etwas anderes gilt freilich, wenn diese beiden ihren gewöhnlichen Aufenthalt zum Zeitpunkt der Errichtung in Deutschland gehabt haben. Fraglich ist dann jedoch, was in der Konsequenz geschieht, wenn sich zahlreiches Nachlassvermögen in Südeuropa befindet. 35

Praxistipp 36

So sehr die Einführung des EU-Erbvertrages auch gelobt wurde, so sehr ist in der Errichtung eines solchen bei grenzüberschreitenden Fragestellungen Vorsicht und Umsicht geboten. Mag der Erbvertrag prima vista das Mittel der Wahl sein, so sollte er effektiv nur dann gebraucht werden, wenn vor der Errichtung alle Rechtsfolgen bis zu Ende durchdacht wurden. Dabei spielen Punkte wie die Staatsangehörigkeit der Errichter des Vertrages eine Rolle, die Belegenheit der Nachlassmassen, der Errichtungsort des Vertrages und letztlich auch die weitere Lebensplanung der Errichter des Erbvertrages. Auch muss die Möglichkeit einer Rechtswahl für jeden der möglichen Konstellationen überlegt und entschieden werden. Errichtet beispielsweise ein deutsches Ehepaar einen Erbvertrag in Deutschland, ohne eine Rechtswahl darin zu treffen, und verzieht später jedoch dauerhaft ins Südeuropäische Ausland, so ist der Erbvertrag ganz grundsätzlich zunächst einmal durch das Errichtungsstatut in seiner Wirksamkeit geschützt. Dass es dann in Ländern mit romanischen Rechtsbezug dennoch zu erheblichen Schwierigkeiten kommen kann, muss an dieser Stelle nicht noch sonderlich hervorgehoben werden. In

64 MüKo/*Dutta*, Art. 25 EuErbVO Rn 2.
65 MüKo/*Dutta*, Art. 25 EuErbVO Rn 4.
66 MüKo/*Dutta*, Art. 25 EuErbVO Rn 9.
67 *Nordmeier*, ZErb 2013, 112, 113.
68 Palandt/*Thorn*, Art. 25 EuErbVO Rn 7.

der Praxis sollte also bei grenzüberschreitenden Vermögenszuschnitten immer zusätzlich mit einer Rechtswahl gearbeitet werden und mit entsprechender erweiterter Beratung an die Errichter des Vertrages. Auch sollte ein spezielles Augenmerk darauf gelegt werden, wie andere Vertragsländer der EuErbVO mit Begriffen wie Bindungswirkung und Verträgen von Todes wegen umgehen. Ob der Umstand, dass der Erbvertrag nunmehr in Art. 25 EuErbVO kodifiziert ist, hieran auf lange Sicht etwas ändern wird, bleibt im Ergebnis abzuwarten.

7. Annahmen und Ausschlagungen

37 Die Annahme und Ausschlagung von Erbschaften ist fortan in den Art. 13, 28 EuErbVO geregelt. Dabei ist es gelungen, diese Handlungen für die betroffenen Personen zu vereinfachen. Zuständig für die Entgegennahme der Erklärungen sind nämlich nunmehr auch die Gerichte am Wohnsitz des Erklärenden (sofern freilich ein Gericht innerhalb der EU insgesamt zuständig ist).[69] Darüber hinaus entspricht die Ausschlagungserklärung der Form, wenn sie entweder in der Form des Erbstatuts des Erblassers abgegeben wird oder aber in der Form des Staates, in dem der Erklärende seinen gewöhnlichen Aufenthalt hat.[70]

38 Die Praxis der kommenden Jahre wird zeigen, inwieweit die nach der Form des gewöhnlichen Aufenthaltes abgegebenen Erklärungen bei zuständigen Gerichten im Ausland Beachtung finden werden. Insbesondere in recht förmlichen südeuropäischen Ländern, welche noch bis vor einigen Jahren nur Erklärungen der eigenen Konsulate akzeptiert haben, erscheint diese Vorstellungen geradezu als Meilenstein der Verbesserung für die erklärenden Personen.

8. Formgültigkeit einer schriftlichen Verfügung von Todes wegen nach Art. 27 EuErbVO

39 Die Regelungen in Art. 27 EuErbVO sind im Wesentlichen mit denen des Haager Testamentsformabkommens identisch.[71] Zu beachten ist jedoch, dass das Haager Testamentsformabkommen vorrangig vor den Regelungen in Art. 27 EuErbVO zur Anwendung gelangt. Dies ergibt sich aus Art. 75 Abs. 1 EuErbVO. De facto gelten die in Art. 27 EuErbVO enthaltenen Regelungen damit nur für Formfragen schriftlicher Erbverträge[72] und auch Erbverzichte.

40 Eine schriftliche Verfügung von Todes wegen ist also hinsichtlich Ihrer Form wirksam, wenn sie[73]

- dem Recht des Staates entspricht, in dem die Verfügung errichtet oder der Erbvertrag geschlossen wurde
- dem Recht eines Staates entspricht, dem der Erblasser oder mindestens eine der Personen, deren Rechtsnachfolger von Todes wegen durch einen Erbvertrag betroffen ist, entweder im Zeitpunkt der Errichtung der Verfügung bzw. des Abschlusses des Erbvertrags oder im Zeitpunkt des Todes angehörte
- dem Recht eines Staates entspricht, in dem der Erblasser oder mindestens eine der Personen, deren Rechtsnachfolge von Todes wegen durch einen Erbvertrag betroffen ist, entweder im Zeitpunkt der Errichtung der Verfügung oder des Abschlusses des Erbvertrages oder im Zeitpunkt des Todes den Wohnsitz hatte

69 MüKo/*Dutta*, Art. 13 EuErbVO Rn 2.
70 Palandt/*Thorn*, Art. 28 EuErbVO Rn 1; *Dörner*, ZEV 2016, 117/121.
71 Palandt/*Thorn*, Art. 27 EuErbVO Rn 1.
72 MüKo/*Dutta*, Art. 27 EuErbVO Rn 1.
73 Nach *Kroiß*, in: Bonefeld/Kroiß/Tanck, Der Erbprozess, § 14 Rn 77.

- dem Recht des Staates entspricht, in dem der Erblasser oder mindestens eine der Personen, deren Rechtsnachfolge von Todes wegen durch einen Erbvertrag betroffen ist, entweder im Zeitpunkt der Errichtung der Verfügung oder des Abschlusses des Erbvertrages oder im Zeitpunkt des Todes seinen/ihren gewöhnlichen Aufenthalt hatte, oder
- dem Recht des Staates entspricht, in dem sich unbewegliches Vermögen befindet, soweit es sich um diesen handelt.

Für mündliche Erbverträge und Erbverzichte gelten weder das Haager Testamentsformabkommen noch die EuErbVO. Damit verbleibt es beim Anwendungsbereich des Art. 26 Abs. 2 EGBGB, welcher jedoch auf Art. 27 EuErbVO verweist.[74] Diese Unterscheidung spielt im Ergebnis jedoch keine Rolle, da Art. 27 EuErbVO inhaltsgleich zum Haager Testamentsformabkommen auszulegen ist.[75] Bei mündlichen Verfügungen von Todes wegen oder auch auf Bild- und Tonträgern gesprochenem Text unterliegt die Anknüpfung der Form dem des Haager Testamentsformabkommens.[76] 41

9. Reichweite der Europäischen Erbrechtsverordnung nach Art. 23 EuErbVO

Art. 23 EuErbVO formuliert eine Konkretisierung des Umfanges des Erbstatuts, also deren Reichweite. Zu beachten ist jedoch, dass diese Aufzählung keinen numerus clausus darstellt, mithin nicht abschließend ist. Vom Erbstatut sind umfasst: 42

- die Gründe für den Eintritt des Erbfall, dessen Zeitpunkt und Ort
- die Erbfähigkeit
- die Enterbung und Erbunwürdigkeit[77]
- der Übergang der Nachlassgüter, Rechte und Pflichten
- die Annahme und Ausschlagung der Erbschaft
- die Annahme und Ausschlagung eines Vermächtnisses
- die Berufung der Berechtigten
- die Bestimmung der Erbquoten
- die Anordnung von Anordnungen und Auflagen
- die Rechte der Erben, Testamentsvollstrecker und anderer Nachlassverwalter
- die Nachlassansprüche überlebender Ehegatten oder Lebenspartner[78]
- die Beschränkung der Testierfähigkeit, insbesondere durch Noterbenrechte, Pflichtteile[79] und andere Beschränkungen
- die Bestimmung der frei verfügbaren Quote des Nachlasses (disponible/nicht disponible Quote des Nachlasses
- die Ausgleichung und die Anrechnung unentgeltlicher Zuwendungen
- die Teilung des Nachlasses
- letztlich wohl Schenkungen von Todes wegen nach § 2301 BGB[80] und Verträge zugunsten Dritter auf den Todesfall.[81]

---

74 *Kroiß*, in: Bonefeld/Kroiß/Tanck, Der Erbprozess, § 14 Rn 76.
75 *Köhler*, in: Gierl/Köhler/Kroiß/Wilsch, Internationales Privatrecht, Abschnitt 1 § 4 Rn 87.
76 *Dörner*, ZEV 12, 505/511.
77 Riedel/*Filtzinger*, Praxishandbuch Unternehmensnachfolge, § 33 Rn 27.
78 *Kroiß*, in: Bonefeld/Kroiß/Tanck, Der Erbprozess, § 14 Rn 51.
79 Zimmermann/*Grau*, Praxiskommentar Erbrechtliche Nebengesetze (2013), Anhang zu Art. 25, 26 EGBGB: ErbVO Rn 40.
80 *Köhler*, in: Gierl/Köhler/Kroiß/Wilsch, Internationales Privatrecht, Abschnitt 1 § 4 Rn 52 f.
81 *Köhler*, in: Gierl/Köhler/Kroiß/Wilsch, Internationales Privatrecht, Abschnitt 1 § 4 Rn 54.

10. Mehrrechtsstaaten

43 Die Art. 36, 37 EuErbVO konkretisieren die erbrechtlichen Kollisionsnormen in Fällen, in welchen auf das Recht eines Staates verwiesen wird, in welchem mehrere Teilrechtsordnungen zur Anwendung gelangen. Denkbar sind dabei zwei Alternativen: zum einen, dass in einen Staat verwiesen wird, welcher für unterschiedliche Regionen unterschiedliche Rechtsordnungen kennt; zum anderen Staaten, welche interpersonell zwischen Personen auf einem Gebiet unterscheiden. Häufigste Konstellation ist dabei die Religion einer Person in einem Land.

a) Interlokale Mehrrechtsstaaten nach Art. 36 EuErbVO

44 Besitzt ein Staat mehrere Teilrechtsordnungen nebeneinander, so wird ganz grundsätzlich, insbesondere jedoch vorrangig gemäß Art. 36 Abs. 1 EuErbVO das jeweils vorhandene interlokale Privatrecht angewandt zur Bestimmung der dann tatsächlich anwendbaren Rechtsordnung.Fehlt es an einem interlokalen Privatrecht, welches, versehen mit einem interlokalen Kollisionsrecht, eine konkrete Teilrechtsordnung benennt,[82] so wird gemäß Art. 36 Abs. 2 EuErbVO wie folgt zur Bestimmung konkretisiert:
- Gewöhnlicher Aufenthalt gem. Art. 36 Abs. 2 lit. a EuErbVO
- Ähnlich wie beim gewöhnlichen Aufenthalt gem. Art. 21 EuErbVO wird in der Konkretisierung nach Art. 36 EuErbVO vom letzten gewöhnlichen Aufenthalt des Erblassers ausgegangen.
- Staatsangehörigkeit gem. Art. 36 Abs. 2 lit. b EuErbVO
- Der Begriff der Staatsangehörigkeit ist im nachfolgenden zu konkretisieren, da die EuErbVO bei dem Begriff der Staatsangehörigkeit stets vom Gesamtstaat ausgeht.[83] Gemeint ist in Art. 36 EuErbVO jedoch die Gebietseinheit des Heimatstaates, zudem der Erblasser die engste Verbindung hatte.[84]
- Grundregel gem. Art. 36 Abs. 2 lit c. EuErbVO
- Die sogenannte Grundregel nach lit. c. greift nur, wenn eine Bestimmung anhand von lit. a und b nicht möglich war. Danach sind die Anknüpfungsmomente der EuErbVO bei einer interlokalen Rechtsspaltung so zu verstehen, das sie sich auf die jeweilige Teilrechtsordnung beziehen.[85]

b) Interpersonale Mehrrechtsstaaten nach Art. 37 EuErbVO

45 Neben einer örtlichen Zuordnung mehrerer Rechtssysteme eines Landes (Foralrechtsstaaten) existieren in einigen Rechtsordnungen, insbesondere in Ländern mit muslimischen Rechtsordnungen, interpersonale Spaltungen, welche nicht selten zwischen den religiösen Prägungen der Personen unterscheiden. In solchen Fällen gilt gem. Art. 37 EuErbVO der Vorrang des Internationalen Privatrechts des jeweiligen Landes, und sofern kein Internationales Privatrecht in diesem Staat existiert, der bekannte Grundsatz der engsten Verbindung.[86] Eine religiöse Rechtsspaltung existiert heute in den überwiegend islamischen Staaten Nordafrikas, des Nahen Ostens und Asien. Ferner auch in Israel und Indien.[87]

---

82 *Steinmetz/Löber/García Alcázar*, ZEV 2013, 535, 538; MüKo/*Dutta*, Art. 36 EuErbVO Rn 6.
83 MüKo/*Dutta*, Art. 36 EuErbVO Rn 10.
84 Palandt/*Thorn*, Art. 36 EuErbVO Rn 2.
85 MüKo/*Dutta*, Art. 36 EuErbVO Rn 8.
86 Palandt/*Thorn*, Art. 37 EuErbVO Rn 1.
87 MüKo/*von Hein*, Art. 4 EGBGB Rn 239.

11. Anpassung dinglicher Rechte

In Art. 31 EuErbVO ist die Anpassung dinglicher Rechte geregelt, welche das Recht des Erbstatuts nicht kennt. Damit wird dem sachenrechtlichen numerus clausus des Lageorts Rechnung getragen.[88] Praktisch nicht ganz irrelevant ist diese Regelungen insbesondere bei unbeweglichem Auslandsvermögen. In dieser Konstellation kommt es, eine Rechtswahl einmal ausgenommen, immer zu einer Abweichung des Erbstatuts vom dinglichen Recht der Nachlassimmobilie. Strittig und in der Konsequenz eigentlich abzulehnen ist die Anwendung des Art. 31 EuErbVO jedoch bei den sogenannten Vindikationslegaten (siehe Rdn 151). Hauptargument, welches gegen die Umdeutung von Vindikationslegaten spricht, ist schlichtweg der Umstand, dass in einem Europäischen Nachlasszeugnis ein Vindikationslegat bescheinigt werden kann, auch wenn das Vindikationslegat (Erwerb kraft Bestimmung durch den Erblasser)[89] als solches dem deutschen Recht unbekannt ist. Vor einer allzu pauschalen Umdeutung ist in der Praxis also Vorsicht geboten. 46

Beispiel 47

Ein in Deutschland lebender Testator, welcher ausschließlich die französische Staatsbürgerschaft besitzt, errichtet in Deutschland ein Testament, wobei er eine Rechtswahl zugunsten des Rechts seines Heimaltlandes trifft. Da er nur in Frankreich über Immobilienvermögen verfügt, lässt er dies im Wege eines Vindikationslegates seinem Enkel zukommen. Im Übrigen bedenkt er seine in Deutschland lebende Ehefrau und Sohn. Nach dem Ableben des Erblassers möchte der Enkel nunmehr ein Europäisches Nachlasszeugnis beantragen. Würde es in diesem nun zu einer Umdeutung kommen, so bliebe dem Enkel ein Vermächtnis, mit diesem er die Erben um Erfüllung ansuchen müsste. Das Vindikationslegat indes wirkt unmittelbar dinglich und findet Erwähnung im ENZ. Ausgestattet mit diesem kann er direkt Eigentümer der Immobilie werden. Eines Zutuns der Erben bedarf es nicht mehr. Im Ergebnis bedeutet dies, dass mit einer Umdeutung des Vindikationslegates in der Praxis sorgsam umgegangen werden muss; insbesondere dann, wenn es zugunsten sich im Ausland befindlicher Immobilien angeordnet wurde. Denkbar und möglich wäre in diesem Fall, dass die Erben eine Gerichtstandsvereinbarung treffen und als zuständiges Gericht das Gericht in Frankreich bestimmen, an welchem die Nachlassgüter belegen sind. Da der Testator in seinem Testament eine Rechtswahl getroffen hat, ist auch eine schriftliche Gerichtstandsvereinbarung gemäß Art. 5 Abs. 1 EuErbVO möglich.

12. Rück- und Weiterverweisung nach Art. 34 EuErbVO

Die Rück- und Weiterverweisung ist in Art. 34 EuErbVO normiert. Auch wenn die EuErbVO vom Grundsatz der Nachlasseinheit ausgeht und es damit, zumindest aus Sicht der ratifizierenden Vertragsstaaten, zu keiner Nachlassspaltung oder gar einer Verweisung auf ein anderes Rechtssystem kommen kann, wurde die Rück- und Weiterverweisung dennoch ausdrücklich in der EuErbVO normiert. Dabei sind in Abs. 1 Nr. a und 1b auch zwei Fälle normiert, welche den Grundsatz der Nachlasseinheit weiter festigen. 48

88 Palandt/*Thorn*, Art. 31 EuErbVO Rn 1.
89 *Hertel*, in Würzburger Notarhandbuch, Teil 7 Kap. 3 Rn 118.

a) Ausgesprochene Rück- oder Weiterverweisung auf das Recht eines Mitgliedsstaates

49 Verweist das Recht eines Drittstaates, also eines Staates, welches die Europäische Erbrechtsverordnung nicht ratifiziert hat, so wird dieser im Recht des Drittstaates ausgesprochenen Renvoi angenommen. Bei diesem Verweis kann es sich um einen **Rückverweis** oder auch um einen **Weiterverweis** handeln.[90] Praktische Relevanz für den Anwendungsbereich der lit. a des Abs. 1 ist, dass das Kollisionsrecht eines Staates auf die Staatsangehörigkeit des Erblassers zum Zeitpunkt seines Todes abstellt. Eine solche Verweisung würde über Art. 34 EuErbVO angenommen. Spricht das Recht eines Drittstaates indes eine double renvoi aus, so bricht die Verweisungskette bei Erreichen des ersten Landes, welches die EuErbVO anwendet ab. Die EuErbVO lässt einen double renvoi schlichtweg nicht zu.[91]

b) Weiterverweisung auf das Recht eines Drittstaats dessen Recht den Verweis annimmt

50 Verweist das Recht eines Drittstaates auf das Recht eines anderen Drittstaates und nimmt dieser Drittstaat die ausgesprochene Verweisung an, so findet dies nach Art 34 Abs. 1 lit. b EuErbVO Beachtung. Keine Beachtung findet indes, wenn ein Drittstaat auf das Recht eines anderen Drittstaates verweist und dieser wiederum eine Weiterverweisung ausspricht.[92] Für diesen Fall wird die Auffassung vertreten, dass für solch einen Fall, das Recht des ersten Drittstaates zur Anwendung gelangt.[93]

13. Eilmaßnahmen

51 Die im Recht eines Mitgliedstaats vorgesehenen einstweiligen Maßnahmen einschließlich Sicherungsmaßnahmen können gemäß Art. 19 EuErbVO bei den Gerichten dieses Staates auch dann beantragt werden, wenn für die Entscheidung in der Hauptsache die Gerichte eines anderen Mitgliedstaates zuständig sind.[94] In der Praxis denkbar sind die Fälle, in denen der Nachlass „herrenlos" ist, jedoch dringend der Fürsorge bedarf. Dies ist nach deutschem Recht ein klassischer Fall der Anordnung einer Nachlasspflegschaft gemäß §§ 1960, 1961 BGB. In solchen Fällen ist die Anordnung der Nachlasspflegschaft durch das örtliche Nachlassgericht als Teil der *lex fori*, auch dann erforderlich und geboten, wenn in der Sache ein ausländisches Erbrecht zur Anwendung gelangt.[95]

14. Notzuständigkeit

52 Besteht keine Zuständigkeit eines der Gerichte eines Mitgliedsstaates dieser Verordnung, so begründet Art. 11 EuErbVO eine Notzuständigkeit (forum necessitas). Dies gilt für den Fall, dass ein Verfahren in einem Drittstaat, welcher einen engeren Bezug zur Erbsache hat, unzumutbar oder unmöglich ist. Voraussetzung für die Anrufung des Gerichtes eines Vertragsstaates wiederum ist, dass ein ausreichender Bezug zur Sache besteht. So soll insgesamt einer Rechtsverweigerung begegnet werden[96] bzw. im Falle, dass ein negativer Kompe-

90 MüKo/*Dutta*, Art. 34 EuErbVO Rn 3.

91 *Bajons*, in: Schauer/Scheuba, Europäische Erbrechtsverordnung, 2012, 29, 37; *von Hein*, in: Leible/Unberath, Rom 0-VO 341, 374; *Frieser/Martiny*, ErbR nach Art. 26 EGBGB, EuErbVO Rn 169.

92 MüKo/*Dutta*, Art. 34 EuErbVO Rn 4, 5.

93 *V. Hein*, in: Leible/Unberath, Rom 0-VO 341, 374; *v. Sachsen Gessaphe*, in: Deinert, Internationales Recht im Wandel, 2013, 162, 187.

94 AblEU v. 27.7.2012 – L201/120.

95 *W. Zimmermann*, Rpfleger 2017, S. 2 (3); *Margonski*, Grenzüberschreitende Tätigkeit des Nachlasspflegers in deutsch-polnisches Nachlasssachen, 2013, 186, 187.

96 Zimmermann/*Grau*, Praxiskommentar Erbrechtliche Nebengesetze, Art. 11 EuErbVO Rn 148.

tenzkonflikt mehrerer Gerichte besteht (keines der Gerichte erachtet sich für zuständig) der Zugang zum Recht gewahrt werden.

V. Anknüpfungssubjekt nach Art. 25 Abs. 1 EGBGB a.F.

Ist der Erblasser vor dem 17.8.2015 verstorben, so wird das Erbstatut anhand der bis dahin geltenden Normen bestimmt. Soweit es die Instrumentarien des Erbscheins sowie der Verfahren nach der Freiwilligen Gerichtsbarkeit anbelangt, so findet sich eine entsprechende Überleitungsvorschrift in Art. 229 § 36 EGBGB. 53

Art. 25 Abs. 1 EGBGB a.F. stellt als Anknüpfungspunkt auf die Staatsangehörigkeit des Erblassers zum Zeitpunkt seines Todes ab.[97] Die Feststellung der Staatsangehörigkeit wiederum erfolgt anhand des Staatsangehörigkeitsrechts des jeweiligen Staates.[98] Das deutsche Recht kennt einen sogenannten Begriff des „Deutschen". Er umfasst sämtliche Personen, die die deutsche Staatsbürgerschaft besitzen, sämtliche deutsche Bürger, welche auf dem Gebiet der ehemaligen DDR geboren sind, Personen, welche vom NS-Unrechtsregime (zwangs)ausgebürgert wurden sowie Deutsche im Sinne von Art. 116 Abs. 1 GG. Fragen des Erwerbes der deutschen Staatsbürgerschaft durch Adoption, Heirat oder Einbürgerung bzw. dessen Verlust durch Entlassung, Erwerb einer ausländischen Staatsbürgerschaft auf Antrag sind durch einfaches Gesetz geregelt.[99]

1. Besonderheiten bei Erbfällen mit Bezug zur ehemaligen DDR

Bei Erbfällen mit Auslandsberührung, welche gleichzeitig noch einen Bezug zur ehemaligen 54 **Deutschen Demokratischen Republik** aufweisen, ist zudem noch Art. 236 EGBGB zu beachten.[100] Spielt der Fall zeitlich vor dem 3.10.1990 und bildet einen abgeschlossenen Vorgang, so sind die bis zur Wiedervereinigung geltenden Kollisionsnormen der DDR anzuwenden. Danach sind nur noch die Kollisionsnormen der Bundesrepublik Deutschland anzuwenden.[101]

2. Besonderheiten bei Doppelstaatlern/Mehrstaatlern

Besitzt ein Erblasser zum Zeitpunkt seines Todes mehrere Staatsangehörigkeiten, so ist bei 55 der Bestimmung des Erbstatuts auf die Staatsangehörigkeit abzustellen, mit welcher der Erblasser am engsten verbunden war.[102] Besaß der Erblasser neben einer weiteren Staatsangehörigkeit auch die deutsche, so geht diese bei der Bestimmung des Erbstatuts stets vor.[103] Zu beachten ist bei Doppelstaatlern ferner, dass die bilateralen Staatsverträge bzw. Niederlassungsabkommen keine Anwendung finden.[104] Hierfür gibt es schlicht keinen Grund. Nach herrschender Meinung geht die deutsche Staatsbürgerschaft ohnehin der anderen Staatsbürgerschaft vor. Das Abkommen soll nur für Personen gelten, die ausschließlich die eine oder die andere Staatsbürgerschaft eines derer Länder besitzen, welche ein Niederlassungsabkommen abgeschlossen haben. Ziel der einzelnen Abkommen ist es in der Regel,

97 Palandt/*Thorn*, Art. 25 EGBG Rn 1 (2015).
98 MüKo/*Birk*, Art. 25 EGBGB Rn 13 (2015).
99 Palandt/*Thorn*, Anhang zu Art. 5 EGBGB Rn 6–12.
100 Vergleiche hierzu Staudinger/*Dörner*, Art. 25 EGBGB Rn 2, 609 ff. (2007).
101 BGHZ 124, 274; BGH NJW 1994, 582; BGH WM 1994, 157.
102 Staudinger/*Dörner*, Art. 25 EGBGB Rn 468 (2007).
103 Zimmermann/*Grau*, Praxiskommentar Erbrechtliche Nebengesetze, Art. 25 EGBGB Rn 30.
104 OLG München ZEV 2010, 255, 257; OLG München Rpfleger 2010, 428–430.

dass diesen Staatsbürgern die gleichen Rechte zukommen wie den eigenen Staatsbürgern. Wer beide Staatsbürgerschaften besitzt, bedarf einer solchen Privilegierung nicht, da er durch die beiden Staatbürgerschaften bereits in den Besitz dieser Privilegien gelangt ist.[105]

3. Verfügungen von Todes wegen

56 Während das Abstellen auf den Todeszeitpunkt zur Bestimmung des Erbstatuts bei der gesetzlichen Erbfolge zu keinen Problemen führt (Ausnahme ordre public-Verstoß bei Anwendung des ausländischen Rechts), so kann die Anwendung des fremden Rechts, welches zum Zeitpunkt des Todes ermittelt wird, dann problematisch werden, wenn der Erblasser eine letztwillige Verfügung errichtet hat. Hat der Erblasser nach der Errichtung der Verfügung von Todes wegen die Staatsangehörigkeit gewechselt, so kann es passieren, dass aufgrund unterschiedlicher staatlicher Erbrechte die einmal errichtete Verfügung aufgrund des Erbstatuts der „neuen" Staatsangehörigkeit nicht mehr wirksam ist. Dieses Ergebnis ist jedoch ungewollt. Abzustellen ist also in Fällen, in denen eine Verfügung von Todes wegen vorliegt, nicht allein auf die Staatsangehörigkeit zum Todeszeitpunkt, sondern gemäß Art. 26 Abs. 5 S. 1 EGBGB auf das Personalstatut zum Errichtungszeitpunkt.[106] Das Gleiche gilt gemäß Art. 26 Abs. 5 S. 2 EGBGB für die Testierfähigkeit, falls der Erblasser Deutscher war oder später wurde.[107]

57 **Exkurs: Haager Testamentsformabkommen**

Das Haager Testamentsformabkommen, welches seit dem 1.1.1966 für die Bundesrepublik gilt, bestimmt ausschließlich das für die **Formerfordernisse** einer letztwilligen Verfügung maßgebende Recht.[108] Dabei ist das Abkommen inhaltlich so gestaltet, dass eine letztwillige Verfügung formwirksam bleibt (*favor testamenti*).[109] Das Abkommen ist auch dann anwendbar, wenn die Beteiligten nicht Staatsangehörige eines Vertragsstaates sind.[110] Erreicht wird die Erhaltung der Formwirksamkeit dadurch, dass das Abkommen bei der Bestimmung des Formstatuts an verschiedene alternative Anknüpfungspunkte anknüpft.[111] Das Haager Testamentsformübereinkommen hat Vorrang (Art. 3 Abs. 2 EGBGB) vor innerstaatlichem internationalen Privatrecht.[112]

Das Haager Testamentsformübereinkommen wurde teilweise in Art. 26 EGBG a.F. integriert, sodass das Abkommen also noch direkt bzw. neben Art. 26 EGBGB a.F. anzuwenden ist.[113] Das Haager Testamentsformabkommen stellt einen Katalog von Anknüpfungspunkten bereit (**Heimatrecht des Erblassers, Ortsrecht, Recht des gewöhnlichen Aufenthalts, Recht des belegenen Immobiliarvermögens, Erbstatut, Errichtungsstatut**), um eine möglichst weitgehende Sicherung der Formgültigkeit letztwilliger Verfügungen zu erreichen. Die angebotenen Anknüpfungspunkte sind dabei als Katalog, nicht als Leiter zu verstehen, was bedeutet, dass sie nebeneinander, nicht nacheinander zur Verfügung stehen.[114]

105 BVerfG FamRZ 2007, 615.
106 MüKo/*Birk*, Art. 25 EGBGB Rn 20 (2015).
107 Staudinger/*Dörner*, Art. 26 EGBGB, Rn 84 (2007).
108 Damrau/Tanck/*Weber*, Praxiskommentar Erbrecht, § 2247 Rn 80.
109 Staudinger/*Dörner*, Vorb. Art. 25 Rn 32 (2007).
110 *Hohloch/Heckel*, in: Hausmann Hohloch, Handbuch des Erbrechts, Kapitel 26 Rn 23.
111 Süß/*Haas*, Erbrecht in Europa, § 1 Rn 33 (2. Auflage 2008).
112 BGH FamRZ 1994, 1585.
113 Palandt/*Thorn*, Art. 26 EGBGB Rn 1 (2014).
114 *Hohloch/Heckel*, in: Hausmann/Hohloch, Handbuch des Erbrechts, Kapitel 26 Rn 141.

Die letztwillige Verfügung ist bereits formgültig, wenn sie den Formerfordernissen eines Rechts aus dem vorbezeichneten Gesamtkatalogs genügt.

Das Haager Testamentsformabkommen ist auf Erbverträge und Erbverzichte nicht anwendbar.

4. Annahme der Verweisung

Art. 25 Abs. 1 EGBGBa.F.spricht eine Verweisung auf das Heimatrecht (Staatsangehörigkeit) des Erblassers aus. Stellt nun auch das Heimatrecht des Erblassers bei der Anknüpfung der Rechtsnachfolge von Todes wegen auf die Staatsangehörigkeit des Erblassers zum Todeszeitpunkt ab, so nimmt es die in Art. 25 Abs. 1 EGBGB a.F. ausgesprochene Verweisung in aller Regel an. Infolgedessen kommt das Heimatrecht des Erblassers zur Anwendung.[115] Das fremde Recht ist nach seinen Maßstäben anzuwenden (lex causae). Sämtliche Qualifikationsfragen sind nach dem fremden Recht zu beurteilen, es sei denn, dass das fremde Recht selbst eine Qualifikationsverweisung ausspricht.[116] (Zu den Auswirkungen betreffend die **Erbengemeinschaft** siehe Rdn 82 f.). 58

a) Exkurs: Anwendung fremden Rechts im FamFG-Verfahren bis zum 17.8.2015

Im nachlassgerichtlichen Verfahren, also beispielsweise einem Erbscheinsverfahren, ist es aufgrund des Amtsermittlungsgrundsatzes gemäß § 26 FamFG Aufgabe des Gerichts, das fremde Recht zu ermitteln.[117] Die Art und Weise der Ermittlung seines Inhalts liegt im pflichtgemäßen Ermessen des Gerichts.[118] 59

b) Exkurs: Anwendung fremden Rechts im Zivilprozess

Im Zivilprozess darf sich das Gericht gemäß § 239 ZPO zur Klärung erbrechtlicher Fragen ausländischen Rechts eines Sachverständigengutachtens bedienen.[119] Die Art und Weise der Ermittlung ausländischen Rechts steht grundsätzlich im Ermessen des Gerichts.[120] Dabei müssen alle verfügbaren Erkenntnisquellen ausgeschöpft werden. Eventuell sind zusätzlich noch Rechtsauskünfte ausländischer Behörden einzuholen. Weiterhin muss das Gericht berücksichtigen, wie die ausländischen Rechtsnormen aufgrund der Rechtslehre und der Rechtsprechung in der Wirklichkeit angewandt werden.[121] Die **Kosten** eines von einer Partei im Vorfeld eingeholten Sachverständigengutachtens können in aller Regel im gerichtlichen Verfahren **nicht** im Rahmen der **Kostenfestsetzung** berücksichtigt werden.[122] Wird eine Partei durch das Gericht im Rahmen eines Beschlusses aufgefordert, zum Inhalt ausländischen Rechts vorzutragen, müssen die hierfür entstehenden Kosten erstattungsfähig sein.[123] Gleiches gilt freilich, wenn im Rahmen eines Beschlusses (nach Beweisangebot) ein Sachverständiger durch das Gericht mit der Erstellung eines Gutachtens beauftragt wird. 60

---

115 Staudinger/*Dörner*, Art. 25 EGBGB Rn 672 (2007).

116 Zimmermann/*Grau*, Praxiskommentar Erbrechtliche Nebengesetze, Art. 25 EGBGB Rn 37.

117 BGH FamRZ 2015, 1180; BayObLG NJW-RR 1994, 467; BGH NJW 1995, 1032;

118 BayObLG, Beschl. v. 6.8.1998, BayObLGR 1998, 80.

119 *Kroiß*, in: Bonefeld/Kroiß/Tanck, Erbprozess, § 14 Rn 84 (2012).

120 Vgl. BGH IPRax 1993, 87.

121 BGH NJW 1991, 1418.

122 *Mankowski*, MDR 2001, 194.

123 OLG Köln NJW 1983, 2779; OLG Frankfurt Rpfleger 1978, 385; *Mankowski*, MDR 2001, 195.

5. Rück- und Weiterverweisung

61 Wird die in Art. 25 Abs. 1 EGBGB a.F. ausgesprochene Verweisung auf das Heimatrecht des Erblassers nicht angenommen, so ist zu prüfen, welchen Anknüpfungspunkt zur Bestimmung des Erbstatuts das jeweilige ausländische internationale Privatrecht vorsieht. Zu einer Rückverweisung (**renvoi**) kann es kommen, wenn die einschlägige ausländische Kollisionsnorm andere Anknüpfungskriterien als die Staatsangehörigkeit des Erblassers vorsieht.[124] Möglich sind in solch einem Fall:
- die **Rückverweisung**,
- die **volle Rückverweisung**,
- die **teilweise Rückverweisung** auf das deutsche Recht sowie
- eine unterschiedliche Behandlung von beweglichem und unbeweglichem Vermögen (**gespaltene Rückverweisung**), also eine **Nachlassspaltung**.

a) Rückverweisung (renvoi)

62 Zu einer Rückverweisung kommt es, wenn das Heimatrecht des Erblassers auf das deutsche Recht zurückverweist. Eine solche Verweisung ist gemäß Art. 4 Abs. 1 S. 2 EGBGB als **Sachnormverweisung** auf das deutsche materielle Erbrecht zu verstehen.[125] Unerheblich ist es dabei, wie das Heimatrecht des Erblassers die Verweisung versteht.[126]

b) Volle Rückverweisung

63 Unter einer sogenannten vollen Rückverweisung versteht man, dass das Heimatrecht des Erblassers zur Bestimmung des Erbstatuts überhaupt nicht auf die Staatsangehörigkeit des Erblassers abstellt, sondern einzig und allein auf das Recht am letzten Wohnsitz bzw. dem Domizil des Erblassers. Das Heimatrecht des Erblassers muss also die gesamte Erbfolge dem Recht überlassen, an welchem der Erblasser zum Todeszeitpunkt seinen letzten Wohnsitz (Domizil) hatte.[127]

c) Teilweise Rückverweisung

64 In der Praxis recht häufig anzutreffen war die teilweise Rückverweisung. Diese erfolgte, wenn für das bewegliche und unbewegliche Vermögen unterschiedliche Regelungen im Heimatrecht des Erblassers getroffen worden sind. Während das unbewegliche Vermögen zum Beispiel dem Grundsatz der lex rei sitae unterworfen wird, also dem Belegenheitsrecht der Sache, wurde nach alter Rechtslage betreffend des beweglichen Vermögens auf das Heimatrecht des Erblassers abgestellt.[128]

d) Weiterverweisung

65 Verweist die Kollisionsnorm des Heimatrechts des Erblassers auf das Recht eines dritten Staates weiter, so ist eine solche Weiterverweisung aus deutscher Sicht zu befolgen. Verweist nunmehr auch der Drittstaat wiederum, so ist es fraglich, ob man an dieser Stelle die Prüfung nicht abbrechen sollte. Somit käme dann das Heimatrecht des Drittlandes zur

---

124 Vgl. hierzu auch *Hertel*, in Würzburger Notarhandbuch, Teil 7, Kap 1 Rn 67.
125 RGZ 136, 361.
126 MüKo/*Birk*, Art. 25 EGBGB Rn 85 (2015).
127 Palandt/*Thorn*, Art 25 EGBGB Rn 2 (2015).
128 MüKo/*Birk*, Art. 25 EGBGB Rn 89 (2015).

Anwendung.[129] Zu einer solchen Weiterverweisung kann es beispielsweise kommen, wenn das Heimatrecht des Erblassers an den letzten Wohnsitz anknüpft und dieser in einem Drittstaat lag.[130]

6. Verweisung in einen Mehrrechtsstaat

Unter einem Mehrrechtsstaat versteht man einen fremden Staat, in dem mehrere verschiedene Privatrechtsordnungen nebeneinander existieren.[131] Verweist die Kollisionsnorm in eine fremde Rechtsordnung mit gespaltenem Recht, so sieht Art. 4 Abs. 3 EGBGB a.F. zur Bestimmung der maßgeblichen Teilrechtsordnung eine gestufte Regelung vor.[132] Die Rechtsspaltung ist in zwei verschiedenen Arten möglich: Zum einen in einer **räumlichen Spaltung**, was bedeutet, dass mehrere Rechtsordnungen bestehen, welche territorial getrennt sind. Staaten mit territorialer Rechtsspaltung sind zum Beispiel: Spanien, Kanada, USA, Australien und Großbritannien. Zum anderen in einer **personalen Spaltung**. Dies bedeutet, dass mehrere Rechtsordnungen nebeneinander bestehen und eine Trennung anhand von religiösen oder ethnischen Gesichtspunkten stattfindet. Staaten mit personalen Rechtsspaltungen sind in religiöser Hinsicht Israel und viele islamische Staaten. Eine Unteranknüpfung bestimmt sich dann nach der Religion des Betroffenen.[133] Ethnische Rechtsspaltungen existieren zum Beispiel in Indonesien und Nigeria.[134] 66

Bei der Bestimmung des Erbstatuts ist bei **Vorliegen mehrerer Teilrechtsordnungen** eine Unteranknüpfung nach Art. 4 Abs. 3 S. 1 Hs. 1 EGBGB a.F. vorzunehmen, wenn der Staat selbst **kein** einheitliches Kollisionsrecht besitzt. Gemäß Art. 4 Abs. 3 S. 1 Hs. 1 EGBGB a.F. ist zu prüfen, ob bereits die Verweisung die maßgebliche Teilrechtsordnung bezeichnet.[135] Bei einer territorialen Rechtsspaltung kommt dem letzten gewöhnlichen Aufenthalt maßgebliche Bedeutung zu.[136] Bei religiöser oder ethnischer Spaltung muss im Rahmen der Nachlassabwicklung eine religiöse Zuordnung der betroffenen Personen stattfinden. 67

Existieren im Heimatland des Erblassers keine gesamtstaatlichen Regelungen zur Bewältigung innerstaatlicher Konflikte, so kommt gemäß Art. 4 Abs. 3 S. 2 EGBGB a.F. die Teilrechtsordnung zur Anwendung, mit welcher der Sachverhalt am engsten verbunden ist.[137] Dabei ist vorrangig auf den letzten gewöhnlichen Aufenthalt abzustellen.[138] 68

7. Rechtswahl gemäß Art. 25 Abs. 2 EGBGB a.F.

Obwohl das deutsche internationale Privatrecht dem Grundsatz der Nachlasseinheit folgte und nach Einführung der EuErbVO auch weiterhin folgt, eröffnete Art. 25 Abs. 2 EGBGB a.F. Ausländern mit in Deutschland belegenem Immobilienvermögen die Möglichkeit, für im Inland belegenes unbewegliches Vermögen deutsches Recht zu wählen. Dies führt 69

129 Staudinger/*Dörner*, Art. 25 EGBGB Rn 677 (2007). Kritisch hierzu LG Frankfurt am Main IPRspr. 1997, 234.

130 Staudinger/*Dörner*, Art. 25 EGBGB Rn 678 (2007); Zimmermann/*Grau*, Praxiskommentar Erbrechtliche Nebengesetze (2013), Art. 25 EGBGB Rn 37–39.

131 Siehe *von Hoffmann/Thorn*, S. 259, § 6 Rn 117.

132 Zimmermann/*Grau*, Praxiskommentar Erbrechtliche Nebengesetze (2013), Art. 25 EGBGB Rn 97.

133 *Hertel*, in Würzburger Notarhandbuch, Teil 7 Kap. 4 Rn 1258, 1260.

134 Staudinger/*Dörner*, Art. 25 Rn 685 ff (2007).

135 Zimmermann/*Grau*, Praxiskommentar Erbrechtliche Nebengesetze, Art. 25 EGBGB Rn 38.

136 Süß/*Haas*, Erbrecht in Europa, § 3 Rn 25 (2008).

137 Zimmermann/*Grau*, Praxiskommentar Erbrechtliche Nebengesetze, Art. 25 EGBGB Rn 38.

138 Staudinger/*Dörner*, Art. 25 EGBGB Rn 693 (2007).

zwangsläufig in all den Fällen zu einer Nachlassspaltung, in denen das Heimatrecht des Erblassers die in Art. 25 Abs. 1 EGBGB a.F. ausgesprochene Verweisung auf das Heimatrecht des Erblassers annimmt. Denn für diesen Fall werden unterschiedliche Teile des Nachlasses unterschiedlichen Sachenrechten unterworfen.[139] Ordnet also ein italienischer Staatsbürger in seinem Testament an, dass sein in Deutschland belegenes unbewegliches Vermögen gemäß Art. 25 Abs. 2 EGBGB a.F. nach deutschem Recht vererbt werden soll, so hat dies eine Nachlassspaltung zur Folge. Verstarb der Erblasser nämlich vor dem 17.8.2015, so verwies Art. 25 Abs. 1 EGBGB a.F. auf das Heimatrecht des Erblassers. Diese Verweisung wiederum wird vom Italienischen IPRG angenommen. Damit galt italienisches Erbrecht (Erbstatut). Dies galt für den Gesamtnachlass mit Ausnahme des in der Bundesrepublik Deutschland belegenen unbeweglichen Vermögens.

a) Form der Rechtswahl

70 Nach alter Rechtslage war es einem Deutschen Staatsbürger ganz grundsätzlich nicht möglich eine Rechtswahl zu treffen. Eine entsprechende Regelung war in Art. 25 ff. EGBGB a.F. schlichtweg nicht enthalten. Dennoch kamen Rechtswahlen recht häufig in Testamenten vor. Zum einen über den bereits benannten Art. 25 Abs. 2 EGBGB, jedoch noch viel häufiger zugunsten deutschen Rechts aufgrund der Bestimmungen ausländischer IPR-Gesetze. Es war dabei grundsätzlich nicht erforderlich, dass die Rechtswahl expressis verbis erfolgte. Möglich war auch eine konkludente Rechtswahl. Erforderlich war aber, dass der Wille des Erblassers, eine Rechtswahl tätigen zu wollen, ausdrücklich erkennbar ist.[140] Das Erkennen einer konkludenten Rechtswahl war und ist in der Praxis oftmals schwierig, insbesondere dann, wenn eine handschriftlich errichtete Verfügung von Todes wegen vorliegt. Für diesen Fall ist es erforderlich, dass der Berater mehr über die Lebensumstände des Erblassers herausfindet, um das Testament in seiner Gesamtheit „lesen“ zu können. Anhaltspunkte für eine solche Rechtswahl können beispielsweise sein, dass der Erblasser einen Teil seines Lebens, womöglich sogar sein ganzes Leben, in der Bundesrepublik verbracht hat. Klassisches Beispiel sind Kinder aus Familien, deren Eltern als Einwanderer in den 50er Jahren des vorigen Jahrhunderts nach Deutschland kamen. Sind beide Elternteile spanische oder italienische Staatsbürger, so bekommen auch die Kinder die italienische oder spanische Staatsangehörigkeit. Aufgewachsen und gelebt haben sie freilich nur in Deutschland. Dennoch ist aus erbrechtlicher Sicht (bis zum 17.8.2015) stets das ausländische Erbrecht anzuwenden, sofern die in Art. 25 Abs. 1 EGBGB a.F. ausgesprochene Verweisung angenommen wurde. Da diese Kinder aber in der Regel nur noch einen sehr eingeschränkten Bezug zu ihrem ursprünglichen Heimatland haben, werden sie sich, völlig selbstverständlich, später einmal bei der Abfassung ihres Testaments an der deutschen Rechtsordnung orientieren.[141]

71 Neben den eigentlichen Lebensumständen müssen sich nun noch weitere Indizien in der Verfügung von Todes wegen finden, damit man eine konkludente Rechtswahl annehmen kann. Erkennbar wird eine solche konkludente Rechtswahl im Testament, wenn der Erblasser bei der Abfassung der letztwilligen Verfügung sich an **Termini** und **Gestaltungsweisen des deutschen Erbrechts** orientierte. Ein weiteres verstärkendes Indiz ist, wenn der oder die Erblasser bei der Abfassung des Testaments die deutsche Sprache wählen.[142]

139 Staudinger/*Dörner*, Art. 25 EGBGB Rn 21 (2007).
140 Prütting/Wegen/Weinreich/*Freitag*, Art. 25 EGBGB Rn 34.
141 Staudinger/*Dörner*, Art. 25 EGBGB Rn 327, 328 (2007).
142 BayObLG FamRZ 1996, 694, 696; OLG Zweibrücken FamRZ 2003, 1697.

b) Wirksamkeit der Rechtswahl nach Einführung der EuErbVO

Die Verordnungsgeber der Europäischen Erbrechtsverordnung wussten um den Umstand, dass in ganz Europa unzählige Testament mit getroffenen Rechtswahlen existierten. Den Bestand der Testamente und die Wirksamkeit der darin enthaltenen Rechtswahlen galt es mit Einführung der Verordnung zu schützen. In Art. 83 EuErbVO sind deshalb zahlreiche Fallkonstellationen enthalten, in welcher die angeordneten Rechtswahlen wirksam bleiben. Zu diesem Problemkreis siehe auch den Exkurs unter Rdn 19. 72

8. Umfang und Spezifizierung des Erbstatuts bis zum 17.8.15

Anhand des Erbstatuts i.S.d. EGBGB wurden alle erbrechtlichen Fragen beurteilt. Vom Erbstatut umfasst sind demnach: 73
- der **Eintritt und Zeitpunkt des Erbfalls**
- die **Berufung** und der **Kreis der gesetzlichen Erben** verbunden mit der jeweiligen **Erbquote** sowie
- das gesetzliche **Erbrecht des Ehegatten.**[143]

Ferner umfasst das Erbstatut:
- die **Erbfähigkeit** als solche[144]
- die **Erbunwürdigkeit**[145]
- die **dingliche Wirkung des Erbfalls**[146]
- den **Erwerb der Erbschaft**
- die **Zulässigkeit eines Erbschaftskaufs**[147]
- das **Pflichtteilsrecht**[148] sowie
- die **Haftung für Nachlassverbindlichkeiten.**[149]

Des Weiteren umfasst das Erbstatut:
- die **Testamentsvollstreckung**[150]
- die **Testamentsauslegung**[151]
- die **Erbauseinandersetzung**[152]
- die Möglichkeit der **Umdeutung** einer unwirksamen Verfügung von Todes wegen[153] – sowie darüber hinaus die Zulässigkeit der Errichtung einer bestimmten Art von letztwilligen Verfügungen, insbesondere die des **gemeinschaftlichen Testaments** sowie des **Erbvertrags.**[154]

---

143 Palandt/*Thorn*, Art. 25 EGBGB Rn 10 (2015).
144 *Kroiß*, in: Bonefeld/Kroiß/Tanck, Erbprozess, § 14 Rn 24.
145 OLG Düsseldorf NJW 1963, 2230.
146 *Kroiß*, in: Bonefeld/Kroiß/Tanck, Erbprozess, § 14 Rn 24.
147 Erman/*Hohloch*, Art. 25 EGBGB Rn 27.
148 BGH FamRZ 2002, 883.
149 *Kroiß*, in: Bonefeld/Kroiß/Tanck, Erbprozess, § 14 Rn 24.
150 BayObLG IPrax 1991, 343.
151 NJW 1986, 2199.
152 BGH FamRZ 1997, 548.
153 OLG Jena FamRZ 1994, 786.
154 BayObLGZ 1995, 47, 51.

VI. Prüfung von Vorfragen

1. Einführung

74 Die Prüfung von Vorfragen ist für die Lösung erbrechtlicher Fälle von besonderer Bedeutung. Hieran hat auch die Einführung der EuErbVO nichts Grundlegendes geändert. Sowohl nach altem als auch nach neuem Recht sind Vorfragen von Beachtung. Bei einer Vorfrage handelt es sich um einen Teilaspekt der erbrechtlichen Angelegenheit, ohne dessen Klärung sich der Gesamtfall nicht richtig lösen lässt. Ein simples Beispiel: Ein ausländisches Recht sieht ein besonderes Ehegattenerbrecht vor. Folglich kann nur solch eine Person dieses Erbrecht für sich in Anspruch nehmen, bei der „vorab" geklärt worden ist, dass sie auch tatsächlich Ehegatte des Verstorbenen ist.

75 Zur Klärung des Bestehens der Ehe kann die Ehegatteneigenschaft im Rahmen einer **unselbstständigen Anknüpfung** ermittelt werden. Das bedeutet, dass die Ehegatteneigenschaft aus kollisionsrechtlicher Sicht desjenigen Erbrechts geklärt wird, welches als Erbstatut ermittelt wurde. Es ist aber auch möglich, diese Bestimmung in **unselbstständiger Anknüpfung**, also mit den Kollisionsregeln der lex fori, zu bestimmen.[155] Vorfragen in Bezug auf das internationale Erbrecht werden in aller Regel **selbstständig angeknüpft.**[156] Eine gesetzliche Regelung hierzu gibt es aber nicht. Das Scheidungsurteil eines deutschen Familiengerichts wäre also bezogen auf den Fall zu beachten. Existiert zwischen den Staaten jedoch staatsvertragliches Kollisionsrecht (bilaterale Konsularverträge etc.), so wird nach ganz herrschender Meinung unselbstständig angeknüpft.[157]

2. Relevante Vorfragen für das Erbrecht

a) Bestehen einer Ehe

76 Das Ehegattenerbrecht ist Vorfrage. Sie ist nach Art. 13 Abs. 1 u. 3 S. 1, Art. 11 EGBGB gegebenenfalls i.V.m. Art. 17 EGBGB selbstständig zu beantworten.[158]

b) Lebenspartnerschaft

77 Die Vorfrage betreffend das Bestehen einer Lebenspartnerschaft wird selbstständig angeknüpft.[159] Die Auflösung der Partnerschaft wird unselbstständig aus dem Blickwinkel des jeweiligen Erbrechts angeknüpft.[160]

c) Abstammung

78 Sowohl die Frage der Abstammung als auch die Frage der Verwandtschaft werden selbstständig angeknüpft. In welcher Rangfolge die Verwandten zu Erben berufen sind, ist freilich Frage des Erbstatuts.[161]

---

155 *Hohloch/Heckel*, in: Hausmann/Hohloch, Handbuch des Erbrecht, Kapitel 26 Rn 70.

156 BGHZ 43, 213, 218: OLG Hamm MittRhNotK 1992, 291; Palandt/*Thorn*, Einl. v. Art. 3 EGBGB Rn 29; *Hertel*, in Würzburger Notarhandbuch, Teil 7, Kap 1 Rn 69.

157 Palandt/*Thorn*, Einl. v. Art. 3 EGBGB Rn 30.

158 BGHZ 43, 213, 218; BGH IPRax 1992, 198; BayObLGZ 1980, 72, 75; *Firsching*, IPRax 1981, 206; OLG Frankfurt FamRZ 2002, 705; ZEV 2001, 493; OLG Celle OLGR 2002, 111; LG Aurich FamRZ 1973, 54.

159 *Rauscher*, Internationales Privatrecht, S. 189.

160 *Henrich*, FamRZ 2002, 137, 143; MüKo/*Coester*, Art. 17b EGBGB Rn 59.

161 *Hohloch/Heckel*, in: Hausmann/Hohloch, Handbuch des Erbrechts, Kapitel 26 Rn 74.

d) Wirksamkeit einer Adoption

Die Wirksamkeit einer Adoption wird gemäß Art. 22 EGBGB bestimmt und somit selbstständig angeknüpft.[162] Das Adoptionsstatut bestimmt also, ob die familienrechtlichen Voraussetzungen infolge einer Adoption bestehen oder nicht[163] sowie deren verwandtschaftsrechtliche Wirkung. Die Frage des Erbrechts von Adoptionsverwandten, also ob das jeweilige Recht dem Adoptierten ein Erbrecht gewährt (Adoptierende oder Adoptierte), ist jedoch vom Erbstatut abhängig.[164] 79

Umstritten ist die Frage, ob für die Behandlung der Adoption im Erbrecht das Adoptionswirkungsstatut oder das Erbstatut maßgeblich ist.[165] So wird zum einen die Auffassung vertreten, dass das Adoptionsstatut über die erbrechtliche Gleichstellung entscheide.[166] Zum anderen wird die Auffassung vertreten, dass sich die Behandlung der Adoption im Erbrecht nach dem Erbstatut richte.[167]

Im Schrifttum werden beide Auffassungen vertreten. Was die Auffassung zugunsten des Erbstatuts anbelangt, so wird auf eine Entscheidung des Kammergerichts rekurriert. Dieses stellt grundsätzlich nicht auf das Adoptionsstatut ab, sondern beurteilt den erbrechtlichen Einfluss einer Kindesannahme nach dem Heimatrecht des Erblassers.[168] 80

Was die Annahme zugunsten des **Adoptionsstatuts** anbelangt, so wird diese Auffassung im Wesentlichen auf eine Entscheidung des BGH gestützt.[169] Der BGH hat in dieser Entscheidung jedoch betont, dass die Entscheidung „weder allein danach beurteilt werden kann, wie das für den Erblasser maßgebende Erbstatut Adoptivkinder behandelt, noch ausschließlich danach, ob das Adoptivkind nach dem für die Adoptionsfolgen maßgebenden Recht ein Erbrecht nach einem solchen Verwandten seiner Adoptiveltern haben soll.“ Diese Aussage wird jedoch insoweit relativiert, als weiter ausgeführt wird, dass „sinnvollerweise“ dem Adoptionsstatut zu entnehmen ist, „ob es zwischen diesem Erblasser und dem Adoptivkind zu einer so starken rechtlichen Beziehung (Verwandtschaft) kommen soll, wie sie das für die Erbfolge maßgebende Recht für eine Beteiligung an der gesetzlichen Erbfolge voraussetzt.“

e) Weitere selbstständige Vorfragen

Darüber hinaus sind selbstständige Vorfragen die **Testierfähigkeit**, soweit sie an die Geschäftsfähigkeit geknüpft sind,[170] die **Zugehörigkeit eines Gegenstandes** zum Nachlass[171] sowie der **sachenrechtliche Eigentumsübergang**. 81

---

162 BGH FamRZ 1989, 378, 379; BayObLG FamRZ 1996, 183; KG IPRax 1985, 354; KG FamRZ 1988, 434.

163 Zimmernmann/*Grau*, Praxiskommentar Erbrechtliche Nebengesetze (2013), Art. 25 EGBGB Rn 34.

164 *Hohloch/Heckel*, in: Hausmann/Hohloch, Handbuch des Erbrechts, Kapitel 26 Rn 75.

165 *Kroiß*, in: Bonefeld/Kroiß/Tanck, Der Erbprozess, § 14 Rn 28.

166 Soergel/*Schurig*, Art. 25 EGBGB Rn 28; BGH FamRZ 1989, 378.

167 KG FamRZ 1988, 434.

168 KG FamRZ 1988, 434.

169 BGH NJW 1989, 2197–2199.

170 Erman/*Hohloch*, Art. 25 EGBGB Rn 29.

171 BGH BB 1969, 197.

D. Die Erbengemeinschaft

I. Überblick

82 Auch Fragen, die im Zusammenhang mit der **Erbengemeinschaft** stehen, bestimmen sich nach dem Erbstatut.[172] Die nachfolgende **alphabetisch gegliederte Auflistung** gibt einen Überblick darüber, welche Spezifika der Erbengemeinschaft sich insbesondere nach dem Erbstatut des Erblassers bestimmen:

- **Anrechnung und Ausgleichung**
  Die Anrechnung von bereits zu Lebzeiten erhaltenen Zuwendungen des Erblassers gegenüber den anderen Mitgliedern der Erbengemeinschaft bestimmt sich nach dem Erbstatut des Erblassers.[173]
- **Art der Gemeinschaft**
  Zu den möglichen Strukturen bei einer Erbengemeinschaft siehe § 3.
- **Auseinandersetzung der Erbengemeinschaft**
  Die Frage der Auseinandersetzung einer Erbengemeinschaft bestimmt sich nach dem Erbstatut.[174] Von dem Komplex der Auseinandersetzung mit umfasst ist auch die Zulässigkeit und Wirksamkeit eines Auseinandersetzungsvertrages der Mitglieder der Erbengemeinschaft. Des Weiteren gilt für Ausgleichungspflicht von Vorempfängen das Erbstatut.[175]
- **Auskunft und Rechenschaftspflichten**
  Etwaige Auskunfts- und Rechenschaftspflichten der Erben untereinander richten sich stets nach dem Erbstatut.[176]
- **Beendigung der Erbengemeinschaft**
  (siehe Auseinandersetzung)
- **Dauer der Erbengemeinschaft**
  Die Dauer des Verbleibs der Erben in der Gemeinschaft sowie der Auseinandersetzungsanspruch als solches bestimmen sich nach dem Erbstatut.[177]
- **Eintragung der Erbengemeinschaft in Register und Grundbücher**
  Frage des Erbstatuts ist auch die Eintragung der Erbengemeinschaft (ungeteilt) in Grundbüchern oder ausländischen Immobilienregistern (Bruchteil-, gesamte Hand etc.).
- **Entstehung der Erbengemeinschaft**
  Die Entstehung der Erbengemeinschaft wird freilich vom Erbstatut bestimmt.[178] Früheste Möglichkeit der Entstehung einer Erbengemeinschaft ist der Tod des Erblassers (Universalsukzession). Daneben gibt es im romanischen Rechtskreis noch den ruhenden Nachlass (heriditas iacens). Hier wird der Erbe erst mit Annahme der Erbschaft Mitglied der Erbengemeinschaft. Zu beachten ist auch, dass im anglo-amerikanischen Raum in der Regel erst gar keine Erbengemeinschaft entsteht, da der Nachlass nach der Verwaltung direkt an die einzelnen Erben verteilt wird.[179]

---

172 Zimmermann/*Grau*, Praxiskommentar Erbrechtliche Nebengesetze, Art. 25 EGBGB Rn 24; BGH NJW 1959, 1317; BayObLGZ 1965, 376; KG RzW 1972, 135; OLG FRankfurt RzW 1964, 382.

173 MüKo/*Birk*, Art. 25 EGBGB Rn 251 (2015); Staudinger/*Dörner*, Art. 25 EGBGB Rn 231 (2007).

174 BGH NJW 1983, 1487, 1488; OLG Düsseldorf, ZEV 2001, 484, 485.

175 Zimmermann/*Grau*, Praxiskommentar Erbrechtliche Nebengesetze, Art. 25 EGBGB Rn 24; Staudinger/*Dörner*, Art. 25 EGBGB Rn 231 (2007), BGH NJW 1959, 1317, 1318.

176 Palandt/*Thorn*, Art. 25 EGBGB Rn 10 (2015).

177 BGH NJW 1959, 1317 f.; BGHZ 87, 19, 21; Staudinger/*Dörner*, Art. 25 EGBGB Rn 230 (2007).

178 BGH NJW 1997, 1150, 1151, Zimmermann/*Grau*, Praxiskommentar Erbrechtliche Nebengesetze, Art. 25 EGBGB Rn 24.

179 *Jenderek*, Die Vererbung von Anteilen an einer Private Company Limited by Shares, S. 116.

- **Haftung der Miterben**
  Die zivilrechtlichen Haftungsgrundsätze richten sich grundsätzlich auch nach dem Erbstatut des Erblassers. Bestehen jedoch mehrere Spaltnachlässe, kann die Zuordnung zu willkürlichen Ergebnissen führen, sodass in solch einem Fall eine Anpassung aus Gerechtigkeitserwägungen geboten ist.[180]
- **Miterben verschiedener Staatsangehörigkeiten**
  Setzt sich die Erbengemeinschaft aus Erben verschiedenster Nationen zusammen, so hat dies auf die Bildung und die Struktur der Erbengemeinschaft keinen Einfluss. Die Staatsangehörigkeit der Miterben spielt prinzipiell keine Rolle,[181] da sich die Entstehung und die Struktur der Erbengemeinschaft als solches nur nach dem Erbstatut des Erblassers richten.[182]
- **Prozessführungsbefugnis (aktiv und passiv)**
  Die Möglichkeit der Prozessführung ist abhängig davon, in welcher Art von Gemeinschaft sich die Miterben befinden (Gesamthandsgemeinschaft, Bruchteilsgemeinschaft oder Gütergemeinschaft) und wie die jeweilige Struktur die Vertretung der Gemeinschaft geregelt hat (siehe auch Arten der Gemeinschaft). Daher bestimmt das Erbstatut darüber, wie und ob Prozesse geführt werden.
- **Struktur der Erbengemeinschaft**
  Da sich die Entstehung der Erbengemeinschaft als solches nach dem Erbstatut des Erblassers richtet, bestimmt sich konsequenterweise auch die Struktur (Form) und die Beteiligung des Erben an der Erbengemeinschaft nach dem Erbstatut.[183] Erbengemeinschaften können als Bruchteilsgemeinschaft, Gesamthandsgemeinschaft und Gütergemeinschaften entstehen.
- **Teilauseinandersetzung der Erbengemeinschaft**
  (siehe Auseinandersetzung der Gemeinschaft)
- **Teilungsanordnungen des Erblassers**
  Die testamentarische Teilungsanordnung richtet sich nach dem Erbstatut.[184] Zu beachten ist jedoch, dass es in südeuropäischen Ländern auch unmittelbar dinglich wirkende Teilungsanordnungen gibt. Damit findet der Eigentumsübergang (im Ausland) ohne Vollzugsakt statt. Wird mehreren Personen ein Grundstück im Wege der Teilungsanordnung zugewiesen, entsteht die Gemeinschaft unmittelbar.[185]
- **Verfügungsbefugnis der Miterben**
  Das Recht des einzelnen Erben, über seinen Anteil verfügen zu können, ihn zu veräußern oder zu übertragen, richtet sich nach dem jeweiligen Erbstatut. Was jedoch die Form der Übertragung anbelangt, so gilt das Belegenheitsrecht der Sache als maßgeblich.[186] Auch die Verfügung über einzelne Nachlassgegenstände beurteilt sich nach dem Einzelstatut.[187]
- **Vertretung der Erbengemeinschaft**
  Auch die Vertretung der Erbengemeinschaft nach außen ist Frage des Erbstatuts.[188]

---

180 Staudinger/*Dörner*, Art. 25 EGBGB Rn 225 (2007); MüKo/*Birk*, Art. 25 EGBGB Rn 256 und 143 f (2015).
181 BGH NJW 1959, 1317, 1318.
182 BGH WM 1968, 1170, 1171; MüKo/*Birk*, Art. 25 EGBGB Rn 247 (2015).
183 BGH WM 1968, 1170, 1171; Palandt/*Thorn*, Art. 25 EGBGB Rn 10 (2015).
184 Staudinger/*Dörner*, Art. 25 EGBGB Rn 281 (2007).
185 Süß/*Süß*, Erbrecht in Europa, § 3 Rn 107.
186 Palandt/*Thorn*, Art. 25 EGBGB Rn 10 (2015); BHG WM 1968, 1170, 1171.
187 Staudinger/*Dörner*, Art. 25 EGBGB Rn 228 (2007).
188 BGH NJW 1959, 1317; Staudinger/*Dörner*, Art. 25 EGBGB Rn 229 (2007).

- **Verwaltung der Erbengemeinschaft**
  Die Frage der Verwaltung der Erbengemeinschaft im Innenverhältnis ist Frage des Erbstatuts. Typische Fragestellungen sind hierbei: Wann dürfen die Erben nur gemeinschaftlich handeln? Wann darf ein Erbe allein handeln? Gibt es eine Befugnis, in Notfällen alleine handeln zu dürfen?[189]
- **Vorkaufsrecht**
  Letztlich bestimmen sich Fragen über das Bestehen oder Nichtbestehen eines Vorkaufsrechts sowie dessen Ausübung nach dem Erbstatut.[190]

II. Unterschiedliche Strukturen der Erbengemeinschaft

83 Gelangt man im Rahmen der Bestimmung des Erbstatuts zur Anwendung fremden Rechts, so hat dies auch rechtliche Konsequenzen in Bezug auf die Erbengemeinschaft, da sich die Entstehung und die Struktur der Erbengemeinschaft als solche nur nach dem Erbstatut des Erblassers richten.[191] Das bedeutet, dass sich bei Vorhandensein mehrerer Erben eine Erbengemeinschaft nach dem Erbstatut des Erblassers, also ausländischem Recht, gründet. Die Organisationsstrukturen divergieren und es existieren teilweise von Rechtsordnung zu Rechtsordnung Spezifika, welche sich nur in dieser einen Rechtsordnung wiederfinden (zum Beispiel in Frankreich). So ist die Erbengemeinschaft in den Rechtsformen der **Gesamthandsgemeinschaft** (siehe § 3 Rdn 2 ff.), der **Gütergemeinschaft** (siehe § 3 Rdn 76 ff.) sowie der **Bruchteilsgemeinschaft** (siehe § 3 Rdn 37 ff.) organisiert.[192]

Die Struktur der Erbengemeinschaft als solche hat in der Vergangenheit in der rein deutschen Anwaltspraxis nur eine sehr untergeordnete Rolle gespielt, da man, bei einem deutschen Staatsbürger über Art. 25 Abs. 1 EGBGB a.F. in aller Regel zur Anwendung deutschen Rechts und damit zur Gesamthandsgemeinschaft gelangte. Verstirbt indes nun der deutsche Erblasser mit letztem Domizil in Italien und beruft mehre Erben, so findet allein italienisches Erbrecht gem. Art. 21 Abs. 1 EuErbVO Anwendung. Die Gemeinschaft mehrerer Erben bildet sich damit in einer Bruchteils- und nicht in einer Gesamthandsgemeinschaft. Für die Verwaltung des Nachlasses als auch die Auseinandersetzung des Nachlasses gelten damit andere Regeln.[193]

III. Ausgewählte Fragestellungen zur Erbengemeinschaft

1. Erbengemeinschaft bei Spaltnachlässen

84 Besonders interessant ist die Betrachtung der **Erbengemeinschaft** im Falle des (tatsächlichen) Bestehens von mehreren Erbstatuten, auch wenn nach Einführung der EuErbVO dieser Fall eben gerade nicht mehr vorkommen sollte; beachtlich sind indes die zahlreichen Altfälle bis zum 17.8.2015. Die Struktur und Entstehung der Erbengemeinschaft richten sich nämlich nach dem Erbstatut zum Todeszeitpunkt des Erblassers.[194] Da also durch den Tod des Erblassers mehrere Erbfälle ausgelöst wurden und die gesamte Vermögensmasse des Erblassers in mehrere rechtlich eigenständige Nachlässe zerfallen ist,[195] muss dies auch

189 Staudinger/*Dörner*, Art. 25 EGBGB Rn 229 (2007).
190 MüKo/*Birk*, Art. 25 EGBGB Rn 251 (2015).
191 BGH WM 1968, 1170, 1171.
192 Darstellung der Organisationsformen und Unterschiede in § 3 Rechtsvergleichung in diesem Buch.
193 Darstellung der Organisationsformen und Unterschiede in § 3 Rechtsvergleichung in diesem Buch.
194 MüKo/*Dutta*, Art. 25 EGBGB Rn 247, 248 (2015).
195 MüKo/*Dutta*, Art. 25 EGBGB Rn 127 (2015).

Auswirkungen auf die Erbengemeinschaft haben. Wenn nämlich die Nachlassmassen rechtlich selbstständig sind, dann bilden sie auch aufgrund divergierender Erbstatute selbstständige Erbengemeinschaften. So kann es sein, dass sich eine Erbengemeinschaft ipso iure mit dem Erbfall bildet und die andere erst nach der ausdrücklichen Annahme der Erbschaft durch die Erben. Dies hängt schlicht damit zusammen, dass nicht jedes Land einen (ipso iure) Vonselbsterwerb der Erbschaft kennt (beispielsweise Spanien und Italien). Bis dahin spricht man in Italien von einer „ruhenden Erbschaft".[196] Weiterhin kann es auch sein, dass sich die Erbengemeinschaften aufgrund unterschiedlicher nationaler Erbrechte aus verschiedenen Erben zusammensetzen oder aber die Erbquoten in den Gemeinschaften divergieren. Weiterhin ist zu beachten, dass aufgrund einer möglichen Nachlassspaltung auch unterschiedlich über Nachlassgegenstände verfügt werden darf. Das Erbstatut bestimmt aus Sicht der EuErbVO, ob und wie ein Miterbe über seinen Anteil an der Gemeinschaft oder aber über einzelne Nachlassgegenstände verfügen darf.[197] Bezogen auf die Gesamthandsgemeinschaft bedeutet dies zum Beispiel, dass nicht einzelne Nachlassgegenstände veräußert werden dürfen. Diese Aussage hat freilich keinerlei Geltung, was eine Erbengemeinschaft anbelangt, welche als Bruchteils- oder Gütergemeinschaft organisiert ist. Hier kann es durchaus sein, dass die einzelnen Miterben im Rahmen ihrer Quote verfügen dürfen.

2. Erbengemeinschaft im ausländischen Pflichtteilsrecht

Das ausländische Pflichtteilsrecht kann auch Auswirkungen auf die Erbengemeinschaft 85
haben. Insbesondere dann, wenn das Pflichtteilsrecht nicht als schuldrechtlicher Ersatzanspruch (wie in Deutschland) ausgestaltet ist. Viele europäischen Länder, insbesondere jedoch diese Länder, die dem romanischen Rechtskreis angehören, verstehen das Pflichtteilsrecht als echte Beteiligung am Nachlass. Man spricht dort auch nicht vom Pflichtteilsrecht, sondern vom Not- oder gesetzlichem Pflichterbenrecht. Oftmals sieht dieser eine direkte Beteiligung am Nachlass in Form einer Mindesterbquote vor. Hat ein enterbter leiblicher Abkömmling die oftmals vorab durchzuführende Herabsetzungsklage mit Erfolg durchgeführt, so ist er (echter) **Not**erbe/Pflichterbe und nicht Berechtigter eines Zahlungsanspruchs. In der Konsequenz bedeutet dies, dass der Noterbe in einem deutschen Erbschein als Miterbe mit aufzuführen ist.[198]

Durch diesen Status wiederum rückt der enterbte leibliche Abkömmling in die bestehende Erbengemeinschaft mit ein. Dieses Ergebnis ist möglich, da es aus der rechtlichen Perspektive dieser Länder schlicht nicht vorstellbar ist, dass ein leiblicher Abkömmling des Erblassers nicht Erbe wird und damit auch nicht Mitglied der Erbengemeinschaft.

3. Erbengemeinschaft im Grundbuch

Die Eintragung einer Erbengemeinschaft in ein inländisches Grundbuch erfolgt gemäß § 13 86
GBO auf Antrag eines Miterben. Der Antrag kann von einem Miterben alleine gestellt werden. Die Erbfolge ist prinzipiell durch einen Erbschein nachzuweisen. Ein notarielles Testament ist dann ausreichend, wenn die Erbfolge aus ihm eindeutig hervorgeht und nicht an Bedingungen, Auflagen geknüpft ist oder gar alternative Erbfolgen angeordnet wurden. Es ist nicht Aufgabe des Grundbuchamtes zu prüfen, ob hier eine Vor- oder Nacherbfolge oder alternativ eine unbedingte Erbeinsetzung erfolgt ist. Möglich ist der Nachweis durch

196 *Reiß*, Internationales Erbrecht Italien, S. 51 Rn 173.
197 BGH NJW 1997, 1150, 1151.
198 *Hertel*, in: Würzburger Notarhandbuch, S. 3231 Rn 254, 255.

einen Eigenrechtserbschein gemäß § 2353 BGB oder aber einen Fremdrechtserbschein[199] nach § 352c FamFG sowie seit dem 17.8.2015 auch durch ein Europäisches Nachlasszeugnis. Der Nachweis der Erbfolge gemäß § 35 Abs. 1 GBO kann grundsätzlich nicht durch einen ausländischen Erbschein oder ein anderes gleichwertiges Zertifikat geführt werden. Ein solches Zertifikat hätte bestenfalls Beweis-, aber keine Legitimationswirkung.[200] Eine Ausnahme hiervon bildet freilich das Europäische Nachlasszeugnis, so es von einem ausländischen Gericht erteilt wurde.[201]

87 Die Eintragung der Erbengemeinschaft hat anhand des Rechtsverhältnisses sowie der Angabe des Bruchteiles gemäß § 47 GBO zu erfolgen. Für die Erbengemeinschaft nach deutschem Recht bedeutet dies, dass die Namen sämtlicher Erben sowie der Angabe „in Erbengemeinschaft" zu erfolgen hat. Ist neben der Erbengemeinschaft ein weiterer Eigentümer eingetragen, so hat freilich noch die Angabe des Bruchteils der Erbengemeinschaft zu erfolgen. Sind einzelne Mitglieder wiederum Mitglied einer weiteren Erbengemeinschaft, so sind sie als Untergemeinschaft ins Grundbuch einzutragen, damit ihre Zusammensetzung ersichtlich bleibt.[202]

88 Bei Erbengemeinschaften ausländischen Rechts muss ermittelt werden, in welcher Form sie organisiert ist; ob als Gesamthands-, Bruchteils- oder Gütergemeinschaft. Dies ist entsprechend im Grundbuch zu vermerken.[203] Schließlich stehen der Bruchteilsgemeinschaft andere Rechte als der Gütergemeinschaft zu. Ist die Erbengemeinschaft nach ausländischem Recht ebenfalls eine Gesamthandsgemeinschaft (wie zum Beispiel in der Schweiz, Türkei oder Norwegen), so dürften sich keine Unterschiede in den Angaben im Vergleich zu einer deutschen Erbengemeinschaft ergeben.

4. Auseinandersetzung der Erbengemeinschaft

89 Die Erbengemeinschaft wird in der Regel durch einen Erbauseinandersetzungsvertrag vor einem Notar auseinandergesetzt, sofern die Auseinandersetzung nicht durch einen Testamentsvollstrecker erfolgen muss.[204] Fraglich ist jedoch, ob und ggf. wie eine Auseinandersetzung bei einer Erbengemeinschaft ausländischen Rechts zu erfolgen hat und ob dies (außergerichtlich) überhaupt möglich ist. Denkbar wäre aus Praktikabiltätsgründen, dass die Erben zunächst eine Rechtswahl treffen, um sich dann bequem nach deutschem Recht auseinanderzusetzen. Eine solche Rechtswahl ist jedoch unzulässig, da sich die Struktur und damit auch die Auseinandersetzung der Erbengemeinschaft streng nach dem Erbstatut richten.[205] Die Formgültigkeit eines etwaigen Auseinandersetzungsvertrags richtet sich hingegen nicht nach dem Erbstatut.[206] In diesem Fall gilt die Form des Abschlussortes gemäß Art. 11 Abs. 1 EGBGB.[207] Im Ergebnis bedeutet dies, dass bei einer Auseinandersetzung einer ausländischen Erbengemeinschaft anhand des jeweiligen Erbrechts bemessen werden muss, ob die Auseinandersetzung zulässig ist und in welcher Form. Zu beachten ist jedoch,

---

199 *Schöner/Stöber*, Grundbuchrecht, Rn 800 (15. Auflage 2012).
200 *Kaufhold*, ZEV 1997, 401; Staudinger/*Dörner*, Art. 25 EGBGB Rn 874 f.; Staudinger/*Schilken*, § 2369 a.F. Rn 12.
201 Süß/*Süß*, Erbrecht in Europa, § 6 Rn 25.
202 BGHZ 62, 179.
203 Vgl. *Demharter*, Grundbuchordnung, § 47 Rn 16 u. 21.
204 Palandt/*Weidlich*, § 2042 BGB Rn 19.
205 BGH NJW 1983, 1487, 1488; OLG Düsseldorf ZEV 2001, 484, 485.
206 Zimmermann/*Grau*, Praxiskommentar Erbrechtliche Nebengesetze, Art. 25 EGBGB Rn 24 (2013).
207 Zu den erbrechtlichen Ausnahmen und dem Verhältnis zu Art. 27, 28 EuErbVO siehe Palandt/*Thorn*, Art. 11 EGBGB Rn 1 f.

dass für den Fall, dass sich im Inland belegene Grundstücke im ungeteilten Nachlass befinden, § 311b BGB zu beachten ist, unabhängig davon, was das ausländische Erbstatut vorschreibt. Danach wäre ein entsprechender Auseinandersetzungsvertrag notariell zu beurkunden.[208]

5. Gerichtliche Erbauseinandersetzung

Können die Miterben untereinander jedoch keinen Konsens finden und sind untereinander zerstritten, so bleibt nur der Gang zum Gericht. Bevor jedoch eine **Erbauseinandersetzungsklage (Erbteilungsklage)** erhoben wird, muss vorab geprüft werden, ob das inländische Gericht überhaupt zuständig ist und welche Klageart gewählt werden muss: 90

a) Zuständiges Gericht

Eine abweichende Zuständigkeit von Erbengemeinschaften mit ausländischem Erbstatut könnte sich aus geschlossenen bilateralen Verträgen ergeben. Dies ist jedoch nicht der Fall. Die Verordnung über die gerichtliche Zuständigkeit und die Anerkennung und Vollstreckung von Entscheidungen in Zivil- und Handelssachen, kurz EuGVVO, findet ebenso wenig Anwendung wie das Lugano-Übereinkommen.[209] Des Weiteren enthalten auch die bilateralen Niederlassungsabkommen (siehe Rdn 5 ff.) keine Bestimmungen, welche eine staatsvertragliche Zuständigkeitsregelung beinhalten.[210] Demnach sind die deutschen Gerichte zuständig, sofern sich eine örtliche Zuständigkeit ableiten lässt,[211] wie zum Beispiel aus § 27 ZPO. 91

b) Klageart

Bei einer Erbteilungsklage nach deutschem Recht wird ein vollständiger Teilungsplan erarbeitet und dann die gerichtliche Auseinandersetzung betrieben. Der Klageantrag ist auf die Zustimmung der Miterben gerichtet. Die Zustimmung der Miterben wird dann durch Urteil ausgesprochen bzw. die hierzu erforderliche Willenserklärung gerichtlich ersetzt.[212] In anderen europäischen Ländern wird diese Auseinandersetzung jedoch in Form einer sogenannten Gestaltungsklage durchgeführt. Diese Klage ist zwar dem deutschen Recht fremd, dennoch zulässig (zur Herabsetzungsklage vgl. Rdn 174). 92

Im Ergebnis bedeutet dies, dass die Auseinandersetzung einer Erbengemeinschaft nach ausländischem Recht im Inland erfolgen kann, sofern ein deutsches Gericht örtlich zuständig ist.

c) Ausgleich von Vorempfängen

Strittig ist, ob sich der Ausgleich von lebzeitigen Vorempfängen (Zuwendungen) der Miterben untereinander nach dem Erbstatut richtet. Die herrschende Lehre vertritt hierzu die 93

---

208 Damrau/Tanck/*Rißmann*, Praxiskommentar Erbrecht, § 2042 Rn 72.

209 Staudinger/*Dörner*, Art. 25 EGBGB Rn 812 ff (2007).

210 Insbesondere § 15 des Konsularabkommens zwischen dem Deutschen Reich und der Türkischen Republik enthält keine Staatsvertragliche Zuständigkeitsregelung. Vgl. hierzu Staudinger/*Dörner*, vor Art. 25 EGBGB Rn 181 (2007); BGH NJW 1999, 1395, 1396; Zöller/*Geimer*, IZPR Rn 37; Staudinger/*Dörner*, Art. 25 EGBGB Rn 812 (2007).

211 *Jayme/Hausmann*, Internationales Privat- und Verfahrensrecht, Rn 41.

212 Damrau/Tanck/*Rißmann*, Praxiskommentar Erbrecht, § 2042 Rn 15 und 18; BGH NJW-RR 1998, 1156, 1157.

Auffassung, dass sich auch lebzeitige Zuwendungen des Erblassers an einen Miterben nach dem Erbstatut richten. Das Erbstatut bestimmt nach dieser Auffassung auch, wie sich der Ausgleich unter den Miterben vollzieht.[213] Der BGH hingegen subsumiert den Ausgleich lebzeitiger Vorempfänge nicht unter das Erbstatut, sondern unterwirft die Ausgleichung dem Statut des Nachlassgegenstandes, welches die Verfügung (Zuwendung) beherrscht.[214]

6. Statutenwechsel

94 Auf die **Erbengemeinschaft** hat ein Statutenwechsel zu Lebzeiten keinen Einfluss. Die Erbengemeinschaft entsteht frühestens mit dem Eintritt des Erbfalls, sodass ein sog. hypothetisches Erbstatut auf die Bildung der Erbengemeinschaft und deren Struktur keinen Einfluss haben kann.

E. Kollision unterschiedlicher Kollisionsrechte

95 Die Kollision unterschiedlicher Kollisionsrechte – **internationaler Entscheidungsdissens** – ist nicht zu verwechseln mit dem Bestehen mehrerer Erbstatute nebeneinander. Gemeint ist im vorliegenden Fall also nicht die allein die abweichende Bestimmung des Erbstatuts aus ausländischer Sicht[215] mit der Folge von Einzelstatuten. Gemeint sind vielmehr die Fälle, in denen die Kollisionsrechtliche Prüfung aus Sicht eines Drittstaates zu einem anderen Ergebnis gelangt als die Prüfung nach der EuErbVO.

96 Nach Inkrafttreten der EuErbVO gilt ganz grundsätzlich der Grundsatz der Nachlasseinheit gemäß Art. 21 Abs. 1 EuErbVO für den Gesamtnachlass. Eine Beachtung von Belegenheitsrechten (Einzelstatut), wie sie in Art. 3a EGBGB kodifiziert ist, findet ganz grundsätzlich nicht mehr statt.[216] Darüber hinaus werden Verweise in andere Rechtskreise in Art. 34 EuErbVO nur noch in ganz speziellem Umfang gestattet. Die EuErbVO wird das Entstehen von Nachlassspaltungen durch Belegenheitsrechte *lex rei sitae* also massiv reduzieren.

97 Und dennoch kann es auch nach Einführung der EuErbVO zu einer Kollision der Kollisionsrechte kommen. Zwar ist dies im europäischen Kontext de facto nunmehr ausgeschlossen, im Verhältnis zu anderen Drittstaaten, insbesondere Commonwealth Staaten, ist eine Kollision jedoch nach wie vor möglich. Von besonderer Bedeutung sind dabei die Fälle, in welche sich mehre Rechtsordnungen für selbst oder ein anderes Recht für zuständig erklären (positiver Rechtsanwendungskonflikt).[217]

98 **Beispiel**

Ein amerikanischer Staatsbürger mit letztem gewöhnlichen Aufenthalt i.S.v. Art. 21 Abs. 1 EuErbVO verstirbt in Frankfurt am Main. Seinen beiden Kindern hinterlässt er bewegliches und unbewegliches Vermögen in Deutschland sowie bewegliches und unbewegliches Vermögen in Florida (USA). Aus deutscher Sicht findet auf die Rechtsnachfolge von Todes wegen gem. Art. 21 Abs. 1 EuErbVO ausschließlich deutsches Erbrecht Anwendung. Diese gilt aus deutscher Sicht für den Gesamtnachlass. Die

---

213 Zimmermann/*Grau*, Praxiskommentar Erbrechtliche Nebengesetze, Art. 25 EGBGB Rn 24.

214 BGH NJW 1959, 1317, 1318; BGH NJW 1968, 1170, 1172.

215 *Hohloch/Heckel*, in: Hausmann/Hohloch, Handbuch des Erbrechts, Kapitel 26 Rn 81a.

216 Palandt/*Thorn*, Art. 3a EGBGB Rn 3.

217 Vgl. hierzu auch: Süß/*Süß*, Erbrecht in Europa, § 2 Rn 167–169.

EuErbVO unterscheidet nicht zwischen der Belegenheit einzelner Nachlassgegenstände und auch nicht mehr anhand der Staatsangehörigkeit des Erblassers.

In dem US-Bundesstaat Florida hingegen wird zwischen beweglichem und unbeweglichem Vermögen zur Bestimmung des Erbstatuts unterschieden. Aus der erbrechtlichen Sicht Floridas unterliegt unbewegliches Vermögen stets dem Belegenheitsrecht des Staates, in welchem es belegen ist (lex rei sitae), wohingegen zur Bestimmung beweglichen Vermögens auf das letzte Domizil des Erblassers abgestellt wird.[218] Aus deutscher Sicht findet jedoch, über Art. 21 Abs. 1 EuErbVO auch auf die in Florida belegene Immobilie deutsches Erbrecht Anwendung.

Damit findet aus deutscher Sicht ausschließlich deutsches Erbrecht statt, wohingegen aus der Sicht Floridas eine Nachlassspaltung eintritt. Der gesamte bewegliche Nachlass unterliegt deutschem Recht, wohingegen die Immobilie in Florida nach Erbrecht Floridas vererbt wird. Damit geht einher, dass der Nachlass zuerst von einem Administrator verwaltet und den Erben übergeben wird.

Damit entsteht ein sogenannter **Entscheidungsdissens**. Zwei Rechtsordnungen erklären 99
sich für parallel anwendbar. In dem oben skizzierten Beispiel kollidieren die jeweiligen Kollisionsrechte. Auf den ersten Blick scheint dieses nicht selten vorkommende Problem nicht weiter schwerwiegend zu sein. Insbesondere dann, wenn sich alle Erben einig sind und aus einem der beiden betroffenen Länder stammen, kann dieses Problem unentschieden bleiben, solange nur Einigkeit zwischen den Erben herrscht. Es wird jedoch dann zum Problem, wenn durch Erben aus beiden Ländern Rechte hergeleitet werden. Im Streitfall wird kein amerikanisches Kreditinstitut mehr eine Auszahlung in der oben beschriebenen vorliegenden Fallkonstellation nach Vorlage eines deutschen Erbscheins oder eines ENZ vornehmen. Es kommt zum Streit der Erben um das „richtige“ Erbstatut.

Besonders prekär wird die Situation dann, wenn bei Vorliegen eines Entscheidungsdissens 100
eine testamentarische Verfügung einige nahe Angehörige enterbt. Legt man nämlich noch einmal den oben skizzierten Fall zugrunde, so würden den Enterbten nach amerikanischem Recht keine Pflichtteilsrechte zustehen, nach deutschem Recht jedoch sehr wohl.

Diese prekäre Situation des Entscheidungsdissenses setzt sich bei der **Erbengemeinschaft** 101
fort, da sich Entstehung und Struktur der Erbengemeinschaft nach dem Erbstatut richten.[219] Das bedeutet, dass aus der Sicht eines jeden Landes die Beteiligung am Nachlass (Gesamthand, Bruchteil oder Gütergemeinschaft) anders betrachtet wird. Freilich gilt dies auch für den Fall der Auseinandersetzung, Vertretung und Verwaltung der Erbengemeinschaft. Da, wie bereits erwähnt, dieses Problem in Europa nicht selten war, wurde unter anderem in der EuErbVO eine fast europaweite Harmonisierung des Erbstatuts vorgenommen (mit Ausnahme von Dänemark, Irland und Großbritannien) unter Beachtung des Grundsatzes des Nachlasseinheit gem. Art. 21 Abs. 1 EuErbVO. Von Bedeutung ist dieses Thema jedoch weiterhin im außereuropäischen Kontext.

Praxistipp: Testamentsgestaltung mit Vermögensmassen außerhalb der EU 102

Besondere Aufmerksamkeit erfordert die Gestaltung eines Testamentes mit Vermögensmassen, welche sich außerhalb des Anwendungsbereiches der EuErbVO befinden. In solch einem Fall, sind vor Gestaltung eines Testaments sorgfältig die möglichen Erbstatute zu prüfen. Diese kollisionsrechtliche Prüfung sollte unbedingt aus beiderlei Sicht erfolgen, also aus deutscher als auch aus Sicht der jeweils einschlägigen ausländischen

218 *Ferid/Firsching/Dörner/Hausmann*, Internationales Erbrecht, Florida, Grdz. Nr. 8 Rn 3.
219 MüKo/*Dutta*, Art. 25 EGBGB Rn 247, 248 (2015).

Erbrechtsordnung. Gelangt man zu dem Ergebnis, dass aus Sicht der anderen Rechtsordnung Spaltnachlässe entstehen werden bzw. es insgesamt zur Anwendung anderer Rechtsordnungen kommt, dann müssen die einzelnen testamentarischen Anordnungen auf die Wirksamkeit beider Rechtsordnungen überprüft werden. Zulässig ist es auch mit Definitionen zu arbeiten.[220] Je deutlicher der Testator an dieser Stelle wird, umso weniger Interpretationsspielraum besteht im Nachhinein. Gleiches gilt freilich, was die formellen Wirksamkeitsvoraussetzungen der Abfassung der letztwilligen Verfügung von Todes wegen als solche anbelangt. Auch diesbezüglich sollte der Form beider kollidierender Rechtsordnungen genügt werden. Nicht unüblich ist in vielen Rechtsordnungen beispielsweise das Hinzuziehen von Zeugen.

F. Andere erbrechtlich relevante Statute

I. Güterstatut

103 Das Verhältnis zwischen Erbstatut und Güterrechtsstatut kann im Rahmen der Nachlassabwicklung mit internationalem Bezug problembehaftet sein. Schließlich findet im Erbfall sowohl im Erb- als auch im Güterstatut die Verteilung von Vermögen statt. Stimmen Erbstatut und Güterstatut überein, unterliegen also derselben Rechtsordnung, so kommt es im Rahmen der Nachlassabwicklung in aller Regel zu keinen Problemen. Fallen die Statute jedoch auseinander, so ist deren Bestimmung und Abgrenzung unbedingt erforderlich.

Die Bestimmung des Güterstatuts erfolgt nach Art. 15 Abs. 1 EGBGB. Darüber hinaus kann durch einen Ehevertrag das Güterrechtsstatut gemäß Art. 15 Abs. 2 EGBGB verändert werden. Für den Rest des beweglichen sowie im Ausland belegenen Vermögens sind die Harmonisierungsmöglichkeiten jedoch oft nicht vorhanden.

104 Sofern das Güterstatut nicht mit dem Erbstatut übereinstimmt, tauchen nach dem Tod eines Ehegatten fast zwangsläufig Probleme insbesondere mit dem Erbrecht des Ehegatten auf. Fast schon klassisch ist die Diskussion betreffend der Einordnung des § 1371 BGB in den Kontext der erbrechtlichen Normen und wann diese Vorschrift bei Sachverhalten mit Auslandsbezug anzuwenden ist.[221]

1. Einordnung des § 1371 BGB

105 Vorherrschend ist, dass **§ 1371 BGB**, obwohl eine mit dem Erbrecht sehr enge Verzahnung besteht, noch immer als reine güterrechtliche Norm zu qualifizieren ist.[222] Dabei ist jedoch beachtlich, dass über § 1371 BGB der **schematisierte Zugewinnausgleich**, welcher im Güterrecht der Ehegatten seinen Ausgangspunkt hat, erbrechtlich realisiert wird.[223] Unerheblich ist dabei, ob überhaupt tatsächlich ein Zugewinn erwirtschaftet wurde oder nicht. In der Rechtsprechung indes überwogen in den vergangenen Jahren Entscheidungen, nach

---

220 Siehe hierzu *Steiner*, ZEV 2003, 145, 146.

221 Umfangreich zur künftigen europäischen Regelung, dem aktuellen Streitstand zur Qualifizierung des § 1371 BGB Süß/*Süß*, Erbrecht in Europa, § 3 Rn 76–94.

222 OLG Stuttgart ZEV 2005, 444, OLG Karlsruhe NJW 1990, 1420, LG Mosbach ZEV 1998, 489 f., OLG München NJW-RR 2012, 1096; BGH FamRZ 2015, 1180; Staudinger/*Thiele*, Vorbem. zu § 1371 BGB Rn 12, 13.

223 NK-BGB/*Kroiß*, § 1931 BGB Rn 36.

denen die Erbquoten ausschließlich nach dem Erbstatut bestimmt werden.[224] Weiter befeuert werden dürfte der Streit durch die vor kurzem ergangene Entscheidung des EuGH zur Aufnahme der pauschalen Erhöhung nach § 1371 BGB als weiteres ¼ Erbquote der Ehegattin in einem Europäischen Nachlasszeugnis. Der EuGH hat in diesem Fall die Aufnahme im ENZ „wie selbstverständlich" angenommen und (ggf. zu recht) erbrechtlich qualifiziert.[225]

2. Anwendbarkeit des § 1371 BGB bei Auslandsbezug

106 Es erscheint angebracht, deutsches Güterstatut und ausländisches Erbstatut als kombinationsfähig anzusehen und, soweit erforderlich, einer „anpassenden Reduktion" zu unterziehen.[226] Dies erhöht also den Erbteil des Ehegatten (pauschalierter Zugewinnausgleich) trotz des Umstandes, dass der § 1371 BGB derzeit noch als reine güterrechtliche Norm zu qualifizieren ist[227] und auch nach Auffassungen im Schrifttum nach Einführung der EuErbVO weiterhin möglich erscheint.[228] Die zuvor erwähnte „anpassende Reduktion" soll immer dann angewandt werden, wenn die Erhöhung des gesetzlichen Erbteils – nach ausländischem Recht – zu einer höheren Erbquote führt als dies bei der Anwendung deutschen Ehegüter- und Erbrechts der Fall wäre.[229]

107 Es bleibt abzuwarten, welche langfristigen Impulse von der nunmehr ergangenen Positionierung des EuGH ausgehen werden. Im internationalen Bezug jedenfalls ist die Erhöhung der Erbquote auf zwei Mal ¼ mithin ½ (§§ 1371 und 1931 BGB) beim überlebenden Ehegatten, unter Anwendung deutschen gesetzlichen Erbrechts, jedenfalls keine Schlechterstellung des überlebenden Ehegatten im internationalen Erbfall. Allein aus rein pragmatischen Gesichtspunkten spricht einiges dafür, im internationalen Erbfall stets von einer erbrechtlichen Qualifizierung auszugehen.

3. Exkurs: Die neue Europäische Güterrechtsverordnung EU 2016/1103

108 Nach Einführung der EuErbVO wurde schnell der Ruf nach einer weiteren Harmonisierung auch im Bereich des Familienrechts laut. Der Rat verabschiedete am 26.6.2016 die Verordnung 2016/1103 „zur Durchführung einer verstärkten Zusammenarbeit im Bereich der Zuständigkeit, des anzuwendenden Rechts und der Anerkennung und Vollstreckung von Entscheidungen in Fragen des ehelichen Güterstands" (EuGüRVO). Diese Verordnung tritt zum **29.1.2019** in Kraft.

109 Gemäß Art. 1 EuGüRVO soll die Verordnung im Wesentlichen den ehelichen Güterstand zum Regelungsumfang haben. Nach Art. 3 Abs. 1a EuGüRVO fallen darunter „sämtliche vermögensrechtlichen Regelungen, die zwischen den Ehegatten und in ihren Beziehungen zu Dritten aufgrund der Ehe oder der Auflösung der Ehe gelten." Darüber hinaus jede Form von Vereinbarung über den ehelichen Güterstand zwischen Ehegatten oder künftigen Ehegatten, mit der sie ihren ehelichen Güterstand regeln. Davon mit umfasst ist die Mög-

---

224 OLG Stuttgart ZErb 2005, 162; OLG Frankfurt ZEV 2010, 253; OLG Düsseldorf RNotZ 2009, 247; OLG Köln DNotI-Report 2012, 107.

225 EuGH FamRZ 2018, 632, 633 f.

226 *Hohloch/Heckel*, in: Hausmann/Hohloch, Handbuch des Erbrechts, Kapitel 26 Rn 117.

227 Palandt/*Heldrich*, Art 15 EGBGB Rn 26; OLG Hamm IPRax 1994, 49, 51; LG Wuppertal MittRhNotK 1988, 46; LG Mosbach ZEV, 1998, 490, *Tersteegen*, NotBZ 2005, 351; OLG Stuttgart NJW-RR 2005, 740, 741.

228 Dutta/Herrler/*Dörner*, EuErbVO., S. 77 ff.; *Dutta*, FamRZ 2013, 3; *Markowski*, ZEV 2014, 121.

229 OLG Düsseldorf FamRZ 15, 1237; OLG Schleswig NJW 14, 88; *Schurig*, IPRax 90, 391; *Dörner*, ZEV 05, 445; *Ludwig*, DNotZ 05, 590.

lichkeit einer Rechtswahl der Ehegatten gemäß Art. 22 EuGüRVO. Des Weiteren wird diese Verordnung auch Anwendung finden auf gerichtliche Entscheidungen den Güterstand betreffend. Die entsprechende Regelung findet sich in Art. 3 Abs. 1d EuGüRVO.

110 Der Güterstand bestimmt sich ab dem 29.1.2019, sofern die Eheleute keine Vereinbarung i.S.v. Art. 22 f. EuGüRVO treffen, gemäß Art. 26 Abs. 1a EuGüRVO nach dem Recht des Staates, in welchem die Ehegatten ihren ersten gewöhnlichen Aufenthalt hatten. Fehlt dieser, so bestimmt sich der Güterstand gemäß Art. 26 Abs. 1b EuGüRVO nach der Staatsangehörigkeit der Ehegatten zum Zeitpunkt der Eheschließung. Sollte auch hierüber keine Bestimmbarkeit möglich sein, so bestimmt sich der Güterstand gemäß Art. 26 Abs. 1c EuGüRVO anhand des Rechts, welchem die Ehegatten zum Zeitpunkt der Eheschließung am engsten verbunden waren.

111 Gemäß Art. 43 Abs. 1 EGBGB unterliegen Rechte an einer Sache dem Recht des Staates, in dem sich die Sache befindet. Dies bedeutet, dass der Übergang von Rechten an Sachen sich grundsätzlich nach dem Sachstatut des jeweiligen Landes (Belegenheitsrecht der Sache) vollzieht.[230] Das Erbstatut kann also dingliche Rechte nur übertragen, soweit es das vorrangige Belegenheitsrecht der Sache erlaubt.[231] Führt dies in der Praxis zu unvereinbaren Ergebnissen, so ist eine Anpassung erforderlich.[232]

112 Beispiele für das **Erfordernis einer Umdeutung** sind:

a) Vindikationslegat

Vindikationslegate finden sich beispielsweise häufig in Testamenten französischer Erblasser. Die dabei angeordneten Vermächtnisse wirken unmittelbar dinglich, was bedeutet, dass die Begründung des Anspruchs bereits zum Übergang des Eigentums führt. Dinglich wirkende Vermächtnisse können im Inland jedoch keine dingliche Wirkung entfalten. Sie haben daher im Inland – aufgrund von Anpassung – nur schuldrechtliche Wirkung.[233] Der Problemkreis der Anpassung ist nach Inkrafttreten der EuErbVO erneut problematisiert worden.[234]

113 **b) Dingliche Teilungsanordnungen**

Ebenso wie bei Vermächtnissen ist es in anderen Rechtsordnungen möglich, die Aufteilung des Vermögens (Teilungsanordnungen) mit unmittelbarer dinglicher Wirkung anzuordnen.[235] Auch hier wandelt sich die Teilungsanordnung in einen schuldrechtlichen Anspruch. Die Bundesregierung geht auch nach Einführung der EuErbVO davon aus, dass sich das inländische Sachstatut gegen ein ausländisches Erbstatut durchsetzt.[236]

114 **c) Gesetzlicher Nießbrauch**

Der gesetzlich angeordnete Nießbrauch findet sich oftmals noch als gesetzliches Erbrecht für Ehegatten, zum Beispiel in Frankreich, Spanien oder Belgien. Ein solches gesetzliches Nießbrauchsrecht war in der Vergangenheit mit inländischem Sachenrecht unvereinbar. Die Umdeutung erfolgte hier zugunsten eines schuldrechtlichen Anspruchs auf Bestellung eines Nießbrauchs. In dieser Frage ist jedoch ein Wandel zugunsten der Auffassung eingetreten, dass man bei diesen gesetzlichen Nießbräuchen von einer quotalen Beteiligung am Gesamt-

230 Süß/*Süß*, Erbrecht in Europa, § 3 Rn 103.
231 BGH NJW 1995, 58, 59.
232 Staudinger/*Dörner* (2007), Art. 25 EGBGB Rn 48 u. 757.
233 BGH NJW 1995, 58, 59; BeckOK-BGB/*Lorenz* (2011), Art. 25 EGBGB Rn 36; jurisPK-BGB/*Ludwig*, Art. 25, 26 EGBGB Rn 208; Staudinger/*Dörner* (2007), Art. 25 EGBGB Rn 287, 757, 887.
234 *Buschbaum/Simon*, ZEV 2012, 527; *Dörner*, ZEV 2012, 509; *Dutta*, FamRZ 2013, 12.
235 Süß/*Süß*, Erbrecht in Europa, § 3 Rn 107.
236 Süß/*Süß*, Erbrecht in Europa, § 3 Rn 107 mit Fn 116

nachlass ausgeht. In der Sache handelt es sich um eine Frage der Universalsukzession, die dem Erbstatut als Vermögensstatut unterliegt.[237]

d) Trust 115

Der Trust ist eine Rechtsfigur aus dem anglo-amerikanischen Rechtskreis. Der Errichter des Trusts (*trustor* genannt) spaltet bei Gründung des Trusts sein Eigentum auf. Die Aufspaltung erfolgt in eine formelle und materielle Eigentümerstellung. Dabei erhält der Treuhänder (*trustee* genannt) das formelle Eigentum (*legal title*), wohingegen die Begünstigten (*beneficarys* genannt) das Recht auf Nutzung der Sache erhalten.[238]

Die Wirksamkeit der Begründung eines Trust-Verhältnisses wird in Deutschland sachenrechtlich qualifiziert.[239] Die Anordnung der Begründung eines Trusts ist an im Inland belegenen Sachen nicht möglich. Hier erfolgt die Umdeutung zugunsten der Anordnung einer Testamentsvollstreckung oder eines Treuhänders.[240]

Die Errichtung, Funktionsweise und Auflösung eines Trusts sind vom gesamten Anwendungsbereich der EuErbVO ausgenommen. In der Praxis bedeutet dies, dass kein Mitgliedsstaat verpflichtet ist, diese Fragen nach dem nach der EuErbVO zu bestimmenden Erbstatut zu bestimmen.[241] Ähnlich dem deutschen Recht bestimmt Art. 31 EuErbVO, dass, soweit erforderlich und möglich, eine Anpassung an das am ehesten vergleichbaren Recht des jeweiligen Mitgliedsstaates vorzunehmen ist.[242]

e) joint tenancy 116

Auch der joint tenancy ist eine Rechtsfigur aus dem anglo-amerikanischen Rechtskreis. Dabei wird der gemeinsame Erwerb (beispielsweise von Ehegatten) eines Hausgrundstückes mit der vertraglichen Vereinbarung getroffen, dass im Todesfall der Anteil des Verstorbenen jeweils dem einen oder dem anderen Ehegatten zufällt. Damit kann das Nachlassverfahren, verbunden mit der Einschaltung eines Abwicklers, vermieden werden.[243]

Die Begründung eines joint tenancy ist an inländischem Vermögen nicht möglich. Die Umdeutung erfolgt hier zugunsten einer wechselseitigen befreiten Vor- und Nacherbschaft.[244]

II. Vorrang von Sondererbfolgen

Im deutschen Erbrecht gilt der Grundsatz der Universalsukzession. Bei einer Mehrheit von Erben bedeutet dies, dass mit dem Erbfall – ohne weiteres Zutun – der Gesamtnachlass auf alle Miterben übergeht.[245] Diese sind zur gesamten Hand berechtigt (Gesamthandsgemeinschaft). Von diesem Grundsatz gibt es jedoch zwei hervorzuhebende Ausnahmen. Zum einen der gesellschaftsrechtliche Übergang von Anteilen einer Personengesellschaft. Zum 117

237 Süß/*Süß*, Erbrecht in Europa, § 3 Rn 109.
238 *Böhmer*, Das deutsche Internationale Privatrecht des timesharing, S. 41 ff.; Süß/*Süß*, Erbrecht in Europa. § 3 Rn 110; *von Bernstorff*, RIW 2007, 642; siehe auch *Odersky*, Länderberichte Großbritanien: England und Wales, Rn 44, in Süß, Erbrecht in Europa.
239 Süß/*Süß*, Erbrecht in Europa, § 3 Rn 111.
240 BeckOK-BGB/*Lorenz* (2011), Art. 25 EGBGB Rn 44; BGH IPRax 1985, 221, 223 f.
241 Süß/*Süß*, Erbrecht in Europa, § 3 Rn 111.
242 Süß/*Süß*, Erbrecht in Europa, § 3 Rn 112.
243 *Jülicher*, ZEV 2001, 469, 470 ff.; *Firsching*, IPRax 1982, 98, 100.
244 *Jülicher*, ZEV 2001, 469, 470 f.
245 Damrau/Tanck/*Rißmann*, § 2032 BGB Rn 4.

anderen die Übergabe eines landwirtschaftlichen Betriebes nach der Höfeordnung. In diesen beiden Fällen findet im Erbfall abweichend von der Regel eine Sondererbfolge statt.

Die Sondererbfolge in einen Hof ist in § 4 HöfeO geregelt. Danach geht der landwirtschaftliche Betrieb (Hof) als geschlossene Einheit auf einen Erben, den Hoferben, über. Der Rechtsübergang aufgrund der Sondererbfolge erstreckt sich auf das gesamte Zubehör und Grundstücke. Der Hoferbe kann testamentarisch bestimmt werden. Andernfalls geht der Hof kraft gesetzlicher Erbfolge auf den Hoferben über.[246] Die übrigen Miterben werden nicht gesamthänderische Miterben des Hofs. Sie sind vielmehr weichende Miterben, denen ein Ausgleichs- bzw. Abfindungsanspruch zusteht. Der Hoferbe erhält also nicht lediglich ein Übernahmerecht.[247]

118 Auch bei der rechtlichen Einordnung des Gesellschaftsstatuts ist nunmehr nach Erbfällen vor dem 17.8.2015 und nach diesem Datum abzugrenzen. Nach der Rechtslage bis zur Einführung der EuErbVO galt, dass wenn sich im Nachlassvermögen Anteile einer Gesellschaft befanden, dies dazu führen kann, dass das Gesellschaftsstatut das Erbstatut überlagert. Dabei ist zu differenzieren, ob sich im Nachlass Anteile einer Kapitalgesellschaft oder aber Anteile einer Personengesellschaft befinden. Anteile einer Kapitalgesellschaft unterliegen nämlich dem Grundsatz der Universalsukzession und bereiten in der Praxis selten Probleme. Der Erbfall führt dann beispielsweise nur zu einer Auswechselung des Aktionärs oder Inhabers des Gesellschaftsanteils. Entscheidend ist hierbei das Erbstatut.[248]

119 Anders liegt der Fall jedoch, wenn sich im Nachlass Anteile einer deutschen Personengesellschaft befinden. Die Nachfolge in diese Gesellschaftsanteile ist vom allgemeinen Erbrecht abgekoppelt und unterliegt der Sondererbfolge.[249] Der Grundsatz der Universalsukzession wird hier zugunsten der Singularsukzession durchbrochen (Vorrang des Gesellschaftsstatuts).[250] Dies bedeutet, dass das jeweilige Erbstatut nur darüber entscheidet, wer den verstorbenen Gesellschafter beerbt hat. Darüber hinaus entscheidet das Erbstatut darüber, zu welchem Anteil der jeweilige Erbe berufen wurde.[251] Ob diese Erbenstellung jedoch auch mit einer Stellung als **zukünftiger** Gesellschafter verknüpft ist, unterliegt allein dem Gesellschaftsstatut.[252] Bei Erbfällen, auf die die EuErbVO Anwendung findet, unterliegen dem Gesellschaftsstatut die statuarsichen Nachfolgeregelungen (vgl. Art. 1 Abs. 2 lit. h und lit. i EuErbVO).[253]

120 Nach Inkrafttreten der EuErbVO sollen die nachfolgenden Fragestellungen dem Gesellschaftsstaut zuzuordnen sein:
- Begründet der Tod eines Gesellschafters ein Eintrittsrecht der Erben?
- Wurde die eigentliche Gesellschaftsbeteiligung an sich im Gesellschaftsvertrag vererblich gestellt?
- Ist der Eintritt in die Gesellschaft wiederum an besondere Qualifikationsmerkmale gebunden (einfache/besondere Nachfolgeklausel)?
- Sollen dingliche Berechtigungen an einem Geschäftsanteil zulässig sein und wenn ja, mit welchem Inhalt?

246 Zimmermann/*Sticherling*, Praxiskommentar Erbrechtliche Nebengesetze, § 4 HöfeO Rn 1.
247 Zimmermann/*Sticherling*, Praxiskommentar Erbrechtliche Nebengesetze, § 4 HöfeO Rn 2.
248 *Hertel*, in Würzburger Notarhandbuch, Teil 7 Kap. 3 Rn 115.
249 BGHZ 22, 186; BGHZ 68, 226; BGHZ 98, 48.
250 Vgl. hierzu Riedel/*Filtzinger*, Praxishandbuch Unternehmensnachfolge, § 29 Rn 43–49.
251 Erman/*Hohloch*, Art. 25 EGBGB Rn 35; Palandt/*Thorn*, Art. 25 EGBGB Rn 15.
252 Süß/*Süß*, Erbrecht in Europa, § 3 Rn 122.
253 MüKo/*Kindler*, IntGesR, S. 1824 Rn 659.

- Steht den Erben eine Abfindung zu für den Fall, dass nach dem Tod eines Gesellschafters der Eintritt in die Gesellschaft durch die Erben untersagt ist, und wenn ja, in welcher Höhe?
- Können die verbleibenden Gesellschafter nach dem Tod eines Mitgesellschafters noch die Einziehung des Geschäftsanteils beschließen und darüber hinaus weitere Sonderrechte gegenüber dem Erben bzw. gegen die Erben geltend machen?
- Begründet der Gesellschaftsanteil nach dem Tod des Gesellschafters ein Eintrittsrecht für einen Dritten und nicht für den Erben?
- Wird die Gesellschaft mit dem Tod des Gesellschafters aufgelöst?
- Sind die Erben an der Gesellschaft beteiligt und können diese über gebundenes Vermögen (trust, personal representive) überhaupt beteiligt sein? In welcher Weise?
- Ist eine Nachlassverwaltung oder eine Testamentsvollstreckung über die Gesellschaftsbeteiligung zulässig und welche Rechte stehen dem Verwalter/Vollstrecker im Verhältnis zu den übrigen Gesellschaftern zu?[254]

G. Ordre Public

I. Einordnung

Der Vorbehalt des ordre public ist in Deutschland in Art. 6 EGBGB normiert. Danach ist die Rechtsnorm eines anderen Staates nicht anzuwenden, wenn ihre Anwendung zu einem Ergebnis führt, das mit wesentlichen Grundsätzen des deutschen Rechts offensichtlich unvereinbar ist. Die jeweilige Norm ist insbesondere nicht anzuwenden, wenn die Anwendung mit den Grundrechten unvereinbar ist. Dieser Vorbehalt gilt auch im internationalen Erbrecht.[255] 121

In der Europäischen Erbrechtsverordnung ist der Vorbehalt des ordre public in Art. 35 EuErbVO geregelt. Art. 35 EuErbVO gestattet die Nichtanwendung einer Vorschrift des nach der Verordnung beschriebenen Rechts eines anderen Staates, wenn ihre Anwendung nicht mit der öffentlichen Ordnung des Staates des angerufenen Gerichts vereinbar ist.[256] 122

Zu den Grundsätzen des ordre public gilt es noch auszuführen, dass es international anerkannt ist, dass der Vorbehalt der Grundwerte einer jeweiligen Rechtsordnung einen ganz elementaren Bestandteil des jeweiligen Kollisionsrechts darstellt. Insoweit gilt dies nicht nur für das deutsche Internationale Privatrecht nach Art. 6 EGBGB, sondern freilich auch für das nunmehr einheitliche internationale Kollisionsrecht nach Art. 35 EuErbVO.[257] 123

Vereinfacht ausgedrückt lässt sich also sagen, dass sich im jeweiligen ordre public eines Landes die **grundlegenden inländischen Wertvorstellungen** widerspiegeln und ein Verstoß gegen diesen ein Verstoß gegen wesentliche innerstaatliche Rechtsgrundsätze bedeutet. Bezüglich der Gewichtung und Einordnung eines möglichen Verstoßes wurde der nachfolgende Merksatz formuliert: Je stärker der Inlandsbezug ist, umso größeres Gewicht haben deutsche Wertvorstellungen. Je geringer der Inlandsbezug ist, umso größer muss der Verstoß sein.[258] Für den EuGH zählen zum *ordre public* auch nationale Vorschriften, sodass dies 124

254 Nach Süß/*Süß*, Erbrecht in Europa, § 3 Rn 122 mit weiterem Verweis auf erweiternde Ausführungen in *Leitzen*, ZEV 2012, 521.
255 *Hohloch/Heckel*, in: Hausmann/Hohloch, Handbuch des Erbrechts, Kapitel 26 Rn 66.
256 Süß/*Süß*, Erbrecht in Europa, § 5 Rn 1.
257 Süß/*Süß*, Erbrecht in Europa, § 5 Rn 4.
258 BVerfG v. 18.7.2006, NJW 2007, 900, 903; BGH v. 4.6.1992, NJW 1992, 3096, 3105 ff.

für deutsche Gerichte bedeutet, dass sie auch bei Erbfällen nach dem 17.8.2015, also nach Einführung der EuErbVO, die bislang geltende Rechtsprechung zum ordre public heranziehen können.[259]

125 Historisch im Brennpunkt eines ordre public-Verstoßes war seinerzeit das sowjetische Erbrecht, das zunächst kein Verwandtenerbrecht kannte. Auch in erbrechtlichen Vorschriften anderer sozialistischer Staaten wurde das Verwandtenerbrecht oft stark eingeschränkt.[260] Aktuell im Brennpunkt befinden sich die islamischen Erbrechtsordnungen, dort insbesondere die geschlechterspezifische Ungleichbehandlung von Frauen als Erben.[261]

II. Überblick über konstatierte Verstöße

126 Verstöße gegen den deutschen ordre public wurden in den nachfolgenden Fällen festgestellt:
- Diskriminierung von Angehörigen des Erblassers, von Gesetzes wegen, aufgrund ihres Geschlechts
- Diskriminierung der Erben aufgrund ihrer Religionszugehörigkeit
- Vollständiger Ausschluss eines „ungläubigen Kindes und der Ehefrau" von der Erbfolge.[262]

Weitere Fälle sind die gesetzliche Versagung jeglichen Erbrechts bzw. der Ausschluss von der Erbfolge aufgrund von Diskriminierung.[263]

Des Weiteren geht man zwischenzeitlich auch dann von einem ordre public-Verstoß aus, wenn eine Erbrechtsordnung überhaupt keinen Pflichtteil oder Noterbenrecht kennt, ohne dass es anderweitige gesetzliche Ansprüche gegen den Erben zur Unterhaltssicherung gibt. Fällt eine enterbte Person aus diesem Grund in die staatliche Fürsorge (Sozialhilfe), so geht man von einem ordre public-Verstoß aus.[264] Darüber hinaus hat das Bundesverfassungsgericht festgestellt, dass die Mindestbeteiligung am Nachlass Grundrechtscharakter nach Art. 14 Abs. 1 S. 1 i.V.m. Art. 6 Abs. 1 GG hat, soweit es um die leiblichen Abkömmlinge eines Erblassers geht.[265]

III. Rechtsfolge eines Verstoßes

127 Art. 6 EGBGB schreibt als Rechtsfolge eines ordre public-Verstoßes vor, dass die entsprechende ausländische Rechtsnorm nicht angewendet bzw. nicht beachtet werden darf. Hieraus resultiert freilich eine Lücke.[266] Wie diese zu füllen ist, verrät Art. 6 EGBGB nicht. Möglich wäre es in einem solchen Fall, die entstandene Lücke schlicht und einfach durch Rückgriff auf das jeweilige deutsche Recht zu beseitigen. Dies wird jedoch von der Rechtsprechung abgelehnt. Vielmehr soll nach Auffassung des BGH versucht werden, die entstandene Regelungslücke nach Möglichkeit mit dem jeweiligen Heimatrecht zu schließen.[267]

---

259 Erman/*Hohloch* (2014), Art. 35 EuErbVO Rn 1; *Wumnest*, in: Leible/Unterath, Rom 0-Verordnung, S. 460.

260 *Hohloch/Heckel*, in: Hausmann/Hohloch, Handbuch des Erbrechts, Kapitel 26 Rn 67.

261 *Hohloch/Heckel*, in: Hausmann/Hohloch, Handbuch des Erbrechts, Kapitel 26 Rn 66.

262 OLG Hamm FamRZ 2005, 1705.

263 *Mörsdorf-Schulte*, in: Prütting/Wegen/Weinreich, Art. 6 EGBGB Rn 20.

264 *Klingelhöffer*, ZEV 1996, 258, 259, *Gruber*, ZEV 2001, 463, 468.

265 BVerfG ZEV 2005, 301, 302.

266 *Mörsdorf-Schulte*, in: Prütting/Wegen/Weinreich, Art. 6 EGBGB Rn 18.

267 Palandt/*Thorn*, Art. 6 Rn 13.

Nur hilfsweise soll auf deutsches Recht zurückgegriffen werden.[268] Es gilt der Grundsatz des geringstmöglichen Eingriffs.[269]

IV. Kein Verstoß gegen den ordre public

Ein Verstoß ist jedoch zu verneinen, wenn das entsprechende Erbrecht zwar überhaupt 128
keinen Pflichtteil kennt, die nächsten Familienangehörigen aber durch anderweitige Ansprüche zur Unterhaltssicherung versorgt sind.[270] Des Weiteren dann, wenn entfernte Verwandte (Abkömmlinge von Großeltern) gänzlich von der gesetzlichen Erbfolge ausgeschlossen sind.[271]

H. Internationales Nachlass-Verfahrensrecht

I. Sachverhaltsermittlung

Bei einem Erbrechtsfall, welcher einen klaren Auslandsbezug aufweist, müssen im Vorfeld 129
eine Vielzahl von Punkten abgeklopft werden. Zunächst einmal sollte das Erbstatut aus deutscher Sicht, sodann jedoch bei Drittstaaten i.S.d. Europäischen Erbrechtsverordnung auch stets aus der Sicht des Landes bestimmt werden, zu welchem sich der Auslandsbezug ergibt. Dabei kann es durchaus sein, dass der Berater bei Drittstaaten i.S.d. EuErbVO zu unterschiedlichen Ergebnissen gelangt. Ein solches Ergebnis dürfte insbesondere in Staaten, welche nicht dem Grundsatz der Nachlasseinheit folgen, der Fall sein. Ist diese Prüfung sorgfältig vorgenommen worden, so muss abgeklärt werden, wo sich die einzelnen Teile des Nachlasses befinden. Ist der einzige inländische Anknüpfungspunkt nämlich nur die deutsche Staatsbürgerschaft des Erblassers oder der im Inland wohnenden Erben und befindet sich die Nachlassmasse ansonsten insgesamt im Ausland, so ist es fraglich, welche Rolle der inländische Berater überhaupt noch einnehmen kann. Mit der Einführung der EuErbVO dürfte inzwischen sogar die Zuständigkeit eines deutschen Nachlassgerichtes prima vista fehlen, wenn sich sowohl der letzte gewöhnliche Aufenthalt des Erblassers als auch die Vermögensgegenstände des Nachlasses nicht im Inland befinden.

Und dennoch kommt dem inländischen Berater für diesen Fall eine wichtige Rolle zu. Es 130
liegt nun an ihm, die Nachlassabwicklung zu koordinieren, sich mit geeigneten Kanzleien im Ausland in Verbindung zu setzen, die Abwicklung zu überwachen und den Mandanten in jeder Phase der Nachlassabwicklung zu beraten und die einzelnen Schritte inhaltlich zu vermitteln. Darüber hinaus kann er ausländischen Notaren und Anwälten wichtige Hinweise bei der Auslegung deutschen Rechts geben, so denn der Erbe eine Rechtswahl nach Art. 22 EuErbVO zugunsten deutschen Rechts in seinem Testament angeordnet hat. Tritt der Berater mit einem ausländischen Kollegen in Kontakt, so ist es angebracht, sich sorgfältig über die Vergütungsstruktur des ausländischen Kollegen zu informieren. Nicht selten liegen im Ausland die Gebührensätze deutlich über den deutscher Rechtsanwälte oder Notare.

---

268 BGH FamRZ 1993, 316–318; BGH NJW 1993, 848–850.

269 *Kegel/Schurig*, Internationales Privatrecht, 9. Aufl. 2004, § 16 VI, S. 538; Süß/*Süß*, Erbrecht in Europa, § 5 Rn 21.

270 *Kroiß*, in: Bonefeld/Kroiß/Tanck, Erbprozess, § 14 Rn 104.

271 KG ZEV 2011, 132, 133 ff.

II. Art und Umfang der Tätigkeit des Nachlassgerichts

131 Das Recht der freiwilligen Gerichtsbarkeit spielt im Erbrecht sowie im internationalen Erbrecht eine große Rolle. Die Tätigkeiten der **Nachlassgerichte** in Erbsachen sind sehr vielfältig. Sie reichen derzeit vom Aufgreifen des Erbfalls, nachdem eine entsprechende Mitteilung durch Anzeige Hinterbliebener oder aber des Ortsgerichts[272] erfolgt ist, der Sicherung des Nachlasses, der Eröffnung von Testamenten bis hin zur Erteilung des Erbscheins, des Testamentsvollstreckerzeugnissen,[273] oder des Europäischen Nachlasszeugnisses.

132 Hatte der Erblasser seinen letzten gewöhnlichen Aufenthalt im Inland, so ist gem. Art. 4 EuErbVO bzw. Art. 343 Abs. 1 FamFG das Nachlassgericht örtlich zuständig in dessen Bezirk der Erblasser seinen letzten Aufenthalt hatte. Die nachfolgenden Aufgaben wurden bereits international im Falle der Zuständigkeit bejaht:[274]

- Bestellung eines Nachlasspflegers zugunsten des Erben[275]
- Anfechtung eines Testaments[276]
- Ablieferung und Verwahrung eines Testaments[277]
- Entlassung eines Testamentsvollstreckers[278]
- Errichtung eines Inventars[279]
- Annahme bedingter Erberklärungen[280]
- Entgegennahme der unter Vorbehalt abgegebenen Erklärung der Annahme der Erbschaft[281]
- Ausschlagung der Erbschaft[282]
- Bedingungslose Annahme der Erbschaft
- Anfechtung eines Testaments[283]
- Ablieferung und Verwahrung eines Testaments[284]
- Entlassung eines Testamentsvollstreckers[285]
- Erstellung eines Europäischen Nachlasszeugnisses.[286]

133 Diese Aufzählung ist nicht abschließend. Es scheint angebracht, die internationale Zuständigkeit der inländischen Nachlassgerichte immer dann anzunehmen, wenn der Erblasser im Todeszeitpunkt seinen letzten gewöhnlichen Aufenthalt im Inland hatte gem. Art. 21 Abs. 1

272 In Bayern bei Vorhandensein von Grundstücken (Art. 37 AGGVG) sowie in Baden-Württemberg bei Vorhandensein von Nachlassvermögen (§ 41 LFGG) erfolgt die Aufgreifung des Erbfalls von Amts wegen (vgl. hierzu Würzburger Notarhandbuch, Teil 4, Kapitel 2, S. 1984 Rn 26).

273 MüKo/*Birk* (2010), Art. 25 EGBGB Rn 313.

274 Aus MüKo/*Birk* (2010), Art. 25 EGBGB Rn 320.

275 BGHZ 49, 1; BayObLGZ 1963, 52; *Pinckernelle/Spreen*, DNotZ 1967, 200.

276 KG JR 1976, 200.

277 KG OLGE 18, 374.

278 OLG Frankfurt am Main OLGZ 1977, 180; OLG Hamm OLGZ 1973, 289.

279 BayObLGZ 1965, 423; *Heldrich*, NJW 1967, 417 ff.; *Pinckernelle/Spreen*, DNotZ 1967, 217 f.

280 BayObLGZ 1967, 197, 203 f., 338, 342.

281 BayOblGZ 1965, 423, 429.

282 BayObLGZ 1965, 429; LG Hagen FamRZ 1997, 645; Soergel/*Kegel* (11. Aufl.), Vor Art. 24 EGBGB Rn 62.

283 Interlokal: KG JR 1976, 200.

284 KG OLGE 18; 374; interlokal: KG NJW 1970, 390, 391.

285 OLG Frankfurt OLGZ 1977, 180; interlokal OLG Hamm OLGZ 1973, 289. Die internationale Zuständigkeit zur Ernennung eines Testamentsvollstreckers wurde hingegen abgelehnt durch OLG Neustadt JZ 1951, 644.

286 Dutta/Weber/*Dutta*, IntErbRVG, § 34 Rn 12 ff.

EuErbVO/§ 343 Abs. 1 FamFG oder aber Deutscher war und der Anwendungsbereich des § 343 Abs. 2 oder Abs. 3 FamFG eröffnet ist. Weiterhin immer dann, wenn sich Nachlassgerichte im Inland befinden und diese der „Fürsorge“ durch ein inländisches Gericht bedürfen.[287] Jedes Gericht i.S.d. EuErbVO kann darüber hinaus Sicherungsmaßnahmen i.S.d. Art. 19 EuErbVO ergreifen. Das Nachlassgericht ist ein Gericht i.S.d. EuErbVO.

III. Örtliche Zuständigkeit

Die Örtliche Zuständigkeit des Nachlassgerichts ergibt sich zunächst aus den bekannten 134
nationalen Vorschriften. Es sind dies: §§ 12, 13, 23, 27 ZPO; §§ 105, 343 f. FamFG. Daneben ergibt sich die örtliche Zuständigkeit nunmehr auch aus Art. 4 EuErbVO (letzter gewöhnlicher Aufenthalt des Erblassers), Art. 5 EuErbVO (Rechtswahl mit Forumswahlvereinbarung der Erben nach dem Tod des Erblassers), Art. 10 EuErbVO (subsidiäre Zuständigkeit), Art. 11 EuErbVO (Notzuständigkeit *forum necessitatis*), Art. 13 EuErbVO (Gewöhnliche Aufenthaltsort des Erklärenden),[288] letztlich Art. 10 Abs. 2 EuErbVO (die beschränkte Zuständigkeit für den in diesem Mitgliedsstaat belegenen Nachlass).[289]

IV. Europäisches Nachlasszeugnis (ENZ)

1. Einführung und Verhältnis zum Erbschein

In der Vorauflage dieses Buches wurde das Europäische Nachlasszeugnis (ENZ) als die 135
vielleicht bemerkenswerteste Neuerung innerhalb des Regelungskomplexes der Europäischen Erbrechtsverordnung betitelt. Aus der täglichen Praxis ist zu berichten, dass es ein taugliches Instrument zur Abwicklung von Nachlässen innerhalb der Vertragsstaaten geworden ist und dass es den Vertragsstaaten gelungen ist, ein Zeugnis zu entwickeln, welches europaweit einsetzbar ist. Dabei waren die Bedenken insbesondere unter Praktikern zu Beginn groß und sind es gegebenenfalls jetzt noch. Insbesondere mit Blick auf den südeuropäischen Raum wurde immer wieder die Sorge laut, ob denn ein solches Zeugnis, ausgestellt vom Amtsgericht Groß-Gerau, in Reggio di Calabria, Almería oder Setúbal noch Wirkung entfalten könne. Zwar ist es in der Praxis in den allermeisten Fällen nach wie vor notwendig, dass man sich noch eines Notars vor Ort bedienen muss, jedoch ist dies nicht zwingend ein Nachteil. Wichtig ist, und dies wird durch das ENZ gewährleistet, dass die Erbfolge inkl. Vermächtnisse unkompliziert ins Ausland mitgeteilt werden können. Die durchgängige Nummerierung im ENZ erlaubt es den Gerichten und Notaren dabei im Ausland auch ohne Vorlage einer Übersetzung anhand der Nummern, Erben und Vermächtnisnehmer (Legatare) zu ersehen. Wichtig dabei scheint es zu erwähnen, dass Erbschein und ENZ nicht im Konkurrenzverhältnis zueinander stehen. Ein Erbschein ist kein Europäisches Nachlasszeugnis und ein Europäisches Nachlasszeugnis ist kein Erbschein. Wichtig zu wissen ist aber, dass neben dem Erbschein bei Bedürftigkeit relativ unkompliziert ein ENZ parallel und auch gleichzeitig beantragt werden kann.

287 Vgl. hierzu BayObLGZ 1999, 296, 303; OLG Karlsruhe FamRZ 1990, 1398; OLG Köln DNotZ 1993, 173.

288 Zimmermann/*Grau*, Praxiskommentar Erbrechtliche Nebengesetze, EuErbVO Rn 153.

289 Zimmermann/*Grau*, Praxiskommentar Erbrechtliche Nebengesetze, EuErbVO Rn 147.

2. Exkurs: Neues Internationales Erbrechtsverfahrensgesetz (IntErbRVG)

136 Gemäß § 1 Abs. 1 IntErbRVG regelt dieses Gesetz die Durchführung der Verordnung (EU) Nr. 650/2012 des Europäischen Parlaments und des Rates vom 4.7.2012 über die Zuständigkeit, das anzuwendende Recht, die Anerkennung und Vollstreckung von Entscheidungen und die Annahme und Vollstreckung öffentlicher Urkunden in Erbsachen sowie zur Einführung eines Europäischen Nachlasszeugnisses.[290] Dieses neue Gesetz war also erforderlich, da es für die Umsetzung der EuErbVO weiterer nationaler Regelungen im Bereich des nationalen Zuständigkeits- und Verfahrensrechts bedurfte. In Abschnitt 5 des Gesetzes, den §§ 33–44 IntRErbVG, wird das Verfahren rund um das Europäische Nachlasszeugnis konkretisiert.[291]

3. Zweck des Europäischen Nachlasszeugnisses

137 Das ENZ dient der Nachlassabwicklung außerhalb des Inlandes. Es ist nicht allein zur Anwendung im jeweiligen Inland gedacht, sondern soll vielmehr die Abwicklung eines Erbfalls mit Auslandsbezug ermöglichen. Das ENZ dient dabei nicht nur den Erben, sondern aller unmittelbar am Nachlass berechtigter. Es steht mithin nicht in Konkurrenz zum deutschen Erbschein.

a) Internationale Zuständigkeit

138 Die internationale Zuständigkeit für das Verfahren zur Beantragung des ENZ ergibt sich aus Art. 4 ff. EuErbVO.[292] Danach fällt die internationale Zuständigkeit dem Land zu, in welchem der Erblasser seinen letzten gewöhnlichen Aufenthalt hatte. Bei einer getroffenen Rechtswahl gemäß Art. 5 EuErbVO können die Erben durch Vereinbarung einer Gerichtsstandsvereinbarung die Zuständigkeit verschieben.[293]

b) Sachliche Zuständigkeit

139 Die sachliche Zuständigkeit zur Beantragung des ENZ ist in § 34 IntErbRVG geregelt. Danach ist gem. § 34 Abs. 4 IntErbRVG das Amtsgericht als Nachlassgericht ausschließlich zuständig zur Beantragung. Eine Besonderheit galt bei der Beantragung in Baden-Württemberg: In Württemberg nahm der Bezirksnotar gem. Art. 73 ff. AGBGB und in Baden der Notar gemäß § 33 LFGG die Aufgaben des Nachlassgerichtes wahr.[294] Mit Inkraftreten der Notariatsreform und Neuordnung des Grundbuchwesens zum 1.1.2018 des Landes Baden-Württemberg wurden alle rund 300 bestehenden staatlichen Notariate aufgelöst und freiberuflichen Notaren übergeben. Die Aufgaben der freiwilligen Gerichtsbarkeit wurden, wie im Bund auch, den Amtsgerichten übertragen.

c) Örtliche Zuständigkeit

140 Die inländische örtliche Zuständigkeit bestimmt sich wie auch die internationale Zuständigkeit in Art. 4 EuErbVO. Danach ist das Nachlassgericht innerhalb Deutschlands zuständig, an welchem der Erblasser seinen letzten gewöhnlichen Aufenthalt im Zeitpunkt seines Todes hatte. Hatte der Erblasser indes keinen letzten gewöhnlichen Aufenthalt im Inland

---

290 BGBl I 2015, 1042 ff.

291 *Kroiß*, in: Bonefeld/Kroiß/Tanck, Der Erbprozess, § 14 Rn 37.

292 *Kroiß*, in: Bonefeld/Kroiß/Tanck, Der Erbprozess, § 14 Rn 112.

293 Zimmermann/*Grau*, Praxiskommentar Erbrechtliche Nebengesetze, EuErbVO Rn 139.

294 *Kroiß*, in: Bonefeld/Kroiß/Tanck, Der Erbprozess, § 14 Rn 113.

zum Zeitpunkt seines Todes, so ist das Gericht zuständig, in welchem der Erblasser seinen letzten gewöhnlichen Aufenthalt hatte. Fehlt auch dieser, so ist das Amtsgericht Schöneberg (Berlin) zuständig.[295] Das Amtsgericht Schöneberg darf gemäß § 343 Abs. 2 FamFG die Sache aus wichtigem Grund an ein anderes Nachlassgericht verweisen.[296] Eine Verweisung wird in aller Regelmäßigkeit durch das Nachlassgericht Schöneberg getroffen, wenn sich Nachlassmasse von Wert an einem anderen Ort im Inland befindet.

d) Antrag

Vergleichbar in etwa dem Erbscheinsverfahren (§ 352 Abs. 3 FamFG), hat der Antragsteller 14
eines ENZ in aller Regel die dort gemachten Angaben gem. § 36 Abs. 2 IntErbRVG an Eides statt zu erklären. Er hat zu erklären, dass ihm, dem Antragsteller, nichts bekannt sei, was der Richtigkeit seiner Angaben entgegensteht. Das Gericht kann dem Antragsteller jedoch die Abgabe der Eidesstattlichen Versicherung erlassen, wenn das Gericht dies für nicht erforderlich erachtet.[297] Anders als beim Erbschein, welcher beispielsweise Grundpfandgläubigern die Beantragung eines Erbscheines gestattet, ist die Beantragung eines ENZ durch Gläubiger nicht vorgesehen. Sie gehören nicht zum Kreis der Antragsberechtigten.[298]

e) Anhörung Beteiligter

Der Begriff des Beteiligten ist an § 345 FamFG angelehnt und in § 37 IntErbRVG beschrie- 14
ben. In aller Regel müssen Beteiligte angehört werden, wenn das ENZ in die Rechte der Beteiligten eingreift.[299] Unklar ist aktuell noch, was zu geschehen hat bzw. welche rechtlichen Konsequenzen es hat, wenn ein am Verfahren Beteiligter Einwendungen gegen die Erteilung des ENZ vorbringt. Nach bisheriger Auffassung ist das Nachlassgericht gehalten, für den Fall, dass die Einwendungen nicht durchgreifen, dies im ENZ darzulegen.[300] Werden indes zwei Anträge auf Erteilung eines ENZ mit jeweils feindlichen Anträgen gestellt, so ist der erfolglose Antrag rechtsmittelfähig zurückzuweisen.[301]

f) Gang des Verfahrens

Vergleichbar wie im deutschen Erbscheinsverfahren gilt für das Antragsverfahren des ENZ 14
der Amtsermittlungsgrundsatz. Dieser ergibt sich zunächst einmal aus Art. 66 Abs. 1 S. 2 EuErbVO. Der Umfang der Amtsermittlungspflicht ergibt sich wiederum aus den *lex fori*, sodass § 35 Abs. 1 IntErbRVG zur Anwendung kommt. Damit hat das Nachlassgericht die Pflicht, den Sachverhalt von Amts wegen aufzuklären gem. § 26 FamFG.[302] Die Entscheidung über den Antrag auf Erteilung des ENZ erfolgt durch Erteilung des ENZ gemäß § 39 Abs. 1 S. 1 IntErbRVG. Wird das ENZ indes nicht erteilt, sondern die Erteilung abgelehnt, so ergeht hierüber gemäß § 39 Abs. 1 S. 2 IntErbRVG ein Beschluss. Was die Kostenentscheidung anbelangt, so gelten die §§ 80, 81 FamFG. Kostenschuldner des ENZ ist der Antragsteller gemäß § 22 Abs. 1 GNotKG.[303]

---

295 *Kroiß*, in: Bonefeld/Kroiß/Tanck, Der Erbprozess, § 14 Rn 114.
296 KG, Beschluss v. 5.1.2016 – 1 AR 34/15.
297 *Zimmermann*, FGPrax 2015, 147.
298 *Dorsel*, ZErb 2014, 212; *Buschbaum/Simon*, ZEV 2012, 525.
299 Burandt/Rojahn/*Kroiß*, § 345 FamFG Rn 3.
300 *Zimmermann*, FGPrax 2015, 145.
301 *Kroiß*, in: Bonefeld/Kroiß/Tanck, Der Erbprozess, § 14 Rn 116.
302 NK-NachfolgeR/*Köhler*, Art. 66 EuErbVO Rn 1; Prütting/*Helms/Fröhler*, § 352 FamFG Rn 17.
303 *Kroiß*, in: Bonefeld/Kroiß/Tanck, Der Erbprozess, § 14 Rn 118.

g) Erteilung des Europäischen Nachlasszeugnisses

144 Gemäß § 40 IntErbRVG erfolgt die Bekanntgabe des ENZ durch Erteilung einer beglaubigten Abschrift an den Antragsteller. Am Verfahren Beteiligte erhalten eine einfache (keinesfalls eine beglaubigte) Abschrift des ENZ. Dabei ist auf die deutliche Kennzeichnung des ENZ als „einfache Abschrift" zu achten.[304]

h) Zeitliche Beschränkung und Verlängerung des Zeugnisses

145 Das ENZ ist mit einem „Haltbarkeitsdatum" versehen. Gemäß § 70 Abs. 3 EuErbVO ist das ENZ sechs Monate gültig. Die Frist beginnt dabei mit Erteilung des ENZ zu laufen.[305] Für die Fristberechnung gelten die Vorschriften des BGB-AT insoweit sich nichts anderes aus der Fristenverordnung ergibt.[306] Sollte es im Rahmen der Nachlassabwicklung im Ausland absehbar sein, dass diese nicht in einem Zeitrahmen von sechs Monaten durchführbar zu bewerkstelligen ist, so besteht die Möglichkeit, die Gültigkeitsdauer zu verlängern. Das Verfahren hierzu ist unkompliziert. Ausreichend ist es, die erteilte beglaubigte Abschrift des ENZ an das zuständige Nachlassgericht zurückzusenden, verbunden mit dem schriftlichen Antrag, die Gültigkeitsdauer zu verlängern. Zur Begründung ist ausreichend darzulegen, dass die Nachlassabwicklung noch nicht abgeschlossen ist und dass das erteilte ENZ zur Abwicklung noch benötigt wird.

i) Widerruf und Aussetzung

146 Ist ein ENZ unrichtig erteilt worden, so ist es gemäß § 38 IntErbRVG entweder zu widerrufen oder zu ändern, wobei der Widerruf auch von Amts wegen erfolgen darf. Da es durch das Nachlassgericht keine Möglichkeit gibt, das ENZ für kraftlos zu erklären oder schlichtweg einfach einzuziehen, ist es durch den Verordnungsgeber mit einem „Haltbarkeitsdatum" gemäß Art. 70 Abs. 3 EuErbVO versehen worden. Dieses beträgt, wie bereits erwähnt (Rdn 145), sechs Monate ab Erteilung des Zeugnisses. Ist über die Richtigkeit des ENZ ein Verfahren anhängig, so kann das mit diesem Verfahren befasste Gericht gemäß Art. 73 EuErbVO die Wirkungen des ENZ aussetzen. Ist gegen das ENZ ein Rechtsmittel bzw. ein Rechtsbehelf gemäß Art. 72 EuErbVO eingelegt worden, so kann das in dieser Sache zuständige Rechtsmittelgericht die Wirkungen des ENZ vorläufig aussetzen, bis eine endgültige Entscheidung ergangen ist.[307] Über die gerichtlich verfügte vorläufige Aussetzung der Wirkungen des ENZ sind gemäß Art. 73 Abs. 2 EuErbVO die Personen unverzüglich zu unterrichten, denen einen beglaubigte Abschrift des Zeugnisses erteilt worden ist.[308]

j) Rechtsmittel

147 Gegen die Entscheidung des Amtsgerichts – Nachlassgericht, welche im Zusammenhang mit ENZ stehen, ist gemäß § 43 IntErbRVG die Beschwerde zum Oberlandesgericht statthaft. Für im Inland ansässige Antragsteller und Beteiligte ist diese gemäß § 43 Abs. 3 Nr. 1 IntErbRVG binnen eines Monats ab Bekanntgabe einzulegen. Für im Ausland lebende Antragsteller und Beteiligte beträgt die Frist zur Einlegung eines Rechtsmittels nach § 43

---

304 *Kroiß*, in: Bonefeld/Kroiß/Tanck, Der Erbprozess, § 14 Rn 119.
305 *Kroiß*, in: Bonefeld/Kroiß/Tanck, Der Erbprozess, § 14 Rn 120.
306 Verordnung (EWG, EUROATOM) Nr. 1182/71 des Rates vom 3.6.1971.
307 *Volmer*, RPfleger 2013, 421, 432; a.A. *Buschbaum*, ZEV 2012, 525 ff.
308 *Kroiß*, in: Bonefeld/Kroiß/Tanck, Der Erbprozess, § 14 Rn 122.

Abs. 3 Nr. 2 IntErbRVG zwei Monate. Die Beschwerde ist dabei gegen das Ausgangsgericht gemäß § 43 Abs. 1 S. 2 IntErbRVG einzulegen.[309]

4. Wichtige materiell-rechtliche Einzelfragen zum Europäischen Nachlasszeugnis

a) Aufnahme der Erbquote nach § 1371 BGB

Durch das ENZ können nicht nur eine Alleinerbenstellung, sondern auch eine Miterbenstel- 148
lung und sogar eine lediglich zeitweilige Erbenstellung (wie etwa bei einer Vor- und Nacherbschaft oder vergleichbarer Institute) bescheinigt werden.[310] Nicht hingegen erfasst ist der Ausgleich des Güterrechts (Zugewinnausgleich). Dieser kann insoweit nicht bescheinigt werden, allenfalls deklaratorisch.[311] Dennoch wird die Erbenstellung des überlebenden Ehegatten im ENZ mit all seinen Wirkungen aufgeführt, soweit sie auf seinem Güterrecht beruht.[312] Was den konkreten Ausgleich des Zugewinns im Todesfall nach § 1371 Abs. 1 BGB durch pauschale Erhöhung der Erbquote um ein Viertel anbelangt, so hat der EuGH entschieden, dass diese nationale Vorschrift „in erster Linie die Rechtsnachfolge nach dem Tode eines Ehegatten und nicht das eheliche Güterrecht" betrifft. Folglich bezieht sich die nationale Regelung auf Erbsachen im Sinne der Verordnung Nr. 650/2012.[313] Nach dafürhalten des EuGH fällt die nationale Bestimmung des § 1371 Abs. 1 BGB damit in den Anwendungsbereich der vorbezeichneten Verordnung und ist somit in ein ENZ mit aufzunehmen. Alles andere, so der EuGH in seiner Begründung, würde die verfolgten Ziele des ENZ erheblich beeinträchtigen.

Mit dieser Entscheidung hat sich der EuGH jedoch nur bzgl. des deutschen § 1371 BGB 149
positioniert. Anzumerken gilt es abschließend noch, ob die Entscheidung nicht neuen Anschub liefert, den in Deutschland seit Jahrzehnten schwelenden Streit über die Qualifizierung des § 1371 Abs. 1 BGB (güterrechtlich vs. erbrechtlich) endgültig zu entscheiden. Für den EuGH war die Einordnung jedenfalls relativ klar.[314]

b) Guter Glaube und Wirkung gem. Art. 69 EuErbVO

Vergleichbar wie beim deutschen Erbschein wird auch beim ENZ vermutet, dass die Anga- 150
ben zur Stellung als Erbe, Vermächtnisnehmer, Testamentsvollstrecker oder Nachlassverwalter in dem Umfang, in welchem sie im ENZ ausweisbar und bescheinigbar ist, auch tatsächlich besteht. Das ENZ entfaltet also Rechtsvermutungswirkung.[315] Bei falschen Angaben in einem ENZ gilt also die Gutglaubenswirkung. In der Praxis bedeutet dies, dass ein gutgläubiger Erwerb von Nachlassgegenständen bei Vorlage des ENZ, durch einen veräußernden Alleinerben möglich ist.[316] Wer also gutgläubig an eine im ENZ zur Entgegennahme der Leistung bezeichnete Person leistet, wird von seiner Verbindlichkeit frei.[317]

---

309 *Kroiß*, in: Bonefeld/Kroiß/Tanck, Der Erbprozess, § 14 Rn 123–125.

310 *Schauer*, in: Schauer/Scheuba, Europäische Erbrechtsverordnung, 2012, 73, 80; Dutta/Weber/*Fornasier*, Rn 7; Bonomi/Wautelet/*Wautelet*, Rn 9.

311 *Dörner*, ZEV 2010, 221, 228: Lediglich Nennung des güterrechtlichen Viertels gem. § 1371 Abs. 1 BGB nach Art. 68 lit. h EuErbVO mit „infomatorischen Charakter".

312 *Kunz*, GPR 2012, 253, 254; *Süß*, ZEuP 2013, 725, 742 f.; *Dutta*, FamRZ 2013, 4, 13f.

313 EuGH, Urt. v. 1.3.2018 – C-558/16; FamRZ 2018, 632 f.

314 Die herrschende Meinung qualifiziert die pauschalierte Erhöhung des Erbteils des Ehegatten nach § 1371 BGB jedoch güterrechtlich: Staudinger/*Thiele*, Vorbem. zu § 1371 BGB Rn 13; BGH FamRZ 2015, 1180.

315 MüKo/*Dutta*, Art. 69 EuErbVO Rn 7.

316 MüKo/*Dutta*, Art. 69 EuErbVO Rn 12.

317 Süß/*Süß*, Erbrecht in Europa, § 6 Rn 16.

c) Aufnahme von Vindikationslegaten und Singularsukzession

151 In einem internationalen Erbfall kann es bei Anwendung fremden Rechts unter Umständen dazu kommen, dass beispielsweise in einer letztwilligen Verfügung von Todes wegen erbrechtliche Anordnungen getroffen werden, welche dem deutschen Recht schlichtweg nicht bekannt sind. Denkbar ist zum Beispiel, dass der Erblasser ein sog. Vindikationslegat,[318] also ein Vermächtnis mit unmittelbar dinglicher Wirkung, anordnet. Die Fragestellung aus deutscher Sicht lautet nun, ob und wenn ja, wie ein solches Vindikationslegat im ENZ zu vermerken ist. Dieser Punkt ist aktuell jedenfalls noch nicht vollständig geklärt. Fest steht jedoch, dass alle Vermächtnisse, ganz gleich, ob sie dinglich wirken oder nicht, im ENZ mit aufzuführen sind. Ob diese angeordneten Vermächtnisse in letzter Konsequenz nach den jeweiligen *lex rei sitae ipso iure* zum Eigentumserwerb führen oder ob es hierzu eines weiteren Vollzugsschrittes bedarf, ergibt sich dann letztlich nicht aus dem ENZ, sondern aus den sachenrechtlichen Normen des entsprechenden Landes.[319]

d) Angaben zur Testamentsvollstreckung

152 Der Testamentsvollstrecker ist selbst Antragsberechtigter eines ENZ. Darüber hinaus ist seine Stellung im Erbfall im ENZ detailliert mit anzugeben. So ist auf dem ENZ entsprechend zu vermerken, mit welchen Befugnissen der Testamentsvollstrecker ausgestattet ist und ob seine Verfügungsbefugnis nur Teile des Nachlasses oder den Gesamtnachlass umfasst. Sollte die Vorgaben aus dem ENZ-Formular nicht ausreichen, besteht im Formular unterhalb der Ordnungsziffer 4.23 (Sonstiges) für das Gericht die Möglichkeit, den Aufgabenbereich bzw. die Befugnisse entsprechend zu spezifizieren. Letztlich ergibt sich aus dem ENZ ab Ordnungsziffer 5.1, aufgrund welcher Rechtsstellung der Testamentsvollstrecker seine Position innehat.

e) Verwendung des Europäischen Nachlasszeugnisses im Grundbuchverfahren

153 Änderungen im Grundbuch werden durch die Vorlage einer öffentlichen Urkunde i.S.v. § 29 GBO geführt. In Erbfällen erfolgt der Nachweis der Erbrechts in aller Regel zum einen gemäß § 35 Abs. 1 S. 2 GBO durch ein beurkundetes Testament in Verbindung mit der Eröffnungsniederschrift oder zum anderen gemäß § 35 Abs. 1 S. 1 GBO **bislang** durch Vorlage eines Erbscheines.[320] Mit der Einführung der EuErbVO ist nunmehr als weiteres Erbzertifikat das ENZ hinzugetreten, welches in § 35 Abs. 1 S. 1 GBO bereits Aufnahme gefunden hat. Da das ENZ mit einem guten Glauben ausgestattet ist, entfaltet es auch auf Eintragungen in inländischen Registern volle Legitimationswirkung.[321] Dabei ist es unerheblich, ob das ENZ im Inland oder durch ein ausländisches europäisches Gericht erteilt wurde.[322]

V. Erbschein/Fremdrechtserbschein

154 Mit Einführung der EuErbVO zum 17.8.2015 wurde § 2369 BGB, in welchem der Fremdrechtserbschein bis dahin geregelt war, aufgehoben. Für Altfälle gilt er jedoch gemäß

---

318 Zum Vindikationslegat: *Margonski*, ZErb 2011, 97; BGH ZEV 1995, 298.

319 Vgl. hierzu Süß/*Süß*, Erbrecht in Europa, § 6 Rn 14.

320 Meikel/*Roth*, Grundbuchordnung, 10. Aufl. 2009, § 35 Rn 42; *Schöner/Stöber*, Grundbuchrecht, Rn 800.

321 *J. Schmidt*, ZEV 2014, 393.

322 Süß/*Süß*, Erbrecht in Europa, § 6 Rn 25.

Art. 229 § 36 EGBGB weiterhin.[323] Da die EuErbVO erst seit dem 17.82015 in Kraft ist, besitzt der § 2369 BGB a.F. noch immer Praxisrelevanz. Im Übrigen wird es auch in Zukunft Fallkonstellationen geben, in denen sich die Rechtsnachfolge von Todes wegen nach ausländischem Recht richtet und deshalb in einem deutschen Erbschein fremdes Recht auszuweisen ist. Die Regelung des § 2369 BGB a.F. ist demzufolge wortgleich in den § 352c FamFG übernommen worden.[324]

1. Abgrenzung zum Europäischen Nachlasszeugnis

Wie bereits mehrfach erwähnt, ist das ENZ nicht der Nachfolger des deutschen Erbscheins. 155
Vielmehr stehen die beiden Zertifikate nebeneinander. Für einen rein inländischen Nachlass wird es auch in Zukunft kein Bedürfnis für die Beantragung eines ENZ geben. Zugegebenermaßen ist der Anwendungsbereich des § 352c FamFG durch das in der EuErbVO kodifizierte Nachlasszeugnis in Cross-Border-Fragestellungen eingeschränkt worden, wenn die Erben aus dem Ausland kommen und der Erblasser im Ausland lebte. Diese Erben werden zukünftig die Nachlassabwicklung im Inland mit dem ENZ und nicht mehr, wie vor dem 17.8.2015 oftmals erforderlich, mit einem territorial beschränkten deutschen Erbschein arbeiten.

> **Beispiel: Erforderlichkeit eines Fremdrechtserbscheins**
>
> Ein Franzose errichtet im Inland eine letztwillige Verfügung von Todes wegen. Nachlassvermögen befindet sich jedoch nur in Deutschland. In seiner letztwilligen Verfügung von Todes wegen bestimmt der Erblasser jedoch gem. Art. 22 EuErbVO, dass sich die Rechtsnachfolge von Todes wegen ausschließlich nach dem Recht seiner Heimatlandes richten soll. Aufgrund der Höhe des Vermögen, sowie des Umstandes, dass der Erblasser auch Immobilien im Inland besitzt, muss ein Erbschein zum Nachweis der Erbfolge beantragt werden. Da der Erblasser jedoch kein Auslandsvermögen besitzt, ist die Beantragung eines ENZ schlichtweg nicht erforderlich. Ausreichend ist in diesem Fall die Beantragung eines inländischen Erbscheins, welcher das anzuwendende fremde Recht ausweist.[325]

Wurde oder wird ein sogenannter „Fremdrechtserbschein" erteilt, so ist neben den Erben 156
und der oben erwähnten gegenständlichen Beschränkung auch das ausländische anzuwendende Erbrecht anzugeben. Strittig war die Frage, ob auch ausländische Erbinstitute im Erbschein mit aufzunehmen sind. Klassische Beispiele werden im Folgenden aufgeführt:

a) Noterbenrecht

In den meisten südeuropäischen Ländern ist das Pflichtteilsrecht als echtes Noterbenrecht 157
ausgestaltet. In einigen Ländern ist die testamentarische Verfügung gerichtlich durch eine **Herabsetzungsklage** zu kürzen. Ist eine solche Klage durchzuführen, so ist nach erfolgter gerichtlicher Herabsetzung der Noterbe im Erbschein **als Erbe** aufzuführen. Sie sind Erben und nicht bloße Nachlassgläubiger.[326] Deshalb ist ein Erbschein unter Angaben der Noterben mit ihren Quoten zu erteilen.[327] Ist die Klage noch nicht erhoben, aber noch möglich, so ist der Noterbe zwar nicht als Erbe im Erbschein aufzunehmen, jedoch ist zu vermerken,

323 Keidel/*Zimmermann*, § 352c FamFG Rn 1.

324 *Kroiß*, in: Bonefeld/Kroiß/Tanck, Der Erbprozess, § 14 Rn 141.

325 Weitere Fallbeispiele: Zimmermann/*Schmidt-Recla*, Praxiskommentar Erbrechtliche Nebengesetze, § 352c FamFG Rn 4, 5.

326 MüKo/*Birk* (2010), Art. 25 EGBGB Rn 346.

327 Keidel/*Zimmermann*, § 352c FamFG Rn 17.

dass die Herabsetzungsklage noch möglich ist. Dies ist gleich einer Verfügungsbeschränkung einzutragen.[328] Ist zur Durchsetzung des Noterbenrechts keine Herabsetzungsklage erforderlich, so ist nach Geltendmachung der enterbte Noterbe im Erbschein aufzuführen. Ist die Geltendmachung formlos möglich, so kann die Geltendmachung auch in der Beantragung eines Erbscheins liegen.[329]

b) Nießbrauchsrecht des Ehegatten

158 Das Ehegattennießbrauchsrecht ist im romanischen Rechtskreis noch verbreitet. Ob es in einem deutschen Erbschein als Verfügungsbeschränkung Erwähnung finden sollte, war lange Zeit umstritten.[330] Wirkt es als Verfügungsbeschränkung und entsteht es unmittelbar mit dem Erbfall z.B. in Form eines Vindikationslegat (wie z.B. in Belgien), so soll es im Erbschein aufgeführt werden.[331] Die Rechtsprechung lehnte die Aufnahme im Erbschein jedoch stets ab, da das deutsche Recht die Wirkung eines fremden Vindikationslegats nicht kennt.[332] Hat der überlebende Ehegatte ein Wahlrecht zwischen einem Nießbrauchsrecht oder einer Miterbenstellung, so empfiehlt es sich, solange das Wahlrecht noch nicht ausgeübt wurde, dies im Erbschein entsprechend zu vermerken.[333] Hier bringt das ENZ eine Verbesserung mit sich, da in diesem auf das bestehende Ehegattenerbrecht, auch in Form eines Nießbrauchsrechts, hingewiesen werden soll.

c) Legs Universel

159 Stellt das Universalvermächtnis lediglich eine andere Einkleidung der Erbfolge dar, so besteht kein Grund, dies nicht im Erbschein aufzuführen. Er ist sodann als Erbe aufzuführen.[334] Gleiches gilt, wenn durch Erbteilvermächtnisse der Nachlass insgesamt verteilt wird.[335] Das Einzelvermächtnis mit rechtsübertragender Wirkung ist jedoch im Erbschein nicht zu erwähnen.[336]

d) Testamentsvollstreckung nach ausländischem Recht

160 Eine nach ausländischem Recht angeordnete Testamentsvollstreckung ist dann in den Erbschein aufzunehmen, wenn sie die Verwaltung des Nachlasses und die Geltendmachung der Rechte dem Testamentsvollstrecker ganz oder teilweise vorbehält.[337] Eine Testamentsvollstreckung, welche den Erben in seiner Verfügungsmacht nicht beschränkt, also nur beaufsichtigenden Charakter hat, ist im Erbschein nicht mit aufzuführen.[338]

e) Zwischenschaltung von Personen

161 Im englischen und US-Rechtskreis ist die Zwischenschaltung von den nachlassverwaltenden Personen (*executor, administrator, personal representive*) obligatorisch. Sie verwalten in der

---

328 *Johnen*, MittRhNotK 1986, 70; *Taupitz*, IPRax 1988, 207, 210; MüKo/*Mayer*, § 2369 Rn 31
329 OLG Düsseldorf DNotZ 1964, 351, 353.
330 Verneinend: *Riering*, MittBayNot 1999, 519, 525 ff.
331 MüKo/*Birk* (2010), Art. 25 EGBG Rn 343.
332 BayObLGZ 1961, 19 ff.; BayObLG FamRZ 1996, 694, 698.
333 MüKo/*Birk* (2010), Art. 25 EGBGB Rn 343.
334 OLG Saarbrücken NJW 1967, 732, 733.
335 MüKo/*Birk* (2010), Art. 25 EGBGB Rn 340.
336 BayObLGZ 1961, 19 ff.; BayObLGZ 1974, 460, 466.
337 LG München I FamRZ 1998, 1067, 1068.
338 BayObLG FamRZ 1991, 986, 987.

Übergangsphase und bekommen sogar die Rechtsinhaberschaft am Nachlass übertragen.[339] Ihnen kann jedoch kein Erbschein erteilt werden. Als im Erbschein aufzuführende Erben kommen nur die gesetzlichen oder testamentarisch gewillkürten Erben in Betracht.[340] Erfasst die Administration den gesamten Nachlass, so ist dies als Verfügungsbeschränkung mit in den Erbschein aufzunehmen.[341]

f) Inhalt des Fremdrechtserbscheins

In einem Fremdrechtserbschein ist mit aufzunehmen: 162
- genaue Bezeichnung der Erben[342]
- etwaige Verfügungsbeschränkungen[343]
- territoriale und gegenständliche Beschränkung, ohne dass jedoch die sich im Inland befindlichen Gegenstände einzeln aufzuführen sind (ein solcher Verstoß würde den Erbschein jedoch nicht ungültig machen)
- das Recht, nach dem sich die Erbfolge richtet.[344]

2. Nachweis von Tatsachen im Erbscheinsverfahren

a) Ausländische Urkunden

Was den Nachweis der Richtigkeit der im Erbscheinsantrag gemachten Angaben anbelangt 163
ist noch verfahrensrechtlich bedeutsam, ob dies durch ausländische Urkunden erfolgen kann.[345] Die Vorlage der Originale ist im Erbscheinsverfahren in der Regel nicht notwendig. Ausreichend ist es, wenn beglaubigte Abschriften gefertigt werden. Dies gilt auch für ausländische öffentliche Urkunden.[346] In aller Regel hat eine Legislation der öffentlichen Urkunden zu erfolgen, falls keine vorrangigen Staatsverträge bestehen. Es ist möglich, die öffentliche ausländische Urkunde mit einer Apostille des Herkunftslandes zu versehen.[347] Darüber hinaus kann die Legislation durch deutsche Konsularbeamte in dem Bezirk erfolgen, in dem die Urkunde errichtet wurde.[348] Seit Inkrafttreten der EuErbVO ist Art. 59 EuErbVO zu beachten, nach dem ausländische Urkunden, die in einem Mitgliedsstaat errichtet worden sind, in der Regel dieselbe formelle Beweiskraft wie im Ursprungsland haben.

b) Abgabe der eidesstattlichen Versicherung

Zur Abgabe der im Erbscheinsverfahren erforderlichen eidesstattlichen Versicherung des 164
Antragsstellers gemäß § 2356 Abs. 2 S. 1 BGB sind im Inland der Notar sowie das Nachlassgericht zuständig. Im Ausland übernehmen diese Funktion die Konsularbeamten einer deutschen Botschaft oder eines deutschen Konsulats.[349] Zu beachten ist jedoch, dass die Abgabe der eidesstattlichen Versicherung vor einem ausländischen Notar nicht mit der

339 Süß/*Odersky*, Erbrecht in Europa, Großbritannien, S. 591 Rn 14
340 BayObLGZ 2003, 68, 83; KG IPRspr. 1972 Nr. 123.
341 LG Hamburg IPRspr. 1977 Nr. 104.
342 Hertel in Würzburger Notarhandbuch, Teil 4, Kapitel 2, S. 1984 Rn 22.
343 Hertel in Würzburger Notarhandbuch, Teil 4, Kapitel 2, S. 1984 Rn 24.
344 BayObLGZ 1961, 4, 21; KG Rpfleger 1977, 307.
345 Keidel/*Zimmermann*, § 352 FamFG Rn 62–63.
346 Keidel/*Zimmermann*, § 352 FamFG Rn 59.
347 Bzgl. der Staatsverträge vgl. Zöller/*Greiner*, § 438 Rn 1.
348 Konsulargesetz v. 11.9.1974, BGBl I, 2317.
349 *Kroiß*, in: Bonefeld/Kroiß/Tanck, Der Erbprozess, § 12 Rn 32.

Abgabe der eidesstattlichen Versicherung vor einem inländischen Notar oder Nachlassgericht gleichsteht. Es wird jedoch die Ansicht vertreten, dass für solch einen Fall die (erneute) Abgabe der eidesstattlichen Versicherung nicht mehr in Betracht kommt.[350] Ebenfalls nicht in Betracht kommt, den Eid in privatschriftlicher Form im Ausland zu leisten.[351]

I. Testamentsvollstreckung

165 Bei einem ausländischen Erbstatut ist die Erteilung eines gegenständlich auf das Inland beschränktes Testamentsvollstreckerzeugnis möglich.[352] Dabei finden die Grundsätze des Erbscheinsverfahrens Anwendung.[353] Zu beachten ist jedoch auch hier, dass sich im Europäischen Nachlasszeugnis umfangreiche Möglichkeiten der Darstellung einer Testamentsvollstreckung auch nach ausländischem Recht bieten. Inwieweit also ein tatsächliches Bedürfnis für ein inländisch beschränktes Testamentsvollstreckerzeugnis besteht, muss im Einzelfall entschieden werden. Ob eine Testamentsvollstreckung nach ausländischem Recht mit der Testamentsvollstreckung nach deutschem Recht vergleichbar ist, muss im Einzelfall entschieden werden. Entscheidend ist, dass eine Gleichwertigkeit der Verwalterperson des ausländischen Rechts mit dem des Testamentsvollstreckers des deutschen Rechts besteht.[354]

166 Insbesondere bei Vollstreckungen nach anglo-amerikanischem Recht sind die nachfolgenden Rechtsfiguren einzuordnen:

Der **Executer**, welcher durch Verfügung von Todes wegen bestimmt wird, ist eine zwischenberechtigte Person (Treuhänder), der als Testamentsvollstrecker qualifiziert werden kann. Auch der **Administrator** kann als Nachlassverwalter mit einem Testamentsvollstreckerzeugnis versehen werden. Die Stellung des **Trustees** ähnelt jedoch eher der eines Vorerbens,[355] weshalb ein entsprechendes Testamentsvollstreckerzeugnis nicht zu erteilen ist.

In einem Fremdrechtserbschein sind Testamentsvollstreckungen im Erbschein entsprechend zu vermerken, wenn sie dem deutschen Recht vergleichbar sind.[356] Ist die nach ausländischem Recht angeordnete Testamentsvollstreckung indes jedoch nur beaufsichtigend und beschränkt die Erben nicht in Ihrer Verfügungsbefugnis, dann ist diese nicht im Erschein zu vermerken.[357]

J. Pflichtteilsrecht

167 Die Bestimmung des Pflichtteils bzw. die Feststellung des Bestehens oder Nichtbestehens eines Pflichtteilsanspruchs ist im Rahmen eines Erbfalls mit Auslandsbezug eine anspruchsvolle Aufgabe. Das Pflichtteilsrecht ist in sehr vielen Ländern anders ausgestaltet als in Deutschland. Daher ist zunächst einmal eine umfangreiche Einarbeitung in das jeweilige Pflichtteilsrecht unerlässlich. Ist das Pflichtteilsrecht sogar als echtes Noterbenrecht ausge-

350 OLG München FGPrax 2007, 29.
351 OLG Frankfurt a.M. MDR 1996, 1153.
352 BayObLGZ 1986, 466.
353 *Hohloch/Heckel*, in: Hausmann/Hohloch, Handbuch des Erbrechts, Kapitel 26 Rn 188.
354 OLG Frankfurt IPRspr. 1972 Nr. 125.
355 Hertel, in: Würzburger Notarhandbuch, Teil 7, Kapitel 4, S. 3394 Rn 669.
356 BayObLGZ 1974, 460, 466; OLG Köln NJW 1983, 525, 526; OLG Frankfurt DNotZ 1972, 543, 544.
357 BayObLG FamRZ 1991, 986, 987.

staltet, so bewirkt dies eine echte Aufwertung der Position des Pflichtteilsberechtigten (Pflichterben), da in vielen europäischen Ländern eine **echte** Teilhabe am Nachlass vorgesehen ist.

I. Bestimmung des Pflichtteilsrechts

Das jeweilige Pflichtteilsrecht bestimmt sich nach dem Erbstatut.[358] Gleiches gilt dann 168
freilich sowohl für den Kreis der Pflichtteilsberechtigten als auch für den Pflichtteilsergänzungsanspruch (soweit das jeweils einschlägige Erbrecht einen solchen vorsieht).[359]

II. Bezifferung des Pflichtteilsanspruchs im Falle einer Nachlassspaltung

Unterliegt die Rechtsnachfolge von Todes wegen dem Grundsatz der Nachlasseinheit, dann 169
ist die Bezifferung anhand der jeweils einschlägigen Rechtsnorm vorzunehmen. Bei echten Noterben können diese Quoten sogar in einem deutschen Erbschein mit aufgeführt werden.[360] Die Höhe des Pflichtteilsanspruchs richtet sich dann nach der jeweils ausländischen Rechtsordnung.

Komplizierter wird die Berechnung des Pflichtteils im Falle einer Nachlassspaltung. Wie 170
bereits dargestellt, existieren in solch einem Fall mehrere Nachlassmassen, welche streng genommen unabhängig nebeneinander existieren. Da sich das Pflichtteilsrecht nach dem Erbstatut richtet, muss also für jeden Spaltnachlass das Pflichtteils- oder Noterbenrecht ermittelt und beziffert werden. Gleiches gilt freilich für den Kreis der zum Pflichtteil berufenen Personen. In der Praxis hat dies in der Vergangenheit zu teilweise recht kuriosen Ergebnissen geführt. So war ein enterbter Sohn beispielsweise in Frankreich Pflichterbe der Immobilie, wohingegen er für den übrigen Nachlass enterbt war. Da vor Einführung der EuErbVO Belegenheitsrechte als Einzelstatut über Art. 3a EGBGB beachtet wurden, entstand diese Situation in internationalen Fragestellungen nicht selten. Diese Ergebnisse werden seit dem 17.8.2015 mit der EuErbVO vermieden. Die allgemeine Kollisionsvorschrift in Art 21 Abs. 1 EuErbVO geht vom Grundsatz der Nachlasseinheit aus, sodass zumindest im Unionsgebiet Spaltnachlässe und damit auch unterschiedliche, jedoch nebeneinander bestehende, Pflichtteilsreche vermieden werden.

Die Teilnachlässe sind nach den entsprechenden Rechtsordnungen zu bilden.[361] Dies kann, 171
insbesondere bei Erbfällen vor Einführung der EuErbVO, zu den unterschiedlichsten Ergebnissen und Konstellationen führen. So kann es beispielsweise sein, dass ein testamentarisch enterbter Abkömmling nach dem Belegenheitsrecht (lex rei sitae) eines Landes Noterbe wird und dadurch wieder Miteigentümer der im Ausland belegenen Immobilie, gleichzeitig in Deutschland (bzw. für das bewegliche und in Deutschland unbewegliche Vermögen) aber nur einen Wertersatzanspruch erhält.

III. Neuer testamentarischer Regelungsbedarf im Pflichtteilsrecht

In der Vergangenheit war das Erbstatut aus deutscher Sicht starr an die Staatsangehörigkeit 172
des Erblassers gebunden. War ein Erblasser deutscher, so war die Anwendung deutschen

---

358 BGHZ NJW 1993, 1920; BGHZ 9, 154; OLG Köln FamRZ 1976, 172.

359 *Klingelhöffer*, ZEV 1996, 258 ff.

360 *Hausmann/Trabucchi*, in: Ferid/Firsching/Dörner/Hausmann, Internationales Erbrecht, Italien, Grdz. H Rn 506.

361 *Kerscher/Riedel/Lenz*, Pflichtteilsrecht, § 18 Rn 3 ff.

Erbrechts in aller Regel für im Inland lebende Pflichtteilsberechtigte klar. Durch die Einführung der EuErbVO kommt es jedoch nunmehr nicht mehr auf die deutsche Staatsangehörigkeit bei der Bestimmung des Erbstatuts, sondern auf den letzten gewöhnlichen Aufenthalt an. Für ein Ehepaar, welches aus Deutschland nach Südeuropa in den Altersruhesitz verzieht, und letztwillig verfügt hat, kann das durchaus Konsequenzen haben.

173 **Beispiel**

Ein Ehepaar nimmt seinen Alterswohnsitz in Spanien (kein Foralrechtsgebiet) und beabsichtigt, die Kinder erst nach dem Tod des letztversterbenden Ehegatten zu bedenken. Dabei ist ihnen bereits bei Wegzug klar, dass ein Kind mit dieser Vorgehensweise nicht einverstanden sein wird. Das spanische Recht jedoch sieht, anders als das deutsche Erbrecht, ein echtes Noterbenrecht vor mit wesentlich höheren Quoten. Die Umsetzung der Verfügung ist mithin in Gefahr.

Lösungsweg Rechtswahl

Nach der EuErbVO ist es möglich, eine Rechtswahl zugunsten des Heimatlandes des Erblassers gemäß Art. 22 EuErbVO zu treffen. Dabei ist es unerheblich, wie lange der Erblasser bereits in einem anderen Mitgliedstaat der EU lebt. Treffen die Erblasser in ihren Verfügungen von Todes wegen (zum gemeinschaftlichen Testament vgl. Rdn 31) jeweils eine Rechtswahl zugunsten deutschen Rechts, so verbleibt es beim deutschen Pflichtteilsanspruch. Darüber hinaus sollte, bei einem Verzug ins südeuropäische Ausland, von der Abfassung eines gemeinschaftlichen Testamentes unbedingt Abstand genommen werden. So denn die Ehegatten gemeinsam verfügen wollen, ist dem Erbvertrag gemäß Art. 25 EuErbVO mit Rechtswahl in jedem Fall der Vorzug einzuräumen.

IV. Pflichtteilsergänzungsanspruch

174 Was die Durchsetzung bzw. die Geltendmachung des Pflichtteilsanspruchs anbelangt, so richtet sich auch der Pflichtteilsergänzungsanspruch nach dem Erbstatut.[362] Gleiches gilt für die jeweiligen Verjährungsvorschriften,[363] einen Erlass sowie einen etwaigen Pflichtteilsverzicht.[364]

V. Durchführung einer Herabsetzungsklage im Inland

175 In einigen europäischen Ländern entsteht die Stellung eines Pflichtteilsberechtigten (Noterben) nicht automatisch mit der Kenntnis über die Enterbung. Vielmehr ist es in einigen Ländern (Italien, Frankreich, Schweiz) erforderlich, eine **Herabsetzungsklage** zu erheben. Erst nach erfolgreich durchgeführter Klage gelangt der Enterbte in die Stellung eines Noterben/Pflichterben.[365] Die Klage ist als Gestaltungsklage zu erheben. Die Klage auf Kürzung, also Herabsetzung der testamentarischen Verfügung, ist jedoch keine wesensfremde Tätigkeit eines deutschen Gerichts. Vielmehr sind die deutschen Gerichte zuständig, wenn sie örtlich zuständig sind. Hintergrund dieser Rechtsauffassung ist schlicht der Umstand, dass nicht über Art. 25 Abs. 1 EGBGB a.F. sowie über Art. 22 EuErbVO (Rechtswahl zugunsten des Heimatrechts) zwingend die Anwendung ausländischen Rechts ausgesprochen werden kann und dem betroffenen Enterbten dann im Inland die Möglichkeit der

362 *Kroiß*, in: Bonefeld/Kroiß/Tanck, Erbprozess, § 14 Rn 80.
363 BGH FamRZ 1996, 727.
364 BGH NJW 1997, 521.
365 Süß/*Süß*, Erbrecht in Europa, § 3 Rn 117, 118.

Wahrung seiner Rechte genommen würde, sofern man sich darauf beriefe; in diesem Fall läge eine wesensfremde Tätigkeit eines Gerichts vor. Zuständig sind jedoch nicht die Nachlassgerichte, sondern die ordentlichen Gerichte, im Rahmen der Anwendung von § 27 ZPO.[366]

366 Vgl. OLG Düsseldorf DNotZ 1964, 351.

§ 26 Länderkurzübersichten

Mario Filtzinger

Übersicht: Rdn

Literatur

Ballarino, Diritto internazionale privato, 1999; *Bösch*, Polnisches internationales Privatrecht, 2011 *Bonilini/Confortini/Mariconda*, Codice delle successioni e donazioni, 2015; *Cian/Trabbucchi*, Commentario breve al Codice Civile, 2017; *Dicey/Morris & Collins*, The Conflict of laws, 15. Auflage 2012; *Exner*, Die Auseinandersetzung der Erbengemeinschaft im deutschen und im französischen Recht, Diss. 1994; *Ferid/Firsching/Dörner/Hausmann*, Internationales Erbrecht, Loseblattsammlung (Stand 2018); *Jayme/Hausmann*, Internationales Privat- und Verfahrensrecht, 18. Auflage 2016; *Hausmann/Hohloch*, Handbuch des Erbrechts, 2. Auflage 2010; *Kurzböck*, Die Abwicklung deutsch-tschechischer Erbfälle, 2009; *Flick/Piltz*, Der Internationale Erbfall, 2008; *Frank*, Internationales Erbrecht Spanien, 2. Auflage 2014; *Süß/Ring*, Eherecht in Europa, 2016; *Süß*, Erbrecht in Europa, 3. Auflage 2015; *Steinhauer/Haydu*, Internationales Erbrecht Frankreich, 2. Auflage 2017; *Troll/Gebel/Jülicher/Gottschalk*, ErbStG, Loseblattsammlung (Stand: 55. EGL Mai 2018).

A. Einführung

Die Länderkurzübersichten geben einen ersten Überblick über das Erbrecht am letzten Wohnsitz des Erblassers. Sie sollen den Berater in die Lage versetzen, sich in wenigen Minuten einen groben Überblick über das jeweilige Erbrecht zu verschaffen. 1

B. Königreich Belgien

Erbstatut: 2

Für Erbfälle ab dem 17.8.2015 findet die Europäische Erbrechtsverordnung uneingeschränkt Anwendung sowohl in Bezug auf Mitgliedsstaaten als auch in Bezug zu Drittstaaten. Staatsvertragliche Regelungen sind vorrangig zu beachten.[1] Danach wird das Erbstatut gemäß Art. 21 Abs. 1 EuErbVO bestimmt, also anhand des letzten gewöhnlichen Aufenthalts des Erblassers, zum Zeitpunkt seines Todes. Es gilt der Grundsatz der Nachlasseinheit. Für Erbfälle vor dem 17.8.2015 folgte das belgische Erbrecht dem Grundsatz der Nachlassspaltung (*dualité de régimes*).[2] Für die Erbfolge in unbewegliches Vermögen war das Recht des Belegenheitsortes entscheidend, wohingegen für die Erbfolge in bewegliches Vermögen das

1 Auflistung der abgeschlossenen Staatsverträge bei Süß/*Hustedt/Schür*, Erbrecht in Europa, Belgien, S. 227 Rn 7.

2 *Hohloch/Heckel*, in: Hausmann/Hohloch, Handbuch des Erbrechts, Kapitel 26 Rn 43.

Recht am gewöhnlichen Wohnsitz des Erblassers maßgeblich ist.[3] Gemäß Art. 79 IPRG war eine **Rechtswahl** zulässig, wenn sie in Form einer letztwilligen Verfügung erfolgt, der gesamte Nachlass erfasst wird sowie das Recht des Staates gewählt wird, dem der Erblasser zum Zeitpunkt des Todes angehört oder in dem zum Zeitpunkt der Rechtswahl oder des Todes seinen gewöhnlichen Aufenthalt hat.[4] Nicht beeinträchtigt werden dürfen durch die Rechtswahl Noterbenrechte, was bedeutet, dass sich die Rechtswahl nur auf die freie Quote beziehen darf.[5]

3 **Güterrecht:**

In Belgien existiert der gesetzliche Güterstand der Errungenschaftsgemeinschaft mit Gesamthandsvermutung. Unterschieden wird zwischen dem Eigenvermögen der Ehegatten und dem gemeinschaftlichen Vermögen beider Ehegatten.[6] Beim Tod eines Ehegatten wird das Gesamtgut mit den Erben nach den Grundsätzen über die Beendigung des gesetzlichen Güterstands zu Lebzeiten beider Ehegatten aufgeteilt, es sei denn, es wurde ehevertraglich vereinbart, dass der überlebende Ehegatte das Gesamtgut vollständig übernimmt.[7]

4 **Gesetzliche Erbfolge:**

Gesetzliche Erben der **ersten Klasse** sind die leiblichen Abkömmlinge des Erblassers. Erben **zweiter Klasse** sind die Eltern und Geschwister des Erblassers. Erben **dritter Klasse** sind die Verwandten in aufsteigender Linie; Erben **vierter Klasse** die Seitenlinie bis zum vierten Grad.[8] Erben einer Klasse schließen Erben der anderen Klassen aus.[9] Der **Ehegatte** ist, beim Zusammentreffen mit leiblichen Kindern, mit einem Nießbrauchsrecht am gesamten Nachlass ausgestattet. Neben Erben zweiter bis vierter Klasse erbt der Ehegatte den Anteil am Gesamtgut. Existieren keine Erben aus einer der vier Klassen, so erbt der Ehegatte allein.[10] Mehrere Erben bilden eine **Erbengemeinschaft** in Form einer Gütergemeinschaft.

5 **Testamentsformen:**

Belgien hat das Haager Testamentsformübereinkommen ratifiziert. Als Testamentsformen kennt das belgische Erbrecht das vom Erblasser eigenhändig errichtete Testament sowie das vom Notar errichtete Testament. Gemeinschaftliche Testamente und Erbverträge sind verboten und unwirksam.[11] Die Anordnung einer Vor- und Nacherbschaft ist gemäß Art. 896 belg. ZGB verboten, wenn damit die Verpflichtung zur Erhaltung der Nachlassmasse für den Nacherben einhergeht.[12] Die Anordnung einer Testamentsvollstreckung ist in Form einer Überwachungs- oder Ausführungsvollstreckung zulässig.[13] Eine Verfügung von Todes wegen kann durch die Errichtung einer neuen letztwilligen Verfügung widerrufen werden, ferner durch Widderruf in einer notariellen Verfügung als auch durch lebzeitige

3 *Hustedt/Genkin*, in: Ferid/Firsching/Dörner/Hausmann, Internationales Erbrecht, Belgien, S. 5, Grdz. C Rn 11–13.

4 Süß/*Hustedt/Schür*, Erbrecht in Europa, Belgien, S. 232 Rn 22.

5 *Hustedt/Genkin*, in: Ferid/Firsching/Dörner/Hausmann, Internationales Erbrecht, Belgien, S. 6, Grdz. C Rn 14–18.

6 *Hustedt/Schür*, in: Süß/Ring/, Eherecht in Europa, Belgien, S. 324 Rn 27.

7 *Hustedt/Schür*, in: Süß/Ring, Eherecht in Europa, Belgien, S. 329 Rn 43.

8 Süß/*Husted/Schür*, Erbrecht in Europa, Belgien, S. 235 Rn 37.

9 Süß/*Husted/Schür*, Erbrecht in Europa, Belgien, S. 235 Rn 39.

10 *Hustedt/Genkin*, in: Ferid/Firsching/Dörner Hausmann, Internationales Erbrecht, Belgien, S. 24, Grdz. E, Rn 98.

11 Süß/*Husted/Schür*, Erbrecht in Europa, Belgien, S. 325 Rn 58–59.

12 Süß/*Hustedt/Schür*, Erbrecht in Europa, Belgien, S. 242 Rn 63.

13 Süß/*Hustedt/Schür*, Erbrecht in Europa, Belgien, S. 242 Rn 62.

Verfügung über einen vermachten Gegenstand im Falle der Anordnung eines Erbstückvermächtnisses (*legs particulier*).[14]

Annahme- und Ausschlagung der Erbschaft: 6

Die Annahme der Erbschaft kann ausdrücklich oder auch stillschweigend erfolgen. Stillschweigend erfolgt die Annahme in aller Regel, wenn der Erbprätendent eine Handlung vornimmt, die seine Absicht die Erbschaft anzunehmen voraussetzt (Inbesitznahme des Nachlasses).[15] Das Recht zur Annahme verjährt nach 30 Jahren. Die Ausschlagung hingegen muss ausdrücklich erfolgen. Auf die Erbschaft einer noch lebenden Person kann nicht verzichtet werden.[16] Das belgische Recht kennt, wie viele andere romanische Rechtskreise, auch das Recht der haftungsbeschränkten Annahme der Erbschaft. Diese Form der Annahme nennt man die **Annahme unter dem Vorbehalt der Inventarerrichtung** gemäß Art. 793 ff. belg. ZGB.[17]

Pflichtteilsrecht (Noterbenrecht): 7

Das belgische Pflichtteilsrecht ist als **echtes Noterbenrecht** ausgestaltet. Es begrenzt die Befugnis des Erblassers, im Rahmen einer letztwilligen Verfügung über den gesamten Nachlass zu verfügen. Die Höhe des Noterbenrechts hängt von der Anzahl der Abkömmlinge ab. Hinterlässt der Erbe beispielsweise einen Abkömmling, so beträgt die Quote ½; bei zwei Kindern 2/3; bei drei und mehr Kindern ¾ des Gesamtnachlasses.[18] Der Ehegatte hat ein Noterbenrecht in Form eines Nießbrauchsrechts am halben Nachlass.[19] Wird ein Noterbenberechtigter übergangen oder nur unterhalb seiner Quote eingesetzt, so kann er die Herabsetzung der Zuwendungen (réduction) verlangen.[20]

Erbschaftsteuer: 8

Ist der Erblasser zum Zeitpunkt des Todes nicht Einwohner des Königreiches Belgien, so wird in Belgien nur etwaig belegenes Immobilienvermögen des Erblassers der Erbschaftsteuer/Übertragungssteuer unterworfen – **beschränkte Steuerpflicht.** Ist der Erblasser indes zum Zeitpunkt seines Todes Einwohner des Königreiches Belgien gewesen, so findet eine Besteuerung des Gesamtnachlasses (Grundsatz der Weltbesteuerung) statt – **unbeschränkte Steuerpflicht.** Die Höhe der zu entrichtenden Erbschaftsteuer variiert in den drei Regionen Flandern, Wallonien und Brüssel-Stadt.[21] Die Abgabe der Erbschaftsteuererklärung beträgt für den Fall, dass der Erblasser in Belgien verstorben ist, vier Monate, sofern er innerhalb Europas verstorben ist fünf Monate, sofern er außerhalb Europas verstorben ist sechs Monate ab Todesdatum.[22]

---

14 *Hustedt/Genkin*, in: Ferid/Firsching/Dörner/Hausmann, Internationales Erbrecht, Belgien, S. 33, Grdz. F, Rn 152.

15 Süß/*Hustedt/Schür*, Erbrecht in Europa, Belgien, S. 255 Rn 113.

16 Süß/*Hustedt/Schür*, Erbrecht in Europa, Belgien, S. 256 Rn 114.

17 *Hustedt/Genkin*, in: Ferid/Firsching/Dörner/Hausmann, Internationales Erbrecht, Belgien, S. 39, Grdz. G, Rn 189.

18 *Hustedt/Genkin*, in: Ferid/Firsching/Dörner/Hausmann, Internationales Erbrecht, Belgien, S. 36, Grdz. F, Rn 170.

19 Süß/*Hustedt/Schür*, Erbrecht in Europa, Belgien, S. 243 Rn 68.

20 Süß/*Hustedt/Schür*, Erbrecht in Europa, Belgien, S. 243 Rn 65.

21 Siehe eingehend zu allen Tarifen in den einzelnen Regionen Belgiens: *Troll/Gebel/Jülicher/Gottschalk*, ErbStG, § 21 Rn 93.

22 Süß/*Hustedt/Schür*, Erbrecht in Europa, Belgien, S. 263 Rn 148.

C. Bulgarien

9 **Erbstatut:**

Für Erbfälle seit dem 17.8.2015 gilt auch in Bulgarien die Europäische Erbrechtsverordnung. Vor Einführung der EuErbVO galt das IPRG von 2005. Danach folgte Bulgarien gemäß Art. 89 IPRG dem Grundsatz der Nachlassspaltung. Unbewegliches Vermögen wurde nach dem Recht der Sache am Belegenheitsort vererbt (lex rei sitae), sofern sich das unbewegliche Vermögen in Bulgarien befand. Bewegliches Vermögen hingegen wurde nach dem Recht des gewöhnlichen Aufenthaltsorts des Erblassers vererbt.[23] Der Testator hat die Möglichkeit, in seiner Verfügung von Todes wegen eine **Rechtswahl zugunsten** des materiellen Rechts zu wählen, dessen Staatsangehörigkeit er besitzt. Dies gilt jedoch nur insoweit, als dadurch keine nach dem bulgarischen Recht bestehenden Pflichtteilsansprüche gekürzt werden.[24] Wie auch in Belgien hat in Bulgarien durch Einführung der EuErbVO ein Paradigmenwechsel stattgefunden. Der Grundsatz der Nachlassspaltung ist dem Grundsatz der Nachlasseinheit gewichen. Über Art. 21 Abs. 1 EuErbVO wird nun einheitlich und für den Gesamtnachlass anhand des letzten Aufenthaltes des Erblassers zum Zeitpunkt seines Todes das Erbstatut bestimmt.

10 **Güterrecht:**

Es gilt der gesetzliche Güterstand der Errungenschaftsgemeinschaft.[25] Dies bedeutet, dass dingliche Rechte und Kontoguthaben, welche im Laufe der Ehezeit erworben bzw. angespart werden, beiden Ehepartnern zu gemeinsamen Eigentum zustehen. Es wird wiederlegbar vermutet, dass der Anteil am gemeinsamen Vermögen gleich hoch ist und beiden zu gleichen Teilen zusteht.[26] Im Rahmen der Errungenschaftsgemeinschaft wird unterschieden zwischen dem Eigengut des Ehegatten, dem Eigengut der Ehefrau sowie dem oben dargestellten gemeinsamen Gut.[27]

11 **Gesetzliche Erbfolge:**

Gesetzliche Erben erster Ordnung sind die leiblichen Abkömmlinge des Erblassers zu gleichen Teilen. Es gilt das Repräsentationsprinzip. Nichteheliche und eheliche Kinder sind gleichgestellt. Gleiches gilt für adoptierte Kinder. Erben zweiter Ordnung sind die Eltern des Erblassers. Erben dritter Ordnung sind die Geschwister des Erblassers sowie deren Abkömmlinge als auch Verwandte des Erblassers in gerader aufsteigender Linie (Großeltern, Urgroßeltern etc.). Erben vierter Ordnung sind die Verwandten in nicht gerader Linie bis zum sechsten Grad. Der Ehegatte erbt, wenn er mit Abkömmlingen der ersten Ordnung zusammentrifft, mit diesen zu gleichen Teilen. Trifft er mit Erben der zweiten Ordnung zusammen, so erbt er zwischen der Hälfte und zwei Dritteln des Nachlasses.[28] Mehrere Erben bilden eine **Erbengemeinschaft** in Form einer Bruchteilssgemeinschaft.[29]

---

23 Süß/*Ivanova*, Erbrecht in Europa, Bulgarien, S. 390 Rn 2.

24 Süß/*Ivanova*, Erbrecht in Europa, Bulgarien, S. 391 Rn 4.

25 *Jessel-Holst* in: Ferid/Firsching/Dörner/Hausmann, Internationales Erbrecht, Bulgarien, S. 28, Grdz. H Rn 40.

26 Süß/*Ivanova*, Erbrecht in Europa, Bulgarien, S. 327 Rn 28.

27 *Guedjev*, in: Süß/Ring, Eherecht in Europa, Bulgarien, S. 411 Rn 20.

28 Vgl. hierzu Süß/*Ivanova*, Erbrecht in Europa, Bulgarien, S. 325f. Rn 16 bis 27.

29 Süß/*Ivanova*, Erbrecht in Europa, Bulgarien, S. 337 Rn 89; a.A. *Jessel-Holst*, in: Ferid/Firsching/Dörner/Hausmann, Internationales Erbrecht, Bulgarien, S. 32 Grdz. K Rn 45.

Testamentsformen: 12

Es existiert das eigenhändige Testament, welches vollständig handgeschrieben und vom Testator unterschrieben sein muss (ein maschinell gefertigtes unterschriebenes Testament ist nichtig). Des Weiteren müssen die testamentarisch Bedachten klar identifizierbar sein und es müssen das Datum und der Errichtungsort angegeben werden.[30] Es besteht die Möglichkeit, ein handschriftliches Testament beim Notar zu hinterlegen. Daneben existiert das notarielle Testament, welches in Anwesenheit von zwei Zeugen errichtet wird. Möglich sind Erbeinsetzungen als auch Vermächtnisse und Auflagen. Gemeinschaftliche Testamente sind unzulässig und nichtig. Gleiches gilt auch für Verträge, dessen Vertragsgegenstand ein noch nicht angefallenes Erbe ist.[31]

Annahme- und Ausschlagung der Erbschaft: 13

Die Annahme der Erbschaft kann ausdrücklich oder konkludent erfolgen. Sie entfaltet eine Rückwirkung auf den Zeitpunkt des Todes. Die Annahmeerklärung muss unbedingt erfolgen und darf deshalb keinerlei Befristungen oder gar Bedingungen enthalten. Die Ausschlagung erhöht die Erbteile der übrigen Erben. Sie ist ausdrücklich zu erklären.[32]

Pflichtteilsrecht: 14

Pflichtteilsberechtigt sind die Abkömmlinge, Eltern sowie der Ehegatte des Erblassers. Pflichtteilsberechtigt ist nur, wer auch als Erbe tatsächlich berufen wäre (Eltern sind Erben zweiter Ordnung). Die Höhe des Pflichtteils ist variabel und hängt von der Anzahl der Pflichtteilsberechtigten ab (sog. Hinterbliebenenkreis).[33]

Erbschaftsteuer: 15

Die Erbschaftsteuer in Bulgarien ist eine kommunale Steuer, welche von den Gemeinden zufließt. Angeknüpft wird zum einen an die Staatsangehörigkeit der Erben. Sind diese Bulgaren, so ist der gesamte in- und ausländisch erworbene Nachlass steuerpflichtig. Zum anderen wird territorial angeknüpft, was bedeutet, dass unabhängig von der Nationalität ein auf bulgarischem Territorium belegener Vermögensgegenstand der Erbschaftsteuer unterliegt.[34] Daneben wird zwischen steuerfreien und steuerpflichtigen Objekten unterschieden. Die Deklarationsfrist beträgt sechs Monate. Zuständig ist die Wohnsitzgemeinde des Erblassers. Fristbeginn ist die Kenntnis vom Tod des Erblassers. Da es sich um eine kommunale Steuer handelt, werden auch die Steuersätze von den Kommunen festgelegt. Bulgarien hat kein Doppelbesteuerungsabkommen abgeschlossen.[35]

D. Königreich Dänemark

Erbstatut: 16

Dänemark ist Mitglied der Europäischen Union, jedoch nicht Vertragsstaat der Europäischen Erbrechtsverordnung (EuErbVO) und damit Drittstaat im Sinne der Verordnung.

30 Süß/*Ivanova*, Erbrecht in Europa, Bulgarien, S. 329 Rn 35–39.

31 *Jessel-Holst*, in: Ferid/Firsching/Dörner/Hausmann, Internationales Erbrecht, Bulgarien, S. 26, Grdz. G, Rn 36, 37.

32 Süß/*Ivanova*, Erbrecht in Europa, Bulgarien, S. 335 Rn 75–78.

33 Süß/*Ivanova*, Erbrecht in Europa, Bulgarien, S. 332 Rn 58 ff.

34 Süß/*Ivanova*, Erbrecht in Europa, Bulgarien, S. 338 Rn 96, 97.

35 *Troll/Gebel/Jülicher/Gottschalk*, ErbStG, § 21 Rn 111.

In Dänemark galt aber bereits vor Einführung der EuErbVO das Domizilprinzip. Dies ist auf alle in Dänemark wohnenden und dauerhaft lebenden Personen, ohne Rücksicht auf ihre Staatsangehörigkeit, anwendbar.[36] Domizil ist nach dänischem Recht der Ort, an dem der Erblasser seinen letzten festen und dauerhaften Wohnsitz hatte. Auf im Ausland lebende Dänen findet also grundsätzlich nicht dänisches Erbrecht Anwendung.[37] Eine Regelung, welche ein im Ausland belegenes Grundstück einer besonderen Regelung unterwirft (*lex rei sitae*) wird vom dänischen Erbrecht jedoch beachtet.[38] Dänemark hat, wie bereits erwähnt, die EuErbVO **nicht** ratifiziert und wird deshalb das Erbstatut auch in Zukunft so bestimmen.[39] Da Dänemark jedoch das Erbstatut bereits vor Einführung der EuErbVO nach dem gewöhnlichen Aufenthalt bestimmt hat, kommt es zu unterschiedlichen Ergebnissen bei der Bestimmung des Erbstatuts nur in Erbfällen vor dem 17.8.2015, in Kombinationen mit der Anwendung einer *lex rei sitae* (Entstehung eines Spaltnachlasses), bei unterschiedlichen Ergebnissen in der Auslegung des Begriffes des **letzten gewöhnlichen Aufenthaltes** des Erblassers oder Rechtswahlen nach Art. 22 EuErbVO.

17 **Güterrecht:**

Gesetzlicher Güterstand ist die eheliche Gütergemeinschaft. Es existiert Gemeinschaftsgut und Vorbehaltsgut.[40] Es besteht nach dem Tod des ersten Ehegatten die Möglichkeit der **fortgesetzten Gütergemeinschaft**. Dies hat zur Folge, dass die Nachlassteilung bis zum Tod des überlebenden Ehegatten hinausgezögert wird.[41] Der überlebende Ehegatte erhält zudem im Voraus seinen Anteil am Gesamtgut, womit die Erbschaft nur noch den Anteil des verstorbenen Erblassers am Gesamtgut umfasst.[42] Daneben besteht die Möglichkeit, vertragliche Vereinbarungen mit dem Ehegatten zu treffen (Ehegatten). Möglich ist es, die Gütergemeinschaft vertraglich zu modifizieren bis hin zur teilweisen oder vollständigen Gütertrennung.[43]

18 **Gesetzliche Erbfolge:**

Gesetzliche Erben **erster Ordnung** sind gemäß § 1 ARL die Abkömmlinge des Erblassers zu gleichen Teilen. Adoptierte stehen leiblichen Kindern gleich. Erben der **zweiten Ordnung** sind die Eltern des Erblassers zu gleichen Teilen; ist ein Elternteil verstorben, so erben deren Abkömmlinge gemäß § 2 ARL. Erben der **dritten Ordnung** sind Großeltern des Erblassers, Brüder und Schwestern des Vaters und der Mutter des Erblassers. Die Hälfte der Erbschaft fällt nach § 3 Abs. 1 S. 2ARL jeweils den Großeltern väterlicher- und mütterlicherseits zu, wenn keine Erben i.S.v. §§ 1, 2 ARL vorhanden sind.[44] Solange Erben einer Ordnung existieren, sind die anderen Ordnungen nicht zu Erben berufen.[45] Der

---

36 NK-BGB/*Olsen-Ring/Ring*, Länderbericht Skandinavien, Rn 21.

37 Süß/*Ring/Olsen-Ring*, Erbrecht in Europa, Dänemark, S. 346 Rn 12

38 Süß/*Ring/Olsen-Ring*, Erbrecht in Europa, Dänemark, S. 346 Rn 13.

39 Vgl. Hierzu Zimmermann/*Grau*, Praxiskommentar Erbrechtliche Nebengesetze, Vorbem. zu Art. 20–38 EuErbVO Rn 164 f.: Zu beachten ist die universelle Anwendung der EuErbVO (Art. 20 EuErbVO) aus Sicht der Vertragsstaaten auch dann, wenn der Erblasser seinen gewöhnlichen Aufenthalt in einem Drittstaat hatte; mithin findet keine räumlich Einschränkung statt.

40 *Ring/Olsen-Ring*, in: Süß/Ring, Eherecht in Europa, Dänemark, S. 442 Rn 14 ff.

41 Zur fortgesetzten Gütergemeinschaft ausführlich *Ring/Olsen-Ring*, in: Süß/Ring, Eherecht in Europa, Dänemark, S. 350 ab Rn 25 ff.

42 *Ring/Olsen-Ring*, in Süß/Ring, Eherecht in Europa, Dänemark, S. 446 Rn 31.

43 *Ring/Olsen-Ring*, in Süß/Ring, Eherecht in Europa, Dänemark, S. 450 Rn 44.

44 *Thorbek/Steininger*, in: Ferid/Firsching/Dörner/Hausmann, Internationales Erbrecht, Dänemark, S. 29 f., Grdz E I, Rn 65.

45 Süß/*Ring/Olsen-Ring*, Erbrecht in Europa, Dänemark, S. 347 Rn 16–19

Ehegatte ist gesetzlicher Erbe gemäß § 9 Abs. 1 ARL DK. Neben Erben der ersten Ordnung erbt er ein halb, neben Erben der zweiten und dritten Ordnung ist er Alleinerbe.

Testamentsformen: 19

Dänemark hat das Haager Testamentsformübereinkommen ratifiziert. Das **Notartestament** ist in § 63 Abs. 1 ARL geregelt. Der Notar gibt darin Erklärungen über die Identität sowie über die Testierfähigkeit des Testators ab. Das **Zeugentestament** gem. § 64 Abs. 1 ARL wird vom Erblasser handschriftlich errichtet und in Gegenwart von zwei Zeugen unterschrieben. Die Zeugen sind auf dem Testament zu vermerken und müssen volljährig sein. Das gemeinschaftliche Testament ist gem. § 80 ARL zulässig. Erbverträge sind nur als renunziative Erbverträge zulässig.[46] Das **Zentralregister für Testamente** (centralregistret for testamenter) besteht seit 1932. In ihm werden alle vom Notar errichteten Testamente registriert.[47]

Annahme der Erbschaft: 20

Auch wenn das Dänische Erbrecht dem Grundsatz der Universalsukzession folgt und der Erbe als Gesamtrechtsnachfolger in die Rechte und Pflichten des Erblassers eintritt, bedarf es einer Erklärung des Erben darüber, dass er die Erbschaft annehmen möchte.[48] Eine der Ausschlagung der Erbschaft vergleichbare Erklärung ist dem dänischen Erbrecht fremd.

Pflichtteilsrecht: 21

Der Pflichtteil eines **Abkömmlings** (§ 5 Abs. 2 ARL) sowie der **Ehefrau** (§ 10 ARL) beträgt ¼ des Erbteils.[49] Darüber hinaus kann der Erblasser den Pflichtteil testamentarisch auf 1 Mio. Dkr. begrenzen und anordnen, dass der Pflichtteil bis zur Vollendung des 25 Lebensjahres „eingefroren" wird, wenn es „dem Wohl des Erben dienlich" ist (§§ 53–58 ARL 2008).[50]

Erbschaftsteuer: 22

Zwischen Deutschland und Dänemark gilt das Doppelbesteuerungsabkommen vom 22.11.1995.[51] Im Übrigen unterliegt der Nachlass eines in Dänemark ansässigen Erblassers mit seinem Weltvermögen der Erbschaftsteuer (**unbeschränkte Steuerpflicht**). War der Erblasser indes, zum Zeitpunkt seines Todes, nicht in Dänemark ansässig, so unterliegt nur in Dänemark belegenes Grundvermögen inkl. Inventar der Erbschaftsteuer (**beschränkte Steuerpflicht**).[52] Die Steuersätze sind unter anderem abhängig vom Grad der Verwandtschaft. Die Steuersätze variieren zwischen 15 und 36,25 %. Der überlebende Ehegatte ist von der Erbschaftsteuer freigestellt.[53]

---

46 Ausführlich Süß/*Ring/Olsen-Ring*, Erbrecht in Europa, Dänemark, S. 355 f. ff. Rn 48–77.

47 Süß/*Ring/Olsen-Ring*, Erbrecht in Europa, Dänemark, S. 363 Rn 96.

48 *Thorbek/Steininger*, in: Ferid/Firsching/Dörner/Hausmann, Internationales Erbrecht, Dänemark, S. 68 f., Grdz G I, Rn 188.

49 Vor der Erbrechtsreform aus dem Jahre 2008 betrug der Pflichtteil die Hälfte des gesetzlichen Erbteils (vgl. § 25 ARL DK a.F.).

50 Süß/*Ring/Olsen-Ring*, Erbrecht in Europa, Dänemark, S. 364 Rn 101.

51 BGBl II 1994, 686, BStBl I 1994, 422.

52 Süß/*Ring/Olsen-Ring*, Erbrecht in Europa, Dänemark, S. 372 Rn 143.

53 *Troll/Gebel/Jülicher/Gottschalk*, ErbStG, § 21 Rn 97.

E. England und Wales

23 **Erbstatut:**

Auch England und Wales haben die Europäische Erbrechtsverordnung nicht ratifiziert. Darüber hinaus beabsichtigen sie, auf eigenen Wunsch hin, die Europäische Union vollends zu verlassen. Damit ist Großbritannien ein Drittstaat im Sinne der EuErbVO, was Auswirkungen auf die Möglichkeit der Rückverweisung gem. Art. 34 EuErbVO hat.[54] England und Wales folgen dem Grundsatz der Nachlassspaltung. Während unbewegliches Vermögen nach dem jeweiligen Belegenheitsrecht (lex rei sitae) vererbt wird, gilt für bewegliches Vermögen das Recht des letzten Domizils des Erblassers (succession to movables).[55] Davon zu unterscheiden ist noch das Prinzip der gesonderten Nachlassabwicklung, was bedeutet, dass der Nachlass zunächst auf einen *personal representive* übergeht, welcher bei testamentarischer Ernennung *executer* bezeichnet wird. Wird er indes vom Gericht benannt, so spricht man von einem *administrator.*[56]

24 **Güterrecht:**

Das englische Familienrecht kennt weder einen gesetzlichen noch vertragliche Güterstände. Damit gelten die allgemeinen eigentumsrechtlichen Regeln. Darüber hinaus sind auch Verfügungsverbote, Vertretungsmacht und gegenseitige Schuldenhaftung unbekannt. Im Schrifttum werden die Ehewirkungen jedoch als **Form der gesetzlichen Gütertrennung** bezeichnet.[57] Der gemeinsame Erwerb von bedeutenden Wirtschaftsgütern ist in England aber nicht unüblich und muss daher auch entsprechend erbrechtlich beachtet werden. Zu beachten ist ferner, dass für den Fall der Scheidung den englischen Gerichten die Befugnis eingeräumt ist, die Übertragung von Vermögensmassen anzuordnen.[58]

25 **Gesetzliche Erbfolge:**

Dem englischen Rechtskreis sind die Begrifflichkeiten Erben und Vermächtnisnehmer fremd. Die Rechte des überlebenden Ehegatten sind stark ausgeprägt, wobei dieser ausschließlich erbrechtlich abgefunden wird. Die erbrechtlichen Zuwendungen hängen davon ab, ob der Erblasser Abkömmlinge oder aber nur Eltern oder Geschwister oder deren Abkömmlinge hinterlässt.[59] Das Vorhandensein von leiblichen Abkömmlingen schließt sämtliche weiteren Verwandten von der Erbfolge aus.[60] Mehrere Kinder erben zu gleichen Teilen. Es gilt das Repräsentationsprinzip.[61]

26 **Testamentsformen:**

Erbverträge sind dem englischen Recht nicht bekannt. Das Testament (*will*) muss schriftlich abgefasst werden, wobei es nicht handschriftlich errichtet werden muss. Der Text muss allerdings vom Erblasser unterzeichnet sein. Möglich sind auch gemeinschaftliche Testamente (*joint wills*). Dabei können beliebige Personen gemeinsam ihr Testament errichten.[62]

---

54 Süß/*Odersky*, Erbrecht in Europa, England und Wales, S. 586 Rn 1.
55 *Dicey/Morris*, Rules 140, 141 und 145, 146, Rn 27R -010 ff.
56 Süß/*Odersky*, Erbrecht in Europa, England und Wales, S. 591 Rn 14.
57 *Odersky*, in: Süß/Ring, Eherecht in Europa, England und Wales, S. 635 Rn 16.
58 *Odersky*, in: Süß/Ring, Eherecht in Europa, England und Wales, S. 635 Rn 17.
59 *Flick/Piltz*, Der Internationale Erbfall, Rn 558.
60 *Odersky*, in: Süß/Ring, Eherecht in Europa, England und Wales, S. 732 Rn 35.
61 *Flick/Piltz*, Der Internationale Erbfall, Rn 556.
62 *Odersky*, in: Süß/Ring, Eherecht in Europa, England und Wales, S. 747 Rn 81.

Der Testator muss volljährig[63] und freilich auch testierfähig sein.[64] Testamentarische Zuwendungen bezeichnet man als *devise* oder *legacy*.

Annahme und Ausschlagung der Erbschaft: 27

Der Nachlass geht nicht ipso iure auf die Erben über. Stattdessen geht der gesamte Nachlass auf einen *excecuter* (bei Testament) oder *personal representive* (kein Testament) über. Aufgabe des Nachlassabwicklers ist es, den Nachlass in Besitz zu nehmen, die Nachlassverbindlichkeiten zu zahlen sowie den Nachlass zu verteilen.[65] Die Auswahl des *executers* obliegt dem Testator, die des *personal representive* dem Gericht.[66] Da die Erben des Erblassers aufgrund des Instruments des *personal representive* de facto keine Schulden erben können, spielt der Aspekt der Annahme oder Ausschlagung nur eine sehr untergeordnete Rolle. Die Ausschlagung indes muss durch form- und fristlose Verweigerung der Annahme der vom *personal representive* angebotenen Leistung erfolgen.[67]

Pflichtteilsrecht: 28

Feste Pflichtteilsansprüche oder Noterbenrechte sind dem englischen Rechtskreis fremd.[68] Eine Einschränkung in der Testierfreiheit gibt es jedoch aufgrund des Inheritance Act 1975, welcher Gerichte im Einzelfall ermächtigt eine Versorgung naher Angehöriger aus dem Nachlass (sog. *family provisions*) anzuordnen.[69]

Erbschaftsteuer: 29

Die Erbschaftsteuer wird auf den gesamten Nachlass erhoben (unbeschränkte Steuerpflicht). Sowohl der Steuersatz, als auch der Freibetrag sind einheitlich. Der Freibetrag beträgt einheitlich 325.000 £, der Steuersatz einheitlich und unabhängig vom Grad der Verwandtschaft 40 % von Todes wegen und 20 % bei lebzeitigen unentgeltlichen Verfügungen. Von dieser Steuer insgesamt ausgenommen ist der Ehegatte bzw. der eingetragene Lebenspartner; hat der Ehegatte bzw. Lebenspartner jedoch sein Domizil außerhalb Großbritanniens, so ist die Steuerbefreiung auf 55.00 £ beschränkt. Großbritannien hat Doppelbesteuerungsabkommen abgeschlossen mit Frankreich, Irland, Italien, Niederlanden, Schweden, Schweiz, Südafrika sowie den USA.[70]

F. Republik Frankreich

Erbstatut: 30

Frankreich hat die Europäische Erbrechtsverordnung ratifiziert, womit diese für alle Erbfälle ab dem 17.8.2015 Anwendung findet. Damit wird zur Bestimmung des Erbstatuts gemäß Art. 21 Abs. 1 EuErbVO auf den letzten gewöhnlichen Aufenthalt des Erblassers zum Zeitpunkt seines Todes abgestellt.[71] Für Erbfälle vor dem 17.8.2015 wird unbewegliches Vermögen nach dem Recht des Belegenheitsorts vererbt (*lex rei sitae*), wohingegen für

63 S. 7 Wills Act 1837, geändert durch s. 3 (1) (a) Familiy Law Reform 1969.
64 *Christmann*, S. 114 ff.
65 *Jenderek*, S. 116.
66 *Jenderek*, S. 116, 118.
67 NK-BGB/*Odersky*, Länderbericht Großbritannien, Rn 76.
68 *Jenderek*, S. 121.
69 *Parry and Kerridge*, Rn 8–01; NK-BGB/*Odersky*, Länderbericht Großbritannien, Rn 52.
70 *Troll/Gebel/Jülicher/Gottschalk*, § 21 ErbStG Rn 102.
71 *Steinhauer/Haydu*, Internationales Erbrecht Frankreich, S. 8 Rn 11.

bewegliches Vermögen der Grundsatz *mobili sequuntur personam* (Recht des am letzten Wohnsitzes des Verstorbenen) gilt.[72] Nach altem Recht kam es damit bei Vorhandensein von beweglichem und unbeweglichem Vermögen relativ häufig zur Bestimmung unterschiedlicher Statute, mithin zu einer Nachlassspaltung. Frankreich folgte damit vor Einführung der EuErbVO nicht dem Grundsatz der Nachlasseinheit. Mit der Einführung der EuErbVO wurde die Nachlassspaltung zugunsten des Grundsatzes der Nachlasseinheit aufgegeben.

31 **Güterrecht:**

Gesetzlicher Güterstand der Errungenschaftsgemeinschaft (Art. 1387 bis 1581 C.C.).[73] Zu unterscheiden ist das Eigengut eines jeden Ehegatten und das Gesamtgut der Ehegatten.[74] Eine Abwicklung des Nachlasses kann erst erfolgen, wenn der Güterstand auseinandergesetzt ist.[75] Nach französischer Rechtsauffassung ist das Ehegüterstatut unteilbar und grundsätzlich unwandelbar.[76] Eine Abänderung der kollisionsrechtlichen Rechtswahl soll jedoch zulässig sein, wenn das ursprünglich anwendbare Güterstatut dies zulässt.[77]

32 **Gesetzliche Erbfolge:**

Es gilt der Grundsatz der Universalsukzession, jedoch muss die Erbschaft ausdrücklich angenommen werden. Es werden vier Erbordnungen unterschieden (Art. 734 C.C.). Der jeweils höheren Erbordnung kommt stets der Vorrang zu.[78] Zur ersten Ordnung gehören die Abkömmlinge des Erblassers. Kinder einer Volladoption stehen leiblichen gleich. Es gilt das Repräsentationsprinzip.[79] Erben zweiter Ordnung sind die Eltern, Geschwister und Geschwisterkinder. Sie kommen bei Fehlen von Erben erster Ordnung gemeinsam mit den Eltern zum Zuge.[80] Erben dritter Ordnung sind die mit dem Erblasser in gerader Linie verwandten Aszendenten, also Großeltern und Urgroßeltern usw.[81] Erben vierter Ordnung sind die Seitenverwandten, also Onkel, Tanten und Cousinen.[82] Das Ehegattenerbrecht besteht aus einem Nießbrauchsrecht am Nachlass oder einem Viertel Nachlasses zu Eigentum, sofern der Ehegatte mit Abkömmlingen des Erblassers zusammentrifft. Die Wahl zwischen dem Nießbrauch am Gesamtnachlass ist ein höchstpersönliches Recht.[83] Hinterlässt der Erblasser weder Kinder noch Eltern, so erhält er den gesamten Nachlass.[84] Daneben hat der überlebende Ehegatte ein **befristetes Wohnungsrecht** für die Dauer von einem Jahr gem. Art. 763 CC an der Ehewohnung. Stand die Ehewohnung im Eigentum beider Ehegatten, so steht dem überlebenden Ehegatte ein **lebenslanges Wohnungsrecht** gem. Art. 764 CC an der Ehewohnung zu.[85] Mehrere Erben bilden eine **Erbengemeinschaft** in

72 NK-BGB/*Frank*, Länderbericht Frankreich Rn 3.
73 *Bergmann/Ferid/Henrich*, Internationales Ehe- und Kindschaftsrecht, Frankreich, S. 44.
74 *Döbereiner*, in: Süß/Ring, Eherecht in Europa, Frankreich, S. 552 Rn 61–66.
75 Süß/*Döbereiner*, Erbrecht in Europa, Frankreich, S. 628, Rn 43.
76 *Mayer/Heuzé*, Droit international privé, Rn 815; Revillard, Droit international privé et européen, Rn 400.
77 *Mayer/Heuzé*, Droit international privé, Rn 837.
78 Süß/*Döbereiner*, Erbrecht in Europa, Frankreich, S. 513, Rn 60.
79 *Flick/Piltz*, Der Internationale Erbfall, Rn 513.
80 *Flick/Piltz*, Der Internationale Erbfall, Rn 514.
81 Süß/*Döbereiner*, Erbrecht in Europa, Frankreich, S. 514, Rn 67.
82 Süß/*Döbereiner*, Erbrecht in Europa, Frankreich, S. 514, Rn 6862.
83 Süß/*Döbereiner*, Erbrecht in Europa, Frankreich, S. 515 Rn 72.
84 *Flick/Piltz*, Der Internationale Erbfall, Rn 515.
85 *Steinhauer/Haydu*, Internationales Erbrecht Frankreich, S. 41 Rn 76, 77.

Form einer Gemeinschaft sui generis (jedoch der Gütergemeinschaft zuordenbar), geregelt in den Art. 815 ff c.c.[86]

Testamentsformen: 33

Frankreich ist 1967 dem Haager Testamentsformabkommen beigetreten sowie seit 1976 Vertragsstaat des Basler Übereinkommens über die Errichtung einer Organisation zur Registrierung von Testamenten.[87] Möglich sind, ab Vollendung des 16. Lebensjahres,[88] das einseitige Testament in der Form des holographischen Testaments sowie des öffentlichen (notariellen) Testaments. Wenig gebräuchlich ist das sog. mystische Testament.[89] Das holographische Testament muss gem. Art. 970 c.c. eigenhändig geschrieben, unterschrieben und mit dem Errichtungsdatum versehen sein. Das öffentliche Testament wird vor zwei Notaren bzw. einem Notar und zwei Zeugen errichtet.[90] Ausdrücklich verboten ist das gemeinschaftliche Testament (Art. 968 c.c.) sowie die Anordnung einer testamentarischen Vor- und Nacherbschaft (Art. 896 c.c.). Diese Verbote bewirken in beiden Fällen die Nichtigkeit der gesamten Verfügung von Todes wegen, wobei bei der Vor- und Nacherbschaft eine Umdeutung und damit eine Heilung möglich ist.[91] Möglich ist jedoch das Errichten zweier selbstständiger Testamente auf einem Blatt Papier (äußerliche Verbindung). Dies wird nicht als eine Erklärung (*même acte*) angesehen.[92] Es existiert ein zentrales **Testamentsregister**.

Annahme und Ausschlagung der Erbschaft: 34

Das französische Erbrecht kennt zwei Formen der Annahme der Erbschaft. Es sind dies die vorbehaltslose Annahme (*acceptation pure et simple*) sowie die Annahme mit Haftungsbeschränkung auf den Aktivnachlass (*acceptation sous bénefice d'inventaire*). Darüber hinaus kann die Erbschaft ausgeschlagen werden.[93] Sowohl die haftungsbeschränkte Annahme als auch die Ausschlagung müssen vor dem zuständigen *tribunal de grande instance* erklärt werden.[94]

Pflichtteilsrecht: 35

Das Pflichtteilsrecht ist **noch** als echtes Noterbenrecht ausgestaltet und in Art. 912–930 CC geregelt. Der Erblasser kann nur über einen bestimmten Teil des Nachlasses, der sogenannten frei disponiblen Quote, verfügen. Auch Schenkungen unter Lebenden unterliegen dieser Einschränkung. Der Ausgleich der Noterben erfolgt allerdings in Geld.[95] Zum Kreis der Noterben, auch Pflichterben genannt, gehören die Abkömmlinge sowie die Ehefrau. Eine Herabsetzungsklage (*action en réduction*) ist durchzuführen. Wird diese Herabsetzungsklage nicht durchgeführt, bleiben die Anordnungen des Testators in seinem Testament gültig.[96] Die Verjährungsfrist beträgt regelmäßig fünf Jahre.[97]

---

86 *Exner*, Die Auseinandersetzung der Erbengemeinschaft im deutschen und französischen Recht, S. 5.

87 *Steinhauer/Haydu*, Internationales Erbrecht Frankreich, S. 4 Rn 5.

88 *Steinhauer/Haydu*, Internationales Erbrecht Frankreich, S. 43 Rn 81.

89 Süß/*Döbereiner*, Erbrecht in Europa, Frankreich, S. 518 Rn 83 ff.

90 NK-BGB/*Frank*, Länderbericht Frankreich, Rn 86.

91 Süß/*Döbereiner*, Erbrecht in Europa, Frankreich, S. 521 Rn 97.

92 *Ferid*, in: Ferid/Firsching, Internationales Erbrecht, Frankreich, S. 60 Rn 117.

93 NK-BGB/*Frank*, Länderbericht Frankreich, Rn 36.

94 Süß/*Döbereiner*, Erbrecht in Europa, Frankreich, S. 540 Rn 159.

95 Süß/*Döbereiner*, Erbrecht in Europa, Frankreich, S. 527 Rn 113 ff.

96 *Steinhauer/Haydu*, Internationales Erbrecht Frankreich, S. 54 Rn 112.

97 Zu den Ausnahmen und damit abweichenden Verjährungsfristen (Unkenntnis vom Erbfall) siehe: *Steinhauer/Haydu*, Internationales Erbrecht Frankreich, S. 56 Rn 118.

36 **Erbschaftsteuer:**

Zwischen Deutschland und Frankreich ist am 3.4.2009 das Erbschaftsteuer-Doppelbesteuerungsabkommen in Kraft getreten.[98] Daneben besteht bisher noch immer das Erbschaftsteuer-DBA zwischen dem Bundesland Saarland und Frankreich.[99] Ansonsten greift die **unbeschränkte Steuerpflicht**, wenn der Erblasser seinen steuerlichen Wohnsitz sog. *domicile fiscale,* zum Zeitpunkt seines Todes in Frankreich hatte.[100] Hatte der Erblasser seinen letzten Wohnsitz im Ausland, so unterliegen nur in Frankreich belegene Nachlassgegenstände der Erbschaftsteuer (**beschränkte Steuerpflicht**).[101] Die Steuersätze variieren zwischen 5 % bei Abkömmlingen, Verwandten in gerader Linie und Ehegatten und reichen bis zu 60 % bei sonstigen Erwerbern. Der Ehegatte und PACS hat einen Freibetrag von 80.724 EUR, Kinder und Eltern von jeweils 100.000 EUR.[102]

G. Hellenische Republik (Griechenland)

37 **Erbstatut:**

Griechenland hat die Europäische Erbrechtsverordnung ratifiziert und bestimmt das Erbstatut demzufolge gemäß Art. 21 Abs. 1 EuErbVO nach dem letzten gewöhnlichen Aufenthalt des Erblassers zum Zeitpunkt seines Todes. Für alle Erbfälle vor dem 17.8.2015 stellte Griechenland, wie auch Deutschland, zur Bestimmung des Erbstatuts auf die Staatsangehörigkeit des Erblassers zum Todeszeitpunkt ab. Es galt und gilt damit der Grundsatz der Nachlasseinheit in Griechenland.[103]

38 **Güterrecht:**

Gesetzlich geregelt ist der Güterstand der Gütertrennung mit Zugewinnausgleich nach Auflösung der Ehe.[104] Die Ehegatten können vor[105] oder während der Ehe vertraglich das System der Gütergemeinschaft wählen. Gütertrennung und Gütergemeinschaft können auch kombiniert werden. So ist es zum Beispiel möglich, die Gütergemeinschaft nicht auf das gesamte Vermögen zu erstrecken, so dass im Übrigen Gütertrennung gilt.[106] Ein Ausschluss des Zugewinnausgleichsanspruchs ist vor dessen eigentlicher Entstehung nicht möglich.[107]

39 **Gesetzliche Erbfolge:**

Die gesetzliche Erbfolge kennt vier Erbordnungen. Erben der ersten Ordnung sind die Abkömmlinge des Erblassers. Adoptivkinder stehen leiblichen Kindern gleich. Erben der zweiten Ordnung sind die Eltern des Erblassers, Geschwister und deren Kinder. Eltern und

98 Ausführlich zum Abkommen: *Jülicher*, IStR 2007, 85; *von Oertzen/Schienke*, ZEV 2007, 406.

99 Zur Bedeutung des Abkommens in der Praxis: *Moench/Morsch*, ZEV 2003, 273.

100 Ausführlich hierzu: *von Oertzen/Schienke*, ZEV 2007, 406, 407.

101 Süß/*Döbereiner*, Erbrecht in Europa, Frankreich, S. 550 Rn 198.

102 *Troll/Gebel/Jülicher/Gottschalk*, § 21 ErbStG Rn 100.

103 *Georgiades/Papadimitropoulos,* in: Ferid/Firsching/Dörner Hausmann, Internationales Erbrecht, Griechenland, S. 11 Rn 10.

104 *Stamatiadis/Tsantinis*, in: Süß/Ring, Eherecht in Europa, Griechenland, S. 602 Rn 21.

105 Für diesen Fall steht der Ehevertrag unter der aufschiebenden Bedingung der Eheschließung. Vgl. hierzu *Konougeri-Manoledaki*, Familienrecht, S. 279.

106 *Kounougeri-Manoldaki*, Familienrecht, S. 234; *Daskarolis*, Familienrecht I, S. 245.

107 *Stathopoulos*, in: Georgiades/Stathopoulos, ZGB, Bd. VII, Art. 1400 Rn 10.

Geschwister erben zu gleichen Teilen.[108] Erben der dritten Ordnung sind die Großeltern und deren Kinder. Leben die Großeltern noch, so erben sie allein. Erben der vierten Ordnung sind die Urgroßeltern des Erblassers.[109] Der Ehegatte ist ebenfalls gesetzlicher Erbe und erbt neben Erben der ersten Ordnung zu einem Viertel. Neben Verwandten der anderen Ordnungen erbt er zur Hälfte.[110] Mehrere Erben bilden eine **Erbengemeinschaft** in Form einer Bruchteilsgemeinschaft.[111]

Testamentsformen: 40

Griechenland hat das Haager Testamentsformübereinkommen ratifiziert. Es existiert das vom Erblasser vollständig eigenhändig errichtete handschriftliche Testament[112] sowie das öffentliche Testament. Dieses wird vom Notar vor drei Zeugen durch mündliche Erklärung des Testators als öffentliche Urkunde errichtet. Daneben existiert noch das geheime Testament, welches zur Niederschrift eines Notars errichtet wird.[113] Gemeinschaftliche Testamente sind im materiellen Erbrecht nicht zugelassen (Art. 1717 ZGB).[114] Im Rahmen des Testaments sind die Anordnungen von Vor- und Nacherbschaft sowie die Anordnung von Vermächtnissen zulässig.[115]

Annahme und Ausschlagung der Erbschaft: 41

Die Erbschaft geht auf die Erben über, ohne dass es eines weiteren Zutuns durch die Erben bedarf. Die Erben können sich der Annahme der Erbschaft jedoch binnen einer Frist von vier Monaten ab Kenntnis des Anfalls bzw. einem Jahr, falls der Erblasser seinen letzten Wohnsitz im Ausland hatte, durch Ausschlagung entledigen.[116] Das Recht zur Ausschlagung ist ein höchstpersönliches Recht, das nicht durch Dritte ausgeübt werden kann. Sowohl die Annahme als auch die Ausschlagung der Erbschaft sind unwirksam, so sie vor dem Ableben des Erblassers erklärt wurden.[117]

Pflichtteilsrecht: 42

Das Pflichtteilsrecht ist auch in Griechenland ein echtes Noterbenrecht. Ehegatte, Abkömmling und Eltern erhalten also keinen schuldrechtlichen Ersatzanspruch, sondern werden Erben qua Gesetz.[118] Das Pflichtteilsrecht ist zudem vererblich.[119] Die Pflichtteilsquote beträgt die Hälfte des gesetzlichen Erbteils.[120]

---

108 *Georgiades/Papadimitropoulos*, in: Ferid/Firsching, Internationales Erbrecht, Griechenland, S. 28, Grdz. E Rn 58.

109 *Georgiades/Papadimitropoulos*, in: Ferid/Firsching, Internationales Erbrecht, Griechenland, S. 30, Grdz. E Rn 61.

110 Süß/*Stamatiadis/Tsantinis*, Erbrecht in Europa, Griechenland, S. 562 Rn 30.

111 *Georgiades/Papadimitropoulos* in: Ferid/Firsching, Internationales Erbrecht, Griechenland, S. 87, Grdz. H, Rn 233.

112 *Georgiades/Papadimitropoulos*, in: Ferid/Firsching/Dörner/Hausmann, Internationales Erbrecht, Griechenland, S. 37, Grdz. F, Rn 81.

113 *Georgiades/Papadimitropoulos*, in: Ferid/Firsching/Dörner/Hausmann, Internationales Erbrecht, Griechenland, S. 39, 40, Grdz. F, Rn 88–90.

114 Süß/*Stamatiadis/Tsantinis*, Erbrecht in Europa, Griechenland, S. 565 Rn 40.

115 Vollständige Übersicht des rechtl. möglichen Inhalts eines Testaments siehe: *Georgiades/Papadimitropoulos*, in: Ferid/Firsching. Internationales Erbrecht, Griechenland, S. 52 Grdz. F, Rn 136.

116 NK-BGB/*Galanulis*, Länderbericht Griechenland, Rn 47.

117 NK-BGB/*Galanulis*, Länderbericht Griechenland, Rn 48.

118 *Georgiades/Papadimitropoulos,* in: Ferid/Firsching, Internationales Erbrecht, Griechenland, S. 72 Rn 197.

119 OLG Athen 2092/1968 Arm. 1969, 129; OLG Thessaloniki 220/1973 Arm. 1973, 607 ff.

120 Süß/*Stamatiadis*, Erbrecht in Europa, Griechenland, S. 555 Rn 43.

43 **Annahme und Ausschlagung der Erbschaft:**

Die Annahme der Erbschaft ist eine formlose, einseitige nicht empfangsbedürftige Willenserklärung.[121] Von der Formlosigkeit existieren zwei Ausnahmen. Zum einen, wenn zum Nachlass Grundstücke oder aber dingliche Rechte existieren, zum anderen, wenn die Erbschaft unter der Rechtswohltat des Inventars angenommen wird.[122] Die Ausschlagung ist nach griechischem Erbrecht ein höchstpersönliches Gestaltungsrecht. Die Ausschlagungsfrist beträgt vier Monate bzw. ein Jahr, wenn der Erblasser seinen Wohnsitz im Ausland hatte oder sich der Erbe im Ausland befand.[123]

44 **Erbschaftsteuer:**

Nach griechischem Erbschaftsteuerrecht kommt es zur **unbeschränkten Steuerpflicht**, wenn der Erblasser (gleich ob Grieche oder Ausländer) im Inland wohnhaft gewesen ist. **Beschränkte Steuerpflicht** tritt ein, wenn sich ein beweglicher oder unbeweglicher Nachlassgegenstand im griechischen Inland belegen ist.[124] Eine im Ausland gezahlte Erbschaftsteuer wird der griechischen Steuer zur Vermeidung einer Doppelbesteuerung abgezogen. Es existieren drei Steuerklassen A bis C. Die Steuersätze variieren innerhalb der Klassen zwischen minimal 1 % in Steuerklasse A bis zu 40 % in Steuerklasse C. In den Steuerklasse A und B fallen für die ersten 150.000 EUR Erwerb keine Steuer (Freibetrag) an.[125]

H. Republik Irland

45 **Erbstatut:**

Die Republik Irland ist Mitglied der Europäischen Union. Dennoch hat sie, gemeinsam mit Dänemark und Großbritannien, die Europäische Erbrechtsverordnung nicht ratifiziert. Damit ist Irland, obwohl Mitglied der EU, Drittstaat im Sinne der EuErbVO.[126] Irland folgt dem System der Nachlassspaltung.[127] Die Erbfolge des **beweglichen Vermögens** (*movable property*) wird anhand des letzten domicile bestimmt.[128] Das domicile wird im Irischen Recht ähnlich bestimmt wie im Englischen Recht.[129] Die Erbfolge in **unbewegliches Vermögen** (*immovable property*) unterliegt dem jeweiligen Belegenheitsrecht (lex situs).[130] Für die Praxis bedeutet dies, dass es bei der Bestimmung des Erbstatuts zu unterschiedlichen Ergebnissen kommen kann, obwohl beide Länder der EU angehören. Unproblematisch dürften die Fälle sein, in denen der Erblasser sowohl seinen letzten Wohnsitz als auch sein gesamtes Vermögen in Irland oder einem Ratifizierungsstaat der EuErbVO hatte. Denn in dieser Konstellation gelangt man sowohl aus irischer Sicht als auch aus Sicht der EuErbVO zur Anwendung irischen Erbrechts. In den meisten anderen Fällen wird man aber zu

121 OLG Thessaloniki 117/1993 Arm. 1993, 221; OLG Athen 10607/1980 NoB 1981, 905.
122 *Georgiades/Papadimitropoulos*, in: Ferid/Firsching/Dörner/Hausmann, Internationales Erbrecht, Griechenland, S. 83, Grdz. F, Rn 221.
123 *Georgiades/Papadimitropoulos*, in: Ferid/Firsching/Dörner/Hausmann, Internationales Erbrecht, Griechenland, S. 83, Grdz. F, Rn 222.
124 Süß/*Tsantinis*, Erbrecht in Europa, Griechenland, S. 575 Rn 83.
125 *Troll/Gebel/Jülicher/Gottschalk*, ErbStG, § 21 Rn 101.
126 Vgl. hierzu auch: *Lein*, in: Dutta/Herrler, Die Europäische Erbrechtsverordnung, Rn 6–9; *Richters*, ZEV 2012, 576.
127 Staudinger/*Dörner*, Anh. zu Art. 25 EGBGB Rn 247.
128 Süß/*Worthmann*, Erbrecht in Europa, Irland, S. 644 Rn 2.
129 *Kegel/Schurig*, Internationales Privatrecht, 9. Auflage 2004, § 10 III, S. 399.
130 *Binchy*, Irish Conflicts of Law, S. 429 f.; *Keating*, The Construction of Wills, Rn 5–01.

unterschiedlichen Ergebnissen im Rahmen der Bestimmung des Erbstatuts gelangen. Über Art. 20 EuErbVO wird die EuErbVO jedoch als *loi uniforme* gesehen, sodass die EuErbVO aus Sicht der Vertragsstaaten auch dann anzuwenden ist, wenn das Recht eines Drittstaates in Rede steht.[131]

Gesetzliches Erbrecht: 46

Erben der ersten Linie sind die Abkömmlinge des Erblassers. Seit dem 14.6.1988 werden nichteheliche Kinder ehelichen Kindern gleichgestellt.[132] Adoptierte Kinder gelten als Kinder der Adoptiveltern, nicht als Kinder der leiblichen Eltern.[133] Mehre Kinder erben zu gleichen Teilen (per capita). Verstorbene Kinder werden durch ihre Abkömmlinge repräsentiert. Das Vorhandensein von Erben der ersten Linie schließt alle weiteren Linien aus. Erben der zweiten Linie sind die Eltern des Erblassers. Sind keine Eltern des Erblassers vorhanden, so erben Geschwister; mehrere zu gleichen Teilen. Sind auch diese nicht vorhanden, so erben die Nichten und Neffen zu gleichen Teilen und nicht nach Stämmen.[134] Daneben existiert ein Ehegattenerbrecht. Dem überlebenden Ehegatten steht neben Kindern eine Quote von zwei Dritteln des Nachlasses zu. Hinterlässt der Erblasser keine Kinder, so erbt der Ehegatte allein.[135]

Testamente: 47

Das Haager Testamentsformabkommen ist in Irland seit dem 2.10.1967 in Kraft.[136] Das irische Erbrecht kennt das vom Erblasser vor zwei Zeugen errichtetem Testament (*will*). Die Errichtung ist ein höchstpersönliches Rechtsgeschäft, was bedeutet, dass es nicht zwingend vom Erblasser unterschrieben sein muss; ihm jedoch eindeutig zurechenbar sein muss.[137] Daneben existiert das Kodizill (*codicil*), also ein letztwillige Verfügung ohne Erbeinsetzung.[138] Daneben gibt es das gemeinschaftliche Testament (*joint will*), nicht jedoch den Erbvertrag. Anders als in Deutschland entfaltet das gemeinschaftliche Testament jedoch keine Bindungswirkung. Gemeinschaftliche Testamente sind in Irland unüblich.[139] Das irische Recht kennt in Testamenten keine Erbeinsetzung, sondern nur Vermächtnisse (*legacy* – Zuwendung von beweglichem Vermögen; *device* – Zuwendung von unbeweglichem Vermögen).[140] Ein Vermächtnis kann auch eine Bedingung geknüpft sein (*conditional legacy*), oder an eine aufschiebende (*condition precedent*) oder auflösende (*condition subsequent*) Bedingung geknüpft sein.[141] Durch Verfügung von Todes wegen kann der Testator auch einen Testamentsvollstrecker (*executer*) benennen.

Pflichtteilsrecht: 48

Eine Enterbung von dem Erblasser nahestehenden Personen ist ganz grundsätzlich möglich. Es gibt jedoch Beschränkungen in der Testierfreiheit welche dem Ehegatten oder dem eingetragenen Lebenspartner zugute kommen. Diese Beschränkung garantiert dem Ehegatten/eingetragenen Lebenspartner eine Beteiligung am Nachlass. Der Anspruch besteht in

131 Süß/*Worthmann*, Erbrecht in Europa, Irland, S. 646 Rn 10.
132 Sec. 3 (1) Children Act 1987.
133 Sec. 3 (2) Children Act. 1987.
134 Süß/*Worthmann*, Erbrecht in Europa, Irland, S. 650 Rn 27 bis 31.
135 Süß/*Worthmann*, Erbrecht in Europa, Irland, S. 652 Rn 34, 35.
136 BGBl II 1967, S. 2362.
137 *Spierin*, Rn 547; *Grehan*, in: Frank/Wachter, Handbuch Immobilienrecht in Europa, Irland, Rn 183.
138 Süß/*Worthmann*, Erbrecht in Europa, Irland, S. 655 Rn 47.
139 *Spierin*, Rn 681.
140 Law Society of Ireland, S. 18.
141 Süß/*Worthmann*, Erbrecht in Europa, Irland, S. 659 Rn 69.

Höhe von ½, wenn der Erblasser keine Kinder hinterlässt, in Höhe von einem 1/3, wenn der Erblasser Kinder hinterlässt.[142]

49 **Annahme und Ausschlagung der Erbschaft:**

Der Erbe bzw. Vermächtnisnehmer hat das Recht die Zuwendung anzunehmen, sie abzulehnen oder auf sie zu verzichten.[143] Die Zuwendung erfolgt dabei stets von einem *personal representive*, welcher treuhänderisch Rechtsnachfolger des Erblassers wird. Er begleicht die Nachlasspassiva und kehrt das übrige Vermögen aus.[144] Die Ausschlagung (*disclaimer*) ist in Irland zudem möglich, solange der Ausschlagende die Zuwendung noch nicht angenommen hat. Sie ist formgebunden, muss vor einem Zeugen erklärt werden und ist nur dann gültig, wenn der Ausschlagende von Umfang und Zusammensetzung des Nachlasses Kenntnis hatte.[145]

50 **Erbschaftsteuer:**

Eine Besteuerung der Erbfolge kann sich in Irland aus dreierlei Steuerarten ergeben. Es sind dies die **Capital Acquisition Tax** kurz CAT, die **Capital Gains Tax** oder **Income Tax**. Fällt unbewegliches Vermögen in Irland in den Nachlass kann noch die sog. **Stamp duty** (irische Grunderwerbsteuer) hinzutreten. Zwischen der Republik Irland und den USA sowie Großbritannien existiert ein Doppelbesteuerungsabkommen für Erwerbe von Todes wegen.[146] Zwischen Irland und der Bundesrepublik Deutschland existiert ebenfalls ein Doppelbesteuerungsabkommen. Dieses umfasst jedoch nicht die Capital Acquisition Tax, sondern ist beschränkt auf die Einkommen- und Körperschaftsteuer.[147]

I. Republik Italien

51 **Erbstatut:**

Die Republik Italien ist Vertragsstaat der Europäischen Erbrechtsverordnung. Demzufolge bestimmt sich das Erbstatut ab dem 17.8.2015 gemäß Art. 21 ff. EuErbVO. Nach Stimmen der Literatur ersetzt die EuErbVO die Regelungen der Art. 46–50 ital. IPRG vollständig.[148] Für Erbfälle vor dem 17.8.2015 gilt, dass sich die Erbfolge für den gesamten Nachlass (Grundsatz der Nachlasseinheit) nach der Staatsangehörigkeit des Erblassers zum Zeitpunkt des Todes richtet.[149] Eine Weiterverweisung auf italienisches Recht wird angenommen, wenn der renvoi zur Anwendung ital. Rechts führt.[150] Bei Doppelstaatlern ist das Recht des Staates anzuwenden, dem sich der Erblasser am engsten verbunden fühlte.[151] War er auch italienischer Staatsbürger, so geht diese gemäß Art. 19 Abs. 2 ital. IPRG immer vor. Art. 46

142 Vgl. Hierzu ausführlich: Süß/*Worthmann*, Erbrecht in Europa, Irland, S. 664, ab Rn 92 f.

143 *Brady*, Succession of Law in Ireland, Rn 602.

144 Süß/*Worthmann*, Erbrecht in Europa, Irland, S. 673 Rn 129, 130.

145 Süß/*Worthmann*, Erbrecht in Europa, Irland, S. 676 Rn 143.

146 *Troll/Gebel/Jülicher/Gottschalk*, ErbStG, § 21 Rn 103; Süß/*Worthmann*, Erbrecht in Europa, Irland, S. 684 Rn 176–180.

147 BGBl II 2013, S. 332.

148 *Franzina*, in: Franzina/Leandro, NLCC 2013, 275; *Ferretti*, Regolamento (UE) n. 650/2012 in material di succession, Contratto e impr./Europa 2013, 450; *Bonomi*, Prime considerazioni sulla proposta di regolamento sulle succession, Riv. Int. dir. privato proc. 2010, 875.

149 *Ballarino*, diritto internazionale privato, S. 502 ff. Milano.

150 *Ballarino*, Diritto internazionale privato, 3. Aufl. 1999, S. 516 ff.; *Maglio/Thorn*, ZVglRWiss 96 (1997), 347, 367.

151 *Hohloch/Heckel*, in: Hausmann/Hohloch, Handbuch des Erbrechts, Kapitel 26 Rn 47.

Abs. 2 ital. IPRG gestattet italienischen Staatsbürgern, welche im Ausland wohnen, eine **Rechtswahl** zugunsten des Landes zu treffen, in welchem sie sich befinden (residenza Art. 43, 44 c.c.).[152]

Güterrecht: 52

Gesetzlicher Güterstand ist die Gütergemeinschaft gem. Art. 159 ff. c.c. (*comunione dei beni*).[153] Das Güterrechtsstatut ist wandelbar.[154] Zum Gesamtgut gehören alle Erwerbe, die die Ehegatten während der Ehe tätigen (*beni comuni*). Daneben existiert das Eigengut eines jeden Ehegatten (*beni personali*), welches voreheliche Erwerbe sowie Dinge des persönlichen Gebrauchs umfasst.[155] Das Güterrecht hat auf die Erbquote keinen Einfluss, die Gütergemeinschaft wird jedoch nach dem Tod eines Ehegatten auseinandergesetzt.[156] Das Gesamtgut ist zu teilen, wobei nur der Anteil des verstorbenen Ehegatten zum Nachlass gehört.[157]

Gesetzliche Erbfolge: 53

Erben erster Ordnung sind die leiblichen Abkömmlinge des Erblassers zu gleichen Teilen gem. Art. 566 c.c.[158] Legitimierte oder adoptierte Kinder stehen den ehelichen Kindern gem. Art. 567 c.c. gleich.[159] Erben zweiter Ordnung sind die Aszendenten und Geschwister. Erben dritter Ordnung sind die anderen Verwandten bis zum sechsten Grad, wobei Gradnähere Gradentferntere ausschließen.[160] Eine Ordnung schließt die andere aus. Erben einer Ordnung erben zu gleichen Teilen. Das Erbrecht des Ehegatten variiert nach der Anzahl der Abkömmlinge. Gemäß Art. 581 c.c. erbt der Ehegatte beim Vorhandensein mehrerer Kinder zu 1/3, beim Vorhandensein nur eines Kindes zu ½.[161] Mehrere Erben bilden eine **Erbengemeinschaft** in Form einer Bruchteilsgemeinschaft gem. Art. 1110–1116 c.c.

Testamentsformen: 54

Das Haager Testamentsformabkommen wurde **nicht** ratifiziert. Art. 48 ital. IPRG stimmt aber im Wesentlichen mit diesem überein.[162] Möglich ist die Errichtung des eigenhändigen Testaments (*testamento olografo*),[163] welches vom Erblasser vollständig eigenhändig errichtet und unterschrieben ist. Daneben existiert das notarielle Testament in zwei Formen (öffentliches Testament in Gegenwart von zwei Zeugen sowie eigenhändiges Testament vom Notar versiegelt und hinterlegt),[164] Gesetzlich geregelt sind ferner das allg. Nottestament sowie Militär-, See-, und Luftfahrttestament (Art. 609, 611–618 c.c.).[165] Im Testament selbst sind Erbeinsetzungen (Ersatzerbschaft), Testamentsvollstreckung und die Anordnung von Vermächtnissen möglich. **Wichtig**: Es ist keine Anordnung von Vor- und Nacherbschaft möglich. Darüber hinaus kann kein gemeinschaftliches Testament und auch keine Vereinba-

152 *Hohloch/Heckel*, in: Hausmann/Hohloch, Handbuch des Erbrechts, Kapitel 26 Rn 47.
153 *Cian/Trabucchi*, Commentario breve al codice civile, Art. 159 Rn I.
154 *Ballarino*, Diritto internazionale privato, S. 425 f.; *Priemer*, MittRhNotK 2000, 45,50.
155 *Cubeddu Wiedemann/Wiedemann*, in: Süß/Ring, Eherecht in Europa, Italien, S. 686 Rn 51.
156 *Galgano*, Diritto privato, S. 783.
157 *Cubeddu Wiedemann/Wiedemann*, in: Süß, Erbrecht in Europa, Italien, S. 716 Rn 70.
158 *Bonilini/Confortini/Mariconda*, Codice delle successioni e donazioni, Art. 566 Rn 1.
159 *Bonilini/Confortini/Mariconda*, Codice delle successioni e donazioni, Art. 567 Rn 2.
160 *Cubeddu Wiedemann/Wiedemann*, in: Süß, Erbrecht in Europa, Italien, S. 718 Rn 76–80.
161 *Cian/Trabucchi*, Commentario breve al codice civile, Art. 581 Rn III.
162 *Ballarino*, Diritto internazionale privato, S. 535 ff.
163 *Bonilini/Confortini/Mariconda*, Codice delle successioni e donazioni, Art. 601 Rn 1, 2.
164 *Schömmer/Reiss*, Internationales Erbrecht Italien, S. 108 Rn 280, 281.
165 *Hausmann/Trabucchi*, in: Ferid/Firsching/Dörner/Hausmann, Internationales Erbrecht, Italien, S. 107, Grdz. F, Rn 273–276.

rung von Abmachungen über die Erbfolge errichtet werden.[166] Unzulässig ist jede testamentarische Anordnung, mit denen der Erblasser den Erben verbietet, über Nachlassgegenstände unter Lebenden oder von Todes wegen zu verfügen.[167] Daneben ist die Anordnung von Vermächtnissen mit unmittelbarer dinglicher Wirkung möglich (Vindikationslegat). Gegenstand eines Vermächtnisses kann auch der Nießbrauch an einem Gegenstand sein.[168] Es existiert ein **zentrales Testamentsregister** im Justizministerium in Rom, das *Ufficio Centrale degli Archivi Notarili.*

55 **Pflichtteilsrecht:**

Das Pflichtteilsrecht ist als echtes Noterbrecht ausgestaltet. Das bedeutet, dass der enterbte Pflichtteilsberechtigte zum echten **Not**erben qua Gesetz erhoben wird. Das *Codice Civile* sichert den leiblichen Abkömmlingen und dem Ehegatten eine Mindestteilhabe am Nachlass. Wie in vielen anderen romanischen Rechtskreisen wird auch im italienischen Erbrecht zwischen einer frei verfügbaren Quote (*quota disponibile*) und einer nicht verfügbaren Quote (*quota non disponibile*) des Nachlasses unterschieden. Überschreitet der Erblasser bei seinen testamentarischen Zuweisungen von Vermögensgegenständen oder Erbeinsetzungen die frei verfügbare Quote, kann diese im Nachhinein durch die Noterben auf die verfügbare Quote gekürzt werden. Der Enterbte wird mit erfolgreicher Herabsetzungsklage Erbe. Die Erhebung der Herabsetzungsklage ist auch im Inland möglich.[169] Beachtlich ist des Weiteren, dass es als Verstoß gegen den ordre public gewertet wird, wenn in Italien eine ausländische Rechtsordnung zur Anwendung kommt, mit Hilfe deren es möglich ist, den Pflichtteil eines nahen Angehörigen vollständig zu umgehen, sodass dieser insgesamt leer ausgeht.[170] Das Pflichtteilsrecht in der italienischen Ausgestaltung als solches, also als echtes Noterbenrecht, stellt nach herrschender Lehre jedoch keinen Teil des ordre public dar.[171]

56 **Annahme und Ausschlagung der Erbschaft:**

Die Erbschaft muss nach italienischem Recht angenommen werden. Vorher stellt sie eine selbstständige Masse ohne Rechtsträger dar (*patrimonio ereditario*).[172] Neben der vorbehaltslosen Annahme (*accetazione pura e semplice*) besteht die Möglichkeit, die Erbschaft gem. Art. 484 c.c. unter dem Vorbehalt der Inventarerrichtung (*accetazione con beneficio d' inventario*) anzunehmen; mit welcher eine Haftungsreduzierung auf den Nachlass eintritt. Die Ausschlagung ist unbedingt. Eine bedingte Ausschlagung ist gem. Art. 520 c.c. nichtig. Eine erklärte Ausschlagung ist unwiderruflich. Das Recht zur Annahme verjährt in aller Regel nach zehn Jahren seit der Eröffnung des Nachlasses.[173] Es ist durch gerichtliche Verfahren in Italien möglich, eine Erklärung der Erben zu erzwingen, egal ob sie die Erbschaft annehmen oder nicht.

---

166 *Hausmann/Trabucchi*, in: Ferid/Firsching/Dörner/Hausmann, Internationales Erbrecht Italien, S. 124, Grdz. F, Rn 333.

167 Cass, 1981/6005; *Cian/Trabucchi/Vascellari*, Art. 692 Anm. IX 2.

168 Cass. 11/2172, NGCC 2011, I, 604.

169 LG Wuppertal 2 O 141/10 (rechtskräftig).

170 Süß/*Cubeddu Wiedemann/Wiedemann*, Erbrecht in Europa, Italien, S. 707 Rn 38.

171 *Ballarino*, Diritto internazionale privato, S. 521.

172 Vgl. *Capozzi*, Successioni e donazioni, S. 62.

173 Zu den Ausnahmen der Frist siehe Süß/*Cubeddu Wiedemann/Wiedemann*, Erbrecht in Europa, Italien, S. 752 Rn 220.

Erbschaftsteuer: 57

Die Republik Italien hat Doppelbesteuerungsabkommen mit den USA, Schweden, Griechenland, Großbritannien, Dänemark, Israel und Frankreich auf dem Gebiet der Erbschaftsteuer abgeschlossen. Bzgl. der **unbeschränkten Steuerpflicht** wird auf die Ansässigkeit des Erblassers oder Schenkers im Inland abgestellt. **Beschränkte Steuerpflicht** besteht bei im Inland belegenen Gütern. Ehepartnern und Verwandten in gerader Linie wird ein Freibetrag von 1 Million EUR eingeräumt (Schwerbehinderten 1,5 Millionen EUR). Geschwister sind mit einem Freibetrag von 100.000 EUR ausgestattet. Die Steuersätze variieren zwischen 4 % und 8 %. Befinden sich Immobilien im Nachlass, sind zusätzlich Kataster- und Hypothekarsteuern zu zahlen.[174]

J. Republik Kroatien

Erbstatut: 58

Auch in Kroatien findet die EuErbVO Anwendung, sodass das Erbstatut gem. Art. 21 ff. EuErbVO anhand des letzten gewöhnlichen Aufenthalts des Erblasser bestimmt wird. Für Erbfälle vor dem 17.8.2018 gilt ein Gesetz der ehemaligen Föderation Jugoslawien. Es knüpft zur Bestimmung des Erbstatuts auf das Heimatrecht des Erblassers zum Todeszeitpunkt an. Bei mehreren Staatsangehörigkeiten gilt die kroatische als die maßgebliche. Eine **Rechtswahl** ist unbekannt.[175]

Güterrecht: 59

Treffen die Ehegatten keine Regelung, so geht das kroatische FamG von eigenem und gemeinsamem Vermögen aus. Am gemeinsamen ehelichen Vermögen steht ihnen Miteigentum zu gleichen Teilen zu.[176] Die Errichtung eines Ehevertrags, in welchem die Eheleute ihre Vermögensverhältnisse abweichend von den gesetzlichen Regeln ordnen können, ist möglich. Der Ehevertrag muss schriftlich abgeschlossen und notariell beglaubigt werden.[177]

Gesetzliche Erbfolge: 60

Das kroatische Erbrecht kennt insgesamt fünf Erbordnungen. Erben erster Ordnung sind gemäß Art. 9 Abs. 1 ErbG die Abkömmlinge des Erblassers. Diese erben zu gleichen Teilen. Eheliche stehen unehelichen Kindern gleich. Der Ehegatte erbt mit den Kindern zu gleichen Teilen. Zu den Erben zweiter Ordnung gehören die Eltern des Erblassers und der Ehegatte. Die Quote des Ehegatten beträgt hier ein Halb. Erben dritter Ordnung sind die Großeltern und deren Abkömmlinge. Mütterliche und väterliche Linie je zu ein Halb. Erben vierter Ordnung sind die Urgroßeltern. Erben fünfter Ordnung sind sonstige Ahnen.[178] Mehrere Erben bilden eine **Erbengemeinschaft** in Form einer Bruchteilsgemeinschaft.[179]

Testamentsformen: 61

Das Haager Testamentsformübereinkommen wird kraft ausdrücklicher Erklärung der Republik Kroatien angewandt. Das eigenhändige Testament muss vom Erblasser vollständig

174 *Troll/Gebel/Jülicher/Gottschalk*, ErbStG, § 21 Rn 106.
175 Süß/*Süß*, Erbrecht in Europa, Kroatien, S. 799 Rn 1, 2.
176 *Mikulić/Schön*, in: Süß/Ring, Eherecht in Europa, Kroatien, S. 773 Rn 10.
177 *Mikulić/Schön*, in: Süß/Ring, Eherecht in Europa, Kroatien, S. 692 Rn 12, 13.
178 *Jessel-Holst*, in: Ferid/Firsching/Dörner/Hausmann, Internationales Erbrecht, Kroatien, S. 15 Grdz. H.
179 Süß/*Süß*, Erbrecht in Europa, Kroatien, S. 809 Rn 53.

mit eigener Hand geschrieben und unterschrieben werden. Des Weiteren existiert das allographe Testament, welches vom Erblasser und zwei Zeugen unterschrieben wird. Ein Richter, ein Rechtspfleger oder ein Notar können ein öffentliches Testament beurkunden. Außerhalb Kroatiens kann dies durch einen zuständigen diplomatischen Vertreter der Republik Kroatien geschehen.[180] Möglich sind Erbeinsetzungen, die Benennung von Ersatzerben, die Anordnung von Vermächtnissen und Auflagen.[181]

62 **Pflichtteilsrecht:**

Pflichtteilsberechtigt sind die leiblichen Abkömmlinge des Erblassers der Ehegatte sowie der anerkannte Partner. Das Pflichtteilsrecht ist als echtes Noterbenrecht ausgestaltet. Wenn der gewillkürte Erbe das Noterbenrecht nicht anerkennt, so muss von dem übergangenen Noterben eine Herabsetzungsklage[182] erhoben werden. Der Anspruch verjährt in drei Jahren.[183]

63 **Annahme und Ausschlagung der Erbschaft:**

Die Erbschaft geht mit dem Tode eo ipso auf die Erben ohne Mitwirkung oder Annahmeerklärung über.[184] Die explizite Annahme durch einen Erben hat jedoch die Wirkung, dass dieser die Erbschaft nicht mehr ausschlagen kann.[185] Die Ausschlagung ist wie die Annahmeerklärung unwiderruflich.

64 **Erbschafsteuer:**

In Kroatien wird Erbschaftsteuer auf im Inland belegenes Vermögen erhoben. Von der Erhebung der Steuer befreit sind stets Verwandte in gerader Linie sowie der Ehegatte. Der Steuersatz beträgt bis zu 5 %. Bei beweglichem Vermögen wird die Steuer nur erhoben, wenn der steuerpflichtige Erwerb von Todes wegen 50.000 HRK übersteigt.[186]

K. Großherzogtum Luxemburg

65 **Erbstatut:**

Das Großherzogtum Luxemburg ist Vertragsstaat der Europäischen Erbrechtsverordnung. Demzufolge wird für Erbfälle ab dem 17.8.2015 die EuErbVO unmittelbar angewandt, wonach sich das Erbstatut gemäß Art. 21 Abs. 1 EuErbVO nach dem letzten gewöhnlichen Aufenthalt bestimmt. Es gilt ferner der Grundsatz der Nachlasseinheit. Für Erbfälle vor dem 17.8.2015 folgt das Erbrecht des Großherzogtums dem Grundsatz der Nachlassspaltung. Unbewegliches Vermögen wird nach dem Recht der Sache am Belegenheitsort vererbt (*lex rei sitae*). Bewegliches Vermögen wird nach dem Recht des letzten Wohnsitzes des Erblassers vererbt.[187] Auch im Großherzogtum ist es damit zum Paradigmenwechsel in Punkto

180 *Jessel-Holst*, in: Ferid/Firsching/Dörner/Hausmann, Internationales Erbrecht, Kroatien, S. 17 Grdz. I.
181 Süß/*Süß*, Erbrecht in Europa, Kroatien, S. 942 Rn 29 ff.
182 *Wohlgemuth*, ROW 1995, 228.
183 Überblick über das kroatische Noterbenrecht: Süß/*Süß*, Erbrecht in Europa, Kroatien, S. 807, 808 Rn 40–49.
184 *Jessel-Holst*, in: Ferid/Firschind/Dörner/Hausmann, Internationales Erbrecht, Kroatien, S. 11, Grdz. E.
185 *Jessel-Holst*, in: Ferid/Firschind/Dörner/Hausmann, Internationales Erbrecht, Kroatien, S. 21, Grdz. J, K.
186 *Troll/Gebel/Jülicher/Gottschalk*, ErbStG, § 21 Rn 111.
187 Trib. Ardt. Luxembourg, 20.6.1931, Pas lux t. 13, 466.

Nachlassspaltung nach alter Rechtslage und Nachlasseinheit nach neuer Rechtslage gekommen.

Güterrecht: 66

Im Ehegüterrecht gilt der Grundsatz der Vertragsfreiheit. Möglich ist eine weitgehend individuelle Gestaltung des Ehegüterrechts. Treffen die Eheleute keine Vereinbarung, so gilt der gesetzliche Güterstand der **Gütergemeinschaft.**[188] Der Güterstand ist nach Beendigung auszugleichen. Es besteht die Möglichkeit, diesen Güterstand vertraglich zu modifizieren (modifizierte Gütergemeinschaft), was bedeutet, dass vertraglich Änderungen hinsichtlich der Zusammensetzung der Gemeinschaft, der Verwaltung der Güter oder deren Aufteilung vorgenommen werden können. Möglich ist auch, dem überlebenden Ehegatten einen höheren Anteil als die Hälfte der Güter zukommen zu lassen.[189]

Gesetzliche Erbfolge: 67

Das luxemburgische Erbrecht kennt vier Erbordnungen: 1. Ordnung: die Kinder und sonstigen Abkömmlinge des Erblassers, 2. Ordnung: der überlebende Ehegatte, 3. Ordnung: Verwandte in aufsteigender Linie, 4. Ordnung: Verwandte in der Seitenlinie. Das Vorhandensein einer Ordnung schließt die anderen aus, mit Ausnahme des Ehegatten.[190] Trifft der Ehegatte mit Abkömmlingen des Erblassers zusammen, so hat er ein Wahlrecht von einem ¼ Anteil am Nachlass oder aber ein Nießbrauchsrecht am mit dem Erblasser bewohnten Grundstück sowie den dazugehörigen Einrichtungsgegenständen.[191] Mehrere Erben bilden eine **Erbengemeinschaft** in Form einer Gütergemeinschaft.[192]

Testamentsformen: 68

Es existieren das handschriftliche Testament, das öffentliche Testament sowie das geheime Testament. Das handschriftliche Testament muss eigenhändig geschrieben, datiert und unterzeichnet sein, andernfalls ist es nichtig. Der Errichtungsort muss hingegen nicht angegeben werden.[193] Das öffentliche Testament muss vor zwei Notaren oder einem Notar und zwei Zeugen errichtet werden. Das geheime Testament wird vom Erblasser verfasst und im Beisein von zwei Zeugen dem Notar übergeben.[194] Vor- und Nacherbfolge sind verboten und führen zur Nichtigkeit des Testaments.[195] Es existiert ein zentrales **Testamentsregister.** Als Erben kennt das luxemburgische Erbrecht nur gesetzliche Erben. Unter Beachtung der verfügbaren Quote (*quotité disponible*) kann der Testator Vermächtnisse (auch Vindikationslegate) anordnen.[196] Die Anordnung einer Vor- und Nacherbschaft ist gemäß Art. 896 CC verboten.[197]

188 *Watgen*, in Süß/Ring, Eherecht in Europa, Luxemburg, S. 764 Rn 10.

189 *Watgen*, in Süß/Ring, Eherecht in Europa, Luxemburg, S. 764 Rn 14.

190 *Hustedt/Watgen/Genkin*, in: Ferid/Firsching/Dörner/Hausmann, Internationales Erbrecht, Luxemburg, S. 15 Grdz. E Rn 34.

191 Süß/*Frank*, Erbrecht in Europa, Luxemburg, S. 860 Rn 53.

192 *Flick/Piltz*, Der Internationale Erbfall, Rn 733.

193 Cour Luxembourg, 25.5.1932, Pas lux t. 12, 557.

194 *Hustedt/Watgen/Genkin*, in: Ferid/Firsching/Dörner/Hausmann, Internationales Erbrecht, Luxemburg, S. 26 Rn 65.

195 *Hustedt/Watgen/Genkin*, in: Ferid/Firsching/Dörner/Hausmann, Internationales Erbrecht, Luxemburg, S. 32 Rn 84.

196 Süß/*Frank*, Erbrecht in Europa, Luxemburg, S. 863 Rn 74.

197 *Hustedt/Watgen/Genkin*, in: Ferid/Firsching/Dörner/Hausmann, Internationales Erbrecht, Luxemburg, S. 45 Grdz. F Rn 84.

69 **Pflichtteilsrecht:**

Das Pflichtteilsrecht ist auch in Luxemburg als echtes Noterbenrecht ausgestaltet. Wie in vielen anderen romanischen Rechtskreisen wird zwischen einer testamentarisch frei verfügbaren Quote und einer nicht verfügbaren Quote unterscheiden. Die Noterbenquote hängt von der Anzahl der leiblichen Abkömmlinge (Vorbehaltserben) ab. Der Herabsetzungsanspruch muss binnen fünf Jahren klageweise geltend gemacht werden. Die testamentarische Verfügung über die disponible Quote ist also nicht von selbst unwirksam. Zu Vorbehaltserben (*héritiers réservataires*) sind einzig und allein die Abkömmlinge des Erblassers berufen.[198]

70 **Annahme und Ausschlagung der Erbschaft:**

Die Erbschaft kann vorbehaltslos gem. Art. 774 ff. Cciv angenommen werden. Daneben existiert noch die haftungsprivilegierte Form der Annahme unter dem Vorbehalt der Inventarerrichtung gem. Art. 793 ff. Cciv.[199] Die Annahme unter dem Vorbehalt der Inventarerrichtung als auch die Ausschlagung müssen gegenüber dem Gericht erfolgen und bedürfen der Registrierung.[200] Der Erbe kann erst nach Eintritt des Erbfalls ausschlagen. Gleiches gilt für einen Verzicht auf das **Not**erbrecht. Auch dieser kann nicht zu Lebzeiten erklärt werden.[201]

71 **Erbschaftsteuer:**

Bezüglich der unbeschränkten Steuerpflicht wird in Luxemburg an den letzten Wohnsitz des Erblassers angeknüpft. Befand sich dieser im Inland, so unterliegt das Weltvermögen der Erbschaftsteuer. Von dieser Besteuerung ausgenommen ist explizit im Ausland belegenes unbewegliches Vermögen. Eine Schenkungsteuer existiert nicht. Wird jedoch eine formbedürftige Schenkung (wie zum Beispiel die Übertragung eines Grundstücks) in Luxemburg vorgenommen, so fällt hierfür eine Registersteuer an. Von der Erhebung der Erbschaftsteuer ausgenommen sind Ehegatten mit gemeinsamen Kindern oder deren Abkömmlinge. Ehegatten ohne gemeinsame Kinder erhalten einen Freibetrag von 38.000 EUR. Der zu zahlende Erbschaftsteuertarif wird proportional zum Verwandtschaftsgrad bemessen.[202]

L. Fürstentum Monaco

72 **Erbstatut:**

Das Fürstentum Monaco ist Drittstaat im Sinne der Europäischen Erbrechtsverordnung. Es gilt der Grundsatz der Nachlassspaltung. Zur Bestimmung des Erbstatuts wird bezüglich des **beweglichen Vermögens** an das **Heimatrecht** des Erblassers angeknüpft (Staatsangehörigkeitsprinzip). Bezüglich des **unbeweglichen Vermögens** wird an das jeweilige **Belegenheitsrecht** (lex situs) angeknüpft. Ist also der ausländische Erblasser in Monaco verstorben und hinterlässt Immobilienvermögen im Fürstentum, kommt es aus der Sicht Monacos stets zur Nachlassspaltung; ist er Monegasse, findet ausschließlich monegassisches Erbrecht

198 Süß/*Frank*, Erbrecht in Europa, Luxemburg, S. 867 ff. Rn 99–108. Das Aszendentenerbrecht wurde durch die Erbrechtsreform v. 26.4.1979 abgeschafft.

199 Süß/*Frank*, Erbrecht in Europa, Luxemburg, S. 871 Rn 132.

200 *Hustedt/Watgen/Genkin*, in: Ferid/Firsching/Dörner/Hausmann, Internationales Erbrecht, Luxemburg, S. 45 Grdz. J Rn 130.

201 Süß/*Frank*, Erbrecht in Europa, Luxemburg, S. 869 Rn 109, 110.

202 *Troll/Gebel/Jülicher/Gottschalk*, ErbStG, § 21 Rn 115.

Anwendung (und auch aus Sicht der EuErbVO-Vertragsstaaten käme über Art. 21 Abs. 1 EuErbVO monegassisches Recht zur Anwendung). Aus Sicht der EuErbVO ebenfalls beachtlich ist, wenn ein Monegasse mit Wohnsitz in Monaco Immobilienvermögen in Deutschland hinterlässt. In diesem Fall verweist das IPR Monacos bezüglich des unbeweglichen Vermögens auf deutsches Erbrecht. Diese ausgesprochene Verweisung auf das Recht eines Mitgliedstaates wird gem. Art. 34 Abs. 1 lit. a EuErbVO ausdrücklich angenommen.[203]

Gesetzliche Erbfolge: 73

Gesetzliche Erben erster Ordnung sind die Abkömmlinge des Erblassers gem. Art. 640 Code Civil. In ihm wird ganz offensichtlich noch immer zwischen ehelichen und nichtehelichen Kindern unterschieden, obwohl dies einen Verstoß gegen die EMRK darstellt.[204] Erben zweiter Ordnung gem. Art. 637 Code Civil sind die Eltern und die Geschwister des Erblassers. Jedem Elternteil steht dabei ¼ des Nachlasses zu. Erben dritter Ordnung sind die weiteren Aszendenten. In diesem Fall teilt sich der Nachlass zu gleichen Teilen in die väterliche und mütterliche Linie auf.[205] Das Ehegattenerbrecht ist abhängig davon, mit welchen Erbordnungen es zusammentrifft. Neben Erben der ersten Ordnung erbt der überlebende Ehegatte zu gleichen Teilen, mindestens jedoch gem. Art. 641 Code Civil zu einem Viertel. Mit Erben zweiter Ordnung erben diese zu jeweils einem Viertel. Der Rest steht dem überlebenden Ehegatten zu. Fehlen Erben erster und zweiter Ordnung, so ist der Ehegatte Alleinerbe nach Art. 649 Code Civil.[206]

Testamentsformen: 74

Das Fürstentum Monaco hat das Haager Testamentsformabkommen nicht ratifiziert. Um ein Testament formwirksam zu errichten, muss entweder das Recht des **Errichtungsortes** eingehalten werden (Formstatut *locus regit actum*) oder aber das Recht des **Heimatlandes** des Testators.[207] Das monegassische Recht kennt nur das eigenhändig errichtete einseitige Testament (*testament olographe*) sowie das öffentliche Testament (*testament authentique*), errichtet vor einem Notar oder diesem verschlossen übergeben (*testament mystique*).

Erbschaftsteuerrecht: 75

Monaco erhebt eine Erbschaft- und Schenkungsteuer. Die Steuer wird jedoch nur auf inländisches bewegliches und unbewegliches Vermögen erhoben (Bsp. Geschäftsbetriebe, Aktien, Konten und Grundbesitz. Die Steuersätze variieren zwischen 8 % und maximal 16 %. Steuerbefreit sind Ehegatten sowie von mit dem Erblasser in gerader Linie auf- und absteigend Verwandte. Ein Doppelbesteuerungsabkommen besteht mit Frankreich.[208]

M. Königreich der Niederlande

Erbstatut: 76

Das Königreich der Niederlande hat die Europäische Erbrechtsverordnung ratifiziert. Damit wird zur Ermittlung des Erbstatuts, ab dem 17.8.2015, an den letzten gewöhnlichen Wohnsitz gemäß Art. 21 EuErbVO angeknüpft. Zuvor wandte das Königreich das Haager

203 Süß/*Süß*, Erbrecht in Europa, Monaco, S. 897 Rn 1.
204 EuGMR, Urt. v. 1.2.2000 (Mazurek), FamRZ 2000, 1077 mit Anm. v. *Vanwinckelen*.
205 Süß/*Süß*, Erbrecht in Europa, Monaco, S. 898 Rn 4.
206 Süß/*Süß*, Erbrecht in Europa, Monaco, S. 898 Rn 5.
207 *Vialatte/Julien/Rey/Gastaud*, Monaco, in Juris-Classeur de Droit Comparé, Anm. 236 f.
208 *Troll/Gebel/Jülicher/Gottschalk*, ErbStG, § 21 Rn 117.

Erbrechtsübereinkommen an. Für Erbfälle vor dem 17.8.2015 wird dies weiterhin angewandt. Danach galt, sofern der Erblasser keine Rechtswahl getroffen hatte, dass das Erbstatut anhand einer objektiven Kollisionsleiter bestimmt wird. Gem. Art. 3 Abs. 1 Haager ErbrechtsÜbk ist auf das Recht des Staates abzustellen, indem er seinen letzten Aufenthalt hatte, wenn er zugleich die Staatsangehörigkeit dieses Landes hatte. Das Recht des gewöhnlichen Aufenthaltes ist anzuwenden, wenn der Erblasser dort in den letzten fünf Jahren seinen Aufenthaltsort hatte (Art. 3 Abs. 2 Haager ErbrechtsÜbk); es sei denn, er hatte aufgrund außergewöhnlicher Umstände eine engere Beziehung zu seinem Heimatland.[209] Damit gilt sowohl nach altem als auch nach neuem Recht der Grundsatz der Nachlasseinheit (Ausnahme: Rechtswahl).[210] **Rechtswahl:** Bis zum 17.8.2015 konnte ein Erblasser in einer letztwilligen Verfügung von Todes wegen gem. Art. 5 HaagerErbrechtsÜbk sein Heimatrecht, das gewöhnliche Aufenthaltsrecht zum Zeitpunkt der Rechtswahl oder zum Zeitpunkt des Todes wählen.[211] Zur Wirksamkeit dieser getroffenen Rechtswahlen gibt Art. 83 EuErbVO Auskunft.[212] Für die Errichtungen von Testamenten ab Wirksamkeit der EuErbVO gilt Art. 22 EuErbVO entsprechend.

77 **Güterrecht:**

Zum 1.1.2018 wurde die alte allgemeine Gütergemeinschaft durch die neue beschränkte Gütergemeinschaft abgelöst. Bisher flossen in der allgemeinen Gütergemeinschaft die Vermögensmassen mit Eheschließung zusammen.[213] Die Modernisierung der allgemeinen Gütergemeinschaft in Form der beschränkten Gütergemeinschaft sieht insbesondere Änderungen in Bezug auf das Vermögen vor der Eheschließung vor. Ferner fallen Schenkungen und Erbschaften, welche in einer Ehe zugeflossen sind, nicht mehr in die Gemeinschaft.[214] Nach wie vor vertraglich möglich ist darüber hinaus die Gütertrennung.[215]

78 **Gesetzliche Erbfolge:**

Gesetzliche Erben der ersten Gruppe sind die leiblichen Abkömmlinge des Erblassers sowie der Ehegatte.[216] Adoptierte Kinder stehen leiblichen Abkömmlingen gleich (starke Adoption).[217] Die Erben der zweiten Gruppe sind die Eltern des Erblassers, zusammen mit dessen Geschwistern. Erben dritter Gruppe sind die Großeltern des Erblassers; Erben vierter Gruppe sind die Urgroßeltern.[218] Mehrere Erben bilden eine Erbengemeinschaft in Form einer Bruchteilsgemeinschaft. Es bestehen jedoch gewisse rechtliche Annäherungen an die Gesamthandsgemeinschaft. So darf ein Miterbe beispielsweise nicht alleine über einen Nachlassgegenstand verfügen.[219]

---

209 Süß/*van Maas de Bie*, Erbrecht in Europa, Niederlande, S. 908 Rn 9–11.

210 Süß/*van Maas de Bie*, Erbrecht in Europa, Niederlande, S. 911 Rn 19.

211 Süß/*van Maas de Bie*, Erbrecht in Europa, Niederlande, S. 909 Rn 12.

212 Zu den Einzelheiten und den einzelnen Fallgruppen des Art. 83 Abs. 1–4 EuErbVO siehe Palandt/*Thorn*, Art. 83 EuErbVO Rn 1–7.

213 *Vlaardingerbroek*, in: Süß/Ring, Eherecht in Europa, Niederlande, S. 880 Rn 19.

214 *Vlaardingerbroek*, in: Süß/Ring, Eherecht in Europa, Niederlande, S. 880 Rn 20.

215 Siehe Eingehend zu den Güterständen: *Vlaardingerbroek*, in: Süß/Ring, Eherecht in Europa, Niederlande, S. 882 Rn 19 ff. 29, 30.

216 *Weber*, in: Ferid/Fiersching/Dörner/Hausmann, Internationales Erbrecht, Niederlande, S. 4a Rn 5.

217 *Flick/Piltz*, Der Internationale Erbfall, Rn 753.

218 *Weber*, in: Ferid/Firsching/Dörner/Hausmann, Internationales Erbrecht, Niederlande, S. 5 Rn 8.

219 *Weber*, in: Ferid/Firsching, Internationales Erbrecht, Niederlande, S. 10 Rn 20.

Testamentsformen: 79

Die Niederlande haben das Haager Testamentsformabkommen unterzeichnet. Letztwillige Verfügungen werden ausschließlich in Form notarieller Urkunden errichtet. Es existieren drei Formen von Testamenten: das öffentliche Testament (*openbare testament*), das Depottestament, welches nur beim Notar in Depot gegeben wird, sowie das Codicil, welches handgeschrieben ist und auch Anordnungen direkt ab dem Todesfall (Bestattung etc.) enthält.[220] Möglich sind auch Schenkungen **nach** dem Tod (*donatio mortis causa*). Das gemeinschaftliche Testament ist nichtig. Ebenfalls unzulässig sind Erbverträge, soweit sie die Verteilung einer noch nicht angefallenen Erbschaft regeln.[221] Es existiert ein zentrales **Testamentsregister** (*Centraal Testamentenregister*) in Den Haag.

Pflichtteilsrecht: 80

Das Pflichtteilsrecht war bis zum Jahre 2003 als Noterbenanspruch ausgestaltet. Damit erlangte der Pflichtteilserbe die Stellung eines echten Miterben.[222] Nach der Reformierung des Pflichtteilsrechts ist der Pflichtteilsanspruch nunmehr als schuldrechtlicher Ausgleichsanspruch ausgestaltet. Es besteht kein Anspruch auf einzelne Nachlassgegenstände. Die Höhe des Pflichtteilsanspruchs der Nachkommen beläuft sich auf die Hälfte des gesetzlichen Erbteils. Zuwendungen werden nur binnen der letzten fünf Jahre angerechnet.[223]

Annahme und Ausschlagung der Erbschaft: 81

Die vorbehaltslose Annahme der Erbschaft kann zum einen durch explizite Erklärung erfolgen, zum anderen auch durch eindeutiges Verhalten der Erben. Daneben gibt es die Möglichkeit, die Annahme der Erbschaft mit einer Inventaraufnahme zu erklären (*beneficiaire aanvaardig*). Diese Form der Annahme muss per Erklärung bei der Kanzlei des Gerichts abgegeben werden, in dessen Bezirk das „Sterbehaus“ des Erblassers liegt. Letztlich kann die Erbschaft auch ausgeschlagen werden.[224]

Erbschaftsteuer: 82

In den Niederlanden wird Erbschaft- und Schenkungsteuer erhoben. Angeknüpft wird an in den in den Niederlanden wohnenden Erblasser bzw. Schenker. Darüber hinaus existiert eine erweitere unbeschränkte Steuerpflicht für Niederländische Staatsbürger, nach Aufgabe des inländischen Wohnsitzes für einen Zeitraum von zehn Jahren.[225] In den Niederlanden existieren die Steuerklassen I, Ia und II. Die Steuersätze variieren zwischen anfänglich 10 % in Steuerklasse I und maximal 40 % in Steuerklasse II. Doppelbesteuerungsabkommen bestehen mit Finnland, Großbritannien, Israel und den Niederländischen Antillen.[226]

---

220 Süß/*van Maas de Bie*, Erbrecht in Europa, Niederlande, S. 927 Rn 84–87.

221 NK-BGB/*Süß*, Länderbericht Niederlande, Rn 46.

222 NK-BGB/*Süß*, Länderbericht Niederlande, Rn 53.

223 Süß/*van Maas de Bie*, Erbrecht in Europa, Niederlande, S. 928 Rn 93.

224 Süß/*van Maas de Bie*, Erbrecht in Europa, Niederlande, S. 930 Rn 107.

225 *Von Hilten*, IStR 2006, 309. Die erweiterte Steuerpflicht war bereits Gegenstand einer gerichtlichen Überprüfung, welcher sie standhielt EuGH v. 23.2.2006 – C-513/03.

226 *Troll/Gebel/Jülicher/Gottschalk*, ErbStG, § 21 Rn 119.

N. Republik Österreich

83 **Erbstatut:**

Österreich ist Vertragsstaat der Europäischen Erbrechtsverordnung. Insoweit wird auch in Österreich unterscheiden zwischen Erbfällen vor und nach dem 17.8.2015. Für Erbfälle ab Einführung der EuErbVO wird zur Bestimmung des Erbstatuts gem. Art. 21 EuErbVO an den letzten gewöhnlichen Aufenthalt angeknüpft. Für Erbfälle vor dem 17.8.2015 wird zur Bestimmung des Erbstatuts auf das Personalstatut des Erblassers zum Zeitpunkt seines Todes abgestellt.[227] Das Personalstatut ist das Recht des Staates, dem der Erblasser angehört.

84 **Güterrecht:**

Der gesetzliche Güterstand während **aufrechter** Ehe ist die Gütertrennung. Jeder Ehegatte bleibt Alleineigentümer der in die Ehe eingebrachten und in der Ehezeit erworbenen Sachen.[228] Vertraglich vereinbar ist die Gütergemeinschaft unter Lebenden sowie die Gütergemeinschaft auf den Todesfall.[229]

85 **Gesetzliche Erbfolge:**

Erben 1. Linie sind die leiblichen Abkömmlinge sowie Adoptivkinder des Erblassers. Es gilt das Repräsentationsprinzip. Erben der 2. Linie sind die Eltern des Erblassers sowie deren Abkömmlinge. Erben der 3. Linie sind die Großeltern des Erblassers sowie deren Nachkommen. Erben der 4. Linie sind die Urgroßeltern. Versterben diese, so haben deren Nachkommen kein Eintrittsrecht mehr.[230] Der Ehegatte erhält neben Erben der ersten Linie ein Drittel, neben den Eltern des Erblassers sowie dessen Geschwistern zwei Drittel.[231] Von der gesetzlichen Erbfolge gibt es Ausnahmen in Form von Sondererbfolgen bei Mietwohnungen, Eigentumswohnungen, Landwirtschaft sowie der Abfertigung.[232] Mit der Erbrechtsreform wurde des Weiteren ein **außerordentliches Erbrecht des Lebensgefährten eingeführt** (§ 748 ABGB). Sind keine gesetzlichen Erben vorhanden, wird der Lebensgefährte des Erblassers Erbe, sofern er mit dem Erblasser als dessen Lebensgefährte zumindest in den letzten drei Jahren vor Versterben des Erblassers in einem gemeinsamen Haushalt gelebt hat. Bei Vorliegen von u.a. erheblichen gesundheitlichen oder beruflichen Gründen, kann für den Fall, dass eine für Lebensgefährten typische besondere Verbundenheit zwischen diesen bestand, von der Voraussetzung des Zusammenlebens in einem gemeinsamen Haushalt abgesehen werden.

86 **Testamentsformen:**

Es existiert das eigenhändig ge- und unterschriebene Testament. Daneben existiert noch das **fremdhändige Testament**, welches nicht vom Erblasser selbst geschrieben sein muss. Allerdings müssen drei Zeugen, die ununterbrochen und gleichzeitig anwesend sein müssen, am Ende des Testaments bestätigen, dass es sich um den Willen des Erblassers handelt.[233]

---

227 *Verschraegen*, in: Ferid/Firsching/Dörner/Hausmann, Internationales Erbrecht, Österreich, S. 29 Grdz C Rn 7.

228 *Ferrari/Koch-Hipp*, in: Süß/Ring, Eherecht in Europa, Österreich, S. 842 Rn 16 ff.

229 *Ferrari/Koch-Hipp*, in: Süß/Ring, Eherecht in Europa, Österreich, S. 850 Rn 52.

230 Süß/*Haunschmidt*, Erbrecht in Europa, Österreich, S. 962 Rn 8–13.

231 *Verschraegen*, in: Ferid/Firsching/Dörner/Hausmann, Internationales Erbrecht, Österreich, Grdz E S. 89 Rn 227.

232 Ausführlich zu den einzelnen Sondererbfolgen: Süß/*Haunschmidt*, Erbrecht in Europa, Österreich, S. 963 Rn 19–30.

233 *Verschraegen*, in: Ferid/Firsching/Dörner/Hausmann, Internationales Erbrecht, Österreich, Grdz F S. 105 Rn 289.

Der Erblasser selbst muss handschriftlich bestätigen, dass es sich bei der Verfügung um seinen letzten Willen handelt, bevor er diese eigenhändig unterzeichnet (§ 579 ABGB). Daneben existiert das gemeinschaftliche Testament. Anders als bei deutschen Testamenten muss jedoch jeder Ehegatte seine Verfügung selbst schreiben. Die Unterschrift allein genügt nicht. Daneben existiert noch das **öffentliche Testament**, welches vor dem Notar oder dem Gericht errichtet wird.[234] Zulässig sind notarielle Erbverträge zwischen Ehegatten. Vertraglich möglich sind auch Schenkungen auf den Todesfall. Es existiert seit 1972 ein zentrales **Testamentsregister**. Seit dem 1.1.2017 wird mit der Auflösung der Ehe, der eingetragenen Partnerschaft oder der Lebensgemeinschaft zu Lebzeiten des Verstorbenen die davor errichteten letztwilligen Verfügungen von Todes wegen, soweit sie den früheren Ehegatten, eingetragenen Partner oder Lebensgefährten betreffen, aufgehoben, es sei denn, dass der Verstorbene ausdrücklich etwas Gegenteiliges verfügt hat (§ 725 Abs. 1 ABGB).

Verlassenschaftsverfahren/Einantwortung: 87

Das Verlassenschaftsverfahren wird von Amts wegen eingeleitet; Parteien des Verfahrens sind die mutmaßlichen Erben sowie die Pflichtteilsberechtigten, welche vom Gericht über das Verlassenschaftsverfahren verständigt werden müssen.[235] Die Erben dürfen den Nachlass erst nach Durchführung des Verlassenschaftsverfahrens in Besitz nehmen (§ 797 AGBGB), sind aber, wenn das Erbrecht hinreichend nachgewiesen ist, zur Vertretung und Verwaltung des Nachlasses gemeinschaftlich berechtigt. Die Übertragung auf einen Erben ist möglich.[236] Zuständig für das Verlassenschaftsverfahren ist das Bezirksgericht am letzten Wohnsitz des Erblassers. Dieses ernennt einen Notar zum Gerichtskommissär. Im Verfahren selbst werden das Vermögen und die Verbindlichkeiten[237] des Nachlasses festgestellt, das Nachlassvermögen sichergestellt etc.[238] Das Verfahren endet mit der Einantwortung des Nachlasses an die Erben.

Pflichtteilsrecht: 88

Pflichtteilsberechtigt sind die Nachkommen, der Ehegatte und der eingetragene Partner.[239] Aufgrund der Erbrechtsreform sind für alle Erbfälle ab Januar 2017 Eltern und weitere Vorfahren nicht mehr pflichtteilsberechtigt. Jedoch besteht der Pflichtteilsanspruch nur insoweit, als sie als gesetzliche Erben berufen wären. Enkelkinder sind also solange nicht pflichtteilsberechtigt, solange das Kind, welches sie repräsentieren, noch als Erbe in Betracht kommt. Der Ehegatte ist stets pflichtteilsberechtigt. Der Pflichtteil beträgt die Hälfte des gesetzlichen Erbteils für den Ehegatten sowie die leiblichen Abkömmlinge. Gegenüber den übrigen Vorfahren beträgt der Pflichtteilsanspruch 1/3 des gesetzlichen Erbteils.[240] Der Pflichtteil kann gem. § 765 Abs. 2 ABGB erst ein Jahr nach Versterben des Erblassers geltend gemacht werden. Dieser ist von der Verlassenschaft und nach Einantwortung der Erben zu erfüllen (§ 764 Abs. 1 ABGB). Es besteht nunmehr die Möglichkeit, den Pflichtteilanspruch aufgrund einer (testamentarischen) Anordnung des Erblassers oder auf Verlangen der Erben in Fällen der unbilligen Härte gerichtlich zu stunden oder Zahlungen von Teilbeträgen innerhalb eines bestimmten Zeitraums bewilligen (§ 767 ABGB).

234 Süß/*Haunschmidt*, Erbrecht in Europa, Österreich, S. 969 Rn 55.

235 Süß/*Haunschmidt*, Erbrecht in Europa, Österreich, S. 982 Rn 127.

236 Süß/*Haunschmidt*, Erbrecht in Europa, Österreich, S. 984 Rn 138.

237 Bis zur Einantwortung ist das Nachlassvermögen vom Erben getrennt, weshalb Nachlassschulden nur aus dem Nachlass befriedigt werden können; OGH v. 19.12.2001 – 3 Ob 195/01z.

238 Vgl. eingehend hierzu Süß/*Haunschmidt*, Erbrecht in Europa, Österreich, S. 1113–1136.

239 *Verschraegen,* in: Ferid/Firsching/Dörner/Hausmann, Internationales Privatrecht, Österreich, S. 119 Grdz F Rn 331.

240 Süß/*Haunschmidt*, Erbrecht in Europa, Österreich, S. 965 Rn 34–36.

89 **Annahme und Ausschlagung der Erbschaft (Erbantritt):**

Dem mutmaßlichen Erben wird mindestens eine vierwöchige, jedoch höchstens eine einjährige Frist gesetzt, innerhalb der er die Erbantrittserklärung abgeben muss. Erfolgt die Erklärung trotz Aufforderung nicht, verliert der Erbe zwar sein Erbrecht nicht, jedoch verliert er seine Parteistellung innerhalb des Verlassenschaftsverfahrens. Es besteht die Möglichkeit, die Erbantrittserklärung bis zur Beendigung des Verlassenschaftsverfahrens nachzuholen, nach Beendigung kann dieses lediglich mit einer Erbschaftsklage geltend gemacht werden. Die Erbantrittserklärung ist unwiderruflich.[241] Nach österreichischem Erbrecht unterscheidet man, was die Annahme der Erbschaft anbelangt, zwischen der unbedingten und bedingten Erbantrittserklärung. Mit der unbedingten Erbantrittserklärung geht eine unbeschränkte Haftung des Erben einher. Bei der bedingten Erbantrittserklärung haftet der Erbe nach Abschluss des Verlassenschaftsverfahrens zwar persönlich, jedoch nur bis zum Wert der ihm angefallenen Erbschaft. In diesem Fall ist seitens des Gerichtskommissärs ein Inventarverzeichnis zu errichten, wobei die Nachlassgegenstände in der Regel durch einen Sachverständigen geschätzt werden müssen, und die Verlassenschaftsgläubiger einzuberufen.[242] Mehrere Erben haften anteilsmäßig ihrer Erbquoten. Die Feststellung des Erbrechts erfolgt sodann durch das Gericht, ebenso die Abweisung der Erbantrittserklärungen.[243] Die negative Erbantrittserklärung kommt der Ausschlagung gleich. In ihr erklärt der Erbe die Erbschaft nicht anzutreten, sondern auf sie zu verzichten.[244] Es besteht die Möglichkeit einer qualifizierten Erbausschlagung, in deren Rahmen der Erbe erklärt, dass er auf sein Erbrecht zugunsten einer bestimmten Person verzichtet, wobei diese nicht alleine durch den Wegfall Erbe wäre. Wird dem Verzichtenden eine Abfindung gezahlt, spricht das österreichische Erbrecht von einem Erbschaftskauf oder einer Erbschaftsschenkung. Die qualifizierte Erbschaftsausschlagung hat in notarieller Form zu Protokoll des Gerichts oder des Gerichtskommissärs zu erfolgen.[245]

90 **Erbschaftsteuer:**

Der österreichische Verfassungsgerichtshof hat in zwei Entscheidungen Gleichheitsverstöße im seinerzeit noch bestehenden Erbschaftsteuergesetz gesehen, woraufhin die Erbschaft- und Schenkungssteuer am 31.7.2018 abgeschafft wurde. Lediglich auf die Übertragung einer österreichischen Privatstiftung wird noch Steuer erhoben. Das zwischen Deutschland und Österreich bestehende Doppelbesteuerungsabkommen wurde zum 31.12.2007 gekündigt.[246]

O. Polen

91 **Erbstatut:**

Auch in Polen findet die EuErbVO für Erbfälle ab dem 17.8.2015 Anwendung. Zur Bestimmung des Erbstatuts wird gemäß Art. 21 EuErbVO angeknüpft. Für Erbfälle vor Inkrafttreten der EuErbVO gilt Folgendes: Gemäß Art. 34, 64 poln. IPRG stellt das polnische Recht auf die Staatsangehörigkeit des Erblassers zum Todeszeitpunkt ab.[247] Es gilt und galt der

---

241 Süß/*Haunschmidt*, Erbrecht in Europa, Österreich, S. 983 Rn 129, 130.
242 Süß/*Haunschmidt*, Erbrecht in Europa, Österreich, S. 983 Rn 132.
243 Süß/*Haunschmidt*, Erbrecht in Europa, Österreich, S. 982 Rn 128.
244 Süß/*Haunschmidt*, Erbrecht in Europa, Österreich, S. 983 Rn 131–134.
245 Süß/*Haunschmidt*, Erbrecht in Europa, Österreich, S. 983 Rn 135.
246 *Troll/Gebel/Jülicher/Gottschalk*, ErbStG, § 21 Rn 121.
247 *Bösch*, Polnisches Internationales Privatrecht, S. 41, Art. 64.

Grundsatz der Nachlasseinheit.[248] Polen hat die EuErbVO ratifiziert, sodass ab dem 17.8.2015 der letzte Wohnsitz des Erblassers zur Bestimmung des Erbstatuts maßgeblich ist. Dem Erblasser ist es testamentarisch gestattet, in einer Verfügung von Todes wegen, das Recht des Landes zu wählen (**Rechtswahl**), in dem er seinen gewöhnlichen Aufenthalt hat (zum Zeitpunkt der Verfügung oder zum Zeitpunkt des Todes).[249]

Güterrecht: 92

Gesetzlicher Güterstand ist die **gesetzliche Gütergemeinschaft**. Es existieren das gemeinschaftliche Vermögen sowie das jeweilige Sondervermögen der Ehegatten.[250] Vertraglich vereinbar sind der Güterstand der Gütertrennung, die eingeschränkte Gütergemeinschaft sowie die Gütertrennung mit Zugewinnausgleich.[251]

Gesetzliche Erbfolge: 93

Die gesetzliche Erbfolge ist in den Art. 931–1088 poln. ZGB geregelt.[252] An erster Stelle sind die Kinder sowie der Ehegatte des Erblassers berufen. Sie erben zu gleichen Teilen, wobei der Erbteil des Ehegatten beim Zusammentreffen mit Abkömmlingen gem. Art. 931 § 1 ZGB nicht unter einem Viertel liegen darf.[253] Sind keine Abkömmlinge vorhanden, so sind neben dem Ehegatten seine Eltern und Geschwister berufen.[254] Sind diese nicht vorhanden, so erbt der Ehegatte allein.[255] Mehrere Erben bilden gem. Art. 1035 bis1046 ZGB eine Nachlassgütergemeinschaft (**Erbengemeinschaft**) in Form einer Bruchteilsgemeinschaft.[256]

Testamentsformen: 94

Die Formgültigkeit eines Testaments beurteilt sich anhand des Haager Testamentsformabkommens.[257] Das polnische Erbrecht kennt das eigenhändige Testament, das notarielle Testament sowie das allographe Testament. Des Weiteren existieren als besondere Testamentsformen das Nottestament, das Nottestament auf Reisen sowie das Militärtestament.[258] Die polnische Regierung hat im Jahre 2011 ein zentrales Testamentsregister eingerichtet. Zuvor haben sich die Notare untereinander über das Bestehen bzw. Veränderungen an bestehenden Urkunden informiert.

Pflichtteilsrecht: 95

Den leiblichen Abkömmlingen des Erblassers, dem Ehegatten sowie den Eltern des Erblassers steht, wenn sie als gesetzliche Erben zur Erbfolge berufen sind, die Hälfte des Wertes des Nachlasses zu. Ist ein Berechtigter dauerhaft arbeitsunfähig oder minderjährig, erhöht sich der Pflichtteil auf zwei Drittel des Wertes des Nachlasses.[259] Der Anspruch verjährt in drei Jahren seit dem Erbfall.[260]

---

248 *Hohloch/Heckel*, in: Hausmann/Hohloch, Handbuch des Erbrechts, Kapitel 26, Rn 51.

249 *Bösch*, Polnisches Internationales Privatrecht, S. 41, Art. 64.

250 *Ludwig*, in: Süß/Ring, Eherecht in Europa, Polen, S. 898 Rn 14.

251 *Ludwig*, in: Süß/Ring, Eherecht in Europa, Polen, S. 902 Rn 28–30.

252 *Hohloch/Heckel*, in: Hausmann/Hohloch, Handbuch des Erbrechts, Kapitel 26, Rn 51a.

253 *De Vries*, in: Ferid/Firsching/Dörner/Hausmann, Internationales Erbrecht, Polen, S. 40 Grdz. E Rn 115.

254 Süß/*Łakomy*, Erbrecht in Europa, Polen, S. 1000 Rn 18.

255 *De Vries*, in: Ferid/Firsching/Dörner/Hausmann, Internationales Erbrecht, Polen, S. 40 f. Grdz. E Rn 116.

256 Süß/*Łakomy*, Erbrecht in Europa, Polen, S. 1007 Rn 61.

257 Staudinger/*Dörner* (2007), Anhang zu Art. 25 f. EGBGB Rn 529.

258 Süß/*Łakomy*, Erbrecht in Europa, Polen, S. 1003 Rn 38.

259 Süß/*Łakomy*, Erbrecht in Europa, Polen, S. 1005 Rn 52.

260 Süß/*Łakomy*, Erbrecht in Europa, Polen, S. 1006 Rn 55.

96 **Annahme und Ausschlagung der Erbschaft:**

Auch Polen kennt zwei Formen der Annahme der Erbschaft. Zum einen die **einfache Annahme**, mit welcher eine unbeschränkte Haftung der Nachlassverbindlichkeiten einhergeht, oder zum anderen die **Annahme unter dem Vorbehalt der Inventarerrichtung**. Bei dieser Form der Annahme haftet der Erbe nur bis zu dem im Inventar festgestellten Wert des Nachlasses. Daneben gibt es noch die Möglichkeit die Erbschaft auszuschlagen. Die vorbezeichneten Erklärungen müssen binnen sechs Monaten ab dem Tage vorliegen, an welchem der Erbe vom Grund seiner Berufung Kenntnis erlangt hat.[261]

97 **Erbschaftsteuer:**

Für Inländer und polnische Staatsangehörige gilt für Schenkungen und Erwerb von Todes wegen *de facto* die unbeschränkte Steuerpflicht, mit der Maßgabe bzw. Einschränkung, dass bei ausländischem Vermögen nur das bewegliche Vermögen der Erbschaft- und Schenkungssteuer unterworfen wird. In allen anderen Fällen wird nur das sich in Polen befindliche Vermögen versteuert. Nicht steuerpflichtig ist der Erwerb von Rechten an geistigem Eigentum (Patente, Urheberrechte etc.). Auch in Polen bestehen sachliche Steuerbefreiungen, so z.B. bei Kunstwerken. Die Steuersätze in den Klassen 1 bis 3 reichen von beginnend 3 % in Steuerklasse 1 bis hin zu 20 % in Steuerklasse 3. Doppelbesteuerungsabkommen bestehen mit Österreich, Slowakei, Tschechien und Ungarn.[262]

P. Portugiesische Republik

98 **Erbstatut:**

Portugal knüpft zur Bestimmung des Erbstatuts ab dem 17.8.2015 auf den letzten gewöhnlichen Aufenthalt des Erblassers zum Todeszeitpunkt gem. Art. 21 EuErbVO an. Für Erbfälle vor Inkrafttreten der EuErbVO stellte das portugiesische Recht auf das Personalstatut des Erblassers zum Zeitpunkt seines Todes ab. Das Personalstatut ist das Recht des Staates, dem der Erblasser angehört.[263] Bei Mehrstaatlern, die auch die portugiesische Staatsangehörigkeit besitzen, ging diese stets vor, sodass portugiesisches Erbrecht zur Anwendung gelangte. Portugal folgte und folgt auch nach Inkrafttreten der EuErbVO dem Grundsatz der Nachlasseinheit.[264]

99 **Güterrecht:**

Im Ehegüterrecht gilt der Grundsatz der Vertragsfreiheit. Möglich ist eine weitgehend individuelle Gestaltung des Ehegüterrechts. Treffen die Eheleute keine Vereinbarung, so gilt der Güterstand der Errungenschaftsgemeinschaft.[265]

100 **Gesetzliche Erbfolge:**

Es existieren fünf Erbordnungen: Zur ersten Ordnung gehören der Ehegatte sowie die leiblichen Abkömmlinge des Erblassers. Es gilt das Repräsentationsprinzip. Erben zweiter Ordnung sind der Ehegatte und die Aszendenten. Existiert kein Ehegatte, so sind die Eltern des Erblassers Alleinerben. Der Ehegatte erbt neben Erben erster Ordnung nach der

261 Süß/*Łakomy*, Erbrecht in Europa, Polen, S. 1155 Rn 66–69.
262 *Troll/Gebel/Jülicher/Gottschalk*, ErbStG, § 21 Rn 122.
263 Süß/*Huzel/Wollmann*, Erbrecht in Europa, Portugal, S. 1021 Rn 2.
264 NK-BGB/*Müller-Bromley*, Länderbericht Portugal, Rn 3, 4.
265 *Huzel*, in: Süß/Ring, Eherecht in Europa, S. 1043 Rn 24, 25.

Gesamtzahl der Köpfe, mindestens jedoch ¼, neben Erben zweiter Ordnung zu ⅔. Sind keine Vorfahren vorhanden, ist der Ehegatte Alleinerbe.[266] Erben dritter Ordnung sind die Geschwister des Erblassers und deren Abkömmlinge. Erben vierter Ordnung sind die übrigen Seitenverwandten bis zum vierten Grad. Erbe fünfter Ordnung ist der Staat.[267] Bei Vorhandensein **mehrerer Erben** obliegt einem Miterben die Nachlassverwaltung (sog. Erbschaftsverwalter – *cabea de casal*).[268]

Testamentsformen: 101

Das Haager Testamentsformübereinkommen wurde nicht ratifiziert. Art. 65 CC bestimmt jedoch unter anderem, dass sich die Form für den Widerruf oder die Änderung einer letztwilligen Verfügung von Todes wegen nach dem Recht des Ortes richten, an dem die Verfügung errichtet wurde[269] (hypothetische Erbstatut). Möglich sind das notarielle öffentliche Testament (*testamento público*) und das verschlossene Testament (*testamento cerrado*), welches dem Notar übergeben wird. Gemeinschaftliche Testamente sind unzulässig und nichtig; die Errichtung eines solchen wird als Inhalts- und nicht als Formverstoß qualifiziert.[270] Dasselbe gilt für den Erbvertrag mit Ausnahme des Ehevertrags, in welchem Schenkungen auf den Todesfall gestattet sind. Das portugiesische Erbrecht kennt die Vor- und Nacherbschaft in Form der fideikommissarische Ersatzerbschaft gem. Art. 2286 ff. CC,[271] daneben die Auflage und das Vermächtnis.[272]

Pflichtteilsrecht: 102

Das portugiesische Pflichtteilsrecht ist als echtes Noterbenrecht ausgestaltet. Überschreitet der Erblasser die disponible Quote testamentarisch, so sind die übergangenen Abkömmlinge, Ehegatte und Eltern berechtigt, die Herabsetzung zu verlangen. Für die Herabsetzungsklage gilt eine Frist von zwei Jahren seit Annahme der Erbschaft.[273] Die Quoten variieren stark und hängen von der Anzahl der Pflichtteilsberechtigten ab. In der Rechtsprechung wird das Noterbenrecht der Kinder als Teil des portugiesischen **ordre public** angesehen.[274]

Annahme und Ausschlagung der Erbschaft: 103

Die **Annahme** der Erbschaft kann ausdrücklich oder stillschweigend erfolgen. Dabei handelt es sich um einseitiges nicht empfangsbedürftiges Rechtsgeschäft.[275] Neben der einfachen Annahme der Erbschaft existiert, als weitere Form der Annahme, die **Annahme unter der Vergünstigung der Inventarerrichtung.**[276] Diese Annahmeform ist, bei Anwendbarkeit

266 Süß/*Huzel/Wollmann*, Erbrecht in Europa, Portugal, S. 1031 Rn 46.

267 *Jayme/Mahleiros,* in: Ferid/Firsching/Dörner/Hausmann, Internationales Erbrecht, Portugal, S. 13 Grdz. E Rn 26.

268 *Jayme/Mahleiros,* in: Ferid/Firsching/Dörner/Hausmann, Internationales Erbrecht, Portugal, S. 24 Grdz. H Rn 50.

269 NK-BGB/*Müller-Bromley*, Länderbericht Portugal, Rn 13.

270 *Baptista*, S. 446.

271 Süß/*Huzel/Wollmann*, Erbrecht in Europa, Portugal, S. 1039 Rn 78.

272 Jayme/*Mahleiros,* in: Ferid/Firsching/Dörner/Hausmann, Internationales Erbrecht, Portugal, S. 21 Grdz. F Rn 44.

273 *Jayme/Mahleiros,* in: Ferid/Firsching/Dörner/Hausmann, Internationales Erbrecht, Portugal, S. 20 Grdz. F Rn 40.

274 Supremo Tribunal de Justica, 23.10.2008, Processo 07B4545.

275 Relacao de Lisboa, 31.5.2011, Processo 516/09.3TBPDL.L1-1.

276 *Jayme/Mahleiros,* in: Ferid/Firsching/Dörner/Hausmann, Internationales Erbrecht, Portugal, S. 23 Grdz. G Rn 47.

portugiesischen Erbrechts, auch vor deutschen Gerichten möglich.[277] Diese Annahmeform bringt eine Haftungsprivilegierung der Erben mit sich. Daneben kann die Erbschaft ausgeschlagen werden. Wie in vielen anderen romanischen Rechtskreisen auch, kann die Abgabe der Erklärung, ob die Erbschaft angenommen oder ausgeschlagen wird, gerichtlich eingefordert werden.[278]

104 **Erbschaftsteuer:**

In Portugal ist mit Wirkung zum 1.1.2004 die Erbschaft- und Schenkungssteuer aufgehoben worden. Erhoben werden jedoch Registergebühren, insbesondere bei Übergang von portugiesischem Grundbesitz und beweglichem Vermögen von einigem Wert (Schiffe, in Portugal registriertes geistiges Eigentum).[279]

Q. Schweizerische Eidgenossenschaft

105 **Erbstatut:**

Das Schweizer int. Erbrecht unterstellt die Rechtsnachfolge von Todes wegen dem Wohnsitzrecht des Erblassers.[280] Es folgt dem Grundsatz der Nachlasseinheit.[281] Davon zu unterscheiden ist das Eröffnungsstatut, welche sich nach den *lex fori* (Ort des angerufenen Gerichts) richtet.[282] Es beinhaltet unter anderem verfahrensrechtliche Aspekte. Befindet sich der letzte Wohnsitz in der Schweiz, sind die Gerichte des letzten Wohnsitzes zuständig.[283] In der Schweiz lebende Ausländer können gem. Art. 90 Abs. 2 IPRG durch letztwillige Verfügung oder Erbvertrag den Nachlass in Form einer Rechtswahl ihrem Heimatrecht unterstellen.[284]

106 **Güterrecht:**

Es gilt der gesetzliche Güterstand der Errungenschaftsgemeinschaft.[285] Vor der erbrechtlichen Auseinandersetzung hat die güterrechtliche Auseinandersetzung zu erfolgen.

107 **Gesetzliche Erbfolge:**

Die erste Parentel (Art. 457 ZGB) bilden die leiblichen Abkömmlinge des Erblassers. Die zweite Parentel (Art. 458 ZGB) bilden die Eltern des Erblassers und alle von den Eltern abstammenden Personen. Zur dritten Parentel gehören die Großeltern des Erblassers und alle von ihnen abstammenden Personen (Art. 459 ZGB).[286] Nichteheliche Kinder stehen ehelichen gleich. Eine Parentel kommt solange nicht zur Anwendung, soweit Personen

---

277 BayObLGZ 1965, 423 ff., 429.

278 Ausführlich zur Form der Ausschlagungserklärung: *Jayme/Mahleiros*, in: Ferid/Firsching/Dörner/Hausmann, Internationales Erbrecht, Portugal, S. 23 Grdz. G Rn 48.

279 *Troll/Gebel/Jülicher/Gottschalk*, ErbStG, § 21 Rn 123; zum Problemkreis, ob die erhobenen Registergebühren eine der Erbschaftsteuer vergleichbare Steuer sind: *Wachter*, ErbStB 2004, 88, 90.

280 *Hohloch/Heckel*, in: Hausmann/Hohloch, Handbuch des Erbrechts, Kapitel 26 Rn 40.

281 *Kostkiewicz*, Grundriss des schweizerischen Internationalen Privatrechts, § 14 Rn 1611 (2012).

282 Süß/*Wolf/Dorjee-Good*, Erbrecht in Europa, Schweiz, S. 1147, Rn 12–15.

283 Süß/*Wolf/Dorjee-Good*, Erbrecht in Europa, Schweiz, S. 1153, Rn 38 ff.

284 NK-BGB/*Süß*, Länderbericht Schweiz, S. 1984 Rn 2.

285 *Flick/Piltz*, Der Internationale Erbfall, Rn 858.

286 *Lorenz*, in: Ferid/Firsching/Dörner/Hausmann, Internationales Erbrecht, Schweiz, S. 61 Grdz. EII Rn 71, 74–76.

einer vorgehenden Parentel vorhanden sind. Mehrere Erben bilden eine **Erbengemeinschaft** in Form einer Gesamthandsgemeinschaft.[287]

Testamentsformen: 108

Zulässig und am weitesten verbreitet ist das **eigenhändige Testament** (holografes Testament), welches vollständig handschriftlich errichtet, mit dem Errichtungsdatum versehen und unterschrieben ist. Die schweizerischen Gerichte sind in diesen Anforderungen relativ genau,[288] weshalb diese Formvorschriften strikt einzuhalten sind.[289] Daneben existiert das **öffentliche Testament**, welches neben der (kantonalen) Amtsperson vor zwei Zeugen errichtet worden sein muss.[290] Ferner existiert der **Erbvertrag**, nicht jedoch das gemeinschaftliche Testament.[291] Der Umgang mit gemeinschaftlichen Testamenten ist in der Schweiz umstritten, deren Wirksamkeit unsicher.[292] Gestattet sind neben der Erbeinsetzung das Vermächtnis, die Nacherbeneinsetzung, die Auflage und Bedingung, Teilungsvorschriften, Ausgleichungsanordnungen, Willensvorstreckung sowie die Anerkennung eines Kindes.[293] Art. 93 Abs. 1 IPRG-CH erklärt das **Haager Testamentsformübereinkommen** für anwendbar.[294] Über Art. 95 Abs. 3 IPRG-CH werden auch gemeinschaftliche Testamente mit Bindungswirkung beachtet, sofern beide Testatoren aufgrund ihrer Staatsangehörigkeit eine solche Bindung eingehen durften und eine entsprechende Rechtswahl getroffen haben.[295] Der Schweizerische Notarenverband betreibt ein zentrales **Testamentsregister**.

Pflichtteilsrecht: 109

Pflichtteilsberechtigt (Noterben) sind die leiblichen Abkömmlinge des Erblassers, der überlebende Ehegatte sowie die Eltern. Die Pflichtteilshöhe beträgt bei Abkömmlingen drei Viertel des gesetzlichen Erbteils, beim Ehegatten die Hälfte und bei den Eltern ebenfalls die Hälfte des gesetzlichen Erbteils. Treffen die Abkömmlinge mit dem Ehegatten zusammen, beträgt der Pflichtteil lediglich drei Achtel. Beim Ehegatten reduziert sich der Pflichtteil dann auf ein Viertel.[296] Der Pflichtteil ist in Form der Herabsetzungsklage geltend zu machen gemäß Art. 522 Abs. 1 ZGB.[297]

Annahme und Ausschlagung der Erbschaft: 110

Zur Annahme der Erbschaft bedarf es dem Grunde nach keiner gesonderten Erklärung. Daneben gibt es noch die Möglichkeit der Annahme unter gleichzeitiger Errichtung eines öffentlichen Inventars. Mit diesem öffentlichen Inventar geht eine Privilegierung der Haftung der Erben einher.[298] Daneben kann der Erbe die Erbschaft gemäß Art. 570 ZGB

287 *Flick/Piltz*, Der Internationale Erbfall, Rn 860; *Lorenz*, in: Ferid/Firsching/Dörner/Hausmann, Internationales Erbrecht, Schweiz, S. 61 Grdz. EII Rn 71.

288 NK-BGB/*Süß*, Länderbericht Schweiz, S. 1989 Rn 27.

289 Vgl. hierzu BGE 54 II 357 und BGE 68 II, 155, 165.

290 *Lorenz*, in: Ferid/Firsching, Internationales Erbrecht, Schweiz, S. 94 Grdz. GII Rn 121.

291 *Lorenz*, in: Ferid/Firsching, Internationales Erbrecht, Schweiz, S. 85 Grdz. G I Rn 105.

292 NK-BGB/*Süß*, Länderbericht Schweiz, S. 1991 Rn 36.

293 Süß/*Wolf/Dorjee-Good*, Erbrecht in Europa, Schweiz, S. 1164 Rn 82.

294 *Kostkiewicz*, Grundriss des schweizerischen Internationalen Privatrechts, § 14 Rn 1676 (2012).

295 NK-BGB/*Süß*, Länderbericht Schweiz, S. 1991 Rn 36; *Kostkiewicz*, Grundriss des schweizerischen Internationalen Privatrechts, § 14 Rn 1689 (2012).

296 *Lorenz*, in: Ferid/Firsching/Dörner/Hausmann, Internationales Erbrecht, Schweiz, S. 70 Grdz. FI-III Rn 84.

297 *Lorenz*, in: Ferid/Firsching/Dörner/Hausmann, Internationales Erbrecht, Schweiz, S. 75 Grdz. F V Rn 90.

298 NK-BGB/*Süß*, Länderbericht Schweiz, S. 1995 Rn 62 mit Hinweis auf BGE 72 II, 13 und BGE 95 II, 428.

durch Erklärung gegenüber der kantonal zuständigen Behörde ausschlagen. Die Frist zur Ausschlagung beträgt gemäß Art. 567 Abs. 1 ZGB drei Monate ab Kenntnis vom Erbfall bzw. der amtlichen Mitteilung des Testaments.[299] Aus wichtigem Grund kann diese Frist verlängert werden.[300] Die Ausschlagungserklärung ist unwiderruflich.

111 **Erbschaftsteuerrecht:**

Die Erhebung der Erbschaft- und Schenkungssteuer obliegt in der Schweiz nicht dem Bund. Vielmehr ist dies Aufgabe der Kantone (der Kanton Schwyz erhebt überhaupt keine Erbschaft- und Schenkungsteuer). In aller Regel besteht eine **unbeschränkte Steuerpflicht**, wenn der Erblasser oder Schenker seinen Wohnsitz im jeweiligen Kanton hatte. **Beschränkte Steuerpflicht** besteht, wenn sich Vermögen im einem Kanton befindet. Die Steuersätze variieren zwischen minimal 6 % im Kanton Bern und maximal 32 % im Kanton Aargau.[301]

R. Königreich Spanien

112 **Erbstatut:**

Spanien ist Vertragsstaat der Europäischen Erbrechtsverordnung. Damit wird zur Bestimmung des Erbstatuts für Erbfälle ab den 17.8.2015, gem. Art. 21 EuErbVO auf den letzten gewöhnlichen Aufenthalt des Erblassers zum Zeitpunkt seines Todes abgestellt. Bezüglich der in Spanien existierenden Teilrechtsordnungen ist im Falle eines internationalen Erbfalls nunmehr gem. Art. 36 Abs. 1 EuErbVO (Interlokale Kollisionsvorschriften) maßgeblich, dass die EuErbVO alleine die Anwendbarkeit des spanischen Rechts anordnet, darüber hinaus jedoch nicht die Anwendbarkeit der einzelnen Teilrechtsgebiete regelt, sondern sich diese Anwendbarkeit alleine nach den spanischen internen Kollisionsvorschriften richtet. Lediglich im Falle der Ermangelung solcher internen Kollisionsvorschriften ist eine direkte Verweisung vorgesehen (Art. 26 Abs. 2 EuErbVO). Die spanische Teilrechtsordnung ist nach spanischem interregionalen Recht zu bestimmen.[302] Für Erbfälle vor dem Inkrafttreten der EuErbVO wurde das Erbstatut anhand der Staatsangehörigkeit des Erblassers zum Todeszeitpunkt angeknüpft. Es galt und gilt auch nach Einführung der EuErbVO der Grundsatz der Nachlasseinheit.[303]

113 **Güterrecht:**

Aufgrund der bestehenden Foralrechte existieren mehrere Güterrechtsordnungen. Das allgemeinspanische Eherecht geht von der Vertragsfreiheit im Güterrecht aus. Die Ehegatten können also einen Güterstand vertraglich vereinbaren. Treffen sie keine Wahl, so gilt der Güterstand der Errungenschaftsgemeinschaft. Es existiert Gesamtgut, das beiden Ehegatten zur gesamten Hand zusteht, sowie das Sondergut der jeweiligen Ehegatten.[304] Die exakte Bestimmung des Güterstands ist in spanischen Erbfällen also unerlässlich.

---

299 NK-BGB/*Süß*, Länderbericht Schweiz, S. 1995 Rn 59.
300 Übersicht der Fallgruppen, welche einen wichtige Grund darstellen bei *Schwander*, Basler Kommentar, Art. 576 ZGB Rn 4.
301 *Troll/Gebel/Jülicher/Gottschalk*, ErbStG, § 21 Rn 126.
302 Vgl. Näheres bei Süß/*Steinmetz/Huzel/García Alcázar*, Erbrecht in Europa, Spanien, S. 1294 Rn 57 ff.
303 *Hohloch/Heckel*, in: Hausmann/Hohloch, Handbuch des Erbrechts, Kapitel 26 Rn 45.
304 *Huzel*, in: Süß/Ring, Eherecht in Europa, Spanien, S. 1304 f. Rn 26–34.

Gesetzliche Erbfolge: 114

Es gilt der Grundsatz der Universalsukzession, wobei es jedoch der Annahme der Erbschaft bedarf.[305] Das spanische gesetzliche Erbrecht kennt die Erbfolge nach Linien. Eine Erbfolge schließt die andere aus. Es gilt das Repräsentationsprinzip.[306] Nichteheliche Abkömmlinge sind ehelichen gleichgestellt. Die Ehefrau nimmt eine schwache Stellung ein. Sie besitzt lediglich ein Nießbrauchsrecht am Nachlass. Dieses beträgt neben Abkömmlingen 1/3. Hinterlässt der Erblasser keine Abkömmlinge, Geschwister oder Abkömmlinge von Geschwistern, so wird die Ehefrau Alleinerbin.[307] Mehrere Erben bilden eine **Erbengemeinschaft** in Form einer Gütergemeinschaft.[308]

In bestimmten Gebieten Spaniens gelten Sonderrechte, die sogenannten Foralrechte. Diese 115 weisen als Teilrechtsordnungen im Erbrecht erhebliche Unterschiede auf, insbesondere bei den Pflichtteilsrechten, dem Ehegattenerbrecht sowie auch im Rahmen der einzelnen Testamentsformen.[309] Foralrechte gibt es in den Provinzen und Gebieten **Aragonien, Balearen, Baskenland, Galicien, Katalonien** und **Navarra**. Diese regionalen Regelungen, die in den jeweiligen Regionen gelten, weichen oft erheblich von dem soeben erörterten gemeinspanischen Erbrecht ab.[310] Gem. Art. 13.2 CC gilt das bürgerliche Gesetzbuch lediglich ergänzend zu den Sonder- und Foralrechten der Provinzen und Gebiete, in denen sie gültig sind, als ergänzendes Recht unter vollständiger Wahrung der Sonder- und Foralrechte hinsichtlich jeglicher Lücken in ihren Sondervorschriften (*derecho supletorio*[311]); einzige Ausnahme bildet die autonome Gemeinschaft Katalonien.[312] Jedoch ist nicht in jedem Fall, in dem spanisches Erbrecht Anwendung findet, das Foralrecht des Ortes, an dem der Erblasser verstorben ist, anwendbar, es bedarf der Gebietszugehörigkeit (*vecindad civil*)[313] bzw. nach Inkrafttreten der EuErbVO des letzten gewöhnlichen Aufenthalts.[314]

Auch kann ein Spanier die Gebietszugehörigkeit durch höchstpersönliche Annahmeerklä- 116 rung vor dem Personenstandsregister bzw. seit dem Inkrafttreten des neuen Personenstandsgesetz (Ley 20/2011, de 21 de julio, del Registro Civil) auch vor dem Notar abgeben, so dass eine solche Erklärung, auch im Rahmen der Errichtung einer letztwilligen Verfügung von Todes wegen, möglich ist.[315] Die Gebietszugehörigkeit eines anderen Gebietes kann mittels einer solchen Erklärung nach zweijährigen Daueraufenthalt in einer anderen Teilrechtsregion gem. Art. 14.5 Ziff. 1 CC erworben werden.[316] Ohne gegenteilige Erklärung gegenüber dem Standesamt erfolgt dies ohne Zutun des spanischen Staatsangehörigen nach

305 *Hierneis*, in: Ferid/Firsching/Dörner/Hausmann, Spanien, Grdz. C Rn 100.

306 *Frank*, Internationales Erbrecht Spanien, S. 145 Rn 558.

307 *Hierneis*, in: Ferid/Firsching/Dörner/Hausmann, Spanien, Grdz. F Rn 413.

308 Süß/*Steinmetz/Huzel/García Alcázar*, Erbrecht in Europa, Spanien, S. 1318 Rn 152.

309 Süß/*Steinmetz/Huzel/García Alcázar*, Erbrecht in Europa, Spanien, S. 1292 Rn 51.

310 Süß/*Steinmetz/Huzel/García Alcázar*, Erbrecht in Europa, Spanien, S. 1320 Rn 158.

311 Süß/*Steinmetz/Huzel/García Alcázar*, Erbrecht in Europa, Spanien, S. 1292 Rn 52.

312 Süß/*Steinmetz/Huzel/García Alcázar*, Erbrecht in Europa, Spanien, S. 1320 Rn 158; Skizzierung der einzelnen Foralrechte: Süß/*Steinmetz/Huzel/García Alcázar*, Erbrecht in Europa, Spanien, S. 1321 ff. Rn 160–180;

313 *Fernández Martínez*, Diccionario jurídico, S. 759 f.; NK-BGB/*Reckhorn-Hengemühle*, Länderbericht Spanien, S. 2055 Rn 9.

314 Zur Bestimmung der Zugehörigkeit spanischer Staatsbürger zu einem der Foralrechtsgebiete sowie zur Bestimmung der Staatsangehörigkeit der Spanier ausführlich: Süß/*Steinmetz/Huzel/García Alcázar*, Erbrecht in Europa, Spanien, S. 1295 Rn 59–61.

315 Süß/*Steinmetz/Huzel/García Alcázar*, Erbrecht in Europa, Spanien, S. 1296 Rn 63.

316 Süß/*Steinmetz/Huzel/García Alcázar*, Erbrecht in Europa, Spanien, S. 1295 Rn 62, 63

zehnjährigem Daueraufenthalt in einer anderen Teilrechtsregion gem. Art 14.5 Ziff. 2 CC.[317] Auch ein Ausländer kann seine Gebietszugehörigkeit im Rahmen des Erwerbs der spanischen Staatsbürgerschaft erwerben (gem. Art. 15 CC besteht eine Optionsmöglichkeit).[318]

117 **Testamentsformen:**

Spanien hat das Haager Testamentsformübereinkommen ratifiziert. Das spanische Erbrecht kennt das vom Erblasser vollständig handschriftlich errichtete und unterschriebene Testament (*testamento ológrafo*). Darüber hinaus existiert das öffentliche Testament (*testamento abierto*), welches vor einem Notar errichtet wird. Zeugen sind zwischenzeitlich bei der Errichtung nicht mehr erforderlich.[319] Daneben existiert noch das verschlossene Testament. Unzulässig nach dem Código Civil und damit nichtig sind das gemeinschaftliche Testament sowie der Erbvertrag. Einzelne Foralrechte können jedoch Ausnahmen enthalten.[320] Beispielsweise ist die Errichtung von gemeinschaftlichen Testamenten in Aragón,[321] im Baskenland,[322] in Galicien[323] sowie in Navarra[324] zulässig. Die Schließung eines Erbvertrags ist beispielsweise in Aragonien,[325] auf den Balearen mit Ausnahme von der Insel Menorca[326] sowie in Galicien[327] möglich. Es existiert ein zentrales **Testamentsregister** in Madrid. Hat ein Spanier seinen gewöhnlichen Aufenthalt im Ausland begründet und trifft im Rahmen der Testamentserrichtung gem. Art. 22 EuErbVO eine **Rechtswahl im Testament**, so kann diese aufgrund des Art. 36 Abs. 1 EuErbVO alleine für die Wahl der spanischen Erbrechts gelten, d.h. auf die gesamte Rechtsnachfolge von Todes wegen ist das spanische Código Civil anzuwenden. Aufgrund der Eröffnung des Anwendungsbereichs des Art. 36 Abs. 1 EuErbVO kann gerade keine Wahl zugunsten eines bestimmten Foralrechts erfolgen, da sich das Recht der maßgeblichen Teilrechtsanordnung alleine nach der *vecindad civil* bestimmt (vgl. Art. 9.8 CC), welche der Erblasser selbst bei Begründung eines gewöhnlichen Aufenthalts im Ausland behält.[328] Sollte ein spanischer Staatsangehöriger nach Vornahme seiner Rechtswahl die spanische Staatsbürgerschaft zugunsten einer anderen aufgeben, so bleibt zwar die Rechtswahl wirksam, jedoch verliert er seine *vecindad civil*. Der Anknüpfungspunkt des Art. 9.8 CC ist sodann nicht mehr gegeben; es spricht vieles dafür, dass Art. 36 Abs. 2 lit. b EuErbVO anzuwenden ist und die Teilrechtsordnung Anwendung findet, zu der der Erblasser im Zeitpunkt seiner Rechtswahl die engste Verbindung hatte oder dessen damalige *vecindad civil* ist maßgeblich.[329]

118 **Pflichtteilsrecht:**

Das spanische Pflichtteilsrecht ist als echtes **Noterbenrecht** ausgestaltet. Dies bedeutet, dass der enterbte Abkömmling, Ehegatte sowie bei Nichtvorhandensein von Abkömmlin-

---

317 Süß/*Steinmetz/Huzel/García Alcázar*, Erbrecht in Europa, Spanien, S. 1295 Rn 62
318 Süß/*Steinmetz/Huzel/García Alcázar*, Erbrecht in Europa, Spanien, S. 1320 Rn 159.
319 *Hierneis*, in: Ferid/Firsching/Dörner/Hausmann, Spanien, Grdz. E Rn 206.
320 *Flick/Piltz*, Der Internationale Erbfall, Rn 882.
321 Vgl. Art. 94–98 Compilación de Aragón. Text in *Ferid/Firsching/Dörner/Hausmann*, Spanien, Texte B I 2 S. 19 f.
322 Süß/*Steinmetz/Huzel/García Alcázar*, Erbrecht in Europa, Spanien, S. 1322 Rn 169.
323 *Hierneis*, in: Ferid/Firsching/Dörner/Hausmann, Spanien, Grdz. E Rn 251.
324 Vgl. Leyes 199–205 Compilación de Navarra. Keine Beschränkung nur auf Ehegatten, nur auf zwei Testierende. Text in *Ferid/Firsching/Dörner/Hausmann*, Spanien, Texte B VI 2.
325 *Hierneis*, in: Ferid/Firsching/Dörner/Hausmann, Spanien, Grdz. E Rn 251.
326 Süß/*Steinmetz/Huzel/García Alcázar*, Erbrecht in Europa, Spanien, S. 1321f Rn 164, 167.
327 NK-BGB/*Reckhorn-Hengemühle*, Länderbericht Spanien, S. 2057 Rn 14.
328 Süß/*Steinmetz/Huzel/García Alcázar*, Erbrecht in Europa, Spanien, S. 1298 Rn 68.
329 Süß/*Steinmetz/Huzel/García Alcázar*, Erbrecht in Europa, Spanien, S. 1298 Rn 69.

gen auch die Eltern und Vorfahren echte **Not**erben werden. Ihnen ist eine Quote vorbehalten, um welche die Berechtigten die Kürzung der testamentarischen Verfügung, inkl. der Kürzung von Vermächtnissen und Auflagen,[330] verlangen können.

In **Aragonien** beträgt der Pflichtteil die Hälfte des Nachlasses, wobei es dem Erblasser frei 119
steht, ob er diesen zu gleichen oder ungleichen Teilen zwischen seinen Abkömmlingen aufteilt.[331]

Hat der Erblasser, dessen Gebietszugehörigkeit zu der Anwendbarkeit der Foralrechte der 120
Balearen führt, bis zu vier Abkömmlinge, beträgt der Noterbenanteil ⅓, bei mehr als vier Abkömmlingen ½. Der Pflichtteil der Eltern beträgt ¼. Das Nießbrauchsrecht des überlebenden Ehegattens besteht zu ½, wenn Abkömmlinge vorhanden sind, neben den Eltern des Erblassers zu ⅔, ansonsten am gesamten Nachlass. Das Pflichtteilsrecht ist auf **Ibiza** oder **Formentera** dem Codigo Civil zu entnehmen.[332]

Im **Baskenland** steht den Kindern und übrigen Abkömmlingen ein Noterbenrecht in Höhe 121
von ⅓ des Nachlasses zu. Dem Ehegatten oder Lebenspartner steht neben den Abkömmlingen ein Nießbrauchsrecht in Höhe von ½ am gesamten Nachlass zu, an ⅔, wenn lediglich Seitenverwandte vorhanden sind.[333]

In **Galicien** ist das Pflichtteilsrecht ein Forderungsrecht, das von den Kindern und Ab- 122
kömmlingen der vorverstorbenen, enterbten oder erbunwürdigen Kindern und dem Ehegatten verlangt werden kann. Den Abkömmlingen steht insgesamt ¼ des Nettonachlasswertes zu, dem überlebenden Ehegatten neben den Abkömmlingen ¼ Nießbrauch am Nachlassguthaben, sonst ½.[334]

In **Katalonien** sind alleine die Nachkommen und die Eltern des Erblassers pflichtteilsbe- 123
rechtigt. Sollte ein Nachkommen vorverstorben, erbunwürdig oder enterbt sein, gilt das Repräsentationsprinzip innerhalb des Stammes. Der Pflichtteilsanspruch beträgt lediglich ¼ des Nachlasses und ein schuldrechtlicher Anspruch in Geld, wobei dieser zu gleichen Teilen zwischen allen Berechtigten aufzuteilen ist, wobei hierbei auch die Verzichtenden und Unwürdigen zu berücksichtigen sind. Sinn und Zweck hierbei ist, dass diese Anteile nicht den anderen Pflichtteilsberechtigten zufallen, sondern den Erben.[335] Sind Abkömmlinge vorhanden, schließen diese den Anspruch der Eltern aus.[336] Zum Pflichtteil sind die Schenkungen des Erblassers innerhalb der letzten zehn Jahre sowie Schenkungen, die die Pflichtteilsberechtigten begünstigt haben, hinzuzurechnen.[337] Der Pflichtteil ist nach dem Tod des Erblassers zu verzinsen, einzige Ausnahme hiervon ist eine gegenteilige Anordnung des Erblassers.[338] Der überlebende Ehegatte ist nicht pflichtteilsberechtigt, es steht ihm jedoch im Fall der Bedürftigkeit ein Anspruch gegen den Erben auf ein „Witwenviertel" zu.[339]

---

330 *Frank*, Internationales Erbrecht Spanien, S. 139 Rn 556.

331 *Hierneis*, in: Ferid/Firsching/Dörner/Hausmann, Spanien, Grdz. F Rn 398.

332 *Hierneis*, in: Ferid/Firsching/Dörner/Hausmann, Internationales Erbrecht, Spanien, Grdz. F Rn 399, 402.

333 *Hierneis*, in: Ferid/Firsching/Dörner/Hausmann, Spanien, Grdz. F Rn 404; *Hierneis*, in: Ferid/Firsching/Dörner/Hausmann, Spanien, Texte B II 2, Art. 52.

334 *Hierneis*, in: Ferid/Firsching/Dörner/Hausmann, Spanien, Grdz. F Rn 409.

335 *Hierneis*, in: Ferid/Firsching/Dörner/Hausmann, Spanien, Grdz. F Rn 411e.

336 Süß/*Lamarca i Marquès*, Erbrecht in Europa, Katalonien, S. 785 Rn 58.

337 Näheres hierzu: Süß/*Lamarca i Marquès*, Erbrecht in Europa, Katalonien, S. 785 Rn 60.

338 Süß/*Lamarca i Marquès*, Erbrecht in Europa, Katalonien, S. 786 Rn 58.

339 Näheres hierzu: Süß/*Lamarca i Marquès*, Erbrecht in Europa, Katalonien, S. 787 Rn 67–70.

124 **Annahme und Ausschlagung der Erbschaft:**

Wie in vielen romanischen Rechtskreisen, so bedarf es auch in Spanien der Annahme der Erbschaft. Die Erbschaftsannahmeerklärung ist in notarieller oder konsularischer Form zu erklären.[340] Annahme und Ausschlagung müssen in Spanien ohne Bedingungen erklärt werden.

125 **Erbschaftsteuer:**

In Spanien knüpft die **unbeschränkte Steuerpflicht** an den Wohnsitz des Erwerbs an. Zur Begründung der unbeschränkten Steuerpflicht muss dieser in den meisten Regionen Spaniens (einschließlich Balearen und Kanaren) seinen gewöhnlichen Aufenthalt in Spanien haben.[341] Daneben wird von den Gemeinden eine Wertzuwachssteuer *plus valia* auf Vermögenszuwächse erhoben (auch wenn diese nicht realisiert wurden).[342] In den autonomen Regionen des Baskenlandes und Navarra wird eine eigene Erbschaft- und Schenkungsteuer erhoben, bei welcher an die Gebietsansässigkeit des Erblassers/Schenkers abgestellt wird. Sonderregelungen existieren auch in Katalonien.[343]

S. Republik Tschechien

126 **Erbstatut:**

Die Republik Tschechien hat die Europäische Erbrechtsverordnung ratifiziert, sodass, zur Bestimmung des Erbstatuts gemäß Art. 21 EuErbVO für Erbfälle ab dem 17.8.2015 auf den letzten gewöhnlichen Aufenthalt abgestellt wird. Für Erbfälle vor dem 17.8.2015 gilt Folgendes: Die Erbfolge für den gesamten Nachlass (Grundsatz der **Nachlasseinheit**) richtet sich gemäß § 17 MPSaP nach der **Staatsangehörigkeit zum Zeitpunkt des Todes**. Besitzt der Erblasser neben der tschechischen Staatbürgerschaft noch eine weitere, so geht aus tschechischer Sicht diese stets vor.[344] Sowohl vor als auch nach Einführung der EuErbVO folgte und folgt Tschechien damit dem Grundsatz der Nachlasseinheit.

127 **Güterrecht:**

Gesetzlicher Güterstand ist der Güterstand der Errungenschaftsgemeinschaft. Zum gemeinschaftlichen Vermögen gehört alles, was während der Ehe erworben wurde, mit Ausnahme von Schenkungen und Erbschaften. Daneben existiert das Eigenvermögen der Ehegatten.[345]

128 **Gesetzliche Erbfolge:**

Gesetzliche **Erben** der **ersten Gruppe** sind die Abkömmlinge des Erblassers, der überlebende Ehegatte sowie der Lebenspartner (registrierte Partnerschaften). Es gilt das Repräsentationsprinzip.[346] Eheliche stehen nichtehelichen Kindern gleich.[347] Der Ehegatte kann nur neben Kindern erben. Andernfalls wird er Erbe zweiter Gruppe. Zur **zweiten Gruppe**

---

340 NK-BGB/*Reckhorn-Hengemühle*, Länderbericht Spanien, S. 2079 Rn 147.

341 *Reckhorn-Hengemühle*, RIW 1996, 212, 213.

342 *Reichmann*, IWB, F. 5 G. 2, 207.

343 Ausführlich, mit eingehender Berücksichtigung der Besonderheiten der autonomen Regionen sowie mit ausführlicher Darstellung der Berechnung nebst Darstellung der einzelnen Steuerklassen: *Troll/Gebel/Jülicher/Gottschalk*, ErbStG, § 21 ab Rn 130 ff.

344 *Hohloch/Heckel*, in: Hausmann/Hohloch, Handbuch des Erbrechts, Kapitel 26 Rn 52.

345 *Rombach*, in: Süß/Ring, Eherecht in Europa, Tschechische Republik, S. 1352 Rn 15.

346 *Kurzböck*, S. 11.

347 Süß/*Rombach*, Erbrecht in Europa, Tschechien, S. 1358 Rn 14–15.

gehören weiter die Eltern des Erblassers sowie Angehörige seines Haushalts, sofern sie mindestens ein Jahr den gemeinsamen Haushalt mitgeführt hat.[348] Erben **dritter Gruppe** sind die Geschwister des Erblassers sowie Angehörige des Haushalts (mindestens ein Jahr), die den Haushalt mitgeführt haben. Erben **vierter Gruppe** sind die Großeltern sowie für den Fall des Vorversterbens deren Kinder, jeweils zu gleichen Teilen.[349] Mehrere Erben bilden eine **Erbenmehrheit** in Form einer Bruchteilsgemeinschaft.[350]

Testamentsformen: 129

Das **eigenhändige Testament** muss gem. § 476a ZGB vollständig eigenhändig errichtet und unterschrieben werden. Daneben müssen der Tag, der Monat und das Jahr handgeschrieben angegeben sein. Andernfalls ist das Testament unwirksam. Wird das Testament nicht eigenhändig errichtet, so muss der Erblasser es in Anwesenheit von zwei Zeugen unterschreiben.[351] Darüber hinaus kann ein Testament auch notariell errichtet werden. Bei Errichtung einer Stiftung von Todes wegen ist dies beispielsweise nur durch ein notarielles Testament möglich.[352] Die Anordnung von Vermächtnissen,[353] von Auflagen[354] sowie die Anordnung einer Vor- und Nacherbschaft[355] ist nunmehr möglich.[356] Ein Vermächtnis hat nur schuldrechtliche Wirkung.[357] Des Weiteren unwirksam ist das gemeinschaftliche Testament (materielles kein Formverbot). Die Tschechische Notarkammer in Prag führt seit Januar 2000 ein elektronisches **Testamentsregister**.

Pflichtteilsrecht: 130

Pflichtteilsberechtigt sind lediglich die Abkömmlinge des Erblassers, die minderjährigen Kinder in Höhe ihres tatsächlichen Erbteils, volljährige Kinder in Höhe der Hälfte des gesetzlichen Erbteils. Der Pflichtteil ist nicht als Wertersatzanspruch ausgestaltet, sondern als **echter** Erbteil. Die Möglichkeit, ein Erb- oder Pflichtteilsverzicht zu vereinbaren, sieht das tschechische Recht nicht vor.[358]

Annahme und Ausschlagung: 131

Eine ausdrückliche Annahme der Erbschaft ist im tschechischen Recht nicht erforderlich. Wer nicht aktiv ausschlägt, bleibt Erbe. Daneben gibt es jedoch auch in der Tschechischen Republik die Möglichkeit, die Erbschaft unter dem Vorbehalt des Nachlassverzeichnisses anzunehmen. Damit wird die Haftung der Erben auf das aus dem Nachlass Erlangte beschränkt.[359] Die Ausschlagung der Erbschaft muss durch ausdrückliche Erklärung erfolgen. Sie muss bedingungslos sein und die abgegebene Erklärung muss das gesamte Erbrecht betreffen (Ausnahme: Pflichtteilserbe schlägt aus unter der Bedingung, dass er den Pflichtteil

348 *Bohata*, in: Ferid/Firsching/Dörner/Hausmann, Internationales Erbrecht, Tschechien, S. 90 Rn 292 und S. 89 Rn 290.
349 Süß/*Rombach*, Erbrecht in Europa, Tschechien, S. 1490 Rn 29.
350 *Kurzböck*, S. 120.
351 *Bohata*, in: Ferid/Firsching/Dörner/Hausmann, Internationales Erbrecht, Tschechien, S. 22 Rn 75.
352 Süß/*Rombach*, Erbrecht in Europa, Tschechien, S. 1497 Rn 56.
353 Süß/*Rombach*, Erbrecht in Europa, Tschechien, S. 1364 Rn 50.
354 Süß/*Rombach*, Erbrecht in Europa, Tschechien, S. 1367, Rn 69.
355 Süß/*Rombach*, Erbrecht in Europa, Tschechien, S. 1364, Rn 44.
356 Süß/*Rombach*, Erbrecht in Europa, Tschechien, S. 1495 Rn 46–47.
357 Süß/*Rombach*, Erbrecht in Europa, Tschechien, S. 1464 Rn 50.
358 Süß/*Rombach*, Erbrecht in Europa, Tschechien, S. 1501 Rn 71.
359 *Bohata*, in: Ferid/Firsching/Dörner/Hausmann, Internationales Erbrecht, S. 128 Grdz. G Rn 428, 430, 434.

erhält). Ausgeschlossen ist die Erbschaft dann, wenn an einem Erbvertrag beteiligten Parteien das Recht zur Ausschlagung vertraglich genommen wurde.[360]

132 **Erbschaftsteuer:**

Mit Wirkung zum 1.1.2014 hat Tschechien die Erbschaft- und Schenkungsteuer abgeschafft und in den Bereich der Einkommensteuer integriert. Eine Ausnahme von dieser Befreiung bilden jedoch Schenkungen soweit sie außerhalb von Verwandten des ersten und zweiten Grades erfolgen. Auf diese Zuwendungen werden ab einem Betrag von 15.000 Kronen 15 % Steuer erhoben. Gegenüber Körperschaften und juristischen Personen fallen 19 % an. In einigen Fällen kann zudem 7 % Solidarzuschlag anfallen.[361]

T. Republik Türkei

133 **Erbstatut:**

Die Türkei folgt bei der Bestimmung des Erbstatuts der Staatsangehörigkeit des Erblassers zum Todeszeitpunkt (Heimatrecht). Hiervon ausgenommen ist in der Türkei belegenes unbewegliches Vermögen, auf welches stets türkisches Recht Anwendung findet. Darüber hinaus erfolgt auch eine Nachlassabwicklung in der Türkei anhand türkischen Rechts.[362] Zu beachten aus deutscher Sicht ist stets der deutsch-türkische Konsularvertrag (vgl. Rdn 8). Dieses gilt vorrangig vor den Bestimmungen der EuErbVO und auch vorrangig (bei Erbfällen vor dem 17.8.2018) vor Art. 25 Abs. 1 EGBGB.[363] Beachtlich ist in diesem Abkommen, dass den Konsuln des jeweiligen Landes gem. Art. 15 des Vertrages eine hervorgehobene Stellung zukommt. Im Übrigen ist die Türkei Drittstatt i.S.d. EuErbVO.

134 **Güterrecht:**

Gesetzlicher Güterstand ist die Errungenschaftsbeteiligung gemäß §§ 218–242 ZGB. Unterschieden werden das jeweilige Eigengut des Ehegatten sowie die Errungenschaft der Ehegatten, also dem Gesamtgut.[364] Bei Beendigung des Güterstandes findet eine Berechnung der Wertzuwächse auf beiden Seiten statt.[365] Der Erbanspruch des überlebenden Ehegatten steht unabhängig neben dem bestehenden Ausgleichsanspruch aus dem beendeten Güterstand. Neben dem Güterstand der Errungenschaftsbeteiligung ist gesetzlich noch der Güterstand der Gütertrennung nach §§ 206, 207, 242, 243 ZGB geregelt.[366]

135 **Gesetzliche Erbfolge:**

Das türkische ZGB kennt drei Erbordnungen. Erben erster Ordnung sind die leiblichen Abkömmlinge des Erblassers. Nichteheliche Kinder sind ehelichen gleichgestellt.[367] Adoptierte Kinder erben doppelt, da ihre biologische Verwandtschaft zu den leiblichen Eltern andauert.[368] Erben zweiter Ordnung sind die Eltern des Erblassers zu gleichen Teilen. Ein vorverstorbener Elternteil wird durch seine Abkömmlinge repräsentiert. Erben dritter

---

360 *Bohata*, in: Ferid/Firsching/Dörner/Hausmann, Internationales Erbrecht, S. 128 Grdz. G Rn 436, 437.
361 *Troll/Gebel/Jülicher/Gottschalk*, ErbStG, § 21 Rn 133.
362 Süß/*Kiliç*, Erbrecht in Europa, Türkei, 1386 Rn 1.
363 Text abgedr. in *Ferid/Firsching/Dörner/Hausmann*, Internationales Erbrecht, Türkei, Texte S. 3ff.
364 Süß/*Kiliç*, Erbrecht in Europa, Türkei, S. 1394 Rn 28.
365 *Rumpf*, in: Ferid/Firsching/Dörner/Hausmann, Internationales Erbrecht, Türkei, S. 47 Grdz. E Rn 162.
366 NK-BGB/*Akipek*, Länderbericht Türkei, S. 2093 Rn 11.
367 *Serozan*, ZEV 1997, 475.
368 Süß/*Kiliç*, Erbrecht in Europa, Türkei, S. 1392 Rn 20.

Ordnung sind die Großeltern des Erblassers.[369] Der **Ehegatte** erbt neben Erben erster Ordnung ein Viertel, neben Erben der zweiten Ordnung die Hälfte und neben Erben der dritten Ordnung drei Viertel. Sind keine Erben der drei Ordnungen vorhanden, so wird der Ehegatte Alleinerbe.[370] Mehrere Erben bilden eine **Erbengemeinschaft** in Form einer Gesamthandsgemeinschaft.[371]

Testamentsformen: 136

Das **eigenhändige Testament** muss vom Testator eigenhändig errichtet, unterschrieben und mit Tag, Monat und Jahr der Errichtung versehen sein. Es besteht die Möglichkeit, das eigenhändige Testament beim Notar oder Friedensgericht verwahren zu lassen.[372] Daneben existiert das **öffentliche Testament**, welches vor einem Notar, öffentlichen Beamten oder dem Friedensgericht errichtet wird. Erforderlich ist die Gegenwart von zwei Zeugen. Möglich sind Erbeinsetzungen, Vermächtnisse, Auflagen und Bedingungen sowie die Errichtung einer Stiftung von Todes wegen.[373] Möglich ist auch die Errichtung eines Erbvertrags (sowohl negativer wie positiver Erbvertrag). Ein- oder zweiseitige Verfügungen sind zulässig, ebenfalls die Entgeltlichkeit.[374] Unbekannt im türkischen Recht ist jedoch das von den Ehegatten gemeinsam errichtete Testament. Da das Testament im türkischen Recht eine einseitige Erklärung darstellt, scheiden gemeinsame Erklärungen der Ehegatten aus.[375]

Pflichtteilsrecht: 137

Der Pflichtteilsanspruch ist in Art. 506 ZGB geregelt und als echtes Noterbenrecht ausgestattet und garantiert eine dingliche Beteiligung am Nachlass. Berechtigt sind die leiblichen Abkömmlinge, der Ehegatte, die Eltern und Geschwister des Erblassers. Erforderlich ist es, den Pflichtteil in Form einer Herabsetzungsklage gegen die Erben geltend zu machen.[376]

Annahme und Ausschlagung der Erbschaft: 138

Die Erbschaft geht auf die Erben über, ohne dass es eines Zutuns der Erben bedarf. Nimmt der Erbe Handlungen wie zum Beispiel die Abwicklung des Nachlasses oder die Überführung von Nachlassgegenständen in sein eigenes Vermögen vor, so gilt die Erbschaft in jedem Fall als angenommen.[377] Die Erben haben das Recht, die angefallene Erbschaft binnen einer Frist von drei Monaten gegenüber dem Friedensgericht gemäß Art. 605 ZGB auszuschlagen. Aus wichtigem Grund kann das Friedensgericht diese Frist verlängern. Die Erklärte Ausschlagung wird in ein beim Friedensgericht geführtes Register eingetragen.[378]

Erbschaftsteuerrecht: 139

Nach türkischem Erbschaftsteuerrecht unterliegt der Erwerb von Todes wegen der **unbeschränkten Steuerpflicht**, wenn der Erwerber (Erbe/Beschenkter) oder Erblasser türkischer Staatsbürger ist. Daneben tritt unbeschränkte Steuerpflicht ein, wenn sowohl der Erbe als auch der Erblasser beide auf dem türkischen Staatsgebiet gebietsansässig sind.

---

369 *Rumpf*, in: Ferid/Firsching, Internationales Erbrecht, Türkei, S. 45 Rn 150.
370 Süß/*Kiliç*, Erbrecht in Europa, Türkei, S. 1392 Rn 23.
371 *Rumpf*, in: Ferid/Firsching, Internationales Erbrecht, Türkei, S. 74 Grdz. K Rn 271.
372 Süß/*Kiliç*, Erbrecht in Europa, Türkei, S. 1399 Rn 47.
373 NK-BGB/*Akipek*, Länderbericht Türkei, S. 2099 Rn 42–56.
374 Süß/*Kiliç*, Erbrecht in Europa, Türkei, S. 1406 Rn 78.
375 *Rumpf*, in: Ferid/Firsching/Dörner/Hausmann, Internationales Erbrecht, Türkei, S. 58 Grdz. F Rn 204.
376 *Rumpf*, in: Ferid/Firsching/Dörner/Hausmann, Internationales Erbrecht, Türkei, S. 64 Rn 231.
377 NK-BGB/*Akipek*, Länderbericht Türkei, S. 2099 Rn 74.
378 *Rumpf*, in: Ferid/Firsching/Dörner/Hausmann, Internationales Erbrecht, Türkei, S. 66 Grdz. G Rn 238 u. 241.

Beschränkte Steuerpflicht tritt indes stets ein, wenn sich der Nachlassgegenstand auf dem Gebiet der Türkei befindet. Von der Erbschaftsteuer bestehen sachliche Befreiungen. Die Steuersätze von Todes wegen variieren zwischen 1 und 10 %. Die Schenkungssteuersätze zwischen 10 und 30 %.[379]

379 *Troll/Gebel/Jülicher/Gottschalk*, ErbStG, § 21 Rn 134.

Stichwortverzeichnis

Fette Zahlen = §§, magere Zahlen = Randnummern